本书承蒙泉州师范学院以下两个基地资助：

中国社会科学院文化研究中心闽南文化研究基地

台湾民主自治同盟中央委员会闽南文化交流研究基地

闽台与海丝文化研究丛书 林华东◎主编

林华东 / 主编

闽南文化学术年鉴

2013-2014 上卷

中国社会科学出版社

图书在版编目(CIP)数据

闽南文化学术年鉴. 2013~2014/林华东主编. —北京：中国社会科学出版社，2015.12
ISBN 978-7-5161-7475-3

Ⅰ.①闽… Ⅱ.①林… Ⅲ.①地方文化—福建省—2013~2014—年鉴 Ⅳ.①G127.57-54

中国版本图书馆 CIP 数据核字(2015)第 312006 号

出 版 人	赵剑英	
责任编辑	郭晓鸿	
特约编辑	席建海	
责任校对	李 楠	
责任印制	戴 宽	

出　　版	中国社会科学出版社	
社　　址	北京鼓楼西大街甲 158 号	
邮　　编	100720	
网　　址	http://www.csspw.cn	
发 行 部	010-84083685	
门 市 部	010-84029450	
经　　销	新华书店及其他书店	

印　　刷	北京君升印刷有限公司	
装　　订	廊坊市广阳区广增装订厂	
版　　次	2015 年 12 月第 1 版	
印　　次	2015 年 12 月第 1 次印刷	

开　　本	787×1092　1/16	
印　　张	90.25	
插　　页	2	
字　　数	1930 千字	
定　　价	368.00 元(上、下卷)	

凡购买中国社会科学出版社图书，如有质量问题请与本社营销中心联系调换
电话：010-84083683

顾　　问	晋保平	张晓明	陈庆宗
	骆沙鸣	游小波	李清彪
主　　编	林华东		
副 主 编	黄科安	苏黎明	
执行主编	陈彬强	通拉嘎	
编　　撰	吴绮云	吴力群	赵慧真
	蔡晓君	张惠萍	吴春浩

中国社会科学院文化研究中心闽南文化研究基地编

总　序

林华东

中华民族是一个以汉民族为主体的典型文化族群，具有一体多元的特征。汉字的通用和国学经典的认同、和谐共荣的思想和务实进取的特性，已经成为中国人的集体共识。源远流长的历史向世人展示了中华文化深厚的包容力、统合力和凝聚力。习近平总书记在 2014 年 5 月 4 日的北京大学师生座谈会上指出："中华文明绵延数千年，有其独特的价值体系。中华优秀传统文化已经成为中华民族的基因，植根在中国人内心，潜移默化影响着中国人的思想方式和行为方式。"这就是中华文化超越时空的生命力和永恒的精神价值之所在。

闽南文化源于中华文化，是汉人南下进入福建，在吸收当地原住民及历代不同国家和民族外来文化的基础上形成的、并扩散到中国的台湾及海外其他国家的、具有传承性、离散性和世界性特征的亚文化。2009 年，我在《光明日报》上发文指出，闽南文化的核心精神集中体现为：重乡崇祖的思维观，爱拼敢赢的气质观，重义求利的价值观和山海交融的行为观。其后，我在《闽南文化：闽南族群的精神家园》（厦门大学出版社）一书中进一步阐释，闽南文化蕴含四种心理意识，即："原乡情结、祖先崇拜"的族源意识——闽南人具有典型的传承祖先记忆和回报乡梓的文化自觉；"和谐互惠、海纳百川"的兼容意识——闽南人崇尚"你好我也好"的互惠共赢的商贸意愿；"灵活机变、敢为人先"的拓展意识——闽南人拥有山处海行、抢抓机遇的开放性眼光；"坚韧务实、百折不挠"的自强意识——闽南人推崇敢拼敢赢的进取精神。

闽南文化源于中华文化，当下有许多著名学者都在研究中华文化的核心精神，从不同的站位提出中华文化的特征。我觉得，中华文化经久不衰的核心精神可以简洁地概括为"和""礼""义""易"。闽南文化全面弘扬了中华文化这一核心精髓。

中华文化以"和"定天下。"和"是中国哲学中一个极其重要的命题。"礼之用，和为贵。""和"是人文精神的核心，是治国处事、外事交往的思想标准。天人合一、阴阳和合、五行和合等，是古代先贤对天地自然、人类社会的普遍现象做出的提炼。中华文化因"和"而具有强烈的包容力、亲和力和向心力。"和而不同"与"不同而和"的思想，是中华民族解决问题、推动社会发展的一种大智慧，适用于人与人、人与社会、人与自然，乃至国与国之间的关系。闽南文化充分展示了和则包容、和则并蓄、和则开明、和则大气的本质。闽南俗谚曰："相尊食有偆，相争食无份。"（"偆"：剩余。喻指"尊重礼让能和谐共荣"）自唐宋以来，闽南人就不断与域外民族交往，容许各种宗教在当地生存；坚持"己欲立而立人，己欲达而达人"的思想，实现多民族共荣共生。闽南文化的发源地泉州因之成为"世界多元文化展示中心""世界宗教博物馆"和"东亚文化之都"。闽南人海航帆影遍及世界 100 多个国家，无论其强弱，从来只谈经济、贸易和文化交流，不搞强权占领他国土地的勾当；只靠自己的血汗循规劳作，从不以枪炮开路暴取。中华文化的"和"，培育了闽南族群互惠共赢、海纳百川的宽阔胸怀。

中华文化以"礼"为守则。"礼，体也；言得事之体也"，是一个人为人处世的根本。"礼"不仅包含等级制度，还包括孝、慈、敬、顺、仁等道德规范。"礼"是中华民族价值观的核心体现，是调节人与人之间社会关系的杠杆。因此，"礼"为适应时代的发展也不断被修正，不断被赋予新的内容。在长期的历史发展中，"礼"已经成为中国社会的治理规则和行为准则。闽南文化继承了礼在崇祖、礼在敬畏、礼在修身、礼在博爱的思想。闽南俗话："隔壁亲情，礼数照行。"即：哪怕是邻家的亲戚，礼节也必须照来。闽南人敬畏天道，崇拜诸神，凡神必敬。这是闽南地区泛宗教信仰的本源。闽南人遵守孝道，追忆祖先，坚守"慎终追远"的传统观念。闽南人坚守文化传承，闽南方言成为古汉语的"活化石"，南音进入世界非物质文化遗产名录，宗亲郡望、辈序血缘刻在每一代人的心灵之中。闽南人走遍天下，不忘生身之地，不忘祖籍血脉，充满浓烈的乡情乡族意识。中华文化的"礼"，塑造了闽南族群重乡崇祖、爱国爱乡的精神。

中华文化以"义"为修身。"义"者宜也，即合宜、应该的意思，强调的是每个社会成员的精神境界和价值观念；是人们在交往中对信义友爱、美好善良的追求。孔子云："见义不为，无勇也。""上好义，则民莫敢不服。"《说文解字》中"义"（繁体）、"美""善"都是羊字头，有内在共同的含义，即美好善良与正直正义。闽南族群具化了中华文化之义存亲情、义存反哺、义存奉献、义存担当的精神。闽南民谚："德行着好，风水免讨"（"着"：要。即积德行善必有好报）；"有量才有福"（"量"：肚量）。闽南人讲究义气，希望"站着像东西塔，躺下像洛阳桥"。闽南人坚守诚信，乐于捐助社会、弘扬正义；闽南俗语"输人不输阵"是对此最好的诠释。闽南人一有成效，就热衷捐资兴学、修桥铺路、扶困解难。中华文化的"义"，成就了闽南族群崇尚信义、乐善好施的品质。

中华文化以"易"为行止。"易"即变易、更新、进步。《周易·系辞上》："生生之谓易。"中华文明的旺盛生命力，就在于不断革新、不断前进。运用中华文化的智慧创就的汉字儒学、政制律令、科技成就以及中国化的佛教，不仅推动了中国历史的发展，而且曾经辐射整个东亚地区，影响尤为深远。大到中国古代的四大发明，小至中国的丝绸、茶、瓷，都曾经推动整个世界的历史进程。中华文化提倡的革故鼎新、创新创造精神，以及由此而来的政治经济文明，在 18 世纪之前一直是全球进步的旗帜。"易"作为中华文化意识与行为的核心内涵，旨在追求"苟日新，日日新，又日新"；旨在励志"天行健，君子以自强不息"。中华民族几千年来历尽劫难未曾覆灭，多逢衰微一再振兴，根脉不绝永续发展，正是把握了"易"的辩证精神。闽南文化充分演绎了易即求生、易即求新、易即求利、易即求先的内涵。闽南族群处于东南一隅，背山面海，为了生存，锻就了"三分天注定，七分靠打拼"的行为意识；期盼美好，培育了敢为人先的人格气质。闽南人善于商农并重，勇于乘船走海，敢于守护海疆。隋唐以降，经略海洋长达一千五百多年，开创了宋元时期鼎盛于世的海上丝绸之路，向世界展示了以闽南文化为代表的中华文明。许多先民披荆斩棘，与"海丝"沿线的诸多国家民众共同创业，成就了许多伟业，为这些国家的发展、为"海丝之路"的顺畅交流做出了不可磨灭的贡献。中华文化的"易"，锻造了闽南族爱拼敢赢的行为意识。

"和""礼""义""易"是中华文化的精髓。"和"是思想基础，是中华民族认识和处理主客观世界的根本思路；"礼"是道德规范，是"国"与"家"秩序稳定的重要前提；"义"是价值取向，是中华民族追求美好愿景的核心理念；"易"是革新动力，是中华民族创新与进步的关键保证。弘扬中华文化的"和""礼""义""易"，成就了闽南文化今日的辉煌！

文化是民族发展的积淀，是人类改造世界的成果，是社会长期形成的民风，是时代价值的集中体现，是引领、培育和涵养人类不断进步的精神食粮！文化需要我们透过表象去阐释、去提炼，并使之获得更好的传承与弘扬。作为中华文化亚文化的闽南文化，几千年来它传承了什么，发展了什么，创新了什么，助益了什么，非常需要我们的深入研究和揭示。泉州师范学院的同仁长期关注探索闽南文化的物质具象和精神内涵，是中国社会科学院文化研究中心闽南文化研究基地和台盟中央闽南文化交流研究基地的中坚力量。他们以高度的使命感致力探索闽南族群千百年来的文化足迹，展示闽南人敢为天下先的拼搏精神，从理论高度和实践层面不断提交有分量的学术成果。我坚信，各位同仁共同努力建设的"闽台与海丝文化研究丛书"，必将为建设海峡两岸文化共同体，为祖国和平统一大业，为 21 世纪海上丝绸之路的建设，为中华民族的伟大复兴做出力所能及的贡献。

谨以为序！

凡　例

一　收录范围

本年鉴是系统反映 2013—2014 年度闽南文化学术进展状况的大型资料性文献。

二　编排与分类

年鉴共设十个栏目。分别为：泉州师范学院的闽南文化研究，闽南文化相关政策、文件，研究综述与述评，会议与活动，学者访谈，著作目录提要，期刊论文目录摘要，学位论文目录摘要，大事记和学术机构名录等。各栏目下设若干分目，部分分目再下设条目。

年鉴中的图书、期刊论文、学位论文目录的分类，主要参考了《中国图书馆分类法（第五版）》的分类方法；同时，结合当前闽南文化研究的实际情况做了适当调整。

三　著录格式

（一）图书的格式
作者．书名 ［M］．出版地：出版者，出版时间（总页码）．
提要：
例：
林华东．闽南文化：闽南族群的精神家园 ［M］．厦门：厦门大学出版社，2013（214）．

　　提要：全书包括闽南文化的研究视野、闽南文化的历史形成、闽南文化的深邃影响、闽南文化的魅力内涵、闽南文化的时代映像等五部分。专著解析了闽南文化的概念，指出闽南文化是以闽南方言为外在特征的世界各地闽南人，在传承中华文化的基础上发展形成的，具有共同的思维意识、共同的风俗习惯和共同的生活方式的区域文化；提炼了闽南文化的核心精神：重乡崇祖的思维观，爱拼敢赢的气质观，重义求利的价值观，山海交融的行为观。概括了闽南族群四种典型思维意识：原乡情结、祖先崇拜，和谐互惠、海纳百川，灵活机变、敢为人先，坚韧务实、百折不挠。

（二）期刊论文的格式

作者．题名［J］．刊名，出版年份，卷/期：页码．

关键词：

机构：

摘要：

例：

陈支平．闽南文化的历史构成及其基本特质［J］．闽台文化研究．2014（1）：27—43.

关键词：闽南文化；历史构成；基本特征

机构：闽南师范大学闽南文化研究院

摘要：闽南文化是中华文化的一个重要组成部分，同时又是中华文化中的一个极具鲜明特色的地域文化。闽南文化的形成及其发展，是经过了漫长的历史演变与文化磨合，以及东南沿海地带独特的地理环境等多种因素所逐渐造就的。中华文化的核心价值培育了闽南文化的茁壮成长，而深具地域特色的闽南文化又使得中华文化的整体性显得更加丰富多彩。闽南文化是一种辐射型的区域文化，从文化的角度说，闽南文化的概念远远超出了自身区域，特别是对于祖国宝岛台湾的文化影响，更是不容否定。通过对闽南文化的历史构成及其基本特质的多视野探究，比较完整地揭示了闽南文化的地域性特征与国际性特征。

有些期刊论文无摘要，为保证内容的完整性，选取正文首段的起始部分内容作为摘要，标注〈正〉，并在摘要文末加省略号。

例：

张昌平．河洛文化与闽南文化交流、融合的缩影中华文化凝聚力、感召力的彰显［J］．政协天地．2014（7）：14.

关键词：河洛文化；闽南文化；民间交流；两岸合作

机构：福建省政协

摘要：〈正〉6月，美丽的鹭岛，迎来了第十二届河洛文化研讨会的隆重召开。本届研讨会的主题是"河洛文化与闽南文化"。经中共福建省委同意，将这次研讨会列入第六届海峡论坛系列活动之一。海峡论坛自创立以来，始终贯穿"扩大民间交流、加强两岸合作、促进共同发展"的主题……

（三）学位论文的格式

作者．题名［D］．导师：所在学校，年份，学位类别．

关键词：

机构：

摘要：

例：

萧宇佑.台湾闽南语游离计量词研究［D］.导师：连金发.（台湾）"清华大学"语言学研究所学位论文，2013，硕士.

关键词：游离计量词；全称量词；不定量词；kui1—CL；现代闽南语；主题化；被动句；语法化

机构：（台湾）"清华大学"

摘要：本论文旨在讨论闽南语游离计量词出现在动词后面的现象。在过去的研究中，游离计量词普遍被认为容易出现在动词前的位置上，也就是说，游离计量词不太能出现在动词后的位置上，但其实在闽南语中，游离计量词是可以出现在及物句和被动句中动词后的位置上。本文将采用滞留理论（The stranding analysis）和 Lin（2009）的被动句分析（The NOP analysis）来分别说明闽南语游离计量词出现在及物句和被动句中动词后的现象；并且提出一些规则用来说明游离计量词出现在动词后的限制。本文的次要议题——计量词的语法化，也会在最后的章节中提出探讨。

四　说明

1. 本年鉴力求准确反映文献的原信息，一般不做更改；同时遵照国家现行出版规范作出必要的技术处理。

2. 本年鉴收录的相关文献资料一般都注明著者、来源，以增强年鉴的实用价值。

3. 本年鉴全部采用公元纪年法。

4. 由于收录的文献还包含非正式出版物，可能有些不规范，其中一些文献未标明完整的著者、出版者、出版时间、页数等项，因此书中某些题录会出现缺项现象。

5. 本年鉴文字较多，个别地方录入时可能有错漏疏忽，敬请读者方家不吝赐正。

目　录

（上　卷）

泉州师范学院的闽南文化研究

闽南文化相关政策、文件

研究综述与述评

会议与活动

学者访谈

著作目录提要

泉州师范学院的闽南文化研究

"中国社会科学院文化研究中心闽南文化研究基地"在泉州师范学院揭牌

作为世界闽南文化节的活动延伸和泉州获评"东亚文化之都"的一项庆贺活动，2013年11月21日上午，中国社会科学院文化研究中心闽南文化研究基地在泉州师范学院隆重揭牌。

中国社会科学院副院长武寅，中国社会科学院文化研究中心主任张晓明，福建省社会科学院副院长黎昕，泉州市委副书记、市长郑新聪，市委常委、宣传部部长陈庆宗等领导出席揭牌仪式。

武寅在致辞中指出，闽南文化博大精深、源远流长，是连接海内外闽南人的精神纽带，同时也日益演化为一个重要而又常新的研究领域。"在'文化大繁荣、大发展'的新形势下，将整合海峡两岸既有的学术与人力资源，打破学科壁垒与地域分隔，跨系所、跨机构、跨地区，乃至跨语言，共同推进闽南文化的跨界研究。"

"泉州一直致力于闽南文化的传承、弘扬、创新，积极发挥闽南文化在推动两岸交流交往、促进祖国和平统一大业方面的独特作用。"郑新聪表示，在泉州被评为首届"东亚文化之都"后，希望借助这一国家级科研平台所构筑的优质资源，激活各方研究能量，实现资源共享、协同创新，共同推动闽南文化不断发展。

闽南文化研究基地下设六个学术研究团队，分别为林华东教授领衔的闽南方言与闽南思想文化研究团队、王珊教授领衔的南音研究团队、黄科安教授领衔的闽台戏曲与华文文学研究团队、苏黎明教授领衔的闽南族群迁移与家族文化研究团队、陈桂炳教授领衔的闽台民俗文化与信仰研究团队、黄坚教授领衔的闽台民间美术研究与拓展团队。

"闽南文化学术活动月"也在揭牌仪式后启动，活动月内容丰富，包括11月23日召开的"近百年泉州宗教学回顾暨吴文良先生诞辰110周年学术研讨会"、11月29日召开的"第13届闽方言国际学术研讨会"、12月5日召开的"郑成功研究会泉州师范学院分会成立大会暨学术研讨会"等。

"台盟中央闽南文化交流研究基地"在泉州师范学院揭牌

　　"台盟中央闽南文化交流研究基地"揭牌仪式于 2014 年 3 月 26 日上午在泉州师范学院举行。全国政协常委、副秘书长、台盟中央副主席黄志贤，中共泉州市委常委、秘书长、统战部部长翁祖根，泉州师范学院党组书记游小波等领导出席揭牌仪式并致辞。

　　此次研究基地的设立旨在聚合全台盟及泉州师范学院乃至台湾地区的闽南文化研究力量，通过进一步探索闽南文化的历史、现状与未来的传承创新走向，更好地为构建和谐海峡提供文化层面的理论支撑，形成闽南文化交流研究联盟和智库；同时进一步加强两岸文化交流与合作，传承中华民族的历史记忆与打造中华文化的时代形象，增进两岸同胞的民族认同和文化认同，助推祖国和平统一。

　　基地今后还将做成闽南文化交流研究的品牌，并利用台盟中央所属的台海出版社，加大基地研究丛书等闽台文化图书出版与入岛交流；推动两岸宗亲交流工程实施，就闽台文化、涉台文物保护、两岸共同申遗、妈祖文化、海丝文化、谱牒文化、郑成功与闽南文化等课题开展系列研究，不断提升基地的影响力和竞争力。

闽南文化研究基地介绍

2013 年 6 月，在世界闽南文化节开幕式上，中国社会科学院武寅副院长专程到场向泉州师范学院授牌，设立中国社会科学院文化研究中心闽南文化研究基地，标志着泉州师范学院的闽南文化研究被纳入了国家级层面的研究平台。

泉州师范学院的闽南文化研究起步较早，并逐渐成为闽南文化研究的学术重镇。1983 年成立地方史研究室，出版刊物《泉南》；1996 年，在市委宣传部的支持下，建立泉州学研究所；2008 年，获批福建省高校人文社会科学研究基地"闽南文化生态研究中心"；2011 年，获批南音专业硕士学位点，成为全国新建本科院校中首批拥有"服务国家特殊需求人才培养项目"硕士专业学位点的高校之一。

学校闽南文化研究的最大优势是跨学科团队协同创新、精细化凝练方向。近些年来，学校在已有的学术积淀基础上，经过跨学科组建团队，形成六个较为稳定的研究方向，即林华东教授领衔的闽南方言与闽南思想文化研究团队、王珊教授领衔的南音研究团队、黄科安教授领衔的闽台戏曲与华文文学研究团队、苏黎明教授领衔的闽南族群迁移与家族文化研究团队、陈桂炳教授领衔的闽台民俗文化与信仰研究团队、黄坚教授领衔的闽南视觉文化拓展与研究团队。

一 闽南方言与闽南思想文化研究学术团队

学术团队带头人：林华东教授

该学术团队共有 12 人（其中高级职称 10 人，博士 5 人）。负责人林华东教授是福建师范大学博导，长期关注普通话与方言的和谐发展，着力探索方言的历史形成和发展，深入挖掘和凝练闽南文化的精神特质和思想内涵，错位研究，探索新路，在闽南思想文化和方言与区域历史研究方面成果丰硕；2009 年以来林华东教授受邀在新加坡安溪会馆、中国台湾成功大学、泉州市委及区委党校和有关高校举行了 18 场闽南文化和闽南方言专题学术讲座；在《光明日报·理论版》《中国语文》《语言文字应用》《方言》《东南学术》《人民论坛》《中国语研究》（日本）等权威、核心期刊上发表了一系列论文，出版论著与教材 18 部。《福建日报》《泉州晚报》对其做了专题访谈和评价。

团队成员善于发挥自身优势，近几年主持国家社科基金课题 3 项，省社科重大和一般基金课题 5 项，省教育厅重点和一般课题 5 项；获省社科成果奖 5 项，市社科成果奖 5 项。在闽南方言研究中，既重视本体研究（例如国家社科基金重大项目"海峡两岸闽南方言动态比较研究"之子项目"闽台移民与闽南方言研究"和国家社科基金项目"四百多年来闽南方言词汇语法的历史演变研究"），又积极开展方言生活现状的调研（例如省教育厅课题"泉州方言传承的现状与保护策略研究"及"福建省有声语言资源数据库建设可行性研究"），把共时和历时研究结合起来，既挖掘阐释语言本体，又重视方言的历史形成与发展，还致力于语言应用分析，发表了一系列富有学术价值的成果。

先后主办第六届全国古汉语学术研讨会、海峡两岸辞章学学术研讨会、第一届中国语言及方言语言接触问题学术研讨会、第四届汉语方言语法国际学术研讨会、两岸闽南文化传承创新与社会发展学术研讨会。

二　南音研究学术团队

学术团队带头人：王珊教授

该学术团队共有 8 人（其中正高职称 4 人，博士 1 人），负责人王珊教授为泉州师院首个硕士专业（艺术硕士）学科带头人、国家级音乐学特色专业和国家级南音人才培养模式创新实验区、国家级专业综合改革试点项目、省级 2011 南音文化传承与发展协同创新中心负责人，省级重点学科音乐与舞蹈学科带头人，享受国务院特殊津贴者；获全国劳动模范、福建省教学名师、福建省百千万人才、福建省劳动模范等荣誉称号。王珊教授致力于非物质文化遗产——泉州南音的保护、传承、弘扬与发展工作，把古老的民间乐种——南音引入高校的专业设置，先后主持创办音乐学（南音方向）本科、硕士专业，在海内外高校中独树一帜，开创了我国传统音乐进入高校专业设置和硕士专业的先河，为中国传统音乐的传承与发展作出了创新性的示范作用，为泉州南音入选"世界非物质文化遗产"、培养南音高层次人才和创建南音学科做出了突出贡献。

学术团队围绕南音文化传承与发展，以民族音乐学的视野、文化人类学的理论指导南音研究，力求通过教学科研培养南音高级研究人才，使南音办学基地成为古老乐种传承与研究的海内外学术中心，成为闽南文化保护人才培养的重要基地，成为海峡两岸以及东南亚等海外华侨文化渊源档案的交流平台，成为福建省高等学校学科建设的新亮点。团队研究成果获福建省社科成果二等奖 3 项、三等奖 4 项，获福建省教学成果二等奖 2 项；主持、参与国家级课题研究 5 项，主持教育部课题 4 项，省级课题 9 项；获国家级教科研奖 5 项、省级奖 11 项；出版南音专著 5 部，其中《南音》被文化部指定为南音申报"世遗"的乐种介绍书；出版教材 17 部，《中国泉州南音系列教程》等 9 部作品填补了海内外南音教材的空白。2010 年音乐学重点学科获中央财政专项经费资助 150 万元；2013 年获音乐学国家级专业综合改革项目，2013 年南音文化传承与发展获批福建省 2011 协同创新中心的认定公示；2012 年音乐与舞蹈学科被评为福建省高等学校重点学科；2013 年南音文化传承获福建省研究生创新基地；音乐与舞蹈实验中心获批福建省高校实验教学示范中心。

团队承办了"国际传统音乐学会第 37 届世界年会"泉州分会场等 39 场及系列学术研讨会，在国内外产生了重要影响。通过南音研究，探索世界级非物质文化遗产代表作南音的保护、传承与弘扬、发展，对进一步增强海峡两岸同胞的凝聚力、弘扬中华优秀传统文化具有深远意义。

三 闽台戏曲与华文文学研究学术团队

学术团队带头人：黄科安教授

该学术团队成员 13 人（其中教授 4 人，副教授 6 人，博士 7 人，博士后 1 人）。带头人黄科安教授是福建师范大学博导、泉州市"桐江学者计划"特聘教授、我国台湾成功大学人文社会科学中心客座研究员，曾受到中共中央宣传部、国家新闻出版总署表彰，先后主持国家社科基金、中国博士后科学基金、福建省社科规划等 10 余个科研项目，获得 7 项省、市级社科优秀成果奖。长期关注传统文体研究，蜚声学界，近年来逐渐将关注点转向泉州地方戏曲研究。《福建日报》以"黄科安教授谈：泉州地方戏曲，'老树'如何发'新枝'？"为题做了专访报道。

该学术团队目前主要工作有二。其一，致力于泉州地方戏曲文献的整理、校勘与推广。黄科安教授 2011 年获批主持国家社科基金项目"'陈三五娘'故事的传播及其当代意义研究"，重点研究 400 多年来梨园戏代表作《陈三五娘》流播、衍变的历史，及其对海峡两岸文化交流的意义，具有填补该领域学术空白的重要意义。该学术团队年轻学者近年来逐渐崛起，先后获批国家和省市社科项目 10 余项，在《东南学术》《戏剧文学》等核心期刊上发表相关论文数十篇，在《福建论坛》开设"闽南地方戏曲研究"专栏，推出一组（4 篇）论文，引起海内外学界关注。其二，致力于闽南文化与我国台湾暨东南亚华文文学研究。追溯我国台湾暨东南亚华人与中国闽南一脉相承的文化渊源关系，发掘我国台湾暨东南亚华文文学中的闽南文化因子。近 5 年来，出版《积淀·融合·互动——"东南亚华文文学与闽南文化"国际学术研讨会论文集》等，在《学术月刊》《民族文学研究》等权威、核心刊物上发表论文数十篇。

该学术团队一向重视学术交流活动。近年来举办 3 场国际学术会议，其成员在多场国际会议上宣读研究成果。团队还充分体现协同创新的学科理念，与我国台湾成功大学、厦门大学、福建省社会科学院、福建省艺术研究院、福建师范大学等海内外高校和学术机构密切合作，实现资源互通共享。

四　闽南族群迁移与家族文化研究学术团队

学术团队带头人：苏黎明教授

　　该学术团队共有成员 9 人（其中高级职称 6 人，博士 1 人）。负责人苏黎明教授系福建师范大学专门史硕士生导师、泉州师范学院图书馆馆长，长期以来专注于闽南家族文化研究，在该学术领域取得较为丰硕的成果。已在《光明日报·理论版》《东南学术》等权威、核心刊物上发表本领域系列研究论文，独著或合著有《家族缘：闽南与台湾》《泉州家族文化》《泉州历史上的人与事》《泉州古代书院》《泉州古代科举》《泉州古代教育》《泉州古代著述》等学术著作，共计 200 余万字。《福建日报》曾发表苏黎明教授的专题访谈，对其学术成就予以积极评价和肯定。

　　该学术团队科研实力强劲，人才梯队合理，研究基础雄厚。近年来已主持国家社科基金课题 1 项，福建省社科基金课题 5 项，获福建省社科成果奖 1 项，泉州市社科成果奖 5 项。该学术团队的特色领域为闽南族群迁移与家族文化研究，重点是探寻闽南族群迁徙海外的移民足迹，追踪闽南家族文化播迁我国台湾地区和东南亚的历史进程，凝练闽南家族文化的基本特质，探索基于这种特质下的闽南文化得以在我国台湾地区和东南亚广泛传承的内在原因。团队成员在《光明日报·理论版》《台湾研究》《东南学术》《福建论坛》等权威、核心刊物上发表本方向学术论文 20 余篇，其中多篇论文被《高等学校文科学报文摘》《人大报刊复印资料》转摘或全文转载，具有较高的学术价值，在国内相关领域产生较大影响。

五　闽台民俗文化与信仰研究学术团队

学术团队带头人：陈桂炳教授

　　该学术团队共有 9 人（其中正高职称 4 人，博士 2 人）。负责人陈桂炳教授是福建师范大学专门史硕导，长期致力于闽台民俗文化及民间信仰研究，着力探索民俗文化在建设闽南文化生态保护区中的地位和作用，深入考察民间信仰对构建和谐社会的积极意义，贴近现实生活需求，服务海西社会发展。主要研究成果发表于《光明日报·理论版》《民俗研究》《福建论坛》等重要刊物，出版闽南历史文化论著 8 部（其中独著 5 部，合著 3 部）。2007 年以来受邀担任福建省文化厅《闽南文化生态保护区纲要》《闽南文化生态保护区中长期规划》等征求意见稿论证会专家，受委托编制《泉州市"十二五"文化改革与发展专项规划》。《福建日报》《泉州晚报》和福建电视台、泉州电视台等地方新闻媒体做过专题访谈和评价。

　　该学术团队具有研究地方历史文化的优良学术传统，早在 1996 年即进行福建省社会科学研究"九五"规划项目"泉、漳、厦、台神缘研究与促进祖国统一"的研究，为其后来学术方向的形成与学术团队的整合奠定了良好的基础。团队成员善于发挥自身优势，近年来主持本研究方向的国家社科基金课题1项，省社科规划项目3项，省教育厅科研项目10项；获省社科成果奖1项，市社科成果奖7项。

近年来先后举办"闽南历史与生态文化学术研讨会"（2008年主办）、"福建省历史学会2010年年会暨闽南文化学术报告会"（2010年承办）、"两岸闽南文化传承创新与社会发展学术研讨会"（2012年，主办单位之一）等。

六 闽南视觉文化拓展与研究学术团队

学术团队带头人：黄坚教授

该学术团队共有7人（其中高级职称4人）。负责人黄坚教授是福建师范大学硕导，长期从事闽南传统文化内涵在现代视觉文化设计的融合与运用研究，注重挖掘地域性传统文化资源，领悟地域传统文化深层精神内涵，以闽南传统文化沃土中的民间语言、建筑、戏剧和民俗事项为基本研究对象，着重挖掘其视觉图式的文化意义、图形意义、色彩意义、传承意义、启迪意义和延展意义，将闽南传统文化与现代创意设计艺术进行有机的结合研究。在当代文化前沿下，该学术团队力求运用视觉图形、图像设计与符号学，结合各种创意设计表现手法，创作并设计出具有闽南传统文化内涵，又具有当代中国前沿、先锋风格的作品，并取得一定的成绩。先后在《文艺研究》《光明日报·理论版》《美术观察》《装饰》《美术》等权威、核心期刊上发表一系列论文，出版专著7部。

置于当下的闽南文化创意产业中进行的创意实践和文化拓展，在福建省政府提出繁荣海峡西岸经济区建设目标的今天，本学术团队产生的社会效益和经济效益是不可估量的。目前，本学术团队围绕闽南文化及其相关视觉图像进行创作、设计与研究已取得了阶段性的成果。参与福建省高校服务海西建设重点项目——"闽南文化的传承与海西社会发展"，主持省教育厅重点和一般课题5项、市社科联重点及一般项目8项、获市社科成果奖2项；在艺术创作及设计方面，该研究方向团队成员和他们所带领的研究生、本科生也多次入选国家级展览及赛事并获奖。

近年来，基地在闽南文化研究领域取得丰硕的成果，六个学术团队成员已在CSSCI刊物上累计发表闽南文化研究论文100多篇，出版相关著作（含教材）50多部，获批国家社科基金项目10项，教育部人文社科研究项目10余项，获得省部级以上奖励10余项。

基地将继续引导团队成员联合攻关，申报高级别课题、发表创新性文章、争取出精品成果，不断扩大学术研究和学科建设在本领域的影响力；加大闽台交流与合作力度，为两岸共建精神家园做出贡献；加大服务地方力度，积极参与地方文化、经济和社会建设，把传承和创新闽南文化作为高校肩负的必然使命；将闽南文化研究以更高的视野与世界各地闽南人沟通起来，全面推动闽南文化研究再上新台阶。

闽南文化生态研究中心介绍

福建省高校人文社会科学研究基地"泉州师范学院闽南文化生态研究中心"(以下简称"研究中心")是福建省闽南文化理论与应用研究的主要科研创新平台之一。该中心于 2008 年 5 月经福建省教育厅批准立项培育建设,2012 年 3 月通过验收,正式挂牌运行。2014 年 5 月,经福建省高校人文社会科学研究基地评审工作委员会评选,被评为福建省高校人文社会科学研究优秀基地。

研究中心是在本校原泉州学研究所(成立于 1996 年)的基础上,整合人文学院(现拆分为文学与传播学院、政治与社会发展学院)、艺术学院(现拆分为音乐与舞蹈学院、美术与设计学院)和图书馆各方面研究资源组建而成的。研究中心的基本队伍初期由 29 名骨干研究人员组成,其中教授 16 人,副教授 11 人,讲师 2 人。近年来,根据人文社会科学研究的学术特点,研究队伍的职称、学位、年龄结构不断优化,表现出较强的发展后劲。

自 2008 年以来,研究中心在把握闽南文化发展特征的前提下,全面推进闽南文化各个层面的研究,从不同学科的不同角度对闽南文化进行全方位、多视角的探讨。在闽南文化生态研究提供的理论背景和基础上,经过三年多的培育,研究中心已确立了闽南文化生态理论、闽南方言、闽南民间艺术(包括南音、闽南民间美术、闽南地方戏曲等)、闽南民间风俗(包括闽南民间信仰等)、闽南地方史(包括闽台关系史等)、泉州学等六个比较稳定的研究方向。基地的六个研究方向涵盖了文学、历史学、法学、哲学、教育学五大学科门类,中国语言文字学、历史学、艺术学、法学、哲学、民族学、教育学七个一级学科,语言学与应用语言学、民俗学(含中国民间文学)、专门史、考古学与博物馆学、历史文献学、音乐学、美术学、戏剧戏曲学、舞蹈学、设计艺术学、宗教学(含中国民间信仰)、教育史、中国少数民族史等十三个二级学科。研究中心还利用申请获批的中央财政支持地方高校发展专项资金,建立了一个"闽南文化资料中心"。福建省人民政府办公厅印发的《闽南文化生态保护区总体规划》和泉州市人民政府印发的《泉州市"十二五"时期文化改革与发展规划》《泉州市闽南文化生态保护区总体规划》,均把本研究中心列为福建省和泉州市的闽南文化和文化生态理论研究的主要学术机构。

研究中心自 2008 年以来,计获批 7 项国家社科基金项目,28 项福建省社科规划项目。出版学术著作 29 部，近 80 篇论文发表于权威与核心学术期刊。在学术交流方面，先后举办了多场以闽南文化为主题的学术研讨会，研讨的议题包括闽南历史与生态文化、南音艺术、闽南文化的传承创新与社会发展、东亚文化之都泉州的历史文化、闽南宗教文化、海丝文化等。与省内外其他有关研究机构交流频繁。

研究中心将遵照《福建省高等学校人文社会科学研究基地建设与管理暂行办法》的要求，从福建省经济和社会发展需要出发，优化结构，合理布局，突出重点，兼顾基础和应用研究，努力成为全省在该研究领域的专门人才库和人才培训基地、全省人文社会科学的学术交流和信息资料基地、全国有一定影响的思想库和咨询服务基地。

南音研究中心介绍

福建省首批社会科学研究基地南音研究中心，开展南音传承保护研究、南音文化推广和国际传播研究工作，建设南音高端人才培养基地，构建区域文化传承和发展战略决策的高端智库。

泉州师范学院南音研究中心于 2014 年被列为首批福建省社会科学研究基地。中心依托南音文化传承与发展协同创新中心，开展南音传承保护研究、南音文化推广和国际传播研究工作，建设南音高端人才培养基地，构建区域文化传承和发展战略决策的高端智库。

中心实行"机构开放、人员流动、内外联合、成果快速转化"的运行机制，由首席专家负责组织指导基地的学术研究活动，实行学术委员会指导下的主任负责制。加强整合泉州师范学院泉州南音学院的科研力量，突破高校、科研院所、民间智库交流合作的体制壁垒，面向海内外招聘南音著名表演艺术家、闽南文化研究专家等专、兼职研究人员，形成一支含专任教师、专职研究员、兼职研究员的学术创新队伍，全面落实体制改革、科学研究、人才培养、学术交流、信息资料和咨询服务等任务，提高参与各级政府重要文化决策的能力，使之成为国内外知名的南音研究机构，自觉服务于国家和区域发展的战略需求，为提升中华文化软实力和中国传统优秀文化在世界获得广泛传播发挥重要作用。

南音2011协同创新中心介绍

　　南音文化传承与发展协同创新中心"高起点、高水准、有特色"，承担着非物质文化遗产保护和提升中国文化软实力的重大使命，自觉服务于国家和区域文化发展的战略需求，符合"国家急需，世界一流"的要求。中心面向国家需求，创建国际一流的南音文化传承与发展协同创新中心。目标：创建国际一流的南音研究学术创新体；构建区域文化传承和发展战略决策的高端智库；搭建南音国际交流对话平台；实施南音抢救保护工程；建设南音高端人才培养基地，创建南音学科。汇集1个"服务国家特殊需求人才培养项目"——艺术硕士（南音）专业学位点，2个国家级特色专业，2个国家级人才培养模式创新实验区，1个国家级专业综合改革项目，2个省级重点学科，5个省级重点实验室。牵头高校泉州师范学院南音本、硕人才的培养在海内外高校中独一无二，联合福建省非物质文化遗产保护中心、中国音乐学院、我国台湾屏东教育大学、泉州市南音乐团、新加坡城隍艺术学院等机构，汇集海内外南音教学科研人才等资源组建而成，获得政府相关部门的指导和支持。协同单位签订合作协议，协同制定该中心的研究方向、建设方案、发展规划、合作模式和管理运行机制等。牵头单位负责中心的筹建、培育、申报、管理和主要投入；其他单位参与中心的建设和管理，提供学术资源、高端人才、配套投入和相关政策的支持与指导。

　　中心自成立以来，利用协同创新平台的优势，开展学术交流与人才培养，定期选拔学生到协同单位交流学习，不断拓宽人才培养途径，充分发挥泉州师范学院南音本、硕专业人才培养独一无二的优势和特色，聚集海内外南音文化保护传承与创新发展力量。于2014年2月28日至3月2日主办"东亚文化之都·泉州"系列活动——"2014泉州南音国际学术研讨会"，邀请了来自日本、韩国、新加坡、我国台湾等海内外知名学者、泉州南音学术研究的专家，共同为泉州南音的传承与发展出谋献策。会议通过主题报告、论文宣读、学术研讨与观摩表演的有机结合，产生了诸多有益的学术效果，得到了《人民日报》等主流媒体的报道。于2014年6月3—8日，赴金门与我国台湾心心南管乐坊合作"浯州清音扬"系列之"翟山坑道——百鸟归巢入翟山"专场音乐会活动，与我国大陆及港、澳、台地区南音乐人共同演绎南音作品。清丽悠远的天然音响与金门闽南文化的温度与厚度相融，使参演者及观赏者亲身感受到两岸文化同根、同源的真情实感。于2014年7月18—20日召开南音作品创作研讨会，探索创新南音表演形式，向海内外推广南音文化，进而推动中国优秀传统文化在世界的传播。

中心的三大重点任务：

（1）构建协同创新平台与模式。目前两岸及东南亚国家南音文化交流频繁，中心不仅要整合海内外高校、南音专业团体等各方面优势力量，形成三位一体的创新能力，还要在南音文化遗产的保护、传承、发展和国际传播这些重大协同创新方向上跨越体制障碍，实现深度融合，借此探索南音文化交流合作常态化、机制化的新途径。

（2）建立健全协同创新机制与体制。以机制体制改革引领协同创新，深化组织管理体系、人事管理制度、人才培养模式、考核评价机制、科研组织模式、资源配置方式、海内外交流合作模式和学术文化环境等八个方面的改革创新，切实突破高校、科研院所、民间智库交流合作的体制壁垒，有效汇集和充分释放相关创新要素的活力，拓展交流合作的层次与空间，在共同构建更具影响力的南音文化交流平台、增强共有文化的凝聚力和吸引力、提升中华文化软实力等方面，自觉服务于国家和区域发展的战略需求。

（3）以高水平的学术研究拓展和深化南音文化交流。围绕南音文化的核心议题，坚持文史哲艺多学科交叉融合，以狭义文化——精神文化为重点，突出精神文化的重点领域和价值内涵，整合凝练并持续主攻以下五大研究方向，借此深入系统地阐述南音文化的重要价值和意义，为保护我国非物质文化遗产、弘扬中华文化传统、促进两岸及东南亚国家文化交流、增强文化认同提供学术支撑、决策咨询和人才支持。

中心的五大研究方向：

（1）南音的保护方式研究与数据库建设。针对文化表现形式进行切实有效的保护是目前南音文化传承面临的关键问题，进行保护方式的研究，抢救和记录、修复即将遗失或已经遗失的南音曲目和乐谱；利用计算机技术，采集南音名家、名曲音视频资料，建立南音数据库；对历史和现存南音传承场所进行全面调查，保护、保存相关文化场所；收集和整理南音的各种古老乐器和相关用品，促进南音文化博物馆建设工作的开展，全面实现南音文化数字化保护。

（2）南音传承研究。梳理南音传统传承历史，建立南音传承人传承谱系口述史档案，建立国家级、省级南音传承人名录；对南音传承现状做出评估，并以此为基础提出可行性建议，促进南音文化的有效传承和有序传承；扎实开展南音本、硕高层次人才培养，不断完善与著名南音团体、国家级南音传承人开展联合培养工作，定期选拔学生到境外交流学习。

（3）南音交叉学科研究。以实际问题为导向，开展南音在海内外传播现状调查研究；南音乐学与古代乐学比较研究；南音现代价值与作用研究；南音保护、传承与发展政策研究；南音传承发展对中国优秀传统文化的示范作用研究；南音传承保护政策研究；从戏剧学、文学、语言学、人类学、文献学、历史学、传播学等角度开展南音交叉学科研究；等等。在做强南音特色学科优势的同时，以点带面地推动相关学科的发展。

（4）南音的合理利用与创新发展研究。在充分研究的基础上，合理利用南音非物质文化遗产资源，创新适合当代民众需求的文化表现形式，满足文化消费的同时，促进南音的当代传承发展：如利用计算机技术开发南音工尺谱绘谱新型软件；制作与南音文化主题相关的微电影、动漫作品，开发南音衍生产品；打造一批南音精品曲目；创作出在国际上具有影响力的新南音作品；探索南音表演模式创新。

（5）南音文化国际传播研究。采取继承与创新两条腿走路的方式，加强海内外南音传习所及实践基地建设；举办南音国际学术研讨会和南音大会唱等活动，为南音社团的建设和南音爱好者提供交流传播平台，不断扩大南音文化的认同度和认知度。

泉州学研究所介绍

泉州学研究所是泉州师范学院最早成立的校级地方历史文化机构。

泉州师范学院具有研究地方历史文化的优良学术传统。1982 年，泉州被确定为国家首批 24 个历史文化名城之一。次年，泉州师范专科学校（今泉州师范学院前身）历史系即成立了地方史研究室，进行地方历史文化研究，开设地方史选修课，并出版内部交流刊物《泉南》。同年，该校与泉州历史研究会联合举办了省内外与会者多达 221 人的"泉州历史文化学术研讨会"，在学术界产生了很好的影响。

1996 年 5 月 8 日（校庆日），在泉州市泉州学研究所（成立于 1991 年）停止活动数年的学术背景下，以历史、中文两系的研究力量为主体的校级科研机构泉州学研究所正式成立，其宗旨是"深入研究泉州历史文化，为泉州市的经济、文化建设服务，为建设海峡西岸文化走廊服务，为促进泉州与华侨华人的文化交流服务，为人们了解世界和世界了解泉州提供窗口"；研究工作的定位是"立足泉州，依靠全省，联手台湾，放眼世界"。

研究所起步良好，在运作初期即取得了喜人业绩，例如：当年即获得国家教委"世行贷款师范教育发展项目"课题《探索沿海开放地区的历史教学改革，培养 21 世纪合格的中学历史教师》和福建省社会科学研究"九五"规划课题《泉、漳、厦、台神缘研究与促进祖国统一》，其结项成果分别获泉州市政府第二届社会科学优秀成果一等奖和二等奖；出版首辑"泉州学小丛书"3 本（《泉州方言文化》《泉州宗教文化》《泉州民俗文化》），作为校庆四十周年（1958—1998）的献礼；为扩大学术影响，编印不定期学术内刊《泉州学研究》，正式出版《泉州学研究》（阶段性研究成果专辑）；研究所还多次主办、承办或协办学术研讨会及学术座谈会，其中影响最大的是 1999 年 10 月经中共中央宣传部批准，由该校发起举办的"海峡两岸'泉州学'学术研讨会"；2001 年，教育部启动高校学报"名刊名栏工程"建设，《泉州师范学院学报》编辑部于 2002 年第 1 期在显要位置推出重点栏目"泉州学研究"。2005 年，《泉州师范学院学报》的特色栏目"泉州学研究"，被评为全国高校社会科学学报优秀栏目。

2005 年，原泉州市泉州学研究所恢复活动。泉州师院泉州学研究所继续发挥自身的特色与优势，加强与泉州市泉州学研究所的联系与交流，共同把泉州学研究推向深入。2006年5月，泉州师范学院召开了"泉州师范学院泉州学研究所成立十周年暨学术研讨会"，据当时的研究所工作总结统计，该校十年来（1996—2006）在泉州学研究上取得了丰硕的成果，累计在各级别学术刊物发表论文180多篇，出版著作20余部，完成国家教委科研项目、福建省社科研究规划项目、省教育厅社科研究项目、泉州市社科研究规划课题共20多项。

自2001年以来，在福建省炎黄文化研究会的协调与组织下，闽南文化的研究如火如荼，作为闽南文化重要基础理论研究的泉州学，乘势而上，增强学科意识，把研究视野进一步拓展到闽南文化领域。《泉州师范学院学报》的特色栏目"泉州学研究"，亦于2010年转换为"闽南文化研究"，使其在更为广阔的舞台与空间，对接闽南文化研究，促进海峡两岸的文化交流与和平发展。

2008年，在"泉州师院泉州学研究所"基础上经优化整合后申报的"福建省高校人文社会科学研究基地泉州师范学院闽南文化生态研究中心"，当年即顺利获得福建省教育厅批准立项建设。此后，"泉州师院泉州学研究所"仍作为校级科研机构继续运作，并作为该研究中心的重要研究方向之一，为研究中心的建设与发展提供坚实的学术支撑。

《泉州师范学院学报》"闽南文化研究"栏目被评为"全国高校社科期刊特色栏目"

在全国高等学校文科学报研究会 2014 年第五届评优活动中,《泉州师范学院学报》"闽南文化研究"栏目被评为"全国高校社科期刊特色栏目"。

全国高等学校文科学报研究会于 2014 年 6—7 月开展评优活动,旨在展示自教育部实施"名刊名栏工程"以来高校社科学报取得的成绩,并以评促改、以评促建,达到促进刊物学术质量上档次、出精品,进一步全面提高刊物学术质量、繁荣发展我国哲学社会科学的目的。在这次评比中,福建省共有 4 个栏目入选"全国高校社科期刊特色栏目",《泉州师范学院学报》获得其中两项殊荣。

近几年来,《泉州师范学院学报》办刊质量不断提高,影响因子、总被引频次、转载率等指标均取得了长足进步,影响力明显增强。尤其是"闽南文化研究"作为期刊突出地方性的特色栏目,所刊发的学术论文提出新问题,转换新视角,运用新方法,开拓新领域,深入阐释了闽南文化的特质和内涵,对于弘扬闽南文化,参与泉州"东亚文化之都"建设,有着重要的学术意义和理论价值。

"闽南文化研究"栏目通过与泉州师范学院的省级高校人文社会科学研究基地——"闽南文化生态研究中心"有效对接,进一步辐射整个闽南文化圈。这对于阐释与弘扬闽南文化,增进海峡两岸的文化交流,起到了良好的示范作用。

闽南文化相关政策、文件

文化部关于加强国家级文化生态
保护区建设的指导意见

文非遗发〔2010〕7号

各省、自治区、直辖市文化厅（局），新疆生产建设兵团文化局：

根据《国务院关于加强文化遗产保护的通知》（国发〔2005〕42号）、《国务院办公厅关于加强我国非物质文化遗产保护工作的意见》（国办发〔2005〕18号）精神和《国家"十一五"时期文化发展规划纲要》要求，文化部开展了文化生态保护区建设工作。为进一步深化非物质文化遗产保护，加强国家级文化生态保护区建设，现提出以下指导意见。

一　国家级文化生态保护区建设的重要意义

国家级文化生态保护区是指以保护非物质文化遗产为核心，对历史文化积淀丰厚、存续状态良好，具有重要价值和鲜明特色的文化形态进行整体性保护，并经文化部批准设立的特定区域。

随着经济全球化趋势的增强和现代化进程的加快，我国的文化生态环境正发生急剧变化。《国家"十一五"时期文化发展规划纲要》明确提出，要"确定10个国家级民族民间文化生态保护区"。随着非物质文化遗产保护工作的深入开展，我国将逐步设立一批国家级文化生态保护区。设立国家级文化生态保护区，以非物质文化遗产为核心加强文化生态保护，对于推动非物质文化遗产的整体性保护和传承发展，维护文化生态系统的平衡和完整；对于提高文化自觉，建设中华民族共有的精神家园，增进民族团结，增强民族自信心和凝聚力；对于促进经济社会全面协调和可持续发展，具有重要的意义。

各地文化行政部门要进一步提高对国家级文化生态保护区建设重要性的认识，增强责任感和紧迫感，切实做好国家级文化生态保护区建设工作。

二　国家级文化生态保护区建设的方针和原则

国家级文化生态保护区建设要以科学发展观为指导，认真贯彻非物质文化遗产保护工作"保护为主、抢救第一、合理利用、传承发展"的指导方针。在文化生态保护区的建设工作中，应坚持以保护非物质文化遗产为核心的原则，坚持人文环境与自然环境协调、维护文化生态平衡的整体性保护原则，坚持尊重人民群众的文化主体地位的原则，坚持以人为本、活态传承的原则，坚持文化与经济社会协调发展的原则，坚持保护优先、开发服从保护的原则，坚持政府主导、社会参与的原则。

三　国家级文化生态保护区设立的条件

——传统文化历史积淀丰厚、存续状态良好，并为社会广泛认同；

——非物质文化遗产资源丰富，分布较为集中，且具有较高的历史、文化、科学价值和鲜明的区域特色、民族特色；

——非物质文化遗产所依存的自然生态环境和人文生态环境良好；

——当地群众的文化认同与参与保护的自觉性较高；

——当地人民政府重视文化生态保护区建设工作，保护措施有力。

四　国家级文化生态保护区设立的程序

各省、自治区、直辖市文化厅（局）要组织专家对申请设立国家级文化生态保护区的地区进行实地考察，并对申请地区编制的《文化生态保护区规划纲要》进行论证，经省级人民政府同意后，将申请地区人民政府和省、自治区、直辖市文化厅（局）设立文化生态保护区的申请、省级人民政府同意设立文化生态保护区的函件、专家论证意见以及《文化生态保护区规划纲要》等申报材料一并报送文化部。

在对各地报送的国家级文化生态保护区的申报材料进行认真审核的基础上，文化部组织专家对申请地区进行实地考察，并对《文化生态保护区规划纲要》进行论证、评审。经论证、评审通过的申请地区，文化部将设立为国家级文化生态保护实验区。国家级文化生态保护实验区建设取得一定成果和经验后，文化部组织专家进行验收，验收合格后命名为国家级文化生态保护区。

五　国家级文化生态保护区建设的基本措施

（一）科学制定文化生态保护区总体规划。制定总体规划是建设文化生态保护区的前提条件。要在调查研究、统筹协调和科学论证的基础上，组织制定文化生态保护区总体规划。总体规划应当体现人与自然和谐相处、文化遗产保护与区域经济社会全面协调发展的要求，突出非物质文化遗产资源的独特价值、文化内涵和民族特色、地方特色。总体规划要翔实具体，内容应包括文化生态保护区文化资源及文化生态的现状与分析；文化生态保护区的建设目标、工作原则与保护内容；文化生态保护区的保护范围与重点区域；文化生态保护区的保护方式、保护措施与保障措施；总体规划的分期实施方案等。要将《文化生态保护区总体规划》纳入当地经济社会发展总体规划。

（二）确定重点区域进行整体性保护。在文化生态保护区中选择若干自然生态环境基本良好、传统文化生态保持较为完整的街道、社区或乡镇、村落等，作为实施整体性保护的重点区域。要注意保持重点区域的历史风貌和传统文化生态，不得改变与其相互依存的自然景观和环境。要注重非物质文化遗产的不同项目之间，非物质文化遗产与物质文化遗产之间，文化遗产与自然环境、人文环境之间的关联性，将单一项目、单一形态的保护模式，转变为多种文化表现形式的综合性保护。文化生态保护区内涉及文物、历史文化街区、名镇、名村、名城自然保护区、风景名胜区的，应当执行国家有关法律、法规的规定。

（三）加强非物质文化遗产名录项目的保护。要根据各级非物质文化遗产名录项目特别是国家级名录项目的不同类别特点，因地制宜、因类制宜地采取有针对性的保护措施，做好保护工作。对传统表演艺术类的项目，要注重传统剧（节）目及其资料的挖掘和整理，及时抢救记录老艺人及其代表性剧（节）目；对传统技艺类的项目，要注重代表性传承人的技艺传承及原材料保护，征集代表性传承人主要代表作品，鼓励探索生产性保护方式；对民俗类的项目，注重在相关社区的宣传、教育和民俗活动的开展，促进群体传承。对区域内濒危的非物质文化遗产名录项目，要优先抢救保护。要建立非物质文化遗产档案和数据库。

（四）加强非物质文化遗产名录项目代表性传承人的保护。要继续对文化生态保护区内各级非物质文化遗产名录项目代表性传承人进行认定和命名，为其开展传习活动提供必要的场所，资助其开展授徒传艺、教学、交流等活动；对高龄和无固定经济来源的代表性传承人，可发放一定的生活补贴，对传承工作有突出贡献的代表性传承人给予表彰、奖励；对学艺者采取助学、奖学等方式，鼓励其学习、掌握非物质文化遗产，成为后继人才。

（五）加强非物质文化遗产基础设施建设。非物质文化遗产基础设施是展示和传习非物质文化遗产的重要场所。国家级文化生态保护区要在统筹规划的基础上，建设一个以上的国有综合性非物质文化遗产展示馆，根据当地实际建设非物质文化遗产专题展示馆，为各级非物质文化遗产名录项目建设传习所；鼓励个人、企事业单位等社会力量建设多种形式的非物质文化遗产专题展示馆和传习所；要注重非物质文化遗产珍贵实物资料和传承人代表性作品的征集，并进行科学的展示陈列，充分发挥非物质文化遗产基础设施在保护、传承、展示、宣传非物质文化遗产等方面的积极作用。

（六）加强文化生态保护区理论和政策研究。文化生态保护区内有种类繁多的非物质文化遗产，对这些非物质文化遗产的历史与现状，对它们的文化艺术价值，对它们的传承发展和开发利用的规律要进行深入研究。同时，鼓励在文化生态保护区内建立相应的研究机构，积极开展与文化生态保护区有关的理论研究和政策研究。充分发挥研究机构和高等院校的作用，利用国内外学术研讨会、理论论坛、座谈会、交流会等方式，深入研究文化生态保护区建设中遇到的新情况、新问题，为文化生态保护区的建设提供理论依据和决策参考。

（七）加强非物质文化遗产教育传承。在文化生态保护区内要整合文化、教育等多方资源，将非物质文化遗产保护知识纳入当地教育体系，积极推进非物质文化遗产进课堂、进教材、进校园，通过组织代表性传承人进学校开展授课辅导活动，编写非物质文化遗产传承普及和辅导读本，在中小学开设非物质文化遗产项目选修课程，在保护区内的职业学校和高等院校设立非物质文化遗产相关专业等方式，使非物质文化遗产成为对青少年进行传统文化教育和爱国主义教育的重要载体，培养新的传承群体，探索多种形式的传承方式。

（八）加强非物质文化遗产保护人才队伍建设。人才队伍是做好非物质文化遗产保护工作的关键。要通过组织培训班、现场考察学习、经验交流等方式，开展文化生态保护人员培训工作，提高保护人员的业务水平和工作能力。要与高等院校、科研院所密切协作，设置非物质文化遗产保护相关专业，培养一批非物质文化遗产保护专业人才，为文化生态保护区建设提供人才支撑。

（九）突出社会公众的文化主体地位。文化生态保护区内广大人民群众的参与程度是衡量保护区建设成效的决定因素。要充分理解和尊重文化生态保护区内社会公众的意愿，增进社会公众的文化认同感和自豪感，对积极有益的民俗活动给予支持，鼓励民众积极参与非物质文化遗产生产性保护、民俗节庆活动等，激发社会公众的保护意识，提升社会公众的文化自觉，充分调动社会公众参与文化生态保护区建设的主动性和创造性。

（十）营造有利于文化生态可持续发展的良好社会氛围。充分利用报刊、广播电视、互联网等新闻媒体对文化生态保护区建设进行宣传报道，利用"文化遗产日"、民族传统节目，大力开展丰富多彩的群众文化活动，鼓励开展健康有益的民俗文化活动，增强人们自觉参与文化生态保护的意识，努力营造文化生态保护的良好氛围。

六　国家级文化生态保护区建设的工作机制

（一）发挥政府主导作用。国家级文化生态保护区建设要充分发挥政府主导作用，加强领导，建立由有关政府领导牵头，各相关部门共同参与的领导机构。要将文化生态保护区建设纳入本地区经济社会发展规划和工作考核目标，并根据文化生态保护区总体规划和当地特点制定出台文化生态保护区建设的相关政策。在文化行政部门设立日常工作机构，实施具体工作。

（二）加大资金投入。要将文化生态保护区建设纳入本地区公共文化服务体系建设，所需经费列入本级财政预算。同时通过政策引导等措施，鼓励个人、企业和社会组织对文化生态保护区建设予以资助，多渠道吸纳社会资金投入。

（三）建立专家咨询机制。要成立文化生态保护区建设专家咨询机构，充分发挥专家的工作指导、咨询、参谋作用，结合工作实际开展理论研究，为文化生态保护区建设提供智力支持。

（四）调动社会各方面力量参与保护区建设。采取多种方式，广泛调动有关学术研究机构、高等院校、企事业单位、社会组织、个人等各种社会力量的积极性，形成合力，共同开展文化生态保护区建设工作。

（五）加强指导检查。各级文化行政部门要把国家级文化生态保护区建设作为文化建设的一项重要工作。文化部和各省、自治区、直辖市文化厅（局）要对国家级文化生态保护区总体规划的实施情况进行指导和检查，及时发现问题，纠正偏差，总结经验，改进工作。对国家级文化生态保护区建设成绩突出的地区，给予表彰奖励。

2010 年 2 月 10 日文化部办公厅印发

福建省人民政府办公厅关于印发闽南文化生态保护区总体规划的通知

闽政办〔2014〕54号

厦门、漳州、泉州市人民政府，省直有关单位：

《闽南文化生态保护区总体规划》已经文化部同意实施。经省政府同意，现将该规划印发给你们，请认真组织实施。

福建省人民政府办公厅

2014 年 4 月 23 日

闽南文化生态保护区总体规划

2014 年 4 月

目　录

我国各族人民在长期生产生活实践中创造的丰富多彩的非物质文化遗产，是中华民族智慧与文明的结晶，是连接民族情感的纽带和维系国家统一的基础。

非物质文化遗产是各族人民世代相传并视为文化遗产组成部分的各种传统文化表现形式，以及与传统文化形式相关的事物和场所。非物质文化遗产与物质文化遗产、自然遗产共同承载着人类社会的文明，是世界文化多样性的表现。

加强非物质文化遗产保护，不仅是国家和民族发展的需要，也是国际社会文明对话和人类社会可持续发展的必然要求。党中央、国务院历来高度重视非物质文化遗产保护工作，大批非物质文化遗产代表性项目和代表性传承人得到有效保护。

但是，随着经济全球化趋势和现代化进程的加快，我国的文化生态正在发生巨大变化，文化遗产及其保存、生存的环境受到严重威胁，一些依靠口传心授和行为传承的非物质文化遗产正在不断消失；不少历史文化名城（街区、村镇）、古建筑、古遗址及风景名胜区的整体风貌遭到破坏；在传统文化遗存相对丰富的地区，民族或区域文化特色也在不断消退。

为了更好地对非物质文化遗产、物质文化遗产、自然遗产及其保存、生存的环境进行整体性保护，国家设立文化生态保护区。

国家级文化生态保护区是指以保护非物质文化遗产为核心，对历史文化积淀丰厚、存续状态良好，具有重要价值和鲜明特色的文化形态进行整体性保护，并经文化部批准设立的特定区域。

文化生态保护区的设立，标志着我国非物质文化遗产保护工作由静态的、单项的保护进入动态的、整体性保护新阶段。

闽南文化生态保护实验区是于 2007 年 6 月经文化部批准设立的第一个国家级文化生态保护实验区。为更好地落实《国务院关于支持福建省加快建设海峡西岸经济区的若干意见》（2009）、《海峡西岸经济区发展规划》（2011）提出的"加快推进闽南文化生态保护实验区建设""建设两岸文化交流的重要基地"的战略部署，按照《文化部关于加强国家级文化生态保护区建设的指导意见》等文件精神，编制《闽南文化生态保护区总体规划》（以下简称《规划》）。

第一部分　规划导引

一　建设背景

20 世纪以来，在联合国教科文组织的倡导和推动下，世界遗产、非物质文化遗产以及自然生态的保护成了世界性共识和行动。《保护世界文化和自然遗产公约》（1972）、《保护非物质文化遗产公约》（2003）、《保护和促进文化表现形式多样性公约》（2005）、《联合国人类环境宣言》（1972）、《生物多样性公约》（1992）等一系列有关文件，有力促进了世界各国对文化遗产、自然遗产和生态环境的保护。联合国教科文组织对世界遗产、非物质文化遗产和生态环境的保护,以及生态学、文化生态学等学科的兴起,为文化生态保护积累了实际经验、打下了理论基础。

我国是《保护世界文化和自然遗产公约》《保护非物质文化遗产公约》《生物多样性公约》等文件的缔约国,在文化遗产保护、自然遗产保护、生物多样性保护等方面取得显著成效。我国列入联合国教科文组织人类非物质文化遗产代表作名录数量居世界第一,列入世界遗产名录数量居世界前列。党中央、国务院历来高度重视文化遗产保护,出台了一系列文化遗产保护的政策法规和措施,全社会保护意识不断提高,多数文化遗产得到有效保护。在文化遗产、自然遗产保护取得成效的基础上,我国在世界上率先提出建设文化生态保护区。目前,我国已建立了12个文化生态保护实验区。

各级政府、广大群众高度重视、热心投入闽南文化生态保护实验区建设。《国务院关于支持福建省加快建设海峡西岸经济区的若干意见》(2009),将闽南文化生态保护实验区建设纳入"建设两岸文化交流重要基地"的战略部署。福建省在《福建省贯彻落实〈国务院关于支持福建省加快建设海峡西岸经济区的若干意见〉的实施意见》(2009)、《福建省国民经济和社会发展第十二个五年规划纲要》(2011)等重要文件中,多次提到要保护闽南文化,加快闽南文化生态保护实验区建设,促进两岸文化交流。泉州、漳州、厦门三市政府积极行动,各自已编制了《闽南文化生态保护区建设规划》,人民群众也积极投入文化生态保护区建设之中。

二　重要意义

(一)对于保护、传承和发展闽南文化,维护文化多样性,具有重要意义。

闽南文化以中华文化为主体,融合了闽越文化、闽南本土文化,吸收了异域有益文化,既保留了闽越文化、中原汉文化的浓厚色彩,又具有东南沿海的海洋文化特色。闽南文化既是独特的地域文化,也是中华文化在闽南地区的具体表现。建设闽南文化生态保护区,对于保护、传承和发展闽南文化,维护文化多样性,弘扬中华民族精神,具有重要意义。

(二)对于落实科学发展观,促进闽南地区全面协调可持续发展,具有重要意义。

文化是民族凝聚力和创造力的重要源泉,是综合国力竞争的重要因素,是经济社会发展的重要支撑。建设闽南文化生态保护区,对于继承闽南文化的优秀传统、激活闽南文化创造力,发挥闽南文化在现代化建设中的重要作用,促进闽南地区经济、政治、文化、社会建设以及生态文明建设全面协调可持续发展,具有重要意义。

(三)对于加强两岸文化交流,维护两岸关系和平发展,推进祖国和平统一,具有重要作用。

福建省与台湾地区地缘相近、血缘相亲、文缘相承、商缘相连、法缘相循,具有对台交往的独特优势。台湾地区是闽南文化重要的传播区,1700万闽南人在传承闽南文化。闽南文化对加强闽台两岸文化交流,促进民族文化认同,增强中华民族凝聚力,维护两岸和平关系,推进祖国和平统一大业,具有重要作用。

三　指导思想与基本方针

指导思想：坚持以邓小平理论、"三个代表"重要思想、科学发展观为指导，全面深化改革，加大文化遗产保护力度，构建科学有效的文化遗产保护体系，提高全社会文化遗产保护意识，充分发挥文化遗产在传承中华文化，提高人民群众思想道德素质和科学文化素质，增强民族凝聚力，促进社会主义先进文化建设和构建社会主义和谐社会中的重要作用。

基本方针：非物质文化遗产保护要贯彻"保护为主、抢救第一、合理利用、传承发展"的方针；物质文化遗产保护要贯彻"保护为主、抢救第一、合理利用、加强管理"的方针；坚持保护文化遗产的真实性和完整性，坚持依法和科学保护，正确处理经济社会发展与文化遗产保护的关系，统筹规划、分类指导、突出重点、分步实施。

四　编制依据与规划性质

《闽南文化生态保护区总体规划》根据以下相关的主要文件编制：联合国教科文组织《保护非物质文化遗产公约》（2003）、《国务院关于加强文化遗产保护的通知》（2005）、《国务院办公厅关于加强我国非物质文化遗产保护工作的意见》（2005）、《国家"十一五"时期文化发展规划纲要》（2006）、《国务院关于支持福建省加快建设海峡西岸经济区的若干意见》（2009）、《福建省贯彻落实〈国务院关于支持福建省加快建设海峡西岸经济区的若干意见〉的实施意见》（2009）、《文化部关于加强国家级文化生态保护区建设的指导意见》（2010）、《中华人民共和国非物质文化遗产法》（2011）、《福建省国民经济和社会发展第十二个五年规划纲要》（2011）、《海峡西岸经济区发展规划》（2011）、《中华人民共和国国民经济和社会发展第十二个五年规划纲要》（2011）、《中共中央关于深化文化体制改革　推动社会主义文化大发展大繁荣若干重大问题的决定》（2011）、《国家"十二五"时期文化改革发展规划纲要》（2012）、《文化部"十二五"时期文化改革发展规划》（2012）等，以及《闽南文化生态保护实验区规划纲要》（2007），泉州市、漳州市、厦门市《闽南文化生态保护试验区建设规划》。

《闽南文化生态保护区总体规划》属于区域性文化遗产保护规划，保护的核心对象是非物质文化遗产，规划范围为闽南泉州、漳州、厦门三市行政区，规划期为2011—2025年。

《闽南文化生态保护区总体规划》主要阐述规划期内闽南文化生态保护区建设的指导方针、建设目标、保护范围、保护对象、保护方法、保护措施和保障措施，是政府引导和推进闽南文化生态保护区建设、制定闽南文化生态保护区相关政策和安排重点项目投资建设的重要依据。

各级政府要将文化生态保护区建设纳入当地经济社会发展总体规划。

第二部分　闽南历史文化与文化生态

闽南文化的产生与形成，与闽南地处东南沿海的地理环境和移民社会历史、航海贸易活动等各种经济社会环境有着密不可分的联系。

一　闽南区域与地理位置

福建古称"闽"，闽南是福建南部地区。现今闽南地区指的是泉州市、漳州市、厦门市，三市共辖十二区四市（县级市）十三县（含金门县）。泉州市辖鲤城、丰泽、洛江、泉港四区，晋江、石狮、南安三市（县级市），惠安、安溪、永春、德化、金门（待统一）五县；漳州市辖芗城、龙文二区，龙海市（县级市）、漳浦、云霄、东山、诏安、南靖、平和、长泰、华安八县；厦门市辖思明、湖里、集美、海沧、同安、翔安六区。三市常住人口约1647万人，居民以汉族为主，还有回、满、壮、畲、苗、高山等多个少数民族，全区通行闽南方言。

闽南陆地总面积约2.5万平方公里。西北多山，东南濒海，地势从西北向东南倾斜，地形多样，山地、丘陵、平原、河流俱全。在晋江、九龙江中下游，形成了福建两大著名的三角洲平原——泉州平原和漳州平原，有着比较好的农业生产环境。

闽南海域面积约3万平方公里，海岸线总长度约1400公里。沿海岛屿星罗棋布，拥有大小港湾数十个，主要有湄洲湾、大港湾、泉州湾、深沪湾、围头湾、安海湾、厦门湾、旧镇湾、东山湾、诏安湾等。自古以来，沿海闽南人遵循着"以海为田"的生产生活方式。

北部的戴云山、南部的博平岭以及东临的台湾海峡大体构成闽南区域范围。戴云山脉主峰在泉州市德化县，呈东南走向，从德化延伸到惠安县西北部临海；博平岭山脉起于漳平南部，呈东北—西南走向，沿龙岩与漳州两地市交界处延伸至广东省境内。两条山脉走向将闽南与闽中、闽西、广东天然区隔。区域内晋江、九龙江蜿蜒而过，直入大海，成为闽南地区物质能量循环的两大动脉。两江串联着两岸众多的河谷盆地，成为闽南区域文化发展的物质依托。历史上闽南的州、府、县大都散布于这些河谷盆地之中。"三面环山、两江入海"的地理环境，是闽南文化生成、发展的舞台。

二　闽南文化发展历史

闽南文化经历了先秦时期闽越文化的融合、汉晋至唐末五代时期的形成、宋元时期的发展、明清时期的曲折前进等历史发展阶段。

福建地处东南沿海，《山海经》称"闽在海中"。考古发现，福建在距今十八万年以前就有人类活动。闽南地区的人类活动，可以追溯到以漳州莲花池山遗址（距今七万至五万年）为代表的旧石器文化时期。新石器文化的遗存有东山大帽山遗址（距今五千至四千年）、惠安蚁山遗址（距今四千至三千年）等。新石器的贝丘遗址显示出闽南先民以渔猎和捕捞为主、农业为辅的经济生活形态。"闽在海中"的地理环境影响着

福建古称"闽",闽南是福建南部地区。现今闽南地区指的是泉州市、漳州市、厦门市,三市共辖十二区四市（县级市）十三县（含金门县）。泉州市辖鲤城、丰泽、洛江、泉港四区,晋江、石狮、南安三市（县级市）,惠安、安溪、永春、德化、金门（待统一）五县;漳州市辖芗城、龙文二区,龙海市（县级市）、漳浦、云霄、东山、诏安、南靖、平和、长泰、华安八县;厦门市辖思明、湖里、集美、海沧、同安、翔安六区。三市常住人口约1650万人,居民以汉族为主,还有回、满、壮、畲、苗、高山等多个少数民族,全区通行闽南方言。

图1　闽南泉州、漳州、厦门三市行政区划图

闽南文化的生成。

（一）先秦时期——闽、越文化的融合

先秦时期的闽南先民,属于《周礼·夏官》中所记载的"七闽",是"百越"的南方土著,即闽族。战国晚期,于越族大批入闽,与"七闽"土著逐渐融合,形成了闽越族。秦设立闽中郡,闽越王被降为君长,都东冶（今福州）。汉高祖复立无诸为闽越王。但因闽越国多次反叛,公元前111年汉武帝出兵剿灭闽越国,闽越先民多数被迁往江淮地区,闽中就成为蛮荒之地。

于越族的迁入给闽人带来了纺织、冶炼等技术,特别是越人"以船为车,以楫为马"造船驾驶技术的传入,促进了闽越国造船航海技术的发展。

（二）汉晋至五代——闽南文化的形成

从汉武帝灭闽越国,至三国东吴于建安元年（196）开始对福建的开发,福建经济文化停滞约三百年。三国时代,吴国在闽中设"典船都尉""温麻船屯"。闽所造的温麻船,是晋代第一名船。吴永安三年（260）,于今泉州南安市丰州镇置东安县治,闽南地区开始得到开发。

汉晋至五代,中原汉人多次入闽,主要有西晋末永嘉之乱的"衣冠南下"、唐初陈政父子率兵开发漳州、唐末王潮兄弟率部入闽的三次大规模移民。

图 2　闽南泉州、漳州、厦门三市地理位置图

西晋末年，北方战乱，汉人陆续入闽避难，特别是永嘉之乱，晋人大批进入泉州，他们沿江而居，晋江由此得名。这是中原文化与闽南土著文化的一次大融合。中原汉人所带来的先进农耕技术和文化，对土著文化产生了决定性影响，促进了晋江流域农业经济的发展。同时，东南沿海的海洋地理环境，以及当地土著航海工具制作、海洋捕捞、海洋物产等文化的特殊性，也使中原文化因素产生变化。中原文化与当地文化的涵化产生了新的文化因子。

自西晋到唐末，泉州的建制不断扩大。南朝梁天监年间（502—519）于今泉州南安市设置南安郡。唐武德五年（622）于南安郡地置丰州（州治在今南安市丰州镇），下有南安（今泉州市）、莆田（今莆田市）、龙溪（今漳州市龙海、华安、长泰及漳浦的一部分）三县。唐嗣圣元年（684）改为武荣州（州治在今南安市丰州镇）。唐景云二年（711）武荣州改称泉州。唐代末年，泉州由中州升为上州。

漳州汉初以梁山为界，北属闽越国，南属南海国。汉始元二年（前85），北属会稽郡冶县，南属南海郡揭阳县。晋至南北朝，北属南安郡龙溪县、兰水县，南属义安郡绥安县。至隋开皇十二年（592）并兰水、绥安入龙溪，今漳州境域才结束分属两郡状况。唐总章二年（669），陈政奉朝廷之命总领岭南军事，与其子陈元光率府兵来漳州平定"獠蛮啸聚"，随后开发漳州。唐垂拱二年（686），朝廷从陈元光所请，在潮、泉二州之间设置漳州，州署在西林（今云霄县境内）。唐贞元二年（786）州治又从漳浦迁至龙溪（今漳州市区），辖地相当于今漳浦、云霄、诏安、东山、南靖、平和及龙海的一部分。陈元光开发漳州，发展农业、兴修水利，兴办教育，传播汉文化，促进了土著与汉族的融合，使漳江、九龙江流域成为富庶安乐之土。

唐末黄巢起义，光州固始县王潮三兄弟率士兵五千与吏民南下，由闽西直取漳州，光启元年（885）入泉州，在漳州、泉州驻扎五年，后攻下福州，建立闽王国。这是历史上最大规模的中原汉人移民浪潮，其人数之多、规模之大，超过历史上的任何一次。中原文化与当地文化相比，处于交流的优势地位；王氏在闽建立了闽王国，其政治也处于支配地位。闽王国统治者采取了一系列开明政策，重视文教、传播佛教、开放港口、鼓励海外贸易，促进了闽南地区经济文化发展，为宋元期间中外经济文化大交流奠定了坚实的基础。

行政区域的稳定是文化形成的标志之一。唐中后期，泉州由中州升为上州。五代，泉州领今之晋江（含惠安）、南安、莆田、仙游（莆田和仙游于宋初从泉州划出置兴化军）、同安、安溪、永春、德化、长泰九县地，其范围超出今之辖地。漳州唐中后期的辖地相当于今漳浦、云霄、诏安、东山、南靖、平和及龙海的部分地区，五代时不断扩大。

闽南方言在古闽越语、吴楚语的基础上，多次与中原汉语融合，在唐末五代形成较为稳定的地方语言。唐末五代大规模的中原移民入闽，促使闽南语有别于其他方言而成为汉语的另一种大方言。现在，闽南语底层还保留着部分古越语、吴楚语，文读层保留着部分上古和中古汉语语音、词汇，被称为"河洛语"。

唐代，闽南开始重视文教。唐初，漳州设立州学，创办了松洲书院；唐开元年间，泉州兴建了孔庙，闽南教育初步兴起。五代泉州"文风大盛"，聚集了北方南下的一批诗人文学家，促进了闽南地区文学发展。唐代泉州歌舞音乐兴盛，五代时期更多中原歌舞音乐也在泉州落地，后来逐渐演化为南音等地方音乐、歌舞。

中原宗教信仰在闽南扎根。西晋太康年间，晋江已有道教玄妙观，南安有佛教延福寺等。唐、五代时，闽南佛教兴盛，代表性佛寺有泉州开元寺、承天寺和漳州南山寺、三平寺等，还出现了本土的义存禅师等数位高僧。

本土民间信仰也开始兴起。唐初开发漳州的将领陈政、陈元光（开漳圣王），唐代的李元溥（福佑帝君），五代将领张悃（青山王）等以及五代牧童郭忠福（广泽尊王）等被当地民众奉为神祇而祭；至宋代，闽南民间信仰更进一步发展，创造了诸多本土神祇。

农业、手工业等有较大发展。农业的发展主要体现在精耕细作、筑塘筑陂、开辟梯田、围海造田等方面，扩大了泉州、漳州平原。矿冶业在唐代已相当成熟，五代时泉州是闽国的铸钱场；闽南在魏晋南北朝时已能生产青瓷，五代时还出现了白瓷。陶瓷、铜、铁等成了闽南海外贸易的主要商品。

海外贸易不断发展。公元 6 世纪泉州港已开辟了到马来半岛、印度的航线，南朝时印度高僧拘那罗陀两次乘船来泉州。唐代，泉州是福建造船中心之一。唐中后期，海外贸易不断发展，泉州港已成为"云山百越路，市井十洲人"的南方重要大港口。

五代闽王国王审知"宁为开门节度使，不作闭门天子"的开放胸怀与民间"大舟有深利，沧海无浅波"的冒险拼搏精神，共同构成了闽南地区素朴的海洋意识。

（三）宋元时期——闽南文化的发展

宋代，中原文化再次南移。北宋在泉州设置市舶司，南宋"南外宗正司"迁入泉州。宋元时期，闽南掀起了中外文化大交流、大融合的第一波浪潮。刺桐港与埃及的亚历山大港并称为"世界最大的贸易港"，同世界上近百个国家和地区进行贸易往来。泉州成为闻名世界的"海上丝绸之路"的起点城市之一。

航海技术领先于世界。宋代，泉州、漳州成为造船业的重要基地，闽南人掌握了水密隔舱技术，这是世界造船技术的一次大革命。闽南海商率先运用了指南针航海，突破了"循岸梯航"的传统方法，进入了远洋航行时代。宋元时期刺桐港的海上交通路线主要有泉州至菲律宾、泉州至印度尼西亚、泉州至亚丁湾和东非沿岸的航线，以及至朝鲜和日本的航线。

海洋商业意识和海洋习俗日趋成熟。宋代，闽南人"多以海商为业"，而且到了"浮海之商，以死易货"的程度，出现了许多拥有自己船队的富商。随着航海业的发展，海上保护神福佑帝君、妈祖信仰以及九日山祈风等习俗也应运而生。

泉州汇集了道教、佛教、伊斯兰教、基督教、印度教、摩尼教、天主教等多元宗教文化，至今还保留着中国最早的伊斯兰教清真寺、世界仅存的摩尼教佛像石刻，以及千年古刹开元寺、中国最大的道教石雕老君岩等文物建筑，被誉为"世界宗教博物馆""世界多元文化展示中心"。民间还创造了妈祖、清水祖师、保生大帝等信仰，这些本土神祇随着闽南人的海外移民而传播到我国台湾地区和世界各地。

各种营造、制作技艺发达。宋代寺庙数量最多、规模最大，建筑营造技艺较前大有精进。现存国内最高最大的两座楼阁式仿木结构石塔——开元寺镇国塔、仁寿塔，我国古代第一座海港大桥——洛阳桥，以及长度最长的安平桥等，都是闽南建筑的杰作。唐代闽南开始制茶，五代安溪成为重要的茶叶产地。宋代泉州各县在崇山峻岭间开辟茶园，普遍种茶，能制作出色、香、味俱佳的茶叶。宋代闽南能制出黑、青、白三种瓷器，北宋时期德化白瓷已进入艺术化阶段，元代德化白瓷成为朝廷贡品。

闽南地区文教兴盛于两宋。两宋期间，泉州约有进士一千四百人，漳州约有进士二百八十人。朱熹在闽南讲学，传播理学。他称泉州"满街都是圣人"，是形容理学对普通百姓教化的程度。此时闽南出现了理学家陈淳、真德秀、曾公亮，还有史学家梁克家、科学家苏颂等一批文化名人。而"海滨邹鲁"的赞誉，则意味海洋文明与大陆文明的融合。

随着经济文教等的发展，古老的戏曲也在闽南孕育形成。南宋时，闽南地区已有民俗与演戏结合的习俗，这一习俗延续传承至今。梨园戏被称为中国宋元南戏的活态传承，提线木偶戏保留了宋元时期的"傀儡调"和剧目。

（四）明清时期——闽南文化的曲折前进

明清时期，闽南文化在海禁的影响、倭寇的侵扰、郑成功的反清复明、清廷的收复台湾、西方列强的入侵等重大事件中曲折前进。

明清时期月港、安海港、厦门港的变迁，也是闽南文化曲折发展的历史。刺桐港衰落之后，代之而起的是漳州的月港。从明初开始，闽南人冲破朝廷禁令，与外国商人私下贸易，终于迫使朝廷于1567年开放漳州月港，这是明代中国万里海疆唯一一个对外通商的港口。月港的开放是闽南文化与外来文化的第二次交流，建立了月港—马尼拉—美洲—欧洲的世界性贸易航线。明末清初，取代月港的是泉州的安海港。安海港是郑芝龙、郑成功父子的军事、贸易基地。明末郑芝龙击败荷兰人，清初郑成功收复台湾，从荷兰人手中夺回海上贸易权。这个时期，以郑氏集团为首的闽南海商掌控着中国东海、南海的海上贸易权。1683年清廷收复台湾，取消海禁，在厦门设立海关，厦门港迅速发展起来。1842年，中英《南京条约》签订，厦门被辟为"五口通商口岸"的城市之一，1903年厦门鼓浪屿沦为"公共租界"，开始接触西方现代文化艺术，形成闽南文化与外来文化交流的第三波浪潮，华侨名人、华侨商业、华侨建筑、华侨教育、华侨"信局"等华侨文化成为闽南文化走向现代化的标志。

这个时期，各种艺术全面发展。不仅有古老的梨园戏、提线木偶、南音等，还有潮剧、打城戏、掌中木偶戏、皮影戏等，还继承创造了高甲戏、歌仔戏，音乐如什音、笼吹、大鼓吹、北管等，曲艺如歌册、锦歌等，舞蹈如贡球舞、跳鼓舞等，工艺美术类如剪纸、彩扎等，艺术门类齐全。

明清时期，闽南的宗族社会得到发展。明代初中期之前，闽南的谱牒多是"家族"谱，宗族谱牒修纂的普遍化趋势和宗族祠堂的大规模建设都出现在明代。以祠堂、族产、谱牒、祭祖为标志的闽南宗族文化在明清时期发展到高峰，儒家慎终追远的思想在闽南地区转化为平民百姓认祖归宗的日常行为。

明清时期，闽南人大量向内陆、台湾和海外移民。闽南人沿着海岸向南迁徙至潮汕、雷州半岛和海南岛等地，向北迁至闽东的宁德以及浙东南的温州等地。随着海外贸易活动的发展和郑成功对台湾的逐渐开发，闽南人向东南亚和台湾大量移民，将闽南文化传播到世界各地，并在异国他乡扎根生长、开花结果。海外闽南人也将异域文化带回闽南，为闽南增添了外来文化色彩。

三　闽南文化的表现形式与特征

闽南文化是秦汉晋唐期间南迁汉人携带来的中原文化在福建东南沿海特殊的地理环境中与闽越、闽南本土文化多次融合，宋元明清以来在与异域经济文化交流和向外拓展中吸收了东南亚、阿拉伯、西方等外来优秀文化因素而形成的农耕文化与海洋文化交织的闽南民系文化，是历代闽南人创造出来的精神文明与物质文明的总和，是中华文化的重要组成部分。

（一）闽南文化表现形式

闽南文化形态主要通过非物质文化遗产和物质文化遗产表现出来。

人类非物质文化遗产代表作南音，是中国古典音乐的宝库，广泛传播于台湾、东南亚各地；北管、什音、褒歌、四平锣鼓乐等传统音乐，至今仍唱响闽南本土。

人类非物质文化遗产代表作中国传统木结构建筑营造技艺的组成部分——闽南传统民居营造技艺，以及福建土楼营造技艺，与闽南土楼、闽南庙宇、开元寺的东西塔、洛阳桥、安平桥等古建筑，共同展示出闽南传统建筑特点。

人类非物质文化遗产代表作剪纸与木版年画、刻纸、纸织画、无骨花灯、木偶头雕刻等传统美术，至今还在节日节庆和各种艺术活动中发挥作用。

人类非物质文化遗产代表作妈祖信俗以及保生大帝、关帝、开漳圣王、清水祖师、三平祖师、广泽尊王、青山王等民间信俗，广泛传播于我国港、澳、台地区和东南亚等地。

亟须保护的人类非物质文化遗产水密隔舱福船制造技艺、东山海船钉造技术和妈祖信俗、送王船习俗、惠安女习俗、蟳埔女习俗等非物质文化遗产，以及华侨教育、华侨商会、华侨批局、华侨社团等华侨文化，与唐宋元明清的港口遗址、九日山摩崖石刻、宋代古船、蚝壳厝、鼓浪屿建筑等物质文化遗产，见证着闽南海洋文化的特征。

中国宋元南戏活态遗存的梨园戏、技艺精湛的木偶戏、独具喜剧风格的高甲戏、海峡两岸共同哺育的歌仔戏、宗教特征鲜明的打城戏等传统戏曲，仍然活跃于各地城乡舞台之上。

闽南灯谜、闽南童谣等民间文学，锦歌、讲古、答嘴鼓、东山歌册等曲艺，至今仍为闽南人所喜爱；中原古汉语与闽越语融合而被称为"河洛语"的闽南方言，仍为世界数千万闽南人所使用。

拍胸舞、踢球舞、火鼎公婆、大鼓凉伞、车鼓弄等传统舞蹈和蜈蚣阁等民间游艺活跃于迎神赛会场面；刣狮、五祖拳、赛龙舟、宋江阵等传统体育与竞技仍为广大群众所爱好。

闽南祭祖、谱牒、祠堂家庙延续着中原文化的血脉，成为世界闽南人寻根谒祖的重要载体，海峡两岸、境内外祭祖活动世代传承；结婚、生日、寿诞、入学礼、成年礼、拜师礼等仍然延续着传统礼仪，闹元宵、嗦啰嗹、海峡两岸端午对渡、闽台东石灯俗、中秋博饼等岁时节庆两岸共庆，规模盛大。

技艺精湛的惠安石雕、厦门漆线雕，远销国内外的德化瓷，香飘四海的安溪铁观音（乌龙茶），不仅保留了传统制作技艺，还各创下数百亿、数十亿元的产值；片仔癀、灵源万应茶等传统中药，永春老醋、春生堂老酒、源和堂蜜饯等传统食品，至今还与人们的生活息息相关。

宋代科学家苏颂，明代思想家李贽、史学家何乔远、理学家黄道周、民族英雄郑成功、抗倭英雄俞大猷，清代理学家李光地和收复台湾的施琅，近现代华侨领袖陈嘉庚等闽南先贤，构成了闽南名人文化，至今为人们所崇敬。

闽南文化至今仍然传承延续于闽南地区、大陆部分地区，以及台湾、香港、澳门地区和世界各地闽南人的生活方式之中。

（二）闽南文化特征

中华主流文化对闽南文化的形成与发展具有主导性的影响力，而深具地域特色的闽南文化又使中华文化显得更加丰富多彩，闽南文化特征要从二者关系中来把握。

1. 开放性的海洋文化

闽南文化不仅具有以农为本、安土重迁等农耕文化共性，还具有商业性、开拓性、冒险性、兼容性等海洋文化特色。闽南人掌握了先进的造船和航海技术，开辟了海上贸易航线，宋元以来向台湾地区、海外大量移民，将中华文化传播到世界各地，形成了福佑帝君、妈祖等航海神信仰，创造了郊商郊行等贸易制度，保留着祈风、送王船、送顺风、脱草鞋等海洋习俗，融合了阿拉伯、东南亚以及西方多种文化。闽南文化在中国海洋文化史上占有重要的地位。

2. 复合型的人文性格

闽南文化的人文性格是指闽南文化所表现的社会心理、精神气质和价值观念。闽南文化在坚守中华主流文化核心价值的同时，又坚持闽南文化某些价值观念，形成耕读为本与商业意识、安分守己与开拓进取、重礼尚义与务实逐利、崇文重教与冒险犯难、传统守成与开放兼容、爱国爱乡与海外眼光等相辅相成的人文性格。正是这种相辅相成的内在动力，使得闽南文化在坚守中华文化主体的同时又不断发展创新。

3. 世代延续的宗族文化

闽南人在移民和再移民的历史过程中，保留了中国最为完整的宗族文化形态。历代中原汉人举家或举族南迁，为了适应新的环境，采取聚族或聚乡而居的形式，巩固发展自己占有的生存空间。闽南人向台湾地区、海外移民，也采取这种家族性迁徙形式，从而不断加深闽南人的宗族观念，形成家族、血缘性宗族、契约性宗族（不同地区的同姓整合而成）的社会形式，也形成了祠堂、族产、谱牒、宗法、祭祀等系统的宗族文化。正是这种传统保守的宗族文化，在闽南人开创事业、向外拓展的过程中发挥着积极有效的凝聚作用，闽南本土民营企业、台湾地区和境外的闽南人企业都具有家族色彩。随着社会的发展，宗族文化通过信息流、交通流、人流、物质流、资金流等，使闽南本土与台湾地区、世界各地保持着紧密的社会网络关系。宗族文化是联系海峡两岸闽南人的血缘纽带，对于促进闽南文化、中华文化的认同，具有十分重要的意义。

4. 多样性的民间信仰

闽南有自然山川、生育女神、冥厉瘟神、禅道神仙、忠义圣贤、水神、海神、财神、戏神、乐神、医神等多种民间信仰，这些神祇既有中原移民携带来的，也有外地传来和本土产生的，构成了闽南民间信仰的复杂性和多样性。闽南各个地方都有自己相对独立的地方保护神。地方保护神是宗族组织的黏合剂，将不同姓氏的宗族组织整合起来，构成了不同姓氏的乡族社会。闽南地区就是由这些大大小小的乡族社会构成的。这些地方神祇随着闽南人的移民，扩散到世界各地，移民们同样以地方神祇来"复制"闽南的乡族社会。闽南民间信仰是移民们建设家园、战胜困难的精神寄托，也是移民及其后裔对闽南本土文化认同的标志。至今，台湾同胞、世界各地闽南人仍通过进香谒祖的形式来认同闽南文化和中华民族文化。

5. 个性鲜明的民间艺术

同一个方言区有众多个性鲜明、风格独特的艺术，是闽南民间艺术的特点。以泉腔方言演唱的南音，被称为中国古代音乐遗响，保留着古老的乐器、记谱方式、演奏方法和许多唐宋乐曲，形成不同的唱法和流派。精致优雅的梨园戏、市井气息浓厚的高甲戏、充满宗教色彩的打城戏、两岸共同哺育的歌仔戏等戏曲，其艺术风格各不相同；掌中木偶、提线木偶、铁枝木偶、皮影戏等种类丰富，即使同是掌中木偶戏，也因唱腔不同而分为南派和北派。民间信仰、人生礼俗、传统节庆是闽南地方戏曲、歌舞、音乐生存的沃土，千百年来闽南的民间艺术与民俗共生共荣，这是闽南民间艺术至今充满活力的原因。

6. 追求和平的民族精神

追求和平是闽南文化的主流精神。宋元以来，闽南人进行海上贸易和海外移民，既能以开放兼容的胸怀接受多元文化，又能以和而不同的理念与异域文化和谐共处。闽南人开拓海上贸易而不掠夺，与对方互惠互利友好往来；海外移民而不殖民，与当地民族和睦相处、建设新的家园。闽南文化的和平精神来自中华民族的宽容仁爱、和而不同、大同世界的传统文化价值观与海洋文化精神的融合。

四　闽南文化传播区和文化生态保护区

文化有历史传统（时间现象）和地区分异（空间表征）两重性。闽南文化同样如此。闽南文化经过了先秦时期闽越文化的融合，汉晋、五代期间闽越文化与中原文化不断交融，至唐末五代，形成了具有地域特色的闽南民系和闽南文化。宋元明清时期闽南文化不断发展扩散，闽南人通过海上商贸、军事、移民等活动，将闽南文化传播到了大陆各地、台湾地区以及东南亚各个国家和地区，形成大大小小的闽南文化区。由于人口、自然、政治、经济、文化、宗教、民族等多方面原因，各地区的闽南文化生态呈现多样化。

（一）闽南文化向大陆地区传播

经过宋元的发展，闽南人陆续向外移民。福建的莆田南日岛、福清、平潭、闽侯、罗源、福鼎、霞浦、顺昌、建阳、武夷山、浦城、沙县、邵武、永安、尤溪、漳平、新罗等地区，浙江东南部沿海的苍南、平阳、瑞安、洞头、玉环、温岭、舟山群岛等地区，广东的潮州、电白至阳江沿海、香港、澳门、雷州半岛、海南岛东北部等地区，至今还保留着闽南人聚居的村镇，留下了不相连续的闽南语板块。在闽南人较为集中的地区、聚落，闽南方言、闽南文化保留得较好；由于移民年代久远，有些地区语言与本土闽南语难以相通，文化也发生了变化。

（二）闽南文化向东南亚地区传播

随着宋元明清海上商贸的发展，闽南人也不断开发东南亚，历代闽南人的海外移民主要集中在东南亚地区。马来西亚、新加坡、印度尼西亚、菲律宾等国家和地区有大量的闽南人后裔，另外还有遍布世界各个国家和地区的闽南人后裔。据不完全统计，境外的华侨人数超过闽南本土。因地域、血缘、语言、风俗习惯相同而聚居的闽南华侨社区，是延续和发展闽南文化的重要区域，其中会馆、学校、庙宇等是联络、凝聚当地闽南人的重要载体。闽南方言、信仰、宗族、艺术、习俗、建筑等在东南亚华侨社会中被不同程度地保留传承下来。闽南文化在东南亚的传承传播，不仅对华侨社会的存在发展具有十分重要的意义，而且对当地多元文化也是一个重要贡献。

（三）闽南文化向台湾地区传播

宋元明清，特别是明清以来，闽南人因海上商贸和军事活动大量移民台湾，将闽南文化传播到台湾。台湾讲闽南话的约有 1700 万人，闽南话成为台湾岛的主要通行语言；闽南的妈祖、保生大帝、关帝、清水祖师、王爷、开漳圣王、三平祖师等民间信仰成为台湾同胞的地方保护神；闽南的乡族文化、传统艺术、传统建筑等也为台湾继承发展。闽南文化在台湾根深叶茂，台湾文化丰富了闽南文化和中华文化内涵。

（四）闽南文化生态保护区

闽南地区即泉州市、漳州市、厦门市的行政区域是闽南文化的发祥地、核心区，是世界闽南人的原乡祖地和精神家园。闽南文化生态保护区范围与闽南三市行政区重叠。在这个区域中，存续状态良好的闽南风俗习惯、闽南方言、闽南祭祖、闽南信俗、闽南传统艺术、闽南传统建筑、闽南饮食等文化事项，构成了闽南文化的完整系统，体现了鲜明的文化特征，保留了丰富的祖地文化内涵，是闽南文化的典型代表。

闽南文化生态保护区是在泉州市、漳州市、厦门市行政区域内，发挥政府主导、群众主体、社会参与的合力作用，采取各种有效措施，对该地区的活态文化——非物质文化遗产和与之相关的物质文化遗产、自然遗产进行整体性保护，优化文化遗产的生存保存的各种环境，保护闽南文化的独特性、真实性、完整性，弘扬闽南文化优秀精神，激活闽南文化创造力，促进该地区的经济、社会、政治、文化和生态文明建设的全面协调可持续发展。

五　闽南文化生态评估

闽南文化生态评估的主要对象有闽南文化遗产、自然遗产、文化空间以及人文环境。

（一）文化遗产

1. 闽南地区文化遗产密集丰富。南音、剪纸、传统木结构营造技艺列入联合国教科文组织人类非物质文化遗产代表作名录，水密隔舱福船制造技艺列入亟须保护的人类非物质文化遗产名录，泉州提线木偶戏、晋江掌中木偶戏、漳州布袋木偶戏的福建木偶戏的后继人才培养计划列入人类非物质文化遗产优秀实践名册，闽南三市共有国家级非物质文化遗产代表性项目 54 项、省级非物质文化遗产代表性项目 150 项，有国家级非物质文化遗产项目代表性传承人 59 人、省级非物质文化遗产项目代表性传承人 169 人。三市共有全国重点文物保护单位 43 处、省级文物保护单位 147 处、市县区级

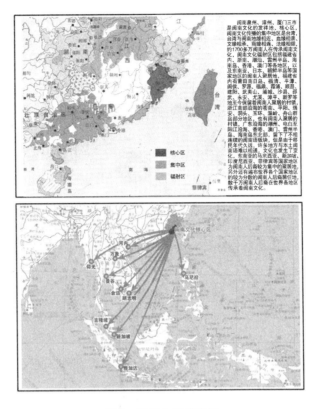

图3　闽南文化传播图

文物保护单位1535处。但是，随着经济全球化趋势和现代化进程的加快，闽南地区的文化生态发生巨大变化，文化遗产及其生存环境受到严重威胁，区域文化特色消失速度加快，一些历史文化村镇、古建筑、古遗址的整体风貌遭到破坏，一些非物质文化遗产项目处于濒危状态。

2. 闽南文化具有丰厚的历史文化价值。闽南文化发展史是中原文化南移史，也是中华文化海外传播史。闽南文化的爱国爱乡、慎终追远、崇文重教、爱拼敢赢、开放创新等优秀品质，是一笔弥足珍贵的精神财富。但由于时代的变迁和社会的变化，大部分人，特别是青少年对闽南文化的精神价值认识不足。通过宣传教育，使人们充分认识闽南文化的价值，提高文化自觉意识，增强文化自信心，继承、弘扬闽南文化精神，是文化生态保护不可忽视的一个重要内容。

3. 闽南传统艺术具有很高的艺术价值。南音是中国古代音乐的宝库，漳浦剪纸在中国剪纸艺术中独树一帜，梨园戏是中国南戏的活态传承，高甲戏的喜剧风格与社火的热烈融为一体，歌仔戏的哭调演绎着人生的酸甜苦辣，提线木偶代表了中国木偶艺术的最高水平，石雕、漆线雕技艺独特精湛……它们是闽南地方艺术的精华，也是中国传统艺术的瑰宝。由于人们生活方式和审美情趣的变化，传统艺术的生存发展面临各种困难。竹马戏、打城戏和皮影戏处于濒危境地，木版年画、刻纸等处于后继乏人状态，一些传统技艺也在不断流失。

4. 闽南传统技艺反映了闽南历史上不同时期的科学技术发展状况，具有丰富的科学价值。水密隔舱造船技术、传统木结构（闽南民居）营造技艺、民间医药制作、传统乐器制作技艺等，是闽南历史上不同时期生产力发展状况、科学技术发展程度、创造能力和知识水平的保留和反映。许多非物质文化遗产项目蕴藏着丰富的科学信息，有待被深入研究和发现。

5. 闽南非物质文化遗产至今仍然在人们的生产生活中发挥作用，有些项目具有较好的经济价值。德化陶瓷年产值约百亿元，企业、研究所达 1000 多家，产品远销 190 多个国家和地区；安溪铁观音茶叶年产值近百亿元，茶农约 13 万户，从事相关行业的人员约 80 万。惠安石雕年产值约百亿元，从业人员近 30 万。德化瓷烧制、铁观音制作、惠安石雕已经成为该地区支柱性产业，但也存在着传统技艺逐步弱化的危险。

（二）自然遗产

1. 海陆兼备的生物多样性。闽南共有国家级自然保护区 6 个、省级自然保护区 14 个，其中属于海洋自然保护区的国家级 5 个、省级 5 个，属于陆地自然保护区的国家级 1 个、省级 9 个。闽南共有森林公园 15 处，其中国家级 4 处、省级 11 处。闽南地区自然保护区的生态系统得到良好的保护，但由于气候变化和工业污染，生物多样性受到一定影响。

2. 蕴含着深刻丰富的文化内涵。闽南共有风景名胜区 9 处，其中国家级 2 处、省级 7 处。国家级清源山风景名胜区保留了我国现存最古老、最完好的唐代伊斯兰教圣迹，保留了我国现存最大的宋代石雕老君造像，以及我国现存年代最早、保存最完整的元代藏传佛教（喇嘛教）三世佛石雕造像。九日山祈风石刻群是海上丝绸之路的历史见证，成为中国著名的海外交通史迹。鼓浪屿风景名胜区保留了郑成功历史遗迹和千余幢中外风格各异的建筑物，被誉为"万国建筑博物馆"。闽南的风景名胜是闽南社会和历史的产物，带有其特定时期的历史环境、艺术思想和审美标准的印记。

（三）文化空间

《国务院办公厅关于加强我国非物质文化遗产保护工作的意见》（2005）将"文化空间"定义为"定期举行传统文化活动或集中展现传统文化表现形式的场所，兼具空间性和时间性"。在联合国教科文组织《关于历史地区的保护及其当代作用的建议》中，历史文化名城（街区）、名镇、名村以及有价值的古村落、古建筑群等被定义为"历史地区"。在文化生态保护中，这些"历史地区"是传统文化传承、表演的场所，是非物质文化遗产、物质文化遗产、自然遗产的聚集地，是一个不可分割的文化空间。

城镇化、工业化在带来经济发展和生活改善的同时，城市和农村发展面临着传统消失、面貌趋同、环境恶化等问题，闽南地区也不例外。闽南地区是中国东南沿海经济较为发达的地区，也是城镇化、工业化进程较快的地区，虽然在这个过程中吸取了经验教训、对文化遗产保护的认识有所提高，但建设性破坏和破坏性建设的威胁依然存在，历史文化名城（街区）、名镇、名村以及有价值的古村落、古建筑群的传统格局和历史风貌遭到破坏，它们之间的有机关联性遭到肢解，其中非物质文化遗产、物质文化遗产、自然遗产也不同程度遭到破坏或消失。

闽南地区有国家级历史文化名城泉州市、漳州市，有历史文化街区泉州市中山路、漳州市古街区、厦门市中山路，也有一批国家级、省级历史文化名镇、名村，以及一些非物质文化遗产活动的古建筑、古村落。这些"历史地区"是工业化、城镇化浪潮中的幸存者，是不可再生的文化遗产资源，是历代闽南人文化、宗教及经济、社会活动的文化场所。这些"历史地区"一旦消失，闽南文化的历史记忆也就随之被磨灭。对"历史地区"进行文化空间的整体性保护，使非物质文化遗产、物质文化遗产、自然遗产与其周边环境和谐相处，是闽南文化生态保护区的重点任务之一。

（四）人文环境

1. 人民群众文化遗产保护的意识较高。文化的自觉保护主要依靠生活在该地区文化沃土中的人们在思想观念和日常生活行为中予以保护。闽南人热爱自己的文化，民间文化团体活跃，这是闽南文化生态最活跃的两个因素。据不完全统计，闽南三市共计有民间职业剧团300多个，南音社团仅泉州市就有300个以上，各个团体主动开展传承活动和演出活动；大小庙宇遍布各村社，各庙宇管理者自发开展妈祖、保生大帝、关帝、开漳圣王等祭祀活动，影响遍及闽台两岸同胞和东南亚华侨华人；祠堂遍布城乡各地，两岸共祭祖先活动持续不断；数千家民间企业在传承德化瓷烧制、安溪铁观音制作和惠安石雕、木雕等各种技艺；三市成立了闽南文化研究会，开展闽南文化艺术的保护、传承和研究。民间社团组织依法自我管理、自我运作，积极开展各种非物质文化遗产保护和传承活动。随着文化生态保护工作的深入，人民群众的自发意识将会转化为自觉意识，从而不断增强文化自信心。

2. 政府发挥了文化遗产保护的主导作用。闽南三市政府重视文化遗产保护，出台了一些地方性政策法规，并投入经费保护非物质文化遗产，支持民众开展对台对外交流活动。由政府支持、群众参与的较为重要的两岸非物质文化遗产交流项目、活动就有50多项，这些活动已经实现常态化、规范化，有的项目已成为国务院对台办、文化部、福建省政府支持的对台文化交流基地。政府的主导作用促进良好的意识形态环境和政策环境的形成，但还存在着对文化遗产保护的长期性、艰巨性认识不足以及政策法规、保护措施尚未形成科学体系等问题。

3. 社会各界积极参与文化遗产保护。各媒体积极宣传文化遗产保护，电视台开设闽南语频道、栏目，报道、介绍闽南文化遗产知识和活动。企业界以及海外华侨热心本土文化建设，积极参与闽南文化保护，捐资支持当地文化活动和场地场馆建设。教育部门重视非物质文化遗产的教育传承工作，各中小学继续扩大非物质文化遗产进校园、进教材、进课堂的范围，大部分高校主动开展文化遗产保护工作，成立非物质文化遗产研究中心，出版文化遗产研究学术刊物。社会各界的主动参与，形成了文化遗产保护的良好社会人文环境。文化生态保护的理念和实践在闽南先行先试，取得阶段性的成果，但宣传教育缺乏力度，理论研究有待深化。

4. 两岸互动促进文化遗产的保护。台湾是闽南文化传播的集中地区，两岸闽南人同一个祖先、同一种信仰、同一种文化，共同开展祭祖活动以及共祭妈祖、保生大帝、关帝等信俗活动，共同举办歌仔戏、木偶戏、南音等民间文艺表演活动，共同开展非物质文化遗产保护的学术研究活动。随着两岸各种活动的深入开展，形成海峡两岸共同保护、共同传承闽南文化的良好环境，但还存在着台湾同胞来闽南多、闽南本土群众入岛少的文化交流不平衡现象。

闽南文化历史积淀丰厚，价值特征突出，存续状态良好，保护意识较高，经过了文化生态保护实验区建设的实践，积累了一定的经验，已具备设立文化生态保护区的基本条件。

第三部分 总体思路、工作原则、建设目标

一 总体思路

以非物质文化遗产代表性项目、代表性传承人和整体性保护的重点区域为"三大抓手"，建立政府主导、群众主体、社会参与的共同保护机制，对闽南地区的非物质文化遗产和与之相关的物质文化遗产、自然遗产进行整体性保护，营造有利于文化遗产保存、生存、发展的各种环境，使闽南文化生生不息、代代相传，优秀的传统文化融入现代文明，构建起人与文化遗产、自然遗产和谐相处的文化生态系统。

保护方法、思路如下。

（一）静态保护与动态保护相结合。非物质文化遗产资源普查、代表性项目和代表性传承人四级名录体系建设、非物质文化遗产资源数字化建设以及非物质文化遗产的研究，是非物质文化遗产保护的基础。这种静态的保护要与传播活动、传承活动、学校教育活动、社会宣传教育活动等相结合，特别是要融入人民群众的生产生活中进行动态保护。动态保护思路符合非物质文化遗产是活态文化的特质和文化传承发展的规律。

（二）重点保护与全面保护相结合。重点抢救一批濒危的非物质文化遗产代表性项目，重点保护一批传播范围广、价值特征突出的重大的代表性项目，同时要全面保护各级的非物质文化遗产代表性项目；对重要的非物质文化遗产资源也要进行必要的保护。

（三）进行非物质文化遗产、物质文化遗产、自然遗产之间的关联性保护。要注意非物质文化遗产之间的关联性、非物质文化遗产与物质文化遗产之间的关联性、非物质文化遗产与自然遗产之间的关联性，以及非物质文化遗产、物质文化遗产、自然遗产三者之间的关联性，根据它们之间的有机联系进行整体性保护。

（四）在保护区中划出若干重点保护区域，作为实行整体性保护的抓手。重点区域要充分利用原有文化遗产、自然遗产的保护基础，尽量与历史文化街区保护相结合、与历史文化名镇名村保护相结合、与文化艺术之乡建设相结合、与社会主义新农村建设相结合、与美丽乡村建设相结合、与自然保护区、风景名胜区保护相结合，使重点区域成为传统文化与现代文明共生并存的充满活力的文化空间。

（五）非物质文化遗产保护与"建设两岸文化交流的重要基地"相结合。闽南与台湾地区地缘相近、血缘相亲、文缘相承、商缘相连、法缘相循，具有对台交往的独特优势。充分发挥祖地文化优势，建设两岸民间信俗、民间祭祖、民间艺术等全方位的文化交流的前沿基地，使闽南地区成为两岸人民共有的精神家园。

（六）保护传承与合理利用相结合。在有效保护、传承的基础上，合理利用非物质文化遗产代表性项目开发具有地方、民族特色和市场潜力的文化产品和文化服务，使安溪成为中国茶都、德化成为中国瓷都、惠安成为中国雕艺之都，促进闽南地区经济可持续发展。

（七）非物质文化遗产代表性项目保护与营造有利于其生存、发展的环境相结合。正如物种的消亡是因为环境的变化一样，非物质文化遗产的生存受到威胁也是因为环境发生了巨大的变化。按照生态学生物与环境关系的原理，既要保护非物质文化遗产代表性项目，也要为非物质文化遗产的生存、发展营造各种良好的环境。

二　工作原则

（一）坚持以人为本原则。尊重人民群众的文化主体地位，保障人民群众的基本文化权益，关注人民群众的生活、生产和经济发展；充分依靠人民群众保护文化遗产，提高人的文化素质，促进人的全面发展。

（二）坚持整体性保护原则。以保护非物质文化遗产为核心，结合与之相关的物质文化遗产、自然遗产进行整体性保护，营造有利于文化遗产生存、发展的环境，维护文化遗产、自然环境、人文环境之间的生态平衡。

（三）坚持活态传承原则。传承人是非物质文化遗产的重要载体，重视传承人的保护和培养，鼓励非物质文化遗产的社会传承和传播，使非物质文化遗产在人们的生产生活中传承发展。

（四）坚持真实性、完整性原则。保护闽南文化遗产内涵和形式的真实性、完整性；防止对文化遗产的歪曲、贬损或滥用；避免文化同一化，维护文化多样性；保护闽南文化的价值，弘扬闽南文化精神，为文化可持续发展留下珍贵的文化资源。

（五）坚持保护优先原则。在保护传承的基础上合理利用非物质文化遗产，做好生产性保护工作；当利用有损于文化遗产保护时，要坚持文化遗产保护优先原则。

（六）坚持开放交流原则。尊重其他社区、群体和个人的非物质文化遗产，开展文化间的平等对话交流；与港、澳、台同胞和世界华侨华人交流合作，共同保护、传承、发展闽南文化。

（七）坚持统筹兼顾原则。保护区建设要纳入当地经济社会发展总体规划，纳入各级政府财政预算，纳入党委和政府的重要议事日程，纳入科学发展考核评价体系。要长远规划、分步实施，区别对待、分类指导，点面结合、讲求突破。

（八）坚持共同保护原则。发挥政府政策支撑、法律保障、经费支持的主导作用，发挥人民群众保护、传承文化遗产的主体作用，调动社会各方面的积极性，形成以政府为主导、以人民群众为主体、社会各方面积极参与的合力，共同保护好文化遗产。

三　建设目标

（一）总体目标

建立一套科学化、规范化、法制化、网络化的文化生态保护体制和运行机制；整体有效保护非物质文化遗产，维护文化遗产与人文环境、自然环境的文化生态平衡；培养高度的文化自觉和文化自信，提高全社会的文化素质，促进人的全面发展；发挥祖地文化优势，深入开展海峡两岸文化交流，不断增强闽南文化的认同感，建设两岸文化交流的重要基地、中华民族共有精神家园；传承闽南文化创造力，弘扬闽南文化精神，推进闽南地区经济建设、政治建设、文化建设、社会建设以及生态文明建设全面协调可持续发展。

（二）主要指标

1. 完善国家、省、市、县四级非物质文化遗产代表性项目名录体系，有效保护好国家级非物质文化遗产代表性项目54项、省级项目150项，以及市级、县级项目；有效保护好今后新增加的各级非物质文化遗产代表性项目；力争新增50个项目列入国家级非物质文化遗产代表性项目名录，2个项目列入联合国教科文组织人类非物质文化遗产代表作名录。

2. 健全各级非物质文化遗产项目代表性传承人保护机制，有效保护好国家级非物质文化遗产项目代表性传承人59人、省级代表性传承人169人，以及市级、县级代表性传承人；有效保护好今后新增加的各级非物质文化遗产项目代表性传承人；扶持、保护300个传习中心。

3. 搞好53个整体性保护重点区域，不断探索整体性保护方法，积累经验，树立典范，全面开展文化生态整体性保护工作。

4. 搞好53个对台对外非物质文化遗产交流活动，不断挖掘、培养新项目，力争达到80个，广泛开展与港、澳、台地区和世界各国的文化交流活动，扩大闽南文化的影响力。

5. 加大力度扶持一批生产性保护项目，传承传统手工技艺和文化内涵，实现非物质文化遗产保护与经济社会协调发展的良性互动。评选、扶持100家生产性保护示范基地。

6. 继续开展学校教育传承活动，鼓励中小学校开设乡土教材课程，职业技术（艺术）院校对学生进行有关非物质文化遗产代表性项目教学传习，高校培养文化遗产保护、研究的专业人才，构建幼儿园、小学、中学、职业院校、高等院校阶梯式的非物质文化遗产教育传承体系。

7. 鼓励新闻出版、广播电视、互联网等媒体宣传非物质文化遗产，发挥公共博物馆、图书馆、文化馆、纪念馆、美术馆、非物质文化遗产展示馆的宣传教育作用，搞好文化遗产日的展示宣传活动，提高文化自觉意识、增强文化自信心，营造有利于非物质文化遗产保存、生存、发展的良好社会环境。

8. 发挥高校和社会有关团体的研究力量，开展非物质文化遗产保护、文化生态保护区建设、政策法规等研究，建立一套与实践紧密结合的文化生态保护理论体系。

9. 建设非物质文化遗产综合性展示馆 3 个、闽南传统音乐等专题展示馆 10 个、整体性保护区域展示馆（传习中心）53 个、非物质文化遗产代表性项目传习中心 50 个，为非物质文化遗产展示、传承活动提供物质载体。

第四部分　保护范围与保护对象、内容

一　保护范围

闽南文化生态保护区的保护范围是闽南文化的发祥地、核心区——现今泉州、漳州、厦门三市的行政区，陆地总面积约为 2. 5 万平方公里，总人口约 1647 万。

图 4　闽南文化生态保护区区位关系图

港、澳、台同胞以及大陆各地区的闽南人和世界华侨华人，可以通过寻根谒祖、交流合作等形式，保护、传承闽南文化。

二 保护对象、内容

文化生态保护不是静止的保护，而是在保护过程中，根据文化发展规律对保护对象采取动态的保护措施和管理办法。要保护好已经认定、今后陆续认定的各级非物质文化遗产代表性项目和代表性传承人，同时也要保护好重要的文化遗产资源。

（一）闽南文化生态保护区所保护的核心对象为其划定区域范围内的各级非物质文化遗产代表性项目以及代表性传承人。表1所示，为目前已经认定的国家级、省级非物质文化遗产代表性项目、代表性传承人。

表1　　　　　　　　闽南文化生态保护区主要非物质文化遗产代表性项目名录

（国家级第一批至第三批合计54项，省级第一批至第四批合计150项）

类别	项目名称	级别	申报地区或单位
一、民间文学（8项）	闽南童谣	国家级	厦门市
	陈三五娘传说	省 级	泉州市
	灯谜	省 级	泉州市（石狮市、晋江市）、漳州市（芗城区）
	洛阳桥传说	省 级	泉州市（洛江区、泉州市台商投资区）
	姑嫂塔传说	省 级	泉州市
二、传统音乐（11项）	南音	国家级	泉州市、厦门市
	泉州北管	国家级	泉州市
	东山南音	省 级	漳州市
	泉州闽南什音	省 级	泉州市
	南靖四平锣鼓乐	省 级	漳州市
	莲花褒歌	省 级	厦门市
	泉州笼吹	省 级	泉州市
	晋江深沪褒歌	省 级	泉州市
	德化山歌	省 级	泉州市
	漳州哪吒鼓乐	省 级	漳州市
三、传统舞蹈（8项）	泉州拍胸舞	国家级	泉州市
	浦南古傩	国家级	漳州市
	泉州踢球舞	省 级	泉州市
	厦门同安车鼓弄	省 级	厦门市
	厦门翔安拍胸舞	省 级	厦门市
	泉州鲤城火鼎公火鼎婆	省 级	泉州市
	泉州跳鼓舞	省 级	泉州市
	漳台大鼓凉伞舞	省 级	漳州市

续表

类别	项目名称	级别	申报地区或单位
四、传统戏剧（17项）	梨园戏	国家级	泉州市
	高甲戏	国家级	泉州市、厦门市
	高甲戏（柯派）	国家级	泉州市
	歌仔戏	国家级	漳州市、厦门市
	泉州提线木偶戏	国家级	泉州市
	晋江布袋木偶戏	国家级	泉州市
	漳州布袋木偶戏	国家级	漳州市
	打城戏	国家级	泉州市
	潮剧	国家级	漳州市云霄县
		省级	漳州市东山县
	惠安南派布袋戏	省级	泉州市
	诏安铁枝戏	省级	漳州市
	南靖竹马戏	省级	漳州市
	闽南皮影戏	省级	厦门市
	铁枝木偶戏	省级	漳州市
五、曲艺（7项）	锦歌	国家级	漳州市
	东山歌册	国家级	漳州市
	答嘴鼓	国家级	厦门市
	讲古	国家级	厦门市
	厦门歌仔说唱	省级	厦门市
	漳州南词	省级	漳州市
	闽南讲古	省级	泉州市
六、传统体育、游艺与杂技（8项）	五祖拳	国家级	泉州市
	新垵五祖拳	省级	厦门市
	厦金宋江阵	省级	厦门市
	泉州刣狮	省级	泉州市（鲤城区、石狮市）
	南安蛇脱壳古阵法	省级	泉州市
	漳州太祖拳青龙阵	省级	漳州市
	俞家棍	省级	泉州市
七、传统美术（13项）	漳州木版年画	国家级	漳州市
	惠安石雕	国家级	泉州市
	漳州木偶头雕刻	国家级	漳州市
	永春纸织画	国家级	泉州市
	泉州花灯	国家级	泉州市
	漳浦剪纸	国家级	漳州市

续表

类别	项目名称	级别	申报地区或单位
七、传统美术（13 项）	泉州（李尧宝）刻纸	国家级	泉州市
	江加走木偶头雕刻	国家级	泉州市
	泉州妆糕人制作技艺	省 级	泉州市
	惠安木雕技艺	省 级	泉州市
	诏安彩扎技艺	省 级	诏安县
	潘山庙宇木雕	省 级	晋江市
	翔安农民画	省 级	厦门市
八、传统技艺（41 项）	德化瓷烧制技艺	国家级	泉州市
	厦门漆线雕技艺	国家级	厦门市
	水密隔舱福船制造技艺	国家级	泉州市
	铁观音制作技艺	国家级	泉州市
	漳州蔡福美传统制鼓技艺	国家级	漳州市
	漳州八宝印泥制作技艺	国家级	漳州市
	闽南传统民居营造技艺	国家级	泉州市（鲤城区、惠安县、南安市）
		省 级	厦门市湖里区
	华安玉雕	省 级	漳州市
	安溪蓝印花布	省 级	泉州市
	厦门珠绣手工技艺	省 级	厦门市
	东山黄金漆画技艺	省 级	漳州市
	东山剪瓷雕工艺	省 级	漳州市
	泉州十音铜锣锻制技艺	省 级	泉州市
	泉州传统竹编工艺	省 级	泉州市
	泉州金苍绣技艺	省 级	泉州市
	安溪县成珍橘红糕制作技艺	省 级	泉州市
	泉州锡雕技艺	省 级	泉州市
	泉州春生堂酿酒技艺	省 级	泉州市
	源和堂蜜饯制作技艺	省 级	泉州市
	永春漆篮制作技艺	省 级	泉州市
	永春顺德堂老醋酿制作技艺	省 级	泉州市
	福船制造技艺	省 级	泉州市
	东山海船钉造技术	省 级	漳州市
	东山海柳雕技艺	省 级	漳州市
	东山金木雕技艺	省 级	漳州市
	东山肖米（烧卖）制作技艺	省 级	漳州市
	仙草制作技艺	省 级	漳州市

续表

类别	项目名称	级别	申报地区或单位
八、传统技艺（41项）	漳绣技艺	省　级	漳州市
	漳窑（米黄色瓷）传统制作技艺	省　级	漳州市
	诏安黄金兴（咸金枣、宋陈咸橄榄、梅灵丹）传统制作技艺	省　级	漳州市
	漆线雕（泉州）	省　级	泉州市
	剪瓷雕工艺（诏安）	省　级	漳州市
	珠光青瓷烧制技艺（同安汀溪）	省　级	厦门市
	竹藤编技艺（安溪）	省　级	泉州市
	漳州水仙花雕刻技艺	省　级	漳州市
	长泰明姜制作技艺	省　级	漳州市
	清源山茶制作技艺	省　级	泉州市
	永春佛手茶制作技艺	省　级	泉州市
九、传统医药（4项）	灵源万应茶	国家级	泉州市
	漳州片仔癀制作技艺	国家级	漳州市
	东山宋金枣传统制作工艺	省　级	漳州市
	泉州老范志神曲	省　级	泉州市
十、民俗（33项）	惠安女服饰	国家级	泉州市
	泉州闹元宵习俗	国家级	泉州市
	闽台东石灯俗	国家级	泉州市
	南安英都拔拔灯	国家级	泉州市
	保生大帝信俗	国家级	厦门市、漳州市
		省　级	泉州市安溪县
	蟳埔女习俗	国家级	泉州市
	安海嗦啰嗹习俗	国家级	泉州市
	中秋博饼	国家级	厦门市
	石狮端午闽台对渡习俗	国家级	泉州市
	闽台送王船	国家级	厦门市
	清水祖师信俗	国家级	泉州市
	海沧蜈蚣阁	国家级	厦门市
	岩溪硅塘祭祀民俗	省　级	漳州市
	闽台玉二妈信仰民俗	省　级	漳州市
	泉州祭祖民俗	省　级	泉州市
	厦门疍民习俗	省　级	厦门市
	云霄开漳圣王巡安民俗	省　级	漳州市
	闽台风狮爷信俗	省　级	厦门市

类别	项目名称	级别	申报地区或单位
十、民俗 （33项）	德化窑坊公信俗	省　级	漳州市
	关岳信俗（泉州）	省　级	漳州市
	关帝信俗（安溪）	省　级	漳州市
	广泽尊王信俗（南安）	省　级	泉州市
	福德信俗（仙岳山）	省　级	泉州市
	大使公信俗（灌口）	省　级	泉州市
	延平郡王信俗	省　级	泉州市
	山重赛大猪祈丰年	省　级	厦门市
	妈祖信俗（泉州、漳浦）	省　级	厦门市
	东山关帝信俗	省　级	厦门市
	三平祖师信俗	省　级	漳州市
	闽台乞龟民俗	省　级	泉州市、漳州市

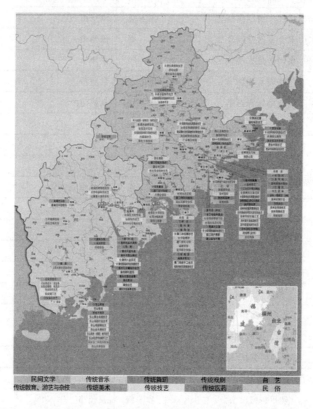

图5　闽南文化生态保护区主要非物质文化遗产代表性项目分布图

表 2　　　　闽南文化生态保护区主要非物质文化遗产项目代表性传承人名单

（国家级第一批至第四批合计 59 人，省级第一批至第二批合计 188 人）

类别	项目名称	传承人	级别	申报地区或单位
一、民间文学（2人）	闽南童谣	周长楫	省　级	厦门市
	灯谜（晋江）	伍耿怀	省　级	泉州市
二、传统音乐（27人）	南音	黄淑英	国家级	泉州市
		苏统谋	国家级	泉州市
		吴彦造	国家级	泉州市
		丁水清	国家级	泉州市
		苏诗咏	国家级	泉州市
		夏永西	国家级	泉州市
		吴世安	国家级	厦门市
		杨翠娥	国家级	泉州市
		王秀怡	国家级	厦门市
		曾家阳	省　级	泉州市
		王大浩	省　级	泉州市
		李白燕	省　级	泉州市
		陈　练	省　级	泉州市
		庄永富	省　级	泉州市
		丁信坤	省　级	泉州市
		周碧月	省　级	泉州市
		吴璟瑜	省　级	泉州市
		胡明炮	省　级	厦门市
	泉州北管	庄能宗	国家级	泉州市
	莲花褒歌	洪参议	省　级	厦门市
		洪　国	省　级	厦门市
		高素珍	省　级	厦门市
	晋江深沪褒歌	苏宗和	省　级	泉州市
	泉州笼吹	何恭水	省　级	泉州市
	东山南音	张福禄	省　级	漳州市
	南靖四平锣鼓乐	吴炎祥	省　级	漳州市
	德化山歌	黄正统	省　级	泉州市
三、传统舞蹈（7人）	泉州拍胸舞	邱剑英	国家级	泉州市
		郭金锁	国家级	泉州市
		李水星	省　级	泉州市
	厦门同安车鼓弄	卓来治	省　级	厦门市
	厦门翔安拍胸舞	黄欲国	省　级	厦门市

续表

类别	项目名称	传承人	级别	申报地区或单位
三、传统舞蹈（7人）	泉州踢球舞	何敬智	省级	泉州市
	泉州跳鼓舞	杨清端	省级	泉州市
四、传统戏剧（65人）	梨园戏	许天相	国家级	泉州市
		曾静萍	国家级	泉州市
		陈济民	国家级	泉州市
		蔡娅治	国家级	泉州市
		王胜利	国家级	泉州市
		黄炳铜	省级	泉州市
		吴幼清	省级	泉州市
		黄雪娥	省级	泉州市
		张贻泉	省级	泉州市
		纪国平	省级	泉州市
		吴明森	省级	泉州市
		林赋赋	省级	泉州市
		魏少辉	省级	泉州市
		龚万里	省级	泉州市
	高甲戏	赖宗卯	国家级	泉州市
		曾文杰	国家级	泉州市
		颜佩琼	国家级	泉州市
		纪亚福	国家级	厦门市
		陈炳聪	国家级	厦门市
		吕忠文	国家级	泉州市
		苏燕玉	国家级	泉州市
		林英梨	国家级	厦门市
		洪东溪	省级	厦门市
		柯荣湘	省级	泉州市
		刘秀华	省级	泉州市
		邱长锁	省级	泉州市
		李龙抛	省级	泉州市
		姚道成	省级	泉州市
		欧阳燕青	省级	泉州市
		林丽雅	省级	厦门市
		吴晶晶	省级	厦门市
	歌仔戏	郑秀琴	国家级	漳州市
		吴兹明	国家级	漳州市

续表

类别	项目名称	传承人	级别	申报地区或单位
四、传统戏剧（65人）	歌仔戏	纪招治	国家级	厦门市
		陈志明	国家级	厦门市
		郑娅玲	省级	漳州市
		庄必芳	省级	厦门市
		洪镇平	省级	漳州市
		庄海蓉	省级	厦门市
		苏燕蓉	省级	厦门市
		杨月霞	省级	漳州市
	泉州提线木偶戏	陈应鸿	国家级	泉州市
		陈志杰	国家级	泉州市
		林聪鹏	国家级	泉州市
		王建生	国家级	泉州市
		夏荣峰	省级	泉州市
		林文荣	省级	泉州市
		黄光煌	省级	泉州市
		徐瑞廉	省级	泉州市
	晋江布袋木偶戏	李伯芬（已故）	国家级	泉州市
		颜洒容	国家级	泉州市
		李胜奕	省级	泉州市
	漳州布袋木偶戏	庄陈华	国家级	漳州市
		陈锦堂	国家级	漳州市
		陈炎森	国家级	漳州市
		朱亚来	省级	漳州市
		蔡柏惠	省级	漳州市
	打城戏	吴天乙	国家级	泉州市
		洪球江	省级	泉州市
	南靖竹马戏	何孝智	省级	漳州市
		林朝元	省级	漳州市
	惠安南派布袋戏	邱荣川	省级	泉州市
		杨丽琼	省级	泉州市
	诏安铁枝戏	陈银发	省级	漳州市
		吴崇耀	省级	漳州市
五、曲艺（19人）	东山歌册	蔡婉香	国家级	漳州市
		黄春慧	国家级	漳州市
		林如东	省级	漳州市

类别	项目名称	传承人	级别	申报地区或单位
五、曲艺（19人）	东山歌册	谢溪添	省级	漳州市
	东山歌册	张丽卿	省级	漳州市
	锦歌	王素华	国家级	漳州市
	漳州南词	蔡锦波	省级	漳州市
	答嘴鼓	陈清平	国家级	厦门市
	答嘴鼓	杨敏谋	国家级	厦门市
	答嘴鼓	李小航	省级	厦门市
	答嘴鼓	尤国栋	省级	厦门市
	答嘴鼓	洪明吉	省级	厦门市
	歌仔说唱	林赐福	省级	厦门市
	歌仔说唱	陈令督	省级	厦门市
	歌仔说唱	张月萍	省级	厦门市
	歌仔说唱	林惠真	省级	厦门市
	厦门方言讲古	范寿春	省级	厦门市
	厦门方言讲古	盛富泰	省级	厦门市
	厦门方言讲古	邵鼎辉	省级	厦门市
六、传统体育、游艺与杂技（7人）	南少林五祖拳	周焜民	国家级	泉州市
	南少林五祖拳	苏瀛汉	省级	泉州市
	厦金宋江阵	王文艺	省级	厦门市
	新坡五祖拳	邱武耀	省级	厦门市
	新坡五祖拳	邱大昕	省级	厦门市
	新坡五祖拳	邱明全	省级	厦门市
	新坡五祖拳	邱靖娜	省级	厦门市
七、传统美术（23人）	漳州木偶头雕刻	徐竹初	国家级	漳州市
	漳州木偶头雕刻	徐聪亮	国家级	漳州市
	漳州木偶头雕刻	许桑叶	省级	漳州市
	漳州木偶头雕刻	杨亚州	省级	漳州市
	漳州木偶头雕刻	徐强	省级	漳州市
	漳州木版年画	颜仕国	省级	漳州市
	泉州花灯	李珠琴	国家级	泉州市
	泉州花灯	蔡炳汉	国家级	泉州市
	泉州花灯	曹淑贞	省级	泉州市
	泉州花灯	许谦慎	省级	泉州市
	泉州李尧宝刻纸	黄丽凤	省级	泉州市
	永春纸织画	周文虎	省级	泉州市

续表

类别	项目名称	传承人	级别	申报地区或单位
七、传统美术（23人）	漳浦剪纸	陈秋日	国家级	漳州市
		张峥嵘	省　级	漳州市
		高少苹	省　级	漳州市
	江加走木偶头雕刻	黄义罗	国家级	泉州市
		江碧峰	省　级	泉州市
	惠安石雕	王经民	国家级	泉州市
		蒋惠民	省　级	泉州市
		王文生	省　级	泉州市
	泉州妆糕人制作技艺	张志勤	省　级	泉州市
	惠安木雕	郑国明	省　级	泉州市
		黄泉福	省　级	泉州市
八、传统技艺（35人）	德化瓷烧制技艺	苏清河	国家级	泉州市
		邱双炯	国家级	泉州市
		柯宏荣	省　级	泉州市
		苏玉峰	省　级	泉州市
		杨剑民	省　级	泉州市
		许瑞峰	省　级	泉州市
	厦门漆线雕技艺	蔡水况	国家级	厦门市
		蔡彩石羡	省　级	厦门市
		王志强	省　级	厦门市
		蔡富国	省　级	厦门市
		蔡士东	省　级	厦门市
	水密隔舱福船制造技艺	陈芳财	国家级	泉州市
	铁观音制作技艺	魏月德	国家级	泉州市
		王文礼	国家级	泉州市
		王福隆	省　级	泉州市
		魏双全	省　级	泉州市
		陈双算	省　级	泉州市
	漳州八宝印泥传统制作工艺	杨锡伟	省　级	漳州市
	漳州蔡福美传统制鼓工艺	蔡志强	省　级	漳州市
	闽南传统民居营造技艺	王世猛	国家级	泉州市
		庄春土	省　级	泉州市
	厦门珠绣手工技艺	谢丽瑜	省　级	厦门市
		杨淑媛	省　级	厦门市

续表

类别	项目名称	传承人	级别	申报地区或单位
八、传统技艺（35人）	厦门珠绣手工技艺	王玉琼	省 级	厦门市
		林玉黎	省 级	厦门市
	安溪蓝印花布	黄炯然	省 级	泉州市
	泉州传统竹编工艺	凌文彬	省 级	泉州市
	泉州十音铜锣锻制技艺	黄平水	省 级	泉州市
	东山黄金漆画技艺	谢少艺	省 级	漳州市
	东山剪瓷雕工艺	孙志强	省 级	漳州市
		沈振祥	省 级	漳州市
	安溪成珍橘红糕制作技艺	林国基	省 级	泉州市
	源和堂蜜饯制作技艺	李子飞	省 级	泉州市
	泉州锡雕技艺	杨峰岩	省 级	泉州市
	永春漆篮制作技艺	郭金镖	省 级	泉州市
九、传统医药（2人）	晋江灵源万应茶制作工艺	吴国卿	省 级	泉州市
	东山宋金枣传统制作工艺	张振成	省 级	漳州市
十、民俗（1人）	惠安女服饰	詹国平	省 级	泉州市

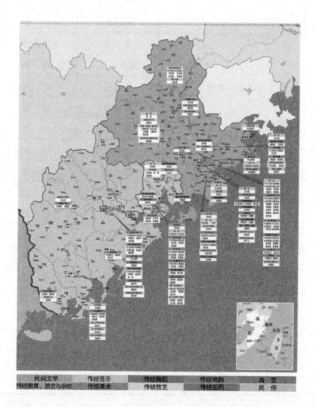

图6　闽南文化生态保护区主要非物质文化遗产项目代表性传承人分布图

（二）保护区内涉及文物、历史文化名城（街区）、名镇（乡）、名村以及自然保护区、风景名胜区的保护，要遵循国家有关法律、法规的规定，由当地政府协调统筹有关部门进行整体性保护。表3所示，为目前已经认定的国家级、省级文物保护单位、历史文化名城（街区）、名镇（乡）、名村以及自然保护区、风景名胜区。

表3　　　　　　　　闽南文化生态保护区国家级、省级文物保护单位

（国家重点文物保护单位45处、省级文物保护单位147处）

古遗址	国家级：屈斗宫德化窑遗址、磁灶窑址、德济门遗址、南胜窑遗址 省　级：磁灶窑址、安溪瓷窑址、南坑窑址、庵山沙丘遗址、汀溪窑址、龙头山寨遗址、水操台遗址、天地会创立遗址、厦门所城墙
古墓葬	国家级：郑成功墓、伊斯兰教圣墓 省　级：陈元光墓、陈政墓、黄道周墓、俞大猷墓、施琅墓、王潮墓、回族郭仲远墓、丰州古墓群、蓝理墓、东山戍守台湾将士墓群
古建筑	国家级：安平桥（五里桥）、清净寺、开元寺、洛阳桥、崇武城墙、泉州天后宫、泉州府文庙、蔡氏古民居建筑群、施琅宅、祠、泉州港古建筑、安溪文庙、东山关帝庙、青礁、白礁慈济宫、漳州石牌坊、江东桥、漳州府文庙大成殿、赵家堡—诒安堡、福建土楼（二宜楼、田螺坑土楼群、和贵楼、怀远楼、南阳楼、怀远楼、锦江楼）、德远堂、林氏义庄、漳州林氏宗祠、安溪县文庙、南安中宪第 省　级：水寨大山、陀罗尼经幢、万寿塔、六胜塔、崇福寺、清水岩、李贽故居、东关桥、陈埭丁氏宗祠、真武庙、湖头贤良祠、杨阿苗民居、安固石亭、五塔岩石塔、沙格灵慈宫、衙口施氏大宗祠、延平郡王祠、永宁城隍庙、诗山塔、青山宫、留公陂、开元寺祖师塔、濠溪桥、星塔、福全卫城、蟳埔顺济宫、石门玉湖殿、祖闾苏民居、锡兰侨民旧居、花桥慈济宫、急功尚义坊、泉州黄氏民居、东石寨、凌云叶氏家庙、大演洪氏民居、石狮城隍庙、西坪土楼、新坂堂、莲塘别墅、萧氏宗祠四美堂、富美宫、江夏堂、七贤庵、龙潭楼、聚斯堂、长教简氏大宗祠、梅林天后宫、报本堂、树滋楼、何地何氏家庙、官园威惠庙、石码杨氏大夫第、路边威惠庙、绩光铜柱坊、浦头大庙、河坑土楼群、蓝氏宗祠、南山寺及南屏书院、五通宫、聚精堂、扶摇关帝庙、侯山宫、中湖宗祠、白礁王氏家庙、婆罗门佛塔、芦山堂、黄道周讲学处、塔口庵经幢、南诏镇明代石牌坊群、南山宫、南靖武庙、六鳌城墙、平和文庙、万松关、裕昌楼、中正和平坊、蓝廷珍府第、平和城隍庙、新街礼拜堂、同安孔庙、南普陀寺大雄宝殿
石窟寺及石刻	国家级：清源山石造像群、九日山摩崖石刻、草庵石刻 省　级：石笋、陀罗尼经幢、南天寺石佛和摩崖石刻、西资寺石佛、莲花峰石刻、新建蚶江海防官署碑记、九仙山弥勒造像、魁星岩西方三圣造像、开化洞阿弥陀佛造像、古樂山庄石刻、安福寺石造像、仙公山摩崖石刻、永兴堂石造像、澎湖阵亡将士之灵碑、徐一鸣攻剿红夷刻石、赵纾攻剿红夷刻石、朱一冯攻剿红夷刻石、醉仙岩征倭摩崖石刻、仙字潭摩崖石刻、云洞岩摩崖石刻、南山寺弥陀佛石造像、木棉亭碑刻、重兴鼓浪屿三和宫记摩崖石刻
近现代重要史迹及代表性建筑	国家级：陈嘉庚墓、胡里山炮台、陈化成墓、鼓浪屿近代建筑群、集美学村和厦门大学早期建筑、厦门破狱斗争旧址、中国工农红军东路军领导机关旧址——芝山红楼 省　级：弘一法师舍利塔、净峰寺弘一法师旧居、陈化成墓、东石玉记商行建筑群、鼓浪屿林公馆、王顺兴信局旧址、霞美陈氏民居、安礼逊图书楼、乌山革命旧址、"惠安暴动"旧址、大嶝金门县政府旧址、厦门市总工会旧址、日本帝国主义厦门领事馆警察署地下监狱、厦门破狱斗争旧址、平和暴动遗址、中共福建临时省委旧址、东山县抗战烈士陵园、五更寮炼铁高炉
其他	省　级：龙山寺木雕千手观音
历史文化名城、街区、镇、村	国家级历史文化名城：泉州、漳州 国家级历史文化名镇：平和县九峰镇 中国历史文化名村：晋江市金井镇福全村、南靖县书洋镇田螺坑村 福建省历史文化名镇：南靖县梅林镇 福建省历史文化名村：泉州市泉港区后龙镇土坑村、漳州市龙文区蓝田镇湘桥村、南靖县书洋镇塔下村、石桥村，龙海市东园镇埭美村、诏安县西潭乡山河村、华安县马坑乡和春村

表4　　　　　　**闽南文化生态保护区国家级、省级主要自然保护区、单位**

（国家级 13 处、省级 33 处、国家级生态示范县 5 个）

自然保护区	国家级：深沪湾海底古森林遗址自然保护区、南靖虎伯寮自然保护区、漳江口红树林自然保护区、东山湾海湾自然保护区、东山珊瑚自然保护区、厦门珍稀海洋物种自然保护区 省　级：泉州湾河口湿地自然保护区、珍稀茶树资源自然保护区、安溪云中山自然保护区、德化戴云山自然保护区、永春牛姆林自然保护区、南靖县乐土自然保护区、礼是列岛自然保护区、灵通自然保护区、中华白海豚自然保护区、白鹭自然保护区、大屿山自然保护区、坂头自然保护区、东山珊瑚自然保护区、珍稀海洋物种自然保护区
风景名胜区	国家级：泉州清源山风景名胜区、鼓浪屿—万石山风景名胜区 省　级：安溪清水岩风景名胜区、仙公山风景名胜区、厦门市香山风景名胜区、平和县三平风景名胜区、灵通自然保护区（风景区）、东山风动石—塔屿景区、龙文云洞岩景区、九侯山风景区
森林公园	国家级：德化石牛山国家森林公园、诏安乌山森林公园、长泰天柱山森林公园、乌礁湾森林公园 省　级：德化洞寮山省级森林公园、惠安崇武海滨森林公园、惠安科山森林公园、惠安文笔山森林公园、洛江罗溪森林公园、南安凤应森林公园、南安罗山森林公园、南安五台山森林公园、永春碧卿森林公园、永春魁星岩森林公园、华安县森林公园
地质公园	国家级：漳州滨海火山地貌国家地质公园
生态示范区	国家级：华安县、长泰县、东山县、平和县、南靖县

（三）在保护区内，选择文化遗产集中、特色鲜明、形式和内涵保持相对完整、自然生态较好的区域，实行重点区域的整体性保护。表 5 所示为目前划定的实施整体性保护重点区域。

表5　　　　　　　　　**闽南文化生态保护区实施整体性保护重点区域**

（53 处）

类别	序号	区域名称
历史文化街区保护区域（3 处）	1	泉州市鲤城区历史文化街区
	2	漳州市芗城区历史文化街区
	3	厦门市思明区中山路历史文化街区
历史文化名镇（村）、古村落保护区域（12 处）	4	泉州市泉港区后龙镇土坑村
	5	晋江市金井镇福全村
	6	永春县岵山镇
	7	龙海市东园镇埭尾村
	8	诏安县西潭乡山河村
	9	华安县马坑乡和春村
	10	漳州市龙文区蓝田镇湘桥村
	11	漳浦县湖西乡硕高山赵家堡
	12	南靖县书洋镇长教村
	13	华安县仙都镇大地村
	14	长泰县陈巷镇山重村
	15	厦门市翔安区新店镇吕塘村

续表

类别	序号	区域名称
民间信俗保护区域（9处）	16	泉州市洛江区仙公山及其周边社区
	17	云霄县云陵镇享堂村及其周边社区
	18	平和县文峰镇三平社区
	19	漳浦县旧镇乌石社区
	20	东山县铜陵镇
	21	厦门市海沧区青礁村、漳州龙海市白礁村
	22	厦门市集美区灌口镇
	23	厦门市翔安区马巷镇
	24	厦门市同安区北辰山及其周边社区
民俗保护区域（8处）	25	南安市丰州镇九日山及其周边社区
	26	石狮市蚶江镇
	27	惠安县崇武镇大岞村、小岞镇
	28	泉州市丰泽区蟳埔社区
	29	南安市石井镇
	30	晋江市安海镇
	31	厦门市同安区吕厝村
	32	厦门市湖里区殿前街道
传统戏剧保护区域（2处）	33	晋江市五店市街区
	34	龙海市海澄镇及其周边社区
传统技艺保护区域（5处）	35	惠安县崇武镇、山霞镇和泉州台投区张坂镇
	36	德化县浔中镇、龙浔镇
	37	诏安县南诏镇
	38	安溪县西坪镇松岩村
	39	安溪县西坪镇尧阳村
传统体育、游艺保护区域（3处）	40	永春县桃城镇、五里街镇
	41	厦门市海沧区新垵村
	42	厦门市同安区造水村
传统音乐、曲艺、舞蹈保护区域（5处）	43	泉州市泉港区山腰街道
	44	泉州市鲤城区浮桥街道
	45	厦门市同安区莲花小坪村
	46	厦门市思明区梧村街道
	47	厦门市翔安区金柄村
传统美术保护区域（1处）	48	漳浦县绥安镇

续表

类别	序号	区域名称
闽南文化遗产保护 展示区、点（5处）	49	泉州市清源山及其周边社区、博物馆群保护展示区
	50	漳州市漳台民间文化艺术保护展示点
	51	漳州市天福茶文化保护展示点
	52	厦门市鼓浪屿建筑保护展示区
	53	厦门集美学村嘉庚建筑保护展示区

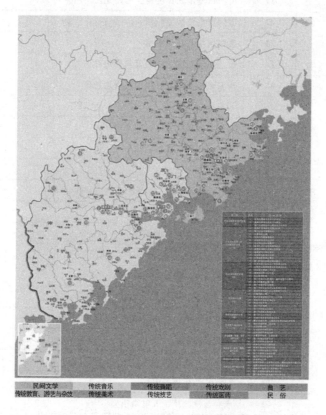

图7　闽南文化生态保护区实施整体性保护重点区域分布图

第五部分　非物质文化遗产保护

保护非物质文化遗产，应当注意其真实性、整体性和传承性。

非物质文化遗产的真实性保护是指保持非物质文化遗产项目的本真性或者原真性，尊重其历史原貌，对代表性项目进行真实的记录、保护、传承和传播，不得歪曲或滥用。

非物质文化遗产的整体性保护包括两个方面内容。一是对每一项非物质文化遗产项目进行全面保护。由于年代的久远和环境的变化，原来的技艺、内容和表现形式渐渐流失，需要进行整体性保护；同时非物质文化遗产的活动、生产离不开物质和场所，需要将非物质文化遗产与物质、场所结合起来进行整体性保护。二是对特定区域进行整体性保护，既要保护区域内的非物质文化遗产代表性项目，也要保护与之相关的物质文化遗产、自然遗产，优化非物质文化遗产赖以生存的生态环境。《规划》第六部分《重点区域的整体性保护》对此做了专项规划。

非物质文化遗产的传承性是指大部分非物质文化遗产是以口传心授等方式世代相传而保留下来的，以人为载体、活态传承是非物质文化遗产的重要特点。保护非物质文化遗产项目代表性传承人以及传习中心是非物质文化遗产保护的重中之重。

一　全面深入地开展非物质文化遗产调查

非物质文化遗产调查是非物质文化遗产保护的基础性工作，要不断挖掘、发现非物质文化遗产的资源、线索。

（一）县级以上人民政府根据非物质文化遗产保护、保存工作的需要，组织非物质文化遗产调查。非物质文化遗产调查由文化主管部门负责进行。

（二）要继续做好非物质文化遗产资源普查、认定和登记工作，全面了解和掌握文化遗产资源的种类、数量、分布状况、生存状况及存在问题，及时向社会公布普查结果。

（三）用文字、录音、录像、数字化多媒体等手段，对非物质文化遗产资源、项目进行真实、全面、系统的记录，并积极搜集有关实物资料，建立档案，妥善保存，防止损毁、流失。其他有关部门取得实物图片、资料复制件等，应当汇交同级文化主管部门。文化主管部门要建立档案及相关数据库，除应当依法保密之外，非物质文化遗产档案及相关数据信息应当公开，便于公众查阅。

（四）对普查的非物质文化遗产资源进行梳理、研究，对有价值的非物质文化遗产资源，要采取措施进行保护；对需要传承的，应当采取有效措施支持传承；同时要有计划地分期分批申报各级非物质文化遗产代表性项目名录。

（五）公民、法人和其他组织、境外组织或个人进行非物质文化遗产调查，要按照有关法律规定进行；要征得调查对象的同意，尊重其风俗习惯，不得损害其合法权益。

二　加强非物质文化遗产代表性项目保护

继续完善非物质文化遗产代表性项目名录体系，采取有效措施保护非物质文化遗产代表性项目。

（一）文化主管部门要贯彻落实国家保护非物质文化遗产代表性项目的相关条例，进一步完善评审标准，严格评审工作，建立一套科学的评审标准和工作机制，客观、公正地评定非物质文化遗产代表性项目，按期公示非物质文化遗产代表性项目，建立国家、省、市、县（区）四级非物质文化遗产代表性项目名录体系，保护好行政区域内各级非物质文化遗产代表性项目。

（二）至2025年，闽南三市争取新增50个项目进入国家级非物质文化遗产代表性项目名录，争取 2 个项目列入联合国教科文组织人类非物质文化遗产代表作名录。

（三）非物质文化遗产项目保护单位应当履行保护职责：全面收集该项目的实物、资料，并登记、整理、建档；为该项目的传承及相关活动提供必要条件；有效保护该项目相关的文化场所；积极开展该项目的展示活动。

（四）文化主管部门、有关保护单位要采取因地制宜、因类制宜的针对性保护措施，对传统表演艺术类的项目，要挖掘、整理传统剧（节）目，及时抢救老艺人绝技及其代表性剧（节）目；对传统技艺类项目，要重点保护该项目整个工艺制作流程；对濒危项目，要采取文字记录、录音录像、资金扶助、培养传承人等措施进行抢救性保护；对已经消亡的项目，要进行记录研究。表 6 所示，为闽南文化生态保护区目前主要濒危非物质文化遗产的代表性项目，濒危项目可根据项目变化情况增减。

表 6　　　　闽南文化生态保护区主要濒危非物质文化遗产代表性项目名录

（30 项）

类别	项目名称	级别	申报地区或单位
传统音乐（4 项）	南靖四平锣鼓乐	省级	漳州市
	晋江深沪褒歌	省级	泉州市
	德化山歌	省级	德化县
	漳州哪吒鼓乐	省级	漳州市
传统舞蹈（2 项）	浦南古傩	国家级	漳州市
	泉州踢球舞	省级	泉州市
传统戏剧（5 项）	诏安铁枝戏	省级	漳州市
	南靖竹马戏	省级	漳州市
	打城戏	国家级	泉州市
	闽南皮影戏	省级	厦门市
	铁枝木偶戏	省级	漳州市
曲艺（2 项）	答嘴鼓	国家级	厦门市
	厦门方言讲古	省级	厦门市
传统美术（6 项）	漳州木版年画	国家级	漳州市
	永春纸织画	国家级	泉州市
	泉州妆糕人制作技艺	省级	泉州市
	泉州江加走木偶头雕刻	国家级	泉州市
	漳州木偶头雕刻	国家级	漳州市
	泉州李尧宝刻纸	国家级	泉州市
传统技艺（11 项）	安溪蓝印花布	省级	泉州市
	厦门珠绣手工技艺	省级	厦门市
	东山黄金漆画技艺	省级	漳州市
	水密隔舱福船制造技艺	国家级	泉州市

续表

类别	项目名称	级别	申报地区或单位
传统技艺（11 项）	泉州十音铜锣锻制技艺	省　级	泉州市
	泉州传统竹编工艺	省　级	泉州市
	泉州金苍绣技艺	省　级	泉州市
	泉州锡雕技艺	省　级	泉州市
	福船制造技艺	省　级	泉州市
	漳绣技艺	省　级	漳州市
	漳窑（米黄色瓷）传统制作技艺	省　级	漳州市

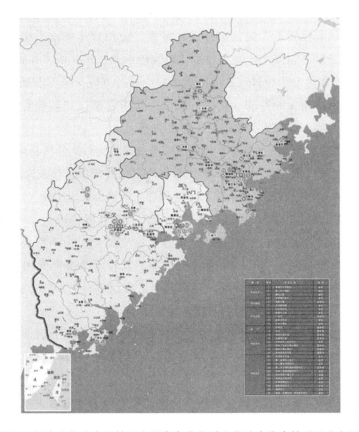

图 8　闽南文化生态保护区主要濒危非物质文化遗产代表性项目分布图

（五）有关保护单位要建立非物质文化遗产代表性项目档案，对项目进行动态的定期跟踪调查，记录其变化情况并进行研究分析，以保护非物质文化遗产的真实性和完整性。

（六）各设区市人民政府文化主管部门要组织有关单位制定非物质文化遗产代表性项目保护规划，对各级非物质文化遗产代表性项目予以保护；省人民政府文化主管部门对保护规划的实施情况进行监督检查，发现保护规划未能有效实施的，要及时纠正处理。对非物质文化遗产代表性项目保护单位未履行保护承诺、出现问题的，视不同程度给予警告、严重警告，直至解除其保护单位资格。

（七）县级以上人民政府要将非物质文化遗产代表性项目相关的调查研究、抢救性记录和保存、传承活动、理论及技艺研究、出版、展示推广、民俗活动等支出的项目补助经费列入本级财政预算；鼓励和支持公民、法人和其他组织对非物质文化遗产项目保护工作给予资助。

三　加强非物质文化遗产项目代表性传承人保护

传承性是非物质文化遗产的主要特征之一。非物质文化遗产以人为载体，传承人是非物质文化遗产能够绵延不绝的核心，加强传承人的保护是非物质文化遗产保护工作的关键。

（一）文化主管部门要贯彻落实国家保护非物质文化遗产项目代表性传承人的相关条例，制定有关代表性传承人的认定标准，客观、公正评定非物质文化遗产项目代表性传承人，按期公示非物质文化遗产项目代表性传承人，建立切实有效的传承机制。

（二）非物质文化遗产项目代表性传承人应当履行下列义务：开展传承活动，培养后继人才；妥善保存相关的实物、资料；配合文化主管部门和其他有关部门进行非物质文化遗产调查；参与非物质文化遗产公益性宣传。

（三）文化主管部门、有关保护单位要采取有效措施抢救濒危项目代表性传承人的技艺，收集代表性传承人的作品、实物，建立非物质文化遗产项目代表性传承人个人档案；对非物质文化遗产项目代表性传承人进行定期培训，明确传承人的责任、权利和义务。

（四）各级非物质文化遗产项目代表性传承人，要开展传承活动、制订传承计划，培养新的传承人。有关部门、保护单位要支持非物质文化遗产项目代表性传承人开展传承工作，资助其开展授徒传艺、教学、交流等活动。对高龄和无固定经济来源的代表性传承人，可发放一定的生活补贴；对学艺者采取助学、奖学等方式，鼓励其学习、掌握该项非物质文化遗产技艺，成为后继人才。

（五）文化部门要以免费或优惠的方式向非物质文化遗产项目代表性传承人提供文化馆、群艺馆、博物馆、文化站的专题展室以及公共文化场所作为传习场所。有条件的地方可以建立专用的传习场所。

（六）政府、有关部门要支持非物质文化遗产项目代表性传承人参与各种形式的非物质文化遗产展览、展示和群众性节日活动，参与爱国主义教育、文化遗产日和文化遗产进校园、进社区等各种活动，参与对外、对港澳台地区文化交流活动。

（七）文化主管部门对有突出贡献的非物质文化遗产项目代表性传承人给予表彰、奖励；省人民政府文化主管部门对无正当理由不履行规定义务的非物质文化遗产项目代表性传承人，可以取消其代表性传承人资格，重新认定该项目的代表性传承人；对丧失传承能力的非物质文化遗产项目，可以重新认定该项目的代表性传承人。

（八）县级以上人民政府根据需要采取措施，为非物质文化遗产项目代表性传承人提供必要的资助经费，资助代表性传承人开展传承、传播活动。

四　加强非物质文化遗产传习中心建设

闽南地区非物质文化传承、传播的最大特点在于群众的普遍性和自觉性，特别是遍布城乡的各种非物质文化遗产传习团体，对闽南文化的传承起了十分重要的作用。对传习团体进行合理引导和规范提升，建设非物质文化遗产传习中心，是建立群众性文化传承、传播的重要前提和基础。

（一）文化主管部门要组织非物质文化遗产代表性项目保护单位，以非物质文化遗产项目代表性传承人为核心建立传习中心、制订传承计划，开展传承活动，扩大传承队伍。

（二）鼓励支持公民、法人和其他社团组织参与非物质文化遗产保护工作，依法设立非物质文化遗产展示场所和传承场所，展示和传承非物质文化遗产代表性项目。

（三）充分利用公共文化机构场所、古民居、古建筑等作为传习场所，开展非物质文化遗产的传承和展示活动。

（四）发挥政府和社会力量，对有困难的传习中心给予传习场所租借或修缮的经费资助。

（五）对已经开展传承工作的公民、法人和其他社团组织，县级以上人民政府文化主管部门要采取措施进行引导、规范、扶持。在规划期内将扶持 300 个传习中心。表 7 所示为闽南文化生态保护区首批扶持的 125 个传习中心。

表 7　　　　　　　　　闽南文化生态保护区首批扶持的传习中心

（125 个）

泉州（70 个）	
灯谜（1 个）	石狮市灯谜协会（苏荣灿、林清富、林志攀）
陈三五娘传说（1 个）	洛江区陈三文化室（黄九成）
南音（6 个）	泉州师院音乐与舞蹈学院（黄淑英、吴彦造、夏永西、李白燕、曾家阳、王大浩、吴璟瑜、周碧月、丁世彬）、泉州南音乐团（黄淑英、曾家阳、王大浩、李白燕、周碧月、吴璟瑜、周成在）、泉州府文庙南音乐府（夏永西、苏诗咏、杨翠娥）、鲤城区泉州南音研究社（黄淑英、郑芳卉）、南安市南音协会（郑荣阆、吕俊哲）、安溪霞苑弦管等闲阁（陈练）
泉州北管（1 个）	泉港区山腰街道文化服务中心（庄能宗、庄明加、庄志丁、刘宗民）
泉州拍胸舞（1 个）	泉州第十五中学拍胸舞队（邱剑英、李水星、杨清端）
梨园戏（1 个）	福建省梨园戏实验剧团（许天相、曾静萍、陈济民、王胜利、蔡娅治、黄炳铜、吴幼清、林赋赋、张贻泉、纪国平、黄雪娥、魏少辉、吴明森、龚万里、李秀娇、陈美娜、汪照安、林苍晓、李红、吴艺华、张纯吉）
高甲戏（2 个）	泉州市高甲戏剧团（颜培琼、苏燕玉、吕忠文、欧阳燕青、柯荣湘、邱长锁、刘秀华、陈江峰、王祖平、陈娟娟、陈素萍、吴家松、肖月理、黄光荣）、安溪县高甲戏剧团（王琼芬、石福林）
高甲戏（柯派）（1 个）	晋江高甲戏剧团（赖宗卯、曾文杰、姚道成、陈凌香、卢文雄）
泉州提线木偶戏（1 个）	泉州市木偶剧团（陈应鸿、陈志杰、林聪鹏、王建生、林文荣、夏荣峰、尤优雅、傅端凤、沈苏革、吴伟宏）
南派布袋木偶戏（2 个）	晋江市掌中木偶剧团（李伯芬、颜洒容、李胜奕、蔡美娜）、惠安县掌中木偶戏剧团（杨丽琼）

续表

打城戏（1个）	泉州市打城戏传习中心（吴天乙、洪球江、伍志新）
江加走木偶头雕刻（2个）	泉州江加走木偶头（江碧峰）、雕刻坊（江碧峰、江东林）、江加走木偶头（黄义罗）、雕刻坊（黄义罗、黄紫燕）
泉州花灯（3个）	泉州李尧宝刻纸、料丝花灯研究所（李珠琴、黄丽凤、李婵娟）、泉州吴氏花灯工艺有限公司（吴祖祥）、林守明父子花灯艺坊（林守明、林伟忠）、
惠安石雕（2个）	惠安县新海峡石业艺术有限公司（王经民）、泉州豪翔石业有限公司（刘国文）
惠安木雕（2个）	惠安国明雕刻艺术园（郑国明）、惠安县九龙工艺美术有限公司（黄泉福）
泉州李尧宝刻纸（1个）	李尧宝刻纸研究所（黄丽凤）
泉州妆糕人制作技艺（1个）	洛江区双阳街道文化服务中心（张志勤、张丽水、张明生、张明铁、苏梵）
永春纸织画（1个）	永春县义亭纸织画工艺研究所（周文虎、周梅君）
泉州木雕（1个）	泉州市思木斋工艺品有限公司（卢思立）
布雕画制作技艺（1个）	鲤城区大呈布雕艺术馆（陈荣浩）
五祖拳（3个）	鲤城区山外山国术馆（徐清辉、黄天禄、张晓峰）、泉州少林寺（释常定）、永春怡云武术研究会（苏瀛汉）
泉州刣狮（2个）	鲤城区霞鹰武术馆（黄天禄、黄清江）、石狮市卢厝狮阵武术馆（杨式取、卢武定）
南安蛇脱壳古阵法（1个）	南安市桃源育英武术馆（傅子嘉、傅赛蓉）
俞家棍（1个）	泉州俞大猷少林国术馆（蔡金星、苏德来）
永春白鹤拳（1个）	永春白鹤拳翁公祠武术馆（潘成庙）
德化瓷烧制技艺（6个）	德化县苏清河艺瓷苑（苏清河）、德化宏益陶瓷雕塑研究所（柯宏荣）、蕴玉陶瓷雕塑艺术研究所（苏玉峰）、德化县凤凰陶瓷雕塑研究所（邱双炯）、德化三羊陶瓷研究所（杨剑民）、德化坤恒工艺品有限公司（柯国镇）
福船制造技艺（1个）	泉港区圭峰古船模制作有限公司（黄宗财、黄仁德）
晋江水密隔舱海船制造技艺（1个）	晋江职业中专学校（陈芳财、杨良盾、苏仁叠、陈著纯）
铁观音制作技艺（3个）	安溪岐山魏荫茗茶有限公司（魏月德、魏双全）、八马茶业有限公司（王文礼、王福隆）、安溪县城厢茶都双算茶行（陈双算）
清源山茶制作技艺（1个）	泉州市茗山生态茶果场（陈文山）
闽南传统民居营造技艺（1个）	泉州市古建筑工程公司（蒋钦全）
竹藤编技艺（1个）	安溪聚丰工艺品有限公司（黄连福）
安溪成珍橘红糕制作技艺（1个）	安溪成珍食品有限公司（林国基）
永春漆篮技艺（1个）	永春龙水漆篮有限公司（郭金镖、郭从针）
泉州锡雕技艺（1个）	泉州连发艺品有限公司（杨峰岩、杨峰峪）
泉州金苍绣技艺（1个）	泉州锦绣庄工艺品有限公司（林秀清）
泉州春生堂酿酒技艺（1个）	泉州春生堂酒厂有限公司（林育民、林舒懿）
泉州杨氏戏剧道具制作技艺（1个）	泉州杨氏戏剧道具制作室（杨长生）
晋江灵源万应茶制作工艺（1个）	泉州市灵源药业有限公司（吴国卿）

续表

酸茶制作技艺（1个）	泉州市丰山生态旅游开发有限公司（杨约金）
惠安女服饰（1个）	惠安县文化馆（詹国平）
蟳埔女服饰（1个）	丰泽区文化馆（黄晨）
安海嗦啰嗹习俗（1个）	晋江市安海职业中专学校（颜昌瑞）
闽台东石灯俗（1个）	晋江东石镇文体服务中心（蔡尤资）
南安英都拔拔灯（1个）	南安市英都镇文体服务中心（廖榕光）
泉州歌诀（1个）	泉州市新海路闽南文化保护中心、泉州市机关幼儿园（傅孙义）
闽南民间艺术传习（1个）	泉州艺术学校（蔡炳汉、颜培琼、许天相、洪球江、邱长锁、刘秀华、夏荣峰、黄雪娥、张贻泉、王大浩、尤优雅）
闽南民间舞蹈艺术传习（1个）	泉州市闽南民俗文化笋江艺术团（邱剑英、李水星、杨清端）
漳州（39个）	
南音（3个）	东山县铜陵御乐轩南音社（杨桔平、张福禄）、龙海市程溪下庄村南音社（卢炳全）、漳州市南音艺术家协会（刘修槐）
歌仔戏（1个）	漳州市芗剧团（郑秀琴、吴兹明、郑娅玲、洪镇平、杨月霞）
漳州布袋木偶戏（1个）	漳州市木偶剧团（庄陈华、陈锦堂、陈炎森、朱亚来、蔡柏惠）
漳州木偶头雕刻（3个）	徐竹初木偶艺术馆（徐竹初、徐聪亮、徐强）、福建省艺术学校龙溪木偶班（许桑叶）、福春堂（杨亚洲）
漳州木版年画（1个）	漳州颜文华木版年画馆（颜仕国）
东山歌册（2个）	东山歌册码头社区歌册演唱队（蔡婉香、黄春慧、张丽卿、谢溪添、林如东）、东山歌册桂花社区歌册演唱队
漳浦剪纸（6个）	陈秋日剪纸传习中心（陈秋日）、漳浦县文化馆、高少苹剪纸传习中心（高少苹）、张峥嵘剪纸传习中心（张峥嵘）、游金美剪纸传习中心（游金美）、欧阳艳君剪纸传习中心（欧阳艳君）
漳州锦歌（1个）	漳州市芗城区西桥小学锦歌传习中心（王素华）
东山黄金漆画技艺（1个）	福建省东山县工艺美术厂（谢少艺）
东山剪瓷雕工艺（2个）	东山博物馆（孙志强）、诏安沈氏家族艺圃（沈振祥、沈振南、沈振择）
漳州八宝印泥制作技艺（1个）	漳州八宝印泥厂（杨锡伟）
漳州蔡福美传统制鼓技艺（1个）	漳州市蔡福美工艺品有限公司（蔡志强）
漳州片仔癀制作技艺（1个）	漳州片仔癀药业股份有限公司（陈佩娇、戴俊伟、魏腾云）
南靖竹马戏（2个）	南靖县金山镇表演队（何孝智、林朝元）、漳浦县芗剧团（何孝智）
东山宋金枣传统制作技艺（1个）	东山县蜜果厂（张振成）
诏安铁枝戏（2个）	东山新艺铁枝木偶剧团（陈银发）、诏安县怡梨香剧团（吴崇耀）
南靖四平锣鼓乐（1个）	南靖县金山镇新村四平锣鼓队（吴炎祥）
漳窑（米黄色瓷）传统制作技艺（1个）	漳州市民间古瓷工艺研究所（林俊）
漳州刺绣（1个）	漳州刺绣厂（陈钟辉）

漳州南词（1个）	漳州霞东钧社（苏水泉、蔡锦波）
彩扎、刺绣（1个）	诏安县庆源号彩绸庄（林福经、林养生）
东山金木雕技艺（1个）	东山金木雕作坊（沙涛松、陈友梅、陈坤、陈平、许庆石）
东山海船钉造技术（1个）	东山海船钉造船工场（吴桂德、吴友、吴九秋、吴添才）
漳州哪吒鼓乐（1个）	漳州市芗城区打锡巷文衡殿鼓乐队（蔡国明、陈维昌、王海西、林济民）
东山海柳雕（1个）	东山海柳雕作坊（沙清河、陈卓卿、陈科、林友源、陈佛顺、林涌春、林金春）
漳台大鼓凉伞舞（1个）	漳州市芗城区文化馆（沈龙发、沈井水）
厦门（16个）	
南音（1个）	厦门市南乐团（吴世安、王秀怡、洪明艾、胡明炮、陈美瑜、谢国义）
高甲戏（1个）	厦门市金莲升高甲戏剧团（林英梨、纪亚福、陈炳聪、洪东溪、林丽雅、洪庆滨、吴晶晶）
歌仔戏（1个）	厦门市歌仔戏剧团（纪招治、陈志明、洪东溪、林丽虹、庄海蓉、苏燕蓉）
闽南童谣（1个）	厦门实验小学集美分校（林玲）
答嘴鼓（1个）	厦门市曲艺家协会（陈清平、杨敏谋、李小航、尤国栋、洪明吉、蔡绍琪）
厦门漆线雕技艺（1个）	厦门惟艺漆线雕艺术有限公司（蔡水况、蔡彩石羡、王志强）
厦门方言讲古（1个）	厦门市方言讲古小组（范寿春、盛富泰、汪宗辉、邵鼎辉）
厦金宋江阵（2个）	厦门同安区汀溪镇造水三甲村宋江阵表演队（王文艺、江开良）、翔安区内厝镇赵岗村宋江阵表演队（石水加、陈仁忠、李土锅、王文默）
新垵五祖拳（1个）	厦门市海沧区新垵村武术馆（邱武耀、邱大昕、邱靖娜、邱志刚、邱明全）
厦门同安车鼓弄（1个）	厦门市同安区大同镇溪边街表演队（卓来治）
厦门翔安拍胸舞（1个）	厦门市翔安区新圩镇金柄村拍胸舞表演队（黄欲国、黄呆）
莲花褒歌（1个）	同安区莲花镇小坪道地村褒歌演唱队（洪参议）
厦门珠绣手工技艺（1个）	厦门正人珠绣技艺传习中心（谢丽瑜、杨淑媛、王玉琼、林玉黎）
歌仔说唱（1个）	厦门市集美区文化馆（林赐福、陈令督、张月萍、林惠真、陈宝珠）
闽南皮影戏（1个）	闽南皮影戏演出队（庄晏红）

五　支持群众举行积极有益的民俗活动

非物质文化遗产根植于民俗。充分发挥民族传统节庆的文化传承功能，组织丰富多样、健康有益的民俗文化活动，让更多的人了解传统文化，喜爱传统文化，成为优秀传统文化的继承者、传播者。要支持群众依法举行有益的民俗活动。

（一）重点保护春节、元宵节、清明节、端午节、中秋节、重阳节等岁时节日，支持民众开展民俗活动，营造浓厚的节日气氛，挖掘传统节日的文化内涵，传承民族文化精神。

（二）支持民众举行生日、婚礼、寿诞、入学礼、成年礼、拜师礼等传统人生礼俗活动，继承尊老爱幼、崇文重教等优良传统。

（三）支持民众开展两岸祭祖和民间信俗活动，弘扬中华传统美德，促进邻里和谐和祖地文化认同，增强民族凝聚力。

（四）维护民俗与民间表演艺术的生态链，将民俗活动与传统戏剧、曲艺、音乐、

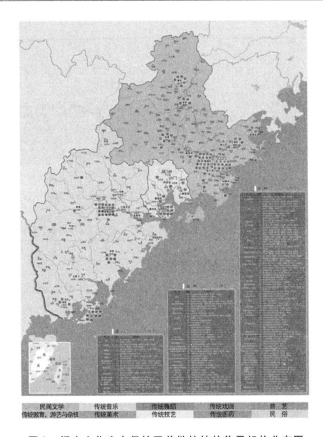

图9　闽南文化生态保护区首批扶持的传承机构分布图

舞蹈、游艺和体育等活动结合起来保护，丰富人民群众的文化艺术生活。

表8　　　　　　　　　　　闽南文化生态保护区主要传统民俗活动表

时间（农历）	民俗活动内容
正月	初一："开正"、祭祀祖先；初二：女儿回娘家；初三：家祭祖先；初四：接神；初五：迎财神；初六：三平祖师公祭典；初九：玉皇诞辰（"天公生"）、南安英都"拔拔灯"民俗活动、同安朝元观活动；十一：漳州龙文区蓝田镇檀林"吃福"；十三：关圣帝君诞辰、"开漳圣王巡安"、南靖竹马戏表演活动；十五：各地闹元宵、上元祭祖、泉州天后（妈祖）宫"乞龟"习俗、漳浦沿海"穿灯脚"、同安"莲花褒歌"、东石数宫灯、龙海林前伽蓝药王巡社与汉畲泼水节、长泰岩溪珪塘叶氏族人举行"三公下水操"、同安吕厝装瓯祭祖习俗；廿九：泉州东海蟳埔妈祖"巡香"
二月	初二：土地公生日；十二："北山王"诞辰；十五：开漳圣王诞辰日；春二月祭祖
三月	三月节吃"润饼"习俗；初三：泉州玄天上帝生日祭海神、洛阳桥民俗踩桥活动、厦门"三日节"祭祖先；初五：清明节墓祭祖先；十四：德化大卿宫"摆大龟"，供奉吴真人；十五：大道公生日，白礁慈济宫、青礁慈济宫举行"慈济宫吴真人诞辰祭典仪式"；廿三：妈祖生日，晋江东石天后宫信众到泉州天后宫绕境进香，惠安洛阳云庄村信众往湄州岛进香，集美后溪霞城城隍庙庙会
四月	初一：同安"走康王公"；初八：佛祖生日
五月	初五：端午节，蚶江"闽台端午对渡习俗"；安溪湖头祭江习俗；鲤城、晋江安海嗦啰嗹习俗；泉港沙格龙舟赛；厦门集美龙舟赛

续表

时间（农历）	民俗活动内容
六月	初六："天晚节"祭祖敬老；十五："半年节"，祭祖先并祀土地公；十八：马巷元威殿池王爷诞辰；廿六：洋西山北"拾福分"
七月	初七：七夕；十五：泉港山腰抢"七星灯"民俗，山格、小溪举行纪念"大众爷"神像入坛仪式；十九：纪念戚家军抗倭民俗
八月	十五：中秋节，闽南各地盛行博饼活动；廿二：郭圣王生日；廿六：同安祭孔；廿八：泉州城东祭"十班"
九月	廿三：马公爷生日
十一月	冬至前厦门送王船；冬至前一天龙文区梧桥檀林威惠庙举行"请祖"活动；冬至节祭祖
十二月	十六：尾牙；廿四：送神日（祭灶）；除夕，泉州围炉、跳火群

六　加强海峡两岸非物质文化遗产交流

闽南地区是闽文化的发祥地，是台湾同胞的原乡祖地。闽南文化生态保护区要发挥祖地文化优势，搞好两岸非物质文化遗产的交流活动，提高祖地文化影响力，增强闽南文化认同和中华文化认同，推进祖国和平统一大业。

（一）政府有关部门、有关保护单位要继续抓好53个对台对外交流的非物质文化遗产交流活动，使更多的项目成为国台办、文化部的重点对台文化交流项目，提升交流的品质。

（二）不断挖掘培育对台对外的交流项目，做到"一县（区、市）一节""一村一品"，扩大对台对外的非物质文化遗产交流范围。

（三）有关保护单位要通过两岸共同祭祖、谒祖进香等活动，与台湾地区进行村镇对村镇、祠堂对祠堂、宫庙对宫庙、团体对团体的"点对点"对接，深入基层交流。

（四）政府有关部门要采取措施加强两岸青少年文化交流，举行闽南童谣、闽南语歌曲比赛、非物质文化遗产知识竞赛、旅游参观等活动，不断为传承闽南文化、维护两岸关系和平发展增添新的活力。

（五）政府和民间社团组织要利用华侨优势，拓宽交流渠道，采取"请进来""走出去"的办法，举办各种传统文化艺术活动，提高闽南文化的可见度和影响力，增强中华文化的凝聚力。

表 9　　　　　　　　**闽南文化生态保护区对台对外主要活动一览表**

（53项）

泉州（26项）	闽南文化节、闽台（石狮）端午对渡文化节、妈祖巡安文化节、泉州元宵节、闽台祭祖、国际南音会唱、国际木偶节、安溪茶文化节、永春佛手禅茶文化节、德化瓷文化节、惠安国际雕艺节、国际南少林武术节、威远楼之夏戏剧节、两岸文庙交流合作、中秋博饼、民间舞蹈比赛、中小学生南音比赛、讲古比赛、美食文化节、石雕（惠安）工艺美术大奖赛、民间戏曲会演、闽台姓氏族谱和涉台文物展暨宗亲恳谈会、泉港沙格龙舟赛、闽南笋江文化节、晋江安海民俗文化节、南安广泽尊王文化节

续表

漳州（13项）	海峡两岸保生大帝文化节、东山关帝文化节、南靖土楼文化节、海峡两岸开漳圣王文化节、海峡两岸三平祖师文化节、漳台族谱对接与祭祖活动、海峡两岸灯谜节、诏安书画艺术节、漳浦剪纸艺术节、华安奇石节、闽台乞龟民俗活动、海峡两岸木偶艺术节、海峡两岸歌仔戏（芗剧）艺术节
厦门（14项）	海峡两岸保生大帝文化节、郑成功文化节、海峡两岸民间艺术节、闽南语歌曲大赛、海峡两岸南音展演、民间艺阵表演、元宵灯会、花车踩街、龙舟赛、闽南中秋博饼、民间婚礼、福德文化节、王爷文化节、孔子文化节

七　支持学校开展非物质文化遗产教育传承

教育部门要继续将优秀文化遗产内容和文化遗产保护知识纳入教学计划、编入教材，建立从幼儿园、小学、中学、职业学院（校）到大学的教育传承体系。

（一）县级以上人民政府、有关部门要按照国务院教育主管部门的有关规定，组织非物质文化遗产项目代表性传承人、教师、研究人员共同编写专业性和通俗性、知识性和趣味性、科学性和普及性有机结合的非物质文化遗产教材，包括幼儿园、小学、初中、高中教材以及教师参考书，在有条件的幼儿园、小学、中学里推广。

（二）县级以上人民政府、有关部门要对非物质文化遗产进学校、进课堂、进教材进行协调，科学安排教学内容，组织非物质文化遗产项目代表性传承人进各级学校授课辅导、传授技艺。

（三）鼓励支持福建艺术职业学院、福建农林大学安溪茶文化学院、厦门演艺职业学院、德化陶瓷职业技术学院，以及泉州艺术学校、漳州艺术学校、漳州市天福茶学院等各市的艺术职业学校、技术职业学校招收非物质文化遗产相关专业学生，采取相关措施鼓励就读。

（四）鼓励支持厦门大学、福建师范大学、闽南师范大学、泉州师范学院等开设闽南文化相关学科和专业，培养高层次的文化遗产保护、研究的本科生、硕士生和博士生。

八　加强理论研究与经验交流

加强闽南文化、文化生态保护理论、文化遗产保护法律法规等研究，解决实践中出现的问题和困难，建立文化生态保护的理论体系。

（一）成立福建省闽南文化研究中心，各设区市成立闽南文化研究所。以省闽南文化研究中心为龙头，组织全省有关高校、研究单位，开展闽南文化遗产研究、文化生态保护区建设问题研究。

（二）研究闽南区域发展史、海外移民与华侨华人、闽南海航文化、闽南宗族社会、闽南乡土民俗、闽南民间信仰、闽南建筑、闽南理学、闽南名人、闽南民间戏曲、闽南民间音乐、闽南民间舞蹈、闽南民间工艺、闽南民间文学、闽南美术、闽南民间医药、闽南民间游艺、民间器具、民间饮食等内容。

（三）研究非物质文化遗产的传承发展规律，研究文化遗产保护的政策法规、保护措施、管理体制，研究文化生态保护区建设等问题，总结实践经验，解决实践中出现的问题。

（四）开展与国内、台湾、港澳地区，以及世界各地学术机构的交流活动，举办学术研讨会、专题论坛等，提高文化生态保护的理论水平；开展与国内文化生态保护区的考察交流活动，举办现场经验交流会、座谈会等，提高文化生态保护区建设的工作水平。

（五）继续办好《闽南文化研究》（厦门）、《闽台文化交流》（漳州）、《闽南》（泉州）等刊物；出版一系列高质量的大型丛书及学术著作。表10所示，为研究机构、单位与出版丛书、著作计划。

表10	研究机构、单位与出版丛书、著作计划
研究机构、单位（54个）	福建省艺术研究院、福建省博物院、福建省艺术馆、福建省炎黄文化研究会、福建省社会科学院台湾研究所、福建省社会科学院历史研究所、海峡文化研究会、福建省文联理论室、福建师范大学闽台区域文化研究中心、福建师范大学社会历史学院、福建师范大学美术学院、福建师范大学音乐学院、华侨大学华侨研究所、泉州地方戏曲研究社、泉州历史研究会、泉州市新海路闽南文化保护中心、泉州民间信仰研究会、泉州师范学院泉州学研究所、泉州师范学院闽南文化生态研究中心、泉州市戏剧研究所、泉州南音研社、泉州市民族民间文化保护工作研究会、泉州师范学院闽南文化应用型人才培养基地、厦门市非物质文化遗产保护中心、厦门市闽南文化研究所、厦门市台湾艺术研究所、厦门大学历史研究所、厦门大学东南亚研究中心、厦门大学戏剧戏曲学与艺术学研究中心、厦门大学陈嘉庚研究室、厦门大学汉语语言学研究中心、厦门大学道学与民间文化研究中心、厦门大学艺术研究所、厦门大学海洋政策与法律中心、厦门大学台湾研究院、厦门大学海外华文教育研究所、厦门大学国学研究院、厦门大学人类学研究所、集美大学民间文学与艺术遗产研究所、闽南（漳州）文化生态保护中心、漳州市非物质文化遗产保护中心、闽南师范大学闽南文化研究院、闽南师范大学陈元光研究所、漳州市政协闽南文化研究会、漳州市开漳圣王文化联谊会、漳州市戏曲研究所、漳州市委党校漳台关系研究所、漳州职业技术学院闽南（漳州）文化研究所、漳州市城市职业学院黄道周研究室、漳州市工艺美术研究所、漳州市水仙文化艺术研究院、漳州市文物管理协会、漳州市土楼文化研究会、漳州市涉台文物研究会、漳州市芗剧（歌仔戏）研究会
出版丛书与著作计划	《文化生态保护理论与实践研究》《城镇化建设与文化生态保护区建设问题研究》《非物质文化遗产保护法律法规研究》《闽南非物质文化遗产代表性项目名录》《闽南非物质文化遗产项目代表性传承人名录》《闽南文化生态保护区整体性保护区域介绍》《福建木偶戏传承人培养问题与现状研究》《闽南民间信俗与传统戏曲生态关系研究》《闽南民间信俗与传统音乐生态关系研究》《闽南传统民居营造技艺丛书》《闽南民间文学》《闽南传统舞蹈》《闽南曲艺》《闽南传统美术》《闽南传统技艺》《闽南传统医药》《闽南传统体育、游艺》《闽南民间信仰》《闽南民俗》《闽南方言》《闽南服饰》《闽南建筑》《闽南区域发展史》《闽南海洋文化》《闽南华侨文化》《海上丝绸之路·闽南历史文化》《闽南红砖建筑文化》《闽南历史文化名城》《泉州南音集成》《泉州戏曲弦管研究丛书》《泉州民俗文化丛书》《泉州南音》《泉州北管》（中小学教材）、《泉州南音系列教程》《泉州北管艺术概论》《漳州历史文化名城》《漳州木版年画》《漳州姓氏》《漳州地方文献丛刊》《漳州与台湾关系丛书》《邵江海研究丛书》《漳州文化遗产丛书》《漳州历代碑拓丛刊》《漳州民间文学丛书》《漳州侨批》《漳州文物图录》《漳州传统戏曲剧本丛书》《厦门双十中学闽南文化系列教材》《厦门市闽南方言与文化乡土教材》《闽南文化研究资料丛书》《歌仔戏研究丛书》《闽南文化普及丛书》《厦门文化丛书》

九　推进非物质文化遗产资源数字化建设

非物质文化遗产资源数字化是采用计算机、多媒体、数据库和网络技术，对非物质文化遗产资源的各种信息进行采集、存储处理和传输、管理。非物质文化遗产资源数字化建设是社会信息化发展的必然要求，也是非物质文化遗产保护的重要手段。闽南文化生态保护区非物质文化遗产数据库中心设在福建省图书馆，闽南三市各设闽南文化生态保护区非物质文化遗产数据库。

（一）建立规范化、标准化的闽南文化生态保护区非物质文化遗产数据库。按照国务院公布的国家级非物质文化遗产名录所设置的十大类作为建库的一级目录分类标准，参照我国数字图书馆标准规范建设制定的"数据资源编目规则""数据资源加工标准""数据资源标引规则"等标准规范，将各种非物质文化遗产和与之相关的物质文化遗产、自然遗产等信息资源数字化，建立具有数据检索与全文服务功能的资料性数据库。

（二）建立一套共建共享的非物质文化遗产数字化管理与应用系统。建立信息录入系统，接收登记各市、县（区）相关非物质文化遗产信息；建立管理存储系统，包括资料著录标引、非物质文化遗产资料动态管理、非物质文化遗产资料数字化管理；建立信息查询系统，包括检索资料信息、加工编排等，最终实现通过网络查阅利用资料信息；建立后台管理系统，由专业管理员来操作，完成整个系统的日常维护、调整目录、归并数据库备份等工作。

（三）利用新媒体技术开发非物质文化遗产保护数字化应用产品。利用新媒体技术、数字图书馆技术、三维动态成像技术、虚拟化等技术，对戏曲程式、舞蹈、武术等动作以及传统技艺过程进行三维采集和整理，建立多媒体资源数据库；注重资料性、学术性、艺术性与观赏性的融合，以图、文、音、视频并茂的形式来立体揭示资源，逼真记录和再现非物质文化遗产资源；开发能够综合各种多媒体信息，支持视频、音频、图片、文字及虚拟场景的综合展示，广泛应用于博物馆、图书馆、文化馆、纪念馆、美术馆、非物质文化遗产展示馆等场所，扩大非物质文化遗产传播、宣传途径。通过技术开发，加快推进非物质文化遗产资源由传统保护媒介向现代数字媒介的转换。

（四）培养一批非物质文化遗产资源数字化专业技术人才。定期对各级非物质文化遗产保护工作人员进行信息获取技术、图像处理技术、网络技术、显示技术、海量存储技术等专业技术的培训，提高非物质文化遗产资源数字化水平。

（五）共同推进闽南文化生态保护区非物质文化遗产数字化建设。加强统筹协调，积极推动闽南三市非物质文化遗产资源数字化建设的整合，最终实现闽南文化生态保护区非物质文化遗产数字资源库的共建、共通、共有、共享。各市、县要以省闽南非物质文化遗产保护数据库为依托，结合社区（乡镇）文化信息资源共享工程，分级建立集工作推动、宣传教育和检索服务等多功能于一体的网络平台；充分发挥图书馆、文化馆、博物馆等非物质文化遗产资源数字化建设的作用，整合资源，推动实现闽南文化生态保护区非物质文化遗产保护的科学化、信息化、网络化、社会化。

第六部分　重点区域的整体性保护

在文化生态保护区中选择若干传统文化生态保持较为完整、自然生态环境基本良好的街道、社区或乡镇、村落等，作为实施整体性保护的重点区域。

重点区域的整体性保护也是"文化空间"的整体性保护。"文化空间"的整体性保护既考虑传统的活态文化和物质文化，也考虑文化的原生地问题。它的定义不仅建立在特定群体的文化综合表现形式如非物质文化遗产、物质文化遗产上，同时也建立在与之联系的地理环境、自然条件和社会环境的基础上。"文化空间"保护应当采用一种空间性或地缘性的视角，不仅要考虑特定群体的文化样式和历史主体性，同时也考虑特定的空间位置、地理形态和自然条件、社会环境等对特定历史文化共同体所产生的影响。

一　重点区域选择的基本条件

（一）非物质文化遗产丰富，具有较高的历史、文学、艺术、科学价值和鲜明的区域特色、民族特色。

（二）文化遗产、自然遗产得到较好保护，人文环境与自然环境较好。

（三）所在地群众文化认同意识和自觉保护意识较高；政府重视文化遗产保护工作，已采取一定的保护措施。

（四）重点区域保护要与历史文化名城（街区）、名镇（乡）、名村保护以及新农村建设相结合，充分利用其保护、建设成果，进行文化生态的整体性保护。

（五）闽南地区各个县（区）文化各具特色，每个县（区）至少要搞好一个特色鲜明的整体性保护重点区域。

（六）物质文化遗产密集、特色鲜明的区域或各种展馆、展示场所较为集中的区域、点，可以作为以物质文化展示为主的文化遗产保护展示区、点。

二　重点区域的划分

根据"重点区域选择的基本条件"以及"一县（区）一点"要求，选择53个区域作为进行整体性保护的重点区域。

（一）历史文化街区保护区域（3处）

1. 泉州市鲤城区历史文化街区

古城区位于泉州市鲤城区的核心区域，包括中山路街巷、旧馆驿街巷、后城街巷、开元寺台魁巷和城南聚宝街5片历史文化街区，以及古街巷15条。

古城区一千三百年来一直是历代州、郡、府、署、市的所在地，聚集丰富的历史遗迹和人文景观，有开元寺、清净寺、天后宫、府文庙、李贽故居、崇福寺、承天寺、富美宫、朱熹遗迹等一大批国家、省、市级重点文物保护单位58处，以及大量尚未列入文物保护单位、至今仍然保留着古朴民俗风情的历史建筑古厝、小巷、祠堂、宫庙等。中山路入选第二批中国十大历史文化名街。

区域内有人类非物质文化遗产代表作南音、妈祖信俗、中国传统木结构营造技艺（闽南传统民营造技艺），国家级、省级非物质文化遗产代表性项目梨园戏、提线木偶戏、高甲戏、打城戏、拍胸舞、李尧宝刻纸、泉州花灯、五祖拳、闹元宵、闽南祭祖习俗、中秋博饼、火鼎公火鼎婆、刣狮、大鼓吹、泉州竹编、老范志神麯、祭孔仪式、开元寺传说、承天寺传说等。

处于现代化繁华都市核心的古城区，非物质文化遗产与物质文化遗产融为一体，传统文化仍然充满活力。

2. 漳州市芗城区历史文化街区

古城区位于芗城区核心区域，自唐代以来即为州、郡、路、府之治所，现存约0.86平方公里，有台湾路、香港路、始兴南北路、芳华横路、芳华北路等老街道，仍较完整地保留着唐宋以来"枕三台、襟两河"的自然风貌，"以河代城、以桥代门"的筑城形制和"九街十三巷"的街道格局。包含国家级文物两座明清石牌坊及漳州文庙2处，市级文物保护单位8处，近代作家杨骚故居、两处石牌坊残迹和我国台湾徐氏后裔的祖厝徐厝巷等，"天益寿"老药铺、大同文具店等沿街老字号店铺招牌20余处。区内的闽南传统民居以"大厝""五脚距（骑楼）""竹篙厝""南洋风""油标砖""燕尾脊"等为典型代表，并且涵盖了衙门官署、寺观教堂、宗祠家庙、牌坊亭幢、书院戏台、码头坝渠、桥梁水井、商号作坊、园林宅第等几乎所有历史建筑的类型，具有独特的建筑学价值。

区域内人文气息浓厚，有国家级非物质文化遗产芗剧、布袋戏、南音、锦歌、木偶雕刻、木版年画、八宝印泥、蔡福美制鼓技艺，省级非物质文化遗产灯谜、漳绣、片仔癀制作、大鼓凉伞、车鼓弄、高跷、开漳圣王信俗等。2005年荣获联合国教科文组织亚太地区文化遗产保护奖。

3. 厦门市思明区中山路历史文化街区

中山路位于厦门岛西南部，东西走向，全长约1.2公里，路宽18米，街区总面积1.6平方公里，常住人口数达4万。

区域内有国家级文物厦门所城墙，省级文物黄氏大宗祠江夏堂；有始建于明代供奉保生大帝的万寿宫，福建水师提督衙门摩崖碑刻、石狮等遗迹和陈化成祠堂；还有建于20世纪20年代的台湾公会，被称为"中华第一圣堂"的新街礼拜堂。中山路连接中山公园和鼓浪屿两个重要景区，沿街多为闽南骑楼建筑，有许多将近百年的老字号，如好清香、黄则和、黄金香、天仙旅社、中华电影院等。

区域内有国家级非物质文化遗产南音和歌仔戏等。厦门市民间南音社团"金华阁""集安堂"都聚集在中山路，中山公园内的"南音阁"为厦门市非物质文化遗产传承基地；中山路局口街34号为我国台湾著名艺人温红涂于1926年设立的歌仔馆"平和社"，这堪称我国台湾歌仔戏传入闽南的起点。

（二）历史文化名镇（村）、古村落保护区域（12 处）

1. 泉州市泉港区后龙镇土坑村

土坑村位于湄洲湾南岸，涂山中心，面积约 1.6 平方公里，总人口 3900 多。以古民居建筑群于 2003 年被列为省级历史文化名村。

涂山刘氏已有 600 年族史，至今繁衍 22 代，延拓出 18 个村庄共 1 万余人，位于涂山中心的土坑村是起始母村。土坑人文荟萃，人才辈出。据清代谱牒载，中榜进士、晋升仕者高达 70 多人。荣归故里者建造府第，至清乾隆年间共有 40 多座，这些府宅聚集在一起，留存至今，便形成一处宏伟壮观、气势非凡的古民居群。村内现有古民居 27 座，保存较完好的有 15 座，基本上都是典型的庭院式砖石木结构。古民居雕塑按材料分有石雕、木雕、砖雕和泥灰雕；按造型分有浮雕、阴雕和透雕；雕塑数量繁多，技艺精湛，规模宏大。其中刘百万故居尤为典型。

村北岩山是泉港名山之一，惠安县志载："涂山岩容幽胜，象卷潮之势。"村东有古戏台和数棵古榕树，树龄均逾百年，茎壮根粗，枝叶茂盛，犹如一把擎天大伞，是村民休闲娱乐的好去处；村南有一块晶莹润泽的天然白晶石，高 1 米多，直径 4 米，石后有白石宫，为泉港区文物保护单位，始建于明朝万历年间，宫内供奉海上女神妈祖。

区域内有妈祖信俗、"土坑戏"、北管乐曲、大钵、小鼓队、拍胸舞、妆架、花担及春节期间的"打正鼓"、闹元宵、祭祖等多项非物质文化遗产。

2. 晋江市金井镇福全村

福全村地处晋江东南，东临台湾海峡，北接深沪镇，南连围头港，常住人口近 2000，旅居海外 3000 余人。以明筑所城于 2007 年被列为国家级历史文化名村。

福全村三面群山环绕，村中有元龙山，唐乾宁年间即有驻兵，宋代为东南沿海一大商贸港，明洪武二十年（1387）筑福全所城，为海防重镇。自然景观和人文景观丰富，至今城内外犹存众多文物古迹、古民俗和民间传说。城内元龙山摩崖石刻、城外的无尾塔、洞内摩崖造像和留从效庙都已被列为晋江市文物保护单位。村中保存众多的祠堂、祖厝，大多为清康熙间"复界"重兴家园时，利用废墟上的碎砖瓦乱石砌筑的房屋，创造出一种"出砖入石"的建筑形式。

福全村保留着不少古老的民间文化艺术，如南音、"大鼓吹"、嘉礼戏（提线木偶）、布袋戏（掌中木偶）和纸扎工艺等。祖传的道具玉成轩木质雕刻镏金牌楼及偶人至今仍保存完好。

福全村修建性保护规划正在进行中，目前由晋江市人民政府牵头，由同济大学负责，已着手筹集资金维修城墙和一批重要古建筑，以恢复、展示古村落的历史风貌。

3. 永春县岵山镇

岵山镇位于永春县城南部，古称"小姑"，是闽南著名侨乡。古镇保护区域为岵山镇中心区，涵盖六个行政村，人口 1.6 万，面积约 6 平方公里。

区域内有古厝 350 座，建筑年代从宋代至民国均有。保存比较完好的有近百座，其中有省级文物保护单位李家大院（福兴堂），以及县级保护文物陈家祠堂等 10 余座。又有西陵宫、南山庵、仙硿岩、五峰岩、黄墘岩等名刹；周边的莲花寨、水瓢寨、吴坂寨、福茂寨等古堡，至今保存完好，具有较高的文物价值。区域内有古树名木 1854棵，两百年以上的有 381 棵，多为荔枝树，称"岵山晚荔"，分布于房前屋后。古树、金溪河、古厝构成古镇风貌。

区域内有南音、掌中木偶、纸织画、木雕技艺、特色小吃等各种非物质文化遗产。

4. 龙海市东园镇埭尾村

埭尾村位于东园镇西部、南溪下游。全村总面积 5.2 平方公里，有 843 户 3091 人，分为埭尾、岸尾、顶詹、下詹、前厝、后厝、厝仔、郑厝、六壁、过港、后柯、横河，共 12 个社。

埭尾社为陈姓聚居村落，始建于明朝景泰年间，由开漳圣王陈元光的第 25 世孙陈均惠的第 8 世后裔开基。现存 276 座规模宏大的红砖古厝，其坐向、形态、大小近乎一致，因傍水而建，四面环水，被称为"埭尾水上古民居"。

历代村民严守先人禁改建筑格局的遗训，形成目前发现存有的最大、保存最完整的古民居建筑群。每座古厝之间边门对边门，中间仅隔一米多宽，当边门全部打开，就形成一条由村头到村尾的快捷通道。这种特殊格局，不仅体现了闽南建筑的精巧构思，还蕴含了闽南人和谐共处的人文精神。古民居建筑装饰工艺极为精湛，木雕、砖雕、泥塑在梁、拱、窗花等构件上的运用令人叹为观止。它可以称作是闽南建筑装饰的一个缩影，文化内涵十分丰富，是研究闽南地区建筑风格嬗变及村落发展史的重要实例。

埭尾陈姓奉行妈祖信仰，村口有座建于清初的天后宫。端午龙舟赛是族中盛事，祠堂内藏有与之等长的大龙舟，长达 20 余米。

埭尾物产丰饶，水路运输也十分便捷。埭尾以水上古民居为重点保护对象，规划建成一个集度假、休闲、文化、闽南民俗展示于一体的 2000 多亩的湿地公园。

5. 诏安县西潭乡山河村

山河村位于诏安县的西南部，离县城 20 里，属三都溪东，村东南边是一片肥沃的良田，西北面是繁盛的荔枝园，北面是丘陵小山，盛产林木、水果；村南面一条小溪通往东溪。2012 年被列为省级历史文化名村。

山河村（旧称山宝雷村）自清朝康熙丁巳年（1677）建村，至今已 330 余年。清朝初、中期，先后出现了"三世将军""四世大夫""父子科第"、皇帝特赐圣旨、诰赠牌匾等英贤人物和重要事件；清朝中后期，又出了四名举人和三十二名秀才。

区域内有特大土寨、震山祖祠、大夫第祖祠、叶太恭人祠等重要建筑和文物，活跃着祭祖和各种民俗活动。

6. 华安县马坑乡和春村

和春村位于华安县西北部的马坑乡，是马坑乡第一大村，人口 1000 多，2012 年和春村被列为省级历史文化名村。

和春村海拔 1030 米，是福建省野生植物保存最完整的千米海拔行政村之一、"漳州十大最美乡村之一"，自然景观奇特，文化底蕴深厚。有"三宝三绝二奇一特"，"三宝"即"古树、宗祠、杜鹃花"；"三绝"即"牛古仑日出、孔雀瀑布、民俗活动"；"二奇"即"古悬棺、云雾"；"一特"即"高山茶"。古建筑如"安仁堂"楼后古宗祠，厅堂上的木雕、彩绘、壁画非常精美，特别是十八只精巧狮子，令人赞不绝口。还有二房"崇源堂"宗祠，大宗"崇远堂"宗祠、"龙兴堂宗庙"等，均建筑精美、保护完好。

和春村民俗风情浓厚独特，每年农历二月初六的大宗祭祖和正月初十（有时会提前到初六）或七月廿七举行的邹应龙民间文化艺术节，为和春民间两大盛会。节日期间，彩旗飘扬、红灯高挂，举行舞龙舞狮、鸣响铳、走古事、游龙艺、芗剧表演、罗鼓表演等各种活动，祈佑来年平安，五谷丰登。

7. 漳州市龙文区蓝田镇湘桥村

湘桥村地处漳州市龙文区蓝田镇，位于漳州平原九龙江畔，总面积 1 平方公里，人口 1800 人。2009 年被列为省级历史文化名村。

湘桥村保存了"大夫第""翰林第""贡元第""进士第"等 10 余座历经数百年的明清古建筑，均坐东北朝西南，每座之间留有 2 米多宽的通道，一字形排开，总长 200 多米。屋前石埕连片，设旗座，立旗杆，旗杆石上有凿孔，依官阶大小分为圆、方、六角、八角等形状，旗座四面雕有飞禽走兽，惟妙惟肖，栩栩如生。"大夫第"是这些古厝中最早修建的，也是最壮观的宅第之一，占地近五亩，是典型的清代官宅建筑。

古厝群中间，还有一座华佗庙，始建于明朝中期，属土木结构，占地近一亩，主殿左右墙上分别题写着"忠孝""廉节"大字，传为朱熹手笔。湘桥古厝群、华佗庙等具有特色的建筑群体，为研究闽南明清人文历史，了解闽南地区明清时期官宅、民居、庙宇等建筑，提供了宝贵的实物依据。

湘桥村有不少历史文化名人，如清康熙奉政大夫黄金钟、清雍正刑部主事黄天瑞、清乾隆翰林院检讨黄阙枝、清康熙广西州同知黄宏遇，以及现代著名的国画家、美术教育家黄稷堂等均是生长于湘桥村这块沃土上的乡贤俊彦。

湘桥村内有一座王氏祖庙，由宋直学士王熙载所建，距今已有 700 多年历史。王氏后裔中的一支分脉移民到琉球群岛，现在仍常有海外王氏后人到湘桥认祖寻根、共同祭祖。

湘桥村每年举行龙舟赛，吸引周边十几个村落的村民参加。

8. 漳浦县湖西乡硕高山赵家堡

赵家堡，位于漳浦县湖西乡硕高山下，方圆 0.5 公里，是赵宋皇族后裔建造并世代聚居的城堡，为一座具有防御性能的园林式居民城，保存完好，现今仍居住宋代赵氏的第 31 世至第 35 世子孙 700 多人，是全国重点文物保护单位。

南宋祥兴二年（1279），皇族闽冲郡王赵若和南避漳浦择地建楼，明万历二十八年（1600）赵若和第 10 世孙赵范重新扩建赵家堡。赵家堡城墙是用"三合土"，即糯米、红糖和沙土拌和，经半个月发酵后夯筑而成，历经 400 多年风雨依然屹立。

建筑上有"五里三城"之称，布局立意皆仿照两宋故都。内城有赵家堡主体建筑完璧楼，名取"完璧归赵"之意。第一层 10 间房，第二层 9 间房，第三层为四合大通廊。楼底天井右角边有地道通往城外，楼前有一座二层楼相对。完璧楼现辟为宋史陈列馆，陈列着赵氏宗族代代相传的宋代 18 位皇帝肖像以及有关宋史的文物资料。赵家堡保留着完整的族谱，以及隆重的祭祖活动，还有元宵节"丁棹"、正月十八"行社"、正月"考龟"等习俗。

9. 南靖县书洋镇长教村

南靖县书洋镇长教（璞山、官洋、坎下三个村的总称），距县城 50 公里，距书洋镇政府 6 公里，现有人口 3000 多人。

九龙江西溪上游主干支流长教溪从村中蜿蜒流过，还有云水谣古道、八闽第一榕树村、风光秀丽的南华岩风景区、千亩生态观光茶园等人文自然景观，是闽南地区较有特色的古村落之一。村落内有 40 多座土楼，其中和贵楼、怀远楼为世界文化遗产；有县级文物保护单位 4 处，涉台文物保护单位 4 处。区域内还有简氏大宗祠，以及明代古圩场、孔子庙、城隍夫人庙等文物古迹。

长教古村落中有闽南山歌、木偶戏、葫芦丝演奏、土楼夯筑技艺、祭祖等非物质文化遗产，尽显土楼人家的民情风俗。南靖土楼博物馆位于书洋镇田中村吕厝的龙潭楼，建于清朝康熙年间，馆内设有 4 大主题 16 个展室，全面展示土楼的建造技术、土楼人的生活习俗及民俗用品。

10. 华安县仙都镇大地村

大地土楼群位于仙都镇大地村，距华安县城 26 公里，住有 66 户 306 人，均为蒋氏族人。

大地村至今仍保存着许多土楼及土木结构的传统建筑，世界文化遗产二宜楼、南阳楼、东阳楼均保存完好。大地土楼群的选址，是中国传统"风水"建筑规划理论的实践，其地理形势正如二宜楼祖堂柱联所云："倚杯石为屏，四峰拱崎集邃阁；对龟山以作案，二水滦系卒高楼。"蕴含着人与自然和谐的理念。南阳楼辟有土楼博物馆，保存文物文献 1000 多件。

蒋氏宗祠位于大地村的虎形山下，清乾隆三年（1738）由乡绅蒋士熊等筹资兴建。现存清朝民间刺绣工艺品蜈蚣旗 6 面、仿金饰木雕工艺品辇轿 1 架。蒋氏后代每年于祠堂举行隆重的祭祖仪式。距大地村西南 300 米的慈西庵（观音庵），元至正元年（1264）始建，多次维修，现存为清代建筑，庵内保存有明大钟 1 口。

土楼人家保留着祭祖、"三月三"玄天上帝巡安和观音信仰等许多传统习俗。

华安是全国第二大铁观音生产基地，仙都镇是茶叶重镇，占据全县茶业的"半壁江山"。土楼人家世代以农耕植茶为生，传承茶叶种植制作技艺。

11. 长泰县陈巷镇山重村

山重村位于长泰县陈巷镇东面，总面积52平方公里，山地面积42平方公里，四面环山，人口3600多人。

马洋溪流经山重村，鹅卵石极为丰富，自古以来，山重村村民以之筑墙、铺路、造屋，众多鹅卵石砌成的古民居连以鹅卵石道，形制巧妙，布局奇特；村口宋代佛塔，以鹅卵石垒成，距今近800年历史；另有孟宁石堡，建于明天启年间倭患猖獗之时，至今已有近400年历史。村内昭灵宫建于明嘉靖年间，供奉保生大帝吴夲；薛氏家庙背靠重山主峰，砖瓦梁木结构，五开门式，屋脊飞檐翘角，燕尾双翔，保留清代闽南古建筑风格。台湾共有薛氏后裔近4万人，主要分布在高雄、台北、台南、屏东等地，台湾薛氏宗亲多次到山重村谒祖进香。

村内传承着数百年来祭祖与"赛大猪"结合的民俗。开漳圣王陈元光的行军总管使薛武惠为山重薛氏开基祖，因祖先功名显赫，建薛氏祖祠时便设了五宪门，后人一年一度在此献牲祭祖，并以谁家猪大为荣。这种习俗演化为养猪大赛，彰示"养大猪、保平安、庆丰收"之意。

上万亩的梅、桃、李果园，巨大古老的樟树，掩映着古色古香的村落。

12. 厦门市翔安区新店镇吕塘村

吕塘村位于厦门市翔安区新店镇省级香山风景名胜区吕塘景区内，与金门仅一水之隔，面积5.8平方公里，人口3402人。

村内有近百栋古色古香的闽南古大厝"九架厝"；村后有一片600多年历史的古松林和古榕群，与古厝相依相偎；村前，九溪蜿蜒而过，滋润着这方水土。吕塘村是厦门市唯一入选"福建十大最美乡村"的村庄，已被列入厦门市新农村建设（古村落保护）规划。

吕塘村及周边地区非物质文化遗产丰富，有高甲戏、歌仔戏、南音、鼓吹阵、八音阵、歌仔阵、车鼓阵、宋江阵、戏灯队、拍胸舞、跑旱船、舞狮舞龙等。1995年，出身吕塘村梨园世家的洪金盛创办了民办戏曲艺术学校——翔安民间戏曲学校，吕塘戏校共培养高甲戏、歌仔戏、南音等闽南戏曲、曲艺演员数百人。2006年，吕塘戏校被厦门市定为文化遗产保护传承基地，并与香港天下梨园国际投资集团有限公司签约，计划在戏校的基础上，投资3亿美元，建设闽台戏曲大观园。

（三）民间信俗保护区域（9处）

1. 泉州市洛江区仙公山及其周边社区

仙公山又名"双髻山""丰山"，是省级风景名胜区，位于洛江区马甲镇，南北朝时期祀"何氏九仙"而得名"仙公山"。

仙公山拥有众多的寺宇亭榭、文物古迹和历史传说，著名的有"丰山洞""白水岩""朝天阁""九天仙门""仙灵桥""仙井""仙脚迹""仙棋盘""仙茶树""仙排阁""出米岩""藏杉井""观日台""小髻寨""杨海洞""立鹤亭""立鹤洞天""贵妇双髻""小髻仰仙""九狮聚会""禅鸡晓唱""双龟听法""仙山石林""双髻云海"等，自然景观、人文景观与非物质文化遗产融为一体。马甲仙公山的仙公信俗活跃，每年境内外香客逾五十多万人到仙公山"添香""割香"，以及由信俗带来的烧酒井、妆阁、十音、大鼓吹、高甲戏、傀儡戏等表演活动。

仙公山周边还有"赶妈猪"、马甲宫游佛、杜氏宗祠的海内外祭祖、玉泉康济院的"王公游境"、龙舟赛、舞龙等民俗活动。流行南音、大鼓吹等传统音乐。马甲现有大鼓吹队一百多队，是泉州大鼓吹阵容最强大的村镇。

2. 云霄县云陵镇享堂村及其周边社区

云霄县云陵镇面积 14 平方公里，人口 5.93 万。威惠祖庙（主祀"开漳圣王"陈元光）位于漳江边云霄城西门外，地属云陵镇享堂村。该区域保护的核心区为享堂村及其周边社区。

威惠庙始建于唐嗣圣元年（684），古称陈将军祠，宋徽宗政和三年赐名威惠庙。现存建筑系明成化年间吴永绥重建，历代屡有重修。主祀"开漳圣王"陈元光，被海内外尊为威惠祖庙，系省级重点文物保护单位。

每年农历正月十三至十五，云霄均举办"圣王巡安民俗"纪念活动。此外，在活动期间，凡立有圣王庙的城镇或村社，民众必入庙焚香礼拜，并邀请戏班演戏"娱神"。漳州市至今仍保存完好的开漳圣王庙宇有 100 座，在我国台湾各地的分庙达 300 多座，信众达 300 多万人，近 80 座宫庙成立了"台湾区开漳圣王庙团联谊会"。

云霄是潮剧演出最为活跃的地区之一，活跃着 1 个专业剧团，30 多个民间职业剧团。此外，云霄尚保留大量的民间工艺美术，如金漆木雕、瓷塑、彩扎等。

区域内的将军山公园保留着陈政墓、陈元光墓旧址，以及军陂、将军峒、下营庙等开漳先贤建功立郡的大量活动史迹。

3. 平和县文峰镇三平社区

三平社区位于龙海、漳浦、平和三县市接壤处，面积 21.8 平方公里，人口 1900 多，三平祖师信俗保护区域以文峰镇三平社区为核心。

三平寺位于三平山九层岩下，始建于唐咸通七年（866），至今已有 1100 多年历史。奉祀唐代高僧杨义中，唐宣宗敕封其为"广济大师"（又称"三平祖师"）。寺院由山门、钟鼓楼、大雄宝殿、塔殿组成，重檐歇山顶，现占地面积约 3 万平方米，建筑面积 3300 平方米；祖殿和塔殿都供奉三平祖师，配祀"蛇侍者"以及"虎侍者"。三平寺附属文物众多，碑刻有明代著名书法家李宓重刻的唐王讽撰文之《三平广济大师行录》碑，以及清初一等海澄公黄梧、清乾隆朝宰相蔡新等名人贤士的重修碑刻等。

三平祖师信仰在全球 32 个国家和地区拥有众多的信徒，台湾地区至今尚有 50 多座三平寺分庙，信众达 60 多万人。每年农历正月初六、六月初六、十一月初六，杨义中的诞辰、出家、圆寂之日，烧香、许愿、还愿的香客络绎不绝，成为众多信徒朝拜

"祖师公"的朝圣地。

三平社区一带的乡民流行崇蛇习俗，多数自然村有单独奉祀蛇神的村庙。村民每年农历六月二十九日、十一月三日举行祭蛇以及"巡田青""巡安"仪式。每年春节，都有村民自发组织到三平寺进香并表演"大鼓凉伞"等传统民间游艺活动。每年中秋节各个自然村都要用糯米做成龟状年糕到三平寺祭拜求平安，或者"请"祖师公到各村看戏、"巡田青"；除夕之夜，信众如潮涌至三平寺，向三平祖师祈求平安。

4. 漳浦县旧镇乌石社区

旧镇位于漳浦县东南部沿海，六鳌、古雷两个半岛之间的浮头湾凹岸，漳浦的主要河流鹿溪及浯江汇入旧镇。旧镇宋代已形成集镇，明代月港开放，旧镇是海上贸易的出口处。清代、近代旧镇的商船可从厦门纳税通航我国台湾地区和东南亚。

乌石是林氏聚居地，其始祖于南宋间由长乐迁居漳浦，后代聚居于海云山麓、浯江溪畔，形成了以旧镇、深土、赤土、霞美为中心的多个村庄，总称乌石社区。

乌石天后宫位于漳浦县旧镇乌石山麓。据记载，乌石天后宫妈祖神像于宋咸平二年（999）以黑沉香木雕成，为当今最古老的妈祖宝像，原供奉于湄洲岛天后宫。明万历九年（1581），礼部尚书林士章将乌面妈祖神像迎请到漳浦旧镇供奉。当年农历八月十二，妈祖宝像进入乌石海云家庙。乌石人对妈祖十分崇拜，称妈祖为姑婆祖。从此，农历八月十二便成为乌石地区"姑婆祖生"，此习俗活动传承至今。漳浦妈祖在台湾地区的彰化、基隆、台北等30个县市影响甚大。

乌石林姓分衍四宗，四座宗祠均称为"海云家庙"，以乌石宗的海云家庙为大，另有堂号世德堂。海云家庙由林普玄等创建于明正统十三年（1447），规模宏大，境内外同胞不时到此寻根谒祖。海云家庙对于研究古代祠堂建筑制度、宗族制度、海外移民具有重要意义。

5. 东山县铜陵镇

东山县位于福建东南部的东山岛，铜陵镇位于东山岛的东北端，是一座六百余年的文化古城，全镇总面积7.5平方公里，人口6万多。东山关帝信俗保护区域以铜陵镇为核心区。

东山关帝庙，也称武庙，始建于明洪武二十年（1387），建筑面积680平方米，为第四批全国重点文物保护单位。台湾地区现存关帝庙达900多座，均为东山关帝庙与泉州通淮关帝庙的分炉，每年有众多信徒到东山关帝庙谒祖朝圣，东山关帝庙成为海峡两岸民间交流的一道桥梁。

东山关帝习俗生态极佳，家家户户设堂祭拜关帝。每年农历十二月二十，民众集体晋庙，恭送关帝上天，至来年正月初四，恭迎归庙；元宵夜入庙卜安祈福，举行祭祖盛典；五月十三关帝圣诞日，举行隆重庆典和关帝巡境活动，连月搬演大戏为关帝祝嘏。目前东山关帝文化节已举行了二十届，促进海峡两岸的文化交流。

东山非物质文化遗产代表性项目丰富，有关帝祭典、东山歌册、剪瓷雕、潮州锣鼓、昆腔、八音、潮州音乐、四平锣鼓、芗剧、南音、汉剧、潮剧，以及走旱船、水族舞、扛艺（艺阁）、踩高跷、大鼓凉伞等。每年关帝巡安，各种各样的民间游艺倾城而出，与关帝信仰构成一条长长的民俗演艺生态链。

铜陵镇人文自然景观丰富，人文景观有关帝庙、铜山古城、天后宫、东宫圣母、城隍庙、宝智寺、黄石斋读书处、郑成功操练水兵指挥台等名胜古迹；自然景观有南门、马銮、东沈、冬古、乌礁、澳角、宫前等7处月牙形海湾，以及被称为"天下第一奇石"的风动石、石僧拜塔、龙虎狮象屿等处。

6. 厦门市海沧区青礁村、漳州龙海市白礁村

青礁村位于厦门市海沧区，毗邻龙海，面积4.5平方公里，人口5000多，村内建有宋代寺庙青礁慈济宫为国家级文物保护单位，始建于南宋绍兴二十一年（1151），民间称其为慈济宫的"东宫"。白礁村位于龙海市角美镇，全村面积15平方公里，人口5000多，村内建有宋代宫庙白礁慈济宫为国家级文物保护单位，始建于宋绍兴二十年，有"闽南故宫"之称。两宫均奉祀宋代闽南民间名医吴夲。吴夲被民间称为"吴真人""保生大帝"或"大道公"，为备受后人敬仰的医神和乡土保护神。

保生大帝信俗包括请神、祭祀、乞火、绕境、祭拜、点米龙等活动，以及与保生大地巡境相连的蜈蚣阁、锣鼓阵、车鼓阵等民间阵头的精彩表演，还有歌仔戏的酬神赛戏演出。

保生大帝信仰广泛流传于我国台湾地区和东南亚地区，各地均建有分庙，仅台湾地区就有五百多座。每年来自台湾地区以及海外各地的进香信众多达数十万人，并举行吴真人祭典仪式。

角美镇白礁村还有王氏祖祠，始建于明代，历代均有修葺，仍保留明清时期的建筑风格，是我国台湾王金平祖居地。

青礁、白礁保生大帝信俗保护区域重在保护保生大帝祭典、两岸祭祖、民间戏曲、歌舞、游艺等民俗活动。

7. 厦门市集美区灌口镇

灌口镇位于厦门市集美区，面积66.5平方公里，人口8万多，海路交通十分便捷，现在尚存驿楼、驿口街和驿道等深青古驿遗址。灌口凤山祖庙位于灌口镇灌口街北侧，建于明末。

灌口凤山祖庙是厦门市文物保护单位和市重点涉台文物单位，供奉"李府清源真君二郎神"——大使公。明末清初，灌口是郑成功反清复明的基地之一，郑成功收复台湾时，其将士将凤山庙香火传至台湾。据了解，现在台湾地区有160多座庙宇奉祀从厦门灌口凤山祖庙分灵过去的香火。每年台湾地区的许多分庙都会到凤山祖庙进香，寻根谒祖。

凤山祖庙还以每年三月初七凤山祖庙庙会和农历五月初四二郎神生日祭典习俗著称。每逢两大节日，两岸都会举办庆典，有宋江队、歌仔阵、车鼓阵、乞红龟、酬神

演戏等民俗活动。

灌口镇还是闽南非物质文化遗产代表性项目答嘴鼓、闽南童谣、歌仔戏最流行的地区之一，是厦门市答嘴鼓、童谣等多项非物质文化遗产的传承基地。

8. 厦门市翔安区马巷镇

马巷镇地处厦门市翔安区北部，辖区面积66.87平方公里，人口8万，辖30个行政村和4个居委会，水陆交通发达，是厦门、泉州、漳州三市的交通咽喉。

区域内有"池府王爷"祖庙元威殿、清代江南提督林君升墓、马巷城隍庙、名人黄廷元墓等多处文物古迹，有陈新村云嵩楼、山侯亭等古建筑。

池王爷信仰是闽台两地及东南亚闽南华侨的主要民间信仰之一。马巷元威殿，俗称"池王宫"，位于翔安区马巷镇马巷街，供奉池王爷。池王爷名池然，为除瘟疫救民而死。"池王宫"于明万历年间始建于马巷五谷市榕树下，明天启二年迁至现址。池王宫在我国闽南、金门、台湾地区，以及新、马、泰、菲等地有1000余座分炉，台湾以池王爷为主祀的宫庙有300多座。元威殿香火旺盛，尤其在农历六月十八日神诞日前后，各地分坛善信组团进香者络绎不绝，仅台湾地区朝拜者每年有数千人次；其时，有赛马、演戏、唱南曲，攻炮城、燃放火狮等民俗娱乐活动，元威殿是海峡两岸民间信仰及民间文化交流的重要平台。

此外，当地的鼓吹阵、八音阵、歌仔阵、车鼓阵、宋江阵、拍胸舞、跑旱船等民间歌舞，以及歌仔戏、高甲戏、布袋戏等地方戏曲，在不同的节日和民俗活动中各显风采，展示闽南民间的民风民情。

9. 厦门市同安区北辰山及其周边社区

北辰山俗称北山岩，地处厦门市同安区东北隅，在同安区五显镇境内，毗邻南安，距同安城区12公里，面积50平方公里，人口6万，1998年被省政府评为省级风景名胜区。

北山岩历史悠久，同安历传"先有北山，后有同安"之说。唐末，王潮、王审知在此地夺取军权。北辰山广利庙始建于唐末，重建于清康熙年间，主祀开闽王王审知。农历二月十二日为祭祀开闽王王审知庙会日，除了祭祀仪式外，还有农产品交易活动和民间小吃、民俗民间艺术展示活动，日人流量达数万人之多。庙会民俗活动主要有调五营、扛辇，歌仔戏、高甲戏表演，民俗阵头有宋江阵、拍胸舞、南音、舞狮、舞龙、车鼓弄、木偶戏、腰鼓等，持续数日，盛况空前。平常也是信徒芸芸，香火袅绕不断。

北辰山人文景观、自然景观有闽王衣冠冢、龙潭石刻、十二龙潭瀑布、水天洞（又名仙宫）、仙姑洞、十二龙壁、八仙过海彩塑、牛岭峰、仙女瀑、绿潭、林海听涛、镜碧澄湖（竹坝水库）、百花岩、石龟、石牛、石桥、石船等。

（四）民俗保护区域（8处）

1. 南安市丰州镇九日山及其周边社区

丰州镇位于南安市东部，面积56平方公里，人口4.46万，海外侨胞2.2万人。丰州镇是千年古邑南安县的县治所在，自公元260年三国孙吴于丰州首置东安县，先后作为郡、州、县的治所，曾一度是闽南的政治、经济、文化中心。保护区域以九日山周边的旭山村、西华村、桃源村、后田村为核心。

丰州九日山现存宋、元、明、清摩崖石刻76方，其中13方为祈风石刻，是国家级文物保护单位。宋代每逢春、冬海舶往返季节，泉州郡守、提举市舶司都要率僚属，到九日山昭惠庙举行盛大的祈风仪典，祈求福佑帝君为中外海舶护航。祈风仪典结束后，简略经过被镌刻于岩壁之上。这些珍贵的祈风石刻是研究"海丝文化"、佐证泉州是我国海上丝绸之路东端的重要实物证据；至今仍每年两度于昭惠庙举行的祈风仪典（也称"祈福法会"），是"海丝文化"的重要遗存。

丰州境内非物质文化遗产资源丰富，有高甲戏、提线木偶、南派布袋戏、南音、道教音乐、十音、笼吹、掷铙钹、跳鼓舞、彩球舞、太祖拳、蛇脱壳古阵法、刣狮、元宵灯俗，以及与当地民众生产、生活相关联的婚丧喜庆、敬天酬神等各种各样的民俗活动。

2. 石狮市蚶江镇

蚶江镇位于石狮市东北岸沿海突出部，是历史悠久的文化古镇，全镇面积38.47平方公里，总人口5万多。

乾隆四十九年（1784），清政府特令开放蚶江与台湾鹿港对渡，海峡两岸民众为了纪念"对渡"，至今保留两岸端午对渡习俗。两岸民众于端午节在石狮市蚶江共同举行放王船（王爷信俗）、采莲、海上泼水、龙舟竞渡和捉鸭子等民俗活动。

王爷是两岸航海保护神，蚶江、鹿港两地商船各自将对方的王爷分灵到本地供奉。蚶江最迟在清代乾隆年间就有了放王船仪式，台湾鹿港"送春粮"仪式与蚶江放王船基本相似，两岸共同传承王爷出巡和放王船仪式。蚶江的采莲基本保留了乾隆年间的"采莲"传统形式。其特点是采莲队巡境之后，将木制龙头拥到古渡口举行"祭海"仪式，龙头和抬龙头的人要下海洗浴，祈求海上平安。鹿港也传承"龙王尊神"仪式。海上泼水由端午节的"沐兰汤"、闽南地区的"取午时水"泼身和蚶江端午节休渔、"洗船"习俗的衍变而来，其产生的年代约在对渡期间。

非物质遗产项目还有南音、高甲戏、南派布袋戏、踩球舞、灯谜、笼吹、龙虎斗、公背婆、采莲、南狮、北狮、矮子摔跤等。

物质文化遗产有对渡碑、王爷庙等。

3. 惠安县崇武镇大岞村、小岞镇

惠安女是对惠安东部沿海一带妇女的俗称，主要分布在泉州地区惠安县东部的小岞、净峰、山霞、崇武大岞（村）等地。该保护区域以大岞村与小岞镇为中心，以净峰、山霞、崇武三镇为辐射区域，总面积约87.7平方公里，人口约21.7万。社区民俗主要有惠安女习俗与夫人妈信仰。

惠安女服饰独特。她们头扎花头巾，戴着黄色的尖顶斗笠，上衣短而露腰，裤管则肥大宽松，腰上扎着精美的银链带。民间曾有"封建头、民主肚、节约衣、浪费裤"之俗称。惠安女服饰又可分为小岞半岛和崇武半岛两大类型。

惠安女婚俗与周边不同，惠安女嫁娶时有一套压圆、送订、分丸、开剪、和床、滚铺、上头、结婚、吃茶、闹房、返厝等烦琐而隆重的仪式。与惠安女习俗相生相伴的是"夫人妈"信仰习俗，渔民出海前后及重大节日都会到妈祖庙举行祭拜仪式。

惠安女独特的习俗风情以及地方的民间信仰、特色民居，和当地一系列自然景观，如龙喉吼烟、玉磬传、狮石晚照、白鹤升天、渔翁撒网、滴水弹琴、孤屿冬青等，共同构成了与众不同的惠女风情图。

4. 泉州市丰泽区蟳埔社区

蟳埔社区位于泉州湾晋江入海口北岸、宋元刺桐港遗址旁，面积 1.5 平方公里，人口 6000 多。

蟳埔女习俗包括簪花、"粗脚头"、服饰、婚庆、喜庆、过年、"挂红"等。"簪花围"传说蟳埔女簪花习俗与南宋阿拉伯人、泉州提举市舶蒲寿庚有关。蟳埔女服饰也独具特色，上衣为布纽扣的斜襟掩胸右衽衣，下沿呈弧形，颜色以青色或浅蓝为主，老年妇女以黑色为主。蟳埔女耳饰是辈分的标志。未婚女性戴丁勾耳环，不加耳坠；结了婚则戴加耳坠的丁勾耳环，称"丁香坠"；做奶奶后改戴"老妈丁香坠"的耳坠。蟳埔女保留着从订婚到结婚都分赠鲜花的婚俗。

村内顺济宫，有清靖海将军施琅敬奉"靖海清光"木匾一方。每年农历三月廿三妈祖生日和九月初九妈祖升天日，举行"妈祖巡香"祭祈仪式，数千簪花的蟳埔女参加活动，形成一片花的海洋。

村内的蚵壳厝是海上丝绸之路的见证。古时泉州商船运载丝绸、陶瓷、茶叶到外国交易，回航时为了保持船体平衡，则用当地的大蚵壳压舱。蟳埔村民将蚵壳用作建筑材料，将大而中空的蚵壳垒砌在墙面，墙里隔绝空气多，冬暖夏凉。然因年深日久，目前保留下来的蚵壳厝仅剩数十座。

5. 南安市石井镇

石井镇位于福建省东南沿海最南端，全镇陆地面积 83 平方公里，海域面积 50 平方公里，人口 7.25 万，旅居海外侨亲和港、澳、台同胞 6 万多人，是闽南著名侨区。石井是文化古镇，隋代就有人于此渔耕生息；唐辟"海上丝绸之路"；宋设"石井津"，置"巡检司"；明建"靖海寨"，筑"烟墩铳城"，是收复台湾的民族英雄郑成功的祖籍地，也是郑成功屯师复台基地之一。宋理学家朱熹曾多次到石井杨子山书院讲学，故有"理学渊源开石井"的赞誉。

"郑成功文化"已经成为南安的一张城市名片。石井的郑成功纪念馆、郑成功碑林、延平郡王庙等史迹景观，每年迎来大批的海内外游客及朝拜的信众。在我国台湾各地，奉祀郑成功的"开台圣王""延平郡王""国姓爷"等宫、庙、祠，计有 170 多座。每年两岸同胞汇聚延平郡王庙，共同举行祭拜民族英雄郑成功的仪式。

石井有东庵宫、西庵宫、大圣公宫、烟楼公宫、尊王公宫等，还有分布于各乡村、角落的"当境神庙"。这些大大小小的寺观宫庙，有道有佛，也有非道非佛的民俗神，各领一方香火，与人们的生产、生活、婚丧喜庆关系密切。敬天酬神、普度、佛生日、割香、红白喜事，各种形式的民俗活动不一而足。这里还是闽南高甲戏的发源地，民间文化丰富多彩，民间艺人层出不穷。

6. 晋江市安海镇

安海镇位于晋江市西南部，属滨海区丘陵地带，宋元时期发展为泉州港最重要的一个支港，为福建三大名镇之一。东与罗山、永和镇接壤，西与南安市交界，南临安海港与东石镇为邻，北与内坑镇毗邻。安海镇保留许多名人活动的遗迹与文化艺术遗产。

安海非物质文化遗产丰富多彩，有唆啰嗹、南音、什音、车鼓唱、弄钱鼓、公背婆、舞龙、刣狮、猎户阵、龙虎斗、木偶头技艺、彩绘泥人技艺、彩扎纸技艺、竹木技艺等各种非物质文化遗产项目。

安海镇域内文物古迹众多，有全国重点文物保护单位安平桥，省文物保护单位龙山寺以及水心亭、白塔、星塔、忠义古庙等古迹。南宋理学家朱熹及其父朱松的讲学活动促使安海文教迅速发展，民族英雄郑成功、明代文坛王慎中等著名人物也在安海留下许多历史遗迹。

7. 厦门市同安区吕厝村

吕厝村（社区）位于厦门东港湾的北端，据吕厝村华藏庵史略碑志记载，明洪武二十四年（1401），王爷来到吕厝，先寄身于日月二大使的小庙中，后因该宫为海水冲毁，移至华藏庵供奉。华藏庵同时还供奉本村的各种神灵。到了明末，形成了每四年一次的迎王、送王仪式，延续至今。

"送王"仪式要制造一艘王船，或是用杉木制成，或是纸制，把王爷请上王船，载上柴、米、油、盐，甚至各项生活用品等实物，牲醴致祭演剧，届期将船挂帆，乘风送出海洋，现在的仪式则演变成将王船在海边焚烧。

送王船仪式规模盛大。"迎王"仪式由近百个文艺阵头和迎王队伍组成1公里多长的踩街队伍前往海边迎接新王爷，自发参与信众达10万人左右。这些民间文艺团体分别来自同安、翔安、漳州以及泉州等闽南地区，内容有八音阵、车鼓弄、踩高跷、拍胸舞、马术、高甲戏、歌仔戏、南音、答嘴鼓、宋江阵等。

目前华藏庵有200多个分炉，现在金门刘澳的吕厝仍然居住着吕氏的后人。"送王船"仪式已成为我国大陆、台湾地区和东南亚一带华侨、华人共同开展的民间信俗，是联系我国台湾同胞和海外华侨、华人情感的重要纽带。

8. 厦门市湖里区殿前街道

高殿社区（村）位于厦门城乡接合部，隶属厦门市湖里区殿前街道，常住人口1万多，以陈姓为主。社区陈氏、萧氏保存有独特的祭祖仪式。

殿前街道高殿社区（村）内文物古迹众多，有陈胜元故居与陈氏宗祠（又称"继周堂"，是厦门市级文物保护以及涉台文物单位），另有各种宗祠、祖祠、古墓多处。社区中主要祭拜"三陈"，"三陈"即是指陈化成、陈胜元和陈宗凯，三人都曾镇守我国台湾海疆。据陈氏族谱记载，殿前陈姓先祖属"颖川南院陈"，是闽台两地陈姓最大的两支之一。殿前街道的乌石浦村是南宋漳州状元萧国梁一脉的后裔聚居之地。有萧氏家庙——洞炫宫，该庙始建于明武宗正德年间，复建于1988年，主要供奉保生大帝和妈祖神像，2005年8月列为市级涉台文物保护单位。

每年农历四月十日，来自我国大陆及港、澳、台地区的陈氏宗亲在殿前参加规模盛大的扫墓祭祖活动。各祖祠分别于"冬至""春节"举行祭拜列祖列宗，举行"厦台陈氏祭祖寻根恳亲会"，参加人员达1200人，其中海外陈氏宗亲有二三百人参加。殿前街道不仅盛行宗族祭祀仪式，且闽南文化丰厚，民俗信仰、民间阵头、民间谚语、民间歌谣等，无不代有传人。尤其是殿前"蜈蚣阁"、寨上"宋江阵""歌仔戏""踩高跷""乡村掌故""顺口溜"等十分盛行，深受百姓喜爱。

乌石浦是我国台湾与海外萧氏宗族的主要祖籍地，每年到洞炫宫寻根谒祖的海外及台湾地区萧姓人士络绎不绝。2005年，台湾中国国民党前副主席萧万长先生到乌石浦谒祖，并为洞炫宫题字"光宗耀祖、庇佑子孙"。乌石浦洞炫宫还被定为台商子女夏令营教育活动基地，并设有萧氏家庙文物管理站。文管站于每年农历三月十五日、三月廿三日分别举行保生大帝和妈祖大型祭祀活动，邀请戏班在庙前演出，是厦门民间戏曲的主要演出场所。

（五）传统戏剧保护区域（2处）

1. 晋江市五店市街区

五店市街区位于晋江市区中心，社区面积1.2平方公里，人口近2000。五店市街区历史悠久，有县级文物保护单位"乡贤祠"与"石鼓庙"。

石鼓庙始建于南宋淳熙年间，崇祀从九日山昭惠庙分炉过来的福佑帝君。福佑帝君系宋代航海保护神，石鼓庙的建立与当时晋江沿海海外贸易有着必然的关系。石鼓庙后又供奉吴真人（吴夲）、仁福王（陈益）、顺正大王，以顺正大王香火最旺。石鼓庙系青阳蔡氏九世蔡旻与凌云王氏先世同架合建，石鼓庙与蔡氏家庙是闽南一带较著名的宗祠庙宇建筑，典型体现闽南传统建筑风格。

石鼓庙是晋江最有名的"戏窝子"。每年顺正王圣诞期间，戏剧演出延续数月。从农历八月初一开始"百日演戏酬神"，至十一月中旬结束。观者如堵，蔚为奇观。此外，陪神的诞辰也要演戏，民俗节日如除夕、贺新正、天公生、六月十五、中秋等也要演戏。石鼓庙每年要演出150天以上。由于演出时间长达三四个月，每天都要更新剧目，一个剧团很难承担这项任务。因此，须由大约30个剧团轮流演出，每团一般演出3—5天。参演剧团基本囊括闽南地区的专业与民间职业剧团，闽南主要剧种梨园戏、高甲戏、芗剧（歌仔戏）、打城戏荟萃于此，各显身手。

晋江作为"中国民间戏剧之乡",现有高甲、木偶专业剧团各1个,民间职业剧团21个,从艺人员900余人。全市建有1000多座戏台,几乎天天都有地方戏剧上演。自1981年开始,晋江市政府举办了24届戏剧展演,有力地推动了高甲戏的保护和传承、发展。

2.龙海市海澄镇及其周边社区

海澄镇,史称"月港",是我国明代对外贸易著名港口、闽南一大都会,历史上有"小苏杭"之誉。石码镇与海澄镇毗邻,明弘治元年(1488)在此设置锦江埠,清置石码厅,是明清时期闽南水运枢纽,也是闽南重要的商业口岸之一。该区域在历史上作为重要的对外港口,保留了大量与海港有关的人文古迹与民间信俗活动。

海澄镇民间每年农历九月二十六至十月初十举办盛大的城隍庙会。民间大鼓凉伞、腰鼓、跳车鼓、城隍出巡及金门十二婆姊、三太子等独具闽台特色的传统节目争先上演。台湾地区城隍联谊会也会组织台湾各地城隍庙信众前来参加祖庙祭祀活动。石码镇则在端午节时举行"恭迎水仙王与妈祖巡港游江"。"水仙王"实际指的是大禹、屈原、伍子胥、王勃、李白。当地敬奉水仙大王习俗与当地人以海为生的生活方式密切相关。

本区域也是布袋戏、锦歌、芗剧的发祥地之一,布袋戏、锦歌、芗剧遍布城乡,长年活动的歌仔戏剧团就达100多个,是闽南又一个著名的"戏窝子"。民间游艺蓬勃发展,武术、龙舟、舞龙、舞狮、大鼓凉伞、蜈蚣阁等长盛不衰;大型彩扎技艺堪称绝妙无双。

物质遗产有古建筑、码头、商市遗址等,见证了明代月港的繁荣。海澄保留了6处码头遗址,4处旧店肆遗址。海澄宫观寺庙林立,保留有明清时代的各种庙宇,如城隍庙、文庙、关帝庙、奉祀五显帝的凤山岳庙、奉祀白礁宫民医吴夲的红滚庙、奉祀广济仙妃的清惠宫、南院寺院等,并尚存16座妈祖庙。这些古寺庙既是闽南建筑的杰出代表作,是月港"经济特区"的历史印记,也是现今民俗活动的载体。

(六)传统技艺保护区域(5处)

1.惠安县崇武镇、山霞镇和泉州台投区张坂镇

惠安位于福建省东南部,是福建省著名侨乡,也是"中国民间艺术(雕刻)之乡""中国石雕之都"。惠东石雕、惠南(泉州台商投资区)木雕历史悠久,工艺精湛;当地的民俗活动、民居建筑与信仰习俗也独具特色。

惠安石雕技艺以崇武、山霞最具代表性。作为惠安县石雕艺术保护的核心区,两镇面积共49.6平方公里,人口12.2万。石雕含碑石加工、环境园林雕塑、建筑构建、工艺雕刻、实用器皿五大系列,有圆雕、浮雕等八大类上千个品种。惠安木雕、漆线雕技艺以惠南张坂最具代表性,它是与闽南地区仿宫殿式大型民居建筑雕刻相辅相成而流传至今的民间艺术。惠安的民间建筑营造工艺,其建筑匠师(包括大木、泥水、花木雕刻、油漆彩绘等)在明清时已是泉州一带最具影响力与代表性

的匠派——"溪底派"。

惠东、惠南地区的民间信俗遍及城乡，每村都有一至数处宫宇，崇武古城内现存宫庙20多处。在地方特色的则是奉祀"惠安境主"张悃的青山宫。惠安县及泉港区建有主祀青山王宫庙的乡镇占三分之二以上，尤以山霞、张坂、崇武和螺阳四个乡镇为盛。随着惠安人外迁也传播至海外，仅我国台湾主祀青山王的寺庙就有168处。

2. 德化县浔中镇、龙浔镇

德化县位于福建中部戴云山区，面积2232平方公里，人口30.9万，是中国陶瓷文化的发祥地之一，2004年第一个荣膺"中国瓷都"称号，与江西景德镇、湖南醴陵并称为"中国三大古瓷都"。德化瓷烧制主要分布在浔中镇、龙浔镇。

区域内有非物质文化遗产项目德化瓷烧制技艺、德化山歌、德化三通鼓、德化纸狮习俗、舞狮、舞龙、火鼎公婆、道士舞、南音、灯谜等，还有敬窑神习俗和"摆大龟"习俗。

区域内有全国重点文物保护单位屈斗宫古窑址以及遍布德化境内的185处古窑址（其中青花瓷窑址100处以上）和丁墘窑，建有德化陶瓷博物馆。两镇现有陶瓷生产企业1300多家，产量居全国首位，产品远销欧美100多个国家。德化莹玉陶瓷研究所、德化宏益陶瓷雕塑研究所、德化蕴玉陶瓷研究所、德化职业陶瓷艺术学院等单位、学校培养新的传承人。

保护区周边有戴云山国家级自然风景保护区，九仙山风景区，石牛山国家级地质公园、森林公园等。

3. 诏安县南诏镇

诏安县位于福建省南端闽粤交界处，依山临海，素有"福建南大门"之称，是文化部命名的"中国书画艺术之乡"。南诏镇是诏安县的政治、文化、经济中心。

南诏镇至今有一千三百年历史，物质文化遗产有省级文保物保护单位——南诏镇明代石牌坊群，共有7座古牌坊，依次为夺锦坊、卿典坊、百岁坊、天宠重褒坊、父子进士坊、诰敕申坊、关帝坊，具有很高的历史文化价值。还有一批宫庙如朝天宫（祀妈祖）、东岳庙、城隍庙、文昌宫等，这些物质文化遗产是民俗活动的载体。

区域内有非物质文化遗产项目闽南剪瓷雕、彩绸、纸扎和传统食品制作技艺、潮剧、铁枝木偶等。沈氏为漳州地区剪瓷雕技艺最大的家族传承群体，为西坛大祠堂、大庙、斗山岩、塔桥庵、白石庵、妈祖庙、南山寺、甲州大庙、梅岭港庙、外凤庙、城隍庙等创作了精美的剪瓷雕。彩绸艺术、纸扎艺术以"庆源号彩绸"为代表，融刺绣、布艺、彩纸等多项民间工艺于一体。食品加工技艺历史悠久，有咸金枣、宋陈咸橄榄、梅灵丹传统制作技艺及青梅、蜜饯制作技艺，早期的乌梅干畅销全国各地和东南亚市场。有数十家潮剧民营剧团，长年活跃于闽南、粤东农村。铁枝木偶与民俗结合，长期活跃在民间。

诏安县城内的宗祠众多，属于大宗（闽台同姓的共同宗祠）的就有沈、许、吴、孙、黄、江、商姓氏等，还有涂、李、郑、傅、杨、谢、刘、叶、朱等宗祠。这些宗祠是闽台两岸祭祖习俗的物质载体。

4. 安溪县西坪镇松岩村

安溪县西坪镇松岩村，位于镇区偏南部涵淡山北麓，距镇所在地 10 公里。该村原属崇信里之贺厝，后改称为松岩村。全村 2065 人，为魏姓独姓村，茶园面积 5300 亩，从事茶叶种植、加工、销售的有 1900 多人。

松岩村茶乡文化特色鲜明，是国家级非物质文化遗产代表性项目——安溪铁观音传统制作工艺的核心区之一，是安溪铁观音"魏说"的发源地。据有关资料记载，明崇祯八年，魏氏八世魏朝镒总结发明茶树压枝育苗，开创茶树无性繁殖先例。

全村以茶产业为支柱产业，有 15 家企业，初、中、高级工程师茶叶加工工 30 人，评茶师 25 人，茶艺师 8 人。铁观音、本山等茶树品种近 30 个。村里每年组织茶王赛 2 次，组织培训 8 场次，培训者达 400 人次，村小学开设《安溪的茶》课程。魏月德是安溪两位国家级非遗传承人之一，创办"魏荫"公司，开办"铁观音文化博物馆"。还有多位市级、省级铁观音制作技艺传承人。

松岩村茶乡原生态的节日习俗、茶礼仪习俗、茶市贸易习俗、茶乡生产习俗十分丰富，经常举办茶乡文化交流活动，设立多个茶乡文化生态保护示范点、建设铁观音制作技艺等非物质文化遗产传习中心。松岩村成长起来的"魏荫""中闽魏氏"茶业品牌在中国茶界享有盛誉。

松岩村建有"魏说"铁观音发源地风景区，内有张天福题字以及魏荫发现的铁观音茶母树。村里的代天府，原称"石鼓府"，始建于明朝嘉靖年间（1522—1566），保存清康熙朝名臣李光地所书的"山高月明"匾，香火鼎盛，闻名遐迩。

5. 安溪县西坪镇尧阳村

安溪县西坪镇尧阳村，原系积德乡崇信里尧阳乡，距离西坪镇所在地 5 公里。该村辖 15 个村民小组，11 个自然村，总人口 2299 人，皆为王姓。全村茶园面积 4300 亩，从事茶叶种植、加工、销售人员 1800 多人。

尧阳村历来以茶为本，以铁观音为主，兼有本山、黄旦、奇兰、大叶乌龙等优良品种，是铁观音"王说"的发源地。据《安溪县人物志》及王氏族谱记载，清代该村士人王士让发现异茶一株，乾隆帝泡饮之后觉得与众茶有异，赐名南岩铁观音。

尧阳村茶乡文化特色鲜明，是国家级非物质文化遗产代表性项目——安溪铁观音传统制作工艺的核心区之一。茶业企业 25 家，拥有初、中、高级茶叶加工工 23 人，评茶师 45 人，茶艺师 18 人。王文礼是安溪两位国家级非遗传承人之一，创办"八马"公司，开办"铁观音文化会所"。还有多位市级、省级铁观音制作技艺传承人。村里每年组织茶王赛 1 次，组织培训 7 场次，培训者 350 人次，村小学开设《安溪的茶》课程。

尧阳村茶乡原生态的节日习俗、茶礼仪习俗、茶市贸易习俗、茶乡生产习俗十分丰富，经常举办茶乡文化交流活动，设立多个茶乡文化生态保护示范点并建设铁观音制作技艺等非物质文化遗产传习中心。尧阳村成长起来的"八马""日春"茶业品牌是中国茶界标志性品牌。

尧阳村建有"王说"铁观音发源地风景区，内有王士让所建书轩"南轩"，东有茗圣坊，下有南阳石和移植百年的铁观音茶树，岩石旁为王士让读书处。石阶可至南山之巅，沿途石牌、石门、观音石、小鬼戏狮石、石船、石脚桶、风动石、纱帽石、双蛙石、摔马石等奇石遍布。

（七）传统体育、游艺保护区域（3 处）

1. 永春县桃城镇、五里街镇

桃城镇位于永春县城，五里街镇位于县城西北，属县城规划区。桃城、五里街保护区域内有丰富的非物质文化遗产：传统武术白鹤拳，传统美术纸织画，茶、禅结合的佛手禅茶，传统音乐南音、闹厅、大鼓吹，传统舞蹈鼓坠舞，传统游艺装阁、龙阁、弄狮舞龙，传统戏剧傀儡、吴协戏班，传统技艺漆篮等。

区域内物质文化遗产丰富，有万春寨、牛头寨遗址、天禄岩、白马寺、泰山岩、华严室（释子）、惠明寺（小开元）、文庙、义烈祠、永春城隍庙、真武宫、修爵堂、留安塔、大鹏岩摩崖石刻、翁公祠、巽来庄、李俊承故居、"洛阳胜景"壁画等文物史迹。五里街镇有华岩室、真武殿、真宝殿、义烈殿、万春寨、西门宫、高龙宫、龙湖岩、天妃宫、火成庙以及一批历史久远的宗祠。

2. 厦门市海沧区新垵村

新垵村隶属厦门海沧区，面对厦门港马銮湾，海路可通外洋，陆路毗连漳泉，曾有数座商埠码头，为闽南人下南洋、过台湾的出发点之一，是海外华侨、我国台胞祖籍地之一，人口 7700 人。

五祖拳系泉州南门外晋江梧塘冯（邦）尾村人蔡玉鸣所创，民国时期，他的关门弟子沈扬传至新垵，此后代代相传，传播至我国台湾地区和海外。五祖拳在新垵人才辈出，老拳师邱武耀、邱清江与新江小学合作，组建校武术队。青年拳师邱靖娜、邱建刚在家与正顺宫教五祖拳和长拳。邱靖娜现任厦门市海沧区"新江武术馆"主教练，中国武术五段，国家二级裁判，从小跟随父亲邱丰庆习五祖鹤阳拳，曾多次参加省、市武术比赛，均获前三名。长期以来，邱靖娜致力于五祖拳的传承、挖掘整理活动，多方位联系海内外五祖拳同门，多次前往新加坡及我国香港、台湾地区和同门进行学习交流活动。

新垵拥有多座闽南民间红砖古厝，如位于新垵北区的邱新样大厝、新垵惠佐的邱菽园大厝和邱得魏大厝等。这些古厝形制各样，各具特色，是闽南民间红砖古厝中的精品。

3. 厦门市同安区造水村

造水村位于厦门市同安区汀溪镇东北角，面积 35 平方公里，人口 1300 多，与安溪、南安毗邻。

区域内有非物质文化遗产宋江阵、车鼓弄等游艺表演。宋江阵源于明代军旅武术和明末清初郑成功的抗清斗争军事训练，受文化、宗教、民俗影响，逐渐形成乡间农民自娱自乐、健身自卫的群众性演艺。同安莲花淡溪村的宋江阵师傅，创编一套边行进边对打的套路阵式，名曰"通街打"，已流传一百多年，填补了厦金宋江阵演武时只能在广场不能在踩街行进中表演的空白。2008年，宋江阵列入同安民俗文化重点扶持项目，除了在相关镇设立传承点之外，还选择了厦门华兴学校作为传承与创新的试点单位。车鼓弄是说唱、表演合一的民间歌舞艺术，是古代弄戏的遗存形式。明末清初，车鼓弄传到台湾地区，成了海峡两岸人民喜爱的民俗娱乐项目。

造水村主祀神为玄天上帝，周围村庄还祭祀陈元光（开漳圣王），每逢祭祀日，宋江阵与车鼓弄队都到庙会表演；有时也被邀请参与婚庆演出。近年来，经过改编整理提高的"车鼓弄"也出现在广场民俗活动、文艺踩街、大型晚会上，对保持民间表演艺术的多样化，丰富群众文化生活起着积极的作用。

造水村自然资源丰富，群山环抱，多处跌瀑景观、奇石险峰；闽南民宅别具一格，古村落保存完整；有明清抗倭、抗清防匪寨堡。

（八）传统音乐、曲艺、舞蹈保护区域（5处）

1. 泉州市泉港区山腰街道

山腰街道地处泉港区南部片区，是泉港区的行政中心、商贸中心和文化中心。

山腰街道处于闽南方言与莆仙方言的过渡区，流行以妈祖为主的女神信仰，以"头北话"（闽南方言与莆仙方言的过渡方言）为主的音乐、戏曲等，构成方言过渡区文化圈。现拥有民间文艺社团68个，其中职业性演出团体51个，从业人员1200人，影响较大的有北管、南音、木偶艺术和芗剧等。北管流行影响至我国台湾、东南亚。民间戏曲"咸水腔"（"头北话"）芗剧颇具闽南戏曲与莆仙戏曲混合特色，现有芗剧社团20多个，形成了以咸水腔芗剧为主，高甲戏、布袋戏（闽南方言）为辅的泉州"戏窝"，每年演出万场以上。北管和咸水腔芗剧是方言过渡区艺术特色与风格的典型体现。

山腰街道文化历史悠久，保留了离相寺、天妃宫、曾炉寺、望海楼、郑氏祠堂、阿脑婶大厝、石桥尾古民居等不少历史文化古迹。

2. 泉州市鲤城区浮桥街道

泉州鲤城区江南新区位于鲤城区晋江南岸，是泉州城乡接合部，该区浮桥街道位于泉州市区西南，依偎晋江母亲河，是闽南著名侨乡和商贸集散地，也是鲤城江南新区核心起步区。

区域内有拍胸舞、火鼎公火鼎婆、刣狮、江南车鼓女、疍民服饰等非物质文化遗产。浮桥街道成立泉州市闽南民俗文化笋江艺术团，保护、传承闽南文化。笋江艺术团共有演员300多人，所有的演员都来自群众，所有的节目都来自民间，除了上述节目外，还有白菜担、跳鼓、摇钱树、甩球灯、踢球、彩婆、婚轿、官轿、舞龙等30个闽南民俗文化项目。

区域内有"泉州八景"之"笋江月色"、有"笋江万石捣衣声"之誉的万石坡等自然景观，有南宋古护城河遗址、宋代泉州第一桥、接官亭遗址等历史遗迹。

3. 厦门市同安区莲花小坪村

小坪村位于厦门市同安区莲花山区，海拔 900 多米，面积 2.8 万亩，人口 1950 人。

莲花褒歌属闽南语山歌，是莲花山民在种茶制茶劳动过程中即兴创作而唱的短歌，具有浓郁的乡土生活气息。小坪村群众盛行茶歌、褒歌，劳动之余对唱褒歌，已经流行了五六百年。该村每年在农历正月十五组织褒歌比赛。同时，举行"踏火节"民俗活动。莲花村主祀清水祖师，每年都要举行祭祀仪式。有特色的是，广场上烧着大火堆，村民们用轿子请出神灵，绕火堆狂奔数周，再争先恐后踏着火红的炭火而过，除去秽气，带来福气。

小坪村现已整理搜集褒歌歌词近 4000 首，曲调八种。厦门市文化局已举办了四届莲花褒歌比赛。

区域内有小坪国家森林公园、野山谷、金光湖等名胜旅游区，自然生态极佳。森林、茶园、褒歌、庙会，物质与非物质文化遗产融为一体，共同构筑着小坪村民世世代代传承的生活方式。

4. 厦门市思明区梧村街道

梧村街道是厦门老城区与新城区连接处，位于厦门市中心区域，是国家级明星街道，历年经济指标均名列全区榜首。街道面积 6.22 平方公里，人口 13.5 万。金榜山公园占该街区一半以上面积，区内居民多为厦门老市民，自然生态保护很好。

厦门方言讲古是闽南方言的曲艺说书形式，是厦门百姓闲暇时喜闻乐见的一种娱乐活动。20 世纪 20 年代，厦门方言讲古极盛，仅十几万人的厦门市区就有几十个讲古场。1938 年厦门沦陷后，讲古场几乎绝迹，抗战胜利后陆续恢复。"文革"期间，厦门方言讲古受冲击，职业讲古者无一幸免。改革开放后，厦门方言讲古又逐渐兴盛起来。杨敏谋、范寿春等"讲古仙"已为人们所熟知。范寿春的《闽南话讲古》光盘有一定的影响。

金榜山公园内设有金榜讲古场，多年来，每周五下午聘请闽南讲古名家范寿春免费为听众讲古，已形成一定的听众群体，是目前岛内唯一的讲古基地，成为厦门的一个文化品牌。此外，金榜山公园内还有民族英雄陈化成墓（全国重点文物保护单位），以及"陈黯读书处""紫竹林寺""朱熹金榜山题记"等市级文物保护单位，具有丰富的文化底蕴。

设立梧村街道闽南讲古保护片，重在通过闽南讲古的传播，保护闽南方言及与闽南方言相关的民间曲艺形式，如讲古、答嘴鼓等。

5. 厦门市翔安区金柄村

金柄村位于厦门市翔安区新圩镇，面积 9371 亩，人口 2458 人。金柄村的拍胸舞表演风格开阔、明朗、热烈、欢快，队形变化有序，粗犷中透出美感，古朴中融入现代。

金柄村拍胸舞队是翔安区唯一以家族传承为主的"拍胸舞"表演队伍。

金柄村有清代建筑黄氏大宗祠，仅金门就有 14 座宗祠是从金柄黄氏大宗祠分出去的，每年都有大批海内外宗亲及金柄黄氏后裔回来寻根拜祖。另有黄肇纶陵园，位于金柄村大仑山，为唐朝监察御史黄肇纶及其夫人智氏合葬之墓。黄氏大宗祠和黄肇纶陵园被列为厦门市涉台文物保护单位。

金柄村美林路南的炎帝殿，创建于北宋太平兴国六年（981），以殿内供奉的宋代用"乌沉香木"雕刻的黄氏族人的当境佛、保护神神农氏炎帝（亦称仙祖）塑像而得名，是一座有着千年历史的古庙。近年来我国金、台地区和海外同胞每年都有进香团前来进香朝圣。

此外，该村每年民俗节日，村民自编自导自演的答嘴鼓、舞龙、舞狮等与上述祭祖、信俗结合演出，成为金柄村文化生活中的新亮点。

（九）传统美术保护区域（1 处）

漳浦县绥安镇

绥安镇位于漳浦县中部偏西，为县治所在地（唐垂拱二年建置），是漳浦县政治经济文化中心。漳浦县剪纸与民俗以绥安镇为核心范围。

漳浦剪纸艺术源远流长，早在唐宋时期，民间盛行在岁时节庆、婚丧寿育、祭拜活动时剪贴灯花、礼花、喜花、祭花的习俗。目前全县从事剪纸的艺术骨干有 400 多人，其中较有名气的有近百名，形成老、中、青、少四个梯队的传承群体。剪纸年创产值 200 多万元，并呈逐年增长趋势。其中著名的剪纸艺术家大多集中在城关地区，有高少苹、陈秋日等剪纸艺术馆 8 家。县文化局已在城关建设漳浦剪纸专题展示馆。

威惠庙位于县城西郊 324 国道旁，建于公元 716 年，是奉祀"开漳圣王"陈元光及其神系的始祖庙。东皋书舍在福建漳浦县城东约 1 公里，为明黄道周讲学处，1961年经复原修整，建为黄道周纪念馆。南门妈祖庙建于明代中期，清乾隆间重修，主祀妈祖，并配祀玄天上帝，为漳浦较早的妈祖庙之一，保存较好。太尉堂在漳浦绥安中营村，始建于宋绍兴二十年（1150），为张氏祠堂，祠内祀唐陈元光部将张虎（字伯纪），1929 年重修。张氏后裔每年在此举行祭拜活动。

设立漳浦县剪纸与木偶艺术保护区，重在保护剪纸艺术和陈元光民间信俗，兼容芗剧、潮剧、木偶戏等民间戏曲和大车鼓、辇艺等民间游艺保护。

（十）闽南文化遗产保护展示区域、点（5 处）

1. 泉州市清源山及其周边社区、博物馆群保护展示区

泉州被联合国教科文组织评为"世界多元文化展示中心"，古越族文化、中原文化，以及古阿拉伯、印度和东南亚诸种文化曾在这里交融汇合，绽放出人类和平与文明的绚丽花朵。清源山的人文景观和周边的博物馆群展示着泉州多元的文化风貌。

清源山距泉州老城区 3 公里，面积 60.66 平方公里，为泉州城北屏障。它最早开发于秦代，唐代"儒、道、释"三家竞相占地经营，兼有伊斯兰教、摩尼教、印度教的

活动踪迹。除老君岩等六处宋元时期的清源山石造像被列为国家级文物保护单位外，尚有400方历史名人的碑刻和崖刻。清源山既是海上丝绸之路的遗迹，又是多种宗教兼容并蓄的文化名山。

该区除了清源山宗教文化景区，还有众多景区定点展示闽南特色文化和表演艺术。其中闽台缘博物馆、泉州市博物馆、海交博物馆、南建筑博物馆、华侨历史博物馆、伊斯兰教圣墓，主要展示闽台文化、华侨文化、海外交通史文化、闽南建筑文化；锦绣庄民间工艺园主要展示闽南民间工艺文化；南少林寺、泉州木偶艺术剧院、高甲戏大众剧场主要展示南少林武术、泉州戏曲表演艺术；泉州歌舞剧院新址主要展示闽南音乐舞蹈艺术；市图书馆主要展示谱牒文化。

设立泉州博物馆群、清源山多元文化保护展示区，重在以这些展馆、艺术园、剧院等为核心，以清源山景区及其周边村庄为平台，展示由历史先贤、多元宗教以及各项非物质文化遗产组成的闽南文化。

2. 漳州市漳台民间文化艺术保护展示点

漳台民间文化展示点是以市芗剧（歌仔戏）艺术中心、市芗剧团、市博物馆以及"漳台族谱对接成果展"组合而成的展示点。

该展示点旨在展示漳州与台湾地区同根同源的"五缘"关系，展示独具风采的宗教信仰、民居建筑、戏剧曲艺、工艺美术等民俗资料，展示国家级非物质文化遗产代表性项目——歌仔戏、漳州布袋木偶戏、漳浦剪纸、漳州木版年画、漳州木偶头雕刻等，同时也展示漳州历史文化遗迹，反映出漳州历史文化名城的风貌。

"漳台族谱对接成果展"由"源流篇——根在海这边""对接篇——家在漳台""交流篇——情深祭祖先"等篇章组成，以近1000册族谱和文字、图片、文物的陈列，展示漳台姓氏起源中原、播迁闽南和迁徙台湾地区的历史脉络。漳台两地同根同源，漳台一家亲，有谱为证。

设立漳台民间文化展示点，更全面更集中地展示了漳州市非物质文化遗产和物质文化遗产的保护工作成果，有利于宣传漳州闽南文化生态保护区的总体面貌，同时也有力地推动了闽南文化生态的保护和传承工作。

3. 漳州市天福茶文化保护展示点

天福茶博物院位于漳浦县盘陀镇324国道旁，占地面积5.3公顷，是世界最大的茶博物院，展示中华民族三千多年的茶文化史。

石雕园分以"唐山过台湾"为主题的石雕群和以闽台民俗为主题的石雕群两大部分，利用山上丰富的自然石资源，营造一个融人文景观与自然景观为一体的自然博物馆。

观光茶园种植两岸茶叶代表性品种及新优品种，让人们在观光的同时了解、认识茶叶。园区内还有闽台民俗馆、丹岩风景区等多处自然与人文景观以及亭台楼阁、小桥流水，景色宜人。

天福茶博物院是展示点的核心部分，包含主展馆、茶道教育、日本茶道馆、韩国茶道馆、书画馆5大部分内容，还有汉亭、唐山、宋桥、元塘、明湖、清池、兰亭曲水、武人茶苑、茗风石刻、示范茶园等景观，环境幽雅自然，是一个集学术研究、文化传承、教育娱乐于一体的综合性基地。

茶学院是天福集团投资兴办的全国第一所民办茶业专科普通高等职业技术学院，开设五个专业：茶叶生产加工技术、食品加工技术、茶文化、市场开发与营销、旅游管理，培养茶业专业人才，将为弘扬中国茶文化和中国的茶叶行销全世界奠定坚实的基础。

设立天福漳台茶文化展示中心，一方面有利于弘扬中华茶文化的民族传统，展现漳台两地的文缘和茶缘，开展研究和教育活动，促进茶文化的传承；另一方面有利于保护以盘陀岭、灶山等为中心点的自然、人文环境。

4. 厦门市鼓浪屿建筑保护展示区

鼓浪屿，与厦门岛西南部老城区隔海相对，面积1.91平方公里，人口2.4万，是早期的万国租界和海外归侨聚居地，较早领略西风东渐。因岛上人均钢琴拥有量位居全国之首、音乐人才辈出而享有"琴岛""音乐之岛"的美誉。

鼓浪屿的建筑有早期的闽南大厝，鸦片战争后西方列强建造的各种别墅公馆，以及20世纪30年代华侨回乡创业建造的许多别墅住宅，共计1000多幢。这些别墅与原有的闽南大厝，共同构成了鼓浪屿"万国建筑博览馆"。其中著名的有"八卦楼"、黄家花园中楼、"海天堂构"、黄荣远堂别墅、英式别墅汇丰公馆、法式建筑八角楼、西班牙风韵的观彩楼、哥特式建筑天主堂以及殷宅、李清泉别墅、金瓜楼、杨家园、林屋、船屋、亦足山庄等著名建筑。甚至还有以中国民间园林建筑风格著名的菽庄花园和民间宗教建筑莲花庵、种德宫等。鼓浪屿建筑展示了闽南文化天人合一、包容万方的气派和情怀，留存闽南文化从民间走向现代的起点和轨迹。

此外，岛上中秋博饼习俗亦是渊源深厚。自2003年起，鼓浪屿所在地相关管理部门定于每年农历八月起举办为期约半月的"厦门中秋博饼节"，将这一闽南特有的国家非物质文化遗产纳入鼓浪屿这个"万国建筑博览馆"中，并作为一个固定性的节庆活动推广，使鼓浪屿显得更加生动有趣。

设立鼓浪屿万国建筑博览展示点，旨在依托独具特色的"万国建筑博览馆"，展现闽南中秋博饼习俗以及岛上保生大帝、观音、关帝、注生娘娘、虎爷、三十六将官等民间信仰习俗。

5. 厦门市集美学村嘉庚建筑保护展示区

集美学村是陈嘉庚先生倾资创建的，包括厦门水产学院、集美航海学院、集美师范专科学校、福建体育学院、集美归国侨生补习学校、中国语言文化学校、集美财经专科学校、集美中学、小学、幼儿园。之后新建的各种建筑，传承延续传统的嘉庚建筑风格，如集美大学、集大诚毅学院、厦门理工学院、华侨大学厦门校区、福州大学工艺美术学院、武汉理工大学厦门学院、中科院城市环境科学研究所、厦门软件职业技术学院、厦门职业教育中心、华夏职业学院等大学院校，与原有的建筑风格和谐统一，总占地面积 32 万平方米，人口 16 万。

学村建筑为国家级重点保护风貌建筑群，呈现出独特的"嘉庚风格"。建筑总体上呈现为闽南式屋顶，西洋式屋身，细部刻画南洋式。在空间结构上，注重与环境的协调，较好地处理了建筑与环境的关系，使人工美和自然美、整体美与局部美交相辉映，和谐统一。在细部的处理上，充分利用闽南地区盛产各色花岗岩和釉面红砖的优势，发挥闽南能工巧匠的创造性，展示了嘉庚建筑的细节之美。其整体、局部和细节，无不体现中西建筑文化的融合。而这种风格的形成，是陈嘉庚先生吸纳了古今中外优秀建筑文化，并结合闽南传统文化的建筑结果。

陈嘉庚先生还在海滩上筑堤围垦了外、中、内三池。外池俗称"龙舟池"，端午节此地举办龙舟赛，并举行美食节和民间艺术会演，在海内外影响深远。经过多年的发展，集美龙舟赛已经升格为国际性赛事，代表了国内龙舟赛的最高水平。

此外，集美学村三面环海，还有集美解放纪念碑、归来堂和郑成功故垒遗址等文物古迹。

三　重点区域的管理和保护方法

（一）县级以上人民政府要将整体性保护重点区域的建设纳入当地的城乡发展规划，负责协调各部门搞好重点区域整体性保护和监管工作。国家对重点区域整体性保护给予必要的资金支持，所在地县级以上人民政府，根据本地实际情况安排保护资金，列入本级财政预算；鼓励企业、事业单位、社会团体和个人参与重点区域的保护。

（二）县级以上人民政府要组织有关部门，按照《中华人民共和国非物质文化遗产法》第二十六条有关规定，编制整体性保护重点区域的保护专项规划。

实施重点区域整体性保护涉及村镇或者街区空间规划的，要纳入当地的城乡发展规划，由当地县级以上人民政府组织城乡规划部门会同文化部门依据《中华人民共和国非物质文化遗产法》《中华人民共和国文物保护法》《中华人民共和国城乡规划法》《历史文化名城名镇名村保护条例》《中华人民共和国环境保护法》《世界文化遗产保护管理办法》等相关法规制定专项保护规划，经当地政府批准，报送省闽南文化生态保护区工作领导小组，由省闽南文化生态保护区工作领导小组组织专家实地考察、论证确认后给予公布实施。

（三）整体性保护重点区域采取属地管理办法，由设区市、区（县）、乡镇、村分级管理；要规定具体管理单位、项目负责人。特别是要落实基层组织，建立以社区群众、村民为主的重点区域文化生态保护工作小组，依法开展各项工作，实行民主管理、自我保护、利益共享的机制。重点区域管理办法由省文化厅、闽南文化生态保护区工作领导小组办公室编制、公布。

（四）重点区域的整体性保护工作采取民众与专家相结合的方法，既要尊重当地民众的意愿，又要采纳专家的指导意见。省闽南文化生态保护区工作领导小组办公室组织有关专家，对重点区域的整体性保护管理人员、工作人员进行专业知识培训。

（五）重点区域的整体性保护包括非物质文化遗产、物质文化遗产、自然遗产以及人文环境的保护。重点区域的整体性保护要注重非物质文化遗产不同项目之间，非物质文化遗产与物质文化遗产之间，文化遗产与自然环境、人文环境之间的关联性，将单一项目、单一形式的保护模式，转变为多种文化表现形式的综合性保护。

（六）重点区域的整体性保护要注意保持区域内历史风貌和传统文化生态的真实性和完整性，不得改变与其相互依存的自然景观和环境；要重视包括民间信俗、传统习俗、民族心理等的历史人文环境保护；要划定保护范围和建设控制地带，提出保护和整治要求，提出具体的保护措施；新的建筑和基础设施要与整体环境相协调，要通过环境整治改善居民的生活质量。

第七部分　生产性保护与合理利用

发挥非物质文化遗产资源的优势，在有效保护、传承的基础上，合理利用非物质文化遗产代表性项目，开发具有地方、民族特色和市场潜力的文化产品和文化服务。

一　生产性保护

非物质文化遗产生产性保护是指在具有生产性质的实践过程中，以保持非物质文化遗产的真实性、整体性和传承性为核心，以有效传承非物质文化遗产技艺为前提，借助生产、流通、销售等手段，将非物质文化遗产及其资源转化为文化产品的保护方式。要坚持传统工艺流程的整体性和核心技艺的真实性，不能为追逐经济利益而忽视非物质文化遗产保护和传承，反对擅自改变非物质文化遗产的传统生产方式、传统工艺流程和核心技艺。

（一）合理规划、分类指导保护。县级以上人民政府文化主管部门要组织有关单位、编制非物质文化遗产生产性保护计划，将非物质文化遗产生产性保护纳入本地区经济社会发展规划。对适合生产性保护但传承困难、市场份额小的代表性项目要尽快扶持生产，传承技艺；对有市场潜力的代表性项目要采取项目、传承人、生产基地相结合的模式开展生产性保护，促进其良性发展；已经具有一定市场规模的代表性项目，在企业内部要建立传习中心，传承手工技艺，建立项目、传习中心、企业生产的保护机制。表 11 所示，为目前闽南文化生态保护区主要非物质文化遗产生产性保护项目。

表 11　　　　闽南文化生态保护区主要非物质文化遗产生产性保护项目

（29 项）

传统美术（3项）	漳浦剪纸	漳州市
	华安玉雕	漳州市
	惠安石雕工艺	泉州市

续表

	德化瓷工艺	泉州市
	厦门蔡氏漆线雕	厦门市
	漳州蔡福美传统制鼓工艺	漳州市
	漳州八宝印泥传统制作工艺	漳州市
	东山剪瓷雕工艺	漳州市
	安溪乌龙茶铁观音制作技艺	泉州市
	泉州传统建筑营造技艺	泉州市
	安溪成珍橘红糕制作技艺	泉州市
	泉州春生堂酿酒技艺	泉州市
	源和堂蜜饯制作技艺	泉州市
	永春漆篮制作技艺	泉州市
传统技艺（23项）	永春顺德堂老醋酿制技艺	泉州市
	东山肖米（烧卖）制作技艺	漳州市
	仙草制作技艺	漳州市
	诏安黄金兴（咸金枣、宋陈咸橄榄、梅灵丹）传统制作技艺	漳州市
	漆线雕（泉州）	泉州市
	剪瓷雕工艺（诏安）	漳州市
	珠光青瓷烧制技艺（同安汀溪）	厦门市
	竹藤编技艺（安溪）	泉州市
	漳州水仙花雕刻技艺	漳州市
	福建乌龙茶制作技艺（清源山茶）	泉州市
	福建乌龙茶制作技艺（永春佛手茶）	泉州市
	东山宋金枣传统制作工艺	漳州市
传统医药（3项）	晋江灵源万应茶制作工艺	泉州市
	泉州老范志神粬	泉州市
	漳州片仔癀	漳州市

（二）健全传承机制。有关生产性保护单位要制订非物质文化遗产生产性保护传承人培养计划；为代表性传承人开展生产、授徒传艺、展示交流等活动创造条件；鼓励和支持代表性传承人设立个人工作室，在传承传统技艺、坚守传统工艺流程和核心技艺的基础上对技艺有所创新和发展；对年老体弱的代表性传承人，抓紧开展抢救性记录工作，翔实记录代表性传承人掌握的所有技艺和工艺流程；对传承工作有突出贡献的代表性传承人给予表彰、奖励；对学艺者采取助学、奖学等措施，鼓励其学习、掌握传统技艺。

（三）采取保护措施。县级以上人民政府和有关部门要采取措施支持、鼓励传统工艺制作产品的生产；支持和帮助代表性传承人开展产品宣传，利用报刊、电视、网络

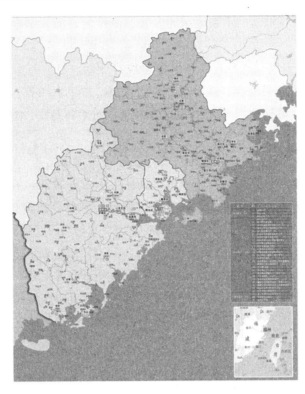

图10　闽南文化生态保护区主要非物质文化遗产生产性保护项目分布图

等媒体宣传非物质文化遗产代表性项目及其产品；积极为代表性传承人提供技艺展示、产品销售的渠道和平台；对传统工艺品通过注册商标、地理标志等方式加以保护；有关生产性保护企业，可依法享受国家有关规定的税收优惠。

（四）县级以上人民政府文化主管部门要扶持一批示范基地。重点扶持一批国家级非物质文化遗产生产性保护示范基地，积极探索和总结非物质文化遗产生产性保护的做法和经验，充分发挥国家级非物质文化遗产生产性保护示范基地的示范、带动作用。对生产性保护做得较好的企业单位给予表彰，规划扶持100个非物质文化遗产生产性示范基地。

（五）发挥行业协会作用。要充分发挥已有行业协会的积极作用，鼓励成立乌龙茶（铁观音）栽培制作技艺、石雕技艺、陶瓷烧制技艺等非物质文化遗产相关行业协会；支持协会开展非物质文化遗产的宣传、展示、教育、传播、研究、出版等活动；鼓励协会制定有关非物质文化遗产代表性项目在原材料、传统工艺流程和核心技艺方面的相关标准和规范；支持协会开展行业管理、行业服务、行业维权等工作，通过行业自律和行业监管，推动非物质文化遗产生产性保护的健康发展。

二　传统表演艺术的传承发展

传统表演艺术传承发展是指传统戏剧、音乐、舞蹈、曲艺在传承、表演或创作剧（节）目过程中，以保持传统表演艺术真实性、整体性为核心，以有效传承传统表演艺术为前提，通过公益性演出、市场运作等方式，使传统表演艺术融入生活，丰富人民群众的文化生活。

（一）保护单位要制订地方戏剧种保护和扶持计划。根据闽南地区的戏曲分布特点，泉州市重点保护好梨园戏、高甲戏、提线木偶、掌中木偶等，抢救打城戏；漳州市重点保护好芗剧（歌仔戏）、掌中木偶、潮剧等，抢救竹马戏；厦门市重点保护好歌仔戏，抢救皮影戏。

（二）建立传承机制，建立地方剧种传习基地。发挥福建艺术职业学院以及各市、县分校的作用，聘请非物质文化遗产项目代表性传承人授课讲学传艺，培养各种传统艺术表演人才；以事业性专业剧团、民营职业剧团为载体，发挥"团带班"的作用，培养戏曲表演人才；举办青年演员表演、唱腔、演奏等培训班，提高表演艺术水平。

（三）保护单位要整理、复演传统剧（节）目。传统剧（节）目蕴含着丰富的历史信息、艺术信息，支持福建省梨园戏实验剧团、泉州市高甲戏剧团、泉州市提线木偶剧团、晋江市掌中木偶剧团、厦门市歌仔戏剧团、漳州市芗剧团、漳州市木偶剧团等地方戏剧团，泉州南音乐团、厦门南乐团等艺术团体建立传统艺术传习中心，组织剧作家、老艺人按传统样式整理、复演传统剧（节）目，传承传统表演艺术、演奏艺术等，培养新的传承人。

（四）县级以上人民政府要支持地方戏剧团、传统艺术表演团体开展进社区、进校园、进军营等公益性演出，以及赴我国香港、澳门、台湾地区交流演出、出国演出等，开展多种演出活动，扩大传统表演艺术的影响力和可见度；支持地方戏剧团、传统艺术表演团体参加全省、全国性的各项赛事，在赛事中传承、保护一批传统剧（节）目。

（五）有关部门要采取措施支持地方戏剧团走市场化道路，制定民间戏剧市场管理条例，规范民间戏剧市场，营造良好的市场环境；已经市场化的地方戏剧团，可依法享受国家有关规定的税收优惠；要保护与传统戏剧演出相关的习俗，使传统戏剧与民俗长久共生共存。

三　与旅游结合的合理利用

非物质文化遗产代表性项目、整体性保护的重点区域与旅游结合，要坚持保护优先原则，要有利于提高非物质文化遗产的可见度和影响力，有利于提升旅游的文化内涵，有利于增加当地人民群众的经济收入。

（一）历史文化街区、名镇、名村以及风景名胜区与旅游相结合，要严格按照有关法律法规保护好所在地的文化遗产、自然遗产，不得破坏文化遗产、自然遗产的历史风貌、整体风貌；基本设施建设必须遵守文化遗产、自然遗产保护工作的方针，其活动不得对文化遗产、自然遗产造成损害。

（二）整体性保护的重点区域与旅游相结合，要以保护为重点，制定科学的文化旅游规划。要对该地区的非物质文化遗产、物质文化遗产、自然环境、人文环境进行整体性保护，使之成为一个充满传统文化魅力的文化空间，成为文化观光、文化体验、文化休闲旅游的好地方。

（三）民俗类非物质文化遗产代表性项目与旅游相结合，要尊重当地的民俗习惯，在当地的传统节庆时间、传统场所，以传统方式举行相关的非物质文化遗产活动，使之成为原生态的民俗文化节，不能因旅游需要而改变当地的传统习俗，歪曲贬损非物质文化遗产，使非物质文化遗产成为旅游的附庸。

（四）传统手工技艺类非物质文化遗产代表性项目与旅游结合，在保留传统手工制作技艺的同时，可适当生产文化旅游工艺品，制作符合地方文化特点的文化旅游工艺品，注入地方文化内容和表现形式，突出旅游工艺品的文化价值，拓展文化旅游的产业链条。

（五）提升文化旅游的文化内涵，打造文化旅游精品。有关部门要加大文化遗产保护力度，以文化为灵魂贯穿旅游的全过程，将厦门市鼓浪屿建筑与民俗保护区域、漳州市南靖县书洋镇长教古村落保护区域、华安县仙都镇大地土楼文化保护区域、清源山及其周边博物馆群展示区域等培育成我国著名的文化旅游精品。

第八部分　营造有利于文化遗产保存、生存和发展的环境

文化生态保护如同自然生态保护一样，不仅要保护核心"文化物种"，还要营造其生存、发展的良好环境。营造良好的非物质文化遗产生存、发展的各种环境，是文化生态保护不可忽视的重要工作。

文化与自然地理、技术工具、生产方式、经济形式、社会组织、宗教信仰、民俗习惯、价值观念、意识形态、教育制度、政策法规等构成文化生态系统。各环境要素之间、环境要素与文化之间相互联系、相互作用。

一　营造有利于文化遗产保存、生存和发展的社会环境

（一）领导干部要把文化遗产和文化生态保护知识纳入政治文化学习课程之中，定期邀请有关专家讲课，定期听取文化遗产保护工作汇报，要从对国家和历史负责的高度，从维护国家文化安全的高度，充分认识保护文化遗产的重要性，进一步增强责任感和紧迫感，切实做好文化遗产保护工作。

（二）政府要大力宣传、贯彻执行《中华人民共和国文物保护法》《中华人民共和国非物质文化遗产法》等有关法律法规；要根据各地文化遗产生存状况，针对实际，制定出台有关文化遗产保护、文化生态保护区建设的地方性政策、条例，形成文化遗产保护有法可依、有章可循的政策环境。

（三）政府要加大文化遗产保护的经费投入，完善文化遗产保护经费投入的长效机制；鼓励个人、企业和社会团体对文化生态保护区建设予以资助；利用华侨优势，鼓励境外企业、社会团体捐资参与文化生态保护区建设。通过政府投入、社会资助等方式，为文化遗产的保存、生存、发展提供必要的经济资助。

（四）支持民众按照传统习惯依法开展民间信俗、传统节庆、人生礼俗等民俗活动；尊重我国台湾同胞、海外侨胞的传统习俗，共同在保护区内依法开展各种闽南民俗活动，营造更为宽松、浓厚的民俗氛围。

（五）在推广、普及普通话的前提下，鼓励青少年学习闽南语，培养青少年闽南语应用能力；进一步发挥厦门卫视、泉州电视台、漳州电视台闽南语电视频道、栏目的作用，扩大闽南语的传播；鼓励公务员、服务业人员、外来务工人员学讲闽南语，形成有利于闽南文化保护的语言环境。

（六）鼓励新闻出版、广播电视、互联网等媒体对文化遗产和保护区建设等方面进行宣传教育；编制《闽南文化遗产》《闽南文化生态保护区知识问答》等宣传手册，认真举办"文化遗产日"系列活动，利用博物馆、图书馆、文化馆等场所举办非物质文化遗产展示活动；通过宣传倡导，形成热爱本土文化、自觉保护文化遗产的社会意识。

（七）政府部门、社会要支持学校开展非物质文化遗产的教学传习工作。学校要按照国务院教育主管部门的规定，继续开展非物质文化遗产进幼儿园、小学、中学活动；支持各种职业学院（校）培养非物质文化遗产专门人才；鼓励各高校设立闽南文化学科，进行闽南文化教学、研究，形成闽南文化传习、研究的良好教育环境。

（八）采取请进来、走出去的办法，举办各种非物质文化遗产活动，深化文化交流；继续探索更为便捷的对台对外文化交流措施，形成更为活泼开放的文化交流环境。

二　发挥人民群众文化遗产保护的主体作用

要正确处理好文化遗产保护政府主导、群众主体的关系，发挥政府主导作用，依靠群众主体力量，开展好文化生态保护区建设工作。

（一）政府要发挥法律保护、政策保障、经费支撑、宣传教育、统筹协调等主要作用，保证文化遗产保护工作顺利开展。

（二）要保障、实现人民群众的基本文化权益，尊重人民群众的文化意愿，依靠人民群众保护文化遗产，调动人民群众参与保护区建设的主动性和创造性，做到文化遗产人人保护，保护成果人人共享。

（三）支持民间社团组织依法开展文化遗产保护工作，保护本社区的物质文化遗产、非物质文化遗产以及相关的实物和场所，组织丰富多样、健康有益的民俗文化活动，构建和谐的邻里关系，努力把社区建设成为文明祥和的社会文化生活共同体。

（四）发挥民间企业力量进行非物质文化遗产的生产性保护，发展铁观音、陶瓷、石雕、漆线雕、传统医药等传统行业，使之在生产中保护，在传承中发展，在发展中解决群众就业问题，增加地方经济收入。

（五）发挥泉州、漳州、厦门民间闽南文化研究会、泉州地方戏曲研究社、泉州历史研究会、泉州市新海路闽南文化保护中心、泉州民间信仰研究会等民间研究组织的作用，开展闽南文化研究，举办各种学术活动，为文化生态保护区建设提供研究成果、建言献策。

（六）采取社团组织、企事业单位、政府联办、协办等多种形式，开展非物质文化遗产重大活动和对台对外民间文化交流活动。

（七）鼓励民间企业、个人捐资捐物，赞助社区开展非物质文化遗产活动，参与社区公共文化建设和基础设施建设。

三　加强非物质文化遗产基础设施建设

非物质文化遗产基础设施是展示和传习非物质文化遗产的重要场所，要加强非物质文化遗产基础设施建设。

（一）县级以上人民政府要为非物质文化遗产保护、展示、传承、传播提供必要的活动场所；充分利用古建筑、古民居作为非物质文化遗产展示馆和传习中心。鼓励个人、企事业单位等社会力量建设多种形式的非物质文化遗产展示馆和传习中心。

（二）泉州市、漳州市、厦门市各建一个非物质文化遗产综合性展示馆。

（三）建设人类非物质文化遗产代表作、影响较大的国家级非物质文化遗产代表性项目的专题展示馆。

（四）建设整体性保护重点区域的非物质文化遗产展示馆（传习中心），作为重点区域的"窗口"和资料实物收集中心。

（五）要注重非物质文化遗产珍贵实物资料和传承人代表性作品的征集，并进行科学的展示陈列，充分发挥非物质文化遗产基础设施在保护、传承、展示、宣传非物质文化遗产等方面的积极作用；要因地制宜，尽量融展示馆和传习中心为一体，充分发挥场所的多种功能。

表 12　　　　　　　　　闽南文化生态保护区基础设施建设项目

（116 个）

综合性展示馆（3 个）	泉州市非物质文化遗产综合性展示馆 1 个 漳州市非物质文化遗产综合性展示馆 1 个 厦门市非物质文化遗产综合性展示馆 1 个
专题展示馆（10 个）	闽南传统音乐（人类非物质文化遗产代表作南音等）展示馆、闽南传统建筑营造技艺（人类非物质文化遗产代表作中国传统木结构营造技艺等）展示馆、闽南剪纸（人类非物质文化遗产代表作中国剪纸）展示馆、闽南传统戏剧展示馆、闽南乌龙茶制作技艺展示馆、惠安雕艺（石雕、木雕）展示馆、德化瓷烧制技艺展示馆、漆线雕展示馆、闽台族谱对接（闽南祭祖）展示馆
整体性保护区域的社区非物质文化遗产展示馆（53 个）	整体性保护区域的社区非物质文化遗产展示馆（传习中心）53 个
非物质文化遗产代表性项目传习中心（50 个）	面向街道社区、基层农村，建设 50 个非物质文化遗产代表性项目传习中心

四　培养非物质文化遗产保护专业人才

培养一批高层次的文化遗产保护的专业人才，建设好文化生态保护区。

（一）继续发挥厦门大学、华侨大学、福建师范大学、闽南师范大学、泉州师范学院等高校的力量，设立、开拓闽南文化相关学科，设置非物质文化遗产保护相关专业，招收本科生、硕士生、博士生，培养一批文化遗产保护的高层次人才。

（二）县级以上人民政府文化主管部门要定期举行保护区工作人员的专业培训工作，进行文化遗产普查知识、文化遗产保护理论、文化生态理论、法律法规、地方文化、管理方法等培训，提高文化遗产保护专业人员的业务能力和工作能力。

（三）组织保护区工作人员到国内各保护区以及台湾地区参观交流，开展各种经验交流研讨会，总结实践经验，探索文化生态保护规律，提升保护区工作人员文化生态保护的理论和工作水平。

第九部分　实施方案

规划期从 2011 年至 2025 年，分近期（2011—2015）、中期（2016—2020）、远期（2021—2025）三个阶段实施。

一　近期（2011—2015）

（一）采取措施及时抢救一批濒危项目，建立完善的四级名录体系和保护机制，新增一批国家级非物质文化遗产代表性项目。开展非物质文化遗产代表性项目展示活动。

（二）举办传承人培训班，指导、规范 125 个传习中心。

（三）按照有关法规整治 53 个整体性保护重点区域的周边环境，修复、保护与非物质文化遗产相关的实物和场所，保护自然生态环境。

（四）继续搞好 53 个两岸交流项目，深入开展两岸"村对村""宫庙对宫庙"对接，不断挖掘文化内涵，提升文化交流的水平。

（五）扶持生产性保护企业，树立典范，公布 30 个非物质文化遗产生产性保护示范基地。

（六）建立泉州、漳州、厦门市 3 个综合性非物质文化遗产展示馆以及部分市、县（区）的综合性展示馆，建设闽南传统音乐、闽南传统建筑营造技艺、闽南剪纸 3 个专题展示馆。

（七）进行社会宣传教育，特别是对青少年进行教育，继续推进非物质文化遗产进校园、进课堂、进教材活动，提高青少年文化遗产保护意识；各高校继续招收、培养非物质文化遗产研究、保护的紧缺人才。

（八）建设闽南文化生态保护区非物质文化遗产数据库。

（九）开展与兄弟省文化生态保护区或台湾地区文化遗产保护有关团体的交流活动；举办文化生态保护研讨会，重点解决工作中遇到的问题。

二　中期（2016—2020）

（一）建立较为完善的文化生态保护的体制与机制，有效保护各级非物质文化遗产代表性项目。新增国家级非物质文化遗产项目 15 个，联合国教科文组织人类非物质文化遗产代表性项目 1 个。

（二）全面开展传承活动，培育新的传承机构，继续指导、规范、扶持 100 个传习中心，培养出一批新的传承人。

（三）全面开展整体性保护区域的保护工作，修复区域内的古建筑、古民居等；整体有效保护文化遗产、自然遗产；推进整体性保护区域的展示馆和基础设施建设；扶持、培育新的整体性保护区域。

（四）巩固 53 项对台交流活动，使之成为两岸具有影响力的重要文化品牌；继续挖掘、培育新的对台交流项目，扩大两岸非物质文化遗产交流范围。

（五）继续扶持一批生产性保护单位，公布 30 个非物质文化遗产生产性保护示范基地。

（六）推进各个县（区）综合性展示馆、专题展示馆建设。

（七）继续推进非物质文化遗产进校园、进课堂、进教材活动，不断开展社会宣传教育，提高人民群众，特别是青少年文化遗产保护意识；继续培养非物质文化遗产研究和保护的专业人才。

（八）推进闽南文化生态保护区非物质文化遗产数据库建设。

（九）举办全国性的文化生态保护区成果展、经验交流会、学术研讨会。

三　远期（2021—2025）

（一）实现文化生态保护工作科学化、规范化、网络化、法制化；新增国家级非物质文化遗产项目 20 个、联合国教科文组织人类非物质文化遗产代表性项目 1 个。

（二）规范化、专业化的传习中心达到 300 个，建立起民间传承、专业传承、学校教育传承的传承体系，主要非物质文化遗产代表性项目后继有人。

（三）整体性保护区域的古建筑、古民居基本得到修复，非物质文化遗产项目、自然遗产得到有效保护。基础设施较为完善，每个整体性保护区域都有一个内容丰富的展示馆。

（四）两岸非物质文化遗产交流活动达到 80 个，文化交流日益密切，人员往来日益频繁，文化认同感日益增强。

（五）生产性保护示范基地达到 100 个，其中部分项目成为地方经济发展的支柱性产业。

（六）实现非物质文化遗产密集的县（区）有一个综合性展示馆、一个专题展示馆的目标，非物质文化遗产传承、展示的基础设施完备、功能齐全。

（七）具备一支高素质的文化遗产研究、保护人才队伍。

（八）文化遗产保护成为人们的自觉行为，文化自信心明显提高，优秀传统文化精神融入现代生活，与现代文明相衔接，促进闽南地区经济、社会、政治、文化、生态文明建设全面协调可持续发展。

第十部分　保障措施

一　工作机制保障

（一）成立闽南文化生态保护区工作领导小组。领导小组由省政府牵头，成员由省文化厅、财政厅、住房和建设厅、教育厅、农业厅、民政厅、环境保护厅、民族与宗教事务厅、旅游局、文物局等，以及厦门市、漳州市、泉州市主要领导组成。各设区市成立相应机构。

领导小组职能：

1. 定期召开联席会议，听取闽南文化生态保护区工作汇报，统筹协调有关工作；

2. 指导、督查闽南文化生态保护区工作；

3. 制定、出台闽南文化生态保护区有关管理办法、条例等。

（二）成立闽南文化生态保护区专家工作委员会。专家委员会由闽南文化生态保护区工作领导小组聘请的各学科有关专家学者组成，为闽南文化生态保护区建设提供智力支撑。专家工作委员会设在福建省艺术研究院。

专家委员会职能：

1. 深入调查研究，对闽南文化生态保护区工作提出指导性意见和建议；

2. 为闽南文化生态保护区工作所遇到的问题提供专业咨询；

3. 为闽南文化生态保护区有关工作人员进行教育和培训；

4. 对闽南文化生态保护区的工作进行评估和审查评议有关项目等。

（三）设立闽南文化生态保护区工作领导小组办公室。办公室设在文化厅，各设区市设在文化局，并依托省、市非物质文化遗产保护中心，配备相应的管理、宣传、培训等专职人员编制和工作经费、专项经费。办公室工作职能：

1. 组织实施闽南文化生态保护区工作操作层面事项，确保领导小组决定的执行；

2. 起草闽南文化生态保护区相关文件及会议议程；

3. 开展单位间、区域间协调、联络、交流工作等。

（四）闽南三市设立非物质文化遗产保护中心，给予事业单位人员编制和经费支持，具体负责闽南文化生态保护区工作。

二　政策法规保障

以《中华人民共和国非物质文化遗产法》《国务院关于加强文化遗产保护的通知》等文件为依据，制定符合闽南文化生态保护区实际情况的管理办法：

（一）《闽南文化生态保护区保护工作管理暂行条例》

（二）《闽南文化生态保护区非物质文化遗产代表性项目保护与管理暂行办法》

（三）《闽南文化生态保护区非物质文化遗产项目代表性传承人保护与管理暂行办法》

（四）《闽南文化生态保护区非物质文化遗产传习中心管理暂行办法》

（五）《闽南文化生态保护区整体性保护区域管理暂行办法》

（六）《闽南文化生态保护区生产性示范基地管理暂行办法》

（七）《闽南文化生态保护区专项资金使用管理暂行办法》

三 经费保障

采取国家、省、市财政拨款和民间筹集方式解决经费问题。经费用于非物质文化遗产代表性项目活动、传承人经费资助、传习中心活动、对台对外交流活动、整体性保护区域建设、人才队伍建设、数据库建设、基础设施建设、非物质文化遗产研究等。

（一）国家、省、市财政投入比例为 $1:1:1$。

（二）省人民政府设立闽南文化生态保护区建设专项资金，列入年度财政预算。

（三）闽南文化生态保护区所涉及的市、区、县人民政府设立相应的专项资金，分别列入本级财政预算。

（四）通过政策引导等措施，鼓励个人、企业和社会组织对文化生态保护区建设予以资助，多渠道吸纳社会资金投入。资金的募集、使用和管理，依照国家有关法律、行政法规和部门规章的规定执行。

本《规划》公布后，列入省政府工作计划，由闽南文化生态保护区工作领导小组牵头，各设区市人民政府组织实施，动员社会力量参与，落实本《规划》。

泉州市人民政府关于印发《泉州市闽南文化生态保护区建设规划》的通知

泉政文〔2010〕131号

各县（市、区）人民政府，泉州开发区、台商投资区管委会，市政府各部门、各直属机构、各高等院校：

《泉州市闽南文化生态保护区建设规划》已经市委常委会第102次会议、市政府第51次市长办公会议研究通过，现印发给你们，请认真组织实施。

二〇一〇年五月十九日

主题词：文化 建设规划 通知

抄送：市委各部门，省部属驻泉各单位，泉州军分区，各人民团体，市人大常委会办公室，市政协办公室，市中级人民法院，市人民检察院，各民主党派泉州委员会，市工商联。

泉州市人民政府办公室　　　2010年5月20日印发

泉州市闽南文化生态保护区建设规划

目 录

前　言

闽南文化，是中华文化体系的重要组成部分，是闽南民系（包括在地居民）在其生活的历史环境、自然环境中所创造出来的一切社会文明成果。由于自然环境的区别、经济类型的不同和精神信仰的迥异，我国各个民族、不同地域的文化形成了各自的鲜明特色，并由此构成了和而不同的中华文化体系。闽南地处海峡西岸，不同历史时期南移的中原文化与土著的古闽越文化、舶来的域外文化数度交融、层层积淀，形成并发展了闽南文化。宋元时期海外交通贸易发达，刺桐港成为东方第一大港，闽南成为中华文化与外来文化交融的先发地区，闽南先民借和平的"海上丝绸之路"，率先将中华文明传播到世界各地（附录一：闽南文化流播图）。郑成功驱荷复台以后，闽南人大量移居台湾，带去了自身的文化，并在交流与融合中不断沿袭发展，形成了具有两岸共同特点的闽台区域文化。近代，海外侨胞也将侨居地不同的文化带回闽南。闽南文化在交流中保持地方文化根本性和完整性的同时，也走向兼容并蓄，其爱家爱乡与民族认同、崇尚传统与吸收创新、安土重迁与海外移民、开拓拼搏与冒险犯难、重名尚义与务实逐利等文化性格的统一，体现了闽南文化守成与开放的兼容性品质。长期以来，闽南文化以其丰富的积淀、深厚的根基、独特的魅力，培育、滋养、联系和吸引着广大台湾地区同胞和海外侨胞，鲜明地向世人昭示了海峡两岸人民同根同源、血脉相连、手足情深的历史渊源。闽南文化，对促进两岸同胞深层次的文化交流、文化认同，增强中华民族的凝聚力，维护祖国的和平统一，具有其他地域文化不可替代的意义和作用。

　　闽南非物质文化遗产，是闽南文化的核心物种，是闽南先民的杰出创作，是生存在当下、传承在闽南民系的活态文化。我们的祖先在文明进程中创造了丰富多彩、弥足珍贵的文化遗产，其中既有以物质形态存在的遗产，也有以口传心授为主要传承方式存续的非物质文化遗产。泉州地区闽南非物质文化遗产的主要表现形式有：中原古汉语与闽越语、外来语融合的闽南方言文化；以陈三五娘等民间传说及存量丰富的泉州歌诀（童谣）为典型的口传文化；以谱牒、祭祖习俗为载体的祖先崇拜文化；多教并存的宗教文化；两岸同胞共祭的妈祖、关帝、保生大帝、清水祖师、广泽尊王、萧王爷、青山王等民间信仰文化；明代思想家李贽，民族英雄郑成功、俞大猷及爱国将领施琅、理学家李光地等闽南先贤文化；音乐活化石泉州南音、南戏遗存梨园戏、蜚声世界的木偶戏、艺术个性独特的高甲戏、珍稀的宗教仪式剧种打城戏和承载闽越族遗风的拍胸舞等传统表演艺术文化；南派剪纸、木偶头雕刻等传统美术文化；特色鲜明的惠安女、蟳埔女服饰和中秋博饼、闽南茶道等生活习俗文化；举世闻名的惠安石木雕刻、中国三大瓷都之一德化的瓷烧制、远销国内外的铁观音茶制作等传统技艺文化；南少林五祖拳武术文化；老范志神粬、灵源万应茶、永春养脾散等养生医药文化；泉州名小吃等饮食文化；闽南古厝、庙宇、祠堂等传统建筑文化；宋元明的港口遗址、祈风遗存与仪典、水密隔舱福船制作等海洋文化；华侨教育、商会、批局等华侨文化。闽南文化遗产的精神生命和表现形式，至今仍然传承延续于闽南地区、大陆其他部分地区和台湾、香港、澳门地区，以及世界其他地区闽南人的生活方式之中。

　　闽南文化生态保护区，是根据《国家"十一五"时期文化发展规划纲要》中提出的"确定 10 个国家级文化生态保护区"的规划，由文化部在我国第二个文化遗产日（2007 年 6 月 9 日）公布，以闽南的泉州、漳州、厦门为特定区域的我国首个文化生态保护区。由于初期为试验性阶段，因此暂定为"闽南文化生态保护实验区"。闽南文化生态保护区对以非物质文化遗产为核心的、具有突出特色和价值的闽南文化进行整体性保护，是适应非物质文化遗产活态流变性和整体性特征而采取的一种科学保护措施。随着全球化、工业化、城镇化、市场化的迅猛发展，闽南文化与中华文化一样，其赖以生存的环境受到严重威胁。从这一点来讲，保护闽南文化生态的意义深远，为闽南文化提供良好的生存环境刻不容缓。闽南文化生态保护区不仅保护区域内的非物质文化遗产如民间文学、传统音乐、传统美术、传统舞蹈、传统戏曲、曲艺、杂技与竞技、传统手工技艺、传统医药、民俗等，也保护与非物质文化遗产传承密切相关、作为非物质文化遗产重要载体的有形物质文化遗产，同时保护文化遗产生存、传承的特定自然和文化环境。建设闽南文化生态保护区，将推动生态文明与社会和谐发展，提高人们的文化自觉意识，增强民族凝聚力，维护中华文化多元一体格局发展和繁荣。

　　闽南文化生态保护区的核心区泉州，是闽南文化主要发祥地和闽南文化遗产的富集区，以"多元文化宝库，海峡西岸名城"闻名于世，是国务院首批公布的 24 座历史文化名城之一，是中国民族民间文化保护工程综合性试点。截止 2009 年年底，泉州市常住人口达到 786 万（户籍人口 680 万），是祖国大陆人口最多的闽南人聚集区，也是全国著名侨乡、台湾同胞的主要祖籍地。历史上，泉州是闽南地区最早设置行政建制的州府。台湾的最初行政设置也是隶属泉州府。金门的行政设置至今仍隶属泉州市。由于这种历史渊源，使得泉州与闽南方言区内各个地区的文化特征具有高度的关联性；由于这种关联性而形成的特殊历史站位，泉州应发挥闽南文化生态保护区的核心区作用并承担起相应文化义务（附录二：泉州市行政区域图；附录三：泉州市主要文化遗产分布图；附录四：泉州市行政区划及其地理环境）。

　　根据《国务院关于加强文化遗产保护的通知》《国务院关于支持福建省加快建设海峡西岸经济区的若干意见》《国务院办公厅关于加强我国非物质文化遗产保护工作的意见》的精神和有关规定，按照《文化部关于加强国家级文化生态保护区建设的指导意见》要求，特制定本建设规划，用以具体指导全市闽南文化生态保护区工作。

一　指导思想、基本方针、基本原则

（一）指导思想

以科学发展观为指导，构建科学有效的闽南文化生态保护体系。充分发挥文化遗产在传承、弘扬中华民族精神，增强民族凝聚力，促进人的全面发展，促进文化大发展大繁荣，促进海峡两岸交流合作，构建社会主义和谐社会中的重要作用。

（二）基本方针

保护为主，抢救第一，合理利用，传承发展，将文化遗产保护的社会效益放在首位。坚持真实性和整体性，防止对文化遗产的误解、歪曲或滥用，努力使文化遗产在社会上得到确认、尊重和弘扬。正确处理保护和利用的关系，努力寻求文化遗产在新的环境下传承与传播的市场空间，并借市场的平台扩大规模与集聚资金，实现文化遗产存续与发展的良性循环。把对文化遗产本体的发掘抢救、扶植、保护和发展同为其提供生存的生态支撑条件结合起来，把保护非物质文化遗产同保护物质文化遗产结合起来，更重视非物质文化遗产的保护。闽南文化的保护，不仅仅是对其项目本身的保护，更要保护其生存的生态环境。

（三）基本原则

文化生态的整体性保护是落实科学发展观的具体举措之一。保护区建设坚持以下基本原则：

1. 保护文化多样性，促进文化永续发展。

2. 尊重文化发展规律，坚持文化遗产保护的真实性和完整性。

3. 在保护过程中合理利用，在合理利用过程中得到更好保护。

4. 以人为本，保障和实现群众的基本文化权益。

5. 群众是文化遗产保护和传承的主体。

6. 分类指导、区别对待、统筹规划、协调发展。

7. 政府主导、社会参与，明确职责、形成合力。

二　保护范围、保护内容、保护目标

（一）保护范围

泉州市行政区域内，闽南文化产生、发展、传承的地缘范围。

（二）保护内容

1. 有效保护非物质文化遗产传承人

贯彻落实国家保护传承人的相关条例，制定传承人的认定标准与认定程序；认定、命名非物质文化遗产项目代表性传承人；明确传承人的权利及义务；严格遵守相关知识产权法规，维护原创者、传承者的权益（附录五：泉州市市级非物质文化遗产项目代表性传承人认定与管理办法；附录六：泉州市市级以上非物质文化遗产项目代表性传承人）。

2. 整体保护文化遗产

（1）继续做好文化遗产的普查、认定和登记工作。全面了解和掌握文化遗产资源的种类、数量、分布状况、生存环境、保护现状及存在的问题，及时向社会公布普查结果。

（2）保护好目前已认定的1项人类非物质文化遗产，28项国家级、61项省级、97项市级、194项县级非物质文化遗产和与之相关的物质文化遗产（附录七：泉州市县级以上非物质文化遗产项目；附录八：泉州市与非物质文化遗产相关的主要文物保护单位），以及今后陆续普查发现的项目。

（3）保护好文化遗产的存在和活动空间。要注重非物质文化遗产与相关的物质载体、活动空间的保护；原居住民的生活习俗与历史文化街区、村镇及自然景观相结合保护；有关自然界和宇宙的知识和实践与祭典、节庆等有关民俗活动相结合保护；传统医药、百年老字号、民间美术、传统手工艺技能及其作品融入生活中保护。

（4）分类指导，区别对待，采取不同的保护措施。对目前仅存活于个别地区或个别家庭、个人，为不可再生的，或面临人亡艺绝濒危状态的项目（如打城戏、李尧宝刻纸、水密隔舱福船制造技术、泉州竹编等）进行抢救性的保护；对具有重大的历史、文化、艺术、科学价值，能集中反映当地原生态的民间文化特色的项目进行重点保护；对目前已采取措施抢救、状态较为稳定的项目，进行扶持性保护。对已经消亡的文化遗产项目，深入调查发掘，进行补救性的记录。

3. 优化文化生态环境

文化生态保护注重文化与环境关系。在保护区内实行灵活有效的政策和措施，培育一个有利于文化遗产保存、保护和发展的政策环境；鼓励社会宣传、研究、传习、保护闽南文化，营造一个尊重传统文化、尊重传承人的社会环境；承认"保护语言是保护口头和非物质文化的前提"的观点，形成有利于闽南文化保护的语言环境；设立专项资金，为文化遗产的保存、传承、发展、交流创造一定的资金支撑环境；设立闽南文化学科，落实乡土文化师资教材建设，大力提倡乡土文化课程进大、中、小学校，形成传统文化传习、研究的教育环境；举办各种文化交流活动，简化保护区内民众赴台、出国交流手续，形成更为活泼开放的对外交流环境。

（三）保护目标

1. 到2012年，初步建立一套切实可行的文化遗产整体性保护制度和运行机制，建设一批有利于文化遗产保护的基础设施，改善文化遗产保存、保护的环境，濒危和重要的文化遗产以及一批传承人得到有效的保护，全社会文化遗产保护意识不断提高。

2. 到2015年，基本形成较为完善的文化遗产保护体系，较为完整的基础设施，文化生态环境得到明显改善，文化遗产和传承人得到有效的保护和传承，全社会文化遗产保护意识普遍提高。

3. 到2020年，实现保护工作科学化、规范化、网络化、法制化。相当部分的基础设施建设达到国家标准，文化遗产和传承人在良好的文化生态环境中得到完整的保护和传承，保护文化遗产成为人们的自觉意识和自觉行动，优秀文化遗产的精神和智慧融入现代生活。

三　保护方法、保护方式

（一）基本保护方法

1. 复苏原生态民俗活动

（1）民俗活动是保护文化遗产的最有效方式之一。民俗是文化的根，是民族文化的基础。节日习俗、庙会习俗、人生礼仪习俗、集市贸易习俗、集体生产习俗具有自发性、群体性民俗特征。加强民俗生态的保护，使文化遗产在生活中自然传承。

（2）节日是民俗的文化时空。充分发挥闽南重要节庆如春节、元宵节、清明节、端午节、七夕节、中元节、中秋节、重阳节等作用，由民众自发或组织节庆活动，让传统表演艺术、造型艺术、杂技与竞技、传统饮食等在浓厚的节日氛围中得到原生态的保护。

2. 促进全社会文化自觉

（1）继续完善包括《泉州南音基础教程》在内的闽南文化乡土教材编写、修订、出版工作，在学校进行普及性教育。在学前教育机构开展闽南歌诀（童谣）和闽南游艺教学；在小学开设方言、传统艺术、传统技艺课程；在中学开设闽南民俗、乡土文化等课程。创办中等或高等的闽南艺术、工艺、技术职业院校，并采取相关措施鼓励学生就读。

（2）与我国大陆、台湾地区著名高校联合培养闽南文化高端研究人才，重点造就学科领军人物。在本地有条件的高校设立闽南学（泉州学）文化学科方向，培养本科生，进而培养硕士生、博士生，并采取相关措施鼓励学生就读。培养一批保护文化遗产的管理人才。

（3）各级博物馆、文化馆、图书馆、美术馆、科技馆、文化站等公共文化机构要加大参与保护文化遗产的力度，想方设法采集、收藏、整理、展示闽南文化的艺术品、文献手稿、资料以及与群众生活密切相关的器具等可移动文化遗产，以展示、传播方式教育群众认识本土文化。

（4）新闻出版、广播电视、互联网等媒体要重视对文化遗产的保护工作、闽南文化生态保护区建设工作的宣传展示，普及保护知识，培养保护意识，努力在全社会形成共识，营造保护文化遗产的良好氛围。

3. 推进海峡两岸闽南文化交流

海峡两岸文化同根同源，闽南文化是维系两岸人民的精神纽带。与我国台湾同胞共同举办各种寻根谒祖、谱牒对接、进香祭典、旅游观光等活动，进一步营造两岸一家亲的民俗氛围。从实际出发，制定一些特殊政策，有计划地开展两岸的各种文化研讨与交流活动，设立闽台文化交流基金，扶助上岛交流的文化项目，举办海峡两岸艺术节等，扩大对台文化交流内容。在"载体平台建设"方面先行先试，设立闽台文化论坛、民间宗教及民间艺术交流论坛等,搭建两岸艺术竞赛平台,争取开设两岸闽南戏曲表演、闽南语歌曲创作演唱、闽南民间技艺等比赛项目,让闽台之间各项文化交流发展得更好,更加具有活力(附录九:泉州市对台对外主要文化活动)。

4. 扩大闽南文化的国际交流

充分发挥泉州"世界多元文化中心""世界宗教博物馆"的优势,精心策划、举办国际性文化论坛;主动邀请国际知名媒体考察泉州闽南文化,借助泉州籍文化名人向世界宣传推介闽南文化;利用2300多万泉州人(裔)遍布世界各地的优势,拓宽交流渠道,建设各种平台,采取"请进来、走出去"的方法,举办闽南文化交流活动,展示闽南传统文化的风采和价值。

5. 加强闽南文化研究

整合市级闽南文化研究机构,办好《闽南》杂志及其他刊物。充分发挥高校、专业研究机构及民间研究团体的力量,邀请我国港、澳、台地区以及世界各地学者、研究人员,研究闽南的历史文化、经济、社会、宗教、文学艺术、饮食、建筑、工艺、民俗、民系、先贤名人、海交史、移民史、华侨史、闽台关系史等;研究文化遗产保护的政策法规、管理体制机制等;研究文化生态建设的基础理论,总结实践经验,解决实践中出现的问题。出版一系列高质量的大型丛书及学术著作(附录十:泉州市闽南文化主要研究机构及其研究方向;附录十一:泉州市近期出版闽南文化丛书与著作计划)。

6. 完善、建设基础设施

在文化遗产所在地,继续完善、建设一些有利于文化遗产保护的基础设施。严格按照修旧如旧原则,修复历史文化街区和村镇、古民居及相关文物等;在不影响古民居原貌的情况下,对内部生活设施进行改造。合理布局建设一批非物质文化遗产博物馆、民俗馆、专门艺术馆、剧院及宗教活动场所等。基础设施的设计、建设要与属地的历史风貌、自然景观相和谐;基础设施的设计、建设要充分考虑环保要求;基础设施建设要纳入社会主义新农村建设、城镇改造建设等规划。

7. 建设示范区、展示点

在中心城区选择生态环境、人文环境较好,非物质文化遗产密集,有较多的传承人,有一批历史文化街区、古民居、文物等,群众保护意识较强,基础设施较好的区域,设立市级文化生态保护示范区;在各县(市、区)选择拥有一批流布地域广、活动空间大,分布在不同行政区的项目,建立泛行政区域的县级文化生态保护示范区。

在基层乡村、社区选择非物质文化遗产项目所在地,建设民间文学、传统音乐、传统美术、传统舞蹈、传统戏曲、曲艺、杂技与竞技、传统手工技艺、传统医药、民俗等非物质文化遗产传习所(中心)、展示点等。

(二)具体保护方式

有效地对闽南文化生态区施以保护,其具体保护方式可以有许多种。

1. 活化石式保护方式

无论是物质文化遗产还是非物质文化遗产的保护都可以采用这一方式。活化石式保护方式就是保持非物质文化遗产恒定的、原初的文化形态。如对泉州南音、梨园戏等艺术的保护就必须完整保护其传统的内容与形式。要鼓励艺术家用原初的舞美设计、原初的文本、原初的唱腔唱词演奏、演唱、表演古典曲目、剧目。活化石式保护方式是文化遗产保护中的最高境界，也是针对最有价值的文化遗产进行保护的方式。

2. 博物馆式保护方式

在博物馆、文化馆、图书馆等公共文化机构以及其他适宜的空间对闽南文化遗产进行收藏、保护、研究、展示也是一种重要的保护方式。在全面普查的基础上广泛收集整理闽南非物质文化遗产及其相关实物，通过博物馆的展览、展示，让人们认识这一文化现象，了解其文化传承价值。

3. 数字化与网络化保护方式

利用多媒体手段对一些闽南文化遗产进行记录整理，利用电子存储介质建立数据库对其进行保存，利用电视、广播、网络等媒体进行资源共享。充分发挥文化信息资源共享工程的作用。建立"闽南文化生态保护区·泉州网"，建立泉州市非物质文化遗产资源数据库（附录十二：泉州市闽南文化生态保护区网页及数据库建设大纲）。

4. 个人、家庭、群体传承方式

对于一些被特定的个人、家庭、群体所保有的非物质文化遗产采用这种方式是最有效的，也是其他方式无法代替的。建立传承人保证制度，授予这些保有者非物质文化遗产保有证书、称号，对他们进行生活和其他补贴，并要求他们做好所保有的非物质文化遗产的保护、传承、弘扬工作。鼓励他们带徒学艺，举办相关传习活动。

5. 学校教育传承方式

这是最有影响力的传承方式。文化教育部门应编著介绍本地区的优秀非物质文化遗产的乡土教材，在全市中小学开设相关课程，增进青少年对非物质文化遗产的了解和情感。以泉州师院艺术学院、德化陶瓷职业学院、泉州艺校及其他有条件的院校为传承人培养基地。可以通过对一些优秀学生给予一定奖学金并使其作为特长生选入院校等方法，造就一大批非物质文化遗产的传承人。

6. 社会组织传承方式

目前，全市有民间南音社团233个，民间职业剧团131个，其他文艺社团1000多个。这些社会组织是闽南文化保护的重要力量。要利用某种方式将这些有共同知识、技能、爱好的群众组织起来，充分发挥他们的力量，为闽南文化遗产的保护做贡献。

成立泉州市闽南文化生态保护协会，其宗旨为：由有志于闽南文化生态研究、保护工作，且达到一定水平的企事业单位、民间组织和个人，自愿结成的区域性、专业性、非营利性的社会团体，在政府的主导下开展活动（附录十三：泉州市闽南文化保护协会章程)。

7. 整体人文生态保护方式

非物质文化遗产具有依赖性和非独立性的特征,它形成并依赖于特定的原生环境。任何一种民间艺术形式都产生于一定的文化生态或一种文化时态之中,我们不可能去恢复文化时态,但我们可以借助一定地区的人群生活使这一文化作品有机地活在当代人的生活方式中,仍可与民众生活有机结合在一起。

有关部门可做一些组织工作与行政扶持、赞助,借鉴国外及我国台湾地区、西南少数民族地区"生态博物馆""生态村"的建设经验,对文化生态保持较完整并具有特殊价值的村落或特定区域进行动态整体性保护。

8. 其他保护方式

闽南文化生态保护区文化物种丰富,各地区之间存在很大差异,因此保护方式也多种多样。我们要因地制宜,积极探索适合本地区的保护方式。

(三)合理利用方式

在坚持整体性保护的原则下,积极寻求新时代背景下文化遗产的生存与发展空间,实现开发和保护的双赢。

1. 文化旅游保护利用方式

在对文化遗产的历史文化价值、审美价值、文化生态价值等进行深入挖掘的基础上,精心筛选一些对游客具有旅游吸引力,并容易转化成为旅游产品的文化遗产进行旅游开发。发展古镇游、古街游、生态游、农家游、民俗风情游等特色旅游项目。特别是有选择地聚集闽南优秀民间艺术,融入风景风情旅游之中,增添景区的人文色彩,提升景区的品位和效益,形成各具特色的民间艺术旅游区块(附录十四:泉州市与文化遗产相关的旅游景区)。在开发过程中应该努力保持非物质文化遗产的真实性、完整性和原生态性,特别要加强濒危非物质文化遗产的保护,正确处理好旅游开发与文化遗产保护的关系。

2. 与新农村文化建设连动保护利用方式

将闽南文化生态保护与新农村文化建设融为一体,互动共荣。闽南文化是闽南新农村文化建设取之不尽的资源,也是广大农民熟悉的文化,身边的文化,参与的文化。新农村文化建设中,无论是动态艺术,还是静态艺术,抑或人文理念,都与产生、存在于农耕文明时代的非物质文化遗产同根同脉、息息相关。努力发挥两者的互动作用,对于闽南文化生态保护和新农村文化建设,都将有事半功倍之效。

3. 生产性保护利用方式

这是指通过生产、流通、销售等方式,将非物质文化遗产及其资源转化为生产力和产品,产生经济效益,促进相关产业发展,使非物质文化遗产在生产实践中得到积极保护,实现非物质文化遗产保护与经济社会协调发展的良性互动。

重视积极开发具有民族民间传统和闽南地域特色的水密隔舱福船(包括船模)制

作技术、闽南民居营造技艺、惠安石雕与木雕、德化陶瓷烧制、李尧宝刻纸、江加走木偶头雕刻、妆糕人、铁观音茶和佛手茶、永春老醋、春生堂酒、老范志神粬、灵源万应茶饼、泉州小吃等生活生产知识和技艺项目；在更大范围内进行闽南文化资源整合，提高经营能力，加快形成富有特色和优势的民间文化艺术产品系列，推进民间艺术特别是传统工艺产品的产业化生产和商品化经营，将文化资源优势转换为经济优势，成为新的经济增长点，推动农村，特别是欠发达区域经济发展。

（四）构建保护基础网络

按照"夯实点，形成面，摸得着，看得见"的思路，初步规划点面结合的省、市、县、乡村（社区）四级闽南文化生态保护基础网络。

1. 点的建设

实施闽南文化生态保护区"十百千基础工程"，即建立 10 个以上非物质文化遗产博物馆、100 个以上非物质文化遗产传习所（传习中心）、1000 个以上非物质文化遗产展示点。

（1）每个文化生态保护示范区必须建设非物质文化遗产博物馆。非物质文化遗产博物馆主要展示原居住民的生产生活器具和与非物质文化遗产相关的视频、音频、文字、图片等，除了传承、保护功能外，一是给观者整体的印象和感受，二是为研究者提供信息资料，三是增强民众的文化自豪感和自信心。

（2）每个非物质文化遗产项目所在区域必须建设非物质文化遗产传习所（传习中心）。非物质文化遗产传习所（传习中心）是传承该项非物质文化遗产的基本条件和重要保障。列入第一、二批国家级名录的项目传习所（传习中心）建设责任单位为：

1）泉州南音传习中心—责任单位：泉州市文化局

2）梨园戏传习所—责任单位：泉州市文化局

3）高甲戏传习所—责任单位：泉州市文化局

4）泉州提线木偶戏传习所—责任单位：泉州市文化局

5）泉州花灯传习所—责任单位：泉州市文化局

6）泉州打城戏传习所—责任单位：泉州市文化局

7）闽南民居营造技艺传习中心—责任单位：泉州市文化局

8）泉州闹元宵习俗传习所—责任单位：泉州市文化局

9）五祖拳传习所—责任单位：泉州市武术协会、泉州新海路闽南文化保护中心

10）泉州北管传习中心—责任单位：泉港区人民政府

11）泉州拍胸舞传习所—责任单位：鲤城区人民政府

12）晋江布袋木偶戏传习所—责任单位：晋江市人民政府

13）惠安石雕传习中心—责任单位：惠安县人民政府

14）德化瓷烧制技艺传习中心—责任单位：德化县人民政府

15）惠安女服饰传习中心—责任单位：惠安县人民政府

16）高甲戏（柯派）传习所—责任单位：晋江市人民政府

17）泉州（李尧宝）刻纸传习所—责任单位：鲤城区人民政府

18）江加走木偶头雕刻传习所—责任单位：鲤城区人民政府

19）水密隔舱福船制造技艺传习所—责任单位：晋江市人民政府

20）乌龙茶（铁观音）制作技艺传习中心—责任单位：安溪县人民政府

21）闽台东石灯俗传习所—责任单位：晋江市人民政府

22）南安英都拔拔灯传习所—责任单位：南安市人民政府

23）蟳埔女生活习俗传习所—责任单位：丰泽区人民政府

24）安海唆啰嗹习俗传习所—责任单位：晋江市人民政府

（3）每个文化遗产项目存活的乡村（社区）必须建设、开放多个闽南文化生态保护区展示点。闽南文化生态保护区展示点是指区域内凡承载有典型闽南文化的空间，均有义务向公众展示。

2. 面的建设

（1）建立2个市级闽南文化生态保护示范区（由市、区两级政府共同负责）。

①古城区闽南文化生态保护示范区：包含开元寺、台魁巷历史文化街区，旧馆驿历史文化街区，中山路历史文化街区，文庙、后城历史文化街区，城南聚宝街历史文化街区5个主要历史文化街区。开元寺、台魁巷历史文化街区和旧馆驿历史文化街区主要展示泉州古城历史风貌，体现古城区街巷空间及南派建筑文化；中山路历史文化街区主要展示闽南商业文化、建筑文化、华侨文化；文庙、后城历史文化街区，府文庙区主要展示泉州的儒学文化、泉州闹元宵等民俗文化，百源川池周边以泉州南音的民间演出与欣赏为主，涂门街区以关帝庙、清真寺、世家民居为主体，突出泉州多元宗教文化、多种民间信仰和相关民俗活动；城南聚宝街历史文化街区主要展示海丝文化。此外，新门街区以梨园古典剧院和泉州南音艺苑为主，兼及泉州歌剧团（闽南民间音乐舞蹈中心），展示具有悠久历史的泉州南音和泉州戏曲、闽南民间歌舞。

②清源山及其周边闽南文化生态保护示范区：包括清源山宗教文化景区，南少林寺景区，闽台缘博物馆和市博物馆、市南建筑博物馆、泉州画院区域，锦绣庄民间工艺园和泉州木偶艺术剧院区域，泉州歌舞剧院新址，西湖公园游览区，以及东湖公园游览区、市图书馆、华侨历史博物馆、海外交通史博物馆、高甲戏大众剧场、万维生邮票艺术馆、伊斯兰圣墓等。定点展示具有典型闽南特色的文化和观赏性强的闽南表演艺术：闽台缘博物馆、泉州市博物馆、海交博物馆、南建筑博物馆、华侨历史博物馆、伊斯兰圣墓主要展示闽台文化、华侨文化、海外交通史文化、闽南建筑营造技艺文化；锦绣庄民间工艺园主要展示闽南民间工艺文化；南少林寺、泉州木偶艺术剧院、高甲戏大众剧场主要展示南少林武术文化、泉州木偶艺术、高甲戏艺术；市图书馆主要展示谱牒文化；泉州歌舞剧院新址主要展示闽南音乐舞蹈艺术文化。

（2）建立11个县级闽南文化生态保护示范区（由县级政府负责）：鲤城江南新区

文化生态保护示范区、丰泽东海蟳埔文化生态保护示范区、洛江罗马河文化生态保护示范区、泉港山腰—峰尾文化生态保护示范区、晋江安海—东石—深沪文化生态保护示范区、石狮蚶江—永宁文化生态保护示范区、南安丰州—官水石文化生态保护示范区、惠安惠东文化生态保护示范区、安溪茶乡文化生态保护示范区、永春桃城—五里街文化生态保护示范区、德化瓷都文化生态保护示范区。采取由市里统筹规划、适当扶持，县（市、区）建设、保护，两级互动的做法。

①鲤城区江南新区文化生态保护示范区，主要保护与展示闽南民间舞蹈和民间吹打音乐文化及其生态环境。

②丰泽区东海蟳埔文化生态保护示范区，主要保护与展示蟳埔民俗文化和蚵壳厝文化及其生态环境。

③洛江区罗马河文化生态保护示范区，主要保护与展示"何氏九仙"信俗文化和俞大猷名人文化，"陈三五娘"口传文化，妆糕人、"十音"铜器锻制等闽南民间技艺文化及其生态环境。

④泉港区山腰—峰尾文化生态保护示范区，主要保护与展示北管音乐文化，渔业、盐业民俗文化及其生态环境。

⑤晋江市安海—东石—深沪文化生态保护示范区，主要保护与展示闽南民间节庆习俗文化、水密隔舱福船制作技艺文化、褒歌音乐文化、灯谜文化及其生态环境。

⑥石狮市蚶江—永宁文化生态保护示范区，主要保护与展示闽台文化交流、古卫城文化、城隍宗教文化、闽南岁时节令文化、灯谜文化及其生态环境。

⑦南安市丰州—官水石文化生态保护示范区，主要保护与展示丰州古城文化、祈风文化、闽南民居文化、郑成功名人文化及其生态环境。

⑧惠安县惠东文化生态保护示范区，主要保护与展示惠安女习俗文化和闽南建筑（雕艺）文化、崇武古城文化、青山王信俗文化及其生态环境。

⑨安溪县茶乡文化生态保护示范区，主要保护与展示茶文化、清水祖师信俗文化及其生态环境。

⑩永春县桃城—五里街文化生态保护示范区，主要保护与展示佛手禅茶、白鹤拳、永春老醋、纸织画、漆篮、篾香闽南民间技艺文化，永春养脾散、一都红粬等传统生物医药文化等及其生态环境。

⑪德化县瓷都文化生态保护示范区，主要保护与展示德化瓷烧制技艺及相关陶瓷文化及其生态环境。

（3）积极配合上级部门，努力建设好省级示范园区、示范点。2008 年 12 月，省文化厅公布的泉州市首批闽南文化生态保护实验区示范园区是：泉州古城区闽南文化保护示范园区、安溪闽南文化（茶文化）保护示范园区、德化县闽南文化（瓷文化）保护示范园区 3 个；首批闽南文化生态保护实验区示范点是：泉州南音保护示范点、梨园戏保护示范点、提线木偶戏保护示范点、晋江布袋木偶戏保护示范点、高甲戏保护示范点、蟳埔女习俗保护示范点、泉州北管保护示范点、闽南民间音乐舞蹈保护示范点、端午习俗保护示范点、蚶江闽台对渡文化保护示范点 10 个。

（4）积极配合上级部门，努力推进"中国民间文化艺术之乡"建设。2008 年 11 月，文化部命名的泉州市"中国民间文化艺术之乡"有：石狮市（灯谜）、晋江市（绘画、闽南戏曲、灯谜）、安溪县（茶文化）、永春县（纸织画）、南安市（高甲戏）、惠安县（雕刻）、德化县（陶瓷）、鲤城区（木偶头雕刻技艺、刻纸技艺、竹编）、泉港区山腰街道（闽南戏曲）9 个。

四　保护步骤、保护计划

（一）第一阶段（2007—2012 年，实验示范阶段）

1. 成立机构

见"五　保障措施"。

2. 建立保护示范区（点）、非遗博物馆、非遗传习所（传习中心）

采取群众自愿，专家调查论证，政府批准支持，社会参与投入的办法在保护区内确定各级示范。示范区建设要纳入当地的经济和社会建设规划，与新农村建设、民间文化艺术之乡建设等结合，要注意重点保护与全面保护相结合；布局要处理好行政区域与文化区域、城市与农村、山区与沿海等的关系，做到切合实际，定点合理，区域合作，统筹考虑；类型要考虑到处于濒危、平稳、发展等不同状态的项目，以便探索不同类型的保护措施；命名原则上以地名与项目名称相结合的办法；采取属地管理办法，由市、县（市、区）、乡镇（街道）、村（社区）分级管理，要定管理人、定项目、定传承人、定项目活动规划。示范区由责任单位制定规划，同级政府申报，上一级政府审批公布。省、市级示范区（点）务必于 2011 年文化遗产日前建成挂牌。县（市、区）级、乡镇（街道）级、村（社区）级示范区（点）于 2012 年前建成挂牌。

建设一些有利于文化生态保护的非物质文化遗产博物馆和传习所（传习中心）。各县（市、区）尽量加快非物质文化遗产博物馆建设，最迟于 2012 年文化遗产日前建成挂牌。全市国家级项目传习所（传习中心）务必于 2010 年年底前建成挂牌；省级项目传习所（传习中心）务必于 2011 年文化遗产日前建成挂牌；市、县级项目传习所（传习中心）务必于 2012 年前建成挂牌。

3. 开展工作

（1）由政府公布第一批保护示范区，开展工作，政府和社会资金投入（附录十五：泉州市闽南文化生态保护区第一批示范区）。

（2）初步建立泉州市闽南文化生态保护区管理体系及运行机制，建立文化遗产名录体系，建立文化遗产传承机制。

（3）认定、命名一批传承人，开展多种形式的传承活动。

（4）2010 年内基本完成全面普查工作，对濒危的非物质文化遗产开展抢救性工作。

（5）分级分批对保护区相关的不同层次、不同类别的管理群体进行文化和自然遗产的鉴定、保护、保存、展出和修复方面的培训。对相关公务员、教师、社区工作人员、旅游业界人员等进行培训，保证试点工作的正常运行。

（6）利用各种传播途径宣传文化生态及文化生态保护区的建设，努力增强区域内群众对文化遗产和相应的文化空间的赞赏和尊重，不断提高群众保护文化遗产的意识。

（7）修复历史文化名城（街区、村镇）、古民居等。

（8）研究和出版闽南文化生态区保护的系列丛书，拍摄闽南文化生态区保护宣传资料片；基本完成保护区档案资料数据库的建设；整合各种文献信息资源，建立集技术平台、宣传教育和检索服务等多功能于一体的"闽南文化生态保护区泉州网站"。

（9）继续组织开展海峡两岸文化交流活动。举办保护区文化保护成果展览、民族民间文化艺术展演、民间工艺品博览会、民族民间文化节等各种活动，增进民间的交流，营造良好的社会氛围。

（10）举办国际、国内各种形式的研讨会、交流会，积极开展保护区的政策研究、工作研究与学术交流。

（11）对城市中心、工业开发区、边远山区、沿海地区设立不同类型的试点进行深入调研，摸索出不同地域、不同层面、不同类别的文化遗产保护工作的经验，探讨不同环境中文化遗产保护的规律和不同措施，及时总结工作经验。

（12）初步建立一套切实可行的文化遗产整体性保护制度和运行机制。

（二）第二阶段（2013—2015 年，总结巩固阶段）

1. 总结实验阶段经验，接受国家评估验收，巩固已建立的示范区（点）。

2. 继续完善示范区（点）建设的规范标准。

3. 公布第二批示范区（点）。

4. 继续完善传承管理机制，传承人得到有效保护，管理人员水平大幅度提高。

5. 历史文化名城（街区、村镇）、古民居、文物等基本得到修复。

6. 继续建设非物质文化遗产博物馆和传习所（传习中心），继续建设非物质文化遗产展示点。

（三）第三阶段（2016—2020 年，规范推广阶段）

1. 建立健全相对完善的保护区标准规范。

2. 举办各种活动，展示"保护区"的保护成果。在全国范围内推广和交流各国家级文化生态保护区的建设经验。逐步完善闽南文化保护区保护工作机制，基本建立闽南文化保护区保护制度和工作体系，实现闽南文化生态保护区保护工作的科学化、规范化、网络化、法制化。

3. 大部分项目得到有效的保护，基础设施较为完备，馆、所建设等硬件设施达到国家标准，传承人得到全面保护，培养出一批新的传承人。文化生态环境得到良好改善。文化生态保护逐渐成为全社会的自觉意识和自觉行动。

五 保障措施

（一）机构设置

1. 成立泉州市闽南文化生态保护区工作领导小组（附录十六：泉州市闽南文化生态保护区工作领导小组）。

2. 成立泉州市闽南文化生态保护区专家委员会（附录十七：泉州市闽南文化生态保护区专家委员会）。

3. 设立泉州市闽南文化生态保护中心（加挂"泉州市非物质文化遗产保护中心"牌子），挂靠在泉州市文化局下属泉州市艺术馆，根据实际需要增加编制。

各县（市、区）成立相应机构。

（二）政策法规

1. 以《国务院关于加强文化遗产保护的通知》《国务院关于支持福建省加快建设海峡西岸经济区的若干意见》《国务院办公厅关于加强我国非物质文化遗产保护工作的意见》《文化部关于加强国家级文化生态保护区建设的指导意见》《福建省民族民间文化保护条例》《国家级非物质文化遗产保护和管理暂行办法》《闽南文化生态保护区总体规划》和《泉州市民族民间文化保护工程综合性试点工作方案》为依据，制定符合保护区实际情况的文化生态保护办法和实施细则，规范保护区保护工作。争取出台或促成早日出台以下政策法规：

——《闽南文化生态保护区保护和管理条例》

——《泉州市非物质文化遗产项目代表性传承人认定与管理办法》

——《泉州市民间文化艺术之乡管理办法》

——《泉州市历史文化街区、历史文化乡村管理办法》

——《泉州市非物质文化遗产保护示范区建设管理办法》

——《泉州市非物质文化遗产博物馆建设管理办法》

——《泉州市非物质文化遗产传习所（中心）建设管理办法》

——《泉州市闽南文化生态保护区展示点命名管理办法》

——《泉州市非物质文化遗产抢救、整理、研究类优秀成果奖评选办法》

2. 在保护区内实行较为灵活的措施：

——支持民间有组织地从事与法律不相悖的民俗节庆活动；

——在推广普通话的前提下，提倡学习和使用闽南话；

——支持民间成立闽南文化生态保护区文化遗产保护组织；

——扶持出版闽南文化遗产丛书、音像制品，支持进一步办好《泉州晚报·海外版》《东南早报》闽南周末专刊，支持进一步办好闽南语电视、广播频道，支持办好闽南文化网站；

　　——设立闽南文化生态保护区民间基金会；

　　——其他利于闽南文化生态保护的措施。

　　（三）保护资金

　　保护资金来源于政府拨款、民间投资和社会捐助等。要加强保护资金的严格管理、合理使用。资金用于以下方面：

　　1. 项目保护、传承人保护；

　　2. 文化遗产修复；

　　3. 珍贵资料和实物的征集和收购；

　　4. 非遗博物馆、非遗传习所、非遗展示点建设；

　　5. 相关理论研究、交流；

　　6. 保护区的其他工作事项。

　　（四）衔接落实

　　本规划所列举的有关文件和今后出台的有关文件相衔接。本规划公布后，列入市政府工作计划，由市闽南文化生态保护实验区工作领导小组牵头，各县（市、区）、各有关部门实施，动员社会力量参与，切实落实本规划。

附录一：闽南文化流播图

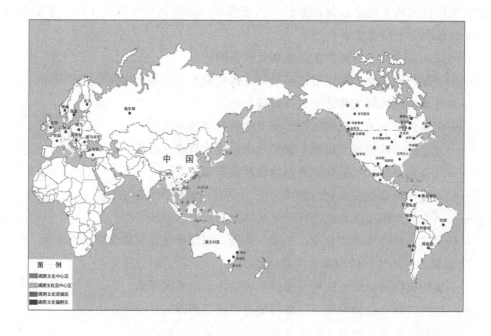

附录二：泉州市行政区域图

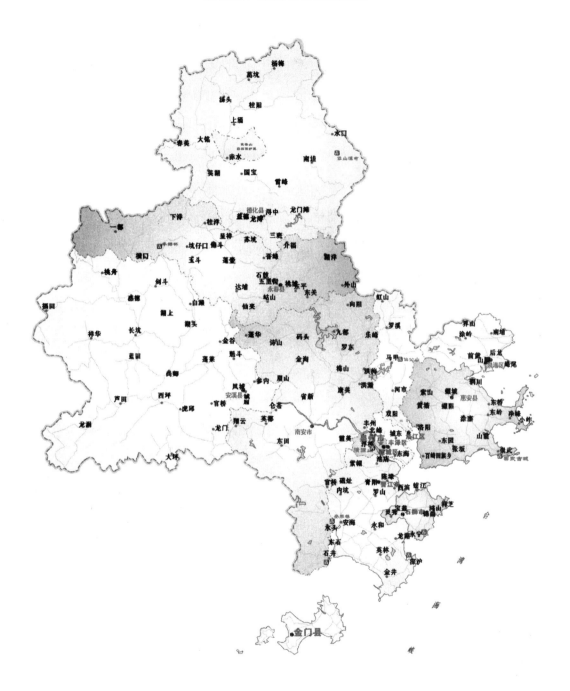

附录三：泉州市主要文化遗产分布图

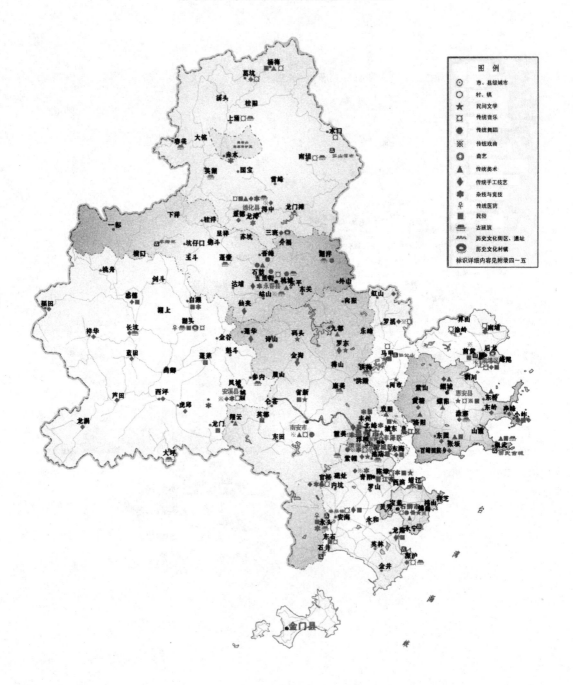

附录四：泉州市行政区划及其地理环境

泉州市位于我国东南沿海台湾海峡西岸，地理坐标为北纬 24°30′—25°56′，东经

117°25′—119°05′。陆地总面积 11015 平方公里（包括金门县，待统一），海域面积 11360 平方公里。

包括四区、三市、五县、一开发区、一台商投资区（含金门县，待统一）：

1. 鲤城区（八街道）：江南街道、浮桥街道、常泰街道、金龙街道、开元街道、鲤中街道、海滨街道、临江街道。

2. 丰泽区（八街道）：东海街道、城东街道、北峰街道、华大街道、东湖街道、丰泽街道、泉秀街道、清源街道。

3. 洛江区（二街道三镇一乡）：万安街道、双阳街道、河市镇、马甲镇、罗溪镇、虹山乡。

4. 泉港区（一街道六镇一场）：山腰街道、南埔镇、界山镇、后龙镇、峰尾镇、前黄镇、涂岭镇、山腰盐场。

5. 石狮市（二街道七镇）：凤里街道、湖滨街道、灵秀镇、宝盖镇、蚶江镇、永宁镇、祥芝镇、鸿山镇、锦尚镇。

6. 晋江市（六街道十三镇）：青阳街道、梅岭街道、西园街道、罗山街道、灵源街道、新塘街道、陈埭镇、池店镇、安海镇、磁灶镇、内坑镇、紫帽镇、东石镇、永和镇、英林镇、金井镇、龙湖镇、深沪镇、西滨镇。

7. 南安市（三街道二十一镇二乡一开发区）：溪美街道、柳城街道、美林街道、省新镇、东田镇、仑苍镇、英都镇、翔云镇、金淘镇、蓬华镇、诗山镇、码头镇、九都镇、罗东镇、乐峰镇、梅山镇、洪濑镇、洪梅镇、康美镇、丰州镇、霞美镇、官桥镇、水头镇、石井镇、眉山乡、向阳乡、雪峰开发区。

8. 惠安县（十四镇一乡）：螺城镇、螺阳镇、黄塘镇、紫山镇、洛阳镇、东园镇、崇武镇、山霞镇、涂寨镇、东岭镇、东桥镇、净峰镇、小岞镇、辋川镇、百崎乡。

9. 安溪县（十三镇十一乡）：凤城镇、城厢镇、魁斗镇、蓬莱镇、金谷镇、湖头镇、剑斗镇、感德镇、西坪镇、芦田镇、虎邱镇、官桥镇、龙门镇、参内乡、湖上乡、白濑乡、桃舟乡、福田乡、祥华乡、长坑乡、蓝田乡、尚卿乡、龙涓乡、大坪乡。

10. 永春县（十八镇四乡）：一都镇、下洋镇、坑仔口镇、玉斗镇、桂洋镇、锦斗镇、苏坑镇、蓬壶镇、达埔镇、吾峰镇、石鼓镇、五里街镇、桃城镇、东平镇、东关镇、岵山镇、仙夹镇、湖洋镇、横口乡、呈祥乡、介福乡、外山乡。

11. 德化县（十镇八乡）：龙浔镇、浔中镇、三班镇、龙门滩镇、雷峰镇、南埕镇、水口镇、赤水镇、上涌镇、葛坑镇、盖德乡、国宝乡、美湖乡、大铭乡、春美乡、汤头乡、桂阳乡、杨梅乡。

12. 金门县（三镇三乡，暂未列入计算，仅供参考）：金沙镇、金湖镇、金城镇、金宁乡、烈屿乡、乌屿乡。

13. 泉州开发区。

14. 泉州台商投资区。

2009 年年底，全市常住人口 786 万，户籍人口 680.8476 万（不包括金门县），其中非农业人口 196.3253 万，以汉族居多，另有回、满、壮、畲、苗及高山等 47 个少数民族，通行闽南方言。

泉州西北多山，东南濒海，地势从西北向东南倾斜，地形多样，山地、丘陵、平原、河流、岛屿俱全。1000 米以上山峰 455 座，1500 米以上山峰 28 座，最高山峰海拔达 1856 米。泉州森林覆盖率 58.7%。海岸线蜿蜒曲折漫长，总长度 541 公里。沿海岛屿星罗棋布，海湾良港众多，主要有泉州湾、深沪湾、围头湾、安海湾。晋江贯穿泉州，形成泉州自然平原，有着比较好的农业生产环境。

闽南交通发达，自古以来就是连接闽粤赣三省与我国港、澳、台地区，以及东南亚地区的交通要冲，泉州更具特殊重要通道，对外交通主要有陆路运输、海路运输及航空运输等。

泉州属亚热带海洋性季风气候，夏无酷暑，冬无严寒，温暖湿润，雨量充沛，四季常青。年平均温度 17.9—20.9℃，无霜期 300—320 天，年平均日照在 2000 小时以上，年平均降雨量在 1010—1746 毫米。

泉州经济繁荣，人文荟萃，文化遗产众多，又是全国著名侨乡和台湾地区汉族同胞的主要祖籍地，是闽南文化生态保护区的核心区。

附录五：泉州市市级非物质文化遗产项目代表性传承人认定与管理办法

为了进一步推进全市非物质文化遗产保护事业，鼓励和支持非物质文化遗产传承人开展传承工作，根据国务院《关于加强文化遗产保护工作的通知》、国务院办公厅《关于加强我国非物质文化遗产保护工作的意见》、文化部《国家级非物质文化遗产项目代表性传承人认定与管理暂行办法》以及《福建省民族民间文化保护条例》《闽南文化生态保护区总体规划》《泉州市民族民间文化保护工程综合性试点工作方案》《泉州市闽南文化生态保护区建设规划》，制定本办法。

第一条　泉州市级非物质文化遗产项目代表性传承人（简称传承人，下同），是指已列入本级非物质文化遗产名录项目的有代表性的传承人。

第二条　建立传承人命名机制，委托泉州市非物质文化遗产保护专家委员会建立传承人评审和考核委员会（以下简称评审和考核委员会），同时下设评审办公室，负责具体工作。

第三条　凡有明晰传承谱系，曾长期从事并有能力、有意愿继续从事传承工作且符合以下条件的个人，可申请为泉州市级非物质文化遗产项目代表性传承人：

1. 掌握某项非物质文化遗产的表演艺术、传统工艺、制作技艺等表现形态，或掌握某种被确认为稀有或特殊的传统艺术或技艺；

2. 在一定区域内被公认为通晓某项重要非物质文化遗产形式和内涵，在一定区域内被公认具有代表性或者较大影响；

3. 毕生从事或全员从业于某项重要非物质文化遗产项目；

4. 积极开展传承活动，培养后继人才。

第四条 泉州市级非物质文化遗产项目代表性传承人的认定遵循下列原则：

1. 认定分民间文学、传统音乐、传统舞蹈、传统戏剧、曲艺、传统美术、传统手工技艺、传统医药、杂技与竞技、民俗，共 10 个类别；

2. 认定工作坚持客观性、公正性和公平性；

3. 非物质文化遗产项目代表性传承人，须完整掌握该项目或特殊技能，在一定地域范围内被公认为具有代表性、权威性和影响力，一般须从事该专业工作 25 年以上；

4. 项目传承人具有一定代表性，但该传承人师辈尚在且具备条件的，原则上先考虑师辈；

5. 目前在本专业领域内有争议的，暂不列为传承人认定对象；

6. 国家公务员以及从事非物质文化遗产保护管理工作、资料收集、整理和研究的人员一般不得认定为代表性传承人；

7. 确认为非物质文化遗产代表性传承人的应相应承担传承义务，确实丧失传承能力的一般不宜作为代表性传承人；

8. 某些群体性传承项目，难以确定代表性传承人的，暂不予以认定；

9. 本市的国家级、福建省级非物质文化遗产项目代表性传承人应当从泉州市级非物质文化遗产项目代表性传承人中推举。

第五条 泉州市级非物质文化遗产项目代表性传承人申报、认定程序为：

1. 市文化局公布申报信息。

2. 申请人向所在地的县（市、区）文化行政部门提出申请，递交材料。申请人是市直属单位工作人员的，可直接向市文化局提出申请。

3. 各县（市、区）文化行政部门和相关部门审核申请人的申报材料，开展有关审核工作并提出意见，报市文化局。

4. 评审和考核委员会从专家库中组织专家对申请人进行评审，产生出各项目的代表性传承人名单。

5. 评审结果由市文化局审核并公示（公示期为 7 个工作日），对公示的评审结果有异议的，应当在公示期内向评审办公室提交异议书。评审办公室应当自收到异议书之日起 15 个工作日内会同该项目推荐单位提出处理意见并报评审委员会裁决。评审办公室负责将评审和考核委员会裁决结果以书面形式通知异议方及项目申报单位。

6. 公示后无异议或裁决无异议后，由市人民政府审核公布，命名为"泉州市级非物质文化遗产项目代表性传承人"。

第六条 评审和评估实行回避制度，申请人为评审委员会委员或其直系亲属的，在评审和评估与其有关的项目时应当回避。

第七条　申报泉州市级非物质文化遗产项目代表性传承人，申请人需提供以下材料：

1. 年龄、性别、学历、工作单位和职业，当前的工作和生活情况；

2. 在该项目领域的历史传承谱系、学习时间、实践经历、技艺（艺术）特长和成果；

3. 该项目在本地区的传播地域，本人、本单位与同一地区、同一传承辈分的传承人之间的不同特点、特色和成就；

4. 获得该项目传承活动的荣誉；

5. 该项目的相关资料复印件、实物音像资料等；

6. 其他有利于说明其具有代表性的材料。

第八条　泉州市级非物质文化遗产项目代表性传承人的权利：

1. 开展讲学、传授或展示技艺，以及艺术创作、学术研究等活动；

2. 依法向他人提供有关原始资料、实物、场所等；

3. 取得有关活动相应的报酬；

4. 开展传承活动有困难的，可以申请县级以上人民政府予以支持；

5. 其他与非物质文化遗产保护相关的权利。

第九条　泉州市级非物质文化遗产项目代表性传承人的义务：

1. 积极参加该项非物质文化遗产宣传、展示活动；

2. 积极开展传习活动，带徒传艺，培养新人；

3. 积极配合有关部门做好该项非物质文化遗产历史渊源、传承谱系、传统技艺等记录、整理和保护、发展工作；

4. 积极采取措施，完整地保存该项非物质文化遗产有关原始资料、实物；

5. 密切关注项目生存状态，积极向所在文化行政部门提出该保护项目的保护建议，及时反映情况。

第十条　市文化局会同市财政局在泉州市非物质文化遗产保护专项资金中安排一定经费，建立本级传承人生活补贴机制和传承资助机制，实施有计划的补助，鼓励对文化遗产的传承和保护。泉州市级非物质文化遗产项目代表性传承人专项生活补贴经费和专项传承资助经费发放原则：

1. 专项生活补贴经费一般用于对无公职或无其他固定职业、年满 60 周岁、确有生活困难、经申请批准的泉州市级非物质文化遗产项目代表性传承人。

2. 专项传承资助经费一般用于资助泉州市级传承人开展传承工作，主要为经申请批准的属濒危抢救项目的传承人培养工作。

3. 对传承事业有突出贡献的传承人，可以申请专项传承资助经费。

4. 缺乏传承条件的个人，可由保护责任单位或评审和考核委员会认可的单位或组织申请专项传承资助经费。

5. 市文化局组织专家论证、评审资助项目的方案，应与传承人签订项目资助协议。

6. 各级文化行政部门对受资助的代表性传承人的传承项目进行检查、指导和监督，每年进行一次评估,并将评估情况报市文化局。

7. 市文化局根据受资助的代表性传承人的传承成果和县(市、区)文化行政部门的意见,由评审和考核委员会对受资助的代表性传承人履行项目资助协议情况进行评估,对已不具备资助条件的终止或不再签订年度协议,停止资助。

第十一条 申请资助的泉州市级非物质文化遗产项目代表性传承人,必须提交申请项目传承方案,内容包括:

1. 申请保护与传承项目的状况说明;

2. 从事保护与传承的具体目标任务;

3. 完成任务的方法、途径、步骤、必要条件和详细的经费预算;

4. 完成任务、达到预期目标的成果体现形式和考核方法;

5. 申请资助的经费数额,当地政府或社会资助情况;

6. 其他需要说明的事项。

第十二条 其他事项:

1. 泉州市级非物质文化遗产项目代表性传承人的认定与命名工作,每两年进行一次。

2. 各县(市、区)人民政府应当建立本级非物质文化遗产项目代表性传承人命名与资助机制,鼓励传承活动,实施有计划、有重点的资助。

3. 本《办法》由市文化局负责解释。

4. 本《办法》内容若与上级相关规定相悖,以上级相关规定为准。

5. 本《办法》自 2010 年 10 月 1 日起实施。

附录六:泉州市市级以上非物质文化遗产项目代表性传承人

传承项目	传承人	性别	出生年月	民族	申报地	命名级别			备注
						国家级	省级	市级	
灯谜(晋江)	伍耿怀	男	1957.11	汉	晋江			三批	
灯谜(石狮)	苏荣灿	男	1971.6	汉	石狮			三批	
泉州南音	黄淑英	女	1942.3	汉	丰泽	二批	首批	首批	
泉州南音	苏统谋	男	1939.12	汉	晋江	二批	首批	首批	
泉州南音	吴彦造	男	1926.1	汉	石狮	二批	首批	首批	
泉州南音	丁水清	男	1936.9	回	晋江	二批	首批	首批	已故
泉州南音	苏诗永	女	1946.2	汉	泉州	二批	首批	首批	
泉州南音	夏永西	男	1949.2	汉	泉州	二批	首批	首批	
泉州南音	曾家阳	男	1963.2	汉	泉州		首批	首批	
泉州南音	王大浩	男	1964.5	汉	泉州		首批	首批	
泉州南音	杨翠娥	女	1972.1	汉	泉州	三批	首批	首批	

传承项目	传承人	性别	出生年月	民族	申报地	命名级别			备注
						国家级	省级	市级	
泉州南音	李白燕	女	1966.9	汉	泉州		首批	首批	
泉州南音	陈练	男	1933.11	汉	安溪		首批	首批	
泉州南音	庄永富	男	1928.11	汉	惠安		首批	首批	
泉州南音	吴景瑜	男	1956.10	汉	泉州			首批	
泉州南音	周碧月	女	1953.9	汉	泉州			首批	
泉州南音	蔡维镖	男	1952.11	汉	石狮			首批	
泉州南音	吕森	男	1946.9	汉	德化			首批	
泉州南音	郑荣阔	男	1934.3	汉	南安			首批	
泉州南音	纪安心	女	1969.4	汉	石狮			首批	
泉州南音	陈四川	男	1938.8	汉	晋江			二批	已故
泉州南音	丁信坤	男	1945.4	回	晋江			二批	
泉州闽南什音	郭茂萱	男	1947.3	汉	石狮			首批	
泉州闽南什音	陈永辉	男	1949.4	汉	石狮			首批	
泉州笼吹	何恭水	男	1928.9	汉	石狮		首批	首批	
晋江深沪褒歌	苏宗和	男	1939.6	汉	晋江		首批	首批	
泉州北管	庄能宗	男	1926.3	汉	泉港			二批	
泉州北管	庄明加	男	1926.12	汉	泉港			二批	
泉州北管	连瑜碧	男	1932.11	汉	泉港			二批	
泉州北管	刘华棋	男	1937.12	汉	泉港			二批	
泉州北管	刘宗良	男	1945.5	汉	泉港			二批	
泉州北管	林珠法	男	1952.9	汉	泉港			二批	
泉州北管	郭厚金	男	1930.9	汉	泉港			二批	
德化山歌	黄正统	男	1943.3	汉	德化			三批	
泉州拍胸舞	邱剑英	男	1931.7	汉	鲤城	三批	首批	首批	
泉州拍胸舞	李水星	男	1949.10	汉	鲤城		首批	首批	
泉州拍胸舞	杨清端	男	1959.10	汉	鲤城			首批	
泉州踢球舞	何敬智	男	1941.5	汉	石狮		首批	首批	
泉州踢球舞	王明艺	男	1969.3	汉	石狮			首批	
泉州跳鼓舞	梁火炼	男	1932.12	汉	南安			二批	
泉州跳鼓舞	杨清端	男	1959.10	汉	鲤城			三批	
梨园戏	许天相	男	1942.6	汉	泉州	二批	首批	首批	
梨园戏	曾静萍	女	1963.8	汉	泉州	二批	首批	首批	
梨园戏	陈济民	男	1945.5	汉	泉州	三批	首批	首批	
梨园戏	王胜利	男	1945.12	汉	泉州	三批	首批	首批	

续表

传承项目	传承人	性别	出生年月	民族	申报地	命名级别			备注
						国家级	省级	市级	
梨园戏	蔡娅治	女	1937.12	汉	泉州	三批	首批	首批	
梨园戏	吴炳铜	男	1943.10	汉	泉州		首批	首批	
梨园戏	吴幼清	女	1939.11	汉	泉州			首批	
梨园戏	林赋赋	男	1943.9	汉	泉州			首批	
梨园戏	张贻泉	男	1942.11		泉州			首批	
梨园戏	纪国平	男	1942.11	汉	泉州			首批	
梨园戏	黄雪娥	女	1942.8	汉	泉州			首批	
梨园戏	赖少辉	男	1944.9	汉	泉州			首批	
梨园戏	吴明森	男	1942.12	汉	泉州			二批	
梨园戏	龚万里	男	1947.12	汉	泉州			二批	
梨园戏	李秀娇	女	1944.12	汉	泉州			二批	
梨园戏	陈美娜	女	1956.3	汉	泉州			二批	
高甲戏	赖宗卯	男	1947.1	汉	晋江	二批	首批	首批	
高甲戏	曾文杰	男	1955.4	汉	晋江	二批	首批	首批	
高甲戏	颜培琼	女	1944.11	汉	泉州	二批	首批	首批	
高甲戏	吕忠文	男	1944.4	汉	泉州	三批	首批	首批	
高甲戏	苏燕玉	女	1938.9	汉	泉州	三批	首批	首批	
高甲戏	柯荣湘	男	1947.10	汉	泉州		首批	首批	
高甲戏	刘秀华	女	1944.1	汉	泉州		首批	首批	
高甲戏	邱长锁	男	1941.9	汉	泉州		首批	首批	
高甲戏	王琼芬	女	1963.3	汉	安溪			首批	
高甲戏	王祖平	男	1957.5	汉	泉州			首批	
高甲戏	欧阳燕青	女	1950.1	汉	泉州			首批	
高甲戏	陈素萍	女	1965.3	汉	泉州			首批	
高甲戏	陈江锋	男	1964.1	汉	泉州			首批	
高甲戏	陈娟娟	女	1967.6	汉	泉州			首批	
高甲戏	卢文雄	男	1974.5	汉	石狮			首批	
高甲戏	陈凌香	女	1967.4	汉	晋江			二批	
高甲戏	姚道成	男	1945.11	汉	晋江			二批	
高甲戏	李龙抛	男	1929.8	汉	南安			二批	
提线木偶	陈应鸿	男	1965.3	汉	泉州	二批	首批	首批	
提线木偶	陈志杰	男	1964.7	汉	泉州	二批	首批	首批	
提线木偶	林文荣	男	1948.4	汉	泉州		首批	首批	
提线木偶	王建生	男	1946.9	汉	泉州	三批	首批	首批	

续表

传承项目	传承人	性别	出生年月	民族	申报地	命名级别			备注
						国家级	省级	市级	
提线木偶	林聪鹏	男	1964.9	汉	泉州	三批	首批	首批	
提线木偶	夏荣峰	男	1963.5	汉	泉州		首批	首批	
提线木偶	傅端凤	女	1963.12	汉	泉州			首批	
提线木偶	尤优雅	女	1941.12	汉	泉州			首批	
提线木偶	黄光煌	男	1945.6	汉	泉州			首批	
提线木偶	徐瑞廉	男	1948.1	汉	泉州			首批	
晋江布袋木偶戏	李伯芬	男	1926.1	汉	晋江	二批	首批	首批	
晋江布袋木偶戏	颜洒容	女	1949.11	汉	晋江	三批	首批	首批	
晋江布袋木偶戏	李胜奕	男	1955.6	汉	晋江			首批	
惠安南派布袋戏	杨丽琼	女	1957.10	汉	惠安		首批	首批	
惠安南派布袋戏	邱荣川	男	1945.2	汉	惠安			首批	
泉州打城戏	吴天乙	男	1938.12	汉	泉州	三批	首批	首批	
泉州打城戏	洪球江	男	1921.8	汉	泉州		首批	首批	
泉州打城戏	黄莺莺	女	1941.2	汉	泉州			首批	
五祖拳	周焜民	男	1945.4	汉	泉州			首批	
五祖拳	蔡金星	男	1952.12	汉	泉州			首批	
五祖拳	黄清江	男	1927.5	汉	泉州			首批	
五祖拳	庄昔聪	男	1957.8	汉	泉州			首批	
五祖拳	徐清辉	男	1935.7	汉	泉州			首批	
五祖拳	周盟渊	男	1944.9	汉	泉州			首批	
五祖拳	林振祥	男	1947.1	汉	泉州			首批	
五祖拳	苏瀛汉	男	1945.11	汉	泉州			首批	
五祖拳	释常定	男	1974.12	汉	泉州			首批	
五祖拳	傅赛容	女	1963.12	汉	泉州			首批	
泉州刣狮	杨式取	男	1931.6	汉	石狮			首批	
泉州刣狮	卢武定	男	1931.6	汉	石狮			首批	
泉州花灯	李珠琴	女	1941	汉	泉州	首批		首批	
泉州花灯	蔡炳汉	男	1929.9	汉	泉州	首批		首批	
泉州花灯	曹淑贞	女	1952.3	汉	泉州		首批	首批	
泉州花灯	许谦慎	男	1942.6	汉	泉州			首批	
泉州花灯	吴祖祥	男	1956.8	汉	泉州			首批	
泉州花灯	陈晓萍	男	1958.12	汉	泉州			首批	
泉州花灯	杨 铭	男	1963.3	汉	泉州			首批	
泉州花灯	陈丽玲	女	1962.6	汉	泉州			首批	

传承项目	传承人	性别	出生年月	民族	申报地	命名级别			备注
						国家级	省级	市级	
泉州花灯	林守明	男	1947.3	汉	泉州			二批	
泉州花灯	李婵娟	女	1967.1	汉	泉州			二批	
惠安石雕	蒋惠民	男	1962.2	汉	惠安		首批	首批	
惠安石雕	王经民	男	1967.2	汉	惠安			首批	
惠安石雕	王文生	男	1951.3	汉	惠安			首批	
惠安石雕	刘国文	男	1970.6	汉	惠安			首批	
永春纸织画	周文虎	男	1938.3	汉	永春		首批	首批	
永春纸织画	李自杰	男	1946.10	汉	永春			首批	
永春纸织画	方碧双	女	1969.10	汉	永春			三批	
泉州江加走木偶头雕刻	黄义罗	男	1942.1	汉	泉州	三批	首批	首批	
泉州江加走木偶头雕刻	江碧峰	男	1951.2	汉	泉州		首批	首批	
泉州江加走木偶头雕刻	江东林	男	1978.1	汉	泉州			首批	
泉州李尧宝刻纸	黄丽凤	女	1968.11	汉	泉州		首批	首批	
泉州妆糕人制作技艺	张志勤	男	1924.5	汉	洛江		首批	首批	
泉州妆糕人制作技艺	张丽水	男	1931.11	汉	洛江			首批	
惠安木雕技艺	黄泉福	男	1960.8	汉	惠安			首批	
惠安木雕技艺	郑国明	男	1957.5	汉	惠安			首批	
惠安木雕技艺	陈木林	男	1940.11	汉	惠安			首批	
德化瓷烧制技艺	苏清河	男	1941.6	汉	德化	首批	首批	首批	
德化瓷烧制技艺	柯宏荣	男	1962.8	汉	德化		首批	首批	
德化瓷烧制技艺	苏玉峰	男	1946.10	汉	德化		首批	首批	
德化瓷烧制技艺	邱双炯	男	1932.2	汉	德化			首批	
德化瓷烧制技艺	杨剑民	男	1945.11	汉	德化			首批	
德化瓷烧制技艺	许瑞峰	男	1969.7	汉	德化			首批	
安溪蓝印花布	黄炯然	男	1951.5	汉	安溪		首批	首批	
安溪乌龙茶（铁观音）制作技艺	魏月德	男	1964.7	汉	安溪	三批	首批	首批	
安溪乌龙茶（铁观音）制作技艺	王文礼	男	1970.1	汉	安溪		首批	首批	
安溪乌龙茶（铁观音）制作技艺	陈双算	男	1952.1	汉	安溪			首批	
安溪乌龙茶（铁观音）制作技艺	陈秀玩	男	1952.1	汉	安溪			二批	
安溪乌龙茶（铁观音）制作技艺	魏双全	男	1945.10	汉	安溪			二批	

续表

传承项目	传承人	性别	出生年月	民族	申报地	命名级别			备注
						国家级	省级	市级	
安溪乌龙茶（铁观音）制作技艺	王福隆	男	1944.1	汉	安溪			二批	
泉州传统建筑营造技艺	王世猛	男	1947.3	汉	惠安	三批	首批	首批	
泉州传统建筑营造技艺	庄春土	男	1931.2	汉	惠安			首批	
晋江水密隔舱福船制造技艺	陈芳财	男	1948.9	汉	晋江	三批	首批	首批	
泉州传统竹编工艺	凌文彬	男	1947.2	汉	鲤城		首批	首批	
泉州十音铜锣锻制技艺	黄平水	男	1941.11	汉	洛江		首批	首批	
泉州十音铜锣锻制技艺	黄伙伦	男	1948.9	汉	洛江			首批	
安溪成珍橘红糕制作技艺	林国基	男	1959.12	汉	安溪			三批	
永春漆篮制作技艺	郭金镖	男	1940.6	汉	永春			三批	
泉州锡雕技艺	杨峰岩	男	1936.1	汉	鲤城			三批	
泉州锡雕技艺	杨峰峪	男	1955.6	汉	鲤城			三批	
源和堂蜜饯制作技艺	李子飞	男	1953.6	汉	鲤城			三批	
福船制作技艺	黄宗财	男	1945.10	汉	泉港			三批	
福船制作技艺	黄仁德	男	1947.1	汉	泉港			三批	
晋江灵源万应茶	吴国卿	男	1964.10	汉	晋江		首批	首批	
安海唆啰嗹习俗	颜昌瑞	男	1935.8	汉	晋江			二批	
英都拔拔灯	廖榕光	男	1940.11	汉	南安			二批	
惠安女服饰	詹国平	男	1952.2	汉	惠安			二批	
掷铙钹	李湿	男	1930.5	汉	南安			二批	

附录七：泉州市县级以上非物质文化遗产项目

序	代码	类别	项目名称	申报地	立项级别			
					国家级	省级	市级	县级
1	01（Ⅰ）	民间文学	陈三五娘传说	洛江区		二批	首批	洛江区首批
2	01（Ⅰ）	民间文学	仙公山传说	洛江区			首批	洛江区首批
3	01（Ⅰ）	民间文学	万提督传说	丰泽区				丰泽区首批
4	01（Ⅰ）	民间文学	烧酒井传说	洛江区				洛江区首批
5	01（Ⅰ）	民间文学	晋江民间故事	晋江市				晋江市首批
6	01（Ⅰ）	民间文学	永宁陷城洗街故事	石狮市				石狮市首批
7	01（Ⅰ）	民间文学	"臭头皇后"与闽南古建筑"皇宫起"传说	惠安县				惠安县首批

续表

序	代码	类别	项目名称	申报地	立项级别			
					国家级	省级	市级	县级
8	01（Ⅰ）	民间文学	郑成功传说	南安市			二批	南安市二批
9	01（Ⅰ）	民间文学	姑嫂塔传说	石狮市				石狮市首批
10—11	01（Ⅰ）	民间文学	灯谜	晋江市 石狮市		三批	二批	晋江市首批 石狮市首批
12	01（1）	民间文学	鲤城老地名	鲤城区			二批	鲤城区二批
13	01（1）	民间文学	鲤城五色话	鲤城区			二批	鲤城区二批
14	01（1）	民间文学	泉州歌诀（童谣）	泉州市			二批	
15	01（1）	民间文学	李五传说	晋江市			二批	晋江市二批
16	01（1）	民间文学	闽南念四句	晋江市			二批	晋江市二批
17	01（1）	民间文学	部岩功德院传说	南安市 省新镇				南安市三批
18	02（Ⅱ）	传统音乐	德化山歌	德化县 南埕镇 水口镇等		三批	首批	德化县首批
19	02（Ⅱ）	传统音乐	晋江深沪褒歌	晋江市 深沪镇		二批	首批	晋江市首批
20—28	02（Ⅱ）	传统音乐	泉州南音	泉州市 鲤城区 洛江区 泉港区 晋江市 石狮市 南安市 德化县 安溪县	首批	首批	首批	鲤城区首批 洛江区首批 泉港区首批 晋江市首批 石狮市首批 南安市二批 德化县首批 安溪县首批
29	02（Ⅱ）	传统音乐	泉州北管	泉港区	首批	首批	首批	泉港区首批
30—33	02（Ⅱ）	传统音乐	泉州什音	石狮市 丰泽区 南安市 惠安县		首批	首批	石狮市首批 丰泽区首批 南安市首批 惠安县首批
34—35	02（Ⅱ）	传统音乐	泉州笼吹	石狮市 鲤城区		二批	首批	石狮市首批 鲤城区二批
36—38	02（Ⅱ）	传统音乐	泉州大鼓吹	洛江区 南安市 安溪县			首批	洛江区首批 南安市二批 安溪县首批
39	02（Ⅱ）	传统音乐	德化三通鼓	德化县				德化县首批
40	02（Ⅱ）	传统音乐	南安道教音乐	南安县			首批	南安市首批
41	02（Ⅱ）	传统音乐	泉港打正鼓	泉港区 后龙镇 峰尾镇 南埔镇			首批	泉港区首批
42	02（Ⅱ）	传统音乐	泉港文管	泉港区 后龙镇 南埔镇 界山镇			首批	泉港区首批

序	代码	类　别	项目名称	申报地	立项级别			
					国家级	省级	市级	县级
43	02（Ⅱ）	传统音乐	永春闹厅	永春县			首批	永春县首批
44	02（Ⅱ）	传统音乐	十番	晋江市				晋江市二批
45	02（Ⅱ）	传统音乐	安溪茶歌（褒歌）	安溪县				安溪县首批
46	02（Ⅱ）	传统音乐	献金锣	惠安县				惠安县首批
47	02（Ⅱ）	传统音乐	龙虎罩	石狮市				石狮市首批
48—49	02（Ⅱ）	传统音乐	车鼓阵	鲤城区惠安县			二批	鲤城区二批惠安县首批
50—51	03（Ⅲ）	传统舞蹈	泉州跳鼓	鲤城区南安市凤坡		三批	首批	鲤城区首批南安市首批
52—53	03（Ⅲ）	传统舞蹈	火鼎公火鼎婆	鲤城区江南街道南安市		二批	首批	鲤城区首批南安市二批
54—55	03（Ⅲ）	传统舞蹈	泉州踢球舞	石狮市南安市			首批	石狮市首批南安市首批
56	03（Ⅲ）	传统舞蹈	泉州拍胸舞	鲤城区	首批	首批	首批	鲤城区首批
57	03（Ⅲ）	传统舞蹈	永春鼓坠舞	永春县			首批	永春县首批
58	03（Ⅲ）	传统舞蹈	公背婆	石狮市				石狮市首批
59	03（Ⅲ）	传统舞蹈	家婆打	石狮市				石狮市首批
60	03（Ⅲ）	传统舞蹈	踩莲	石狮市				石狮市首批
61	04（Ⅳ）	传统戏剧	梨园戏	泉州市	首批	首批	首批	
62—69	04（Ⅳ）	传统戏剧	高甲戏	泉州市洛江区泉港区安溪县晋江市南安市石狮市惠安县	首批	首批	首批	洛江区首批泉港区首批安溪县首批晋江市首批南安市二批石狮市首批惠安县首批
70	04（Ⅳ）	传统戏剧	高甲戏（柯派）	晋江市	首批扩展	二批	首批	晋江市首批
71—77	04（Ⅳ）	传统戏剧	南派布袋戏	晋江市惠安县洛江区泉港区安溪县石狮市南安市	首批		首批	晋江市首批洛江区首批泉港区首批惠安县首批南安市二批安溪县首批石狮市首批
78—82	04（Ⅳ）	传统戏剧	泉州提线木偶戏	泉州市洛江区南安市晋江市石狮市	首批	首批	首批	洛江区首批南安市首批晋江市首批石狮市首批

续表

序	代码	类 别	项目名称	申报地	立项级别			
					国家级	省级	市级	县级
83	04（Ⅳ）	传统戏剧	打城戏	泉州市	二批	首批	首批	
84	04（Ⅳ）	传统戏剧	咸水腔芗剧	泉港区山腰街道前黄镇			首批	泉港区首批
85	05（Ⅴ）	曲艺	闽南讲古	泉州市		三批	二批	
86	06（Ⅵ）	杂技与竞技	五祖拳	泉州市	二批	二批	首批	
87—91	06（Ⅵ）	杂技与竞技	泉州刣狮	鲤城区德化县石狮市南安市晋江市		二批	首批	鲤城区首批南安市首批晋江市首批石狮市首批德化县首批
92	06（Ⅵ）	杂技与竞技	南安"蛇脱壳"古阵法	南安市丰州镇		三批	首批	南安市首批
93	06（Ⅵ）	杂技与竞技	曾郁水操队	安溪县官桥镇			首批	安溪县首批
94	06（Ⅵ）	杂技与竞技	沙格龙舟赛	泉港区南埔镇沙格村			首批	泉港区首批
95	06（Ⅵ）	杂技与竞技	舞龙	晋江市				晋江市首批
96	06（Ⅵ）	杂技与竞技	宋江阵	安溪县				安溪县首批
97	06（Ⅵ）	杂技与竞技	永春白鹤拳	永春县五里街蓬壶桃城				永春县首批
98—99	06（Ⅵ）	杂技与竞技	泉州妆阁	泉州市南安市			二批	南安市二批
100	06（Ⅵ）	杂技与竞技	北狮	石狮市				石狮市首批
101	06（Ⅵ）	杂技与竞技	矮子摔跤（两魁摔跤）	石狮市				石狮市首批
102	06（Ⅵ）	杂技与竞技	格阁翻	石狮市				石狮市首批
103	06（Ⅵ）	杂技与竞技	掷铙钹	南安市				南安市首批
104—105	07（Ⅶ）	传统美术	泉州花灯	泉州市鲤城区	首批	首批	首批	鲤城区首批
106	07（Ⅶ）	传统美术	惠安石雕	惠安县	首批	首批	首批	惠安县首批
107	07（Ⅶ）	传统美术	泉州（李尧宝）刻纸	鲤城区	首批扩展	首批	首批	鲤城区首批
108	07（Ⅶ）	传统美术	永春纸织画	永春县		首批	首批	永春县首批
109	07（Ⅶ）	传统美术	妆糕人	洛江区双阳街道张厝村永春县石鼓镇东安村		二批	首批	洛江区首批永春县首批
110	07（Ⅶ）	传统美术	南安盘花	南安市九都镇				南安市二批

序	代码	类　别	项目名称	申报地	立项级别			
					国家级	省级	市级	县级
111	07（Ⅶ）	传统美术	泉州（江加走）木偶头雕刻	鲤城区	首批扩展	二批	首批	鲤城区首批
112	07（Ⅶ）	传统美术	惠安木雕	惠安县		二批	首批	惠安县首批
113	07（Ⅶ）	传统美术	德化刻纸	德化县				德化县首批
114	07（Ⅶ）	传统美术	纸扎	南安市				南安市首批
115	07（Ⅶ）	传统美术	通草画	石狮市				石狮市首批
116	07（Ⅶ）	传统美术	神像木雕	南安市				南安市三批
117	07（Ⅶ）	传统美术	剪瓷雕	南安市翔云镇				南安市三批
118	08（Ⅷ）	传统手工技艺	安溪"乌龙茶"（铁观音）制作技艺	安溪县	二批	二批	首批	安溪县首批
119	08（Ⅷ）	传统手工技艺	惠安传统建筑营造工艺	惠安县	二批	二批	首批	惠安县首批
120	08（Ⅷ）	传统手工技艺	晋江传统民居营造工艺	晋江市			首批	晋江市二批
121	08（Ⅷ）	传统手工技艺	水密隔舱福船制造技术	晋江市深沪镇	二批	二批	首批	晋江市首批
122	08（Ⅷ）	传统手工技艺	闽南传统民居营造工艺	泉州市	二批	二批	首批	
123	08（Ⅷ）	传统手工技艺	泉州竹编	鲤城区		二批	首批	鲤城区首批
124	08（Ⅷ）	传统手工技艺	安溪县成珍橘红糕制作技艺	安溪县		三批	二批	安溪县二批
125	08（Ⅷ）	传统手工技艺	泉州金苍绣技艺	泉州市		三批	二批	
126	08（Ⅷ）	传统手工技艺	杨阿苗民居营造技艺	鲤城区	二批	二批	首批	鲤城区首批
127	08（Ⅷ）	传统手工技艺	十音铜锣锻造技艺	洛江区罗溪镇		二批	首批	洛江区首批
128	08（Ⅷ）	传统手工技艺	南安蔡氏古民居建筑群营造工艺	泉州市南安市官桥镇漳里村	二批	二批	首批	南安市首批
129	08（Ⅷ）	传统手工技艺	泉州古船模制作技艺	泉港区峰尾镇			首批	泉港区首批
130	08（Ⅷ）	传统手工技艺	安溪蓝印花布	安溪县		首批	首批	安溪县首批
131	08（Ⅷ）	传统手工技艺	德化瓷烧制工艺	德化县	首批	首批	首批	德化县首批
132	08（Ⅷ）	传统手工技艺	泉州蚵壳厝营造技艺	丰泽区			首批	丰泽区首批
133	08（Ⅷ）	传统手工技艺	永春漆篮制作技艺	永春县城关仙夹镇		三批	二批	永春县首批
134	08（Ⅷ）	传统手工技艺	糊纸技艺	惠安县				惠安县首批
135	08（Ⅷ）	传统手工技艺	蓬华芥菜腌制技艺	南安市				南安市二批
136	08（Ⅷ）	传统手工技艺	金淘草席编织技艺	南安市金淘镇				南安市二批

续表

序	代码	类　别	项目名称	申报地	立项级别			
					国家级	省级	市级	县级
137	08（Ⅷ）	传统手工技艺	振兴绣庄刺绣技艺	南安市罗东镇				南安市二批
138	08（Ⅷ）	传统手工技艺	泉州春生堂酒酿制技艺	鲤城区		三批	二批	鲤城区三批
139	08（Ⅷ）	传统手工技艺	泉州（杨氏）锡雕技艺	鲤城区		三批	二批	鲤城区二批
140	08（Ⅷ）	传统手工技艺	泉州源和堂蜜饯制作技艺	鲤城区		三批	二批	鲤城区三批
141	08（Ⅷ）	传统手工技艺	泉州亚佛春饼制作技艺	鲤城区				鲤城区三批
142	08（Ⅷ）	传统手工技艺	泉州戏曲道具制作技艺	鲤城区				鲤城区三批
143	08（Ⅷ）	传统手工技艺	永春顺德堂老醋酿制技艺	永春县		三批	二批	永春县二批
144	08（Ⅷ）	传统手工技艺	海船制作技艺	泉港区		三批	二批	泉港区二批
145	08（Ⅷ）	传统手工技艺	"米螺筛"传统制作技艺	晋江市				晋江市二批
146	08（Ⅷ）	传统手工技艺	安海庐山国佛雕技艺	晋江市			二批	晋江市二批
147	08（Ⅷ）	传统手工技艺	泉州泥金线画制作技艺	晋江市			二批	晋江市二批
148	08（Ⅷ）	传统手工技艺	衙口花生传统制作技艺	晋江市龙湖镇				晋江市二批
149	08（Ⅷ）	传统手工技艺	泉州书画装裱传统工艺	鲤城区				鲤城区三批
150	09（Ⅸ）	传统医药	灵源万应茶	晋江市	二批	二批	首批	晋江市首批
151	09（Ⅸ）	传统医药	老范志神粬	鲤城区		三批	首批	鲤城区二批
152	09（Ⅸ）	传统医药	湖头荣元斋养脾散	安溪县				安溪县二批
153—154	09（Ⅸ）	传统医药	泉州白塔疗膏	鲤城区				鲤城区三批
155	10（Ⅹ）	民俗	闽南祭祖习俗	泉州市惠安县		二批	首批	惠安县首批
156	10（Ⅹ）	民俗	湖头水车阁	安溪县湖头镇			首批	安溪县首批
157—158	10（Ⅹ）	民俗	德化纸狮习俗	德化县杨梅乡云溪村淳湖村			首批	德化县首批
159	10（Ⅹ）	民俗	泉州闹元宵习俗	泉州市鲤城区	二批	二批	首批	鲤城区首批
160	10（Ⅹ）	民俗	惠安女服饰	惠安县崇武镇大岞村小岞村	首批	首批	首批	惠安县首批
161	10（Ⅹ）	民俗	安海端午"唆啰嗹"习俗	晋江市安海镇	首批扩展	二批	首批	晋江市首批
162	10（Ⅹ）	民俗	闽台东石灯俗	晋江市东石镇	二批	二批	首批	晋江市首批
163	10（Ⅹ）	民俗	安溪清水祖师信俗	安溪县蓬莱镇		三批	二批	安溪县二批

续表

序	代码	类　别	项目名称	申报地	立项级别			
					国家级	省级	市级	县级
164—165	10（X）	民俗	城东祭"十班"习俗	丰泽区 洛江区			首批	丰泽区首批 洛江区首批
166	10（X）	民俗	南安英都 "拔拔灯"习俗	南安市 英都镇	二批	首批	首批	南安市首批
167	10（X）	民俗	抢七星灯习俗	泉港区			首批	泉港区首批
168	10（X）	民俗	闽台对渡 （海上泼水节）习俗	石狮市 蚶江镇		首批	首批	石狮市首批
169	10（X）	民俗	蟳埔女习俗	丰泽区 东海街道 蟳埔社区	二批	首批	首批	丰泽区首批
170	10（X）	民俗	粗脚头（发式）	丰泽区			首批	丰泽区首批
171	10（X）	民俗	掷铙钹	南安市 省新镇			首批	南安市首批
172	10（X）	民俗	端午节习俗	鲤城区				鲤城区首批
173	10（X）	民俗	跳火群	鲤城区				鲤城区首批
174	10（X）	民俗	中元节习俗	鲤城区				鲤城区首批
175	10（X）	民俗	枫栖七宝羹	洛江区 马甲镇				洛江区首批
176	10（X）	民俗	九日山祈风仪典	南安市 丰州镇			二批	南安市三批
177	10（X）	民俗	感德保生大帝信俗	安溪县				安溪县二批
178	10（X）	民俗	施琅将军祭典	晋江市				晋江市二批
179—181	10（X）	民俗	闽台博饼习俗	泉州市 晋江市 鲤城区			首批	晋江市首批 鲤城区首批
182	10（X）	民俗	牌楼灯	安溪县				安溪县首批
183	10（X）	民俗	龙灯	安溪县				安溪县首批
184	10（X）	民俗	迎亲队	安溪县				安溪县首批
185	10（X）	民俗	送王船	鲤城区				鲤城区首批
186	10（X）	民俗	丁乾摆大龟	德化县				德化县首批
187	10（X）	民俗	祖龙宫放窑神	德化县				德化县首批
188	10（X）	民俗	德化纸龙	德化县				德化县首批
189	10（X）	民俗	德化婚俗	德化县				德化县首批
190	10（X）	民俗	做功德	南安市				南安市首批
191	10（X）	民俗	獭窟妈祖庙会	惠安县 张坂镇				惠安县首批
192	10（X）	民俗	祭海仪式	惠安县				惠安县首批
193	10（X）	民俗	侯卿十八游大鼓	惠安县				惠安县首批

附录八：泉州市与非物质文化遗产相关的主要文物保护单位

一 泉州市全国重点文物保护单位（20处）

序号	类别	名称	时代	地址	公布批次	公布时间	备注
1	古建筑	清净寺	北宋	鲤城区涂门街	第一批	1961.3	
2		安平桥	南宋	安海、水头两镇交界的海湾上	第一批	1961.3	
3		开元寺	唐	鲤城区西街	第二批	1982.3	
4	古墓葬	郑成功墓	明	南安县水头镇	第二批	1982.3	
5	古建筑	洛阳桥	北宋	洛江区万安街道与惠安县洛阳镇	第三批	1988.1	
6		泉州天后宫	南宋	鲤城区南门天后路	第三批	1988.1	
7		崇武城墙	明	惠安县崇武镇	第三批	1988.1	
8	石刻	老君岩造像	宋	丰泽区清源山麓	第三批	1988.1	并入老君岩造像，更名为清源山石造像群
		清源山石造像群	宋至元	丰泽区清源山麓	第五批	2001.6	
9		九日山摩崖石刻	宋至清	南安市丰州镇	第三批	1988.1	
10	古遗址	屈斗宫德化窑遗址（包括浔中、盖德、三班）	宋至明	德化县	第三批	1988.1	
		南坑窑址（包括寮仔窑窑址）	宋至明	南安市东田镇	第六批	2006.5	并入屈斗宫德化窑址
11	古墓葬	伊斯兰教圣墓	唐	丰泽区东湖街道	第三批	1988.1	
12	石刻	草庵石刻	元	晋江市罗山镇	第四批	1996.11	
13	古建筑	泉州府文庙	宋	鲤城区中山中路泮宫内	第五批	2001.6	
14		蔡氏古民居建筑群	清	南安市官桥镇	第五批	2001.6	
15	古遗址	磁灶窑址（包括金交椅山窑址）	南朝至明清	晋江市磁灶镇	第六批	2006.5	
16		德济门遗址	宋至明	鲤城区天后路	第六批	2006.5	
17	古建筑	泉州港古建筑（关锁塔、六胜塔、真武庙等）	宋至元	石狮市蚶江镇、宝盖镇、丰泽区东海镇	第六批	2006.5	
18		陈埭丁氏宗祠	明	晋江市陈埭镇	第六批	2006.5	
19	古建筑	安溪文庙	宋至清	安溪县城区	第六批	2006.5	
20		施琅宅、祠和墓	清	晋江市龙湖镇、惠安县黄塘镇、丰泽区华大街道	第六批	2006.5	

二 泉州市省级文物保护单位（76处）

序号	类别	名称	时代	地址	公布批次	公布时间
1	石刻	石笋	北宋	鲤城区浮桥镇	第一批	1961.6

续表

序号	类别	名称	时代	地址	公布批次	公布时间
2		崇福寺	宋	鲤城区崇福路	第二批	1985.1
3		李贽故居	明	鲤城区南门万寿路	第二批	1985.1
4		杨阿苗民居	清	鲤城区江南镇	第三批	1991.3
5	古建筑	东观西台吴氏大宗祠	清	鲤城区涂门街	第六批	2005.5
6		承天寺经幢	宋	鲤城区南俊路承天寺内	第六批	2005.5
7		施琅故宅	清	鲤城区东街菜巷	第六批	2005.5
8		通淮关岳庙	清、民国	鲤城区涂门街	第六批	2005.5
9	古遗址	泉州闽国铸钱遗址	五代	鲤城区南俊路承天寺西侧	第六批	2005.5
10	墓 葬	弘一法师舍利塔	现代	丰泽区清源山弥陀岩边	第三批	1991.3
11	石 刻	清源山摩崖石刻	唐至民国	丰泽区清源山	第五批	2001.1
12	古墓葬	泉州明代丁氏回族墓群	明	丰泽区城东街道圣墓东侧	第六批	2005.5
13		王审邽墓	唐	丰泽区城东街道新铺村皇绩山	第六批	2005.5
14	石 刻	西资岩石佛	晚唐	晋江市金井镇	第二批	1985.1
15		南天寺石佛及摩崖石刻	宋	晋江市东石镇	第二批	1985.1
16	古墓葬	俞大猷墓	明	晋江市磁灶镇	第三批	1991.3
17	其 他	龙山寺木雕及千手观音	明	晋江市安海镇	第三批	1991.3
18	石 刻	古檗山庄石刻	民国	晋江市东石镇	第五批	2001.1
19	古建筑	永宁城隍庙	清	石狮市永宁镇	第四批	1996.9
20	石 刻	新建蚶江海防官署碑记	清	石狮市蚶江镇	第四批	1996.9
21	古建筑	陀罗尼经幢	北宋	南安市丰州镇	第一批	1961.6
22	石 刻	莲花峰石刻	宋至清	南安市丰州镇	第四批	1996.9
23	古建筑	延平郡王府	清	南安市石井镇	第四批	1996.9
24		五塔岩石塔（石刻、佛像）	宋	南安市官桥镇	第四批	1996.9
25	古建筑	诗山塔	南宋	南安市诗山镇	第五批	2001.1
26		南安中宪第	清	南安市石井镇	第五批	2001.1
27	石 刻	开化洞阿弥陀佛造像	南宋	南安市柳城街道	第五批	2001.1
28		妙峰山弥陀造像	宋	南安市仑苍镇蔡西村	第六批	2005.5
29	古建筑	聚奎楼	清	南安市金淘镇朵桥村	第六批	2005.5
30		南安林氏民居	清	南安市省新镇满山红村	第六批	2005.5
31		安固石亭	宋	惠安县涂寨镇	第四批	1996.9
32	古墓葬	王潮墓	唐	惠安县螺阳镇	第四批	1996.9
33	古墓葬	回族郭仲远墓	明	惠安县百崎乡	第五批	2001.1
34	古墓葬	丰州古墓群	西晋至唐	南安市丰州镇 旭山村、桃源村等	第七批	2009.11
35	古墓葬	开元寺祖师塔	元	泉州市丰泽区北峰街道泉州市 丰泽区北峰街道招丰社区	第七批	2009.11

续表

序号	类别	名称	时代	地址	公布批次	公布时间
36	古墓葬	黄守恭墓	元	泉州市丰泽区北峰街道招丰社区	第七批	2009.11
37	古建筑	青山宫	清	惠安县山霞镇	第五批	2001.1
38	历史纪念建筑物	净峰寺弘一法师故居	民国	惠安县净峰镇	第五批	2001.1
39	古墓葬	施世纶墓	清	惠安县黄塘镇顶庭山	第六批	2005.5
40	古建筑	惠安刘氏民居	明、清	惠安县螺城镇中山北路	第六批	2005.5
41		惠安孔庙	清	惠安县螺城镇西北街城隍口5号	第六批	2005.5
42	古建筑	沙格灵慈宫	元至清	泉港区南埔镇	第四批	1996.9
43		黄素石楼	清	泉港区前黄镇前黄村	第六批	2005.5
44	古遗址	安溪瓷窑址	宋至清	安溪县境	第二批	1985.1
45	古遗址	庵山沙丘遗址	青铜时代	晋江市深沪镇坑边村	第七批	2009.11
46	古遗址	"惠安暴动"旧址	民国	惠安县山霞镇后洋村、东桥镇屿头村	第七批	2009.11
47	古遗址	王顺兴信局旧址	清	泉州市鲤城区浮桥街道王宫社区	第七批	2009.11
48	古建筑	清水岩	宋	安溪县蓬莱镇	第二批	1985.1
49	古建筑	湖头贤良祠 李光地府第（并入）	清	安溪县湖头镇（安溪县湖头镇）	第三批（第五批）	1991.3（2001.1）
50	古建筑	东关桥	南宋	永春县东平镇	第三批	1991.3
51	古建筑	濠溪桥	明	泉州市洛江区河市镇河市村、霞溪村	第七批	2009.11
52	古建筑	福全所城	明、清	晋江金井镇福全村、溜江村	第七批	2009.11
53	石刻	魁星岩西方三圣造像	宋元	永春县石鼓镇	第五批	2001.1
54	石刻	九仙山弥勒造像	元	德化县九仙山	第五批	2001.1
55	石刻	仙公山摩崖石刻	宋至清	泉州洛江区马甲镇仙公山	第七批	2009.11
56	石刻	安福寺石造像	唐、宋	泉州市鲤城区江南街道曾林社区	第七批	2009.11
57	古建筑	巽来庄	清	永春县五里街镇仰贤村	第六批	2005.5
58	古建筑	永春文庙	清	永春县桃城镇桃城路40号	第六批	2005.5
59	古建筑	留公陂	南宋	泉州市洛江区双阳街道坝南村、惠安县洛阳镇陈坝村	第七批	2009.11
60	古建筑	星塔	明	晋江市安海镇安东村	第七批	2009.11
61	古建筑	石门玉湖殿	明、清	安溪县感德镇石门村	第七批	2009.11
62	古建筑	霞美陈氏民居	民国	南安市霞美镇霞美村	第七批	2009.11
63	古建筑	祖闾苏民居	清	泉州市鲤城区海滨街道涂门社区	第七批	2009.11

续表

序号	类别	名称	时代	地址	公布批次	公布时间
64	古建筑	锡兰侨民旧居	清	泉州市鲤城区涂门街	第七批	2009.11
65		花桥慈济宫	清	泉州市鲤城区中山南路	第七批	2009.11
66	古建筑	急功尚义坊	清	泉州市丰泽区东湖街道凤山社区	第七批	2009.11
67	古建筑	泉州黄氏民居	清	泉州市鲤城区鲤中街道和平社区	第七批	2009.11
68	古建筑	东石寨	清	晋江市东石镇白沙村	第七批	2009.11
69	古建筑	凌云叶氏家庙	清	南安市眉山乡高田村	第七批	2009.11
70	古建筑	大演洪氏民居	清	南安市蓬华镇大演村	第七批	2009.11
71	古建筑	石狮城隍庙	清	石狮市凤里街道城隍街	第七批	2009.11
72	古建筑	西坪土楼	清	安溪西坪镇赤石村、平原村	第七批	2009.11
73	古建筑	富美宫	清至民国	泉州市鲤城区南门水巷后富美村	第七批	2009.11
74	古建筑	东石玉记商行建筑群	清	晋江市东石镇第四社区	第七批	2009.11
75	古建筑	浔浦顺济宫	明、清	泉州市丰泽区东湖街道浔埔社区	第七批	2009.11
76	古建筑	安礼逊图书楼	民国	泉州市鲤城区开元街道培元中学	第七批	2009.11

附录九：泉州市对台对外主要文化活动

1. 泉州国际南音艺术节

2. 泉州国际木偶艺术节

3. 泉州国际南少林武术节

4. "海上丝绸之路"文化节

5. 泉州灯会

6. 泉州旅游文化节

7. 闽台对渡（海上泼水）文化节

8. 惠安国际雕艺节

9. 石雕工艺美术大奖赛

10. 泉州民间戏曲调演

11. 泉州南音年

12. 泉州民间音乐邀请赛

13. 泉州民间舞蹈邀请赛

14. 泉州郑成功文化节

15. 海峡巾帼健身舞大赛

16. 泉州全球闽南语歌曲大赛

17. 泉州妈祖文化节

18. 泉州文化周

19. 泉州国际摄影艺术大赛

20. 晋江灯谜艺术节

21. 石狮灯谜艺术节

22. 世界南安同乡联谊大会

23. 世界南安青年联谊大会

24. 世界安溪同乡联谊大会

25. 世界永春同乡联谊大会

26. 海峡茶业博览会

27. 海峡两岸青年联欢会

28. 泉州美食文化节

29. 沙格龙舟赛

30. 第六届全国农运会

31. 安溪茶文化节

32. 泉州元宵节

33. 永春芦柑节

34. 德化陶瓷节

35. 南安家具博览会

36. 海峡两岸纺织服装博览会

37. 中国（晋江）国际鞋业博览会

38. 中国（南安）泵阀水暖交易会

39. 中国（南安）水头国际石材博览会

40. 全国陶瓷建材（晋江）博览会

41. 安溪茶王赛

42. 中国茶文化高峰论坛

43. 海峡两岸北管国际论坛

44. 石狮市文化节

45. 石狮市中秋海内外南音会唱

46. 闽南祭祖活动

47. 中小学生南音比赛

48. 闽台东石灯俗

49. 晋江市戏剧展演节

50. 惠安芳草之夏民间戏剧节

51. 南安柳城之夏民间戏剧节
52. 晋江市侨乡灯谜会
53. 九日山祈风仪典
54. 闽南中元社戏节
55. 闽南文化节

附录十：泉州市闽南文化主要研究机构及其研究方向

单　位	研究方向
华侨大学华侨研究所	泉州侨乡族谱、华侨史料、闽台高等教育比较、中国民间信仰在华侨华人中的传播、海外华人教育
泉州师院闽南文化生态研究中心	闽南文化传承与海西社会发展
华侨大学闽南文化研究所	闽南文化研究与保护
泉州历史研究会	泉州历史
泉州民间信仰研究会	泉州民间信仰
泉州学研究所	泉州学
泉州市戏剧研究所	泉州戏曲
泉州南音艺术研究院	泉州南音
泉州师范学院泉州学研究所	泉州历史文化
泉州市民族民间文化保护研究会	闽南文化
泉州地方戏曲研究社	泉州地方戏曲
泉州新海路闽南文化保护中心	闽南文化研究保护
泉州李贽学术研究会	李贽历史文化研究
泉州市区许慎学术研究会	许慎历史文化研究
泉州南音中心	泉州南音
泉州拍胸舞协会	拍胸舞
鲤城区泉州南音研究社	泉州南音
泉港区北管研究中心	北管
泉州市闽南文化研究会	闽南文化研究
泉州市闽南文化保护协会	闽南文化研究与保护
泉州市茶文化研究会	茶文化研究
泉州师范学院闽南文化研究所	闽南文化研究与保护
九日山祈风文化研究会	九日山祈风文化研究

附录十一：泉州市近期出版闽南文化丛书与著作计划

项　　目	备　　注
闽南方言泉州腔传统剧本（梨园戏、泉州高甲戏、打城戏、泉州提线木偶戏、南派布袋戏）与传统曲本，泉州南音传统曲指谱，传统歌本（民歌、民谣）的校、注、释系统工程系列丛书	该系列丛书数量极为庞大，以特殊的文字记载方式，完整地保留了闽南方言、民俗、礼仪、日常生活习俗、民间信仰等文化内容
《闽南方言泉州腔大辞典》	
《闽南文化大辞典》	
《闽南掌故传说》	
《泉州非物质文化遗产图典》	
《泉州非物质文化遗产丛书》	大型丛书，数十辑以上
《泉州戏曲弦管研究丛书》	
《泉州民俗文化丛书》	大型丛书，十辑以上
《泉州文史研究》	
《泉州文史资料》	
《泉州历史文化名城》	
《泉州古城踏勘》	
《泉州古城街坊摭谭》	
《泉州南音集成》	
《南音》	
《泉州南音基础教程》	中小学教材
《泉州南音系列教程》	高校教材，共八辑
《刻纸》	乡土教材
《拍胸舞》	乡土教材
《南拳》	乡土教材
《乡音》	乡土教材
《泉南文化》	乡土教材
《曲艺演唱基本功教材》	乡土教材
《高甲戏做功教材》	乡土教材
《泉州北管艺术概论》	
《泉港北管音乐》	
《泉州方言韵》	
《泉州方言俗语辑注》	
《考辨泉州话》	
《泉州歌诀图典》	

项　目	备　注
《弦管指谱大全》上、下册	
《弦管古曲选集》六册	
《弦管"骑音"字辑录》	
《弦管套曲》	
《两岸论弦管》	
《弦管·梨园戏曲词中常见典故词语注释》	
《弦管·梨园戏常见方言词语注释》	
《指掌乾坤》	
《铿锵高甲》	
《南戏遗响》	
《泉州弦管部分词、字、音质疑》	
《晋江高甲戏柯派丑行表演艺术》	
《明代慈善家李五》	
《李尧宝刻纸选集》	
《黄永源与永春纸织画》	
《中国雕刻大师黄泉福作品选》	
《郑国明木雕艺术》	
《安溪铁观音制作与品评》	
《五祖拳谱》	
《五祖拳史略》	
《关岳文化与民间信仰研究》	
《泉州文物图典》	
《晋江古厝》	
《九日山祈风文化丛书》	
《蟳埔女》	
《泉州北管》	中小学教材
《闽南民间舞蹈教程》	高校教材
《闽南民俗》	高校教材，中学教参
《泉州学散论》	
《泉州学概论》	高校教材，中学教参
《泉州地方史》	高校教材，中学教参
《泉州民间信仰与社会和谐》	
《泉州弦管史话》	
《南音·泉州弦管》	

续表

项　目	备　注
《惠安女服饰与刺绣》	
《白鹤圣手》	
《泉港文化遗产》	
《南安文化丛书》	
《晋江文化丛书》	四辑
《惠安文化丛书》	
《安溪文化丛书》	
《泉州道教文化丛书》	
《闽南弦管概论》	
《名窑名瓷名家鉴赏丛书》	
《桐江学术丛书——泉州古代著述》	
《泉州学研究小丛书——泉州民俗文化》	
《泉州文化与海上丝绸之路》	
《泉州港考古与海外交通史研究》	
《中国历史文化名城丛书·泉州》	
《泉州学丛书》	
《泉州方言与文化》	
《泉州文库》	反映泉州千年文脉的大型地方文献丛书。第一批书目有《欧阳行周集》《武经总要》《东宫备览》《正气堂集》《福建市舶提举司志》《古今疏治黄河全书》《荔枝话》《玉兰馆诗集》《重纂延平二王集》《演炮图说辑要》等，吴幼雄点校《开元寺志》，许长锋点校张瑞图《白毫庵诗内篇》、吴鲁之子《守砚庵诗文集》

附录十二：泉州市闽南文化生态保护区网页及数据库建设大纲

一　网站名称

闽南文化生态保护区·泉州网

二　网站建设形式

网库合一，即资源库采用数据库形式建设，采用网页形式发布。

三　网站建设宗旨

（一）目的

依据《泉州市闽南文化生态保护区建设规划》"利用多媒体手段对一些闽南文化遗产进行记录，利用电子存储介质建立数据库对其进行保存。利用电视、广播、网络等媒体进行资源共享，尤其是充分发挥文化信息资源共享工程的作用"，"设立泉州市非物质文化遗产资源数据库"的规定而建设本网站（数据库），争取永久保存保护、科学传承传播闽南文化遗产，实现承继历史、服务现在、面向未来的基本目的。

（二）原则

1. 持续性原则。数据库建设的可持续性包括两方面的内容：一是工作的可持续性。数据库建设是一个持续的过程，它所提供的将是一个数字化的工作平台，需要不断更新，不断完善。二是资料保存和数据库技术的可持续性。信息技术尤其是软件技术发展迅速，新理念、新体系、新技术的不断推出，造成了新的、先进的技术与成熟的技术之间的矛盾。而大规模、全局性的应用系统，其功能和性能要求具有综合性。

2. 适时性原则。面向未来、适时设计、适时配置，这是由科技发展的无限性和认知及经费的有限性决定的，让有限的投入发挥最大的效用。在设计理念、技术体系、产品选用等方面要求具有可持续性，既要满足当下资料存储和利用的需求，又要为将来技术的更新预留下足够的空间，以节约成本，避免浪费。

3. 开放性原则。闽南文化遗产资源分布广泛，类型多样，建成后的数据库应该是一个网络共享平台，数据呈点状分布。为了管理和使用的方便，数据库的数据采集、转换、维护、更新、查找应在一个统一标准下，给予一定的自由空间，遵循灵活开放的原则。

4. 标准化原则。标准化是实现资源顺利入库、提取共享的先决条件。它包含的内容很多。如数据库技术的标准化，各类型资料数字处理的标准化，工作程序的标准化，还有元数据等。

5. 实用性原则。闽南文化遗产基础资源数据库的管理和使用对象决定了我们的数据库必须遵循简单实用的原则。系统建设结合实际需求，以可操作性为重点，避免追求大而全。并且保证系统的易用性，使各类人士都能方便地使用本系统。更要保证今后以少量的管理人员达到有效的管理效果的要求。

（三）网站首页

1. 网站名称与标志（如：泉州双塔、非物质文化遗产 logo、文化遗产 logo）

2. 主栏目

3. 广告条

4. 动态资讯

5. 站内检索

6. 友情链接

7. 他山之石

8. 遗产日与宣传月

9. 闽南语歌曲欣赏

10. 网友意见箱

11. 版权信息（如：泉州市文化局主管，闽南文化生态保护区泉州市保护中心、全

国文化信息资源共享工程泉州市支中心主办）

（四）网站栏目

一级栏目

1. 保护区概况

2. 保护机构

3. 闽南民系

4. 非物质文化遗产

5. 传承人

6. 相关物质文化遗产

7. 相关自然遗产

8. 田野调查

9. 大事记

10. 保护论坛

11. 虚拟出版社

12. 文化交流

13. 闽南文化进校园

14. 闽南人生活

15. 传承发展利用

16. 文件柜

17. 视频库

18. 音频库

19. 图形库

20. 文字库

二级栏目

1. 保护区概况

（1）闽南区域

（2）泛闽南区域

（3）泉州人文

（4）泉州地理

（5）所辖县（市、区）人文、地理

（6）历史文化街区

（7）历史文化名镇、名村

2. 保护机构

（1）国际机构

①联合国教科文组织

②保护非物质文化遗产政府间委员会

③其他相关国际机构

（2）国办机构

①决策机构：部际联席会议、国家保护工作领导小组及其办公室、福建省保护工作领导小组及其办公室、泉州市保护工作领导小组及其办公室、各县（市、区）保护工作领导小组及其办公室。

②咨询机构：国家保护工作专家委员会、福建省保护工作专家委员会、闽南文化生态保护区工作专家委员会、泉州市保护工作专家委员会。

③工作机构：国家保护中心、福建省保护中心、共享工程福建省分中心闽南文化专题资源数据库、泉州市保护中心、共享工程泉州市支中心、鲤城区保护中心、丰泽区保护中心、洛江区保护中心、泉港区保护中心、石狮市保护中心、晋江市保护中心、南安市保护中心、惠安县保护中心、安溪县保护中心、永春县保护中心、德化县保护中心、泉州市艺术馆、鲤城区文化馆、丰泽区文化馆、洛江区文化馆、泉港区文化馆、石狮市文化馆、晋江市文化馆、南安市文化馆、惠安县文化馆、安溪县文化馆、永春县文化馆、德化县文化馆。

④研究机构：福建省艺术研究院、泉州南音艺术研究院、泉州市戏剧研究所、中国泉州学研究所、泉州师范学院泉州学研究所、泉州市文物保护研究中心、泉州画院。

⑤传承机构：德化陶瓷学院、泉州师院艺术学院、泉州艺术学校、福建省梨园戏实验剧团、泉州市高甲戏剧团、泉州市木偶剧团、泉州南音乐团、泉州歌剧团、晋江市高甲戏剧团、南安市高甲戏剧团、安溪县高甲戏剧团、惠安县高甲戏剧团、永春县高甲戏剧团、晋江市木偶剧团、惠安县木偶剧团。

⑥图书馆：泉州市图书馆、华侨大学图书馆、泉州师院图书馆、黎明大学图书馆、鲤城区图书馆、石狮市图书馆、晋江市图书馆、南安市图书馆、惠安县图书馆、安溪县图书馆、永春县图书馆、德化县图书馆、李成智公众图书馆。

⑦博物馆：中国闽台缘博物馆、泉州海外交通史博物馆、泉州市博物馆、华侨历史博物馆、泉州市文物保管所、天后宫文物管理处、泉州府文庙文物管理处、威远楼文物保管所、石狮市博物馆、晋江市博物馆、南安市文物管理办公室、南安市郑成功纪念馆、惠安县博物馆、安溪县博物馆、永春县博物馆、德化县陶瓷博物馆。

（3）民间机构

①境内：

泉州市闽南文化保护协会、新海路闽南文化保护中心、泉州市民族民间文化保护协会、各民间剧团、各民间南音社团、各民间仪仗表演团队、各民间传习所。

②境外：

我国台湾地区：江之翠南管乐府、心心南管乐坊、东宁乐府、华声南乐社、汉唐乐府、闽南乐府、台湾南乐文化基金会、咸和乐团、和鸣南乐社、惠泉南乐社、松山奉天宫南乐团、中华弦管研究团、永和市体育会南乐健康委员会、大甲六块厝雅颂斋南乐八音团、大甲聚雅斋、先乐社、城集韵、清雅乐府、光明珠、清韵雅苑、大秀"国小"南乐团、合和艺苑、真雅轩音乐团、清和社、龙仪社、台南南声社、群鸣南乐社、和声社、三凤宫兴德南音社、串门南乐团、集贤南乐社、右昌光安南乐社、荐善南乐社、南乐戏剧协会、醉仙亭南乐社、振乐社、慧明社、振声社南管乐团、闽南音乐聚英社、雅正斋、遏云斋、鹿港龙山寺南乐聚英社南管乐团、鹿港"国小"南乐团、彰化市文化中心南管实验团、彰文南管薪传班、永芳南乐社、玄天府北极坛南乐社、南管聚云社、镇海宫南乐社、南管招声团、闽南南乐演艺团、基隆第一乐团、笨港妈祖文教基金会南乐研习班、新街社区南管研习班、马公南管音乐研究社、西瀛南乐社、集庆堂南乐社、"国立"艺术学院南管戏剧研究所、"国立"艺术学院南管系、中央大学青玉斋南乐社、麻园社区南乐社。

金门：金门浯江南乐社、斗门南乐社、金沙镇管弦社。

香港地区：香港晋江同乡会南音社、香港福建体育会南音团。

澳门地区：澳门南音社。

新加坡：传统南音社、湘灵音乐社。

菲律宾：菲国风郎君社、菲南乐崇德社、菲长和郎君总社、菲长和郎君总社宿务分社、菲金兰郎君社。

印度尼西亚：印尼东方音乐基金会。

3. 闽南民系

（1）方言俚语

（2）谱牒姓氏

（3）先贤名士

（4）年冬月节

（5）乡俗礼仪

（6）多元宗教

（7）民间信仰

4. 非物质文化遗产

（1）人类口头和非物质文化遗产备选项目

（2）国家级名录

（3）省级名录

（4）市级名录

（5）县级名录

5. 传承人

（1）国家级项目代表性传承人

（2）省级项目代表性传承人

（3）市级项目代表性传承人

（4）县级项目代表性传承人

6. 相关物质文化遗产

（1）世界文化遗产备选项目

（2）国家级文物保护单位

（3）省级文物保护单位

（4）市级文物保护单位

（5）县级文物保护单位

7. 相关自然遗产

（1）清源山风景名胜区

（2）紫帽山风景名胜区

（3）仙公山风景名胜区

（4）泉州森林公园景区

（5）九仙山旅游风景区

（6）俞大猷公园景区

（7）黄巢山风景区

（8）青山湾风景区

（9）永春牛姆林生态景区

（10）其他风景名胜区

8. 田野调查

（1）非物质文化遗产普查队

（2）文物普查队

（3）非物质文化遗产普查报告

（4）文物普查报告

9. 大事记

（1）历史大事记

（2）即时大事记

10. 保护论坛

（1）领导讲话

（2）名家讲坛

（3）地方论坛

11. 虚拟出版社

（1）平面出版物

①近期书目

②泉州著述志

③泉州文史资料全文库

（2）电子出版物

12. 文化交流

（1）国际交流

（2）两岸交流

（3）省际交流

（4）省内交流

13. 闽南文化进校园

（1）师资教材

（2）教与学

（3）成果展示

14. 闽南人生活

（1）衣

（2）食

（3）住

（4）行

（5）其他

15. 传承发展利用

（1）德化瓷与陶瓷产业

（2）惠安雕刻与建筑产业

（3）安溪铁观音与茶产业

（4）闽南文化与旅游产业

（5）其他

16. 文件柜

（1）联合国教科文组织

（2）国家级

（3）省级

（4）本级

（5）基层

（6）外地

17. 视频库

（1）公共视频库

（2）授权视频库

18. 音频库

（1）公共音频库

（2）授权音频库

19. 图形库

（1）公共图形库

（2）授权图形库

20. 文字库

（1）公共文字库

（2）授权文字库

附录十三：泉州市闽南文化保护协会章程

一　总则

第一条　本会的名称：泉州市闽南文化保护协会，英文名：The south of Fujian
Province culture in Quanzhou protects the association.

第二条　本会的性质：以闽南文化生态保护区保护单位、传承单位和保护工作者、
传承人为主体，联合其他从事闽南文化保护、研究的单位及人士自愿组成的非营利性
民间团体。

第三条　本会的宗旨：遵守宪法、法律、法规和国家政策，联合全市从事闽南文
化保护、研究的单位及人士，团结海内外相关单位及人士，共同开展闽南文化保护、
研究，推进闽南文化保护事业的发展，促进闽南文化在海内外的交流与传播，将闽南
文化发扬光大。

第四条　本会的承诺：严格按照本会章程积极开展闽南文化保护、研究活动，并
接受主管单位泉州市文化局和社团登记管理机关泉州市民政局社团登记管理办公室的
业务指导和监督管理。

第五条　本会的住所：泉州市刺桐北路万维生邮票艺术馆内。

二　业务范围

第六条　本会的业务范围：

1. 受委托对不同层次、不同类别的群体进行非物质文化遗产和相关物质文化遗产、
自然遗产的鉴定、保护、保存、展出和修复方面的培训，对相关人员等进行培训。

2. 受委托利用各种传播途径宣传闽南文化生态及文化生态保护区的建设，努力
增强群众对文化遗产和相应的文化空间的赞赏和尊重，不断提高群众保护文化遗产
的意识。

3. 配合相关单位进行传承辅助活动；配合相关单位开展普查工作；出版闽南文化
生态区保护的刊物及系列丛书，拍摄闽南文化生态区保护宣传资料片；建设"闽南文
化生态保护区"档案资料数据库；整合各种文献信息资源，建立集技术平台、宣传教

育和检索服务等诸多功能于一体的"闽南文化生态保护区网站"。

4. 开展海峡两岸文化交流活动。举办"闽南文化生态保护区"文化保护成果展览、民族民间文化艺术展演、民间工艺品博览会、民族民间文化节等各种活动，增进民间的交流，营造良好的社会氛围。

5. 承办国际、国内各种形式的论坛、研讨会、交流会，积极开展"闽南文化生态保护区"的政策研究、工作研究、理论研究与学术交流。

6. 征集收藏闽南文化资料和闽南人著作，建设闽南历史文化资料库。

7. 联系海内外有关社团，为文化交流提供服务。

三　会员

第七条　本会会员为单位会员及个人会员。凡从事闽南文化保护、研究并承认本会章程者，均可申请入会。

第八条　申请加入本会的单位及个人，必须具备下列条件：

（一）承认本会章程；

（二）有加入本会的意愿；

（三）在本会的涉及领域具有一定影响。

第九条　会员入会的程序是：

（一）提交入会申请书或用其他形式表达入会意愿；

（二）由一名会员介绍并填表后报秘书处审核；

（三）经常务理事会讨论通过；

（四）由理事会授会员证。

第十条　会员享有下列权利：

（一）本会的选举权、被选举权和表决权；

（二）参加本会的活动；

（三）获得本会服务的优先权；

（四）对本会工作的批评建议和监督权；

（五）入会自愿，退会自由。

第十一条　会员履行下列义务：

（一）执行本会的决议；

（二）维护本会的合法权益；

（三）完成本会交办的工作；

（四）向本会反映情况，提供有关资料。

第十二条　会员退会应向本会提出书面申请，并交回会员证。会员如果1年无故不参加本会活动，视为自动退会。

第十三条　会员如有严重违反本章程的行为，经理事会表决通过，予以除名。自动退会或除名后，其任何言论与行为均与本会无关。

四　组织机构

第十四条　本会的组织原则是民主集中制。领导机构的产生和重大事项的决策须经集体讨论，并按少数服从多数的原则做出决定。

第十五条　本会最高权力机构为会员代表大会，其职权是：

（一）制定和修改章程；

（二）选举和罢免理事会成员；

（三）审议并通过理事会的工作报告和财务预结算报告；

（四）批准本会年度工作计划；

（五）决定本会的终止和清算工作；

（六）决定本会其他重大事项。

第十六条　会员代表大会须有三分之二以上会员代表出席方有效，其决议须经到会会员半数以上表决通过，方能生效。

第十七条　会员代表大会每届任期五年。因特殊情况需提前或延期换届的，须由理事会表决通过，并经业务主管单位和登记管理机关批准。延期换届最长不超过一年。

第十八条　会员代表大会每年召开一次，必要时可临时组织召开。会员代表大会由理事会负责召集，以书面形式通知协会会员。

第十九条　本会设置理事会为会员代表大会的执行机构，在会员代表大会闭会期间，领导本会全部工作，对外代表本会。

第二十条　理事会的职责是：

（一）召开会员代表大会，并报告工作；

（二）执行会员代表大会决议；

（三）选举和罢免会长、副会长、常务理事，聘免秘书长、副秘书长，聘任顾问；

（四）审议年度预结算报告预案；

（五）审议章程修改预案；

（六）决定设置或撤销本会办事机构及下属的分支机构、代表机构等，并领导其工作，决定或批准其负责人任免；

（七）制定本会内部管理制度；

（八）行使会员代表大会授予的其他职责。

第二十一条　理事会由会长、副会长、秘书长、常务理事、理事组成。理事会议每年召开一至二次，情况特殊可随时召开，理事会每届任期五年，理事会议须有三分之二以上理事出席方才有效，其决议须经到会理事三分之二以上表决通过方能生效。

第二十二条　理事因工作调动或离任时，其所担任的理事职务随之终止；其理事空缺，可由该理事单位另行选派，经理事会审议增补调整；理事单位因合并、分立或撤销，其理事增减或调整，须报理事会审议确定，并须提请下一次会员代表大会追认。

理事缺席理事会议超过四次，常务理事缺席常务理事会议超过八次，视为自动放弃理事或常务理事职务。其理事或常务理事空缺，由理事会重新审议推荐，提请下一次会员代表大会确认。

第二十三条　本会设常务理事会，常务理事会成员从理事中产生。常务理事会议由会长主持。常务理事会在理事会闭会期间行使理事会除（三）以外的职责，对理事会负责。

第二十四条　常务理事会议须有三分之二以上常务理事出席方才有效，其决议须经到会常务理事三分之二以上表决通过方能生效，常务理事会议每季度召开一次。

第二十五条　本会设会长一名，副会长若干名，可连选连任，但连任不超过两届。会长为本会法定代表人。

本会法定代表人必须具备以下条件：

（一）思想端正，作风正派，办事公道，在业内有良好的个人声誉；

（二）身体健康，能坚持工作；

（三）未受过剥夺政治权利的刑事处罚；

（四）具有完全民事行为能力；

（五）不兼任其他社会团体的法定代表人。

第二十六条　会长职责：

（一）承担本会法律和民事责任；

（二）对本会负有领导责任；

（三）主持召开常务理事会议、理事会议及会员代表大会。

第二十七条　协会设秘书长一名，副秘书长若干名。秘书长、副秘书长每届聘期为五年。可连聘连任。

第二十八条　秘书长在理事会领导下负责日常工作，行使下列职权：

（一）组织实施理事会决议；

（二）全面负责本会日常管理工作和业务活动；

（三）列席理事会议；

（四）理事会授予的其他职权。

副秘书长协助秘书长工作，完成秘书长分配的各项工作。

第二十九条　本会根据需要按精干高效原则设置秘书处等与协会宗旨、任务相关的办事机构，在秘书长的主持下开展日常工作。

第三十条　本会根据国家有关政策规定和章程规定的原则，制定会议制度、人事制度、财务管理制度、重大事项报告制度等协会规章制度，由理事会通过后执行。

五　财产管理

第三十一条　本会经费来源：

1. 政府财政拨款或上级部门补助；

2. 受捐赠及受赞助；

3. 其他收入。

第三十二条　本会经费支出

1. 协会日常的办公费用、业务费用及专职人员聘用费用；

2. 出版刊物、编印资料、订购业务报刊与书籍费用；

3. 组织调研及各种会议活动、培训活动的费用；

4. 网站维护、信息采集费用；

5. 接待、交流的费用。

第三十三条　本会按照国家有关规定向团体会员收取会员会费，个人会员暂不收取会员会费。具体会费标准由理事会确定并经会员代表大会通过。

第三十四条　本会经费必须用于本章程规定的经费支出范围和事业发展，不在会员中分配。

第三十五条　本会依法建立严格的财务管理制度，保证会计资料合法、真实、准确、完整。

第三十六条　本会的财产管理必须执行国家规定的财务管理制度，接受会员代表大会及政府有关工作部门的监督。

第三十七条　本会换届或更换法定代表人之前，须接受社会团体登记管理机关和业务主管单位组织的离职财务审计。

第三十八条　本会的合法财产受国家法律保护，任何组织和个人不得侵占、私分和挪用。

第三十九条　本会专职工作人员的工资和保险、福利待遇，参照国家的有关规定执行。

第四十条　协会因故必须终止时，履行下列程序：

（一）协会秘书处提出终止活动的书面报告，经理事会审议后提请会员代表大会通过。出席会议的会员代表超过三分之二同意，决议即为有效。

（二）会员代表大会做出终止决定后的财产清算，应委托审计机构进行审计，并在业务主管单位及有关机关指导下成立清算组织，清理债权债务，处理善后事宜。清算期间，不开展清算以外的活动。清算结果、审计报告和善后工作情况，书面报告业务主管单位和社会团体登记管理机关。

（三）协会终止活动之日起三个月内，完成善后工作，提交有关规定文件，经业务主管单位审查同意后，向社会团体登记管理机关申请办理注销登记。

第四十一条　本会终止后的剩余财产，在业务主管单位和社会团体登记管理机关的监督下，按照国家有关规定，用于发展与本会宗旨相关的事业。

附则

第四十二条　本章程自会员代表大会通过，报业务主管部门审查同意并经社会团体登记管理机关核准后生效。

第四十三条　本章程的解释权属理事会。

附录十四：泉州市与文化遗产相关的旅游景区

序号	名　　称	属　　地
1	承天寺景区	泉州市鲤城区
2	李贽故居景区	泉州市鲤城区
3	后城旅游文化街	泉州市鲤城区
4	清净寺景区	泉州市鲤城区
5	花桥慈济宫景区	泉州市鲤城区
6	宿燕寺景区	泉州市鲤城区
7	富美宫景区	泉州市鲤城区
8	芳草园景区	泉州市鲤城区
9	紫帽山风景区	泉州市鲤城区
10	基督教泉南堂景区	泉州市鲤城区
11	石笋景区	泉州市鲤城区
12	状元街景区	泉州市鲤城区
13	灵山圣墓景区	泉州市丰泽区
14	法石真武庙景区	泉州市丰泽区
15	泉州清源山风景名胜区	泉州市丰泽区
16	东湖公园景区	泉州市丰泽区
17	西湖公园景区	泉州市丰泽区
18	泉州森林公园景区	泉州市丰泽区
19	大坪山郑成功公园景区	泉州市丰泽区
20	后渚港景区	泉州市丰泽区
21	蟳埔民俗文化村景区	泉州市丰泽区
22	仙公山风景名胜区	泉州市洛江区
23	虹山瀑布景区	泉州市洛江区
24	俞大猷公园景区	泉州市洛江区
25	黄素石楼景区	泉州市泉港区
26	土坑村景区	泉州市泉港区
27	卢琦故居景区	泉州市泉港区
28	龙凤宫景区	泉州市泉港区
29	东岳庙景区	泉州市泉港区
30	圭峰塔景区	泉州市泉港区
31	义烈庙景区	泉州市泉港区

序号	名　　称	属　　地
32	莲山宫景区	泉州市泉港区
33	郭氏家庙景区	泉州市泉港区
34	庄氏祠堂景区	泉州市泉港区
35	连氏家庙景区	泉州市泉港区
36	六胜塔景区	泉州市石狮市
37	龙湖风景区	泉州市石狮市
38	黄金海岸	泉州市石狮市
39	红塔湾海滨浴场	泉州市石狮市
40	姑嫂塔景区	泉州市石狮市
41	虎岫禅寺景区	泉州市石狮市
42	蚶江海防官署碑记景区	泉州市石狮市
43	永宁卫城景区	泉州市石狮市
44	玉皇阁景区	泉州市石狮市
45	洛伽寺景区	泉州市石狮市
46	石狮城隍庙景区	泉州市石狮市
47	唐代林銮渡景区	泉州市石狮市
48	围头湾风景区	泉州市晋江市
49	龙山寺景区	泉州市晋江市
50	深沪湾海底森林景区	泉州市晋江市
51	灵源寺景区	泉州市晋江市
52	西资岩寺石佛景区	泉州市晋江市
53	草庵景区	泉州市晋江市
54	安平桥景区	泉州市晋江市、南安市
55	九日山风景区	泉州市南安市
56	郑成功纪念馆景区	泉州市南安市
57	郑成功陵墓景区	泉州市南安市
58	凤山寺景区	泉州市南安市
59	黄巢山景区	泉州市南安市
60	天柱岩景区	泉州市南安市
61	灵应寺景区	泉州市南安市
62	雪峰寺景区	泉州市南安市
63	高盖山欧阳詹读书处景区	泉州市南安市
64	大尾洋唐代窑址景区	泉州市南安市
65	东田南坑古窑群景区	泉州市南安市
66	五塔岩景区	泉州市南安市

序号	名　称	属　地
67	天心洞景区	泉州市南安市
68	大佰岛景区	泉州市南安市
69	青山湾、青山宫景区	泉州市惠安县
70	净峰寺风景区	泉州市惠安县
71	西沙湾民俗风情度假区	泉州市惠安县
72	灵山景区	泉州市惠安县
73	惠安古驿道景区	泉州市惠安县
74	崇武古城风景区	泉州市惠安县
75	崇武岞山八景	泉州市惠安县
76	洛阳桥风景区	泉州市惠安县
77	科山公园景区	泉州市惠安县
78	紫山一片瓦景区	泉州市惠安县
79	施琅将军陵园景区	泉州市惠安县
80	施世纶陵园景区	泉州市惠安县
81	百崎旅游区	泉州市惠安县
82	涂寨文笔山景区	泉州市惠安县
83	崇武赤湖海滨森林公园	泉州市惠安县
84	笔架山景区	泉州市惠安县
85	李光地故居景区	泉州市安溪县
86	安溪凤山风景旅游区	泉州市安溪县
87	清水岩风景名胜旅游区	泉州市安溪县
88	大龙湖旅游区	泉州市安溪县
89	志闽生态旅游园	泉州市安溪县
90	洪恩岩风景旅游区	泉州市安溪县
91	西坪铁观音发源地景区	泉州市安溪县
92	太王陵旅游区	泉州市安溪县
93	安溪文庙景区	泉州市安溪县
94	中国茶都景区	泉州市安溪县
95	清风洞风景区	泉州市安溪县
96	骑虎岩景区	泉州市安溪县
97	洪恩岩景区	泉州市安溪县
98	九峰岩景区	泉州市安溪县
99	永春牛姆林生态旅游区	泉州市永春县
100	溪塔、新村、长汀农业观光旅游区	泉州市永春县
101	船山岩景区	泉州市永春县

续表

序号	名　　称	属　　地
102	福中历史文化旅游区	泉州市永春县
103	岱山岩景区	泉州市永春县
104	林山竹海景区	泉州市永春县
105	一都中草药、野菜基地观光旅游区	泉州市永春县
106	金山寨茶园观光区	泉州市永春县
107	绿岛水上娱乐度假区	泉州市永春县
108	美岭现代山村观光游览区	泉州市永春县
109	一都山野旅游中心镇	泉州市永春县
110	百丈岩景区	泉州市永春县
111	仙洞山、普济寺景区	泉州市永春县
112	乌髻岩景区	泉州市永春县
113	苏坑产业观光游览区	泉州市永春县
114	汤城温泉沐浴度假区	泉州市永春县
115	达理名山岩景区	泉州市永春县
116	北溪农家乐生态旅游区	泉州市永春县
117	魁星岩森林公园休闲度假区	泉州市永春县
118	东关桥与北硿景区	泉州市永春县
119	桃城文化旅游区	泉州市永春县
120	玉斗、坑仔口生态茶文化休闲区	泉州市永春县
121	天湖山煤炭工业观光游览区	泉州市永春县
122	汉口香城旅游区	泉州市永春县
123	雪山岩避暑度假旅游区	泉州市永春县
124	介福陶瓷文化观光区	泉州市永春县
125	湖洋溪水上娱乐休闲度假区	泉州市永春县
126	留安山公园旅游区	泉州市永春县
127	云峰岩风景区	泉州市永春县
128	戴云山国家级自然保护区	泉州市德化县
129	屈斗宫古窑址景区	泉州市德化县
130	九仙山旅游风景区	泉州市德化县
131	石牛山风景区	泉州市德化县
132	岱仙双瀑景区	泉州市德化县
133	龙门滩旅游度假区	泉州市德化县
134	陶瓷文化旅游区	泉州市德化县
135	千年樟树王景区	泉州市德化县
136	统军庙、程田寺景区	泉州市德化县

续表

序号	名　　称	属　　地
137	桃仙溪竹筏漂流景区	泉州市德化县
138	石龙溪橡皮艇漂流景区	泉州市德化县
139	唐寨山省级森林公园	泉州市德化县
140	泰华洞蝌蚪文摩崖石刻景区	泉州市德化县
141	金液洞景区	泉州市德化县
142	大兴堡景区	泉州市德化县

附录十五：泉州市闽南文化生态保护区第一批示范区

1. 市级示范区

①古城区闽南文化生态保护示范区

责任单位：泉州市文化局、鲤城区人民政府

②清源山及其周边闽南文化生态保护示范区

责任单位：泉州市文化局、丰泽区人民政府

2. 县级示范区

①鲤城区江南新区闽南文化生态保护示范区

责任单位：鲤城区人民政府

②丰泽区东海蟳埔闽南文化生态保护示范区

责任单位：丰泽区人民政府

③晋江市安海—东石—深沪闽南文化生态保护示范区

责任单位：晋江市人民政府

④惠安县惠东闽南文化生态保护示范区

责任单位：惠安县人民政府

⑤石狮市蚶江—永宁闽南文化生态保护示范区

责任单位：石狮市人民政府

⑥南安市丰州—官桥水头石井闽南文化生态保护示范区

责任单位：南安市人民政府

⑦安溪县茶乡闽南文化生态保护示范区

责任单位：安溪县人民政府

⑧永春县桃城—五里街闽南文化生态保护示范区

责任单位：永春县人民政府

⑨德化县瓷都闽南文化生态保护示范区

责任单位：德化县人民政府

⑩洛江区罗溪—马甲—河市闽南文化生态保护示范区

责任单位：洛江区人民政府

⑪泉港区山腰—峰尾闽南文化生态保护示范区

责任单位：泉港区人民政府

附录十六：泉州市闽南文化生态保护区工作领导小组

顾　问：

徐　钢　　　市委书记

李建国　　　市委副书记、市长

傅圆圆　　　市人大常委会主任

林荣取　　　市政协主席

宋长青　　　市委常委、宣传部部长、教育工委书记

组　长：

潘燕燕　　　副市长

副组长：

许礼哲　　　市人民政府副秘书长

龚万全　　　市文化局局长

许旭明　　　市委宣传部副部长

成　员：

熊志强　　　市委宣传部副部长、市文联主席

陈健鹰　　　中国闽台缘博物馆副馆长

陈若茵　　　市发改委副调研员

吴少锋　　　市教育局副局长

郭文田　　　市民族与宗教事务局副局长

蔡思红　　　市财政局副局长

杨文龙　　　市国土资源局副局长

刘申榕　　　市建设局副局长

黄世清　　　市城乡规划局副局长

李培德　　　市文化局副局长

林育毅　　　市文化局副局长

出宝阳　　　市文化局副局长、文物局局长

温志加　　市广播电视局副局长

戴源水　　市新闻出版局副局长

吴永江　　市体育局副局长

苏　悦　　市旅游局副局长

庄劲民　　市台办副主任

倪景云　　市外事侨务办副主任

黄　强　　泉州晚报社副总编辑

陈建通　　鲤城区人民政府副区长

刘建兴　　丰泽区人民政府副区长

宋爱华　　洛江区人民政府副区长

陈国才　　泉港区人民政府副区长

郭丽莲　　石狮市人民政府副市长

蔡萌芽　　晋江市人民政府副市长

李清安　　南安市人民政府副市长

陈海涛　　惠安县人民政府副县长

郑清花　　安溪县人民政府副县长

颜丽明　　永春县人民政府副县长

丁国民　　德化县人民政府副县长

刘以炳　　泉州经济技术开发区管委会副主任

领导小组办公室设在市文化局，龚万全兼任办公室主任、林育毅兼任办公室常务副主任、谢万智任办公室副主任。

附录十七：泉州市闽南文化生态保护区专家委员会

顾　问：

陈敬聪　　市政协副主席、民俗摄影家

周焜民　　国际南少林五祖拳联谊总会主席

王仁杰　　市戏研所国家一级编剧

主任委员：

陈立德　　市政协副主席、泉州画院国家一级美术师

副主任委员：

龚万全　　市文化局局长

李培德　　市文化局副局长、副教授

林育毅　　市文化局副局长

委员（按姓氏笔画排列）：

丁毓玲　　泉州海交馆副研究馆员

王连茂　　泉州海交馆研究馆员

王建设　　华侨大学教授

王景贤　　市木偶剧团国家一级编剧

王鼎南　　市音协名誉主席、副研究馆员

朱星火　　泉州花灯专家

许进中　　鲤城区文化馆副研究馆员

李玉昆　　泉州海交馆研究馆员

张文辉　　市戏研所国家二级艺术管理

吴水木　　泉州石雕专家

吴幼雄　　泉州师范学院教授

吴珊珊　　泉州南音艺术研究院编审

何振良　　泉州府文庙文物管理处副研究馆员

陈水德　　黎明大学教授

陈桂炳　　泉州师范学院教授

陈健鹰　　中国闽台缘博物馆研究馆员

陈建中　　市博物馆研究馆员

陈鹏鹏　　市文物保护研究中心研究员

郑国权　　泉州地方戏曲研究社国家二级编剧

林华东　　泉州师范学院教授

林少川　　泉州学研究所高级编辑

郭　宁　　泉州画院国家一级美术师

郭飞跃　　市艺术馆研究馆员

谢万智　　市保护办副研究馆员

黄　坚　　泉州师范学院教授

黄炳祥　　泉州民俗专家、高级工程师

黄锡钧　　市戏研所国家二级编剧

蔡湘江　　市舞协主席、国家三级编导

漳州市人民政府批转市文化与出版局漳州市闽南文化生态保护实验区建设规划（试行）的通知

漳政综〔2009〕90 号

各县（市、区）人民政府，漳州、常山开发区管委会，市直各单位：

经研究，现将市文化与出版局制定的《漳州市闽南文化生态保护实验区建设规划（试行）》批转给你们，请认真贯彻执行。

漳州市人民政府

2009 年 6 月 12 日

漳州市闽南文化生态保护实验区建设规划（试行）

漳州市文化与出版局

（2009 年 6 月 8 日）

漳州市是个国家历史文化名城，名人荟萃，名胜古迹众多，文化底蕴深厚。漳州的芗剧（歌仔戏）、潮剧、布袋木偶戏以及木偶雕刻艺术等誉满海内外；木版年画、剪纸、灯谜等民间传统艺术丰富多彩。拥有文化部命名的 8 个民间文化艺术之乡，有国家重点文物保护单位 15 处 23 个点，省级重点文物保护单位 46 处，市县级重点文物保护单位 800 多处，市博物馆馆藏文物 9863 件。国家级非物质文化遗产 11 项，省级非物质文化遗产 43 项，市级非物质文化遗产 59 项。漳州是台湾同胞的主要祖籍地，地缘相近，血缘相亲，法缘相循，商缘相连，文缘相承。台湾同胞的开漳圣王信仰、关帝信仰、保生大帝信仰、妈祖信仰这四大民间信仰中，祖宫祖庙多数在漳州。全市共有涉台文物 243 处，既是维系海内外闽南人情感的重要根基，也是开展对台工作的重要平台。2005 年 3 月 4 日，胡锦涛同志就新形势下发展两岸关系提出了四点意见：第一，坚持一个中国原则绝不动摇；第二，争取和平统一的努力绝不放弃；第三，贯彻寄希望于台湾人民的方针绝不改变；第四，反对"台独"分裂活动决不妥协。胡锦涛在 2006 年春在福建视察时又指出：福建与台湾一水之隔，促进闽台交往具有得天独厚的优势……80%以上台湾居民的祖籍地在福建，闽南话是台湾主要方言，闽南文化、客家文化、妈祖信仰、歌仔戏、南音等都深深扎根在台湾民众精神生活当中，福建要运用这些丰富资源在促进两岸交流合作中更好地发挥作用。这些指示充分表明了党中央对台政策的新思维新发展，也为漳州发挥得天独厚的对台优势提供了机遇。2008 年 7 月，福建（漳州）土楼被列入世界文化遗产名录，不仅代表着漳州市的文化生态保护工作跃上一个新的台阶，而且为拓展对台交流领域创造了更为广阔的空间。

2005 年年底，国务院发布了《关于加强文化遗产保护的通知》，提出对"文化遗产丰富且传统文化生态保持较完整的区域，要有计划地进行动态的整体性保护"。党的十七大报告指出，要"加强对各民族文化的挖掘和保护"，"弘扬中华文化，建设中华民族共有精神家园"。《国家"十一五"时期文化发展规划纲要》明确提出要在"十一五"期间确立 10 个文化生态保护区。2007 年 6 月 9 日，文化部批准设立了我国第一个文化生态保护区——闽南文化生态保护实验区，在厦门、漳州、泉州三地先行开展区域文化生态保护实验工作，这是对闽南三市 1390 万人民的关怀和鼓励，对于保护属区悠久历史文化遗产具有十分重大的意义，对促进漳州市建设文化强市、推进两岸民间文化交流，都有积极的现实意义。

闽南文化是中华文化的重要组成部分，也是开展文化交流，联系闽台两岸人民共同精神家园的纽带。闽南文化生态保护区的建设，既是文化遗产保护体制机制和方法的创新，也是保护中华文化的重要措施之一，这标志着我国文化遗产保护进入了保护文化生态的整体性保护阶段，为探索民族文化的保护和发展、继承与创新开辟了新的道路。漳州是闽南文化丰富内涵的重要源头，在闽台文化交流中，漳台两地的文化交流意义更加深远。近年来，漳台两地文化交流日趋密切，因此，开展制定漳州闽南文化生态保护实验区建设规划工作具有重大现实意义。

据此，根据党的十七大精神和《中华人民共和国国民经济和社会发展第十一个五年规划纲要》《国家"十一五"时期文化发展规划纲要》《国务院关于加强文化遗产保护的通知》《福建省国民经济和社会发展第十一个五年规划纲要》《福建省海峡西岸经济区纲要》《福建文化强省建设纲要》《福建省"十一五"文化发展专项规划》《闽南文化生态保护实验区规划纲要》的精神和有关规定，特编制《漳州市闽南文化生态保护实验区建设规划（试行）》。

一　指导思想、基本方针、保护原则

（一）指导思想

《漳州市闽南文化生态保护实验区建设规划（试行）》坚持以中国特色社会主义理论体系为指导，以科学发展观为统领，贯彻胡锦涛同志"四个绝不"方针和视察福建讲话的精神，构建全面协调可持续发展的文化遗产保护体系，提高全社会文化遗产保护意识。充分发挥文化遗产在传承、弘扬中华文化,建设中华民族共有精神家园,增强民族凝聚力,促进人的全面发展,建设社会主义先进文化和构建社会主义和谐社会中的重要作用。

(二)基本方针

坚持非物质文化遗产"保护为主、抢救第一、合理利用、传承发展"和物质文化遗产"保护为主、抢救第一、合理利用、加强管理"的方针,科学、整体保护好文化遗产,将文化遗产保护的社会效益放在首位。

(三)保护原则

1. 以人为本原则。保障和实现群众的基本文化权益。群众有保护、传承文化的权利,依靠群众做好保护工作,关注群众的生活需求和满足群众的文化需求,通过保护好非物质文化遗产,增强人的文化自觉意识,提高人的文化素质和文明水平,促进人的全面发展。

2. 传承发展原则。充分认识地方文化蕴含着可提供人类文化持续发展的智慧和精神,继承与弘扬优秀地方文化传统,尊重各民族和各地方文化,开展文化交流,形成地方特色、民族风格和时代精神兼容的地方文化。

3. 注重生态原则。重视对文化遗产项目生存、发展生态的保护,优化文化遗产保存、延续的生态环境。维护文化生态平衡,营造一个良好的文化生态环境。

4. 统筹兼顾原则。要分步实施,点面结合,讲求突破;区别对待,分类指导;区域合作,统筹规划;要纳入经济和社会发展规划,纳入城镇建设和新农村建设规划。

5. 共同保护原则。发挥政府保护文化生态的主导作用和领导责任,以群众为文化生态保护的主体,全社会有义务共同参与文化生态保护。同时,采取依法保护与政策保障相结合,政府保护与民间保护相结合,决策系统与咨询系统相结合,财政投入与社会融资相结合等多种保护方式。

二 建设范围、建设目标

(一)建设范围

漳州市行政区域所属的八县二区一市范围内的文化遗产及与文化遗产相关的自然环境、文化生态环境,面积 1.26 万平方公里,总人口 468 万。

(二)建设目标

根据实际情况,《漳州市闽南文化生态保护实验区建设规划(试行)》分三个阶段进行,与国民经济和社会发展规划期一致。第一阶段 2008—2010 年,第二阶段 2011—2015 年,第三阶段 2016—2020 年。

第一阶段建设目标是:加大宣传力度,提高全社会的文化自觉。初步建立一套切实可行的文化遗产整体性保护制度和运行机制,完成漳州市非物质文化遗产普查工作,对濒危的物质和非物质文化遗产开展抢救、发掘、整理工作，建立健全漳州市各级非物质文化遗产名录和传承人体系，建立漳州市闽南文化生态保护实验区网站，开展试点建设，建设一批展示点、展示馆和传习中心（所），总结经验，吸取教训，探索规律。

第二阶段建设目标是：全面开展展示点、展示馆和传习中心（所）的建设。到 2016 年，建设一批必要的基础设施，文化遗产保存、保护的环境明显改善，文化遗产得到有效的保护，传承人队伍基本巩固并得到发展，全社会文化遗产保护意识普遍提高。

第三阶段建设目标是：基本形成较为完善的文化遗产保护体系，较为完整的基础设施，实现保护工作科学化、规范化、网络化、法制化。保护文化遗产成为人们的自觉意识和自觉行动，具有历史、文化、艺术和科学价值的文化遗产在良好的环境中得到全面有效保护和发展。优秀文化遗产的精神和智慧融入现代生活，促进人的全面发展，经济、文化、社会与自然生态和谐相处、持续发展。

三　建设内容

（一）资料档案建设（2008—2010）

1. 有效保护好目前已普查认定的非物质文化遗产项目和与之相关的物质文化遗产。继续做好非物质、物质文化遗产的发掘、普查、认定和登记工作，全面了解和掌握文化遗产资源的种类、数量、分布状况、生存环境、保护现状及存在的问题，及时向社会公布普查结果。2010 年内基本完成普查工作建设。

2. 成立漳州市闽南文化生态保护实验区资料信息中心。用文字、录音、录像、数字化媒体等手段对保护对象进行全面、真实系统的记录、整理，建立档案，2009 年内基本完成闽南文化生态保护实验区数据库的建设。

3. 建立漳州市闽南文化生态保护实验区网站，2009 年年底建成。利用现代化传媒手段，扩大宣传。

（二）试点建设（2008—2010）

试点建设是闽南文化生态保护实验区建设的中心工作，根据政府指导、群众自愿。专家论证、闽南文化生态保护领导小组审核批准、社会参与投入相结合的办法，在文化遗产密集或项目突出并且保护传承较好，有一定的基础设施，群众文化遗产保护意识较高，自然环境良好的地区建立保护试点；试点命名采取以地名与主要项目名称相结合的方法；注意重点保护与全面保护相结合；纳入城镇规划和新农村建设规划。

按照福建省《闽南文化生态保护实验区规划纲要》的部署，2008—2010 年为试点阶段。试点建设项目先试先行，2008 年全市已启动 7 个展示点的建设，即：

1. 漳台民间文化展示点

2. 天福茶文化展示点

3. 开漳文化展示点

4. 东山关帝文化展示点

5. 三平祖师文化展示点

6. 南靖塔下、长教土楼及古村落文化展示点

7. 福建土楼(华安)文化展示点

2009 年将继续深化,进一步完善和充实,并适时增建一批展示点,每个项目单位要根据实际情况,制定保护规划,切实保护文化空间。在此基础上,探索展示馆、传习中心(所)的建设经验,进行全面推广,逐步达到闽南文化生态保护实验区的保护目标。

(三)展示馆、传习中心(所)建设(2009—2020)

以现有的 60 个各级非物质文化遗产项目为基础,以公布的传承单位和具备条件的传承点为依托,建立展示馆、传习中心(所)。展示馆、传习中心(所)的建设应该和城市建设规划相结合,由相关县(市、区)的闽南文化生态保护实验区领导小组领导,制订具体展示规划和相关项目传承计划,报市闽南文化生态保护领导小组审批后落实到具体的责任单位和负责人。

市直:依托漳州市芗剧团、漳州市木偶剧团、漳州市艺术馆、漳州市戏剧研究所、漳州市水仙花文化艺术研究院分别建立芗剧、布袋木偶、木偶头雕刻、木版年画、南词、高山族(以排湾族为主)服饰、漳州水仙花雕刻传习中心(所)。依托片仔癀集团公司、八宝印泥厂、蔡福美制鼓有限公司、漳州市刺绣厂、泰山企业集团、漳州市民间古瓷工艺研究所建立片仔癀、八宝印泥、传统制鼓技艺、漳绣、漳台仙草传统制作工艺、漳窑(米色瓷)传统制作工艺展示馆。

芗城区:建设锦歌、大鼓凉伞舞、浦南古傩、哪吒鼓乐展示馆、传习中心(所)。

龙文区:建设檀林(威惠庙)请祖祭祀仪式、檀林食福习俗展示馆。

龙海市:建设保生大帝信俗、洋西拾福分、林前伽蓝药王巡社、宋江九州八卦阵、常春岩戏钹、龙海芗剧表演展示馆。

漳浦县:建设剪纸、竹马戏、大车鼓展示馆、传习中心(所)。

东山县:建设歌册、南音、关公信仰习俗、剪瓷雕工艺、宋金枣传统制作工艺、闽台玉二妈信仰民俗、铁枝木偶、海柳雕、海船钉造技术、肖米(烧卖)、金木雕、和尚戏、潮剧展示馆、传习中心(所)。

云霄县:建设开漳圣王巡安民俗、三山国王走溪、潮剧展示馆、传习中心(所)。

南靖县:建设福建客家山歌(漳州南靖田螺坑客家山歌)、四平锣鼓乐、竹马戏、土楼闽南山歌、提线木偶、土楼营建技艺展示馆、传习中心(所)。

平和县:建设漳台三平祖师信仰习俗、山格(慈惠宫)纪念戚家军抗倭民俗仪式展示馆。

华安县:建设高山族拉手舞、玉雕、畲家民歌、土楼民俗、土楼营建技艺展示馆、传习中心(所)。

诏安县：建设铁枝戏、"庆源号"彩绸、黄金兴（咸金枣、宋陈咸橄榄、梅灵丹）传统制作工艺展示馆、传习中心（所）。

长泰县：建设岩溪硅塘祭祀民俗、山重赛大猪祈丰年展示馆。

各展示馆、传习中心（所）应制定项目实施方案报市闽南文化生态保护中心，经专家论证确认后实施。

（四）对台交流合作（2008—2020）

漳州要依托独特的地理和文化资源优势，乘着国务院发布的《关于支持福建省加快建设海峡西岸经济区的若干意见》的东风，将闽南文化生态保护工作与对台工作有机结合起来，积极主动，逐步建立对台文化交流合作的长效机制。

1. 注重涉台文物及相关非物质文化遗产的保护。要将全市已认定的 243 处涉台文物列入重点保护范围，制定保护规划，落实保护单位。同时，积极开展涉台非物质文化遗产的交流与研究。

2. 加强对台、对外文化交流，增强闽南文化的影响力和创造力。充分利用漳州市芗剧（歌仔戏）、布袋木偶戏、木版年画、剪纸等非物质文化遗产项目的资源优势，积极组织外出，特别是入岛巡演、巡展。

3. 积极拓宽对台联系渠道。创造条件，争取与台湾地区文化、教育和科研部门建立联系渠道，对台湾地区所保存的与漳州有关的文化遗产，进行调查摸底和对接，有条件可联合开展研究。

4. 对台项目提升与发展。在保护的基础上，要做大做强对台项目，将其转化为现实生产力，从而促进旅游开发，推动文化产业发展，做大做强漳州市的对台文化。

（五）人才队伍建设（2008—2010）

以漳州市闽南文化生态保护中心为依托，各县（市、区）要培养和建设一支从事漳州文化生态和文化遗产保护、理论研究工作的专业队伍。着重挖掘、培养各方面的传承人，形成相对完整的传承人体系，让一批乡土文学家、艺术家脱颖而出。

1. 保护现有文化传承人。认定、命名非物质文化遗产项目代表性传承人、传承单位；制定各级各类传承人标准；制定传承制度、机制；开展师徒传承、团体传承、学校教育等多种形式的传承活动；建立传承人经济资助制度；建立项目活动赞助制度。

2. 培育新一代文化传承人。完善乡土教材，扩大普及面，在幼儿园推行闽南童谣和游艺教学；小学增加传统艺术、传统技艺课程；中学开设闽南民俗、乡土文化等文化课；与大中专院校联办，开设民间工艺、民间艺术等文化技术专业。

3. 培养高层次研究型人才。高校与地方联合培养研究型人才，设立闽南学学科方向，联合培养本科生、硕士生，采取相关措施鼓励就读。探讨、扩大与具有学科研究实力的高校合作，在条件成熟的情况下，培养闽南学学科方向博士生。

（六）环境修复与优化（2010—2020）

闽南文化生态保护实验区的环境修复与优化主要是提高群众的文化自觉、文化认同和文化参与,在保护实验区内试行灵活有效的改革措施,培育一个有利于文化遗产保存、保护和发展的环境,营造一个尊重传统文化的社会环境。在群众的积极参与中优化传统的文化生态,拓展适应新时期发展条件的文化活动空间。

1. 打造各地文化品牌。主要是利用民间节庆和民间信仰复苏民俗环境,优化文化生态,适时举办文化活动,打造具有地方特色的文化品牌。

市直:设立民间戏剧节、民俗文化节;举办闽南语原创歌曲、歌手大赛

芗城区:灯谜艺术节

龙海市:保生大帝文化节

漳浦县:民间剪纸艺术节

云霄县:开漳文化节

东山县:关帝文化节

诏安县:书画艺术节

平和县:三平祖师文化节

南靖县:土楼文化节

2. 广泛宣传发动,扩大影响。开展漳州闽南文化普及宣传活动,组织以传承人为主的非物质文化遗产展示表演团走进社区、企业、学校、农村巡回展演;印制一批反映漳州文化内容的提纲、宣传单、展板、画册等,在群众中广泛宣传;充分利用报纸、电视、广播、网络等载体进行传播;编辑出版一批漳州闽南文化生态保护研究丛书和杂志。

3. 注重闽南方言语言环境的修复。在确保实施《中华人民共和国语言文字法》的前提下,鼓励青少年学讲闽南话,在各级学校设立闽南文化选修课程。举办民间戏剧比赛或展演;开展闽南方言的民歌童谣吟诵、演讲比赛,提倡公务员学习闽南话。在广播、电视中增加闽南方言节目,形成有利于闽南文化保护的语言环境。

4. 注重对传承人的扶持和培养。设立专项资金,采取以项目带人才的方式对传承人的传承活动给予一定的资助和相应的荣誉。

5. 加强文化空间的保护。加大对各级文物保护单位、历史文化街区和村镇的保护、维修力度,力求使之成为精品,使闽南文化的物质载体在文化生态保护中发挥更大作用。

四　保障措施

(一)　机构保障

1. 成立漳州市闽南文化生态保护实验区工作领导小组,建立领导小组联席会议制度。领导小组组长由市人民政府分管领导担任,成员单位由市文化与出版局、社科联、发改委、经贸委、财政局、建设局、规划局、公安局、教育局、民政局、环保局、民

族与宗教事务局、台办、卫生局、体育局、广电局、旅游局及各县（市、区）人民政府等单位组成。主要职能是：审议通过建设规划（试行）和相关实施方案；设立专项资金及分配使用；监督建设规划（试行）及各阶段实施方案的落实；协调解决文化生态保护实验区建设的重大问题。

领导小组下设办公室，挂靠市文化与出版局，负责组织实施建设规划和工作计划，对保护实验区进行指导和协调。领导小组成员单位指定一名联络员，定期参加办公室联席会议。

同时，成立漳州市闽南文化生态保护中心和漳州市非物质文化遗产保护中心，两个中心在领导小组的领导下，在专家的指导下负责具体工作，办公地点设在市图书馆。

2. 成立漳州闽南文化生态保护实验区工作专家委员会，专家委员会由漳州市闽南文化生态保护实验区工作领导小组聘请的各学科的有关专家学者组成。专家委员会的职能是：对闽南文化生态保护实验区的建设规划、实施方案和技术路线、各项措施提出意见和建议；提供在保护、生存、展出和修复文化遗产方面所遇到的艺术、科学和技术等方面问题的专业咨询；承担部分文化遗产鉴定、保护、展出和修复方面的教育和培训工作；建立评价指标体系，制定相应指标，对保护实验区的工作和项目进行评估、评议。专家委员会设在市闽南文化生态保护中心。

3. 支持和鼓励一些民间文化团体参与漳州闽南文化生态保护实验区建设，凝聚民间力量开展保护活动。

4. 各县（市、区）建立相应组织机构。各展示点、展示馆、传习中心（所）明确具体责任单位和责任人。

（二）政策保障

以《福建省民族民间文化保护条例》和《国家级非物质文化遗产保护和管理暂行办法》等文件为基础依据和法律保障，制定符合本地区实际情况的文化生态保护办法和实施细则，规范保护实验区保护工作。

1. 《国家级闽南文化生态保护区保护和管理条例》

2. 《福建省非物质文化传承人传承单位保护办法》

3. 《福建省民间文化艺术之乡管理暂行办法》

（三）资金保障

1. 由市人民政府设立专项建设资金，建立资金审计监督制度。专项建设资金来源由财政预算、社会和个人捐资组成。市级财政根据财力情况，结合当年财政收支情况适当安排资金。

专项资金主要用于：项目活动，项目传承人的培养和补助；珍贵资料和实物的征集和收购；对项目传承单位、民间文化艺术之乡、文化基地的资助；相关项目的研究与成果出版，保护实验区的其他事项。

2. 各县（市、区）政府要设立相应的专项资金，并列入年度财政预算。

3. 发挥民间社团组织和全社会的作用，筹集和接受海内外各界及个人捐助资金，设立保护基金，用于项目保护。

（四）衔接落实

本《建设规划（试行）》的实施与"前言"所列举得有关文件和今后出台的有关文件相衔接。本《建设规划》公布后，列入市政府工作计划，由漳州市闽南文化生态保护试验区工作领导小组牵头，各县（市、区）及有关部门实施，动员社会力量参与，落实本《建设规划》。

厦门市人民政府办公厅转发市文化局关于厦门市闽南文化生态保护实验区建设规划的通知

厦府办〔2008〕225 号

各区人民政府，市直各委、办、局，各有关单位：

市文化局制定的《厦门市闽南文化生态保护实验区建设规划》已经市政府常务会议研究同意，现转发给你们，请认真贯彻执行。

厦门市人民政府办公厅

二○○八年九月二十八日

厦门市闽南文化生态保护实验区建设规划

前　言

一　指导思想、基本方针、工作原则

二　建设范围和目标

三　建设内容

（一）队伍建设

（二）试点建设

（三）展示区建设

（四）传习中心建设

（五）环境修复建设

（六）资料信息中心建设

四　保障措施

（一）组织保障

（二）资金保障

（三）政策保障

前　言

我国是一个历史悠久的文明古国，56 个民族在五千年的文明进程中创造了丰富多彩、弥足珍贵的文化遗产。目前，文化遗产保护受到高度重视，同时随着经济全球化趋势和现代化进程的加快，文化生态正在发生巨大变化，文化遗产及其生存环境受到严重威胁。

2005 年，在《国务院关于加强文化遗产保护的通知》（国发〔2005〕42 号）中明确提出"对文化遗产丰富且传统文化生态保持较完整的区域，要有计划地进行动态的整体性保护"。党的十七大报告也指出要"弘扬中华文化，建设中华民族共有精神家园"，"加强对各民族文化的挖掘和保护"。《国家"十一五"时期文化发展规划纲要》计划"十一五"期间在中国建立 10 个文化生态保护区。2007 年 6 月 9 日，文化部批准在福建省厦门、漳州、泉州三市设立了我国第一个文化生态保护区——闽南文化生态保护实验区，标志着我国文化遗产保护工作进入了重视保护文化生态的整体性保护阶段。

闽南文化是中华文化的重要组成部分，是联系闽台两岸人民精神家园的纽带。闽南文化生态保护实验区的建设，既是文化遗产保护体制机制的创新，也是保护中华文化的重要措施之一。根据党的十七大精神和《国务院关于加强文化遗产保护的通知》《国家"十一五"时期文化发展规划纲要》《福建省国民经济和社会发展第十一个五年规划纲要》《福建省建设海峡西岸经济区纲要》《福建文化强省建设纲要》《福建省"十一五"文化发展专项规划》《厦门市文化"十一五"发展规划》的精神和有关规定，按照省文化厅编制的《闽南文化生态保护区规划纲要》的要求，特编制《厦门市闽南文化生态保护实验区建设规划》（以下简称《建设规划》）。

一　指导思想、基本方针、工作原则

（一）指导思想

坚持以邓小平理论和"三个代表"重要思想为指导，全面贯彻和落实科学发展观，加大文化遗产保护力度，构建科学有效的文化遗产保护体系，提高全社会文化遗产保护意识，充分发挥文化遗产在传承、弘扬中华文化，建设中华民族共有精神家园，提高人民群众的思想道德素质和科学文化素质，促进社会主义先进文化建设和构建社会主义和谐社会中的重要作用。

（二）基本方针

坚持非物质文化遗产"保护为主、抢救第一、合理利用、传承发展"和物质文化遗产"保护为主、抢救第一、合理利用、加强管理"的方针，科学规划、整体保存、传承延续厦门地区闽南文化遗产及相关文化生态。

（三）工作原则

1. 以人为本原则。通过对文化遗产和传承人的保护，保障和实现人民群众的基本文化权益，满足人民群众的文化需求，培养人的文化自觉，提高人的文化素质，促进人的全面发展。

2. 注重生态原则。注重对文化遗产项目生存、发展生态的保护，优化文化遗产保存、延续的生态环境，维护文化多样性，增强优质文化基因自身活力，促使闽南文化能够持续健康发展。

3. 统筹兼顾原则。物质文化遗产保护和非物质文化遗产保护相结合，文化生态保护和自然生态保护相结合。注重区域合作，统筹规划，点面结合，分步实施。文化生态保护实验区建设要纳入国民经济和社会发展规划，纳入城镇建设和新农村建设规划。

4. 共同保护原则。发挥各级政府主导作用，完善法律法规，坚持依法保护。建立健全保护实验区工作机制，科学制定保护规划，加大经费投入，加强保护工作队伍建设，加强宣传教育。发挥人民群众在文化遗产保护中的主体作用，鼓励公民、企事业单位、文化教育科研机构、其他社会组织积极参与文化遗产及其生态环境的保护工作。

二　建设范围和目标

（一）建设范围

厦门市闽南文化生态保护实验区的建设范围为厦门市所辖的行政区域。

（二）建设目标

保护区建设分为三个阶段：第一阶段 2008—2010 年，第二阶段 2011—2015 年，第三阶段 2016—2020 年，与国民经济和社会发展规划期一致。

第一阶段建设目标：加大宣传力度，提高全社会的文化自觉；建立健全厦门市各级文化遗产名录和传承人体系；建立健全文化遗产、文化生态保护法规体系；初步建立一套切实可行的文化生态保护制度和运行机制；启动观音山—五缘湾、鼓浪屿、集美学村 3 个闽南文化传承展示区、14 个保护试点和一批传习中心的建设；建设文化遗产保护和文化生态保护区建设必备的基础设施，修复和改善文化遗产的生态环境。

第二阶段建设目标：继续建设 3 个展示区、14 个试点和各类传习中心，并在适当的时机扩大和增建若干试点、展示区和传习中心，基本形成较为完善的文化遗产和文化生态保护体系，以及较为完整的基础设施，文化生态环境得到明显改善，文化遗产和传承人得到有效的保护，全社会文化遗产保护意识普遍提高。

第三阶段建设目标：到 2020 年，实现保护工作科学化、规范化、网络化、法制化，大部分的基础设施建设达到国家标准，文化遗产和传承人在良好的文化生态环境中得到完整的保护和传承，文化遗产保护成为人们的自觉意识和自觉行动，优秀文化遗产的精神和智慧融入现代生活，构建起人与文化遗产、人与社会、人与自然和谐共存的关系。

三　建设内容

（一）队伍建设

以市非物质文化遗产保护中心为依托，建立闽南文化生态保护区研究基地和培训基地，组建一支从事闽南文化遗产保护、闽南文化生态保护的专业队伍。

充分借用厦门高校及社科团体闽南文化研究力量，努力占领文化生态保护理论高地，把厦门建成全国文化生态保护的理论研究中心和示范基地。

加强队伍的思想培训、理论培训和业务培训。定期举办闽南文化培训班，对从事闽南文化生态保护工作的建设者、机关干部与市民积极分子进行培训。

（二）试点建设

试点建设是文化生态保护区建设的中心工作，采取群众自愿、专家调查论证、政府批准支持、社会参与投入的办法在文化遗产密集的所在地建立生态保护试点；注意重点保护与全面保护相结合；纳入城镇规划和新农村建设规划。

试点管理由属地各区闽南文化生态保护实验区领导小组直接管理，相关的乡镇（街道）、村（居委会）负责人应作为领导小组成员，每个试点都要确定责任人。

试点单位如下。

思明区：梧村街道厦门史迹与闽南讲古保护试点。

湖里区：高殿街道宗族文化与民俗保护试点、塘边社区仙岳山福德文化保护试点。

集美区：灌口镇凤山祖庙庙会习俗与口传文学保护试点。

海沧区：青礁保生大帝文化保护片试点、新垵村红砖大厝传统民居与五祖拳保护试点。

同安区：五显镇北辰山庙会与王审知信俗保护试点、莲花镇小坪村褒歌习俗保护试点、造水村民间阵头游艺保护试点。

翔安区：马巷镇池王爷信俗与民间游艺保护试点、香山—吕塘村古民居与民间戏曲保护试点、后村村送王船民俗与民间艺术保护试点、金柄村拍胸舞与民间艺术保护试点、大嶝岛闽南传统建筑保护试点。

（三）展示区建设

在文化遗产密集或项目突出并且保护传承较好、有一定的基础设施、群众文化遗产保护意识较强、自然环境良好的地区建立活态展示区。

1. 建设观音山—五缘湾闽南文化传承展示区。利用现有观音山片区传统建筑一条街和五缘湾片区现有展示中心，和旅游市场建设开发结合，以前店后厂、传承人工作室的形式集中展示闽南地区各类非物质文化遗产项目。

2. 建设鼓浪屿郑成功文化、建筑艺术博览和中秋博饼民俗展示区。依托鼓浪屿的传统建筑和历史文化底蕴，以郑成功历史遗迹保护为重点，形成郑成功文化系列展示；依托已有的鼓浪屿中秋博饼节和博饼展示馆，以场地展示和活态传承相结合，复原鼓浪屿原有的人文气息。

3. 建设集美学村嘉庚建筑、闽南教育和端午民俗展示区。依托集美学村嘉庚建筑，集中展示浓厚的学村文化及闽南地区教育传统。同时结合该地区浓厚的端午习俗，开辟场地和项目展示端午习俗文化并开展传承活动。

各展示区建设应该和城市建设规划相结合，由相关区的闽南文化生态保护实验区工作领导小组制订具体展示规划和相关项目传承计划，报市闽南文化生态保护实验区工作领导小组审批后落实具体的责任单位和负责人。

（四）传习中心建设

以现有 26 个各级非物质文化遗产项目为基础，以公布的传承单位和具备条件的传承点为依托，建立市、区两级传习中心。

市级传习中心：依托市非物质文化遗产保护中心，组建以国家、省、市级传承人为主的厦门市非物质文化遗产展示表演团。依托厦门市南乐团、厦门市歌仔戏剧团、厦门市金莲升高甲剧团、厦门艺术学校、厦门市文化馆分别建立南音、歌仔戏、高甲戏、闽南皮影戏、厦门珠绣手工技艺、答嘴鼓传习中心。

思明区：建设厦门方言讲古、中秋博饼、松筠堂药酒配制工艺、厦港疍民习俗、厦门漆线雕技艺传习中心。

湖里区：建设送王船、厦门漆线雕技艺传习中心。

集美区：建设歌仔说唱、闽南童谣、答嘴鼓、嘉庚瓦制作工艺传习中心。

海沧：建设保生大帝信仰、蜈蚣阁、新垵五祖拳、厦门青草药、送王船习俗传习中心。

同安区：建设南音、歌仔戏、车鼓弄、莲花褒歌、厦金宋江阵、送王船习俗传习中心。

翔安区：建设拍胸舞、高甲戏、南音、歌仔戏、厦金风狮爷信仰、池王爷习俗、春仔花习俗传习中心。

各传习中心应制定项目传习实施方案报市、区闽南文化生态保护实验区工作领导小组批准后实施。

（五）环境修复建设

文化生态保护区的环境修复主要是提高群众的文化自觉、文化认同和文化参与，在群众的积极参与中恢复原有的文化生态。主要措施如下。

1. 恢复传统民俗节日，复苏民俗环境。重点推动"一区一节"活动，利用民间节日和民间信仰恢复文化生态，打造一批影响较大的对台文化交流合作平台。

市级：海峡两岸民间艺术节以及海峡两岸闽南语原创歌曲、歌手大赛。

思明区：郑成功文化节。

湖里区：福德文化节。

海沧区：保生慈济文化节。

翔安区：池王爷信仰或香山文化庙会。

集美区：端午文化节和凤山祖庙民俗文化庙会。

同安区：孔子文化节（朱子文化节）和北辰山文化庙会。

2. 加强宣传普及，提高市民的文化自觉。编印出版《厦门市公民文化手册》，发至每一位 16 岁以上的市民和来厦务工人员手中；组织专家编撰出版《闽南文化普及丛书》；开展闽南文化社区普及宣传，组织以传承人为主的非物质文化遗产展示表演团进社区巡回展演；出版《厦门市非物质文化遗产研究丛书》《厦门市闽南文化生态保护区年鉴》《厦门市闽南文化生态保护研究丛书》和《闽南文化研究》杂志。

3. 注重闽南方言环境的修复。在普及普通话的前提下，提倡青少年讲闽南话；推进闽南文化进学校工作，将闽南语教育列入学校选修课程；在市教师进修学院设立相关师资培训；在各类学校开展闽南民歌、童谣等的吟诵、演讲比赛；提倡公务员学习闽南话；在广播、电视中增加闽南方言节目，形成有利于闽南文化保护的语言环境。

4. 注重对传承人的扶持和培养。设立专项资金，采取以项目带人才的方式对传承人的传承活动给予一定的经济资助和相应的荣誉。

5. 加大对各级文物保护单位、历史文化街区和村镇的保护、维修力度，使闽南文化的物质载体在文化生态保护中发挥更大作用。

6. 加强对台、对外的闽南文化交流，增强闽南文化的影响力和创造力。

（六）资料信息中心建设

依托厦门市非物质文化遗产保护中心，成立厦门市闽南文化生态保护区资料信息中心。用文字、录音、录像、数字化媒体等手段对保护对象进行全面、真实、系统的记录、整理，建立档案，形成闽南文化生态保护实验区数据库。

建立厦门市闽南文化生态保护区实验区网站，扩大闽南文化在现代传媒条件下的影响。

四　保障措施

（一）组织保障

1. 成立厦门市闽南文化生态保护实验区工作领导小组，建立健全领导、协调机制。领导小组由市政府分管领导任组长，各区政府和市台办、发改委、贸发局、教育局、民族宗教局、公安局、民政局、财政局、建设局、文化局、环保局、旅游局、侨办文等部门和单位领导组成。主要职能是：审议通过保护区建设规划和相关实施方案；设立专项资金及分配使用；监督文化生态保护区建设规划及各阶段实施方案的落实；协调文化生态保护区建设中的重大问题。

领导小组下设办公室，依托市文化局，负责牵头组织实施保护区建设规划和工作计划，对保护区建设进行指导和协调。领导小组成员单位各指定一名联络员，定期参加办公室联席会议。

2. 成立厦门市闽南文化生态保护实验区专家委员会，办公室设在厦门市非物质文化遗产保护中心，由各相关学科专家学者组成。专家委员会职能：对闽南文化生态保护区的规划、实施方案和技术路线、各项措施提出意见和建议；提供在保护、保存、展出和修复文化遗产方面所遇到的艺术、科学和技术等问题的专业咨询；承担部分文化遗产鉴定、保护、展出和修复方面的教育和培训工作；对保护区的工作和项目进行评估、评议。

3. 支持和鼓励闽南文化研究会等民间文化团体参与文化生态保护区建设，凝聚民间力量，开展保护活动。

4. 各区应建立相应组织机构，明确具体实施部门。各试点、展示区和传习中心要明确具体责任单位和责任人。

（二）资金保障

1. 市、区两级政府设立闽南文化生态保护实验区专项资金，列入年度财政预算；专项资金主要用于试点、展示区和传习中心建设、环境修复建设及其他各项建设。

2. 发挥民间社团组织和全社会的作用，设立厦门市闽南文化生态保护基金。筹集和接受境内外各界及个人捐助资金，用于项目保护。

（三）政策保障

以《国务院关于加强文化遗产保护的通知》《国家级非物质文化遗产保护和管理暂行办法》和《福建省民族民间文化保护条例》等法律法规为依据，制定符合保护实验区实际情况的保护办法和实施细则，规范保护工作。

（四）衔接落实

本《建设规划》与"前言"所列举的有关文件和今后出台的有关文件相衔接。本《建设规划》公布后，列入市政府工作计划，由厦门市闽南文化生态保护实验区工作领导小组牵头，各区各有关部门实施，动员社会力量参与。

厦门市人民政府办公厅

2008 年 10 月 6 日印发

研究综述与述评

开漳圣王文化研究综述

梁　丹[*]

开漳圣王文化是漳州历史文化名城的根基，也是闽南地域文化的重要组成部分，同时，它还是维系两岸关系的精神纽带。因此，改革开放以后，研究者们逐渐认识到其重要性，从 20 世纪 80 年代起，开始对这一课题展开研究，取得了较丰硕的成果。本文对开漳圣王文化研究作一粗略总结，以期为下一步研究提供参考。

一　开漳圣王文化研究的脉络

对开漳圣王文化的研究始于 20 世纪 80 年代初，经过 30 年的探讨，取得了较大进展，共形成研究成果 100 多篇（部）（主要以中国期刊全文数据库为依据）。根据研究的内容及成果的数量，可大致以 2005 年为界，分为前、后两阶段。

前阶段主要从史学的角度，对开漳圣王陈元光及其家族部将入闽开漳治漳的史实及意义、陈元光的籍贯身世、开漳圣王信仰等方面进行研究。汤漳平、林瑞峰《论陈元光的历史地位和影响》、陈元煦《陈元光与漳州畲族——兼谈陈元光启漳的影响》等可看作发端之作。但直到 20 世纪 80 年代末，研究成果只有寥寥数篇，未形成真正的研究气氛。进入 90 年代，随着文化热的持续升温，地域文化研究的备受关注，特别是 1990 年 12 月，在漳州召开的"陈元光与漳州开发国际学术讨论会"，使得这一研究慢慢进入状态。80 年代末至 90 年代初，部分研究者还围绕陈元光的籍贯生平及其诗集《龙湖集》真伪展开激烈的讨论。此后至 21 世纪初，云霄、厦门等地都举办了有关陈元光的学术研讨会，漳州成立了陈元光研究会，研究逐渐走向深入，但成果数量较前有所减少。

2005 年 11 月，在漳州举办的第三届闽南文化研讨会上，明确提出了加大陈元光研究力度的建议。因此，从 2005 年至今的后阶段，研究的内容与成果数量都有新的突破。研究者们开始将开漳圣王文化放在文化学视野下进行审视，开漳圣王文化内涵、开漳圣王文化开发等也成为这一阶段研究的新内容。短短数年成果数量接近前阶段。

　＊　作者简介：梁丹（1964—　），女，福建省云霄县人，福建广播电视大学漳州分校讲师。原文刊载于《漳州师范学院学报》（哲学社会科学版）2013 年第 1 期。

2010 年 6 月第三届国际开漳圣王文化联谊大会期间，召开了"开漳圣王文化国际学术研讨会"，可看作对这一阶段研究的总结。

二　开漳圣王文化研究的主要内容

（一）陈元光开漳治漳史实及其评价

这方面是研究的重点内容，研究者们围绕陈元光及其家族、部将入闽平蛮，开漳治漳的贡献展开讨论，形成了各种观点。

1. 陈政、陈元光入闽平乱的意义、性质

多数研究者对于陈政、陈元光父子评定"蛮撩啸乱"这一事件取得较一致看法并予以充分肯定，认为它"实现了当时的泉潮之交，即今天的闽南粤东地区的社会安定，民族融合和历史进步"。虽然陈元光从维护唐王朝的利益出发，做过一些损害少数民族的事，但功大于过，从本质上讲，他维护了国家统一，制止了分裂和部族割据。陈政、陈元光父子率兵入闽平定因民族矛盾引起的武装冲突，是为了恢复、稳定那里的社会秩序，给百姓一个安定的生活、生产环境，其积极意义不可低估。

许多研究者认为，"平蛮"事件不只是一次单纯的军事行动，而是带有移民性质的活动，是一次有计划、有组织的大规模安眷漳郡的迁徙开发活动。因为若是单纯的军事行动，不仅不能携带眷属，而且按府兵制规定，战事一经结束就应"将归于朝，兵散于府"。

但有部分研究者对"平蛮"事件的可靠性提出质疑，认为实际并无唐初陈元光在漳州地区平定"蛮撩啸乱"之事发生。陈元光平乱在潮不在漳，所平的主要对象是汉族之"寇"，而不是"蛮"。现流传的所谓陈元光在漳"平蛮"故事最早出自《白石丁氏古谱》、万历四十一年（1613）《漳州府志》及此后的一些方志与族谱的杜撰。黄向春指出这种现象是汉人认同驱动下的历史记忆的重构。

2. 陈元光开漳治漳功绩

陈元光的历史贡献主要在于开漳治漳，研究者们从不同角度论述了陈元光治漳业绩，给予高度评价。

汤漳平、陈元煦、王天祀、何池、李志坚等人从总体上论述了陈元光及其家族开发漳州的历程，认为陈元光治漳期间在政治、经济、文化教育等方面所采取的一系列措施，对推动漳州地区的发展、促进民族融合起到重要作用，因此，陈元光为漳州地区的开发做出了重大的贡献。

何池论述了陈元光的开漳活动完成了儒学在漳州传播的奠基性工作；何惠华阐述了陈元光以儒家思想治理漳州的特色；徐伯鸿阐述了陈元光的施政思想：陈元光针对自己施政平台的特点，选择并贯彻推行了唐太宗的治国思想和治国措施，并为实现这种思想采取了一系列的配套措施，取得了治理漳州的巨大成功，是初唐杰出的政治实践家；孙炜从文化教育方面论述了陈元光的治漳政绩，认为陈元光作为一个政治家的特殊之处，在于他是一个特别重视教育的政治家，他将教育、道德导向、社会教化等融为一体，分门别类地为官员、一般民众和青年子弟提供各自不同的教育内容，取得了很大成效，促进了漳州文教事业的发展。

许晶认为陈政、陈元光父子率领中原民众入闽后，不仅在开漳治漳方面做出了重要贡献，而且在传播中原先进文化、促进民族团结与加快泉潮经济社会发展方面均大有建树。郭启熹记述了陈元光及以下六代人对开发龙岩的贡献。

陈元光的开漳治漳活动对闽南文化的形成具有重要的影响。汤漳平认为唐代是闽南文化的形成期，其奠基者是唐初率领中原移民入闽的陈政、陈元光父子。李乔论述了固始人陈元光和王审知两次率众入闽，带去先进的中原文化，对闽文化的形成产生了重要影响。

（二）陈元光籍贯家世考辨

正史没有关于陈元光的记载，各种方志与族谱对陈元光的记载又各不相同，因此，研究者们对其籍贯家世等问题争论不休，并于 20 世纪 80 代末至 90 年代初形成争论高潮。主要观点如下：

固始说。相当一部分研究者根据明清以后编纂的有关志书、族谱，认为陈元光籍贯为河南光州固始。张耀堂、欧潭生、卢美松等皆持这种观点。李乔还从唐初全国形势、军事制度以及固始人口状况来分析陈元光固始籍贯的合理性。

揭阳说。谢重光、杨际平等对陈元光的固始籍贯提出异议，认为其应为广东揭阳人。谢重光根据唐代张鷟《朝野佥载》、林宝《元和姓纂》、陈元光僚佐丁儒后人《白石丁氏古谱》、清修《广东通志》的有关记载，认为陈元光先世为河东人，从祖父一代起居潮州，为广东揭阳人，陈元光曾为岭南首领。归顺朝廷后，从父入闽戍守，又自闽提兵平定粤中动乱，受到朝廷嘉奖，官拜怀化大将军、鹰扬卫将军。杨际平经过考证，认为固始说所据史料不可信，揭阳说史料较符合情理。

河东说。黄超云认为陈元光家世出于鲜卑族，原居河东（山西运城古名"河东"），后被迁往光州固始，由此入闽。

另外，贝闻喜认为陈元光原籍是河南光州（但不一定是固始），即今潢川县。肖林也认为弋阳（光州）即今潢川说与史实较相合。

对于以上几种观点，有的研究者认为，每种观点都有一定道理，但又有欠缺和不足。王大良认为最接近事实的说法是：陈元光是陈朝皇室之后，在其曾祖时因出任涉（今河北涉县）令而留居清漳水边，至其祖父时又因做官的缘故不断迁徙，初居固始，后迁揭阳并留居于此，直到陈元光时迁居漳州，子孙遂为漳州人。因涉县在唐代属河东道潞州上党郡，故亦可认为陈元光为河东人。郑墉认为根据陈政、陈元光家族唐初的移徙变迁，陈元光籍贯的几种说法均有采信的理由，可综而析之：河东是其祖籍地；光州固始是其驻扎家居、奉诏出征地；岭南为其征战戍守地。并从文化学视角指出：

陈元光及其随行部将的后裔都认为自己祖上是光州固始籍（甚至被同化的闽越土著后裔也追随入闽汉人改称自己的祖先来自光州固始），该现象反映的是一种典型的族群认同（对中原文化的认同）。

（三）《龙湖集》真伪考辨及研究

清末民初纂成的若干《陈氏族谱》刊载了陈元光的诗集《龙湖集》。因为这部诗集未见于此前的志、谱，因此研究者们对其真伪进行了认真的考辨，如同陈元光籍贯身世问题，亦展开了激烈的讨论。

首先提出质疑的是谢重光，其举证了诗集中的地名、人物、职官、名物、制度、犯讳及其他方面的多处纰缪，说明《龙湖集》为后人伪作，并指出作伪的动机与说陈元光家于光州固始一样，是为了抬高门第。杨际平从《龙湖集》诗句本身以及何池《陈元光〈龙湖集〉校注与研究》的错、漏，或不符逻辑处证明其为伪作。

而欧潭生、卢美松则认为，谢文所举地名、名物、制度、犯讳之谬，有的属断句之误，有的是被误识曲解，因此不能据此断定其为伪作。汤漳平认为，《龙湖集》中作品均系后人伪作的论点在许多重要方面尚缺乏说服力，但也不能不加分析地一概看成陈元光的作品，其中的一些诗篇确实存在可疑之处，在证据不足的情况下，不能轻易下结论判定伪作。娄曾泉也认为有明显的作伪痕迹，但不认为全部是伪作。

有的研究者从不同角度对《龙湖集》进行了研究：何池是力主其真的研究者之一，其对《龙湖集》中的诗歌作了校注与研究，认为陈元光是唐南方边塞诗的开拓者。翁奕波就《龙湖集》等遗存诗篇的思想内容、艺术成就，及其对唐代南方诗坛的贡献等方面进行研究 [35]。徐伯鸿、郭丽平对《龙湖集》的诗风进行了探讨。程彦霞对陈元光战争诗的内容和艺术特色进行了总结。吴文文对《龙湖集》的用韵特点进行了分析，认为不能因其部分出韵现象而判断《龙湖集》非陈元光所作。李技对现存 14 种《龙湖集》版本进行了考述。

（四）开漳圣王信仰研究

陈元光战殁后，官方及民众感于其丰功伟绩，为其立庙祭祀，历代统治者也多次进行追封，直到被尊为"开漳圣王"，因此形成了以祭祀陈元光为主，兼祀其亲属与部将的开漳圣王信仰，这一信仰已成为闽南尤其是漳州地区的主要民间信仰之一，是开漳圣王文化的核心，研究者们给予了普遍关注。

陈元光的神化。许金顶剖析了陈元光由祖先英雄演化为地方区域神明的成因及基本途径。黄伟民认为宗族传统中的祖先崇拜意识在陈元光神化过程中起了重要作用。冯大北、张秀春认为南方自古就有的"重巫鬼，尚淫祀"的宗教氛围是培育陈元光由人到神的土壤，陈元光从历史人物变成民间神祇，有一个缓慢的过程，其神化是在南宋。陈思认为南宋政权对陈元光及其亲属部将的神格化是其实现对闽南地区社会控制的手段。孙炜则认为在历代朝廷的一次次追封下，陈元光完成了由人到王再到圣的转变，但对陈元光真正的尊敬和崇拜还是来自民间，陈元光形象神格化的实现和完成也是在民间。

开漳圣王信仰的特点。郑墉总结了开漳圣王信仰是由以开漳圣王为核心，以其直系亲属为辅助，以其部将僚属为拱卫组成的体系，其特点有四：①众认其祖，跨越血缘关系；②庙宇广布，超出邑郡范围；③亲属部将，共享奉祀香火；④融入民俗，民众世代传承。蔡永茂、蔡德疆、方群达、汤毓贤等人考察了起源于云霄、流传于我国台湾及东南亚地区的圣王巡安民俗。

开漳圣王信仰的传播。明末清初，随着漳州人移民台湾地区，开漳圣王信仰开始在台湾地区传播，同时也随着旅居海外的华人流传到海外。邓孔昭考察了我国台湾开漳圣王庙的特点并总结了我国台湾开漳圣王崇拜的社会历史原因。林国平、吴云同认为，伴随我国台湾社会的变迁，开漳圣王信仰的社会职能也不断发生演变。高致华总结了开漳圣王信仰在台湾地区的传承与发展，并将它与台湾地区特有的"开台圣王"信仰作了比较研究，认为相对于开台圣王信仰，开漳圣王信仰在台湾信仰文化中的重要性有降低的趋势。简有庆介绍了台北地区的11座开漳圣王庙的创建历史和信仰概况，以及有关开漳圣王信仰的传说，认为开漳圣王的信仰见证了台北地区漳州人的开发史。段凌平考察了我国台湾及东南亚地区开漳圣王庙宇的组织特点。汤毓贤专著系统介绍和研究了台湾地区的开漳圣王信仰文化与其两岸交流。

另外，孙炜阐述了开漳圣王信俗的深厚的精神文化内涵与丰富的文化表现形式，并提出建构开漳圣王信俗文化的建议。

（五）开漳圣王文化内涵、价值、开发及其他方面的研究

近年来，一些研究者开始关注开漳圣王文化内涵、意义、价值等方面的问题，对其开发利用提出自己的看法，这是开漳圣王文化研究的新拓展，具有重要的现实意义。

林殿阁、陈易洲、邹聪顺认为开漳圣王文化是种独特的文化存在，首次对其内涵、特征、人文价值与意义等方面做了较为全面的探讨。周晓红阐述了开漳圣王文化的内涵、特色及弘扬开漳圣王文化的现实意义，并提出了开发开漳圣王文化资源的策略。廖仲柏总结了开漳圣王信仰文化旅游资源开发的意义，指出现阶段开漳圣王信仰文化旅游资源开发存在的不足，并提出相应的开发对策。

另外，汤漳平回顾、总结了开漳圣王文化研究所取得的成绩，指出目前研究中存在的问题，并对下一步研究提出建议。

三　加强开漳圣王文化研究的建议

综上所述，开漳圣王文化研究从无到有，取得了可喜的成果，成为闽南文化研究的重要内容之一。但同时也不可否认，研究中仍存在诸多欠缺与不足。对此，汤漳平先生已有所总结，笔者在此另作几点补充：开漳圣王文化内涵极其丰富，但迄今为止的研究主要集中于开漳史事、开漳圣王信仰等方面，较少涉及其他方面；对陈元光本

人的研究较多，而极少论及其他开漳先贤。因此，后续研究应致力于拓宽开漳圣王文化研究范围，以揭示其丰富内涵。

（一）加强开漳圣王文化内涵的研究

这是亟须弄清的问题，它关系到研究应涵盖的内容及范围。什么是开漳圣王文化？它包括哪些方面的具体内容？近年来虽有所探讨，如概括为"开漳治州文化、民间信仰文化、寻根文化"，"其内容涵盖陈元光及其家族和属下部将开漳建漳的历史，也包括从唐至今我国闽、粤、台地区和东南亚地区民众对陈元光的祭祀活动"等，但这样的表述显然不够准确、全面。从广义上说，文化是人类所创造的物质财富和精神财富的总和，因此，与开漳圣王有关的一切方面都应纳入开漳圣王文化的范畴。

开漳圣王文化积淀了独特、深厚的精神内涵，提倡弘扬开漳圣王文化、弘扬陈元光精神，就必须明晰其精神内涵。因此，应加强对开漳圣王文化的深入挖掘。

（二）加强开漳圣王文化开发应用研究

这一新形势下出现的新课题是近几年（2005 年以后）才展开的，它对于弘扬和展现开漳圣王文化、增进两岸关系、推进漳州经济发展具有重要的现实意义。但目前的研究还很薄弱，不仅成果数量少，而且多侧重于宏观上的研究，还未涉及具体的个案研究，今后应予重视，将其作为研究的重点。

（三）加强对有关遗迹、故事传说、其他开漳先贤等方面的研究

开漳圣王文化在形成、发展过程中留下许多历史遗迹，产生了许多故事、传说，这些方面的研究寥若晨星；陈政本人及丁儒、李伯瑶、沈世纪等陈元光著名部将僚佐也少有关注。这些均应纳入研究视阈。

福建南音音律理论研究综述

宋　佳[*]

一　引言

福建南音素有"华夏传统音乐的活化石"之称，其渊源远溯汉唐，形成于宋代，发展于明清。在其形成发展过程中，继承华夏音乐的优秀传统，广泛吸收当地民间音乐和华夏古典音乐、文人音乐、戏曲声腔，甚至外来音乐的精华，将之融为一体。福建南音的乐律学研究是南音形态学研究中的一个重要组成部分。本文拟通过民族音乐学的实证方法，从调、谱、器三个角度对福建南音的音律关系进行分析，发现其中的某些规律。

二　研究现状与不足

1885 年，英国学者亚历山大·约翰·艾利斯（Alexander John Ellis，1814—1890）的论文《各民族的音阶》问世，这是一篇民族音乐学领域（时称"比较音乐学"）的重要论文。艾利斯"利用手头所拥有的乐器来测定音阶的音高"，并"致力于掌握构成音阶的音高所具有的多样性"。这篇论文开启了对民族民间音乐特殊律制研究的先河，同时也尝试着利用律学原理和通过科学实践来进一步解释民间音乐。

对民间音乐乐律学的研究自 20 世纪 80 年代起就已成为我国音乐学研究中的重要部分。缪天瑞在《律学》一书中阐明了中国民族音乐律制的研究方法，提出要"利用现代先进的测音技术或自制测音工具，对我国各族人民的民族民间音乐和戏曲音乐等进行广泛的音律测算和律制核定"，例如，对各种传统乐器演奏上律制的测定和研究，对戏曲音乐的调式结构测定，对各方面的演奏和演唱者的演出进行音律分析，得出我国民族音乐中装饰音、装饰滑音和吟音的规律，等等，都是今天律学研究的重要任务。

　　* 作者简介：宋佳，福建师范大学音乐学院音乐学专业 2011 级钢琴艺术及其教育方向硕士研究生。原文刊载于《黄河之声》2013 年第 4 期。

缪天瑞一书中所提出的注重理性、讲究实证的方法对后来的民间音乐乐律学研究产生了广泛的影响。韩宝强的《论陕西民间音乐的律制》，童忠良、郑荣达的《荆州民歌的三度重叠与纯律因素》及孙玄龄的《京剧音乐中微音分情况的实测与介绍》等论文都开始尝试通过严谨科学的测音方式对民间音律加以研究。李玫的博士论文《"中立音"音律现象的研究》更是将对中国民族音乐中极具特色的"中立音"现象的探究建立在对民间曲调、乐器进行广泛测音和对民族音乐进行大量田野调查的基础上。近年来，中央音乐学院音乐研究所更是开展了对新疆十二木卡姆音律现象的大型调查研究。

我国近几年来对福建南音的研究已经取得了相当大的进展。虽然目前还鲜有单纯对福建南音进行乐律学研究的论文，但学者们从调、谱、器等角度出发，也得出了许多涉及南音音律问题的结论。笔者对这部分文献资料进行了系统梳理。

首先，从"调"的角度出发研究南音律制特点。宫调理论是南音研究中被探讨得最多的，而宫调理论本身属于"乐学"范畴，因此，它对南音乐律学研究的重要性不言而喻。王耀华先生的《福建南音唱腔旋法中的多重大三度并置》一文在探讨南音唱腔、旋法的特征时涉及了南音的乐律特点，"南音五空管旋法中的这种以大三度框架为特征，四重宫角并置及其音高位置的相吻合，我们应当将它看成是已知的以曾侯乙钟磬铭文乐学体系为代表，重视三度关系的乐律学理论，'甫頁——曾'体系以宫商徵羽为纲和固定名标音传统，在音乐实践中的继承"。认为先秦时期楚音乐文化的代表——曾侯乙钟乐律理论对南音的唱腔旋法产生了重大影响。吴世忠在《论福建南音音律——音列活动特点同"色彩"的关系》一文中则从南曲管门与音律——音列活动的关系的角度出发，认为南音音律继承了我国古代"六律以奉五声"乐律学的理论，并以"同均三宫"的理论解释福建南音复杂的色彩现象。"福建南音是有古音阶特点的，其移宫犯调式不仅源于'同均三宫'而且具有典型的民族特点。而且，它的每一种'调'——即音律—音列活动，也无不与'同均三宫'中调的概念有密切的、千丝万缕。""各管门具有小同律学意义的音，按一定的规律联络和运动，不仅区分了宫调，而且，同类调式的一系列不同特点也随之产生。"陈梅生的《泉州南音五空管燕乐调溯源》一文论述了南曲五空管燕乐调与臁乐及唐燕乐犯宫移调理论之间的联系，指出宋代律学家蔡元定所提出的"四定为宫""七闰为角""变徵以于十二律中阴阳易位"的见解与韦皋时期对臁乐燕乐化的实践相符合。而今天南音中传统的黄钟均背双调、越调与林钟均背双调为这些论点提供了鲜活的例子。

其次，从"谱"的角度出发研究南音的律制特点。王耀华、刘春曙研究了南音谱字变易与宋代"大晟律"之间的关系，认为福建南音的谱字在历史上曾有一次移律，以五空管取代四空管而成为正调，这与宋代"大晟律"的颁布及"五正""二变"音阶理论相关，南音现存的以五空管为正调的谱字音列，与宋代朱熹《琴律说》谱字音列和张炎《词源》谱字音列的相近，可以从宋代黄钟音高的变化中寻找根据。宋徽宗崇宁四年（1105）颁布的大晟律，其黄钟音高以 d′ 为标准，并作为全国统一音高标准。它曾经引起了音乐理论和实践的一次大变革。这就是，除了应律乐器的调首音的变化、管乐器筒音和弦乐器定弦音的改换之外，记谱法方面的变化，则确定了以黄钟为"合"字，仲吕为正调。朱熹《琴律说》和张炎《词源》所记载的谱字、音高、音列似可作为这种变化的历史见证，并得出了"南音五空管在定律原理上与《琴律说》和《词源》谱字相吻合"的结论，指出"南音五空管在定律原理上与《琴律说》《词源》相吻合"，"南音谱字中的移律，即以四空管为正调变为五空管为正调，与宋代大晟律以 d′为黄钟"有关。

再次，从"器"的角度出发研究南音律制特点。这方面的研究主要集中在对南音正律器的研究上。目前，音乐学家们对这一问题各抒己见。多数学者认为南音乐队中最重要的乐器是洞箫，因此其正律器理所当然就应该是洞箫。李健正在《长安古乐与福建南音的音律研究》一文中指出"福建南音真正的正律器是洞箫"，他将南音的 X 工谱分为六个正律与十二个变律，并认为这就"构成了中音区五声十八律的特殊现象，以适应各种转调"。笔者亦对南音洞箫做了较为详细的测音，并对测音数据加以分析，认为南音的 X 六音的音分值"远离三分律之变徵，而更接近四分律之清角，是古代清声在音乐实践中的一种实例"。笔者在行文末尾还对南音乐律研究的未来发展提出了建议，南音音律的设计方法及其科学数据并未求得。现在只明确了南音的律制是匀孔笛律，并测得一支匀孔笛（洞箫）的 X 工谱音律，这种音律是经过调整的音律，但它是在什么基础上来进行调整的？匀孔笛是如何制造的？只有找到了匀孔笛孔位的设计方法，计算出这些孔位准确的音律数据，才算找到了福建南音的音律基础，有了这个基础再计算出 X 工谱各音的可调音分值，才算最终找到南音的音律。李健正在文章中初步探讨了南音音律的一些特点，但是，仅仅通过对洞箫这一件乐器的测音研究就能够找到南音真正的音律吗？这恐怕有失偏颇。王金旋在《南音洞箫是八尺吗——为南音洞箫正名》一文也肯定了洞箫对南音表演的重要性，并探讨了洞箫的基本音律，认为南音洞箫是一种按七声音阶排列的音律方式，一个音阶内的音程关系分别为大二度、大二度、小二度、大二度、大二度、大二度和小二度（do，re，mi，fa，sol，la，si，do），属于七声音阶体系范畴。王耀华、刘春曙在《福建南音初探》一书中对福建南音定律之器的归属提出了相同的意见，认为南音真正的正律器应该追溯到宋代的筚篥。他们认为，琵琶（南琶）在南音演奏中占有重要的、极其特殊的地位，而自古以来"筚篥为应待乐器，琵琶由筚篥定弦"；并指出，尽管弦管在演奏时没有筚篥，但其谱字、管门与筚篥的谱字、调门、管色却有着密切的联系，由此而得出了"南音一方面其管门以筚篥管口为名，一方面以筚篥为定律之器，又证实了福建南音对唐宋传统的继承和保留的"结论。

三 结语

综上所述，迄今为止，学术界在对南音音律问题的研究上虽已经取得一定进展，但尚未得出统一的结论，同时也缺乏详细、严谨的科学测音数据报告。当前，运用科学的手段进行测音被认为是当代研究民族民间音乐律制问题最有效最直接的方法。我国民间音乐的形态各异，其音律现象更是复杂多样。就现存的乐律学文献而言，关于民间音乐律制研究的资料并不完整，要做这方面的研究必须通过对古往今来音乐形态学方面的资料进行系统整理，方能从中窥得有关民间音乐音律现象记载的只言片语。此外，对福建南音进行乐律学研究需要具备扎实的中国传统乐律学理论知识，要能够熟练运用现代音乐分析软件进行测音并能够对测音的结果进行准确的计算与分析。尽管近年来国内外所展开的有关各民族民间音乐的调查工作使南音音律的研究有了可循之路，但想要对这个问题进行深入的分析探讨、得出更具说服力的结论，则必须通过大量的科学实验及实地考察。笔者认为，我们应将科学的测音方式同对中国古代乐律学文献的综合梳理及对相关人文背景的解读结合起来，全面地、客观地分析福建南音的音律特点。

摩尼教与宋元东南沿海农民起义
——研究述评与展望

杨富学　史亚军

宋元以来东南沿海的农民起义往往与民间秘密教门息息相关，而这些教门的形成，都或多或少地与摩尼教存在着一定的联系，这是中国摩尼教研究颇值得关注的现象。

摩尼教是公元 3 世纪由波斯人摩尼（Mani，约 216—277）所创的宗教，历史上流传甚广。在传入中国后又有明教或"苏邻法"之称，由于宋代以降于东南沿海多演变为秘密宗教而与农民起义相结合，教外人士又多蔑称之为"吃菜事魔"。该教长期流行于闽浙一带，其中尤以霞浦、温州、宁波、泉州、福安、福州诸地最为盛行。甚至于当下，福建霞浦一带仍有完全民间化的明教徒存在。浙江温州民间至今还留存着需于某日忌茹荤、穿白衣之团体，当为古摩尼教之遗存。

20 世纪初，中外学者们即致力于中国摩尼教的研究，50 年代以来，由于受国内农民战争史研究热潮的推动，摩尼教（明教）与农民起义的关系问题引起了学术界的关注，尤其是华化摩尼教与"吃菜事魔"的关系，以及明教与农民起义的关系这两大问题，引起了热烈讨论，极大地促进了华化摩尼教研究的深入发展。近年，关于这些问题的研究有渐趋沉寂之势。可喜的是，近来福建霞浦相继发现的一大批宋元至明清时期的摩尼教文献，如《摩尼光佛》《乐山堂神记》《兴福祖庆诞科》《奏申牒疏科册》等，这些内容对重新认识宋元摩尼教与农民起义之关系大有裨益，颇为值得关注。这些促使我们对过往的研究成果进行回顾与思考，以期推进这一领域研究的深入与向前发展。

一　宋元时代的明教、"吃菜事魔"及秘密教派问题

中国的摩尼教研究肇始于 20 世纪初敦煌石室中摩尼教文书的发现，而注意"吃菜事魔"问题的应首推王国维。他在沙畹、伯希和广泛搜罗史籍中摩尼教材料的基础上，撰成《摩尼教流行中国考》，又新增了方勺《泊宅篇》等几则关于"吃菜事魔"以及魔教的记载，并云"右古书所记摩尼教事，其概如此"。可见其将两者等同视之，但缘

---

　* 作者简介：杨富学，博士，西北民族大学历史文化学院教授，敦煌研究院研究员，兰州大学博导；史亚军，西北民族大学历史文化学院硕士研究生。原文刊载于《宗教学研究》2013 年第 2 期。

何如此，并未说明。嗣后，吴晗先生亦述及这一问题，认为明教即"吃菜事魔"，并在南宋时开始与白云、白莲等合流，以致影响到元末的红巾起义以及明朝的国号。而这种现象的出现应缘于宋时各种宗教流派的合流。这一认识是很有见地的。其后，不少学者都接受这一看法，叶显恩云："'吃菜事魔'中的事魔指宗奉魔教，亦即摩尼教。"也有的虽接受这一观点，但有不同理解，如有的认为"摩尼教又称明教，亦称食菜事魔"，也有的认为宋代明教渊源于唐代摩尼教，后掺杂了佛道内容而成为与摩尼教有别的秘密教派。陈士愕更引据元代张铉纂《至正金陵新志》卷8《陆子通除妖害记》所谓"白云，魔教之滋也"的记载，而白云菜、白莲菜之属，"名目虽多，实则就是一个摩尼教"。日本学者重松俊章更认为在会昌以后，摩尼教转为秘密流传，自五代至宋被称作明教或吃菜事魔，由于与唐代正统的摩尼教在教理与仪式上有出入，故可称为"新摩尼教"。

陈垣认为："宋人所指之吃菜事魔，是否为摩尼教，抑包含白莲、白云在内，今不可知。"不过教外之人是将几者混为一谈的，南宋陆游《渭南文集》卷5《应诏条对状》中列举的诸如"二会子""四果""金刚禅"此类，做出了判断，即"四果系白云宗，非摩尼教，见释门正统。牟尼教即摩尼教。明教亦摩尼教"，而至于两者的关系，云"所谓吃菜事魔者，果不尽摩尼，而摩尼实受当时诸秘密教派之株累"。此说渐次成为主流说法。

牟润孙在谈及该问题时，一方面云"吃菜事魔"不能等同于摩尼教；另一方面又说在仪式上，"宋代夜聚晓散吃菜事魔之徒，皆尚能行摩尼教法，无大异于其初也"，显得自相矛盾。日本学者竺沙雅章提出质疑，认为"四果"并非前人所说的白云宗之一宗，通过两宋史料中有关"吃菜事魔"演变的梳理，认为吃菜事魔主要集中于南宋，且随时间的推移而含义有变，应包括摩尼教、白云宗及白莲宗等在内的一切威胁宋朝统治的秘密教派，但以明教为主。各派被混为一谈，始作俑者乃宋廷受命镇压明教势力的地方官员。此说颇得鹄的，惟其否认明教与佛及民间信仰的融合，似有可商榷的余地。宋代史料中所谓的"道民"其实是半僧半俗的非法奉佛团体，与白云宗颇为接近，但并非牟润孙与吴晗所言为变异明教徒。陈高华亦持大致相同的观点，根据南宋初年王质《论镇盗疏》中有关"吃菜事魔"的记载，认为"吃菜事魔"应系包括摩尼教、佛教异端在内的一切秘密教派的总称，摩尼教只是其中之一，所以称吃菜事魔为摩尼教还是异端摩尼教，都是不合适的。

林悟殊指出：将摩尼教称为"吃菜事魔"的，仅限于一些佛教徒而已，而当时的统治者并未将二者画等号，所以历史上的"吃菜事魔"，既可能是摩尼教也可能不是。刘南强也对以往学者论及的庄绰《鸡肋篇》中"吃菜事魔"史料用诸摩尼教提出质疑。此后，茵传明撰文进一步指出宋代江南的"吃菜事魔"信仰是融合摩尼教、佛教、道教、土著传统信仰等多种文化成分的大众信仰，因适应当时下层民众物质和精神的需要，其信仰者也主要是下层民众，简言之即"吃菜事魔"是包含多种摩尼教因素的中国民间信仰。自唐宋以来盛行于中国各地的以"吃菜"为号的大众信仰的主要观念，很可能来自中亚的摩尼教。贾文龙也提出了新的解释，指出："'吃菜事魔'的由来，一是其信仰摩尼教，二是其体现了下层人民的宗教情感。宋政府用此称呼先指江南公开活动的明教徒，后指江浙一带山村秘密宗教信徒。"由于摩尼教徒特殊的宗教仪式及奇风怪俗，逐渐被外部社会所误解而致边缘化，后又被失职的地方官员当成了社会叛乱的替罪羊，最终成为宋代秘密宗教的代名词。

　　总体来看，这些撰述支持了竺沙雅章的观点，即认为"吃菜事魔"非特指摩尼教（明教），除包括摩尼教外，还包括带有佛教、道教属性的异端团体。他们对于"吃菜事魔"与摩尼教的关系着墨较多，而对同期的"二会子""四果""金刚禅"等此类秘密教派的关注甚少。

　　对这一问题的重新关注，首推王见川《从摩尼教到明教》的出版。该书在检讨前人研究的基础上，对传统史料做出了不同理解，用大量篇幅来探讨这一问题。首先应注意王见川否认会昌后摩尼教的中国化，也否认林悟殊关于会昌后中国摩尼教分上、下层存在现状的论点，这是他之后论述宋代明教与秘密教派关系的前提。在这一前提下，否定了明教与"吃菜事魔"及秘密教派之间有关系的可能性，认为"吃菜事魔"实指"二会子""四果""金刚禅"等佛教异端团体，且"魔"字也并非如前人所说是官方对信奉摩尼教者的恶谥。检诸王氏之说，颇可商榷，如将《释门正统》中记"事魔者"所奉《二宗经》与明教《二宗经》视为两部经文，理由是前者讲述"男、女不嫁娶，互持不语"的内容，与后者讲述明暗二宗的内容大相径庭。作者轻信了佛教史家宗鉴的记载，而宗鉴处于佛家的立场，对异教的经典明显持有排斥、污蔑的态度，其对所谓"道民""白衣师道"为非法平民结社的定性，似还有待进一步探究。王氏之所以会有这样的理解和认识，恰恰是受到了上面点出的"两个否定"的局限。不过此后他对"白云菜"和"白莲菜"所做的系统梳理，则颇多可取。

　　可以看出，对"吃菜事魔"与摩尼教关系的讨论，经历了从开始的对等肯定，到前者包括后者但不完全对等，再到完全是两个概念之三个阶段。不过最近的田野调查发现了相左于后两种观点的资料（详后），对上述问题，需要进行重新探讨。

二　摩尼教与宋元东南沿海农民起义的关系

　　明教自晚唐历五代至宋元，在东南沿海一带活动频繁，对当地秘密教派的形成与发展影响甚大，故学界对民间秘密宗教的研究大都以摩尼教为始。

　　据《僧史略》《佛祖统纪》及《释门正统》等佛书的记载，五代梁时爆发的陈州母乙起义为"末尼党"所为，沙畹、伯希和及陈垣均将其视作摩尼教材料予以收录，以后学者亦如是处理，鲜有异者。在20世纪80年代，刘南强始提出质疑，认为此次起义可能由佛教异端分子发动，佛教史家的主要目的是给摩尼教抹黑。因此摩尼教只是替罪羊而已。稍后的王见川接受是说，进而指毋乙之"末尼党""根本不是摩尼教，极有可能指的是外国成分浓厚的佛教异端团体"。林悟殊与王媛媛从摩尼教华化进程出发，认为这次起义的"某些表现实与摩尼教之华化进程相左，殊难与摩尼教沾边"，并云"假如历史之毋乙果有如此之言行（按：指其反佛言论），则陈州里俗并非学佛，而是反佛。倘然，则毋乙之徒益不可能是摩尼教"。不过，大多数学者还是认同两者之间的关系。

对于北宋末年的方腊起义，中国摩尼教研究的先驱们并没有将两者联系起来，倒是 20 世纪 50 年代以来，在中国历代农民起义研究的领域里，有不少著作把方腊说成摩尼教的信徒和首领，具体说法有方腊是"青溪摩尼教首领"，或曰方腊是"睦州一带的魔头"，或曰方腊是"食菜事魔教的首领之一"。直到 1979 年朱瑞熙的《论方腊起义与摩尼教的关系》及 1980 年李裕民的《方腊起义新考》两篇大作相继发表，始对两者的关系提出新看法。前者在指明宋代有两支摩尼教的前提下，否认方腊是摩尼教信徒或首领，但对摩尼教在这次起义中的作用则予以肯定，指出在起义末期得到了以吕师囊、仇道人等为首的几支摩尼教秘密教派的支持响应。后者在考证了《青溪寇轨》中所载方腊于起义前"演说"存伪的前提下，认为方腊起义不是食菜事魔教起义，方腊也不是事魔教主，但响应方腊起义的吕师囊和仇道人则是事魔教起义。同时，该文还首次提及方腊起义与北宋政府禁断"吃菜事魔"的关系，即禁断令是受后期响应方腊起义的吕师囊等事魔教起义的影响。其后学界多接受是说，如日本学者竺沙雅章的文章认为方腊并不是摩尼教徒，其发动的这次起义可能与私盐贩有关。

而对方腊所用的妖术，玖志认为应与吃菜事魔者所用的"狐涎法"有关。康志杰先生将"吃菜事魔"与摩尼教分开看待，认为前者是后者入华后在民间的变种，已远离摩尼教教旨，杂糅佛、道以及民间巫术，是一种宗教的泛化，成为方腊起义所利用的工具和组织保证。王见川在接受上述方腊非摩尼教徒论点的基础上，对两文认定的起义后期吕师囊、仇道人等摩尼教秘密派的响应又予否认，将其统归为与方腊起义性质不同的异端教派起义，认为明教徒并未影响方腊叛乱。近期研究者，仍有不少主张方腊起义是摩尼教徒所为。不论方腊起义是否与明教有染，北宋宣和年间对"吃菜事魔"之禁止当与之脱不开干系。至于南宋初年钟相、杨么起义之"巫术"，学者们也更多趋向于将之与摩尼教相联系，甚至认为就是摩尼教徒发动的。

摩尼教在北宋后期与白莲、弥勒会等发生了关系，故有学者认为元末农民起义也曾受到摩尼教的影响。如吴晗先生认为明教在会昌遭禁后，与佛道相混合，北宋末又与净土白莲、弥勒相融汇，乃至影响了元末红巾军起义的爆发。马西沙先生认为弥勒教与摩尼教融合后，在宋元时形成了"香会"团体，在韩山童的领导下发动了红巾起义。此外，韩秉芳、林梅村亦认为摩尼教影响了元末的红巾起义。

对于元末陶宗仪所著《辍耕录》中的《扶箕诗》是否为农民起义时的口号，以及其与摩尼教的关系，叶显恩指其为农民起义所用的口号，并断言韩山童、刘福通是明教徒，更以明人杨仪所写的《金姬传》为据，将《扶箕诗》与明教以及张士诚、韩山童的农民起义军联系起来。此后，杨讷从摩尼教徒不自称"魔"，韩山童是白莲教世家以及《金姬传》的史料价值等三个方面论证，否定了《扶箕诗》是农民起义军口号及韩山童等是明教徒的观点，并认为这些起义不是摩尼教徒而是白莲教发动的。此外，更有学者认为清代天地会组织亦由摩尼教发展而来。

三　总结与展望

综上所述，可以看出，自 20 世纪初以来，宋元之明教与"吃菜事魔"及各种秘密教派的关系及其与农民起义的关系等问题的研究都取得了较为丰硕的成果，但囿于史料的稀少与零散甚至自相矛盾等客观因素的制约，各领域的研究是不均衡的，有的领域存在较大的局限性。例如，学界对宋元时代明教的发展虽多有关注，但其基本走向却一直未能厘清。不过，这一局限随着新近福建晋江、莆田、福州，尤其是霞浦带有摩尼教属之遗迹、文献的新发现，情况有了很大的改观。如由粘良图发现的晋江草庵签诗，就具有浓厚的摩尼教气息，更为有趣的是粘粮图还将其还原成一首藏头诗，内中有不少诗句就与摩尼教经文暗合。同时，粘粮图经过多年的田野调查，挖掘到了大量诸如族谱类的民间材料，这对厘清宋元至明清摩尼教的走向具有重大价值。如青阳庄氏族谱中发现的对明教斋堂有"菜堂"的称谓。再如宋人李守谦有《戒事魔十诗》，其中有"劝尔编氓莫事魔，魔成划地祸殃多……莫念双宗二会经，官中条令至分明……蚩蚩女妇太无知，吃菜何须自苦为"之语。"吃菜"即摩尼教之谓也。而诗中的"魔"，同样是指摩尼教。与此可相互印证的还有南宋朱熹的私淑门人真德秀（1178—1235）于嘉定十四年（1221）再任泉州知府时发布的《再守泉州劝农文》，敦促泉民"后生子弟，各为善人，各守本业……莫习魔教，莫信邪师"。这里的"魔教"，并非无的放矢，而是特指摩尼教，"邪师"显然是指摩尼师。

这些说明，当时的"菜""魔"之类，本身就是对摩尼教（明教）的称呼。至于"吃菜事魔"被用于指代摩尼教以外的其他宗教，则应是因为摩尼教影响大，以至在某些场合成为民间秘密宗教的代称。

传统观点认为明清以后摩尼教就不存在了，然而，粘良图近日刊布的霞浦摩尼教文献《缴凭请职表》，其中有"谨表奏为大清国福建……居住，奉佛追修，缴凭升秩"之语，可见有清一代霞浦地区仍有明教徒的定期活动。自 20 世纪 80 年代以来，粘良图等于晋江发现了不少明清及民国时期的摩尼教遗迹，证明在那个时代泉州等地尚有摩尼教遗留存在。在民国所修的《平阳县志》中同样有摩尼教信徒存在于温州的记载。福州明教文佛祖殿（1998 年改名为"福寿宫"）及其分炉——福建闽侯县上街镇石砂村明教文佛祖殿的存在，证明自清至民国时期摩尼教在当地仍有所流行。

特别值得注意的是，自 2008 年 10 月以来，在北宋霞浦摩尼教教主林瞪（1003—

1059) 第 29 代裔孙林望先生的主导下，由中国社会科学院世界宗教研究所专家学者金泽、黄夏年、郑筱筘、陈进国及北京摩尼文化传媒有限公司张凤女士等亲临福建霞浦进行学术考察并收集资料，在霞浦县有关部门的帮助支持下，积极发动宗亲和乡贤查找相关线索和各类资料，先后在霞浦县柏洋乡上万村周围发现了大量宋元明清以来的摩尼教文献与文物，现知者有《摩尼光佛》《高广文》《冥福请佛文》《乐山堂神记》《明门初传请本师》《借锡杖文》《借珠文》《付锡杖揭》《奏申碟疏科册》《功德奏名奏碟》《兴福祖庆诞科》《吉祥道场申函碟》《吉祥道场门书》《门迎科苑》《祷雨疏奏申碟状式》《送佛文》《摩尼施食秘法》《缴凭请秩表》及多种无名科文等，内容极为丰富，堪称自 19 世纪末 20 世纪初以来，继吐鲁番、敦煌摩尼教文献发现后，中国境内摩尼教文献的第二次大发现。这些写本明显带有晚近时期摩尼教的民间化与脱夷化倾向。非常幸运的是，笔者师徒有缘获得这些文献的研究权与发表权。根据这些新文献，大致可以勾勒出霞浦摩尼教的系谱，始祖为回鹘摩尼僧呼禄法师，在霞浦文献中称作胡天尊，再后依次为胡古月—高佛日—西爽—陈诚庵—孙绵—林瞪。若以一辈相差 20—25 年计算，自 843 年摩尼教遭禁至 966 年孙绵建寺，共历一百二十三年，时间上正好吻合。林瞪时期，霞浦摩尼教得以发扬光大，对后世产生了深远的影响，故而受到当地摩尼教信徒的特别推崇。直到今天，霞浦县柏洋乡柏洋村、上万村和塔后村等地每年定期举行规模盛大的祭祀明门教主林瞪公之法事活动，都显示出当下仍有完全民间化的摩尼教信仰的存在。笔者更有幸得见颁发于 20 世纪 80 年代的度牒（未刊），更为摩尼教遗存尚留霞浦之明证。这些势必会对宋元摩尼教的研究产生极大的促进作用。

　　众所周知，摩尼教本是一个尚"和"的宗教，与佛教颇类，"反对以斗争的手段来改变苦难的现实，只是要信徒洁身自好，行善修道"。如敦煌本《摩尼教残经》即要求信徒们"不乐斗挣喧乱，若有斗挣，速即远离；强来斗者，而能伏忍"，"心恒慈善，不生忿怒……常怀欢喜，不起患心……于一切处，心无怨恨……心不刚强，口无粗恶"。那么，一个尚和的宗教何以成为农民起义的工具？这是学界长期未能解决的问题。笔者通过对霞浦摩尼教文献的爬梳，指出在摩尼教沦为民间秘密宗教之后，"长期受到官方贬抑和镇压，出于自我保护的需要，明教开始崇尚武力"，并于北宋初年形成了较为完善的堂口制度。"由于明教具有秘密性的特点，而且拥有组织严密的堂口，崇尚强硬法术，这些均有利于农民起义的宣传、组织与发动，故宋元时代东南沿海地区频繁爆发的农民起义很多都与摩尼教息息相关。"霞浦摩尼教教主林瞪可以被视作宋元东南沿海民间秘密教门之始祖。通过对霞浦摩尼教文献及相关历史的研究，可为深入认识摩尼教武化问题提供锁钥。

　　除受资料缺乏这一因素的制约外，是否对摩尼教自唐以后"华化"进程有合理的理解，亦决定了对宋代以来摩尼教（明教）认识的深度，不然即难免受其掣肘。所以要正确理解摩尼教华化之进程，不能孤立单一地看待这一问题。摩尼教自 843 年会昌法难被禁后，经历了从公开活动到"秘密结社"、从上层信仰到"民间宗教"的转变。如上揭之晋江一带发现的带有摩尼教属性的遗迹，就具有很浓的佛教意味；霞浦发现的大量有关摩尼教的科仪文本，其中很多祷文与敦煌本摩尼教文献《下部赞》如出一辙，彰显出二者之间的渊源关系。同时，霞浦文献也保留了摩尼教或佛化或道化或民间化的面貌，其中《摩尼光佛》是仅有的表现出对佛教依托味道浓烈的科仪文，显示了与唐代摩尼教的一脉相承。《奏申牒疏科册》反映了福建霞浦等东南沿海摩尼教的道化和走向大众化，《乐山堂神记》体现了对道教神系和地方神灵的吸收，尤其是有完整的祖师传承体系，以及其中对林瞪与明教门形成之关系等，体现出摩尼教向民间化和地方化转变的轨迹，以至进一步华化依附于民间信仰而存在的事实。当然，上揭这些只不过是霞浦文献之中所体现出重要信息的冰山一角而已。

总之，在深入研究摩尼教之华化的同时，运用新发现的材料，结合前贤的他山之石，对宋元乃至明清以来摩尼教（明教）与"吃菜事魔"等秘密教派以及与同期东南沿海农民起义之关系的重新思考，深层次地探究宋元以后摩尼教（明教）之走向，庶几为当务之急。

清朝郑成功史料综述

黄 莺*

郑成功这位明清易代时期叱咤风云的大英雄因为其身份的多样性以及地位的重要性，从古至今都是史书和各类研究明清史著作中谈论的关键人物。本篇论文旨在将清朝对郑成功的记载和研究做一些梳理和总结，以便日后的研究者在研究郑成功时，能有一个较为清晰的历史脉络。

一 清初到光绪之前

（一）官方

在明郑势力降清后，康熙曾多次做出大方之举，例如允许郑家后人将郑成功、郑经等人遗骨葬于福建南安家乡，并且赐予挽联："四镇多二心，两岛屯师，敢向东南争半壁；诸王无寸土，一隅抗志，方知海外有孤忠。"这些其实都是康熙皇帝所做的表面功夫，考察历史我们会发现，他对郑氏家族讳莫如深。在郑克塽投降以后，清朝官方仍然继续用"逆臣""伪权"这样的字眼来定义郑氏。乾隆年间官方修的《八旗通志》中，郑成功仍然被列入《逆巨传》中。

除此之外，清代官书类型的史籍还有《靖海纪事》《闽烦汇编奏疏》《平闽纪》十三卷、《粤闽巡视纪略》六卷、《钦定台湾纪略》《平定台湾述略》一卷、《清代官书记名台湾郑氏亡事》四卷、《梁宫保壮献记》《国初东南靖海记》《康熙勘定台湾记》《明延平忠节王始末》等。

（二）民间

1. 郑氏族人及其故吏所著之书

关于郑成功生平的第一手资料，目前学术界认为最为重要的当属杨英的《先王实录》。杨英曾经在郑成功军队里任户都事一职，在郑经时期，他又被派遣负责粮饷事宜。正因为他身居要职，所以在他的《先王实录》中记载了众多其他书籍中所没有的珍贵史料。书中叙述了郑成功亲自统率指挥的各次重要战役，对战前的策划部署、战

* 作者简介：黄莺（1986— ），女，福建泉州人，硕士研究生学历，泉州幼儿师范高等专科学校助教，主要研究方向：比较文学与世界文学。原文刊载于《青春岁月》2013 年 1 月（下）。

争过程、战后整编赏罚等都有详细说明。郑氏对外来往的许多文书，该书都是全文抄录。此外，作品还载有郑成功告谕部署之语以及他在重大事变中所流露出的真实情感，这些都是我们研究郑成功形象的重要材料。在清朝将郑成功家族视为叛贼的情况下，这本明郑政权立场鲜明的《先王实录》被长期淹没，直到1922年才首次出现手稿存在的记录。

曾担任郑成功幕僚的阮曼锡所著的《海上见闻录》同样具有第一手史料的价值。书中对郑成功杀死郑联、兼并厦门郑氏部队等事件进行了更加直接的描写。虽然阮曼锡是郑成功旧部，但是该书的创作时间却是在明郑政权刚刚灭亡之际，也许是因为阮曼锡个人感情倾向，书中并没有顺应当时的政治环境使用"伪""逆"等具有贬义的字眼，而是使用了"赐姓""海上""海兵"等中性词语。《海上见闻录》在清朝属于私下流传之书，直到民国初年，才由上海商务印书馆首次印刷发行。

上述两本由郑氏故吏所著之书，皆因为清朝统治者对郑成功家族的封杀，而淹没在那个时代的洪流中。但是其本身内容对于我们今天做研究而言，是极为珍贵的材料。属于台湾郑氏及其故吏所撰诸书这一类别的史料主要还有《延平二王遗集》《大明中兴永历二十五年大统历》《台湾郑氏关系文书》一册、《石井本宗（郑氏）族谱》《延平王户官杨英从政实录》《闽海纪要》三卷、《王忠孝公全集》十二卷等。

2. 民间人士对于郑成功之记载

民间人士对郑成功的记载可以有两种倾向，一种亲郑，一种则是跟随官方态度。

我们先对亲郑的史料进行一番梳理。郑成功去世后，在17世纪末到18世纪，在中国尤其是闽南和台湾一带，郑成功形象经过一段时间的酝酿升华，呈现出了浓厚的神话色彩。这一时期最经常被引用的史料是江日升所著的《台湾外志》。除此之外，明末清初人士对于台湾郑氏之记载这一部分的史料主要还有《靖海纪略》四卷、《赐姓始末》一卷、《郑成功传》《自麓藏书郑成功传》二卷、《郑成功纪略》《台湾外志前传绣像明季孤忠五虎闹南京六十三回》《东村纪事》一卷、《台湾郑氏始末》六卷等。

另一种便是倾向于官方态度的史料。19世纪70年代以前，也就是清末之前，清朝官方都用"伪""逆"等字眼来形容以郑成功为首的郑氏家族。在统治者的施压下，清代出现的有关郑氏家族的众多书籍都将郑成功视作叛逆之臣。郑亦邹所著的《郑成功传》引述了康熙皇帝对郑成功的评价："明室遗臣，非吾乱臣贼子"，确定了其官方基调。这句话虽然看似是对郑成功的肯定，但文中却直指他窃用明朝帝号纪年，批评他行为迂腐狂妄，并把人民饱受战乱之苦归罪于他。郁永河的《伪郑逸事》、吴伟业的《绥寇纪略》（又称《鹿樵纪闻》）等都将郑成功的行为视为叛乱，把产生战乱的根源归罪于郑成功。

二 晚清时逐渐树立郑成功的正面形象

晚清之前，为了稳定国内局势，郑成功一直被塑造成逆臣形象。1874年，日本出兵台湾的牡丹社事件，让清政府意识到台湾作为国家海防据点的重要性。因此，同年5月14日，清廷派遣沈葆祯作为钦差大臣到台湾办理海防事务。台湾地方士绅杨士芳等人在沈葆祯抵达台湾后，便向他情愿，表示希望清廷在台湾为郑成功立祠。沈葆祯将此事上奏朝廷，在奏折上，沈葆祯表示，虽郑成功忠于明朝，但由于他具有"感时仗节，移孝作忠"的忠义精神，对人民有表率作用，所以仍请皇帝允许在台湾为郑成功立祠。1875年，光绪皇帝批准了此事，并由礼部追谥他为"忠节"。同年三月，在沈葆祯的主持下，旧的开山王庙被拆除，原址上重建起了一座福州式的延平郡王祠。

在经过了一百多年对郑成功的打压后，由于外国势力的入侵，清朝官方开始改变对他的负面评价，希望通过接纳郑成功形象，拉近与闽台人民的距离，以便更好地统治台湾，安定国家边疆。

对于曾经被明朝赐予国姓的郑成功，清朝中央仍是持有一定的保留态度，这从对他的谥号就可以看出。按照清康熙二十年之后的追谥方法，亲王、郡王的谥号只有一个字，中级官员才用两个字的谥号。由此可知，矛盾的清政府既想利用郑成功形象，又碍于清廷本身的立场问题，所以便用"降一级"的方式为郑成功追谥。

相对于清朝中央的半遮半掩，闽台地方官员对郑成功的褒奖就显得毫不掩饰。例如沈葆祯为延平郡王祠所撰的楹联："开万古得未曾有之奇，洪荒留此山川，作遗民世界；极一生无可如何之遇，缺憾还诸天地，是创格完人。"台湾建省后首任巡抚刘铭传在1889年也为他撰写了楹联："赐国姓，家破君亡，永矢孤忠，创基业在山穷水尽；复父书，词严义正，千秋大节，享俎豆于舜日尧天。"

总之，清朝时期的郑成功形象变化，与当时的政治背景关系极为紧密。清朝统治瓦解之后，郑成功反清复明这一话题便不再敏感，对于郑成功的研究也逐渐趋于客观理性化。

明清海上商业力量研究述评

刘俊坷[*]

明清时期是世界历史进程中的"突变"时期，也是传统中国走过辉煌而单调的漫长历程而进入了"天崩地解"的剧变时代。然而，这一切变化却是由原本被人们视为渺茫难测的海洋而引发的。从世界范围来看，无论是傲然天下的陆上帝国，还是偏居海隅的蒙昧部族，均在这一"突变"中渐次走上了新的历史舞台和别样的发展道路。世界历史揭开了新的一页。毋庸讳言，在如此众多的变局之中，海上商业力量成为不可或缺的关键因素。在某种意义上，海上商业力量的崛起是人类近代史开端的重要推进器。它不仅推动了人类对海洋的深度开拓，而且引起了社会政治结构、经济结构甚至文化结构的跨越式变迁。长期以来，东西方历史发展进程的相异与海上商业力量的关系引起了学者们热切的关注和考量。特别是 20 世纪 50 年代以来，中国大陆学术界和海外部分学者在明清时期海上商业力量研究方面取得了前所未有的成就，学术成果大量问世，不仅在研究的内容、研究的深度和广度方面有所突破，而且在史料的挖掘、整理和利用方面也超越了以往任何一个时期。现以时间坐标为参照序列，对中华人民共和国成立以来我国学术界和部分海外相关研究成果，分别作考察和评述。

一 海外贸易史研究

15 世纪以来，海外贸易的发展是自宋元以后中国海外贸易持续扩大的直接反映，不仅体现在官方层面，也表现在非官方政策控制下的私人海上贸易的勃兴。张维华的《明代海外贸易简论》对明代海外贸易的发展概况进行了一般性的总结和粗线条的勾勒。傅衣凌的《明清时代商人及商业资本》一书认为，明清时代无疑是中国封建社会一个重要的转折时期，海上商业力量的壮大为资本主义萌芽的产生奠定了基础。但同时由于旧的生产方式的坚固性和内部结构的束缚，又使得海上商业力量受到限制，不能走向良性的发展路径。李金明的《明代海外贸易史》认为明代前期与中后期的海外贸易有明显不同的特点。前期的海禁政策导致了海外贸易的式微，海澄月港部分开放

---

　* 作者简介：刘俊坷，（1970—　），男，云南民族大学人文学院讲师，历史学博士。原文刊载于《云南民族大学学报》（哲学社会科学版）2013 年第 1 期。

海禁，结束了明代前期维持近 200 年的朝贡贸易体系，并使明代后期的私人海外贸易得到迅速的发展，同时在贸易的推动下，使大量的华人开始移居到东南亚，形成了中国海外移民的一个高潮。李金明、廖大坷的《中国古代海外贸易史》是对中国古代海上贸易发展轨迹的回顾，特别是对贸易制度的沿革做了较深刻的考察和分析。王日根、陈支平《福建商帮（中国十大商帮）》，陈柏坚、黄启臣《广州外贸史》，张晓宁《天子南库——清前期广州制度下的中西贸易》是三部区域贸易史研究专著，书中对海外贸易商人的发展、构成和衰落的原因进行了分析。杨国桢等《明清中国沿海社会与海外移民》，何芳《川状平洋贸易网 500 年》，陈希育《中国帆船与海外贸易》等从移民、航线、贸易网络等层面勾勒了明代以后海上贸易的基本发展态势和轨迹。

与此同时，学者们还从不同的视角，对海上私人贸易进行了学术探讨。林仁川《明代私人海上贸易商人与"倭寇"》，田培栋《明代后期海外贸易研究——兼论倭寇的性质》两文对海商与倭寇之间的关系进行了不同角度的考察，认为部分海商在明代海禁政策下走向了"倭寇"的队伍。李金明《明代后期私人海外贸易性质初探》，林仁川《明清私人海上贸易的特点》，李金明《明代海外贸易实质初探》、晁中辰《论明代的私人海外贸易》等论文从不同的角度对明代非官方政策允许的民间海外贸易进行了研究。

值得一提的是，林仁川《明末清初私人海上贸易》是对明清之际私人海上贸易研究的力作。作者从私人海上贸易发展的历史背景、海商的反海禁斗争、私人海上贸易集团的形成、海上贸易港的出现、私人海上贸易的影响和作用及其发展的困难和障碍等层面进行了全景式的描述。上述研究表明，所谓的私人海上贸易抑或民间海上贸易都是当时政府对外政策下的衍生物，沿海地区经济发展和社会需求促动了贸易的发展。从某种意义看也是对宋元以来海上贸易发展的反映。

海上贸易是经济史的研究范畴，以经济研究为切入点使海外贸易史也取得了相当多的研究成果。李龙潜《明代广东的对外贸易》，黄启臣《清代前期海外贸易的发展》，黄启臣《明代广州的海外贸易》，晁中辰《论明中期以后的海外贸易》，林仁川《论十七世纪中国与南洋各国海上贸易的演变》，冯立军《清初迁海与郑氏势力控制下的厦门海外贸易》等文章，从经济史的层面对明清时代特别是自 16 世纪以后中国海外贸易的发展状况及历史地位进行了深入探讨，文章以经济学的研究方法，较为准确地分析了明清时期海上贸易的发展状况和不同时期的具体特征。

陈希育《清代海外贸易的经营与利润》，李金明、舒青《初迁海时期的海外贸易形式》，陈伟明《明清粤闽海商的海外贸易与经营》，庄国土《论 17—19 世纪闽南海商主导海外华商网络的原因》，邱旺土《清代前期海外贸易商的构成》则是从海外贸易的经营方式、运作模式等方面进行探索的代表。

韩振华《十六世纪至十九世纪前期中国海外贸易航运业的性质和海外贸易商人的性质》，陈伟明《明清粤闽海商的构成与特点》等文对海商的性质、构成及发展走向进行了论证，认为明清时期海商的构成限制了自身的发展壮大，虽然出现了较大规模的海商，但仍是传统商业经营方式的延续，并不能从中看出向现代商业组织模式深化的迹象。

朝贡贸易是明清时期海外贸易的重要组成部分，对这一问题进行研究有助于我们厘清明清时期海上贸易政策转向的历史背景。晃中辰《论明代的朝贡贸易》，庄国土《论郑和下西洋对中国海外开拓事业的破坏——兼论朝贡制度的虚假性》，李金明《论明初的海禁与朝贡贸易》，祁美琴树《清代朝贡体制地位的再认识》等学术文章以翔实的史料，从实证原则入手，对明清时代的朝贡贸易做出了许多非常有益的研究，澄清了很多学术问题。

另外，李金明《试论明代海外贸易港的兴衰》，黄顺力《明代福建海商力量的崛起及其对海洋观的影响》，徐晓望《论17世纪荷兰殖民者与福建商人关于台湾海峡控制权的争夺》，何锋《明代海上力量建设中的官民互动》等文章则强调了海上商业力量的发展是客观环境影响下的产物，国内政策和西方殖民势力的东来均对中国海商的发展有至关重要的影响。

综括来看，既往的研究从整体上对明清时期海上贸易进行了多方位的考察，基本描绘了明清中国海上商业力量的发展路径与历史实景。但我们也可以看到，由于时代背景的局限，在研究方法和结构上，仍然显得过于单一，多重描述而缺少相应深入的分析。传统史学的研究方法固然重要，但新方法的运用可能会使研究对象的面目更加清晰。譬如，如何在多学科的视野下，突破以往研究中过度局限于经济领域的范畴和纯粹以经济学的研究手段对若干重大问题进行阐释的藩篱，从而更加全面地把握明清时期海上商业力量发展进程，仍是值得关注的问题。

二　对外政策和制度研究

明清时期，由于诸多的内外诱因，中国的对外政策发生了历史性的偏转，与宋元时代的海疆政策大相异趣。从历史发展的轨迹来看，中央政府的对外政策是影响海上商业力量发展的重要因素之一。因此，围绕这一问题的讨论，学术界产生了多部重要的研究论著。

陈尚胜《闭关与开放——中国封建晚期对外关系研究》认为中国封建社会晚期所谓的闭关与开放是相对而言的，两者均是当时的政府根据自身的需要而制定的对外政策。陈尚胜另文《"杯夷"与"抑商"：明代海洋力量兴衰研究》认为明清王朝内外有别的商业政策导致了中国海洋事业的长期落后局面。虽然当时的中国商品在海外非常畅销，但明清政府的"抑商"政策阻断了通过海外贸易利润来获得发展的中国海商的资本壮大之路。更为严重的是，西方通过对华贸易获得了经济上的起飞，迅速实现了早期的资本积累，从根本上改变了中西方之间的实力对比，也由此造成了近代以来中国长期受制于西方的被动局面。万明《中国融入世界的步履：明与清前期海外政策比较研究》是明清时期对外政策对比研究的力作。该书在研究对象和研究路径上独辟新径，以对外关系中的海外政策这一内容进行研究，着重阐释了明与清前期的海外政策发展过程，对重大的外交政策做出了新的诠释与评价。作者认为，从整体主导趋向来看，贯穿明朝海外政策的主线是开放的，因而其海外政策的实践也是较为成功的。而贯穿清朝海外政策的主线则是封闭的，因此严格意义上的闭关政策是在清朝形成、确立和完备的，最终导致了近代国家民族的深重灾难。

晁中臣《明代海禁与海外贸易》，王日根《明清海疆政策与中国社会发展》，陈国栋《东亚海域一千年（历史上的海洋中国与对外贸易）》，陈尚胜《中国传统对外关系的思想制度与政策》，李庆新《明代海外贸易制度》等论著分别从政治、经济、文化和制度等层面对明清政府的外交政策进行了深刻剖析。研究认为，对外政策不仅有现实的政治、经济需要，更有深刻的文化思想背景，16 世纪以来的中国沿海已不复昔日的平静祥和，西方殖民势力开始进入中国东南海域，时代背景的变幻对明清政府外交政策的变化有重要的影响。

肇始于近代的历史伤痕令学术界对 16 世纪以后中国对外政策倾注了更多的目光。自 20 世纪 70 年代末戴逸《闭关政策的历史教训》发表后，探讨明清时期政策走向闭关的学术论文大量涌现。陈柯云《论清初的"海禁"》，汪敬虞《论清朝前期的禁海闭关》，王先明《论清代的"禁教"，与"防夷"："闭关主义"政策再认识》，韦庆远《论康熙时期从禁海到开海》，向玉成《清代华夷观念的变化与闭关政策的形成》，史志宏《明及清前期保守主义的海外贸易政策》，范金民《明清海洋政策对民间海洋事业的阻碍》等文倾向于明清时期，尤其是清朝后期开始形成了闭关自守的政策导向，并因此造成了近代以来中国落后挨打的局面。何瑜《清代海疆政策的思想探源》是研究清代海疆政策的代表性成果。何文认为清朝的海疆政策是传统治边政策的一个缩影。以仁义为核心、以怀柔为手段、以武备为威慑力量、以德化一统为目标的治边思想，不仅被历代封建统治者所吸收和采纳，不断地丰富和完善，而且被清统治者在海疆政策中继承和发展。由于清代前期历朝统治者均重西北陆路边疆而轻视东南海疆，因而造成了海疆治理的长期弱化和边缘化。虽然在殖民主义者横行世界的时代，清朝的海疆政策在很大程度上抵制和延缓了西方商业殖民者的入侵，但同时也形成了与西方世界的相对疏离，从而拉开了中国与先进资本主义国家之间的距离。

这一时期研究成果最突出的特点是，突破了以往学术领域的某些桎梏，专题研究不断深化，新的研究手段和研究方法推陈出新，提出了新的观点和看法，在诸多重大理论问题上取得了创新性成果，推动了对明清时期对外政策的深入研究。主要不足在于过度重视国家层面对商业力量发展的影响，而对随着海上商业力量的不断壮大，如何突出中央与地方之间的互动和博弈关系；海上商业力量的发展对地方直至中央政府决策产生何等影响等问题的研究尚显不足。

三　海外贸易与资本主义萌芽关系研究

海外贸易的发展推动了西方资本主义萌芽的产生，以此为契机，西方国家迅速进入了经济发展的快车道。对于一种新型生产关系的产生对资本主义萌芽与海外贸易是否有必然的内在联系、中西方海外贸易不同发展趋向的原因何在，以及资本主义萌芽与海上商业力量发展的关系等问题，中国学者进行了多方面有益的探索。

自20世纪50年代初期以来，该领域研究持续开展并有多篇学术论文和多部学术专著先后问世。主要的代表性成果有潘君祥《试论清初"海禁"政策的实施及其社会后果——兼与陈柯云同志商榷》提出了应该对清初海禁政策重新认识，走出了以往传统的研究范式。戴裔煊《明代嘉隆间的倭寇海盗与中国资本主义的萌芽》，陈柯云《论清初的"海禁"与资本主义萌芽》等论著，重新考察了明清时期的海疆政策、海上商业力量的发展与资本主义萌芽三者之间的关系。三者之间虽不存在必然因果关系，却有一定的联系和不同程度的影响。薛国中《国际贸易与资本主义成长的关系——对16—18世纪荷、英、中三国历史进程进行考察》运用比较的方法对荷、英、中三国在16—18世纪的国际贸易发展状况进行了考察，认为世界历史由封建社会向资本主义社会转变的同时，国际贸易也相应发展，区域性的国际市场扩大为世界市场。

凡是积极进行对外贸易的国家，其资本主义经济成长得比较顺利、迅速，反之则艰难、迟滞，甚至走上畸形发展的歧途。16—18世纪东西方主要国家的历史进程，分别表明了这一点。唐力行《论明代徽州海商与中国资本主义萌芽》以区域的视角对地方海上商业力量的发展与中国资本主义萌芽的关系进行了探讨，认为中国资本主义萌芽的生产过分依赖于海外市场，这就使它具有先天的脆弱性。资本主义萌芽的兴衰受制于封建统治者的外贸政策，所以有极强的脆弱性。这种特征同样表现于徽州海商的身上。徽州海商借助封建的血缘、地域关系以增强其竞争力，但是封建的躯壳同时又限制了其进一步竞争的可能。唐文基《16至18世纪中国商业革命和资本主义萌芽》对中国在16—18世纪的商业革命进行了解剖，文章认为当时海外贸易的扩张是世界范围内商业革命的重要组成部分，它的发展诱发了中国的资本主义萌芽，但这是一场未完成的商业革命。其原因在于东西部经济发展失衡、封建势力阻挠、商业资本控制生产之路狭窄、没有发生资本原始积累。而且所谓的"英国模式"和"江南道路"只是中、英资本主义萌芽的不同途径。

学者们的研究成果表明，海外贸易的发展与资本主义萌芽有一定的联系，但无疑当时国家政策的导向抑制了这种发展的良性趋势，而最终出现了长期处于萌芽状态的窘境。

事物的发生和发展是多种因素相互作用的结果，以海外商业力量的发展而论，不仅有国内因素的影响，外部世界的变化同样不容忽视。16世纪以来，欧洲逐步在全球建立起了庞大的殖民商业圈，世界性经济体系日趋确立。但作为世界海洋贸易重要一环的中国海上商业力量，其贸易范围却由外向内逐渐萎缩，直至最后成为西方商业资本的附庸。如何把明清中国海上商业力量放到当时世界的历史背景下进行考察，在更宏观的视野中对这一问题进行重新审视也是值得关注的研究方向。

四　郑氏海商集团研究

中国海上商业力量的发展并没有随时代的发展而呈上升趋势，而是在16世纪崛起之后曾一度走向消寂。郑芝龙海上集团的兴起虽将海上商业力量推向了发展的顶峰，但好景未久，明清鼎革的政治风云再度使这一上升态势发生逆转并迅速走向衰落。作为海上商业力量的代表，如果说诸多海盗式中小海上贸易集团的结局还带有些许偶然因素，以郑芝龙为代表的郑氏海上集团的历史际遇则透射出更多的悲剧意味。郑氏海商集团的兴起有其历史的必然性和偶然性，历史机遇是郑氏海商集团发展壮大的时代因素，而数千年来海洋贸易的发展是其成长的历史积淀。但自郑氏以后，中国海域的大型海商集团风光不再，因而对中国海疆历史发展进程有重要影响的郑氏集团一直是学界研究的兴趣所在。

聂德宁《明清之际郑氏集团海上贸易的组织与管理》一文认为，郑氏集团在海外贸易的组织上建立了以"五行"和"五常"为名号的山、海两路各五大商行。这种贸易的组织形式，实际上是对明代后期以来民间海外贸易中的铺商和船商组织的继承和发展；在征税管理上确立了牌铜征税制度，将船、货二税合而为一，一次性征收，这是为适应战争环境的需要、满足其养兵给铜需求的主要措施。聂德宁另文《郑成功与郑氏集团的海外贸易》考察了郑成功时期郑氏集团海外贸易的运作状况。文章认为，郑氏海商集团的海上优势，并未因郑芝龙降清而削弱，反而由郑成功来加以继承和发扬光大。多边贸易的开拓使郑氏集团在较短的时间内更能发挥其贸易资本的效用，从而增强了中国商船在当时东方海上贸易竞争中的实力。驱逐荷兰殖民者，收复台湾，也是郑成功拓展其海外贸易活动的一项重要内容，而且这一行动对于郑氏海商集团生存发展的作用自不待言，同时在反抗西方殖民掠夺和维护祖国的领土完整方面，具有不可磨灭的历史功绩。林仁川《清初台湾郑氏政权与英国东印度公司的贸易》从与西方国家贸易的角度对郑氏政权的贸易状况进行考论。作者以实证的研究方法，通过缜密的考察认为清代初期英国东印度公司在台湾和厦门虽然设立了商馆，并开展了与郑氏集团的贸易往来，但郑、英贸易无论在商品还是在市场上都是十分有限的，郑、英贸易在台湾郑氏政权的对外贸易中不占主要地位。

徐晓望《论隆武帝与郑氏家族的权力之争》和《论隆武帝与郑芝龙》两文是研究郑氏集团与晚明隆武政权之间关系的代表性成果。作者认为，作为明清之际中国海商阶层的代表人物，郑芝龙与郑鸿选等人进入南明隆武政权，是中国历史上唯一一次海商集团进入中枢机构，并发挥了重要作用。但是，海商集团的商品交换原则与中国传统的忠君思想存在不可调和的矛盾，郑芝龙的诉求自然会受到隆武朝中文官集团的强烈抵制。隆武帝利用这一矛盾展开对郑氏集团的斗争，并逐步掌握了朝廷大权，同时也失去了政权存在的基础，郑芝龙等人最终走上了与清廷合作的道路。王恩重《17世纪郑氏海商集团地位论》一文认为，郑氏海商集团依傍东南沿海海上贸易长期不断发展的社会环境，得以发展为私人海上贸易的龙头。其发展虽与西方新兴资本主义海上贸易势力的发展特点有许多相似之处，但从其发展轨迹来看，走的是一条完全中国式的市场经济发展的道路。由于历史条件和机遇等原因，郑氏海商集团无力改变中国封建社会长期延续的走向，但在台湾地区的开发和社会经济文化的发展及抵御外敌等方面做出了一定的贡献。李国强《论郑芝龙与明清王朝权力互动之关系》从郑芝龙与明清两个王朝的关系互动方面，论证了一代海上巨商的二元化个性意识和在现实与权利之间徘徊的尴尬。郑芝龙所代表的海商集团虽然力图与世界贸易发展的大势相靠拢，但为中国传统社会的现实所不容，因此中国海上商业资本的积聚不得不戛然而止。在高度中央集权的体制下，商业集团无法实现与中央政府权力之间的良性互动。

上述研究成果从不同层面论证了郑氏海商集团与当时朝廷的斡旋与互动以及海外贸易运作等问题，多取材于新史料，所以提出了诸多新的学术见解。郑氏集团的出现也恰恰与西方海上殖民者的东进同步。在世界性经济体系初露端倪的历史时刻，中国海上商业力量的脚步却戛然而止，不仅有上述研究成果中所提出的政治和经济的客观影响，传统文化和体制等因素也是制约海上商业力量发展的障碍。从目前来看，这方面的研究多停留在表面的描述，尚未有研究力作出现。

五 海外相关研究成果

对于明清时期中国海上商业力量的专题研究，海外成果较少。主要论著有王赓武《南海贸易与南洋华人》，该书回溯了秦汉以来南海贸易的发展历程，分析了西方商人东来后对中国传统南海贸易的影响，考察了南洋华人的贸易特征和历史局限性。马士《东印度公司对华贸易编年史》一书，根据英国东印度公司档案及西方有关中国早期著作的资料按年编成，内容涉及该时期中国与英国等西方国家的贸易关系，是研究早期中西贸易历史的重要史料。荷兰学者包乐史《巴达维亚华人与中荷贸易》，引用大量荷属东印度公司的原始档案文献资料，探讨了海外华人与当时欧洲人商业合作的方式，厘清了巴达维亚华人与西方商人的贸易网络地图，剖析了早期的西方商业殖民者向中国海域的扩张轨迹，是当代西方学者对17、18世纪中国与东南亚贸易关系史研究领域的主要成果之一。滨下武志《朝贡贸易体系与近代亚洲经济圈——近代中国的国际契机》，以外文资料如英国议会文书等为基础，从国际经济圈的理论分析了近代亚洲经济圈的状况，并论及了亚洲经济圈与西欧、美国经济圈的关系，重新阐释了传统与现代的关系和中国资本主义萌芽的问题，开创了新的研究领域。

主要论文有内田直作《明代的朝贡贸易》，玛丽—西比尔·德·维也纳《十七世纪中国与东南亚的海上贸易》，松浦章著《清代福建的海外贸易》等。海外研究成果较注重于实证性研究，以经济学的方法推演出事物发展的导向。毋庸置疑，海外研究范式为我们提供了诸多有益的思维方式和理论启迪。

近 30 年来中国海上丝绸之路研究述评

陆　芸[*]

"海上丝绸之路"一词是舶来品，1913 年，法国汉学家沙畹（Edouard Chavannes，1865—1918）首先提出了"海上丝绸之路"的概念，他在其所著的《西突厥史料》中提出："丝路有陆、海两道，北道出康居，南道为通印度诸港之道。"1967 年，日本学者三杉隆敏在《探索海上的丝绸之路》中正式使用了"海上丝绸之路"这一名称。1974 年，我国香港学者饶宗颐在《蜀布与 Cinapatta——论早期中、印、缅之交通》一文的《附论：海道之丝路与昆仑舶》部分，专门讨论了以广州为转口中心的海道丝路。20 世纪 80 年代以后，北京大学陈炎教授在季羡林教授的鼓励和支持下，研究"丝绸之路"，陈炎把陆上丝绸之路与海上丝绸之路结合起来，先后出版了《陆上和海上丝绸之路》（1989）、《海上丝绸之路与中外文化交流》（1996）两部专著，"海上丝绸之路"才逐渐在中国学者中使用。我国老一辈从事这方面研究的专家、学者如冯承钧、岑仲勉、向达、张星烺、方豪、韩振华、朱杰勤等人，采用的是"中西交通史""南洋交通史""海交史"等称呼。此外，我们应该注意到，海上贸易的商品并不仅限于丝绸，陶瓷、香料、茶叶等也是大宗贸易商品，所以海上丝绸之路也被有些学者称为"海上陶瓷之路""海上香料之路""海上茶叶之路"。"海上丝绸之路"之所以能够在众多称呼中脱颖而出，越来越普遍，为众人所皆知，笔者认为与联合国教科文组织发起的《"丝绸之路"：对话之路综合项目》有着密切的关系。

1987 年，联合国教科文组织决定对丝绸之路进行国际性的全面研究，旨在推动东西方全方位的对话和交流，维护世界和平。其命名当时曾引起过讨论和争论，有些国家的学者提出，丝绸之路贸易不仅有丝绸，而且有大量的香料和瓷器，所以应该称为"瓷器之路"或"香料之路"。但更多国家的学者认为，古代东西方国家经此路往来的不仅有商品贸易，还有宗教文化和科学技术交流，假若将十年规划定名为"瓷器之路"或"香料之路"，则限制了项目自身的含义。经过讨论和争论，最后一致认为，"丝绸之路"是从中国的丝绸贸易开始的，影响颇大，而且能够涵盖东西方国家之间物质、文化交流的丰富内涵，所以最后采用了 1987—1997 年《"丝绸之路"：对话之路综合项

* 作者简介：陆芸，福建社会科学院海上丝绸之路研究中心副研究员。原文刊载于《丝绸之路》2013 年第 2 期。

目》名称（Integral Study of the Silk Roads：Roads of Dialogue）。联合国教科文组织在这个项目下，曾组织了丝绸之路沙漠路考察（1990）、海上丝绸之路考察（1990）、草原丝绸之路考察（1991）。海上丝绸之路考察活动分为四个阶段。第一阶段：由30多个国家的50多位专家、学者和新闻记者组成考察队，乘坐由阿曼、苏丹提供的"和平方舟"号考察船，于1990年10月23日从意大利的威尼斯出发，经过希腊、土耳其、埃及、阿曼，穿越了欧、亚、非三大洲。第二阶段：1990年11月25日从阿曼首都马斯喀特出发，经过巴基斯坦、印度、斯里兰卡三国。第三阶段：1990年12月24日从印度马德拉斯东行，历泰国、马来西亚、印度尼西亚三国。第四阶段：1991年1月23日从泰国曼谷出发，驶往中国广州和泉州、韩国釜山、日本博多和大阪。在考察活动中，考察队员曾在沿途的博物馆和考古遗址中，发现了许多中国瓷器和货币，也召开过十余次国际学术讨论会。考察队在1991年2月9日到达广州，停留三天，与广东学者在东方宾馆举行了"广州与海上丝绸之路"学术座谈会，后来出版了《广州与海上丝绸之路》论文集和《南海丝绸之路文物图集》。考察队经过泉州时，于1991年2月17—20日在华侨大学召开了"中国与海上丝绸之路"国际学术研讨会，除了考察队里的各国专家、学者，会议组织者还直接邀请了来自美国、加拿大、英国、法国、德国、意大利、瑞典等国的学者，共有27个国家的100名代表与会，提交了50篇论文。论文收录于《中国与海上丝绸之路》论文集（1991）和《中国与海上丝绸之路》论文集续集（1994）。

　　联合国教科文组织的海上丝绸之路考察活动，极大地推动了国际、国内学术界在该领域的研究。1991年，海洋出版社出版了陈高华、吴泰、郭松义编写的《海上丝绸之路》一书；我国沿海的一些城市成立了专门的研究机构，例如1991年福建社会科学院就成立了"中国与海上丝绸之路研究中心"。这些都推动了海上丝绸之路研究不断走向深入，港口史、海洋史与区域史、经济史、宗教史、文化史结合，中国海上丝绸之路研究呈现全方位的发展势头。

　　2000年以后，一些港口城市提出将海上丝绸之路文化遗产向联合国申报"世界文化遗产"，起先是单独申报，后来联合申报，截至目前，北海、广州、漳州、泉州、福州、扬州、宁波、蓬莱八个城市决定将"中国海上丝绸之路"联合向联合国申报"世界文化遗产"。下文以各个城市为中心，将相关的学术研讨会和文章做一简单梳理。

　　广州是中国历史上长盛不衰的大港。早在秦代，广州就是犀角、象牙、翡翠、珠矶等外来奇珍异宝的集散地。唐代，广州是中国最重要的对外贸易口岸，外商云集，贾耽描述的"广州通海夷道"，详细记述了从广州经越南、马来半岛、苏门答腊到达波斯湾的航线、航程。南宋时期，广州虽然被泉州超过，但仍是中国重要的港口。明清两代，由于政府实行海禁政策，中国官方的海外贸易受到严重影响，其间广州成为中国唯一对外开放的贸易大港。广州在中国海上丝绸之路的地位无城市可媲美。

　　广州作为广东省的省会城市，其海上丝绸之路研究并不局限于广州，还涉及徐闻、合浦、北海等地。

2001 年，广东省人民政府参事室（文史研究馆）、湛江市人民政府和中国海外交通史研究会联合举办了"海上丝绸之路与中国南方港"学术研讨会，学者们认为徐闻、合浦、北海、广州、泉州、扬州、宁波等港口在不同历史时期"海上丝绸之路"史上占有各自重要的地位，如此众多的港口深刻而且有力地证明了中国自古以来就是一个海洋文化大国。此次研讨会提交的一些论文从宗教、民俗、语言及建筑艺术方面探讨了外来文化与岭南文化的关系。会后正式出版了《海上丝绸之路与中国南方港》学术论文集（2002）。

2002 年 1 月，海上丝绸之路与广州港学术研讨会在广州沙面举行，会议就广州、徐闻谁是始发港，海上丝路如何断代，广州如何打响海上丝路品牌等内容展开了热烈的讨论。在研讨会上还公布了中国第一历史档案馆馆藏的十三行资料以及广东省档案馆珍藏的粤海关的历史档案。

2006 年 6 月，广州召开了海上丝绸之路广州发祥地研讨会，意在挖掘广州是海上丝绸之路发祥地的国际名片，以期提升广州的国际知名度。此次研讨会与瑞典"哥德堡号"再生船访问广州有关。瑞典"哥德堡号"大商船原是一艘建造于 1738 年的木质远洋大帆船，它在 1745 年 9 月 12 日抵达家乡海港时触礁沉没，当时它满载着来自中国的货物。"哥德堡号"再生船将沿着"哥德堡号"大商船的航行足迹，重访广州。

泉州在南北朝时期已成为对外交通的港口，在唐代时是我国四大外贸港口之一，"云山百越路，市井十洲人"，反映了当时泉州有众多的外国商人、使者。在宋元时期，泉州与埃及亚历山大港齐名，被誉为东方第一大港。著名的外国旅行家马可·波罗和伊本·白图泰都赞誉过泉州。明洪武七年（1374）九月，罢泉州市舶司，标志着泉州失去了世界大港的地位。明清时期，由于政府实行海禁政策，导致了泉州港的衰落。此外，泉州的海外移民众多，是我国著名的侨乡。泉州与台湾隔海相望，与台湾地区关系十分密切，是许多台胞的祖籍地。

1994 年 2 月，为纪念联合国教科文组织海上丝绸之路考察活动三周年，泉州举办了海上丝绸之路与伊斯兰文化国际学术研讨会，联合国教科文组织《"丝绸之路"：对话之路综合项目》协调员迪安亲自与会，有来自 17 个国家的近 40 位学者参加了此次会议。会议涉及中国伊斯兰文化和中国穆斯林的发展、中国与伊斯兰世界的友好往来、海上丝绸之路在伊斯兰文化传播方面的作用等，1997 年，正式出版了《海上丝绸之路研究 1——海上丝绸之路与伊斯兰文化》论文集，收录了会议大部分文章。

1997 年 12 月，为纪念联合国教科文组织《"丝绸之路"：对话之路综合项目》十年活动圆满结束，泉州举办了中国与东南亚国际学术研讨会，这是泉州第三次主办由联合国教科文组织参与合作的大型国际学术研讨会。会议围绕中国与东南亚的关系，中国移民、宗教对东南亚的影响，以及中国与东盟的关系展开，部分论文收入《海上丝绸之路研究 2——中国与东南亚》论文集。

2002 年 9 月，中国航海学会、泉州市人民政府举办了泉州港与海上丝绸之路学术研讨会，专家、学者们就泉州港在海上丝绸之路的历史地位及作用、港口建设、航海贸易、文化交流等问题作了精彩的发言，会后部分论文编辑出版了《泉州港与海上丝绸之路 2——中国与东南亚》。此次会议前就出版了《泉州港与海上丝绸之路1——海上丝绸之路与伊斯兰文化》，《泉州港与海上丝绸之路 1——海上丝绸之路与伊斯兰文化》从近半个世纪以来有关泉州与海上丝绸之路的研究文章中精选了 51 篇汇辑而成。2005 年，为纪念郑和下西洋 600 周年，又出版了《泉州港与海上丝绸之路 3》，此书专门探讨了郑和下西洋的目的、贡献、郑和的宗教信仰、郑和下西洋与宗教传播的关系等。

2002 年 10 月，泉州举办了中华文化与域外文化互动暨海上丝绸之路泉州学术讨论会，许多学者从中外文化互动的角度，对泉州的伊斯兰文化、基督教文化、民间信仰进行了梳理，认为泉州在中外文化互动方面具有得天独厚的优势，泉州被誉为"世界宗教博物馆"，说明了古代泉州是一个对外开放、多元文化并存的城市。《泉州文化与海上丝绸之路》收集了这次学术讨论会的部分论文和其他相关学术论文。

2008 年 11 月，由中国海外交通史研究会、福建海峡文化研究会、泉州市政府主办的海上交通与伊斯兰文化国际学术研讨会在泉州海外交通史博物馆举行。从唐代中国与阿拉伯海上交通航线的考释，到穆斯林的海洋贸易与中国古代的航海文化；从宋代广州港的伊斯兰文化地理，到中国东南西北伊斯兰文化比较研究。文章内容多样，从不同角度、不同方面对海上交通与伊斯兰文化进行了诠释。

宁波地处浙东平原东海之滨，早在七千年前，这里的先民就已活跃在海上，创造了河姆渡文化。春秋战国时期，句章（宁波）是著名的军港，唐代明州（宁波）是中国与日本交往的港口之一，日本遣唐使曾从这里登陆。北宋时，广州、杭州、明州（宁波）设有市舶司，是官方指定的对外开放的港口。元代庆元（宁波）也是我国"三司"之一。明代嘉靖以前，宁波是中、日朝贡贸易的唯一指定口岸。清代实行闭关锁国政策后，宁波的对外贸易衰落了。

2001 年 8 月，宁波召开了宁波与海上丝绸之路学术研讨会，来自全国各地的 60 多名专家、学者与会，从宁波港的历史，宁波与日本、高丽的关系，宁波与中国其他港口的比较方面做了探讨。

2005 年 12 月，由中国中外关系史学会、浙江日本文化研究所、宁波市文化广电新闻出版局召开了宁波·海上丝绸之路学术研讨会，来自中国大陆和港、澳、台地区，以及日本的 60 多位专家、学者，围绕宁波港口贸易、多元文化、历史地位进行了深入的探讨，大会通过了《宁波倡议》，为相关港口城市联合申报世界文化遗产提供了学术声援。会后出版了《宁波与海上丝绸之路》论文集（2006）。

2011 年 12 月，海上丝绸之路与世界文明进程国际学术论坛在宁波市举行，来自中国、韩国、日本、加拿大、法国、意大利等国的近 40 位专家参加了本次会议，对海洋文化及海上丝绸之路理论问题，以及进入 21 世纪后的海洋问题等进行了探讨。此外，在此次会议上，北海、广州、泉州、漳州、宁波、扬州、蓬莱七城市政府领导作了主题为"'海上丝绸之路'文化遗产保护、申遗与城市科学发展"的演讲，签署了《新机遇、新挑战、新跨越——中国"海上丝绸之路"七城市联合申报世界文化遗产行动纲领》。

蓬莱是古登州所在地，它位于山东半岛的最北端，濒临渤海、黄海，与日本、韩国隔海相望。隋唐时期，登州是中国与朝鲜、日本友好往来的主要港口，11 批次的遣隋使、遣唐使曾从这里登陆；朝鲜半岛的高丽、百济、新罗等国经过登州中转的朝贡使团有 79 批。宋代，登州逐渐成为海防要地，刀鱼水寨的修建就是证明。明代为了防倭寇，在登州修建了蓬莱水城。宋、元、明、清四朝，登州一直是高丽、朝鲜使节出入中国的口岸。

2008 年 11 月，蓬莱召开了登州与海上丝绸之路国际学术研讨会，来自韩国、日本、中国的学者就登州（蓬莱）与海上丝绸之路、山东半岛与海上丝绸之路，以及登州在中韩、中日漫长交往中的重要地位展开了讨论，会后出版了《登州与海上丝绸之路》论文集。《登州与海上丝绸之路》里收录的论文反映了登州在海上丝绸之路的地位，以及登州在中韩、中日关系方面的作用，这填补和加强了以往研究的空白与薄弱环节。

此外，中国其他地方召开的学术会议也涉及海上丝绸之路研究，例如，2001 年 10 月，云南昆明召开了西南、西北和海上丝绸之路比较研究学术研讨会；2011 年 4 月，海南海口市召开了南海海上丝绸之路学术研讨会。除了学术会议及会议论文集，一些学者主编、出版的书籍有不少也涉及海上丝绸之路，据不完全统计，1986—2009 年有 18 本，按出版时间顺序排列如下。

朱江著：《海上丝绸之路的著名港口：扬州》，海洋出版社 1986 年版。

庄为玑等编著：《海上丝绸之路的著名港口：泉州》，海洋出版社 1989 年版。

夏应元著：《海上丝绸之路的友好使者——东洋篇》，海洋出版社 1991 年版。

陈瑞德等著：《海上丝绸之路的友好使者——西洋篇》，海洋出版社 1991 年版。

广州市国家历史文化名城发展中心等编写：《论广州与海上丝绸之路》，中山大学出版社 1993 年版。

张建国编写：《海上丝绸之路：东洋篇》，东北朝鲜民族教育出版社 1994 年版。

苏冰编写：《海上丝绸之路：西洋篇》，东北朝鲜民族教育出版社 1994 年版。

杜经国、吴奎信主编：《海上丝绸之路与潮汕文化》，汕头大学出版社 1998 年版。

黄鹤、秦柯编：《交融与辉映：中国学者论海上丝绸之路》，广东旅游出版社 2001 年版。

徐有南等编译：《东方的发现——外国学者谈海上丝绸之路》，广东旅游出版社 2001 年版。

陈永正编注：《中国古代海上丝绸之路诗选》，广东旅游出版社 2001 年版。

陈达生、曲鸿亮、王连茂主编：《海上丝绸之路研究 3——澳门与海上丝绸之路》，福建教育出版社 2002 年版。

黄启臣主编：《广东海上丝绸之路史》，广东经济出版社 2003 年版。

吴传钧主编：《海上丝绸之路研究：中国北海合浦海上丝绸之路始发港理论研讨会论文集》，科学出版社 2006 年版。

刘凤鸣著：《山东半岛与东方海上丝绸之路》，人民出版社 2007 年版。

顾涧清等著：《广东海上丝绸之路研究》，广东人民出版社 2008 年版。

戴之吊著：《海上丝绸之路历险记》，复旦大学出版社 2008 年版。

吴伟峰、谢日万、范国君主编：《海上丝绸之路遗珍——越南出水陶瓷》，科学出版社 2009 年版。

上述各种有关海上丝绸之路的学术会议和书籍，充分显示了专家、学者对海上丝绸之路研究的热情，海上丝绸之路不仅仅是一条贸易通道，还是文化交流的桥梁，也是一条移民之路。海上丝绸之路把世界文明古国，如中国、希腊、罗马、埃及、波斯和印度连接起来，埃及文明、两河流域文明、印度文明、中国文明通过海上丝绸之路互相影响、传播，给许多国家、地区的文化带来了巨大的影响。研究海上丝绸之路，可以引发我们更深层次的思考，中国的海上丝绸之路，是中国对外开放交往之路，是经济发展之路。在清朝闭关自守的政策下，中国逐渐失去了制海权，进而失去了独立，最终沦为西方列强的半殖民地。今天，海洋权益日益受到各国的重视，1994 年 11 月 16 日开始生效的《联合国海洋法公约》，使人们更加意识到制海权的重要性，中国在东海、南海面临的海洋争端日益升级，为此，加强中国领海权的研究及其历史文化的研究显得更为重要，而历史文化的研究与海上丝绸之路研究是有关联的。

回顾这 30 年来，中国海上丝绸之路的研究，笔者认为在以下几点取得了共识。

一方面，海上丝绸之路研究是借用已被普遍认同的，连接东西方的海上通道的名义作为研究题目，它涉及人类通过海洋进行的种种活动，包括航海交通、经济贸易、国家关系、科学技术、文化、宗教、移民等方面，其领域十分广泛，内涵极为丰富，是一门跨学科的综合性的研究。

另一方面，在海上丝绸之路的发展史上，中国人、希腊人、罗马人、埃及人、印度人、波斯人、阿拉伯人等在经营海上交通和东西方贸易方面都产生过重要的作用，海上丝绸之路不仅是中国的，更是世界的。围绕它产生的贸易曾经极大地丰富了世界各国人民的物质生活，人们互通有无，加强了彼此间的沟通和了解。相互间频繁的科技交流、文化交流促进了人类文明的进步。

通过挖掘海上丝绸之路文化遗产的价值，能向大众展示人类创造文明、共同发展的智慧，这种智慧是人类共同的结晶，在历史上曾经发挥过重要的作用。今天，我们重新关注它、重视它，希望它为东西方的和平发展营造良好的国际环境。对话和开放是当今世界的主流，海上丝绸之路是这种对话和开放的象征。

隋唐五代时期福建考古发现和研究综述

蔡喜鹏[*]

一 引言：汉晋以来福建地区的发展

福建地区自闽越国灭亡后，《史记·东越列传》上有"汉武帝诏军吏皆将其民徙江淮间，东越地遂虚"的记载。考古发现表明，闽越国故地仍然存在着闽越国原先的富林岗类型文化吸收大量汉文化因素而形成的凤林山类型文化。结合《宋书·州郡志》载"后有逃遁山谷者颇出，自立为冶县"；《后汉书·郑弘传》载"旧交趾七郡贡献转运皆从东冶，浮海而至"等史实，可以知道当时福建地区仍居住着闽越族的后裔，依靠海路与中国其他地区交流往来。但是匮乏的考古资料，零星的文献记载，表明此时福建进入了最为低潮的时期。

孙吴以后，福建地区才开始有新的发展。考古学上的表现是遗存发现的增多，六朝的福建墓葬开始使用花纹砖砌筑，形制和随葬品组合与本地区上期相比绝不相同，而与同期的江、浙、赣地区相似。但墓葬的发现相对集中，以泉州为中心的闽南、以福州为中心的闽东及闽北，呈现出三足鼎立的局面。其中，闽北位于福建通往内地的陆上要道上，与赣、浙交界，得以率先发展起来，六朝之初所发现的高级墓葬也较多。闽南六朝墓葬则以成组的方式集中于今泉州的丰州，如皇冠山六朝墓葬群，狮子山墓葬群的发现。一般认为，丰州是六朝时候闽南的政治、经济中心，墓葬群的出现与北方士族的南渡密切相关。福州的六朝墓葬多发现于福州市郊、闽侯的丘陵山麓，并在连江、罗源等地有少量分布。六朝移民的南迁带来先进的汉文化，和原住民一起改变了福建"蛮荒之地"的历史。

二 隋唐五代福建地区的考古发现

到了隋唐五代，福建的考古发现明显增多，内容也更加丰富。现分遗址、墓葬、

* 作者简介：蔡喜鹏，福州市文物考古工作队。原文刊载于《福建文博》2013 年第 4 期。

窑址和沉船四种类型介绍本期的考古发现。

（一）遗址

遗址主要集中在福州市区，但作为一座古今重叠型的城市，历代文化层与建筑基址相互叠压打破，又受发掘面积的限制，福州这一历史时段的文化堆积较薄，一些遗迹现象因未进行大规模揭露，性质较难甄别。现将城市考古的发现列表如下（见表1）：

表1   福建隋唐五代时期考古遗址一览表

序号	重要遗迹、遗址	最早文化层	隋唐、五代万花丛内涵	资料来源
1	福州鼓角楼遗址	汉代	五代建筑基址F2，包含梢间、次间、正厅，另有斜坡过道。应为五代威武军门	《福建文博》2005年增刊
2	福州马球场遗址	东汉	初唐建筑F1、中晚唐马球场	《福建文博》2003年第3期
3	福州省社院工地	东晋	河沟G3	《福建文博》2005年增刊
4	福州财政厅工地	西汉	建筑面	《福建文博》2005年增刊
5	福州华林横巷遗址	两汉	五代到北宋的石基，疑是乾元寺	《福建文博》2003年第3期
6	福州北大路外九彩巷遗址	西汉	水沟G1、G2和废弃坑H1、H2；唐或更早的柱洞Z1—Z3；五代柱洞Z4—Z6	《福建文博》2003年第1期；2003年第3期
7	福州冶山路遗址	西汉	晚唐五代的建筑遗迹F1，柱础基座Z1	《福建文博》2003年第3期
8	福州柏林坊、水流湾遗址	五代	地层	《福建文博》1994年第2期
9	福州五代夹道遗址	五代	五代闽国夹道，用以王室通行	《福建文博》1994年第2期；2005年增刊
10	福州华富花园工地	汉代	五代灰坑H1、H2	《福建文博》2003年第1期
11	福州冶山路省二建工地	汉代	五代城门遗址、城墙Q2，以及沟G2、G3。应为唐罗城延远门及城墙	《福建文博》2005年增刊
12	福州嘉华新城遗址	西晋	唐五代城墙，包含墙体、墙基，应为唐罗城城墙	《福建文博》2003年第3期
13	福州北大路遗址	唐代	唐代水井J2、水沟G1	《福建文博》2003年第3期
14	福州井楼门遗址	晚唐、五代	晚唐地层，出土大量建筑材料	《福建文博》2003年第3期
15	福州农业厅工地	五代	地层	《"冶城历史与福州城市考古"论文选》第121页
16	福州省计委工地	不详	闽国宫殿的建筑堆积	《闽越国都城考古研究》第221页
17	福州三坊七巷文儒坊西段遗址	晚唐、五代	唐五代夯土台、夯土城墙和木质挡墙遗迹。应为唐罗城城墙	福建博物院、福州考古队内部资料
18	福州屏山地铁站出站口西侧工地	汉代	唐代台基建筑、路基和砖砌水沟	福州考古队内部资料
19	福州三坊七巷闽山巷古遗址	六朝	地层	福建博物院、福州考古队内部资料
20	福州冶山七星井遗址	商周	建筑材料	《闽越国都城考古研究》第193页
21	福州闽王祠遗址	唐、五代	晚唐五代的建筑基址F1，《三山志》载，闽王祠曾为王审知居所	《闽越国都城考古研究》第193页

序号	重要遗迹、遗址	最早文化层	隋唐、五代万花丛内涵	资料来源
22	福鼎分水关遗址	不详	分水关古城墙，含跑马道、关门、烽火台、古驿道、古灶台等遗迹	《福建文博》2002 年第 2 期
23	漳州银都大厦工地	不详	灰坑 H2—H4、H6、H7、H9、H10、H12—H14、H18—H20、H22—H26	《福建文博》2001 年第 1 期

从表 1 可见，考古发现以建筑遗迹为主，在福州城区考古的各个遗址都有分布，且大多数遗址可与地方史料印证，如马球场、罗城城墙、夹道、罗城城门、威武军门、王审知居所等，这与当时的政治环境、割据政权的都城建设密切相关。

（二）墓葬

自 20 世纪 30 年代科学发掘唐代安溪武吕墓起，福建隋唐五代墓葬遍及全省各地，以闽北、福州及闽南沿海地区居多，比较典型和有代表性的墓葬如下。

1. 闽南地区。永春一中发现的分别为"贞观廿年"和"永徽二年"的 4 座纪年唐墓。其中有"□□光禄大夫上柱国示后生"的砖铭，随葬器物数量、品类之多为福建唐墓中仅见。目前仅在泉州出现的 10 座带"武吕"墓铭的墓葬，"武吕"二字有时与爵位、官衔或吉祥语连在一起，被认为是唐高宗时期官僚或富豪的墓葬。再如厦门的陈元通夫妇墓，随葬器物达 60 多件，含银质文物，据墓志，墓主陈元通曾任江西姿源县县令。薛瑜墓，由墓葬形制和所出器物推断为"一般官僚或地主之墓"，二者共同证明了唐代以来对厦门的开发主要有两大姓氏——南陈北薛。

2. 福州地区。典型墓葬有横山隋"大业五年"墓、长乐潭头镇二刘村唐墓、福清渔溪墓圈。长乐潭头镇二刘村唐墓和福清渔溪墓均为画像砖墓，福清渔溪墓砖有花纹 10 余种、人物 9 种，潭头镇二刘村唐墓亦有 16 种之多。福清渔溪墓面积为目前福州发现最大者。本区最重要的发现是新店战坂村莲花峰的五代时期闽王王审知夫妇墓和王审知之媳、王延钧之妻刘华墓。二者均为石室墓，并有墓志出土。王审知夫妇墓曾不止一次被盗，随葬器物无几，计有瓷器、玻璃器、铁器、墓志等，墓前神道两侧依次排列文武石翁仲各 2 对，石虎、石羊、石狮各 1 对。刘华墓贵重随葬品也遭盗掘，出有 1 组陶俑、石雕、陶瓷器及铜铁器。墓中所出的 3 件孔雀蓝釉大瓶，与伊朗发现的 9—10 世纪的伊斯兰式样的釉陶瓶相似，被认为是由海上贸易传入，涉及当时的贸易路线问题。

3. 闽北地区。有代表性的是武夷山黄土隋唐墓，四座古墓并排，方向朝南，平而呈"凸"字形，两侧和后壁设灯皂，阶梯式墓底、有排水设施、嵌砌方柱，墓砖上有铭文"富贵二千石""富贵千石"，推测为下级官吏或一般庶族地主的家族墓地。

（三）窑址

唐代窑址在福州、连江、罗源、寿宁、浦城、邵武、建阳、建贩、将乐、政和、晋江、南安、永春、同安、永定都有发现。其中，福州怀安窑和泉州磁灶窑的烧造开始于南朝。另外，闽北还发掘有专门生产墓砖的砖窑。

1. 怀安窑。位于仓山区建新镇怀安村天山马岭上。由于分别发现刻有"大同三年"和"贞元"字样的窑具，可以推断它的上限年代可早到南朝，下限年代最迟也到唐代中晚期。1982 年发掘的上层曾揭露龙窑残基一座，其产品多用泥团支钉叠烧。出土器物有碗、盘、碟、罐、盘口壶、执壶等。胎中常见黑色杂质，器足加工不甚规整，在溢胎上常施一层白色化妆土是该窑区别于唐代福建其他窑址的特点。

2. 磁灶窑。位于泉州晋江市磁灶镇，唐至五代的窑址共发现 6 处。器形有罐、瓮、缸、钵、釜等，胎质灰白厚重，不加纹饰，施青釉，釉厚，有垂痕。窑具仍是托座和支钉，器底多有粘搭痕迹。

3. 建阳将口窑。位于建阳区将口镇。1985 年曾发掘出残长达 52 米的龙窑一座，窑壁内侧留有密集而深刻的竹木印痕，认为可能是用竹木支撑而筑的。产品以青瓷为主，多素而个别有装饰，或在半干坯件刻画花草、飞禽、走兽等简练图案，或饰釉下褐彩。瓷器、窑具上见刻有数字、记号和姓氏等。窑具有支座、支圈和工具碾轮，装烧方法为支烧和叠烧，年代为唐代中期偏晚。

4. 砖窑。见报告的有 1 例，为浦城管九洋山砖窑。所清理的窑炉为半倒焰马蹄型窑，全长 4 米，分窑门、火膛（燃烧室）、火道、窑室和烟道几个部分，产方形砖、楔形砖，纹饰有钱纹、叶脉纹、几何形纹、蓖梳纹。该窑出土的砖与当地墓砖相似，砖窑年代为唐代。

（四）沉船遗址

有平潭分流尾屿沉船，位于福建平潭海域海坛岛西南。采集器物均为青釉瓷器，主要为碗、碟、盏托及少量执壶残片，从器物风格来看，应为越窑产品，通过与已出土的浙江五代纪年墓葬器物相比较来推断，并结合烧造工艺等特征，初步判断该沉船的年代应为五代中期。

三　隋唐五代福建地区的研究综述

（一）城市研究

目前通过考古学资料来研究这段时期的城市变迁，仅《闽越国都城考古研究》的部分章节有所涉及，原先因受考古资料匮乏的限制，较多地倚重史料，专注点也多在城郭方面。

（二）墓葬的分区和断代

从研究的地域范围看，可分三类。

1. 整个南方地区墓葬的分区分期。这有助于从更宏观的角度来认识福建墓葬的特点，以《中国南方隋唐墓的分区分期》《十国墓葬初步研究》为代表，另外散见于一些专著。《中国南方隋唐墓的分区分期》对福建地区进行专门论述，分隋、唐高祖至太宗时、唐高宗至玄宗时和晚唐四期，认为福建和中原的差异与中央王朝的控制薄弱密切相关。《十国墓葬初步研究》有闽国墓葬等级和时代特征的相关论述。

2. 福建地区墓葬分期的专论。有《福建隋唐五代的分期问题》和综合《福建六朝墓初论》而成的《福建六朝隋唐墓葬的分期问题》等，这两篇文章目前仍为研究本期墓葬最重要的参考，为以后的发掘和研究提供了可靠的断代依据。福建隋唐墓葬分隋至唐初、初盛唐及中晚唐三期，认为前两期基本沿袭六朝，至中晚唐受关中葬制影响。

3. 地域墓葬的研究。有《六朝隋唐五代时期福州墓葬研究》和《泉州六朝隋唐墓》，福州和泉州是本期福建墓葬分布的两个重要城市。二者都对地区内的墓葬进行分期，对墓葬所反映的经济政治、社会生活及思想文化也都有所讨论，如佛教传播、茶酒习俗等。

（三）瓷器生产研究

《福州怀安窑贸易陶瓷研究》对福州城市遗址和日本、东南亚发现的怀安窑器物进行类型学分析，并从港口、外销路线和贸易管理体制探寻唐五代怀安窑陶瓷的生产工艺、烧造方法及其历史背景。专著《福建陶瓷》《福建陶瓷考古概论》对隋唐五代的福建陶瓷生产有专门章节论述。

（四）器物演变及其反映的文化现象研究

《福建古代墓砖纹样探究》对从六朝到五代的福建花纹墓砖进行分类，诠释其功能，认为它体现中国古人功利性、现实性和包容性的信仰特点，它的消失反映了生死观念的转变。同类型的研究还有《福建唐宋瓦当的类型研究》和《福建五代至宋墓葬出土明器神煞考》。

（五）其他研究

《福建晚唐五代考古与王审知治闽》主要考察五代王审知当政时期福建的情况及其考古发现。

《闽国文明的崛起及其延续》则是从福建王室墓出土器物看出五代时期"闽国与外部世界的广泛交融，从而改变了福建地区发展缓慢的局面"，入宋以后对山区自然资源的重视开发是其延续。

《从唐墓考古看厦门海岛早期农耕开发史》借考古发现及传统宗族社会的现代印记，研究岛屿的自然、人文地理变迁，以重建厦门岛的早期农耕开发史。

四　思考

综上，对隋唐五代时期福建地区的考古发现与研究进行了一番回顾，在此提出自己的思考。

（一）本期福建地区的文化融合进程

隋至唐中期，沿海和山区新增数县，福建得到了更大范围的开发，社会也形成重儒学的风气。考古上的表现是遗存分布区域扩大，官宦富豪墓葬增多。但山脉阻隔，与其他地区同期相比，表现出一定的滞后性，墓葬文化基本沿袭六朝。唐中期以后，墓葬形制和随葬品发生大的变化，如出现墓中腰坑、带墓道的土洞墓和墓志、随葬品陶俑组合的使用，应是唐中晚期光州移民南迁带来的北方与中原文化因素的传入。

五代时期，地方割据，闽国的政权由王氏、闽人、北人三种政治势力构成，表现出本土化趋势，闽人、北人共处闽国的朝堂，反映出文化融合的持续深化。王氏集团延续中唐以来的传统，大力发展海上贸易，怀安、泉州的瓷器远销东南亚、东亚等地。在五代墓葬和城市考古中，来自北方、浙江和海外输入的器物常有出现。福建地区的海洋性文化特征凸显，是中华文化多样性的重要组成。

文化上的沿袭和变迁深刻体现了福建作为边远地区这一独特的历史演进。地方史的研究业已表明，本期是福建地区越族文化通过吸收和发扬中原汉文化，而形成自身文化传统的重要阶段。

（二）本期福建丧葬习俗的演变问题

本期是中国丧葬习俗演变的关键阶段，学人多有论述，大致认为：1. "汉唐时期皇帝王侯的葬俗，经历了由崇尚厚葬，到倡导薄葬，再重崇厚葬的演变"。隋唐时期的"重崇厚葬，葬仪制度所依据的是南北朝时变化的新葬仪"，唐代墓葬具有严格的等级区分。2. "安史之乱"后，唐晚期的墓葬由于堪舆观念的改变，而在墓葬建造和随葬品选择上"趋于世俗化、大众化"，在"整个丧葬中丧、祭地位被提升"，"墓葬变得简陋起来"。相较而言，福建的丧葬习俗有其自身的地域特点，除极少数多室墓外，多数墓葬形制简单，与其他地区相比，反映出等级差异并不明显的特点。它基本延续六朝南方墓葬的发展特点，到唐中晚期才出现北方地区的葬制因素。

近来有学者提出"墓葬的亚学科化"，认为"墓葬是建筑、壁画、雕塑、器物、装饰甚至铭文等多种艺术和视觉形式的综合体，具有内在逻辑"要"把墓葬整体作为研究的对象和分析的框架，整体研究整个墓葬文化"，这就要求必须从个案的考察出发，研究墓葬内各个因素在整套丧葬习俗中所具有的作用和意义。例如，沿自六朝闽地特有的插器和烛台在墓葬中的性质和用途与画像砖墓的来源和含义都是亟待深入的课题。

（三）本期福州的城市变迁

近十年来，随着城市建设而来的一些遗址的发掘，特别是晚唐五代城墙、水道、城门、寺庙的发现，为结合周边地区的墓葬、窑址及现代福州城市的历史遗迹，进而探索城市的布局和演变创造了可能。晚唐五代福州的城市建设处在全国"筑城时代"的大背景之下罗城、子城与及入宋之初外城的修筑，奠定了以后宋、元、明、清的城市格局。但从考古学上研究古代福州城的物质文化和城市变迁，仍是一个较为薄弱的方面，试举两例。

一是地理环境的影响。福州城市的开发和水陆变迁密切相关，在扩建过程中，都对原先的港汊、沙洲和沼泽进行改造，隋唐以后的地层与建筑遗迹常常直接叠压或者打破原有的海相沉积层。发掘出的罗城以砖贴墙，墙体两侧用毛石砌成护坡，墙基基槽残宽11米，深达2.85米，以松木铺底，其间再以毛石及黑土堆叠，其上的夯土基逐层夯筑，每两层夹砂层，内含毛石。另外，靠山而海的地理特征，使得城市的发展依托海上贸易，也深深影响了福州的物质文化特征。

城市变迁中还涉及人们心中"文化共同体"的形成问题。五代时期，乌山、九仙山纳入罗城之中，黄滔的《大唐福州报恩定光多宝塔碑记》载"府城坐龙之腹，乌石九仙二山耸龙之角"是当时人对福州地理形貌的认识。到了宋初，景德元年的诗句"城里三山千簇寺，夜间七塔万枝灯"已有了"三山"这一统称，似乎表明："三山"作为以后福州的别称，并成为文化上的认同，源自五代。

（四）地域文化差异及其他问题

现在的福建，业已形成了福州人、兴化人、闽南人、闽北人、客家人和龙岩人6个具有不同人文特征的民系，此种文化族群现象形成于本期。六朝初，闽北由于毗邻内地，显示出区域优势。至隋唐，东部沿海的政治地位开始赶上并超过闽北，闽西的山区也得到有效开发。五代，王氏政权始终未能完成对闽西的控制，王审知死后，其子孙各自依托闽南、闽北、福州形成三大政治军事势力争夺王位，闽北殷国的建立与闽国的最终覆亡，都是福建内部不同地域存在经济、文化差异的曲折反映。上述的《从唐墓考古看厦门海岛早期农耕开发史》提供了自然、人文地理变迁对文化族群的形成和发展的有益探索。

此外，移民的不断迁入是值得注意的现象，福建从六朝以来始终保持着中原汉族聚族而居的习惯，常见聚族而葬的墓地，这种习惯一直延续到明清时期的闽南等地，其制度与福建的家族组织密切相关。另外，有关唐五代福建海上贸易的诸多问题，如福州港口的变迁、甘棠港的具体位置、泉州港的早期发展，都有待于新材料的发现和进一步的研究。

福建沿海古城镇空间与海洋
环境的适应性研究综述

蒋龙波[*]　杨思声

引　言

　　21 世纪是海洋的世纪,近年来,国内学者已开始重视海洋环境方面的研究,合理地促进城市建设与海洋环境的协调发展关系着我国当代建设的可持续性。福建是我国重要的海洋大省,沿海资源丰富,具有长达 3752 公里的陆地海岸线。在这条蜿蜒的海岸线上散落着许多具有闽地海洋特征的古城镇,这些古城镇经历了数百年历史变迁,仍保存着与周围自然环境相适应的良好生态智慧与技术,特别是与沿海环境有着非常有机的适应关系,这些生态智慧是一笔非常宝贵的生态文化遗产,对当代城镇的可持续建设是非常有借鉴价值的。

一　福建沿海古城镇的发展历史概况

　　福建的海洋历史可以追溯到远古时期,《山海经》中就有"闽在海中"记载,从西晋至北宋末年,福建经历了数次中原汉族移民的大规模南迁,社会发生了巨大改变,迁至沿海地区的中原人吸收了原住民的海洋发展传统,发展出具有闽越海洋特色的中原汉族文化。

　　唐宋时期,商业发展达到了顶峰,福建海洋贸易更是站在世界的前端,当时的泉州港为东方第一大港,大量的港市在这个时期兴起。到了明清时期,官方的海洋观念走向保守,元末明初的倭寇肆虐,海洋防御是当权者首要考虑的因素,更是推出了海禁政策。在明清时期建造的大量防御性质的滨海城池,一则抵御海寇,二则控制沿海人民的海洋活动。近代,西方人从海上打开了国门,清王朝被迫开放了多个通商口岸,此时的海洋活动更加频繁,加上西方文明的介入,沿海古城镇产生了

　　* 作者简介:蒋龙波(1988.4—　),男,华侨大学建筑学院。原文刊载于《福建建筑》2014 年第 12 期。

多元化的演变。

福建沿海古城镇的分布有机而多元，其发展多源于商业或者海防。据清光绪二十八年刊印的朱正元《福建沿海图说》介绍：福建在清末时期有大小港市 30 余处，主要集中在闽东南沿海地区。其中最著名的当属汉唐的福州、宋朝的泉州、明代的漳州和清代的厦门。福建的防御型古城镇多建于明清时期，蓝达居《论明清时期福建海洋社会官民力量的交争》一文中有对福建沿海守卫的描述："明朝在闽沿海置卫指挥司五、守御千户所十二，巡检司四十五和水寨五，……置福建沿海指挥使司五，曰福宁、镇东、平海、永宁、镇海。领千户所十二，曰大金、定海、梅花、万安、莆禧、崇武、福全、金门、高浦、六鳌、同山、玄钟。"

二 古城镇与海洋环境的研究现状

1. 国内对历史名城名镇的研究，对古城镇文化遗产的保护、空间规律的总结方面已经有很多理论成果，在古城镇空间与自然环境适应关系方面也有一定进展，但涉及古城镇与海洋环境方面的研究不多。

国内关于古城镇的研究在各个地域都有特殊的研究对象和研究领域，如同济大学阮仪三教授所主持的历史文化名城研究中心主要从事江南地区的历史村镇、聚落的调查和研究；东南大学李百浩教授长期致力于长江中游地区古镇研究，主要注重对古镇的形态格局、演变历史、街巷结构、建筑特色、保护与利用等方面的研究；华中科技大学的万艳华教授则对长江中下游地区，包括湖南、湖北、江西等地传统村镇在选址、空间形态、建筑模式和文化特色等方面做了系统的总结；以重庆大学赵万民为代表的巴渝地区的古镇研究，对巴渝地区的古镇的历史演变、古镇形态、建筑空间、装饰艺术等方面作了深入细致的调查、分析研究（见图 1）。

2. 福建地区关于古城镇研究有一定的成果，主要从民居建筑、城镇空间形态、文化传统等角度进行研究，这些研究对古城镇与海洋气候环境的关系略有涉及，但少有系统性研究。

厦门大学的戴志坚教授对福建的传统聚落主要从空间形态和民居建筑的角度进行研究，他在《福建民居》一书的研究中涉及了聚落选址与自然环境的关系，以及建筑材料对环境气候的适应。福州大学的关瑞明教授指导其学生对泉州崇武古城的保护与发展研究，从古城的选址、城市肌理、街巷空间、文物建筑等方面探讨了古城镇的保护策略，其中谈及了崇武古镇选址与周边沿海环境的关系。福建工程学院的林从华老师对闽东南传统城镇的空间形态和保护规划进行研究，其指导的硕士论文《湖头古镇聚落空间形态初探》中从古镇的聚落空间、组群空间与单体建筑空间方面，研究传统聚落的空间构成特色、建筑特色与文化内涵。华侨大学在关于泉州沿海石厝民居的研究中，从石样式、布局、结构等方面研究了石厝民居与沿海气候的关系，着重探讨了

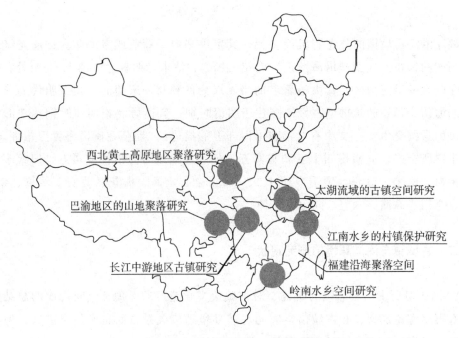

图1　国内古城镇研究的地域空间图（作者自绘）

民居的石材能够适应沿海气候的优良特性。

3. 目前，在海洋环境领域已有几个成熟的相关学科，围绕海洋生态、海洋社会与海洋经济等方面都有不少的研究成果。这些研究成果可在生态、经济、社会等方面为城镇的海洋适应性研究提供理论参考。

海洋生态学的研究自20世纪60年代以来，有了很大进展。福布斯和R.戈德温—奥斯汀合著的《欧洲海的自然历史》是海洋生态学的第一部论著。在国内，中国科学院海洋研究所李冠国、范振刚在《海洋生态学》一书中系统地介绍了海洋环境与海洋生物之间的相互关系、海洋生物资源及其开发与存在的问题以及海洋的生态学规律；浙江海洋学院海科学院赵淑江的《海洋环境学》主要研究了海洋的各项环境要素、主要生态过程、主要海洋环境类型、海洋资源及其与环境的关系、海洋灾害、海洋环境调查、监测与评价等。

在海洋社会学与海洋经济学方面，厦门大学杨国桢教授在其主编的《海洋与中国丛书》中以中国海洋经济史和海洋社会人文的视野，对中华民族的海洋观念、海洋贸易、海洋信仰、海洋灾害等方面进行了历史解读，挖掘了大量我国沿海地区民间的各种海洋社会人文信息。他在《闽在海中：追寻福建海洋发展史》中将目光集中到了海洋蓝色文明，讨论了福建海洋发展史、海洋渔业经济与渔民社会、近代世界市场互动中的中国东南沿海经济，以及明清海洋移民历史等，构建了海洋社会经济史的基本研究板块。

三　福建沿海古城镇与海洋环境的适应特征

在漫长的时间里，福建沿海古城镇形成了与地域海洋性气候相适应的特征，这种适应性表现为古城镇在选址上的复杂考量和因地制宜的城镇空间营造。

（一）沿海古城镇选址的多元考量

1. 沿海古城镇一般选择地理环境稳定而适宜渔业发展的海湾地段，福建的海岸线蜿蜒曲折，形成了大大小小的海湾125个，有东山湾、厦门港、泉州湾、湄洲湾、罗源湾、福宁湾等多个天然良港。这些海湾具有港阔水深、岸线长、航道宽、风浪小、避风避浪条件好等优势（见图2）。

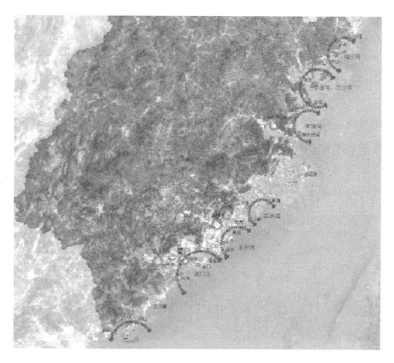

图2　福建主要海湾与古城镇分布关系图（作者自绘）

2. 在海防政策下建立起来的古城镇，选址自然是考虑到海防线的需求，大部分位于军事要塞地区，如泉州的崇武古城（见图3）、连江县定海古城、漳浦的六鳌古城，等等。这些防御城池多位于地理位置险要位置，而且建城时一般都建有防御城墙，城池背山靠海，以海洋为天然的防御壕沟。

（二）古城镇空间营造对海洋气候条件的适应性

福建沿海气候表现为风浪大，太阳辐射强，夏季多台风等。因此古镇空间的空间布局、建筑材料、建筑构造方面有海洋气候的独特考量，在遮阳、防晒、通风、排水、防潮、防台风等方面有其独到之处。

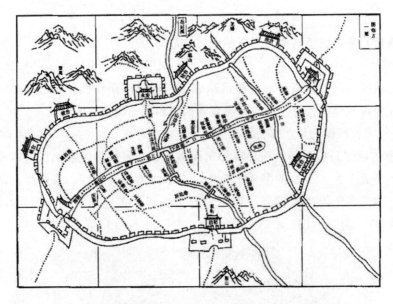

图3　明代泉州崇武所城图（引自《中国古代建筑史第四卷》）

1. 从街巷空间的布局看，沿海传统城镇的街巷较为狭窄，建筑密度大，能很好地避免太阳直射，达到遮阳防晒的效果。同时为了疏导海风，迎风向的巷道会相对狭窄而曲折，而主要街道与风向垂直，窄巷对海风的引导形成清凉的自然巷风，曲折的巷道对海风进行引导和减弱（见图4）。

图4　沿海古城的巷道空间（左）、建筑空间（右）（作者自摄）

2. 在建筑平面方面，为了组织通风，建筑的内外空间互相连通，室内外多开门窗洞口，屋外一般设有外廊，避免阳光直射以取得室内阴凉的效果，在房间前后左右会设有小天井和"冷巷"，加速空气对流，使房间阴凉。

3. 传统民居在对建筑材料的选址上充满了海洋材料的应用智慧。如福建的花岗石材质均匀，强度高，用石头搭建的民居能很好地做到防海风、防腐蚀（见图5）。利用碎砖瓦砌筑成"出砖入石"墙体和用蛎壳灰、沙和黏土加入红糖水、糯米浆夯实的"三沙土"墙体是海洋材料在闽南传统民居建筑上充满智慧的创造（见图6）。

4. 福建沿海传统民居构造也体现出民间营造技艺在应对沿海环境时的灵活性。比

图5　闽南沿海的石厝民居（作者自摄）

图6　泉州蚵厝建筑（左）、三沙土墙体（右）（作者自摄）

如在闽南地区的民居为了防御台风，建筑屋顶多为硬山顶，屋顶不出檐，还会在瓦上用石头压牢或用筒瓦压顶，屋顶周边再用砺壳粘住，传统民居通过在木柱底下设石柱础的方法来防潮（见图7），等等。

图7　沿海民居的屋顶（左）、柱础构造（右）（作者自摄）

四　研究的关键问题及研究的意义

（一）研究的关键问题

深入挖掘福建沿海古镇空间适应沿海环境的传统智慧，并对其复杂性、地域性的生态理念及技术进行重点探索是古城镇与海洋环境适应性研究的关键所在。

当代的城镇开发的蓝图梦想表面上也提出了各种各样的生态策略，但是这些都是少数人的理想模式，缺乏与地域自然特征和城镇历史文脉的综合考量，导致其与自然的关系变得生硬而封闭。而传统的生态适应策略则经历了历史的检验，这种适应智慧是一种动态的、有机的，具有地域性的适应理念。在福建沿海的很多古城镇中还保存着这些传统的适应智慧，但是极少有人去关注和保护，以致不断地被城镇扩张建设所吞噬，因此挖掘这些传统智慧对保护古城镇传统文化是意义重大的。

（二）研究的价值意义

1. 对福建的传统城镇历史研究及海洋生态学研究有学术价值。

国内大部分学者对古城镇的关注点在于历史文化、建筑风水，以及古镇空间布局等方面，而海洋相关学科的研究，则注重对海洋生物环境、海洋地质条件、海洋经济发展等方面的研究。因此关注城镇的生态文化与历史文脉的结合，将其整合一体研究对研究领域的拓展有创新价值。

当代中国在城镇生态方面的研究，大多数还是偏重于物理生态技术的研究，缺乏对地域生态的具体细化研究。而对传统古镇的生态智慧的研究，挖掘具有沿海地域特色的传统生态适应理念，对深化城镇生态的研究也有学术价值。

2. 对当代城镇生态文化遗产的传承与再利用有一定的启发意义。

当代，国内的许多古城镇都在实行保护规划，对传统文化遗产继承和利用已经有不少成果，但是保护的重点基本上围绕古城镇自身的物质文化遗产以及民俗特色等非物质遗产，对古镇与所处的地理环境有机适应方式的继承与保护却极少考虑。古城镇的历史价值不仅仅在古镇本身，其保护和传承不能脱离所在周边环境而独立考虑，古城镇与环境的适应智慧也是一笔非常可贵的文化遗产。

通过对古镇沿海环境的适应方法的探寻，挖掘古镇的生态适应层面的历史智慧与价值，可以为传承和利用传统古镇生态遗产提供基础参考，同时对当代古城镇的生态建设有一定启发意义。

近三年黄道周研究述评

李金梅[*]

黄道周（1585—1646），字幼玄，一字螭若，号石斋，漳浦铜山（今福建东山县）人，天启二年（1622）进士。黄道周一生"通籍二十载，历俸未三年"，讲学著述成为他一生的主要活动。从他的一生看，黄道周不仅是敢言直谏的翰苑名臣、抗清志士，更是明代著名学者，《明史》称赞他"文章风节高天下"。黄道周刚直不阿、博学多通，无论在其生前还是身后都产生了广泛而深远的影响，所以黄宗羲称赞他如"森森武库，霜寒日耀"，徐霞客则更是称他为"其字画为馆阁第一，文章为国朝第一，人品为海内第一，其学问直接周、孔，为古今第一"。

深受当时人所推崇的黄道周长期以来却被学术界所忽视，直到近年才逐渐被重视，相关研究成果才逐渐多起来。自 2011 年 6 月"首届海峡两岸黄道周学术研讨会"之后，关于黄道周的研究成果不断涌现，仅仅从中国期刊网上以"黄道周"为检索词进行篇名检索，2011—2014 年间有关于黄道周的研究论文达 50 多篇（其中有几篇是首届研讨会上所提交论文的修订稿）。本文选取近三年关于黄道周研究中的一些主要成就作一述评，旨在及时总结黄道周研究的最新成果，唤起、推动更多学人对黄道周研究的关注和参与，从而充分揭示黄道周在学术史上的地位和影响。

一　黄道周《易》学研究

黄道周学术成就是多方面的，他的《易》学尤其深邃。黄道周"自幼学《易》，以天道为准"，其《易》学中的象数特征不仅给后人的理解带来困难，也造成了后人对他《易》学评价的差异。对于黄道周的《易》学成就，既有人给予充分肯定和褒奖，也有人加以质疑，甚至严厉地批评。黄道周同乡、清初重臣李光地就有较为严厉的批评。谁是谁非，至今尚无定论。之所以出现这样的情况，一个重要的原因在于对黄道周《易》学理解的不同。因此，解决这个争论的唯一途径就是深入研究并揭示黄道周《易》学的内涵，深入剖析他《易》学的特征，只有这样，才可以对黄道周的《易》

* 作者简介：李金梅（1980—　），女，安徽省庐江县人，闽南师范大学外国语学院讲师，北京外国语大学在读博士研究生。原文刊载于《闽南师范大学学报》2014 年第 3 期。

学做出实事求是而又令人信服的评价。由于黄道周易学思想独特，后来者往往很难把握，因此，尽管黄道周的《易》学在他的思想体系中非常重要，但相对于黄道周其他方面成就的研究，他的《易》学研究一直是个薄弱环节。

近年来，黄道周的《易》学研究开始逐渐取得突破，翟奎凤的博士论文《以易测天——黄道周易学思想研究》的正式出版可以看作一个重要标志。该书主要以黄道周《三易洞玑》和《易象正》为研究对象，同时参考了黄道周《榕坛问业》《黄漳浦集》等著述中有关《易》学的论述，以六章的篇幅分别从黄道周生平与治《易》经历、三易思想、变卦解易、推步历史、易象数与天文历法、影响与评价等方面对黄道周《易》学思想展开深入的论述，他的导师陈来教授称赞这本书具有弥补学界空白的意义。

张善文《石斋〈春秋说象凡例〉发微》从黄道周《易象正》卷首的《春秋说象凡例十八条》的解读入手，根据这十八条凡例疏明春秋筮案的历史背景。文章指出，黄道周《易象正》立论不蹈袭两汉以来学者的旧说，而是摘取《左传》《国语》所记载的众多筮案为依据，揭示卦象的变化旨趣，并以此纠正前人的种种误说，故题曰"易象正"。黄道周在《易象正》卷首的全书凡例中，把《春秋说象凡例十八条》列居首篇，显示了作者论《易》思想的立论根本。

郑晨寅《一个时代之"象"——兼论明末大儒黄道周与〈明夷〉卦》从对《明夷》的解说入手对黄道周的《易》学展开讨论。文章认为《明夷》喻示着政治昏暗、贤人遭难的情状，蕴含着在困难、黑暗中坚持不懈、生生不息的"大易之道"。黄道周因为生平事迹与箕子相近，因此对"箕子之明夷"产生了强烈的共鸣。这种共鸣不仅表现在黄道周的诗文多引用《明夷》卦，而且表现在他的《易象正》中对《明夷》一卦也屡有阐发。

阴阳五行及《易》学思想对中国传统医学有深远的影响，有学者从这个角度研究了黄道周《易》学思想与中医藏象说的联系。吴新明《黄道周的中医藏象新说》独具特色，从传统中医学的视角探讨了黄道周《易》学思想对于中医研究的启示和借鉴意义。该文认为，黄道周《三易洞玑》中以河洛象数为依据而提出的五脏五系、四腑四房的分类法中蕴含着独特的藏象学理论，具有独特的象数易学思想根源，因此在传统中医学的理论体系中显得别具一格。翟奎凤则在《黄道周"七十二卦"易历星象、中医藏象说述论》一文中指出，七十二卦说是黄道周《三易洞玑》文王易思想的基本特色，黄道周经常用"七十二"这个特别的数字推衍出很多和天文历算、乐律、中医等相关的数理规律，从而将易、象、数同天文、乐律甚至中医理论联系起来。该文一方面指出了黄道周这种思想的局限性，另一方面也充分肯定了黄道周探索天地万物整体性存在内在同构性关联的思维方式的积极意义。

可见，黄道周《易》学思想研究已经从多方面展开，这是非常值得肯定的。虽然如此，但目前的研究并不能涵盖黄道周《易》学思想的全部。黄道周《易》学思想的一个重要特征是多言象数，但他对义理的探讨也自有其意义和价值，而这恰恰是长期以来被忽视掉的。翟奎凤在其著作的"结语"中也实事求是地指出，自己的不足之一就在于对黄道周《易》学思想中的义理层面没有作专章论述。这方面，不仅是翟氏，也是整个学界今后需要进一步关注和拓展的层面。

二　黄道周其他经学研究

黄道周经学成就是多方面的，因为《易》学是其中最为引人注目的一个方面，所以上文专门加以述评。除了《易》学，黄道周的《孝经》学、《礼》学、《诗经》学、《尚书》学等也都有独特之处。近年来，这方面的研究也得到了不少学者的关注。

黄道周的《礼》学著述不少，《孝经》学著述也有多种，仅《四库全书》就收入了《月令明义》《缁衣集传》《儒行集传》《坊记集传》《表记集传》五种《礼》学著述和《孝经集传》。有学者特别关注到了黄道周《礼》学、《孝经》学的内在联系。杨毓团认为，黄道周的礼学研究是与《孝经》结合起来的，是用汉代儒者重"孝"的思想资源来诠释传统儒家礼学，并且从宇宙本体论、形而上学等层面对"孝"拯救世道人心的学术合理性来进行阐释。这不仅体现了黄道周对儒家理想中的道德、政治秩序进行追本溯源式的学术探求，也体现了黄道周独特的研究《孝经》的学术径路和齐民化俗的现实追求。杨毓团在另一篇文章中更为明确地指出，黄道周的礼学研究是基于他的"孝本"意识之上，黄道周认为"爱""敬"既是"孝本"思想的核心内容，因而处于儒家道德教化的本源地位，又是重建"亲亲""尊尊"二系并重的儒家礼秩世界的实践路径。

与前面的不同，郑晨寅以明末大儒黄道周为个案，从另一个角度讨论了"移孝为忠"说的困境与超越，文章指出，《孝经》的"移孝为忠"中孝与忠紧密联系，但其中又存在着矛盾。在黄道周的一生中，他虽然也面临着事亲与事君、辱亲与忠君的两难抉择，但他最终用自己的生命对"移孝为忠"作了最深刻的注解。

福建虽然开发较晚，但《诗经》学传统却也较为久远。受这种传统影响，黄道周对于《诗经》也用力较深，留下了不少这方面的著述。陈良武撰文梳理了福建从北宋之初蔡元鼎以来的福建《诗经》学传统，检讨了其中重要的《诗》学名家和《诗》学著作。在此基础上，考述了黄道周一生的治《诗》经历，论列了黄道周的《诗》学著述，这对激发学界对黄道周乃至闽地《诗经》学的关注和研究具有积极意义。与这种学术史的全面梳理不同，夏德靠选取了黄道周众多《诗经》学著述中的一种——《诗表》展开论述，揭示了黄道周《诗经》学的一个层面。《诗表》是黄道周《诗经》学的重要著作，现在传世的虽然只是其中的《序》部分，却可显示出黄道周《诗经》学的重要特征。夏德靠在文章中集中讨论了黄道周《诗表》的诗学观及其意义，认为《诗表》十二部、三十六表的划分是建立在历史学基础之上的，这不仅超越了《诗谱》，而且对黄道周同乡何楷的《诗经世本古义》产生了一定的影响。

据侯真平先生考证，黄道周在《尚书》学方面也颇多著述，可惜只有《洪范明义》以多种版本传世并被收入《四库全书》中。《洪范》是《尚书》中的一篇，在中国政治思想史上具有深远的影响，历来解说者众多。张兵《〈洪范〉诠释研究》对此论述较为全面，其中也提及黄道周的《洪范明义》一篇，但并没有充分展开。由于受到《易》学思想的影响，黄道周"陈灾异以明鉴戒"，对《洪范》的解释显示出与众不同的一面。翟奎凤、邱振华专门讨论了黄道周的《洪范明义》，认为它既有字句文本上的校正，又有思想上的发挥，体现了汉、宋两种学术精神的融合，体现了黄道周的民本思想和民主精神。

在对黄道周学术思想展开研究的同时，不可避免地涉及黄道周学术思想渊源及其影响等问题的探讨。黄道周生活在晚明这一独特的历史环境中，他的学术思想必然打上鲜明的时代烙印。晚明西学东渐，闽南由于其滨海的地理优势，更深受西学影响。陈良武撰文认为，晚明传教士的学术传教活动，使闽地士人能够有机会接触、了解西方包括天文历法在内的各类知识。黄道周能够以一种较为开放的态度面对西学，中西会通，使他在自然科学研究方面取得了较高的成就。翟奎凤则结合明清之际的学术思潮论述了黄道周学术思想的复杂性，而这正是明清之际中国思想界裂变的复杂性和矛盾性的反映。许卉认为黄道周通过对朱熹道统说的质疑和批判，凸显了自家之学在道统中的合理地位，从而揭示了黄道周对朱熹的接受和改造。

三　黄道周文学研究

黄道周"古文不循《史》《汉》、八家，诗歌不步汉魏唐宋，而博奥黝深，雕镂古健，风骨成一家"，卷六蔡世远《黄道周传》中的这句评语充分肯定了黄道周诗文的成就和特征。但是，黄道周诗文创作研究长期以来相对薄弱。较早研究黄道周诗文的当推于浴贤教授，早在 1996 年她就发表了《忧患的诗魂——黄道周诗歌评述之一》一文，分析了黄道周诗歌的题材内容和黄道周诗歌中浓烈的忧患之情。近年来，这方面的研究成果陆续增多，显示了学界对黄道周诗文的逐渐重视。

如前所述，黄道周精通《易》学，是举世公认的《易》学大师。受其影响，黄道周在诗文中也大量引用、发挥《易》理来说理抒情。郑晨寅以黄道周奏疏为例，统计了《黄漳浦集》卷一到卷六的 67 篇奏疏，认为其中明确引用《易经》《易传》达 30 疏 63 处，其他还涉及《周易》64 卦中的 31 卦。黄道周诗文难读，这正是原因之一。陈书录则撰文论述了黄道周《易》学思想对于吴伟业诗歌创作的影响。文章认为，受《易》学名家黄道周的影响，吴伟业往往自觉地将《周易》"一与多"的思维方式运用到诗歌创作之中，并取得了独特的表达效果。

黄道周诗文创作活动终其一生，即使在抗清兵败被俘后依然创作不辍，《石斋逸诗》就是黄道周从婺源兵败被俘至南京就义前的诗歌结集，凡三百一十一章。曾进兴等结合相关历史事实解读《逸诗》，分析了这些作品中所展现的黄道周独特的心灵形态和复杂的思想情怀。黄道周独特的人生经历与追求、不谐流俗的品格造就了其诗歌的精神境界。有学者撰文分析了黄道周诗歌的精神境界，认为黄道周的诗歌关注现实，反映了那个时代内忧外患的现实，表现了他忧念国事，关注苍生的精神境界，因而具有深重的忧国情怀和刚直不阿的人格精神。

在黄道周诗文创作中，离骚作品是极为重要的一部分。从黄道周一生活动来看，他对屈原非常仰慕，说屈原是他的人生导师也是不过分的。仰慕其人，摹写其作，黄道周创作了大量的拟骚作品，仅《黄漳浦集》第 36 卷就收录了《续离骚》二章、《续招魂》三章、《睿骚》九章、《九诉》九章、《九绎》十一章、《九庆》十一章、《丛骚》十五章、《刘招》一章、《续天问》一章等 9 篇 62 章。郑晨寅在其《论黄道周拟骚之作》中较为全面地梳理了黄道周的拟骚创作，认为黄道周拟骚作品或发愤以抒情，或申论屈骚章句，虽是仿拟，但由于融合了自身的遭遇，因此形神兼备，在明末辞赋的创作与研究中具有较大影响。

与郑晨寅的全面梳理不同，也有学者对黄道周的拟骚作品进行了深入的解读。于浴贤撰文集中讨论了黄道周的《续离骚》《续招魂》两篇，认为黄道周《续离骚》《续招魂》虽然在艺术形式上继承屈原，但在题材上却标新立异，是以孝子事亲之情取代了屈骚原忠臣事君之志。文章认为，黄道周追步屈原，以孝子比照忠臣，以孝子事亲比照忠臣事君，二者精神上是一致的。黄道周这种题材的开拓，是以他忠孝一体的孝道观为前提的，并体现了他致力于孝子忠臣的道德养成的自修轨迹。陈良武结合黄道周师友诗文和黄道周书《刘招帖》碑刻"二重证据"，对《刘招》的主题作了令人信服的考论。文章认为，《刘招》作于黄道周榕坛讲学之际，实为"招刘"之倒文，所招对象为其弟子兼畏友——漳浦人刘履丁。《刘招》在形式上模拟屈骚，借屈原、巫涓为景差招魂的形式，将朋友之情与君臣之义结合起来，因而具有摇荡人情的效果。

总的来看，黄道周文学研究虽然取得了一定的成就，但与黄道周的诗文创作实践相比还是显得较为薄弱。据悉，陈良武的博士论文较为全面而集中地研究了黄道周的诗文理论和创作，只是尚未公布，在此只好暂且略过。

四 黄道周文化研究

按照文化学的理论，文化是由人创造的，但人反过来又必然受到文化的熏陶和塑造。从这个角度看，黄道周也是这样。一方面，黄道周出生在闽南，一生的成长和活动也主要在闽南。他的思想的形成、成就的取得既与传统的儒家大文化影响有关，又与闽南独特的区域文化的影响分不开。另一方面，黄道周的道德文章在闽南士人当中又产生了巨大影响，为闽南文化的发展注入了许多新的因素。正因为如此，所以从文化的角度开展黄道周研究逐渐成为一些学者所关注的新领域。这种研究，在当前大力弘扬传统文化优秀资源，实现中华民族伟大复兴的大背景下尤其具有现实意义。

胡金望先生在 2012 年闽南跨文化学术研讨会的发言中也指出，黄道周被乾隆誉为"一代完人"，"这里所谓'完人'，正是从封建文化塑造人格的角度予以评价的，即指黄道周在政治、道德伦理诸方面，按照封建社会正统和正面的要求，已达到高度自觉的境界和无懈可击的程度。如果我们今天要对黄道周的一生予以定位定性并做出精辟概括，那么不妨称其为'极富个性的忠臣孝子''别具风采的学术宗师''蹈死不辞的志士仁人'。其精神文化已超越时代、超越政治，主要表现在道德伦理等层面上。这正是黄道周文化在 21 世纪的今天仍能大放异彩的原因所在，也是我们需要进一步研究和发扬光大的价值所在"。

与此类似，汤漳平先生在《简论闽南文化与黄道周》中明确指出了"闽南"对于黄道周的特殊意义。他认为，闽南区域文化兼具农耕文化与海洋文化的特征，闽南人不但具有显著的正统思想，而且能够兼容并包、敢于抗争。黄道周其学不主一家，并最终成为一代宗师，正是与明代闽南文化的熏陶密切相关。这种论述，无疑有助于拓展黄道周研究的视野，对了解黄道周的成长具有不可忽视的意义。

黄道周作为中华民族优秀传统文化与闽南地域文化孕育出来的历史文化名人，在今天看来，更具有了文化符号的意义。林晓峰、林武昌《黄道周文化的保护与开发》明确提出了"黄道周文化"的概念，具体论述了"黄道周文化"的基本内涵、历史地位和影响。文章认为，"黄道周文化"的内核是"道周精神"，"即严谨勤奋、孜孜以求的治学态度；襟怀坦荡、正直无私的处世风格；忠贞不渝、舍生取义的民族气节"。在此基础上，该文分析了黄道周文化的保护现状，指出了黄道周文化保护与开发存在的问题，提出了应对的措施，具有较强的现实性和可操作性。此外，还有学者以文化产业中名人资源的认知与开发为切入点，结合黄道周文化的开发现状，分别从开发广度、开发深度、开发节奏等角度对黄道周文化进行保护性开发与商业性开发相结合的问题进行了思考，并提出了自己的建议。

从文化角度开展黄道周研究，既有上面的宏观视野，也有微观视角。陈良武《黄道周断碑砚考论》选取黄道周生前所用的平常物件——断碑砚为切入点，考察了这方断碑砚的来历、流传以及其中所蕴含的文化信息。文章认为，黄道周断碑砚是用苏轼手书墨妙亭诗碑残片雕琢而成。黄道周以断碑为砚，一方面是士人崇尚古雅、尚友古人的风尚使然，另一方面不仅体现了黄道周对苏轼书法艺术的认同，而且体现了对苏轼人格和人生志趣的仰慕。黄道周金陵殉难后，后人诗文吟咏不断，既是因为苏轼的书法、人格，也是因为黄道周"文章气节两不亏"，同样是出于尚友古人的文化心理。

五　黄道周理学思想研究

如前所述，黄道周的学术成就是多方面的，他的理学思想也颇为引人注目。侯外庐等编撰的《宋明理学史》中辟有专章从自然观、认识论、道德修养论、人性论等方面较为全面地论述了黄道周的理学思想。近年来，有学者对这些问题又做了进一步的深入探究。方遥撰文认为，黄道周虽然学识渊博，涉猎广泛，但是因为受到主、客观因素的影响，他的思想尚未形成完整的体系。文章选取宋明理学中极为重要的心性论问题为研究视角，讨论了黄道周有关心性论的若干问题。这种研究，对深入、全面地理解和把握黄道周的学术思想大有裨益。

自从孔子援仁入礼、以仁释礼开拓了仁礼合一的儒学体系之后，"仁"成为历代儒者不断强调和阐释的重要范畴，黄道周也不例外。萧仕平撰文指出，黄道周在对"仁"的由来的理解上，继承了程朱，认为"仁"来源于天，其根据在于天地宇宙具有的道德本体；在关于求"仁"途径的分析上，黄道周秉承朱子，把"格物致知"看作"求仁"的具体方法，即通过"格物致知"回复"天地之性"，从而最终拥有"仁"；在有关"仁"的效用的看法上，黄道周把"求仁"看作个体生命的需要，获得"仁"是个体生命价值的实现。杨肇中认为黄道周的学术思想具有明显的经世致用性，因而往往用汉儒的经学来对理学进行反思，而《洪范》中的阴阳五行说为其所推崇。文章指出，黄道周认为儒家性命之学与阴阳五行思想在天人相应中得以交合融汇，政治秩序与理想道德的重建与和谐只有在阴阳五行说中才能够找到重新诠释的思想资源。

以上都是从某个方面展开的黄道周理学思想研究，目前所见到的最为集中而全面的研究则是河北大学许卉的博士论文《黄道周哲学思想研究》。该文一共六章，绪论和第一章分别是对黄道周哲学思想研究的回顾和黄道周生平的记述，其他四章分别从生成论、本体论、人性论、工夫论四个方面具体展开，细细读来，可圈可点之处不少。

随着黄道周研究的逐渐深入，除了以上五个方面以外，黄道周生平逸事、著述考释、交游、讲学等研究也有涉及，其中亦有不少值得关注的发现。这些研究，本是黄道周研究题中应有之义，对推动黄道周研究同样具有重要意义。黄道周著述宏富，但散佚极为严重。在传世的著作中，也多难读难解。近年来，出现了一些考释黄道周作品文字的论文，例如郑礼炬、李云波的《黄道周篆书其父墓志及墓后碑铭释文》考释了黄道周为其父所作的《青原公墓志》及墓后碑铭，郑晨寅在其《黄道周〈榕坛问业〉卷八校读札记》中对《榕坛问业》卷八进行了校读。这些工作，为黄道周研究者提供了借鉴。

首届海峡两岸黄道周学术研讨会之前，曾经举行了几次关于黄道周的学术研讨会，但从当时会议出版的论文集看，那时的研究主要还是集中在对黄道周生平经历、抗清事迹等方面，尚未真正进入对黄道周学术的研究。现在从上文所综述的近三年的研究成果看，黄道周学术思想各方面的研究都有所涉及，这显示了黄道周研究正在持续深入，这是令人极为欣喜的现象。此外，以黄道周为研究对象的各类课题也不断立项，这也显示出黄道周研究正逐渐为学术界所承认和关注。最后，从黄道周研究队伍看，较为活跃的有两类，一是黄道周家乡闽南部分高校的学者，二是一些年轻的博士。就整个研究队伍而言，年富力强是其主要特点之一。因此，加强引导，加大投入，逐步凝练队伍，将来定会有令人瞩目的成果不断出现，黄道周研究也定会因此而得以全面推进和深入拓展。

李叔同歌词研究综述

卢　倩[*]

前　言

李叔同是我国 19 世纪末 20 世纪初最杰出的音乐家和教育家之一，是学堂乐歌的代表人物，为中国新音乐的萌芽和发展奠定了基础，在中国音乐史上具有不可忽略的影响。李叔同的歌词创作是其音乐创作中的重要部分，同时，李叔同歌词也具有独特的文学性和文学史价值。学界对此已有若干研究与论述。本文以丰子恺《李叔同歌曲集》、李莉娟选编的《李叔同诗文遗墨精选》为李叔同歌词主要参照资料；以谷歌学术搜索引擎为基点，以中国知网、万方数据库、维普科技期刊网为主要网络资料来源，分别以"李叔同歌词""李叔同歌曲""弘一法师歌词"等为关键词进行主题、关键词、篇名和摘要搜索，最后搜索出三十九篇相关性最高的中文学术论文。本文选取其中具有代表性的三十二篇论文成果进行梳理，以期描述出李叔同歌词研究的基本现状，并分析其未来态势。

一　对李叔同歌词内涵的研究

在这些论文中，以李叔同歌词内涵为主要研究对象的论文数量较多。这些论文大致可分为两种。

第一，对作品进行分类。不同的研究者持有不同的分类角度。例如，杨雁行《论李叔同"学堂乐歌"的艺术特点》一文是以李叔同人生不同时期为依据，将目前收集到的李叔同乐歌 78 首大体上分为四个时期：1. 初创时期（1905 年以前），此期间共作二首，主要发表在他所编的《国学唱歌集》；2. 留学时期（1905—1910），发表了《我的国》《春郊赛跑》《隋堤柳》三首歌曲；3. 成熟时期（1912—1929），此期间他创作

---

　*　作者简介：卢倩，上海交通大学人文学院中文系硕士研究生。原文刊载于《中国现代文学研究丛刊》2014 年第 7 期。

的乐歌约有 40 首，是他创作的 "黄金时期"；4. 出家时期（1930—1937），这期间主
要是佛门之音，歌词清净文雅，富于哲理性。徐承的《从几篇诗体作品看李叔同出家
的思想转变》一文，也以李叔同人生不同阶段为划分依据，选取了李叔同人生不同时
期的几篇诗体作品，其中有诗词也有歌词。但与上述论文不同，本文立足点并不在
于为李叔同歌词分类，而是以此为依据考察李叔同出家前后的思想变化。文中所选
歌词很具代表性，如李叔同出家前所作《悲秋》《落花》《长逝》均感物叹事以抒
情，却与佛禅境界中不以个体生命去留为挂碍的节情态度有很大区别。又举出李叔
同晚年所作歌词《山色》《花香》两首，前述那种一去不复返的绵延时间意识和自
我生命感喟在此已无迹可寻，唯余一片涤尽尘劳的静谧与空灵，这才是佛的境界。
又如，张宜雷的《李叔同与近代歌词创作》以李叔同歌词的思想内容为依据大致分
为三类：一是表达了知识分子的爱国热情，如《大中华》；二是以音乐教育的形态出
现，具有启蒙功能，如《春郊赛跑》《婚姻祝词》等；三是形象地传达了 20 世纪初
中国先进知识分子的心路历程，如《送别》《落花》。再如陈振波、梁小玲的《李叔
同的歌词创作及其唯美因素》以李叔同歌词的艺术风格为标准，将其大致分为爱国
歌词、禅悟歌词和唯美歌词三类。

　　第二，对作品内涵予以分析。这是论文中数量最多、关注度最高的一部分。研
究者对其进行文本分析与解读并以此为契机窥探这位音乐大师的内心世界，并探寻
以李叔同为代表的 19 世纪末 20 世纪初的知识分子的心理历程。这些论文中，有讨
论李叔同歌词中传统元素和现代性元素的冲突与融合的，如周映辰《从李叔同看中
国近现代艺术歌曲的美学经验》指出李叔同的新曲与旧词之间，包含着一种近代以
来艺术歌曲中所具有的空前复杂的美学经验，它契合了近现代以来中国特殊的文化
状况，在词曲的内部则具有一种既相互冲突又相互依存的内在统一性。李静的《近
代歌词创作的 "文""白" 之争》中说如同在乐歌歌词的创作中不能忍受对传统的
漠视，李叔同在《国学唱歌集》中选择的 "近人撰著"，仍然符合其一贯的 "提倡
风雅" 的精神。汪超的《浅谈 "学堂乐歌"〈送别〉的中西交融及人文精神》认为，
《送别》无论歌词的选配，还是曲调的选择，都体现出中西文化交融的时代特点和人
文精神。

　　也有讨论李叔同歌词中所表达的时代知识分子心路历程或表达人类普遍情感的，
如钱仁康《〈隋堤柳〉——李叔同的第一首 "仿体词" 歌曲》一文指出，李叔同所作
歌词大多文辞典雅，与同时代其他通俗浅显的歌词大异其趣，且李叔同借此词表达出
一种 "别有怅触" 之情。张霖的《长亭外，古道边——李叔同的歌词创作》认为李叔
同将古典文学的类似意境巧妙嫁接到当下歌词中，反映出人类普遍的离别时的感伤情
绪。任卫新的《词海钩沉（九）李叔同的国之情怀》逐一分析了李叔同《大中华》
《我的国》等歌词所表达出的慷慨激昂和爱国热情。张宜雷《近代个体的心声——李叔
同歌词〈送别〉解读》认为《送别》在古老的离别题材中表现出的已不再是传统式的

离愁别恨，而是人发现了自身作为一个个体存在而感受到的因为离别而触发的那种无所归属、无所依傍的空前的孤寂感。

还有一种是将李叔同歌词的内容与李叔同人生际遇相互映照，以歌词观人生，以人生读歌词。如，侯维娜的《李叔同〈送别〉评析》对李叔同歌词《送别》进行词曲考证，并认为《送别》传承了一定的文化元素，同时表达了李叔同皈依佛门的心声。陈江红《李叔同歌词风格演变及思想进程探微》从李叔同的主要艺术经历及其各时期歌词作品入手，按不同风格将其歌词创作大致划分为三个时期，并对各个时期的歌词风格进行具体的阐释，归纳出三个时期歌词的总体风格演变：前期雄浑劲健、高古悲慨；中期空灵清奇、幽远飘逸；后期洗练冲淡、超诣蕴藉。在此基础上进一步探析李叔同立足儒家根本，经历道家修养，最后皈依佛门的思想进程，以及他的儒、道、佛思想既发展变化又融合互补的现象，足见李叔同艺术风格的多样化和文化思想的多元化。涂敏华《李叔同诗词创作轨迹及其影响》梳理了李叔同少年在天津、奉母至上海、留学日本、执教于杭州以至出家等各个阶段的诗词创作，简述各时期作品的内容风格及其影响，大体可见李叔同一生的生活遭际和思想发展的轨迹。

二　对李叔同歌词艺术手法及艺术特点的研究

对李叔同歌词艺术手法及艺术特点的研究，意义在于探究李叔同歌词中更为"文学性"的特质，以明了李叔同歌词的精妙之处不仅仅在于其精神内容的时代性，也在于其永恒的文学性价值。研究李叔同歌词艺术手法的文章，多数以具体歌词为例，进行细致的文本分析，以字字到位的阐述论证李叔同歌词的艺术手法。例如，李亮伟的《李叔同〈送别〉词句意象考索——兼谈对古诗词意象意蕴的取用》一文对《送别》的词句意象进行了逐字逐句的考索，对每一个意象、每一个词语及每一个句子都进行了考索，追寻到每个意象的古典来源，并认为《送别》的成功不仅仅在于意象的选取，更在于意象的叠加与氛围的渲染，显示出整篇作品内涵丰富的特点。同时，近似于词的格式，声韵谐婉，极具抒情性，真正称得上情韵俱佳，从而具有感人的艺术魅力。苏迟的《三部合唱〈春游〉》提到丰子恺在《绘画与文学》一书中谈及"文学中的远近法"，认为李叔同是用画家的眼睛观察春游之景而作此歌的。

李叔同歌词艺术特点的研究也如对李叔同歌词归类一样各有角度。杨雁行的《论李叔同"学堂乐歌"的艺术特点》一文纵览李叔同乐歌，从民族特点、语言特点、审美意境三个方面将其艺术特点归纳为三：鲜明的民族特征；简洁的音乐语言；深邃的审美意境。林长红的《论李叔同诗词的"旧风格"与"新意境"》则从传统与现代的关系角度出发，指出李叔同词作具备"以旧风格含新意境"的特点，表现有三：思想性，以传统名士心态含现代人文情怀；艺术性，以古典形式美感含多元文化养分；美学风格，以华夏美学精神含个体生命境界。

三　对李叔同歌词创作来源的研究

对创作来源的研究也是李叔同歌词研究的重要部分。这类论文的主要研究目的是探究影响李叔同歌词创作的因素，正是因为这些因素的相互作用，才使得李叔同成为李叔同，才使得李叔同歌词成为独一无二的传世经典。这方面研究的意义在于帮助我们站在李叔同的角度去揣度那个时代的风起云涌，得到的不仅仅是影响李叔同创作的因素。如温和的《从李叔同的歌曲创作看日本学校歌曲对中国学堂乐歌的影响》一文通过对李叔同及其创作歌曲的分析来讨论日本学校歌曲对中国学堂乐歌内容和创作两方面的影响。首先，作者认为日本学校歌曲通过艺术手段表达对国家的热爱，从而激发人民的爱国之情，成为学堂乐歌要表达的主要内容。其次，日本音乐家创作学校歌曲的方法对中国学堂乐歌影响十分深刻，如依曲填词等。这就为我们探讨了影响李叔同歌词创作的外部因素。而不可否认，作为具有深厚国学积淀的音乐大师李叔同，其歌词作品中一定也缺少不了传统文化的影响。李向佳的《苏轼对李叔同词境的影响》一文就简要概括了李叔同歌词营造的艺术意境。在此基础上，分别从意蕴、艺术和言语几个层面分析苏轼对李叔同词境的影响，以此梳理李叔同的思想发展脉络，帮助人们更好地解读李叔同"文以载道"的理念，进一步认识其由"儒文化"言志转变到"佛文化"正法的人生转变历程。而宋益乔的《咀嚼人生的沉重与迷惘——论佛教对王国维、苏曼殊、李叔同思想和创作的影响》一文则指出具体的生灭现象固然使他们对生命实体的存在价值产生怀疑，从哲学层次对人生的终极探究更使他们感到了幻灭的悲哀，为我们解读了宗教因素对李叔同思想和创作的影响。

四　对李叔同歌词创作在中国音乐史及文学史上的价值及李叔同音乐教育理念的研究

李叔同在中国音乐史上的价值意义与其音乐教育理念同样值得研究。杨林在《20世纪20—30年代中国艺术歌曲创作的特点与发展》一文中指出，"以沈心工、李叔同为代表的音乐家也开始了中国近代音乐史上最初的歌曲创作。尽管这些歌曲还带有明显的学堂乐歌的痕迹，但是无论在词曲的结合、音乐结构的布局、音乐主题的创作方面，还是在意境的刻画、情景的描绘以及钢琴伴奏的编写方面，这些作品都为艺术歌曲的产生和发展做好了充分的准备，被看作我国近代艺术歌曲的萌芽"，这篇文章梳理了20世纪20—30年代中国艺术歌曲创作，而非将之架空，空泛地谈其价值。文章充分肯定了沈心工、李叔同的歌曲创作在中国音乐史上的地位。但这篇文章研究和论述的对象是李叔同整体歌曲创作，包括歌词、编曲、配乐等，并非主要针对李叔同歌词给予评价。歌曲整体风格评价是现阶段李叔同歌曲在中国音乐发展史上的价值意义研究的主要方向。而杨和平的《论李叔同的生命轨迹与音乐贡献》则概述性地指出李叔同一生的音乐贡献，主要是首创《音乐小杂志》、学堂乐歌创作、佛教歌曲创作和启蒙音乐教育。陈煌斓的《渴求新知与崇尚传统——李叔同"学堂乐歌"创作的文化取向及其意义》在歌词语言与结构层面给予李叔同歌词高度评价："他的歌词创作未完成文学语言由古代韵文向现代白话的彻底转变，但从形式上打破了旧韵文的传统格局，而且创造性地运用了古代词牌长短句的特点，在形式上又发展了现代长短句歌词的新品种，并依照西洋乐曲形成了自己崭新的结构。"此外，对李叔同音乐教育理念的研究也有若干文章，张霖的《长亭外，古道边——李叔同的歌词创作》指出李叔同以自己真切的生命感受来进行歌词创作，其背后还隐含着一套完整的音乐教育理念。他认为，音乐教育应当"琢磨道德，促社会之健全；陶冶性情，感精神之粹美"即音乐教育要以促进社会发展，陶冶国民性情为目的。刘建东的《李叔同音乐批评思想研究》认为李叔同倡导以国学为根基的新音乐创作观并非是狭隘的民族主义作祟，而是他深谙中国传统音乐和传统文化的美学之道，匡正时人抛弃传统音乐的狂热举动，努力弘扬祖国传统文化的创举。

五　对部分歌词是否为李叔同作品的考证

近些年，已有越来越多的学者对李叔同歌词中部分作品是否为李叔同所作产生疑问，并进行严密考证得出最终结论。这些研究都有理有据，经过层层考证与论述，且不论结论是否确切无疑，这些研究者专业严谨的态度值得我们学习，同时给我们以适当提醒与反思，对李叔同作品的研究需要先证伪再梳理。这些研究如果经过学界一致认可，那么将会是李叔同歌词研究的重大突破，且以后再编李叔同诗词作品集时这些作品是否应被选入就应再作考虑了。这些考证中，有考证某个作品确为李叔同作品的，也有考证某些不是李叔同作品的。如钱仁康《〈隋堤柳〉——李叔同的第一首"仿体词"歌曲》中提及丰子恺先生曾说《隋堤柳》是"李先生作曲作词"的歌曲，但作者经考证，认为根据《隋堤柳》的音乐风格，这应该是 19 世纪末或 20 世纪初一首圆舞曲题材的美国歌曲《黛西·贝尔》。实际上，《隋堤柳》是一首"调寄《黛西·贝尔》"的词，所以李叔同说"此歌仿词体，实非正规"。此篇文章中，作者经考证认定《隋堤柳》实为李叔同为《黛西·贝尔》曲调填词的凄凉哀婉的抒情歌曲，歌词确为李叔同先生所作。而张静蔚《学堂乐歌〈祖国歌〉作者是李叔同吗?》从《祖国歌》的发表时间、所表达的情绪、歌词的用词风格气质、立意及曲调等角度进行了多方面考证，认为《祖国歌》从歌词到选曲都不是李叔同所作，是李叔同对《大国民》改词改题，并做了极小的改动，选为教材而手书的。

总　结

综上所述，李叔同歌词研究是具有独特研究意义的课题。现阶段我国对此课题的研究已取得开创性进展。近些年也出现一些对李叔同歌词研究资料的整理、对李叔同歌词研究状况的整理和反思或对李叔同歌词研究论著的研究等。孙继南的《李叔同——弘一大师音乐行止暨研究史料编年（1884—2010）》以编年方式记录了1884—2010年李叔同生平主要大事记，及其圆寂后后人对其歌曲、歌词的记录整理及研究情况。文章编选的史料对李叔同歌词研究具有启迪意义及研究价值。孙继南的《李叔同歌曲研究之历程与思考》总结了李叔同学堂乐歌研究工作所取得的突破性进展，并对曲目所属问题、流播中的错讹现象、收录范围等阐述了独到的观点。邓颖的《评〈李叔同学堂乐歌研究〉》是对《李叔同学堂乐歌研究》一书的研究，文章认为此书以新史料的发现来填补和修正过去李叔同学堂乐歌专题研究中的若干空白和失误，是较为全面系统研究李叔同学堂乐歌的专著。同时，该书也存在着对学堂乐歌概念把握不够准确、参考文献以及注释不够规范、研究设想与实际成果有所出入等尚需继续完善的问题。

在中国知网上，以"李叔同歌词"为关键词进行主题搜索，1979年以前没有研究文章；1979—2013年，时有中断，每年平均数量只有3—4篇。虽然数量较少，但这些研究成果已然打开了李叔同歌词研究的大门。近些年来，学界对本课题的关注度与研究热度不断提高。截至2013年8月，2000年以后的文章数量是之前的2倍。现阶段我国对这个课题的研究已较为全面，上述各种类别都已有所涉及，且切入点各不相同。目前这些为数不多的研究成果一方面为后来者奠定了良好的起点，另一方面也为我们留下了巨大的探索空间和广阔的研究前景。我认为，李叔同歌词对中国古典文学、外国文学的继承、借鉴与发展、与同时代其他作词人相比的独特性等方面的研究有待加强且具有突破性意义。

同时我们也应该认识到，总体而言，目前对李叔同歌词的研究还是比较薄弱，无论是论文数量还是深度都远远不如其他方面，如他的佛教思想、人生际遇、话剧贡献、音乐贡献、留学经历等，且主要存在以下三个问题。

第一，针对性不强。虽然有很多文章都提及李叔同的歌词创作，但真正以李叔同歌词为主要研究对象和主题的文章并不多。例如，在中国知网以"李叔同歌词"为关键词进行全文搜索可得到1600多条结果，进行主题词搜索仅能得到100条，进行关键词搜索时结果为0。且在主题词搜索中得到的100篇论文里，以"李叔同歌词"为研究对象的文章仅有三分之一，其余的只是在文章中略有提及。在这些论文中，"李叔同歌词"仅仅作为研究李叔同音乐、学堂乐歌、人生际遇等主题的一个方面，而非主要对象。且常出现将"李叔同歌词"与"李叔同音乐""李叔同诗词""李叔同学堂乐歌"等概念混淆的情况，这使得李叔同歌词研究变得比较混乱，针对"李叔同歌词"的论文寥寥无几。在日后的研究中，针对性有待加强且必须加强。

第二，忽视音乐性和文学性的区别统一。上述文章中，大部分研究者的身份是音乐学院的教师或学生，他们主要是站在音乐专业的角度，对其进行声律、曲调来源、音词搭配等方面的研究，如杨雁行、孙继南等；而非站在文学专业的角度，对其进行文学性分析。从音乐的角度来看，歌词配上乐曲方才完整，音乐角度不可忽略。若想对其进行文学角度的专业研究，还需深入文本内部。把歌词音乐性和文学性统一起来是今后研究工作需要注意并突破的地方。

第三，研究视野不开阔，缺少系统性。从现阶段已有的研究成果看，其视野并没有完全打开，大多数研究者并没有将李叔同歌词创作放置在一个大的时代社会文化背景中考察，而仅仅将其作为一个独立的研究对象进行"架空"研究。上述论文中，虽有部分论及其与日本学堂乐歌、佛教及苏轼诗词的影响关系，但就整体而言，还是缺少系统性。例如李叔同对中国古典文学的继承与发展，苏轼诗词的影响只是其中之一，如果只论苏轼而忽略其他就会以偏概全。同样，作为留日学生，李叔同早期歌词创作所受的日本文化影响，肯定不只日本学堂乐歌一项。再如李叔同歌词创作在中国音乐史、文学史上的地位，上述已有多位研究者从这一角度着手，但他们都重在其历史功绩的纵向研究，却忽略了其与当时其他歌词作品的横向比较。李叔同歌词往往在与其他歌词作品的比较下才更显独特。同时，许多研究者依据的文本材料均为中文文献，但李叔同早年留日期间的文献材料对李叔同歌词研究乃至整个李叔同研究都很重要，如在这方面有所突破，研究视野将会大大拓宽，也将发掘和运用更多材料，对李叔同歌词研究将大有裨益。不可否认，研究视野不开阔与研究者自身的学科素养关系密切，研究者对中国古典文学、日本文化的了解和掌握以及其日语水平的高低都是影响上述问题的因素。所以，在日后的研究中，对研究者的研究视野及知识系统性提出了更高的要求，同时也为"准备就绪"的研究者提供了更为广阔的新世界。

闽南客家话研究述评

邱春安[*]

　　早在 20 世纪 60 年代潘茂鼎（1963）等先生在对福建方言进行分区的时候，就注意到"南靖、平和、诏安三县县人委所在地的方言属于闽方言系统，而这三县西部的曲江、九峰、官破说客家话"。但是一直到 20 世纪 90 年代学界才开始真正研究闽南地区的客家话，李如龙、周长楫、林宝卿、庄初升、严修鸿等人经过实地调查，基本摸清了漳州西南部四县说客家话的乡镇和村落，初步发现这些地带客家话与周边地区，如福建永定、长汀，广东梅县、大埔、饶平客家话的共同特点以及区别。此后，对漳州地区客家话的研究似乎沉寂下来，可能是由于学界对这一地区客家话的关注度和重视程度不够。最近几年，漳州地区的客家话引起了台湾地区一些学者的兴趣，彰化师范大学的陈秀琪博士于 2004 年前往南靖、平和、云霄和诏安四县调查客家话，并写成了博士论文《闽南客家话音韵研究》，对闽南客家话的声韵调进行了全面的研究。事实上，漳州四县的客家话研究有着重要的理论价值，它不仅可以丰富非中心区的客家话研究，也可以填补闽西客家话和粤东客家话、台湾客家话之间的断层，还可以深化频繁的语言接触中的闽语和客语关系。本文拟在前人文献的基础之上，简要梳理闽南客家话的研究历史、研究现状，并对未来的研究提出一点展望。

一　客家话研究概述

　　客家方言的研究可以追溯至清朝时期的黄钊《石窟一徵》（1863），有两卷叙录了客家方言。经过 100 多年的发展，客家话已经取得了可观的成绩。尤其是在最近的 30 年间，客家话研究在语音、词汇、语法方面均取得了丰富的成果。代表性的成果，如黄雪贞《客家方言声调的特点》（1988），黄雪贞《客家方言声调的特点续论》（1989），黄雪贞《梅县客家话的语音特点》（1992），李如龙、张双庆《客赣方言调查报告》（1992），罗美珍、邓晓华《客家方言》（1995），项梦冰《连城客家话语法研究》（1997），蓝小玲《闽西客家方言》（1999），李如龙《粤西客家方言调查报告》

　　* 作者简介：邱春安（1976—　），男，福建武平人，同济大学博士研究生，江苏科技大学副教授，主要研究方向为实验方言学。原文刊载于《赣南师范学院学报》2014 年第 1 期。

（1999），刘纶鑫《客赣方言比较研究》（1999），刘纶鑫《江西客家方言概况》（2001），谢留文《客家方言语音研究》（2003），刘泽民《客赣方言历史层次研究》（2005），等等。

二　闽南客家话的分布

学界一般把粤东、闽西、赣南三地客家聚居地称作客家话的中心区，对这三大板块的研究成果也很丰富。但是，对于客家话与周边方言尤其是闽语、粤语交界地带的客家话研究向来只有零星的报告。闽南漳州地区西南部的南靖、平和、云霄、诏安四个县与龙岩永定、广东饶平和大埔交界的地带，大约有20万人也说客家话。周长揖、林宝卿将这一带的客家话称为"闽南客话"。目前，学界对这一地带客家话的归属存有争议，我们也将它暂定为"闽南客家话"。

据庄初升、严修鸿的研究，闽南客家话主要分布在南靖县梅林镇、书洋镇，平和县的长乐乡、崎岭乡、九峰镇、国强乡和大溪镇，云霄县的下河乡、和平乡、常山华侨开发区、诏安县的秀篆镇、官陂镇、霞葛镇、红星乡和太平镇等共15个乡镇。其中，长乐、秀篆、官陂和霞葛是纯客家乡镇，境内每个村庄都说客家话，其他乡镇则只有部分村庄说客家话。

三　闽南客家话研究概述

对闽南客家话的讨论，归纳起来，主要集中在以下两个方面。

（一）闽南客家话的归属

对福建客家方言的分区历来都把闽西的明溪、宁化、清流、连城、长汀、武平、上杭、永定8个县划为汀州片，而对漳州所属四县的客家话要么划入汀州片，要么不分区。如张振兴没有把闽南客家话划入汀州片。黄雪贞的"客家话分区图"上，漳州所属南靖、平和、诏安3个县（连同粤东饶平县）被划为"不分区的客家话"。1987年出版的《中国语言地图集》也没有对漳属四县的客家话进行单独分片。谢留文、黄雪贞对1987年分区的修订，指出"和闽西七县连片的客家话还有诏安、平和、南靖部分乡镇"，仍然没有对闽南客家话进行单独分区。

黄典诚、李如龙把福建的客家方言分为北片（宁化）、中片（长汀）、南片（上杭）和东片（九峰），认为东片的客家话是闽西客话区的边沿延伸，认为这一带的客家话既不同于闽西的客家话，也不同于广东梅县一带的客家话，并称之为"闽南客话"。我国台湾"清华大学"的张光宇则根据对漳州诏安、广东饶平和揭西的研究，认为漳属四县及潮州饶平、揭西等地语言现象有共同的特点，建议在传统的客家话八大片之外，把漳属四县单独设立第九片，即闽南客家片。

（二）闽南客家话语言特点研究

对闽南客家话语言特点的研究，主要集中在语音特点方面，将闽南客家话和闽西、粤东客家话的语音特点进行比较，而词汇和语法方面的研究成果则不多见。

张振兴认为闽南区泉漳片西部部分村镇的口音比较接近客话区汀州片的永定。较早调查闽南客家话的应属李如龙、张双庆，他们记录了 17 处客家话代表点的语音和词汇，其中包括诏安秀篆，该报告对秀篆的声韵调有着详细的描写。李如龙发现九峰镇上坪村客家话把古清声母的上声字和去声字读为同调，并称之为"阴仄"，调值为 31，如"把"和"坝"，"假"和"架"，"火"和"货"都分别读作同一个音。

1994 年在龙岩召开的首届客家方言学术研讨会有两篇文章是讨论闽南客家话的，庄初升、严修鸿的论文《闽南四县客家话的语音特点》以平和县芦溪镇（闽南语区）为界，把闽南客家话分为南、北两片，南片包括平和、云霄和诏安的 13 个乡镇；北片包括南靖的梅林镇和书洋镇。他们通过比较平和九峰镇上坪村和南靖书洋曲江村的语音特点，讨论闽南客家话南、北两片语音上的共同特点和各自特征。他们认为闽南客家话具有其他客家方言的基本特征，北片可以看作闽西客家话的延伸，南片则是粤东客家话的延伸，不主张把闽南客家话划为一个独立的客家话小片。还有一篇文章是周长揖、林宝卿的《平和县九峰客话初探》，他们除了提出单独设立闽南客家话小片之外，还以九峰音系作为闽南客家话的代表，简要比较了九峰话与梅县、长汀客家话的语音、词汇和语法特点，认为平和客家话既不同于长汀客家话，又有别于梅县客家话。

我国台湾地区的一些学者在 20 世纪 90 年代也开始对闽南客家话给予关注。有学者比较了长汀和九峰两地客家话在语音、词汇上的异同，从中发现两者之间的显著差异，原因可能是九峰客家话深受闽南语的影响。张光宇的调查报告认为南靖客家话是闽西客话的延伸，除了具有客家话共有的特点，还有其独特的语音特点，例如，新声母 z- 的产生，泥、日、疑母的 h- 声母，章组字的 f- 声母，晓、匣母的 s- 声母，-m、-n、-p、-t 韵尾的失落，遇、止、蟹摄的 -ɿ，-aĩ、-iẽ 韵特别发达，元音高化、元音破裂等现象都是独具特色的。如果说之前的相关文献都是零散、不成系统的研究，那么陈秀琪应该是第一个专门系统研究闽南客家话的学者。为了完成博士论文，她于 2004 年前往南靖的梅林和书洋，平和的大溪、长乐，云霄的下河、和平，诏安的白叶、霞葛 8 个乡镇调查客家话。她在 2006 年的博士论文中不仅描述了这 8 个代表点的音系，附录了闽南客家话的字音和词汇对照表，还探讨了闽南客家话的语音特点，且以闽南客家话为窗口和桥梁分别对客家话的元音类型、入声韵尾的发展、声调的链移等现象，借助历史语言学理论进行了尝试性的解释。

四　闽南客家话的研究价值及前人研究的不足

漳州四县的客家话研究有着重要的理论价值，主要体现在以下方面。

（1）改变客家话研究地域的不平衡局面，丰富非中心区的客家方言研究。闽西、梅县和赣州地区的客家话研究历来是客家方言研究的热点，而闽南漳属四县的客家话只有零星而简单的报告。

（2）丰富汉语语音史的研究，填补闽西客家话和粤东客家话、台湾客家话之间语音史研究的断层。闽南地区既是历史上客家移民从闽西进入粤东的中转站，也是从闽南继续迁到台湾的中转站。如能把这个缺口补上，客家话的一些音变现象或许可以得到解释。

（3）深化客家话与闽语关系的研究。汉语方言各分支在历史上接触频繁，客、赣方言的比较已经积累了丰富的成果，而对于客家话跟闽语的关系还了解得比较少。

（4）为语言接触视角下的方言保护提供参考。客家话跟周边很多方言相比都是"弱势方言"，很多地方的客家话在频繁的语言接触中已经日益萎缩，记录和保存边缘地带的客家话是一项刻不容缓的研究课题。

对闽南客家话的研究已经取得了一定的成果，如发现了闽南客家话与其他客家话的一些共同特征，如浊上归阴平等。前人通过田野调查，也记录了一些方言点的语料。对部分乡镇，如梅林、九峰、秀篆、霞葛等乡镇的语音特点也有了一定的认识。但是，我们也应当看到，闽南客家话的研究在以下几个方面还是比较薄弱的。

（1）研究的重视程度。根据我们的检索，相关的研究成果非常少，且大都是20世纪90年代的研究，这说明学界对闽南客家话的研究还不够重视。

（2）研究内容的深度和广度。学界对于闽南客家话的归属地位有比较大的争论，根本原因是对这一地区客家话的语言特点认识还不够深入，更多地停留在"口音"是否跟闽西、粤东客家话相同这个层面。南靖客家话遇、止摄的元音，舌叶音声母t□、□h、□，曾、梗摄-e元音的低化，诏安客家话遇、山、臻摄的-y元音，闽南客家话丰富的鼻化元音和-k韵尾的失落，等等，对这些语音现象的来源和演变，我们都还缺乏深入的认识。另外，相对于语音研究，词汇和语法的研究成果比较缺乏。

（3）研究手段和方法。在我们看来，以往对某个方言点的研究首先是音系描写，包括声韵调的描述，然后是以同音字表来说明声韵调的配合关系，最后是依据中古音的声、摄、韵、等、呼来比较共时的语音与中古语音，以构拟出原始语音。这种简单运用西方历史比较法来解释汉语南方方言的努力，往往以失败而告终。因为南方方言并不是从同一种母语分化出来，而是两种母语的混合，在后来的发展演变过程中，还受到其他语言或方言的影响。因此，近年来，有些学者如潘悟云提出用历史层次分析法来构拟出语言历史层次面的彭乱，"语言中的历史层次很像地层结构，地球在每一个时代都会形成自己的地层，叠加在前一个时代的地层之上。因此，我们主张用历史层次分析法来研究闽南客家话"。

客家学研究的奠基者罗香林先生于1933年出版的《客家研究导论》和1950年出版的《客家源流考》二书，首次提出客家作为汉民族的一个"民系"，经历了从北到南的五次大迁徙的历史过程。罗香林先生的"五次迁徙说"提出以来，在客家学界乃至整个中国史学界产生了广泛而深远的影响，成为客家学的一块理论基石。近年来不少学者对这一学说进行了反思。潘悟云认为原始客家话并不是中原地区的汉族移民带到南方的，而是当地的原住民（在今洞庭湖一带）荆蛮人在学习汉语的过程中形成的混合语。这些荆蛮人正是畲族的先民。而李如龙认为客家方言形成于闽赣，定型于广东。明末清初粤东、粤北的客家人回迁到闽西和赣南，还有一部分人和闽南人一起跟随郑成功部队渡台到新竹、苗栗、屏东一带。在这里无意过多探讨客家话的来源和性质，但是闽南客家话在历史层次上至少涉及原住民语言、粤东客家话、闽西客家话、赣语以及闽南话等成分。因此唯有先厘清闽南客家话的历史层次，把属于不同层次的特征剥离开来，然后进行横向和纵向的比较，才能尽量还原闽南客家话语音的历史演变过程。

五　闽南客家话研究展望

漳州地区客家人主要来自粤东和闽西，后来又有一部分人跟随郑成功渡过台湾海峡。但是由于历史原因，清朝移民到台湾的漳州客家人一向被误认为闽南话人，而漳州客家话在台湾流失严重，很多人尤其是年轻一代只会说闽南话。根据我们的调查，这种情况目前在漳州的南靖、云霄、平和、诏安也普遍存在。由于经济联系、闽客通婚、人口流动等原因，闽客双方居民往来频繁，客家乡镇的很多人都会说闽南话，形成了典型的双方言区，这种双语并用既是现实的需要，也是语言内部变化的诱因；但是，这个双方言地带的两种力量又是不平衡的，跟闽南语相比，客家话是"弱势语言"。因此，长期的语言接触和语言混用使得闽南客家话兼具客家话和闽南话的特点。

语言的演变是异常复杂的，既有语言内部的因素，如语言系统结构的制约；也有外部的社会因素，如年龄、性别、社会地位、城市与农村等社会变量；还有使用语言的人这个因素，如人发音的生理和物理机制，以及发音的心理机制等。如果仅仅从某一角度进行解释，往往不得要领。Labov 和他的老师 Weinreich 从语言系统的属性和功能角度把语言看作一个有序异质的客观实体。语言系统中不同"质"的成分叫变体，比如风格变体、地域变体、新老变体，此为异质。由于语言使用者具有不同的社会属性条件，如性别、老少、教育水平等，不同异质体中发生的看似没有规律的变异现象，就呈现出有序性。因此，在语言演变过程中，语言因素与社会因素有着密切的联系。

李如龙认为闽、客方言总体来说属于稳定型语言，保留前代语言特点多，创新成分少。但是，闽西地区中片长汀和连城两县变异大，差异也大，入声韵与入声调大都归入阴声韵和舒声调。因此，闽西中北片应属离心型、变异型、开放型。闽南客家话处于闽西、粤东客家话和闽南话的夹缝中，大多居民既会说客家话又会说闽南话，那么这个双语区的人的客家话究竟是相对稳固还是变异大、创新成分多？在这个复杂的语言系统中，除了语言本身的因素，我们可能还需要从社会因素，如地域变体和年龄变体来探讨闽南客家话的变化。

闽南客家话在历史发展过程中，牵涉到诸多因素和各种变量，要研究它的语音演变过程，唯有结合方言族群移民史、人类学、遗传学、语言学、社会语音学、实验语音学等学科领域的研究成果，利用科学工具，进行多学科综合研究，才能揭开它的真正面目。

新加坡英语中闽南语借词研究综述

梁丽娜　杨秋娜*

一　新加坡英语中闽南语借词研究现状

闽南语发源于福建闽南地区，广泛传播于南洋和台湾地区，对新加坡式英语的形成有着难以估量的作用。然而，从中国知网、Google、百度等学术搜索引擎以及香港、新加坡等地高校的学术搜索引擎搜集到的资料来看，国内外专门研究新加坡英语中闽南语借词的学术文章及专著几乎没有，大多是在论及新加坡英语特点时顺带提到闽南语借词，对新加坡英语中闽南语借词的专门研究几乎是空白。

通过对我国香港地区、新加坡及国外专著的仔细梳理和筛选以及对国内零星相关论文的研究和分析，笔者着重从研究涉及的主要问题以及闽南语借词的获取途径进行探讨。

（一）研究涉及的主要问题

1. 从语言迁移理论的角度阐释新加坡英语中的闽南语借词。陈玉莲认为闽方言对新加坡英语的迁移主要以替代和仿造形式出现，这种迁移可以称为一种拼凑，具体反映在新加坡英语的形态、词汇和句法等各个方面。当拼凑出现在新加坡英语的词汇中时，就出现了大量的闽南语借词。戴卫平从语言迁移的角度出发，分析新加坡英语词汇中具有的闽南语元素，进一步探讨语言迁移的深层机理。

2. 以 Kachru 的世界英语理论为基础，指出新加坡英语为一种"新英语"，闽南语借词是其"新英语"变体的一种表现形式。在 Kachru 的世界英语理论基础上，许丽芹阐释了新加坡英语这种"新英语"的语言变体特点，并根据 V. B. Y. Oo i 的五个同心圈理论指出源自闽南语的借词属于 Group E，只用于非正式场合。

陈恒汉根据 Kachru 的三大同轴圈理论认为，新加坡英语作为一种英语变体属于三大同轴圈中的外围圈。闽方言作为主要的底层语言，影响了新加坡英语的生成与发展，

* 作者简介：梁丽娜（1981— ），女，福建泉州人，黎明职业大学外语外贸与旅游学院讲师，硕士，主要从事语言学研究；杨秋娜（1982— ），女，福建南安人，黎明职业大学外语外贸与旅游学院讲师，硕士，主要从事应用语言学研究。原文刊载于《哈尔滨学院学报》2014 年第 11 期。

使其在词汇方面与英美等国的英语有很大差别。这个差别正体现为闽南语借词的大量出现。

3. 从语言生态视角研究新加坡英语的特点，分析探讨新加坡英语对闽南语词汇的借用。桂清扬以标准英国英语为参照系，从高层用语、中层用语和低层用语三个层次出发，探讨了新加坡英语的词汇特点，指出在低层用语这个层面上，有很多词汇来源于闽南语。石晓玲从新加坡英语的形成及自身历史渊源出发，指出新加坡英语在词汇方面受到当地华族的影响，形成了自己的特点。张艳丰从新加坡的历史背景、历史形成及语言特色等方面介绍了新加坡英语的特点，尤其是在词汇方面，突出了其词汇借用、词汇新用的特色，闽南语词的借用与新用也包含在内。李正栓、贾纪芳从新加坡的历史及语言生态出发，指出闽南语语音及借词已渗入新加坡英语中，形成了新加坡英语的一种特色。陈恒汉从新加坡的语言历史生态入手，指出新加坡英语在词汇方面的闽南语特征并列举了大量例子。这些例子一方面反映了闽南语对新加坡英语的影响，另一方面也反映出新加坡政府的语言政策制约了人们的语言选择方向。邹长虹、吴俊从新加坡的历史文化背景出发，分析新加坡英语的词汇特点，指出新加坡英语词汇中有很多从闽南语借用的词。王钢、贺静从新加坡的殖民历史入手，剖析了历史沿革、语言生态、语言政策导向等方面对新加坡英语的影响，并分析了在多重影响下新加坡英语的词汇特点，即闽南语词汇的借用。

4. 从多种方言特别是闽粤方言出发，探讨其对新加坡英语词汇方面的影响。梁明柳对新加坡式英语的形成和发展进行了简要的描述，并通过展示新加坡英语构词中的闽南语特点来探讨闽南语方言对新加坡的影响。

5. 从跨文化角度研究闽南语与英语的词汇互借。陈恒汉追溯了新加坡英语中某些词汇的来源，指出了这些词汇的闽南语特征并以此证明历史上闽南人与新加坡人的文化交流和语言交融，为研究闽南方言与文化提供了一个重要的途径。

（二）闽南语借词的主要获取途径

1. 国内外很多讨论新加坡英语特点的论文和专著在提及新加坡英语的特点时总会提到一些闽南语借词作为新加坡英语变化的例证。这些闽南语借词种类较少，数量不多，且多数存在互相重复的现象。

John T. Platt 从种族、社会经济学、教育因素等方面分析新加坡英语特点时提到了作为新加坡英语变化的一种例证而存在的闽南语借词。Lionel Wee, Rohhie B. H. Goh and LisaLim 在分析政策法规对新加坡英语的影响时提到了融合闽南文化的闽南语借词。Raymond Hickey 在分析新加坡英语语法时提到了闽南语借词。陈文信在介绍新加坡的闽南式英文中提到了闽南语借词。

2. 从现有的新加坡外来语词典中提取闽南语借词的部分。现有的有关闽南语借词的外来语词典主要有：《"The Times-Chambers Essential English Dictionary"》（1997，第2版）收录了不少新加坡式英语，其中包含一些闽南语借词；《The Coxford Singlish Dic-

tionary》（2002），其词条收集来源于 The "Coxford Singlish Dictionary" on-line；2004 年，在线词典《A Dictionary of Singlish and Singapore English》出现，其语料搜集来源于新加坡正式出版的各种书面材料，是新加坡式英语词典的集大成者。

3. 从新加坡网络、杂志、报纸、文学作品等书面材料中获取闽南语借词。网络用词的生成和消亡的速度很快，变体多，变化方式个性化，多数是属于中年以下族群所使用的语言。报纸杂志新鲜出炉的词比较少，更多的是被现有目标读者接受的、规约性比较强的词，与社会生活密切相关。文学作品中出现的闽南语借词则属于使用时间较长，已被广泛接受的词汇。

（三）闽南语借词研究现状总结

目前，学界对新加坡英语中闽南语借词的研究还相当薄弱，主要表现在以下方面。

1. 没有成熟的闽南语借词语料库可供参考与引用，对闽南语借词的举例分析相当零散，不成体系；对闽南语借词所对应的汉字并无统一，随意性较大。

2. 专门研究新加坡英语中的闽南语借词的论文及专著相当稀少，大多是在讨论新加坡英语的特点时顺带提及。

3. 少数提及闽南语借词的文章多是讨论新加坡英语中的闽南语借词的来源，对闽南语借词的介入方式、介入特点进行专门研究的文章几乎没有。

二 新加坡英语中的闽南语借词的研究方向和趋势

1. 建立一个在线的、动态的闽南语借词语料库，为闽南语借词的研究提供一个坚实的基础。以语料库语言学为依托，全面搜集新加坡英语中的闽南语借词，对闽南语借词进行初步的分类标注，如语音、构词、语义以及语用等层次的标注；对闽南语借词进行分类，如饮食、医药、日常生活等；并进行相应的词频统计。闽南语借词成熟语料库的建立将为后续闽南语借词的研究提供坚实的基础和强大的后盾。

2. 运用相关的语言学理论分析研究闽南语借词的英译方法。比如可以从词汇学、文化接触、社会语言学等角度出发，阐述外来词存在及流行的理据，探讨闽南语借词的介入方式、介入特点，分析其发展趋势；在语言接触的理论框架下，对闽南语借词进行深入研究：从文化、社会和语言学角度对于闽南语借词接触产生阶段和吸收同化阶段进行研究；从闽南传统文化出发，考察闽南语借词的借用和翻译方式者居多；从语言文字的不同和社会文化心理等方面对闽南语借词进行研究。

3. 对闽南语借词介入新加坡英语及英语介入新加坡闽南语的不同途径进行对比研究。在同一地点、同一历史背景、同一语言生态下，对闽南语及英语借词进行对比研究，借此研究进一步了解借词意义形成的内在机制并对闽南语、英语的借词词义在产生、同化和融合的动态过程进行对比，深化人们对语言规律和人的思维规律的认识。

　　对新加坡英语中的闽南语借词进行研究，有助于我们进一步了解闽南语及英语的发展规律，揭示闽南语的传播发展途径，促进新加坡与闽南地区的发展与合作。语言蕴含着文化，文化离不开语言，新加坡与闽南社会都以血亲家族为社会单元结构，对闽南语借词的研究正是新加坡与闽南地区友好来往的一种语言上的明证。

国内妈祖祭祀音乐研究现状综述

高芙蓉[*]

本文主要针对以妈祖祭祀音乐为主题的研究论文，而其他不以音乐为主题的论文即使文中对音乐有所涉及，在这里也一概不提。

叶明生《莆田贤良港妈祖信仰、祭祀仪式与音乐研究》一文，可视作专门研究妈祖仪式音乐的开山之作，该文从莆田贤良港的人文生态环境出发，对该社区的历史背景、风土民俗、信仰现状、祭祀过程及仪式音乐的结构和特征等方面都做出了较为详细的论证。此后，对妈祖祭祀音乐的研究主要集中在数所高校和科研机构的硕士学位论文中，主要有以下三篇。

一 上海音乐学院《东门岛妈祖诞辰信仰仪式音声研究》

该文以浙江省象山县石浦镇东面的东门岛为研究地点，对当地的妈祖祭祀活动做了详细的田野调查，并以曹本冶的仪式音声理论为支点，对祭祀仪式中的音乐做出了系统的分析和研究。

全文共分四章，第一章"东门岛妈祖诞辰信仰仪式之构成"，把仪式分成"前期准备"和"仪式进行"两个部分，其中的"仪式进行"部分又分为"法会""庙戏"和"诞辰庆典、开洋巡游仪式"等三个环节。通过对这两个部分和三个环节的田野描述，作者勾勒出了整个仪式活动的大致流程。

第二章"东门岛妈祖诞辰法会仪式与音声"和第三章"东门岛妈祖诞辰庆典、开洋巡游仪式与音声"，分别聚焦于"法会"环节和"诞辰庆典、开洋巡游仪式"环节，对两个环节中的仪式流程以及音乐内容都做出了详细的描述和分析。

第四章"东门岛妈祖诞辰信仰仪式、音声分析"是论文的核心部分，该章首先对东门岛妈祖祭祀仪式的结构与过程做出特征分析；其次引用"仪式音声"理论，对前面三章所描述的"音声"文化现象进行分析；最后对"音声"在仪式中的功能做出了简要的归纳。总的来说，该论文专注于仪式中"音声"的研究，是上海音乐学院对仪

---

* 作者简介：高芙蓉，女，陕西省榆林市榆林学院助教，本科；研究方向：音乐类古筝。原文刊载于《通俗歌曲》2014 年第 4 期。

式音乐研究的一贯风格，然而把"仪式音声"理论系统地运用在妈祖祭祀仪式当中，却是首例。因此，此文对妈祖仪式音乐的研究以及"仪式音声"理论的拓展都有一定的贡献。

二 武汉理工大学《莆田妈祖民俗文化活动中的音乐艺术表现形式研究》

这篇论文把研究的对象定位在妈祖文化的发祥地莆田一带，对当地妈祖民俗活动中的音乐现象做出记录和研究。全文共分五章。第一章"莆田妈祖民俗文化的起源及其社会意义"，探究了当地妈祖民俗活动的起源，并结合历史发展趋势，对妈祖民俗文化的精神内涵、现代意义以及社会功能做出了探讨。第二章"莆田贤良港海祭妈祖民俗文化活动概述"，详细描述了当地妈祖民俗活动的主要形式和内容，并对活动中的艺术表现形式和音乐文化事项做出记录和分析。第三、四、五章，分别对海祭妈祖民俗活动中的"但歌""莆仙戏曲牌音乐"和"十番八乐"的音乐艺术表现形式和内容进行阐释和特征分析，是论文的中心部分。

在文章前半部分对莆田妈祖民俗文化进行了独到的单方面分析，从不同的方向研究了莆田妈祖民俗文化的内涵和价值，也分析了莆田妈祖民俗文化对地方民族文化遗产的发展所做的贡献。

在文章第一部分研究了妈祖文化的起源，这一部分细致地对妈祖文化以及妈祖信仰做出了剖析，对妈祖文化的各个发展阶段和发展方向都有一定的见解和认知。这一部分更多地讲述了妈祖文化有如此影响力的原因，以及其必然发展的历史道路。最后还对妈祖文化的精神内涵做出了详细的分析，以妈祖文化中凸显的人类精神价值和人文观念为主进行了细致的分解，进而又联系到了妈祖文化的现代意义，按照现代的文化背景和社会背景对妈祖文化进行了深层次的分析。

第二部分有针对性地介绍了莆田妈祖民俗文化的活动内容，首先简述了莆田妈祖民俗文化的历史发展情况，依照其历史发展讲述了莆田妈祖民俗文化的活动形式和活动内容，并由此展开了对莆田妈祖民俗文化的艺术表现形式分析，进行了音乐舞蹈戏曲几个方面的细致分析。进而又由艺术表现形式分析了莆田妈祖民俗文化中妈祖音乐的形式和作用，并介绍了妈祖活动的社会功能。

第三部分则侧重讲述了莆田妈祖民俗文化中"但歌"的音乐表现形式和特征，在这一部分中首先讲述了莆田妈祖民俗文化中"但歌"的发展历史以及表演特色，其唱词和结构都有怎样的艺术表现力等。之后通过莆田妈祖民俗文化中"但歌"的表现形式对其艺术价值和艺术特点进行了细致的分析；对其方言特点以及地域性特色，还有妈祖音乐独有的乐器等，都进行了侧重分析。

第四部分则是莆田妈祖民俗文化中"莆仙戏曲"的讲述和分析，对莆田妈祖民俗文化中"莆仙戏曲"的诞生和发展进行了简单描述，并由此展开对莆田妈祖民俗文化中"莆仙戏曲"艺术表现的探索，其传播方式和流传内容的价值等都有详细的讲述。

第五部分侧重讲述了莆田妈祖民俗文化中"十番八乐"的音乐艺术，其乐队组成以及表演形式的独特之处和曲目中所体现的妈祖文化特色等。

最后总结性地对妈祖音乐的地域性特点和民族特色做了分析，探究了妈祖音乐的价值和作用，简单地剖析了妈祖音乐的文化精神和民俗特色。

三　中国艺术研究院《湛江市文章湾村"年例"妈祖祭祀仪式及其音乐研究》

该文从粤西地区独有的民俗活动"年例"出发，以作者的家乡湛江市文章湾村为案例，对该村"年例"活动中的妈祖祭祀仪式做了系统的研究，并对仪式中的音乐做了详细的记录和分析。

全文共分三个部分，第一部分"'年例'溯源"，对当地的"年例"民俗做出了历时性的考究，以斯蒂·汤普森（Stith Thompson）的"母题"理论为支点，列出了年例的三个母题——"傩—驱鬼""祭社—祭神"和"摆醮—祈福"，并通过对这三个母题的历史溯源，勾画出年例民俗的各个发展阶段，最后总结出年例民俗的整体发展趋势。

在论文的第二部分"仪式与象征"中，作者开始对当下祭祀仪式展开论述。在本章的第一节（田野就在家楼下），作者以当地人的身份，把自己从小到大对年例习俗的见闻作为田野材料之一，对年例习俗的一般表现做出描述。而第二节（村子、庙宇、神灵），则通过口述史的形式介绍了作者从小生长的文章湾村。第三节（祭祀仪式展演）主要以作者参加年例祭祀活动的所见所闻为底本，对年例妈祖祭祀仪式展演做出描述。到了第四节（仪式的隐喻），文章对祭祀仪式做了详细的分析，对仪式的分析，作者采用了维克多·特纳（Victor Turne）动的仪式象征符号理论，对仪式中的各个象征符号都做出解读。

论文的第三部分"仪式中的音乐"，作者把祭祀当天的音乐划分为"迎神之乐""祭神之乐"和"游神之乐"，并对三个环节的用乐情况做了详细的描述和分析。该章的第四节"音乐的背后"，对当天祭祀仪式音乐的功能和象征都做出了分析和解读。在音乐的功能上，作者引用了梅里亚姆（Alen. P. Merriam）在《音乐人类学》一书中提出的音乐"十大功能"作为理论支点，对妈祖祭祀仪式中的各项音乐行为都做了讨论。在音乐的象征上，作者借用薛艺兵的"意义符号"和"审美符号"理论，把当天的仪式音乐划分为"意义符号倾向"和"审美符号倾向"，对仪式中的音乐事项做了详细的象征分析。总的来说，该论文整体上以田野民族志的写作手法，对当地民俗和妈祖祭祀都做出了系统的记录和研究，为粤西文化和妈祖文化的研究都做出了一定的贡献。

除此三篇文章之外，相应的还有其他几篇不同类别的关于妈祖信仰的祭祀音乐研究论文，我们再摘出几篇进行简要分析。

福建师范大学《湄洲岛"闹妈祖"民俗舞蹈的社会功能探析》。

　　该文从妈祖故乡湄洲的"闹妈祖"习俗活动的舞蹈开始深入研究课题，介绍了关于舞蹈活动的特色，同时由舞蹈使用的妈祖音乐研究古代妈祖信仰的物化形态。

　　全文共分为五个部分，第一部分介绍了妈祖音乐以及舞蹈的"祭神谢恩"功能，讲述了妈祖舞蹈的祭祀主要节日，以及妈祖舞蹈的意义，从传统的习俗中开始分析妈祖文化以及妈祖音乐和妈祖舞蹈，从一定层面上解释了妈祖舞蹈为什么只用男性来完成，也从另一方面体现了妈祖信仰的力量。

　　在论文的第二部分，也就是"群聚交际"功能这一部分中，深入地分析了"闹妈祖"活动中的文化内涵和教养，也从现实意义上体现了妈祖文化的教育意义，这一段中也相应地提到了"闹妈祖"时所需要使用的舞蹈以及音乐表演，表现出妈祖音乐中有非同一般的凝聚力作用。

　　在论文的第三部分，也就是"宣传教化"功能这一部分，对我国的民俗教育进行了简要的分析，提出了民俗教育的价值和意义所在，并由此开始分析妈祖民族音乐和舞蹈的价值以及意义，在湄洲岛的"闹妈祖"活动中人们普遍受到妈祖文化的影响，对其精神影响和魅力所在都有所分析，也从一定程度上剖析了妈祖音乐以及妈祖文化感召力强的原因，虽然与当地民俗风气有一定的关系，但还是客观地分析了妈祖文化的内涵。

　　在论文的第四部分，也就是"娱乐健身"功能这一部分，首先分析了人类发展过程中不断增强的娱乐精神，之后又从民间舞蹈以及民间文化入手分析了民俗与娱乐健身之间的关系，继而谈到了"闹妈祖"活动中的舞蹈音乐感染程度和人们在"闹妈祖"活动中的收获。文章也从细节上分析了"闹妈祖"活动的娱乐健身价值。

　　在论文的第五部分，是"促进两岸以及海内外文化交流"功能。这一部分讲述了我国两岸以及海内外妈祖信仰的差别和相同点，也由此挖掘出妈祖音乐的另外一个功能层面，就是"促进两岸以及海内外文化交流"功能。

　　总的来说，文章主要讲述了妈祖文化以及"闹妈祖"活动的价值和内涵，也从一定程度剖析了妈祖文化的传承以及信仰价值。

　　从前文所提及的几篇文章来看，妈祖祭祀音乐的研究还有很大的科研空间。不同地域的妈祖祭祀活动，所用之乐必有差异，但从妈祖信仰和中国传统文化的大背景出发，各地的祭祀流程和用乐概况又存在相似之处。比如说"东门岛"一文所描述的"开洋巡游仪式"和"湛江市"一文所描述的"游神环节"，虽然称呼不同，但仪式的形式和内容极为相似，其中的缘由十分值得探究。在仪式音乐的分析上，不同研究角度也会形成不同的结论，比如"东门岛"一文着重于仪式"音声"的分析，而"湛江市"一文则把音乐作为一种象征符号来解读，二者都有各自的可取之处。总的来说，妈祖祭祀音乐的研究还处于起步阶段，希望日后能有更多相关的文章问世。

茶叶大天地

——漳州茶业发展综述

朱亚圣[*]

2014 年国庆黄金周，在华安县马坑乡和春村的漳州佳美农业开发有限公司高山茶园里，采茶工忙着秋茶采摘；而另外一道风景，则是一大批来自漳州、厦门等地的游客前来观光及购买茶叶。在这片高山茶园里，每天秋茶采摘量 2000 多斤，每斤茶可卖300 元。不仅是和春村，湖林、仙都、新圩等铁观音主产地的茶叶也相继上市，来自各地的游客、茶商、茶贩纷纷抢购新上市的秋茶，好的茶叶每斤卖到 600 元，普通的每斤也均上百元，华安秋茶迎来上市的"黄金期"。

而在平和县白芽奇兰茶原产地崎岭乡彭溪村，处处飘着白芽奇兰的清香，令人心旷神怡。在这里，几乎家家户户都制茶，已经形成了"小茶大产业"的格局。记者看到，茶农曾建东一吃完午饭就和家人忙开了，儿子忙着上山采茶运茶，他和老伴负责家里的制茶工作。晒青、晾青、炒青、压缩，曾建东忙得不亦乐乎。"今年秋季天气不错，我们赶制的普通茶最低一斤能卖到三四十元，好的茶一斤超过一百元。"曾建东告诉记者，他们一家已经忙活好几天了。虽然制茶需要全天候操劳，但不错的行情让他们一家攒足了劲头："今年秋茶，我大概可以做五六百斤，产量比较稳定，算是很好的啦！"崎岭乡彭溪村共种植茶叶 3000 多亩，年产茶 100 多万斤。2014 年，秋茶产量 20多万斤，单单秋茶就可为茶农增加 700 多万元的收入。

这些镜头，只是漳州茶叶发展的一个缩影。漳州是乌龙茶的主产地之一，茶叶生产环境适宜，茶文化底蕴深厚，茶产业基础较好，发展前景广阔。著名文学家老舍在漳州期间，喝了功夫茶后，赞叹道："品尝功夫茶几盏，只羡人间不羡仙。"漳州市委、市政府历来重视茶产业的发展，实施政策扶持、标准化生产、品牌化营销、产业化经营，推进茶产业持续健康发展，茶产业已成为茶区经济崛起和农民增收的一大亮点，形成了集旅游和茶叶生产、加工、销售为一体的新兴产业，成为促进现代农业提效、带动农村经济发展、增加农民收入的支柱产业。2013 年，全市茶叶种植面积 43.28 万亩，比增 2.08 万；总产量 5.97 吨，比增 8.3%；实现产值 10.02 亿元，比增 4.4%；

---

* 作者简介：朱亚圣，漳州知名记者、作家。原文刊载于《闽南风》2014 年第 11 期。

茶产业产值 80 多亿元，占全省的 1/4。

政策叠加，引领产业发展

近年来，漳州市对茶产业高度重视，通过革新企业理念，学习种植、管理、经营经验；依靠科技力量，遵循自然规律，在发展中做到"先造环境，后造茶园"，在实施"走出去"战略中打响品牌，促进漳州茶产业发展，走出了一条不同寻常的发展之道。

漳州市委、市政府将茶叶列入全市现代农业发展的八大特色产业，出台了《加快推进漳州现代农业发展的实施意见》《漳州市加快茶产业发展规划》等一批政策及规划，华安、南靖、平和等茶叶主产县分别出台了加快茶产业发展的意见和政策措施，通过政策叠加，加强对茶产业发展的引导，并在技术培训、品种引进、品牌创建、产业升级等方面加强扶持。各级农业部门强化茶叶种植管理、加工技术和营销指导服务，抓好"五新"示范推广，在茶叶主产县建设一批国家、省、市现代茶园、生态茶园及茶叶初制品清洁化加工改造等项目，以点带面，推动普及茶叶标准化生产和水平提升。质监局、工商局等有关部门加强标准化和品牌化指导服务，不断提高产品质量和市场竞争力。

科技兴茶，推进产业做强

2006 年，云霄县人大代表何汉文与台商陈正丰看中大茂山的生态环境，联手种植铁观音，发展高山生茶。2011 年年初，他们在大茂山原始林木中发现了罕见的古茶树，经茶专家考证，这些老茶树是失传多年的茶树种，相传是"开漳始祖"陈政父子部属所种，独具香、清、甘、活的韵味，被冠为"陈将军"古茶树。何汉文与陈正丰决定联手发展高山生态茶，大面积复种"陈将军"古茶树。他们说："大茂山松杉叠翠，植被丰富，四季云雾缭绕。茶树与数万顷参天古木共生，形成林茶共生群落，这样的生态环境能培育出优质的高山茶叶。"随后，陈正丰购置先进制茶生产线，引入台湾冻顶乌龙等制茶技术和师傅，同时，以"陈将军"古茶树为主打品种，打造生态茶叶种植基地。如今，大茂山公司优质茶叶种植面积达 1500 多亩，生产的铁观音系列产品获得2010 年第七届中国国际茶博览会铁观音金奖。2012 年，经中国绿色食品发展中心审核，大茂山公司茶产品被核定为食品 A 级产品，远销台湾、香港、广东等地，已形成集种植、生产、销售为一体的茶产业链。

当前，漳州正采取政府扶持、企业运作、分户经营等形式，大力建设规模化、标准化、专业化的茶叶基地，促进低产茶园改造和茶叶集中连片开发。通过典型示范、苗木补助等办法，积极推广效益较高的"铁观音""丹桂""白芽奇兰"等优良品种。如今，漳州茶叶的良种占有率从 2000 年的 20% 提高到现在的 90% 以上。其中，推广铁观音优良品种 24.8 万亩，居全省第 3 位；金观音、黄观音、丹桂等新品种 4.8 万亩，居全省第 3 位；白芽奇兰 12.5 万亩、八仙茶 3.36 万亩，均居全省首位；初步形成华安铁观音、商靖铁观音和丹桂、平和白芽奇兰、诏安八仙茶等各具区域特色的茶叶发展格局。全市现有规模化、现代化茶叶基地 31 个，建立机采示范片 30 多万亩，形成 60 多个茶叶专业村，9 个茶叶专业镇，推广采茶机 1.5 万台，茶园水肥一体化示范面积 2 万亩，带动全市茶园喷滴灌 5 万多亩。

管控质量，推进品牌建设

实施标准化生产。平和白芽奇兰茶栽培技术规范和标准化示范区分别荣获省政府"2011 年福建省标准贡献奖"和国家标准委"全国农业标准化示范区优秀项目"。华安县通过"全国绿色食品原料（铁观音茶叶）标准化生产基地"认证。建立病虫害监测点，针对病虫害流行特点采用绿色生物防控等方法进行综合防治，华安、南靖建成 42 个茶园病虫绿色防控示范片，核心面积 1.36 万亩，示范带动 10 万亩。

茶叶质量可追溯。建立企业自检与抽检相结合以及产地编码等制度，建立茶叶生产可追溯信息管理平台，实现茶叶质量可追溯。全市现有光照人、哈龙峰、天醇、向荣等 10 多家茶叶企业开展质量安全追溯体系建设，并通过 GAP、HACCP、欧盟有机等认证。如华安光照人茶业公司引进农业可视系统，采用物联网技术采集数据，建立"从茶园到茶杯"全程质量跟踪体系，通过欧盟、美国、日本及国内有机认证，成为全国唯一的一家。

推进"三品一标"基地建设。在华安、平和、南靖分别建立 10 万亩铁观音、5 万亩白芽奇兰和 3.5 万亩铁观音、丹桂无公害生产核心示范片，推广有机、绿色和无公害茶叶规范化生产。全市茶叶获得有机、绿色食品认证 30 多个，面积达 7 万亩，其中，华安县全国铁观音茶叶绿色食品原料标准化生产基地认证面积 4.8 万亩。加强品牌创建和原产地保护，增强市场竞争力，全市获得"三品"认证茶叶企业 80 多家、"三品"基地认证面积 20 万亩，有 100 家茶叶企业获得 QS 认证。华安"铁观音""南靖丹桂""南靖铁观音"获得中国地理标志证明商标。现有茶叶类龙头企业国家级 1 家、省级 5 家、市级 33 家、合作社 202 家、家庭农场 185 家、福建名牌产品 13 家 14 个产品、福建名牌农产品 12 家 12 个产品。茶叶类商标 1500 多件，其中驰名商标 3 件、著名商标 36 件、知名商标 64 件。

加强违禁投入品监管。加强茶叶投入品执法检查，从源头确保投入品安全。各茶叶主产县还通过茶叶协会、合作社加强行业自律。华安县在全县建立 4 个茶叶农残监测点和 5 个控制"农残"防治模式示范点，并与邻近县安溪、漳平等 5 个铁观音产茶区签订"质量安全战略联盟协议"。

创新业态，增强发展活力

这几天，茶叶重镇华安县仙都镇广袤的茶园里，茶农朋友们忙着采摘茶叶，装运茶青；同时，茶叶加工厂内制茶师傅们忙着筛青、炒茶、揉捻，一派繁忙的劳动景象，华安县各茶叶主产区拉开秋茶生产序幕。"我有茶园 200 多亩，套种了红豆杉、降香黄檀、桂花等花木近 2 万棵，现在茶园套种花木，政府还给补助，真的很不错。"仙都镇送坑村茶山上，茶农张文平介绍说。近年来，仙都镇出台了《关于茶园"戴帽"套种名贵花木的通知》，鼓励茶农为茶山戴"帽子"，不仅带来经济收益，还起到保持水土的作用。2014—2016 年，茶园套种花木连片 20 亩以上的，仙都镇给予每亩 200 元的奖励，同时还给所在村每亩 50 元的经费补助，进一步引导茶农积极改善茶园生态环境，提升茶叶品质。

近年，漳州市注重体制机制创新，通过政府引导、市场运作，整合涉农资金、捆绑投入、包装项目，搭建平台，吸引企业及社会工商资本回归投资现代茶叶。自 2008 年以来，全市争取省级以上现代农业（茶叶）生产发展项目超 1 亿元，平和、南靖、华安建设标准化生态茶园面积 12 万亩；清洁化改造茶叶初制加工厂 50 个，面积 10 万平方米；建设现代茶叶庄园 5 个，面积 8000 亩；建设现代茶叶加工能力提升项目 18 个，引进制茶先进设备 60 台（套）；建设茶叶初制加工集中区 6 个，培训茶农 3 万人次。自 2012 年以来，协调农行、民生银行、信用社、妇女创业等支持金融贷款 7 亿多元，用于茶园抵押贷款、小额贷款、企业发展等项目。通过招商引资，较好地解决茶产业发展资金投入问题。如 2012 年以来，连续开展现代农业项目竞赛活动，其中茶叶项目有 3 个，全部由企业和工商资本投建，总投资 5.11 亿元，年度投资 1.02 亿元，截至目前已投资 3.5 亿元。平和大芹山生态茶园项目首期投资 2 亿元，通过借鉴台湾地区的经营理念，打造成为集生态、有机茶叶生产、科普教育、生态观光、文化体验等为一体的现代农业示范区、生态旅游示范区、国家级风景名胜区。

产业发展离不开平台搭建。市里通过创建华安茶叶主产区仙都镇为省级农民创业示范基地和市级农民创业园，探索通过聚合土地、资金、人才科技、装备等现代生产要素，推进解决全市现代茶产业发展过程中存在的从要素到体制等诸多问题，示范带动周边地区，推动全市茶产业转型升级。进一步激发茶产业发展活力，推动全市茶产业向高效、生态、休闲、观光等综合业态发展。全市现已建成华安哈龙峰、光照人、平和九峰大芹山、南靖土楼嵩山等一批集生态、旅游为一体的高标准茶园，示范带动全市茶叶品质提升和产业拓展。如华安县推广茶园新套种樱花、桂花、降香黄檀、金丝楠木等树种达 8 万亩，实施长短结合、以短养长，实现茶叶发展与生态保护"双赢"。位于华安的漳州光照人茶业有限公司主打纯天然、无污染的生态牌有机茶，开发有机铁观音茶园 480 亩、有机山茶树 500 亩，并套种降香黄檀、金丝楠木、沉香等珍贵树种 1300 亩，先后通过了欧盟、美国、日本和中国等有机认证，成为国际有机农业示范基地。公司茶叶年产量 40 吨，其中 1/3 销往美国、荷兰、比利时等欧美国家。

搭建平台，抢占市场份额

2014 年 9 月 30 日，华安铁观音千人订货会在华安县华仙茶都举行，全国各地 100 多家茶叶企业、茶商代表，华安本地茶叶企业、茶叶种植大户、加工大户、营销大户代表参加千人订货会，现场共签订茶叶销售 1057 吨，总金额达 2.335 亿元。作为全国第二大铁观音茶叶生产基地县，目前，华安县茶园面积达 16.8 万亩，其中无公害茶园 12 万亩，产值达 16.2 亿元。举办这样的千人订货会旨在通过政府搭台、企业唱戏，进一步提升华安铁观音的知名度和影响力，积极打造华安茶产业升级版，促进茶产业持续健康发展。

中央八项规定出台后，"三公" 消费受到限制，茶叶的销量也随之下跌，多地举行推介会等活动来 "救市"，华安此举就是搭建营销平台促销售的一个有力措施。目前，漳州重点抓好芗城新城、华安都、南靖与平和茶市、南靖 "凤翔土楼茶都" 等 5 个茶叶专业批发市场建设，增强其辐射带动能力。其中，华安仙都镇的 "华仙茶部" 辐射到安溪等周边县（市），茶叶交易规模不断扩大，已发展成为初、精制茶叶的配送中心，被农业部确定为 "第 12 批定点专业批发市场"。南靖 "凤翔土楼茶都" 投资 1.5 亿元，面积 65 亩，总建筑面积 6.5 万平方米，建成 11 幢茶叶交易及办公、住宿用房，成为全市规模最大的茶叶交易专业市场。同时大力发展茶叶超市专柜、连锁店、定点送货上门、电子商务等营销网络和手段，努力扩大茶叶销售渠道和市场份额，总部设在漳浦的天福集团企业就在全球拥有 1300 多家连锁店。

漳州还致力于茶品牌的培育发展，定期不定期举办茶王赛，组织茶企参加全国、省、市茶叶博览会、产品推介会、茶文化研讨会等茶事交流活动，积极开展茶艺表演、品茶、斗茶、论道等文化活动，茶文化内涵进一步丰富，提升漳州茶叶的知名度和影响力。如通过参加海峡茶博会及各种展会，大大提升白芽奇兰区域品牌影响力。2013 年，中国茶叶区域公用品牌 "白芽奇兰" 品牌评估价值达到 18.82 亿元，居全国范围内的 203 个茶叶区域公用品牌第 13 名。福建向荣大芹山茶业发展有限公司的 "名峰山" 品牌价值 1.54 亿元，福建天醇茶业有限公司的 "天醇" 品牌价值 1.19 亿元，在 "2014 中国茶叶企业产品品牌价值排行榜" 上分别位列第 64 位和第 79 位。

潮阳笛套音乐研究综述

郭 慧[*]

一 概念及分类研究

狭义的潮阳笛套音乐是指以龙笛领奏的器乐合奏形式，如《御制四景玉娥郎》《四大景》《灯楼》《雁儿落》《冲天歌》《山坡羊》《闯欢》《普天乐》《将军令》《倒睡莲》《日月交》等传统宫廷古乐。广义的潮阳笛套音乐是指潮阳地域内的一切器乐音乐套曲形式。

1998 年，陈天国在《潮阳笛套音乐》中写道："狭义的潮阳笛套音乐，专指以笛为领奏乐器，伴以笙、箫、管及其他弹拨和弓弦乐器，加上打击乐器'小八音'，演奏传统就穿下的专用套曲。广义的潮阳笛套乐，则是泛指潮阳的器乐音乐，其中包含笛套锣鼓乐、笛套寺堂乐、笛套外江乐、硬软套乐和正牌的笛套乐。"而在陈天国 2004 年出版的《潮州音乐》中（236 页）将笛套乐和硬软套乐分成两个概念；潮阳市地方编纂委员会 1997 年《潮阳县治》也将潮阳笛套古乐和硬软套音乐分为两个概念加以解释，其中该书把潮阳笛套音乐分为 3 种：古乐、大锣鼓、苏锣鼓。这与 1998 年以后诸多学者的分法是截然不同的；这一观点在萧韵阁先生笔记中也有所体现："'硬软套'是宋代的大曲（指套曲），纯五声音阶，具有古筝变奏的庄重和细腻优美的声调。'笛套'是鼓角横吹乐，以笙、箫、管、笛为主要乐器，以笛的'龙头凤尾'指法为突出。"我也比较支持这种分类方法。一方面从演奏形式看，笛套乐突出管乐器演奏形式，弦乐器、打击乐器加以辅助演奏。硬软套突出弦乐器演奏形式，管乐器、打击乐器加以辅助演奏。另一方面从出土文物历史地域来看，潮州弦乐器出土文物最为繁多，可以佐证弦乐器演奏形式在当时的潮州很盛行，其演出形式应该比较成熟，可以单分一类。

2006 年，由张锡潮主编的《潮州笛套古乐》中将潮阳民间音乐归纳为六类：潮

---

* 作者简介：郭慧，华南师范大学音乐学院，硕士研究生，研究方向为中国音乐史。原文刊载于《音乐大观》2014 年第 7 期。

阳笛套古乐、潮阳硬软套古乐、潮阳笛套锣鼓乐、潮阳笛套外江乐、潮阳笛套佛道乐和潮州弦诗乐。从六种归类来看，潮阳音乐除了潮州弦诗乐没有扣上笛套的"帽子"以外，其余音乐形式都被冠以笛套名称，可以看到中原音乐根植于潮阳本土音乐中。

关于潮阳笛套音乐的概念及其分类方面的文献还有陈天国《潮州音乐研究》（花城出版社 1998 年版）和林庆华《谈谈潮阳笛套乐的吹奏特色》，主要从器乐演奏角度认为潮阳笛套乐有两种含义。庄里竹、林升民《潮阳笛套音乐管述》（《民族民间音乐》1985 年第 4 期）和庄里竹《潮阳笛套音乐及其锣鼓乐》主要从套曲板式上认为，凡是笛套音乐都属于套曲式的音乐品种；陈继豪《水调歌头·潮阳笛套音乐》主要从文学角度入手，分析潮阳笛套音乐的乐器编配形式而定义。

二　历史研究

有关潮阳笛套音乐的历史研究，主要是针对潮阳笛套音乐传入的历史背景研究潮阳笛套音乐由来。到目前为止，基本上有如下说法。

1. 潮阳笛套音乐传入的历史背景

赵佗说：潮阳市地方志编纂委员会 1997 年《潮阳县治》中认为公元前 214 年，秦派遣任嚣、赵佗平南越，此时中原人开始南移，与南越诸族杂居交流。对文化的交流认为在新时期时代已经有一定的影响了，自东晋潮阳置县以后，两种文化交融变化才有明显的长见。明、清《潮州县治》均有记载，而中原文化对潮阳音乐的影响从宋代开始。我认为中原文化对潮州地区最为重要的影响因子应属儒家文化的深入，即从唐代算起：一、唐宪宗年间，韩愈贬官潮州八个月，以文治政，以德教民，大力推行儒家思想。韩愈在潮期间与潮阳大颠和尚以琴、诗、歌交流友好（见于《昌黎先生集》中《与孟尚书书》记载），可以推论韩愈的儒家思想已经影响到了潮阳地域；二、北宋元祐五年潮知州王涤建韩山书院，书院供奉孔子，立韩愈专祠附祀，教习儒家文化，"礼、乐、射、御、书、数"则是儒家思想的基础科目，足以证明潮乐受中原影响从唐算起可以成立的。

政变说：陈天国《潮州笛套音乐》（《星海音乐学院学报》1998 年第 1 期），陈天国《潮州音乐研究》（花城出版社 1998 年版），陈天国、苏妙筝《潮州音乐》（广东人民出版社 2004 年版），张锡潮《潮阳笛套古乐》（广东人民出版社 2006 年版），陈威《潮州笛套古乐探源》（《星海音乐学院学报》1992 年第 3 期），这些文献一致认为"南宋建临时行宫于潮阳，乐官吴丙随行带来宋宫廷音乐，后因元军追击文天祥等护幼帝逃亡流传民间并与当地民间音乐融合。后宋亡，于每年农历八月十八日举行'赏仙会'奏宋代宫廷古乐怀宋"。还有潮阳人李凌、陈淳带宫廷笛套乐回乡之说。这些说法大多根据萧韵阁先生笔记记述，是比较流行的说法。

2. 潮阳笛套音乐由来

潮阳得名在《潮阳县志》中记载是东晋隆安元年；在《岭南文化大百科全书》中记载是在东晋咸和六年；而在两部专著中都相继记载了潮阳在隋开皇十一年改潮阳为潮州。这就有了近现代两种不同的称谓：潮州笛套乐和潮阳笛套乐。潮州器乐合奏通常定调为F调，而潮阳器乐合奏通常定为G调。如果从这个角度来看潮州笛套和潮阳笛套那就是两个不同的概念了。现从新中国成立以来对潮州音乐的分类中可以看出学者对潮阳器乐合奏究竟叫什么也没有具体的规定：1958年分为潮州弦诗、汉乐、庙堂乐、横笛、谱筝谱；1989年分为潮州弦乐、潮州锣鼓乐、潮州外江乐、潮州庙堂乐；1998年分为潮州弦诗乐、潮州锣鼓乐、潮州外江乐、潮州寺堂乐、潮州笛套乐、潮州细乐；2004年分为潮州弦诗乐、潮州锣鼓乐、潮州佛道乐、潮阳笛套乐、潮州戏剧音乐、潮州民歌、潮州曲艺音乐。

潮阳笛套音乐与潮阳硬软套古乐是两种概念，前者以管乐为主奏乐器，后者以弦乐为主奏乐器。弦乐的硬软套以定弦方式来区分：硬套定"四孔弦"F调，软套定"三孔弦"E调。除此之外，从孔义龙、刘成基的《中国文物大系（广州卷）》文物分布示意图来看，韶关、广州各有一件弦乐器出现（琴），潮阳有二弦、梅花琴、古筝等三件弦乐器出现，其他地方均无弦乐曲出现。而潮阳硬软套乐是以三弦、琵琶、筝等三件乐器组成的"三弹古乐"弦乐合奏形式，潮阳地区盛行弦乐器为"三弹古乐"的组合形式提供了可能性。萧韵阁先生的笔记中记载潮阳笛套及硬软套由宋乐官吴丙带入棉城，融合当地民间音乐，因潮人怀念旧朝，为古乐的发展提供了生存发展的空间并使之流传下来。前者是客观存在，后者是主观意识，两者相互印证了潮阳硬软套古乐的形成缘由。

三 音乐形态研究

潮阳笛套音乐形态研究主要集中在由张锡潮2006年主编的《潮州笛套古乐》一书中，不仅对潮阳笛套乐的套曲特点、板式、调式、记谱、音律等进行具体的形态分析，还对潮阳笛套的历史、社会价值、传承、传谱做了系统的总结，是一本潮阳笛套音乐较为完整的材料汇总著作。在套曲特点方面该书认为潮阳笛套古乐为唐宋遗风，具有多曲连套、同体变化、多曲与同体变化相连三种主要特点。在板式结构方面该书认为有三种特点：慢起板、匀加速板、中间变化板。这种变化是根据每分钟拍子的拍数计算的。而在林庆华《谈谈潮阳笛的吹奏特色》（《音乐学院学报》1999年第1期）中认为一般的板式是：头板加赠版—头板—二板—三板的次序。这与张锡潮的分法有些不同，但是两种分法都坚持潮阳笛套乐由慢板起拍。在调式方面，认为潮阳笛套古乐用"大工调"；潮阳硬软套的定调各个乐器不同。在记谱方面，现存的有锣鼓经和工尺谱。在音律方面，潮阳笛套古乐用七平均律制，关于七平均律制的研究，陈天国《广东民间音乐的七平均律》（《中国音乐》1981 年第 4 期）中说广东音乐使用的是七平均律，然而一些学者不赞同七平均律的提法。随即一些学者在七平均律的问题上展开了探讨，如，牛龙菲、蔡松奇、余亦文、陈正生、程云、郑诗敏、张伯杰、袁介芳、陈应时分别发表文章进行过争鸣。

　　然而，潮阳笛套音乐要真正溯其原貌是有一定困难的。1950 年，在潮阳解放一周年庆典上，以郑国瑞先生为代表的棉城笛套民间艺人的表演影响力非凡，潮阳笛套古乐开始为大众关注。本文根据现有资料进行整理分析，部分资料因各方原因现在已经无法获得，故分析整理的文献不够全面，还有待进一步收集。

南宋名臣庄夏事迹述评

杨文新[*]

宋代是福建人才辈出的一个重要时期。泉州永春人庄夏就是其中的杰出代表。因为历史文献记载有关他的资料非常有限，因此到目前为止，学界对他的研究还不够。此文从现存的文献记载考察入手，对庄夏的生平考述和主要事迹两个方面加以研究，以期关于庄夏的研究能够更加深入，进一步丰富福建历史名人文化研究。

一　庄夏的生平考述

庄夏（1155—1223），字子礼，自号藻斋老人，永春人。《宋史》本传记为泉州人，和楼钥、李大性、任希夷、徐应龙、王阮、王质、陆游、方信孺、王柟九人一起立传。庄夏生于南宋绍兴二十五年（1155）。"幼时，父母避贼，弃之草间，虎乳之。长，目有夜光。早孤，从兄晦学。弱冠，习《礼经》。郡博张叔椿奇其文，勉入上庠。母郑氏粜粟种、出浴儿钱以资裹粮。"

淳熙二年（1175），庄夏入太学就读。

淳熙八年（1181），庄夏考中进士。《钦定大清一统志》卷三百二十八记载其为"庆元进士"，误。当年那一榜永春县就出了他一个进士。同一榜的泉州籍进士还有钟元震、王琳、陈谦、刘善侈、赵庚、苏仕凤、黄禹畴、傅思谦、高禾、蒋励10人。庄夏中进士后，出任江西宁国县令。

庆元六年（1200），庄夏在江西"知赣州兴国县"任上。

庆元六年（1200）后，庄夏因上书言事被朝廷召为"太学博士"。李清馥《闽中理学渊源考》记为"太常博士"。

开禧元年（1205）正月二十五日，庄夏担任干办诸司粮料院，时任礼部尚书萧逵知贡举，庄夏参与"点检试卷"。

开禧二年（1206），庄夏担任国子博士。后除国子监丞。

开禧三年（1207）二月，庄夏担任秘书郎。二月二十五日，时任监察御史叶时监

---

　　*　作者简介：杨文新（1972—　　），男，博士，福建教育学院副教授，研究方向：中国古代史，福建地方史，中小学校长教师培训。原文刊载于《广西民族师范学院学报》2014年第6期。

试，庄夏参与"考校"。

开禧三年（1207）十月，庄夏担任著作佐郎。嘉定元年（1208）正月二十五日，吏部尚书兼翰林院学士楼钥知贡举，庄夏"参详"。

嘉定元年（1208）闰四月，庄夏出任江东提举。

嘉定二年（1209）十一月十二日，庄夏以朝散郎任江南东路转运判官。

嘉定二年（1209）至嘉定四年（1211），庄夏先后担任江南东路转运判官、转运副使。

嘉定四年（1211）正月，除尚右郎官。后迁军器监、太府少卿。

嘉定六年（1213）至嘉定七年（1214），庄夏以朝请郎、直秘阁出任漳州知州。

嘉定七年（1214）六月，庄夏担任宗正少卿兼太子侍讲。

嘉定八年（1215）五月，庄夏以宗正少卿兼国史院编修官和实录院检讨官。

嘉定十年（1217）正月二十四日，徐玄差宫观指挥寝罢，以权兼中书舍人庄夏言其挟权妄作威福，凡所弹击，率快私怨。

嘉定十一年（1218）正月，庄夏以中书舍人兼同修国史和实录院同修撰。

嘉定十二年（1219），封庄夏为永春县开国男，食邑三百户。

嘉定十三年（1220）正月，庄夏担任兵部侍郎，仍兼同修国史和实录院同修撰。

嘉定十三年（1220）后，庄夏"忤柄国者意，累疏乞闲。以宝谟阁待制奉祠，进焕章阁待制"。从此以后，他退归乡里，居在蓬莱山，闭门著书立说。明人黄仲昭《八闽通志》卷七《地理》记载："锦绣山，在十八、十九、二十都。旧名鬼岫山，宋侍郎庄夏筑墓山麓，宁宗更今名。……蓬莱山，山势回环秀丽，与锦绣山对峙，有金龟桥横截欲外，人以拟于蓬莱仙境焉。"

嘉定十六年（1223），庄夏去世，获赠少师之名。宋宁宗称赞他："天生美质，学业逍遥。坚冰志操，历仕三朝。忠言逆耳，书史所表。宗祀繁衍，百世不祧。"《宋史》卷三百九十五《庄夏传》记庄夏"嘉定十年卒"，误。庄夏去世之后，其墓葬在南安县东三都京塘。

庄夏后人也多有成就。"其子梦阁，任新成宰；梦序，任大理正。其孙弥坚，字德操，登进士第，为编修官；弥邵，字德修，以父荫补承务郎，监福州水口镇，擢临安府通判，讨平天目山寇，以功权知安吉州，有惠爱；弥大，刑部郎官。"

二　庄夏的主要事迹

通过对庄夏生平的考述，笔者认为庄夏的主要历史贡献有三：一是敢于进言，刚毅正直；二是富于爱心，关注民生；三是邃于经学，著述丰富。

（一）敢于进言，刚毅正直

庄夏在不同的工作岗位上，都能做到敢于直言，上书言事，而且皆切时政。

如庆元六年（1200）许多地方出现大旱灾害，宋宁宗下诏书广泛征求意见。庄夏当时担任兴国县知县，针对干旱现象，他就上书论述自己的看法说："君者阳也，臣者君之阴也。今威福下移，此阴胜也。积阴之极，阳气散乱而不收，其弊为火灾，为旱蝗。愿陛下体阳刚之德，使后宫戚里、内省黄门，思不出位，此抑阴助阳之术也。"

庆元六年（1200）后，庄夏担任太学博士。针对政令经常变动的现象，他又提出"比年分藩持节，诏墨未干而改除，坐席米温而易地，一人而岁三易节，一岁而郡四易守，民力何由裕"的建议。

开禧二年（1206），庄夏转任国子博士，首次提出"边衅不可妄开"的建议。

嘉定七年（1214）六月，庄夏担任宗正少卿兼国史院编修官，学士院兼太子侍读。针对当时出现的流民现象，庄夏就提出"荆襄、两淮多不耕之山，计口授地，货以屋庐牛具。吾乘其始至，可以得其欲；彼幸其不死，可以忘其劳。兵民可合，屯山可成，此万世一时也"的对策。

嘉定十年（1217）后，庄夏担任中书舍人兼太子右庶子、左谕德期间，他上言的情况尤其突出。如针对军队战斗力低下，老弱病残现象等问题，他又建议"乞行下将帅，令老弱自陈，得以子若弟侄若婿强壮及等者收刺之，代其名粮"，得到了皇帝的认同："兵卒子弟与召募百姓不同，卿言是也。"明朝史学家晋江人何乔远评价其"训词华润，谕奏明切，封还尤多"。

这期间，因为他上书直言被罢免的官员有徐玄、赵仲夫、赵崇规、谢周卿、林琰、刘先、赵伯凤、叶嗣昌等8人。

嘉定十年（1217）正月二十四日，徐玄差宫观指挥寝罢，"以权兼中书舍人庄夏言其挟权妄作威福，凡所弹击，率快私怨"。

嘉定十年（1217）五月二日，知庐州赵仲夫落职罢宫观。先是兼权中书舍人庄夏言近省浮告急，制司就近拨合肥之兵以援浮光。"赵仲夫畏懦退缩，占护不发，乞寝宫观，仍更镌降。既而殿中侍御史李楠复言仲夫立志不强，临事不武，故有是命。"

嘉定十年（1217）六月七日，赵崇规差知汀州，指挥寝罢，仍旧宫观，理作自陈。以权兼中书舍人庄夏言其"守湖州日，宠妾专权，交通关节"。

嘉定十年（1217）七月十一日，谢周卿差知薪州，指挥寝罢。以权兼中书舍人庄夏言其"一意聚敛，以丰私囊"。

嘉定十年（1217）七月十九日，林琰罢宫观。以权兼中书舍人庄夏言其"为台谏，倚势作威，容子婿交通关节"。

嘉定十一年（1218）五月十七日，刘先差宫观，指挥寝罢。以中书舍人庄夏言其"当官贪暴，居乡恣横"。

嘉定十一年（1218）八月二十九日，新除广东提刑赵伯凤与宫观，理作自陈。以中书舍人庄夏言其"一意聚敛，不恤民怨"。

嘉定十一年（1218）十月二十六日，叶嗣昌差宫观，指挥寝罢。以中书舍人庄夏言其"居家则不孝其亲、不友其弟，当官则交通关节、贿赂公行"。

嘉定十三年（1220）正月，庄夏担任兵部侍郎。当时的宰相是史弥远，是权相，朝廷广大官员都不敢轻易谈论边境和宫廷内部的事情，唯独庄夏能够直言。"西蜀溃卒宜讨宜招，江淮制阃宜分宜合，山东忠义宜刺宜汰，比年集议寝少，乞诏侍从两省台谏自为议状，二三大臣类聚以闻。"

（二）富于爱心，关注民生

庄夏之所以能够被列入名臣传，其中一个很重要的原因就是他为官一方，均能够做到以民为本，民本思想比较强烈。

如担任江西赣州兴国知县期间，他创办学校，清理赋税，消除积弊，停止争讼，分析案情，促进了当地文化教育事业的发展，减轻了劳动人民的经济负担。"民感德，绘像祠于学宫。"

担任提举江东常平仓期间，他发廪赈流民，多所全活。后除转运判官，益讲荒政。

担任漳州知州任内，为了维护地方治安，他上奏请求在大池故寨、小澳、南岭驻扎军队，以便政府得以较好地控制汀州、潮州两地。针对柳营江两岸人民遇到的交通困难，他又筹集资金，在柳营江上建大木桥，名为"通济桥"（即今江东桥）；为减轻人民的负担，他又奏罢高荒表寄产钱纳苗米，听民自概量，"郡人德之"。

担任宗正少卿兼国史编修官、权直学士院兼太子侍读期间，针对河北流民纷纷渡河来京求生现象，他又向宁宗皇帝进言，认为"荆楚两淮多抛耕之山，可以计口授地，贷给屋庐牛具"。这样，"吾乘其始至，可以得其欲；彼幸其不死，可以忘其劳。兵民可合，屯山可成，此万世一时也"。针对当时兵多闲散现象，他又建议下令诸将帅，令老弱自报，可以子弟侄婿身体强壮者顶替，代其名粮。他的建议得到了宁宗的采纳，使得军队兵冗现象得到了改善。

（三）邃于经学，著述丰富

庄夏天赋极高，文艺超群。"弱冠即精通礼经，因此郡博士张叔椿奇之，勉励他入乡学。"《馆阁续录》作者称他善"治礼记"。宋人卫泾称其"文艺之美，见推士林。器识之茂，稳于朝序"。

庄夏对经学深有钻研，其成就主要体现在两个方面。

一方面体现在他的作品上。庄夏一生所著有《礼记解》《遗文》二十卷、《国史大事记》十帙、《典故备志》五帙卷三十一《少师庄藻斋先生夏》。

另一方面则体现在他培养弟子上。"庄夏邃于经学，平生荐引多名士。洪咨夔，范钟皆其客也。"洪咨夔和范钟两人是庄夏弟子中最为著名的，他们两个人在《宋史》中皆有立传。

范钟，字仲和，婺州兰溪人，嘉定二年（1209）进士，官至左丞相兼枢密使，封东阳郡公。范钟为相，"直清守法，重惜名器。虽无赫赫可称，而清德雅量，与杜范、李宗勉齐名"。赠少师，谥文肃。所著书有《礼记解》。

　　洪咨夔，字舜俞，浙江于潜人，嘉定二年（1209）进士，官至刑部尚书、翰林学士、知制诰。洪咨夔，"鲠亮忠悫，有助新政"。著《平斋文集》三十二卷。

　　庄夏的一生是不平凡的，他在为官、为学、为人等方面均有所建树，赢得了上至皇帝，下至百姓的广泛认可和尊重。宁宗皇帝非常赞赏他，对他有"天生美质，学业逍遥。坚冰志操，历仕三朝。忠言逆耳，书史所表"的评价。江西兴国县有海忠介祠，祀明令海瑞，有王芮记后。增祀卢宁，更名卢海祠。曾于拱有记。国朝康熙甲子去卢以黄维桂配，改海黄祠。辛卯知县张尚瑗益以宋程珦、庄夏与卢黄并祀焉。福建泉州有乡贤祠，庄夏也是后人祭拜的乡贤。《宋史》为其立传，称其为"有为之才"。《八闽通志》把他列入名臣传。庄夏不仅是泉州庄氏家族的骄傲，也是宋代福建士大夫中的杰出代表。

会议与活动

两岸共研闽南文化源流
合力助推中华文化复兴
——"两岸闽南文化的传承创新与社会发展"论坛综述

陈燕玲[*]

为了进一步探索闽南文化的历史、现状与未来及传承创新走向,更好地为海西社会发展提供文化层面的理论支撑,为闽台的和平发展和祖国的统一大业提供和谐发展的理据和策略,作为福建省社科联第九届学术分论坛,由"两岸闽南文化的传承创新与社会发展"课题组牵头承办的"两岸闽南文化的传承创新与社会发展"学术研讨会,于 2012 年 11 月 30 日至 12 月 3 日如期在泉州师范学院举行。参与本次会议主办的单位和部门有:泉州师范学院(福建省高校服务海西闽南文化研究课题组、中国语言文学省级重点学科、福建省高校人文社科基地闽南文化生态研究中心),台湾成功大学闽南文化研究中心,福建省茶产业研究会,以及福建社科院文学所和泉州市语言文字学会。

开幕式由泉州师范学院教务处处长黄科安教授和福建省社科院文学所所长刘小新研究员主持。省社科联李道兴主任、泉州师范学院党委书记游小波、台湾成功大学文学院副院长陈玉女分别在开幕式上做了精彩的讲话,泉州市委常委、宣传部部长陈庆宗出席大会开幕式。

泉州师范学院副校长林华东教授在开幕式上做了《肇端于汉,多元融合——关于闽南文化的形成问题》的主题报告。报告"在梳理研究闽南文化形成中对相关概念的理解、问题的焦点和方法运用的基础上",就"闽南方言和文化形成的五种不同观点"和"闽南方言和文化的一体多元和多次融合"两个话题展开分析,为我们阐释了"闽南方言和文化形成的认识差异及其背景原因"。林华东教授认为考证文化形成必须扣紧"族群历史和方言"这个最根本的也是最重要的依据。林教授在阐释福建族群和文化形成的史实上,再次肯定泉州是闽南文化的发源地,提出了闽南文化形成于汉末的观点,并解析了其发展历程,为本次大会两岸共研闽南文化源流铺垫了学术基础,得到了与会学者的充分肯定。

来自福建省社科联、福建师范大学、厦门大学、台湾成功大学、越南社科院、南

* 作者简介:陈燕玲(1973—),女,福建南安人,副教授,主要从事闽南文化、方言研究。原文刊载于《泉州师范学院(学报)》2013 年第 1 期。

洋理工大学、金门大学、台湾屏东教育大学、泉州师范学院、华侨大学、漳州天福茶学院、泉州市博物馆、泉州市南建筑博物馆、泉州市泉州学研究所、泉州地方戏曲研究社、泉州市社科联、中国银行泉州分行等 17 个单位和组织的 70 多位专家学者参加了此次会议。会议共收到论文 54 篇。大会安排了一个下午的分组发言讨论，并有 11 位学者在两个半天的大会上做学术报告。他们分别是：厦门大学陈支平《闽南文化研究的多元思考》，漳州天福茶学院蔡烈伟《闽南铁观音茶文化的形成与表现》，台湾成功大学人文社会科学中心郭美芳《论槟城世界文化遗产的华人闽南建筑》，台湾成功大学文学院陈玉女《明清闽南家族与佛教的社会救济》，福建社科院文学所刘小新《闽台关系的文化想象与文学再现》，福建社科院文学所刘登翰《闽台社会心理的历史、文化分析——以两岸闽南人为中心》，台湾成功大学文学院历史学系郑梓《流动的飨宴：近代台闽两地饮食文化的消融及记忆》，厦门大学台湾研究所朱双一《从偏狭好斗到宽厚包容——当代台湾文学反映的闽南人性格的一个侧面》，台湾成功大学文学院陈益源、越南社科院之汉喃研究院范文俊《泉州越南名人考——唐朝姜公辅》，泉州师范学院黄科安《闽南文化与泉州戏曲研究》，金门大学通识中心王怡超、金门大学闽南文化研究所唐蕙韵《金门传统匠师林天助的寺庙壁画技术与传承》。

本次会议研讨的主题主要集中在以下几个方面：

1. 闽南文化的宏观研究。包括闽南文化的发源、发展，新形势下如何推进闽南文化的研究等。专家们充分肯定了研究闽南文化的价值和意义，对闽南文化的形成展开了全面和充分的阐述，对"闽南"的定义做了新的探讨，对闽南文化与海西建设的关系进行了深入的阐释。

林国平的论文从历史的角度考察了闽南的所属范围，认为："闽南"一词由来已久，"不同地方、不同人有不同的认识，其区域大到福建省，小到泉州、漳州府，我们在引用古代文献中与'闽南'一词相关的文化时，要格外慎重，不要想当然地用今天的'闽南'概念来理解古代的'闽南'。"他还提出："闽南"的定义发展到今天通常指厦门、泉州、漳州三个市所属地区，这也得到多数人的认可，其中根本原因在于厦、漳、泉使用共同的闽南方言，因此，"我们在研究闽南文化时，要充分考虑作为文化载体的闽南方言在闽南文化的形成和发展中产生的不可替代的重要作用"。陈支平认为，对地方文化的研究"开展得如火如荼，方兴未艾"，但仍然存在一定的局限性，如"受到地域界线的限制，各自的地域内的文化研究，大多关心本地域的文化特征及其变迁，而较少顾及其他相邻地域文化的参照研究"，他提出，如果"我们从换位思考的角度，进行文化多元性的思考，或许对于区域文化的研究，会展现出一些不同的观察视野"。丁玲玲认为，回族传统的宗教信仰——伊斯兰教能在泉州扎根、传播，是闽南文化开放性、包容性的体现；当代泉州回族的多元宗教信仰格局，是闽南文化多元并存的缩影，是闽南文化兼容并存、海纳百川的一个范例。刘文波认为，闽南特定的地理环境和历史条件形成了"闽南文化独特的人文精神，即开拓拼搏精神、重商务实观念、兼容并蓄心态、恋祖爱乡情结"。李双幼认为，研究闽南文化具有阐释地方性知识本身固有的文化意义的作用，也有着支撑区域经济朝着合理、有效方向发展的作用。"在当前多元文化语境下研究闽南文化，不能随意，不能盲目，既要避免完全无文化界限地整合到更大系统中，也要警惕本土主义作祟，纯粹强调地方文化独特性而使自己走向封闭。"

2. 闽台两地的渊源。闽南和台湾有着很深厚的历史渊源，从台湾早期的开发，到两地的传统习俗、观念、饮食习惯、文化足迹等都可以找到闽台两地的不可分割的印迹。

刘登翰认为：台湾的开发及地方自治与闽南分不开，"福建和台湾都是中原汉族南徙先后建构起来的社会。两岸的闽南人，有着共同的历史和文化背景。尽管闽台移民社会建成的时间不同，后来的社会发展也存在差异，但其基本形态及存在的承递关系，并未根本改变，仍是我们追溯闽台文化亲缘关系、分析当前社会的一个学术价值与现实意义并重的研究视角"。陈名实认为，"台湾光复以后实行的地方自治是以闽南籍为主的台湾民众长期努力的结果。明郑时期，闽南籍民众随明郑政权收复、开发台湾，形成自治的地方政府。台湾归清以后，闽南籍民众在朱一贵、林爽文等领导下发动反清起义，试图建立汉族在台湾的自治政权。日据时期，闽南籍台湾精英带领台湾民众争取民族自治权利，这些都对台湾光复以后国民党政权实行台湾地方自治产生重要影响"。

苏黎明认为，闽南风俗习惯在台湾的延续是文化传承的重要内容。"明清时期，伴随着闽南各个家族族人大批渡台，闽南人极为浓厚的家族观念，包括尊宗敬祖观、摇篮血迹观、延续香火观、光宗耀祖观、敦亲睦族观等，亦播迁到台湾，在渡台闽南宗亲社会中广泛蔓延，对其社会生活及与闽南祖地的关系均产生了深远的影响。"

台湾学者郑梓指出，从衣、食、住、行上可以看到两岸深厚的渊源。"择取台闽两地迄今依然有口皆碑的几样华筵盛席上抑或平民美食，如蚵仔煎（海蛎饼）、鱼丸、扁肉燕、光饼（继光饼）、虾卷、台湾贝果，这许多大宴小酌中的日常饮食，普遍活跃于台闽两地民众的舌尖之上，同时牵动着近代台海两岸从日据到民国、百年以迄广大百姓的深层记忆。"

朱双一认为，从文学的演绎中可以展示两岸的历史关系，闽台文学亲缘的当代建构，既是两岸关系的重要表征，也推动着两岸关系的持续发展。台湾文学作品中体现了台湾作家期待两岸同胞能够"消失了吵域底差别"，以同甘共苦、祸福同担的共同命运之社会人的身份，亲切自然地相互理解、同情、体贴和拥抱。刘小新认为，《我的唐山》中的文化想象和文学叙事就是"建立于闽台历史关系之上"的，小说在细节雕琢中营造出浓郁的闽台地方生活气息，有效地实现了区域文化空间的文学建构。陈舒劼认为，"闽台区域文化的文学书写，将闽台共有的历史文化框架与经验从'回忆'的范畴导入了'文化再生产'的渠道。'海峡'作为著名的文学意象和区域文化象征符号，具备极高的文化实践潜力"。

3. 闽南文化的传承、创新与发展。闽南文化应该得到很好的保护和传承，尤其应关注新一代对闽南文化的了解。闽南文化必须坚持走向创新，促进闽南文化的人文精神与时代精神融合，使之继续保持成为地域特色鲜明的有价值的文化。

张静、黄青海认为："在一百多年历史中，侨批以其独特的魅力架设起了海外华人与国内侨眷之间双向交流之桥梁，延续并传承了中华传统文化，对中国近代社会转型乃至世界文明进程均有卓越之贡献。"闽南文化应该得到传承。洪彩真认为，"闽南文化创意产业可以为泉州旅游产业发展提供新的增值点"。陈晓萍认为，木偶既然已经走下宗教祭坛，走出传统的舞台，踏入了寻常老百姓的家庭，当今对木偶的创新已是势在必行。黄文中认为，"重塑纸织画的艺术品性，保证纸织画价值，是确保其今后发展的当务之急"。陈燕玲提出，要更好地传承方言和地方文化，就应当把更多的关注点放在青少年一代身上。戴朝阳分析了大陆和台湾的闽南语播音主持分别走艺术化和自然化的两条不同的路，并对如何发展做出了探索。

4. 对闽南宗教信仰与民俗的研究。宗教的形成与发展受到社会诸多因素的影响，不同的历史时期表现形式有所差异，闽南宗教是多样的，对东南亚乃至世界的影响是深远的，这体现了闽南人的包容，展现了闽南文化的影响力，再现了闽南丰富的历史。

王怡超、唐蕙韵认为，金门传统寺庙及其装饰由于历史的原因在外界"文化大革命"的时代剧变或工商改革的现代转型中，因封闭而普遍地保存了闽南传统寺庙的形制与装饰风格。陈玉女认为，佛教的慈善救济确实能补政府在社会救济政策上的不足，是慈善事业中不可或缺的重要社会资源。晚明以来佛教在社会救济事业逐次丧失其主导性地位，除起因于政府政策的立意外，地方乡绅的承担办理、战乱的波及和民间宗教相继崛起，相当程度分担了社会救济之责，这种事实可以从"闽南地方乡贤或家族势力纷纷投入贩济活动之中"这一历史现象得以印证。许源泰认为，在众多的新加坡佛教信徒中，"以来自闽南的高僧和居士为核心主流，显示了闽南佛教文化在新加坡的重要影响"。谢英、陈雅谦认为："闽南古代戏曲演出时间大多参与在闽南众多的神祇纪念日、普度、丧事等酬神酬鬼活动中，与鬼神信仰以及以这种信仰为基础的民俗之间有着密切因缘，往往演变成为酬神酬鬼活动的重要组成部分，甚至进而与鬼神信仰、与民俗'三合一'。"林振礼认为，宗教的魅力在于宗教所蕴含的理性价值"正气"，这也是我们这个时代需要呼唤和弘扬的精神。

5. 对闽南地方文学艺术形式的研究。闽南地方艺术形式的多样与丰富，是历史留给我们的财富。但在社会发展进程中，传统的艺术形式如木偶、纸织画等都潜藏着生存的危机，作为闽南人，我们有责任让这些艺术焕发新的光彩。

黄科安认为："当下活跃在舞台上的泉州戏曲，系闽南文化中最具特色的组成部分，其归属中国南戏范畴，剧种包括梨园戏、高甲戏、打城戏、提线木偶、掌中木偶（布袋戏）等。"王伟认为，我们"必须以公共观演空间作为叙述秩序和撰史结构的中心，具体涉及接受主体在戏曲仪式中的历史地位，闽南戏文之文本理解中的现代性审美距离，以及在全球化当下语境中闽南戏曲的社会功能等问题域，从而超越中心/边缘、美学/历史等诸种二元对立，重新测绘闽南戏曲的文化版图"。陈桂炳从泉州"朱子过化"与"陈三五娘"戏剧的产生探索了泉州地域文化的兼容性特质。戴冠青认为，研究闽南民间故事，可以揭示其独特的人文价值，弘扬中华民族的传统美德，在强化文化认同中沟通海峡两岸的故土情怀。王丹丹对闽台南音"郎君祭"仪式结构与其音声做了深入的探究。

6. 对闽南建筑和茶文化的研究。陈凯峰的《闽南红砖建筑之源——"秦砖"》、蔡烈伟的《闽南铁观音茶文化的形成与表现》、陈建中的《泉州地区陶瓷茶具的发展历史略论》、郭美芳的《文化载体：论槟城闽南建筑》等论文都集中在这个专题。郭美芳认为，建筑是文化的重要载体，全世界有闽南人的地方都有闽南建筑，从闽南建筑的足迹可见闽南文化在世界的传播之广。在世界各地都可以找到如龙柱、红砖、燕尾屋脊等闽南的建筑元素，马来西亚的槟城就是一个很好的例证。蔡烈伟认为，闽南文化是地域性的也是世界性的，对茶文化的研究最能体现闽南文化地域性和世界性的特征，闽南是茶文化的发源地，世界其他语言如英语中茶的发音就是从闽南方言音译转化的。

可以说本次论文涉及面广，对闽南文化的研究广泛、深入，内容从微观到宏观，穿越过去、现状与未来，衣、食、住、行均有涉及。此次会议是一次挖掘闽南文化、弘扬闽南文化、创新闽南文化的盛会。

闽南文化作为中华文化的重要分支，上千年来，随着闽南族群在福建和台湾的发展不断获得传承、创新和拓展。今天，不仅在东南亚，在世界一百六十多个国家，都有闽南人的足迹，都可以听到闽南人的声音，感受到闽南文化的样式。闽南文化的国际化已经得到展现。本次学术研讨，进一步推动了闽南文化研究学者加强两岸及海内外的沟通交流；进一步揭示了闽南族群千百年来的文化足迹，发掘闽南人离乡不离祖、认乡音、重乡情的草根意识；进一步展示了闽南人敢为天下先的拼搏精神；进一步提升了建构闽台闽南文化的共识，为海峡两岸文化共同体的建设提供了许多决策、咨询、借鉴。

泉州师范学院和台湾成功大学主办的研讨会在党的十八大胜利闭幕之际召开，对于推动两岸的和平发展、促进中华文化的繁荣、践行"十八大"提出的"实现中华民族的伟大复兴"等方面，都有十分重要的历史意义和现实意义。全国各大报刊和新闻媒体对本次会议给予高度关注，先后为本会做了相关报道。《光明日报·理论版（史学）》2012 年 12 月 13 日刊发《"两岸闽南文化的传承创新与社会发展"研讨会综述》；《泉州晚报》12 月 3 日分两处刊出《海内外专家研讨闽南文化》和《两岸专家齐聚古城建言献策携手推动闽南文化传承创新》专题报道；《海西晨报》12 月 5 日刊发《两岸及海外闽南文化研讨会在泉州师院举行》；泉州电视台 12 月 3 日播放"两岸闽南文化学术研讨会在泉召开"专题新闻，并于 12 月 5 日和 6 日在"新闻相拍报"闽南语专栏用 16 分钟播放采访林华东教授的现场专题访谈；泉州人民广播电台 12 月 3 日播送新闻 "闽南文化传承与创新研讨会在泉州召开"；中国新闻网、新华网、中国日报网、东南网 2012 年 12 月 3 日刊出 "两岸共探闽南文化传承创新盼加强两岸各方交流" 新闻。

　　值得一提的是，会议期间，台湾 "真云林阁掌中剧团" 到泉州师范学院祖昌礼堂为全校师生献演《西游记之决战 2℃》，为大会增添了不少闽南地方文化色彩。

　　（本文引用的论文见大会所收的《两岸闽南文化的传承创新与社会发展会议论文集》）

闽南文化研究国际笔谈会论点选载

编者按：2013 年 12 月 21 日，由闽南师范大学闽南文化研究院主办的"2013 闽南文化研究国际笔谈会"在国际学术交流中心召开。来自海峡两岸及日本、新加坡等国家和地区的闽南文化研究方面的专家、学者二十余人出席了会议。会议围绕着闽南文化的内涵、外延及特征，闽南文化的当代价值与社会功能，闽南文化研究的理论与方法，闽南文化的跨文化阐释，闽南文化的世界性及其意义，闽南文化与两岸交流，闽南文化的生态保护，闽南文化学科建设与人才培养等议题展开了深入的研讨，言简意赅，探幽发微，对当下闽南文化理论研究势必产生积极的影响。本期节录专家们的精彩发言，以飨读者，也希望由此来带动和促进闽南文化研究的进一步升华。

刘登翰：闽南文化的结构关系研究

历史研究和文化研究最大的区别在于，历史是实证的，文化是建构的，当然这个建构也必须有实证作为基础或背景。这是就方法而言。不过，西方新历史主义认为，所谓"真实"的历史并不存在，所有历史都是历史研究者眼中的历史。在这个意义上说，历史也是一种建构。中国历史以帝王为中心，从三皇五帝开始，秦、汉、晋、唐、宋、元、明、清，一路数下来。为什么是这样，而不是别样？就是一种建构。历史的建构，也是一种文化。

深化闽南文化研究，我觉得有必要加强对闽南文化的结构关系研究，寻找闽南文化的内在逻辑和文化精神，处理闽南文化结构中环环相扣的各种关系。这个题目太大，无法说全；即使说到的，也只能点题，无法展开。

一 文化的历史性和当代性问题

文化是历史形成的，文化的历史性无可置疑。但文化不会停止在历史的某个点上，文化总是伴随历史的发展而与时俱进。这样的文化才是活态的文化，与时代同行的文化，和社会共同建构的文化。不能把文化的历史性和当代性割裂开来。历史是当代的昨天，当代是历史的今天。我们以往的研究较多关注的是文化的历史层面，无论文献，无论田野，讲说的都是文化的昨天，而相对忽略对文化的当下存在状态和发展状况的研究，也即文化的当代性问题，这本应成为我们研究的重心。其一是文化伴随历史发展、社会变迁和科技进步所出现的异变和创新，使我们生活在现代文明之中。我们现代的生活方式、精神仪式，带来文化新的现代形态。这也要像历史研究做文献和田野那样，善于从现实生活中发现和总结。这样的例子不胜枚举。其二是历史文化如何经过现代的转换，成为宝贵的文化资产，在现代社会发挥积极的作用。这包括我们以现代价值观念对传统文化进行重新诠释，例如以对土地（自然）的感恩与敬畏来诠释福德正神的信仰，用悲悯情怀和以德报怨的精神来诠释普度的民俗，使这些传统的信仰、习俗重新在当代社会生活中焕发光芒。

二　雅文化和俗文化问题

文化的雅、俗之分，并无本质上的高低、优劣之别。所谓俗文化是指以"俗民"（庶民）为主要载体和对象，建立在他们生活传统、信仰传统、社区组织传统和经验传统之上的，比较朴素、粗糙，因而带有一定自发性、原生性、非理性和传承性的那一部分文化现象。这是一种带有很大民间性的常俗文化。而所谓雅文化，一般是以士人（士和士大夫，即今日所说的知识精英）为主要载体和对象所表现出来的一种文化形态。它是对前人实践和经验（包括"俗民"实践和经验）进行整理概括、扬弃提升，从而成为系统比较完整、逻辑比较严密、比较富于理性色彩的社会意识形态和知识谱系。它常常由文化的表层进入文化的深层，从社会的底层进入社会的上层，成为统治阶级用来指导和推动社会发展的文化力量。因此，相对于俗文化的下层性和民间性，雅文化带有浓厚的上层色彩和官方色彩。二者既互相依存和渗透，又互相对立和排斥。一方面，雅文化是对"俗民"实践和经验的综合概括、扬弃提升，在这个意义上可以说，士人文化源于"俗民"文化；另一方面，雅文化作为上层的意识形态，又对"俗民"文化起着制约、规范和改造的作用，使"俗民"文化不致超越一定体制下的意识形态、制度规范和道德规约。在中华民族多元一体、幅员广大的各个不同区域中，士人文化更多地表现出整合统一的文化共性，而"俗民"文化则更多地体现出独特地域的文化个性。二者所形成的正是文化结构中上层文化与下层文化、官方文化与民间文化、文化共性与文化个性对立统一的辩证关系。

闽南文化当然应当包括雅文化和俗文化两个方面。雅文化主要来自于对中原儒学道统的传承和发展，即使如朱熹、李贽、苏颂那样的大家，也无不如此。而俗文化是与生俱来与闽南民众日常生活紧密相连的各种文化形态和仪式。闽南文化的地域色彩和文化魅力，主要靠"俗民"文化来体现。这也是我们谈及闽南文化，便离不开方言、宗族、民间信仰和戏曲、歌舞等的原因。但是在讨论闽南俗文化时却不应忘却雅文化的存在及其对俗文化的影响，以及两者互相渗透和制约的复杂关系。

三　文象和文脉的问题

这是温家宝在参观非物质文化遗产展览时提出的概念。他说："非物质文化遗产也有物质性。要把非物质文化遗产的非物质性和物质性结合起来。物质性就是文象，非物质性就是文脉。人之文明，无文象不生，无文脉不传；无文象无体，无文脉无魂。"又说："一脉文心传万代，千古绝唱是真魂。文脉就是一个民族的灵魂。"这个观念深化了我们对闽南文化的认识。我们以往的研究，较多关注的是文象，是一个个具体的文化项目，是文化项目的表层现象。文象的研究，是为了文脉的传承。如何透过文象的表层，揭示文象的内在精神，使作为民族灵魂的文脉得以更好传承、弘扬，这是我们研究文化的目的。闽南文化研究的深入，同样面临如何透过文象研究弘扬文脉—文化精神的问题。

四　文化事象的互相关联和依存问题

文化是一个总体性的概念。什么是文化，我们看不见，看到的是一个个具体的文化事象。一讲闽南文化，我们脑子里出现的就是闽南话，南音、梨园戏、歌仔戏，寺庙的拜拜，过年的风俗，等等。所有这些被视为文化的事项，都不是孤立地存在着。它们互相连接、互相依存，形成一条条文化链，一条条文化链结成一个庞大的文化网，我们就生活在这样复杂的文化网络之中。举一个浅显的例子，闽南人或许因其迁徙途中危艰丛生，或许因其山海环境瘴病海难不断，民间的泛神信仰十分繁复，一块石头可以是神，一个树桩也可以是神。寺庙是表达民众信仰最神圣的中心，邻近几个村子有相同的信仰，便以最有灵性、同时也是建筑最为华贵的寺庙为中心，形成一个共同的祭祀圈；人们在寺庙周围设墟赶集，周围乡村都来这里进行交易，这个共同祭祀圈同时也成为共同的经济圈；而寺庙聚集人气，是人际交流的中心；村中长辈或权势者借寺庙议论、决定、发布大事，寺庙又实际上成为村中的政治中心。文化、经济、政治就这样围绕一座寺庙联结在一起。这是大致的情况，虽为早期的事情，对我们今天仍有启发。各种文化事项也存在着互相联结和依存的逻辑关系。仍以寺庙为例，这是民众的信仰中心。一座寺庙的建筑，发展了特殊的建筑行业；寺庙的华贵装饰，推动像剪瓷、漆雕这样特殊装饰工艺；佛像的塑造，也发展了木雕、石雕、铜雕、泥塑等特种工艺；而无处不在的祭祀，丰富了民众对各个民间主神祭拜的精神仪式；为了娱乐神明也娱乐自己，请戏谢神成为民间戏曲和民间表演团体生存的土壤之一。以寺庙和信仰为中心形成的文化链，使不同的文化事项互为环境，伤一环而损全身。"文革"期间的破四旧、禁祭祀，使相关文化事项和文化产业濒临绝境，就是深刻的教训。文化事项虽是个别的，只有联结一起才是文化。从个别到整体，其相互关联的逻辑关系，应当成为我们研究的重心之一。

五　闽南文化的移民性、本土性和世界性问题

　　闽南文化是一种移民文化，这是历史决定的。自晋以来，逮至南宋，八百年间中原移民陆续南徙入闽而至闽南，中原文化也随之南播，成为闽南社会建构的主体和基础。闽南文化是中原文化的下位文化，或者说是中原文化的一个区域性的文化，这个定位十分清楚。但是南宋以后福建人口已趋饱和，再少见有北方大规模移民入闽的记载，并且开始向外输出人口。南宋以后迄今又近八百年，中原文化在进入闽南滨海的地理环境和吸收闽越土著海洋文化元素中，发展了兼具海洋特色的闽南文化的特殊性格和风韵。因此我们说，闽南文化是一种既渊源于中原同时又发展于本土的草根文化。闽南文化的移民性和本土性（草根性），是我们认识闽南文化的两面。中原移民定居闽南以后出现的二度迁徙，首指台湾而后又远逸海外，把具有闽南特色的中原文化再次播向台湾，播向闽南人（包括定居台湾的闽南人）足迹所到的世界各地，特别是东南亚。因此我们说，闽南文化同时带有某些民系文化的特质，它越出闽南的地域囿限，成为一种更广泛的世界存在。但是当我们在讨论这一问题时，必须有一个"度"，不能无限扩大。首先，不能因为闽南文化有着与中原文化不尽相同的海洋文化的某些特性，就否定它与中原文化的渊源关系，更不能因为它具有民系文化的某些特征，就否认它是一种地域文化。其次，不能因为它伴随闽南海外移民走向世界，就认为它是一种世界性的文化。闽南文化的世界性存在，并不等于闽南文化是一种全球性的文化，就像闽南移民在各移入国家是个弱势的族群一样，闽南文化的世界存在，相对于所在国的主体文化，也是一种弱势文化。它走出了闽南地域，但并没有走出闽南人的圈子。在异国他邦，它是闽南人为保存自己族群记忆和凝结族群力量而坚守的文化，而不是世界不同民族共同的文化。闽南文化的世界存在和闽南文化作为一种世界文化，是两个不同的概念。我们关注闽南文化的世界性存在，关注它在异文化环境中的坚守和异变，这些都是我们深化闽南文化研究的新课题。但闽南文化的世界性研究不能脱离它的本土背景，闽南文化的海外研究与闽南文化的本土研究，二者如何相辅相成，互相促进，这是我们所期待的。

（作者系福建社会科学院文学研究所研究员）

汤漳平：关于闽南文化研究的几点思考

　　这段时间，我一直在回顾自己从事闽南文化研究的数十年经历，着重思考进行闽南文化研究的方法，其中既有个人的心得，同时也有值得吸取的教训，或许这些方面的思考，能够给后来者提供一些参考。

　　关于闽南文化研究，近些年来已经出版过不少著作、论文集，取得了不小成绩，有些人就认为再难以深入，难以出新。但我认为总体宏观理论建构依然不足，理论迟滞的

问题并未真正解决，仍有大量值得我们认真深入研究的问题。比如关于闽南文化的底层文化，一般的观点都认为，闽地原是百越族的居住地，因此百越文化是闽南文化的底层文化。我在这些年的研究中，发现其实楚文化的影响可能远远大于百越文化的影响。近两年来我写的几篇文章都谈了我的观点。为什么说楚文化对闽南文化的影响更大呢？过去的研究都认为，汉武帝时期，虽然百越族被迫北迁至江淮间，但总还有许多人留下来，不可能迁徙得那么彻底，有人甚至估计留下的越族应有十万甚或二十万之众。但在2007年，学者李辉撰文《分子人类学所见历史上闽越族群的消失》，说通过多年调查研究，"百越族群的研究工作已经开展得非常深入，现代百越族群的遗传结构已经基本厘清。""通过对现代福建和其他闽语人群的分子人类学研究，结果并没有看到闽越的结构。闽语人群基本都是来源于北方的汉族移民，所以可以确定历史上的闽越族在福建地区基本已经消失。"显然，汉武帝时期闽越人的北迁十分彻底。如果这个结论不错的话，那么，百越族文化就难以成为今日闽南文化的底层文化了。同时，我们过去都说闽南人族群主要是从中原迁入的，传承的主要是中原河洛文化，也即周文化，其实也是缺乏具体分析的。中原入闽移民多称来自光州固始及其周边地区，这里严格说并非周文化的核心区，它在上古三代为淮夷文化区，春秋战国则长期为楚国的东楚，后期陈郑还是楚国都所在地，具有深厚的楚文化底蕴。研究表明，楚人从中原地区南迁后，承传的是殷商文化，因此闽南人信巫鬼，未必是源于越，楚文化被称为"巫官文化"、是和北方的史官文化明显不同的，屈原的作品《九歌》《离骚》《招魂》《卜居》等都有浓厚的巫文化成分，所以日本学者滕野岩友将其称为"巫系文学"。而善于用舟楫，也不是越人的专利，《楚辞·九章·涉江》全篇描述乘船从郑都历经湘江至湘西，可见楚人也是很会用舟船的，豫南信阳博物馆展出的也有从淮河边考古挖掘出的远古时期的独木舟。当然殷商文化是更早的河洛文化，也是中华文化的组成部分，到周代，楚人在发展过程中也受到周人礼乐文化的熏陶，但依然保持其与北方不同的特性。而闽南方言中，究竟有多少底层越语，我颇感怀疑。先秦时期越语和华夏语是完全不同的两种语系，越语保存下来的资料只有《越人歌》和越王勾践发布的《维甲令》，是用语音记录下来的，和华夏语毫不相通，殆同天书，有学者研究认为属于侗台语系，和汉藏语系完全不同。因此，在判断哪些闽南方言中语词是越语语词时，恐怕要特别慎重。

其次，关于研究方法应当有开拓和创新。一是应当广泛阅读各种传世文献和研究成果，详尽占有资料，打通文史哲的界限，才能视野开阔，善于提出问题和发现问题。二是跳出社会科学与自然科学的界限。搞人文科学的学者，也要了解相关的自然科学知识和研究方法。我在前面讲到的用分子人类学来了解百越族群的分布和中原移民的群体基因，就已突破了社会科学的研究范围和方法。在这方面我还有过教训，如1990年在漳州召开陈元光国际学术研讨会时，我提交了一篇文章，是关于《龙湖集》真伪问题的，我认为其中一篇写到雪景的文章不会是陈元光所作，因为闽南天气这样暖和，怎么会下雪。后来龙岩的郭启熹先生说，龙岩当时也是陈元光开发治理的地区，气候比漳州冷，每年都有一场雪，不能据此认为此诗是其他人的作品。后我又查漳州史志时发现，历史上漳州也确有下雪的记录，"清代顺治十三年（1656）正月，漳浦大雪，高二尺"。厦门大学历史系林汀水先生的《明清福建的严霜大雪及对农林果畜业的危害》中统计出自明景泰三年（1452）至清宣统三年（1911）的 459 年间，福建凡下大雪至少 213 次，其中"积雪连旬或浃月不消的大雪凡有 23 地次"。如明景泰三年泉州和漳州府的大雪，"积雪连旬，穷阴弥月"，农业大受损失，朝廷下旨减税十分之五。广东气象部门研究表明，公元六、七世纪广东地区处于历史上的气候寒冷期，珠江流域生长着温带的树木，这样看来，以今日闽南气候温和为由否定一千多年前的咏雪诗，是以今律古，这种证据是靠不住的，应进一步研究。气象学属于自然科学的范畴，缺少这方面知识就可能在判断时发生错误。

三是应当对流传至今的古代书籍、资料认真阅读，不要轻易指为伪作。古代的书籍流传至今极少，百不存一，因此能够流传下来的，一定有其重要的价值。对疑古思潮要做分析，不能轻易盲从。许多学者知道，中日学者在 20 世纪八九十年代曾发生过有关屈原问题的论争，日本学者根据中国的疑古派提供的材料而论定我国历史上并无屈原其人，或者虽有其人但不是流传至今的楚辞的作者。这个教训值得吸取，20 世纪为什么要搞夏商周断代工程？也是与史学界一度占统治地位的疑古思潮有关，一些学者不认真研究我国古代典籍特殊的传播方式，仅凭传世文献来证伪，使得"三代以上几无可读之书"，这是历史虚无主义的思潮，因此对于正典、野史、方志、族谱等资料，都要认真研究分析，现在还提出做口传史的整理，因此做一个结论，应当在充分占有资料的基础上认真思考、分析研究。古人不会出来为自己辩护，在证伪时应当提倡法律上目前主张的"无罪推定"，而不是过去实行的"有罪认定"。

四是关注出土文献的资料。王国维在 20 世纪 20 年代提出的"二重证据法"，就是要将考古发掘出土的文物和文献资料与传世的文献相互比较进行研究，后来饶宗颐先生在此基础上提出"三重证据法"，这些年又有人提出"四重证据法"，即增加域外文献作为比较和参照。刚才新加坡学者柯先生提到史学研究的"三重证据法"，即传世文献资料、田野调查资料与口传史资料相结合，这些均无矛盾，都是我们在搞文化研究时必须重视的，例如有许多出土的历代碑刻、墓志铭等，对于闽南文化研究的意义是不可估量的。笔者近来读到一篇文章《福建所出唐宋时期买地券考释》（鲁西奇，刊载于《闽台文化研究》2013 年第 2 期），全文便全部引用自唐到元代墓葬出土的"买地券"文本，分析和研究闽地的古代民间信仰与民俗的形成等。以上想法仅供参考。

（作者系闽南师范大学闽南文化研究院研究员）

杨彦杰：田野调查与闽南文化研究

无论是台湾史、闽台关系史还是闽南文化研究，从主要方面来说都是在研究人民群众的历史文化。这其中虽然离不开大历史的背景,与皇朝中央的政治制度、礼仪规范、儒家学说等上层文化息息相关,但是从历史创造的主体来说,离开了人民群众这个研究视野,要研究好地方史、地方文化或某个民系文化,几乎是不可想象的。然而,我们面对的恰恰是这方面资料的匮乏。因为在中国浩如烟海的典章史籍中,几乎都是由官方书写并积累下来的材料。二十四史不用说,官方档案也不必谈,就连最直接反映地方的各种方志,也是由官方编修的,因此它们反映的都是历代统治者的意志、理念和儒家知识分子所关注的视角,而真正涉及普通人民大众的生产、生活、思想、情感等方面的材料就少之又少,或者说几乎没有。在这样的情况下,我们如何开展地方、民系历史文化的研究?除了已有的文字资料需要很好的梳理解读之外,更重要的是需要做大量田野调查的工作,直接从人民群众当中、从民间社会里去收集、整理、记录史书上没有的资料。这些资料既包括各种有文字的材料,如碑刻、契约、账册、文稿、书信、谱牒、科仪等,也包括各种没有文字形态的记忆,如口头传说、民间故事、传统仪式、风俗习惯等。尤其在 20 世纪中叶以前漫长的历史时期,中国乡村甚至中小城镇,普通百姓绝大部分都是文盲或者半文盲,在这样不能普遍使用文字的社会里,历史的传承依靠什么?仪式、故事、习俗。这些已经进入百姓生活、习以为常的东西,便是传承历史最重要的媒介,这些应该成为我们研究人民群众历史文化最重要的材料之一。当然,要利用好这些没有文字的历史材料,单靠历史学者擅长的文献解读法明显就不行了,这需要我们借助其他学科的方法,把这些没有文字的历史记忆变成有用的研究素材。学术视野的下移和研究方法的更新,包括不同学科之间的整合,是做好闽南文化研究尤其是底层文化研究最需要关注并亟待加强的一个问题。

要做好闽南文化或者地方历史文化研究必然离不开田野调查,这就需要我们在实际工作中加大投入,有意识地予以促进,同时还要注意以下两个方面:

第一是全面调查。以往历史学者利用史料进行研究,观察的重点往往比较宏观,即我们常说的大历史。而人类学者擅长田野工作,研究的侧重点在村落的参与、观察,其视野相对比较微观。而我们要做的是普通百姓的历史文化研究,需要做社会的、民系的整体考察,介于这两者之间。然而,在传统社会里,那些没有文字的民间传说、故事、民俗技艺等,往往随着某个知情人或传承人的去世就会跟着带走。因此,把这些珍贵的历史记忆尽快用文字记录下来,把它变成可以阅读的文本就成为当务之急。这种田野调查工作不可太杂太碎,需要有规划地做整体的科学整理,才有可能提供给当前及后来的研究者相对完整的资料体系。

第二是比较的视野。我们做田野调查,最终都会落实到对研究对象的文化特质的归纳上。这些年来,不同民系文化的研究如火如荼,总结与提炼出不少民系文化的特征,应该说是很有使命感而且是有成绩的。但是通读起来,又会发现很多归纳在不同民系之间都差不多,如不管是闽南文化还是客家文化,都会提到勤劳勇敢、开拓进取、乐善好施、尊师重教等，不能说这样的总结有什么错，而是说这样的归纳总结看不出这个民系与那个民系的文化区别在哪里。这其中的一个原因就是研究者缺乏比较的视野。研究闽南文化最好要同时了解其他相近的文化，在研究中随时可以进行比较，以发现彼此之间真正的不同。闽南地区除了闽南人之外，还有客家人，以及畲族、回族等少数民族，如果我们的研究能够有意识地全面展开，注意各个不同民系或族群文化并进行比较，这样对于深入了解闽南民系的文化乃至于开展更大范围的文化研究，应该很有好处。

（作者系中国闽台缘博物馆原馆长、福建社会科学院历史研究所研究员）

谢重光：关于闽南文化的范畴与研究方法问题

闽南文化是一种地域文化，同时也是一种族群文化。其内涵应包括闽南文化的酝酿与形成，也包括闽南文化的丰富表现及其对外传播。

从酝酿与形成的角度，应研究唐宋以前北方人向闽南的移民史、民族交流与融合史、区域开发史；从闽南文化的丰富内涵角度，应研究闽南地区的民俗文化与雅文化；从闽南文化对外传播的角度，应研究闽南人向台湾、东南亚及其他地区移民的动因、移民路线、历程，对台湾与东南亚的开发，闽南原乡文化对移入区域的适应与文化交融；作为区域文化，闽南文化既包括讲闽南方言的福佬文化，也包括讲客家话的客家文化，还应包括这一区域内的畲族文化。

这里我想重点谈谈区域文化内部的差异性问题。闽南文化的各个小区文化有共同性，整个汉族甚至整个中华文化也有共同性，我们固然要总结中华文化、汉族文化以及闽南文化的共同性，但更重要的是认识其差异性。以闽南文化内部的泉州文化与漳州文化为例。我曾经写过一篇文章，叫作《漳泉二州文化异同论》，认为泉州与漳州的自然条件不同，漳州土地肥沃，是鱼米之乡、花果之乡，谋生容易；泉州易卤地、盐碱地多，适宜种地瓜，粮食不足，谋生不易。谋生容易的漳州人养成了安土重迁、相对比较保守的区域人文性格，而谋生不易的泉州人则养成了以海为田、积极对外开拓的区域人文性格。另外，泉州人与漳州人的族源也不尽相同。除了闽越土著与自北方南迁的汉人部分比较接近之外，唐宋时期有较多来自阿拉伯、波斯的海商融入泉州人中，成为泉州人的重要族源；此类海商融入漳州相对较少，却有较多的来自武陵山区信仰槃瓠的少数民族融入漳州人中，成为漳州人的重要族源。泉州人中的阿拉伯、波斯海商成分，进一步加强了泉州人海洋文化性格，漳州人中的武陵蛮成分，则加深了漳州人的农业文明性格。上述漳、泉二州区域族群文化性格的差异，是改革开放以来两地发展途径与发展速度差异的主要原因。现在我们说闽南文化中具有浓厚的海洋文化因素，若细分起来，泉州文化中的海洋文化性质更强，漳州文化中的海洋文化性格就相对淡薄一些。

深入、细致地研究好闽南文化的每一个具体问题，也是促进闽南文化研究深入发展的重要方面。例如三山国王信仰，过去有人把三山国王信仰说成台湾客家人独有的信仰。甚至以三山国王庙宇作为识别历史上台湾客家人分布的重要标识。但若细考三山国王信仰的形成历史，我们发现，它肇于隋、唐，盛于宋，广泛传播于元、明以后。隋、唐时期粤东尚是俚人的天下，对此谭其骧先生早已做了详尽的论述。准此，则三山国王信仰最早应是在俚人等粤东土著中兴起的，后来入居粤东的福佬人、客家人先后接受了三山国王信仰，畲族也继承了粤东土著的三山国王信仰传统，因此，三山国王信仰是包括福佬人、客家人和畲族在内的粤东各族群共同的民间信仰。三山国王信仰从粤东传到台湾，受到台湾福佬人和客家人的共同信奉是不足为怪的。把这个问题弄清楚了，不但可以廓清长期困惑学界的台湾三山国王信仰是否客家人专利的问题，也足见三山国王信仰也是研究闽南文化应该重视的一个问题。

最后谈谈研究资料问题。要促进闽南文化研究的深度和广度，应重视新资料的挖掘，包括传世文献资料、民间文献资料、考古与文物资料。对于民间文献资料中的族谱，要在鉴别的基础上合理运用。

（作者系福建师范大学社会历史学院教授）

陈耕：重新认识闽南文化

在新的时代背景下重新认识、重新定位闽南文化，是闽南文化研究一项重要的工作。

经济全球化背景下，当代性和世界性是不可分的。世界经济重心向亚洲转移，亚洲的发展焦点在东亚。闽南文化无论对东北亚还是东南亚，都有历史久远的影响，如何发挥闽南文化的软实力，在21世纪的世界发展竞争中争取更有利的制高点，已经不仅是闽南的问题，而应成为中华民族和平崛起的杠杆支点之一。

改革开放的历史就是中华民族从黄土走向海洋的当代史，但是中华民族从黄土走向海洋并非自今日始。早在五代闽南的王延彬就大力发展海洋贸易，被称为"招宝侍郎"，其后的留从效修建泉州城，遍植刺桐树，在城外设泊船装卸货物的"云栈"，刺桐港从此扬名世界。到宋、元时期，刺桐港已成世界最大港口之一（另一个据说是埃及的阿拉伯港），通航八十多个国家和地区。中国在那时是名副其实的海洋大国，而声名远播的就是闽南泉州刺桐港，领衔主演这台通洋大戏的就是闽南人。

明代海禁，闽南人以海盗、海匪、走私、海上武装贸易集团来抗争，九死一生走向海洋，终于逼得明王朝到晚期明白了"禁则海商变海匪，放则海匪变海商"。于是在闽南漳州九龙江口设海澄县，开放月港，遂使月港成了"天子南库"。

其中最著名的就是郑成功的父亲郑芝龙集团，被海外研究者称为"经济全球化，东亚第一人"。从1632年到1646年，他夺取了远东海上霸权，连荷兰人也只好向他纳税买海上通商权。清代又海禁，闽南人于是"过台湾、下南洋"，把闽南文化、中华文化远播他乡，直至今日依然深刻地影响着我国台湾地区和东南亚。

这一历史事实告诉我们，闽南人是中华民族始终不渝从黄土走向海洋的先驱；闽南文化，不仅是厦、漳、泉地域文化，不仅是所有闽南人的民系文化，更是中华文化从黄土走向海洋的经验积淀和智慧结晶。

闽南文化的海洋性，凸显了它的当代性和世界性，我们应当在更加广阔的视野，以更加多样的视角重新认识、重新定位闽南文化。闽南文化研究也应当在更加宏观和多维的空间来建构闽南学学科体系。同时，从更多关注闽南文化的历史，转向更加关注闽南文化的当代性和世界性发展。

（作者系厦门市闽南文化研究会会长、研究员）

王日根：谈谈闽南海洋文化建设思路

一 海洋文化的概念

据杨国桢先生研究："海洋国家"的概念起源于西方，是西方海洋强国主动寻求和维系其海上强权的表述。但它的形成、发展是一个长期的过程，有其自身的认识路径和历史背景，从最初强调海外殖民、远洋贸易、军事海权，发展为将"海洋国家"意识形态化，成为西方"民主"的象征符号。

1890 年，马汉的《海权对历史的影响，1660—1783》出版，他总结了英国的成功经验和其他国家的教训，指出近代西方国家兴衰与海洋权力之间的密切关联，宣称"研究海军战略对于一个自由国家的全体公民来说，是一件有意义、有价值的事情，尤其是对于那些负责国家外交和军事的人来说更是如此"。他的著作迅速风靡全球，引发世界范围的海军扩张浪潮。

麦金德通过海、陆二分法和民主、专制二分法的组合，建构出民主"海洋国家"对抗专制"大陆国家"的历史图景。

在他们的指称中，"海洋国家"彻底符号化，成为西方阵营的自我代称，而"大陆国家"成为苏联及其同盟的代名词。这些话语通过各种方式传播到其他国家，成为当地思想界、学术界的标准话语，日益"经典化"，产生越来越严重的误导。在这个意义上，"海洋国家"这样的象征资源通过话语传播产生了维系西方中心地位的作用。

民族国家的出现与西方的殖民扩张基本同步，欧洲世界体系的扩散和民族国家体系主导国际秩序的确立也是相辅相成的。黑格尔对其民族国家经典原型"精神"中海洋性的突出强调，将"海洋国家"的对象和概念从客观世界扩展到主观抽象世界，为海洋代表西方、现代、先进、开放，大陆代表东方、传统、落后、保守的文化霸权论述奠下了基础。

有鉴于此，我们绝不能在"海洋文化"概念上一味地跟着西方走，而是应该更加突出中国本来就是一个陆海兼具的国家，中国海洋文化有自己的传统，有自己的辉煌，有若干值得当今世界借鉴的内容，特别是"和而不同"、和谐的海洋文化观。

二　闽南海洋文化的创造者

我们应改变过去将官民对立化的思维，中国传统政治文化中包含"官民相得"的优良传统，包括官方军事力量、行政力量、地方士绅、家族组织、普通民众乃至海盗、海贼，都参与了闽南海洋文化的创造，探究这些力量之间的相互关系，追究历代闽南海疆开发的程度及其局限性，通过对历代海疆政策演变与海疆开发历程的考察，探明历代国家的海洋观、面对海洋形势变迁所做的反应及其效果，重新审视学界较流行的清代中国闭关锁国的偏颇观点，凸显历代闽南海疆开发中民间力量先于官方政策、官方政策跟随民间行为的特征。明代海盗实际上是海商谋求通商贸易而采取的极端措施。嘉靖倭乱中确有部分是谋求正当贸易的，遭遇到打击倭寇扩大化的劫难。

三　闽南海洋文化的外植与外来文化对闽南海洋文化的内侵

闽南海洋活动势力将他们的活动范围扩大到北中国海、南中国海直至海外各国，有时还扩及中国内地，形成巨大的妈祖文化圈。反之，西方文化往往通过华侨华人影响到祖籍地来，因此，闽南海洋文化不仅仅是自产的、封闭的，而且不断接受外力的影响，处于与时俱进的状态中。

四　闽南涉海史籍缺乏系统整理

我们应该对传世文献、田野文献做尽量全面的搜集与整理，目前，许多地方都在搜集、整理海外汉籍资料，譬如何乔远《镜山全集》、曹学佺《石仓全集》等都仅保存于日本。

陈自强先生列举出若干这样的史籍：如吴朴《渡海方程》和《龙飞纪略》《顺风相送》、俞大猷《正气堂全集》、高岐《福建市舶提举司志》、邓钟《筹海图编》、沈有容《闽海赠言》、李光缙《景璧集》、何乔远《闽书》和《名山藏》、杨一葵《裔乘》、张燮《东西洋考》、潘鼎珪《安南纪游》《指南正法》、陈伦炯《海国闻见录》、蓝鼎元的有关著述、程日炌《噶喇吧纪略》《噶喇吧纪略拾遗》、陈洪照《吧游纪略》、林君升《舟师绳墨》、王大海《海岛逸志》、黄可垂《吕宋纪略》《崇武所城记》、崇祯《海澄县志》和乾隆《海澄县志》、乾隆《鹭江志》、乾隆《马巷厅志》、道光《晋江县志》、道光《厦门志》、清代漳州道教科仪书《送彩科仪》《安船酌献科》。其实我们还可以将闽南地区的地方官员的文集、闽南籍在外地任职的官员的文集中有关海洋方面的论述与记录加以搜集，仅漳浦就有像陈元光、吴与、朱天球、潘存实、高登、黄道周、蔡世远、蔡新等历史人物，南靖有庄亨阳等。搜集、整理海洋贸易的盛况描述、中外关系描述、重商意识与商业观、海疆意识、海防意识、水师军事思想、造船技术与航海技术、海洋人文性格与社会习俗等资料，以挖掘其中海洋文化及观念。

五　应揭示海洋文化在不同历史时期的地位差异

如今，海洋文化似乎成为"阳春白雪"，其中在中国历史的很长历史时段，它处于"下里巴人"的地位，正像改革开放前泉州的经济不如漳州，而改革开放后泉州的经济迅速超过漳州一样，我们不宜只站在当下误判历史。

（作者系厦门大学人文学院副院长、教授）

谢国兴：闽南文化与台湾文化的辩证性关系

台湾是闽南人向海外移民地区中人口最多的聚居地，在台湾，闽南语习惯上被称为"台湾话"（这种说法已有百年以上），至少从日本侵占台湾开始，"台湾话"乃是相对于客家话、日本话、北京官话而言，是台湾地区占人口八成以上的漳、泉（包括潮、汕）移民使用的语言。语言与族群、文化认同最是密切，有了"台湾话"的指称，自然也就有了"台湾人""台湾文化"的对应认同出现。日本的殖民统治无疑是强化台湾人自称"台湾文化"而不称"闽南文化"的重要因素；相对于日本人与日本文化，台湾人与台湾文化是广义的用法，包含了福建、粤东移民在台湾定居、生活所形成的族群与文化；但在台湾内部，闽南族群人多势众，抢占了台湾人的代表性（或称为闽南沙文主义），于是有了客家人（闽西、粤东、闽南皆有操客语族群）与台湾人的相对说法。总之，台湾文化与闽南文化有相当大的重叠部分，但又不完全相同，不仅是台湾文化包含了客家、潮汕文化的部分，1949 年以后，在融合了闽南、客家、日本及外省人移入的影响之后，呈现的是十分多元、与闽南文化不尽相同的"本土文化"，因此研究台湾的闽南文化应该注意其与漳泉原乡闽南文化的差异性。

但台湾文化的根源毕竟主要仍来自闽南地区，因此闽南文化的探究仍然是理解台湾文化不可或缺的要素，台湾文化中的潮汕、客家元素，其实在研究闽南地区文化时，也同样不容忽视。闽南、闽西、粤东（潮汕）地理相接，人群互动频繁，研究闽南文化原本就不能忽略漳泉与潮汕、闽西的交互影响，到了台湾，不同地域人群的互动产生的多元文化消融与增生，更是值得注意。这里举两个小例子。

台湾开发早期，潮汕地区不少粤籍人士移民台湾，其中讲闽南语系的潮州人因所操潮州话与漳州话接近，基于现实的利益（如置产、参加科考等考虑），遂隐藏粤籍身份，与漳州人混同，日据时期调查居民原籍时，许多讲潮州话的移民就变成福建籍，讲客家话的才登记为粤籍。当我们研究台湾的闽南文化时，绝不能自限于漳、泉范围，而忽略了潮州文化的因素与影响。又如，三山国王信仰源自揭西，然潮州人崇拜三山国王也相当普遍，事实上揭西河婆三山国王祖庙的历史发展，显示该信仰即使在河婆地区也并非客家人的专属信仰；台湾漳化平原的三山国王庙数量众多，不过该地讲客家话的人群甚少，过去或以为彰化平原是福佬化的客家人所垦殖（称福佬客），这样的观点是否符合历史事实，恐怕仍有待深入探讨。盖因其中讲潮州话族群可能被简化为"粤籍"，再由"粤籍"简化为祖先是客家人。同样类似的错误印象是，台湾的三山国王信仰被简化为客家人的代表性信仰，于是平原地区的许多三山国王庙被误认为曾是客家族群的拓垦地，而忽略了三山国王与潮汕闽南语族群的重要关系。

　　总之，闽南文化无论在福建或海外，其特性已超越漳泉地域特性，这一点实不容忽略。

（作者系台湾"中央研究院"台湾史研究所所长、研究员）

江柏炜：闽南文化研究所在金门

　　2006 年 8 月，金门大学（前身为金门技术学院，以下简称金大）成立以硕士班为主的闽南文化研究所（以下简称闽南所）。这是台湾各大专院校中唯一以闽南文化作为教学、研究主题的研究单位。经过师生几年的努力，闽南所已经成为金大的特色系所，在海内外学术界初步具有知名度。

　　作为创所所长，以及长期负责所务工作的人来说，闽南所发展的首要工作是强化学科建设。一个新兴的人文社会学术领域，不但要有整合性与开放性，避免画地自限的学科定义，也要考虑资源的有限性及短期内建立学术优势的迫切性。在这样的思维下，我们和同仁们在多次的讨论中，拟订了"多学科、跨地域、全球视野、在地关怀"的发展目标。

　　多学科对话，是人文社会学科的趋势。唯有如此，才能提供学术发展的养分。在极为有限的师资员额中，我们择定了历史学、人类学、民俗学、社会学、建筑史与遗产保护等专业，进而聘用学有专精的老师进入本所。另配合金大的华语文学系之汉语方言、民间文学等师资，初步建构了闽南所的阵容。未来，若有进一步扩充的机会，仍需聘用戏曲、考古学、博物馆学等专业教师。

　　跨地域是尝试以金门为核心，进行与闽南其他地方社会、台湾，以及东南亚及东北亚华人社会的比较研究。事实上，金门作为历史上的侨乡，海外移民遍及各地。在过去数年，我们探讨海外金门社群的文化变迁，以及他们与侨乡之间的关系，累积了一定的学术成果。将闽南视为一个文化词汇（cultural term）而非仅仅是地理词汇，有助于我们扩展教学研究视野，并让闽南文化研究成为国际关注的重要学科。

　　全球视野与在地关怀是我们思考课程架构的核心精神。历史上，闽南文化的跨境传播，以及在不同国家与社会下的当代变迁，是我们理解华人文化强韧生命力的例证。因此，通过世界史的视野，重新理解闽南文化的形成与发展，有助于其他文化相互对话，更有助于深入了解闽南文化的特性。在地关怀的部分，则是我们对于金门岛文化遗产保护与经营的社会实践。过去一段时间，闽南所的师生参与了金门的历史保存工作，也举办了多届"闽南文化国际研讨会"与"金门学国际学术研讨会"，累积了古迹修复技术、遗产空间活化利用、文化创意产业、非物质文化遗产保护等知识与技术，不但壮大了学科发展，也对学生毕业后的就业能力大有帮助。

闽南师范大学首创的"闽南文化国际笔谈会"，以一种工作坊的形式，让不同专长的学者，聚焦于闽南文化学科的界定、内涵、现况发展与未来展望，提供了对话、交流与合作的平台，实为闽南文化研究发展上的重要里程碑。金大闽南所的发展经验尚浅，有待进一步向素有声望的学术先进学习，望未来能跻身海内外一流学术单位之林。

（作者系金门大学闽南文化研究所创所所长、现任台湾师范大学东亚学系教授）

陈益源：呼吁重视东南亚福建义山的调查与研究

近几年来，台湾成功大学推动海峡两岸暨世界闽南文化研究，不遗余力，目前本人在成大人文社会科学中心主持"闽南研究文献的整理与研究"整合型计划，并在财团法人蒋经国国际交流学术基金会资助下执行"东南亚闽南庙宇及贸易网络：越南与马六甲海峡闽南族群之比较研究"的国际合作课题，此外，还有一项名为"东南亚福建义山的调查与研究"的计划，有意结合各国力量，为福建人移民东南亚的历史文化做出更完整的描绘。

以往，马来西亚马六甲三保山墓园、日本长崎福济寺福建墓园都曾受到关注，研究所得亦有助于重建福建移民史实。然而，整体看来，东南亚各国的福建义山仍未得到比较完整的调查，因此许多福建移民的辛酸血泪迄今仍湮没在荒烟蔓草间。例如我国香港福建义山、越南太平省华人墓园、马来西亚吉隆坡的福建义山等，都仍有待深入调查。

"东南亚福建义山的调查与研究"计划的执行，无论是针对各国福建义山地理分布的调查，义山古坟年代的考证，墓主家族来历的考察，义山管理与殡葬习俗的探究，或者同一墓园不同地区移民的组成统计，不同墓园而有同一宗族的比较分析……乃至跨国移民网络的追踪与联系，这些研究对于早期福建人漂洋过海参与各国建设的历史，将有还原真相的具体功效。

最近在我召开的一次以"东南亚福建义山的调查与研究"为主题的闽南文化工作坊中，马来西亚大学马来西亚华人研究中心林德顺博士首先报告了他们执行"安息处、知识库、争议场：马来西亚华人义山研究"计划的内容，以及吉隆坡福建义山调研的最新情况，该校研究团队现已完成一部分的拓碑、统计与文献搜集，同时也遇到一些困难，例如文物保存缺乏专家的协助、义山在都市规划下面临迫迁等问题。马来亚大学吉隆坡福建义山的调查研究，同时也是成功大学"台湾与东南亚暨南亚大学校长论坛"（SATU）所支持的"东南亚福建义山的调查与研究"跨校合作课题之一。

其次，同样来自马来西亚而在台湾师范大学攻读博士学位的白伟权先生，则报告了马来西亚新山绵裕亭华人义山调查结果。白伟权博士透过墓碑的抄录、拍照与定位，归纳出新山不同时期的人口组成与分布，此外研究墓碑的字样，除了能够画出不同族群的分界，也标记族群认同与地方认同的意义。

出席这次工作坊的屏东教育大学黄文车副教授，则负责报告新加坡武吉布朗山墓葬状况。

俗称咖啡山的武吉布朗坟场受道路建设工程影响，估计有5000个坟墓被挖掘；为保留咖啡山的文化遗产，许多民间学者与团体投入记录与抢救工作。黄文车教授表示在新加坡看到的福建义山墓碑与商业、会馆的关系密切，大多可以在碑文看见商号。这些商号标记亦见于金门、马来西亚、越南华人义山坟碑，进一步调查，可突破地域范围，追溯华人各国祖籍地联系与跨国网络的建构。

来自越南会安管理保存文化遗产中心的阮志忠主任表示，越南在都市化之下，很多墓地也遇到迫迁危机，甚至有消失的可能。他说会安在15世纪到17世纪是重要的国际海港城市，17世纪时即有6000多名华人在会安地区生活，主要是从福建移民过来，现在仍保存很多17世纪福建移民的义山坟墓。越南会安管理保存文化遗产中心目前掌握了包含福建义山墓碑、地契、家谱等在内的各式文献6000多页，已与台湾成功大学人文社科中心达成双方合作出版的协议，希望在不久的将来可以把这些古代的闽南文献公之于世，因为这些材料也是建构会安历史不可或缺的珍贵史料，越南各级政府都非常重视。

以上我简单报告"东南亚福建义山的调查与研究"计划的内容与进度，在此诚挚地呼吁东南亚各国的学者专家，从关心当地的福建义山开始，认真做好当地的调研工作，并且放大眼光，与我们中国福建原乡和周边国家的福建义山进行跨国的比较研究。台湾成功大学人文社会科学中心已搭建起"东南亚福建义山的调查与研究"合作平台，我们愿意分享我们的经验与资源，期盼得到大家的支持与响应，共同为各国福建义山的过去、现在与未来以及世界闽南文化的研究奉献心力。

（作者系台湾成功大学中文系教授兼人文社会科学中心副主任）

柯木林：闽南文化研究的若干问题
——以新加坡华人史研究为案例（节略）

闽南文化是海外华人文化一个重要的组成部分。尤其在东南亚一带，闽南文化简直就是中华文化的代名词。新加坡由于地处"南洋之要冲"，有"南洋第一埠头"的美誉，是西方各国商贸船只通往中国的总汇，因此，历史上新加坡也成了"闽广客民流寓之地"。

闽南文化研究应该另辟视野，换个角度，从海外华人视角看问题。作为长期研究新加坡华人历史的学者，兹以新加坡华人史研究为案例，对闽南文化的研究方法、挑战与问题，提出个人见解，与诸位学者讨论。

一　新加坡的福建省移民

早期东南亚的中国移民，主要来自闽、粤两省。而南来新加坡的福建省移民，则多数来自漳州、泉州、永春、南安、同安、福州、福清、兴化等地。由于漳泉人士是福建省最早出国的移民群，最早在海外与外国人接触，因此，在新加坡，福建人指的是讲厦门话的漳泉人士。只有漳泉话才是福建话，只有漳泉人才称福建人，后移民至此的如福州、福清和兴化等籍贯人士，都被挤于福建人之外。祖籍同属福建省的陈嘉庚（Tan Kah Kee, 1874—1961）与胡文虎（Aw Boon Haw, 1882—1954）分别代表了两个不同方言的族群：闽帮与客帮。胡文虎可以担任香港福建同乡会的永远名誉会长，但在新加坡，他只能是客帮领袖，而陈嘉庚则是名副其实的福建帮首领。

追本溯源，薛佛记（Si Hoo Keh, 1793—1847）是新加坡福建帮的开山鼻祖。这位祖籍福建省漳浦县东山上营（今石榴东山村上营）的福建人，却是一个地地道道的"答答"（海峡华人），生死都在马六甲。薛佛记在马六甲是经营锡矿业的，他的矿区在宁宜河（Linggi River）流域一带。新加坡是他事业发展的另一根据地。在新加坡发迹后，薛佛记开始关心旅居新加坡的漳泉侨民的问题。于是创办恒山亭，捐建天福宫，晚年又回到马六甲致力于青云亭的中兴大计。富者乐善好施，成为华族社会的优良传统。

随着社会的进步，以"慎终追远"为主要目的的恒山亭已不能适应时代的需要。1842 年年底天福宫落成，取代恒山亭的地位，成为新华社会的最高领导机构。天福宫位于人口密集的直落亚逸街（Telok Ayer Street），介于商业区和住宅区之间，是漳泉侨民聚居的地带。从 1850 年的《建立天福宫碑记》看，薛佛记已退居二线，陈笃生任天福宫大董事，成为新华社会的领袖人物。陈笃生（Tan Tock Seng, 1798—1850），祖籍福建省海澄县，马六甲出生，一生事业以在新加坡者为重，死后葬在新加坡。从 1850 年开始至 1906 年，陈笃生祖孙三代领导新加坡福建帮近六十年。1906 年天福宫重修时，主其事者大董事陈武烈（Tan Boo Liat, 1874—1934）乃陈笃生曾孙。

青云亭是英国殖民政府统治时期的特殊历史产物。1824 年《伦敦条约》（Anglo-DutchTreaty of 17th March 1824）签订，次年英国从荷兰人手中接管马六甲，废除甲必丹制度。马六甲华人社会（简称呷华社会）失去数世纪来传统的领袖制度，遂变通以青云亭亭主取代甲必丹的领导地位。亭主属终生职，青云亭于是成为呷华社会的最高领导机构。第一任亭主梁美吉（祖籍福建省南安县，任期：1824—1839）是薛佛记三妹薛世娘的丈夫。薛氏家族因此执新华、呷华社会领导层之牛耳，不愧为 19 世纪新马两地的豪门。直至 20 世纪 20 年代，新加坡中华总商会与福建会馆会长薛中华（See Tiong Wah，1886—1940），就是薛佛记的后人。

上述史实，说明了早年的新华社会与呷华社会一衣带水，也说明了早年新华领袖与呷华领导层有着紧密的联系，两地往往拥有同一批侨领。

作为结束 19 世纪的号角，1900 年 8 月 1 日一个不寻常的团体成立了，海峡英籍华人公会（Straits Chinese British Association）应运而生。他们提出"皇家华人"（Ding's Chinese）的口号，掀起参政的浪潮，高举改组立法院的旗帜，企图全面投向殖民地主子，对中国起了离心作用。因此，我们不难看到，当 1900 年中国发生义和团事件之际，一些受英文教育的"答答"，竟然要组织"义勇军"到中国与八国联军会合，攻打义和团。吊诡的是，虽然多数"答答"以英国为效忠对象，但本身仍以作为"永春答答"为荣。

"答答"即土生土长华人（Peranakan），亦称侨生或海峡华人（Straits Chinese），他们汲取了马来文化，又保留些许中华文化。平时在家中使用马来语及英语，男的叫"答答"（Baba），女的叫娘惹（Nyonya）。政治上，他们效忠英国，以英国为其"祖家"，正如中国移民视中国为祖国一样。

新加坡的"答答"多数是从马六甲来的华人。在这块新开辟的土地上，他们已有一定的经济基础，与英人通商交往，个个风云际会，春风得意马蹄疾，对早期新加坡华族社会的发展，功不可没。

因此，研究早期新加坡华人史，离不开恒山亭、青云亭与"答答"这一族群。早年华人庙宇中的碑文、匾额乃至墓志铭、族谱，多有答答语言，其间夹杂不少英文、马来语及闽南方言，颇具南洋色彩。"答答文化"是闽南文化在海外伸延的另一章，值得重视。

二 问题与困惑

新加坡华人历史虽然不如中国历史那样波澜壮阔，把它分作几个阶段来研究，并不是不可以。不过，如果要研究像新华社会这样只有一百多年的历史，以人物为切入点，研究这些人物的历史及其接触面，可以清楚地看出早期新华社会的历史轮廓。这是一项从点到面的研究方法，值得提倡。

然而，有哪些课题值得研究？如何开展这些课题的研究呢？这是长期困扰学者的问题。如果从比较广泛的立场来看，则新加坡华人历史研究，可以注重以下四方面。

（一）社会组织

在东南亚一带，尤其是新马，"帮"的表现最为突出，这是由于说不同方言所造成的隔阂而形成的，也是华人社会结构中的特征。早年的新华社会往往有"帮权"政治的存在，如闽帮、潮帮、粤帮或漳泉集团、永春集团等。我们可以通过庙宇、会馆这些组织，从横的方面了解当时华人社会的情况。

（二）社会生活

这是要观察在同一社会中人们的实际生活情况。从最基本的家庭制度开始，扩大到社会各阶层的民俗民情、行业文化及衣食住行等各方面，都是可以研究的课题。

（三）社会问题

所谓社会问题可说是社会关系的失调（maladjustment），其影响足以危害全体社会或一部分人的福利与生活安全。如早年华人社会中的偏见或各帮派族群间的斗争，会党组织、猪仔娼妓的苦难、械斗与战争的干扰等等，都是新华史上的重要事件，也是应该注意的问题。

（四）社会政策

社会问题产生了，就必须采取集体行动，予以对付或改善，这就需要一套完整、良善的社会政策。因此，社会政策可说是用以治疗社会问题的良方。如英殖民地政府政策、社团注册法令等都是显著的社会政策的例子，必须重视。在研究方法上，可采用"三重证据法"，即：文献资料、田野工作、口述历史。

三　结语

海外华人文化可以丰富闽南文化的内涵。因此，要保持闽南文化的完整性，就不能把闽南文化的研究孤立起来。闽南文化研究需要有海外华人史的底蕴，这是一项由表及里、由边陲看中心的研究。当然，我们所要做的是从各方面广泛地收集史料。

历史研究从来不易。闽南文化加上海外华人文化研究，更是难上加难。尽管如此，还是要坚持。谨以屈原《离骚》中的几句话，与诸位学者共勉！

"亦余心之所善兮，虽九死其犹未悔，路漫漫其修远兮，吾将上下而求索。"

（作者系新加坡宗乡总会学术主任）

曾玲：跨境发展的"文化闽南"：闽南文化研究的一个新思考

在中国文化史的研究领域，区域文化史是一个重要的学术课题。之所以如此，主要是区域文化史的研究，不仅涉及所在区域的社会发展与历史变迁，亦体现了五千年中华文化多元一体的发展形态与重要特征。

作为华南区域文化重要组成部分的闽南文化，具有与内地地方文化一些不同的特征。伴随近现代以来闽南地区的海外移民，在祖籍原乡所形成的区域文化，也跨境传播到我国台湾地区、东南亚、日本、北美、欧洲等世界各地，并在当地社会的脉络下，逐渐形成具有在地特色的闽南文化。换言之，地处中国东南沿海的闽南地区，其在社会变迁的历史进程中形成了"境内"与"境外"的多元形态之特点。因此，对闽南文化的研究，仅局限在中国"境内"显然是不够的，还必须跨出"境外"，考察伴随闽南移民而传播到世界各地的具有在地特色的闽南文化。

近二十余年来，闽南文化史特别是福建、台湾两地闽南文化研究有长足的进展。两岸高等学府、民间学术团体不断举办各种类型的闽南文化学术研讨会，出版了诸如《闽南历史文化概说》（闽南师范大学，2013年）、《闽台文化的多元诠释（一）（二）》（闽南师范大学，2013年）、《闽南文化国际学术研讨会论文集》（台湾成功大学，2011年）等一批具有相当学术分量的研究专著及论文集等。此种状况固然与当代两岸关系和缓、"海西概念"提出等现实人文大环境有关，但同时也显示当前闽南文化研究的新趋势，即向着突破"闽南"地域限制的方向拓展。

然而，闽南文化研究要真正"跨境"走出"闽南"，在地域上仅拓展到台湾是不够的，还必须包括大中华以外遍布世界各地的海外华人社会，特别是在祖籍闽南华人人数最多且最为集中的东南亚地区。而在扩展研究地域的同时，更为重要的是，必须反思现有理论方法，并在此基础上拓展新的研究视野。

到目前为止，学界有关闽南文化的研究，基本上是在"中国区域文化史"的脉络中展开的。该研究方法的一个基本特点，是将"闽南"视为一个地理概念，考察在"闽南"这个区域内所形成的文化形态。地处中国东南沿海的"闽南"，在地理上指的是华南福建南部包括泉州、厦门、漳州所属的各县市。换言之，在"区域文化史"的研究框架下，现有的闽南文化研究是从中国的视角，以看得见的特定区域"闽南"作为考察该文化形态的地理与区域边界。上述的研究框架与考察方法显然不适应离开祖籍"闽南"这一地域范畴并在当地社会脉络下发展的我国台湾地区、东南亚以及世界各地的"闽南文化"。

首先，伴随闽南人的海外移民而跨境传播到"境外"的闽南文化，其"闽南"概念已经发生变化。以东南亚为例。当近现代以来包括同安、厦门、南安、安溪、晋江、漳州、诏安等在内的大量闽南地区移民离开原乡到南洋拓荒，在当地殖民统治的时空脉络下，"闽南"不仅特指来自同一祖籍闽南的移民社群，亦作为群体认同意识与维系社群的文化纽带，承担凝聚与整合该社群的重要功能。最可说明这一转变的案例是闽南方言。在移民时代的南洋华人社会，基于移民社群整合与华人社会建构的需求，原本在祖籍原乡仅具沟通功能的闽南方言，转化成为承载移民群体意识的"闽南方言群认同"。闽南方言在南洋移民时代华人社会的新功能，显示跨境发展的"闽南文化"中的"闽南"，已经从祖籍地看得见的地理概念，转变成为看不见的具有特定群体内涵的文化符号。也就是说，原本作为中国华南区域文化重要组成部分的闽南文化，当其离开祖籍原乡传播到移民时代的东南亚后，因殖民统治时空脉络的制约而转变成为该地区的闽南社群文化。

其次，当"闽南"成为海外闽南社群的文化符号而不再是一个祖籍原乡地理概念之时，"境外"闽南文化的发展即与当地的社会文化环境联系在一起，并历经一个再建构的历史进程。还是以东南亚为例。众所周知，东南亚尤其是新、马两地祖籍闽南的华人人数众多，是海外华人中闽南人最为聚集之区。自移民时代以来，这一地区祖籍闽南的华人被称为"福建人"，该社群则被称为"福建帮"。其之所以如此，不仅因为该社群人口众多、经济实力强大，以及在华人社会扮演重要角色等因素，更重要的是，该社群在东南亚从移民时代到本土社会历史变迁的时空脉络下，历经了一个运用传承自祖籍地的闽南文化资源，整合与建构了东南亚闽南社群结构和文化形态的历史进程。因此，从"闽南人"到"福建人"的转变，并不仅是一个社群名称的改变，客观上亦显示跨境的闽南文化在东南亚发展出"福建文化"的新形态。而历经建构进程的东南亚的"福建文化"具有多元之特征。一方面，作为外来的文化形态，东南亚的"福建文化"传承自祖籍闽南，在文化内涵上亦与原乡的闽南文化同属一宗。另一方面，伴随东南亚华人社会变迁而形成的"福建文化"，其作为一种社群文化不仅与东南亚闽南社群的演化密切相连，亦因此而具有在地特色而成为东南亚华人文化形态的重要组成部分。

总括以上所述，近现代以来，伴随闽南人的海外移民，闽南文化也跨越祖籍原乡的地理疆界而传播到我国台湾地区、东南亚、日本、欧洲、美国等世界各地，并在当地社会变迁的时空脉络下发展出"境外"之形态。"境外"的闽南文化，其"闽南"已从一个地理概念转变成为一种具有特定社群的文化符号，而在原乡作为区域文化形态的闽南文化，也发展成为"境外"闽南人的社群文化。"境外"闽南社群文化具有多元特征。它与祖籍原乡的闽南文化同属一宗，同时又是所在国华人文化的重要组成部分。

上述笔者以东南亚为例对"闽南文化"跨境发展的讨论显示，作为具有"境内"与"境外"多元形态的闽南文化，以"区域文化史"作为研究框架是不够的，因为它无法涵盖跨越祖籍原乡在"境外"发展的闽南文化。有鉴于此，笔者冒昧提出"文化闽南"的研究理念。所谓"文化闽南"，即从文化的"闽南"而非从区域的"闽南"出发研究闽南文化。在"文化闽南"的理论框架下，一方面，闽南文化研究可以跨越祖籍原乡的地理疆界，将考察的视角拓展到我国台湾地区、东南亚等不同的地域；另一方面，就文化内涵而言，"文化闽南"不仅涉及祖籍原乡的闽南文化，亦涵盖境外不同地区的闽南文化。最重要的是，透过"文化闽南"这一学术理念及其阐述，包括祖籍地在内的全球的闽南文化可以汇集在一起，在整体上形成一种具有世界性特征的文化形态。世界性的闽南文化源自作为华南区域文化重要组成部分的闽南文化，而各地区的闽南文化又因具有在地特色而成为所在国文化的组成部分。因此，就现实意义而言，"文化闽南"的研究理念与研究方法，不仅有助于强化世界各地的闽南社群与祖籍原乡以及各地的闽南社群之间的社会文化联系，透过"文化闽南"这一文化纽带，亦有利于促进中国与海外华人所在国的友好交往。

（作者系厦门大学历史系教授）

林国平：闽南·闽南文化·闽南文化研究

"闽南"一词最早出现在唐代，宋、元、明、清时期的文献中"闽南"一词出现频繁，但所指的区域范围因时、因人而异，大到福建省，中到福建南部，小到泉州、漳州府。虽然古文献中的"闽南"有不同的区域指向，但总的趋向是区域范围逐渐缩小和明晰，泉州府和漳州府为"闽南"的基本构成要素，其中根本原因在于厦、漳、泉使用共同的闽南方言。因此，我们在研究闽南文化时，要充分考虑作为文化载体的闽南方言在闽南文化的形成和发展中产生的不可替代的重要作用。

闽南文化是指闽南人及其后裔共同创造的、以闽南方言为主要载体的、以闽越文化为基础、以中原文化为主体、以海洋文化为特色的文化共同体。闽南文化的发源地是闽南，中心区是闽南和台湾，亚中心区是福建其他地区及其周边省区的闽南人聚居地，散播区是东南亚及世界各地的闽南人聚居地。

闽南文化历史悠久且富有活力，其内涵丰富，外延广泛，影响巨大，可以研究的问题很多，目前需要着力解决的问题主要有：

一是整合闽南文化研究的力量。近年来，闽南文化的研究几乎成为显学，不但参与研究的学者多，我国泉州、漳州、厦门、台湾、海外还相继成立闽南文化的研究机构，建议在此基础上，成立世界闽南文化研究会，以整合世界闽南文化研究的力量，更好地分工协作，共同攻关，促进闽南文化研究的持续发展。

二是普查闽南文化的家底。要调动省内外、海内外的各种力量，对闽南文化的家底做一次比较全面的普查，包括闽南文化分布范围、生存状态、闽南人族群、文献、方志、档案、碑铭、族谱、口述历史等，建立世界闽南文化图书馆和世界闽南文化网站，为闽南文化的研究提供方便。

三是建构闽南文化理论体系。要组织专家学者对闽南文化的内涵、外延、研究对象、主要特征等一些基本理论问题进行深入的研究，达成某些共识，为闽南文化研究提供深入讨论的平台和理论指导。

四是培养闽南文化研究人才。使闽南文化研究持续发展，人才培养是关键，特别是青年学者的培养。既要依靠高等院校、科研机构培养人才，还要利用民间力量培养人才。建议成立世界闽南文化研究基金会，募集研究资金，资助学者特别是青年学者开展闽南文化的研究。

五是推动闽南文化走向世界。闽南文化虽然随着闽南移民传播到世界许多国家和地区，但认同闽南文化的族群比较单一，绝大多数是闽南人及其后裔，具有明显的局限性。所以，要凝聚世界闽南人的智慧和力量，制定并逐步推行闽南文化的发展战略，不断丰富闽南文化的内涵，提升闽南文化的普世价值，使闽南文化的核心价值观逐渐为世界其他族群认同和接受，真正具有世界性。

（作者系福建师范大学社会历史学院教授、闽南师范大学特聘教授）

林华东：文化的含义与闽南文化的特质

文化是伴随人类成长和发展的产物。它有别于"自然"，是人类按照自己的思维和能力改造客观世界和主观世界的结果。也就是说，文化是人类"化物"和"化人"的产物。语言是人类区别于低级动物的重要前提，是人类意识的载体。人类正因为有了语言和意识，才有了文化。著名文化学者塞缪尔·亨廷顿在其《再论文明的冲突》中曾经说过，"文化的两个核心要素是语言和宗教"。由此出发，我们对文化就可以获得以下共识：

一　文化是人的意识行为，是人借助于劳动人化客观对象的过程；

二　文化需要依靠语言来表达，通过语言来记忆和传承；

三　语言是特定民族、特定社会交流的工具，语言承载的文化具有民族性；方言作为民系族群社会交流的工具，承载着这个族群区别于其他族群的文化；因此，族群文化的命名经常会与方言的命名相一致。

总结以上观点可以看出，文化是一个民族使用共同的语言，遵守共同的风俗习惯，养成共同的心理素质和性格以及由此出发改变客观世界的综合体现。

由于文化是人在生存过程中产生的，具有很强的凝聚力，并且自觉不自觉地发挥着社会整合和社会导向的功能；因此，文化又是社会经济发展的内在动力，是通行同一语言的社会群体、民系族群的精神支柱。

综上所述，我们可以给闽南文化做出如下定义：

闽南文化是以闽南方言为外在特征的世界各地闽南人，在传承中华文化的基础上发展形成的、具有共同的思维意识、共同的风俗习惯和共同的生活方式的区域性文化。它属于地域文化，因此，它具有典型的地方特色；它又属于族群，因此它跟随族群获得对外传播。

我们说，闽南文化是中华文化的一个重要分支，并对中华文化做出延伸，那是因为闽南文化有着鲜明的中华文化特征。其一，承载闽南文化的闽南方言保留了唐、宋之前古代汉语的基本面貌，被学术界称为古汉语的"活化石"，是现代汉语其他六大方言（即，北方方言、吴方言、湘方言、赣方言、客家方言、粤方言）所不能比拟的。所以，要了解上古汉语，可以从闽南方言找到基本答案；要重现唐、宋诗人吟唱诗词的情景，必须选择闽南方言。其二，闽南的艺术和风俗，源于古代北方文化。用古老的闽南方言演唱的闽南梨园戏、高甲戏、南音（南曲）等戏曲艺术，至今仍保留着晋唐时期的艺术风韵。闽南族群保留了北方带来的民俗习惯，时刻记忆着自己的郡望祖籍。闽南的红砖建筑延承北方望族体例。其三，闽南文化在福建得到了拓展，例如，悠久的造船历史达到同时代世界先进水平；崇尚工商锻造了闽南人生存与发展新路；发达的海外交通贸易，使泉州刺桐港经历了四百多年东方第一大港的繁荣；海丝之路让欧洲人赏阅了中华文明的第一道风景！早期欧洲人因为海上的经历，曾经把福建闽南商人的语言当作中国话，把闽商文化当作中国文化的代表。

闽南文化对中华文化的继承和发展，使中华文化更加多彩绚丽和更具有生生不息的生命力；同时，也彰显了闽南文化和中华文化的同一性和互补性。研究和弘扬闽南文化，对我们提升中华民族凝聚力、增强两岸民众的祖国认同感有着极其重要的现实意义。

我在《闽南文化的精神与基本内涵》（《光明日报·理论版（史学）》2009年11月1日）中论述了闽南文化的核心精神，并将之概括为：重乡崇祖的思维观，爱拼敢赢的气质观，重义求利的价值观，山海交融的行为观。我在《闽南文化：闽南族群的精神家园》（厦门大学出版社2013年版）一书中，对传承于中华文化的闽南族群的典型思维意识又做了四个角度的提炼：

一　"原乡情结、祖先崇拜"——体现了闽南文化的族源意识；闽南人具有典型的传承祖先记忆和回报乡梓的文化自觉。

二　"和谐互惠、海纳百川"——体现了闽南文化的兼容意识；闽南人崇尚"你好我也好"的互惠共赢的商贸意愿。

三　"灵活机变、敢为人先"——体现了闽南文化的拓展意识；闽南人拥有山处海行、抢抓机遇的开放性眼光。

四　"坚韧务实、百折不挠"——体现了闽南文化的自强意识；闽南人推崇敢拼敢赢的进取精神。

闽南文化意蕴深远，我愿鼓而歌之：

　　　　飘四海不忘祖先桑梓，
　　　　善工商推崇互惠共赢；
　　　　抢机遇随时可山可海，
　　　　敢拼搏见证坚韧豪情。

（作者系泉州师范学院副校长、教授，中国社会科学院文化研究中心闽南文化研究基地主任）

徐晓望：对闽南文化研究的看法

闽南文化的根是中原区域萌发的华夏文化，唐、宋时期中原移民将中原文化（广义）传播到福建，在闽地与本土文化融合，并吸收了海外文化的有益成分，从而形成了中华文化的一个分支——闽南文化。从闽南文化的组成来看，它的民俗文化拥有较多的本土文化成分，而其雅文化拥有较多的汉文化的成分。闽南方言是中原汉语与越语的结合，它的根基是唐、宋时期的中原古汉语，而其名词含有闽越语的成分。就思想领域而言：儒家的道统、佛教中的大乘文化都来自中原，闽南人也在文学、史学、经学等汉文化领域颇有创造，这说明闽南文化上层的雅文化是属于中原文化的。但是，来自中原与江淮一带的汉人进入福建后，逐步融入当地的农业体系，他们以稻米为主食，吸收了当地人的稻米文化和亲水文化，例如：制作糍粑之类的食品，划龙舟，吃粽子，干栏式建筑，这都是南方文化传统。就他们的信仰领域而言，南北文化混杂最为突出：关帝、泰山神、城隍之类的信仰体现了北方传统，而妈祖、临水夫人、五帝崇拜、吴真人等内容体现了南方文化传统。观音等佛教神灵则是全国民众共同信仰的神明。儒家崇尚的八德：忠、孝、仁、信、礼、义、廉、耻等观念深入闽南的底层社会，成为闽南人的基本价值观。所以说，闽南文化的本质是中华文化。

闽南文化最早是中华文化的一个地域文化，而后逐步发展为一个与海洋密切相关的族群文化。在环中国海区域，不论是东亚还是东南亚，到处都有闽南文化传播。在中华文化的各个分支中，闽南文化在历史上是海洋文化的主要承载者，它表现在：历史上从事海洋生涯的船长、水手、商人以闽南人最多，闽南文化吸收了最多的海外文化，同时，将中华海洋文化传播到海外各地。所以说，闽南人展示了中华文化的海洋文化性格。闽南文化对中华文化的主要贡献，也在于海洋文化。闽南人擅长航海，自唐、宋以来，就将中国的商品运到东亚、东南亚、南亚、西亚及非洲海岸，开拓了海上丝绸之路。闽南人也是中国最早移居海外的一个族群。他们早在宋、元时期就散布于东南亚诸港，明清时期，东南亚各地主要港市都形成闽南人的社区。他们将中国人的生活方式传到当地，东南亚各地城市的兴起，都与闽南人有关。闽南人为中华文化向海外传播做出了重要贡献。

（作者系福建省社会科学院历史研究所所长、研究员）

陈庆元：闽南八郡五十邑——"闽南"一词的历史内涵

泉州（含 1914 年建县的金门县）、漳州、厦门三市，因其地理位置在福建南部，称之为闽南，这是当下最流行、最普遍的"通识"，几乎没有疑义。但是现在的泉州市，清代之前称泉州府；清代，厦门属泉州府同安县；台湾建府之前，其行政区划属泉州府。现在的漳州市，清代之前称漳州府，明代的漳州府，其下属县还有龙岩县，现在是龙岩市的新罗区，也是"闽南"的一个组成部分。说来说去，闽南的概念仍然不离泉州、漳州。

其实，清代之前，"闽南"一词，和现代地理学和行政区划学的概念不大一样。"闽南"一词的历史内涵，闽南就是闽，也即福建。

《周礼注疏》："闽隶百有二十人。注：闽，南蛮之别。音义：闽，亡巾反；又音文。"南方各民族总称"南蛮"，"南蛮之别"，南蛮之别种，也就是南方民族的其中一个种族的意思。"闽"之出现，最早就与"南"联系在一起。

北宋郭祥正元丰八年（1081）通判汀州，作《次韵元舆临汀书事三首》，其三云："卧龙胜事堪图画，迥压闽南七八州。"同题其一云："岚烟蒸湿同梅岭，地脉逶迤接赣城。"诗中的临汀，即汀州，与赣交界。卧龙山是汀州名山，其气势足压闽南七八州。

七八州，其实就是八州，七言诗必须凑足七个字，故言七八州。气压闽南八州，即气压全闽。元代刘将孙《宣武将军汀州路连噜噶齐·尔佳玉陇齐公墓志铭》："汀在闽南边鄙一道，控扼重地。"汀在闽南边鄙，即汀州为福建边远州郡，是控制出入闽的重地。闽南，即福建。

明代杨士奇《送杨参政致仕归永嘉兼简宗豫杨大夫》："闽南八郡五十邑，咏歌鼓舞连道途。"闽南不止泉、漳两州，八州、八郡，即八闽；五十邑，即五十县。诗中的"闽南"，其地域包括今福建全境，福建的任何一个州、任何一个县都是闽南的一部分。闽南，就是闽，就是福建。

明代徐嫩辑有《闽南唐雅》一书，《四库全书总目提要》："所录皆闽中有唐一代之诗，自薛令之以下得四十人。"薛令之，福安人；四十个诗人中，既有泉州、漳州人，还有很多不是泉州、漳州人。闽南唐雅，即闽唐雅，福建唐雅。闽南，就是闽，也即福建。

清代杨浚辑有《闽南唐赋》，收录福唐（福清）王棨、莆田黄滔、莆田徐寅三位赋家之赋，这三位都不是泉州、漳州人。闽南唐赋，即闽唐赋，福建唐赋。闽南，就是闽，也即福建。

清代文献中，泉州、漳州是闽南，福州、莆仙也可称闽南，龙岩、崇安（武夷山）、建阳、建瓯、南平、光泽、古田以至澎湖等地都可称闽南。研究闽南文化，有必要审视"闽南"一词的历史内涵。

（作者系福建师范大学文学院教授、闽南师范大学特聘教授）

郭志超：闽南文化研究的方法论

古代文集中的"闽南"即"闽"，提醒我们注意地名的历史演变。的确，现代闽南区域的"闽南"一名出现很迟。不过，至晚到明代，民间已用"下南"指漳、泉两府地区。宁德金涵畲族乡一个钟姓的武术世家，其所记载的武术祖师在"下南泉州府白鹤山"，金涵钟姓畲族至迟在明代迁徙中经过"下南"。这里的"下南"即今闽南。"下南泉州府白鹤山"应是当时钟姓畲民采用泉州府白鹤山汉民的表述。"下南"在闽南民间文献至迟出现于明代（具体待查证）。方言是方言群形成的标志。方言群与民系是等同的，但族群与方言群、民系就不一样。族群是有本群认同和他群识异的群体，也就是至少两个有差异的文化群体接触后才会有认同和识异的产生。徐晓望先生认为作为族群的闽南人形成于宋代，尽管我认为太迟了，但对他对闽南人族群认同的求证是对路的。

历史研究采用的是社会科学的研究方法。文化研究既有文化史研究也有文化形貌研究，文化史相当于文脉，文化形貌相当于文相。文化史研究，倾向于历史学研究；文化形貌研究，属于人文学科研究。从近代以来的科学发展史来看，社会科学（social science）是自然科学（science）之子，即社会科学是自然科学研究方法衍生到社会研究领域的产物。人文学科（humanity）与社会科学的研究方法不同。社会科学与自然科学的研究方法是解释（explain），人文学科的研究方法是理解（under-stand）。科学的解释有正误，人文的理解则相对合理。当然，综合社会科学方法和人文学科方法的文化研究，是常见的。弘扬不是文化研究的本质而是功能。历史研究也有弘扬的功能。通过对祖国历史的揭示，可以激发人们的历史自豪感，也是弘扬。研究方法之所以会发生社会科学与人文学科的混淆，误译有很大责任。将"humanity"译为人文科学，遗谬深广。

以文化人类学而观，其文化研究的主流（社区调研为基石）属社会科学，但也有属人文学科的支流。这一支流的文化研究对象，主要是象征与阐释。精神表象就是象征，仪式即尤为典型的象征。当文化物质形态蕴有意义，也成为象征。阐释象征的意义，不宜只是研究者主观赋予，而应理解"主位"（使用象征的人群）的意义，进而通过分析得出研究者自己的理解（客位）。主位的理解虽属主观范畴，但对于研究者却是客观事实。只取象征而忽略主位理解，有点像得椟忘珠，至少只是获取不完整的事实。如果不能获得主位的理解，那么就要研究象征的社会历史语境，并且获取有关的地方性知识。在这些资料及其分析的基础上，研究者才能得出有说服力的象征阐释。

（作者系厦门大学人类学系教授）

郑镛：闽南文化研究的思考

闽南文化是中华文化多元一体的重要组成部分，但有其鲜明的个性特征。自20世纪80年代末以来，闽南文化研究取得一系列成果，在元理论研究方面却没有大的突破，其主要原因在于研究的重点不明确，研究内容庞杂散乱。应进行必要的回顾与反思。

过去常讲闽南在隋、唐之后是为移民社会，主要传承中原文化，事实上这一观点值得商榷。如果说文化可分为雅文化（士大夫文化）和俗文化（民间文化）两个层面的话，从西晋末开始随北方移民传入闽南的雅文化，其主流当为中原文化（或称河洛文化），中原文化以儒家文化为主干，传承较为稳定；而民间文化则不然，自西晋末以来，北方移民辐辏？至闽南，为多区域、多时段进行，其带来的文化传播和传承有较大的流变性。如吾"郑氏家谱"载，南宋末自莆迁漳之萝江（今龙文区郭坑之洛滨）。吾母系许姓则是清末自浙迁闽，先驻惠安，后至漳州任武职。各地俗文化汇于闽南，融合化生而成俗，其中有越文化、楚文化、吴文化以及其他区域文化元素，中原文化反倒是彰而不显。

为何说彰而不显，彰是一种集体历史记忆，一种官方的倡导，不显则是自唐、宋时期逐渐形成的闽南族群对中央政权的有意无意疏离之表现。

闽南地处海隅，中央王朝威令难至，隋、唐时就有"蛮撩"啸乱，五代末割据自雄，两宋豪强竞起，元代"连五十余寨"不肯屈服，抗争不断。明初起，违禁下海通番，至明末清初秘密会党蜂起……闽南族群的人文性格相当独特，方言称为"粟稍""怪哥"，这一特征渐成朝野共识，以至于明、清朝廷多次下谕告诫"漳泉刁民、强悍难驯"。明万历年间金门人蔡献臣评议"漳人好胜而逐利，杯酒责望，白刃相仇"。因此，研究闽南文化当重点研究闽南人的社会心理，研究闽南文化内部的差异性，研究的重心应是俗文化。应从闽南人的生活、生产方式入手，探析其社会文化心理形成、外在表现形式以及影响，这样方能分辨闽南文化的精华与糟粕，并弘扬光大其优秀部分，在时代洪流中勇立潮头，促进社会的进步与发展。

（作者系闽南师范大学闽南文化研究院教授）

何池：闽南文化的形成及基本内涵的探讨

闽南文化是随着历史上的中原人士多次移民入闽所带来的中原文化与古闽越文化在长期的碰撞与交融中逐渐形成的。中原人士从晋至唐末的三次大规模移民入闽带来了中原文化，即西晋"永嘉之乱"中原移民入闽促使闽南文化开始萌芽，唐初陈政、魏篇率领的两批中原移民促使闽南文化初步形成，唐末"三王"入闽对闽南文化的形成起进一步推动作用。而南宋朝廷偏安南方使中原人士再次大量入闽，促使闽南文化的成熟。

从上述过程可见，闽南文化萌芽于西晋，形成于隋、唐，成熟于宋、元，发展于明、清，弘扬并继续发展于当今。

闽南文化内涵博大精深，十分丰富，以至于至今许多学者对什么是闽南文化、闽南文化的内涵等问题仍没有统一的定论（从 20 世纪 90 年代初至今）。我综合诸多学者的合理元素，认为：闽南文化是所有闽南人在社会活动中所创造的物质财富与精神财富的总和。就其外延来说，闽南地域是闽南文化的载体和发祥地，它随着明、清时期闽南人向省外、台湾和海外的迁徙而传播到广东、台湾等地，传播到台湾成为今天台湾的主流文化，传播到海外各国闽南人聚居之地。就其内涵来说，闽南文化离不开闽南的人、事、物。"人"即闽南人物，主要是历史人物，包括侨居海外的闽南人物；"事"即发生于闽南人当中的事，包括历史事件、历史故事以及语言、著述、艺术、制度、组织、民风民俗、思想思维、人文性格、宗教信仰、民间故事等。"事"又可分为实事、虚事（即精神方面的事）；"物"即闽南实物，包括自然存在物和人工制造物等。它包括了产生于闽南人中、闽南地域上的一切，涵盖了政治、经济、军事、文化等方方面面。既有物质的，又有精神的；既有古代的，又有现代的。这一观点供大会参考。

（作者系闽南师范大学闽南文化研究院教授）

庄小芳：精英文化与大众文化的交融互动

　　闽南文化的研究中，精英文化与大众文化的互动事实上是一个十分常见的话题，在闽南文化各类研究中均有所涉及。如闽南的宗教文化研究中，儒、释、道三教与民间信仰之间如何相互影响渗透，即有上层儒学、正统佛教等向精英文化如何向下传播，而大众的民间信仰方式又如何向上使正统宗教调整接受的一个过程；又如在闽南的家族文化研究中，家族中的精英分子如何制定相关家规族规、家族仪式等供族内大众遵守，而族内大众在遵循过程中的传统与反传统等，也是精英文化与大众文化的互动博弈；又如在闽南的戏曲文化研究中，戏本常常是由知识分子根据民众流传的故事进行创作，而在流传过程中又加入了大众的创造，这本身就有精英文化与大众文化的互动融合问题，戏曲文化虽雅俗共赏，但不同阶层对戏曲的不同需求，亦可反映精英文化与大众文化的特质，戏曲原为大众文化，而在今日社会似乎又回到高雅文士的层面，这些，都有长时段中精英文化与大众文化的转换等话题；又如在闽南民间工艺的研究中，虽然众多作品出自工匠之手，但也留下了一个朝代或时代的文化取向，而这种取向，往往是来自上层精英分子的影响，而成长于民间的工艺大师本身，也有精英文化与大众文化结合的气质等。

　　在闽南文化中，这两种文化交融并存，不分彼此。但我们不能不注意到，其实我们的研究还常常沿用传统的二分法，即无意识地将这两者割裂开来研究，即使有一些学者已经意识到这两者密不可分的关系，但关于这两者之间的交流、互动等的研究依然较为缺失，这种互动研究的缺失，于精英文化的研究而言，会将精英文化禁锢在固有的框架上，看不到地方大众文化对精英文化的影响，容易使精英文化的研究脱离具有地方特质的文化特点，于地方大众文化的研究而言，又容易让人产生一个误解，即大众文化纯粹产生于民间、产生于下级阶层，缺少深厚的文化内涵，在研究中将大众文化等同于粗俗文化。以区域史或地方史的研究而言，如何把握精英文化与大众文化研究的范畴，如何探讨精英与大众之间的互动等问题至关重要，决定着区域史研究的深度与广度。

　　以研究闽南地区宗教及日常各种仪式来讲，如果能注意到精英文化在各类仪式中的参与度，注意到精英文化对仪式形成的影响，以及在历史长河中，精英阶层，如地方的官员、文士等与大众之间在仪式形成过程中如何平衡的问题等，那么对于向来被誉为汇集民间文化，包括民间舞蹈、音乐，乃至承载民众价值体系的闽南各类宗教、祭祀等仪式，也就更具深化研究的力度，由其我们便不仅仅了解仪式的表象，而是两种文化之间的博弈互动，以及由仪式漫长的形成过程投射出闽南地区社会的变迁及不同时代人们不同的价值观念。

（作者系中国闽台缘博物馆研究部副主任、馆员）

闽台非物质文化遗产保护学术研讨会综述

李　弢[*]

2013 年 6 月 18 日，由中华全国台湾同胞联谊会、闽南师范大学联合主办，闽南师范大学闽南文化研究院、漳州市台湾同胞联谊会、漳州市金门同胞联谊会承办的"闽台非物质文化遗产保护学术研讨会"在闽南师范大学逸夫图书馆报告厅开幕。研讨会为期 2 天，来自清华大学、南京大学、武汉大学、厦门大学、闽南师范大学、台湾成功大学、台湾"清华大学"、台湾师范大学、台湾海洋大学、中华宗教与和平协进会、中华文化国际交流促进会、厦门市闽南文化研究会等两岸高校、研究机构的专家学者七十多人与会，提交了五十余篇学术论文，围绕"闽台非物质文化遗产保护"的主题，进行跨学科、多角度、多层面地深入研讨。

一　总论：整体观照

本次研讨会上，部分学者的文章从宏观角度上，阐述闽南文化、闽南文化生态保护区建设、闽台非物质文化遗产保护、两岸非物质文化遗产保护法规政策之异同诸议题。

闽南文化研究院名誉院长陈支平教授回顾了东南沿海海上交通史、贸易史、移民史等背景，强调"重提闽南文化的国际性特征以及'环闽台海洋经济文化圈'的概念，应该不无其历史和价值与现实的意义"。闽南文化研究院安拴虎编审探讨了台湾"福佬人"的闽南文化身份与身份认同，强调闽南文化在两岸文化交流中具有特殊重要意义，是促进两岸文化认同的重要载体。

厦门市闽南文化研究会陈耕先生指出闽南非物质文化遗产包含技艺、智慧、价值取向、闽南方言等四大内容，强调"对闽南文化核心精神、价值取向的研究传承，应该是闽南非物质文化遗产保护工作中最重要、最核心的工作"。宁德师范学院畲族文化研究所林校生教授以闽东北畲族文化为主要观察点，探讨文化的传承与保护的纠结，并对当下"保护"的路径和限度提供了对策。我校"优秀闽南文化人才培养计划改革

* 作者简介：李弢，男，福建省龙海市人，闽南师范大学闽南文化研究院讲师、《闽台文化研究》编辑。原文刊载于《闽台文化研究》2013 年第 3 期。

试点班"刘伟琼同学以泉港区山腰——峰尾文化生态保护展示区保护为例，阐述关于泉州市闽南文化生态保护展示区保护的思考。

　　闽南文化研究院何池教授则对两岸非物质文化遗产保护法规的异同与法律实践上的比较进行分析，并就非物质文化遗产保护工作提出借鉴意见。

二　闽台民间信仰与习俗

　　本次研讨会上，最受学者和专家们关注的是闽台民间信仰与习俗的非物质文化遗产及其保护，也有学者关注两岸民间信俗交流的议题。

　　台湾的林光华先生探讨了台湾义民爷信仰的影响深远的原因，陈述了其关于义民庙史的疑义与感触。金门学者、福建师范大学文学院王振汉博士以沙美万安堂为案例，论述金门的王爷文化的面貌，并兼及两岸王爷信仰文化之异同。台北大学古典文献与民俗艺术研究所王国良教授撰文考察了台湾新北市三峡、莺歌、树林区的民间宗教信仰，重点描述了其宗教暨民间信仰，同时与福建、广东等祖居地的神祇与信仰做比较，以见其异同。台北二二八纪念馆馆长谢英从教授探析了台湾彰化县花坛白沙坑迎花灯活动的渊源，阐述了白沙坑沿革及文德宫迎灯排源起、白沙坑迎灯排绕境活动，并提出迎灯排是泉州人习俗或是客家人习俗的讨论。

　　海峡两岸文化发展协同创新中心首席专家、福建师范大学社会历史学院林国平教授对流传于世的妈祖籤谱进行分类，并考释其源流、内涵等，侧重分析妈祖庙大量借用观音《六十甲子灵籤》的原因。厦门大学人类学系郭志超教授对三平祖师建寺与三坪崇蛇提出新说，认为，义中禅师到三坪建院时，三坪已经开发，"蛇魅"造院是杜撰的神话，透过神话的历史解释亦谬。三平祖师降崇神话和"蛇侍者"的神化固然荒诞，但神话和神化推动信众的蛇崇拜。作者意在提示，非物质文化遗产的保护，应重视了解其形成的历史机制，这是保护的必要前提，知所以然而后能护其所然。

　　闽南文化研究院汤漳平研究员撰文借由中元节文化传承之渊源与保护为个案，探讨深入挖掘非物质文化遗产内涵的问题。文章认为，"如何深刻地挖掘中元节文化内涵中的深刻人文精神，还应溯本求源于古老的'巫风'文化"。"它融民间祭祀与佛、道二教文化于一体，有着深刻的民族文化的内涵，是中国古老传统文化传承的延续"，"作为文化遗产理应引起全社会更多的重视"。厦门大学历史系王日根教授撰文从海洋史视角看闽南中元祭的文化内涵。文章首先分析了闽南人缘于海难之频繁发生且出于表达灵魂崇拜和祖先崇拜的观念，往往衍生出引魂、返主、牵尸、做功德和建设阴功庙等习俗，以及更普遍且逐渐制度化的"普度"；其次对台湾基隆中元祭做详细的个案分析。作者认为，闽南中元祭，彰显出海洋文化的开放性与包容性。

闽南师范大学管理科学系段凌平副教授论述了闽台民间信仰非物质文化遗产的表层特征，"即节庆活动一般集中于本区域影响较大的神明，祭祀庆典集中于主祀神明，时间多数集中于上半年"。漳州市政协文史委主任、漳州市闽南文化研究会会长涂志伟认为，"从地名渊源、漳台的抢孤民俗活动渊源、漳人开垦兰阳平原史实等角度考察，台湾最早的头城抢孤活动起于漳州市龙海、漳浦沿海地区"。云霄县开漳历史纪念馆馆长汤毓贤馆长认为，以纪念开漳圣王陈元光为主要内容的开漳圣王巡安民俗起源于云霄，流传于台湾及东南亚地区，作为非物质文化遗产，值得更好地传承与保护，并对加强保护利用提出几点建议。闽南文化研究院钟建华老师提交了漳州浦头港端午节"扒龙船"信俗的调查报告，从"浦头溪与浦头港传统社区的历史概况""浦头港端午节'扒龙船'信俗的简介""浦头港端午节'扒龙船'信俗的人文内涵分析""浦头港端午节'扒龙船'信俗的非物质文化保护"等四个方面展开论述。罗臻辉老师关注华安县大地村蒋氏家族2013年农历三月三玄天上帝请火巡香活动，借此解读玄天上帝信仰在当地传播的文化内涵。

当前两岸的民间交流的方式很大程度上是借由民间信俗活动为平台展开的。闽南师范大学党委书记林晓峰和闽南文化研究院邓文金副院长就专注于如何深化两岸闽南民间信俗文化交流的对策上。文章回顾了自20世纪80年代中后期以来，海峡两岸闽南民间信俗交流经历的三个阶段，归纳其所表现之特点，指出其存在的问题，并给出了解决问题的对策。

三　闽台民间艺术、技艺与文学

作为非物质文化遗产的闽台民间艺术、技艺与文学是本次大会的另一个焦点。

闽南师范大学艺术系郑玉玲教授从文化人类学视角阐释了闽台"大神尪"傩舞的文化属性、文化价值，指出"大神尪"傩舞是我国傩文化在闽台遗存的一种独特祭祀仪礼，其傩舞形态背后蕴含闽台文化区的舞蹈文化特质，具有维系民族文化认同、反映我国傩文化发展的世俗化趋势的文化价值。闽南文化研究院吴文文副教授则撰文探讨了木偶的起源、提线木偶的起源和木偶戏在闽南的传播。"优秀闽南文化人才培养计划改革试点班"林舒婷同学提交了省级非物质文化遗产项目的同安莲花褒歌的调查报告，涵盖莲花褒歌的历史渊源、特色与价值、传承现状与保护对策、与台湾艺人交流促进发展等内容。

苏州大学应用技术学院张蓓蓓副教授梳理提炼了妈祖服饰及其文化资源，并提出妈祖服饰文化创意产业的发展途径及策略。漳州市博物馆吴其生馆长探讨了省级非物质文化遗产"漳州窑"的文化内涵及其保护意义。漳州城市职业学院黄道周与闽南文化研究所郑晨寅副教授考证闽南传统民间游戏"打寸子"源于古代"击壤"游戏，调查了漳浦、萝城、澎湖的"打寸子"游戏，并借由"击壤"至"打寸子"之演变看闽南传统民间游戏的保护传承。金门学者、福建师范大学文学院叶均培博士则关注于金门灯号调查研究，包含灯号的种类、新郎灯的制作、灯号的由来等内容。闽南文化研究院李戡老师则以五代祖师何阳堂的五祖拳为例，探讨漳州传统武术的传承与保护，并提供了对策建言。

台湾元智大学中国语文学系钟云莺教授研究台湾民间的扶鸾诗，阐释了扶鸾诗的创作特色、体式格律、表现形式转变等内容。闽南文化研究院向忆秋副教授则关注于台湾少数民族文学中，山海、灵物崇拜及对"文化生态环境"的优化意义，祭仪书写及文化传承意义，生命理念、生态观念对"文化生态"和谐发展的意义。闽南师范大学文学院陈良武副教授借由黄道周《刘招》一文主旨倾向的细致考论指出，"《刘招》借屈原、巫阳为景差招魂，将朋友之情与君臣之义结合起来，拳拳之心，殷殷之意，颇有动人心魄之效"。闽南文化研究院副教授陈启钟关注黄道周的忧国情怀。闽南师范大学文学院胡明贵副教授则关注道家哲学思想对林语堂的影响。

四　闽台宗族及海外传播

闽台宗族文化及其在海外东南亚各国的传播，也是本次研讨会焦点之一。

台湾师范大学国际与侨教学院院长潘朝阳教授和台湾海洋大学海洋文化研究所、台湾师范大学全球客文化研究中心黄丽生教授伉俪专注于西湖溪流域客家聚落的研究。潘教授"探索并诠释了台湾西湖溪谷地的客家聚落之发生、聚落空间的人文内容以及聚落中的宗教神圣空间"；黄教授则检视从乙未割台迄至台湾光复初期西湖溪谷地的族际关系变迁及其所反映之台湾客家宗族的时代肆应。福建师范大学社会历史学院谢重光教授指出，当年台湾客家六堆组织和义民对维护客家人的生存权、发展权，具有非常重要的不可替代的积极意义。

厦门大学历史系曾玲教授考察新加坡殖民地时代建立的聚族而居的华人村落潘家村，进而思考和讨论近代华南移民在海外建构的宗族社会与特征等问题，认为，"东南亚华人的宗族社会并非简单地移植于祖籍地，而是一个在新的社会环境下重新建构的过程"。

五　闽南方言

闽南方言作为闽南非物质文化遗产的语言载体，受到与会学者的关注自是当然。福建师范大学语言研究所所长、闽南师范大学闽南文化研究院闽南方言文化研究所所长马重奇教授撰文考证分析，指出 19 世纪英国传教士麦都思（Walter Henry Medhurst）编撰的《福建方言字典》和戴尔（Rev. Samuel Dyer）编撰的《福建漳州方言词汇》的方言音系，分别反映了 19 世纪初叶漳浦方言音系和萝城方言音系。闽南师范大学教师教育学院杨秀明教授则运用实验分析法，着重探讨漳州方言阴平调的结构变异。厦门大学历史系连心豪教授则探讨了闽南白话字申报"人类口述和非物质文化遗产"的现实和历史意义，并对申报具体事宜提供了建议。

六　闽台文教思想

福建师范大学社会历史学院杨齐福教授研究台湾举人与清代台湾各地庙学，他指出，台湾举人是清代台湾社会的精英，参与台湾各地庙学建设正是其社会使命的体现，进而推动了台湾文化教育事业的发展。中华宗教与和平协进会理事长李玉柱先生借由以中华文化为背景的台湾及以基督宗教文化为背景的澳洲之基础恕道院为例，探讨大学之道在小区的实践及其影响。

厦门大学哲学系朱人求教授阐释了朱子学研究的现状、朱子学的内涵和现代意义。闽南师范大学历史与社会学系王建红副教授以朱子《家礼》为入口，探究其与儒家"治平"理想的家族式实践，以此审视儒家礼教于个体之规训、超越与特殊身份建构之作用。

七　余论：他山之石

本次研讨会，也有部分文章的内容并不局限于闽台非物质文化遗产保护的主题，却可为闽台非物质文化遗产保护提供对照与借鉴。

武汉大学历史学院张建民教授以川、楚、陕交边地区以褥草锣鼓为代表的传统农作音乐为中心，阐述历史文化内涵与非物质文化遗产保护的问题。

台湾"清华大学"中文系杨儒宾教授关注孔子与族群政治，分列孔子的家世，与宋的关系，商遗民的期待，跨越民族主义，晚年孔子：文化传统、宇宙关怀，圣人留下的永恒遗产等方面进行阐释。南京大学台湾研究所所长崔之清教授撰文系统而简明地考论了儒学民本思想之源流。

台湾宜兰县兰阳博物馆助理研究员林正芳博士把目光聚焦于水圳经济学，从日据时期所编《宜兰厅管内埤圳调查书》所收三百多件古文书，看清代宜兰的社会经济。

福建师范大学文学院陈炜博士和闽南师范大学闽南文化研究院东南海疆文化研究所所长陈庆元教授撰文研究唐代与唐以前的西王母信仰，简要回顾了唐前西王母形象、唐诗中西王母形象，以及西王母祠和王母信仰。

八　结语

综观此次研讨会之论文，内容主要涉及闽台非物质文化遗产的内涵、特征及概况，闽台非物质文化遗产与闽南文化生态保护区建设，闽台非物质文化遗产保护的现状、意义、问题及对闽台两地非物质文化遗产保护政策异同比较，闽台非物质文化遗产保护与两岸交流等，会议也有部分文章并不仅仅局限于上述诸主要议题。相信必将为以后的闽台非物质文化遗产保护问题的学术研讨和具体的保护工作的继续展开迈出坚实的一步。

第五届海峡百姓论坛综述

蔡干豪　陈　力[*]

以"中国梦与谱牒文化"为议题的"第五届海峡百姓论坛"于 2013 年 6 月 15—17 日在台湾同胞的重要祖籍地——福建省漳州市隆重举行。论坛由中华海外联谊会、中华文化学院为指导单位，中华全国台湾同胞联谊会、福建省海外联谊会、漳州市人民政府、福建省中华文化学院、福建省台湾同胞联谊会、福建省姓氏源流研究会、漳州市海外联谊会、台湾两岸和平发展论坛、台湾两岸关系发展促进会、高雄市百姓交流协会共同主办。以"两岸同根，闽台一家"为主题，溯姓氏源流，走寻根之路，架宗亲交流桥梁，谋两岸百姓福祉，共同实现中国梦。大陆参加论坛的各姓氏宗亲代表 700 多人，台湾各姓氏宗亲代表 500 多人，其中在大陆学习的台生代表 50 多人。交流涉及两岸 80 多个姓氏的 160 多个宗亲社团的 8000 多人。此次论坛突出"中国梦与谱牒文化"：举办了两岸宗亲有 22 个姓氏的 27 部族谱对接仪式；海峡两岸有 17 对姓氏研究团体签订了长期交流合作协议，以协助双方宗亲组织开展寻根、谒祖、会亲等活动，进一步推进了两岸宗亲文化交流的常态化、机制化进程；举办闽台族谱展、中国梦与谱牒文化研讨会等主题活动。论坛充分利用漳州这一台湾同胞重要祖籍地的人文资源，进一步拓展两岸宗亲文化交流合作的新局面，促进两岸和平发展，共筑中华民族伟大复兴之梦。两岸各姓氏宗亲进行了联谊活动和闽台族谱族对接交流，是一次海峡两岸的民间丰富多彩学术论坛。

论坛开幕式由福建省海外联谊会常务副会长庄奕贤主持，出席论坛者有中华海外联谊会副会长林智敏，中华全国台湾同胞联谊会会长梁国扬、副会长杨毅周，福建省海外联谊会会长、省中华文化学院院长雷春美，省海外联谊会副会长、省中华文化学院常务副院长陈飞，省中华文化学院副院长陈宜安，省中华文化学院副院长许通，省台湾同胞联谊会会长江尔雄，漳州市长吴洪芹，漳州市委常委、秘书长张祯锦，漳州市政协副主席许少钦，台湾两岸和平发展论坛召集人吴荣元，台湾两岸关系发展促进会理事长郑昭明、台湾高雄市百姓交流协会理事长陈锡淇，以及海峡两岸各党派、社团的负责人，各有关大学和研究机构的负责人、专家学者，等等。论坛上政要名流云

* 作者简介：蔡干豪，男，福建福安人，福建省姓氏源流研究会副会长，特约研究员；陈力，男，福建福州人，《福建省社会主义学院学报》副主编。原文刊载于《福建省社会主义学院（学报）》2013 年第 5 期。

集，宗情融融，盛况空前，取得了圆满成功。

福建省政协副主席、省海外联谊会会长、省中华文化学院院长雷春美致辞说："海峡百姓论坛"是由两岸民众共同打造、旨在促进两岸姓氏文化交流和深化闽台宗亲联谊的重要平台，论坛以"两岸同根、闽台一家"为主题，溯姓氏之源流，传华夏之文明，促两岸族谱对接，达宗亲寻根之路，为弘扬优秀中华传统文化，促进两岸民间交流合作发挥了积极作用，并赢得了广泛认同。她说：当前，两岸关系和平发展正在进入不断巩固深化的新阶段。和平发展的良好局面要靠两岸百姓同心维护和开创，和平发展的重要成果要由两岸同胞共同创造和享有。海峡两岸各姓氏宗亲，是促进两岸交流的推动者，是深化两岸互利合作的主力军，要为推动两岸关系的和平发展做出新的更大贡献。首先，要把实现中华民族伟大复兴作为我们的共同梦想。我们都是炎黄子孙、龙的传人，要从中华民族大义出发，凝聚共同意志，应对共同挑战，共促两岸关系和平发展，共享中华民族伟大复兴的辉煌与荣耀。其次，要把扩大两岸关系和平发展成果作为我们的共同追求。要不断夯实两岸关系和平发展的经济、文化和社会基础，为进一步推动两岸经贸合作、文化交流、人员往来多做实事。再次，要把深化两岸民间交流作为我们的共同义务。要全方位、多领域推动两岸民间交流往来，不断开辟新渠道，构建新平台，创造新形式，汇集一切支持两岸关系和平发展的各界人士，为两岸关系和平发展和中华民族伟大复兴而共同奋斗！

高雄市百姓交流协会理事长陈锡淇代表主办单位致辞。他说："400 年前，我的先祖也是从漳州移居到台湾，漳州是我的血缘。"一句简单的开场白，迎来无数掌声。他说，海峡百姓论坛自开办以来不断深耕拓展，两岸近百万姓氏宗亲互访交流、成功对接，同根同源、同祖同宗的姓氏文化学术研究也如火如荼地进行着。相信在大家的共同努力下，论坛将会一届一届地举办，并不断创新发展，为两岸宗亲交流合作发挥更大的推动作用。他说："姓氏文化是联系两岸情感的根源，今后两岸同胞要致力于创新巩固并发展姓氏文化交流成果，发挥更大影响，继续深化两岸民间交流合作。"

吴洪芹市长代表漳州市政府及 480 万漳州人民向与会嘉宾表示欢迎。她说：漳州是台湾同胞主要祖籍地、台湾文化重要发祥地和台商投资密集区。海峡百姓论坛在漳举办，为漳台乡亲敦睦亲情、传承文脉、共建文明搭建了一个重要平台。漳州将以本届论坛为新起点，充分发挥对台关系密切的优势，进一步推动漳台文化交流、产业对接和贸易往来，为台湾同胞来漳州共续亲情、共叙乡谊、共谋发展提供更多的渠道和更便利的条件。

就读于厦门大学的台湾学生沈宜虹在致辞时说："我是客家人，祖先是福建客家人，参观客家土楼还是平生第一次，今天在参观客家土楼时有一份陌生的亲切感。""感谢海峡论坛提供的机会，让我对祖先更多一份了解。"沈宜虹一句朴实的话语道出了众多在场台胞的心声。"在这里，我们听到的是熟悉的乡音，感受到的是浓浓的亲情。"

全国台联梁国扬会长致辞说：两岸姓氏文化承载着共同的亲情和血脉，是两岸同胞致力和平发展、同心共筑中国梦的重要血缘基础。闽台之间一衣带水，姓氏源流一脉相承。姓氏宗亲文化已经成为闽台传统文化的重要组成部分，成为两岸同胞联系、交流、合作的重要载体。两岸共同的姓氏文化，承载着两岸的浓浓亲情，昭示着两岸同胞的血脉传承，这种同根、同源、同宗的亲情、乡情，是中华民族无法割断的永续香火，是两岸同胞共同致力两岸关系和平发展、同心共筑中国梦的血缘基础。

中央统战部副部长、中华海外联谊会副会长林智敏在论坛上表示，两岸同胞同根共祖，血脉相连，自当守望相助，心手相连，坚定地守护家族永续的根基，以宗亲认同增进民族认同，以宗亲团结促进百姓团结，为维护台海和平尽心力，为改善两岸民生做贡献。希望两岸宗亲百姓从维护民族利益、维系家族香火的角度，深刻认识自身的责任，一道致力于实现中华民族伟大复兴的中国梦，共享人生精彩，造福两岸百姓。姓氏承载着血缘的传承，宗亲昭示着血脉的深情，希望海峡百姓论坛继续贴近民心、凝聚民智，以宗亲文化交流为两岸关系发展增添新动力。

论坛期间，海峡两岸专家进行两岸姓氏文化学术交流活动。论坛交流由省中华文化学院常务副院长陈飞主持，两岸专家学者和宗亲代表就"中国梦与谱牒文化"等课题进行了研讨。

台湾省姓氏研究学会《台湾源流》主编林永安先生做了题为《两岸携手合作，振兴中华民族》的演讲。他从海峡两岸地缘、血缘、族缘、亲缘、商缘、神缘分析，认为和平发展、和平统一是历史的必然归宿。他呼吁只要两岸双方都秉持民族大义，巩固反对"台独"、坚持"九二共识"的基础，增进共同维护一个中国框架的认知，两岸各领域合作的前景就是宽广和光明的。他引用习近平主席的话呼吁："全球华人共筑属于所有中国人的中国梦，共同振兴中华民族。"

厦门大学教授连心豪先生携论文《姓氏文化与两岸和平发展》在会上做了交流，介绍了大量的以姓氏文化为主要内容的闽台交流事实，强调了姓氏研究、宗亲联谊、闽台族谱对接的寻根活动具有深刻的历史意义和现实意义。他列举实例讲述了"两岸同根，闽台一家"的情缘。列举台湾大部分政要与知名人士，像前海基会董事长辜振甫，"台独"始作俑者李登辉，国民党的连战、吴伯雄、萧万长、江丙坤、王金平、林丰正、曾永权，民进党的陈水扁、吕秀莲、许信良、蔡英文、游锡堃、谢长廷、陈菊……都可以从谱牒中查到他们在福建的祖地和血缘。

台湾《祖国文摘》发行人戚嘉林博士在会上介绍了《台湾汉族姓氏祖国情》的研究成果，并指出"中国人的姓氏认同感，不但是慎终追远的美德，也是形塑凝聚两岸国族认同的重要基石"。他期盼"百姓论坛"开展不分阶层、宗亲、族姓参与的大交流，唤起台湾民众的祖国认同感，两岸人民携手共圆一个中国梦。

闽南师范大学教授汤漳平则以《汤氏之入闽与在闽台之迁播》为例，印证了一个道理：不管什么姓，是大姓，还是小姓，都是炎黄子孙，都为中华民族文明的繁荣与昌盛做出了自己的努力。

　　台湾成功大学博士、教授温绍炳最后为论坛研讨会做学术总结。他概括了大会发言专家的精华，深情地说：论坛主题紧紧围绕"两岸同根，闽台一家"进行，仅一个多月的准备，就收到海峡两岸相关学者论文 170 多篇，其中 76 篇被精选汇编成《第五届海峡百姓论坛论文选》，其中台湾学者提供的论文有 23 篇，如此热情创论坛历史之最。论坛论文突出"中国梦与谱牒文化"这一重点，分为：中国梦民族魂、姓氏文化源流、闽台贤杰考略、闽台族谱文化、民俗文化研究等五个部分。正因为海峡两岸同根同源，同心追求中国梦，与会专家畅所欲言。全面点评了大会发言的各位专家学者发言的文眼。强调说，通过姓氏文化沟通，扩大海峡两岸民间交往，维护"九二"共识，拓宽两岸和平发展，是我们共同的愿望。他说，中华民族有着悠久灿烂的文明，姓氏文化积淀着中华民族的血脉、文脉，是形成中华文明的重要文化基因。海峡两岸同胞，包括海外侨胞具有共同的族缘亲缘和共同的血脉传袭，是实现伟大中国梦不可缺失的重要力量。海峡两岸专家学者这般热情地研究中华民族姓氏文化，让海峡论坛中的海峡百姓论坛更为确立两岸同根，闽台一家的主题，这也是符合扩大民间交流、加强两岸合作及促进共同发展三大目标的具体表现。真是令人欣喜，让人为之祝贺，为 2013 年海峡论坛的海峡百姓论坛研讨会画下完美句点。

　　作为"海峡百姓论坛"的重头戏，本次闽台族谱展再次成为两岸宗亲关注的焦点，闽台 44 个姓氏的 2000 册族谱寻觅前世的情缘。中央统战部副部长、中华海联会副会长林智敏，福建省委统战部部长雷春美和数百名台湾宗亲参观族谱展。本届海峡百姓论坛族谱展与前几届族谱展有很大的不同，此次族谱展是在总结前几届族谱展的基础上，在《闽台百家姓》研究海峡两岸各个姓氏迁徙的基础上，组织各个姓氏把他们族人入闽和迁台情况用图表形式直观表现出来，还重点展现了台湾政要和名人家族的迁徙。来自台湾新北市的赖凤如，20 多年前就曾到访过大陆，百姓论坛族谱展活动是第一次参加。赖女士告诉记者，这次有五位台湾的赖姓宗亲前来，他们希望通过这种方式找到自己在大陆的根和源。此外，参加此次论坛的台湾同胞，来自近 40 个姓氏宗亲团体，其中 60% 的台胞宗亲第一次到大陆，甚至还有 50 名在闽台湾大学生也参加了交流活动，这些都充分彰显了两岸姓氏文化交流的亲和力和凝聚力。"福建漳浦县崎溪吴氏宗祠'种德堂'与我们当地的吴氏宗祠有着一样的堂号，宗谱排序也是一样的。"在闽台族谱展上，台湾吴氏宗亲代表、南投县名间乡浊水村长吴钦纬激动地说："宗亲见宗亲，泪水湿衣襟。感谢海峡百姓论坛，我们两岸的吴氏子孙终于聚在一起了！"目前双方已经完成族谱对接，他找到了自己的根。

　　台湾成功大学化学系的退休教授叶茂荣博士，虽说 1989 年他就首次踏足大陆，可参加海峡百姓论坛是头一回。"我去过河南、陕西，也去过广东梅县祖籍地，知道我的根在大陆。"叶茂荣老人说，这次带的两幅画，就是他在来大陆前为大陆同胞精心准备的见面礼。

　　"对上了，终于对上了。"来自台湾朱氏宗亲文教基金会董事、新竹的朱建明兴高采烈地说，新竹县朱氏宗亲多年来寻找了很多地方，一直没有找到根脉所在，没想到这次族谱展上一本老族谱上面写着"漳州府北门外备箕垅鼎脐窝"，这就是自己不断寻觅的所在——百花村。让新竹和漳州百花村的朱氏宗亲续上了族谱。朱建明先生说："我一直很想要找到我的祖先的源头，此次来漳州刚好就根据爷爷口述的地名线索寻到了根。"在闽台族谱展现场，南投县名间乡浊水村长吴钦纬高兴地向记者介绍说，目前双方已经完成族谱对接，他找到了自己的根。"福建漳浦县崎溪吴氏宗祠'种德堂'与我们当地的吴氏宗祠有着一样的堂号，宗谱排序也是一样的。""我们闽台两地柯蔡氏18人一起前往萝城区的蔡竹禅故居参观。大家在高楼大厦群拥的清代古厝中，共同感受、传承蔡氏祖先留给子孙的历史文化精神。"漳州市蔡新研究会秘书长蔡沧洲叙述，"我们还参加了坐落于龙文区的海峡两岸漳州市柯蔡文化中心奠基仪式，该文化中心将被建成两岸柯蔡氏的活动基地，促进亲人们常来常往！"

"海峡两岸（漳州）宗亲文化交流中心便是这样一个重要平台，其设有族谱对接馆、民俗风情馆、史料文物馆等三个展示馆和一个漳台族谱对接网站。"漳州市政协海峡文史馆馆长江焕明介绍，中心现收藏展示漳台族谱1200多部，其中台湾谱近500部，整理漳州人迁台记录8000多条及近500位漳籍台湾政商名人族谱对接资料，包括连战、江丙坤、王金平、吕秀莲、林丰正、游锡堃、谢长廷、谢东阁等。"在此次海峡百姓论坛的带动下，相信将有更多的台胞前来联宗对谱、寻根谒祖。中心已把大量族谱记载内容、对接研究成果和相关姓氏文化资料等录入漳台族谱对接网站，可以为两岸同胞实现远程联宗对谱、寻根谒祖提供便捷高效服务平台。"

台湾宗亲很多都是提前进来，有的组织活动到22日才离开。在一周中，福建省各姓氏宗亲盛邀台湾宗亲代表深入考察漳州、厦门、泉州、福州、三明、龙岩的经济发展状况。庄、严宗亲举办了"深化闽台庄严宗亲交流、推动两岸关系和平发展"座谈会，省委统战部副部长庄奕贤等领导到会指导。吴氏召开了"海峡两岸吴文化论坛"。彭氏召开了"第二届闽台彭姓源流论坛"。江氏召开了"海峡两岸江氏文化闽南论坛"。周氏召开了"闽台周氏宗亲首次联谊座谈会"。林氏举行了200多人的《中华林氏通谱·漳州分卷》首发仪式。林则徐家族的《岑兜林氏族谱》在福清举行首发，梁氏召开闽南片与台湾宗亲恳亲大会。台湾李氏代表团接受厦门海沧区东孚镇人民政府的邀请前往海沧参观访问。张氏在漳各县参观和祭祖，赖氏到龙岩祭祖，康姓到永春、惠安联谊祭祖。连氏举办了"海峡两岸连氏书画作品展"，海峡百姓书画院举办书画展。柯蔡氏签订了海峡两岸共同开发海峡西岸（漳州）柯蔡文化交流中心协议并举行奠基仪式，召开海峡两岸对历史文化名村尤溪桂峰村开发和保护研讨会，金门历史文化名村琼林村与国家级历史文化名村桂峰村就缔结最友好兄弟村达成初步意向。两岸双方推介各自发展优势，洽谈闽台经贸交流合作意向，扩大两岸宗亲交流合作领域，用实际行动共筑"中国梦"。

台湾两岸关系发展促进会理事长郑昭明对记者说："中国人最重视的就是同乡同宗

的关系，在我们心中最能代表血脉亲情的就是姓氏，百姓论坛的平台将为两岸发展做出更大的贡献。"海峡百姓论坛一届比一届成功，两岸宗亲交流也越来越活跃。

本届论坛举办两岸宗亲族谱对接仪式、闽台族谱展、中国梦与谱牒文化研讨会等主题活动，做到三个突出：突出民生、民间、草根、基层，突出活动项目的创新提升，突出活动项目的品牌项目。同时凸显四大亮点：

第一，民间性、草根性与广泛性。参加此次论坛不仅有专家学者，还有基层宗亲代表，其中参加论坛的台湾同胞中有80%为"中南部、中小企业、中青年、中间势力"人士。此次参与论坛的两岸代表不分党派、不分颜色、不分层次。

第二，以丰富的族谱展览激发台湾同胞的寻根热潮。论坛期间将展出闽台两地80多个姓氏、200多部计3000册族谱，有22个姓氏27部族谱现场对接。

第三，进一步推动宗亲交流长效机制的建立。论坛期间，两岸共有7对姓氏研究团体拟签订长期交流合作协议，建立经常性学术互动机制，全方位开展姓氏宗亲源流研究。

第四，突出同根同文、同心追求中国梦主线。论坛期间，"中国梦与谱牒姓氏文化学术研讨会"以及"同根同源、共筑中国梦"为主题的联谊交流等活动逐一举办。

"两岸一家亲""我们都是一家人"……在本届海峡论坛上，听到最多的便是这些温暖又直白的话语，正是这种亲如一家的情分，延续乡情、根植民间，渗透到了每一位同胞的心间。本届海峡百姓论坛有两岸学者提交论文170多篇进行交流研讨，为汇聚两岸民间力量，推动两岸和平发展，促进祖国统一和实现中华民族伟大复兴的"中国梦"提供了文化、思想的支撑。而两岸各姓氏宗亲对接联谊、深入考察、洽谈合作，则用实际行动共筑"中国梦"。正如台湾姓氏研究学会《台湾源流》主编、台中市教育文教基金会董事林永安在"中国梦与谱牒姓氏文化学术研讨会"上援引习近平的话呼吁："全球华人共筑属于所有中国人的中国梦，共同振兴中华民族。""两岸一家人"的理念更加深入人心，两岸共圆"中国梦"的发声更加清澈响亮。

五届海峡百姓论坛在闽台城市间轮办，正如福建省海外联谊会会长雷春美表示的：自2007年以来，以"海峡百姓论坛"以"两岸同根，闽台一家"为主题，以姓氏文化为基础，以血缘亲情为纽带，以基层百姓为主体，广泛开展两岸之间地对地、民对民、姓对姓的宗亲联谊交流。论坛已在福建福州、台湾台中、福建泉州、台湾高雄举办过，今天在福建漳州成功举办，两岸已有近百个姓氏同胞频频组团，近百万台湾同胞、海外侨胞到大陆寻根谒祖，为增进两岸同胞情谊，促进两岸和平发展发挥了独特的作用。而本次论坛又确定为主议题，突出同根同文、同心追求，将"中国梦"这一主题元素融入了论坛系列活动的主线创意设计之中。举办"中国梦与谱牒姓氏文化学术研讨会"，开展以"同根同源、共筑中国梦"为主题的宗亲联谊交流。如若不是同根同源、同文同种，又如何会有两岸间的史缘久、神缘合、文缘深、语缘通、俗缘同、商缘广的传承与认同。

  论坛引起了海峡两岸各新闻媒体的重视，开幕的当天有 20 家境内外媒体 30 多名记者参与论坛活动的采访，《人民日报》《中国文化报》《文汇报》、人民网、新华网、中国新闻网、中国报道福建频道、《厦门日报》《闽南日报》《海峡都市报》《海峡导报》《收藏艺术报》《海峡卫视》《厦门卫视》、中国台湾网、《香港文汇报》《香港商报》、凤凰网等 90 多家境内外媒体播报、刊发了消息、通讯和专访。

闽南泉州多元宗教与社会和谐共处探微

——近百年泉州宗教学回顾暨纪念吴文良先生诞辰110周年学术研讨会综述

林振礼[*]

　　闽南初冬时节，由中国社会科学院文化研究中心闽南文化研究基地、泉州市社会科学联合会、泉州师范学院闽南文化生态研究中心共同举办的"近百年泉州宗教学回顾暨纪念吴文良先生诞辰110周年"学术研讨会于2013年11月23日在泉州师院行政楼学术报告厅隆重举行。中国社会科学院考古研究所黄展岳先生，福建师范大学闽台区域研究中心主任、中国海外交通史研究会会长谢必震教授，泉州社科联主席吴少锋，以及福建省的专家学者等100多人出席了研讨会。

　　泉州师范学院党委书记游小波教授在其学术报告中回顾了近百年泉州宗教学的历程。他说，泉州宗教学之肇始可以追溯到20世纪20年代。1921年，新加坡华侨林文庆应陈嘉庚之请，放弃在新加坡拥有的一切，来到厦门，开始了长达16年的厦门大学校长生涯，把厦大从荒凉的演武场，演变成为学科体系齐全的综合性大学。林文庆校长本人就是国学专家，他著有关涉宗教学的《孔教大纲》。就在林文庆主持校政的1926年10月，厦门大学成立了国学研究院，林文庆亲任院长。国学院聘任了沈兼士、林语堂、鲁迅、顾颉刚、张星烺和陈万里等一批著名学者。他们主张用科学方法研究国学，认为不能局限于古籍研究，提出在古籍研究之外进行考古实物和实地考察活动。在这样的背景下，邻近厦门而文物古迹盛多的历史文化名城泉州，便成为厦门大学国学院学人访古考察的首选地点。以顾颉刚、陈万里、张星烺为代表的厦大国学院学人三次到泉州的重要古迹访古考察，时间在1926年年末1927年年初，即20世纪20年代厦门大学国学院的泉州访古活动。顾颉刚、张星烺和陈万里几位大专家经泉州访古之后，不仅撰写出一批影响深远的文章，而且在厦门大学做讲座。吴文良先生当时尚在厦门大学读书，深受老师们的感染和影响，吴文良先生后来致力于泉州古代石刻的搜集和宗教古迹的研究并取得重大成果。从20世纪20年代开始到1957年被学术界称为"横空出世"的《泉州宗教石刻》出版，吴文良先生经历了30年披肝沥胆的艰辛努力。在旧社会，收集墓碑是人们所不齿的事，但吴先生却不畏时人所讥而孜孜不倦地作此寂

　　* 作者简介：林振礼，泉州师范学院闽南文化生态研究中心。原文刊载于《中国社会经济史研究》2014年第2期。

寞之学。遗憾的是吴文良先生于"文化大革命"期间不幸去世。泉州师院吴幼雄教授以继承其父遗业为己任，历经40多年的刻苦努力，对《泉州宗教石刻》进行大规模的增订，2005年由科学出版社出版发行的《泉州宗教石刻》增订本以大量无可辩驳的原始物证，展示宋元时期泉州多元文化交融的历史画卷。吴家父子两代人薪火相传、长期从事泉州宗教石刻以及对海外交通史研究的突出贡献，对于我们研究不同社会历史背景下，多种宗教文化的互动关系，具有特殊的重大意义。

泉州市社科联主席吴少锋高度评价了吴文良先生的革路之功。他说，有不少学术观点是吴先生第一次提出的，如宋元时代，泉州有两座以上清净寺；元代泉州不但有天主教的存在，而且最少有两座天主教堂；元代泉州景教、摩尼教势力强盛；元代泉州有婆罗门教寺院和祭坛；等等。已故中国社会科学院副院长、考古研究所夏鼐所长认为吴文良有关摩崖石刻的研究成果，填补了泉州海外交通史的空白。1958年，苏联科学院要出版《世界通史》，要求中国提供图片100幅，"特别请求中国科学院郭沫若院长转告吴先生，提供泉州宗教石刻照片十五幅"。吴少锋同时指出，两天前，"中国社会科学院文化研究中心闽南文化研究基地"揭牌仪式在泉州师范学院隆重举行。闽南文化研究基地的正式设立，是泉州市社会科学工作发展新的里程碑。广大社会科学工作者任重而道远。我们要学习吴文良先生热爱祖国、热爱乡梓的高尚情操，主张开放、反对守旧的远见卓识，无私奉献、科学严谨的治学精神，勇于开拓，协同创新，为泉州市社会改革与发展做出应有的贡献。

88岁高龄、享有"秦汉考古第一人"盛誉的中国社会科学院考古所研究员黄展岳研究员，是吴文良先生《泉州宗教石刻》从初版到其哲嗣吴幼雄教授增订新版问世的见证人，长期以来关注和支持家乡的文化事业，特地从北京赶来赴会。他指出："吴文良先生热爱乡土，情系古代宗教文化，以一介中学教师的身份调查搜集和研究遗留在泉州的各类宗教石刻。在艰苦的经济条件下，不顾世俗的鄙视，利用课余时间，自费搜集或出资购买，然后运回家中保管。1954年和1959年先后把历年搜集的各类宗教石刻近200方无私捐献出来，为国家保存了一批弥足珍贵的文化财产，成为收藏这批石刻博物馆的镇馆藏品。这种无私奉献精神，应该永远受到后人的敬重。"

厦门大学洪峻峰所做的《厦门大学国学院的泉州访古与研究》报告中，回顾了厦门大学国学院三次重要的泉州访古研究。第一次泉州访古调查，在1926年10月31日至11月3日，著名历史学家张星烺、考古学导师陈万里与德国著名汉学家艾锷风（即艾克）等三人同行。此次泉州访古，从张星烺和陈万里联名给校长兼国学研究院院长林文庆写的报告书中可以得知，其内容与收获主要有七项，其中六项属于宗教方面：一是灵山圣墓查访，同时发现郑和行香碑；二是在泉州城内奏魁宫内发现十字架古石；三是在城内清净寺发现阿拉伯文石刻和永乐保护该寺上谕石刻；四是在南大街天主堂附近通简发现阿拉伯文残石数处；五是访问居住南门外阿拉伯人蒲寿庚的后代；六是证实开元寺东西两塔所有雕刻确系宋代作品。第二次泉州访古调查，在1926年12月

15—24 日，著名历史学家顾颉刚、考古学家陈万里与国学院编辑王肇鼎，三人同行。顾颉刚此行写了《泉州的土地神》和《天后》两篇文章。顾先生文章中的民俗学方法，给后人以莫大的启迪，同时也开了闽南民间宗教研究之先河。第三次泉州访古调查，在 1927 年 1 月 16—19 日，陈万里与厦门大学教育科主任孙贵定教授及张早因，三人同行。此次的主要收获：一是为开元寺东西塔佛传图石刻摄像 20 幅，并雇用拓手制成拓片带回；二是往市政局交涉搬运收集到的阿拉伯文碑刻残石至厦大国学院事宜；同时，参观了私家所藏古文物。

纵观诸先生三次筚路蓝缕的访古活动，都与泉州多元宗教有关。厦大国学院的泉州访古，正值灾难深重、匪患频仍的旧中国，厦门还是个孤悬于海上的岛屿，尚未与大陆连接（人工填海是新中国成立以后之事），在当时交通十分困难的条件下，加上地方不靖，治安极其混乱，顾颉刚、陈万里、张星烺等先辈乘坐小船从海上漂浮，再经安海乘车而来，既有舟车劳顿之苦，又冒着被劫持的危险，是一件极为艰难的事。上述三次访古活动对后来泉州的宗教学、海外交通史研究产生了极为深远的影响。

"濒海通商，民物繁黔，风俗错杂"的泉州，被誉为"世界宗教博物馆"，在海外交通鼎盛的宋元时期，就有多种外来宗教聚集在这里。著名人类学家费孝通考察泉州时指出，泉州历史上有个"中外文化接触"问题，必须深入研究。换言之，费老所倡导研究的就是"多元文化接触"亦"多种宗教并存"问题，这是泉州历史文化的特质。由于西方历史上于 12 世纪末爆发了十字军东征———一场旷日持久的典型的宗教战争。这种在几乎相同的时间跨度内发生于不同的空间地理位置的历史现象：血火冲突之杀戮与多种宗教同生共存的巨大差异，对于我们研究不同社会历史背景下，多种宗教文化的互动关系，具有特殊的意义。然而，这需要大量的宏观分析与微观论证。多元宗教兼容亦即多元文化兼容，既可为海峡两岸的和平发展提供理论与思想资源，也可为世界的和平发展提供借鉴。保存于泉州的多元宗教石刻及史迹，批驳了"文明冲突论"的宗教归因，为全球化背景下人类文化发展提供多元宗教和谐共处的泉州经验。

本次研讨会经过一年多的酝酿与筹备，得到广大学者的热烈响应和大力支持。我们把国家社科课题"闽南泉州多元宗教和谐共处探源"与本次活动相结合，收到论文 40 多篇。"泉州多元宗教和谐共处"，泉州多元宗教"万道归宝""万殊一本"。这是吴幼雄教授数十年研究的结论。吴先生在 2010 年龙岩举行的闽南文化研讨会的论文中指出，经过千年的历史，证明以儒家思想为主导，以儒、道、释文化为基础的中国传统文化，无微不至、无远弗届地渗透到中国社会各个角落。时至今日，闽南社会上各种民间信仰神明，都被老百姓称呼为"佛"。"佛"的祭祀节日被称为"佛生日"。更有意思的是闽南的非物质文化遗产，如南音、南戏、武术、歌伎、工艺及一些民俗表演，都以"佛生日"为载体，而被完整地保护下来。这就是我们当前建立闽南文化生态保护实验区的原因。中国传统文化包容万象、广纳百川；它提供世界多元宗教文化"各美其美"场地；它又提供"美人之美"的平台；它是世界多元宗教文化和谐共处的典范；它的哲学思想基础是儒家的"万道归三""万殊一本"。这便是泉州多元宗教文化和谐共处的源泉。诸多论文根据吴幼雄先生这一重要的学术观点加以申论并具体化。通过进一步追问，宋明时期经融合佛、道而走向哲理化的新儒学（理学）究竟如何以其博大胸襟兼容外来异质宗教文化？留给后世又有何深刻的启示呢？

以往的研究，其搜集、整理、考论，已有大量成果。然而，多元宗教何以能在闽南泉州这片土地上和谐共处，它与中华传统文化的关系，尤其是宋明理学（新儒学）的关系究竟如何呢？我们认为，以程朱为主脉的宋明理学是在融合佛、道教的基础上构建起来的。林振礼编审的《朱熹与闽南多元宗教》等论文，找到了一个很有价值的切入点。该论文对于朱熹仕泉知漳与佛道教、伊斯兰教、摩尼教的关系进行了深入的阐述。朱熹初仕任泉州府同安县主簿，晚年则出知漳州，与闽南多元宗教有着千丝万缕的关系。仕泉之前，朱熹所学杂驳，既受孔孟学说和二程理学的熏陶，又曾问禅学佛，访道焚修。同安任初，朱熹也曾沉浸于佛、道，然而，由于从同安一县及泉州一郡透视整个南宋社会政治、经济、文化现实，使其"逃禅归儒"。期间，他千里奔赴潮州往见大慧禅师，其互动对话、和而不同之"精神会"，在中国思想文化史上具有重要意义。泉州之"胡贾建层楼"（伊斯兰教寺）事件为朱熹后来成功地应对禅佛教、摩尼教的挑战提供了借鉴。朱熹之于闽南摩尼教（明教），仕泉偶涉，知漳则禁。总之，朱熹之于闽南多元宗教，兼容而非宽容。宋明理学"接伊洛之渊源"，使儒学贯通天人而哲理化，其因应对佛、道而崛起，又因兼容佛、道而兴盛。因此，南宋以降，佛、道、释三教历经碰撞交融之演变，可以在关羽信仰中找到印记。

中国东南摩尼教研究，很难在正史和传统典籍中寻出与此相关的突破性史料。新看法属于推测性的为多，尚缺乏实证。对于一个数度隐藏于民间的宗教，必定留痕于民间文献。晋江市博物馆粘良图先生有见于此，利用供职该地之便，十余年来，通过对晋江草庵这一国内著名的摩尼教遗址及其周围一带的田野调查，发现苏内村境主宫的是摩尼教神灵，所以认为摩尼教宗教活动至今仍活跃于民间。草庵摩尼教在明代几经打击而日渐衰微，但并未消亡，它只是变成民间信仰中的一个别具色彩的支派。粘良图先生通过田野调查，搜集隐藏于民间谱牒、壁画、雕刻、口碑等文献资料撰写的《泉州晋江草庵一带新发现摩尼教遗存》《从草庵签诗看摩尼教与民间信仰的结合》诸论文，在更深的层次上探究清代以来摩尼教在泉州晋江草庵一带的流变，为学术界考察摩尼教独特的传播形式及其发展，以及重新审视摩尼教在我国东南的消亡的时间问题，提供了极有价值的重要依据。粘先生的研究表明，在摩尼教本土化的流变中，出现以"行咒驱鬼邪"为突出特征的转型民间宗教。而泉州地区具有兼容开放的文化性格，才能使鲜活的摩尼教遗存保留至今。

20世纪二三十年代以来，在泉州北门、东门等古城墙及其附近地段，不断发现装饰有十字架、天使、莲花、云纹、华盖等图案的古基督教墓碑与墓盖石，图像特殊且形式丰富，糅合多种艺术而成。泉州海外交通史博物馆李静蓉博士将这些古基督教墓碑与墓盖石的图像作为一种特殊史料，完成了颇有新意的《元代泉州基督教天使雕饰的多元文化选择》《从概念契合到图像创新：元代泉州基督教丧葬艺术的多元融合》《泉州景教石刻与佛教关系发微》等论文，这几篇文章主要是从图像分析入手，运用比较研究的方法，一一分析了石刻图像的不同文化来源，各种外来的与本土的、基督教的与非基督教的文化元素交织在一起，创造出一种特殊的多元艺术，这在蒙元时代的中国是前所未有的，说明泉州基督教石刻不是局部封闭的文化类型，而是融合了中亚、西亚、欧洲以及中国的艺术特点，并汇集了陆路和海路传播的特征的。其中，在综合考察泉州景教石刻之佛教元素的基础上，进一步论证面对强大的本土文化以及地方文化，泉州景教徒是如何寻求宗教认同，以解决自身的生存问题，以融入多元宗教的泉州社会的。

对于泉州民间信仰（或称民间宗教）这一复杂领域的研究也有新的拓展。有的论者将繁复庞杂的民间信仰视为泛神崇拜，亦不无道理。然而，通过细化与梳理则发现，泉州民间信仰中蕴含着诸多儒教文化元素。严格而言，则是宋明理学（新儒学或新儒教）。林振礼在《关帝信仰的理学文化意蕴》一文中，揭示了关羽信仰的核心价值观为"仁、义、礼、智、信"，与宋明理学（新儒学）有着千丝万缕的关系。陈彦军以闽南萧太傅信仰为例，撰写了《重建之根：儒教视域里的萧太傅信仰研究》，从公民宗教的角度挖掘民间信仰中的儒教元素，探讨公庙类民间信仰与宋明理学之间的关系，力图论证公庙类民间信仰是宋明新儒教的遗存，是今天重建儒教的重要基础。定性此类民间信仰为儒教，对于公民社会构建、构筑民族凝聚力、提升国家软实力等具有重要意义。

总之，本次研讨会成果丰硕，将使我们以世界文明为视野，继承《泉州宗教石刻》这一传统学脉，既要扎扎实实地进行田野调查，又要拓展研究路径，采用新的方法，提高理论思辨水平，使"多元宗教和谐共处"的泉州经验，为构建当代和谐社会服务。

弘扬闽南文化　擦亮城市名片

——"闽南文化引领泉州品牌发展"研讨会在泉州召开

刘文镇　等[*]

刺桐古港千帆并进，光明之城雄姿英发。2013 年 6 月 16 日，由泉州市质量技术监督局、《中国品牌》驻福建记者站、泉州品牌发展中心承办的 2013 世界闽南文化节·闽南文化论坛——"闽南文化引领泉州品牌发展"研讨会在泉州召开。国家质检总局中国品牌杂志社社长高伯海，福建省质量技术监督局局长黄维礼，中共泉州市委常委、市政府常务副市长林伯前，清华大学新闻与传播学院教授范红，市直单位、驻泉省部属单位领导，各县（市、区）人民政府和泉州开发区、泉州台商投资区管委会领导，华侨大学、泉州师院等高校领导以及 150 多家泉州品牌企业负责人共计 350 多人齐聚一堂，共同总结和归纳闽南文化引领泉州品牌发展的经验，探索泉州品牌新一轮跨越发展之路。

据了解，为进一步发挥产业集群品牌效应，全面挖掘、宣传、推介、提升泉州企业的品牌价值和品牌文化，构建泉州企业文化的创新模式，努力营造全社会重视品牌、发展品牌的良好氛围，泉州市政府在世界闽南文化节期间开展泉州品牌文化系列活动，宣传全市品牌创建成果，促进城市品牌、企业品牌和产品品牌良性互动。"闽南文化引领泉州品牌发展"研讨会是系列活动的重要组成部分，"品牌故事"有奖征集和"微评论·消费者最喜爱的泉州品牌"征集活动也在会议当天同步启动。

倡导闽南精神　汇集发展正能量

文化扬帆树旗帜，产业巨轮破浪行。文化是民族的血脉，是人民的精神家园。自古以来，一个地区、一个城市的发展，往往因地利而兴，因经济而盛，因文化而久。高伯海社长在致辞时表示，泉州民营企业家在闽南文化的滋养下，大力弘扬"爱拼敢赢"的人文精神，会识"天象"、会看"风水"，敢走"夜路"、敢闯"激流"，诚信吃苦，锐意进取，在实施品牌发展战略和品牌创建工作上，取得了令人瞩目的成绩。当

---

[*]　作者简介：刘文镇、陈金昌、刘志高、叶超。原文刊载于《品牌福建》2013 年第 7 期。

前党中央、国务院大力推进质量强国战略，期望泉州民营企业家继续发扬"爱拼敢赢""善拼能赢"和"能拼会赢"的精神，不断创造出新的品牌发展经验和发展模式，为品牌发展建设注入源源不断的活力。

黄维礼局长在讲话中指出，泉州品牌发展成绩显著，从产品品牌到产业品牌，再到区域品牌，上升到城市品牌，泉州在推进品牌发展中形成一条独具特色的发展轨迹。作为闽南人共同创造、共同拥有的区域文化，闽南文化是海内外泉商发展的源泉，对泉州民营企业财富的积累和品牌的建设发挥着不可低估的作用。当前，福建省正致力于加快转型升级，泉州也在推进产业集群壮大发展，应充分发挥闽南文化的优势，把闽南文化品牌的影响继续做大做强，让泉州的品牌之光闪耀出更为耀眼的光芒，显现出更加独特的魅力。

泉州市委常委、市政府常务副市长林伯前在致辞中提到，文化与经济相互渗透、相互促进，区域文化影响着区域经济的发展模式。泉州品牌的发展离不开文化的内在基础，闽南文化已融入泉州民营企业家的血液里，铸就了他们"输人不输阵"的品格、胆识和气魄，培养了他们创新、创业、创造、创富的能力，有力推动泉州的繁荣进步、兴旺发达。当前，泉州正着力深化"二次创业"，做大总量、做强质量，全力建设民营经济的乐园，发展壮大产业集群。站在转变提升的关口，发挥泉州独特的闽南文化优势，总结和归纳闽南文化引领泉州品牌发展的经验，既是对闽南文化的传承和创新，也有利于构建泉州企业文化的创新模式，推进泉州品牌和泉州经济可持续发展。接下来，泉州将从三方面推进品牌工作：一是固本强基，全力打造城市品牌，不断扩大"城市品牌"的影响，形成企业和城市品牌传播共赢的局面；二是未雨绸缪，建立一套防患于未然的危机处理预警机制，帮助企业主动应对危机；三是走出国门，发展民族自有品牌，争创中国世界名牌，努力并购重组国际品牌，实现做大做强。

创新品牌文化　铸就城市新荣光

扬鞭奋蹄追日月，百舸争流竞潮头。改革开放以来，泉州民营企业家在闽南文化的滋养下，发扬了敢想、敢拼、敢赢、敢为天下先的闽南精神，不断创业、创新、创造，构建了独具特色的企业文化和品牌文化，支撑起泉州成为"中国品牌之都"的形象。目前全市拥有产值亿元以上工业企业 1704 家、上市企业 77 家，数量居福建省首位、全国设区市前列；拥有中国名牌产品 46 项，位居全国设区市第二；中国驰名商标 105 个，成为全国首个中国驰名商标超百个的设区市。

为进一步弘扬先进的企业品牌文化，提升全社会的质量意识和品牌意识，会上，九牧王股份有限公司、永春达埔彬达制香厂、利郎（中国）有限公司等泉州知名企业分享了品牌文化建设经验。紧接着，清华大学新闻与传播学院教授、博士生导师、清华大学公共关系与战略传播研究所所长、城市品牌研究室主任范红做了《泉州品牌发展战略：城市与企业的互动与共赢》主题演讲，就闽南文化如何与发达的产业经济、品牌经济相结合，城市品牌如何与产业品牌互动等进行了探讨。会议同时表彰了泉州市"品牌发展战略"征文获奖者。

一片涨海声中，刺桐古港再振创业雄风；手把品牌之旗，海西名城勇赴时代大潮。作为闽南文化的主要发祥地，泉州一直致力于闽南文化的传承和创新，不断赋予其新的时代内涵。我们相信，在闽南文化的引领下，传承爱拼敢赢、敢为人先的人文品质，营造海纳百川、有容乃大的人文环境，提升城市发展的凝聚力和创造力，古老而又现代的泉州必将迎来里程碑意义的转型升级，勇往直前，向更加辉煌的彼岸，坚定不移远航，再续辉煌！

精彩观点

清华大学新闻与传播学院教授范红：明确城市品牌定位，阐释推广地域文化城市品牌与企业品牌的塑造有相似的地方，都需要设计品牌标识、明确品牌定位、实现品牌差异化、强化品牌视觉、进行品牌包装和传播。宣传城市品牌，点不能太多，要有所取舍，定位要清晰。英国牛津城专心做好保护古建筑和办好大学两件事，成为名副其实的品牌城市。

泉州号称"历史文化名城、海上丝路起点、世界宗教大观、中国著名侨乡、中国自主品牌之都"，在外人来看，历史文化名城、侨乡文化都不是泉州独有的，海上丝绸之路起点可以体验的东西不是特别多，但世界宗教大观很有吸引力，因为各种宗教的遗址保存得很好，泉州完全可以从这个点做文章，发展文化旅游，定位城市魅力。同时可以突出泉州"中国自主品牌之城"的定位，打造"企业博物馆"，形成线路，既可以打响企业品牌形象，又可以成为泉州旅游的新亮点。

另外，城市形象可以与知名企业联合进行捆绑推介，泉州企业品牌很多，如果在传递自身品牌的同时，能够将城市品牌也传递出去，城市品牌影响力增加后，在人才等软环境的塑造上，对于企业品牌也会带来帮助。人们对一个城市的总体印象大体通过三种方式来确立：亲身感受、口碑传播和媒体宣传。亲身感受是最重要最直观的，它包括了对景、对人、对事、对产品、对生活方式、对历史文化的感受。泉州有上千年的历史文化积淀，应该将文化与产品、产业结合，生产出有城市特色的产品，开发深度工业游线路，让人既能旅游，也能买产品，从而带动更多文化消费。这也是城市与企业的互动，将共同提升城市品牌的影响力。

利郎（中国）有限公司执行董事胡诚初：闽南文化的精髓是创新，创新是企业发展的唯一出路。闽南文化是中国文化的支脉，从祖先的迁徙到开辟海上丝绸之路，再到远渡南洋谋生，这些重大活动都离不开"爱拼敢赢"的精神。这种精神代代传承，正引领着整个闽南企业品牌的发展，并通过企业品牌的发展，把闽南文化发挥得更加淋漓尽致。而爱拼敢赢的内涵是创新，闽南文化的精髓是创新。因为理念创新，不畏艰险，才敢去拼；因为策略创新，不走寻常路，才能够赢。泉州人钱再少也想当老板，这是闽南文化跟其他地域文化显而易见的差别。不断创业才是最好的守业，利郎的发展就是最好的验证。只有不断创新，不断进行品牌经营，才能促使企业持续成长。

九牧王股份有限公司总经理陈加芽：企业发展如逆水行舟，不进则退，公司董事长林聪颖先生的办公室有一幅字"企业诞生之日，就开始与死亡争夺时间"。孟子曰："生于忧患，死于安乐。"企业的发展也如逆水行舟，不进则退，企业从拿到营业执照的第一天，其实就面临着什么时候会关门，在发展过程中，我们得到过许多荣誉，但那些都属于过去，我们只有持之以恒地不断在品牌、产品、服务、管理上推进，才能不断地进步。同时要以诚信为本，脚踏实地经营，努力去满足消费者需求。只有消费者的认可才能延长企业的生命。因此以消费者需求为导向，为男士提供高性价比的精工时尚服饰是九牧王坚定的使命。

永春达埔彬达制香厂企业代表黄海峰：闻香是一种休闲修养。香文化与茶文化、酒文化等中国传统文化一样有着悠久的历史和深厚的文化底蕴。著名诗人余光中先生来我公司参观香道表演时曾说过："文化讲究慢，你一定要定下心来，然后慢慢欣赏，可以弥补高速社会匆忙之不足。科技是忙出来的，文化是闲出来的，而闻香是一种休闲的修养。"继喝茶品茗成为繁忙都市人调养身心的时尚之后，闻香、品香即将成为新的时尚。彬达以科技力量把握时代脉搏，诠释香道文化，并在传承中创新，通过创新工艺和产品，实现企业转型升级。

"2013 福建文化宝岛校园行"
漳州芗剧团巡演综述

张　帆*

"福建文化宝岛校园行"由福建省文化厅、福建省闽台文化交流中心主办，是一个面向台湾各类院校及青少年群体的系列文化交流活动。活动计划五年内，采取演出、讲座、展览等多种形式，深入台湾百所大中专院校，系统地将福建省的优秀传统剧种及多元丰富的文化推介给台湾学子。

该活动自去年首度启动便获得很好反响，2013 年 4 月 28 日至 5 月 8 日，有"芗剧之帜"美称的漳州市芗剧团肩负"2013 福建文化宝岛校园行"重任，在高雄、台南两地的 11 所院校和高雄市立文化中心做了 12 场展演，并与台湾戏曲界资深艺人坐而论道，共品两岸歌仔戏。芗剧是福建五大剧种之一，原名歌仔戏，源于闽南歌仔，是唯一诞生于台湾，而由两岸共同哺育的剧种。本次巡演在"福建文化宝岛校园行"提供的良好平台上，传播优秀的福建芗剧艺术，加深两岸戏曲界的情感，推动两岸文化艺术深层次的沟通。

一　精心挑选演出团队与剧目

为了开展"福建文化宝岛校园行"，漳州芗剧团精心挑选表演功力扎实的不同行当演员，与乐师、其他演职人员共同组成精干的演出团队。

演出剧目有传统优秀折子戏《斩经堂》《十八相送》《安安寻母》《楼台会》以及《三家福》《讨学钱》等中小戏。这些剧目在芗剧中有代表性。有些虽是移植的，但经多年努力，已将其语言、音乐、表演与芗剧剧种特色及闽南地方文化丝丝入扣涵化为一体。如《十八相送》《楼台会》，演员用细腻的舞台动作和眼神，表达丰富的潜台词，赋予人物细微而有层次的情感变化，与越剧有所区别。《三家福》中大段精彩表演，很好地诠释了传统戏曲虚拟性的表演美学。《讨学钱》由芗剧一代宗师邵江海整理改编，台词融入大量活泼生动的闽南方言，充满谐趣，此次复排入台首演。这些剧目风格各

---

* 作者简介：张帆，福建省艺术研究院助理研究员，硕士。原文刊载于《福建艺术》2014 年 3 月刊。

异，既有大段悱恻缠绵的唱段，将芗剧唱腔特点表现得淋漓尽致，又有以做工胜场、热闹诙谐的戏。这使得每场演出都能够根据实际情况从容安排。

二 行程紧凑，素质过硬

4月29日，"2013福建文化宝岛校园行"活动在正修科技大学启动，之后短短4天内巡演位于高雄的义守大学、树德科技大学、高雄师大、高雄大学、高雄应用科技大学、中山大学6所大学。高雄地区演出结束后，演出队奔赴台南，2天内在昆山科技大学、成功大学、南台科技大学、台南大学等4所大学演出。巡演安排紧凑，多为一天两场，午餐通常在剧场吃快餐，若急于转场，便只能在车上用餐。训练有素的演出队一下车便立即装台，演出结束迅速拆台。在台南大学演出结束后，该校戏剧创作与应用学系主任王婉容对演出团队精湛的表演技艺与精干的专业作风赞不绝口，她说："很专业，一来就工作，迅速布台，演完迅速拆台打包。"

高雄市立文化中心是高雄市重要的文艺活动与休闲场所，不仅经常组织剧场演出，还有丰富多彩的广场演出、街头艺人展示等文化活动。为了将芗剧艺术带给台湾普通民众，芗剧团特别选定周末在文化中心演出，台湾戏迷争相索票观看，进场观众从黄发老者到垂髫稚子，包括各年龄层，受众面颇广。

台湾地区作息与大陆不同，没有午休时间，演员们常常强忍困意，奉献技艺。若安排上午演出，演员就必须六、七点开始化妆，有的连早饭也赶不上。台湾南部天气濡热，剧场开足空调，观众未进场前往往太冷，而演出开始后在灯光照射下，演员们又汗流浃背。但是表演团队克服种种困难，奔波于南部各大高校，坚持将芗剧最美好、最能打动人的一面呈现给台湾的青年学子。

三 一堂独特的通识教育课

台湾地区注重通识教育，高校一般设有通识教育学院中心，11所高校大都将观看演出纳入通识课程，将剧场变为课堂，让漳州市芗剧团为台湾学子上了一堂独特的通识教育课。参与观看的学生，主要借由课堂通知、学校网络平台、海报招贴等方式获知演出信息。除了通识课程的学生外，剧场也开放给有兴趣的同学。一些高校学生进剧场前要签到，领"反馈表"，演出结束后填好上交。

目前为止，台湾戏剧进校园的模式大约有以下几类：一是教师上课，或兼有演员展示；二是校园剧社活动，但以话剧为主；三是专业院团进校演出；四是聘请专业演员任教。例如，高雄应用科技大学曾邀请著名台湾歌仔戏团体明华园演出，但需要申请到经费才能组织演出。大陆专业院团大都在台湾北部演出，很少到南部，因此南部高校学生少有机会看到高水准的专业戏曲团体的表演。这意味着南部是一块待开发的沃土，但对先行者来说也充满了挑战。

四　针对不同观众，随机应变、善巧解说

高雄、台南地区以工业为主，11 所高校也侧重于理工科系，参与观看演出的学生大都是理工科生。虽然台湾歌仔戏剧团多，仅高雄市便有 60 多个，但对于大多数年轻人来说，歌仔戏是陌生的，对大陆来的芗剧更陌生。而且高校之间情况差异较大，有些校内剧社活动活跃，学生接触戏曲机会多，积累了一定的观剧经验，能够较好地理解与接受芗剧表演。而有些学校少有相关活动，学生尚无戏曲欣赏兴趣与经验，引导难度较大。

1. 解说与演出过程的善巧方便

高水准的漳州市芗剧团免费送戏到校园，对于南部高校学子来说，是一次难得的艺术盛宴，正如在树德科技大学演出结束时，通识教育学院艺文中心主任丁亦真所说："戏剧是文学最高境界，许多东西是在学校了解，今天才看到现场演出，我长这么大都没看过这样的戏。"

对于芗剧团来说，是第一次承接这类任务，不但要演，还要教。如何将芗剧艺术展现在不同层次的观众面前？如何迅速被学生们接受，更好地收到"校园行"效果？芗剧团颇费周折，在摸索中总结出适应方式。具体而言，每一场演出都安排互动环节，根据不同学校、不同科系的学生调整互动内容，以善巧的方式，对芗剧表演技艺、声腔特点以及戏曲美学有选择性、针对性地进行深入浅出的讲解，结合讲解，做示范性演示，引导、培养学生欣赏戏曲表演的兴趣与能力。还邀请学生上台现场学习，共同表演，活跃气氛，提高同学们的兴趣。

第一场正修科技大学有位学生是小生演员的戏迷，便由小生教唱"七字调"，由戏迷上台学唱。第二场义守大学学生较少接触戏曲，适宜用难度较低的直观方式，因此由花旦用水袖表演喜、怒、哀、乐四种情绪，同学反馈说通过水袖可以很明显、很清晰地感受到不同情绪。还即兴用水袖展示《寿阳公主》中萧太后发疯时的情绪暴发，在主持人幽默的串联下，引发观众连连掌声和阵阵笑声，邀请一位学生上台学习简单的水袖表演。在树德科技大学的互动环节中，大陆演员与台湾演员表演的 Q 版《十八相送》，气氛活跃，笑声不断。在南台科技大学演出前，了解到该校学生活跃，喜欢互动，临时决定删除两出戏，留出大量互动时间，让更多同学上台学习唱腔与表演。在台南大学演出前，了解到前来看戏的大都是戏剧专业学生，该校有京剧教师教身段与唱腔，学生还能演京剧折子戏《苏三起解》，因此临时改变互动内容，由主持人引导学生关注两岸歌仔戏的异同，介绍保持歌仔戏传统最完整的四大件乐器。演《三家福》苏义偷瓜前，先让学生表演类似情境下的偷瓜，以便与芗剧表演做比较，引导学生思考话剧与戏曲表演的异同。是夜演出获得很大的成功，老师、同学们兴奋地说台南大

学成为芗剧团的粉丝团。

2. 学生观众的反馈

组织一场活动，总是期待能够获得较为准确的评价信息。目前尚未建立活动评价体系，只能基于演出前后对高校教师、学生的随机访谈，收集相关资料，因此反馈信息也许不够完备，有些还只能以个案方式表现。从访谈与观察的结果看，观众的反应大致存在以下几类。

一是戏剧、中文专业学生和一些资深戏迷不但看懂听懂，还看进去了，在主持人的引导下，对芗剧表演有触动、有思考，演职人员得到学生的热烈欢迎与追捧，如高雄师大中文系本科生上过《戏曲概论》课，观剧过程认真、专注、投入，演出结束后学生反馈：看戏过程目不转睛。《三家福》这个戏有趣味，白多唱少，故事吸引人，节奏感强。在这些剧目中，有些或细小或虚拟的表演往往赢得台下学生们会心笑声，他们完全看懂了芗剧的虚拟表演。互动中也能发现这类观众对两地歌仔戏有自己的判断，对戏曲表演有自己的思考。正修科技大学一位女硕士生，是资深戏曲爱好者，获知演出信息后，在微博上找到芗剧演员进行互动，追随剧团多次观看演出，她说喜欢芗剧传统风格，欣赏时视觉不会分散，能集中在表演上，还说希望看到传统戏，传统戏作精致会吸引很多观众，要把传统做好再来创新，新编戏剧情不要太复杂，不要太花哨，认为有些新编戏有画虎不成反类犬之弊。

二是精彩的表演与幽默的讲解吸引一批莘莘学子的浓厚兴趣，演出结束后，有些学生纷纷与演员合影、求索签名。义守大学资讯管理系的潘同学在互动环节上台跟花旦学水袖，次日早晨又追到树德科技大学看演出。他说剧中人物个性突出，性格鲜明，看表演一目了然，《三家福》中的苏义热血助人，不留一点钱给自己，导致挨饿很无奈去偷番薯，剧情营造得好，感情真挚。还说芗剧很细腻，台词很有文学性，也很乡土很幽默，音乐与表演配合得好，《讨学钱》这样的戏现实生活也有，是日常生活的延伸，但台上表现得很幽默有趣。看《安安寻母》想哭，想给妈妈打电话说幸好不要分开。

三是部分学生缺乏戏曲欣赏的兴趣与经验，对演员的表演没有反应，总体看，这一类学生较少。例如在昆山科技大学演出前，虽然老师在提醒不要做"低头族"，但演员在舞台上插科打诨逗不动台下学生，大多数学生对表演没有反应，同样的剧目、同样的表演，难以收到同样的剧场效果。

3. 来自教师、文化工作者群体的评价

教师、文化工作者大都对戏曲有较多的了解，有些人在这一领域的研究颇有心得，他们以引导学生观看为主，总体评价认为漳州芗剧团秉承并保持了很好的戏曲传统，表演细腻。

树德科技大学通识教育学院艺文中心主任丁亦真说：我们看过歌仔戏，对芗剧只听过，今天很荣幸能看到正宗的歌仔戏，看到原汁原味的歌仔戏，元素非常正统，动作很细腻。她提醒学生说你们要看买票去漳州，今天眼睛要睁大一点。她还说：这是艺术家的演出，所以我们要以艺术家的高度来观看。同校的李季纹老师说大陆是学校训练演员，台湾演员是家庭训练出来；大陆比较细致，有古典味道。她说：语言、音乐、戏剧是文化的根源，应该去接触，去看清，不要认为与自己没关系，没兴趣，不想了解或看不起。

在中山大学演出《三家福》，结束时，通识中心的老师说：这样一出戏很温暖，有闽南最温暖的情谊，很动人，是现在时代最缺的，希望这股力量能散播出去。

在高雄文化中心至善厅演出结束时，高雄文化局刘副局长说：看哭了，小时候看歌仔戏的感觉回来了。

五　妆罢人又来，再叙姐妹情

巡演期间，漳州歌仔戏剧与台湾戏曲界举行了两次座谈。一次是高雄市立文化中心演出结束后，在台湾戏曲学院副校长蔡欣欣教授的主持下，台湾著名京剧、歌仔戏演员，歌仔戏导演吕福禄先生及台湾日光歌剧团、淑芬歌剧团团长、资深艺人与漳州芗剧团进行座谈，共叙两岸姐妹情谊。台湾艺人将漳州芗剧称为"台湾歌仔戏之跨海姊妹"，一致认为大陆芗剧演员四功五法扎实，身段细腻，唱腔流畅。吕福禄老先生说，这一团表演是真功夫，武生耍剑非常到位，梁祝的扇子功、庞氏的水袖功都很到位。他还说很多观众喜欢看芗剧，大陆芗剧四功五法很扎实，一句曲一个动作。日光歌剧团资深艺人汤秋凤说：每一个演员出来都很漂亮，身段细腻，唱腔流畅。蔡欣欣教授总结认为：台湾歌仔戏表演生活化，每个团有自己特色，有自己品牌形象和艺术风格，福建芗剧一招一式都很规范，要相互观摩，以戏会友，以歌交流，相互吸取优点。艺术会随时代演进，但希望可以保留精致的核心。

另一次是台湾著名的歌仔戏团体明华园黄字团与漳州芗剧团宴座，两团曾经互帮互助，有过美好的合作记忆，是夜宾主尽欢，探讨歌仔戏艺术，回顾多年的深厚情谊，结束前还各派当家生旦演员，共同演唱《平贵别窑》中的经典唱段。

两岸的歌仔戏芗剧经历了不同的发展阶段，演绎出不同的表演风格与唱腔特点。台湾歌仔戏受影视及日本宝冢表演影响较大，剧情、音乐、表演、化妆等均有较多创新，是"角"的艺术，一些著名演员有大批拥护者，自动自发出钱出力追随名角，为演员做宣传。演员在台上状态松弛，擅长随机应变与观众互动，映射着个人精神世界的活泼自在。郑娅玲这么评价：什么都能唱，张嘴就来，普通的语言都能用七字调唱出来。

大陆芗剧有非常好的成长环境，有条件汲取京、昆各大剧种的精华，严守戏曲表演传统程式，漳州市芗剧团又秉承一代宗师邵江海的芗剧艺术，因此展现出传统、扎实、细腻的表演风格。此次赴台巡演，为台湾学子与普通民众带去了大陆的"都马调"，让台湾观众领略到大陆芗剧艺术的风采。5 月 8 日，该团圆满完成"2013 福建文化宝岛校园行"活动，载誉而返。

六　一些思考

通过台湾南部高校的巡演，我们发现多数青年观众对戏曲一无所知。戏曲曾经令一代观众为之倾倒，也就是说，它不是不美，也不是不受观众欢迎，而是没有培养起观众的戏曲欣赏习惯，没有建立戏曲审美的接受能力。个中主要原因固然源于台湾自身的文化发展，但院团少到南部演出，也是导致南部戏曲观众流失、断层不可忽视的原因之一。

戏曲进校园是一种观众教育，主要目的是培养有辐射影响力的潜在观众，让他们能够成为向家庭与社会传播戏曲艺术的源点，让他们真正接触到戏曲所承载的民族文化与传统文化，被这种文化所浸所化，让这种文化成为一种沉潜入血脉不可或缺的因子，成为一种不思量、自难忘的基底文化。只有这样，文化同源的闽台两地之间的交流才能够真正绵延。因此，培养优秀文化艺术在台的年轻接受群体显得更为迫切。

1. 相对于数量庞大的青少年观众而言，福建省戏曲院团以点状方式进校园演出，只能影响一小批人，尚未形成面的效应。如果要更大范围地开枝散叶，单靠院团单方面的单打独斗是不够，还需要台湾方面做长期的教育与铺垫，培养年轻观众。这需要有既长于戏曲研究，又长于组织活动，了解台湾高校具体情况，在台湾学界、戏曲界有影响力的专家的帮助，精心筹划每一次演出，让福建省的优秀院团在较短时间的巡演中以最少的人力、物力投入，回收最大的传播效果。

2. 剧场演出由观、演两部分构成，因此组织观众成为决定着演出成败的关键，就有备而来的漳州芗剧团而言，演出成功与否几乎完全取决于观众的组织。从不同高校不同学生的反应也可以看出来，即便是同样的剧目、同样的表演，面对不同观众有不同的演出效果。在活动的文宣推广、观众的组织方面需要校方配合。

3. 戏曲进校园活动尚无成熟可操作的模式，所以我们要思考的是什么样的戏曲，以什么方式进入校园。首先，大部分台湾年轻观众更喜欢轻松、有创意的互动节目，流行文化培养了大量学生重旋律、重节奏的音乐欣赏品味，他们很难欣赏戏曲慢节奏、一唱三叹的传统唱腔。因此剧目选择很关键，对于初次接触戏曲的学生，要选择节奏较快、剧情悬念强，以三花、花旦应工的戏。在学生积累了一定的观剧经验后，可以选择不同风格的剧目，让他们接触更多题材、更多行当，有计划地将优秀传统折子戏介绍给他们。其次，针对不同科系学生不同的知识背景与接受能力，做好戏曲进校园设计，要因人而异安排演出剧目，开掘互动环节。

4. 演出场地的选择。从本次巡演看，两场演出安排在非镜框式舞台进行，反响热烈。这种没有台上台下区隔的表演空间，拉近观众与演员的距离，比较适合校园戏曲演出，使得戏曲表演不再是高台之上高不可攀的艺术，而是进入到观众与日常中去，容易产生亲近感。

我们必须看到，文化的力量并非一朝一夕便能立竿见影，"福建文化宝岛校园行"是一个播种的过程，其本身意义重大，它的影响力往往不在当下，而要滞后十年、二十年，甚至更长。

弘扬根亲文化　发挥基地作用

——第六届固始与闽台渊源关系研讨会暨第五届中原(固始)根亲文化节综述

齐　超*

金秋好时节，丹桂香飘时。在历史悠久、人文厚重的蓼城大地，再次焕发勃勃生机，来自东南亚国家和中国的港、澳、台地区及福建、广东等 10 多个省市的海内外嘉宾、学者、宗亲、新闻媒体朋友 400 多人来到"唐人故里闽台祖地"——河南固始，寻根问祖，话叙亲情，交流合作，共襄盛举。2013 年 9 月 25—27 日，被国台办列为对台交流重点项目和河南省保留节会活动的"第六届固始与闽台渊源关系研讨会暨第五届中原（固始）根亲文化节"围绕"弘扬根亲文化，持续扬名战略；扩大两岸交流，促进和平发展"的主题，本着务实、节俭的办节办会原则，创新对台工作载体和活动形式，注重经、贸、文化一体化发展，谱写了一曲曲情缘于根、血浓于水、两岸一家亲的颂歌。

弘扬根亲文化，擦亮金字招牌

9 月 26 日，由政协河南省委员会主办，信阳市人民政府、河南省人民政府台湾事务办公室、河南省归国华侨联合会、固始县人民政府共同承办的"唐人故里闽台祖地"第五届中原（固始）根亲文化节开幕式在固始县行政中心县委会堂举行。开幕式由县长曲尚英主持，信阳市委常委、固始县委书记焦豫汝在开幕式上说，自 2009 年固始县举办首届根亲文化节至今，有太多的支持振奋着我们，有太多的温情感动着我们，有太多的期待激励着我们，作为"海峡两岸交流基地""全球华人最向往的十大根亲文化圣地"之一的固始县，将持续务实办节办会，大力弘扬根亲文化，努力把固始打造成一座海内外尤其是闽台同胞慎终追远、寻根拜祖的亲情桥，一座汇集各界精英、实现互利多赢的合作桥，一座增进两岸交流、传承华夏文明的连心桥。开幕式上，全国台联会长汪毅夫代表全国台联向固始县赠送了《闽台族谱汇刊》。开幕式进行完毕后，举行了固始与闽台企业家联谊大会。会上，宣读了固、闽、台企业家联谊会组成人员名

---

* 作者简介：齐超，河南省信阳固始县台办主任。原文刊载于《两岸关系》2013 年第 11 期。

单；企业家们共同发出了倡议：台湾、福建、广东等地企业家与固始县现场签约 12 个合作项目，总金额达 30 亿元。其中台资企业 5 个，闽籍企业 3 个。此前，25 日晚推选出固、闽、台企业家联谊会首任名誉会长、执行会长、副会长和秘书长。台湾臻境科技公司董事长许秋动情地说："许多闽台人知道固始是闽台祖地，所以来到大陆发展的时候，我们会首选固始，我们也希望把在固始的企业做得更大更好，创造更好的经济效益，促进祖地固始的经济社会发展。"

情系蓼城逢盛会，根连闽台话渊源

9 月 26 日下午，第六届固始与闽台渊源关系研讨会在县委会堂举行，包括 72 名台胞在内的社会各界人士 400 余人参加研讨。本次活动由中国河洛文化研究会、《两岸关系》杂志社、河南省台办、河南省社科院主办。第九届政协河南省委员会副主席、中国河洛文化研究会常务副主席陈义初在学术总结中指出，本届研讨会既有学术性总结，又有固始与闽台合作发展研讨，更进一步明确了豫、闽、台三地渊源关系及文化传承，突出了新的历史条件下三地合作发展的依存度及其重大意义。陈义初对研讨会今后的举办提出了三点建议。一要主题鲜明。在与"闽台关系"的总纲下，每届定一个命题，以便在一个专题上进行深层次的探讨和研究。二要研究深入。通过深入讨论，还原历史真实。三要抓好落实。强化"台湾、福建是海外华人的起锚地，而固始是海外华人的起源地"的共识，抓好对这种共识的普及，抓好各姓氏祖祠的完善和修建，使固始真正成为海内外华人的重要朝圣地。

敬祖崇贤祭先人，寻根联谊叙亲情

作为根亲文化节的重要组成部分，"南迁先民祭拜仪式"在根亲文化园举行。出席根亲文化节的闽台和海外南迁先民后裔及固始县各姓氏宗亲代表 600 余人怀着对先人的崇敬和对祖地的深情参加了祭拜仪式。固始作为历代中原河洛人南迁闽、粤、台的肇始地和集散地，成为众多闽台和海外华人华侨的祖根地，在中原移民史上占据重要位置，有着深远影响，成为独树一帜的"闽台祖地"，近年来，吸引着 70 多个姓氏近十万人到固始寻根谒祖。寻根谒祖不仅是炎黄子孙一种精神寄托和人心凝聚的方式，更是弘扬中华文化、凝聚民族意志、创造美好未来的不竭动力。参加祭拜仪式的来宾向南迁先民纪念碑敬献花篮，鞠躬上香。台湾中华侨联总会理事长简汉生恭读祭文，告慰南迁先民，共祝中国梦圆。

根亲连两岸，书画传真情

固始历来享有"文风甲中州"之美誉，仅明、清两朝即有进士 106 人，在全省名列前茅。固始是"中国书法之乡",拥有国家级书法家 41 人,国家级画家 8 人,河南省级书画家 200 余人,在历届兰亭奖、全国展等国家级大展赛中入展或获奖 1000 余人次,在省级以上大展赛中入展或获奖 5000 余人次。为进一步丰富节会精神文化生活,弘扬根亲文化主旋律,促进祖地固始与闽台地区及海内外文化艺术传承发展、交流互动,增进我国大陆及港、澳、台地区源远流长的根亲情谊,固始县联合福建漳州市、云霄县、台湾金门县、高雄市共同举办我国大陆及港、澳、台地区根亲书画艺术展览,并编辑出版《第五届中原(固始)根亲文化书画展作品集》。本次展览共展出书画、摄影作品 260 幅。作品根植传统、立意高远、主题鲜明、艺趣丰盈,充分展示了我国大陆及港、澳、台地区书画艺术同受中华传统文化熏陶涵养、同根同脉的文化精髓,同时个性鲜明的地域特色。台湾的作品传统凝练、古风醇正;福建作品古拙率意、气韵高雅;中原固始同受中原文化和荆楚文化的影响而碑帖并重,跌宕多姿。我国大陆及港、澳、台地区作品体现出中原文化的灵动脉络与南国汪洋神韵的相融共生,集中彰显了根亲文化的宏大气象。

台湾访祖到福建,漳江思源溯固始

同日,固始南迁先民姓氏族谱展在根亲博物馆举行。此次展览主要展出 83 个由固始入闽迁台的姓氏源流挂屏、多个固始先民入闽姓氏的族谱以及《闽台族谱汇刊》,展览以文字、图片资料及实物为主,印证了固始与闽台两地无可辩驳的渊源关系,让两岸同胞深刻感受豫、闽、台的木本水源之情与中华文明之根脉传承。

在"闽台祖地老家固始"寻根旅游推介活动上,来自岛内的乡亲相继参观、游览了陈元光纪念馆、根亲博物馆、王审知纪念馆、根亲阁、王审知故里、七星拱月墓园和陈氏将军祠等根亲文化景区、景点,实地参观了根亲文化相关设施建设、保护、开发等情况。台湾大祥旅行社总经理强振鹏说:"固始有这么漂亮的风景让我很惊奇,作为海峡两岸交流基地,将来这个地方会是一个非常好的观光景点和寻根圣地。"

江苏省台港暨海外华文文学研究会
2013 年研讨会综述

李妹铮[*]

江苏省台港暨海外华文文学研究会于 2013 年 9 月 28—29 日在江苏师范大学隆重召开。来自高校和研究机构单位的 40 余位专家、学者出席了会议。会议开幕式由江苏师范大学副校长方忠教授主持,江苏师范大学党委书记徐放鸣教授、江苏省社科联副主席徐之顺研究员、江苏师范大学文学院院长黄德志教授、江苏省台港暨海外华文文学研究会会长曹惠民教授等领导先后发表讲话。江苏师范大学党委书记徐放鸣教授代表会议承办单位向与会来宾表示欢迎,并介绍了江苏师范大学及该校台港澳暨海外华文文学研究近年来所取得的成绩。江苏省社科联副主席徐之顺研究员充分肯定了江苏省台港澳暨海外华文文学研究会过去所做工作及其对江苏地区文化发展的推动作用,并对选举新一届学会领导班子提出了建议,他希望选举产生的新一届学会理事会一是要继续把握正确导向,发挥重大作用;二是要积极举办学术活动,强化学术交流,营造良好的学术氛围;三是要尽量发挥地域性、丰富性的特点;四是要加强自身建设,重视会员发展和年轻人才的培养。曹惠民教授代表学会第四届理事会做大会工作报告,他回顾了学会过去五年在科学研究、学术交流以及人才培养等方面所取得成就。本次年会选举产生了新一届理事会,方忠被选举为新一届会长,温潘亚、刘俊、吴颖文、尉天骄、刘红林、庄若江、李志、李顺兴等为副会长,王艳芳、李良为秘书长,同时理事会还推举陈辽和曹惠民为学会名誉会长。本次年会还围绕"区域视角与华文文学"开展了学术研讨,研讨会集中讨论了"台湾作家与江苏""台港海外华文文学与中国现代文学""陶然文学创作 40 年"等三个方面议题。中国现代文学馆吴义勤、复旦大学陆士清、中国社科院赵稀方、山东大学黄万华、福建师范大学袁勇麟、香港作家陶然和马来西亚作家朵拉等应邀参加了本次学术研讨会。

一 台湾作家与江苏

台湾许多知名作家如余光中、白先勇、张晓风、司马中原等都与江苏有着极深的渊

---

* 作者简介:李妹铮,女,江苏师范大学 2012 级硕士研究生。原文刊载于《世界华文文学论文》2013 年 4 月刊。

源，对江苏籍台港和海外作家的研究一直是江苏学界关注和研究的重点，并取得了丰硕的成果。与会者普遍认为江苏籍台港和海外作家的研究这一领域尚有较大研究空间，他们就江苏籍台港和海外作家的研究现状、作品传播等方面进行了讨论。江苏社科院刘红林研究员认为，对江苏籍台湾作家的研究目前仍有所欠缺，突出地表现在对江苏籍台湾新作家和新作品了解不够。同时她认为做好江苏籍海外作家作品研究要注重史料工作。在江苏籍台湾作家个案研究方面，盐城师范学院孙晓东副教授以盐城籍台湾作家蔡文甫的研究为例，提出要加大江苏籍台湾作家作品在大陆出版传播的力度，要加强研究队伍建设，扩大研究视野，更新研究方法。江苏文艺出版社蔡晓妮结合自己的编辑实践，向与会人员介绍了江苏籍台湾作家作品出版情况，她希望在专家们和出版社的共同努力下，使更多更好的苏籍台湾作家作品能够得以出版。南京晓庄学院冯羽副教授则以亚裔作家王昭阳的自传作品《与故土一拍两散》为切入点，提出学界应对江苏籍海外华文作家自传体作品给予更多关注。山东大学黄万华教授则认为从江苏与台湾这个区域视角切入去研究华文文学的时候，会遇到地域性和跨地域性之间关系的处理问题，但对研究区域性作家展开不同层面研究，能够发现本土作家在整个民族文学的变动当中所起到的作用。

二　台港暨海外华文文学与中国现代文学

台港暨海外华文文学和现代中国文学形成了互补共生的关系，对台港暨海外华文文学的关注能够进一步扩展中国现代文学的研究范畴和研究视野。与会学者就台港海外华文文学与中国现代文学之间的影响研究、关系研究和整合研究等方面进行了研讨。山东大学黄万华教授认为开展海外华文文学与中国现代文学关系的研究，对于调整、深化业已形成的文学史观、学术立场有重要作用。他通过对《文潮》和《饮艺兴潮》刊物进行考察，提出原本属于左翼阵营的《文潮》为何到了香港就转向了"现代"，并在香港引发了一场影响很大的现代文学运动；通过对纪弦创作考察，指出纪弦 20 世纪 30 年代的创作气质是浪漫主义的，而到了台湾后其诗作转向了现代主义。他认为忽视海外华文文学将不能全面深入地研究现代中国文学，同时强调关注海外华文文学与中国现代文学关系不能大而化之，而是要深入追问。中国社会科学院文学所赵稀方研究员认为，台港暨海外华文文学对于中国现代文学不仅仅是"填充空白"的关系，同时也会修正整个中国现代文学史叙述的框架。从台港暨海外华文文学这一视角，可以使我们对中国文学的现代性叙述进行足够的反省。中国矿业大学朱云霞在梳理海峡两岸家族书写中的"出走"主题的发展脉络后，比较不同时空语境中"出走"主题在特定视域中所承担的独特内涵，在思考"出走"文学价值的同时，尝试从一种具体的文学关联观察现代中国文学框架内两岸文学内在的交互关系。在论述中国现代文学传统影响下的当代海外华文创作方面，与会者对当下海外华文作家的创作语言、队伍建设以及与大陆文学之间的文学联系等方面发表了观点。南京大学赵庆庆副教授以当下加拿大华人文学创作为例，指出加拿大的华人文学创作已经突破汉语限制，实现多语种创作，并且取得很高的成就。由此她认为对加拿大华人文学作品的研究不能仅仅局限于华文文学而忽略其他语种的创作。语种范围之内，要更深一步开展"海外华人文学"与中国现代文学关系的研究。江苏省社科院李良副研究员结合自身北美访学经历，指出北美华文文学发展在创作队伍和社团建设等方面亟待整合、加强，但北美新移民华文文学应当引起学术界的关注。他希望北美文学与中国大陆文学能够有更多交流机会，研究者和创作者之间能够信息沟通和相互支撑。与会学者还结合高校教学阐述中国现代文学与台港文学之间的关系，连云港师专的刘剑平副教授指出台港澳暨海外华文文学能够拓宽中国现代文学教学内容，把台港澳暨海外华文文学纳入现当代文学课程教学体系中，能够进一步普及和深化台港澳暨海外华文文学研究。

三 陶然文学创作 40 年

陶然是当代香港最具实力和影响力的作家之一，创作了大量的优秀作品，对香港文学的意义重大而深远。与会学者一致认为陶然先生不仅是一名杰出的作家，也是一名出色的文学活动家和编辑家。陶然40年持之以恒的文学创作及其丰硕的创作成果，都显示了他对文学的坚守和对香港文学的情怀。他们从陶然的文学创作、编辑出版以及文学活动等几方面展开研讨。中国现代文学馆吴义勤教授通过对陶然小说的解读，指出陶然的长篇小说对人们在商业社会中情感和欲望的挣扎描写特别动人，其微型小说的创作也颇有成就。复旦大学陆士清教授则从城市文学的角度对陶然小说进行考察，他认为陶然小说地域性非常鲜明，用文字诠释城市，描写了香港城市的外在风貌和内在风貌。中国社会科学院文学所赵稀方教授在比较陶然创作前后期变化之后，指出陶然前期的作品，显示出在大陆形成的社会意识对香港社会批判的主题。随着陶然对香港的熟悉和认同，同时大陆的理想不再成为批判香港的对照依据，致使其后期创作出现变化。南京大学刘俊教授指出陶然是一个跨地域作家，这样的身份使陶然在写作时既能介入又能超越，他以香港为根基，把南洋与内地有机整合，形成世界视野，他不仅单独地表现香港，更表现共性的人性化。与会学者充分肯定陶然主编《香港文学》"立足本土，兼顾海外；不问流派，但求高品质"的办刊原则和办刊方向，认为《香港文学》促进了香港文学与海外华文文学之间的交流，推动了海文华文文学的发展。马来西亚作家朵拉认为《香港文学》对东南亚华文文学发展有很大的推动作用。江苏师范大学方忠教授认为陶然先生能够连续创作40年，并且一直保持旺盛的创作实力，是很值得纪念的。他指出陶然的身份不仅是作家、编辑家、评论家、活动家，同时他还是出色的文体家，但每一种身份都显示陶然先生对文学的坚守，探讨陶然先生对香港文学的贡献，他的每一种身份都值得研究和思考。

本次年会及其学术研讨，圆满完成各项预定议程，会议气氛热烈，成果丰硕，取得了良好的学术影响。

弘扬妈祖文化精神　架设两岸交流桥梁

——2013 年海峡两岸妈祖文化学术研讨会综述

孟建煌　许元振*

欣逢全国台联妈祖文化交流基地授牌、福建省妈祖文化研究会成立之际，我们在莆田学院隆重举行海峡两岸妈祖文化学术研讨会，在各位领导、专家学者的大力支持下，本次研讨会取得了圆满成功。

本次研讨会荣幸地邀请到 50 多位海峡两岸的专家学者参加，共征集到妈祖文化研究论文 48 篇。现将论文按照内容的不同归纳为五个方面：妈祖信仰史的梳理与研究、夯实妈祖信仰的文献资料基础、妈祖信仰"在地化"的多样形态、妈祖文化传播的方兴未艾、妈祖文化事业与产业的蓬勃发展。

一　妈祖信仰史的梳理与研究

以妈祖信仰为主旨的妈祖文化源远流长、博大精深，千百年来已经在华夏儿女的心中深深地扎下根来。因此，妈祖文化不但是连接海峡两岸同胞感情的文化桥梁，也是海内外华夏儿女血脉相连的文化纽带。对于妈祖信仰在海峡两岸传承、发展的历史与现状的梳理与研究，有助于妈祖文化的传承与发展，有助于增强全球华人的文化认同感，具有深远的现实意义。

关于台湾妈祖信仰史的研究，或探其源流，或察其蜕变，或总体概括，或探究个案，精彩纷呈。王见川的《颜思齐传说与新港奉天宫"开台妈祖"信仰的由来》以翔实的历史资料与严密的逻辑，论证了开台先贤颜思齐先生与奉天宫独具特色的"开台妈祖"信仰的密切关系。柳秀英、黎鸿彦的《从六堆天后宫的兴建历史谈妈祖信仰的在地开展》从建筑文物、文献资料与文化祭仪活动等多方面对六堆天后宫进行了考察。"六堆"是台湾历史最悠久的客家聚落，而位于内埔地区的六堆天后宫，则是六堆地区历史最悠久的庙宇，也是六堆居民的妈祖信仰中心。对六堆天后宫兴建历史的考察，对于研究客家移民的妈祖信仰形态具有重要意义。杨淑雅的《台湾高雄旗后天后宫的

* 作者简介：孟建煌，江苏六合人，福田学院成人教育学院副教授；许元振，福建莆田人，莆田学院文化传播学院讲师，博士。原文刊载于《国家航海》第五辑。

创建与发展》对有"高雄第一妈祖庙"美称的旗后天后宫兴建的背景、宫庙的概况及其发展现状进行了考察，揭示出其传承性与现代性相结合的发展态势。张桓忠的《由私而公：蓝兴宫蜕变为万春宫的历史探微（1789—1824）》对台中万春宫的历史沿革进行了考察，深刻地揭示了清初蓝氏家族的兴衰与台湾妈祖信仰的关系。研究发现，公庙形态的万春宫乃是由带私家庙色彩的蓝兴宫蜕变而来的，这与兴建蓝兴宫的蓝氏家族在乾隆后期势力逐渐式微有关；蓝兴宫改名为万春宫的过程，还解决了寺庙的运作、经费的开销、祭仪的进行等问题。林伯奇、陈素云的《异民族统治下台湾的妈祖进香活动——以彰化南瑶宫笨港进香为例》考察了日本占据台湾时期彰化南瑶宫往笨港进香的历史，探讨了台湾信众面临政权转换、异民族统治与社会生活方式改变时，是如何延续其固有的民间信仰活动的。施义修的《妈祖文化的价值观》从妈祖文化的根源、妈祖的神迹与教化、妈祖神格之形成、儒家的入世理论、妈祖对儒家理想的实践、儒家与妈祖文化的结合、正信的文化使命等几个方面，梳理、总结了妈祖文化内蕴的价值观。王海冬的《台湾妈祖信仰的由来与发展》也梳理了台湾妈祖信仰的源流。

此外，还有不同神祇信仰史之间的比较研究。张安巡的《比干崇拜与妈祖信仰》比较了比干与妈祖的信仰史，并指出其异同：比干的民本思想与直谏壮举是儒家思想的渊源之一，对中国的政治文明建设与儒商精神的发展起了持久的历史推动作用；而妈祖是中国大同理想的生动表达，成为中国人和平开拓海洋与大陆水系的精神旗帜。从比干到妈祖，不仅代表了血脉的传承、精神的传承，也从侧面反映了中原人走向沿海、内陆文化走向海洋文化的迁移和演变过程。

二　夯实妈祖信仰的文献资料基础

对与妈祖信仰相关的传说、传记、专著、档案、诗词、散文、史料、方志、庙宇、碑文、建筑、匾额、对联、经文、签诗等文献资料和民间文物的搜集与考证，建立、健全完备的妈祖信仰文献资料，是促进妈祖信仰广泛传播，提高妈祖文化学术交流与研究水平的一项不可或缺的基础性工作。

这项研究工作注重对史料的收集与甄别。研究者们通过艰辛的田野调查或查阅地方志史料，掌握了大量的第一手资料，并以此为基础进行归纳分析，或补充史实，或以如炬的目光披沙拣金、去伪存真、去芜存菁，并通过严密的论证得出令人信服的新结论。

妈祖信仰是一种植根于内心的理念，又外在地表现为妈祖牌匾、碑铭、签诗、楹联等各种审美形式。那么，从外在形式入手去整理资料，就有助于由表及里地探究妈祖信仰的深厚内蕴。李建纬的《台湾苗栗县妈祖庙所见"与天同功"匾形式与历史考证》以苗栗县妈祖庙所见的七面"与天同功"匾为例，从匾额风格、工艺与历史三个层面，剖析了"与天同功"匾的文化内涵与历史意义，并厘清了其制作的先后顺序。

叶钧培的《金门妈祖信仰碑铭调查研究》就妈祖寺庙中的碑铭、壁画及妈祖公园的碑文来探讨妈祖文化在金门的状况。严文志的《台湾妈祖碑碣之研究》由妈祖相关碑碣的研究切入，透视台湾妈祖文化的形成与发展。施志胜、洪忆青的《台湾妈祖庙签诗研究——以板桥慈惠宫为例》，通过对慈惠宫签诗结构与内容的探析，具体地呈现出台湾庙宇签诗文化的概况。刘福铸的《台湾妈祖宫庙楹联特色探析》从内容与修辞艺术两方面探讨了台湾妈祖宫庙楹联文化的特色，从一个侧面认识了台湾与大陆间难以割断的深刻人缘、神缘关系。郑墉的《妈祖信仰与闽南民间社会整合——以漳浦旧镇为视角》考察了漳浦当地的妈祖信仰习俗，解读文物、文献资料，对理解明清时期闽南的乡村治理有新的发现。明中后期，妈祖信仰成为不同姓氏的乡民自我管理、自我教化的有力推手。妈祖庙也成为乡规民约的发布地、道德教化的核心区，以及平息和调解民事纠纷的裁决所。

另外，还有关于妈祖文化典籍、档案的整理，乃至电子数据库建立等方面的研究，都具有极其重要的现实意义。蔡相烽的《从〈蓉洲诗文稿选辑〉蒋毓英〈台湾府志〉析论清初台湾妈祖信仰》以季麒光的《蓉洲诗文稿选辑》和蒋毓英的《台湾府志》中的相关记载来分析清初台湾妈祖信仰状况。该文还对1985年中华书局出版的蒋毓英《台湾府志》的书稿来源、版本进行考证，发现此书为1958年以后为防止"台独"理论而创造的"新古书"，有关天妃信仰的内容也无信史参证。陈祖芬的《现存妈祖信俗非物质文化遗产档案的特点》，通过对古今妈祖信俗非物质文化遗产档案情况的调研，归纳出内容丰富、载体形式复杂、保存地点分散、生存状态濒危、整理状况较为零散五个特点。洪莹发等的《台湾妈祖庙数量与分布：兼述世界妈祖宫庙数据库的筹备》试图利用现代科技技术，对台湾寺庙调查与妈祖庙数量、各区域妈祖庙数量以及分布、台湾妈祖信仰的数量变化进行调查分析，并整合历史文献与田野调查、数字数据等，作为妈祖学术研究与文化推广的基础，进行台湾妈祖庙的时空分布研究，进而筹备建立世界妈祖宫庙数据库。该数据库包括宫庙基本数据，含寺庙名称、奉祀神明、简介等相关功能，并且希望加入地理坐标等功能，可以具有时空检索等功能，并配合研究中心内收集典藏的各项资料，有望成为世界第一个妈祖宫庙文化数据库。

三　妈祖信仰"在地化"的多样形态

"天下妈祖，祖在湄洲"，妈祖信仰主要通过妈祖祖庙分灵、家族传授和故事传说而传承、传播。当妈祖信仰作为外来文化到达传入地后，吸收当地的文化元素，进行融合与重构，即妈祖信仰的"在地化"。因此，妈祖信仰在海峡两岸传承发展的过程中呈现出丰富多彩的区域特色，是"本土化"与"在地化"的统一。以下论文就从各个侧面阐明了妈祖信仰"在地化"的历程与特色。

蒋忠益等的《林园地区渔业与妈祖相关活动之研究》通过田野访谈及问卷调查，

并结合相关文献资料，针对林园地区宗教习俗及渔民禁忌两方面做了一系列探讨，以整理出此地区渔业与妈祖信仰相关活动，如妈祖海上巡香、划龙舟比赛、海洋文化节等的演进变化。

德国学者白瑞斯的《巴西海上女神耶曼佳的来源及其信仰》通过分析在巴西纳塔尔（Natal）田野调查中所掌握的大量资料，发现巴西海上女神耶曼佳和妈祖信仰的相似之处在于：她们都伴随着航海者的足迹在世界范围内广泛流传，都受到了其他信仰的影响（基督教、佛教）。但和基于中国本土的妈祖相比，耶曼佳的宗教融合性更强，在历史发展中集合了各种宗教元素，在现代化的今天也成了巴西流行文化界广受垂青的偶像。

林国平的《闽台民间信俗的文化内涵与现代价值》以生育信俗、信仰疗法、普度、迎神赛会和进香谒祖等五种信俗为个案，对闽台民间信俗的文化内涵和现代价值进行了深入分析，认为闽台民间信俗是历史的产物，是闽台人民共同创造的精神财富，其内核体现了雅文化的精神，在维护家庭和睦、社会和谐、两岸和平发展等方面发挥着独特的作用。

何振良的《浅析泉州天后宫的建筑文化特征——兼谈天后宫的保护和开发问题》对泉州天后宫的建筑文化特征进行分析，揭示出其既具有中华主流文化特点，又带有浓厚的闽南地域文化特色的独特的文化特征，并对泉州天后宫的保护与开发利用提出了可操作性的实施意见。

范正义、郭阿娥的《关系网络、社会资本与民间信仰复兴——泉州霞洲妈祖宫的个案研究》从关系网络这个独特的角度切入，以泉州霞洲妈祖宫为例，对改革开放后关系网络、社会资本与民间信仰复兴之间的互动关系进行了阐述，指出了一条可参照的民间信仰复兴的新路子。

王宏刚的《妈祖信仰在内陆》通过田野调查，掌握了大量的第一手资料。他经过分析得出结论，妈祖信仰之所以从湄洲屿深入内地、遍及五洲，是因为其蕴含了中国人最普遍的社会伦理憧憬、人格品质理想以及实现这种追求的勇气、智慧、胸怀与胆识，因而有广泛的普世性，能与中国的传统主流文化——儒释道互动。妈祖的文化精神契合了中国和平、和睦、和谐的文化基质。

彭邦本的《清代巴蜀的妈祖崇拜与闽籍移民》以天后宫为妈祖文化载体，探讨了清代闽籍移民族群与巴蜀妈祖崇拜的关系。他指出，这种引人注目的信仰又产生了新的地域化特点和变迁，从海洋文化转化为内地农耕文化大板块上的组成部分，并参与到当地社会历史的进程中，发挥了积极的影响作用。

许平的《浅议妈祖文化在上海》深入探究了妈祖文化对上海文化的历史作用和现实意义。上海文化"海纳百川"，极具"多样性"和"兼容性"。妈祖文化自传播到上海以后，对上海的民俗文化或民间文化，乃至在上海城市文化或海派文化的形成发展过程中，必然也会产生一定的影响和作用。

四　妈祖文化传播的方兴未艾

两岸同胞血同源、书同文,福建、台湾更是隔海相望,妈祖文化作为两岸同源的民间信仰,成为两岸文化交流的使者。那么,探讨妈祖文化的两岸交流对于发展两岸关系就具有重大的历史价值与现实意义。随着交流的深入,妈祖文化的传播范围也更加广泛,关于妈祖文化传播方面的研究也方兴未艾,从传播学的各个角度加以展开。

在妈祖文学传播方面,孟建煌、龚琳的《从清代散文看妈祖信俗的传承与发展》着重考察了清代妈祖散文,发现其从妈祖的神职功能、妈祖信仰的传播地区、妈祖信仰得到发展的原因等方面反映了清代妈祖信仰的状况,客观上推动了妈祖信仰的进一步传播,巩固了妈祖海上保护神的地位。吉峰的《传播与妈祖文化的关系——以妈祖文学作品为例》从对妈祖文学作品的解读,阐明了传播与妈祖文化的关系。

关于妈祖文化传播媒介方面的研究,林庆扬的《浅析新时期妈祖文化的传播》强调应该两岸联手共同打造网络传播平台,并充分利用智能手机等新的传播媒介来传播和弘扬妈祖文化。许元振的《浅析妈祖文化新媒体传播的娱乐化趋势——以妈祖微博的内容为例》对妈祖文化传播媒体的新形态——微博进行探析,从量、质、经济效益、社会效益等几个方面对妈祖微博进行媒体评估,发现其越来越明显的娱乐化趋势。程元郎的《论妈祖电话卡及对传播妈祖文化的作用》从妈祖电话卡这种特殊的传播媒介入手,分析其种类,探讨其特征,着重指出妈祖电话卡在传播妈祖文化中记载妈祖千秋功德,彰显妈祖"立德、行善、大爱"精神的作用。

关于妈祖文化传播途径方面的研究,徐颖的《功能目的理论视角下的莆田妈祖文化宣传资料翻译》通过对湄洲妈祖文化宣传资料英译中出现的问题进行分析,提出修改意见,同时从功能目的理论的视角出发,对妈祖文化宣传资料的翻译策略进行探讨,努力改善翻译质量以促进妈祖文化传播。吴若己的《妈祖神话故事结合语文教学之设计——ADDIS模式初探》将妈祖的神话故事与高等海事教育语文课程结合,运用分析、设计、发展、执行以及评鉴的ADDIS课程设计模式,深入探讨了妈祖文化课程的教学方式。

关于妈祖文化传播符号的研究,李丽娟的《从语域角度分析多模态妈祖图文故事语篇中插图的位置》运用语域理论探讨妈祖图文故事语篇中图像的位置及其作用,阐释图像和语言作为社会符号是如何相互协同形成合力构建整体意义的。柯立红的《妈祖祈福活动中的"世界福"标志创意》研究了妈祖祈福活动中的"世界福"标志,它以"福"字为载体,将中华传统的"五福"观念巧妙地融入平面设计中,由表及里探寻总结了传统的"福"文化并加以创意发展,涵括了"世界福"的多个福愿理念。徐维玮的《从传播学视角透析妈祖文化形象的建构》则从传播学视角透析了妈祖文化形象的建构方式。

五　妈祖文化事业与产业的蓬勃发展

妈祖文化作为一种国际性的非物质文化遗产，具有文化事业的性质；但作为一种特色文化品牌，妈祖文化又具有文化产业化的发展潜质与发展趋势。文化事业的本质在于非营利性，注重社会效益；文化产业则与文化事业相对应，是一种营利性活动，更多地考虑经济效益。妈祖文化在事业化、公益化的基础上，积极服务于地方经济，完全可以发展与之相关的文化产业。

在妈祖文化事业方面，以下论文分别从发展战略的高度、慈善与公益事业、非物质文化遗产等方面做出了有益的探讨。

蔡尚伟、娄孝钦的《南海妈祖文化圈建设与我国南海文化发展战略》基于妈祖文化在南海周边国家的传播现状以及南海妈祖文化圈的形成，南海妈祖文化圈建设具有的机遇和存在的缺失，探讨如何在南海周边国家建设妈祖文化圈，推动我国的南海文化战略发展。甘满堂的《团体自觉与政策引导——台湾宗教团体从事慈善与公益事业之路》指出，台湾宗教团体之所以积极从事慈善与公益事业，一方面是团体的自觉，可以借此获得社会的进一步支持与经济资助，促进宗教团体慈善与公益事业的可持续发展；另一方面也与台湾地区的相关政策引导有关。王霄冰、林海聪的《妈祖：从民间信仰到非物质文化遗产化》从文化生态学视角出发，追溯妈祖信仰从一种地方性民间信仰成长为人类非物质文化遗产的历史过程，旨在揭示国家政治和社会文化思潮与民间信仰之间的互动和互构关系，从而探讨妈祖信仰的发展趋势与未来的生存形态。

在妈祖文化产业方面，以下论文分别从妈祖文化产业集群与区域经济发展的关联、旅游产业、妈祖文化景观的构建、妈祖文化创意旅游产品开发、妈祖文化影视资源开发、妈祖民俗体育文化产业、妈祖文化区发展休闲渔业等方面的现状及策略提出了建设性的意见。

刘志、马芳菲的《莆田妈祖文化产业集群与区域经济发展的关联度研究》提出了莆田妈祖文化产业集群要向文化创意产业方向转变的发展策略，分别从政府和企业两方面阐述了其在莆田妈祖文化产业集群发展过程中所应起到的职责及作用。陈淑媛、林凯的《莆田妈祖文化旅游产业区域竞争力研究》以旅游产业的六个要素作为出发点，对莆田湄洲岛、天津古文化街和台湾北港镇这三大世界妈祖庙的所在地进行对比分析，区分出其各自的竞争优势、不足，为妈祖文化旅游产业的发展提供参考。黄秀琳的《妈祖文化景观乡土元素的解读与表达》在乡土元素和妈祖文化景观内涵定义的基础上，对妈祖宫庙建筑、妈祖祭典、妈祖服饰和饮食等三大妈祖文化景观的乡土元素进行解读，为妈祖文化景观的构建、营建提供参考。蔡加珍的《妈祖文化创意旅游产品开发研究——以湄洲岛为个案》通过对问卷进行分析，指出湄洲岛妈祖文化创意旅游产品开发存在的问题，并从政府和当地主管部门、各企事业单位以及当地居民三个方面提出妈祖文化创意旅游产品开发的具体策略。帅志强、郑剑皇的《妈祖文化影视资源开发的现状及策略》指出，要挖掘和利用妈祖文化影视资源，必须从打造影视产业链、扩展妈祖影视主题、加大政策支持等方面入手，进一步做强、做大妈祖文化影视产业。刘永祥、王清生的《论海西妈祖民俗体育文化创新发展与闽台妈祖民俗体育文化交流》通过探索对以妈祖信俗为核心的妈祖文化中的体育文化现象，对海西妈祖民俗体育文化创新发展与闽台妈祖民俗体育文化交流进行分析。他提出打造妈祖民俗体育文化特色的体育产品，开展海西妈祖民俗体育健身与竞技赛事活动，建立海西妈祖民俗体育赛事旅游与滨海体育旅游园区，推动妈祖民俗体育进校园等创新发展思路。林立新、王清生、刘青健的《妈祖民俗体育文化产业发展特征及策略研究》对妈祖民俗体育产业的内容、特征和价值进行研究分析，提出了相应的发展策略。刘永祥的《论海西妈祖民俗体育文化产业开发创新与发展》提出了打造妈祖民俗体育文化产业特色的体育产品等海西妈祖民俗体育文化产业的开发创新思路。陈静青、阂志勇的《莆田妈祖文化区发展具体育特点之休闲渔业的探讨》分析了莆田妈祖文化区发展休闲渔业的资源条件、现状和问题，并提出了发展具体育特点之休闲渔业的若干建议。

结语

总之，妈祖文化源远流长、历久弥新，其精髓早已沉淀在每一个炎黄子孙的心中。本次研讨会紧紧围绕妈祖文化研究的各个层面进行了深入而广泛的探讨，取得了丰硕的成果。研讨会学术交流和探讨的气氛浓厚，与会论文或以资料的翔实、新颖取胜，或以考证功夫的扎实、研究方法的创新、研究视角的独特引人注目，总体的学术含量较高。本次研讨会的成功举办，对深入开展妈祖文化研究，弘扬中华优秀的传统文化，加强海峡两岸和海内外文化交流、推动莆田市经济文化建设的全面发展，将产生积极的影响。

一场永不落幕的文化盛宴

——2013 世界闽南文化节综述

杨 杰 等[*]

对于泉州，2013 年是个特殊的文化年轮。

6 月，欧洲华文电视台、泰国东盟卫视、马来西亚 ASTRO 中文台、《印尼国际日报》《英中时报》《菲律宾华商纵横》等外埠媒体上，"2013 世界闽南文化节盛大开幕""泉州"的字样，与当地的各类新闻报道融为一体。"泉州好声音"让泉州与世界、传统与现代，在这里交汇。

这个特殊的场景，可看成绵延悠长的闽南文化在新世纪所处的方位。

在世界的横轴上，2013 世界闽南文化节找到了更震撼的影响力——10 个国家和地区的 350 多名记者，记录了它的盛大规模、丰厚内涵、浓郁特色，呈现了闽南文化魅力的波澜壮阔。

在历史的纵轴上，2013 世界闽南文化节赢得更深远的传播力——六大洲 38 个国家和地区的 3000 多名嘉宾，见证了它的源远流长、博大精深、情牵两岸，感知了闽南文化张力的无与伦比。

艺术的盛会，人民的节日。见证这场文化盛宴的嘉宾纷纷留下感言。正如海峡两岸关系协会会长陈德铭所言，闽南文化，享誉世界。台湾地区国民党副主席林丰正：2013 世界闽南文化节将搭起闽南文化交流桥梁，充分展现闽南文化的世界影响力。文化部部长蔡武之评价：相聚在泉州，与海内外宾朋共商中华优秀文化的保护传承和发展创新，可谓意义深远。"中国心，家乡情"，香港著名歌星、泉籍乡贤张明敏回乡参加《闽南风四海情》文艺晚会，他说，闽南人都有一颗爱国心，一份家乡情，不管走到哪儿都将家乡的文化传统和价值观念牢记心底。

余音未了，回味无穷。举办 2013 世界闽南文化节，从更长远的视野看，给泉州留下了什么？答案蕴藏在每一个嘉宾、每一个泉州人的感悟里，交织成一场永不落幕的文化盛宴。

---

* 作者简介：《泉州晚报》记者杨杰、黄小玲、叶舒雯。原文刊载于《泉州晚报》2013 年 6 月 24 日第 1 版。

洋洋大观　全民狂欢

"弘扬闽南文化，增进交流合作"，2013年6月的泉州，将千年闽南文化，用70多场次的活动，浓缩成活色生香的闽南文化大观园。

行走在2013世界闽南文化节的地图上，步步都是惊叹：最原始的"祭祀郎君"仪式！最原汁原味的闽南红砖建筑美术摄影展！最闪耀闽南文化精华的《闽南风四海情》文艺晚会！体验最闽南醉世界，则要走入世界闽南文化展示中心展厅，它将散落在世界各地记录闽南文化传承传播的文物瑰宝集聚一堂，打造闽南文化的世界性窗口；从漳州、厦门、潮汕、台湾地区及海外征集的428件文物，涵盖了宋、元、明、清等朝代及民国时期，成为闽南文化在世界范围内传播的历史印记。

地图从市区铺陈到各个县（市区）。梨园戏《陈三五娘》、提线木偶《赵氏孤儿》、高甲戏《连升三级》，一系列经典戏曲展演敲打耳膜，活化于晋江、惠安、安溪的舞台。石狮的第七届闽台对渡文化节暨蚶江海上泼水节，融入海洋特色，数百年来规模逐渐升级。德化的"魅力瓷都"大型瓷艺展，再现了中国工艺美术大师苏清河211件绝世之作，那是全国陶瓷艺术的至高境界。

血缘的纽带，紧密地把侨台资源和文化节捆绑在一起。"侨批档案"入选世界记忆遗产的佳音传来，加重了泉州侨批暨侨亲钢笔画像展的分量，300多封侨批实物、96幅钢笔画作品，见证的是海外华侨对家乡的笔底深情。闽台族谱暨姓氏源流展，1000多册族谱几乎全部涉台；闽台"同名村、心连心"联谊活动周，泉、台两地的同名村就有13对，台湾基隆大岭村30多人前往惠安崇武同名的大岭村恳亲，揭开两地隔海相连的动人历史。"洪志雄风狮爷白印展"，再现了闽台共有的文化传承。

从台湾到泉州，从泉州到澳门，文化节会旗的交接意味着，闽南文化于世界的传扬，从昔日的"各自为阵"走向"大家来斗阵"，国际化的闽南文化圈正在形成。德国学者恩勒特教授所著的《走近泉州》中文版在泉州首发，让中国的读者了解从外国人的角度上看世界眼里的泉州。南少林武术比赛赛场上，英国的帅气小伙、马来西亚的武林泰斗、台湾的90岁老人，以及第十届泉州南音国际大会唱上来自菲律宾、新加坡、印度尼西亚、越南等10多个国家和地区的弦友，从另一个侧面折射闽南文化的世界性。

资本也盛放在文化节。创意伴手礼的开发，侨商投资项目的推介，均传递这样一个信号：泉州文化资源正驶入向文化资本转换的快速路，携手合作已有诸多案例：台湾台南与泉州拟深度拓展旅游市场；法国埃罗省拟将"茶酒对话"合作推向更深层面；第二届世界泉州同乡恳亲大会上，新加坡侨亲蔡天宝带来"今年福建会馆将创办一所正式规模的福建会馆文化学院"这一利好消息。

台湾特色庙会登陆泉州，120多种泉、台小吃让成千上万的民众品尝了"舌尖上的闽南文化"。深海章鱼脚、大肠包小肠、羊排烧、彰化肉丸……"吃货"们饱腹之余，踏入锦绣庄，观看提线木偶、台湾金光布袋戏、电音三太子，围观妆糕人、糖画、金苍绣等传统工艺，临走时，再带上涂门贡糖等特色伴手礼——视觉、听觉、味觉的全方位享受就此完成。泉州对文化节热情参与，还体现在社会各界组织活动的自发行为。闽南语电影周、惠女风情精品展、泉州风情精品展、闽南画派精品展、首届泉州当代工艺大师作品邀请展、闽南文化书法展、诗情画意访古船展、500罗汉特展、明代仇英版《清明上河图》展等，均是优中选优，从不同侧面展示了闽南文化的风采。

这一系列活动观赏性、互动性、参与性强，吸引了广大市民。"精彩的土耳其之夜，三个小时歌舞不间断，全场high到爆！""一改本性地坐在剧院里听戏，倒也难得""这才像我们自己的节日"……人们关于闽南文化节的交流此起彼伏——泉州上演了一场全民共欢的文化盛会。

传播旋风　席卷全城

以闽南文化之名，泉州站在世界舞台的聚光灯中，10个国家和地区的350多名记者在主流媒体上传递正能量，把闽南文化变成报纸上的文图和屏幕上的镜像。这一刻，泉州在和全世界约会。

文化的传播力、影响力、渗透力无所不在，而记者对传播能量的使用极为准确。恰如19世纪法国社会学的创始人塔尔德所言："要动员2万名雅典市民也许需要30位演说家，而不超过10位的新闻记者就能唤醒4000万法国人。"

那么，2013世界闽南文化节里，来自美国、英国、意大利、菲律宾、泰国、印度尼西亚、马来西亚、阿联酋等国家和中国台湾、香港等地区的350多名记者，以集群式、立体式的阵容亮相泉州，通过编码与解码，又为闽南文化带来怎样的裂变效应？

我们看到，传媒资源的立体式联动、文化资源的传播力转换，形成了泉州助推活动顺利进行、不断做大做强的整体合力。尤其是利用人文资源撬动全球华人的眼球，使得文化传播突破时空界限，让世界各地人们第一时间了解闽南文化节。欧洲华文电视台、泰国东盟卫视、《澳门日报》、印尼ESATV、马来西亚ASTRO中文台、《印尼国际日报》《英中时报》《菲律宾华商纵横》《台湾导报》等媒体以不同的形式表达了同一个理念——闽南文化正在走向世界。香港凤凰卫视中文台和凤凰网，分别以5分钟和3分钟的新闻时长，向全球100多个国家和地区介绍文化节。《香港文汇报》《香港大公报》的专版，《台湾中时集团旺报》的系列报道，都让人们重新认识了泉州。

目光转向国内。《人民日报（海外版）》、新华社、中新社、《光明日报》《中华文化报》《中国日报》、中央人民广播电台、《中国旅游报》等10多家中央级媒体，从各自角度出发，对闽南文化给出了不同诠释，而后形成了密集的报道，迅速掀起宣传热潮。加之人民网、新华网、中新网、新浪、腾讯、网易、泉州网等重量级网站纷纷转载或开设专题，"闽南文化"一时间成为网络热词。尤其值一提的是CCTV4对闽南文化的青睐，见诸数个专题片，给了闽南文化全方位的展示平台。这样的厚爱还在延续，6月底7月初，CCTV3、CCTV4还抵达泉州，把新一轮的闽南文化之旅带到亿万观众面前。

为海内外媒体报道奠定基础的，是省、市媒体浓墨重彩的渲染。《福建日报》、福建电视台、东南卫视等省级媒体，以重要版面、时段，彰显闽南文化的地位。《泉州晚报》从3月开始拉开闽南文化节大型连续报道的序幕，至6月20日共推出闽南文化节特刊11期、专版60个、栏目4个、报道300多篇。其中，6月15日集纳成60个版的特刊，印刷了3500份，一时间洛阳纸贵，成为海内外嘉宾争相索取的资料。

泉籍台湾著名作家、画家龚书绵在参加2013世界闽南文化节后，赋诗曰：闽南文化千山越，首自温陵境外行，海角天涯闻远近，邦人伙集聚江城。

可以说，2013世界闽南文化节，泉州利用传媒运作将历史文化资源与现代元素对接起来。有关文化节视觉、听觉上的惊叹，在"世界华文媒体闽南文化行""全国晚报聚焦文化节"等各类媒体大型采访活动中不绝于途，最终化成记者们的笔下华章，形成风云际会、风情激荡的文化碰撞，产生资源与传播的放大效应，强化并刷新了泉州的地域形象。

原乡情结　自觉自信

闽南文化是世界各国各地区6000多万闽南人共同的精神家园，文化节通过对闽南文化元素、泉州文化形象的锻造与传播，增强了这一归属感，也强化了泉州闽南文化"原乡"的地位。它站上了国际视野，它激发了文化自觉和文化自信，这就是闽南文化的力量。

闽南文化论坛的盛况，再次见证闽南文化的独一无二，与会学者130多人，旁听者200多人，论文69篇，35位专家学者进行报告和点评。数字的背后，是研究方法和研究范畴的创新和突破，是更多非闽南区域专家学者的兴趣与关注，是闽南文化解读更多元的视角。主论坛向外延伸的"郑成功与闽南文化""闽南文化之戏曲系列讲座""闽南文化引领泉州品牌发展"研讨会，同样是新意无穷、硕果累累。

"闽南是众多世界体系中一个杰出的个案。"北京大学社会学、人类学研究所教授王铭铭返乡了，"闽南文化的研究应该是世界学术史当中重要的一环，我们应该对现存的世界学术的重要成就中与闽南文化有关的内容加以翻译和理解，特别是涉及泉州的研究，如Clark的《共同体、贸易与网络》、荷兰Schotten Hammer的《世界货仓》以及香港中文大学原副校长苏基朗教授写的关于泉州的一本书"。在他的牵线下，一位美国的人类学家即将对泉州进行造船、陶瓷和石雕的研究。

郑成功与闽南文化研讨会，则为郑成功学术研究提供了新的视角。"郑成功是台湾闽南文化的开拓者"，台南市政府文献委员郑道聪如是说。

闽南文化的重新评估、重新解读，源起学术反思。厦门大学国学研究院常务副院长陈支平认为，从国际视野来看闽南文化，这样的研究才有它的价值和意义。而本次论坛涉及闽南文化国际性的论题，恰恰已经引发了本地学者的学术反思。

坐而论道，继之起而行之。论坛上的思想交锋，催生了省外、域外、境外学者会后实地考察的一幕幕。韩国学者元廷植教授，台湾知名的人类学家林美容教授，以及郑卜五、杨济襄等教授，都特意在泉州多逗留，以期在泉州街巷与历史撞个满怀。论坛上的思想交锋，还催生了跨区域学术交流的热络，本地学者与外地学者、闽南学者与域外学者、境内学者与境外学者频频互动，加强了厦漳泉之间、闽台之间的合作意向，学术平台的构建正走向进一步的多元化、常态化。台湾铭传大学林琼柔博士和前金门县党部书记许金龙先生已经对世界闽南文化展示中心伸出橄榄枝，邀请赴台参加闽南文化的相关活动。

如果从学术高度来看待 2013 世界闽南文化节，毫无疑问，闽南文化的价值和意义得到进一步阐释和认可，作为闽南文化原乡的泉州吸引力进一步增强。如果从精神层面的角度来看 2013 世界闽南文化节，洋溢的是文化自觉与文化自信。

行走在中山路，两旁的闽南画派街展让市民朱静停下脚步，画作上，古老的小巷、独具一格的闽南红砖厝，与这条世界公认的魅力古街交映生辉，让她流连。"泉州集体性格里这么热爱闽南文化，将其提升到战略地位去思考，这是泉州的优势。"——泉州人对闽南文化的认知加强了。

看过那艘发掘出的宋代古沉船，金门县观光特产协会执行秘书、记者杨诗传难以忘怀："泉州让我着迷。"站在泉州夜市，《台湾导报》社长林文雄恍然感觉还在台湾，有一种"我回来"的感觉："两岸本就同根生，借用闽南文化节作串联，共同将闽南文化做精、做细，更好地传承和保护下去。"两岸民众对闽南文化的认同加强了。

"它的吸引力绝对是世界级的。"在美国 Scola 卫星电视台中文台副台长满秀彦的眼里，闽南文化有着十分完整的体系，它的精彩程度超出了想象。全英发行量最大，最具影响力的华文周报《英中时报》高级记者叶叶将把见到的、听到的与闽南文化有关的东西带回英伦三岛去。《菲律宾星报》专栏作家、菲华商联总会理事李天荣有个小小心愿：闽南文化能不能走出国门。世界对闽南文化的认可深化了。

回头听中国晚报协会秘书长梁秀伟"闽南文化积淀十分深厚，值得代代传承与发展"的赞叹，以及中国社科院副院长武寅着力提升闽南文化研究层次和水平的承诺，一切都显得如此水到渠成。

文化引领　历久弥新

文化既是对历史的记忆，也是对未来的选择。2013 年以后，文化节给泉州留下什么？它能否成为我们脚前的灯、路上的光，滋养我们的梦想？

现在，澳门的志愿者会向每一个嘉宾介绍：欢迎您来参加 2014 世界闽南文化节。这亲切的声音，必将反复唤起人们对 2013 世界闽南文化节的记忆。

事实上，届时泉州仍可与之隔空对话，实地翻阅闽南文化这本书。

文化节成果带给市民新的文化享受。西湖公园的激光水幕电影《文化泉州》，以纪录片手法展示多元文化古韵泉州之美，上映一周吸引了近十万人次观看。今后，水幕电影将陆续推出闽南文化题材，每逢周三、周五、周六播放，给市民文化生活带来新的选择。

陈明金先生 8 年前捐赠的"瓷塑五白罗汉"，存放在中国闽台缘博物馆库房，成为弥足珍贵的国家级收藏，只待重大节日特展。

族谱展准备设立电子查询系统，使之形成常态性的展览，成为服务海内外乡亲寻根的窗口。

中国社会科学院文化研究中心"闽南文化研究基地"落户泉州，依托泉州师范学院，研究工作已经启动，确立了组织架构，建设和完善各类闽南文化研究数据库和实验室工程计划已摆上议事日程。

位于泉州市博物馆内的"世界闽南文化展示中心"，综合采用现代技术、文物史料、美术设计、影视音乐等多种方式，全方位展示闽南文化的"五美"——"方言古韵，美在乡音""文化渊源，美在底蕴""慎终追远，美在亲缘""多元信仰，美在和谐""遗产绚烂，美在传承"，长期开放，永不落幕。海内外征集来的文物讲述闽南人从历史走向未来，不绝如缕地叙述这片闽南人"原乡"故事。

看得见的东西足够见证闽南文化"来自中原，航向四方"，却也只是沧海一粟。关于闽南文化的深挖，还开启了许多新的大门：22 家华文媒体联合成立泉州市对外新闻媒体协作网，意味着泉州市对外宣传工作向世界探出了更多的触角。《泉州晚报》社设立图书编辑出版中心、上海文化出版社泉州分社、《泉州晚报》社书画研究院、东南图片社四个文化机构，多方探索、弘扬闽南文化的新模式。

有形的文化论坛落幕，积极的成果效应正在产生、发酵、转化，有平台、有磁性、有张力，泉州将进一步吸引研究闽南文化的专家学者汇集到这片闽南文化的原乡，使之成为名副其实的研究高地。本地学者与外地学者、闽南学者与域外学者、境内学者与境外学者，思想交融碰撞，学术成果在交流中深化提升，文化认同在实践中互动增进。

文化节不仅限于文化节，它还是源源不断的精神留存。把这个世界级的文化活动办成"艺术的盛会，人民的节日"，主政者的决策力、党政部门的执行力、主流媒体的传播力、泉州的城市形象、市民的文明素质经受住了检验，留给世界美好的心灵感受，留下一座城市的文化之根。

未来，像空气一样，闽南文化还将以无形的意识、无形的观念，深刻影响泉州有形的存在、有形的现实，引领城市发展。

第四届福建省戏曲音乐创作研讨会综述

曾三憖[*]

2013 年 8 月 21—22 日，由福建省文化厅主办、福建省艺术研究院承办的"第四届福建省戏曲音乐创作研讨会"在福州举办。会议主要针对福建省第 25 届戏剧会演剧目的音乐设计的成败得失展开研讨。

一 传统曲牌出新的种种做法

江松明介绍《荷塘蛙声》的出新，一是通过高低四度重唱、叠唱、对唱的方法演唱同一传统曲牌，发挥出杂碎调新表现特征；二是在保留戏曲原曲牌的基础上，寻求新音色、新音源。比如，他制作了四个有不同音高的竹筒，模仿青蛙的声音，用锯琴表现诡异的气氛等。《秦淮惊梦》中，他在传统的曲牌中引入了拖腔、拉腔和帮腔、后台帮腔形式，容易烘托气氛。

汪照安认为每一个戏的音乐设计革新，均与剧本有关。《丁兰刻木》取材于二十四孝，选用传统的北青阳，适合于表现伤悲、哀怨的情感，在丁兰刻木回忆母亲十月怀胎时，用该曲牌表达情绪较为准确。传统曲牌有个怪东西，就是上下句都落在主音，但用多了就单调，须改变，有时把大韵借用一下就不用，用够了就转。这部戏模仿传统出新的做法，还是用传统曲牌写成传统音乐。

王金山说，有民俗就有民俗音乐。以前高甲艺人吸收当时风行的乐曲，时间久了就成为高甲戏曲牌。戏曲音乐出新应视需要，《闽南人家》的闹花灯就用无任何改变的《正月点灯红》，效果就挺好，后面唱词中有"看什么灯什么灯"，因内容多难用一个曲牌表现，才用叠拍。

叶正萌把高甲戏音乐的韵味融进了泉州傀儡戏《赵氏孤儿》。他根据剧情，用一个傀儡戏传统曲牌作为前奏，一个悲壮的乐段以不同的形式、不同板式反映不同的性格，用这个悲壮的主题一直贯穿在所有戏里，创造出有高甲韵味的傀儡戏音乐，被郭祖荣老师称之为"新高甲"。

＊ 作者简介：曾三憖，福建省艺术研究院助理研究员。原文刊载于《福建艺术》2013 年 5 月刊。

陈新国主张"尽量往传统靠","把一些以前很少人用的传统曲调拿出来用,更有闽剧的味道"。但传统也要有变化,没变化就平淡。他认为唱词节奏会影响曲调节奏,所以作曲应参加剧本修改工作。

黎秀珍利用梅林戏音乐的较为丰富的优势,在《花蕊夫人》中以不同曲牌连接,将老曲牌置后的做法来解决大段唱腔问题。

林国城说,以前压场用《数天鹅》,"文革"以后统一版本,中间《过门虎》《水清龙》。这次定了"淘金令"用于莆仙戏《江梅妃》序幕,郭祖荣老师认为其中的小民乐配器的做法值得推介。

蔡艺榕的《黄道周》,一是通过把调移低四度的转调做法,解决男女同腔问题。二是在"风雨夫妻二十载"的新杂碎调中,考虑到套用原曲牌产生"妻"倒字的问题,改变了乐句的落音。三是改变原曲牌有板有眼的拍子,用散板的清唱处理,传达夫人当时的心绪。

二　唱法影响唱腔韵味

江松明认为,这代戏曲演员的唱法受到很多流行唱法的影响。陈新国提出,过去唱法也许不"科学",但倒需要过去的个性和特色。汪照安认为,传统唱腔是前辈口传,有时会失误,曲子可能唱错,不一定传统老师傅就都对。梨园戏 80 多首名曲,个别地方词曲不一样,合不起来,王爱群老师纠正了很多。所以要吃透传统才行。

叶正萌指出,剧种音乐写出来的都是骨干音,须要演员演唱时润腔。在戏剧演出中比较严重的问题是这一代演员受到多元文化影响大,没文化而自卑,看不到剧种音乐的优点。黄书贵觉得传统曲牌,美丽的韵味是生命力。郭祖荣认为现在的流派不再是演员的流派,而成了作曲家的流派。

三　其他问题的讨论

王评章认为保存剧种的方针:一是抓剧种特色,二是根据剧目实际情况创作,但不应该一戏一格。他说,"我们生活在变化的时代,我担心的不是变,而是守。但我不反对创新,戏曲的新是移步不换形的新"。檀革胜提出"在座前辈在教育下一代时让他们关心音符自身的运动,才是保存曲牌的根本"。吴思富认为在戏曲音乐创作实践中要关注自由与韵味的关系问题,二者不要互相牵累,而要力求彼此增益,既要追求剧种韵味更自由地表现,也要追求音乐情感更有韵味地抒发。张建国认为,曲牌旋律的内容就是音符,曲牌的程式性强调方言律动控制力。姚晓群指出,莆仙戏曲牌丰富,完全理解曲牌音乐很难;我们已经脱离传统,我们要重新考虑传统、接受传统、融合传统。王保亮认为,作曲与导演合作非常重要;老作曲家对整个戏音乐的掌控能力,作曲对唱腔的掌控驾驭能力，舞台上的表演留白，视觉、听觉的融合是不可低估的力量。

　　卢鸿绮副巡视员做了总结，提出戏曲音乐创作也要胸怀大局，把握大事，顺应大势。她希望把这个会坚持下去，使我们福建在戏曲方面多出作品、多出精品。一边学习借鉴、吸收消化、继承剧种特色，一边能用拿来主义精神，多消化吸收外来因素，不断优化舞台表现，提升作品艺术质量。

"中国侨批·世界记忆"国际会议综述

王晓欧　等[*]

为促进侨批文化价值的研究，福建省档案馆、福建省档案学会和福建省华侨历史学会共同主办的"中国侨批·世界记忆"国际学术会议 2012 年 12 月 11—12 日在福建省福州市举办。此次会议吸引了来自日本、泰国、新加坡以及中国的 70 多位专家学者、档案工作人员以及民间收藏家，围绕侨批的文化价值、经营管理方式以及跨区域比较等内容进行发言讨论。

在为期两天的讨论中，与会者对侨批进行了广泛而深入的探讨，并形成了《"中国侨批·世界记忆"国际学术研讨会论文集》。

一　历史的记忆

侨批是在侨乡所产生一种书信与汇款合一的信件，在书信的内容中，记录了在海外奋斗的华侨与家乡的亲人之间通信。2012 年，广东和福建两省联合申报的"侨批档案"经过专家推荐并投票，成功入选世界记忆亚太地区名录。会议上，广东档案馆和福建档案馆就"侨批档案"申请世界遗产的工作经验进行总结报告。夏丽青则是对泉州市档案馆抢救侨批的工作，对泉州侨批行业的概况和泉州档案馆馆藏侨批档案的情况进行报告。

围绕"记忆"主题，与会学者认为侨批的书信中，记录了丰富的移民和侨乡人民的生活史，透过对移民以及侨乡生活史的分析，从而重构侨乡的社会结构。泰国的侨批学家许茂春的《侨批的人文与经济文献价值——以侨批实物论证》认为侨批是密切联系海外华侨与国内侨乡眷属的纽带，侨批的内信记载了华侨与侨眷之间情感交流为主等事宜，真实地反映了当时基层华侨家庭状况、民众生活以及先进文化的交流传承，体现侨批具有广泛的社会和文化意义。而侨批的外封的信息，记载了时事邮政与经济

* 作者简介：王晓欧（1986.7—　），女，广西民族大学民族学与社会学学院 2011 级民族学在读硕士研究生；苏燕梅（1989.3—　），女，广西民族大学民族学与社会学学院 2012 级在读硕士研究生；喻良（1989.9—　），女，广西民族大学民族学与社会学学院 2012 级民族学在读硕士研究生。研究方向：华侨华人、族群关系。原文刊载于《八桂侨刊》2013 年第 1 期。

的发展与变化情况。五邑大学刘进教授以祖籍地为广东开平的美国华侨关崇瑶家庭的
100多封书信为个案研究对象，在《对乡村的疏离与依恋：华侨家庭在华南与北美之间
的跨国生存透视——以广东开平关崇瑶家庭书信为例看侨批档案的遗产价值》中描述
了民国时期华南的美洲华侨家庭跨国生活的一般情况。在资料整理中了解到关崇瑶个
人及其家庭的生活中出现了许多既有传统农村的生活方式，又显现出更多华侨群体逐
步疏离传统华南农村生活方式的趋向。厦门大学沈惠芬助理教授的《构建东南沿海侨
乡女性生活史：侨批资料的价值与利用》中则透过侨批，对东南沿海侨乡女性的生活
史进行分析。她认为侨批所讨论的事情和笔墨之间流露的感情显示了海外迁移过程中
出洋者和留守者的合作、移民家庭的变迁、留守女性在家庭和跨国移民网络中的地位
和作用，体现了海外迁移对侨乡女性生活直接而深刻的影响。新加坡国家图书馆的李
梅瑜在《家书抵万金：新加坡侨批文化展——从侨批内容看先民生活》中记录了新加
坡侨批文化展的状况，她在开篇中的一段诗歌"侨批/一封家书/一段远洋奋斗/祖辈南
来的艰辛/从峥嵘闯成佝偻/血汗织入你我脚下的泥土/页页家书/片片南来记忆/祖辈脚
步的印记/力透纸背/留存/追溯"，认为侨批是对先民移民海外的奋斗史的记录。厦门
大学的曾玲教授收集了相当数量的关于福德祠绿野亭的历史文献，她认为绿野亭近两
个世纪的发展变迁，记载了东南亚华人移民社群的整合，以及华人社会建构与演化；
绿野亭的历史资料的分析，对研究与重构包括广、客两社群在内的新加坡华人社会历
史图像具有重大的历史价值。

　　汕头大学的陈嘉顺以韩山师范学校学生刘长学为个案，在《战时更作平时看：抗
战时期的中国侨生生活研究——以韩山师范学校学生刘长学为中心》中对抗战时期的
资料进行分析，来看抗战时期的中学生生活，尤其是失去了侨批这个主要生活来源的
侨属生活情况。

　　侨批中也反映了一段特定时期的历史状况，如第二次世界大战时期以及中国与东
南亚国家文化交流的历史，厦门大学的王付兵在《侨批档案文献的价值》一文中从五
点论证了侨批是研究华侨史、中国近现代金融史、侨乡民间传统文化等方面的珍贵档
案文献。在经济上，侨批是众多侨眷的生命线，是维持侨眷生活的主要来源。在公共
事务上面，近现代侨乡教育事业的发展离不开华侨汇款的热线捐赠。对于中国金融业
与华侨金融业的发展，侨批则是起着重要的推动作用。同时侨批也是研究中国民间传
统文化的重要资料。在侨批的内信中，则反映了海外华侨生活艰难的心声。而现存的
侨批档案文献的分析，则对了解近现代中国与侨居国的邮政史有一定的参考价值。福
建收藏家协会的万冬青的《侨批研究在集邮领域的应用及其成果——以闽南侨批为例》
论述了集邮界对侨批的邮史价值的研究的形式，以及其达到的成果。泰国泰中学会黎
道纲的《侨批及其历史内涵》对泰国华侨的侨批历史内涵进行分析，认为侨批研究是
华侨史研究的重点内容，也是中外关系史的重要研究内容。漳州侨批收藏者苏通海的
《四封侨批信一段惨痛史》，讲述了四段源自侨批中的抗日战争时期的历史，认为抗日

战胜以及抗战结束后的政局未稳，都给华侨以及侨眷带来了惨痛的历史。泰国泰中学会会长洪林的《从泰国侨批业政策审视其沧桑历史》对泰国侨批政策的历史进行分析，认为泰国侨批史是一段重要的历史，作为侨批探索和研究者应纂写这段历史。

与会学者认为，侨批作为流传于民间的记录，其对民间汇款方式，以及家庭制度等方面的研究具有重大价值。广东潮汕历史文化研究中心王炜中在《侨批的民间属性与文献价值——以潮汕侨批为例》中阐述了侨批民间属性：首先侨批发轫于民间，是海外华侨在当时的金融和邮政机构尚未建立的情况下，以"银信合一"的特殊方式汇款给家人的情境中而应运而生的。其次侨批是流转于民间的，是在家庭成员以及家族亲人之间往来的。最后则是侨批经营于民间，开始是由水客递送，其后则是由民间私营的金融机构侨批局来专门办理。他认为，在当今的学术研究正在改变多偏重于上层社会的倾向，越来越注重对社会基层的研究，在这种情况下源于下层社会的侨批的文献价值更加凸显。福建省社科研究院的邓达宏在《福建侨批多元文化价值探略》中认为，福建侨批作为侨乡特有的事物，展现出了华侨华人历史文化的丰富内涵，具有"亲缘文化""地缘文化""商号文化""邮政文化""传媒文化"等多元文化特点。同样为广东潮汕文化研究中心的王汉武在《论侨批文化生态意识》中以潮汕侨批为例，认为侨批中具有浓厚的文化生态意识。在自然生态方面，其表现在对农耕的关注，对山水土地神的崇拜，以及对自然环境的亲和。在人文生态方面，其表现出了对先祖的怀念，对家庭上下的关怀，对左右邻里的协调。华侨大学的李天锡的《福建侨批的收藏研究及其意义》一文认为福建侨批因为派送地域的关系，逐渐形成为以厦门、福州、涵江和闽西诸口岸为中心的四大地域体系。对福建侨批的收藏研究具有四个意义：一是世界意义，侨批记载着福建华侨出国的规律和行为特征；二是历史意义，在侨批中，记载了两次世界大战、辛亥革命等历史大事件，；三是时代意义，在侨批中记录了19世纪以来，中国与东南亚、欧美国家的文化交流；四是地域意义，在侨批中反映了福建沿海地区乡村的社会变迁。

新加坡侨批专家柯木林的《"云中谁寄锦书来"——侨批：从家书到文化遗产》一文则是谈到了对海外回批的研究的方法，认为侨批犹如"虎符"，有侨批，亦会有回批，回批在侨批的研究中具有重大的作用。

因此与会学者认为侨批具有重要的文献档案价值，是关于华侨的历史进行承载的书面记忆。

二 对侨批局经营模式的个案分析

"经营管理与历史内涵"小组的学者们对侨批局的管理模式进行分析讨论，主要关注的是其管理模式形成的网络以及特点。与会学者的研究多是对个案的研究，且以闽、粤地区的侨批行业为主。

泉州市党史研究室叶芬蓉的《闽南侨批业运作机制和自成体系的论析》通过对收集到的闽南地区的谱牒和侨批的分析，结合正大信局、和盛信局、华侨银行等经营侨批业的实例，来分析闽南侨批业的运作机制和自称体系。闽南侨批业有连接国内外较严密的组织机构设置，分别完成信款收集、头寸调拨、承转和派送四个环节。而其以经营网络为基础，借助于金融机构和邮政机构的流通功能，在推进业务开展中自成体系。

汕头图书馆曾旭波的《东南亚潮帮批信局的经营方式》对潮帮批信局的经营方式进行系统的论述，潮帮的批信局借鉴国内民信局的经营管理方式，制定了一套适合自己的经营管理方式。他认为，侨批行业的竞争以及侨居国政策限制决定了批信局的经营方式是以兼营为主。而这种兼营的经营方式也限制了批信局规模的扩大。同时家族式和族群式的经营特点以及由此特点形成的经营网络，既是批信局内部管理与协调的需要，也是对付外来竞争或威胁的自我保护的产物。

厦门侨批收藏者贾俊英的《浅析天一信局经营、管理制度》从天一信局从初创到繁荣，以及最后的没落的经营状况，来分析其经营和管理制度。认为侨批局用人上的乡族色彩，在最开始给其带来很多方便，但是随着时代的发展，其管理弊端也渐渐显现出来。

泉州侨批收藏者吴宝国的《开拓国际汇兑之侨批——简论批信局（侨批局）的主营业务》从国际商业发展角度来审视侨批，运用史料和数据说明不同的历史阶段，侨批在国际汇兑业务中的作用和意义，认为书信作为侨批的一个组成部分，一直是依附于货币流通活动中的一种精神文化产物。

泉州华侨历史学会黄清海的《解读晋商票号与闽帮侨批局》将晋商票号与闽南的侨批局进行比较分析，认为闽帮侨批业以其国际化视野、独特的商业信用及网络化经营理念，彰显出闽南人的商业智慧，值得今人褒奖、学习与研究。

厦门大学副教授施雪琴在《吧城华人档案〈公安簿〉中记载的唐人银信案》中对吧城华人的档案《公案簿》中的唐人银信案进行分析。《公案簿》中记载的是侨批局成立之前，水客作为一种行业，从事侨批递寄，期间产生的华侨与水客之间的纠纷。她认为《公案簿》中记载的这些银信案以及解决方式，可以为侨批历史以及华人社会史研究提供一些新的资料与视角。

三 跨国纽带：侨批文化的传承

与会的学者还对在侨批局的经营过程中形成的跨国社会网络进行了分析讨论。广西民族大学郑一省教授的《广西容县侨汇庄的经营模式及网络初探》一文基于在广西档案馆查阅的大量关于容县侨汇庄的资料，认为容县侨批机构的雏形主要是一些在侨乡能解析侨汇的商号，随着侨汇输入的增加，一些有经济实力的商人逐渐开设代理侨汇的侨批机构。容县的侨批机构在抗日战争前发展较快，抗战时期处于低潮，而到抗战胜利之后一段时期是该机构发展的兴旺时期。新中国成立初期，容县的侨批经营机构也有一个较好的发展过程，不过经营的规模与方式已经开始发生变化，至 20 世纪 70 年代初，广西的侨批经营机构便退出了历史舞台；容县侨批机构称之为"侨汇庄"，在经营方式上有其不同的特点，并建构和经营着以商缘式、友缘式、亲缘式和乡缘式为特征的侨批网络。

厦门大学沈燕青副教授的《新移民与侨汇——以福建福清为个案的研究》对福建传统侨乡所涌现的新移民进行个案研究中，分析福清新移民的海外分布及职业构成，福清侨汇及其流向，以及科学使用与管理福清侨汇。王东旭对安海的侨批行业特点进行分析，认为安海的侨批行业具有批局出现年代较早、批局营业地点较为集中、侨批转发和派送地点广泛、经营的业务以菲律宾的侨批居多等特点。

《永定乡讯》主编苏志强的《永定水客与侨批业》一文对福建永定水客和侨批业的产生和兴衰历史进行介绍。龙阳市委党校俞如先的《历史上福建省永定县下洋客家侨乡侨批业初探》则是对永定县下洋客家侨乡侨批业的发展历程进行分析，认为其对下洋的经济社会都产生了巨大的影响，甚至超越了县境的范围。

厦门大学焦建华的《取缔与存留：试论南京国民政府侨批业政策的初步确立》通过对南京国民政府时期民间批信局和国家邮政之间的存废之争，来论述国民政府最终确定侨批业基本政策：区分批信局与民信局，取缔民信局而存留批信局。

厦门大学戴一峰教授在《侨批：南中国海华人跨国社会的纽带》中认为，借助新经济社会学、阐释学和新文化史等理论工具，对侨批在精神层面和物质层面进行分析，可以准确把握并深入探讨侨批作为跨国社会纽带的具象，剖析侨批对这一社会功能所蕴含的多元价值及其运行的社会机制和文化逻辑，可以有助于深刻地理解侨批。中国邮史研究会（香港）麦国培对湖北武汉侨批的邮路、侨批内容、印章等进行简单的介绍，认为侨批研究的空白领域还是众多的。

新加坡国立大学李志贤的《李伟南与新加坡潮人侨批局》以李伟南所创立的再合成伟记汇兑信局为例，回顾新加坡潮人批局的兴起、变迁与各个发展阶段的经营特色，探讨他们的业务性质、经营网络的多重结构和社群关系。

暨南大学裴艳的《侨批背景下的中山移民与金融网络》对中山的侨汇进行的分析，以中山商人郭乐兄弟开办的永安公司为例，认为中山侨汇对侨乡的金融业具有推动作用。

泉州华侨历史博物馆刘伯孳的《华侨跨国经验再诠释——以黄开物的侨批为参考》一文分析水客丰富的跨国经验，以及这种跨国经验给家乡的人们带来的影响，使得家乡的人们不断移民海外延续这种跨国经验。会议最后，华侨大学张静的《闽南侨批及其文化传承》认为闽南侨批真实的记载与传承了闽南文化的方方面面，彰显了闽南人的特质与优秀的闽南文化。百余年来，闽南侨批不但是海外华人与国内侨眷之间的桥梁，同时也延续并传承了中华传统文化。

四 结语

本次参与会议的人员，除了高校里面的学者，还有一些民间收藏家。因此在会议上的讨论中，除了有学理上的探讨，也有民间收藏实际意义上的论述。会议参与者云集了国内外的学者，因此会议讨论不仅涵盖了国内所能收藏到的侨批，也对许多国外的侨批也进行了探讨分析。

由于侨批是特定时期的产物，因此与会的学者多是从历史学的角度，从文献之类的史料资料进行分析，还有从一个家庭或者一个个人的生活史的角度进行分析的。

海外华人与中国侨乡
现代化研究的最新进展
——"华侨华人与中国侨乡近代化"国际学术研讨会会议综述

沈惠芬[*]

2013 年 5 月 15—18 日，由厦门大学南洋研究院/国际关系学院、德国马克斯·韦伯基金会、德国弗赖堡大学历史系和华侨博物院共同举办的"华侨华人与中国侨乡近代化"国际学术研讨会在厦门大学举行。来自德国、美国、新加坡、中国大陆、中国台湾、中国香港等国家和地区的学者们齐聚一堂，以中、英两种语言，进行为期一天半的研讨会。学者们深入探讨了 19 世纪中期以来海外华人与中国侨乡现代化的诸多联系、华人的当地融入与跨界活动、移民家庭与婚姻，华人政治参与和中国的华侨政策等，生动展示了海外华人与中国侨乡的历史生活形态和当今面貌。

美国加州大学（圣塔芭芭拉）赵小建教授发表了题为 "The concept of nationstate revisited：Chinese migration in global perspectives"（《对国家概念的重新审视：全球化时代华人移民研究的新视野》）的主旨演讲。她首先阐述现有的美国亚裔研究（Asian American studies）是以民族国家（美国）为中心的研究，存在种种弊端，导致美国亚裔历史中华人移民的主体性被大大低估。她进而指出华人移民研究应以华人移民为中心，应用跨国主义研究方法，开拓研究新地，并列举应用跨国主义研究方法研究华人移民的新成果，指出华人跨境迁移的全球化现象。最后，她深入探讨了当代温州华人的全球流动和成功经验。温州人带着他们在中国境内迁移的成功经验和高效运作的商业网络迁移世界各地，开拓商业领域并取得成功。他们的经验体现了华人国际移民群体的多样性、华人迁移的多向性、迁移目的多元化和华人广泛的全球化流动等特点。

会议分为 6 个主题，依次是：华侨华人对中国现代化的贡献、家乡联系、东南亚华人融合、跨文化华侨华人、迁移与家庭、中国的华侨政策与海外中国政治。第一小组"华侨华人对中国现代化的贡献"有两篇论文：台湾暨南国际大学李盈慧教授的《美国科技界华人与中国科学的现代化》和韩山师范学院黄晓坚研究员与陈雍助理研究员的《潮汕侨乡的海外联系——磷溪镇、隆都镇调研概述》。李盈慧教授探讨了 1949

* 作者简介：沈惠芬，女，厦门大学东南亚研究中心、南洋研究院副教授，历史学博士。原文刊载于《南洋问题研究》2013 年第 4 期。

年中华人民共和国成立后的 20 年和"文化大革命"后的 20 年，两批美国华人科学家对中国国防科学等领域的重要贡献。两批美国华人科学家参与中国建设体现了中国政治和社会变迁对华人科学家与中国科学关系的深刻影响。陈雍助理研究员报告了她与黄晓坚教授等人近来在潮汕侨乡的侨情考察，展现了传统侨乡历经百年沧桑的海外拓展与跨国联系，探讨了改革开放以来海外华人对地方经济与重建传统文化的贡献，以及新时期侨乡人迁移的新特点。

　　第二小组讨论的主题是"家乡联系"，论文包括五邑大学广东侨乡文化研究中心刘进教授的《良信网络中的华南乡村社会流动——以清末民国初期的广东台山县和开平县为中心》和暨南大学华侨华人研究院潮龙起教授的《近代美国华侨与广东四邑侨乡基督教的传播》。刘进教授以广东台山、开平银信（侨批）资料、家族刊物和档案资料为基础，考察清末民国时期两地人民为了提高个人和家庭的社会地位，积极利用银信网络和商业网络，在金山庄的帮助下迁移美洲等地，实现金山梦。他们赚钱寄汇回乡支持家庭经济和儿女教育，投资工商业而转化成工商阶层等，从而实现个人和家庭向上的社会流动目的。潮龙起教授指出近代美国华侨与广东四邑侨乡间存在一个以宗教为纽带的跨国宗教网络。他展示近代四邑侨乡基督教事业的兴起与发展，认为跨国网络的存在为基督教在侨乡的传播创造了重要条件。四邑侨乡基督教的传播及其在传教过程中兴办的文教、卫生事业，改变了侨乡的社会风貌和价值信仰。

　　接着的"东南亚华人的融合"小组讨论中，德国弗赖堡大学 Sabine Dabringhaus（达素彬）教授和厦门大学南洋研究院王付兵副教授先后做报告。达素彬教授在她的论文 "Changing diaspora identities and modern nation-building in Indonesia"（《变化的华人族群认同与民族国家建设：印尼个案》）中讨论 19 世纪末至太平洋战争前约 40 年荷属东印度（今印尼）华人族群的认同变迁。生活在荷兰殖民者统治下的华人面临着如何构建族群认同、争取平等权利和如何与印尼土著相处的现实问题，同时他们还受到来自中国正急剧发展的民族主义的重要影响。达素彬教授生动地展示了在此过程中印尼华人由于生存环境、教育背景，与荷兰殖民者、印尼土著和中国政府之间关系的差异而带来的华人群体内部的分裂与族群认同的挣扎，以及这些现实因素在代表各群体的报纸中的呈现。她认为，在此过程中，印尼华人重新认识自身在印尼的地位，积蓄力量改善处境，华人数量、组织和以报纸为媒介的话语权得到大发展，作为印尼少数民族的自信心得到增强。同时华人也经历了从再华化转向向殖民地政府争取平等权利或希望完全融入印尼民族国家的过程。厦门大学南洋研究院王付兵副教授提交论文《20 世纪初福建人成为马来语华人最大方言群的主要因素》，认为 19 世纪末至 20 世纪初来自闽南地区的福建人（即闽南人）是马来亚华人社会中的最大方言群，并探讨其原因。他指出，福建人较早在马来亚海岸地区从事商贸活动，闽南自然地理与人文状况以及移民网络的作用等因素，造成福建人至迟在 20 世纪初成为马来亚华人社会中的最大方言群。

在"跨文化华侨华人"分组讨论中，新加坡国立大学历史系黄坚立副教授提交论文 "Translocality in the Chinese diaspora：Lee Kong Chian&his Southeast Asian business empire，1920s－1960s"（《华人离散群的跨越地方性：李光前和他的东南亚企业王国，20世纪20—60年代》）。黄坚立副教授运用 Steven Vertovec 对跨国主义理论中"跨地方性"（translocality）的论述，以华人离散群（Chinese diaspora）中突出的著名华商、企业家与慈善家李光前为例探讨华人离散群的"跨地方性"。李氏童年从福建迁移到东南亚，一生经历了许多重要的历史时期，并建立庞大跨国企业王国。从他在20世纪20—60年代个人跨区域的旅途、东南亚企业王国的营业运作、不同时代和政治环境下的经济活动、政治认同与文化定位中，可见地方、区域与全球化3种元素在他身上的并存与重叠，显示了华人离散群"跨地方性"特点。弗赖堡大学历史系讲师吴若痕（Soren Urbansky）提交论文 "'Vasily' of China and his Russian friends：Transcultural identities in the Sinn Soviet borderlands"（《中国的"瓦西里"与他的俄罗斯朋友——走私者与他们的跨文化身份》）。运用跨文化主义（transculturalism）和"接触区"（encounter）的概念，吴若痕博士讨论20世纪20年代末至30年代初期当现代国家边界控制缓慢出现时，在多民族活动的接触区——中苏边境从事走私活动的跨境走私者。这些人并非都是移民，但他们利用本身具有的跨文化背景和跨文化能力，策略性地通过走私活动谋取经济利益，并在走私网络的互动中加强跨文化技能、跨文化身份与跨民族联系。吴若痕对这些尚未纳入华侨华人研究领域的华人与非华人跨境者的走私活动及其之间的互动研究颇具启发意义。

国际迁移毋庸置疑地给在中国与侨居地移民家庭带来了新因素，但有关研究相当欠缺。在"迁移与家庭"小组中，厦门大学南洋研究院沈惠芬副教授提交论文《二十世纪上半期人口国际迁移与中国家庭：冲击与维持》，文章以20世纪30—50年代东南亚华侨华人在福建泉州侨乡的家庭为例，探讨人口国际迁移对移民家庭（留守家庭）的冲击和留守家庭如何在国际迁移、本土社会与社会性别关系等多重影响与作用下生存与发展的策略。文章认为，移民家庭受到国际迁移带来的新环境的冲击与挑战。在此过程中，侨乡社会对新环境有较强的调适力，留守妻子也发挥能动性，对留守家庭的保留起着极为重要的作用。美国杜鲁门州立大学历史系令狐萍教授提交论文 "Taishaneserhanese widow and American concubine-Reconstructing transnational migration and marriage"（《台山"寡妇"与美国小妾——重构跨国迁移与婚姻》）。令狐萍教授分析了19世纪中期至20世纪上半期美国华人的婚姻模式及其特点，以及华人妇女在美国家庭地位的变迁。她认为，在严厉的排华法影响下，美国华人社区性别比例严重失调，华人处于孤立地位。在应对长期复杂的社会政治环境过程中，华人婚姻形成3种模式——"跨国分离婚姻（transnational split marriage）"，"传统婚姻（traditional marriage）"，"美国都市婚姻（American urban marriage）"。在华人家庭内部，虽然传统中国性别规范依然强势，华人妇女在应对新环境过程中对家庭的生存与维持发挥了重要的作用，从而提高她们在家庭中的地位。

长期的国际迁移也给中国政治带来新元素。晚清以来各个时期中国政府的华侨政策是重要内容之一。与此同时，中国国内政治也影响海外华人，形成有趣的对照。在"中国的华侨政策与海外中国政治"小组，两位学者分别对以上现象做了考察。香港岭南大学历史系韩孝荣副教授在其论文"Changes and continuities between the ROC and PRC in their policies toward the Overseas Chinese，1911—1966"（《"中华民国"与中华人民共和国华侨政策的变与不变，1911—1966年》）中对比从1911年至1966年中华人民共和国与"中华民国"华侨政策的异同。韩孝荣副教授认为1966年以前中华人民共和国延续民国华侨政策中的许多政策，如把华侨作为一个特别群体对待、对归侨采取照顾政策、支持华侨教育、保护侨汇、争取华侨投资，并继承"民国政府"的华侨机构设置等。不同之处是，在处理华侨土地和国籍问题上，中华人民共和国完全抛弃"民国政府"的做法。直到1966年"文革"爆发后，其华侨政策才偏离之前的华侨政策。新加坡国立大学中国研究系黄贤强（along Sin Kiong）副教授提交论文《中国政治在南洋：从厦大校长林文庆在新加坡遭枪击事件谈起》，他回顾1928年2月8日厦门大学校长林文庆在接待中国国民党及国民政府要员胡汉民、伍朝枢和孙科时，在新加坡中华总商会门口遭到刺客枪击受伤事件的来龙去脉，分析中国政治如何蔓延和影响新加坡（南洋）华人社会。黄贤强副教授指出，这次事件标示着中国政治在南洋的白热化，与枪击事件相关的"悬挂国旗风波"一起，事件反映了20世纪20年代新加坡华人处境与认同困惑，揭露了新加坡华人商界领袖对中国政治的谨慎反应与复杂解读。

总之，此次学术研讨会时间跨度长、涉及议题广泛但又有交集。学者们针对海外华人群体涉及领域的不同层次，包括个人、家庭、社区、地方、国家与全球等，探讨了海外华人的家庭、跨国/地域活动、民族主义、认同与全球化流动等现象与议题。这次会议不但是对目前海外华人与侨乡研究领域热点的回应，也在不同层面开拓、深化专题研究，提供新研究资料与研究视角，得出了重要观点。因此，它对海外华人研究、侨乡研究与迁移研究有重要意义。

中西交融　古韵新声

——交响南音《陈三五娘》学术研讨会综述

陈　瑜[*]

作曲家何占豪继小提琴协奏曲《梁祝》之后推出的又一力作，交响南音《陈三五娘》于 2013 年 4 月 28 日在国家大剧院隆重上演。音乐会邀请小提琴演奏家吕思清，台湾南管大师卓圣翔，编剧涂堤，国家一级演员、戏曲梅花奖得主吴晶晶共同编创演出。成功首演后，作品的创作经验与艺术手法在业界引发热议。次日，由中共厦门市委宣传部、厦门市文化广电新闻出版局、厦门市总工会、中国艺术研究院《艺术评论》杂志社联合主办的"中西交融　古韵新声——交响南音《陈三五娘》学术研讨会"在中国艺术研究院召开。

会议由《艺术评论》杂志社主编唐凌主持。各界专家、厦门市有关领导和二十余家驻京媒体与会。在致辞中，中国艺术研究院常务副院长刘茜指出，南音是中国音乐的活化石，而交响乐是西方音乐非常传统的表现方式，这次能够把两音结合创作出《陈三五娘》是一次有意义的创新。而由海峡两岸的艺术家共同来完成这个创新的作品，亦是一个非常有意义的探索。

研讨会上，何占豪先生简要介绍了此次创作过程。他认为，现代社会中南音听众越来越少的原因，一方面是因为节奏慢，不符合现代生活节奏；另一方面是因为南音自有一套程式，与现代人的艺术审美追求有一定距离。此次的编创一方面是为了让当代的听众喜欢，特别是吸引现代的青年听众，适合当代青年的审美情趣；另一方面是让南音老艺术家也喜欢。因此，他提出要"一手伸向古代，一手伸向现代"，既要学习前辈们给我们留下的音乐语言，也要学习西欧现代音乐的技术，用这些技术来丰富、提高我们的民族艺术，即民族音乐现代化。

将一个原本 3 小时的剧目改编缩减成 45 分钟长度的作品，涂堤谈到在编创过程中考虑较多的是如何在剧本里体现南音的创新和改革。南音的节奏很慢，在有限的时间内表现完整剧情，这与剧情发展需要显然相冲突，因此如何在保持原有南音特色的基础上，使之适应、推动戏剧性冲突是个值得探讨的问题。

---

* 作者简介：陈瑜，中国艺术研究院助理研究员。原文刊载于《人民音乐》2013 年 7 月。

　　台湾南管大师卓圣翔受邀参与了此次《陈三五娘》唱腔编创任务，在会议中他谈到了三点编创作曲原则：一是尽量保持祖先留下来的传统；二是在传统的基础上来创新、修改；三是在前两个原则都无法解决的前提下，自己做创新。同时他也提到了本人正在编创南音的工作情况，希望这次演出编唱方面，专家能多提意见。

　　中国音乐家协会名誉主席傅庚辰首先对音乐会的成功演出表示祝贺。他认为"自己虽然对南音缺乏研究，但是欣赏这个作品感到很悦耳，很能接受。管弦乐队和南音音调的结合很自然，虽然合唱队是用普通话来唱的，南音是用闽南话来唱的，也不觉得不协调，管弦乐队的手法运用得也很自然"。他指出，这场音乐会给我们的启发就是音乐语言的问题。何占豪从《梁祝》到交响南音走了一条音乐语言民族化的成功之路，值得接受和发扬，而这也是《梁祝》《黄河》《红旗颂》等作品受到世界人民普遍喜欢的根本原因。傅庚辰也对作品提出了一些具体修改建议，如要增加这个作品中矛盾冲突的部分，甚至于包括正反面的矛盾冲突，突破大团圆结尾的一般模式等。最后，他提出作曲家要以人民为中心来进行创作，不能停在空中楼阁，离开生活、离开我们的国家、离开人民去单纯地钻研某种技术，而应该从生活中吸取源泉，和时代同呼吸，和人民共命运，从我们优秀的民族文化传统当中汲取营养，脚踏实地走下去。

　　中央音乐学院杜鸣心教授在书面发言中首先肯定了作品的成功，认为"管弦乐的加入并没有让我们感觉到洋不洋、中不中的风格，而且在原来的基础上把管弦乐糅在里面进行加工，丰富了南音原有的音乐表现力"。同时对作品提出了一些具体修改建议，如其中的小提琴协奏曲中《八骏马》表现骏马奔腾的部分篇幅可以再展开一些；小提琴的独奏除了挖掘哀怨的、压抑的、悲痛的情绪，同时还可以表现激愤的、愤怒的情绪，运用多种技巧表现得再充分一些；下半场的《陈三五娘》的音调邀请台湾的南音专家进行设计，和交响音乐进行配合以后，整个故事的戏剧情节更加鲜明，但在音调、和声还有调性上还可以走得更远一些；等等。杜鸣心指出，中国的戏曲音乐有很多共同的东西，如音乐的走向、曲调的特色都有自己的特点，何占豪把原有南音的特色比较好地保留了下来，这也是今天的作曲家在面对传统时如何对它进行慎重地加工，慎重地再创造的态度，值得赞赏。最后，杜鸣心谈到傅庚辰曾提到的"三化"问题，即现代技法中国化、音乐语言民族化、音乐结构科学化。他提出中国作曲家要善于用本民族的语言讲述我们中国人自己的故事，反映中国人民的生活和生存状态，表达中国人民的情感，只有这样我们的音乐才能在世界音乐殿堂中留下真实的声音。

　　国家京剧院原党委书记、戏曲理论家林毓熙指出，《陈三五娘》音乐的成功创作是对非物质文化遗产南音的继承与革新的创新之举，是在对非物质文化遗产的研究、探索和推进的进程中实施保护的实践性的新成果。他认为这是一部成功的交响乐作品，创作集中体现了两个文化自信：第一，是对优秀的民族文化传统的文化自信；第二，通过这部作品展现出作者丰厚地域文化资源的自信。同时，他谈到三点观演感受：第一，古韵新声的南音作为非物质文化遗产，应该在动态当中、在革新当中赋予古老的艺术形式以新的艺术生命。《陈三五娘》将南音的音乐素材运用交响乐的形式把多种因素复合性地表现出来，从而产生了一种新的交响乐作品，不是简单的南音的演唱，也不是《陈三五娘》在舞台的呈现，而是赋予了新的艺术生命，这个新的艺术生命是着眼于变动、革新、发展的；第二，非物质文化遗产需要传承人，这个传承人既可以是本剧种的非物质文化遗产的传承，也应该是与具有当代创新意识、具有艺术功力的传承人的强强联合；第三，用创新的视角来审视传统文化的价值，同时运用新的现代的艺术手段，使传统的艺术宝库能够加以丰富、加以宣扬，这个举动本身就是对南音文化的传播。最后，他对作品创作提出两点建议，一是在作品的结尾矛盾缓和以后大团圆感到不满足，建议在音乐会结尾能赋予对传统封建礼教的叛逆的形象，二是建议音乐上突出一些潮州音乐特色。

中国艺术研究院中国非物质文化遗产保护中心常务副主任李新风研究员谈到传统文化资源与当代艺术创新的问题。他认为《梁祝》这部作品是利用传统文化资源进行文化艺术创新的一个范本，可以说是最成功的一个范本。作曲家将南音和交响乐这两者结合得非常好，用精练的唱段、段落将整个叙事完整地体现出来，是一部成功的作品。《陈三五娘》把南音作为基础，突出了将南音作为主角来进行交响的相互的结合，做了一种新的探索。他提出，一方面"非遗"需要原汁原味的保护和传承，另一方面是传统文化资源如何与现代的音乐语言结合问题。同时提出是否还有另外一种可能性，即像《梁祝》一样走得更远一些，作为纯粹的交响乐作品，这也是一种思路。

中国传媒大学路应昆教授认为，传统音乐如何和外来的音乐形式深度融合，在探索上难度很大。《陈三五娘》是交响乐队形式与南音结合的一次很有意义的探索、尝试，也是一次很成功的尝试。他认为传统就是传统，非遗原模原样、原汁原味地保护，这是传统的保护。至于新作品里能够融入多少传统的成分，这个要看情况，没有一个统一的标准，不必拿那种离传统的东西是不是太少了，是不是离传统太远了的原则来看这样的作品。我们更多的追求主要还是看是否具有艺术性和艺术高度。要创作出真正艺术上好的作品包袱不要太重，真正保存传统的任务不是由这种作品来承担的。同时，创作方面，他也提出了加强作品唱腔比重，平衡南音传统唱腔形式和大乐队合作，加强合唱与南音唱腔的关系、扩大作品格局等方面的建议。

中国艺术研究院戏曲研究所所长刘祯研究员认为，这场演出的意义在于艺术呈现上的交响南音和戏曲的融合，这次研讨会所确立的主题"中西交融　古韵新声"是这场演出的意义所在，同时也体现出传统与现代性的问题。如何让传统在 21 世纪仍然拥有更多的观众，他提出两种类型：一种是在艺术形式本体范畴内的创新，比如京剧；另一种是这种形式与其他形式的一种结缘，交响南音《陈三五娘》就属于这一种。交响乐的使用为南音这种古老传统艺术注入了一种现代的气息，更衬托出了南音的古典性和韵味，不仅是喜欢南音的人，对于现在的年轻的观众，也是能够接受喜欢的。从戏曲的角度来讲，这个形式因为增加了戏曲的表演，起到了画龙点睛的作用。不足之处在于对戏曲的表演过于挤压，戏剧冲突的一面还应进一步加强。

中国音乐学院音乐研究所所长谢嘉幸教授从三个层面谈了自己的观演感受：第一，从交响音乐的创作来讲，中国的交响乐或者中国乐派的交响乐一定要扎根在我们自己的土壤当中；第二，探索一种新的品种，也就是把交响乐和戏曲当作一种或者叫作相同分量的创作，这是一个新的方式；第三，通过现代的方式使年轻人接受传统，这是一个途径。当然不是说它来取代我们的传统。让传统音乐走进现代生活，传统和现代之间究竟是一个什么关系？这是值得思考的问题。

国家一级编剧、剧作家徐瑛对舞台和创作提出几点建议。他认为用戏曲和交响乐融合这样的合作形式给了我们一个创意的机会，应该更大胆。即做到不仅是一台可以听的音乐会，还是一台可以看的音乐会。舞台呈现应该充分地调动现在的舞台技术，引入多媒体概念，可能需要一个好的导演参与进来。戏曲方面，应该给戏曲更大的呈现空间，戏曲演员发挥应更积极。音乐方面则应肯定自我，更加自信，将传统的特色做得更加极致，同时加强发挥合唱队的帮腔作用，让合唱队跟戏曲的表演，跟整个故事能更有机地结合起来。

《音乐周报》原副主编陈志音认为艺术没有唯一的标准，但是它有基本的标准。其中两个重要的因素，一个是美感，一个是情感，两种都在音乐会上得到了呈现。戏曲或者是传统艺术与交响乐结合《陈三五娘》不是第一例，但她个人觉得做得还是非常好，因为南音本身特别不具备交响性，所以非常有难度。同时，她提出希望作品在剧情分配上有所取舍，加强结束部分对社会的批判等精神性内容，同时加强小提琴协奏曲中的戏剧性情绪表达，增加张力等建议。

中国艺术研究院戏曲研究所研究员、戏曲理论家龚和德提出，交响乐同戏曲的结合至少已经超过了半个世纪，这种结合有多少种类型？有多少种形式？这是可以探讨的问题。他谈到国家京剧院演的交响史诗京剧《梅兰芳》，作品主题是剧，其中把交响乐的乐队拉进来，丰富了音乐。而《陈三五娘》是具有南音元素，具有戏剧情节的交响作品。它的主体是交响乐，戏曲是元素，同交响史诗京剧《梅兰芳》是不同的。中西交融，在交响乐和戏曲的关系上这是一个重大的课题，进一步寻找例子、寻找典型的作品进行深入的探讨，总结它的经验，从理论上来探讨这个问题，是很有意义的事情。最后，他提出保存与创新不可偏废，只有保存好传统的根，才可以在创新上多做这样的尝试。两者的兼顾在今天来说非常重要。

厦门市总工会书记、常务副主席陈永红和厦门市委宣传部副部长林朝晖也分别做了发言。研讨会取得了圆满成功，很好地总结了交响南音《陈三五娘》的创作经验，对当前我国管弦乐创作和发展以及非遗项目的传承、发扬、创新探索有良好的借鉴和促进意义。

"南澳Ⅰ号与海上陶瓷之路"
学术研讨会综述

陈景熙　　陈嘉顺[*]

2013 年 8 月 9—10 日，由中国中外关系史学会与广东省南澳县人民政府、潮汕历史文化研究中心联合举办的"南澳Ⅰ号与海上陶瓷之路"学术研讨会，在广东省汕头市南澳县隆重举行。会议共收到学术论文 48 篇，来自广东、福建、云南、吉林、上海等省市数十家高校、科研单位、文博机构及学术团体的 60 余位代表参加了本次研讨会。

一　研讨会缘起

南澳地处闽、粤、台三省三角地域的中心地带，濒临西太平洋国际主航线。"南澳Ⅰ号"是一艘明万历年间失事沉没于南澳附近海域的商船，于 2007 年 5 月被发现，沉船位置在南澳岛的东南内侧，与南澳岛陆地的最近距离为 2 公里，海域平均水深为 25 米。船头方向为云澳港。据 2010 年的发掘，基本认定船体长 27 米，最宽 7.5 米。现共发掘出水文物 3 万余件，其中瓷器最多，其次是陶器、铁器、装饰品等，还有 4 门大炮及植物种子等重要文物。2010 年，"南澳Ⅰ号"水下考古工作被列为国家水下文化遗产保护"一号工程"。

开幕仪式上，潮汕历史文化研究中心罗仰鹏理事长致辞指出："南澳Ⅰ号"的发现，证明了南澳海域在明代已是中外舶商进行贸易的重要场所。学术研讨会的举办将推动海上陶瓷之路研究的学术发展，进一步向外界展示潮汕地区特别是南澳早期海外交通、海外贸易、陶瓷生产以及海外陶瓷贸易的情况。

中外关系史学会副会长、国务院参事室特约研究员丘进教授在开幕致辞中指出，中国中外关系史学会是从事中外关系史和中外文化交流史的科研、教学、出版工作的全国性专业学术团体，对于"南澳Ⅰ号"等中外关系史、中外文化交流史研究领域的重要学术课题，组织开展学术研讨活动，是中外关系史学会责无旁贷的工作；22 年前

---

* 作者简介：陈景熙，厦门，华侨大学。陈嘉顺，汕头，汕头大学。原文刊载于《国家航海》第五辑。

成立的潮汕历史文化研究中心，则是在国学大师饶宗颐教授长期指导下，享誉国内外学界的民间学术团体，罗仰鹏理事长就职以来，积极推进潮汕历史文化研究中心与国内学术主流接轨，独具慧眼地倡导召开"南澳 I 号与海上陶瓷之路"学术研讨会。因此，出于共同的学术关怀和学术责任感，中外关系史学会决定与潮汕历史文化研究中心、南澳县委县政府联合主办此次研讨会，期望借此为诸位专家学者提供学术探讨的平台，推动南澳 I 号，乃至于海上陶瓷之路的研究。

二　主题报告

在主题报告环节，中山大学副校长陈春声教授从明代海禁政策与地方海上贸易传统的冲突出发，以南澳为中心，深入地探析了明代闽、粤交界处地方社会转型的历史脉络与具体机制；在史学方法论方面，该研究的意义在于说明作为社会史研究分析工具的"区域"，必须以人为本，与特定时空背景下具体人群的活动联系在一起，才具有实质意义。

厦门大学南洋研究院李金明教授指出，明代后期漳州月港部分解除海禁后，众多的私人海外贸易船从月港出航到东西洋贸易，船上装载着大量外销到欧洲各地的中国瓷器，"南澳 I 号"沉船可能与月港的解禁，以及漳州窑瓷器的外销有着密切的联系。

厦门大学南洋研究院廖大珂教授在中西文献互证的基础上，重点运用 16—18 世纪西方文献中的外文资料，尤其是古地图，论证明清时期南澳历史地位的变迁。

广东省社科院海洋史研究中心主任李庆新研究员则认为，南澳在宋以前名不见经传，到了 15 世纪以后，南澳以其所处海洋区位优势与海岛环境，成为海盗啸聚、走私贸易的重要据点。"南澳 I 号"的出水，对研究明中后期粤闽海外贸易，特别是海禁时期南海私商有十分重要的价值。

广东文物考古所水下考古队队长崔勇研究员亲身经历了沉船考古和器物出水的过程，他利用视频向与会者展现了部分尚未公布的出土珍贵文物资料，生动形象地论述了发掘出的文物价值及意义，引起了与会者的极大兴趣。

三　分组讨论

与会代表分四组进行交流，围绕"南澳 I 号"个案、粤东港口及海上陶瓷之路研究、海外交通贸易、历史文献与海外交通史等方面的议题展开热烈讨论。

分组讨论中，"南澳 I 号"的个案研究成为焦点，与会学者围绕"南澳 I 号"的个案，多学科、多角度地展开深入探讨。邱立诚认为，"南澳 I 号"沉船属于海船应无疑义，沉船的水下考古工作还未结束，许多研究工作还有待进行，相信随着沉船面纱被揭开，许多未解之谜一定能得到我们所期待的答案。陈汉初从汕头港的地理位置、自然条件、潮州窑、瓷窑生产陶瓷的历史以及汕头港陶瓷对外贸易情况出发，论述了汕头在陶瓷对外贸易中的重要地位。李开洲引述考古人员对"南澳Ⅰ号"沉没原因的推测，着重分析南澳海域礁石和海盗这两大原因，指出南澳海域不仅只有"南澳Ⅰ号"这艘明代沉船，应该还有其他古代沉船等待着发现和发掘。李炳炎以"南澳Ⅰ号"打捞瓷器及明末清初闽南、粤东一带青花瓷窑标本为基础，并结合相关文献史料，对明末清初的潮州窑进行分析，认为在海禁背景下，闽南、粤东一带民窑引入景德镇青花瓷的生产技术，大量生产青花瓷，并通过海上私商运销海外。王怡苹的研究侧重于沉船上景德镇所生产的外销青花瓷，从制作时代、工艺特征、胎釉成分等分析，推断"南澳Ⅰ号"的出航时间。罗玉钗认为"南澳Ⅰ号"出水的瓷器反映了一个时代的文化风貌及人们的审美理想。杨映红、陈泽芳的研究说明，无论是作为文化遗产还是实物遗存，"南澳Ⅰ号"留给世人弥足珍贵的财富，应该成为世人鲜活的"资源"而不是随意陈置的"遗产"。

随着"南澳Ⅰ号"个案研究的深入，粤东港口及海上陶瓷之路研究也相应受到重视。丁德超的研究指出，尽管20世纪30年代之后，粤东陶瓷业被迫走向衰落，但仍然在粤东地区社会经济发展过程中占有举足轻重的地位。蔡文胜从凤岭古港兴起与先民"善舟楫之利"的传统，凤岭古港晚唐、北宋时期外贸的繁荣看其重商意识的发扬，以及凤岭古港海商传统对该地域明、清时期商业活动的影响三个方面，论述凤岭古港海商文化传统。何小荣、周云水的研究指出，粤东地方政府需要充分挖掘陶瓷文化，开发性保护并利用现代制陶技术，再现其辉煌的历史，从品牌、景观、产品等多种途径，促进旅游市场及配套体系的建设，并依托民间收藏建立陶瓷博物馆，提高文化品牌效应。叶良方则对汕尾港的历史变迁展开条分缕析的介绍，详细探讨了汕尾港的形成过程。陈志民在文物鉴赏的基础上，对水车窑与潮州窑技艺源于浙江越窑的观点提出修正，并就宋代笔架山窑瓷器烧制年代、产品分类、工艺特点与艺术成就等方面做出探讨。郑绪荣认为潮汕俗谚体现了潮汕先民为航海而积累的经验，有利于潮汕海外移民的向外拓殖，带动了潮汕经济的发展。洪锦波通过研究指出，所谓"汕头器"就是漳、潮两地武装商船贩运出口的产自福建、江西和广东的瓷器。林俊聪从"南澳Ⅰ号"的发现、沉船中文物的打捞谈起，指出南澳海上陶瓷之路，既是发财致富之路、文化交流之路、中外友谊之路，也是充满艰险之路。

除此之外，一些与会代表将关注点放在了海外交通、贸易的研究上，就具体史料进行深入探讨。张一平、孙佳梅的研究表明，明朝政府虽禁止私商出海，但对官方贸易却没有过多限制，对文莱贡使更是采取"厚往薄来""减免税收"的政策，有利于中国与文莱的贸易往来。欧洲殖民商人和倭寇介入中、文两国贸易后，众多势力犬牙交错，使中、文贸易地位逐步下降。中国海商也在此时大量移居文莱，为文莱社会发展做出巨大贡献。陈景明从历史演进的角度，纵谈潮汕变化及沿海新老港口的更替，航运线路的拓展和海运事业的发展，揭示了潮人勤劳智慧、不折不挠、艰苦奋斗、开拓进取的人文精神和海洋意识。吴二持从清以前潮商海上贸易、禁海与海禁初开时的潮人海上贸易、红头船与清代潮人海上循环贸易、清代潮商的退罗贸易、潮汕海上贸易的主要港口埠市等方面，概述清代解除海禁之后潮人贸易兴盛的情况。柯世伦从出土文物展开讨论，认为南澳以其独特的区位优势和优良的港湾条件，在海外交通和商贸往来中独树一帜，而出土的文物和历史遗迹表明，澳前和深澳是南澳早期的开发区和商贸地，在南澳交通贸易史上占有重要地位。

历史文献与海上交通史的研究，是本次研讨会的又一个焦点，来自高校及科研、文博机构的学者对此给予高度关注。陈景熙、陈孝彻、丁烁合作的论文，从嘉庆十六年（1811）置立的一份合约入手，运用民间历史文献学与历史人类学的方法，逐步深入地进行文书整理、文献考稽、田野印证工作，认为该合约是一户红头船主家庭的分关文书，进而在社会经济史视野下探讨红头船运营与家族制度维系的关系问题。吴榕青、李国平从宋人真德秀的一篇公文出发，考稽宋、元南澳史事。王亚民以蓝鼎元文集为研究资料，研究其治理海盗的思想，认为蓝鼎元的思路，带有发展南洋贸易、解决民生问题的意向，不同于传统意义上加强海洋控制的政治意识。王潞的研究主要通过对宫中档案和地方文献的分析，描述南澳岛海防同知设立的缘由、过程与制度变迁，探讨清初沿海社会与海岛行政设置的内在联系。林瀚通过梳理方志、文集、碑刻、海关报告、民国调查资料等历史记录，分析清中期以后航行于潮州内河及附近海域的民用木制航船的种类及营运状况。周修东以惠来石碑山灯塔建造为例，对赫德在航海灯塔建设中的选址布局，部署指挥、建造技术的采用及灯塔建造取得的效果、对航运安全所起的作用等史实展开讨论。陈嘉顺则以明末以来，妈屿岛上的妈宫故事和海岛历史变迁为例，讨论在华南地区民间信仰与地域历史之间的密切联系。陈贤武针对宋代笔架山潮州窑的近百年研究史进行综述，为潮州窑的深入研究提供了详尽的学术回顾。

四 会议总结

在闭幕总结中，丘进教授指出：

第一，本次会议是国内外学术界中，以"南澳Ⅰ号"为主题的第一个专题学术研讨会，为深入研究"南澳Ⅰ号"及海上陶瓷之路提供了重要的学术积累，推动了中外关系史研究的发展。

第二，本次学术研讨会的论文，在史料运用层面上，中西文献互证、图文互证、实物史料与历史文献互证、传统历史文献与民间历史文献互证的多元研究方法的运用，为学术界进一步开展中外关系史、海外交通史、贸易史的研究，提供了值得肯定的学术借鉴。

第三，在与会者中既有长期从事中外关系史研究、明清社会经济史研究的专家学者，也有在考古、文博第一线辛勤工作的研究人员，还有地方学术机构的文史研究者；在会议期间，开展了活跃的学术讨论，进行了良性互动，为全国性学术机构、地方学术团体、地方政府通力协作，合作组织学术交流活动提供了成功的范例。

第四，由于"南澳Ⅰ号"的水下考古工作尚未完成，系统全面的考古报告尚未面世。因此，本次学术研讨会，也为进一步深入探讨"南澳Ⅰ号"留下了后续的研究空间。主办方期待着，在"南澳Ⅰ号"三卷本的考古报告正式出版之后，国内外关心"南澳Ⅰ号"与海上陶瓷之路课题的专家学者们，在考古报告的基础上，运用宏富的中外文献，在中外关系史的学术视野下，带着与国际学术主流对话的问题意识，对"南澳Ⅰ号"及海上陶瓷之路的学术课题，进一步开展纵深研究。

第十届潮学国际研讨会论文综述

朱　庆[*]

由湖北省潮人海外联谊会和国际潮学研究会主办，马来西亚潮州公会联合会、加拿大潮商会、韩山师范学院潮学研究院、汕头潮汕历史文化研究中心以及华中师范大学协办的"第十届潮学国际研讨会"，于 2013 年 5 月 28—31 日在湖北武汉华中师范大学隆重举行，潮学国际研讨会两年一届，至此已逾二十载，但潮学研究一向与时偕行，故此愈益兴盛。本次潮学国际研讨会，共有海内外专家学者 70 余人出席，提交论文计 60 余篇。与会代表就方言与戏曲、潮商、移民与社团、在外潮人、信仰与文教以及其他一些相关问题进行了热烈讨论。兹将会议参会论文学术研讨情况略做介绍。

一　方言与戏曲

潮州方言与戏曲是潮州地方文化的重要组成部分，是十分重要的非物质文化遗产，也是中华文明的重要组成部分。因此，方言与戏曲向来是潮学研究的重要组成部分，潮州方言和戏曲的研究也取得了丰硕的成果，此次会议也不例外。

林伦伦（韩山师范学院）向与会者分享了"从文献到田野——潮汕方言调查研究的新成果"。他介绍了一批潮汕方言研究的英文和中文文献，英文文献主要为 19 世纪传教士的英文地方文献资料，中文文献资料包括十五音类系列字书、文人笔记著作、专业著作、地方志、明代的剧本、清代至民国歌册、民国歌谣、文学作品等。通过对这些文献的考察研究，林教授指出一百多年前韵尾韵母在潮汕闽方言中心地区中普遍存在；一百多年前的潮汕方言已经是 18 个声母；潮汕话声调例字早在 19 世纪中叶已经存在。林教授的研究不但涵盖了文本资料的解读，而且广泛进行田野调查，并从中获得了一系列新发现，如一 n 韵尾系列成果的广泛存在，新的粤东闽方言点及其类型，轻唇音声母 pf，pfh，by 的发现等。甘于恩（暨南大学）对广东汉语方言地理语言学的学科研究和建设提出了自己的看法，作者在回顾广东方言地理语言学研究实践和理论探讨的历程后，提出了这一研究的不足及展望。徐宇航（香港中文大学）考察了 19 世

＊　作者简介：朱庆，（1989—　　），男，安徽安庆人，华中师范大学中国近代史研究所 2011 级硕士研究生。原文刊载于《韩山师范学院（学报）》第 35 卷第 1 期。

纪潮州方言传教士语料中"山摄"字的文白异读，在山摄字文白异读现象描写的基础上，分析山摄字文白异读的类型与演变，最终归纳百余年来文白异读演变的趋势和规律。钟蔚苹（香港城市大学）以粤东闽语"冷"义温度形容词为研究对象，对其进行共时分的描述及历时演变的考释，进而从方言历史层次和方言间的亲疏渊源关系两方面探讨基本词汇在方言研究中的作用。杜奋、林伦伦（韩山师范学院）以翁辉东《潮汕方言》中的1000多条词语为调查比较蓝本，分析比较了现在的新派和老派潮州话，指出随着社会经济的进步和发展，潮州话的词汇系统也发生了很大的变化，方言词语明显向共同语靠拢，潮州话中产生了大量的新词。陈小枫、蔡一峰（中山大学）以闽南方言汕头小片澄海方言点为考察对象，从结构类型和语义两个方面对澄海方言多音节形容词性生动形式进行描述、归纳和分析，揭示了潮汕方言形容词性生动形式的特点。许丽珊（马来西亚潮州会馆）选取马来西亚三个地区的潮州话进行语音调查，以吉隆坡为主，探讨马来西亚潮州方言的音系现状，并将之与新山和大山脚的潮州话对比，认为目前声母的情况最为稳定，韵母已有减少的迹象，声调方面有些地区已开始有较大的变化。

本次会议也有不少学者对潮州戏曲文化进行研究，如陈汉初（潮汕历史文化研究中心）探讨潮汕地方戏剧的社会功能与转变；梁卫群就第四届潮剧节进行观察与思考；郑守治（韩山师范学院）依据多年来搜集的碑刻资料，视角新颖地考察粤东地区的禁约戏传统，并探讨禁约戏与传统社会的变迁；肖少宋（华南师范大学）、刘文菊（韩山师范学院）分别撰文探讨了潮州歌册，林朝虹（韩山师范学院）研究潮汕方言歌谣，王汉武（潮汕历史文化研究中心）研究潮汕的一种民间舞蹈——英歌舞。

二 潮商

潮州人善于经商，经商历史悠久，潮商是与徽商、晋商并列的三大传统商帮之一，但潮商历久不衰，在世界范围内影响深远，对潮商的研究一直是潮学研究中备受关注的重点和热点内容，此次会议就潮商研究也进行热烈的讨论。

朴现圭（韩国顺天乡大学）提交论文《1880年漂着到朝鲜庇仁县的潮州和泰国商人及交易活动》。文章讲述了1880年一批潮州人和泰国人一同乘船前往烟台和营口进行贸易，返航时因气候恶劣，船舶漂着到了朝鲜半岛。全文以此次事件留存下的相关资料探讨了潮州人和泰国人漂着到韩半岛的过程，朝鲜朝廷对他们的处理，他们的人员构成情况，他们船上的货物以及潮州和泰国之间的海上贸易情况。文章选题新颖，视角独特，如讲故事一般，同时又有精彩的推论，是一篇精彩的事件史研究范例。彭南生、邵彦涛（华中师范大学）运用比较研究的方法，指出传统潮商和晋商都呈现出同籍专业化的发展模式，但两者在近代变革中却出现了同籍专业化模式演变的两种道路分歧，即潮商的家族联合专业化模式和晋商的同乡联合专业化模式，并分析了两种不同模式的利弊。指出近代潮商的经营模式在产权安排、代理成本和制度创新中更具优势，这也成为近代晋商出现衰落但潮商却蓬勃发展的重要原因之一。李志贤（新加坡国立大学）研究李伟南经营的侨批业，探讨再和成伟记汇兑局的业务组织和营运方式，并分析其经营网络的结构。刘崇汉（马来西亚陈嘉庚基金筹委会）通过专访及相关资料，以三位吉隆坡西部的巴生地区的潮人企业家为例，分析他们创业及兴学的事迹，指出潮商既有敢闯善商的特质，又有重视专业化、技术化及企业文化的特点。曾旭波（汕头市图书馆）以新发现和收集的华侨陈国保家族现存的 44 件批信为文献依据，并以其家族在旅居地销售家乡的"大娘巾药丸"为个案，探讨这一地方中成药是如何通过潮侨的商业行为、商业网络传播到东南亚各国。姜抄亚（韩国汉阳大学）考察 20 世纪 30 年代汕头金融的沿革，汕头金融在成功地抵抗广东省政府主导的金融统一政策时，最终还是进入了南京政府主导的金融秩序中；文章探讨国家权力在努力管制民间金融的过程当中汕头的民间金融机构的反应，从而阐明民国金融力量的强弱在某些程度上决定了国家金融统一政策的样态。李炳炎（潮州市颐陶轩陶瓷文化艺术研究所）利用档案资料和枫溪瓷业的口述史料探讨了汕头瓷商公会对枫溪瓷业的发展所起的作用。焦建华（厦门大学）以汕头沦陷为界，分段研究中日战争爆发至太平洋战争爆发前的潮汕侨批业的发展变迁。

三　移民与社团

潮汕地区是我国著名的侨乡，大量潮州人在东南亚、香港等地区经商、活动，他们创办了许多海外潮人社团，近代频繁的移民活动及大量海外社团的创建在近代历史变迁中作用显著，对其进行研究有很高的学术价值和现实价值，本次会议也有多篇相关的优秀论文。

黄晓坚（韩山师范学院）以潮汕侨乡及东南亚各国田野调查而取得的大量第一手资料为基础，论述了潮汕侨乡人口迁移形态从传统到现代的变迁，认为侨乡形态从"外迁"向"内迁"转变，并分析转变的原因，指出当代潮汕地区海外移民以"华商为主、华工为补充"的新形态。陈子（暨南大学）运用跨国主义理论对汕头澄海区侨乡进行个案研究，阐述海外乡亲与建阳侨乡的互动情况。许晓鸿、王德春（韩山师范学院）著文探讨了国际潮团联谊年会的组织特点，指出国际潮团联谊会是由海外潮人创建并主导的多国同乡会社联盟，是一个松散的多国民间利益共同体，亦是由潮籍商业领袖担当重要角色的多国实业集团联盟。杨锡铭（潮州市侨联）考察泰国潮安同乡会的历史，分析潮安同乡会的发展轨迹、领导机构、社会功能以及未来展望。洪林（泰中学会）回顾泰国中华总商会的历史，文章以泰国中华总商会纪念刊和泰国国家图书馆藏华文报为史料，简述商会创立的背景、历史演变及作用，属于南洋地区商会研究的初探。吴巧瑜（华南师范大学）主要论述香港潮商互助社有效参与社区治理的实践，分析有效参与的原因。林瑜（韩山师范学院）以翔实的汕头民国档案为依据，考察"越南归国贫侨临时招待所"经历的多次使用权之争，分析华侨团体、慈善组织及政府之间的博弈及相互关系。郑志伟（广东潮剧院）从另一个角度考察了香港潮商互助社，作者着重论述潮商互助社音乐部以及新的历史条件下成立的澄海潮乐研究会，这些音乐社团的活动，加强了潮州海内外乡亲的联系，将潮州文化推向世界。许昌敏（广东潮人海外联谊会）研究和探讨广东省潮人海外联谊会创立 25 年来的工作及影响，对当前社会建设和海外联谊有一定的指导作用。魏文享（华中师范大学）撰文考察了异地商会这一新型的商会形态，民营经济的发展、同籍商人的市场利益驱动等市场因素，国家政策对异地商会的鼓励、地方政府在政绩诉求下的政策支持，以及异地商人乡土情谊的文化心理共同促进异地商会的兴起和发展。作者还分阶段具体考察了异地商会的发展情况，以及异地商会的内部治理结构和外部组织网络，最后提出自己对异地商会的发展建议。

四　在外潮人

　　潮汕地区钟灵毓秀，名人辈出，且大多在外拼搏，因此本次会议就有了以在外潮人为关注内容的一系列研讨论文。

　　曾宪通（中山大学）做了"饶宗颐教授与楚学"的研究，荆楚文化是饶公涉足最早，持续研究时间最长，且成果相当突出的一个重要领域。曾宪通教授指出饶公的荆楚文化研究主要包括《楚辞》研究、楚文化史研究和楚地出土文献研究三个方面。饶公为解决楚辞地名之讨论，撰写《楚辞地理考》三卷，此书堪称中国地名学发凡，有筚路蓝缕之功。饶公的长文《荆楚文化》运用传世典籍和考古资料，首倡"楚文化"之名，为我们勾画了楚文化的基本轮廓。饶公还以"楚地出土文献"作为研究课题，并完成《云梦秦简日书研究》《随县曾侯乙墓钟磬铭辞研究》《楚帛书》及《楚地出土文献三种研究》等多部著作和系列论文。饶公对于荆楚文化研究功不可没。周修东（汕头海关关史陈列馆）以明潮阳人周光镐在宁波、南京、四川为官时的文化活动为例，阐明潮州人文不但可以通过历代官师对中原文化的过化而传播，还可以通过潮籍官员致仕后对家乡进行文化反哺，多渠道促使地处省尾国角的潮州能够与中原人文声息相通，使"海滨邹鲁"的名声得到认同和传扬。陈椰（中山大学）论述潮州大儒薛中离寄寓惠州时期的讲学活动。徐光华、王旭（潮汕历史文化中心）则谈到丁日昌、黄遵宪对海外华侨的贡献，他们热爱祖国、保护华侨，较早地提出了"保护华侨利益"的建议并做了相关实践。黄坤尧（香港中文大学）探讨饶宗颐的词学研究，阐述饶宗颐在治词上重视文献整理、重视词乐研究且精研敦煌曲，饶公词学造诣甚高，成就显赫。陈贤武（潮州市图书馆）探讨饶锷、饶宗颐父子的家学传承，并以此来探讨当代的教育与教学。陈伟（潮州市饶宗颐学术馆）将饶宗颐的辞赋骈文与代表清朝骈文最高水平的汪中进行比较研究。陈海忠（韩山师范学院）细致深入地考证民国学人李芳柏的史事，网罗相关史料，补正李芳柏就读于"东京成城中学"而非以往所认为的"广州成城中学"，并增补李芳柏在东京物理学校的学习情况，以及在武昌高师的教学、在数理学会的活动和在中国传播相对论第一人的历史。李芳柏曾任广东省第二师范学校（即现在的韩山师范学院）校长，该文的写作适逢韩山师范学院110周年校庆，更有抛砖引玉之效，从更广阔的学术平台来说也丰富了对民国知识分子的研究。黎道纲（泰中学会）撰文介绍泰国的秦那瓦家族与潮州、梅州的渊源，得出泰国两任总理他信及英拉祖籍皆为丰顺县的结论。陈新杰（汕头市潮阳第一中学）以宋、元、明间陈景肃家族的政治文化活动为中心，研究陈景肃的家世、师承、行谊、交游与讲学活动，勾稽陈氏家族于闽漳的政治图谱，凸显其内在文化品格。林俊聪（汕头市台办）论述明、清南澳镇官兵远戍台澎的重大贡献及其意义。对潮学研究甚深的黄挺教授（韩山师范学院）在此次会议中提交的是论述"潮勇"的文章，以前我们对于湘勇、淮勇关注较多，而对潮勇研究较少。作者以史料长编的形式分类罗列搜集到的潮勇相关史料，涉及明清之际的动乱与潮勇的坯型、康乾年间的潮州社会与潮勇的出现、晚清社会作为募兵的潮勇和同治以后作为防军的潮勇。作者在讨论中强调明代中期以后持久而剧烈的社会动荡，养成了潮州人犷悍的民性和村落宗族之间争强斗狠的风气；太平天国起义后，清廷因军力不足，开始大量招募乡勇参战，潮勇作为募兵登上历史舞台；潮勇彪悍、骁勇善战却难以管理，成为一把双刃剑；同治以后的潮勇实际上已经是潮籍将领所统率的防军，其麾下的勇丁不一定都是潮州人，但因为"坏孩子"形象深入人心，潮勇被指责和排斥。全文唤起了我们对潮勇的关注，为进一步研究这方面的内容奠定了基础。陈嘉顺（汕头大学）以抗日战争期间迁徙至江西赣州马坡岭的潮汕移民为例，进行调查研究，完成对该地区潮汕移民的日常生活状况的初探，并指出当地潮汕移民有共同的身份认同，他们通过组建商会，携手共同发展。陈伟武（中山大学）列举百年来潮籍的优秀社会科学家，并分析潮汕名人荟萃的原因。

五　信仰与文教

　　潮州人历来有着笃定的宗教信仰，诸如妈祖崇拜、营老爷、三山国王信仰等；潮州被称作"海滨邹鲁"，文教发达。因此本次会议也收到有关潮汕人信仰与文教的部分论文。

　　周大鸣、詹虚至（中山大学）研究潮州所城的祭祀圈与村落共同体，在所城正月营老爷这一全乡性的祭祀仪式中，所城乡的社会结构、人际关系一一展演。在展演的过程中，家庭、宗族间的边界被弱化，取而代之的是一种对地缘的认同，是一个杂姓村落共同体产生并延续的历史进程。陈景熙（华侨大学）稽考清代潮州地区及海内外潮人社会中先后出现的"万"字系统的妈祖庙堂，这些庙堂和会馆都是妈祖信仰的产物，而共同的宗教信仰文化下的社团组织又构建了潮州商人的商业网络。李秀萍（国立新加坡大学）考察 1900—1945 年新加坡、马来西亚三山国王庙宇网络。陈泽文（汕头市潮阳第一中学）以潮阳东山双忠庙和棉城双忠行祠为中心，探讨庙宇、游神与明清潮阳地方社会的变迁。简嘉慧（台湾"清华大学"）以田野调查为基础，考察了青龙庙筹办庙会的方法与过程，以及潮州各界人士对于庙会活动的看法，解析重振游大老爷游神活动中展现出的市政府、地方士绅与华侨的三方角力。杜式敏（汕头大学）通过研究六份潮汕女性基督徒口述材料，指出基督教家庭中的女性较同时代的女性拥有更好的受教育权、婚姻自主权、家庭事务发言权以及自身和子女的发展决定权。陈利江、周培柔（韩山师范学院）叙述太平洋战争爆发后南洋大批侨生为避战祸回国，国民政府对归国侨生实行经济救济、学业支持等一系列优待措施，使他们顺利渡过难关，这批侨生及其亲属后来也成为潮汕地区对外联系和发展的重要人脉和纽带。

六　其他

除了以下各专题论文，本次会议还收选其他方面的有关潮学研究的优秀论文。陈春声（中山大学）的论文"流动的区域——以韩江流域为例谈地域社会史的理论建构"为潮州地域史的研究提供了理论指导。陈教授指出韩江流域研究不仅应作为一个单纯的地域社会史研究案例，还应该对整个历史学以及对应的社会科学领域做出自身的贡献。他认为应把地域或区域作为一个社会史的分析概念来进行运用，同时指出我们在进行区域史研究时应注意以下几个方面：（一）区域的疆界不应是僵化的，而应该是流动的。（二）区域本身是一个历史的过程，区域研究是一个还原区域社会历史的动态过程。（三）区域应有自身发展脉络和内在运作逻辑。（四）区域可以被视为国家话语的具体表达方式，对区域的把握孕育在对国家话语和国家制度的深度理解里面。（五）区域的临界地区往往自成一个区域，我们有时候就更应该关注临界区域的研究。最后，他指出只有跨越域内、域外的观念，研究才能更有张力，我们才能更好地理解区域社会历史的内在脉络。吴榕青、赵松元（韩山师范学院）探讨潮州与莆田历史文化渊源，文章首先运用族谱资料分析莆田人士移民潮州的历史，其次讨论潮州话与莆田话的相似与承继关系，最后考察两地戏剧、习俗及民间信仰的接近与相互影响。陈柳玲（泰国艺术大学）考察潮汕美术在 19 世纪下半叶对泰国美术的多方面影响。杨妹（韩山师范学院）做了凤凰山畲族文献资料和文物遗存调查报告。马庆贤（汕头市民政局）在对 184 种潮汕善书进行整理、编目的基础上，对潮汕善书的编纂与刊刻及其版式特点、类别、地方特色等进行初步的描述和分析。陈孝彻（汕头大学）在论文中为我们介绍新发现的一批民间银庄实物，包括大量清代早期钱庄发行的纸币、银票等。林翰（泉州海外交通史博物馆）依据方志、文集、碑刻、民国调查资料的记载，梳理韩江水路状况及疏凿演进历史。康业丰（潮汕历史文化研究中心）论述潮汕武大校友努力弘扬潮汕优秀文化的历史。

潮学研究不仅是中国史研究的重要组成部分，同时也是世界华人史的重要一环，对潮学进行深入研究既有着深远的历史价值，又有着重大的现实价值。自 20 世纪 80 年代末饶宗颐先生首倡潮学研究以来，潮学研究取得了飞跃式的发展，仅两年一届的潮学国际研讨会至今已走过二十载，创办至第十届。本次国际研讨会是百尺竿头，更进一步，潮学研究新的理论范式、新的研究史料、新的研究方向和方法在大会中都有体现与发展，潮学研究吸引了一大批优秀历史学家、语言学家、社会学家、人类学家的关注与研究，潮学研究必定会走得更远，传播得更广，成为一门具有全球性影响的学问！

"历史上中国的海疆与航海"
学术研讨会综述

2013 年 10 月 27—30 日,"历史上中国的海疆与航海"学术研讨会在福建省泉州海外交通史博物馆召开。本次会议由中国海外交通史研究会、南京大学"中国南海研究协同创新中心"、福建省泉州海外交通史博物馆联合举办,会期 4 天。来自比利时、中国香港、中国澳门、北京、上海、黑龙江、河南、宁夏、陕西、四川、湖北、山东、浙江、江苏、福建、广东、广西、海南等地的海内外专家学者和代表共 187 人参加了本次研讨会,大会共收到论文 80 篇。与会学者就钓鱼岛、黄岩岛及南海问题,历史上中国与周边海洋国家的关系,海图及航海针路簿,中国航海贸易史,闽南人与海洋文化等专题进行了深入的学科对话与学术争鸣。

一 研讨会缘起

我国学界对海洋史研究的传统由来已久,在海疆、海图、航海贸易史等方面也有不少学术积累,然而与整个社会科学研究领域相对比,海洋史的研究仍相对薄弱。尤其是近些年来我国与邻国之间在海疆方面的纠纷日益凸显,我国领土主权与海洋权益亦面临着严重威胁,加强并深化对我国海域及海疆的研究已迫在眉睫。海疆研究是"海交史"研究的重要领域,但本次研讨会不仅仅局限于此。"海交史"是个多学科、跨学科整合的研究领域,正如中国海外交通史研究会原会长、著名学者陈高华先生所阐述的,它既与人文科学的许多学科(考古学、民族学、宗教学、文学艺术等)有密切关系,又涉及社会科学(经济学、政治学、法学等)、自然科学(地理学、海洋学、医学、生物学等)、技术科学(船舶制造、陶瓷工艺、丝绸工艺)等许多科学。

本次研讨会旨在通过对我国的海疆研究进行全面回顾与评估,并在此基础上,进一步开拓新的领域,挖掘新发现的各种中外文献等信息,着重探讨海疆问题及航海历史,汇集更多新的学术成果,促进相关研究人员的学术交流,此次会议也正是在这样

---

* 作者简介:林瀚,福建省泉州海外交通史博物馆助理馆员。原文刊载于《海交史研究》2004 年第 1 期。

的学术背景下召开的。

二 主旨报告

在主旨发言环节中，海疆问题是报告的重点，尤其是钓鱼岛问题和南海问题，成为与会学者关注的热点。厦门大学南洋研究院廖大坷教授做了《甲午战争之前有关钓鱼岛的文献记载》的演讲，通过对 16 世纪以来至甲午战争前西方文献的爬梳，尤其是对这一时期中西方古地图的排比分析，考察西方人对钓鱼岛认识的发展变化，并分析当时国际社会对钓鱼岛主权归属的认知，认为钓鱼岛并非日本政府所称的"无主地"，更不是琉球群岛的属地，而是台湾的附属岛屿，属于中国的领土，而这也是当时国际社会的共识。

福建师范大学闽台研究中心谢必震教授做了《程顺则与〈指南广义〉》的演讲，在简单介绍程顺则生平之后，重点分析《指南广义》一书与钓鱼岛问题的关系，指出"琉球国三十六岛图"并不包括钓鱼岛，同时就《指南广义》一书中的航海海神信仰、古代航海要领及注意事项等问题做了探讨。

中国海洋大学日本研究中心修斌教授在《日本在钓鱼岛问题上的新动向——以安倍再任首相后的情况为中心》的演讲中，重点介绍和分析安倍上台以来，日本在钓鱼岛问题上出现的不同于以往的新动向，并指出中日两国新一轮的围绕钓鱼岛的对抗和博弈将长期持续进行。而钓鱼岛问题的意义，既具有局部的区域特征，也呈现出整体的国际意义，全面认知钓鱼岛问题的现状和走向，并维护国家的主权、安全和海洋权益，不仅考验着政治家，同时也是专业学者需要关注的重点。

香港海事博物馆焦天龙馆长做了《南海周边地区古代沉船及相关问题》的演讲，对南海周边地区发现的古代沉船现状、考古的复杂性、沉船分期做了梳理，讨论了南海沉船与中国古代海洋贸易的关系，并以"黑石号"沉船（Belitung shipwreck）为例，从沉船的历史背景、发现与发掘、保护与研究等层面，探讨"黑石号"沉船的学术意义。在报告中也指出沉船的船体结构和船货性质不仅为研究"海上丝绸之路"的很多问题提供了极其丰富的材料，同时也对中国古代海洋贸易问题的研究带来很多新的挑战。

厦门大学南洋研究院李金明教授在《南海断续线的法理分析》的演讲中，分析中、菲南海争议的由来与现状，指出南海断续线产生的历史背景，并就"内水""历史性水域""海上疆域线""岛屿归属线"的概念做了深入探讨，从法理角度分析了南海断续线的法律地位及外交运用。

香港亚太研究中心主任郑海麟研究员演讲的论文是《关于共同建构"海上丝绸之路"的历史经验与战略思考》，通过回顾"海上丝绸之路"的历史经验，分析历代王朝与东南亚国家的外交政策，探析"德"与"威"等外交策略的运用及效果，指出当中国和平崛起之后，在展示"权威与实力"的同时，有必要强调坚持以国际法来处理对外事务和南海纷争。

南京大学历史系刘迎胜教授在《宋元时代的南海航线与东、西洋概念的形成——对所谓西菲律宾海命名的回应》的演讲中，从历史的角度分析南海航线的形成发展，并对"东洋""西洋""南海"等概念进行溯源，同时就其地理指涉做了深入探讨，认为"东洋"与"西洋"是中国土生的海外地理概念，南海是中国人自行命名的海域，并且得到国际社会的认同，进而批驳了菲律宾把南海命名为"西菲律宾海"的企图。

世界古地图收藏家真诚先生带来一幅 1908 年由美国纽约图书公司出版的有关黄岩岛的地图，并就此做了《美制菲律宾群岛全图》的演讲，通过对封套上不同时期的收藏章以及地图图示、印刷者、制图方式的分析，介绍了该地图的流传过程和学术价值及意义，指出黄岩岛在历史上并不属于菲律宾，该地图也引起了与会者的极大兴趣和关注。

香港大学亚洲研究中心钱江教授与香港现代教育研究社编审陈佳荣先生合作，由钱江教授在会上做的题为《牛津藏〈明代东西洋航海图〉姐妹作——耶鲁藏〈清代东南洋航海图〉推介》的演讲，介绍了现藏美国耶鲁大学图书馆的中国清代前期东洋、西洋航海图册，并将图册的 122 幅图、文全部予以公布，同时对图册内容、著作时间及作者籍贯做了初步考察，认为此图关涉明末清初漳潮海外贸易势力的消长，清初逞越—华南—长崎的三角贸易，以及南澳港地位的崛起等重大学术问题。

三　分组讨论

与会代表分三组三场进行了交流，围绕钓鱼岛、黄岩岛及南海问题，历史上中国与周边海洋国家的关系，历史文献与海上交通史，中国航海贸易史，闽南人与海洋文化等议题展开热烈讨论。

分组讨论中，"钓鱼岛、黄岩岛及南海问题"是本次研讨会的主要议题，与会学者对此进行了多学科多角度的深入探讨。刘丹忱（中国人民政法大学）的《钓鱼岛自古乃中国领土的实证》，通过史籍文献的记载，认为钓鱼岛自古纯属中国领土，日本在明治维新以前与钓鱼岛列屿并无任何关联，同时有必要从外交、军事、史学、国际法等多个领域捍卫国家主权。吴巍巍（福建师范大学）的《清代涉台文献中的钓鱼岛资料记录及相关考证》，通过官员使录、方志记载、中外地图标记、士大夫著述及报告记录等涉台文献资料中关于钓鱼岛列屿的描述，从法理上证明了钓鱼岛及其附属岛屿主权属于中国的不争事实，驳斥了日本关于钓鱼岛列屿属于"无主地"的论调。施存龙（交通部水利科学研究所）的《隋代航海家引领中国官方原始发现钓鱼岛——兼与梁、鞠、米、张、郑等教授商榷》，指出钓鱼岛并非迟至明代才开始发现、命名、利用，也非早在战国时就已发现、命名，而是在隋代航海家领航下，在寻访琉球过程中发现的，并认为高华屿即今钓鱼岛，句鼠屿即今枯米岛。陈自强（漳州一中）的《关于钓鱼岛的若干史实》，通过明清航海文献的梳理，认为钓鱼岛列岛非琉球国所属岛屿，而是台湾岛附属岛屿，并指出闽人是最早认识钓鱼岛列岛并记述其地理位置的人群。孙英龙（漳州市东山县博物馆）的《日本史学家力证钓鱼岛自古属于中国》，介绍日本学者井上清关于钓鱼岛归属问题的论述，力证中国对钓鱼岛的领土主权问题。昊凤斌（厦门大学）的《1977年西南沙群岛调查研究》，通过亲身经历，回忆厦门大学南洋研究院1977年对我国南海周边诸岛进行实地考察和调查的情况，在两个月的时间里，考察了各岛礁地质、地貌、气候、潮汐、海流、物产及岛上存留的庙、碑、居住遗址和水井等考古文物，并采访当地渔民，获得十余种《更路簿》，证明西沙、南沙群岛是我国人民最早发现、命名、经营及行使主权的。刘永连（暨南大学）的《地方与外交——从东沙岛问题看广东地方政府在主权交涉中的作用》，通过清末广东地方政府在应对东沙岛主权问题以及与日交涉过程中所采取的行动，重新审视晚清外交机制，认为在地方政府灵活有效的配合下，可与中央政府的外交策略互为表里，并希望借此对当前改进边疆问题解决机制提供有益的历史借鉴。李德霞（厦门大学）的《菲律宾主流媒体对黄岩岛事件的报道评析》，以菲律宾主流英文媒体——《菲律宾每日问询者报》为例，从传播学的角度对该报有关黄岩岛事件的部分报道内容进行评析，针对菲律宾对黄岩岛的五大声称依据一一驳斥，同时指出大众媒体在很大程度上也影响着受众对事件的解读和舆论走向，值得学者加以关注并提供应对策略。杨式挺（广东省博物馆）与崔策（广东省博物馆）合写的《浅说我国领土南海诸岛——读韩振华〈南海诸岛史地论证〉札记》，在排比历史文献的基础上，重点介绍了我国进行的四次西沙考古调查发掘活动及主要收获，以文物遗存与文献记载相印证，论证我国对南海诸岛的领土主权。苏莹莹（北京外国语大学）的《在应对南海困局中发挥马来西亚因素的积极作用——立足于对该国南海政策的解读及分析》，通过政治、经济、军事、外交等视角，对马来西亚政府的南海政策进行深入解读，并认为中国政府在应对南海困局中，应充分发挥马来西亚因素的积极作用，智慧应对南海问题。

我国的海外交通由来已久，在贸易互访中也与周边海洋国家建立良好的外交关系，而因各自国家利益的认同差异，也需要我们从更大的视野来考量各国政策的变化。在本次研讨会上，也有多位学者就"历史上中国与周边海洋国家的关系"的议题进行专门的讨论。陈少丰（福建师范大学）的《界首交割——宋朝与交趾特殊外交模式的形成与实践》，分析了宋朝与交趾国"界首分割"这一特殊外交模式的形成及实践过程，指出这一模式受到宋、交双边关系及宋朝财政状况的影响，而这一特殊外交模式在宋、交两国关系中，也起到节约成本、时间、降低使者行路风险等作用。庞卫东（河南牧业经济学院）的《近期越南与印度强化战略合作的意图及对中国的影响》，对近期尤其是2007年以来越南与印度强化战略合作的举措做了梳理，并分析越、印两国合作意图及对中国的影响，指出中国需要密切关注越、印两国关系变化，并及时准备做出评估，积极有效地应对两国合作对中国带来的挑战，切实维护好中国在各个方向的战略利益。

李枫（国防大学）的《滇缅陆路海洋交通拓展1852—1904——兼论滇缅安全利益正相关性》，试图还原1852—1904年，英国推动滇缅陆路海洋交通拓展的历史进程，并与1942年日、缅战争做了横向比较，指出云南与缅甸作为两个相互接壤的地理单元相互依托、唇亡齿寒的关系，进而讨论了滇缅安全利益正相关。方毓强（上海《新民晚报》）的《多方位考察徐福东渡与韩国》，通过寻访韩国徐福遗迹及传说发生地，认为朝鲜半岛南部是徐福东渡的重要一环，而且是中、韩、日古代海上人员交往的中转站。徐建华（江苏省淮海工学院）与徐瑞阳（大连外国语学院）合写的《徐福东渡：中国最早与东亚的海上交通及其影响》，介绍了日、韩两国的徐福史迹、传说及相关纪念活动，认为徐福东渡是一次海外交通和文化交流，丰富了东亚地区的海洋历史文化遗产。廖楚强（福建省文史馆）的《探讨琉球与中国的历史关系》，通过介绍琉球王国、闽人三十六姓入琉、久米村、琉球"复国运动"的历史，探讨琉球与中国之间的历史关系。周中坚（广西社会科学院）的《马六甲：古代南海交通史上的辉煌落日》一文，通过文献的梳理，考察马六甲的兴起、繁荣及衰亡，并就其与中国、印度、阿拉伯国家、南海诸国的往来做了分析。

"历史文献与海上交通史"是与会学者关注的另一个焦点，来自高校及文博单位的学者对此议题给予高度关注，既有新资料的介绍，也有旧材料的再解读，是本次研讨会的一大亮点。朱鉴秋（中国海外交通史研究会顾问）的《"方位不易指南篇"——从〈渡海方程辑注〉的编著谈古代的海道针经》一文，结合《渡海方程辑注》的编著过程，对中国古代的海道针经做了概要性论述，并对如何解读航海针路提出了一些新的见解，同时还就《渡海方程辑注》一书的学术价值和现实意义做了论述。张箭（四川大学）的《移译〈瀛涯〉信达雅，研究"西洋"功力深——英国汉学家米尔斯的英语译注本〈瀛涯胜览〉评介》一文，介绍了米尔斯的生平事迹及学术成就，并对其英文译著本《瀛涯胜览》的结构、翻译特色、注释等做了分析，认为该译著不仅做到了翻译的信达雅要求，而且在释文中也做了许多考证和辨析。王娟（大连海事大学）与逄文显（大连海事大学）合写的《从〈佛国记〉语言风格及数量词特点辨"法显航渡美洲"说——兼与张箭先生商榷》，通过对《佛国记》的语言风格及数量词特点，并根据各版本传抄刊刻过程中产生大量讹误的事实，重新理解"如是九日许"一句的表述，推测此句或为"如是九十日许"以及"如是十日许"之误抄。周运中（厦门大学）的《汪大渊与〈岛夷志略〉新考》，重新考订了汪大渊的出海时间，并从文集中检索出新的史料，弥补其生平事迹，同时就书中条目次序做了初步探讨。王杨红（厦门大学）的《〈星槎胜览〉的版本、刊行及价值》，考索了《星槎胜览》一书作者费信的生平，并对是书版本、刊行情况做了梳理，另外将此书与其他航海文献做了初步比较，肯定了该书的史料价值。龚缨晏（宁波大学）的《宁波天一阁博物馆所藏的航海文献〈风报日期考〉》，介绍了天一阁博物馆中所藏航海文献《风报日期考》，并对其预测风暴的方法做了简介，丰富了我们对历史上中国航海文化的认识。黄伟（泉州市博物馆）的

《一方墓志引出的泉琉佳缘》，通过泉州狮头山下发掘明代墓葬出土的《待赠伯台王先生墓志铭》《明郡库生伯台王公行状》两方碑铭，就铭文中记录王应元随明朝册封使团出使琉球的经历，探讨泉州与琉球的历史渊源与交往史。肖彩雅（福建省泉州海外交通史博物馆）的《〈明末泉州防卫图说〉初探》，对藏于美国国会图书馆地理部的《明末泉州防卫图说》做了介绍，并重新考订图册名称及绘制时间，为研究中国海防史提供了重要的史料。祁海宁（南京市博物馆）与龚巨平（南京市博物馆）合作撰写的《南京新出"王景弘地券"的发现与初步认识》，公布了在南京市雨花台区赛虹桥街道凤凰村新发现的石质地券——"高上后土皇地抵卖地券文"，文章对地券的发现地点及过程做了介绍，并就地券与王景弘的葬地与坟寺、生卒年代、寄衔等相关问题做了探讨，为王景弘研究提供新的史料。陈波（南京大学）的《明遗民林上珍、何倩甫行迹考索》一文，通过《华夷变态》一书中所收的《大明论》及《清朝有国论》等两篇策论，推测二文作者林上珍、何倩甫身份，并以此个案，考察明清鼎革期间普通明朝遗民的华夷观念和正统意识。袁晓春（蓬莱市登州博物馆）的《朝鲜史料中的清朝广东商人》一文，爬梳了朝鲜史料《备边司誊录》，从中检索到广东潮州府汕头许必济船以及广东商人李光等搭船贸易的情况记录，以此分析清代广东商人及广船的贸易情形，并对其贸易物品、乘员结构等做了初步探究和比较。郑明（海军装备技术部）与陈振杰（北京郑和与海洋文化研究会）合写的《研编〈中国航海史基础文献汇编（图画卷）〉的探索实践汇报》一文，介绍了《中国航海史基础文献汇编（图画卷）》研编原则要求、价值意义和进展情况，并就研编的体会与困难谈了看法，指出中国海交史研究工作为《图画卷》研编提供了学术基础及下一步如何继续做好《图画卷》研编的思考，同时提出适时开展"中国海上丝绸之路历史研究工程"的建议。陈尚胜（山东大学）的《论日本江户幕府对清朝统一台湾的关注》一文，以日本《华夷变态》书中唐通事向江户幕府所提供的清初台湾郑氏集团的情报为中心，考察了日本对于郑氏集团政局发展、清郑军事对峙与和谈以及清朝统一台湾等具体情况的深入了解状况，并从政治、军事和经济角度分析了日本江户幕府极其重视清朝统一台湾问题的原因。陈嘉顺（汕头大学图书馆）的《妈宫故事和海岛历史——以妈屿岛近四百年变迁为中心的考察》，通过田野调查中搜集到的碑刻、老相片、契约等民间文书，参照地方史志的记载并辅以口述文献，以妈屿岛上妈宫的故事和海岛的历史变迁为例，考察自明末以来华南地方社会民间信仰与地方历史演变之间的内在联系。蔡惠茹（漳州闽南师范大学）的《福建漳浦县妈祖信仰考察》，通过史志的记载和实地考察，考证漳浦县各妈祖宫庙的历史沿革，并勾勒出漳浦县历代妈祖信仰的发展轨迹，此外还探讨了漳浦妈祖信仰的传播方式和媒介。李坚（韩山师范师院）与吴榕青（韩山师范学院）合作撰写的《宋代中国南部边疆的海防建置——以潮州为视角》，以中国南部沿海的潮州为考察对象，通过厘清潮州在宋代的海防建置情况，考察宋廷在南部沿海水域海上防御力量的构建过程，并就此过程面临的问题及应对举措做了探究，指出海防是各个区域海防政策的动态的整合，并勾勒出地方社会与国家之间相互影响的动态过程。宋烜（浙江社科院历史所）的《明代倭寇问题辨析》，通过明早期至嘉靖时期倭寇入犯事例的钩稽，并就倭寇成分进行分析，重新检讨了"倭寇类多中国之人"的论断，指出真倭大量存在，另外有国人接济参与，同时就此对倭寇加以分类，认为可分三种类型，即倭寇使，"亦商亦寇"的日本私商，日本专业海盗与"中国叛逆"合伙为寇，并就侨患造成的社会影响做了评判。马光（比利时根特大学）的《东北亚海域视野下的明初山东倭寇与靖倭问题初探》一文，在广泛利用中、日、韩等地新旧文献的基础之上，结合最新的文物考古发现，将明初山东倭患问题置于东北亚海域的大背景下，首先对"倭寇"一词的概念演变进行梳理考察，并对明代山东所遭受的历次倭患做了详细统计，通过对倭患产生的原因、倭寇的来源与构成、被掳人、倭船以及明初中日之间的"倭寇外交"等问题进行探究，并就倭寇在朝鲜半岛与在中国沿海活动的关系、气候与倭患之间的关联性进行了初步的假设与分析。此外，作者还对山东的海防建置，如都司卫所、备倭都司、海防三营、巡察海道、巡检司等进行了细致的梳理，纠正了以往学界对于若干卫所设置年代的误解。武刚（陕西师范大学）的《"乘桴浮于海"与商周海外经略》，通过史料记载及考古发现，对山东半岛的早期航海条件及商周时期海外经略的合理性做了新的阐述，并以齐国为例，考察商周的海洋经略，认为随着考古的不断推进，对先秦时期中国大陆的航海经略情况做出全面综合的论述和评价是可能实现的。石云涛（北京外国语大学）的《魏晋南北朝时期海上丝路的利用》，对魏晋南北朝时期海上丝路的利用进行探讨，认为这一时期的海上交通相当活跃，特别是东吴、刘宋和萧梁等朝，彼此间的交往和交流主要表现为使节、贸易和佛教等三个方面，并指出这一时段中西间交通的盛衰既与东西方政治形势密切相关，又与中西间陆上交通的盛衰遥相呼应，呈现此起彼伏的态势。田德毅（海南省统战部）的《佛教东传与海南宝岛之猜想》，根据早期佛教东传中国的主要传播路线和当时的航海技术等记载，提出早期佛教传入中国之时，海南是其传入或者停留前沿的猜想。尚永琪（《社会科学战线》杂志社）的《胡僧的传教活动与中古的海洋视阈》，通过史籍及僧传的记载，对这些僧人留下的关于海洋航行记录做了疏证，进而考察胡僧传教活动与中古海洋视阈之间的关系。郑自海（江苏省郑和研究会）的《古里国使臣后裔重修福州清真寺的研究——纪念航海家郑和逝世古里 600 周年》，通过史料的记载及实地调查，对古里国使臣来华及郑和与古里国的关系做了分析，并就福州《重建清真寺记》进行初步探索。黄盛璋（中国社科院地理所）的《明代后期海上丝路中国商船贸易各港、与船数统计研究》一文，指出海外贸易五大要素即商船、商品、商港、商路、商人，都是靠船来进行，船是考察海上贸易的一个主要因素。通过对船引制度、数量发展与航行地区港口的考察，并将明官府对于船引总数与航行地区、港口、数量的历次规定，将商船往日本、菲律宾及东南亚各港数量进行统计和考察，认为中国自海上落后，首先是从船开始。张坤（暨南大学）的《澳门额船制度的完善与演变》一文，通过对额船管理档案的再梳理，从额船制度创设之初的相关规定，再到额船走私以及额船制度的调适加以考察，指出澳门额船的管理制度一直处于细则的演变过程中，其管理内涵也并非是在1725年澳门额船制度初创时就固定下来的，而是在历史发展进程中逐渐充实和形成起来的，最终也促成了鸦片走私中心由澳门至黄埔的变更。李国宏（石狮市博物馆）的《泉州谱牒晚明台湾北港贸易史料一得》，通过对《锦尚邱氏族谱》《芝山蔡氏钦雄公派谱牒》等民间文献中有关晚明台湾北港贸易的几则史料的钩稽解读，进一步印证泉州海商在北港发展史上具有重要的地位，并认为晚明北港贸易网络的形成是以泉州、漳州之海商、渔民为主体共同努力的结果。

在海外贸易史方面，也是学者一直着力的一个方向，在"中国航海贸易史"议题上，也得到与会学者的重视。李庆新（广东社会科学院）的《东亚"好望角"与"南澳Ⅰ号"》一文，通过对"南澳Ⅰ号"出水遗物的分析，认为"南澳Ⅰ号"对研究明中后期福建、广东地区海外贸易具有十分重要的价值，同时对了解该时代海禁时期南澳私商贸易有特别价值。王明前（厦门大学）的《鸦片战争前后中国对外贸易体制演变研究》一文，肯定了鸦片战争前作为中国对外贸易体制特色的行商制度的合理性，并重新考察鸦片战争前后（1820—1850）中国外贸体制的演变趋势，指出鸦片战争后中国对外贸易体制因传统经济结构惯性的影响，并未呈现出显著的转变趋势，但以中国为中心的东亚朝贡贸易体系开始向以伦敦为中心的金融汇兑贸易网转变。范佳平（泉州市博物馆）的《泉州北峰五代王福墓出土玻璃解析》，就泉州北峰招丰村旁发现的五代王福墓中出土的琉璃器残片做了成分分析，并与国内其他考古资料相印证，认为该玻璃很可能是来自伊斯兰世界，为泉州早期海外交通史提供新的物证。林士民（浙江宁波文物考古研究所）的《明州在航海与贸易中的作用地位——以唐宋元时期为例》一文，根据传世文献的记录和考古发现的印证，从唐、宋、元不同时期考察了明州港在航海与贸易中的作用和地位，认为明州在航海与贸易活动中起了传播汉文化的窗口作用。莫意达（宁波博物馆）的《宋初两浙市舶司设置考辨》，通过对史籍的爬梳，从太祖、太宗两朝政治、经济、对外政策等多个方面出发，剖析宋代开国之初的治国方略，认为雍熙三年岐沟关的惨败是宋太宗治国方略转变的转折点，也是其对海外贸易态度转变的关键点，进而推断两浙市舶司设置的时间应当在雍熙四年、端拱元年、端拱二年这三年内，而不可能在太平兴国三年。张春兰（福州市博物馆）的《天演贵胄与海外贸易——以西外、南外两宗为例》一文，以福州西外宗正司和泉州南外宗正司为讨论重点，考察南迁赵氏宗人与海上丝绸之路的关系，并分析这一入闽特殊群体的南迁路线，以及他们在海上贸易经营、消费、地方建设和祈风活动中所起的作用。罗晓霞（暨南大学）与王元林（暨南大学）合作的《近代广州蔗糖、草席出口的盛衰及原因初探》一文，对近代以来广州港蔗糖、草席的出口盛衰情况做了分析，并考究其原因，认为这一状况的发生既与洋货的冲击有关，也与产品自身质量、国内竞争、转口贸易的争夺、供销双方矛盾等有较大关系。林日杖（福建师范大学学报编辑部）的《元明清时期来华意大利人对大黄的认识——兼及世界地理大发现以来东西方贸易中的海陆关系》一文，分析了元、明、清不同时期来华的意大利人对大黄的不同层面的描述及认识，指出这一时期来华意大利人虽人数不多，但却留下了数种有影响的有关中国及其物产的著作，从而推动了西方对东方的探索，并推动了中西汇通的进程。此外，文章还就世界地理大发现以来东西方贸易中的海陆关系做了辨析，认为地理大发现以前陆路的影响长期存在，并延续到地理大发现之后相当长的时期内，陆路对东西方贸易的影响渗透到海路贸易的影响中。

除此之外，一些与会代表也就"闽南人与海洋文化"的议题提出自己的思考。孙光圻（大连海事大学）的《中国"黄色"海洋观》一文提出"黄色"海洋观的概念，并就其产生和形成过程做了分析，进而探究其主要内涵及对中国历史产生的影响，认为这一观念既造就中国成为古代世界的海洋强国，也导致中国成为近代世界的海洋弱国。李强（陕西师范大学）的《论环太平洋与亚太地区和东南亚海上丝绸之路戏剧文化》一文，对太平洋与亚太地区传统文化，南海、南洋与西太平洋文化、海上丝绸之路与乐舞戏曲做了介绍，指出研究过程中既要注重多层次的二重或三重实证研究，也要高度重视资料数据库的建设和田野作业法，此外，还需在比较研究法和跨学科研究基础上积极采用综合研究法。沈惠芬（厦门大学）的《福建泉州民间歌谣里的海外迁移与留守妇女》一文，从流行于泉州的民间歌谣人手，结合相关研究资料，从跨国移民和留守妻子的角度出发，探讨个体对海外迁移的解读和表达，揭示普通民众对海外迁移的看法、感受和记忆，进而探析迁移过程中两性对海外迁移的解读差异，并就海外迁移与侨乡文化关系做了阐述。逄文显（大连海事大学）的《我国古代海神凡人化演变及其成因》一文，探讨海神凡人化演变的历程，并分析其历史背景和原因，认为这一现象是在民间航海大规模兴起后产生的文化现象，反映了沿海居民海神崇拜的功利性和实用主义取向。骆曦（泉州华侨历史博物馆）的《早期中国电影在新加坡的传播（1924—1925）》一文，通过报章资料和档案文献，考察早期中国电影在新加坡的引进途径、审查规则、放映渠道、经营方式、观众群体等情形，展现了早期中国电影在新加坡的传播状况。张红兴（泉州市博物馆）的《探析闽南与博德鲁姆两地"出砖入石"建筑之渊源》一文，通过考察认为现泉州台商投资区百崎郭氏三世祖膺旧址应是目前闽南地区发现的最早的出砖入石古建筑，并与土耳其博德鲁姆镇镇区民居墙体以及镇上一座古堡的墙体上也使用的"出砖入石"砌墙方式进行比较，就两地出砖入石的年代、特征以及相关的历史背景探讨"出砖入石"建筑手法的渊源及传播途径等相关问题。

本次研讨会其他与会学者也做了精彩发言，张廷茂（暨南大学）报告的题目是《再议16世纪前期葡萄牙在上川的贸易活动》，周鑫（广东社会科学院）报告的题目是《宣统元年石印本〈广东舆地全图〉之〈广东全省经纬度图〉考》，华涛（南京大学）的论文题目是《中世纪穆斯林史料中的东方大港》，杨晓春（南京大学）提交的论文是

《元代南海贸易中的商品与货币问题：以〈岛夷志略〉为中心》，李艳林（厦门大学）宣读的论文为《对外商道与边疆城市兴衰嬗变片论》，樊琳（上海档案馆）发言的论文为《中国航海教育之滥觞——吴淞商船专科学校校史考证》，李木妙（香港新亚学院）报告的题目是《历史的判决——钓鱼台列屿的中国主权与国际法据研究》，王安安（中国国家博物馆）论文题目是《元代福州与海上丝路》，陈丙先（广西民族大学）报告的是《明代苏禄与中国的交往》，沈一民（黑龙江大学）发言的题目是《元明时期鄂霍次克海的名称考辨》，李天锡（华侨大学）做了《试析施琅为海神及其变化》的发言，黄德聪（莆田市工商银行）的论文是《闽台地方史乘〈蠡测汇钞〉〈问俗录〉》，王清毅（慈溪市社科院）做的报告题目是《胜山老外婆：妈祖信仰的地方版本》，许路（福建福龙中国帆船发展中心）报告的论文是《厦门港海洋社会：讨海人与山顶人》。

四　会议总结

在闭幕式中，中国海外交通史研究会副会长廖大珂教授对会议做了总结，认为本次会议有以下几个方面的收获：

第一，这次参会论文涵盖中国历史海疆、海外交通和贸易、中外关系等各个方面，论文整体层次高，这主要体现在资料翔实、探讨深入、论证严谨等方面，同时能够勇于探索，出现了许多新观点，发掘了许多新资料，取得丰硕成果，把相关研究推到一个新的高度。

第二，进一步深化我国的钓鱼岛、南海主权的研究。这次讨论的论文，不仅涉及历史问题，也涉及现实问题，如法律、战略等方面，会上就"九段线"的法律地位、黄岩岛等问题展开热烈的讨论，与会者各抒己见，使我们对南海问题有了更为全面深入的认识，会议论文避免了泛泛而谈，不仅研究深入而具体，还就我国如何维护我国的主权和海洋权益提出了许多新思路、新建议，体现了学术研究与国家发展现实需要之间紧密契合。

第三，海外交通史研究后继有人。这次参加会议的中青年学者占了大半，从提交的论文水平来看，反映出他们受过严格的学术训练，其中大多数还有留学经历，不仅学术功底扎实，而且具备了国际化视野，勇于探索，精品迭出，后生可畏，说明海外交通史研究后继有人，并将出现质的飞跃，这是最可喜的现象。

"海外华人与中国侨乡文化"
国际研讨会综述

郑一省　等[*]

由广西壮族自治区侨务办公室、广西民族大学主办，广西民族大学民族学与社会学学院和广西侨乡文化研究中心承办的"海外华人与中国侨乡文化"国际研讨会于2013年12月8日在广西南宁市举行，来自澳大利亚、日本、泰国、马来西亚、新加坡以及中国大陆和中国台湾地区的高等院校和科研机构的近八十名专家学者参加了此次会议。厦门大学庄国土教授、暨南大学高伟浓教授、马来西亚田英成博士、泰中学会会长洪林、马来西亚王探发教授以及广西民族大学郑一省教授做了主题发言。

围绕中国侨乡文化，专家学者们从以下四个方面进行了分析与探讨。

一是海外华侨华人与侨乡关系研究。石沧金的《何氏九仙信仰与琼瑶教在东南亚华人社会中的传播及扩散初探》一文着眼于侨乡与东南亚国家的跨国民间网络信仰，分析存在于莆田的何氏九仙信仰和九鲤洞神庙在马来西亚、新加坡、印尼三国的传播和扩散过程。施雪琴的《新中国侨务外交下的侨乡角色：以1950年代华侨回国观光团为中心的研究》，将研究对象选定为海外华侨回国观光团，分析新中国成立初期回国观光团参与的活动，考察和探讨侨乡在新中国侨务外交中的角色。杨宏云和周燕玲的《移植与重构：民国时期闽南侨乡文化与东南亚华社的跨国互动》一文对闽南侨乡与东南亚国家跨国互动的民间信仰文化进行分析。谭金花的《清末民初华侨对广东开平侨乡规划思想的影响》以开平侨乡为调查点，以建村章程为例，分析清末民初大量移民回乡建设，为家乡带来的西方思想。唐若玲的《下南洋的海南人》对海南的移民精神进行分析概括，通过对典型人物的描述说明海南华侨的精神品质和为社会发展做出的贡献。夏凤珍的《论加强海外侨团建设，促进和谐社会发展》总结了浙江省海外社团建设中的成功经验与教训，探索海外侨团健康发展的良策。

二是侨乡文化研究。张秀明的《改革开放以来侨乡的多元化发展与新功能——兼谈侨乡研究的一些问题》一文，梳理了"侨乡"的定义，认为"侨乡"是"侨"（包括海外、境外移民与归侨侨眷）的元素比较浓厚，"侨"的影响比较显著的地区。构成

---

* 作者简介：郑一省、王晓欧、喻良，广西民族大学民族学与社会学学院。原文刊载于《华侨华人历史研究》2014年第1期。

侨乡的条件应该包括三方面要素:一是具有相当数量的海外(境外)移民及其后裔;二是海外(境外)移民及其后裔与该地区一直保持着较密切的联系;三是"侨"的元素在当地有明显和引人注目的影响力。何作庆和范德伟的《云南陆疆侨乡的文化特征探讨》对云南陆疆侨乡的文化特征做了分析和探讨,指出云南陆疆移民在出国途径、出国手段、流向分布上体现了由陆疆到沿海的趋势,指出其民在价值取向及职业构成等方面体现了二元性。黄英湖的《福建侨乡众多的宗族及其在海外的繁衍》对福建侨乡的单姓村做了详细的分析,认为这些单姓村浓厚的宗亲意识表现到了海外移民身上,且国内的宗族在海外通过组织宗亲社团、建立祠堂等形式重构宗族。黄小坚的《关于传统侨乡侨务资源可持续发展的探讨——以潮汕地区为例》针对当前侨情的变化和侨务工作的瓶颈,对潮汕地区可持续发展问题进行探讨。王付兵的《华侨华人是否仍是福建侨乡现代化的优势:新侨乡长乐和老侨乡晋江的比较研究》一文从侨汇、捐赠、投资三个方面对长乐和晋江进行了比较,认为华侨华人在当前以及未来一段时间仍然是侨乡经济社会发展的重要支撑力量。陈衍德的《民国时期闽南侨乡社会文化简论》从侨乡的消费方式和教育情况入手,分析民国时期闽南侨乡中外兼容的文化。任贵祥的《改革开放以来海外华侨华人祭祀黄帝陵的中华文化情结》一文分析了改革开放以来海外华侨华人祭祀黄帝的盛况,以此分析海外华侨华人的中华文化情结。路阳的《城镇化进程中侨乡文化保护与开发浅析》一文对当前城镇化过程中侨乡文化的保护和开发情况进行分析和探讨。

三是华侨华人社会与文化研究。很多学者关注海外华侨华人的文化形式和变迁。陈碧的《庙宇联谊:文化互动和社会网络》一文对新加坡韭菜芭城隍庙主导的跨境文化互动进行探讨,窥探其丰富的文化内涵、隐性的关系网络和社会资源。杜温的《涵化与同化:仰光龙山堂先贤人物以及后裔的宗教信仰一瞥》指出,缅甸先贤人物及其混血的后裔为生存而融入当地社会,同时,他们的宗教信仰也产生了涵化与同化,逐渐接受了当地的小乘佛教。张慧婧的《日本华侨社区构建的新视角》一文以名古屋地区的华人新移民为研究对象,分析日本华人社区的特征。洪丽芬的《马来西亚华人对马来文化的接受与实践》一文以455名华人的问卷和访谈数据为依据,从语言、饮食、衣着和避讳四个文化单位进行分析,认为马来西亚华人对马来文化的接受尚属于表层阶段,间接反映了华人传统文化的根基还非常稳固。祝家丰的《政治海啸与政治博弈下的马来西亚华文教育发展机遇和挑战分析,2008—2013》分析华文教育在政治新形势下的机遇及挑战,认为2008年马来西亚第十二届大选掀起的政治海啸,给边缘化的华文教育带来了发展契机;而2013年的大选给马来西亚华文教育带来的却是冲击。张荣强的《探讨马来西亚华文教育运动斗争的成效》一文对半个世纪以来马来西亚的华文教育与国家教育体系斗争的历史进行了综述。莫嘉丽的《论虹影的两性关系叙事》一文对华人作家虹影笔下的文学形象进行了分析。萧成的《千岛之国的轰鸣:百年印度尼西亚华文文学概观》一文认为印尼华文文学已经越来越扎根于居住国的土地,不仅充满对生存家园的真情，也充满了对生命追求的执着。

四是国际移民、归难侨研究。古小松的《关于越南华人数量的减少——华人越化与越人汉化》分析了越南汉人减少和越南人汉化的问题。沈惠芬的《国际迁移视野下的中国家庭：传承与调适》一文以 20 世纪 30—50 年代泉州的留守家庭为例，分析留守家庭在国际迁移中的传承与调适。陈琼渊的《印边境的华族跨界活动：历史渊源、左翼运动及日常贸易探析》关注目前并未得到足够探讨的华人跨境活动，以马来西亚砂拉越及印尼加里曼丹边境地区华族社群为例，分析当地跨境华族的形成和变貌。李其荣的《国际移民与全球治理》一文针对当前日益严峻的国际移民管理问题，提出应对政策。周幸峨和郑建成的《中国、国际组织与作为难民的华侨华人：一个初步研究计划》提出了关于华侨华人被作为严格意义上的难民形成过程的研究计划。黎道纲的《华人移民泰国的历史及现状》一文总结了华人移民到泰国的历史过程。

此次"海外华人与中国侨乡文化"国际研讨会在广西首次举办，主办方给予了高度重视，与会学者也给予了热情支持。参会论文内容丰富，研究方法也多种多样，既有宏观的理论建构，也有微观的个案分析；既有历史学研究方法，也有人类学和社会学等学科的对比研究，从而使这次国际研讨会呈现出多学科、多层面、多视角的特点。

第 13 届闽方言国际学术研讨会在泉举行

"研究语言的学者不能不关注语言负载的文化信息，相信大家一定会对独具魅力的'东亚文化之都'泉州产生兴趣。"2013 年 11 月 30 日，第 13 届闽方言国际学术研讨会在泉举行，国内外从事闽方言研究的专家学者出席盛会。

"语言是文化的载体，文化是语言的灵魂，方言与地方文化是丰富汉语和中华文化的重要来源，这正是我们开展闽方言研究的目的。"本次研讨会论题主要在马来西亚，中国的台湾、广东和福建等地闽语的音韵、词汇、语法和修辞等多个领域展开。专家学者对闽方言的特征词、口语或文学戏曲中所体现的方言音系、方言语法、方言历史源流与演变、方言的分布与流播、方言字辞典的比较分析、方言与共同语关系等展开学术交流。其中，不少专家曾经深入福建省泉州、南平、宁德等地进行闽方言的调查。

来自台湾新竹教育大学的董忠司教授表示，研究闽南方言不应该局限在地区内，比如说闽南语随着闽南人漂洋过海不断传播，成为国际性语言，语言研究和人的活动联系在一起。闽南语是一种国际性的语言，这种说法会激发越来越多的学者潜心研究它。

据悉，本次研讨会由泉州师院中国语言文学学科和中国社科院文化研究中心闽南文化研究基地联合主办，泉州市语言文字学会协办。

（记者张文璟，泉州网—《东南早报》2013 年 12 月 1 日）

泉州师院成立郑成功研究会分会

"泉州郑成功研究会泉州师范学院分会成立大会暨学术研讨会"于 2013 年 12 月 5 日下午在福建泉州举行，泉州郑成功研究会，石狮、永春等县市郑成功研究会的专家学者及泉州师范学院分会成员 100 多人参加。

本次研讨会系中国社会科学院文化研究中心闽南文化研究基地揭牌仪式暨泉州师范学院"2013 闽南文化学术活动月"的系列活动之一，由政治与社会发展学院承办。

研讨会上，专家们就"郑成功文化是闽南文化的重要组成部分，也是闽南文化具有海洋文化特质的重要佐证""推动郑成功文化研究与闽南文化研究的结合"和"郑成功收复台湾，为闽南文化在台湾的传播开辟了道路"等方面展开交流。

参会的专家学者们还纷纷表示，郑成功文化的薪火相传，不但需要保护、传承、传播，更要不断发展创新、发扬光大，促进两岸文化交流交融与互动，也为闽南文化的繁荣发展注入生机与活力。

郑成功是中国历史上杰出的民族英雄，他完成了"抗清、驱荷、开台与中华文化在台之传承"的伟业。著名侨乡泉州是郑成功的故乡，也是台湾同胞的主要祖籍地之一，泉、台两地，郑成功的光辉业绩至今流传，也留下了众多的史迹。

泉州郑成功研究会泉州师范学院分会会长刘文波认为，郑成功气节及功绩几百年来深受海峡两岸人民的景仰，被誉为"创格完人"，而且他所创立的海陆五大商组织，成为当时主导东亚、东南亚的闽南华商网络。

主办方表示，成立泉州师范学院分会并召开学术研讨会旨在缅怀民族英雄郑成功的光辉业绩、弘扬民族英雄郑成功的伟大精神、树立民族英雄郑成功文化品牌，今后将发挥高校的科研力量，推动郑成功研究，促进泉、台文化合作交流与海峡两岸经济社会发展。

（泉州师范学院）

"郑成功与闽南文化"
研讨会在侨乡泉州召开

正值 2013 世界闽南文化节，2013 年 6 月 18 日，"郑成功与闽南文化"研讨会在著名侨乡福建泉州举行，近百名海内外郑成功研究专家学者和泉州郑成功研究会成员莅临交流。

"闽南文化是中华文化的重要组成部分，是世界闽南乡亲共有的精神家园。"泉州市宣传部部长陈庆宗表示，当前，海峡两岸交流日益频繁，泉、台两地的交往合作日益深化，此次研讨会深入开展闽南文化、郑成功文化的学术研究，具有重要的学术价值和现实意义。

活动主办方之一、台盟泉州市委会主席骆沙鸣指出，闽南文化是郑成功文化的主体，而郑成功文化又自成体系。其薪火相传不但需要保护、传承、传播，更要不断发展创新、发扬光大来促进两岸文化交融交流与互动共荣，也为闽南文化的繁荣发展注入生机与活力。

当天还举行了《郑成功研究》公开发行发布仪式。作为目前国内唯一专门刊发郑成功研究学术论文和学术成果的重要刊物，该杂志面向海内外发行，是促进两岸文化交流的重要学术园地。

陈庆宗相信，"《郑成功研究》的公开发行，将为郑成功文化研究提供一个开放的平台，同时也为泉、台文化交流架设起一座坚实的桥梁"。

（记者孙虹，中新网，2013 年 6 月 19 日）

海峡两岸语言及辞书研讨会在福建召开

  海峡两岸语言及辞书研讨会暨福建省辞书学会第21届学术年会于2013年11月7日在福州举行，共有来自海峡两岸的106位专家学者参加。与会者认为，研讨会对海峡两岸语言的交流、融合和规范，对促进海峡两岸中华文化的传承和发展，将起到重要的推动作用。

  研讨会上与会专家学者就海峡两岸共同语文字、语音、词汇、语法比较研究，海峡两岸闽南方言比较研究，海峡两岸客家方言比较研究，海峡两岸共同语辞书编纂研究问题进行了研讨，会议还探讨了海峡两岸闽南方言辞书编纂研究、海峡两岸方言韵书编纂研究、海峡两岸语言及辞书方面的问题。

  会议由福建省辞书学会主办，福建人民出版社承办。

（记者林善传，中新网，2013年11月7日）

福建师范大学闽台区域研究中心举办
"钓鱼岛历史与主权"学术研讨会

2013 年 7 月 7—8 日，由福建师范大学闽台区域研究中心举办的"钓鱼岛历史与主权"学术研讨会在福建福州举行，来自海内外多所高校、科研机构及有关部门的十余位专家学者以及闽台中心师生齐聚一堂，在中心主任谢必震教授的主持下，针对钓鱼岛问题展开了深入的探讨。

与会专家先后在会上进行了主题发言。上海社会科院法学研究所海洋法研究中心金永明主任做了题为《批驳"日本外务省针对钓鱼岛列屿问题三个真实"论据之错误性》的发言，结合历史事实和国际法，重点批驳了此文件论据的错误性，分析了日本政府"国有化"钓鱼岛三岛的原因及效果，以及解决钓鱼岛列屿问题的路径。台湾"中央研究院"近代史研究所林泉忠副研究员做了题为《论钓鱼岛争端下"再议琉球"之利弊》的发言，阐述了"再议琉球"的来龙去脉，两岸对冲绳主权的认知，钓鱼岛问题与冲绳问题的共同点，认为中国目前并不存在"再议琉球"的成熟条件，甚至会引发许多反效果。厦门大学南洋研究院廖大珂教授做了题为《日本最早记载钓鱼岛的文献——〈琉球国图〉》的发言，廖教授向与会者详细介绍了《琉球三省并三十六岛之图》和《琉球国图》两图，并就两图的关系及有关钓鱼岛的问题陈述了自己的观点，再次印证了钓鱼岛属于中国。国家海洋局国际合作司海洋权益处徐贺云处长亦认真听取了各位专家学者的发言和建议，对大家的疑问做出了回应，并介绍了海洋局针对钓鱼岛问题展开的一系列工作情况。此外，上海对外经贸大学法学院副教授刘丹，上海国际问题研究院外交政策研究所研究员廉德瑰，上海日本研究交流中心副主任郁志荣，海洋出版社副总编辑刘义杰，现代国际关系研究院涉台研究中心副主任郭拥军，福建师范大学闽台中心副研究员吴巍巍、徐斌、陈硕炫亦向大会提交了学术论文，并做了相关发言，现场专家学者互动气氛十分热烈。

此次会议为不同地区、不同学科的专家学者提供了一个互相学习和交流的平台，给当前钓鱼岛问题研究提供了新的视角，取得了重要的成果。

（福建师范大学闽台区域研究中心）

2014 年泉州南音国际学术研讨会综述

王 珊[*]

2014 年 3 月 1—2 日,"东亚文化之都·泉州"系列活动——"2014 年泉州南音国际学术研讨会"在泉州师范学院音乐厅隆重召开。此次会议由"东亚文化之都·泉州"建设发展委员会、泉州师范学院主办,福建省"2011 计划"认定的泉州师范学院"南音文化传承与发展协同创新中心"、福建师范大学"海峡两岸文化发展协同创新中心"联合承办。本次研讨会邀请了亚太民族音乐学会会长权五圣教授、日本冲绳县御座乐复原研究会会长比嘉悦子教授、中国艺术研究院音乐研究所所长项阳教授、中央音乐学院音乐学研究所副所长宋瑾教授参加,来自日本、韩国、新加坡等国家和北京、上海、江苏、浙江、台湾、福建等 6 个省市的 67 名专家学者提交南音学术论文 47 篇,他们相聚泉州,共同为泉州南音的保护与发展研究出谋献策。

会议由主题报告、论文宣读、学术研讨与观摩表演四部分组成。主题报告由 5 位专家分别做专题发言。他们是福建省"2011 计划"认定的福建师范大学"海峡两岸文化发展协同创新中心"中心主任王耀华教授,做题为《南音研究现状及其展望》的学术发言,作者以南音研究现状的常态化、深入化、序列化及展望多学科全方位的南音研究,强调必须理论研究与传承创新实践相结合、加强海峡两岸和海内外南音的交流合作,梳理了 1989 年至今的南音学术研究成果,提出今后南音学术研究的思路与设想;亚太民族音乐学会会长权五圣教授的《韩国的文人音乐——歌曲》从音乐构成、形态、长短(节奏)、表现内容等方面展开介绍韩国传统音乐——歌曲,并在音乐形态上就韩国歌曲与南音进行比较;日本冲绳县御座乐复原研究会会长比嘉悦子教授的《琉球王府中的中国系宫廷乐"御座乐"》生动地介绍了作为琉球音乐文化的代表——御座乐与泉州南音的关系;台湾师范大学民族音乐研究所吕锤宽教授的《南管曲之文学性初论》从文本内容分类、题材及材料来源、写作技巧、词汇解读四个层面分析探讨南管曲之曲词文本各方面特征;泉州师范学院副校长、福建省"2011 计划"认定的泉州师范学院"南音文化传承与发展协同创新中心"中心主任王珊教授的论文《协同

* 作者简介:王珊(1962—),女,泉州师范学院副校长、教授、硕士研究生导师、福建省"2011 计划"泉州师院"南音文化传承与发展协调创新中心"主任,主要从事南音与音乐学研究。原文刊载于《泉州师范学院学报》2014 年第 3 期。

创新，传承发展泉州南音》，对泉州南音现状进行分析，提出泉州南音研究涉及多个学科，靠单一学科、单位各自为战的研究已不适应南音文化传承与发展的需求，协同创新是研究南音文化传承与发展的必由之路。

此次研讨会集中展现了近年来泉州南音研究工作所取得的重要成就，吸纳了关于南音交叉学科研究、南音合理利用与创新发展研究、南音传播研究、南音保护方式与数据库建设研究、南音传承研究等五大方面的相关论文 47 篇。3 月 1 日下午，学术研讨会分两个会场举行，有 24 位与会代表进行论文宣读，参会人员就相关学术问题进行了研讨与交流。南音交叉学科研究的论文：如中国艺术研究院音乐研究所所长项阳教授的《南音内涵与研究理念拓展的意义》，作者以历史人类学的方法论，对南音存在的历史发展过程，乐籍制度存续期和解体后的状况进行动态辨析，提出一些根本性的学术理念对南音研究的意义；中国艺术研究院国家文化发展战略研究中心副主任郑长玲的《"南音文化"观》，提出从广义文化的角度认识南音，跳出原来仅以艺术的视野来观察南音的局限，从闽南人——南音文化习得者、持有者的行为方式乃至其生命本质的角度、高度、宽度去考量南音文化，以此获得闽南人与南音文化的内在关系、本质关系等；泉州师院陈桂炳教授的《"陈三五娘"故事相关弦管曲词的历史民俗学解读》提出从民俗学的角度解读梨园戏"陈三五娘"故事与南音曲词的关系等。南音传承研究的论文：如中央音乐学院音乐研究所副所长宋瑾教授的《南音传承的"保值"问题》，提出树立正确的传承观念，采用合理方法，在维护南音的文化气质基础上，走多元发展的道路；泉州市原文联主席陈日升的《离开了严格的南音原样保护，无从进行南音艺术的创新》，提出作为世界文化遗产的南音艺术必须原样保护好、传承好，南音艺术保护传承的"泉州经验"应该认真做好总结和推广；泉州师范学院音乐与舞蹈学院院长王丹丹教授的《泉州南音腔韵的传承与运用研究》，指出在保护、传承传统南音的基础上，对南曲创新与南音传承发展的建议。南音源流研究的论文：如泉州市博物馆陈建中教授的《从泉州考古发现看闽南音乐的产生与发展》，提出弦管①中的琵琶是在"阮"的基础上发展起来的；泉州师范学院李寄萍教授的《弦管源天籁，泉腔育南音》，提出唐代泉州古鲤城的建设和鲤城方言腔的形成，是泉州南音起源的关键；随后各朝代一些重大事件的移民歌乐与泉州本地歌乐的融合，是泉州南音发展的动力；《明刊三种》《班曲荔镜戏文》古文献与泉州开元寺飞天乐伎的物证，是泉州南音兴旺繁盛的重要记载；"御前清客、五少芳贤"模式的泉州南音五人编制及泉州南音工乂（读 ts'e）谱体系的形成，是泉州南音真正成熟的标志等。南音曲目考证的研究论文：如泉州地方戏曲研究社郑国权的《泉州弦管曲调两千首》，介绍泉州地方戏曲研究社正在整理泉州弦管曲词两千首，并附上曲目故事来源的说明、简注人物典故和方言俗字以及曲谱出处，以曲名头一个字的笔画，依序汇编为一部研究弦管文化的工具书。南音音

---

① 古代南音称为弦管。

乐形态研究的论文：如中国艺术研究院陈燕婷副研究员的《南音中的"啰哩嗹"》，提出南音中有大量带"啰哩嗹"词的曲子，主要集中在几个门头或曲牌中，南音中的"啰哩嗹"曲属于一种隐性存在，其仪式功能性还需进一步考证。南音乐学理论研究的论文：如中国艺术研究院李玫教授的《关于南音"倍四""背四""倍思"的探究》，提出"倍四""背四""倍思"读音相同，但内涵不同，"倍思管"名折射出南音保留中古歌舞大曲时代的乐调传统过程中所发生的嬗变；中国艺术研究院陈瑜博士的《福建南音"滚门"模式特征研究》，提出经过历代中国传统音乐的历练洗礼，福建南音逐渐形成一套以滚门为核心，含管门、撩拍、滚门、曲牌、乐曲等具体层次的曲目分类系统，它们相互之间按照从属逻辑关系彼此相互制约，滚门在其中占有绝对核心地位等。南音传播研究的论文：如台北艺术大学林珀姬教授的《"今古相证"话"南音"》，提出明末泉州人士大量移民，跟随郑成功来台，也将南管①音乐带入台湾等；泉州师范学院陈敏红副教授的《异国传乡音——印尼东方音乐基金会南音传承中意识》，提出从印尼东方音乐基金会，反映出南音在印尼传播的整体观和价值观，体现印尼社会认同的区域文化特征等；南音合理利用与数据库建设研究的论文：如福建师范大学音乐学院博士后滕腾的《南音数据库及其文化生态圈的构建》，设想运用相关软件做南音数据库，构建一个面向专业研究者和普通音乐爱好者的全方位南音公共服务标准化平台，进而为南音的保护、传承与发展起到推动作用；泉州师范学院雷华讲师的《南音工乂谱、简谱、五线谱混排插件在 Sibelius 中研发设计》，设想通过研发设计 Sibelius 插件以拓展其简谱、五线谱、工乂谱混合排版功能。南音教学研究的论文：如福建师大陈俊玲副教授的《构建新型的南音演唱教学理论与实践发展的应对之策》，提出构建现代南音演唱教学理论与实践发展的教学模式，运用现代的发声技术解决南音演唱的发声问题，不断完善南音的教学理论体系；南音表演艺术家王心心、吴璟瑜、蔡雅艺等在会上介绍了实践和传承心得等。3月2日上午的"圆桌"会议分别由王耀华教授与王珊教授主持，与会专家、学者针对本次会议的五大主题进行专题研讨，各自发表了研究观点与思路：项阳教授从古代乐籍制度的角度进行阐述，孙星群从南音跟地方戏曲关系的角度进行论证，郑国权从历史文献和南音特点的角度做出判断，国家级南音传承人苏统谋、吴世安的发言体现了南音艺术家对南音独特的见解和深刻的理解。他们的发言均有理有据，虽然未能取得一致看法，却具有重要启发意义。

总之，此次 2014 年"泉州南音国际学术研讨会"是继 2011 年召开的"海峡两岸泉州南音学术研讨会"之后又一次更高层次的南音学术盛会，体现了"东亚文化之都泉州"的文化底蕴与学术魅力。其一，会议发言内容涉及南音研究的各个方面，如南音指、谱、曲综合研究，个案分析，表演研究，曲牌研究，乐谱研究，曲词关系研究，方言问题研究，考古研究，传承与传播研究，专业和业余教育研究，南音与地方文化

---

① 台湾称南音为南管。

的关系研究，保护与创新问题探讨，等等。会议期间，参会代表各抒己见，讨论热烈，相互交流，为泉州南音学术研究的深化和相互的交流提供了可对话的平台。大家一致认为南音的传承与创新应立足于传承基础上进行，南音的研究应坚持建立在多学科的角度探究。

其二，本次大会的参会代表不仅有省级、国家级南音传承人参加，也有孜孜不倦、不断深入探索南音曲谱的老学者，更有在世界民族音乐学研究上具有影响性的著名专家，还有闽台两岸南音著名艺术家、专家，以及积极探索南音传承与创新的中青年学者。

其三，会议上可以明显看出对南音有两种价值取向，即南音是原样保护和还是改革创新。老一辈大都强调原样保护，年轻人则喜欢改革创新。而学院派则认为，专业教育也要讲多元；学院培养的南音专业学生既会唱奏地道的传统南音，也能表演精致的新南音，只有这样，才符合社会多样性审美需要。

其四，南音是世界级"非物质文化遗产代表作项目"，被称为"中国音乐历史的活化石"，是连接海峡两岸同胞和海外侨亲的一条重要文化纽带，为了进一步深入研究南音文化，促进中华优秀传统文化的繁荣与发展，大会决定在近三年内，每年举办一次泉州南音国际学术研讨会，通过学术研究的不断深入与开展，取得更多的创新性研究成果，让古老的南音在现代社会不断绽放光彩！

本次泉州南音国际学术研讨会开幕式在泉州师范学院举行，泉州师范学院副校长王珊教授主持开幕仪式。原福建省政协副主席王耀华教授，中共泉州师范学院党委书记游小波教授，泉州市委常委、宣传部部长、教育工委书记陈庆宗，福建师范大学副校长汪文顶教授等领导出席了开幕式并讲话。游小波在讲话中指出，此次研讨会是南音国际学术界的一次盛会，也是泉州南音学术研究领域的一件大事。海内外南音专家学者群贤毕至，开展南音学术研讨和交流，商讨南音保护、传承大计，展望泉州南音发展前景，将进一步促进泉州市"东亚文化之都"的建设。他表示，作为此次研讨会的主办单位，泉州师范学院非常珍惜此次难得的机遇，并将与大家深入研讨，为泉州南音的发展做出应有的贡献。陈庆宗在讲话中强调：从文化传承、延续的角度讲，无论是现在还是将来，我们都必须原汁原味保护南音，扎实做好原样保护是我们义不容辞的文化责任和义务。泉州南音及非物质文化遗产面临的最大威胁就是逐渐失去其赖以产生、发展的文化生态环境，如何有效地保护、传承与发展非物质文化遗产，弘扬民族文化，成为一个重要的课题。开幕式后，泉州师范学院南音学院的学生们为与会专家、学者带来了精彩的南音专场表演，节目包括：南音弹唱《直入花园》、南音清唱《只恐畏》、南音打击乐、南音清唱《静夜思》、南音名谱《梅花操》，短短半个小时的演出，集中展现了泉州师范学院南音学院的教学水平，受到了与会专家、学者的高度赞扬。中国新闻网、人民日报网、新华网、人民网、中国日报网、福建东南卫视、泉州电视台等媒体对为期两天的泉州南音国际学术研讨会进行了追踪报道。

"建设21世纪海上丝绸之路"
学术研讨会综述

李鸿阶　廖　萌*

2014年11月27—28日，建设21世纪海上丝绸之路学术研讨会在泉州海外交通史博物馆隆重召开。此次学术研讨会由福建省发展和改革委员会、福建省商务厅等9个单位联合主办，由中国海外交通史研究会、福建社会科学院中国与海上丝绸之路研究中心等5个单位承办。福建省委宣传部副部长、省委外宣办（网络办）主任卢承圣主持了开幕式。福建省委常委、宣传部部长李书磊，国家发改委西部司副司长欧晓理，泉州市委副书记周银芳分别在开幕式上致辞。来自中国科学院、国家海洋局、香港大学、厦门大学、福建省社科联、福建社会科学院等近30家单位的78名专家学者出席了此次学术研讨会，并提交了58篇论文。与会代表围绕"建设21世纪海上丝绸之路"的主题进行研讨，对福建融入21世纪海上丝绸之路建设提出了诸多具有可行性和针对性的建议，现将主要观点综述如下。

一　福建与海上丝绸之路的历史渊源关系

福建是海上丝绸之路的主要起点和重要发祥地。香港大学钱江用丰富的史料阐述了16—18世纪的马里拉福建商人的丝绸、白银与帆船贸易。福建师范大学谢必震在《筑路海上，筑梦天下：论福建航海历史与21世纪海上丝绸之路的建设》一文中，描述我们的先民从海洋的叙事到海岛主权的独立，到海洋意识的提升，为今日的海上丝绸之路的建设，提供了有力的佐证和法理依据。福建社科院陆芸在《福建融入21世纪海上丝绸之路建设的历史渊源和政策建议》中指出，福建先后涌现了福州、泉州、漳州月港等重要港口，并以其特殊的地理位置和闽人持续出洋谋生，在中国的"海上丝绸之路"发展史上占据了极其重要的地位。福建师范大学吴巍巍在《"海上丝绸之路"与明清之际的福建对外文化交流》一文中指出，明清之际，西方天主教再度入闽传教，西方科学文化和社会文化等各类知识也随之传至福建社会。同时，福建文化乃至中国

* 作者简介：李鸿阶，福建社会科学院副院长，中国与海上丝绸之路研究中心主任、研究员。廖萌，福建社会科学院华侨华人研究所助理研究员。

文化的多方面内涵，也借助"海丝"的通道，流播至西方世界，构筑了一段平等对话和积极往来的双向交流局面。中共福建省委党校徐文彬在《福建与海上丝绸之路的历史渊源及重要贡献》一文中，认为福建是海上丝绸之路的主要枢纽，兴于隋唐，盛于宋元，明清仍维持强劲势头，直到近代，才渐趋衰落，特殊的地理位置，经济中心的东移，区域开发的不断深入，是福建能够在海上丝绸之路扮演重要角色的原因所在。厦门理工学院蔡清毅在《海舟行茶道　闽茶香四海——建茶在海上丝绸之路中的地位与历史影响研究》一文中指出，福建人把茶、瓷、丝三位一体，在让海上丝绸之路交易结构发生变化的同时，依托这条通道奠定自己在海上丝绸之路的多个主港地位，打下世界茶产业的基础，对世界政治经济文化等文明产生积极影响。此外，国家文物局姜波以明代墓葬的考古发现为例，分析海上丝绸之路上的宝石贸易。泉州市博物馆陈建中、福州市博物馆张振玉、闽南师范大学李变花从不同角度分析福建陶瓷与海上丝绸之路有着千丝万缕的联系。福建省图书馆尹烨分析中国古代海上丝绸之路兴衰的政治影响因素。

二　福建融入 21 世纪海上丝绸之路的意义、地位和作用

"一带一路"建设是国家新一轮对外开放的重要战略部署，对福建省发展开放型经济具有重要意义。厦门大学王日根在《福建推进 21 世纪海上丝绸之路建设的重大意义研究》中认为，建设海上丝绸之路是推动民营经济加快发展的重要战略选择，是加强福建与海外华侨华人联系的重要途径，是加快两岸交流合作的重要步骤，是我国外交战略中的重要手段，是我国建设海洋强国、福建省建设海洋强省的重要抓手。福建师范大学易小丽在《海上丝绸之路与福建海洋经济互补性发展研究》一文中认为，21 世纪海上丝绸之路将沿线多个国家和地区连接起来，旨在建立一个多元、开放的合作机制，这对于缓解当前福建海洋产业结构同构化问题、建设海洋经济大省具有重要的战略指导意义。莆田学院陈天宇在《发挥福建优势，为建设 21 世纪海上丝绸之路发力》一文中指出，福建在构建海上丝绸之路中具有特殊地位：历史上，福建是海上丝绸之路保护神妈祖的故乡，福建提供了泉州港等一批海上丝绸之路的重要起点港口，福建人成为当年海上丝绸之路上勇敢的弄潮儿，福建还是当年海上丝绸之路船舶和商品的重要生产基地。福建社会科学院黄继炜在《"一带一路"建设与福建新一轮对外开放战略研究》一文中，总结出福建融入"21 世纪海上丝绸之路"建设具有历史、文化、经济合作、华侨华商等优势。厦门理工学院何军明在《推进 21 世纪海上丝绸之路建设：福建省的挑战与对策》中认为，福建与海上丝绸之路沿线国家贸易基础比较好，与东盟的贸易总额、投资规模等在全国处于上游水平；区位优势明显；具有一定的产业优势；具有明显的人文优势。泉州师范学院杨诗源在《海上丝绸之路与建设福建省海洋经济强省研究》一文中，认为海上丝绸之路有利于福建省海上对外贸易和海上渔业经

济的发展、开放型海洋经济发展水平的提升和本土企业的跨国发展。

三　福建经济发展、产业合作与海上丝绸之路关系的路径选择

经贸合作是福建融入国家"一带一路"建设的最重要议题。厦门大学徐宝林认为应选定东盟作为"一路"建设的切入点，科学把握海丝沿线国家的比较优势和省内的发展重点，加快转移边际产业，扩大对外投资空间和双边贸易，并促进产业转型升级。通过设立海上丝绸之路引导基金，新建投资和联合企业集团投资的方式，为融入"海上丝绸之路"提供示范作用。福州大学王婷提出福建应立足现有战略性新兴产业基础、资源禀赋和科研条件，拓展和深化与海上丝绸之路沿线国家在战略性新兴产业的深度合作。集美大学吴江秋提出福建与新加坡合作发展旅游文化创意产业。福建商业高等专科学校陈柏良认为需要持续深化闽台电子商务产业制度合作，推进闽台电子商务行业人才培育和突破闽台电子商务商业模式并进行创新。厦门大学王玉国在《海上丝绸之路文化产业带的开发策略研究》一文中提出，海上丝绸之路文化产业带的战略定位应包括：文化创新带、交流先行区、经济增长极、区域稳定剂和文化传播器。华侨大学张璠在《海上丝绸之路建设与广告产业合作研究初探》一文中提出海上丝绸之路框架下的福建省广告产业发展的新思路，针对宣传对象的不同，福建省广告公司要区别对待，将"中国特色 + 福建特色 + 地方特色"综合运用，服务不同的广告需求的建议。福建师范大学福清分校王琼在《海上丝绸之路框架下闽台经贸合作的共同利益》一文中提出，闽台共建海上丝绸之路，不仅有利于福建打造"海丝"先行区，还有利于台湾参与区域经济整合。

四　福建海上丝绸之路三个申遗城市的发展研究

在我国打包的几个海上丝绸之路申遗城市中，福建拥有泉州、福州、漳州三个城市，它们的发展始终是专家学者关注的焦点。泉州师范学院林华东在《泉州重启"海上丝路"的战略思考》一文中认为，泉州要建设新海丝先行区，需要争取重建国家级刺桐港和泉州自贸区等方面的政策支持，需要着力打造国家级"海上丝路研究院"和"海上丝路刺桐论坛"等大型活动平台。华侨大学骆文伟在《作为文化线路的"海上丝绸之路：泉州史迹"遗产保护研究》一文中提出，"海上丝绸之路：泉州史迹"遗产保护应坚持"保护第一、合理开发"，树立"整体性"理念，唤醒公众参与意识，建构共生理念等原则。中共莆田市委党校蔡天新在《莆田市融入"一路一带"战略的主要优势及其对策》一文中指出，莆田市应凸显妈祖文化在新丝绸之路中的地位和作用，积极申报并筹建 21 世纪海上丝绸之路湄洲岛自由贸易区，大力促进莆田现代物流业发展，构建世界妈祖文化旅游中心。漳州市政协谢艺麟在《漳州融入"一带一路"建设

的思路与对策》一文中指出，漳州从加强领导力量；增加财力投入；加大宣传力度；
规划"海丝"项目，做好"三维"招商；出台扶持政策，搞好自由贸易；强化经贸合
作，深化产业融合；发挥"三胞"作用，加强人文交流等方面融入"一带一路"建设。
龙海市社科联江智猛在《挖掘月港文化资源，积极参与海丝建设》一文中指出，龙海要
发挥自身人文精神，通过对月港的挖掘和拓展建设，以厦、漳、泉同城化为契机，以厦
门湾为中转，海陆并行，配合厦门港打好内港基础，以九龙江口的月港航道为基础开发
港口经济和临港工业，打造滨海城市特色产业，利用月港知名品牌和龙海具备的人缘、
地缘、商缘优势，打造"新的月港"，发挥"活的海丝"，推进龙海经济和文化双赢发展。

五　21 世纪海上丝绸之路人文交流

人文交流对民心相通具有独特的作用。福州大学苏文菁在《福建的海洋文化资源
与 21 世纪海上丝绸之路建设》一文中指出，福建在"一带一路"的规划建设上，应该
充分发扬区域的文化优势与资源禀赋，在提供海洋文化理论以及历史遗产资源上起引
领、推进作用。福建省妈祖文化研究会黄瑞国在《弘扬妈祖文化正能量，构建 21 世纪
海上丝绸之路文化枢纽》一文中指出，妈祖文化在建设 21 世纪海上丝绸之路中可以起
到文化交流、文明互鉴的先行作用，可充分发挥妈祖文化民间外交的作用，以妈祖文
化为纽带构建世界妈祖文化经济圈。厦门大学连心豪在《妈祖信仰与海上丝绸之路》
一文中指出，妈祖信仰是海上丝绸之路的时代产物，与海上丝绸之路相伴而生，并广
泛传播到世界各地。泉州师范学院李蕊蕊在《福建省非物质文化遗产结构及地理空间
分布研究》一文中指出，完善分级保护制度和保护名录体系，强化文化空间的保护，
适度进行非物质文化遗产旅游开发等创新途径，将是未来福建非物质文化遗产保护和
传承的核心议题。泉州师范学院王伟在《海丝寻梦：全球本土化中的闽南地方戏曲》
一文中指出，海上丝路所形成的跨文化交往格局，不仅让闽南戏曲及其影像文本成为
海内外闽南人之公共历史记忆的重要媒介，也让后者构成闽南文化的记忆所在。闽江
学院卢新燕在《设计激活传统——建设与弘扬"海丝"文化》一文中，从传统元素与
现代设计相结合，数字化设计传播，特色文化的旅游，非物质文化遗产传承等方面探
讨、建设与弘扬"海丝"文化。闽南师范大学林芳惠在《论海丝文化中的契约精神》
一文中指出，契约精神承载着海丝文化的核心价值，引导着海丝文化的理性选择，契
合着中西方法律文化信仰。未来，对内应积极推进契约市场经济制度、契约法律制度
与契约道德体系等建设；对外则应以构建海上贸易契约合作机制和海上贸易契约纠纷
解决机制。

六　华侨华人在建设 21 世纪海上丝绸之路的作用

海外华侨华人是海上丝绸之路建设的重要参与者和主要贡献者。华侨大学张赛群

在《华侨华人在海丝之路中的历史作用及其运行机制研究》一文中指出，华侨华人扮演了海丝之路上的移民者、海丝之路沿途国家和地区的建设者、海丝之路上的中外贸易促进者、海丝之路上的友好使者以及海丝之路上的文化传播者等多种角色，为海丝之路的建设做出了贡献。华侨大学马占杰在《闽籍海外华商助推福建融入"海上丝绸之路"经济带的价值与途径研究》一文中指出，闽籍海外华商广泛分布于"海上丝绸之路"沿线国家，他们通过"以侨引台""以侨引外"，在促进所在国与福建开展经济合作、科技交流和帮助福建企业开拓国际市场等方面能够发挥重要的桥梁作用。福州大学杨宏云在《华侨华人与福建融入21世纪海上丝绸之路：文化视角的思考》一文中提出，福建可依托东盟闽籍华侨华人的平台，从语言、教育、旅游等文化层面积极推动福建融入面向东盟的新时期海上丝绸之路。华侨大学王焕芝在《论海外华侨华人在"一带一路"建设中的作用与制约因素》一文中指出，积极引导海外华侨华人成为塑造中国国家形象的重要担当者，强化华侨华人在"政策沟通"中的桥梁作用，发挥海外华侨华人在"经济合作"中互通有无的跨国经纪人作用，将成为充分发挥海外华侨华人在"一带一路"建设中的重要作用路径。福建省侨办杨辉在《"一带一路"福建优势：华侨华人》中指出，福建在融入"一带一路"建设中应从加大对侨务资源的挖掘和利用，规划侨商投资产业区，引导侨商开辟区域性经贸合作中心，支持侨商投建专业化贸易中心等方面努力。

七 福建融入"一带一路"建设面临的问题及其经验借鉴

知己知彼才能百战不殆。福建省外事办公室、福建社会科学院课题组在《福建融入国家"一带一路"建设的路径选择及其相关建议》中提出，统筹协调、载体平台、资金融通、文化融合、政府定位等不够清晰，产业基础相对薄弱，出海通道不够便捷，物流中心建设滞后是福建省融入"一带一路"建设急需解决的几个问题。何军明认为，福建参与中国—东盟经贸合作力度不足；福建缺乏对东盟、南亚的合作总体规划，未能形成相应的区域合作机制，缺乏有影响力的与海上丝绸之路国家的合作平台；产业合作不够深入。华侨大学李可爱在《从劳动力市场的角度分析福建省推进"一带一路"建设面临的机遇与挑战》一文中，从本土企业面临熟练劳动资源竞争、对外开放加大劳动力市场需求弹性以及劳动力市场灵活性与稳定性的协调等三个层面，分析了福建省推进"一带一路"建设所面临的挑战。

如何借鉴相关省市的做法达到为我所用，也是专家们关注的问题。福建社科院课题组在《我国相关省市推进"一带一路"建设的主要做法及其启示》一文中指出，广东力求建设成为21世纪海上丝绸之路的重要增长极、战略枢纽、社会文化交流中心和陆海统筹发展的试验区；江苏积极推进"一带一路"交会点及国家东中西区域合作示范区建设，加快打造东部陇海产业带和城镇轴；浙江确立在国家"一带一路"战略规划中陆海统筹、东西互济的关键门户和战略地位；海南则争取把三沙市建设成为"海上丝绸之路"的服务基地、战略支点。厦门理工学院何军明认为，广西主要力推"一轴两翼"战略，强调"泛北部湾合作"；云南主要推进"大湄公河次区域合作"，并建立了中国南亚博览会、昆交会、孟中印缅区域合作论坛等合作平台；广东的战略重点主要在深化经贸投资、境内外经济区建设；等等。这些省市的特色做法不仅值得福建省借鉴，还有重要的启发意义。

八 福建融入21世纪海上丝绸之路建设的战略构想

研究历史旨在为现实服务。政策建议要接地气，要有定位导向，才会有生命力。华侨大学许培源在《21世纪海上丝绸之路及其建设路径》一文中指出，21世纪海上丝绸之路建设的基本路径是：以国际经贸合作为核心，以海上运输通道和基础设施建设为依托，以沿线的重点港口、中心城市、资源区块、产业园区为重点支撑，以海洋捕鱼合作为牵引，以人文旅游交流为纽带，构筑陆海空立体交通网络，形成开放式国际经济合作带，形成具有强大产业聚集效能的经济走廊。福建师范大学黄茂兴在《"21世纪海上丝绸之路"的空间范围、时代特征与战略愿景》中提出"21世纪海上丝绸之路"的战略愿景：以自贸区和港口为依托实现互联互通；深化金融和物流合作，推动区域一体化发展；构建新型多边友好关系，形成开放型经济新格局；加快人文交流合作，实现心灵沟通与文明对话。福建社科院全毅在《21世纪海上丝绸之路的战略构想与建设方略》一文中提出，海上丝绸之路建设应妥善处理好传播和平理念与处理海上争端的关系，处理好中印地缘政治的竞争与合作关系，处理好经济与文化相互支持的问题，处理好国内产业升级与产业转移的关系问题，处理好航道安全与境外资产保障问题。华侨大学周兴泰在《"一带一路"战略构想的提出及其当前推进》一文中指出，推进"一带一路"建设应注意其他国家的看法和感受，应统筹协调好国内各地方、各部门、各种资源，避免各自为政、重复建设、资源浪费，应该善加利用已经积累起来的经济人文与政治资源，应同其他国家的相关设想和规划实现对接和协调式发展以及应该处理好"一带"与"一路"建设之间的关系，投入资源搭建平台实现科研、规划和项目落地的扎实推进等。国家海洋局余兴光等建议加强水下文化遗产保护研究，服务海上丝绸之路建设。泉州师范学院陈彬强则从系统梳理文献、加强联合采购、促进信息资源共建共享等三个方面提出了建设海上丝绸之路文献资源保障体系的措施。福建省外事办公室、福建社会科学院课题组指出福建应从强化顶层设计、实施差异化发展战略、完善对外开放总体布局、构建对外经贸关系通道、重视发挥海外华侨华人作用、创新对外人文交流合作、建立区域合作体制机制等7方面融入"一带一路"建设。集美大学林必越在《福建推进海上"丝绸之路"建设的意义、路径与对策研究》一文中，从港口航线基础设施建设、对外经贸往来与产业合作、海洋经济合作和对外人文交流合作四个方面详细阐述了福建推进海上"丝绸之路"建设的途径，并从组织机构保障、经营环境建设和政策宣传与人才扶持等方面提出相应的对策建议。福建师范大学魏国江在《区域经济集团化新趋势下福建融入"一带一路"建设研究》一文中提出，福建需根据自身的发展战略准确定位，在基础设施建设、海洋经济建设、加快"走出去"步伐、对台合作方面融入"一带一路"。华侨大学刘珊在《福建推进"一带一路"互联互通基础设施建设的研究》一文中指出，福建在推进"一带一路"互联互通建设过程中，应做到"两个利用"，即利用国内、国外两种资源，利用政府和民间两类资本；做到"两个实现"，即实现传统交通能源基础设施建设目标和信息化基础设施建设目标，实现为经济贸易服务的目标和为科技文化交流的服务目标。龙岩学院池毓江在《福建推进21世纪"海上丝绸之路"互联网平台的构想》一文中提出，福建在加快推进21世纪海上丝绸之路建设中，应政务对话、经济合作与人文融合三个并重，努力打造成为"海上丝绸之路"互联互通的政治政策互联网平台、经贸合作的前沿互联网平台、人文交流的便捷互联网平台。福建省税务学会课题组在《从税收沿革思考"海上丝绸之路"发展》一文中指出，福建应采取积极的政策，促进对外贸易的发展；鼓励企业做大做强实现跨国经营；提升人力资源水平，及时更新设备；创新税收服务机制，引导纳税人诚信经营。厦门理工学院刘松先在《基于包容性合作的"21世纪海上丝绸之路"港口物流大通道建设》中提出，"21世纪海上丝绸之路"建设关键是港口物流，从现有区域合作机制着手，搭建战略平台，通过交通来带动物流，用物流带动产业，用产业带动城市，用城市带动整个经济，最后形成一个经济带，携手重现海上丝绸之路繁荣。

　　"建设21世纪海上丝绸之路"学术研讨会是"海上丝绸之路国际艺术节"的系列活动之一。该艺术节于11月26日晚开幕，持续至12月5日，由文化部、福建省人民政府主办，福建省文化厅、泉州市人民政府承办，通过一系列艺术活动展现泉州风采。2015年年初，泉州市还将举办"建设21世纪海上丝绸之路"国际研讨会，进一步扩大"海丝"影响，凝聚国际共识，为促进多边经贸合作搭建平台。

漳台关系与闽南文化学术研讨会综述

李 弢[*]

2014 年 4 月 25 日，"漳台关系与闽南文化"学术研讨会在中共漳州市委党校隆重召开。本次会议由中共漳州市委党校和闽南师范大学闽南文化研究院共同主办。来自厦门大学、闽南师范大学、漳州职业技术学院、漳州城市职业学院，中共漳州市委党校及龙海、南靖、东山、平和县委党校，漳州市文化广电新闻出版局，漳州市博物馆及云霄县博物馆，漳州市图书馆、艺术馆等单位的专家学者数十人参加研讨会。

会议从征集的论文中遴选出 36 篇，编成《漳台关系与闽南文化学术研讨会论文汇编》。综观这些论文，或是宏观的整体观照，或是微观的个案研究，大体围绕漳台关系和闽南文化的两大主题展开论述，展现了漳台关系与闽南文化学术研究的新成果。

一 漳台关系

作为本次研讨的主题之一，漳台关系是与会学者讨论的一大焦点。论文大多以两岸关系为讨论漳台关系的背景，或者从经济的视角，或者从文化的视角，或者从综合的视角，讨论漳台关系，漳属各市区县与台湾之关系。

与会学者探讨漳台关系的视角之一即是从经济的视角。漳州市委党校阮黄南教授指出，ECFA 是两岸经济合作机制的重要内容，对两岸关系产生了积极的影响，不仅仅是对经济关系，而是包括政治关系等多方面的影响，进而促进了两岸关系的平稳发展。漳州市委党校卢国能教授分析了构建海峡西岸（漳州）自由贸易区的可行性，提出了建立海峡西岸（漳州）自由贸易区的战略构想、对策措施和政策建议。漳州市委党校方赐德副教授比较了漳台服务业的发展现状，分析了漳台服务业互补性合作的基础，认为当前漳台服务业合作的重点是旅游业、商贸物流业、金融保险业与会展业。漳州市委党校罗炳锦副教授以漳州台商投资区发展为个案，详细调查了漳州台商投资区如何优化环境招商引资，促进漳台合作发展。东山县委党校朱茂建叙述了东山县与台湾交流合作的重要意义，分析了东山县与台湾交流合作的现状，并提出要立足本地资源

* 作者简介：李弢（1980— ），男，福建龙海人，闽南师范大学闽南文化研究院讲师、《闽台文化研究》杂志社编辑。原文刊载于《闽台文化研究》2014 年第 2 期。

特色，做好对台文章，促进两岸的交流、合作与和平发展。闽南师范大学闽南文化研究院"优秀闽南文化人才培养计划改革试点班"学生方睿奕通过云霄县与台湾紧密的历史渊源的回顾，以及近年来台商投资祖地云霄情况的概述，提出进一步发展云、台两地经贸活动的思考。

与会学者探讨漳台关系的视角之二即是从文化的视角。漳州市委党校杨宗建教授综合考古发现、文献资料和风俗习惯特点的分析指出，它们印证了台湾高山族来源于闽越族，它和漳州有着密切的渊源关系。漳州市委党校骆伟鹰副教授指出，应该注意识别两岸的文化差异，增进两岸的认同感。平和县委党校陈金营、吴小青梳理了平和与台湾的渊源关系，阐述了近年来平和、台湾两地以祭祀、谒祖、访问等方式交往日益频繁的情形，并提出充分利用"大陆迁台第一县"的优势，做好两岸文化交流活动，助力"文化旅游名县"建设的措施。龙海市委党校陈惠卿阐述了推动漳台文化交流的特殊意义，分析了漳台文化交流面临诸多难题，并提供了漳台文化交流的新思路。

本次研讨会论文探讨漳台关系的视角之三即是从综合的视角。漳州市委党校何池教授以诸多史料和数据阐述漳州在历史上是开发台湾第一市，在现实中是涉台第一市，以彰显漳州在两岸关系中的重要地位，进而从六个方面提出了把漳州历史和现实的对台资源优势转化为经济社会发展优势的思考，充分发挥漳州的对台特殊资源优势，促进漳州乃至整个闽南地区的全面发展，为促进两岸关系和平发展、实现祖国统一大业做出特殊的贡献。龙海市委党校郭全伟分析了漳州所处的独特地理位置及漳台两地语言相通、神缘相同、血缘相亲的内在因素，提出了漳州应在促进两岸和平发展乃至统一的伟业中发挥桥头堡作用的论断。

显然，这些文章最后大抵都归结于一个主题，即促进漳州乃至闽南经济文化社会的发展，从而为促进两岸关系的和平发展、实现祖国统一大业做出贡献。

二　闽南文化

作为本次研讨会的主题之二，闽南文化是与会学者讨论的另一大焦点。范围涵盖了闽南宗教与民间信仰、闽南方言与民间艺术、漳州历史人物、漳州海商，以及闽南文化生态保护等议题。

议题之一：闽南宗教与民间信仰。闽南师范大学闽南文化研究院马海燕博士指出，在闽南宗教文献中的"僧"人身份是十分复杂的，他可能属于民间教派即佛教斥为"附佛外道"者，也可能是佛教出家人的末流（未受具戒，或于佛法未能深入者），并不能一概而论。在处理闽南宗教文献之时，不能仅仅停留于文字的表层，应根据具体的背景予以研判。闽南师范大学管理科学系段凌平副教授论述了自20世纪80年代以来漳台民间信仰的特点与发展趋势，指出，漳台民间信仰发展的大致趋势是清晰的，只要两岸的交流还在进行，漳台民间信仰的交往将朝全面和繁荣方向发展，两岸乡亲必将把漳台民间信仰交流提高到一个新的层次，这个总体方向是不会改变的。漳州市委党校陈铃光副教授认为，功利性造就了漳州民间信仰的多神崇拜，并分析了功利性在漳州民间信仰中的展现，以及强烈功利性产生的动因。闽南文化研究院钟建华讲师以漳州浦头港东岗祖宫为个案指出，浦头港东岗祖宫的迁建内容在某个程度上代表了都市化背景下闽南民间信仰变迁的最新形式——联合宫庙的产生与影响，由此得以管窥闽南民间信仰未来发展的某种态势。闽南文化研究院蔡惠茹讲师考述了唐、五代时期陈元光信仰的起源，宋代陈元光信仰中心的形成，宋代陈元光信仰在漳属各县的传播。云霄县博物馆馆长汤毓贤研究员分析了开漳圣王信仰的源起和在漳、台两地的传播，海峡两岸开漳圣王信俗的互动情形，以及如何打造开漳圣王信仰文化名片，文章指出，弘扬海峡两岸开漳圣王文化，既有利于从更宽层面做好台湾基层民众尤其是中南部民众的工作，又有利于在两岸关系和平发展进程中不断增进福祉，服务于祖国和平统一大业。漳州城市职业学院郑晨寅副教授认为，闽南民间信仰的文化氛围对黄道周仿《九歌》而创作《九诉》产生了重要影响，《九诉》中的龙女、三尸、东华帝子等神灵皆有民间佛、道诸神信仰的痕迹。

议题之二：闽南方言与民间艺术。闽南文化研究院吴晓芳副教授和厦门大学中文系博导苏新春教授考察了"廿""卅"在大陆和台湾的使用情况，并探析了两岸"廿""卅"使用差异的原因。南靖县委党校韩士奇考察了闽南话的形成与分布情况。闽南文化研究院副教授施沛琳博士选择 12 首台湾闽南语民谣为个案，尝试从文化传播角度探讨其与原生态闽南语歌曲的关系，从歌曲传唱内容印证闽南与台湾"尤为琴瑟，隔岸和鸣"的文化脐带关系。漳州市艺术馆饶菁挖掘芗剧音乐文化的深厚内涵，并提出了一些芗剧音乐文化保护的建议。漳州市博物馆馆长吴其生研究员对东山关帝庙剪瓷雕艺术的工艺特色和文化内涵进行深入分析，指出，经发掘和认识剪瓷雕艺术，进一步感受闽南民间美术所涵盖的原创魅力和审美视角，以利于对地域文化资源的传承和发展。

议题之三：漳州历史人物。闽南文化研究院副院长邓文金教授指出，蓝鼎元的政治思想主要包括民本思想、风俗观、为官治民之道等内容。他的政治思想集中体现了其思想特点，虽有明显的局限性，但现实针对性强，反映了清前期历史发展的要求，对后人治国理政也有积极的借鉴意义。闽南文化研究院讲师李毅婷博士通过排比《鹿洲公案》所载案例，发现蓝鼎元的司法实践并非以"德主刑辅"为特征，而是与其"以杀止杀"的明刑弼教主张相一致。在民事诉讼上，他并不注重两造争讼的法律事实，为使百姓体会到人伦的可贵，他不惜以强权调解，曲法断案；在刑事案件上，他常竭力审明事件始末真相，让罪犯得到应有的惩罚；饥荒、牵连过广则是其宽宥罪犯的主要原因。漳州城市职业学院黄大林副教授列举了明朝正德年间漳州知府陈洪谟知漳期间的施政创新事例，并分析了陈洪谟知漳善谋绩著的原因。闽南文化研究院讲师李弢以《明史》黄道周传和漳州地方志中的黄道周记载的比较视角，阐明《明史》与漳州地方志中的黄道周形象的异同，并分析了造成这种差异的原因。漳州市政协文史委文史员李阿山先生以龙海市浮宫镇美山村"蓝村"社中郑永昌故居谦光家庙中的《蓝村谦光郑氏庙记》为基础，介绍了清末海澄县四五都留田保青美社人郑永昌作为一个爱国华侨和杰出儒商的人生经历，并呼吁社会关注重视郑永昌的故居修复和弘扬其精神财富。

议题之四：漳州海商。漳州职业技术学院周榜师教授以漳州海澄县月港为中心研究指出，漳州海商不仅带动了漳州商业、手工业和农业的全面繁荣，促进了漳州文化教育的全面发展，而且对侨寓地的政治、经济、文化等也产生了极其重大而深远的影响。闽南文化研究院讲师苏惠苹博士以月港海商家族的族谱资料为基础分析指出，从明代中后期开始，随着西方人的东来和闽粤百姓日益频繁的海洋活动，澎湖、台湾逐渐成为当时中西方贸易的重要中转站。除了往返东、西二洋之外，福建特别是月港海商在海洋贸易中各显神通，为繁荣海洋经济做出了巨大的贡献。龙海市委党校周庆辉则撰文讨论明代漳州月港航海技术及其与台湾海商的关系。

此外，与会学者关于闽南文化的研讨还涉及了漳州宗族与科举、海外移民、漳州侨批，以及闽南文化生态保护等内容。闽南文化研究院副教授刘云博士利用方志材料，整理出宋代漳州进士中大致 27 个宗族（或家族），指出，这些宗族的进士人数占了宋代漳州进士总人数的 22%—30%，这说明宋代漳州科举的宗族化趋势，也反映出宋代漳州文化与教育的发展。漳州市图书馆胡秋碧以漳州的海外移民为例，分析了明清时期闽南海外移民的原因。闽南文化研究院"优秀闽南文化人才培养计划改革试点班"学生汤阿桂以龙海天一信局为例，对漳州侨批的发展历史进行梳理，论述漳州批信局的特点。漳州市文化广电新闻出版局蔡少著以漳州市的物质文化遗产闽南建筑为例，并结合非物质文化遗产，讨论了漳州市闽南文化遗产保护中存在的问题，并提出了加强文化遗产保护，建设闽南特色城市的措施建议。

综合而言，本次研讨会与会学者所提交的绝大部分文章所探讨的问题，都有着明显而强烈的现实价值与借鉴意义。本次研讨会的成功举办，必将有益于推进当下与未来漳台关系与闽南文化的研究，促进漳台关系暨两岸关系的发展乃至祖国的和平统一，以及闽南文化生态保护工作的进一步开展。

在文化认同上进一步拓展
——第十二届河洛文化研讨会综述

戎章榕[*]

2014 年 6 月 11—12 日，以"河洛文化与闽南文化"为主题的第十二届河洛文化研讨会在厦门举行。此次研讨会作为第六届海峡论坛系列活动之一，吸引了近二百位国内外专家学者及相关人士与会。研讨会的召开，是闽台文化交流的一件盛事，有利于促进河洛文化与闽南文化的融合发展，有利于进一步促进中华民族的文化认同。

全国政协副主席、台盟中央主席、中国河洛文化研究会顾问林文漪出席会议，中国河洛文化研究会原会长陈云林、现任会长杨崇汇出席并讲话。福建省政协主席张昌平因在北京学习，委托省政协副主席郭振家代为发表他的书面致辞。

追根溯源：河洛文化的由来

黄河文化、长江文化、草原文化，共同铸造了中华文化多元一体的格局。而河洛文化则是黄河文化的核心。

《周易》上说"河出图，洛出书，圣人则之"。"河图""洛书"被视为河洛文化的滥觞，儒学经典《周易》之来源。司马迁在《史记》中说："昔三代之居，皆在河洛之间。"河洛地区是上古时期当时社会的政治、经济、文化中心。河洛文化是以洛阳为中心的古代黄河与洛水交汇地区的物质与精神文化的总和。以"河图""洛书"为标志，体现了中华传统文化的根源性；以夏商周三代文化为主干，体现了中华传统文化的传承性；以洛阳古都所凝聚的文化精华为核心，体现了中华传统文化的厚重性；以"河洛郎"南迁为途径，把这一优秀文化广播到海内外，体现了中华传统文化的辐射性。

在我国历史上，由于战乱等原因，地处中原的河洛汉人曾多次大规模地向南方播迁。中原汉人的南下不仅使闽赣人口激增，其文化积淀又促成了客家民系在赣闽粤地

---

* 作者简介：戎章榕。原文刊载于《海峡通讯》2014 年第 8 期。

区形成与发展。明清时期，富有开拓精神的客家人后裔又不断地走向澎湖和台湾，继而走向南亚和世界各地。

河洛文化是我国优秀传统文化的重要组成部分，对其深入研究有着重要意义。中国河洛文化研究会副秘书长张铁成认为：一是有利于中华文明探源；二是有利于海内外华人华侨对中华文化的认同；三是有利于中华和谐社会的构建。中国人最早提出"和为贵"的思想，追求天人和谐、人际和谐、身心和谐，向往人人相亲、人人平等、天下为公的理想社会，这些思想大都来自河洛地区。应当深入挖掘和阐发中华优秀传统文化讲仁爱、重民本、守诚信、崇正义、尚和合、求大同的时代价值，使中华优秀传统文化成为构建社会主义和谐社会的重要源泉。

这些年来，河南省政协以黄帝文化、河洛文化为媒介，福建政协以八闽文化、闽南文化为媒介，广东政协以岭南文化、客家文化为媒介，做了许多卓有成效的工作，使政协工作更具特点与亮点。为此，由全国政协领导提议，2006 年 2 月 24 日中国河洛文化研究会在北京成立。十届全国政协港澳台侨委员会主任郭东坡当选为首任会长。2008 年，十一届全国政协港澳台侨委员会主任陈云林当选为第二任会长。2014 年，十二届全国政协港澳台侨委员会主任杨崇汇当选为第三任会长。

播迁融合：闽南文化的发展

闽南文化孕育于福建南部漳州、泉州、厦门等区域，又在对外播迁中，融合了当地文化和外来文化，成为超越闽南地区所有闽南人共同拥有的民系文化，具有鲜明的地方特色、独特性格和丰富内涵，是中华文化的一个重要支系。

本届研讨会纪要，充分吸收了张昌平主席在《河洛文化与闽南文化》论文集序言中对闽南文化的定义和表述，并对闽南人和闽南文化予以积极评价："闽南人及闽南文化具有强烈的开放进取精神，明清以来大量闽南人向海外迁播，将闽南文化扩展到我国台湾地区、东南亚及世界各地，并以其强大的凝聚力，团结了包括我国台湾及遍及全球各地的闽南人，数百年来坚持爱国爱乡、奋斗团结、敢为人先、勇于拼搏、海纳百川、开拓进取的精神，为家乡的建设和国家的统一大业做出了巨大的贡献。"

河洛文化与闽南文化的渊源关系，主要源于历史上的北人南迁。根据闽南文化研究会会长陈耕介绍，中原移民入闽主要经历了三次大的迁徙：分别以"晋人南渡""开漳圣王"、王潮兄弟入闽为其历史标志。以至于今天在闽南地区还有人以"河洛郎""福佬郎"之称谓，中原遗风由此可窥见一斑。与其说是闽南文化的播迁辐射，不如说是河洛文化的源远流长。

闽台两地地缘相近、血缘相亲、文缘相承、商缘相连、法缘相循，密切关系，福建省多年来高度重视闽南文化的保护、研究和传承工作，并将闽南文化研究与对台交流合作结合起来。早在 14 年前厦门市就成立了闽南文化研究会，基本上每两年举行一次"海峡两岸闽南文化学术研讨会"。在专家学者的推动下，2007年，国家文化部批准设立"闽南文化生态实验保护区"，这是第一个国家级文化生态保护区。为了进一步发挥闽南文化的功能，福建省把打造两岸文化交流重要基地作为"十二五"文化改革发展专项规划的重要内容之一。

随着近些年两岸文化交流和人员往来，河洛文化与闽南文化占有的地位日渐凸显。为了拓展闽南文化的广度和深度，中国河洛文化研究会2009年春承担了国家社科基金特别委托项目"河洛文化与闽台关系研究"，"河洛文化与闽南文化"是其中八个子课题之一。河洛文化与闽南文化研讨会的举办，无疑为海峡两岸的文化交流与合作创建了又一个新的平台。有专家认为，河洛文化和闽南文化是联结海峡两岸和海内外华人华侨的重要纽带，要积极通过各种渠道开展丰富多彩的大众文化交流，进一步发挥河洛文化与闽南文化在海峡两岸文化交流中的独特作用。

任重道远：中华文化的振兴

习近平总书记指出："一个国家、一个民族的强盛，总是以文化兴盛为支撑的，中华民族伟大复兴需要以中华文化发展繁荣为条件。"

我国幅员辽阔，地域文化种类繁多。河洛文化、闽南文化、岭南文化和赣鄱文化较之其他地域文化，一个最突出的特点就是与客家文化、台湾文化、华侨文化血肉相连，有着源和流的密切关系。基于这种关系，五年来，在全国政协及港澳台侨委员会的关心指导下，中国河洛文化研究会与有关省市政协密切合作，充分发挥地方历史文化资源优势、改革开放前沿优势、学术研究人才优势，先后在广州、台北、赣州和厦门召开河洛文化研讨会。不仅开阔了研究视野，扩大了研究领域，整合了研究队伍，培养了新生研究力量，而且为海峡两岸的学术交流、人员往来搭建了一个新的平台，在民族认同、文化认同和国家认同等方面取得了良好的效果。

怎样在原有的基础上进一步推进河洛文化和闽南文化的深入研究？这是本次研讨会讨论的一个议题。

习近平总书记强调指出，培育和弘扬社会主义核心价值观必须立足中华优秀传统文化。要"努力用中华民族创造的一切精神财富来以文化人、以文育人"。为此，张昌平在致辞中提出要从增强文化自觉与文化自信的战略高度，共同致力于探讨中华优秀传统文化的历史渊源、发展脉络、基本走向，共同致力于阐明中华文化的独特创造、价值理念、鲜明特色，重点做好创造性转化和创新性发展，使中华优秀传统文化成为涵养社会主义核心价值观的重要源泉。既要在中华文化的视野下研究河洛文化与闽南文化源流走向、历史贡献，又要用时代精神挖掘河洛文化与闽南文化的丰富内涵、价值内核。

河洛文化与闽南文化都是中华文化的重要组成部分，研讨河洛文化与闽南文化，应当以继承和发扬中华文化优秀传统为旨归，做好创造性转化和创新性发展，使中华传统文化成为涵养社会主义核心价值观的重要源泉，为增强国家的软实力，为实现民族复兴、国家富强、人民幸福的"中国梦"做出应有的新贡献。

中华文化如同万古江河一样源远流长，奔腾向前。从黄河岸边到海峡西岸，从河洛文化到闽南文化，"百川归海，不背其源"；风起东南，浪拍两岸，最终形成彼此激扬、相互激荡、共同激越的海峡大潮！凝聚中华民族精气神，任重而道远。张昌平主席在致辞中说："由衷祝愿本届研讨会能够成为海峡两岸以及海内外炎黄子孙，探讨和推进中华文化发展的新起点，为共同的根、共同的魂、共同的梦，共同书写中华民族发展新篇章！"

第二届海峡传统文化·北管学术研讨会综述

王　州*

"第二届海峡传统文化·北管学术研讨会"于 2014 年 8 月 15—17 日在福建省泉州市泉港区举行。这是继 2009 年 4 月于福州举办的"第一届海峡传统文化·北管交流研讨会"之后又一次北管音乐文化研究的学术盛会。

泉州北管，在民间素有"天子传音"的美誉，并与泉州南音并称为福建传统音乐文化的"姐妹花"，同时与台湾地区的北管音乐文化、琉球音乐文化、东南亚音乐文化等都有密切关联。2006 年，泉州北管被列为第一批国家级非物质文化遗产项目。据学者研究认为，泉州北管于 19 世纪 70 年代左右自浙江、江苏等地传入福建，在泉州地区扎根繁衍下来，成为福建区域音乐文化一个较为独特的代表。在福建的自然环境、人文环境等诸多因素的影响下，特别在近二三十年经济飞速发展的平台上，福建的地方传统音乐文化呈现出了丰富多彩的样式与多样化的发展特点，同时与周边地区、国家的文化互相交流，绽放出了多姿多彩的风貌。

"第二届海峡传统文化·北管学术研讨会"由福建省文化经济交流中心、福建师范大学、闽南文化发展基金会、泉港区建设发展领导小组联合主办，福建师范大学音乐学院、海峡两岸文化发展协同创新中心和泉州师范学院协办，泉州市泉港区文化馆、泉港区北管音乐协会和泉港区戏剧工作者协会共同承办。前来参加本次研讨会的专家学者共有六十多人，分别来自北京、武汉、南京、广州、福州、厦门、泉州与台北、台中、台南等地的专业音乐院校与研究机构，专家学者们共聚一堂，就海峡两岸北管音乐文化的历史流变、音乐形态、传承发展等问题展开研讨，互相交流学术观点。

本次研讨会收到学术论文 33 篇，这些论文主要从北管音乐的渊源与流变研究、音乐形态研究、传承与发展研究三个方面，对海峡两岸北管音乐文化进行较为详细的考证分析与阐释。

一　考源与流变研究

对于北管的源流及流变，目前学界的说法尚不统一，许多学者通过翻阅大量文献

* 作者简介：王州，福建师范大学音乐学院副教授。原文刊载于《人民音乐》2015 年第 1 期。

资料、走访老艺人、与相关音乐文化进行比较研究等方式，从不同的角度对北管的源流与流变进行探讨和研究。

会议中探讨北管音乐文化的源流及其流变方面的论文共有 9 篇，分别是：王州、王耀华《泉港北管部分曲目曲牌源流考》；潘汝端《台湾北管细曲之源流及其传播探讨》；李寄萍、吴秋红《中华古乐飘泉、台两岸北管姊妹花——泉州与台湾的北管音乐史缘探究》；杨丽霞《从南词到北管：滩簧流传闽台的例证研究》；陈良章《从唱词看北管的创新与袭旧》；郑荣达《北管古调〈将军令〉的比较研究》；杜洁明《十三音与北管弦谱的乐曲关系初探》；徐元勇《俗曲曲目名称、日本明清乐谱作品名称及北管乐谱名称》；周青青《泉州北管中明清俗曲的音乐流变》；等等。

以上论文，运用多维度比较的研究方法，从横向的区域角度的比较和纵向的时间角度的比较，将相关音乐曲目或曲牌进行细致对照，从而探寻北管曲目的源流及流变。如王州、王耀华的论文中详细探讨了《四大景》《玉美人》《纱窗外》《红绣鞋》《湘江浪》《出汉关》等曲目与江浙一带民歌、明清时调俗曲的渊源关系，论证了泉港北管与江苏、浙江等地民歌之流变关系，同时也从明清时调俗曲中吸收养分，使泉港北管逐渐趋于丰富和成熟。潘汝端的论文从大量台湾早期文献资料的研究入手，分析了部分乐曲的曲牌结构，认为大小曲牌从大陆漂洋过海到了台湾，甚至再向琉球、长崎等地继续流传发展至今。李寄萍、吴秋红的文章从考古的物证入手，尝试探讨北管形成之源流，同时对海峡两岸北管的音乐形式、工尺谱式、乐器特色等进行比较，认为两岸的北管为同根同源，是中华传统音乐的一对姐妹花。杨丽霞的论文通过剧目、文本、唱腔、曲牌、乐器、演出场合与时机等多方面比较，认为两岸的北管同源于苏州滩簧，进而论述了漳州南词随移民传到台湾后，成为台湾北管的源流之一，二者之间具有承袭的关系。陈良章的论文尝试从泉港北管唱词论述其与宋元时期南戏之联系，探讨北管袭旧与创新的过程。郑荣达的论文对《将军令》这一多见于各地民间音乐的曲目进行横向对照，探讨了《将军令》这首曲子的源流关系。杜洁明的论文探讨了北管与十三音的关系和应用流变，同时以十三音为主体，论述十三音与北管弦谱的文本差异、乐器与和乐形态的不同。徐元勇的论文在大量文献调查基础上，对俗曲、日本明清乐谱、北管乐谱的曲目名称进行深入探讨，论述了他们之间的曲目关系。周青青的论文试图梳理泉港北管的部分曲调的形成脉络，针对几首较具代表性曲目乐谱的结构分析，探讨音乐流变的状态表现。

二　音乐形态研究

本次会议论文中，有关音乐形态研究的论文共有 12 篇，分别是：李文政《台湾北管牌子的结构及其艺术》；吕锤宽《台湾的北管音乐体系及其分布与源流》；马上云《澎湖法教仪式后场之北管音乐运用》；王素青《独特的北管唱腔——泉州北管教学偶得》；林进辉《泉州北管的人文精神》；黄嘉辉《福建泉州北管演奏风格特色初探》；林雅诱《北管扮仙戏〈三仙白〉唢呐牌子研究——以有声出版物为对象》；齐现《北管谱〈梅花三弄〉与清音谱〈老三六〉的结构与旋律比较》；周以谦《试述台湾乱弹唱腔中的生旦分腔现象》；李婉淳《偶戏音乐中的北管音乐及其艺术性》；宋瑾《关于泉港北管研究的若干设问》；曾华宏《泉州北管的地域色彩探究》，等等。

这些论文主要针对泉港北管和台湾北管各自的不同形态特征进行细致分析和阐释，探讨北管音乐的内在艺术价值与功能，继而探讨其美学特征。

李文政的论文将北管曲牌名称分类整理，从曲牌的结构形式探讨北管的特质。吕锤宽的论文从大量文献资料的研究入手，对台湾北管音乐体系进行细致论述，同时还探讨了源流问题。马上云的论文以仪式为主要研究对象，探讨台湾北管音乐在法教仪式中的运用。王素青的论文从自身教学的体会出发，探讨了泉港北管各个曲目的唱腔特点。林进辉的论文从北管音乐的内容出发，讨论了泉州北管所具有的人文精神。黄嘉辉的论文从北管的演奏技法技巧的运用入手，论述了泉港北管的演奏风格和音乐之美。林雅琇的论文以有声出版物为研究对象，探讨了曲牌的运用特征，同时对不同出版物的版本进行比较。周以谦的论文从曲谱对比研究入手，讨论了台湾乱弹戏曲中的生旦分腔问题。李婉淳的论文从布袋戏、傀儡戏等偶戏的后场乐运用情况研究入手，探讨其中北管音乐的使用情况，同时还论及了艺人养成的问题。宋瑾的论文从美学和哲学思辨的角度，就泉港北管的历史发展与变迁提出了几个值得大家深入思考的问题。曾华宏的论文从地缘角度，探讨了从外传来最后扎根在泉港地区的北管音乐的地域性特征。

以上这些论文所涉及的论域明确清晰，学者们运用实证法、调查法、访谈法、比较法等多种研究手段，对北管音乐的各类形态表现进行深入探讨，阐释其美学特征。

三 传承与发展研究

传承和发展的问题可以说是所有民族音乐文化研究学者一直在谈论和思考的关注点。在本次会议的论文中，这类论文的数量也比较多，共有12篇。而且在前两个类别的论文中虽分别侧重于海峡两岸北管音乐文化的源流与流变研究、音乐形态研究，但也都或多或少涉及了北管这一音乐文化品种传承和发展问题的探讨。

本类别论文包括：郑荣兴《探讨台湾官方对北管艺术的保存与传承——以"梨春园""汉阳北管剧团"为例》；刘宗训《关于北管传承与创新之思考》；徐成彬、王义彬《"中性化"语境中泉州北管的传承与发展探究》；吕安娜《音乐类非物质文化遗产"活"保护研究——以泉州北管为例》；曾宪林《传统社会与城镇化进程中北管音乐复合型人才之培养探究》；陈瑜《传统音乐的挑战与机遇——谈城镇化进程中的北管保护与传承》；郑长铃《非物质文化遗产保护视野中的北管音乐——兼及江苏淮安楚州十番锣鼓》；钟云虹《传承地方音乐任重道远——浅析推广〈北管音乐〉在校园中所尝试的操作方法的探究》；谷川《开创军少老中青戏曲型特色北管》；林荣成《让北管民间音乐奇葩在"东亚文化之都·泉州"绚丽绽放——泉港北管保护传承的实践与思考》；陈进传《宜兰北管子弟团成立原因初探》；郑其明《泉港台湾的人文历史渊源与北管文化的传播》；等等。

在传承与发展研究的论文中，学者们普遍表现出了对北管音乐的传承与发展的担忧情绪，大部分学者从自身学习经历、从业经历、研究经历等角度出发，论述社会发展现状对北管音乐乃至传统文化的影响与冲击；北管音乐的发展现状阐述与原因分析；地方行政部门的政策与导向分析；资源整合与合理利用的探讨；人才培养机制的完善与发展问题探讨等。

随着社会的发展与前进，科学技术水平不断提高，人们的物质生活水平不断得到改善，精神生活的需求也在不断地发生变化。传统文化所赖以生存的生态环境与几百年前甚至是几十年前那种环境和状态都有着巨大的差异，在这样的大背景下，传统文化要如何传承与发展成为我们说不完的话题。

此次研讨会期间，与会者们还观摩了泉港、台湾两地北管艺术家们的精彩表演，更进一步感受到了北管音乐的独特魅力。海峡两岸艺术家的同台表演为增进两岸人民的感情，推动文化交流起到积极的作用。

为期三天的"第二届海峡传统文化·北管学术研讨会"已落下帷幕，此次研讨会既是学术的交流会，又是增进感情和友谊、促进互相理解的感情交流会，相信在大家的共同努力下，海峡两岸的文化土壤必将继续盛开着美丽灿烂的"北管"花朵。

铁观音具有高度人文价值

——"中国茶的世界"国际学术研讨会论坛精彩发言摘登

林铭珊　　吕斯达　　李心雨　　陈小阳

2014 年 5 月 22 日，"东亚文化之都·泉州"2014 活动年系列论坛之"中国茶的世界"国际学术研讨会在泉州开幕，并举行了"中国茶的世界"国际学术研讨会主旨演讲暨主题调研报告、比较视野中的茶文化、中国的山水意境与"周边"茶文化、品茗与圆桌会议等论坛，吸引了来自英国、荷兰、德国、美国、加拿大、韩国、日本等国以及国内的北京大学、中山大学等百余名专家学者参与。

开幕式后，中国文化部外联局局长张爱平，市委常委、宣传部部长、教育工委书记陈庆宗还带队调研了安溪茶都、安溪劳模创新工作基地。

笔者全程跟踪这些论坛，并采集了部分专家学者的精彩发言，带您一同领略茶都安溪的新魅力。2014 年 5 月 23 日，系列活动还将举行"中国发展道路中的茶"论坛和新闻通报会。

王铭铭

北京大学社会学系教授

精彩发言

"茶是饮料，但是更有另外一种属性，是一种生活方式。铁观音成为一种生活方式的时候，你才可能离不开茶。"

内容概要

王铭铭说："铁观音是'柴米油盐酱醋茶'中的茶，也是'琴棋书画诗酒茶'里的茶。就其传统而论，铁观音不单是一种'农作物'，而是一种具有高度人文价值的'文化之物'。"他认为，不少安溪本地的文化精英对于茶叶生态性的崇尚，固然不能脱离对于乡土产业命运的关切，但这一关切背后，还潜藏着某种具有更深远意义的思考。这些思考使他们积极活动，推动安溪铁观音事业走出浮躁，进入一个基于自然与人文生态并重的时代。

王秋桂

台湾"中国文化大学"教授

精彩发言

"在茶道中融入香道、花道、古曲等已成为当前台湾一种时尚潮流的休闲方式。"

内容概要

王秋桂做了题为《台湾永康街茶文化》的报告。

他介绍了永康街的形成过程、茶文化商圈，并带来永峰茗茶、长顺茗茶、沁园茶庄、兴化茗茶等一批风格各异的台湾茶铺的照片。

他指出，这些茶铺都有各自的茶艺表演，店主还会让路过的客人品上一壶新茶。

他说："目前，台北等地经常举办茶会，在茶道中融入香道、花道、古曲等已成为当前台湾一种时尚潮流的休闲方式，建议大家可以到台北领略一下与安溪铁观音不同的茶道魅力。"

熊燕

四川日报报业集团资深记者、安仁博物馆城负责人

精彩发言

"与重要客人分享铁观音是四川人品茗生活的一部分。"

内容概要

熊燕做了题为《安仁博物馆镇的茶艺》的报告。她说，安仁是四川的一个乡镇，以具有民国风情的老公馆而闻名。茶就是这些老公馆复苏的标志物，有人喝茶，就意味着荒废多年的老房子活了起来。在老公馆的庭院中喝茶会让人有种超脱市井的感觉。并且，常有人会在老公馆内举办诗人吟唱会。

她说："我从小就喝铁观音，泡茶悬壶进杯的那一瞬间会让人平心静气，与重要客人分享铁观音是四川人品茗生活的一部分，我将进一步深入了解铁观音，向更多的朋友推广铁观音。"

罗兰

伦敦大学学院教授、文明动力学研究中心主任

精彩发言

"安溪铁观音应该更加重视传统的制作工艺，拿这些制作工艺做文章，使其成为安溪铁观音旅游的一大亮点。"

内容概要

罗兰做了题为《云南丽江茶马古道博物馆》的报告。他说，他第一次来泉州是2008年，这次的泉州之行让他更加深入地了解了泉州，他对泉州市区之行满怀期待。安溪铁观音形成了独特和具有深厚历史积淀的茶文化。

他建议："在茶叶普遍机械化生产的今天，安溪铁观音应该更加重视传统的制作工艺，拿这些制作工艺做文章，使其成为安溪铁观音旅游的一大亮点。"

李廷德

韩国全北大学考古文化人类学科教授、全北大学"稻作·生活·文明"研究院院长

精彩发言

"如果能够静下心来，用时间去推广，耐心给予外国人充足时间来接受不一样的茶叶口感，并结合国外当地文化进行本土化的改良探索，安溪铁观音可以成为一种广受欢迎的世界性茶饮品。"

内容概要

据李廷德介绍，茶叶在韩国一开始是出现在庄重的典礼和大型的仪式上，用来敬奉神佛的，后来才慢慢流行于贵族阶层。韩国的贵族比较偏好喝绿色的、清淡的茶，而不喜欢浓茶。当前，韩国的茶叶，一方面继续保持饮品的功能，从贵族圈子走向平民阶层；另一方面，茶叶也越来越多地被作为食品与工业原料，通过提萃，将有效成分加入蛋糕、饼干乃至化妆品之中，用途广泛。

河合洋尚

日本大阪国立民族学博物馆教授

精彩发言

"随着几十年来经济的快节奏发展，日本自身的茶文化已经逐步走向简单化；而以乌龙茶为代表的中国茶艺文化，正在吸引越来越多日本人的喜爱。"

内容概要

河合洋尚说："中国的茶叶，从始于公元794年的平安时代即中国的唐朝时期起，通过遣唐使的引进，首先以药物的身份进入日本。而后，随着禅宗文化的兴起，茶道艺术开始兴盛。随着武士阶层的解体，茶道文化逐渐转变成为女子学校的教养科目，并日渐式微。"他表示，当前日本自身的茶道已走向简单化。而很多中国企业却反其道而行，坚守传统，将铁观音等茶道艺术带到日本，在快节奏的都市生活压力之下，有越来越多的日本人开始喜欢上中国的茶艺文化。

巴大维

英国人类学会前会长，牛津大学万灵学院院士，大英学院院士，教授

精彩发言

"走向高端，还是进入寻常百姓的居家生活，这对于茶产业而言，是个世界性的话题，铁观音在这一问题的抉择上没有现成的答案，应当耐心地去求解。"

内容概要

据巴大维介绍，在西方，茶叶分为高端茶和低端茶两类，高端茶主要是高端人群在沙龙、茶会、下午茶上消费的茶叶，而低端茶则主要是普通百姓家里用来加糖、加奶饮用的茶叶。他认为，在宋朝的徽宗时期，通过儒道，茶叶进入寻常百姓家中，并开始延伸分化出粗茶与雅茶之分。因此，茶叶的高端与低端之分，历史悠久。对于安溪铁观音而言，最重要的是要及早找准自己的定位。

渠敬东

中国社会科学院发展研究院副院长、北京大学社会系教授

精彩发言

"宋代书画与茶紧密相通，学习书画如同品茶，静下心来仔细品其中的韵味，每次都能有新的发现。"

内容概要

渠敬东做了题为《宋代山水画的文人意境》的报告。

他通过视线与视野，平远、近远、高远间的运动关系，心与物游、物由心观，山水的结构和要素，南北两宋和宋元三变的历史，阐述了宋代山水画的人文意境。

他提出："宋代书画与茶紧密相通，学习书画如同品茶，静下心来仔细品其中的韵味，每次都能有新的发现。"

范笔德

荷兰皇家学院院士，德国马普研究院族群与宗教研究所所长，教授

精彩发言

"中国的茶叶在 18 世纪成为西方的时尚饮品，需求量相当巨大。在 21 世纪的今天，西方的消费市场仍在，铁观音可以尝试着去敲开曾经熟悉的市场之门。"

内容概要

范笔德表示，在荷兰和英国等西欧国家，茶的消费热潮是 18 世纪的普遍现象，当

时的茶叶主要从中国进口。因为贸易逆差巨大，英国不得不通过强行向中国推销鸦片来平衡贸易上的收支逆差。这是一种历史的悲剧，但同时也说明了当时的西方世界对中国茶叶的需求有多么强烈。时至今日，欧洲人依然保留饮茶的习惯，铁观音进入欧洲的消费市场，仍然具有文化记忆上的先天优势，重要的是以怎样的方式回归曾经的市场。

周飞舟

北京大学社会学系教授

精彩发言

"茶叶可以成为中西部城市发展的重要产业。"

内容概要

周飞舟做了题为《茶与城镇化》的报告。他说，中国通过工业化和土地经营的城镇化模式造就了从中西部到东部的大规模人口流动。他以湖北恩施为例，提出茶叶可以成为中西部城市发展的一个重要产业。"茶叶具有季节性强、劳动力需求大的特点，恩施以'公司＋农户'的茶叶合作社方式发展茶产业，就能以茶叶生产为依托，留下茶农，并引导茶农从山上向城镇集聚，形成茶叶市场，带动当地其他经济的发展，最终形成经济效益显著的茶产业。"

白瑾

加拿大阿尔贝托大学人类学系教授

精彩发言

"有机茶是铁观音茶可供选择的发展方向之一，现在国际上较为成功的做法是将茶叶的品牌与其产地、人文、大师等要素联系起来，卖产品要借助于文化上的包装与推广。"

内容概要

白瑾认为，茶叶与宗教文化之间有着阻隔不断的紧密联系，茶是禅宗文化的载体，禅宗文化是茶叶走向流行的重要推动力。因此，从宗教的角度来审视茶文化，有其独特的重要价值。包括安溪铁观音在内，与佛教、道教以及儒家精神紧密相连的中国茶文化是全球化的，也是地方化的。对于产业界的企业领袖而言，需要认真思考的是怎样将地方化的文化信息加载在产品之中，并将其推向全球化的消费视野。

（原文刊载于《泉州晚报》2014 年 5 月 23 日）

"东亚文化之都·2014 泉州活动年"启幕

2014 年 2 月 13 日，由文化部、福建省人民政府、泉州市人民政府主办的"东亚文化之都·2014 泉州活动年"在福建省泉州市开幕。文化部副部长丁伟，福建省委宣传部部长李书磊，福建省副省长李红，泉州市委书记黄少萍和韩国东亚文化之都促进委员会委员长、前韩国文化体育观光部部长郑东采，日本横滨市副市长渡边巧教等出席开幕式。

开幕仪式之后，来自泉州、横滨和光州的艺术家为观众带来了精彩演出。作为开幕系列活动，"东亚文化之都·泉州"古城文化复兴计划——泉州西街系列活动、2014 元宵泉州灯会、元宵戏曲精品展演、泉州南音国际学术研讨会、东亚文化之都建设论坛、日本横滨文艺专场演出、韩国光州文艺专场演出等在 2 月 13 日前后举办。

活动年将举办 100 场重大文化活动，向世界展示泉州的"文化之都"形象。同时，泉州还将与横滨、光州在文化艺术、公共文化、非物质文化遗产保护等领域展开交流合作，密切三国城市友好往来。此外，借力"东亚文化之都"活动，建设"影响东亚、面向世界的多元文化都市"也是此次活动的重要目标之一。通过全面提升城市文化建设水平，泉州将逐步形成古城—古港—新区—全域联动的文化建设新格局。

"东亚文化之都"活动是为落实 2012 年第五次中日韩领导人会议达成的重要共识，由中日韩三国重点打造的区域性文化交流活动。2013 年 9 月，在韩国光州举行的第五次中日韩文化部长会议上，泉州与横滨、光州一同被授予了首届"东亚文化之都"的称号。

（记者宋佳烜，原文刊载于《中国文化报》2014 年 2 月 14 日第 1 版）

"东亚文化之都建设论坛"在泉州举行

2014 年 2 月 14 日，"东亚文化之都·2014 泉州活动年"开幕系列活动之一——"东亚文化之都建设论坛"在泉州举行。文化部外联局局长张爱平，泉州市市长郑新聪，韩国光州城市代表、东亚文化之都促进委员会委员长郑东采，日本横滨城市代表、执行委员会副委员长、大阪市立大学教授佐佐木雅幸以及来自韩国光州、日本横滨的政府及媒体代表团其他成员，泉州的专家学者代表出席了论坛。

强化中韩日文化交流合作

张爱平表示，"东亚文化之都"是中韩日三国文化交流在形式上、内容上、模式上的创新与突破，是三国重点打造的区域文化交流活动。他表示，希望通过"东亚文化之都"活动，能够推动中韩日三国文化交流各领域的创新升级，提升三国务实合作的内涵和水平，增进三国民众之间的相互了解和友谊，用文化建设带动城市的全面发展，造福三国民众。

郑东采期望中韩日三国之间能展开更多的文化交流和合作，并表示今后光州举办的很多文化活动，都会邀请泉州和横滨参加，让大家对光州有更进一步了解；同时，也希望泉州和横滨在举办文化活动的时候能邀请光州参加，如泉州举办的闽南文化节、海峡论坛等。

佐佐木雅幸表示，横滨等城市作为文化观光的"领头羊"，把经济、文化很好地融合在一起，让观光者与当地人产生精神上的交流，同时产生经济效益。在旅游内容、旅游产品的设计上，横滨尝试为观光者提供一些在别处体验不到的、独特的高质量旅游产品，包括当地艺术家、手工艺制作者制作的产品等，形成独特的吸引力。

以文化交流合作为契机，促进泉州文化建设

本次论坛以"文化引领未来"为主题，当地学者对泉州今后的规划发展以及文化定位进行了积极的探讨。

"文化是一座城市的灵魂。"泉州师范学院副院长林华东表示，光州是传承东亚文化的典范，横滨以文化创意产业来发展城市，韩日两国在文化发展上都有着十分显著的成就和丰富的经验。中韩日三国在历史上交往密切，韩国光州、日本横滨、中国泉州现在作为"东亚文化之都"，三个城市应该展开更为紧密的联系和交流。通过交流和学习，泉州从中收获更多的经验，开拓更为广阔的发展思路，从而推动泉州文化发展。

　　在泉州海外交通史博物馆研究员王连茂看来，加强学术领域的研究和交流，是提升三国文化水平、建设"东亚文化之都"不可或缺的渠道之一。王连茂说，现在很多从事中韩日三国文化研究的地方学者都没有条件前往韩日两国做深入、认真的调查研究，"闭门造车"难以收获更高质量的研究成果，希望今后有更多的学者走出国门展开三国文化的研究。

　　福建师范大学社会发展学院教授林国平表示，泉州在城市建设和发展中保留了很好的文化独特性，呈现出很浓厚的闽南特色，他还从三个方面对"东亚文化之都"建设给予建议。首先要强化交流合作，随着今后三国文化交流的日益密切，经济、政治等领域的交流自然会越来越频繁；其次要保护传承，加强对泉州闽南生态文化保护圈的保护；最后要创新发展，重新定义文化内涵，在今后发展中加强文化建设，将其作为城市发展的最大推动力。

　　福建省社科院研究员、副院长李鸿阶认为，随着"东亚文化之都"建设的深入推进，对文化的保护、开发、有序挖掘、整合提升应提出具体的议程，可依靠全国、全省、全市之力推动，在建设载体平台的基础上形成合力共建、多层次推进的态势，使"东亚文化之都"特色更凸显、优势更突出、形式更多样、内容更丰富。要特别注意处理好古城保护与新城建设的关系、古城与古港的互动关系、古城经营与保护的关系，研究如何融合创新，提高泉州的开放度。

　　"东亚文化之都"评选是 2012 年 5 月第四次中日韩文化部长会议签署的《上海行动计划》所开展的一项多边性文化活动。2013 年 8 月 26 日，泉州从 30 多个申报城市中脱颖而出，与韩国光州、日本横滨共同当选首届"东亚文化之都"。在 2014 年一年内，三城将以"东亚文化之都"名义开展形式多样的文化活动。2015 年开始，一年一度的"东亚文化之都"评选活动将常态化，推举当年中日韩文化部长会议举办国的城市当选。

　　　　　　　　　（记者李永杰，原文刊载于中国社会科学网，2014 年 2 月 18 日）

新世纪丝绸之路经济论坛暨华媒
万里行活动在泉启动

2014 年 4 月 23 日，由中国新闻社主办的"新世纪丝绸之路经济论坛暨丝绸之路华媒万里行"启动仪式在泉州举行。国务院侨办主任裘援平，福建省委常委、宣传部部长李书磊，副省长郑晓松等列席会议。来自 20 多个国家的 50 多家海外华文媒体代表、丝绸之路沿线国家代表等 200 余人出席活动。

泉州是海上丝绸之路的起点，宋元时，泉州港是东方第一大港。目前，泉籍华侨华人有 790 多万，其中 90% 以上分布在海上丝绸之路沿线的东南亚国家。

裘援平指出，丝绸之路，路在脚下，需要各方共同去拓宽、拓展。她希望海外华人华侨能积极参与"新世纪丝绸之路"的建设。

郑晓松表示，中央推进丝绸之路经济带和海上丝绸之路的部署，这对福建来讲是一次难得的历史机遇。作为海上丝绸之路的历史起点，福建得天独厚；作为新海上丝绸之路的桥头堡，福建责无旁贷。福建将努力把历史优势转化为发展动力，创造 21 世纪海上丝绸之路的新辉煌。

"新丝绸之路华媒万里行"将联合东盟和中亚各所在国华文媒体，对"一路一带"进行全方位报道。

此外，"丝绸之路"大讲堂和"丝绸之路"商机对话在 23 日下午举行。专家们围绕"丝绸之路新商机在何处""沿线城市如何把握发展机遇"等问题展开探讨。

（记者林剑波，原文刊载于《福建日报》2014 年 2 月 24 日第 2 版）

2014 世界闽南文化节在澳门举办

2014 年 10 月 29 日，为期 3 天的以"中华心·闽南情"为主题的 2014 世界闽南文化节在澳门举行开幕式。全国政协副主席何厚铧，澳门中联办主任李刚，全国侨联主席林军，福建省委常委、宣传部部长李书磊以及来自全球 20 多个国家和地区的 130 多个社团的 1000 多位嘉宾出席。

李书磊代表省委、省政府对 2014 世界闽南文化节的举办表示热烈祝贺，向全球闽南乡亲致以诚挚的问候和良好的祝愿。他说，福建对闽南文化的传承担负着首要责任，我们将以此次文化节为契机，加强闽南文化的保护与传承，建设好闽南文化生态保护区，不辜负各位乡亲的期望。

本次文化节活动由 7 部分组成，包括世界闽南文化展览会、开幕式暨文艺会演、"闽南文化丛书系列"新书发布、"世界闽南风情"摄影展、"闽南文化的当代性与世界性"交流论坛、闽南文化交流论坛——学者专场研讨会及优秀闽南文化艺术剧目展演等，力求让海内外嘉宾从人文、历史、建筑、传统艺术、食品、手工艺品等多方面感受闽南文化。

世界闽南文化节由 2010 年在泉州举办的海峡两岸闽南文化节发展而来。继台湾、泉州之后，澳门成为世界闽南文化节的第三个举办地。现居澳门的闽南人约有 8 万人，约占当地总人口的 15%。2014 世界闽南文化节的举办，将进一步推动澳门成为海内外闽南文化交流平台，为闽南文化传承发展带来更多机遇。

（记者戴艳梅、谢海潮，原文刊载于《福建日报》2014 年 10 月 30 日第 3 版）

新华网闽南文化网正式上线
"东亚文化之都"再添新品牌

2014 年 11 月 8 日下午，新华网闽南文化网上线仪式暨 2014 泉州首届互联网高峰论坛在泉州中国闽台缘博物馆隆重举行。

福建省委宣传部副部长、省网信办主任卢承圣，泉州市委常委、宣传部部长陈庆宗，中国闽台缘博物馆党委书记黄伞问，泉州师范学院副校长、中国社科院文化研究中心闽南文化研究基地主任、台盟中央闽南文化交流研究基地主任林华东，新华网福建分公司总经理李琨，闽南文化网总经理郑龙振，财佰通智能科技有限公司董事长曾国强共同启动"闽南文化网"上线水晶球。

闽南文化源远流长，历久弥新。在当代的传承中，不断地与时代融合，并跟随闽南人的脚步走向全球。时至今日，闽南文化已经成为连接海峡两岸乃至全球华人的一条共同文化血脉，同时也成为国家文化软实力的重要组成部分。尤其是泉州获评东亚文化之都和 21 世纪海上丝绸之路国家战略的实施，为闽南文化在全球范围内的崛起、传承和发展提供了全新的历史机遇和更高的历史起点。闽南文化网由新华网和中共泉州市委宣传部共同主办，将致力于在全世界大力传承和弘扬闽南文化，建设全球闽南人共同的网上文化家园。

新华网是党中央、国务院直接部署，新华通讯社主办的中央重点新闻网站，以传播中国、报道世界为己任，24 小时不间断发布全球新闻，在全球范围内具有广泛影响力。立足新华网强势平台和全球影响力，将为共同打造全球闽南人的网上家园提供优质的平台支撑和传播渠道。

中共福建省委宣传部副部长、省网信办主任卢承圣在致辞中表示，新华网福建频道长期以来扎根福建，在配合地方党政宣传工作、弘扬地域传统文化等方面成绩斐然。闽南文化网由新华网与泉州市委宣传部共同主办，将能很好地立足于泉州这个闽南文化的富集区域，通过整合包装、集纳宣传等多样化的传播手段，来进一步扩大闽南文化在海内外的知名度和影响力，打造出具有闽南区域特色的网宣第一品牌。

卢承圣说，希望闽南文化网能坚持正确的舆论导向，秉持专业精神，既要高端站位、全球视野，也要立足本土、原汁原味，深入学习闽南文化、熟知闽南文化、融入闽南文化、热爱闽南文化，切实增强对闽南文化的传承和创新能力，充分运用好新华网的强势平台，真正建设好全球闽南人共同的文化家园。

新华网福建分公司总经理李琨表示，作为中央主流新闻网站在福建的报道窗口，新华网福建频道一向秉持专业权威的新闻报道理念，近年来为福建的思想宣传和文化传播勉力前行。新华网闽南文化网的上线运行，为地域文化传播构建了全球网络媒介，将成为"东亚文化之都"走向世界的又一强有力抓手。

在"闽南文化网上线仪式"上，韩国人气组合"THE KING"到场助兴。此外，现场还举办了"2014泉州首届互联网高峰论坛"和"闽南文化大讲坛首场主题讲座"。互联网高峰论坛围绕"为泉州经济社会发展网聚正能量"展开了热烈研讨；泉州学研究所所长林少川做了"闽南文化大讲坛"首场主题讲座。

（记者王雄，原文刊载于新华网—福建频道，2014年11月8日）

"东亚文化之都泉州的历史回顾暨纪念陈泗东先生诞辰九十周年学术研讨会"在泉举行

2014 年 11 月 2 日,"东亚文化之都泉州的历史回顾暨纪念陈泗东先生诞辰九十周年学术研讨会"在泉州师范学院举行。

会议共收到论文 42 篇,来自东南大学、厦门大学、福建师大、福州大学、华侨大学、闽南师大、泉州师院等高校和泉州当地文史界的专家学者约百人与会研讨。

陈泗东先生是泉州知名的地方史专家,曾被誉为"泉州通"。他的足迹遍及泉南每一处名胜古迹,撰写了《泉州少林寺阐微》《郑成功焚青衣处地点无误说》《泉州湾宋船沉没原因及带有文字的出土文物考证》等引起中国文学界注目的论文。他生前大力倡导开展"泉州学"研究,在泉州申报国家首批历史文化名城、清源山申报国家级风景名胜区、泉州海上丝绸之路考察、南少林在泉州,以及历史文化名城的保护、考古发掘等方面倾注了大量心血。

与会专家学者表示,要学习陈泗东先生爱国爱乡的高尚情操、科学严谨的治学精神,开拓创新,为泉州市文化的发展做出应有的贡献。

本次会议由泉州市社科联和泉州师院闽南文化生态保护协同创新中心、闽南文化生态研究中心、中国史重点学科主办,泉州市文物保护研究中心、文物保护管理所、府文庙管理处协办。

(记者邓春花,原文刊载于新华网—福建频道,2014 年 11 月 2 日)

"赵宋南外宗与东亚文化之都"
学术研讨会在泉举行

2014年9月21日,"赵宋南外宗与东亚文化之都"学术研讨会在泉州召开,福建省内、外百余名专家学者参会,共同探讨宋皇室管理机构"南外宗正司"的历史渊源,探索泉州文化的发展。

泉州是国务院首批公布的24个历史文化名城之一,古代"海上丝绸之路"的起点,历史文化积淀深厚,被誉为"世界宗教博物馆",联合国教科文组织将全球第一个"世界多元文化展示中心"定址泉州。中国传统文化与世界多元文化在此汇集交融,泉州的地域文化兼收并蓄、绚丽多彩。

南宋时期,随着政治中心南移,泉州更成为赵宋宗室的避居地。宋朝对皇室宗族的管理十分重视,南外宗正司是宋代管理外居宗室的机构。凭着皇族的身份,依靠朝廷的优惠政策,宗室们在泉州得到蓬勃发展,南外宗正司的迁入和发展,给泉州带来先进的生产工具、先进技术及先进文化,促进泉州海外交通贸易的繁荣及经济的发展,也大大提高了"陪都"泉州的政治、经济地位,丰富了泉州地方文化。

泉州历史文化中心理事许月才告诉记者:"宗亲来到泉州,首先带来一个文化,诸如南戏、梨园戏。其他方面,比如历史上的安平桥,赵氏宗亲有些人在做官的时候,有个知州对安平桥的建设也花了一些功夫。"

"泉州南外宗史迹、南外宗文化是东亚文化之都的重要组成部分。"泉州市政协副主席骆沙鸣表示,深入地研究南外宗在泉州的历史和文化,对于深入挖掘泉州传统文化的丰富内涵和泉州文化繁荣发展的可持续性都具有很强的现实意义。

泉州赵宋南外宗正司研究会会长赵守通表示,希望能借助这次活动,进一步挖掘赵宋南外宗与泉州的历史渊源,推动东亚文化的创新发展。

(记者谢玉姝,原文刊载于东南网,2014年9月21日)

李贽与东亚文化国际学术
研讨会在泉州召开

2014 年 10 月 9 日，李贽与东亚文化国际学术研讨会在泉州召开，来自中国、韩国、日本的专家学者汇集一堂，共同探讨著名泉州籍明代思想家李贽在东亚文化中的贡献、地位和影响。

"李贽所主张的个性解放、思想自由、平等包容的理念观点，他所倡导的反独断、反愚昧、反迷信的怀疑精神、自由批判精神，已经成为社会的共识"，泉州市委宣传部部长陈庆宗在致辞中指出，李贽的这些精神、思想是他伟大之所在，更是我们研究他的思想遗产，以期正确认识和继承中华传统文化，探索和建设现代理性与文明之路的重要启示。

同时，他希望借助李贽思想研究这一平台，通过思想探讨、文明对话，能有力推动中国、推动泉州与其他国家和城市之间的文化交流与合作，增进东亚各国之间、东西文化之间的互相理解和彼此尊重。"这是作为李贽故乡，作为东亚文化之都——泉州不可推卸的历史使命和文化责任。"

"我们对他的研究虽然深入，但是还远远不够"，中国李贽研究会会长张建业认为，李贽是世界级的思想家、文学家，作为李贽的故乡，东亚文化之都泉州，应该对他有更多的研究和关注。他建议，应该设立一个纪念李贽的书院或博物馆，以更好研究李贽思想学说。

出席会议的有来自中国与韩国、日本的中外学者及各方人士 100 多人，会议共收到有关李贽研究的学术论文近 40 篇。研讨会上，与会专家将就李贽的家世与生平、李贽思想的丰富内涵及其特征、李贽思想的社会影响及时代意义、李贽思想与东亚文化等四个方面深入讨论。

本次学术研讨会由东亚文化之都泉州建设委员会办公室、泉州市社会科学各界联合会主办，泉州市李贽学术研究会、闽南李贽宗亲联谊会承办，泉州学研究所、泉州市文物保护研究中心协办。

（记者王鸿彬，原文刊载于东南网，2014 年 10 月 9 日）

纪念俞大猷诞辰510周年
学术论坛在泉举行

2014年1月7日，东亚文化之都系列活动——纪念俞大猷诞辰510周年学术论坛在泉州市洛江区举行。

讨论会上，中国明史学会常务副会长陈支平和中国军事科学院军史研究室主任刘庭华分别做题为《俞大猷的历史贡献与当代意义》和《富于军事创新精神的抗倭名将俞大猷》的主题发言。华东师范大学教授张浩等8人分别从俞大猷对军事理论的贡献、后世棍术发展传承的影响及海防思想等方面阐述俞大猷对后世的影响。参会人员还实地游览了俞大猷公园，观看五祖拳、剑经、白鹤拳等武术表演，参观俞大猷纪念馆，切身感受俞大猷的武学精髓与爱国主义精神。

会前，泉州市社科联等相关部门在俞大猷的故居洛江区河市镇溪山村赤石口举行俞大猷故居奠基仪式。据泉州俞氏宗亲协会副会长俞侨福介绍，接下去将投入3000万元到5000万元重建俞大猷故居，供世人参观，传承俞大猷的爱国精神。

（记者陈智勇，原文刊载于《泉州晚报》2014年1月8日）

中日韩学者齐聚泉州　研讨东亚海洋考古

深海不但有奇幻美景，还埋藏着许多不为人知的珍宝。2014年8月28日，作为"东亚文化之都·2014泉州"系列学术活动之一，东亚海洋考古学术研讨会在泉州举行。

中日韩与水下考古相关的学术大腕聚集，探讨水下考古的心得，寻找未来探索的方向。中国国家博物馆副馆长张威当场宣布一条喜讯：中国很快要在青岛正式投用第一艘专业考古工作船，结束之前水下考古全靠渔船协助的历史。

东亚海洋考古学术研讨会由泉州市东亚文化之都建发委员会主办，来自中国国家博物馆、国家文物局，以及山东青岛、海南、天津、广东、浙江、香港的水下考古学者与会。还有日本亚洲水下考古学研究所、日本政法大学，以及韩国国立海洋文化财研究所、韩国国立全南大学等日、韩学者参加。

中国水下考古工作船被命名为"中国考古01"。设计排水量约为950吨，相比其他常规类型船舶，它具有水下考古仪器专业设备多、后甲板作业面积大等特点。考古船具有良好的稳性与适航性，可以为水下考古专业人员提供工作和生活平台。

中国水下考古工作船的主要工作海域为中国沿海，可承担水下文化遗址的普查、专项调查及小型发掘工作，基本能够满足中国水下文化遗产保护工作的需求。

中国自20世纪80年代开始水下考古研究，至今已进行六批水下考古人员培训。全国有60名左右的一线水下考古人员队伍，其中泉州就有5人。

泉州最早参加水下考古培训的，是泉州海交馆考古部主任傅恩凤，他1998年作为第二批学员，进行了为期一个多月的学习和实践。后来，泉州市博物馆水下考古中心主任张红兴、泉州市博物馆陈列部主任吕睿、晋江博物馆林清哲、泉州海交馆薛彦乔陆续加入水下考古队伍。

泉州市博物馆馆长陈建中表示，泉州市最快可以在2015年年初开始正式的水下考古工作。从2012年至2013年，泉州完成沿海水下文化遗存普查的陆上调查环节，详细调查了沿海的渔民、船长、村民，发现古代沉船疑点数十处，基本摸清了泉州沿海北至泉港、南至小嶝岛海域水下历史文化遗产情况。2014年年内形成调查报告，申报泉州开始正式水下考古。

花絮

日学者赞叹古船桅杆

研讨会上，泉州市博物馆最近受赠的那根 17.85 米长的古船桅杆，作为实证被提及。前天下午，日本亚洲水下考古学研究所理事田中克子认真察看古船桅杆后赞叹："日本没有发现这么长、这么完整的古船桅杆！"

与田中克子同行的，还有福建博物院文物考古研究所副所长羊泽林。羊泽林说，大部分沉船被发现时，很少有桅杆，只有桅杆座。泉州发现这么长的古船桅杆，真是见证泉州"海丝"新的活标本。

（记者吴月芳，实习生蔡梅莹，原文刊载于《海峡都市报》2014 年 8 月 29 日）

泉州海上丝绸之路艺术节 25 日启动

2014 年 11 月 13 日，泉州市"东亚文化之都·泉州"建设发展委员会召开新闻发布会，通报海丝艺术节活动内容。此次艺术节内容丰富，包括文艺演出、经贸展会、学术研讨、文化惠民等 23 项活动。

会议通报，泉州市委、市政府本着贯彻落实中央八项规定，厉行节俭、节省开支的原则，决定把东亚文化之都·2014 泉州丝海扬帆嘉年华活动与海上丝绸之路艺术节一并举行。

值得一提的是，艺术节期间，"海丝"九城市代表将就建立"海丝申遗"共同行动联谊机制，明确"海丝申遗"各自责任、"海丝申遗"进程及时间表等进行讨论，通过并交换互签《"海丝申遗"泉州宣言》或《"海丝申遗"行动纲要》。

泉州市"21 世纪海上丝绸之路先行区"建设已进入实质性阶段，市里已成立由书记、市长挂帅的领导小组。市委宣传部、《海峡都市报》联合推出《一路向海——打造 21 世纪海丝先行区特别策划》的系列报道——泉州十大"海丝故事"评选，在会上获表扬。

"文都"活动不闭幕

会上，泉州市委常委、宣传部部长、教育工委书记陈庆宗表示，自泉州当选文都以来，与日本和韩国有了共识，即"文都"不闭幕，涉及文化惠民的活动和三方的交流合作将持续进行。

此前，文化部在西安举行陆上丝绸之路艺术节，为了呼应国家"一带一路"战略，将在泉州举办海上丝绸之路艺术节。而"文都"活动不闭幕最生动的延续，即 2015 年泉州将承办第十四届亚洲艺术节，这是最高规格的区域性艺术节。

与此同时，泉州市还注重把东亚文化之都建设与打造 21 世纪海上丝绸之路先行区衔接起来。2014 年，全市投入文化建设资金 10 亿多元，其中 3.5 亿元用于泉州当代艺术馆、木偶剧院、歌舞剧院、文化产业、闽南文化生态保护区建设、农村文化、市直文化院团公益性演出；市民广场四大公共文化中心项目前期已投入 6 亿多元（项目总投资约 33 亿元），包括图书馆、大剧院、科技与规划馆、东海工人文化宫等四座文化建筑及广场配套公建和室外景观工程，拟在海丝艺术节开幕期间奠基。

国际性、融合性、共享性

会议通报，此次"海上丝绸之路艺术节"共有 3 个特点。

一是主题突出，体现国际性。简单而言，就是"一个主题、一条主线、两个层面、多种表现形式"，着重突出泉州与海上丝绸之路相关国家和地区间的文化、商贸等全方位交流合作，实现全域联动、全民参与共建 21 世纪海上丝绸之路先行区。一个主题，即：泉州建设影响东亚、面向世界的"多元文化都市"、21 世纪海上丝绸之路先行区；一条主线，则为：文化引领、经贸合作、互联互通、互惠互利、为民惠民；两个层面，即：文化艺术和经贸交流；多种表现形式，包括音乐、美术、舞蹈、论坛、商贸等。

二是内容丰富，体现融合性。这次海丝艺术节形式多样，有经贸商品展销、开幕式文艺表演、学术研讨、文物联展、书画摄影展示、合唱节、辩论赛等十多种表现形式，真正体现了文化与经贸的融合、经济文化和文化产业化。

三是全域联动，体现共享性。这次艺术节有市级组织的活动，也有县级组织的活动，既有官方组织的大型文化活动，又有民间自发组织的自娱自乐文化项目。活动期间，还将举行泉州市公共文化中心奠基和海丝音乐节赴基层巡演等系列文化惠民活动，真正体现了政府主导、全民参与、全民共享文化建设成果的经贸文化活动。

陈庆宗说，自 20 世纪 80 年代以来，泉州市规划部门一直在做古城保护的相关规划。特别是年初以来，西街文化复兴，成了市委、市政府的重点工作之一，在促进城市的转型过程中，也促进了西街旧面粉厂业态的变化，如今后灯光秀将常态性进驻，新门街也要转型成为文化一条街，打造更多"文都"文化产品。

如今，西街大麦仓已成了市民休闲的好去处。此次艺术节的很多活动，也都集中在西街。而泉州市规划部门也将进一步扩大范围，将这样的空间扩大至以大麦仓为核心原点，以东西塔、石笋为半径的文化圈，进一步促进古城文化复兴。

（原文刊载于《海峡都市报》2014 年 11 月 14 日）

"妈祖与海丝"学术研讨会在莆举行

2014 年 11 月 26 日，一场围绕"妈祖与海丝"关系的学术研讨会在莆田学院举行，来自海峡两岸的妈祖文化研究专家和来自东南亚的华文学者近百名专家与会。

本次研讨会由福建省社科联、省台港澳暨海外华文文学研究会、莆田学院和福建省妈祖文化研究会联合主办，以"海洋视野中的妈祖文化与华文文学"为题，着重探讨"妈祖与海丝"的关系，得到海内外相关专家学者的高度关注。会议共收到 94 篇论文，《台港文学选刊》杂志社特别推出增刊号，刊发论文。

（记者陈荣富，原文刊载于《福建日报》2014 年 11 月 27 日第 6 版）

"海上丝绸之路与世界文化遗产申报学术研讨会"在泉州召开

2014 年 11 月 27—28 日，由福建省文化厅、泉州市人民政府联合主办的"海上丝绸之路与世界文化遗产申报学术研讨会"在泉州召开，来自国家文物局、中国联合国教科文组织全委会、福建省文化厅、省文物局、福建文物考古博物馆学会以及北海、广州、漳州、泉州、福州、宁波、南京、扬州、蓬莱等沿线九城市政府和文化文物部门领导和负责同志参会。

研讨会上，国际古迹遗址理事会副主席、中国古迹遗址保护协会副主席兼秘书长郭旃，中国古迹遗址保护协会副主席、中国建筑设计研究院建筑历史研究所所长陈同滨等专家从海上丝绸之路"申遗"现状与形势、"丝绸之路：长安——天山廊道路网"申报成功经验、未来的系列准备工作等给予了细致深入、契合实际的专业指导。沿线九城市代表分别汇报了本辖区申报工作情况和下一步工作计划，并进行了交流座谈，形成了《联合将"海上丝绸之路"列入〈世界遗产名录〉泉州共识》，一致同意从建立合作联动机制、形成统一目标任务、共享遗产研究成果、联合做好宣传展示等四个方面开展申报工作。

研讨会期间，代表们还参观了"跨越海洋——九城市海丝文物精品联展"。

（记者常浩，原文刊载于《中国文物报》2014 年 12 月 3 日）

两岸闽南语歌曲未来发展
研讨会在台北举行

2014 年 5 月 30 日，两岸闽南语歌曲未来发展研讨会在台北举行，来自两岸的知名闽南语词曲作者、歌手、音乐制作人、唱片公司代表、专家学者近百人汇集一堂，就扩大闽南语歌曲市场空间以及文化影响力集思广益。

与会代表认为，台湾具备成熟的演艺运作体系，拥有大批优秀的作品和成熟的艺人；大陆市场活跃，需求量大，音乐产业化趋势逐渐形成，音乐版权逐渐规范。今后可以泉州为枢纽，两岸合作构建产业发展平台，让闽南语歌曲辐射到更大的范围，充分彰显闽南文化的独特魅力。

（记者林娟，原文刊载于《福建日报》2014 年 6 月 3 日第 6 版）

第七届海峡两岸保生慈济文化旅游节开幕活动亮点纷呈

慈济两岸情，美丽"新家园"。2014年4月18日，随着第七届海峡两岸（厦门海沧）保生慈济文化旅游节的开幕，来自两岸的五千余名宫庙代表及信众，齐聚厦门海沧青礁慈济祖宫，共祭保生大帝。活动现场突出展示民俗表演，凸显两岸民间交流特色，热烈而不求奢华，简朴而不失亮点，延续了往届"健康 慈济 和谐"的主题。

义诊活动规模再次扩大

"连续参加多届保生慈济文化节义诊活动，活动一年比一年受欢迎，今天上午7点多就来了，一直都没闲下来。"厦门市慈善门诊部黄医生说，通过长期义诊，越来越多的群众了解保生大帝悬壶济世的精神，对中华民族非物质文化遗产——中医中药有了新的认识，这是对中医药文化最好的弘扬。

本届文化旅游节义诊活动规模再次扩大。共有14名来厦门市各大医院皮肤科、外科、中医科、内科等领域的资深老医师加入义诊队伍，在海沧区东孚镇、海沧街道、新阳街道展开为期近一年的义诊活动。此外，本届文化节新增保生慈济义卖活动，进一步突出慈济文化的精神价值。

两岸将再掀"大道公热"

健康中国梦，慈济两岸情，美丽新海沧。本次活动内容丰富，亮点纷呈。大型古装电视剧《神医大道公前传》媒体首映式在活动现场举办，为第六届海峡两岸保生慈济文化旅游节献礼，引来许多信众驻足观看。

该剧由海峡两岸创作者联手打造，无论是前期筹划，还是后期拍摄，共同缔造理念贯穿始终，通过电视表现形式弘扬"真善美"，为"保生大帝"注入新的内涵和活力。

"两展"成为活动新亮点

更亮眼的是，以"同心同根、乡情乡约"为主题的海沧侨台宗亲文化展于18日下午在海沧区文化中心举办。"这样的展览内容丰富，我很喜欢，这些物件的展出对两岸同胞的宗亲寻根起到很大帮助作用"，来自台湾金门的信众陈允义说。

此次文化展集中展示在东南亚、我国台湾地区的海沧宗亲发展的历史文化，参展的图片及实物来自海沧侨乡社会历史文化调研成果，以及海外宗亲、海外侨史研究机构选送的文稿及实物。

　　与此同时，由江西景德镇学院艺术系程云教授创作的保生文化陶瓷艺术作品展在青礁慈济祖宫的文化展览馆举行。程云出身景德镇陶瓷美术世家，祖父程大有被誉为"刷花大王"，将景德镇陶瓷艺术带入新的高度。

　　程云教授的作品曾充当"对台文化交流大使"，赠给台湾人士。本次展出的这些作品，是一次大胆的艺术创新，以景德镇名贵的青花瓷作为表现手法，在国内首次将陶瓷文化与保生文化相结合，惟妙惟肖地展现了保生大帝采药、行医等生平事迹，迎来众多市民驻足，成为本届活动的亮点。

　　　　　　　　　　（记者杨继祥、林岑，原文刊载于厦门网，2014年4月19日）

第二届闽南语戏剧交流研讨会海口开幕

2014年12月11日，为期3天的第二届琼、闽、粤、台及东南亚地区闽南语戏剧交流研讨会在海南省歌舞剧院开幕。来自新加坡、泰国等东南亚国家及我国福建、广东、海南三省和港、澳、台的闽南语戏剧剧种的表演艺术家、研究机构的专家学者齐聚椰城，共襄盛会。

2011年11月月底，由海南省文联发起的首届闽南语戏剧交流研讨会在海口成功举办，开创了闽南语戏剧国家层面交流之先河，引起国内外广泛关注。3年来，闽南语戏剧领域往来热络，交融发展已成常态。2014年年初，这一项目正式敲定长期落户海南，每3年举办一届。

本届研讨会共征集到学术论文20余篇，内容涉及闽南语系剧种的多样性和独特性的传承与保护等课题，相较往年数量更多、指导性更强、影响面更广。

值得一提的是，在本届研讨会的"闽南语戏剧集锦展示"环节中，将有来自海南省琼剧院、福建省梨园戏实验剧团、广东省潮剧院、新加坡秀玉剧团等13个表演团体的名家新秀在海南登台展示各自剧种的经典绝活儿。其中，首次亮相研讨会的福建南音、广东海陆丰西秦戏、新加坡歌仔戏会有不俗表现。

开幕式后，海南省琼剧院以新编历史琼剧《海瑞》为远道而来的嘉宾展现了底蕴深厚的海南戏剧文化。

本届研讨会由中国戏剧家协会、海南省文联、省文体厅主办。老干部张海国出席并宣布研讨会开幕。

（记者陈蔚林、卫小林，通讯员温航军，原文刊载于《海南日报》2014年12月12日第24版）

"2014 金门学国际学术研讨会"成功举办

2014年9月16—19日，第五届"金门学国际学术研讨会"在台南、金门、厦门三地接力登场。本届研讨会是自2006年开办以来首次举办厦大专场，也是"金门学"首次横跨我国大陆及港、澳、台地区分场举办，极具划时代意义。

19日，"2014金门学国际学术研讨会·厦门场"在厦门大学人文学院101报告厅隆重开幕，中华全国台联会会长汪毅夫、厦门大学邬大光副校长、金门大学新任校长黄奇致开幕辞。中山大学副校长陈春声教授做了《闽台之间——略论金门研究对地域社会史的启示》主题发言，厦门大学郑振满教授、哈佛大学宋怡明教授对报告进行了精彩评议。之后，海内外众多知名学者进行了发言，涵盖金门人物、世族、历史、文学、民间信仰习俗、文化创意产业等各方面的研究。在闭幕式上，台湾"清华大学"荣誉教授王秋桂、北京大学特聘教授龚鹏程和厦门大学校长助理谭绍滨教授先后致辞，对本届金门学国际学术研讨会给予了高度评价，并针对未来"金门学"研究的发展和走向提出了一些建设性的意见。

"金门学国际学术研讨会"由金门县文化局主办，每两年举办一次，至今已经成功举办4届。本届研讨会由厦门大学人文学院、成功大学人文社会科学中心、金门大学闽南文化研究所承办，成功延续之前4届的精彩表现，以"国际的门户，两岸的桥梁"为主题，继续发扬金门人奔向世界、放眼四海的寰宇胸怀，同时也强调过去、现在和未来，无论战争与和平，金门永远是海峡两岸交流最重要的桥梁。

厦门大学、成功大学、金门大学三校校长在2013年共同签订协议，旨在加强三校之间的交流，密切三校关系，携手共走"金厦成功之路"。基于这个背景，在三校校长的大力支持下，"金门学国际学术研讨会"在2014年实现了我国大陆及港、澳、台地区跨海接力举办，实为学术界、文化界的一项盛事。在成功大学举办之前，成功大学黄煌辉校长与厦门大学邬大光副校长、金门大学黄奇校长就未来三校合作的新领域进行了深入探讨。

（厦门大学人文学院　何燕青，原文刊载于厦门大学新闻网，2014年9月27日）

"闽南文化研习营"开营
体验闽南文化的博大精深

2014 年 7 月 10 日，2014 海峡两岸"闽南文化研习营"开营仪式举行。来自台湾大学、成功大学、"中央"大学、元智大学、台南大学、大叶大学、明道大学、佛光大学、新竹教育大学、高雄第一科技大学等台湾高校 40 多名师生，以及闽南师范大学部分老师、辅导员及学生代表等，共 60 余人于 7 月 10—16 日参与研习和交流。

活动由闽南师范大学主办。研习营期间，营员们将在漳州芗城、漳浦、南靖、云霄、东山以及厦门等地，通过听取专题讲座、进行小组讨论、交流座谈、实地考察以及开展文艺联欢、篮球友谊赛等活动，感受闽南文化，加深两岸友谊。领队教师代表、明道大学谢瑞隆老师表示，本次活动对于弘扬和传承闽南文化，促进两岸高校青年学子之间的相互了解具有重要意义，希望以后漳台能更进一步持续交流合作。营员代表、台湾成功大学中文系博士生庄秋君说，希望通过参加此次活动，亲身体会台湾文化与漳州文化之间的相同与不同之处，体验闽南文化的博大精深。

（记者戴岚岚，通讯员陈小环，原文刊载于《闽南日报》2014 年 7 月 13 日）

福建侨批文化研究中心在福州揭牌

被誉为"二十世纪敦煌文书"的侨批档案是福建先民漂洋过海的见证。在侨批档案成功入选世界记忆遗产名录一周年之际，福建侨批文化研究中心于 2014 年 6 月 9 日在福建省档案馆揭牌。

侨批是"海外华侨与祖国乡土的两地书"，指的是华侨华人通过民间渠道以及后来的金融邮政机构寄回国内的家书及简单附言及汇款的凭证，是一种"信款合一"的家书。

福建省档案馆馆长丁志隆表示，侨批文化研究中心是福建首家以"侨批"为主题的研究机构，旨在对省内外侨批档案进行收集、整理、保护、研究、开发，进一步挖掘侨批的遗产价值，传承中华传统文化，促进华侨文化建设。

6 月 9 日，福建省侨批收藏与研究者黄清海向福建省档案馆捐赠 1 个侨批转运箱，这是福建省档案馆首次获得民间人士捐赠的侨批实物。在简单的揭牌仪式之后，福建省档案馆还举办了"百年跨国两地书——福建侨批档案展"。

自 2013 年 6 月侨批档案成功入选世界记忆遗产名录以来，福建省档案局积极推进申遗成果的推广应用，包括在海内外举办侨批档案巡回展览，申报"福建侨批档案的整理与开发研究"课题，推动侨批档案在海外华侨华人中的推介。

台湾政治大学图书信息与档案学研究所所长薛理桂教授此番应邀来福州交流档案学发展工作，他表示，"侨批档案等家庭记录把档案工作和一般的民众生活结合起来。把一个家庭的记忆保存好，也就把社会、国家的记忆保存起来，为当代的民众提供服务，为后代子孙留下很珍贵的文化资产"。

（原文刊载于中国新闻网，2014 年 6 月 10 日）

学者访谈

闽南文化:两岸闽南乡亲共同的精神家园

——陈支平教授访谈录

2007 年 6 月,我国批准建立首个国家级文化生态保护区——闽南文化生态保护实验区。闽南文化作为整体的文化概念,首次为官方清晰认定。2013 年 7 月 7 日,全国政协提案委调研组莅临泉州,就全国政协重点提案《关于支持加快闽南文化生态保护实验区建设的提案》的落实情况展开调研。深具地域特色的闽南文化,以其开放的世界性格局,引起国内外众多学者的高度关注。

2013 年 6 月,由闽南师范大学闽南文化研究院策划编写的《闽南历史文化概说》一书由福建人民出版社出版。究竟什么是闽南文化? 以闽南方言为根基的闽南文化有何特点? 闽南文化对台湾有何影响? 为此,笔者专访了该书名誉主编、厦门大学人文与艺术学部主任委员、闽南师范大学闽南文化研究院名誉院长陈支平教授。

核心与边陲的文化特性

《山海经》云:"闽在海中。"那么,闽南是不是像不少人认为的那样,就是中华文明的边缘地带?

"这是人们对闽南文化认识的一个误区。因为,近年来的考古发现不断证明,史前时期的闽南同样也有着悠久而丰富的人类文化。在这里生活的古人类,是福建的早期先民。"陈支平说,闽南民系是一千多年来不同族群长期融合而形成的,漫长的历史演变与文化磨合,以及东南沿海地带独特的地理环境等多种因素,逐渐造就了富有地域特征的闽南文化。

远离政治文化中心并不一定造就独特变异的区域文化。尽管闽南文化的形成与成熟定型,是伴随着中原主流文化在福建的传播而向前发展的,但是,当宋明以来中原主流文化日益走向保守的时候,闽南区域远离政治文化中心的边陲特性,以及闽南面向海洋、勇于接受外来文化的传统,使得闽南文化较少受到中原地区主流文化的影响和制约,从而较多地体现儒家文化许多富有生命力的因素。

陈支平说:"在这样有所差异的历史变迁中,闽南文化在文化思想和社会行为等方面显现出了一些与中原主流文化不同的独特表现形式。比如,闽南文化商品意识较强,对外来文化和民俗采取较为宽容的态度。这恰恰在一定程度上补强了中华整体文化的多样性。"

"中华文化的核心价值培育了闽南文化，而深具地域特色的闽南文化又使得中华文化显得更加丰富多彩。"陈支平告诉记者，"我们通过梳理百年来闽南历史文化研究的基本脉络，撰写了《闽南历史文化概说》一书，力图把闽南历史文化研究的最新成果和基本概况呈现给广大读者，以期更好地弘扬闽南文化。"

清代以前闽南人少有国界概念

闽南文化是一种辐射型的区域文化。闽南，在地理上指的是现在福建南部包括泉州、厦门、漳州所属的各个县市。然而从文化的角度说，闽南文化的概念远远超出了以上区域。闽南文化在长期的传承、演变过程中，不断地向东南的海洋地带传播。闽南文化是世界各地闽南人在传承中华文化的基础上形成的区域文化。

"浙江温州沿海、广东南部沿海、海南沿海以及台湾，都深受闽南文化的影响，形成了带有变异型的闽南方言社会与乡族社会，即使是在东南亚地区等海外的许多地区，闽南文化的影响也都是不可忽视的社会现实。"陈支平表示，既有地域性又有一定的世界性，是闽南文化最大的特点。在汉语方言中，没有一种方言能像闽南话这样，在向外播迁的同时，与外族语言有如此深度的接触和融合。

自汉唐以来至清代后期日本人侵占台湾之前，东南沿海居民出海谋生、贸易，很少考虑到国家与国家之间的界线，甚至根本就不存在所谓"国家界线"的概念。东南沿海商人跨海贸易，更多的是关注交通工具的可行性，而较少顾及出国与入境的障碍。

"只要航船可及，他们就可能前往那些地区贸易，互通有无，甚至定居下来，成为当地新的居民。即使是定居下来，他们也始终认为自己是福建沿海某地人或闽南某地人。"陈支平告诉记者，我们现在到东南亚各国考察当地的华人社会，其祠堂、寺庙里的先人牌位，无不是如此慎终追远写上诸如"大清国福建省泉州府晋江县第几都第几图某乡村人"，绝少有人在自家祖先的牌位上写着东南亚某国人的。

台湾文化是闽南文化的延伸

闽台两地一水之隔，在两岸移民史上，以闽南沿海居民向台湾迁徙为主流。据1926 年日本人在台湾做的人口调查，在台湾 375 万居民中，来自泉州府的有 168 万多人，来自漳州府的有 131 万多人，两者分别约占台湾总人口的 44.8% 和 35.2%。

"在不同历史时期大量大陆移民迁台，不仅带去了先进的生产技术、耕作方式，还带去了家乡的方言土语和原有的风俗习惯、生活方式。"陈支平介绍说，"今天台湾说闽南话的人口约占总人口的 80%，仅有泉州腔和漳州腔的细微区别。"

值得一提的是，日本殖民者占据台湾 50 年，后来又因国民党到了台湾，台湾与祖国大陆分隔了 50 年，今天，台湾闽南话和本土闽南话还是毫无二致。这是世界语言接触史上少见的奇迹，令人深思。这主要是因为闽南人迁往台湾的时间较晚，出发地都是漳、泉两州，两处方言本来就差别不大，混居之后也就相互融合了。加上台湾当地没有其他强势语言或方言与之抗衡，这些都使得今天的台湾闽南话保持着最纯正的原乡特色。

"不管怎么变，台湾文化都是闽南文化的延伸，而闽南文化则是中华文化的传承，所以两岸文化一脉相承，同根同源，是任何人都无法割裂的。"陈支平表示，从中华文化整体性的角度来考察，闽南与台湾同属一个分区文化圈，即闽南区域文化，或者可以将之称作闽台区域文化。因为这个文化圈，无论是福建沿海区域，还是台湾区域，基本上是由闽南区域文化派生出来的。要研究台湾社会经济与文化变迁历史，这二者是不能分开的，必须把闽南地区与台湾地区联系起来，综合考察，才能较为全面地把握这个自清代以来新兴的经济与文化区域圈形成与发展的基本特征。

加快闽台文献资料收集

"弘扬闽南文化对于传承与保护闽南文化，增进两岸文化交流，都具有非常重要的意义。"陈支平表示，当前，一方面我们从学术上对闽南文化做深入研究，挖掘闽南文化的精神内涵和时代特征，另一方面，面向大众普及闽南文化。

陈支平表示，自 20 世纪 20 年代厦门大学国学研究院首倡以来，闽南历史文化研究取得了丰硕成果。特别是近年来随着我国改革开放的深入和社会文化影响力的增强，闽南历史文化研究进入了一个崭新阶段。福建、台湾、香港、澳门以及东南亚地区，相继成立了十多个旨在研究闽南历史文化的学术机构，前景喜人。《闽南历史文化概说》正是在这样的背景下编辑出版的。

"接下来由我牵头的《闽南涉台族谱汇编》《台海文献会刊》《台湾通史》等学术出版物将相继出版，编撰工作正在紧张进行中。"陈支平告诉记者，"弘扬闽南文化是两岸学者应尽的社会责任，各级有关部门也非常重视。当前，最重要的是加强对有关闽台关系文献资料的搜集工作，保存这一宝贵的历史文化遗产。"

（记者树红霞，原文刊载于《福建日报》2013 年 7 月 12 日）

抹不去的民族文化基因
——林华东教授谈两岸闽南文化的传承与延展

2013 年 6 月，中国社会科学院文化研究中心闽南文化研究基地落户泉州师范学院，标志着闽南文化研究进入国家层面的研究平台。海峡两岸闽南文化研究，成为当前学术界的一门显学。

"回溯历史，台湾与大陆有着多次分离之痛。但时至今日，台湾闽南话仍然保持着最纯正的原乡特色，和福建本土的闽南话是那么一致。"作为泉州师范学院闽南方言历史演变与闽南思想文化研究团队的领衔者，泉州师范学院副院长林华东教授说，这种突出的文化奇迹，强烈地体现着闽台文化的一体性特征。

闽南话中的遗传密码

浇水叫"沃"，晚上叫"冥"，媳妇叫"新妇"；"古无轻唇音""古无舌上音""古多舌音"。这些重要的先秦时期上古汉语语音现象，今天在汉语其他方言中已经很少见了，但在闽、台两地的闽南方言中却保存得很好。

至今，闽南方言仍把做饭的炊具叫"鼎"。据考证，秦汉之前汉人统称烧饭做菜的炊具为"鼎"，其后中原汉人南下把这个词带到南方，进入闽语。"鼎"在秦汉之后已被视为神器，北方人做饭的炊具改称"镬"，这个词南渡进入吴语区后，北方话又用"锅"代之。

"研究文化史的学者绕不开语言，他们在探索文化的形成时，都离不开对语言的论证。"林华东认为，"共同的语言是民族的重要标志、可辨识基因和身份证，是民族文化中最原始、最核心的成分，民族的智慧、信仰、风俗等丰富的内涵，都蕴藏在语言之中。"

古汉语的"活化石"，学术界这样定义闽南方言，因为在闽南话中，"房""浮""饭"等字读"b""p"声母，不读"f"声母，这种发音与上古汉语语音是一致的，没有经历魏晋以后中古时期的语音演变。

闽南方言说"鸡母"，不说"母鸡"；说"人客"，不说"客人"……也是沿袭了上古汉语"中心语＋修饰语"这样的构词方式。林华东说，《左传》中记载的晋文公与楚成王那场著名的争霸战——"城濮之战"，其实就是"濮城之战"。

歌仔戏在两岸的"变奏"

入选世遗的"中国民族音乐瑰宝"南音，在闽、台两地依然雅乐缭绕，唱词标准音还必须是闽南泉州话。

"以语言为主轴，可以探索文化形成的起点。以民俗和文学艺术为主轴，方便探索文化的绵延和创新。"林华东说，台湾民间艺术大多来自大陆，经加工后逐渐本土化。漳州锦歌、台湾歌仔戏之间的渊源，是闽南文化延伸发展的一大典范。

锦歌是早期流传于漳州的民歌，而据《宜兰县志·卷二·礼俗篇》记载，"歌仔戏原系宜兰地方一种民谣曲调"。宜兰是漳州人聚居之地，当地的歌仔戏唱腔以漳州腔音为主，其唱词完全口语化，与梨园戏、南音唱词坚守古音古词有很大不同，因而显得易学上口，更为大众化，更能唤起台湾民众的心理共鸣。

厦门话、台湾话口音最为相近，都是由泉州腔和漳州腔混合而成的，加上厦门港交通便利，因此歌仔戏回归大陆的最佳场所就在厦门。20世纪初，歌仔戏在厦门又经融合改造，产生与台湾"大哭调"相媲美的"杂碎调""改良调"，其曲调轻松活泼。

歌仔戏再度大陆化后，风行漳、厦、泉，并随戏班流传到东南亚。

台湾闽南话的外来因子

千百年来，两岸闽南乡亲一直使用着共同的语言，今日台湾的汉族居民83%以上都能使用闽南方言。乡音无改，文化传承的民族自觉在这里获得体现。林华东认为，这证明"无论台湾文化有多么浓郁的地方特色，却始终是中华文化的一种自然延伸和发展，海峡两岸同属于一个不可分割的文化系统"。

"闽南文化是对中华文化的延承，台湾文化则以闽南文化为基础。"林华东说，"由于社会、环境等原因，荷兰文化、日本文化以及现代西方文化传播入台，台湾的闽南文化吸纳了更多的外来文化元素，从语言、民俗、思维、行为等方面，可以看出两岸之间的某些差异"。

19世纪末以来，很多日语词汇在文化传播中被吸收进汉语普通话，如早期的"干部""蜜月""客观"等，当代的"便当""宅急送"等。而在台湾，日语词汇则直接进入闽南方言，如"水道水"（自来水）、"无二桑"（指父辈男性）、"沙西七"（生鱼片）、"注文"（下订单）等。

林华东注意到，大陆的闽南方言就没有这种情况，在这方面二者具有明显差别。

"南烽炮"，台湾独有的节俗

从文化的外在层面看，也许今天一些台湾人喜欢"日风韩流"，但他们每年照样"疯妈祖""赛龙舟"，崇拜包公廉明，请钟馗驱邪，唱着闽南语歌曲，写着中华汉字，过着与大陆无异的年节。

对天公、土地公、关帝圣君、城隍爷等神祇的敬仰，是闽、台两地对中原传统信仰延续和整合的体现，而闽台本土的神祇则更加多样，有代表佛道俗神的三平祖师、清水祖师、张法主公，代表海神与医神的妈祖、保生大帝，代表忠义圣贤诸神的开漳圣王、广泽尊王、灵安尊王等。

在传承大陆闽南风俗，保留祖先生活习惯的同时，台湾民间逐渐有了新的习俗，如在闽南一带盛行的王爷崇拜，在台湾则演变成"东港王船祭"这类本土化的信仰文化；"北（平溪）天灯、南（盐水）烽炮"，其中在元宵节前夜燃放的"南烽炮"，据说起因于清光绪年间，是时台南盐水一带瘟疫横行，民众施放烟火鞭炮，祈求关圣帝君显威灵，这一民俗极富地方特色。

"两岸文化的相同有助于两岸走近，两岸文化的差异又使两岸保持距离，这就是现实。"林华东说，无论如何变化，两岸的文化同质性却是不变的，台湾文化的深层结构没有被异化。今天，闽南地区的岁时祭祀、家族理念、生育冠冕、祀神传说、地名记忆等，在台湾均获得完好的保留和延展。

台湾闽南族群心态更为复杂

重乡崇祖的思维观、爱拼敢赢的气质观、重义求利的价值观和山海交融的行为观，林华东认为这些闽南文化的核心精神在两岸闽南人心中从未抹去。

闽南文化是充满核心认同感的文化，强调认祖、认宗、认乡。漂泊在外的闽南人，一直流传着这样的民谚："七月半无倒来无祖，年兜无倒来无某。"（农历七月半没回家是没有祖宗观念，春节没有回家是没有老婆，即没有家庭观念）

两岸闽南人有着极强的经商天赋，普遍存在"卖三文钱土豆都想当头家"的心态，不甘屈居人下当"伙计"。林华东说，这也反映了"大融合、大整合"意识较差的一个侧面。

依山者从山求生存，面海者向海谋发展，尽管闽南文化内部存有差异，骨子里却有着山海交融的共性，像安溪不靠海，但许多当地人也和沿海移民一样离乡背井，渡海求生。目前安溪籍台湾乡民达 200 多万人，占台湾地区总人口的 1/10。

"开发台湾的闽南族群，远比大陆闽南人经历了更加特殊的发展历程。"林华东说，"特别是历史上荷兰和日本侵略者强行推广文化同化，在台湾的闽南人受到的经济剥削和文化侵略，不是大陆闽南人所能体验的，相对而言，台湾闽南族群社会融合历练更加丰富，心态更为复杂，因此关注公共事务的热情更高，维权意识更强，意志更坚韧。"

林华东说，"透视台湾文化，可以发现，文化的碰撞，使台湾民众更加增强了坚守中华传统的意识"。

林华东用"一体性"与"和谐性"来概括海峡两岸闽南文化共同体的两个特征。"文化的记忆具有很强的功能，这首先体现在闽台的语言传承与习俗守成上。"他说："文化是民族的魂，是抹不去的民族'基因'，哪怕曾经有过分离，其语言和文化总在族人心底永存不灭。"

人物简介：

林华东，泉州师范学院副院长，二级教授，福建师范大学博士生导师；中国语言学会理事，福建省语言学会、辞书学会、美学学会副会长，省茶产业研究会会长；中国语言文学福建省一级重点学科负责人，福建省高校人文社科基地泉州师院闽南文化生态研究中心学术负责人。主要研究方向为语言学、方言学、文化学、高等教育学等，在闽南思想文化、闽南方言与区域历史研究方面成果显著。

近年来，主持国家社科基金重大招投标子项目、省社科基金重大及一般项目以及省教育厅重点项目；已撰写和主编著作 18 部，专著多次获省社科优秀成果奖；在《光明日报·理论版》《中国语文》《语言文字应用》《东南学术》《方言》《人民论坛》及大学学报发表论文 80 多篇；被国家语言文字工作委员会授予"语言文字工作先进个人"称号，获评省本科高校教学名师。

（记者谢海潮，原文刊载于《福建日报》2013 年 9 月 12 日）

黄科安教授谈泉州地方戏曲，
"老树"如何发"新枝"？

泉州素有"戏窝子"之称，戏曲班社如林，名角层出不穷。但是，近年来由于受市场经济大潮和多元文化影响，泉州地方戏曲不同程度地存在观众减少、市场萎缩等现象。如何发掘、保护、传承泉州地方戏曲？繁荣泉州地方戏曲，在题材挖掘、剧目创作、人才培养上该如何发力？带着这些问题，笔者采访了泉州师范学院教授黄科安。

"东亚文化之都"背后的魅力

由中日韩三国文化部主导的首届"东亚文化之都"评选落幕，泉州从国内 10 个入围城市中脱颖而出，与韩国光州、日本横滨共同成为首届"东亚文化之都"。泉州赢在哪里？

黄科安教授给出这样的解释："泉州拥有鲜明奇特的多元文化大观、丰富多彩的文化遗产和悠久的对外交流历史。其中，仍活跃在当下舞台上的泉州地方戏曲，系闽南文化中最具特色的组成部分。值得一提的是，轻歌曼舞的梨园戏、粗犷雄浑的高甲戏、享有'指掌乾坤'之誉的布袋戏、具有宗教遗韵的打城戏和优雅从容的南音，并称为泉州非物质文化遗产的'五朵金花'。"

黄科安教授举例说，享有"宋元南戏活化石"声誉的梨园戏，是以晋、唐古乐南音为基础的泉州地方声腔古剧种，分为上路老戏、下南老戏和七子班三派别，各有号称"十八棚头"的专属保留剧目。现在发现的最早闽南方言文献是明嘉靖年间的《荔镜记》戏文，但这并不是"陈三五娘"故事最早的版本，因为该版本的出版商在卷末告白："因前本《荔枝记》字多差讹，曲文减少，今将潮泉二部增入颜臣勾栏诗词北曲，校正重刊，以便墨客闲中一览。"由此可知，《荔镜记》前至少还有潮泉二部的《荔枝记》戏文。不难看出，泉州梨园戏在明代已是一种较为成熟的剧种。同时，梨园戏还扮演着国际文化交流的先锋角色，东南亚国家都有梨园戏演出的文史记载。但是，民国时期，随着高甲戏、歌仔戏的兴起，梨园戏逐渐走向衰微。抗战时期，戏班星散，遂濒于消亡。新中国成立以后，梨园戏重获新生。组建于 1951 年的福建省梨园实验剧团，是目前福建省唯一的梨园戏专业表演团体。

如何破解难题实现叫好又叫座？

"方言思维悄然让位于普遍性的共同语思维，使得泉州地方戏曲的特质所在逐渐湮没在共性浪潮之中。"黄科安教授不无担忧地说，繁荣泉州地方戏曲要走出发展误区，需迈三道坎。

首先，剧种个性取决于声腔，声腔则由方言决定。然而，年轻一代的主创人员，缺乏对闽南方言之"运用之妙、存乎一心"的驾驭能力，难以演绎出剧种蕴含其中的精妙之处。人才培养不妨通过剧团、学校、研究机构、地方文化部门的协同创新，达到资源共享、多方共赢。

其次，一些公办剧团获奖心切，刻意淡化泉州地方戏曲的草根色彩，陷入疏离本土观众的迷思，以致出现舞台表演京剧化、戏曲音乐现代化、美工设计浮夸化、导演排戏话剧化等片面倾向。在梨园戏的扮演脉络之中，鼓师素有"万军主帅"的称谓，而今在交响乐队之中，鼓师却退到边缘。

再次，泛滥随意的草台班子，演出粗糙，鱼目混珠，不仅挤压正牌剧团的生存空间，而且造成演出市场混乱，进而影响泉州地方戏曲的传承保护。

"老演老戏，老戏老演，老者老看，新戏不看"，这一观演怪现象的形成有多方面原因，其中一个不容忽视的问题，在于戏曲新剧目演出空间有限。泉州戏曲如何破解这一难题，实现叫好又叫座？

"不同于偏好'喜新厌旧'的影视艺术，'厚古薄今'的戏曲艺术想要在此突围，应在创作以及营销方面汲取多方智慧。"黄科安教授说，就题材挖掘与剧目创作来说，关键在于把握推陈出新的要义。要在保留剧种特色的基础上，适当融入现代元素。在多元文化相互涵容的历史境遇中，还可以考虑移植域外名剧，凭借全球化"走出去"。

黄科安教授举例说，泉州木偶剧团将果戈理《钦差大臣》这一冗长话剧，转换为一台80分钟的提线木偶戏，将人性的复杂面相刻画得惟妙惟肖，既突出本土剧种特色，又让国际友人击节叫好，堪称跨文化传播的经典案例。

黄科安教授建议，新剧目要想青出于蓝而胜于蓝，要反复打磨、精益求精。知识产权要保护，但不要"过度保护"。只要给予剧作家应该的版税提成，不同剧种就可以移植演出，唯有如此，才能够让一个新编好剧目，成为全人类共享的精神食粮和文化珍品。

扎根校园为戏曲发展培养观众

福建省梨园戏实验剧团从2012年7月启动小剧场演出，场场满座，且都是购票入场。这对于繁荣高甲戏、南音等剧种有何借鉴意义？

黄科安教授告诉笔者，小剧场是戏剧的试验场，给中国戏剧创造了新空间。小剧场演出高甲戏、梨园戏等地方戏曲，可以充分发挥演剧空间的灵活性，落实"大戏，人多，就在大剧院演；小折子戏，就在小剧场演"。借鉴梨园戏试水小剧场演出的经验，有助于改变泉州人"看戏不买票"的传统习惯，相信借此可以培养出买票看戏的观众群体。

黄科安教授说："相关剧院若结合现代化经营管理办法和先进快捷的网络售票系统，可创造出戏曲超市的经营模式，如'套票组合、情侣票联袂、团体票、包场票'等多种方式，让观众在有限的时空当中欣赏到更多的剧目和剧种表演。"

泉州地方戏曲发展的隐忧之一，在于观众老龄化严重，年轻一代对于本土戏曲知之甚少，进而形成一些与现实不符的错误认知。为改变这种状况，泉州地方戏曲悄然走进校园，其中南音南戏变身为校园课间操。那么，扎根校园对传承戏曲文化有何意义？

在黄科安教授看来，自20世纪80年代以来，泉州启动闽南文化走进校园的探索工作，经历了一个由浅到深，从"应景式走进"到"深层次扎根"的交往互动过程。

"此举改变了年轻人认为地方戏曲枯燥难懂的看法，为戏曲的永续发展培养观众。"黄科安教授说，通过戏曲知识在校园的普及宣传，相信会有年轻粉丝产生。同时，地方戏曲纳入课程体系设置或学科建设规划，能够引起教育界与学术界的关注，反过来通过实务界与理论界的热络互动，促进戏曲深入发展。相信在不久的将来，泉州地区高校会出现一批学者型戏曲人才。

两岸戏曲艺术合作有待升温

"近年来，台湾戏曲学界掀起一股研究泉州地方戏曲的热潮。相较于产自本土的歌仔戏和有着'台湾意象'之称的布袋戏在台湾地区的广泛流行，梨园戏则显得曲高和寡，而曾经盛行一时的高甲戏也风光不再。"黄科安教授说，两岸在戏曲产业、戏曲教育、戏曲研究等方面的合作还有待升温。

当下台湾学界对泉州地方戏曲的研究，台湾大学教授曾永义及其座下门生不可不提。曾永义教授倡导"文献、文物、田野"相结合的研究范式，直接影响着两岸年轻一代学人。大陆学者的泉州戏曲研究，主要有两股重要力量，一是厦门大学中文系，二是作为后起之秀的泉州师范学院，后者携手泉州地方戏曲研究社，形成泉州师院"闽台戏曲研究团队"，展开跨学科多维研究，获批多项国家级课题。

"台湾在戏曲商业运作方面的成功经验，值得渴求'做大、做精'的大陆同行学习。例如台湾霹雳布袋戏，在剧集制作、电视台运营、相关衍生产品推广、霹雳俱乐部运作和主体网站维护开发等方面，所彰显的多元化跨界经营战略，可以成为深入研讨的成功案例。"黄科安教授说。

（记者树红霞，原文刊载于《福建日报》2013年10月18日）

家族缘,串起两岸儿女情

——与《家族缘:闽南与台湾》作者苏黎明面对面

闽南家族文化随着闽南人的脚步跨越台湾海峡,家族缘则成了联结闽南与台湾的感情纽带,它把两岸族亲的意识、情感、行为紧紧地联结在一起,无论什么样的外部力量,都无法将其切断。由泉州师范学院教授苏黎明主编的《家族缘:闽南与台湾》一书,全景式地展现了闽南家族文化对台湾的影响。

家族缘是牢固的感情纽带

"我之所以写这本书,乃是在长期研究闽台关系过程中,愈来愈深刻地感受到在闽台'五缘'中,地缘、法缘、文缘、商缘或许有不同的解读,血缘亦即家族缘却始终得到两岸宗亲的高度认同。"苏黎明告诉笔者,正是有了这条无形的感情纽带,两岸同胞不管政见如何,无论属于什么党派,纷纷到祖地寻根谒祖,共叙亲情。

苏黎明举例说,比如,龙海市榜山镇马崎村,乃国民党荣誉主席连战的祖籍地。2006年4月,连战携家人回到马崎寻根谒祖,在连氏祖祠思成堂祭拜祖先,又到附近的祖墓祭拜。在祭拜活动中,连战饱含深情地说:"连家的列祖列宗,爷爷啊,我回来了,我终于回来了!"

闽南与台湾的家族亲缘关系,不只是一种简单的血缘关联,还是基于血缘关联基础上的家族意识与家族行为,以及家族之间的种种交往活动。唯有同祖同宗的认同感增强了,方能加强沟通,增进了解。

"这条牢固的感情纽带由多种要素构成,重点包括共同的家族标志、两地宗亲相互继嗣、共同遵循的辈分制度、族谱源流、祠堂亲缘、共祭先祖、同奉神祇、互助的宗亲等家族缘的八个方面。"苏黎明解释说。

用闽南话与台湾宗亲交谈

自清代以来,渡台的宗亲以家祭、祠祭、墓祭、杂祭等形式祭祖,且往往与祖地祖先紧密联系在一起。比如,在台兴建的许多家族支派祠堂,直接袭用祖地祠堂名称,建筑风格、布局、规模完全模仿祖地祠堂。

"两岸家族裔孙对祖宗神灵的敬畏根深蒂固。在他们心目中，列祖列宗不只是血脉的来源，还是神通广大的神祇。"苏黎明发现，这种祖宗神灵观，乃是两岸宗亲浓厚的家族观念的基础，这恰恰也是两岸家族关系历经几百年风雨沧桑依然得以牢固维系的重要支撑。

写这本书之前，苏黎明曾在台湾的淡水、台北、基隆等地调查走访近半个月。在这一过程中，他基本上用闽南话与当地闽南宗亲交谈，并特别留意年轻人对两岸家族关系的态度，他说，"多数年轻人对闽南祖地祖宗还是认同的，且颇有兴趣。不少人表示，如果有机会将回到祖地寻根"。

收集史料，收获的是感动

"这本书史料比较丰富，尤其是族谱，相当一部分散落在民间，收集起来比较困难。我抽时间实地走访，察看祠堂与家族神庙。"苏黎明说，在此期间，最令他难忘的莫过于宗亲们的热情与企盼。

在闽南地区，每走访一个家族，当苏黎明说明来意后，宗亲们颇为热情，拿出族谱，帮忙复印，如还有翻印余下的族谱，干脆奉送一部，讲述祖先动人的故事，甚至酒肉盛情款待，他们都希望把自己族人移居台湾的历史写进书中。

苏黎明说："看来，闽南地区的宗亲们对远在彼岸的同胞，依旧非常怀念。更让人感动的是，有的宗亲还说，倘若有机会到台湾，一定要寻找早已杳无音信的渡台宗亲，看看是否还有后代，居住在哪里，现在过得怎么样。"

台湾读者的热情超乎想象

"这本书由厦门大学出版社出版后，在台湾书店亦有销售，台胞的反响还不错。"苏黎明告诉笔者，当看到很多台湾读者愿意读这本书时，觉得辛苦还是有价值的。因为，写这本书的初衷，就是希望能有更多人了解两岸亲缘，促进宗亲交流，增进骨肉情谊。

"这本书的一大创新，就是在占有大量第一手史料的基础上，较为深入系统地阐述了闽南与台湾的家族文化关系。"苏黎明说，他曾收到台湾嘉义县义竹乡文史工作者翁炯庆发来的电子邮件。翁炯庆是安溪县龙门镇科榜村翁氏家族渡台族人的后裔，他在来信中说："于台湾简体字书店购得《家族缘：闽南与台湾》，拜读您对于自闽南移居台湾各姓宗族的透彻研究，深感敬佩，兴奋万分。敬佩的是您找出闽南各姓宗族族谱可以衔接到台湾。兴奋的是许多台湾姓氏乡贯祖籍被您找到刊载。拜读时，竟也发现嘉义县义竹翁氏也是被您研究刊出的宗族之一，是幸！"这位不曾谋面的台湾同胞的这些话，让苏黎明感动不已。

希望建立一个族谱数据库

谈及当下两岸家族关系发展面临哪些困难，苏黎明认为，主要有三点：不少台湾宗亲，由于先辈迁台年代久远，记载缺失，对祖家情况已不大清楚，有的只知来自闽南某个县，而不知什么乡、什么村哪个家族，如此，家族认同自然无从谈起；20世纪两岸隔离，不少家族宗亲之间长期没有往来，亲情淡化；一些年轻人家族观念淡薄，对参与家族活动热情不高。

如何破解这一现实难题？苏黎明建议，要充分发掘闽南各个家族的族谱，从中整理出渡台宗亲的相关资料信息，诸如姓名、辈分、渡台时间、渡台后去向、祖家父母和祖父母姓名，以及祖家住地名称的变异等。在此基础上，建立一个闽南与台湾关系族谱数据库。这样就可为台湾宗亲寻根问祖提供依据。同时，祖地开展较大型的家族活动尽可能邀请台湾宗亲参加，提供热情周到的服务，使其增强认同感。

拓展闽南文化研究的视野

"无论生产方式还是生活方式，闽南家族文化对当下闽南宗亲的影响依旧不小。"苏黎明说，"像聚族而居的传统，尽管在市镇已被消解，但在广大乡村保存较好。另外，宗亲们仍在使用从祖地带去的'字芸'即辈序制度，适时编定新的辈序用字。"

"就闽南文化对台湾的影响，我以前的研究侧重于文化，包括家族文化、宗教文化、民俗文化方面，这比较直观。我近期研究的重点，开始转向社会方面，包括政治与经济。"苏黎明说，一方面，闽南文化传播到台湾后，对台湾的影响很大，这种影响不仅是历史的，而且时至今日依然有显著的表现，值得研究；另一方面，由于这种影响较为隐性，也较为多元、复杂，研究难度较大，因而鲜有人涉足。也正因如此，我认为这是一件很有意义的事。

"接下来，我将以历史为切入点，进行较为深入的研究。内容主要包括：闽南文化对台湾社会、政治、经济发展的影响是如何形成的，它对现当代台湾的影响如何，主要表现在什么地方。在这个基础上，写几篇较有价值的文章，也可能再写一本书。"

（记者树红霞，原文刊载于《福建日报》2013年8月16日）

陈桂炳教授谈走出"福建南部"的闽南民俗

"离开了民俗文化，建设闽南文化生态保护区就无从谈起。"同时，泉州师范学院泉州学研究所所长陈桂炳教授再三强调：闽南民俗不能简单地被理解为"闽南的民俗"。

按照陈桂炳教授的定义，闽南民俗是以汉民俗居主体地位，同时保留了部分古闽越民俗，如泉州安海等地端午节独特的驱邪消灾习俗"采莲"至今可见，并在一定程度上受到外来文化的影响，具有多元互补蕴蓄的内涵与特色。

"无头节"与"烟楼公"宫的兼容

惠安县辋川镇的古城墙今已被毁，但居住在辋川村标美的陈姓居民仍过着"无头节"的节俗。崇武城内的"吃大顿"这一"补过春节"的习俗，其来源与"无头节"一样，都跟四百多年前的倭患有关。

"走一乡要问一俗。"同是惠安人，惠东和惠北的风俗、语言等都有一定差异。在调查惠安沿海一带习俗时，陈桂炳教授发现，惠北（包括南埔、后龙、山腰等乡镇，今属泉港区）的"做大岁"、崇武（地处惠东）城内的"吃大顿"和辋川村（介于惠东、惠北之间）标美的"无头节"，时间均在同一天（农历正月初五日）。这些习俗流传范围较窄，大多缺乏欢快的文化基调。

陈桂炳教授说，一年一度与倭患有关的习俗活动，祭祀的是在倭患中遇难的本宗族乡亲的祖先以及抗倭牺牲的官兵，这是一种强烈的本体认同感在信仰民俗上的反映，由此可以增强内部的凝聚力和亲近感，还可增强我们在和平时期的忧患意识。这些也许就是此类习俗能长期延续的合理性吧。

同为倭患肆虐的明代嘉靖年间，南安石井却出现了一种与邻近地方民俗信仰不相协调的现象，即敬拜一位隐称为"烟楼公"的日本官员，香火至今不绝，其"正忌"（卒日）纪念日成为当地民众的传统节日之一。

据考证，这位日本人其实并非"官"，而是一位日本海商船主，因为他有指挥"番船"之权力，故石井人民称之为"官"。为这位日本船主建宫祭祀，是因为他生前主张与中国人民友好通商，反对倭寇的海盗暴行。

"南安石井人民敬奉'烟楼公'的习俗，使我们真切感受到泉州民俗文化的兼容性。"陈桂炳教授认为，这一兼容性特质尤其值得关注，因为在泉州文化中类似的例子并不少见。

还神于人，对民间信仰的文化引导

被称为"泉州第一武庙"的泉州通淮关帝庙，其楹联有"一脉传忠义，万聚拜圣贤"等联语。陈桂炳教授说，在闽南民间信仰中强调重义守信，最著名的当属关帝崇拜。

台湾关帝庙的神缘主要来自泉州通淮关帝庙和漳州东山铜陵关帝庙，供奉关帝的四百多座庙、宫、堂，其中三百多座与通淮关帝庙有因缘关系。陈桂炳教授说，关帝信仰在不同历史条件下，对社会秩序的稳定均产生过积极作用，至今在海峡两岸仍香火鼎盛，成为促进两岸民间文化交流的重要因素之一。

"在信仰者的眼中，民间神祇在日常生活中的主要功能就是排忧解难，使他们能安居乐业。"陈桂炳教授认为，尽管存在跨区"乞火"、乩童等不健康的活动，多数民众的信仰目的还是很单纯的，闽南民间信仰对促进社会和谐具有一定的积极作用。

"过去，我们对民间信仰偏重于行政管理，忽略了文化引导。"陈桂炳教授说，民间信仰中的神明大部分是可以稽考的历史人物，如关羽、岳飞、张巡、许远等生前都是忠义之士，"这就存在一个还神于人的问题，即把对神的迷信提高为对历史人物的人格崇拜。"

泉州市鲤城区有的民间信仰宫庙已着手做了一些文化引导，如富美宫正殿两侧墙上，书写了萧望之的生平事迹。陈桂炳教授说，这些还神为人的具体做法，虽然目前做得还不够精细，但已是一个很好的开端。

闽南食俗，学生最感兴趣的乡土话题

一到端午节，台南安平的"煎馃"是家家户户必备的节庆食品。关于"煎馃"的由来，相传是郑成功逝世后，安平人依照闽南人当时的传统习俗——长辈过世家人三年内不包粽子不炊粿以示举哀，便在端午节这天以郑成功家乡的食俗吃"煎馃"来纪念他。

泉州人的"煎馃"食俗，其制作原料、方法及读音都与今天台南安平的"煎馃"完全一样。据说食用"煎馃"有"补天"的作用，泉州人认为：农历五月初正值梅雨季节，这是天空"漏"了，应设法弥补，有消灾解厄与补运的寓意。

2008年，"闽南文化进校园"活动在泉州全面展开，泉州师范学院成立课题组对此开展专项调查，对泉州市区31所中学的学生进行随机调查。据调查统计，面对内涵

丰富的闽南文化，86.3% 的人对闽南饮食感兴趣，83.4% 的人对名胜古迹感兴趣，79.1% 的人对历史文化感兴趣……在回答"你喜欢中国传统节日还是西方节日"时，85% 的人选择中国节日。

此次调查显示，有 35% 的人是通过长辈了解闽南文化的，40% 的人是通过课堂接受相关知识的，如泉州十五中地处浮桥片区，由于这一带的民间节日常有拍胸舞表演，学校组织学生学习拍胸舞并组成舞蹈队。

有 45.3% 的人表示对民间信仰这一话题感兴趣。陈桂炳教授说，民间信仰是一种长期的社会文化现象，深深扎根于民间，渗透到人们的生活习俗里，"与其让少年儿童随大人'奉香跟拜'，不如及早对他们进行正面教育。"

《天乌乌》，唱出闽南话的传播史

"天乌乌，卜落雨，阿公仔夯锄头仔卜掘芋……"这首脍炙人口的台湾童谣《天乌乌》，其泉州原版是这样唱的："天乌乌，要下雨。海龙王，要娶某……"

浙江温州苍南一带也有《天乌乌》，"天乌乌，要落雨。南定女人跑无路，跑到温州岭，捡了个牛粪饼，回去慢慢请……"温州的苍南、平阳、洞头、泰顺一些地方，至今仍流行闽南语，民间有布袋戏表演，苍南县还有 26 个戏班，都用闽南语演唱。

闽南民俗随着闽南移民的脚步向海内外传播。陈桂炳教授认为，我们所说的"闽南人"，从地域的角度看，指的是"福建南部人"；从传承民俗文化的角度看，其所涵盖的地域范围远远超出"福建南部"。

闽南与潮州虽分属不同省份，却具有许多共同或接近的文化因素——广东潮州人世代传承的清明节吃"薄饼"、冬至节吃"冬至丸"等民俗，与闽南人无异；闽南话与潮汕方言，是源与流的关系；不管是潮汕的"驷马拖车"，还是泉州的"皇宫起"，两地民居多是三进以上的大厝……

潮州学学者吴榕青和王炜中，有着相似的观点：希望从"文化区域"的概念出发，在建设国家级闽南文化生态保护实验区时，能打破县、市以至省行政区域的界限，保证闽南文化生态的多样性、完整性。

陈桂炳教授说，目前正在进行的闽南文化生态保护实验区建设，有望延伸为对海西沿海地区闽南文化生态的整体保护，并将进一步发展为海峡两岸闽南文化圈文化生态的整体保护，从而为促进祖国和平统一夯实经济和文化基础。

（记者谢海潮，原文刊载于《福建日报》2013 年 9 月 27 日）

评论与创作:我的文学生涯
——戴冠青访谈录

戴冠青,笔名寸月。泉州市作家协会主席,泉州师范学院文学与传播学院教授,硕士生导师,福建省高校教学名师。出版文艺学论著《想象的狂欢》《文本解读与艺术阐释》《文艺美学构想论》《对象与自己》《诗海探骊》《积淀·融合·互动》《作家笔下的泉州》和小说集《梦幻咖啡屋》等 8 部,参与主编高校文科教材《文学写作教程》等。发表文章百万多字。系中国作家协会会员,中国中外文艺理论学会理事,中国世界华文文学学会女性文学委员会副主任,福建省作家协会主席团委员,福建省写作学会副会长,福建省台港澳暨海外华文文学研究会副会长等。

评论与创作:我的文学生涯——戴冠青访谈录

张明:您作为泉州作协的主席,请问您是怎么走上文学道路的?

戴冠青:我走上文学道路可以追溯到少年时期,至今有三四十年了。这一方面是中学生活的影响,作为中学教师的孩子,我一直住在学校,因为近水楼台我在学校图书馆看了大量文学书籍,由此对文学产生了浓厚兴趣,作文也写得比较好,常被语文老师当作范文在班上展示,有几篇作文还被印成铅字登在学校的刊物《火炬》上。老师的赞扬和鼓励大大激发了我的写作积极性,也因此与文学有了不解之缘。

另一方面则是时代逼出来的。我初中还没有毕业,就爆发了"文化大革命",学校被砸烂了,当老师的父母亲被关进"牛棚",十几岁的孩子再也没书读了,通通被赶去上山下乡接受贫下中农再教育。在偏远的山村,每天过着日出而作、日落而息的生活,接受着艰苦的劳动改造,前途茫茫,不知道未来的路在哪里,不知道命运之门在何方,心情十分苦闷,思想也很空虚,再加上乡村生活单调,情感无从寄托,就不由自主地拿起笔来,把对未来生活的幻想,对美好青春的渴望付诸文字,记诸日记,慢慢地就开始编一些故事来传达一个知青少女的追求和梦想。

当时乡村文艺生活非常贫乏,年轻人劳作之余几乎没事干,我心头一热就把年轻人组织起来拉起了一支文艺宣传队,自编自导自演,白天劳动,晚上排练,然后从这个村到那个村,翻山越岭去演出,很受乡亲们欢迎,在周边乡村颇有影响。我在日记本上编的那些故事，有一些也改编成了文宣队演出的小品。

也许是当时的公社领导发现了我的才艺和写作能力，三年多后我被调到公社文化站工作，兼任报道组工作。在采写农业学大寨报道稿的同时，我也尝试着写了一些散文、诗歌和短篇小说，并试着向县里的文学刊物《柳浪》投稿。当时陈瑞统先生在《柳浪》当编辑，对我的作品挺欣赏的，发表了不少我的作品，对我的鼓励很大。特别是小说处女作《李园飘香》的发表，对我的创作生涯产生了重要影响。这篇小说后来被地区文学刊物《晋江》的编辑发现，又被登在了《晋江》上。20世纪70年代初期，我被推荐到省里参加创作学习班，在郭风、何为、苗凤浦等著名作家手把手地指导下，在来自全省各地的文学爱好者互相交流的过程中，我的写作水平得到了很大提升，一个月的创作学习班结束后，修改后的短篇小说《李园飘香》发表在了《福建文艺》（《福建文学》前身）上，并被评为那一期的好稿。从此我的文学创作潜能被充分调动起来了，连连在《福建文艺》等刊物上发表作品，感觉创作道路越走越亮堂。

20世纪70年代中期，我和一批被认为是有潜力的青年作者被借调到《福建文学》担任助理编辑，其中还有黄文山、庄东贤、陈晏、叶志坚等人，黄文山后来还留在了编辑部，并担任《福建文学》主编多年。当时我负责编小说，在老编辑的指导下，我在编稿过程中仍继续坚持创作。在这期间还参加了《福建文学》组织的几期创作学习班，得到了郭风、何为、苗凤浦、张是廉、张贤华、季仲等诸多著名作家的点拨和指导，写作能力不断提高。特别是1976年在霞浦举办的那一期创作学习班，来了很多人，现在文坛上比较活跃的很多作家当时都参加了，《福建文学》的编辑几乎倾巢而出。编辑和学员们在学习班一起研讨文学创作，修改作品，互相切磋和交流，其乐融融。后来我还把这段经历写成散文《在编辑部工作的日子》，发在《美文》杂志上，着重回忆了郭风和何为两位老作家对我的帮助和他们亲切和蔼、不遗余力扶持提携后学的长者风范。

张明：除了这些编辑和知名作家对您的帮助和鼓励外，听说您是77级考上师大中文系就读的，在大学时期，古今中外的文学名家对您有哪些影响呢？

戴冠青：其实我在中学时代就读了很多书，有一部书对少年的我影响很大，那就是俄罗斯女作家叶·伊琳娜著、我国著名儿童文学作家任溶溶翻译的《古丽雅的道路》。这部描写苏联卫国战争女英雄古丽雅一生经历的长篇小说教会了我勇敢、坚强和关爱他人，当时边看边流泪，特别感动。

"文革"初期，因为父母亲一下子就被打倒了，年幼的我惊慌失措，不知道做什么。学校图书馆也被砸烂了，一大堆的书乱七八糟地堆在地上。我常常偷偷地趴在破碎的玻璃窗往里看，觉得很可惜，很想看又不敢进去拿。当时的学姐、后来也成了知名作家的郭碧良很同情我。她常常去图书馆拿书看，看完了就借给我看，由此我看了很多世界名著，《钢铁是怎样炼成的》《叶尔绍夫兄弟》《茶花女》《三个火枪手》《牛虻》等都是这期间读的。最让我记忆深刻的一本书是土耳其作家萨·阿里著的长篇小说《我们心中的魔鬼》，这部小说我读了很多遍，每一遍都让我泪流不止。除了书中所蕴含的那种深厚的人文情感和人性洞察深深打动了我，书中充满情感的细节描写和心理描写也对我的文学创作启发很大。我还记得这么一个细节，书中贫穷的男青年很想让爱他的女友过上好生活但却无能为力，一天，当他看到女友的丝袜上破了一个洞后，很想买一双丝袜送给她，但他穷困潦倒，一文不名，无奈之下就到商店偷了一双丝袜，在极度紧张的心理下又把丝袜扔掉了。书中的犯罪心理描写非常生动，把那种以为被发现的害怕、恐惧以致即将崩溃的心理过程表现得栩栩如生，细致入微，我至今还历历在目。这种充满情感的细节描写和心理描写日后也极大地影响了我的小说创作。

粉碎"四人帮"之后，恢复了高考制度，我凭着已发表的一大摞作品的原件，被高招办批准破格参加高考，并以优异的成绩考取了福建师大中文系，开始了我四年系统的专业学习。在大学中，我和所有被时代耽误了十余年光阴的 77 级学生一样，认真听课，课余到图书馆去占座位，如饥似渴地看书学习。当时我不仅读了很多世界名著，还读了很多文学理论的书，这些书大大地开启了我的视野，充盈了我的知识结构，并进一步更新了我的文学观念，提升了我的创作技巧。当时在 76 级师兄陈健民、蔡芳本等人的倡导下，已有数十年办刊历史、在"文革"中被迫停刊的福建师大中文系刊《闽江》复刊了。陈健民是复刊后的第一任主编，我和蔡芳本都是编委，指导老师是赫赫有名的孙绍振老师。记得当时担任《闽江》编委还有后来当了副省长的汪毅夫和现任福建社科院党委书记的方彦富等同学。第二年我当选为《闽江》副主编，第二任主编是后来任福州市文联主席的著名作家陈章汉同学。我们非常用心办刊，吸引了很多同学来投稿，每一期出刊后还到校内外到处去推销，使刊物产生了很大影响。当时北岛等人主编的朦胧诗刊物《今天》以及其他校园刊物都和我们有非常密切的交流。在办刊的同时我也坚持创作，作品不仅发在《闽江》上，也继续发在《福建文学》和晋江地区的文学刊物《晋江》上。

当时《晋江》的编辑是陈志泽先生。记得是大二那年的寒假，我参加了地区文联的一次创作联谊会，陈老师向我约稿。回校不久我就把一篇小说《幸福》寄给了他。这是一篇描写校园情感经历的小说，试图表现当年特殊时代背景下的情感变化及年轻大学生对爱情婚姻的理解。当时"四人帮"刚粉碎不久，许多作家还不敢大胆地表现爱情，所以这篇小说我用的是笔名。但陈老师很快就把作品发在《晋江》上，而且改了一个更加吸引读者的题目《情与爱》，这种开放的编辑思想当时让我很感动。听说小说发表后影响很大，很多读者和文学爱好者都在探听是谁写的，写得颇大胆。那一年暑假在影剧院门口碰到还在泉州师专中文系就读的陈国水，他兴奋地对我说，那篇小说很好看，他看了好几遍。这对我的创作都是一个很大的激励。

其实很多名著我之前就读过了，上大学之后又重读，随着文学视野的开阔，文学修养的提高，每读一遍都有新的体会，都可以发现之前没有注意到的东西。比如读《红楼梦》，初中时读，看到的是古代十一二岁的孩子很快乐，他们不用像我们那样苦读书，整天在大观园里疯玩；高中时读，看到了宝黛爱情，因为那时情窦初开，就会为宝黛爱情的悲欢离合掬一把热泪；上大学读，看到了曹雪芹对清王朝腐败的批判精神和他的人文追求；掌握了西方文艺理论再重读，就看到了《红楼梦》的节俗话语及其所透露的狂欢精神，因为大观园中人物的所有活动基本上都在中国民间节俗的背景下进行，从春节元春省亲、正月十五闹花灯一直到十二月吃腊八粥、除夕围炉，如果抽掉这些节俗活动，人物就没法活动，小说的情节也很难展开。所以我认为曹雪芹通过节庆活动的描写体现出一种狂欢精神，来表现帝王之家与民众的平等关系，来消解民众日常的疲劳和压力。

张明：您从《红楼梦》里看到一种狂欢的成分吗？

戴冠青：是的，那种狂欢的成分让我对小说有了更深的理解，让我知道曹雪芹为什么要这样来写。这也促使我们思考现代小说应该怎么去创作。我觉得我们现在很多作家包括我们泉州一些小说家的创作，从我个人角度来说，虽然很多人已经写得相当好，生活阅历也很丰富，创作也很用心，但还是感觉缺乏一种对生活深度审视和独特把握的力量，感觉有些作品还是浮于表面，把生活体验写出来就完了，没有去深入思考一下我为什么要这样写，我这样写意味着什么。我昨天跟老作家许谋清交流，感觉他是一个很有思想的作家，他最近正在写郑成功父亲郑芝龙的长篇小说，想把它拍成电视剧。郑芝龙确实很值得写，他是一个很复杂的历史人物。他是一个海盗，但他也是一个枭雄，曾经打败过荷兰侵略者。他与郑成功，施琅与郑成功，其间关系错综复杂，塑造这一艺术形象，不仅可以再现当时的历史风貌，还可以深入挖掘出人性的丰富复杂。

张明：在小说方面您刚刚谈了很多对您的创作非常有影响的一些作品，包括您在不同时期对某些小说名著的不同体会和收获。我知道您擅长很多题材的创作，除了小说还有散文、诗歌，后来您在大学当教授，做文学理论研究，写了许多学术论文和文学评论。我想请教一下，您是怎么做到呢？一方面要创作，一方面要做理论研究，因为这两种工作思维方式不同，一个比较感性，一个则比较理性。在这两个领域的创作过程中您是如何转换思维的？

戴冠青：这两种思维从某个角度来说也许是有冲突的。实际上我很喜欢创作，也有多年的艺术积累，我感觉创作比较快乐，写自己喜欢写的东西，抒自己的真情实感。理论研究很辛苦，确定了一个选题之后我要收集很多资料，看很多书，进行创新性的思考和把握，并从理论高度进行概括和提炼，力图对过去的研究有所突破。但是我是大学教授，只有深入的理论研究才能开启学生的创新思维，为学生提供更丰富独特的知识营养。所以我不能不做研究。

我说的思维冲突指的是，既想创作又想做研究，难免会分散精力，二者无法兼顾，也无法全力以赴，就容易顾此失彼。但是从另外一个角度来说，这两个领域其实也并不怎么矛盾，因为自己看了很多作品，又具有文学创作的经历，所以我在大学课堂上讲文学理论的时候，就有很多亲身的体验和独特的发现可以和学生交流，我的课就会讲得更生动更深入，有助于学生理解和把握。而且自己的创作实践也让我能更深入地把握创作甘苦和文学三昧，有助于我的理论思维，理论本来就是从创作中提炼出来的。反过来说，我的理论视野也有助于我对文学现象的把握，特别是在文学评论上，我对文本的观照和审视也会更加准确和到位。我现在开的几门课，如《文学概论》《文艺鉴赏美学》《文艺心理学》《当代西方文艺理论》等，都让我有一种比较独特的理论视野，也促使我对当代一些创作现象有更深刻的把握。所以我觉得两种思维也没有什么矛盾。但我刚才也说过，理论研究毕竟是很辛苦的一件事，它与单纯的文学评论也不同，评论是一项快速反应的工作，研究则要沉下心去钻研，要有"板凳须坐十年冷"的苦功。比如我最近正在研究的闽南民间故事，首先要收集很多闽南民间故事，还要查阅并熟悉地方史料，然后再进行深入思考和把握，提炼其发生发展的特殊规律，挖掘闽南民间故事潜在的人文价值及其对我们现代文化建设的意义。这些都要花费我大量的时间，难免会影响我的创作，所以我现在小说写得比较少，一般写散文，因为散文是文学的轻骑兵，可以在比较短的时间内完成。

张明：您从事这么多文体的写作，您感觉自己最擅长的文体是哪一种？

戴冠青：其实也不能说哪种擅长或不擅长。早期我主要写小说，那个时候觉得不用小说这种文体不足以表达我的生活体验和情感诉求。现在很多人也认为小说才能体现作者对生活的深度把握和艺术构思能力，所以小说是我一直想再继续创作下去的一种文体。我想以后如果不搞研究了就专门来写作，这么多年我有了更深厚的生活体验和艺术积累，加上思考和审视生活的能力也加强了，相信我再写小说可能不会像早年那样表面化。

福建的小说总体来说相对较弱，省里也意识到了这一点，所以正准备投入资金进行重点扶持，并奖励一些好的创意。

至于散文，是我最近写得比较多的文体。因为散文可以比较快速地来反映人们的审美情感和时代变化。福建是个散文大省，散文有比较强的优势，一些老作家散文写得很好，在全省乃至全国都有很大的影响。泉州也是如此，散文占去了半壁江山，有代表性的作家都是以散文产生影响的。很多年轻作家也是以散文起步的，散文集一本接一本地出，一些地方文学丛书大多是散文集。但我也发现，散文创作也出现某种急功近利的现象，缺乏沉淀和思考。特别是一些采风作品。文学采风使作家深入生活，去近距离把握现代生活的脉搏，本来是一种很好的文学活动。但有些作者采风完了没有好好沉下心来去体会生活，寻找表现的角度，采风的组织者或有关编辑又希望作者尽快拿出稿子来，所以就导致一些作者信笔写就匆匆交稿，有些散文稿就成了简单的游记或报道。这种急功近利的做法，不仅影响了散文的审美价值，也使作者变得浮躁、焦虑和不用心。文艺五个一工程奖的获得者赖妙宽跟我说，她在创作时每个字都是呕心沥血的，不可能一蹴而就的，急功近利是无法创作出大气、深沉的好作品的。所以，福建有个作家对我说，你们泉州是一个散文大市，但是你们也被散文害了，因为大家都去写比较容易发表的散文，很少人能够耐得住寂寞安安静静地去坐十年冷板凳打造一部厚重的长篇精品。

当然也有一些作家在写散文时是比较用心的，所以近几年也出现了不少散文好作品，如李集彬就获得了全国孙犁散文奖的一等奖。我在写散文时也比较用心，总想寻找一种新的角度来表现生活，希望给读者带来新的审美感受。如去安溪感德采风，很多人写茶，写茶乡的美，我担心大家都这样写会千篇一律，就寻找了一个独特的角度，通过感德的玉湖殿写神医吴夲的救人济世精神，然后我把他的德香和茶香结合起来，写出了这篇叫作"感德"的土地的独特韵味。因此这篇题为《穿越千年的茶香》很快就在《福建文学》发表了。所以散文一定要有自己的独特发现，人云亦云很难写出有深度的作品。《散文》月刊的题旨就是"表达你的发现"。

诗歌也是很受年轻作者喜欢的一种文体，写诗需要激情，因此很多年轻人喜欢写诗。泉州诗人的作品也很丰富，并形成了"晋江诗群"和"惠安诗群"两大诗群，有一些诗人的作品常常发表在《诗刊》《诗潮》《星星诗刊》《扬子江诗刊》等大刊上，在全国有较大影响。这一点也是让我很欣慰的。作为我自己来说，我认为这些文体中最难写的就是诗歌。诗歌是"带着镣铐跳舞"。虽然现代诗不像古代诗歌那么讲究诗词格律，但诗歌是一种很精悍的文体，要在方寸之间驰骋出你的情感世界，你不能不讲究一些审美规范，诸如意象、意境、节奏和一定的韵律，让人阅读后会感受到音乐美。但是现在有很多写诗的人忘了这些审美规范，所以写出来的诗歌就缺乏美感，形式美被解构了。为什么现在那么多人写诗，读诗的人却很少，原因当然很多，快速发展的经济导致人们缺乏审美耐心是一个重要原因，但是与一些诗歌缺乏美感也有很大关系。现在很多诗歌成了自娱自乐的东西，自己写给自己看，不是给读者看的，打动不了读者，读者在诗里面找不到自己需要的东西。

因此写诗更要用心，古人说的炼词炼句对写新诗也是很重要的。我也写一些古典诗词，每个词都很用心去推敲去打磨，所以一首诗往往要写很久，但有人一天就能写好几首。其实丁玲说的一本书主义我依然很赞同，一辈子如果能写出一部有影响的好书我想就足够了。

张明：您自己满意的作品有哪些？

戴冠青：其实也谈不上满意不满意。一个时代有一个时代的审美要求，早先自认为比较满意的作品经过时代的淘洗也许就不满意了。现在一些比较用心写的散文可能自己还比较满意，但过一段时间再反思可能又不满意了。

张明：您是2005年开始担任市作协主席的，2012年又连任新一届市作协主席，您对泉州文学的创作情况比较了解，您能不能对泉州文学这些年的创作状况做一些简单的介绍？对泉州文学的未来寄予什么希望？

戴冠青：应该说泉州文学这几年的发展势头还是很好的。比如说我当作协主席之前，泉州的中国作协会员还比较少，现在已经有二三十个了，基本上每年都有人加入中国作协。省作协会员也在逐年增加，现在省作协会员已经有二百多名。我们泉州作协每年都发展一二十名会员。我任泉州作协主席八年，已经发展了一百多名会员。这期间大家的创作积极性很高，每年都有不少作品发表在《散文》《诗刊》《散文百家》《福建文学》《美文》《星星诗刊》等大刊上，并出版了许多长篇小说和作品集，有一些作家获得了孙犁散文奖、福建百花奖、福建文学奖等高规格的奖项，在全国产生了一定的影响。所以我觉得这是个很可喜的现象。为了鼓励出精品，我当作协主席期间，设立了泉州文学奖，每年评选十篇在省级以上刊物发表的优秀作品进行奖励，对作家鼓励很大，不少作家每年都寄作品参加评奖，有的人连续几年都得了奖。作家的精品意识也被激发出来了，在大刊上发表的作品越来越多，至今我们已经评出了七十篇优秀作品。一大批作家成长起来了，像青年作家李集彬、施伟、姚雅丽、陈娜娟、林筱聆、张晴雯、叶逢平、刘君霞等可以说是成长得比较快的一批作家，他们的作品已经在全省乃至全国产生了一定的影响。除了李集彬的散文获得全国孙犁散文奖的一等奖和福建省百花文艺奖外，施伟的小说连续被《小说选刊》《中华文学选刊》转载，并曾获得全国小说排行榜的第四名；林筱聆这几年写了四部长篇小说，新华网做了报道，并加入了中国作协；王炜炜被中国金融作家协会选为常务理事和评奖委员会副主任；刘君霞两部长篇均得到福建省文学奖，其中一部还得到了福建省百花文艺奖；还有叶逢平的诗歌、张晴雯的报告文学也得到了福建省百花文艺奖。我们还会及时为一些作家举办创作研讨会，促使作家更快成长，写出更多好作品。我们曾经举办过"惠安诗群"研讨会，还和各地作协联办苏天才、陈娜娟、张玉春、林筱聆、钱志鹏、唐涛甫、王炜炜、庄马炮等作家作品研讨会。许多作家通过研讨反思自我，得到了更快的提升。

我在当作协主席的过程中，一些规范性的制度也建立起来了，每年定期召开常务理事会，每年都有总结和计划，并在会上进行交流。每年都发展会员，定期组织评奖，出版作家报，慰问老作家，并经常举行各种文学活动，让作家意识到组织的存在。作协本来就是联系作家的桥梁和纽带，我们愿意为作家创造一些交流、互动、研讨、深入生活的条件和机会。作协气氛比较和谐，大家在一起工作都很愉快。当然我们还存在一些不足的地方，还缺少厚重的在全国能叫得响的长篇力作，这也是我们急需强化的主攻方向。

张明：您认为当下的泉州文学创作应该选择什么样的题材，才能更好地发掘我们泉州的历史文化价值，更好地表现闽南文化的特色？

戴冠青：泉州是一片经济发展的热土，也是站在开放改革的潮头大力发展民营经济的宝地，有很多题材可以写，值得写。泉州许多民营企业家，得风气之先，白手起家，从当年的艰苦创业到今天身价上亿的政商两栖人物，创造了许多在海内外具有广泛影响的上市品牌，他们的经历其实就是实现中国梦的过程，他们的成长和发展也具有十分典型的现实意义。泉州的经济总量连续排名全省第一位，这与泉州企业家的打拼是分不开的。但是很少人去表现一个民营企业家充满闽南特色的创业过程，以及他们的创业过程在中国经济发展中的意义，我觉得很遗憾。那天我参加一个研讨会，碰到晋江的一个小说家，我说你小说文字好，有生活气息，也懂得写人物，你应该写一写晋江，写一写眼前那些企业家创业的题材。泉州的发展模式与温州差不多，但温州打造出了电视剧《温州人家》，演绎了温州三十年的发展历程，产生了独特的影响。我们也应该拿出这样厚实的作品。还有颇负盛名的铁观音也是值得写的，但不要老是去写怎么喝茶那种表面化的东西，可以写一写泉州老字号茶庄的苦心经营和发展，如何把茶叶推广到海内外，如何让茶店比米店多，如何让这种很小资小众的茶变成大众的生活必需品，在这个过程中茶庄起了什么作用？茶庄人生意味着什么？茶庄的甘苦经历难道和中国的经济发展没有一点关系吗？从这个角度看中国的社会发展也是很值得写的。还有泉州戏剧，梨园人生，多少梨园子弟为了古老艺术的传承筚路蓝缕，坚持不懈，这些都是泉州独特的题材，都很值得写。

但是，我们许多作家比较浮躁，很难能沉下心来体验生活，去表现富有时代意义的经济发展题材。当然，这也与泉州没有专业作家有关，许多业余作家本职工作很忙，创作只是一种修身养性的行为。而且泉州有关方面对文学几乎没有投入，没有意识到文学是一个地方的名片，是一种软实力，对宣传、推动一个地方的建设和发展具有重要作用。目前，省里已经意识到了这一点，省文联从省政府申请到了一笔可观的资助，专门用来扶持具有潜力的精品力作，并准备予以重奖，对文学创作起到极大的推动作用。泉州目前还没有出台这样的激励措施。

张明：为什么没人去写，除了您刚刚说与创作心态有关，是不是说也跟他们的兴趣有关系，或者与知识积累有关？

戴冠青：这个原因也有，因为不懂戏剧的人可能对戏剧题材不感兴趣，但问题是我们的文学要善于表现社会的热点问题，表现最能体现社会深度的东西，才能打动读者，所以我们要有意识地去体验生活，去审视和把握生活。当然这也需要政府的扶持和资助，出台政策鼓励作者去蹲点，去采访挖掘，去亲身体验，去搜集素材。写戏剧题材也是如此，作者只有深入梨园去体验生活，跟戏剧演员们亲密接触，你才能准确理解和把握戏剧的精神价值，才能写好这个题材。比如一个惠安的作家他想写惠安女，也和我谈过这个思路，我觉得很好，并鼓励他去深入体验，在体验中发现别人没发现的东西。有些题材很有特色，但你不去写，就算你生活在那里你也不一定会有所发现，也许题材就会与你擦肩而过。只有当你想去写了，你才会有意识地去注意它，发现它的价值与意义。"舍不得孩子套不住狼"，所以希望有关部门大力扶持和资助这些重点题材的创作，调动作家的创作积极性，生动地、厚重地表现改革开放以来泉州的经济发展历程。这样我们的文学才能发展，文学的发展也会促进经济的发展，因为文学是种软实力，它的广告效应是无形的、深远的。也许人们对温州的了解是因为它的经济，但是《温州人家》让我们看到了温州人的拼搏与中国梦的实现，它甚至让全世界人都看到了中国崛起的一个缩影。而且文学作为广告的时间效应很长,一部电视剧可以在各种媒体播放还可以重复播放,比起在中央台播放几秒钟的广告就要花上亿的钱实惠得多。

张明:当代有影响的泉州籍作家有哪些?

戴冠青:我很喜欢 20 世纪 50 年代的一个泉州籍作家司马文森,他的长篇小说《风雨桐江》描写了泉州一带的地下革命斗争,在小说中,他把泉州的街写得很民俗,充满了泉州元素,让人感到很亲切。蔡其矫、舒婷也是我很喜欢的泉州籍作家,他们的诗歌具有世界性的影响。马来西亚的朵拉、黄锦树也是我喜欢的泉州籍海外华文作家,他们的作品在海外很有影响。

张明:我们跟东南亚包括我国港澳台地区的作家协会的文学交流好像不是太多?

戴冠青:不是太多,这有很多原因。因为海外作家来国内开会一方面是想与国内有影响的作家交流,更重要的方面是希望国内文学研究者能够研究他们的作品,肯定他们的海外华文写作存在的价值。所以他们更喜欢和高校的文学研究者交流。厦门大学有一个东南亚华文文学研究会,每两年开一次会,东南亚各国许多华文作家都参加了。泉州师院中国语言文学是省级重点学科,其中有一个方向是海外华文文学研究,我是这个方向的学术带头人,所以与东南亚华文作家也多有联系,因为我们要研究他们的创作。我们也曾邀请林清玄、简帧、卢新华、朵拉等海外作家来学校举办文学讲座。三年前我还应邀到台湾参加海外华文女作家创作研讨会,李建民、苏淑勉、任剑锋、陈国华等作家也曾应邀到菲律宾参加亚细亚文艺营活动。五一期间我与家人去泰国旅游,还特地去拜访了泰华作家协会,与泰华作协主席梦莉、办公室主任曾心等十余位作家进行了亲切交流和座谈,气氛非常融洽愉快。

张明:文学批评在泉州来说还不多,您觉得泉州文学批评要怎样才能让它发展起来?还有就是文学批评与文学创作二者是什么样的关系?对我们的文学创作起到什么作用和影响?

戴冠青:我觉得文学批评跟文学创作的关系是非常密切的。很多作家出版了作品都希望能得到批评家的研究和批评。有些作家还专门跑到北京去开研讨会,就是希望北京一些资深批评家予以发声,然后在报上刊载,促使其作品产生影响。一个没有评论没有反响的作家会感到很寂寞。但是现在作家与评论家的关系有些错位,评论家常常一味地说好话,缺乏有针对性的问题揭示和批评,缺乏有用的建议或指导,实际上没有起到真正的批评和促进作用,对年轻作家们来说更是如此。有影响的作家也是需要批评的,研究和批评也是一种再创造,可以发现作者本人没有发现的文本潜在价值,并予以揭示,使作品更有影响力。

泉州的评论队伍比较薄弱,这一个方面是,写评论是为他人作嫁衣,而且很辛苦,严谨的评论对原作得看很多遍,要是长篇就看得更辛苦了,看完了还得寻找其规律和特点予以揭示,这个过程相当累人。还有一个原因是,评论家必须具有较高的理论素养和文本审视能力，这方面的人才也相对比较欠缺。一些评论者人云亦云，没有独特的发现和揭示，评起来就不痛不痒的，起不到指点和激励的作用。评论是对作家的发现和扶持，因此我给很多泉州作家写过评论。但是搞评论的人确实太少了，所以培养评论队伍是很重要的。我们应该跟高校多联系，像华大、泉州师院一些文学专业的老师、博士，他们经过非常严格的专业训练，有比较开阔的理论视野，他们可以来承担一些文学评论的任务。其实从泉州曾经走出一批很有影响的理论家，例如曾经担任过中国社科院文学所所长的刘再复先生，他的性格二重组合原理影响很大；刘再复的同乡刘登翰教授，他在闽南文化和海外华文文学的研究上都有很深的造诣；还有厦大的林兴宅教授，他对文学象征的研究以及他对阿Q性格系统的分析曾经轰动一时，他们的研究都对我们有很多的启发作用。

张明：我们本土的一些学者在理论上还是比较有建树的，但是，因为一些考虑，比如说评职称或者发表文章存在一定的局限性，就不会把泉州作家当作研究对象，这也是很客观的问题。

戴冠青：没错，作为一个理论家，研究的对象确实必须要考虑，研究对象没有足够的影响，他的研究成果很难发表。比如《当代作家评论》就不发表没有影响的作家研究文章。泉州的作家如果没有影响，其研究三梯队或评论文章就很难在大刊发表，写得再好也没用。一些高校的研究者评论泉州的一些作家作品，也许只作为一种客串，并不指望用这种文章来评职称。所以，要让研究者重视泉州作家，首先泉州作家必须走出去，争取在国内产生比较大的影响，自然就会受到关注。另外，在扶持泉州作家创作的同时，也应该出台相关的政策扶持评论家，让评论家有动力来关注泉州本土的作家，为泉州文学的进步鼓励和呼号。

张明：你觉得还有什么看法要补充吗？比如说我们这个访谈，还有什么我没有想到的？

戴冠青：我觉得你能够做这个访谈非常好，这是一种对文学现状的深度交流，也是一次泉州作家心路历程的检阅和展示。现在很多刊物都在做类似的访谈，包括一些理论刊物，像《学术月刊》这样的大刊物也在做资深学者的访谈，这种访谈有利于发现一些平时被我们所忽视的问题，也常常能碰撞出思想的火花。

张明：我觉得还有一些问题必须要注意，比如说，访谈设置的话题，因为每个作家不一样，我们要有针对性地提问才能达到访谈的效果，您觉得呢？

戴冠青：确实如此，这是需要好好思考的。我觉得也可以跟电视台联系，跟他们做一些文化栏目的合作，比如作家访谈，让大家知道我们作家在做什么，作家跟社会的关系如何，社会要如何调动作家的创作积极性，作家又如何更有针对性地为社会服务，我相信这样的访谈还是有人看的。

（张明整理，原文刊载于泉州文艺网，2013年12月24日）

曾少聪教授访谈录

郑一省

曾少聪教授，1962 年出生在福建省平和县。1984 年获厦门大学文学学士学位，1997 年获厦门大学历史学博士学位。1984 年至 1986 年，任职于武汉中南民族学院中文系。1987—1999 年，在厦门大学人类学系、历史系担任讲师。1999—2002 年，在中国社会科学院民族研究所做博士后，博士后出站后就留在中国社会科学院民族学与人类学研究所工作至今。历任中国社会科学院民族学与人类学研究所副研究员、研究员，中国社会科学院研究生院教授和博士生导师、世界民族研究室副主任、中国社会科学院海外华人研究中心秘书长。2008—2011 年，曾担任厦门大学人文学院人类学与民族学系教授、博士生导师、系主任、人文学院副院长。兼任中国民族学会汉民族分会常务副会长兼秘书长、中国西南民族研究会副会长、福建省民俗学会会长，中央民族大学、厦门大学、暨南大学等高校兼职教授；《华人研究国际学报》（*The Interna-tional Journal of Diasporic Chinese Studies*）主编之一。

采访者：曾老师，您好！我们知道您最初是做汉语言研究的，后来获得历史学博士学位，并在中国社会科学院民族研究所做民族学博士后，不同时期的学习经历是否对您进行海外华人的研究有所影响？能否谈谈您做海外华人研究的原因？

曾少聪：我在厦门大学中文系读本科和博士研究生，师从黄典诚教授，做语言学方面的研究，比如汉语史、闽南话和客家话等。1993 年，黄教授去世后，由于那时中文系没有其他的博士生导师，所以我就转到厦门大学历史系，跟杨国桢教授攻读博士学位，学习明清社会经济史。1996 年我刚好有机会去菲律宾访问，又应台湾"中央"研究院民族学研究所所长庄英章教授的邀请，到民族所访问一个月的时间。因此，我选择明清时期海洋移民我国台湾地区与菲律宾的比较研究。从大陆移民到我国台湾地区和菲律宾的都以闽南人为主，两者移出的时间几乎一样，前者属于国内移民，除了日据时期外；后者属于国外移民。由于两者具有可比性，所以我选择海洋移民我国台湾地区和菲律宾作为我的博士论文。由于我攻读历史学博士学位，很自然地从历史学的角度去研究移民。又因为我当时在厦门大学人类学系教书，因此我就运用了人类学的理论和

作者简介：郑一省，广西民族大学民族学与社会学学院教授、博士，研究方向：华侨华人、东南亚民族与国际关系。

田野调查的方法去研究移民问题。在博士论文基础上，经过修改，出版了《东洋航路移民——明清海洋移民台湾与菲律宾比较研究》（江西高校出版社 1998 年版）。

1999 年 10 月我到中国社会科学院民族研究所，跟郝时远研究员做博士后。关于博士后出站报告的选题，当时我提了台湾少数民族、闽南人或客家人、海外华人三个方向，征求郝老师的意见，郝老师建议我做海外华人方面的研究。那时，中国社会科学院民族研究所大部分学者的研究对象是以我国的少数民族为主，研究汉族的学者很少，没有人专门研究海外华人。由于海外华人的主体是汉族的海外移民及其后裔，因此海外华人研究可以作为民族研究所学科建设的一个新的增长点。为了完成我的博士后研究课题，我到中国台湾地区，菲律宾、马来西亚、新加坡和泰国等国家和地区做田野调查，我博士后研究的方向是当代东南亚华人族群关系，主要探讨华人与当地其他族群的关系，以及华人内部的社群关系。在博士后出站报告的基础上修改出版了《漂泊与根植——当代东南亚华人族群关系研究》（中国社会科学出版社 2004 年版）。

1999 年 12 月，中国社会科学院民族研究所成立了海外华人研究中心，该中心于 2002 年升为中国社会科学院海外华人研究中心。同年，中心举办了海外华人研究国际学术研讨会，邀请了李亦园院士、王赓武院士、滨下武志教授、周南京教授、丘立本教授、梁志明教授和梁英明教授等 24 名国内外著名的学者与会，并出版了郝时远教授主编的《海外华人论文集》（中国社会科学出版社 2002 年版）。这次会议扩大了中国社会科学院海外华人研究中心的学术影响。

2004—2005 年，我利用去美国斯坦福大学访问的机会，对美国华人社会做了田野调查，并从移民和族群关系的角度探讨美国的华人。

采访者：许多早期的学者都是从经济学、政治学、历史学等学科的角度去研究海外华人，而从人类学角度去研究的较少，能否谈谈您为什么要从人类学的角度来研究海外华人？

曾少聪：国内出版了很多关于海外华人研究的著作，其中主要是历史学的研究成果，比如周南京、丘立本、梁英明、庄国土、高伟浓等教授的研究，也有部分学者从经济学、政治学、国际关系的角度对海外华人进行研究。虽然田汝康教授早在 1953 年就出版了《沙捞越华人》一书，但是从人类学角度来研究海外华人的著作还是比较少。部分港台和国外学者曾从人类学角度来研究海外华人，比如台湾李亦园院士的《一个移植的市镇》就是从人类学的角度对马来西亚麻坡华人进行研究、台湾庄英章教授对东南亚华人的研究、香港陈志明教授对马来西亚"答答"的研究，国外学者弗里德曼对新加坡华人的研究等。其实人类学学界对海外华人研究著作并不少，但除台湾地区外，我国人类学界研究的著作则较少。

2005 年我在《民族研究》发表《民族学视野中的海外华人研究》，实际上谈的就是人类学视野中的海外华人研究到底是什么。海外华人研究的范围很广，它可以被看作是一片沃土，大家都可以去耕耘，不同的学科都可以找到各自的研究视角。人类学是一个视角，怎样从人类学角度去研究，这是我当时考虑的问题。

人类学研究的主题包括婚姻与家庭、亲属称谓、族群关系、宗教信仰等，它有自己传统的研究内容。人类学传统的研究内容，其他学科也感兴趣，比如宗教学和历史学，对宗教进行研究，社会学对婚姻与家庭的研究。为什么提人类学的海外华人研究？这是因为人类学的海外华人研究有自己的特点，它与其他学科最大的区别在于田野调查，采用参与观察和深入访谈的方法，到海外华人社区进行深入的调查；人类学要求调查者最好能懂得研究对象的语言，并在当地生活一年的时间。因为一年是一个周期，可以对调查对象的岁时节日、生老病死、宗教仪式等做到全方位的观察，进而了解被研究对象的生活情形。我做东南亚华人研究有个便利的条件，就是我能熟练地说闽南语和客家话，与东南亚华人沟通没有障碍。

另外，人类学研究华人经济、政治、文化等内容的角度与其他学科有所差别。比如经济学家主要研究华人企业的发展、企业的经营和管理等问题，人类学家侧重的是华人民间经济的运作。例如，美国华人经济运作中的赊账制度源自于中国，他们做生意也会赊账给黑人。但是美国华人的赊账制度又有新的特点，美国的法制制度比较健全，商人在赊账上风险较少，他们可以通过打官司要回钱款，国内就不存在打官司这种现象。又比如学徒制度，当华人没有任何资本的时候，起初是去店里做杂工，学习做生意，积累一定的资本后再开店，扩大事业。以上谈的赊账制度、学徒制度都是中国的传统，也是华人发展经济的基础。可见，人类学比较注重研究社会底层经济的运作，人类学家关注的是这些经济理念、经济组织和经济方式是怎样影响华人的。

在政治方面，人类学主要研究民间社会政治的形成和影响力等。如李亦园教授研究马来西亚麻坡华人社会时，就谈到华人领袖的产生。华人社会有很多社团，比如宗亲会、同乡会等，这些社团必定要有一个会长，这种领袖人物的产生以及其影响力的形成就是人类学研究的内容。同样研究政治，我们不是研究官方政治，而是从民间层面来研究政治的运作。在殖民时期，东南亚部分精英华人在殖民者与中国政府的沟通中扮演着重要角色，但人类学较少研究他们对当地政治或者中国政治的参与和影响。

在社会方面，人类学研究海外华人的社会结构和社会组织等。海外华人的社会组织一般分为地缘组织和血缘组织，比如秘密会社、宗亲会、同乡会等，这些组织在国内较为常见，很多省市都有宗亲会馆，宗祠等。海外华人的祖籍地在中国，他们将某些组织观念带到海外，以上这几类社会组织就是华人从中国带出去的。

在文化方面，人类学也有它自己的关注点，比如海外华人为什么会一直保留着中国传统习俗。如果将中国文化分为大传统、小传统，早期华人大多来自贫穷的家庭，较少受过正规教育，他们带出去的主要是东南民间文化，现今东南亚华人仍然保留着大量的东南传统文化。海外华人除了传承中华文化之外，还不断吸收当地文化，以丰富海外华人的文化内容。因此，当我们研究文化的时候，就会关注华人的哪些文化特征是中国传统文化，哪些是吸收了西方或者当地的文化特征。此外，人类学也探讨文化对华人认同产生的影响，比如接受西方教育和华文教育的华人，对中国以及中华文化的认同是不相同的。认同和文化有着密切的关系，因此人类学将华人认同当作一个研究重点。

总之，人类学在研究方法和研究取向方面与别的学科不一样，这也是吸引我从人类学角度研究海外华人的原因。

采访者：能否谈谈目前国内对海外华人研究的热点问题有哪些？

曾少聪：目前国内对海外华人研究领域关注的热点问题主要有以下几个方面：一、全球化进程中的海外华人的网络，也就是跨国网络、社会资本等。二、欧美华人比较关心的一点就是国籍问题，我国政府不承认双重国籍，现在国际上越来越多的国家承认双重国籍，比如爱尔兰等国家，国籍问题已成为一个关注点。三、中国海外移民增多，海外华侨华人的安全问题引起了学界的重视。比如近年西班牙的"烧鞋事件"危及华侨华人的安全，现在西欧国家在经济危机影响下对华侨华人进行了排挤，这涉及海外华侨的安全。由于出国的人越来越多，华侨华人的安全问题已成为一个研究热点。四、中国的强大不仅仅体现在经济或者军事领域，还需要文化的强大。中国的崛起以及中华文化的"软实力"已成为海外华人研究的焦点，比如孔子学院遍布全球，目前已达几百所，它们如何运作以及怎样传播中华文化都是海外华人研究的热点，同时也是与国家战略有关的课题。五、族群关系也是海外华人研究的一个重点，越来越多的学者对不同族群之间的接触、互动、冲突和融合给予了关注。当然，关于海外华人研究还有许多热点问题值得探讨，上面只是举了一些例子，挂一漏万，自然难免。

（原文刊载于《八桂侨刊》2013 年第 3 期）

刘再复:增强文化自信 建设"华侨文化之都"

刘再复,1941 年出生于泉州南安,曾任中国社会科学院文学研究院所所长、研究员、学术委员会主任、《文学评论》主编、中国作家协会理事。1989 年出国后先后在芝加哥大学、斯德哥尔摩大学、卑诗大学、科罗拉多大学以及我国台湾的"中央"大学、东海大学、香港城市大学等高校担任客座教授、荣誉教授、讲座教授和访问学者;著有《性格组合论》《罪与文学》《红楼四书》《双典批判》《漂流手记》十卷等四十多部学术论著与散文集,并被译为英、韩、日、法等多种文字。

1988 年,他参加了诺贝尔文学奖的颁奖典礼,成为受瑞典学院邀请的第一位中国文学家,这一年的获奖者是埃及小说家纳吉布·迈哈福兹。他是著名的作家和评论家,这位生于泉州南安的大人物如今定居美国,在回复记者的采访邮件时,认真而谦和,谈及家乡的人事,又变得深情款款。他曾在接受采访时表示,希望自己拥有榕树一样美丽的灵魂,因为根植于故土的榕树,是他永恒的爱恋。

家乡变化巨大 希望保留"古典美"

"读万卷书,行万里路",刘再复是这句话的践行者,1989 年至今,他游学四十多个国家,到五十多所高校演讲,被人们称为"漂泊的思想者"。但恰如放飞的风筝,也总有一根细线牵引,而线的这头就是家乡泉州。

"远在他乡时,我最想念祖国与家乡的是'人',是家乡曾经关怀过我的亲人、友人和老师。"2011 年,刘再复回国参加厦门大学九十周年校庆,同时回泉州看望亲人。阔别 24 年,泉州变化之大,让他印象深刻:"泉州城市规模扩大了,城市里充满繁荣气象。交通四通八达,我从厦门坐小车到泉州仅需一个小时,真不可思议。有这种成就,很不容易。"对泉州的经济成就,刘再复也给予了非常高的评价。

当然,改变中也有"不尽理想"的地方,刘再复说:"泉州是座古城,改变中本可以更多地保留一些古典美,或者说整体风貌还应该保留古典美,但似乎没有做到这一点。所以,今天想起来,便觉得'浮华感'大于'美感'。"谈起"古典美",刘再复首推东西塔:"东西塔实在太美了,绝对是世上所罕见。日本的佛文化那么盛行,金阁寺等寺庙也确实十分辉煌，但恐怕找不到可与东西塔相媲美的古典建筑。我真想再到泉州时能坐在东西塔前，静静地再欣赏半天或一天。"

泉州缺一流文学家　文化有"两大宝贝"

泉州被誉为"多元文化宝库"，家乡文化如此丰厚，刘再复自然倍感骄傲，但作为一个文学评论家，他说泉州文化最令人遗憾的是并没有出现过一流的大文学家："无论在哪，谈起泉州，学者、朋友们夸奖的都是我们家乡的木偶戏、高甲戏、梨园戏等，并非文学。虽然我们有欧阳詹，他很了不起，跋涉千里到西安奔赴科举，成为八闽历史上第一名进士，破了天荒，《全唐诗》里选了他八十首诗。但在中国文学史上，他也不能算一流诗人。"

将时间拉近一点，刘再复说泉州（地区）当代倒是出了三位杰出的诗人：蔡其矫、舒婷和余光中。他们的作品不仅在国内影响很大，后两位已被世界所发现。但也有令人遗憾处，刘再复说："六十多年来，福建出了一些杰出诗人与文学评论家，但未产生杰出的小说家，这是为什么？此现象值得研究。有人说是语言转换问题，闽南语一旦转成普通话就不幽默，也有人说小说需要想象力，而福建人不善于虚构。"

虽然有遗憾，但刘再复也强调文学大家的出现都是偶然，并不能靠"建设"得来的，泉州文化史上倒是有两个"大宝贝"，值得发扬光大，那就是明代的李贽和现代的李叔同。刘再复说："李贽是中国思想史上开天辟地的大人物。而李叔同（弘一法师），则是中国现代佛学思想的伟大代表，去年我阅读了他的全集，更觉得他的心灵真是光芒万丈，其大慈悲体系，至今还在激发我的灵感。仅仅这两位伟大的人物，泉州的文化宝库就足以自豪。"

传统文化式微　当有"兴灭继绝"的意识

2004年，作为香港城市大学教授的刘再复回国，并出版了一系列的著作阐释对中国传统文化的思考，在社会上掀起了一股"刘再复热"。泉州传统文化积淀深厚，给刘再复印象最深的是以木偶戏、梨园戏、高甲戏所代表的传统艺术。他向笔者讲述了在他乡遇到家乡木偶戏的故事。

1992年，刘再复到瑞典时，有一天，瑞典学院院士、诺贝尔文学奖评委马悦然教授告诉他："今天晚上，要请您去看您家乡的木偶戏。"马悦然教授是瑞典木偶戏协会主席。当晚上演的剧目是古希腊著名悲剧《俄狄浦斯王》，演出给刘再复极大的震撼："原来，木偶戏也可以演出世界名著，而且比活人的演出更逼真、更精彩、更哲学。这是源于我们家乡的木偶艺术啊！这怎么能不保护、不传承、不发扬光大呢？"

然而泉州传统戏曲文化的生存现状与其艺术价值并不相符，要想从困境中解救泉州传统文化，首先需要观念上的调整和重视。刘再复提到了白先勇先生，盛赞其是"真正在从事我国传统艺术的'兴灭继绝'之大业"的人，他说："白先勇先生正是意识到昆剧可能走向式微的命运，所以他以高度的热情重新开掘上演《牡丹亭》。我在台湾时，他也请我去观赏。"面对泉州的传统文化不容乐观的现状，刘再复提醒："木偶戏、梨园戏、高甲戏，如果得不到扶持，一定会走向衰弱。对于这些泉州特有的戏曲，我们也应当有'兴灭继绝'的意识。"

　　游历四方，反观家乡，刘再复说在他的眼中，城市分"有灵魂的城市"与"没有灵魂的城市"两种，"泉州本应该是福建最有灵魂的城市，但至今，灵魂仍然未能充分呈现"。而文化底蕴深厚的泉州，还蕴藏了全世界独一无二的"华侨文化"，这是尚未被充分重视，尚未被完全开发的宝贵资源，刘再复说："泉州是华侨的'故都'，不仅是'故乡'。因此，它本应是华侨文化的大本营和集中地。今天希望通过泉州网，郑重表示，我期待泉州成为'华侨文化之都'。希望海外华侨，尤其是东南亚华侨，也能关注这一名称。"

　　华侨文化之都，这也是属于刘再复的"泉州梦"。

（泉州网记者郭巧燕，原文刊载于泉州网，2013 年 6 月 14 日）

王心心：静下来是一种前进的力量

人物名片：王心心，泉州人。当代华人最重要的南管音乐家之一。师承南管名师庄步联、吴造、马香缎等人，精习指、谱大曲及各项乐器，尤以歌唱著名。曾任福建泉州南音乐团专职乐师、台北汉唐乐府南管古乐团音乐总监。1992 年定居于台湾，秉承南管当代传唱的使命，勇于突破传统的窠臼，2003 年独力创办心心南管乐坊，致力于南管与当代艺术跨领域的合作，并在南管吟唱与中国古典诗词文学的结合创作上独树一帜，经典作品如《葬花吟》《琵琶行》及李清照的《声声慢》等。

眼前的她，略施粉黛，言谈优雅，身穿素色布衣，藏青色粗布长裙，一支素簪将乌黑的头发挽成发髻，发尾垂到一侧，紫色长围巾随意地垂坠着。她说这样的装扮轻松自在，最是自然。她从泉州到台湾，又从台湾走向了世界，她的名字随着她所开创的"新南音"响彻大江南北，她就是王心心。

2013 年 6 月 26 日，著名南管音乐家王心心从台北回泉州探亲，在下榻的酒店接受了泉州网记者的专访。

诗乐合一　创新是为了更好的推广

"诗乐合一"，将脍炙人口的诗歌和古老的南音相结合，是王心心在南音上的创新尝试，而跨出的这第一步，要追溯到 1985 年，当时在福建艺术学校南管专科就读的王心心得到了出唱片的机会，"当时学校挑选了几个同学，录制了八张唱片，我唱了两张半，其中一张是唐诗专辑《送友人》。是陈华智老师创作的。另一张是传统的曲子《阿娘听（婶）》。"

两张唱片面市后，境遇截然不同，"唱传统曲子的那张卖得很好，但是《送友人》很差，根本没有人要买，这样的创作当时根本不被接受。"虽然市场反响不好，但是《送友人》却在当年中国音像出版社主办的大赛中斩获银奖，在福建省送评的四十多盘卡带中，只有两盘获奖，《送友人》是其中之一。同年，王心心被邀请到北京演出。

这极大地激发了王心心的独立创作欲望，她希望有一天能把唐诗三百首写完。她说，将唐诗谱上南管曲牌来演唱，可以让人迅速掌握唱词的意义，更好地推广南音，"南音有大部分的唱曲都是戏曲的片段，所以很多都是男女情爱，如果是要在中学生当中去推广，你很难更深入地解释。但古诗词本来就是他们常学习的，也是我们每个人都应该学习的，大家比较熟悉，而南音是一种内在的艺术，也比较适合呈现古诗词的美。"

新曲越写越多，《静夜思》《园内花开》（再版）、《昭君出塞》（新版）等新片陆续推出，但是王心心对录制唱片变得更为慎重："每一次的录制都没有办法达到理想的效果，南音这种艺术是空灵的，需要留白的，你面对的是机器，没有互动，你是很难进入那种境界。真正要享受南音，是要欣赏音乐里面的静和定，它是一种很内在的，是一种心与心的互动，并不在于听懂语言。"

潜心打磨 只为呈现南音的另一面

舞台上，身着唐装的王心心一个人，横抱琵琶，轻启朱唇，低吟浅唱一曲《琵琶行》，抑扬顿挫、转承启合，沉浸其中，令人有恍如重回大唐之感。

从小生长在泉州的王心心说，南音是泉州人生活的一部分，但太生活化了却让人忽视了南音的另一面，"南音是泉州生活的一部分，你好像到处都听得到。演奏的人，唱的人，看得人都随意了。所以南音出去卖票，会有多少人愿意买票呢？"而王心心所要做的是要让人们发现南音的另一面，"南音好比钻石，要给它一个专柜，给它一个灯，价值感就出来了。不是说我们这里的东西不够好，我们这里的艺术都是高超的，就是要怎么亮出来"。

为了呈现不一样的南音，这些年，王心心致力于让南音和舞蹈等各种艺术结合，并尝试将南音中的乐器独立出来，不仅在音乐创作上突破窠臼，更在视觉和舞台艺术上丰富南音艺术。在王心心看来，唯有创新才能给南音新生命："我最在乎的是我要给南音新生命，我们所谓的传统南音对我而言也是一种新，因为我们是现代人在演奏它，每个时代都有自己的解读。南音不是死的，不是放在博物馆的，所以我们是要怎么唱出它的生命。"

"传统的东西不是一出来就是'传统'的，传统是经过时间认定的，好的作品会经过时间的考验，会被承认，会被存留下来。"王心心的尝试得到了承认，她所做的诗歌，已经变成了学习南音入门曲；她把古老的南音带上了世界的舞台，法国"阿维尼翁艺术节"、德国"皮娜鲍什国际舞蹈节"、比利时"法兰德斯艺术节"……王心心说，"我希望，我所做的以后也会变成南音的传统的一部分，我也相信，我写的这些《琵琶行》《葬花吟》也会是南音的一部分，而且会是高难度的体现。"

艺术遭遇生存 渴望更多的改变

而逼着王心心不断往前的还有另一个现实原因，那便是生存。王心心告诉笔者，在台湾艺术团体想要自己养活自己，就需要拿作品、拿创意、拿企划去吸引观众，或者寻求财团或企业赞助，"我们是不做就没有固定薪水的。你要绞尽脑汁去想做什么活动，去吸引别人。如果每次都拿一样的东西去，那你还能再拿到钱吗？脑筋就是要激发，没有激发就没有创意出来。"

虽然"温饱问题"激发了创意，但也带来了人才流失的现实问题，王心心开玩笑说："唱南音本来是很悠闲的，如果都吃不饱，怎么可能悠闲呢？你也不能去怪他们，他们不能靠这个吃饭，他们需要找到赖以生存的东西。所以我们还是需要政府，还是需要财团。"那么大陆是否也应该效仿台湾，放弃圈养呢？王心心给了否定的答案，"我觉得，虽然我们生活富裕起来了，但台湾已经沉淀下来了，这里还没有静下来。"也正因为觉得大陆还没有静下心来，多年来，王心心都不敢回乡演出，"我非常希望回来，非常想回来，但是我觉得我的东西在这里也不一定会被接受。我还是很担心。"

静下心来，这也是王心心最渴望在南音演奏者和观众身上看到的变化，"因为我们的音乐本来就是静，本来就是缓慢的，就是一种静的音乐，演奏者不静，观众也不静，那音乐怎么能静下来。所以我们现在要做地就是怎么让自己静下来。"

而泉州这座古城也需要静下来，观照自身，王心心说："泉州最珍贵的还是这些活文化，重要是怎么去做出我们的特色，而不是一直要去向外学习。我们以前梨园戏也和京剧学习，但是慢慢地就会有一些自己的东西不见了。我们梨园戏现在为什么会这么好，就是因为慢慢地回到自己的东西，具有特色出去就不一样。"

著名的舞蹈家林怀民曾经这样评价王心心："她尚未出场，我们静默等候；她一开口，我们便不知道自己在哪里了。"她说南音是一种修行，需要足够宁静方能享受其中的美好。王心心说了一个故事：她第一次到台湾时，一个有钱人请她去看别墅，当她想象着自动门、大花园、游泳池时，眼前出现的却是一栋破旧的木楼。"因为人的追求没有办法一直达到，没有办法一直往前去追，就是要怎么把心灵稳下来。你怎么飞跃，飞得怎么高，都要回到最初的。"

（泉州网记者郭巧燕，原文刊载于泉州网，2013 年 7 月 4 日）

孙立川：不能把泉州的
文化想象成独一无二

人物名片：孙立川，中国作家协会会员，资深文化人。1950 年出生于泉州，1976 年在厦门大学中文系毕业留校任教，赴日本国立京都大学深造获文学博士学位。1993 年移居香港，现任香港天地图书公司副总编辑。著有论文集、随笔集及译著等。

作为出版人，他热衷于闽南文化的交流和传播，校编出版过禅宗现存最早的灯录、闽南方言研究的宝贵资料《祖堂集》；作为作家，他书写过弘一法师和家乡泉州的因缘故事，展现"泉南佛国"的独特魅力；离乡三十多年，他在交谈中不时会蹦出来的几句闽南语，是一个游子身上的泉州印记，他是咱厝人孙立川。

保护古建筑刻不容缓

"一些老房子不断在流失，我觉得这个泉州一定要花这样的时间，不要轻易拆掉一栋老房子，能保存下来就保存下来。"采访一开始，孙立川迫不及待地谈起了古建筑保护的问题，他说自己曾经和泉州历史上最后一位状元吴鲁的后裔交流过，也看过一些吴鲁故居的影像资料，希望相关部门可以赶紧行动起来，好好修缮保护吴鲁故居，孙立川说："江苏的翁同龢、南通的张謇这两位晚清状元的古宅都保存下来，而且保护得很好，我想我们政府一定要多做些事情保护好这一类的房子。"当古建筑遭遇"拆除"，孙立川表示一定要谨慎处理，三思而后行，不然恐怕会追悔莫及，"我觉得拆掉一个房子是很容易的，但是要复建是比较难的。就像环境一样，你把它破坏了，要恢复是非常难的。"

除了制定相应的措施，投入资金抓紧抢修之外，孙立川表示还应该加强泉州乡土文化教育，让下一代和传统文化多些"亲密接触"，"学校可以带着孩子们到我们的一些古民居，一些老房子，去看看泉州的东西，进行乡土文化教育"。建筑是一个城市的灵魂，红砖古厝，阡陌小巷，还有高高翘起的燕尾脊，这是几代泉州人的"集体记忆"，孙立川说："我们要发动泉州人，要自己保护自己的家园文化，我们集体记忆当中的一些东西。文化实力的提升是要通过文化的传承和保护。"

资源开发要化旧为新

孙立川的公司位于香港湾仔，这是一个新旧并存的独特社区，糅合旧传统与新发展的精粹，"湾仔这边有很多的民国时代的建筑物，他们一直在保护，一个寺庙，一个当铺，他们都保护下来，就变成了旅游景点。"孙立川表示，这种化旧为新的做法，既保护了当地的文化生态，又带动了经济发展，是对文化资源再开发的典范，"软实力这个词，以前我把它翻译成'软能源'，我的理解是，资源要转变成能源，能源是会燃烧，会发光的，有一种动力。"

而如何把资源变成一种能源，是文化产业发展真正的难题。2009年，作为中华文化促进会的第三届理事，孙立川受聘成为杭州孔庙国学馆的顾问，同年复建完成的杭州孔庙也正式对外开放，"杭州是南宋的首都，杭州孔庙一度成为太学，解放后被拆掉，复建后当然不可能像以前那么壮观，但是它旁边就做一条文化街，做出了地方特色。"每年杭州孔庙都会举行各种活动，从祭孔到经典诵读，从灯会到国学讲堂，对比杭州孔庙的红火，作为全国重点文物保护单位的泉州府文庙显得有些冷清，"泉州的文庙是不是应该学习下呢，我觉得这类活动，泉州要做的话有很大的空间，我们要更好地利用我们现有的文化资源，做得更好一点"。要想化旧为新，触发新的活力，孙立川说泉州还需要虚心些，向其他地方多取经，"像台湾，当地政府也是花费了很多精力，他们的品牌有现代化的包装，但是依然有古老的印记，这些东西很多都是泉州流传到台湾的，但是我们都没有保存下来"。

资源整合提升留住游客

"泉州是一个历史文化名城，但是我看很多旅游团不会在泉州停留的，这是对泉州旅游资源的浪费。"孙立川说，如果游客只是走马观花，来了就走，根本没有办法给泉州带来经济效益，"总的原则就是至少要留一天，要有时间让游客可以感受到泉州文化的魅力，对经济才有促进。"而要想让游客停下脚步，除了要着力提升硬件配套设施之外，孙立川强调还要注重将旅游资源和文化资源相结合，充分发挥泉州文化特色。

为了进一步阐释自己的观点，孙立川当了一回导游，带领笔者体验了一次独特的泉州之旅，"去清净寺，是不是可以放一段录像给他们看，或者一些回民和古代阿拉伯人在泉州的生活的影像，到少林寺去参观的时候，看一场武僧的表演，晚上安排他们去听南音啊，享受泡茶文化。"成功留住游客之后，孙导游又打起了泉州几个县区的特色旅游的主意："甚至可以半天去安溪喝茶，到茶园参观茶农怎么种茶制茶，半天到德化体验陶瓷之旅啊，让游客动手做瓷器。"孙立川说，作为泉州软实力对外展示的一个窗口，泉州在旅游资源开发上还需要多动心思，多做点文章，"一定要保留自己的特色，好好整理自己的文化资源，好好利用，这样的话才有一个未来，才有一个向前发展的机会。"

"我们以家乡的文化自豪，但是我们不能把泉州的文化想象成全国独一无二的，不能这么想，因为很多地方的文化比我们古老，传承得比我们好。我们需要虚心向人家学习，要把别人的好的东西吸收进来，丰富和发展我们泉州的文化。"作为资深的文化人，孙立川熟知家乡的一切，也关注泉州未来的发展，热爱家乡文化的同时，也不忘常怀谦虚之心，"在泉州各个宗教共生共存，共生这个理念非常重要，我们要把这种精神发扬光大，眼光要放远一点，这才是我们文化传承，走向中国，走向世界所需要的。"

（原文刊载于泉州网，2013 年 4 月 19 日）

万维生：文化需要不断更新和创造

万维生，1932 年 6 月生于日本神户，祖籍福建泉州。1955 年从东北美术专科学校（后改鲁迅美术学院）绘画系毕业后，被分配到邮电部邮票发行局从事邮票设计。中国美术家协会会员，邮票印制局高级工艺美术师。设计邮票 40 多套 150 枚，主要作品：《儿童生活》《北京风景》《天鹅》《万里长城》《童话——"咕咚"》《水仙花》和《全国山河一片红》（未发行）。

隔着电话很难猜测万维生的年龄，他思路清晰，侃侃而谈，说起泉州文化，他饱含深情又不失理性，字字句句可见他对文化发展的殷殷期盼。"只有不断地更新和创造，文化才能不断进步。"2013 年适逢万维生邮票艺术馆开馆 10 周年，2003 年开馆之初，他将自己的邮票、邮票画稿、习作及收藏的名家书画捐赠给家乡，以充实文化名城的文化新景，"了我故乡情结，我才能心安理得。"

最遗憾的是没有炒热泉州学

"最让我遗憾的，就是至今为止我们都没有炒热'泉州学'。"谈及泉州文化发展，万维生最大的心愿就是能把泉州学的名头再打响一点。20 世纪 90 年代，联合国科教文组织来泉考察，提出要在泉州设立泉州学，就像敦煌的敦煌学一样，组织世界的专家学者来泉州开展研究，使泉州学成为一个国际性的项目。"这是一件很了不起的事情，不管在当时还是对现在的泉州来说都极具分量，可惜的是始终没有宣传开。"万维生话语中难掩惋惜之意，虽然有人还在坚持做这方面的研究，但依然有很多人不知道泉州学是什么，特别是现在的年轻人。

"要珍惜历史的馈赠。"说起泉州，万维生毫不掩饰自己的偏爱，仿若心头抹不去的一缕情愫，魂牵梦萦了半个多世纪。他迫切地想让更多人知道泉州，在这仅仅一万多平方公里的土地上，闪耀着多种文明的光芒。隋唐以来，外来宗教开始在这里布道，西来文化日趋东渐，"涨海声中万国商"，空前繁荣的盛景持续了将近四百年，"这样的文化机遇对任何一个城市来说都是少有的。"也因为如此，泉州学才自有其独特的文化魅力。但是相较于敦煌学，万维生坦言，泉州学在其规模和影响力方面都还远远不够。"我们要做的还有很多，政府和民间都应当更重视一些。"万维生希望，能借这次举办闽南文化节的契机，让世界的目光再次聚焦"泉州学"，重振泉州千年古港的雄姿。

不能再只是消费文化了

另一件令万维生念念不忘的事情，就是泉州的国际木偶节。"泉州曾经举办过三届国际木偶节，但是此后不知因何原因，泉州再也没有举办过此项活动，现在知道木偶节的人已经越来越少了。"令他担忧的是，泉州国际木偶节未能常态化，反而国内一些城市比如上海、成都等后来居上，类似的活动做得风生水起。"很多城市都在竞争，泉州是中国木偶之乡，更是要跟上时代的脚步。"

"不能再只是单纯的消费文化了，现在急需的是发展。"万维生认为，泉州是历史文化名城，千年岁月贮藏着丰厚的文化底蕴和宏博的历史结晶，但是文化建设更需要新的东西来充实、丰富文化内涵。只有不断地更新和创造，把文化的外延尽可能地拓展开，文化才能不断进步。

成为值得人群驻足的城市

"即使是在全国，泉州也是很难得的一个文化古城。可是我们的城市这么好，却很少人知道它的好。"相较于山西的平遥、云南的丽江、江苏的扬州，同样是文化历史名城，"甚至泉州的内涵要比当中一些城市来得深厚，但是知名度就是打不响，名气远远比不上这些城市。"万维生认为，过去泉州把太多力气用在经济发展上，忽略了文化内涵的充实，殊不知城市建设得再好，如果没有文化印迹，照样是不具备吸引力。"一个光有 GDP 的城市是远远不够的，泉州要成为值得人群驻足的城市！"泉州的文化应该也值得花大力气来包装、来宣传，"我们还有很多宝贝是别人不知道的或者说还没有得到充分宣传的。"比方说，流传了千年的南音，兼容并蓄的宗教文化，还有那么多国家级文物保护单位，"这些都是可以拿来大做文章的。"万维生认为，现在泉州要学的是用世界的眼光来看自己，只有这样才会知道世界需要一个什么样的泉州，而我们又能呈现给世界一个什么样的泉州。

但如何真正走好"文化"这步棋，显然泉州还需要更多的探索及创新精神。"比方说，如果泉州的文学家、艺术家们，能够写一部有关泉州的小说或者拍一部泉州题材的电视剧，当然如果是电影就更好了，那么影响力一下就会显现出来了。"很多时候，一部好的作品就能带动一个城市的发展，这已经无须佐证了。中国的海南、杭州，日本的静冈县、北海道都是现成的例子，这些地方在拉动旅游经济的同时，又反过来刺激当地的房地产、餐饮业、投资等多方面的发展。现在也到了"经济搭台，文化唱戏"的时候了。"关键要有好的剧本，这个剧本能让大家认可，能让人一看就愿意来你这个地方。"

（泉州网记者黄怡，原文刊载于泉州网，2013 年 5 月 17 日）

康耀仁:藏品文化才是城市最深厚的积淀

康耀仁,祖籍泉州惠安,艺名阿人,号树斋。书画家、鉴赏家、艺评人。1963 年出生于福建惠东,1995 年移居北京,2010 年返乡筹建榕溪美术馆。现为中国书法家协会维权鉴定委员会委员,中国书法家协会培训中心教授,《法书经典》主编。

"博物馆承载着一个地方厚重的历史文化内涵,是地方文化最为浓墨重彩的一部分,泉州应该更加重视博物馆的建设。"与康耀仁预约采访时,他刚好从北京回老家惠安举办个展。谈及泉州的文化发展,康耀仁想得最多的还是泉州的文化艺术品市场,或许与他如今鉴藏家的身份不无关系,"泉州要构建自己的文化艺术品市场。"

文化发展要有兼容并包的心态

"文化需要的是一种大格局,也就是要有兼容并包的心态。"康耀仁认为,这也是当前泉州文化发展所欠缺的,"即使经济发展起来了,泉州的文化格局还是小,对文化的包容性也始终是差了那么一点。"兴于唐、盛于宋,直至曾经的东方第一大港,千年岁月在泉州沉淀下了无与伦比的文化宝藏,这是泉州人的财富,却没有在千年之后得到应有的礼遇,即使与同期开放的许多城市相比,保守的观念使得泉州的文化还是显得不那么大气。

康耀仁一直都很推崇明末大书法家张瑞图(晋江人)的作品,但是让他惋惜的是现在泉州的书法家没有人在学习张瑞图的书法。"这么好的大师级人物,这么优秀的本土资源,泉州却没有人在学习。连我们本地人都不能吸纳,试问还会有什么人来吸收继承?我们又凭什么去吸收外面优秀的文化?"庆幸的是,越来越多的人开始认识到这点。

"也是因为格局小,所以泉州的文化才能这么精致。"比如木偶戏,小巧玲珑,绚丽多姿;再比如南音,古韵袅袅,清韵悠扬。"这就是我们泉州最独一无二的文化符号,是融进骨血里的文化灵魂。"康耀仁如是说。当然在城市里,这种小巧的格局并非全无好处,一旦有好的策划、好的活动宣传方案,很容易造成极大的社会反响,康耀仁对泉州的文化产业发展信心十足,"一旦资源能够适时、适当地整合起来,社会影响力立刻就会显现出来。"

构建泉州的文化艺术品市场

"泉州是历史文化名城，但于艺术品的投资收藏方面仍是慢了几拍，氛围和市场远不如江浙、京沪一带。"走过这么多城市，看得越多，康耀仁想法也越多，他希望泉州的市场能跟得上行业的脚步，但目前泉州要做的还很多。单是艺术品拍卖机构，文化氛围较好的如杭州便有不下20家艺术品拍卖公司，即使是市场不怎么红火的厦门也有至少5家公司，但泉州没有！"拍卖虽然是商业性质的行为，但至少代表了文化的一种流通，它具有很强的文化属性。"康耀仁认为，泉州要尽快构建自己的文化艺术品市场，作为曾经的东方第一大港，泉州应该有这样的文化自信。

"人才是有限的，关键是要怎么吸引过来。"行业的特殊性也对人才提出了更高的要求，这些在艺术品收藏品鉴上颇有研究的高手却大多是"大隐隐于市"，但康耀仁似乎并不担心，他认为真正能在这个行业立足的都是一些对传统文化有着特殊情怀的人，他们愿意也乐意见证整个文化的重建。"关键是怎么来打破常规、建立渠道以吸引人才，当然这也是政府应该考虑的事情。"盛世收藏、富而思文，泉州的经济发展起来了，应该以更开放的心态、更宽广的胸怀、更灵敏的思维，去接纳外面的文化艺术信息。

泉州要重视博物馆的建设

"博物馆承载着一个地方厚重的历史文化内涵，是地方文化最为浓墨重彩的一部分，泉州应该更加重视博物馆的建设。"海外交通史博物馆、闽台缘博物馆、华侨历史博物馆，康耀仁说起泉州的博物馆头头是道，但还是免不了叹惋，"博物馆是向外来旅游者展示地方历史发展最为直接的窗口，但目前来说，泉州的博物馆还是没有形成足够的吸引力。"这其中很大一部分原因就是它的藏品规模，康耀仁认为，政府应该花更多的力气来收集与之相关的有文物和历史价值的作品和资料，做一个有主题性、系列性的归纳。比如像苏州博物馆就做得很好，它举办了很多有影响力的活动，现在还准备做文徵明特展、唐伯虎特展，"但是泉州呢？张瑞图、弘一法师在这里生活了这么多年，泉州并不缺少这类人文资源，但是为什么展览就是做不起来，或者说难以形成规模？"

在康耀仁看来，博物馆至少应该是"高阁广场，罗列物品，古今咸备，纵人观览"。现在泉州缺少的是一种机制，"我们没有专门的人或者制度来支持这个事情。"一些收藏界名士有心捐赠却屡屡碰壁，想为自己的藏品找到一个合适的归宿也成了难事。"国外现在有一些举措都很值得我们学习，它有相对完善的捐赠制度，也有一些好的政策来鼓励民间捐赠，比方说企业捐赠可以减税。"康耀仁说，国外许多博物馆的精品都来自于民间，现在的泉州应该思考的是怎么来挖掘这种民间资源，充实自己的文化宝库。毕竟博物馆的藏品文化和品牌文化才是这座城市最为深厚的积淀所在。

（泉州网记者黄怡，原文刊载于泉州网，2013 年 4 月 24 日）

王明贤:探索创意产业的泉州模式

　　王明贤,泉州井亭人,中国"文革"美术专家,中国艺术研究院建筑艺术研究所副所长。曾任1989年中国现代艺术展筹备委员会委员,1999年UIA国际建筑师大会中国当代建筑艺术展秘书长(之一),1999年中国青年建筑师实验作品展策展人,2005年第51届威尼斯双年展中国国家馆执行小组成员,2006年威尼斯双年展第10届国际建筑展中国国家馆策展人。著有《当代建筑文化与美学》学术论文集、《中国建筑美学文存》等。

　　作为一个土生土长的泉州人,王明贤一直关心着家乡的文化创意产业的发展。2011年2月,他出席了"2011年艺术经济与创意文化(泉州)发展论坛",为家乡的文化创意产业发展献计献策;2012年12月,他又回到家乡举办了名为"后建筑史"的个人油画展,用作品表达着自己对不断变化的城市文化和景观的思考。"文化创意产业可以给一个城市带来灵魂,一个没有文化的城市,就算经济上再发达,也会让人觉得是一个很可笑的城市,只有文化创意产业才能给一个城市带来尊严。"王明贤反复强调经济强市,泉州在文化产业发展上也应不落人后。

"泉州应该是南方的艺术中心"

　　"我觉得泉州这二三十年来,经济的发展非常好非常快。提起泉州的经济,大家都知道,提起泉州是历史文化名城,大家也都知道,但是,说起泉州的当代文化就有点……"说到这,王明贤显得有些犹豫,拿捏不好用什么形容词,一小段沉默后,他用了"遗憾"二字。谈起泉州当代文化的缺位,王明贤表现出极大的惋惜,"泉州的独特文化,不仅在中国,在世界上,都应该占有一席之地。"

　　深厚的文化积淀,精良的传统工艺,悠久的海洋文明,集文化之大成的泉州可以说是"赢在了起跑点上"。而在目前国内文化产业发展不景气的大背景下,王明贤表示,泉州只要努力,不仅可以成为"南方的艺术中心",更可能会成为国际上一个"独特的东方艺术中心"。"泉州人有一种不甘寂寞、大胆创新的精神,把这种精神投入文化产业中,政府、文化人、企业家,甚至是国际上的力量,大家联合起来,把泉州建成一个既古老又很新的泉州。"但是梦想和现实毕竟还是有距离的,王明贤评价目前泉州文化创意产业发展规模太小，不成气候，"在本土可能还有一些气候，但是在福建，在全国，影响力远远不够。"他也表示，泉州应该有这样的大手笔，"要寻求一条政府、艺术家、民营资本合作的道路，吸引国际化的策划团队、建筑团队、艺术家。"

"泉州当代艺术家要走出去"

有独特深厚的闽南文化，也有骄人的经济成就，还有东南沿海对台对外的地理优势，更有政府对文化创意产业的重视和扶持，在王明贤看来，泉州的文化创意产业发展可谓是占尽"天时地利"，只缺了那一点"人和"，"我觉得泉州的艺术家们太分散了，每个人都是天才，每个人都有宝贵的意见，这些意见要综合起来"。谈起泉州当代艺术家，他如数家珍，"泉州有很多优秀的艺术家，但是他们都太沉默了，感觉是把自己闷在家里。"王明贤说，泉州的当代艺术家们应该集合起来，形成一股走出去的合力，"泉州的艺术家应该要走出去，到北京、上海，在国际上，举办重要的展览，比如泉州当代重要的艺术家的联合展览。"

除了走出去，泉州还要注重"引进来"，"要把泉州打造可以作为一个重要当代艺术交流展示的平台，吸引国际上重要的艺术家到这里来展示，到时国际上的艺术家和当地的艺术家一起交流做展览，就会是一个很好的发展机会。"王明贤评价泉州人是"既保守又前卫"，他渴望看到泉州人在文化创意产业中的"爆发"，"目前泉州的文化发展，保守的性格发挥了比较大的作用，而激进前卫超前的那一方面，还没有表现出来。我想，是时候爆发了。"

"传统文化要坚决保护"

"不要老东西拆掉了，新的东西再去复古，那就完了。"作为中国艺术研究院建筑艺术研究所副所长，王明贤对于泉州的古建筑推崇备至，他引用了著名古建筑学家莫宗江对泉州古建筑的评价——"泉州的屋顶是曲线的，那么优美，充满了艺术性，这在世界上都是非常少见。不仅要保护建筑本身，更要保留建筑技艺这样的非物质文化遗产。"正如坚持要保护古建筑的态度一样，王明贤表示，要处理好传统与现代的关系，才能发展好文化创意产业，"传统如果没有经过现代的阐释，那么它就仅仅只是历史，就像在深山老林里，你藏了一堆珍宝，但是你没有钥匙，你打不开，就没有意义。所以说，泉州的传统文化需要当代文化这把钥匙去开启。"

"中国下个十年是文化创意产业的十年，现在的投入就好像原始股一样，在五年、十年之后，会有非常丰富的回报。"王明贤大胆预言，"文化创意产业的发展，关系到泉州这个城市的再生，关系这个历史文化名城的再生"。然而对文化产业的投入并不意味着花大钱，"我觉得文化创意产业的投入并不是多少钱的问题，主要还是一个文化观念。如果观念不对，你就算投几百亿，也有可能做出一个非常平庸的作品。"至于什么才是好的文化观念，这就需要大家群策群力，共同探索出一个独特的"泉州模式"，"泉州的历史文化积淀，和泉州当代艺术家活跃的创造力，应该会形成很独特的泉州模式，那么这种泉州创意产业的模式，我们还是要继续深入研究。"

（泉州网记者郭巧燕，原文刊载于泉州网，2013年3月22日）

龚书绵:闽南文化应是生活的文化

　　她是作家、诗人,尤其擅写散文,著有《芳草山庄》《乡情万缕》《龚书绵诗文集》等书;她是画家,曾参与国内外画展数十回,获台湾美展佳作奖、日本水墨画会多项优等奖;她还是业余歌唱家,在许多歌唱比赛中获过奖。龚书绵,1924年生于泉州,现居台湾,曾任台北师院教授,课余从夫习画,擅作散文。现为台湾诗书画家协会副理事长、中国作家创作协会名誉主席、世界华文诗词学会荣誉会长、世界杰出华人艺术家协会终身名誉主席。

　　"今生今世,甚至来生来世,泉州,泉州,永远是我的故乡。"(龚书绵《乡情万缕》)在西街小巷的一座古厝中,终于见到了龚书绵,这位在台湾和大陆都颇有名气的"才女",虽已90岁高龄,但依旧是眉目清明、思维灵敏。她的话语,温柔轻盈,却有着笃定而坚毅的力量。22岁离开泉州,在台湾生活了大半辈子,直至将近古稀之年,才终于跨过那弯浅浅的海峡,回到魂牵梦萦的家乡,如今已经耄耋之年的龚书绵更是将精力投入到促进两岸文化交流的工作当中,"寻味闽南文化有如吟诗,以趣味开始,最终回归到趣味。"

文化要推陈出新　有地域特色的名品是新的文化标签

　　"文化的传承和发展,我们这一代人正是承前启后的桥梁。这是我们的责任,也是时代赋予我们的使命感。"在龚书绵看来,一种地方文化要永葆鲜活的生命力,不仅要能够很好地继承优秀的传统文化,而且还得学会推陈出新、海纳百川,不断丰富自身的文化内涵。源出于中原的闽南文化,无疑传承了古代中原文化的精髓,又因之特殊的地理、历史原因,至今依然保留着最纯粹的古文化。"闽南人在传承和创新中华文化的过程中,充满了文化自觉与文化自信。"无论是从语言、民俗、艺术,甚至是家族观和教育等多个侧面中,都可以窥见这种文化守成观念。"我们对神佛、祖宗的这种虔诚,就是对自身本土文化的一种认同和情感上的一种归属。"

　　看重精神上的远古寄托,但又念念不忘现实的摇篮血迹。龚书绵认为,泉州的文化继承固然有其不足之处,但已经做得要比国内一些城市都好,而如今做得不好的地方也慢慢在改进,令她欣慰的是,日益频繁的两岸文化交流或许也正在为这样的改进提供诸多可以借鉴的方向。"我们祖先为我们留下了如此丰富的文化遗产，如果我们这代人都不能好好继承，谈何发扬光大？"只有将传统文化吃进肚子里，才能真正吸收文化精髓，也才能更好地传承发扬。"晋江石狮的鞋服、永春的柑橘、德化的陶瓷、南安的建材、惠安的石雕还有安溪的茶叶，这些具有地域特征的泉州名品，不也正是在传统的基础上再次创造成为新的文化标签？"

喝茶看戏拜观音　文化应渗透在日常生活当中

"什么是文化？它包罗万象，上至宇宙星辰，下到线脑针头，皆可融入其中，但在我看来，文化就是生活。"龚书绵说，比如人们的衣食住行，吃饭讲究饮食文化，穿衣讲究服饰文化，住房讲究建筑文化，出行讲究旅游文化，甚至连一片小小的茶叶都有它的茶文化。"饭要怎么做？衣服要怎么穿？房子要怎么盖？古往今来，这些积淀了上千年的生活准则，才真正是一个民族精神的映像，它渗透在人们生活的各个角落，却又自成一个系统，根深蒂固地影响了一整个地区的人们。"城市的发展令不少传统的规则面临消亡的命运，却不曾想这些地道的闽南菜、传统的服饰、香醇的工夫茶和红砖古大厝才是地域文化最为鲜明的符号。

当然除了这些实实在在摸得着的，文化还应当更广。"我们的南音南戏，在中华文化中占有举足轻重的一席，即使与世界上任何一个国家相比也丝毫不会逊色。"泉南佛国，这里住着最守古风的人：与神佛对话，遵三纲五常，守礼节繁缛。"这又是个多么温暖而闲适的城市。"龚书绵说，离开故乡六十多年，社会在变，城市在变，生活在变，但故乡的风土人情依旧未变，她仍然心心念念喝茶、看戏、拜观音的生活。"这就是泉州，那种闲适淡雅的生活态度，就是闽南人最深刻的文化印记。"

宋代著名理学家朱熹曾为泉州撰写一联"此地古称佛国，满街都是圣人"。但在龚书绵看来，"满街都是诗人"，若非如此，怎会有如此豁达的心境，文化以趣味开始，最终仍是要回归趣味。每到黄昏，三五人群，坐下来一小盅一小盅地品茶，"人生所追求的也不过如此，也只有泉州才有这样的闲适。"

闽南文化应当属于全世界　我们应有这样的胸怀

千年底蕴，它到底沉积了怎样的一份古朴？千年安然，它又如何保有这一份闲适？龚书绵说，闽南文化真正是"海纳百川，厚积薄发"，也只有如此，方能在经历了千年的岁月洗礼之后，直至今日古韵犹存，依旧是光彩照人。

"凡有闽南人的足迹，就有闽南文化。"龚书绵认为，闽南文化不分地区、国界，从泉州到我国台湾，到东南亚各地，甚至到欧美各国，已经形成了一个庞大而独具特色的文化圈，在纷繁多彩的世界文化中画出浓墨重彩的一笔。涨海声中万国商，从15

世纪到 19 世纪，闽南人曾主导中国海外贸易长达 400 年之久。世界各地，凡是舟楫能到的地方，都会有闽南人的声音和足迹。"这些漂泊的闽南人在当地扎根，也带去了闽南地区先进的生产技术、文字语言和民俗文化，直至今日仍然影响深远。"闽南文化以这样一种方式在全世界范围内植根并且广泛传播，这些外出闯荡的人们虽身处海外，仍执着地要求子女学闽南话，懂闽南习俗，唱闽南歌曲，不忘血脉渊源，"闽南文化应当是属于全世界的，我们要有这样的胸怀。"

　　而作为闽南文化主要发祥地之一的泉州，龚书绵坦言，泉州有名气，就是宣传力度不够，所以知名度还打不响。"无论是传承还是宣传，文化发展一定要从文字抓起。"龚书绵希望，媒体能多写多宣传泉州，有志于文化发展的泉州名人也能多多参与其中，让更多人知道泉州、了解泉州、爱上泉州。

　　　　　　　　　　　（泉州网记者黄怡，原文刊载于泉州网，2013 年 6 月 21 日）

潘耀明：泉州的美丽来自文化魅力

潘耀明，1948 年出生，泉州南安人。笔名彦火、艾火等。香港知名作家、编辑家、出版家。1983 年赴美国爱荷华参加"国际写作计划"，并在爱荷华大学语言系进修。1984 年攻读美国纽约大学出版课程，文学硕士。现任《明报月刊》总编辑兼总经理，香港作家联会会长，中国作家协会会员，香港艺术发展局文学委员会顾问及多家海内外大学的委员会委员、兼职教授、客座教授、顾问。

说起潘耀明，最为人熟知也最传奇的一段经历，便是著名报人、小说家金庸先生亲笔写聘书，聘其担任当时《明报月刊》的总编辑兼总经理。这位被"金大侠钦点"的泉州南安人，10 岁就随父亲离开家乡，去往大都市香港。此后 50 多年，心怀文学梦的他在异乡打拼，成为知名媒体人和著名作家。多年前，他又将年迈的母亲送回家乡颐养天年。少小离家，乡音已改，此后每年都要几次往返探亲，倒让潘耀明和家乡的距离越来越近了。

旅游资源可同金庸文学相结合

2004 年，潘耀明和泉州晚报社共同筹划，促成了金庸的泉州之行，引发各界关注，轰动一时。作为此行的牵线人，潘耀明之所以力劝金庸访问泉州，不仅仅因为泉州是自己的故乡，更因为家乡文化底蕴深厚，人文荟萃，"泉州有它的魅力，它是世界海上丝绸之路的起点，航海家马可·波罗曾惊艳于泉州的繁荣，把它与亚历山大港相媲美。"

"其实，泉州对于金庸先生而言并不陌生，因为他的小说有泉州元素，也有很多泉州的读者。"潘耀明告诉笔者，当年一行，金庸先生对泉州评价甚高，而让金庸先生流连难忘的则是晋江摩尼草庵，"摩尼教其实就是他《倚天屠龙记》里的明教，明教的教主的石雕竟然在泉州，而且是迄今为止世界上发现的最大石雕，他觉得这是一个意外的收获。"金庸在《倚天屠龙记》中着墨最多的明教，当初是根据零碎记载编撰而成的，之前，有不少人讥讽他笔下的明教子虚乌有，没想到竟然在泉州找到了佐证。

在为家乡文化古迹保存完好而骄傲的同时，潘耀明也看到了问题，"北京大学有学者估算过，金庸先生在全球拥有超过六亿的读者，这是很大的一个群体。但是，金庸笔下的明教根源在泉州晋江摩尼草庵，我们没有主动向外宣传，这是很可惜。"潘耀明以浙江著名风景区舟山群岛之一的桃花岛为例，作为《射雕英雄传》中东海桃花岛的原型，浙江桃花岛不仅建成了"射雕影视城"，目前还在规划建设"金庸武侠文化村"，早已是热门的影视拍摄外景地，同时也吸引了许多"金庸迷"，潘耀明说："我们一直在说文化产业，那文化怎么和产业相结合呢，我觉得泉州还没有好好发挥。《倚天屠龙记》多少人在看，大家都非常熟悉，如果说明教的教主雕像在泉州晋江，会有很多人专门来看的。"

打造文化之都需彰显个性

有媒体形容潘耀明是一个"宋江式"的人物，这个形容一点也不过分，因为他广结文缘，在文化圈颇有号召力。2009 年，潘耀明牵头组织成立了世界华文旅游文学联会，旨在以旅游文学为切口推广华文文学。柏杨、余光中、余秋雨、黄春明、陈丹燕、陈若曦、尤今等文化名家都加入其中。潘耀明说："现在一般人对旅游的要求，不再只是一个个景点，更倾向于深度旅游，比如文化之旅、度假旅游。我们这个计划就是希望能让大家在文化旅游中，将精神文明和天地宇宙融合起来。"

"泉州是文化底蕴深厚的一个城市，是多元文化宝库，泉州在文化旅游上大有文章可做。"潘耀明十分看好文化旅游在泉州的发展前景，并表示正在等待时机，通过世界华文旅游文学联会，通过旅游文学将泉州推荐给世人。"泉州的美丽不是来自于商业的发达、经济的发达，而是来自文化的魅力，这是泉州历史发展一路积累下来的精粹。"潘耀明表示泉州应该自我定位为"文化之都"，他说："泉州完全可以成为一个文化之都，跻身全球文化之都之列，但是需要具有世界文化视野的有心人去推广，去宣传。"

而要成为"文化之都"，最重要的便是找到独特的"个性"，"我们现在很多都是'拿来主义'，像香港的迪士尼，这也是从别的地方搬过来的，这不是'Made in HongKong'，香港完全可以打造一个金庸作品的主题公园。泉州要有自己的个性，要做到人无我有，才会有影响力。当然，这要有一些有心人去整理，也需要政府的重视"。潘耀明如是说。

古为今用激活传统文化

潘耀明曾在接受采访时表示"中华文化的精华在于传统文化"，而对于传统文化资源丰富的泉州而言，如何挖掘和重新开发这些资源，是一个至关重要的问题。"中华文化几千年积累，能流传下来基本上都是精华部分。对传统文化应该要好好参考，会促进社会经济的发展。"潘耀明指出："古为今鉴"是传统文化对于当代的意义，也是人们应该重视传统文化的原因，有了观念上的重视才能够做到"古为今用"，"传统文化不是死的,是活的,关键是你要怎么用活它,是看你如何好好和当代社会结合在一起。泉州的传统文化太深厚了,要好好去发掘,去发扬。泉州只要把传统文化好好发扬整理,已经非常有魅力了。"

长久以来投身文化推广,潘耀明有着淡泊的人文追求,他说:"文化是一种潜移默化的力量,不是你通过人为可以很快地将其变成产业,很快地带来利润的,不是那么简单化的事情。"一个城市要发展文化产业也是如此,需要有所坚持,才能提升城市文化品位。曾受邀加入"爱荷华国际写作计划"的潘耀明对此深有体会,"爱荷华大学做这个计划和商业保持了一定的距离,但也因为如此,将爱荷华的地位提升了,它已经成为联合国创意文化的'文学之都',这个提升是间接的,不是一下子就带来了经济效益,但是很多人只看眼前"。而对用经济指标来衡量文化产业的惯用思维,潘耀明则表示"不敢苟同":"GDP 是会变的,但是文化是长远的、永恒的,它的影响力至深至巨,比你天天说 GDP 多少,要有价值得多。我曾说过,'丹麦是小国家,因为有安徒生,蔚然成为文学泱泱大国。'道理是一样的。"

(泉州网记者郭巧燕,原文刊载于泉州网,2013 年 5 月 21 日)

许晓峰:保护与传承是创新之根本

许晓峰,1966 年出生于泉州,1987 年毕业于北京大学英语系,毕业分配至大亚湾核电站任翻译,两年后辞职回京成为北漂。1999—2005 年担任华纳唱片中国公司总裁,签约朴树、老狼、汪峰、周迅、金海心、孙楠、那英、叶蓓、张亚东等艺人,成为大陆原创音乐领军人物;2002 年创办九洲亚华演艺经纪公司,任总裁,签约李亚鹏、陈好、马伊俐、伍宇娟、胡可、谢娜、黄海冰、孔祥东、薛伟、刘小锋、申军谊、沈傲君等影视明星和古典音乐家;2006 年回母校北京大学任教,任北大文化产业研究院研究员,国家文化产业研究基地研究员;2010 年出任国家音乐创意产业基地总裁和国影电影产业基金执行董事。

"保护和传承是一种根本,你如果连传承和保护都做不到的话,那创新就更谈不上了,反过来,创新又是文化发展的动力和竞争力。"被媒体誉为"最文艺的商人""中国音乐教父"的"泉州郎"许晓峰,谈起家乡泉州的文化创意产业,直接而坦率,话虽不多,但"含金量"却很高,这和他投身文化产业二十多年,有着丰富的经验和长远的目光不无关系。趁着泉州文化建设的热潮,许晓峰也回到家乡,牵头策划参与了"泉州六井孔音乐文化创意园""T淘园创意产业园"等创意园区的建设。和他扶持闽南原创音乐的态度一样,他认为,文化产业发展的核心是"创意",关键在"人才"。

泉州的文化产业还在起步阶段

"我觉得还在一个起步的阶段,在泉州消费文化还是占主导,泉州纯文化创意产业还不是很发达。"许晓峰如是评价泉州文化产业的发展现状,"比如领 show 天地,这几个园区都是以消费文化为主导的,我觉得这种模式的选择在创意产业初期没什么错。"作为文化产业的一种形式,像领 show 天地这样的城市文化消费综合体,恰好迎合了泉州人目前的最迫切的文化消费需求。在许晓峰看来,这种"放之四海而皆准"的商业模式,要想做出地方特色就全仰仗经营者了,"有好的商业模式也可以借鉴。每个经营者有自己的经营思路,这个主要取决于经营者的方向,因为场地就是场地,你赋予它什么内容，它就发挥什么样的作用。"

　　文化消费虽然可以带来最直接的经济利益，但却也正是泉州与"核心型的文化产业"的距离所在，"比如说北京，它有大量的产业支撑，有大量的龙头企业，有完整的产业链，有优秀的人才，拥有文化创意产业的一些核心因素，这些都是泉州不具备的东西"。

把泉州建成充满文化创意的滨海城市

　　虽然泉州的文化产业发展和北京这样的一线城市比起来，还存在差距，但是许晓峰表示，泉州要做的并不是发展得"和北京一样"，而是要看清楚自身的定位，发挥自己的优势，"不要盲目地觉得我也可以出五个张艺谋啊，我也能搞出一个什么好莱坞大片，这就不现实"。那么泉州城市文化发展的定位是什么呢？优势又在哪里呢？"就是一个非常好的，充满了文化创意消费的滨海城市"，短暂沉思后，许晓峰给出了这样的回答，"要在海岸线上多做文章，海岸线还是很珍贵的，并不是全国的每个城市都有的。"

　　许晓峰还指出，泉州还应该发扬对台的地理优势，闽台"五缘文化"渊源深厚，两岸交流也日趋紧密，在文化创意产业发展上，泉州应该向对岸"多取经""多引进"，"要充分利用对台的这样一个优势，因为台湾的创意产业发展得比大陆好，利用对台这样的地理位置和经济政治环境，来引进一些海峡对岸的文化创意产业进来，我觉得这不失为一个比较好的办法。"

泉州现在最缺的是人才

　　"人才是文化创意产业的关键，文化创意都是从人的脑子里出来的。"许晓峰表示，创意是文化产业的核心竞争力，而创意来自于人，"泉州现在缺的是人才，从短期来看，引进是一个办法，可以用政策来吸引一些人才。从长期来看，我觉得还是要自己营造一个环境，用机制去培养这方面的人才。"

　　2011 年 7 月 23 日，《泉州的声音》演唱会拉开帷幕，舞台正中的大屏幕上播放了一段国家音乐产业基地总裁许晓峰的"寄语"："走过千百年风雨的历史文化名城泉州正在迈进新的历史时期……然而，在这个物欲横流的时代里，在这个以闽南语作为母语的城市里，在这片诞生过南音、梨园戏和高甲戏的土地上，热爱音乐的年轻一代用什么方式来传承他们的母亲文化……"许晓峰用闽南原创音乐给人们提个醒：传承和保护才是创新之根本，"你如果连传承和保护都做不到的话，那创新就更谈不上了，创新反过来，又是文化发展的一种动力和竞争力。如果光有文化，没有创新，那文化它只能放在博物馆里，供大家欣赏而已。文化需要创意去激发，去创新运用，这样文化才能产生价值。"同时，许晓峰也表示，要想处理好创新发展与传承保护的关系，政府和企业应该各司其职，相辅相成，"保护和传承是一个政府必须做的事情，创新和创意，那是文化创意产业企业和从业人员的责任，两者相辅相成，那么这个城市文化创意产业就能发展起来。"

（泉州网记者郭巧燕，原文刊载于泉州网，2013 年 3 月 20 日）

李馨：没有继承的发展是无根之木

李馨，女，泉州人，古典舞学科副教授，现任北京舞蹈学院附属中等舞蹈学校副书记兼副校长。2008—2012 年，曾先后主持科研课题《福建古南戏与中国古典舞关系调研》《闽南"打城戏"中舞蹈资源研究》《中国古典舞肢体文化基础理论研究》《中国古典诗词意象与中国古典舞剧目表演意象比较研究》；曾出访美国、英国、意大利、加拿大、日本、韩国、印度等国家，从事传播中国古典舞文化的工作。

出生在艺术世家的李馨，10 岁就离开泉州，独自北上求学，在北京舞蹈学院众多名师的帮助下，经历一次次的华丽转身，成为北京舞蹈学院的副教授，主要从事中国古典舞教学与表演实践研究。2008 年至今，李馨多次返乡，从传统肢体文化的角度，研究梨园戏、高甲戏、打城戏等。访问老艺人，查看资料书籍，现场观看演出……每一次细致认真的研究学习，都让李馨和故乡愈加亲近，她说："品位传统文化就好像品茶一样，要静下心来，慢慢去品尝。"

重塑泉州的文化自信

近几年通过中国古典舞课题研究民间采风的契机，李馨有机会对泉州的文化遗产进行更深一步的解读。谈起家乡古老的文化传统，她赞叹不已，不论是殿堂之内精致典雅的梨园戏，还是乡野草台之上诙谐灵动的高甲戏，都让她为之沉醉，"我觉得梨园戏所表现出来的那种人的形象、典雅的韵律、优雅的风范，都是泉州非常特殊的财富。而高甲戏代表的是泉州的民间文化精神。它对生活的捕捉和那种睿智乐观的精神，是来源于生活的。"2013 年，李馨着手准备将南音的研究融入课题中，她认为"南音对舞蹈表演研究有很大的启迪，南音是一种超越生活的艺术化的处理，它把纸上的文学变成一种声音，变成了一种旋律"。在赞叹泉州传统文化的丰富多样之余，反观当下，泉州当代文化显得有些苍白，"通过这几个剧种可以感受到泉州文化的丰富，它表现出中国人对生活的一种理解，对生命的一种向往。反倒是近代的泉州已经没有那种生命力，没有那么鲜活的艺术形象。"

这种苍白，不仅仅是一种遗憾，更是一种警示，"人们已经很少回到我们自己的文化中去审视自己，比如我们的古人的肢体运动方式，他们的喜怒哀乐是怎么表达的。"

对传统文化的漠视显现出的是当代人在文化上的不自信，李馨说自己最敬佩的便是"二度梅"得主曾静萍，因为从她的身上能感受高度的"文化自信"，"透过她的言谈话语与身体力行的实践，我们真切地看到她在传统的继承中建立起的高度文化自信。这种自信，恰恰就是她能够不断地在舞台上创造一个又一个富有生命力的古典人物的动力之所在。"唯有自信，才有自尊，也才能获得他人的尊重和认同，文化亦如此，李馨说："我们需要唤醒这种民族自觉。有了危机感，才会去珍惜一些东西，才会从中找到精神寄托，才能守住我们自己的精神家园。"

打城戏剧团解散之痛

2007 年，在赴泉州考察梨园戏时，李馨参观了泉州历史博物馆。无意中看到了打城戏所使用的"假面""铙钹""钢叉"等陈旧的道具，讲解员的解说触动了李馨："他说打城戏源于宗教仪式，是我们闽南非常有特色的剧种，但是现在仅有的一个民间打城戏剧剧团已经解散了，人们要想再看到打城戏的表演，也许是不太可能的事了。"带着无限的惋惜李馨开始探究打城戏。

打城戏，根源于泉州，表演和音乐上兼收各家之长，在闽南民间戏曲中独树一帜，是泉州民间文化的艺术珍品。然而打城戏的发展却几经挫折，2007 年，由打城戏第四代传人吴天乙独自出资组建的"泉州市打城戏剧团"解散，曾经的"天下第一团"终究在时代更迭的洪流中隐没。李馨和吴天乙老人有过一面之缘，十分赞叹老人家对艺术的坚持，"我看过吴天乙老人撰写的一个手稿，关于打城戏的历史的，写了很多年，纸都已经泛黄了。"

打城戏剧团的解散，让李馨看到了传统文化发展的窘境，"我们现在整个中国艺术市场，都还没有达到那个程度。我们没有培养观众，我们也没有培养市场。"说穿了，体制改革将剧团推向市场，但是市场和观众都有待培育，如果没能撑到"下一个春天"，就只能败给时间，"现状是一方面市场有这样的文化消费需求，但是找不到途经；另一方面是演员需要观众，但是找不到观众，很多渠道没打通。"而如何将这个渠道打通，恰恰就是文化产业发展的一大难题，"很多事情，政府和个人的力量都没有很好的衔接。比如说，政府的政策是不是真的符合文化发展的需要呢？这个中间有很多需要沟通的东西，它是一个系统的、需要长远规划的事情。"

"汉唐乐府"对文化创新有启发

"中国古典舞作为传承中国传统文化、体现中国古典审美内涵的艺术形式，在其发展与建设的进程中，正面临着多元化审美思潮的种种考验，也经历着纷繁复杂的现代文化现象的重重挑战。如何能够在不断地困惑与茫然中继续，我们再一次地选择了回归传统，从中找寻答案。"李馨之所以将目光投向泉州灿烂多元的传统文化，是为了从传统文化的学理层面探讨古典审美文化资源与当代文化建设的传承问题，李馨说："我觉得艺术要繁荣，根要深，枝得茂。但是创新到最后还是要回到传统中。有继承的创新才叫作发展，没有继承的发展是空的。"李馨以台湾的"汉唐乐府"为例，"汉唐乐府其实就是拿了梨园戏的东西，去掉了情节和故事，演变出一种新的舞蹈形式"，将深邃悠扬的南音乐音与典雅脱俗的梨园舞蹈相结合，这样创新的尝试，开创"汉唐乐府"独具一格的艺术形式，这对泉州十分具有借鉴意义。

　　创新最后还是要回到传承上，对非物质文化遗产众多的泉州而言，传承的任务显得更为紧迫，"非物质文化遗产怎么传承？还是要靠人。而一个人真正能去做传承这件事情的黄金时期恐怕只有三十年。只要有一代人没有传上，就会丢掉很多东西。"除了人才的断层之外，在文化保护政策上的断层更需要警惕，"不是一下子，一阵风过去就完了，或者是这代人不做了，就没有人再接上了。而是要一代一代，你要不停地慢慢做，做好多年，才能留下来一点点。"

　　"有时候晚上到文庙广场上，听一听南音，去品味它的念白，平平仄仄的韵味，我觉得那就是来自远古的声音。"沉醉家乡文化的李馨也有一个"泉州梦"，"泉州完全有可能，以自己独立的特色，在世界艺坛上有自己的建树和地位。但是要找准目标，科学规划。找到这样的队伍。"而她也将为实现这个梦想，做更多的事情，"我在想有没有机会，可以打通一些渠道，和泉州的文艺界的理论专家、表演艺术家，能够全部拧成一股绳，这样可能会有更繁荣的景象吧。"

（记者郭巧燕，原文刊载于泉州网，2013 年 4 月 28 日）

陈文令：老城可以成为"国际范儿"

陈文令，1969 出生于福建省泉州市安溪县，先后毕业于厦门工艺美术学院和中央美术学院，现居北京，著名艺术家。2012 参加德国卡塞尔"大道之行——中国当代公共艺术展"；2011 年参加澳大利亚第七届澳洲国际海岸雕塑展；2010 年参加"生存的进化"——釜山双年展等。曾获得 2013 年第七届 AAC 艺术中国年度影响力前三甲大奖；2011 年丹麦奥胡斯市国际雕塑展最受欢迎大奖等。

陈文令，这位从泉州安溪走出来的雕塑家，以一组名为小红人的作品吸引了世人的眼球，十多年来活跃的创作力和瑰丽的想象力成就了他独特的个人风格。这位立志成为"国际化艺术家"的雕塑家，有着和家乡泉州一样的包容情怀，也独具创新精神。向陈文令发出采访邀请时，恰逢他返乡探亲，一句简单的"非常乐意参议"是他对家乡的爱护和期盼。

要做闽南文化中心

"够不着上海，靠不到广州，又不像厦门是经济特区。"在陈文令看来，偏居东南一隅的泉州，在地理位置上并不讨巧，但是贵在有着深厚的历史积淀，"不是我自己赞美自己的家乡，泉州虽小，文化积淀却非常地迷人"。"市井十洲人""涨海声中万国商"，这些形容得不仅仅是"东方第一大港"曾经的繁荣，陈文令说，这更是一种"国际化"的历史积淀，"泉州是海上丝绸之路的起点，各种文化，各种宗教在这里相安无事，这是很少见的。泉州不是一个地域化的，而是非常国际化的。"而这种国际化的历史积淀，更让泉州具备了成为"闽南文化中心"的条件，"我觉得一个中心是需要底蕴的，是要有历史根基的，我觉得只有泉州有这样的条件的，厦门、漳州都是不能比的。"

但仅靠过去的辉煌成就今日"闽南文化中心"的梦想，显然是不够的，陈文令说："泉州需要具有代表性的当代艺术，现在泉州有当代文化但是不具备标杆性，不够有代表性。"陈文令谈起了备受关注的"泉州当代艺术馆"，他说弗兰克·盖里的设计恰恰就是泉州目前最需要的，"它是一个非常规的建筑，是具有一种前沿性的。有很多伟大的建筑，刚开始都是饱受争议的。但是我相信弗兰克·盖里的设计一定是指向未来的，它也一定会成为未来的礼物。"

文化也需要"环保"

"我个人一直倡导的概念，一个城市里的生活、生产、艺术家的作品都要做得慢些，做得有品质才是最大的环保。"一直关注公益事业的陈文令说做文化也需要"环保"，他认为："如果太快了，今天炙手可热、粗制滥造的东西很快就成为明天的垃圾。如果我们慢慢来，我们今天的东西可能会成为明天的文化、明天的文物和传统，造福以后的子孙后代。"放慢脚步，做出品质，才能避免资源的浪费。

用"文化环保"的观念审视泉州文化产业发展现状，陈文令更希望能提个醒：在这场长跑比赛中，要想坚持到终点，"环保"是最好的后劲儿，"比如说北京798，它也是十年磨一剑，才走到了今天，才初具规模。798聚集了国内外的一些满怀文化理想的人，亏钱也要做，它原来是准备好为文化牺牲的。"而"牺牲"一词背后是另一个提醒：如果想从文化产业中很快获得经济效益，最后只能是失望，"文化，一个城市的软实力，它是会对经济产生作用的，但往往是间接的，更多的是对人们美好心性的塑造和熏陶。"

"一个城市里没有这样的理想主义的人去做文化，做艺术，我觉得是非常可悲的，我觉得这就是一个暴发户一样的城市，没有一点神采，有形无神，不耐读。"陈文令说，"一座城市要发展文化产业，需要一点乌托邦的情怀与浪漫，就好像种果树，需要不断地浇灌和培养，耐心等待，才能有一个收获的好季节。"

要"大家"更需要大众

"我觉得一座城市和一座大学一样。要有大师，要有大学者，要有大艺术家，神韵才能呈现出来。"陈文令说正如弘一法师与泉州的关系，弘一法师是泉州的文化典范，是许多人崇敬的对象，"我们爱一个城市不光是爱这个城市的建筑，我们更愿意爱这个城市曾经存在过的一些伟大的灵魂，我们想起他们的时候，会对这块土地感到格外的亲切。"泉州并不缺文化艺术大家，尽管很多在外成名，但是他们生于斯长于斯，忘不了这片土地，泉州应该定期举办重要文化艺术盛会，让各类艺术家在泉州出没，陈文令说："像意大利的威尼斯，定期举办艺术双年展、建筑双年展和电影节，这三个重要的文化活动让世界名流络绎不绝地穿梭其中，给威尼斯带来巨大的社会效益和经济效益，而且人家坚持了一百多年。"

此外，城市文化建设还更需要发动更多力量，陈文令说："专靠政府是不够的，一定要有一些民营的和个人的力量参与，公共性的文化艺术环境属于每一个市民的生活方式，所以需要城市里的每一个人有这样的文化意识和参与意识。"而用"减税政策"

来发动社会力量，已经是一个普遍经验，陈文令说："台湾、香港，欧洲、美国都是这样，给文化捐赠者免去一些税，比如说我要在泉州做一个展览，有两个企业家出来赞助，政府就应该给他们减免一部分税，这样才能调动更多积极的力量。"

在最后，陈文令谈到了文化传承的问题，他说："泉州这座城市就像一个有机的生命体，有一股强大的力量，不管是什么文化进来，都会吸收同化，变成自己的地方特色的。"而这种精神是更可贵的财富，更需要被今天的泉州人所继承，"保护和继承传统，有的时候不一定是做表面的保护和继承。更要学习优秀传统的内在精神，今天的泉州人要学这种兼容并包、放眼世界、开拓创新的精神。"

（原文刊载于泉州网，2013 年 4 月 16 日）

郑国权：抢救文化遗产　促成数字化传播

为南音成功"申遗"寻找历史凭证

2013 年 6 月，《明刊三种》古乐专场音乐会在 2013 世界闽南文化节隆重推出，四百年前的古曲倾倒了海内外弦友。

在演出过程中，郑国权生动的讲解让现场观众对这些古曲文化内涵有了深刻的了解。《明刊三种》是明代万历年间刊行的《满天春》《钰妍丽锦》和《新刊弦管》等三种闽南戏曲、弦管选集的合称，20 世纪五六十年代，国际著名汉学家、英国牛津大学龙彼得教授先后在英国和德国图书馆发现，是弦管最早典籍。

郑国权说，《明刊三种》有 272 首曲目，又有 16 折戏归属梨园戏的 9 部传统戏。"1993 年，一次偶然的机缘接触到这部前所未见的重要史料，深受震撼，感到这无异于泉州历史文化积淀的大面积发现。"

泉州 2002 年 6 月启动南音（弦管）向联合国教科文组织申报"人类口头及非物质遗产代表作候选项目"工作，郑国权负责起草申报文本。他回忆说，当时急需重要的"历史凭证"来证明南音的历史渊源和文化价值。拿什么来证明呢？于是他再次把《明刊三种》详加校订，加上龙彼得全篇论文，同时从台湾朋友处争取来一部失传多年的清代《指谱》，经编校合成一套两卷本的《泉州戏曲弦管研究丛书》，为南音"申遗"的最终成功发挥了不可替代的作用。

编校出版一批海外孤本

"泉州的文化遗产，积淀深厚，尤其是弦管与戏曲，更是丰富多彩，及时加以抢救是当务之急。"郑国权说，1985 年成立的以朱展华为社长的泉州地方戏曲研究社，自觉地承担起这项任务。

1996 年年底，郑国权退休后也集中精力参与这项工作。当时他萌生了将泉州自明清以来的梨园戏、傀儡戏的剧目、音乐、表演等汇编为一部"丛书"的构想，并付诸实施，同时继续千方百计在海内外征集资料。经过全社同仁的不懈努力，终于取得超过预期的成果。2000 年年底，15 卷本 600 多万字的《泉州传统戏曲丛书》终于全部出版。2001 年，泉州市人民政府特为这部《丛书》颁发唯一一个"市长特别奖"。这一年，他又编校了一部《泉州明清戏曲与方言》，作为《丛书》的第十六卷。2004 年，这部 16 卷本的《丛书》逐级上报参评。2006 年，国家文化部公布第二届文化艺术科学优秀成果奖评奖结果，《泉州传统戏曲丛书》荣获一等奖，同时上报的《明刊戏曲弦管选集》和《清刻本文焕堂指谱》获三等奖。

郑国权说，泉州戏研社的作用，归结为一句话是：20 世纪以来海内外发现有关泉州弦管与戏曲的珍贵资料，泉州戏研社都一一征集到手，并全部编校成书，其中正式出版的书涵盖了传统戏曲、弦管和方言等方面的书刊 46 本，2000 多万字。

（原文刊载于泉州网，2013 年 10 月 28 日）

李白燕：声情并茂传南音

李白燕，1966 年出生于永春县，国家一级演员，中国曲艺牡丹奖得主，现任泉州南音乐团副团长，兼任泉州师院艺术学院（南音系）南音唱腔客座教授、研究生导师。系中国曲艺家协会会员、福建省省级非物质文化遗产代表性传承人、泉州市优秀拔尖人才。2013 年，获福建省劳动模范称号。

南音当获世界殊荣

2012 年 8 月 24 日，李白燕荣获第七届中国曲艺牡丹奖个人表演奖，填补了福建省牡丹奖表演奖的空白。

"这是泉州南音的荣耀，自己能获此殊荣，是曲艺界对千年雅乐独特的艺术魅力和发展成就的肯定。"李白燕说，"参加这次比赛就是要进一步宣传和弘扬人类非物质文化遗产，让更多的人了解和喜爱泉州南音。"

从艺三十载，李白燕此前已经荣获过第五届"国际南音大会唱"一等奖、中国文化部颁发的第七届"群星奖"和第七届中国曲艺牡丹奖个人表演奖等一系列奖项，但她最看中这个奖项，这不是个人的荣誉，而是泉州南音作为世界级的文化遗产当获此殊荣。

"共一轮明月，唱百代乡音。"李白燕说，自己曾两度前往法国为南音申报世界非物质文化遗产进行南音献演，还多次应邀赴法国、日本、巴西、巴拉圭、新加坡、菲律宾、泰国、印尼及中国的香港、澳门、台湾地区交流演出。深知南音的艺术价值，更明白南音是一种乡音。为此，她建议要继续加大国际南音大会唱的力度，组织更多南音表演团体赴海外交流，进一步弘扬泉州南音，凝聚海内外乡情。

让南音融入百姓生活

"很庆幸自己能够成长并坚守在南音的故乡里。作为一名艺术家，要扎根在肥沃的土壤中才能生根发芽，成长为参天大树。"李白燕说，泉州作为南音的发祥地，群众基础很好，政府部门要把南音这一千年雅乐结合到文化强市建设中，让南音走入更多寻常百姓的生活中，让海内外游客一踏上泉州的土地，就能听到这天籁之音。

1984 年，李白燕高中毕业后考入了泉州艺术学校南音班，成为新一代南音演唱者。此后，她有幸得到了多名南音界名师的教诲。"只要静下心，发挥自身的音乐天分，你以后一定会学有所成。"启蒙恩师苏诗泳这句话不仅让李白燕走出最初的困惑，也让她成为名扬海内外的南音名角。

"作为一个南音演员，要求是声、色、艺、心，其中，良好的声音条件和外形基本取决于先天，而过硬的技艺则要靠后天努力，来源于不断的演出实践。"她说，南音作为一种传承千年的雅乐，素来具有"以声传情、以情动人"的精髓，有一种恒久而又悠远的魅力，丰富的情感内涵常常能令听者为之动容。

艺海无涯。李白燕认为青年南音爱好者要博采名家之长，不断地向同行学习，向前辈讨教，不断吸取新的"营养"，完善自己的表演艺术。

（原文刊载于泉州网—《泉州晚报》2013 年 8 月 23 日）

王珊：打造海内外南音研究中心

王珊，现为泉州师范学院副校长、二级教授、硕士生导师、中国民族音乐教学研究会副会长、泉州市音乐家协会主席；国家级高等教育音乐学特色专业、国家级高等教育南音人才培养模式创新实验区和国家级高等教育综合改革项目音乐学负责人、福建省2011计划"南音文化传承与发展协同创新中心"主任、福建省高等学校重点学科音乐与舞蹈学学科带头人、福建省南音文化传承创新研究生教育基地负责人；被评为全国劳动模范；享受国务院特殊津贴。

从零开始探索南音高教体系

"如果年轻一代对传统音乐不了解不喜爱，传承千年南音有可能出现断层。"王珊说，"弘扬南音最重要的工作是传承。"

王珊出身书香门第，其父王再习是全国著名的剧作家。她自幼受家庭文化熏陶，对弘扬泉州南音和民间音乐有强烈的使命感。20世纪末，她开始将目光凝聚在南音与南音教育的探索和研究上。"在本世纪前，南音基本还是依靠民间社团传承，这当然也很重要，但是这会使南音一直停留在民间传播的状态下，无法走上更高的平台。只有高校介入，才能培养出更多高素质的人才。"通过专题调查后，王珊对南音的生存状态十分熟悉。

"要让南音真正地传承下去，中小学必须要有掌握南音知识的音乐师资队伍。"王珊说。2003年，泉州师院艺术学院在海内外高校首次创办音乐学（南音方向）本科专业，成立南音系，该专业的创办是我国民间乐种第一次进入高校的专业设置。开始探索南音高教体系，培养南音师资力量。

通过多年实践和探索，取得丰硕成果。2009年，泉州师院音乐学（南音方向）被评为教育部"本科教学质量工程特色专业和人才培养创新实验区"；由于南音突出的办学成绩，2011年获国务院学位委员会批准设置艺术硕士专业学位点，成为泉州师院首个硕士专业，实现了泉州师院从本科教育到研究生教育的突破；2013年音乐学（南音方向）入选国家级高等教育专业的综合改革项目；2014年以泉州师院牵头的"南音文化传承与发展协同创新中心"被认定为福建省"2011协同创新中心"。

教学与学术研究齐头并进

"我们一边办学，一边不断地在做研究。"王珊回顾十多年办学之路说，教学与学术研究齐头并进是一个宝贵的经验，如今南音专业已经拿了国家级特色专业、国家级人才培养模式创新实验区和国家级专业综合改革等三个国家级的质量工程项目。在全国同类高等院校中，一个专业获得这三个荣誉的屈指可数。

王珊说，南音是"中国音乐的活化石"，泉州是它的发祥地，要打造海内外南音研究中心，必须进一步加强学术研究，特别是要发挥高校学术研究的优势和力量。泉州师院此前也探索了一些经验，多年来，该院在南音学术研究排名一直在全国首位；2011 年，泉州师院开始招收音乐、舞蹈包括南音专业硕士研究生，培养高层次的音乐、舞蹈和南音演奏、演唱和文化产业与南音文化推广的硕士研究生，源源不绝地为南音研究注入新的活力；从 2003 年南音专业创办开始，王珊主编、参编了 9 本教材和多部专著，填补海内外高校南音教材的空白，其中《南音》（与郑长玲合著）作为文化部向联合国教科文组织申报人类非物质文化遗产的文本，助力泉州南音成功申报非遗。

（原文刊载于泉州网—《泉州晚报》2014 年 9 月 29 日）

郑振满:为什么我们要进村找庙、进庙找碑?

厦门大学历史系郑振满教授长期致力于民间历史文献研究,主持教育部重大课题攻关项目"民间历史文献与文化传承研究",倡导创建民间历史文献学。他认为,民间历史文献是中国传统文化的基本载体,发展中国人文社会科学必须立足于民间历史文献的收集与研究。应澎湃新闻(www.thepaper.cn)私家历史编辑之约,采访了郑老师,现将部分访谈内容整理发布,以飨读者。

方勇骏:您长期从事民间历史文献的收集与研究,请谈谈什么是民间历史文献?为什么要研究民间历史文献?

郑振满:所谓民间历史文献,是指在民间日常生活中形成的历史文献资料,包括族谱、碑刻、契约文书、诉讼文书、宗教科仪书、唱本、剧本、账本、书信、日记等。这些民间历史文献反映了民间的实际生活形态和思想观念,可以说是人文社会科学研究必不可少的第一手资料。

中国人文社会科学的概念体系,大多数是外来的,所以很多都是脱离实际的,无法解释中国的历史和现实。因此,要从根本上改造中国的人文社会科学,就必须重新研究中国的历史和现实,从中国本土的经验事实中提取切合实际的基本概念。

民间历史文献为什么特别重要?因为这些文献是在民间的日常生活中形成的,记载了世代相承的社会文化传统。为什么这几年中国传统文化复兴得那么快?就是因为这些文献还在。

所以要理解中国的社会和文化,必须回过头来去读民间历史文献。这不仅是历史学的问题,这也是整个中国人文社会科学的问题。

例如,要研究普通老百姓是怎么理解法律的,他们在司法实践中会采取什么样的策略,那就需要去读民间的诉讼文书和乡规民约;要了解老百姓是怎么做生意的,那就要去看契约文书,看他们的书信、账本;如此等等。解读民间文献应该成为必修课。

在中国近代学术史上,曾经有两次民间历史文献的大发现,后来都形成了国际性的学术研究领域。第一次是20世纪初敦煌藏经洞的发现,推动了中国中古时代社会史、经济史、宗教史、艺术史的研究,形成了"敦煌学"。第二次是20世纪中期徽州契约文书的大量出现,推动了宋元以来制度史、区域史、家族史、社会文化史的研究,形成了"徽州学"。

实际上，中国各地都有大量的民间历史文献，有的已经收藏在图书馆、博物馆、档案馆等公藏机构，有的已经流入各地的文物市场，但更多的还是保存在民间。如果可以系统地收集、整理这些民间历史文献，不仅可以为人文社会科学研究提供宝贵的资料，还可以推动民间文化遗产的抢救和保护。

就我个人经验而言，收集和研究民间历史文献，是从社会经济史开始的。我在读研究生的时候，我的老师傅衣凌教授主持明清福建社会经济史研究项目，他告诉我们，社会经济史研究不能在图书馆做，你们要出去调查，要广泛收集族谱、碑刻、契约文书、账本等民间历史文献。那几年，我们几位同学和年轻老师跑遍了福建各地，收集了大量的民间历史文献，这就是厦门大学研究社会经济史的学科优势和学术传统。我发表的第一篇论文是闽北分家文书的研究，后来我的硕士论文、博士论文主要是依据族谱、碑刻和契约文书，这些都是从各地收集的民间历史文献资料。

方勇骏：您的研究并不限于社会经济史，您还利用民间文献研究宗教史和制度史，您主持的教育部重大课题攻关项目是"民间历史文献与文化传承研究"。那么，如何从民间历史文献研究文化传承？

郑振满：我们一直认为，民间历史文献是中国传统文化的基本载体，可以从民间历史文献研究中国文化的传承机制。我们现在的做法，首先是考察各种民间历史文献的源流，然后探讨民间历史文献与日常生活的关系，最后揭示民间历史文献反映的社会文化变迁。简单地说，我们的民间历史文献研究，实际上就是社会文化史研究。

每一种民间文献都有它自己的历史，我们必须搞清楚各种民间文献的来龙去脉。在中国历史上，最早的族谱是什么？经历了怎样的发展变化过程？有哪些相关的文献形式？有哪些基本的历史文化内涵？这是我们首先要梳理清楚的。同样的道理，碑刻、契约、唱本、剧本、宗教科仪书等，都有自己的文本传统和发展变化的过程，我们必须找出它们的历史脉络和时代特征。

每一种民间文献都和特定的社会生活密切相关，我们必须搞清楚民间如何使用各种文献形式。在哪些情况下需要编族谱？在哪些情况下需要立碑刻？在哪些情况下需要写契约？在哪些情况下需要有宗教科仪？在哪些情况下需要有唱本、剧本？这些都需要做实证研究，不可以想当然，一概而论。

去年我在台湾，有个学者问我，以前识字的人很少，到底有多少人会看得懂文献？有多少人会使用文献？我的回答是，可能只有很少人可以看得懂文献，但是大多数人都会使用文献，这就是现在可以看到许多民间历史文献的原因。当然，民间究竟如何使用各种文献，还需要进一步深入研究。

从社会文化史的角度看，民间文献的形成就是"文字下乡"的过程，这是我们认识中国历史的重要途径。每一种文献类型的形成，最初可能都是为精英或王朝服务的，但最后都会与民间的日常生活相联系，这就反映了最深刻的社会文化变迁。

以碑刻为例，树碑立传从来都是不得了的大事，最早的碑刻和老百姓是没有关系的。那么，老百姓是什么时候开始树碑立传的？民间的哪些事情会写上碑刻？碑刻承载了哪些社会文化传统？顺着这个脉络，我们就可以从碑刻研究社会文化史。

族谱也是这样。中国最早的族谱是官谱，唐代以后才有民间的私谱。民间为什么要修谱？族谱满足了哪些人群、哪些社会文化生活的需要？这都是社会文化史的研究课题。同样，对于契约文书、宗教科仪书、唱本、剧本，乃至书信、日记、通书、堪舆书等民间历史文献的研究，都可以提出类似的问题，采用同样的研究视角。

方勇骏：如果民间文献的历史就是"文字下乡"的过程，那是否会把社会文化史理解为"自上而下"的过程？

郑振满：我的意思是说，从文本的传统看，民间文献的历史是一个"文字下乡"的过程。但是，文本只是一种形式，它可以有不同的历史文化内涵。民间为什么需要各种不同的文本？它们是用来满足现实生活的不同需要的，文本的变化必然反映社会生活的变化。因此，我们必须从民间的实际需要出发，研究民间历史文献的发展变化，研究社会文化的变迁过程。

其实，在"文字下乡"之后，文献的性质已经发生变化，开始形成新的文本传统。以宗教科仪书为例，我们现在看到的各种经文、符咒、科仪本、家礼本等，可能最初都是从儒、释、道三教学来的，但实际内容不同于原来的儒、释、道三教，而是成为民间信仰或地方教派的仪式文本。民间原来的仪式传统，可能是各种地方性的巫术，根本就没有这些仪式文本，他们不需要疏文，也不会扶乩，不会在仪式中使用各种文件。

那么，从什么时候开始，他们需要用文本和超自然世界沟通呢？这当然都是士大夫、和尚、道士教的，这就是正统宗教世俗化的过程。但是，民间创造和使用这些文本，是为自己的信仰和仪式服务的，因此就会形成新的文本传统。

我们研究民间历史文献，最大的挑战在于从旧的形式中看到新的内容。很多民间文献都是"旧瓶装新酒"，套用旧的文本形式，表达新的文化内涵，我们必须学会在旧的文本形式中看出新的历史文化内涵。

许多民间文献都会宣称自己有某种官方的或是正统的依据，其实根本不是这样，但他们却一定要宣称自己是有来历的、有传统的。这是拉大旗，做虎皮。那么，民间为什么要用官方的、正统的话语和文本？这种做法对中国历史和文化的发展究竟有哪些影响？这就是科大卫、刘志伟最近一直强调的"正统化"的问题，这也是社会文化史研究必须回答的重要问题。

方勇骏：您最近提出创建民间历史文献学，探讨民间历史文献的认识论和方法论，请问这与传统的历史文献学有何不同？

郑振满：中国有历史文献学的学科体系和学术传统，但主要局限于对经典古籍的整理和诠释，还无法涉及五花八门的民间历史文献。我们需要运用传统历史文献学的理论、方法和知识积累，对民间历史文献的系统、源流和研究方法做出完整的解释，这就是我心目中的民间历史文献学。

民间历史文献学与传统历史文献学的不同之处，我想关键在于研究视角的不同。传统历史文献学的研究对象是官方的或精英的历史文献，因此主要是从政治制度史和思想文化史的脉络解读历史文献；民间历史文献的研究对象是民间社会或普罗大众的历史文献，因此主要是从社会经济史和社会文化史的脉络解读历史文献。

当然，这里主要是强调文献性质的差异，需要有不同的研究套路，而不是说这是两种完全不同的学问。相反，我实际上是把民间历史文献学想象为历史文献学的分支学科，传统历史文献学的许多理论和方法都可以用于民间历史文献研究。例如，中国自古以来就有的版本、目录、考据、辨伪之学，自然都可以用于民间历史文献研究。还有，中国自古以来的金石学、谱牒学等学术领域的研究成果，自然也是民间历史文献研究所需要的知识背景。

我探讨民间历史文献的认识论和方法论，主要是因为目前学术界对民间文献的认识还很模糊，往往不加区别地把民间文献当作一般史料。最典型的例子，就是把族谱中关于祖先的传说，直接当作移民史、家族史的资料。还有，看到一套仪式文本，就判定当地民间信仰是道教、佛教或儒教的。实际上，这种资料大多是表达一种文化认同，而不是真实的历史记忆或历史事实。

因此，我们必须从当时当地的历史语境出发，理解民间文献对于当事人的意义，然后才可以明白民间文献的史料价值。我们已经办了四届"民间历史文献论坛"，现在陆续编辑出版《民间历史文献论丛》，就是希望通过大量的实证性研究，探讨民间历史文献研究的认识论和方法论。

方勇骏：您始终强调民间文献研究要与田野调查相结合，最主要的学理性依据是什么？

郑振满：民间历史文献无论多么丰富，都不可能完整记录社会生活的全貌。这就是说，历史资料永远是不完整的，这就是历史学者最大的苦恼。但是，我们可以通过田野调查，最大程度上弥补这个缺陷。

我们可以回到民间文献流传和使用的地方，找到相关的当事人，通过实地考察、访谈，了解当地的生态环境和生活方式，尽可能重建历史现场，把文献放回社会生活的整体中去解读。这时候，不仅是历史文献资料，就连现存的实物、人际关系、口头传说、仪式表演等，都可以成为我们的研究资料。

田野调查的最大好处，是可以让我们设身处地地去体会当事人的想法和做法。我们在文献上看到的很多难以理解甚至是很荒谬的东西，有时到了当地就会恍然大悟、豁然开朗。

比如福州有一个家族，从明代到清代修了六次族谱，每一次都重新找祖先，而且每一次都做了很认真的考证。我们当然一看就知道是假的，但他们为什么要郑重其事地作假呢？到当地调查后就知道，他们原来是疍民，没有户籍，祖先来历不明。上岸定居以后，必须有合法的身份，他们就开始到处认祖归宗，依附当地的世家大族。因此，他们编造祖先的故事，是为了适应当地的社会环境，调整生存和发展的策略。我们既不能相信他们的祖先传说是真的，也不能满足于揭穿他们的祖先传说是假的，而是必须设身处地地理解他们认祖归宗的理由，从中发现社会文化变迁的逻辑。

我们经常被质疑，历史学家研究的是很久远的事情，怎么可能通过田野调查重建历史现场？我的回答是，我们不仅要做田野调查，还要解读历史文献，所以我们的田野调查必然是有历史深度的。我们的任务是把田野调查和文献解读有机结合，这也许就是我们和人类学、社会学等其他社会科学的不同之处。我们应该相信，在历史上发生过的真正重要的事情，对现实生活必然会有深刻影响，在现实生活中必然还会留下痕迹。

因此，我们可以通过现在反思历史，在田野调查中发现重要的历史线索。我在莆田研究神庙系统的时候，一直苦于文献资料不足，后来我发现每一个重要的神庙中都有社神，我就明白了神庙系统的发展与明代的里社制度有关。因此，我就开始研究里社制度的演变，提出了地方行政体系仪式化的问题。

在这里，我还想提出一个问题：我们研究历史的目的究竟是什么？难道不是为了更好地理解和解释现实生活吗？如果答案是肯定的，就不应该把自己关在书斋中，而是应该把田野调查当作必修课，在田野调查中深化对历史和现实的理解。

方勇骏：近几年，厦门大学民间历史文献研究中心与哈佛大学费正清研究中心合作，共同建设"中国民间文献与地方史数据库"，大家努力的目标是什么？

郑振满：我们的合作是从 2009 年开始的，最初的计划是建立"中国地方史数据库"，最近才扩充为"中国民间文献与地方史数据库"。我们的规划方案是，利用现有的 GIS 系统和人文数据技术，建立可以汇集民间历史文献和田野调查资料的公共平台。这个平台应该同时提供 GIS 系统、资料编录系统、资料分析系统和资料检索系统，可以满足不同地区、不同专题研究的基本要求。

我们目前开发的主要是基本数据库和通用平台，希望尽快把厦门大学民间历史文献研究中心多年来收集的历史文献和田野调查资料录入、上网，可以为使用者提供最基本的资料分析、检索功能。在此基础上，我们还要继续开发族谱、碑刻、契约文书、宗教科仪书、唱本、剧本等专题数据库，尝试运用数位人文工具开展专题研究。我们的长远目标，是试图通过通用平台、基本数据库和专题数据库的相互连接，打通不同时代、不同地区、不同文献类型、不同资料来源，建立与 GIS 相结合的中国历史人文地理信息系统。

建设民间文献与地方史数据库的根本目的，是为了更新我们的学术理念，改进我们的工作方式。传统史学最被诟病之处，就是"剪刀加糨糊"，不管时间、地点和条件，只要是同类资料就可以拼凑在一起。要克服这个毛病，就必须把文献资料放到历史现场，通过具体的时间、地点、人物、事项，找到各种历史资料的内在联系。

　　我们希望通过这个数据库，把所有相关的历史资料，不管是文本的、图像的还是访谈的资料，都放到特定的时间和空间点上，形成具有历史深度的地理信息系统。这里还涉及一个"大数据"或"无限数据"的概念。在新的技术条件下，我们可以获取的历史资料越来越多，从长远看可能是无限多的。

　　如何处理和解读庞大的史料群，对新时代的史学工作者是很大的挑战。现在国外学术界盛行利用数据人文技术研究历史的方法，就是借助于计算机软件，对大批量的历史资料进行综合分析，从中找出以往不容易察觉的历史现象。这种数据人文技术的开发和运用，自然必须依托于相对成熟的专题数据库，我们的目标就是建立这种数据库。

　　（采访人系厦门大学历史系博士研究生，原文刊载于澎湃新闻网，2014 年 9 月 4 日）

王铭铭：安溪铁观音具有高度的人文价值

"安溪铁观音成为一种生活方式，你才可能离不开。"北京大学社会学系教授王铭铭是泉州人，年轻时留学英国7年，对王铭铭而言，安溪铁观音是家乡口味，是他舌尖上的乡愁，他热爱安溪铁观音，认为"安溪铁观音是'柴米油盐酱醋茶'中的茶，也是'琴棋书画诗酒茶'里的茶。就其传统而论，铁观音不单是一种'农作物'，而是一种具有高度人文价值的'文化之物'。"

安溪铁观音和谐各种关系

二三十年前，在完成一项城市研究后王铭铭开始乡村研究，他首选的"田野地"就是安溪。"我当时的研究焦点不在物质文化，没有充分关注茶的生产与消费。但在乡间走动，我意识到，尽管茶不是食粮，但在安溪却有着特殊的身份。"在世界茶叶大家族中，安溪铁观音非常特殊珍贵，"安溪铁观音依赖繁复、精湛的制作工艺，冲泡品饮讲究艺术，个性鲜明不容易标准化。"因此，王铭铭把品饮安溪铁观音当成生活中一件非常有趣的事。

作为北京大学社会学系教授，王铭铭平时就在思考：现代中国人和人的关系怎么样做得更好，人跟大自然应该有什么样的关系？他以为，当下很多人把大自然看成人类的资源，忘记大自然是我们的母亲，而研究传统铁观音能让我们看到三种关系。王铭铭说："安溪铁观音'天地人种'四要素缺一不可，其中蕴含视天地、自然为母亲的传统，体现人与人、人与自然、人与神三种关系，通过铁观音能说明广阔的人类社会问题，能和谐各种关系。"

基于自己的特点来发展

王铭铭与安溪一直有着不解之缘。他在文章中这样写道："我从来没有真正离开过安溪。我住在离安溪数千里之遥的北京，但我的学术工作，总是直接或间接地与安溪有关。我总是要借到闽南的任何机会到安溪'回访'，还鼓励学生到安溪考察研究。"缘于对安溪深厚的感情，对安溪铁观音的传统、现代与未来的兴趣，2013年夏天，王铭铭带着他的学生，到安溪开展了为期近一个月的"安溪铁观音人文状况"的调查研究，并形成一份五万多字的调研报告。

在安溪，王铭铭看到，不少安溪地方精英崇尚茶叶生态性，他认为这固然不能脱离对于乡土产业命运的关切，但背后潜藏着某种具有更深远意义的思考。这些思考使他们积极活动，推动安溪铁观音事业走出浮躁，进入一个基于自然与人文生态并重的时代。

从 20 世纪五六十年代的民间产品，到现在享誉全球的茶中望族，王铭铭见证着安溪铁观音的成长。他建议，"安溪铁观音的未来要基于自己的特点来发展"，安溪的土地毕竟有限，而安溪铁观音要供全国甚至全世界来品饮，什么是它的特点，未来它怎么发展，有多少份额走标准化道路，有多少份额走精英化道路？值得更多人来研讨。

（记者王秋霞，原文刊载于《安溪报》2014 年 5 月 26 日，原文题目为《安溪铁观音具有高度的人文价值》）

泉州学研究所所长林少川:海丝追梦四十载

　　40 年前，因在泉州港古船发掘现场，听了厦门大学庄为玑教授的一句话，他选择上山下乡耕读 4 年，一朝考进厦大历史系，从此和"海丝"结下不解之缘；毕业后，他选择在高校任教，依然心系"海丝"；12 年前，他成为福建省政协委员，多年提案建议，塑造"海丝"品牌；时至今日，他仍研究"海丝"文化。2014 年，感慨文都和"海丝"的节奏，也为让越来越多来泉州的客人了解"海丝"文化，他主编《泉州海丝 100 问》，即将问世。

　　他就是泉州学研究所所长林少川，他的"海丝梦"早在 40 年前就开始了。"'海丝'，影响了我一生。"他感慨非常。

　　如今，泉州提出 21 世纪海上丝绸之路先行区，机遇千载难逢，他希望，泉州能真正借此机会，恢复刺桐港，重振当年雄风。

与海丝结缘

　　人生中注定有许多平常日子会在不知不觉中淡忘。然而，对林少川来说，有一个特殊的日子永远难忘——1978 年 10 月 7 日。

　　这一天，是中国恢复高考后，他上大学的日子。

　　因为"文革"的关系，20 岁的林少川高中毕业，回泉州双阳农场当知青。

　　就在为前途困惑之际，发生了一件影响他一生的事。当时，一支厦门大学考古队正在泉州后渚港进行考古，发掘一艘后来震惊世界的宋代古沉船。对历史感兴趣的林少川，自愿和考古队队员一起，连续几天守候现场，观察文物出土。带队的厦大庄为玑教授，意外发现这位"破帽遮颜"的年轻人。

　　"小伙子，你对考古感兴趣啊?"

　　"嗯。"

　　"那你为什么不去读书，以后一起参加?"

　　"我高中毕业，现在没学可上了!"

　　"年轻人，千万不要荒废学业，坚持自学，以后有机会可以报考厦门大学历史系。"

　　简单几句话，带给林少川很大的鼓励。从此，白天下田劳动，晚上在煤油灯下读书，成了他和弟弟生活中永远不变的安排。才有后来"兄弟同榜"考入厦门大学的佳话。

考人厦大，林少川找到庄教授，叙说当年缘分。"因为你的一句话，影响了我人生选择：历史考古。"庄教授高兴地说："你做我的历史课代表吧。"他和"海丝"就此结下不解之缘。

为华侨沥血

毕业后，林少川先在华侨大学任教，后又转至媒体工作。这些从业经历，让他有机会与"海丝"接触，抢救不一样的历史。

20 世纪 80 年代，在陈嘉庚的侄子、新加坡中华总商会会长陈共存的鼓励和资助下，林少川沿滇缅公路考察南侨机工的史迹。他走过 8 省 64 县市，采访 100 多名回国参战的南侨机工幸存者及其家属。为此，他经历惊险，差点付出生命。两年的奔波跋涉，四年的呕心沥血，1994 年，30 多万字专著《陈嘉庚与南侨机工》出版，抢救了一段宝贵的历史。

"华侨，就是泉州发展新'海丝'最珍贵的资源。"20 年后的今天，再说起当年的经历，林少川仍难以掩饰激动之情。"这些华侨，走了一个就少一个。"他很庆幸，自己能有机会还原当年的历史。

2001 年，泉州正式启动"海丝"申遗。没想到，当时竞争"海丝"起点城市，还一度引起争论。2002 年，作为福建省政协委员的林少川，最早领衔提案《举全省之力，打造福建"海丝"名牌》，引起时任省长习近平的重视。此后，泉州市人大代表也提出关于海丝申遗的议案，一时间，泉州"海丝"申报"世遗"成了全省瞩目的"两会"热门话题。

为"海丝"担当

2005 年，林少川调到泉州学研究所任所长后，就有更多时间研究"海丝"了。见"海丝"申遗进展不大，2007 年年底，看到关于闽南侨批王顺兴遗址的系列报道后，林少川又坐不住了。"这些，都是活生生的'海丝'印证。如不保护，实在可惜。"从 2008 年起，他连续 5 年在福建省政协会议上提出闽南侨批申报"世界记忆遗产"的提案。此后，他还同时编撰闽南侨批书籍。2013 年 6 月份，闽南侨批档案正式入选联合国教科文组织《世界记忆名录》。

自 2014 年以来，泉州市提出 21 世纪海上丝绸之路先行区，越来越多的人关注泉州"海丝"。林少川说，光是他自己就已经接待了国内十几批来采访的新闻媒体。而外国友人，来泉州的日渐增多。他总觉得应该做点什么。

"是不是可以利用自己所长，编一本《泉州海丝 100 问》，将泉州'海丝'相关的文化、历史、遗迹等编辑成册，专门作为宣传所用？"经过林少川和同事几个月的努力，这本书即将面世。

直到此次采访前，林少川仍然为"海丝"奔波。"海丝"国际艺术节期间，"海丝"沿线国家的驻华外交官来泉考察文化，市里把讲解任务交给他。"对泉州来说，这可是大事，我可不能搞砸了。"他笑着说，对于"海丝"、泉州学的研究，自己有着停不下来的责任。

这40年来，他正是这样一步一个脚印地圆自己的"海丝梦"。他满心期待能用自己所学，为泉州建设21世纪"海丝"先行区做贡献，泉州能真正借助"一带一路"国家战略，重振当年雄风，走向世界。

海丝寄语

刺桐港"涨海声中万国商"的辉煌不只是用来回忆的，这座千年"文化之都"现在正逢最好时机，重振海上丝绸之路还看今朝！

为此，我每天都要为"海丝梦"而努力。

（记者陈丽娟、黄谨，原文刊载于闽南网，2014年11月29日）

"纪念胜利,请别忘记我们的海外乡亲"

——访《陈嘉庚与南侨机工》作者林少川

"今天是全国人大常委会以立法形式确立抗战胜利纪念日后的第一个纪念日,这几天我一直很激动,想得最多的就是当年那些为抗战出钱出力甚至献出性命的海外乡亲,纪念胜利,真的不应该忘记他们。"

2014年9月3日一早,打通《陈嘉庚与南侨机工》一书作者林少川手机后,传来的竟是这样一番急促热切的话语。

在刚刚过去的8月,一个特殊的事件,使这位华侨抗战史研究者重新进入人们视野:28日,菲律宾抗日侨领蔡彩映之孙蔡竟昭凭着保存了14年的手机号码,找到已辗转几个单位的林少川,出示了家中珍藏的《全菲华侨救国代表大会报告》,希望把它公之于世,以此回击安倍晋三"拜鬼"行为。而在13年前的2001年8月14日,蔡竟昭的伯父蔡清渊也曾致电时任《泉州晚报》记者的林少川,将载有"济南惨案"照片的《五月特刊》公之于众。

"蔡彩映主编的1928年《五月特刊》是最早记录日军侵华罪证的一本刊物,也是海外乡亲积极参加抗战的一个见证,书中宣扬抗日,号召民众团结一致,抵御侵略者。而印制于1932年的《全菲华侨救国代表大会报告》则记录了当年菲律宾华侨的抗战宣言,并提出:因长期受君主制影响,中国民众国家意识薄弱,整个国家处于水深火热之中,必要时华侨将当即回国,用鲜血换取国家的生存。"林少川介绍说。

相关资料表明,抗日战争掀起了中国侨界的第二次爱国热潮。卢沟桥事变爆发后,世界各地的华侨救国团体如雨后春笋般涌现出来,将千百万华侨组织起来,汇成一股抗日的洪流。抗战期间,为祖国抗战捐款的华侨多达400多万人,数额高达13亿多元。大批华侨告别舒适温暖的家庭,回到战火纷飞的祖国,直接到达抗战最前线,以他们强烈的爱国热情,极大地鼓舞了全国人民抗战到底的决心。

"这一波爱国热潮中,我们福建的海外乡亲表现尤其突出,李林、李子芳、陈嘉庚、李清泉等都是闽籍,陈嘉庚先生当年组织回国的'南侨机工'中大部分也是闽籍。"提起这些耳熟能详的名字,林少川显然充满自豪。

作为归侨后代,自小在闽南侨乡长大的林少川一直十分关注华侨抗战史,他就读历史专业的厦门大学也是陈嘉庚一手创建的。因缘际会,他得到了海外知名人士陈共存先生（陈嘉庚之侄、新加坡中华总商会前会长）等人的热心支持，于 1987 年起，只身沿着滇缅公路考察了"南侨机工"史迹，并深入云南、四川、贵州、湖南、福建、广东、广西及海南等 8 省份 60 多个县市，寻踪觅迹，终于完成了对当时幸存的 100 多位南侨机工及部分遗属的专题采访，收集、抢救和整理了包括口述录音、历史证件及现状实录在内的大量第一手资料，于 1994 年正式出版 30 万字、图文并茂的《陈嘉庚与南侨机工》一书（中国华侨出版社），并将该书改编为《南侨机工》5 集电视专题片于 1995 年搬上中央台，还获特别奖。

"'南侨机工'的全称是'南洋华侨机工回国服务团'，是抗日战争时期从南洋各地回国支援抗战的 3200 多名华侨汽车司机与修理技术人员的通称。抗战爆发后，中国沿海口岸及对外交通要道先后沦陷，国际军援运输濒临断绝。在此背景下，1939 年新开辟的滇缅公路就成为战时中国西南大后方唯一的国际通道，海外华侨捐赠的军需物品、药物和世界各国支援的军火物资均需依赖此路输入。这条全长 1146 公里的公路地势险恶，非有熟练的机工难以胜任。由于当时国内司机与修理工十分匮乏，只好请陈嘉庚先生任主席的'南侨总会'代招华侨机工以救燃眉之急。"林少川解释说。

当时陈嘉庚立即发表《南侨总会第 6 号通告》，得到了南洋华侨的热烈响应，由此诞生了"南侨机工"这一专有名词以及有关"抗战运输线上'神行太保'"的许许多多可歌可泣的传说。

"路险、雨季、瘴疟、空袭，虽然仅仅'开车'，但经历很惨烈，3200 多位机工中，牺牲者达 1000 多人，日死亡约八人，可以说整个滇缅路的运输是依靠这些机工的壮烈牺牲维持下来的，我们今天决不能忘记这样的牺牲。"

让林少川感到欣慰的是，1989 年和 2005 年，云南省已分别在昆明和畹町树起两座雄伟庄严的"南洋华侨机工抗日纪念碑"。在有关部门的重视下，目前，《陈嘉庚与南侨机工》一书的再版已列入日程，以作为爱国主义历史教材，40 多集的电视连续剧也已在筹拍中。

（记者王凡凡，原文刊载于新华网，2014 年 9 月 4 日）

柯盛世:从匾额中揭示闽南文化

在厦门的许多建筑中,特别是传统古建中,经常可以看到悬挂匾额,几乎每块匾额背后都牵系着本土文化和一则故事。闽南文化爱好者柯盛世先生在多年的乡土田野调查中,发现了这些匾额的本土文化价值。为了寻找这些匾额背后的典故和故事,他不知道跑了多少路,做了多少笔记,拍了多少照片。柯先生告诉我们,厦门这些富有地方文化内涵的"匾额",文化含量十分丰厚,从中可以挖掘出遗失的历史,可以寻找两岸的渊源,可以折射厦门淳朴的民风。

柯先生告诉我们,明朝末年倭患频仍,厦门沿海许多村庄都深受其害,地方志史对倭寇骚扰沿海记载十分简略,但在民间古建筑的匾额中,却折射出那一段特殊的历史记忆。在海沧鼎美村的胡氏宗祠内,有一块题为"忠勇"的圣旨匾背后深藏着一段民间抗倭故事。明嘉靖年间,倭寇侵犯东孚鼎美一带,无恶不作,杀人无数,鼎美胡氏先祖胡友耀散财结社,率领乡人与倭寇奋战。因势单力薄,胡友耀不幸被俘,却宁死不屈,最后被倭寇杀害,后村民与官兵杀退倭寇。胡友耀舍生取义的事迹经州府上报,感动朝廷,嘉靖皇帝亲自下旨给予褒奖,颁发"忠勇"圣旨牌匾。

在厦门的许多宗祠老建筑里,都有标志着本家姓氏郡望的匾额,如"颜氏大宗""金柄肇基""南院太傅"等,分别代表着颜氏、黄氏、陈氏等厦门望族。这些厦门望族依托厦门特殊的地理人文背景,广泛地播迁到金门、台湾以及东南亚等世界各地。悬挂这些牌匾的祖祠成了台胞侨胞寻根的根据,如开台王颜思齐祖地就在青礁村,金门台湾的紫云派黄氏大多从翔安金柄村分衍。南院太傅陈氏在闽台两地子孙众多,因此有民谚曰:陈林半天下。

清代雍正四年,厦门天后宫获御赐匾额"神昭海表",背后还隐藏了一段妈祖帮助清朝官兵平定台湾的故事。当年雍正皇帝御笔题写了"神昭海表"的匾额,当时制成三块,一块匾额赐予厦门天后宫,一块悬挂台湾天后宫,一块悬挂湄洲岛的妈祖宫。

有一次,柯盛世先生到同安陈化成的故乡丙洲村,祠堂里悬挂着许多牌匾,但是其中有一块写有"柏舟誓志",问了许多村老才知道,这块匾额背后有一段凄美的故事。嘉庆、道光年间,丙洲屿以海运为生,有一回,商船在途中遇上大风暴,死伤众多,许多家庭失去顶梁柱。灾难过后,丙洲妇女挑起家庭重担,赡养老人,抚养幼儿成人,感动了远近的乡邻。时为钦命提督福建全省学政、泉州府同安县的官员特颁

"柏舟誓志"牌匾，表彰丙洲妇女，这块牌匾从此高悬丙洲陈氏祠堂。

柯盛世先生说，这些匾额，融写景、抒情、叙事、明志、联想、象形、哲理等于一炉，他从"牌匾"中发现闽南文化的丰富多彩。因此，柯先生将自己多年搜集到的165方匾额的190个典故、故事收录于《厦门匾额典故》中，成为了解闽南文化的读物，成为两岸文化交流的重要桥梁。

（苏雪、芳志明，原文刊载于《厦门日报》2014年10月17日）

蔡国强畅谈古城复兴
保护西街打造国际范艺术城

"东亚文化交流，只是一夜情吗？还是'遗产'一般的乌托邦理想？"2014年2月14日，世界知名泉籍艺术家蔡国强先生，在古城文化复兴计划——泉州西街首期项目启动仪式上，发表《东方文化在我的艺术：从故乡出发》主题演讲。

在蔡国强描绘的古城梦里，未来的东亚文化之都不能只是"一夜情"的传说。搭建国际化的艺术平台，引导世界各地有活力的泉籍商人和艺术家共同提高家乡的定位和视野，主动规划保护西街，通过一系列实在的措施，让古城成为具有国际范的艺术城市。

"世界之大，泉州是我的火柴盒，它让我在世界各地点火、爆破……"蔡国强的演讲从一幅幅怀旧的家乡题材作品出发，家乡元素时常出现在他的作品里。比如，在他的作品展示中，可以看到20世纪70年代创作早期古朴的东西塔、恬静的东湖、淳朴的惠安女等油画、油彩作品；可以看到后期的《故乡》等爆破画作品；还可以看到蔡国强在泉州家里面最开始是玩鞭炮的小孩，后来干脆把火药炸在自己的油画上。

"通过爆破，我想为自己寻找一种新的可能。在这些作品里，东方文化在被吸收、被破坏、被建设，然后再生，在破坏的同时发挥新的生命力。我在借力使力，利用火药的力量，把古老泉州文化转化成艺术。"

"我也期待东亚的精神在我们的企业、企业家、政治家身上有更多的发扬，可以创造一个崭新的有希望的东亚未来……"

【谈古城】

古城本身就是一个作品

"如果从全世界找第一流的建筑家、第一流的艺术家、第一流的艺术投资商，他们一看到古城会说这个古城什么都不能动，这古城太棒了！"

记者：以您的经历和视角，对于如何传承和发扬泉州文化您有哪些建议？

蔡国强：泉州的艺术个人主义色彩很强。泉州不能成为政治中心，也不能成为经济中心，而是很个人主义，很会自娱自乐，尤其泉州的艺术界也是这样。在泉州建美术馆就是很好玩的事。因为美术馆是好玩的大玩具，大家把自己喜欢玩的东西拿出来玩。

泉州人对古城的情结是很了不起的，这些东西应该保留。泉州要发展，不适合发展大型的经济，比如工业大楼的开发等；也不适合家家户户卖奢侈品、卖纪念品，整个城市会变成一个店。泉州古城本身就是一个作品，我们可以围绕这些目标带动古城其他配套，包括高端的酒店、饭店、艺术奢侈品的延伸开发，走高端的艺术文化，做高端的休闲活动。

如果从全世界找第一流的建筑家、第一流的艺术家、第一流的艺术投资商，他们一看到古城会说这个古城什么都不能动，这古城太棒了！比如弗兰克·盖里，他来了也是为能够在古城里建立一个当代馆跟古城对话，他感到这是一件前无古人后无来者的事情。

文化基地改造要走高端化

"这个保护不是什么都不碰，什么都不碰（古建筑）也要倒的，人居住不下去。"

记者：您的演讲中，多次提到西街，您所期待的西街应该如何改造？

蔡国强：整体来说，传统的民间街巷要尽量保护好，它是非常好的资产和景观。这个保护不是什么都不碰，什么都不碰（古建筑）也要倒的，人居住不下去。要主动地有规划地保护，同时在街区的外面适当地把工厂改造成文化基地。这些文化基地不应该是普通的，而应该是高端的。因为，泉州这座城市，尤其是老城，可用的地方不多，商业和住宅使用的容积率很低，所以一定要提高它的品位、走高端化，才能带来人流还有消费，比较能迎合西街改造的需求。

【谈国际化】

给世界一个关注泉州的理由

"我们需要在当地打造一个平台，一个响亮的龙头地标。让人觉得到了中国，就得去泉州看看。未来的当代艺术馆就是这么一个平台。"

记者：未来当代艺术馆将建设成怎样的平台？

蔡国强：泉州拥有木偶、梨园戏、南音等各种古老的文化。但是泉州还需要给世界一个关注的理由，泉州现在需要精气神的亮点。我们需要在当地打造一个平台，一个响亮的龙头地标。让人觉得来到中国，就得去泉州看看。

未来的当代艺术馆就是这么一个平台。这个当代艺术馆可以做世界性的经典作品，可以做两岸年轻艺术家实验作品。创作的内容可以囊括画作、视频、表演、电影，甚至更多的跨界创作。在这样的平台上，再配套建设高端的艺术休闲业态。我想一个城市不在于大，在于城市的精气神，如果有这股精气神在，人才就留得住。不然人才会继续流失，企业也会继续流失。

凝聚泉籍商人和艺术家

"他们不仅能够捐赠给泉州财富，还能捐赠他们的知识和经验，把他们的爱捐给泉州。"

记者：2013 年 12 月份，世界泉籍商会会长联谊会上，世界泉商捐资注入"泉州当代艺术馆建设基金"。今天又成立南音、南戏发展基金，这些泉商的力量，在古城文化发展起着怎样的作用？

蔡国强：泉州的力量和它的历史、空间之外的很多人相关。泉州才几百万人，却有上千万人住在全世界。这些泉商在世界各地都很成功，他们不仅能够捐赠给泉州财富，还能捐赠他们的知识和经验，把他们的爱捐给泉州。这样，泉州力量就很大。

另外，不光我一个泉州出身的艺术家在全世界活跃，我还希望能够带来我在世界各地的艺术家朋友来泉州这块福地工作，来吸收泉州的文化和素材，这样也能促成这座城市新的动脉。

（《海峡都市报》闽南版（东亚文化之都编写），原文刊载于闽南网，2014 年 2 月 15 日）

中国海外交通史研会会长谢必震：
重振福建最具优势的海洋文化

"一座城市的文化就在博物馆里体现，福建海洋文化丰富，建议设立海洋文化博物馆。"中国海外交通史研究会会长、福建师范大学社会历史学院副院长谢必震教授通过人民网福建频道"福建改革发展 网络建言献策"平台提出建言。

谢必震介绍，福建曾在海上丝绸之路中扮演过重要角色，并且辉煌一时，其原因是福建具有领先的造船技术、航海技术和发达的贸易经济。

而今福建应该怎样作为，使"海丝"重现光芒？

谢教授说，建设"海丝"首先要有海洋发展的战略规划，然后再依照规划发展海洋经济，比如重整福建的造船业、开发海底资源、进行海产品加工、发展海洋运输业及旅游业等。

"福建最有优势的就是海洋文化的繁荣，比如宗教文化。"谢必震列举了泉州的例子，"海丝"在泉州留下浓厚的宗教文化，泉州成为世界宗教的艺术宝库，同时在莆田的湄洲湾还有妈祖文化等，这些都是海洋文化形成的积淀。

2010年，谢必震曾就保护福建中琉遗址问题向省委领导写过报告。他说，福建的中琉遗址与钓鱼岛的发现有很大关系，因为我们不但有文献资料，还有琉球馆等。当时被册封过的琉球使臣，他们的墓现在还在福建。所有的资料都说明中琉航线是福建人发现的，这是福建航海的优势。

谢必震认为，福建可以将这些优势向外界展示，展示的最好方式就是设立海洋文化博物馆，它将重振福建海洋文化。

他还提到，待时机成熟，可以将福建船政学院变成中国船政大学，以培养更多的海洋科技、军事教育等方面的人才。

（记者陈晶晶，原文刊载于人民网—福建频道，2014年3月21日）

泉州十大"海丝故事"：
父子78年心血共著一本书

有这样一本书，它曾引起海内外学者乃至国家领导人高度关注，1957年，陈毅副总理出国访问时，特意带走了8本。

这是一部极具价值的书，它为研究古代社会历史、宗教、艺术、中外交通、中外古文字和宋元以来外国人在泉州一带的活动，提供了极重要的第一手资料，展示了泉州作为古代东方最大商港的特殊风采。

这还是一本令人扼腕感慨的书。作者为编这一本书，耗尽了一生的心血，忍受了一身的苦痛，他没有因为这本书的出版，尝到功成的喜悦，却带着无尽的遗憾，于1969年悄然辞世。

这本书，名为《泉州宗教石刻》，被誉为"展示海上丝绸之路多元文化典范"。书上印着两位作者：吴文良和吴幼雄。

他们是父子。完成这本书，他们一共用了78年。

石刻考古　见证千年外交史

泉州市区县后街彩笔巷，顺着一条青石板路走过去，就是吴幼雄的家。厚重的大门，为整座宅子增添了不少人文气息。和大多数泉州人一样，吴幼雄的待客之道是泡茶，烧水的壶就放在手边的窗台上，窗台石是一块墓碑。

吴幼雄已经习惯了客人们惊讶的眼神，他站起身，介绍客厅的大门。大门的石柱，由三块不同的石头拼接而成。最下方是印度教石刻，中间是佛教石刻，最上方又是印度教石刻。整座房子，凝结了他和父亲吴文良一生的心血。

吴文良，泉州市著名的宗教石刻考古专家。如今，泉州海外交通史博物馆内数百方宗教石刻，大多是吴文良捐赠的，它们是泉州一千多年对外交流史的重要见证。

比如，1946年，吴文良从石匠店抢救出的一方古拉丁文字墓碑，不仅见证了元代泉州有天主教，而且至少有两座天主教堂，为元代泉州与欧洲交通史的研究提供了有力物证。

数百私藏 一次性捐给国家

吴文良对宗教石刻的热爱，源于其大学期间听了一场考古学家张星烺教授关于泉州考古方面的学术报告会。20世纪20年代，他从厦门大学毕业后，回到泉州，成了一位中学历史老师，并开始搜集、研究古代侨居泉州的阿拉伯人、波斯人、印度人等留下的宗教石刻。

在吴幼雄的记忆里，父亲只要有空，就到古城墙附近去搜集石头，或是到别人家里买。那时，许多石刻散落在民间，很多人不懂得它们的价值，甚至用来围猪圈的都有。父亲每月的工资，几乎都花在了这上面。有的石头，甚至是父亲一个月的薪水。收集的石刻越来越多，家里都堆不下，索性"装饰"在大门、窗台上，而原本并不富裕的家庭，日子却过得十分拮据。

但最令家人意想不到的是，20世纪50年代，如此痴迷石刻的吴文良特别"大方"，他将多年私藏的近两百方石刻，一股脑地全都捐给了国家。

78载研究 成就"百科全书"

吴文良将他对石刻的研究灌注在写作上。1957年，他耗费多年心血著成的《泉州宗教石刻》出版，引起海内外学者的高度关注。当年，陈毅副总理出国访问，特意向吴文良要了8本带走。

1965年，中科院院士、享有世界声誉的考古学大师夏鼐先生，希望吴增订原著。可惜次年赶上"文革"，增订工作被迫中断。更遗憾的是，因有海外学者曾与他就书中问题进行书信商榷，吴文良遭人诬陷，1969年，抱憾辞世。

1958年，吴幼雄从福建师范大学历史系毕业，为了圆父亲的遗愿，他一直从事石刻兼海外交通史研究。结合自己多年的研究成果，吴幼雄终于在2005年出版《泉州宗教石刻（增订本）》。

至此，父子俩前后共78年的研究，终于成就了一部完整的泉州宗教石刻"百科全书"。

增订本问世当年，学界即这样评价：这本书汇集了泉州地方遗存古代宗教建筑和坟墓的石刻遗物，为研究古代社会历史、宗教、艺术、中外交通、中外古文字和宋元以来外国人在泉州一带的活动提供了极重要的第一手资料，展示了泉州作为古代东方最大商港的特殊风采。

（《海峡都市报》闽南版记者陈丽娟、谢杨、吕波，实习生刘阿惠，原文刊载于闽南网，2014年7月31日）

闽南童谣传承人:杨安东

《惠安女　水茫茫》《闽南人　个个猛》《咱厝人讲咱厝古》……一首首甜美动听的闽南童谣时常在洛阳镇洛阳古街唱响,通俗的俚语,浓浓的乡音,在闽南方言中表达浓浓的闽南地方民俗风情,这就是闽南童谣的独特魅力。泉州台商投资区公布了首批区级"非遗"名录,闽南童谣名列其中,对该项目的保护和弘扬迈出了重要一步。

一家五代人传承闽南童谣

在泉州台商投资区,闽南童谣的代表性传承人是杨安东,他根据母亲王超英口头传授进行采集整理。

杨安东是泉州市曲艺家协会会员、惠安县曲艺家协会副秘书长、洛阳镇文史研究学会秘书长,他曾经创作《夸惠女服饰》《惠安女》《闽南人　个个猛》《来惠安好佚佗》《蟳埔亚姨》《咱厝人讲咱厝古》《新农保》等多首闽南新童谣,并获奖多次。特别是2003年创作《惠安女　水茫茫》(原名《夸惠女服饰》)闽南方言新童谣,已作为幼儿大班学前(闽南童谣)本土文化教材,在闽南地区推广。他创作的这些闽南童谣主要是根据其母亲王超英口头传授采集整理的。今年已经87岁高龄的王超英回忆起往事,最幸福的时光就是一家人跟着母亲杨需学唱童谣的童年生活。

闽南童谣内容丰富多彩充满童趣,又能在潜移默化中增长儿童的知识。杨安东每次创作好童谣后,都会唱给外孙女蔡雨彤听,现在6岁的雨彤已经能唱许多首童谣,并将这些童谣带到幼儿园去,受到小朋友们的欢迎。"由于闽南童谣以口耳相传为主,所以口传大多是不完整的方言童谣,文字俚语差别甚多。"杨安东说,随着时代发展,杨安东在创作闽南童谣时常会在传统的基础上融入现代的一些元素,进行创新。

成为闽南人的文化纽带

闽南童谣属于闽南民间的口传文学,具有集体性(即集体创作)与变异性(即在流传过程中会发生增删补充等变化)的特点,是闽南老百姓智慧的结晶。闽南方言语音所构成的韵律美与节奏美,通俗易懂,符合儿童生理、心理的特点,深受儿童喜爱,广泛流传于闽南地区。

明朝初期郑和奉命出使 7 次下西洋，"海上丝绸之路"的兴盛使得泉州成为历史上吸纳海外文化和向海外传播中国文化的重要门户。随着闽南人对外交流的日益频繁，闽南文化的区域扩展到哪儿，闽南童谣也随之到哪儿传播。闽南童谣在中国台湾、南洋等地扎下了根，融合了当地的元素后，又创造出许多新的童谣，其中有许多又很快传回闽南，相互融合，相互启发，使得闽南童谣更加丰富多彩。闽南童谣是海内外人民相互了解、相互认同、相互交流的一条文化纽带。

多举措保护闽南童谣

闽南童谣以闽南方言传唱为主要传播方式，但目前，闽南语的学习逐渐被淡化，许多孩子甚至不会讲闽南话，因此方言的流失和危机也使得童谣渐渐远离了闽南儿童，闽南童谣的传承出现危机。

泉州台商投资区公布了首批区级"非遗"名录，而对于闽南童谣的保护，也引起社会各界人士的共鸣。"让童谣走进校园，有关部门应该引起重视，在民俗晚会上表演童谣……"各种保护童谣的建议被提了出来。"我们会发挥洛阳镇文史研究学会的作用，争办闽南新童谣培训班，把更多的闽南童谣搬上舞台，多举措、多方面传承和保护闽南童谣，让更多的小朋友感受优秀童谣的魅力。"洛阳镇关工委主任、文史研究会会长陈德杉说，"只有社会各方形成合力，采取必要措施，共同传承和保护闽南文化，闽南童谣才不会消亡。"

（实习生郭慧杰，记者陈智勇，原文刊载于泉州网，2014 年 10 月 10 日）

缘结雕艺
——访工艺大师杨庆聪、李幼琴伉俪

"艺术创作来源于生活,对于雕艺这一复杂的文化艺术现象,只有从不同的角度、运用不同的方法进行把握,才能贴近生活、贴近真实,才能发现它的存在价值。"在泉州台商投资区洛阳镇,有一对雕艺伉俪,他们同是"福建省工艺美术大师",都崇尚雕艺源于生活、改造生活。笔者探访了这对雕艺伉俪,为读者揭开他们二十多年的雕刻情缘。

杨庆聪 以生活为创作原型

作为中国传统文化的追随者、中国文化市场和文化产业发展的参与者,杨庆聪的作品敢于突破传统,大胆创新,屡获大奖。其作品砂岩石雕《玉岩观音》荣获 2004 年中国工艺美术民间工艺品博览会金奖,木化石《指日高升》获得 2008 年中国玉石雕精品博览会"百花玉缘杯"金奖,《自在笑佛》获 2009 年中国上海国际艺术节"第五届中国(国家级)工艺美术大师精品博览会"中国工艺美术银奖。

"艺术源于生活,生活创造艺术、艺术改造生活",杨庆聪一直坚持以生活为创作的原型。自创形象石刻的产品,风格独特,深受广大收藏人士喜爱。在他的展厅里,25 尊黑檀木弥勒佛像格外引人瞩目,据杨庆聪介绍,这些弥勒佛像一反传统的弥勒佛像雕刻手法,都是以普通的凡人为原型,运用"造型大写意,细部小写实"的雕刻技法,把弥勒佛像的面部结构塑造成凡人的脸部结构,风格独特,独树一帜,蕴含亲民、为民的艺意。

除了黑檀木,杨庆聪同时还取材汉白玉创作这 25 尊弥勒佛像。笔者看到汉白玉雕刻的弥勒色白纯洁、结构细腻、花纹奇特,阳光下粲若灯辉,给人一种一尘不染、庄严肃穆的美感。心融艺意才能形象传神。杨庆聪对笔者说:"汉白玉材质的弥勒,眼睛雕刻最为困难,我们正在研究怎么在静态中最大化地表现弥勒的神采,让弥勒形象更为鲜活起来。"

李幼琴 尊重原型形意结合

李幼琴师从影雕大师刘碧兰，作品以人物、山水、花卉等为主要创作对象，她尊重其各自的原型，通过流畅、逼真的表现形式挖掘作品的内在灵气。作品画面柔和、貌神统一、立体感强，影雕精品驰名中外，屡获殊荣。《绣花女》是其代表作之一，该作品以中国传统大家闺秀为创作对象，在传统影雕"针黑白"工艺的基础上创新的工艺技法，表现出一个妙龄女子身居闺房，纤纤素手，灵巧刺绣，举手投足间端庄尽显，作品艺意依形而存，其形因意而设，达到形意的完美融合，该作品荣获 2012 年中国工艺美术"百花奖"金奖。

2012 年 4 月，李幼琴被授予了"福建省工艺美术大师"的称号。"做影雕，美术功底要好，怎样在平面中展现出立体感更需要很大的功力。"在二十多年的雕艺生涯中，李幼琴创作的人物、山水、鸟兽、花卉等艺术作品，都注重各自奇特的造型，以巧夺天工的技艺，不断创作出新的影雕作品。

雕艺生涯 夫妻携手提升技艺

杨庆聪夫妇虽然从事不同的雕刻类型，但却经常会在一起探讨关于作品的创作，虽常有分歧，最终却都能达成统一意见。"从事的雕刻类型的不同，有时候我从影雕的角度出发，来思考作品的创意，他则从石雕的角度来进行作品的创新，因此常有争论，但是最终都会得出一个令两人满意的结果。"李幼琴笑着说。

1992 年杨庆聪创办了自己的石雕厂，1993 年二人喜结连理，夫妻俩充分发挥"青年文明号"在三个文明建设中的积极作用，把各自所学的雕刻技艺传授给厂里员工，使他们学有一技之长，带领他们走向脱贫致富之路。多年来夫妻俩培养学徒数百名，其中 5 人获评省级工艺美术大师、8 人获评省级工艺美术名人，为雕刻技艺的传承与发展做出重大贡献。杨庆聪认为："不能把自己老捆在石头上，要走出去，丰富阅历，把对生活的各种体验和对世界的各种看法融注到斧凿之上，让作品蕴含不一样的内涵。"

在传技授艺的同时，夫妻俩携手共进，共同提高，不断为自己"充电"，2001 年二人同时到泉州市乡镇企业科技培训中心学习《中国美术史》《雕刻与雕塑》《现代石雕》等课程，2003 年，到集美大学艺术设计专业进修学习，不断提高自身的理论素养和艺术欣赏水平。由于对雕艺力求精益求精，夫妻俩的石影雕作品远销北京、上海、广东、海南、日本、新加坡、马来西亚等国内外市场，深受顾客欢迎。

（实习生郭慧杰，记者陈智勇，通讯员庄培阳，原文刊载于泉州网，2014 年 10 月 11 日）

郑君亮：永葆素心　禅心绝艺

　　《岩石达摩》《荷心观音》《洛神》《济公》……2013 年 11 月 29 日，由中国木雕艺术大师、泉州非物质文化遗产木雕传承人郑君亮带来的五十多件木雕作品亮相中国闽台缘博物馆"天工荟萃——闽台工艺美术大师优秀作品联展"现场。这些工艺精湛、彰显中华传统技艺且蕴含闽南文化精神价值和文化意识的木雕作品，承载着闽南文化的表现形式和历史，让前来参观的民众啧啧称赞。

　　从事传统木雕工艺数十年的郑君亮，曾多次获得国家级和省级嘉奖，其作品除了熟练的立体雕和块面雕法，还采用传统屏雕来结合石雕的线影雕，使用舍虚取实的手法，大胆创新，突破传统技法，风格独特，自创"形影木雕"工艺。

师出名门　青出于蓝

　　郑君亮出生于一个木雕世家，从祖父开始，家里就一直在从事木雕创作。郑君亮自幼受其家族雕刻艺术的熏陶，从小就对雕刻表现出了浓厚的兴趣。9 岁那年，听闻祖父在泉州开元寺雕刻，他只身挑着一些地瓜徒步前往开元寺找祖父，跟着祖父学雕窗花。在祖辈父辈的熏陶下，郑君亮自小对雕艺产生浓厚的兴趣，空闲时就会拿着父亲的刻刀学雕刻。1970 年高中毕业后，他随祖父、父亲在惠安工艺厂学习雕刻，由于对艺术的向往，经过不懈努力，加上名师指点，郑君亮几年中练就了一套娴熟技艺，使其作品在创作方面独树一帜，无论是平雕、圆雕都各有特色。1978 年郑君亮被泉州工艺美术公司聘为检修员，开始跟着中国工艺美术大师卢思立半工半学，后担任创作组组长、车间主任，学艺数十载，练就了一套娴熟技艺，使其作品在创作创新方面独树一帜。

　　1995 年，他创办了自己的木雕厂，事业进入了新阶段。在自己创业后，郑君亮依然潜心雕刻，雕刻技艺日臻成熟，很多作品在国内各种大赛中屡获大奖。郑君亮的木雕厂位于著名的石雕之乡惠安洛阳，改革开放以来，培养了不少优秀雕刻人才，其产品质量精益求精，领先于木雕行业，产品畅销中国台湾，日本及东南亚国家。为了自己能够潜心创作，能雕出更多的艺术珍品，郑君亮已经不再操心自己木雕厂里的事了，他把工厂的品牌经营和日常管理完全交给子女去打理。

亮相世博　夺得大奖

闽南民间向有尊仙敬佛习俗，佛教雕塑也成了泉州木雕的重要题材，长久以来，精品不断。在郑君亮的作品中，佛教神仙人物占据了很大的比重。经过几十年的雕艺钻研，传统的观音、佛陀的雕法早已熟记于心，郑君亮开始追求作品的创意。近几年，郑君亮的作品融合了更多的艺术元素，取得了很大的突破，作品也屡获大奖。

郑君亮很注重雕功和作品本身所要传达的内涵和主题。作品《禅心》采用高贵的香榧木，运用雕塑机理对比的艺术手法，采用"快面"平刀的立体雕法，佛像线条流畅、色泽清雅，表达出"禅"的境界。在2010年上海世博会上，《禅心》荣获"中华艺术·国家大师珍品系列荟展——中华木雕精品展"特别金奖。

《清香万里飘》是郑君亮的另一件得意之作，在这幅作品中，药师菩萨身躯高大宏伟，把象征吉祥的清香荷花洒满凡间，造福人民，该作品在2009年中国工艺美术"百花奖"（深圳）优秀作品评选中获得"最佳创意奖"。他在这幅作品中把传统的屏雕手法和石雕的线影法巧妙融合，以舍虚取实的手法，在继承传统的基础上推陈出新，得到了业界人士的高度评价。

在过去的十余年间，郑君亮的雕刻技艺进入成熟期，其作品频频在全国各大赛事中获大奖，比如作品《荷心》参加首届民间雕刻艺术精品赛获金奖、《浪游》参加2004年中国工艺美术民间工艺品博览会获金奖、《闲情雅致》参加2006年第五届中国工艺美术工艺品博览会获金奖等。

同时，郑君亮还参加泰国、韩国等地寺庙佛像雕刻，作品被《世界佛教文化艺术天地》《中国工艺师精品集》《台湾国际木雕艺术交流展》《中华木雕》等杂志收录。2013年8月，郑君亮被中国工艺美术学会评为"中国木雕艺术大师"。

创新发展　享誉海外

惠安木雕工艺博大精深，不仅为泉州"东亚文化之都"的魅力添一笔色彩，也是中华民族优秀传统文化的一大贡献。郑君亮说，泉州传统工艺美术历史悠久，品类繁多，技艺精湛，享誉海内外。

郑君亮创作作品时善于在传统中加入创新元素，珍品不断涌现，不但在国内享有盛誉，而且韩国、泰国等国外的客商也慕名而来。近年来，他开始涉足高级别墅、酒店、寺庙的平雕设计，开辟了新的创作领域。他的《三十三观音》《五百罗汉》等作品在韩国、泰国很受欢迎。"韩国的佛像跟我们中国有所不同，韩国的佛像的面部较为平整，因此在面部特征的处理方面需要更加注意。"郑君亮对于创作不同国度的作品颇有心得。《五百罗汉》则由四片大型木片构成，每片125个罗汉，500个罗汉形态各异、惟妙惟肖，受到了海内外人士的广泛喜爱。

在郑君亮的工作室摆放着已快完工的、某高级酒店订做的几块大型红木立体浮雕《百子图》。"完成这样一幅完整的作品至少需要半年的时间，除了前期的雕刻，还需要后期的修补、上色，而且这幅作品人物众多，很是考验雕功。"他对于每件作品总是力求完美，敦厚务实的处事风格，让他在花甲之年却依然刀耕不辍。

郑君亮档案

郑君亮，1950年11月出生于福建省泉州市惠安县洛阳镇白沙木雕世家，中国木雕艺术大师、福建省工艺美术大师、高级工艺美术师、中国民间雕刻艺术大师、国家一级技师。

现为中国工艺美术学会雕刻专业委员会委员，中国民间雕刻艺术委员会委员，福建省工艺美术学会理事、惠安雕刻艺术研究会常务理事、世界佛教文化艺术天地艺术顾问。

（原文刊载于泉州文化产业网，2014年7月28日）

郑君标：半世纪痴迷传承木雕工艺

他拥有中国雕刻艺术大师、中华传统工艺大师、中国民间文艺家协会雕刻艺术委员会常务委员、福建省工艺美术大师、德艺双馨雕刻艺术大师等称号。

他五十多年来一直从事木雕事业的创作，并带领两个儿子不断继承和创新具有上千年传承史的泉州木雕艺术。父子三人独立构思创作的雕刻作品数以百计，获评国家级和省级金银奖项近五十件。

郑君标，将木雕艺术深深植根于中国传统民间艺术的丰厚土壤之中，并在民族传统的基础上锐意创新，形成自己的艺术风格，创造出艺术性强、群众喜闻乐见的作品。

传承祖业　矢志不渝

郑君标祖辈以雕刻为职业，已有百年历史，五代传承。其祖父及父亲等长辈都长期在泉州、晋江一代从事宫、庙、祠堂及古民居的雕刻。1947 年，郑君标出生在惠安白沙木雕世家，从小受祖辈雕刻艺术的熏陶，特别酷爱木雕艺术。

14 岁那年，郑君标便跟随祖父及父亲学习雕刻技艺，天资聪颖的他，仅用了一年多就开始独当一面，19 岁时便管理着一百多号人。"文化大革命"时，白沙村的木雕厂垮了。为了生活，郑君标做起了仿古家具。在古家具的花花草草中，郑君标雕镂着青春梦。几年后，恰逢惠安县工艺厂招收工人，郑君标便应聘成了一名质检员。

在那段岁月中，生活虽然过得很艰辛，但是却给了他涉猎丰富木雕技术的机会。根雕、平雕……凡是能接触到的技术，郑君标都不曾错过。20 世纪 80 年代初期，民间开始大肆修缮寺庙，郑君标便投入雕刻大队伍中去。

为更好地博取众家之长，郑君标在继承传统的基础上，拜师学艺，虚心求教，得到厦门工艺美术学院郑成昆教授等名师指导，艺术素养有质的提升，特别是对圆雕、平雕、根雕等有较深入的研究，能够在保留中国民间传统雕刻工艺精华的基础上融入现代雕塑技法，作品涵盖古今中外，款式多样，品种齐全，形神兼备，主体感强，独具魅力，自成风格，深受海内外收藏家喜爱。

郑君标坦言：五十多年来他一直从事木雕事业的创作和工作。15 岁跟随父亲学习雕刻技艺，19 岁时在社办木雕企业当技术辅导员兼验收员，1972 年在惠安工艺厂当技术工人，1983 年后从事民间寺庙佛像雕刻，1998 年创办标亮木雕厂任厂长兼技术总监，2001 年创立君标木雕厂任厂长兼技术总监至今。

木雕传家　五世辉煌

郑君标作为雕刻大师，对创作是倾心倾力的。而作为父亲，作为郑家木雕的传人，他考虑更多的是如何让艺术传承。在他艺术的创作高峰期，他选择了去培养自己的子女，让艺术之路一直延续。在郑君标的培养下，郑家木雕五代传人，郑煌章、郑煌祥在艺术领域也有了不小的造诣。

1988 年郑君标带领着小辈们，开创了宁远木雕。说是木雕厂，更像是大型的家庭作坊。三个女儿、两个儿子，连同嫁入郑家的两个儿媳妇无一例外地恋上木雕，并扎根木雕行业，组成郑家木雕的生力军。

严父出孝子，严师出高徒。在家，郑君标是父亲；在厂里，他是老板；在雕刻上，他是师傅；在孩子们评论雕刻作品好坏的时候，他又充当着裁判的角色。郑君标说"说实话教的时候，都是很严格，有时候碰到他们做比较不会（做不好）的，我脾气都不太好。我就会管的很严格。"

而这种严厉，是被理解的。当时光流逝，那些年顽皮的孩子也成为人父，便自然而然了解了父亲的那份苦心。郑君标的儿子郑煌章说："对我跟我弟弟要求都很严。小时候不懂事，看到其他小朋友在外面玩，趁父亲不在也会偷溜出去玩。"儿子郑煌祥："严厉是肯定的，从开始学到现在，如果没有严厉，也不会有今天的成果。"

现在最让郑君标欣慰的是两个儿子随他做木雕，已经小有成就。长子郑煌章现为高级工艺美术师、福建省工艺美术名人、泉州市工艺美术大师，次子郑煌祥现为福建省工艺美术大师、高级技师、福建省雕刻技术能手，在 2009 年首届福建省工艺品雕刻（木雕）技能现场比赛中荣获第一名，并荣获福建省"五一劳动奖章"荣誉称号。

2014 年 3 月 7 日"天工荟萃"——闽台工艺美术大师优秀作品联展·郑君标木雕世家专场日前于中国闽台缘博物馆拉开帷幕，集中展示郑君标木雕世家郑君标、郑煌章、郑煌祥父子三人从艺四十多年来的 76 件木雕佳作。看着孩子们的成就，郑君标心里很是高兴。他说孩子们技艺能够提升，是自己的最大满足。

尊重规律　扎根乡土

木雕工艺品是一门造型艺术，也是文化艺术的一个产业，每一件作品的创新，都要有前瞻性和市场定位，要做到适用性与审美性的有机结合。

郑君标在艺术创作上从不固守经验，而是乐于接受新思想。他的作品既尊重市场发展规律，又以认真严谨的态度牢牢扎根在惠安这块乡土。他在创作惠安女题材作品时,虽然对惠安女"黄斗笠、银腰带、蓝上衣、宽黑裤"的特殊服饰已了如指掌,但他在创作前还是认真查找资料,到惠安女集聚的东岭、小岞实地考察,并到崇武古城现场观看惠女风采的艺术表演。待掌握了第一手创作素材后,才开始做泥塑、打坯,一个多月后,头一件作品创作完成,取名《涛声依旧》,在中国工艺美术协会主办的大赛中获评二等奖;接着又创作《在水一方》,在中国工艺美术协会主办的大赛中获评金奖;后来又创作《魅力惠安女》获中国工艺美术百花奖金奖;再后来,又创作四件合成套《惠女四美》获评争艳杯大赛金奖,2011年度被中集邮作为邮币卡发行。

《惠女四美》就是四个惠安女的造型,就是四个姐妹的意思。郑君标说:"早前刻的都是帝王将相、才子佳人,因为这样的产品同质化太严重了,我就按照我们旧的传统的雕刻手法,创作这组新题材,因为这样既符合我们的闽南文化,又显示我们泉州的旅游品牌。"郑君标创作的这组《惠女四美》,得益于其在崇武采风途中偶遇的舞蹈表演惠安女。所以此作品不同于以往来源于生活中的惠安女形象,更具有舞台性、艺术性。郑君标说,自己本身是惠安人,创作惠安女,大有"近水楼台先得月"的妙处。在他眼里惠安女的精神,映射出的是一代人创业的掠影:勤劳、朴素。

"艺海无涯,学无止境"这句话,郑君标一直引以自勉,他说艺术的奥秘太博大精深了,他只能不断地学习,才能最少地错过精华。他还常常跟孩子们探讨至深夜,没有尊卑长幼之分,有的是对艺术的共同追求与信仰。如今郑家经营的宁远木雕在稳步发展,郑君标说他最大的愿望是郑家木雕能传承下去。在培养孩子上,他坚持"授之以渔",财富有用尽的一天,但技艺却是取之不尽的。宁远木雕,取自于"淡泊名利,宁静致远"。这是郑君标的座右铭,也是他对后辈们的要求,不浮不躁,兢兢业业,将郑家木雕发展壮大。

(原文刊载于泉州文化产业网,2014年7月28日)

化腐朽为神奇　倪世杰木雕艺术之路

在木雕界中，倪世杰是独特的，尤其是在选材方面，他能从盘根错节的树兜和树瘤突起、瘢痕累累的木头中发现美。木质完好的材料他会弃之不用，而残缺的材料他往往认为潜藏着表现的可能。他的作品大多以材取形，以形赋意，给作品最原始的点睛之妙和造势之力。

笔者来到泉州台商投资区张坂镇，走访这位工艺美术大师，为广大读者展示倪世杰独特的艺术风格。

传神的作品才是好的作品

走进倪世杰的雕刻艺术展厅，就像走进一座木雕艺术馆。你会被一尊尊刻工细腻、造型独特、形象生动的作品所吸引。这些作品是倪世杰几十年艺术实践的结晶。

艺术不在于木头的好坏，而是要在创作中赋予木头灵魂，把一件木头雕琢成一件经得起岁月考验的作品，倪世杰知道，单凭精湛的手艺还不够。

因此，在传承民间传统工艺中，倪世杰虚心求教，不但向各种不同风格的民间艺人学习民间木雕工艺技术，还特别注重实践学习，多次参加专业艺术院校的美术、雕刻、设计等专业的函授学习。在长期的实践中，他从中华民族的南北地域文化、古今文化和中西文化中汲取养分，融合现代高科技和新材料的研发与创新，使得创作理念与艺术技法相得益彰，逐步形成了自己既古典又现代的木雕艺术风格和特长。

同时，在提高自身艺术修养中，倪世杰更注重作品的灵性和文化内涵，从 2000 年开始，他的作品分别出现在各级博览会上，他的作品《心中佛》《九莲观音》分别获得国家级工艺美术大师精品赛和中国民间雕刻陶瓷剪纸艺术大师精品赛的金奖。《苏武》《禅》《威》《达摩戏珠》连续在各类高级别的工艺美术大赛中获奖。2011 年，他创作的作品《伏虎尊者》获得全国省级工艺美术大师作品展金奖。

"一件好作品要能够传情传神，要有生命力。"倪世杰三十多年的艺术实践中，一直力求作品达到这样的标准，这使他从一个普通的木雕工人成长为一名福建省工艺美术大师。

兴趣助艺术越走越远

倪世杰是张坂镇人，十几岁开始学习木雕制作工艺，三十多年过去了，他创作出很多优秀的木雕作品，不少作品在全国性的作品比赛中获得金奖。《苏武牧羊》花费了倪世杰一个多月的时间完成，这件作品最好的地方在于它的细节的雕刻，很有沧桑感，眼神坚定，不怕困难、不怕艰苦的感觉自然而然地流露出来，这就是通过雕刻的手工技艺来体现细节，体现苏武的坚强意志和英雄气概。在完成这件作品之前，倪世杰查阅了很多历史资料，然后根据木头的形状，加入自己对这一个历史人物的理解，才完成这件作品。

倪世杰并非出生于一个雕刻世家，他父母一位担任村干部，一位在从事农业生产。小时候，家的旁边就是一家雕刻厂，还没开始学木雕之前，每次他都会趁雕刻厂的师傅下班后，拿凿子来雕刻一些东西，慢慢地就与木雕结下了不解之缘。后来，师傅就问他："孩子，你什么时候要来当学徒呀？"就这样开始了学徒的生涯。在雕刻厂的日子里，除了雕刻，大家经常把吹箫、拉二胡当作一种休息。

在木雕厂拜师学艺是很辛苦的，每天早上都要很早去帮师傅烧水、泡茶、搬木头、锯木头，从打杂做起，每天做一些与雕刻无关的事，看着师傅们雕刻，因此，亲手雕刻作品成为他那时候的愿望。

学习雕刻，是从修光开始学起的，截木头、锯木头，修光、打坯，打这些基础就花了一年多。倪世杰说："师傅传授的技术，我要自己思考下一步该如何雕刻，实际上这是一个自学的过程，师傅不可能手把手地教你如何雕刻，关键还是要靠自己。"

兴趣是最好的老师，在制作出自己的第一件作品后，倪世杰对创作越发努力。从传统木雕佛神中脱离出来，在中国古老故事中寻找更广泛的创作空间，在这期间，更多的人物和传说故事如西施、昭君、张果老、孔雀东南飞、霸王别姬等，在他的脑海中不断显现。在兴趣的引领下，倪世杰的艺术之路越走越远。

艺术在创业中提升

为了进一步提高木雕制作技艺，1983 年，倪世杰拜木雕工艺大师卢思立为师。卢思立大师的雕刻技艺非常高超，"根艺设计"是他拥有的一门很有内涵很高超的技术。对一块木头进行抽象雕刻，凿几下就能够完成一件作品，这是卢老师留给倪世杰最深刻的印象。寥寥几刀就能呈现一件作品，这是现代艺术中最具潜力的作品。

在卢思立大师门下，倪世杰学到了很多，无论是工艺制作，还是人物形象的刻画都有很大的进步。他开始想去外面的世界走走看看。1986 年，二十多岁的倪世杰来到厦门一家木雕企业任厂长兼技术总监。在这期间，他在管理厂里的日常事务之余，利用业余的时间进行创作。6 年时间里，倪世杰不仅创作出许多作品，同时也学习到很多先进的管理方式。在艺术创作和管理方面得到很大的提升。

1993 年，倪世杰回到了家乡，选择自主创业。走自主创业之路，给了他更多展示的空间和平台，但也留给他一份艰辛。怎么在创业和创新之间找到平衡点，让自己的艺术之路走得更远，成为他经常思考的问题。

创业的过程充满了艰辛。"什么事都要自己去奋斗"，这是倪世杰创业的座右铭。而把传统工艺转为艺术创新一直是倪世杰自主创业所坚守的路子。经过几年的奋斗，倪世杰把古老的木雕工艺转化成一个产业，并培养出一批木雕师傅。倪世杰一直很重视产品创新，他把大量的时间花在产品的开发和创新上。他从古典人物和民间传说中寻找创作源泉，运用现代木雕技艺创作出许多栩栩如生的人物形象。残缺变质的材料在倪世杰的眼中往往潜藏着艺术表现的可能，在他的刻刀下，朽木也能成为一件精彩的艺术品。

"创业是一种人生体验，创业进一步提升我的艺术创作。"倪世杰艰苦的创业，为他的艺术创作提供了丰富生动的素材和体验，并让他的艺术创作更加贴近生活，大大升华了他的艺术生命力。

（记者曾广太，实习记者郭慧杰，原文刊载于泉州网，2014 年 10 月 10 日）

茶石一体　修身养性
访石雕壶艺大师林向阳

"捧壶在手，品茗一口，常聚挚友，快意生活"——在泉州台商投资区有一位专业从事石刻壶艺及仿古器皿的雕艺大师，他叫林向阳。他把茶文化和石文化融为一体。他的壶艺品集观赏性和实用性于一身，充分体现了"茶与石"文化的艺术内涵。

石壶加工　突破"掏膛"难关

石壶的造型艺术除了可以表现传统的茶壶造型外，还可以根据石材的自然形态、色彩图形的自然形状来设计制作各种造型。由材料的自然属性所决定，石壶的制作材料是硬性的，这给工艺师在石壶艺术创作手法上提供了选择的余地，通过采用浮雕、圆雕、线雕等雕刻手法，可以充分地表现创作者的思想与精神，使石壶更富有艺术生命力。

石壶的制作加工中，技术难度最高的就是掏膛了。"由于石壶体积小，眼睛一般看不到，雕刻者都是凭着感觉和经验在做，依靠手感和听声来判断。"林向阳说，如何把石壶的内壁掏薄、掏匀称，就要看雕刻者的造诣了。

林向阳介绍，石壶的制作工序繁杂，至少要经过拉坯、打钻、造型、掏膛、后期加工等工序，才能完成一件作品，很考验雕刻者的刀功。刀功能够体现出雕刻者的心态和技艺，但是，"从来工艺心相通，首在精神次在工"，林向阳强调用"精神"二字去理解"艺术的灵魂"，才能创作出更具价值和魅力的石壶。

注重构思　屡获雕艺大奖

"有思想的石壶作品，才是真正值得收藏的作品。"林向阳很注重作品的思想内涵。他的作品独具匠心，别开生面，常取材中国传统文化中的神龙、麒麟、貔貅、寿龟、镈钟、玉磬、玉鼎等元素，融入现代艺术表现形式，使作品具有独特的艺术魅力，屡获国家级和省级大奖。

石壶的构思创作与雕刻者的社会阅历、文化修养、思想情感、艺术功底息息相关。

一件艺术价值高的石壶作品可能构思时间比制作时间更长。但是，偶然的灵感，也会给雕刻者带来意想不到的收获。

2008 年奥运会上的颁奖音乐给了林向阳创作《中国风　圣火情》的灵感，该作品以传统镈钟、玉磬为原型，蕴含了中国最传统的和谐、融合、共存的理念，表达了作者对人文奥运的向往和与世人共享奥林匹克友谊、和平、和谐的愿望。该作品入选了"奥林匹克之旅——2008 中华民族艺术珍品展"，被中华民族艺术珍品博物馆永久收藏。

石雕组壶《瓜果飘香》充分利用了福建华安九龙壁石的天然色泽，温润中透露着细腻，毫无生机的石头被赋予了艺术的灵魂。壶身的瓜果活灵活现，似乎飘逸着阵阵清香，充满了丰收的喜悦和浓浓的生活气息。该作品把农民辛勤种出的瓜果融入艺术创作中去，表达了一个艺术家对家乡的深深眷念，因而荣获了 2012 中国工艺美术"百花奖"金奖。

"石头是有灵性和生命的，不同的人欣赏石雕作品会有不同的体会。"近三十年来，林向阳一直致力于传统文化与现代雕刻艺术的传承与创新，演绎着自己的石壶故事，书写着自己的壶艺人生。

1985 年，林向阳从惠安五中职校石雕工艺美术专业毕业后，留校任教。不久，他便拜中国玉雕艺术大师王金兰为师学习玉雕，得到了王金兰大师的制器真传。因执着追求把茶文化与石文化融为一体，林向阳将玉雕的制器特长与惠安青石雕的传统技法结合起来，设计出石壶艺品，从此与"茶与石"文化结下不解之缘，是谓"茶石缘"，他被业界人士称为"中国唯一制作硬性石壶、石雕器皿的代表"。

在林向阳看来，用石壶饮茶，虽然不及紫砂壶的效果，但物趣天成，别有一番滋味。他说："紫砂壶可以'养'，石壶亦可以'养'。"收藏家收藏茶壶往往是以旧古为荣，而常用石壶泡茶，在壶壁上留下茶渍也同样会给人一种旧气和古气之感。石壶常由黑胆石、青石、麦饭石、木鱼石等天然原石制作而成，透气性强，经常泡茶后茶香会渗透到壶壁中，不放茶叶饮茶时也会闻到有茶香。

他说，石壶经常使用能越来越光亮，颜色会加深，产生一种玉质滋润的美感，壶的声音也会有明显的变化，发出清脆悦耳之声，更显壶的古朴、高雅和丰富的质感美。养壶的过程也是修心的过程，需要时间的沉淀。以心养壶，用心泡茶，既能陶冶性情，提高情操，又能忘却烦恼，达到心平气和、修身养性的效果。

（实习生郭慧杰、郭子芳，记者吴聪伟、曾广太，通讯员张敏丽，原文刊载于泉州网，2014 年 10 月 10 日）

黄志辉：触摸千年传统　绽放艺术之花

他出生于雕艺世家，他的作品体现了木雕技艺的千年传承；他化腐朽为神奇，善于从平凡的弃木中创作出惊人之作；他本人没有参评大师，但他培养出多位国家级和省级工艺美术大师。他就是新区张坂镇志辉木雕工艺厂创办人黄志辉，长期以来根植于传统，不断绽放艺术之花。

黄志辉1951年生于泉州台商投资区张坂镇，该镇雕刻艺术历史悠久，技艺蜚声中外，素有"中国雕艺之乡"的美誉。目前，全镇雕刻从业人员超过两万人，其中有不少是雕艺世家，他们的世代传承将中华优秀传统技艺完好地保存下来，黄志辉就是这些雕艺世家中杰出的代表。

传统文化是雕艺创作沃土

"李白斗酒诗百篇，长安市上酒家眠。天子呼来不上船，自称臣是酒中仙。"走进黄志辉工作室，记者接触到的第一件作品就是黄志辉新作《李白醉酒》，这件作品取材于天然树根抱石，通过巧妙构思，作品依照原料天然的形态，将诗仙李白醉卧奇石旁，飘飘欲仙的神态刻画得入木三分。

黄志辉出生于雕艺世家，自小受着浓郁雕刻艺术氛围的熏陶，加上几分好奇与好学，他16岁就随父黄汀江学艺，以孜孜不倦的学习态度和与生俱来的天赋灵感，在传统的木雕工艺领域中奠定扎实的基础。他凭借精品之作，技压群雄，多次在全国各类大型博览会获奖。

《单刀赴会》《过五关》《妈祖女神》……走进黄志辉的精品展厅，犹如走进中华优秀传统文化的大观园，许多熟悉的文化形象在其雕艺"解读"下，盛开出与众不同的艺术之花。黄志辉自幼喜爱三国人物，仰慕睿智的诸葛亮，崇拜忠义的关老爷，这些英雄形象伴其成长，也成为他艺术创作取之不尽的源泉。

黄志辉说，中华文化博大精深，是老祖宗留给我们最宝贵的遗产，要弘扬木雕艺术，就要深深扎根其中，有了这块沃土，创作出来的作品就更有生命力。

黄志辉对传统题材的准确把握，对张坂木雕界青年有很大的示范作用，他对特殊木料巧妙运用也令人刮目相看。其侄子曾带着一块被人遗忘多年的"弃木"来找黄志辉，黄志辉经过反复构思，最终巧妙地创作了《李玄》，一个活灵活现的"铁拐李"就展现在大家眼前，可谓大作天成。他只在面部做精雕细刻，其余部分几乎是天然形态，这在木雕艺术中是很高的境界。

作为老一辈的木雕工艺美术师，黄志辉师承先辈传授的传统雕艺技术，将其中的精髓通过静态的雕刻作品进行传神表达。四十多年来，他在继承木雕传统雕刻技艺的基础上，还不断地创新。比如，在修建国内外寺庙和建造佛像时，他就展示了精湛的雕刻技艺，塑造的庄严佛像得到当地宗教界和雕塑家的肯定。

培养数十名高徒

由于黄志辉执着于木雕艺术，在继承传统技艺中有诸多创新，同时又培养了数十名高徒，他荣任泉州台商投资区张坂雕刻艺术协会顾问，此前还担任惠安雕刻艺术研究会顾问。

在许多人看来，黄志辉最大成就不是用手雕刻出的木雕精品，而是培养出的数十名木雕高徒。在这些徒弟中有的评上了中国工艺美术大师，有的评上省级工艺美术大师和省级工艺美术名人，不少人创办木雕企业，成为技术骨干。他们正在延伸新区木雕技艺的创承之路，为木雕艺术的繁荣发展做出新的贡献。

张坂雕刻艺术协会副会长苏碰辉是黄志辉众多徒弟中的一位，他创办了泉州台商投资区三辉木雕工艺厂。2013 年，在第五届海峡两岸文化产业博览交易会上，他选送的《金鸡报晓》和《吉祥牛》在工艺美术精品奖角逐中分别获银奖和铜奖。在苏碰辉心里，十分感激黄志辉让自己建立了对传统雕刻艺术的崇敬之情，可以像海绵一样不断从中汲取养分，由于自己根基打得很牢，在创新时就能左右逢源。

千百年来，张坂镇木雕工艺大多以家庭作坊的形式传承下来。面对木雕产业新的发展局面，黄志辉有了新的思考。在木雕工艺快速工业化、企业化的背景下，他尤感人才培育的重要。他说，除了传统师带徒培养形式外，未来的木雕人才培养还需要与高校合作，实现更加系统的培训。

（本报记者陈智勇，实习生郭慧杰、吕辉娜，原文刊载于泉州网，2014 年 10 月 10 日）

黄雪玉：泉州漆线雕行业领军人物

福建省人民政府公布了第三批省级非物质文化遗产项目代表性传承人名单，泉州有36人入选，泉州台商投资区郑君亮和黄雪玉获此殊荣。

此前，福建省文化厅组织开展第三批省级非物质文化遗产项目代表性传承人的申报和评审工作。在各地、各单位申报的基础上，福建省文化厅组织专家委员会按照相关规定和评审标准，对全省各地和有关部门申报的293位备选传承人进行了评审，形成了第三批省级非物质文化遗产项目代表性传承人的146名推荐名单，经过社会公示后最终确定141人入选。

黄雪玉是国家高级一级技师、泉州漆线雕行业领军人物、泉州市工艺美术大师，此次入选福建省非物质文化遗产漆线雕项目省级传承人。1969年，黄雪玉出生于张坂镇，1983年开始从师学艺，师从民间艺人学佛雕和漆线雕，1984年出师后独立操作，并于次年开始传授徒弟；2002年创办自己的漆线雕工艺厂。

在漆线雕制作过程中，黄雪玉善于将女性独有的细腻情感和审美视角带到了作品创作中，其制作的《龙凤呈祥》《花开富贵》《松鹤延年》等漆线雕作品，图案细腻精致，形象逼真生动，有着鲜明的民族特色与时代气息。2011—2012年，黄雪玉连续两年受到海峡两岸文化产业博览交易会的邀请，带着创作的漆线雕瓶、匾、盘等三十余件作品到厦门会展中心参展，并现场制作表演，受到与会展商和嘉宾的好评。2013年5月，其作品《中华盛世》荣获中国工艺美术"百花奖"（莆田）金奖；2013年11月，其作品《关公》荣获第十四届中国工艺美术大师作品暨国际艺术精品博览会2013国际"百花奖"中国工艺美术精品奖铜奖；2013年12月，其作品《金鸡报福》荣获2013年中国传统工艺美术精品展"巧夺天工、金马奖"金奖。

黄雪玉作品漆线雕《富贵花开》《丹凤朝牡丹》《双龙呈瑞》《九龙呈瑞》《五龙天地方圆》被泉州市非物质文化遗产博物馆视作珍品收藏，成为泉州市对外展示漆线雕工艺的一道窗口。

（记者陈智勇、郭慧杰，通讯员张敏丽，原文刊载于泉州网，2014年10月10日）

巧用"新瓶"装"老酒"
黄胜阳为漆线雕寻找新的融合点

伴手礼作为一种表达人与人之间情感的联系的物品，越来越受人们的欢迎。泉州的伴手礼分为四大类：工艺制品、土特产品、文创商品和优势产品。作为工艺制品中的一种，漆线雕工艺悠久，历史积淀丰厚，充分展示了泉州特有的风土人情，具有丰富的文化内涵。2012年，泉州市旅游局发起并主办了"首届泉州特色伴手礼征选活动"，27个商家的产品入选了"首届泉州特色伴手礼正式名录"，12个商家的产品入选"首届泉州特色伴手礼预备名录"。张坂镇黄胜阳的漆线雕就入选了首批泉州特色伴手礼预备名录。

作为非物质文化遗产"泉州漆线雕"市级代表性传承人，黄胜阳的漆线雕作品独具特色，艺术表现形式多样。黄胜阳1972年出生，16岁就跟随父学习佛像雕刻与漆线雕创作，1991—1993年，在部队服了3年兵役，退伍后重拾雕艺，至今从事漆线雕刻不曾间断过。2000年，他拥有了自己的加工厂，专业从事制作漆线雕研发。二十多年的雕艺钻研，让他几乎拿遍了省级、国家级的工艺美术大奖。"有付出肯定就有收获，有收获了就有动力去钻研，去探索，去发展。"黄胜阳说。2014年他又获得了两项重量级金奖。

2014年4月在莆田举行的第八届中国（莆田）海峡工艺品博览会上，黄胜阳凭借选送的作品《合家欢》荣获金奖，7月他的漆线雕作品《国色天香》获第十一届中国（大连）工艺美术博览会金奖。作品《合家欢》取材汉白玉底板，主体画面通过猴群在树上的嬉戏打闹，展现了猴子的顽皮纯真天性，整幅作品栩栩如生，展现了一幅安居、和谐的景象。

作为一个从事漆线雕创作二十多年的雕艺者，黄胜阳对于产品的创新与发展有自己的想法。"传统的佛像漆线雕艺已经很难适应年轻群体的需求和品位，传统漆线雕工艺的传承还需要推陈出新，适应市场，适应社会的发展。"黄胜阳说。以往的漆线雕以民间传统题材为多，如龙凤、麒麟、祥云、缠枝莲等，大都只限于木本、漆篮和戏剧道具上。而今漆线雕发展到装饰在盘、瓶、炉等瓷器和玻璃器皿上，琳琅满目，让人爱不释手。

近几年，黄胜阳开始尝试从石头、玉器、玻璃、墙纸、亚克力等材质上入手，用

"新瓶"装"老酒",突破漆线雕附着在陶瓷碗碟或者罐子上的传统,漆线雕作品也向小巧、精致、便于携带靠拢,开发更符合年轻人审美标准的产品——伴手礼。"有去尝试才能有所突破,一味故步自封,只会被时代淘汰,更谈不上传承。"黄胜阳表示,只有充分挖掘本土文化,推陈出新,寻找和其他工艺行业的融合点,寻找和生产适应市场主体需求的漆线雕作品,才能另辟蹊径,走出一条富有自己特色的发展之路。

"很多人买漆线雕就是买个内涵,我经常和一些文化人士进行交流,了解他们想法,让自己的思想得到升华,从而帮助我进行漆线雕创作,赋予作品更深的内涵,让作品可以表现故事,用故事提高作品附加值。"在这条路上,黄胜阳一直在坚持,一直在探索。

(记者郭慧杰、陈智勇,通讯员张敏丽,原文刊载于泉州网,2014年10月10日)

木雕奇才的艺术"神话"

一个没有上过专业院校的农家后生，却在北京钓鱼台国宾馆设有专供各国元首参观欣赏的展馆；他是木雕界获奖专业户，牛刀小试便摘下"东南亚雕刻大王"桂冠；他是为雕刻而生的人，不经意间走进央视《人物》栏目与全国艺术大师竞风流。

他就是我国著名木雕工艺大师黄泉福，他创作的作品《人与自然》在 2014 年 9 月举行的泉州首届创意产业节上备受瞩目，2013 年，这件作品更是获得中国轻工业联合会授予的中国工艺美术"百花奖"金奖。

木雕版《清明上河图》摆进国宾馆

北京钓鱼台国宾馆的万柳堂是接待国外首脑的地方。一进入万柳堂，人们就会看到一幅名为《王子钓鱼图》的浮雕木质屏风。这幅作品高 2.5 米，宽 3 米，是用故宫里留存的大块金丝楠木雕成，屏风上雕刻了 80 多个人物，栩栩如生。看着它，不由得让人联想起著名的《清明上河图》。

这幅雕刻作品是由黄泉福历时一年完成的，他利用中西方雕塑技法和中国水墨画透视原理，精心设计，制作出了这幅春意盎然、万类竞自由的钓鱼图，以强烈的东方艺术魅力，一次次打动了中外贵宾，创造出属于木雕界的神话。

艺术能使心灵净化，黄泉福的作品中始终贯穿着一个强烈的理念："和"。《皆大欢喜》弥勒佛系列作品是黄泉福众多艺术成就中又一个具有里程碑意义的代表作。黄泉福将和谐精神融入作品中，弥勒佛系列作品不仅是他艺术层面上的一个提高，在精神境界方面也是一次升华，作品同时也体现出他对祖国对人民的深爱之情。黄泉福说："艺术家必须要有一颗爱国的心。"

"他不仅熟悉传统木雕工艺的各种表现形式和技艺手法，更是在现代审美和现代设计的品位上下足了功夫。"清华大学美术学院博士生导师李砚祖教授说。与大多数木雕工艺作品不同，黄泉福的作品集传统工艺与现代审美于一体，有传统工艺的精湛技艺，又有现代艺术的审美品位，十分难得。

兴趣是最好的老师，黄泉福从少年以来一直没有间断对雕刻的爱好，长期的观察和揣摩，让他目光敏锐、心灵手巧。

　　黄泉福对雕刻艺术有一种与生俱来的热爱和理解能力，身体有些瘦弱的他，只要一拿起雕刻工具就立刻平添了几分精气神。斧凿铿锵，木屑纷飞，思如泉涌，灵感不约而至，一件件充满灵气的艺术作品，就在这种艰辛和愉悦的交织中诞生出来。刚开始创业时，他的作品是以系列神话人物形象为主，1988 年，他创作了《中坛元帅》《三太子》和《齐天大圣》三件作品，赴新加坡参加"南洋雕刻创作大赛"，一举夺得了第一名。作品获奖后，企业的订单纷至沓来，他也因此获得了"东南亚雕刻大王"的称号。

　　从此，他成为获奖专业户。2000 年，他牛刀再试，在全国雕艺节中创作了《敢问路在何方》，这件作品在全国众多参赛作品中脱颖而出，一举夺魁；2002 年，在中国工艺美术学会雕刻大赛中，他在不到 7 天的时间内创作出一件高达两米的《郑成功》，与12 个国家的艺术家角逐，一举夺得了此次大赛的一等奖；在第二届中国惠安传统雕刻大赛评奖过程中，大赛评委会主任、我国著名雕塑家钱绍武驻足在黄泉福的作品《闲憩》前良久，随后指着这件作品说"惠安木雕，世界第一"；2010 年 5 月，他的作品《天马行空》获得中国轻工业联合会举办的上海世博会"中华艺术·国家大师珍品系列会展——中华木雕精品展"特别金奖。

　　一次次的获奖经历，让黄泉福被业内外人士所熟知，伴随着知名度的提高，他似乎成了泉州木雕的"代言人"。

骨子里有英雄情结

　　大凡艺术家，从小就有一种叫动力的东西支撑着艺术生命。黄泉福从小不畏强势，骨子里一直有种不屈不挠的劲头，也许就是这种英雄情结成就了他。

　　走上艺术道路后，这种英雄情结在他的作品中得到酣畅的释放，他创作的《单刀赴会》《郑成功》《岳飞》等人物造像，刚直威武，大义凛然，尽显英雄本色。尤其是《单刀赴会》的关云长，面部造型十分逼真，俨然就是人们心中关公应有的形象，头部以下大面积块面结构的处理极富动感，臂膀曲张有力，充满了慷慨赴会、视死如归的英雄气概。

　　上天总是在这里关上一扇门，又在另一处打开了一扇窗。十几年前的一场病，让黄泉福说话有点吃力，但他却幸运地选择了一个不需要用多少言语就能够充分表达自己的职业。在中央美院雕塑系教授钱绍武眼里，黄泉福遇到挫折后坚持艺术创作，这是中国艺术界的一大福气。

　　造型艺术家，一般都会有意识地去观察生活，为创作积累素材，寻找灵感的火花。黄泉福在这一点上，与其他人不大一样，生活在他的心里就像一本现成的书，他可以一下子就翻到自己想看的那一页。他创作时，只需要大致想一下，人物的形态和神情，就会自然而然地"生长"出来，这大概就是人们所说的"化境"。

"艺术创新首先要有自己的个性。"黄泉福说，他每时每刻都在创作作品，脑海中时时都会展现出自己所要创作的形象来。

传承乏人是最大的"心结"

"黄泉福是用心在创作的艺术家，他的作品蕴含着一种透彻的悟性和浓郁的艺术感染力，他总能以富于个性的雕塑语言，去抒写和刻画心中之物，天马行空地表达内心的激情和愿望。"2010 年 8 月，中央电视台《人物》栏目对黄泉福做了一个专题报道，这样概括了他的艺术特点。

不经意间，黄泉福成了雕刻界的明星。2002 年，他被授予"福建省工艺美术师名人""民间艺术家"称号；2005 年，被授予"高级工艺美术师"称号；2008 年，被福建省人民政府授予"福建省工艺美术大师"称号；2010 年，被评为"中国知识产权自主创新十大人物"称号；同时，他还担任中国工艺美术协会副理事长等社会职务。

功成名就的他，理应有着悠然自得的生活，但黄泉福却心忧木雕技艺的核心技术后继乏人。"培养一名熟练的雕刻工人至少要三年，发现一位有灵气的技术工人就得五年以上。然而，培养出一个不错的苗子后，人家就要另起炉灶，自立门户去了。"黄泉福说，自己的经验技术传给谁，到底能不能传承下去，是自己心中一个长久没有打开的结。

（记者陈智勇，原文刊载于泉州网，2014 年 10 月 10 日）

妙道自然:公向新的雕艺人生

　　无论是闯荡商海之初面临的生存压力，还是事业有成之后面对的各种赞誉，福建省工艺美术大师公向新都能坦然面对，始终视雕刻艺术为一生最大追求。他的石雕作品崇尚自然，务求主题与意境俱佳，努力追求"天人合一"的境界，虽然题材多样，但注重传统与现代的有机结合。他提倡创作者应该融入生活，有感悟地创作。

兴趣使然　他走上雕艺路

　　兴趣是最好的老师，公向新从小就生活在石雕厂，他的父亲和叔叔都在惠安石雕厂工作，在这种环境下，耳濡目染，公向新对雕刻表现出极大的兴趣。从 16 岁开始，他就跟随父辈在惠安石雕厂学习传统石雕技艺，受到王文生等前辈大师的传授和指点。1981 年他被选送到惠安五中石雕专业班学习现代雕塑基础知识，后被选派到福建省工艺美术学校跟随郑成昆老师学习。1993 年他创办了属于自己的雕艺加工厂，专门从事工艺石雕、石材装饰、园林景观的雕塑设计以及古建筑艺术构件的雕刻创作。

　　从事雕艺多年来，公向新获得了许多国家级、省级大赛的大奖。2002 年作品砂岩雕《奔九天》获第三届福建省工艺美术精品"争艳杯"现场雕刻大赛银奖；2004 年《双龙柱》获中国工艺美术民间工艺精品博览会金奖；2006 年《九龙呈祥》获中国首届手工艺精品博览会"华茂杯"金奖。

　　最让他满意的就是《奔九天》，"那是我第一次参加这么高级别的比赛，因为是现场创作，这就很考验雕刻者的雕功，当时创作这件作品时，适逢我国'神舟'三号飞船成功返回，实现登月梦想近在咫尺让我非常振奋，联想到一代伟人毛泽东的《水调歌头·重上井冈山》名句'可上九天揽月，可下五洋捉鳖，谈笑凯歌还。世上无难事，只要肯登攀'，可谓有感而作"。

　　在前辈和专家的指点下，公向新经过不断学习和努力，专业理论水平、鉴赏能力不断提高，得到同行及专家学会的好评。2008 年他被福建省人民政府授予"福建省工艺美术大师"荣誉称号，2011 年公向新被选聘为"福建省评选推荐第六届中国工艺美术大师人选，专家评审委员"及"第四届福建省工艺美术大师，名人评选专家评审委员"。

感悟自然　他着迷于石艺

公向新对书有特别的感觉，除了一些文学作品外，他还喜欢看雕艺方面的书籍。"我觉得创作是个人思想的一种表达，是一种功到自然成的东西，除了需要积累一定的知识量，还需要对生活有所感悟。"他表示，现在的雕刻艺术自由发挥的空间相对较大，比如在自然中、在生活中存在许多矛盾和冲突，人们不经意之间会发现这些，而我作为一名雕艺创作者，会有一种欲望想要通过一种载体来把这些矛盾和冲突形象地表达出来。石头，作为一种质朴的载体，很好地承载了这个表达作用。

"大自然是最好的雕艺大师，在大自然里寻找美的东西是一件很有趣的事情。"公向新时常感叹于大自然的鬼斧神工，石头自然天成的韵味让他深深着迷。面对一块石头，公向新会习惯性地揣摩它的质感、形状、纹理，脑海就浮现出适合雕刻什么题材、运用何种技法、可以摆放在哪种环境等。在多年的实践、学习过程中，他对雕刻的理解越来越深刻。"石头自己会创作，是它等着你揭开覆在它内在神采上的面纱。"他笑着说，但很快又认真起来，"千篇一律生产传统雕像的路子会越走越窄，创作个性化的艺术品才能适应人们的审美需求。"

根据石形、石色把一块普通的石头变为美妙神奇的艺术品，需要雕刻者具备极高的艺术修养和高超的雕刻功底。有别于他人的雕刻风格，公向新在雕刻时会尽可能保持石质的自然形状、天然色泽和自然韵味。这源于他平时就喜欢在大自然中寻找素材，寻找灵感。他喜欢自己到各地的险峻山川里寻找石头，然后运回工作室进行加工，融入自己的一点创意和思想，赋予石头更多的内涵。

"有时候，自然界寻找来的石头可能只要简单的几刀，就可以表达出非凡的神韵。这种神韵是需要你经常去体验大自然、感受大自然、品味生活、感悟生活才能得到的。"一生精粹融化于方寸之间，大江大河汇流于股掌之上。公向新以贴近自然的心态，用他的刻刀，一直孜孜不倦地追求石头上的"艺术人生"。

（记者郭慧杰、陈智勇，通讯员陈德杉，原文刊载于泉州网，2014 年 10 月 10 日）

雕艺先雕心

——访福建省工艺美术师陈奕群

"我的展厅还未对外开放，所以很多人都不知道我收藏了这么多作品。"在陈奕群的一个展厅里，陈列着上千件作品，各种奇石碧玉在陈奕群大师的精雕细琢之下，形态各异，精致完美：汉白玉雕洁白无瑕、晶莹剔透，九龙壁玉石雕细腻坚硬、色彩斑斓……这些作品都是陈奕群从艺多年来的珍藏。面对陈奕群的作品，能感觉到一股浓郁的艺术气息扑面而来，清新自然，令人赏心悦目。

创作：因材施艺

"石头是无字的天书，在雕琢时要因材施艺。""因材施艺"是陈奕群常挂嘴边的一个词，面对不同的材料，他力求材料与作品的整体和谐。陈大师推崇利用石头的色泽来雕刻，比如有些石头的脸部有斑点瑕疵，他会考虑做成"痣"，或者其他东西；如果瑕疵在颈部，可以考虑做成饰物。

雕刻时，对于细节处理，陈奕群更是从不含糊，每个细节都很到位，《牧羊女》就是最好的例证。该作品取材九龙壁玉石，九龙壁玉具有硬度高、色彩丰富的特点，所以雕刻时对细节的处理更显细心和耐心。单就牧羊女面部的处理，他就用了七道工序，每一缕发丝都用雕针来做，力求纹理分明。2004年，该作品荣获"中国工艺美术民间工艺品博览会"银奖，得到业界人士的广泛好评。

修心：心灵方能手巧

在提高自身艺术素养方面，陈奕群很注意修心。"例如雕佛，就要心中有佛。心静，则天下静；心善，则朋友满天下。"雕艺先要雕心，不管是创作、经商还是生活，陈奕群对于心性的修炼很是看重，良好的心态让他雕刻时能够专心致志，创作出优秀的作品。《羞涩》是陈奕群年轻时创作的作品，高跟鞋、喇叭裤，花季女孩手提小挎包，活泼中略带娇羞，展现了蓬勃朝气的年轻女性的独特韵味。"雕这件作品时，我和我爱人正在谈恋爱，所以这件作品也是我那时候心态的体现。"他对于这件作品情有独钟。

一叶神通渡沧海，俯瞰苍生辨是非。玉雕作品《一叶观音》荣获第四届中国（莆田）海峡工艺品博览会金奖，该作品取材汉白玉，陈奕群把树叶、海浪、菩萨三种个体元素融合成一整体，观音表情温润慈善，动态与静态相结合、事物与人物交相映衬，在平凡中赋予该作品深刻的内涵，使其具有很高的艺术欣赏价值。

转型：扩展艺术新领域

早期，陈奕群一直从事模具雕刻，后来，到石雕厂半工半学后，才开始真正涉足石雕行业。之后，他还到集美大学修学工艺美术雕塑专业、艺术设计专业，不断充实自己的理论知识。2000 年，他创办了自己的石雕厂。创办之初，全厂只有 5 名师傅和 1间 30 多平方米的简陋工作室，经过 10 多年的发展，石雕厂规模不断扩大，如今厂里已经有 100 多个师傅。2003 年，他开始朝国外市场扩展，并在韩国淘得了第一桶金。凭借良好的信誉和过硬的技艺，他的产品开始销往日本、美国等国家。

2007 年，他的石雕厂进一步转型，涉足园林景观、石材装饰等多个领域，他在艺术表现领域也得到很大的扩展。

未来：期待能举办个展

陈奕群在艺术方面取得了令人羡慕的成就，但他并未就此停止对艺术的追求，对于未来的规划，陈奕群非常务实。

"得过奖的作品，我一件都没卖，我希望未来能够办一个属于自己的作品展，和更多的雕艺爱好者交流心得。"从艺几十年来，陈大师得过奖的作品上百件。谈到作品展，陈大师非常谦虚，他觉得现在时机还不够成熟，一是希望能创作、收藏更多的艺术品，积累更多的经验；二是他觉得自己的水平有待提高，艺术还需升华。他期待着自己能雕琢出更有分量、更有档次的作品。他还希望将来开办自己的作品展，但只卖门票，不卖作品。

（记者曾广太，实习生郭慧杰、林森烽，通讯员庄培阳，原文刊载于泉州网，2014年 10 月 10 日）

坚守"传承梦"

——记南音乐器制造师蔡东鹏

"梦想",总会带给人遐想和憧憬,人有了梦想才有动力,有了梦想才有未来。祖籍泉州台商投资区张坂镇门头村的蔡东鹏是著名的南音乐器制造师,在他的心里也装着一个"梦想",一个传承南音乐器制造技艺的梦想。

精益求精　乐器广受欢迎

南音原称弦管,是一个历史悠久的古老乐种,是我国弥足珍贵的民族音乐瑰宝。千百年来,南音以其典雅优美而独具魅力,广泛流传于泉州一带闽南语系地区,并远播中国的台湾、香港、澳门和东南亚等地,成为联系世界各地闽南人的精神纽带。

"琵琶是演奏南音的主要乐器之一,它以演奏风格古朴、独特,音韵有敲击钟磬之风味而著称,在南音表演中起着指挥作用。"蔡东鹏能制作二胡、三弦、二弦、洞箫等乐器,但在他的制造"天地"里,最喜欢的还是琵琶。制作一把琵琶通常需要一个星期,而蔡东鹏花费在前期材料准备及制作工序上的时间却远远不止一个星期,往往是两三年,甚至更久。

蔡东鹏介绍,制作一把琵琶需要用到锯、斧子、刨刀、电钻等几十种工具,为了制造出好的琵琶,有时候还需要对工具进行特殊加工才能使用。除此之外,琵琶木料的选择尤为关键,所选木料的好坏直接关系琵琶的使用寿命及音色,使用存放时间越长的木料,制作出来的乐器性能就越稳定,所以存放了20年以上的梧桐木常被制造师傅认为是制作乐器的上佳选择。

"做琵琶的过程是很辛苦的,但我觉得一把好琵琶的诞生,就是最大的安慰。"蔡东鹏说,在做琵琶的一系列流程中,最耗时、最难把握的要算安音位了,单是这一工序就要耗费他较长的时间和精力,每次做完一把琵琶,他都要反复试弹、调音,以确保琵琶的高品质。

多年来,蔡东鹏制作的琵琶以选材讲究、做工精细和出色的稳定性,而深受广大业界人士喜爱。最让蔡东鹏难忘的,则是2003年中国著名琵琶大师刘德海向他购买了两把琵琶。蔡师傅自豪地说:"那时刘德海刚好来泉州采风,在泉州南音乐团的牵线下，刘德海向我买了两把琵琶，其中一把送给中国音乐学院，一把他自己留用，那琵琶内还刻有我的名字呢。"2012 年 10 月，在第五届厦门海峡两岸文化产业博览交易会上，蔡东鹏选送的一套"南音乐器"收获了工艺美术精品银奖。2012 年 12 月，他的南音乐器制作技艺入选了泉州台商投资区首批非物质文化遗产保护名录，2013 年 9 月他获评泉州市第五批非遗项目代表性传承人。

心忧传承　期待梦想共同托起

蔡东鹏制作南音乐器这门手艺是从祖父蔡火水开始。凭借着原有制作家具扎实的木活手艺和对南音的喜好，祖父蔡火水一开始制作乐器就有模有样，尤其在琵琶制作上更是技术纯熟。也许是自小受家庭环境影响的缘故，蔡东鹏从小就对乐器制作表现出很高的天赋，他制作出的乐器音色优美、经久耐用。2004 年 10 月，泉州市展演团赴法国巴黎香榭丽舍剧院演出的泉州南音专场晚会大获成功，所使用琵琶均为蔡东鹏的作品。

目前真正从事南音乐器制作的人已不多，但蔡东鹏却依然坚守着，坚守着自己的"传承梦"，虽然这个梦想的实现，依然那么艰难。

每每谈到这份手艺的传承，蔡东鹏总是显得有些失落。"琵琶的制作是不会消失，但就怕这一传统的纯手工制作琵琶的手艺消失。"蔡东鹏说，虽然自己的孩子也有学制作，但那只是皮毛。"缺少兴趣，他们也不愿意来做这一行，加之要真正掌握好这门手艺，至少也得花费 10 年以上的时间，现在年轻人很少会有这么好的耐性。"

学好琵琶制作是一个漫长的过程，首先要掌握南音的乐理，接着还有木工、油漆的手艺，然后还得在不断的实践中领会琵琶的制作精髓。蔡东鹏希望，能有更多有兴趣、有耐心和恒心的好学之人能够把这门手艺传承下去。

（记者郭慧杰、陈智勇，通讯员张敏丽，原文刊载于泉州网，2014 年 10 月 10 日）

古韵乡音　谱写艺术人生

——访省级南音传承人庄永富

南音素来以其古朴而鲜活的姿态盛行民间，在闽南和海外拥有众多的知音。在台商投资区就有一位南音名人，他以传承与弘扬南音为己任，让古老的南音在泉州台商投资区的土地上焕发出迷人的风采，他就是省级南音传承人庄永富。

一生痴迷　剪不断的南音情结

庄永富老人在泉州台商投资区的南音界可是名人。2008 年 6 月，他入选省级南音传承人，成为台商投资区唯一的代表性人物。几十年来，他带过的学生有数百人，遍布海内外，有些学生已经成为业界表演的骨干力量。庄老一生痴迷南音，以传承弘扬南音为己任，受到人们的赞誉。

庄永富家住泉州台商投资区东园镇，今年 85 岁的他，身体硬朗，思维敏捷。他从 12 岁时就开始学习南音。那时他白天在东园老街的一家百货店帮忙，晚上则跟百货店老板也是他的亲戚学南音。"我那时候还小，纯粹凭着兴趣来学南音，随着对南音的深入了解，也就爱上了，而且这一辈子都没丢下。"回忆起初学南音的情景，庄老一脸满足。

新中国成立后，村里请来了著名南音老师蔡森木、何专来教授南音。那段时间的学习让庄永富获益颇多。1962 年，庄永富开始给蔡森木老师当助教，并经常跟随老师到惠安南音乐团教授南音。20 世纪 60 年代，庄老开始进行南音创作，几十年来，先后编写了《赌博汉》《废除旧婚姻》《送饲料》《琵琶一曲唱惠南》《清歌雅曲赞三胞》等多首顺应时代、脍炙人口的南音乐曲。

除了授课与创作，庄永富还时常和泉州市鲤城区、晋江陈埭、安海雅颂等地南音组织进行技艺交流，本地区举办的大型南音比赛，也时常邀请他担任评委。漫长岁月中不间断的积累，使他掌握了弦管文化的丰富知识和实践经验，近些年来，他带团到中国香港、澳门，以及马来西亚等国家和地区演出，以其精湛的技艺获得海内外观众的喜爱。近几年，泉州元宵节活动的南音会演也少不了他带团参加的身影，《元宵十五》《莲步轻移》等幽雅的乐曲，向到场宾客展示了千年雅乐独特的魅力。

言传身教 唱响"千年雅乐"的传承音

"传承南音要从少年抓起。"庄永富认为把南音课程引入中小学校,让更多青少年接触南音,才能使南音不出现断层。1960 年,他开始带学生,"文革"期间被迫中断。从东园供销社退休后他又继续执起了教鞭,1990 年,惠南南侨南音协会成立,庄永富任会长并兼任教师,时常组织青年开展南音培训活动,他还长年义务为全区多个乡镇的中小学学生开设南音课,悉心把南音艺术传授给青少年。其中,东园中心小学南音兴趣小组连续 11 年在全市比赛中获奖,在第八届至第十三届期间夺得六连冠,庄永富功不可没。

为带动更多的人学南音,他既教学生,也带老师。在他所带的学生中,有 3 人考进了泉州南音乐团,成为团里的骨干力量。也有学生把南音技艺带到海外,深受海外华人侨胞的喜爱。2010 年,他还为泉州市南音艺术学院提供了关于 100 多年前国内外古老南音记谱方法——文字谱(汉字谱),这是他从菲律宾等海外弦友的谱集资料中了解收集起来的,为促进南音的传承与发展起了积极的作用。

如今,南音教育已经在泉州大、中、小学各个层次普及开来,可以预见,未来将有更多优秀的南音人才走出校园,走向舞台。庄老希望每年都能举办南音会演或南音大奖赛,由区里的四个乡镇轮流做东,以扩大南音的影响,让更多人欣赏南音的典雅柔美,从而使更多的人加入民族文化的传承队伍中来。

(实习生郭慧杰,记者陈智勇,通讯员张敏丽、欧阳育玲,原文刊载于泉州网,2014 年 10 月 10 日)

屿头有个"南音女状元"

——访国家级南音传承人杨翠娥

初夏的灿烂阳光洒满了每一个角落,正如千年雅乐南音优雅的氛围弥散在城乡。南音在泉州,既登得上大雅之堂,也萦绕于乡间古厝。或许,在一个并不起眼的村子,就"藏着"一位南音高手,这就是泉州南音的特有生态。在泉州台商投资区的屿头村就有个"南音女状元",她叫杨翠娥,如今她已经是国家级南音传承人了。

父亲是艺术的领路人

对在南音艺术上的成就,杨翠娥更多将之归于家人的支持。比如谈到丈夫,杨翠娥说:"在南音艺术的道路上,老公给予我全力的支持,让我终身受益。"谈到南音,杨翠娥的话匣子就打开了。

在艺术的道路上,父亲杨锦义是杨翠娥的真正引路人。13岁的小翠娥就开始在父亲的影响下接触学习南音。杨翠娥出生于泉州台商投资区著名古镇洛阳的屿头村,父亲杨锦义是一位历经三十多个春秋仍热衷于组织民间南乐社团、潜心钻研古典音乐的老艺术家。在他的影响下,13岁的小翠娥就跟随父亲步入艺坛,与南曲结下不解之缘。

她这方面有很高的天赋:别人通常一首曲子要反复练习个把星期,她则两三个小时就融会贯通;她20多岁时就身怀绝技,能灵巧掌握并运用指、谱40多套,且弹得一手好琵琶,具备演奏"四管全"的能力;她有较深的科学发声功底,善于运用"丹田",演唱中对感情处理得十分细腻,能有机把握作品的不同格调,使古典乐曲的唱法更富有民族传统艺术的气质和魅力。

1991年秋,年仅21岁的杨翠娥和她的父亲,随福建南音界组团,应邀赴菲律宾首都马尼拉参加"和和郎君社"的盛大南音庆典交流活动。父女俩作为台前幕后的主要角色,频频登台献艺。杨翠娥最难忘的是在一天晚上,她的一曲《远望乡里》轰动全场,许多老华侨听她演唱时一边流泪一边鼓掌。正是"曲系千秋谱,情牵万里人",悠悠乡情乡音令海外赤子百感交集,勾起炽热的思乡情怀。

为祖国和家乡而唱

这次出访菲律宾，代表团受到很高的礼遇和盛情的款待。当地政要和文化界人士对泉州南音都给予高度赞誉……回味这一幕幕动人情景，杨翠娥深情地告诉记者："严肃、悠慢的古典音乐，具有强烈的感染力。在这种时候，我仿佛才领略到自己为祖国唱曲的骄傲，感受到执着追求艺术生命的价值与民族精神所在。"

1994 年，在国际南音表演赛的赛场上，年仅 24 岁的杨翠娥以其独具风韵的精湛演唱技能，一举摘得桂冠。她参赛的"大路"曲目《思想情人》，唱腔圆润甜美，音色含蓄柔美，委婉动听的曲调，深沉细腻地抒发了对别离远方游子、情侣的悠悠眷恋情怀，清耳悦心，神采辉映，于是人们送给这位朴实端庄的姑娘一个"南音女状元"美称。近年来，这位出类拔萃的民间艺坛新秀，先后受香港宏道国际建设集团、香港兴顺唱片公司、福建音像出版社等单位的邀请，录制了十几首名曲，发行了《杨翠娥专辑》数万盒原声磁带和复制品，畅销国内和东南亚各国。

杨翠娥的名气越来越大，但她始终没有放松传承南音的责任。她曾是泉州市工人文化宫南乐社多年的专职老师，后来在晋江金井石圳南音社、泉州丰泽区南音社、福建省艺校泉州分校、泉州师范学院艺术学院等任教。杨翠娥说，南音的旋律很好，热爱南音的人也很多，他们都在寻找一种精神的寄托和愉悦，所以她相信，南音一定会得到很好的继承和发扬，并在创新中得到新的诠释。

（记者曾广太、陈智勇，原文刊载于泉州网，2014 年 10 月 10 日）

为闽南建筑上古妆

——访堆剪师吕文金

双龙戏珠、九鲤献颂、鸳鸯荷香、燕尾脊、凤展翅，五颜六色的花、荷下穿梭的金鱼……如果没有走近细看，很难发现这些都是用碎碗片做的，这就是独具一格的闽南古建筑堆剪。堆剪师是闽南古建筑主要的缔造者之一，他们仅用双手和简单的工具，堆剪勾画出了一座座华丽的建筑。泉州台商投资区洛阳镇吕内村吕文金从事这项工作已有二十多年，是行内的老师傅。2014 年 11 月，吕师傅申报的"闽南传统建筑（文金堆剪）营造技艺"入选泉州台商投资区第一批区级非物质文化遗产名录。

堆剪工艺　别具一格

闽南古建筑堆剪民间技艺是一种发源于泉州的独具特色的古建筑手工技艺，始于唐五代，是闽南地区古建筑手工技艺的主流。堆剪技艺传播于闽南文化圈的泉州、厦门、漳州、台湾及东南亚等地区。与众不同、独具风格的堆剪工艺，将屋顶上的景致建造得栩栩如生、玲珑精美。

吕文金主要承接泉州、厦门、福州、广东、台湾等多个地方的古厝、祠堂、寺庙的堆剪建造。不同的地方有不同的营造风格，岭南和闽南的古建筑风格迥异，各有特色。吕师傅说："广东一带的古建筑主要以灰塑为主，闽南和台湾地区主要是陶瓷的堆剪。"

据吕师傅介绍，灰塑主要先用画笔勾画出龙、凤、花鸟、动物等图样，然后大的图案用钢筋、小的图案用铜条铜丝做骨架，按图样焊接，先用中沙、壳灰、红糖水搅拌灰料雕出灰塑模样，再用搅拌好的糯米糖灰盖面，待九分干时，用水煮沸骨胶或树胶，然后加入矿物质颜料搅拌均匀上色，风干而成；而堆剪则是先把高温烧制的彩碗剪成龙鳞、凤凰羽毛、花瓣花叶等各种形状，再用拌好的胶水粘贴在上述灰塑模型上，最后用颜料彩绘而成。"比如要堆剪一条龙，我需要先用铁线绑出一个框架，再用水泥筑成主体，最后再慢慢用瓷片堆贴成形。"吕师傅说。

后继乏人　传承堪忧

　　42 岁的吕师傅出生于堆剪世家，曾祖父吕春成早年长期在马来西亚等地承接宫庙、祠堂、古大厝的灰塑、堆剪、堆花、画花等民间传统工艺项目；祖父吕富源师从其父，学成后长年在家乡周边县市继续承接灰塑、堆剪等工艺项目；父亲吕振忠也师从祖父学习工艺，吕文金 15 岁即跟随祖父学艺，到过很多地方实践学习，在祖父年老时再跟从附近村庄的师傅继续学艺，学成后即独当一面。

　　十几年来，吕文金带过十几个学徒，有的也成为大师傅另立门户。但因为做堆剪这门工艺，大部分的工作要在房顶上完成，严寒酷暑，风吹雨打，堆剪师傅要经受恶劣工作环境的考验，非常辛苦。"现在已经很少有年轻人愿意做这一行。以前我们当学徒的前两年都是没有工资的，现在收学徒还要付给学徒工资，一天一百多块，可学徒还是寥寥无几，堆剪技艺面临着失传的危险。"吕师傅对于堆剪技艺的传承忧心忡忡。

　　"现在懂堆剪工艺的人越来越少，愿意学这门工艺的人也越来越少，以后闽南古建筑的堆剪师也会越来越难找了。"虽然工作辛苦，但吕文金一直在坚持，并且不断总结经验，不断探索创新的方法，使这门工艺更加完善。对于诚心学艺的年轻人，他表示将精心指导，把自己二十几年来的心得体会毫无保留地传授给他们，同时他也希望有关方面能加大保护这门传统工艺的力度。

　　（记者曾广太，通讯员陈德杉，实习生郭慧杰，原文刊载于泉州网，2014 年 10 月 10 日）

追求意韵谱新篇

——访省级工艺美术大师孙文勇

2013年年底以来，一组《唐马》系列的雕艺收藏品，引起不少收藏爱好者的追捧。该系列有两个造型，一尊是立马，造型上借鉴唐三彩，雍容肥硕，尽显富态；一尊是奔马，遒劲健硕，扬蹄飞奔，马鞍配以代表富贵的牡丹纹饰。其创作者就是中国木雕艺术家、福建省工艺美术大师孙文勇。

"唐朝是中国历史上的伟大盛世，国家统一，文化昌明，这组唐马雍容华贵的富态代表的正是这种盛世强国的气质，这与我们现在文化复兴的和平盛世是相契合的。"谈到《唐马》的创作，孙文勇笑着说，今年恰逢马年，人们本来就很喜欢马，加之寓意丰富和一丝不苟的雕刻技艺，《唐马》深受大家喜爱。

孙文勇现为中国木雕艺术大师、福建省工艺美术大师、高级工艺美术师、泉州市工艺美术协会副会长。他1971年出生于"雕艺之乡"张坂的雕刻世家，其父孙顶奎是福建著名木雕艺人。孙文勇16岁随父学习木雕技艺，20岁左右就跻身能工巧匠之列，参加了泉州承天寺的修复工作，这在他的艺术生涯中是一段很宝贵的经历。

后来，他曾多次前往泉州向中国木雕大师卢思立取经，得到大师的悉心指点，从而认识到木雕艺术贵在创新。创新不是无源之水、无本之木，它首先必须真正掌握传统工艺。为了提高木雕技艺与创作水平，2000年他参加了中国工艺美术学会雕塑委员会在惠安举办的雕塑培训班，全面系统地接受了包括素描、塑论，以及包括人体雕塑、现代创意在内的雕塑培训。在不断摸索实践中，他大胆地把现代意识融入传统雕刻，逐渐形成自己的雕刻风格。

近年来，孙文勇创作的作品不论是弘扬和谐的弥勒系列，还是弘扬正气的钟馗系列，每一件作品都是经过他深思熟虑、精细雕刻而成，在造型和表现手法上也是独一无二的。黑檀木五福木雕堪称孙文勇弥勒系列的代表作。乍看五尊立式弥勒佛皆大腹便便、神态安逸、笑容可掬，仔细观赏，你才会发现它们的细微差别：肩上附着蝙蝠的佛祖是《五福·福到》，左手拿着金元宝的佛祖是《五福·财到》，右手捏串珠的佛祖是《五福·富贵到》，右手持如意的佛祖是《五福·如意到》，双手交叠拿串珠的佛祖是《五福·悠闲到》。如果说，这些道具是传统象征手法的成功运用，具有举重若轻的艺术功效；那么，颇具夸张的垂然大耳、胖大躯体与衣服天衣无缝的过渡，无疑是一种创新，令人惊喜，令人愉悦。值得一提的是，这组作品都是经过仔细打磨，才有了光彩照人的效果。也正是有了这道工序，它们才能纤尘不染，似乎时间也奈何它们不得。

香樟木雕《钟馗夜巡》则通过平雕、细雕、线雕、透雕、浮雕的错综运用，生动刻画了钟馗这个在民间喜闻乐道，以镇宅、驱邪、捉鬼著称的神祇。你看，他一手撑伞，一手提灯，身佩宝剑，大步流星地行进在夜路上；他环眼圆睁，目光如炬，眉毛竖立，胡子拉碴……大师对钟馗表情、动作的刻画极具穿透力，使人真切感受到这是个面容丑陋、疾恶如仇的神祇，浑身洋溢着浩然正气。此作的成功之处还在于对钟馗衣裾纹路的处理，该简则简，该繁则繁，无不得体，恰到好处，这正是孙文勇的创新之处。

从传统走来，以创新出发。孙文勇从艺二十多年，在继承传统木雕技艺的同时不断创新，博采众家之长为己所用，形成独特的雕刻技艺和意韵。孙文勇以形写神，追求创意，擅长在作品中刻画人物的个性和内心世界，从而形成有别于他人的风格特色。纵观孙文勇的从艺经历及其代表作，不难看出他在继承与创新两个方面的着力钻研与刻意追求。

孙文勇的爱人曾细美，也是一位青年雕刻家，木雕作品《蓄势待发》曾获首届海峡妇女艺术精品展银奖。两人志同道合，相得益彰，2009年夫妻俩共同创作的《悠闲自乐》荣获中国工艺美术"百花奖"银奖。

（记者陈桂生，通讯员马运根，原文刊载于泉州网，2014年10月14日）

孙文宏：一身浪漫重走海丝路

　　刺桐古城，从来不缺能工巧匠。他们的刀下江湖有时便在方寸之间，化成了陶瓷、石雕、木雕、漆线雕等各种精美绝伦的工艺品。近年来，大师们的江湖还从艺术扩展到经济、产业领域。这是一个迎接大师经济的时代，目前，一批围绕着大师品牌的工作室、企业在泉州地面上遍地开花。精湛的手艺是大师的看家本事，敢为天下先，更是大师应有的气魄和精神。"大师群英会"，邀请大师们分享独家绝活，更记录他们试水大师经济的创新之举。

　　泉州是海上丝绸之路的重要起点。六百年前，先人们用船只给海上丝绸之路沿线国家带去了茶叶、瓷器。现如今，泉州的艺术家们希望重走"海丝"路，把更多技艺精湛的艺术品带到异国他乡去。福建省工艺美术大师孙文宏，张坂木雕界名家，带着一身艺术家的写意浪漫，带着一把修炼了32年的雕刀，开启了重走"海丝"路的征程。

钟爱钟馗的浪漫雕家

　　2014年，是孙文宏从事木雕雕刻的第32个年头了。在孙大师的家里，你可以看到观音菩萨、弘一法师、弥勒佛等各种题材形态的木雕作品，但是一脸凶煞的钟馗却一直是大师的最爱。

　　"钟馗戏五鬼"是大师的得意之作。您瞧，木案上，钟馗似醉非醉地俯卧在一端，而另一端五只小鬼已经被钟馗灌醉，东倒西歪地互趴在彼此身上，小鬼的淋漓醉态和钟馗的似醉非醉相映成趣，惟妙惟肖。这幅作品利用黄杨木天然造型设计而成，人物衣褶处流畅、随意，足见刀工，这正是孙大师一贯擅长的浪漫手法。

　　早在1999年，33岁的孙文宏创作的《五鬼戏钟馗》一举拿下中国工艺美术创作大赛世纪杯银奖；2005年，他凭借作品《钟馗》获得第四届福建省工艺美术精品"争艳杯"大赛金奖，因此破格晋升省级工艺美术大师；2011年，第六届中国木雕工艺美术博览会上，作品《夜巡》让他捧回全国省级工艺美术大师作品奖金奖；如今，《百鬼斩尽，独留此精》现在被收藏在中国木雕馆。此外，大师和中国工艺美术大师卢思立合作设计的《李贽》现在便矗立在泉州西湖畔，承天寺的佛像也是两位大师的联袂之作。

就像练就武功绝学，必须经过闭关苦练。孙文宏 17 岁开始跟着父亲孙顶奎学习木雕，一天十来个小时的雕刻是每天必需的功课，后来又师从卢思立大师，深得卢大师自然形木雕工艺的技法和特点。到如今，孙文宏已经可以做到刀随意走，根据木头的造型、色泽进行设计，突出天然之道，刀法随意浪漫。

艺术梦想扬帆"海丝"路

孙文宏的"海丝"情结，也让他显得与众不同，孙文宏和斯里兰卡总理的一段缘分也成为业界佳话。2012 年，昆明南亚博览会上，他的作品《释迦佛》被组委会当成国宾礼品送给斯里兰卡总理贾亚拉特纳。"总理兴致勃勃地和我聊了一个多小时的艺术、文化，以及对中国的印象。他说我们的木雕工艺水平很高，并表示要把我的作品收藏在国家博物馆。第二天，总理的儿子还跟我们回到张坂木雕厂参观木雕生产基地。"孙文宏说起这段来神采飞扬。

"泉州曾经是中国最重要的对外贸易港，是海上丝绸之路的重要起点。六百年前，我们的先人随郑和七下西洋，开辟了举世瞩目的'海上丝绸之路'，泉州的船只把中国的瓷器、茶叶带到斯里楠卡、马来西亚、印度尼西亚等国家，然后又把当地的金丝楠木、红豆杉、檀香、沉香等宝贵木材压舱带回家。现在，我觉得张坂的雕艺师傅们可以用艺术品投石问路，重走"海丝"路，把我们的雕艺作品带到"海丝"沿线国家。"孙文宏希望今后自己可以重走"海丝"路，开拓"海丝"市场。"斯里兰卡、马来西亚、印度尼西亚等海上丝绸之路沿线国家，很多都信仰佛教，张坂的佛像木雕技艺精湛，我觉得可以在这些国家先打响知名度，然后再找渠道，打开一片市场。"

（原文刊载于闽南网，2014 年 8 月 27 日）

指掌乾坤　人生百态

——木偶头雕刻传承人苏碰辉的创新之路

"喜怒哀乐一台戏，寸木窥人生百态。"在我国戏剧发展史上，木偶戏有"百戏之首"的美誉，而木偶头雕刻艺术在木偶戏的发展中有着举足轻重的地位。在泉州台商投资区首批区级"非遗"项目专家论证会上，苏碰辉木偶头雕刻技艺作为国家级"非遗"项目——惠安木雕的重要组成部分受到专家的瞩目。

2013年，苏碰辉获得泉州市"非物质文化遗产传承人"的荣誉称号，且参评福建省木偶头雕刻技艺"非物质文化遗产传承人"。

根植传统获木偶表演大师赞誉

关羽、钟馗、孙悟空……走进苏碰辉的工作室，就像步入我国传统文化的殿堂，一个个历史人物栩栩如生地展现在面前，有传统戏剧中的知名角色，有生、旦、净、末、丑多种行当，又有仙道佛释、天神魔怪等形象，个个面目不同，神态各异，生动传神。

我国木偶戏分为多种种类和流派，泉州所属地区为南派，具有自己本土的特色。泉州木偶头雕刻是木偶戏道具制作中的一门特殊技艺，属于民间工艺美术，源于汉，兴于唐，盛于明清，至今已有一千三百多年的历史。木偶的整体造型包括头、四肢、服装、冠盔、兵器等，木偶头雕刻仅指头部造型。

苏碰辉继承了泉州木偶雕刻的技术，在木偶制作方面为泉州木偶做出了贡献。他的作品善于突出各种人物的面部特征，表现人物的内在性格，逼真传神，具有强烈的感染力、独特的艺术风格和地方特色。每件木偶不仅是木偶戏的演出道具，还是雕刻艺术、刺绣艺术、绘画艺术的完美结合。特别是木偶头具有极高的艺术收藏价值，在东南亚地区深受欢迎。泉州著名的提线木偶戏表演大师黄奕缺生前十分欣赏苏碰辉的木偶工艺品，泉州市木偶剧团就曾运用他制作的木偶和道具远赴世界各地表演。

大胆创新屡获大奖

"这是自己最近的作品，准备创作十二生肖整个系列。"在工作室，苏碰辉向记者展示了一件会动的木偶头作品——《吉祥牛》。2013 年，这件作品获得 2011 "海峡杯"木雕精品大赛铜奖，得到中国工艺美术界同行的充分肯定。

新世纪以来，苏碰辉不断求索创新之路。他牵头创作了"三头六臂""四头八臂"的木偶头，在泉州，除了极少数的木偶雕刻艺术家，很少人能制作出来。还有难度更大、自动化程度更高的《变脸》《十二生肖》《九阳归一》等作品，得到各方的肯定，屡获各类专业大奖。2008 年，《太阳神》获得中国"海丝"工艺品博览会"海丝杯"铜奖；2009 年，《五虎将》荣获"首届惠安石木雕艺术精品展"金奖，《三头魁生》荣获"首届惠安石木雕艺术精品展"铜奖；2011 年，《九阳归一》获得泉州市旅游纪念品设计大赛银奖等。

2006 年，央视《星光大道》走进惠安时，节目组力邀苏碰辉为两位主持人毕福剑、曹颖量身定做木偶，他大胆地让"毕福剑"身着关公服饰，让"曹颖"身着貂蝉服饰，不仅给两位名嘴带来惊喜，也引爆了观众的掌声。此事也激发了苏碰辉的艺术创作灵感，他长久以来考虑的创新问题找到了突破口：木偶其实可以和生活贴得更近，除用来欣赏、表演，还可以加入一定的时尚元素。在传承传统的基础上，他也努力让木偶礼品化和玩具化。"让木偶走进平常百姓家，让更多人欣赏和了解木偶，更能让木偶雕刻工艺得到保护和传承。"苏碰辉说。

如今，他又开始了一项新的创作，力争在 3 年时间内完成《水浒传》108 位好汉的偶头创作，目前他已完成了 9 位"好汉"的设计制作工作。

四代传承保护优秀文化遗产

从曾祖父苏虎耳起，到苏碰辉，他们家已经连续四代从事木偶雕刻艺术。泉州市文广新局帮助苏碰辉申报第三批省级非物质文化遗产项目代表性传承人。

苏碰辉跟木偶结缘，与他出生在雕刻世家有关。从曾祖父开始，苏碰辉家里就从事木雕工作，如浮雕、平雕、圆雕等。1958 年，苏碰辉的父亲在泉州从事木雕工作并成立了小型工作室，主要雕刻佛像、浮雕和寺庙的平雕，所以苏碰辉从小就对雕刻耳濡目染，对木雕的精湛刀工满怀崇拜。

20 世纪 80 年代，他跟随父亲学习木雕（平雕），并参与天后宫、承天寺、宿燕寺等文物的木雕修复工作，同时，也为泉州市木偶剧团创作舞台雕饰和道具。在传统工艺注重外表造型、突出栩栩如生的境界基础上，他经过二十多年的揣摩、探索，将木偶头像进一步艺术化，做到"牵一发而动全身"的效应，能伸能屈，惟妙惟肖。业内人士对他制作的木偶工艺品赞不绝口。

自20世纪90年代，台北小西园木偶剧团所排演的木偶头、兵器、彩楼，几乎都是他创作的。小西园木偶剧团的演出轰动宝岛，还到祖国大陆以及美国、加拿大、瑞典、韩国、日本、新加坡等地巡回演出。苏碰辉创作的木偶头为该剧团成功演出打下了坚实基础，受到各方赞誉。

苏碰辉在泉州市木偶雕刻艺术界是个响当当的人物，慕名跟他学习的徒弟有苏雪华、陈梅兰、苏志敏等，他希望今后有更多的人喜爱这门艺术，加入泉州木偶艺术的传承和保护工作中。

如今，上塘雕艺街已成为了众多国家级、省级、市级工艺美术大师的聚集地，孙文宏和同样是福建省级工艺美术大师的孙文勇，在这条街上拥有一个近千平方米的孙文宏、孙文勇艺术馆，供前来上塘雕艺街的雕刻爱好者参观与欣赏。未来，他们还将在张坂玉塘村筹建艺术馆，预计占地面积25亩，同时将规划木雕培训基地以及木雕生产基地，这样游客就可以参观到更多他们的作品以及木雕的雕刻流程，而他们能在培训基地培养下一代传承人。

（记者陈智勇，实习生郭慧杰，原文刊载于泉州网，2014年10月14日）

著作目录提要

闽南文化总论

陈益源 . 2011 成功大学闽南文化国际学术研讨会论文集［C］.（台湾）台北：乐学书局有限公司，2013.

提要："2011 成功大学闽南文化国际学术研讨会"主题范围涵盖闽南学学科理论、闽南传统文学、闽南语言、闽南俗曲、当代流行闽南文化、闽南华侨、闽南村落及家族史、闽南宗教、南洋闽南文化与文学、域外闽南文献等，从不同的视角、不同层面，全方位、跨领域地诠释了闽南文化圈的内涵、特质、社会价值、地域特色、研究方法、学科构建等问题，对闽南文化中文学、宗教、民俗、历史、社会、文献等各方面，提出质量俱佳的研究成果。

陈益源，柯荣三 . 闽南文化札记［M］.（台湾）台北：乐学书局有限公司，2013（206）.

提要：《闽南文化札记》首次报告"春晖书房所藏闽南语歌仔册"之概况与价值，介绍蔡廷兰《香祖诗集》及其研究史料的新发现，披露嘉义溪口宝太殿经书的意外发现及宝太殿经书总目和部分提要，这是文献稽考和田野调查的成绩，馆藏文献与民间文献整理的成果，是全书最重要的价值所在。《闽南文化札记》所做的研究包括：目录与提要，母题与不同传本的原型和同型，方言与俗字，民俗与民间信仰，歌谣、传说与史诗，家族史与地方史，汉人社会与海外华人生态，文体、文本与版本等。

林华东 . 闽南文化：闽南族群的精神家园［M］.厦门：厦门大学出版社，2013（214）.

提要：全书包括闽南文化的研究视野，闽南文化的历史形成，闽南文化的深邃影响，闽南文化的魅力内涵，闽南文化的时代映像五部分。本书解析了闽南文化的概念，指出闽南文化是以闽南方言为外在特征的世界各地闽南人，在传承中华文化的基础上发展形成的，具有共同的思维意识、共同的风俗习惯和共同的生活方式的区域文化；提炼了闽南文化的核心精神：重乡崇祖的思维观，爱拼敢赢的气质观，重义求利的价值观，山海交融的行为观；概括了闽南族群典型的意识：原乡情结、祖先崇拜，和谐互惠、海纳百川，灵活机变、敢为人先，坚韧务实、百折不挠。

邓文金，施榆生．闽南历史文化概说［M］．福州：福建人民出版社，2013（524）．

提要：主要内容包括：闽南民系形成的历史、闽南民系及其文化的基本特征、闽南历史文化面面观、闽南地区文物保护与非物质文化遗产名录、闽南历史文化研究论著基本目录。

陈燕玲．闽南文化概要［M］．厦门：厦门大学出版社，2013（258）．

提要：闽南文化是中华文化的一个重要组成部分，同时又是中华文化中的一个极具鲜明特色的地域文化。闽南文化的形成及其发展，是经过了漫长的历史演变与文化磨合，以及东南沿海地带独特的地理环境等多种因素逐渐造就的。中华文化的核心价值培育了闽南文化，而深具地域特色的闽南文化又使得中华文化的整体性显得更加丰富多彩。当今，区域文化研究已经成为世界性的一个学术热点，从中华文化整体性的角度来考察区域文化，闽南文化的研究理应引起学术界的高度重视。

泉州学研究所．回望泉州学［M］．北京：九州出版社，2013（165）．

提要：《回望泉州学》由"回望与前瞻""比较研究""丛书简介""年度概述"四部分组成，是泉州学研究所自2004年正式启动运行以来泉州学研究成果的汇辑。

刘登翰，陈耕．论文化生态保护——以厦门市闽南文化生态保护实验区为中心［M］．福州：福建人民出版社，2014（253）．

提要：第一章：中国文化生态保护提出的理论背景与现实吁求，第二章：文化生态系统，第三章：文化生态保护。

李晓元．文化哲学方法与闽南文化思想政治教育研究［M］．北京：社会科学文献出版社，2014（404）．

提要：本书针对文化研究、教育和建构中存在的生活世界总体和工作世界本质意义的缺失问题，用文化哲学方法探究闽南文化思想政治教育的意义结构，阐明开漳圣王文化、海洋文化、妈祖文化、土楼文化、红色文化、闽南—台湾文化和诗文化等闽南文化思想政治教育的标志形态，尝试开创闽南文化思想政治教育学理论体系。

中共漳州市委宣传部，漳州市文学界联合会．文化漳州（三卷本）［M］．福州：海峡文艺出版社，2014．

提要：本书分为三卷，上卷"历史文化"，共分六章，内容包括：聚焦文化说漳州、漳州历代文化名人、漳台文化渊源、漳州戏剧文化、漳州宗教文化、漳州建筑文化等；中卷"旅游文化"，共分六章，介绍了漳州市的自然景观、人文景观、生态休闲景区、当代文化产业、当代书画产业、名优特产等；下卷"民俗文化"，共分五章，介绍了漳州民间信仰、漳州民俗风情、方言语汇与民俗文学、漳州姓氏文化与地名文化、漳州省级以上非物质文化遗产等。

杨崇汇．河洛文化与闽南文化［M］．郑州：河南人民出版社，2014（694）．

提要： 本书介绍了闽南文化的源流与特点、河洛文化与客家、开漳与开闽文化、河洛文化与其他等内容。

泉州市博物馆．文化闽南：世界闽南文化展示中心展览图录［M］．福州：福建美术出版社，2014（216）．

提要： 本书为2013年举办的世界闽南文化展示中心的图录，按展览分成"方言古韵美在乡音""源远流长美在底蕴""宗族文化美在乡情""多元信仰美在和谐""文化遗产美在传承"五大部分，以文物和场景图片向读者介绍闽南文化的起源、形成、发展和传播历程。

黄雅芬，傅仰添．文化金门璀璨十年：金门县文化局10周年专辑［M］．金门县金城镇：金门县文化局，2014（255）．

闽南思想

李桂生，郭伟，方向红．多元文化视阈中的李贽军事思想：从湖北麻城到山西大同 ［M］．南昌：江西人民出版社，2013（221）．

提要：本书指出李贽虽然只是晚年客居湖北红安、麻城，但是李贽之思想早已融于鄂东的文化之中，为鄂东文化的繁荣、发展做出了杰出的贡献。可以说，湖北麻城成就了李贽，李贽亦丰富了湖北麻城。

张建业，张岱注．焚书注 ［M］．北京：社会科学文献出版社，2013（2 册）．

提要：《焚书》是李贽的主要代表著作，收录有李贽多方面内容的诗文。李贽出入儒释道，兼及文史哲，思想极为庞杂，这在《焚书》中有鲜明体现。《李贽研究丛书：焚书注（套装上下册）》依中华书局 1957 年《焚书·续焚书》合刊本为底本，并参照多种明刻本，在进行文字校勘的同时，对书中有关儒释道思想及用语，对有关历史事件的背景，对有关人物的生平事迹及朋辈交游，以及有关典章制度、地理沿革、疑难词语等，也都尽力予以解释。同时，对所依之书也细心加以考核与查对，纠正了以往的诸多讹误。

张建业，张岱注．续焚书注 ［M］．北京：社会科学文献出版社，2013（427）．

提要：《续焚书》是李贽的主要代表著作，收录有李贽多方面内容的书信、杂著、史评、诗文、读史短文等。李贽出入儒释道，兼及文史哲，思想极为庞杂，这在《续焚书》中有鲜明体现。《李贽研究丛书：续焚书注》依中华书局 1957 年《焚书·续焚书》合刊本为底本，并参照多种明刻本在进行文字校勘的同时，对书中有关儒释道思想及用语，对有关历史事件的背景，对有关人物的生平事迹及朋辈交游，以及有关典章制度、地理沿革、难懂词语等，也都尽力予以解释。同时，对所依之书也细心加以考核与查对，纠正了以往的诸多传讹。

李光地撰，陈祖武点校．榕村全书 ［M］．福州：福建人民出版社，2013（10 册）．

提要：第 1 册，周易通论——周易观象——周易观象大指；第 2 册，尚书解义——洪范说——诗所；第 3 册，四书解义——春秋毁余——朱子礼纂；第 4 册，孝经注——古乐经传——历象本要——阴符经注——离骚经注——九歌注——参同契章句——正蒙注；第 5 册，榕村语录（上）；第 6 册，榕村语录（下）；第 7 册，榕村续语录；第 8 册，榕村全集（上）；第 9 册，榕村全集（下）——榕村续集——榕村别集；第 10 册，文贞公年谱——榕村谱录合考——李光地传记资料选编——四库全书总目辑录。

杨毓团．天人秩序视野下的晚明儒学重建：黄道周思想研究 ［M］．北京：中国社会科学出版社，2013（318）．

提要： 黄道周是晚明史上享有盛名的儒学大师。然而，当下学界对于他的学术思想的研究甚为薄弱，此类专著更不多见。因此，本书试图以黄道周的问题意识为思想建构基点，来全面、系统地探究他的整个儒学思想世界，以进一步深化我们对于晚明学术思想史的认知与理解。本书是国内外第一篇全面、系统地研究黄道周儒学思想的博士论文，其所征引的有关黄道周文献史料均为第一手资料，它在一定程度上填补了当下明清思想史研究领域的空白。

蔡尚思．中国思想研究法 ［M］．上海：上海古籍出版社，2013（190）．

提要：《中国思想研究法》，为《中国历史新研究法》一书的姊妹作，它是最能代表作者生平学术思想研究的一部著作，也是关于哲学社会科学研究方法的一部专著。全书以观点的精华、材料的精华、态度的精华、学说的精华为阐释重点，后两者即中国思想史的选要集成，为全书精髓。著者在评述中国思想研究中的方法、学说的同时，阐发了新的思想和观点。

陈柱，许地山．陈柱诸子概论：许地山国学与国粹 ［M］．长春：吉林人民出版社，2013（322）．

提要： 本书主要内容包括：儒家；道家；阴阳家；法家；名家；墨家。

方保营，方鼎．"兰陵笑笑生"李贽说与《金瓶梅词话》研究 ［M］．郑州：中州古籍出版社，2014（435）．

提要： 用科学的哲学、美学、文学、史学和宗教观点以及新颖的生命意识、主体意识、悲剧意识、意识形态冲突等学说，深层解读小说《金瓶梅》。以翔实的实质性材料证明"兰陵笑笑生"就是明代大思想家、大文豪李贽，从而攻克了世界文学史上的"哥德巴赫猜想"。

闽南方言

陈曼君.惠安闽南方言动词谓语句研究 ［M］.北京：中国社会科学出版社，2013（586）.

提要： 本书选取闽南方言的一个点——惠安方言对之进行全面系统而又深入细致的探讨。全书内容包括：惠安方言动词谓语句的分类，即惠安方言单动词谓语句、惠安方言动宾谓语句、惠安方言动词性主谓谓语句等。

SWALO 视觉设计中心.闽南语歇后语：四句联 ［M］.（台湾）台北：俊嘉文化事业有限公司，2013.

提要： 俗、谚语是日常生活语言中非常重要的部分，因为它文辞固定，含义丰富深刻，流传广远，长期以来成为人们认识社会生活的指针，对时代社会的思想、精神、文化、风尚的形成和发展产生着重要的影响。"教育部"已经公布"台湾闽南语音标系统"，但对台湾母语的专用字体与字形却始终未加着墨，尤其是缺少字体、字形的统一规定，致使坊间出现学者专家自行创作的台湾母语字形、发音的版本，让读者莫衷一是。

郭锦标.汇集雅俗通十五音校注增编 ［M］.漳州：漳州市图书馆，2013（1087）.

提要： 通过对漳州方言的各种古代韵书进行反复多次的整理与研究，校勘多种版本，加以释义注解，并用普通话作对译注音，增编现代常用方言同音字，编成《汇集雅俗通十五音校注增编》，力求让人"看得懂，懂得用，用得上"。《雅俗通十五音》是一本大约成书于清朝嘉庆年间的漳州方言的韵书，百余年来，曾是漳州民间了解与掌握闽南常用方言的必备工具书。近数十年来，随着社会的发展，方言作为交际语言的功能日渐式微，它才逐渐从人们的日常生活中淡出。

侯今看.泉州话与普通话成语对照词典 ［M］.厦门：厦门大学出版社，2013（343）.

提要： 共收入泉州话成语2200余条，包括一些常用的泉州谚语、俗语和词组，与普通话对照并注音释义。全书具有以下几个特点：第一，收词丰富齐全。全书共收入

2200 词条，把泉州话成语比较齐全地展现在读者面前。第二，与普通话成语对照。本词典每条方言成语都与普通话成语相对照，不但有助于对方言成语的理解，也可以帮助闽南人学习普通话成语，一举两得。第三，逐条加以解释。本词典对所有泉州话成语和普通话成语都详加解释或串讲。

张嘉星．第十一届闽方言国际学术研讨会论文集 ［C］．厦门：厦门大学出版社，2013（242）．

提要：《闽南文化研究院学术文库：第十一届闽方言国际学术研讨会论文集》收录有关闽方言研究论文 18 篇，系第 11 届闽方言国际学术研讨会部分参会代表提交论文。会议由福建省语言学会主办，漳州师范学院、香港中文大学吴多泰中国语文研究中心、厦门大学联合承办。就研究对象看，论文以闽方言本体研究为主，涉及语音、词汇、语法等各个语言要素。此外，还有若干文章涉及闽方言应用方面的研究。或以现实生活口语作为观察对象，或以文献材料作为考察依据。就研究方法看，其中既有对闽方言共时现象的描写分析，也有对闽方言特定语言现象的历史探源；既有对特定现象的微观考察，也有对整体分布情况的宏观把握。

南江涛．汉语方言研究文献辑刊 12 ［M］．北京：国家图书馆出版社，2013（548）．

提要：潮汕方言十六卷：民国三十二年（1943）铅印本，翁辉东撰；岭外三州语：民国（1912—1949）《章氏丛书》本，章太炎撰；客话本字一卷附录一卷：清光绪三十三年（1907）刻本，（清）杨恭桓撰。

辛世彪．海南闽语比较研究 ［M］．北京：商务印书馆，2013（277）．

提要：本书作者利用海南闽语 28 个方言点的资料，用古今比较和内外比较的方法，论述了海南闽语的区别特征、演变特征、音变规律、内外关系及其形成等。

吴芳．粤东闽语前后鼻音韵尾类型研究 ［M］．广州：暨南大学出版社，2013（190）．

提要：本书是研究粤东闽语两类阳声韵尾的方言地理类型的学术论著。在前人研究的基础上，作者根据文献研究及实地调查考察了阳声韵尾的地理分布与音位，从文白异读的角度分析阳声韵尾，并由此考察其演变轨迹与机制，最后进行相关讨论并得出结论。

林宝卿．闽南方言教程 ［M］．北京：北京大学出版社，2013（279）．

提要：本书是厦门大学中文系林宝卿教授为学习闽南话的人士编写的方言教材。

林先生是闽南话专家，曾出版过《闽南话教程》《闽南话口语》等教材，颇受欢迎。本书是作者在以往著述的基础上结合新的市场需要编写的，以实用为宗旨，可以帮助学习者在较短时间内掌握闽南话。

　　郑藩派．母语传文化浯洲展风华：金门县方言志［M］．金门县金城镇：金门县文化局，2013（438）．

　　王三幸．闽南语字音字形全方位试题汇编［M］．（台湾）台南：开朗杂志事业有限公司，2013．

　　蔡淑玲．台湾闽南语地名之语言研究：兼论其文化意涵与演变［M］．（台湾）新北：花木兰文化出版社，2013（299）．

　　王森田．日据时代日本人学习"台湾语"的困境（上下册）［M］．（台湾）新北：花木兰文化出版社，2013（313）．

　　陈为信．阮第开民宿：金门县国民小学闽南语教材［M］．金门县金城镇：金县府，2013．

　　周长楫．闽南方言与文化［M］．北京：中国国际广播出版社，2014（280）．
　　提要：本书是方言与文化丛书中的一册，主要介绍闽南方言及其所承载的文化风俗、艺术形式，包括闽南方言的历史演变、覆盖范围，闽南方言的语音、词汇、语法系统，以及闽南方言呈现的风俗文化及艺术形式等。本书内容既具有专业知识性，又具有趣味性，同时还具有浓郁的地域文化色彩，是普及闽南方言与文化的通俗读物，也是帮助读者初步学习闽南方言的教参书。

　　许彬彬．清末以来闽南方言副词系统及其变化研究［M］．厦门：厦门大学出版社，2014（249）．
　　提要：《清末以来闽南方言副词系统及其变化研究》主要选取清末以来日本学者所编纂的闽南方言教科书以及同时文献，考察近100年来闽南方言副词的共时状态以及历史演变规律，以期全面研究清末以来闽南方言副词的系统，其中着眼点放在了划分闽南方言副词小类上，使其范畴明确，并细致描写各副词小类，归纳其特点，结合文献、现时闽南方言调查资料进行比较。结合历史演变专题研究，突出闽南方言副词的地区差异性以及历史的演变特征。

石万寿．台语常用语［M］．（台湾）台南：台南政府文化局，2014（666）．

杜佳伦．闽语历史层次分析与相关音变探讨［M］．上海：中西书局，2014（548）．

提要：闽语是历史层次叠积相当丰富的汉语方言，它的形成和发展，经历了秦汉时期、西晋六朝时期、唐宋时期发生的四次较大规模的语言接触，在古汉语和闽地原始语言的影响下，形成了现今闽语各次方言的样貌。本书最大的贡献即辨析清楚了闽语各项历史音韵层次系统。

郑安住．闽南语字音字形好好学［M］．（台湾）台北：五南图书出版有限公司，2014．

提要：参加闽南语字音字形竞赛及闽南语语言能力认证最管用的语文学习书！本书着重实用性，所收录的内容是作者根据多年的闽南语教学经验及历年全国语文竞赛闽南语字音字形竞赛所出现的考题，挑选出基本、重要、核心、考试命中率较高的词汇，并配上对应国语、七字仔、四句联仔等单元，加深读者的学习印象，让读者瞬间学好闽南语字音字形。

郑晓峰．"国立中央大学"2014学年度升等副教授专门著作［M］．（台湾）桃园县中坜市："中央大学"客家语文暨社会科学学系，2014．

提要：有台湾闽南语和台湾客家话的共同词汇再探、客家话的语言地理学研究、海陆话韶早的来源等内容。

温昌衍．广东客闽粤三大方言词汇比较研究［M］．北京：中国社会科学出版社，2014（454）．

提要：本书以梅县话、潮州话、广州话为例，对广东三大方言——客家话、潮汕话（闽语）、粤方言的词汇做了一个全面的综合的比较研究，研究内容主要包括计量研究部分和文化分析部分。计量研究部分以1230个基本词语为主要研究对象，进行了多角度的比较研究；文化分析部分主要分析了三大方言词汇的文化内涵的异同。本书还论及了三大方言词汇古语词的表现以及三大方言的关系，论述了粤方言对客家话和潮汕话的强劲的影响。

庄蕙菁．屏东县本土语言补充教材［M］．（台湾）屏东：屏东县政府，2014（101）．

翰林出版事业股份有限公司．国民小学闽南语备课教师手册（台罗版）［M］．

（台湾）台南：翰林出版事业股份有限公司，2014.

陈昭蓉，黄春满，林美惠．爱恋情歌：澎湖县"国民"中学本土语言闽南语教材学生手册［M］．（台湾）澎湖县马公市：澎县府，2014.

连照雄．台湾俗谚的智慧：苗栗县闽南语补充教材2013年［M］．（台湾）苗栗县竹南镇：薰风文艺推广协会，2014（86）．

陈石．台语读音综合读本［M］．（台湾）南投：台湾文献馆，2014（90）．
提要：本馆退休编纂陈石综合诸家之长，并详细检证其字，重新思考十五音发音之格式，忘寝废食，编为《台湾话十五音闽南漳泉二腔系简易呼读学习本》，又继续从事通俗系列读本的编纂，鉴于韵文的朗读，为语言学习最佳利器，因而选择各种早年儿童蒙书，逐一以罗马符号，注以漳泉两腔系之正确发音，不仅青少年可读，即使未受过早期书房教育之成人，亦可据此朗朗上口，本书为系列读本之一种。

闽南艺术

郑梦集．现代诗词南管唱 2：茶乡清曲［M］．（台湾）高雄：乡音，2013（167）．

曾宪林．南音"谱"的曲调研究［M］．北京：中国戏剧出版社，2013（345）．

提要：本书介绍了南音传统谱式的文化思维及其音乐解读，南音"谱"曲调的历史衍变及其文化溯源，南音"谱"的曲调构成因素，南音"谱"的个案曲调研究，南音"谱"曲调构成法及文化成因及其对现代音乐创作的启示等内容。

王珊．泉州南音文集．第三辑，2011 届，2012 届音乐学（南音方向）本科专业毕业论文［C］．厦门：厦门大学出版社，2013（247）．

提要：本书收录了 28 篇毕业论文，内容涉及南音乐学、教育、文化、曲谱、表演、音乐比较、音乐结构等方面。具体文章包括：《泉州南音本科教育创新人才培养模式探究》；《特殊指套〈妾身受禁〉探究——以结构，特殊管门为中心》；《南音洞箫历史与现状初探》等。

吕锤宽．来自遥远地方的音乐：张鸿明生命史［M］．（台湾）台中："文化部"文化资产局，2013（399）．

提要：张鸿明艺师，原名张水坑，出生于素有"南管之乡"雅称的中国福建省东园村，自幼即受南管音乐熏陶，十二岁时已能自弹自唱，展现其音乐天赋。1948 年来台探亲时，因逢政治局势不稳，转而定居台南，并于工作之余参与台南市振声社与南声社等组织的活动，与东南亚各国间开始有了南管文化交流。1971，张鸿明艺师接任南声社馆先生后，便全心投入音乐工作。他曾到韩国、日本、法国、德国、瑞士、荷兰、比利时、英国、新西兰等国进行南管交流活动，获得广泛回响，甚至于 1982 年受邀到欧洲五国演出，为我国传统音乐展演写下历史纪录。在南管音乐艺术的传习上，张鸿明艺师亦曾于台湾艺术学院（今台北艺术大学）、台南艺术学院（今台南艺术大学）授课，可谓为推广南管音乐不遗余力，甚至高龄九十岁仍从事薪传工作。作者吕锤宽教授投注大量时间与精力，除了将张鸿明艺师毕生南管音乐的经历、成就与贡献、对南管指谱曲的诠释等加以搜罗、汇整、撰述外，亦记录了南管艺术重要社团"南声社"的历史、制度与现况，以及艺师蔡小月南管曲之演唱艺术等，为国宝艺师与南管艺术留下了极完整与珍贵的分析与纪录。

黄念旭. 南音 [M]. 厦门：鹭江出版社，2013（204）.

提要：本书不但梳理了南音艺术的历史，包括形成、发展、传播历程和名家，而且分别介绍了南音艺术的体系和形态、南音本体的艺术特色，如南音的指、谱、曲、管门、滚门、撩拍等，并在此基础上深入探讨了乐源、滚门和牌名三者之间的关系。同时还介绍了南音的声腔、乐器、表演形式及民俗活动等。

黄明珠. 闽南传统民间舞蹈文化 [M]. 上海：上海音乐出版社，2013（337）.

提要：本书通过对闽南传统民间舞蹈的源流、形式功能、美学特征，闽台闽南族群传统民间舞蹈的硬核共性，闽台民间艺人的"即兴创作"中的创造思维，当代传统闽南民间舞蹈的变迁、传承功能、发展等问题的研究，从而探讨两岸文化的同根同源，探讨传统民间舞蹈在当代社会中的价值功能，探索总结当代社会中传统民间舞蹈传承发展的若干规律。

石光生. 台湾传统戏曲剧场文化仪式·演变·创新 [M]. （台湾）台北：五南图书出版有限公司，2013（424）.

尤春成. 铿锵戏曲绎人生 [M]. 北京：中国戏剧出版社，2013（726）.

提要：本书是关于福建泉州等地方戏曲、南音艺术家们的艺术评论集。全书分"戏曲人生""温陵艺事""艺术的源泉与创作""刺桐影视剧""动力与鞭策"五辑。

刘闽生. 闽剧舞台美术 [M]. 北京：中国戏剧出版社，2013（340）.

提要：本书介绍了闽剧舞台美术的历史溯源，明清时期闽剧舞台美术的形成，民国时期闽剧舞台美术的变革，新中国成立以后闽剧舞台美术的变化，新时期以来闽剧舞台美术的发展等内容。

李李. "台湾陈办歌"研究 [M]. （台湾）新北：花木兰文化出版社，2013（134）.

林永昌. 高雄市歌仔戏的发展与变迁 [M]. （台湾）新北：稻乡出版社，2013（400）.

林志杰．歌仔戏［M］．厦门：鹭江出版社，2013（182）．

提要：本书以通俗平白的语言介绍歌仔戏的发展变迁和艺术特色，尤其是介绍歌仔戏如何穿越海峡两岸，构建跨海的艺术飞虹。具体内容包括歌仔戏的孕育、诞生、繁盛、灾难、台湾光复后歌仔戏的新生与转型，新中国成立后闽南歌仔戏的交流与合作等。

吴慧颖．高甲戏［M］．厦门：鹭江出版社，2013（276）．

提要：本书共分6章，主要内容包括：高甲戏的历史与传说，民俗信仰与演戏场域，时代变迁与粉墨春秋，流光溢彩的高甲戏艺术，高甲戏的两岸情缘，高甲戏的海外传播等。

骆婧．打城戏［M］．厦门：鹭江出版社，2013（179）．

提要：本书主要介绍了打城戏剧种，闽南文化与打城戏，非物质文化遗产保护与打城戏，打城戏发展史，打城戏艺术风貌，打城戏的现状与未来等内容。

陈龙廷．台湾布袋戏创作论：叙事即兴角色［M］．（台湾）高雄：春晖出版社，2013（189）．

王冬梅．历代名家书法经典：黄道周［M］．北京：中国书店，2013（77）．

提要：黄道周（1585—1646），明末学者，书画家。字幼玄，一作幼平或幼元，又字螭若，螭平，号石斋，福建漳浦铜山（现东山县）人。他被视为明代最有创造性的书法家之一。真，草，隶自成一家，行笔严峻方折，不偕流俗，一如其人。

上海书画出版社．中国碑帖名品：蔡襄尺牍名品［M］．上海：上海书画出版社，2013（38）．

提要：《中国碑帖名品》是针对当代读者学习需求而推出的一套理念全新的丛帖。丛帖在总结该社不同时段字帖出版的资源和经验基础上，更加系统地观照整个书法史的艺术进程，汇聚历代尤其是今人对不同书体不同书家作品（包括新出土书迹）的深入研究，以书体递变为纵轴，以书家风格为横线，遴选了书法史上最优秀的书法作品汇编成一百册，再现了中国书法史的辉煌。为了更方便读者学习与品鉴，本套丛帖在文字疏解，艺术赏评诸方面做了全新的尝试。

林志恩．古老神奇的永春纸织画［M］．北京：九州出版社，2013（332）．

柯盛世．厦门牌匾集锦［M］．厦门：厦门大学出版社，2013（344）．

涂慷．闽文化民间艺术探美［M］．武汉：武汉大学出版社，2013（304）．

江曙曜．最闽南：闽南乡镇影像纪事［M］．厦门：厦门大学出版社，2013（218）．

提要：本书由《台海》杂志社《最闽南》栏目组记者历时三年，行走厦漳泉，探访三十八个闽南乡镇而成。在厦漳泉同城化的趋势下，精心挑选了其中36个最富闽南风情的特色乡镇的专栏文章，为闽南文化的爱好者和驴友们提供丰盛的文化旅行大餐。

郑礼阔．中国工艺美术大师卢思立：泉州木雕［M］．南京：江苏美术出版社，2013（160）．

提要：本书稿由六章内容组成，第一章为大师的艺术人生；第二章为大师的技艺分析；第三章为大师从艺几十年来的经典作品欣赏；第四章为大师语录；第五章为艺术评价；第六章为大师年表。书稿以图文并茂的形式生动阐述卢思立的木雕技艺特色。该书语言流畅，图片精美，技艺流程阐述清晰、精彩，能较好地给读者介绍大师其人、其艺。

中国工艺美术学会木雕艺术专业委员会．福建木雕雕刻艺术家集［M］．福州：福建美术出版社，2013（655）．

提要：本书以艺术家人物简介和作品为主导，对福建省木雕雕刻优秀人才及其作品进行了精彩的展示和翔实的推介，对从事木雕雕刻的中级工艺美术师或工龄达十年以上的雕刻艺术家进行了汇编。

曾莹，彭维斌．珠光青瓷德化白瓷克拉克瓷［M］．厦门：鹭江出版社，2013（184）．

提要：本书对宋元时期同安汀溪窑的珠光青瓷、德化窑的青白瓷、明清时期德化窑的白瓷和青花瓷，以及漳州窑的青花瓷和彩瓷等的传统制瓷工艺，从胎釉工艺、造型工艺、装饰工艺、烧造工艺及工艺的传承和创新等方面，做了全面、系统、深入的论述和分析。

德化县人民政府编．德化窑古陶瓷研究论文集［C］．北京：九州出版社，2013（337）．

提要：本书收录了《德化窑的考古发现与研究》《对德化瓷文化的几点新认识》《宋代泉州的对外贸易与德化陶瓷》《清宫旧藏德化窑白瓷研究》《德化窑青花瓷器的装饰艺术》等文章。

林珀姬．记忆台湾的南管音乐：馆先生的唱念·秘笈［M］．（台湾）台北：台北艺术大学，2014.

郑国权．泉州弦管曲词总汇［M］．北京：中国戏剧出版社，2014（674）.

提要：这部书把从欧洲发现的《明刊三种》刊载的272首曲词，加上明清以来的各种刊本抄本的唱词文字，系统整理校订，共有2050首，并逐首说明故事的来源或出处，对其中的人物典故和方言俗字也加以注释，同时指明该曲的曲谱刊载在某本曲谱集中。该书出版以后，还将放在有关南音的互联网上，便于南音爱好者和研究者搜索查找。郑国权说，汇编这部书的目的，一是为这份人类"非遗"进行一次盘点整理、造册登记，以摸清家底，做到心中有数，以利于明确目标，便于保护。二是为研究弦管文化提供一部工具书。这部书不但汇编了泉州现存的曲目，而且汇编了台湾弦管（南管）历来的存目。台湾的弦管是从泉州传过去的，考察并论证这个课题的台湾师大教授吕锤宽于20世纪80年代就参与了全台湾的普查，并把20多家弦管馆阁400部曲簿的曲目目录一万多个，全都编入他撰辑的《泉州弦管（南管）指谱丛编》的"附编"中。郑国权此次把它们重新录入电脑，在删除明显重复者之外，尚有三千多首，并按笔画加以编排，附录于这部《总汇》之后。从这个附录中可以看出，泉州现存的曲目，绝大部分留存在台湾的南音馆阁中，这充分证明"两岸弦管是一家"。

王珊，陈恩慧．泉州南音工乂谱与视唱［M］．厦门：厦门大学出版社，2014（236）.

提要：本教程主要内容包括：泉州南音与南音工乂谱概述；泉州南音工乂谱记谱法；泉州南音工乂谱视唱练习；泉州南音传统曲目视唱练习等。

（明）无名氏．赵山林，赵婷婷．荔镜记［M］．（台湾）台北：三民书局股份有限公司，2014.

郭红军，赵根楼．中国木偶戏史稿［M］．北京：文化艺术出版社，2014（188）.

提要：本书上编主要是对古代木偶戏萌芽、发展、繁荣以及流布等发展方面做了梳理和考辨；下编则侧重于近代以来木偶戏演出状况的回顾；最后还用一定篇幅叙述了当下木偶戏艺术的人才培养和港台木偶戏的发展状况。

蔡晏榕．客家戏基础锣鼓［M］．（台湾）台北：台湾戏曲学院，2014.

提要：戏曲锣鼓对于戏曲表演的重要性是不言而喻，也是众所周知的。尤其是台湾客家戏是经由原乡移民者传入的"三脚采茶戏（小戏）"，入台后逐渐学习吸收当代流行大戏剧种（包含乱弹、四平、外江戏等）发展演变而成的"客家戏"（或称采茶大戏）。正因此发展过程，使客家戏曲锣鼓内容蕴含各种大戏剧种精华，成为丰富又极具特色的客家戏曲锣鼓。戏曲锣鼓的学习对于前场（表演者）、后场（伴奏者）皆是相当重要的。本书首先对客家戏曲锣鼓的使用乐器与鼓介（锣鼓经）特性简单说明，使读者对客家锣鼓有基础的概念后，再借由传统三脚采茶戏"十大出"中所常用的客家唱腔曲调锣鼓分谱详细说明，以提供了解客家锣鼓之特色以及使用客家锣鼓的参考依据。

刘念兹. 南戏新证 [M]. 北京：文化艺术出版社，2014（412）.

提要：本书是戏曲理论家刘念兹先生的学术著作，它较为系统、全面地对南戏这一古老戏曲形式作了细致研究，不仅对它的产生、发展、流变进行梳理，还详细地通过对福建地区遗存的宋、元、明时期的南戏剧目作实地考察和理论总结，分别归纳出南戏的剧本题材与形式、曲牌及其遗存情况、音乐的特征、演出排场等一系列重要特点。

李晖，林志杰，林秀玲. 歌仔戏 [M]. 杭州：浙江人民出版社，2014（186）.

提要：本书从非物质文化遗产传承和保护的角度，梳理歌仔戏的历史与现状，对社会转型期戏曲艺术的困境与变迁、中国戏曲的现状与未来进行有益的探讨。主要内容包括：歌仔戏历史源流、歌仔戏的形成与发展、歌仔戏的表演艺术简述等。

黄坚. 闽南地区民间雕刻艺术研究 [M]. 厦门：厦门大学出版社，2014（235）.

提要：《闽南地区民间雕刻艺术研究》试图从图像学角度证明闽南民间雕刻在整个历史长河中的地位和文化上的分量，依附在建筑和石质材料上的闽南雕刻，虽经千年风雨侵袭，但依然以它们的存在告诉我们什么是永恒的。

吴鼎仁. 金门县美术家联展·2014 [M]. 金门县金城镇：金门县美术学会，2014.

吴奕正. 金门当代艺术家Ⅱ [M]. 金门县金城镇：金门县文化局，2014（203）.

廖皆明. 安溪县文化丛书续篇美术卷 [M]. 厦门：鹭江出版社，2014（134）.

提要：本书主要收录新中国成立以来，尤其是改革开放以来安溪籍美术家、美术工作者创作的美术作品及部分县外美术家创作的安溪题材美术佳作。书中共收录美术作品148件，分为中国画、油画、水彩（粉）画、速写、雕塑和其他等六大类。

曲利明. 中国木雕（福建卷）[M]. 福州：海峡书局，2014.

提要：中国木雕，历史悠远，伴随着历史的脚步，默默存在于天地之间。古人"断木为杵""伐木弑兽""剥木以战"的记载，是人类最初参与的木雕雏形。

林蔚文，刘晶著．漳州木版年画研究［M］．福州：海峡文艺出版社，2014（207）．

提要：本书全面阐述和论证了漳州木版年画的源流、印制技艺、文化内涵、艺术特征以及闽台传统年画的渊源等。

许晓松，泉州市地方志编纂委员会．泉州漆艺［M］．福州：海峡书局，2014（186）．

提要：《泉州漆艺》录踪泉州漆艺源流，追寻泉州漆艺的发展历程以及与各国各地区的交流交往史，并对泉州漆艺做出客观评价和展望。

卢新燕．福建三大渔女服饰文化与工艺［M］．北京：中国纺织出版社，2014（213）．

提要：本书在相关史料和文献研究的基础上对福建三大渔女——惠安女、蟳蜅女和湄洲女的服饰文化进行田野考察，针对不同区域渔女服饰的特征，分别对其款式结构、面料、色彩和工艺特点，以及三大渔女极具特色的头饰装扮习俗进行了研究。

林鸿福．中国德化：陶瓷文化与作品赏析［M］．镇江：江苏大学出版社，2014（125）．

提要：本书以德化在中国陶瓷发展史上的重要成就为起点，采用图文的形式，介绍了德化陶瓷的发展历程、装饰艺术、烧制技艺，并对德化瓷塑名家的作品进行点评。

耿东升．明清德化白瓷［M］．南宁：广西美术出版社，2014（153）．

提要：本书就明清时期德化白瓷的胎釉、造型、装饰、纹饰等特征进行介绍，选取百余件代表性器物，包括《明·坐莲花观音像》《明·童子拜观音》《明·印花爵杯》《清·坐岩罗汉像》等。

陈文德．德化窑古今陶瓷精品赏析［M］．福州：福建科学技术出版社，2014（119）．

提要：本书通过介绍古今数十尊德化窑产陶瓷精品的技艺特色，对其渊源、传承和发展脉络进行梳理。所选作品跨越唐、宋、元、明、清、民国、新中国成立至今。其中知名的有明代的何朝宗、何朝春、林朝景、林希宗、陈伟、张翕，清代的苏学金、许友义、苏加善，现代的陈其泰、许兴泰、苏清河等的瓷作。

张遵山．德化窑的传承与发展［M］．北京：九州出版社，2014（83）．

提要：本书不仅介绍了瓷都德化的历史概况、自然优势、德化瓷器的品种及特征等内容，还通过阐述德化制瓷的大家流派艺术特征和作品分析，充分挖掘了德化瓷雕艺术深层次的美。

郭志刚．德化窑［M］．福州：福建科学技术出版社，2014（120）．

提要：本书用十个篇章概述德化窑烧制技艺的形成与发展过程，经历唐、宋、元、明、清、民国、新中国成立等一千多年的发展历史，介绍了德化窑历代以来产品的发展特色、民间能工巧匠的平生事迹等。

吴志勇．德化瓷塑的艺术与创新［M］．福州：海峡书局，2014（102）．

提要：本书分为德化陶瓷雕塑历史发展与时代特征、明清德化瓷塑的艺术成就、当代雕塑语言对德化瓷塑的影响、作品赏析——我的瓷塑之路四部分，包括德化窑的烧制历史与艺术价值、明清瓷塑艺术代表、当代雕塑语言等内容。

林禄扬．德化传统瓷雕工艺［M］．北京：中央文献出版社，2014（82）．

提要：本书重点介绍了德化瓷雕的工艺的发展史。全书分为七章，内容包括：德化传统瓷雕工艺发展概况、德化传统瓷雕工艺制作流程、德化传统瓷雕工艺造型艺术等。

闽南文学

黄腾德 . 郑经诗歌研究：以东壁楼集为探讨重点［M］. （台湾）新北：花木兰文化出版社，2013（145）.

龚显宗 . 郑经集［M］. （台湾）台南：台湾文学馆，2013（317）.

胡长松 . 金色岛屿之歌：台语短篇小说集［M］. （台湾）高雄：台文战线杂志社，2013（190）.

廖瑞铭 . 舌尖与笔尖：台湾母语文学的发展［M］. （台湾）台南：台湾文学馆，2013（252）.

卢千惠，许世楷 . 阿妈阿公讲予囝仔听的台湾故事［M］. （台湾）台北：玉山社，2013（143）.

采婉聪 . 闽南童谣［M］. 上海：上海文化出版社，2014（117）.

林朝虹，林伦伦 . 精选潮汕方言童谣［M］. 广州：花城出版社，2013（127）.
提要：《精选潮汕方言童谣》是从已出版的《全本潮汕方言歌谣评注》中精心选编的。本歌谣包括 52 首朗朗上口的趣味童谣，并配有精美可爱的卡通插图以及语音朗读示范 CD。这本歌谣专门针对潮汕小朋友设计选编，代表性强，地方特色浓郁，非常适合小孩子朗读、学习，也适合亲子共读。《精选潮汕方言童谣》的问世有利于传统民俗文化的保存及传承，是可供研究潮汕文化的参考文本。

林朝虹，林伦伦 . 精选百首潮汕方言歌谣［M］. 广州：花城出版社，2013（251）.
提要：本书收录了百余首方言歌谣，分为农歌、渔歌、过番歌、生活歌、劝世歌、滑稽歌、游戏歌、数数歌、猜谜歌、常识歌、摇篮曲、吟景歌等十四部分。

　　颜建国，庄维明．海峡原创长篇精品：老家厦门［M］．福州：海峡文艺出版社，2013，（249）．

　　提要：《老家厦门》选取了从清末民初至改革开放以及 21 世纪初，中国近现代史上较为重要的几个时期，通过对厦门当地望族叶家五代人喜怒哀乐、悲欢离合的描写，折射出在重要的历史时期厦门人民的精神风貌，歌颂了他们面对困难时百折不挠，奋勇前进的精神，是一部很好的反映厦门沧桑变化的鸿篇巨制。

　　刘岸．《厦门文学》60 年作品选（上下）［M］．厦门：厦门大学出版社，2013（982）．

　　提要：《（厦门文学）60 年作品选》分为上下两册。上册即小说卷，共收录小说作品 79 篇。毫不夸张地说，从这跨度 60 年的小说集中，读者可以看到 1949 年之后中国当代小说的历史进程。虽然《厦门文学》的小说整体未能达到当代小说的艺术高度，但也从一个侧面印证了文学春天归来的生机勃勃的景象。下册为散文卷、诗歌卷和评论卷，共收录散文 85 篇，诗歌 118 首（组），评论 47 篇。从这三卷中，读者可以领略《厦门文学》的个性和风采、地域、时代、精神——这是《厦门文学》办刊六十年所追求、所体现的特色，其中的精品，是当代文学的典型文本，其价值弥足珍贵。

　　舒婷．舒婷文集：精装版［M］．武汉：长江文艺出版社，2013．

　　提要：《珍藏版舒婷诗》简介：舒婷是朦胧诗艺术成就的杰出代表。《舒婷诗（舒婷文集珍藏版）》共四辑，收录了她 124 首诗，包括《致橡树》《神女峰》《祖国，我亲爱的祖国》等脍炙人口的名篇。

　　余光中．余光中经典作品［M］．北京：当代世界出版社，2013（279）．

　　提要：《余光中经典作品》是余光中代表作品集。余光中已经出版的诗集有《蓝色的羽毛》《钟乳石》《莲的联想》《五陵少年》《天国夜市》《敲打乐》《在冷战的年代》《白玉苦瓜》《与永恒拔河》《隔水观音》等，此外还有散文，评论等作品。

　　陶丽霞．文化观与翻译观：鲁迅，林语堂文化翻译对比研究［M］．北京：中国书籍出版社，2013（187）．

　　林语堂．林语堂散文精选［M］．武汉：长江文艺出版社，2013（377）．

　　提要：林语堂的散文不仅思想独异、发论近情，且涉及广泛、知识丰富，大到文学、哲学、宗教、艺术，小到抽烟、喝茶、买东西，真是无所不包，笔触贯通中外，纵横古今。本书精选林语堂散文、杂文若干篇，体现了林语堂散文创作的整体风貌，是林语堂散文选集中较好的版本。

刘再复．又读沧海：典藏［M］．广州：广东旅游出版社，2013（282）．

提要：刘再复海外散文诗合集，第一次在内地出版。本书集作者游走美国及欧洲诸国的所感所想，以及对时代和生命的思考，体现着作者对生命力度的感悟，对故乡故土深深的思念与赞美之情，也有对于过去的反思与追溯。

刘再复．太阳土地人［M］．广州：广东旅游出版社，2013（198）．

提要：1984 年内地出版，1988 年在台湾出版。《太阳土地人》表达了作者刘再复对土地和人的思念，书中透露出了浓浓的时代感和家国情怀。

刘再复．又读沧海：20 年海外漂泊的心路历程［M］．广州：广东旅游出版社，2013（282）．

提要：《又读沧海》是刘再复定居国外后所写散文诗的合集。本书中，刘再复以深情而优美的笔调，回忆了故乡的美丽、故乡人的亲切、故乡浓郁的文化气息、故乡的美好、故乡的朋友以及在国外生活的孤寂，作者在描述这一切之时，展露出了对于家、国的深深的爱。

许地山．许地山经典全集［M］．哈尔滨：哈尔滨出版社，2013.

提要：许地山一生创作的文学作品多以闽、台、粤和东南亚、印度为背景，主要著作有《危巢坠简》《空山灵雨》《印度文学》等。为了让广大读者更加了解、熟识他的作品，本书对许地山的全部作品进行了精选，收录了他的所有经典作品，内容丰富，价值巨大，希望广大读者可以从中获益。

许地山．许地山散文：鉴赏版［M］．西安：太白文艺出版社，2013（342）．

提要：本书收录了许地山创作的散文作品，如《落花生》《心有事》《蝉》《蛇》《笑》等作品。他的散文在中国现代文学史上占有一定地位，常常触及某些人生真谛，既融入传统散文的特点，又吸收外来外国文学的养分，形成了极富个性的散文艺术风格。

许地山．许地山散文［M］．上海：上海科学技术文献出版社，2013（248）．

提要：本书收录了《心有事》《笑》《三迁》《香》《愿》《山响》《蜜蜂和农人》《爱底痛苦》《你为什么不来》等作品。

许地山．小经典：落花生［M］．北京：中国工人出版社，2013（278）．

提要：本书包括"散文辑"和"小说辑"两部分。"散文辑"选编了许地山优秀的散文作品，如《梨花》《春的林野》《落花生》《我的童年》等，都是其散文代表作，今天读来仍然余味悠长。"小说辑"中的《缀网劳蛛》《春桃》《无忧花》《铁鱼的鳃》

《桃金娘》等，也都集中地反映了许地山小说的特点和艺术魅力。

谢安庆，谢菲. 诗风的踪影——香港诗人蔡丽双圣地之旅［M］. 香港：妙韵出版社，2013（360）.

杨澍，卢奕醒. 漳州"小包公"：徐胡断案系列民间故事［M］. 长春：吉林出版集团有限责任公司，2014（225）.

提要：本书分为三十一回，是徐胡断案的长篇系列故事集。

卢奕醒，郑炳炎. 乡音赛万金：漳州民谚俗语民间故事［M］. 长春：吉林出版集团有限责任公司，2014（219）.

提要：本书分为谚语故事和俗语故事两部分，共 105 篇，内容包括："细汉偷割匏，大汉偷牵牛""捉贼打虎靠亲兄弟""歹马也有一步踢""设契兄上琥珀岭"等。

卢奕醒，郑炳炎编. 物华与天宝漳州名优特产民间传说［M］. 长春：吉林出版集团有限责任公司，2014（208）.

提要：本书分为五部分，包括：漳州市化的传说、漳州三宝、果茶飘香、名点佳肴、其他名优特产，记载着物华天宝的漳州诸多特产的民间传说。

唐蕙韵. 家乡述怀：语话金门［M］. 金门：松风阁商行，2014.

阮蔚蕉. 诗出有茗：福建茶诗品鉴［M］. 福州：福建人民出版社，2014.

提要：本书收录了福建自古以来有关茶的诗词，辑录、注释关于福建茶业、茶事的历代诗词曲歌作品，图文并茂。作者选编全面、精当，注释顺畅、得体，对于茶文化的普及大有益处。

谢文哲. 安溪寻茶记［M］. 北京：世界图书出版公司北京公司，2014（310）.

提要：本书作者选取了安溪县内 32 个有代表性的山头，以茶为主线，串起当地的风物、民俗、信仰、人物。书中既有对山脉的地理伸展和历史勾连，又有对著名的自然、人文景点的介绍。

陈瑞统. 闽南相思树［M］. 福州：海峡文艺出版社，2014（137）.

提要：本书分为两岸同根、故土风情、艺苑奇葩和海峡文缘四部分，介绍了福建的历史、风土人情、戏曲、文学等内容。

闽南家族文化与社会

何发奎．庐江何氏崇武镇族谱［M］．《庐江何氏崇武镇族谱》编撰委员会，2013（322）．

陈雄耀．福建义门陈［M］．北京：中国文史出版社，2013（750）．

提要：本书以弘扬义门陈氏文化，加强陈氏源流研究为宗旨，重点突出福建义门陈汀州陈魁公、陈望公、陈璋公支脉（含部分外迁支脉）及福建义门陈氏后裔重要集聚地支脉，反映了福建省乃至台湾义门陈同宗共祖、血脉相连的历史源流和丰富厚重的历史文化内涵。

洛阳张氏大夫第文物管理委员会．福建泉州洛阳张氏大夫第［M］．泉州：洛阳张氏大夫第文物管理委员会，2013（94）．

提要：张氏大夫第坐落于洛阳桥北东侧，建于清道光二年（1822）。

《德化颜氏源流考》编写组．德化颜氏源流考［M］．德化：德化泗滨颜氏宗亲会，2013（32）．

提要：福建德化颜氏，入闽颜氏始祖芳公。

余光弘，杨晋涛．闽南陈坑人的社会与文化［M］．厦门：厦门大学出版社，2013（486）．

提要：主要内容包括：陈坑聚落农业的发展和变迁，陈坑传统牵网渔业，陈坑的战地商业，陈坑的战地生活，陈坑聚落旅游景观的营造，陈坑的人口与家庭，陈坑的战地军民关系，陈坑的宗族等。

阎亚宁．金门县水头聚落保存登录计划：2013 年度［M］．金门县金城镇：金门县文化局，2014．

唐蕙韵．金门城邱家文书［M］．金门县金城镇：金门县文化局，2014．

何孟侯．竹堑水田庄吴家古文书［M］．（台湾）南投：台湾文献馆，2014（400）．

提要：本书收录之书契及文物原属清时竹堑水田庄吴家所传，原籍为福建省安溪县的吴氏一族，自清乾隆年间渡台，于新竹北门一带经商发迹，随着家业的拓展，成为地方望族，这批古书契及文物除可作为见证其家族发展与变迁的第一手史料，更进一步可作为台湾早年汉民移垦、社会发展、族群关系、区域发展、土地政策、经济史、法律史及家族史等方面的研究素材；在时间上，这批古书契及文物最早起自清代乾隆年间，晚至日本大正年间，类别包括：房地买卖契字、租典契字、胎借银字、家族分业之阄书、风水合约字、找洗字、合约书、田地收租账本、收租地图、丈单、官方谕示抄本、诉讼书状、认养契、家书、完单、收单、执照、门牌、卷包单及印章、牌匾等相关文物，无论内容或文书类别皆相当丰富。

泉州古榕蒲氏宗谱编纂委员会．泉州古榕蒲氏宗谱图文集［M］．上海：上海辞书出版社，2014（304）．

提要：本书分图版和文论两部分，图版部分收录了蒲氏一族的一百多张珍贵照片，生动展示了蒲氏的历史和现状；文论部分收录了《告蒲氏宗亲书》《古榕村蒲氏裔孙：古榕蒲史碑》《刘志成：东石蒲姓初探》等文章。

余光弘，钟鹭艺．闽南绵治人的社会与文化［M］．厦门：厦门大学出版社，2014（429）．

提要：本书共分为十二章，主要内容包括：导言；绵治的甘蔗种植；绵治的人口与家庭；绵治学校的变迁；绵治邹氏宗族研究；绵治的家庭宗教等。

张瑞红，魏静茹．美丽德化生态瓷都：中国瓷都·福建省德化县城镇化探索［M］．北京：中央文献出版社，2014（309）．

提要：本书是中共中央党校城镇化课题研究组有关福建省德化县城镇化发展的研究成果，生动记录了30多年来德化探索做大城关、统筹城乡发展的城镇化道路实况，直接呈现了新型城镇化释放的巨大能量，精彩描绘了"美丽德化"的发展蓝图。

闽南民俗、宗教与民间信仰

一 闽南民俗

吴蕙芳．基隆中元祭：史实，记忆与传说 ［M］．（台湾）台北：台湾学生书局有限公司，2013.

提要：基隆中元祭于 2001 年被观光局定为台湾十二大节庆之一，2008 年又被文建会定为台湾重要文化资产，此乃全台湾首个被地方政府核可认证的地方无形资产，可见基隆中元祭之价值与意义。本书主要为今日基隆中元祭最为强调的特色——姓氏轮值主普制，即备受关注的漳泉族群融合、普度赛会取代武力械斗等内涵，以及一般习称的"以血缘关系化解地域冲突""以赛阵头代替打破头"之说法，实为基于战后官方修纂印行的地方志书，民间宗亲会刊物及庙宇碑刻等，主要源自个人记忆与传说之记载，而据此形塑出来的基隆中元祭图像已与其历史事实面貌有相当差距，值得分析探究。

吴卓玲．福建民俗 ［M］．福州：海峡文艺出版社，2013（117）.

提要：本书介绍了福建省的节庆风俗、地域风俗、少数特殊民族风俗、民间信仰、婚丧习俗、民间艺术等。

陈丽芬．仙岳山福德信俗 ［M］．厦门：鹭江出版社，2013（158）.

提要：本书从仙岳山福德信俗这一非物质文化遗产的历史、内涵、活动、意义入手，展现了今天人们思想的解放、对传统的剖析、两岸的交流、中华文化悠远永恒的魅力和走向世界的步伐。

陈复授．厦门疍民习俗 ［M］．厦门：鹭江出版社，2013（232）.

提要：本书按民俗类型，分章节从海洋渔业生产习俗到厦门疍民生活、礼仪、信仰、忌讳、口传文字等，系统全面地描述厦门港疍民的各类习俗，描绘各种习俗事象的形态，展示各类习俗的文化内涵。

叶玟芳．台湾民间祭祖习俗之研究：以北部地区陈林二姓为例［M］．（台湾）新北：花木兰文化出版社，2013（254）．

张玮玲，李雅琪．台湾节日的由来：土地公，土地婆，虎爷［M］．（台湾）新北：焜耀文化图书，2013.

丁志达，林专．古昔斜阳忆鹿港［M］．（台湾）台北：扬智文化事业股份有限公司，2014.

提要：如果您是虔诚的妈祖信徒，农历三月鹿港迎妈祖的盛况，您一定曾恭逢其会吧！如果您是民俗爱好者，农历五月的全国民俗才艺活动，您一定未曾失之交臂吧！

黄文博．佳里金唐殿萧垄香［M］．（台湾）台南：台南市政府文化局，2014.

提要："佳里金唐殿萧垄香"为台南市市定民俗，为充实其文献资源，留下珍贵文化资产，特编印本专书。

谢奇峰．七娘妈生，做十六岁［M］．（台湾）台南：台南市政府文化局，2014.

提要："七娘妈生，做十六岁"为台南市市定民俗，为充实其文献资源，留下珍贵文化资产，特编印本专书。

林美容．台湾民俗的人类学视野［M］．（台湾）台北：翰芦图书出版有限公司，2014.

提要：一、子弟曲馆的高音与绝响：彰化集乐轩和梨春园为中心的考察；二、一代武师罗乾章：同义堂师祖的武术传承；三、社会史视野的曲艺武术：彰化妈祖信仰圈的曲馆与武馆；四、阴阳交界处的飘荡：台湾民俗的鬼魂说；五、魔神仔的人类学想象：福建与台湾的精灵鬼怪；六、马祖列岛的浮尸立庙：马港天后宫起祀考；七、送瘟请王的信仰：台湾王爷与曾文溪流域信仰；八、在水一方：汉族民俗信仰的水边行事；九、菖蒲盛开五日节：台湾端午节民俗观；十、水上避邪的阴阳性格：清朝与日治的台湾龙舟竞渡；十一、殖民者的殖民地风俗考：佐仓孙三《台风杂记》探讨；十二、台闽二地汉和两族的桥梁：殖民官员《台风杂记》与客卿教席《闽风杂记》。

孙秀锦．泉州刣狮［M］．北京：九州出版社，2014（244）．

提要：本书分为阵法、狮阵、器物、轶闻、展望等6个部分，介绍了泉州刣狮的分布地域、泉州刣狮的起源、泉州刣狮的流播、出狮规仪、"拼狮"规则等内容。

林炯泉．泉州礼数［M］．北京：九州出版社，2014.174；

提要：本书以一户人家的日常生活为主轴，通过亲人、邻里、朋友间的互动，以亲切、平实的情景展开描述，从中整理和展现了泉州本土的传统"礼数"，并介绍了一些常用的现代文明礼仪。

邓荣清，江燕英．福建民俗文化 ［M］．北京：中国林业出版社，2014（139）．

提要：本书共分为4部分，主要从福建客家族民俗文化、福建畲族民俗文化、闽南民俗文化、莆田民俗文化等方面全面地介绍了福建民俗文化的演变和发展。

黄文博．东山碧轩寺迎佛祖暨绕境 ［M］．（台湾）台南：台南市政府文化局，2014．

提要："东山碧轩寺迎佛祖暨绕境"为重要民俗，为充实其文献资源，留下珍贵文化资产，特编印本专书。

二 闽南宗教

弘一法师．与弘一法师谈人生 ［M］．南京：江苏文艺出版社，2013（246）．

提要：本书是弘一大师一生的人生体悟和学佛心得的整理。全书分为信念篇、方法篇和感悟篇。书中除了弘一法师的著作之外，还包括他的演讲稿与处世格言，收录有《弘一大师讲演录》《弘一大师晚情集》等，并配以弘一大师的照片、亲笔手书等。

弘一法师．中国人的修行 ［M］．北京：中国工人出版社，2013（393）．

提要：本书主要内容包括：佛理禅心：唯愿灵光普万方；爱国情深：呜呼唯我大国民；须臾岁华：人生浮华若朝露；文艺纵横：文采风流合倾慕；鸿雁传书：彩笺文字联交谊。

弘一法师．《般若波罗蜜多心经》讲录 ［M］．北京：中医古籍出版社，2013（227）．

提要：本书是近代史上著名的书法家、艺术家、教育家、思想家李叔同出家后为大众所讲的《般若波罗蜜多心经》。附录有民国著名学者丁福保解译的《妙法莲华经·观世音菩萨普门品》；同时还有印光法师鉴定的《大悲心咒持诵简法》。

弘一法师．转身遇见佛：弘一大师修心录 ［M］．北京：现代出版社，2013（263）．

提要：本书主要收录了弘一大师出家之后对于佛教、佛学等有切实体会的文章。从中可以略窥大师对于佛教、佛学的真知灼见。

李叔同．弘一法师全集［M］．北京：新世界出版社，2013（4卷）．

提要：《弘一法师全集（套装共4册）》是第一套简体横版的李叔同全集。《弘一法师全集》共四册，汇集弘一法师出家前后的全部原创文字，分为佛学杂记卷、书信卷、文艺诗词卷三部分。出于风格方面的考虑，《弘一法师全集》没有收录弘一法师的书法，绘画等非文字部分；出于严谨考虑，《弘一法师全集》没有把弘一法师对经文的注解作为《弘一法师全集（套装共4册）》的一部分。《弘一法师全集》将使读者和弘一法师零距离接触，使大家系统而深层地了解法师一路走来的过程，感受法师的宁静与超越世俗的大智慧，使内心得到洗礼和重塑，让漂泊的心有所依托。品读弘一法师的文字，于纷繁中得几分真性情，追随弘一大师的脚步，在问佛观心中澈见红尘世俗的纷扰。

弘一法师．淡定从容心安之从容［M］．北京：新世界出版社，2013（230）．

弘一大师（李叔同）．李叔同谈禅论佛：生活中自有菩提，静心乃天性智慧［M］．（台湾）台北：德威国际文化事业有限公司，2013（290）．

（明）释元贤．泉州开元寺志［M］．（台湾）台北：新文丰出版股份有限公司，2013（114）．

许地山．道教史［M］．北京：中华书局，2013（188）．

提要：许地山先生的《道教史》是中国道教史研究的先驱性著作，也是中国第一部道教专史。作者充分吸取前人及时人研究成果，系统地介绍了道教产生、发展和流传的历史。本书原是为大学生编写的讲义，分为上下两编，上编述"道教及预备道教的种种法术"，下编述"道教发展中的教相与教理"。

许地山．道教史：精装典藏本［M］．北京：中国画报出版社，2013（188）．

提要：本书除了系统介绍道教发展演变的过程之外，还对道教与中国古代的政治、经济，以及国民意识形态的影响作了深刻的分析，并且从道教的角度对中国历史上的一些重大史实和争议问题进行了研究和探讨。

李叔同．你知道菩萨为什么低眉吗？李叔同谈佛［M］．北京：国际文化出版公司，2014（288）．

提要：本书收录了李叔同出家前畅谈艺术的文章、讲述出家经过的文章、著名的断食日志以及出家后讲经说佛的文字，还收录了部分文学诗歌作品及书法绘画作品，使读者通过这些作品得以窥见法师传奇的一生，感受他那超越世俗的大智慧。

三　闽南民间信仰

李橙安．高雄市左营区凤邑旧城隍庙及其十三角落祭祀组织与活动［M］．（台湾）高雄：丽文文化事业股份有限公司，2013.

提要：本书着重对于旧城城隍信仰进行研究，希望通过出版，能够协助旧城城隍庙进行相关文献搜集，让城隍出巡绕境的活动，慢慢地发展成为高雄最具地方特色的宗教活动。另外，书中也从兴隆内外里十三角落以社区和信仰出发，针对社区的典故还有地方公庙的发展历史进行概略介绍，让更多读者能够通过本书对所居住的这块土地有更多的认识。

林美容，辜神彻．迎神在台北：台北迎城隍艋舺迎青山王台北灵安社阵头［M］．（台湾）台北：台北市文献委员会，2013（203）.

宋光宇．城隍爷出巡：台北市大稻埕与霞海城隍庙会一百二十年的旋荡（1879至2000年）［M］．（台湾）新北：花木兰文化出版社，2013（538）.

杨天厚，杨易淳．金门风狮爷·新郎灯及剪黏调查实录［M］．金门县金城镇：金门县政府，2013（207）.

黄女娥，陈木城．妈祖林默娘［M］．（台湾）台北：国语日报社，2013.

提要：我们有许多可爱的节日，过节的时候，不但要举行许多由古代流传下来的仪式和活动，还有许多古老美丽的故事值得一听再听——儿童文学作家、图画书作家联手打造最好看的节日故事集！政治大学宗教研究所李丰楙教授专文解说节日的由来与民间习俗。一次收录两个不可不知道的"清明·妈祖节"故事。小小台湾，就有五百多座妈祖庙，妈祖生日更是每年的重要庆典。传说，妈祖出生时就跟别的小孩不一样：一直到满月都没有哭过，所以取名"默娘"；十三岁时已经精通法术、医术，还会预测天气。

王见川．近代妈祖经卷文献与郑成功信仰资料［M］．（台湾）新北：博扬文化事业有限公司，2013（10）.

周茂钦．台南大道公信仰研究［M］．（台湾）台南：台南市政府文化局，2013（335）.

中国书法家协会．中华妈祖文化书法篆刻大展作品集——大爱妈祖［M］．北京：大众文艺出版社，2013（198）．

周金琰．妈祖祭典［M］．济南：山东友谊出版社，2013（402）．

提要：本书系统全面地梳理了有关妈祖祭典的相关知识，从妈祖信俗的发祥、发展、保护及妈祖相关祭祀活动等方面展开论述，内容翔实，图文并茂，具有较高的学术价值和文化价值，是读者了解妈祖文化的重要资料。

张耘书．台南妈祖信仰研究［M］．（台湾）台南：台南市政府文化局，2013（384）．

提要：台南文化丛书系列书籍计划性和系统性地整理相关文献史料，针对各主题进行探讨。本丛书第 2 辑 10 本书主题分别为：台南传统道坛研究，台南老神明会研究，台南传统法派及其仪式，台南职业阵头研究，台南府城联境组织研究，台南王爷信仰与仪式，台南妈祖信仰研究，台南大道公信仰研究，台南上帝爷信仰研究，阿立祖信仰研究。

黄文车．闽南信仰与地方文化［M］．（台湾）高雄：春晖出版社，2013．

提要：近年来"闽南文化"研究在海峡两岸四地，甚至是东南亚华人地区已逐渐成为风气，俨然有"闽南文化学"风潮形成。本书特别关注中国台湾和新加坡两地有关"闽南信仰文化"议题，冀望从闽南民间信仰和地方化发展去观察闽南文化在不同空间场域呈现之多元"活态性"和"生命力"。进行中国台湾和新加坡的闽南信仰与地方文化研究过程中可以发现：闽南族群的自我认同在面对多元族群与异场域的冲容过程中，多已出现兼容并蓄的转变与气度，如此的变异让中国台湾及新加坡的闽南信仰文化朝向"本地化"与"地方化"的亲切经验发展，并逐渐看见"分流为宗"的态势出现。

王之珩．2013 彰化县妈祖绕境祈福——宫庙导览手册［M］．（台湾）彰化：彰化县文化局，2013．

提要：本书为彰化县文化局委托文化资产学会办理的"2013 彰化妈祖绕境祈福——宫庙导览手册"。本县妈祖绕境祈福，特别选择在农历九月九日，妈祖得道升天纪念日之前举办。由各宫庙轮流担任炉主，2008 年王功福海宫，2009 年伸港福安宫，2010 年彰化市南瑶宫，2011 年芬园宝藏寺，2012 年的员林福宁宫，2013 年由社头枋桥头天门宫。2013 年度妈祖绕境祈福，12 间宫庙妈祖神尊从十月一日在社头枋桥头天门宫集合后，展开精彩的系列活动，"妈祖宫庙导览研习营"即为项目之一，由深耕地方多年的学者及文史工作者，带领民众探访庙宇特色。

妈祖文化研究暨文献中心．妈祖与民间信仰：研究通讯 02—04［M］．（台湾）台北：博扬文化事业有限公司，2013.

提要：为提供妈祖研究者最快速、便捷的研究讯息与数据，进而加深、增广妈祖信仰的发展面向，由新港奉天宫办理，作为引领台湾妈祖文化之龙头。委由台湾淡南民俗文化研究会办理。自 2009 年开始筹备，2010 年中心正式成立，已经办理过国际学术研讨会、各项展览，并参访东南亚与中国大陆的妈祖宫庙与研究机构，建立合作默契，并积极提供世界妈祖研究者的各项研究协助。

李佳洲．日据时期北港朝天宫地位崛起之考察［M］．（台湾）新北：花木兰文化出版社，2013（224）.

刘家辉，谢庆云．清水祖师文化研究［M］．厦门：厦门大学出版社，2013（568）.

提要：本书收录海内外学者关于清水祖师文化的最新研究成果，围绕清水祖师信仰的形成、清水祖师文化的传播、清水祖师信仰的神缘等主题，深入挖掘清水祖师文化的思想精髓。

陈光辉．中原文化的传播者：开漳圣王陈元光［M］．福州：海峡书局，2013.（264）；

提要：本书分为缅怀篇、开漳篇、治闽篇、教育篇、根亲篇、传承篇等十篇章，图文并茂地向读者展示了陈元光对中原文化的传播，弘扬所做出的巨大的贡献。

陈大鹏．浯岛城隍：2014 金门迎城隍全记录［M］．金门：金门县金门日报社，2014（351）.

提要：2014 年金门迎城隍全记录，包括金门迎城隍系列报道、金门之光、酒乡神歌、绕境正日、酬神大戏、艺阵体验、民俗博览会、讲古说书导览、写生摄影比赛等活动。

张珣、林美容、苏庆华．2014 台中妈祖国际观光文化节"妈祖国际学术研讨会"论文集［C］．（台湾）台中：台中市文化局，2014.

叶树姗．2014 台中妈祖国际观光文化节：妈祖文创征件作品专辑［M］．（台湾）台中：台中市文化局，2014.

练美雪．台湾十八王公庙传说［M］．（台湾）台北：博扬文化事业有限公司，2014（246）.

叶钧培，许志仁，庄唐义．金门海神信仰醮庆暨糊纸工艺调查实录［M］．金门县金城镇：金门县文化局，2014.

张二文．高雄地区公廨及太祖公传说调查研究［M］．（台湾）台北：博扬文化事业有限公司，2014.

游淑珺．大甲妈祖绕境进香［M］．（台湾）新北：远足文化事业股份有限公司，2014.

戴文锋．重修屏东县志：民间信仰［M］．（台湾）屏东：屏东县政府，2014（299）．

王见川，李世伟，洪莹发．研究新视界：妈祖与华人民间信仰国际研讨会论文集［C］．（台湾）台北：博扬文化事业有限公司，2014.

提要：本书是新港奉天宫与东华大学于 2010 年 5 月 22—23 日举办的研究新视界"妈祖与华人民间信仰"国际研讨会论文的修订精萃集。全书议题有二：第一部分涉及妈祖信仰国际化，如升格为世界非物质文化遗产，妈祖形象的建立、传播与戏剧、小区的关系。第二部分讨论华人民间信仰的概念，及其与道教、民间宗教、习俗的关系。

吴汉恩，杨宗佑．图解台湾迎妈祖［M］．（台湾）台中：晨星出版有限公司，2014.

提要：一生必走一次的朝拜之旅，今年度最精彩、最完整的妈祖绕境朝拜之旅图解书。以图解方式带您身历其境走路观看绕境仪式、看阵头、看驻驾宫庙。不仅看热闹、看门道，更让您直击动感的绕境现场——全观台妈祖绕境九大著名路线。

邱荣裕．台湾客家民间信仰研究［M］．（台湾）台北：翰芦图书出版有限公司，2014（320）．

提要：内容包括：一、清初渡台禁令与客家移垦；二、台湾客家民间信仰的传衍；三、客家原乡传统神祇：三山国王；四、客家原乡传统神祇：惭愧祖师、定光古佛；五、台湾客家创新神祇：义民爷；六、台湾客家祖先崇拜、宗祠及祖塔；七、台湾地方拓垦客家有成者之奉祀；八、台湾民间信仰现代化肆应。

张惠评，许晓松，泉州市地方志编纂委员会．泉州古城铺境神［M］．福州：海峡书局，2014（257）．

提要：本书主要讲述泉州古城各铺境神佛的来历因源、故事传闻、祀神奉佛、神诞日、铺镜、普度日及各种神事、娱神活动等。

台湾新港奉天宫妈祖文化研究暨文献中心．妈祖与民间信仰：研究通讯 05 ［M］．（台湾）台北：博扬文化事业有限公司，2014．

提要：为提供妈祖研究者最快速、便捷的研究讯息与数据，进而加深、增广妈祖信仰的发展面向，由新港奉天宫办理，作为引领台湾妈祖文化之龙头，委由台湾淡南民俗文化研究会办理。自 2009 年开始筹备，2010 年中心正式成立，已经办理过国际学术研讨会、各项展览，并参访东南亚与中国大陆的妈祖宫庙与研究机构，建立合作默契，并积极向世界妈祖研究者提供各项研究协助。本丛书为台湾妈祖研究专刊，希冀为本领域在学术场域中建立明确之学术指标。

金文亨，陈金海．妈祖文化源流探析 ［M］．厦门：鹭江出版社，2014（282）．

提要：妈祖是闽台民间信奉的神祇，经过千年演变，其影响已扩大到全国，并由华人带向世界。作者以现代的科学方法，从贤良港天后祖祠和湄洲妈祖祖庙着手，梳理、剖析了妈祖信仰和妈祖文化产生、演变、发展的规律，揭示了妈祖文化产生的历史背景及其文化内涵、外延和基本特征。书中还回顾了妈祖信仰研究的历史，论述了妈祖文化是中华传统文化极具特色的一个组成部分，是连接海峡两岸同胞和海内外华人的一条割不断的精神纽带。

游淑珺，李佳洲，林幸福．欢喜逗阵疯妈祖套书 ［M］．（台湾）新北：远足文化事业股份有限公司，2014．

提要：这是一本妈祖民俗文化小百科。本书内容包含绕境进香必看、必游的精彩行程，并详细解析绕境进香的程序、礼仪，以及进香相关工作人员、服务义工、虔诚信徒的经验与故事，最后介绍妈祖信仰所在地的人文风情，让读者对于妈祖文化的所在地有全貌性了解，是一本全方位视野的民俗文化小百科。书中附有大量手绘插画，将妈祖绕境进香的盛况、规模庞大阵头与绕境队伍完整呈现！

谢贵文．高雄林园凤芸宫妈祖海巡——高雄文史采风第 2 种 ［M］．（台湾）高雄：高雄市政府文化局，2014（160）．

提要：高雄林园凤芸宫，主祀天上圣母，长期以来与台南安平地区的庙宇，以海上巡香的绕境方式，前往会香。沿岸友好的宫庙燃放烟火迎接，为国内最大规模的海上巡香民俗活动，具有典范价值。

慈凤宫，吴炀和．慈心凤德：阿猴妈祖论文集 ［C］．（台湾）屏东：财团法人阿

猴妈祖文教基金会，2014.

　　提要："妈祖信仰"是华人地区的重要民间信仰。明末清初，众多汉人从闽、粤两地跨越险恶的黑水沟来台谋生，妈祖是众多艰困求生先民的庇护神，给予来台先民生存发展的信心与动力。阿猴妈祖信仰源远流长，从明永历十五年（1661）开始，阿猴地区即开始信仰妈祖。阿猴妈祖不但是屏东地区重要信仰中心，阿猴妈祖文教基金会更于 2012 年为支持学术研究，结合美和科技大学共同举办"阿猴妈祖文化国际学术研讨会暨 2012 南台湾妈祖论坛"，邀请了中国大陆及港、澳、台地区，还有越南、新加坡、马来西亚等国的学者。

　　李佳洲 . 北港朝天宫迎妈祖 ［M］. （台湾）新北：远足文化事业股份有限公司，2014.

　　提要：百年艺阵去北港朝天宫迎妈祖，为什么每年有数以万计的人潮涌入北港迎妈祖？宛如神龙般见首不见尾的迎妈祖绕境队伍究竟有哪些成员或角色？本书将为您一一揭晓。

　　林幸福 . 白沙屯妈祖进香 ［M］. （台湾）新北：远足文化事业股份有限公司，2014.

　　提要：台湾指定重要民俗白沙屯妈祖进香路线横跨苗栗、台中、彰化、云林等四县市，其徒步进香里程之远，来回将近 400 公里；最大特色就是没有固定行程表，没有特定的停驾、驻驾地点。

　　于淼 . 妈祖信俗 ［M］. 长春：吉林出版集团有限责任公司，2014（159）.

　　提要：本书包括妈祖——中国最具影响力的航海保护神；对妈祖的景仰而形成的妈祖信俗；泉州——妈祖成为航海保护神的发源地；妈祖传说——以真人真事为基础的神话；湄洲妈祖祖庙——世界所有妈祖庙之神等内容。

　　台南市政府文化局 . 台南文献第 5 辑信仰与文化 ［M］. （台湾）台南：台南市政府文化局，2014.

　　提要：妈祖的香路：台湾妈祖绕境的几种模式，上香山，安平迎妈祖，从台南在地祀神传说论无主孤魂如何成神，浅谈喜树仔聚落及龟醮祭典。

闽南历史地理

徐晓望．宋代福建史新编［M］．北京：线装书局，2013（573）．

提要：宋朝是中世纪世界经济文化最发达的国家，那么，宋代的福建就是宋朝最发达的区域之一，以泉州港为枢纽的海上交通通达世界各港，以北苑茶、银矿开采为核心的物质文明吸引了来自世界各地的人群；宋代闽人的刻书业和书院教育堪称时代的典范；朱熹、李纲、郑樵、袁枢、宋慈、柳永、蔡襄、苏颂等文化名人引领时代潮流，并将福建文化推向世界。

福建博物院．莲花池山遗址：福建漳州旧石器遗址发掘报告（1990—2007）［M］．北京：科学出版社，2013（171）．

陈峰，厦门市图书馆．厦门海疆文献辑注［M］．厦门：厦门大学出版社，2013（358）．

提要：本书收辑清代陈伦炯的《海国闻见录》，李增阶的《外海纪要》，李廷钰的《海疆要略必究》和《靖海论》，林君升的《舟师绳墨》，窦振彪的《厦门港纪事》等6部进行点校校注。这些文献，或记叙海疆形势、海外风情，或记录海道水程、潮信气候，或论述防海策略、海战战术，或教习造船制舟、掌舵操缭，囊括了海洋地理、海防军事、航海技术等多个学科知识。

汤锦台．闽南海上帝国：闽南人与南海文明的兴起［M］．（台湾）台北：如果出版社，2013（231）．

提要：海上的闽南人，曾经手握历史钥匙，把东亚推向世界舞台的中心！没有闽南人创建的海外据点，郑和的船队就无法七下西洋；没有闽南人与印度、阿拉伯世界的海上交往，欧洲人就无法进入亚洲！看闽南人如何纵横海洋，走入世界历史的舞台，把海上丝路、郑和下西洋、欧洲人东进交织成一个波澜壮阔的大时代故事！在世界发展史上，有一个被后人称为"闽南人"的汉人群体，曾经对创造人类的海洋文明和推动东西方海上交往，做出过不可磨灭的贡献。从宋朝开始，住在福建南部的泉州人便积极南下南海诸国，与东来的印度人、波斯人和阿拉伯人建立了密切的海上贸易联系。

丘刚. 丝路帆远：海上丝绸之路文物精萃 [M] . 福州：福建教育出版社，2013（286）.

提要：本书主要包括两个部分，其一是有关海上丝绸之路的专题性研究论文 7 篇，从不同方面阐述不同地区古代海上丝绸之路的发展和繁盛情况；其二是精品文物图片及文字介绍，从远古到明清，共分为四个单元，诠释了各个时期海上丝绸之路的繁荣情况，体现了海外贸易的交流和发展。

（德）恩勒特. 走近泉州 [M] . 上海：上海文化出版社，2013（242）.

提要：本书内容包括西方和中国至 14 世纪末，中国和西方 15 至 17 世纪，帝国主义时代的中国。将泉州置于世界历史的大背景之下，详细讲述了不同历史时期中国与西方的关系，图文并茂地披露一些十分珍贵的史料，尤其讲述了泉州港占据世界第一大港达 400 年之久的史实。

王洪波. 惠安县文化体育新闻出版局，惠安县博物馆编. 惠安文物史迹 [M] . 厦门：厦门大学出版社，2013（249）.

提要：本书分《古遗迹》《古墓葬》《古遗址》《石窟寺及石刻》《近代重要史迹及代表性建筑》五部分收录这些文物史迹，收录进入的史迹以新中国成立以来的四次大的文物普查结果为准。

范佳平，黄伟. 泉州六朝隋唐墓 [M] . 北京：九州出版社，2013（181）.

提要：本书详细描写了泉州市六朝隋唐墓的发掘过程及出土文物。其中包括了泉州的地理环境、历史沿革及墓葬发掘经过、墓葬形制、随葬器物、时代与分期等内容。

福建博物院. 莲花池山遗址：福建漳州旧石器遗址发掘报告（1990—2007）[M] . 北京：科学出版社，2013（171）.

提要：本书作者在记述莲花池山遗址工具组合、加工工艺、文化特性和区域对比的同时，分析了遗址的利用、废弃、埋藏与破坏过程，并就我国南方特别是闽南地区广泛分布的砖红土、红土、网纹红土的成因类型、分带性、年代及其与古文化的关系进行探讨。

中共厦门市委党史研究室. 中国共产党厦门历史：1949—1978 [M] . 北京：中共党史出版社，2013（496）.

提要：本书记述和总结了 1949—1978 年时间段中共厦门地方组织，是一本领导厦门人民进行社会主义革命和建设的历程与经验的党史著作。

蝠池书院出版有限公司．中国古代海岛文献地图史料汇编·五三［M］．香港：蝠池书院出版有限公司，2013（421）．

提要：包括东南海夷图、福建地图、闽海纪略、闽海纪要、靖海志一等内容。

蝠池书院出版有限公司．中国古代海岛文献地图史料汇编·五六［M］．香港：蝠池书院出版有限公司，2013（427）．

提要：包括台海小志、平定台湾述略、闽海赠言、郑和传、陆贾传、中法兵事本末等内容。

蔡添强．厦门文曾路［M］．厦门：厦门大学出版社，2013（220）．

提要：本书分为"生态环保——一曲自然情歌""都市田园——一阕春秋雅词""线点相依——一轴休旅画卷"上中下三篇介绍了厦门文曾路概况。

林尚鹏．泉州朝圣游观光指南［M］．北京：九州出版社，2013（275）．

提要：本书分共为五章，介绍了泉州的清源山老君岩、义泉通天宫、泉山土地宫、泉山上地宫、崇福寺、关岳庙、花桥慈济宫等旅游景观。

简雪玲．金门申遗军事遗迹潜力点：九宫坑道，翟山坑道，狮山炮阵地［M］．金门：金门县文化局，2013（250）．

廖翊蓁，周志强．金门野人志：手绘乐章［M］．金门：白果树文化，2013（159）．

罗德水．金门观察笔记（1994—2011）［M］．金门县金城镇：金门县文化局，2013（298）．

王建成．乡土地名文化之调查与研究：以金门县金城镇东沙村之聚落土名为例［M］．金门：金门县文化局，2013（149）．

泉州市旅游局．漫画泉州［M］．厦门：厦门大学出版社，2013（186）．

厦门市地方志编纂委员会办公室．漫画厦门［M］．福州：海峡书局，2013（131）．

中共厦门市委党史研究室．厦门革命遗址上的故事［M］．北京：中共党史出版社，2014．

提要：以民主主义革命时期发生在厦门各革命遗址上的动人故事为主要内容，配以革命遗址、革命人物、革命事件等相关图片，以图文并茂的形式展现厦门优秀共产党人为理想信念舍生忘死、浴血奋斗的感人事迹。

吕允在．金门建县百年历史风华 [M]．金门：金门县文化局，2014（320）．

提要：2014年适逢金门建县百年，金门将迈向历史进程的一个新起点，在既有良好的基础上，再策精进，使金门永远成为世人心目中最美丽的宝岛，海上最耀眼的明珠。金门文化资产雄厚，闽南、洋楼建筑群，风景名胜遍布全岛各地，历经战火留下丰富的战争遗迹及军事工事，加上长期封闭的神秘面纱与独特鸟类资源等保育良好的自然生态，以及近年来的定期举办的金门的马拉松赛、泳渡金厦、料罗海上长泳、夏艳海滩风金湖花蛤季、金沙寻找风狮爷、金宁小麦石蚵文化季、烈屿芋头节等活动，让金门魅力十足。

江焕明．丹霞萃金漳州古城史迹考 [M]．厦门：厦门大学出版社，2014（275）．

提要：本书从历史角度对漳州的城墙、馆衙、路巷、桥亭、牌坊、宫祠等进行考察，并辅以图片说明。具体包括漳州古城名胜初考、天南地北说镇门、古城三街铸江滨等。

吴泽荣．石狮文化遗产图典 [M]．福州：海峡文艺出版社，2014（296）．

提要：本书分为非遗神韵和文物大观两篇，以图文的形式介绍了福建石狮的文化遗产。

陈自强．漳州古代海外交通与海洋文化 [M]．福州：福建人民出版社，2014（213）．

提要：本书收录论文二十篇、附录三篇，反映了先生对闽南海洋文化的关注和探讨，反映了他的学术判断力和治学方法论。文章包括《论明代漳州月港》《明代漳州与琉球》《明清时期漳州士大夫的海洋经济意识》《明代漳州涉海诗赋举要》等。

徐晓望．闽商研究 [M]．北京：中国文史出版社，2014（273）．

提要：闽商是与晋商、徽商齐名的十大商帮之一，它萌芽于唐代，经历了宋元以来各代的繁荣，至今仍然活跃于商场上。闽商的特色是以海洋为其主要战场，早在唐宋时期，他们就建立了遍及东亚、东南亚和印度洋的海上商业网络，明清时代，闽商对环球贸易体系的建立起了重要作用，郑成功是闽商最杰出的代表。本书对闽商的海洋特性、它的发展线索和阶段性都有深入的研究。此书的出版，对推动对于闽商的研究起到了积极作用。

王玉宝. 泉州海事文化研究 [M]. 厦门：厦门大学出版社，2014（195）.

提要：本书追溯了泉州海事的渊源，总结了管理文化领域的经验。全书共五章，内容包括：泉州海事文化的历史与现状、当代泉州海事文化的建设与实践、泉州海事文化的核心精神等。

甄炳华. 海上丝路：南海古国寻踪谜航 [M].（台湾）台北：商务印书馆股份有限公司，2014（262）.

泉州市港口管理局. 泉州港口志 [M]. 北京：九州出版社，2014（382）.

提要：本志追根溯源，下限至 2010 年。内容包括：概述、专记、大事记、港口环境、港区、航道、管理、港口经营、港口服务、港口职工、党派团体、文物史迹、人物与先进集体、重要文献，记述了泉州港口的历史和现状。

李仕德. 世纪金门百年辉煌 [M]. 金门县金城镇：金县府，2014.

李仕德. 金门的战争与和平：823 抱战期间美国外交文书有关金门文献选译 [M]. 金门县金城镇：金门县文化局，2014.

高铭泽. 施添福. 台湾地名辞书卷廿四：金门县 [M].（台湾）南投：台湾文献馆，2014（426）.

提要：金门县地名辞书，详述该县自晋末至民国各阶段之历史发展，探讨县内之金城镇、金宁乡、金沙镇、金湖镇、烈屿乡、乌丘乡 6 个乡镇之乡镇名缘起、自然环境、地区特色及辖内经田调普查之各地名沿革等，并以图、表、统计等详述其演变，为研究金门县地名及推广乡土教育之重要参考书籍。

林建载. 厦门的公园 [M]. 厦门：厦门大学出版社，2014（222）.

提要：本书收集了 80 个已建成并开放的公园，入选的公园包括一些景区。全书按公园所处的行政区划分章节，对入选公园现状进行概要介绍。

陈敬聪. 泉州老街巷 [M]. 北京：中国文史出版社，2014（261）.

提要：本书主要是描写泉州的古城老街巷，它们的命名，或是史书的记载，或是紧密联系古代泉州政治经济和社会发展情况，或是以纪念古代名人志士和名门望族等，凭借这些老街巷的名字，可品味泉州古城的历史文化底蕴。

闽南人物

安之忠，林锋．郑芝龙：海商传奇［M］．北京：当代世界出版社，2013（306）．

提要：本书主要讲述了被誉为"闽海之王"的明末海商霸主郑芝龙的传奇故事。中国的海上贸易事业兴起于元末明初，而兴盛于明中叶后期，迄明末达到鼎盛。郑芝龙就是在这一事业最鼎盛的时候涌现出来的杰出代表。他生于福建南安一个石井小镇，却偷偷跑到香山澳（澳门）学习经商，从此改变人生道路。

张培忠．海权战略：郑芝龙，郑成功海商集团纪事［M］．北京：生活·读书·新知三联书店，2013（206）．

提要：海权战略是当前中国的核心战略之一。随着美国重返亚太，我国周边的海域再也不能平静。南海争端，东海防空识别区等成为中国老百姓关注的共同话题。张培忠是个有敏锐问题意识的学者型作家，他的《海权战略：郑芝龙，郑成功海商集团纪事》从一个全新的角度叙写郑成功题材，站在海权战略的宏观层面，以海商经济为拓展主轴，运用纪实文学手法，以丰富的史实严密论证了郑氏父子称雄时代，正是中华民族海权最强盛的时代，对当下现实有不少借鉴意义。

张建业．李贽研究资料汇编［M］．北京：社会科学文献出版社，2013（412）．

提要：《李贽研究资料汇编》收录了从晚明到"五四"时期有关李贽的资料，包括方志、碑刻等，还收录了部分国外有关李贽的资料，对研究李贽与晚明以来中国文化思想史都极有参考价值。《李贽研究资料汇编》附录部分的"李贽年谱简编"，对李贽一生的活动、著作以年为序进行了述评。

林跃奇．黄道周［M］．北京：中国青年出版社，2013（190）．

提要：本书是一部描写明末著名书画家、学者黄道周的长篇历史小说。全书共七章，约计20万字，以黄道周奔赴刑场，从容就义为起始，叙述了黄道周抗倭抗清、潜心书画、宦海沉浮、战败被俘、囚服著书的传奇人生，以及他与三个女人的爱恨情仇。作品塑造了一个志尚高雅、博学多通、直言敢谏、忠贞为国的丰满的黄道周形象。

（明）黄道周．三易洞玑［M］．北京：中华书局，2013（480）．

提要：黄道周（1585—1646），明末易学家，相关著作有《易象正》（中华书局推出了整理本）、《三易洞玑》《易本象》。《三易洞玑》凡16卷，内容依次为《宓图经纬》上中下，《文图经纬》上中下，《孔图经纬》上中下，《杂图经纬》上中下，《余图经纬》，《贞图经纬》上中下。黄氏思想秉承朱熹道统，与晚明刘宗周并称"二周"，是晚明理学的领军式人物。

杭宇，任龙．叶飞兵团战事报告［M］．济南：黄河出版社，2013（242）．

提要：叶飞，祖籍福建省南安县，1914年5月7日出生在菲律宾吕宋岛山区小镇的一个华侨家庭里。他5岁被其父送回中国，14岁便参加中共地下党活动。长期的革命战争实践中，叶飞英勇善战，足智多谋，征战常胜闻名，因而也被赋予了诸多雅号："小叶挺""华侨将军""打不死的铁将军""敢于负责的首长""梅兰芳式的人物""围棋将军""拒腐蚀将军"。

林语堂．我这一生：林语堂口述自传［M］．沈阳：万卷出版公司，2013（342）．

提要：本书是林语堂唯一一本自传，其中有快乐的童年，有求学经历也有人生感悟。在这本书中，我们看到了出身普通家庭的孩子如何成为学贯中西的文化大师。中国历来讲究为人、处事，但林语堂在书中自言"为自己多过于为人"，这是他对自己人生的客观描述，也是他真实随性的内心写照。他既不谦卑，也不自大，所有描述都是"对于自己的诚实"。他的人生忠于内心，所以他平和而从容，闲适而快乐。

陈星．弘一大师与文化名流［M］．（台湾）高雄县大树乡：佛光文化，2013（254）．

蒋心海．半世文人半世僧：李叔同［M］．济南：齐鲁书社，2013（222）．

提要：本书以时间为序，对李叔同的生平事迹、艺术追求和佛学修养等予以详尽叙述，全面展示。作者行文流畅，文笔优美，文中附有多幅珍贵历史图片，实为读者了解李叔同思想生平的优秀读本。

西泠印社编委会编．西泠印社早期社员李叔同：弘一法师研究专辑（总第37辑）［M］．杭州：西泠印社，2013（96）．

提要：李叔同，是近代史上独一无二的人物典范。从风流倜傥的贵公子，到德高望重的高僧大德，他始终站在时代风潮之端，引领着百年精神风范。正逢浙江美术馆刚刚举办过弘一法师书法文献展，我们组织了一批文字文献与图片文献，再请相关的学者专家撰文以张其事，形成一个《西泠印社早期社员李叔同：弘一法师研究专辑（总第37辑）》，旨在呼唤社中诸公对西泠印社早期社员的关注与重视。

范中义．俞大猷评传 [M]．北京：解放军出版社，2014（162）．

提要：俞大猷（1503—1579），明朝抗倭名将、民族英雄、军事家、武术家。字志辅，号虚江，晋江（今泉州）人。《俞大猷传》一书比较全面地叙述了这位民族英雄、军事家的业绩和军事思想，是作者多年研究俞大猷的力作。有创新的研究，有独到的见解。该书指出俞大猷抗击过安南（今越南）的入寇，并取得了完全的胜利。他在抗倭诸将中，抗倭的时间最长，前后达十年之久；地域最广，江浙闽粤陆地、海洋都留下他抗倭的足迹；战功卓著。

周旻．厦门历史名人画传 [M]．厦门：厦门大学出版社，2014（104）．

提要：本书选取了苏颂、郑成功、周凯、陈胜元、打马字等百位与厦门相关的历史名人，以中国画创意为主要艺术形式，再现了每位历史名人的生平事迹。

张惠评，许晓松．泉州市地方志编纂委员会．泉州状元录 [M]．福州：海峡书局，2014（145）．

提要：《泉州状元录》收录泉州文武状元24名，从唐朝的徐晦，到晚清的王培松，展现了这些文武状元对泉州政治、经济、文化、教育、民俗、道德伦理，以及价值取向、精神气质、理想信念的深远影响。

张惠评，许晓松，泉州市地方志编纂委员会．泉州宰相录 [M]．福州：海峡书局，2014（145）．

提要：《泉州宰相录》收录本籍或原籍泉州宰相29名，在泉寄籍任职宰相4名。

张惠评，许晓松．泉州市地方志编纂委员会编．泉州进士录 [M]．福州：海峡书局，2014（364）．

提要：《泉州进士录》收录自唐代至清末光绪2791名泉州进士。

卢奕醒，郑炳炎．漳州历史名人传说：闽地多雄杰 [M]．长春：吉林出版集团有限责任公司，2014（445）．

提要：本书收集了唐宋明清历代26位漳州历史名人的故事和传说160多篇，其中有祖籍漳州的历代名人，如林震、黄道周、颜思齐、蔡新、吴凤、蓝氏三雄等人的故事，也有经略漳州的历代名臣宿将的传说故事。

杨正．民族英雄郑成功 [M]．上海：上海文化出版社，2014（9）．

提要：本书以民族英雄郑成功的生平事迹作为主线，结合连环画和相关的文物和景点图片，介绍了郑成功的生平与功绩。

姜正成·开清首功：洪承畴［M］·北京：中央编译出版社，2014（237）·

提要：洪承畴，字彦演，号亨九，福建南安人。清顺治朝大学士，明万历年进士。崇祯年官至三边总督，兵部尚书，总督河南、山西、陕西、湖广、保定等处军务，镇压农民起义，败李自成于渭南。1639 年授蓟辽总督主持对清战事，1642 年松锦战役兵败被俘降清，隶汉军镶黄旗。1644 年随清军入关，献以救国救民仁义之师布告中原，招抚明朝官吏，联合汉族地主阶级共同镇压农民军等计。

苏文菁·海洋英雄郑成功［M］·厦门：厦门大学出版社，2014（163）·

提要：本书共分为 26 集，主要内容包括：总说；郑芝龙的崛起；郑成功的出生与日本；父子分歧（上）；父子分歧（下）；郑成功子承父业；郑成功北伐；郑氏集团海外贸易活动；施琅与郑成功（上）；施琅与郑成功（下）等。

苏泓月·问君此去几时还：李叔同传［M］·杭州：浙江文艺出版社，2014（288）·

提要：他是翩翩贵公子，有着无数风流韵事。他是中国现代音乐、戏剧、美术的先驱，从没有人如他一般才华横溢、学贯中西。他是佛教南山律宗第十一代祖师，慈悲度世，被称为"人天师范"。他的一生充满了传奇色彩，绚丽至极而归于平淡。他，就是 20 世纪中国最富传奇色彩的人物李叔同。在本书中，苏泓月以绝美的文字、诗意的笔法、全面翔实的资料，生动地展现了李叔同从风流才子到一代名僧的悲欣传奇。

邓啸林·读懂李叔同（弘一法师）［M］·南宁：广西人民出版社，2014.

提要：本书是"巧读·快读"现代名家系列之一，深入浅出地介绍了李叔同的事迹及其代表作，可以帮助读者全面了解李叔同，知道他是一个什么样的人。书中通过李叔同的言、李叔同的行、李叔同大事记、李叔同小传、李叔同著作精选，全方位展示了李叔同的为人处世、治学精神，以及他的文化贡献。

金梅·悲欣交集：弘一法师传［M］·福州：福建教育出版社，2014（547）·

提要：本书是学界前辈金梅先生研究弘一法师生平事迹及佛学成就的结晶，对弘一法师研究中的若干疑点和问题都做出了独具慧眼的考证与剖析。书中随处可见金梅坚硬扎实的文学史学功底，对音乐、戏剧、金石、书画及佛学的广泛涉猎，注重史料考据的学术风格，对学问精益求精，对传记写作一丝不苟的精神，其研究视野的广阔与学术见解的深刻无不令人折服，可谓目前所能见到的弘一法师传记中最为厚重的一部，称得上集大成之作。

闽南教育与体育

何汀基．八闽书院［M］．福州：海峡文艺出版社，2013（120）．

提要：本书分为中国书院概况、八闽书院贤哲志、八闽书院撷英三部分，介绍了杨时、罗从彦、朱熹、蔡元定、陈普等名人以及漳州松州书院、邵武和平书院、福鼎草堂书院、晋江石井书院等著名书院。

苏宜尹，李日芳．厦门历代教育家［M］．厦门：鹭江出版社，2013（190）．

提要：本书介绍了与厦门有关的历代教育家的教育理念及成就，涉及的教育家有朱熹、林希元、辜鸿铭、林文庆、鲁迅、马约翰、陈嘉庚、李登辉、林语堂、林巧稚、萨本栋、苏步青、王秀南、陈村牧等。

洪卜仁，中国人民政治协商会议福建省厦门市委员会．厦门老校名校［M］．厦门：厦门大学出版社，2013（233）．

提要：本书简要概述近代厦门的教育发展情况，内容包括新中国成立以前的厦门高校、教会学校、私立和公办中小学校十几所的纪事。

韩广玖．图解少林永春拳入门：练头［M］．广州：广东科技出版社，2013（105）．

提要：本书介绍了永春拳传人、永春拳的源流、永春拳的特点、学习永春拳的基本要求、学习永春拳的基本程序、永春拳学练歌诀、永春拳初级套路——练头七部分内容。

泉州市教育局，泉州市体育局．泉州南少林五祖拳基础教程［M］．福州：福建教育出版社，2013（228）．

提要：本书介绍了五祖拳的历史和现状、五祖拳的基本拳理和技法、五祖拳的武德规范、五祖拳健身操、五祖拳基础套路等内容。

林建华．福建武术史［M］．厦门：厦门大学出版社，2013（505）．

提要：本书从福建武术的起源开始，一直到当代福建武术的发展状况，记录了从史前20万年前工、兵不分的旧石器时代，到武术的萌芽，再到历代历朝武术的发展历程，展现了福建省武术发展的历史脉络和风采。全书共有十三章，涉及历史学、文化学、军事学、体育学、地理学、兵器学、宗教和人物等方方面面。

鄢行辉.图解南少林易筋经 [M].福州：福建科学技术出版社，2013（133）.

提要：本书以中医基础理论为指导，每个动作均有详细的动作要领、要点说明。养生效果，技击含义，已在中医院校迅速得到推广，深受广大太极拳爱好者欢迎。该书把套路演练、养生方法、攻防含义融为一体，可谓三合一。主要特色是：参和阴阳、八卦学说、力学原理，融会中华经络、医学、集导引、吐纳、武术为一体，采用棚、捋、挤、按、踩、列、肘、靠等技法而形成的一种健身拳术。

林荫生.中国南少林 [M].福州：福建人民出版社，2013，（346）.

提要：本书厘清了南少林武术的传承脉络，尤其是分析了南少林武术与明代抗倭斗争，天地会等会党的"反清复明"活动的关系，二者对于南少林技术风格及精神内核的形成、定型至关重要。本书梳理了南少林武术各门派的源流、分布、基本理论、风格特点、主要套路等，并对南、北少林做了比较研究。本书还进一步提炼、总结了南少林文化，并对如何挖掘整理南少林武术，弘扬南少林文化提出可行建议。

杨国清.金门县地方文教演进之研究 [M].金门县金城镇：金门县文化局，2013（253）.

国华，阎亚宁.世界遗产与金门乡土教育 [M].金门：金门县文化局，2013（143）.

郑宝珍.闽南乡土美术 [M].福州：福建教育出版社，2013（93）.

张慧萍.闽南乡土特色幼儿园教育活动 [M].福州：福建人民出版社，2014（279）.

提要：本书根据《幼儿园教育指导纲要（试行）》和《3—6岁儿童学习与发展指南》精神，收集、汇编了泉州地区具有闽南乡土特色的幼儿园教育活动优秀案例，分健康、语言、社会、科学、艺术五个板块呈现，每个板块内容按小、中、大班的年龄段顺序排列。这些活动立足幼儿的学习特点和发展需要，吸纳优秀的民间文化精华，教育活动内容既关注到优秀的乡土文化，又关注到幼儿的兴趣和需要，体现了教育内容的本土化、生活化和多元化。

韩广玖．图解永春少林拳［M］．广州：广东科技出版社，2014（94）．

提要：本书内容包括：咏春拳传人、寻桥的特点与学习方法、寻桥的套路动作要领及用法。

洪志雄．泉州少林寺群英谱［M］．上海：上海文化出版社，2014（330）．

提要：该群英谱讲述的是"三兴三废"的南少林寺武僧传奇故事，据悉，这是泉州本土艺术家出版的第一本武林连环画。泉州少林寺是建于唐代的千年古刹，在历史长河中经历了"三兴三废"的曲折过程，于1992年复建。泉州少林寺以"南少林武术"闻名于世。据悉，泉州少林寺方丈释常定法师儿时喜欢看小人书连环画，来少林寺住持时，联想到用图文并茂的小人书方式来宣传泉州少林寺的禅武文化。这一想法得到泉州美术大师洪志雄的支持，洪志雄经过前后3年收集资料、采访，汇编而著成《泉州少林寺群英谱》。"之所以叫群英谱，是因为我里面描绘的都是泉州少林寺从古至今的精英。"据洪志雄介绍，《泉州少林寺群英谱》分为33个章回，讲述了唐时少林寺南传及宋元明清至今泉州少林寺"三兴三废"的曲折发展过程，此外还讲述了泉州少林寺闻名遐迩的"十三棍僧"的传奇故事。

闽南建筑

陈书毅，李秀秀．金门闽南传统建筑图鉴：合院［M］．金门县：金门县文化局，2013.

提要：金门地处闽南边陲，却因历史造化而拥有高密度的传统聚落和民居建筑，无疑是台湾与福建海西地域间的大地瑰宝。本书从金门闽南合院常见的建筑类型入手，透过翔实的调查和测绘，并运用建筑图学的表现将实际环境图像化，以传达其空间思维，建筑构件和人文装饰的相对关系。

林凯龙．潮汕老厝：四海潮人的心灵故乡［M］．北京：生活·读书·新知三联书店，2013（319）．

提要：林凯龙编著的《潮汕老厝：四海潮人的心灵故乡》以对潮汕大地上的古建筑作一巡礼为基础，从文化学和图像学角度切入，通过对潮汕各类古建筑特点的剖析，寻找它们各自的渊源和演变的规律，然后再回过头来阐明潮汕古建筑对潮汕文化和潮人精神形成的影响等。本书以建筑艺术为中心，从文化和审美的角度将笔触辐射到潮人来源、风水传说、历史掌故、民俗文化中去，通过娓娓道来的文字，对潮汕建筑的始源及历史的演变、潮汕老寨府第的形制与格局、特殊的装饰工艺及其对潮人的影响等，都做了深入的研究和精辟的论述。

杨莽华，马全宝，姚洪峰．闽南民居传统营造技艺［M］．合肥：安徽科学技术出版社，2013（227）．

提要：本书从田野调查和史料分析入手，全面系统地记述了闽南民居营造技艺的产生和传播环境、历史沿革、匠师谱系等。

郑和，郑立流．走进历史的光影——福建名人故居概览［M］．福州：海峡文艺出版社，2013（128）．

提要：本书收集福建自唐代到现代的名人故居共37座，时间跨度长达千年，采用人物生平与故居坐落、结构、特色相结合的形式对这些故居进行了介绍，多侧面、多角度地展现名人故居的文化内涵、人文特色。

黄汉民. 福建土楼 [M]. 福州：海峡文艺出版社，2013（124）.

提要：本书对福建土楼进行科学分类，并对不同类型的土楼，列举实例，以文字的描述配合建筑测绘详图和实景照片做介绍，并从建筑专业的角度，分析其聚居方式、防卫系统、楼内环境、建筑处理等方面的特色。同时在土楼单体建筑形式介绍的基础上，延伸到整个土楼的聚落环境、民间风俗等文化层面，使读者对福建土楼产生与发展的社会、历史、政治、经济、文化环境有了较完整的认识。

龚迪发，福建省文物局. 福建木拱桥调查报告 [M]. 北京：科学出版社，2013（336）.

提要：本书对福建省木拱桥的造桥木匠与世家、造桥技艺与习俗、建桥董事与资金、造桥合同、桥梁文化以及近年保护管理等方面进行了阐述，全景式展示了福建省这一珍贵的山地人居文化遗产，记录了福建木拱桥从文物点到成为"闽浙木拱廊桥"组成部分列入《中国世界文化遗产预备名单》的过程。

张羡尧. 土楼旧事 [M]. 福州：海峡文艺出版社，2013（200）.

提要：本书介绍了福建南靖土楼的相关知识，包括塔下旧事、传说逸闻、民俗风情、建筑艺术等内容。

珍夫. 福建土楼探源 [M]. 北京：中国大百科全书出版社，2013（182）.

提要：本书共分为六章，内容包括：福建土楼起源时间考，福建土楼起源地点考，福建土楼起源功用考，福建土楼定义考，福建土楼（南靖）文化考，福建土楼（南靖）事件考。

阎亚宁，简雪玲. 金门战地红砖文化系列遗产申请世界遗产文本 [M]. 金门县金城镇：金门县文化局，2014.

中国科技大学. 金门维护传统建筑风貌奖助计划成果：第二阶段（98—103 年）[M]. 金门县金城镇：金门县政府，2014.

林志雄. 厦门红砖民居 [M]. 厦门：厦门大学出版社，2014（360）.

提要：以砖木石结构、红墙赤瓦为特点，被称为"红砖民居"的闽南红砖古民居是中国民居建筑中的一个亮点，它可以说是闽南红砖古民居建筑特点的发展与成就的概括。本书展现厦门市六个区 200 多处红砖民居 600 多幅图片，对厦门红砖民居做了较为系统的述介。

颜恩威．闽南古式民宅中的瑰宝：漫谈金门山后昔金门县金城镇［M］．金门：金门县文化局，2014.

颜恩威．闽南古式民宅中的瑰宝：漫谈金门山后昔［M］．（台湾）台北：大元书局，2014.

提要：作者 34 年前担任金门日报记者时，挖掘出"十八间昔"山后昔的迷人风华，连做十二篇深入报道，也间接促成"金门民俗文化村"的规划整建，以旧观比照新貌，必有更为深刻的了解。全书图文并茂，值得永久珍藏。

李敏，何志榕．闽南传统园林营造史研究［M］．北京：中国建筑工业出版社，2014（346）．

提要：闽南文化是中华文明的重要分支。闽南园林地处我国东南，有着典型的文化艺术特征和悠久的历史，解读闽南园林对于了解、传承和发扬闽南文化和人文环境有着重要的意义。然而目前对其进行研究的书籍很少，作者以多年的经验和研究历程，目前对其进行了深入解析。

戴志坚，陈琦．福建土堡［M］．北京：中国建筑工业出版社，2014（244）．

提要：本书分"话说福建土堡"及"土堡群芳谱"两部分，将福建土堡加以系统展现。其中，第一部分包括福建土堡的定义、产生原因、分布、类型、发展过程等章节；第二部分以丰富的福建土堡图片为主。

徐辉．福建客家土楼：世界上独一无二的山区民居［M］．南京：江苏科学技术出版社，2014（208）．

提要：本书精选了福建地区包括田螺坑、塔下村、初溪土楼群等共计 15 个有代表性的土楼建筑，以当地的建筑元素为主体，进行功能性、历史性、溯源性的解析，将建筑和旅游完美结合。深入浅出地解读这些土楼，旨在让读者通过对当地建筑的了解，更深刻地领略当地的风土人情、人文地貌，领略建筑背后所蕴含的文化内涵。

闽南华侨文化

福建省档案馆. 百年跨国两地书——福建侨批档案图志 [M]. 厦门：鹭江出版社，2013（222）.

  提要：本书分为"侨批产生""侨批运营""侨批价值""珍贵记忆"四个部分，收入图片 350 多张，系统展示了侨批的产生、发展、繁荣、衰落的历史过程以及所蕴藏的珍贵的文化价值和世界意义。

刘琳. 辛亥革命时期福建华侨报人史 [M]. 福州：海峡文艺出版社，2013（321）.

  提要：本书分八章论述了辛亥革命时期福建华侨报人群体的形成原因、形成阶段、发展轨迹、特点优势、作用地位，并记述 45 位骨干华侨报人与 51 份主要报纸以及 3 份杂志的创办经历、内容与作用。

张维安. 东南亚客家及其周边 [M]. （台湾）台北：远流出版事业股份有限公司，2013.

  提要：自在的客家早已存在，自为的客家则是近代的产物，两者之别在于后者有比较清楚的族群意识。族群意识往往发生在族群互动之中，客家因与周边族群互动，有时相互吸纳，有时更加划清族群界限。由于在中国大陆或中国台湾原乡，各地客家之间并非同质，对移民东南亚的客家族群而言，其周边更包括了不同原乡的客家人、客家人以外的其他华人、移入地的原住民和他国移民等。因此，对东南亚客家的了解，除了探索客家社群内部的议题之外，对客家及其所生活的历史脉络与人文生态之了解是不可或缺的一环。本书收录八篇文章，从不同的案例探索东南亚客家与其周边族群的互动。

张翰璧. 东南亚客家及其族群产业 [M]. （台湾）台北：远流出版事业股份有限公司，2013.

  提要：客家移民落脚在不同社会，会受到不同历史文化脉络、政治经济发展与族群互动关系的影响，形成或是建构出不同的客家文化特质。因此，不同区域间的比较研究对厘清客家或是客家文化的概念，以及对客家族群的相关研究具有相当重要的意义。本书希望将新马地区的客家产业发展置于上述的架构中，分析地域复杂性——包括移民的过程、人群的流动和现今居民社群的特性，以勾勒出东南亚客家的组织特性与文化内涵。

郑筱筠．东南亚宗教与社会发展研究［M］．北京：中国社会科学出版社，2013（143）．

提要：本书以"东南亚宗教与区域社会发展"为主题，聚集国内外学界和宗教界专门研究东南亚宗教的学者，汇集了大家的最新研究成果，从宗教与东南亚地区社会结构、社会发展之间的关系入手，深度探讨了宗教在当代东南亚社会、政治、经济和文化变迁中的作用，以期为我国社会和文化发展战略提供重要的参考和建议。

上海图书馆．中国家谱资料选编：漳州移民卷（上下）［M］．上海：上海古籍出版社，2013，（1116）．

提要：至20世纪末，国外及台湾地区的漳州移民后裔超过两千万人，其中台湾地区祖籍漳州人口约千万。这些移民活动，除了家谱，很少有专门资料予以记录。漳州本地、台湾及海外漳州移民后裔的旧谱不足千部，但其中对漳州移民的记录很详细，是难得的移民史料。

夏蒙．第一公民：陈嘉庚传［M］．北京：中国友谊出版公司，2013（223）．

提要：本书记述了陈嘉庚的一生。陈嘉庚出生于福建集美，少年出洋，随父经商。靠勤劳智慧、诚信毅力成为一代华侨工商巨子。他有感于列强环伺中国，国家成败千钧一发，"思欲尽国民一分子之天职"，倾资兴学，蔚为大观，终成一代蜚声海内外的教育家。抗战爆发，陈嘉庚广泛动员海外华侨支援祖国，被公认为20世纪最伟大的华侨领袖。新加坡华侨称颂其"前半生兴学，后半生纾难；是一代正气，亦一代完人"。

朱立文．陈嘉庚言论新集［M］．厦门：厦门大学出版社，2013（147）．

提要：本书为了缅怀陈嘉庚先生，进一步学习、研究、宣传陈嘉庚爱国思想，弘扬嘉庚精神，现将已收集的言论文稿汇集，计五十篇约八万字。

陈嘉庚．陈嘉庚自述［M］．合肥：安徽文艺出版社，2013（483）．

提要：本书是中国近代著名爱国华侨领袖陈嘉庚自述文集，内容包括南侨回忆录、战后补辑两编，反映了其在抗战时期积极奔走，支援抗战的传奇历程和在国民教育方面的不懈追求。

全国政协文史和学习委员会．回忆陈嘉庚［M］．北京：中国文史出版社，2013（275）．

提要：本书全面回忆了陈嘉庚。陈嘉庚先生深明大义，立场鲜明。抗战胜利后，他致电美国总统杜鲁门要求美国"不再援助蒋政府，以使中国内战得以终止，人民痛苦可以减少"。新中国成立前夕，他以七十九岁高龄毅然返回祖国，参加全国政协筹备会，投身于新中国的建设事业。后来，他又以一个老同盟会会员的身份，呼吁海外国民党人回到爱国的行列中来，共同推动祖国和平统一的事业，直到临终，他还念念不忘祖国统一，特地留下遗嘱，鼓励后人致力统一大业。

庄景辉，贺春旎．集美学校嘉庚建筑［M］．北京：文物出版社，2013（432）．

李天锡．石狮华侨［M］．北京：九州出版社，2013（295）．

提要：本书选取石狮华侨历史掌故一百余篇，详细描述了石狮华侨出国、创业历程与华侨的奉献史等几大方面。

胡方松，施菲菲．华侨望族［M］．北京：中国对外翻译出版有限公司，2013（121）．

柯思仁．戏聚百年：新加坡华文戏剧 1913—2013［M］．新加坡：戏剧盒，新加坡国家博物馆联合出版，2013（251）．

叶钟铃．陈嘉庚与南洋华人论文集［M］．马来西亚：马来西亚陈嘉庚基金工委会，2013（266）．

沈健．历史上的大移民：下南洋［M］．北京：北京工业大学出版社，2013.

蔡静芬．"旧"娘？"新"娘？：马来西亚砂拉越州客家社群的婚姻仪式及女性［M］．（台湾）桃园县中坜市："中央大学"出版中心，2013（223）．

董群廉．金门乡侨访谈录（十三）马来西亚续篇［M］．金门：金门县政府，2014（330）．

提要：口述历史丛书金门侨乡系列 13。

贺春旎．华侨旗帜民族光辉——我心中的陈嘉庚 2013 年征文比赛获奖作品集高中组［C］．北京：人民日报出版社，2014（197）．

提要：本书收录了厦门市高中生参加由陈嘉庚纪念馆和厦门市教育局举办的"我心中的陈嘉庚"征文活动的获奖作品。征文活动向高中学生宣传了陈嘉庚的生平事迹，使他们进一步了解了陈嘉庚先生的爱国、奉献、务实的精神。

阮温凌．世纪弦歌：陈嘉庚李清泉文化视野 ［M］．北京：中国社会科学出版社，2014（233）．

提要：本书共分为十章，包括中华文化薪火传承；五四时代平民教育；陈嘉庚的丰功伟绩；陈嘉庚的光辉榜样；李清泉的丰功伟绩；李清泉的光辉榜样；李清泉华侨文化篇；李清泉故乡教育篇；李清泉身后新景象；周恩来教育思想赞。

陈经华，黄少华，陈嘉庚 ［M］．福州：福建人民出版社，2014．

提要：本书是体现了集美大学特色的英语阅读教材，全书包含传略、故事、著述、旅游胜地、集美学村五部分，且集中了国内外陈嘉庚研究界多年的研究成果。

林畅．传奇陈嘉庚 ［M］．北京：新世界出版社，2014（265）．

提要：本书讲述了中国杰出的爱国华侨、著名的大实业家陈嘉庚的传奇一生。他将毕生积累的财富都用在办学兴教的事业上。他在国内外创办和资助了上百所学校，并培养大批人才。陈嘉庚自身的贡献还有很多，他对革命事业、抗日战争以及社会建设等方面都做出了不可磨灭的贡献。

董群廉，黄国龙，陈自强．金门乡侨访谈录（十二）——印尼四篇 ［M］．金门：金门县政府，2014（284）．

提要：金门县原是避祸天堂，有仙洲的美誉，然因战祸连连、森林砍伐、生态破坏、沃土流失、谋生不易。清中叶以后，适逢五口开放通商，年轻人纷纷向海外发展。金门乡亲因能吃苦耐劳，颇受雇主的欢迎，侨亲省吃俭用，按月寄钱回家，赡养家计；事业有成，返乡兴建华宅，安置族人；甚至投入公益事业，造桥修路、购轮通航、建校兴学、救济贫困，对金门的地方建设具有莫大的贡献，对地方经济的荣枯也有决定性的影响。本书主要目的在于记录乡亲在海外拼搏的故事，将其冒险犯难、在逆境中求存的无畏精神，作为激励年轻朋友的教材，使他们勇于向未知的世界挑战。

"国立"中正大学．2013 华侨经济年鉴 ［M］．（台湾）台北："侨务委员会"，2014（720）．

提要：2013 经济年鉴，内容涵括全球经济发展现况与趋势、新兴市场展望、台湾竞争优势、"政府"对侨台商经济之辅导协助。

闽南其他文化事业

陈燕.福建省地方文化产业研究 [M] .北京：中国戏剧出版社，2013 (349) .

提要： 本书介绍了福建省地方文化产业概况，对福建省文化产业发展的地方政府管理、企业赞助、非营利性机构的参与进行了详细论述，对福建省地方演出业、传媒产业、工艺品业的发展状况做了介绍，展望了福建非物质文化遗产保护的产业化道路及发展。

林起.2013 年厦门文化改革发展蓝皮书 [M] .厦门：厦门大学出版社，2013 (329) .

提要： 本书收集 2012 年厦门市开展文化体制改革与文化发展工作的有关资料，勾画出 2012 年厦门市文化体制改革与文化发展的轮廓。全书分为八个部分，即"专题研究""调研报告""两岸交流""公共文化""文化会展""政策法规""大事记""统计资料与分析"。

张帆，陈祥健.福建文化发展蓝皮书.2012—2013 [M] .福州：海峡书局，2013 (458) .

提要： 本书包括总报告、文化焦点、创意空间、区域巡览、行业分析、个案解读、借鉴平台、附录八个部分，全面客观地反映了 2012—2013 年福建省文化事业的发展情况。

周旻，林书春.闽南非物质文化遗产系列 [M] .厦门：鹭江出版社，2013 (10 册) .

提要： 该系列图书由中共厦门市委宣传部、厦门市社科联与厦门市闽南文化研究会积极组织专家学者和非物质文化遗产传承人，历时两年编写而成，全系列图书共 10 册，内容包括介绍、研究世界级项目"南音"；国家级项目"歌仔戏""高甲戏""打城戏""闽台送王船"；省级项目"仙岳山福德信俗""珠光青瓷"；以及市级项目"闽南青草药""厦门疍民习俗""柒宝斋漆艺"等十部专著。其中《打城戏》可谓是填补了对该剧种研究的空白；《高甲戏》中对丑角的研究及其艺术价值的观点已得到学术界的广泛认可；《南音》的出版更是对"国家非物质文化遗产"项目的及时抢救和保护。这套图书的出版，必将有力推动闽南非物质文化遗产的研究保护以及闽南文化的普及传播，从而使厦门非物质文化遗产保护和优秀传统文化传承迈上新的台阶。

林育毅．泉州非物质文化遗产大观［M］．北京：中国戏剧出版社，2013（283）．

提要：本书编汇了泉州民间文学、传统音乐、传统舞蹈、传统戏曲、传统美术、传统曲艺、传统杂技和民俗等非物质文化遗产各方面的整理成果和传承现状。

蔡鸿新．闽台中医药文献选编政协文史资料篇［M］．厦门：厦门大学出版社，2014（277）．

提要：本书分为医疗类、药业类和疾病类三部分，主要内容包括：医疗卫生基本情况；医疗机构；中西医发展情况；药材行业概述；道地中药材类；一般疾病与疫情；鼠疫。

林禾禧．泉州口传养生文化［M］．天津：天津科学技术出版社，2014（240）．

提要：本书作者广泛搜集泉州口传有关养生歌诀近二百条，分为修身篇、食饮篇、应时篇和医解篇，如"若要勇健，经常锻炼""贪酒无顾病，贪色无顾身，贪财无顾亲"等，将先民们有关防病、治病、养生的内容传承下来，并配以水墨图画、毛笔字书写歌诀，颇有情趣。

综合类图书

厦门市集美区发展和改革局，厦门市集美区统计局.厦门市集美区统计年鉴 2013 [M].厦门：厦门市集美区发展和改革局，2013（272）.

提要： 本年鉴主要反映集美区 2012 年经济社会的发展情况。全书共分十七部分，其内容包括概况、综合、财政、农业、工业、建筑业、交通运输业、劳动工资、教育、文化、卫生、广播、电视、科技、人口、计划生育等类目。

德化县地方志编纂委员会.德化年鉴：2011 [M].福州：海峡世纪（福建）影视文化有限公司，2013（362）.

提要： 本年鉴设大事记、基本地情、党委工作、政协工作、群众团体、农村经济、工业贸易、综合管理、乡镇概况等类目，记载了 2010 年德化县自然、政治、经济、文化、社会等方面的情况。

晋江市地方志编纂委员会.晋江年鉴 2012 [M].北京：方志出版社，2013（601）.

提要： 本年鉴记载了 2011 年晋江市社会主义现代化建设的进程，设有特载、大事记、基本情况、魅力城市、关注焦点、领导机关、政法、行政事务与依法行政、公共事业、经济社会事业等部类。

《惠安年鉴》编委会.惠安年鉴：2013 [M].福州：福建省地图出版社，2013（346）.

提要： 本年鉴全面、系统地记载了惠安县以经济建设为中心的社会主义现代化建设的新进展、新成就，全书共设 26 个栏目，138 个分目，845 个条目。

泉州市丰泽区统计局编.丰泽统计年鉴 2013 [M].泉州：泉州市丰泽区统计局，2013（284）.

提要： 本年鉴收录了 2012 年泉州市丰泽区及各街道办事处的国民经济和社会发展方面的统计数据，反映了丰泽区国民经济和社会发展的基本情况。

鲤城区统计局编．鲤城统计年鉴：2013 ［M］．泉州：鲤城区统计局，2013（344）．

提要：本年鉴收录了 2012 年泉州市鲤城区及各街道国民经济和社会发展各方面的统计数据，反映了鲤城区国民经济和社会发展的基本情况。

石狮市地方志编纂委员会办公室．石狮年鉴 2010 ［M］．北京：方志出版社，2013（352）．

提要：本年鉴记事时限为 2009 年 1 月 1 日至 12 月 31 日，设有特载、大事记、概貌、中共石狮市委员会、石狮市人民代表大会、石狮市人民政府、经济园区、农业、对外经济与口岸管理、金融、城镇建设与管理、人物、统计表等部类，记述了石狮市在 2009 年所取得的工作成就、宝贵经验及在发展中出现的新问题、新困难。

厦门市集美区地方志编纂委员会．厦门市集美区志 ［M］．北京：中华书局，2013（867）．

提要：本志追溯事物发端，下限至 2007 年，以 2007 年集美区的行政区域为记述范围。设概述、大事记、政区、环境与环境保护、人口与计划生育、城市建设、交通、邮电、农业、水利、林业、工业、商贸服务业、旅游业、金融业、财政税务、人民生活、地方人民政府、文物宗教与民间信仰、民俗方言、人物等类目。

蔡建明．安溪县农业志：事物发端—2010 年 ［M］．北京：中国文史出版社，2013.（486）．

提要：本书共分为十七章，上限自唐咸通五年（864 年）设置小溪场起，下限断于 2010 年。记录了安溪县农业发展与变革的历史轨迹，总结了安溪农业发展的成功经验，反映了改革开放 30 多年来安溪新农村建设的时代特点。

政协泉州市鲤城区委员会．泉州市鲤城区政协志：1951—2011 ［M］．泉州：政协泉州市鲤城区委员会，2013.（451）．

提要：本志内容包括：概述、大事记、组织机构、履行职能、重要会议、主要工作、人物、附录，系统记述了泉州市鲤城区政协工作的基本情况。

吴水跃．漳浦文史资料第 32 辑 ［M］．漳州：漳浦县政协文史资料征集研究委员会，2013（131）．

泉州市统计局，国家统计局泉州调查队．泉州统计年鉴 2014 ［M］．泉州：泉州市统计局，2014（782）．

提要：本年鉴收录了 2013 年泉州市及各县（区、市）、各部门经济、社会和科技各方面的统计数据。

泉州市地方志编纂委员会，《泉州日记》总编室．泉州年鉴 2014，泉州日记 ［M］．北京：方志出版社，2014（370）．

提要：本书翔实记述了泉州市在 2013 年发生的大事、要事、新事及面临的新问题、新情况，反映了泉州市 2013 年政治、经济、社会、文化、科技教育、卫生体育等诸多方面的发展状况，记载了泉州市 2013 年取得的新成就、新进展、新经验。

泉州市鲤城区地方志编纂委员会．鲤城年鉴 2012 ［M］．北京：方志出版社，2014（197）．

提要：本年鉴记述 2011 年度鲤城区的综合情况，特别是改革开放中的新进展、新经验，兼收一些对本区经济社会发展产生影响的泛地域事件，设有特载、专文、鲤城概貌等 28 个类目。

石狮市地方志编纂委员会办公室．石狮年鉴 2012—2013 ［M］．北京：方志出版社，2014（351）．

提要：本年鉴设特载、大事记、中共石狮市委员会、石狮市人民代表大会、石狮市人民政府、工业、建筑业、农业、金融、城镇建设与管理、人物、统计表等部类，记述了石狮市在 2011—2012 年所取得的工作成就、宝贵经验及在发展中出现的新问题、新困难。

厦门市地方志编纂委员会办公室．厦门年鉴．2013 ［M］．北京：中华书局，2014（515）．

提要：本年鉴收录时限为 2012 年 1 月 1 日至 12 月 31 日期间厦门市政治、经济、文化和社会发展的发展情况。

漳州市统计局，国家统计局漳州调查队．漳州统计年鉴 2014 ［M］．漳州：漳州市统计局，2014（621）．

提要：收录了 2013 年漳州市全市及各县（市、区）、各部门经济、社会、科技、人口和环境等方面大量的统计数据，以及新中国成立以来全市国民经济主要指标的历年数据。

漳州市地方志编纂委员会编．漳州年鉴 2012 ［M］．北京：方志出版社，2014（608）．

提要：本年鉴设有特载、漳州市概况、中国共产党漳州市委员会、漳州市人民代表大会、漳州市人民政府、政协漳州市委员会等 29 个类目，全面、客观、翔实地记述了福建省漳州市在 2011 年政治、经济、社会、文化、科技教育、卫生体育等诸多方面的发展状况。

漳州市地方志编纂委员会编．漳州年鉴 2008—2009 ［M］．北京：方志出版社，2014（608）．

提要：本书记述了福建省漳州市在 2007—2008 年政治、经济、社会、文化、科技教育、卫生体育等诸多方面的发展状况，总结了 2007—2008 年漳州市发生的大事、要事、新事及面临的新问题、新情况，记载了 2007—2008 年漳州市取得的新成就、新进展、新经验。

闽台文化关系

一　闽台文化关系概述

施懿琳．台闽文化概论［M］．（台湾）台北：五南图书出版有限公司，2013.

提要：本书以"台湾文化"为主体，尝试探讨闽南文化在不同的历史阶段如何借由福建移民引入本岛，这群移民具有怎样的群体特色和精神文化向度，透过了向心力与台湾本地居民又有怎样的互动。本书共分十六章，将从各种不同的角度探讨台闽文化，一一为读者解答。台湾这座岛屿具有多元且开放性的文化，它融合了各个族群特质，其中闽南占了多数。闽南文化具有如何的特色与渊源？闽南文化从何而来？本书将透过多重角度阐释在台湾的台闽文化。

陈支平，李玉柱．闽台文化的多元诠释［M］．厦门：厦门大学出版社，2013（654）.

提要：主要内容包括：闽南文化研究的多元思考；大海与人——关于闽南文化的一种历史诠释；闽台五缘文化软实力与海峡两岸和平发展等。

林华东．追寻与探索：两岸闽南文化的传承创新与社会发展研究［C］．厦门：厦门大学出版社，2013（454）.

提要：由泉州师范学院和台湾成功大学闽南文化研究中心共同承办的福建省社科界联合会第九届论坛"两岸闽南文化的传承创新与社会发展"学术研讨会，在泉州师范学院举行。来自台湾成功大学、厦门大学等17个大学和研究所、博物馆的学者提交了54篇论文，从历时和共时角度多维度探索闽南文化在海内外的传承、流播、创新和发展。

陈支平，李玉柱．闽台文化的多元诠释（二）［M］厦门：厦门大学出版社，2013（646）.

提要：本书围绕闽台文化这个中心研究主题，收录了《传统文化与闽南文化传承、创新、弘扬的若干思考》《浅议漳泉民风强悍》《福建祠神信仰研究的回顾与展望》等文章。

谢重光. 闽台客家社会与文化〔M〕. 北京：人民出版社，2013.（288）.

提要：本书是一本扼要阐述福建与台湾客家民系与客家文化的专著。首先，论述了客家民系的酝酿与形成发展，着重论述了闽西在客家民系形成发展过程中的重要地位和关键作用。其次，比较细致地勾勒了客家人从大陆原乡向台湾迁徙的历程、台湾客家人的分布情形与艰苦创业历程，尤其对学界比较忽略的汀州客、漳州客和福佬客问题做了探讨，对于台湾客家人的抗日斗争史、当代台湾客家人杜甫社会抗争运动也做了比较详细的描述。最后，探讨了客家文化在原乡的丰富内涵和基本特征，以及其在台湾的传承与变迁情况。本书结构严谨，材料翔实，文字流畅，有较高的学术价值。

刘登翰. 中华文化与闽台社会〔M〕. 北京：人民出版社，2013（212）.

提要：《中华文化与闽台社会》作为"闽台文化关系篇"丛书的导论，概括论述了以闽台为中心的两岸文化传承关系及其发展和演变的全过程。全书采用文化地理学和文化史学交叉的研究方法，在追溯闽台文化关系的历史渊源，简述闽台文化的诸种外在表现形式的基础上，深入探讨闽台文化的地域特征，提出闽台文化既不是内陆文化，也不是海洋文化，而是从内陆走向海洋的多元交汇的"海口型"文化的重要观点。同时，从闽台特殊的地理环境和历史遭遇，分析闽台社会的文化心态和特殊心理，其中触及诸如祖根意识与本土认同的认识分歧、拼搏开拓与冒险犯难的特殊性格、族群观念与帮派意识的社会心理等问题，还探讨了日本割据台湾以后闽台社会同步发展的中断和闽台文化同质殊相的发展状况。《中华文化与闽台社会》所探讨的诸多理论问题具有重要的现实意义。

曲鸿亮. 海峡文化创新与福建发展〔M〕. 福州：海峡书局，2013（163）.

提要：本书内容包括海峡文化创新与福建跨越发展、闽台文化与两岸关系和平发展、海峡两岸经济区背景下的文化遗产管理、文化软实力与精神文明建设、关于转变文化发展方式与若干思考、破解城乡二元结构促进农村文化发展、生态文化是生态文明的基础、海峡文化的当代探索、探索闽台文化交流新模式等内容。

卢美松，陈龙. 闽台先民文化探源〔M〕. 北京：人民出版社，2013（232）.

提要：《闽台先民文化探源》为研究闽台先民文化源远流长关系的专著。主要利用两岸考古发现的遗存、遗物，结合文献资料，对闽台先民文化源流进行了比较系统的梳理，介绍了闽台先民创造的灿烂辉煌的文化，探讨其文化内涵，分析其特点，揭示出两者千丝万缕的关系，用丰富翔实的资料说明闽台文化关系源远流长自古以来都是不可分割的。《闽台先民文化探源》特色有三：一是大量使用考古资料；二是历时跨度大，从远古到明清；三是内容充实。

中国闽台缘博物馆．西岸文史集刊第二辑［C］．福州：福建教育出版社，2013（479）．

提要：由中国闽台缘博物馆主办的《西岸文史集刊》是一本综合性的历史和文化研究的学术集刊。探究闽台区域文化，检视两岸历史关系是本刊的旨趣和目的。因此，举凡与此相关的历史学、人类学、民俗学、考古学、博物馆学等学科的研究成果，均在本刊的视野之内。此为第二辑。全书共收 35 篇学术论文，分为八个篇章，为历史纵横、田野札记、学术论谈、文博园地、文化图像、姓氏源流、文献梳理、读后有感。作者为历史学、人类学、社会学等领域海内外高水平专家学者，既有理论的讨论，亦有史料的实证，是海峡西岸文史领域最新研究成果的结集。

福建师范大学海峡两岸文化发展协同创新中心．两岸视域中的传统文化与文化传统·第一届两岸文化发展论坛文集［C］．北京：人民出版社，2014（372）．

提要："海峡两岸文化发展论坛"以弘扬中华文化传统、增进两岸文化共识、促进两岸文化发展为宗旨，致力于打造两岸人文思想的对话平台、文化交流政策的研讨平台、文化发展研究的学术平台、文化艺术教育的交流平台，为两岸关系和平发展夯实文化基础。这是一个内涵丰富的定位，也是一个高水准的努力方向。与会学者以高度的文化自觉和文化自信，在各自领域共同传承和弘扬中华文化的优秀传统，共同汲取中华文化的思想精髓。

刘登翰．海峡文化论集［M］．镇江：江苏大学出版社，2014（347）．

提要：本书主要内容包括：论海峡文化；闽台文化研究的文化地理学思考；跨越海峡的文化足迹；闽台文化的地域特征等。

萧庆伟，邓文金，施榆生．闽台文化的多元诠释（三）［M］．厦门：厦门大学出版社，2014（511）．

提要：本书主要内容包括：关于闽南非物质文化遗产的思考；两岸非物质文化遗产保护法规与实践之比较；深入挖掘非物质文化遗产内涵——试探中元节文化传承之渊源与保护；试论闽台民间信仰非物质文化遗产的表层特征——以福建民间信仰"非遗"为例等。

柏定国．2013：闽台文化发展报告［M］．广州：世界图书广东出版公司，2014（304）．

提要：本书共分为年度总报告、问题与反思、台湾地区经验、闽台比较、四都寻案共五部分，主要内容包括："古村维新"与文化时空再造；创意部落联盟——以厦门市集美区为例等。

中共漳州市委党委，闽南师范大学闽南文化研究院."漳台关系与闽南文化"学术研讨会论文汇编［C］.漳州：闽南师范大学闽南文化研究院，2014（229）.

提要：与会代表围绕闽南文化的历史、现状与发展趋势等问题进行大会发言与分组研讨。

段宝林.闽台民间文学传统文化遗产资源调查［M］.福州：福建人民出版社，2014（264）.

提要：本书除了附录，共分为五章，主要内容包括：概述；闽台民间故事资源调查与开发；闽台民间谚语、谜语、对联文化资源调查；闽台民间歌谣文化资源调查；闽台民间文学田野调查采集选辑。

二 闽台语言、文学关系

马重奇，李春晓，张凡.闽台方言的源流与嬗变［M］.北京：人民出版社，2013（355）.

提要：本书从闽台方言史说起，详细讨论了闽南话的形成和发展，进而讨论了闽南话和客家话在台湾的传播和发展。然后以闽、粤、台三地的一些重要历史韵书，对闽台两岸的闽南话进行了贯穿古今的历史比较和纵横各地的共时比较。

马重奇，林玉山.海峡两岸语言及辞书研究［M］.福州：福建人民出版社，2013（440）.

提要：论述了海峡两岸共同语和方言闽南话、客家话在语音、词汇、语法上的共同点和差异，并且论述了海峡两岸共同语辞书和方言辞书、方言韵书的共同点和差异，对促进海峡两岸沟通和学术研究具有重大意义。主要章节包括：海峡两岸共同语比较研究、海峡两岸闽南方言比较研究、海峡两岸客家方言比较研究、海峡两岸共同语辞书比较研究、海峡两岸闽南方言辞书研究、海峡两岸闽南方言韵书研究等。

朱双一.闽台文学的文化亲缘［M］.北京：人民出版社，2013（355）.

提要：《闽台文学的文化亲缘》论述了福建和台湾两地文化之间的亲缘关系。全书共分六章，探讨了台湾和福建两地的种族、环境、时代要素与区域文学特征，明郑前后闽台文学的初步遇合，清代中叶闽台文学的深层对接等。台湾与祖国的文化亲缘关系，最先、最直接的就体现为台湾与福建的关系。这是由地理和人文关系所决定的。福建和台湾，都是以中原南徙的移民为主体而建构起来的社会。稍有不同的是：在福建，中原移民南徙入闽，至宋代已基本完成；而在台湾，则是自明末清初开始，才由南徙入闽的中原移民后裔再度大规模迁入台湾。其文化也随同移民一起，从中原经由福建的本土化发展，再度播入台湾。因此，闽台社会都先后经历过一个共同的内地化、文治化，实质也就是中原化的过程。

三　闽台艺术关系

何绵山 . 闽台艺术论 ［M］. 厦门：厦门大学出版社，2014（492）.

提要：何绵山编著的《闽台艺术论》为"闽台文化研究丛书"系列之一，是一部探讨闽台艺术的专著，全书分为上篇舞台艺术和下篇造型艺术两个部分。上篇包括对闽台的音乐、舞蹈、戏曲进行的评述和研究，下篇包括对闽台的建筑、绘画、雕塑及民间工艺等进行的评述和研究。

陈耕 . 闽台民间戏曲的传承与变迁 ［M］. 北京：人民出版社，2013（198）.

提要：《海峡两岸文化发展丛书：闽台民间戏曲的传承与变迁》共分四章。第一章介绍福建民间戏曲的形成及其对台湾的传播，描述和论证了台湾的戏曲全都是由福建，主要是闽南传播而来的历史事实。第二章描述了闽南民间戏曲在台湾的落地生根和变迁发展，重点描述了我国三百六十多个剧种中唯一诞生于台湾的歌仔戏，其发生、发展和穿梭于两岸的生动历史。第三章描述了1949年以后台湾民间戏曲和福建民间戏曲的不同发展轨迹。第四章描写改革开放以后闽台民间戏曲在推动两岸交流与合作中所发挥的特殊作用，以及这种交流与合作对闽台民间戏曲的发展和变迁所产生的影响。本书着重于叙述两地民间戏曲的传承关系、融合变迁、互动互补、相辅相成，其中着力最多的是歌仔戏，进而由闽台民间戏曲的传承与变迁展现了两岸血脉相连、不可分割的文化亲缘。

台湾历史博物馆编辑委员会 . 闽台三杰：余承尧、沉耀初、郑善喜书画集 ［M］.（台湾）台北：台湾历史博物馆，2013（287）.

提要：余承尧、沉耀初、郑善喜这三位来自于福建，却将毕生大部分的创作生涯都留在台湾。三位前辈画家余氏籍永春、沉氏籍诏安、郑氏籍漳州，亦均可称十足的台湾画家。余、沉两位先生已故，而善喜先生则尚健在。三位艺坛前辈均来自福建，却因缘际会同在宝岛发光发热，闻名闽台而各领风骚。

周明聪 . 台湾书画史上的板桥林家"三先生"——吕世宜、叶化成、谢琯樵之研

究 ［M］．广州：世界图书出版广东有限公司，2013（299）．

提要：本书以台湾板桥林家"三先生"——吕世宜、叶化成、谢琯樵为研究对象，着眼于闽台文化圈中台湾早期书画史与旅台福建书画家的关系。通过"三先生"名下书画作品的鉴定辨伪、风格分析、追根溯源，阐明其艺术发展的来龙去脉，并透过历史、文化、社会各个层面，对"三先生"继往开来的艺术成就及其在台湾传播中华文化艺术的功绩与影响，给予客观的描述与公允的评价。

孙德明．擎天艺术福建·台湾水墨画［M］．沈阳：辽宁美术出版社，2013（119）．

曾晓萍．闽台民间艺术传统文化遗产资源调查［M］．厦门：厦门大学出版社，2014（256）．

提要：本书共分为五章，主要内容包括：综述；闽台民间戏剧艺术；闽台民间曲艺艺术；闽台民间音乐艺术；闽台民间舞蹈艺术。

刘芝凤．闽台传统手工技艺文化遗产资源调查［M］．厦门：厦门大学出版社，2014（314）．

提要：本书共分为十一章，主要内容包括：综述；闽台民间石雕、砖雕与泥塑技艺；闽台木雕与木作技艺；闽台竹雕与竹、藤编织技艺等。

杜景山．两岸情心连心：中华两岸书画艺术交流展［M］．（台湾）台北：中华两岸书画艺术交流展组委会，2014（294）．

四 闽台家族文化与社会关系

谢重光．客家、福佬源流与族群关系研究［M］．北京：人民出版社，2013（291）．

提要：本书梳理了汉族客家与福佬两个族群的源流，比较了两个族群形成背景及族群性格的同与异，重点考察了明清以降两个族群的接触，分析了其矛盾、冲突与交流、合作，以及客家人与福佬人在台湾相互关系的历史与现状，对当代台湾客家、福佬族群和谐相处、共存共荣之道提出了自己的看法与建议。

邓孔昭．郑成功与明郑在台湾［M］．厦门：厦门大学出版社，2013（334）．

提要：内容包括：郑成功在闽西北地区的抗清与"延平王"爵号的由来；郑成功对郑芝龙的批判与继承；郑成功收复台湾的战略运筹；郑成功收复台湾期间的粮食供

应；从卢若腾诗文看有关郑成功史事；郑成功文化刍论；郑成功如何带兵打仗；郑成功与金门的关系；郑氏时期台湾社会经济的若干问题；明郑时期台湾海峡两岸的海上交通问题；从"东都""承天府"到"东宁"——不同政治背景下的建置和地名改易等。

尹全海，孙炜．根在中原：闽台大姓氏探源［M］．北京：九州出版社，2013（1065）．

提要：本书选取当今台湾之陈、黄、林、郑、杨、王、蔡、张、刘、李十大姓氏作为研究对象，利用正史、族谱及个人回忆录等史料，详细梳理了中原移民入闽迁台的史实，深入探寻前人辗转迁移的社会、历史原因，具体内容包括姓氏探源、播迁分布、入闽迁台、郡望堂号、古今名人、祖地遗迹、寻根联谊七部分，借此帮助台湾同胞追根寻源，了解祖先的生活历史，加深两岸同文同种的文化认同和血浓于水的感情，推动今天两岸的经济文化交流。

周仪扬．谱牒研究与闽台节俗［M］．香港：中国文艺出版社，2013（367）．

张奉珠．诏安客家庙祭祖研究：以云林县崇远堂为例［M］．（台湾）新北：花木兰文化出版社，2013（184）．

叶翠氛．台湾福佬系故事中的性别政治：以婚姻与家庭的相关探讨为主［M］．（台湾）新北：花木兰文化出版社，2013（222）．

福建省姓氏源流研究会漳州市刘氏委员会．台闽南靖版寮刘氏族谱［M］．漳州：姓氏源流研究会漳州市刘氏委员会，2014（378）．

中国闽台缘博物馆．海峡两岸谱牒文化研究［C］．北京：九州出版社，2014（371）．

提要：本书汇集的是首届海峡两岸民间谱牒文化交流大会交流论文，共有来自福建、台湾、广东、浙江、四川、安徽等地区海峡两岸谱牒专家、学者和地方史工作者的40余篇论文，内容涵盖两岸谱牒对接服务、编修、信息化及谱牒文化传承等多方面的内容。

陈支平．闽南涉台族谱汇编（100册）［M］．福州：福建人民出版社，2014（51368）．

提要：闽南，泛指厦、漳、泉地区，这里滨海傍洋，闽南人爱拼会赢、敢闯敢干的精神，促使他们不断地突破地域局限，向外迁移、扩张。与福建一水相隔的台湾，早在舟楫相通时，即有大陆移民横跨海峡来到这里生根发芽。明清时期，海峡两岸人口迁移更是频繁。他们在迁入地繁衍生息，也使他们的姓氏支派不断壮大，从而又开拓了一片新天地。

刘己玄．闽客族群溪洲争地械斗轶史［M］．（台湾）高雄：高雄市政府文化局，2014.

提要： 作者 2013 年在旗山溪洲进行田野调查，访问鲲洲里九十二岁耆老柯金吉先生，他提及清朝时期"溪洲"地域范围，以及闽客族群在"武鹿崎头"争地械斗轶事，遂萌探究闽客族群溪洲械斗之情境与遗留史迹。溪洲有一条自"沟仔乾"至"大岸头"的沟渠，沿着高屏溪南北平行走向，传闻以人工挖掘，而溪洲所有沟渠皆系东西流向，显然"异于常态"，正是闽客族群械斗轶事探究的开始。

五　闽台宗教、民俗与民间信仰关系

方宝璋．闽台民俗研究［M］．北京：人民出版社，2013（287）．

提要： 本书从中华民俗与闽台民俗、闽台食衣住与生产习俗、闽台生育婚丧习俗、闽台传统节日习俗、闽台其他习俗等几方面着手详细介绍了闽台民俗及其鲜明的地域性、传承性、广泛性、兼容性、辐射性、反差性以及功利性、非理性等特征，揭示闽台民俗二者间千丝万缕的联系，用翔实的资料说明闽台文化关系源远流长，自古以来就是不可分割的。

蔡亚约．闽台送王船［M］．厦门：鹭江出版社，2013（164）．

提要： 本书分送王船习俗的源流与传播、王爷信仰、送王船的仪式、厦门送王船活动的梗概、送王船习俗的价值与传承五个部分，全面系统地介绍闽台地区送王船习俗的情况。

蔡国耀．开台妈祖——莆仙与台湾关系史［M］．福州：海风出版社，2013（646）．

提要： 本书在梳理莆仙与台湾关系史的基础上，研究了历史上莆仙人开发台湾的情况和妈祖文化的精神力量对台湾开发的作用与影响，同时也以史实来证明莆仙人与台湾人对妈祖的信仰有同步发展的特点。

林国平．闽台民间信仰源流［M］．北京：人民出版社，2013（349）．

提要： 在中华文化的大背景之下，对闽台民间信仰源流进行比较系统、全面、深

入的探讨。首先，把闽台民间信仰的历史，放在具体的自然和社会历史条件下考察，作者认为闽台民间信仰的产生和发展，在深受中华文化传统的影响的同时，与闽台地区的自然、社会、历史等密切相关。其次，把十分复杂的闽台民间诸神归结为自然崇拜、祖先与行业祖师崇拜、医药神与瘟神崇拜、海神与功臣圣贤崇拜、道教与佛教俗神崇拜等几个类型，简明扼要地介绍了在闽台民间影响较大的近三十位神灵从人到神的演化过程，着重论述了闽台民间信仰的交往及其在两岸关系中的作用。再次，拓展了闽台民间信仰的研究层面，用相当大的篇幅描述闽台民间信仰中的各种活动，分析其文化内涵，揭示其宗教奥秘。在此基础上，对闽台民间信仰的特征和社会历史作用提出了一些颇有新意的理论思考。

叶明生．贤良港妈祖文化论坛——海峡两岸·传统视野下的妈祖信俗研讨会文集［C］．北京：宗教文化出版社，2013（398）．

提要：本书共收录40多篇论文，包括《首届贤良港妈祖文化论坛——海峡两岸传统视野下的妈祖信俗文化学术研讨会综述》《闽台两岸妈祖造像比较研究》《衍变与整合：莆仙外来水神与妈祖信仰关系考探》等。

吴姝嫱．闽台唸歌研究（上下）［M］．（台湾）新北：花木兰文化出版社，2013（380）．

陈元义．世界宗教盛事：台湾大甲妈祖绕境进香与两岸妈祖信仰交流活动［M］．（台湾）新北：陈元义，2013（209）．

吴柏勋．地缘与血缘：清代淡水地区汉籍移民民间信仰之研究［M］．（台湾）新北：花木兰文化出版社，2013．

郭肖华，林江珠，黄辉海．闽台民间节庆传统习俗文化遗产资源调查［M］．福州：福建人民出版社，2014（246）．

提要：本书共分为六章，主要内容包括：综述；闽台民间岁时节俗；闽台传统生产、生活与习俗节日；闽台民间祭祀和纪念节日等。

黄金洪．闽台传统人生礼仪习俗文化遗产资源调查［M］．厦门：厦门大学出版社，2014（306）．

提要：本书共分为五章，主要内容包括：概述；闽台传统的婚嫁礼仪；闽台传统的生养礼仪；闽台传统的丧葬礼仪；闽台传统人生礼仪中的禁忌。

和立勇，郑甸．闽台传统服饰习俗文化遗产资源调查 ［M］．厦门：厦门大学出版社，2014（277）．

提要：本书共分为八章，主要内容包括综述；福建传统汉族民间服饰及其习俗；福建少数民族畲族服饰及其习俗；客家人的服饰及其习俗等。

林江珠．闽台民间信仰传统文化遗产资源调查 ［M］．厦门：厦门大学出版社，2014（353）．

提要：本书共分为八章，主要内容包括：综述；闽台民间自然与地理神灵崇拜调查；闽台开基始祖崇拜调查；闽台民众信俗崇拜调查等。

六　闽台历史、地理关系

石狮市政协文史资料委员会．石台亲缘（石狮文史资料，总第二十辑）［M］．石狮：石狮市政协文史资料委员会，2013（361）．

陈小冲．日据时期台湾与大陆关系史研究（1895—1945）［M］．北京：九州出版社，2013（234）．

陈小冲．厦台关系史料选编（1895—1945）　［M］．北京：九州出版社，2013（436）．

何池．他们改变了台湾：十三位闽籍垦台先驱的传奇事迹 ［M］．（台湾）台北：万卷楼图书股份有限公司，2014.

邓孔昭．郑成功与明郑在台湾（修订版）［M］．厦门：厦门大学出版社，2014（273）．

提要：主要内容包括郑成功在闽西北地区的抗清与"延平王"爵号的由来、郑成功对郑芝龙的批判与继承、郑成功收复台湾的战略运筹、郑成功收复台湾期间的粮食供应、从卢若腾诗文看有关郑成功史事、郑成功文化刍论、郑成功如何带兵打仗、郑成功与金门的关系等。

汤韵旋．郑成功收复台湾 ［M］．福州：福建教育出版社，2014（238）．

提要：本书以鲜活的文字和百余幅精美图片向读者讲述了郑成功与台湾紧紧相连的短暂一生——赶走侵略者，使台湾回到祖国怀抱。

七　闽台其他文化关系

曹春平．闽台私家园林 ［M］．北京：清华大学出版社，2013（335）．

提要：本书详细论述了福建、台湾私家园林的历史发展，勾勒出沿海地区的福州、泉州、漳州、厦门及闽西、中国台湾的私家园林的发展历程，从亭台楼阁、山水花木等方面论述了闽台私家园林的特征与艺术成就，并选取保存至今的、有代表性的 30 个园林实例，进行了全面的介绍、描述与分析。

戴志坚．闽台民居建筑的渊源与形态 ［M］．北京：人民出版社，2013（249）．

提要：《闽台民居建筑的渊源与形态》包括：南方民系与闽海系民居建筑、自然条件对闽台民居建筑的影响、闽台社会形态与闽台民居建筑的关系、闽台民居建筑的类型与流派、泉州民居建筑与台湾泉州派民居、漳州民居建筑与台湾漳州派民居、客家民居建筑与台湾客家派民居、台湾原住民居建筑、闽台民间匠师与民居建筑工艺九章内容。

蔡清毅．闽台传统茶生产习俗与茶文化遗产资源调查 ［M］．厦门：厦门大学出版社，2014（375）．

提要：本书主要内容包括：综述、闽台茶文化的自然和人文地理、闽台茶类及茶种培育习俗、闽台茶生产与制作习俗等。

曾逸仁．海峡两岸红砖文化研讨会论文集 ［C］．金门：金门县文化局，2014（223）．

李秋香．闽台传统居住建筑及习俗文化遗产资源调查 ［M］．厦门：厦门大学出版社，2014（394）．

提要：本书除了附录，共分为四章，主要内容包括：综述；闽南传统居住建筑历史演变与文化内涵；闽台传统居住建筑特色个案分析；闽台居住建筑的建造贡献与民俗禁忌。

王青，王顺福，石奕龙．海峡两岸红砖文化研讨会论文集——金门世遗系列丛书 6 ［C］．金门：金门县文化局，2014（200）．

提要：2013 年海峡两岸红砖文化研讨会论文集。

陈少坚．体育在海峡两岸关系演进中的多功能研究 ［M］．厦门：厦门大学出版社，2014（214）．

提要：本书从实务的角度对两岸体育交流的相关方针、基本政策元素进行介绍、对比和分析研究；以史为鉴，运用实证研究、个案研究，总结新时期对台体育的经验和问题；两岸体育互动、彰显体育在促进两岸关系和平发展之作用；从中华文化的高度对台湾民间信仰与体育进行纵向的历史考察，重新认识当代闽台民俗体育在传承中华体育文化、参与社会教化、凝聚民族精神等方面的文化价值；体育产业对地方经济贡献的实证分析；体育"先行先试"：厦、金横渡方案成功实施的社会价值、新闻价值分析；体育在两岸关系演进中的一般功能、特殊功能、潜在功能和可拓展性功能研究；管理层面对闽台体育诸多功能的驾驭的理论与实务。

刘芝凤．闽台农林渔业传统生产习俗文化遗产资源调查［M］．厦门：厦门大学出版社，2014（315）．

提要：本书共分为六章，主要内容包括：综述；闽台农林渔业生产的传统器具；闽台农林渔业习俗与禁忌；闽台农林渔业民间信仰等。

欧荔．闽台民间传统饮食文化遗产资源调查［M］．厦门：厦门大学出版社，2014（305）．

提要：本书共分为六章，主要内容包括：综述；闽台历史饮食的特点；闽台饮食习俗；闽台传统饮食名优精选；闽台酒与饮料文化等。

本书承蒙泉州师范学院以下两个基地资助：
中国社会科学院文化研究中心闽南文化研究基地
台湾民主自治同盟中央委员会闽南文化交流研究基地

闽台与海丝文化研究丛书　林华东◎主编

林华东 / 主编

闽南文化学术年鉴

2013-2014　下卷

中国社会科学出版社

目　　录

（下　卷）

大事记

学术机构名录

期刊论文目录摘要

闽南文化总论

陈支平．闽南文化研究的多元思考［J］．泉州师范学院学报，2013（1）：8—12.

关键词：闽南文化；思维定式；二元结构；世界性

机构：漳州师范学院；厦门大学

摘要：近二十余年来，区域文化史的研究受到了包括学界在内的社会上的广泛重视，取得了众多可喜的研究成果。然而地域文化的研究往往受到地域界限的限制，各自的地域内的文化研究，大多关心于本地域的文化特征及其变迁，而较少顾及其他相邻地域文化的参照研究，这样在某种程度上形成了各说各话的研究态势。因此，我们必须从换位思考的角度，进行文化多元性的思考，或许对于区域文化的研究，会展现出一些不同的观察视野。就闽南文化的研究而言，文化的北方来源思维定式、文化的二元结构，以及闽南文化的世界性这三大问题，应该做出更加深刻的重新思考。

林国平．"闽南"小考［J］．泉州师范学院学报，2013（1）：13—17.

关键词：闽南；闽南文化；历史地理

机构：漳州师范学院闽南文化研究院；福建师范大学社会历史学院

摘要："闽南"一词最早出现在唐代，宋元明清时期的文献中"闽南"一词出现频繁，但所指的区域范围因时、因人而异，大到福建省，中到福建南部，小到泉州、漳州府。本文通过对古代文献中的"闽南"指向进行梳理，并对相关问题做简要的考释，指出古文献中的"闽南"有多种含义，既有与今天的"闽南"定义相同之处，也有与今天的"闽南"定义不同之处。我们在引用古代文献中与"闽南"一词相关的资料时，要格外慎重，不要想当然地用今天的"闽南"概念来理解古代的"闽南"。对"闽南"一词进行简要的考释，有助于闽南文化研究的深入发展。

陈金昌，刘志高，林甜甜．八方宾朋襄盛举　闽南文化绽芳华——2013 世界闽南文化节在泉州市隆重举行［J］．中国品牌，2013（7）：106.

关键词：闽南文化；中国广播电视；全国台联；台盟中央

摘要：〈正〉六月的泉州，乡音浓浓，乡情深深。6月16日晚，由文化部、全国侨联、台盟中央、全国台联、海峡两岸关系协会、中国广播电视协会和福建省人民政府共同主办的 2013 世界闽南文化节在福建省泉州市盛大开幕。来自世界六大洲 36 个国家和地区的 4000 多名嘉宾齐聚一堂，共襄盛举……

陈玲，俞鼎．闽南文化与构建厦漳泉同城化低碳文化 ［J］．未来与发展，2013（2）：108—113.

　　关键词：厦漳泉同城化；低碳文化；闽南文化

　　机构：厦门大学哲学系

　　摘要：厦漳泉同城化低碳文化属于先进文化的概念，闽南文化爱拼敢赢的精神特质、海纳百川的行为模式和开放性的价值观念为厦漳泉同城化低碳文化的构建创造了坚实的基础。关注低碳文化观念的形成、低碳文化制度的建立和低碳物态文化的建设是构建厦漳泉同城化低碳文化的重要路径。

黄启才．福建文化"走出去"的优势分析与目标模式构建 ［J］．中共福建省委党校学报，2013（12）：90—95.

　　关键词：文化走出去；优势分析；目标模式；福建

　　机构：福建社会科学院

　　摘要：实施文化"走出去"战略是当前我国文化领域进一步对外开放、推进文化大发展大繁荣的一项重要举措。在经济全球化背景下，福建文化要通过实施"走出去"战略，增强参与国际竞争与合作的能力。文章对福建省文化"走出去"的优势进行了详细分析，对福建文化"走出去"的近期与中远期目标进行设想，并对福建文化"走出去"的基本模式、重点产业与产品，以及地区市场分类选择等进行分析，给出了相关政策建议。

俞云平．地域人文传统与先进文化的构建——以闽南文化为例 ［J］．商，2013（14）：83—84.

　　关键词：闽南文化；立国之本；价值概念；人文精神

　　机构：厦门大学

　　摘要：〈正〉文化是一个国家、民族的立国之本、民族之根，我国要建成有中国特色的社会主义现代化，必然要建设适应现代化的先进文化，但构建先进文化并不能无中生有地制造，它与我们现有的传统文化有着内在的联系。传统文化具有延续性，传统文化的深层内容，如价值概念、意识形态、心理状态等会长期延续，不断影响着今天人们的思想和行为。传统文化也是良莠并蓄的，作为理性和智慧的积淀，它对现代生活有多方面的启迪，但历史的发展也检验出其中的糟粕……

本刊记者．第十二届河洛文化研讨会在厦门举行 ［J］．政协天地，2014（7）：13.

关键词：河洛文化；闽南文化

摘要：〈正〉6 月 11 日至 12 日，第十二届河洛文化研讨会在福建厦门隆重举行。本次研讨会由全国政协港澳台侨委员会、福建省政协、河南省政协、中国河洛文化研究会共同主办，福建省政协办公厅、港澳台侨和外事委员会、厦门市政协、河南省政协办公厅、港澳台侨和外事委员会承办……

陈春兰，陈小乔．盘点闽南文化　传承中华文明［J］．厦门科技，2014（2）：45—47.

关键词：闽南文化；"海滨邹鲁"；海洋文化；潮汕

摘要：〈正〉闽南文化起源于中原，发展于闽南、台湾以及潮汕、海南、温州部分地区，有着悠久的历史，融合并体现了古越文化、中原文化、海洋文化的神韵和精髓。鲜明的地方特色、独特的民族风格、丰富的文化内涵，使之成为中华文化的一朵奇葩。同安以"海滨邹鲁"著称于世，作为闽南文化遗产的富集区仍保留着完整的闽南文化……

陈修茂．进一步促进河洛文化、闽南文化的深入研究、相融共生［J］．政协天地，2014（7）：15.

关键词：河洛文化；厦门经济特区；风景旅游城市；闽南文化

机构：厦门市政协

摘要：〈正〉在这凤凰花开的初夏时节，第十二届河洛文化研讨会在福建省厦门市隆重召开。厦门市地处我国东南沿海，素有"海上花园"的美誉，是一座美丽的国际性港口风景旅游城市。1980 年国务院批准设立厦门经济特区……

陈支平．闽南文化的历史构成及其基本特质［J］．闽台文化研究，2014（1）：27—43.

关键词：闽南文化；历史构成；基本特征

机构：闽南师范大学闽南文化研究院

摘要：闽南文化是中华文化的一个重要组成部分，同时又是中华文化中的一个极具鲜明特色的地域文化。闽南文化的形成及其发展，是经过了漫长的历史演变与文化磨合以及东南沿海地带独特的地理环境等多种因素所逐渐造就的。中华文化的核心价值培育了闽南文化的茁壮成长，而深具地域特色的闽南文化又使得中华文化的整体性显得更加丰富多彩。闽南文化是一种辐射型的区域文化，从文化的角度说，闽南文化的概念远远超出了自身区域，特别是对于祖国宝岛台湾的文化影响，更是不容否定。本文通过对于闽南文化的历史构成及其基本特质的多视野探究，比较完整地揭示了闽南文化的地域性特征与国际性特征。

　　郭溦溦．马克思主义区域大众化探析——基于闽南文化的分析视角［J］．淮海工学院学报（人文社会科学版），2014（4）：4—7.

　　关键词：马克思主义；区域大众化；闽南文化

　　机构：闽南师范大学马克思主义学院

　　摘要：开展马克思主义区域大众化研究是深化马克思主义大众化的有益探索，而做好这一工作的关键在于找到区域文化与马克思主义的契合点。闽南文化对马克思主义区域大众化有着得天独厚的优势，充分挖掘和利用闽南谚语的文化资源，对推动闽南地区马克思主义大众化意义重大。

　　李晓元．文化哲学视野中的闽南文化意义结构研究［J］．闽台文化研究，2014（3）：5—21.

　　关键词：闽南文化；意义；结构；工作世界；工作创造

　　机构：闽南师范大学马克思主义学院

　　摘要：闽南文化的意义问题即闽南文化是什么的问题，包括概念意义、价值意义、精神意义等方面。研究闽南文化的意义是什么须立足闽南文化的历史，须研究闽南文化意义的历史生成问题。如此，闽南文化意义的生成—闽南文化的概念意义—闽南文化的价值意义—闽南文化的精神意义，就构成了闽南文化的意义结构。而工作世界意义是闽南文化意义生成的基础，亦是闽南文化概念、价值和精神意义的本质和核心。闽南文化形成的标志必是其文明文化形成的标志，而闽南文明文化形成的标志非开漳建州的开漳圣王文化莫属。闽南文化的特质不在于其内蕴，而在于其外显。从闽南文化的空间张力看，闽南文化是闽南区域或闽南人文化，也是普遍世界或普遍人类文化。

　　刘登翰．闽南文化研究的几个问题［J］．东南学术，2014（4）：190—195，247.

　　关键词：闽南文化；实证；建构

　　机构：福建社会科学院；厦门大学两岸关系和平发展协同创新中心

　　摘要：本文就闽南文化研究中几组相互关联的问题，如移民性、本土性与世界性，大陆性与海洋性，历史性与当代性，文象与文脉，雅文化与俗文化，过程性研究与结构性研究等进行论述，广泛涉及闽南文化的性质、特征、定位、价值等问题，从实证与建构的方法论角度，提出二者互补对深化闽南文化研究的意义。

　　刘登翰，汤漳平，杨彦杰，谢重光，陈耕，王日根，谢国兴，江柏炜，陈益源，柯木林，曾玲，林国平，林华东，徐晓望，陈庆元，郭志超，郑镛，何池，庄小芳．闽南文化研究国际笔谈会论点选载［J］．闽台文化研究，2014（1）：5—26.

　　关键词：闽南文化；文化区；三山国王；原乡；海洋文化

　　机构：福建社会科学院文学研究所；闽南师范大学闽南文化研究院；中国闽台缘

博物馆；福建社会科学院历史研究所；福建师范大学社会历史学院；厦门市闽南文化研究会；厦门大学人文学院；台湾"中央研究院"；台湾史研究所；金门大学闽南文化研究所创所；台湾师范大学东亚学系；台湾成功大学中文系；台湾成功大学人文社会科学中心；新加坡宗乡总会；厦门大学历史系；闽南师范大学；泉州师范学院；中国社会科学院文化研究中心闽南文化研究基地；福建省社会科学院历史研究所；福建师范大学文学院；厦门大学人类学系；中国闽台缘博物馆研究部

摘要：2013 年 12 月 21 日，由闽南师范大学闽南文化研究院主办的"2013 闽南文化研究国际笔谈会"在国际学术交流中心召开。来自海峡两岸及日本、新加坡等国家的闽南文化研究方面的专家、学者二十余人出席了会议。会议围绕着闽南文化的内涵、外延及特征，闽南文化的当代价值与社会功能，闽南文化研究的理论与方法，闽南文化的跨文化阐释，闽南文化的世界性及其意义，闽南文化与两岸交流，闽南文化的生态保护，闽南文化学科建设与人才培养等议题展开了深入的研讨，言简意赅，探幽发微，对当下闽南文化理论研究势必产生积极的影响。本期节录专家们的精彩发言，以飨读者，也希望由此来带动和促进闽南文化研究的进一步升华。

刘文波．闽南文化的形成与人文特征［J］．高等财经教育研究，2014（1）：91—94.

关键词：闽南文化；人文特征；闽商精神

机构：泉州师范学院政治与社会发展学院

摘要：闽南文化是在闽南特定的地理环境和历史条件下孕育生成的。闽南山地丘陵密布、地少人多与海域广阔、海路交通发达两个方面的历史地理条件，促进了闽南文化独特的人文精神的形成，即开拓拼搏精神、重商务实观念、兼容并蓄心态、恋祖爱乡情结。

柳攀登．第十二届河洛文化研讨会在厦门举办［J］．协商论坛，2014（6）：4.

关键词：河洛文化；闽南文化；全国政协

摘要：〈正〉6 月 11 日至 12 日，以"河洛文化与闽南文化"为主题的第十二届河洛文化研讨会在福建省厦门市召开，此次研讨会由全国政协港澳台侨委员会、河南省政协、福建省政协、中国河洛文化研究会共同主办。全国政协副主席、台盟中央主席、中国河洛文化研究会顾问林文漪出席会议……

沈延环．弘扬优秀传统文化　推动多元文化融合　闽南文化论坛和学术研讨会在澳门举办［J］．政协天地，2014（11）：12.

关键词：闽南文化；文化融合；法务司；炎黄文化研究

摘要：〈正〉2014 年世界闽南文化节，于 10 月 28 日至 30 日在澳门举行。全国政协副主席何厚铧，澳门特首崔世安代表、澳门行政法务司司长陈丽敏，全国侨联主席林军，中联办主任李刚，中共福建省委常委、福建省宣传部部长李书磊等出席开幕式。其间，筹委会委托福建省炎黄文化研究会组织的闽南文化论坛和学术研讨会……

张新斌．河洛文化与闽南文化关系初论［J］．黄河科技大学学报，2014（3）：15—19.

关键词：河洛文化；闽南文化；固始移民

机构：河南省社会科学院历史与考古研究所

摘要：河洛文化与闽南文化属于大区域中的核心地域文化，两者之间的亲缘性有唐代两次移民史实做依托，而且还具有以光州固始为根基的血亲认同、以二程洛学为源头的儒学传承、以语音为标志的中原唐音保留、以中原名人为原型的神祇崇拜四个主要特征做实证。两者的关系，在中华地域文化中具有样本示范意义。

闫菲．第十二届河洛文化国际研讨会在厦门召开［J］．中原文化研究，2014（4）：118.

关键词：河洛文化；闽南文化

摘要：〈正〉2014年6月10—12日，由全国政协港澳台侨委员会、政协福建省委员会、政协河南省委员会、中国河洛文化研究会共同举办的第十二届河洛文化国际研讨会在厦门市召开。十二届全国政协副主席、全国人大常委会副秘书长、台盟中央主席林文漪，全国政协港澳台侨委员会原主任、海峡两岸关系协会顾问、中国河洛文化研究会会长陈云林，全国政协港澳台侨委员会主任、中国河洛文化研究会副会长杨崇汇等政协同志及研究者参加了会议……

张昌平．河洛文化与闽南文化交流、融合的缩影　中华文化凝聚力、感召力的彰显［J］．政协天地，2014（7）：14.

关键词：河洛文化；闽南文化；民间交流；两岸合作

机构：福建省政协

摘要：〈正〉6月，美丽的鹭岛，迎来了第十二届河洛文化研讨会的隆重召开。本届研讨会的主题是"河洛文化与闽南文化"。经中共福建省委同意，将这次研讨会列入第六届海峡论坛系列活动之一。海峡论坛自创立以来，始终贯穿"扩大民间交流、加强两岸合作、促进共同发展"的主题……

学者的声音——河洛文化大会发言摘登［J］．政协天地，2014（7）：16—25.

关键词：河洛文化；文化区；闽南文化

摘要：〈正〉从2003年10月第十八届世界客属恳亲大会在郑州召开之际，时任全国政协副主席的罗豪才同志提出加强河洛文化研究到现在已经十年多。这十年，河洛文化研究走出了一条从"认同"到"合作"并迈向"提高"之路。所谓认同,就是认同河洛文化是中华民族文化……

陈桂炳. 加强泉州学研究刍议〔J〕. 泉州师范学院学报,2014(5):1—5.

关键词:泉州学;东亚文化之都;文化软实力

机构:泉州师范学院闽南文化生态研究中心

摘要:泉州学的研究对象是泉州的历史文化,必须以世界视野为泉州历史文化准确定位。由于种种原因,泉州学研究遇到了不少困难与困惑,当前已经落后于时代的发展要求,必须加强。从东亚文化圈的视角,可以从"海丝"文化的国际影响、闽南文化的发源与核心优势、朱子文化的学术积累、古代名人的历史影响、移民文化的血脉延伸、南音文化的独特魅力等方面提升东亚文化之都泉州文化软实力。

赵家麟. 全国台联会长汪毅夫出席台南成大"金门学研讨会"并作专题演讲〔J〕. 台声,2014(10):78.

关键词:专题演讲;全国台联;闽南文化;日至;黄煌辉;曾永义;合作撰写;林晓峰;谢重;学术经历

摘要:〈正〉9月16日至19日,由两岸有关高等院校及地方政府通力合办的第五届"2014金门学国际学术研讨会"在台南成功大学、金门大学、厦门大学登场,汇集世界各地研究闽南文学的顶尖大师一起探究闽南文化的底蕴,领略金门人奔向世界、放眼四海的寰宇胸怀。研讨会开幕首日,台南成功大学校长黄煌辉出席活动,并向两岸及南洋的与会学者、学员致欢迎词,大会邀请全国台联会长汪毅夫发表题为《金门的进士与"金门主贵"的传说》的专题演讲……

闽南思想

林明照．无我而无物非我：吕惠卿《庄子义》中的无我论 [J] ．（台湾）中国学术年刊，2013（2）：1—32.

关键词：吕惠卿；庄子；自我认同；无我；气；庄子义

机构：台湾师范大学国文学系

摘要：本文集中于就吕惠卿《庄子义》的无我论进行分析，以呈现吕氏诠《庄》的意旨及关注。吕氏在诠《庄》中所展现的无我论题，主要关涉了几个层面：首先，吕氏对于自我认同的基础进行了细腻的解析，以此作为无我的实践前提；其次，在无我的实践进路上，吕氏提出反思自我形构的来由，以及层层遣除以达自然回应的忘境的修养工夫；最后，在无我的境界意义及政治实践面向上，吕氏关注治世心灵对于性命之理的了解及顺应，以此作为无为治道的基础。同时气运环转所展现出的生命活力及就此把握的价值创造，更是吕氏理想的治世心灵所应当具有的形上智慧以及身心情境。吕氏诠《庄》既有契合《庄子》哲学意旨之处，更有其创造性的诠释观点，而这蕴含了其对于时代课题及个人政治实践的哲学性诠解。

曹姗姗．李贽对朱熹的厌恶 [J] ．黑龙江史志，2013（13）：6.

关键词：李贽；朱熹；理学

机构：云南师范大学历史与行政学院

摘要：李贽，作为中国古代第一个公开喊出"不以孔子之是非为是非"的思想家，对儒家经典表示蔑视。事实上，李贽反对神学化的儒学，而儒学僵化正是由朱熹开始的，因此李贽对朱熹是很厌恶的。

陈道德，李仁．李贽伦理思想中的伊斯兰教情愫 [J] ．伦理学研究，2013（1）：43—47.

关键词：李贽；伦理思想；伊斯兰教；情愫

机构：湖北大学哲学学院

摘要：李贽的伦理思想在中国古代伦理思想发展史上占有重要地位。他的"人皆有私"的人性伦理观、功利主义的经济伦理观、男女平等的两性伦理观给晚明时期的中国封建社会造成强烈震撼并产生深远影响。李贽的伦理思想之所以能够独树一帜，其中的奥秘就是：伊斯兰教的教义深深地影响了李贽的心灵，伊斯兰教情愫伴随他的一生。

陈水德．论李贽思想的道家内藏 ［J］．黎明职业大学学报，2013（4）：5—11．

关键词：李贽；道家；内藏

机构：黎明职业大学公共教学部

摘要：李贽虽非道家人士，却深受道家思想影响。李贽思想的道家内藏主要见于：李贽"童心说"内藏道家蕴含，"童心说"直接受到老庄思想影响；李贽行为任性自然，传承于老庄悠然率性之本色，有道家风格；李贽思想的平等观，与道家学说如出一辙；李贽对传统封建统治思想的强烈批判，直接发扬了老庄的批判之风，他是道家批判精神的实际践履者；李贽大无畏的生死观不仅受到佛禅思想的影响，也受到过庄子"过隙人生""悬解"等理论的深刻影响。

马倩．回族学者李贽文化心态的多元性和冲突性 ［J］．四川职业技术学院学报，2013（2）：40—42．

关键词：李贽；焚书；续焚书；文化心态；儒佛道

机构：陕西国际商贸学院；西北大学文学院

摘要：李贽是中国晚明的思想文化巨人，其自由和批判精神使人印象深刻。文章以翔实文献为依据，主要对他的文化心态的多元性和冲突性进行了深入挖掘，认为其家庭和时代背景对于他思想的形成有决定性的影响，并逐次梳理了他的思想变化，主要阐述了由儒转佛最后三教归儒的过程。

崔雪君．浅析李贽的平等观 ［J］．现代交际，2013（7）：77—78．

关键词：李贽；圣凡平等；男女平等；士商平等

机构：浙江财经大学

摘要：平等自古以来是人类社会讨论的永恒话题。在明朝中后期，随着西方平等思想的传入，以李贽为代表的有识之士在反思传统道德价值体系的基础上，形成了具有划时代意义的平等观。探讨李贽的圣凡平等观、男女平等观和士商平等观，对我国构建社会主义和谐社会仍具有启迪和现实意义。

高千秋．李贽"尚俗"思想的文化意义及影响 ［J］．山东省农业管理干部学院学报，2013（1）：142—144．

关键词：李贽；尚俗；审美流变；"流俗"之弊

机构：山东省农业管理干部学院

摘要：李贽是明代杰出的思想家、文学家、史学家。其"尚俗"思想对后世产生了深刻影响，开创了"俗"文艺的批评研究的新风气，有力地推动了"从雅到俗"的审美流变，进一步促进了杂文、戏曲、小说的发展。但"俗"文艺中包含的一些糟粕，难免带来许多负面效应。

高千秋．李贽美学思想的现代教育意义分析［J］．山东省农业管理干部学院学报，2013（5）：141，149．

关键词：李贽；审美主体性；审美取向；审美追求

机构：山东农业工程学院

摘要：李贽是明末清初最有影响力的思想家之一，为后人留下了丰富的文化遗产，他求真、求新、求变的美学思想一直影响至今。综观现代教育存在的诸多问题，若能将李贽美学思想应用于指导现代教育，必将对人才培养模式的变革起到很大作用。本文主要从审美主体、审美取向、审美追求三个方面来探究李贽美学思想对现代教育的启发意义，以求改善现代教育存在的诸多弊端。

贾新奇．论李贽的德才观及其社会哲学意蕴［J］．唐都学刊，2013（4）：6—11．

关键词：李贽；德才观；社会哲学

机构：北京师范大学价值与文化中心

摘要：德才观是李贽思想体系中一个非常重要的部分。李贽贬抑德性，强调才智因素的社会价值，从而大大提升了才智的价值地位。这种重才轻德的德才观，是对儒家德才观的偏离，其背后隐藏的是李贽对儒家秩序取向的社会哲学的质疑。

李凤凤．李贽的丧葬观与孝道论——两次丁忧的冲击与刺激［J］．船山学刊，2013（2）：151—156．

关键词：李贽；丁忧守制；丧葬观；孝道论

机构：华中师范大学中国近代史研究所

摘要：李贽在二十多年的官场生涯中，因父亲和祖父去世而两次去官返乡的丁忧守制对其产生了重要影响，这是其仕宦蹉跎、子女多夭等种种厄运的重要诱因。现实的遭遇，使他对礼制的合理性表示质疑，进而对孝道加以理论思考，从而形成了自己独特的丧葬观和孝道论，这也是他反传统思想的重要组成部分。

李珍梅．李贽对晚清山西思想解放的影响［J］．山西大同大学学报（社会科学版），2013（6）：36—38．

关键词：李贽；山西；思想解放；影响

机构：山西大同大学历史与旅游文化学院

摘要：李贽是明朝中后期著名的思想家。他的思想内容丰富，别具一格。他肯定私欲的合理性，重视商业和商人；主张因材施教，提倡经世致用；主张"三教本一"和"三教平等"等。这些思想均对晚明山西思想解放产生了一定影响。

马绘宇，徐侠侠．简论李贽的妇女观［J］．齐齐哈尔师范高等专科学校学报，2013（4）：91—92，142.

关键词：李贽；男女平等；妇女观
机构：江苏师范大学

摘要：李贽是明末倡导男女平等的先驱。在宋明理学男尊女卑的思想禁锢下，他质疑男尊女卑的合理性，致力于冲决传统儒家伦理道德的束缚；在社会性别观念上，主张男女平等，肯定妇女的社会地位和作用；在婚姻家庭方面，倡导婚姻自主，互敬互爱，支持寡妇再嫁。他在妇女问题上的平等观念与权利意识，对当时社会乃至后世都产生了深远的影响。

王馨．试论李贽的自然观［J］．人民论坛，2013（17）：221—223.

关键词：李贽；自然观；童心；情性
机构：西南大学文学院；红河学院音乐学院

摘要：自然观是李贽美学思想的主要内容。它的自然观渊源于道家思想，以"童心"为核心，以真性情为内涵，总体上超越了道家的虚无，拥有自己独特的内容，即重视个体人性（情），尊重人的合理欲望。李贽的自然观还包含着对世俗生活的重视，促成了"俗"这一审美形态的形成。

魏义霞．个性、独立人格、平等意识与李贽的启蒙思想［J］．社会科学研究，2013（4）：139—144.

关键词：李贽；个性；独立人格；平等意识；启蒙思想
机构：黑龙江大学中国近现代思想文化研究中心

摘要：与明清之际的早期启蒙思想家一样，李贽对理学展开了批判；所不同的是，他对理学的批判和对启蒙思想的建构是围绕着个性、独立人格和平等意识所展开的，致使个性、独立人格和平等意识成为其启蒙思想的核心与灵魂。出于对个性和独立人格的推崇，李贽以异端、狂者自居；并且指责理学的所有错误都源于盲目顺从以及丧失独立人格。出于独立人格和人格平等的需要，李贽向三纲发起进攻，在质疑"君为臣纲"和"夫为妻纲"的同时，发出了男女平等的最初呼声。

肖鹰．童心与空观：李贽审美哲学论［J］．江海学刊，2013（2）：186—190.

关键词：李贽；童心说；空观；审美自由

机构：清华大学哲学系

摘要：李贽的美学思想，是以其"童心说"为核心理念的。"童心说"开辟了晚明唯情论和自我表现的"革命性"变革。在既有的李贽研究中，学者对"童心说"仅以"赤子之心"解，着重于其"真纯自然"。事实上，李贽倡导"童心说"，是一种"立"的主张，李贽对佛教的空观思想的引用阐发是与其童心说互为表里的——"真空"是"童心"的本体，"真心感动"成为个性自由的审美主题。

徐海东."琴者心也"与"琴者禁也"辨析——"李贽音乐美学的思想基础"研究之三 [J].交响（西安音乐学院学报），2013（3）：42—46.

关键词：李贽；音乐美学思想；宋明理学；阳明心学

机构：南京艺术学院音乐学院

摘要：李贽的音乐美学思想及其基础是学界争论较多的一个问题。笔者通过对李贽"琴者心也"命题与《白虎通》"琴者，禁也"命题的分析研究后发现：没有任何证据证明"琴者心也"与"琴者禁也"是对立的观点，李贽只是引用了《白虎通》的观点。"琴者心也"这个命题与阳明心学有着很深的渊源，但李贽的"心"与阳明心学中的"心"内容并不一致。该命题的思想虽然与"心学"思想相通，但其核心是先秦儒家思想。

庄树宗，王四达.论李贽"人道"观的内在结构及其当代价值 [J].华侨大学学报（哲学社会科学版），2013（1）：5—12.

关键词：李贽；人道观；内在结构；当代价值

机构：华侨大学公共管理学院

摘要：李贽人道观的内在结构是一个有深刻内容和较高系统性的思想体系。它以"普天之下更无一人不是本"的人学本体论为核心，以"童心"为"真心"、以"人性"为"真性"的自然禀赋论为基础，联结"天下无一人不生知"的知性平等论，"圣人与凡人一"的德性平等论，经由"各遂千万人之欲"的社会自由观，最后通向"各从所好，各骋所长"即人人全面发展的社会理想，这是一个环环相扣的有机整体。李贽杰出的时代敏感性、雄伟的历史使命感、强烈的变革意识和为真理而斗争的殉道精神值得后人尊敬和效法，其理论内容为我们贯彻"以人为本的科学发展观"和构建社会主义和谐社会提供了重要的思想资源。

单熙程."狂悖乖谬，非圣无法"：从《四库全书总目提要》看李贽 [J].（台湾）新北大史学，2013（14）：45—63.

关键词：李贽；文献学；《四库全书》；《四库全书总目提要》；童心说

机构：（台湾）台北大学历史学系

摘要：本文认为，无论从思想内涵，还是道德情操论看，李贽都是一位杰出的思想家、文学家和史学家。他提出的"人生平等"的社会观念、"因性牖民"的为政理念、"去假存真"的文学思想以及"与世推移"的历史判断，不仅在当时产生了极大的影响，对今天的社会思想也具有借鉴意义。但是，由于其思想和行为过于超前，李贽一直不见容于明清两代的主流文化体系。今天我们对李贽的认识，也还没有达到其应有的历史地位。所以，本文从全面分析李贽的人生轨迹、思想内容入手，结合《四库全书总目提要》对李贽及其思想进行评析，以文献学的视角和方法，研究李贽在明清两代正统文化评价体系中的历史定位，并重点对李贽的文化思想以及《四库全书》的成书背景进行检讨，希望最终达到剖析和还原李贽以及《四库全书》本来面目的目的。

都兴东. 夺他人之酒杯 浇自己之垒块——谈李贽与"容刻本"《水浒传》评点的社会思想 [J] . 湖北社会科学，2013（1）：125—127.

关键词：李贽；"容刻本"《水浒传》；评点；社会思想

机构：东北师范大学文学院

摘要：李贽以其极具人文精神的"异端"思想为视角，对《水浒传》进行了深入细致的评点。其评点本身既是宣扬李贽社会思想的载体，又是我们读者深入解读《水浒传》的钥匙，对于了解李贽的思想以及品评《水浒传》这部作品，具有极高的价值。

田文兵. 李贽文艺思想的现代传承与当代价值 [J] . 福建江夏学院学报，2013（1）：97—102.

关键词：李贽；文艺思想；现代传承；当代价值

机构：华侨大学文学院

摘要：李贽以"童心说"为核心内容的文艺思想不仅影响了明清文学和"五四"新文学，同时对当代文坛也有着深远影响，主要表现为通过儿童叙事视角来表现天然纯真的生活状态，用欲望叙事来赞美自然的人性。重新认识李贽文艺思想的价值并继承和发扬其合理因素，对倡导文学回归本心、促进文学的大众化发展以及丰富文学的精神内涵有着重要的启示。

吴祥军. 李贽《童心说》创作缘起再探 [J] . 兰州教育学院学报，2013（9）：1—2.

关键词：李贽；《童心说》；创作缘起

机构：南京师范大学泰州学院人文传媒学院

摘要：李贽《童心说》之创作缘起，论者多从学术渊源着眼，考究其思想史源流，然甚少有就其具体原因作系统论述者。笔者通过深入阅读相关文献，认为李贽创作《童心说》主要基于三个层面的原因：一是反驳与回应耿定向；二是阳明心学和程朱理学之反驳与发展；三是明末特殊的社会政治经济文化背景。

肖鹰．"化工"与情感直白——析李贽艺术创作观［J］．贵州社会科学，2013（2）：44—49.

关键词：李贽；化工；性情自然

机构：北京大学；清华大学

摘要：以李贽的《化工》为中心，结合其《读肤律说》《琴赋》等文，探讨李贽的艺术创作观，可以发现，李贽借"化工"概念，不仅表达了可以追溯到庄子的"尚自然，反巧饰"的艺术精神，而且他将"造化无工"发展到了相当彻底的地步，不仅颠覆了载道育文的儒家教化美学，而且也突破了道家的幽妙空灵的美学理想——他提出的是以个性解放为内涵，以自由表现为形式的自然主义艺术观。

甄静．《初潭集·夫妇》中所体现的女性观［J］．河北北方学院学报（社会科学版），2013（3）：1—3，7.

关键词：李贽；《初潭集》；女性观；男女平等

机构：广东外语艺术职业学院中文系

摘要：《初潭集》是李贽收集《世说新语》和《焦氏类林》中的材料重新分类编辑而成的一部志人小说。它不仅是一部简单的史料故事集，在选择材料及评点中也寄托了作者的情感与思想。书中有《夫妇篇》4卷，收集了大量品德高尚、有胆有识的女性的言行，并加以评点。从评点中可以看出，李贽主张男女平等和婚姻自主，反对传统的节烈观，对夫妻关系、寡妇及妒妇等问题，均提出了独到的见解，体现了其进步的女性观。

周哲良．李贽离经叛道的异端文艺思想［J］．四川职业技术学院学报，2013（4）：70—72.

关键词：李贽；异端；水浒传；童心说；日用即文学

机构：四川职业技术学院

摘要：明代思想家李贽是"异端"，他的很多文艺思想也都有"异端"特征，对后世影响很大。他肯定《水浒传》，提倡俗文学，否认封建正统的是非标准，视官为盗，视"盗"为忠义，表达了后世"官逼民反"的思想。提倡童心，反对"闻见道理"，非理学而薄孔孟，认为"天下之至文，未有不出于童心焉者也"。提出"日用即文学"，主张写个人欲望、日用生活。直接用"人欲"对抗理学的"天理"，是"文学即人学"的先声。

方祖猷．从王艮到黄宗羲——试论中国启蒙思潮的产生和演变［J］．宁波大学学报（人文科学版），2013（6）：78—84.

关键词：人文主义；王艮；李贽；理与欲；黄宗羲

机构：宁波大学人文与传媒学院

摘要：以人文主义为特点的中国启蒙思想始于明中叶以后，其发起者主要为泰州学派创始者王艮。他以"心即理""百姓日用即道""大人造命""安身立本""注脚六经"等命题，论述了人文主义思想。此后，李贽将"心即道"发展为"童心说"，将注脚六经演变为粪土六经，沉重地冲击了封建的文化专制主义。他又提出私欲即天理的思想，使人文主义向纵深发展。清初，黄宗羲在承认私欲的基础上，主张合天下私欲以为公欲的公私结合的人欲观，并以此为思想基础来筑构他的"大壮盛世"的政治制度，从而对近代的先进人士起了重要的启蒙作用。

陈利华．从"通洋裕国"看郑成功海洋经济思想的现代性 ［J］．大连海事大学学报（社会科学版），2013（2）：73—76.

关键词：郑成功；通洋裕国；海洋经济；现代性

机构：武夷学院思政部

摘要："通洋裕国"作为郑成功延平抗清时上书建议的一项条陈内容，首次在中国历史上提出了发展海洋经济、促进对外贸易的先进主张。它不仅对改变封建经济的保守局面具有强烈的启示作用和现实意义，而且还为中国现代海权意识和国家安全意识的强化，提供了有效的经验借鉴和榜样参考。

李娜．试评洪承畴"民本主义"思想 ［J］．黑龙江史志，2013（9）：96.

关键词：洪承畴；民本思想；积极意义；缺陷

机构：阜阳师范学院附属中学

摘要：对于洪承畴，人们多从狭义民族主义的角度来评价他，从而给他扣上"汉奸""卖国贼"的帽子。但却少有人论及其对统一的多民族国家形成的作用。事实上，对于洪承畴的大"贬"有失公允。他之所以背叛明朝是他"以民为本"的"民本主义"思想的结果。而其降清后的一系列的行动则佐证了他是以"民本主义"作为其行为处事的准则。本文试从"民本主义"这个角度来考察洪承畴的历史作为，并对他的"民本主义"思想做一简单评价。

吴炯桦，刘玉豪．论闽南人拼搏精神 ［J］．闽商文化研究，2014（1）：97—100.

关键词：闽南文化；拼搏精神；闽南人

机构：武汉大学物理科学与技术学院；福州大学化学系

摘要：闽南文化作为中华文化的重要组成部分，有着独特的内涵和重要的地位。自古以来，闽南人勤劳开拓、爱拼敢赢，并将中原文化弘扬、发展，形成上接中原、吴楚，下续台湾、海外的闽南文化。闽南人敢冒风险、重义求利，既能海纳百川，又勇于搏击浪尖；既追求中庸和合，又敢于推陈出新；既有浓厚的乡土观念，又积极向外寻求拓展。闽南人的重拼搏、敢开拓、善机变、恋乡谊、崇正统、乐教育的精神理念，会继续在中华民族的伟大复兴中绽放出更加绚丽的光彩。

艾珺．王艮与李贽的"乐学"理念与境界——从石成金《传家宝》篆刻"乐是乐此学；学是学此乐"谈起 [J]．文化学刊，2014（2）：185—187，194.

关键词：王艮；李贽；君子三乐；乐学

摘要：清石成金《传家宝》篆刻"乐是乐此学，学是学此乐"，刻文语出明代哲学家王艮《乐学歌》："乐是乐此学，学是学此乐。不乐不是学，不学不是乐。"或言之，快乐是由于学习，学习在于学习之乐；不快乐则非学习，不学习谈何快乐。与古人对话，学习古人智慧，是人生一大快乐。故而，曾国藩的"君子三乐"，首为"读书声出金石，飘飘意远"，其次是"宏奖人才，诱人日进"和"勤劳而后憩息"。

陈杰．李贽的法治思想初探——基于与柏拉图的比较研究 [J]．信阳师范学院学报（哲学社会科学版），2014（6）：36—39.

关键词：李贽；法治思想；柏拉图

机构：信阳师范学院政法学院

摘要：被誉为中国启蒙思想家的李贽，虽然在法哲学的视角上不常被提及，但在与柏拉图的比较视域下，或可发现：李贽对君主专制的批判和他"至人之治"的政治理念，实际上都蕴含着法治思想的要素。这无疑为我们在法治现代化进程中对传统文化进行创造性转换提供了新的可能性，同时对当代"法治中国"的建设也应有裨益。

李云涛．李贽"童心"说之"知行合一"观在小说评点中的运用和体现 [J]．学术探索，2014（9）：97—102.

关键词：知行合一；童心说；《水浒》批点

机构：云南大学人文学院

摘要：李贽的"童心说"理论认为"童心"乃成人、成圣实践之根底，主张为人处世应保持"童心"，依据"最初一念之本心"来行事，方可成人、成圣，否则便是假言假行，属假道学行经。强调个体实践必须依"童心"而行，与"童心"相一致，此可视为李贽"童心说"之"知行合一"观。李贽的文学理论和小说评点也正是建立在此种理论基础之上的，如对《水浒传》中鲁智深、李逵等人物形象性格的分析，即依"童心说"之此种"知行合一"思想来展开。

李云涛．李贽"童心说"对王阳明"良知说"的继承与发展 [J]．中国文化研究，2014（2）：102—110.

关键词：李贽；王阳明；童心说；良知说

机构：云南大学人文学院

摘要：本文认为李贽的"童心说"理论，主要是在继承了王阳明"良知说"个体性的基本思想与精神的基础之上，对"心性"理论的内涵加以大胆的、突破性的发明和阐述的结果。具体表现在："童心说"继承了"良知"的个体性意识，同时摒弃了"良知"的先天性局限，并对个体"自然真情"的本能与性情的合理性意义加以自觉与肯定，将其视为个体精神的"主宰"，把人的自然"本性"提升到了"本体性"层面的理论高度。这是李贽对心学思想的发展与突破的重要表现，也是李贽思想在晚明思想界和文学界造成很大影响的原因之所在。

刘尚礼，周文芳．李贽心性论的心理学解读［J］．兰台世界，2014（36）：149—150.

关键词：李贽；心性论；心理学；解读

机构：西南大学心理学部；重庆城市管理职业学院

摘要：李贽的心学思想启蒙了后来许多思想家，他一生坎坷，遭遇不平，特殊的信仰造就他不同于别人的想法，他提出童心学说，对前人的作品进行独到的批评，对李贽学说的心性的研究和心理学分析可对其进行一个深入的了解。

陶蕾．李贽"童心说"的道学渊源探微［J］．太原师范学院学报（社会科学版），2014（2）：72—75.

关键词：童心说；道家；无为而治；真；齐物论

机构：扬州大学文学院

摘要：李贽的"童心"包含三层含义："真心""本心"以及"最初一念之心"。老子的"无为而治"、庄子的"真""齐物论"等道家学说的思想，皆被李贽吸收在其"童心说"之中，成为其"童心说"理论的重要思想渊源。李贽"童心说"理论的形成，与道家思想有着难以分割的内在思想关联。

夏郁，王欢．李贽"童心说"哲学观中的音乐美学思想诠释［J］．文艺评论，2014（2）：104—106.

关键词：音乐美学思想；美学思考；李贽

机构：南昌航空大学音乐学院

摘要：李贽的音乐美学思想是我国音乐美学史上一道亮丽的风景，其音乐美学思想的基本精神是重视自然，重视真，其音乐美学思想观点的鲜明理论基础是"童心说"，这是中国古代最为合理的音乐美学思想。而如果把他这种主情的自然音乐美学观放到中国音乐美学发展史上进行审视，不难发现其独特的史学价值和不同凡响的学术意义，甚至可以说，在某种意义上代表或昭示了中国传统音乐美学的发展方向。

陈明海，王俐俐．李贽伊斯兰教情结探析［J］．淮北师范大学学报（哲学社会科学版），2014（1）：63—66.

关键词：李贽；伊斯兰教；家庭氛围；洁净；葬式

机构：安徽广播影视职业技术学院新闻系

摘要：李贽的主流思想受到了儒、道、佛的影响，表现出他对中华传统文化的继承和发展。尽管李贽并未公开宣扬自己信奉伊斯兰教，但是其家族成员对伊斯兰教的笃信，不可避免对李贽产生了无法拭去的影响。他终生喜爱洁净的生活习性及其要求死后的独特的葬式，都表明了他思想所具有的浓浓的伊斯兰教情结。

项露林．从李贽的人生轨迹透视其经济思想发展［J］．黑龙江史志，2014（17）：125—126.

关键词：经济思想；治生产；童心说；义利观；重商富民

机构：云南大学中国经济史研究所

摘要：李贽经济思想的发展主要经历了两个阶段。第一阶段是其入仕为官时期，经济思想开始萌芽，形成了"治生、产之事""任其自然，务以德化"等经济管理思想，并在姚安任上付诸实践；第二阶段是其著书讲学时期，经济思想逐渐系统化，李贽以"童心说"为出发点，提出"崇私论"和新型"义利观"，主张"重商富民"，鼓励百姓靠生产经营致富，为新兴市民和商人利益疾呼。

徐海东．李贽音乐美学思想的"童心说"基础解析——"李贽音乐美学的思想基础"研究之四［J］．南京艺术学院学报（音乐与表演），2014（3）：59—63.

关键词：李贽；音乐美学思想；"童心说"；先秦儒家

机构：南京艺术学院音乐学院

摘要：李贽的"童心说"是李贽在研究儒学、道家和佛禅基础上形成的一种观点，而先秦儒家思想对其影响更为直接和明显。"童心说"所传达的思想就是孔子如何"为人"的思想，与先秦儒学的思想一脉相承。"童心说"的思想就是要求"为文"者首先要做一个"自然真实"的人，只有这样才有可能写出流芳千古的"至文"。因此李贽"童心说"的核心是"自然真实"，"童心"只是"自然真实"精神的一种外在的表述。而对"真实自然"的追求既是李贽为人的前提，也是其著述的核心所在。

欧阳蕴萱．以"狂"为中心的审美思维——论李贽评点《忠义水浒传》的二度创作［J］．（台湾）艺术与文化论衡，2014（4）：39—71.

关键词：狂；评点；接受美学；忠义水浒传；李贽

机构：（台湾）勤益科技大学文化创意事业系

摘要：李贽（1527—1602）身为美学异端大师，以其狂妄性格，以及深受晚明时代狂禅、心学的思维影响，对《忠义水浒传》进行了评点。由于其根植于"狂"的审美思维影响其评论，而具有填补意义的评论，又成为李贽对《忠义水浒传》的二度创作，补充说明了文本的意涵，同时也形成了一种"读者召唤"，让《忠义水浒传》有了袁本，以及其他伪作的评点，并使其他读者对该文本有了另一层"批评式阅读"，并透过假托李贽之名，构成一种遥相呼应的共同阅读经验。故本文企图以接受美学的角度，探讨李贽以"狂"为中心的审美思维，借由以"童心"为中心之狂美意识、以"真"为展现"狂"的基础、"忠义"是发自肺腑的精神实践、"狂"是至情至性毫无顾忌的狂禅思维四个层面，彰显其深具划时代意义的诠释。

杨肇中．黄道周史学思想析论［J］．闽台文化研究，2014（2）：68—74．

关键词：黄道周；史学思想

机构：复旦大学历史系

摘要：晚明学界在崇尚经世救时之实学的诉求下，掀起了向儒学经典回归的学术运动。是时史学思潮亦在时代更革中发生无可忽视的异动。闽南黄道周为晚明一代大儒，其史学思想值得注意。本文从三个方面对其史学思想予以析论：一、"经、史并重，以史证经"的方法论；二、史学的价值论；三、史学的经世功能论。

陈来．黄道周思想研究［J］．集美大学学报（哲学社会科学版），2014（3）：52．

关键词：黄道周；明代政治；历史文献学

机构：中国哲学史学会；清华大学国学研究院

摘要：〈正〉无论从哪个方面来讲，黄道周在晚明乃至整个明代都是一位不容忽视的大儒，其思想的多维度面向非常典型地反映了明末社会思潮的复杂性。黄道周多才多艺，知识渊博，著述宏丰，涉及经学、理学、易学、博物学、书法艺术、天文历算、乐律堪舆、中医以及明代政治社会的多方面信息，这些著述均有很高的学术研究价值。然而长期以来关于黄道周的研究在广度、深度上都有待进一步拓展。

郑亚芳．试论儒生欧阳行周的佛道情结［J］．福建论坛（人文社会科学版），2014（4）：125—130．

关键词：儒学；欧阳詹；佛道

机构：泉州师范学院文学与传播学院

摘要：作为泉州府一代乡贤之首的欧阳詹，人们关注的往往是他的儒生身份、儒学修养和对闽越儒学的促进和贡献，笔者认为欧阳詹的身上，儒释道三者是纠结在一起的，有儒外释内的倾向，从而构建了欧阳詹相对复杂又与时代思潮相吻合的思想情结。

刘昭斌．吴鲁《正气研斋彙稿》里的爱国情怀［J］．东方收藏，2014（1）：119—121.

关键词：吴鲁；研斋；兵学

摘要：〈正〉据《清资政大夫吴鲁墓志铭》载，清末状元、晋江人吴鲁（1845—1912）平生著作颇多，有《蒙学初编》《兵学、经学、史学讲义》《教育宗旨集著》各两卷；《国恤恭纪》一卷；文四卷；《读王文成经济集书后》六卷等。吴鲁逝世后，其四子吴钟善收集遗稿，刊印两部著作，一部是《正气研斋汇稿》，另一部是《百哀诗》。由于刊印数量有限，历经时代变迁，这两部著作在社会上已经罕见……

邓文金．论蓝鼎元的政治思想［J］．韩山师范学院学报，2014（1）：20—24，38.

关键词：蓝鼎元；政治思想；民本思想；风俗观；为官治民之道

机构：闽南师范大学闽南文化研究院

摘要：蓝鼎元是清初一位著名的理学思想家、学者，其政治思想主要包括民本思想、风俗观、为官治民之道等内容。他的政治思想集中体现了其思想特点，虽有明显的局限性，但现实针对性强，反映了清前期历史发展的要求，对后人治国理政也有积极的借鉴意义。

闽南方言

一　闽南方言概述

曾德万．闽南话、客家话文白异读比较研究［J］．龙岩学院学报，2013（6）：6—11，17.

关键词：闽南话；客家话；文读；白读

机构：泉州师范学院

摘要：选取闽南话区的厦门、漳州、龙岩，客家话区的武平、梅县五地，来比较闽南话、客家话文白异读，从三方面进行研究：文白异读单字、文白异读的分布、文白异读音素。结果显示：闽南话中心区的白读字数是客话的三到四倍；音素文白异读在五地都大于相应的单字文白异读；而在地理位置上处于中间的龙岩，不管在单字、还是音素上，都显示了闽客过渡区的特点。

曾南逸．闽南方言"裘 hiu"之本字考释［J］．语文研究，2013（1）：60—61.

关键词：闽南方言；［hiu］；裘；襦；本字

机构：北京大学中文系

摘要：文章从语音对应、辞书释义、书证三个方面论证了闽南方言表示"冬衣"的［hiu］一词的本字应该是"襦"。

陈立红．方言语流音变对汉语歌曲演唱的负迁移——以闽南方音普通话为例［J］．音乐研究，2013（6）：100—105.

关键词：语流音变；负迁移；第二语言习得；语言迁移；连读变调

机构：集美大学音乐学院

摘要：〈正〉较早提出语言迁移概念的是美国语言学家 Robert Lado，他指出："在第二语言习得中，学习者广泛依赖已经掌握的母语，经常将母语的语言形式、意义以及与母语相联系的文化，迁移到第二语言习得中去。"同时在其对比分析假说中指出："学习者的母语是第二语言习得中的主要障碍，母语和目的语之间的差异与其可能导致的困难之间成正比，即'差异＝难度'，差异越大，难度就越大。"……

陈忠敏．历史比较法与汉语方言语音比较［J］．语言科学，2013（5）：520—535．

关键词：历史比较法；对等形式；闽语；鱼韵

机构：复旦大学中国语言文学系

摘要：汉语方言语音比较是遵循历史比较法中的语音对应原理展开的。亲属语言（方言）语音比较要寻找对等形式的比较。本文根据历史比较法的原理讨论高本汉方言语音比较法、罗杰瑞闽语语音比较法的得失，随后提出方言语音层次比较法这一概念，并通过闽语鱼韵读音的讨论说明语音层次比较法的具体步骤。

戴黎刚．受变与自变的融合——一种特殊的历史层次［J］．语言科学，2013（4）：420—429．

关键词：东海话；受变；自变；历史层次

机构：浙江工商大学人文学院

摘要：历史层次一般指受其他方言影响而产生的层次。而方言自身演变所产生的层次，通常不称为历史层次。文章通过莆仙话和闽南话的比较，在莆仙话的枫亭、东海小片，发现一种特殊的历史层次。这种历史层次是受闽南话的影响而产生的，但又不是直接借用闽南话，它是受变之后又进一步自变的结果。这种特殊的历史层次，很值得进一步研究。

郭琳琳．方音消解和方音变异的进程及影响因素［J］．泉州师范学院学报，2013（5）：58—63．

关键词：方音消解；方音变异；音段产出；第二语言输入数量；第二语言输入质量

机构：泉州师范学院应用科技学院

摘要：本研究通过闽南话—普通话双语者与普通话单语者和闽南话双语者的语音对比，探索方音消解和方音变异的进程及影响因素。22 名闽南话—普通话双语者，5 名闽南话单语者，5 名普通话单语者参加了实验。实验采用声学分析和听者评分两种经典方法。结果表明，闽南话—普通话双语者不仅普通话的产出偏离常模，而且闽南话的产出也偏离常模；第二语言输入的数量和质量对方音消解和方音变异存在着显著影响。

李如龙．海外汉语方言研究的新视野——读《全球华语词典》［J］．辞书研究，2013（1）：42—47．

关键词：全球华语词典；海外方言；调查研究；启发

机构：厦门大学

摘要：文章从海外汉语方言的特点和传统汉语方言调查研究方法的局限出发，以《全球华语词典》为例，通过对其所收录闽粤方言词汇的分析，论述了《全球华语词典》给海外方言调查带来的启发。

李少丹．闽南谚语隐喻的类型与认知探析 ［J］．漳州师范学院学报（哲学社会科学版），2013（1）：109—113.

关键词：闽南谚语；隐喻；类型；认知

机构：漳州师范学院中国语言文学系

摘要：隐喻是闽南谚语运用得最为广泛的一种修辞方式，也是人们交际交流的一种重要认知方式。闽南谚语中的隐喻形式丰富多样，是谚语的语言张力与认知解读的重要因素。闽南谚语隐喻的喻体形象灵动，达到化未知为已知，化抽象为具体的认知目的。

连金发．《荔镜记》中称谓语的称代用法探索——从语体角度入手 ［J］．当代修辞学，2013（1）：72—79.

关键词：语体；闽南戏文；称谓语；称代用法；人际关系；形态；韵律

机构：台湾"清华大学"语言学研究所

摘要：从语体的观点来说，称谓语透过各式各样的语体反映言谈事件中言谈者（包括说话者、听话者、第三者）之间的人际关系，人际的亲疏远近、尊卑高低都会随着情境而变，形成制约称谓语语言形式选取的重要因素。本文关切的焦点是称谓语的称代用法，即在语境中用来指称说者、听者或第三者采用称谓语而不直接用人称代词，其用意是表达交谈者错综复杂的人际关系。本文将省视闽南戏文明嘉靖《荔镜记》中各种角色（生、旦、贴、外、丑、末、净）如何在情节推移中活用称谓语，来表达对话者之间各种人际的主观语义，特别引人入胜之处是因语境的变迁所带动称谓语语体的变化，其变化方式有规律可循。

林颂育．方言写作之交流障碍与粗鄙化问题探析——以闽南方言区作家作品为例 ［J］．漳州师范学院学报（哲学社会科学版），2013（4）：83—88，92.

关键词：闽南方言；方言写作；引进方式

机构：闽南师范大学文学院

摘要：在方言写作积极意义备受肯定的同时，如何看待和解决过度使用方言造成的交流障碍和粗鄙化问题同样重要。而这离不开对方言成分进入文学作品方式的进一步总结、甄选，离不开对方言土俗成分进入文学作品审美价值的中肯评价。思索之余，我们看到方言写作存在的种种弊端不是方言本身的错，而更多是不同语言系统及其所承载的不同文化背景、思维方式等在相互融合过程中必然产生的碰撞。只要出于文意表达的需要，再普通、再粗俗的方言成分的引进都可能产生独特的艺术效果。根据需引进方言成分本身的形式和意义特点，甄选合适的引进方式则是方言写作过程中的关键性技术问题。

马睿颖．两百年来西文关于闽方言论文目录考述与翻译〔J〕．汉字文化，2013（3）：43—48.

关键词：闽方言；论文目录；台湾话；外国传教士；福建方言；方言研究；闽语

机构：福建师范大学外国语学院

摘要：〈正〉随着外国传教士对福建的入侵，语言传播成为一个至关重要的问题。用口头宣讲的方式直接面对群众宣讲教义是其时基督教来华传教的主要策略。而中国又是个多方言的国家，各种方言间甚至无法互通。为了更有效地传播教义，传教士们往往先学习当地方言，《圣经》的方言译本也应运而生。传教士大多本身是语言学家，将《圣经》译为汉语后，多通过用罗马字注音，即用"罗马字"……

马睿颖．清代以来西文关于闽方言研究著作目录考述与翻译〔J〕．东南学术，2013（5）：250—256.

关键词：西文；闽方言著作；文献目录；考述；翻译

机构：福建师范大学外国语学院

摘要：目前可搜集到的自清迄今用西文撰写而成的闽方言著作约有86种，经整理并翻译为现代汉语后，有助于研究方言学者更好地开展研究工作。本文分为七个部分：一、西文福建闽南方言研究著作目录考述与翻译；二、西文台湾闽南方言研究著作目录考述与翻译；三、西文广东潮汕闽南方言研究著作目录考述与翻译；四、西文闽东方言研究著作目录考述与翻译；五、西文闽北方言研究著作目录考述与翻译；六、西文闽方言研究著作目录考述与翻译；七、西文闽方言研究的历史分期及其思考。

汪国胜，付欣晴．汉语方言的"动词重叠式，补语"结构〔J〕．汉语学报，2013（4）：28—34，95—96.

关键词：动词重叠式；补语；共现

机构：华中师范大学语言与语言教育研究中心；南昌大学客赣方言与语言应用研究中心

摘要：闽语和吴语里普遍存在动词重叠式带补语的现象，但看似相同的结构形式其实并不尽相同。与闽语不同，吴语中包含两种不同来源的动词重叠式，它们形式上的相近与长期共存的局面导致方言中表量小的重叠式也能带补语。

温静．《祖堂集》的"阿""子""生"词缀在闽语中的保留〔J〕．铜仁学院学

报，2013（6）：72—75.

关键词：《祖堂集》；词缀；闽语

机构：福建师范大学文学院

摘要：通过列举"阿""子""生"词缀在《祖堂集》中的用法，分析这类词在闽语中的保留情况。同时，将近代汉语附加式构词法与现代汉语比较，窥探近代汉语词缀发展面貌，反观闽语对近代汉语通语的继承状况。

吴文文．以古汉字字形为材料考证闽南方言古语词例释［J］．闽台文化研究，2013（4）：97—100.

关键词：闽南方言；古汉字；古语词考证

机构：闽南师范大学闽南文化研究院

摘要：通过建立 12 个闽南方言词词义和对应古汉字造字本义之间的联系，确立这些词语的古语词性质。这 12 个词是"鼎、册、目、乌、粟、暴、走、行、日、食、寒、索"。通过这些例子探讨了拓展方言古语词考证的研究思路和方法。

余光弘．闽南文化研究的语言危机［J］．闽台文化研究，2013（1）：96—100.

关键词：闽南文化研究；濒危语言

机构：厦门大学人类学系

摘要：闽南文化的研究牵涉三种语言，要用闽南语进行调查、搜集资料；必须以汉语及英语发表研究报告，以与学术界对话，在交流中才能求进。由于对儿童学习语言的机制缺乏了解，以及文化自卑感作祟，台湾海峡两岸的闽南语文化区正面临严峻的语言问题。很多人认为学习闽南语会妨碍子女学习汉语及英语，因此刻意地不让子女学习母语。误认为生华人长在华人社会的华人自然会说、写汉语及汉文，学校及家庭对学生的汉语说、写能力并不留意要加以训练提升。心急的父母将子女交到幼儿园或补习班不合格的"英语"老师手中，过早地扼杀子女学好英语的潜力。所以我们可以观察到一个三输的局面，年轻人不会说母语的闽南语，开口或下笔是粗俗不雅的汉语，耗费巨资及大量时间只不过学了些上不了台面的洋泾浜英语。闽南语应该列入濒危的语言之一，缺乏以闽南语为研究工具的闽南文化研究也将无以为继。

张嘉星．欧洲人汉语辞书编纂始于闽南语辞书说［J］．福州大学学报（哲学社会科学版），2013（3）：12—15.

关键词：传教士；南洋群岛；汉语辞书；闽南语辞书；欧洲汉学研究

机构：漳州师范学院闽南文化研究院

摘要：闽南语是跨越地域和国界的汉语方言。探讨明中叶以来欧洲传教士汉语教育之方言取向，描述西方教会闽南—台湾—南洋之"大闽南语区"闽南语研习过程，可以揭示欧洲人汉语辞书编纂始于闽南语辞书的历史事实。欧洲人研习闽南话始于 16 世纪后期西班牙天主教会，传教士拉达《华语韵编》编于菲律宾，成书时间是 1575 年，比罗明坚与利马窦完稿于 1584—1586 年的《葡汉辞典》早约十年。17 世纪，西班牙天主教会在菲律宾共编纂十多部班华、华班闽南语词典。19 世纪南洋马来语区涌现数十部闽南话荷汉辞典和闽南话汉英辞典等闽南语辞书，直到鸦片战争之后，欧洲传教士才将闽南语辞书的出版地推广到中国内地和港台。这是闽南语言文化在南洋地区接触西、荷、英三大欧洲语种的特殊语言文化现象。

张静. 闽方言特征词"厝"的语义演变探究 ［J］. 鸡西大学学报，2013（11）：141—142，156.

关键词：厝；闽方言；语义演变

机构：福建师范大学文学院

摘要：对古语词"厝"本义的不同见解，可将"厝"归为表"磨刀石"的形声字和表"房屋挂干腊肉"的会意字。根据李如龙提出的方言特征词理论，并结合部件分析法和福建当地人文历史，我们可以将闽方言特征词"厝"的语义从古语词义项演变归纳为两种轨迹。

张荣荣. 汉语方言词"娃""囝"语义对比 ［J］. 齐齐哈尔大学学报（哲学社会科学版），2013（1）：103—105.

关键词：娃；洛南方言；囝；闽南方言；语义

机构：漳州师范学院中文系

摘要：文章描写了"娃"在陕西洛南方言、"囝"在福建闽南方言中的语义分布、发展变化、在普通话作品中的使用情况，通过描写揭示二词在使用和词义演变过程的异同和规律。二词在词义演变方面的相同点表现为：二词都有"孩子"义，并演变出"年轻人"或"儿子或女儿"等意义，不同点表现为二词语法化程度不同，"囝"做词缀的形式多样，且可做形容词、副词等词缀，"娃"无此用法。

郑秋榕. 闽、闽越、疍民与南岛语族辨析 ［J］. 闽商文化研究，2013（2）：36—41.

关键词：闽；闽越；疍民；南岛语族

机构：福州大学人文社科学院社会学系

摘要：学术界一直对闽、闽越及其南岛语族等概念纷争不休，然而对于作为"闽越最后的书写者"的疍民，与这三个族群之间的关系，是值得我们进一步地辨析探讨的。福建最早的族群应为"闽"，而"闽越"是受到外来族群文化影响渗透的融合结果，而百越—南岛语系是不可分割的统一文化整体。

杨秀芳．论"几"的形态变化及其在闽南语的反映［J］．（台湾）台湾大学中文学报，2013（43）：121—176.

关键词：形态变化；假借；本字；词族；闽南语

机构：（台湾）台湾大学中国文学系；台湾大学出版中心

摘要：本文结合文献资料与方言语料，剖析文献中有关"几"的音义及假借问题，并借由对"几"的认识，探讨闽南语聚讼纷纭的本字问题。"几"在汉语史上进行了复杂的音义发展变化，文献所见，可以分为四种不同的形态。"几"的四类音义发展到今天，表示少量和疑问的上声"几"在共通语中还有活泼的用法，平声"几"则只用在"几乎""庶几"这类固定的文词汇中。闽南语除保留上声"几"的用法之外，还保留平声"几"接数词的用法，并且有创新的发展变化。

连金发．Why' and ' How' WH—words in Earlier Southern Min Texts：Interface of Inherent Properties of' why/how' WH—words and their Syntactic Positions［J］．（台湾）语言暨语言学，2013，14（4）：633—661.

关键词：缘由/样式疑问词；结构位置；诠释；早期闽南语

机构：（台湾）"中央研究院"语言学研究所

摘要：本文探讨早期闽南语文本中"缘由/样式"疑问词固有属性和句法位置的互动关系，这些早期闽南语文本是潮州和泉州方言的混合戏文，最早可回溯到16世纪（Wu 2001a-d）。这类疑问词分两大类：以"乜"为本的疑问词和以"俩"为本的疑问词，每类疑问词的诠释部分取决于其出现的结构位置，这类疑问词出现于四个位置：语势、情态词前、动词前及子句后。这类疑问词出现于语势、情态词前、动词前和子句后的位置都分别产生反诘、缘由、样式、目的语意。缘由/样式疑问词都以"做"为本，"做"充当焦点标记可能是带有变项的疑问词蜕变为附加语疑问词的推手。

杨素梅．从"皮"词族论闽南语 phua3 pî7（生病）的本字［J］．（台湾）台湾大学中文学报，2013（40）：367—423.

关键词：词族；词源；历史语言学；闽南语；生病

机构：（台湾）台湾大学中国文学系；台湾大学出版中心

摘要：本文从词族研究观点探讨闽南语表示生病的 phua3 pî7 一词的汉语语源。文中检讨一般所标写的"破病"与"发病"，前者只可分析为述宾词组，且由于"破"字取义于声符"皮"的义素：去除分离，因此是表示破除疾病而非生病。而后者无法对应于闽东方言的音韵规则。文献中另有"被病"一词，由疾病披覆于身，引申为罹患疾病。语音方面，无法建立闽语各次方言间的规则对当，透过寻音法仅能举证若干例外的演变，合理的推测是韵书失收音义记录。另据"皮"词族内部及典籍中的通假现象，音字和音义非严格对应，说明闽南语"被"字确可读为 phua3。进一步利用*s

词缀的构词与别义作用，来构拟"被" phua3 语源形式为*s-bjiars,*s-词头将名词转变为动词,*-s 词尾造成去声别义。说明了上古音到闽南语的音韵演变后，同时厘析闽南语"被"字三音读的语义及层次：phua3 来自上古层，仅保留在"被病"一词；phe7 属晋代北方层，表示被褥一类；pi7 是文读层的表现，用来作为被动的标记。本文的结论是，闽南的 phua3 pĩ7 的汉语语源为"被病"。

白俊骞．马重奇教授与闽方言韵书研究［J］．贵州师范学院学报，2014（4）：24—27.

关键词：马重奇；闽方言韵书；研究方法

机构：铜仁学院中文系

摘要：马重奇教授在闽方言韵书研究方面取得了丰硕的成果。这与他搜集材料的全面、研究方法的科学有效及自身深厚的学术积淀有关。他的研究成果不仅有极大的学术价值，也有重要的政治意义。

陈伟红．闽南话与普通话语码转换的语用学分析［J］．厦门理工学院学报，2014（6）：69—74.

关键词：闽南话；普通话；语码转换；顺应；语用功能；语用学

机构：泉州师范学院外国语学院

摘要：在闽南地区语境下，闽南话与普通话语码转换有其特有的顺应特征和具体的语用功能。从语用学视角分析闽南话与普通话语码转换的会话实例，发现在闽南文化思维语境下，闽南话与普通话语码转换是说话人在综合考虑闽南话与普通话语言因素、社会文化和心理语境变量的基础上选择的语用策略；在顺应的过程中，闽南话与普通话码转换实现了简约、尊重、排除、标记等社会语用功能和情感、强调、幽默等心理语用功能。

崔闽鲁，陈毅菁．闽南方言与传承中医精华［J］．福建中医药大学学报，2014（5）：66—69.

关键词：闽南方言；中医精华；传承；特点

机构：福建医科大学附属第二医院；福建中医药大学

摘要：〈正〉汉人入闽由汉武帝攻打闽越开始，特别是"西晋永嘉之乱，中原板荡，衣冠始入闽者八族"，此后至唐宋，大量汉人迁入福建而成为现今闽南人的源头。随移民而来的中原语言在偏安海隅逐渐演变成以"泉州腔""漳州腔"为主的闽南语体系。明清以降，是闽南民系向广东、台湾以及南洋移民的时期，而"衣冠南渡"带来的中医术，在针对闽南水土、物候产生的不同于北方疾病的诊疗过程中，探索总结出许多新药方和新的治病方法，创造出独具特色的闽南中医药和闽南民间医药……

李春晓．闽南方域文字刍议［J］．东南学术，2014（2）：223—228.

关键词：闽南；方域文字；特点；闽南文化

机构：福建师范大学文学院

摘要：方言词语用字问题确实值得关注，值得我们用点力气来认真研究，妥善解决。方言用字的研究应该是方言研究与方言应用的一个结合点。闽南方域文字呈现出趋简性、流俗性、依附性、通用性和约定俗成性等特点，这与闽南文化的传播密切相关。闽南方域文字研究具有宝贵的学术价值和积极的现实意义，如何深入系统地研究已经提到重要的日程上来，我们有必要从文字学、方言学、训诂学、文献学和文化学等多角度对其进行全面细致的研究。

李如龙．论方言特征词的特征——以闽方言为例［J］．方言，2014（2）：97—102.

关键词：特征词；本体特征；闽方言

机构：厦门大学人文学院中文系

摘要：本文以闽方言为例，阐述了方言特征词的基本特征、频度特征、结构特征、语义特征、语法特征和用字特征等本体特征。

李少明．闽南话教会罗马字与汉语拼音［J］．海峡教育研究，2014（1）：39—45.

关键词：教会罗马字；闽南；卢戆章；《汉语拼音方案》

机构：集美大学政法学院

摘要：现行《汉语拼音方案》与闽南话教会罗马字有着密不可分的直接关系。闽南话教会罗马字是中国历史上最早出现和影响最大的汉语方言罗马字，是现行《汉语拼音方案》的滥觞，现行《汉语拼音方案》是从闽南话教会罗马字肇始的各种汉语罗马字母拼音方案的发展和完善。

连朝霞．闽、汉、英程度副词的标记性比较［J］．长春教育学院学报，2014（16）：86，88.

关键词：程度副词；标记性；比较

机构：厦门理工学院外国语学院

摘要：方言对于第二语言的学习有着毋庸置疑的影响。闽南语是汉语方言之一，虽相当完整地保留了汉语程度副词的词性与语法特点，但在其发展中出现了不同的表现形态，体现了其地域和文化特征。本文对闽南语、汉语及英语程度副词的标记性的比较，不仅能够分析闽南语对于英语学习的影响，为纠正闽南学生英语学习的偏误提供切实可行的方案，更有助于促进和推广闽南语的学习和使用。

林宝卿．闽南方言是古汉语的活化石［J］．闽台文化研究，2014（3）：102—105.

关键词：闽南方言；古汉语；活化石

机构：厦门大学中文系

摘要：闽南方言是古汉语的一支强势的地域方言，古汉语作为闽南方言的重要成分，至今活在闽南人的口语中，体现在闽南方言的语音、词汇、语法等方面。闽南方言保留的古汉语字、词、句与中原古文化关系十分密切，这些古汉语活化石有利于闽南地区传统文化的保留和传承。

林颂育. 闽南话文白异读分层别居特点之成因分析 [J]. 闽台文化研究，2014（4）：83—88.

关键词：文白异读；闽南话；分层别居；成因分析

机构：闽南师范大学文学院

摘要：闽南话文白异读有一个重要特征就是不同语音层有着界限明晰的分工场域。突出表现在读书识字时基本只用唐宋文读层的读音。为什么闽南人诵读书面语只会选用唐宋文读层的读音，而不会误选到其他语音层的读音？这个问题可从唐宋南下移民说起。解决这个问题的关键在于关注南下入闽的唐宋中原汉语在文言音系统和白话音系统中的不同演变。

罗宝珍. 闽南方言研讨会在永春召开 [J]. 汉字文化，2014（2）：96.

关键词：闽南方言；永春；中国语言文学；闽南语

摘要：〈正〉为了进一步传承与发展闽南语文化，建设美丽的乡村，福建永春县图书馆于2014年3月5日在本馆隆重召开了闽南方言研讨会。应邀莅临的有永春师范、永春县党史室、县文体局、县文联、桃源乡讯、老年大学、退教协会等相关单位人员以及县文学界专家学者，共60余人。此次研讨会特邀荣获"福建省优秀教育世家"、永春三中名老教师林清和参加。林老师对闽南方言颇有研究。他对黄谦编写的《汇音妙悟》，厦门大学中国语言文学研究所方言研究室……

彭姝. 浅析闽南方言广告的情感劝服艺术 [J]. 品牌（下半月），2014（10）：292—293.

关键词：方言广告；情感劝服；感性诉求

机构：福建师范大学协和学院

摘要：方言在人们的社会交际活动中起着重要作用，在闽南、广东客家等地区，方言广告因其不同的语言形式，获得了独特的传播效果。文章以闽南方言广告为分析对象，分析其在传播中的情感劝服艺术及传播技巧。

施其生. 闽南方言表实现体貌的"了"[J]. 语言科学，2014（3）：252—267.

关键词：闽南方言；实现；体；"了"

机构：中山大学中文系

摘要："了"在闽南方言各地普遍用作表示实现体貌的形式，但由于实现体貌发展程度的不同，在各地有一定的差异。其中表示动作行为本身实现的、活动于词层面的"了₁"在福建—台湾片和雷州片基本上不用，在粤东片和海南片则普遍存在；用于表示事件作为一种新情况实现、活动于句层面的"了₂"在各地普遍存在；用于表示事态实现、活动于词组层面的"了₃"在闽南方言的大部分地区仍存在，但在雷州片和海南文昌已经消失。这种"了₃"多少带有一些"完毕"的意义，语音上也未弱化，是一个不成熟的体貌标记。三种"了"的句法分布在各地也有差异。考察、比较三种"了"在不同地域中和不同句法环境中的分布，可追溯出表实现体貌的"了"在闽南方言中的发展、演变过程。总体而言，闽南方言"了"的发展演变过程比普通话较迟或较慢，而各片的发展进度又快慢不一。

唐七元．从方音特点看闽语区的谐音文化［J］．内江师范学院学报，2014（1）：107—110.

关键词：方音特点；闽方言；谐音文化

机构：广西大学文学院

摘要：闽方言与普通话之间语音差异较大，很多在普通话不谐音的字，在闽方言却是谐音的，因而形成了独具特色的谐音文化。谐音文化一般分为禁忌和祈福两大类，具体表现为谐音习俗、事物改称、方言熟语等方面。从闽方言语音特点出发，可以探讨闽语区的谐音文化的形成、分布及其真实性。

王明理．网络流行词"吐槽"研究［J］．文学教育（下），2014（1）：126—127.

关键词：流行词；闽南方言；语法特征

机构：华中师范大学语言与语言教育研究中心

摘要：〈正〉网络流行词"吐槽"普遍使用得到了广泛关注。本文就"吐槽"一词的形成机制、语义特征、语法特征，以及流行原因探讨，从而得到一个较为系统的、深入的认识。一、形成机制：（一）来源"吐槽"是一个外来词，来源于日本，在日语中的含义相当于中国相声中的"捧"。"吐槽"最早传入我国的闽南方言区，闽南方言中存在"吐槽"的发音形式，但字形不确定。翻译过来的时候，仍然使用闽南语……

王南冰，宋兆祥．山东方言与吴闽语关系的词汇证据［J］．郧阳师范高等专科学校学报，2014（5）：39—45.

关键词：方言关系；方言特征词；移民史；山东方言；吴闽语

机构：烟台工程职业技术学院；鲁东大学国际教育学院

摘要："趁（赚钱；拥有）""炔（用石块等击打）""横_{去声}（扔掉）""釵（提；拉扯）""愒（躺；斜靠）"和"盧（闭门）"是山东方言的特征词汇。这些词在南方方言里仅散布于吴语和闽语中，在粤语、客赣语、湘语和徽语里踪迹难觅。究其缘由，两晋青徐移民从中原东部出发南下先聚集在建康及其周围地区，后来这些移民的后裔又经由浙南进入了福建。这些词语即是由青徐移民辗转挟带下来的，它们在吴闽语里的分布范围跟移民迁移的路线基本吻合。本文的结论可以跟学者们研究西晋青徐方音特征在吴闽语里的表现得出的结论相互印证。

王曦．明嘉靖本《荔镜记》方言词缀研究［J］．东南学术，2014（2）：229—234.

关键词：嘉靖本《荔镜记》；方言；词头；词尾

机构：泉州师范学院文学与传播学院

摘要：明嘉靖本《荔镜记》是迄今为止泉州地区甚至是福建地区发现的最早的南戏戏曲文本，是研究戏曲发展史与闽南方言的宝贵资料。对明嘉靖本《荔镜记》中词头和词尾进行分析研究发现：明嘉靖年间对《荔镜记》潮泉二部重刊过程中，必定是经过了慎重的选择，选定了某个本子作为蓝本，参照别的戏本进行重新勘定；当时潮泉两地的方言在个别字词，如"仔"的读音和使用上是一致的，而在一些字词如"阿"和"哑"的使用上则存在不同，对比现代方言不难看出其中已经发生了一些变化；通过比较词头和词尾的用法，可见近代闽南语词汇变化的轨迹。

吴菲娜．闽南方言对英语语音学习的负迁移与大学英语教学［J］．湖北广播电视大学学报，2014（6）：140—141.

关键词：母语迁移；闽南方言；英语语音；教学策略

机构：福州外语外贸学院外国语学院

摘要：外语是在母语的基础上学习的，母语对二语习得的影响深远。闽南地区的学生由于母语的发音根深蒂固，影响了普通话的发音，从而又影响了英语语音的准确性。这使得闽南方言区的学生学习英语十分困难。本文分析总结了闽南地区学生由于母语发音而产生的英语发音错误，并提出了几点教学建议。希望能够提高闽南地区学生的英语语音学习。

项梦冰．保留入声的汉语方言［J］．贺州学院学报，2014（4）：25—32.

关键词：《汉语方言地图集》；入声；方言地图

机构：北京大学中文系暨中国语言学研究中心；北京大学计算语言学教育部重点实验室

摘要：根据《汉语方言地图集》语音卷 013 图介绍 930 个汉语方言点保留入声的

情况，并绘制必要的方言地图。官话多数方言的入声已消失，但保留入声的方言也超过了四分之一数，主要集中在晋陕官话、江淮官话和部分西南官话。南方方言中，粤语、闽语、吴语、客家话入声都保留得比较好，赣语和湘语则有所落差。保留入声的汉语方言，多数尚能同时保留入声韵尾，但西南官话保留入声韵尾的方言已经很少，湘语则完全失落。从入声和入声韵的演变情况看，湘语是南方方言中最为创新的一支，跟西南官话的表现非常接近。

晓月，易中天．为什么南是腔北是调〔J〕．应用写作，2014（2）：13.

关键词：北方方言；南方方言；七大方言；长江以南；潮汕话；广州话；闽语

摘要：〈正〉汉语七大方言（也有说八大的），吴、湘、赣、客、粤、闽（或闽南，闽北）都是南方方言，属于北方的只有一种，也没法拿省份来命名，干脆就叫北方方言。北方方言品种虽然单一，覆盖面却大得吓人。除广西、新疆、西藏、青海、内蒙古等少数民族地区外，长江以北，长江以南镇江到九江……

杨秋娜，梁丽娜．闽南语英译名称的演变及规范〔J〕．云南农业大学学报（社会科学版），2014（4）：94—99.

关键词：闽南语；闽南话；方言；文化信息传递

机构：黎明职业大学外语外贸与旅游学院

摘要："闽南语"，也称"闽南话"，在国内的使用人群分布较广，国外也有大量的使用人群。这一方言的西译开始得较早，但至今没有统一的英语译名，妨碍学术研究和交流。本文描述历史上西方人对这一方言的译名和译法，统计目前正在使用的译名和译法，发现 Hokkien、Amoy 和 Swatow 是常用于指称该方言的地名，使用时间早；Minnan、South Min 和 Southern Min 在"二战"后兴起，有一定的使用频率；language、dialect、colloquial 和 vernacular 等词的单复数形式常与前述地名连用。在考虑文化负载词翻译中文化信息的传递、一种语言与其他语言的关系和英语构词特征 3 个方面后，笔者提出 Minnanese 可作为"闽南语"和"福建话"在学术上的统一译名。

野原将挥，秋谷裕幸．也谈来自上古*ST—的书母字〔J〕．中国语文，2014（4）：340—350，384.

关键词：上古音；书母；闽语；战国楚简；T类声母和L类声母

机构：（日本）东京大学；（日本）爱媛大学法文学部

摘要：美国学者白一平教授研究中古书母的上古来源而提出了"上古音*ST—：闽语不送气塞擦音"的语音对应。本文根据更多的现代汉语方言材料以及战国楚简中的表现，检验并证实了这一语音对应能够成立。

张杰．汉语方言变调系统的能产性与其理论分析 ［J］．当代语言学，2014（3）：273—287，376—377.

关键词：生成音系学；实验音系学；连读变调；最大熵值语法

机构：（美国）堪萨斯大学

摘要：在生成音系学中，"音系"特指说话人对语音组织规律的潜在知识。这意味着从语言本身固有的词汇搜集资料的传统方法只能间接地回答生成音系学的研究问题。近年来实验音系学的研究也表明了说话人的音系知识与语言固有词汇中所体现的规律是不对等的。汉语方言的变调系统对音系理论提出了诸多挑战：由于变调在语音和语用角度上的任意性及其在音系系统上的晦暗性，我们对许多变调系统无法在现有的音系理论中做出合理的解释。但我们在理论上的困惑实际上是不成熟的，因为我们忽略了上面所提到的关于说话人潜在知识的问题。本文通过一系列关于新词与假词的声调实验对普通话、天津话、上海话、台湾闽南话及无锡话的变调系统的能产性进行阐述。这些研究表明并非所有的变调规律都会完整地在说话人的音系知识中体现出来；某一特定变调规律的能产性与其语音特性、音系上的透明性及其在词汇中的使用频率都有着密切的关系。这些发现说明我们应该重新回到数据的角度上，用实验方法踏踏实实地对变调系统的数据本质做一个重新的认识。从目前的结果来看，这样的数据能够使一些理论上的疑难问题迎刃而解（如关于晦暗性的问题），但也对理论提出了新的挑战（例如，如何处理变异和例外及如何模拟习得的过程）。

张荣荣，杨继光．清代奏折词语例释 ［J］．闽南师范大学学报（哲学社会科学版），2014（3）：85—89.

关键词：清代；奏折；闽南方言；词语考释；辞书编纂

机构：闽南师范大学文学院

摘要：清代奏折词汇研究价值巨大，目前还未受到学界重视。其中有较多方言词、口语词、典章制度词，而现有大中型辞书失载或释义有误。通过运用归纳法、系联法、参证方言法、文例求义法等训诂学、词汇学方法，考释《清代巡台御史巡台文献》所收奏折中一些词语的意义，弥补大中型汉语辞书的缺失，同时为清代农业史、社会史等相关研究提供参考。

张振兴．福建汉语方言地理分布和内部关系 ［J］．云南师范大学学报（哲学社会科学版），2014（2）：49—54.

关键词：福建；方言；闽语；客家话；纷繁复杂

机构：中国社会科学院语言研究所

摘要：福建省境内的汉语方言主要是闽语和客家话。这是两种不同的方言，但也具有非常密切的关系。闽语是境内使用人口最多，通行范围最广的方言，内部有很多一致的地方，但内部的差异也是明显的。其中南北闽语的差别大于东西闽语的差别。这种语言特征一致性和差别性交错分布，使福建省的汉语方言呈现了纷繁复杂的景象。

郭维茹．闽南语"得"字的语法功能及其历史来源［J］．（台湾）东吴中文学报，2014（27）：215—236.

关键词：得；情态；荔镜记；闽南语；语法化

机构：（台湾）东吴大学中文系

摘要：本文以明清闽南语戏文及现代闽南口语材料为取材范围，全面考察闽南语"得"一词的用法。主要着眼于"得"所出现的各类句式，进而分析其句法功能。"得"除了作为句中的主要动词，表"获得"义之外，又可出现于动词前及动词后两个句法位置。居于动词后的"得"，或为表"完成"的动相补语；或做能性补语，表示动力情态。位居动词前的"得"，均充当情态动词，带谓词性宾语。其表现的情态义大抵亦是动力情态（包括条件情态），不过某些例句显示动词前的"得"已过渡至认识情态范畴。此外，"得"还有与副词复合为双音词之例，涉及词汇化及语法化的过程。另有"得人惜""得人惊"表致使的用法也历经句法上的重新分析。综观明清材料所呈现"得"的诸多构式，有一些在现代几已不用，其原因可能与它们是借自官话系统，相对较为文言的表达方式有关。

邱力璟，连金发．Nominal Structure in "Li^4 Zhi^1 Ji^4" 荔枝记（Wanli 万历 Edition）［J］．（台湾）Taiwan Journal of Linguistics，2014（2）：81—118.

关键词：指示词组；量词；名词组；闽南语；DP

机构：（台湾）政治大学语言学研究所暨英国语文学系

摘要：荔镜记（Li^4 Jing^4 Ji^4）乃是闽南语最早的戏曲口语文本。本文采用荔枝记 Li^4 Zhi^1 Ji^4（万历版本）语料库的语料，探讨名词以及指示词组（DPs）的结构。汉语指示词组内部的功能词丰富，包括：指示词（DEM）、数词（Num）、量词（CL），名词组也可以是光杆名词（NP）。首先，我们根据功能词的有无归纳了三类共存组合，分别为：（a）X1 类（［+DEM］［+CL］），（b）X2 类（［+DEM］[-CL]），（c）Y 类（[-DEM]）来做量化分析。我们也发现指示词组的某些与现代汉语不同的特殊格式，例如，"指示词+名词"以及"数词+名词"都是出现在荔枝记的格式，而在可能的格式当中，也显示与汉语不尽相同的结构分析。

二　泉州方言

杜晓萍．从《厦英大辞典》看泉州方言语音 100 多年来的演变［J］．华侨大学学报（哲学社会科学版），2013（4）：141—145.

关键词：《厦英大辞典》；泉州方言；语音；《汇音妙悟》

机构：华侨大学文学院

摘要：《厦英大辞典》（1873）以厦门方言为主兼记泉州方言，概括《厦英大辞典》所记泉州方言音系，将它与今泉州方音进行详细比较，并结合上溯泉州方言韵书《汇音妙悟》（1800），可以说明近一百多年来泉州方言语音的演变。

刘秀雪．泉州腔闽南语的中性问句［J］．（台湾）语言暨语言学，2013，14（2）：277—314.

关键词：闽南语；中性问句；泉州腔；语言演变

机构：（台湾）"中央研究院"语言学研究所

摘要：本文以新竹、金门和同安三地的中性问句语料，分析归纳中性问句在泉州腔闽南语的演变方向与动机。闽南语中性问句在不同地方出现不同使用特征，台南地区闽南语以"敢字句"（Adv——VP）为主要中性问句，新竹地区闽南语则多是以"VP——neg"来表达中性问句用法。调查发现各地泉州腔闽南语中性问句皆以"VP——neg"为主流，同时在句末否定词呈现一致的融合方向，仅速率不同；另外"敢问句"中性用法的使用，已经进入新竹和金门等泉州腔的中性问句，同安地区罕见，演变速率的差异可能源自各地和漳州腔地区的地理区隔以及闽南语言往来交流频率不同。

王宝珠，郑敏惠．泉州婚嫁歌谣的广义修辞分析［J］．泉州师范学院学报，2013（3）：72—77.

关键词：泉州；婚嫁歌谣；广义修辞；生存方式

机构：福建师范大学文学院

摘要：泉州歌谣经过历史凝结，成了泉州人在婚嫁观念上的准则，指引着泉州人的婚嫁行为。在这种意义上，泉州歌谣从最初的说法上升到了哲学意义上的活法。本文从婚嫁歌谣的语义建构、话语建构、话语行为观照三个方面分析零散存世的泉州婚嫁歌谣，探析其语义内涵、话语特色及其如何影响人们的生活并凝定为人们的存在方式。

曾南逸．"赵"字与《拍掌知音》的成书年代［J］．天津大学学报（社会科学版），2013（3）：224—226.

关键词：《拍掌知音》；赵"娄"韵；《汇音妙悟》

机构：北京大学中文系

摘要：古屋昭弘通过作者的生活年代，推断泉腔韵图《拍掌知音》成书不会晚于1700年。然而《拍掌知音》存在"赵"字收入"娄"韵的现象，洪惟仁将此现象解读为《拍掌知音》晚于《汇音妙悟》（成书于 1800 年）的表象。文章通过考察泉州地区"赵"字的读音情况，认为"赵"字收入"娄"韵并不影响《拍掌知音》的成书年代。

陈碧芬，王玲娟．从闽南语［kau²⁴ tiau³¹］解析其所折射的社会文化心态［J］．湖南科技学院学报，2013（6）：59—62.

关键词：闽南语；安溪县；［kau²⁴ tiau³¹］；社会文化心态

机构：重庆师范大学文学院

摘要：文章以泉州市安溪县一带对外来人员的称呼［kau²⁴ tiau³¹］的历史演变为主要线索，结合实地田野调查，从词汇与社会认知、社会发展、社会文化的关系等多重角度，分析其在不同历史时段词义从贬义到褒义的演变成因，着重探讨其所折射出的安溪县民众从封闭到开放的社会文化心态。

陈燕玲，林华东．泉州地区城乡学生双言生活状况对比调查［J］．语言文字应用，2013（1）：72—79.

关键词：泉州地区；普通话；闽南方言；双言生活城乡对比

机构：泉州师范学院

摘要：本文在深入调查闽南泉州市和永春县中小学生语言使用状况的基础上，分析了城乡中小学生在普通话和方言使用上存在的不和谐现象；阐述了家长的语言倾向、学校教师的语言选择和社会公共环境等因素对语言生活产生的影响；指出在方言区科学稳妥构建和谐的语言生活，还需要一个漫长的过程，中小学生在这个过程中扮演着重要的角色；呼吁在加强普通话推广的同时，还需要树立保护方言的意识，建立普通话与方言和谐共存的语言环境，使我们的语言生活更加丰富多彩。

林华东．肇端于汉　多元融合——关于闽南文化历史形成问题的探讨［J］．东南学术，2013（4）：201—211.

关键词：闽南文化；闽南方言；历史形成；一体多元；肇端于汉

机构：泉州师范学院

摘要：族群和语言的来源以及相应的史实，是考证族群文化形成的最重要的证据。早在西晋之前，汉人就已到达福建。从汉语的历史看，上古汉语向中古汉语发展时，发生了许多变化。而闽南方言直接保留上古汉语的语言特征，没有经过中古时期的演变，就说明闽南方言来源于汉朝或更早以前。历史上泉州是闽南文化形成的起点，泉州话是闽南方言的代表。自汉武帝平闽汉人入主福建以来，唯泉州地区没有出现汉人与土著的争战或其他有重大影响的战事。这使得泉州的闽南方言保留了比较完整的古汉语特征。

施永瑜.《畅所欲言》与晚清时期的泉州音［J］.闽台文化研究，2013（4）：89—96.

关键词:《汇音妙悟》;《畅所欲言》;杨介人;晚清泉州音的声韵系统

机构: 晋江市南湾中学

摘要:《畅所欲言》是晚清泉州人杨介人同治年间的作品，对了解晚清时期的泉州音有参考意义。整理《畅所欲言》有关韵文、同音替代字等语料，将其与《汇音妙悟》及现代泉州话鲤城音做比较，从而归纳出晚清泉州音的声韵系统及其特点，认为"鹧鸪音"的钩、生、鸡三韵已经基本归入烧、卿、杯三韵，只留有个别痕迹;"入归柳"现象进一步发展;"鹧鸪音"在泉州话鲤城音中消失的时间应该是在同治之前。

曾德万.泉州闽南话新老派差别初探——以南安闽南方言为例［J］.泉州师范学院学报，2014（5）：19—23.

关键词: 闽南方言; 新老派; 泉州; 语音

机构: 泉州师范学院应用科技学院

摘要: 学界鲜有对闽南话内部的新老派差别进行研究。文章对泉州闽南方言新老派差别的词汇、语音表现做了对比分析，主要是从词汇方面的训读、文白读，语音方面的声母、韵母分类，并做形成原因的初步探讨。

陈曼君.惠安方言不带方所宾语的双宾句［J］.集美大学学报（哲学社会科学版），2014（2）：108—116.

关键词: 集美大学文学院

机构: 惠安方言; 不带方所宾语; 双宾句

摘要: 不带方所宾语的双宾句仅指动语动词为外向动词、内向动词和兼向动词的双宾句。惠安方言这类双宾句不仅在三"向"上对动语动词的选择与普通话不相一致，而且在双宾语的移位问题上也体现出与普通话和其他汉语方言的巨大差异。惠安方言双宾语移位后可出现四种结果:不改变句意，造成歧义，减少句子的义项，改变句意。对这四种结果出现的种种条件限制和彼此的差别进行较为详尽的考察，从而总结出双宾语移位的规律，并进而归纳出双宾句的语义特征和用法。从中可以看出，语音对此类双宾句的影响巨大，涉及句法、语义和语用三个层面。

连涵芬.简析德化话中的"互"［J］.牡丹江师范学院学报（哲学社会科学版），2014（4）：89—91.

关键词: 德化话; 动词; 介词

机构: 福建医科大学海外教育学院

摘要: 德化话中的"互"字主要有动词和介词两种用法，可表给予义、使让义和被动义。文章就德化话中用作介词的"互"字的用法、语法特点及渊源进行考察。

三　漳州方言

马重奇．英国传教士戴尔《福建漳州方言词汇》研究——19 世纪初叶闽南漳州方言音系及其词汇研究 ［J］．古汉语研究，2013（4）：20—39，95.

关键词：戴尔；方言；词汇；漳州

机构：福建师范大学海峡两岸文化发展协同创新中心

摘要：近年来，笔者发现了 19 世纪初叶西方传教士戴尔（Rev. Samuel Dyer）编撰的《福建漳州方言词汇》。本文仔细研究了该书的方言音系与词汇。全文分为两个部分：第一部分考证了《福建漳州方言词汇》的声母系统、韵母系统和声调系统；第二部分重点分析、整理、翻译了 1800 余条福建漳州方言词汇。

王丽华．闽语龙海方言的句末语气词 ［J］．中国校外教育，2013（3）：51—52.

关键词：闽语；龙海方言；句末语气词

机构：集美大学文学院

摘要：龙海方言虽属闽南方言漳州小片，但语音、用词等方面与漳州市区还是有所区别。由于地理位置或其他一些因素的影响，龙海市区方言的语调较为接近厦门方言语调。以语气词来说，龙海方言语气词的使用情况基本介于漳州与厦门之间，语气词的读音较接近厦门音，但具体使用情况仍与厦门方言有很大的区别。本文以龙海市区方言为主，谈谈龙海方言中句末语气词的使用情况。

马重奇．19 世纪西方传教士编撰的三种漳州方言辞书音系比较研究 ［J］．汉语学报，2014（3）：31—45，96.

关键词：19 世纪；西方传教士；方言辞书；音系比较

机构：福建师范大学文学院/语言研究所

摘要：近年来，笔者先后发现了 19 世纪西方传教士编撰的三种漳州方言辞书，本文着重比较研究其方言音系。全文分为四个部分：一、西方传教士编撰的三种漳州方言辞书简介；二、三种漳州方言辞书声母系统比较研究；三、三种漳州方言辞书韵母系统比较研究；四、三种漳州方言辞书声调系统比较研究。据考证，《福建方言字典》反映的是 19 世纪福建漳州府漳浦方言音系，《福建漳州方言词汇》和《荷华文语类参》则反映的是 19 世纪福建漳州府芗城方言音系。

杜晓萍．19 世纪以来漳浦方言语音的传承和演变——《福建方言字典》音系研究 ［J］．东南学术，2014（3）：234—240.

关键词：《福建方言字典》；《汇集雅俗通十五音》；漳浦方音；传承；演变

机构：华侨大学文学院

摘要：《福建方言字典》（1837）是一部较早且具有相当影响力的闽南方言字典，本文从三个层面对该字典进行研究：第一，从史料和音系考证其记录的是 19 世纪初期的漳浦方言；第二，将它与《汇集雅俗通十五音》对比，并参照同时期其他历史语料和现代方言，考订其讹误之处；第三，结合古今语料的记载和实地语言调查来考察 19 世纪初期至今漳浦方音的传承和演变。

林颂育．闽南角美话助动词"着"的语义分类 ［J］．安庆师范学院学报（社会科学版），2014（2）：56—61.

关键词：闽南方言；助动词；着；语义分类

机构：闽南师范大学文学院

摘要：从表达语义角度看，角美话助动词"着"应分为表推测某种情况出现的必然性、表示现实需要、表说话人的要求等三类。划分三类可用于解释每类"着"对句类、句型、否定形式、主语成分等的不同要求，而不同类"着"句法功能差异的存在也恰好可以印证三分法的合理性。

杨秀明．漳州方言阴平调的调形特点与历史演变 ［J］．闽南师范大学学报（哲学社会科学版），2014（3）：45—52.

关键词：漳州方言；阴平调值；历史演变；清浊分化；语言接触

机构：闽南师范大学闽南文化研究院

摘要：从文化语言学和实验语音学的角度来看，漳州方言的代表老城区及其中部一带阴平调中升的调形，不仅是这一带口音别于漳属其他县市区口音的重要特征，也是漳腔别于泉腔、厦腔的重要的显性特征。闽南方言阴平调值的上移倾向，主要是中古清浊声母字分化为阴平阳平后，不带音对阴平调制约作用弱化造成的。漳州和厦门历史发展起点有别，漳州话与厦门话演变方式不一。厦门话是多项交融式演变；漳州话虽然也受一些外来因素的影响，但基本是单项式演变。

四　台湾方言

闽南话的台湾语境 ［J］．廉政瞭望，2013（2）：64—65.

关键词：闽南话；上海话；台湾人；台湾知名人士；对台工作

摘要：〈正〉关心大陆政治的一些台湾人最近似乎很高兴，但并非因为经济有所好转或政府发了红包。在前不久，习近平主席说了一句：对台工作的同志，要学习闽南话。台湾知名人士评论说："这下子，想必懂闽南语（话）的同志要扬眉吐气了，不论他们是不是能学习闽南语，这句话让台湾人听着高兴。至少，有人重视闽南语，认为对台湾人讲话如果懂得闽南话，沟通会更亲切一点，思想也更接近一些——就像是去上海能讲上海话，去四川能讲四川话，去香港能讲广东话一样。"习近平主席说这句话的背景是在早前走访……

董国华．《台湾十五音辞典》与《汇集雅俗通十五音》音系源流研究［J］．闽台文化研究，2013（2）：101—108.

关键词：黄有实；《台湾十五音辞典》；《汇集雅俗通十五音》；音系比较

机构：福建师范大学文学院

摘要：《台湾十五音辞典》是一部闽台闽南方言韵书辞典，编著者为台湾省云林县斗六镇黄有实。该书是在斗六方言基础上"大量收录他乡别读"，反映了20世纪中叶闽台偏漳腔闽南方言综合音系。本文将《台湾十五音辞典》音系与漳州方言代表韵书《汇集雅俗通十五音》音系进行比较，揭示大陆与闽台漳腔闽南方言韵书的历史源流关系，探寻语音演变的历史轨迹。

熊南京，邬美丽．台湾民众语言使用的实证性研究［J］．百色学院学报，2013（3）：43—48.

关键词：语言使用；场合；代际差异；话题

机构：中央司法警官学院警察管理系；天津外国语大学国际交流学院

摘要：文章着眼于台湾民众语言使用方面的变异性，通过调查台湾民众目前的语言使用状况，旨在探讨台湾民众由于不同的社会场合、家庭场合和话题，而造成的语言使用方面的差异。整体而言，"国语"、闽南话在台湾人的语言生活中占有重要分量，多数被调查者最常用的语言是"国语"，其次是闽南话。正式的场合"国语"的使用频率相对较高，闽南话的主要使用领域是非正式场合。当地语言生活中已经产生了语言使用的代际差异，这是在当地语言生活中发生着的进行中的语言使用方面的变化。

潘惠华．台、新两地闽南语电影的语言使用现象探讨：以《阵头》《小孩不笨》为例［J］．（台湾）台湾学志，2013（8）：59—107.

关键词：闽南语电影；阵头；小孩不笨；语码混合；语码转换

机构：台湾师范大学台湾文化及语言文学研究所

摘要：近来台、新两地陆续推出以本土故事为题材及本土语言发音的电影，其电影人物的语言表达形式，翔实呈现两地社会语言的样貌，颇有启发吾人更为普遍、深入探究族群融合之际语言演变与发展现象的功能。是以本论文拟以《阵头》与新加坡的《小孩不笨》两部闽南语电影为对象，从社会语言学的视角，尝试爬梳两部电影所呈现的语言选择与社会阶层的语例，归纳其语言使用的现象，探究其现象形成的原因，从而提出笔者对于当前推展乡土语言的刍见。全文内容共分六节：第一节前言、第二节剧情人物概述、第三节语言使用现象、第四节语言现象的异同比较、第五节原因探讨、第六节结语。

连金发．台湾闽南语情态词的否定类型探索〔J〕．（台湾）语言暨语言学，2013，14（2）：213—239.

关键词：义务；认识；动力；意愿；情态；否定；闽南语

机构：（台湾）"中央研究院"语言学研究所

摘要：本文探索现代台湾闽南语义务、认识、动力、意愿四种情态的否定。义务、认识情态的否定都会涉及必然、必要或可能性，其否定为不必要、不必然或不可能；内外在动力情态否定也会涉及行为本身没有能力施行某事或因外在因素而不能从事、某事；意愿或欲求的否定表示没有意愿或欲求从事某事。本文也指出有些情态词，如tioh8"著"或gau5"豪"只能用异干互补的方式表示否定。情态词的否定反映出语言中综合性（如合音）及分析性（复合化）两个互相制衡的倾向。

蔡明贤．解严前后台湾母语运动的发起〔J〕．（台湾）中兴史学，2014（16）：33—68.

关键词：母语；台语；客家语；闽南语；方言；"国语"

机构：（台湾）中兴大学文学院历史学系

摘要：国民党迁台后，进行多年的"国语"运动，对本土母语产生极大的伤害，在本土化运动开展后，本土化运动人士纷纷公开批判"国语"运动，也进行了许多母语教育方案的讨论，奠定日后母语教育的基础。在"政府"的"立法"部门，多名台湾省"议员"也提出三台设立晚间闽南语新闻。然而，台湾省"议会"与"立法院"也不断出现语言冲突，不仅表现在"国语"与闽南语之冲突，也反映在本省族群中客家语与闽南语上，省"议会"不仅充分讨论关于开放客语节目一案，也提案要求建立多元开放的语言政策。另外，1985年"教育部"再度恢复"国语推行委员会"，拟定严苛的"语文法"草案，又再度主张公开场合只能使用"国语"，引起各界震撼。1987年"立委"朱高正在面对"行政院长"俞国华质询时，对使用闽南语勃然大怒，抗议台湾母语不被重视。在社会其他领域方面，20世纪80年代中期以来，电影创作者也突破当局禁忌，尝试以多元语言的剧情安排，以写实风格展现台湾的多元语言现象；大量闽南语对白的八点档连续剧也开始播出，也受到大众欢迎；台湾方言文学也开始受到作家重视，各种社团也纷纷成立。20世纪80年代后期，客家族群追求语言平等的行动最为积极，1988年12月28日由"客家权益促进会"发起的"还我母语"万人大游行，抗议"政府"歧视客家话，主要诉求为"全面开放客家话电视节目；修改广电法对方言限制条款；建立多元开放的语言政策"，对母语运动发展颇具贡献。

五 其他

林晴. 潮州话古鼻音韵的音变历程 [J]. 暨南学报 (哲学社会科学版), 2013 (9): 155—160, 164.

关键词: 闽南话; 潮州话; 鼻音韵; 鼻化韵; 鼻尾韵

机构: 香港科技大学人文学部

摘要: 从文献记录、方言比较和音系结构三方面论证潮州话部分宕摄和山、臻摄合口字经历了由鼻化韵母变鼻音韵再变鼻尾韵 (ṽ > ŋ > ṽŋ) 的语音变化。前一阶段鼻化韵变鼻音韵 (ṽ > ŋ) 是厦门、泉州等中心区闽南方言共有的创新,后一阶段鼻音韵变鼻尾韵 (ŋ > ṽŋ) 则是潮州及其周边小部份方言在近百年间才发生的音变。经过此音变而新产生的鼻尾韵不再与中古阳声韵有直接对应关系。前后两个音变都与后高元音有关。

李音, 戴卫平. 新加坡英语中式英语词汇解析 [J]. 长春理工大学学报, 2013 (4): 48—49.

关键词: 新加坡英语; 中式英语; 词汇; 解读

机构: 中国石油大学外语学院

摘要: 作为众多英语变体中的一种,新加坡英语与英、美、加、澳、新等所谓标准英语明显不同,主要原因在于受中国普通话、广东话、闽南话、海南话、客家话的影响。新加坡英语已因其鲜明的语言特色被认同为"新式英语"。新式英语中很多表达习惯与我国南部沿海各省方言相似,因为大多数新加坡人来自我国南方。在此旨在解读具有汉语和中华文化元素的新加坡英语中的中式词汇的原因。

张燕洁. 广东澄海闽语的进行体和持续体 [J]. 广东技术师范学院学报, 2013 (10): 99—105.

关键词: 澄海话; 进行体; 持续体

机构: 暨南大学汉语方言研究中心

摘要: 澄海话的进行体和持续体所使用的情貌词相同,区分的标准是看情貌词的具体位置。当情貌词在动词前时,表示动作行为正在进行;当情貌词在动词后时,表示动作行为的持续。进行体搭配的动词是动态动词,持续体搭配的动词是状态动词。澄海话进行体和持续体的情貌词是由表示处所的介词短语演变而来的,但还没成为真正成熟的体标记。

张燕洁. 闽南澄海话的被动句 [J]. 时代文学 (下半月), 2013 (1): 209.

关键词：澄海话；被动句；普通话

机构：暨南大学文学院

摘要：澄海话的被动句表被动的标志词与普通话不同，澄海话主要用"乞""分"作标志词，普通话则用"给""被"做标志词；在语法规则上，也有一些异同。

郑军．闽南话对印尼华裔汉语书面语表达的影响［J］．湛江师范学院学报，2013（2）：150—154.

关键词：闽南话；印尼棉兰华裔；汉语书面语

机构：湛江师范学院人文学院

摘要：华裔在汉语学习过程中，既会受到所在国官方语言的影响，同时也会受到方言的影响。比如印尼棉兰华裔汉语书面语表达就在语音、词汇、语法三个方面深受闽南话的影响。因此，加强世界各地华语的调查和研究对于进一步做好华裔汉语教学具有十分重要的意义。

朱湘燕，黄舒萍．印尼苏北华语口语词汇与现代汉语词汇差异调查［J］．华文教学与研究，2013（1）：54—62.

关键词：普通话；苏北华语；差异性词语

机构：华南师范大学国际文化学院／文学院；新加坡南洋理工大学国立教育学院；（印尼）亚洲国际友好学院华文系

摘要：本文调查了印尼苏北棉兰华人日常口语交际所使用的华语词汇的词形、词义和用法，将其与现代汉语词汇进行了对比。结果表明：苏北棉兰华语词汇与现代汉语普通话、方言词汇存在着复杂的关系，可分为汉语普通话中有、汉语闽粤语中有、汉语普通话和方言中都无三大类；而在汉语普通话里有的词汇中，存在着词形和词义方面的差异；在汉语闽粤语里有的词汇中，有的存在着词形方面的差异；汉语普通话和方言中都无的词汇，主要集中在印尼特有的饮食、节日、事物等方面。可见，两者在词形、词义和用法上的差异主要集中在汉语多种方言词语的保留、词汇用法的变化、印尼词语的汉化上。

董博静，李清桓．海口闽语语音造词探析［J］．海南师范大学学报（社会科学版），2014（12）：100—106.

关键词：闽语；语音造词；量词

机构：海南师范大学文学院

摘要：语音造词是比较能产的一种造词方法，这是词语中音与义一种互动、制约关系的反映，也是语言经济原则的体现。许多语言和方言都有语音造词方法，如古代汉语、海口闽方言、黎语、壮语等。海口闽语通过语音造词主要有三种基本类型：音变造词、叠音造词与音节连绵造词。海口闽语经由音变、叠音、音节中的声韵连绵等方式创造了较多的名词、动词、量词、拟声词、状态形容词、联绵词等。

林芝雅，沈先君．赣浙闽边界廿八都官话的语音特点〔J〕．读与写（教育教学刊），2014（9）：55—56.

关键词： 赣浙闽边界；官话；方言岛

机构： 江西科技师范大学；上饶职业技术学院

摘要： 在赣浙闽边界地带有不少官话方言岛，浙江省廿八都镇就是其中的一个典型。廿八都镇内通行一种被称作"廿八都正字"的官话，这种官话由于受到当地强势方言吴语处衢片方言的影响，呈现出很多与一般官话不同的特色。本文试图通过对廿八都官话方言的声韵调特点的描写，分析其官话方言岛形成的原因。

马重奇．美・罗啻（Elihu Doty）《翻译英华厦腔语汇》（1853）音系研究〔J〕．闽台文化研究，2014（4）：71—82.

关键词： 160 年前；美国传教士；方言辞书；音系研究

机构： 闽南师范大学闽南文化研究院

摘要： 根据 160 年前美国传教士罗啻编撰的辞书《翻译英华厦腔语汇》，着重整理研究其方言音系。全文分为四个部分：一、《翻译英华厦腔语汇》作者事迹、成书时间及编写体例；二、《翻译英华厦腔语汇》声母系统研究；三、《翻译英华厦腔语汇》韵母系统研究；四、《翻译英华厦腔语汇》声调系统研究。据考证，《翻译英华厦腔语汇》所反映的是 19 世纪中叶福建厦门方言音系及其语汇。

王丽．福建莆仙方言研究述评〔J〕．黄河科技大学学报，2014（4）：109—112.

关键词： 莆仙方言；闽南话；研究成果；述评

机构： 福建三明学院文化传播学院

摘要： 莆仙方言是闽语五大次方言之一，它是受闽东话的影响从闽南话分化出来而形成的一种极具特色的过渡性方言，很有研究的意义和价值。但据以往研究资料，在闽语中莆仙方言的研究者和研究成果都比较少。莆仙方言自新中国成立以来公开发表的文献，集中在语音、词汇和语法等方面，在今后的研究中，需要在研究内容、方法、视角等方面进一步拓展，以促进和加强莆仙方言的研究。

王丽．仙游话三种差比句及其演变〔J〕．集美大学学报（哲学社会科学版），2014（4）：98—103.

关键词： 仙游话；闽南话；差比句；双标差比句；单标差比句；零标差比句

机构： 三明学院文化传播学院

摘要：福建仙游话差比句从比较标记（marker，M）上可以分出双标差比句、单标差比句和零标差比句三种。从仙游话差比句与其他闽语的比较中可以很清晰地看出仙游话差比句的句法特征，它们具有闽南方言的特点，同时又有自身发展痕迹。双标差比句"SJ + 并 + ST + 厄 + A"是方言与共同语杂糅的产物。单标差比句"SJ + 厄 + A + ST"属方言特殊格式。零标差比句"SJ + A + ST"是最古老的一种格式，与共同语的历史演变有关。

王咏梅．龙岩话阳声韵的文白异读［J］．龙岩学院学报，2014（1）：37—43.

关键词：龙岩话；阳声韵；文读；白读

机构：龙岩学院

摘要：作为闽南方言的一支，龙岩话的文白异读具有整齐的对应规律。龙岩话文白读系统中鼻尾韵和鼻化韵占有很大的比重，而这两类韵母大多属于中古阳声韵，从阳声韵出发探究龙岩话的文白异读，可以发现其中整齐的对应规律。

魏宇文．丰顺客闽双方言词汇比较研究［J］．嘉应学院学报，2014（10）：5—12.

关键词：丰顺；客闽双方言；词汇；比较

机构：嘉应学院文学院

摘要：梅州市是客家方言最集中的地区。除了纯客县外，有些县既有说客家话的人口，又有说闽南话的人口，我们把这样的县称为"非纯客县"，把这样的地区称为"双方言"地区。丰顺县是梅州市唯一的一个"非纯客县"，隍、黄金、汤南和潭江等乡镇属于客闽"双方言"地区。通过多次对黄金、隍等乡镇客闽"双方言"的语言状况进行详细的调查，特别是从客闽方言词汇特点的比较研究，我们看到一些现象：优势语言可以影响弱势语言，然而，弱势语言口语中的基本词汇仍然保留。即客家话虽受闽南话影响，但仍然保留了客家方言词汇的基本特点。闽南话同样受客家话的影响，其词汇特点又与潮州话有所不同。

温昌衍．广东客闽粤方言詈骂语中的詈骂文化［J］．嘉应学院学报，2014（1）：5—9.

关键词：客家话；潮汕话；粤方言；詈骂语；詈骂文化

机构：嘉应学院文学院

摘要：广东省内分布着三大方言：客家话、潮汕话（闽语）、粤方言。通过分析三大方言詈骂语中的詈骂文化，总结出三大方言詈骂文化的几个特点。

吴文芯．马来西亚"槟城福建话"特征词研究［J］．泉州师范学院学报，2014（1）：66—70，115.

关键词：特征词；跨境语言；文化接触

机构：马来西亚博特拉大学现代语言暨传播学院

摘要：马来西亚的闽南话属于一种跨境语言。由于槟城是马来半岛北部（北马）闽南话典型的核心区，所以通行当地的闽南话——"槟城福建话"保留了许多从本土闽南话流传下来的核心词汇。它也汇集了当地闽南人在不同时期因语言文化接触和创新而产生的特殊词汇。通过揭示"槟城福建话"与本土闽南话共有的特征词，即从本土闽南话传承使用的，以及它本身独有的特征词，即移民及其后裔在不同时期因创新或借用而形成的，说明两者共存的特征词表现出"槟城福建话"与本土闽南话之间语言与文化纽带的联系，也证明了当地闽南人对祖籍方言的忠诚态度。相对地，槟城福建话独有的特征词主要反映当地闽南人的文化特征，也说明语言的变动发展是在长时间的变异和整合过程中完成的。

连涵芬．菲律宾鄢市华裔学生汉语学习的闽南方言因素［J］．龙岩学院学报，2014（4）：49—52，58.

关键词：闽南方言；汉语学习；菲律宾鄢市；华裔学生；华文教育

机构：福建医科大学

摘要：闽南方言在菲律宾鄢市华裔学生汉语学习中一方面起正迁移作用，另一方面也有负迁移影响。通过问卷调查、书面作业考察及个别访谈形式对华裔学生汉语学习中的闽南方言因素进行调查研究，发现了华裔学生汉语学习中因闽南方言所致的常见的语音、词汇和语法错误。

周宝芯．论马来西亚巴生闽南话浊辅音［ᵐb ᵑg l］的语音变异［J］．教育观察（上旬刊），2014（3）：90—91.

关键词：巴生闽南话；浊辅音；语音变异；弱化；转换

机构：南京师范大学国际文化教育学院

摘要：通过分析马来西亚巴生闽南话［ᵐb ᵑg l］辅音的变异类型，进一步探讨它们的发展趋势。研究表明，巴生闽南话［ᵐb ᵑg］辅音的变异类型和厦门话、台湾闽南话相类似，都有弱化、减音现象，但是其变异过程相对缓慢；而［l］辅音则在语音内部的历史演变作用下，发生转换现象。

闽南音乐与舞蹈

一 南音

本刊编辑部．中西交融　古韵新声——交响南音《陈三五娘》学术研讨会综述 [J]．艺术评论，2013（6）：18—20.

关键词：陈三五娘；古韵；中国艺术研究院；中西交融；戏曲理论家；傅庚辰；中国音乐家

摘要：〈正〉2013 年 4 月 29 日，由中共厦门市委宣传部、厦门市文化广电新闻出版局、厦门市总工会、中国艺术研究院《艺术评论》杂志社主办的中西交融、古韵新声——交响南音《陈三五娘》学术研讨会在中国艺术研究院召开。中国艺术研究院常务副院长刘茜，中国音乐家协会名誉主席、著名作曲家傅庚辰，中国艺术研究院戏曲研究所研究员、戏曲理论家龚和德，中国艺术研究院中国非物质文化遗产保护中心常务副主任、研究员李新风，著名作曲家、中央音乐学院教授杜鸣心……

陈恩慧．泉州南音拍板研究 [J]．福建师范大学福清分校学报，2013（6）：125—132.

关键词：泉州南音；拍板；研究
机构：泉州师范学院音乐与舞蹈学院

摘要：泉州南音拍板是南音表演的主要乐器，起指挥、统领的作用。然而，随着时代的变迁，南音由原本自娱自乐的形式逐渐地向舞台表演化发展，南音拍板从原来掌控节奏和速度的指挥者，逐渐地被一些人当成道具摆设，失去了原有的功能和作用，以致影响了南音特有的音乐特点。鉴于此，本文力求探究南音拍板及其作用，指出拍板被忽略的影响和原因，提出重视拍板特性的措施，以体现拍板在南音表演中的重要性，对更好地守护和传承泉州南音的音乐特点和表演形式具有现实的意义与作用。

陈黎丽．南音"四管全"与欧洲"室内乐"四重奏之比较——兼谈民乐四重奏南音名曲《因送哥嫂》[J]．泉州师范学院学报，2013（3）：87—92.

关键词：南音"四管全"；室内乐；四重奏

机构：泉州师范学院音乐与舞蹈学院泉州南音学院

摘要：南音"四管全"、民乐四重奏以及欧洲室内乐四重奏等重奏形式，同样都以四件乐器演奏，其三者之间存在着某种内在联系和可比性。通过对南音"四管全"及欧洲室内乐四重奏由表及里的深入思考，试图从上述三者外在形态到音乐本体，对深层次同异关系及其文化意涵做初步探讨。

陈瑜．中西交融　古韵新声——交响南音《陈三五娘》学术研讨会综述［J］．人民音乐，2013（7）：34—35.

关键词：陈三五娘；何占豪；小提琴协奏曲；小提琴演奏家；南管

机构：中国艺术研究院

摘要：〈正〉作曲家何占豪继小提琴协奏曲《梁祝》之后推出的又一力作，交响南音《陈三五娘》于2013年4月28日在国家大剧院隆重上演。音乐会邀请小提琴演奏家吕思清，台湾南管大师卓圣翔，编剧涂堤，国家一级演员、戏曲梅花奖得主吴晶晶共同编创演出。成功首演后，该作品的创作经验与艺术手法在业界引发热议。次日，由中共厦门市委宣传部、厦门市文化广电新闻出版局……

程敏珊．《南音新唱十三行》获中国艺术节群星奖［J］．南国红豆，2013（6）：61.

关键词：中国艺术节；十三行；群星奖；萧诗；广州市荔湾区；国际会议中心

摘要：〈正〉"歌赞十三行，珠海珠江潮浩渺，锦帆锦缆日翱翔……"在10月25日，第十届中国艺术节闭幕式在山东省威海市国际会议中心举行。由广州市荔湾区选送、萧诗琳和莫倩雯表演的参赛作品《南音新唱十三行》在十艺节"群星奖"曲艺门类作品决赛中荣获群星大奖，这是荔湾区第三次获此殊荣……

范佳平．泉州南音——中国古典音乐的明珠［J］．东方收藏，2013（3）：120—122，126.

关键词：泉州南音；中国古典音乐；三月不知肉味；二弦；中国民族音乐；中国音乐史

机构：泉州市博物馆

摘要：〈正〉《论语·述而》"子在齐闻《韶》，三月不知肉味"，"不图为乐之至于斯也"。意指感人的音乐留给人的记忆是悠长的。在泉州，夜晚的路边，一个简易的搭棚，演员在小台子上登场，中间站着一个年轻小生，手持云板，通身白衣，素雅俊逸。左右各坐两人，左首的一男一女，男的弹三弦，女的拨琵琶，右首的一女一男，女的拉二弦，男的吹洞箫……

傅庚辰. 音乐语言民族化之路——在"中西交融古韵新声"交响南音《陈三五娘》学术研讨会上的讲话 [J]. 艺术评论, 2013 (6): 7—9.

关键词: 音乐语言; 陈三五娘; 何占豪; 古韵; 间奏; 中西交融

机构: 中国音乐家协会

摘要:〈正〉作者应何占豪同志之约来参加这个研讨会, 觉得这个会很有意义, 虽然音乐界来的人并不是很多, 但是这个会还是很重要的。所以作者也谈一点感想。昨天的演出很成功。作者对南音缺乏研究, 但是作者听这个作品感到很悦耳, 很能接受, 管弦乐队和南音音调的结合也很自然。而且合唱队是用普通话来唱的, 南音是用闽南话来唱的, 也不觉得不协调, 管弦乐队的手法运用得也很自然, 一些陪衬的地方、间奏的地方都很好, 很舒服。音乐的本质是美, 要给人以美的享受, 给人以陶冶, 给人以鼓舞、给人以力量……

何占豪. 交响南音探索历程及对古乐现代化的思考 [J]. 艺术评论, 2013 (6): 12—13.

关键词: 音乐文化; 探索历程; 陈三五娘; 国际友人; 交响音乐

机构: 上海音乐学院

摘要:〈正〉没有厦门朋友们的信任和鼓励, 作者哪敢去碰被称为中华古乐"活化石"的"南音"! 作者的老师辈们曾说过, 对待音乐文化遗产有两种态度和处理: 一、不要动它一个音, 放进博物馆, 向后辈和国际友人展览, 显示我国有悠久的音乐文化历史, 可以增强一些民族自豪感。二、大胆改革创新, 为现代人服务。看来厦门朋友并不满足"南音"在联合国申遗成功, 而要向改革创新进军。因为不改革听众越来越少, 先辈们创造的、曾受广大群众喜爱的闽南品牌文化——"南音"如果在我们一代衰落了, 申遗成功又意义何在?……

胡铁龙. 非物质文化遗产语境下泉州南音的发展研究 [J]. 淮海工学院学报 (人文社会科学版), 2013 (24): 73—76.

关键词: 非物质文化遗产; 泉州南音; 发展研究

机构: 集美大学音乐学院

摘要: 被列入国家首批非物质文化遗产保护名录的泉州南音, 被称为音乐文化的"活化石", 又称"南曲""南乐""南管""弦管", 被誉为"中国古典音乐的明珠", 具有鲜明的闽南文化特征和地域特色。本文首先介绍泉州南音的发展现状, 进而分析其在非物质文化遗产语境下的传承价值, 进而从学校教育、官方南音社团和民间南音社团三个方面提出泉州南音的发展策略。

黄洁茹. 南音的传承及其艺术特点探析 [J]. 兰台世界, 2013 (32): 152—153.

关键词：福建；南音；弦管；南管

机构：江西师范大学音乐学院

摘要：福建南音被誉为音乐活化石，至今历史达两千年之久。作为一种古老的音乐形式，南音在传承过程中，不断融合吸收了各个时代的文化精粹，从而成为一种极为独特的艺术。南音的研究，对于了解中国古代音乐的发展具有十分重要的意义。

李寄萍．南音记谱史探衍［J］．中央音乐学院学报，2013（1）：44—57．

关键词：南音记谱；南音文献；衍进史；工乂谱；自成体系

机构：福建泉州师范学院；泉州南音学院

摘要：南音传承悠久，记谱使历史上大量的南音经典保留下来并代代传唱，记谱衍进史自然就成为南音传承中的一面历史明镜。通过对唐宋元时期南音相关史料、明代南音记谱萌芽、清代南音工乂谱记谱、民国时期南音成熟记谱、新中国时期南音记谱保护与探究五个历史阶段的大量古今南音文献资料的搜集、梳理、分析与插图举证，系统研究南音记谱衍进历史，意在为南音传承历史的研究提供参考。

李寄萍．南音名指《我只心头》衍进史探［J］．泉州师范学院学报，2013（3）：78—82．

关键词：南音；指套；《我只心头》；衍进

机构：泉州师范学院泉州南音学院

摘要：南音指套的形成历史悠久，其中《我只心头》指套是迄今发现最早有相关记载的南音古曲。该古曲传承衍进，历经明代、清代、民国、新中国四个历史时期的南音（南戏）文献记载，从小领域真实映照出南音传承历史大背景，具有重要的研究价值。依据历史资料，通过插图举证，从明刊指套萌芽、清代指套衍进、民国时期指套记载、新中国时期指套记谱诸方面分析研究，旨在探索南音传承的历史奥秘。

李士林．论南音的商标法保护［J］．民族艺术研究，2013（6）：78—83．

关键词：南音；集体商标；商标主体；申请要素；排他性

机构：华侨大学法学院；中南财经政法大学

摘要：南音属于首批国家级非物质文化遗产，具有传统知识的法律特征。但完全照搬现有的知识产权制度来解决非物质文化遗产的保护问题会遇到很多难题，根本无法解决非物质文化遗产保护与知识产权法之间的深层矛盾。由于商标制度在保护非物质文化遗产上具有的特殊优势，自然就成为非物质文化遗产可选择的法律保护方案之一。由于南音传统文化的商标保护不力，仍停留在普通商标的保护水平上，存在普通商标申请和使用南音商标的情形，一定程度上弱化了南音作为传统文化名称的代表力和显著性。集体商标制度兼顾了集体性和私有性之间的矛盾，可以作为南音市场化开发过程中比较可行的法律保护手段之一。

林琳．非物质文化遗产视角下南音的传承与发展 ［J］．戏剧丛刊，2013（4）：99—100，104．

关键词：中国民族音乐；古代音乐；中国音乐史；民间音乐

机构：山东女子学院

摘要：〈正〉南音原称弦管，是我国古代音乐中保存最丰富、最完整的古老乐种之一，是我国弥足珍贵的民族音乐瑰宝，被誉为"中国音乐史上的活化石""中国民族音乐的根"。千年文化的积淀，使之集元曲、弋阳腔、昆腔之特点于一身，并与闽南民间音乐有机融合，风格古朴委婉，于南派民乐中独树一帜……

刘绵绵．当南音遇到甘美兰——2012 世界音乐周暨中国·印尼音乐国际研讨会综述 ［J］．人民音乐，2013（5）：80—81．

关键词：世界音乐；音乐传统；中央音乐学院；民族音乐

机构：东北师范大学音乐学院

摘要：〈正〉一年一度的第六届"世界音乐周"于 2012 年 11 月 7—10 日在中央音乐学院如期举行，本次名为"中国·印度尼西亚音乐国际研讨会"，由中央音乐学院主办，中央音乐学院音乐学系、中国世界民族音乐教学研究会承办，印尼驻华使馆、福建师范大学音乐学院、泉州师范学院音乐与舞蹈学院、泉州南音学院协办。本次会议历时 4 天，参加会议的有来自中国、美国、印度尼西亚及东南亚其他国家的专家、学者、演奏家近百人……

马晓霓．南音《满空飞》的戏曲蓝本 ［J］．戏剧（中央戏剧学院学报），2013（4）：48—56．

关键词：泉腔南音；昆曲传奇；《鹅毛雪满空飞》；《绣襦记》

机构：泉州师范学院南音学院

摘要：南音《满空飞》对研究南音与昆曲关系具有重要意义。从留存文献和舞台演出来看，南音散曲《满空飞》（清唱曲）和南音系统的梨园戏《郑元和·鹅毛雪》唱段（剧唱曲）之相关曲文完全承袭自明代成化、弘治年间的著名传奇《绣襦记》，与元代戏曲并无任何承袭的迹象。在昆曲空前繁荣并通行大江南北的明末清初，昆曲化的传奇名作《绣襦记》曾在全国范围内盛演，其舞台演出本对闽南方言戏曲和泉腔南音产生了直接影响。南音《满空飞》正是从昆曲演出本中剥离出来并加以南音改造的佳作。

马晓霓．南音套曲《金井梧桐》源流考论 ［J］．中央音乐学院学报，2013（3）：

40—45.

关键词：金井梧桐；绣成孤鸾；锦板

机构：中国艺术研究院博士后科研流动站；泉州师范学院南音学院

摘要：南音套曲《金井梧桐》系由管门为"五空管"（C 调、G 调综合管门）、撩拍为"一二拍"（2/2 拍）的《金井梧桐》和《绣成孤鸾》两支散曲组合而成。其首节《金井梧桐》至迟在明代万历甲辰（1604）之前就已流行，属于元明间典型的闺怨思君曲；次节《绣成孤鸾》于明代嘉靖丙寅（1566）年左右已初见端倪，具体词、乐实属乐人根据"剧意"加工（或编配），应属"剧曲清唱"之流衍。该套曲所采用的门头"锦板"，实系"北调"（因其复杂性而被民间乐人称为"百调"），下分十多个牌名，与"锦板叠"形成"门头家族"。《金井梧桐》套的组曲原则是与悠扬、谐和、婉转的南管合乐美学相呼应的。

任海花．论南音琵琶与北派琵琶之异同［J］．黄河之声，2013（19）：81—82.

关键词：南音琵琶；北派琵琶；定弦；记谱法；音乐作品

机构：晋中学院音乐学院

摘要：南音琵琶与北派琵琶构成了当今琵琶的两大分支，两者都具有悠久的历史与渊源。无论是乐器的形态与传承方式，还是演奏的作品和记谱法，南音琵琶与北派琵琶都存在很大的差异。本文就南音琵琶与北派琵琶在构造、定弦及音域、记谱法及传承形式等方面做详细论述与对比，通过对比，从而更好地丰富南音琵琶与北派琵琶学习者和演奏者的知识体系，从而更好地指导演奏，使演奏多元化。

尚晶．南音演唱发音方式的研究［J］．齐齐哈尔大学学报（哲学社会科学版），2013（5）：130—132.

关键词：南音演唱；发声方式；研究

机构：泉州师范学院音乐与舞蹈学院

摘要：福建南音于 2006 年 5 月被列入第一批国家级非物质文化遗产名录，相继在 2009 年 9 月，成功列入世界人类非物质文化遗产名录。其悠久的历史和灿烂的音乐文化被视为珍贵的民族音乐瑰宝。从非物质文化遗产保护传承的角度讲，南音的声乐传承必须要坚持它的原真性、整体性、传统性，这是无可非议的原则。然而，在当今的南音保护传承中却恰恰出现了多数人听不懂的现实，使南音的传承受众面存在很大的局限性。

宋佳．福建南音音律理论研究综述［J］．黄河之声，2013（4）：56—57.

关键词：福建南音；形态；音律关系

机构：福建师范大学音乐学院

摘要：福建南音的乐律学研究是南音形态学研究中的一个重要组成部分。本文拟通过民族音乐学的实证方法，进而从调、谱、器三个角度分别切入，意欲对已有文献中福建南音的音律关系及乐律思维方式进行整合。希望为我国民族民间音乐纷繁复杂音律现象的研究工作增添一些有用的资料。

唐凌，陈瑜，马小然．交响南音《陈三五娘》[J]．艺术评论，2013（6）：6.

关键词：陈三五娘；陈永红；何占豪；歌舞剧院

摘要：〈正〉作曲指挥：何占豪。南音编唱：卓圣翔。编剧：涂堤。名誉顾问：詹沧洲、叶重耕、黄强。顾问：林朝晖、罗才福、陈永红、张萍。总策划：廖晁诚、王松、林汝勋。执行策划：阎纪榕、包云香、吴红霞、王福立、陈宏。艺术总监：王福立。总导演：吴红霞。艺术监督：陈宏。主办单位：中共厦门市委宣传部……

王珊，吴净娜．从周末南音专业习唱习奏会引发的思考 [J]．艺苑，2013（3）：85—87.

关键词：周末；南音专业；习唱习奏会；分析与反思

机构：泉州师范学院音乐与舞蹈学院；泉州南音学院

摘要：本文主要从泉州师范学院泉州南音学院的周末南音专业习唱习奏会进行探究，在指出该活动的意义和价值时，提出今后如何进一步完善周末南音专业习唱习奏会。

吴鸿雅．南音琵琶源流及其科技思想研究——南音系列论文之十五 [J]．科学技术哲学研究，2013（3）：76—83.

关键词：南音琵琶；源流；兼容；扬弃；科学技术思想

机构：华侨大学马克思主义学院

摘要：兼容与扬弃是南音琵琶由来之主线。因此，南音琵琶源流科技思想所要研究的，是从琵琶的统称到专名、琵琶相品的无有之变、琵琶拨奏的媒介之变以及琵琶的持琴之变。

谢千红．玉管清音韵逸远，古曲千年唱未休——谈南音艺术的传承与创新 [J]．艺苑，2013（6）：82—84.

关键词：非物质文化遗产；泉州南音；传承；创新

机构：福建省泉州艺术学校

摘要：泉州南音作为首批被列入"国家非物质文化遗产名录"和联合国教科文组织《人类非物质文化遗产代表作名录》的中国古老乐种，传承和创新是其生命源泉。而培养一支高素质的南音研究人才是泉州南音得以传承与创新的根本保障。实现艺术类中专与艺术类高等院校对接，是培养南音人才，破解南音传承和创新上的难题的一项多赢举措。

张光宇．南音"南北交"初探——以南曲《听见雁声悲》为例 ［J］．泉州师范学院学报，2013（1）：112—116.

关键词：南音；南戏；曲牌；唱腔；《听见雁声悲》；南北交

机构：泉州师范学院音乐与舞蹈学院

摘要：南音曲牌与唱腔的基本结构中蕴含着丰富的南音乐学功能，其中南北交类曲牌颇具特色且有学术研究价值。本文通过以典型的南曲《听见雁声悲》为例，从南音与南戏相互融合的历史痕迹、南音曲牌的基本音乐结构与南音曲牌唱腔的特点，论证探讨南音"南北交"的源流、乐学功能与唱腔艺术。

朱美丽．南音之美学散步——读《美学散步》后感 ［J］．黄河之声，2013（15）：41.

关键词：南音；美学散步；空灵；净化

机构：泉州师范学院

摘要：宗白华先生的《美学散步》是一部著名的美学论文集，认真读起来发觉它更像是一本优美的散文集，字里行间流露的全部是宗白华先生对美的感悟。读它如品茗，细腻而不乏深刻，犹如泉州南音，悠扬缓慢，使听者浮躁的心趋于平和。本文主要通过书中"美从何处寻""空灵""净化"等方面，对南音美学进行了几点思考，唯愿作散步之谈。

庄乃祯，李寄萍．南音指套《为君去时》史载及结构探究 ［J］．泉州师范学院学报，2013（5）：108—113.

关键词：泉州南音；《为君去时》；史载；结构；版本

机构：泉州师范学院音乐与舞蹈学院

摘要：泉州南音指套《为君去时》，在古今许多南音文献中，均有记载。由于该指套是泉州南音指谱中五大套（五枝头）之一，被广泛流传，且目前又新发现《为君去时》在古文献中记载的不同组合版本，具有很高的学术研究价值。本文通过对指套《为君去时》的历史文献记载入手，着重从该指套的曲目背景、曲牌、结构及两个版本等方面进行研究，尝试探讨泉州南音指套《为君去时》蕴含的历史、乐学、文化遗产价值。

庄乃祯，李寄萍．以"声无哀乐论"浅析南音曲牌"风入松"衍进史 ［J］．民族音乐，2013（4）：47—48.

关键词：风入松；中国音乐史；音乐美学家；古代音乐

机构： 福建泉州师范学院音乐与舞蹈学院

摘要： 〈正〉全国高校音乐学专业"中国音乐史"课本上，嵇康的"声无哀乐论"占据了课堂教学的显著位置，中央音乐学院著名音乐美学家蔡仲德教授认为，"声无哀乐论"实质是"越名教而任自然"，其"躁静者，声之功也"的命题则深刻揭示了音乐的特殊性，在中国音乐美学史乃至世界音乐美学史上均占有重要地位；研究古代音乐美学思想……

庄永平．唐代琵琶的"㪉"音位符号 ［J］．交响（西安音乐学院学报），2013（3）：10—12.

关键词： 四弦四相琵琶；大指按音；谱字交换；敦煌乐谱；三五要录琵琶谱；福建南音

机构： 上海艺术研究所

摘要： 通过对日本《三五要录》琵琶谱中"㪉"符号的分析，指出它是唐时四弦四相琵琶上，大指按缠弦二相"几"音位的符号。由此，基本排除了《敦煌乐谱》第二组乐曲琵音的最低音，不用大指按音演奏的可能性。另外，也可见历史上福建南音与日本雅乐的联系。

紫茵．满怀虔敬　温故知新——听交响南音《陈三五娘》专场音乐会 ［J］．艺术评论，2013（6）：14—17.

关键词： 陈三五娘；专场音乐会；交响音乐；何占豪；中国传统音乐

摘要： 〈正〉最近十多年，西方交响音乐和中国传统音乐"嫁接成活"的新作，大大小小林林总总听过不少。交响南音《陈三五娘》专场音乐会以"纪念南音晋京三百周年"的名义，借国家大剧院音乐厅上演，别出心裁别样意趣，发人深省耐人寻味。从《梁祝》之后，何占豪大型力作很少再有机会现场聆赏。2013 年 4 月 28 日这个暮春之夜，催动人们欣然前往的动力，大约有一半来自"梁祝情结"——感怀、感动、感念，而另一半则自"南音情思"——新鲜、新奇、新异……

黄瑶慧．南馆嗳子的制作工艺及其演奏研究 ［J］．（台湾）关渡音乐学刊，2013（18）：29—52.

关键词： 南管；嗳子；嗳子指

机构： （台湾）台北艺术大学音乐学院

摘要： 南管嗳子属于双簧类唢呐，运用在南管音乐指套的十音合奏形式，此外，也使用于梨园戏、高甲戏等戏剧后场，以及部分道教、释教等仪式后场。本文探讨范围以南管音乐演奏为主。南管弦友对于嗳子的看法，有"嗳子难学"与"嗳子比洞箫好吹"的矛盾说法，而观察目前吹奏嗳子的南管弦友人数确实是相当稀少，如此状况，引发笔者一探究竟的好奇。一方面，了解南管嗳子的制作工艺；另一方面，以亲身学习方式探索南管嗳子的演奏技艺。吹奏嗳子，需将修整完善的引子控制得宜，音色务求柔美温和，不需极大音量也不用循环换气，且需适时适度加入"撒娇气"，增添乐曲的柔软效果。通过亲身学习，体验"嗳子难学"主要难在引子的修整与吹奏时的控制；"嗳子比洞箫好吹"主要因为不需强大、绵长的气息来吹奏嗳子，且吹奏技巧也较为简单，演奏时确实是比洞箫好吹。借由本文的探讨与分享，提供学习者参考，期许减少"望嗳却步"的状况，多一些有意愿的学习者来共襄盛举。

蔡凌蕙．毁坏的城市——为南管歌者、洞箫与钢琴［J］．（台湾）关渡音乐学刊，2013（17）：89—106．

机构：（台湾）台北艺术大学音乐学院

摘要：《毁坏的城市 Tainan Qui Dort》原为台湾诗人杨炽昌（1908—1994）以日语夹杂少许法语写于20世纪30年代的台南，在今日台湾读来仍无比贴切。笔者于2012年初已将此诗标题写入《采风》，现在再将全文参考原文与诗人叶笛之汉译，翻译为拟古泉州语，似乎反而更贴近原日文诗。不同时代用语造成的差异感与限制，再加上南管声腔、洞箫、钢琴的编制，除借重南管曲唱与洞箫演奏语法，钢琴扮演大于南管琵琶的角色，但不做太多音画式的写作。以上做法成为笔者对此诗超现实色彩的诠释。此诗四个段落，分别借用五首经典南管乐曲旋律片段以及原曲含义——《黎明》：五空管《迭韵悲·睢阳》；《生活的表态》：倍思管《望吾乡·绣成孤鸾》；《祭歌》：五空管《棉搭絮》，五六四ㄨ管《寡迭·风打梨》；《毁坏的城市》：四空《水车·共君断约》。（原谱另附南管工尺谱）

张俪琼．从《绵答絮》到《皂云飞》：回顾台湾筝乐作品中的南管韵响［J］．（台湾）艺术学报：表演类（革新版），2013（93）：199—235．

关键词：台湾筝乐；绵答絮；皂云飞；梁在平；梁铭越

机构：（台湾）台湾艺术大学

摘要：《绵答絮》与《皂云飞》是梁在平、梁铭越父子的二首筝作，不约而同借鉴了南管音乐的意象风格与音韵素材。本文分别探讨二首筝乐作品，从作者的创作意图和思维想象，探讨不同时空、不同手法的跨领域借鉴，以及作曲者为台湾古筝音乐所开创的风格径路。由本质而言，《绵答絮》与《皂云飞》两个创作文本不仅是筝乐家个人经验与创意的展示；在传统遇上创新、民间艺术遇上多元文化的年代，更题点了筝乐风格识别与台湾文化认同的经营。以古筝做韵的按滑猱颤，诠释南管乐音的细腻尔雅，构成了一种特殊腔韵美感的表现。研究结果显示，《绵答絮》是南管音乐文本在古筝上的移植与转化；《皂云飞》则是作曲家运用古筝对南管韵响的想象与描摹，是一首自由创作。《绵答絮》与《皂云飞》融合了两个乐种，体现当代筝乐人文观点。在推动古筝音乐与南管音乐融合的过程中，成功地表现了台湾传统乐韵，对台湾筝乐的发展而言具有启发的意义。有鉴于此，文中提出呼吁：在全球化的环境之下，发展创新筝乐技巧、开发崭新演奏内容的同时，筝人应着力建构如《绵答絮》与《皂云飞》这样具有台湾人文地域特色的古筝音乐。

庄亮，庄超颖．论南音唱词中衬词的英译［J］．泉州师范学院学报，2014（5）：93—96.

关键词：衬词；南音唱词；等值翻译

机构：泉州经贸职业技术学院，泉州师范学院

摘要：民歌唱词中的衬词在翻译中通常被忽略。南音衬词是其唱词中不可或缺的部分，衬词对于南音具有重要的文本信息功能和艺术价值。翻译者在南音唱词的英译过程中应该考虑到南音衬词的翻译方法，在译文中体现出南音衬词的对等信息和对应形式，尽可能做到等值翻译。

陈敏红．异国传乡音——印尼东方音乐基金会南音传承中意识与关系空间［J］．人民音乐，2014（4）：21—24.

关键词：东方音乐；三宝垄；吴远；云林；闽南人；圣道；文献资料

机构：泉州师范学院南音文化传承与发展协同创新中心；泉州师范学院音乐与舞蹈学院

摘要：〈正〉印度尼西亚是闽南人移居历史最早、人数最多的国家之一。南音何时传入印尼，由于文献资料阙如，现在想要考证已经很难了。根据现有的资料显示，印尼早期的南音组织有先达的"锦风阁"、三宝垄的"云林阁"……

陈敏红．印尼东方音乐基金会南音传播现状调查研究［J］．中国音乐，2014（4）：252—256.

关键词：南音；印尼；传播现状；东方音乐基金会

机构：泉州师范学院音乐与舞蹈学院

摘要：本调查报告围绕印尼东方音乐基金会南音传承现状之考察，通过静态空间的描述，南音本体变与不变的阐述以及移居地与祖籍地的交流与互动，呈现出南音在印尼东方音乐基金会的传播概貌，总结南音文化漂移至海外后的文化适应性选择。

陈娜松．惠安辋川笙管考察［J］．戏剧之家，2014（11）：107.

关键词：笙管；笙；十音；笙管乐队

机构：福建省泉州市南音传承中心

摘要：笙管在惠安辋川地区存续百余年，并以辋川城内为中心辐射全镇各村落，

泉州市的其他县也陆续有南音爱好者向辋川镇的老艺人学习笙管演奏。由于以主乐器笙为整个乐队的定音乐器，故称"笙管"，后来笙的乐器较少在笙管里面出现，又以主乐器十音而得名，所以"笙管"又名"十音"。本文通过对笙管的考察，进一步了解笙管的演奏风格与发展史，填补了这方面无文字研究与整理的历史空白，以保护笙管这种面临消失的具有艺术价值和研究价值的演奏风格得以延续发展。

陈晓燕，郑丽萍，林君怡．知识产权视野下关于南音的保护［J］．福建师范大学福清分校学报，2014（S1）：56—60.

关键词：知识产权；南音；保护

机构：福建师范大学福清分校经济与法律系

摘要：随着我国《非物质文化遗产法》的实施，对民间文学艺术的保护产生了深远的影响。但是，因为种种的原因，民间文学艺术的知识产权保护仍是任重而道远的。本文以知识产权保护为视角，介绍南音的概况，分析保护的必要性，并提出保护南音的建议。

陈欣雨．对泉州南音传承策略的思考［J］．赤峰学院学报（汉文哲学社会科学版），2014（2）：231—232.

关键词：泉州南音；小学教育；地方音乐

机构：福建师范大学音乐学院

摘要：南音的传承和保护是值得讨论的重大课题。本文针对南音的民间传承和学校传承的缺失进行了讨论，并提出建立南音的民间社团的保护传承机制和中小学本土音乐传承机制的建议，希望能对南音文化的传承起到一定的作用。

陈燕婷．当代南音的多样化发展路向［J］．南京艺术学院学报（音乐与表演版），2014（2）：37—41，161.

关键词：南音；多样化；发展路向

机构：中国艺术研究院音乐学研究所

摘要：南音的多样化发展路向已是事实，格局基本形成，脉络非常明晰，而且已经有了各自的营地。具体体现在南音组织的多样化，南音人才、作品的多样化，南音演出形式的多样化等方面。然而，由于新南音的发展势头正劲，花样翻新，赚人眼球，长此以往，传统南音在社会中很容易被人们边缘化因而逐渐走向没落。因此，警惕这种倾向，在南音发展、创新的同时，别忘了对传统原汁原味的弘扬，是所有南音组织的共同责任。

陈燕婷．南音中的"啰哩嗹"［J］．民族艺术研究，2014（2）：18—27.

关键词：南音；啰哩嗹；傀儡戏；梨园戏

机构：中国艺术研究院音乐研究所

摘要：南音中有大量带"啰哩嗹"词的曲子，主要集中在如下几个门头或曲牌中：【水车歌】【水车歌叠】【翁姨歌】【翁姨叠】【牛脚屈】【声声闹】【声声闹叠】【序滚叠】【浆水令叠】【锦衣香叠】【滴滴金】【滴滴金叠】【堀滚叠】【北地锦叠】等。这些曲子为南音在"啰哩嗹"研究中争得了一席之地。南音中的"啰哩嗹"曲属于一种隐性存在，其仪式功能性还需进一步考证。

陈钰煌．漳州东山御乐轩"春祭"郎君仪式的文化变迁初探［J］．乐府新声（沈阳音乐学院学报），2014（3）：97—99.

关键词：御乐轩；春祭；文化变迁

机构：闽南师范大学

摘要：东山县铜陵镇铜兴村自古崇拜南音始祖——孟昶，每年通过特定的"郎君祭"仪式传承以郎君崇拜为核心的信仰文化体系。然而在全球经济一体化的今天，伴随着现代化的视听、传媒技术的涌入，使得"郎君祭"仪式发生了变化。本文拟从对南音社"御乐轩"郎君祭仪式"春祭"仪式过程进行的描述，从而探讨当地郎君祭仪式的文化变迁问题。

赖彩芬．泉州南音"过枝曲"现象的初步调查［J］．大众文艺，2014（11）：73.

关键词：过枝曲；排场；排门头；滚门

机构：泉州艺术学校

摘要：〈正〉泉州南音传统演唱过程中，曲与曲之间不得间断，由"过枝曲"衔接上下滚门，一气呵成。泉州南音"过枝曲"现象持续到20世纪四五十年代左右，之后由于学曲者少，难以为继……

刘婷婷．论福建南音的传承［J］．中国校外教育，2014，8，162.

关键词：福建南音；乐种；传承

机构：山东省淄博二十六中

摘要：本文阐述了福建南音的价值和意义；分析了该乐种的主要传承形式；探讨了南音在传承中存在的问题，并提出解决问题的几点建议。

刘英英．闻名遐迩南音谱清《南音艺人手抄曲本》赏析［J］．东方收藏，2014（3）：110—111.

关键词：音乐体系；曲本；南管；音谱；声乐曲；弦管；曲词；乐种；乐器演奏；谱字

摘要：〈正〉南音原称弦管，又称"南管""南乐""南曲"，是中国古老的的乐种之一，既有器乐曲又有声乐曲，是一个保存较完整的音乐体系，主要乐器继承汉唐遗制。福建泉州南音的音乐由"指""谱""曲"三部分组成，既有声乐的演唱又有器乐的演奏，现存"指""谱""曲"两千多首，包括南音琵琶、洞箫等传统乐器演奏的"大谱""套曲"和演唱者执拍板而歌的"散曲"。南音历来以口传心授和手抄曲簿的形式传承……

孟建军．南曲洞箫幽幽情　声漫泉州袅袅音——王大浩从艺三十五周年洞箫独奏（汪洋作品）音乐会侧记 [J]．乐器，2014（4）：60.

关键词：王大浩；中国音乐学院；传承发展；文化之都

摘要：〈正〉三月的泉州细雨蒙蒙，花香四溢。王大浩从艺三十五年洞箫独奏音乐会于3月6日在泉州举行。作为泉州市南音传习中心的洞箫演奏家，王大浩已是第二次举办独奏音乐会了。为了这场音乐会能够圆满成功，王大浩特意从中国音乐学院请来了著名笛箫演奏家张维良，以及另外七位来自中国音乐学院的青年演奏家、指挥家和作曲家助阵……

孟建军．南音洞箫的改良 [J]．乐器，2014（5）：24—26.

关键词：南音；洞箫；乐器改良

摘要：〈正〉南音洞箫源于唐，形成于宋，是中国最古老的乐器之一。南音洞箫伴随着"福建南音"的发展而发展。过去，南音洞箫以为南音伴奏为主，随着时代的发展，南音洞箫另辟蹊径，也开始走上了独奏、重奏的舞台，凸显出其独特的个性与魅力。任何一件乐器都有其自身的局限性，洞箫作为一件为南音伴奏的乐器也不例外。如果用来演奏音域宽广甚至半音阶的音乐，它会受到很多制约……

孟建军．南音琵琶是如何制作的（1）[J]．乐器，2014（4）：20—22.

关键词：二弦；南管；弦管；琵琶

摘要：〈正〉福建南音，又称"南曲""南乐""南管""弦管"，被称为音乐文化的"活化石"。福建南音琵琶沿袭了普遍用拨子、横抱姿势这一唐代遗制。南音所用的南琶，腹大颈细，与竖抱的北琶迥然而异。琵琶在唐代的乐队中有指挥整个乐队的作用，而南音琵琶在南音中也同样有指挥整个乐队的作用。南音的乐队组合有固定的形式，分"上四管"和"下四管"两种。上四管又分"洞管"和"品管"两种不同组合：洞管——洞箫、二弦、琵琶、三弦、拍板五种。品管——品箫（即笛）、二弦、琵琶、三弦、拍板五种。下四管乐器有南嗳（中音唢呐）、琵琶、三弦、二弦、响盏、狗叫、铎（木鱼）、四宝、声声（铜铃）、扁鼓，共十种，故又称"十音"。在惠安一带有用云锣、铜钟、小钗和笙等。无论是上四管还是下四管，琵琶在南音中都是主奏乐器。记者前不久去福建泉州采风，经朋友介绍，见到了擅长演奏和制作南曲琵琶的李建瑜师傅，拍摄下了他制作南音琵琶的过程……

孟建军．南音琵琶是如何制作的（2）［J］．乐器，2014（5）：21—23.

关键词： 面板；南音；粘接；琵琶；涂抹；音孔；位置；固定；胶水；制作

摘要： 〈正〉（接上期）15. 把胶水涂抹在岳山底部准备粘接。16. 将岳山牢牢粘接在固定的位置。17. 南音琵琶的面板是凹陷的，因此要用专用卡子把面板卡住，拧紧螺丝，使面板在压迫下逐渐弯曲。18. 面板的上端也用卡子固定。19. 待将面板压出凹陷后，把卡子取掉，然后的用尺子在面板上画出一条中线……

孟建军．南音琵琶是如何制作的（3）［J］．乐器，2014（6）：21—23.

关键词： 砂纸打磨；手工抛光；干透；三四；黑漆；琴颈；边条；背板；根弦

摘要： 〈正〉（接上期）32. 安装琵琶相。33. 排品。34. 先装两根弦、少量品，对琵琶进行初步调试，看琴弦与琵琶面板之间的距离是否合适，如不合适还需继续调整。35. 在琵琶面板的边缘镶边，边条为 0.8cm 的软木条，用胶水粘接牢固，然后用砂纸打磨光滑。36. 把弦卸掉，然后用砂纸打磨面板，使之光洁……

宋瑾．南音传承的"保值"问题［J］．民族艺术研究，2014（2）：5—9.

关键词： 南音；保值；文化生态

机构： 中央音乐学院

摘要： 南音具有审美价值、实用价值和混合价值。目前，南音又增加了民族凝聚力、文化产业和"非遗"等价值。与此同时，过多强调这些政治、经济和文化的新增价值，将使南音贬值。为此，需要在南音的传承中注意保值问题。这一切的关键在于树立正确的传承观念，采用合理方法，即在维护南音的文化气质基础上，走多元发展的道路。

孙星群．梨园戏《井边会》与南音"指"《照见》的比照［J］．民族艺术研究，2014（2）：10—17.

关键词： 梨园戏；福建南音；井边会；照见

机构： 福建省艺术研究院

摘要： 文章以小梨园的传统剧目《刘智远》第四出《井边会》与福建南音《刘智远与李三娘》中的李三娘唱段《照见》，做一个粗浅的比照。通过二者的形成年代、人文背景、唱词、音乐结构、曲调、调式调性等来找寻梨园戏与福建南音之间千丝万缕的关系。

滕腾．南音数据库及其文化生态圈的构建［J］．民族艺术研究，2014（2）：28—32.

关键词：南音数据库；南音文化生态圈；语义网；音乐本体；元数据

机构：福建师范大学

摘要：本文的内容分为两个方面：其一，通过对语义网、关联数据技术、知识图谱、元数据、叙词表、音乐本体等计算机信息技术的相关概念阐述，并运用相关软件做完整的、有机的、生动的、灵活的南音数据库架构；其二，通过对南音历史、组成（指、谱、曲）、术语、演唱、乐器、乐人、乐社、乐事、教育、传承、乐舞等相关音乐文本与文化语境的研究，对南音文化生态圈系统进行深入探索，力图构建一个面向专业研究者和普通音乐爱好者的全方位南音公共服务标准化平台，进而对南音的保护、传承与发展起到推动作用。

王萍萍．南音二弦与二胡的演奏技法之比较［J］．泉州师范学院学报，2014（5）：80—83.

关键词：南音二弦；二胡；演奏技法；音乐比较

机构：福建幼儿师范高等专科学校艺术系

摘要：泉州南音中的二弦与二胡源于同脉，都是出自古之奚琴。南音二弦的束弓、盖音、浪弓、润腔等演奏技法，经严格的"口传心授"的传承方式沿用至今，留存着古老的地方音乐特色，为二胡演奏古典和民间乐曲以及保存其传统性技法方面提供了具有借鉴意义和研究价值的实例。

王萍萍．泉州南音曲《出塞和亲》的艺术特色［J］．乐府新声（沈阳音乐学院学报），2014（2）：93—97.

关键词：出塞和亲；泉州南音；十三腔；指谱；腔韵；南音文化；南音文化圈

机构：福建幼儿师范高等专科学校艺术系

摘要：《出塞和亲》是南音名曲的代表作，其艺术特色与文化魅力之流传、影响千百载。今就该曲艺术特色进行探析，以期对南音、南音文化的深入研究、继承和发展有所助益。

王珊．协同创新助推泉州南音传承发展［J］．泉州师范学院学报，2014（3）：83—85.

关键词：国际；泉州南音；学术

机构：泉州师范学院

摘要：〈正〉泉州南音国际学术研讨会是南音研究的重要学术交流平台。本次研讨会由主题报告、论文宣读、学术研讨与观摩南音表演四部分组成。学术研究的内容包含南音指、谱、曲综合研究、个案分析、表演研究、曲牌研究、乐谱研究、曲词关系研究、方言问题研究、考古研究、传承与传播研究等，许多研究成果具有独特的创新性，是南音学术界的又一次盛会……

王耀华. 近 25 年来的南音研究及其展望［J］. 人民音乐，2014（6）：64—67.

关键词：弦管；艺术形成；南管；文化区；学术研究；传统戏曲；谱字；考证学

机构：福建师范大学音乐学院

摘要：〈正〉南音，历史悠久，遗产丰富，蕴蓄着深厚的历史、文化学术内涵。对其研究的历史，笔者曾经在 1988 年写的《弦管研究的历史与现状》一文中做过回顾，认为 1840 年以前的古代南音研究的特征，是伴随着南音艺术形成与发展的研究，使南音从无到有，由简到繁，曲目由少到多。1840—1949 年的南音研究，从传入中国的西方音乐学引进了新观念，促进了新探索，从而步入近现代阶段的南音研究，具有以发展的眼光对待传统，发掘南音蕴藏，考证学的发展，分类法的探索，描述性乐学的出现……

吴红艳. 浅谈南音唱腔与现代声乐的结合［J］. 音乐时空，2014（8）：175.

关键词：南音唱腔；现代声乐；结合点

机构：南昌理工学院

摘要：南音唱腔以管弦乐著称，被称为"活化石"，是一个内涵丰富的古老乐种，音乐包括"指、谱、曲"三类。但是，南音唱腔随着社会的发展，已经逐渐不适应现代人的文化需求了。为了使这类古老艺术能够在现代社会里大放异彩，焕发青春生命。本文分析了南音唱腔和现代声乐的比较，探讨了南音唱腔和现代声乐的结合点，从而希望南音唱腔能够得到持续发展。

吴一婷. 浅谈二弦的演奏技法和音色处理［J］. 大众文艺，2014（22）：138—139.

关键词：二弦；演奏技法；音色处理

机构：泉州市南音传承中心

摘要：二弦是泉州南音中别具特色的乐器，也是众多拉弦乐器中很特殊的一种。它内外两条弦，用弓极为严谨，内弦拉弓，外弦推弓，回弓放空，与一切胡类乐器来回运弓截然不同。二弦两条弦系于轸头，与二胡等系于轸末也不同。二弦弓毛松弛，俗称软弓，靠右手指控制，力度要扎实；左手指按音要准确。二弦在南音中的作用，起着融合音色、衬托洞箫，弥补洞箫长音气息不足的作用，但不能喧宾夺主，所以有"箫咬弦，弦入箫"之说。随着二弦教学理论和实践的不断发展，演奏技法也日趋丰富和成熟。音色是音乐表现中很重要的手段之一，不同的音色使我们产生不同的感受，在音乐表现中通过音色对比变化的运用将更有利于乐情的表达。本文从演奏技法和音色处理等方面展开，阐述了如何让二弦在演奏中发挥得更加淋漓尽致。

张晨 . 走进福建（之一）南音 ［J］. 音乐生活，2014（3）：15—16.

关键词：戏曲文化；宋元南戏；弦管；地理分布；乐种；法曲；摩诃兜勒；二弦；地方特征；南管

摘要：〈正〉福建省自古以来就是我国的戏曲文化大省，它的戏曲传统有着悠久的历史、丰厚的蕴藏和独特的风格。福建戏曲积淀深厚，既有唐代百戏、傀儡戏、歌舞表演等赋予的丰富营养，又保留着较多宋元南戏音乐体式的遗脉。徜徉在这里的山水人文中，不禁让人想起一些古老而传奇的片段。福建繁多的戏曲种类形成与这里的人文、地理分布……

赵佳榕 . 汉唐乐府与南音 ［J］. 戏剧之家，2014（9）：31.

关键词：汉唐乐府；南管；民族文化精神；非物质文化遗产

机构：厦门大学

摘要：〈正〉成立于1983年的汉唐乐府，是由陈美娥女士一手创办的以南音乐曲为基础的古典乐舞剧团。陈美娥认为南管作为民族文化精神和传统感情的历史之声，其价值远超过掌声和喝彩所能衡量，她坚持南管需要的不只是"通俗阶级的赞美"，还需要"知识阶级的尊重"。陈美娥不仅负责表演创作，还传扬教学，出版曲集，担起了传承南音的责任。陈美娥说过，"她理解的文化产业的意思是：文化应该是民族的，其中使用的创意应该是人文的"……

二　其他音乐

曾华宏 . 泉州北管音乐现状与传承思考 ［J］. 泉州师范学院学报，2013（3）：83—86.

关键词：泉州北管；现状；传承；思考

机构：泉州师范学院教育科学学院

摘要：2006年5月20日，"泉州北管音乐"顺利入选首批国家级非物质文化遗产名录。历经八年，面对多元文化的冲击，进入非遗的泉州北管音乐正因老一辈的逝去而失传，随着多元音乐的冲击而缺失听众群，这已是不争的事实。本文基于泉港北管音乐的生存现状对泉州北管音乐进行调查，并为"非遗"视野下的北管音乐在面对机遇与挑战时提供可参照的多元化的路径选择。

庄乃祯，李寄萍，张诗意 . 天籁遗音飘半岛　崇尚武备藏瑰宝——崇武民间歌谣分类考析 ［J］. 民族音乐，2013（3）：33—35.

关键词：民间歌谣；崇武；遗音；泉州湾

机构：福建泉州师范学院音乐与舞蹈学院

摘要：〈正〉福建省泉州市惠安县东南部有一个风光明媚的半岛，它三面临海，西连陆地，坐落于湄州湾与泉州湾之间，与台湾隔海相望，自古为东南海疆的军事要塞，人民崇尚武备，聚居地遂誉称为崇武镇……

陈燕婷．多重音声的"闹热"景观——安海镇"夫人妈"诞辰仪式音声研究［J］．交响（西安音乐学院学报），2013（2）：60—68.

关键词：夫人妈；仪式；安海

机构：中国艺术研究院音乐研究所

摘要：福建省晋江市安海镇每年都要举行"夫人妈"诞辰庆典仪式。道士的歌唱、奏乐和吟诵，鼓吹乐、轻音乐的演奏，戏班的表演，以及信众的嘈杂声，构成多重音声景观。这种多重音声符合当地人对"闹热"的要求，也满足了他们的多种需要。该仪式是宗教性质的活动，同时也是地方音乐文化所呈现、传播和产生影响的民俗活动和地方性娱乐活动。这种活动在当地具有普遍性，对"非遗"的活态保护和地方乐感的培养等具有重要意义。

卓颐．论闽南民间音乐的特色及其保护传承［J］．漳州师范学院学报（哲学社会科学版），2013（2）：6—11.

关键词：闽南音乐；民间；音乐特色；传承与保护

机构：闽南师范大学艺术系

摘要：闽南民间音乐是闽南地区传统文化艺术的生动体现，在文化学、民俗学以及美学上有着重要的价值。闽南文化是中华文化的一个重要组成部分，同时又是中华文化的一个极具鲜明特色的棱面。闽南民间音乐是中国民间音乐的重要组成部分，是闽南非物质文化遗产的瑰宝。探析闽南音乐文化中的民间音乐特色对其保护传承具有基础性的重要意义。

张曦．潮州音乐？还是潮汕音乐？［J］．星海音乐学院学报，2013（4）：33—42.

关键词：潮州音乐；潮汕音乐；潮州方言

机构：星海音乐学院学报编辑部

摘要：文章通过对历史上"潮州"、近现代"潮汕"这两个域名的文献梳理，以及对该空间中潮州音乐内含及其分布的阐述，寻求究竟是"潮州音乐"还是"潮汕音乐"的答案，并最终认为"潮州音乐"这一名称的使用更为恰当。

杨师帆．论粤西雷歌文化构成的多元性［J］．湖南科技学院学报，2013（1）：193—195.

关键词：雷歌；闽南文化；中原文化；土著文化；多元性

机构：湛江师范学院基础教育学院艺术系

摘要：雷歌流行于粤西雷州半岛，2008 年入选国家级非物质文化遗产名录，是雷州文化的重要代表之一。随着雷州文化的形成和发展，雷歌不仅承袭了闽南文化的印迹，又受到中原文化的浸润，是土著文化与闽南移民文化、中原汉文化等相互碰撞、渗透、融合而成的多元性再生态民歌。

杨曦婷．泉州市伊斯兰教音乐特点研究 ［J］．湖北科技学院学报，2013 （2）：116—117.

关键词：伊斯兰教；音乐研究

机构：华侨大学音乐舞蹈学院

摘要：以民间流行的歌谣、泉州市清净寺礼拜前的诵咏、祈祷词及赞圣童歌的音频资料作为实际谱例，分析、研究伊斯兰教音乐的特点，阐述泉州市伊斯兰教音乐与阿拉伯地区伊斯兰教音乐的共通性。

汪舟．台语歌曲的乡土情怀 ［J］．两岸关系，2013 （4）：53—56.

关键词：台语；于斯；集体记忆；历史时期；民间歌谣

摘要：〈正〉诗言志，歌咏怀。台语歌曲是台湾同胞用乡音抒发的心声，尤其是那些流传久远的台语老歌，是台湾同胞的集体记忆，积淀着对生于斯长于斯的乡土的深情眷念。不同历史时期的台语歌曲，呈现出不同的内容和风貌，反映了台湾同胞对特定历史时期的社会现实的内心感受和精神诉求……

孙继南．音乐史料研究之疑、考、信——以弘一法师《厦门市运动大会会歌》版本考为例 ［J］．中国音乐学，2013 （3）：5—10，2，145.

关键词：音乐史料研究；疑、考、信；弘一法师；《厦门市运动大会会歌》

摘要：音乐史料研究是音乐史学中不可或缺的基本环节。鉴于目前我国现代音乐史学史料学体系性建设的滞后，本文以《厦门市运动大会会歌》两种不同版本的发现和考证为例，阐明音乐史料研究疑、考、信三者之间的关系及其重要性，并以此为个案，强调音乐史料研究中的独立思考精神和翔实考证的学术价值，为撰写"信史"提供可靠的史料依据。

卢广瑞，林诗媛．台湾闽南语流行歌曲《爱拼才会赢》之分析 ［J］．解放军艺术学院学报，2013 （3）：70—72.

关键词：《爱拼才会赢》；闽南语；歌词；歌曲旋律；民族风格特色

机构：厦门大学艺术学院；集美大学音乐学院

摘要：作为一首脍炙人口的闽南语歌曲，《爱拼才会赢》已经成为 20 世纪台湾闽南语流行歌曲的经典之作。本文分析了此歌曲词曲结合的特色，歌曲音乐旋律及结构的特点，以及歌曲的思想、精神内涵，认为其不仅代表了台湾闽南语歌曲柔媚、亲切的风格特色，而且传播和弘扬了中华民族闽南文化和民族精神，突出了中国民族、民间音乐元素在台湾闽南语歌曲中的地位和作用，是一首短小、典型而优秀的中国民族音乐结构思维的闽南语励志歌曲代表作。

陈美静．两岸妈祖原创歌曲整理与研究述略［J］．龙岩学院学报，2013（1）：105—110.

关键词：妈祖；歌曲；记录；特征

机构：莆田学院

摘要：以妈祖题材及妈祖精神为创作主线，采用独有歌词与曲调创编写作而成的原创性歌曲，存在着不同形式的记录，在主题内容、音乐创作、演唱形式上都呈现出多样化特征。通过对两岸妈祖原创歌曲的整理研究，探讨妈祖歌曲现代化发展趋势，加深了对现代妈祖原创歌曲全方位的认识。

阮俊宇．非物质文化遗产语境下泉州北管的发展研究［J］．江西理工大学学报，2014（6）：90—93.

关键词：非物质文化遗产；语境；泉州北管

机构：厦门理工学院数字创意学院

摘要：2006年5月泉州北管经国务院批准列为第一批国家级非物质文化遗产名录，随着各级文化主管部门对非物质文化遗产保护的重视，被称为"天子传音"的泉州北管音乐在社会相关机构的努力下也逐渐焕发出新的生命力。地方音乐类非物质文化遗产是中国非物质文化遗产的重要形式和组成部分，文章将在分析泉州北管的历史源流、发展过程及现实传承状况的基础上，结合民间传统音乐赖以生存和发展的人文传统和自然环境，深入探索和总结非物质文化遗产语境下泉州北管的传承、保护和发展。

陈汀滢．福建闽南民歌《灯红歌》的音乐分析［J］．美与时代（下），2014（8）：75—77.

关键词：民间小调；调式调性；音乐体裁；地域特点；音乐风格

机构：上海大学音乐学院

摘要：《灯红歌》是福建泉州民间小调的典型代表之一。泉州地区在地处闽南的地理环境和"闽台音乐文化区"的多元文化背景下，形成了丰富多彩的闽南语民歌。传统民歌是当今社会非物质文化遗产的重要组成部分。随着社会不断发展，很多有着较强地域色彩的民歌作为一种宝贵的文化资源，正逐渐面临着流失的危险。我们应该通过不断的探索、研究、学习，及时保护和挽救地方民歌，使之成为传播地方文化的一种有效途径，促进中华传统文化的繁荣。

林朝虹，林伦伦．客、闽、潮"过番歌"的比较研究［J］．文化遗产，2014（5）：90—97，158．

关键词：过番歌；客家；福建；潮汕；主题；形式

机构：韩山师范学院潮州师范分院；韩山师范学院

摘要："过番歌"是指在中国侨乡或境外华人社区流传的以各方言族群先辈们到海外谋生为主题的民间歌谣或长篇说唱。客家、福建、潮汕等族群的"过番歌"在共同的历史背景下，主要由于"家破无奈过暹罗"的经济原因而产生。客家"过番歌"以七言四句体的女性独唱曲和"郎搭妹、妹搭郎"的男女对唱曲等山歌特有的艺术形式，直接表达"莫过番"的主题；福建民系"过番歌"则以闽语短篇歌谣和长篇说唱的形式，表达了"番平千万不通行"的主旨；潮汕"过番歌"则采用诗体、变体、叠体、曲体、十二月歌、"手布诗"等形式，通过叙说过番男人的牵挂、留守女人的哀怨等方式，侧面表达了劝世主题。

林纯纯．闽南语歌曲的流行与文化新生产力意识的融合［J］．泉州师范学院学报，2014（3）：27—30．

关键词：闽南语歌曲；文化新生产力；意识融合

机构：泉州幼儿师范高等专科学校

摘要：20世纪末，闽南语歌曲随改革开放由闽台地区逐渐流行至整个大陆，风靡一时，如今已呈现出疲态乏力之势，究其原因，除有其流行自然规律因素以外，与文化新生产力意识融合不够也有着较大的关联。社会经济发展促使文化新生产力的提升，人们的物质生活水平获得提高，精神生活也随之得到相应的改善。闽南语歌曲的流行与发展，若不能与时代社会经济文化发展紧密融合，充分体现地域特色和文化新生产力发展意识的理念，就难以获得较强的生命力和后续力。

万婉治，许丹丹．试论发展闽南语歌曲文化产业的有效途径［J］．艺术研究，2014（4）：166—167．

关键词：闽南语歌曲；文化创意；产业发展

机构：泉州师范学院音乐与舞蹈学院

摘要：闽南语歌曲作为闽南传统音乐文化延伸的艺术种类，具有浓郁的地域文化特色、别具一格的创作风格和独具韵味的曲调唱腔，其抒情性、通俗性、大众性的特点，已成为闽南文化中的一个重要乐种。随着创作人才和演唱人才的难以为继，文化环境的日趋功利，闽南语歌曲正在慢慢地淡出人们的文化生活。本文以闽南语歌曲为切入点，试图阐述在当今全球化的背景下，应如何促成闽南语歌曲文化创意产业的繁荣与发展。

吴少静．闽台"孟姜女"调的民歌变体——"五更鼓"研究［J］．人民音乐，2014（1）：51—53.

关键词：五更鼓；《孟姜女》；民间小调；闽南方言

机构：泉州师范学院音乐与舞蹈学院；泉州南音学院

摘要：〈正〉"孟姜女"调是我国流传范围最广、影响最大的民间小调之一，"五更鼓"则是用闽南方言演唱的传统民歌曲调，是闽南群众耳熟能详的民间小调之一，也是台湾福佬系民歌的经典曲目，而"五更鼓"实际就是"孟姜女"调的变体，特别是"五更鼓"与闽南方言紧密融合，除吸收明清俗曲"孟姜女"的旋律外，又与闽台音乐相融合，从而使这首曲调悦耳动听，委婉流畅，深受闽台人民群众的喜爱。"孟姜女"的故事、音乐在全国各地广为传播，其与各地音乐、方言相结合，演绎出丰富多彩的变体……

许佩晖．论闽南莲花褒歌的艺术特点与保护传承［J］．闽南师范大学学报（哲学社会科学版），2014（2）：13—16.

关键词：莲花褒歌；本体研究；保护与传承

机构：闽南师范大学艺术学院

摘要：莲花褒歌是一项重要的闽南及台湾民间文化的艺术表现形式。对莲花褒歌的本体及其保护与发展进行研究很有必要。莲花褒歌与台湾褒歌有密切的关联，其保护与传承是值得我们深入思考的问题。

马岩峰，方爱兰，吴英莲．音乐人类学视野下惠东渔歌文化脉络探析［J］．惠州学院学报，2014（2）：14—18，24.

关键词：音乐人类学；惠东渔歌；南海渔歌；文化脉络

机构：惠州学院音乐系

摘要："惠东渔歌"是指广东省惠州市惠东县沿海一带渔歌，惠东渔歌由于语系的关系与福建沿海的渔歌在本质和源头上一脉相承。闽南语系的语言决定了渔歌的旋律与风格。而惠东与汕尾海陆相连，曾经同属一个地区管辖，至今两地沿海的民俗、风情都十分接近甚至一样。因此，在音乐人类学视野下从地缘、历史与民俗风情、文化脉络的演变与传承对"惠东渔歌"进行分析，更能体现"惠东渔歌"即"南海渔歌"文化艺术的社会功能，以及传承发展与创新的现实意义。

有梦出头天［J］．东南传播，2014（12）：150.

关键词：综艺节目；闽南语；歌曲创作

摘要：〈正〉最具市场号召力的"全球闽南语歌曲创作演唱大赛"升级版！十大唱片公司现场选秀，国内外巡回商业演唱会。2015 年，福建海峡电视台和台湾年代电视公司将采取共同出资、共同制播、共同推广、共同经营的方式全力打造的闽南语歌曲职场选秀类季播型综艺节目——《有梦出头天》，将坚持以弘扬闽南文化，唱响福建品牌……

三 闽南舞蹈

田湉．台湾汉唐乐府"梨园舞蹈"形式考［J］．北京舞蹈学院学报，2013（3）：36—41.

关键词：梨园舞蹈；十八步科母；形式构成

机构：北京舞蹈学院

摘要：本文是对台湾"汉唐乐府"的"梨园舞蹈"形式的考察。笔者认为，"汉唐乐府"创建者陈美娥从传统梨园戏中较为完整地承继了一种古典舞的形式，从而实现了传统乐舞的当代转化。文中还谈了中国古典舞形式的五种呈现和三种构成方式，旨在为中国古典舞研究开启一个新的方向。

陈向群．从道具演变看闽南民间舞蹈发展的足迹——以《火鼎公婆》《踢球舞》为例［J］．黎明职业大学学报，2013（4）：16—20.

关键词：闽南；民间舞蹈；道具；《火鼎公婆》；《踢球舞》

机构：泉州幼儿师范高等专科学校学前教育系

摘要：由于闽南民间舞蹈的传承缺乏历史文献资料而使得人们难以追溯其发展演变的足迹，因此，以闽南民间舞蹈《火鼎公婆》《踢球舞》为例，分析《火鼎公婆》的主要道具"火鼎"及《踢球舞》的主要道具"彩球"的演变历程和发展足迹，从中探寻闽南民间舞蹈的发展足迹。结果表明，闽南民间舞蹈是随着时代的发展而演变的，并源于舞台的需求及人们审美知趣的提升。

陈向群，杨丽芳．闽南民间宗教舞蹈及其文化生态保护［J］．泉州师范学院学报，2013（5）：24—28.

关键词：闽南；民间；宗教舞蹈；承袭；衍化；变异

机构：泉州幼儿师范高等专科学校

摘要：闽南民间宗教舞蹈底蕴丰厚，历史悠久，影响遍及台湾、东南亚及海外华人世界，与生产劳动舞蹈、日常生活舞蹈、节日喜庆舞蹈等民间舞蹈形式相比，名目更繁多，形式更多样，内容更深厚，流布更宽广，但由于缺乏史料及被正统观念所边缘化，历来研究者寥寥。如何从现有的资料和至今尚活力四射的种类、节目中，发掘其历史文化内涵，承袭过程及衍化、变异轨迹，从而提出传承与保护其文化生态的思路，是本文试图解答的问题。

李涛．文化生态视野下闽南拍胸舞的适应与变迁［J］．重庆文理学院学报（社会科学版），2013（2）：52—55．

关键词：拍胸舞；文化生态；适应；变迁

机构：华侨大学体育学院

摘要：本文以流传于闽南地区的拍胸舞作为研究对象，采用文献研究、田野调查等方法，从文化生态学的角度分析拍胸舞产生和发展的自然和人文环境，描述现代拍胸舞的变迁，指出应抓住入选国家级非遗名录及成立闽南文化生态区的机会，积极保护和传承拍胸舞。

慕羽．"好作品"不只是"看得懂"或"被感动"——评闽南风情舞蹈诗《沉沉的厝里情》［J］．民族艺术研究，2013（2）：46—52．

关键词：舞蹈文本；人文诉求；民俗文化；舞蹈创作

机构：北京舞蹈学院

摘要：被认为是"看得懂"和"被感动"就是"好作品"的判断标准吗？笔者并不这样看，就艺术鉴赏而言，"好看""动人"只能是感性品评艺术的第一步，本文希望借助由观众的情感反馈所引发的思考，更为深入地探讨青年舞蹈编导靳苗苗创作的闽南风情舞蹈诗——《沉沉的厝里情》对"学院派"舞蹈创作和中国民族歌舞创作的启示。文中侧重分析了《沉沉的厝里情》之所以成为"好作品"的特别之处，主要集中在三点：舞蹈文本与作品的整合，作品立意的现实人文诉求，以及民风民俗的艺术化、戏剧化呈现方式等。

闽南风情舞蹈诗　沉沉的厝里情［J］．北京舞蹈学院学报，2013（2）：129—132．

关键词：中国舞；文化部艺术司；北京舞蹈学院；艺术学校

摘要：〈正〉2012年12月2日至4日，厦门小白鹭民间舞艺术中心、厦门艺术学校携新作闽南风情舞蹈诗《沉沉的厝里情》亮相"北京舞蹈学院2012演出季"。作品分"序·海的子民""青梅往事""良辰锦时""海岸人家""故乡月明"五场，以"我的阿嬷"——一个闽南女人平凡一生为线索，在风格浓郁的舞段中，抒写了对"家"的深深眷恋与期盼。全国人大常委会副委员长陈至立，原政协副主席罗豪才、张克辉，中国舞协主席赵汝蘅，中国舞协分党组书记、副主席冯双白，文化部艺术司副司长陶诚，文化部科技司副司长王丰，副巡视员翟桂梅，北京舞蹈学院党委书记王传亮、院长李续等观看演出……

林荣珍．试论福建民间舞蹈的历史特征［J］．长江大学学报（社科版），2013（2）：181—182．

关键词：福建；民间舞蹈；历史特征

机构：三明学院教育与音乐学院

摘要：闽地民间舞蹈有着悠久的发展历史，已成为当地民俗文化的重要组成部分，体现出浓郁的历史特征，主要表现在古老性、同源性、宗教性、时代性四个方面。

黄际影．闽南风情舞蹈诗《沉沉的厝里情》创作座谈会纪要［J］．北京舞蹈学院学报，2013（2）：114—117．

关键词：中国舞蹈家协会；北京舞蹈学院；艺术学校；拍胸舞

机构：北京舞蹈学院学报编辑部

摘要：〈正〉2012 年 12 月 3 日，"闽南风情舞蹈诗《沉沉的厝里情》创作座谈会"在北京湖北大厦举行，中国舞蹈家协会、北京舞蹈学院、厦门小白鹭民间舞艺术中心、厦门艺术学校等单位代表出席会议。会议就《沉沉的厝里情》的创作与演出现状，对中国舞蹈创作现状、舞蹈诗的属性与创作、作品可改进之处等问题进行了探讨，本刊选取了专家发言的部分内容刊登如下……

黄明珠．闽南民间舞蹈的审美范畴探讨［J］．南京艺术学院学报（音乐与表演版），2013（1）：165—169．

关键词：闽南民间舞蹈；美学特征；审美范畴

机构：福建师范大学音乐学院

摘要：中国民间舞蹈中包含着丰富的美学思想，它反映了人类的悲伤、喜乐、迷茫、体悟、失望、希望等丰富的思想情感。对民间舞蹈美学逻辑分类，既要依据中西美学范畴的基本理论，又要考虑各族群民间舞蹈这一个案本身的特性。闽南民间舞蹈的审美探究以人的生命与文化生存的关注为起点，将其审美与社会、文化联系起来，并置于中西美学理论的瀚海中予以审度反思，从崇高、悲剧、优美、喜剧这几个基本的美学范畴进行探讨阐释。

杨缦绮．泉州拍胸舞展望［J］．海峡科学，2013（9）：72—73．

关键词：拍胸舞；民间舞蹈；起源；艺术特点

机构：福建幼儿师范高等专科学校

摘要：历史上看，中华大地上，图腾崇拜普遍存在，它们往往在民间以舞蹈的形式来体现。各民间舞蹈作为一种图腾崇拜的仪式形式各异，所蕴含的思想内容和表现风格丰富多彩。泉州的拍胸舞就是一种极具地方特色，反映当地民俗民风的民间舞蹈。据历史记载，拍胸舞始于宋代，流传至今。舞者一般为男性，头戴一形状特殊的草箍，裸身赤脚。至今在泉州的民俗活动中仍可见拍胸舞的表演。这是一种历史悠久的古代艺术遗风，也是中华大地宝贵的遗产。本文以传承创新为目的，从拍胸舞的起源和艺术特点的角度来分析泉州拍胸舞的现状，并探索其未来发展对策。

王莎莉. 闽南"彩球舞"的演变和发展 ［J］. 湖北科技学院学报，2013（8）：40—41.

关键词：彩球舞；演变；发展

机构：集美大学诚毅学院

摘要："彩球舞"一般在逢年过节、迎神赛会、婚丧喜庆等民俗活动中表演。舞蹈动作的编排经历从历史传承、民间发展到戏曲升华，又回到民间广泛流播的过程。本文主要通过对"彩球舞"和梨园戏的相互关系，对"彩球舞"的历史由来和每个阶段变化的特点，运用舞蹈史论、舞蹈形态学、民间舞蹈学的方法进行研究，并对其近现代的发展情况提出自己的见解。

陈向群. 一舞多形的泉州民间舞蹈及其文化内涵 ［J］. 龙岩学院学报，2014（6）：123—128.

关键词：泉州；民间舞蹈；一舞多形；文化内涵

机构：泉州幼儿师范高等专科学校

摘要：泉州民间舞蹈部分存在一舞多形现象，如《踢球舞》，有梨园踢法、民间踢法，不断发展变异并出现在大型广场舞中。一舞多形并存共舞蕴含着泉州民间舞蹈丰厚的历史文化内涵，从《踢球舞》等舞蹈中可看出泉州民间舞蹈与南戏、南音的关系，球手的动作则吸收南少林武术元素，其舞蹈功能的选择推动泉州民间舞蹈的不断发展，深刻反映出泉州民间舞蹈所包含的深层次文化内涵和历史文化名城的博大精深。

王岩. 闽南舞蹈与戏曲舞蹈的互动性探究 ［J］. 艺术教育，2014（6）：119—120.

关键词：闽南舞蹈；戏曲舞蹈；互动性

机构：华侨大学音乐舞蹈学院

摘要：闽南舞蹈是指闽南民间特有的舞蹈种类，经过千百年的沉淀和洗涤，仍然散发着耀眼光芒。闽南戏曲历史悠久、种类繁多，各种戏剧中都融入了大量高质量的戏曲舞蹈。在长期的闽南文化发展中，民间舞蹈与戏曲舞蹈彼此渗透、相互吸收，逐渐形成了舞戏共生的现状，舞蹈因为戏剧而有所进步，戏剧由于舞蹈而更加生动。文章主要研究闽南舞蹈和戏曲舞蹈彼此的互动性，以期为两者今后和谐发展提供理论基础。

吴红叶. 论舞蹈诗《沉沉的厝里情》的地方形象塑造 ［J］. 长沙大学学报，2014（6）：111—112.

关键词：沉沉的厝里情；地方形象；民俗文化

机构：闽江学院音乐学院

摘要：闽南风情舞蹈诗《沉沉的厝里情》通过整合地方文化资源和提炼地方文化特色，运用多元化的创编手法塑造具有地方特点的人物形象，在重构民俗文化的基础上演绎地方人性内容，完成了对闽南地方形象的完整塑造。该作品充分体现了地方形象塑造与新时代舞蹈创作之间的重要联系，对解决舞蹈作品如何塑造地方形象这一问题具有启示意义。

吴燕莉. 闽南"踢球舞"的起源与发展 ［J］. 福建师范大学学报（哲学社会科学版），2014（5）：116—120.

关键词：踢球舞；闽南；非物质

机构：华侨大学音乐舞蹈学院

摘要：福建省首批非物质文化遗产泉州踢球舞，源于我国春秋战国时期的军事体育游戏"蹴鞠"，具有十分重要的历史意义和文化价值。本文探究了踢球舞"球"的起源发展和踢球舞的功能演变、踢球舞的历史文化价值。通过创编经典舞台剧目，加强对外交流和艺术产业化发展，同时通过基于文化底蕴的校本课程的开发等方式，探寻踢球舞的传承与发展途径。

杨淑雅. 妈祖文化影响下的艺术作品——以"妈祖林默娘"舞剧为例 ［J］.（台湾）高雄海洋科大学报，2014（28）：183—197.

关键词：妈祖文化；文化产业；林默娘舞剧

机构：（台湾）高雄海洋科技大学

摘要：妈祖故事流传至今已超过一千多年之久，早些年前，人们宣扬妈祖故事或其神奇的灵验事迹，大都是以口头讲述、文字记录或地方戏剧说唱展演的方式呈现妈祖信仰的民间性。直到21世纪的今日，妈祖成为华人民间信仰的精神表征，妈祖信仰经由官方或民间长时间的积累，已不再只是民间信仰的一环，而是影响现代社会文化动脉的一股潮流。居住于妈祖信仰圈的人们，因为妈祖信仰的兴盛，因而有特别的与妈祖相关的人文活动与生活方式。这些人文活动与生活方式可区分为三大方向来探讨：一、文学与艺术；二、祭祀与民俗活动；三、社会事业与公益活动。这些受妈祖信仰影响而产生的文化现象就是妈祖文化。本文以受妈祖文化影响下的艺术作品"妈祖林默娘舞剧"为探讨素材，分析台湾著名舞蹈家樊洁兮女士创作"妈祖林默娘"舞剧的缘由、历程，以及这出舞剧的内容特色与展演成果。

闽南戏剧

一　闽南戏剧概述

吴丹妮．浅论戏曲舞台美术中"人景合一"的视觉审美［J］．戏曲艺术，2013
（3）：116—119.

关键词：戏曲舞台美术；美学；写意；发展

机构：中国戏曲学院

摘要：戏曲经历了时代的变迁，延续并发展至今，逐步顺应着时代的发展与人们
审美情趣的转变，于是伴随着戏曲表演而存在的戏曲舞台美术的发展方向就成为美学
范畴的一个命题。本文通过列举影响舞台美术发展的美学因素、戏曲艺术的写意化，
详细举例梨园戏《董生与李氏》以及戏曲舞台美术设计观念的更新来论证戏曲在革古
孕新、继承与发展的道路上，在现代审美体系的引导下，应遵从戏曲舞台美术简约、
凝练的风格的发展方向。

牧瓜．福建省第二十五届戏剧会演综述［J］．福建艺术，2013（1）：28—32.

关键词：舞美设计；曾静萍；朱弁；庆忌；北路戏；要离；梅林戏；地方剧种

机构：福建省艺术研究院

摘要：〈正〉福建省第五届艺术节暨省第二十五届戏剧会演自12月8日起，至26
日结束。参演剧目30台。作品均为近三年以来新创作排演，题材丰富，形式多样，其
中古装戏23台、现代戏4台、木偶戏3台。本届会演的好戏数量为近几届之冠，舞台
整体呈现历届最好，收获了像《荷塘蛙声》《柳永》《要离与庆忌》《北进图》……

唐皖闽．穿越时空载体　驰骋意象疆界——第五届福建艺术节暨第二十五届戏剧
会演舞美述评［J］．艺苑，2013（1）：69—73.

关键词：第五届福建艺术节；戏剧会演；舞美；述评

机构：福建艺术职业学院美术系

摘要：第五届福建艺术节戏剧会演剧目的舞台美术异彩纷呈，从舞台形象到舞台

样式都耐人寻味和使人振奋。各剧种从舞美设计到导演、表演都注重主题思想、生活情趣、艺术感悟和审美取向的默契与相辅相成，许多剧目的舞台美术注重精神层面的挖掘，戏剧内涵与表现意象的融合更趋紧密，设计者在深化主题和意象创造中注重形象选择的典型化与精美化，从而增强了戏剧的表现力与观赏性，使戏剧表现时空更具有活力和生命感。

王伟．从文本性到事件化——接受视阈下的戏剧史论 ［J］．山东理工大学学报（社会科学版），2013（1）：58—62.

关键词：公共空间；审美交往；戏剧谱系；建构主义

机构：泉州师范学院文学与传播学院

摘要：学科建制内的传统戏剧史论囿于本质主义的论述框架，会陷入外部宏观论述与内部微观研究的二元对立，也就难以解释戏剧活动的双重属性与演进脉络。戏剧图谱的重新测绘，必须借助关系主义与建构主义视角，以三位一体戏剧仪式的公共观演作为结构中心与撰史主轴，超越主流／另类、美学／历史、舞台性／文学性等二分迷思，进而敞开戏剧交往的主体间性。缘此以"公共观演场域"来透析戏剧的传播活动，能够揭示狂欢化的民间草根话语、寓教于乐的主流官方话语、以启蒙为旨归的知识分子精英话语、商业取向的资本话语之间的"场域"争夺，呈现出杂语共生的多重对话结构。

吴少雄．谈第五届福建艺术节·音乐舞蹈杂技曲艺优秀剧（节）目展演 ［J］．福建艺术，2013（2）：26.

关键词：音乐舞蹈；艺术学校；福建省杂技团；民族乐团；交响音乐会

机构：福建省艺术指导委员会；福建省艺术研究院

摘要：〈正〉第五届福建艺术节·音乐舞蹈杂技曲艺优秀剧（节）目展演于2012年12月在龙岩市举行。共有17场演出参加展演，基本上体现了近年来福建省音乐、舞蹈、曲艺、杂技等门类的现状与成果。在省文化厅有关领导的领导下，由福建省各门类权威专家15人组成的评委会经过审看、评议、最终用无记名打分投票方式评出了各项奖……

陈水德．论泉州的戏神文化 ［J］．黎明职业大学学报，2013（1）：27—30.

关键词：泉州；戏神；文化

机构：黎明职业大学公共教学部

摘要：泉州戏神文化中人戏和偶戏分别由雷海青相公和苏相公为代表，两戏戏神都称"田都元帅"，有诸多共同的文化表现特点。但在历史的实际发展过程中，两戏戏神文化却十分复杂，存在种种同异点，偶戏中还有十分隆重的戏祖陈平崇拜。泉州艺苑崇尚戏神的复杂局面，实际上是泉州多神信仰的一个组成部分，它体现了泉州对多元文化的包容与保护。

李祥林 . 娱神娱人的庙会演戏——癸巳春节泉州行记之一 ［J］. 福建艺术，2013（3）：46—48.

关键词：娱神；信仰民俗；金华夫人；陈靖姑；温陵

机构：四川大学文学院

摘要：〈正〉听说泉州有祭祀女娲的庙宇，作者有些好奇。在中国东南沿海地区，民众信奉的女神向来以海神妈祖为首，还有陈靖姑、龙母娘娘、金华夫人等地方神灵，但关于女娲娘娘的信息相对不多。作为对戏剧和民俗都感兴趣的研究者，作者老早就想利用假期到沿海地区走走，实地感受感受那里的民间信仰及习俗，顺便写写相关文字。于是，癸巳年春节，收拾行囊去了泉州。为出行方便起见，作者选择了温陵北路东湖公园旁的旅店住下……

陈思敏，郑高杰，江美灵 . 泉州戏剧服饰变迁及其文化内涵 ［J］. 纺织科技进展，2014（3）：53—56.

关键词：传统戏剧服饰；文化内涵；服饰形制；服饰纹样

机构：闽南理工学院服装与艺术设计系

摘要：梳理了泉州戏剧及其服饰的发展变迁轨迹，从服饰形制、纹样特色、刺绣装饰等方面解读了其文化内涵，以期为闽南文化生态保护区工作和泉州"东亚文化之都"建设发挥积极作用。

简贵灯 . 寻找传统表演的当代性：台湾戏曲"跨界"之思考 ［J］. 吉林艺术学院学报，2014（4）：25—27.

关键词：戏曲；越界；当代性；融合

机构：武夷学院传媒学院

摘要：戏曲的传承需要"推陈"，即整理保存经典剧目。然而，要发展则必须"出新"，即创造新的因子以契合当代审美需求。"越界"虽然有机械僵硬之嫌，却是"出新"的重要手段。可以说，戏曲是"跨界"融合而来的产物。台湾地区戏曲"越界"的实验，可谓是沿袭戏曲革新之传统，亦是戏曲适应当下的必经之路。

李春喜 . 大力推进闽南方言剧种的保护与传承 ［J］. 福建艺术，2014（1）：43—44.

关键词：闽南方言；物质文化遗产；地方戏剧；戏剧文化

摘要：〈正〉一、从戏曲艺术生态学的角度看，保护和传承闽南方言剧种，是保护戏曲艺术多样性、保护戏曲非物质文化遗产的最重要内容之一。作者曾在题为《保护戏曲艺术多样性——在人类文化多样性视角下对戏曲历史、现在和未来的观察》（发表在《福建艺术》2011 年第 5 期）的论文中提出，保护戏曲这个非物质文化遗产，不能仅限于保护京剧、昆曲等个别剧种、剧团；更应当保护的，是一个与之相互依存的戏曲艺术生态系统……

廖华．明代坊刻戏曲考述［J］．山西师范大学学报（社会科学版），2014（2）：98—102.

关键词：明代书坊；刊刻戏曲；闽南；考述

机构：广西师范学院新闻传播学院

摘要：本文考证了明代刊刻戏曲的书坊，以及江苏、浙江、安徽、福建、北京等地坊刻戏曲的数量，论述明代坊刻戏曲的地域特征，分析这些地区之所以重视戏曲刊刻的原因，具有重要的学术价值。明代坊刻戏曲有一定的阶段特征，即明初至正德时期，刊本数量少，稿源以元杂剧和南戏为主；嘉靖时期，坊刻戏曲逐渐兴盛；万历中期开始，戏曲刻本迅速增加，体现出家族刻书的倾向；泰昌至崇祯时期，苏州和湖州成为戏曲坊刻中心，文人加入戏曲出版行列，戏曲刊刻与现实关系密切。

林豪．"全球本土化"——台湾戏剧的传播形态研究［J］．戏剧文学，2014（6）：107—111.

关键词：全球本土化；台湾戏剧；传播形态；主导权利；歌仔戏；傀儡戏

机构：厦门大学人文学院

摘要：中国话剧来自西方、取道日本并不断持续着本土化的历程和世界化的传播过程。现实主义和现代主义两大戏剧思潮不断影响着中国的百年话剧。台湾因其开放性海岛的地理环境、多重文化堆叠的历史背景，形成了台湾传统戏剧的全球本土化的戏剧景观。台湾歌仔戏、昆曲、客家采茶戏、豫剧、傀儡戏等戏曲在台湾当地的累积、开创与转化下，已经催生出了具有全球本土化特色的台湾戏剧。这一过程也是华语话剧传播的双向互动过程，从中也可窥见华语话剧发展的传播形态和主导权利。

叶长海．明清册封使记录的琉球演剧［J］．文化遗产，2014（4）：87—99，58.

关键词：明清册封使；琉球；"闽子弟"；琉球演剧；"组踊"

机构：上海戏剧学院

摘要：明朝与琉球已确立册封朝贡关系。明清时期中国政府共 23 次派出使团远赴琉球举行册封仪典。本文对国家图书馆藏琉球资料做了梳理，着重考察了明清册封使所记录的琉球演剧史料，可知琉球演剧深受中华戏曲（尤其是四平戏、梨园戏、莆仙戏等）的影响。演出者多为琉球"闽子弟"。及至清康熙年间，琉球才出现本土专业演员，其表演亦受中华戏曲的启发。

张帆．台湾现存清代戏场管窥 ［J］．四川戏剧，2014（9）：33—36．

关键词：台湾清代戏台；水上戏场；演出空间

机构：中央戏剧学院学报社

摘要：台湾现存为数不多的古代戏场主要为清代中晚期建筑，多见于寺庙或园林，深具福州派建筑的风格。虽然宝岛台湾命运多舛，历史上的殖民统治给其方面面面留下了烙印，但我们却能从这些留存下来的戏场建筑中看到，台湾民众在文化上非但没有被异化，反倒由衷地保留着对传统的尊重和对传统戏曲艺术的热爱。本文拟以对台北、台中、彰化等地六个戏场的探究来窥其一斑。

张帆，邱剑颖．福建地方戏传承保护近况述要 ［J］．福建艺术，2014（3）：21—23．

关键词：铁枝木偶；北路戏；平讲戏；大腔戏；梅林戏；小腔戏；南词戏；木偶剧团

机构：福建省艺术研究院

摘要：〈正〉福建地方剧种形态丰富，现存 23 个剧种及 5 种木偶戏。在这些剧种中本土剧种有 18 个：闽剧、高甲戏、芗剧（歌仔戏）、梨园戏、莆仙戏、梅林戏、北路戏、闽西汉剧、潮剧、打城戏、竹马戏、四平戏、平讲戏、南词戏、三角戏、山歌戏、大腔戏、小腔戏；外来剧种 5 个：京剧、赣剧、越剧、黄梅戏、祁剧等；5 种木偶戏为提线木偶、掌中木偶、杖头木偶、铁枝木偶、幔帐木偶……

郑怀兴．戏曲编剧理论与实践 ［J］．艺海，2014（9）：48—54．

关键词：戏曲创作；鲤声剧团；歌仔戏

摘要：〈正〉1999 年春天，台北市现代戏曲文教协会邀请作者前去为"歌仔戏编导培训班"讲课。作者本来不敢答应，因为当时作者虽然学习写戏已近三十年，但不是科班出身，没有系统的编剧理论修养；同时长年蜗居村野，很少外出与人交流，口才很差，上不了讲台。后来盛情难却，想想自己年过知命，何不趁此机会，回顾一下写戏的历程，总结一下写戏的体会，跟台湾的同行交流一番，抛砖引玉，不怕贻笑大方……

仲呈祥．"福建戏曲文化现象"刍议 ［J］．福建艺术，2014（6）：4—5．

关键词：戏曲文化；提线木偶戏；保婴记；梅兰芳大剧院；地方戏曲；戏曲创作；《赵氏孤儿》

机构：中国文艺评论家协会

摘要：〈正〉最近闽剧《贬官记》和《兰花赋》、莆仙戏《叶李娘》、芗剧（歌仔戏）《保婴记》、高甲戏《阿搭嫂》、梨园戏《皂隶与女贼》和提线木偶戏《赵氏孤儿》晋京演出，从国家大剧院到梅兰芳大剧院，再到中央党校礼堂，刮起了一股蔚为壮观的福建地方戏曲的旋风，作者把它称为"福建戏曲文化现象"。盖堪称举国注目之艺坛"文化现象"者，必须具备几个硬性条件：一是有相当数量的具有一流思想、艺术质量的代表作品……

蔡丁澜．厦门市翔安区民间曲艺人才培养初探［J］．福建省社会主义学院学报，2014（2）：64—68.

关键词：翔安区；民间曲艺；人才培养

机构：宁波大学艺术学院

摘要：翔安区民俗活动和民间文化活动异常丰富，民间曲艺表演市场繁荣，但是建区前民间曲艺人才匮乏、青黄不接，培养方式老旧单一。建区后政府采取多种政策和措施，资助和扶持民间曲艺表演团体，又不大包大办，坚持民间曲艺的民间性，使翔安区民间曲艺人才培养步入健康发展的轨道，民间曲艺后继有人，民间曲艺市场蓬勃发展。

二 梨园戏

张丽军．泉州梨园戏传统服饰形制的地域性特征［J］．民族艺术，2013（6）：157—159.

关键词：泉州；梨园戏传统服饰；形制；地域特征

机构：江西上饶师范学院美术与设计学院

摘要：泉州梨园戏服饰受泉州地域文化的影响在材质上、工艺上独具特点。其类型简洁，且都是用丝绸或棉布来制作。工艺上利用当地发达的漆工艺与刺绣工艺，制造有利于戏剧表演的装束，既精巧又耐用。泉州梨园戏服饰在宗教的影响下，款式、造型体现了严肃、方正、井然有序、朴素、含蓄、谦虚和天人合一的思想，形成一种儒道互补思想下的理性和感性的和谐。

朱媞媞．泉州传统梨园戏用韵分析［J］．集美大学学报（哲学社会科学版），2013（1）：17—22.

关键词：梨园戏；韵部系统；《汇音妙悟》

机构：华侨大学文学院

摘要：泉州传统梨园戏是中国现存最古老的剧种之一，因保留了大量宋元剧目，古语积淀十分丰富，被誉为"戏曲历史博物馆"。梨园戏韵部系统共20韵部，包含《汇音妙悟》42韵共83个韵母，这些韵母分为阴声韵、阳声韵、鼻化韵等6种韵类。韵母之间可以跨韵类相押和-m、-n、-ŋ三种阳声韵之间可以通押是梨园戏押韵最显著的两个特征。这些特征，一方面缘于闽南戏曲演唱行腔吐字的特殊规律，另一方面与闽南话的语音特征有关。

王小梅．"非遗"视野下梨园戏的当代保护与传承［J］．福建论坛（人文社会科学版），2013（8）：145—149.

关键词："非遗"；表演艺术；梨园戏

机构：福建省艺术研究院

摘要：2006年古剧种梨园戏被评为国家非物质文化遗产，但在当下都市剧场化的文化情境中，这个有着深厚历史积淀的剧种面临着传承危机。原汁原味复原表演艺术，通过团带班、师传徒方式沿袭严格的师承传统，辅以戏曲资料，挖掘恢复传统折子戏，是保护与传承剧种的重要途径。

吴秀卿，金阿兰．南戏《跃鲤记》在福建的流传［J］．文化遗产，2013（6）：53—67，158.

关键词：《姜诗》；《跃鲤记》；《安安送米》；《芦林相会》；说教剧；宗族戏剧；四平戏；梨园戏

机构：韩国汉阳大学中文系

摘要：本文通过《姜诗》到《跃鲤记》的传承，考察了这一民间南戏剧目在漫长的时间里如何形成变化，并发展到目前福建四平戏和梨园戏两个剧种的演出本。民间南戏本《姜诗》见于《风月锦囊》，经过文人染指的《跃鲤记》继承富春堂本，也收进一些选本里。中国传统社会里这种教化剧目有维持社会秩序的目的和作用，有时村里孝节观念过于强烈，甚至强迫少女寡妇寻死。但还有一层含义是在这种剧目中把她们面临的困境搬上舞台，有让妇女们宣泄被压抑情绪的功用而受欢迎。这样的认识有助于说明这个剧目具有生命力的原因。

黄晓萍．论梨园戏《入山门》中"梅香"的人物形象［J］．音乐时空，2013（16）：165.

关键词：人物形象；大旦；中国传统戏曲；艺术生涯；王月英

机构：福建省梨园戏实验剧团

摘要：〈正〉大旦行当扮演的"小姐"，与小旦行当扮演的"丫鬟"，是中国传统戏曲中十分常见的人物关系。作为一名小旦行当的演员，在三十多年的艺术生涯中，作者跟很多的"小姐"搭档过很多的"丫鬟"，《入山门》中的"梅香"是作者印象最深刻的"丫鬟"之一。她聪明灵巧、率真大胆的人物形象，给了作者很大的表演空间，对作者的艺术提高有过很大的帮助……

张婧婧．吁嗟一女子，方寸有天知——梨园戏《御碑亭》创作谈［J］．福建艺术，2013（6）：67.

关键词：御碑亭；剧团工作；创作谈

机构：福建省梨园戏实验剧团

摘要：〈正〉2010 年作者在南京的家跟父母说要来梨园戏剧团工作的时候，母亲没说话父亲只说了一句"不可思议"的情形还历历在目，从一个传媒专业的毕业生到如今仍旧懵懵懂懂的编剧新人，反正，这一切都不在作者的规划甚至都不在作者可想象的范围之内。梨园戏《御碑亭》是作者今年在上海戏剧编剧高级研修班进修的毕业作业……

蔡福军. 子丑其人、其戏——评谢子丑的《丁兰刻木》[J]. 福建艺术，2013（3）：69.

关键词：古老剧种；刻木；谢子；曾静萍

机构：福建省艺术研究院

摘要：〈正〉在王仁杰、曾静萍等前辈人格魅力的感召下，福建省梨园戏剧团对这个古老剧种都有一种虔诚的近乎宗教精神。梨园戏天下只有一个团，他们既骄傲又担忧，始终有强烈的危机感，担心剧种在他们这一辈垮台。他们对梨园戏的热爱、投入，甚至献身的精神让这个团体充满了独特的魅力。谢子丑有幸在这样的环境中成长，又深得剧作家王仁杰老师贴耳真传，羡煞旁人。子丑为人谦和、低调，责任心极强，对艺术有一种固执的坚持……

谢子丑. 树欲静而风不止——新编梨园戏《丁兰刻木》创作谈 [J]. 福建艺术，2013（3）：68.

关键词：刻木；创作谈；丁兰；创作构思；忠孝节义；上海昆剧团；曾静萍

机构：福建省梨园戏实验剧团

摘要：〈正〉2010 年重阳节，剧团跟南益集团合办了一个"敬老晚会"，想在剧场大厅布置一些展示"二十四孝"故事的图画，让作者帮忙校对图画上的繁体字解说。因缘际会，就在作者看到"刻木事亲"这一则故事的短短几分钟之内，便不由自主地将它与小时候听到的"木主来源"的故事联系在了一起，脑海里的创作构思不断汹涌而来。随即丢掉手头的其他题材，决心写作《丁兰刻木》，走梨园戏上路流派"忠孝节义"的创作路线……

谢子丑. 新编梨园戏《丁兰刻木》[J]. 福建艺术，2013（3）：70—77.

关键词：丁兰；刻木；沁阳；五十文；福德正神

机构：福建省梨园戏实验剧团

摘要：〈正〉时间：汉代。地点：沁阳江边。人物：丁兰、崔氏——丁兰之母、娄氏——丁兰之妻、土地渡伯——丁兰乡邻、书童甲书童乙头出假奉茶汤【土地端坐在堂桌上】【崔氏上】崔氏（唱）【短中】过【北叠】五更鸡啼头遍声，操劳衣食上大厅。煮烧捧清，累得我腰酸手又疼。（白）唉……（唱）所望儿孙成器家康宁，不畏一身来拖坪……

卢昂．将传统带进现代——梨园戏《董生与李氏》导演手记［J］．戏剧文学，2013（10）：39—42.

　　关键词：董生；戏曲剧种；戏曲形式；中国古典艺术

　　机构：上海戏剧学院

　　摘要：〈正〉编者按：梨园戏已经拥有 800 多年的风雨历史，是我国当代 300 余种戏曲剧种中极为少见的没有被其他戏曲剧种所侵染或改造的戏曲形式。至今尚保留着南宋时期的戏曲雏形，被称为"中国戏曲的活化石"。这是一门真切的中国古典艺术，如何将之带进现代？如何让今天的观众能够真正感受并领悟我们民族传统文化的精粹与珍贵？……

董文婷．梨园戏《董生与李氏》观后［J］．当代戏剧，2013（4）：42—43.

　　关键词：董生；宋元南戏；七子；中国古典戏曲；人物形象；《西厢记》；王实甫

　　机构：西北大学

　　摘要：〈正〉作者是第一次看梨园戏。闽南语泉州腔是中国现存最古老的剧种之一，比昆曲早两百年。在它身上可以看到宋元南戏的诸多传承。福建梨园戏传承中心的这出《董生与李氏》，应该是属于梨园戏"上路""下南""小梨园"三大流派中的"小梨园"。演出伊始，两个小演员就出来挂上了"梨园戏、七子班"的灯笼。都是年轻的女孩，即使出场仅一瞬，脚下亦见功夫，那步子异常细密……

尹永华．古典回归与现代诠释——兼谈梨园戏《董生与李氏》二度创作的典范性［J］．戏剧文学，2013（10）：32—35.

　　关键词：董生；二度创作；戏曲剧种；表演程式；曾静萍

　　机构：上海戏剧学院

　　摘要：〈正〉作为最具古老意味的戏曲剧种，没有人怀疑被称作"古南戏活化石"的梨园戏具有的艺术价值，但是，一定会有很多人怀疑梨园戏在当代社会的受欢迎程度。毕竟，梨园戏有自己一套世代相传的严格表演程式，至今保留着诸多的宋元戏曲形态；而且，由于流传于福建泉州、漳州、厦门等地，方言台词也难免让当代观众觉得有所隔阂……

黄科安，王伟．曲同调殊：戏改语境中的荔镜情缘［J］．东南学术，2013（5）：232—238.

关键词： 戏曲改革；陈三五娘；现代性

机构： 泉州师范学院；中国社会科学院博士后流动站；泉州师范学院文学与传播学院

摘要：《陈三五娘》作为在"闽南戏曲文化圈"中搬演撒播达五百年之久的流行剧目，借由新文艺工作者的现代性重述，从而获取权力话语的经典命名，集中体现了民间话语与主流观念形态彼此借重、相互托举的共谋关系。然而由于其依旧保存着民间记忆与庶民声音，且与高扬人本主义的启蒙现代性耦合，不免存有与强调集体理性之民族国家现代性互相矛盾的一面，因而在其主导话语宰制下的戏文历史书写系统中销声隐匿。

王伟．粉墨闽南：荔镜情缘的跨学科叩访［J］．西安建筑科技大学学报（社会科学版），2013（5）：58—63.

关键词： 现代性；公共空间；文本间性

机构： 泉州师范学院

摘要： 海峡两岸关于《陈三五娘》的新近探勘，得益于戏曲史料的完善和海内外学界的互动交流，走向跨学科的整合研究。内地学界的此前研究往往遵循传统模式，要么着眼于这部戏的本体研究而走向精微，或是在闽南戏剧的发展脉络中进行宏观论述。当下学者在后学理论的影响下，借由文化间性的比较方法，将言说空间延伸到公共观演中的原乡情结、性别书写、国族想象等新问题。

宋妍．《陈三五娘》与闽南文化传播［J］．长春工业大学学报（社会科学版），2013（3）：89—92.

关键词：《陈三五娘》；闽南文化；传播

机构： 泉州师范学院文学与传播学院

摘要： 流行于潮泉两地的梨园名剧《陈三五娘》在自身传承与演变的过程中，亦将闽南文化广泛传播开来。具体来说，两者之间互相融合、相互发展的关系体现在以下四个方面：第一，从时间上看，以《陈三五娘》为代表的泉州梨园剧自明清以来在海外频繁传播，在20世纪形成两个高潮；第二，从空间上看，《陈三五娘》以泉州为传播中心，先后辐射到潮州、温州、漳州、厦门、台湾、东南亚乃至欧美等区域，产生广泛影响；第三，从内容上看，《陈三五娘》在闽南民间信仰、岁时节庆、人生礼俗等重要活动中扮演着重要的角色；第四，从传播形式上看，政府组织、民间交流、学术交流、媒介传播是《陈三五娘》得以传播的重要途径。

宋妍．从《陈三五娘》看闽南文化的特性及其形成原因［J］．泉州师范学院学报，2013（5）：29—33，40.

关键词：泉州梨园戏；《陈三五娘》；闽南文化；文化二元结构

机构：泉州师范学院文学与传播学院

摘要：《陈三五娘》是流行于潮泉两地的经典名剧，在闽南文化圈中具有重要的影响力。文章通过分析剧本的主题思想、人物形象、语言特色、艺术表现，揭示蕴藏于其中的闽南文化的特性，即闽南文化具有崇儒与远儒、保守与开放、遵礼与反叛、精英情结与草根意识并存的二元性，是一种二元结构的文化结合体。之所以具有这样的特性，与闽南地区的地理环境、移民历史和剧本本身的传播环境密切相关。《陈三五娘》还体现了闽南文化草根性、边缘性与多元性的特征，二者相互融合，彼此促进。

郑更妙．《荔镜记》上栏"新增北曲正音"研究 ［J］．肇庆学院学报，2013 （1）：60—64.

关键词：新增北曲；曲选收录；小说收录；弦索弹唱

机构：广州大学；广州大学附属实验学校

摘要：《荔镜记》上栏收录了55支曲子，题为"新增北曲"，但是由这些曲子在曲选、小说中收录的情况来看，并非都是北曲，而是南北曲兼收。这些曲子无论是内容还是曲牌皆与弦索弹唱关系密切。由此我们可以进一步了解明代嘉靖前后潮泉一带的曲唱情况——以思忆、喜庆为主的曲唱内容和剧曲以散曲形式传播、散曲在流传过程中偷入戏文的曲唱环境。

古大勇．"闽南"爱情故事的"日本印记"——从梨园戏《陈三五娘》到佐藤春夫的小说《星》［J］．东疆学刊，2014 （4）：26—30.

关键词：《陈三五娘》；《星》；殖民书写；"佐藤风格"；文化过滤

机构：泉州师范学院文学与传播学院

摘要：美丽的闽南戏曲爱情故事《陈三五娘》被日本作家佐藤春夫改写成了小说《星》，由此打上了独特的"日本印记"：既因为受日本明治以来"脱亚入欧"思想价值观的影响而形成了"殖民书写"，又因受日本"私小说"传统等时代审美观念的影响而呈现出"佐藤风格"。从比较文学的视角看，《星》对《陈三五娘》的改编典型地体现了跨文化交流中的"文化过滤"特征。

赵山林，赵婷婷．论嘉靖本《荔镜记》［J］．文化遗产，2014 （4）：68—80，58.

关键词：荔镜记；形象；语言；版本

机构：华东师范大学中文系；斯坦福大学东亚语言文化系

摘要：在现存的《荔枝记》、《荔镜记》剧本系列中，嘉靖本《荔镜记》问世最早，包含丰富的戏曲文化信息，对后世影响甚巨。本文认为嘉靖本《荔镜记》最值得重视的是：人物形象的独特性、语言的包容性、曲调的多源性。五娘形象最突出的是

"婚姻由己"的高度自觉，以及她对陈三反反复复、慎之又慎的试探和考验。陈三形象最突出的是为了追求爱情不惜"锦袄换镜担"，"镜担换扫帚"的智慧与果敢，以及"是我甘心，恨谁得是"的无怨无悔。《荔镜记》语言通俗，具有潮泉风调。又从《小学》《昔时贤文》《明心宝鉴》等流行书籍中汲取"文不甚深，言不甚俗"的俗谚俗语，体现出"海滨邹鲁"的文化特色。其曲调远源于宋词及里巷歌谣，近源于南戏，又有自己的创造，本文论及粗曲、细曲及【尾声】【余文】等具体问题，时或以其他版本《荔枝记》加以比较。

黄文娟.《陈三五娘》的"潮泉二部"版本略说［J］. 福建艺术，2014（4）：29—33.

关键词：陈三五娘；荔枝记；荔镜记；曲文；嘉靖本；曲词；蔡伯喈

机构：福建省艺术研究院

摘要：在嘉靖刊本《荔镜记》戏文的末尾有这样一段话，是如今关于《荔枝记》戏文的最早记录："重刊荔镜记戏文，计有一百五页。因前本荔枝记字多差讹，曲文减少。今将潮泉二部，增入颜臣勾栏诗词北曲，校正重刊，以便骚人墨客闲中一览，名曰荔镜记。买者须认本堂余氏新安云耳。嘉靖丙寅年。"这段话提到两点值得注意：一是在《荔镜记》之前已经有"前本荔枝记"的存在。这"前本荔枝记"一直没有实本被发现。二是"前本荔枝记"有"潮泉二部"。

古大勇."重新创作　另给新意"——论许希哲小说《荔镜缘新传》对梨园戏《荔镜记》的改编［J］. 通化师范学院学报，2014（11）：54—58.

关键词：《荔镜缘新传》；小说改编；思想和艺术；新意

机构：泉州师范学院文学与传播学院

摘要：许希哲的小说《荔镜缘新传》对梨园戏《荔镜记》进行了一定程度的"重新创作"，从而产生了一些原作所没有的"新意"：在思想上，小说表现出崇儒与逆儒二元杂糅的特征，形成小说复杂多元的思想意蕴；在艺术技巧上，小说的心理活动描写、叙述方式和结构设计、文字风格、人物形象塑造等方面都有令人耳目一新的别致之处。

涂秀虹. 嘉靖本《荔镜记》与万历本《荔枝记》——陈三五娘故事经典文本的对比与分析［J］. 福建师范大学学报（哲学社会科学版），2014（6）：55—60，66.

关键词：陈三五娘；荔镜记；荔枝记；闽南文化

机构：福建师范大学文学院

摘要：明代建阳书坊刊刻的嘉靖本《荔镜记》和万历本《荔枝记》，是陈三五娘经典故事现存最早的两个故事文本，为陈三五娘故事的传播提供了相对稳定的文本形态，可贵地保留了明代戏文演同一故事的不同形态，还原了戏曲史生动鲜活之一斑。两本戏文都经文人整理编集，但嘉靖本文本相对精致，既适合于舞台演出，又适合于案头阅读，而万历本文本较为粗糙，但更多保留了当时的演出形态。通过两个文本的对比分析，可见文人整理对于经典文本形成的作用，以及经典文本对于故事传播的意义。

王伟．闽南地方传统戏曲的现代性经验——华东本与邵氏本《陈三五娘》比较研究〔J〕．南方论刊，2014（9）：54—57．

关键词：戏改；梨园戏；歌仔戏；公共记忆

机构：泉州师范学院文学与传播学院

摘要：在东亚现代性想象的阐释框架中，系统比较《陈三五娘》之梨园戏华东会演得奖本与邵江海歌仔戏改编本的叙述脉络与命运走向，旨在以之为切入点解析文本潜藏的社会心理密码与文化地层，寻绎国家力量与资本逻辑对艺术活动与民间社会的渗透轨迹，揭示权力意志对文化记忆之书写"场域"的控制冲动。作为"世俗镜照"的地方传统戏曲，既是建构公共记忆的重要媒介，本身亦构成历史记忆之所在，其以原初激情抵抗时间遗忘，于艺术版图边缘解构占据中心的正史叙事，参与公共论述空间的现代整体建构。

王曦．明嘉靖本《荔镜记》方言词缀研究〔J〕．东南学术，2014（2）：229—234．

关键词：嘉靖本《荔镜记》；方言；词头；词尾

机构：泉州师范学院文学与传播学院

摘要：明嘉靖本《荔镜记》是迄今为止泉州地区甚至是福建地区发现的最早的南戏戏曲文本，是研究戏曲发展史与闽南方言的宝贵资料。对明嘉靖本《荔镜记》中词头和词尾进行分析研究，会发现明嘉靖年间对《荔镜记》潮泉二部重刊过程中，必定是经过了慎重的选择，选定了某个本子作为蓝本，参照别的戏本进行重新勘定。比如当时潮泉两地的方言在个别字词，如"仔"的读音和使用上是一致的，而在一些字词如"阿"和"哑"的使用上则存在不同，对比现代方言不难看出其中已经发生了一些变化。而且通过比较词头和词尾的用法，可见近代闽南语词汇变化的轨迹。

郭晨子．梨园戏观剧四则〔J〕．上海戏剧，2014（3）：18—21．

关键词：梨园戏；曾静萍；陈三五娘；中国戏曲史

摘要：〈正〉自 2012 年起，京、沪等地的梨园戏迷元宵节集聚泉州，他们年青、受过良好教育，痴迷沉醉于梨园戏这一剧种，他们中的不少人也爱看话剧爱看其他戏曲剧种，并无"捧角儿"的气息。正是这样的他们，自称是"用老戏来疗养"的"团"。"老戏"即"疗养"？"老戏""疗养"什么？至少，其中包含了一种信息，在看了无数打着创新旗号的雷剧之后，他们想在"老戏"中养伤疗养，在本民族的艺术创造中休养生息。而在甲午年的元宵节观梨园戏时，他们已经把兴趣延展到南音、傀儡戏，延展到泉州的旧街改造……

郭晨子．梨园戏的客厅 ［J］．上海戏剧，2014（3）：22—23.

关键词：梨园戏；戏曲文化；中国戏曲

摘要：〈正〉想专访王仁杰老师，王老师回复说"好的"。一连看了一周的戏才知道，"好的"是看完戏聊戏，看戏前聊戏，是在梨园剧团顶楼才搭建起的大客厅里喝茶。简简单单的一大间屋子，看出去是施琅的花园，大片的绿，房间内几乎没有什么装饰，一大张桌子，连茶海、茶杯、茶壶都比平素日用的大了一号，再有是一片空地，是圆桌之外又拼了长条桌的饭桌……

海青歌．上元夜会梨园戏 ［J］．上海戏剧，2014（3）：17.

关键词：上元夜；梨园戏

摘要：〈正〉看梨园戏的每一分钟都在发现、感受这一时刻的美好，也在怅惘这一个手势、一句念白、一声婉转、一个身段、一种情感的消逝。文学、音乐、表演……梨园戏像一座到处是好宝贝的遗产库，但绝不是冷冰冰的陈列馆，只看一场演出就明白宋元至今的心跳没有停摆……

海青歌．相思引　讲讲我这几年组织上海戏迷组团观赏梨园戏的情况 ［J］．上海戏剧，2014（3）：24—25.

关键词：相思引；董生；梨园戏

摘要：〈正〉2005 年 12 月，经李莉老师推荐，作者和几位好友在上戏剧院第一次观赏了梨园戏，剧目正是《董生与李氏》。作者至今仍对彼时观演的"迷醉"之情记忆犹新。2012 年初我们一群平素相熟的"戏友"中有人提出何不在元宵节去泉州看几场梨园戏，因她已做了"功课"，从网络上获悉了演出剧目和泉州元宵灯会的盛景，加之我们这群人素有结伴观剧的经验，所以便很快决定去泉州见一见久别的"李氏"……

黄琪铭．浅谈混响器在梨园戏中的运用 ［J］．戏剧之家，2014（15）：43.

关键词：梨园戏；音响技术；混响器

机构：福建省梨园戏传承中心

摘要：现代音响技术在舞台艺术创作中的应用越来越广泛，并发挥着重要作用。本文通过对《董生与李氏》《节妇吟》《朱弁冷山记》等梨园戏剧目的阐述，浅谈音响混响器在舞台艺术创作中所发挥的立体声音形象、渲染环境气氛、强化人物心理活动等方面的作用。

黄文．论梨园戏小梨园的市井文人价值取向——以《陈三五娘》《董生与李氏》为例 [J]．福建师范大学学报（哲学社会科学版），2014（5）：99—106.

关键词：梨园戏；小梨园；市井文人；价值取向；陈三五娘；董生与李氏

机构：福建省艺术研究院

摘要：如果深入细究小梨园经典剧目，会发现梨园戏的"才子佳人"模式有别于正统文人戏的样式，即并不表现为"士大夫文人"戏，而是呈现为"市井文人"式的独特文化取向，蕴含着不同的伦理逻辑。本文拟从这一视角，选取传统剧目《陈三五娘》与新编戏《董生与李氏》为例子，通过以市井文人价值取向来选择传统文本，以及市井文人价值取向在结构、人物、语言上的呈现，分析小梨园的剧种特色，以此回应中国戏曲回归传统、回归古典的问题。

黄文娟．泉州古老剧种梨园戏口述史 [J]．戏剧文学，2014（11）：161.

关键词：梨园戏；口述史

机构：福建省艺术研究院；《福建艺术》杂志

摘要：〈正〉泉州梨园戏起源于唐宋，至今已有八百年的历史，被称为"宋元南戏活化石"。它较完整地保存了古典戏曲尤其是宋元南戏的诸多文学、演出形态，其剧本文学、音乐唱腔、表演科范，具有独特的文化价值。目前该剧种唯一专业剧团福建省梨园戏实验剧团担负着极其特殊的文化意义与责任……

罗金满．论梨园戏的流派发展与剧种个性 [J]．戏曲艺术，2014（3）：98—102.

关键词：梨园戏；流派发展；剧种个性

机构：福建省艺术研究院；福建师范大学社会历史学院

摘要：梨园戏是发祥于以福建泉州为中心的闽南语地区的重要南戏剧种。在长期的形成发展过程中，其下南戏、上路戏和小梨园戏三种艺术流派呈现并存发展的格局，但仍保持同一的剧种特征，这在其他剧种史上是较为罕见的。它不仅对梨园戏或南戏历史、艺术形态的研究，而且对戏曲发展必须坚持自身的剧种个性，都具有重要的启示意义。

罗金满．论梨园戏的流派发展与剧种个性保持 [J]．福建艺术，2014（3）：44—48.

关键词：梨园戏；陈三五娘；唐戏弄；泉腔；大旦；陈懋仁

机构：福建省艺术研究院；福建师范大学社会历史学院

摘要：〈正〉艺术流派是一种艺术在一定历史时期内产生的风格相似或相近的艺术派别。而剧种个性是每个剧种在形成发展过程中具有的与众不同的本质特征，即黑格尔所说的是"这一个"，而不是"那一个"的特征。它是一个剧种生存发展所必需的，如果它消失或被同化了，那么这个剧种的生命就会受到威胁。梨园戏是福建早期南戏的重要剧种，发祥于闽南泉州地区，孕育于唐五代，形成于宋元，兴盛于明清，至今仍得以传承、延续……

木鱼．高山流水：梨园戏《董生与李氏》欧洲巡演侧影 [J]．福建艺术，2014 (4)：21—22.

关键词：梨园戏；董生与李氏；欧洲巡演

摘要：〈正〉梨园戏《董生与李氏》欧洲巡演，木鱼有幸沾光，全程跟随……

齐珮．从佐藤春夫的《星》看近代日本的中国想象 [J]．日本问题研究，2014 (2)：73—80.

关键词：佐藤春夫；"陈三五娘"；中国想象；亚洲意识

机构：上海海洋大学外国语学院

摘要：佐藤春夫的中国题材作品《星》是以中国闽南地区的民间传说"陈三五娘"为框架改编而成的，该作不仅寄寓了佐藤春夫个人的情感体验，同时也阐发了他的"东洋"美学。文章通过《星》与"陈三五娘"故事原型的比较分析发现，该作对"陈三五娘"故事做出 3 处改动，从中可见，第一，佐藤春夫的中国趣味仅仅是他的亚洲意识的载体；第二，东西二元对立的思维方式成为他的中国观的认知基础；第三，他依据达尔文的进化论这一西方近代主义的认知模式评价中国、判断价值优劣。由此可见，"中国"在近代日本历史上被严重地符号化乃至意识形态化，成为近代日本知识分子试图对抗西方文明入侵，实现自我认同的手段和工具。

阮礼义．现代性语境中的情欲想象——从小说《乌鸦》到梨园戏《董生与李氏》 [J]．武汉理工大学学报（社会科学版），2014 (4)：694—698.

关键词：《董生与李氏》；《乌鸦》；现代性；文学价值；审美趣味

机构：泉州师范学院学报编辑部

摘要：梨园戏《董生与李氏》改编自短篇小说《乌鸦》，尽管二者情节相仿、构思相似，但是由于体裁分殊、媒介有别，缘此两个文本在各自"文化场域"中呈现出各得其所、相映成趣的繁复景观。在现代性视域下，本文对《董生与李氏》及《乌鸦》的主题表达、人物刻画和叙事手法等方面进行了比较，以此探寻两位当代作家在同类题材创作上展示出的不同的文学价值和审美趣味。

佘峥嵘．传承与融合——诸宫调与南戏及梨园戏的关系 [J]．太原城市职业技术学院学报，2014 (12)：195—197.

关键词：诸宫调；南戏；梨园戏；传承；融合

机构：福建省泉州幼儿师范高等专科学校

摘要：国内对南音南曲（弦管）、梨园戏的研究早已如火如荼，关于这方面的研究成果也已是铺天盖地了。但基本各自为政，对诸宫调、南戏、梨园戏的研究很少提及它们一脉相承的血缘关系。本文试着把它们"宫"与"调"的使用、套曲连缀的使用、曲牌如何传承借用等的传承做一点梳理，填补这一空白。恰逢泉州被评为首届"东亚文化之都"，这项评选要求城市历史悠久，文化底蕴丰厚，城市风貌、人文遗产能够体现东亚文化传统，具有鲜明城市或地方特色文化。泉州在大力发掘传统文化遗产，本文作为校级的立项课题便应运而生。

宋妍．梨园戏的当代传播及其未来发展路径［J］．重庆科技学院学报（社会科学版），2014（11）：121—124.

关键词：梨园戏；戏曲传播；文化保护；文化传承；文化创新

机构：泉州师范学院文学与传播学院

摘要：梨园戏历经千年的传承与传播，在当代依然具有深广的传播空间。从空间路径考察，梨园戏立足闽南本地，深入全国区域，保持港澳台、东南亚传播常态，走向世界舞台；从传播媒介角度考察，梨园戏借用媒体网络扩大发展空间，融合其他艺术形式寻求创新突破。然而，面对新媒体艺术的冲击，梨园戏的发展前景依然不容乐观。如想获得长远发展势头，需在尊重剧种自身的艺术规律与地域特色的前提下，从官方保护、经济激励、民间推动、人才培养、学术促进、剧目与表演创新等方面探索其未来发展路径。

宋妍．千年梨园　传承经典——浅论梨园戏与闽南文化之传承［J］．艺苑，2014（3）：85—89.

关键词：梨园戏；历史意义；当代价值；闽南文化；传承

机构：泉州师范学院

摘要：泉州是闽南文化的发祥地与闽南文化遗产的富集区，至今依然流传着一种具有强大生命力的古老剧种——梨园戏。梨园戏以泉腔为母语，以弦管为音乐表现形式。它与衣冠南渡后的泉州移民史相伴而生，同步发展，经历了泉州唐宋盛世的鼎盛辉煌，明清时期的走向民间。它与泉州民俗文化紧密相连，也经历了民国时期的萧条，后又在许书纪等一批梨园老艺人的抢救与恢复工作后迎来了新的春天。当今时代，梨园戏受到国家、地方政府、学术团体的共同重视与保护，又得到艺术团体与梨园艺人的合力发展与创新，其经典剧种与创新剧目更加深入闽南民众，紧贴泉州民众的文化生活。此外，梨园戏亦通过不同途径传播到海外，对传承与传播闽南文化起到了重要的作用。

宋妍．浅论梨园戏与闽南文化之传承与传播［J］．戏剧文学，2014（10）：97—105.

关键词：闽南文化；梨园戏；陈三五娘

机构：泉州师范学院文学与传播学院

摘要：〈正〉泉州是闽南文化的发祥地和闽南文化遗产的富集区，在以她为核心的闽南文化圈内，至今仍然传演着一种极富生命力的古老剧种——梨园戏。梨园戏以其雍容典雅的音韵唱腔，曼妙多姿的舞步手势，异彩纷呈的服饰造型，栩栩如生的唐风宋韵，深受当地民众乃至海外侨胞的喜爱。自汉至于唐、五代及宋初，梨园戏在泉州孕育形成并发展成熟，经历了千年的历史文化积淀，使其在传递闽南民众的民族情感、传播闽南区域的文化精神，展现闽南艺术的独特魅力……

谢子丑．薪尽火传八百年　返本开新一甲子——梨园戏传承六十年［J］．福建艺术，2014（2）：58—61.

关键词：经典剧目；梨园戏；陈三五娘；朱弁

机构：福建省梨园戏实验剧团

摘要：〈正〉一本特刊、一套光盘、一个展厅、一场持续整年的经典剧目展演，这是所有梨园戏赤子们，谨以纪念建团六十周年，朴实而虔诚的表达方式。正月初九日晚上，门外寒雨萧瑟，而梨园剧院内却是一派暖意融融。乐队在剧院大厅演奏着喜庆悦耳的梨园戏传统谱，迎接从天南地北"赶回家"的梨园戏子弟们……

杨志坚．浅论箫笛在梨园戏《丁兰刻木》中的应用［J］．戏剧之家，2014（15）：44.

关键词：梨园戏；洞箫；笛子；四管乐器；《丁兰刻木》

机构：福建省梨园戏传承中心

摘要：本文通过作者对自己所从事的箫笛乐器的吹奏在梨园戏新编剧目《丁兰刻木》中的创作与应用的心得体会，浅论梨园戏传统音乐法则在新编剧目创作中的体现，以及主要乐器演奏在剧目舞台表演过程中的艺术塑造与提炼。

郑丽红．古韵幽浓情切——梨园戏旦角表演艺术特色研究［J］．艺海，2014（2）：53—54.

关键词：梨园戏；旦角；表演；艺术特色

机构：仰恩大学

摘要：随着时间的推移，各种艺术形式逐渐成熟，艺术表现力越来越强，行当分工也更加细致。梨园戏历史悠久、文化底蕴深厚，有着完整的表演体系。旦角作为其中最主要的行当之一，以其鲜明的艺术个性，独特的人物塑造，在梨园戏的表演中起到了至关重要的作用。

梨园戏《皂隶与女贼》评论选［J］．福建艺术，2014（5）：22.

关键词：女贼；情感诉求；一枝梅；梨园戏

摘要：〈正〉刘祯（中国梅兰芳纪念馆副馆长，研究员）：《皂吏与女贼》写女贼一枝梅与皂吏杨一索由解差与女囚的关系转变为爱情关系的过程。此戏如果从现实的人物行为来看是不合情理的，如一枝梅在逃脱后又返回来解救因为自己逃脱而被问罪的杨一索，这样的行为方式在现实中发生的几率几乎非常微小，但作为一出戏，如此结构情节确有人物性格塑造的合理性。作为一个女匪，一枝梅除了有应付解差想逃脱的本能愿望，还有女性的情感诉求，也有在这类女性身上所有的侠义性格，这几方面是此剧结构情节的支撑……

三　高甲戏

胡铁龙．市场经济下地方戏剧的生存现状和发展对策——以晋江高甲戏为个案［J］．枣庄学院学报，2013（4）：111—114.

关键词：晋江高甲戏；市场经济；地方戏剧；生存现状

机构：集美大学音乐学院

摘要：随着社会经济水平不断提高、农村城市化不断加速以及文化消费的多元化选择，地方戏曲受到前所未有的冲击再加上戏剧本身改革的滞后，地方传统戏剧面临着发展危机。在戏剧发展危机的不利局面下，地方戏剧唯有适应市场才能谋得发展。在全国戏曲均面临大衰退的背景下，泉州晋江地区的高甲戏市场却异常繁荣兴盛。因此，以晋江高甲戏为个案，来分析和探索地方传统戏剧市场化的可行性对策具有重要意义。

林静．泉州高甲戏与乡土民间艺术［J］．江西科技师范大学学报，2013（1）：125—128.

关键词：泉州高甲戏；民间舞蹈；民歌民谣；民间音乐；丑角艺术

机构：泉州师范学院

摘要：民间艺术不仅具有相当重要的文化艺术价值，而且具有极强的仪式、娱乐、教化、审美、交际等多种民俗文化功能。泉州高甲戏吸收并融合了其他乡土民间艺术，且内容丰富多彩，它是一种具有自身主体性和高度开放性的剧种艺术，而且比许多剧种具有更高的综合性，高甲戏及音乐与其他乡土民间艺术有着不可分割的联系。

吴丹彤．新编高甲戏《淇水寒》观后［J］．大众文艺，2013（1）：166—167.

关键词：淇水；新编历史剧；舞台演出

机构：集美大学

摘要：〈正〉近日，在集美福南堂欣赏了新编历史剧《淇水寒》。该剧由厦门金莲升高甲剧团编剧、排演。一场观赏，颇多感受。将作者的一些感受与思考略述如下。

一、故事情节的特别构思。《淇水寒》作为历史剧，必须避免按部就班地重述历史，应该按照舞台演出的需要和作者的表达愿望重新构造故事……

杨文辉．谈高甲戏曲牌在创腔上的运用［J］．剑南文学（经典教苑），2013（7）：194.

关键词： 创腔；曲牌体；锦歌；民间小调；戏曲音乐

机构： 厦门市金莲陞高甲剧团

摘要： 〈正〉高甲戏音乐博取百家之长。它来源于南音，又吸收木偶戏、梨园戏等剧种的音乐和民歌、锦歌的部分曲调，不断充实和发展，形成自己的剧种风格。高甲戏的音乐以南曲为主，音乐曲牌属南音系统，但节奏、旋律有所变化。高甲戏唱腔主要是南音，吸收了南音三四十个曲牌，都是简洁活泼的曲调，如【慢头】【将水】【双闺】……

陈荣星．浅谈高甲戏曲之表演形式［J］．戏剧之家，2014（14）：31.

关键词： 戏曲表演；高甲戏；艺术形式；地方戏曲；艺术形象

机构： 福建省晋江市高甲柯派表演艺术中心

摘要： 〈正〉天下戏曲百花齐放，千姿百态。戏曲融中国几千年文化之精粹，是包括诗、歌、音乐舞蹈、武术于一体的艺术形式，充分展现了中华文化的无穷魅力。戏曲在弘扬民族精神、传播历史、反映社会状况、民间心声、人民疾苦，宣扬道德标准和价值等方面都发挥着重要作用。戏曲表演是通过演员对剧中人物以"四功五法"和音乐、舞美灯光的融合，以较佳的艺术表演形式创造艺术形象。同时也是一种宣传道德、伦理、社会教育的主要渠道……

崔伟．变形之下更传神——看高甲戏《阿搭嫂》［J］．福建艺术，2014（5）：19.

关键词： 中国戏曲；戏曲表演；高甲戏

机构： 中国剧协

摘要： 〈正〉中国戏曲的独特美学特点之一就是极为讲求夸张与变形，虽故事、人物源于生活，但却擅长在生活的平凡真实之上营造出比生活本身更具魅力和表现力的艺术之美、人性之美，而高甲戏的独特风范也正在于此。遗憾的是，这般充满艺术魅力的观赏效果我们如今更多只有在传统戏中领略，当下的新编高甲戏同样面临着剧种同化、风格弱化的危险。可喜的是，近期厦门市金莲陞高甲剧团创作演出的《阿搭嫂》（编剧：曾学文，导演：吕忠文），则一脱凡俗，还原给观众一种属于高甲戏的欣赏愉悦与审美满足，令人激赏不已……

廖俊宁．福建高甲戏剧团生存策略研究［J］．音乐探索，2014（4）：60—70.

关键词：福建高甲戏；厦门金莲升高甲剧团；生存策略；传承和发展

机构：华侨大学音乐舞蹈学院

摘要：高甲戏，是福建闽南地区的五大戏曲剧种之一，具有中华传统戏曲艺术的文化精髓，更凝聚着深厚的历史内涵。在对根植于高甲戏传统戏曲艺术文化遗产进行田野调查的基础上，从天时、地利、人和三个角度，展示福建高甲戏剧团生存现状及生存策略，并引发对高甲戏剧团未来发展方向的思考。

任云．高甲戏传统曲牌的结构原则研究［J］．人民音乐，2014（10）：32—35.

关键词：曲牌音乐；传统戏曲；高甲戏；中国传统音乐

机构：华侨大学音乐舞蹈学院

摘要：〈正〉高甲戏又叫戈甲戏、九角戏等，主要流行于闽南方言区和台湾，现有传统剧目九百多个，音乐唱腔兼用"南曲""傀儡调"和民间小调。高甲戏传统曲牌有三百余首，多以一部曲式为主，常运用变奏手法展示不同的情绪。高甲戏是闽南代表性剧种，在海内外享有盛誉。除了遵循上述所言的一些基本原则之外，因其特殊的文化生态环境，高甲戏传统曲牌又有一些个性的结构原则。这些结构原则与高甲戏传统曲牌的结构思维、结构动力系统等紧密相连……

檀革胜．高甲戏传统曲牌结构的动力系统研究［J］．音乐研究，2014（2）：96—115.

关键词：曲牌音乐；地方剧种；民间小调；变徵；模糊性思维；五度；拍音；音组；动力系统；变宫

机构：华侨大学音乐舞蹈学院

摘要：〈正〉高甲戏又叫戈甲戏、九角戏等，福建省五大地方剧种之一，主要流行于闽南方言区，在中国台湾、东南亚华侨居住地区也有演出。据初步统计，高甲戏现有传统剧目九百多个，音乐唱腔兼用南曲、傀儡调和民间小调，以南曲为主。高甲戏传统曲牌三百余首，结构以单乐段为主，内部构成较为复杂……

万柳．传神史剧与跨文化改编——从希腊悲剧《安提戈涅》到高甲戏《安蒂公主》［J］．戏曲艺术，2014（2）：107—113.

关键词：跨文化改编；戏曲精神；传神史剧论

机构：北京邮电大学数字媒体与设计艺术学院

摘要：当代编剧郭启宏曾将古希腊悲剧《安提戈涅》改编为河北梆子《忒拜城》和高甲戏《安蒂公主》。和原著相比，戏曲改编通过手足之情和情人之恋突出了传统戏曲的伦理悲剧色彩，杂糅进戏曲的喜剧元素，并突出表现了原剧中的动作场面。和他的"传神史剧论"的理论发展联系起来，就会发现新的实践蕴含了原有理论新的发展基因，对于原有理论的基本内涵有着重要的补充拓展意义。

王敏．方寸一缕浩然气　不怕人间无真情——高甲戏《阿搭嫂》观摩有感［J］．福建艺术，2014（5）：20—21.

关键词：高甲戏；阿搭嫂；闽南人；地方戏曲

机构：解放军艺术学院

摘要：〈正〉这是一次非常有特色的演出，情节并不复杂，意蕴颇为醇厚。演出中，闽南地域的民俗风情和高甲戏的深厚文化底蕴扑面而来。"阿搭嫂"的精神，如春风化雨，在一阵阵欢笑声中净化着人们的灵魂。闽南人把那种古道热肠、好打抱不平、大大咧咧的妇女称为"阿搭嫂"。正是由于大大咧咧、风风火火的性格，七搭八搭，也时常"搭"出些令人忍俊不禁的事体来。剧作家曾学文站在时代的高点，找到了形象与当今时代的关联点，以独特的视角切入，重新审视这个形象，捕捉到她那种经常被生活淹没……

张媛．高甲戏丑角舞蹈形态研究［J］．北京舞蹈学院学报，2014（1）：43—47.

关键词：高甲戏丑角；舞蹈形态；源流；文化意蕴

机构：华侨大学音乐舞蹈学院

摘要：高甲戏丑角是高甲戏中分类最多、表演性最强、最具有舞蹈性的行当，本文旨在对高甲戏丑角表演的舞蹈形态进行研究，从高甲丑发展的历史入手，以微观和宏观的视角，对高甲丑舞蹈表演形而下的身体和形而上的审美进行剖析，通过高甲丑舞蹈形态的源流、舞蹈形态以及舞蹈形态之韵，全面呈现高甲丑丰富多彩的舞蹈表演形态。

四　歌仔戏（芗剧）

冯珍珍．厦门歌仔戏的审美特点［J］．福建艺术，2013（3）：55—56.

关键词：优秀剧目奖；审美特点；中国戏剧节；文华大奖；邵江海；台湾歌仔

机构：厦门艺术学校

摘要：〈正〉厦门市歌仔戏剧团自 2005 年在中国戏剧节上推出自己创作的剧目歌仔戏《邵江海》，几年间，获得了中宣部精神文明建设"五个一工程"优秀剧目奖、文华大奖、中国戏剧节优秀剧目奖、全国地方戏优秀剧目评比展演一等奖等国家级大奖，一时间，歌仔戏和厦门市歌仔戏剧团在全国一炮走红，引起海峡两岸戏剧界和观众的瞩目。2009 年，厦门市歌仔戏剧团与台湾……

康素慧．刚者必骄，骄者必败——台湾明华园歌仔戏《蓬莱大仙》观后［J］．戏剧丛刊，2013（1）：68—69.

关键词：台南市；李铁拐；戏曲剧种；传统戏曲

机构：厦门大学中文系

摘要：〈正〉《蓬莱大仙》是台湾明华园国际巡演的招牌大戏，是一出淬炼上千场跨越近二十年的老戏。无论是在闽台的巷弄庙口抑或是国际舞台上都有这部戏的踪迹，该戏结合精致与本土于一炉，无疑是明华园最为经典的作品。明华园戏剧团 1929 年由陈明吉成立于台湾台南市，是现今台湾最为有名的歌仔戏剧团之一。该团拥有八十多年的悠久历史……

林志杰，朱伟捷．悠悠歌仔情　两岸一家亲　乡音之旅　厦门歌仔戏研习中心台湾行［J］．中国戏剧，2013（6）：46—48.

关键词：赤嵌楼；梓官；台南市；庆安宫；鹿耳门；湾里；戏曲剧种

摘要：〈正〉应社团法人台南市文化协会的邀请，厦门歌仔戏研习中心一行 42 人，于 2013 年 5 月 14—29 日，赴台湾南部地区开展“乡音之旅”巡演交流活动。在台南土城鹿耳门圣母庙、云林虎尾德兴宫、屏东内埔天后宫、高雄旗山天后宫、台南善化庆安宫、台南湾里万年殿、高雄梓官城隍庙、台南大湾国圣宫、台南麻豆护济宫、台南下营上帝庙、台南首邑县城隍庙和台南赤嵌楼等地共演出十三场。同时，在台南大学国语文学系举办了一场“歌仔戏讲座与示范”活动……

潘培忠．“老歌仔戏”与闽南传统戏曲关系研究——以《山伯英台》为例［J］．戏剧（中央戏剧学院学报），2013（2）：66—74.

关键词：老歌仔戏；闽南传统戏曲；《山伯英台》

机构：厦门大学中文系

摘要：《山伯英台》是“老歌仔戏”经典的“四大出”之一。通过对这个剧目的考察，我们认为“老歌仔戏”与闽南传统戏曲存在着千丝万缕的关系。闽南传统戏曲为“老歌仔戏”的形成与发展奠定了观众基础，也给予了艺术上源源不断的滋养。而“老歌仔戏”根据剧种特性及观演需求，又对闽南传统戏曲的经典剧目进行了富有特色的改编，形成了自身独特的艺术风格。

汪晓云．台湾歌仔戏发生学研究［J］．民族艺术，2013（3）：119—122.

关键词：歌仔戏；起源；本地歌仔戏；仪式；艺术

机构：厦门大学人文学院人类学与民族学系

摘要：歌仔戏为台湾土生土长的唯一戏剧剧种，同时也是海峡两岸唯一异名同根的戏剧剧种。已有文献研究与田野调查研究对歌仔戏起源问题存在很多争议，实际上造成歌仔戏起源研究争议的主要原因是以具体时间、地点、人物作为戏剧起源之标志，并以戏剧形式要素论戏剧起源，我们需要以戏剧从仪式向艺术的发生学原理来理解歌仔戏之起源与演变。

王伟. 表征闽南: 歌仔戏研究的现代性寻绎 [J]. 齐齐哈尔大学学报（哲学社会科学版），2013（6）: 126—128.

关键词：歌仔戏；现代性；公共观演

机构：泉州师范学院文学与传播学院

摘要：在现代性的阐述框架中，海峡两岸关于歌仔戏的新近论述，无论是剧艺规律的本体探勘，还是审美之外的越界研究，成果丰硕、渐次精进，并且走向基于公共观演的整合研究，闽南戏剧的文化版图因之得以重绘。

王伟. 文人论戏: 歌仔戏在公共空间中的接受范式研究 [J]. 南方论刊，2013（5）: 103—105，74.

关键词：闽南戏曲；文化间性；公共观演

机构：泉州师范学院文学与传播学院

摘要：在跨文化交往的历史语境中，新旧知识分子关于歌仔戏的接受论述，涵纳着古典型道德主义的伦理评判、启蒙现代性的国族想象、审美现代性的批判话语，以及后现代消费主义之欲望诉求等，呈现出众声喧哗、繁复驳杂的论述图景。各式理论范型在深刻反映文人论戏之古老传统的同时，有效表征公共空间的批判性开创，逆向折射民俗曲艺知识生产的话语权力运作机制。

王耀华. 歌仔戏《七字仔调》唱腔旋律音调特点及其考源 [J]. 中国音乐学，2013（4）: 97—102.

关键词：歌仔戏；唱腔；旋律音调；特点；考源

机构：福建师范大学海峡两岸文化发展协同创新中心；福建师范大学音乐学院

摘要：音乐，有时可以例证历史。本文就是通过对歌仔戏《七字仔调》唱腔音乐旋律音调特点的分析与比较来追溯北人南迁、印证方言形成及文化融合的一次尝试。首先，逐一分析闽台地区歌仔戏《七字仔调》曲牌系统各曲牌唱腔各自的旋律音调特点。然后，将其综合归纳为三个特点：1. 调式结构的功能性；2. 四度、五度框架的单一性；3. 调式的羽类色彩。最后，将其三个特点与中州支脉音乐、南方民族音乐进行比较研究，得出闽台歌仔戏唱腔音乐在历史发展中的演变规律：既继承中州支脉音乐调式功能完整，强调调式Ⅰ、Ⅳ、Ⅴ级音，以及在这些音级之间形成的四度、五度旋律进行；又具有自身独特创造的四度、五度框架的单一性；接受本土音乐的影响，调式是羽类色彩，以及对于羽类色彩诸种腔音列的运用等旋律音调特点。

游素凰. 台湾老歌子戏《山伯英台》之研究 [J]. 戏曲艺术，2013（4）: 12—31.

关键词：老歌子戏；歌子册；大戏；小戏；鹃伶声嗽

机构：台湾戏曲学院戏曲音乐学系

摘要：本文以台湾歌子戏发展早期之"老歌子戏"为范畴，针对老歌子戏发展时期演出最为频繁的剧目《山伯英台》为对象进行研究。"老歌子戏"为歌子戏发展活水泉源，主要产生于台湾宜兰地区。"山伯英台"故事在民间流传久远，晚唐始有山伯英台故事雏形，至宋明，从梁祝立庙、山伯当义忠王，以至化蝶传说再转为还魂之说，于是梁祝故事为民间百姓津津乐道，梁山伯与祝英台成为爱情的偶像；辗转传到台湾，于清末民初的日治时期，则以老歌子戏敷演《山伯英台》。本文搜集《山伯英台》手抄本歌子册与老歌子戏剧本，清理出陈旺枞之口述剧本《山伯英台》为老歌子戏典范剧本。乃直入该剧剧本之结构，含故事情节、人物及其出场设计等；又从剧中音乐唱曲选择、演唱方式、后场乐队；以及该剧表演艺术特质，含演员角色、妆扮、歌唱发声法、身段、与科诨设计等戏曲之唱念做打层面，分别逐一探讨。发现老歌子戏《山伯英台》故事情节，已多达二十余场之"大戏"规模，然其表演内容仍保留踏谣歌舞之"小戏"样貌；再者，台湾在 20 世纪初（1901 年之后），尚可见到戏曲发展早期之"鹃伶声嗽"这样的以农村乡间歌舞为基础之戏曲原始样貌的"老歌子戏"，其由清一色的男性所扮演的丑扮落地扫形式之"老歌子戏"，在当今各地方戏曲大戏缤纷多彩，且多已程式化的演出生态中，更加显出其珍贵。其表演艺术之纯朴简单、诙谐逗趣等诸多特质，越发彰显出此一非物质文化遗产之可贵。

郑月琴．《蝴蝶之恋》的造型语汇［J］．艺海，2013（12）：40.

　　关键词：歌仔戏；人物造型；虚实结合；诗化

　　机构：厦门市歌仔戏剧团

　　摘要：意识流的诗样状态与现代审美与时尚观正中对接。蝶衣，不只是一件戏衣，是担当了现实人物心灵外化的使者，是情感的寄语，一诺千金的象征。

费儒伯．Taiwanese Opera in English：Translating Liao Chiung-chih's Chen San Wu Niang［J］．（台湾）台湾学志，2013（8）：1—27.

　　关键词：歌仔戏；陈三五娘；廖琼枝；台语文学；翻译

　　机构：（台湾）台湾师范大学台湾文化及语言文学研究所

　　摘要：这篇论文讨论笔者翻译，由廖琼枝编辑的传统台语歌仔戏《陈三五娘》剧本。作者以对剧本的简介和语言的分析来开始，然后讨论他的翻译策略及其对实际翻译工作的意义：决定在韵律和旋律上予以歌剧的咏叹调；使用对话作为人物性格刻画的方式；翻译台语双关语、谚语、俚语之可能性；即兴创作以增加翻译内容之色彩和趣味。最后，笔者以抛砖引玉的心态，呼吁译界同好共襄盛举，一起将歌仔戏这项杰出的艺术经典译介给广大海外读者。

林鹤宜．中西即兴戏剧脉络中的歌仔戏"做活戏"：艺术定位、研究视野与剧场运用［J］．（台湾）民俗曲艺，2013（179）：123—184.

关键词：即兴戏剧；歌仔戏；意大利即兴喜剧；幕表戏；做活戏

机构：（台湾）财团法人施合郑民俗文化基金会

摘要：台湾歌仔戏是目前东方戏剧中，保留"幕表戏"即兴演出最完整的剧种。"幕表戏"的编剧和表演方式，原为许多地方戏曲所普遍采用。1951年，大陆为了强化戏曲的政治宣传效果，推动"戏曲改革"，由政策主导，以负面评价、不鼓励的方式，促成幕表戏的消失；在台湾，为了提升歌仔戏的艺术位阶，本土戏曲工作者亦多主张追求"精致化"，提起庙会野台的"幕表戏"，同样抱着质疑的态度。事实上，"幕表戏"的编创和演出，对于演员，既是演技的呈现，同时又是能力的开发。这套发展自民间的戏剧编创机制，是台湾戏曲珍贵的资产，值得我们重视和保留。本文试图为歌仔戏幕表戏寻找定位。为了避免局限在单一文化，或甚至单一剧种的框架中，本文探索歌仔戏"幕表制"的可能来源，回溯戏曲幕表戏生成的历史，并参照西方剧场即兴戏剧的历史和当代发展情形，援引西方学界和剧界面对即兴戏剧的态度和研究。从这样的立足点，探寻歌仔戏幕表戏艺术存在的意义、研究的视野和剧场运用的可能性。首先，回顾中西戏剧史中的即兴戏剧，探索幕表戏的形成。其次，进一步分析当今即兴戏剧的三大脉络，指出台湾歌仔戏幕表戏在中西即兴戏剧历史和当代脉络中的位置。最后，在幕表戏的范围内，以西方幕表戏最具历史和代表性的意大利即兴喜剧（commedia dell'arte）与歌仔戏做对照，凸显歌仔戏幕表戏的艺术特色。并以西方学界及剧界对幕表戏及其他即兴戏剧的研究和运用为借鉴，检视歌仔戏幕表戏的相关研究及视野，以及其与当代剧坛连接的可能性。

蔡艺榕．闽南民间职业芗剧（歌仔戏）团的音乐现状探析［J］．中国戏剧，2013（12）：58—59.

关键词：民俗活动；职业剧团；专业剧团；中央民族乐团

机构：厦门歌仔戏研习中心

摘要：〈正〉民俗活动的频繁给予了闽南民间职业芗剧团巨大的演出市场，然而，演出市场的扩大也给剧团的音乐创作带来极大的负面影响，大多数的民间职业剧团在总体音乐布局、传统曲调的继承与新调的运用、文场乐器的配置与运用等方面存在着很大问题。一直以来，在闽南农村的各种民俗活动中，如神诞、祭祖、庆典等几乎免不了搬请戏班光临演出。而且每个地方的演出少至两三天，多则一两个月连续不断。一个剧团的剧目都演完了，就请其他剧团再接下去演，更有甚者，一个村邀请几个剧团同时演出，俗称"斗戏"……

陈新凤．歌仔戏宗师邵江海的音乐原创［J］．戏曲艺术，2014（1）：103—105.

关键词：歌仔戏；邵江海；音乐原创

机构：福建师范大学音乐学院

摘要：歌仔戏音乐来源于大陆，形成于台湾，回传大陆后，经过邵江海的发展，创立了杂碎调这一与台湾歌仔戏七字调并驾齐驱的曲牌，开辟了歌仔戏在大陆发展的新方向，形成同一剧种不同的音乐风格。邵江海的音乐原创为歌仔戏在大陆的创新发展起了奠基性的作用，无愧于"宗师"的美誉。

胡咏丽，刘浩东．歌仔戏文场乐器特色及组合方式探析 ［J］．太原大学教育学院学报，2014（2）：81—84.

关键词：歌仔戏；乐器；特色；组合

机构：集美大学音乐学院；西安交通大学人文学院

摘要：歌仔戏是我国现存三百六十多个地方戏曲剧种中，唯一诞生于台湾本土的剧种，该剧种的文场乐器及组合方式，既有着与其他戏曲剧种的一般性规律，又有它本身在形成过程中所具有的独到的艺术特色。文章对歌仔戏文场传统伴奏乐器的特色做了比较详尽的分析，并列举部分谱例针对乐器组合方式及配器手法做了进一步的探析。

黄海蓉．台湾歌仔戏流变与集美民间歌仔剧社发展——浔美芗剧社个案研究 ［J］．重庆科技学院学报（社会科学版），2014（3）：113—115.

关键词：歌仔戏；发展流变；浔美芗剧社

机构：集美大学文学院

摘要：戏剧的式微是不争的事实，传统文化的保存又至关重要。台湾歌仔戏半个多世纪的流变与大陆发展轨迹十分类似，但台湾发展略胜一筹。探究集美浔美芗剧社六十几年的生存发展，或许能从中获得彼此的渊源和未来生存模式。

黄小英．歌仔戏《痴梦》的表演节奏与个性 ［J］．福建艺术，2014（4）：56.

关键词：痴梦；学生时代；舞台节奏；掌控能力；旦行；不得志；朱买臣；第一声；子一；粉面

机构：厦门歌仔戏研习中心

摘要：〈正〉早在学生时代就很喜欢《痴梦》一折。剧中崔氏张扬的个性、复杂的内心、起伏的情绪极其考验演员的表演及对角色的掌控能力。崔氏一角，有的剧种是青衣，有的剧种是花旦，在歌仔戏版《痴梦》中，根据自身表演特点，作者选用花旦行。崔氏是上了一定年纪的小家子气的乡村穷妇，十几分钟的表演要展现她的个性、情绪以及内心临近崩溃的癫狂，除了舞台节奏的掌控、唱腔的处理，作者还特别注意"四笑"的变化和小动作的运用，希望能起到画龙点睛的效果……

李龑．闽南歌仔戏的发展现状与传承对策［J］．重庆科技学院学报（社会科学版），2014（9）：120—123.

关键词：地方戏曲；歌仔戏；闽南方言；传承

机构：福建师范大学音乐学院

摘要：歌仔戏又名"芗剧"，是我国第一批入选国家级非物质文化遗产名录的地方戏曲。歌仔戏不仅在各闽南语方言区人民的社会生活中起着重要作用，而且在文化艺术领域也具有实际存在价值和学术研究价值，同时对传承闽南方言这一古汉语的"活化石"有着现实意义。一部芗剧发展史，亦是两岸人民文化交流的历史见证。如今歌仔戏的生存现状不容乐观，其如何传承与创新成为我辈在新时期需要重点关注的话题。

潘培忠．台湾"老歌仔戏"："小戏"向"大戏"的过渡形态［J］．台湾研究集刊，2014（4）：79—86.

关键词："老歌仔戏"；大戏；小戏；闽台戏曲

机构：中山大学中文系

摘要：宜兰"老歌仔戏"源自闽南传入台湾的街头"小戏"，是歌仔戏最为初级、原始的舞台演出阶段。相较于车鼓戏等街头"小戏"，"老歌仔戏"的演出地点已由街头走向了舞台，演出内容已由表演片段发展为演出全本戏。它的表演形态与"小戏"所差无几，虽已少量吸收大型说唱文学的情节内容，但演出仍以表演歌舞而主，因而尚不能称为严格意义上的"大戏"，而是"小戏"向"大戏"发展的特殊过渡形态。

石婉舜．寻欢作乐者的泪滴——戏院、歌仔戏与殖民地的观众［J］．戏曲艺术，2014（3）：82—97.

关键词：歌仔戏；哭调；殖民现代化；戏院；观众

机构：（台湾）"清华大学"台湾文学研究所

摘要：日本殖民统治台湾时期，戏院随都市兴起而开始普及，演剧的商业机制获得发展，以此为背景，具有地域代表性的歌仔戏发展成今日所熟知的模样。本论文聚焦20世纪10年代中期到20世纪30年代中期卢沟桥事变前的台湾社会，歌仔戏从初具戏剧形貌的"老歌仔戏"时代到进入戏院后体制发展成熟稳定的一段时间，通过戏院、演出、观众三者的有机连接阐明这段歌仔戏"重新诞生"的重要过程。本论文同时指出，歌仔戏虽然于20世纪10年代获得登上戏院内台的机会，却也必须力图挣脱"淫戏"恶名，尝试多元创新，争取市民大众的支持，进而在20世纪30年代发展出完备稳定的戏曲体制。在这段时间中，大凡戏院演出中其他剧种所能提供的"现代"体验，歌仔戏班都有能力提供，它也同时发展出远较外台时期更为专业、精进的表演艺术。由于根植民间社会的歌仔戏折射出殖民现代化下台湾新兴市民大众感伤自怜的精神面貌，成为此时期台湾殖民地都市文化的鲜明表征。

李作方．非物质文化遗产视野下闽南芗剧的发展与传承［J］．韶关学院学报，2014 (9)：137—139.

关键词：非物质文化遗产；闽南芗剧；发展；传承

机构：泉州师范学院音乐舞蹈学院

摘要：列入国家首批非物质文化遗产保护名录的芗剧，具有鲜明的闽南文化特征和地域特色，是全国近四百个地方剧种中唯一由海峡两岸文化交融而成的地方剧种，对开展闽台文化交流和增强台湾民众的文化认同感具有非常重要的作用。在非物质文化遗产语境下，闽南芗剧具有自身的传承价值，具有自身的发展与传承策略。

林闽敏．试谈芗剧生存及发展问题［J］．黑龙江史志，2014（15）：295—296.

关键词：芗剧；闽南文化瑰宝；闽台情源；生存；发展

机构：中国闽台缘博物馆

摘要：芗剧是具有浓郁闽南乡土气息的优秀民间艺术，与台湾歌仔戏是同根并蒂的姐妹花，是闽台同胞和海外侨胞的情感纽带。然而，芗剧在当今社会受到飞速发展的科技、文化冲击下，面临着生存及发展的问题。芗剧必须通过走进课堂、文物化、市场化、电视化、闽台文化交流等一系列方法与手段，使其艺术生命得到不断延续和发展。

吴兹明．芗剧《保婴记》传递人间温情［J］．中国戏剧，2014（1）：29—30.

关键词：保婴记；优秀剧目奖；中国戏剧节；生活层面；创作过程；价值取向

摘要：〈正〉芗剧《保婴记》在第十三届中国戏剧节获得优秀剧目奖及优秀导演奖、优秀表演奖的好成绩。回顾《保婴记》的创作过程，感触良多，颇有心得。《保》剧是芗剧作者汤印昌先生的力作，是芗剧难得的好剧本，剧作本身所蕴含的文化内涵，所表现的思想立意，所传达的价值取向，所展示的生活层面莫不与闽南的传统文化、民俗风情息息相关，是典型的剧种化的剧本，理想化的剧情，戏中人物充满爱心、人情味十足，有一种温暖诗意和色彩。虽不凝重深刻，但温馨亲切……

五　木偶戏

蔡杨杨．霹雳布袋戏运营的价值链分析［J］．青年记者，2013（32）：58—59.

关键词：地方戏剧；舞台剧；影视娱乐

机构：北京师范大学文学院

摘要：〈正〉布袋戏起源于福建，是一种用布偶表演的地方戏剧，于17世纪随闽粤移民传入台湾。霹雳布袋戏是指自1988年第一部《霹雳金光》开播以来的电视布袋戏，至今已有58部，共播出2000多集（章），堪称目前台湾影视史上最长寿的连续剧节目。霹雳布袋戏是霹雳国际多媒体公司（以下简称"霹雳国际"）的主要布袋戏产品，霹雳国际的主要业务是影视娱乐、媒体网络和消费产品。影视娱乐包括生产制作霹雳布袋戏、舞台剧，并发行 DVD 录像带……

陈世雄．评木偶版《赵氏孤儿》[J]．福建艺术，2013（1）：34.

关键词：舞台艺术；《赵氏孤儿》；泉州木偶；泉州提线木偶；赵氏孤儿

机构：厦门大学中文系

摘要：〈正〉在所有的舞台艺术中，木偶艺术大概是最为千姿百态的。在当今世界剧坛上，既有比真人还大的巨型木偶，又有套在指尖上的微型木偶，甚至一把雨伞、一个小球，都可以用作木偶；在表演风格上，既有以惟妙惟肖地模仿人的动作为最高标准的写实风格，又有夸张变形或离奇怪诞的风格……

陈世雄．人、傀儡与戏剧——东西方傀儡戏比较研究（上）[J]．文化遗产，2013（3）：68—78，158.

关键词：傀儡；人的隐喻；仪式；宗教剧；后现代主义

机构：厦门大学中文系

摘要：本文通过中国傀儡戏和西方傀儡戏的比较研究，探讨人、傀儡与戏剧之间的关系及其人类学意义，认为傀儡就是沿用原始思维，借助人的替代物，通过人自身的隐喻和类比，对人类进行反思与研究。傀儡的物质源头是俑，而俑向傀儡的转化是以仪式为中介的。傀儡具有"能活动的菩萨"的性质，傀儡戏棚具有"活动宫庙"的性质。傀儡成为沟通人间、阴间和神坛的中介，并且对"神人同形观"意识形态的确立有重要意义。不管是中国的目连戏，还是欧洲的宗教剧、奇迹剧和神秘剧，除了由"人戏"演出之外，都很快地实现了"傀儡化"。目连戏傀儡舞台与欧洲傀儡宗教剧舞台结构上的相似性说明了二者在功能上的相似性。宗教傀儡剧中的宗教内容与世俗内容的混合与冲突体现了思维方式的演变与冲突。傀儡对文化传统的形成与继承至关重要，在将孩童培养成人和促进人的全面发展方面发挥作用。在后现代思潮影响下，一度被边缘化的欧洲傀儡剧出现"泛傀儡化"、强化叙述因素和运用拼贴手法等新趋势，并且重新回归艺术的中心地位，而在中国，傀儡剧沿袭着模仿戏曲的道路，造型也没有大的变化，并且继续兼任祭祀仪式上"活动的菩萨"，为民间信仰和民俗活动服务。

陈志杰．木偶剧《赵氏孤儿》的击乐设计[J]．福建艺术，2013（6）：49.

关键词：提线木偶戏；《赵氏孤儿》；木偶剧团；王景贤

机构：泉州市木偶剧团

摘要：〈正〉由剧作家王景贤改编、吕忠文执导、泉州市木偶剧团精心打造的大型提线木偶戏《赵氏孤儿》，经过半年多数易其稿的精心排练，于近期又将新版本呈现给广大观众。提线木偶戏表演大型剧目本身难度就比较大，再加上搬演悲剧，更是难上加难。木偶戏不同于人戏表演，无法逼真地模仿人的眼神、脸部表情等各种细腻动作。要表现悲剧的内容，做到让观众随之动情、动容，其难度之大可想而知。为了更为准确地体现剧作的悲剧内容，做到以情动人、以情感人，我们在全剧音乐、击乐的设计上煞费苦心……

陈志杰. 泉州"傀儡调"音乐的继承与保护 [J]. 大众文艺，2013 (8)：150—151.

关键词：傀儡戏；艺术发展；演奏技法

机构：福建省泉州市木偶剧团

摘要：古老的泉州傀儡戏，古称"悬丝傀儡"，今名"泉州提线木偶戏"，是我国最有代表性且最古老的木偶剧种，也是国务院首批公布的非物质文化遗产保护项目。在漫长的剧种艺术发展过程中，泉州提线木偶戏不但形成了精湛丰富的表演艺术和精美独特的造型艺术，还形成了别具一格的剧种音乐——"傀儡调"。"傀儡调"音乐既有丰富多彩的曲牌唱腔，又拥有"傀儡鼓"（又称"压脚鼓"或称"南鼓"）、"钲锣"等古老稀有的打击乐器以及与之相应的一整套打击技法。此外，类似于"笼吹"等民间音乐艺术表演，也大量吸纳"傀儡调"音乐及其演奏技法，足见其传承久远且有着深厚的历史艺术底蕴。

傅端凤. 跨越千年时空　演绎人性真善美——记木偶戏（赵氏孤儿）饰程婴妻表演心得体会 [J]. 大众文艺，2013 (21)：185.

关键词：赵氏孤儿；木偶戏；历史剧种

机构：福建省泉州市木偶剧团

摘要：一部闻名遐迩的史诗悲剧，一个传承千年的古老剧种。它演绎着一幕幕扣人心弦的历史悲歌，诉说着的是关于"道"与"义"的故事。当把提线木偶戏与中国四大古典悲剧之一的《赵氏孤儿》联系在一起的时候，也许会让人觉得很不可思议。把这部经典悲剧改编为泉州提线木偶戏来诠释，确实让人匪夷所思。不错，泉州提线木偶戏虽然是一个历经千年不断传承的古老剧种，有着相当深厚的文化与历史底蕴，有着独一无二的表演体系与音乐唱腔。然而，它是木偶，没有生命的木偶，如何去演绎《赵氏孤儿》这样一部情感丰富、内心复杂、历史厚重、寓意深刻的传奇悲剧。对作者而言心情无疑是讶然且凝重的，而让作者饰演程婴之妻时不禁又有了些许的激动与紧张。可想而知，如何以没有表情的木刻偶人去呈现程妻这个人物细腻且复杂的内心情感，无疑是一条艰难的创作历程。

傅端凤. 浅谈教学传统泉州悬丝傀儡技巧分析 [J]. 大众文艺，2013 (22)：231.

关键词：悬丝傀儡；技巧分析；表演意念

机构：福建省泉州市木偶剧团

摘要：泉州木偶戏古称"悬丝傀儡"，又名"线戏"。源于汉，兴于唐，盛于宋。宋元以降，即流传于泉州地区，俗称"嘉礼戏"。经数百年传承，逐渐形成一整套完整成熟的演出规制、表演"线规"、偶像制作工艺及丰富的演出剧目和独特的剧种音乐——"傀儡调"。

洪川．"大母亲"情怀——释傀儡戏《赵氏孤儿》［J］．福建艺术，2013（4）：7—31.

关键词：《赵氏孤儿》；王景贤；纪君祥；八义记；程婴；明传奇

机构：莆田市戏剧研究所

摘要：〈正〉王景贤、范小宁的傀儡戏《赵氏孤儿》已引起国内同行的注意。2013年春，在泉州举行的观摩研讨会，气氛宽松而活跃。来自北京、上海等地的专家们各自从不同角度展开探讨，意见稍有不同，建议略有差异，但都一致肯定了这个戏。作者已金盆洗手，远离江湖多年，不再写文章了，何况再搜索枯肠，亦无管见能超出"五指山"外……

黄丹妮，庄乃祯．论闽西上杭提线木偶戏与闽南泉州提线木偶戏的异同态［J］．剑南文学（经典教苑），2013（4）：172，174.

关键词：历史来源；近现代发展状况；音乐唱腔

机构：泉州师范学院音乐与舞蹈学院

摘要：泉州提线木偶与闽西上杭提线木偶戏在福建省乃至海内外是影响最为深远的偶戏，它们一直保存着独有的艺术风格传承至今。本论文将对这两地区偶戏的独特艺术魅力进行比较，一同去窥看它们之间的异同态。作者将从两地区偶戏的历史来源和近现代发展状况、音乐唱腔出发，去领略它们古老的艺术文化魅力。

姜葛弢．表演艺术团体的周边商品营销——以台湾霹雳布袋戏为例［J］．时代金融，2013（30）：291，332.

关键词：周边商品；表演艺术；营销

机构：北京大学马克思主义学院

摘要：本文旨在探讨表演艺术团体周边商品的市场营销流程和策略，以实例分析的方式，研究表演艺术团体的领导者或市场营销人员如何利用艺术商品的特性，打造专属独特的周边商品并将其与艺术消费者进行市场连接。

林建裕．对泉州傀儡戏独特的打击乐演奏及锣鼓经运用的认识［J］．大众文艺，2013（1）：53.

关键词：傀儡戏；打击乐演奏；锣鼓经

机构：福建省泉州市木偶剧团

摘要：泉州傀儡戏从汉代起源至今，经过了历史的沉淀和岁月的积累。打击乐演奏技法的击打套数和锣鼓经，从原始民间纯粹祭事的仪式及古老单一的打击乐锣鼓点，演变成现如今成套、规范的傀儡戏锣鼓经，并运用到当今风格各异的表演形式当中，更是祖辈们对泉州傀儡戏艺术的执着和热爱，给后辈们留下的一笔珍贵的艺术财富。

林建裕. 普天乐舞千秋岁　太平歌唱万年欢——浅谈对泉州傀儡调曲牌内涵的理解 [J]. 艺苑，2013 (4)：91—92.

关键词：泉州傀儡戏；曲牌；傀儡调音乐；撩拍

机构：泉州市木偶剧团

摘要：泉州提线木偶是唯一拥有自己剧种音乐"傀儡调"的木偶戏种。"傀儡调"声腔刚健质朴、粗犷高亢，至今仍保留着 300 多个曲牌的旋律曲调。"傀儡调"之所以值得传承和保护，除了因为它是泉州傀儡戏密不可分的一部分外，还因为它自身具有历史文学的研究价值与深厚的艺术内涵。

刘倩玲. 台湾霹雳布袋戏的现代传承与发展 [J]. 歌海，2013 (5)：91—93, 102.

关键词：台湾；霹雳布袋戏；传承；发展

机构：广西民族文化艺术研究院

摘要：布袋戏这种闽南地区的传统戏曲艺术，随着时代进步不但没有退出历史舞台，反而受到越来越多的关注，很大一部分原因是霹雳布袋戏的传承与发展主要靠创新。将传统布袋戏产业化并发扬光大，必须仰赖于企业的现代化运营，而不能再遵照古老的"戏班"形式运作。只有如此，布袋戏才能在变化迅速的现代社会不断增强自身活力，顺应市场需求。

刘蔚. 从台湾霹雳布袋戏看民俗艺术的产业化策略 [J]. 长江大学学报（社会科学版），2013 (9)：4—7.

关键词：霹雳布袋戏；民俗艺术；产业化；策略

机构：厦门理工学院数字创意学院

摘要：布袋戏作为一种民俗艺术，在台湾得到了很好的传承和发展。以霹雳布袋戏为代表的产业化进程，将布袋戏推向了文化经济的新领域。梳理台湾布袋戏 200 年的演变脉络，分析霹雳布袋戏得以产业化的主要因素，并以产业化视角审视民俗艺术，可以从中探寻民俗艺术产业化的路径和策略，进而能发现内容创新、渠道终端、品牌营销等环节，都是其产业化成功的关键因素。

齐致翔. 悲情　戏蕴　偶趣　人文——泉州木偶戏《赵氏孤儿》的现代思辨及王景贤的偶戏情结 ［J］. 中国戏剧, 2013（4）：38—41.

关键词：泉州木偶；王景贤；程婴；《赵氏孤儿》；公孙杵臼；晋灵公；泉州提线木偶

摘要：〈正〉《赵氏孤儿》的传说故事，最早见于《左传》，主要记载了晋灵公与赵盾君臣之间的矛盾，在《史记》中始有了赵、屠两家仇杀及"搜孤救孤""八义图""十五年后赵氏孤儿大报仇"的故事轮廓和铺排，突出讴歌了程婴与公孙杵臼等人物"舍生取义"的仁爱壮举。《史记》之后……

萨巍芳. 利用电视媒体，传承戏曲艺术——以漳州布袋木偶戏为例 ［J］. 艺苑, 2013（3）：46—47.

关键词：电视媒体；戏曲传承；木偶

机构：福建广电网络集团漳州分公司

摘要：随着时代的发展和人们审美情趣的演变，在电影、电视等新视觉媒体的冲击下，精通、欣赏戏曲的人越来越少，古老艺术的传承陷入了窘境，漳州布袋木偶戏也面临着同样的危机。为了改变现状、谋求发展，漳州广播电视网络中心与漳州市木偶剧团一直在合作探索，把传统和创新的节目搬上了银屏，让这一传统技艺有了视频的记忆，也希望能通过戏迷的观看，从而带动下一代人对戏曲、对木偶的认识。

王淑娟，陈胜容. 表演艺术类非物质文化遗产产业化之研究——基于台湾霹雳布袋戏的经验 ［J］. 社会科学家, 2013（9）：78—81.

关键词：表演艺术；非物质文化遗产；文化资本；霹雳布袋戏；产业化

机构：唐山师范学院资源管理系

摘要：濒临失传的表演艺术类非物质文化遗产，其传承不能完全依靠政府的扶持，在市场经济环境下产业化是一种必然的历史性选择。文章旨在通过分析台湾霹雳布袋戏的产业特征，研究得出表演艺术类非物质文化遗产的产业化步骤，此外提出对待此类特殊遗产，在创新与原真、复制与现场的争论中应秉持多一分的现实认可与宽容。

魏爱棠. 泉州木偶戏的命名问题 ［J］. 戏剧（中央戏剧学院学报）, 2013（4）：106—118.

关键词：泉州木偶戏；遗产命名；记忆；遗忘

机构：厦门大学社会学与社会工作系

摘要：本文透过泉州提线木偶戏遗产命名记忆的个案探讨，来呈现泉州提线木偶戏在20世纪50年代国家遗产化的过程中，特定的社会历史语境如何影响遗产记忆的选择与表达。本文发现虽然泉州提线木偶戏是以"木偶戏"作为遗产项目名称进入国家遗产的保护框架，但是，"木偶戏"却不是这一遗产原生主体对其指称。实际上，这一名称是泉州地方的加礼戏遗产主体为了在新的社会历史情境中维持遗产的存续，而重构的一种新遗产记忆。

吴伟宏．泉州傀儡戏助演手段发展今昔考证 [J]．艺苑，2013（4）：89—90.

关键词：泉州傀儡戏；提线木偶戏；助演

机构：泉州市木偶剧团

摘要：泉州傀儡戏，以其精彩绝伦的操线技艺蜚声海内外，在其千余年的不间断传承中，创造与发展出了自己独特的表演形式，从单纯的"八卦棚"到"小平台""中台""天桥高台""人偶同台"等。助演形式与表演方式相辅相成，也随着历史的发展而改变。傀儡戏发展千百年，但时至今日，什么是表演，什么是助演，已不再有明确的界限，一体化、密不可分的表演是泉州傀儡戏走向辉煌的必然因素。

夏荣峰．探索泉州木偶舞台结构表演形式的变迁 [J]．大众文艺，2013（11）：62—63.

关键词：提线木偶；舞台结构；表演形式

机构：福建省泉州市木偶剧团；泉州提线木偶戏传承保护中心

摘要：泉州提线木偶艺术历史悠久，2006年入选首批国家级非物质文化遗产名录；2012年入选联合国非物质文化遗产优秀实践名册。本文以泉州提线木偶四种舞台结构及其相应的表演形式，阐明了泉州木偶剧团改革创新舞台结构和所产生的经典剧目的经历。让人们进一步从另一个角度了解泉州木偶艺术不断创新发展、变迁的过程。

谢千红．木偶艺术人才培养的问题与对策 [J]．福建艺术，2013（6）：38—39.

关键词：提线木偶戏；艺术学校；打城戏；木偶雕刻；物质文化遗产；泉州提线木偶

机构：福建省泉州艺术学校

摘要：〈正〉中国的木偶戏品种众多，历史悠久，传承千年，是非物质文化遗产中不可或缺的重要组成部分，并成为弘扬中华民族优秀文化有效的生动的载体。但如何培养出更高更好的专业人才，是木偶艺术当代存续面临的重大课题。泉州艺术学校以继承和弘扬优秀传统文化艺术为目标，以培养优秀的文化艺术后继人才为己任，教学涵盖提线木偶戏、掌中木偶戏、梨园戏、高甲戏、打城戏、南音、北管等戏曲专业以及传统木偶雕刻艺术专业。改革开放以来……

许桑叶．漳州布袋木偶雕刻的传承 [J]．艺海，2013（11）：192.

关键词：木偶雕刻；布袋木偶；木偶制作；徐年；中国传统文化

机构：漳州木偶艺术学校

摘要：〈正〉木偶，古代叫傀儡、魁儡子、窟儡子。木偶艺术有着近三千年的历史，是中国传统文化的重要组成部分。漳州布袋木偶雕刻艺术承于汉、唐两朝。漳州处于福建闽南地带，周围三面环山，一面向海，腹地崇山纵横，海滨峻岭交错。交通不便，昔有"瘴疠之地""蛮荒之乡"之称，群众生活艰难，祸福难料，崇尚巫术鬼神的风气十分昌盛，故傀儡戏开始在民间流行。漳州木偶雕刻发展到了近代，出现了专业木偶雕刻艺人，其中负有盛名的有徐年松与作者父亲许盛芳。作者的父亲许盛芳出生于闽南一个民间木偶雕刻艺术世家。他13岁时即师承父亲许玉常从事民间木偶雕刻，从此开始了自己漫漫的木偶制作艺术生涯。从艺后，在作者祖父的指导下……

尤超颖，戴勋．大型提线木偶戏《赵氏孤儿》专家观摩研讨会纪要［J］．福建艺术，2013（3）：13—15.

关键词：提线木偶戏；泉州木偶；程婴；《赵氏孤儿》；泉州提线木偶；小木偶

摘要：〈正〉2013年2月23日至24日，文化部、中国剧协、中国艺术研究院、中国木偶艺术学会、上海戏剧学院、福建省文化厅、福建省艺术研究院近30位领导、专家专程莅临泉州参加大型提线木偶戏《赵氏孤儿》观摩研讨会。以下是专家发言纪要。薛若琳（中国艺术研究院原副院长）：程婴保护赵氏孤儿要过五关，第一关，他要过守卫宫门的韩厥的搜查关；第二关，他和夫人要过把自己的儿子献出来的情感关；第三关，他和公孙杵臼商定谁死谁活……

郑烁．从霹雳布袋戏略看台湾布袋戏发展［J］．艺术科技，2013（3）：128.

关键词：布袋戏；霹雳布袋戏；发展

机构：汕头大学

摘要：布袋戏是台湾的偶戏当中流传最广、影响最大的表演类型。考其源流，是从大陆流传过去的。台湾的布袋木偶戏主要来自福建泉州、漳州和广东的潮州一代，这与历史、地理环境有着密切的联系。而台湾布袋戏中，霹雳布袋戏最能与时俱进，因此广受民众喜爱。

庄丽娥．论泉州提线木偶戏的传统音乐［J］．大众文艺，2013（6）：188.

关键词：木偶；傀儡戏；曲牌；乐器

机构：福建省泉州市木偶剧团

摘要：本文主要围绕泉州提线木偶戏传统音乐"傀儡调""曲牌""古乐器"展开论述，体现出泉州傀儡戏古老剧种具有重要而特殊的历史地位和作用。

庄乃祯，陈欣颖．傀儡戏《钦差大臣》艺术特色之刍议［J］．剑南文学（经典教苑），2013（8）：183—185．

关键词：提线木偶；傀儡版；《钦差大臣》；艺术特色；中国化；傀儡化

机构：泉州师范学院音乐与舞蹈学院

摘要：泉州提线木偶经典讽刺喜剧《钦差大臣》是根据（俄）果戈理同名话剧所改编，演出时长80分钟，该剧运用中国最古老的提线木偶艺术，对原著《钦差大臣》予以创造性的改编、诠释，达到了思想性、艺术性与木偶技艺的高度统一。该剧的创作对传统傀儡戏在塑造人物性格和表现深刻思想性方面是一次大胆并且成功的探索，使古老的提线木偶焕发出新的光彩。在当今提线木偶戏面临"墙内开花墙外香"的瓶颈之下，本文通过对傀儡戏《钦差大臣》创作方向的中国化和傀儡化、区别于传统剧目的变革，以及独特的偶人造型设计等方面的艺术特色研究，说明该剧对当代提线木偶戏发展的影响和启示，体现其时代价值。同时希望引发国人思考，重视和传承提线木偶戏，共同拯救文化遗产。

陈晓萍．论民间艺术对民俗的依托——以闽南木偶戏为例［J］．集美大学学报（哲学社会科学版），2013（3）：13—19．

关键词：民俗；民间艺术；闽南木偶戏

机构：泉州师范学院美术与设计学院

摘要：民俗是民间艺术得以生存的根基，而民间艺术则是民俗活动的物质性载体。特殊的地理位置和人文环境造就了闽南丰富多元的民俗文化，并随着移民辐射至台湾、东南亚一带。木偶自唐、五代从中原随移民民俗传入之后，就在闽南这块土地上生生不息地繁衍，在闽南传统岁时节令、人生礼仪、宗教仪式、婚丧娶嫁和游艺活动中扮演重要角色，成为海峡两岸文化交流和和谐统一的使者。可以说，闽南丰富多元的民俗文化、浓厚的宗教氛围养育了闽南木偶戏，并制约着其发展变化的方向。

陈龙廷．跨媒体性·浮动的能指：20世纪70年代电视布袋戏角色主题歌［J］．（台湾）戏剧学刊，2013（18）：97—122．

关键词：布袋戏；歌谣；媒体；电视；唱片

机构：（台湾）台北艺术大学戏剧学院

摘要：台湾传统的布袋戏几乎都是搭配南管、潮调、北管等戏曲音乐的表演。战后许多不同的戏班进入内台商业剧场表演，有的以剧情的曲折离奇取胜，而重金礼聘排戏先生进行合作，但也有的戏班则以女歌手驻唱作为号召。20世纪70年代之后，这些不同的戏班进入电视或广播电台表演，有些戏班将内台商业剧场的歌手表演制度发扬光大，结合唱片公司的流行音乐制作团队，让许多著名的角色主题歌不仅成为当年畅销的文化产品，甚至到今天的卡拉OK，依旧可以听到许多不同时代的台湾民众仍喜欢点播布袋戏歌曲。这种创作形式，随着与电视、唱片等传播管道结合，而形成一股庶民的流行文化风潮。20世纪70年代的电视布袋戏角色主题歌，是一种跨媒体现象，结合了布袋戏/电视/唱片，而造成戏剧与媒体之间影响的网络。这种现象，如麦克鲁汉所说的，媒体跨种与混血，孕育了巨大能量的激烈释放。但我们却似乎还未曾去思考它们的时代意义，以及其隐含的台湾民间自发的文化创意。法国戏剧学者巴维斯曾颇细致地分析戏剧与电影、电视、广播、录像带等媒体之间的交互影响。本文首先企图从跨媒体的角度来思考，布袋戏角色主题歌的主要发展模式，以及其复数动员的意义。其次，20世纪70年代著名的电视布袋戏角色主题歌，似乎都具备一种穿透力，不但使得木头雕刻的戏偶宛若真人一般有血有肉，甚至与布袋戏观众普遍的心理一样，有着一颗不安骚动的灵魂。一般的流行歌曲与布袋戏角色主题歌的差异在哪里？还有这种跨媒体的结合有哪些可能的模式？而其可能的局限或优势在哪里呢？从这种文化产物的史料厘清出发，虽看似古老引人怀旧眷恋之外，仍有值得反省的空间，尤其是对于跨媒体的概念、戏剧本身的开放创作可能，都是值得我们省思的课题。

傅谨．为传统开新篇——评木偶戏《赵氏孤儿》 ［J］．福建艺术，2014（5）：26—27.

关键词：《赵氏孤儿》；木偶剧团；上海越剧院；元杂剧；泉州木偶；悬丝傀儡

机构：中国文艺评论家协会；中国戏曲学院学术委员会

摘要：〈正〉福建泉州市木偶剧团近年佳作迭出，根据元杂剧经典《赵氏孤儿》改编的同名新剧目《赵氏孤儿》，又给观众带来新的惊喜。元代纪君祥创作的杂剧《赵氏孤儿》在海内外均有广泛影响，在中国本土，由它改编而来的京剧和秦腔《八义图》（或称《搜孤救孤》），早就深入人心；法国文豪伏尔泰的译本，同样让西人痴迷。在最近十多年的跨文化交流大背景下，《赵氏孤儿》重新成为戏剧家们关注的焦点，各种新出现的数十个版本的《赵氏孤儿》，包括北京人民艺术剧院、英国皇家剧院和上海越剧院、河南豫剧院等知名单位的制作，见证了这部古老经典……

陈宝国．小木偶走向了世界大舞台——记泉州市木偶剧团和掌门人王景贤团长 ［J］．海峡科技与产业，2014（7）：109—110.

关键词：木偶剧团；提线木偶戏；泉州提线木偶

摘要：〈正〉2008年8月8日北京奥运会开幕式上，当人们看到木偶戏《四将开台》，一个人用手中的30多条丝线出神入化地操控美丽的木偶时，全世界不由得赞叹"不可思议"的中国木偶艺术！2010年10月30日闭幕的上海世博会庆典活动上，木偶戏短剧《元宵乐》惟妙惟肖的木偶表演、出神入化的提线技艺，博得了中外来宾的阵阵喝彩。这，就是享誉海内外的优秀剧团泉州市木偶剧团和其掌门人王景贤团长的精彩之作……

陈诗章．木偶戏海峡艺术有传承——小品《上下手》的创作谈［J］．艺术科技，2014
(12)：114.

关键词：小品；木偶；创新；闽台；传承

机构：晋江市文化馆

摘要："福建木偶戏后继人才培养计划"被联合国教科文组织列为优秀实践名册。
作为福建南派木偶的代表之一晋江市掌中木偶创作了以闽台两岸共同传承掌中木偶这
一"非遗"项目为题的小品。本文阐述了福建省晋江市掌中木偶艺术保护传习中心演
出的小品《上下手》创作思路，解读了其富有闽南风情的舞台表现形式。

杜晓杰．台湾布袋戏起源及流派考［J］．民族艺林，2014（4）：18—23.

关键词：台湾布袋戏；起源时间；流派

机构：暨南大学

摘要：台湾布袋戏乃由福建漳、泉地区传入。随着新史料的不断出现，对具体传
入时间学界有较大分歧。通过史料甄别，结合台湾布袋戏家族传承谱系的比照，台湾
布袋戏最晚应是在乾隆年间传入，所传乃潮调布袋戏。自此之后，南管布袋戏和北管
布袋戏相继进入台湾，并分别以西螺、鹿港、台北为中心。潮调布袋戏和南管布袋戏
随着时代审美文化的变化以及自身的局限性而日渐凋零，北管布袋戏则因加入了大众
审美因素而成为台湾传统布袋戏的主流。

郭红军．近百年来木偶戏研究述评［J］．齐鲁艺苑，2014（5）：85—88.

关键词：傀儡戏；木偶戏；起源；发展

机构：上海戏剧学院教务处

摘要：木偶戏在我国历史上至少具有数百年的历史，但对木偶戏的翔实记载和系
统研究都比较缺乏。20世纪二三十年代，一些学者开始关注对木偶戏的研究，在史料
爬梳、观点讨论、概念界定等方面都取得了一些成果。本文试图回顾一下一些主要的
研究者和研究论文，以梳理近百年来木偶戏研究的脉络和取得的成绩。

沈毅玲，吴鑫源．漳州布袋戏文化传播现状与对策探讨［J］．闽南师范大学学报
(哲学社会科学版)，2014（4）：12—18，68.

关键词：漳州布袋戏；消费者心理学；文化创意产业；对策

机构：闽南师范大学新闻传播学院；闽南师范大学人事处

摘要：布袋戏是漳州传统表演艺术之一，是漳州传统文化的重要代表。传统表演
艺术在当代娱乐市场不仅占有率低，甚至被排除在当下主流娱乐市场之外。如何顺应
社会变迁，将文化创意理念融入传统布袋戏表演，切合时代审美特征，最终从满足受
众审美需求转而实现引导受众审美取向，是当下传统文化资源实现"现代化"转型所

面对的重要课题。本研究以"漳州布袋戏受众"为研究对象，通过问卷调查，基于消费者心理学，探寻受众对布袋戏未来发展的期待，并根据受众反馈信息，尝试提出漳州布袋戏影视化传播的应对策略；同时探讨漳州布袋戏作为传统表演艺术转型为现代文化创意产业的可能性。

王彬.从台湾霹雳布袋戏看中国传统文化的传承与发展 [J].北京电影学院学报，2014（2）：59—63.

关键词：布袋戏；电视布袋戏；传承与发展

机构：北京印刷学院设计艺术学院；北京电影学院

摘要：台湾布袋戏自清代从大陆传入台湾地区以来，经过了两百多年的发展，现在已经在传统木偶布袋戏基础上发展出了颇受台湾民众喜爱的电视布袋戏、布袋戏电影，以及线上游戏、动漫等一系列种类繁多的布袋戏文化创意产业。其中最为典型的霹雳布袋戏也成为传统文化传承与发展的一个典型案例，并成为台湾文化的代表。本文试图通过台湾霹雳布袋戏向电视布袋戏、布袋戏电影等方向的成功转型的原因分析研究，发掘其成功背后的经验，从而给大陆其他传统文化形式以及非物质文化遗产的传承和发展以借鉴和思考。

许洁莉.传承精髓求"真"敢于突破求"新"——布袋木偶剧《虞姬别》创作谈 [J].艺苑，2014（6）：88—89.

关键词：布袋木偶剧；《虞姬别》；表演；传承；创新

机构：漳州木偶艺术学校

摘要：笔者在第三届全国木偶皮影中青年技艺大赛上摘得金狮奖最佳表演奖的布袋木偶剧《虞姬别》，是根据传统戏曲《霸王别姬》选段改编的。它传承传统布袋木偶戏的表现手法，并辅以现代音乐的结构贯穿，简于情节，重在人物性格冲突和内心感情的抒发，以简约凄美的风舞长裙和激昂壮烈的雪花双剑，展示了历史人物虞姬文武双全的人物个性和真善美的内心情感。创作《虞姬别》的过程是个不断学习和积累的历练。如何在指掌方寸间将传统与经典演绎得准确到位，同时又不囿于陈旧的表演方式，是所有布袋木偶表演艺术传承人值得钻研的全新命题。

许少伟.产业化视角下木偶戏的存续与发展 [J].大众文艺，2014（9）：49.

关键词：玉林木偶戏；艺术审美价值；产业化；发展

机构：福建泉州木偶剧团

摘要：木偶戏是玉林非物质文化遗产保护项目，具有独特的艺术审美价值，本文通过分析玉林木偶戏生存的困境，在保护和传承的过程中，通过产业化的手段，寻求木偶戏在新的环境下实现存续与发展的空间。

姚文坚．漳州布袋木偶表演与角色塑造［J］．戏剧之家，2014（17）：43.

关键词：角色塑造；布袋木偶戏；杖头木偶戏；提线木偶戏

机构：漳州市木偶剧团

摘要：〈正〉木偶戏是中国一种古老的民间艺术，它具有强烈的民族风格和浓郁的生活气息，是中国乡土艺术的瑰宝。中国的布袋木偶戏汉朝时期就在民间出现，到了唐宋时代，木偶戏进入全盛时期，出现了多种多样的表演形式。如今，在中国的广大农村，尤其是逢年过节时，木偶戏仍然是主要的观赏娱乐项目之一。而此文则通过对各个角色的分析来体现漳州布袋木偶戏的表演技巧与角色塑造之间的关系……

叶明生．闽南傀儡戏与闽南人社会生活关系探讨［J］．闽台文化研究，2014（1）：88—102.

关键词：闽南；提线傀儡戏；嘉礼；赛愿；社会生活

机构：福建省艺术研究院

摘要：中国传统戏剧艺术的傀儡戏在闽南地区不仅有着悠久的历史，同时，其技艺精湛享誉寰宇。这一艺术形式的发展与闽南的开发及其社会生产、生活关系极其密切。闽南傀儡戏的种类有提线傀儡戏、布袋戏（亦称掌中戏，分南北两派）、铁枝戏以及皮影戏等，其中在闽南最具影响的是提线傀儡戏。本文从历史的角度，对闽南傀儡戏的流传、艺术形态特征介绍的同时，着重阐述其与闽南人社会生活的关系，从而揭示该地区民众社会生活对于傀儡艺术的需要，以及民众社会生活对傀儡戏的流传与发展所产生的影响。

由海月．东亚文化格局中的布袋戏发展——基于霹雳布袋戏的成功经验［J］．南方论刊，2014（1）：91—92，76.

关键词：霹雳布袋戏；二次创业；闽南文化

机构：泉州师范学院文学与传播学院

摘要："海峡西岸名城、多元文化宝库"的泉州，凭借着山海交融的文化底蕴，保存完好的历史古迹，在激烈的竞逐当中成功获选第一届中国东亚文化之都，从而带动闽南文化在东亚区域乃至整个世界的广泛传播。随着新一轮文化热潮的涌来，以及跨地区之新文化因素的相继进入，闽南戏曲渐次走向跨界融合、协同创新，这对布袋戏这一民间传统剧种，既是机遇又是挑战，其应该真切把握"二次创业"的时代脉动，充分思考霹雳布袋戏之正反两方面经验，在传统/现代、艺术/商业、传承/创新的有机统一中科学发展。

由海月．闽南戏曲的产业发展及其意义研究——以布袋戏的观演空间的开拓为例［J］．南方论刊，2014（4）：91—94.

关键词：闽南戏剧；布袋戏；二次创业

机构：泉州师范学院文学与传播学院

摘要：在全球化与本地化互相激荡的时代情境中，作为"闽南戏曲文化圈"中广泛流行的民间地方剧种，掌中木偶戏（布袋戏）与外来流行文化所表征的新兴娱乐方式正面遭遇，其发展现状与未来走向引发学界与业界关注。本文在 SWOT 分析框架下，多维探讨掌中木偶戏发展的优势、劣势，以及所面临的机遇和威胁，进而提出其在"二次创业"语境中的发展策略，希冀以之作为典型范本，反思闽南戏曲的产业化道路。

袁小琴．小木偶　大内涵——谈木偶戏的生存与保护［J］．音乐时空，2014（1）：48.

关键词：木偶戏；生存；保护

机构：如皋木偶艺术团

摘要：随着时代的发展，高科技产品的运用，人们的审美情趣，娱乐爱好在不断改变，这给传统的木偶戏带来了很大的冲击，使这门古老的艺术在传承的过程中陷入了窘境。本文以木偶戏自身的特点为切入点，阐述其存在的必要性及如何保护木偶戏。

张晨．走进福建（之二）木偶戏［J］．音乐生活，2014（4）：16—17.

关键词：布袋木偶；小木偶；演出剧目

摘要：福建的戏曲历史悠久，至少在唐代，作为一种表演艺术形式的"百戏"就已经在闽中出现，并盛行于沿海市镇乡间。唐代百戏、傀儡戏、歌舞表演等艺术形式的发展，给福建戏曲以丰富的滋养并奠定了深厚的基础。唐代会昌年间，闽县人林滋在其《木人赋》中写到，当地木偶"既手舞足蹈""必左旋而右抽""超诸百戏"。可见当时福建木偶戏的表演水平已相当高，既能手舞足蹈，又能左旋右抽。宋代，福建的社会、经济迅速发展，成为全国的文化发达地区。

庄长江．新编南派布袋戏《龙山情缘》［J］．福建艺术，2014（6）：69—75.

关键词：布袋木偶戏；龙山情缘

摘要：〈正〉出目：一出莲舟东渡，二出莲水济世，三出莲花伏魔，四出莲枝化鹤，五出莲放异彩，余韵龙山情缘。偶像（按偶像出场先后为序）：观音（齐眉旦）、悉善（老外，黪须、白须二种）、曾养正（文生、须文二种）、颜氏（开面旦）、艄公（杂）、造船师傅（外）、老妇（却老）、小沙弥（丑，大头）、牌头（红猴）、海贼甲、乙（杂）、舵手（杂）、白鹤（飞禽）、慧德（须文）、曾绍祖（文生）、清兵、芙蓉仙子、沙弥、神蜂、造船工、百姓、水手、海贼、僧尼、香客、抬神轿者各若干……

泉州木偶剧团的优秀领导者——王景贤 [J] . 领导文萃，2014（10）：2.

关键词：木偶剧团；王景贤；提线木偶戏；泉州提线木偶

摘要：〈正〉泉州提线木偶戏主要传承者——泉州市木偶剧团，在团长王景贤的率领下，泉州木偶剧团获得的奖项、殊荣难以计数。2002 年，泉州提线木偶被联合国亚太文化中心列入"传统民间表演艺术数据库"……

杨忠洵，林本源 . 金门傀儡戏班传承与发展之研究 [J] . （台湾）金门大学学报，2014（4）：105—123.

关键词：民俗技艺；悬丝傀儡；传统文化；金门

机构：（台湾）金门大学

摘要：本研究目的主要是探讨金门地区传统民俗技艺"傀儡戏"的传承与发展，以访谈法针对金门现今具有传承脉络的戏班与演出时机逐一做口述历史。结果得知金门傀儡戏活动时期可推估至清朝中叶，然而实际发展年代应为清末民初，传承方式为师傅一个传一个，并且以重复"口传"方式教授，旁听是学不来的，故无纸本流传。戏班班主兼具演师、道士与法师多重身份，传承脉络上有师承张好的金良兴、林揣龙门下的金国兴，尤以金良兴戏班最具领导力；本地风俗衍生下，金门傀儡戏的演出时机有拜天公、结婚、奠安、剖瓜之礼和普度等，尤以正月初九的拜天公与结婚还愿为全年度之重头戏。研究结果亦发现戏金不固定、出路狭隘、戏码变少、不能精益求精，是造成金门傀儡戏发展停滞主因，面对现今科技发达的时代，人们追求更新潮的生活，逐渐忘却传统文化，金门傀儡戏的发展与价值性，仅剩宗教庆典、结婚还愿、拜天公与学术研究。

六　其他

骆婧 . 从《目连救母》看仪式戏剧的衍生与发展——以闽南打城戏为中心 [J] . 福建师范大学学报（哲学社会科学版），2013（3）：114—123，135.

关键词：目连救母；佛教；仪式剧种；打城戏

机构：华侨大学文学院

摘要：仪式剧种的诞生，最能诠释宗教与艺术之关系。源自佛教教义的目连救母杂剧，不仅衍生出全国各地的目连戏，更曾直接推动了仪式剧种的产生与发展。以闽南打城戏为例，《目连救母》不仅推动了超度仪式向戏曲形态的转化，更促成了打城戏在声腔音乐、剧目系统、表演艺术上的定型。从宗教仪式到戏曲艺术，《目连救母》成为一座不可或缺的桥梁。

骆婧 . 浅论闽南"佛戏" [J] . 戏剧（中央戏剧学院学报），2013（1）：53—67.

关键词：宗教演剧；佛戏；打城戏

机构：华侨大学文学院

摘要：中国宗教对戏曲的影响不仅体现在整体艺术特征上，更体现在戏曲剧种的孕育上。从唐代"佛戏"的萌芽，到宋元民间艺术的冲击，再到明清时期的滥觞，"佛戏"的普遍存在与曲折的发展历程，揭示了由宗教向艺术过渡的过程。以闽南打城戏为例，通过对其前身——"打地狱城"的追溯可发现，迟至清代后期，"佛戏"已具备了鲜明的戏剧性和审美价值，并在特定的条件下有可能转化为戏曲剧种。

詹双晖．乡土祭祀戏剧及其保护——以白字戏为例［J］．汕头大学学报（人文社会科学版），2013（6）：22—26，92.

关键词：乡土祭祀戏剧；白字戏；活化石；保护

机构：广东省社会科学院文化产业研究所

摘要：乡土祭祀戏剧是指以祭祀演剧为主体的各类乡土戏剧，宋元以来一直是中国最主要的戏剧样式与形制，拥有最广泛的观众群。经过20世纪50年代初至70年代后期的政治改造运动以及90年代以来现代流行文化、外来文化冲击，包括白字戏在内的多数乡土祭祀戏剧的遗存也已处于濒危状态。保护这些蕴藏丰富信息的戏剧活化石不仅对于中国戏剧的学术研究，而且对于保存中国传统文化、构建多元文化体系都具有重要的现实意义。

张胜环．在娱神与娱人之间——漳州南靖竹马戏表演调查报告［J］．黄钟（中国．武汉音乐学院学报），2013（3）：100—105.

关键词：闽南；漳州南靖；竹马戏；非物质文化遗产；调查报告

机构：集美大学音乐学院

摘要：闽南竹马戏已有千年的历史，是我国重要的非物质文化遗产之一。它的表演形式丰富，道具制作复杂，具有鲜明的音乐舞蹈特征和重要的传承价值。文章采取田野调查的方式对漳州南靖县实地采访调查，对其表演内容、道具、伴奏等进行深入研究和调查。

方文茹．潮剧渊源及其艺术特点初探［J］．黄河之声，2013（10）：116—117.

关键词：戏曲；云霄；潮剧

机构：福建师范大学协和学院文化产业系

摘要：戏曲作为中国特有的一种综合性舞台艺术形式，起源于远古时期的原始歌舞，影响深远，流传广泛，并在各个地区形成具有地方特色的戏剧。作者的家乡——云霄，流传的是潮剧。

蔡丽娃．潮剧剧目创作浅析［J］．潮商，2013（2）：92—93.

关键词：地方戏曲；潮调；潮州方言；戏曲剧种；潮汕地区；宋元南戏

摘要：〈正〉潮剧俗名潮州戏，也曾叫潮腔、潮调、潮音戏，新中国成立后才正式取名为潮剧，用潮州方言演唱，是广东省三大地方戏曲之一。潮剧发源于广东潮汕地区，并流传于粤东、闽南、港澳台等周边地区，随着大批潮人移居海外，潮剧也传播到东南亚一带，在华人特别是潮人社区扎根发展，并一度达致鼎盛……

陈涣．打断骨头连着筋——琼剧融入闽南戏剧文化圈的构想［J］．今日海南，2013（7）：34—35.

关键词：戏剧文化；海南建省；白字戏；地方戏剧；传统戏曲

机构：海南省琼剧院

摘要：〈正〉琼剧是海南本土流播最广的地方戏，其渊源可溯自300多年前。透过仅存不多的尘封典籍，琼剧承载的海南历史记忆不可磨灭；见证海内外热烈的观看场面，琼剧在琼籍后裔心灵深处的神圣地位依旧无可替代，琼剧被冠以"海南文化名片"美称当之无愧。海南建省以后，琼剧从广东戏剧文化交流圈剥离出来，独主江湖，收获了建省政策带来的最丰厚红利：由区域性戏曲剧种自然升格为省级序列，话语权提升，发展空间得到极大释放。但是，琼剧孤悬一岛，制约颇多，也不可避免地出现了艺术提升滞缓、剧种边缘化等问题……

施德玉．台湾"车鼓戏"音乐结构之探讨［J］．民间文化论坛，2014（4）：77—85.

关键词：车鼓戏；单曲重头体；多曲杂缀体；曲牌雏形体

机构：（台湾）南华大学民族音乐学系

摘要："车鼓"乃流行于闽南和台湾一带的表演艺术，是以其特有的扭动身段舞步，配以闽南流行的民歌或通俗化的南管音乐。"车鼓戏"是以车鼓的身段表演故事，是演员运用唱腔、说白来搬演故事的民间艺术。由于车鼓表演内容丰富、精彩而多样化，且经常与民间生活或宗教仪式结合，以致能流传长久，并遍及闽南和台湾。台湾的车鼓戏团体为了适应环境的需求，逐渐改变其表演形式与音乐内容。车鼓戏音乐的曲体结构有单曲重头体、多曲杂缀体和曲牌雏形体等形式。台湾车鼓戏的伴奏乐器有：笛子、小椰胡（壳仔弦）、大广弦、月琴、三弦和敲仔（四宝、四块）等。

唐凌．福建省歌舞剧院舞剧《丝海梦寻》［J］．艺术评论，2014（10）：59.

关键词：海上丝绸之路；歌舞剧；福建泉州

摘要：由福建省歌舞剧院新近编创的大型舞剧《丝海梦寻》在西安上演，本剧以800年前福建泉州刺桐港前后两代人的航海梦想为切入点，再现了"海上丝绸之路"上东西方文明交流融合的历史图景。舞剧一经演出，即得到了社会各界的广泛关注，其中既含有广大观众的观剧体验，亦不乏舞蹈研究者的体悟感想。因此本期栏目特刊出两篇评论性文章，以供读者参考……

李丹莉．浅谈潮剧旦角表演艺术［J］．科技资讯，2014（8）：217—218．

关键词：潮剧；旦角；表演；艺术；特色；创新

机构：普宁市潮剧团

摘要：潮剧是用潮州方言演唱的一个古老的地方戏曲剧种，其行当划分精细，表演各遵程式。文章从潮剧的行当构成入手，介绍潮剧旦角的分支和旦角各行当的表演艺术特色，并结合表演实践，提出旦角表演艺术的三种创新做法。

詹双晖．明出土本《刘希必金钗记》新解——兼谈明代潮州正字戏声腔［J］．暨南学报（哲学社会科学版），2014（4）：119—127．

关键词：刘希必金钗记；南戏；正字戏

机构：广东省社会科学院文化产业研究所

摘要：潮州出土宣德抄本《刘希必金钗记》是一部"错用乡音"、被称为正字戏的南戏。明初正字戏与后来潮州、海陆丰的正字戏一脉相承。《金钗记》的基础声腔是弋阳腔，但明代正字戏的声腔不仅仅只是弋阳腔，海盐腔、四平腔以及后来的昆腔、"徽池雅调"也都是其重要组成部分。

闽南工艺美术和其他艺术

一 陶瓷

陈国珠. 馆藏德化窑白釉瓷器及其文物价值 ［J］. 东方收藏，2013（12）：34—36，42.

关键词：德化窑；白釉；德化白瓷；青白瓷；文物价值；宋元时期；象腿瓶；何朝宗；八卦纹

摘要：〈正〉宋元时期，德化窑在生产青白瓷的同时还生产出了白瓷，但德化白瓷还不是主流。明代中叶以后，德化以其独特的地理优势，得天独厚的瓷土资源和广泛的市场需求，制造了大量的白瓷，并且以其晶莹剔透、白如凝脂的胎釉及高超的制瓷艺术，博得世人的珍爱，在国内外享有很高的声誉，被称为"中国白""象牙白""猪油白"等。本文试从馆藏德化窑白釉瓷看其文物价值……

陈进宝. 感悟德化传统陶瓷之美 ［J］. 陶瓷科学与艺术，2013（3）：9—10.

关键词：艺术语言；陶瓷雕塑；瓷质；首要功能；苏清河；何朝宗

机构：德化县苏清河艺瓷苑

摘要：〈正〉德化传统陶瓷以白瓷塑佛像闻名。种类主要包括观音、达摩、弥勒佛、释迦牟尼等。瓷质作乳白色，洁白晶莹。这些瓷塑不仅可供大众敬奉，更有不菲的艺术价值。一件件白瓷作品更是一件件艺术品。众所周知，一件完美的艺术品中，它的首要功能是艺术的审美功能。通过艺术的审美……

陈明华. 论德化窑瓷塑形式美的特色及其发展现状 ［J］. 艺术科技，2013（1）：52—53.

关键词：德化窑；瓷塑；形式美；特色

机构：德化明华陶瓷艺术研究所

摘要：以优良瓷质与独特造型手段形成的德化传统工艺美术的审美文化语义，奠定了德化陶瓷审美发展的基础。在传统审美基础上发展起来的现代瓷塑的多种多样的造型形式，进一步丰富了德化陶瓷文化的审美内容。

陈仁海．"中国白"——观赏、实用与养生 [J]．上海工艺美术，2013（4）：105—107.

关键词：世界陶瓷；制瓷工艺；紫砂器；渡海观音；定窑

摘要：〈正〉20 多年风风雨雨和坎坎坷坷的路上，倾听着所有关心、关怀"中国白"事业发展的支持和鼓励，凝聚着所有从事"中国白"生产创作、研究者的智慧与心血，写出德化窑的密码，是作者多年的梦，一做就是 20 年。历史文化世界陶瓷的发展历程就是人类不断追求瓷器白如玉的过程，而最好的玉质瓷就是德化的"中国白"。"中国白"在世界陶瓷中占了特殊的地位，欧洲陶瓷专家要人仿作而不可能，他们称它为"世界上最精良的瓷器"，"中国白"也被尊为"白色的金子""世界白瓷之母"……

陈仁海．为中国瓷器打造一个世界名牌 [J]．收藏，2013（21）：178—179.

关键词：中国瓷器；德化白瓷；收藏家协会；中国梦；德化窑；何朝宗；渡海观音

摘要：〈正〉2013 年 9 月 6 日，在福建省委尤权书记直接关怀下，在各级政府、各界人士的大力支持下，"中国梦·中国白"全球鉴藏会借助'98 国际投资贸易洽谈会的广阔舞台正式启动。在 6 日的启动仪式上，很荣幸地请来了远方的朋友罗杰斯先生、中国收藏家协会原会长闫振堂先生和故宫权威陶瓷专家李辉柄先生……

郭正尧．论德化白瓷材料及其工艺与瓷塑造型的发展 [J]．科技视界，2013（27）：342—343.

关键词：德化白瓷；工艺；瓷塑

机构：德化县鹏都瓷厂

摘要：德化传统白瓷瓷塑因为材料的物理强度弱而不得不以小型制为特色，而在现代技术支撑下于材料及其工艺上的突破，强化了陶瓷的力学性，为德化白瓷瓷塑向大形制发展奠定了技术基础，——这不仅使陶瓷造型变大，而且促进了瓷塑文化的丰富。

黄凤娜．闽南文化背景下的德化瓷雕塑 [J]．东方收藏，2013（5）：47—49.

关键词：德化瓷；古代陶瓷；闽南文化；制作技艺；渡海观音；泉州港；何朝宗

摘要：〈正〉德化在泉州的西北部，是一个山区小县，"闽中屋脊"——戴云山脉横贯东西，境内群山环绕，森林茂密，风景迷人。德化以白瓷走上人类文明的舞台，是我国古代陶瓷文明的重要发祥地之一。德化陶瓷烧制历史悠久，其制作技艺、烧成技艺、文化内涵、窑炉结构在我国古代陶史悠久……

柯国镇．古意新生——德化陶瓷艺术的传承与发展［J］．陶瓷科学与艺术，2013（8）：26—28.

关键词：德化；陶瓷；传承；发展；创新

机构：福建省德化坤恒工艺品有限公司

摘要：德化是中国古代重要的瓷业生产区和外销瓷的重要产地之一。陶瓷制造历史悠久，商周时期即开始建窑生产印纹硬陶和原始青瓷，是福建原始瓷器的最早发源地之一。然而在德化当下的陶瓷艺术中，正在受到外来观念的强烈冲击，有价值的新意识与新理论相混合，充满模仿痕迹、粗劣的东西和真正有创新精神的东西一起呈现，使正在为是否应该从传统艺术中脱离出来的民间艺人们大为困惑。不断涌入的新观念，使得一些民间艺人们开始认为传统正在没落，坚持传统将是穷途末路。这种惶恐不安的心理正是由于历史知识的缺乏以及短浅的目光所造成的。发展德化当下的陶瓷艺术，需要的是一批怀着对传统的尊敬并且有着强大精神世界的人，他们既接受西方现代艺术观念的涌入，同时也敢于面对各种对传统艺术的批评。本文就对该如何继承传统，发展当下展开讨论。

赖礼同瓷塑作品《孔子像》入选大世界基尼斯之最［J］．政协天地，2013（11）：59.

关键词：基尼斯；德化白瓷；工艺美术大师；孔子像；陶瓷研究所；物质文化遗产

摘要：〈正〉泉州市政协委员、德化博古陶瓷研究所所长赖礼同于 9 月 28 日烧制成功的瓷塑作品《孔子像》，日前经上海大世界基尼斯总部审核，成为当今整体烧制最高的瓷雕塑像。赖礼同现为国家非物质文化遗产"德化白瓷烧制工艺"传承代表性人物、福建省工艺美术大师、国家（高级）一级技师，享受国务院特殊津贴。其作品曾多次获全国美展金奖，并被国内多家博物馆所收藏……

赖月莲．福建泉州磁灶窑军持浅谈［J］．收藏界，2013（5）：60—62.

关键词：磁灶窑；绿釉；胎质；陶瓷生产；弦纹；青釉；底径；黄釉；黑釉

摘要：〈正〉磁灶镇位于泉州西南约 16 公里，是我国著名的陶瓷之乡，因陶瓷而得名。磁灶窑是具有浓厚地方特色和时代风格的民窑，陶瓷生产历史悠久，距今已有 1500 多年。磁灶窑瓷器的胎质一般呈灰色，颗粒较粗，胎质不够致密……

连宏．远播海外的德化窑青花盘［J］．东方收藏，2013（6）：28—30.

关键词：德化窑；青白瓷；景德镇窑；瓷业；江西景德镇；湖南醴陵；瓷都；传世品

摘要：〈正〉德化位于福建中部，与江西景德镇、湖南醴陵并称为中国三大瓷都。德化瓷业始于唐，烧成青瓷；兴盛于宋元，以青白瓷为主；明代创烧成功的象牙白瓷，如脂似玉，号称"中国白"，瓷器神仙人物造像，享有"东方艺术明珠"的荣誉……

林明渊．德化瓷观音漫谈 ［J］．艺术科技，2013（9）：138.

关键词：德化窑；德化瓷观音；主要品种；艺术风格

机构：德化百蕴瓷业有限公司

摘要：陶瓷是我国灿烂的物质文化遗产，陶瓷与中国有着颇长的历史渊源，福建省德化县作为我国三大瓷都之一，早在新石器时代，德化就有硬陶、印纹陶的烧制。瓷观音是德化窑的代表产品之一，研究德化瓷离不开瓷观音。本文以德化瓷观音的历史由来为全文的出发点，然后分析现存的德化瓷观音的主要品种，最后探讨德化瓷观音的主要艺术风格，整体把握德化瓷观音的特别之处。

林文宪．浅谈德化陶瓷雕塑在传统工艺基础上的发展 ［J］．艺术科技，2013（8）：144.

关键词：德化陶瓷雕塑；传统工艺；发展

机构：德化县得信陶瓷经销部

摘要：德化陶瓷雕塑业在我国已有一千多年的历史，而且在宋、元时代就应经进入了国际瓷坛，获得了非凡的成就，蜚声海外，为我们现在的继承和发展打下了坚实的基础。作为我国陶瓷文化的发祥地之一，福建德化县还曾与江西景德镇、湖南醴陵并称为中国三大古瓷都，奠定了德化陶瓷雕塑在我国历史上的重要地位，也在我国的陶瓷历史上写下了光辉的篇章。

林文宪．试论德化陶瓷雕塑艺术的现状及未来发展趋势 ［J］．艺术科技，2013（10）：139.

关键词：德化陶瓷；现状；发展趋势

机构：德化县得信陶瓷经销部

摘要：德化县与江西景德镇及湖南醴陵并称为中国的三大近代瓷都，是中国陶瓷文化的发祥地之一。德化陶瓷雕塑艺术在现代市场经济条件下的发展现状以及未来发展趋势，是一个备受关注的话题，本文将就此话题展开论述。

林振忠，汪世晓，郑振雷．论明代何朝宗渡海观音像三维数字化的表现实现 ［J］．艺术科技，2013（1）：28—29.

关键词：三维数字化；渡海观音像；传统瓷塑技法

机构：德化陶瓷职业技术学院

摘要：在信息技术不断发展的今天，年轻的一代已不愿意更多地去从事和泥巴打交道的工作，这使非物质遗产的传承和德化传统瓷塑技法的发展产生了新的问题。因此，本文的研究主要是通过以代表了瓷塑发展的一个顶峰时期——明代何朝宗的"渡海观音"像为例，采用三维数字化技术，实现德化传统瓷塑捏、塑、雕、贴、推、镂、接、修等技法的数字化，从而为德化传统瓷塑的三维数字化发展提供思路和借鉴。

刘秀萍．福建宋元时期的青白瓷盒［J］．福建文博，2013（2）：75—77.

关键词：福建；青白瓷盒；窑口；宋元时期

机构：武夷山市博物馆

摘要：本文介绍了福建地区几处宋代生产青白瓷盒的窑址，主要有厦门碗窑、福建德化窑、泉州南安窑、浦城大口窑、建阳华家山窑等。根据窑址年代对其产品进行分期：第一期为北宋中晚期至南宋早期；第二期为南宋中晚期；第三期为元代。归纳了各时期特点，并与景德镇窑产品进行比较。分析了青白瓷盒兴盛的原因，并结合国内外以及水下考古发现对其外销情况做一初步探讨。

明末十八罗汉瓷塑［J］．东方收藏，2013（4）：46—47.

关键词：佛教造像；德化窑；佛教寺庙；三世佛；何朝宗；青白瓷

摘要：〈正〉十八罗汉在我国佛教寺庙中，是一种经常见到的佛教造像，十八罗汉系自十六罗汉演变而来。目前所知最早的十八罗汉像，为五代张玄及贯休所绘。其后，宋苏东坡分别为此二画题十八首赞，并于贯休所作标出罗汉名称。此外，杭州飞来峰金光洞中，刻在石床上的十八罗汉像，也是宋代的作品……

苏志强．浅谈德化窑"孩儿红"瓷器［J］．品牌（下半月），2013（3）：74.

关键词："孩儿红"；德化窑；白瓷；瓷器

机构：福建省德化县云姿陶瓷有限公司

摘要：德化窑瓷器是我国珍贵的物质文化遗产，其生产的白瓷深受全世界瓷器收藏者的青睐，尤其是德化窑生产的"孩儿红"瓷器，它是在特定的条件下才能够形成的，因此"孩儿红"瓷器制作成功的几率很小，流传下来的也是少之又少，它彰显了我们民族文化的独特魅力，在此，笔者通过本文来简单介绍德化窑"孩儿红"瓷器。

王丽丽．德化民间青花的审美特征与艺术魅力之我见［J］．美术大观，2013（3）：68—69.

关键词：德化民间青花；审美特征；艺术魅力

机构：德化陶瓷职业技术学院陶瓷艺术系

摘要：民间青花具有很高的审美价值，青花装饰纹样所呈现出的抽象大写意无疑给人们留下了深刻的印象，探寻德化民间青花装饰艺术的审美特征，探究民间青花瓷的艺术魅力，这对于我们在今后的陶瓷创作中继承并发扬民间青花的精髓，具有十分重要的意义。

王丽丽．浅析儒、道、佛传统文化对德化瓷艺的影响［J］．吉林广播电视大学学报，2013（2）：129—131.

关键词：儒道佛传统文化；德化陶瓷；影响

机构：福建省德化陶瓷职业技术学院

摘要：中国儒、道、佛思想文化是传统文化的内核，它渗透在社会生活的各个方面，作为文化和艺术载体的中国陶瓷艺术，源远流长，集中反映了中华传统文化的精髓。德化为中国陶瓷文化的发祥地之一，在几千年浩如烟海的历史发展中，其陶瓷文化深受儒、道、佛传统文化的影响，并以其地区文化的形式，在泥塑、瓷塑与绘画艺术中得到充分的体现。本文从传统文化的角度思考德化陶瓷艺术，希望为德化陶瓷的创造、发展提供一点可供参考的思路。

徐桂梅．德化青花瓷上的缠枝莲［J］．陶瓷科学与艺术，2013（Z1）：34.

关键词：景德镇窑；德化窑；瓷业；装饰纹样

机构：福建省德化宏晟陶瓷

摘要：〈正〉青花瓷器具有清新明快的色调、丰富优美的装饰纹样、花纹有润泽和釉保护不致伤脱等优点，深受人们喜爱，是我国陶瓷中最富民族特色优良传统品种之一。青花瓷器的生产，发明于唐宋，元明清时代形成了以景德镇为中心的青花瓷业。受景德镇窑的影响，德化窑在明代晚期已经开始青花瓷器的生产，入清以后，逐渐取代白瓷而占主要地位……

许联侨．浅谈德化窑的瓷塑艺术［J］．品牌（下半月），2013（3）：68.

关键词：德化窑；瓷塑；艺术

机构：福建省德化县侨兴瓷雕厂

摘要：瓷塑艺术发展至明代，已达到鼎盛时期，而福建德化窑的瓷塑最负盛名。其独特的洁白如玉的质地和高超的艺术技巧，在我国瓷塑艺苑中独树一帜。在此，本文针对德化窑的瓷塑艺术，做如下论述。

叶燕婷．朴拙无华的漳州窑青花瓷［J］．福建艺术，2013（2）：56—57.

关键词：漳州窑；明代永乐；瓷业；月港；克拉克瓷；装饰方法；东印度公司；瓷胎；内底

机构：福建省博物院

摘要：〈正〉明代永乐至宣德时期，郑和七次大规模远航，先后到过亚、非三十多个国家和地区，把中国的青花瓷介绍给西洋各国，也把中国的传统文化传播到了世界。但明晚期，因景德镇出现了政治、原料和管理制度等诸多问题，使得产品不能满足国外市场的需求，与此同时，形成鲜明对比的是：明政府开放漳州月港作为对外贸易港口，便捷的交通，给另一通道的开放与疏通提供了有利的条件与契机，带动了瓷业的生产与流通，促使瓷业生产呈现蓬勃发展的势头，由于景德镇市场呈萎缩状态……

一白．如何收藏德化瓷［J］．收藏，2013（1）：186—187.

关键词：德化瓷；德化窑；皇室贵族；艺术陶瓷；现代艺术

摘要：〈正〉作为三维空间的中国白瓷雕艺术，无论从材料、创意、造型、工艺、烧制与环境空间乃至其所耗时力、完成工序等，都比绘画的条件要求高得多。在世界著名的陶瓷产区中，福建德化窑自明代以来就以中国白瓷雕受到国内外的关注和赞誉，被尊为"瓷雕世界第一""白色的金子"……

郑成全．浅谈德化陶瓷酒具发展历史［J］．陶瓷科学与艺术，2013（8）：29—30.

关键词：注碗；祭红；古瓷；三彩；玲珑瓷；原始青瓷；制瓷工艺

摘要：〈正〉中国瓷制酒器大致出现于东汉前中后，与陶器相比，不管是酿造酒具还是盛酒或饮酒器具，瓷器的性能都超越陶器。唐代出现了桌子，于是出现了一些适用于桌上使用的酒具，如注子，另外酒杯形体比过去的要小得多。宋代是陶瓷生产鼎盛时期，有不少精美的酒器。宋代人喜欢将黄酒温热后饮用，故发明了注子和注碗配套组合，这样的瓷制温酒器一直沿用至今。明代的瓷制品酒器以青花、斗彩、祭红酒器最有特色，清代瓷制酒器具有清代特色的有珐琅彩、素三彩、青花玲珑瓷及各种仿古瓷。德化陶瓷酒具的历史虽不及德化陶瓷那样悠久，但仍浩如烟海，在中国瓷制酒器史上留下光彩一笔……

郑成全．浅谈德化窑佛教雕塑艺术［J］．陶瓷科学与艺术，2013（Z1）：37—38.

关键词：德化窑；灵鹫；雕塑艺术；田寺；渡海观音；何朝宗；淫祠；宋代理学

机构：福建省德化成艺陶瓷

摘要：〈正〉已有两千五百多年历史的佛教，是世界三大主要宗教之一。约在公元纪年前后，佛教传入中国，自三国吴、晋之际传入福建，唐宋时期泉州佛教兴盛，宋代理学大师朱熹在泉州时，曾发过这样的感慨，"此地古称佛国，满街都是圣人"。唐至五代，德化相继兴建灵鹫岩、雪山岩、五华寺、戴云寺和程田寺，宋代寺庙增至55所，"泉南古称佛国，华刹淫祠，山僧野觋，无处无之。德化五乡，寺占五十五所"……

郑江来．堆、推、雕、刻、捏在德化瓷雕创作中的运用［J］．艺术科技，2013（10）：137.

关键词：德化瓷雕；雕塑工艺

机构：德化县梅岭窑陶瓷厂

摘要：福建泉州德化县有着悠久的瓷器生产历史，它与江西景德镇、湖南醴陵并称为"中国三大瓷都"。德化县的瓷雕多为白釉瓷器，这些白瓷雕体现着古代德化瓷雕艺术的高超技艺。本文着重分析了德化瓷雕创作中的工艺技巧，以及德化瓷雕的艺术风格。

郑江来．浅谈德化陶瓷的艺术特色［J］．品牌（下半月），2013（3）：78．

关键词：德化；陶瓷；艺术特色

机构：泉州市德化县梅岭窑陶瓷厂

摘要：福建德化是中国著名的古瓷之都，德化陶瓷质朴、洒脱、豪放的艺术风格和浓郁的民间色彩使之成为享誉中外的"中国白"。笔者在本文中，就德化陶瓷的艺术发展历史和艺术特色加以分析。

郑金勤．绚丽精致的民国德化彩瓷［J］．东方收藏，2013（10）：39—40，43．

关键词：德化窑；明代中晚期；釉下彩；陶瓷艺术创作；彩绘瓷

摘要：〈正〉早在明代中晚期，德化窑便开始生产红、蓝、绿彩瓷。到清至民国时期，德化窑粉彩器物彩工已相当精致，画面有黄、绿、红、蓝、紫诸种颜色及黑色线条，其中又以红、绿两色居多。在德化县陶瓷博物馆中，有一件明代万历庚子年粉彩盖罐。其质地优良，白如凝脂，釉面上绘有红花绿叶牡丹，花间有蝴蝶欢飞、蜻蜓嬉戏、喜鹊登枝等纹饰，图案色彩鲜艳，盖内有墨款，题有"万历庚子年（1600）十一月葬……新化里郭坂人"等字样……

郑燕婷．浅谈瓷雕作品《倾国天色》的创作［J］．陶瓷科学与艺术，2013（7）：11．

关键词：瓷雕；倾国天色；创作

机构：德化县宝源陶瓷研究所

摘要：德化瓷雕以其特有的高岭土为生产原料以及传统的区域民间手工艺生产出的"中国白"蜚声海内外。它是绚丽的中国陶瓷艺术文化中的一朵奇葩，是中国物质文明发展的灿烂成果。

黄杰钦．从纪年器看何朝宗瓷塑作品的年代与风格［J］．福建文博，2013（4）：88—90．

关键词：德化窑；何朝宗；纪年器；年代；艺术风格

机构：福建省文物总店

摘要：本文通过对明代德化杰出瓷塑家何朝宗的纪年器进行分析和研究，考证何氏生活和主要创作年代，并对其作品的艺术风格进行分析。

林星育. 探析故宫博物院何朝宗渡海达摩 [J]. 艺术科技，2013（10）：95.

关键词：何朝宗；德化；白瓷；渡海达摩；故宫博物院

机构：德化新星陶瓷有限公司

摘要：故宫博物院是我国最大的古代艺术品藏馆，其所收藏的众多文物大都是明清时期皇宫内的艺术珍品。何朝宗是我国明朝时期著名的陶瓷塑造艺术家，其所创作的众多瓷塑作品以神仙佛像体裁居多，并且作为我国古代重要的瓷塑家，在中国瓷塑发展史的推动上也有重要的贡献，其传世的作品也充分体现了古代能工巧匠在生产环境极端恶劣的情况下，所展现的高超技艺水平。在他为数不多的传世作品中，较为著名的就是现藏于故宫博物院的"渡海达摩像"，本文将拟从以下几点的综述，对其进行解析与探析。

苏全晓. 传统宗教艺术对何朝宗瓷塑造型的影响 [J]. 现代装饰（理论），2013（12）：131—133.

关键词：何朝宗；曹仲达；张僧繇；宗教活动

机构：德化龙井窑陶瓷研究所

摘要：〈正〉"宗教往往利用艺术，来使我们更好地感到宗教的真理"，中国是一个有着多种宗教文化的国家，在各种宗教活动中，以"海纳百川"的胸怀，充分吸收各种外来宗教艺术，形成了自己的宗教艺术体系。在中国的宗教艺术及其发展过程中，形成了精彩纷呈的不同流派，它促进了中国宗教艺术向多元化方向的发展。尤其到了大唐盛世，各艺术体系都得到空前的发展，出现了吴道子、周昉等一批杰出的画家，连同萧梁时期的张僧繇、北齐的曹仲达，形成了中国宗教传统艺术创作的四种基本样式。唐张彦远《历代名画记》卷二说："至今刻画之家，列其模范，曰曹，曰张，曰吴，曰周。"此即后世所谓四家样，实指四种不同的流派和风格……

许瑞卿. 浅谈德化许氏陶瓷雕塑世家的"何来观音"艺术 [J]. 陶瓷科学与艺术，2013（11）：13—14.

关键词：陶瓷雕塑；国瓷；何朝宗；中国陶瓷；工艺美术大师；德化窑

机构：福建德化正泰瓷坊

摘要：〈正〉何朝宗是明代德化的陶瓷雕塑艺术大师。他的高超的艺术成就，是德化也是我国瓷坛艺苑的一朵奇葩，在国内外享有盛誉并产生极其深远的影响。德化县城关湖前许厝"山湖祖"许氏陶瓷雕塑世家，具有二百多年制瓷历史，传承创新"何来观音"艺术，形成了德化陶瓷雕塑艺术中最具特色的主要流派之一……

德化窑中国白瓷雕第一人　上海世博会 5.6 亿元镇馆之宝作者仁海大师镇宅风水传世瓷（二）[J]. 收藏，2013（1）：188.

关键词：仁海；德化窑；文化创意产业；北京故宫博物院；创意作品

摘要：〈正〉仁海大师生于"中国白"的故乡——福建德化。他是世界艺术大师，陶瓷文化创意产业领军人，上海世博会5.6亿元镇馆之宝创作者，福建省评选第六届中国工艺美术大师评委……

赖呈裕．用心服务"瓷海明珠"助推德化白瓷产业［J］．福建质量技术监督，2013（11）：39—40.

关键词：德化白瓷；地理标志

机构：德化县质监局

摘要：〈正〉德化瓷器素以白瓷著称，以其"洁净温润、如脂似玉、细腻典雅、光色如绢"的独特品质名扬天下，素有"中国白""东方艺术""国际瓷坛明珠"之美誉。近年来，德化县质监局积极推动县政府出台优惠政策，搭建技术服务平台，引导企业争创品牌、实施技术标准战略，促使德化白瓷荣膺"国家地理标志保护产品"称号，产品的品质特色和知名度跃上新台阶。政策拉动，积极推动德化县政府出台《德化县鼓励企业争创名牌奖励规定》，建立名牌产品奖、社会责任奖、质量管理奖等奖励制度，获得省名牌产品、省质量奖、市质量奖、采标、标准化良好行为企业……

吴艺娟．简论德化青花瓷的装饰手法及外销问题——以馆藏"泰兴号沉船"青花瓷器为例［J］．四川文物，2013（2）：78—86.

关键词：德化窑；泰兴号沉船；青花瓷器；外销瓷

机构：泉州市博物馆

摘要：清初是德化青花瓷器的初创时期，康雍乾三代步入鼎盛阶段。在发展过程中，德化青花瓷不仅受到景德镇青花瓷的影响，又具有自己的个性化特征。本文以馆藏"泰兴号沉船"出水的青花瓷器为例，结合2008—2009年全国第三次文物普查采集清德化窑古窑址青花瓷标本，进行了综合分析研究，就德化窑青花瓷的装饰手法如植物纹饰、动物纹饰、人物纹饰、文字装饰、辅助纹饰以及德化青花外销等问题做了简略探讨。

陈冬珑．德化窑青花瓷的特点及影响［J］．福建文博，2014（4）：73—75.

关键词：德化窑；青花瓷；特点

机构：泉州市博物馆

摘要：德化窑青花瓷始烧于明代。德化窑采用独有的传统工艺和陶瓷原材料，烧造了独具特色的青花瓷，享誉世界。德化窑青花瓷凭借其地域优势，影响着周边地区青花瓷的生产烧制。本文拟从德化窑青花瓷的起源、特点及与周边安溪、永春窑口青花瓷的关系等相关问题展开探讨。

陈进宝. 传承传统瓷塑技艺　善化古今艺术人生——浅谈德化陶瓷技艺传承 [J]. 陶瓷科学与艺术，2014（8）：50—51.

关键词：传统陶瓷艺术；德化窑

摘要：〈正〉千年古县德化，孕育大师摇篮德化城内陶瓷美，窑火燃烧千百年。德化传统陶瓷文化正如其城市风貌一样，历史悠久，浑然天成，身临其中有如世外桃源一般安详、宁静、耐人寻味。德化传统陶瓷艺术，更像一条悠久的历史长河，从远古流到现在，从现在流向未来，影响着一代又一代的德化民间艺人。德化县以历史悠久、工艺精湛的陶瓷文化享誉海内外。德化县位于福建省中部、泉州市北部，县城不大，建县于后唐长兴四年（公元933），名为"德化"……

陈丽芳，陈默之. 清末日本对德化窑业的调查报告——《清国窑业调查报告书》及其他 [J]. 福建文博，2014（2）：36—39.

关键词：北村弥一郎；德化窑；调查报告

机构：德化陶瓷博物馆；泉州海外交通史博物馆

摘要：日本农商务省商工局1908年（明治四十一年）印刷的《清国窑业调查报告书》，记录的是景德镇、德化、石湾三个中国重要制瓷产地的实地调查资料，十几万字，图文并茂，具有相当的史料价值，有些带有研究性质。其中第五章专门报告德化窑业，较为客观地分析了清末德化制瓷行业的总体状态，内容十分丰富，值得关注。已知日文资料显示，这是一份最早的系统调查分析德化窑业的著作，作者北村弥一郎是一位专业技师，他最先提出日本窑源于德化窑。清末及民国初期，一些日本机构也曾派人对德化窑业做过调查，这些资料对研究德化窑历史都具有重要的学术价值。

陈丽烨. 论德化陶瓷艺术的未来发展策略 [J]. 美术文献，2014（3）：261，263.

关键词：德化陶瓷艺术；"中国白"；发展策略

机构：德化职业技术学校

摘要：文章首先阐述了德化陶瓷艺术的发展状况，并分别从培养和形成"文化自觉"、普及德化陶瓷文化、通过艺术家指导德化陶瓷工艺制作这三个方面，提出了德化陶瓷艺术的未来发展策略。

陈明华. 论德化陶瓷镂空工艺的人文情感提升 [J]. 科技风，2014（12）：270—272.

关键词：德化陶瓷；镂空；人文情感

机构：德化明华陶瓷艺术研究所

摘要：〈正〉陶瓷镂空工艺来源于陶瓷民间工艺美术的造型活动，随着文化需要，它成为现代德化陶瓷工艺美术的主要表现形式之一。结合器型的陶瓷镂空工艺是技术与造型形式的统一，它不仅体现造型形式的完美性，而且，将创作者的情感及其主创精神浸透造型形式中，既展示了造型美，又体现了创造者的情感付出……

陈平．古瓷明珠　福建德化窑［J］．大众理财顾问，2014（8）：80—81.

关键词：德化白瓷；德化窑；海上丝绸之路

摘要：〈正〉地处闽中的德化县，距离海上丝绸之路的起点泉州刺桐港很近，是中国古代三大瓷都之一。德化白瓷色泽光润明亮，乳白如凝脂，有"猪油白""象牙白"之称，法国人美称为"鹅绒白"及"中国白"。德化瓷的窑火始烧于唐，闻名于宋元，鼎盛于明清。德化白瓷纯洁无瑕，光洁莹润，自明代开始便名扬四海，畅销海外。器物有器皿及雕塑两大类……

陈清云．浅谈观音造型的演变　［J］．艺术科技，2014（1）：153.

关键词：德化瓷；观音；造型；演变

机构：德化县臻陶瓷研究所

摘要：从在宋朝开创，经过明朝的兴盛和发展，最终在清末结束了它伟大的制瓷生涯，这就是福建的德化窑。作为中国南方的五大制瓷工业之一，德化窑的制品质地优良，风格独特，为此而享有美誉。而德化窑的白瓷观音作为中国观音造型的瓷制品中的佼佼者，自然会因为观音造型的演变而有所不同。观音形象作为众多艺术门类的重要题材，对其形象的发展和变迁的探讨也有一定的历史意义。本文基于德化窑白瓷的基础，对中国瓷器的观音造型的变迁进行梳理，提出一些史实和见解，与同行互相学习。

陈廷实．关公瓷雕创作体会　［J］．艺术科技，2014（1）：154.

关键词：德化陶瓷；关公瓷雕；文化；创作

机构：德化廷实瓷艺研究所

摘要：瓷雕艺术历史悠久，它是由不同时代通过劳动人民的智慧和文明信仰所形成的，尤其是针对历史人物的瓷雕创作，不仅考虑了人们在生活上的寄托，更将人们对于精神和情感上的需求进行释放，本文针对德化陶瓷关公像瓷雕的创作体会进行分析，望广大同行给予指导。

陈万利．浅谈德化白瓷雕烧制技艺　［J］．艺术科技，2014（1）：155.

关键词：德化县；白瓷；历史文化；工艺

机构：福建省德化吉利欣陶瓷艺术研究所

摘要：中国素来以其先进的制瓷工艺闻名于世，作为中国三大古瓷都之一的福建德化坐落于层峦叠嶂之间，有着丰富的水力资源和森林资源，为陶瓷业的发展提供了优质的原材料，德化白瓷在此基础上得以发扬光大，扬名海内外，成为德化县的地理和文化的标志。随着 2006 年 6 月被授予国家级非物质遗产的称号，德化白瓷的烧制技艺开始重新走进人们的视野，越来越多的人在感慨其造型、釉质之温润的同时，开始把目光集中在其烧制工艺。本文拟在前人研究的基础上，从德化白瓷的历史渊源、特色以及未来发展方向等方面探寻德化白瓷雕的烧制技艺，希望其能够得到更好的改进和发扬。

陈燕婷．德化陶瓷雕塑的艺术魅力探析［J］．现代装饰（理论），2014（8）：121.

关键词：陶瓷雕塑；瓷都；陶瓷发展史

机构：福建省德化县陶瓷博物馆

摘要：〈正〉德化是我国三大陶瓷生产基地之一，"瓷都"的美誉。德化陶瓷有着悠久的发展历史，从唐宋开始就以瓷观音开始享誉国际，尤其新中国成立以后，德化的陶瓷更是迅猛发展，其品种之多已经涉及人们生活的各个领域，诸如生活用具、文具、玩具等。而陶瓷雕塑作为陶瓷的重要组成部分，是以黏土为主要原料，通过雕或塑等成型方法表现自然形象或抽象造型，经过干燥、烧制和色彩装饰等多道生产工艺流程制成的陶瓷制品……

冯一尘，宗爱迪．德化白瓷：晶莹如玉"中国白"［J］．走向世界，2014（39）：84—87.

关键词：德化白瓷；德化窑；中国陶瓷史；何朝宗；湖南醴陵

摘要：〈正〉德化是中国三大古瓷都之一，与江西景德镇和广州潮州（一说为湖南醴陵）齐名。德化窑是中国古代南方著名瓷窑，因窑址位于德化县而得名。德化窑历史悠久，历经了千年风霜，在中国陶瓷史上留下了光辉的一笔，在世界陶瓷史上，"中国白"一词也成了德化白瓷的代名词，被誉为"中国瓷器之上品"……

黄佳敏．唐代仕女形象在德化现代瓷塑中的意义［J］．黑河学院学报，2014（6）：90—92.

关键词：唐代；仕女形象；德化；瓷塑

机构：德化陶瓷职业技术学院设计艺术系

摘要：德化现代陶瓷选择唐代仕女形象作为创作题材，拓展了德化传统陶瓷的创作空间。德化现代瓷塑对唐代仕女形象的塑造，在材质与技艺表现空间上得到延伸和发展，对德化现代瓷塑审美有着多元化的现实意义。

黄静．永远的中国白　广东馆藏德化白瓷集赏［J］．收藏，2014（9）：66—79.

关键词：德化白瓷；德化窑；何朝宗

摘要：〈正〉广东德化窑自宋元起生产白瓷，至明清时达到鼎盛。从宋元至明清，德化白瓷都是外销瓷器的主要品种，尤其在明清时风靡欧洲。广东省博物馆收藏德化白瓷相当丰富，逾千件（套），当中精品不少。德化窑白瓷器型丰富，主要有器皿和瓷塑两大类。其中器皿可分为炉、杯、壶、文具、灯具、罐、瓶、餐具（盘碗勺等）、鸟食罐、花盆等。瓷塑包括人物和动物塑像、山石摆件等。器皿主要有：1. 炉。可分为筒式、钵式、鼎式、鬲式等数种……

黄梦新．探究德化陶的丰厚文化底蕴——评《陶瓷文化·大千世界》［J］．当代教育科学，2014（13）：65.

关键词．陶瓷文化；德化窑；元瓷

机构：西安美术学院

摘要：〈正〉一提到陶瓷，很多人就想到了中国。陶瓷已经成为中国的代名词，连其英文也是与中国同名的"china"。在大约公元前八千年的新石器时代，人们就已经发明了陶器。无论在科学技术层面，还是在生活中，陶瓷都扮演着非常重要的角色。随着朝代的不断更替，陶瓷自身也在不断发展和进步中。可以说，陶瓷承载了中国的历史文明，是历史的传承者和见证者。自陶瓷发明以来，它就普遍出现在人们的生活当中。作为一种承载了上万年历史文明的艺术品，陶瓷的故事和背景，恐怕几天几夜也讲不完。另外，从何说起，如何讲述也是一大难题……

赖颖秦．论德化陶瓷雕绘结合工艺之审美［J］．美术大观，2014（10）：72.

关键词：雕绘；德化陶瓷工艺美术；审美

机构：泉州工艺美术职业学院

摘要：雕绘相结合的成型技术不仅成为德化陶瓷造型的主要表现之一，而且为德化现代陶瓷工艺审美提供了新思维。

李仁里，吴艺娟．德化窑釉上彩瓷装饰艺术［J］．东方收藏，2014（11）：78—80.

关键词：德化窑；釉上彩；粉彩瓷；陶瓷产品

摘要：釉上彩指在已烧成瓷器的釉面上用彩料绘画进行装饰，再经入窑二次烘烧的品种，其特点是色料多样，色彩丰富，但纹饰易褪损变色。闽南地区釉上彩主要有五彩和粉彩。明清闽南五彩瓷生产以平和窑和德化窑最为突出，但总体数量在陶瓷产品中所占比例很小；粉彩瓷以德化窑产品为大宗，安溪及华安也有少量发现。本文拟就泉州市博物馆、德化陶瓷博物馆藏德化窑釉上彩瓷为例，略述其装饰艺术，与读者共赏。

连明森．德化瓷的五彩装饰［J］．东方收藏，2014（4）：68—70.

关键词：德化瓷；德化窑；民间收藏；象牙白

摘要：〈正〉明代以来，德化窑逐渐步入一个异彩纷呈的时代，其产品除以白釉（尤其是"象牙白"）的独特风格驰名于中外，同时也开始在白瓷上进行着色装饰，出现同样备受世人喜爱的青花瓷、五彩瓷、粉彩瓷等各种彩瓷，并且沿袭至今。根据考古发现和传世实物中的纪年器物判断，至迟在明代中后期，德化窑便开始生产五彩瓷。在德化民间收藏品中，有一件明代万历庚子年（1600）五彩盖罐……

林建胜 . 浅议德化陶瓷文化的特性［J］. 陶瓷科学与艺术，2014（6）：51—53.

关键词：陶瓷文化；中国陶瓷史；德化窑

机构：德化聚益瓷雕工艺厂

摘要：〈正〉德化的陶瓷文化源远流长、博大精深，在中国陶瓷史上占有十分重要而又十分独特的地位。本文拟就德化陶瓷文化的特性，提出粗浅的看法，以期抛砖引玉。德化是中国乃至世界瓷文化的发祥地之一。早在西周时期，德化就开始烧制原始瓷，是中国最早烧制原始瓷的窑口之一……

林连华 . 德化瓷塑艺术经典的建构过程：基于人类学的视野［J］. 北方民族大学学报（哲学社会科学版），2014（3）：113—118.

关键词：德化；瓷塑；何朝宗；经典

机构：中山大学人类学系

摘要：从艺术人类学的角度看，艺术经典是由多种社会力量在特定的历史条件下建构的产物。经典并非经久不变，时人会根据自身需要重构经典。自 20 世纪 50 年代以来，德化政府、文化工作者通过编纂志书等方式，将以前默默无名的何朝宗先后塑造为优秀匠人、陶瓷艺术家、文人艺术家，以此寻求地方工艺发展的合理性和可能性。在地方政府、社会、经济、文化界等各方"共谋"下，何朝宗及何派艺术被确立为德化陶瓷艺术的经典。

林明辉 . 浅谈德化陶瓷艺术造型与烧制成型［J］. 艺术科技，2014（6）：156.

关键词：德化陶瓷；艺术风格；烧制技艺

机构：德化县爵舜瓷艺研究所

摘要：陶瓷作为技术与艺术的完美结合物，一直在世界艺术领域占有一席之地，作为三大瓷都之一的福建德化，与江西景德镇、湖南醴陵齐名，德化陶瓷保留了大量古代民间书画、文字及反映当时民俗的实物资料记载，在历史发展长河中不断成熟，形成了自身独具特色的艺术风格和烧制技艺而享誉中外。

马运根 . 神工妙韵——陶瓷艺术大师陈明良印象［J］. 台声，2014（7）：100—103.

关键词：陈明良；陶瓷艺术大师；德化瓷

摘要：陈明良，1963 年 7 月出生于福建瓷都德化。福建省非遗"德化瓷烧制技艺"代表性传承人，中国传统工艺大师，福建省工艺美术大师，2006 年被选为中国收藏家喜爱艺术大师，2007 年被授予德化县"优秀拔尖人才"等荣誉称号。现任高级工艺美术师，国家一级技师，职业艺术品鉴定师，德化县明玉陶瓷研究所所长，中国古陶瓷学会会员，中国陶瓷工业协会理事，中国工艺美术学会会员，德化县收藏家协会会长。

阮晓东. 德化：艺术与科技共引转型升级 ［J］. 新经济导刊，2014（5）：65—68.

关键词：艺术创意；中国瓷都；苏清河；日用瓷；窑变釉

摘要：〈正〉逐步实现由产品输出向品牌输出的转变，形成产品、企业与区域三种品牌的良性互动局面是从 20 世纪 80 年代中后期开始的，得益于西洋工艺瓷的大量出口，福建德化陶瓷产业不断繁荣壮大。然而，近年来，受外需不振、劳工成本提高、原材料涨价等因素影响，德化县陶瓷产业进入"内外交困"和"微利时代"，德化也迈入了产业结构的调整期。为了摆脱行业发展困境，德化开始将文化传承与产业创新相结合，将艺术创意融入陶瓷产业，推动传统陶瓷产业再升级……

施良衍. 晋江博物馆藏景德镇瓷器珍品集萃 ［J］. 东方收藏，2014（1）：66—70.

关键词：景德镇瓷器；豆青釉；博物馆藏；景德镇窑；德化窑

摘要：〈正〉晋江博物馆是国家二级博物馆，也是目前较大规模的县级综合性博物馆。馆藏有丰富多样的瓷器，以景德镇窑和德化窑瓷器为上品。其中，景德镇的陶瓷产品造型优美，品种繁多，装饰丰富，风格独特，尤以青花瓷、青花玲珑瓷、粉彩瓷和颜色釉瓷出彩，享誉中外。这里就为读者介绍几件景德镇窑珍品，与陶瓷收藏爱好者共同分享。1. 清同治豆青釉堆花大盆。口径 38.5 厘米、底径 17.8 厘米、高 11.8 厘米。宽折沿、口微敛。深腹、底微凸、中间微凹。器型硕大。内外均施豆青釉，堆白作百花图案……

苏杜村. 浅析德化明清白瓷特点 ［J］. 艺术科技，2014（7）：116.

关键词：胎釉；器型；装饰

机构：德化县诚毅陶瓷艺术研究所

摘要：德化白瓷在我国有着悠久的历史，是我国瓷器历史上一种不可复制的瑰宝，"中国白"是对德化白瓷最好的赞美，无论是从颜色、质地，还是从胎釉、制作上都当属独特，极大地促进了我国瓷器的发展，本文就从胎釉特点、器型特点和装饰特点三个方面对德化明清白瓷质地特点做一个简要的解析。

涂健坼. 传神写意——品李甲栈陶瓷作品 ［J］. 台声，2014（6）：100—103.

关键词：李甲；陶瓷作品；陶瓷工；陶瓷艺术大师

摘要：〈正〉李甲栈，1959 年出生，福建省工艺美术大师，福建省陶瓷艺术大师，高级工艺美术师，国家一级/高级技师，中国陶瓷工业协会陶瓷艺术委员会常务理事，福建省陶瓷艺术专业委员会副会长，泉州市非公有制企业工艺美术专业技术员中级职务评审委员会委员，泉州市首届雕艺行业职工技能竞赛评委，福建省德化县华达陶瓷有限公司艺术总监……

吴河业．德化窑五彩瓷器初探 [J]．艺术科技，2014（1）：160.

关键词：德化窑；五彩瓷器

机构：福建省德化吉利欣陶瓷艺术研究所

摘要：德化古瓷窑作为我国南方的五大名窑之一，不但历史悠久，其做工的工艺手法也非常独特。其瓷器作品中除了有"象牙白"美誉的白釉以外，还有装饰丰富、造型美观、颜色多彩的五彩瓷器。据考古推算，明代中后期的德化窑便出现了五彩瓷的成品，经鉴赏，德化窑的五彩瓷不但具有很高的实用价值，而且具有极高的观赏价值。本文就其颜色、造型和装饰来提出一些初步的鉴赏和探究，以飨同行。

吴艺娟，魏力，陈锦山．闽南釉上彩瓷探析 [J]．四川文物，2014（5）：77—80.

关键词：闽南地区；五彩瓷；粉彩瓷；德化窑；平和窑

机构：泉州市文物保护管理所

摘要：闽南地区釉上彩主要有五彩和粉彩。五彩瓷以平和窑和德化窑最为突出，但总体数量在陶瓷产品中所占比例很小；闽南地区粉彩瓷以德化窑产品为大宗，安溪及华安也有少量发现。其装饰艺术与景德镇彩瓷有不同之处，同时，又受景德镇窑影响，闽南制瓷工匠娴熟地运用各种装饰技法创造出丰富多彩的釉上彩瓷纹样和艺术风格，具有自己鲜明的地方特色和时代特征，并促使制瓷工艺、生产技术得到不断创新和发展。

颜新宏．论明代德化窑瓷塑的审美特征 [J]．中国包装工业，2014（16）：66—67.

关键词：明代；德化窑；瓷塑审美；特征

机构：泉州市泰源谷陶瓷文化有限公司

摘要：明代德化窑陶瓷制品，主要是以材料及其工艺性能与制作技术所体现的陶瓷手工艺品。它主要审美特征体现在瓷质、成型技术及技巧，与造型形式上所展示小巧玲珑、精美绝伦，这使德化窑传统瓷塑在陶瓷造型上具有独到的审美意义。

扬新．回归中的升华——许瑞峰瓷艺 [J]．陶瓷科学与艺术，2014（12）：42—45，117—118.

关键词：许兴泰；陶瓷釉；艺术瓷；何朝宗；高级工艺美术师

摘要：〈正〉许瑞峰在继承德化瓷塑传统的基础上大胆创新，使题材不断拓展，技艺日臻成熟。他不仅继承了独树一帜的"许氏瓷塑"的艺术风格，更是德化陶瓷釉艺发展的领军人物。1969年，许瑞峰出生于德化的一个瓷艺世家，父亲是从事瓷雕艺术50多年、享誉海内外的国家级工艺美术大师许兴泰。润物细无声，在家庭浓郁的艺术熏陶下，许瑞峰自小就对瓷塑艺术产生浓厚的兴趣，并随父学艺……

叶扬秋．泉州剪瓷雕原始工艺探微——以涂门街为个案［J］．美术大观，2014（9）：58—59.

关键词：剪瓷雕；工艺；模块；涂门街

机构：华侨大学美术学院

摘要：本文把剪瓷雕置于其发展的时代语境之中考察，并从剪瓷雕的界面设计、色彩设计、造型设计、空间尺度等模块，加以分类，梳理出泉州剪瓷雕工艺的发展脉络。

张卫红，孙黎生．瓷中明珠　如脂似玉　武汉博物馆藏明清德化窑白瓷鉴赏［J］．收藏家，2014（12）：55—59.

关键词：德化白瓷；德化窑；武汉博物馆；陶瓷工艺；白釉

摘要：〈正〉德化白瓷是我国古代传统陶瓷生产领域中的重要系列之一，其制造工艺和艺术成就在中国陶瓷发展史上占有显著地位。从晋代开始，古代人口流动频繁，国家的统一、分裂战争都是促进人口流动的重要因素，当时中原先进多彩的陶瓷工艺也随着人口的南迁来到了德化，并结合德化优越的自然地理条件……

张雅真．馆藏明漳州窑大盘浅赏［J］．收藏界，2014（7）：77—79.

关键词：漳州窑；合作基地；专题博物馆

摘要：〈正〉中国闽台缘博物馆位于福建省泉州市，北倚国家级风景区清源山，南接风景秀丽的西湖，西邻泉州市博物馆。它是集收藏、展示、研究、交流和服务等功能为一体的全国性对台文化交流与合作基地，是展示祖国大陆与宝岛台湾历史关系的国家级对台专题博物馆。博物馆占地154.2亩，主体建筑面积23332平方米，采用"天圆地方"的设计理念，运用闽台两地传统建筑"出砖入石"的特色工艺，红白相间，浑然天成……

赵巍．定窑与德化窑白瓷鉴赏［J］．艺苑，2014（4）：100—103.

关键词：定窑；德化窑；白瓷

机构：福建博物院典藏研究部

摘要：定窑是宋代五大名窑之一，位于河北省曲阳涧滋村及东西燕村，始烧于唐，盛于宋金，衰于元，在中国瓷器史上具有重要地位。定窑瓷器以白瓷为主，兼烧黑釉、酱釉、绿釉及白釉剔花器，通过刻花、划花、印花等表现形式闻名于世。定窑白瓷影响深远，具有划时代的意义，它从器形、装饰与釉色等多方面与南北窑场有着密切联系。德化窑是福建著名窑址，其白瓷声名远播，享誉海外，被冠以"中国白"的美名。本文通过对几件福建博物院馆藏精品白瓷的赏析，发现地处东南沿海的福建德化窑的白瓷仍留有定窑白瓷的历史印迹。

郑德志．浅谈德化陶瓷的文化营销［J］．中国市场，2014（39）：70—71．

关键词：德化陶瓷；文化营销；有效策略

机构：福建省德化职业技术学校

摘要：德化制瓷业历史悠久，是我国八大陶瓷主产区之一，德化窑在欧洲有"中国白"之称，其陶瓷制品被誉为世界白瓷之母，瓷化程度高、白度大。德化陶瓷的特殊性赋予了它独特的诗意和内涵。德化陶瓷文化是我国传统文化的重要组成部分，德化陶瓷文化营销就是将陶瓷营销的主题从产品转到人的一种表现形式。本文试图结合德化陶瓷文化内涵，对德化陶瓷的文化营销进行探讨。

郑庆平．德化"官窑"月记瓷器［J］．东方收藏，2014（12）：71—74．

关键词：瓷业；青白瓷；珐琅彩；古瓷；雕塑作品

摘要：〈正〉德化作为中国三大古瓷都之一，从古至今白瓷雕塑作品一直被大众追捧，宣传也是深入人心。当代德化许多各个级别的工艺美术大师们在雕塑并创新着各种瓷雕作品，对当下德化的经济起到了推波助澜的动力。许多人不知道德化历史上还生产青花、粉彩、五彩和珐琅彩。其实，德化瓷业始于唐，烧造青瓷；宋元时期瓷业兴盛，以烧制青白瓷为主；从明末到清代就已经开始大量生产青花瓷，由于历史及地缘关系，从景德镇传来的技艺，还兼烧粉彩、五彩……

郑庆平，梁少金．略谈被人遗忘的德化"官窑"——月记瓷器［J］．黑龙江史志，2014（17）：54—55．

关键词：瓷器；德化；官窑

机构：福建省泉州市泉港区博物馆；福建省泉州市文物保护管理所

摘要：德化作为中国历史上的瓷都，德化窑产陶瓷千百年前便已扬名海外，德化窑生产的瓷器在世界影响巨大，月记瓷器作为德化陶瓷史上的代表性瓷器，见证德化瓷史在明清和民国时期的辉煌。本文通过对月记瓷器实物的赏析，介绍了德化瓷器的发展历程。

郑雄文．传承古法　开创白瓷装饰"山花彩"［J］．陶瓷科学与艺术，2014（8）：

15—17.

关键词：中国瓷都；何朝宗；东方艺术

摘要：德化，是一个久负盛名的"中国瓷都"，是我国陶瓷文化发祥地之一。众所周知，德化陶瓷以"白"见长，被称为"世界白瓷之母"，有"世界白瓷看中国，中国白瓷看德化"的说法，尤其是瓷雕技艺独树一帜，享誉天下，明代"瓷圣"何朝宗的作品被奉为"东方艺术珍品"，为"天下共宝之"，德化也被赋予"中国白的故乡、瓷艺术的摇篮"的赞誉。然而，德化的彩瓷却少有人提。事实上，德化窑不但有彩瓷，而且相当精美，是德化窑瓷器中不可多得的传世佳作。到了当代，独辟蹊径的山花陶瓷致力于传承古法，将白瓷加彩这一工艺加以发扬光大，并开创了独具特色、自成一体的"山花彩"。

郑燕婷. 浅谈"中国白"——德化白瓷的古代发展史 [J]. 陶瓷科学与艺术，2014（5）：39—41.

关键词：德化白瓷；中国古代瓷器；制瓷技术；德化窑；青白瓷

摘要：〈正〉德化白瓷是中国古代瓷器的一项伟大发明，在漫长的历史岁月中，勤劳智慧的德化先民们点土成金，写下光辉灿烂的篇章，为中国文明做出了巨大的贡献。享有盛誉的德化白瓷，已成为世界各大博物馆里的明珠，也将越来越广泛地成为中国和世界各地的专家学者的研究对象，并受到广大收藏家和陶瓷爱好者的青睐。早在欧洲掌握制瓷技术之前一千多年，中国就能制造出相当精美的瓷器……

郑志德. 基于德化传统瓷塑古典美的传承发展 [J]. 科技资讯，2014（27）：226.

关键词：德化传统瓷塑；古典美；传承；革新

机构：福建省德化县职业技术学校

摘要：以何种方式对德化传统瓷塑的古典美进行传承与革新，是现阶段德化瓷塑界所研究的重要课题。坚守或者革新，如同哈姆雷特的死亡或者生存，在瓷塑者的灵魂深处久久缠绕着，如何选择这一问题，可谓仁者见仁，智者见智。现代德化传统瓷塑还要对现代优秀艺术予以充分吸收，就目前情况而言，德化瓷塑艺术具有多种多样的造型，陶瓷塑造者将丰富的情感内容与内涵意义注入其瓷塑作品中，将瓷塑语言艺术诠释得更为活泼、自由及鲜明，将瓷塑本身所具有的艺术表现性全面展现出来，这样就远超传统德化瓷塑造型的使用功能。该研究主要对基于德化传统瓷塑古典美的传承发展进行分析与探讨。

甲午马年浅谈艺术品收藏市场行情——对于错版币、德化窑、粉彩、天球瓶的鉴赏 [J]. 文物鉴定与鉴赏，2014（5）：83.

关键词：德化窑；何朝宗；泉州府；术品收藏；景德镇陶录；错版；千手观音；

乾隆朝

摘要：〈正〉清代乾隆朝《泉州府志》和道光年间《福建通志》中，在记载德化著名瓷雕艺术家何朝宗时，有如下记载："何朝宗，不知何许人，或云祖籍德化，寓郡城，若陶瓷像，为僧迦大士，天下共宝之"；"何朝宗，泉州人，或云籍德化寓居泉州，若陶瓷象，有僧迦大士，天下共宝之"。蓝浦在《景德镇陶录》中评价德化窑："自明烧造，本泉州府德化县……"

许兴泽《披座观音》——故宫博物院藏品之一［J］．领导文萃，2014（13）：144.

关键词：陶瓷艺术大师；何朝宗；毫光；特殊津贴

摘要：〈正〉许兴泽（1947—2014），中国陶瓷艺术大师、享受国务院特殊津贴，一生专注于观音瓷塑的创作，是当代德化瓷塑艺术的主要代表人物之一，他继承并发展了德化明代瓷塑大师何朝宗的瓷塑技艺，在灵活运用塑、雕、捏、刻、贴等技法的同时，尤重工艺与艺术的完美结合。2013年11月三件作品永久入驻故宫博物院：《披坐观音》《戴冠观音》《宝莲座毫光观音》，是其艺术登峰造极的一种体现……

范佳平．浅说泉州出土虎子［J］．东方收藏，2014（1）：64—65.

关键词：陶瓷器；底径；博物馆藏品；溺器

摘要：〈正〉在博物馆藏品中，通常有一种被称为"虎子"的陶瓷器。虎子是指一种盛水的器具，口部似张口的虎首，背有提梁，圆腹，下有四足，因其形如虎，故名。东汉时出现，六朝时墓葬中常见，大部分都为青釉器。其用途有两说，一说是溺器，一说是水器。作为历史文化名城和东亚文化之都的泉州，在两晋南北朝隋唐墓葬中也有很多件虎子出土，质地有陶和青瓷两种，时间跨度从东晋至唐。发现最早随葬虎子的墓葬是南安丰州狮子山东晋太元三年（378）墓，其随葬的虎子体形较大，尺寸为高19.3厘米、底径11.5厘米……

二 雕刻

方阿丹．试论民俗行事主题板质浮雕的创作——以《开漳圣王巡安图》创作为例［J］．大众文艺，2013（19）：61.

关键词：民俗行事；当代表述；板雕

机构：福州三顾广告有限公司

摘要：民俗行事是我国民俗文化的重要组成部分，笔者以在海峡两岸信众繁多的漳州"开漳圣祀活动"为主题，创作了板质浮雕板雕《开漳圣王巡安图》。本文系围绕本次艺术创作实践过程的总结，对如何运用当代艺术创作手法展现闽地民俗行事，以及这样的表现形式在当代艺术活动中的意义与价值进行了探讨。

高山．浅析蔡国强作品《威尼斯收租院》的当代性［J］．设计，2013（2）：222—223.

关键词：蔡国强；收租院；现代主义；西方艺术；雕塑

机构：东北师范大学美术学院

摘要：自从现代艺术以来，艺术和生活一直在做着兔子和乌龟的游戏，在西方艺术史的情景中，反现代艺术的美学特征是当代艺术出现的先决条件：其一是反对现代主义的精英主义观念和既定的艺术表现方法，追求不断的创新和反叛，崇尚原创性的个体价值；其二是颠覆建立在形式叙事上的现代主义传统，力图消解艺术与生活之间的鸿沟，主张艺术返回到社会现实之中。

漳州木偶头雕刻［J］．文史月刊，2013（8）：2.

关键词：民间工艺美术；福建省漳州市；雕刻；木偶头

摘要：〈正〉漳州木偶头雕刻，属于民间工艺美术，是木偶戏道具制作中的一门特殊技艺，整体造型包括头、四肢、服装、冠盔等，木偶头雕刻仅指头部造型。漳州木偶头雕刻是木偶戏道具制作中的一门特殊技艺，属于民间工艺美术。漳州木偶头雕刻非常注重人物性格特征的刻画，精美的造型、丰富的表情、类型化的处理方式是其主要特征。漳州木偶头雕刻主要分布在福建省漳州市、厦门市、泉州市及周边地区。漳州木偶雕刻除刀功外，对原材料樟木的鉴别选择……

陈晓萍．泉州和漳州木偶造型的异同分析［J］．重庆科技学院学报（社会科学版），2013（3）：145—147.

关键词：戏曲道具；木偶；造型；泉州；漳州

机构：泉州师范学院美术与设计学院

摘要：泉州木偶和漳州木偶分别是福建木偶雕刻艺术中"南派"和"北派"的代表。它们皆由中原河洛地区传入，共处闽南语系，造型及其风格有诸多相似之处，并具有浓郁的闽南特色。由于地域差异及外来文化的影响，南北两派木偶造型又呈现出不同的艺术特色。当代艺人互相模仿的风气使得两地的木偶造型更为趋同。

黄清辉．福建泉州木偶头的雕刻艺术特色及其传承创新的探讨［J］．美与时代（中），2013（8）：60—61.

关键词：福建泉州木偶头；传承创新；艺术特色

摘要：泉州木偶文化在泉州文化中占据重要的位置，深受人们的喜爱，是民间最流行的艺术品。该艺术品见证了泉州文化发展历程，至今流传在这片土地上，人们从其身上感受到艺术品的魅力，感受我国文化的博大精深。

林聪鹏．泉州木偶头雕刻的程式与创新［J］．福建艺术，2013（1）：63—64.

关键词：泉州木偶头雕刻；泉州提线木偶；木偶雕刻；艺术格调

机构：泉州市木偶剧团

摘要：〈正〉泉州木偶头雕刻是国家级非物质文化遗产——泉州提线木偶戏的重要组成部分。它历经千年而传统不改，呈现出"雍容华贵、神韵含蓄"的艺术格调，为全国其他地区的木偶头所不及；它的造型之美为历代平民百姓、文人墨客所赞叹……

刘淑娟．悬丝飞舞，演绎传奇——泉州提线木偶制作工艺研究［J］．装饰，2013（1）：79—80.

关键词：泉州木偶；制作工艺

机构：河南商丘师范学院现代艺术学院

摘要：泉州提线木偶是我国木偶戏中历史最长的剧种之一，它独特的表演艺术和精湛的制作技巧，被国内外专家誉为"戏曲的活化石"。本文通过介绍泉州提线木偶的历史渊源和制作工艺，关注其生存状态。提线木偶作为泉州重要的民俗文化代表，理应得到保护与传承。

刘淑娟．漳州布袋木偶的雕刻工艺研究［J］．文艺研究，2013（9）：163—164.

关键词：布袋木偶；雕刻工艺；福建南部；徐竹初；木偶造型；泉州提线木偶；木偶雕刻

机构：河南商丘师范学院现代艺术学院

摘要：〈正〉从地理位置上来看，漳州位于台湾海峡西部，地处福建南部，东部与厦门交界，东南与台湾隔海相望。由于三面环山，一面向海，降雨的年际与季节变化大，旱涝灾害常常交替出现，历来有"蛮荒之乡"和"瘴疠之地"之称，因而"敬天礼神，崇鬼尚巫"风俗在漳州当地极为盛行……

张雅真．中国闽台缘博物馆藏泉州掌中木偶头［J］．东方收藏，2013（9）：103—105，108.

关键词：闽南地区；泉州；掌中木偶头

摘要：〈正〉中国的木偶艺术，历史悠久，源远流长。千百年来，一直为中国人民所喜闻乐见。在泉州、漳州等闽南地区尤为盛行。泉州的木偶艺术，取材广泛，内容丰富，无怪乎民间说它"三十六尊加礼，可当百万兵"，文人学士也惊叹它的表现能力："顷刻驱驰千里外，古今事业一宵中。"历代木偶名家在这一艺苑之中，演出了一幕又一幕威武雄壮、栩栩如生的活剧。同时泉州的木偶艺术又以形象生动、制作精美著称于世，而且线位布局合理，线规程序严谨，表演准确、细腻、传神、逼真，富有独特的艺术魅力。我们应该继承发扬中国木偶丰富的艺术传统，为木偶艺术事业的繁荣发展做出积极的贡献……

黄杰钦．灿烂辉煌的福建古代木雕［J］．东方收藏，2013（10）：67—69.

关键词：船棺；龟形；汉墓；明清建筑；越族；闽越；青铜时代；髹漆

摘要：〈正〉福建背山面海，森林资源丰富，制作和使用木雕的历史非常悠久。据考古发现，在距今约3500年的青铜时代，居住在武夷山地区的史前居民就已经能凿出形体硕大、造型精美、船身雕有花纹的船棺和龟形木盘。1974年连江、岱江出土的西汉独木舟，证明西汉时期居住在沿海的闽越族，已经将独木舟用于航海。武夷山城村汉城和牛山汉墓出土的琴轸和漆皮，可以看出当时闽越先民的木作水平已经相当精湛……

卢维鼎．行云流水　浑然天成　提升泉州传统木雕艺术水平［J］．上海工艺美术，2013（3）：39—41.

关键词：木雕艺术；金木雕；福州木雕；中国传统文化；透雕；民间建筑；金彩；镂空雕

摘要：〈正〉历经千年演绎的木雕艺术已经成为中国传统文化中的璀璨珠宝。从民间建筑、家具、佛像雕刻演进而来的福建木雕艺术历史悠久。唐宋以后，木雕艺术逐渐兴盛，发展至今主要产地有福州、莆田、泉州、湖北等，精品佳作、异彩纷呈，形成颇具地域特色的风格和流派。闽南一带的金木雕流行以透雕与浮雕相结合，并饰以金彩，金碧辉煌、玲珑剔透……

王士龙．三义木雕的起落征途［J］．艺术市场，2013（30）：94—98.

关键词：木雕艺术；雕刻艺术；三义；来论；人文环境；浙江东阳；雕刻作品；苗栗县；金漆木雕

摘要：〈正〉连横所著的《台湾通史》卷二十六"工艺志"，曾提到台湾的雕刻艺术"木工最精；台南为上而葫芦墩次之。雕刻的内容尝以径尺坚木，雕刻山水、楼台、花卉、人物、内外玲珑、栩栩欲活"。其用途则在于"宗祠巨庙，以为美观，故如屏风、床榻、几案之属，每有一事，辄值百数十金，盖选材既佳，而抢艺亦巧"。由此可见台湾木雕发展的一个基本情况。若以地域性的特色来论，由于自然和人文环境的差异所发展出的中国木雕工艺，较著名的有泉州神像、漳州建筑花材……

邬臻浩．从永春真武宫辇轿看永春木雕艺术［J］．艺苑，2013（6）：80—81.

关键词：永春木雕；真武宫辇轿

机构：福建师范大学

摘要：福建木雕是中国四大木雕之一，福建永春真武宫辇轿亦是福建木雕技艺的杰出作品之一，本以文永春真武宫辇轿作为研究对象，梳理中国传统轿子的演变过程及种类，对轿内、外的雕刻手法进行分析，以此来探析民国时期福建永春木雕技艺。

张晓慧．"郭子仪拜寿"题材雕刻四图解析［J］．艺苑，2013（5）：88—90.

关键词：郭子仪上寿；雕刻艺术；文化形象

机构：福建师范大学美术学院

摘要：中国民居传统雕刻题材"郭子仪上寿"在不同区域民居中呈现不同的形式，本文重点列举了福建民国民居的杰出代表永春"李家大院"福兴堂中的两幅作品、安徽承志堂后厅梁枋的"郭子仪上寿"图案及广东省博物馆馆藏"郭子仪上寿"木雕花板等四幅图例加以分析比较，解读其中的图案语言与象征意义。

黄胜阳．依附，是为了锦上添花［J］．中国集体经济，2013（26）：60—62.

关键词：漆线雕；雕塑艺术；沥粉；陶瓷作品；陶瓷制品；古代陶瓷；中国漆；木雕艺术；烧窑

摘要：〈正〉漆线雕工艺是古代佛像雕塑艺术的遗脉，受宋、元线雕工艺特别是沥粉和泥线雕的启发而产生。佛雕艺人用熟桐油、大漆、砖粉等原料经反复舂、捶、揉、捻，成为富有韧性的漆线土，再用手工搓成细如发丝的"漆线"，运用盘、结、绕、堆等工艺，在佛像坯体上饰出各种图案。自唐代彩塑兴盛以来，漆线雕最初被应用于佛像装饰，俗称"妆佛"。而发展至近现代，漆线雕作为一门独立的工艺美术产业……

李小军．博采以建构——对漆艺技法样板建设的思考［J］．美术大观，2013（4）：50—51.

关键词：漆；漆艺；漆艺技法

机构：肇庆学院美术学院

摘要：本文从漆艺技法样板及其建设的必要性展开，以传承与拓新为建设内容进行论述，综合国内外优秀漆艺技法样板成果，结合实践，系统而广博地对漆艺技法样板进行研究，探析习漆者的漆艺技法知识、漆艺课程教学与专业建构。

闽南特色漆艺——蔡氏漆线雕［J］．中国生漆，2013（3）：56.

关键词：漆线雕；雕塑艺术；蔡氏；民间宗教

摘要：〈正〉漆线雕是古代的佛像雕塑艺术的遗脉，是受宋元时期的线雕工艺特别是沥粉和泥线雕等工艺的启发而产生的，形成于明末清初，至清晚期逐渐成熟。漆线雕在厦门沿海地区的发展依赖于民间宗教的兴盛及神佛雕塑行业的繁荣。漆线雕是用陈年的砖粉和大漆熟桐油等原料调和，经过反复舂打成柔软又富有韧性的泥团，俗称"漆线土"……

谭雪刚.在企业的产学研销中传承核心技艺——以厦门漆线雕技艺为例［J］.艺苑，2013（3）：77—80.

关键词：非物质文化遗产；企业；生产性保护；核心技艺

机构：福建省艺术馆；福建省非物质文化遗产保护中心

摘要：作为追求利润的企业，流水线无非产学研销等几个过程，在这几个过程中企业要通过努力降低成本、提高产量以实现利润最大化。但是，同时作为非物质文化遗产项目保护单位的企业，在利用非遗资源的同时，有责任和义务将传承非遗核心技艺的工作渗透进企业产学研销各个环节中去，这才能真正做到活态保护与传承。

王艳君.厦门漆线雕艺术的传承与发展研究［J］.雕塑，2013（5）：18—20.

关键词：厦门漆线雕；传承；发展

机构：福州大学厦门工艺美术学院

摘要：本文从历史的角度对传统漆线雕工艺的演变进行梳理，了解厦门漆线雕工艺的历史发展进程，并深入探寻厦门漆线雕工艺产业化发展现状及动因。对漆线雕工艺发展的可持续性进行探索，希望在厦门漆线雕的历史传承和现代化产业发展之间寻找一条可持续发展的道路。

张冬菊.漆线雕与闽南民间信仰［J］.福建文博，2013（1）：59—61.

关键词：漆线雕；闽南民间信仰；相互影响

机构：福建师范大学

摘要：产生于闽南地区的漆线雕工艺，与闽南地区的民间信仰有着密切的联系，本文就它们之间的相互影响做简要论述。

叶朝阳.福建平和绳武楼木雕鉴赏［J］.东方收藏，2013（6）：98—99，101.

关键词：福建土楼；木雕艺术；人文景观；原生态文化；物质文化遗产；闽南文化

摘要：〈正〉福建平和绳武楼（全国重点文物保护单位）是福建土楼系列单元式与通廊式相结合的古建民居典型。地处福建省平和县芦溪镇蕉路村，西毗世界文化遗产地永定县湖坑12公里，北距南靖田螺坑土楼群8公里，有福建土楼"金三角"之称。这里群山环绕，山川秀美，人文景观十分独特，保存着很多体现闽南文化的原生态文化遗迹和非物质文化遗产。福建省建筑设计院原院长黄汉民在《福建土楼》一书中……

俞薇绮.泉州"宫殿式"大厝传统雕刻装饰手法——以石雕刻和木雕刻为例［J］.儿童发展研究，2013（3）：33—39.

关键词：泉州；古代建筑；传统工艺；装饰手法

　　机构：泉州幼儿师范高等专科学校

　　摘要：泉州传统古建筑具有显著地域特色，是中国南方建筑体系中的一个重要组成部分，其特色主要包括独特的建筑结构体系，优美的艺术造型，丰富的雕绘装饰。其中泉州古建筑的装饰手法最具有地域特色，特别是雕刻装饰手法所具有的独特性和人文价值，而这一特色的形成是由泉州地区的自然环境、工艺水平、社会习俗、历史文化、经济基础等因素的影响所决定的。建筑是工艺的集中体现，而工艺是建筑的技术基础，因此讨论建筑与工艺的关系，既能够了解当地独特的建筑结构体系，也能够通过工艺了解建筑本身的意义。

　　杨登甲．巧雕根包石［J］．中华手工，2013（10）：50—51．

　　关键词：木雕艺术；南腔；工艺美术大师

　　机构：惠安国明雕刻艺术园

　　摘要：〈正〉"巧雕"是一种独特的技艺，顺应木材的特殊纹路随形雕刻；与精雕不同，"巧雕"注重随物赋形，形中有意。清晨8点赶到郑国明的工作室，一位体形富态、面带笑容的中年人迎了上来。"每天我都要锻炼身体。打打太极，喂喂鸽子，身体棒了才能做好木雕嘛。"他便是郑国明，爽朗的言语中夹杂着一股闽南腔，地道的福建惠安人。随他走进工作室，木雕、石雕、竹雕、玉雕、根雕……各种各样的作品使人目不暇接。郑国明除了钻研木雕外，也尝试其他材质的创作，对各种雕艺技法可谓娴熟于胸，令人钦佩……

　　黄坚．多元宗教文化影响下的闽南民间雕刻研究［J］．东南学术，2014（6）：250—256．

　　关键词：闽南文化生态；民间雕刻；多元宗教文化

　　机构：泉州师范学院美术与设计学院

　　摘要：闽南地区在历史发展过程中，多元宗教文化在此交汇、融合，影响着该地区文化生态的变化，反过来该地区的文化生态也影响着该地区各种民间艺术的走向和风格。闽南民间雕刻多样风格也是现实世界本身的多元文化的体现，从闽南雕刻发展的历史性和逻辑性看，多种宗教文化的存在从很多方面促进了闽南雕刻的繁荣和发展。宗教与当地多元文化的有机互渗、共构共存，既保留了各自原有的特质，也会引发一些新的结合与发展。这些都对当代闽南民间雕刻的发展具有启发和借鉴意义。

　　刘昭斌．晋江摩崖石雕"西方三圣"造像［J］．东方收藏，2014（10）：67—68．

　　关键词：三圣；佛教造像；宋代佛教；净土宗

　　摘要：〈正〉福建省晋江市摩崖石雕在境内多有分布，既有佛教、道教，也有印度教及摩尼教，其中以佛教造像为主，分别是南天寺和西资岩"西方三圣"造像、溜江洞阿弥陀佛造像、秀林山阿弥陀佛和旃檀佛等佛教造像。这些石雕造像或坐或立，面相或庄严肃穆，或慈悲悯人，是宋代佛教造像艺术的代表，尤以南天寺和西资岩"西方三圣"的庄重典雅、神圣清净、慈祥亲切最为典型。南天寺位于晋江市东石镇许西坑村西的岱峰山上。据清康熙三十八年（1699）《重兴南天禅寺碑》记载……

孙群．从艺术到文化：泉州宝箧印经石塔与吴越国金涂塔雕刻艺术的比较研究 [J]．福建师范大学学报（哲学社会科学版），2014（2）：75—81.

关键词：泉州；宝箧印经石塔；金涂塔；雕刻艺术；世俗化

机构：福建工程学院建筑与城乡规划学院

摘要：通过比较泉州宝箧印经石塔与吴越国金涂塔的雕刻题材及文化内涵的异同点，探寻宝箧印经塔的演变历程，指出泉州宝箧印经石塔的雕刻内容继承了金涂塔的部分特征，同时又有着鲜明的闽南地方文化特色，反映了佛塔由典型的宗教建筑演化为具有中国传统文化思想的多功能建筑。

本刊．惠安将申报"世界石雕之都"[J]．石材，2014（5）：57.

关键词：雕刻艺术；艺术传承；荣誉称号；石材制品

摘要：〈正〉2013年，惠安县石雕产业实现产值175.1亿元，同比增长15.2%，创建各级雕艺大师工作室29个，授牌雕艺大师文化企业17家，荣获全国雕刻艺术领域首个"中国雕刻艺术传承基地"称号。在取得辉煌的成绩后惠安也自然通过了复评，再次获得"中国石雕之都"荣誉称号。随着石雕产业的发展……

陈晓萍．论惠安影雕的艺术价值与发展局限性 [J]．集美大学学报（哲学社会科学版），2014（2）：20—23.

关键词：惠安影雕；艺术特色；艺术价值；局限性

机构：泉州师范学院美术与设计学院

摘要：作为一种新兴的石雕艺术，惠安影雕以其特有的拟真性和细腻性，被誉为石头上的摄影、素描，石头上的刺绣，赢得雕刻界的一席之地。同时，作为平面化的雕塑，它的出现突破了雕塑所固有的三维、四维空间界限，其固有的逼真性、仿真性、永久性迎合了部分人的需求，但也限制了其在纯粹艺术价值方面的进一步延伸。

陈志宏，赵玉冰，李希铭．闽南传统匠师的近代转型——以惠安近代名匠杨护发为例 [J]．南方建筑，2014（6）：22—26.

关键词：闽南；近代；传统匠师；转型；营建方式

机构：华侨大学建筑学院

摘要：闽南近代建筑在延续并发展了传统营建方式的同时，受到外来的近代化营建方式的影响，当地的传统匠师也顺应时代需求而发生了近代转变。论文以惠安县近代名匠杨护发为例，通过对其学艺过程、建筑活动的调查梳理，并从设计图纸、建造过程等方面对典型作品进行分析，探讨"工匠建筑师"的设计特征，以及对当前地域性建筑设计的启示。

孙群．泉州佛塔雕刻艺术的世俗化特征［J］．艺术探索，2014（6）：83—86.

关键词：泉州；佛塔；雕刻；世俗化；本土化

机构：福建工程学院建筑与城乡规划学院

摘要：泉州佛塔雕刻艺术的价值和意义已超出纯粹的佛教信仰范畴，熔铸了儒释道以及民风民俗的思想观念，具有世俗化、大众化和生活化的审美特征。泉州佛塔雕刻不仅渗透着深奥的佛性意味，而且洋溢着世俗人情的生活气息，这与佛教在发展过程中始终与中国传统文化精神特质相辅相成有着密切联系。探究泉州佛塔雕刻的世俗化特征与演变，可以从一个侧面了解佛教艺术中国化的发展过程。

叶发清．仙公山石刻赏析［J］．黑龙江史志，2014（7）：369.

关键词：仙公山；石刻；何氏九仙

机构：泉州市洛江区文体旅游新闻出版局

摘要：〈正〉位于泉州中北部的洛江区，东北毗邻惠安、泉港两地，西连南安市，南接丰泽区。总面积382平方千米，人口18万。洛江资源丰富，地下富含高岭土、花岗岩、辉绿岩、紫色岩等矿产；依山傍海沿江，地势起伏，群山绵延，秀水环绕，环境幽雅，具有良好的生态条件；气候宜人，南亚热带海洋气候特征显著，年均气温22℃，终年温暖湿润，雨量充沛；土壤肥沃，盛产龙眼、花卉、柑橘、余甘等经济作物。由于位于泉州的内陆山区，地势较高，山脉连绵，交通不便，使得北方移民向这些区域的迁徙步伐远不及沿海地区来得快……

张旭明．浅谈惠安石雕在传统建筑中的应用——以福安市公岐村龚氏宗祠为例［J］．艺术科技，2014（6）：262.

关键词：惠安石雕；发展历程；传统建筑；石雕文化

机构：惠安旭宏园林古建工程有限公司

摘要：本文以福安市公岐村龚氏宗祠为例，介绍了惠安石雕形成的条件和文化特质，阐述了惠安石雕在传统建筑尤其是宗祠寺庙建筑上应用的特点，进一步剖析了惠安石雕多元的文化内涵及工艺技巧等，旨在传承惠安石雕文化，探索地域建筑设计，弘扬地域建筑历史文化，不断推动惠安石雕的创新设计。

陈立伟．闽南木偶艺术美与传承的思考［J］．文艺理论与批评，2014（2）：

137—140.

关键词：提线木偶戏；木偶雕刻；木偶造型；传统戏曲

机构：闽南师范大学艺术系

摘要：〈正〉福建闽南木偶文化源远流长，兼有多项入选首批国家非物质文化遗产名录，其一，漳州木偶雕刻。其二，漳州、晋江木偶布袋戏，泉州提线木偶戏。源于中原佛教文化的闽南木偶艺术，以其工艺制作精美和高超的表演技巧而扬名海内外，是珍贵的民族文化遗产和闽南传统工艺的代表。2012 年，由福建省文化厅牵头制订的"福建木偶戏后继人才培养计划"，被列入世界非物质文化遗产优秀实践名册，成为全球 10 项优秀实践名册项目之一，福建闽南木偶雕刻艺术的保护与传承，再次受到人们的关注……

陈国珠．掌中木偶头及其制作工艺［J］．东方收藏，2014（4）：49—53.

关键词：布袋木偶戏；制作工艺

摘要：〈正〉掌中木偶戏，因为演出使用的木偶，除了头、手掌和脚的下半部以外，手部和腿部都是用布缝制而成的，形状酷似布袋，所以被称为"布袋木偶戏"，民间俗称"布袋戏"，又因用手指活动来操作，被称为"掌中戏"。泉州掌中木偶的源头可追溯到晋代《拾遗记》及五代《化书》、南宋《己末元日》中的史料记载。明中时至清末，是南派布袋戏兴起与发展时期，民间传说和《台湾通志》称，布袋戏兴起于明嘉靖间……

刘英英．馆藏黄奕缺刻木偶头赏析［J］．文物鉴定与鉴赏，2014（6）：32—39.

关键词：黄奕缺；提线木偶戏；泉州木偶

摘要：〈正〉一、泉州木偶戏与木偶大师黄奕缺简介：泉州木偶戏分提线木偶和掌中木偶两种，提线木偶戏古称"悬丝傀儡"，又名"丝戏"，民间俗称"嘉礼"，乃流行于闽南语系地区的古老珍稀戏种。表演时，艺人用线牵引木偶表演动作，一般都系有 16 条以上，甚至多达 30 余条纤细悬丝，线条繁多，操弄复杂，与我国多数传统木偶戏相比，表演难度最大。泉州提线木偶戏是唯一拥有自己剧种音乐"傀儡调"的戏种，形成了一套稳定而完整的演出规制和数百出传统剧目……

吴静．闽南的布袋木偶［J］．美术，2014（12）：122—123.

关键词：布袋木偶；地方剧种

机构：厦门大学人文学院

摘要：〈正〉布袋戏，也称"掌中戏""花指戏"，是福建南部地区（主要为漳州和泉州）历史悠久的一种由人以手掌操纵木偶进行表演的地方剧种。布袋人偶由头、躯干、四肢三个主要部件构成，头与四肢为木头雕刻，躯干部分用竹篾编制，再套上布制服饰与各种配饰。传统木偶头为 3 至 4 厘米，后因舞台演出的视觉需要经由泉州艺人江加走（1871—1954）改进增至 5 至 6 厘米。偶头是布袋偶的视觉焦点……

谢和朋．佛教设计文化对泉州木偶造型艺术的影响［J］．黎明职业大学学报，2014（3）：58—61．

关键词：佛教设计文化；泉州木偶；造型艺术

机构：黎明职业大学机电工程与自动化学院

摘要：在长期的佛教设计文化影响下，泉州木偶形成了特有的造型风格、设计风格。在装饰纹样和图案方面，泉州木偶的设计也采用了佛教设计常有的一些吉祥纹样和图案，如莲花、狮子；在人物造型方面，泉州木偶继承了唐宋以来佛教人像造型的艺术技法，保留了雍容温妍、风仪典雅、神韵含蓄、清新俊雅而又谨严的艺术特征；在艺术表现力和文化意识方面，泉州木偶造型的设计也像佛教雕塑设计一样，趋于世俗化和民间化，存在很强的内在表现力，又受几乎一切传统观念、民间信仰的贯穿，始终传递着对美好幸福生活的期盼。

方银洁．化繁为简；美在其韵——浅谈黄泉福木雕艺术之创新［J］．大众文艺，2014（8）：107—108．

关键词：木雕；黄泉福；弥勒；造型；创新

机构：福建师范大学美术学院

摘要：黄泉福，中国工艺美术大师，1960 年出生于"雕艺之乡"惠安。黄泉福从小对雕刻有着浓厚的兴趣，14 岁当上木雕厂的学徒。凭借过人的天赋和刻苦钻研的精神，黄泉福的作品在国内外比赛中屡获大奖。他创作的弥勒系列题材造型和谐圆润，别具巧思。作品《清莲观音》更是大胆创新，简洁流畅。黄泉福的木雕艺术继承了惠安传统木雕精湛的雕刻技巧，又结合了现代的审美观念，在简洁律动的线条造型中，把握美的气韵，开辟了一条民间传统木雕艺术的新出路。

郭心艳．惠安传统木雕"形意"双全的艺术［J］．中国林业产业，2014（6）：38—41．

关键词：木雕艺术；惠安；龙眼木雕

摘要：〈正〉惠安县位于福建省东南沿海，地处台湾海峡西岸经济繁荣带的中心位置，是著名的侨乡和台湾汉族同胞主要祖籍地之一，素以"建筑之乡""雕刻艺术之乡""惠安女民俗风情"著称于世。惠安木雕是与闽南地区"皇宫起"仿宫殿式大型传统民居的建筑雕刻相辅相成而流传至今的民间艺术，具有强烈的民族、宗教内涵和鲜明的艺术特征……

林铅海．晋江五店市朝北大厝石雕木雕装饰赏析［J］．东方收藏，2014（9）：74—76.

关键词：木雕艺术；晋江；地域文化

摘要：〈正〉闽南"皇宫起"传统建筑是中国南方建筑体系的重要组成部分，在继承中国古典建筑精髓的同时汲取了闽南地域文化中的独特养分，从而在建筑结构、建筑装饰、雕刻题材和用材选择上形成了自己的风格和特长。特别是清末至民国的传统建筑，广泛运用石雕、木雕、砖雕等工艺，在建筑的塌寿、面墙、屋脊、斗拱、雀替、门窗、屏风、栋梁等位置加以雕饰，营造出图文并茂、寓意吉祥的艺术境界……

魏雄辉．闽南红砖雕刻对中原青砖雕刻的创新——以蔡氏古民居的砖雕为例［J］．装饰，2014（1）：120—122.

关键词：闽南；红砖雕刻；青砖雕刻；吉祥图案；蔡氏古民居

机构：泉州师范学院美术与设计学院

摘要：闽南的红砖雕刻艺术，虽然是传承了中原汉代以来画像砖的雕刻技艺，但其在闽南古民居建筑中的安放位置、原材料使用、雕刻技艺、构成形式和表现内容上都区别于同样来自于汉画像砖的中原地区青砖雕刻艺术。以泉州蔡氏古民居建筑为例的闽南红砖雕刻艺术，不仅体现了闽南地域的红砖文化，而且反映了闽南人在表现美好生活、求吉、避凶、消灾等吉祥图案方面既传承了中原吉祥文化，又表现出闽南不同的文化思想和多元文化特征。

涂慷．泉州地区的神像木雕艺术探析［J］．集美大学学报（哲学社会科学版），2014（1）：17—21.

关键词：泉州地区；神像木雕；木雕艺术

机构：集美大学美术学院

摘要：泉州地区的神像木雕艺术出自民间工艺匠师之手，是传统艺术的奇葩。本文对泉州地区现存的神像木雕工艺品进行剖析，通过历史渊源、工艺造型特色以及艺术价值三个方面论述泉州地区神像木雕的地域特色，以期通过对传统工艺的挖掘整理，弘扬中华文明，传承民族文化。

宗明明，王永志，万千．闽南潘山庙宇木雕技艺的传承与可持续发展［J］．家具，2014（3）：69—75.

关键词：民间美术；潘山庙宇木雕；木雕技艺；传承

机构：北京理工大学设计与艺术学院；齐齐哈尔大学美术与艺术设计学院

摘要：闽南建筑木雕与浙江木雕、广东木雕一道，被称为中国三大木雕。时至今日，世代传承下来的福建木雕的重要组成部分——庙宇木雕，在晋江东石等地被广泛传承，其中尤以潘山庙宇木雕为盛。传统木雕技艺一般采取口传身授或祖传的方式来逐代传承，随着老一代木雕手艺人的身老故去，很多传统绝技难以得到很好的传承，一些珍贵的传统技艺已处于濒危状态。为了传承和保护闽南古建筑木雕这一传统技艺，应以佛教用品与生活居住文化产品研究为切入点，利用地方珍贵资源传承与可持续设计研究来丰富和完善人们的现代生活，使具有深厚文化底蕴的闽南古建筑之中的不朽经典——潘山庙宇木雕艺术，得以发扬光大。本文在研究闽南木雕与闽南古建筑的基础上，从制作过程、工艺特点、传承意义等对闽南潘山庙宇木雕做了较为详尽的阐释，特别指出其在传承过程中凸显的传承模式局限、从业者老龄化、缺乏产业意识等问题，最后通过对晋江市艺达木雕美术有限公司的个案分析，提出以申遗为契机、创建文化产业基地、完善理论研究等有助于潘山庙宇木雕技艺传承和可持续发展的策略与方法。

当代中国木雕界领航者卢思立　贺岁佳作"骅骝得路"马年献礼［J］. 东方收藏，2014（1）：3，2.

关键词：木雕艺术；工艺美术大师；卢思立；高级工艺美术师

摘要：〈正〉公元二〇一四年，是中华民族的甲午年，也就是民间俗称的"马"年。在辞旧迎新之际，中国工艺美术大师卢思立将赋予每一个人吉祥运程的生肖文化融入创作中，特别倾力打造的马年献礼之作《骅骝得路》荣耀亮相，成为其贺岁系列结构中不可小觑的力作之一。"骅骝开道路，鹰隼出风尘"为唐代大诗人杜甫诗《奉简高三十五使君》中的名句，用来比喻人中翘楚前途开阔，视野高远。其中骅骝为马中之骏，卢思立大师的创作灵感即来源于此。《骅骝得路》分别采用瓷、木两种材质制作而成，精心雕刻的骏马，身形矫健，马蹄飞扬，尾鬃流畅，潇洒飞驰……

卢思立艺术馆［J］. 东方收藏，2014（3）：4.

关键词：木雕艺术；高级工艺美术师；特殊津贴；福建泉州

摘要：〈正〉卢思立，1943年5月9日生于泉州。现任泉州市工艺美术公司研究所所长、高级工艺美术师、中国工艺美术大师，兼任中国工艺美术学会木雕艺术专业委员会副会长、福建省工艺美术学会副会长。1992年起享受国务院特殊津贴，从1958年起一直从事工艺美术雕刻创作、设计……

陈锦山. 魅力永春　多彩漆篮［J］. 东方收藏，2014（12）：108—111.

关键词：永春；彩漆；竹胎；黑漆；灰粉；盖面；竹篾；竹片；器身；花形

摘要：〈正〉产自福建永春的漆篮，以竹篾为载体，以天然大漆为绘画原料，辅以桐油灰粉、金银箔等，经过多道工序加工制作而成，集书法、绘画、工艺为一体，具有浓郁的地方特色。时至今日，永春漆篮已是家喻户晓的民俗物件。笔者在这里介绍几件永春漆篮作品：清代彩绘漆圆形果盒，高17厘米、直径40厘米。盒竹胎，圆形，通体浸润桐油，子母口，器盖表面髹红漆，又用黑漆在盖面中央作六瓣莲花形开光，上下子母口沿及器身底足以粗竹片抠圈而成并描以红漆……

樊岚岚．漆艺瑰宝传承人——记著名青年漆艺大师沈锦丽及她创办的优必德和漆宝斋漆艺企业［J］．中国建筑装饰装修，2014（3）：37—43.

关键词：漆宝；建筑装饰协会；脱胎漆器

摘要：〈正〉2008年，北京奥运会举办前夕，一幅融汇福建脱胎漆器、厦门漆线雕技艺、建筑装饰漆器组合的传世之作、大型建筑装饰漆艺瑰宝《万鸟归巢，和谐盛世》，陈列镶嵌在北京奥运会"鸟巢"要员厅，为中国建筑装饰协会赢得了莫大殊荣。它是由厦门优必德企业创办人、北京漆宝斋公司董事长、青年漆艺大师沈锦丽女士带领上百名艺术大师、名家、技师通力合作而成的。沈锦丽自幼聪颖好学，喜爱闽南民间工艺。曾祖母是她文化艺术的启蒙恩师，儿时就教她唱歌仔戏、学做珠绣，9岁时她就练成了摸黑能穿针走线绣八仙图……

黄旭曦．浅谈中国台湾漆艺发展［J］．武夷学院学报，2014（3）：60—62，71.

关键词：台湾；漆艺；发展

机构：福建师范大学艺术学院

摘要：中国台湾漆艺最早是由大陆引进的，发展至今已有百年的历史。随着创意文化产业的备受重视，漆艺作为创意文化的一种，也随着时代的发展和变化不断地创新发展。目前，中国台湾漆艺已经由最初的祭祀器物类与节庆用品的使用制作，发展成为人们生活中必不可缺少的工艺。亦成为与大陆漆艺和东南亚漆艺交流的桥梁。本文将从中国台湾漆艺的起源、发展现状、中国台湾漆艺产业发展中的关键企业三方面来阐述台湾漆艺发展的脉络。

邱毅琳．漆线雕的归属探究［J］．贵州大学学报（艺术版），2014（6）：84—87，104.

关键词：漆线雕；归属；漆艺；雕塑

机构：厦门城市职业学院人文社科与艺术系

摘要：福建省闽南地区的漆线雕，在长达几个世纪的发展中，形成了自己独特的装饰风格与特色。然而有关该工艺的归属界定问题，在学术界一直存在争议。这篇文章从材质应用、形式特征、工艺特色等几个方面进行论证，剖析了漆线雕与漆艺之间的区别，在厘清这一民间传统工艺的演变发展过程的基础之上，明确了漆线雕的艺术特色，有助于论证漆线雕的归属。

邱毅琳．漆线雕的艺术特色［J］．艺术生活——福州大学厦门工艺美术学院学报，2014（6）：62—64.

关键词：工艺美术；漆线雕；漆艺

机构：厦门城市职业学院人文社科与艺术系

摘要：本文从材质应用、形式特征、工艺特色等几个方面入手，剖析了漆线雕与漆艺之间的区别，在厘清这一民间传统工艺的演变发展过程的基础上，明确了漆线雕的艺术特色。

王艳君．龙凤文化在闽南漆线雕艺术中的应用探析［J］．雕塑 2014（4）：52—54.

关键词：龙凤文化；漆线雕；艺术语言；传承

机构：福州大学厦门工艺美术学院

摘要：作为源远流长、蕴含丰富文化的现象，凤凰和龙都是中华民族的图徽、标志和象征。漆线雕艺术是闽南地区传统工艺美术的瑰宝，它集中了中国三大传统工艺品的特色。本文首先阐释了我国的龙凤文化和闽南地区的漆线雕艺术，然后，结合时代背景和地域实际，详细探讨和分析了龙凤纹样在闽南漆线雕艺术中的实践应用与传承。笔者希冀通过本文的研究，能够激起相关专家、学者以及艺人等对漆线雕艺术的关注。

三　服饰

张丽军．泉州梨园戏传统服饰形制的地域性特征［J］．民族艺术，2013（6）：157—159.

关键词：泉州；梨园戏传统服饰；形制；地域特征

机构：江西上饶师范学院美术与设计学院

摘要：泉州梨园戏服饰受泉州地域文化的影响在材质上、工艺上独具特点。其类型简洁，且都是用丝绸或棉布来制作。工艺上利用当地发达的漆工艺与刺绣工艺，制造有利于戏剧表演的装束，既精巧又耐用。泉州梨园戏服饰在宗教的影响下，款式、造型体现了严肃、方正、井然有序、朴素、含蓄、谦虚和天人合一的思想，形成一种儒道互补思想下的理性和感性的和谐。

林长华．闽南人的万能脚巾［J］．文史博览，2013（12）：68.

关键词：闽南人；披帛；洗衣服；水洼；一物多用；青布；时可；多雨地区；布巾；沿海地区

摘要：〈正〉两千多年前的秦朝，我国妇女喜欢在肩背上披一条长长的围巾，叫作"披帛"，如今这一服饰古风早已不见，而在闽南乡间，改革开放前依然吹拂着这一古老服饰的遗风。但它并非女士的专利品，而是农哥和打工族生活的"伴侣"。那时在闽南乡间，不时可见工地上的民工和田野间的农哥，或在腰间缠着，或在肩膀披着一条长长的薄纱巾，大多是格子纹，有红有蓝，或……

卢新燕．福建惠安县大岞村渔女头饰特征及文化内涵［J］．装饰，2013（7）：82—84.

关键词：大岞村；渔女头饰；文化内涵

机构：闽江学院服装与艺术工程学院

摘要：福建省惠安县大岞村渔女的奇异头饰是惠安女头饰一个典型形制的代表，本文从不同时期大岞村渔女头饰演变及其历史渊源进行阐述，从艺术审美的角度以及与自然环境地域民俗文化的关系，来分析大岞村渔女头饰文化内涵。作为非物质文化遗产的惠安女服饰目前只有中老年妇女在穿戴，传统文化的传承与保护已迫在眉睫。

张丽蓉，翁薇，方奇，林琳．闽南传统服饰文化与体育舞蹈服饰文化相融合的可行性研究［J］．体育研究与教育，2013（4）：23—27.

关键词：闽南服饰文化；体育舞蹈服饰；惠安女服饰；服饰设计

机构：厦门理工学院公共体育部

摘要：本文通过对体育舞蹈服饰设计理念和闽南民族服饰文化特点的分析，探讨闽南传统服饰与体育舞蹈服饰的融合。闽南传统服饰文化与体育舞蹈服饰的融合具有重要的意义并具备可行性，建议在中西方文化交流的基础上，保留体育舞蹈原有的文化素材，将带有闽南文化特色的服饰理念融入其中，促进闽南文化的对外传播与交流。

吴丹翎．惠女服饰文化元素在现代服装设计中的运用［J］．轻纺工业与技术，2013（5）：51—52.

关键词：惠女服饰；文化元素；服装设计

机构：河北科技大学

摘要：本文通过对惠女服饰文化元素中的服饰结构、色彩搭配以及装饰等进行研究分析，探讨传统惠女服饰与现代时尚之间的关联，提出了在现代服装设计领域可能借鉴和发展这一服饰内涵的途径，并认为针对这类传统服饰文化元素的研究有助于设计师开拓思维和创新。

蔡正华．从三代惠安女观惠女服饰文化的变迁［J］．淮海工学院学报（人文社会科学版），2013（20）：83—85.

关键词：惠安女；服饰文化；演变

机构：福建师范大学福清分校电子信息工程系

摘要：惠安女及惠女服饰因其独特的风俗及服饰工艺一直为外界所关注。随着现代化进程的加快，年轻一代惠安女已无意传承惠安女服饰这一珍贵文化。本文通过对惠安崇武溪底村三代惠安女的服饰调查，指出惠安女服饰文化发生的变化，并对其变迁的原因以及如何保护和传承惠安女服饰文化提出自己的思考。

牛犁，崔荣荣，高卫东．惠安女服饰文化的保护与传承研究［J］．广西民族大学学报（哲学社会科学版），2013（1）：88—93.

关键词：惠安女；服饰；文化遗产；传承

机构：江南大学纺织服装学院

摘要：惠安女的服饰具有悠久的历史和文化内涵，是汉族民间服饰中的一朵奇葩。然而近几年，在时代的发展过程中惠安女传统文化从生态环境到传承、使用都出现了严重的危机。在保护的过程中，一方面，要对传统文化进行有效的抢救和保护，坚持整体性、原生性原则；另一方面，亦不能阻碍其正常发展，要正视传统文化的活态性和现代性，促使其焕发新的活力。

白雁飞．浅谈惠安女服饰文化的继承与发展［J］．山东纺织经济，2013（8）：65—66.

关键词：惠安女；服饰文化；继承；发展

机构：闽北职业技术学院

摘要：惠安女服饰作为汉族服饰中独树的一帜名扬四海。由于惠安女服饰的独特，因此在福建旅游文化中占有极其重要的位置，但是越来越多惠安民众已经不再是惠安女服的穿着者、欣赏者、继承者了。惠安女服装在年轻的惠安女中逐渐淡出。本文从惠安女服饰逐渐淡出穿着者的成因出发，提出了继承与发展惠安女服饰文化的几条意见措施。

卢新燕，童友军．设计激活传统——"非遗"蟳埔女习俗服饰文化传承［J］．福建论坛（人文社会科学版），2014（2）：85—87.

关键词：蟳埔女服饰；非遗；传承；价值转化

机构：闽江学院服装与艺术工程学院

摘要：蟳埔女是指生活在福建泉州蟳埔村的渔女，她们独特的穿戴习俗是由特定的海洋环境、特殊的海洋生产方式形成的，也是其当地的历史文化长期积淀的结果。作为"非遗"的蟳埔女服饰，不仅承载着人类社会的文明，同时也体现了闽越文化、中原文化和异域文化的多元性。文章从传统与时尚设计相结合、数字化设计传播、服饰文化的旅游、新海丝之路的建设等方面探讨"非遗"蟳埔女服饰习俗的传承与弘扬。

耿馨，杨子田，邵春燕．惠安女服装结构及其舒适性解析［J］．现代纺织技术，2014（4）：50—54.

关键词：服装结构；舒适性；劳作需求；服装开口；惠安女

机构：东华大学服装艺术设计学院

摘要：惠安女服饰极具文化特色，但日渐消失于人们的生活中。它可分为崇武城外、山霞和小岞、净峰两个类型，本文选取极具代表性的崇武地区的服装进行相关研究。区别于美学角度，从惠安女服装结构舒适性的角度入手，分别对惠安女上装和下装的结构进行解构，分析其结构设计的原理，并对惠安女服装的开口形成的"烟囱效应"和"风箱效应"进行分析。从而得出结论，惠安女的服装结构设计符合着装舒适性需求和劳作需求，具有良好的结构合理性。

韩静，肖红．惠安女服饰刺绣元素与现代审美意识的融合［J］．现代装饰（理论），2014（9）：133.

关键词：刺绣工艺；刺绣图案；民间刺绣

机构：西安工程大学

摘要：〈正〉在21世纪的今天，世界各地的人们对审美采取的是一种宽容的态度，各民族文化、艺术、审美都在潜移默化中相互交融。传统惠安女刺绣元素在当今社会人文科技环境中，其审美的观念和创作形式也应更加充分地与现代思想潮流、审美意识相融合，从而将艺术与生活相结合，将创意与市场相结合，使其产生更多的经济价值。计文波曾说过："审美是一个感受方式的问题，现在这个世界，感受方式是越来越相通了……"

韩静，肖红．现代审美下对惠安女服饰的创新［J］．美术教育研究，2014（18）：71.

关键词：服饰；现代审美；惠安女服饰；创新

机构：西安工程大学

摘要：在现代审美与多元文化并行的今天，对传统服装的传承不仅是从这些传统服饰提炼出精华部分与现代服装进行融合与创新，还必须立足于现代审美和设计语言，与国际流行趋势和文化氛围相结合，使惠安女服饰符合现代社会的生活习惯。这样才能够在弘扬民俗文化的同时积极传递民俗时尚元素，在继承文化传统的同时结合国际最新时尚信息，传承和发扬这一服饰瑰宝。

黄成，卢新燕．福建莆田湄洲女发型"船帆髻"海洋文化符号解读［J］．贵州大学学报（艺术版），2014（3）：113—116.

关键词：湄洲女；船帆髻；海洋文化

机构：安徽农业大学经济技术学院；福建省服装创意设计中心

摘要：湄洲女与惠安女、蟳埔女一起被称为福建三大渔女，她们都以漂亮独特的发型和头饰而著称，湄洲女发型"船帆髻"具有典型的海洋文化符号特征，相传为妈祖林默娘所创,又称"妈祖髻"。文章从湄洲女发型特征及其海洋文化符号的寓意进行解析。"妈祖髻"承载着渔女们对妈祖信仰的虔诚和敬意,同时也寄托了对美好生活的向往。

梁素贞. 小岞半岛不同年龄段的惠安女服饰特征分析 [J]. 西安工程大学学报,2014 (2):169—173.

　　关键词:小岞半岛;惠安女;服饰特征;中青年妇女;老年妇女

　　机构:闽江学院服装与艺术工程学院

　　摘要:本文通过实地调研,分析比较小岞半岛中青年和老年惠安女的服饰特征,发现不同年龄段惠安女服饰特征主要体现在上衣、下装和头饰上,提炼出的服饰特征为当代服装设计提供了民族元素,并对惠安女服饰的传承和保护起到抛砖引玉的作用。

卢新燕,童友军. 福建惠安县小岞镇渔女发饰考察研究 [J]. 装饰,2014 (2):70—72.

　　关键词:惠安女;发饰;图腾;海洋文化

　　机构:闽江学院服装与艺术工程学院

　　摘要:福建惠安县东面两条狭长的半岛,分别是崇武半岛和小岞半岛,就是这两个半岛上居住了福建三大渔女之一惠安女,其奇异的服饰让世人瞩目,而小岞半岛上的小岞渔女发饰更为原始古朴,犹存千年遗风。本文对清末民初的"大头髻""贝只髻",过渡期的"圆头"和"螺棕头",以及解放后出现的黄斗笠和花头巾进行考察研究,解析具备海洋文化特征的惠安女发饰,以期增强对海洋文化归属感的认同。

卢新燕,童友军. 海洋文化视角下"非遗"蟳埔女服饰研究 [J]. 艺术设计研究,2014 (2):48—52.

　　关键词:蟳埔女服饰;非遗;海洋文化;传承

　　机构:闽江学院服装与艺术工程学院

　　摘要:蟳埔女和惠安女、湄州女一起并称福建三大渔女,生活在东海之滨蟳埔村的蟳埔女,有着"行走的花园"之美誉的"簪花围"头饰,有"骨针安发"的"活化石"传说,身着"大裾衫"和"宽腿裤",戴象征辈分的耳饰"丁勾"耳环。作为"海上丝绸之路"起点的蟳埔,独特民俗风情让世人瞩目,作为国家非物质文化遗产的蟳埔女习俗,海洋文化与中原文化交融的蟳埔女服饰文化,对其传承和保护迫在眉睫。

宋慧明,陈霹,陈英杰,吴国群,邢立新,杨景初,王文同. 蟳蜅女头顶花园的粗脚氏 [J]. 福建农业,2014 (3):48—51.

　　关键词:刺桐港;色彩绚丽;湄洲

摘要：〈正〉蟳蜅女的头饰比衣着更具特色，妇女们将头发梳好盘在脑后，绾成一个圆髻，再横着插上发簪，把一串串鲜花串成花环，将发簪装饰起来，色彩绚丽美观，展现了蟳蜅人的朴素美与对生活的热爱。作为福建泉州的一个沿海渔村，蟳蜅位于古刺桐港畔，三面环海，这里的蟳蜅女与惠安女、湄洲女并称三大渔女……

孙荣刚．惠安女：美在传统现代间［J］．中国三峡，2014（2）：124—127.

关键词：惠安女；海洋文化；原生态文化

摘要：〈正〉2013年12月7日，作者应邀参加在福建泉州举行的中国新闻摄影学会第七次会员代表大会暨学会建会30周年纪念会。其间，大会组织代表们分赴泉州市区、晋江、南安和惠安等地采风，用镜头聚焦泉州，感受"东亚文化之都"的魅力。泉州与日本横滨、韩国光州共同成为2013首届"东亚文化之都"当选城市。泉州地处福建东南沿海，与台湾隔海相望，距金门最近仅6海里，是海峡西岸经济区核心城市之一。其独特的海洋文化和千年的开放交流……

朱月忠，袁惠芬．惠安女服饰色彩文化浅析［J］．皖西学院学报，2014（3）：129—132.

关键词：惠安女；美学特征；色彩文化；服饰色彩

机构：安徽工程大学纺织服装学院

摘要：福建惠安女以其独特的服饰文化在中国服装史上占据了一席之地。从惠安女服装整体来看，不仅服装款式的风格十分亮丽，而且服装色彩的搭配也是独具一格，色彩是构成其服装独特的重要元素之一。本文通过对惠安女服饰色彩美学特征的分析，来揭示惠安女服饰色彩文化的独特魅力。惠安女服饰色彩的形成，与历史、风俗、地域及女性的爱美心理等诸多方面因素密切相关。可以看出服饰色彩是她们精神的寄托，表达了惠安女对美好生活的追求和憧憬。

陈晓萍．漳州传统布袋木偶服装研究［J］．福建师范大学福清分校学报，2014（3）：25—31.

关键词：漳州木偶服装；文化内涵；工艺；艺术价值

机构：泉州师范学院美术与设计学院

摘要：漳州布袋木偶以精湛的演技和精美的造型著称于世。漳州传统的布袋木偶服饰，构成了漳州木偶造型的重要因素，它继承了"漳绣"的优良传统，用料考究，工艺复杂，既是华丽的戏服，又是精美的工艺品。然而，随着时代的变迁，漳州传统布袋木偶服装不可避免地走向没落。本文在田野调查的基础上，对漳州传统布袋木偶服饰的文化内涵、艺术价值以及制作工艺等进行整理分析，希望能保存该手艺，并引起世人对木偶服饰的关注。

四　书画

瑞霖．一方铭刻弘一法师和马海髯友情的抄手砚 [J]．东方收藏，2013（7）：
48—49．

关键词：弘一法师；砚堂；金石书画；阴刻；雕刻技艺

摘要：〈正〉砚贵有铭。铭文不仅集诗文意蕴、书法艺术和雕刻技艺于一身，往往
还反映砚主人的情怀抱负、交友逸事和砚石传承往来以及社会风貌等，意浅旨深，发
人遐想，令人回味。作者有一方明代抄手砚，上面铭文就展现了一代高僧弘一法师和
闽南著名金石书画家马海髯之间的笃厚情意。这方砚呈抄手式样，长 22.4 厘米，宽
12.4 厘米，高 8 厘米，面有宽边框，后无堵，砚堂平展，一指池……

应映．寥寥数笔，呈颜就色——"弘体佛家书"对平面设计的启发 [J]．现代装
饰（理论），2013（4）：96．

关键词：平面设计；字体设计；书法史；版式设计；弘一法师；汉字图形；视觉
表现；形式法则；整体感；平面构成

机构：四川大学艺术学院

摘要：书法作为中国国粹之一向来都受到广泛的关注。弘一法师出家后，创造了
"弘体佛家书"这样近代书法史上里程碑式的作品。这样的作品不仅对书法界影响至
深，对平面设计也有很大的启发。从平面设计的角度分析版式、字体设计，也同样具
有重要意义。

袁健．毫端现舍利——论"弘一法师书法"艺术语言的演进 [J]．新疆艺术学院
学报，2013（2）：45—49．

关键词：艺术语言；弘体书法；演进

机构：中国传媒大学戏剧影视艺术学院

摘要：艺术语言是艺术作品的基本构成要素，不同的艺术语言符号体现着不同艺
术特定的表现形式与内容。"用笔""结体""布白"是书法艺术的语言要素。本文从
"艺术语言"的角度分析"弘一法师"书法作品的特色，在此基础上探究"弘体书法"
艺术风格的发展历程及内在缘由。

韩富林．尺幅丹青 [J]．国学，2013（7）：81．

关键词：建极殿；《明史》；张瑞图；中国国家博物馆；福建晋江

摘要：〈正〉中国国家博物馆书画藏品介绍：张瑞图虚亭问字图轴纸本纵 131.4 厘
米、横 47 厘米，1960 年丁淑贞先生捐赠。张瑞图（1570—1644），字长公，号二水，

福建晋江人。万历三十五年进士，官至建极殿大学士。善山水，尤善书法，为明代四大书法家之一。《明史》有传……

王文贤．试论张瑞图、黄道周小楷风格［J］．南京艺术学院学报（美术与设计版），2013（4）：25—29，171.

关键词：张瑞图、黄道周；技法；欣赏；风格

机构：福建师范大学美术学院

摘要：晚明在一些激进的文人士大夫提倡个性、反对束缚思潮的影响下，涌现了张瑞图、黄道周这样个性突出的变革书法家。他们以一种前所未有的纵横豪迈之气，横扫当时甜美柔媚的书风，追求自然古朴的风格和萧散天真，创作了许多个性张扬、雄厚恣肆的小楷力作，与当时的台阁书风拉开距离，为后人所瞩目。本文试图从张瑞图、黄道周两人小楷创作的技法及作品欣赏角度，分析他们的小楷风格成因及特点。

吴其生．略论"诏安画派"的艺术风格［J］．艺苑，2013（5）：79—80.

关键词："诏安画派"；艺术风格

机构：漳州市博物馆

摘要："诏安画派"主要指道光至民初的诏安籍画家群。"诏安画派"兼工带写，雅俗共赏。从道光、咸丰年间，以谢颖苏、沈瑶池、汪志周等的艺术创作活动为起点，至清末民国初以马兆麟及其弟子等的艺术创作活动为终点，近百余年间，其绘画艺术对福建、粤东、台湾以及东南亚等一些地区颇有影响。

徐东树，黄小我．狂狷笔墨懦懦人——读张瑞图行草立轴［J］．福建艺术，2013（4）：59，6.

关键词：张瑞图；书法大家；书法史；论书法

机构：福建师范大学美术学院；福建省艺术研究院

摘要：〈正〉张瑞图是一个沉重的话题。在晚明书法大家中，张瑞图、王铎为"阉党""二臣"，同样有历史污名，但奇怪的是，比起后辈王铎来张瑞图却更少被人同情，也更迟有人愿意花大力气给他做翻案。参加了两届的张瑞图学术研讨……

张家壮．张瑞图书法臆说——以几则书论为中心［J］．福建艺术，2013（3）：49—50.

关键词：张瑞图；书论；梁巘；中国书法史

机构：南京艺术学院

摘要：〈正〉（一）晋江张瑞图（1570—1641）作为明代四大书法家之一，在中国书法史上有着崇高的地位。但谈起张瑞图，很少有论者不提及他依附魏忠贤而名陷阉

党一事，清人修《明史》便将张瑞图入《阉党传》中，即使在今日，也还是不乏紧揪不放、难以释怀者，似乎真的是难以洗刷了。但也不尽然，在清人的书论里就已有不少通达之说……

潘丰泉．奇崛凝重的大写意风骨——沈耀初花鸟画艺术漫谈［J］．中国美术，2013（4）：96—99.

关键词：沈耀初；大写意；艺术漫谈；吴昌硕；绘画创作

机构：厦门大学

摘要：〈正〉沈耀初，这位在台湾漂泊了近半个世纪后又是在两岸关系日益改善发展的 20 世纪末享誉于画坛的艺术巨子，随着学术界对其大写意花鸟画艺术成就研究的不断深入，他那以文人画精神为毕生艺术追求的人生信念以及在中国画星空中独具的艺术光彩……

王毅霖．离散生命的图写与孤独情性的自证——旅台国画家沈耀初的艺术人生［J］．福建艺术，2013（1）：49—52.

关键词：国画家；艺术人生；沈耀初；国画大师

机构：福建师范大学文学院

摘要：〈正〉1907 年的某一天，满清王朝处于摇摇欲坠的年月之中，位于福建省最南部诏安县城边郊的西溪之畔，在仕渡村某个用土结块垒起的屋瓦房里，闻名海峡两岸的国画家沈耀初在这里出生。他的出生并没有过多传奇之处，与许多农家的孩子一样，哇的一声来到了地球某一个偏僻的角落，迎接他的并非仕宦之家，也非书香门第……

艾国培．可喜的传承与发展——泉州水彩艺术浅析［J］．美术大观，2013（8）：63.

关键词：水彩艺术；水彩画家；泉州；闽南文化；海上丝绸之路；中国水彩画；西洋绘画

摘要：〈正〉泉州水彩画的发展要追溯到民国初期，当时的中国水彩正处于成长期（1911—1949）。泉州地处福建东南沿海，与台湾隔海相望，是古代"海上丝绸之路"的起点，宋元时期泉州港被誉为"东方第一大港"。泉州是闽南文化的发源地，闽南文化是历代闽南人民智慧的结晶，它吸纳融会了古越文化、中原文化、海洋文化的精华……

蔡剑锋．对濒危非物质文化遗产建档保护的思考——以厦门市翔安农民画为例［J］．档案管理，2013（2）：29—30.

关键词：濒危；非物质文化遗产；翔安农民画；建档保护

机构：厦门市档案局（馆）

摘要：非物质文化遗产被誉为民间文化历史的"活化石""民族记忆的背影"，作为人类文明的象征，非物质文化遗产的保护与传承历来就是社会瞩目的焦点。但是，在实际生活中，非物质文化遗产的生存现状不容乐观，有的已经濒临灭绝。本文拟从濒危非物质文化遗产概念的解读、厦门市翔安农民画的现状、厦门市农民画建档保护的实现途径几个方面入手，表达这样一个观点：对濒危非物质文化遗产进行建档保护势在必行、切实可行。

丁宗江．回到原点——读苏国伟的漆画艺术［J］．美术观察，2013（7）：56—59.

关键词：漆画艺术；中国美术馆；美术展览

机构：中国美术馆

摘要：〈正〉2010年，"国家重大历史题材美术展览"全国巡展的第五站在厦门展出，作者是展览负责人之一，因此与厦门的联系事项就多了起来。每前往厦门美术馆，馆长陈鑫都会提起一个叫苏国伟的人，说得多了作者就记住在厦门有个苏国伟……2013年春，好友叶水省先生专程来北京商谈苏国伟在中国美术馆办展事宜，带来了有关苏国伟的艺术资料。拜读他的漆画作品后作者倍增敬慕……

郭林芳．历代闽画简论［J］．福建文博，2013（2）：96—97.

关键词：福建；历代；绘画；论述

机构：福建省金盛拍卖有限公司

摘要：本文对福建历代绘画风格的形成及各时期重要画家的成就做了简要梳理，较完整地勾勒出福建地区古今绘画艺术的发展脉络和各时期的不同特点。

贺瀚．数字化漳州木版年画的构想［J］．湖北科技学院学报，2013（4）：157—158.

关键词：漳州木版年画；数字化

机构：福建师范大学美术学院

摘要：数字化技术的提升和计算机的广泛运用为漳州木版年画的保护和开发提供了新的契机。本文的写作目的，即为漳州木版年画构想符合当下审美趣味和习惯的数字化开发方式，建立漳州木版年画数字化数据库、实现漳州木版年画的数字化展示与互动，使其在新的文化情景中保有活力，继而探讨一条非物质文化遗产数字化保护与开发的道路。

吴其生．略述漳州木版年画的渊源及种类［J］．福建文博，2013（3）：33—36.

关键词：漳州木版年画；历史渊源；种类划分

机构：漳州市博物馆

摘要：木版年画是中国民间工艺美术的精华，反映的是上古社会延续下来的民间神灵信仰观念以及人们对美好生活的诉求。本文对漳州木版年画悠长的历史渊源进行了追溯，并对漳州木版年画的种类进行了整理、归纳和划分。

张冬菊．概论漳州与杨柳青木版年画的产生、发展及保护［J］．改革与开放，2013（6）：194.

关键词：漳州木版年画；杨柳青木版年画；产生；发展；保护

机构：福建师范大学

摘要：木版年画是我国民间艺术的瑰宝，它的现状是不少学者关心的问题。本文选取具有代表性的南方漳州木版年画和北方杨柳青木版年画为例，简要谈谈我国木版年画的基本情况。

黄文中．当代永春纸织画艺术考察［J］．集美大学学报（哲学社会科学版），2013（3）：7—12.

关键词：永春纸织画；艺术市场；艺术创新；艺术考察

机构：泉州师范学院美术与设计学院

摘要：纸织画是福建省永春县特有的民间传统手工艺术品。与其他传统艺术一样，永春纸织画在一片繁荣的背后，潜藏着生存的危机与理论研究的空白。本文在田野调查的基础上，围绕着市场与创新两个方面对当代永春纸织画艺术进行详细调查，并试图探寻其在当下以及今后的发展走向。

陈晓萍．论晋江农民画艺术特色［J］．泉州师范学院学报，2014（3）：107—111.

关键词：晋江；农民画；民风民情；艺术特色

机构：泉州师范学院美术与设计学院

摘要：晋江农民画以其独特的地域文化，特别是民俗活动、海洋文化、民居建筑、侨乡亲情等为题材，形成晋江农民画在全国的一大特色。此外，在艺术手法上，除借鉴民间美术的表现手法外，不断创新，尤其是尝试使用漆画的材料和技法来表现，也构成了晋江农民画的艺术特色及在全国不可替代的地位。

高劲松．闽台翰墨风华——"厦门博物馆闽台书画珍品展"作品赏析［J］．收藏界，2014（6）：115—118.

关键词：厦门博物馆；上官周；作品赏析

摘要：〈正〉我国福建书画滥觞于唐代，辉煌于两宋，全盛于明代，至清逐步形成了福建地区独特的地域画风。近现代以来，受特定的历史时期和福建地理位置等因素的影响，闽地画风更是呈现出多元化的发展趋势。福建历代拥有诸多开宗立派的大家，如黄道周雄健飘逸的书法，上官周独树一帜潇洒的笔意，李霞遒劲丰润的画风等，可谓是争奇斗艳，各领一时之风骚。明末清初，民族英雄郑成功收复台湾，从厦门将许多福建画师带往台湾……

黄文中．晋江农民画的历史与变迁——兼论中国现代民间绘画的发展走向［J］．集美大学学报（哲学社会科学版），2014（4）：24—28.

    关键词：晋江；农民画；历史；变迁；现代民间绘画

    机构：泉州师范学院美术与设计学院

    摘要：历经40余年的发展，晋江农民画在创作队伍、创作手法及艺术风格等方面发生了一系列变化，并最终以独特的地域文化及艺术手法在全国农民画中占有一席之地。通过对晋江农民画的研究，可以管窥中国农民画的发展历程，并以此思考其在当代的发展走向。

刘羽珊．基于艺术心理学的陈淳绘画艺术师承关系转桓刍议［J］．南京艺术学院学报（美术与设计版），2014（5）：48—52.

    关键词：艺术心理学；背离；盘桓与回归；心理依据；内驱力

    机构：华南师范大学美术学院

    摘要：文章以史料为依据，引入艺术心理学原理，对明代画家陈淳的个性、心境、人生经历、艺术追求进行分析探讨，考察陈淳艺术创作在文徵明、沈周之间的追随、背离、游移、回归的过程，力图通过画家个案研究，揭示艺术家成长成熟的共性规律，为艺术研究提供了新的方法和视角。

夏玥婷．浅谈蔡襄的书学思想和特点［J］．美术教育研究，2014（2）：22.

    关键词：蔡襄；书学思想；特点；影响

    机构：淮北师范大学美术学院

    摘要：作为一代宗师，蔡襄的地位是不可动摇的，堪称宋代书风的先驱人物。无论是苏东坡的"本朝第一"，还是欧阳修的"主盟"，或是黄庭坚的"翰墨豪杰"等评语，都向人们道出了个中关键，至于后世称誉也不计其数。文章从蔡襄的生平世事谈起，系统阐述他的书学思想的形成。

徐志坚．2013印花税票绘画创作随谈［J］．福建艺术，2014（1）：56—57.

    关键词：绘画创作；印花税票；东西塔；湄洲妈祖；闽南文化

    机构：福建师范大学美术学院综合绘画系

    摘要：〈正〉国家税务总局日前发行了由本人主持完成票面画作的《闽构华章》2013年中国印花税票。2013年版《闽构华章》印花税票以福建传统建筑为题材，选取了不同年代建造的福建传统建筑典型，体现了闽南文化、客家文化和妈祖文化等丰富内涵的福建文化特色。该税票一套9枚，面值分别是：1角、2角、5角、1元、2元、5元、10元、50元和100元，画面内容分别是上杭蛟洋文昌阁、福州三坊七巷、莆田湄洲妈祖庙、泉州东西塔、南靖田螺坑土楼群、屏南万安桥、永安安贞堡、南靖塔下张氏祠堂……

郑硕．郑硕水彩作品［J］．设计，2014（7）：6.

关键词：水彩作品；花开时节；中大；林芝地区

机构：长沙环境保护职业技术学院

摘要：〈正〉水彩作品《残》尺寸：540mm×780mm，创作于2010年福建惠安写生后。在惠安，画船和惠安女题材是最为普遍的，在写生的过程中大场景的船画了很多，回来整理发现船体的局部更有韵味，于是创作了一批残旧船体的局部作品，《残》是其中一幅，由于老船上被岁月侵蚀的痕迹很独特，用上水彩的特殊技法正是合适。近景的繁复和远景的简化恰好形成了大的对比。水彩作品《花开时节》尺寸：540mm×780mm……

周明聪．清代台湾书画双华：吕世宜、谢琯樵艺术成就之研究［J］．美术研究，2014（1）：31—32，41—44.

关键词：吕世宜；谢琯樵；书画；艺术成就

机构：景德镇陶瓷学院中国陶瓷文化研究所

摘要：〈正〉吕世宜、谢琯樵分别于道光、咸丰年间从福建内地至台湾。吕世宜博涉多能，工书能画，各体书法兼长，以篆、隶为高，草、行、楷可观，其书迹墨宝流传于台湾各地，对于台湾书学的提升，贡献巨大。谢琯樵诗、书、画、印四绝，具备多才多艺的各种专长，承继历代名家传统笔墨画法，又把精研篆刻的经验融入书画中，带给台湾早期艺坛一股朝气蓬勃的活力……

于博，张建华．蔡襄书学思想研究［J］．文艺争鸣，2014（4）：205—208.

关键词：书学；书品；书论；颜鲁公；本朝；《兰亭序》；项穆

机构：东北师范大学美术学院；吉林大学古籍所

摘要：蔡襄是宋代书法四大家之一，行、真、草、飞白、篆、隶各体兼善，在有宋三百余年间可谓独绝，并以其人品、书品皆优被推为"本朝第一"。除其书法艺术精妙绝伦之外，他的书学理论也颇有建树，虽然没有长篇书法专著传世，但其书学思想之光辉散见于部分手札和题跋当中，对后世书家学书大有裨益。本文从书法文献入手，对蔡襄书学思想进行爬梳，择取其精华，加以论述，并总结其历史价值和现实意义。

黄文中．永春纸织画的起源及现状与存在问题［J］．重庆科技学院学报（社会科学版），2014（1）：155—157.

关键词：永春纸织画；起源；现状；存在问题

机构：泉州师范学院美术与设计学院

摘要：纸织画是福建省永春县特有的民间传统手工艺术品。笔者实地考察走访了纸织画制作艺人与当地的文化主管部门，考证了永春纸织画的起源，分析了永春纸织画的现状及存在的问题。认为纸织画的发展主要靠市场，市场的需求就是对它最大的保护。需要在绘画与编织两者间找到最佳平衡点，更加重视纸织画的创作队伍建设。

吴小锦．论通草画、贞观香绒画"姐妹花"的艺术创新［J］．雕塑，2014（6）：44—45.

关键词：通草画；贞观香绒画；价值取向；创新发展

机构：福建省石狮市新湖通草画礼品有限公司

摘要：当代通草画、贞观香绒画，是福建石狮"吴氏艺术之家"所创立，被人们誉为民间工艺美术花园里的一朵"姐妹花"。若要"两画"在艺术百花园中永放异彩，应认真探求其在市场经济中的需求与价值取向，并要注重在观念、技艺和培育的创新，让"两画"在推陈出新中更加充满生机与活力。

五 其他

蓝达文．闽南剪纸艺术的文化阐释及其保护传承——以漳浦剪纸为研究中心［J］．漳州师范学院学报（哲学社会科学版），2013（1）：118—121，176.

关键词：闽南文化；漳浦剪纸；传承；保护；发展

机构：漳州师范学院艺术系

摘要：肇始于元朝的海外贸易，使闽南地区各种民间技艺及民间艺术得以传承和传播。漳浦剪纸作为闽南剪纸特殊的代表性艺术，在其艺术表现上，既继承了中原祖地带来的文化基因，义融合了本土的物质文化风貌，自成其独特的装饰风格。经历数代艺人传承，日趋完善。在当下重视非物质文化遗产保护的氛围中，深入探讨其艺术人文价值，完整保护，活态传承是我们的责任与义务。

李艳．福建漳浦民间剪纸的艺术特色［J］．漳州职业技术学院学报，2013（2）：63—66.

关键词：剪纸艺术；表现技法；构图造型；传承创新

机构：漳州职业技术学院建筑工程系

摘要：剪纸艺术是我国民间传统艺术瑰宝之一，在我国已有近两千年的悠久历史，是宝贵的非物质文化遗产，福建漳浦剪纸具有造型生动、剪工精巧、构图丰满、线条简练、细腻雅致等艺术特点，以独特的装饰性和趣味性美化着人们的生活。本文从漳浦民间剪纸的表现技法、形象组合、造型特征、构图形式、传承创新等方面对其艺术特色进行分析，揭示福建漳浦剪纸的艺术表达形式和象征意蕴。

王晓戈，龚晓田．割不断的神缘——龙海纸马发展状况及其文化、艺术价值初探[J]．集美大学学报（哲学社会科学版），2013（1）：31—35.

关键词： 龙海纸马；闽南民俗；艺术价值

机构： 福建师范大学美术学院；闽江学院美术学院

摘要： 龙海是闽南地区重要的纸马产地，也是福建省最大的外销纸马生产中心。笔者通过实地考察，介绍了龙海纸马的生产工艺及产业现况，分析了龙海外销纸马传统形成的原因及民俗信仰对纸马艺术的影响，并由此进一步探讨了龙海纸马的文化与艺术价值。

秦瑾．花灯艺术的奇葩——泉州花灯[J]．剑南文学（经典教苑），2013（9）：193.

关键词： 泉州；花灯；元宵节；民间

机构： 陕西理工学院

摘要： 元宵节是我国的传统节日，赏花灯是这个节日的重要活动之一。泉州作为我国最早的外贸港口之一，与周边国家、地区的文化、经贸交流频繁，早期的繁华给花灯技艺的发展提供了可靠的物质保障，民俗活动滋养了花灯的繁荣。从简单的材料、造型，到繁复的工艺、纹样，泉州花灯历经千年，在现代化的热浪中仍艰难地举步向前。

陈丹．漳浦剪纸的艺术特点及其发展创新[J]．艺苑，2013（2）：88—90.

关键词： 漳浦剪纸；题材选取；技法创新

机构： 福建省美术馆收藏保管部

摘要： 福建省美术馆收藏有一定数量的漳浦剪纸。著名的漳州民间剪纸艺术家黄素和高少苹是漳浦剪纸创作的杰出代表，她们在题材选取、技法创新上各有相同及相异之处。本文特选取这两位新老艺术家的作品进行观摩赏析，进而探讨剪纸艺术发展的相关问题。

杨登甲，戈子．一扣一滋味[J]．中华手工，2013（9）：56—57.

关键词： 闽南地区；百姓家；闽南人

摘要：〈正〉作为传统糕饼制作模具，"龟印"逐渐被机器取代。虽然机器模具也能做出香甜可口的糕饼，但总是缺少一股不可替代的人文情怀……厦门中山路局口街街口矗立着3座大红的龟印雕塑，初来乍到的游客常被它喜庆的颜色以及独特的外表吸引，不时有人拍照留念。雕塑的原型是厦门独有的民间艺术——龟印，这是制作红龟粿必不可少的工具，它曾经占据着闽南地区的大街小巷，为百姓家中常备之物。时至今日，购龟印做红龟粿的人越来越少，手拿龟印一扣一个红龟粿的乐趣已然成为儿时的记忆。但在潘海员眼中，这样的雕塑背后充满酸楚。作为潘氏龟印技艺的传承人，潘海员忠诚地守护着祖上传下的龟印制作手艺，一走就是30多载……

杨锡伟．品重珍珠 誉溢丹霞——浅谈漳州八宝印泥的发展［J］．中国集体经济，2013（23）：73—74.

关键词：八宝印泥；丹霞；传承发展；瓷盒

摘要：〈正〉一、文房五宝，蕴雅泌芳。漳州八宝印泥素有"文房五宝"之称，自创制300多年来，一直沿用向清王朝进贡的品级分等，以圆形青花瓷盒为典型的包装形式。印泥的颜色保持红中带黄的特色，为广大书画人士所接受并喜爱。近年来，特别是漳州八宝印泥被列为国家级非物质文化遗产保护项目之后……

刘萍．闽南文化中本土动画创作资源的开发与利用［J］．福建师范大学福清分校学报，2013（2）：49—54.

关键词：闽南文化；本土动画；创作资源；开发利用

机构：泉州师范学院美术与设计学院

摘要：针对闽南本土动画发展面临的困境，指出本土动画创作要充分挖掘闽南文化中可利用的资源，学习西方先进的设计理念和设计思维，创作出社会和市场所认可的具有自身特色的动画作品。

林清华．想象镜照：闽南语电影片与台湾乡土社会的现代性转型［J］．福建论坛（人文社会科学版），2013（8）：131—135.

关键词：闽南语电影；歌仔戏；乡土社会；身份认同

机构：厦门市台湾艺术研究院

摘要：闽南语电影作为一种地域性很强的方言电影，它的出现及时取代歌仔戏弥补了来自台湾乡土社会的现代性焦虑。本文试图从艺术社会学的一个侧面探讨闽南语电影所表征的在地意识形态对台湾乡土社会认同的形塑作用，以及台湾乡土社会的现代性转型怎样对闽南语电影进行互文性再生产，并最终导致闽南语电影的沉寂。

林宏恩．林宏恩舞台灯光艺术作品赏析［J］．演艺科技，2013（11）：73.

关键词：舞台灯光；完整性；点评；《要离与庆忌》；《蝴蝶之恋》；《赵锦棠》；《上官婉儿》

机构：福建人民艺术剧院

摘要：点评林宏恩在话剧《要离与庆忌》、歌仔戏《蝴蝶之恋》、评剧《赵锦棠》、高甲戏《上官婉儿》四部剧目中舞台灯光艺术的运用。

黄曦农，余深清．另一个纬度——泉州当代艺术展［J］．艺苑，2014（2）：54—59．

关键词：当代艺术展；艺术精品；当代艺术创作；文化之都

机构：泉州画院

摘要：泉州不仅具有深远厚重的历史文化底蕴、鲜明奇特的多元文化大观、丰富多彩的文化遗产、悠久广泛的对外交流等文化、历史优势，而且其当代艺术创作也百花齐放，呈现出新的态势。在与韩国光州、日本横滨共同当选为首届"东亚文化之都"的背景下，泉州举办了"另一个纬度——泉州当代艺术展"，将其当代艺术精品集中展览，为这座古老的城市带来了当代艺术的气息，显示了与古城的传统文化并行的当代文化新的活力。

陈晓萍．转型中的泉州民间美术［J］．美术观察，2014（10）：19—21．

关键词：民间美术；宗教氛围；永春纸织画；刻纸；雕塑界；泉州；文化生态保护区

机构：泉州师范学院美术与设计学院

摘要：〈正〉泉州地处大陆东南海隅，属闽南中心区域。浓厚的宗教氛围与民俗文化共同养育了泉州的民间美术，其数量之庞大，种类之丰富，是许多地区难以比拟的。无论是"冠绝天下"的泉州花灯，雕塑界享有盛名的"北有曲阳，南有惠安"的惠安石雕，还是与江西景德镇、湖南醴陵并列为"中国三大瓷都"的德化瓷器，以及江加走木偶头雕刻、李尧宝刻纸花灯、永春纸织画、锡雕、金苍绣等都在中国民间美术史中占有一席之地……

李宇思．古刹藏名辇　巧艺夺天工　安溪凤山岩清代辇轿赏析［J］．东方收藏，2014（7）：56—58．

关键词：安溪；凤山岩

摘要：〈正〉阳春三月，笔者盘山越岭，随缘而至位于安溪龙涓内灶社的千年古刹——凤山岩寺，登高远眺，层峦叠嶂，云蒸霞蔚，美不胜收，果然如清乾隆《安溪县志》所载那样：凤山，主峰内灶尖海拔1140.7米，"火星卓立，插入天表。顶可望海门，两下开张，若凤展翅，在安（溪）、（长）泰之交"。凤山岩寺，始建于宋真宗咸平四年（1001）……

涂慷．传统手工艺的艺术诉求——以泉州竹编技艺为例［J］．齐鲁艺苑，2014

（3）：65—69.

关键词：传统手工艺；艺术诉求；泉州竹编；竹编技艺

机构：集美大学美术学院

摘要：全面剖析泉州竹编的文化基源、工艺特色、艺术价值等，关注其生存现状及艺术传承，旨在引起人们对泉州竹编的文化价值和艺术价值进行思考，并唤起人们对保护优秀传统手工艺的重视。

魏雄辉．闽南龟粿印的吉祥表征［J］．装饰，2014（12）：112—114.

关键词：闽南；龟粿印；祭品

机构：泉州师范学院

摘要：龟粿印是闽南民俗祭祀文化中的一种吉祥物。在其身上所描刻的桃形、龟纹、寿字等吉祥图案，象征着百姓对美好生活的向往和对生命健康的祈求。本文通过对龟粿印包含的图纹进行分类剖析，概括其图形表征，指出闽南人崇龟文化的思想内涵，以及建立在中原吉祥文化基础上的独特寓意。

邬臻浩．浅析漳浦剪纸吉祥图样之地方文化特色［J］．大众文艺，2014（4）：21—26.

关键词：传统文化；漳浦；剪纸

机构：福建师范大学美术学院

摘要：闽南地区位于福建的东南沿海，自古以来就是内陆地区与海外各国文化经济交流频繁的港口地区，汇集了中原文化与闽越文化，也受到了当地归国华侨与海外民族所带来的南洋文化的影响，产生了许多独具地方特色的民俗文化，漳浦剪纸也位列其中，它所剪裁出的吉祥图样不仅具有中国传统艺术特色，还包含了各种南洋民俗文化的元素。

谢凯，颜财斌．泉州花灯 溢彩千年［J］．中华手工，2014（3）：56—59.

关键词：泉州花灯；刺桐；赏灯；安科纳；海上丝绸之路；工艺美术大师

摘要：〈正〉泉州花灯，起于唐代，盛于宋元，延续至今。虽然历经千年历史长河的洗礼，但它始终光彩夺目，一路璀璨。公元1271年，意大利商人雅各·德安科纳沿着海上丝绸之路来到中国东南沿海的港口城市刺桐（今泉州）。在次年元宵节，雅各观赏了刺桐人举办的赏灯会，被整座城市灯火通明、流光溢彩的盛景所震撼，于是称誉刺桐为全世界的"光明之城"。在其记载此行的《光明之城》一书中，他这样写道："刺桐人家家户户都在自家房屋的门口和庭院里点亮花灯……"

覃晓玲．合拍片中的文化互渗现象分析［J］．电影文学，2014（7）：90—93.

关键词：舒婷；日光岩；人说；三四；鼓浪屿；家庭旅馆；浓得化不开；在路上；拍照留念；菽庄花园

摘要：〈正〉有人说厦门的文艺像流淌的河水，生生不息；也有人说厦门的味道混合着老别墅和咖啡馆的香气，隽永悠长。而当我靠近厦门，窥见它的原貌，才知道原来它更像一首深情缠绵的歌，曲调里裹着轻柔、细腻和安静。这首歌伴着缓缓流淌的时光，飘进厦门人的生活。厦门人对厦门的白描舒婷说："不可否认，我的家族，我的认知，我的生存方式，我的写作源泉……"

蔡永辉．闽南俗语图像语境的现实意义——以惠女阿芳画说闽南为个案研究[J]．泉州师范学院学报，2014（5）：24—27，36.

关键词：闽南俗语；图像；语境；惠女阿芳

机构：泉州师范学院美术与设计学院

摘要：随着闽南文化大力发展的需求，如何有效地保护与传播闽南文化，已经成为当下研究的重点，本文通过对闽南俗语推广的研究，以近年出现的惠女阿芳画说闽南为个案研究，围绕其"闽南俗语"这一艺术创新语境而展开，其内容的通俗、生动与时代感气息，充满了浓郁的人性生活与艺术特色，吸引了广大读者的视觉感知，这恰好是当下保护与传播闽南文化必要的传递形式。以图像诠释文化的现实意义，无疑是值得我们研究的重点。

王永兴．借助现代动漫技术弘扬闽南特色传统文化［J］．情报探索，2014（9）：34—37.

关键词：闽南传统特色文化；动漫技术

机构：漳州市科技情报研究所

摘要：本文阐述闽南传统特色文化的内涵，分析其与现代动漫技术的融合和创新发展关系，提出借助现代动漫技术弘扬闽南传统特色文化，即借助现代动漫技术传承闽南传统特色文化、打造闽南传统特色文化品牌、创新闽南传统特色文化产业形态、创新闽南传统文化体验方式。

王永兴．论现代动漫设计与地域文化的关系——以闽南传统文化为例［J］．闽南师范大学学报（哲学社会科学版），2014（2）：111—115.

关键词：闽南传统特色文化；现代动漫设计；关系；融合

机构：漳州市科技情报研究所

摘要：闽南传统特色文化为现代动漫设计提供了丰富的素材，提升了现代动漫设计的感染力和影响力，两者之间具有休戚与共的相互促进关系。实现两者的互动发展的关键是两者的相互融合，这就要深入了解闽南特色文化，提升现代动漫设计理念；

合理借鉴闽南传统特色文化的有益元素，提升现代动漫设计的核心竞争力；闽南传统特色文化与现代动漫设计相互合作，实现两者之间相互促进的良性循环。

刘萍，安利丰. 泉州提线木偶的动漫形象开发及市场应用 [J]. 泉州师范学院学报，2014（3）：93—97.

关键词：泉州提线木偶；动漫设计；衍生产品；开发利用

机构：泉州师范学院美术与设计学院

摘要：了解泉州提线木偶造型的特点，通过解构、重建、夸张等造型手法提取泉州木偶中具有代表性的元素运用到动漫形象的设计中，设计并开发出全新的具有闽南艺术特点的动漫形象及衍生产品，从而推动闽南文化传播以及闽南旅游经济发展。

蔡淑芬. 泉州特产包装设计的地方文化传承与创新 [J]. 泉州师范学院学报，2014（5）：33—36.

关键词：闽南文化；泉州特产；包装设计

机构：泉州师范学院美术与设计学院

摘要：在商品竞争激烈的社会，包装除了具备最基本的"包"和"装"的功能外，本身所附带的商品附加值不可估量。一个好的包装犹如一个流动的广告，一个无声的解说员。泉州地方特产，是闽南泉州当地生活、文化习俗的一个代表，浓缩了这个地方的特色，是一种能带得走的"地方文化"，闽南特产的包装该怎么去定位和设计，使得闽南特产的包装能有独特的闽南文化特色，并且鲜明地存在于这个商品社会中，这个是我们要探讨和考虑的问题。

朱天曙. 此道与声诗同——周亮工印学思想初论（一）[J]. 艺术品，2014（10）：10—19.

关键词：周亮工；李贽；声诗；性灵说

机构：北京语言大学；中国书法篆刻研究所

摘要：〈正〉一、"性情""本色"与"己意"：论印章的本质。自李贽提出"童心说"后，公安派提出"性灵说"，主张文学要表现作家的性灵和本色。袁宏道在给袁中道诗集写的序中称：弟小修诗，……大都独抒性灵，不拘格套，非从自己胸臆流出，不肯下笔。有时情与境会，顷刻千言，如水东注，令人夺魂。其间有佳处，亦有疵处……

闽南文学

一　闽南古代文学

蔡晓丽．李贽与李渔的诗文批评思想比较 ［J］．戏剧之家（上半月），2013（11）：317.

关键词：李渔；李贽；诗文批评；比较

机构：南通大学文学院

摘要：李贽与李渔都生活在新旧王朝交替之时，他们有着相似或相同的诗文批评思想。他们都提倡性灵诗学，同时还提出真实自然的性情诗文观念。他们的诗文批评思想有一致之处，但由于生活于不同的文化历史时期，两人的诗文批评思想又存在相当大的差异性。

陈文新．挑战禁忌思潮中的诗学变异——李贽与公安派关系新论 ［J］．上海师范大学学报（哲学社会科学版），2013（1）：91—97.

关键词：李贽；公安派；三袁；挑战禁忌；诗学

机构：武汉大学文学院

摘要：李贽曾以"胆力""识力"称许公安派主将袁宏道，而公安派诗学的基本理念恰好与李贽的期许对应。所谓"独抒性灵"，表现的是"识力"，而"不拘格套"，则是"胆力"的鲜明体现。并非偶然，李贽的历史功利主义以挑战禁忌为宗旨，公安派诗学同样以挑战禁忌为宗旨。当李贽因挑战禁忌而不得不自刎于狱中之时，也就是公安派收敛锋芒之日。对李贽与公安派这种关系的把握，有助于深入理解晚明文坛和晚明社会。

陈小辉．宋代福建诗社略论 ［J］．厦门广播电视大学学报，2013（4）：40—45.

关键词：宋代；福建；诗社

机构：山东大学

摘要：宋代福建文学特别辉煌，此时福建诗社也特别多。这些诗社主要分布于福州、泉州、建州、兴化军等地，组成人员以官员和理学人士为主。对宋代福建诗社进行具体分析，可以为我们研究宋代福建文学提供一个新的视角。

袁彦博．浅析李贽"以自然为美"的文学思想［J］．才智，2013（24）：220.

关键词：李贽；自然；文学思想

机构：河南工业职业技术学院

摘要：李贽为学，以"穷究自己生死根因，探讨自家性命下落"为宗旨，其思想的独特处，在于他首先关注和积极肯定的是人的自然存在状态，这种观念表现在他的文艺理论中，李贽认为文学创作最基本的要求是真实自然。

翟勇．明代诗文总集成就初探——以何乔远《皇明文徵》为例［J］．惠州学院学报（社会科学版），2013（2）：16—19.

关键词：何乔远；《皇明文徵》；《明文海》；明代诗文；诗文总集

机构：泉州师范学院文学与传播学院

摘要：明代诗文总集繁多，但仅选明人自己诗文作品的总集数量相对较少。何乔远《皇明文徵》基本上可以说是第一部反映有明一代诗文概况的总集。虽其编纂的体例与前人编选总集相较无多大发明，但在选录标准上有自己独到之处。另外，无论是何乔远本人的文学观点，还是《皇明文徵》自身的编纂思想，都对黄宗羲编纂《明文海》产生了较大影响。

邹书．李光地文学创作观探析［J］．闽台文化研究，2013（2）：115—120.

关键词：李光地；创作观；实理

机构：福建师范大学文学院

摘要：李光地的文学创作观主要体现在内容上要求寻根"六经"，明实理抒真情；言辞表达上要求含蓄曲折、简洁醇厚；创作过程上遵循博览群书、模仿佳作，以致形成主体风貌这样一个循序渐进的过程。这些观念既有传统的因子，又有随文学观念发展而产生的新见，是李光地文学思想的重要内容，对其文学创作实践产生了重要的影响。同时，对清初文风和闽地诗风的转变起了推波助澜的作用。

刘海涛．陆可教、李廷机《庄子玄言评苑》考论［J］．兰台世界，2013（30）：118—119.

关键词：陆可教；《庄子玄言评苑》；伪书

机构：贵州师范学院文学院

摘要：《庄子玄言评苑》收入在《无求备斋庄子集成续编》第15册内，系艺文印书馆据明刊本影印，严灵峰先生在《周秦汉魏诸子知见书目》中对此书有介绍。笔者发现此书是杂抄众书而成，而且刻印粗糙，错误甚多，应是书坊托名刊印之书。

孟永亮，梁永宣．对《苏魏公文集》"医籍序"中书名及断句的商榷 ［J］．中医文献杂志，2013（5）：26—28.

　　关键词：苏魏公文集；医籍序言；书名；断句；苏颂；北宋医籍

　　机构：北京中医药大学图书馆

　　摘要：苏颂是北宋著名药物学家之一，其作品集《苏魏公文集》卷六十五中有5篇医籍序言，这是研究北宋医籍编校及流传史的重要文献。但笔者在查阅点校本时，发现其中2篇的点校有11处值得商榷，并从书名和断句两方面提出意见，建议在整理古籍特别是涉及中医文献时，希望能有中医学专业人士参与，如同北宋校正医书局模式，以保证所校书籍的准确性。

陈友义．潮州歌册：潮汕历史上独有的女子文化 ［J］．岭南文史，2013（2）：54—58.

　　关键词：潮州歌册；花园里；金花牧羊；民间说唱；民间文化遗产；薛仁贵；潮州方言；潮汕

　　机构：汕头职业技术学院潮汕历史文化研究所

　　摘要：〈正〉潮州歌册，又称歌、歌文、说文、弹词，是用潮州方言诵唱的民间说唱本子，是一种民间说唱文学，主要流行于潮汕、闽南地区，在港澳台、东南亚潮人中也有流行。它成于明中后期，盛于清乾嘉年间，发展于民国时期，受文化大革命冲击而衰落，如今几乎销声匿迹，很难一见。2008年，潮州歌册被列入第一批国家级非物质文化遗产扩展录项目名单。作为一种民间文化遗产，潮州歌册深受文艺界珍视，被收录于1983年8月出版的《中国大百科全书》；著名文史学家赵景深主编的《古代曲艺选集》中，辑撰了潮州歌册；著名俗文学家薛汕整理编撰了约40万字的《潮州歌册选》……潮州歌册俗中有雅，成为"中国说唱文学的百花园里一朵绚丽多姿的小花"……

柯荣三．番平千万不通行？——闽南"过番歌"中的历史记忆与劝世话语 ［J］．（台湾）民俗曲艺，2013（179）：185—222.

　　关键词：过番歌；南洋；落番；海外华人；闽南文化

　　机构：（台湾）财团法人施合郑民俗文化基金会

　　摘要："过番"是中国沿海各地侨乡先民到南洋谋生奋斗的共同历史记忆，在侨乡原籍或海外异邦流传着诸多篇幅或长或短，内容道尽出洋辛酸的"过番歌"。闽南地区是中国著名的侨乡之一，自然也产生了不少"过番歌"。番客（过番者）因为在南洋从事严苛的劳力工作但却仍然生活无着，最终只能失望返乡，因而有"番平千万不通行"

"番平好趁是无影"的人生感慨。然而 19 世纪的闽南人大量往南洋移动的历史事实，与"过番歌"中的呼吁形成强烈的对比。本文借由考察析论"过番歌"中的历史记忆与劝世话语后指出，落番在南洋的先民所遭遇的种种艰苦与威胁，对满怀梦想的番客以及在侨乡的家属来说，无疑是沉重的打击，是以"过番歌"会被称为"华工苦力曲"。失意番客虽以自身惨痛经历劝诫乡亲"番平千万不通行"，但深入思考歌中所言，却可以发现淘金梦碎的关键之一当在于"那无亲疏通至荫，千万不通过番平"。换言之，在"连锁式移民"的网络下，如果能获得亲朋好友、父老乡亲的南洋人脉的照顾提携，"番平"不仅未必"不通行"，反而是大有可为的新天地。再者，或有难忍异乡生活而堕落的番客，家内贤妻"嘱咐亲郎三件事，戒酒除花莫赌钱"之语及番客自述浪子回头的殷鉴，可能才是"过番歌"中真正能发挥效用的劝世话语。由此观之，"过番歌"其实有几许为后继番客出洋做好准备的积极意义与提供警惕的参考价值，也代表了"安土重迁"的传统文化观念正在逐渐松动。

巢彦婷．王令与吕惠卿的交游与唱和［J］．古典文学知识，2014（4）：51—57.

关键词：吕惠卿；王令集；刘承干；韩孟；以文为诗

机构：南京大学文学院

摘要：〈正〉王令《广陵集》中有与吕惠卿唱和诗一首，又有《答吕吉甫书》书信一封。观其造语，可见二人来往甚密，交情不薄。因吕惠卿集今不存，而王令集长期以抄本流传，诗文多有散佚，至清人编纂《四库全书》始得刊刻，1922 年刘承干编《嘉业堂丛书》时亦收入此书。故王令、吕惠卿二人实际唱和之数，或尚不止于此。王令字逢原，生于宋仁宗明道元年（1032），嘉祐四年（1059）六月初二日因足疾转剧不治，亡年二十八岁……

陈庆元，张婧雅．东南才士文学群体意识的觉醒——论晚明漳州霞中诗社［J］．东南学术，2014（5）：180—188.

关键词：晚明诗社；漳州霞中诗社；文学群体；张燮；郑怀魁

机构：福建师范大学；闽南师范大学闽南文化研究院

摘要：万历中，漳州诗人自称"东南才士""东南衣冠""东南之美"，以"东南"指称漳州，以张扬其声势。明代诗社林立，地处中国东南的漳州迟至万历中才组织史上第一个规模较大的诗社——霞中诗社。诗社发起人是张燮和郑怀魁，其初人数多达十三人，称"霞中十三子"。漳州文教兴起较晚，诗社的成立，体现了这一地区诗人的文学群体意识觉醒，他们甚至认为在地结社是千秋大业之举。诗社持续了二十来年，发展分为三个时期：订盟兴盛时期、延续时期和衰歇时期。与诗人结社密切相关的，一是诗友文集集中地推出，二是漳州一地历代诗歌总集的编纂，集体发声，展示了该地诗歌创作的声威，提高了地方诗人创作的自信。但这个诗社从成立之日起，就存在明显的弱点：一是成员比较松散，不仅居住地并不集中，而且部分人员长期游宦他方；二是领袖人物缺乏登高一呼的号召力，也没能提出独特的诗歌主张；三是地处海隅，创作基础不够广泛，与他地的诗人、诗社缺少广泛交流。明清易代漳州遭受战乱重创，诗社典籍几乎荡然无存，以致后世知之者甚少。

陈祖武．《榕村全书》前言［J］．闽江学院学报，2014（1）：129—130.

关键词：榕村；李光地；政治史

机构：中国社会科学院

摘要：《榕村全书》系闽中大儒李光地之遗著汇编。光地字晋卿，号厚庵，福建泉州安溪人。生于明崇祯十五年（1642），卒于清康熙五十七年（1718），享年七十有七。光地生当明清鼎革，一生亲历清初社会之由乱而治。康熙一朝，举凡一时国家大政，诸如平定三藩、台湾回归、治河理漕、兴复文教、整治朋党、储位废立、朱子从祀、经学提倡等，光地皆身在其间，每多攸关。因此，在清初政治史和学术史上，李光地允称举足轻重，有"儒林巨擘""一代伟人"之誉，占有不可取代的重要地位。

杜光熙．贞元八年"龙虎榜"成员探索古文创作的共同理念与实践活动［J］．名作欣赏，2014（32）：29—31，113.

关键词："龙虎榜"；中唐古文运动；古文创作

机构：首都师范大学文学院

摘要：作为唐代进士试名选，贞元八年"龙虎榜"对中晚唐政治、文学、艺术、学术产生了多元影响。"龙虎榜"与中唐古文运动有密切关系，贞元末至元和初，在儒学复兴的背景下，韩愈、李观、欧阳詹等"龙虎榜"成员基于同年关系结成群体，秉持共同理念沟通互动，在文学创作、学术活动、人格修为等方面探索古文、古道，推动了中唐古文运动的发展。

洪云媛．明代闽南布衣诗人黄克晦的诗歌内容探析［J］．湖南科技学院学报，2014（2）：46—49.

关键词：黄克晦；诗歌；内容

机构：福建师范大学文学院

摘要：黄克晦是明代闽南地区重要的布衣诗人，他的诗歌题材广泛，风格多样，有对百姓饱受倭患和天灾的感伤，有对祖国壮丽山水的吟咏，有与朋友酬赠送别的情谊，还有展现其旨趣的题画之作，在思想和艺术上都取得了一定的成就。

胡彦．试论苏颂"使辽诗"中的爱国情怀［J］．开封教育学院学报，2014（7）：256—259.

关键词：苏颂；爱国情怀；"使辽诗"

机构：金华职业技术学院

摘要：苏颂不仅是古代著名科学家、政治家，还是很有造诣的文学家。学界对于苏颂在科学、医学等领域取得的成绩颇为认同，而对其诗歌的艺术成就还缺乏应有的关注。"使辽诗"在苏颂的全部创作中占有重要的地位。笔者从"爱国主义"这一维度出发，试图对"使辽诗"的爱国情怀进行分析，希望在这方面的研究有进一步的拓展。

黄建军．李光地与康熙文坛［J］．求索，2014（11）：131—135.

关键词：李光地；康熙文坛；经世致用

机构：邵阳学院

摘要：李光地是康熙时期著名的政治家、思想家，为国家统一、吏治澄清、文化繁荣等方面都做出了杰出的贡献。他本身的文学成就也许并不突出，但因身份和思想的特殊性，李光地通过直接努力或间接影响，对当时整个文坛的走向有不可忽视的作用：整饬科场，给文人们创造相对公平的进身环境；爱惜人才，竭力营救和举荐一批文学人才；著书立说，影响清初文风等。

连心豪．黄道周《自西库过请室复逢除夕》十章校勘［J］．闽台文化研究，2014（2）：59—67.

关键词：黄道周；《自西库过请室复逢除夕》；校勘

机构：厦门大学历史系

摘要：本文据福建省图书馆古籍部所藏道光刻印本《黄漳浦集》，与民国排印本《黄漳浦集》及《黄漳浦文集》互相校对黄道周《自西库过请室复逢除夕》十章，指出其中的正误，并以黄道周《自西库过请室复逢除夕》墨拓册页拓本校勘道光本《黄漳浦集》，从而较好地还原黄道周此诗原貌。

苗贵松．晚明黄道周绘画题跋诗文叙录——兼论艺术社会学视阈的夫妇画家［J］．艺术研究，2014（1）：50—53.

关键词：晚明；题跋；黄道周；诗文；书画

机构：常州工学院人文社科学院

摘要：本文通过题跋源流考述及中国绘画史上的黄道周记录，梳理了黄道周绘画作品的鉴藏题跋和近年来的拍卖情况，举其最擅长松石题材的《松石图》手卷、《松石图》立轴、《湖畔松林图》《松鹤延年》《竹苞松茂图卷》五幅画作及其题跋诗文为例，阐释了晚明士人的精神领袖，黄道周剑胆琴心寓于绘画题跋之民族复兴、文学趣味、高洁人生等特别价值。夫妇的书画从古代流传至今而又志同道合、忠贞不渝者并不多见，晚明黄道周、蔡玉卿可为典型。

宋妍．浅论梨园戏与闽南文化之传承与传播　［J］．戏剧文学，2014（10）：97—105.

关键词：闽南文化；雍容典雅；古老剧种；陈三五娘

机构：泉州师范学院文学与传播学院

摘要：〈正〉泉州是闽南文化的发祥地和闽南文化遗产的富集区，在以她为核心的闽南文化圈内，至今仍然传演着一种极富生命力的古老剧种——梨园戏。梨园戏以其雍容典雅的音韵唱腔，曼妙多姿的舞步手势，异彩纷呈的服饰造型，栩栩如生的唐风宋韵，深受当地民众乃至海外侨胞的喜爱。自汉至于唐、五代及宋初，梨园戏在泉州孕育形成并发展成熟，经历了千年的历史文化积淀，使其在传递闽南民众的民族情感、传播闽南区域的文化精神，展现闽南艺术的独特魅力……

涂秀虹．嘉靖本《荔镜记》与万历本《荔枝记》——陈三五娘故事经典文本的对比与分析　［J］．福建师范大学学报（哲学社会科学版），2014（6）：55—60，66.

关键词：陈三五娘；荔镜记；荔枝记；闽南文化

机构：福建师范大学文学院

摘要：明代建阳书坊刊刻的嘉靖本《荔镜记》和万历本《荔枝记》，是陈三五娘经典故事现存最早的两个故事文本，为陈三五娘故事的传播提供了相对稳定的文本形态，可贵地保留了明代戏文演同一故事的不同形态，还原了戏曲史生动鲜活之一斑。两本戏文都经文人整理编集，但嘉靖本文本相对精致，既适合于舞台演出，又适合于案头阅读，而万历本文本较为粗糙，但更多保留了当时的演出形态。通过两个文本的对比分析，可见文人整理对于经典文本形成的作用，以及经典文本对于故事传播的意义。

吴承祖．郑成功"使唆黑鬼放烦"传说考　［J］．闽台文化研究，2014（1）：108—115.

关键词：郑成功；黑鬼；放烦；荷兰

机构：福建师范大学社会历史学院

摘要：在郑成功收复台湾的过程中，与荷兰人经历了一场炸毁热兰遮城的博弈。最后，郑成功获得这场博弈的完胜，顺利收回了台湾。闽南人民为了表达对郑成功这一丰功伟业的赞美之情，以此为依据，创造出了"使唆黑鬼放烦"的俗语与传说故事。这一发展历程，对现今口述史学的重新崛起或有些许借鉴作用。

吴文文．从闽南语、赣方言角度浅议古代诗歌的理解　［J］．安康学院学报，2014（2）：45—47.

关键词：闽南语；赣方言；古代诗歌；《次北固山下》；《观书有感》；《诗经》

机构：闽南师范大学闽南文化研究院

摘要：用保存有丰富古代汉语特征的方言分析古代诗歌，有助于克服语言障碍，探索作品的本原形态。本文利用分散留存于闽南语及赣方言中的古汉语语音特点、特殊词汇、语法现象，分析了唐代王湾《次北固山下》、宋代朱熹《观书有感》和上古时期的《诗经·东门之池》《诗经·何彼秾矣》《诗经·将仲子》等5首古诗，表明方言学与古代文学的学科交叉，既有利于在古籍整理中进行正确释读，也有助于更好地开展古代诗歌教学。

肖满省．理学视野下的蔡清诗文研究［J］．闽江学院学报，2014（1）：14—20.

关键词：蔡清；理学；诗文

机构：福建师范大学文学院

摘要：蔡清是明代著名的理学家，他秉持"诗以道情志"、为文"以义理为先"的诗文理论。蔡清的诗文创作也践行了其宗旨：不注重诗文的外在形式，而重视其内涵。蔡清的诗文成就虽然不是很高，却闪烁着理学的光芒，典型地反映了理学家在诗文领域的普遍共性。

张艳辉．论五代时期闽国诗学的历史地位［J］．求索，2014（4）：140—145.

关键词：闽国；诗学集团；地域意识；诗学理论

机构：西北大学文学院；闽南师范大学

摘要：五代闽国时期是福建诗学传统确立的一个奠基时代。这一时期，闽国诗学得到了全面发展，主要表现为：出现了以王延彬为核心的诗学集团；《泉山秀句集》等书的编纂代表着地域诗学意识的萌芽；同时有徐夤、黄滔等人的宗尚晚唐或宗尚盛唐、中唐诗学理论的构建。闽国诗学的发展为宋代福建地区诗学的隆盛拉开了帷幕。

郑礼炬．黄道周逸诗文辑佚［J］．福建师范大学学报（哲学社会科学版），2014（2）：36—43.

关键词：黄道周；《黄漳浦集》；诗文辑佚；陈寿祺；郑郿

机构：闽南师范大学文学院

摘要：黄道周是晚明重要的馆阁作家、学者和政治人物，其文集《明漳浦黄忠端公全集》（简称《黄忠端公全集》、《黄漳浦集》）系清代道光年间闽人陈寿祺所刻，是最通行的黄道周诗文集。陈寿祺称收集黄道周的文集费数十年苦心，"搜罗已极完备"，但是《黄漳浦集》还存在很多遗漏，现据《黄石斋未刻稿》，增订本《徐霞客游记》，郑郿《坖阳草堂文集》、《坖阳草堂诗集》和钱谦益《牧斋初学集》辑佚黄道周诗文，并根据文献，探知黄道周在1629—1632年间惊人的诗歌创作数量，收集黄道周所作诗歌部分残句、原韵。

周雪根．"志士不忘在沟壑　勇士不忘丧其元"——异端思想家李贽的诗心与诗

艺 ［J］. 中国韵文学刊, 2014 (4)：12—19.

关键词：李贽；诗心；性灵；自然；性情

机构：云南民族大学人文学院

摘要：李贽是我国明代伟大的思想家和文学家。截至目前，对其哲学思想、文学理论及其价值地位的研究，颇多学者已有论著，成果斐然。然于李贽诗心、诗艺的探究，似乎涉及太少。李贽诗歌研究的缺席终究是李贽文学研究的不完整。就情思内涵言，李贽诗不外反封建反传统、揭露批判世风时风，抒怀言志，对个人不幸身世和遭遇的反映及对亲情友情的珍视等四端。李贽诗歌最大的特点是平实自然，不追求形式技巧，很少用典故，常以口语入诗，故显得如与人叙话，亲切自然，通俗易懂。

张勇，魏刚. 以所主文学观析论"童心说"与"性灵说" ［J］. 大理学院学报，2014 (9)：42—50.

关键词："童心说"；"性灵说"；文学观；比较

机构：云南师范大学文学院

摘要：李贽"童心说"与袁宏道"性灵说"，放于文论而言，都具有相应文学观，因为两种学说具有承续关系，不仅存在相似观点，同样也存在同中有异之深层不同处。对于文学发展观、文学创作观、文学审美观及俗文学评价，两者都存在相似之处，但又因人生观不同为根本因素，加之其余因素，故而也存在阐述详略、关注点、创作形式等方面的不同之处。对二者所主文学观加以比较分析，亦可以有助于更好理解"童心说"与"性灵说"之全面深层内涵。

二　闽南近现代文学

（一）林语堂

卢茜. 从《浮生六记》看林语堂翻译中的杂合现象 ［J］. 海外英语，2013 (22)：172—173.

关键词：翻译；杂合；林语堂

机构：湖北美术学院公共课部外语教研室

摘要：翻译中的杂合现象是指译文中同时包含大量译入语成分和译出语成分。二者的融合不是译者随机而为，而是在通晓中西文化的基础上有目的、有意识地使两种成分有机融合于译文之中，从而减少语言层面的差异给译入语读者带来的冲击感，同时译者有选择地保留能够最好展现译出语文化的部分。翻译领域普遍存在杂合现象，尤其是在文学翻译中。林语堂将沈复所著《浮生六记》中的四篇翻译成英文，在此书的翻译中，林灵活使用注释法、直译法、意译法、音译法等处理语言层面的差异，在具体情境中灵活选择归化、异化两种手段，从而在最大程度上化解中英文化间的差异，使得译文呈现出杂合翻译的特点。该文以林语堂所译《浮生六记》为文本，尝试对该版译文中的杂合现象进行分析。

李平．林译《浮生六记》研究中存在的问题［J］．江苏外语教学研究，2013（2）：74—77.

关键词：林语堂；《浮生六记》；译本；目的；读者

机构：南京信息工程大学语言文化学院

摘要：林语堂翻译的《浮生六记》（1939 年译本）至今仍为翻译研究者和翻译学生奉为经典，作为中译外和跨文化翻译的模板，可见其作品之影响力。但是，也反映了当前林语堂翻译研究和中译外研究的局限性，因为林的 1942 年译本几乎从未提及。本文以林语堂所译《浮生六记》的两个不同版本（1939，1942）为例，通过实证研究，指出两译本的差异，进而凸显当前《浮生六记》研究中存在的问题。希望本研究能引起国内外学者的关注，促进林语堂翻译研究的进一步发展。

李慧珺．浅析林语堂自译作品的忠实性——以《啼笑皆非》为例［J］．海外英语，2013（21）：161—162.

关键词：自译；忠实性；林语堂

机构：合肥工业大学外国语言学院

摘要：该文以著名作家林语堂的自译作品之一《啼笑皆非》为研究对象，首先阐述自译以及《啼笑皆非》此类自译作品的特征；其次将中英文本进行对比，举例阐述林语堂自译的忠实性；最后结合了林语堂自己的翻译理论分析自译不忠实产生的原因。

佟跃．从《浮生六记》英译本看林语堂的翻译思想及翻译策略［J］．才智，2013（27）：242.

关键词：林语堂；《浮生六记》英译本；翻译思想；翻译策略

机构：沈阳师范大学外国语学院

摘要：林语堂是中国近代著名的文学家和翻译家。他深受西方文化的影响和中国文化的熏陶，毕生致力于东方文化与西方文化的沟通、交流与传播。在其翻译过程中，他秉承"忠实、通顺、美"的翻译三标准，并始终坚持"传神"的原则。该文通过林语堂先生翻译的《浮生六记》英译本来浅析他的翻译思想是如何应用于该作品以及所运用的翻译策略是如何体现的。

夏正娟，马群仁．论林语堂创作思想的变化——以 20 世纪二三十年代为中心［J］．延边大学学报（社会科学版），2013（6）：122—126.

关键词：林语堂；20 世纪二三十年代思想；克罗齐；道家文化

机构：吉林大学文学院；盐城市教科院

摘要：林语堂在 20 世纪二三十年代的创作发生了明显的变化，但如何评价这一变化，成为学者们长期争议的话题。肯定前期创作的学者，多从社会性的层面考量；肯定后期创作的学者，则多从文学性的角度观照。不同视角的切入，极大地拓展了林语堂研究的空间。但考量一个作家的创作是否成熟，不能仅依据社会学或文学性的单一尺度，创作风格、思想主张稳定与否都是重要的考察标准。20 世纪 20 年代，林语堂仍处于"文化认同"的"延展期"，思想尚未稳定，文章论点常来源于鲁迅、周作人、钱玄同等名家。及至 20 世纪 30 年代，林语堂在西方文化中发现了克罗齐的美学理论，并将之与道家文化相融合，明确地提出了"艺术即表现""表现即艺术"的口号，开始形成自己鲜明的理论主张。

杨蓓 . 谈翻译基本技巧在林语堂译作中之体现 ［J］. 海外英语，2013（24）：173—174.

关键词：林语堂；翻译基本技巧；意译；增译；省译；转译

机构：江西财经职业学院

摘要：林语堂先生是我国著名的文学家、翻译家，曾为翻译理论研究和翻译实践做出过巨大贡献。该文通过对林语堂先生代表性译作的研究、分析，从意译法、增译与省译、转译法等多个角度探讨翻译基本技巧在其译作中的运用，以求一窥大师的翻译风采，激励自己和更多的人来学习研究大师的翻译艺术。

李灿 . 林语堂《中国传奇》的现代美学精神 ［J］. 湖南社会科学，2013（6）：260—262.

关键词：林语堂；《中国传奇》；现代美学精神

机构：南华大学文法学院

摘要：林语堂根据中国古代短篇小说编译的英文作品《中国传奇》与原著有较大差异，体现了林语堂独特的美学思想和文化理想，不但激发了中国传统美学的现代变革，而且推动了民族审美文化在"全球化"语境中的创新与传播。

李钢 . 林语堂《论语》编译的生态翻译学解读 ［J］. 湖南社会科学，2013（6）：263—265.

关键词：林语堂；《论语》；生态翻译学

机构：湖南文理学院外国语学院

摘要：生态翻译学认为，翻译是译者在翻译过程中为适应翻译生态环境而进行的一种选择活动，为翻译研究提供了一个新的研究视角。从生态翻译学来看，林语堂《论语》编译取得成功的关键在于他根据译语所面临的新的生态环境，采取了适应目的语读者的翻译策略和方法。

房丽娜．林语堂《论语》英译本中的译者间性特征分析［J］．英语广场（学术研究），2013（1）：9—10.

关键词：林语堂；论语；文本间性

机构：齐齐哈尔大学

摘要：林语堂《论语》英译本是一部较为符合英语语言习惯和价值观的译作。译本翻译的策略和方法深受译者的"间性"意识影响。林语堂特殊的教育背景以及多重的学术身份，形成了林语堂在翻译活动中的"间性"意识，从而实现不同主体间的对话与交流，使译本起到了系统地向西方介绍中国传统的儒家思想，并且促进西方读者了解中国传统文化的作用。本文尝试通过林语堂英译本《论语》的简要分析，来了解林语堂的"间性"意识是如何影响其《论语》英译本的翻译策略的。

冯欣欣．林语堂《啼笑皆非》自译研究——林语堂译本与宋碧云译本的比较研究［J］．安徽文学（下半月），2013（1）：27—28.

关键词：林语堂；《啼笑皆非》；自译

机构：武汉生物工程学院

摘要：自译是一种特殊且有趣的翻译现象。对自译现象进行研究不仅能够丰富翻译理论，对翻译实践也有重要意义。本文以著名作家林语堂自译其英文作品 Between Tears and Laughter 为例，将林语堂自译本与台湾译者宋碧云的译本进行比较，总结了林语堂的自译特点，并探讨了影响林语堂自译的各种因素。由于是翻译自己的作品，自译者比普通译者对原文有着更加深刻全面的理解。林语堂的自译在看似"不忠实"和"叛逆"的背后，实际上是最为忠实的翻译。

李丹．译者主体性视角下鲁迅与林语堂翻译思想浅较［J］．科技信息，2013（6）：518，520.

关键词：译者主体性；鲁迅；林语堂；翻译思想

机构：沈阳师范大学外国语学院

摘要：受到时代、传统、文化与环境等因素的影响，翻译过程中译者往往会根据自己的翻译意图和文化背景对原作进行必要的加工和再创作，这一现象在文学翻译中尤为突出。近年来，译者主体性研究日益受到学界的重视。本文通过对文学翻译中译者主体性的具体表现形式进行深入全面的阐释，对鲁迅和林语堂的翻译思想进行比较研究，从而探视文化意识、翻译目的和审美取向在文学翻译中的重要作用。

刘阿妮．林语堂文化观在翻译策略上的体现［J］．海外英语，2013（2）：120—

121，123.

　　关键词：林语堂；文化观；归化；异化

　　机构：太原理工大学

　　摘要：关于林语堂之文学、翻译作品的研究似乎已是成熟之至，想要对他这朵"盛开在东西方文化中的一朵奇葩"再进行一番新颖独到的研究，实属难上加难。林语堂特殊的生活阅历造就了他独特的东西文化观，该文旨在通过对他译作中不同翻译策略的或合理或不合理运用的解读来进一步阐释他的文化观。

　　邵文轩．从主述位切分视角看林译《浮生六记》［J］．佳木斯教育学院学报，2013（3）：47，49.

　　关键词：主述位切分；林语堂；《浮生六记》

　　机构：云南大学旅游文化学院

　　摘要：本文从主述位切分这个微观角度解析林语堂翻译的《浮生六记》，以科学、实用的视角为文学翻译洞见了一片新天地。

　　郭有婧．从《苏东坡传》看林语堂叙述者身份的丢失［J］．甘肃高师学报，2013（1）：39—44.

　　关键词：林语堂；《苏东坡传》；叙述者；身份丢失；新历史主义

　　机构：兰州城市学院学报编辑部

　　摘要：《苏东坡传》是林语堂1947年用英文完成的一部历史传记。他用个人主义甚至无政府主义的观念对苏东坡的生活及其年代进行了解读，他的这种史观又与浪漫主义的文学批评相结合，使他在解读历史的同时失去了历史传记作家必需的叙述者的身份。比起建设社会的功德，林语堂更关心生命的理想及人类的品性，他的解读又与西方新历史主义的理论暗合着，成就了《苏东坡传》被读者喜爱和流传社会的一个助缘，同时也构成了对历史真实的某种偏离。

　　张莹莹．生态翻译学视角下解读林语堂《京华烟云》［J］．海外英语，2013（5）：170—171.

　　关键词：林语堂；《京华烟云》；适应与选择

　　机构：齐齐哈尔大学外国语学院

　　摘要：《京华烟云》作为林语堂最有影响力的长篇英文小说，成功地将中国传统文化介绍给世人，并且赢得了国内外的赞誉。该文拟从《京华烟云》的自译性出发，以生态翻译学这一全新翻译研究视角分析林语堂在创作这部著作时对翻译生态环境的适应与选择。

符晓晓．从林语堂诗歌翻译浅谈其文化变译思想［J］．海外英语，2013（7）：225—226.

关键词：林语堂；文化变译；跨文化传播

机构：阜阳师范学院信息工程学院

摘要：林语堂是中国文化对外翻译与传播的一代大师。30多年的国外学习生活经历赋予他深厚的中、西方文化底蕴，造就了他在文学界及翻译界稳固的国际地位。该文以其生前翻译的诗歌为例，分析其创作后期所持的文化变译思想，结合中国文化对外传播现状，指出文化变译理论能有效指导中国文化对外译介，让外国读者能真正了解中国文化内涵，保存译本的"中国腔"。

陈智淦，王育烽．林语堂的比较文学跨学科视域［J］．北京化工大学学报（社会科学版），2013（1）：56—64.

关键词：林语堂；比较文学；跨学科研究；先驱者

机构：厦门大学嘉庚学院；厦门理工学院外国语学院

摘要：林语堂在各种言论、著述中进行大量的比较文学跨学科研究，这与其深厚的语言学造诣、国学积累和对欧美科学研究方法的掌握密切相关，但因其论述缺乏一定的系统性而长期遭受比较文学学术界的忽视。林语堂对文学与语言学、哲学、宗教等社会科学，绘画、音乐、影视等艺术形式以及自然科学等的跨学科研究成果给后人以重要的启迪，他理应被视为中国比较文学跨学科研究的先驱之一。

方小卿．美化之艺术——从《浮生六记》英译看林语堂的翻译美学［J］．海外英语，2013（10）：157—158，166.

关键词：林语堂；《浮生六记》；审美客体；审美主体；审美产物；审美批判原则

机构：浙江科技学院语言文学学院英语系

摘要：该文将宏观和微观研究相结合，从翻译美学出发，探讨林语堂对该文本的选择，并细读林语堂的《浮生六记》英译文本，分析其中经典文化词的英译策略，阐述林语堂在四个领域——审美主体、审美客体、审美产物和审美批判原则中体现出来的精辟独到的翻译见解，论述他为译论建设所提供的启发和借鉴意义。

赵慧娟．林语堂《浮生六记》的翻译思想研究［J］．边疆经济与文化，2013（4）：150—151.

关键词：文化间性；林语堂；翻译思想；《浮生六记》

机构：齐齐哈尔大学外国语学院

摘要：林语堂之所以能够成为成就卓著的翻译大家，正是源于他对中西方文化的了解和对中英文的精通，创作并翻译了一系列优秀的文学作品，这些作品中充分体现了他的文化间性理念。本文通过列举《浮生六记》的主要译文事例，从文化间性这一角度对其翻译思想进行探析。

符晓晓．林语堂诗歌翻译欣赏［J］．英语广场（学术研究），2013（7）：32—34.

关键词：林语堂；翻译；鉴赏

机构：阜阳师范学院信息工程学院

摘要：林语堂是世界著名的文学家，也是我国独树一帜的翻译家。其一生翻译了很多作品，其中有很多蕴含中国传统文化特质的诗歌。本文对林氏诗歌翻译作品进行鉴赏和评价，旨在更深一层地理解林氏翻译的文化传播至上的翻译理念。

谢春林．张爱玲与林语堂的英文作品对比研究［J］．武汉冶金管理干部学院学报，2013（2）：79—80.

关键词：张爱玲；林语堂；英文作品；写作手法

机构：武昌理工学院

摘要：张爱玲和林语堂都是当代中国有名的双语作家，他们的中文作品在文学界均有很高的知名度，影响也很大，其中包括一些英文写就后来翻译成中文的自译作品等，如张爱玲的《流言》，林语堂的《吾国吾民》和《京华烟云》等。两人都有相似的留居国外的经历，英文作品的受欢迎度却是泾渭殊途的两种结果。关于两人的英文作品的研究本就不多，而把两人的作品放在一起做对比研究的就更少。

陈奕曼．文本间性视野中林语堂的文化翻译研究［J］．周口师范学院学报，2013（4）：64—66.

关键词：文本间性；林语堂；文化翻译

机构：揭阳职业技术学院外语系

摘要：文本间性理论强调的是文本之间存在相互指涉的关联性。在文本间性理论视阈下，分析文本间性理论与翻译的关系，探讨林语堂文化翻译态度及其文本间性翻译理念，对林语堂作品中的文化翻译进行互文性分析，并指出林语堂作为译者，既充分认识到文化翻译的文本间性特点，又采取了适当的翻译策略来传递文本间的互文契合。

邓文华．析《京华烟云》中渗透的民族正气［J］．西南农业大学学报（社会科学版），2013（8）：103—104.

关键词：《京华烟云》；林语堂；民族正气

机构：武警昆明消防指挥学校训练部

摘要：《京华烟云》是著名作家林语堂的代表作，共分为三卷：《道家的女儿》

《庭园的悲剧》和《秋之歌》。整部作品反映了从庚子年间义和团反抗"八国联军"侵略，到1938年中国人民全面抗战爆发的40年间中国社会的变迁，多方位展示了中国近现代社会中几个相互关联的大家族的命运沉浮，为读者全景式地呈现了当时的时代背景，将一股浓浓的民族正气渗透其中。

李艳．论林语堂对流浪汉小说的借鉴与发展 [J]．五邑大学学报（社会科学版），2013（3）：51—54，94.

关键词：林语堂；流浪汉小说

机构：天津大学国际教育学院

摘要：林语堂译介过西方流浪汉小说，并在表现内容和艺术手法上对西方流浪汉小说有所借鉴，同时融入了鲜明的民族色彩和现代意识。他竭力赞颂流浪中的自由意志和批判立场，在一些以移民为题材带有自传色彩的小说中拓展了乡愁主题，塑造了性灵而悠闲的中国式"放浪者"流浪汉形象。

刘彦仕．从社会学视阈分析林语堂英译作品的跨文化传播 [J]．职业时空，2013（8）：93—96，102.

关键词：林语堂；布迪厄理论；习性；翻译；跨文化传播

机构：四川文理学院

摘要：中国文学的对外译介和传播有两个阶段：一是文学在本土的文化生产，二是译本在异域文化的接受。林语堂在1935年后的翻译活动主要是汉译英，或采用英文改写甚至英文创作的方式来对外译介中国文化。从布迪厄理论视角分析译者和场域张力之间的关系，从跨文化交流传播的历史文化语境考察林语堂的英译作品，探讨译者行为的内外在翻译动因。林语堂的翻译既符合他在场域中的"利益"或资本预期，又较为契合其个人习性和翻译习性，这就使他能够接受和适应新的翻译规范，创造一种特有的本土文化意识或习性。

吴海燕．诠释学视域下林语堂《道德经》英译本探析 [J]．兰州教育学院学报，2013（9）：145—147.

关键词：《道德经》；林语堂；英译；诠释学

机构：泉州医学高等专科学校社科公共部

摘要：本文以诠释学理论为基础，首先从宏观视角介绍了林语堂对《道德经》的见解；其次从微观视角着手，通过理论与案例的结合，分析和比较了林语堂、理雅各、韦利对《道德经》中所蕴含文化深层含义的术语翻译，以期为中国古籍翻译提供一些借鉴。

李平．林语堂与词典的不解之缘［J］．兰台世界，2013（25）：55—56.

关键词：林语堂；词典；创作；翻译

机构：南京信息工程大学语言文化学院

摘要：本文从林语堂看词典、用词典和编词典三个方面解读林语堂在词典学的思想和遗产及其在中国词典编纂史中的历史意义。

乐虹美．论林语堂 20 世纪 30 年代的散文创作［J］．安徽文学（下半月），2013（10）：29—30.

关键词：林语堂；散文；思想形成；思想内容；文体风格

机构：云南师范大学

摘要：林语堂是一个学贯中西颇具个性的文化智者。他的散文创作相当丰富，大致可以分为三类：（1）社会批评类；（2）文化批判类；（3）生活感悟类。林语堂提倡幽默、闲适和独抒性灵的创作风格。这三种创作风格的相互作用，使得林语堂的散文具有一种与众不同的特点，也使得林语堂成为一个独具风格的作家。

单原．林语堂的中国文化外译——以《浮生六记》译本为例［J］．盐城工学院学报（社会科学版），2013（3）：61—64.

关键词：林语堂；中国文化外译；文化预设；翻译选择；翻译策略

机构：浙江树人大学外国语学院

摘要：林语堂先生为中国文化输出的先驱，在其诸多译著中又以《浮生六记》最见功力。本文以该译本为例，探讨了林语堂先生在"东学西进"的翻译探索中如何突破重重困难，通过翻译选择来挑战文化预设，并在"忠实、通顺和美"的原则下灵活应用翻译策略以求得中西文化共鸣的成功经验，对于 21 世纪如何让"中国文化走出去"的翻译实践具有重要的启迪意义。

谢青．《论语》韦利英译本和林语堂英译本之对比分析［J］．河南工业大学学报（社会科学版），2013（3）：119—122.

关键词：《论语》英译；翻译目的；韦利；林语堂

机构：上海交通大学外国语学院

摘要：对韦利和林语堂的《论语》译本进行了对比研究，探讨了翻译目的对译者的翻译策略的影响，揭示了译本差异的主要特征及背后的原因和依据。

赖勤芳．论林语堂《唐人街》的怀旧意味［J］．温州大学学报（社会科学版），2013（1）：31—36.

关键词：《唐人街》；中国文化；理想家庭；童年经验；全球化表征；怀旧

机构：首都师范大学文学院；浙江师范大学人文学院

摘要：林语堂的英文长篇小说《唐人街》并不以艺术性见长，而重在彰显中国文化的优质品性。小说叙写了大都市纽约唐人街上冯氏一家的生活，尽管着力的是生活艰辛，却建构洋溢温情、宽容与和谐的理想家庭形象，这个华人家庭代表了中国文化的实质。小说还通过还原童年经验来演绎具有家庭精神的中国文化，这种自传式写作更加体现了作者对中国文化的认同。而小说中多元文化景观的展示、皈依乡土的强烈意向和中国文化现代价值的全面张扬，具有全球化表征，中国文化成为"主题化的乡愁"。小说从时间和空间双重维度强化了怀旧意味。

曹丽莉，王凌云．林语堂翻译中的归化与异化——林语堂译作《浮生六记》研究 [J]．赤峰学院学报（汉文哲学社会科学版），2013（1）：203—205.

　　关键词：林译《浮生六记》；归化；异化

　　机构：合肥工业大学外国语学院

　　摘要：归化和异化是翻译中的两种基本策略，林语堂译作《浮生六记》是学者们探讨的热点，本文拟从林译《浮生六记》看归化与异化的翻译策略在其中的运用，探讨了归化与异化的翻译策略在林译作品中的体现。

郗明月．跨文化视角下林语堂《吾国与吾民》中的中国英语研究 [J]．海外英语，2013（7）：242—244，249.

　　关键词：林语堂；《吾国与吾民》；中国英语；著译策略；跨文化传播

　　机构：天津工业大学外国语学院

　　摘要：该文以《吾国与吾民》为个案，以目的论为指导，结合林语堂著译的根本动机，通过对作品在词汇、句子和篇章三个层面所体现的中国英语现象进行分析，探讨其中国英语的表达方式、运用策略和现实意义，进而揭示了林语堂如何通过他独具风格的中国英语成功实现了中国文化的跨语际传播。

赵妍婷．辜鸿铭与林语堂《论语》英译策略对比研究 [J]．长春工业大学学报（社会科学版），2013（4）：117—119.

　　关键词：《论语》；翻译策略；对比

　　机构：江苏大学外国语学院

　　摘要：近年来，随着儒学研究的复兴和儒经英译的不断升温，对儒经英译的研究成为翻译界的热点之一。作为中国近现代史上向西方译介儒家经典的先驱，辜鸿铭和林语堂分别于1898年和1938年对《论语》进行了英译。两种译本在翻译策略方面存在着较大的差异。这主要体现在四个方面：原文选择的不同、章节处理的不同、文化词翻译的不同、所增添的注释不同。

薛昭曦. 寄沉痛于悠闲——林语堂文学理念的知识社会学考察 [J] . 河南科技大学学报（社会科学版），2013（5）：57—61.

关键词：林语堂；知识社会学；文学理念

机构：福建师范大学文学院

摘要：从知识社会学的视野来考察林语堂的"闲适"文学理念，会发现这种闲适话语在20世纪30年代的各种意识形态中隐伏着沉痛。这种沉痛来自于闲适话语处境的尴尬，来自于"闲适"文化视角对东西方的凝视与糅合，更来自于闲适作为一种自由主义的观念形态的艰难指向。同时，林语堂的文学理念在与诸多观念的博弈中显示出了乌托邦想象、异端思想以及一种"非政治"的政治观等特征。

郑淑娟. 从《信仰之旅》论林语堂的儒耶文化观 [J] . （台湾）东吴中文在线学术论文，2014（27）：1—20.

关键词：林语堂；《信仰之旅》；儒耶文化观

机构：（台湾）东吴大学

摘要：《信仰之旅》一书，呈现林语堂从儒、释、道、耶、宗教、哲学、科学、文化等多重视域，探索个人对知识、信仰的追寻理路，从中可见其学识之广度与深度。为求深入探讨，拙文拟聚焦讨论《信仰之旅》一书中林语堂的儒耶文化观，并借此呈现其观点在近代中西文化思潮光谱上的意义与价值。

艾亚南. 对林语堂《奇岛》殖民主义观念的批判 [J] . 牡丹江大学学报，2014（5）：16—18.

关键词：林语堂；《奇岛》；殖民主义

机构：河北师范大学文学院

摘要：林语堂有丰富的海外生活经历，且大部分时间生活在代表西方话语权力的美国，这便为其在小说《奇岛》中对西方话语的接受提供了可能性。用后殖民主义的话语理论重新审视《奇岛》，旨在批判小说中包含的西方殖民主义价值观，尤其是林语堂在社会层面与个体层面的殖民主义观念，并在后殖民主义话语环境中完成对西方殖民主义的解构。

安悦悦. 中国英语在林语堂《苏东坡传》中的体现 [J] . 安徽文学（下半月），2014（8）：33—34.

关键词：中国英语；文化身份；文化传播

机构：宁夏大学外国语学院

摘要：作者通过阅读林语堂的《苏东坡传》发现中国英语在该作品中的使用非常明显且普遍，具体体现在词汇、句法、语篇、语用和修辞等方面。中国英语在文学作品中的使用表明中国英语是可理解的，而且它承载着中国特色文化，是对外传播中国文化的有效工具。

韩德英．林语堂翻译作品中归化和异化翻译策略研究［J］．长春工业大学学报（社会科学版），2014（6）：90—92.

关键词：文化观；翻译策略；中西文化

机构：山西大学外国语学院

摘要：文化翻译策略对于促进跨语际的文化交流起着至关重要的作用。明确影响林语堂翻译活动的主要因素：独特的文化观，进而科学挖掘林语堂在作品中处理中西文化差异所采用的翻译策略。

岑佩妮．林语堂小说的生态女性主义解读［J］．闽台文化研究，2014（2）：103—108.

关键词：林语堂；生态女性主义；自然；女性；父权制

机构：闽南师范大学闽南文化研究院

摘要：林语堂先生在他的各种文体作品中都十分关注女性问题，有着自己独特的女性观和自然观，他于抗战期间着手进行英文小说《京华烟云》《风声鹤唳》的创作，又在之后二十多年里陆续创作了《唐人街》《朱门》《红牡丹》和《赖柏英》，塑造了一大批动荡时代背景下性格鲜明的女性形象。从生态女性主义理论角度出发来解读林语堂小说，尤其关注作品中女性与自然、女性与男权制度、男权与自然生态之间的相互关系，并初步探讨如何构建生态审美与生态理想，以达到尊重女性、尊重人与生态的和谐发展。

陈宏薇．他者意识在林语堂英译《中山狼传》中的体现［J］．山东外语教学，2014（2）：90—98.

关键词：符号学翻译观；他者意识；林语堂；《中山狼传》；英译中国古典文学；编译

机构：华中师范大学外国语学院

摘要：本文简约介绍了符号学翻译观的基本观点以及重要理念：他者意识，指出他者不仅指涉别于自我的他者，还指涉地球上所有其他的生命。作者以林语堂采用编译法英译《中山狼传》这一符号活动为例，仔细分析译者如何对三类他者负责——出版社、表现体（源语文本）与作者、解释体（目的语文本）与其读者，说明林语堂强烈的责任心即他者意识是他英译中国古典小说成功的重要因素，他的符号活动对英译中国古典或现代文学有参考价值。

陈晶．林语堂的翻译与改写及对中国文化"走出去"的启示 ［J］．黄河科技大学学报，2014（4）：117—120．

关键词：林语堂；翻译策略；中国文化；"走出去"

机构：南开大学外国语学院

摘要：林语堂的翻译改写策略得到了目的语读者的广泛接受，使一系列中国文学文化作品走进西方文化。他的原文文本选择别具匠心，指向了一系列倡导性灵、闲适、幽默的中国文史哲作品，同时采用了翻译改写策略，满足了目的语的读者期待，其译本一再登上西方主流媒体畅销书的榜单。林语堂介绍中国文化的成功经验告诉我们：在当下为促进中国文化走向世界，首先要选择适合"走出去"的文本；其次要突破传统翻译观对忠实对等的过分强调，采用形式上归化与文化上异化相结合的翻译策略。

程瑞芳．以《浮生六记》英译本为例解析林语堂翻译的美学特点 ［J］．佳木斯教育学院学报，2014（2）：393．

关键词：林语堂；翻译；美学

机构：华中师范大学外国语学院

摘要：林语堂是一位国际知名的翻译学家，他精通英语，有良好的双语功底。他一生创作并翻译了很多著名的经典著作。《浮生六记》堪称中国古代文学的经典译作，为西方读者广为接受，甚受好评，是中西跨文化交流的成功典范。林语堂在措词句篇修辞手法，文章的意境处理上都以美学作为自己的主要指导思想。在做到忠实、通顺的同时，保留了原文的美感，也让西方世界读者更好地领略到了中国古文学的美感。

戴文静．审美现代性视域下的林语堂诗文翻译研究 ［J］．江苏大学学报（社会科学版），2014（2）：74—80．

关键词：林语堂；诗文翻译；审美现代性；《东坡诗文选》

机构：江苏大学外国语学院

摘要：以林语堂英译《东坡诗文选》为个案，从审美现代性的四个维度出发，综合分析林氏诗文翻译主、客体中的审美现性特征，可以发现林氏和东坡有着相近的性情和禀赋，林氏翻译实践具有鲜明的审美现代性特征，以此为基点可以探索中国传统诗歌外语翻译及其研究的新思路。

单原．译"境"胜于译义——以林语堂《武则天传》中的文化外译为例 ［J］．名作欣赏，2014（30）：128—129，170．

关键词：林语堂；《武则天传》；语境；文化负载词；中国文化外译

机构：浙江树人大学外国语学院

摘要：翻译是一种跨文化的交际行为，作为"中西文化的使者"，林语堂凭借其深厚的中西语言功底和对中西文化的通晓，将中国文化译介到西方社会，促进了西方社会对中国文化的认识和接受。在异质文化融合视域下，本文以《武则天传》为个案，从译本选择、书名以及文化负载词等方面分析研究了林语堂在其英文著译作品中所运用翻译策略的当代价值，对当今中国文化外译具有积极的借鉴意义。

董燕．评赖勤芳《中国经典的现代重构——林语堂"对外讲中"写作研究》[J]．中国现代文学研究丛刊，2014（8）：210—213.

　　关键词：中国经典；写作研究；中国文化；文化理想；中国传统文化

　　机构：中国政法大学人文学院

　　摘要：赖勤芳所著《中国经典的现代重构——林语堂"对外讲中"写作研究》（人民出版社 2013 年版）是新的学术视野下林语堂研究的新成果。该书在总体评述林语堂对中国文化基本态度的基础上，从和谐文化、闲适文化、家族文化、传奇文化等方面展开，在总体上勾勒林语堂身处西方文化语境中开放、包容、平和的文化特性。所谓中国经典的现代重构，是指林语堂立足西方现实语境对中国文化进行重新编码，重构文化传统与文学经典，进而展示和传播中国文化的文学现象。

冯智强．林语堂"另一捆矛盾"的多维解读——从支持"白话文"到反对"欧化文"[J]．邵阳学院学报（社会科学版），2014（6）：94—99.

　　关键词：林语堂；欧化翻译；原因与策略

　　机构：天津工业大学外国语学院

　　摘要：林语堂曾以"一捆矛盾"自喻，而对"白话文"的支持与对"欧化文"的反对似乎是其"又一捆矛盾"，实则不然。本文从语言发生学、语法学、翻译学、语言心理学等维度分析了林语堂批判"欧化文（翻译）"的深层原因，并从语言哲学的高度对林语堂反对"字译"，坚持"句译"，"清顺自然"的行文要求，文化自信心的培养，对"文白调和"的语录体的提倡等一系列应对策略进行了深入解读。

高淮生．平心论高鹗　到底意难平：林语堂的红学研究——港台及海外学人的红学研究综论之六 [J]．河南教育学院学报（哲学社会科学版），2014（4）：42，106.

　　关键词：林语堂；《平心论高鹗》；高鹗续书

　　机构：中国矿业大学文法学院

　　摘要：林语堂红学观点和思想集中体现在其红学代表著作《平心论高鹗》之中，这部著作集中研讨了"高鹗是否续书的问题"和"高鹗续书如何评价的问题"，自有其道理。林语堂认为，《红楼梦》全书乃曹雪芹所作；高鹗修订的后 40 回不但不画蛇添足，而且异常精密，异常合理，不悖该书大旨；高鹗的贡献主要在于保存流传之功。《平心论高鹗》中的观点，有些是有道理的，但对后 40 回的评价亦有许多值得商榷的地方。然而，作为"一家之言"的代表作，应该受到尊重。

高巍，娄薪. 模因论视角下林语堂编译《中山狼传》的思想传播 ［J］. 牡丹江大学学报，2014（12）：128—130.

关键词：切斯特曼；翻译模因论；林语堂；《中山狼传》

机构：天津科技大学

摘要：切斯特曼的翻译模因论建构在翻译策略、规范和价值观等基础概念之上，其中交际规范和与之相对应的理解的价值观应用于中国古代文化典籍英译研究恰如其分。基于此理论模式，林语堂编译《中山狼传》中传播了怎样的翻译思想，此理论又对中国古代文学典籍英译实践提出怎样的要求值得深入探究。

江山，孙妮. 论林语堂《浮生六记》的翻译策略 ［J］. 牡丹江师范学院学报（哲学社会科学版），2014（1）：116—117.

关键词：林语堂；《浮生六记》；归化；异化

机构：安徽师范大学外国语学院

摘要：本文以林语堂先生翻译的《浮生六记》作为个案研究，促使人们更加关注林语堂在翻译方面所取得的成就。林语堂在翻译此书时，在归化和异化策略间转换，努力在译文中保留异国情调，译者对中西文化的领悟力令人赞叹。本文从林语堂的翻译观出发，分析译者在进行翻译的过程中，是采取何种翻译策略来更好地体现原语文化和译语文化的。

雷丹，张青. 浅析林语堂的翻译思想——以《浮生六记》为例 ［J］. 文学教育（中），2014（2）：46.

关键词：《浮生六记》林语堂；翻译思想

机构：河南师范大学新联学院公共教学部

摘要：《浮生六记》是林语堂先生最见功力的一部译作，一直以来深受海内外读者的青睐。在这部译作中林语堂先生坚持传神的原则，始终贯彻着忠实、通顺、美的标准，极力保留原文的音韵美，并体贴入微地把握了原文作者的心境，很好地促进了中西方不同的文化间更好的交流与沟通。本文试图以《浮生六记》为例，探讨此部译作中所展现的林语堂先生的翻译思想，望给英语学习者以借鉴与参考。

李静. 从阐释学角度解读林语堂《老子的智慧》 ［J］. 海外英语，2014（1）：162—163.

关键词：林语堂；《老子的智慧》；阐释学；阐释四步骤；译者主体性

机构：西北师范大学外国语学院

摘要：在众多林语堂的翻译作品中，《老子的智慧》以其准确的用词、流畅的语言，让西方读者充分领略了道家文化的独特魅力。该文从斯坦纳的阐释翻译观点出发，解读林语堂《老子的智慧》在翻译过程对阐释的四个步骤：信赖、侵入、吸收及补偿的充分运用，以及在这个过程中译者主体性的体现。

李立平．论林语堂英文小说的乌托邦与异托邦镜像［J］．大连海事大学学报（社会科学版），2014（2）：88—92.

关键词：林语堂；乌托邦；异托邦；自我；他者；文化认同危机

机构：湖南第一师范学院中文系

摘要：林语堂海外的英文小说存在自我与"他者"的纠结。林语堂试图在自我与"他者"之间构筑起一个乌托邦与异托邦二元世界，而他也正是在这个二元世界里，寻求着他的跨文化认同。文学文本中所建构的异托邦之所以能够形成，必须具备以下三个要素之一：一是本土文化心理；二是异域空间；三是异域和本土文化场域中的文化认同危机。林语堂通过对中国与西方（美国）的个性化阐释，使得世界真正地了解了中国和西方。西方世界也正是通过他建构的异托邦世界，还原了"东方主义者"永远也没有表述清楚的中国。

李平．林语堂与《红楼梦》的翻译［J］．红楼梦学刊，2014（4）：289—301.

关键词：林语堂；红楼梦；京华烟云；翻译；创作

机构：南京信息工程大学语言文化学院

摘要：中国双语作家林语堂也是一位红学家，其作品《平心论高鹗》提出了独到的观点，其仿《红楼梦》的作品《京华烟云》更是广为世人所熟知。最近先后有专家提出：林语堂翻译了《红楼梦》。这是最新发现还是伪作？本文基于大量的一手文献，论证林语堂对《红楼梦》的翻译实践。作者认为，林语堂的确翻译了《红楼梦》的部分内容，且译文优美，但是，基于种种原因，林语堂未能完成整部译作。即便如此，林语堂的译文仍然值得引起红学研究者的注意。

李平，杨林聪．林语堂自译《啼笑皆非》的"有声思维"［J］．中南大学学报（社会科学版），2014（1）：267—272.

关键词：翻译过程；有声思维；林语堂；自译；《啼笑皆非》；语料库；翻译风格

机构：南京信息工程大学语言文化学院

摘要：近20年，心理学的有声思维方法（TAPs）开始应用到翻译学，以研究翻译思维过程，但是该研究一般都是针对翻译学习者，至今无人对自译者的思维过程进行研究。研究以林语堂自译的《啼笑皆非》为个案，基于双语平行语料库提取数据和实例，结合相关文本和史料，用描写方法分析其翻译过程。初步研究发现：这些思维数据和实例，也可以如 TAPs 那样，分为自我描述、自我评价和自我展现三种；林语堂在翻译过程中，整体策略与其翻译观以及普遍翻译规则基本一致，但是在局部策略中有鲜明个性特点，这可能正是译者之风格所在。

黄培清. 文化负载词翻译的生态翻译学"三维"转换解读——以林语堂英译《浮生六计》为例 [J]. 乐山师范学院学报，2014（4）：62—65.

关键词：文化负载词翻译；生态翻译学；"三维"转换

机构：厦门海洋职业技术学院基础部

摘要：文化负载词的翻译是译界的一大难题。本文从生态翻译学的视角出发，对林语堂英译《浮生六计》的文化负载词的翻译进行分析，指出译者为了使译文最大限度地接近原文的效果，可以大胆借鉴生态翻译学"三维"转换理论，在充分把握文化负载词翻译的整体生态环境的前提下，从语言维、文化维、交际维保留文化负载词的语义形式、文化内涵、交际意图，力求得出"整合适应选择度"最高的译文。

岳岚. 林语堂的文化选择和翻译 [J]. 宿州教育学院学报，2014（4）：67—69.

关键词：林语堂；文化观；翻译

机构：安阳师范学院外国语学院

摘要：林语堂的一生创作翻译了大量反映中国文化的作品，为中国文化的传播做出了巨大的贡献。他东西融合的双重文化身份和当时东西方不平等的文化势力，使得林语堂在创作翻译的过程中受到了两种文化观的影响。本文从跨文化的角度来解析翻译作品和译者的文化观之间的互文关系，试图找到林语堂翻译作品中文化观的具体表现，以期为研究林语堂及其作品提供新的思路，引发该领域更深的思考。

赵金凤. 有不为方能有所为——林语堂翻译研究 [J]. 海外英语，2014（18）：164—166.

关键词：译有所为；林语堂；翻译

机构：济南大学外国语学院

摘要：文章从译者主观动机和翻译客观效果两个方面考察了林语堂翻译的"译有所为"，在此基础上指出：译者的翻译动机不是一成不变的，而是随着翻译生态环境的改变而改变，译者只有在所处的翻译生态环境中做灵活的适应与选择，才能实现译品的长存，译者也才能获得长足的发展。

赵雪爱，王樱. 林语堂 Moment in Peking 汉译本译者风格研究 [J]. 西北工业大学学报（社会科学版），2014（1）：94—97.

关键词：Moment in Peking；汉译本；译者风格；语料库翻译学

机构： 西北工业大学外国语学院

摘要： Moment in Peking 是林语堂最具有影响力的英文长篇小说，他以纯正娴熟的英文功底全景描绘了近代中国社会发生的巨大变化。本研究从语言形式入手，以语料库为工具对张振玉及郁飞两个汉译本在词汇和句子层面的基本特征进行数据统计和量化分析，比较和探讨两个汉译本在风格上的异同。通过研究，发现郁飞译本更强调译作的文学性，因而用词更加地道丰富；张振玉的译本显化特征更明显，译作通俗易懂，有利于读者的理解和接受。

刘彦仕．译者身份痕迹阐释：以林语堂和辜鸿铭为例［J］．（台湾）语文与国际研究，2014（12）：101—111.

关键词： 译者身份；痕迹；阐释；林语堂；辜鸿铭

机构：（台湾）文藻外语大学

摘要： 译者的身份经历了从隐形到主体的漫长转变。作为翻译活动的主体，译者可以对文本做出种种阐释，那么就在目的语文本中留下了译者的痕迹。译者从隐身到现身是译者主观能动性得到认可的过程。本文比较分析林语堂和辜鸿铭两位译者的跨文化传播身份，从翻译文本内外因素合理化阐释和综合研究译者的身份痕迹，更好地加深对译者和翻译本质的认识。

（二）刘再复

古大勇．刘再复"第二人生"散文中"故乡"的多义内涵［J］．华文文学，2013（6）：91—97.

关键词： 刘再复；第二人生；散文创作；故乡；多义内涵

机构： 泉州师范学院文学与传播学院

摘要： 刘再复"第二人生"中创作了包括十卷本《漂流手记》等在内的多部散文集，"故乡"是这些散文集中出现频率最高的词汇之一。梳理刘再复散文中有关"故乡"的多义言说，大致可以分为四个层面的内涵：祖国之"物人"、人间之"至情"、普世之"价值"和觉悟之"本心"。刘再复即使很重视精神层面的故乡，但并没有削弱地理意义上的故乡在他心目中的分量，并没有因为重视"心"之故乡而消解"物"之故乡。

贺姗姗．以超越之眼观人之文学——再论刘再复之文学观［J］．牡丹江大学学报，2013（11）：58—61.

关键词： 文学主体性；性格组合论；超越；内宇宙

机构： 河北师范大学文学院

摘要： 纵观刘再复近年来的文学研究，始终未离开过对"人"的关注。本文围绕刘再复20世纪80年代提出的"文学主体性"和"性格组合论"等，分析其近年来有关"人"的主题的文学理论研究，探讨其在超越视角下对"文学是人学"这一传统命题的观照，继而梳理他对"人"的内宇宙的深掘所做出的努力。

古大勇．"红学"别一境界的开拓——论刘再复"第二人生"的《红楼梦》研究[J]．南京师范大学文学院学报，2013（4）：25—30．

关键词：刘再复；《红楼梦》研究；红学史

机构：泉州师范学院文学与传播学院

摘要：刘再复"第二人生"的《红楼梦》研究在以下几个方面体现了独具的特色：源于个体生命需求和灌注主体生命体验的研究；独树一帜的"悟证"研究方法；横跨中西、博古通今的"大观"研究视野；令人耳目一新的创新性内容和观点。刘再复的《红楼梦》研究开拓了"红学"的别一境界，推动了"红学"的发展，具有不可忽略的地位。

刘季冬．《山海经》文化精神的再认识——兼与刘再复先生商榷"原形文化"与"伪形文化"[J]．学术界，2013（1）：101—109，283—284．

关键词：山海经；文化精神；原形文化；伪形文化；四大名著

机构：广东商学院政治与教育学院

摘要：斯宾格勒在其著作《西方的没落》中论述阿拉伯与俄罗斯文化时指出，由于受外来文化的入侵及影响，阿拉伯文化与俄罗斯文化发生了严重的变形。斯宾格勒将这种受外来文化影响而产生变形的民族文化称为"伪形文化"。刘再复先生借用斯宾格勒"伪形文化"这一概念，用于中国传统文化的研究，并做原形文化与伪形文化之区分。他以其认定的《山海经》所体现的文化精神为标准，将体现中华民族优秀文化精神的文化典籍称为原形文化，将背离这一文化精神的文化典籍称为伪形文化。根据这一原则，刘先生将中华古典文学四大名著区分为：《西游记》《红楼梦》是原形文化，《三国演义》《水浒传》是伪形文化。本文对《山海经》所体现的文化精神进行了新的梳理，提出了与刘先生不一样的认识，即《山海经》所体现的文化精神是优劣并存的，并非只体现优秀文化精神。在此基础上，对文学四大名著从不同的视角提出了与刘再复先生不一样的看法：《三国演义》《水浒传》并非中华文化的"伪形"，而《西游记》《红楼梦》并非只是体现优秀文化精神的"原形文化"。

包妍，程革．沉重的"主体"——重读刘再复与李泽厚"主体性"讨论的几个文献[J]．文艺争鸣，2013（4）：113—116．

关键词：刘再复；李泽厚；"主体性"；论文学；文学理论

机构：东北师范大学文学院

摘要：〈正〉"主体性"概念是李泽厚于20世纪70年代末80年代初提出的哲学命

题，但它风靡文坛却是通过刘再复的《论文学的主体性》，并且由此引发了我国十余年关于主体性的激烈论争。可以说，李泽厚是刘再复主体性思想的参照系，刘再复从李泽厚的主体性实践哲学中汲取了丰富的养分。一、启发与同构：从哲学到文学刘再复在与李泽厚的对话录《告别革命——回望二十世纪的中国》的序中说道："……我的《论文学的主体性》就是在他的影响下形成的。当我读到他的《康德主体性哲学论纲》之后，我禁不住内心的激动，并隐约地感到……"

李以建．刘再复的"悟法"批评话语——文学批评和文化思想研究的一种范例[J]．东吴学术，2013（2）：55—66.

关键词：刘再复；红学研究；批评话语；文学批评

机构：香港良友传媒集团；敦煌文化弘扬基金会

摘要：〈正〉"以悟法读悟书"，这是刘再复《红楼梦悟》一书"自序"的篇名。它既是贯穿刘再复《红楼梦》研究始终的主旨，也是构成其作为文学批评和文化思想研究的批评话语的最显著特点。"悟"源于佛教，尤其是禅宗。提出《红楼梦》是"悟书"，或许并非首创。红学研究的著述……

王全．走向人生的深处——刘再复《随心集》读后[J]．海南人大，2013（4）：51—52.

关键词：刘再复；主体性；性格组合论；《文学评论》；文学变革

摘要：〈正〉刘再复先生是20世纪80年代文学变革时代的弄潮儿，曾任中国社会科学院文学研究所所长和《文学评论》主编。大学期间作者读过他那本曾在文化界掀起波澜的《性格组合论》，其以人为核心的文学主体性理论，影响巨大；再读他与李泽厚合著的《告别革命》已是相隔二十多年之后，自己也已年近不惑了。岁月的磨砺使人变得成熟，在暴力与和平、破坏与重建的命题选择中，在作者看来，即便存在争议，先生的观点亦越发值得人们深思，也正为越来越多的人所认同。因为一直在关注刘再复先生，《随心集》是作者在习惯和惊喜之下购买的……

李泽厚，刘再复．哲学智慧和艺术感觉[J]．华文文学，2013（3）：9—14.

关键词：文学理论；作家学；刘再复；文学比较；现代文学

摘要：〈正〉刘再复（下文简称"刘"）：文学是自由情感的存在形式，而哲学却是理性思维形式，那么你觉得作家学点哲学是必要的吗？李泽厚（下文简称"李"）：我觉得作家不必读文学理论，最好读点历史和哲学。读历史可以获得某种感受，读哲学则可以增加智慧。刘：把历史感受与现实感受结合起来，思想能更为深刻。但文学也可以不追求深刻，而追求和谐、幽默、纯洁，可以有种种追求，只是一定要有独特的艺术感受和独特的语言表述……

李泽厚，刘再复．中国现代诸作家评论［J］．华文文学，2013（3）：5—8．

关键词：刘再复；政治意识形态

摘要：〈正〉刘再复（下文简称"刘"）：有一位采访者询问芝加哥大学教授、曾获得诺贝尔奖的作家贝娄，如果在悲剧与喜剧之间让你选择一个，你喜欢何者？他回答说，如果一定要我选择一个，我选择喜剧，因为它更具有活力、智慧和男子气概。他说，20世纪从20年代到50年代的文学，一直洋溢着哀婉的语调，就像艾略特的《荒原》和乔伊斯的《一位年轻艺术家的画像》一样。整个时代感受着这样的哀伤，他不喜欢这种哀伤，太过分了。现在，作者想和你讨论这个问题，想了解一下如果同样这个问题对您提出，您将作何选择……

李泽厚，刘再复．文学政治一元论批判［J］．华文文学，2013（3）：15—19．

关键词：政治意识形态；刘再复；屈原作品；《暴风骤雨》

摘要：〈正〉刘再复（下文简称"刘"）：到美国来之后，作者对这个世纪的文学，特别是创造社的革命文学、30年代的左翼文学、延安的农民文学，以及解放后的社会主义现实主义文学做了一些反省和重评。这些文学中有一些好作品，但是，就整体来说，有一个很大的问题，就是政治性太强，把文学等同于政治，文学创作转达政治意识形态，这事实上是一种政治式写作。罗兰·巴特《写作的零度》中谈论政治式写作，相当精彩。他说政治式写作，一种是法国革命式写作，这是流血的祭典，为流血革命辩护的写作；还有一种是马克思主义式的写作，这种写作的进一步发展就是斯大林的……

李泽厚，刘再复．政治压顶的浮躁文化［J］．华文文学，2013（3）：20—23．

关键词：文化心理；刘再复；胡风；80年代；中国文化

摘要：〈正〉刘再复（下文简称"刘"）：现在我们是否可以讨论一下21世纪的文化特点。这个问题，一些普遍性的公认的特点，就不必多讨论，例如，与20世纪相比，这个世纪的中国文化被外来的文化渗透，以致发生传统文化的断裂、痛苦和寻找新的出路，这显然是一个重大特点，但这个特点讲得太多了，而且还有人在探讨，我们就可以少谈了……

胡传吉．论《传统与中国人》及《罪与文学》［J］．当代作家评论，2013（4）：13—21．

关键词：刘再复；罪感；原罪说；根性；反思传统

机构：中山大学中文系

摘要：〈正〉《传统与中国人：关于"五四"新文化运动若干基本主题的再反省与再批评》（以下简称《传统与中国人》）及《罪与文学：关于文学忏悔意识与灵魂维度

的考察》（以下简称《罪与文学》），由刘再复与林岗合著。《传统与中国人》，以新文化运动为断面，反思传统文化对中国人的设计。刘再复与林岗指出，礼治秩序与主奴根性之间，佛老宇宙观及人生观与心斋及贵生之间……

林岗．探求真知　守望诗意——《刘再复文学选集》总序［J］．华文文学，2013（4）：7—16.

关键词：刘再复；文学主体论；高行健；性格组合论；现代中国文学

机构：中山大学中文系

摘要：〈正〉看到沈志佳、叶鸿基两先生编选的十七辑共四卷的《刘再复文学选集》真是又感慨又兴奋。时间如流水，倏忽之间，刘再复从事文学研究和评论将近半个世纪。从当年厦门大学中文系毕业进入中国社会科学院任职《新建设》编辑的年轻才俊，到如今隐居于美国洛基山下笔耕不倦的"客座教授"……

林岗，舒允中．地狱门前的思索——《双典批判》序［J］．东吴学术，2013（5）：8—26.

关键词：刘再复；凤凰涅槃；文化心理；叙事伦理

机构：中山大学中文系；美国纽约皇后大学东亚系

摘要：〈正〉刘再复1989年去国远游，正值学术研磨和积累的盛年。不少他的朋友为此惋惜，他自己也面临前所未有的严峻人生考验。然而，他的人生正是在颠沛流离的异国漂流中获得了凤凰涅槃般的再生，完成了心灵与精神生命的蜕变。二十年来，语言就是他的故土，语言就是他的祖国。时间和空间的阻隔并不能截断由语言纽带连接起来的文化与精神的通道，顺着这条由圣哲先贤、先知前辈构筑的神秘小道的指引……

旷新年．回顾与反思：文艺反映论的潮起潮落［J］．文艺争鸣，2013（10）：64—77.

关键词：刘再复；本体论批评；现代形态；政治意识形态；"朦胧诗"

机构：清华大学人文学院

摘要：〈正〉刘再复在《文学的反思》一书的前言"文学的反思与自我的超越"中说："我们的文学批评从30年代开始到现在，形成了一种思维定式，这种思维定式大体上是庸俗的阶级斗争和直观反映论的线式思维惯性。"朱立元曾经说："反映论文艺观在中国现代形态的文艺理论建设、发展过程中起着某种核心作用。从'五四'起，几乎每次比较重大的文艺理论问题的论争，都与反映论问题直接相关……"

丁纯．刘再复的散文视界［J］．南京师范大学文学院学报，2014（3）：67—70.

关键词：刘再复；散文；分期；分类

机构：华南师范大学文学院

摘要：刘再复是当代著名的文学理论家，也是著名的散文家，他在不同时期创作了大量的散文作品，按照时间分期可以分为两个部分，两个部分区分明显。以散文文体而言，可分为散文诗、对谈、独语等。本文从宏观上梳理刘再复散文，做分期分类，以鸟瞰的方式，做分析探讨。

古大勇．"地狱之门"与"天国之门"——刘再复对中国古典"四大名著"的再评价［J］．武汉理工大学学报（社会科学版），2014（6）：1137—1142.

关键词：四大名著；原形文化；伪形文化；"人"的标尺；反批评

机构：泉州师范学院文学与传播学院

摘要：刘再复从"原形文化"和"伪形文化"的角度，认为中国的"四大名著"的精神内涵和文化价值具有天壤之别，《红楼梦》和《西游记》体现的是中国的原形文化，而《水浒传》和《三国演义》体现的则是伪形文化。刘再复同时依据"人"的价值标尺，认为《红楼梦》折射的是"人"的文化，《水浒传》和《三国演义》折射的则是"非人"的文化。刘再复对"四大名著"的评价乍看石破天惊，不合常情，但事实上有理有据，切中肯綮。他的观点不免遭到一些批评，但纵观这些批评文章，却不同程度地犯了"个案反驳论""偷换概念论"和"上纲上线论"的毛病。

古大勇．从"偶像化崇拜"到"理性化崇拜"——论刘再复的鲁迅研究（1976—2011年）［J］．鲁迅研究月刊，2014（11）：45—52.

关键词：刘再复；鲁迅研究

机构：泉州师范学院文学与传播学院

摘要：〈正〉刘再复曾经说："我把48岁之前（1989年之前）的人生，视为第一人生，把这之后到海外的人生视为第二人生。"刘再复"第一人生"的学术成就可以用"鲁迅研究'三书'"和"刘氏三论"来概括，"三书"指《鲁迅与自然科学》《鲁迅传》《鲁迅美学思想论稿》。1989年刘再复离开故土来到海外，开始了他的"第二人生"，他把学术中心转向古典文学研究，但经常在一些对话录、访谈录、演讲和学术研讨会的发言中都涉及对鲁迅的独特思考和研究，这些内容集中汇编在2011年出版……

古大勇．论刘再复"第二人生"的文艺理论研究［J］．海南师范大学学报（社会科学版），2014（11）：39—44.

关键词：刘再复；文艺理论研究；"第二人生"；研究成就

机构：泉州师范学院文学与传播学院

摘要：刘再复"第二人生"的文艺理论研究成就主要体现在以下几点：对于"主体间性"理论的构想；对李泽厚美学思想的整体评估和学术定位；对文学本质的重新认识和界定；提出"罪与文学""文学的超越视角""文学史悖论""告别诸神"等系列具有创新性的观点和主张。

古大勇．论刘再复"第二人生"时期的现代文学研究［J］．湖州师范学院学报，2014（11）：33—37．

关键词：刘再复；现代文学研究；"第二人生"；成就和特色

机构：泉州师范学院文学与传播学院

摘要："第二人生"时期的刘再复的现代文学研究成就主要表现为以下几点：对"重写文学史"观念的呼应和局部修正、对"五四"的学理性反思和重评、对现代文学整体性"诊断"和评判、对现代作家作品客观公允的评价。刘再复的现代文学研究呈现出宏观性、有"度"性和同步性的特色。

古大勇．再论《太阳照在桑干河上》"土改"叙事中的道义问题——对阎浩岗批评刘再复的反批评［J］．长春工业大学学报（社会科学版），2014（5）：88—92．

关键词：《太阳照在桑干河上》；土改叙事；刘再复；批评与反批评

机构：泉州师范学院文学与传播学院

摘要：针对刘再复认为《太阳照在桑干河上》叙事主体面对农民暴力批斗钱文贵行为时过于冷漠、缺乏人道光辉的观点，阎浩岗认为，钱文贵是作为恶霸形象而非普通地主形象来塑造的，因而小说中"农民报复性的情感与行为不应受到指责"。实际上，在刘再复看来，土改时期农民暴力批斗地主的行为是一种普遍存在的社会现象，而非阎浩岗所认为的仅仅是针对恶霸的个别性存在；另外，阎浩岗也不自觉认同刘再复的部分观点，即都主张土改运动应该有一个人道主义的底线。最后，对"土改小说"的整体评价要坚持"返回历史语境"原则和人道主义原则两结合的方法。

李圣传．如何"诗意" 怎样"裁判"——刘再复《双典批判》再批判［J］．中国图书评论，2014（9）：72—77．

关键词：刘再复；三国演义；文化批判；当代著名学者；文化发生；金圣叹；学史；施耐庵；叙事结构；文化心理结构

机构：北京师范大学文学院

摘要：2010年，当代著名学者刘再复先生出版的专著《双典批判——对〈水浒传〉和〈三国演义〉的文化批判》可谓向文学界投出了一枚手雷，遗憾的是，它似乎并未爆破，因而未能引发学界应有的轰动。因为该书不仅另辟蹊径，采用了一种文化批判的"大视野"对"双典"进行了手术刀式的解剖，推翻了此前文学史上诸多似成定论的观点，更将这两部家喻户晓的"文学经典"看成"心灵灾难的坏书"，视为中华民族原形文化发生"伪形"的产物。

（三）其他

方锦煌．台湾闽南语诗中的"飞鸟"意象［J］．黎明职业大学学报，2013（2）：21—23，58.

关键词：台湾闽南语诗；飞鸟；意象

机构：贵州师范大学文学院

摘要："飞鸟"在台湾闽南语诗中不仅作为美丽风光描绘的部分，也昭示着台湾诗人漂泊思归的复杂的心路历程。飞鸟是关联故乡和羁客的"使者"，穿越千山万水传递着故乡的信息；飞鸟是个体生存困境的缩影，它反映着诗人寻求精神家园的迫切希望。闽南语诗本土化的书写，并不单指语言的本土化，同时也是台湾诗人思想情感的本土化，"飞鸟"意象很大程度上成为台湾诗人在羁旅、流浪中艰难寻根的精神象征。

古大勇．多维的研究视野与现代的价值观照——评戴冠青《想象的狂欢——作为文化镜像的闽南民间故事研究》［J］．泉州师范学院学报，2013（5）：119—121.

关键词：闽南民间故事；研究视野；价值判断

机构：泉州师范学院文学与传播学院

摘要：戴冠青的《想象的狂欢——作为文化镜像的闽南民间故事研究》具有多维的研究视野，具体表现为对近十种研究方法的创新性运用，其中运用得最充分也最成功的方法是叙事学和女性主义批评。该著亦能秉持一种"现代"性的价值标准，对闽南民间故事所折射出的闽南文化的价值进行科学客观的辩证性评价。

古远清．"台语文学"的内部敌人［J］．粤海风，2013（5）：55—58.

关键词：黄春明；洪醒；黄恒秋；本土作家；《中国时报》；陈映真；闽南话；陈芳明

机构：中南财经大学

摘要：〈正〉在祖国大陆，存在方言写作的大概只有流行粤语的广东省。在台湾，方言写作覆盖面却非常广，且成为一个争吵不休、树敌众多的话题。远在1977年发生的乡土文学大论战，"台语文学"虽然来不及成为议题，但得"乡土"之赐，黄春明、洪醒夫、王祯和等重要作家已突破纯用普通话写作的限制，开始在作品中运用方言，后来宋泽莱林双不、东方白等人也加入了这个行列……

阮俊宇．非物质文化遗产语境下闽南童谣文化价值及传承［J］．沈阳师范大学学报（社会科学版），2013（6）：172—174.

关键词：闽南童谣；非物质文化遗产；文化价值与传承

机构：厦门理工学院数字创意学院

摘要：闽南童谣是以闽南方言为基础进行创作和传唱的儿童歌谣，主要流行于福建闽南、中国台湾和东南亚华侨华裔居住地。闽南童谣也是闽南文化的一个重要组成部分和闽南老百姓集体协作智慧的文化结晶，它与闽南民间广泛流传的"念四句"有密切的关系。本文通过介绍闽南童谣的概况，进而分析其在非物质文化遗产语境下的传承价值，进而提出闽南童谣发展与传承策略。

庄超颖．论闽南童谣的游戏精神［J］．泉州师范学院学报，2013（5）：41—44.

关键词：闽南；童谣；游戏精神

机构：泉州师范学院教育科学学院

摘要：闽南童谣曾陪伴世世代代的闽南地区儿童健康成长。闽南地区的儿童喜欢吟唱闽南童谣，重要的原因之一是闽南童谣充满游戏精神，即自由和愉快的精神。闽南童谣的游戏、闽南童谣的想象都蕴含着游戏精神，儿童从中感受到自由和愉快。自由和愉快正是儿童本真的生活状态。

曾垂超，王承丹．辜鸿铭译介《论语》考论［J］．闽台文化研究，2014（2）：97—102.

关键词：辜鸿铭；译介；《论语》

机构：厦门城市职业学院学报编辑部；厦门大学中文系

摘要：鸦片战争之后，中国积贫积弱，中国文化一度沦为弱势文化。生逢此时的辜鸿铭，目睹了这一切。他不满于中国文化被误读和歧解，力图通过译介《论语》及其他儒家经典来扭转这样的局面。辜氏对《论语》的译介，主要目的在于消除理雅各《论语》英译本在西方读者中造成的负面影响，向西方世界展示真正的中华文明，并最终促进东西方文明的交流与对话。辜鸿铭的《论语》译介自具特色，不仅开创了中国人英译《论语》的先河，而且某种程度上代表了当时中国知识分子对东西方文化的认识和理解。

黄林非．许地山创作意旨论略［J］．名作欣赏，2014（29）：70—71.

关键词：许地山；创作意旨；诗性智慧

机构：湖南大众传媒职业技术学院

摘要：许地山作品的一个重要的创作意旨，就是回归远古的诗性智慧，以诗意的方式去把握世界。这一创作意旨主要表现在三个方面，其一是对理性判断与名辨的质疑和抛弃，其二是对物我同一、心物相融的混沌状态的赞赏，其三是对死亡的诗性沉思。

陈忠义．学人风雅饶高致——喆盦诗的时代精神和现实意义［J］．闽台文化研究，2014（2）：109—112.

关键词：喆盦诗；时代精神；现实意义

机构：仰恩大学文学院

摘要：喆盦为诗七十几年，诸体皆工，法度严谨，风格多样，皆原于德性，发乎才情，力图撷取新哲理为诗料，以旧风格写新意境，于讽世忧民、模山范水中表现其"杜陵心""坡老性"，既继承风雅传统，又渗透未来意识，反映了强烈的时代精神，具有鲜明的现实意义。

闽南家族文化和闽南社会

陈辰立. 闽浙移民宗族的血缘与记忆认同——苍南宕顶吴氏宗族"小过年"祭祀仪式个案研究 [J]. 漳州师范学院学报（哲学社会科学版），2013（2）：12—17, 91.

关键词：移民宗族；血缘与记忆认同；"小过年"；祭祀仪式

机构：福建师范大学社会历史学院

摘要：浙江温州苍南县宕顶吴氏宗族为浙南地区的闽南移民之后裔，其特有的"小过年"祭祀仪式已传承数百年之久，是闽浙移民宗族进行血缘与记忆认同的重要方式，同时也是移民宗族文化的重要载体。笔者数次至苍南县宕顶村进行田野调查并亲身经历该祭祀仪式，希冀通过对"小过年"祭祀仪式的缘起、传承、内涵、作用等方面的分析，还原该文化现象的基本形态，并在此基础之上探索其背后所蕴藏的社会因子与文化内涵。

陈玉女. 明清闽南家族与佛教的社会救济 [J]. 泉州师范学院学报，2013（1）：18—25.

关键词：明清时期；社会救济；闽南；家族；佛教

机构：（台湾）成功大学文学院

摘要：晚明以来佛教的社会救济事业远不如唐宋以前，除了政府政策的立意、乡绅势力的积极涉入与新兴民间宗教的相继参与，以及频仍的战乱局限了佛教的社会救济能力外，如闽南地区某些寺僧受雇于宗族家庙（寺），担任提供宗教服务的神职人员，代为执掌祭拜家族先人的祭祀工作，流为家族之附庸。而这层雇佣与依附的关系，似乎也隐藏着明清时期寺僧难以独立承担社会救济的另一个值得探讨的要素。透过闽南地区的几部家谱资料，就寺僧与家族在社会救济方面的推动与互动关系，进行更具体的观察。

陈益源. 源自漳州的三份越南家谱 [J]. 中原文化研究，2013（3）：104—111.

关键词：越南；家谱；漳州；移民

机构：（台湾）成功大学中文系

摘要：中原文化源远流长，不断向外播散，其中闽南文化更在中原文化与海外文化之间扮演着举足轻重的角色。本文以海阳《慕泽武族世系事迹》、顺化《明乡陈氏正谱》、河内《李氏家谱》这三份其祖先源自福建漳州的越南家谱为例，陈述在漳州和越南之间鲜为人知的移民状况。通过这类稀见文献的搜集与剖析，可强化中原文化—闽南文化—海外文化三者的联系，丰富中外移民文化研究的内涵。

本刊特稿．中国家族海外二百年：漳州薛氏［J］．闽商文化研究，2013（2）：25—35.

关键词：漳州薛氏家族；马六甲；新加坡；峇峇族群

摘要：薛佛记及其家族成员在马六甲、新加坡两地社会，开创了许多"第一"，参与并推动了当地社会的变化，维护社会的繁荣。漳州薛氏家族作为峇峇人物的代表，富有干劲、资本雄厚且乐于回馈社会。这个家族在两百年间的几个片段为我们打开了了解中华文明，以及中华文明与世界文化关系的另一扇窗口。

王晓云．万里播越，千年根植：福建漳州白石穆斯林丁氏［J］．湖南科技学院学报，2013（1）：74—77.

关键词：穆斯林；福建漳州；白石丁氏

机构：福建农林大学马克思主义学院

摘要：白石丁氏在东南沿海的古城漳州有极为重要的历史地位。但是，这个宗族一直以来被学界定位为汉族。实际上，这是一个典型的穆斯林家族，对该地区的历史文化有着深远的影响。该文希望借助丁氏穆斯林身份的揭示，抛砖引玉，引起更多学者对东南地区伊斯兰文化的重视和研究。

黄铭．泉州名祠"和光堂"清代界碑面世［J］．泉州师范学院学报，2013（1）：17.

关键词：祖潘；潘山；大宗祠；族正；清源山；丰泽区

摘要：〈正〉前不久，一方泉州笋江潘氏开宗祖祠"和光堂"的祠堂界碑及清代重修"和光堂"的墓志铭面世。和光堂，即泉州笋江潘氏大宗祠，原址位于泉州市新门外浮桥挖角街。它是荥阳潘氏入闽发祥地，也是闽南泉州笋江潘氏开宗祖祠，内祀荥阳潘氏入闽始祖潘源节。据悉联合国秘书长潘基文祖籍在泉州市区潘山，其所属的巨济一族正是开闽潘氏一世祖潘源节的子孙迁往福州长乐后，于宋代再次迁往韩国繁衍而来的……

隗苦，王裕生．潮人的构成［J］．潮商，2013（3）：82—85.

关键词：潮汕话；潮人；少数民族聚居区；贵州安顺；闽方言；南海郡；潮阳县志；中原人；浮滨文化

摘要：〈正〉潮人，是个群体概念。它不是一个民族，但它却比某些少数民族更具特色。所以有的研究者称之为"族群",即在汉族共同体中的一个具有共同文化特征的群体。这样的群体当然并非潮人一个,比如居住在贵州安顺的"老汉人",是朱元璋时期从安徽一带被派到那里驻防的军人及其家属,他们在少数民族聚居区中……

钟海帆.潮汕人,海陆丰人[J].潮商,2013(1):82—83.

关键词:海陆丰;潮汕人;潮汕话;闽南语

摘要:〈正〉潮汕人和海陆丰人讲的都是闽南语系的方言,直接交流完全没有问题,但你问一个海陆丰人:你是潮汕人吗?大部分会回答:我是海(陆)丰人,但他们也很少坚决否认自己是潮汕人。在外地人听来,海陆丰话和潮汕话几乎是没有区别的,这是海陆丰人对这一点含糊其辞的原因。还有一个可能的原因,潮汕人被冠以"中国犹太人"的称号,而在经商方面海陆丰人一点也不落后……

许国红.闽南乐户·乐班考述[J].山东理工大学学报(社会科学版),2013(3):76—79.

关键词:闽南;乐户;乐班;非物质文化

机构:集美大学音乐学院

摘要:闽南地区的民间音乐丰富多元、历史悠久,在我国音乐宝库中熠熠闪耀着瑰异之光。作为传承、传播的非物质文化权利主体——乐户·乐班有着不可磨灭的地位和价值,这种贡献作用不仅不应该低估,而且还应该将其载入史册。文章通过对乐户·乐班的考证,从音乐历史学、社会学、人类学的角度,进而梳理出闽南乐户·乐班的传承、传播模式、生存状况、地位和作用,为保护与发展非物质文化提供多视野的认知。

张春兰.福建天潢赵氏支系考[J].福建省社会主义学院学报,2013(5):77—81.

关键词:西外;南外;支系;考证

机构:福州市博物馆

摘要:北宋末年,为躲避战乱,幸存的宗人及管理外居宗室的机构——南外宗正司、西外宗正司辗转南迁,最后西外定于福州,南外定于泉州。本文拟以西外宗子科举情况、摩崖石刻资料及知宗官员的世系等材料为切入点对入闽定居的宗室支系情况进行探究。

知秋.客家文化漫谈[J].现代商业,2013(33):10—15.

关键词:客家文化;中国传统文化;中华文明史;闽南地区;客家族群

摘要:〈正〉中华文明历经五千年的发展成为世界文明史上的一颗璀璨明珠。中华文明高举"海纳百川,有容乃大"的旗帜,以其特有的开放性、包容性和多样性,诞生了浩如烟海的各家文化。其中发源于闽南地区的客家文化更是凭借其与中华文化的一脉相承又具有自身特色的性格成为中华文明史上的一支重要的分支。从学术的角度看……

仲兆宏．明清苏闽族谱内容比较研究〔J〕．苏州大学学报（哲学社会科学版），2013（4）：183—190.

关键词：江苏；福建；族谱；比较研究

机构：厦门大学人文学院；河海大学地方文化研究所

摘要：明清以来，相对于福建宗族，江苏族谱编撰条目更为丰富；科第也更为昌盛；祠堂义庄数量多，规模大。江苏宗族对儒家传统和教义更为恪守和推崇，现实功利性表现得不是特别明显。而福建宗族对宗族身份的确认和归属感需求强烈，更为重视信仰和风水，现实功利性更强。江苏宗族性格特征相对较为安于现状、遵循传统；福建宗族特别是沿海地区宗族更富开拓冒险进取的性格。族谱记载的内容是这些特征的反映和体现。

良警宇．从"汉化"到"回化"：泉州回族认同问题再讨论〔J〕．回族研究，2013（1）：110—115.

关键词：汉化；回化；泉州回族；认同

机构：中央民族大学民族学与社会学学院

摘要：泉州回族在历史上经历了从先民的穆斯林身份，明朝以后作为穆斯林后裔、汉族身份及其认同，再到新中国成立后的回族身份及其认同的历史转变过程。与关于历史上泉州回族"汉化"问题的讨论相比较，"政治建构论"和"心灵守望说"两种讨论泉州回族"回化"问题的范式存在将这一过程简化论述的倾向。泉州回族的"回化"像"汉化"过程一样，并非某种因素主要建构的结果，而是一种历史发展的逻辑过程。民族认同问题也必须被放入历史的脉络中进行具体分析。思维的逻辑应当反映历史发展过程的内在必然性。

石中坚．畲族文化源流探析〔J〕．牡丹江教育学院学报，2013（5）：122—124.

关键词：畲族文化；渊源；潮州凤凰山

机构：韩山师范学院

摘要：畲族是一个具有悠久历史和灿烂文化的民族。畲族人民勤劳智慧，勇敢坚忍，在漫长的历史发展中，创造了绚丽的畲族文化，形成了独具特色的民俗风情。潮州畲族人口虽然不多，但在畲族的发展历程中占有极其重要的地位。关于畲族文化渊源问题，学界虽仍有争议，但全国各地畲族同胞似乎更偏向于把凤凰山作为畲族文化发源地。此观点是有充足的资料作为证明依据的。

王平．文化遗产：泉州回族历史与文化特性的记忆与表达［J］．回族研究，2013（1）：102—109.

关键词：泉州回族；文化遗产；历史记忆；文化特性

机构：厦门大学人文学院人类学与民族学系

摘要：泉州回族文化遗产是泉州回族在历史发展过程中，为适应其生存的自然地理环境和社会经济文化环境以及与闽南汉族的互动中不断再创造的结果。它是泉州回族起源、文化变迁与融合、社会适应与发展、族群认同变化与重构、民族文化心理形成、变化和延续的历史记忆，是泉州回族社会历史发展与文化特性的象征与表达。

王日根，仲兆宏．明清以来苏闽宗族祠堂比较研究［J］．安徽史学，2013（3）：84—94.

关键词：江苏；福建；祠堂

机构：厦门大学历史系

摘要：明清以降，中国境内宗族组织获得了巨大发展，与宗族组织的发展相适应，民间社会倾力建设祠堂的积极性高涨。明清时期的官府尤其是清政府对祠堂建设采取鼓励和劝导政策，将之视为社会稳定的基本条件。我们从江苏、福建两地祠堂的地域比较中看到：两地宗族祠堂建设中存在诸如众力协作、推崇科第人才等共性，同时也存在兴建主体上的某些差异，譬如，江苏宗族祠堂建设中的主角是士绅，而福建宗族祠堂建设中则活跃着更多商人的身影。延续到当下社会，福建宗族祠堂建设融入了海外华人力量，于是呈现出雄伟壮观的态势，而在江苏则较难见到宗祠的踪迹。

叶锦花．明代灶户宗族生计变革与祖先故事演变——以石狮铺锦黄氏为例［J］．社会科学辑刊，2013（6）：140—151.

关键词：灶户；宗族；祖先故事；生计

机构：兰州大学经济学院

摘要：明代灶户宗族祖先故事演变与灶户生计变化以及由此引发的地方势力格局变动密切相关。以石狮灶户宗族铺锦黄氏为例，该族明初时以晒盐为主要生计，在地方社会中处于弱势地位。而正统年间盐政制度变革之后，获得食盐销售权利的铺锦黄氏灶户支派逐渐兴起，并于嘉靖二十一年（1542）首次编修族谱时，以有功于地方庙宇的廿八公为始祖，以便提高威望，重建地域秩序。然而，明中期的盐课折米迫使灶户将精力投入到粮食种植，铺锦黄氏灶户更为重视与当地农业有关的重要水利设施——龟湖塘，并因此时兴起的中镇黄氏对其龟湖塘管理权造成威胁，而修改始祖之说，认定曾有功于龟湖塘修建的"黄里正"为其始祖，以此证明铺锦黄享有陂首之位的"正统性"。明清鼎革之后，经营闽台贸易成为铺锦黄和中镇黄最为重要的生计，龟湖塘的经济地位开始下降，且中镇黄在当地势力衰落，铺锦黄陂首之位得到巩固，因而黄里正为始祖之说也被否定。

叶露露．当代闽南农村祖先祭祀的存在形式及原因解析 ［J］．黑龙江史志，2013（11）：314—315.

关键词：祖先祭祀；存在形式；原因

机构：厦门大学

摘要：文章根据厦门市一农村祖先祭祀的实地调查，总结出当代闽南农村祖先祭祀的主要存在形式，并探讨和分析其存在的主要原因。在该文中，主要采用实地调查、访谈、问卷三种方式，力图对当代闽南农村的祖先祭祀现象有更进一步的了解。

仲兆宏．明清江苏和福建宗族生活方式和习俗比较研究 ［J］．江南大学学报（人文社会科学版），2013（6）：53—61.

关键词：江苏；福建；宗族；生活方式；习俗

机构：河海大学地方文化研究所

摘要：明清以来，福建宗族血缘观念相对淡薄，家族、乡族意识浓烈，闽东南地区整乡为族聚居，宗族的外植和迁移频繁，风水观念浓郁，宗族信仰祭祀成为民俗。江苏宗族更为重视血缘的纯洁性，宗族聚居但人口数量并不众多，没有形成浓郁的乡族观念，宗族的外植也不常见，风水观念相对薄弱，也未形成一定的民间信仰的"祭祀圈"。两地宗族生活方式和习俗的不同是地理环境、文化传统、社会经济发展方式、社会心理等多种因素影响的结果，也是两地宗族在发展和建设过程中生态面相的具体体现。

秋李子．惠安的女人们 ［J］．海洋世界，2013（4）：58—59.

关键词：平静生活；福建泉州；百越；大袖衫；女性地位；长期演变；母系社会

摘要：〈正〉在福建泉州惠安县惠东半岛上，生活着一群服饰独特习俗特殊的女子，人们因地名而称呼她们为"惠安女"。改革开放以来，随着资讯的快速发展，原本在惠东半岛上过着平静生活的她们开始被外界关注。首先就是她们那独特的打扮，头戴斗笠，用头巾把斗笠紧紧系住，身着窄小上衣，下着黑色宽大长裤。有些像京族也有些像傣族，而她们喜用的蝴蝶装饰，更让有些人认为她们是百越后人……

张非．蛇年说"闽" ［J］．泉州师范学院学报，2013（3）：86.

关键词：闽越；蛇图腾；无诸国；李调元；《太平御览》；乡土志；拍胸舞；行舟；侯官；刺青

摘要：〈正〉福建最早的名称是"闽"，其土著居民在历史上被称为闽越人。闽越人崇拜蛇图腾，他们不仅以蛇为形文身，更以蛇画船，祈求蛇神保佑行舟平安。至今，泉州惠东女仍有在虎口、手腕等处刺青的习惯。东汉许慎《说文解字》中，对此加以解析："闽，东南越，蛇种。"说的就是地处东南的古闽越人信奉蛇为图腾，认为自己是蛇的后代。而古闽越人被称为"蛇种"不仅见于东汉的《说文解字》和北宋的《太平御览》，成书于清代的《侯官乡土志》称："亘之种为蛇，盖即无诸国（闽越）之遗民也"，"其人皆蛇种"。清人李调元也有"或曰蛇种……"

丁明俊．多元宗教文化背景下的回族认同——以泉州陈埭、白崎回族为例［J］．宁夏社会科学，2013（6）：81—87．

关键词：回族；文化涵化；民族认同

机构：北方民族大学回族与伊斯兰文化研究所

摘要：今天泉州晋江市陈埭镇、惠安县白崎乡及周边地区居住、生活着4万余丁姓及郭姓回族，他们是宋元时期移居泉州的阿拉伯、波斯穆斯林后裔。由于元末战乱、明政府实施同化政策、大量回汉通婚、丁氏家族"读书入仕"等原因，这部分群体开始融入地方汉族主流文化。现在他们中90%以上人口已失去伊斯兰教信仰，但他们仍有回族认同意识。特别在20世纪60年代我国民族识别及70—80年代重申陈埭及周边丁氏、郭氏群体为回族，曾引起学术界的高度关注。如何认识民族与宗教（即回族与伊斯兰教）之间的关系，成为现阶段影响回族认同的一个重要问题。泉州陈埭丁与白崎郭为我们提供了一个多元宗教文化背景下回族认同的样本。

田志馥，于亚娟．北宋福建庙学的时空分布［J］．福建师范大学学报（哲学社会科学版），2013（2）：111—118，126．

关键词：北宋；福建；庙学；时空分布

机构：福建师范大学社会历史学院；内蒙古财经大学旅游学院

摘要：北宋福建庙学经过初期、中期、末期发展，使得唐末五代出现的星星点火扩展为遍地开花之势，全路各境均有庙学分布。但各地庙学的空间分布不均衡，大致可分为庙学发达区、一般区、落后区。从空间分布角度观之，北宋福建庙学呈现出斜"土"字形架构、"中间大两头小"、区域梯度差异等特征。进一步研究表明，正是由于地理环境、经济区域性、人口数量及地域开发等因素影响着北宋福建庙学的空间布局。

李玉昆，何隽彦．祷雨：协调人与自然和官民关系的祭祀活动［J］．福建师范大学福清分校学报，2013（6）：5—10，16．

关键词：祷雨；协调；官民；祭祀

机构：泉州海外交通史博物馆

摘要：民间信仰有协调人与自然，人与人之间关系的功能，在维系社会安定中发挥着积极的作用。祷雨是协调官民关系和人与自然关系的祭祀活动。地方官员把祷雨作为解救干旱的重要活动，是拯救民众的爱民之举。祷雨的神祇有山神、龙王、海神、通远王、妈祖、岳帝爷、城隍、佛、仙等。民众认为，祷雨灵验乃山川神祇响应效灵，也是地方官员诚心祈祷感动天地而赐雨，于是"吏庆于朝，民歌于野"，送匾额答谢神祇，建甘雨亭、喜雨亭、灵雨亭或立碑颂德，以答谢官员。

李长安，许育碧．施琅将军诞辰祭祀仪式及其文化意义［J］．漳州师范学院学报（哲学社会科学版），2013（4）：13—17.

　　关键词：施琅；诞辰；宗族祭祀；文化意义

　　机构：泉州师范学院继续教育学院；晋江市紫峰中学

　　摘要：靖海侯施琅将军逝世后，其族人除在春冬祭祖之外，更是在其诞辰之日举行大规模、高规格的祭祀仪式且长期沿袭，成为施氏族宗族的重要的家族活动，通过这一活动激励族人发扬光大祖先美德。祭祀仪式蕴含着丰富而充沛的文化意义。

叶茂樟．明清家训文化的一朵奇葩——简析李光地的《本族公约》和《诫家后文》［J］．牡丹江师范学院学报（哲学社会科学版），2013（3）：76—79.

　　关键词：李光地家训；思想内涵；现实意义

　　机构：泉州经贸职业技术学院

　　摘要：家训是家族自己制定的约束、教化族人的家规法典。清人李光地秉承"修身、齐家、治国、平天下"的儒家思想，为族人制定了《本族公约》和《诫家后文》。前者在于约束族人"期改陋习，以奉善政"；后者则从克勤克俭、知书明理与和顺谦卑等方面谆谆教诲。李光地家训不仅对其族人是一种约束，而且有助于维护当地的社会秩序，对于提高个人品德修养、促进家族和睦兴旺及端正社会不良风气等都具有很强的现实意义，不失为明清家训文化的一朵奇葩。

夏敏．从永定到南靖：一个客家村落的东迁样板——以南靖田螺坑为例［J］．闽台文化研究，2013（1）：76—81，109.

　　关键词：田螺坑，永定与南靖，东迁，道德维系

　　机构：集美大学文学院

　　摘要：田螺坑客家从永定向南靖东迁，在书面文本（谱牒）、口述资料、民居和生活习尚等方面留下了深刻印记，它们清晰地呈现了一个小型客家聚落的迁徙轨迹、血缘脉络、身份认同与现实处境，正是因为迁徙留下的这些个文化印记留在民众身上，使其不会因为地处闽南人为强势群体的南靖县而遮蔽客家身份。

苏黎明．祖宗崇拜与闽南文化外播［J］．泉州师范学院学报，2014（5）：6—9，18.

　　关键词：闽南文化；传播；祖宗崇拜

机构：泉州师范学院图书馆

摘要：祖宗崇拜既是观念，也是一种行为。作为由血缘关系引发的崇拜，它并非闽南人所独有，而闽南人表现得尤为突出。闽南人浓烈的祖宗崇拜，随着历史上大批闽南人外迁而在异地广泛传承，促进了闽南文化的外播，产生了深远的影响。

叶小丹，陈烨，陈冬瑜.试论保护与传承安溪宗祠文化的策略［J］.中外企业家，2014（7）：109—110.

关键词：宗祠；营销；保护；传承

机构：福州大学经济与管理学院

摘要：宗祠文化是闽南文化中独具特色的一点。而宗祠作为其载体，不仅传承了家族精神，更是民俗文化中一个重要的组成部分。经团队实地调查研究，发现目前安溪宗祠的保护与传承遇到了诸多问题。我们运用营销学中的产品策略和促销策略，找到了解决上述问题的方法。

陈碧.超越边缘：一个东南侨乡回族社区文化建设的人类学考察［J］.八桂侨刊，2014（2）：48—52.

关键词：东南侨乡；回族社区；文化调适

机构：玉林师范学院政史学院

摘要：从一家到一族、从弱小到壮大、从经商务农到读书入仕，陈埭丁氏回族历经数百年调适和变迁，终于从外来小姓变为本地望族。借助侨乡优势，开展社区文化建设推动社区经济发展，依靠特色文化提升自身形象，超越边缘，陈埭丁氏回族成功地开辟了一条属于自己的文化之旅。

刁培俊，王菲菲.官府与寺僧：宋元明公益活动的历史书写——以闽南为中心的考察［J］.厦门大学学报（哲学社会科学版），2014（5）：38—48.

关键词：宋元明；闽南；社会公益活动；僧侣；官府；历史书写

机构：厦门大学人文学院；新加坡国立大学中文系

摘要：存世资料显示，宋元明历史时期的闽南，参与公益活动的社会群体，最显著者乃寺僧。他们持续积极投入其中，但更多显现为在官方主导下进行，从中可见闽南地方社会的多元立体面相。在各个社会群体的参与互动下，公益活动的蓬勃发展，昭显地方社会的良性运行。然而，相关文献遮蔽的孔隙中又显现出，寺僧参与社会公益具有主导性、私利性。官方主导的话语表露，有着更多的历史隐情。追索历史记忆的书写与存世状况可见，僧寺以其雄厚的财力和影响力持续参与社会公益，却难以与官府、儒士群体力量的壮大与历史书写的增多相比，话语权的拥有导致了官府为主导更多参与其中这一历史面相的呈现。

叶锦花．明代多籍宗族的形成与赋役承担——以福建晋江沿海地区为例［J］．史学月刊，2014（11）：107—116.

关键词：明代；多籍宗族；赋役；应役方式

机构：兰州大学经济学院

摘要：明初以来，福建晋江沿海地区灶户编金、军户登记及垛集、抽籍等都未设定明确的地理范围，使得当地出现灶户、军户和民户杂居共处，甚至一家多籍的现象。与之相应，当地明代所建宗族普遍拥有灶、军、民等户籍。多籍宗族往往形成多个赋役团体以应对各类赋役，赋役的具体承担方式则与户籍的构成情况相关。一般而言，由独立登记户籍的各支派构建的宗族，赋役归各派独自承担；由同时登记了军、民、灶等户籍的人群构成的宗族，赋役由族人通过多种协议共同应对；户籍若由不属于同一宗族的群体构成，户下多个宗族或势力必须共担赋役。户籍登记与赋役负担之间的关系，也可能因势豪将赋役摊给弱小群体而改变。

林昌丈．水利、神祇与村落——以福建诏安客家陂头村为例［J］．赣南师范学院学报，2014（1）：12—16.

关键词：官陂；水利；陂头村；诏安；村落；聚落史

机构：武汉大学历史学院

摘要：诏安县官陂镇所在地是闽南客家地区的一处山间小盆地。陂头村位于东溪的西岸，是明末钟姓迁入该地而形成的一处聚落。该村南星楼关帝庙内的三方碑刻清晰表明了水利、神祇与陂头村的形成之间的关系。客家村落钟姓陂头村的例子展现出处于特定地域中的某一村落，在形成过程中不仅是自身人户繁衍的结果，同时在与其他人群的资源争夺、公私利益的交锋中，进一步明确自身与他人的界限与归属。

林国平．明清东山社会的变迁与关帝职能的演变［J］．闽台文化研究，2014（4）：49—54.

关键词：明清；东山；关帝

机构：闽南师范大学闽南文化研究院

摘要：社会变迁决定宗教信仰的兴衰嬗变，而宗教信仰的兴衰嬗变也从一个侧面反映了社会的变迁。本文以福建省东山岛影响最大的关帝信仰为研究对象，探讨明清东山社会的变迁对其兴衰嬗变的影响。另外，明清时期东山关帝职能的演变，既反映了东山岛社会经济文化发展的历史，也体现了东南沿海民众实用功利性的宗教信仰取向。

罗波．清末民国时期留隍与惠安两地妇女集体自杀共性探析［J］．广西师范大学学报（哲学社会科学版），2014（5）：94—99.

关键词：集体自杀；妇女；社会制度

机构：中山大学社会学与人类学学院

摘要：清末民国时期，留隍和惠安两地的妇女集体自杀在自杀的方式、自杀主体的特征、自杀的组织、自杀的干预效果及自杀的原因方面表现出极大的共性。这说明两地妇女自杀并非偶然而是社会制度使然，如不彻底变革现存社会制度就无法遏制此类恶性事件的持续发生。

曾龙生．清代闽南客家人的风水之争——以平和县九峰曾、杨两族的墓地风水之争为例 ［J］．赣南师范学院学报，2014（1）：17—21.

关键词：闽南客家；风水；宗族

机构：厦门大学历史系

摘要：清代闽南客家地区九峰的曾、杨两族，围绕一处墓地风水展开了多次争夺，这种争夺是风水之争，也是宗族生存空间之争，更是祖先祭祀和宗族建构的仪式空间之争。

刘云．论宋代地权与宗族救济——以福建路宗族义庄义田为例 ［J］．闽南师范大学学报（哲学社会科学版），2014（1）：76—82.

关键词：宋代；福建路；地权；宗族救济

机构：闽南师范大学闽南文化研究院

摘要：宋代福建路不少宗族聚族而居，难免有贫寒族人。不少福建路士人与乡贤受儒家理念与国家政策的影响，拨付义田，建立义庄，使贫寒族人的日常生活有所保障，并资助族人的婚嫁丧葬以及入学、科举等。这种基于土地制度的社会救济制度，有利于持续运行。这也体现了宋代地权制度的变化，也反映出宋代农业社会的特征。

潘淑贞．清代以来闽南宗族与乡村治理变迁——以南安大庭戴氏为例 ［J］．福建师范大学学报（哲学社会科学版），2014（3）：130—136.

关键词：近代；闽南；宗族；乡村治理；美丽乡村

机构：福建师范大学社会历史学院

摘要：本文通过南安大庭戴氏宗族组织功能变迁这一个案来反映闽南宗族与乡村治理的关系：清代前期，闽南地区的宗族势力比较强大，由乡绅为代表的族长或族正行使管理乡村的权限。清末，由于国内环境的变化，尽管还是由族长管理乡村事务，但海外具有经济实力的族人也成为乡村管理的辅助力量。进入民国，经济实力雄厚的海外族人对家乡宗族影响力剧增，有的返乡后则直接进入宗族管理权力中心参与管理乡村事务。改革开放以来，海外族人利用其已取得的经济成就参与乡村基础建设，促成了宗族活动的恢复，成为"美丽乡村"建设的直接参与者。这种宗族参与乡村治理的变迁，反映了国家政权对基层管理能力的变化。

闽南民俗、宗教与民间信仰

一 闽南民俗

陈晓彦.节庆活动与地方民俗文化的保存和发展——以台湾地区大甲妈祖文化节和客家桐花祭为例 [J].吉林大学社会科学学报,2013（4）：143—149.

关键词：大甲妈祖文化节；客家桐花祭；地方民俗文化；台湾地区

机构：厦门大学新闻传播学院

摘要：民俗文化是宝贵的民族历史文化遗产,在民俗文化传承中,节庆活动不但有利于传承和活化地方民俗文化,还可以促进外界对本地域或族群文化的认同,带动观光旅游和相关经济文化产业的发展。对台湾地区的大甲妈祖文化节和客家桐花祭两大地方民俗的研究表明,众多历史上一直延续至今的民俗文化,在新的历史条件下可以被"活化",获得跨地域乃至全球性的竞争力与接受度。不少极具民俗特色的文化传统和产品,虽然缺乏具有代表性的文化标识,但通过节庆活动打造可被本地区和本族群认可的"新传统",有助于将分散的、隐形的民俗传统串联起来,用开发的思路来促进民俗的保护,更好地促进民俗文化的传承与再生。

陈英征.从闽南婚俗看中国古人的和谐观 [J].长春教育学院学报,2013（6）：23—24.

关键词：闽南婚俗；"和"文化；传统

机构：广东技术师范学院天河学院

摘要：和谐的哲学思想是中国古人在探究人与自然、人与社会、人与人等关系中总结出来的人生智慧,是中国文化的核心与精髓。无论是儒家、道家、佛家,或是其他学术流派,都把追求和谐作为自己的哲学目标。传统婚俗也是中国文化的一个重要组成部分,在几千年的发展过程中,已经形成了一套完整、系统的体系。中国古人把婚礼看作是天地、阴阳、乾坤等世界秩序及人伦之本的实现和完成,所以在举办婚礼的过程中,非常讲究天、地、人的和谐。闽南婚俗作为中华传统婚俗的一部分,也同样体现了"和"的哲学观念与"和"的伦理氛围。在整个闽南婚礼进行的过程中,随处可见人们用各种方式来表达对和谐美满的婚姻生活的追求与期待。

冯少波，王毓红 . 博饼之路：从兵营游戏到民间风俗［J］. 文化学刊，2013（1）：66—74.

关键词：博饼；台湾；科举；赌博；民间风俗

机构：广东外语外贸大学西方语言文化学院

摘要：博饼最早见于康熙《台湾府志》，原本是清代台湾"班兵"制度的产物，但到清末却演变成厦门及其周围地区一种过中秋节所特有的民间风俗。博饼之所以能冲出兵营走进民间，得益于博饼中包含的科举名称，以及博饼必有宴席和参与必定有奖规则，在这个转变过程中，闽南柁工和台湾乡勇起了至关重要的作用。甲午战后台湾被割让给日本，大量的守台将士、官员和民众撤回大陆，在造成台湾博饼负面影响的同时，反而推动了厦门博饼的发展。

傅央央 . 泉州村落的互惠交流民俗[J]. 寻根，2013（3）：49—52.

关键词：村境；福建省泉州市；村中；民俗活动；古老剧种；民间戏曲

摘要：〈正〉村落互惠的方式福建省泉州市有一个名为蔡塘坑的村落，村子以村境宫为界分为两部分，分别名为"宅美"（又名"宅仔尾"）和"宫后"。村民日常生活、村落活动和民间信仰中的互惠交流民俗……

扈伟 . 篮球运动融入闽南农村民俗节庆文化现象的启示［J］. 山东体育学院学报，2013（3）：28—31.

关键词：篮球；民俗节庆；闽南农村

机构：华侨大学体育学院

摘要：个人出资聘请和组织专业球队参与农村重要节庆活动，以篮球比赛的形式增强节日喜庆气氛，这种现象在闽南农村已成为节庆民俗文化发展中的新动向。该现象的出现给我们带来了三个方面的启示：一是篮球运动融入传统民俗活动其本质是中西方不同文化在社会发展到一定阶段的融合，是西方博弈竞争文化与东方传统民俗节庆喜庆和谐文化的互补，凸显出新时期农民在物质生活达到一定水平后对多元和外来文化的渴求。二是精彩的篮球比赛不仅仅为节日带来了喜庆的气氛，更是对西方篮球文化价值的认可。从经济学角度分析，组织篮球比赛既是体育社会活动，也是闽南农民对节日喜庆"效用"满意度的一种经济消费行为。支付酬劳说明了这种形式的经济价值，也为篮球运动在农村大众群体中普及和可持续发展提供了一条新的途径。三是引导农村民俗节庆活动朝"健康化"方向发展一直是我国农村地区精神文明建设的重要研究课题。农村地区的交通不便所产生的信息闭塞状况一直是封建落后和邪教文化极易滋生与发展的土壤，而篮球比赛过程中的竞技博弈趣味性与娱乐性是吸引广大农民注意力并引导农村民俗节庆文化朝"健康化"方向发展的理想切入点。事实说明，竞技体育比赛作为"文化三下乡"活动的一种新形式已被提到了农村精神文明建设的议事日程。如何保护与引导这种新形式的民俗活动是政府部门亟待考虑的问题。

李建兰. 民国时期的漳州风俗演变 [J]. 漳州职业技术学院学报, 2013（2）: 72—77.

关键词：风俗；地方特色；消失；保留

机构：漳州工业学校

摘要：民国时期的漳州风俗基本沿袭清代的旧俗，具有比较鲜明的地方特色。但在当时的历史时期，受到社会政治变革的影响，仍产生不少的变化。缠足、盘辫子等基本消失了，但奇装异服、停柩、裸浴、嚼槟榔等具有地方特色的风俗也消失了。而诸如民间崇拜、迎神赛会、红白喜事铺张浪费等比较没地方特色的风俗仍延续至今。

李舒杰. 闽南端午文化的多维保护体系构建——着重以厦门市为出发点 [J]. 经济导刊, 2013（Z3）: 95—96, 36.

关键词：闽南端午文化；经济价值；地方性法律；地方性政府；闽南居民

机构：厦门大学法学院

摘要：〈正〉2011 年 2 月 25 日，历经半年多的草案意见征求，《中华人民共和国非物质文化遗产法》正式在第十一届全国人民代表大会常委会第九次会议上通过，并依法于 2011 年 6 月 1 日生效施行。这是我国非物质文化遗产的立法保护工作迈出的历史性的一步，我国非遗保护的法律体系得以正式初步确立。在历史上，端午节与春节、中秋节并称为中国的三大传统节日，在中国的节日文化体系中占据着举足轻重的地位……

李亚凝. 清代山东婚礼与闽南婚礼之比较研究——以"三礼"为参照系的方志考察 [J]. 原生态民族文化学刊, 2013（2）: 60—68.

关键词：方志；山东；闽南；婚礼；三礼

机构：厦门大学法学院

摘要：山东地区与闽南地区都具有鲜明的地域特点，这就对三礼的"标准化"婚礼规定产生了流变，产生了不同的区域适应性，形成在地婚礼。以山东与闽南现存方志为基础，通过"六礼"的程序化分析，区别出两地婚俗的不同、形成原因以及对于婚姻的影响。

林长华. 台湾的敬祖节 [J]. 寻根, 2013（5）: 42—44.

关键词：敬祖节；风物志；节俗；于右任；闽南春饼

摘要：〈正〉说起清明节，人们耳熟能详。但在台湾，扫墓不在清明节，而在农历三月初三的敬祖节。笔者近阅《台湾风物志》，其中对敬祖节的来历也有记载："此俗始于郑成功起兵之初，当时郑成功在漳州见清明节人们纷纷扫墓，颇为感慨，认为'清明'二字是'清在上，明在下'，于是下令废清明节……"

许艺燕．闽南民间"普度"民俗衰弱原因［J］．学理论，2013（6）：130—131.

关键词：民俗；政府；民间；"普度"

机构：华侨大学华侨华人研究院

摘要：近一个多月的田野下乡，笔者负责的是每个村落的岁时民俗，挨村挨户地调查，一个明显的感觉是很多岁时民俗节日已经慢慢衰落下去，甚至有些已不复存在，这当中不乏政府干涉的层面，还有民间层面的因素，更有些则是个人的因素，通过本文这三方面的因素来探究民间传统岁时民俗衰弱的原因，主要以城内村的"普度"为例，陈述笔者的拙见。

张士闪，李世伟，王见川．关于中国台湾地区传统节日传承与变迁的考察报告（1945—2010）［J］．艺术百家，2013（4）：29—35.

关键词：中华传统文化；文化建设；台湾省；传统节庆活动；文化传承；变迁；民俗艺术

机构：山东大学文化遗产研究院；东华大学台湾文化系；（台湾）台南科技大学通识中心

摘要：通过对中国台湾地区半个多世纪以来传统节日传承与变迁状况的考察，可以看出，影响台湾传统节日传承与变迁的因素主要有三种，即官方政治的介入、民众的认同力量和急遽的社会变迁。我们认为，民间的族群、社群乃是一种多元的复杂构成，其相应节日亦具有传统性，官方的角色应尽量淡化；在民主化与本土化已成主流价值的当代社会，在传统节日文化的复兴潮流中，应警惕因商业化的过多介入而使得传统节日浅薄化、空壳化的现象；当代学者应在为传统节日找寻出新的发展方向方面有所作为，拓展传统节俗中人文关怀的一面。

钟建华．安溪县"八社"传统婚俗的文化透视［J］．漳州师范学院学报（哲学社会科学版），2013（4）：6—12.

关键词：婚俗；闽南文化；实用化；儒家文化

机构：闽南师范大学闽南文化研究院

摘要：安溪县"八社"在历史上是闽南内陆地带一个具有共同信仰的中型村落联盟，并发展形成一个多村际的通婚圈，其以"亲迎"仪礼为核心的婚俗"六礼"，彰显了闽南传统婚俗的精髓，对其考察与解读，意在透视闽南民众在闽南婚俗历史发展过程中，如何因地制宜地选择最适合自身的生活内容，在展示了闽南民俗文化实用化指向的同时，折射出了闽南文化以"儒家文化"为根基的特质。

衷鑫恣．朱熹与裹脚及"木头履"[J]．（台湾）鹅湖月刊，2013（453）：35—45.

关键词：朱熹；儒家；裹脚（缠足）；木头履

机构：（台湾）财团法人东方人文学术研究基金会；鹅湖月刊社

摘要：本文搜罗了朱熹让妇女裹脚、穿"木头履"的各种传说，力求探其源头。辨明了它们在反映清代中期以后闽南若干风俗的同时，多所附会，不实地贴上朱熹的标签。没有任何证据显示，朱熹莅治同安、漳州时采取过束缚妇女双脚的措施。相反，从他的思想、儒家普遍的信条出发，鉴于裹脚之残忍、伤身、淫贱三条，可以认定他是反对裹脚的。朱熹与孔孟、程颐一样，不合为汉族的裹脚陋俗背负骂名。

陈洁君．从社会学视角看闽南民俗文化的可持续发展[J]．泉州师范学院学报，2014（3）：22—26.

关键词：社会学；闽南；民俗文化；生态保护

机构：泉州师范学院政治与社会发展学院

摘要：闽南民俗文化是中华传统民俗文化的一个支流，记载着独具地方特色的闽越民族文化精髓，是研究闽南文化的活化石。在新的历史时期，振兴海峡西岸战略的提出，为闽南民俗文化的可持续发展提供了良好的挑战和契机。通过社会学视角，以泉州地区为例，在讨论闽南民俗文化特征和分析当前发展状况的基础上，提出科学的生态保护措施，推动闽南民俗文化的健康可持续发展。

何春燕．晋江砌田岁时节俗浅析[J]．漯河职业技术学院学报，2014（6）：79—81.

关键词：岁时节俗；乡民；精神世界

机构：泉州经贸职业技术学院

摘要：岁时节俗是精神民俗内容中最丰富的一种民俗，它一般以年为周期，根据季节、时序的变化，围绕特定的主题，表现为一定的民俗事象和仪式。闽南侨乡晋江砌田的岁时节俗源远流长，包罗万象，具有明显的地域特征，作为一定区域民众整体风貌的载体和集中体现，砌田村的岁时节俗也清晰地折射出乡民多姿多彩的精神世界。

黄文水．民俗新闻的四种视角——以厦门晚报为例[J]．青年记者，2014（30）：52—53.

关键词：文化传播；深度化；小众化

机构：厦门晚报

摘要：〈正〉民俗是历史的再现，是乡愁的寄托。民俗新闻可以还原历史，引发情感共鸣。深耕厦门本土的厦门晚报被誉为"厦门城市名片"，以民俗新闻等为代表的文化新闻，是其拳头产品，在厦门纸媒中独树一帜。厦门晚报民俗新闻报道，非常注重报道的视角，在推动本土民俗保护与传承的同时，让读者能够品读民俗的人文之美，领悟蕴含的社会意义，提升报纸的亲和力和影响力。

黄晓珍.闽南"普度"的文化功能与性状［J］.龙岩学院学报，2014（6）：92—96.

关键词：闽南；普度；仪式；民间信仰；民俗

机构：三明学院

摘要：闽南"普度"信仰习俗由来已久，其主要表现为：七月初一"起灯脚"、八月初一"倒灯脚"；农历十五的"祭公妈"；"普度月"中最重要的部分"普度日"。近年来"普度"形式开始变化：轮流"普度"以增进情感交流；简化"祭祀"仪式；摒弃"普度宴"中滋生的陋习。但无论形式上如何变化，信仰功能始终没有变化。普度习俗具有沟通情感、凝聚力量、教化民众和促进经济发展等价值功能。

李南海.漳州传统社会的冥婚研究［J］.闽台文化研究，2014（4）：42—48.

关键词：冥婚；祖先崇拜；互惠；社会性别；差异性

机构：闽南师范大学历史与社会发展学院

摘要：漳州特殊的社会生态环境使其习俗既具有中原儒家文化的本质特征又具有变异，冥婚习俗也不例外。本文通过对漳州四区县冥婚习俗的调查，发现漳州的冥婚习俗传承了儒家的鬼神信仰和祖先崇拜内涵，也体现了传统社会性别制度和传统社会中的互惠原则。同时，漳州内部各区县的冥婚习俗也存在差异性。

汤儒韬，黄晶晶.九龙江西溪疍民习俗探析——以进发宫为中心［J］.闽南师范大学学报（哲学社会科学版），2014（1）：29—33.

关键词：疍民；民俗；非遗保护；民间信仰

机构：闽南师范大学闽南文化研究院

摘要：漳州疍民在九龙江流域的繁衍生息有着悠久的历史，由于疍民终年食住于船，具有不同于陆地居民的独特的民俗文化。漳州市九龙江西段疍民已是市级非遗项目。对疍民的信仰及其生产生活的民间习俗进行探究，考察民俗活动背后的文化意义，有助于增强社会各界对疍民的理解，引起相关部门对疍民独特民俗文化的重视，进而更加注重保护传承中华传统文化的多样性。

吴慧萍，王国林.泉州"普度"路在何方［J］.大众文艺，2014（13）：60—61.

关键词：泉州普度节；地方特色；民间信仰

机构：浙江农林大学

摘要：普度是闽南一带特有的民俗节日，有第二春节之称，世代沿袭至今。然而，这特色节日却被曲解为伤风败俗、扰乱社会秩序的"陋习"。近几年来，各种社会压力叠加打击下，普度的未来岌岌可危。本文从几个层面上分析普度节的现实意义，并探讨了未来的发展策略以推进普度再发展。

孟令法．试论蓝鼎元的风俗应用观——以《鹿洲全集》为核心的研究 [J]．宁德师范学院学报（哲学社会科学版），2014（4）：11—17.

关键词：蓝鼎元；《鹿洲全集》；应用民俗学；兴学致教；移风易俗；社区管理

机构：重庆邮电大学移通学院

摘要：畲族学者蓝鼎元是清初著名理学家，《鹿洲全集》是其治世思想的集中反映。蓝鼎元为官期间十分重视对所在区域的风俗考察，并能将之很好地运用到现实的区域管理之中。作为宋明理学的坚定维护者与实践者，蓝鼎元在以权势稳定社会的同时，着重于兴学致教、培养人才，其目的就在于正学统、化民俗，实现区域社会的长治久安。而这种将权势、教育与风俗相结合的治世之法虽然具有显著的地域性和时代性，但它对现代的社区管理依然蕴含着可资借鉴的有益元素。

二　闽南宗教

陈立华．元代藏传佛教在福建地区的遗迹考——以泉州清源山三世佛石刻题记为中心 [J]．中国藏学，2013（4）：105—108.

关键词：泉州；清源山；藏传佛教；三世佛

机构：厦门大学哲学系；西藏民族学院民族研究院

摘要：福建泉州清源山三世佛造像具有典型的藏传佛教造像风格特征，相关的摩崖石刻题记对于了解蒙元时期藏传佛教在江南地区的延伸传播以及元朝官员"参用"任命制度等历史状况都具有重要的辅助说明作用，是研究元代藏传佛教在福建地区活动情况的重要史料，具有较高的研究价值。

李静蓉．元代泉州基督教丧葬艺术的多元融合——从概念契合到图像创新 [J]．福建师范大学学报（哲学社会科学版），2013（1）：112—117.

关键词：泉州；基督教；丧葬艺术；十字架；天使；莲花；云纹

机构：福建师范大学社会历史学院；泉州海外交通史博物馆

摘要：元代的泉州是个国际大都市，各种宗教文化在这里汇聚交织，泉州基督教丧葬艺术就是在此背景下诞生的艺术奇葩。这种多元融合的特殊艺术，极具图像表现力，在十字架、天使、莲花、云纹等装饰中，本土的与外来的、基督教的与非基督教的等各种文化元素之间互相借用、互相影响。泉州基督教具有独特的文化选择倾向，它选择与基督教教义相符的文化元素进行图像创新。

叶茂樟．李光地宗教思想及其与安溪寺庙之缘［J］．河北科技师范学院学报（社会科学版），2013（2）：62—67.

关键词：李光地；宗教思想；安溪寺庙

机构：泉州经贸职业技术学院李光地文化研究中心

摘要：李光地是清初的政治家和"理学名臣"，他的宗教思想既受到康熙宗教信仰的影响，又深深地打上了宋明理学的烙印。李光地对儒、释、道学说深入辨析，认为"性"是三教分歧的焦点，三教"源头不同而功夫却同"，释、道学说固然有其不足，但儒教更应该博采众长，吸收释、道学说的积极因素，以弥补儒家学说的不足，表现了李光地作为政治家的谋略和作为思想家兼容并包的情怀。李光地与故乡安溪县的许多寺庙有缘，这也正是李光地宗教思想的表现。

刘有延．伊斯兰教入华隋开皇说溯源及其正确评价［J］．回族研究，2013（3）：8—24.

关键词：伊斯兰教入华；泉州清净寺碑；吴鉴；斡葛思；广州先贤古墓

机构：华南理工大学物理系

摘要：伊斯兰教何时传入中国是自民国以后就受到广泛关注的回族史重要问题，特别在近二十年发表了不少的学术论文，研究者从不同的角度论述自己的观点。伊斯兰教入华时间，从有文献记录的元代开始，就存在种种混乱的说法，而且一直到民国为止，明显为错误的"隋开皇"说却是回族文献的主流。本文通过系统地整理自元代至民国全国各地清真寺碑文关于伊斯兰教入华的记述，探讨了"隋开皇"说的产生和流衍。研究结果表明，元至正十年泉州吴鉴撰《重立清净寺碑记》是我国最早和最准确的伊斯兰教文献，它同时是"隋开皇入华说"的源头。在消除回汉两历的积年误算后，我们证明它关于隋开皇七年斡葛思入华的记述，实质上是贞观二年入华，"隋开皇入华说"只是历法计算引起的误会，并非空穴来风的无稽之言。吴鉴碑文和韦尔斯《世界史纲》关于贞观二年入华的论述，相隔600余年，分别独立地反映了阿拉伯穆斯林世界的"传说"。本文同时连带地讨论斡葛思其人及其墓的真实性。

孙尚扬．从《口铎日抄》看明末福建天主教徒的宗教委身［J］．杭州师范大学学报（社会科学版），2013（6）：17—24，45.

关键词：《口铎日抄》；明末；天主教徒；客观委身；主观委身；正统实践

机构：北京大学哲学系

摘要：《口铎日抄》是记录明末福建天主教徒之宗教生活状况的重要文献。从对见于该书中的明末福建天主教徒的客观宗教委身与主观宗教委身之形成与特点进行深度描述与解释后发现，这个宗教群体注重客观委身胜于注重主观委身，其对天主教的正统实践的强调则暗合传统中国政府对正统实践的注重。这也许是明末福建天主教能获得长久发展的重要原因之一。

吴幼雄．泉州伊斯兰教文化遗存及其现代价值［J］．泉州师范学院学报，2013（3）：10—17．

关键词：泉州；伊斯兰教；文化遗存；现代价值

机构：泉州师范学院闽南文化生态研究中心

摘要：自12世纪至14世纪的300年间，泉州与阿拉伯世界诸多国家有着密切的经济文化交流。阿拉伯伊斯兰教在泉州的遗址和遗物，无可辩驳地证实该时期泉州海外贸易的繁荣，以及泉州与阿拉伯伊斯兰教的友好关系。泉州伊斯兰文化遗存为世界不同文明、不同宗教信仰观念的和谐共处与对话，提供了重要的历史镜鉴。

杨富学，史亚军．摩尼教与宋元东南沿海农民起义——研究述评与展望［J］．宗教学研究，2013（2）：240—246．

关键词：宋元；摩尼教；吃菜事魔；农民起义；霞浦文献

机构：西北民族大学历史文化学院；西北民族大学敦煌研究院；兰州大学

摘要：摩尼教自会昌灭法遭到禁止以后，南潜闽浙，逐渐演变为民间宗教，并与农民起义相结合，成为宋元时代影响东南沿海局势的一股重要势力，对中国历史产生了既深且巨的影响。百余年来，学术界对宋元时代东南沿海摩尼教与农民起义的关系问题研究不辍，成果颇丰。新资料不断得到挖掘整理，学术界提出了许多有价值的观点，并展开深入的讨论，见仁见智，使宋元摩尼教的研究逐步得到深化。但囿于资料的支离破碎甚至自相矛盾，宋元时代摩尼教的走向和与农民起义的关系问题依然存在着许多模糊不清的问题，值得深入探讨。有幸的是，自2008年10月以来，福建霞浦一带发现了大批的摩尼教文献，可极大填补宋元明清乃至民国及当今摩尼教研究史料的不足，或可为这一研究提供关键锁钥。

杨富学．回鹘摩尼僧开教福建补说［J］．西域研究，2013（4）：109—117，139．

关键词：摩尼教；回鹘；泉州；霞浦；回鹘文文献；呼禄法师

机构：敦煌研究院民族宗教文化研究所

摘要：福建摩尼教开教者呼禄法师一般被学界视作中古波斯语 xrwhxw'n（呼嚧唤）之音译，然呼嚧唤为摩尼教低级官号，不具授徒资格，且官号不能与"法师"二字搭配使用。"呼禄"实为回鹘语 Qutluγ（吉祥）之音译。福建各地发现的摩尼教八字偈语，与回鹘文献所见一致，而不同于西亚诸语文献所见。从霞浦新发现的摩尼教文献看，其始祖为呼禄法师，可证霞浦摩尼教是由回鹘僧直接传入的。有一种意见认为福建摩尼教系经由海路传自西亚，另有一种意见认为早在会昌法难以前即已出现，这些都纯属推想，得不到确证，既与当时摩尼教流行的历史背景不符，也与历史记载相违，难以成立。

杨小霞．福建佛教文化的优势资源及其现实价值［J］．闽江学院学报，2013（3）：43—47.

关键词：福建佛教文化；优势资源；当代价值

机构：福建师范大学马克思主义学院

摘要：党的十八大报告强调，文化是民族的血脉，是人民的精神家园。福建佛教文化以其鲜明的特点和优势成为新时期实现"海西"建设跨越发展的重要力量。当前弘扬福建佛教文化之优势及其助力"海西"建设的路径为：挖掘佛教优秀精神资源，服务"海西"和谐文化建设；精心打造佛教"名片"，扩大福建在海内外的知名度和影响力；培育壮大佛教旅游文化产业，服务"海西"经济建设等几个方面。

李静蓉，林振礼．泉州景教石刻与佛教关系发微［J］．东南学术，2013（1）：225—231.

关键词：泉州；景教石刻；佛教元素

机构：福建师范大学；泉州师范学院学报编辑部

摘要：景教在传往中国过程中往往依附佛教或借用佛教元素以获得生存和发展的机会，泉州景教也遵循了这一规律，这可从景教石刻上得到印证。泉州景教石刻所反映的浓厚的佛教元素，不仅暗示了泉州景教徒与中国其他地方的景教徒保持着某种联系，而且许多图像组合的创新，反映了泉州景教石刻受不同文化环境影响而形成的地域特色。

李玉昆．从清源山碑铭看泉州多元宗教和谐共处［J］．泉州师范学院学报，2013（1）：26—31.

关键词：泉州；清源山；宗教；和谐

机构：泉州海外交通博物馆

摘要：历史上泉州的宗教包括本土的道教、民间信仰和外来的佛教、伊斯兰教、基督教（景教）、印度教、摩尼教、犹太教等，他们共同并存，和谐共处。本文利用通过清源山碑铭，阐述泉州佛教、道教、伊斯兰教和睦共处，共修纯阳洞。僧俗共修寺院，儒释道三教徒共游柴泽洞，反映三教合一，和谐相处；龟山寺民间信仰的祖先崇拜共祀，书院、祠堂的共修，说明民间信仰与儒教、儒教与佛教关系密切等。

黄奇鸿．佛教在永春县的传播［J］．福建文博，2013（4）：65—66.

关键词：佛教；永春县；传播

机构：永春华侨中学

摘要：佛教作为世界三大宗教之一，传入中国后对中国社会生活的方方面面产生了深远的影响。本文试就佛教在福建省永春县的传播和发展历程及它对永春人民社会生活和民俗文化的影响略作述评。

李玉昆．泉州寺庙奉祀神祇与多元宗教文化〔J〕．泉州师范学院学报，2013（5）：15—19.

关键词：泉州；寺庙；神祇；多元宗教

机构：泉州海外交通史博物馆

摘要：寺庙是佛教、道教等宗教信徒供奉神灵和聚居修行的宗教建筑。各宗教的信徒供奉本教信奉的神祇，在泉州有的寺庙除供奉本教神祇外，也供奉其他宗教神祇，如佛教寺院奉祀佛、菩萨、天王、罗汉等，也奉祀玄天上帝、关帝、文昌帝君、广泽尊王、保生大帝、通远王等。道教的元妙观奉祀道教神祇，也奉祀萧太傅、天上圣母、广泽尊王等。泉州寺庙奉祀神祇多元化，反映泉州多种宗教和谐共处。

庄小波．浅谈泉州海外交通史博物馆藏景教石碑〔J〕．东方收藏，2013（4）：54—55.

关键词：交通史；海上丝绸之路；亚历山大港；基督教艺术；宋元时期；中国福建

摘要：〈正〉泉州位于中国福建东南部，是中国古代"海上丝绸之路"的主要港口之一，历来就有对外通商和友好交流的传统。在很长的一段历史时期内，泉州受到过各种宗教文化的影响，在当地的文化和文明发展史中留下了很深的印记，因此泉州堪称是"宗教大观园"。宋元时期，泉州是与埃及亚历山大港齐名的世界大港。朝廷对各宗教采取兼收并蓄的态度，道教、佛教、伊斯兰教、景教和明教都可以自由传播，多种宗教在泉州并存……

吴力群．关于泉州宗教生态的探讨〔J〕．泉州师范学院学报，2014（1）：21—27.

关键词：宗教信仰；宗教生态；泉州

机构：泉州师范学院图书馆

摘要：本文根据泉州宗教信仰的生存、发展状况以及内外各种关系的复杂性、整体性，从宗教生态的角度探索泉州宗教信仰的结构、泉州宗教信仰与政治、经济、文化的关系，以及各种宗教信仰之间的关系，力求为进一步研究泉州宗教信仰的特点，探索泉州成为世界宗教博物馆的原因，提供新的思路。

曾天德，朱淑英．闽南宗教信仰与青年婚育价值观关系研究〔J〕．教育评论，2014（4）：139—141.

关键词：闽南青年；宗教信仰；婚育价值观；影响力

机构：闽南师范大学教育科学学院

摘要：文章采用《青年婚育观问卷》和《圣克拉拉宗教信仰程度问卷》对福建省1192 名青年施测，探讨闽南宗教文化对青年婚育价值观的影响。结果表明：闽南青年对于婚姻资源等价观和婚姻特质契合观有较高认同度，其宗教信仰程度显著高于非闽南青年；青年婚育观与宗教信仰程度显著相关；闽南青年宗教信仰程度对青年婚育价值观具有一定的影响力。

王晓云，周丽群．福建漳州伊斯兰教史迹考述［J］．焦作大学学报，2014（2）：125—127.

关键词：漳州；穆斯林；伊斯兰教；历史

机构：福建农林大学马克思主义学院；清华大学社科学院

摘要：唐宋元时期，随着海上丝绸之路的繁荣，地处东南沿海的漳州以其优越的地理位置，丰富的物产资源，也成为海上丝绸之路的重要通商口岸。大批穆斯林商人航海而来经商贸易，进而娶妻生子，落籍定居。"云月"墓碑、礼拜寺庙、白石丁氏、穆斯林大将等，这些独特的事例成为漳州历史上的特殊印记。

丁玲玲，林煜堃．多元并存　和谐相容——泉州丁氏回族宗教信仰现状调查研究［J］．福建师范大学福清分校学报，2014（3）：93—98.

关键词：泉州陈埭；回族；宗教信仰；多元化

机构：泉州师范学院政治与社会发展学院；武汉大学

摘要：陈埭是福建泉州回族的主要聚居区之一，有丁氏回族 2 万多人。随着时代的变迁与社会的发展，陈埭丁氏回族社区的宗教信仰也发生了变化。由单一的伊斯兰教信仰演变为多种宗教信仰并存，呈现出一个带有地域特色的多元共存、和谐相容的宗教信仰格局。本文根据笔者的田野调查，结合文献资料，对泉州陈埭丁氏回族的宗教信仰演化进行探讨。

庄恒恺．从地方文献看制度化宗教与民间信仰的融合——以福建地区佛教俗神崇拜为中心［J］．宜春学院学报，2014（4）：5—8.

关键词：制度化宗教；地方文献；福建；民间信仰；佛教

机构：福建工程学院人文学院

摘要：制度化的宗教（如佛、道教）与非制度化的民间信仰之间，既有区别，又有密切关系。本文通过梳理方志、笔记小说等福建地方文献，考察清水祖师等福建地区佛教俗神的崇拜情况，说明制度化宗教与民间信仰融合的三种形式：其一，僧人是神明的重要来源；其二，佛教俗神的功能世俗化；其三，僧人参与民间信仰活动。

陆芸. 海上丝绸之路与宗教文化的交流 ［J］. 理论参考，2014（9）：28—29.

关键词：海上丝绸之路；宗教文化；中外贸易；昙摩耶舍；早期佛教；《古兰经》；灵山圣墓

机构：福建省社会科学院

摘要：〈正〉海上丝绸之路不仅仅是古代中外贸易的线路，也是一条宗教文化传播交流的通道。早期佛教在中国的传播，就有不少外国或中国僧人取道海上丝绸之路，其中最著名的有昙摩耶舍、菩提达摩、法显、义净等。同样，在伊斯兰教东传的过程中，海上丝绸之路也发挥了重要的历史作用。当时穆斯林商人一手提着货物，一手拿着《古兰经》，乘着海船向东方而来，在中国古代名港广州、泉州、扬州等地留下了不少伊斯兰教的遗迹。16 世纪天主教⋯⋯

三　闽南民间信仰

（一）闽南民间信仰概述

钟建华. 叶春及治下明代惠安民间信仰研究——以《惠安政书》为剖析面 ［J］. 河北北方学院学报（社会科学版），2013（6）：19—22，55.

关键词：明代；叶春及，《惠安政书》；王道之治；洪武礼制；正祀；淫祀

机构：闽南师范大学闽南文化研究院

摘要：明代，叶春及作为惠安县令在其辖地实行"王道之治"的政治抱负，作为"王道之治"一部分的"敬鬼神事"也不可避免地受到了规约与冲击。《惠安政书》是叶春及的施政笔记，展示了叶春及施政与"敬鬼神事"的互为关系，以此可管窥明代惠安民间社会人、神与鬼的关系，进而折射闽南地方社会在明代的民间信仰态势。

许志跃. 文化建设视野下的民间信仰活动改造 ［J］. 宿州学院学报，2013（7）：4—7.

关键词：民间信仰活动；传统文化；文化建设；改造创新

机构：漳州职业技术学院人文社科系

摘要：从促进文化建设的角度指出民间信仰活动蕴含着丰富的工艺美术、表演艺术、民俗节庆、历史传闻、民族精神和道德观念等传统文化内涵，以及它在当前文化建设中具有保护和传承传统民族文化、抵御外来文化恶意入侵、促进对外文化交流和文化影响输出、引导社会舆论、净化社会风气、推动两岸文化交流等文化价值与意义，分析了当前因疏于管理而导致民间信仰活动中出现盲目迷信、滥建宫庙、过度产业化等一些乱象与不良影响，主张以"取其精华、去其糟粕"的科学理性态度，对民间信仰活动从场所、内容、信众、崇拜对象、组织人员、文化遗产等方面采取积极有效的措施，加强管理、积极引导、科学改造，实现"推陈出新、古为今用"。

王娟，逢文昱．我国古代海神的凡人化演变［J］．中国海事，2013（9）：74—75.

关键词：崇拜心理；航海技术；航海知识；海上活动；需求趋向；临水夫人；原始图腾；原始先民；自然崇拜；观世音菩萨

摘要：〈正〉我国的海神崇拜与航海历史一样悠久。在中华先民最初走向大海时，由于航海技术相对落后，航海知识相对贫乏，必然因畏惧而产生崇拜心理。这种心理以神的形象具象化，于是产生了最早的海上保护神——原始海神图腾。随着航海技术的发展，海上活动愈加丰富，人们对海神的崇拜逐渐从"单纯敬畏"向"有所要求"转化，这种功利性的需求趋向，也使海神的形象逐渐具体化、"凡人"化⋯⋯

罗雪珍．论福建民间信仰与当前社会相适应［J］．福建省社会主义学院学报，2013（3）：91—95.

关键词：福建；民间信仰；相适应

机构：华侨大学公共管理学院

摘要：民间信仰是中国传统文化的重要组成部分，福建是民间信仰最为兴盛发达的地方，引导民间信仰与当前社会主义社会相适应成为当前客观存在的一大任务，完成这一任务，首先需要明晰民间信仰存在哪些与当前社会相适应、不相适应的因素，适应性问题上分清实质与形式，正确看待福建民间信仰与当前社会相适应这一问题，然后积极引导福建民间信仰与当前社会相适应，使其发挥积极功能，减少消极作用。

林志斌，江柏炜．"合境平安"：金门烈屿东林聚落的民间信仰及空间防御［J］．闽台文化研究，2014（3）：40—58.

关键词：神鬼；防御；境；东林；烈屿

机构：金门大学闽南文化研究所；台湾师范大学东亚学系

摘要：在万物皆有灵的信仰模式下，传统汉人社会为了自身利益，发展出以"宫庙"为中心，运用各式厌胜物建构一套坚强的防御系统，并积极举行各式驱魔逐疫的仪式，以确保生存空间之洁净，企图追求所谓"合境平安"之和谐社会。本研究以东林为田野基地，探讨汉人社会民间信仰中"人、鬼、神"空间共处的关系结构，并从民间信仰中神灵信仰、禁忌面与神圣面、宗教仪式等层面来建构传统信仰的鬼神观；并借由仪式的参与，了解当代汉人社会中无形的祭祀空间范围与有形的社会生活领域的关联性。

钟建华．闽南民间信仰之联合宫庙初探——以漳州浦头港"东岗祖宫"为个案［J］．福州大学学报（哲学社会科学版），2014（2）：32—37.

关键词：联合宫庙；闽南民间信仰；浦头港；东岗祖宫

机构：闽南师范大学闽南文化研究院

摘要： 改革开放以来，闽南民间信仰得以复兴，宫庙兴修与重建显得繁复而从容，然而，随着都市化进程的加剧，土地资源逐渐升值与紧张，促使了闽南民间信仰再次发生了变迁。其中，城镇中的民间信仰宫庙首当其冲，其迁建已经迥异于改革开放以来民间信仰原庙重建的复兴态势，而出现了形形色色的变迁形式。漳州浦头港东岗祖宫的迁建内容，在某种程度上代表了都市化背景下闽南民间信仰变迁的最新形式——"联合宫庙"的产生，由此得以管窥闽南民间信仰未来发展的某种态势。

（二）妈祖信仰

黄汉瑜 . 安海朝天宫褒封天上圣母碑 [J] . 东方收藏，2013（6）：100—101.

关键词： 朝天宫；安平桥；古地名；旧城改造；安平镇；明万历；天妃庙；泉州天后宫；妈祖宫

摘要：〈正〉闽南古镇安海，古称安平，镇西南有建于南宋绍兴八年（1138）的国家级文物保护单位安平桥。2006 年，桥东畔的朝天宫旧址（古地名浮屿）后改建为粮库，因旧城改造拆迁，出土石碑两方。石碑高 2.2 米、宽 1 米，双面雕刻，正面额篆"褒封天上圣母"，双龙浮云……

中国魅力节庆　仙界"海神"人间妈祖 [J] . 中国商贸，2013（19）：54—55.

关键词： 妈祖信仰；元明清时期；宋经；林默娘；莆田湄洲岛；建隆；海清；道家文化

摘要：〈正〉妈祖，作为民间神祈，道教神奉，护航海神，自宋经元、明、清等几代传播迄今已历千年以上。奉祀妈祖的宫庙，在中国沿海各省、市，例如潮州、莆田、汕头、泉州、漳州、雷州、湛江、海南等以及内地除青海、新疆、西藏等 3 省、区以外的其他省份，都有妈祖庙。随着元明清时期航海交通的日益发达，也随着华人足迹遍及全球，其中包括日本、东南亚、加拿大、美国乃至法国巴黎、丹麦、南美的巴西等都形成了妈祖信仰。

陈国灿，鲁玉洁 . 南宋时期圣妃信仰在两浙沿海的传播及其影响 [J] . 浙江学刊，2013（6）：21—26.

关键词： 南宋；圣妃信仰；两浙沿海；传播；影响

机构： 浙江师范大学环东海海疆与海洋文化研究所；浙江师范大学江南文化研究中心；浙江师范大学历史系

摘要： 圣妃信仰起源于福建，经宋政府多次敕封，逐渐由一个地方小神发展为东南沿海居民共同崇奉的海神。南宋时期，与福建毗邻的两浙地区，因地域优势，海上贸易频繁，文化具有包容性，以及海商、福建籍游宦阶层的推动，逐渐接受圣妃信仰。圣妃信仰传入后，对两浙沿海的社会和文化生活产生了多方面的影响，并日益成为沿海居民和相关社会群体的一种身份认同。

陈志坚．概述湛江市区妈祖的祭祀仪式［J］．岭南文史，2013（3）：36—41．

关键词：祖神；妈祖文化；湄洲；祭祀仪式

机构：湛江市博物馆

摘要：〈正〉妈祖作为保驾护航的海神在海内外受到广泛性的崇拜，已形成一种妈祖文化。湛江市区的居民大部分来自闽南，妈祖是他们的祖神，对妈祖虔诚的崇拜是出自对先祖的敬仰。自2006年以来，中山大学陈春声副校长、刘志伟教授、香港中文大学科大卫教授、贺喜博士等人文历史学家，先后对湛江市区域的妈祖民俗进行调研，作者有机会跟随他们做田野调查，把所搜集的资料做条理性的整合概述，供大家参考。《天妃经卷》记述："尔时无极辅斗天妃，原在蒲田湄洲山，三月廿三日辰时生。"天妃即是妈祖……

高红霞．近代上海的天后信仰［J］．安徽史学，2013（5）：30—34，69．

关键词：天后崇拜；天后宫；潮州会馆；三山会馆

机构：上海师范大学人文与传播学院

摘要：天后是中国重要的民间信仰之一，上海是其重要信仰圈。晚清至民国时期，上海的天后祭祀活动有官方与民间两种形式，早期两者互为促进；进入民国后，官方所建庙宇尚存，而官方仪式却不再举行，但民间的信仰活动仍有持续，尤其在沿海省籍移民中仍然盛行。闽粤商人是上海天后信仰的基本信仰群体，上海的闽粤会馆几乎都和天后庙宇与会馆建筑于一体。虽然上海其他省籍会馆祭祀天后现象不在少数，但在神偶供奉排序、仪式活动方式等方面与闽粤会馆存在诸多不同。就上海闽商而言，天后不仅是海神、行业神，还是乡神。天后信仰使大多数闽商会馆在同籍商人中具有凝聚力和亲和力，其中一些会馆在进入民国后仍具超越同乡会的活动能力，与天后供奉有关。

林伯奇．新港奉天宫庙会文化的传承与创新［J］．（台湾）古典文献与民俗艺术集刊，2013（2）：401—416．

关键词：妈祖；奉天宫；上元节；妈祖会；曲馆；武馆；闽南；漳州

机构：（台湾）台北大学民俗艺术研究所

摘要：上元节是农历新年的第一个月圆之夜，象征着春天的到来，上元节也是上元赐福天官大帝（尧）诞辰，人们会在这一天向上天祈福，希望新的一年能够五谷丰登，尤其是福建地区会在正月十五元宵节当天，将神明迎请出来绕境，来赐福人民平安顺利，继承闽南漳州习俗的嘉义县新港乡，每年在上元节会举行妈祖绕境活动，可以说是新港最热闹的一天。"新港奉天宫天上圣母上元绕境"是云、嘉地区最具历史性的民俗庙会，已逾 230 年的历史，牵动了云嘉六乡镇、六十六间宫庙、六十五个庄头，全程徒步，走在一洼洼新种下的稻田中间，将妈祖对这一块土地的祈福一步步传送出去，可以说是云嘉二县历史最为悠久的一条香路。绕境活动的起源，来自于古笨港天后宫的建立与附近村落的发展，嘉庆二年、四年的两次天灾、人祸使原古笨港市街消失，原笨港天后宫妈祖神像与文物东迁至现今的新港，由笨港南保十八庄的庄民合资兴建奉天宫，于嘉庆十六年（1811）完成。每年农历上元节绕境街面，四年一次妈祖出巡十八庄。奉天宫信徒为迎妈祖组织"妈祖会"，地主为妈祖会会长，佃农则为其会员，每年利用妈祖会过炉的时间地主来宴请佃农，并商议明年租佃方式，后因 1949 年政府实施"公地放领""耕者有其田"政策，最后由奉天宫统一管理妈祖会。十八庄的公庙遇其公庙庆典一定会前来奉天宫恭请妈祖前往看戏，尤其农历十月十五日前后，因为请妈祖谢平安的问题，让十八庄有一套妈祖正尊与副身的迎奉方式。随着妈祖迎奉与信仰的传播，产生了许多的仪式、神明会、文武阵头与俗谚，让整个妈祖绕境相当的丰富多彩。因而，完整的"新港奉天宫天上圣母上元绕境"，不只是在新港街面上的元宵绕境，而是其长时间所产生的文化内涵与对北港溪流域的影响。将其元宵绕境的不同形态分章节来作为介绍与叙述。希望透过现有仅存之资料整理，搭配田野调查，来呈现较完整的《新港奉天宫天上圣母上元绕境》。

赖文仁. 台湾民俗庆典活动参与者过渡仪式之行为体验研究——以大甲妈祖绕境进香活动徒步参与者为例 [J].（台湾）中华科技大学学报，2013（57）：117—129.

关键词：民俗庆典；过渡仪式；共睦态；大甲妈祖绕境进香活动；旅游人类学

机构：（台湾）中华科技大学

摘要：本文是以旅游人类学观点，视民俗庆典为一种仪式旅游的社会现象所进行的研究。研究者将大甲妈祖绕境进香活动路线与空间纳为田野现场，从中寻找情境脉络，进行民族志论述，并透过台湾民众跟随大甲妈祖绕境过程中，探索民俗庆典徒步参与者的行为体验。研究者以参与观察者的角色，连续三年进出田野现场，透过判断取样受访者，进行深度访谈搜集资料。本研究经资料归纳与分析发现民俗庆典活动参与者，必须要经历有别于日常生活之过渡仪式的体验过程：（一）反日常生活之作息行为；（二）反世俗时空之过渡状态；（三）过渡仪式的身心体验，用以体会参与民俗活动之心路历程。

黄凤娜，何振良. 福建妈祖宫庙若干特征之探讨——以文物普查资料为中心 [J]. 福建文博，2013（1）：65—69.

关键词：福建；妈祖宫庙；文物普查；分布；建筑特征；社会功能

机构：泉州市博物馆；泉州府文庙文物保护管理处

摘要：福建妈祖宫庙数量众多，史迹丰富，但缺乏全面的调查与研究。本文结合我国三次文物普查的一手资料，对福建省内具有文物价值的妈祖宫庙的分布情况、建筑特征、妈祖信仰的社会功能等予以探究。

黄洁琼．闽西客家地区妈祖信仰的传播与延续——以连城芷溪为中心［J］．赣南师范学院学报，2013（5）：19—24.

关键词：妈祖信仰；连城；传播

机构：福建社会科学院历史所

摘要：连城县地处福建西部，远离大海，历来被视为"闽中僻邑"。自清代以来，当地居民普遍信仰以保驾护航著称于世的海神妈祖，这与清代连城商品经济的发展以及商品流通方向的趋海性特征有着密切的关系。妈祖信仰进入连城后及时调整职能，积极融入当地的宗教信仰活动，特别是与祖宗崇拜相结合，使妈祖信仰能在连城山区得以长期延续，至今仍然香火不断。

林国平，范正义．福建祖庙金身巡游台湾的文化现象探析——以湄洲妈祖金身巡游台湾、金门为例［J］．东南学术，2013（3）：191—199.

关键词：闽台神缘；金身巡游；文化原型；动力机制

机构：福建师范大学社会历史学院；华侨大学公共管理学院

摘要：20世纪90年代以来，福建祖庙金身巡游台湾的活动逐渐发展成为闽台神缘的新形式。从湄洲妈祖金身巡游台湾、金门的例子来看，金身巡游活动的文化原型可以追溯到古代帝王巡狩制度，动力机制可以归结为庙际关系网带来的社会资本生产，而两岸的政治、经济因素则扮演了幕后导演的角色。福建祖庙金身巡游台湾的活动是宗教与社会互动的产物，彰显了政治、经济因素在当代的文化行为中所扮演的重要角色，两岸不同的利益集团均从中获取各自想要的东西，产生了难得的合作共赢的结果。未来两岸关系的发展，从福建祖庙金身巡游台湾热中可以得到某些有益的启示。

林晓峰，郑镛．论闽南文化与妈祖信仰的关系［J］．东南学术，2013（3）：200—205.

关键词：闽南文化；妈祖；信仰

机构：漳州师范学院；漳州师范学院闽南文化研究院

摘要：妈祖信仰发端于莆田湄洲岛，经千百年扩散、传播、丰富、发展成为中华文化的重要组成部分。历史上闽南与莆田有着密切的地缘关系，林默娘的生活年代，湄洲归泉州管辖，故《元史》称其为"泉州神女"。元以降，闽南人驰骋海上，逐利争锋，莫不视妈祖为保护神，特别是康熙年代，闽南籍将领施琅、蓝理等以妈祖助战，统一台湾为由，奏请清廷"崇加敕封"，其封号遂由妃升后，神格无与伦比，影响愈加广泛，闽南人自发地成为海外妈祖信仰的最重要传播者。随着明末清初的大批闽南商人迁居台湾，他们遂成为台湾地区妈祖信仰的传承者和推动者。在台湾，祭拜妈祖不仅有祈福消灾的现实诉求，更有怀祖寻根的文化内涵。由于地缘关系和世代相承的对海上女神——妈祖的崇敬、信仰，闽南人在促成妈祖信仰国际化的过程中功不可没。

彭维斌．论妈祖信仰的形成与东南海洋文化的扩张［J］．漳州师范学院学报（哲学社会科学版），2013（2）：1—5．

关键词：疍民；巫神；妈祖；天后；东南海洋文化

机构：厦门市博物馆

摘要：妈祖信仰产生于 12 世纪的东南沿海。从疍民巫神林默娘到东南海神妈祖，再到国祀天后，妈祖信仰从"淫祀"到"正祀"的转换，是在帝国中央与地方势力集团干预、鼓励与改造下完成的，但自远古就形成的东南土著先民的海洋经济与人文传统在东南"汉人"社会的积淀传承与延续发展，才是妈祖信仰长盛不衰的深刻历史基础。借着妈祖信仰不断突破方言和地域的边界，在更广阔的范围开拓领地，东南海洋人文开始了深刻影响中国文化的历史新时代。

王霄冰，林海聪．妈祖：从民间信仰到非物质文化遗产［J］．文化遗产，2013（6）：35—43，157—158．

关键词：民间信仰；非物质文化遗产；民俗；妈祖

机构：中山大学中国非物质文化遗产研究中心；中山大学

摘要：妈祖信仰产生于宋代的莆田湄洲一带，随着海上贸易的盛行而在沿海各地得以迅速传播，并得到了朝廷的青睐和加封。妈祖从此进入了国家正祀的序列，其信仰形式也得以官方化和经典化。近现代以来，该信仰因其本土性和特殊性而成为学术界关注的焦点，相关研究层出不穷。新时期的妈祖信仰又开始走上了一条现代化和全球化的道路，妈祖成了中华民族文化认同的一个标志性符号，妈祖信俗则入选为人类非物质文化遗产代表作名录。回溯与反思妈祖信俗从一种地方性民间信仰成长为人类"非遗"的历史过程，我们可以认识到国家政治和社会文化思潮与民间信仰之间的互动、互构及相互依赖关系。对于民间信仰的承载主体而言，"非遗"不应仅仅是该信仰在当代社会取得合法性的一种手段，而且更应成为它进行自我反思、自我改造和重新建构的一个契机。

应南凤．从龙王到妈祖——中国海洋社会的信仰观察［J］．宁波职业技术学院学报，2013（3）：54—59，84．

关键词：龙王；妈祖；海洋；信仰

机构：宁波大学人文与传媒学院

摘要：自唐开始，民间信仰习俗中就确立了以龙王为主导的海神信仰。宋代，又出现了湄州林氏女飞天的故事，并持续受到历代统治者赐封，成为沿海民众普遍崇奉的妈祖，并取代龙王成为中国海洋信仰的主神。民俗信仰是民众生活的抽象反映，从龙王到妈祖海神信仰的变化彰显了中国海洋社会的嬗变过程。

张富春．河南长葛营坊村《创建天妃宫碑记》考释［J］．中原文物，2013（2）：86—89.

关键词：营坊村；天妃宫；碑记

机构：河南师范大学文学院

摘要：康熙初年，清廷安插闽南地区明郑投诚官兵在中原屯垦。康熙十九年，朝廷敕封妈祖为护国庇民妙灵昭应弘仁普济天妃，福建莆田人黄瑞遂在营坊村倡建天妃宫，以供奉其由闽南随身携带到河南的木雕妈祖神像。至今仍遗落民间、未被人识的营坊创建天妃宫碑对于研究中原移民、妈祖文化具有重要的意义。

郑镛．妈祖信仰与闽南民间社会整合——以漳浦旧镇为视角［J］．莆田学院学报，2013（6）：1—5，12.

关键词：妈祖信仰；闽南；民俗；漳浦

机构：闽南师范大学学报编辑部

摘要：闽南千年古镇旧镇有三座妈祖庙，保存数方石碑和崖刻。通过考察漳浦当地的妈祖信仰习俗，解读文物、文献资料，对理解明清时期闽南的乡村治理可得到若干新的启示。明中后期，妈祖的神职扩展，成为乡民聚集人心的精神纽带，妈祖信仰成为不同姓氏的乡民自我管理、自我教化的有力推手。妈祖庙成为乡规民约的发布地、道德教化的核心区、平息和调解民事纠纷的裁决所。

黄耀明．闽南女神民间信仰与社会性别文化建构——以妈祖文化崇拜为中心［J］．山西师范大学学报（社会科学版），2013（1）：107—111.

关键词：民间信仰；闽南女神；社会性别；妈祖文化

机构：漳州师范学院历史与社会学系

摘要：女神信仰是闽南民间信仰文化体系非常有特色的一部分。以妈祖文化崇拜为中心的闽南女神信仰不仅消解了古代中国社会男女在社会性别地位上的巨大差异，甚至在某种程度上超越男性神灵成为整个闽南社会与文化的心灵寄望。以妈祖文化崇拜为中心的闽南女神民间信仰是男权社会视野下对女性社会角色的期待。研究闽南女神民间信仰对于社会性别文化建构具有重要意义，闽南民间社会主动参与女神信仰消解了传统社会男女不平等的性别观念。

林国平．妈祖籤谱考释［J］．闽台文化研究，2013（2）：43—52.

关键词：妈祖；籤谱；民间信仰

机构：闽南师范大学闽南文化研究院

摘要：妈祖籤谱是妈祖信俗的重要组成部分，妈祖庙至迟在元代就有了籤占活动，现存最早的妈祖籤谱是《莆田妈祖天后灵籤》。清代，随着妈祖信仰的迅速发展，以妈祖、天后、天上圣母、天后圣母、天后元君或各地天后宫命名的籤谱大量涌现，文章对流传于世的妈祖籤谱进行适当的分类，并对其源流、内涵等加以简要的考释，侧重分析妈祖庙大量借用观音《六十甲子灵籤》的原因。进而指出，妈祖籤谱的丰富内涵和籤占的传说故事，既反映了那个时代妈祖信众的喜怒哀乐，也体现了所在地区的社会经济文化，从一个侧面反映了妈祖信仰的发展演变。

麻健敏．福建畲族妈祖信仰调查［J］．宁德师范学院学报（哲学社会科学版），2013（2）：15—20.

关键词：福建；畲族；妈祖；信仰

机构：福建社会科学院历史研究所

摘要：明代以来，畲族开始大规模迁移到汉族地区，在与汉族文化的交融中，汉族地区的民间俗神、世俗化的各路尊神进入到畲族的信仰世界。大约在明洪武年间，地处海边的厦门钟宅畲民接受妈祖信仰，开始供奉妈祖神灵。清中期以后，闽东靠海的个别畲族地区也出现了妈祖信仰。此外，在福建山区也发现畲族妈祖信仰的例子。受传统信仰习俗的影响，畲族的妈祖信仰偶发因素较多，传播面不广，一般而言，畲族信奉妈祖仅仅局限于某一个村庄。

陈丽萍．施琅对妈祖信仰的推崇及其时代价值［J］．莆田学院学报，2014（6）：19—22.

关键词：施琅；妈祖信仰；时代；价值

机构：湄洲湾职业技术学院基础部

摘要：本文旨在探讨生长环境和现实中神灵庇护特别是政治上的需要与施琅笃信妈祖的关系。论述施琅通过捐资修庙敬拜妈祖、上奏朝廷褒封妈祖等行为进一步推动妈祖信仰的传播。指出施琅对妈祖信仰的推崇对推动当前两岸关系的发展仍具有很强的时代价值。

郭阿娥，范正义．论庙际网络、社会资本与两岸关系——以泉州天后宫为例［J］．莆田学院学报，2014（1）：13—18.

关键词：庙际网络；社会资本；两岸关系；泉州天后宫；妈祖

机构：泉州市文物保护研究中心；华侨大学宗教文化研究所

摘要：改革开放后泉州天后宫与闽台妈祖庙以及其他宫庙之间构建起密切的关系网络。通过获取蕴藏于庙际网络中的社会资本，泉州天后宫进一步巩固了它在闽南妈祖信仰圈中的中心位置。由于庙际网络是通过信众间的往来构建起来的，庙际网络在给宫庙带来社会资本回报的同时，也很自然地惠及两岸信众，由此促进两岸关系的发展。

纪小美．福建妈祖信仰传播过程研究［J］．闽台文化研究，2014（4）：63—70．

关键词：妈祖信仰；传播过程；流域；福建省

机构：南京师范大学地理科学学院

摘要：福建妈祖宫庙分布区域集中且差异显著；沿海沿河分布的特点贯穿整个历史时期。宋元时期妈祖信仰集中于沿海地区，明清后全省普及并进入全盛时期，民国后式微且不同流域发展态势不一。经济趋海性，下上游经济联系，渔民、商人、移民等的活跃，神职嬗变，流域间相互作用等是妈祖信仰传播与地域变迁的动力。

蒋驰，郑衡泌．高雄县妈祖信仰的分布、扩散及影响［J］．海南师范大学学报（自然科学版），2014（1）：87—92．

关键词：妈祖信仰；高雄；空间；扩散

机构：福建师范大学地理科学学院

摘要：本文根据林美容的《高雄妈祖信仰与地方社区》的研究报告及其他相关材料，探讨了高雄县妈祖信仰的主要分布状况，分别探讨了高雄县妈祖庙的空间分布和以妈祖为副神祭祀的地方公庙的空间分布，其次从自然地理环境、经济地理环境和族群与人口密度三个方面探讨了高雄县妈祖庙空间分布的原因。另外，从移民、分香活动和文化认同及妈祖文化的多功能性四个方面探讨了高雄县妈祖庙的空间扩散状况，最后，从妈祖信仰是联系海峡两岸文化认同的纽带和促进旅游业发展两方面探讨了妈祖信仰的影响。

刘菲菲．妈祖信仰仪式的节庆展演和民俗变异——以洞头"妈祖平安节"为例［J］．温州大学学报（社会科学版），2014（3）：56—61．

关键词：妈祖信仰；妈祖平安节；节庆展演；民俗变异；温州洞头

机构：温州大学人文学院

摘要：洞头"妈祖平安节"是在传承和发展妈祖信仰基础上形成的官办民俗节日，其实质是传统民俗文化在现代社会传承和发展中的一种调适和变迁。从某种意义上看，这种调适和变迁具有必然性。政府、专家、民众以及他者的多元互动为洞头县妈祖信仰仪式共筑了一个节庆展演的场域。

蔡洁华．从"大传统"与"小传统"来看妈祖信仰的发展［J］．文化遗产，2014
（5）：7—13.

关键词：妈祖；大传统；小传统；民间信仰

机构：德国慕尼黑大学汉学系

摘要：妈祖崇拜原属宋代流传于莆仙地区的地方性民间信仰，随着该信仰的逐渐发展和信徒数目不断扩大，中华大传统开始对其产生影响，并从中添加了许多儒家思想和观念。但由于各种不同原因，现今的妈祖信仰形成了独特的传播体系和祭祀传统，自为一派，并在全球化趋势下，成为世界华人区的宗教信仰，被专家称为"妈祖文化"。和 Robert Redfield 的大传统与小传统观念相比较，这种发展有其独特之处。本文将尝试从不同角度来解读妈祖信仰中的"大传统"与"小传统"之关系；然后列举一些具体例子来阐述妈祖信仰体系的独特性：如妈祖分身、功能不断增多、每年的香火传送或交换等；最后将分析 R 的大传统与小传统概念为何不尽适用于阐述妈祖信仰现象。

孔陈焱．明清来华西方人对妈祖文化的早期认知［J］．福建省社会主义学院学报，2014（3）：31—36.

关键词：明清来华西方人；妈祖文化；早期认知

机构：浙江省社会主义学院

摘要：明清时代来华的西方人对妈祖文化有所认知。最早把妈祖文化的信息和图像带回西方的是明代后期来华的西班牙人和葡萄牙人。最为全面地以近代文化眼光认知妈祖信仰的是清代后期来华的英美传教士。这两次西方人对妈祖文化的认知，由于其时代背景不同、进入中国文化考察的深度不同、来华西方人文化认知的手段和目的不同，其前后认知差异值得关注。

林美容．台湾地区妈祖灵力诸说探讨［J］．民俗研究，2014（6）：85—91.

关键词：妈祖灵力；信仰社群；集体力量；流动性；父系社会

机构：台湾"中央"研究院民族学研究所

摘要：妈祖信仰源远流长，在台湾地区蓬勃兴盛至今，史未曾有。考其灵力之源，民间主要有：巫女说、应化说、兵马说、正统说、敕封说、香火说、社群说、跨海说、流动说九种。以上灵力诸说，既有源自于妈祖本身的力量，也有源自于历史的正当性，但最多的动力还是源自于妈祖信众的社会动能。

王英暎．福建民间圣迹图中妈祖形象的多重角色［J］．美术观察，2014（8）：114—117.

关键词：圣迹图；天妃娘妈传；故事传说；妈祖信仰；天后

机构：福建师范大学美术学院

摘要：〈正〉妈祖故事传说多散见于宋以来的历代朝廷文书、史籍、方志和文人笔记中，零碎、简略。直至明万历元年（1573），吴还初编，忠正常、熊龙峰刊行的《天妃娘妈传》将片段简单的神话重新演绎为故事小说，后又有明末佚名编纂的《天妃显圣录》书稿于清康熙二十年（1681）编辑出版。清代乾隆年间林清标在《天妃显圣录》基础上增删编纂为《敕封天后志》一书，该书录有天后神迹图说49幅，每个故事都配有绘图。此妈祖圣迹图经过官方阶层改造，承担了社会教化之职责，不但赋予妈祖不凡的出身、显赫的家世，而且将近一半的妈祖显灵事迹与官方的海上战事联系起来……

侯锦雄，李素馨. 妈祖信仰绕境仪式的文化景观阅读 [J]. （台湾）文资学报，2014 (8)：1—24.

关键词：文化景观；绕境仪式；节庆活动

机构：（台湾）台北艺术大学文化资源学院

摘要：近年来文化景观在地理研究方面益显重要，目的是关注文化与环境互动的关系，因为文化景观是地方空间环境的再现，可呈现出地方人们的集体记忆与认同。妈祖为台湾重要的民间信仰，其绕境刈香原本目的在于借由神像出巡仪式加强居民信仰，并达到宣传与成为居民心灵支柱的目的，此项仪式与外围的空间环境有密切的关系。本研究分析妈祖信仰三大绕境路线：彰化大甲妈祖、云林北港妈祖与苗栗白沙屯妈祖，所对应的仪式内容、居民行为、游客行为与空间特质之关系。本研究以叙事的方式呈现绕境文化的特质与所蕴含的意义。研究结果显示：（1）目前台湾最为知名的妈祖三大绕境路线，由于路线、绕境地区与主办庙宇本身的差异，呈现出不同的宗教仪式与空间内容。（2）妈祖绕境仪式形态包含有市集功能的嘉年华会型、路线不定的天意型、固定范围的境内巡狩型。（3）不同的仪式行为彰显了绕境文化的丰富性与特有路经与空间的多样性。（4）仪式行为属于无形文化景观的一种，除特定时间外，不易在空间中留下明显的痕迹供人探索，但敏锐的地理学者，必须在这空间痕迹中找寻它神圣性与物质性空间建构的历程。（5）由于绕境仪式行为是明显的宗教特性，此类文化遗产多被归类为节庆活动类，反而忽视绕境仪式行为所具有的文化内涵，淡化宗教的神圣性意义与空间的连接。（6）绕境仪式呈现通俗化与商品化的后现代现象，也凸显绕境仪式的表演性与世俗化的历程。

李建纬. 台湾妈祖庙现存"御匾"研究：兼论其所反映的集体记忆与政治神话 [J]. （台湾）民俗曲艺，2014 (186)：103—179.

关键词：御匾；与天同功；妈祖庙；集体记忆；政治神话

机构：（台湾）财团法人施合郑民俗文化基金会

摘要：台湾妈祖庙经常见有附清帝御玺款式之御匾，有"神昭海表"匾、"海国安澜"和"与天同功"匾等。其中数量最庞大者为"与天同功"匾额。《清德宗实录》载有光绪七年（1881）十月十五日："以神灵显应，颁台湾各属天后庙匾额曰：'与天同功'。"就文献与田调所见资料，全台所见此匾共二十余面。透过匾额制作工艺、字体书法风格、御玺形式以及寺庙沿革等相关数据，台湾妈祖庙所见以"与天同功"匾为代表的御匾可分成几类：（一）具明确清代风格特征的御赐"与天同功"匾；（二）具清代特征，但非御赐匾额；（三）字体风格相近，或已经后世重修之匾；（四）非御赐匾额，未具清代特征者。这种不断复制御匾的集体现象，其动机可能是通过皇帝字体以及御玺的"在场"（presence），如同获得官方认可；另外，中国自古以来的师古、仿古传统中，例如明清书画发展中不断地描摹宋元或更早期绘画风格与字帖一般，也让匾额上的字体不断被重写、流传，形成一种极为特殊的书法传统。本文指出，台湾清代晚期御匾被大量复制的动机，很可能是一种被使用者重新"神话化"之过程。也就是说，原先皇帝赐匾给庙方是用以颂扬妈祖神灵显应，其功同于天；但是，因御匾本身所具有的强大政治正统符号象征，代表着被官方认同，故在新的情境中重新被赋予一种新的政治性符号。同样地，在清代后期各地林立的妈祖庙，若当地拥有一面皇帝御赐的匾额，不仅能提升庙的地位，更可借由御匾让在地民众产生优越感，同时也凝聚了在地居民的认同感与向心力，成为一种以寺庙为中心、凝结社群集体意识的具体物质象征。

（三）其他民间信仰

陈志勇．南戏戏神田公元帅信仰变迁考［J］．文化遗产，2013（2）：49—57.

关键词：南戏戏神；田公元帅；雷海青；雷万春；田祖信仰；历史变迁

机构：中山大学中文系

摘要：田公元帅是南戏的戏神，在我国东部沿海的闽、浙、台、粤等地区崇信很广泛。从宋代至今，田公元帅信仰不断受到其他文化元素的渗透和介入，使之成为一种十分复杂的戏曲学和民俗学事象。田公元帅导源于宋代的傀儡戏戏神信仰，但在元末明初又受到道教"田太尉"经义和祭祀科仪的影响。后起的"去雨存田"传说，则将雷海青信仰与田公元帅信仰重叠于一体；武将雷万春信仰的渗入，致使田公元帅出现"文武双身"的两种神像雕塑形象。清代以后，翼宿星君、喜神、老郎神、二郎神等戏神元素的渗透，也赋予了南戏戏神田公元帅更丰富的文化内涵。

陈志勇．仪式与演剧：田公元帅信仰的戏剧人类学考察［J］．民族艺术，2013（6）：99—104.

关键词：田公元帅；戏神；宗教因素；梨园戏

机构：中山大学中国非物质文化遗产研究中心

摘要：田公元帅是南戏的戏神，受到伶人的崇祀。但它又超越戏曲行业而成为道教支派"梨园教"的教主，并被东南沿海省份的民众当作地方保护神建庙祭奉。田公元帅之所以能跨越几个信仰领域，与它起源于傀儡戏戏神信仰和傀儡戏具有浓郁的宗教仪式性有密切关系。

陈志勇.戏曲行业"二郎神"信仰的生成与消歇[J].民族艺术，2013（3）：123—127，137.

关键词：二郎神；老郎神；戏神变迁

机构：中山大学中国非物质文化遗产研究中心

摘要：清初之前，戏曲行业一直崇奉二郎神为戏神。北宋初年进入二郎神信仰系统的后蜀主孟昶酷喜弹弓、蹴鞠、管弦等"游戏"，是二郎神被奉为戏神的关键因素。二郎神之戏神信仰在清代消歇，主要是因为老郎神信仰的兴起，二郎神逐步被戏伶转化为老郎神信奉。

李祥林.从传统剧目和民间演剧看女娲信仰的影响[J].民族艺术研究，2013（3）：38—44.

关键词：中华戏曲；女娲信仰；传统剧目；民间演剧

机构：教育部人文社科重点基地四川大学中国俗文化研究所；中国艺术人类学学会

摘要：女娲神话自古流传，由此形成的民俗事象也蔚为大观，其对"以歌舞演故事"的中华戏曲具有不可忽视的影响，并且体现在剧目创作、演艺习俗、文化心理等方方面面。从传统剧目和民间演剧入手考察女娲神话及信仰的渗透和影响，对研究戏曲艺术和研究民俗文化，都有重要的意义。

付明晴.探析城隍信仰缘起及制度化过程[J].广东技术师范学院学报，2013（2）：10—15.

关键词：城隍信仰；缘起；制度化

机构：厦门大学

摘要：城隍信仰是中国民间信仰的重要组成部分，在中国宗教发展史上占有重要地位，尤其是在汉人文化圈中影响甚广，本文着力分析城隍信仰的缘起及其制度化的过程。

连心豪.泉州民间信仰群灵之府——韩元吉《东岳庙碑》疏证[J].泉州师范学院学报，2013（5）：5—8.

关键词：泉州；民间信仰；韩元吉；东岳庙碑

机构：厦门大学历史系

摘要："本文献世家"的韩元吉（1118—1187），南渡后流寓江西上饶，尝宦闽中，知建宁。兹据丛书集成初编武英殿聚珍本，参以文渊四库全书本，对其著《南涧甲乙稿·东岳庙碑》勘误校订，加以疏证。通过对泉州东岳庙建造年代、创建人及其规制，以及该庙遂为"一郡之精神命脉系焉"之成因的阐释，窥视宋代泉州海外交通贸易发达与民间信仰的密切关系。

郑镛．闽南土地公信仰及其当代社会价值［J］．泉州师范学院学报，2013（3）：18—21.

关键词：土地信仰；民俗；社会价值

机构：漳州师范学院闽南文化研究院

摘要：闽南土地神信仰沿袭上古先民的自然崇拜，明清时期已糅合了一些地域文化因素，尊称土地神为福德正神，俗称伯公，渗透宗族社会，演化为年节习俗。云霄吉坂土地神信仰更是一绝，以"抢伯公"为特色，曲折表达感恩土地，保护农田的生活、生产理念，具有较高当代社会价值。

付华顺．明清以降临水夫人信仰之演变［J］．福建艺术，2013（3）：32—37.

关键词：临水夫人；信仰文化；大奶夫人；陈靖姑

机构：福建省艺术研究院；厦门大学历史系

摘要：〈正〉在福建的民间诸神中，临水夫人与妈祖为女神之中最著者。临水夫人原名陈靖姑，又称陈大奶，顺懿夫人。临水夫人信仰形成于唐末五代，原是民间巫医信仰，自南宋以降，受朝廷赐封，信仰渐"著于八闽"。明清时期，由于地方士绅、民间教派的不断改造，渐渐融合了精英文化与教派文化特征，最后形成了具有鲜明特色的民间闾山派信仰体系。本文试图通过有关陈靖姑历史文献资料与民间传说的梳理，考察明清时期临水夫人信仰……

甘满堂，杨珊珊．女神与家事·国事：临水夫人与妈祖的比较研究［J］．莆田学院学报，2013（1）：1—6，12.

关键词：妈祖；临水夫人；家事女神；国事女神

机构：福州大学社会学系

摘要：中国女神形象在远古神话中非常伟大，但随社会发展而衰落。本文指出在东南地区有两位女神，即福建民间信仰体系中临水夫人与妈祖，却在唐宋后影响力日渐增强。论述她们由人成神，成为山地女神与海洋女神以及受社会与政治生活的影响，还被分别赋予家事与国事职能的原因。最后指出即使在当代，妈祖仍具有重要的政治使命，是海峡两岸的和平女神。

梁丹．开漳圣王文化研究综述［J］．漳州师范学院学报（哲学社会科学版），

2013（1）：28—33.

关键词：开漳圣王文化；陈元光；研究综述

机构：福建广播电视大学漳州分校

摘要：开漳圣王文化研究开始于20世纪80年代初。三十年来，研究者们对开漳圣王陈元光入闽开漳治漳、陈元光的籍贯身世及其《龙湖集》真伪、开漳圣王信仰等问题进行了广泛探讨，取得了较丰硕的成果。但研究还存在不足与欠缺，应加强对开漳圣王文化内涵、开发应用及其他诸如历史遗迹、故事、传说、陈元光部将僚属等的研究。

蔡惠茹．唐宋时期漳州陈元光信仰考述［J］．闽台文化研究，2013（4）：81—88.

关键词：唐宋；陈元光信仰；漳州

机构：闽南师范大学闽南文化研究院

摘要：陈元光为开创漳州第一人，死后民众为其建庙供奉。陈元光祠最初建于故怀恩县，后随州治迁往漳浦县。唐末五代对陈元光的奉祀更多出于对祖先、先贤的追思，奉祀的范围主要在漳州南部。入宋以来，漳浦县陈元光祠灵验事迹不断，陈元光随之逐渐神化，并受到朝廷多次封赐，漳浦县陈元光祠还专门刊有《威惠庙集》，陈元光信仰也因此迅速传播开来。

钟建华，汤漳平．闽南"开漳圣王信仰"的形成与承续研究［J］．东南学术，2013（5）：208—212.

关键词：开漳圣王；祖先崇拜；英雄崇拜；闽南文化；漳州

机构：闽南师范大学闽南文化研究院

摘要：迄今为止，偏安一隅的闽南"开漳圣王信仰"已经延续了1300多年，这在中华大地上的诸多民间信仰个案中并不多见，目前取得的相关研究成果显示，改革开放至今，"开漳圣王——陈元光"的研究重心已经从"开漳史"转移到"开漳圣王文化"，在"闽南文化生态保护区"建设中，这一研究重心的转移，意味着重新审视开漳圣王信仰在闽南地区的形成与承续，对于整个闽南文化，尤其是漳州地方文化的历史建构与反思，有着深刻的意义，亦可管窥闽南民间信仰存续过程中的消长现象。

罗臻辉．清水祖师信仰的空间传播及因素分析［J］．漳州师范学院学报（哲学社会科学版），2013（1）：20—27.

关键词：清水祖师公庙；传染扩散；迁移扩散；因素

机构：漳州师范学院闽南文化研究院

摘要：清水祖师信仰作为一种文化现象，自其兴起之时，必然不断向外传播、扩散，祖师公庙广泛分布即是信仰传播与扩散的载体与表征。明清以来，清水祖师信仰借助传染扩散、迁移扩散方式，在多重因素的合力下影响遍及海内外。

吴幼雄，吴玫．论民间关帝信仰与社会需求之随机调节［J］．福建论坛（人文社会科学版），2013（2）：105—109.

关键词：关帝；民间信仰；随机调节；社会和谐

机构：泉州师范学院闽南文化生态研究中心

摘要：本文通过关帝信仰经书，重现古代、近代和现代民间关帝信仰的历史发展脉络，阐述关帝信仰与社会需求之密切关系。民间关帝信仰随机调节以迎合社会需求，涵化、消弭社会矛盾，为社会稳定发挥不可替代的作用。这是任何制度化宗教都做不到的。这便是状如散沙般的民间信仰能长期在中国社会存在、发展的原因。

谢贵文．从保生大帝及其庙宇传说看民间信仰的正统性［J］．闽台文化研究，2013（3）：86—94.

关键词：正统性；保生大帝；民间信仰；传说

机构：（台湾）高雄应用科技大学文化创意产业系

摘要：透过保生大帝及其庙宇的传说，探讨民间信仰的正统性。研究发现"正统"的观念影响民间信仰的运作甚深，具体表现在三方面：一是在政治正统性方面，国家运用赐额、赐号的制度来控制地方、巩固王权，民间亦争取将在地信仰纳入国家祀典，赋予神庙正统的地位；二是在文化正统性方面，文化精英积极塑造地方神明"儒家化"的形象，民间也流传神明富有忠孝仁爱精神的神迹传说，成为体现儒家伦理道德的最佳典范；三是在血缘正统性方面，民间相信神明祖庙的地位最高、灵力最强，因此常有祖宫之争，子庙也透过各种方式来连接祖庙，以提升自身的地位与灵力。

庄松炜．泉州通天宫的文武尊王信仰［J］．湘潮（下半月），2014（10）：21—22.

关键词：泉州；通天宫；文武尊王；民间宗教；信仰

机构：中国闽台缘博物馆

摘要：闽南民间崇拜唐代"双忠"张巡、许远，谥之曰"文武尊王"。旧泉州府属的晋江、南安、惠安、安溪、永春、德化、同安、金门等县，都崇奉张巡、许远，尤以张、许两姓的聚居村落，都以他们为家族铺境保护神祇，或"王爷"神祇。现以泉州朝天门内通天宫为例，浅析文武尊王信仰。

林文钦．高雄地区关帝庙签诗之研究——以《关帝百首签诗》为中心［J］．（台湾）人文与社会研究学报，2013（1）：1—18.

关键词：关圣帝君；关帝百首签诗；签诗；高雄关帝庙

机构：（台湾）台南大学

摘要：关圣帝君信仰源远流长，从关羽显灵传说，到皇帝加封提升关公的神格，使关羽从英勇战死沙场的将军，蜕变为朝廷官方及平民百姓眼中的伟大神祇。台湾地区因郑成功、清朝部队带入关圣帝君的信仰后，又因移民入台而日渐普及。作为各地信仰中心的关帝庙宇，一般信众除平事神外，当遇事疑惑，渴望借由神谕获得决断时，进庙求签、解签成为最简便的方式。在台湾百年以上大庙通行的签诗版本中，以百首签诗及六十首签诗两套系统最为广泛使用，其中又以《关帝百首签诗》最为盛行。而在高雄地区关帝庙绝大多数因主祀神祇为关圣帝君，故而采用《关帝百首签诗》，少数宫庙因同祀观音菩萨而有观音佛祖六十签聊备一格。基于高雄地区《关帝百首签诗》的广泛流传，本文即以《关帝百首签诗》为文本，讨论《关帝百首签诗》各项结构所代表的意涵价值，并由此分析归证出《关帝百首签诗》的文本中，以一百首签诗文对一般信众最具有教化的功能，且一百首签诗文包含中国传统三教合一的思想及生活智慧，对处于生活逆境、心态悲观的求签者也最能获得启发，从而鼓动得签者积极向上、乐观面对困境的态度，达到宗教启发升华信众心灵的本衷和教育劝世的社会功能。

王怡茹．战争、传说与地方社会之信仰重构：以淡水清水祖师信仰为论述中心[J]．（台湾）民俗曲艺，2013（180）：165—215.

关键词：淡水；清法战争；传说；清水祖师；集体记忆

机构：（台湾）财团法人施合郑民俗文化基金会

摘要：淡水位居淡水河下游右岸，因其位居河流出海口之区位因素，自17世纪起，即是北台湾重要的港口市镇。清乾隆年间，淡水市街逐渐形成以汉人为主体的聚落形态，随着市街聚落发展，各籍移民亦陆续在市街内兴建庙宇，地方社会呈现以福佑宫为市街各族群最主要、最大之信仰中心，其他信仰多元并立的信仰模式。然而，这样的情况却在清法战争后产生转变。清光绪年间，淡水港因其经济与战略地位，被法军纳入攻占台湾的主要战场。由于淡水地方社会在过去未曾受过大规模军事攻击，且清法战争的战争形态有别于传统，再加上淡水之役后法军长时间封锁台湾海岸，使得地方社会民众的日常生活、经济活动都受到影响。面对这样的情况，民间信仰神祇成为民众重要的精神寄托。因而，地方民众透过口耳相传，结合部分史实，逐渐建构神祇在地方"助战有功"之传说，其中又以清水祖师信仰地位的提升最属特别。台湾"神明助战"传说，自清初以来即带有官方维护政权正统之色彩，尤其在光绪皇帝赐匾事件后，更给原本的地方传说增添了传奇性。本文主要从淡水地方社会流传许久之"祖师落鼻""祖师助战"传说之论述脉络及其意涵出发，探究清水祖师信仰在淡水之发展，以及造成清末淡水地方社会信仰重构之原因。

郑素春．台湾注生娘娘信仰之研究[J]．（台湾）辅仁宗教研究，2013（26）：179—223.

关键词：注生娘娘；临水夫人；云霄；碧霄和琼霄三仙

机构：（台湾）辅仁大学宗教学系

摘要：注生娘娘是闽台民间信仰的生育女神，主司妇女生产及幼儿保育之职。明代《封神演义》记载，该神是龟灵圣母的三位门徒——云霄、碧霄和琼霄三位女仙之合称，负责人间入胎出生之事。诸多与之职能类似的女神，如临水夫人、碧霞元君等，亦皆妇女及儿童的保护神。其中，尤以临水夫人陈靖姑在台湾，也有注生娘娘之称。本论文除了求证于古代文献、参考现代研究论著、搜寻网站讯息外，并从事部分能力所及的田野调查，使资料相互交叉比对，以探讨台湾注生娘娘信仰的情况。首先，尝试考证厘清该神的由来；其次，略论神像的造型；再次，论述祀神—婆姐等之职能；最后，搜求以注生娘娘为主神的庙宇，并择例叙述相关求神崇奉之仪式活动。

温春香．地方叙事与族群想象：陈元光"征蛮"传说研究［J］．民俗研究，2014（6）：100—107.

关键词：地方叙事；族群想象；陈元光；畲民；客家

机构：赣南师范学院客家研究中心

摘要：陈元光是漳州历史上的重要人物，他的开漳事迹至今为人传颂。闽南各地普遍奉祀陈元光，关于他的传说也极普遍。通过文献梳理，可以看到陈元光从普通的将领到儒将及神的身份的叠加过程，而其所平之"蛮"也一步步被具体化为蓝雷畲民。与此同时，文献对畲民的描述也趋于典范化，而这一过程与闽粤赣地域社会转型及人群的重组关系密切相关。

梁丹．开漳圣王传说：开漳圣王信仰的叙事话语［J］．闽南师范大学学报（哲学社会科学版），2014（3）：35—39.

关键词：开漳圣王传说；开漳圣王信仰；圣贤崇拜；"超人间"情节

机构：福建广播电视大学漳州分校社科系

摘要：开漳圣王传说在很大程度上是对开漳圣王信仰的叙事、表达，可从以下方面说明：开漳圣王传说以开漳圣王信仰体系诸神为讲述对象；有关平蛮开漳的叙事揭示了开漳圣王信仰是基于开发漳州的功绩而形成的圣贤崇拜；传说中的"超人间"情节展示了开漳圣王信仰的实质内容。

陈钰煌．漳州东山御乐轩"春祭"郎君仪式的文化变迁初探［J］．乐府新声（沈阳音乐学院学报），2014（3）：97—99.

关键词：御乐轩；春祭；文化变迁

机构：闽南师范大学

摘要：东山县铜陵镇铜兴村自古崇拜南音始祖——孟昶，每年通过特定的"郎君祭"仪式传承以郎君崇拜为核心的信仰文化体系。然而在全球经济一体化的今天，伴随着现代化的视听、传媒技术的涌入，使得"郎君祭"仪式发生了变化。本文拟从对南音社"御乐轩"郎君祭仪式"春祭"仪式过程进行描述，从而探讨当地郎君祭仪式的文化变迁问题。

高致华．文化传承中的文学贡献：谈郑成功的信仰文化及其文学价值［J］．闽台文化研究，2014（3）：59—68.

关键词：郑成功信仰；国性爷文学；爱国文学；文化英雄

机构：（台湾）"中央研究院"

摘要：郑成功被誉为"爱国诗人"且具备"文化英雄"之形象，虽然时间已过去三百多年，当今的人们却依旧对郑成功这一位历史人物与相关之文学、文化保持极大的兴趣。尤其是在中国台湾地区、中国大陆与日本，郑成功信仰已经成为一个带有国际性的文化现象与长盛不衰的研究母题。那么，这种现象是如何产生和形成的？其与民间的文学艺术如何交融互织？本文试以日本与中国台湾地区作为两个不同的文化平台，略作比较，以凸显其文学艺术影响层面的多元特性，并阐述信仰文化透过文学力量更能深入人心的实例。

李丰楙．礼祝之儒：代巡信仰的神道观［J］．（台湾）中正汉学研究，2014（23）：207—228.

关键词：代天巡狩；巡狩礼；礼祝之儒；福建；台湾

机构：（台湾）中正大学中国文学系

摘要：儒学可分为哲学性儒家、政治性儒家及通俗性儒家，后者即以指导礼仪实践为主。执行六艺礼乐教化从周代祝官、历代礼官，迄今之礼生团体。宋元诸儒倡行理学，朱子重丧、祭诸仪编为家礼，地方士人据以编行家礼类书。闽、台礼生所用家礼中，选择"代天巡狩"的礼仪实践为例，此种地方儒者可称"礼祝之儒"，源流正变认定为古祝之遗。在历史考察中，地方为解决瘟疫威胁的文化遗迹，此种行瘟与解瘟原为道教传统，闽、台地区却成礼生团体的礼仪实践，表现地方儒者的社会角色，在五帝信仰及迎送仪式中与地方道士竞争，其取代契机，即因地方官僚一再禁制，官、民之间因应而生，由此维系其社会地位。遵循孔子观蜡、观傩的礼意，合理化参与"从众"行为，改造送瘟习俗，仿拟巡狩礼以合法化五帝崇祀，改造为"代天巡狩"。将祭祀场称王府，五帝称为五王爷或五府千岁，祭祀活动称为祀王、宴王；会合地方诸庙的巡境活动，即视同"会盟"诸侯王，故巡狩礼制即依托神道得以遗存。观察礼祝之儒对非祀典神祇，检讨西方学界争议的"标准化"与"标准化幻想"，礼生团体能成功，在大航海时代所带来的瘟疫流行，沿海居民借送瘟仪式解决集体的心理危机。地方社会的儒、道竞合中，职掌王府的礼仪而形成"空间占有"，象征礼祝之儒取得神道文化的诠释权，在官、民之间成为中介者。送瘟习俗屡经禁制而未中断，证明礼祝之儒可协调国家权力与地方民众的冲突，在礼仪实践中确立威信而巩固地位，并不因现代化而消失。

陈炎正. 台湾三峡清水祖师庙的艺术建构 ［J］. （台湾）台湾源流，2014（66&67）：141—145.

机构：台湾省姓氏研究学会

摘要：清水祖师，又称"清水祖师公"，起源于佛教禅师化的崇拜，而逐渐演变成为俗神的民间信仰，尤以闽南地区为重。从历史考察而言，随着大陆移民向外发展，同时也将原乡守护神带去移民地区奉祀，以为精神凭借，后来更立寺庙奉祀，以期祈求平安。清水祖师信仰内涵，似佛又近道，祖师公应化而成的开拓意象，更深化了慈悲渡众的佛心，综观其生前修桥祈雨等事迹，而强化其济世救民功能，为一乡土属性较重之神。清水祖师信奉是闽南早期的四大民间信仰之一，与妈祖、吴真人、郭圣王等相颉颃，文献史料记载着清水岩是名山、名泉、名寺的佛教圣地，千百年来，为民间所敬仰，传颂不休。近年来，我们发现台湾三峡清水祖师庙所做简介，与清水岩志记载，却有部分略有不同，如追随文天祥抗元护国事迹、出生年份，可能是引用史料问题，有待加强说明，以还原其历史的正确性。

陈佳穗. 广泽尊王传说研究 ［J］. （台湾）桃园创新学报，2014（34）：237—258.

关键词：广泽尊王；传说；民间文学

机构：（台湾）桃园创新科技学校财团法人桃园创新技术学院

摘要：广泽尊王是大陆福建、台湾与东南亚地区广受人民奉祀的神祇，在目前可见的各项研究成果中，其研究内容与方向着重于文献资料的考据与信仰活动的传播，对于数据内容包含的广泽尊王传说并未深入探讨，有鉴于此，本论文即以目前可见之各类广泽尊王传说加以分类，并探讨各类传说所反映之信仰观点与民间文学特质。研究结果发现，广泽尊王的诸多传说反映了民众在信仰体系中对信仰主体的期待、依赖与畏惧，这些传说说明了民间信仰体系在建立与扩散过程中所融入的民众集体意识，同时也透过作为媒介者的民众与传说的情节内容，具体地将民间文学的集体性与变异性特质呈现在传说的流传过程中。

高振宏. 日据时期大稻埕霞海城隍祭典的组织与审查制度研究 ［J］. （台湾）民俗曲艺，2014（186）：181—229.

关键词：大稻埕；霞海城隍；子弟轩社；艺阁；庙会文化

机构：（台湾）财团法人施合郑民俗文化基金会

摘要：本文透过《台湾日日新报》中的报道，佐以田野调查，尝试建构日据时期台北霞海城隍祭典活动的样貌。文中分"祭典组织""审查制度"两个大面向来进行讨论：第一节中讨论了霞海城隍与海内派、厦郊金同顺的关系，透过文献的比对来梳理彼此间的纠葛关系。霞海城隍爷系由海内陈家奉祀来台，但建庙与祭典都是由掌握当地权力的厦郊金同顺的鼓吹、承办，可是因城隍祭典所卖纸枷收入甚巨，许多炉主借机中饱私囊，而金同顺内部又一直无法提出具体的管理办法，因此才在大正七年（1918）与海内派爆发严重冲突。之后虽成立祭典委员会，但实际的祭典仍是交由金同顺主导，只是经过此事件之后，"厦郊金同顺"这个公号已扩大到大稻埕当地绅商，不再限于原有的什货商，但两派心结始终未解，延续至今日。第二节则透过审查制度来勾勒霞海城隍祭典的实况。文中以为日据时期是个商业广告盛行的时代，广告被视为一种现代化的表征，风潮所及，传统庙会祭典的艺阁也被要求要具有广告意味，因此大正九年（1920）时由干元行发起，聘请官绅与记者进行艺阁、音乐团审查奖励。"艺阁"审查以能结合故事（传统）与广告（现代）的"意匠"为高分，而"音乐团"则是以展示轩社文化品位的"旗帜文物"为高分，是一种以传统为主、结合现代思维为辅的绅商品位。这点观察相当程度扭转现今多以庙会祭典为俚俗的印象，日据时期城隍祭典便在绅商阶层的主导之下，展现出复合传统文化（故事典故）与现代化（广告）、雅与俗的面貌，与北港妈祖祭典成为当时台湾两大庙会典范。此外，城隍祭典也促使其他区域人口往台北市辐辏，而祭典时庙与庙、轩社与轩社的交陪、相挺关系则促使台北市人口往其他大小区域辐散，在台湾岛内形成区域互动，促使各区域间经济与人群的相互连接发展。

闽南历史地理

一　闽南历史

范佳平 . 略论清代泉州迁界政策 ［J］. 黑龙江史志，2013（13）：276—277.

关键词：清代泉州；迁界政策；分析；研究

机构：泉州市博物馆

摘要：泉州市第三次全国文物普查时在晋江市永和镇古厝村，发现一方清代"奉旨边界"石刻，该石刻刻于一座巨石的东南面，方位坐西北向东南，其上竖刻两行四字，左侧为"奉"字，右侧为"旨边界"。字径15—20厘米，字体楷书，字迹风化较重，但依稀可辨。"奉旨边界"碑在闽南一带多有发现，是清初清廷为对付郑成功、郑经父子的抗清势力而实施"迁界"政策所立的界石，迁界范围内沿海居民必须离开故土，迁往界外。本文就清代泉州迁界政策进行了分析和研究。

蔡喜鹏 . 隋唐五代时期福建考古发现和研究综述 ［J］. 福建文博，2013（4）：33—38.

关键词：隋唐五代；福建考古；发现与研究

机构：福州市文物考古工作队

摘要：福建地区隋唐时期的考古遗存基本发展了六朝以来的特征，直到晚唐五代出现新的变化，文化上的沿袭和变迁深刻反映出福建作为边远地区独特的历史演进。文章介绍了隋唐五代时期福建地区的考古发现，综述研究成果，并由此提出自己的思考。

陈明忠 . 试析福建六朝墓砖铭文 ［J］. 福建文博，2013（2）：62—69.

关键词：六朝；墓砖；铭文

机构：福建博物院

摘要：福建六朝墓葬中有近九十座砖室墓发现有模印或划刻的铭文，以纪年铭文为主，铭文中包含有纪年、姓氏人名、机构、地名、职官、吉祥用语、位置和砖形制类文字、墓葬名称等内容。上述铭文内容的解读和分析对于福建六朝时期的历史研究有重要的参考作用。

郭民富.清顺治"辛丑播迁"史考——以泉州市泉港区为考察点 [J].闽台文化研究，2013（4）：42—48.

关键词：迁界；展界；泉港；郑成功

机构：泉州市泉港区方志办

摘要：清顺治十八年辛丑（1661），清廷诏令"迁界"，史称"辛丑播迁"，泉港除涂岭西部荒山之外，全部被划定为"军事禁区"，沦为废墟长达二十多年。由于惊天浩劫被清廷刻意淡化，史志即便提及也仅寥寥数语。本文整理泉港区残存的族谱文献和考察乡野遗迹，考证分析，从一个侧面窥视"辛丑播迁"对泉港社会历史造成的深远影响。

黄锦树.南海王国之族属、地域、城址考析——兼考相关的吴城、大洋洲文化 [J].广东技术师范学院学报，2013（11）：1—13.

关键词：畲族；南海王；闽粤赣边；浮滨；吴城；大洋洲

机构：潮州市非物质文化遗产保护中心

摘要：南海国族人源出东夷太昊、少昊和蚩尤三古帝南迁苗裔，史称"三苗"（后来未融入汉族的又演变为瑶、畲、苗三族，并继前三古帝联盟，以盘瓠为联合体总领），先后创造了吴城、大洋洲、浮滨文化。至西汉初建立了南海王国，拥有闽粤赣边诸地，置有天母寨、龟山二处祭天地的峙。王城在今潮州饶平南武山北的大质（挚）山东北麓。

邱端雅.宋元泉州多元文化与城市建设 [J].福建文博，2013（4）：62—64.

关键词：宋元时期；泉州；多元文化；城市建设

机构：泉州市文物保护管理所

摘要：泉州是中世纪世界贸易大港，随着海外交通的高度发达，外来宗教文化在泉州竞相传播，因此泉州被誉为"世界多元文化中心"，至今在泉州留下众多文物瑰宝。在城市规模扩展、造船航海技术超前、道路桥梁交通便捷、寺庙宫观林立等诸多方面，充分体现了城市建设的繁荣。

刘婷玉."朱纨之死"与闽南士绅林希元——兼论嘉靖年间闽南区域秩序之变迁 [J].（台湾）明代研究，2013（20）：35—58.

关键词：朱纨；林希元；海禁之争；地方秩序

机构：（台湾）"中国明代研究学会"

摘要：巡视浙江都御史朱纨，因在处理佛郎机夷的过程中被劾擅杀而下狱，后自尽于狱中。在明清史家的历史叙事中，他被视作因严行海禁、触犯沿海通番势家（以林希元为代表）遭构陷而死，并将其后的"嘉靖大倭寇"的产生归咎于此。而在近代关于明代海外贸易的讨论中，则将此事件视为海禁派代表朱纨与沿海开禁派代表林希元之间的斗争。这两种叙事结构中，都很少提及林希元本身的主张。但林希元作为当时有名的学者，对此事件有另一番辩说之词。运用林希元文集中的史料，可以看到在国家秩序与地方利益对抗性的叙事结构之外，还可有另类的历史叙事，即沿海绅士与部分地方官员在沿海贸易兴起，与不可回避的海疆不靖的情境中，尝试以设置"安边馆"的形式，争取地方秩序的恢复与沿海贸易制度化的诉求。

吴秋雯．泉州出土五盅盘赏析［J］．东方收藏，2013（9）：50—51.

关键词：五盅盘；饮茶器具；壁画墓；底径；东汉晚期；唐墓；青釉；内环；假圈足；鸡首壶

摘要：〈正〉五盅盘，是南朝、隋唐的流行器之一，因在浅腹平底的盘内环置五个小盅而得名。五盅盘是南方地区特有既用来饮酒又可作为饮茶器具的青瓷器物，为一个青瓷圆盘里放上五个小瓷盅，其造型精美小巧，功能实用。五盅盘流行于六朝隋唐时期的福建、江西。1990年在洛阳市机车工厂发掘的东汉晚期壁画墓中，其中墓东壁所画侍女图，表现一位侍女"双手捧一红色圆形盘作送递状……"

吴艺娟．南安县丰州六朝古墓葬群出土器物引发的思考［J］．福建文博，2013（3）：37—40.

关键词：六朝；丰州；考古发掘；南迁中原汉人

机构：泉州市文物保护管理所

摘要：魏晋南北朝时期，由于中原战乱频繁，北方汉人相继南迁入闽。晋人南迁在晋江下游聚居的地方就是现在的丰州镇。南安丰州自新中国成立后陆续发现了大量六朝古墓葬，墓葬形制、器物风格与江南地区六朝墓完全相同。古墓葬考古发掘出土了大量器物，为研究闽南地区早期开发提供了珍贵的实物资料，印证了史料记载的真实性，充分说明丰州在六朝时是闽南的政治、经济、文化中心。

许永杰，范颖．闽南粤东地区先秦时期考古学文化分期及相关问题［J］．北方文物，2013（4）：14—24.

关键词：九龙江—晋江流域；韩江—榕江流域；先秦时期；考古学文化分期

机构：中山大学历史人类学研究中心

摘要：闽南粤东山水相连，先秦时期的考古发现具有极大的相似性。本文对闽南粤东地区先秦时期各类考古遗存的资料进行整理和重新检讨，将这一地区分为九龙江—晋江与韩江—榕江两大区域；以中原商代中期为界，将这一时期的考古学文化分为新石器时代与青铜时代两部分。通过分期，建立了闽南粤东地区考古学文化的发展序列，为进一步考察本地区的历史文化面貌奠定了基础。

张雅真．福建中国闽台缘博物馆藏清卢毅亭墓志铭浅谈［J］．南方文物，2013（4）：188—190．

关键词：海上丝绸之路；族谱；台湾人；造船工业；中国东南沿海；马尾港；五口通商；廪膳生员

机构：福建中国闽台缘博物馆

摘要：〈正〉福建省（简称闽）位于中国东南沿海，东北与浙江省毗邻，西、西北与江西省接界，西南与广东省相连，东隔台湾海峡与台湾岛相望。福建与台湾源远流长，关系最为密切，台湾同胞中80%祖籍福建。福建在历史上是"海上丝绸之路""郑和下西洋"、伊斯兰教等重要文化发源地和商贸集散地，福州、厦门曾被辟为全国五口通商口岸之一。泉州曾是古代世界第一大港口，泉州还是海上丝绸之路的起点。闽江口的马尾港是中国近代造船工业的先驱和培养科技人才的摇篮。福建中国闽台缘博物馆位于福建省泉州市……

郑辉．福建先秦窑炉的发现与研究［J］．南方文物，2013（1）：92—102．

关键词：窑室；考古发掘；半倒焰窑；升焰窑；龙窑；原始青瓷；陶瓷窑；陶片；夏商时期；灰坑

机构：福建博物院考古研究所

摘要：〈正〉迄今为止，福建地区先秦时期遗址中共发现了约90座窑炉。这些窑炉结构不同，形态各异，经历了从新石器时代至东周数千年的发展历程，是研究先秦陶瓷窑业技术的重要资料。但由于这些窑炉资料散布在各个不同时期的遗址中，加上早年的考古发掘技术和认识水平相对落后，不太注重窑炉遗迹……

祁琛云，齐丹锋．进士同年、党争与士人关系——立足于苏轼与同年吕惠卿关系的考察［J］．焦作师范高等专科学校学报，2013（3）：34—38．

关键词：苏轼；吕惠卿；苏辙；同年关系；党争

机构：河南大学中国古代史研究中心

摘要：苏轼在政治上坚决反对变法，熙丰年间，曾多次上疏批判新法及变法派人士，这不仅给他的仕途带来了灾难性的打击，而且也极大地影响了他与那些主持变法及参与变法的同年之间的关系，如他因反对变法与有同榜之谊的吕惠卿反目，两人相互攻讦，遂成不解之仇。

程姝芳.《闽书》明朝科第与人物传记正误十九则 ［J］. 图书馆理论与实践，2013（4）：71—74.

关键词：闽书；地方志；考订；科第；人物传记

机构：漳州师范学院图书馆

摘要：晚明何乔远的《闽书》是福建省地方史志的重要文献，具有一定的历史价值。校点这部地方志是一项艰苦的工作，需要具备明代以前各时代的名物制度、文人字号、室名别称等方面的知识。福建人民出版社出版了厦门大学古籍整理研究所校点的《闽书》，但是仍然存在很多不足。现重新考订 19 则明朝科第与人物传记内容。

王宏斌. 知天知地，胜乃不穷：清初六次跨海征战的经验教训 ［J］. 广东社会科学，2013（6）：106—115.

关键词：施琅；郑成功；澎湖；气象；军事地理学

机构：河北师范大学历史文化学院

摘要：清朝初年连续进行了六次大规模跨海征战，总结这些跨海征战的成败得失，使我们看到地理形势、气象变化规律对于每一次跨海征战都有极大影响。清初的跨海征战如此，当代的海战更是如此，军界和学界应当深入开展海防地理学的研究，为海军赢得现代战争的胜利，提供不可或缺的海洋地理知识。

范秀君. 清初丁耀亢惠安之行考论 ［J］. 漳州师范学院学报（哲学社会科学版），2013（3）：28—32.

关键词：惠安；羁旅；禄微祸重

机构：泰州学院人文学院

摘要：丁耀亢由直隶容城教谕题补为福建惠安县令，顺治十六年七月至十八年三月，完成了一次没有履职的县令赴任之旅。丁氏惠安之行包括往返两个时期，四个阶段；其惠安县令辞职有三个原因：一是时局动荡，闽地战氛方炽；二是年衰身疾，念土怀亲；三是禄微祸重，名心渐冷。考论丁耀亢惠安之行，可以透视清初汉族士人的内心纠结，为揭示清初士人心态提供一个范本。

鲁西奇. 福建所出唐宋元时期买地券考释 ［J］. 闽台文化研究，2013（2）：30—42.

关键词：买地券；唐宋元时期；福建

机构：厦门大学历史学系

摘要：福建地区所出唐宋元时期买地券，颇可反映若干制度、地理、葬俗、契约体式以及民间信仰之情形。根据今见买地券资料，可推知唐宋元时期福建地区的文化既受到中原文化的深刻影响，又一直保持其自身特点。买地券是买地人（亡人或其家人）作为立契人，与地下鬼神订立的、以购买地下土地所有权或使用权为主旨的契约；

而现世实用土地买卖契约，则是以卖地人作为立契人、以出卖本属自己的田宅所有权为主旨的，主要表现为卖地契。

陈支平．万正色《师中纪绩》与康熙统一台湾史事补遗［J］．闽台文化研究，2014（4）：19—28.

关键词：万正色；师中纪绩；统一台湾

机构：闽南师范大学闽南文化研究院

摘要：康熙统一台湾，战功首推靖海侯施琅，其事迹为人们所熟知。从战略进程上看，应该分为两个阶段：第一阶段是清军把郑氏集团的军队赶出福建等内陆各地，使之困守台湾。第二阶段是直接进攻澎湖、台湾，彻底消灭盘踞在台湾的郑氏政权。施琅的功绩，就在于圆满地完成了康熙统一台湾的第二阶段的战略意图。第一阶段的战略实施过程则较少有人涉及。本文利用传世孤本《师中纪绩》等文献，对水师提督万正色所领导的第一阶段中的海坛、崇武等战役，进行了历史还原，借此让世人更全面了解康熙统一台湾的战略全过程。

李坚．澳甲制的源流及演变［J］．闽台文化研究，2014（2）：23—31.

关键词：澳甲；澳长；船政

机构：韩山师范学院潮学研究院

摘要：澳长制为南宋时期国家治理中国南部海域的一项重要举措。清时期澳长制与基层里甲制度进一步结合，将船户编甲与船只编甲紧密结合，并逐步职能化，进一步形成澳甲制；同时，将施行范围从沿海海域延伸至内河航道，设立了内河澳甲，协助管理内河船只。

程龙吟．明朝晋江的筑城防倭［J］．历史档案，2014（4）：76—80.

关键词：晚清；南洋海军；购、造舰船

机构：福州大学校长办公室

摘要：明代晋江的海防格局，基本是在洪武朝建立起来的。此后由于城池和海防设施年久失修，加上倭寇、海盗的破坏，无法发挥其防御职能，修缮和重建迫在眉睫。修建后的海防设施更加高大、广阔、坚固，对防倭起到重要作用，同时也奠定了晋江城市社会发展的基础。晋江的海防设施主要有城池、水寨、瞭望墩台、炮台、碉堡和烽燧等。

陈建中，范佳平，黄伟，盛荣红，董文强．南安市丰州桃源南朝墓清理简报［J］．福建文博，2014（4）：39—42.

关键词：南安；丰州；南朝墓；清理简报

机构：泉州市博物馆

摘要：2013 年 1 月，南安市丰州镇桃源村发现一座古墓葬，泉州市博物馆考古人员对其进行了抢救性考古清理，证实是一座南朝墓。该墓葬共出土 15 件南朝时期青瓷器，为研究闽南历史提供了非常珍贵的实物资料。

范雪春等．福建晋江庵山青铜时代沙丘遗址 2009 年发掘简报 ［J］．文物，2014（2）：4—16.

关键词：深沪；发掘简报；晋江市博物馆；青铜时代；福建晋江

机构：福建博物院；晋江市博物馆

摘要：〈正〉庵山遗址位于福建省晋江市深沪镇坑边村颜厝东北，北距深沪湾 1000 米，西距乌漏沟约 1000 米。庵山山顶海拔 27 米，相对高度 20 米，是一座风积形成的低矮沙丘，属海滨沙丘地貌，遗址位于风积形成的第二级阶地上。为配合晋江深沪镇工业园区建设，2007 年 5—10 月和 2009 年 1—4 月，福建博物院与晋江市博物馆联合组成考古队，对庵山遗址进行了两次抢救性发掘，发掘面积共 1530 平方米。其中 2007 年发掘面积 775 平方米……

梁少金．泉港古墓葬拾遗 ［J］．文物鉴定与鉴赏，2014（5）：44—45.

关键词：泉港区；古墓葬；南埔；仙公山；肖厝；发掘报告；地方历史；宋墓；肖玉；楔形砖

机构：泉州市文物保护管理所

摘要：〈正〉十几年来，在泉州市泉港区（2000 年由惠安县析置）范围内发现几座埋于地下的古墓葬，有的经过科学清理发掘，即将出版发掘报告，以供研究之用。有的因遭到人为的严重破坏，无法进行科学清理发掘，仅能拿回几件随葬品，或只采集几块墓砖。但它们对于研究地方历史和文化仍有一定的意义，有必要给予介绍。1985 年，南埔镇肖厝村村民肖玉顺在其村北仙公山建房挖地基时，发现一座古墓……

刘中伟．晋江流域东晋南朝墓葬与社会结构和经济形态 ［J］．泉州师范学院学报，2014（3）：31—37.

关键词：晋江流域；东晋南朝墓葬；社会结构；经济形态

机构：河南大学历史文化学院

摘要：晋江流域东晋南朝墓葬是研究泉州地区唐代以前区域社会发展与经济史的重要资料。墓葬形制与随葬器物组合的文化内涵反映出墓主是西晋末以来南迁的中原汉人，墓葬分布显示出以丰州为中心的聚落结构景观，家族墓地制度流行，社会阶层分化不明显。东晋南朝时期对晋江流域的开发，促进了当地农业和手工业的蓬勃发展，为泉州唐宋时期成为世界著名的通商港口创造了条件。

汤毓贤．云霄县博物馆藏唐宋墓志二题 ［J］．闽台文化研究，2014（3）：36—39.

关键词：墓志；唐宋；武周；佛教；谱牒

机构：云霄县博物馆

摘要：漳州初创于唐代，然唐宋时期碑刻留存至今的极少。近年云霄县博物馆征集了两件唐宋墓志铭，分别涉及唐代武周时期闽南社会状况、宋朝民间崇佛习俗等，既为研究中国书法演变历史及唐代文字改革提供实证；又有利于了解南宋佛教在漳州的传播，以及漳州民间的丧葬风俗。

王振汉，陈庆元．青斗石上的显影意涵——蒋孟育"两京敭历"牌坊考 ［J］．闽台文化研究，2014（2）：83—89.

关键词：漳州；蒋孟育；两京敭历；牌坊

机构：福建师范大学文学院

摘要："两京敭历"牌坊矗立在漳州芗城区香港路，为晚明吏部侍郎蒋孟育暨祖、父三代之功名旌表坊。此坊建于明万历四十七年（1619），为一座三间五楼十二柱仿木结构之石牌坊，除额枋镌刻功名事迹文字，额匾正反面各刻有"两京敭历""三世宰贰"外，笔者亦发现额匾左右的青斗石立面，各刻镂有文字。本文即对此牌坊文字做一番考证，期待此立面文字的发现与考证，或将对蒋孟育其人其事有更详尽的认知。

温松全．福建南安市皇冠山六朝墓群的发掘 ［J］．考古，2014（5）：37—63.

关键词：福建；南安；砖室墓；东晋；南朝

机构：福建博物院；泉州市博物馆；南安市博物馆

摘要：〈正〉皇冠山位于福建省南安市丰州镇桃源村，东侧与西华村交界，南坡面向晋江，遥对紫帽山，东、西两侧延绵的山丘与皇冠山、紫帽山形成环绕之势。墓群在皇冠山南坡，因20世纪50年代初期开垦梯田，现为多级高低不一的台地。为配合福厦高速铁路的建设，2006年8—12月及2007年12月，我们对该墓群进行了两次抢救性发掘。现将发掘情况简报如下。发掘方法为先用探沟寻找墓葬，然后对墓葬发掘清理……

吴培植．从泉州贞寿牌坊浅谈中国封建王朝的养老敬老政策 ［J］．黑龙江史志，2014（5）：292，319.

关键词：晋江；节孝坊；同治年间；中国封建王朝；养济院

机构：福建省泉州市威远楼文物保护管理所

摘要：〈正〉泉州作为国家首批历史文化名城，历史悠久，文化底蕴深厚，文物古迹众多，这其中就包括牌坊。据清道光年间《晋江县志》载，仅泉州府晋江县所辖区域就先后共有牌坊398座，其中宋坊100座、明坊172座、清坊126座。至道光十年（1830）尚存193座，其中宋坊5座（均在泉州府城城内）、明坊73座（城内

49 座、城外 24 座）、清坊 115 座（城内 13 座、城外 102 座）。道光、同治年间，牌坊数量剧增至 200 座以上。泉州地区的牌坊按作用可分为界坊、功勋坊、节孝坊、贞寿坊……

郑庆平 . 日寇制造崇武惨案罪证发现记〔J〕. 东方收藏，2014（7）：117—118.

关键词：崇武；泉港区；侵华日军

摘要：〈正〉历史应当铭记。1940 年 7 月 16 日，日寇同时在福建石狮永宁、惠安崇武登陆，烧杀抢掠，制造了骇人听闻的永宁、崇武"7·16 惨案"。石狮收藏家王朝晖收藏一部 1940 年 8 月 7 日出版日文版《写真画报》，在该画报第 22—23 页赫然刊载日军随军记者拍摄的日寇入侵永宁、烧毁渔船、烧杀抢掠等暴行的写真照片，成为日寇制造永宁"7·16 惨案"的罪证。《石狮日报》《东方收藏》曾率先报道这一消息，引起广泛关注。近日，笔者随同泉港区博物馆馆长黄嘉辉参观石狮市……

二　闽南地理

杨跃平 . "闽南西藏"——和春〔J〕. 政协天地，2013（10）：62—64.

关键词：森林景观；历史文化名村；华安县

摘要：〈正〉和春村地处闽南山区、华安县西北部，海拔 1030 米，人口 1300 多人，是漳州市海拔最高、最偏远的山村，是省级历史文化名村，省级森林景观村，漳州市十大最美乡村之一，素有"闽南西藏"美誉。早听说此地宛若仙境，一片净土。一个风和日丽的周末，与朋友相约，前往和春寻古探秘……

云阳 . 小山丛竹：泉州老八景之一〔J〕. 泉州师范学院学报，2013（3）：17.

关键词：八景；丛竹；弘一法师；温陵；鲤城区；三间；杆石；张和平；云状

摘要：〈正〉小山丛竹坊是泉州老八景之一，现址位于鲤城区模范巷的泉州市第三医院内。该坊原为三间四柱冲天式，今仅存一间二柱。据称，南宋著名理学家朱熹曾在此讲学，后人思恩，即在其"种竹建亭，讲学其中"的地方，以朱熹手书刻石、立坊以作纪念。坊旁原有唐进士欧阳詹的祠堂及近代高僧弘一法师的圆寂处——晚晴室（温陵养老院）……

汪荣祖 . 闽南生态环境与郑成功的复明活动〔J〕. 闽台文化研究，2013（1）：18—21.

关键词：闽南；生态环境；郑成功；复明运动

机构：（台湾）"中央大学"人文中心

摘要：中国东南诸省港湾曲折，有利于海上贸易；然而自朱明开国以来，时而海禁，以致走私猖獗，往往逼商为盗，骚乱不已。至17世纪初，郑芝龙崛起闽南，势不可挡，受明招安后权势更盛。及清朝铁骑南下，芝龙又降清自保，但其子郑成功既受日本武士道的影响，又受儒家忠义思想的熏陶，在闽南建立基地，坚持反清复明，锲而不舍，战乱绵延数十年之久。郑成功虽师出有名，但对地方生态环境的破坏，人民所受之苦难，无异于一般之骚乱，且有过之。本文据当时人之记载，透露郑成功反清复明运动对闽南沿岸环境与人文的破坏，以及闽南人的反应。

吴心瑜．福建省非物质文化遗产结构及地理空间分布 ［J］．东南园艺，2013（6）：26—29.

关键词：非物质文化遗产；福建省；空间分布

机构：四川大学历史文化旅游学院

摘要：〈正〉2003年10月联合国教科文组织通过的《保护非物质文化遗产公约》把非物质文化遗产定义为"非物质文化遗产指被各群体、团体、有时为个人，视为其文化遗产的各种实践、表演、表现形式、知识和技能，以及有关的工具、实物、工艺品和文化场所（文化空间）。非物质文化遗产包括以下方面：①口头传统和表述，包括作为非物质文化遗产媒介的语言；②表演艺术；③社会民俗、礼仪、节庆；④有关自然界和宇宙的知识和实践；⑤传统的手工艺技能"。目前，很多国际法规和法律都体现了非物质文化遗产管理的核心原则……

李国平，吴榕青．唐宋时期闽粤边野象考述 ［J］．闽台文化研究，2014（2）：32—37.

关键词：野象；唐宋；闽粤；灭亡原因

机构：云南大学人文学院；韩山师范学院中文系

摘要：唐宋时期，闽粤地区曾有大量的野象栖息。约13世纪中叶，潮州、漳州一带的野象基本绝迹。主要是因为潮州、漳州等地区人口大量增加，许多原始森林与植被被开垦，野象失去赖以生存的自然环境。而人类的大量捕杀，是加速野象绝迹的主要原因。

黄学超．南靖县境域沿革三题 ［J］．闽台文化研究，2014（1）：58—62.

关键词：南靖县；境域；沿革；《南靖县志》；居仁里

机构：复旦大学历史地理研究中心

摘要：本文集中讨论了南靖县境域沿革方面的三个问题。南靖县的前身南胜县之境域原分属龙溪、龙岩、漳浦三县，元代析置南胜县之前，三县之界分可以考实。明朝中叶析南靖置平和县使南靖县境域发生变动，相关史料的记载有易使人误解之处，值得辨析。乾隆《南靖县志》存在一处错简，导致后人对当时南靖县居仁里的里域产生错误认识。

李蕊蕊，赵伟，陈静．福建省非物质文化遗产结构及地理空间分布特征［J］．地域研究与开发，2014（6）：97—102.

关键词：非物质文化遗产；区位熵；空间分布；福建省

机构：泉州师范学院资源与环境科学学院

摘要：运用定量统计及空间分析方法，对福建省非物质文化遗产的级别结构、类型结构、宏观区域分布、行政市域分布以及流域分布等特征，进行了地理环境分析和基于市域尺度的空间特征分析。研究发现，福建省的非物质文化遗产的空间分布特征为：等级结构呈现出"金字塔"形；类型结构以传统手工技艺和民俗项目为主；空间结构特征在数量上，以闽南地区为主，闽中地区次之，闽东、闽北、闽西地区的非物质文化遗产项目数量较少。传统医药和传统体育、游艺与杂技的区位熵福州比较高，曲艺则是高度集中于厦门，民间文学集中分布于泉州，传统舞蹈与传统音乐则分别集中于三明和龙岩；在密度上表现为厦门、莆田、泉州三地市较高。此外福建省的非物质文化遗产的分布具有流域指向性。自然地理环境、社会经济因素、人文环境等多种因素对福建省非物质文化遗产空间分布产生影响。完善分级保护制度和保护名录体系，强化文化空间的保护，适度进行非物质文化遗产旅游开发等创新行为，将是未来福建非物质文化遗产保护和传承的核心议题。

赵守林．郑成功故乡：南安石井镇［J］．中国老区建设，2014（2）：2.

关键词：石井镇；南安；侨区；文化交流

机构：南安市老促会

摘要：福建省南安市石井镇是民族英雄郑成功的故乡，与金门岛仅 6 海里之隔，是闽东南海峡西岸对外交通要冲，也是南安市唯一的出海口，是闽南著名侨区。目前石井对金货运直航、客运直航和对台小额贸易三条通道，为两岸人员经贸往来提供了优越的条件。闽台农产品市场、郑成功纪念馆、石井客运口岸，成为两岸经贸、文化交流的特色平台。

泉州·洛阳：地灵人杰　文化古镇［J］．领导文萃，2014（21）：145.

关键词：海上丝绸之路；红树林保护区；历史名人；文物保护单位

摘要：〈正〉洛阳镇是古时泉州府的繁华重镇之一，文化底蕴深厚，人杰地灵。境内的国家级文物保护单位——千年古桥洛阳桥，海上丝绸之路起点——洛阳古街，1000 亩红树林保护区，蜿蜒数十公里的洛阳江为古镇增添了亮丽的光彩。历史名人陈金城（清朝举人、刑部云南司主事、精通易经、爱国思想家、文学家），王泉笙（爱国侨领、1935—1943 年任国民党中央常委），陈伯达……

刘正东，洪金益. 基于云模型对地域文化归属的浅析 ［J］. 信息系统工程，2014 (11)：119—122.

关键词：文化；闽南文化；云模型；发生器；贡献度；相似度

机构：中南大学地球科学与物理信息学院

摘要：以某地域为例，由于其地理历史发展的特殊原因，现今逐渐形成多样性和别具特色的区域文化，但这并不能否认各地域以汉文化为主体内核，归属于闽南文化一部分的事实。然而，极少数人过分夸大和强调区域文化与中国文化的差异，妄图割裂中华民族内在的血肉联系。本文尝试基于实现定性概念与定量表示之间不确定转换的云模型，探索以量化的事实去证实地域文化属于中国文化中闽南文化一部分的定性结论，以驳斥某些人的荒谬言论，同时也是对于人文领域中云模型应用的一种努力。

闽南人物

一 闽南古代人物

曾纪鑫．科技宰相苏颂 [J]．书屋，2013（11）：69—75.

关键词：古代社会；水运仪象台；吕公著；大理寺；元祐更化；宋敏求；嘉祐；刘挚

摘要：〈正〉苏颂以政治家立身，居人臣之极——宰相；今日则以科学家闻名于世，在科技领域创下七项世界第一。在以官为本、以权为准的中国古代社会，科学技术属于不入流的"旁门左道"与雕虫小技。像他这样政治、科技并举的"双料人才"，在中国古代社会，恐怕还找不出第二人。他那位于厦门市同安区的故居芦山堂，大门两旁有副楹联写道："尚书御史翰林第，将相公侯科学家。"苏颂活了八十二岁，别说在九百多年前的北宋，即使今天，也算高寿。表面看来……

曾纪鑫．千古贰臣洪承畴 [J]．同舟共进，2013（12）：57—63.

关键词：洪承畴；崇祯帝；多尔衮；曹变蛟；松锦之战；总督军务；右副都御史；陕西布政使司

摘要：〈正〉清朝崛起，明朝衰亡，在这风云变幻、改朝换代的大棋局中，置身历史夹缝的洪承畴，虽不能左右时局，但他所扮演的，也非马前卒之类的角色，而是一枚冲锋陷阵、攻城略地的重要棋子——"车"。他的改换门庭，从某种程度而言，推进并加速了明清易代的历史进程。明朝是如何与历史"合谋"，造就了这么一位千古贰臣……

曾纪鑫．俞大猷：不该忽略的抗倭名将 [J]．同舟共进，2013（3）：68—73.

关键词：抗倭；俞大猷；戚家军；右都督；汤克宽；金事；官澳；《明史》；登州卫；明王朝

摘要：〈正〉提及抗倭名将，人们首先想到的是戚继光。俞大猷这个名字，尽管没有完全被遗忘，但有关他的生平、功绩等，世人知之甚少。四百多年来，世人有意无意间将这位当年名震海疆、功勋卓著的抗倭英雄忽略了。其实，在抗击倭寇的艰难岁月里，俞大猷与戚继光并列，一直为人们所称道。就某种程度而言，俞大猷还在戚继光之上。在当年的东南沿海一带，"俞龙戚虎，杀人如土"的民谣一直传诵至今；《福建通志·列传》也有"世言继光如虎，大猷如龙"之语。龙与虎，都是威武勇猛的象征，但在国人传统观念中……

陈庆元．龙溪郑怀魁年谱［J］．漳州师范学院学报（哲学社会科学版），2013（1）：1—12.

　　关键词：明代文学；漳州；郑怀魁；葵圃存集；年谱

　　机构：漳州师范学院闽南文化研究院

　　摘要：郑怀魁，字辂思，别号心葵。福建龙溪（今漳州）人。明万历二十三年进士，官至浙江观察副使。与张燮等组织霞中社，为"霞中十三子"之一。有集多种，今仅存其弟爵魁所辑《葵圃存集》三十卷，此集中国各图书馆未见藏存，日本尊经阁所藏万历刻本或为海内外孤本。郑怀魁自来无谱，本谱据《葵圃存集》及怀魁友人张燮、蒋孟育、曹学佺、何乔远等人之集，加以编排纂辑而成。

陈庆元．张燮年表［J］．南京师范大学文学院学报，2013（1）：182—188.

　　关键词：张燮；家集；初唐四杰集；群玉楼集；东西洋考；诗文集；蔡复一；千顷堂；汉魏；鳌峰

　　机构：福建师范大学文学院

　　摘要：〈正〉晚明作家张燮有诗文集五种，多达二百多卷。张燮又著有《东西洋考》，辑有《汉魏七十二家集》《初唐四杰集》（骆集一种生前未及刻）数百卷，又拟编《唐贤七十二家集》《闽中艺文志》，未竟。笔者撰著《张燮年谱》二十余万字，另成《张燮年表》一篇，先飨读者。《年表》没有详细考证，也没有更多书证。但表中各条，均有依据；别详待刊的《张燮年谱》。张燮，字绍和，号汰沃，自称海滨逸史、石户农。龙溪（今福建龙海市）人……

何惠华．明漳乡贤林偕春刍议［J］．乐山师范学院学报，2013（1）：102—105，110.

　　关键词：林偕春文化；民间信仰；爱国爱乡

　　机构：漳州城市职业学院图书馆

　　摘要：林偕春是明代著名的漳州先贤，他不畏权势，刚直正派，举贤任能，并为当地百姓做了很多好事。逝世后被百姓奉为神明，建庙祭祀，尊称为"太史公"，成为一方保护神。随着漳州百姓历代迁移到台湾、东南亚等地"太史公"香火也遍及台湾各地。林偕春文化逐渐成为两岸民众往来交流的"心桥"。

何隽彦．泉南名将——海坛总兵洪范 [J]．黑龙江史志，2013（23）：182.

关键词：洪范；晋江；泉南；千总；噶尔丹；泉州府志；浙江省武义县；福建总督

机构：泉州海外交通史博物馆

摘要：〈正〉洪范（？—1706），字寿萁，号仁庵，晋江县三十七都田庵村（今属泉州市丰泽区丰泽街道东涂社区）人。系武庠出身，从军后授职千总，被委派防守浙江宣平（今浙江省武义县）。据清乾隆《晋江县志》记载，洪范初"由武庠授千总，委防宣平"……

胡晓伟．程达、程朝京、程秀民事迹考辨 [J]．福建文博，2013（4）：51—56.

关键词：程达；程朝京；程秀民；泉州；知府

机构：泉州海外交通史博物馆

摘要：程达、程朝京、程秀民是明朝嘉靖、万历时泉州历史上的三位知府。大概因为三人是同朝同姓的缘故，在乾隆《泉州府志》以及当代学者的研究中存有将三人事迹混淆之处。本文就已发现的问题予以考辨，并对程达、程朝京、程秀民三位知府在泉州的遗迹、事迹，结合文献加以梳理。本研究对于正确解读他们在泉州的文物遗迹具有参考价值。

李坚．宋知州曾噩治潮论略 [J]．韩山师范学院学报，2013（5）：30—35.

关键词：曾噩；潮州；治理

机构：韩山师范学院潮学研究院

摘要：曾噩治理潮州的举措包括以下几个方面：首先，积极推动科举事业，推行社会教化；其次，逐步完善潮州与漳州之间的交通建设；再次，迁建水军寨，构筑潮州沿海的海防。曾噩以他的洞察与远见，承前启后，适时地推动了潮州的发展，这些举措也为他在潮州历史上赢得了较高的声誉。

刘丹，霍俊彦．延平王郑成功闽北军政生涯概述 [J]．兰台世界，2013（36）：81—82.

关键词：历史；民族英雄；郑成功；闽北；军政生涯

机构：武警工程大学理学院

摘要：为寻找历史的足迹，我们回望伟大的民族英雄——郑成功。闽北作为郑成功军政生涯的重要阵地，留下了延平王奋斗的血汗。本文以郑成功闽北的军事行动为着眼点，分析其军政生涯的伟大举措，并联系实际分析其对当代社会的现实意义。

书云．南宋泉州状元梁克家 [J]．泉州师范学院学报，2013（1）：75.

关键词：梁克家；道初；王十朋；三山志

摘要：〈正〉梁克家（1127—1187），字叔子，南宋一代名相，幼聪敏，过目成诵，少时就读泉州学宫。相传高中状元时，他所就读的学宫前池双莲并开。乾道初，梁克家奉命出使金国，金人得知他是状元，很是敬重。宴请时，投射助兴，他连投数十皆命中……

素萍．海瑞与泉州恩师的师生缘［J］．泉州师范学院学报，2013（1）：31.

关键词：泉州府；抗倭；乡举；额匾；俞大猷；恩贡；明弘治

摘要：〈正〉据《海刚峰先生文集》记载，明嘉靖二十八年（1549），海瑞受泉州抗倭名将俞大猷的影响，以一篇《治黎策》的文章中了乡举。这篇策论中提供了解决海南岛黎族问题的一些建议。当时的主考官为泉州府晋江池店村埕头人林宗和，后为海瑞的老师，海瑞曾为他的老师池店林氏祠堂题匾。匾额匾面红底金凸字，左上署"嘉靖乙亥春月"……

王昌．17 世纪大员华人何斌考略［J］．云南民族大学学报（哲学社会科学版），2013（6）：95—101.

关键词：何斌；通事；商人；头家

机构：厦门大学人文学院

摘要：在何斌向郑成功进献台湾地图的背后，是他在大员近三十年的复杂活动。自 17 世纪 30 年代到达大员以后，何斌跟随父亲经营商船贸易，担任荷兰人通事，并承包荷兰人的赋税。何斌的商贸活动，是华人贸易网络的一个缩影；以何斌为代表的华人在大员的土地垦殖促进了大员地区的开发，并且带有经营性农业的性质。由此形成的华人社会运作模式，体现了中国海洋社会经济的特征。在这一过程中，何斌等海上群体的开放性、冒险性显露无遗。这一群体展现出的海洋发展意识，值得进行更加深入的探讨。

王振汉．晚明蒋孟育生平考述［J］．闽台文化研究，2013（4）：113—118.

关键词：晚明；蒋孟育；《恬庵遗稿》；生平考述

机构：福建师范大学

摘要：蒋孟育（1558—1619）为万历己丑（1589）联第进士，历任右赞善左谕德、南京国子监祭酒、南京吏部侍郎等职。蒋氏中进士后，可谓功名显扬，竟然出现了同安（金门）、漳州（龙溪、南靖）两地抢人的风波，究竟蒋氏生平籍贯如何看待，本文做了初步的探索。试图借诸文献、史料等，以探讨蒋孟育之父迁徙龙溪的背景缘由，并进一步考索整理出蒋氏更为可信的生平暨籍贯资料与信息。

相鲁闽．苏颂与《本草图经》［J］．河南中医，2013（7）：1058.

关键词：苏颂；《本草图经》；《本草别说》；《嘉祐本草》；《政和本草》

机构：龙岩市第二医院

摘要：〈正〉苏颂，字子容，北宋时泉州南安（今福建南安）人，为北宋天文学家。天禧四年（公元1017）出生于同安，其故宅即在县城内西北隅之葫芦山，俗称五芦山，宋代南安吕惠卿曾尊之云："子容吾乡里先进"！苏家自光海以下，五世仕宦，社会地位优越，所以享受文化教育的条件比普通民众为优，将造就为苏颂"经、史、九流、百家以至于图纬、律吕、星、宫、算……"

于莉莉．龙溪蒋孟育年表［J］．漳州师范学院学报（哲学社会科学版），2013（1）：13—19，117.

关键词：明代文学；蒋孟育；漳州；恬庵遗稿；年表

机构：福建师范大学文学院

摘要：蒋孟育，字道力，别号恬庵，福建金门人，随父居龙溪（今福建龙海市），遂为龙溪人。万历十七年（1589）进士。曾与张燮等结社芝山之麓，称"霞中社"或"玄云之会"，名在"霞中十二子"之列。漳南文学称一时之盛。官至南京户部右侍郎，卒，赠吏部尚书，谥文介，祀乡贤。著有《恬庵遗稿》等。

张晓彤．名臣李光地［J］．文史天地，2013（10）：48—51.

关键词：名臣；文渊阁大学士；吏部尚书；李光地；兵部侍郎；榕村；福建泉州市；湖头镇；施琅

机构：中央民族大学

摘要：〈正〉在福建泉州市湖头镇，有两座仿宫殿式的大平屋。这两座大平屋被当地人称为"相府"，一座叫"旧衙"，一座叫"新衙"。这两座"相府"现已申报了"国家级文物保护单位"。或许知道这两座平屋的人不多，但是大家一定十分熟悉这两座房子主人的名字——李光地。李光地（1642—1718），字晋卿，号厚庵，别号榕村，泉州安溪湖头人。清康熙九年（1670）中进士，进翰林，历任兵部侍郎、工部侍郎、直隶巡抚、吏部尚书等职，四十四年（1705），拜文渊阁大学士……

郑晨寅．泉南名儒林胤昌简论［J］．集美大学学报（哲学社会科学版），2013（4）：120—124.

关键词：林胤昌；旦气之学；讲学结社

机构：漳州城市职业学院；黄道周与闽南文化研究所

摘要：林胤昌为官廉能、为人孝悌，是明末清初泉南著名的理学家、教育家。他融合理学、心学，提出"旦气之学"，深入阐明"已发未发"之旨；他的讲学活动在明末泉南一带影响颇大，并一直延续入清；他的生平、思想、著述等方面都值得后人深入研究。

朱学召．对于历史人物郑成功的评论略述 ［J］．文学教育（中），2013（3）：10—11.

关键词：郑成功；历史；民族英雄

机构：绵阳师范学院文学与对外汉语学院

摘要：郑成功是中华民族历史上一位伟大的民族英雄，驱荷复台、抗清复明，是在他一生的英雄伟绩中的两个大部分，这使他成为那个年代弘扬民族精神、反抗清朝民族压迫的领导者，他对中华民族的贡献及其历史功绩是不可磨灭的，他的一生是我国历史上民族精神表现得淋漓尽致的一页，但是在对这位伟大的历史人物的评价上却千差万别，那么，我们该如何公正客观、正确科学地评价郑成功这位饱受争议的历史人物呢？本文将结合生动的例子从郑成功生活的时代背景、生平事迹、收复台湾以及反清复明方面略述。

庄林丽．台厦兵备道梁文煊史事考 ［J］．东南学术，2013（1）：216—224.

关键词：台厦兵备道；梁文煊；弃职潜逃；考辨

机构：福建师范大学社会历史学院

摘要：台厦兵备道梁文煊因在朱一贵事件中"弃职潜逃"而颇受诟病，但梳理相关文献资料，对梁文煊的一生进行考辨，我们应该还梁文煊一个相对公正的评价。导致梁文煊退回澎湖很重要的一个原因是台湾吏治本身的缺陷，虽然理论上台厦兵备道是台湾最高文官，其职权要高于台湾总兵，并被冠以"兵备"之衔，被赋予了保境安民的重大职责，但实际上，其手中兵力有限，而且不能有效地参与武官的军事指挥和调度。因而，对于朱一贵事件这种大规模的民变，台厦兵备道梁文煊可以说是心有余而力不足的。总之，梁文煊事件反映了台湾道台制度本身存在的缺陷，并最终促成了台湾道台制度发展过程中的第一次大变动。

邹书．李光地的诸葛亮评价论略 ［J］．闽西职业技术学院学报，2013（2）：46—49.

关键词：李光地；诸葛亮；儒家；理想追求；政治意图

机构：福建师范大学文学院

摘要：在李光地的《榕村语录》《榕村续语录》中有较大篇幅评论历代著名人物，其中对诸葛亮表示出了高度的赞赏。李光地赞赏诸葛亮的原因主要在于诸葛亮彪炳千古的英雄事迹、绚丽多彩的儒家风范、身体力行的务实精神和广为传诵的文学作品。然而，这些欣羡或出于崇高的理想追求，或出于明确的政治意图，饱含着浓郁的主观情感色彩。

邹彦群，戴海东．关于苏颂铜制水运仪象台是否成功运转问题的讨论——与胡维佳研究员商榷［J］．自然辩证法通讯，2013（3）：120—123，128．

关键词：水运仪象台；成功运转；复制与研究

机构：北京第二外国语学院；温州大学

摘要：本文从考察水运仪象台复制与研究全过程入手，对科技史学界有人提出苏颂铜制水运仪象台没有成功运转的论点加以评析。用《新仪象法要·进仪象状》，宋、金两史《天文志》《律历志》等史料和今人利用仿真复原实验的数据以及苏州新育龙科教设备公司的复原实践，论证了苏颂铜制水运仪象台确实成功地运转过。

程妹芳．《闽书》明朝科第与人物传记正误三十一条［J］．图书馆学刊，2014（7）：126—128．

关键词：闽书；地方志；考订；科第；人物传记

机构：闽南师范大学图书馆

摘要：晚明何乔远的《闽书》是福建省地方史志的重要文献，具有一定的历史价值。校点这部地方志是一项艰苦的工作，需要具备明代以前各时代的名物制度、文人字号、室名别称等方面的知识。福建人民出版社出版了经厦门大学古籍整理研究所校点的《闽书》，但是仍然存在很多不足。现于明代部分重新考订31条明朝科第与人物传记内容。

蔡庆发．蔡襄监察理论及其当代价值［J］．莆田学院学报，2014（6）：98—104．

关键词：蔡襄；监察理论；清廉

机构：莆田市蔡襄学术研究会

摘要：本文阐述蔡襄的监察言论及其实践，指出重温蔡襄监察理论，进一步认识监察制度对反腐倡廉的必要性，对当前开展为民务实清廉、党的路线教育有重要启迪和借鉴作用。

付梅．论宋人对典范的选取及"以人存书"说的合理性——以蔡襄、蔡京的地位之争为例［J］．书法赏评，2014（6）：41—45．

关键词：书法学；宣和书谱；书学；书法作品；文坛领袖；士风；论书

机构：南京大学文学院

摘要：〈正〉一、蔡京的被贬抑。首先，蔡京的书法成就与书名的参差从现存资料上来看，宋人并未完全否认蔡京的书法才华。《宣和书谱》录御府所藏蔡京行书七十六件，并称这些书法"议者谓飘逸过之"。卷二十在以宋徽宗等为代表的宋代书家眼中，较之蔡襄的雍容端正的古意，蔡京的书法柔媚飘逸更合于宋人审美因而更具宋代特色。

唐略．路窄留步与人行［J］．思维与智慧，2014（4）：60.

关键词：文坛领袖；馆阁校勘；唐宋八大家；子容

摘要：〈正〉北宋的苏子容，在提到他的两位同事欧阳修和蔡襄时，说了一句值得我们深思的话："欧公不言文章，而喜谈政事；君谟不言政事，而喜论文章。各不矜其所能也。"我们知道，欧阳修是唐宋八大家之一，是北宋文坛领袖，其文章在当时可谓天下独绝，可他平时跟人聊天的时候，却不谈文章而谈政事，可政事的确不是欧阳修的长项。蔡襄（字君谟）则恰好相反，他在宋朝中央政府担任过馆阁校勘、知谏院、直史馆、知制诰……

林虹．"能言而可信之君子之言"——论王慎中之碑志文［J］．文艺研究，2014（12）：69—74.

关键词：王慎中；碑志文；唐宋派

机构：福建教育学院中文系

摘要：现有碑志类论文的主要关注对象，为唐宋古文家中的韩愈、柳宗元、欧阳修、王安石等，至迟为金代元好问，明代之后则少有人问津。王慎中是明代"唐宋派"的主导与核心人物，同时也是福建文学史上最著名的散文家，他明确地提出碑志文的创作主张，其文集中碑志文数量也较大，约占五分之一，且被誉为"能言而可信之君子之言"，确凿可信、真实客观，又有强烈的感情色彩。其碑志文十分注重"不苟"与"有法"，特色鲜明。由于王慎中强调史料的不被"泯没"，因此，其碑志文内容十分丰富，在研究其本人及泉南文化史方面，亦有着相当重要的文献价值。

杨康贤．南宋后期著名理学家真德秀的政治命运解析［J］．兰台世界，2014（21）：27—28.

关键词：真德秀；政治；命运

机构：云南经济管理职业学院

摘要：真德秀，南宋后期著名理学家，早年即步入官场，开始自己的政治生涯。此后历经坦途和波折，经历了升迁和赋闲，取得了卓越的政绩，也赢得了百姓的拥护，并最终达到了自己政治生涯的巅峰。

陈良武．试论黄道周博学多通学术品格的形成［J］．集美大学学报（哲学社会科学版），2014（3）：52—59.

关键词：黄道周；博学多通；学术传统；转益多师

机构：闽南师范大学文学院

摘要：从有明一代学者的学术实际看，明代本有博雅之传统，故单纯以空疏不学讥之，则非持平之论。地处海滨的闽南也深受这种博学传统影响，入明以来的漳州士人中，博识洽闻者亦不乏其人。黄道周学贯古今，学问淹通广博，其博学多通学术品格的形成，既与明代博雅的学术传统有关，亦是其转益多师、师友讲问的结果。

李金梅．近三年黄道周研究述评［J］．闽南师范大学学报（哲学社会科学版），2014（3）：57—63.

关键词：黄道周；研究；述评

机构：闽南师范大学外国语学院

摘要：黄道周为明末著名学者，其学术成就涉及多个方面，深为时人所推崇。黄道周的学术思想长期以来被学界忽视，直到近年相关研究成果才逐渐多起来。2011年6月首届海峡两岸黄道周学术研讨会之后的三年里，黄道周经学、文学、理学等研究均取得了一些成果。及时总结、评述黄道周研究的最新成果，可以唤起、推动更多学人对黄道周研究的关注和参与，从而充分揭示黄道周在学术史上的地位和影响。

张则桐．钱谦益《徐霞客传》探微——兼谈徐霞客与黄道周的交游［J］．南京师范大学文学院学报，2014（1）：27—30.

关键词：《徐霞客传》；黄道周；钱谦益

机构：闽南师范大学文学院

摘要：钱谦益《徐霞客传》有两处记叙徐霞客与黄道周的交游。二人深厚的情谊源于他们相似的志趣、性格和学风。徐霞客临终遣子探望石斋的细节提升了徐霞客的精神境界，也寄托了作者对黄道周的关切和对时局的担忧。

王水彰．明代金门先贤许獬生平及著述［J］．闽台文化研究，2014（2）：90—96.

关键词：明代；金门；许獬；生平；著述

机构：福建师范大学海外教育学院

摘要：金门文风鼎盛，俊异辈出，夙称多士，明代为最。许獬（1570—1606），原名行周，字子逊，号钟斗，同安县翔风里十九都后浦（今金门县金宁乡后湖村）人，出身书香门第，自幼有家学的琢磨陶冶。许獬万历二十五年（1597）中举，二十九年（1601）会元，三十一年（1603）九月，初授翰林编修承事郎，旋因才学俱优获擢升翰林院编修文林郎。许獬为官清廉，敢于直言。民间关于许獬的传说很多，皆可发现许獬聪明且机智过人。许獬重要的交游对象有晋江陈琛、龙溪赵怀玉、闽县徐烟勃。许獬之著述，文中择其要者如《古砚说》《许钟斗文集》《丛青轩集》《四书阐旨合喙鸣》及部分诗文作品。许獬故居对金门而言是非常重要且值得纪念的文化资产。

李国宏．俞大猷碑铭史料考释［J］．闽台文化研究，2014（2）：38—42.

关键词：俞大猷；行状；生祠碑；镇海石

机构：石狮市博物馆

摘要：本文对明代《献徵录》收录之《后军都督府都督同知赠左都督俞公大猷行状》、浙江镇海俞大猷生祠碑、福建永宁"镇海石"摩崖石刻进行简要的考证，发现其对于厘清俞大猷的生卒、浙江抗倭的经历以及探讨俞大猷矢志报国的精神均有重要的参考价值。同时，考证出"镇海石"摩崖石刻的作者并非俞大猷，旧说系出自于民间传说的附会。

李磊.俞大猷探访少林寺重要意义略探[J].山东体育科技，2014（3）：36—39.

关键词：俞大猷；少林寺；俞家棍；十方禅院；宗擎

机构：韶关学院体育学院

摘要：明朝抗倭名将俞大猷，在戎马倥偬之余，亲自探访了少林寺。这次探访对少林寺和俞大猷来说是双赢互利的，颇具意义。通过少林棍和俞家棍的交流，印证了俞家棍的价值，指出了少林棍的缺失；探访后，少林武僧精英进入俞家军，为"少林真诀"回传做了准备；少林武僧的从军，使俞家军提高了声誉，增强了战斗力；俞大猷通过探访"认祖归宗"，提高了少林寺的声誉和地位；俞大猷提议建造十方禅院，并为之选址、题写碑记，促进了少林寺的发展。整体来看，俞大猷探访少林寺，意义重大，影响深远。

曾纪鑫.勉为其难的民族英雄郑成功[J].同舟共进，2014（3）：67—71.

关键词：郑芝龙；施琅；反清复明

摘要：〈正〉郑成功是中国历史上家喻户晓的人物，他以39岁的短暂生命抗击清廷、转战东南，开发厦门、驱逐荷夷、收复台湾，可谓英气勃发、风云叱咤，那力挽狂澜、开辟荆榛的丰功伟绩着实令人回肠荡气……

卢培峰.郑成功玉带考[J].黑龙江史志，2014（19）：329—330.

关键词：郑成功；玉带；标准形制；考证

机构：南安市郑成功纪念馆

摘要：郑成功是中华民族伟大的民族英雄和爱国主义者，也是17世反抗西方殖民势力的世界典范。郑成功一生是短暂的，他留下的经考证的实物遗存更是稀少。正是如此，郑成功墓出土的玉带更显珍贵。馆藏的郑成功玉带銙只有17件，少于明朝玉带标准形制规定的数量。本文通过解析郑成功玉带及明玉带标准形制，来考证和还原完整的郑成功玉带。

潘健.从反清"乱臣"到海外"孤忠"——清代郑成功形象的政治形塑[J].宝鸡文理学院学报（社会科学版），2014（4）：38—41，47.

关键词：清廷；郑成功；"乱臣"；"孤忠"

机构：福建社科院历史研究所

摘要：清代官方对郑成功形象的形塑，经历了从清初的高举反清复明旗帜的"海贼""乱臣"到 1875 年统治者口中的海外"孤忠"的转变，并获得官方民间共同祀奉的待遇。这种转变的实质是统治者为笼络民心、维护国家主权而采取的"教化"手段。

姚鸣琪．泉州纪念郑成功诞辰 390 周年 ［J］．两岸关系，2014（7）：52.

关键词：文化节；家亲；文化交流；闽南语；海峡两岸；旅游节

摘要：〈正〉6 月 19—21 日，纪念郑成功诞辰 390 周年暨第三届南安·国际郑成功文化节在民族英雄郑成功的故乡——泉州南安市隆重举行。本次活动由泉州市人民政府指导，福建省闽台交流协会、南安市人民政府、南安市政协主办，突出"两岸一家亲、共叙成功情"主题，主要内容包括：郑成功诞辰 390 周年纪念大会暨第三届南安·国际郑成功文化节开幕式……

黄海德．苏廷玉与《重建泉州元妙观记》 ［J］．泉州师范学院学报，2014（1）：8—14.

关键词：苏廷玉；泉州；元妙观；闽南；宗教文化

机构：华侨大学宗教文化研究所

摘要：苏廷玉为清代闽南重要历史人物，嘉庆进士，道光重臣，曾按察山东，总督川西，"扬历中外垂三十年"，为清代封疆大吏；然不知何故，自清末民初以来，所有官修正史与学林史籍均无苏氏传记，唯清光绪之《马巷集》与民国时期之《福建通志》《同安县志》《厦门市志》有零星记述，然皆散佚不全。笔者据苏廷玉晚年亲撰之《鳌石自譔圹志》与《鳌石府君自记年谱》对其生平予以考述，并对其所撰《重建泉州元妙观碑记》有关闽南道教历史、道观修建过程与神灵信仰等方面内容予以钩稽梳理，以期对闽南人文之传承与道教历史之了解有所裨益。

李祖基．《清威略将军吴英事略》研究——版本、内容与问题 ［J］．台湾研究集刊，2014（6）：62—70.

关键词：吴英；《清威略将军吴英事略》；版本；内容；史料价值

机构：两岸关系和平发展协同创新中心；厦门大学台湾研究中心

摘要：《清威略将军吴英事略》是吴英继《行间纪遇》之后撰写的另一部自传体著作，为线装抄本，现藏厦门市图书馆。经将《清威略将军吴英事略》与《行间纪遇》比对之后，发现两者之间既有一定的源流关系，也有明显差异。尽管《清威略将军吴英事略》一书存在着若干神灵怪异的描述和文章排序错乱等问题，但其保存了一些

《行间纪遇》所没有的资料，对于了解、研究吴英的身世、成长过程以及探寻与吴英的相关史迹有一定参考价值。

梁少金，唐宏杰．康熙帝谕葬靖海侯施琅将军祭文再现福建 [J]．黑龙江史志，2014 (13)：351.

关键词：施琅；祭文；实物资料；福建

机构：福建省泉州市文物保护管理所；福建省泉州市文物保护研究中心

摘要：施琅作为清初著名将领，在收复台湾的过程中起到了关键的作用，康熙皇帝称赞施琅"才略夙优"。笔者有幸在福建见到了康熙皇帝下旨谕祭施琅的祭文的纸质文本，了解到谕祭的具体内容，填补了过去史料方面的缺失，这篇祭文作为珍贵的实物资料，在研究施琅本人和清初政治社会状况方面有着极为重要的意义。

唐宏杰．康熙帝谕葬靖海侯施琅将军祭文 [J]．东方收藏，2014 (6)：113—114.

关键词：施琅；康熙朝

摘要：〈正〉在明清两代一些地位特别崇高、功勋卓著的大臣去世后，皇帝会降谕旨祭葬以示恩宠，对当时人来说这无疑是一种极高的荣耀和待遇。清初福建水师提督、靖海侯施琅由于统一台湾，将其正式纳入清朝版图而成为少数受此殊荣的人。今天在泉州惠安黄塘镇施琅将军陵园里有一座上面刻有"奉旨祭葬"四个大字的牌坊，即为当时人们专门建立牌坊来隆重纪念这件大事的。那么，当时祭葬有哪些具体内容呢？现在的人们早已无从而知了。不过，一个偶然的机会，笔者从厦门一个爱好文史的朋友处竟见到一份……

刘昭斌．吴鲁《正气研斋汇稿》里的爱国情怀 [J]．东方收藏，2014 (6)：119—121.

关键词：吴鲁；研斋；兵学；教育宗旨；王文成；哀诗

摘要：〈正〉据《清资政大夫吴鲁墓志铭》载，清末状元、晋江人吴鲁（1845—1912）平生著作颇多，有《蒙学初编》《兵学、经学、史学讲义》《教育宗旨集著》各两卷；《国恤恭纪》一卷；文四卷；《读王文成经济集书后》六卷等。吴鲁逝世后，其四子吴钟善收集遗稿，刊印两部著作，一部是《正气研斋汇稿》，另一部是《百哀诗》。由于刊印数量有限，历经时代变迁，这两部著作在社会上已经罕见……

二 闽南近现代人物

(一) 叶飞

陈广相．"排炮不动，必是十纵"——华野十纵阻击风采系列之恶战睢杞 [J]．

党史纵览，2013（4）：4—9.

关键词：突击集团；华野；熊笑三；睢县；叶飞；一营；连指导员

摘要：〈正〉开封战役刚刚结束，睢杞战役又打响了。华野首长根据敌情，定下了阻击一路强敌、围歼一路弱敌的战役决心：以叶飞指挥由第一、四、六纵队及特纵组成的突击集团，隐蔽集结于睢县、杞县、太康之间和民权地区，实行南北夹击，围歼区寿年兵团；令从上蔡地区北上归建的第十纵队……

刘西水．叶飞上将的"三立"［J］．福建党史月刊，2013（7）：19—21.

关键词：叶飞；共产主义事业；炮击金门；一级解放勋章；宿北战役

机构：中共泉州市委党史研究室

摘要：〈正〉"太上有立德，其次有立功，其次有立言。虽久不废，此之谓三不朽"，是出自《左传》的"三不朽"标准。全国人大常委会原副委员长、中国人民解放军上将叶飞的一生是革命的一生，战斗的一生，全心全意为人民服务的一生，追求真理和献身共产主义事业的一生。他为革命、为建设、为人民的立德、立功、立言就是其一生璀璨的亮点……

蒋雷，周勤，吴晓康，李晓燕．魂兮归来——29军后人赴金门祭奠先烈记［J］．档案春秋，2013（5）：15—19.

关键词：胡琏；叶飞；国民党军；海峡两岸；祖国统一；华中野战军；十三年；新四军一师

摘要：〈正〉2012年4月，叶飞将军的女儿叶之桦访台，她到台北的第一件事，是拜访国民党胡琏将军的女儿胡之洁。叶飞和胡琏，这对从金门战役到金门炮战始终生死对垒的两岸军事指挥官，生前恐怕想象不出他们的女儿握手言欢的一幕，更想象不到她们会谈的主题竟是发生在六十三年前的金门战役……

刘西水．叶飞的人民情怀［J］．福建党史月刊，2013（4）：8—9.

关键词：叶飞；人民力量；巡视工作；福州市委；革命生涯；游击战争

机构：泉州市委党史研究室

摘要：〈正〉叶飞在70年的革命生涯中长期担任国家、军队和地方的重要领导职务，是我军著名的高级将领，在政治、经济、军事等方面都有突出的建树。成就这多方面建树的底气、勇气和灵气的因素不是别的，正是来自他终身不变的人民情怀、坚信人民的力量。1932年下半年，叶飞奉命以中共福州市委特派员名义到闽东巡视工作后，历任中共闽东特委书记、闽东抗日军政委员会主席、闽东独立师政委等要职……

唐颐．共和国海军的前身［J］．福建党史月刊，2013（4）：47—48.

关键词：人民海军；叶飞；柯成；任海军；红军洞；革命形势；共产党组织；曾志；安业民；国民党军队

机构：中共宁德市委

摘要：〈正〉浩瀚东海是中华人民共和国人民海军的摇篮，而碧波万顷的闽东海域曾经孕育了共和国人民海军的前身。这后一句话是曾任海军司令员的叶飞上将所言。叶飞应该是人民海军最早的指挥员，土地革命战争时期，他是闽东苏区的领导人之一……

吴殿卿．上将叶飞的交通部长生涯［J］．党史博览，2013（3）：24—29.

关键词：叶飞；福州军区；省委第一书记；彭德清；共和国历史

摘要：〈正〉"文革"进入1975年，被打倒、拘禁、脱离工作达八年之久的开国上将叶飞（"文革"开始前任福建省委第一书记、福州军区第一政委等职），在四届全国人大一次会议上被任命为交通部长。面对扑朔迷离的复杂政治局面，他以超人的胆识和政治智慧在共和国历史上写下了绚丽多彩的一页。从解放干部入手，打开工作局面。叶飞是1975年1月底到交通部报到上任的。是时，交通部机关形势十分尴尬：一方面有大量工作无人干，另一方面多名部、局的领导干部被不明不白地隔离，"靠边站"……

吴殿卿．叶飞与"蛇口模式"［J］．党史博览，2013（2）：16—21.

关键词：叶飞；蛇口工业区；开国上将；刘田夫；香港招商局；中国改革；经济开放

摘要：〈正〉30多年前广东蛇口工业区的崛起，打破了新中国改革开放的坚冰，为继之而起的沿海经济特区，乃至全国新时期的经济建设树立了样板和旗帜。"蛇口模式"作为新中国改革开放的标志载入史册。时任交通部部长的开国上将叶飞，是这一历史工程的奠基者。当年，他是怎样灵感突至、冒着莫大的政治风险做出这一决策的？在改革开放硕果累累，经济开放已由沿海而内陆、由东部而西部的今天，回忆这段历史是颇有教益的……

张扬．马兴元与"太平之风"［J］．福建党史月刊，2013（7）：22—23.

关键词：万宝山；诏安；山区经济；耕山；叶飞；地委书记；群众实践；走马塘；整风精神

机构：漳州市农委

摘要：〈正〉（一）"太平之风"起于诏安。50年代末，诏安太平公社提出"靠山、养山、吃山"口号，发动和组织社员开发万宝山，一年实现"四个万"（万亩果、万亩竹、万亩林、万亩油茶），开发山地6.38万亩。中共诏安县委总结了太平公社的经验，在全县开展"学太平、赶太平、超太平"的竞赛活动，并把他们的经验向龙溪地委、福建省委报告，引起了地委、省委的重视……

钟兆云．福建补反"地方主义"始末［J］．党史博览，2013（4）：21—27．

关键词：黄国璋；晋江地区；林汝楠；江一真；伍洪祥；魏金水；叶飞；福建省委常委；反右派

摘要：〈正〉毛泽东不信福建没有"地方主义"。全国反"地方主义"斗争，最早从广东开始。解放前长期战斗在闽西粤东的华南分局第三书记方方，于1952年最先被戴上这顶黑帽子，其罪状是：拒绝北方土改先进经验，排斥外来干部；包庇、保护和自己有关系的坏分子，用宗派手法去团结人；向上闹独立性……

陈丹淮．叶飞与闽东六变（下）［J］．档案春秋，2014（6）：13—16．

关键词：叶飞；中央红军；国民党军；抗日救国；苏维埃政府

摘要：〈正〉1934年10月中央红军开始了艰苦卓绝的长征，中央苏区在敌人的进攻下逐步沦陷。蒋介石除了追堵中央红军，同时对各地红色根据地展开全面的"围剿"。在闽东方面调集了八个正规师，加上地方部队、各乡民团有十万之众。而闽东如何应付即将来临的狂风暴雨，叶飞又一次显示出了与其年龄不相符的老成。因为临时特委书记苏达去上海不返，1935年元月叶飞又以特派员的身份主持召开了特委紧急会议，讨论如何应付国民党的重兵"围剿"……

本刊编辑部．纪念叶飞上将诞辰100周年［J］．党史文苑，2014（9）：58．

关键词：叶飞；革命道路；中国共产党党员

摘要：〈正〉叶飞同志（1914—1999）是中国共产党的优秀党员，久经考验的忠诚的共产主义战士，无产阶级革命家，军事家。叶飞同志祖籍福建省南安，生于菲律宾吕宋岛奎松省。1928年5月，他在厦门加入中国共产主义青年团，走上革命道路。1932年3月，转为中国共产党党员。历任共青团福建省委宣传部部长、代理团省委书记、闽东独立师政委、中共闽东特委书记、闽东抗日军政委……

胡兆才．雅号彰显叶飞将军的传奇人生［J］．共产党员（河北），2014（4）：14—15．

关键词：叶飞；福建南安；传奇人生；时事政治；菲律宾人

摘要：〈正〉凡是名人都有诸多雅号，叶飞将军也不例外。他的诸多雅号，有的是老百姓起的，有的是上级首长或战友、战士们起的。这些雅号，彰显了叶飞将军人生的传奇色彩。雅号之一："华侨将军"，叶飞的父亲叶孙卫是福建南安人，母亲是菲律宾人，她有文化，而且会讲一口流利的汉语和英语。1914年5月，叶飞诞生在菲律宾奎松省。叶飞两岁时，母亲便开始对他进行英语教学。那时候，菲律宾各报经常刊登有关中国的一些时事政治方面的消息，母亲便将中国发生的事情讲给叶飞听，小小年纪的叶飞此时就有了"我是中国人"的潜意识……

黄南康．拳拳报国心　悠悠思乡情——在福建省纪念叶飞同志诞辰 100 周年座谈会上的发言 ［J］．福建党史月刊，2014（9）：11.

关键词：叶飞；开国上将；家乡人民；不朽功勋；金淘

机构：中共南安市委

摘要：〈正〉今天，我们怀着无比崇敬的心情，参加纪念叶飞同志诞辰 100 周年座谈会，缅怀他的光辉业绩和不朽功勋，追思他的高尚品格和崇高风范。在此，作者谨代表 150 万家乡人民，向叶飞同志表示深切的怀念和由衷的敬意！叶飞同志是八闽骄子、开国上将……

兰锋，胡斌．纪念叶飞同志诞辰 100 周年座谈会召开 ［J］．人民政坛，2014（6）：16—17.

关键词：叶飞；陈明义；福建南安

摘要：〈正〉5 月 13 日，纪念叶飞同志诞辰 100 周年座谈会在福州召开。省委书记尤权出席座谈会并讲话，省长苏树林主持座谈会，并在会前会见了叶飞同志亲属。全国人大、政协专委会领导黄小晶、梁绮萍，全国人大华侨委员会原副主任委员林丽韫，老同志陈明义、袁启彤、游德馨出席座谈会。叶飞同志祖籍福建南安，1914 年出生于菲律宾一个华侨家庭，1928 年加入中国共产主义青年团……

铭心．叶飞副委员长与侨务工作 ［J］．中国人大，2014（4）：47—49.

关键词：侨务工作；叶飞；七届全国人大；国务院侨办

摘要：〈正〉自 1983 年 6 月，第六届全国人民代表大会第一次会议决定设立全国人大华侨委员会起，叶飞作为第六届、第七届全国人大常委会副委员长兼任了全国人大华侨委员会第一任和第二任主任委员。从此，这位当年威名远扬的新四军将军在侨务工作的岗位上整整十年，繁忙而富有成效。在这之前，叶飞虽然没有专门从事过侨务工作……

逄立左．功业垂青史　风范驻人间——在福建省纪念叶飞同志诞辰 100 周年座谈会上的发言 ［J］．福建党史月刊，2014（9）：7—9.

关键词：叶飞；福建南安；开国上将

机构：中共福建省委党史研究室

摘要：〈正〉2014 年 5 月 7 日，是无产阶级革命家、军事家叶飞同志诞辰 100 周年纪念日。叶飞同志祖籍福建南安，出生于菲律宾华侨家庭，成长和奋斗于八闽大地，倾力和奉献于祖国革命、建设和改革事业。今天，我们怀着十分崇敬的心情参加纪念叶飞同志诞辰 100 周年座谈会，深切缅怀叶飞同志的光辉业绩……

裴毅然．闽浙游击区的粟裕与叶飞 ［J］．同舟共进，2014（9）：48—51.

关键词：叶飞；福建省委书记；红军游击队

机构：上海财经大学

摘要：〈正〉解放军总参谋长粟裕大将（1907—1984），中共福建省委书记叶飞上将（1914—1999），声名赫赫，谁料两位大功臣差点死于 1936 年闽浙游击区的内部斗争。1934 年 7—8 月，中革军委派遣寻淮洲、粟裕的红七军为北上抗日先遣队，前往浙赣边界，与方志敏、刘畴西的红十军会合。不久，"北上抗日先遣队"在开化、婺源、德兴遭到极大损失，方志敏、王如痴、刘畴西等被捕……

童志强．叶飞：抗战夹缝里的新四军骁将 ［J］．同舟共进，2014（10）：48—52.

关键词：叶飞；对日作战；罗炳辉；半塔集保卫战；廖政国

摘要：〈正〉新四军在抗日战争年代培养出了一大批敢于战斗、勇于担当的军队优秀指挥员，叶飞就是其中有代表性的一员。2014 年是抗战胜利 69 周年，也是抗日名将叶飞诞辰 100 周年。回顾叶飞率部东进北上驰骋大江南北的战斗历程，无不贯穿着中共中央关于新四军发展方针的战略意图，集中体现了叶飞坚强的党性和非凡的胆识。抗战全面爆发后，国共两党实现第二次合作，中共在南方 8 省 14 个地区坚持 3 年游击战争……

童志强．叶飞：新四军战略发展方针的忠实践行者 ［J］．党史纵览，2014（5）：27—31.

关键词：叶飞；抗日战争时期；乔信明；游击战争；战斗历程；红军游击队；廖政国

摘要：〈正〉抗日战争时期，在新四军建军历史的几个关键阶段，中共中央和毛泽东对新四军的战略发展方针发出一系列指示，不仅对新四军的发展和建设起到了重要的指导作用，而且也是引导新四军不断发展壮大、走向胜利的重要保障。2014 年 5 月 7 日是新四军抗日名将叶飞 100 周年诞辰……

王昌太．难忘在海军工作期间的叶飞将军 ［J］．福建党史月刊，2014（15）：18—19.

关键词：叶飞；南海舰队；参谋人员；值班参谋；玉门油田；海洋石油勘探

摘要：〈正〉2014 年 5 月 7 日是无产阶级革命家、军事家，第六届、第七届全国人民代表大会常务委员会副委员长，海军原第一政委、司令员叶飞将军诞辰 100 周年纪念日。作为一名当年曾在将军身边工作过的参谋人员，每当忆及在海军工作的那段难忘日子，对将军的深切怀念和崇敬之情便油然而生。作者 1968 年底参军到了海军南海舰队，1974 年秋由基层艇队调入海军司令部机关……

王刚．善于治军的开国上将叶飞 ［J］．党史博采（纪实），2014（6）：31—33.

关键词：叶飞；开国上将；抗日战争时期；福建南安；赫赫战功；古田会议决议；解放战争时期

摘要：〈正〉叶飞，1914 年生，福建南安人。1928 年加入中国共产主义青年团，1932 年转入中国共产党。土地革命战争时期，任共青团福建省委宣传部部长、代书记，共青团福州中州市委书记，中共闽东特委书记，闽东军政委员会主席兼红军闽东独立师师长、政治委员；抗日战争时期，任新四军第 3 支队 6 团团长，江南抗日救国军副指挥，新四军苏北指挥部第 1 纵队司令员兼政治委员，新四军第 1 师 1 旅旅长兼政治委员……

王剑．叶飞将军与天津港 ［J］．工会信息，2014（35）：45—46.

关键词：叶飞；国家交通部；开国上将；港务管理

机构：天津港欧亚国际集装箱码头有限公司

摘要：〈正〉叶飞将军在 1975 年 1 月至 1979 年 2 月担任交通部部长期间，对天津港的现代化规划建设尤为关注，为天津港的发展奠定了坚实的基础。1976 年 7 月 28 日凌晨，唐山发生强烈地震，波及天津港，使正在建设的天津港集装箱码头受到了影响。叶飞将军立即责成陶琦副部长率交通部水运局、港监局、基建局、办公厅、科技局及公安局等部门人员，于当天下午赶赴天津港指导港口抗震救灾并对天津港职工进行慰问……

袁瑞良．再忆叶飞将军 ［J］．秘书工作，2014（6）：66—69.

关键词：叶飞；廉政勤政；警卫人员

摘要：〈正〉今年是叶飞将军诞辰 100 周年。作为秘书，笔者曾陪伴将军安度晚年。最后十年，是将军辉煌人生的尾声，也是将军戎马一生中相对宁静的时日。没有疾风暴雨，亦少惊涛骇浪，平平淡淡，与大众无异。然而，如他那样饱经战火洗礼与人世沧桑的将军，即使在平静的尾声中，亦有高扬的音符……

《福建日报》．福建省纪念叶飞同志诞辰 100 周年座谈会在福州召开 ［J］．福建党史月刊，2014（9）：2.

关键词：叶飞；林丽韫；福建省委书记；福建南安

机构：《福建日报》；福建省委党史研究室宣编处

摘要：〈正〉2014 年 5 月 13 日，福建省纪念叶飞同志诞辰 100 周年座谈会在福州召开。福建省委书记尤权出席座谈会并讲话，省长苏树林主持座谈会，并在会前会见了叶飞同志亲属。全国人大、政协专委会领导黄小晶、梁绮萍，全国人大华侨委员会原副主任委员林丽韫，老同志陈明义、袁启彤、游德馨出席座谈会。叶飞同志祖籍福建南安，1914 年出生于菲律宾……

叶飞忆闽东独立师成立［J］**. 福建党史月刊，2014（9）：48.**

关键词：叶飞；集中兵力；国民党反动派；抗日先遣队

摘要：〈正〉福建事变失败后，国民党反动派腾出手来，以第 84 师、新 10 师和福建省保安队，从福州压向闽东苏区，进攻霞浦、陈墩、洋中、青皎等根据地，围攻活动于宁德、宫岭、龟山的地方游击队。但当时蒋介石正集中兵力对中央苏区进行第五次"围剿"，对闽东苏区的压力还不算大。闽东独立第 2 团配合当地武装……

（二）林语堂

张文涛. 浅析闽南人身份在林语堂思想中的作用［J］**. 闽台文化研究，2013（4）：108—112.**

关键词：林语堂；闽南人；地域文化

机构：闽南师范大学文学院

摘要：林语堂深受基督教的影响，他平生以作为一个基督徒为荣，可是科学思维和实用理性使他不能深入地掌握基督教的精神，加上对传统形而上学的拒斥，导致对以科学、哲学和宗教三位一体的西方文化的理解在整体上的偏移，原因可能是他带着先入为主的中国式的非体系化的思维方式去解读这一异域文化的结果。可追寻他对中国传统主流思想文化的学习过程，他以道释儒，又把道仅归入闲适和幽默，这样，实际上他也没完全认同这两家的思想。进一步追溯问题的根源，原因可能就出在林语堂早年生活的闽南这块土地上。闽南地处边缘，可自古以来一直有一种颠覆中心的文化心态，在无力另立中心的前提下，只能通过想象或不断否定话语权力中心的方式来确立自身的思想状态，林语堂可能就是这一类文化人。

陈艳玲. 享受人生——论林语堂《生活的艺术》的人生哲学［J］**. 名作欣赏，2013（2）：123—125.**

关键词：林语堂；《生活的艺术》；享受

机构：肇庆学院文学院

摘要：林语堂在《生活的艺术》中表达了"享受人生"的人生哲学，把人生当作美的艺术来欣赏，享受家庭、享受自然、享受生活、享受旅游、享受文化等。这种人生态度是生物性的人性主义思想的体现，同时享受并非随心所欲，近情理的人生目标包含了简朴与宽恕豁达的人生态度。

刘秀珍，陈超劲．略论林语堂人生哲学观及现实意义［J］．蚌埠学院学报，2013（1）：37—40.

关键词：林语堂；欢乐哲学；半半哲学

机构：安徽电子信息职业技术学院经济管理系

摘要：以珍视和享受人生为核心的林语堂人生哲学观，既有其悲剧性的一面，更有其达观与积极进取的一面。本文试对其融于生活的"欢乐哲学"观和源于中庸的"半半哲学"人生观进行客观的梳理，以期对其人生观有较为全面、准确的把握，并探求其人生哲学观对当今社会发展的特殊价值和现实意义。

李斌．林语堂佚失的演说文章《从现代欧美思想上来谈谈佛教》［J］．海南师范大学学报（社会科学版），2013（2）：38—44.

关键词：林语堂；从现代欧美思想上来谈谈佛教；佚文；汉藏教理院；演说；佛教

机构：东华理工大学江西戏剧资源研究中心

摘要：1940年林语堂有一次短暂的回国行程，并在汉藏教理院做了一次极为重要的演说——《从现代欧美思想上来谈谈佛教》。林语堂的演说由白慧记录，发表于《海潮音》第21卷第10期以及《觉音》第18期。然而，这篇文章并未被学术界所发现，有关林语堂的各种文集、全集、传记、研究著作等都未收录或提及。《从现代欧美思想上来谈谈佛教》一文，对于林语堂宗教思想，特别是佛教思想的研究具有极为重要的参考价值，对于林语堂年谱、全集的修订等，具有非常重要的作用。

邢继萍．谈林语堂本真美学思想所体现的文化内涵［J］．开封教育学院学报，2013（2）：109—112.

关键词：林语堂；本真；美学；文化

机构：开封文化艺术职业学院外语系

摘要：一代大家林语堂不仅是一位文学大师，更是一位美学文化大师。林语堂用其独特的视角，形成了自己本真的美学思想。其本真美学思想的核心内容是以热爱生命、幽默人生、中庸豁达、艺术游戏为主的本真美学，这种本真美学思想背后有着深厚的东西方文化渊源。

雷文学．生存哲学：老庄哲学的现代转化——论林语堂对老庄哲学的接受［J］．商丘师范学院学报，2013（2）：6—10.

关键词：林语堂；道家；生存哲学

机构：福建师范大学文学院；东南大学艺术学院

摘要：20 世纪三四十年代，林语堂向西方大力宣传道家文化，但这种宣传并非以阐发老庄哲学要义、宣传民族文化为最终目的，而是利用道家哲学中的某些因素，意图解决现代西方世界的生存困境。林语堂笔下的老庄思想是一种"生存哲学"，他将老庄哲学与现代世界面临的困境联系起来，使老庄哲学这种古老的思想在现代背景下放射出迷人的光彩。

雷文学．生存哲学：论林语堂对道家哲学的现代转化 ［J］．河海大学学报（哲学社会科学版），2013（2）：35—38，91.

关键词：林语堂；道家；生存哲学

机构：福建师范大学文学院

摘要：林语堂向西方宣传道家文化并非以阐发老庄哲学的要义、宣传民族文化为最终目的，而是利用道家哲学中的某些因素，意图解决现代西方世界的生存困境，生存而不是学理是林语堂关注的中心，林语堂笔下的老庄思想是一种幽默、平和、和谐的"生存哲学"。林语堂尝试用老庄哲学解决现代世界由发展竞争及战争所带来的种种生存困境，使老庄哲学在现代背景下放出迷人的光彩。

李艳．林语堂对个人主义话语的本土建构 ［J］．北方论丛，2013（4）：54—57.

关键词：林语堂；个人主义；本土化

机构：天津大学国际教育学院

摘要：林语堂将个人主义思想与中国道家文化和明清反理学思潮会通融合，使之本土化。本文将分析其在本土化过程中的具体表现形态以及与救亡话语的关系，为了解现代知识分子在东西文化体系冲撞中的心路历程和文化选择提供参照。

张惠平．从《京华烟云》解读林语堂宗教文化思想 ［J］．文学教育（上），2013（11）：78—79.

关键词：《京华烟云》；林语堂；宗教文化思想

机构：鹤壁职业技术学院人文教育学院

摘要：林语堂先生的长篇小说《京华烟云》是一部享誉海内外的文化小说。小说内容博大精深，感情真切自然，品格优雅含蓄。在哲学精神方面，《京华烟云》以庄周哲学统领全书，其中也穿插着中庸之道的儒学与万物平等的佛学，主要表达的是"一切人生浮华皆如烟云"的道学思想，强调了人的永生是种族的延绵，新陈代谢是世间万物永恒的真谛。

陈绪石．"徐訏评说林语堂"的独特价值 ［J］．宁波大学学报（人文科学版），

2013（6）：28—32.

关键词：林语堂；徐訏；评说；独特价值

机构：宁波大学科学技术学院

摘要：徐訏详尽解读了林语堂的矛盾个性，剖析林矛盾的文化内涵，并以个性上的矛盾为视角看林语堂的为人处世。徐訏认为林语堂是一个主观的人，并以此为切入点分析林的文学创作偏重于表现主观；他看好林的散文不欣赏林的小说，并对此做了深入的探讨。徐訏对林语堂在中国现代文学史与中外文化交流上的作用有着独到认识与极高评价。徐评在林语堂研究方面有独特价值。

李平，胡兰．成功之路不可复制：再论双语作家张爱玲与林语堂［J］．语文学刊（外语教育教学），2013（11）：72—73.

关键词：林语堂；张爱玲；双语创作；比较研究

机构：南京信息工程大学语言文化学院；武穴中学

摘要：林语堂与张爱玲是中国现代文学史上比较另类的双语作家。余斌教授的《张爱玲与林语堂》曾对两者做过比较，本文有意进一步探讨此话题，详细比较两者的异同。论文指出，每个人都有自己的生存法则，他人的成功之路不可复制。本研究有助于加深文学界和翻译界对林语堂和张爱玲的认识。

王少娣．林语堂的双重文化取向探析——自我东方主义与东方文化情结的二元并立［J］．中华文化论坛，2013（10）：66—72，191.

关键词：林语堂；文化取向；自我东方主义；东方文化情结

机构：上海外国语大学新闻学院

摘要：林语堂植根于东方，对传统的中国语言文学与历史文化有深刻的理解；同时，他自小开始接触西方宗教与语言文化，成年后更有三十余年在西方国家生活的经历。这种文化背景造就了林氏双重的文化身份与复杂的文化观：一方面，他为满足西方对东方文化的期待而对其本族文化做了相应的修饰甚至曲解；另一方面，他又始终无法割舍对东方的深厚情感。因此，自我东方主义与东方文化情结的二元并立构成了林语堂文化观的重要特征。深入研究其根源与表现形式有助于更客观、更全面地研究林语堂。

彭春凌．林语堂与现代中国的语文运动［J］．中山大学学报（社会科学版），2013（2）：37—58.

关键词：林语堂；语文运动；周作人；方言调查；国语罗马字

机构：中国社会科学院近代史研究所

摘要：20世纪20年代，西方语言学科班出身的林语堂，语言学家身份逐渐退隐，几乎彻底转入文学领域，成为世所熟悉的小品文作家。林氏在两个身份之间徘徊、转移，全面参与了包括白话文运动、汉语拼音运动、国语统一运动在内的现代中国的语文运动。林语堂倡导汉字与罗马字通约并行，并将追求"一等文学"作为文学革命的主要目标，而非偏执于白话与文言之争。他与传统小学大师章太炎弟子周作人在文字、文学观念上的投契，为审视现代中国的语文运动提供了一个全新视角，即具世界主义色彩的西洋语文观念如何与从民族主义出发的中国语文思想之现代创构合流。林语堂作为北大研究所国学门方言调查会主席主持《歌谣》的方言调查，并参加"数人会"，拟定"国语罗马字"，贡献卓荦。但中国当时建设现代语言学的专业环境缺失，语言学家内部就"革命"与否又分歧不断，这都冷却了林氏的语言学热情，而激发他与《语丝》文学团体趋近，促成了他的转型。

李巧芳. 论林语堂生活观在其作品及译著中的体现 [J]. 科教导刊（中旬刊），2013（3）：167—168.

关键词：林语堂；价值导向；《京华烟云》；《浮生六记》

机构：中山大学南方学院

摘要：译者的生活经历与生活哲学决定了其对源语文本的取舍和对于翻译策略的选择。林语堂，作为一个优秀的译者，同时也是一个出色的作家，在他用英文创作的小说《京华烟云》和他翻译的沈复的《浮生六记》中，都完美地体现了他的价值导向。

丛坤赤. 论林语堂美学观念中的"近情"精神 [J]. 齐鲁师范学院学报，2013（1）：111—114.

关键词：林语堂；美学；近情

机构：齐鲁师范学院文学院

摘要：林语堂以对人的关爱为核心，以"近情"为原则，立足于人的现实生活来解决社会、人生中的各种问题；同时他还提倡直觉、感性的思维方式，坚决捍卫人文学科的应有权利。其美学观念体现出浓厚的"近情"意识和鲜明的人本主义特色。

郑玮. 论林语堂译创过程的读者意识 [J]. 大学英语（学术版），2013（1）：194—197.

关键词：林语堂；译创过程；读者意识

机构：杭州电子科技大学外国语学院

摘要：林语堂学贯中西、译著等身。通过分析林语堂本人对读者观的相关阐述，同时结合其文化观、语言语体观以及宗教哲学观等，从译创作品的选材、译创过程中对读者的关照以及译创作品取得的域外效果，说明林语堂具有强烈的读者意识，并指出林语堂所力求达到的作品可读性和传播中国文化的目的性之间的平衡与和谐对中国典籍翻译具有启示性作用。

杨宁，程簪．论林语堂的人生智慧［J］．赣南师范学院学报，2013（1）：51—54.

关键词：林语堂；人生智慧；率性原则；简单原则；逃避原则

机构：赣南师范学院文学院

摘要：林语堂人生智慧集中表现为以一颗赤子之心优游岁月，主要通过他奉行的率性原则、快乐原则、简单原则和逃避原则得以充分地体现，使他成为中国现代文学史上的一个特殊存在。

余娜．论现代化转型中的国民性观念：以林语堂为个案［J］．福建论坛（人文社会科学版），2013（5）：121—125.

关键词：现代化；国民性；林语堂

机构：集美大学文学院

摘要：从近代到20世纪30年代，伴随着中国寻求现代化道路的历程，国民性问题的探讨持续不断。随着西方现代文明价值体系下的国民性观念的逐步深化，诸多"五四"知识分子将国民性改造的目标指向了国家民族的现代化。而"五四"的激进时期之后，林语堂反思过于倾斜的中西文化关系，在20世纪30年代对国民性问题的看法发生变化。林语堂将国民性问题的领域由政治转向文化，将关注的对象由群体转向个体，参照的体系标准由西方转向了中国。林语堂所代表的一批知识分子国民性观念的转变，显示出传统中国在现代化过程中逐步认识自身，主体意识逐步觉醒，在构想现代国家中开始塑造中国的文化理想。

武敏．林语堂的"不逢时"与"逢时"——兼论林氏中西融合的文化观［J］．绵阳师范学院学报，2013（4）：97—99，103.

关键词：林语堂；幽默；闲适哲学；文化观

机构：广东商学院公共外语教学部

摘要：在20世纪30年代的中国，林语堂大力提倡"幽默"与"小品"，希望以西方文学之长补中国文学之短，却陷入"左右夹击"的困难境地，可谓"生不逢时"。然而，对于当时的美国和西方来说，林的英文水平、文化功底、幽默笔调和东方式的"闲适"哲学却又"适逢其时"，英文作品在西方广受欢迎，影响颇大。这段历史对今天的文化建设启发良多。

万平近．林语堂与汉字简化［J］．中国现代文学研究丛刊，2013（9）：95—98.

关键词：林语堂；陈光尧；汉字简化

摘要：林语堂早年间就关注语言文字学和汉字简化问题，他是从语言文字学起步走进文学及广阔的学术领域的。在30年代主办《论语》期间，林语堂推荐陈光尧的汉字简化论著，提倡俗字，反对别字，推广简化字的工作始终未曾终止，直至晚年。林语堂先生推动汉字简化的功绩是理应记载的。

梁世和．林语堂与吴经熊信仰历程之比较 ［J］．中国文化，2013（1）：174—181.

关键词：吴经熊；基督宗教；中国现代史；祖先崇拜；耶稣基督

机构：河北省社科院哲学研究所

摘要：〈正〉林语堂（1895—1976）是中国现代著名文学家、语言学家、学者。吴经熊（1899—1986）是 20 世纪享有世界声誉的中国法学家、人文学者。二人是中国现代史上两个著名的基督徒知识分子，分别著有《从异教徒到基督徒》与《超越东西方》，对自己的信仰历程进行了详细记述和深入剖析。

李灿．跨文化视域下的林语堂"性灵说" ［J］．美与时代（下），2014（5）：56—59.

关键词：林语堂；性灵说；跨文化

机构：南华大学文法学院汉语言文学系

摘要："性灵说"是林语堂文艺美学思想的核心，却曾在中国遭遇主流意识形态的批判，这主要是由当时的政治因素造成的。在跨文化视阈下重新加以审视可知，这一思想虽然受到西方某些文艺理论的激发，但主要建基于对中国本土文论的继承与发展，不但推动了本民族文化在全球化语境中的现代转换与传播，而且还对西方思想界产生了一定的积极影响，并促进了中西文化的融通与创新。

庄伟杰．闽南书写：林语堂精神范式的文化探源 ［J］．华侨大学学报（哲学社会科学版），2014（1）：111—117.

关键词：林语堂；闽南文化；精神范式；文化探源

机构：华侨大学华文学院

摘要：林语堂对中国历史文化的传承和弘扬有着极为深刻的理解。如果说西方文化是穿在其身上的洋装或外衣，是作为一种外在的行为标准，那么，中华文化乃是他内在的生命灵魂，而闽南文化及其乡土情结则是其重要内质。或者说，其文化精神源于中国文化传统，且根植于闽南文化土壤中。因此，从作家笔下的闽南书写和文化记忆的角度切入，考察林语堂精神范式，可见从闽南乡土和特定的地域文化背景走出的林语堂，其中潜在的因素在其生命历程中有着举足轻重的作用。

方元．季羡林和林语堂眼中的聪明与糊涂 ［J］．文学教育（下），2014（1）：10.

关键词：季羡林；林语堂；现代中国

摘要：季羡林和林语堂是现代中国的语言学大师。两人都曾在德国留学，专攻语言学，回国后又都被聘为北京大学的教授。由于有相同的经历、相同的专业，又在同一屋檐下教书，而且都住在北大的"朗润园"，因此两人时常在一起切磋学问。一天清晨，林语堂叼着烟斗，沿着"朗润园"的荷花塘"遛早"，不觉地走到了季羡林家的附近。他知道季羡林有早起的习惯，于是叩门拜访，见到季羡林正在窗前伏案题字……

包兆会．历史文化名人信仰系列之八：林语堂［J］．天风，2014（8）：44—45.

关键词：历史文化名人；福建漳州；林语堂

机构：南京大学文学院

摘要：〈正〉林语堂（1895—1976），中国现代著名作家、学者、翻译家、语言学家。生于福建漳州平和县坂仔镇一个基督教牧师家庭。原名和乐，后改玉堂，又改语堂。1912年入上海圣约翰大学神学院就读，1916年至清华大学任教，1919年至哈佛大学攻读比较文学硕士学位，1922年到德国莱比锡大学攻读博士学位。1932年起，先后在上海创刊《论语》《人间世》《宇宙风》。1936年前往美国，并先后出版《生活的艺术》《孔子的智慧》《京华烟云》《苏东坡传》《老子的智慧》等书……

郭瑾瑾．林语堂英语教育思想探析［J］．兰台世界，2014（19）：129—130.

关键词：林语堂；英语教育；教学思想

机构：中国民航大学

摘要：林语堂是我国著名的翻译家、文学家。在教学过程中，林语堂从调动学生的主体意识出发，通过激发学生对于英语的兴趣，从而达到英语教学目的。林语堂的教学方法及其思想，对于今日高校英语教学改革，仍旧具十分重要的参考价值。

郝金红．林语堂飞石斗警察［J］．文史博览，2014（3）：23.

关键词：林语堂；北京学生；圣约翰大学

摘要：〈正〉国学大师林语堂年轻时兴趣广泛，精力充沛，读书之余喜欢参加各种体育运动。在圣约翰大学读书时，林语堂一度对棒球兴趣浓厚，一有空闲，就拉上夏威夷来的留学生根耐斯一起练球，一练就是几个小时，不久他就成了一个高水平的垒手。不曾想，这项"绝活"在回国后竟派上了用场。1925年年底，"首都革命"（1925年11月北京学生、工人武装推翻段祺瑞政府的一次尝试）爆发，在北京女子师范大学教书的林语堂也和爱国学生、工人一起，加入了示威游行的队伍，并与警察发生了激烈的冲突。林语堂未雨绸缪，早已准备好一袋石子，来对付那些全副武……

贺根民．林语堂的魏晋文化情结［J］．闽南师范大学学报（哲学社会科学版），2014（1）：24—28.

关键词：林语堂；魏晋文化；审美人生；快乐哲学

机构：广西师范学院文学院

摘要：林语堂礼赞陶渊明热爱生活的姿态，关注审美人生的实现途径；他大力提倡并实践幽默，显露快乐人生的丰富文化内蕴；他引田园文化元素入都市，追求风流潇洒的精神享受，建构了贴近人间世俗的精神家园。亦中亦西的林语堂以其勤勉的文化实践，标举社会转型期的人格精神大纛。

管继平．林语堂：半似狂生半腐儒［J］．检察风云，2014（13）：94—95.

关键词：中国文化；西方文化；林语堂

机构：上海书法家协会；上海书法家协会学术委员会；上海作家协会；上海楹联学会；上海九三书画院

摘要：过去曾有人说林语堂最大的本领是，向中国人介绍西方文化，向西方人介绍中国文化。现在看来，有如此优美的文字与专业水准，又是情趣高超的大学者，读到他的书，爱好中国文化的西方读者真有福了……

李灿．林语堂文艺美学思想的现代人文精神［J］．南华大学学报（社会科学版），2014（3）：105—108.

关键词：林语堂；文艺；美学；现代；人文精神

机构：南华大学文法学院

摘要：由于历史和政治的原因，林语堂文艺美学思想曾受到左翼文人的批判，从现代价值观出发，其思想建基于当时中国与西方具体的历史文化语境之中，以"人生"为核心，关注人类的实际生存困惑，饱含批判与创新，充满了现代人文精神。

兰浩．林语堂书法美学思想评析［J］．内江师范学院学报，2014（9）：118—121.

关键词：林语堂；书法美学；气韵；性灵；韵律；自然

机构：宁德师范学院艺术系

摘要：近代作家林语堂书法美学思想从"气韵""性灵""韵律""自然"等角度论及中国书法特征，显示其敏锐的观察力和对中国书法美学的精深把握。林语堂书法美学思想展示出中国书法共时性发展规律。作为近代中国书法美学的初步奠基者，林语堂书法观具备向西方介绍中国书法文化的积极意义。辩证对待林语堂书法观，有助于当代中国书法研究多向层面地展开。

刘昉昉．林语堂笔下中国人的国民性及其思考［J］．长江大学学报（社会科学版），2014（12）：22—24.

关键词：中国人；国民性；退化；面子

机构：福建船政交通职业学院公共教学部

摘要：《中国人》是"脚踏中西文化"的著名学者林语堂先生的作品，也是其在西方文坛的成名作和代表作。林语堂先生出生于福建漳州的一个传教士家庭，从小便接受了良好的传统文化的教育，后又受到了西方高等教育的洗礼。在此书中，他充分发挥自己的优势，以中国文化为出发点，对中西文化做了广泛深入的比较，旨在借此向西方介绍中国文化，以使西方人能比较确切而客观地了解中国与中国人。

罗玉枝，季玲玲，王敏，张旭雪．论林语堂在中西文化交流中的影响［J］．安徽农业大学学报（社会科学版），2014（4）：85—89.

关键词：林语堂；文化交流；幽默闲适；翻译；文化偏见

机构：安徽农业大学外国语学院

摘要：文化交流对文明的发展有重要意义，文学巨匠林语堂不仅对中国现代文学发展有重要影响，对中西文化交流更是有深远的影响。林语堂自幼受到西方式的教育，成年后在中国传统文化方面造诣颇深，他也由此获得对两种文化的深刻理解。一方面，林语堂对中国社会与人民的描述、对幽默闲适之风的推崇、对翻译文学理念的革新，极大促进了中西文化交流。另一方面，其负面影响也不容忽视，其作品中的不实描写使得西方人对中国人产生了根深蒂固的文化偏见。

孟芳芳．"诗意地栖居"——从园林艺术审美看林语堂的和谐观［J］．名作欣赏，2014（30）：138—139.

关键词：林语堂；园艺；和谐；诗意地栖居

机构：闽南师范大学

摘要：林语堂热爱自然，追求人与自然的和平相处、信奉"人诗意地栖居在大地上"。其作品中对园林艺术的描写充分体现了这一点，他本人艺术化的生活很好地实践了其理想。

闵正年．林语堂版权神话的原因分析［J］．淮阴师范学院学报（哲学社会科学版），2014（3）：397—400.

关键词：版权；出版；林语堂；赛珍珠

机构：江苏科学技术出版社

摘要：本文从把握历史机遇、中国传统文化的因素、美国文化的多元性及包容性、林语堂的自身素质四个角度剖析了林语堂的英文教科书、《吾国与吾民》和《生活的艺术》两本英文著作能够畅销并创造版权神话的原因。

闵正年，张志强．赛珍珠怎样在美国推出林语堂［J］．编辑学刊，2014（3）：64—67.

关键词：版权；林语堂；赛珍珠

机构：江苏科学技术出版社；南京大学信息管理学院出版科学系；南京大学出版研究院

摘要：在赛珍珠（Pearl S. Buck）的帮助下，林语堂的著作得以在国外畅销。文章从赛珍珠的特殊地位、赛珍珠的敏锐策划、赛珍珠的运作三个角度来分析林语堂的《吾国与吾民》和《生活的艺术》两本英文著作能够成功畅销并创造版权神话的原因。

孙良好，洪晖妃．林语堂笔下的庄子形象［J］．温州大学学报（社会科学版），2014（1）：67—76.

关键词：林语堂；庄子形象；传统性；现代性；审美趋向

机构：浙江大学人文学院；温州大学人文学院

摘要：林语堂深受道家学说影响，其多种著述都对庄子形象有过塑造和阐释。通过探究林语堂作品中有关庄子的论述，可以分析其笔下庄子形象的传统性和现代性特征，进而把握其建构庄子形象的审美趋向及存在的局限。

乔丽婷．林语堂的人文情怀［J］．开封教育学院学报，2014（12）：11—12.

关键词：林语堂；人生现世；诗意生活；理想王国；人文情怀

机构：晋中职业技术学院

摘要：林语堂毕生致力于促进中西文化交流融合的事业，其作品体现了以把握人生现世、寻找诗意生活、构建理想王国为主要内容的人文情怀。林语堂主张把握人生现世要关注生活、肯定欲求、遵从家庭伦理；寻找诗意生活要直面生命缺憾、回归自我、超然面对生死；构建理想王国要构建中西文化融合图景。

沈金耀．林语堂与故乡福建漳州［J］．福建理论学习，2014（8）：32—33.

关键词：福建漳州；林语堂；文化；精神信念；闽南文化

机构：闽南师范大学文学院

摘要：〈正〉林语堂是从福建漳州走向世界的。他说："一个人一生出发时所需要的，除了健康的身体和灵敏的感觉之外，只是一个快乐的孩童时期——充满家庭的爱和美丽的自然环境便够了。在这条件之下生长起来，没有人是走错的。"（《林语堂自传》）林语堂童年生活是在世外桃源的漳州市郊度过的，那里气候宜人、鲜有自然灾害，并且是盛产瓜果鱼米之乡……

王卓亮，曾天德，黄李静雯．林语堂人格的心理传记学分析［J］．教育评论，2014（6）：153—155.

关键词：林语堂；人格；心理传记学；因素分析法

机构：闽南师范大学教育科学学院；闽南师范大学教育科学学院应用心理系

摘要：本文从心理学的视角，采用人格形容词评定和因素分析等研究方法，初步探讨了林语堂的人格特征，认为林语堂的人格特征主要有自由性灵、幽默乐观、笃学进取、爱国可敬、单纯平和五个方面，并通过心理传记学的方法加以分析，指出其人格的形成是多种因素交互作用的结果。

王敏芳．林语堂先生的中西文化观 ［J］．兰台世界，2014（34）：180—181.

关键词：林语堂；中西；文化观

机构：西京学院人文科学系

摘要：著名的语言学家、翻译家、散文作家林语堂，将中国古典名著翻译到国外，取得了较大成就。在他多年的学术生涯中，对中西文化的比较研究也占有重要地位。本文将探讨环境对林语堂文化观的影响及其具体的中西文化观。

陈振文．开风气之篇与被误引之作——林语堂检字法文献解读 ［J］．电子科技大学学报（社会科学版），2014（3）：73—78.

关键词：林语堂；检字法；索引；文献

机构：福建江夏学院

摘要：林语堂作为中国现代索引的开拓者、先驱，站在新文化运动的高度，对汉字检字法做了多方面、创造性的探索，对当时乃至后来的检字法研究、索引理论研究和编纂实践都产生了积极影响，其意义也绝不仅限于检字法本身。

（三）李叔同（弘一法师）

天津经济课题组．天津近代文化亮点——李叔同故居纪念馆 ［J］．天津经济，2013（7）：71—74.

关键词：李叔同；天津地域文化；艺术的教育

摘要：作为中国近现代艺术教育第一人、才华卓著的教育家。本文介绍了李叔同故居纪念馆，并从李叔同的成长与天津地域文化特征的联系、李叔同的艺术贡献及对丰子恺的影响三个方面进行阐述。弘一法师言传身教的示范、一丝不苟的治学精神等，为时下倡导的"以德治国"和"素质教育"提供了颇多有益的启示。

弘一法师经典语录 ［J］．发展，2013（1）：67.

关键词：弘一法师；经典语录；论人；《华严经》

摘要：〈正〉不让古人是谓有志，不让今人是谓无量。有才而性缓，定属大才。有智而气和，斯为大智。以恕己之心恕人则全交，以责人之心责己则寡过。在事者，当置身利害之外。建言者，当设身利害之中。处逆境，必须用开拓法。处顺境，心要用收敛法。喜闻人过，不若喜闻己过。乐道己善，何如乐道人善？临事须替别人想，论人先将自己想。静坐，常思己过。闲谈，莫论人非。对失意人，莫谈得意事。处得意日，莫忘失意时。不近人情，举足尽是危机。不体物情，一生俱成梦境。不见己短，愚也；见而护，愚之愚也。不见人长，恶也；见而掩，恶之恶也……

钱建华.《一轮明月》的时空叙事手法分析［J］.电影新作，2013（1）：60—62.

关键词：一轮明月；叙事时空；李叔同

机构：天津师范大学

摘要：《一轮明月》是有关一代高僧弘一法师李叔同的传记片，在叙事手法上充分利用电影蒙太奇与音画关系、细节进行叙事。将李叔同从风流才子到得道高僧的传奇人生展示出来，这部人物传记影片虽风格平淡真实流畅，却表现出高超的叙事手法与美学追求。

周安庆.为抗战奔走呼唤的佛学大家［J］.东方收藏，2013（2）：116—117.

关键词：欧阳竟无；杨文会；弘一法师；支那内学院；侵华战争；日本帝国主义

摘要：〈正〉70多年前日本帝国主义发动的那场侵华战争，给中国人民带来了极大的灾难与痛苦。当时，佛门高僧弘一法师（俗名李叔同）在国难民愤之余，毅然提出了"念佛不忘救国，救国不忘念佛"的进步思想，曾经在社会上产生了较大影响。而近代"金陵刻经处"创始人、佛学大师杨文会（字仁山，号深柳堂主人）的弟子欧阳竟无居士（1871—1943），不仅将先师弘扬佛学的事业推向了一个新的高峰，同样也在抗战时期提出了反对投降和抗日到底等正义主张，颇受各界人士的赞许……

夏爱华.做好今天的事即可［J］.成才与就业，2013（22）：21.

关键词：弘一法师；艺术成就；启蒙者；李叔同；连明

摘要：〈正〉作为中国新文化运动的早期启蒙者，李叔同一生从事各类艺术活动，涉猎文学、音乐、美术、戏剧、金石、书法等各个领域，并取得了辉煌的艺术成就。当他阅尽人间繁华和沧桑后，便义无反顾地遁入空门，法号弘一。因为他对人生有着较为透彻的领悟，所以时常有人来请他解惑。一次，一位远道而来的商人专程来找弘一法师，请求法师为自己除惑解疑，指点方向。他向法师诉苦，说是因为生意失败，损失惨重，恐怕几年内也无法翻身了。他问法师："现在我该怎么办？"弘一法师耐心听他说完人生的苦恼后，安详地问："你午饭吃过了吗？"商人点点头说："刚才吃过了。"……

徐东树，黄小我.勇猛精进无退转——读弘一法师联［J］.福建艺术，2013（3）：63—64.

关键词：弘一法师；李叔同；穿越时间；人格魅力；家话；结字；《华严经》；春

柳社

机构：福建师范大学美术学院；福建省艺术研究院

摘要：〈正〉在这世界上有一种人，天生就是被大多数人所爱，比如张国荣，比如梅兰芳，比如李叔同。他们的绝代风华绝代姿、克己爱人近乎完美的人格魅力与艺术上刻肝沥血的努力，柔软而不失坚忍，使他们可以穿越时间架空历史成为难以远去的美丽景象。李叔同或弘一，他在书法、篆刻、绘画、诗词、戏剧、音乐和教育上的种种造诣与成就……

包峰 . 且把光彩留后人——漫谈传记体文献剧《弘一法师》剧本的艺术创作[J]．戏剧之家（上半月），2013（11）：71—72.

关键词：弘一法师；话剧舞台；文献剧；生平事迹；艺术形式；李叔同；戏剧艺术

机构：广西艺术学院

摘要：〈正〉2008年，上海戏剧学院推出了传记体文献话剧《弘一法师》，作者有幸看到了从剧本创作到正式演出的全过程，受益匪浅，尤其对编剧曹路生老师的剧本创作，更是敬慕。总想写一篇文章，不敢说是评论，只是把自己的感受、体会写出来发表，亦算是斗胆了。"世上无难事，只怕有心人"。敢于把弘一法师的生平事迹写成话剧剧本的人，一定是位有心的人。弘一法师，本名李叔同，在中国的现代史上是一位极负盛名的传奇式人物，把这样一位人物的形象搬上话剧舞台，的确是一件功德无量的善举。有人说"话剧应该是表现弘一法师最上佳的艺术形式"，可是作者却觉得，用话剧表现弘一法师，实在是一件非常非常不容易的事……

施良衍 . 弘一大师晚年福林寺遗墨 [J]．东方收藏，2014（5）：82—85.

关键词：弘一大师；佛教史；印光法师

摘要：〈正〉弘一大师是中国近代佛教史上一位杰出的高僧，被誉为中国20世纪初一位才气横溢的艺术家、思想家、革新家和教育家。他于1941年5月17日（农历四月廿二日）至1942年4月5日（农历二月二十日）驻锡福林寺，其间计十个月又二十八天。福林寺旧称蒦林寺，位于福建晋江龙湖福林村。此时，弘一大师年届耳顺，书法造诣显平淡、恬静、冲逸之致，其用笔圆润，结体瘦长，章法疏阔，毫无纵横奇崛之气和剑拔弩张之势……

（四）其他

施晓宇 . 辜鸿铭祖地回望 [J]．政协天地，2013（1）：72—75.

关键词：辜鸿铭；新店镇；厦门翔安区

机构：中国作家协会；福建省阅读学会；福州大学人文学院

摘要：〈正〉这里是厦门市翔安区新店镇浦尾村。2012年12月28日，作者站在这里，站在村中"陈氏家庙"前。这里就是大名鼎鼎的"文化怪杰"辜鸿铭的根之所在。在"陈氏家庙"的神主排位前，供奉着一幅高80厘米、宽40厘米的辜鸿铭遗像。遗像下方写道："辜氏鸿铭，本姓陈，祖籍同安浦尾村。先祖陈敦源列浦尾十二世（敦）字辈，尾厝房柱人。"辜鸿铭祖籍原属厦门市同安县，后改同安区……

褚秋艳.当代戏曲编剧的成才之路——从王仁杰说开去［J］**.艺术教育，2013（2）：84.**

关键词：当代戏曲；古典戏曲；王评章；董生；人物形象；节妇吟；戏文系；新编剧目

机构：文化艺术出版社

摘要：〈正〉王仁杰，当代中国戏曲界成功的编剧之一，王评章先生称他为"福建剧坛最优雅的古典诗人""福建最后一个古典戏曲诗人"。王仁杰用一管毛笔写下了《节妇吟》《董生与李氏》等诸多好剧，创造了一个个真实、细腻的人物形象，不论人物大小，皆充满了人性的思辨，闪烁着耀眼的光辉。因为有了王仁杰，古老的梨园戏变得青春勃发，而能驾驭这样古老的剧种，创作出不改味道的新编剧目，则更彰显了王仁杰的成功。对新一代的戏曲编剧或者大专院校戏文系的学生们来说，王仁杰无疑是一个丰碑、榜样、偶像。如何向榜样看齐，向丰碑迈进？看看王仁杰的编剧人生……

单跃进.传统的滋养与创造性转化——王仁杰梨园戏剧作二题［J］**.艺术评论，2013（10）：134—137.**

关键词：董生；节妇吟；中国戏剧；创造性转化；90年代；戏剧史；曾静萍

机构：上海京剧院

摘要：〈正〉王仁杰之所以伫立在中国戏剧界，为人景仰，是他为中国剧坛剧作提供了难得的剧作。特别是《节妇吟》与《董生与李氏》等梨园戏新作，激活了沉寂东南一隅千百年的戏曲"活化石"——梨园戏。从20世纪90年代起，梨园戏不再为古城泉州一方所有，而是当下中国戏剧最为鲜活的演出形态之一，影响至全国……

沈苏革.感怀黄奕缺大师的木偶艺术［J］**.福建艺术，2013（6）：50—51.**

关键词：黄奕缺；提线木偶戏；泉州提线木偶；艺术交流；木偶制作；神话剧

机构：泉州市木偶剧团

摘要：〈正〉泉州提线木偶戏，不论将之归类于戏曲抑或是杂技，其表演手法之独特、技艺展示之高超，相较于其他艺术品种都是独一无二的。千年不间断传承，使其底蕴丰厚；近年来屡屡亮相于高端艺术交流平台、一百五十余次出访世界五大洲五十多个国家和地区，更是使其家喻户晓，蜚声海内外。这些成就既得庇于千年间诸多先贤的薪传不息，也融会了其后来者不断传承、创新、发展的诸多心血。这其中，已故木偶艺术大师黄奕缺先生功不可没……

吴新斌.导演陈大联：活在演剧空间的作者［J］.中国戏剧，2013（3）：38—41.

关键词：实验话剧；《雷雨》；上官婉儿；中国戏剧节；靳文泰

摘要：〈正〉前不久在上海举行的全国青年导演艺术家研修班上，被人生动描述为"留着一撮颇具个性的山羊胡子，俨然一位老艺术家"的他，便是福建人艺颇具实力和个性的青年导演陈大联。2004年，他曾以高甲戏《上官婉儿》获得第八届中国戏剧节优秀导演奖……

曾昭铎.梁灵光与厦门建设［J］.福建党史月刊，2013（20）：27—30.

关键词：梁灵光；苏北抗日根据地；国民党军；中共福建省委

机构：厦门市委党史研究室

摘要：〈正〉梁灵光，1916年出生于福建永春，1940年加入中国共产党。早在中学时代，他就积极投身于上海的爱国学生运动，1936年曾到马来西亚吉隆坡尊孔中学任教。1937年七七事变后，他毅然回到祖国，投笔从戎，积极参加抗战。随后来到苏北抗日根据地，通过严酷的战争考验，逐步成长为新四军的一名优秀指挥员。解放战争期间，他在华东野战军，先后率部参加了淮海、渡江、上海、福州等战役，为推翻国民党反动统治、争取全国早日解放做出了重要贡献……

陈振文.许地山与《佛藏子目引得》［J］.法音，2013（10）：40—45.

关键词：佛藏；许地山；《大藏经》；台南市；大唐内典录；现代著名作家；佛教典籍；开元释教录

机构：福建江夏学院人文系

摘要：〈正〉许地山（1893—1941），原名赞堃，字地山，乳名叔丑，笔名落华生，以字行。祖籍台湾省台南市，寄籍福建龙溪（今漳州）。是我国现代著名作家、学者。许地山一生涉猎广泛，对社会学、人类学、宗教学、民俗学、心理学、语言学、文学、考古学，甚至生物学，都有深入研究，其中以文学、宗教著述为多……

伏涤修.老骥骨奇心尚壮，青松岁久色逾新——曾永义教授访谈录［J］.文艺研究，2013（4）：71—81.

关键词：曾永义；讲座教授；戏曲创作；戏曲研究；中国文学研究；中国戏曲史；台湾大学；文学博士学位，《牡丹亭》，大学客座教授

摘要：〈正〉曾永义教授，1941年生，台湾省台南县人。1971年台湾大学中国文学研究所博士班毕业，获文学博士学位。曾任胡适讲座教授、台湾大学讲座教授、杰

出人才讲座教授，美国哈佛大学、密西根大学、斯坦福大学、荷兰莱顿大学访问学人，德国鲁尔大学、香港大学客座教授。现任台湾教育主管部门讲座教授、世新大学讲座教授、台湾大学名誉教授、财团法人中华民俗艺术基金会名誉董事长、"中央研究院"文哲所咨询委员等，并为北京大学、武汉大学、厦门大学等十余所大陆高校之客座教授。主研戏曲，兼及俗文学、诗歌、民俗艺术等，同时致力于民俗技艺的维护与两岸学术文化交流及民族艺术的国际输出。学术著作有《曾永义学术论文自选集》（学术理念、学术进程各一册）、《戏曲源流新论》《地方戏曲概论》《俗文学概论》《戏曲腔调新探》《台湾歌仔戏的发展与变迁》等近三十种，另有《戏曲经眼录》《艺文经眼录》等通俗文学论著十余种，《椰林大道五十年》等散文集七种，创作昆剧、京剧、豫剧、歌仔戏、歌剧剧本十八种。本刊特委托淮海工学院文学院教授伏涤修博士就有关学术文化问题采访曾永义教授，整理出此篇访谈录，以飨读者……

刘童．妙笔抒意气，玉壶存冰心——谈陈文灿的艺术成就 ［J］．美术，2013 (10)：58—63.

关键词：陈文灿；沈福文；漆画艺术；中国美术；工艺美术家

机构：中国国家画院

摘要：〈正〉人民大会堂福建厅以大型漆壁画《武夷之春》作为主要背景装饰，画作以写实的造型方法、丰富的色彩运用和宏大的整体叙事方式描绘了武夷山雄伟壮观的大王峰、娇美秀丽的玉女峰等自然风光，气势磅礴，意境高远，充分展现了中国漆画独特的艺术魅力。其主要创作者，就是当代著名漆画家、国画家、美术教育及活动家陈文灿。中国漆画是一门具有浓厚东方色彩和强烈时代气息的新型艺术，广义来看，其源头无疑是有着近 7000 年历史的传统漆艺。20 世纪下半叶以来，在中国美术现代化演进这一大潮的持续影响下，以沈福文、李芝卿、雷圭元等老一辈工艺美术家的成就……

许海滨．纪念邵江海老师 100 周年 ［J］．戏剧之家（上半月），2013 (8)：76.

关键词：邵江海；戏曲理论家；戏曲语言；锦歌；地方戏剧

机构：漳州市芗剧团

摘要：〈正〉芗剧的一代宗师邵江海离开我们已经 34 年了，当年和他一起为"歌仔戏"（台湾称芗剧为"歌仔戏"）在大陆生存和发展而共同奋斗的芗剧老艺人也大都仙逝。半个多世纪过去，大多数人对邵江海老师的认识了解尚少，特别是对他推动芗剧发展的历史了解就更少。我们现今芗剧的后人，不能不了解这一位芗剧宗师。因此，今天作者想借纪念邵江海老师诞辰 100 周年之际，浅谈邵江海老师对芗剧的贡献……

蒋钦全．罗哲文先师结缘泉州红砖建筑 ［J］．古建园林技术，2013 (2)：7.

关键词：罗哲文；人类文化遗产；徐霞客；文物古建筑；台湾鹿港龙山寺；七十二；老君岩；安平桥

摘要：〈正〉先师罗哲文自16岁考入中国营造学社研学营造技艺，凡七十二年如一日，初衷不改，毕生为守护祖国的文物古建筑，守护人类文化遗产殚精竭虑，鞠躬尽瘁。先师生前即有"万里长城第一人""国宝栋梁""古建徐霞客"等美誉，仙逝后，更有挽联赞曰："修长城修故宫参襄国徽设计无愧文物卫士，护名城护运河舍身文化遗产堪称古建护神"。这是对先师一生真切的写照。先师曾经走遍我国国家历史文化名城……

魏广振．蔡国强装置艺术的解读［J］．齐鲁艺苑，2013（3）：74—76.

关键词：蔡国强；装置艺术

机构：山东师范大学文学院

摘要：从词源学的角度切入蔡国强的装置艺术世界，探究其在"无目的合目的性""现成品与材料的选择""艺术空间的塑造与呈现"三个方面所展现的独有的艺术魅力。

朱国良．蔡国强：中国主旋律和巴黎"一夜情"［J］．东方艺术，2013（21）：18.

关键词：蔡国强；古都北京；导演张艺谋；失控状态；观念性

摘要：〈正〉2008年，瞬间点亮奥运夜空的大脚印，标志着艺术家蔡国强与导演张艺谋合作的一次主旋律高潮的到来，与此同时，几乎横贯了蔡国强之前创作生涯的"火药味"，也开始从小众的艺术行业弥漫进了国际化的公众视线之内。而在五年之后，蔡国强从文化古都北京移师时尚浪漫之城巴黎，用短暂绚丽的烟火演绎了一场赤裸的"一夜情"……

刘娟．"太上研究院"走出的国学大师——蔡尚思和图书馆［J］．河南图书馆学刊，2013（5）：158—160.

关键词：蔡尚思；图书馆；柳诒徵

机构：南京图书馆

摘要：我国著名思想家、哲学家、历史学家蔡尚思一生酷爱图书馆，重视图书馆，善于利用图书馆，是图书馆培养出的国学大师。文章从四个方面回顾了蔡尚思和图书馆的不解之缘。

张建安．从蔡尚思说到张舜徽［J］．博览群书，2013（2）：55—57.

关键词：张舜徽；蔡尚思；余英时；中国传统文化；北京图书大厦；梁漱溟；李文贞；周有光

摘要：〈正〉2012年在北京图书大厦看到一本小开本的书，叫《中国文化的优良传统》，作者是蔡尚思。这是继梁漱溟的《中国文化的命运》、余英时的《中国文化的重建》之后，作者所注意到的另一本有关这个论题的书。大概翻阅了一下，里面的内容挺好，一篇篇短小的文章，涉及中国传统文化的方方面面。作者蔡尚思，这个名字作者一定在哪本书中见到过。但作者当时只是知道有这么个人，不知道他是哪方面的学者。书的封面有作者照片，里面也有……

曹小娟．许地山的学术思想与方法研究［J］．西安工业大学学报，2014（5）：411—418.

关键词：许地山；学术思想；治学方法；学术独立精神

机构：西安工业大学人文学院

摘要：〈正〉许地山是中国文学史上著名的作家，且在宗教学、民俗学、人类学、考古学等多个学术领域都有所建树，然而学术界对他的研究长期囿在文学领域，忽略了他在学术方面的成就与贡献。文中采用文献梳理与文化研究的方法，初步廓清了许地山的学术思想与学术方法：许地山在学术上追求"博闻强识"；在治学方法上承继了清代考证学并汲取了西方的科学精神；他立志"为学"，提倡"政学分途"，并能与"流行学风"保持距离；分析了中国缺少"治物之学"原因与传统学术的"社交学问"、中国现代学者的生存状态以及学术资源的匮乏的关系……

许振东．许地山中文藏书的年代分析及相关问题［J］．文学与文化，2014（2）：108—118.

关键词：许地山；藏书；版本；善本

机构：河北廊坊师范学院文学院

摘要：许地山生前的大量中文藏书被澳大利亚国立大学图书馆购买，并一直收藏至今。这批书籍不仅对研究许地山的生平和创作具有非常大的意义，同时具有很高的版本价值。本文对这批书籍实地探访，并从版本年代与价值、购入探源、收藏管理等方面研究，发现了围绕这批藏书存在的一些误解和疏漏。

张婷．许地山：宗教的人生抒写［J］．名作欣赏，2014（21）：69—70.

关键词：信仰；践行；人生探求；文学探求；精神力量

机构：山西大学文学院

摘要：许地山终其一生是一位不折不扣的宗教信仰者与践行者，他的文学创作正是他表达自身宗教观的一种重要方式，是他宣泄自己对宗教的内在情感体验的一个窗口，是他在那个特殊时期宣扬宗教精神的一种委婉的方式，是一种宗教的人生抒写。

陈文革．蔡尚思学术生涯对现代图书馆的启示［J］．河南图书馆学刊，2014（11）：138—140.

关键词：蔡尚思；图书馆；数字阅读；服务创新

机构：泉州市图书馆

摘要：蔡尚思一生利用图书馆求学、治学、养学的学术生涯启示人们，在数字时代，图书馆基础性、保障性职能仍然重要；图书馆服务创新应紧随数字阅读主流模式开展；图书馆宣传应善于利用名人效应。

廖春梅．一位亲历过自己追悼会的红军政委 [J]．中国老区建设，2014（7）：59.

关键词：钟国楚；开国将军；永春；团团围住；干部战士；周鹏飞

摘要：〈正〉在 1955 年授衔的开国将军中，少将钟国楚是唯一一位参加过自己追悼会的将军。这件发生于战争年代的奇事，在今天的读者看来可能有点蹊跷。1935 年春，一位身穿破衣、腰系褪色腰带、头戴竹制雨笠、手握一把砍刀的大汉，在福建永春山的密林中……

施晓宇．"热爱祖国的多情歌手"杨骚 [J]．政协天地，2014（1）：76—77.

关键词：中国诗歌会；杨骚；左联；左翼作家联盟；小说作品；诗歌理论；《语丝》；柔石

机构：福建省阅读学会；福州大学人文学院

摘要：〈正〉一提起杨骚，人们应该会想到中国诗歌会，因为杨骚是中国诗歌会的发起人之一。但人们绝不会想起他年轻时就有"民国帅哥"的美誉。杨骚，原名杨古锡，字维铨。1928 年 3 月在《语教》周刊发表日记《十日糊记》，第一次以"杨骚"为笔名。作家青禾在《杨骚传》中这样解释杨骚的笔名："骚，就是发牢骚。这个骚字是对社会的不平与愤懑，也是对自己的不满，对命运的怨恨。他既反抗社会的黑暗，又不断地挣脱个人情感和命运的羁绊，他永远和这个'骚'字紧紧相连。由于漂泊，他的'骚'总是带着凄凉……"

涂文晖．在自然中印染自己的色彩——论闽籍诗人蔡其矫的大自然抒写 [J]．华侨大学学报（哲学社会科学版），2014（2）：154—158.

关键词：当代诗歌；蔡其矫；大自然抒写

机构：华侨大学华文学院

摘要：〈正〉中国古典山水诗影响深远。已故诗人蔡其矫，一生创作甚丰。他的大自然抒写，既继承了古诗的优良传统，又将古人的出世思想变为现代人的入世思想。他后期的生态诗作，尤其显示了诗人先于同时代人的生态平衡意识。

艺术是脆弱的——林明杰与蔡国强对话 [J]．上海艺术家，2014（4）：58—61.

关键词：蔡国强；上海黄浦江；当代艺术馆；黑火药

摘要：〈正〉2014 年 7 月 24 日下午，在上海当代艺术馆（以下简称 PSA），蔡国强带着他的志愿者团队爆破完成了名为《没有我们的外滩》的火药草图，电光火石间描绘出人类将外滩还给大自然后的童话景象。早先在 7 月 17 日那天，打头阵的《九级浪》已从泉州"海漂"到上海黄浦江，并最终抵达 PSA 门外的码头，揭开了"蔡国强：九级浪"大型个展的展览序幕。此番 PSA 第一次开放了大台阶以及二层、三层的围栏，以给来宾更全面的展现视野。黑火药点燃的速度非常快……

徐明德. 蔡国强的戏剧性空间 ［J］. 戏剧艺术，2014（3）：65—68.

关键词：艺术思潮；现代美术；蔡国强；国家政策

摘要：〈正〉在"上戏现象"这个艺术家系列中，蔡国强是极有代表性的一位。20世纪 80 年代，随着国家政策的开放，艺术开始走向多元化和个性化。但从严格意义上说，80 年代中国艺术思潮的变化和发展与欧美艺术思潮密切相关，是在向西方过去一百多年的现代美术进行学习和借鉴。到了 20 世纪 90 年代中期以后……

刘卉. 论杜尚的达达主义与蔡国强的当代装置艺术的比较 ［J］. 戏剧之家，2014（17）：237.

关键词：杜尚；蔡国强；西体中用；现成品

机构：扬州大学美术与设计学院

摘要：杜尚是西方现代艺术的转折点，是从生活中提取艺术，崇尚生活就是艺术，艺术就是他生活的全部。蔡国强的艺术作品则与杜尚有异曲同工之妙，在借鉴的基础上加入自己的想法与元素，使得作品有了新的活力与看点。亦是对比，也是"西体中用"。

常瑞. 艺术场视域下蔡国强艺术成功初探 ［J］. 戏剧之家，2014（11）：115，134.

关键词：场域；蔡国强

机构：中国传媒大学

摘要：本文旨在以布迪厄的场域理论为依据，尝试对蔡国强火药艺术的成功进行社会学解析，以期对中国当代语境下的艺术理论和艺术批评有所裨益。

夏於. 没有我们的外滩　蔡国强"九级浪——生态人文主题论坛"学术管窥 ［J］. 创意设计源，2014（4）：4—11.

关键词：蔡国强；主题论坛；艺术博物馆

摘要：〈正〉"蔡国强：九级浪"展览 8 月 8 日在上海当代艺术博物馆揭开帷幕，8月 9 日，"九级浪——生态人文主题论坛"开幕；黄浦江畔的艺术事件，延展为对环保生态主题的深度探讨。300 多名报名参会的市民和媒体代表济济一堂，艺术家蔡国强、企业家任志强、上海海洋大学教授张饮江、台湾地区音乐人钟永丰、阿拉善生态协会发起会员于建东、日本建筑设计师坂茂、复旦大学教授葛剑雄和纽约亚洲协会美中关系中心主任夏伟……

陈德进，黄东华．安溪青年制茶师水云波赛茶王［J］．中国茶叶，2014（9）：37.

关键词：龙涓乡；安溪铁观音；福建安溪；赛事活动；制作技艺

摘要：〈正〉本刊讯8月14—15日，首届安溪铁观音青年高技能人才制茶赛在福建安溪龙涓的茶驿站水云波举行，来自当地20名"80后"高级制茶师，妙手频施，炒制一份份醇厚优雅的"观音韵"。在国家级非遗安溪铁观音制作技艺传习点、龙涓乡水云波茶驿站、荣景茶业现场，当地20名"80后"青年高级制茶师，青春飞扬，或摇，或炒，或揉，将传统制茶技艺演绎得风生水起，茶香盈室。据介绍，近7年来，龙涓乡在省市县乡各项茶叶赛事活动中得过奖的制茶能手达1400名，其中获得各级职业资格的有200多名，此次参赛选手均从高级制茶师当中遴选出来……

陈敏坤．林福文：创新，立于不败之地［J］．政协天地，2014（5）：35.

关键词：政协委员；林福文；日用陶瓷；功能陶瓷

摘要：〈正〉从传统陶瓷到特种陶瓷，从日用陶瓷到功能陶瓷，德化县政协委员、福杰陶瓷有限公司总经理林福文早早地意识到：只有创新，才能立于不败之地。林福文用长远的战略眼光，不断探索，走出了一条科技创新之路……

陈敏坤．郑金滨：甘为地方经济奔忙［J］．政协天地，2014（8）：56.

关键词：郑金滨；跨越式发展；农村信用社；存贷款规模

摘要：〈正〉他曾被共青团福建省委授予"五四青年奖章"，被评为"资产风险管理先进个人"，获得"2010—2012年省直机关创先争优优秀共产党员"等荣誉称号，他带领自己的团队使整体业绩实现跨越式发展，截至2013年11月底，各项存款余额达430745万元，各项贷款余额达279168万元，存贷款规模居全县金融业第一位。他就是县政协委员、县农村信用合作联社党委书记、理事长郑金滨。德化县农村信用社是德化人民自己的银行……

柯立红．闽海安澜千秋颂［J］．美术，2014（12）：102—103.

关键词：惠安女子；秋颂；现代化文明

机构：闽江学院美术学院

摘要：〈正〉自2007年以来，作者的人物画作品主要是以惠安女为题材。惠安女子勤劳、坚韧、勇敢的品质以及乐观向上的精神，在引起共鸣的同时，也激发了作者极大的创作热情。所以，在构思《闽海安澜千秋颂》时，作者仍然立足于惠安女题材，到生活中去采风体验。闽南历来是富庶商业之地，在现代化文明进程中，惠安女的心中不免还有担忧愁虑，但她们一直默默地隐忍着生活的苦涩，"天生不爱倾诉苦难，并非苦难已经永远绝迹……"

徐杰舜．来自厦门大学的人类学思考——访厦门大学石奕龙教授〔J〕．民族论坛，2014（7）：20—29.

关键词：人类学；汉族社会；厦门大学；石奕龙

机构：广西民族大学

摘要：作者的人类学研究或经历大体分为三个阶段。早期是从事人类学学科建设，如设计人类学专业教学的框架，编写人类学的教材和普及人类学知识的工作等；中期从1989年开始，作者开始注重汉族社会的田野调查；后来作者的研究对象增加了，不仅研究包括闽南人、客家人在内的汉族民间文化，也研究畲族的文化，研究的问题有宗族组织的问题与民间信仰的问题，还有注重民俗问题的研究以及唯物主义的历史建构问题等。

张永宏．易经与道家文化研究专家詹石窗教授〔J〕．玉林师范学院学报，2014（1）：1—2，157.

关键词：詹石窗；道家文化；易学研究；厦门大学哲学系；卿希泰；道教文化

机构：四川大学公共管理学院哲学系

摘要：〈正〉詹石窗，1954年生，福建厦门市人。1982年获厦门大学哲学学士学位，1986年获四川大学宗教学研究所哲学硕士学位，1996年获四川大学宗教学研究所哲学博士学位。先后师从国际道教学研究泰斗卿希泰先生、当代易经研究泰斗黄寿祺先生，且跟随中国道教学会前副会长、符箓学名家陈莲笙先生探研道教文化中的符图秘字，得其真传。曾任福建师范大学中文系易学研究所教授、厦门大学闽江学者特聘教授、厦门大学哲学系主任、厦门大学人文学院副院长……

贾晋华教授获选美国国家人文中心院士〔J〕．华文文学，2014（2）：129.

关键词：澳门大学；研究工作；学术群体

摘要：澳门大学人文学院哲学及宗教学专业贾晋华教授日前当选为美国国家人文中心院士，获邀在2014—2015学年间于该中心从事研究工作。美国国家人文中心是全球仅有的几所著名"高等研究院"之一，旨在促进学术思想的自由和深度及学术群体的合作。贾晋华教授是第一位遴选自中国的澳门、香港、台湾地区，以及新加坡等中国大陆之外华语地区的院士。

苏友谊：陶瓷工艺的创新者〔J〕．政协天地，2014（6）：39.

关键词：宁昌陶瓷有限公司；宁昌；陶瓷原料；工艺美术大师；陶瓷工艺

机构：德化县政协办公室

摘要：〈正〉在宁昌陶瓷有限公司陈列架上一排排色彩鲜艳、图案活泼的相框让人眼花缭乱，爱不释手，这是德化县政协委员，福建省工艺美术大师、宁昌陶瓷有限公司总经理苏友谊自己研发出来的一项科技成果。他大胆创新突破，从陶瓷产业堆积千年难以风化的废瓷入手，采用废瓷再生技术，将废瓷回收打碎粉掺入陶瓷原料生产环保产品，原料利用比率从原来的 15% 提高到目前的 38%，可降低产品材料成本 60%……

王大浩入选泉州十大文化名家 ［J］．乐器，2014（8）：4—5．

关键词：王大浩；传承研究；南音

摘要：著名南箫演奏家王大浩被誉为南音传承与传播的深耕者。多年来，他痴迷于南音艺术的传承与传播，多次与中央民族乐团、新加坡花乐团、台湾汉唐乐府等乐团合作演出、录制音乐专辑多张，出版和发表个人专著《泉州南音洞箫教程》及论文六部 40 余万字，并参与国家级课题《非物质文化遗产校园传承研究》等相关组织研究工作。他长期致力于南音校园传承工作，任教于泉州师范学院、泉州艺校、泉州培元中学等学校，对南音艺术的传承与传播做出了积极贡献。

许瑞峰 ［J］．收藏界，2014（8）：146—147．

关键词：陶瓷行业协会；陶瓷艺术大师；陶瓷专业；高级工艺美术师

摘要：许瑞峰，男，1969 年 7 月出生，福建省工艺美术大师、福建省陶瓷艺术大师、全国优秀工艺美术家、福建省非物质文化遗产（德化瓷烧制技艺）代表性传承人、高级工艺美术师、一级高级技师。现任福建省德化县泰峰瓷坊艺术总监、许氏瓷塑第六代传人、政协德化县委常委、福建省陶瓷行业协会副会长、福建省工艺美术学会陶瓷专业委员会副会长、泉州市工艺美术协会副会长、福建商业高等专科学校及德化陶瓷职业技术学院客座教授。

中国当代音乐学家 ［J］．音乐研究，2014（4）：128，2—3．

关键词：中国音乐史学；福建师范大学；音乐学家；艺术学研究

摘要：〈正〉郑锦扬，中国音乐史学家、音乐教育家。华侨大学艺术学研究所所长、教授、博士生导师。1955 年生于福建永春。1977 年入福建师范大学音乐专业学习，毕业后留校工作；继而在母校文艺学专业研究生班结业、音乐学博士研究生毕业。在高等院校执教四十余年，他先后被破格晋升为副教授、教授，并任音乐学、艺术学、舞蹈学、教育硕士（音乐教学）等学科的研究生导师，曾任福建师范大学音乐系主任、音乐研究所所长，福建师范大学学术委员会、学位委员会委员……

孟建军．洞箫悠悠奏南音——访南音非物质文化遗产传承人王大浩 ［J］．乐器，2014

(5)：65—67.

关键词：王大浩；南音；非物质文化遗产传承

摘要：〈正〉2014 年春节后不久，王大浩就在泉州梨园剧院音乐厅举办了他从艺三十五年以来的第二场南音洞箫独奏音乐会，音乐会当晚座无虚席。音乐会正式开始之前，还举行了王大浩和女儿王一鸣的新专辑首发仪式。当晚的演出在福建泉州以及晋江地区引起了极大的反响。第二天，当地电视台和各大媒体就对音乐会给予了报道和高度评价。在闽南地区，提起王大浩来，无人不晓。他被誉为当代"南箫王"……

孟建军．埋头制作南音琵琶　超然物外心静如水——访南音琵琶制作师李建瑜[J]．乐器，2014（6）：24—26.

关键词：师李；如水；弦管；曾家阳；福建泉州；李师傅；告诉我；背板；福建南安；忙不过来

摘要：〈正〉"南音琵琶"是南音（弦管）演奏的主要乐器，千百年来，"南音琵琶"始终都保持着由"汉琵琶"改进的"晋琵琶"和"唐阮咸"的精髓。南音琵琶的每一个部件上，都镌刻着古老的历史抚摸过的痕迹。福建南音被誉为化石级的艺术，通常学唱南音的人，都要学习南音琵琶，可见南音琵琶在福建南音中，是敲开南音艺术大门的一把利器。在福建泉州采访时，认识了泉州南音乐团的琵琶演奏家曾家阳先生……

王珊，蔡蓓蕾．丁世彬与南音[J]．福建艺术，2014（3）：57—59.

关键词：南管；丁世彬；音乐文化

机构：泉州师范学院；泉州南音文化传承与发展协同创新中心

摘要：〈正〉一、"南音第一痴人"——丁世彬。在南音界，只要提起丁世彬的名字，便知道他有一个"南音第一痴人"称号。丁世彬（1948—2013），福建晋江人，著名南音演奏家。其父也是南音人，曾在陈埭高坑开馆教授。6 岁时，丁世彬就随父学习南音唱腔，逐渐得到父亲的真传；8 岁时学习琵琶；10 岁时学习洞箫、二弦；17 岁时，向安海名师黄守万……

本刊编辑部．音乐研究：继承传统与适应时代发展——王耀华教授访谈录[J]．四川戏剧，2014（7）．

关键词：王耀华；闽南戏曲；南音；民族音乐

摘要：〈正〉编者：王教授，您好！非常感谢您在百忙之中接受我们的专访。1961 年您从福建师范学院音乐专修科毕业，迄今已经过去 53 年，您能给我们简单回顾一下您与民族音乐、戏曲音乐研究是如何结缘的吗？王耀华：我与民族音乐、戏曲音乐的结缘是跟我早年的一段工作经历有关。我从 1961 年初就开始比较深入地接触芗剧，也就是歌仔戏。歌仔戏是流行于台湾、福建龙溪专区、晋江专区、漳州、厦门以及海外闽南华侨聚居区的一个地方戏曲剧种……

陈木城．张国雄："白芽奇兰"领头雁 ［J］．人民政坛，2014（3）：46.

关键词：白芽奇兰；张国雄；小溪镇；九峰镇；闽南金三角；芦溪；三坑

摘要：〈正〉位于闽南金三角的平和县群山环绕，雨水充沛，土壤肥沃，是种植白芽奇兰茶的极佳之地。十几年前，在平和县小溪镇宝善村，一名叫张国雄的年轻人凭着对茶的冲动、痴迷，毅然从县城上了大芹山，在九峰镇三坑村白叶堂边上，承包了2800亩的狮岩峰山地经营权……

闽商和潮商文化、海外 贸易、茶文化与旅游文化

一 闽商文化

苏文菁 . 《闽商发展史》编撰情况及系统工程的意义 [J] . 闽商文化研究，2013 (1)：11—13.

关键词： 商帮；商文化；商人群体；郊商世界华商；海洋文明；出版计划；商业精神；粤商；世界舞台

机构： 福州大学；闽商文化研究院；"闽商发展史"编委会

摘要：〈正〉尊敬的各位来宾：今天作者在这里代表《闽商发展史》编辑部从四个方面跟大家汇报下《闽商发展史》这个闽商文化系统工程的由来、编撰情况和我们想借助《闽商发展史》达到什么样的学术水平和现实目的……

林荣新 . 企业家的成功与社会进步都需要文化建设 [J] . 闽商文化研究，2013 (1)：16—17.

关键词： 中国改革；社会进步；拼搏精神；海洋文明；闽商

机构： 福建省总商会；三盛地产集团

摘要：〈正〉作为闽商的代表来参加《闽商发展史·总论卷》的首发式，作者感到非常荣幸。我们都是中国改革开放的参与者与受益者，作为新时代的新闽商，作者想借这个机会表达我们这一代新闽商的一些想法……

苏文菁，黄清海 . 闽商与侨批业 [J] . 闽商文化研究，2013 (1)：18—32.

关键词： 侨批商人；侨批业；侨汇

机构： 福州大学；闽商文化研究院；中国银行泉州支行

摘要： 在闽商发展历史过程中，从事侨批经营的海外闽籍商人凸显出重要的地位。侨批商人从水客个体经营到信局企业经营，直至产生侨批公会行业组织的整个历史进

程中，涌现出了许多如王世碑、郭有品、林树彦、吴道盛等杰出的侨批商人。本文拟系统介绍经营侨批业的闽商之海商的文化特质。

第四届世界闽商大会召开、大会献礼：《闽商发展史·总论卷》首发式在榕举行[J]．闽商文化研究，2013（1）：65—68.

关键词：闽商文化

摘要：〈正〉第四届世界闽商大会、第三届民营企业产业项目洽谈会、第十一届中国·海峡项目成果交易会（简称"三会"）于2013年6月17日晚19：30在福州海峡国际会展中心开幕。作为凝聚闽商力量、弘扬闽商精神、宣传闽商文化的重要平台，世界闽商大会每三年举行一次。本届世界闽商大会邀请了1800名海内外闽商代表参加，参会人数为历次最多⋯⋯

苏文菁．《闽商发展史》总序[J]．闽商文化研究，2013（1）：76—93.

关键词：闽商发展史；闽商转型；闽商精神

机构：福州大学；闽商文化研究院；"闽商发展史"编委会

摘要：闽商作为海商群体是最具有海洋特质的，同时，也是历史延续时间最长的群体，随着首届世界闽商大会，第二届闽商大会和第三届闽商大会的陆续召开，闽商精神也一直在延续下去。当然，每个事物或群体的崛起，都具有其发展的历史背景和发展历程，闽商的发展也不例外。闽商在经过明清时期的曲折发展之后显得更加顽强，近代的闽商通过转型发展形成了新中国新闽商的闽商发展新气象。闽商发展史可以说是中国海洋文明发展史乃至世界文明不可或缺的一部分。因此，我们试图通过启动"闽商发展史"编撰工程，经过几年，甚至几十年的努力为闽商文化的研究，为中国商业文化的建设，为中国海洋文明的重构做出我们这一代人的努力。

雷春美．让闽商文化建设与闽商事业共成长[J]．闽商文化研究，2013（1）：9—10.

关键词：闽商文化；出版发行；海洋文化；福船；文化个性

机构：福建省政协；中共福建省委统战部；《闽商发展史》编委会

摘要：〈正〉第四届世界闽商大会召开前夕，作为献给大会的一份贺礼，《闽商发展史·总论卷》终于正式出版发行了。作为大会的重要活动之一，我们今天在这里举行《闽商发展史·总论卷》首发式，以期扩大对《闽商发展史·总论卷》出版发行的宣传，进一步推进闽商文化研究，挖掘闽商文化内涵，弘扬福建精神和闽商精神，凝聚海内外广大闽商力量⋯⋯

本刊编辑部．三州府论坛：耆耆人物与文化[J]．闽商文化研究，2013（2）：

49—52, 2.

关键词：文化区域；商文化，海洋文明；土生；世界海洋；福州大学；海洋文化

摘要：〈正〉在东南亚，沉寂了一阵子的峇峇课题，最近又火了起来。2013 年 9 月 21 日，主题为"百年盘点：峇峇人物与文化"的三州府论坛在新加坡国家图书馆举行。论坛邀请了新加坡本地、马来西亚和中国学者参与。这是新加坡宗乡会馆联合总会首次以华语主办峇峇学术研讨会，从不同角度探讨新加坡、马六甲和印度尼西亚三地土生华人课题。福州大学闽商文化研究院院长、福建省闽商文化发展基金会理事长苏文菁教授应宗乡总会的邀请，出席了三州府论坛，并发表了题为《海洋文明视野下的峇峇文化》的讲话，阐述了世界海洋文化交汇、中国海洋文明谱系和东西方海洋文明碰撞中的峇峇文化……

本刊编辑部 . 郭鹤年：爱拼会赢写传奇 [J] . 闽商文化研究，2013 (2)：91—95.

关键词：郭鹤年；闽商

摘要：〈正〉编辑部推荐理由：闽人作为一个典型的海洋族群，其四海为家、经商打拼的族群个性代代相传，已成为闽商血液中的文化基因。近百年来，人类经历了由科学技术带来的生活的巨大转变，在如此风云变幻的时代里，谁能独领风骚、屹立在时代的潮头？在中国传统文化"富不过三代"的拷问中，我们感受到了闽商不一样的气质。郭鹤年，让我们看到了闽商不一样的操守与品德……

廖大珂 . 二战后马来西亚闽商社团的发展 [J] . 闽商文化研究，2013 (2)：80—90.

关键词："二战"后；马来西亚；闽商社团

机构：厦门大学；南京大学中国南海研究协同创新中心

摘要：马来半岛是东南亚地区闽商社团历史最悠久、数量最多的地区之一。闽商社团大致可分为闽商同乡社团和闽商经济行业社团两种。后者又可分为综合性商业社团和行业性经济社团。每种社团的建立和宗旨都适应着闽商在马来西亚当地的发展需求，对于闽商闽企在马来西亚的扎根发展发挥着极大的作用。

廖大珂 . 二战后马来西亚的闽商 [J] . 闽商文化研究，2013 (2)：70—79.

关键词："二战"后；马来西亚；闽商

机构：厦门大学南洋研究院；南京大学中国南海研究协同创新中心

摘要：早期马来西亚的锡矿业和橡胶业主要由闽商开拓。而在"二战"后，闽商受到了打击。因而闽商在金融业、航运业和其他行业则得到了发展。独立初期至 1969 年，马来西亚政府允许华人自由地从事各种经济活动，限制不太严格，并实行发展"替代进口"的战略，闽商在纺织行业、食品加工业等领域为马来西亚经济发展做出贡献。从 1970 年起，马来西亚政府实行"新经济政策"，规定所有华资企业必须将其股

份的 1/3 转让给马来人，中小企业成了最大的受害者，但同时由于 1968 年的"面向出口"政策鼓励，许多闽商兴办了棕油提炼厂、橡胶制品厂等。70 年代中期以后，随着出口加工工业的迅速发展，出现了许多由闽商经营的私人集团或垄断集团。闽商在鲁巴河以东，除了民都鲁之外，在各大城镇如沙拉卓、诗巫、加拿逸、加帛、马鲁帝、林梦等地，大致都占有主导地位。80 年代中期以后，马来西亚政府用比较开明的"新发展政策"取代"新经济政策"，闽商得到了宽松的政治环境与氛围，取得了进一步的发展。

张建忠. 第四届世界闽商大会再探福建机遇 [J]. 福建轻纺，2013（6）：23—24.

关键词：福建福州；蓝色经济；陈清泉；经济发展；大型化发展；二次创业，华侨捐赠

摘要：〈正〉第四届世界闽商大会 6 月 17 日晚在福建福州开幕。3 年举办一届的世界闽商大会，在本届创出参会人数新高，共有 45 个国家和地区的 1800 名海内外闽商代表参会。17 日晚，第四届世界闽商大会同第三届福建民营企业产业项目洽谈会、第十一届中国·海峡项目……

高红霞. 近代上海的天后信仰 [J]. 安徽史学，2013（5）：30—34，69.

关键词：天后崇拜；天后宫；潮州会馆；三山会馆；闽商

机构：上海师范大学人文与传播学院

摘要：天后是中国重要的民间信仰之一，上海是其重要信仰圈。晚清至民国时期，上海的天后祭祀活动有官方与民间两种形式，早期两者互为促进；进入民国后，官方所建庙宇尚存，而官方仪式却不再举行，但民间的信仰活动仍有持续，尤其在沿海省籍移民中仍然盛行。闽粤商人是上海天后信仰的基本信仰群体，上海的闽粤会馆几乎都和天后庙宇与会馆建筑于一体。虽然上海其他省籍会馆祭祀天后现象不在少数，但在神偶供奉排序、仪式活动方式等方面与闽粤会馆存在诸多不同。就上海闽商而言，天后不仅是海神、行业神，还是乡神。天后信仰使大多数闽商会馆在同籍商人中具有凝聚力和亲和力，其中一些会馆在进入民国后仍具超越同乡会的活动能力，与天后供奉有关。

程磊. 闽商新势力 [J]. 中国房地产业，2013（9）：14—23.

关键词：世茂集团；敢闯；冒险精神；海洋文化；家族企业；房地产业；许荣茂；经营重心；房地产市场；家族管理

摘要：古代闽人移民中国台湾或"下南洋"，每一次都是拿性命相赌的凶险的旅程，正是由海洋文化的迁流性孕育了闽商的敢拼敢闯的商业冒险精神。所以本质上，地产闽商掀起的新一轮的全国性扩张潮，是闽商文化的延续。

楼德升，方帅．林龙安：现实的理想主义者 ［J］．中国房地产业，2013（9）：46—47.

关键词：林龙；新型城镇化；文化整合；世茂集团

摘要：〈正〉禹洲地产董事局主席林龙安把自己定位为"现实的理想主义者"，他希望以国际化的视野审视禹洲的发展脉络和管理逻辑，利用闽商的先天优势，践行两岸文化整合的新模式，寻求新型城镇化的背景下的"禹洲梦"。在接受本刊专访时，林龙安多次提到了"稳健"一词，在这位新闽商身上，可以清晰地感受到在继承传统基础上的创新，且只有"大胆"是远远不够的，还要靠理性的思考……

本刊编辑部．"新闽商"回归桑梓再聚首——第四届世界闽商大会在福州召开 ［J］．福建质量管理，2013（7）：34—35.

关键词：海外联谊会；闽商；全国工商联；福建省委书记；华侨捐赠

摘要：〈正〉2013 年 6 月 17 日，由中华海外联谊会、全国工商联和中共福建省委、省人民政府共同主办的第四届世界闽商大会在福州海峡国际会展中心举行。本届大会的主题是"凝聚闽商力量建设美丽福建"，旨在宣传福建改革开放成果，展示福建建设最新成就；弘扬闽商优秀文化，凝聚闽商智慧力量；促进福建先行先试，服务祖国统一大业。来自 45 个国家和地区的 1800 名海内外闽商代表参加了大会，创历届参会规模之最……

田军鹏，郭胶．闽商文化对海西青年创业的影响 ［J］．长春工业大学学报（高教研究版），2013（3）：50—53.

关键词：创业；创业文化；闽商文化；创业教育

机构：闽江学院管理学系

摘要：文化影响力既是精神力量也是物质力量。商帮文化对地域创业精神、创业活动具有根本性影响。本文分析了闽商文化的内涵与新发展，通过阐释闽商文化对海西青年创业的影响，提出了改进青年创业教育的若干建议。

李小兰．当代闽商慷慨慈善捐赠的动因分析——基于非正式制度的视角 ［J］．福建省社会主义学院学报，2013（4）：87—90.

关键词：闽商；慈善捐赠；非正式制度；动因

机构：福建工程学院

摘要：当代闽商在慈善捐赠领域的表现十分慷慨。他们慷慨行为的背后潜藏着许多外部和内在的非正式制度动因。在对待外部非正式制度动因上，闽商不仅要继承更要发展，不仅要践行更要内化；而内在非正式制度动因是闽商慈善捐赠的根本动力，闽商应该要立足多赢多利、勇于承担社会责任。

徐淑华．基于海外闽商比较视角下的海外浙商发展路径研究［J］．商业经济与管理，2013（10）：32—39.

关键词：海外浙商；海外闽商；发展路径；比较研究

机构：中国计量学院马克思主义学院

摘要：文章以历史悠久、在居住国中具有一定经济地位的东南亚海外闽商为参照，梳理欧洲海外浙商的发展历史，且就两者的创业模式和经营模式做一比较分析，探究他们基于历史渊源延续下来的不同发展路径，并通过透视东南亚海外闽商发展中诸多成功经验模式，来审视当前欧洲海外浙商在发展过程中存在的问题，以此为其未来的跨越性发展提出警示并指明方向。

沈燕清．槟城福建华人五大姓氏饷码经营探析［J］．八桂侨刊，2013（4）：64—70.

关键词：槟城；华人；五大姓氏；饷码经营

机构：厦门大学东南亚研究中心

摘要：18 世纪末 19 世纪初闽人大量移民槟榔屿，邱、杨、谢、林、陈五大姓人数众多，且靠着经济实力强大，逐渐形成主导槟榔屿闽南人社会的主流。他们积极参与槟城的饷码经营，许多人因此成为巨贾。本文试图探析五大姓氏饷码经营事业的兴衰及其原因所在。

周颖斌．闽南文化在泉台家族企业中的传承与发展［J］．泉州师范学院学报，2013（3）：27—31，42.

关键词：闽南文化；泉州；台湾；家族企业；企业文化

机构：泉州师范学院图书馆

摘要：考察家族企业的管理方式与企业文化的各种现象，比较家族文化在泉州、台湾家族企业中的表现形态，探讨家族企业的发展与家族文化的深层关系，研究家族文化在当代的发展规律，探索、展望泉、台两地家族企业的振兴之路。

陈水德．泉商文化的核心精神——基于对海洋文明蕴涵的进取共赢精神的探析［J］．黎明职业大学学报，2014（1）：9—17.

关键词：泉商文化；核心精神；海洋文明；进取；共赢

机构：黎明职业大学公共教学部

摘要：判定泉商文化的核心精神，需要从泉州历史兴衰和时代崛起的全过程做历史稳定性和持续性的考量。泉商文化的核心精神是泉州海洋文明的产物，是以海洋文明蕴含的和平与进取精神为特质。泉商文化的核心精神主要体现于：儒家传统文化的"仁爱"本质精神，祈求妈祖等神祇保佑平安的和平精神，宋元时期"海上丝绸之路"繁盛局面所表现的开放包容、和睦共赢、重义求利的海交贸易精神，元末与明清时期泉商坚韧不拔、艰苦奋斗、爱拼敢赢、敢于犯禁的进取精神，当今改革开放时代呈现的创新发展、公平竞争、和谐共富的精神等。

廖新平，石慧琼，黄美娇 . 当代福建企业家精神的文化基因及跨越路径 ［J］. 福建商业高等专科学校学报，2014（5）：79—83.

关键词：企业家；企业家精神；文化；跨越路径

机构：福建商业高等专科学校工管系

摘要：企业家精神是社会进步的动力，文化传统特质对企业家精神生成有重要影响。在对企业家精神共性分析的基础上，界定福建企业家精神，分析孕育福建企业家精神的四大文化根源，并提出完善、升华福建企业家精神的方法，使之更适合福建市场经济的发展需要。

吴承祖 . 论清代郊商之义利并举——以日茂行林振嵩为例 ［J］. 闽商文化研究，2014（1）：43—48.

关键词：郊商；林振嵩；义举

机构：福建师范大学社会历史学院

摘要：林振嵩是清代著名郊商，经营食盐和两岸贸易。发达后，不遗余力地致力于社会公益事业。如倡办敬义园、迁建鹿港龙山寺、修筑天后宫等。这些善行义举使林振嵩获得巨大的社会声望并积累了深厚的官方背景，同时也进一步扩展了其获利空间。因而林振嵩成了清代郊商义利并举的典范。

王日根 . 近代闽商地缘组织的发展演变 ［J］. 福州大学学报（哲学社会科学版），2014（2）：22—31.

关键词：近代；闽商；地缘组织；郊行

机构：厦门大学人文学院

摘要：近代以来，闽商依赖地缘性的纽带在内陆各地凝聚成会馆、公所，或以团体会员的名义加入商会，或在晚清以来台湾的开拓中凝聚成"郊"行及郊行会馆，有的还将地缘性的同乡组织移植到海外各国，闽商这种自组织力的形成与壮大极大地带动了闽商的向外延展，同时也对其经商地区的经济发展、社会稳定和公共事业的发展做出了积极的贡献。

陈娜娜 . 论 1500 年至 1800 年间中国货币的来源——以闽商为核心 ［J］. 福建省社会主义学院学报，2014（5）：92—95.

关键词：明清世界白银；闽商；白银影响

机构：福州大学人文社会科学学院

摘要：1500—1800 年间，通过以闽商为核心的海外贸易，大量白银流入中国。白银的大量涌入，促使白银逐渐替代铜钱和纸币成为中国流通领域的新主角。这一时期，活跃于世界贸易市场的闽商，成为中国货币的主要来源之一，支撑了明清时期的经济繁荣。同时，闽商的一系列活动对世界经济也产生了巨大的影响。

蔡梅兰．欧美家族企业传承对闽商的借鉴与启示分析［J］．张家口职业技术学院学报，2014（3）：4—7.

关键词：家族企业；传承；欧美；闽商

机构：中共泉州市委党校

摘要：在我国经济转型、海西经济建设深入开展时期，闽商家族企业顺利传承具有重要意义。在积极参考、吸收与借鉴欧美家族企业传承的成功经验与特点的同时，闽商家族企业在思想观念上要与时俱进，做好传承计划、重视继承候选人的培养、完善家族企业管理模式、加强家族文化的培育与建设、成立家族委员会或理事会负责传承工作的推进等，努力推进家族企业顺利过渡。

谢彪．士魂与商才：儒学影响下的闽商及其文化探析［J］．许昌学院学报，2014（6）：98—101.

关键词：闽商；儒学；闽商文化

机构：福建师范大学福清分校思想政治理论课教研部

摘要：自古以来，闽中儒者皆重视商业，儒者经商时将儒家的价值观带入商业。闽商在儒家文化指导下从事各类商业活动，福建涉海性文化与中原儒家文化相融合，形成了商儒并重、重信好施等独具特色的闽商文化内容。

陈丽华．民国时期的泉州商人［J］．闽商文化研究，2014（2）：70—81.

关键词：泉州商人；民国时期；泉州侨商；传统与现代

机构：泉州海外交通史博物馆

摘要：民国时期，泉州商人在急剧动荡的时局里，延续传统模式的同时努力迎合新时代的需求。泉商充分利用本区域的各种优势，依托海外侨亲和侨商的大力支持，在商海中求生存谋发展，在一些商业领域均有不俗表现。泉商群体无疑是闽商队伍中重要的一个组成部分。

刘锡涛．浅谈闽商的历史发展与特征［J］．福建省社会主义学院学报，2014（6）：59—61.

关键词：闽商；历史；特征

机构：福建师范大学社会历史学院

摘要：闽商是个历史群体，它出现在五代十国时期，经过宋元时期的快速发展，明清达到历史的第一高峰。从历史发展进程看，闽商具有五大特征：能吃苦；多阶层参与商业活动；与政府实力派人物、组织搞好关系；注重乡族势力；四海为家。

石慧琼，廖新平．社会变迁中的闽商文化传承与创新研究［J］．福建商业高等专科学校学报，2014（3）：19—23.

关键词：社会变迁；闽商文化；传承；创新

机构：福建商业高等专科学校工管系

摘要：在全球化和现代化的推动下，社会变迁不断加剧。闽商文化中敢拼、冒险、独立等传统精神在全球化背景下已经无法适应时代环境的要求，暴露出其局限性。为此，从闽商文化自觉及闽商文化创新两方面提出实现在瞬息万变的社会变迁环境下的转型，以图新一轮的发展与突破。

李后强．商道：川商和闽商比较研究［J］．四川党的建设（城市版），2014（9）：46—48.

关键词：商帮；商道；潮汕地区；文化源头；海洋文化

机构：四川省社会科学院党委

摘要：〈正〉"川商"为四川商人的简称，主要包括土生土长的企业家，也包括走出四川的川籍企业家和在四川创业的外地企业家，是古代三大商帮之一。川商本源是蜀商，蜀字"野蚕"，虫也，"川"为水，岷江是文化源头。"闽商"狭义上是福建商人的简称，广义指以福建、浙南、粤东潮汕地区和海外闽民系从事商业的人们，是中国十大商帮之一……

2014 胡润中国闽商研究报告［J］．上海企业，2014（8）：83.

关键词：胡润；上榜企业；菲律宾马尼拉；研究报告；泉州人；许荣茂

摘要：〈正〉福建地区资产超过 600 万元人民币的富裕人士数量达到 109000 人，较上一年增加 2000 人；千万资产富豪人数达到 40000 人，较上一年增加 800 人；亿万资产人士共 2500 人，较上一年增加 100 人，全国排名第六。70 位闽商财富超过 20 亿元，总财富达到 6445 亿元，平均财富 92 亿元，比《2013 胡润百富榜》上榜企业家的平均财富高出 28 亿元。住在菲律宾马尼拉的晋江人 SM 集团的施至成家族以 600 亿元……

王日根，徐鑫．改革开放以来香港闽商对福建经济的反哺［J］．闽商文化研究，2014（1）：64—78.

关键词：改革开放；香港；闽商；福建经济

机构：厦门大学；厦门大学闽商研究中心

摘要：注重乡土情缘的闽商利用自己的资金优势，借助国家改革开放的良好政策，积极投身到家乡的建设事业、文教事业和社会公益事业之中，对带动福建经济腾飞发挥了显著的作用。香港闽商资金的投入不仅为福建的改革开放和经济发展注入活力，带来诸多新的发展机遇，也加速了香港经济发展、产业结构调整的步伐，实现了闽港经济共赢。香港闽商还充分发挥闽台间的桥梁作用，大力推动闽台合作交流，加强内地和港、澳、台之间的联系，积极投身海西建设之中。

赵佳乐．全球化初期的闽商——人口、技术和制度［J］．福建省社会主义学院学报，2014（4）：82—87.

关键词：全球化初期；闽商；人口；技术；制度

机构：福州大学人文学院

摘要：由于明朝海禁政策的限制，以福建东南沿海为中心的区域在全球化初期的历史背景下，有许多关于闽商的史实都被边缘化，甚至没有文献记载，因此，借由弗兰克的观点，我们需要用一种全球视野来看当时的世界经济，从人口、技术和制度三方面来还原全球化初期16—18世纪时真实的闽商和真实的中国。

周璐．全球化初期的闽商贸易［J］．福建省社会主义学院学报，2014（4）：88—92.

关键词：全球化；贸易圈；闽商

机构：福州大学人文学院

摘要：自古以来，闽商一直是全球化的重要推动者与参与者。早在1500年以前，具有浓郁海洋特色和冒险精神的商帮——闽商就已开始活跃于与亚洲诸国的贸易中，甚至深入到了阿拉伯乃至非洲地区，正是他们所带动的商品贸易间接促使了新航路的开辟，使得欧洲人得以进入到全球化的贸易中来，由闽商开辟的对外贸易圈也随着欧洲人的进入不断扩大。但在这一过程中，始终不变的是，不论何时，在这个全球世界经济体系中形成的各个贸易圈都始终是以闽商为代表的中国商人围绕着以福建为中心的中国东南沿海展开的。

范金民．明清时期福建商帮在江南的活动［J］．闽台文化研究．2014（4）：5—18.

关键词：明清；江南；福建商帮

机构：南京大学历史系

摘要：自明中期到清中期，商品生产和商品流通极为发达的江南，是福建商帮经营活动的重要地区，无论苏州、杭州、上海等大城市，还是乍浦、双林等市镇，都活跃着福建商人。福建各府商帮均在江南各地建立会馆，大力经营棉花布匹、生丝丝绸、米粮、蔗糖、木材、纸张、蓝靛、烟叶、花木、南货等商品，开张典当铺等，与其他地域商帮展开竞争。其活动直接推动了福建地区社会经济的发展和生活习尚的改变，促进和影响着江南的商品生产和商品流通。

二　潮商文化

孙光辉. 潮汕人的中国梦［J］. 潮商，2013（4）：64—67.

关键词：潮汕人；中国梦；艺术奇葩；文化艺术；创业文化；事业有成；加工贸易区；闽南语；移民潮

机构：汕头市委

摘要：〈正〉汕头是座年轻的城市，只有150年的历史，但是汕头所在的潮汕地区（含汕头市、潮州市和揭阳市）却历史悠久。在这片土地上生存发展的潮汕人是一个非常独特的群体。他们有自己的语言——潮州话，属于闽南语系，源于中原，有八音，外人听不懂也学不好，因为它保留了很多唐宋官话的原韵。独特的语言也繁衍出独特的文化艺术，潮剧、潮乐是地方艺术奇葩……

吴二持. 潮商海上贸易的经营特点［J］. 潮商，2013（2）：47—50.

关键词：海外贸易；商业道德；海商；地理风貌；潮汕；地区经济；揭阳县志

摘要：〈正〉潮商的海上贸易经营活动，总体上呈现出一些明显的特点，或者说体现出一定的文化精神，这些明显的特点或文化精神也许正是清代潮商海上贸易迅速崛起的重要因素。一是敢于冒险。商船航行于海上，或则载有重货，或则携有重赀，时时处处都有两个方面的风险：人为的风险与自然的风险。前者为海上寇盗之行劫……

温斯婷. 潮汕商帮的融合之路有多远？［J］. 大经贸，2013（2）：66—70.

关键词：商帮；潮汕；融合之路；商会组织

摘要：〈正〉这种有别于其他地方商会的发展态势让这个以"团结"出名的商帮，面临着一个关于"力量延续"的长久命题——整合如何成为可能？带有商会性质的潮籍团体在近年来发展之繁荣，超乎外界想象。至今，仍旧无人能准确说出国内此类组织的具体数目。截至2011年初，全国各地潮商成立的潮汕商会就有70多家。另据不完全统计……

适庐. 潮商走向国际大联合［J］. 潮商，2013（1）：60—64.

关键词：潮汕；精神传统；发展战略；经济全球化

摘要：〈正〉潮商选择走向国际大联合，虽然有外部的大势所趋，但更是由潮商的特质与精神传统所决定的，并将为其影响和制约。我们通过对族群历史与族群身份的自觉与认同，有助于让潮商群体更准确地把握这一发展战略。最近在深圳召开的第五届潮商大会以《潮商走向国际大联合》为主题开设论坛，笔者受邀参加并发言。这是一个很有意义的论坛。时值十八大召开，与会商家都翘首以待……

胡少东，林丹明．从开埠到改革开放：制度与潮商的共同演化 ［J］．汕头大学学报（人文社会科学版），2013（2）：49—57，95.

关键词：潮商；制度理论；组织场域

机构：汕头大学商学院；汕头大学粤台企业合作研究院

摘要：近代潮商的发展与其所嵌入的制度环境密切相关，采用制度理论视角，从组织场域层面分析了制度与潮商的共同演化，认为150年前汕头开埠为潮商提供了有利的规制性制度。不过，在近代，政府当局并不能为商业活动提供一个较完善的规制性制度环境。经济特区的设立同样给汕头带来了有利的规制性制度，但规制性制度优势在逐步丧失。同时，在转型经济中我们未能建立有利的规范性制度支柱和文化认知性制度支柱，不利的制度环境制约着现代潮商的发展。

潮商之光·姚记之夜 ［J］．潮商，2013（2）：63—64.

关键词：中国杂技团；杂技艺术；杂技剧；潮汕；潮商；文化产业

摘要：〈正〉近日，中国杂技团推出的原创杂技剧《金小丑的梦》在北京首演，并同时启动了"姚记之夜·潮商之光——《金小丑的梦》"全球巡演之旅。《金小丑的梦》诠释了杂技演员的梦想：摘取杂技艺术桂冠上的宝石——"金小丑"奖。而该剧的全球巡演也开启了潮商迈向文化产业的征程。该剧首演后，海内外潮汕商会"会长俱乐部"筹备座谈会在北京举行……

张丽纯．潮商：树高千尺不离根 ［J］．潮商，2013（2）：43—46.

关键词：潮汕；陈有汉；商帮；生存环境；马化腾

摘要：〈正〉每一个人的心里，都有一方魂牵梦萦的故土；每一个族群的身上，都流淌着一种叫作"根"的血液。长久以来，流传着"海内一个潮汕，海外一个潮汕"的说法。肥沃的潮汕平原三面背山、一面向水、人多地少的特殊生存环境，迫使越来越多的潮商选择向外拓展，寻找理想，开创事业。潮商足迹密布五湖四海、各大领域，潮汕商帮的传奇……

陈文波．潮商的根 ［J］．潮商，2013（2）：1.

关键词：潮汕；商帮；生存环境；中华传统美德

摘要：〈正〉肥沃的潮汕平原三面背山、一面向水、人多地少的特殊生存环境，迫使潮商选择向外拓展，开创事业。潮商足迹密布五湖四海、各大领域，潮汕商帮的传奇，在一代又一代潮商的身上得到传承和演绎。然而，无论他们走得多远，无论取得多大成就，无论外面的世界如何精彩，在他们心里常惦念、梦里常相思的始终是那么朴实如常……

潮商资本悄然构筑保险帝国 ［J］．潮商，2013（2）：55—56.

关键词：中国平安；马明哲；潮商；马化腾；资本市场

摘要：〈正〉有消息称由阿里巴巴的马云、中国平安的马明哲、腾讯的马化腾联手设立的众安在线财产保险公司，已走完监管审批流程，有望获得筹建批文。这将成为潮商进军保险业最新案例。近年来，在政策和市场的双重挤压下，一度从房地产市场吃到"奶油蛋糕"的潮商资本正潮水般退出这个行业，并逐渐向以保险为主的金融领域渗透……

陈文波．潮商资本　天下财富 ［J］．潮商，2013（3）：1.

关键词：富豪榜；潮汕人；《福布斯》；潮商

摘要：〈正〉当年为了生存，潮汕人纷纷借船出海，辛勤拼搏，纵横四海，终成事业。日前，2013 年《福布斯》在纽约发布全球亿万富豪榜，亚洲首富李嘉诚的财富神话继续上演，财富排名晋升至第 8 位，再次荣膺全球华人首富。总资产 10 亿美元以上的"全球华人富豪榜"中，潮商的经济实力最强，有 60 人上榜，占富豪榜的 1/6，总财富达 820.5 亿美元，占总财富近 1/4。潮商已遍布于全球五大洲……

张丽纯．郭子彬：崛起于上海滩的近代潮商 ［J］．潮商，2013（4）：90—92.

关键词：郭子彬；潮汕人；资本转化；近代民族工业

摘要：〈正〉汕头开埠以后，商业和对外贸易以及海洋运输业迅速发展，不少潮汕人纷纷走出故里，到中国沿海各商埠和东南亚等地闯世界，艰辛创业，精心经营，成为近代潮商翘楚。其中，汕头潮阳人郭子彬于 19 世纪 70 年代奔赴上海谋生，经过数十年的辗转经营，崛起成为当地著名的潮商。他在积累了巨额资金后，适时将商业资本转化为工业资本……

罗堃．潮商家族那些事儿 ［J］．潮商，2013（4）：29—30.

关键词：东方犹太人；商业奇迹；长江基建；潮商；公益慈善；陈有汉

摘要：〈正〉潮商，被国外誉为"东方犹太人"，这个蕴蓄数百年商业文化的优秀族群，他们不断创造商业奇迹，经过数十年、数百年的发展，也产生了许多潮商家族，而这些家族在发展过程中又有哪些故事，让我们一起走进潮商家族去了解他们的那些事儿。李嘉诚："不能浪费"。早在 2006 年，李嘉诚就曾表示，会将个人财产的三分之一捐作公益慈善之用，李嘉诚坦言基金会是他的"第三个儿子"……

陈文波．潮汕情　家园梦［J］．潮商，2013（5）：1.

关键词：潮汕；经济合作；实体化；《福布斯》；潮商；长江实业；商界精英；商业杂志

摘要：〈正〉2013 年 11 月 8 日，在汕头举行的广东省第五届粤东侨博会上，国际潮籍博士联合会隆重成立，打造全球潮籍人才网络，建设海内外潮籍人士高端智库。11 月 13 日在武汉举行的第十七届国际潮团联谊年会上还将成立国际潮商经济合作组织，开创潮商大集团、大财团、大经贸布局，构筑国际化、实体化、经济化的全球潮商

罗堃．潮商：一个创造"日不落"商业奇迹的商帮［J］．潮商，2013（5）：53—56.

关键词：商帮；潮汕人；商业奇迹；晋商；徽商；澳门潮州同乡会；潮人

摘要：〈正〉潮商是继晋商、徽商之后，在中国近现代史上最具影响力和生命力的著名商帮。潮商历经曲折而不衰，至今仍继续活跃于国际经济主流。潮商漂流海外的人数众多，据估计，海外有华人华侨 5000 万，而潮汕人有 1000 万，约占 20%。相对其他地区的商人来说，潮商有更高的世界性声誉……

罗堃．潮商企业的家族模式与传承［J］．潮商，2013（4）：23—25.

关键词：家族管理；家族企业；危机管理机制；潮商；正大集团

摘要：〈正〉中国有句俗语"富不过三代"，这仿佛成了不少评说家族企业传承的标准答案，有国外研究机构研究认为，世界上约有 70% 的家族企业未能传到下一代，88% 未能传到第三代，只有 3% 家族企业在第四代以后还在经营。正是因为如此，如何继续保持家族对企业的控制成为大多数潮商的夙愿，无论是年龄还是危机管理机制的需要，都迫使不同年代的潮商们不得不考虑家族代际传承这一重大问题。应当讲，潮商企业的家族化贯穿于企业的各个时期，在创业阶段，海内外潮商大多白手起家……

陈坤达．讲述潮汕人的故事［J］．潮商，2014（1）：51—53.

关键词：潮汕人；血缘亲情；陈元光；衣冠南渡；三山国王

摘要：〈正〉一百多年前，第二次鸦片战争的硝烟刚刚消散，英、法等国的传教士和有背景的商人纷纷来到潮汕，不久，他们敏锐地观察到潮汕人有着其他民系所没有的特质，英资怡和洋行在《1882—1891 年潮海关十年报告》中称："全帝国公认，汕头人（指潮汕人）非凡的联合本领……使他们的国内同胞望尘莫及！"确实，长久以来，潮人超强的血缘亲情、乡土观念和勤劳智慧让世人惊叹……

尤小年，罗堃．潮涌珠海　商展宏图　第六届潮商大会在珠海隆重举行［J］．潮商，2014（6）：74—75.

关键词：潮商；国家战略；现代化建设；海外联谊会

摘要：〈正〉2014 年 11 月 18 日，第六届潮商大会在珠海横琴湾隆重开幕，来自世界各地的 128 个商会代表团 2000 多名潮商精英汇集珠海，围绕"潮涌珠海　商展宏图"的主题，共商大计，共谋发展，积极融入"一带一路"国家战略，努力为国家改革开放和现代化建设做出新贡献。全国政协原副主席罗豪才、黄孟复，全国侨联副主席李卓彬，香港中联办副主任黄兰发，广州军区原副政委张汝成，广东省委常委、珠海市委书记李嘉，广东省委原副书记、广东潮人海外联谊会会长蔡东士……

尤小年，罗堃. "潮商携手·共赢未来"主题论坛在珠海召开 [J]. 潮商，2014 (6)：76.

关键词：潮商；主题论坛；林伦伦；韩山师范学院；潮汕；海外联谊会；商帮

摘要：〈正〉2014 年 11 月 18 日下午，由韩山师范学院院长林伦伦主持的第六届潮商大会之"潮商携手·共赢未来"主题论坛召开。第六届潮商大会荣誉主席、深圳市潮汕商会创会会长吴开松，第六届潮商大会荣誉主席、广东大印象集团有限公司董事长郑定平，南京潮汕商会会长周卫群，北京潮人海外联谊会副会长、国际潮团总会常设秘书处联络处主任张善德，广西潮人商会会长方秋潮五位主讲嘉宾分别以"全球化潮商抱团发展的必要性与品牌建设的重要性"……

潮商大会："可怕"可敬的潮汕人 [J]. 潮商，2014 (6)：77—78.

关键词：潮汕人；潮商；商帮

摘要：〈正〉潮商大会是国内规模最大、级别最高、影响力最大的潮商盛会，每两年举办一次。自 2005 年创办以来，先后在汕头、南京、北京、上海、深圳举办五届，规模及影响日益扩大，构建了凝聚各潮商组织交流合作、资源共享、优势互补的平台，也让众人见识到了潮商奋发团结、创新进取的一面。2014 年 11 月 18 日上午，第六届潮商大会在美丽的珠海横琴湾开幕。来自世界各地的 128 个商会代表团 2000 多名潮商精英汇集珠海，围绕"潮涌珠海·商展宏图"主题，共襄盛举……

彭南生，邵彦涛. 同籍专业化模式的演变及其差异——基于潮商与晋商的比较研究 [J]. 苏州大学学报（哲学社会科学版），2014 (1)：177—185，192.

关键词：同籍专业化模式；潮商；晋商；比较研究

机构：华中师范大学中国近代史研究所

摘要：施坚雅的同籍专业化模式有助于我们重新认识近代变革中一些商帮衰落的关键因素。晋商和潮商分别代表了同籍专业化模式的两种演变路径。随着商业经营规模的扩大，晋商逐渐由小家族企业向同籍联合企业转变；潮商则进一步明确和规范了小家族企业，逐步转变为家族联合专业化企业形态，并通过对家族成员的专业训练来减轻和替代对同籍专业化模式的依赖。潮商与晋商在同籍专业化模式上的差异直接影响了他们在近代变革中的制度创新能力。潮商以家族制度融合西方股份制，降低了制度创新成本，实现了从传统到现代的转换；而晋商的同乡联合模式则抗拒现代法人制度，导致了高昂的制度创新成本。

罗荣. 潮商特点：不熟不做 ［J］. 潮商，2014（1）：46—48.

关键词：潮汕人；商帮；晋商；徽商；边境贸易；潮商；中国富豪榜；商业传统；《福布斯》

摘要：〈正〉历史上，潮商是与晋商、徽商齐名的著名商帮。据不完全统计，在广西的潮商约有 10 万人，每年在广西创造的 GDP 在 300 亿元以上，是中国—东盟边境贸易主力军；在浙江义乌的潮汕人已经超过了 4 万人，开办的工厂 800 多家，经营商铺 12000 多家，年销售额在 500 亿元以上；在上海 60 多万潮汕人中，10 万潮商更是各领风骚；在海南，所有县城的集市或商业街都有不少潮商经营的铺面，海口市的水产码头、商业街也都有大量潮汕……

四海潮讯 ［J］. 潮商，2014（2）：64—66.

关键词：人豪；潮汕；旅游日；南澳县；文化旅游业

摘要：〈正〉汕头召开各地潮汕商会会长联谊座谈会。2014 年 4 月 6 日，汕头市工商联（总商会）、潮商大会秘书处召开各地潮汕商会会长联谊座谈会，畅叙乡情，增进了解，加强合作，共谋更大发展。汕头市市长郑人豪出席会议并讲话，希望更多的潮商积极参与到汕头的经济社会建设中来，共同推动汕头加快振兴发展……

李冕鸿，张文洲. 潮商创业文化与高职课程体系的融合 ［J］. 东方企业文化，2014（11）：146.

关键词：创业文化；潮汕地区；高职院校；课程设置

机构：潮汕职业技术学院

摘要：高职院校教育体系如何融入所处区域的文化特征，创建学院的办学特色，是国内外高职院校共同关注的问题。而潮汕地区的区域文化首要就是潮商的创业文化，作为地处潮汕地区的高职院校如何将潮商的创业文化融入整个教学体系中正是本文需要探讨的内容。本文将以潮商的创业文化为出发点通过研究课程设置与潮商创业文化的关系，探索潮汕地区高职院校如何将课程建设与潮商创业文化相融合，将潮商创业文化作为潮汕地区高职院校创办学特色的重要内容之一。

李闻海. 东粤菁华　潮商内核 ［J］. 潮商，2014（3）：62—65.

关键词：李嘉诚；潮汕人；马化腾；商界领袖；《福布斯》

摘要：〈正〉"潮商"在海内外是一个响亮的名字。2006 年《福布斯》公布的世界最具影响力的 25 位商业领袖中，有 2 位是我们潮汕人，其中一位是李嘉诚先生、一位是谢国民先生。潮商中，世界华人首富是李嘉诚先生，泰国首富是谢国民先生。年轻一辈的有马化腾等。"潮商"为什么这么有名？其特质是什么？其成功的秘籍又是什么？多年来，许多人在探讨这些问题。这里，作者想结合作者对李嘉诚先生、谢国民先生等商界领袖的了解，来谈谈潮商的特质。潮汕人是从中原移民来的……

《大潮商魂》登台　再现潮商精神 [J]．潮商，2014（5）：86.

关键词：方言话剧；潮商；精品剧目；赵曙光；潮汕文化

摘要：〈正〉由汕头市话剧团精心创作的大型方言话剧《大潮商魂》日前在汕头市潮艺中心慧如剧场汇报演出。这是首部反映潮商题材的舞台巨作，也是汕头选送参加第十二届广东省艺术节的优秀精品剧目。《大潮商魂》由陈继平、赵曙光编剧，以清光绪初年汕头招商局一段波澜壮阔的历史为背景，描写以杨天麟为首的华侨潮商在面临外商垄断，官办轮船公司僵化管理，大古洋行借机施压并意图搞垮……

罗堃．潮商：热心教育　崇文重教 [J]．潮商，2014（4）：61—64.

关键词：崇文重教；商帮；商人群体；晋商；潮汕人；徽商

摘要：〈正〉潮商是与晋商、徽商并立，势力最大、影响最深远的中国三大商帮之一，是唯一一个没有断代的大商帮；是世界上人气异常兴旺的财富军团；是当代商界最活跃的商人群体之一。他们拼搏进取、永不言败，上演了一幕幕掘金大戏，发动了一场场经典商战。他们是一个历经 500 多年依然生机勃勃的商帮，足迹遍及全球，英名传遍世界。同时，潮商又热心公益、崇文重教。仁者为善，兼济天下是潮商的精神表征，潮商为善，义不容辞；崇文重教，代代相传……

陈文波．潮商盛会　再展宏图 [J]．潮商，2014（5）：1.

关键词：海上丝绸之路；潮汕人；潮汕文化；潮人

摘要：〈正〉风雨兼程，一路欢歌。近 10 年来，各地潮商会如雨后春笋，茁壮成长，目前国内已有潮商会超 100 家。2014 年 11 月 18 日，2000 多名潮籍商界翘楚云集广东珠海，参加主题为"潮涌珠海·商展宏图"的第六届潮商大会，寻求商机，共谋发展，再造辉煌。缕缕的乡情，共同的心愿，把潮商的心紧紧相连。潮商作为改革开放的见证者、参与者、受益者，凭借辛勤的劳动、敏锐的眼光……

罗堃．陈少慈：潮商胆大团结，有勇有谋 [J]．潮商，2014（5）：66—67.

关键词：潮汕赋；商帮；潮汕人；晋商；徽商

摘要：〈正〉2014 年 11 月 17—19 日，第六届潮商大会将在珠海横琴隆重举行，这是时隔两年后再次举行，会议将以"潮涌珠海·商展宏图"为主题。潮商和晋商、徽商并称中国三大传统商帮，而和其他两大商帮不同，潮商的形成有特定的历史原因，所以造成了潮商不同一般的经商性格。为此，记者近日专程采访我国著名学者陈少慈，请他从文化、历史的角度来谈一谈潮商。陈少慈，字华仙人，号根草堂主，广东潮汕人，是我国著名诗人、辞赋家。其撰写的《潮汕赋》《鹏城八景》……

罗堃．第六届潮商大会在珠海隆重举行 [J]．潮商，2014（5）：68.

关键词：潮汕；信息交流；潮人；社会经济发展；珠海市政府

摘要：〈正〉2014 年 11 月 17 日至 19 日，由珠海潮人总商会主办的第六届潮商大会，在珠海召开，会议将围绕"潮涌珠海·商展宏图"的主题展开，预计届时将有近 2000 名海内外潮商社团代表、特邀嘉宾会聚珠海，寻求商机，共谋发展。据介绍，第六届潮商大会除盛大的开闭幕式、招商推介会、潮汕四市名优产品博览会、文娱晚会等多姿多彩的活动外，还将安排产业对接交流会，参会企业家将被分为房地产开发，金融，百货、物流、餐饮，农牧畜、水产养殖，电子科技等五个行业……

历届潮商大会回眸 [J]．潮商，2014（5）：69—73.

关键词：地域文化特色；刘艺；会议展览中心；潮商大会

摘要：〈正〉第一届潮商大会——汕头。2005 年 6 月 18 日至 19 日，以"交流、合作、服务、发展"为主题的首届潮商大会在汕头林百欣国际会展中心隆重举行。来自海内外的 39 个潮商代表团 600 多名潮籍商界翘楚云集汕头，参加这次既具有鲜明地域文化特色，又体现开放特征的商贸盛会，共同见证这载入潮商辉煌历史的一刻……

黄晓敏．16 位潮商登 2014 福布斯中国富豪榜　总身家 2218 亿元 [J]．潮商，2014（5）：74—78.

关键词：《福布斯》；中国富豪榜；潮汕；潮商

摘要：〈正〉对于大陆潮商而言，2014 年的《福布斯》排行榜并没有太多新奇的感受，上榜名单中虽有新增，但排名都在第 200 位以后，榜单前数十位的失落，却不啻于是潮商现状的真实写照。16 位上榜潮商总身家 2218 亿元人民币，9 成以上是上市公司。单单小马哥一人就占据了超过 1/3 的财富。但潮汕上市企业带来的繁荣以及因此带来的更多的上榜数无法掩饰个中的唏嘘，我们看到，16 个上榜富豪中……

三　海外贸易

曹世霞．宋朝泉州港崛起的原因探究 [J]．学理论，2013（12）：161—163.

关键词：宋朝；泉州港；原因

　　机构：黑龙江大学

　　摘要：泉州港是我国古代重要的港口之一，其兴起虽然较晚，却后来居上，到宋元时期迅速崛起，一举成为驰名中外的国际大港，以"刺桐港"美名享誉世界。其崛起是多种因素相互结合的产物，本文主要就宋时泉州港兴起原因进行探讨，对其崛起原因进行研究不仅可以探究我国港口的发展规律，而且可以为现在海外交流提供借鉴意义。

　　徐晓望．关于泉州蕃商蒲寿庚的几个问题［J］．福建论坛（人文社会科学版），2013（4）：99—105.

　　关键词：蒲寿庚；市舶司；泉州；抗元

　　机构：福建社会科学院历史研究所

　　摘要：本文考证了有关蒲寿庚历史的一些问题。蒲寿庚早年在泉州市舶司任九品级别的制幹，他一边做官，一边经商，势力越来越大，宋末已经是"家僮数千"的豪富。对于海外学者质疑宋末蒲寿庚的官职，作者认为，在宋末特殊的历史背景下，这些职务都是真实的。其人任沿海都制置、闽粤招抚使、泉州知州等职都可得到史料的证明。蒲寿宬与蒲寿庚的关系不错，两人在政坛上一唱一和，蒲寿宬叛宋是可确认的。宋末泉州降元的官僚只是部分人，另有一些受理学教育的官僚和学者坚持抗元立场，牺牲惨烈。

　　范金民．清代前期福建商人的沿海北艚贸易［J］．闽台文化研究，2013（2）：5—22.

　　关键词：清代前期；福建商人；沿海；北艚贸易

　　机构：南京大学历史系

　　摘要：清代康熙年间设立海关开海贸易后，沿海贸易迅速兴起，海道成为新的南北商品贸易大通道。江浙、闽粤、山东、关东商人是清代前期沿海运输的商人主体，其中福建商人特别是泉州、漳州、福州和兴化四府商人尤为突出，他们不仅大力展开闽台地区对江南、山东、天津和关东的远距离北艚商品贸易，而且以沿海都市上海、苏州、宁波、乍浦和天津等地为据点，以地域性商业会馆为纽带，将闽、广、台地区盛产的大宗商品蔗糖、果品、杂货，福建地区的大宗商品木材、纸张、靛青、茶叶，源源不断地输向江南、华北和关东大地，同时又将江南的大宗商品棉花、布匹、丝绸、书籍，华北的杂粮，关东的大豆、豆饼等商品运回，为沟通南北商品流通和保障民众生活、增加国家财政税收等方面发挥着重要作用。

　　高炳文．漳州市发现的"番银"考析［J］．福建文博，2013（1）：12—15.

　　关键词：漳州；西班牙、荷兰银币；16—20 世纪

机构：漳州市博物馆

摘要：16 世纪以后，随着漳州月港成为国际贸易港口，大量的海外货币源源不断地流入闽南地区。据调查，这些货币主要来自我国东南亚周边国家、拉美地区和欧洲殖民大国共 30 多个国家和地区，版别达数百种之多。本文主要记述了漳州地区出土的西班牙及其所属殖民地银币（"块币""十字钱"、西属美洲"双柱双地球"银币、国王头像双柱币）和荷兰及其所属殖民地银币（"马剑"银元、帆船币、东印度公司货币、其他形制荷兰币）。有些银币种类较为罕见，为研究世界货币史提供了新的资料。通过这批银币的研究，对了解明清时期漳州月港的海外贸易及海丝文化都有重大的意义。

黄诗琦，史振卿．浅析宋代海南贸易的发展［J］．旅游纵览（下半月），2013（1）：50.

关键词：宋代；海南；贸易

机构：海南师范大学文学院

摘要：宋代是海南发展的重要时期，海南靠着自己独特的优越的自然条件，不仅仅和大陆之间经济贸易十分密切，更主要的是在东西海上贸易中具有越来越重要的地位，成为海内外的交通枢纽。

姜波．从泉州到锡兰山：明代中国与斯里兰卡的交往［J］．学术月刊，2013（7）：138—145.

关键词：锡兰；泉州；海上丝绸之路

机构：国家文物局水下文化遗产保护中心

摘要：1911 年在斯里兰卡南部的加勒港（Galle）发现了永乐七年"郑和布施锡兰山佛寺碑"，此碑用三种文字记述了郑和向佛世尊、毗湿奴和真主阿拉贡献布施的史实。与此相呼应的是，20 世纪 90 年代以来，在中国福建泉州发现了钦赐"世"姓的锡兰国后裔的祖茔与墓碑，这些碑文反映了古代中国人、印度人、波斯人在海上丝绸之路上活动的历史事实，同时也反映了海上丝绸之路不仅仅是东西方商贸之路，同时也是东西方宗教文化交流之路。元、明时期中国与斯里兰卡海上交流的史实有助于理解古代海上丝绸之路上的族群、语言与宗教背景。

杰里米·格林，尼克·伯宁罕，黄友泉．中国福建泉州古船（上）［J］．南洋资料译丛，2013（1）：71—82.

关键词：龙骨翼板；列板；翻译成英文；李国清；交通史

机构：泉州海外交通史博物馆

摘要：〈正〉1975 年，对泉州古船最初的报道见诸发表于中国考古杂志《文物》

上的 4 篇系列文章（《宋代沉船》1975 年 a，b，c，d）。1977 年，这些文章由默温（Merwin）翻译成英文。1979 年，苏尔梦（Salmon）和龙巴尔（Lombard）对这些报告做了评论。1981 年，基思（keith）和巴耶斯（Buys）对泉州船做了简单的探讨……

杰里米·格林，尼克·伯宁罕，黄友泉．中国福建泉州古船（下）［J］．南洋资料译丛，2013（2）：68—82.

关键词：隔舱；列板；李国清；交通史；泉州港

机构：泉州海外交通史博物馆

摘要：〈正〉锔钉或挂锔（夹铁）船壳列板通过 L 形的金属架——挂锔或锔钉，与隔舱板连接在一起（徐英范，1985；李国清，1989）。根据泉州海外交通史博物馆编《泉州湾宋代海船发掘与研究》（1987：20）的记录，锔身嵌入隔舱壁（图 13 和图 14），锔脚嵌入船壳外表面。锔钉长从 400 毫米到 550 毫米不等，均为 60 毫米宽，厚度似乎都不超过 7 毫米。由于残存的锔钉已整体生锈……

荆晓燕．清康熙开海后中国对日贸易重心北移原因初探［J］．社会科学辑刊，2013（2）：164—168.

关键词：清初；对日贸易；重心北移

机构：青岛行政学院文史教研部

摘要：1684 年康熙帝解除海禁之后，中国对日贸易的重心发生了北移，即从福建地区转移到江浙地区。造成这种变化的原因主要有：江浙地区交通便利，同时又是中日贸易货物的主要产地，有利于减少贸易成本；清政府为了加强对中日洋铜贸易的管理，倾向于将贸易口岸集中在江浙地区；日本政府为了保证进口生丝和书籍的质量，在限定唐船入港数量时，对江浙地区的商船给予了政策上的优惠。在这些原因的共同作用下，明中后期以来中国对日私人海上贸易的格局在清初康熙开海禁后发生了变化，福建地区衰落，而江浙地区迅速崛起。

栗建安，羊泽林，李榕青，林雪铭，杨贵妹，廖富魁，平力，牛楠楠，方方，黄丽群，陈浩，阮永好，邱涌添．漳浦县菜屿列岛沉船遗址出水文物整理简报［J］．福建文博，2013（3）：2—8，98—97.

关键词：漳浦县；菜屿列岛；沉船；出水文物

机构：福建博物院；漳浦县博物馆

摘要：漳州海域为古代海上丝绸之路的重要组成部分，自古以来，复杂的海况使这片海域埋藏了丰富的水下文化遗产，也为一些不法分子所觊觎。本文通过对 2011 年 7 月被漳州市文物执法部门及市边防支队收缴的一批菜屿列岛出水文物进行初步整理，进而分析菜屿列岛水下文化遗存的性质以及出水器物的特征与年代。

林南中.闽南发现的早期法国银币 [J].东方收藏，2013（6）：105—107.

关键词：法国国王；葡萄牙人；大航海时代；路易十四；东印度公司；新航路

摘要：〈正〉16世纪，随着东西方新航路的开辟，世界进入环球大航海时代。葡萄牙人捷足先登来到中国进行贸易，紧随其后西班牙、荷兰、英国的商船相继东来，这些满载中国物产的商船返回欧洲后，因所售中国商品大受欢迎而获利甚丰。于是法国人亦不甘落后，效仿荷兰、英国的做法，在1664年组建法国东印度公司，专门用来同中国、印度及东南亚之间通商贸易……

林南中.闽南发现的早期英国硬币 [J].收藏，2013（15）：73—75.

关键词：伊丽莎白女王；都铎王朝；无敌舰队；海上霸权；海外贸易；东印度公司；乔治四世

摘要：〈正〉英国是继葡萄牙、西班牙之后来到东方的西方国家。早在都铎王朝第五代君主伊丽莎白女王统治时期（1558—1603），英国海军战胜了西班牙的"无敌舰队"，确立了英国的海上霸权，为英国从事海外贸易和殖民掠夺提供了强有力的保障。1600年英国东印度公司设立。伊丽莎白女王颁布命令，授予东印度公司具有垄断贸易、拥有军队、设立法庭等各种特权……

林南中.葡萄牙货币如何来到闽南 [J].收藏，2013（5）：93—94.

关键词：葡萄牙人；佛朗机；海上贸易；《明史》；亨利王子；迪亚士；海洋技术

摘要：〈正〉葡萄牙是最早到闽南沿海进行海上贸易的西方国家，《明史》中称其为"佛朗机"，后来人们根据闽南语音将其译为"葡萄牙"。15世纪初，在亨利王子的组织下，葡萄牙成为世界海洋技术及海上探险的领跑者。1488年，迪亚士绕过非洲好望角。1498年，达·伽马到达印度，找到了通向东方的航路。随后葡萄牙船队便由印度洋继续东进，1511年，葡萄牙入侵太平洋门户满剌加（后称马六甲）……

刘幸.元朝海禁政策研究 [J].鸡西大学学报，2013（8）：153—154.

关键词：元朝；海禁

机构：中国海洋大学文学与新闻传播学院

摘要：元朝不仅是中国历史上疆域范围最广的王朝，对外海陆贸易也最为繁荣。但是鲜有人知道元朝也是首开海禁政策的朝代，元朝90余年的历史中曾经有过四次海禁，海禁政策的实施对元朝海外贸易、对外关系等方面产生过很大的影响。

陈丽华.大德八年出使异域兵部侍郎许静山墓志考 [J].福建文博，2013（3）：21—26.

关键词：亦黑迷失；出使；许静山；泉州港

机构：泉州海外交通史博物馆

摘要：元代泉州港的海外交通十分发达，成为朝廷遣使海外诸国最主要的出进口岸。许静山墓志的发现，再次见证了泉州港的重要地位，是研究元代对外关系史的新物证。它表明亦黑迷失于至元二十一年、至元二十四年的出使活动均从泉州港启航，而许静山于大德八年的出使异域当和他的支持有关，同时表明亦黑迷失对泉州的海外贸易有一定的影响。

吕变庭，刘坤新．略论阿拉伯贸易对南宋经济和政治的影响 ［J］．青海民族研究，2013（2）：128—133.

关键词：南宋；阿拉伯商人；蒲寿庚

机构：河北大学

摘要：宋元之际阿拉伯贸易对于南宋政权的兴亡具有加速或延缓作用，一方面阿拉伯贸易为南宋中央和地方两级政府提供巨额海关税收，另一方面以蒲寿庚为首的阿拉伯商人集团与福建左翼军形成了一种对蒙元和南宋政治走向产生重要影响的地方势力。在南宋与蒙元交战的最后时期，蒲寿庚叛宋投元加速了南宋的灭亡。因此，对蒲寿庚的功与过学界论说不一，本文认为蒲寿庚叛宋的间接原因是陈宜中等滥杀无辜，造成了福建左翼军与朝廷的相互不信任。当然，直接原因则是张世杰劫掠蒲氏的船舶和家资。

马丽蓉．中阿民间交往模式的形成、特征及其影响 ［J］．回族研究，2013（1）：40—45.

关键词：中阿文明；交往；民间交往；交往模式；人文外交

机构：上海外国语大学中东研究所

摘要：纵观中阿文明上千年的和平交往历史后发现，中阿之间的民间交往主要通过宗教之旅、学术之旅和商贸之旅等方式时断时续、绵延不断地进行，并形成独特的"三轨并存"交往模式，在中阿民间交往史上发挥了重要作用，并成为新中国对阿拉伯—伊斯兰国家人文外交的重要组成部分。

孟原召．中国境内古代沉船的考古发现 ［J］．中国文化遗产，2013（4）：54—65，8.

关键词：舟船；木板船；考古工作；水下考古；德化窑

摘要：〈正〉我国古代舟船起源甚早，《易经·系辞下》已载有："刳木为舟，剡木为楫，舟楫之利，以济不通，致远以利天下。"从早期的独木舟，到汉唐时代木板船，再到宋元、明清时期的各式帆船，其发展绵延悠久，脉络明晰。新中国成立以来，通过考古工作在全国各地均发现了不同时期的沉船实物，逐渐揭开了我国古代舟船发展的历史面貌。谈及沉船，我们总是容易想到水下考古，想到沉没于茫茫大海的古船，比如颇受各界关注的广东南海Ⅰ号宋代沉船即为此类。殊不知，我国古代内河航运也十分发达，而古代沉船遗迹的发现与探索更是缘起于陆地考古，包括因河道或海港历史变迁而形成的淤陆沉船……

莫清华．在中国安息的外国国王与落籍中国的锡兰王子［J］．文史月刊，2013（7）：37—39.

关键词：锡兰；朱棣；永乐皇帝；特混舰队；空前盛况；明英宗朱祁镇；满剌加；文莱国；泉州港

摘要：〈正〉明代永乐年间（1403—1424），中国堪称世界首号强国。皇帝朱棣数次派郑和下西洋，同时实行"朝贡外交"政策，中国与世界有了广泛亲密的联系，与国际的来往交流出现了空前盛况。郑和下西洋的船队，可以说是当时世界上最强大的"特混舰队"……

徐晓望，徐思远．论明清闽粤海洋文化与台湾海洋经济的形成［J］．福州大学学报（哲学社会科学版），2013（1）：5—13，38.

关键词：闽粤商人；台湾经济；海洋文化；海洋经济

机构：福建社会科学院历史研究所；上海财经大学经济学院

摘要：明朝的海禁使中国传统的海洋文化被压缩到闽粤交界的漳潮区域，明朝海禁松弛之后，闽粤海洋文化向环中国海区域传播，构成以闽粤人为核心的海洋贸易网络。台湾作为闽粤海洋网络的一个枢纽，从其海洋经济发生的一开始，就受到闽粤海洋文化巨大的影响。漳潮的海盗文化，是台湾开发的基础；闽粤的重商文化，培育了台湾的商人阶层；而闽粤沿海以出口为导向的海洋经济移植，是台湾海洋经济产生的原因，也是台湾经济能够迅速走在中国前列的根本因素。

许家堃．哪里是海上丝绸之路的始发港［J］．沧桑，2013（3）：18—20，44.

关键词：海上丝绸之路；始发港

机构：广西合浦县山口中学

摘要：笔者认为只有时序上最早获得进出口权的港口，才能定义为海上丝绸之路始发港。泉州因"治无定名""名不定治"，因此不是海上丝绸之路始发港。番禺河运居优，海运居劣，也不是海上丝绸之路的始发港。徐闻古港因朝廷未授予进出口权力，也不是严格意义上的海上丝绸之路始发港。合浦港因独特的地理条件并设有税关，所以成为中国海上丝绸之路唯一的始发港。

郑云．龙海海域水下文物遗存初探［J］．漳州师范学院学报（哲学社会科学版），

2013（2）：119—121.

关键词：古代沉船；水下文物；航线考证

机构：龙海市博物馆

摘要：龙海市与厦门特区共处一个海湾，是明代中叶我国东南沿海地区开展海外贸易的中心，也是"海上丝绸之路"重要启航港。这里蕴藏着丰富的水下文物资源，随着水下考古全面展开，已经发现四处水下文物遗址，并初步挖掘出一大批瓷器和金属器，为研究沿海地区的历史、经济、文化、民俗提供了十分可靠的资料。

郑云．明代漳州月港对外贸易考略［J］．福建文博，2013（2）：14—19.

关键词：漳州月港；对外贸易；海上丝绸之路；始发港

机构：龙海市博物馆

摘要：明代中期，西方殖民势力东渐，倭寇侵扰。明朝政府推行"海禁"，东南沿海地区的福州、泉州、广州等对外通商港口被关闭。为冲破官府限制，继续开展海外贸易，民间海商探得海澄月港优越地理条件，四方汇聚而来，从而使月港逐渐发展成为当时东南沿海对外贸易中心和"闽南大都会""天子南库"，开创了我国民间海外贸易的先河，首次把中国贸易扩张到印度洋、太平洋的国家与地区，主导了东南亚的贸易市场。在中国"海上丝绸之路"的链条中，无论从时间、空间上来看，都是不可或缺的重要一环。

庄小波．浅谈泉州海外交通史博物馆藏景教石碑［J］．东方收藏，2013（4）：54—55.

关键词：交通史；海上丝绸之路；亚历山大港；基督教艺术；宋元时期；中国福建

摘要：〈正〉泉州位于中国福建东南部，是中国古代"海上丝绸之路"的主要港口之一，历来就有对外通商和友好交流的传统。在很长的一段历史时期内，泉州受到过各种宗教文化的影响，在当地的文化和文明发展史中留下了很深的印记，因此泉州堪称是"宗教大观园"。宋元时期，泉州是与埃及亚历山大港齐名的世界大港。朝廷对各宗教采取兼收并蓄的态度，道教、佛教、伊斯兰教、景教和明教都可以自由传播，多种宗教在泉州并存……

黄伟．从一方墓志铭谈明清时期泉州与琉球的关系［J］．东方收藏，2013（6）：80—81.

关键词：琉球；王应元；狮头山；泉州市鲤城区；江南街道；墓主；泉州港；篆额；宗藩关系；朝贡贸易

摘要：〈正〉2011年3月，泉州市考古队在泉州市鲤城区江南街道乌石社区的狮头山下发掘了一座明代墓葬，墓葬中出土了铜镜、小瓶、烛台、小罐等器物共十三件及两方墓志铭。发现的两方墓志铭，分别为墓主王应元和夫人郑氏。墓主王应元的墓志铭，质地为黑页岩，平面形状上弧下方。边缘凹凸不平。文字布局为上部墓铭篆额，下部楷书墓志铭……

林梅村. 《郑芝龙航海图》考——牛津大学博德利图书馆藏《雪尔登中国地图》名实辨 [J]. 文物，2013（9）：64—82，1—2.

关键词： 郑芝龙；中国地图；雪尔；康熙皇帝；施琅；明万历；料罗湾；始发港；清军入关；西方传教士

机构： 北京大学考古文博学院

摘要： 本文讨论了牛津大学博德利图书馆藏《雪尔登中国地图》入藏始末、年代，论证了《雪尔登中国地图》实乃《郑芝龙航海图》以及《郑芝龙航海图》的西方图源与图名。据初步调查，这幅明代航海图绘制于崇祯六年（1633）至崇祯十七年（1644）。图中东西洋航线以泉州为始发港，绝大部分航线在郑芝龙海上帝国控制范围之内。同时发现，郑芝龙旧部施琅之子施世骠所绘《东洋南洋海道图》与此图一脉相承，皆源于西方投影地图，《郑芝龙航海图》借鉴了料罗湾大捷缴获的西方海图。明万历以后所谓"西洋"指东南亚海域，清初更名"南洋"，《雪尔登中国地图》的原名或为《大明东洋西洋海道图》，康熙六十年（1721）由施世骠献给了康熙皇帝。

林清哲. 福建晋江深沪湾明末清初古沉船遗址 [J]. 东南文化，2013（3）：55—59.

关键词： 深沪湾；沉船遗址；军事文物

机构： 晋江市博物馆

摘要： 1999年，福建省晋江市深沪湾出水一批文物，包括铜铳、铁炮、瓷盘、铜锣、锡壶等，晋江市博物馆对该批文物进行了征集。2000年、2006年，中国水下考古队先后派人到文物出水现场调查，初步判定其为一处明末清初古沉船遗址。在对该批文物进行整理后，可知晋江深沪湾沉船的性质应该为军事战船。

高炳文. 漳州窑与世界各地的贸易 [J]. 闽台文化研究，2013（4）：35—41.

关键词： 明末清初；漳州窑；陶瓷贸易

机构： 漳州市博物馆

摘要： 漳州窑是中国古代外销瓷的一个重要组成部分，明末清初漳州月港发展成为国际性的贸易港口，漳州窑瓷器的对外贸易也随之繁荣发展起来。通过文献考究和考古发掘，并对漳州窑瓷器外销东南亚以及经由东南亚转运外销进行综合考察发现，漳州窑瓷器随着月港的扬帆通商已遍及欧洲、非洲、美洲、东南亚、日本等世界各地，并影响着世界各地的文明进程。

林清哲．明末清初福建陶瓷文化在东南亚的传播及影响——以漳州窑系为中心
[J]．南方文物，2013（3）：70—76.

关键词：漳州窑；冯先铭；陈万里；陶瓷文化；中国陶瓷；东南亚地区；苏门答腊；磁灶窑；景德镇窑

机构：福建晋江市博物馆

摘要：〈正〉一、东南亚与我国隔海相望，地处中西方交通要冲，是中西贸易货物转运、集散中心，也是古代中国陶瓷外销的主要地区。从考古发现看，早在新石器时代中国很可能与东南亚就有了陶瓷交流往来，并一直延续到明清。关于福建与东南亚的陶瓷交流之研究，最早可以追溯到韩槐准对南洋发现的中国古外销瓷的研究以及陈万里、冯先铭等对闽南古代窑址的调查。三上次男介绍了中国陶瓷在菲律宾、婆罗州、苏拉威西、爪哇、苏门答腊等东南亚地区的发现情况……

陈静莹，李扬．樟林古港：一段会呼吸"海丝"的历史 [J]．潮商，2014（5）：26—27.

关键词：海上丝绸之路；汕头市澄海区；清朝中叶；南宋时期；泉州港；月港；汕头港潮汕文化

摘要：〈正〉"中国海上丝绸之路有三个重要起源地，也是三个地标，它们分别是南宋时期的福建泉州港、元明时的漳州月港，以及清朝中叶的樟林港。"在潮汕文化研究资深专家陈训先眼里，如今位于汕头市澄海区的樟林古港，其实就是"海丝之路"上一段方圆2平方公里仍在呼吸着的历史。樟林，从一个海角荒埔发展成为负有盛名的港口，经历了无数风风雨雨，她的成长，正似大海起伏的波涛，成为汕头作为"海上丝绸之路"起源……

甘淑美，Eladio Terreros Espinosa，唐慧敏．17 世纪末—18 世纪初欧洲及新世界的德化白瓷贸易（第二部分）[J]．福建文博，2014（3）：2—15.

关键词：德化白瓷；瓷器；新世界；欧洲

机构：墨西哥城德尔神庙博物馆（INAH）国家人类学历史研究所

摘要：17 世纪末，德化白瓷已经大量输入欧洲和新世界。这点除了可见证于经海洋考古发现于欧洲船只船货中的德化白瓷外，葡萄牙和荷兰在亚洲的根据地、欧洲大陆以及西班牙、荷兰、英国、法国驻新世界和加勒比海地区的都市和宗教殖民地区考古发掘的德化白瓷也是可靠的凭据。德化白瓷贸易主要包含各种装饰物或日常用途的器皿。这类大规模生产的德化白瓷，质量参差，未见署款。英国东印度公司（EIC）的船货和销售记录也证明了德化白瓷贸易中也有一些为供应欧洲市场特别的需求而做。这些瓷器以私人贸易的方式数以千计地被运往英国，也有较少的数量运往欧洲大陆和各西班牙属新世界殖民地。这篇文章集中于新世界的德化白瓷贸易，讨论西班牙人通

过横跨太平洋贸易路线至新西班牙总督辖区及往后经由韦拉克鲁斯驶往西班牙的西班牙宝船舰队的大西洋贸易路线，在德化白瓷贸易上扮演了重要的角色。与此同时，新世界和加勒比海地区的英国、荷兰和法国殖民者则持续跟各西班牙殖民地隐秘通商而购入德化白瓷。达至 18 世纪中叶，欧洲和新世界的德化白瓷贸易几乎完全停止。

梁宪民．从祈风石刻探宋元泉州"海丝"祈风仪典［J］．黑龙江史志，2014（23）：53．

关键词：九日山；祈风石刻；祈风仪典

机构：福建师范大学社会历史学院

摘要：作为全国唯一留存下来的"祈风"石刻群，它生动地再现了宋元时期泉州"海丝"的繁荣盛况。而祈风石刻反映出的祈风"仪典"自然成为"海丝"祈风制度的重要组成部分。

松浦章（まつうらあきら），王亦铮．清代闽南海域航运研究的方法［J］．闽台文化研究，2014（2）：5—16．

关键词：清代；闽南海域；航运活动；研究方法

机构：日本关西大学；闽南师范大学闽南文化研究院

摘要：本文叙述了清代闽南海域的帆船等船舶的航运活动是如何展开的，并以史料为中心，介绍了如何让研究取得进展的方法。

苏惠苹．海洋社会变迁下的福建官绅与海商——以高寀事件为中心的考察［J］．闽台文化研究，2014（3）：22—29．

关键词：高寀；福建官绅；海商

机构：闽南师范大学闽南文化研究院

摘要：万历年间，神宗皇帝派遣矿监税使四出搜刮财物。高寀受命入闽，十几年间横征暴敛，给福建海洋经济社会秩序带来了极大的破坏，最终引发了地方官绅的联合反抗。本文以高寀事件为中心，分析福建官绅在维护海洋经济社会秩序方面的作为；这一时期，海商地位大幅度提升，成为一股不可忽视的社会力量。

郑庆平．考泉港槐山古窑址与"海上丝绸之路"起点［J］．文物鉴定与鉴赏，2014（2）：86—87．

关键词：槐山；古瓷窑遗址；四系罐；海上丝绸之路；泉港区；晋江地区

机构：福建泉州市泉港区博物馆

摘要：〈正〉槐山古窑址位于福建省泉州市泉港区界山镇槐山村北银厝尾和山仔头，暴露古窑址 5 处，各窑址相距在数十米至两百多米之间。1976 年调查，分别定名为银厝尾一窑、二窑，山仔头一窑、二窑及三窑（主要为前二窑）。1980 年，晋江地区文管会、泉州市文管会及泉州海外交通史博物馆等单位组成调查组对银厝尾一窑址进行了局部试掘，共采集标本近百件器物，有罐、壶、钵、洗、器盖及窑具等，其中以四系罐最多。据专家对出土物的鉴定，系为唐至五代时期的窑址。据传，这一带至唐时盛达 99 窑之多。而今尚存的 5 处窑址多被开荒为田，破坏严重，后经多次抢救性采集、发掘……

泉州：中国古代海上丝绸之路起点 ［J］．**理论参考**，2014（9）：64.

关键词：海上丝绸之路；台商投资区；闽南话

摘要：〈正〉泉州市地处福建省东南部，是福建省三大中心城市之一。北承省会福州，南接厦门特区，东望台湾宝岛，西毗漳州、龙岩、三明。现辖鲤城、丰泽、洛江、泉港 4 个区，晋江、石狮、南安 3 个县级市，惠安、安溪、永春、德化、金门（待统一）5 个县和泉州经济技术开发区、泉州台商投资区。全市土地面积 11015 平方公里，2012 年末常住人口 829 万人，少数民族有 48 个，以回族、畲族、苗族和蒙古族居多……

苏惠苹．史海耕耘见深功——读陈自强《明清时期闽南海洋文化概论》 ［J］．**闽南师范大学学报（哲学社会科学版）**，2014（1）：178—180.

关键词：明清时期；闽南；海洋文化

机构：闽南师范大学闽南文化研究院

摘要：海洋文化是闽南历史文化的重要组成部分，陈自强先生的《明清时期闽南海洋文化概论》是闽南海洋文化研究的专著。全书突出海洋，从长时段考察整个闽南地区的海洋文化状况，拓宽了研究的基础性资料，讨论了闽南士大夫的海洋意识，吸收借鉴了中外学界的前沿成果，论述了海洋文学研究的重要性。稍显不足的是本书对士大夫、海商群体之外的其他涉海人群关注较少。

唐宏杰．泉州市区北门街出土银币分析 ［J］．**福建文博**，2014（4）：65—68.

关键词：泉州；外国银币；移民潮；贸易活动

机构：泉州市文物保护研究中心

摘要：作为我国首批历史文化名城，泉州历史上对外交流十分频繁。泉州被誉为宋元时期"东方第一大港"和"海上丝绸之路"的起点。17 世纪以来，特别是清末民国时期，随着西方资本主义国家以及东南亚殖民地经济的发展，出现了大批闽南人出国谋生的移民潮，泉州由此成为我国著名侨乡。大量的外国货币随着贸易交往和人员往来被带到闽南特别是泉州并被保留下来，2001 年泉州市区北门街出土了大批古代外国银币，数量大、种类多，成为今天我们研究泉州海外贸易史、华侨史以及中外文化交流的重要实物资料。

徐肖楠．扬起中国海权理想的风帆——读《海权战略——郑芝龙、郑成功海商集团纪事》[J]．博览群书，2014（7）：53—57．

关键词：海权；海商；郑芝龙；文学叙事；世界视野；民族历史；中国国家安全

机构：华南理工大学新闻与传播学院

摘要：张培忠的《海权战略——郑芝龙、郑成功海商集团纪事》是一部文学体学术论述或学术化文学叙事的著作。这部作品从国家理想切入家族纪事，从世界视野切入民族历史，从文化经验切入海权现实，从高端理论切入平常生活，由此探询了中国海权理想和海权文化的发展与施行可能，让民族记忆中非国家性的家族集团纪事变得具有国家意义，让隐含在平常生存中的海权理想凸显出来。

徐晓望．林希元、喻时及金沙书院《古今形胜之图》的刊刻[J]．福建论坛（人文社会科学版），2014（3）：75—80．

关键词：古今形胜之图；金沙书院；林希元；喻时

机构：福建社科院历史研究所

摘要：本文考证了在中西文化交流史上起过重要作用的《古今形胜之图》刊刻的缘起。从江西学者喻时在江西信丰北宫初次刻图，到福建学者林希元在月港附近的海沧金沙书院重刊该图，再到闽南商人将其带到菲律宾，西班牙人由此图了解中华文化的发源地，并将相关信息传播到欧洲，闽籍学者与闽商在中西文化交流中所起的桥梁作用得以彰显。

四 茶文化

黄凤娜．莲花峰石刻与泉州茶[J]．福建文博，2013（3）：45—50．

关键词：泉州；莲花峰石刻；茶史

机构：泉州市博物馆

摘要：泉州地区早在晋代已懂得制作天然的绿茶，用以冲泡作饮料，取名"石亭绿"，其色带白，当地人又称"白茶"。最迟到唐末，随着移民的到来，种茶、制茶、品茶、咏茶开始在各地兴起。宋元时期，饮茶之风吹遍南北，从寺院到民间，茶业初步发展，开始与丝绸、瓷器一起销往海外，开辟横贯东西方的茶瓷之路。明代中期以后，安溪最先发明了茶树无性繁殖法，茶叶进入商品化时代。清代以来，茶业开始步入兴盛，乌龙茶大量外销。尤其是名茶铁观音的定名以及独特的制作技艺的成熟，茶树长穗扦插繁殖法的创新，使以安溪为核心的泉州茶在中国乃至世界茶史上均居重要地位并具有重要影响力。

彭一万. 厦门——海上茶叶之路的起点 [J]. 农业考古, 2013 (2): 194—201.

关键词: 厦门; 海上; 茶叶之路; 起点

摘要: 文章根据中外资料及学者的研究成果, 论证"厦门是海上茶叶之路的起点", 并分析其形成的原因、条件及时代特色, 提出厦门在传承茶文化方面和将其建成国际性茶都方面的具体建议。

陶诗秀. 中国茶在英国引发"亡国论"[J]. 文史博览, 2013 (3): 19—20.

关键词: 闽南方言; 国饮; 珠茶; 海军大臣; 饮茶习惯; 大叶种

摘要: 〈正〉1658 年, 英国报纸上出现了一则前所未有的广告: "一种得到医学证实、优越的中国饮料, 中国人称 TCHA, 其他国家称 TAY 或 TEE, 已在伦敦出售。"这是中国茶传入英国最早的文字记载。这里的 TCHA、TAY、TEE, 其实都是中国字"茶"的广东、闽南方言……

春茶选用正春茶鲜叶　每一颗铁观音都来自原产地安溪 [J]. 福建茶叶, 2013 (2): 58—59.

关键词: 安溪; 茶鲜叶; 茶树生长; 透析度

摘要: 〈正〉进入四五月份, 各种品牌的铁观音新茶纷纷上市, 为让读者品尝到优质的安溪铁观音, 安溪铁观音集团秉持多年的传统——选用正春茶鲜叶进行精加工, 并保证每一颗铁观音都来自原产地安溪……

蔡烈伟, 范春梅, 陈开梅. 闽南铁观音茶文化的形成与表现 [J]. 农业考古, 2013 (5): 47—50.

关键词: 闽南; 铁观音茶文化; 表现形式

机构: 漳州科技职业学院

摘要: 铁观音茶的发现、栽植、培育、创制约有 300 年的历史, 至清末民初形成独特的闽南铁观音茶文化, 成为中国茶文化中的奇葩。本文从闽南茶历史、茶资源、茶习俗和茶经济四个方面分析了铁观音茶文化形成的基础, 认为闽南铁观音茶文化主要有茶礼仪、茶商品、茶活动、茶艺术和茶旅游等多种表现形式。

李令群, 谢向英. 福建茶文化创意产业发展初探 [J]. 武夷学院学报, 2014 (1): 31—35.

关键词: 福建; 茶; 文化创意产业; 发展

机构: 福建农林大学管理学院

摘要: 本文提出了茶文化创意产业的具体内涵, 论述了福建省发展茶文化创意产业的重要意义, 在分析福建茶文化创意产业发展现状和问题的基础上, 提出了推动福建茶文化创意产业发展的几点建议：解放思想，加强对文化创意产业的认识；充分研究、挖掘、整理、利用福建省茶文化资源；发挥政府引导作用；倡导文化消费；培养、引进文化人才；加强闽台茶文化创意产业合作。

黄凤娜．泉州茶文化传播和茶产业成长的历史考察 ［J］．黎明职业大学学报，2013（1）：12—17.

关键词：茶文化；茶产业；泉州

机构：泉州市博物馆

摘要：泉州茶文化历史源头可追溯到晋末。宋元时期，饮茶之风盛行于官府、士族、寺院、民间，茶产业得到初步发展。明代中后期茶树无性繁殖法的发明，使得茶叶产量陡增，茶产业开始进入商品化时代。清代以来，茶树长穗扦插繁殖法的采用，使得茶叶产量提高、质量变优，茶产业得到兴盛繁荣。

陈志鹏，黄谨，孙秀锦．永春　百年佛手融禅韵 ［J］．福建农业，2014（2）：62—67.

关键词：永春佛手茶；名贵品种；狮峰；苏坑镇；物质文化遗产；余光中；玉斗镇；制茶技术

摘要：〈正〉诗人余光中说"桃源山水秀，永春佛手香"。永春佛手茶，产于著名乌龙茶主产基地——福建省永春县，系乌龙茶中的名贵品种之一。因其叶大如掌、形似香橼柑，始种于佛寺，故称"佛手"。永春佛手茶，又名香橼种，别名雪梨，系乌龙茶中风味独特的名贵品种之一，其发源地是永春达埔镇狮峰村的狮峰岩寺，它的制作技艺在泉州市第四批省级非物质文化遗产名录中榜上有名。然而，对于许多人，永春佛手茶可以说是养在深闺人不识，它有着什么样的历史文化？茶师们又是如何与时俱进，把它传承并发展起来的……

李志勇．德化茶叶产业现状和发展方向探索 ［J］．福建茶叶，2014（1）：52—54.

关键词：德化县；茶产业；发展；探索

机构：德化县盖德镇农业服务中心

摘要：德化县隶属产茶大省福建省，与铁观音之乡安溪一县之隔，毗邻佛手茶产地永春县，有着得天独厚的产制茶地理区位优势。全县总面积2232.16平方公里，其中山地面积273万亩，占总面积的81.6%，地势颇高，75%的地域海拔在800米以上，适宜培育高山有机茶园。然而，德化县茶叶产业体量较小，规模不大，茶叶年产量占泉州市总产量的2%以下；产业投入不足，资源利用率低，全县茶叶产业可开发空间巨大。本文通过描述德化县茶叶产业现状，分析茶叶产业发展存在的问题和挖掘德化县发展茶叶产业的自身优势，来探索规划未来德化县茶叶产业的发展方向。

陈树发. 平和白芽奇兰茶的闽南乌龙茶制作工艺 ［J］. 福建热作科技，2014
（3）：43—45.

　　关键词：平和；白芽奇兰；闽南乌龙茶制作

　　机构：福建省漳州市平和县农业局茶叶站

　　摘要：介绍平和白芽奇兰闽南乌龙茶制作方法。

王铭铭等. 安溪铁观音人文状况调查报告 ［J］. 文化学刊，2014（2）：47—77.

　　关键词：安溪；铁观音；人文状况

　　机构：北京大学

　　摘要：本报告围绕安溪铁观音展开实地调查，基于它所关涉的物、人、神三个层面，从工艺、品味和宇宙观的角度展开分析。将报告分为五个部分：第一，安溪的地理位置及它的茶史；第二，着重论述对铁观音种植与制作工艺的考察之所获，并论述铁观音这一"农作物"生产过程所蕴藏的人文关系类型；第三，对铁观音的饮品进行分析，将人文状况的视角当作分析"饮茶"活动的工具；第四，对安溪茶叶的人文关系进行历史考察，侧重从不同文化"亚传统"的特征，呈现铁观音生长的人物—文化土壤；第五，简要陈述调研的观念收获。

林丽凤，林丽云. 华安铁观音产品结构转型升级探索 ［J］. 福建热作科技，2014
（4）：64—65.

　　关键词：华安铁观音；加工；转型

　　机构：福建省漳州市华安县农业局

　　摘要："清香型铁观音"曾作为华安茶的特色主打产品，一度风靡茶界，如今却遇到发展的瓶颈。本文经过调查探索，提出在工艺上进行创新，发展清香型、韵香型、浓香型铁观音及"铁观音红茶"，实现优势互补，四轮并驱，推进华安铁观音产品转型升级，并提出需要探讨问题。

林锻炼. 陈香型铁观音标准的研究和制定 ［J］. 福建茶叶，2014（6）：37—38.

　　关键词：陈香型铁观音标准；意义；制定原则；内容

　　机构：国家茶叶质量监督检验中心

　　摘要：在闽南、台湾等地，早就有贮存和饮用陈茶的传统。近年来，饮用陈香型铁观音的群体不断扩大，一些乌龙茶龙头企业也在生产陈香型铁观音。因此，尽快研究和制定陈香型铁观音标准，扩大产业链，对促进乌龙茶产业持续健康发展具有重要的现实意义。

周新华. 福建漳浦明代"大彬壶"发现记 ［J］. 大众考古，2014（2）：39—41.

关键词：时大彬；大彬壶；福建漳浦；双峰村；中国茶叶博物馆；漳州窑；陶壶

机构：浙江农林大学文化学院

摘要：〈正〉2010年一个冬日的午后，作者到位于杭州双峰村的中国茶叶博物馆去看"闽南工夫茶俗与紫砂壶展"。庭宁人静，观者甚少。展厅内一件明代制壶名家时大彬所制茶壶，看似不起眼，却是国宝级的文物，还曾渡海到台北故宫博物院展出，声名甚隆。而作者见到它，则是带着一种如遇旧友的情怀，既欣喜又感慨。因为它当年发掘出土的时候，因缘际会，作者本人在场，亲历了整个过程。

孙晓曼．清代闽籍茶商的经营理念及对当地经济的影响［J］．兰台世界，2014（15）：40—41.

关键词：闽籍茶商；经营理念；当地经济；影响

机构：邢台学院经济与贸易学院

摘要：作为中国著名的茶产区，福建省在茶文化的传播和外销茶史上，都占据着举足轻重的地位。而闽籍商人的经营理念，更是促进了茶叶的出口贸易，并对当地经济，产生了巨大的推动作用。

郑政煌，郭雅玲，金珊．福建省茶类地理标志保护现状与发展对策［J］．食品安全质量检测学报，2014（5）：1557—1565.

关键词：福建省；茶；地理标志保护

机构：福建农林大学园艺学院

摘要：福建省是我国产茶大省。茶叶作为一种农产品，是地理标志保护的重要领域之一。我国茶类地理标志保护有3种制度，分别为国家质检总局系统的地理标志保护产品制度、国家工商总局系统的地理标志商标制度，以及农业部系统的农产品地理标志制。福建省茶叶在3大系统中均有注册地理标志，其中，茶叶类地理标志保护产品共有10个，茶叶类地理标志商标42个，茶叶类农产品地理标志15个，3种茶类地理标志均处于全国前列位置。在3个制度并存的条件下，福建省茶类地理标志保护存在重视注册地理标志但保护力度仍然不足等问题。本文在概述福建省地理标志保护现状及分析主要问题的前提下，通过借鉴茶类地理标志保护成熟的地区以及本省实际，对福建如何实施好茶叶地理标志保护提出建议。

宋建设，廖琼满．建设高效生态茶园　促进安溪和谐发展［J］．福建茶叶，2014（3）：47—48.

关键词：生态；茶园；建设；和谐发展

机构：安溪县农业与茶果局；安溪县茶叶技术推广站

摘要：本文简述了安溪县高效生态茶园建设的意义、建设模式和主要技术措施，而后阐述建设高效生态茶园，对茶产业持续健康发展和促进社会和谐稳定的重要作用。可对乌龙茶区如何建设生态茶园提供一定的参考和借鉴作用。

严绍德，李仲超．厦门市茶叶生产企业发展状况浅析［J］．厦门科技，2014（4）：22—25.

关键词：茶叶质量；企业发展状况；传统出口；产茶历史；茶品种

机构：厦门市工业产品生产许可证审查技术中心

摘要：〈正〉茶叶是我国人民日常消费的必需品，也是我国传统出口的优势农产品。茶叶富含茶多酚、氨基酸、维生素、生物碱和多种微量元素，是世界公认的天然健康饮品。全球有160多个国家种植茶叶，160多个国家有茶叶消费习惯，茶叶产业有广阔的市场空间和巨大的发展潜力……

向建红，雷安妮．福建省茶产业集群与产业链存在的问题及对策研究［J］．经济研究导刊，2014（23）：36—38.

关键词：茶产业集群；茶产业链；问题；对策；福建省

机构：武夷学院商学院；厦门晏旺昕信息科技有限公司

摘要：茶产业作为福建省特色农产业，茶产业集群与产业链已具有一定的雏形。但不容忽视的是，农药含量高、茶产业物流结构缺陷、茶叶附加价值低等问题对福建省茶产业的发展形成阻碍。本文通过分析福建省茶产业集群与产业链现状及存在的问题，提出了拓宽茶产业链、推动实体店与电商合作、建立企业与加工户合作等有利于增强茶产业竞争力的建议。

蔡旺根．顺应发展潮流　推进华安茶产业转型升级［J］．福建茶叶，2014（4）：49—50.

关键词：华安；茶产业；铁观音

机构：华安县政协

摘要：针对当前华安县铁观音茶产业发展遇到的瓶颈问题，经过调查探索，提出发展清香型、韵香型、浓香型铁观音及铁观音红茶，实现优势互补，四轮并驱，推进茶产业转型升级。

2013年12月茶叶价格指数与行情分析暨2013年度总结［J］．茶世界，2014（1）：52—58.

关键词：行情分析；茶叶价格；安溪铁观音；中国茶都；茶叶市场；年度总结

摘要：〈正〉一、2013年12月安溪铁观音市场交易价格指数和行情分析。2013年12月安溪中国茶都市场交易量1615吨，比上年同期的1249.52吨，增加365.48吨，增长 29.25%；交易额 18734 万元，比上年同期的 15256.8 万元，增加 3477.2 万元，增长 22.8%；平均单价基本持平（以上采样数字仅限于茶都市场毛茶交易量情况）。市场交易动态情况：1. 冬茶生产基本结束。进入 12 月，气温较低，有少量雨水，上半月尚有少量低档冬茶上市，市场交易较淡……

安溪铁观音集团 ［J］．茶叶科学，2014（4）：417．

关键词： 安溪铁观音；综合型企业；农产品加工业；茶叶种植；专业经营；茶叶加工

摘要： 〈正〉福建省安溪铁观音集团是一家集茶叶种植、加工和销售为一体，专业经营铁观音的综合型企业。集团全资子公司安溪茶厂成立于 1952 年，是我国历史最悠久的安溪铁观音生产企业之一。历经六十年的创新经营，公司在乌龙茶精加工工艺与技术研究、产品质量与安全检测、新产品研发、茶叶储存等方面积累了大量技术与管理经验。2000 年安溪茶厂被农业部等八部委审定为"农业产业化国家重点龙头企业"；2010 年被农业部认定为"全国农产品加工业示范企业"、国家茶叶加工技术研发专业分中心和乌龙茶国家与国际标准制定的成员单位，是福建省唯一的安溪铁观音企业工程技术研究中心……

韩海东，褚丽娟，刘明香，黄秀声，黄毅斌．福建乌龙茶产业可持续发展的对策建议 ［J］．山地农业生物学报，2014（3）：78—82．

关键词： 福建乌龙茶产业；精深加工；茶疗；可持续发展

机构： 福建省农业科学院农业生态研究所；福建省山地草业工程技术研究中心；福建省丘陵地区循环农业工程技术研究中心；北京五岳华夏管理技术中心

摘要： 通过对福建乌龙茶产业及相关产业链发展现状的调研，分析该产业存在的问题，查阅相关资料，提出福建乌龙茶产业的可持续发展不仅要注重茶园的生态建设和休闲旅游开发，提高茶叶的品质及安全，将茶产业与旅游业有机结合，实现茶产业从第一产业向第三产业的跨越升级，更要借鉴国际茶产业应用精深加工开发茶叶副产品的先进经验，重视精深加工技术的研发，提取茶中含有的各种既有"有效成分"又有"活性成分"的化学物质，发挥茶的医疗效能，弘扬中医和茶文化结合的茶疗生态文化，为"十二五"实现福建乌龙茶产业的可持续发展提出对策建议。

许咏梅．安溪铁观音成本——价格调查分析 ［J］．茶叶，2014（2）：87—90，93．

关键词： 安溪铁观音；生产成本；价格；调查；分析

机构： 浙江工商大学经济学院

摘要： 福建是乌龙茶的原产地，安溪铁观音是乌龙茶精品。本文以安溪铁观音茶农户、茶叶企业、中国茶都——安溪茶叶交易市场等实地考察为依据，对安溪铁观音茶叶生产成本与价格进行了深入细致的调查分析。分析表明：安溪铁观音生产成本构成复杂，包括鲜叶种植成本、初加工成本、精加工成本；在各项成本中，鲜叶生产成本最高；在总成本中，人工成本所占的比例最大。而在价格的调查分析中发现，茶农户的毛茶价格远比茶叶批发商和茶叶店零售价格低，销售成本占销售价格的比例很大。

陈新．加快安溪茶产业发展的思考 ［J］．科技视界，2014（27）：166．

关键词：安溪；茶叶；产业发展

机构：华侨大学公共管理学院

摘要：茶产业是福建省安溪县的传统优势产业，也是安溪经济的支柱产业，经过数百年的发展，茶产业已逐步从安溪县的传统产业转变为特色产业、支柱产业，成为安溪经济建设的重要保证。本文从安溪茶产业发展的现状和市场形势入手，着重探讨安溪茶产业持续发展面临的问题与产业转型升级的思路，从而提出安溪茶产业转型升级的意见及建议。

陈德进，林秉茂．安溪茶企参会香港茶展谋国际化 ［J］．中国茶叶，2014（9）：37．

关键词：安溪；长坑乡；金隆；茶叶专业；浓香型；标志

摘要：〈正〉近日，第六届香港国际茶展在香港隆重举办，来自印度、日本、斯里兰卡、伊朗等47个国家和地区以及全国各茶区的近12000名参展商，展出各具特色、丰富多样的茶叶展品。此次展会，铁观音故里安溪组织了十几家龙头茶企参展，以谋求加速国际化进程。安溪铁观音代表茶企金隆源茶业有限公司，展出的传统炭焙浓香型铁观音和创新铁观音——芽红，更是深受爱茶人的青睐。金隆源茶业传承百年世家金隆源茶铺，拥有金隆源茶叶专业合作社，会员近百户，在长坑乡……

黄元碧．安溪茶业联作制金融支持研究 ［J］．北方经贸，2014（8）：167—168．

关键词：茶业联作制；金融支持；创意农业

机构：厦门南洋职业学院

摘要：创意农业的发展离不开金融的支持。本文以福建省安溪县茶业联作制模式为例，对其金融支持体系进行分析。主要包括茶业联作制中资金来源的组成、融资模式以及相关金融产品。对茶业联作制的金融支持研究有助于了解其运作中关键的金融支持模式，对创意农业中金融支持方案的制定有一定的参考借鉴作用，从而进一步促进创意农业的发展。

2014 年安溪茶叶电商产值有望突破 20 亿元 ［J］．中国茶叶，2014（8）：35．

关键词：京东商城；中国茶都；秋茶；德化瓷；清阳；林艺

摘要：〈正〉2013 年 10 月，国内电商航母阿里巴巴与福建安溪县政府合作打造

"安溪铁观音天猫秋茶节"。仅过 8 个月，今年 6 月，又一电商寡头——京东商城，不远千里来到安溪，举办"京东 POP 开放平台招商大会"，召集百家安溪品牌企业进驻京东商城。两大电商巨头相继发力，在安溪争相跑马圈地。2013 年 10 月中旬，第四届中国茶都安溪国际茶业博览会期间，安溪县更是直接携手天猫，联合举办"天猫秋茶节"活动，创下 7 天销售 600 多万元的业绩。从 2013 年"双十一"当天销售数据可以看出，天猫茶叶类交易总额前 20 强中……

安溪：强制退茶还林　修复茶园生态［J］. 中国水土保持，2014（10）：70.

关键词：茶园生态；感德镇；强制处理；联合县；执法局；植树种草；茶产业发展

机构：福建省水利厅水土保持处；安溪县水土保持办公室

摘要：〈正〉2014 年 9 月 3 日，福建安溪县感德镇政府联合县林业局、水土办、农茶局、国土局、执法局等部门，对感德镇茶农非法使用除草剂、破坏茶园梯壁植被的行为采取强制退茶措施，铲除了违规区域内的茶树。在当天的执法行动中，共强制处理了 5 起破坏茶园生态的行为，涉及茶园面积 0.35hm²，退出的茶园将植树种草，恢复植被。近年来，安溪县茶农在茶园大面积使用除草剂……

五　旅游文化

何强. 发展旅游需要什么［J］. 政协天地，2013（8）：39—40.

关键词：旅游中心；海峡旅游；客家文化；妈祖文化；文化资源优势；闽南文化

机构：福建省出版物监测与研究中心

摘要：〈正〉国务院《关于支持福建省加快建设海峡西岸经济区的若干意见》中，有一段话特别让人期待：充分发挥海峡西岸经济区自然和文化资源优势，增强武夷山、闽西南土楼、鼓浪屿等景区对两岸游客的吸引力，拓展闽南文化、客家文化、妈祖文化等两岸共同文化内涵，突出'海峡旅游'主题，使之成为国际知名的旅游目的地和富有特色的自然文化旅游中心……

杨宏云. 论海洋文化资源与福建旅游——基于 SWOT 的分析［J］. 福州大学学报（哲学社会科学版），2013（4）：71—76.

关键词：福建省；海洋文化资源；旅游；SWOT 分析

机构：福州大学闽商研究院；厦门大学管理学院

摘要：福建海岸线漫长，海湾众多。居民历来面海发展，逐海为生，这涵养了福建独具特色的海洋文化，形塑了福建丰厚的海洋文化资源。长期以来，因对海洋文化重要性认识不足，福建旅游对海洋文化资源的开发和规划不多，宣传和营销不到位，未能形成海洋文化统合福建文化旅游的优势，这制约了福建旅游的特色性发展。在当今旅游蓬勃发展，竞争激烈的时代，如何开展有特色、差异化的旅游，文化是关键。本文梳理福建可资开发利用的海洋文化资源，根据 SWOT 分析，提出运用海洋文化资源推动福建旅游的对策。

林爱平. 福建省文化旅游产业财政支持研究［J］. 甘肃联合大学学报（社会科学版），2013（5）：39—43.

关键词：福建省；文化旅游产业；财政支持

机构：闽江学院旅游系

摘要：自《文化产业振兴规划》出台以来，福建省一直致力于文化旅游建设，也取得了显著成绩。文化是旅游产品的精华，文化旅游是旅游业永恒的主题，当前，福建省已有多项支持福建文化旅游产业发展的财政措施，但文化旅游在保护、开发、市场营销、旅游环境营造及发展持续性等各个环节上还须财政继续大力支持，本文建议通过减免税收、争取国家专项资金、金融机构提供低息贷款、进一步加大财政预算拨款等政策促进文化旅游产业的发展。

曾丽琴. 闽南文化旅游中"海洋"元素的运用［J］. 湖南科技学院学报，2013（11）：134—136.

关键词：闽南；海洋；文化；旅游

机构：漳州城市职业学院文化创意系；福建师范大学文学院

摘要：闽南文化最大的特点就在于其海洋性。闽南地区不仅有丰富的海洋历史文化遗迹，海洋自然风光也别具特色，因此，要发展闽南文化旅游业，应重点开发"海洋"元素，主推海洋文化旅游。针对当下闽南文化旅游的现状，应从闽南"海洋性"的阐释、以"海洋"为元素整合厦漳泉的旅游产品、着重开发现代海洋休闲旅游产品三个方面对闽南的海洋文化旅游进行开发。

双良贺，李静. 旅游文化纪念衍生品之闽南文化鞋设计［J］. 西部皮革，2013（21）：44—46.

关键词：旅游；纪念品；闽南；鞋类设计

机构：泉州师范学院美术与设计学院

摘要：当前我国旅游市场上，旅游纪念品存在着不少问题，诸如做工差、创意性低、复制严重、产品千篇一律等。如何解决这些问题？本文以闽南地区为例，阐述了以鞋类设计的形式表现闽南一带的风土人情作为旅游纪念品，不失为一种有益的尝试。而一双具有闽南特色的鞋旅游纪念品，需以反映地区文化为设计元素，并借此增强游客对闽南文化的了解。

陈华丽．浅谈厦门旅游业与文化创意产业深度融合方略［J］．经济师，2013
（6）：182—183.

关键词：文化旅游；文化创意产业；旅游业；深度融合

机构：厦门市集美学校委员会

摘要：文化赋予旅游灵魂，旅游给文化提供表现载体。旅游业与文化创意产业在深度融合中，旅游的优势体现在文化资源的厚度上，文化的优势也渐渐体现在旅游内涵的深度上。两者融合度越高，彼此产业的附加价值就会越高。相反，将失去影响力和竞争力。目前，厦门旅游业与文化创意业的发展已达到了一定产业规模，为两者的深度融合提供了基础，但缺乏两者进一步融合的方法与策略，如在融合中政府及企业各应该扮演什么样的角色、政府应如何进一步扶持文化旅游业的发展等问题，文章进行了阐述与分析。

李文实，郭丽妮，黄炳林．非物质文化遗产永春白鹤拳旅游发展研究——基于文化生态保护的视角［J］．内江师范学院学报，2013（6）：49—54.

关键词：非物质文化遗产；文化生态保护；旅游；永春白鹤拳；泉州

机构：泉州师范学院资源与环境科学学院；南安市博物馆九日山文管所

摘要：本文从文化生态保护视角出发，对国家级历史文化名城泉州传统体育、游艺与杂技类非物质文化遗产之永春白鹤拳的旅游开发的优势与机遇进行分析，从非遗传承保护与旅游发展双赢角度出发，指出在今后发展非物质文化遗产旅游时应着眼于文化生态保护，充分发挥其发展历史具传奇性、对外联系广泛等优势，充分利用旅游需求转变、非遗保护传承重视等机遇，与生态旅游、乡村旅游有机结合，做足"文化"文章、适度开发，使旅游业发展与文化生态保护相得益彰。

郭丽妮，李文实，黄志宏．基于文化生态保护的非物质文化遗产旅游开发研究——以历史文化名城泉州为例［J］．泉州师范学院学报，2013（2）：94—100.

关键词：非物质文化遗产；旅游开发；文化生态；闽南文化生态保护实验区

机构：泉州师范学院资源与环境科学学院；泉州师范学院政治与社会发展学院

摘要：为了阐述旅游开发对非物质文化遗产保护与传承的影响以及文化生态保护的理念，本文以泉州为例，从文化生态保护的视角对非物质文化遗产的旅游开发进行探讨。认为应坚持文化生态保护的核心理念，选择文化生态旅游的非物质文化遗产旅游开发模式，结合文化生态保护区建设的具体措施，开发非物质文化遗产旅游产品，并提出组合型旅游产品开发、旅游商品开发、客源市场开拓与宣传促销的具体对策。

林智惠．丰富清源山文化旅游内涵——关于开发"闽南古镇"的设想［J］．艺苑，2013（4）：93—95.

关键词：清源山风景区；闽南文化；闽南古镇；开发设想

机构：泉州市清源山风景区管委会

摘要：本文阐述了作为泉州旅游龙头的 5A 级景区——清源山，如何进一步提升旅游配套服务产业，整合、包装闽南传统文化，打造具有地标性的闽南古镇，促进景区可持续发展，促进泉州从旅游资源大市向旅游经济强市转变。

姚丽梅．泉州旅游资料英译的失误与对策——基于顺应理论的视角［J］．黎明职业大学学报，2013（1）：39—43.

关键词：顺应论；泉州；旅游资料；英译失误

机构：黎明职业大学外语外贸与旅游学院

摘要：本文从顺应论的角度分析泉州旅游资料的翻译过程，指出泉州旅游资料的翻译因为缺乏对海外游客心理世界、社交世界和物理世界等交际语境的顺应，忽视对译语语言语境的顺应，所以导致旅游资料英译的失误。认为可综合采用意译、增译、省译和改译等策略和方法，使泉州旅游资料的英文翻译在形式、内容、风格上符合英语的表达习惯。

朱超萍，郑伟民．诗山镇生态旅游发展规划探讨［J］．福建工程学院学报，2013（4）：345—348.

关键词：规划；小城镇；诗山镇；生态旅游

机构：泉州师范学院资源与环境科学学院

摘要：旅游开发是带动城镇经济发展的一个重要途径。文章剖析诗山镇旅游资源概况，立足该镇域内生态旅游产业与历史文化旅游业的联动开发，根据不同类型的小城镇规划应结合自身特点选择合适的发展模式、合理有效地推进城镇化进程的原则，探讨诗山镇发展旅游规划的策略要点。

郑伟民，黄红梅．体验视角下的泉州文化体验旅游产品开发［J］．湖南商学院学报，2013（4）：72—76.

关键词：体验；文化旅游；旅游产品；泉州

机构：泉州师范学院资源与环境科学学院

摘要：随着时代的发展，游客对旅游产品的要求也越来越高，传统的观光旅游产品已难以满足游客的高需求，参与性强的旅游产品越来越受到游客的青睐。体验已成为旅游的核心属性之一，体验旅游是现代旅游业的发展趋势，为旅游业的发展带来了新的内涵。对于历史文化名城泉州来说，这是旅游业发展的新机遇，亦是新挑战。本文在评价泉州文化旅游产品开发条件的基础上，提出了泉州文化体验旅游产品开发的构想，为泉州旅游业的发展提供新思路。

杨文森，付业勤．工业旅游资源类型、发展模式与产品设计研究——以福建省晋江市为例 ［J］．衡水学院学报，2013（1）：107—112.

关键词：工业旅游；资源类型；发展模式；产品设计；晋江市

机构：华侨大学旅游学院

摘要：作为全国县域经济基本竞争力百强县之一的福建省晋江市，旅游区位条件良好，旅游基础设施完善，市场需求广阔，工业旅游资源和其他旅游资源丰富。晋江市工业旅游资源以工厂企业类为主，境内知名品牌企业的建筑环境、生产设施设备、流程场景、生产技术、生产成果、企业文化历史都是重要的工业旅游资源。未来，晋江市工业企业应规范生产流程型、工艺展示型和工业景观型的工业旅游发展模式；深度挖掘"晋江经验"和特色产业的文化内涵，开发更具地方特色的工业旅游产品；将发展文化创意型旅游项目，作为提升企业品牌知名度、市场美誉度，完善企业文化内涵，塑造企业核心竞争力的重要手段；商贸会展型工业旅游亟须从政策引导、规范厂家行为、招商引资、改善设施条件等方面提高。最后，根据晋江市体育用品、男装品牌、食品制造、传统工艺和文化创意企业、新能源与环保产业以及商贸会展场馆的产业集聚和空间分布，设计出6条工业旅游线路产品。

黄益军．基于旅游者体验偏好的泉州文化旅游发展研究 ［J］．泉州师范学院学报，2013（1）：107—111.

关键词：旅游者；体验偏好；文化旅游；泉州

机构：泉州师范学院政治与社会发展学院

摘要：本研究通过问卷调查、访谈等方式，对泉州文化旅游发展的相关问题加以缕析；阐述泉州文化旅游相关研究；从文化旅游在访问目的地总体决策中的重要性、体验的深度两个维度出发，界定泉州文化旅游者的五种类型并分析其体验偏好；从旅游者体验偏好角度对泉州文化旅游发展提出可操作性建议。以期为泉州乃至海西的文化旅游业服务，同时也为其他城市开展文化体验旅游提供借鉴。

曾丽琴．漳州海洋文化旅游创意的现状与对策 ［J］．怀化学院学报，2013（3）：9—11.

关键词：漳州；海洋文化；旅游；创意

机构：漳州城市职业学院

摘要：漳州具有丰富的海洋文化历史资源与海洋地理资源，将漳州文化旅游产业的发展放在漳州海洋文化这一突破口上必将极具爆发力。但当前漳州对海洋文化旅游创意研究的现状很不尽如人意，一方面对漳州海洋文化资源的整理还处于零散甚至是空白的阶段，另一方面对漳州海洋文化旅游的创意研究更远远跟不上实体经济的发展。要做好漳州海洋文化旅游创意，必须做到先整理清楚漳州海洋文化资源，着手进行漳州海洋文化的书写，借用产业链的理论进行漳州海洋文化旅游创意，注重现代休闲海洋文化旅游创意，漳州各个海洋文化旅游创意项目必须形成合力，必须考虑与厦门、泉州及台湾的海洋文化旅游创意项目对接这六点。

康志强. 漳州市文化和旅游融合发展研究〔J〕. 漳州职业技术学院学报，2013（4）：23—27.

关键词： 旅游强市；文化和旅游；融合发展

机构： 漳州市委党校管理学教研室

摘要： 漳州市充分利用自身的地理地域特色、自然的旅游条件优势和深厚的文化底蕴内涵，提出了"建设国际知名的自然与文化旅游目的地"的奋斗目标。几年来，在加快文化园区建设，壮大特色文化产业的同时，大力开发和建设文化精品旅游区，漳州文化旅游的核心竞争力逐步增强。然而，发展中存在的问题显而易见，必须积极采取有力措施，突破瓶颈，加快推进文化和旅游的融合发展。

王喜华. 基于屏蔽理论的海洋旅游开发刍议——以漳州为视角〔J〕. 漳州师范学院学报（哲学社会科学版），2013（4）：58—63.

关键词： 屏蔽理论；旅游地；海洋旅游开发

机构： 漳州职业技术学院旅游与酒店管理系

摘要： 2013年国家旅游局把我国旅游主题定为"中国海洋旅游年"。本文以旅游地屏蔽理论为出发点，分析旅游屏蔽现象的类型，探索海洋旅游的兴起以及存在的屏蔽现象，并基于屏蔽理论提出非热点旅游区海洋旅游开发及错位发展策略。

林妹静，龙邹霞. 海岛旅游的文化精神之寻绎——以福建东山岛为例〔J〕. 海洋开发与管理，2013（5）：84—87.

关键词： 海岛旅游；海洋文化；东山岛

机构： 国家海洋局第三海洋研究所

摘要： 海岛旅游业逐渐成为海岛经济发展的重要支柱产业之一。如何挖掘海岛旅游资源的文化内涵和精神特征，提升海岛旅游的文化性和品牌效应，促进海岛旅游的发展，不仅是政府关心的问题，同时也是学术探讨的热点。文章在对海岛旅游资源的文化精神特性进行分析的基础上，以东山岛为例，研究探讨如何建设海洋文化来带动和促进海岛旅游的可持续发展，提高文化对旅游业的支撑程度。

韩士奇. 南靖生态旅游：走进春天里〔J〕. 中国老区建设，2013（6）：32.

关键词： 生态旅游；福建土楼；旅游服务业；世界遗产地；非物质遗产

摘要： 〈正〉"南靖土楼实在太美了，我终于领略到了奇特山村田园民居美景，真是不虚此行。"最近，来自北京的游客林先生向笔者介绍了他此番福建省南靖县之行的感受。南靖县现有大型土楼 4000 多座，百态千姿，自 2008 年 7 月福建土楼"申遗"成功后，南靖县围绕建设土楼文化……

胥桂凤，黄远水. 品牌共享型旅游地竞合关系研究——以福建永定、南靖土楼为例［J］. 重庆师范大学学报（自然科学版），2013（5）：134—139.

关键词：品牌共享型旅游地；竞合关系；Lotka—Volterra 模型；福建土楼

机构：华侨大学旅游学院

摘要：作为品牌共享型旅游地，福建土楼在"申遗"成功后，旅游热潮一浪高过一浪。为了理顺土楼地区旅游地之间的空间竞合关系，实现该区旅游业的可持续发展，本文根据种群生态学上的 Lotka—Volterra 模型构建品牌共享型旅游地的竞合关系模型，并采用灰色系统方法确定模型中的参数；然后以土楼主体分布区永定、南靖两地 2004—2011 年接待的游客量为对象，建立两地的竞合关系模型。结果显示，永定的内禀增长率为 0.90，而南靖仅有 0.16，永定地区旅游业增长势头高于南靖，从长远看永定旅游业竞争潜力大于南靖；另外计算得到永定对南靖旅游业影响程度的参数为 6×10^{-4}，而南靖对永定旅游业影响程度的参数是 56×10^{-4}，两地在 L—V 旅游系统中属于"捕食者—猎物"的竞争关系，永定是"捕食者"，在竞争中处于优势，但由于两地相互之间的影响参数相差较小，所以南靖旅游业并不会被永定所取代。永定、南靖两地竞合关系分析证明了从生态学视角下研究品牌共享型旅游地的空间关系对旅游规划具有理论和实践意义。

张刃. 古迹"开发"之忧［J］. 工会信息. 2014（32）：1.

关键词：文化古迹；崇武古城；历代政府；旅游事业；古村落

摘要：〈正〉中国历史悠久，文化古迹很多，动辄就是几百上千年的遗存，都是民族财富。然而，市场经济大潮汹涌，各地竞相开发属地内的文化古迹，名之曰发展旅游事业，实则成了赚钱的生意，更糟蹋了文化。近日福建游，重访位于泉州惠安县的崇武古城，结果大失所望，不免唠叨几句。崇武古城是中国现存最完整的花岗岩滨海石城，始建于明洪武二十年（1387），是明政府为抗击倭患，在万里海疆修筑的 60 多座卫所城堡中至今仍保存完好的一座。嘉靖三十七年（1558），倭寇渡海进犯，攻陷城池，生灵涂炭。隆庆元年（1567），抗倭名将戚继光屯兵于此，兴修城防，演武练兵，建立起一套完整的军事制度和城防设施。此后，历代政府曾对崇武古城多次大规模整修，并保存至今，成为全国重点文物保护单位。这样一座古城，其历史、文化意义显而易见，却与商业开发……

郑春霞. 基于游客感知的文化旅游产品体验质量提升——以闽南工夫茶文化旅游

为例 ［J］. 河南大学学报 （自然科学版），2014 （6）：683—692.

关键词：体验质量；游客感知；文化旅游产品；闽南工夫茶

机构：闽南师范大学管理学院

摘要：游客在旅游过程中体验质量的高低影响着旅游者的满意度，本文以闽南工夫茶文化旅游为例，采用问卷调查方法，通过因子分析法，总结出影响游客体验质量的四大因素；根据单因素方差分析法比较研究不同游客个体属性对四大因素体验质量的差异；最后对体验质量各指标进行重要性——绩效分析。得出结论：接待条件、文化与景观两大因子是提高闽南工夫茶文化旅游体验质量的先决条件，而服务与环境因子是关键因素。目前闽南工夫茶文化旅游还处于初级阶段，所以需要将其有限的资源投入到一些基础设施的改进和茶文化与景观的开发，同时要重视对服务与环境质量的进一步完善。

秦小瑛. 厦门市吕塘村生态旅游文化产业发展初探 ［J］. 大众文艺，2014 （17）：262—263.

关键词：吕塘村；生态旅游；RMP 模式

机构：厦门大学艺术学院

摘要：被誉为"福建省十大最美乡村"之一的吕塘位于厦门市翔安区省级风景名胜区香山脚下，以"三宝"——古树、古厝、古戏闻名。本文根据吴必虎提出的 RMP 模式分析理论，从吕塘村的生态旅游文化资源、生态旅游文化市场入手，试图构建吕塘村生态旅游文化产品体系。

侯瑞萍，王晓燕. 非物质文化遗产保护与旅游利用模式研究——以泉州市为例 ［J］. 科技广场，2014 （8）：219—224.

关键词：非物质文化遗产；旅游利用模式；泉州市

机构：华侨大学旅游学院

摘要：泉州是我国首个"东亚文化之都"，多元文化的汇集形成独具特色的闽南文化，其拥有国家级非物质文化遗产 31 个，省级 76 个，市级 170 个，探索非物质文化遗产保护与旅游利用的有效途径对发展泉州市文化旅游产业具有非常重要的意义。文章论述了泉州市非物质文化遗产的基本特征和旅游开发价值，分析了其保护与旅游利用的基本现状，并提出了泉州市非物质文化遗产保护与旅游利用的模式和对策，以期对泉州非物质文化传承与保护以及文化旅游产业发展有所帮助。

李冬梅，黄斐霞，杨秋娜. 基于传统文化的泉州市休闲旅游圈的构建 ［J］. 黎明职业大学学报，2014 （4）：21—26.

关键词：传统文化；休闲旅游圈；资源整合；泉州市

机构：黎明职业大学教务处；黎明职业大学外语外贸与旅游学院

摘要：从休闲旅游的角度出发，以泉州市的旅游资源为研究对象，运用资源整合的方法，对泉州市旅游资源进行重新分类，分别从宗教旅游资源、文博旅游资源、夜间旅游资源、滨海旅游资源及其他旅游资源等类别进行探讨，提出了各类旅游资源的整合策略，构建富有文化特色的宗教、文博、滨海、夜间、茶文化、陶瓷和乡村 7 大休闲旅游圈。

林琳．泉州旅游景点简介翻译研究［J］．福建师范大学福清分校学报，2014（4）：75—80.

关键词：旅游；翻译；文化

机构：泉州师范学院外国语学院

摘要：随着泉州文化旅游的逐渐升温，景点旅游翻译服务在日益完善的同时也面临着巨大挑战。本文着眼于泉州景点简介翻译。先剖析其中的翻译难点，而后从翻译适应选择论角度分析论证，提出译本优化策略。景点简介翻译的难点在于：如何在文化异质性与信息性之间取得平衡；如何在对应或是代偿之间进行取舍。翻译适应选择论提出的"三维"转换法启示译者在翻译景点简介的过程中应结合语言维、文化维和交际维的考量，得出整合适应选择度最高的译文。

赖瑞攀．德化陶瓷文化旅游开发探讨［J］．艺术科技，2014（4）：136.

关键词：德化陶瓷文化；旅游开发；发展

机构：浩家蕴艺瓷

摘要：本文主要阐述了德化陶瓷文化的历史及其发展过程，随着社会经济的发展和人们生活水平的提高，陶瓷文化中的德化陶瓷文化也逐渐渗透到旅游行业中，陶瓷旅游文化有着巨大的市场和经济效力，所以将德化陶瓷文化进行旅游开发，能使之逐渐发展成为人们观光旅游时的一道亮丽的风景线。

郑小敏．安溪县茶文化旅游产品优化研究［J］．太原城市职业技术学院学报，2014（12）：55—57.

关键词：茶文化；旅游产品；安溪县

机构：福建农林大学金山学院

摘要：本文在从物态、心态和行为层面对安溪茶文化旅游资源分析的基础上，针对安溪县茶文化旅游意识，茶文化旅游产品形象、功能和文化上存在的问题，提出提高茶文化旅游意识、确定茶文化旅游产品定位、打造茶文化旅游产品体系、增加茶文化旅游产品文化内涵等对策。

郑伟民. 闽南民居式酒店的旅游开发研究——以福建省泉州中心城市为例 [J]. 湖南商学院学报，2014（1）：86—91.

关键词：民居式酒店；闽南文化；旅游开发；泉州

机构：泉州师范学院旅游学院

摘要：民居式酒店在国外已发展得比较成熟，越来越受欢迎，而在国内还处于起步阶段，规模较小，具有很大的发展空间。泉州是中国首批 24 个历史文化名城之一，东亚文化之都，中国旅游城市，拥有丰富的闽南侨乡民居资源。本文探讨了民居式酒店旅游开发的特征与旅游开发原则，在对独具闽南文化特征的泉州闽南民居旅游开发条件进行评价的基础上，提出泉州闽南民居式酒店旅游开发的思路。为充分利用闽南侨乡民居资源，使旅游者亲身体验闽南文化，完善泉州旅游接待设施提供科学依据。

周建标. 泉州建设东亚文化之都发展文化旅游业的路径选择 [J]. 未来与发展，2014（10）：68—72.

关键词：东亚文化之都；泉州；文化旅游业；发展；路径

机构：中共泉州市委党校

摘要：泉州获得中国首个"东亚文化之都"称号，迎来了建设东亚文化之都发展文化旅游业的新机遇。泉州在建设东亚文化之都中发展文化旅游业，选择"社区文化旅游一体化发展"模式，实施"古城·古港·新区·全域联动"发展规划，全方位调动社区居民广泛参与，打造"东亚文化之都"旅游目的地，提高泉州知名度和影响力。

刘萍. 动漫在泉州旅游文化产品开发中的运用 [J]. 福建师范大学福清分校学报，2014（3）：75—79.

关键词：动漫；泉州；旅游文化产品；开发利用

机构：泉州师范学院美术与设计学院

摘要：通过分析泉州旅游文化产品设计开发现状及发展方向，提出将动漫技术引入泉州旅游文化产品设计中的研发思路，以求为泉州打造新颖且具有吸引力的动漫化特色旅游文化产品。

中国香都·永春走起 [J]. 领导文萃，2014（15）：145.

关键词：永春；日用杂品；养生文化；泉州港；县委书记；于明；文化创意产业；医疗保健用品；二次创业；企业产量

机构：永春报道中心

摘要：〈正〉从传统的宗教用香到如今的养生文化香；从 2011 年的年产值 3 亿多元到上年整个产业链实现产值 27.3 亿元，仅仅 2 年的时间，永春香企从小富即安到居安思危，并开始由量向质飞跃，实现了整个产业的"裂变"——日前，中国轻工业联合会和中国日用杂品工业协会正式授予永春达埔镇"中国香都·永春达埔"称号，这是国内唯一的国家级制香基地称号。"永春香是由唐宋移居泉州的阿拉伯人蒲氏家族后裔于明末清初引进达埔并发展起来的。"永春县委书记林锦明介绍……

魏丽娜，黄安民．闽南现代乡村景观旅游规划设计研究——以泉州市观山村为例[J]．湖北文理学院学报，2014（5）：70—74.

关键词：乡村景观；旅游规划；闽南；泉州市观山村

机构：华侨大学旅游学院

摘要：在我国新型城镇化迅速推进的背景下，乡村旅游也随之发展起来，乡村景观研究和旅游规划变得愈发重要。如何综合考虑乡村的经济效益、社会效益、生态效益，强化乡村生产、居住和游憩功能，塑造乡村景观意象，最终将乡村规划成可居住性、可投入性和可进入性都较高的田园化乡村，实现农村的可持续发展，已成为建设美丽乡村迫切需要解决的问题。文章结合景观规划设计、景观美学等理论对乡村景观的构成要素、景观类型、景观规划技术路线和景观规划内容等展开探讨，并以泉州市观山村景观旅游规划为实例，进行论证，提出具体的规划思想．

黄益军，苏幼玲．南安郑成功文化旅游开发研究[J]．安阳师范学院学报，2014（5）：68—72.

关键词：郑成功文化；旅游开发；南安

机构：泉州师范学院政治与社会发展学院；华侨大学工商管理学院

摘要：名人资源作为一类重要的文化资源，拥有巨大的旅游开发潜力。本文以南安郑成功文化旅游资源为例，在分析其利用与开发可行性的基础上，提出南安郑成功文化旅游的开发策略。强化政府主导作用，加大政策资金扶持；完善景区建设，凸显成功文化内涵；增加游客体验，构建特色旅游产品体系；加大产品营销力度，推进成功品牌建设。以期对南安旅游景区吸引力和竞争力的提升及城市经济文化建设提供借鉴。

魏苏宁．漳州历史名人文化旅游资源开发刍议[J]．闽南师范大学学报（哲学社会科学版），2014（4）：54—58.

关键词：漳州；历史名人文化旅游；开发策略

机构：漳州职业技术学院旅游与酒店管理系

摘要：现如今，文化旅游已占据了旅游市场的半壁江山。历史名人文化旅游则是文化旅游中最耀眼的一颗明珠。漳州拥有众多的历史文化名人，名人文化旅游资源丰富，可名人文化旅游却不甚发达。文章从历史名人文化旅游资源的开发价值入手，概括了漳州历史名人文化旅游资源的开发优势，在此基础上分析了漳州现有历史名人文化旅游资源开发中存在的问题，并提出了相应的开发策略。

于永宏. 漳州旅游营销的微电影策略分析 ［J］. 东南传播，2014（7）：133—135.

关键词：微电影；旅游营销；传播策略

机构：漳州职业技术学院

摘要：当前，微电影在旅游营销中已初见成效，但也存在着广告植入生硬、影片主题与景区文化脱节，题材单一、缺乏整合营销，二级传播动力不足等问题，为此，漳州旅游微电影营销不仅需要满足目标受众电影级的视听体验，同时应探索适合本土特色的商业植入路径。具体来说，商业元素应服务电影叙事，充分挖掘漳州地方文化，萃取人文主题，故事立意紧接地气，避免雷同，并充分运用整合营销手段。

姚俊. 闽南名人资源的适度开发研究——以黄道周和黄道周文化为例 ［J］. 漳州职业技术学院学报，2014（1）：62—66.

关键词：名人资源；商业化；开发

机构：漳州职业技术学院经济管理系

摘要：本文以文化产业中名人资源的认知与开发概况为切入点，对黄道周及黄道周文化的资源内涵进行剖析，通过对这一文化资源的特性研究及价值评定，结合黄道周文化的开发现状，探求其适度开发的趋向与可能，进而从开发广度、开发深度、开发节奏等角度，提出保护性开发与商业性开发相结合的建议。

张梅. 福建土楼（南靖）旅游管理中的社区居民行为研究 ［J］. 闽台文化研究，2014（2）：75—82.

关键词：福建土楼（南靖）；社区居民；利益诉求

机构：闽南师范大学管理学院

摘要：通过对福建土楼（南靖）样本1年半的实地跟踪调查，整理出了福建土楼（南靖）的旅游资源格局，归纳出迄今为止政府参与旅游开发管理的三个阶段，实地调查了样本对象社区居民参与到福建土楼（南靖）旅游发展过程中的实际情况，并分析社区居民与游客冲突行为，以及对游客不礼貌的功利行为产生的渊源，并试图通过保证社区居民利益，以政府退出市场经营的改制、加强居民的教育等可持续发展建设来改变这种行为现状。

吴英伟，陈慧玲. 民俗节庆策略规划之论述评析——以内门宋江阵为例 ［J］. （台湾）餐旅暨观光，2014（2）：109—135.

关键词：节庆活动；内门宋江阵；策略规划；生命周期

机构：（台湾）高雄餐旅大学

摘要：近年来台湾积极发展文化观光，各地的节庆活动应运而生，亦透过精彩的活动规划与包装，成为地方特色，成功吸引大量游客。因为庆典活动不但具有高度的聚客能力，同时能提高地方知名度，运用得宜即可成为地方经济的"金鸡母"。由"中央"至地方政府，公部门均扮演关键推动或执行的行动者角色。例如在南台湾高雄市，"内门宋江阵"也在这样"政府"与民间的合作背景下，成为地方"政府"重视而颇具代表性的民俗文化节庆活动。由于各类的文化节庆活动性质相仿，逐渐丧失游客吸引力，如"屏东黑鲔鱼文化观光季"和"台东南岛文化节"也难免盛况不再而必须重新调整定位。因此，如何从策略性思考，适时检视文化观光节庆活动的推动状况，定位其核心价值，甚至突破发展瓶颈，已成为"政府"与民间规划者极为重视之课题。本研究以"高雄内门宋江阵"为个案研究对象，探讨地方"政府"节庆活动执行及规划策略过程；并运用策略规划和节庆活动生命周期模式为架构，对"高雄内门宋江阵"的相关规划者与参与者进行访谈，进一步检讨节庆活动的策略规划过程之利弊得失，以提供节庆观光规划者之参考，进而作为地方"政府"发展文化观光之营销策略参考。

黄建超．香客参与高雄茄萣金銮妈祖王醮宗教游憩吸引力之研究［J］．（台湾）东方学报，2014（35）：87—98．

关键词：茄萣金銮宫；妈祖王醮；宗教游憩吸引力；差异分析；多元回归分析

机构：（台湾）东方学校财团法人东方设计学院

摘要：本研究有效问卷500份，从高度有效的信、效度统计分析获知：信度876，效度72.06%，以男性、已婚、20—30岁、高中（职）、服务业、住南部、月收入2万—4万元为各项比例最高。宗教游憩吸引力总平均数3.95，前三名的依序："因寻求金銮宫妈祖消灾解厄而吸引""因茄萣金銮宫妈祖的威灵而吸引""因传统民俗艺阵表演而吸引"。由因素分析法，获得"民俗艺阵""家族进香"与"地理环境"三个因素。借由差异分析结果知，月收入的人口背景变项之差异，并不会造成香客对于高雄茄萣金銮宫妈祖王醮活动在宗教游憩吸引力之影响。由多元回归分析知，"民俗艺阵"因素对于此一活动，共可解释香客"因寻求金銮宫妈祖消灾解厄而吸引"之变异量达72.5%，表明"民俗艺阵"在高雄茄萣金銮宫妈祖王醮活动的宗教游憩吸引力最具影响成效。

闽南教育与体育

一 闽南古代教育与闽南理学

刘昭斌. 欧阳詹首开八闽科第 [J]. 东方收藏, 2013 (11): 117.

关键词: 海洋文化; 海滨邹鲁; 人文景观; 欧阳詹; 福建南安;

摘要: 〈正〉福建晋江自唐开元六年 (718) 置县以来, 一直为泉州之首邑。历史的悠久, 文化积淀的深厚, 广融博采闽越文化、中原文化和海洋文化于一体, 使晋江拥有极为丰富的自然景观和人文景观, 素有 "海滨邹鲁" 之称。这里是众多东南亚华侨、众多台湾同胞思念的祖地。自古以来涌现出众多出类拔萃的人才, 在史册上熠熠生辉, 留下许许多多珍贵的历史和文物遗迹, 成为人所景仰的文化圣地……

戴显群. 明代福建科举盛况与科名的地理分布特征 [J]. 教育与考试, 2013 (5): 34—40, 96.

关键词: 明代福建; 科举盛况; 地理分布; 主要因素

机构: 福建师范大学社会历史学院

摘要: 明代福建科名十分兴盛, 继两宋之后再度出现繁荣兴旺的局面, 及第进士2418人, 名列全国各直省第四位, 若以人口数平均, 却遥遥领先, 名列全国第一位。明代福建还出了 11 名状元、12 名榜眼、10 名探花、12 名会元, 创造了一榜三及第的科举奇迹, 显示了福建科举大省的地位。但是, 明代福建科名的地理分布极不平衡, 呈现出东南沿海府县兴盛与西北山区府县衰败的趋势。究其原因, 除了沿海地区自唐宋以来文教事业就相对发达之外, 明代福建沿海地区社会经济迅速发展以及一系列的地域特点, 当是至关重要的因素。

戴显群. 试论福建科举的历史特点 [J]. 福建师范大学学报 (哲学社会科学版), 2013 (6): 93—102.

关键词: 福建; 科举; 特点

机构: 福建师范大学社会历史学院

摘要：福建的科举活动自中唐以后才开始活跃，直至清光绪三十一年（1905）科举制度终结的千余年时间里，闽中的学子们不断在科场上取得优异的成绩，创造了不少科举奇迹，呈现出科第繁荣的景象，科名处在全国领先的地位。综观福建科举，主要有四个比较显著的特点：基本保持科举大省的地位；科名的地理分布呈东南沿海强西北山区弱之势；出现了大量科第世家；台湾科举崭露头角。

方彦寿．朱熹与漳州官私刻书［J］．合肥学院学报（社会科学版），2013（4）：3—6.

关键词：朱熹；漳州；官刻；私刻

机构：海峡职业技术学院朱子文化研究所

摘要：宋元时期的漳州刻书有两个重要的特点。一是其中所涉人和事大多与朱熹学派有关，二是以个人之力刻书最多的就是大儒朱熹。由此可知，朱熹任漳州知府时间虽然不长，但对漳州地区的图书出版是一个有力的推动。

郑晨寅．朱熹知漳与漳州理学之进路［J］．闽台文化研究，2013（3）：65—73.

关键词：漳州；理学；朱熹；黄道周

机构：闽南师范大学闽南文化研究院

摘要：朱熹之前，漳州儒学已初有根基。朱熹知漳对漳州理学产生了深远影响，漳州遂有"海滨邹鲁"之称，朱熹的漳州门人传承师说，多所发明。在漳州理学发展过程中，出现了陈淳、唐泰、陈真晟、蔡烈、黄道周等理学名家，特别是黄道周在坚守朱子学的同时，也注重融通朱陆，以应对当时的社会现实。漳州理学具有重道统、重读书、重践履、重交流等特点。

高原．蔡清太极观发微［J］．中州学刊，2013（10）：106—110.

关键词：蔡清；太极；阴阳；折中修正

机构：山东大学易学与中国古代哲学研究中心；山东大学哲学与社会发展学院

摘要：蔡清是明代中期著名的理学家、易学家。太极观是其最有特色的思想。太极是蔡清理论的最高本体，蔡清认为太极应该是阴阳对待流行整全之理，一方面用"无有个极"来描述太极的本体性、超越性和形上性，另一方面用"莫大之极"来描述太极的全体性、普遍性和绝对性。太极是阴阳二气之本体，可以兼有阴阳而为全体。而阴阳作为形而下的气，并不完全等同于太极，只是内含有太极之理，是太极之理在事事物物上的展现。在构造自己太极观的同时，蔡清也对朱熹理先气后、太极不能动静的思想进行了折中修正。

刘建萍．论蔡清的"以道义配祸福"说［J］．闽江学院学报，2013（1）：18—22.

关键词：蔡清；易学；道义；祸福

机构：闽江学院中文系

摘要：蔡清乃明代著名学者、经学家、易学家，被明清两代学者公推为明代朱子学者第一人。蔡清认为，《易》是以道义配祸福的经书，不同于术数之书，这是对朱熹以《易》为卜筮之书观点的进一步阐发与深化，实属创新之论。

陈良武．西学东渐之于黄道周的影响——黄道周学术思想渊源考论之一［J］．闽台文化研究，2013（4）：54—60，68.

关键词：西学东渐；黄道周；影响

机构：闽南师范大学文学院

摘要：晚明时期耶稣会士的"学术传教"活动，带来了让中国学者耳目一新的西学，对当时的中国士人产生了重要影响。因滨海的地理优势，闽南在接触外来文化方面可以得风气之先。耶稣会士的传教活动，使闽地士人得以接触、了解西方包括天文历法在内的各类知识。黄道周不仅与当时一大批倾向于儒、耶互济的士大夫过从甚密，而且同耶稣会教士有过直接的接触。黄道周以较为开放的态度面对西学，援西学以治中学，这种中西会通的学术品格使其在自然科学研究方面取得了较高的成就。

许明珠．李光地对朱子学的承接与调修［J］．泉州师范学院学报，2013（1）：87—92.

关键词：李光地；朱子学；清初儒学；性

机构：（台湾）成功大学闽南文化研究中心

摘要：李光地为有清重臣，著作等身。通过考察李光地晚年以朱学为归，对朱学消化融受之后，有所调节，探究其对朱学得失有何补益。其理学继承清初儒学转向实学的风潮，将"人欲"视作非恶，进而首出"性"义，改朱子"致知"为"知本"，一反朱学"天理""人欲"的对立紧张，道德实践而可平实，不流于高深玄虚，可谓有补于道学。然抵受不住清代钳制思想的政治力量以及四书五经陷泥科考，士人无意理学，反转向考据，他的成就并未引起历史回响。

叶茂樟．清人李光地的论"学"思想——《榕树语录》及其著述特色［J］．北京科技大学学报（社会科学版），2013（2）：77—83，98.

关键词：李光地；论"学"；教育

机构：福建省泉州经贸职业技术学院

摘要：作为清初著名的政治家和思想家，李光地论"学"是其思想的重要组成部分。李光地论"学"内容丰富，除了主要论述读书之道外，还涉及士人的品质修养和学术态度等方面。李光地有感于世事的学术风气的败坏，试图匡正时弊，引领、开创一代新的学风，其论"学"内容实质上是对孔孟、朱熹等儒家为学思想的继承与发展。可以说，李光地不仅是政治家和思想家，还是一位杰出的教育思想家，他的论"学"思想处处闪耀着作为教育思想家的真知灼见。

王寅．清初经学复兴与李光地倡导的科举改革［J］．古籍整理研究学刊，2013（2）：71—77.

关键词：经学；科举；八股文；复兴；李光地；改革

机构：南开大学历史学院

摘要：明末清初，经学复兴。在此过程中，学者认识到科举制度存在很大弊端，导致经学空疏、学术凋敝。由此引发了李光地所倡导的科举改革。其改革的内容包括：提高五经在科举中的地位、考试中增加经世之学的内容，改变八股文的文风及写作方法。此次改革不仅获得了康熙皇帝的支持，而且也得到了广大学人和士子的响应。在这次改革中，尊崇经学的意味十分浓重，重视经学、提高五经的地位成为改革的核心思想。此次科举改革的意义影响深远，不仅推动了经学的发展，也为后来乾嘉学派崛起准备了条件。

王寅．论顾炎武与李光地学术交流与传承［J］．兰台世界，2013（31）：16—17.

关键词：李光地；顾炎武；音韵学；交往；学术思想；异同

机构：南开大学历史学院

摘要：该文以康熙十年（1671）李光地与顾炎武之间的一次论学为中心，考证了两人交往的详细情况。这次会面表明，清初学术界具备相对开放、自由的学风。

肖菲．李光地与康熙、梅文鼎的学术交往事迹考述［J］．兰台世界，2013（36）：110—111.

关键词：李光地；康熙；梅文鼎；学术

机构：长春大学人文学院

摘要：李光地是清初著名政治人物，也是康熙年间在学术史上有重要影响力的人物。在科学活动组织方面，李光地也扮演了重要角色。本文从李光地与康熙、梅文鼎之间的学术交往事迹入手，对李光地在清初科学发展中所起的作用进行探讨。

颜古城．李光地与清初天文历算之学［J］．太原城市职业技术学院学报，2013（3）：161—162.

关键词：李光地；天文历算；贡献影响

机构：泉州经贸职业技术学院李光地文化研究中心

摘要：李光地是清初著名的政治家和思想家，同时又是当时学界的领袖，他劝说康熙重视西方天文历算之学，通过发现、扶植和培养天文历算人才，有力地推动了全国天文历算之学的研究，弘扬了科学精神，促进了清初学术文化的繁荣。与此同时，李光地以西学丰富了程朱理学的内涵，并借助"西学中源"学说抬高了程朱理学的地位，对我国传统文化产生了极大的冲击。

杜光熙．贞元八年"龙虎榜"科举内涵与文学理念的转变［J］．文艺评论，2014 (6)：66—71.

关键词：贞元；文学理念；王涯；诗赋

机构：首都师范大学文学院

摘要：〈正〉作为唐代进士试名选，德宗贞元八年（792）"龙虎榜"会聚了韩愈、李观、欧阳詹、李绛、崔群、王涯、冯宿、庾承宣、陈羽、张季友、许季同、侯继、裴光辅、齐孝若等众多杰出士人，对此后中唐政治、文学、艺术、学术思想、社会文化等方面产生多元影响。从科举角度看，"龙虎榜"是此前一系列科举革新思想与实践的结晶，又指引了此后科举变革的方向，最终促成科场风习在贞元末期的根本改变……

卢有才．陈淳的经权观发微［J］．闽台文化研究，2014 (2)：51—58.

关键词：陈淳；经；权；中；义

机构：河南工程学院图书馆

摘要：陈淳认为，经与权既相互区别又相互联系。经是日用常行的道理；权也是正当的道理，但它是不常行的，而是"济经之所不及者"。用权的目的是让经获得贯通、融通，权与经实不相悖。用经用权都离不开"义"，义是用经用权的根本准则。通过用经用权最终达到"中"的目的，实现社会和谐。

宋野草．蔡清思想中的佛道痕迹［J］．周口师范学院学报，2014 (4)：16—18.

关键词：蔡清；易学；佛道

机构：云南民族大学哲学与政治学院

摘要：儒释道三教汇通在中国历史上，是一种重要的文化现象。生活在此背景下的蔡清，其易学思想深深打上"三教汇通"的烙印。本文从蔡清易学思想出发，揭示其中的佛道思想，进而阐明佛道影响对于传统文化的意义。

杨肇中．黄道周心性工夫论思想发微［J］．集美大学学报（哲学社会科学版），2014 (3)：60—70.

关键词：黄道周；心性；工夫论

机构：复旦大学历史系；福州大学中国思想文化史研究所

摘要：晚明大儒黄道周的心性工夫论思想既具有明显对治王学末流弊症的特质，又具有融合朱、王，直接孔、孟的宏博气象。可从如下五个方面窥其一斑：一、关于"格物致知"问题；二、关于"未发""已发"与"慎独"问题；三、关于"博"与"约"问题；四、关于"克己复礼"问题；五、关于"朱陆异同"问题。

翟奎凤．黄道周与宋明理学及朱子学［J］．集美大学学报（哲学社会科学版），2014（3）：71—76.

关键词：黄道周；朱子学；复古；汉宋

机构：山东大学儒学高等研究学院

摘要：黄道周是明末著名大儒，他在政治、哲学思想、文学艺术等领域都有着重要影响，同时以人品气节为时人和后人所称颂。由于家乡漳州的朱子文化氛围以及父亲对朱子的崇敬，黄道周早年受到朱子学的很大影响，这使他终生都对朱子非常尊敬。但黄道周身处明末的复杂思想格局，他并不是一位纯粹的朱子学学者，由于他对朱子甚至宋明儒在一些根本问题上都有过尖锐的批评，黄道周在一定意义上已经超越了宋明理学的藩篱，成为一位兼具汉宋风格又有突出特色的独立思想家。正是出于这种原因，黄宗羲《明儒学案》把他归到诸儒学案。

陈良武．闽地《诗经》学传统与黄道周《诗经》学述略［J］．泰山学院学报，2014（1）：92—97.

关键词：闽地；《诗经》学；黄道周；《诗》学著述

机构：闽南师范大学文学院

摘要：闽地开发较晚，但在五代至北宋初即已有蔡元鼎这样的《诗》学专家。至朱子兴学闽地，其所著《诗集传》在闽地影响深远。受其影响，闽地治《诗》者代有人出。黄道周浸淫于具有浓郁《诗》学氛围的闽南，一生治《诗》不辍。黄道周《诗》学著述散佚严重，但经过把梳剔抉，还是可以发现其有大量的《诗经》学文献存世。梳理闽地《诗经》学传统以及黄道周的《诗经》学研究，可以引起学界对黄道周乃至闽地《诗经》学的关注和研究，以充分揭示其特点和价值。

杨肇中．黄道周易学理路论略［J］．殷都学刊，2014（3）：97—104.

关键词：黄道周；易学；理路

机构：复旦大学历史系；福州大学中国思想文化史研究所

摘要：黄道周的易学思想具有明显的经世致用性。其宗旨在于"推天道以明人事"，其特点在于"准于天地，本于日月"；其易学诠释学体现在《易》《诗》《春秋》以及《易》、历、律的两个"三合一"的诠释方法上；其易学进路在于以象数为主，兼综义理，且以河图、洛书为构建易学本体论的根本性理据。

杨延秋. 敢为天下先的明末教育家——破儒斗士李贽 [J]. 兰台世界, 2014 (6): 135—136.

关键词: 李贽; 异端; 学以致用; 个性教育; 男女平等

机构: 郑州幼儿师范学校

摘要: 明代李贽提出了许多具有超前意识的思想观点, 在教育方面, 李贽旗帜鲜明地反对八股文及四书五经, 提倡思想解放。他还提出了经学致用和个性教育等超越时代的教学理论, 认为教育面前男女平等。

叶茂樟. 略论李光地与书院教育 [J]. 濮阳职业技术学院学报, 2014 (3): 41—45.

关键词: 李光地; 书院教育; 影响

机构: 泉州经贸职业技术学院李光地文化研究中心

摘要: 李光地是清初著名的政治家和思想家, 为了落实清政府"崇儒重道"的基本国策, 他不遗余力地推进书院教育, 不仅乐于为书院撰文, 还亲自创办书院并授课。福建和江西两省因与朱子理学特殊的机缘, 其书院更得到李光地的厚爱。李光地的努力促进了书院的发展, 进而因书院的教化端正了社会风气, 延续了崇教尚学之风, 培养了大批优秀人才, 堪称一位不折不扣的书院教育家。

冯静武. 李光地易学渊源考 [J]. 中华文化论坛, 2014 (8): 176—182.

关键词: 李光地易学; 来源; 参同契; 程朱易学

机构: 中国浦东干部学院法律与人文综合教研部

摘要: 李光地是清初著名的思想家, 在易学方面建树颇多。其易学思想是清初易学发展史上重要的一环, 对于清初学术发展和社会治理都产生了重要的影响。李光地易学渊源有自, 其来源主要有四个方面, 闽中易学是李光地易学的重要基础, 其家学的影响尤为突出; 师友之间的相互启发是李光地易学的一个重要来源;《参同契》的开悟促成了李光地易学的蒙蘖; 程朱易学是李光地易学的另一个重要来源。

林静茹. 论李光地的"知人论世"观 [J]. 太原大学学报, 2014 (4): 84—87.

关键词: 李光地; 文学; 知人论世;《榕村语录》

机构: 闽南师范大学文学院

摘要: 李光地用仁义礼智的理学思想评价古人, 强调文道兼备的性格, 即是"知人"; 他强调格物致知, 穷理即为格物, 格物即为知本, 注重把古人置于当时所处的气运、朝代之大背景, 即是"论世"; 他还将"知人论世"观运用于选文, 符合其"知人论世"观的文章后选存。

李长安. 略论戴凤仪 [J]. 泉州师范学院学报, 2014 (5): 10—13.

关键词：戴凤仪；理学；诗山书院；民间信仰

机构：泉州师范学院继续教育学院

摘要：戴凤仪为清末民初南安诗山人，亦应为泉州清末民初地方名人之一，且其著述颇丰。主要思想为诵法程朱理学，其最大功绩为创建诗山书院。此外还热心民间信仰。文章对戴凤仪生平略作阐述，以求教于方家学者。

王志双．晚清藏书家陈国仕"天白阁"藏书题跋辑录［J］．文献，2014（5）：39—49，2.

关键词：福建南安；咸丰五年；陈国仕；名山藏；温陵

机构：厦门大学图书馆古籍部

摘要：〈正〉陈国仕（1850—1924），字谷似，号璧堂，又号谷叟，福建南安人，清末民初泉州重要藏书家，其"天白阁"藏书多达两万余册，却鲜为人知。其父陈步蟾（1808—1879），字修镜，又字桂屏，清咸丰五年（1855）优贡，为中书科中书，曾办团练，赏五品衔。陈步蟾在泉州设馆授徒前后近六十载，晚年掌教丰州书院，且"性嗜载籍，喜藏古本。出束修以购散亡，襄中馈而典钗珥，依书为命"，"好聚书，捐百金而购散亡"。陈国仕自幼受父亲熏陶，勤奋好学，孜孜研读。及长，搜罗典籍，潜心著述。他中年曾设馆于马来西亚，教书数年，回国后到浙江嘉兴乍浦海防署从事案牍工作。著述有《丰州集稿》《中日年表》……

二　闽南文化教育

陈连锦．闽南文化与高职通识教育融合的探索［J］．福建商业高等专科学校学报，2013（6）：55—60.

关键词：闽南文化；高职通识教育；通识教育课程；校园环境；校园文化活动

机构：黎明职业大学文化传播学院

摘要：闽南文化与高职通识教育的融合有利于更好地传承地方文化，提升高职学生的综合素质。当前，泉州高职院校在通识教育课程设置、活动开展、环境建设、评价体系等方面存在诸多不足。闽南文化与泉州高职院校通识教育的融合要构建具有闽南文化特色的课程体系，积极开展具有闽南文化特色的校园文化活动，构建具有闽南文化特色的校园环境，建立胜任闽南文化通识教育教学的教师队伍，设立科学的闽南文化特色高职通识教育的评价体系。

单斐娴．闽南文化对泉州民办高等教育发展的影响［J］．黄河科技大学学报，2013（1）：10—12.

关键词：闽南文化；泉州；民办高等教育；家族式管理

机构：泉州师范学院外国语学院

摘要：闽南文化具有重视教育、倡导出资兴学、崇尚冒险、务实求利、家族乡土观念浓厚、开放兼容等特点。这些特点对于提高民办高校办学者的积极性，激发民办高校锐意改革，有一定的积极作用；但闽南文化中家族观念浓厚、逐利思想严重之偏颇意识，可能对民办高校的管理和长远发展有消极影响。

赵丽霞．闽南文化传承与大学生就业关系初探［J］．漳州师范学院学报（哲学社会科学版），2013（4）：154—158.

关键词：闽南文化；大学生；就业

机构：闽南师范大学文学院

摘要：高校毕业生就业难已成为社会各界普遍关注的热点问题，同时高校文化软实力、地方文化产业建设也成为在就业市场角逐的竞争优势，如何更好地传承地域优秀文化以拓宽就业渠道显得越来越重要。作为闽南高校，传承闽南优秀传统文化以提升学生的就业力，并保持两者之间的良性互动、双向构建，具有十分重要的意义。这就需要闽南高校各部门从思想上重视，对学生们的就业观和就业行为加以引导，加大宣传、创新力度，在制度和机制上积极探索，尽量形成闽南优秀文化资源与大学生就业之间的最优化配置。

郑静玉．探析厦门高校和闽南文化的传承与发展——以厦门理工学院为个案［J］．长春工业大学学报（高教研究版），2013（2）：23—25.

关键词：厦门高校；闽南文化；传承与发展；厦门理工学院

机构：厦门理工学院人文社会科学学院

摘要：文化被视为一个不断积累的动态过程，它的传承与发展是一项系统工程。而厦门高校地处闽南文化的发源地，对于传承与发展闽南文化发挥着不可或缺的作用。在此，我们结合高校的"第四大职能"从厦门高校的时代使命与独特优势为切入点，进而分析厦门理工学院在传承与发展闽南文化中所进行的探索，最后探讨厦门理工学院传承与发展闽南文化的有效路径。

林競．借幼儿园环境创设诠释闽南文化［J］．大众文艺，2013（18）：233—234.

关键词：环境创设；闽南文化；乡土教育

机构：泉州幼儿师范高等专科学校

摘要：幼儿园环境是闽南文化教育的极佳载体，我们可以通过环境创设，以一种无声的方式来诠释闽南文化。通过不同的形式，在幼儿园环境创设中渗透闽南文化将有助于新生代儿童了解、感受闽南文化的魅力，进而实现文化的传播与传承。

余剑婷．在漫画教学中构建闽南文化传承途径——以漫画形式表现闽南俗语为例 [J]．艺苑，2013（2）：109—111.

关键词：闽南文化传承；闽南俗语；漫画教学；思维导图

机构：福建省泉州市第二实验小学

摘要：随着社会的转型和文化活动方式的多样性，闽南文化的生存和保护面临着极其严峻的考验。在这样的背景下，依托中小学传承闽南文化自有其重要意义和现实性，且势在必行。本文以漫画形式表现闽南俗语为例，通过挖掘闽南俗语的特点及其在漫画创作中的优势，同时运用"思维导图"，以漫画的创意方式对闽南俗语进行多层次、多角度的形象化诠释，力图使学生在创作中感受到闽南俗语的智慧及懂得做人的道理，从而建构出一条传承闽南文化的有效途径。

陈晓霞．闽南童谣在幼儿园教学中的开发与应用研究 [J]．儿童发展研究，2013 （1）：63—66.

关键词：闽南童谣；童谣教学；童谣内容；童谣教学方法

机构：晋江市深沪中心幼儿园

摘要：本文以本园小、中、大班各两个班的幼儿为主要的研究对象，侧重对幼儿闽南民间童谣之选择原则、内容的体系和教学方法的研究。以文献资料、行动研究和经验总结等为研究方法，以期探索出闽南童谣在幼儿园教学中开发与应用的原则、体系和途径。

檀革胜．在"失语"中建构——福建高校戏曲音乐传承现状考察及发展对策研究 [J]．福建艺术，2013（5）：43—44.

关键词：戏曲音乐；课题调研组；福建师范大学；现状考察；演唱能力；福建福州；传统戏曲

机构：华侨大学音乐舞蹈学院；中央音乐学院

摘要：〈正〉笔者近两年致力于福建省高校戏曲传承现状的调研，逐渐知晓当下福建省高校戏曲的传承现状，并针对此现状，提出相应的发展对策。目前，福建省高校戏曲传承现状令人担忧！可以这样说，对于福建高校大学生而言，戏曲是一种陌生的存在！在此，笔者需要简单陈述本次调研的过程及结果。经过课题组反复讨论，课题调研组选取了福建福州、厦门以及泉州三地的 5 所具有代表性的高校作为本次调研对象。福州地区选取了福建师范大学（音乐学院）……

郭立红，马骎．高校音乐类非遗的传承与发展——以"漳州锦歌"的传承实践为例 [J]．艺术教育，2013（5）：44—45.

关键词：音乐非遗；传承探讨；实践

机构：福建漳州师范学院艺术系；北京师范大学艺术与传媒学院

摘要：国家级非物质文化遗产"漳州锦歌"是中国传统文化艺术中的一块瑰宝，但正面临着严峻的生存考验，保护非物质文化遗产，高校须有责任感、紧迫感与使命感，并在传承与发展这一问题上做出切实行动。

陈频．试论双重视角在民间舞蹈教育中的应用［J］．兰州教育学院学报，2013（9）：25—26.

关键词：民间舞蹈；田野调查；角色转换；局内人；局外人

机构：福建师范大学音乐学院

摘要：民族民间舞蹈是由某个区域内的民众在长期的劳动生活中集体创造的，与该地区的地方文化有着千丝万缕的联系。本文借鉴民族音乐学中的田野调查法，用双重视角合理转化舞蹈学习者"局内人"与"局外人"的关系，在学习实践中不断地"融入"与"跳出"研究对象所属的文化圈子，以期客观理性地传承、研究民族民间舞蹈。

陈世明．在儿童戏剧教育中传承与发扬闽南戏剧文化［J］．辽宁师范大学学报（社会科学版），2013（6）：884—889.

关键词：闽南戏剧文化；儿童戏剧教育；课程；审美与创造

机构：厦门城市职业学院闽台儿童文学研究所

摘要：中华传统文化是两岸戏剧共同的基础，闽南戏剧又是两岸结缘的重要纽带，因而闽南戏剧自然有着被传承与发展的重要价值。有效地构建儿童高甲戏、儿童歌仔戏、木偶戏等戏剧教育课程体系，对传承民族文化精华、增强民族文化认同感和民族凝聚力，建构一种全面的人文素质教育，起着极其重要的作用。不仅让孩子们了解闽南戏剧文化，满足他们的审美需求，而且能有机地整合各学科领域的教育内容，从不同角度促进儿童情感、态度、能力、知识、技能等方面的发展，使闽南戏剧元素成为培养儿童想象力、创造力，促使儿童生命成长的重要媒介。同时，戏剧教育课程的建立也为我国各种剧种戏剧文化的传承与发展提供了有力的借鉴。

张英选．台湾闽南语囡仔歌于教育的意义与定位［J］．（台湾）海翁台语文学，2013（136）：1—16.

关键词：乡土语言；小学课程；动物题材；台湾闽南语动物囡仔歌；

机构：（台湾）开朗杂志事业有限公司

摘要：乡土语言正式纳入教育课程是台湾语言政策一项重大的改革方针，其能增进乡土历史、地理、语言及艺术等知识，在基础做法上能保存知识，在积极面则使之不坠且普遍传衍。不过以现今之乡土语言仅在小学课程中实施的进程来看，恐怕是

"慢牛拖车"，"袂赴市"（来不及）啰！因此本文探讨动机有二：一是借由台湾闽南语囡仔歌的本土语言特性及孩童喜欢的动物题材为例，从教学表达中传递乡土人文、语言与艺术等知识达到传衍之功能。二是对台湾闽南语动物囡仔歌的价值与功能予以定位，使被一般人视为不入流或不重要的台湾闽南语囡仔歌，得以透过动物主题展现不同面相的视野，提供担任乡土语言教学的另类思考。

戴力芳．高甲戏运用于儿童创作性戏剧教育的可行性［J］．福建艺术，2013（6）：34—36.

关键词：戏剧教育；创作性；幕表戏；儿童戏剧；传统戏曲；课堂教学

机构：厦门城市职业学院

摘要：〈正〉美国戏剧教育先锋温妮弗列德·瓦德（Winifred Ward）在其1930年出版的《创作性的戏剧活动》（Creative Dramatics）一书中提出"创作性戏剧"（Creative Drama）的概念。尝试将戏剧从剧场表演中抽离出来，有系统地分类整理出适合儿童身心发展的戏剧活动，让儿童在参与活动中去领悟与学习，不仅注重儿童智能的发展，同时也兼顾其心灵及情感的提升。瓦德将创作性戏剧活动在课堂教学中多方实践并努力推展，证明了创作性戏剧是一种创新且有效的教学方法。时至今日，创作性戏剧在美国的教育体系中已行之多年，并在欧洲、美洲、澳洲等西方国家得到广泛推行……

徐华莉．本土艺术文化融入幼儿园教学的探索［J］．教育教学论坛，2013（10）：275—276.

关键词：闽南；地方舞蹈；幼儿教育；教学

机构：福建泉州幼儿师范高等专科学校

摘要：幼儿教师在教学中，选取符合孩子身心发展的本土文化资源融入幼儿教学活动，增进孩子对家乡本土文化的了解及情感，促进地方文化的传承与发展，并形成一种集娱乐、欣赏、表现、创造、教益、健身为一体的教学系列模式，可以促进孩子交往能力、艺术表现、创造能力等全面发展。

许宪生．融入高校教育的闽南木偶传承与创新［J］．美术大观，2013（10）：136.

关键词：闽南木偶；传承；教育；创新

机构：漳州城市职业学院

摘要：闽南木偶雕刻工艺精美和丰厚的文化底蕴，是极好的高校民间教育的资源。从教育的视野去研究闽南木偶传承与发展问题，构建非物质文化遗产保护发展与传承的教育机制，培育新一代喜爱木偶艺术和专业设计的年轻人，让木偶艺术更好地成为现代文化建设的一部分，是我们持之以恒努力工作的目标。

周毅铭．漳州木版年画艺术传承与校本课程的开发 ［J］．美术大观，2013（8）：146.

关键词：漳州；木版年画；传承；校本课程

摘要：在传统美术传承与发展过程中，民间美术走进校园是重要的环节，校本课程开发则是融入教育的关键。本文就这一课题，试析漳州木版年画的传承与校本课程的开发。

柯艺灿，叶茂樟．地域文化与大学生思想政治教育——以李光地文化为例 ［J］．长春大学学报，2013（6）：714—718，732.

关键词：地域文化；思想政治教育；李光地

机构：泉州经贸职业技术学院

摘要：深入挖掘地域文化的思想教育因素，将地域文化与大学生思想政治教育结合起来，不仅是传承优秀传统文化的需要，也是大学生思想政治课的必然要求。李光地是清初著名的政治家和思想家，李光地文化是一种地域文化。泉州经贸学院慈山分院多年来致力于拓展大学生思政教育的新途径，通过开展校园文化活动、社会实践等，将李光地文化中的爱国主义、民本主义、改革创新和刻苦钻研等思想精髓引入到大学生思想教育中，大大提高思想政治教育的实效性。

李晓元．闽南文化德育资源现代转化研究——从闽南文化思想政治教育概念说起 ［J］．理论界，2014（11）：59—65.

关键词：闽南文化德育；闽南文化德育资源；闽南文化德育资源现代转化

机构：闽南师范大学马克思主义学院

摘要：闽南文化思想政治教育或闽南文化德育概念的提出，是闽南文化教育实践的现实激发，更是闽南文化思想政治教育研究不足的促动。闽南文化德育资源是一个由爱国爱乡、神明信仰、异乡开创、工作创世、异质包容等道德精神构成的内在关联结构，而工作创造或工作共同体精神是其价值核心。闽南文化德育资源现代转化路径是认知与研究转化、文化交流转化、学校教育转化、载体建设转化、实践教育转化等多重路径的总体，而实践教育转化更具有根本性意义。

邱凯祥．链接闽南文化资源　舞动品德教学灵性 ［J］．开封教育学院学报，2014（1）：229—230.

关键词：闽南文化；课程资源；品德教学

机构：厦门市民立第二小学

摘要：课程资源的开发和利用是《品德与社会》教学的支持系统，它关系到《品德与社会》教学的实效，为《品德与社会》新理念的实现奠定资源上的支撑，能促进教师、学生的全面发展。笔者就《品德与社会》课堂链接闽南文化的方法进行探讨。

笔者认为，民俗文化、名胜资源、民间艺术、节日文化等进课堂是提升课堂教学实效的好方法。

沈雯．幼儿主题探究活动中的闽南本土文化传承路径探析［J］．江苏第二师范学院学报，2014（6）：60—62，123.

关键词：幼儿活动；本土文化；主题探究

机构：厦门市教育科学研究院

摘要：主题探究活动是目前幼儿园实施开放性课程的一种有效的活动形式，它充分尊重了幼儿的认知特点和身心发展规律。幼儿教师可以通过选择适宜的主题活动内容、创设氛围迥异的主题活动环境、提供层次性自产化的主题操作材料、调整得法的主题活动指导策略来将本土文化融入主题探究活动中，使本土文化转化为儿童喜闻乐见的形式，成为能符合幼儿经验背景的、容易理解接受的内容。"厦门趴趴走"主题活动的开展对于在儿童学前教育阶段更好地传承闽南传统文化进行了有益的尝试。

胡皓．让闽南文化深入厦门中职语文课堂［J］．厦门城市职业学院学报，2014（2）：15—18，41.

关键词：中职；语文；闽南文化；校本课程

机构：厦门电子职业中专学校

摘要：让闽南文化深入厦门中职语文课堂，促进了语文文道结合功能的发挥，契合了中职学生职业生涯和学习文化的需要。在实践中，可以选取富有闽南文化底蕴的作家作品作为校本课程资源，选取闽南文化资源作为中职"小作文"的写作素材，开设"闽南文化进课堂"系列综合实践活动课。要提高教师队伍闽南文化素养，要注意以学情为基础，分专业、分层次地开展闽南文化教学活动，还要注意借力社会资源。

林丹丹．关于对外汉语教学中传播闽南文化的思考——以菲律宾华裔青少年来闽短期学习为例［J］．闽南师范大学学报（哲学社会科学版），2014（4）：137—142.

关键词：对外汉语教学；文化教学；闽南文化；跨文化交际能力

机构：闽南师范大学文学院

摘要：在对外汉语教学中如何开展地方文化教学已成为了学界的讨论热点。本文以2014年4月至5月来闽南师范大学参加学中文夏令营的菲律宾华裔青少年为调查对象，分析了他们的基本情况、文化需求以及现有文化课程的特点，提出如何在对外汉语教学中更好地传播闽南文化的建议。

冉晏青．海沧区人大关注闽南语教学工作［J］．人民政坛，2014（11）：29.

关键词：闽南方言；教学工作；宣传教育

摘要：〈正〉9 月 30 日，厦门市海沧区十一届人大常委会第二十一次会议听取和审议了区政府关于小学开展闽南语教学情况的专项工作报告。审议中，常委会组成人员认为，区政府以全面推进"闽南方言文化进校园"活动为重点，开展各种形式的闽南方言文化宣传教育，取得了较好成效。同时，针对闽南语教学中存在的问题，常委会组成人员建议：加强对闽南方言文化的宣传，引导学生、家长及教师正确认识闽南方言及其社会文化价值；进一步丰富创新教学形式，培养学生对闽南语的浓厚兴趣；进一步保证教学实际效果……

毛丹萍. 挖掘闽南文化资源 探索幼儿教育新路 [J]. 华夏教师，2014（6）：98—99.

关键词：闽南文化；文化学习；蒙特梭利；游戏活动

机构：福建省泉州市惠安县实验小学

摘要：〈正〉意大利的幼儿教育家蒙特梭利指出：幼儿对文化学习的兴趣，萌芽于3 岁，到了 6—9 岁则出现想探究事物的强烈需求，这时期孩子的心智就像一块肥沃的田地，准备接受大量的文化播种。闽南文化是中华民族文化中的瑰宝，挖掘闽南本土文化资源，探索幼儿教育新路，不能局限于传授幼儿闽南文化的相关知识……

宋立文，秦燕. 聚焦福建省泉州市"生命教育"[J]. 中国德育，2014（3）：34.

关键词：网络德育；闽南文化；世界宗教博物馆；海上丝绸之路；文化之都

摘要：侨乡泉州，是古代海上丝绸之路的起点，素有"海滨邹鲁""世界宗教博物馆""光明之城"之美誉，为国家首批历史文化名城之一，也是联合国教科文组织在世界各地建立的第一个世界多元文化展示中心，中国首个"东亚文化之都"。近年来，泉州传承"爱拼才会赢"的城市精神，在打造生命教育和心理健康教育品牌、探索家庭教育及网络德育、传承闽南文化等方面打出了一整套漂亮的"组合拳"。

陈连锦. 闽南文化与泉州高职院校通识教育课程的对接 [J]. 黎明职业大学学报，2014（1）：51—56.

关键词：闽南文化；泉州；高职院校；通识教育

机构：黎明职业大学文化传播学院

摘要：地方高职院校应担负起地方文化的传承。在高职通识教育课程中融入地方文化的内容，是创新通识教育课程内容、拓展地方文化传承渠道的有效途径。泉州高职院校通识教育课程积极融入闽南文化，有助于完善学生的知识结构，提升学生文化素质，完善学生人格；有助于培养学生热爱家乡的情感，拓宽闽南文化的传承渠道；有助于形成具有地方特色的校园文化。闽南文化与泉州高职院校通识教育课程的对接，需着力开设校本通识教育课程，开发校本通识教育教材，开展丰富多彩的通识教育课程实践活动，加强通识教育课程的组织管理。

陈茳．闽南童谣在民办园教育教学活动的作用［J］．儿童发展研究，2014（2）：64—66，23.

关键词：闽南童谣；作用；语言能力；审美情趣；社会性发展

机构：泉州市东湖中心幼儿园

摘要：闽南童谣是闽南文化的重要组成部分，也是闽南人民生活的一部分，具有丰富的文化底蕴。通过发挥闽南童谣对发展幼儿语言能力，培养审美情趣和促进社会性发展的作用，结合多种形式的教学方式，能够激发孩子学习童谣的兴趣，培养他们热爱家乡的情感，达到教育教学的目的。

陈芳．闽南高校音乐文化教育之"本土"论［J］．集美大学学报（哲学社会科学版），2014（3）：32—37.

关键词：闽南高校；本土；音乐文化；教育

机构：集美大学音乐学院

摘要：高校不仅负有正统文化的教育责任，更担负着地方性文化的传承和发扬工作，以形成高校"百花齐放、百家争鸣"的不同文化性格和风格，赋予中华文化多样性的生命力和勃勃活力。闽南地区高校在本土音乐文化教育上大有可为，独特的地域文化连接了古老与现代、大陆与台湾、海内与海外。其音乐形式上的多样性为音乐教育活动提供了广阔的空间。树立开展本土音乐文化教育的正确认识、厘清思路、把握教育过程中的主要原则、了解现状是搞好闽南高校本土音乐文化教育工作的先决条件。

缪倩，庄冬江．传统戏曲文化融进高校校园文化建设的研究——以泉州高校校园文化建设为例［J］．黎明职业大学学报，2014（2）：62—66.

关键词：传统戏曲文化；高校；校园文化

机构：黎明职业大学机电工程与自动化学院；黎明职业大学经济管理学院

摘要：本文开展了一项关于泉州高校大学生对校园文化与泉州传统戏曲了解、认知状况的调查。调查结果表明，传统戏曲文化融进高校校园文化建设具有重要意义：有利于传统戏曲文化的保护、普及、传承，有利于高校校园文化的全面和谐发展。进而提出泉州传统戏曲文化融进泉州高校校园文化建设的途径：加强传统戏曲文化教育资源载体的开发与推广，加强对校园传统曲艺社团的扶持，拓展第二课堂活动及开展传统戏曲主题的系列活动。

赵洋．闽南民间工艺美术资源在高校艺术设计教育中的价值研究［J］．艺术教育，2014（12）：244—245.

关键词：闽南民间工艺美术；艺术设计教育；利用价值

机构：华侨大学美术学院

摘要：闽南民间工艺美术是民族历史的积淀和智慧的结晶，其类型多样、内容丰富，是高校艺术设计教育的宝库。文章探讨闽南民间工艺美术资源在高校艺术设计教学中的文化价值、审美价值、实践价值，希望能为闽南地区高校艺术设计教学的改革与发展提供新的思路。

邓文金．闽南文化特色人才培养体系的构建与实践［J］．闽南师范大学学报（哲学社会科学版），2014（1）：159—163.

关键词：闽南文化；特色人才；培养体系；创新

机构：闽南师范大学闽南文化研究院

摘要：基于独特的区位与文化资源优势及现有办学基础，闽南师范大学多年来始终把闽南文化的传承创新作为自身的使命和责任，将闽南文化元素整合进学科建设、融入育人体系、纳入课程设置、汇入校园文化建设，努力探索闽南文化特色人才培养模式，构建了从本科到硕士、博士完整的闽南文化特色人才培养体系。该体系具有文化传承创新、人才培养体系创新、课程体系创新、培养模式创新等特点，为培养服务国家特殊需求和地方经济文化建设特色文化人才进行了有益的探索。

林彦．论闽南茶文化与航空服务人才培养［J］．读与写（教育教学刊），2014（9）：41.

关键词：闽南茶文化；航空服务；课程

机构：厦门城市职业学院

摘要：福建闽南地区茶文化盛行，其精华为茶艺，讲究规范之美，讲究五境之美，讲究东方礼仪之美，本文将以厦门城市职业学院的航空服务专业为例，论述茶艺课程对于航空服务专业人才培养的意义，并对在航空服务人才培养中茶艺课程的建构提出建议。

陈茶凤．高职高专茶文化专业课程设置探索——以漳州科技职业学院为例［J］．产业与科技论坛，2014（2）：161—162.

关键词：茶文化；核心技能；课程设置；体系建构

机构：深圳大学；漳州科技职业学院茶学院茶文化专业教研室

摘要：本文以漳州科技职业学院茶学院茶文化专业的课程设置为例，旨在探讨高职高专茶文化专业人才培养的目标、岗位核心技能、课程设置的依据和建设要领。希望通过讨论，厘清茶文化的真正内涵，找到茶文化专业建设的发展方向。

吴楠楠．"非物质文化遗产"领域艺术硕士的培养模式研究——以泉州师范学院南音专业艺术硕士培养为例［J］．教育评论，2014（2）：109—111．

关键词：艺术硕士；非遗；南音

机构：泉州师范学院

摘要：泉州师范学院将南音人才培养纳入高等教育的范畴，以期培养南音传承人才。文章主要从泉州师范学院南音的办学历程、南音艺术硕士培养模式及反思入手，阐述了泉州师范学院南音专业艺术硕士的培养特色，以及其培养模式对艺术硕士教育发展的借鉴意义。

陈俊玲．构建新型的南音演唱教学理论与实践发展的应对之策［J］．中国音乐，2014（3）：119—121，169．

关键词：南音；演唱教学理论；实践发展

机构：福建师范大学音乐学院

摘要：如何摸索出一条更适合于构建现代南音演唱教学理论与实践发展的教学模式，既能运用现代的发声技术解决南音演唱的发声问题，同时又是迥异于现代民族声乐发声技巧的独特方式，并不断完善南音的教学理论体系。本文以为，一是传统与现代并行，二是理论与实践相济。这两点共同促进现代南音演唱理论与实践发展的提升，以便建立起更加符合现代南音演唱教学理论与实践发展的需求，使之具有鲜明的现代意义。

连文华，许宪生．探索高校非物质文化遗产传承教育的新思路——以闽南木偶艺术遗产为例［J］．怀化学院学报，2014（1）：6—8．

关键词：闽南木偶；传承；教育

机构：漳州城市职业学院

摘要：高校非物质文化遗产传承教育，是闽南木偶艺术保护与传承的一条重要途径。应在地方高校大力开发和建构其教育课程，把木偶艺术文化融入高校的公共课程和艺术专业体系。探索高校与企业联合办学模式，培养喜爱木偶艺术的观赏者和专业人才，将促使闽南木偶艺术更好地在教育中保护，在保护中传承。

黄永忠．闽南红砖厝校本课程应用［J］．赤子，2014（22）：198—199．

关键词：红砖厝；课程资源；美术教学

机构：福建省厦门市第二实验小学

摘要：闽台红砖厝课程资源特指以福建省东南沿海，闽江流域以南，晋江九龙江流域包括厦门市、漳州市、泉州市和台湾等闽系方言覆盖的大部分地区的"红砖厝"为参照对象的课程资源。红砖厝"厝"是闽南方言，就是通常所说的房屋的意思，是闽南人使用当地盛产的红砖、花岗岩等材料，采用独特的施工工艺砌筑的造型独特、装饰华丽的房子。它以护厝式的平面布局、红砖的墙面、花岗岩的运用、曲面的屋顶、艳丽的装饰的特点而著称。

罗伟民．闽南传统民居建筑对艺术设计教学的启示 [J]．凯里学院学报，2014 (4)：166—168.

关键词：闽南传统；民居建筑；艺术设计教学；教学启示

机构：集美大学

摘要：闽南传统民居中的石雕、木雕、砖雕作为建筑装饰的一部分，一方面有装饰美化建筑的作用，另一方面有寓意、象征和祈愿的意味，其艺术特色和美学意蕴根植于传统文化和审美习惯之中，是研究开发艺术设计课程的重要资源。通过对闽南传统民居建筑艺术特点的认识和研究，为培养学生传统民居艺术设计能力提供启示。

高艺玲．探究闽南传统建筑美术资源的人文性与技艺性 [J]．福建教育学院学报，2014 (4)：77—80.

关键词：闽南传统建筑；人文精神；美术技艺性

机构：厦门市集美区教师进修学校

摘要：闽南传统建筑古朴、俏丽，在空间营造、建筑装饰上透露出浓厚的儒家思想，潜移默化地影响着居住在这里的人们。闽南传统建筑装饰精美繁复，其即将流逝的画、雕、剪贴、堆砌等传统建筑装饰技艺，为我们美术课程资源的开发提供了丰富的内容。闽南传统建筑美术课程将美术融入闽南地域文化生活探究之中，用美术的方式传播闽南传统建筑艺术，在探究过程中感受闽南传统建筑中的人文精神，达到利用美术教育传承闽南文化，发展传统文化的目的。

三　闽南体育文化

叶晓阳，郭学松．宗教人类学视野中的临水夫人体育文化研究 [J]．南京体育学院学报 (自然科学版)，2013 (6)：142—147.

关键词：民族传统体育；临水夫人；陈靖姑；体育文化；闽台

机构：宁德师范学院体育系

摘要：临水夫人体育文化是临水夫人文化体系的重要构成部分，是临水夫人精神的传输载体和文化表达方式，是临水夫人文化研究的新篇章，为整合世界不同区域临水夫人文化资源以达到促进互动发展和形成体系架设了桥梁。从阐释临水夫人体育文化的概念及构成出发，寻绎了萌生与奠基；临水夫人生活中的体育文化元素、衍承与拓展；临水夫人祭祀活动中的体育元素，提出了规划临水夫人体育文化发展体系、开发临水夫人体育文化旅游产业、打造临水夫人体育文化发展品牌、构建闽台临水夫人体育文化持久互动发展机制的发展构想。

吴贤举．闽南文化对福建南拳影响的初探［J］．福建体育科技，2013（4）：13—15.

关键词：福建；闽南文化；南拳

机构：福建省武术运动管理中心

摘要：从闽南文化的本质分析其对福建南拳形成、发展的影响。研究得出：在特有的地理人文环境下，闽南文化兼收外源、内涵丰富、开拓务实的本质对福建南拳的推广与普及起到了传播载体的作用。

孟升．闽南地区"宋江阵"的发展策略探究［J］．兰台世界，2013（31）：103—104.

关键词：闽南地区；宋江阵；价值

机构：河南工业职业技术学院

摘要：本文分析了闽南地区宋江阵的渊源和特点、宋江阵的历史演变、宋江阵的表演形式及价值，以期对这方面的研究提供借鉴和参考。

周传志．身体背后的社会：社会人类学视角下的台湾"宋江阵"研究［J］．民俗研究，2013（5）：147—155.

关键词：宋江阵；台湾；宗族社会；社会人类学

机构：漳州师范学院体育系

摘要：为研究作为身体文化展演的宋江阵与台湾宗族社会之间的关系，本研究采用查阅文献、田野考察、历史分析、逻辑推断等方法对台湾宋江阵进行研究。源于闽南的宋江阵契合了明清时期台湾社会的现实要求，经由神话、象征而成为一种仪式，构建出一种虚拟的宗族社会，进而通过族别认同和文化内聚而形成国家和社会之间的动态平衡，维护了宗族团结和地方秩序。

董雪娇，张艳茹．俞大猷与少林武术的渊源关系［J］．兰台世界，2013（10）：85—86.

关键词：俞大猷；少林武术；少林棍；嵩山少林寺；少林功夫；抗倭；泉州少林寺

机构：华北科技学院体育部

摘要：〈正〉明代文献档案里提到俞大猷，常有这样一句描述：继光如虎，大猷如龙。意为北有猛虎戚继光，南有蛟龙俞大猷。俞大猷，福建泉州人，是明代文武兼备的抗倭名将。一、自幼习武。俞大猷出生于一个贫困家庭，自幼与母亲相依为命。五岁时进入当地私塾读书。十五岁考取秀才，从小喜爱武术，每日清晨在清源洞习武不止……

段坤鹏．从"俞龙戚虎"武术理念看当代中国武术的发展之路［J］．三峡大学学报（人文社会科学版），2013（S1）：222—223.

关键词：俞龙戚虎；传统武术；传承与发展

机构：福建师范大学体育科学学院

摘要：传统武术在当今中国的发展令人担忧，民族文化的传承面临种种难题。在经济发展的今天，应下大气力采取各种措施推广武术，使之在竞技体育中占有一席之地。

孙波．俞大猷体育思想考述［J］．四川体育科学，2013（4）：26—29.

关键词：体育史；俞大猷；体育思想；表述

机构：上海行健职业学院体卫部

摘要：本文通过文献资料法对俞大猷的军事体育思想进行分析。认为其军事体育思想的特点表现在：精选将卒，注重个人先天条件，因材施教，重视后天的训练和培养；反对武术技击中的"花架子"，重视实战需要；个人武术修养高深，对武术技击的见解深厚；将领必精于武艺；重视练兵中的思想教育。他的军事体育思想不仅适用于当时的军事训练和作战，而且对现代军事体育及一般体育的发展均具有重要意义。

杜德全．闽南村镇社区太极拳运动开展现状及对策——以晋江深沪镇为例［J］．搏击（武术科学），2013（12）：42—43，83.

关键词：村镇社区；太极拳；现状；对策

机构：泉州师范学院体育学院

摘要：文章主要采用文献资料法、问卷调查法、访谈法和数理分析法等研究方法，对晋江市深沪镇社区太极拳开展的现状进行了调查研究。结果显示：该社区太极拳运动具备了一定的规模和影响力，整体上呈现出良好的发展态势，但同时，也存在着组织管理薄弱、参与结构单一、宣传力度不足等现实问题。当前，加强组织管理、加大宣传力度、改善场馆条件、建立激励和竞赛交流机制等途径是促进晋江深沪镇社区太极拳运动项目更好发展的可行选择。

黄巧奇．福建南少林武术文化推广研究［J］．淮海工学院学报（人文社会科学版），2013（12）：81—83.

关键词：福建；南少林；武术；文化推广

机构：福州大学体育研究部

摘要：福建南少林拳棒文化源远流长世界闻名，已经成为中国武术文化的一个重要组成部分。本文通过对福建南少林武术文化概念的认识，分析福建南少林武术文化发展的现状与优势，提出福建南少林武术文化推广与发展的思路。

刘宗祥．咏春拳与泉州永春拳的渊源考证［J］．兰台世界，2013（34）：147—148.

关键词：咏春拳；泉州永春拳；渊源考证

机构：内蒙古民族大学

摘要：笔者认为，咏春拳与泉州永春拳同出一门，均源于早年方七娘始创的永春白鹤拳，因动荡的社会背景与闽南地区口耳相传的误读，致使咏春拳没有办法正本清源。

王伯余．"海西"战略背景下的泉州南少林武术产业化发展［J］．体育科学研究，2013（3）：5—10.

关键词：泉州南少林；武术产业化；机遇；挑战；对策

机构：泉州师范学院体育学院

摘要：泉州南少林武术产业化发展的优势表现为：浓厚的武术氛围、武术拉动的产业方兴未艾、底蕴深厚的"南少林"品牌以及近水楼台的侨乡优势。劣势表现为：传统意识与现代意识的冲突、宗教信仰的负面影响、南少林的遗址之争的弊端、产业化包装路途艰辛以及赛事推广瓶颈难以突破。机遇表现为：政府部门的鼎力相助、民间社团的大力支持以及海西建设的良好机遇。挑战表现为：国际武技排挤、传统武术自身的改革、文化空间的争夺与日俱增。对策：充分利用"海西战略"的政策支持，健全南少林文化产业链，推动社会资本向南少林武术文化产业资本转变，加快南少林武术文化产业结构调整，完善基础设施建设，强化"南少林"品牌意识，与海丝文化相结合，培育泉州南少林武术旅游市场，与武艺阵头相结合，丰富表演市场。

程荣华．闽南民俗体育"宋江阵"探析［J］．兰台世界，2014（22）：86—87.

关键词：闽南；民间；体育；宋江阵

机构：绵阳师范学院体育与健康教育学院

摘要：宋江阵是一种流传于闽南地区的民俗体育活动。早期的宋江阵具有武术及军事体育方面的性质，在流传的过程中，不断地融入民俗活动之中。如今，宋江阵已经成为闽南地区民俗节日中常见的一种娱乐性体育活动。

杜德全，谢名权．闽南民俗体育文化的传承与发展研究［J］．商丘师范学院学报，2014（12）：121—124.

关键词：闽南；民俗体育；非物质文化遗产；传承

机构：泉州师范学院体育学院

摘要：闽南民俗体育文化资源丰富、特色显著，是闽南文化的有机组成部分。近年来，在非物质文化遗产保护潮流、闽南文化生态试验区建设和东亚文化之都建设等有利背景下，闽南民俗体育传承取得了一定的成效，但依然还存在着多方面的不足。当前，注重政策法规制定和资金配套的可持续性；注重传承与发展的完整性、真实性与整体性；注重学术研究与实践探索的相辅相成；注重社区传承与学校传承的密切配合等，是实现闽南民俗体育传承与发展的迫切选择。

方奇. 闽台民俗体育资源的类别、分布与特点〔J〕. 厦门理工学院学报，2014（4）：8—13.

关键词：闽台；民俗体育资源；类别；分布；特点

机构：厦门理工学院公共体育部

摘要：为摸清闽台民俗体育资源家底，有利于后续开发其综合价值需要，运用文献资料、田野调查考证等方法，考察闽台地区民俗体育文化资源项目。研究发现：闽台民俗体育资源可分为健步体能、竞速体能、杂耍表演、操舞表演、游戏竞赛、武术健身、投掷娱乐、棋艺娱乐八类；闽台民俗体育资源空间分布呈现闽南比闽北集中，闽东沿海相比闽西内陆较沿海岸线线分布，台湾集中于全岛沿海环状分布；闽台民俗体育资源既具有小区域性、频繁化、多元化共性特点又具有传承层差异、组织度差异的异性特点。

胡微微. 闽南民俗体育旅游开发的 SWOT 分析〔J〕. 体育科学研究，2014（1）：31—34.

关键词：闽南；民俗体育旅游；SWOT 分析

机构：集美大学体育学院

摘要：运用 SWOT 分析法，对闽南民俗体育旅游开发中存在的优势、劣势、机遇和威胁进行全面研究，并进行矩阵分析，研究表明：闽南有着丰富的民俗体育旅游资源，优越的交通和产业优势以及各大优越政策所带来的机遇，具有显著的开发价值，但同时也存在着民俗体育旅游产业意识薄弱，人才储备缺乏及区域竞争威胁带来的开发劣势。

沈丽玲. 闽南漈下村武术发展的历史变迁〔J〕. 体育文化导刊，2014（5）：52—55.

关键词：群众体育；体育史；村落武术；漈下村

机构：江西师范大学体育学院

摘要：本文运用田野调查法，以素有武术传统的福建省屏南漈下村作为研究个案，对其传统武术的历史变迁进行研究。主要结论：漈下村武术的形成与发展受封闭的地理环境影响，形成封闭的宗族武术文化，武器为简朴的家用工具，虎尊拳塑造了村落英雄；在传统社会武术由宗族组织发展，在近现代经历了由国家的推行向外拓展、"文革"时期的隐蔽发展、乡村生活兴起时短暂的复兴、改革开放后的式微，新世纪由于大众媒体、旅游经济、宗族兴起等的带动，乡村武术再度复兴。

王伯余，张国海，张华，黄晓鹏，苗增会．永春白鹤拳产业发展的现状及对策分析 [J]．搏击（武术科学），2014（9）：29—31.

关键词：SWOT 分析；永春白鹤拳；产业化

机构：泉州师范学院体育学院；福建泉州龙传文化；福建警察学院；安徽萧县黄口镇中心学校

摘要：永春白鹤拳产业化是实现其可持续发展的必然选择，是适应市场经济发展和民族文化传承及发扬的必经之路。永春白鹤拳产业化发展面临着诸多问题，文章在永春白鹤拳产业化发展现状进行调查研究的基础上，对其产业发展进行了 SWOT 分析，以期能厘清思路、制定战略、确定目标和重点，快速实现永春白鹤拳的产业化发展。

谢志强．体育文化与城市发展关系研究 [J]．湖北科技学院学报，2014（8）：165—166.

关键词：体育；文化；赛事；发展；关系

机构：闽南理工学院体育系；福建师范大学体育科学学院

摘要：以闽南地区的厦门、漳州、泉州三个城市为例，从竞技体育、群众体育、学校体育三个方面来阐述体育文化建设与城市发展间的相互关系，研究这三个城市在发展过程中开展体育文化建设的特点，探讨不同模式的体育运动过程所散发出来的体育文化与城市发展二者之间的关系。

郑霞，赵康杰．洞头妈祖民俗体育文化现象探析——以海岛洞头"迎火鼎"习俗为例 [J]．运动，2014（4）：135—136，96.

关键词：洞头妈祖；迎火鼎；民俗体育文化

机构：温州大学体育学院

摘要：迎火鼎是海岛洞头的民俗文化现象。文章通过文献资料、田野调查等研究方法考察研究了海岛洞头的民俗体育文化现象。首先，对洞头"迎火鼎"这一民俗民间活动的产生及其发展演变过程进行了梳理；其次，对洞头妈祖民俗体育文化现象进行了特征分析，认为：洞头妈祖民俗体育文化具有浓郁的海洋文化特征；兼容闽南和东瓯文化特色；体现农村体育文化的特色；铭刻时代前进的印记等。通过对洞头妈祖信仰衍生的民俗体育文化现象进行探析，有助于地域民俗体育文化资源的挖掘与整理，丰富地域民俗文化内容，加强洞头民俗文化旅游业的建设，进一步加深两岸民俗文化交流，推进两岸同根文化建设。

周传志，喻丙梅，黄丽姿．合法性视角下的永春白鹤拳传承与发展［J］．闽南师范大学学报（自然科学版），2014（1）：98—102．

关键词：白鹤拳；永春；发展；合法性

机构：闽南师范大学体育学院

摘要：为探寻永春白鹤拳自创始以来被迅速接受、广泛传播和扩散发展的原因，本文采用文献查阅、历史文化分析等方法对其合法性进行研究。结果表明：白鹤拳的创始人方七娘由于其特殊身份而具有身份合法性；鹤的特殊文化意象和鹤拳中渗透的阴阳五行观念使白鹤拳具有文化合法性；在白鹤拳传播发展过程中凭借其超群技能及政府部门逐渐认可而获得社会合法性和行政、政治合法性。这提示我们在促进民族传统体育发展过程中，只有与时俱进，通过恰当途径获得被认可的基础与条件，才能促进我们体育文化软实力的真正增长。

闽南建筑

一 闽南建筑概述

谢惠雅. 试析闽南红砖民居的独特装饰 [J]. 福建文博, 2013 (1): 73—76.

关键词: 闽南; 红砖; 民居; 装饰

机构: 厦门市博物馆

摘要: 闽南红砖民居是中国传统民居的重要组成部分, 具有强烈的地域性和独特的建筑风格, 在石雕、砖雕、木雕及彩绘泥塑、交趾陶、瓷片剪贴等装饰上别具一格, 是闽南文化的重要载体。

张球. 中国古代石窗 (二) [J]. 文艺生活 (艺术中国), 2013 (7): 82—89.

关键词: 石窗; 中国古代建筑; 直棂窗; 透雕; 闽南

摘要: 〈正〉根据实地考察和田野调查, 并结合中国古代建筑有关史料, 石窗的四大重点区域可以确定为: 皖南、浙东、赣东、闽南是中国古代石窗制作、应用和遗存的四个重点区域。其理由如下: 1. 当地出产石料; 2. 代有匠人制作; 3. 应用广泛; 4. 遗存丰富; 5. 工艺特色鲜明……

陈静. 骑楼文化初探 [J]. 艺术教育, 2013 (2): 26, 23.

关键词: 骑楼; 功能; 特点; 建筑风格; 渊源; 发展现状

机构: 北京林业大学材料学院

摘要: 骑楼作为闽南城市建筑的一大标志, 承载着太多历史的沧桑和人文气息。本文通过阐述骑楼的历史、形态功能、发展等展示了其功能性、实用性与人文相融合的独特魅力, 并引出当代城市规划发展中骑楼如何在新旧之间的冲突中生存的思考。

侯令. 浓妆淡抹总相宜——湘北张谷英古村与闽南蔡氏红砖厝的色彩比较研究 [J]. 创作与评论, 2013 (20): 127—129.

关键词: 蔡氏; 建筑风格; 民居文化; 古建筑群

摘要：〈正〉民居是最古老的建筑形态，中国地大物博，各地民居受本土人文、气候、地理、经济、物产等影响，建筑风格多元且色彩各异。位于湖南岳阳县的张谷英村是现在保存最完整的江南民居古建筑群落……

蓝达文．闽南传统宫庙建筑屋脊装饰艺术及其文化内涵 [J]．新美术，2013 (9)：59—61.

关键词：剪瓷雕；垂脊；戗脊；脊饰；闽南地区；翼角；垂兽；歇山顶；灰塑；脊兽

摘要：〈正〉中国传统建筑从产生、发展到基本定型经历了漫长的过程，屋脊作为中国传统建筑装饰最显著的特征也表现出明显的变化。屋脊是指我国传统建筑中沿着屋面转折处或屋面与墙面、梁架相交处，用瓦、砖、灰等材料做成的砌筑物，具体可分为正脊、垂脊、戗脊、翼角、宝顶等构件。闽南地区屋脊的装饰材料丰富、工艺多种多样，有陶塑、灰塑、彩绘等，其中以闽南传统宫庙建筑大量采用的特殊脊饰艺术——"剪瓷雕"工艺最具代表性。剪瓷雕又称"剪贴"或"剪花"……

梁明捷．粤东庭园的平面与空间布局特征探析 [J]．美与时代 (上旬)，2013 (10)：36—37.

关键词：布局特征；岭南庭园；居住建筑；宅园；岭南地区；潮汕地区；闽南文化

机构：华南理工大学设计学院

摘要：〈正〉粤东庭园属于岭南庭园的重要类型之一。它既有岭南庭园的共性特征，又具有潮汕地区独特的个性特征。本文通过对粤东庭园平面布局和立面空间的深入分析，指出了粤东庭园的布局特征以及小庭园、多活变的典型示范意义。粤东主要指广东东部潮汕沿海地区。这里的园林规模较小且多与居住建筑结合在一起，称之为庭园。粤东庭园由于地处岭南地区，同时地理环境与闽南毗邻……

林攀科，赖世贤，袁炯炯．小议闽南传统建筑色彩 [J]．华中建筑，2013 (7)：145—148.

关键词：闽南传统建筑；色彩；地域性

机构：华侨大学建筑学院

摘要：在全球化进程中，如何保留并延续地域性的历史文脉，增强居民的文化认同感，是国内外学者持续关注的问题。建筑色彩是地域性文化呈现的重要形式之一，研究传统建筑色彩对于保留地域性文化特色是不可或缺的一项课题。该文通过研究具有代表性的闽南传统建筑类型，归纳其色彩的主要类别及总体印象，分析与材质密不可分的具体呈现方式、阐述建筑与环境的色彩关系、探讨其成因，并展望闽南传统建筑色彩特质的当代传承。

刘博文．浅谈闽南建筑地域性表达的传承与创新［J］．企业技术开发，2013（11）：124—126．

关键词：地域性；闽南建筑；传承；创新

机构：厦门创道瑞禾建筑设计有限公司

摘要：时代发展的今天，各国文化之间兼容并蓄、相互交融。在这一切向西看的大潮中，民族特色的传统建筑不断消失，城市建筑趋同现象十分严重，传统文化面临着巨大的冲击。如何传承及发展我们的民族建筑，是值得我们深思的一个问题。而独具地域性特色的闽南建筑，作为我国民族建筑大家族中的一员同样面临这个问题。探寻一条传承与创新闽南建筑的新路，展现其独特的地域性，是关注的焦点。

连捷．闽南红砖建筑特征在园林设施和小品中的运用［J］．中国城市林业，2013（4）：14—16．

关键词：红砖建筑；特征；园林设施；园林小品；闽南

机构：同济大学建筑与城市规划学院

摘要：通过对闽南红砖建筑的研究，总结其色彩要素、材料与质感要素、天际线要素和装饰要素的特征属性；探讨在园林设施和小品中提取其属性并进一步表达运用的手法，包括特色建筑材料的使用、建筑原型的直接运用、建筑原型的转译运用3个方面；最后以实例进行说明。

尹培如，赖世贤，李集佳．闽南石砌民居旧石材的就地再利用研究［J］．建筑师，2013（5）：20—26．

关键词：闽南石砌民居；旧石材；价值；就地再利用

机构：华侨大学建筑学院

摘要：大量性石砌民居构成福建省闽南地区特有的石砌建筑景观。针对当下旧石材被降级或异地使用，指出应认识到原有石砌建构文化的历史、美学与经济价值，厘清混杂、片面等学术观点的干扰并提出相应策略，使闽南石砌民居旧石材的就地再利用研究能够切实参与到现实问题中。

许丽娟．潮汕与闽南民居建筑形态的渊源［J］．设计，2013（12）：171—172．

关键词：潮汕民居；闽南民居；形态

机构：汕头大学长江艺术与设计学院

摘要：本文以闽南与潮汕同为"四点金"或是"爬狮"的建筑形式，从建筑设计学角度出发结合两地的地理因素、人文因素比较分析两地的建筑形态差异。

杨伯垲．闽南石牌坊造型艺术读解［J］．漳州师范学院学报（哲学社会科学版），2013（3）：23—27.

　　关键词：石牌坊；造型艺术；闽南文化

　　机构：闽南师范大学艺术系

　　摘要：闽南地区作为国家级文物保护对象的石牌坊具有很高的历史文化价值和艺术研究价值。闽南明清时期的建筑雕刻形式——石牌坊（华表石）在造型艺术上有着独特的风格，明代的朴实厚重，清代的秀气细腻，具有浓郁的闽南地域特色，体现闽南传统艺术中既有浓厚中原文化内涵的同时也包含了海洋文化的因子。

邹佳旻．建筑人类学视野下的闽南建筑［J］．福建建筑，2013（10）：39—41.

　　关键词：建筑人类学；中原文化；本土文化；海洋文化

　　机构：厦门大学建筑与土木工程学院

　　摘要：本文将文化人类学的研究方法运用于闽南建筑研究，从中原文化、本土文化、海洋文化三个方面分别论述文化对建筑的影响。

曹幸．论闽南传统建筑特点及其在现代建筑中的应用［J］．现代装饰（理论），2014（2）：156.

　　关键词：建筑特点；传统建筑形式；现代建筑设计；闽南地区

　　机构：厦门大学艺术学院

　　摘要：本文归纳总结了闽南建筑的几个主要特点，并发掘这些特点在现代建筑设计中的应用。为继承和发展传统建筑提供了有利依据。在建筑全球一体化的过程中，现代建筑特点在逐渐流失，造型也趋近。新的材料和新结构取代了传统建筑形式。未来建筑应是在继承和发扬传统建筑特点的基础上，结合新工艺新材料而创造出的全新建筑理念。闽南地区的传统建筑形式有其自身不可否认的结构和材料优势，并且具有很高的美学价值。在未来的建筑设计发展中，闽南传统建筑形式势必会被发扬光大。

曾舒凡．中国闽南民居建筑装饰语言应用——基于闽南传统红砖民居的实地研究［J］．家具，2014（4）：69—74，81.

　　关键词：闽南民居；地域主义；多元文化

　　机构：厦门大学国际学院

　　摘要：建筑横跨技术与艺术，并持感性与理性。民居作为建筑的一个重要类别，通常限于日常生活领域的人类居住环境，它常因地域和文化性的差异而表现出各自的特殊性。中国闽南红砖民居具有独特的外观装饰样式和色彩体系，是闽南地域文化的综合载体，呈现出强烈的地域美。笔者以 1840—1949 年保存下来的中国闽南传统红砖民居为研究对象，以田野调查为基础，试从地域景观学说的视角，通过其材料、装饰，特别是使用色彩及其特点的研究，求证、阐明闽南自然环境和人文环境与该民居建筑语言使用的关联性及其独特美感形成的必然性，以期在多元文化影响下的今天，为传统建筑的保护及为当代建筑、景观设计的再研究提供依据和参考。

陈嘉华 . 闽南传统三合院的文化传承与转型分析 ［J］. 城市建筑，2014（6）：237.

关键词：闽南传统三合院；文化传承；转型

机构：黎明职业大学

摘要：在我国传统建筑中，三合院由于具有其结构特点和地域特色而占有重要的地位。本文从阐述闽南传统三合院的文化传承入手，对闽南传统三合院文化转型进行了分析。

韩沛蓉，成丽 . 闽南传统建筑营造术语研究史述略 ［J］. 中外建筑 . 2014（1）：54—57.

关键词：闽南传统建筑；营造术语；研究方法

机构：华侨大学建筑学院

摘要：营造术语指在从事与传统建筑相关的营造活动时涉及的专有名词和做法的名称，是表示概念的专门用语。现代以来，诸多学者都做过相关的系统研究，其中关于北方官式建筑营造术语的研究已经较为成熟。而在福建闽南地区，目前对传统建筑的研究主要侧重于空间、结构、装饰以及地域文化等方面，有关营造术语的研究成果则较为零散，也没有对相关研究方法和学术思想的回溯和总结。本文通过梳理闽南地方史志所记录的传统建筑营造术语和现代学者的术语研究成果，以时间为序进行分析和总结，以期为闽南地区营造术语的研究提供参考。

侯东君 . 闽南地区砌体结构抗震性能评估 ［J］. 住宅产业，2014（12）：50—52.

关键词：砌体结构；闽南；抗震性能；抗震加固；措施

机构：漳州职业技术学院；福建大农景观建设有限公司

摘要：通过调研，分析闽南地区既有砌体结构建筑的抗震性能现状，指出砌体结构房屋在抗震设计、结构构造、建筑材料、建筑施工等方面存在的问题，剖析产生的原因，提出一些改进措施和砌体结构抗震性能的建议。

化凤春，李道国 . 中国古建筑屋顶曲线变化 ［J］. 江西建材，2014（22）：12.

关键词：古建筑屋顶曲线；成因；影响；闽南建筑

机构：江南大学

摘要：大屋顶是中国古建筑的独特风格，屋顶曲线特点在世界建筑体系中独树一帜，具有功能、美学、风俗和地域文化等多重研究价值。本文从屋顶曲线的内外成因、功能和美学展开论述，并将非物质文化遗产闽南建筑案例穿插其中，且涉及屋顶的曲度分析和当代价值。

梁晖. 闽南传统民居家庭视觉教化系统建构研究 [J]. 艺苑，2014 (4)：50—53.

关键词：闽南民居；装饰；教化

机构：泉州师范学院美术与设计学院

摘要：本文主要对闽南传统民居建筑家族教化进行研究，全文围绕民居建筑与教化展开，结合中国传统民居建筑中的装饰方法与目的，阐述了闽南传统民居建筑的教化内容、题材、装饰形式，其中具体分析了中国传统教化观念、传统建筑与教化的关系、闽南传统民居建筑教化内容及形式。

林琳，王秀华. 土建人才传统建筑文化素养提升探析——闽南传统建筑文化的传承与发展 [J]. 泉州师范学院学报，2014 (1)：38—40，47.

关键词：闽南；传统建筑文化；红砖古厝；土建人才

机构：黎明职业大学土木建筑工程学院

摘要：闽南传统建筑文化有着悠久的历史和深厚的文化底蕴，泉州地区最具代表性的闽南建筑文化莫过于红砖古厝。然而如今在城市现代化的浪潮下，闽南传统建筑文化正渐渐走向消亡。根据这一现状，本文探讨了加强土建人才闽南传统建筑文化素养的培养与闽南传统建筑文化传承与发展的关系，论述了从政府投入、行业协会的作用及土建人才的继续教育诸方面来提升土建人才闽南传统建筑文化的素养，更好地传承与发扬闽南传统建筑文化。

林阳. 闽南红砖在现代室内空间中的表征与应用 [J]. 福建工程学院学报，2014 (3)：277—280.

关键词：闽南红砖；材料表征；构成法则；比例关系；表现应用

机构：福建工程学院建筑与城乡规划学院

摘要：从泉州所用闽南红砖的地方性表征与建筑的在地文化，浅谈红砖文化在室内空间设计中的可创造性和可复制性。文章从室内运用现状和材料特性方面探讨闽南红砖材质与尺寸在室内空间设计中的构成法则。

袁波. 近代闽南外廊式建筑衍变景象解析 [J]. 大众文艺，2014 (1)：70—71.

关键词：闽南；外廊式建筑；衍变景象

机构：四川工商职业技术学院

摘要：在近代闽南建筑的发展历程当中，外廊式建筑还是一幅迄今为止仍未得以充分了解与认识的建筑文化景观。对于这个课题的研究，有助于我们厘清当代中国建筑史当中的盲点，丰富广大建筑爱好者对亚热带地区建筑景观的了解范围。

王卿宇，孙佳，吴婕. 闽南建筑的新表达 ［J］. 福建建筑，2014（8）：37—38，29.

关键词：地域性；新闽南建筑；文化传承

机构：厦门大学建筑与土木工程学院

摘要：地域性理论早已被广大建筑学者和从业者所熟知，但将其理论付诸建筑设计过程并予以实施一直是值得探讨的课题。本文通过对闽南地域建筑文化的叙述，思索现代建筑如何实现地域性的经典理念，并结合若干新闽南建筑实例的探究，表现笔者对于新闽南建筑风格设计的思索。

王雪. 浅析南北方传统民居的形式差异——以北京四合院和闽南大厝为例 ［J］. 福建建筑，2014（3）：49—52.

关键词：传统民居；南北方差异；北京四合院；闽南大厝

机构：厦门大学建筑与土木工程学院

摘要：传统民居作为地域文化的直接载体，其产生和发展与当地的地理、气候、社会、文化等因素休戚相关，具有鲜明的地缘关联性，从而衍变出形式迥异的民居类型。通过比较分析闽南大厝和北京四合院两种典型合院民居之间的差异，可以从中挖掘出隐藏在形式背后的地域含义，不仅可以更加明确其外在的形式特征，还可以透过这些历史遗存的表征现象去深入挖掘其背后隐藏的时空背景，这将对当代地域性建筑的研究产生很大的启发和参考价值。

赵雪珍. 骑楼建筑发展动因——以江门骑楼为考察对象 ［J］. 中华民居，2014（1）：225.

关键词：岭南；江门；骑楼

机构：广州南方电子工程设计院

摘要：骑楼是闽南城市历史文化的灵魂，透露着城市的人情味，是城市的根。本文考察了骑楼的源流、它在岭南的传播和在江门的一般形态。这对发掘和认识岭南的骑楼建筑有启发意义。

张红兴. 探析闽南与博德鲁姆两地"出砖入石"建筑之渊源 ［J］. 福建文博，2014（3）：70—75.

关键词："出砖入石"；闽南建筑；博德鲁姆民居；传播途径

机构：泉州市博物馆

摘要："出砖入石"是闽南地区一种独具特色的建筑方式，在闽南的泉州、厦门、漳州以及隔海相望的台湾、金门等地传统民居建筑中广为使用，几百年来，沿袭至今，成为我国民居建筑艺术的一大奇景。十分巧合的是，远在数千里之外的土耳其博德鲁姆镇民居墙体以及一座古堡的墙体上也使用"出砖入石"砌墙方式。笔者拟从两地出砖入石的年代、特征以及相关的历史背景探讨出砖入石建筑手法的渊源及传播途径等相关问题。

周雅明. 红砖民居的装饰艺术体现的设计理念 [J]. 美与时代，2014（7）：108—109.

关键词：设计理念；红砖民居；闽南；装饰

机构：福州大学厦门工艺美术学院

摘要：红砖民居的装饰艺术展示的不仅是建筑的美学价值，更体现了中华民族的传统与个性。本文从表征深入解读闽南红砖民居装饰艺术的设计理念，有助于我们更深入理解它的设计内涵和意义，同时又对中华民族的博大精深有更深层次的见解。

二　泉州建筑

俞薇绮. 泉州"宫殿式"大厝传统雕刻装饰手法——以石雕刻和木雕刻为例 [J]. 儿童发展研究，2013（3）：33—39.

关键词：泉州；古代建筑；传统工艺；装饰手法

机构：泉州幼儿师范高等专科学校

摘要：泉州传统古建筑具有显著地域特色，是中国南方建筑体系中的一个重要组成部分，其特色主要包括独特的建筑结构体系、优美的艺术造型、丰富的雕绘装饰。其中泉州古建筑的装饰手法最具有地域特色，特别是雕刻装饰手法所具有的独特性和人文价值，而这一特色的形成是由泉州地区的自然环境、工艺水平、社会习俗、历史文化、经济基础等因素的影响所产生的。建筑是工艺的集中体现，而工艺是建筑的技术基础，因此讨论建筑与工艺的关系，既能够了解当地独特的建筑结构体系，也能够通过工艺了解建筑本身的意义。

黄伟. 浅谈泉州历史上的蚵壳厝建筑 [J]. 黑龙江史志，2013（13）：272.

关键词：牡蛎；蚵壳厝；分析；研究

机构：泉州市博物馆

摘要：牡蛎是用壳固着在沿海岩石上生长的贝类。它的壳因为坚固而很早在闽南地区被人们发现，并使用在建筑墙体上。这种用牡蛎壳砌筑墙体的房子也被称为蚵壳厝。本文就泉州蚵壳厝建筑进行了分析和研究。

陈志宏，赵玉冰，李希铭. 闽南传统匠师的近代转型——以惠安近代名匠杨护发

为例 [J] . 南方建筑，2014（6）：22—26.

关键词：闽南；近代；传统匠师；转型；营建方式

机构：华侨大学建筑学院

摘要：闽南近代建筑在延续并发展了传统营建方式的同时，受到外来的近代化营建方式的影响，当地的传统匠师也顺应时代需求而发生了近代转变。论文以惠安县近代名匠杨护发为例，通过对其学艺过程、建筑活动的调查梳理，并从设计图纸、建造过程等方面对典型作品进行分析，探讨"工匠建筑师"的设计特征，以及对当前地域性建筑设计的启示。

范乔莘 . 聆听老街的时光合辑——石狮市永宁古道 [J] . 中华建设，2013（12）：34—35.

关键词：毗舍耶；永宁镇；水澳；中国传统文化

摘要：〈正〉永宁古称"水澳"，唐时称"高亭"。南宋时，为防御毗舍耶国海寇入侵，朝廷在此建立永宁水寨，永宁因此得名，寓意永保安宁。永宁古卫城依山而建，东西倾斜度达 20 多米，一条有着 600 多年历史的老街，从慈航庙直落西门外。走在古旧的街道上，两侧古老的商铺和建筑映入眼帘，历史感扑面而来。东南亚风格的洋楼和闽南的红砖古厝交相辉映、随处可见；曾经的下南洋先民将东南亚文化与中国传统文化结合，华侨文化深深地烙印在这片土地上；传统红砖建筑上出现了英文"building"的泥塑字迹……

潘乐思 . 石材在闽南传统建筑中的运用——以惠安石构民居为例 [J] . 中外建筑，2013（10）：101—103.

关键词：闽南地区；传统民居；石材；日常生活

机构：华侨大学建筑学院

摘要：随着现代化和全球化的强势冲击，国内城市形象盲目向西方看齐，各种追求现代感、标新立异的建筑拔地而起，对建筑材质使用亦趋于单一，造成"千城一面"的同构现象，带来了建筑地域性的流失。本文通过调查石材在闽南乡土建筑中的运用情况，探讨这一具有乡土特色的建筑材料的地域特性及其对当地日常行为生活的影响，为城市的更新改造提供参考。

徐润林，李侠，陈家平 . 泉州蟳埔村"蚵壳厝"牡蛎壳来源初考 [J] . 中国文物科学研究，2013（1）：85—89.

关键词：蚵壳厝；海上丝绸之路；牡蛎壳；泉州

机构：中山大学生命科学学院；中央电视台高清纪录频道部；泉州市电视台

摘要：为考证泉州"蚵壳厝"牡蛎壳的来源，本文利用了动物学、动物地理学知识对"蚵壳厝"所用的牡蛎壳进行了种类鉴定和分布的分析。结果显示:"蚵壳厝"的牡蛎壳由大量近江牡蛎(Crassostrea rivularis)和少量的长牡蛎(C. gigas)组成,这两种牡蛎都属巨牡蛎属(Crassostrea)。动物地理学特点显示,它们都是分布在太平洋—印度洋交汇海域,东非沿海的印度洋西部并没有这些种类的分布。结合前人对海上丝绸之路的研究结果,我们认为泉州"蚵壳厝"牡蛎壳应该是来自于东南亚或南海北部沿海。

永春东关桥 [J]. 西部交通科技, 2013 (10): 121.

关键词:永春东关桥;清朝时期;交通要冲;文物保护单位;东关镇;梁式桥;桥梁建筑;洋溪

摘要:〈正〉东关桥,又称"通仙桥",飞架在福建省永春县东关镇东美村的湖洋溪上,历来为交通要冲,是闽中、闽南往返的必经之地。始建于南宋绍兴十五年(1145),是闽南绝无仅有的长廊屋盖梁式桥。其全长85米,宽5米,桥基采用"睡木沉基",技艺之精湛、构造之奇特实属罕见。东关桥距今已近900年,现存木桥是清朝时期重新修复的。历代虽经多次重修,但仍完整地保留了宋代桥梁建筑的特点,1991年被列为福建省重点文物保护单位,并被载入《中国名胜词典》。东关桥为木石混合结构……

俞薇绮. 泉州"宫殿式"大厝传统雕刻装饰手法——以石雕刻和木雕刻为例 [J]. 儿童发展研究, 2013 (3): 33—39.

关键词:泉州;古代建筑;传统工艺;装饰手法

机构:泉州幼儿师范高等专科学校

摘要:泉州传统古建筑具有显著地域特色,是中国南方建筑体系中的一个重要组成部分,其特色主要包括独特的建筑结构体系、优美的艺术造型、丰富的雕绘装饰。其中泉州古建筑的装饰手法最具有地域特色,特别是雕刻装饰手法所具有的独特性和人文价值,而这一特色的形成是受泉州地区的自然环境、工艺水平、社会习俗、历史文化、经济基础等因素的影响而产生的。建筑是工艺的集中体现,而工艺是建筑的技术基础,因此讨论建筑与工艺的关系,既能够了解当地独特的建筑结构体系,也能够通过工艺了解建筑本身的意义。

蔡雁. 遗落民间的建筑珍宝——蓬壶三角街 [J]. 福建建筑, 2014 (6): 68—70.

关键词:蓬壶镇;三角;街骑楼

机构:厦门大学建筑设计研究院

摘要:蓬壶镇,是著名的千年古镇和商贸重镇,历史悠久人口众多。位于蓬壶镇中心的三角古街,发挥着全镇的商贸集散中心的作用,形成了一个服务于物流商贸的经济集散点，为周边的产业集群提供了地理空间上的发展空间。三角街，具有独特的闽南风格，是全省唯一的叉型布局的骑楼式建筑群，堪称民国时代闽南地区集镇建筑中最科学而美观的杰作。

黄旭曦．浅析闽南蔡氏古民居建筑装饰语言［J］．大众文艺，2014（14）：48—49.

关键词：蔡氏古民居；建筑装饰；红砖建筑

机构：福建师范大学美术学院

摘要：闽南蔡氏古民居建筑装饰具有很高建筑品位，蔡氏古民居建筑装饰体现了闽南地区的历史文化特色，也是不可再生的宝贵文化资源，是最具有代表性的闽南红砖建筑。在建筑的形式上，蔡氏古民居建筑装饰拥有传统的民居特色，又兼具海外的建筑风格，展现了独特的建筑特色。本文针对蔡氏古民居建筑装饰语言进行研究，在今日对我国历史文化传承尤为迫切。

李丽环．泉州民间传统元素在墙饰设计中的应用［J］．黎明职业大学学报，2014（3）：54—57.

关键词：民俗文化；墙饰设计；传统元素；泉州

机构：黎明职业大学机电工程与自动化学院

摘要：通过对泉州民俗文化的特征与内在气质的探讨，提出将泉州民俗文化中的传统元素应用到墙饰设计中时，应抓住其精神特质，主要从形、色、意三方面进行不同方法、不同角度的提取借用，从而最大限度地保留泉州民间传统元素中的古意。在具体设计中，应结合墙饰艺术本身的特征、现代人们的审美理念和新材料新工艺的现代技术，对提取借用的元素做维度的转换、材料的替换和造型的重组，以满足现代墙饰设计中特殊内涵的需求。

林静，杨建华．涵化与交融——泉州传统民居红砖墙装饰特色与适应性探索［J］．华中建筑，2014（12）：156—161.

关键词：涵化；泉州传统民居；红砖墙；装饰风格；适应性

机构：福州大学建筑学院

摘要：泉州传统民居红砖墙装饰特点有着独特地域特征与文化涵化现象。该文在泉州遗存的闽越文化与中原文化间涵化，以及泉州与海外文化涵化的背景下，分析泉州传统民居红砖墙装饰风格特征，并通过参与《传统特色小城镇住宅——泉州地区》外墙装饰图集编制的工作，试图探索泉州传统红砖墙装饰风格在当代的适应性，以期为泉州红砖区小城镇住宅地域性的延续与创新设计提供一定技术支持。

林铅海．晋江五店市朝北大厝石雕木雕装饰赏析［J］．东方收藏，2014（9）：

74—76.

关键词：木雕艺术；晋江；地域文化

摘要：〈正〉闽南"皇宫起"传统建筑是中国南方建筑体系的重要组成部分，在继承中国古典建筑精髓的同时汲取了闽南地域文化中的独特养分，从而在建筑结构、建筑装饰、雕刻题材和用材选择上形成了自己的风格和特长。特别是清末至民国的传统建筑，广泛运用石雕、木雕、砖雕等工艺，在建筑的塌寿、面墙、屋脊、斗拱、雀替、门窗、屏风、栋梁等位置加以雕饰，营造出图文并茂、寓意吉祥的艺术境界……

刘洒齐，庄永聪. 晋江青阳洪厝埕 8 号"庄氏祖厝"的建筑文化特征与价值研究 [J]. 建筑与文化，2014（10）：49—54.

关键词：晋江青阳；明代嘉靖；别第

机构：长安大学建筑学院；泉州市茂盛装饰发展有限公司

摘要：〈正〉引言：晋江青阳洪厝埕 8 号"庄氏祖厝"，始建于明代嘉靖中期，初为庄太守（壬春公）"书院别第"；嗣后，壬春公次子乔遇公登明万国历戌子科武举人，析为乔遇公老第；历经明、清、民国、中华人民共和国四个时期，历时 480 余年，演变为青阳庄氏桧口房，乔遇公以下延脉之"祖厝"；十数次的维修和重建，至今还保留闽南明清建筑的风格，十多次的地契、产权转变，按祖制皆为庄氏子孙所得，清、民国、中华人民共和国的地契、产权原件尚存，其间也有许多口传故事……

孙丹妮. 泉州老城历史空间网络体系建构 [J]. 山西建筑，2014（2）：3—4.

关键词：泉州老城；历史空间网络；历史信息

机构：华侨大学建筑学院

摘要：通过对泉州老城各类历史信息分期叠加，形成城池格局、历史水系网络、历史街巷网络、宗教空间网络等历史空间网络，在此基础上进行叠合，建构历史空间网络体系，并对其结构进行分析，为城市历史空间保护提供技术支持。

孙群. 泉州风水塔的地域特征与文化内涵 [J]. 建筑与文化，2014（3）：210—213.

关键词：风水学；建筑美学；园林学；泉州港；环境学；文笔峰；中国建筑；中国特色；姑嫂塔；文化特性

机构：福建工程学院建筑与城乡规划学院

摘要：风水学集天文学、地理学、环境学、建筑学、园林学、预测学、伦理学、美学于一体，注重建筑与环境的联系与协调，特别关注地形、地势、地貌，看重山水、道路、地质、林木等自然环境的和谐统一，追求各要素的融洽。历经两千多年的发展，风水学已融入中国建筑的方方面面，无论官式宫殿，或是民间住宅，均受其影响；大到一座城市，小到一个村落，均渗透着风水的思想与观念。而在众多的古建筑中，风水塔又是其中独特而神秘的风水建筑，并已成为一种具有中国特色的建筑美学。

魏雄辉．闽南红砖雕刻对中原青砖雕刻的创新——以蔡氏古民居的砖雕为例〔J〕．装饰，2014（1）：120—122.

关键词：闽南；红砖雕刻；青砖雕刻；吉祥图案；蔡氏古民居

机构：泉州师范学院美术与设计学院

摘要：闽南的红砖雕刻艺术，虽然是传承了中原汉代以来画像砖的雕刻技艺，但其在闽南古民居建筑中的安放位置、原材料使用、雕刻技艺、构成形式和表现内容上都区别于同样来自于汉画像砖的中原地区青砖雕刻艺术。以泉州蔡氏古民居建筑为例的闽南红砖雕刻艺术，不仅体现了闽南地域的红砖文化，而且反映了闽南人在表现美好生活、求吉、避凶、消灾等吉祥图案方面既传承了中原吉祥文化，又表现出闽南不同的文化思想和多元文化特征。

阎璐，陈方达．以象征类比设计法解读闽南传统民居的吉祥文化——以闽南蔡氏古民居建筑群为例〔J〕．福建建筑，2014（3）：62—64.

关键词：闽南建筑；象征类比；吉祥文化

机构：福州大学工艺美术学院；福州大学建筑学院

摘要：本文应用象征类比设计法对闽南蔡氏古民居建筑中的吉祥文化进行多方面的深入探析。提出关注建筑地域文化特色，延续传统民居建筑的文化精髓，将传统民居建筑文化与现代设计观念相结合，是现代设计创作中所力求表达的重要思想。

张晓慧．"战火连天硝烟未阻　古镇民居灼灼其华"——浅析永春李家大院装饰艺术特色〔J〕．大众文艺，2014（2）：69.

关键词：民国晚期；李家大院；闽南民居；建筑装饰

机构：福建师范大学美术学院

摘要：泉州永春的李家大院始建于1942年，正是战火纷飞的年代。它集精湛装饰技艺和历史文化积淀于一身，体现了罕有生命力。本文欲通过介绍永春李家大院的建筑装饰艺术，以此探析民国晚期闽南建筑装饰艺术题材与手法的传承与发展。

庄一凰．闽南建筑在清源山风景区中的运用〔J〕．福建建筑，2014（8）：25—26.

关键词：闽南建筑；清源山风景区；运用

机构：泉州清源山风景名胜区管委会

摘要：本文介绍了闽南建筑在布局、空间形式、结构形式、围护结构和色彩上的特点，总结了闽南建筑在景区内的运用。

郑剑艺，田银生．古代海港商业城市的形态特征——以泉州城为例［J］．华中建筑，2014（3）：128—132．

关键词：泉州城；港口；城郭形制；干字街；街市；罗城形态

机构：华南理工大学建筑学院；华侨大学建筑学院

摘要：本文通过对明清泉州史料、民国十一年测绘图和现存实物的研究，选择以明清时期作为时间基点，从城市形态角度探讨了海港商业发展影响下的泉州古城规划。研究发现：泉州在城市初创期受封建政权和礼制影响，形成传统的城郭结构；成型和繁荣期受海港交通、文化、贸易等影响，城市内部形成以"干"字形街市为骨架的规划格局；明清呈现的罗城形态是街市发展的结果，街市是海港商业城市城郭形态演变的内在动力和不稳定因素。

庄树渊．泉州古园林的造园艺术——以施琅四大园林为例［J］．中国园林，2014（9）：121—124．

关键词：风景园林；泉州；古园林；造园艺术；施琅

机构：晋江市市政园林局

摘要：自唐朝开始，特别是宋、元直至民国这千百年来，随着泉州经济和文化的不断发展，泉州历史上出现了许多大小不一的园林。但由于受种种因素的影响，这些园林早已不复存在。本文分析清代施琅四大园林的物质建构、文化积淀和营造手法等方面的情况，并加以归纳总结。从而达到对古城泉州的造园艺术的认识，以期对今后园林建设能有一定的指导和推动作用。

高虹，张杰．基于空间句法的闽南古村落空间形态研究——以晋江市金井镇福全村为例［J］．设计，2014（2）：87—88．

关键词：空间句法；闽南古村落；空间形态；福全村

机构：华东理工大学艺术设计与传媒学院

摘要：空间句法是一种城市研究的范式，它把人们对于物质空间抽象的直观感受，用一种数学的方法具象地表现出来，并挖掘空间是如何表现其社会性质的。在古村落研究方面，空间句法提供了一种科学理性的方法去认识古村落所呈现的社会形态。本文旨在通过应用空间句法理论，使用 Depthmap 软件，对晋江市金井镇福全村的空间形态进行分析，通过分析结果对福全古村落未来规划和保护在空间结构上提出相关建议。

杨思声，蒋龙波．泉州峰尾古镇空间形态的历史拼贴及其当代启示［J］．小城镇建设，2014（7）：98—103．

关键词：拼贴城市；沿海古镇；历史演变；当代启示

机构：华侨大学建筑学院

摘要：文章通过引用"拼贴城市"的相关理论分析福建省泉州市峰尾古镇空间形态的历史演变，介绍了各个历史时期古镇的空间形态拼贴进程，并从自然、历史、人文等方面对古镇空间的拼贴进行评价，最后反思了古镇的当代破坏，并阐述古镇形态历史拼贴方式对当代古镇更新的启示。

三　厦门建筑

陈荣彬，尹培如．基于风貌延续的高层住宅坡屋顶设计——以厦门集美嘉庚风格为例［J］．华中建筑，2013（5）：106—110.

关键词：嘉庚风格；坡屋顶；高层住宅

机构：华侨大学建筑学院

摘要：嘉庚风格建筑是闽南侨乡重要的历史风貌建筑的代表，但延续嘉庚风格坡屋顶与新的建筑功能、营造方式存在矛盾，该文从群体关系、屋顶形式选择、坡屋顶高宽比例、屋面下空间的利用与屋面细部处理等方面着手，从而在延续风貌的基础上发展传统坡屋顶建筑语汇。

刘燕玲．闽南马巷古镇文化保护及其未来发展路径研究［J］．成都理工大学学报（社会科学版），2013（1）：40—45.

关键词：马巷；文化保护；发展路径

机构：福建泉州市委党校文史教研室

摘要：古镇马巷地处闽南金三角腹地，不仅拥有丰厚的历史文化资源及传统工业，还深受辛亥革命的影响。随着社会的发展，马巷的文化遗存并没有得到相应有效的保护，逐渐消失在历史前进的脚步中。有效保护马巷的历史文化遗存，使之与马巷镇的发展相适应，将有利于促进马巷古镇整体健康、持续发展。可通过保护当地的传统文化和民俗风情，深化对台民间文化交流与合作，加强文化遗存的产业化经营以及旅游开发等措施，保护马巷古镇文化遗存，提升马巷古镇的未来发展竞争力。

潘磊．同安传统民居保护研究——以施氏大厝为例［J］．福建建设科技，2013（1）：42—45，63.

关键词：闽南传统民居；施氏大厝；古厝保护；传承意义

机构：厦门大学建筑与土木工程学院

摘要：传统民居是一个城市的特殊文化载体，记录着历史演变的轨迹，有力地证明着民居所在地发展的连续性，因此是一种重要的历史文化资源。施氏大厝是施琅驻防同安时期住宅建筑群的一部分，建于清顺治年间，建筑形制保留比较完好，具有较高的保护价值。本文通过对同安施氏大厝的整体现状进行研究和分析，以促进对闽南古厝建筑文化遗产的认识和保护。

钱毅 . 鼓浪屿近代建筑中的"厦门装饰风格"［J］. 华中建筑，2013（6）：29—32.

关键词：鼓浪屿；近代建筑；厦门装饰风格

机构：北方工业大学建筑工程学院

摘要：厦门装饰风格是指 20 世纪 20—30 年代，以鼓浪屿为中心，在闽南侨乡地区形成并被大量使用的一种地方化近代建筑风格。该文主要就厦门装饰风格的形成背景与过程、空间特征与立面装饰风格、工艺与技术，以及厦门装饰风格对闽南地区近代建筑的影响进行论述。

吴志福 . 重获新生——鼓浪屿协和礼拜堂的百年传奇 ［J］. 天风，2013（9）：36—37.

关键词：鼓浪屿；基督教青年会；国际礼拜堂

机构：厦门基督教竹树堂

摘要：〈正〉说起海上花园鼓浪屿，恐怕许多人都不会陌生，旖旎的自然风光、中西合璧的建筑、美妙的钢琴声等都给世人留下深刻印象。鼓浪屿也是中国近代最早沐浴福音真光的地区之一，1842 年以来，不少宣教士来到这个岛上播撒福音的种子，兴建了一座座雄伟的教堂，形成了一道美丽的风景线。在现存八座教堂中，协和礼拜堂以其传奇的经历，见证了基督在这座小岛的奇妙作为……

徐阔，曹伟 . 浅谈中国古代邮驿建筑的特征——以厦门市深青驿站为例 ［J］. 中外建筑，2013（10）：18—25.

关键词：中国古代邮驿；邮驿制度；服务对象；厦门岛；功能定位

机构：华侨大学建筑学院；中国石油大学储运与建筑工程学院

摘要：〈正〉从历史上看，邮驿是服务于"当代"（即历史上的各个时代）的体系，故而其遗存大多佚失，仅余部分文字记录和建筑遗址等。同时邮驿建筑大多围绕着某一区域的中心展开，通过多条驿道呈线性辐射，串联沿线的邮驿建筑。同时纵贯历史，邮驿体系的服务对象——被运输的物（信件为多数）和人，大多未发生根本变化，而被运输的需求则保持了延续性。此种需求在持续、多频度出现后，终于形成了从管理制度到建筑实体等一整套体系，使其得以持续、高效运转……

周建国，何娅，钱斌，孔令根 . 厦门闽南大戏院舞台灯光控制系统 ［J］. 光源与照明，2013（4）：29—31.

关键词：灯光控制系统；调光台；栅顶；控制系统设计；闽南大戏院

机构：上海舞台技术研究所；上海广播电视台；浙江大丰实业有限公司

摘要：〈正〉厦门闽南大戏院是现代化的综合甲级大剧院，它是高起点、高层次的文化演出场所。闽南大戏院建筑面积为 22539m²，设有一个 1497 座大剧院和另一个 217 座多功能厅以及多个排练厅。闽南大戏院舞台灯光控制系统具有技术先进、系统科学、稳定可靠、功能强大、使用方便等特点……

曹伟，高艳英．风景如画　中西合璧　上以谋国家福利　下以造桑梓之麻祯——嘉庚建筑风格尽在集美学村 ［J］．中外建筑，2014（9）：10—19.

关键词：集美学村；建筑风格；厦门岛

机构：中国建筑师学会；临沂市规划建筑设计研究院

摘要：〈正〉集美大学有着独特的建设与发展历史，尽管不被很多媒体的排行榜列入中国十大最美校园之列，但它独特的空间布局和文化风貌早已闻名于海内外。也有人认为：长久以来，集美大学一直被厦门大学的光芒所掩盖，实际上集美大学才是嘉庚风格集大成者。集美大学位于集美区，与厦门岛通过跨海大桥相连……

曹伟，梁玮玮．芙蓉风华　古刹云光　依山傍海　人文嘉庚——中西合璧根植于闽南文化的厦门大学 ［J］．中外建筑，2014（7）：14—23.

关键词：华侨领袖；陈嘉庚；闽南文化

机构：中国建筑师学会；中国石油大学（华东）储运与建筑工程学院建筑系

摘要：〈正〉校园选址位于厦门岛南端的厦门大学，一面与梵音古刹南普陀寺相邻，一面同滨海师夷长技胡里山炮台相望，被誉为中国最美的大学校园之一。有人选择了最漂亮的语句来描述这所大学："滨海风光，秀色可餐，建筑散落云雾之中，如蓬莱仙境；最妙海塘堤岸，红花绿影，仿佛珍珠翡翠，镶嵌于鹭岛之西。"厦门大学是由爱国华侨领袖陈嘉庚在 1921 年创办，对校址的选择经过了深思熟虑，他说：教育事业原无止境，以吾闽及南洋华侨人民之众，将来发展无量……

陈丽．厦门租界建筑与园林实例研究分析 ［J］．艺术科技，2014（5）：311.

关键词：公园设计；公共绿地；菽庄花园；鼓浪屿

机构：闽北职业技术学院

摘要：〈正〉在中西设计思想相互碰撞下，厦门租界建筑的建设可以说是开展得轰轰烈烈，这个时期的建设也基本奠定了建筑在城市中的地位，对现代中国建筑的发展起到了深远的影响，其建筑风格上的理论运用，直到今天还具有现实的指导意义。租界公共绿地，主要指当时在厦门英租界、鼓浪屿公共租界内向公众开放的公园，其中首推中山公园。中山公园建于 1927 年，1931 年建成开放，面积为 13.8km²，公园设计格局为中西文代建筑结合于园林艺……

黄心沛，陈志宏．厦门近代嘉庚建筑立面砖石组合特征［J］．中外建筑，2014（5）：61—64.

关键词：厦门；嘉庚建筑；砖石组合；近代建筑特征

机构：华侨大学建筑学院

摘要：本文通过对厦门近代嘉庚建筑立面的全面调查，从立面砖石材料、砌筑工艺、组合方式等方面，分析近代嘉庚建筑砖石组合及其与传统闽南砖石技艺的传承关系，并进一步总结嘉庚建筑砖石组合特征，旨在从传统的砖石组合中获得启示，为建筑设计及立面造型表达提供理论的依据。

黄庄巍．厦门近代建筑中的装饰艺术派风格特征［J］．厦门理工学院学报，2014（2）：12—17.

关键词：装饰艺术派；厦门近代建筑；多重折中主义

机构：厦门理工学院土木工程与建筑学院

摘要：大量实地调查和范例分析发现，装饰艺术派作为 20 世纪 20—30 年代世界范围内一种重要的建筑风格，对厦门近代建筑产生了巨大影响，使得厦门相当一部分的近代建筑在建筑立面构成方式与建筑装饰上，呈现出鲜明的装饰艺术派色彩。同时，厦门近代建筑又紧密结合了当地原有的闽南传统风格、欧洲古典主义、南洋殖民地等风格和工匠传统，在建筑元素上出现了地域化、时代化、符号化的变体，呈现出多重折中主义的特征，成为装饰艺术派风格发展过程中地域化的一个重要样本。

凌世德，孙佳，潘永询．在地建筑：建筑的介入与锚固——以厦门沙坡尾避风坞传统商业空间再生为例［J］．中外建筑，2014（6）：95—99.

关键词：地域建筑文化；在地建筑；场地；特殊性介入；锚固

机构：厦门大学建筑与土木工程学院

摘要：本文提出在地建筑的理念，通过对厦门沙坡尾避风坞传统商业空间再生案例进行分析研究，认为地域建筑要突破传统形式上的地域传承，找到土地特殊性，介入并锚固其中，产生真正的认同感。强调在地建筑应根植于所在环境并成为其不可分割的一部分。

万之瑛．从厦门北站"燕尾脊"屋顶议我国传统建筑艺术传承［J］．华中建筑，2014（9）：87—89.

关键词：厦门北站；燕尾脊；屋顶；传统艺术传承；现代科技与传统技术融合

机构：中南建筑设计院股份有限公司

摘要：随着我国经济实力不断增强，建筑市场日益活跃，大量标志性的优秀建筑作品如雨后春笋般脱颖而出，然而像上海世博会中国馆这类结合现代科技、能传承中国传统建筑文化的建筑作品却凤毛麟角。厦门北站"燕尾脊"屋顶设计构思,意在结合闽南本土建筑文化和艺术特征,以其形态内涵激起人们对我国传统建筑魅力的遐思。

王谷龙. 历史文化景观的保护与改造初探——以厦门铁路文化公园为例 [J]. 艺术生活——福州大学厦门工艺美术学院学报, 2014 (6): 39—41.

关键词: 厦门铁路公园; 历史文化景观; 景观改造

机构: 福州大学厦门工艺美术学院

摘要: 厦门铁路文化公园是厦门历史文化保护和厦门现代化建设相容而生的公园。它成功地保留了场地的历史文化,又能合理地与现代生活相结合,对于我们今天历史文化遗产的保留和改造有着一定的借鉴意义。

王雅散. "嘉庚瓦"与石码砖瓦厂 [J]. 福建文博, 2014 (3): 52—53.

关键词: 嘉庚瓦; 石码砖瓦厂; 非物质文化遗产保护

机构: 陈嘉庚纪念馆

摘要: 在集美大学和厦门大学的嘉庚建筑中,大量使用了由陈嘉庚亲自引进生产并使用的橙色机平瓦。这种"嘉庚瓦"是在龙海的"石码砖瓦厂"烧制的。"嘉庚瓦制作工艺"被列入厦门市首批非物质文化遗产,能够唤起人们别样记忆与感悟的这一瓦窑历史文化遗存,亟待采取有效的措施加以好好的保护。

吴抒玲. 历史文化型绿道的文化演绎——以厦门老铁路绿道景观设计为例 [J]. 北京林业大学学报 (社会科学版), 2014 (4): 27—31.

关键词: 文化演绎; 绿道; 景观设计

机构: 福州大学厦门工艺美术学院

摘要: 我国的绿道建设越来越受到社会各界的重视,而针对历史文化型绿道的研究还有待完善。历史文化型绿道建设的关键在于特定的历史文化演绎。本文以厦门老铁路绿道景观设计为例,从绿道的文化演绎载体、文化体验层次以及文化演绎手法3个方面,探讨了历史文化型绿道的文化演绎模式,即运用再现、抽象、隐喻及象征等多种文化演绎手法,根据人的4个文化体验层次,将历史文化元素在绿道游径、主题节点及景观设施等文化演绎载体中体现出来,从而将文化表达融入绿道建设中,将文化体验整合于绿道游憩活动中。历史文化型绿道的文化演绎模式作为城市绿道设计的重要手段,将散落在城市中的历史文化景观挖掘出来,使人们在感受绿道的生态游憩作用的同时能够体会到每个城市的历史文化特色。

姚迪, 韦奕然. 厦门市厦港老城区院落住宅演变初探 [J]. 中外建筑, 2014 (1): 62—65.

关键词：厦港老城区；院落住宅

机构：华侨大学建筑学院

摘要：厦港老城区院落住宅的演变体现着传统居住的价值内涵，本文通过大量的调研采访，从院落功能转化的角度归纳出三种主要的院落住宅演变方式，其中包括院落功能向非院落功能转变、非院落功能向院落功能转变以及闽南大厝中院落功能的保持和调整，深入分析各自的演变规律和影响因素，并从中发现自建理念的引入很可能是未来建筑设计的方向之一。

庄景辉．闽南屋顶与南洋屋身的巧妙结合　厦门大学嘉庚建筑［J］．中国文化遗产，2014（1）：46—55.

关键词：建筑形态；校舍建筑；校园景观；传统建筑形式；校园建筑；民族建筑

机构：厦门大学人文学院

摘要：〈正〉在东海之滨，鹭岛之南，素以"南方之强"而蜚声海内外的厦门大学，自然环境很美，五老凌霄，依山傍海；校园景观很美，湖光绿荫，凤凰花开；校舍建筑很美，古色古香，中西合璧。厦门大学，是由毛泽东主席高度褒扬为"华侨旗帜，民族光辉"的著名爱国华侨领袖陈嘉庚于1921年创办的……

庄景辉，贺春旎．论集美学校嘉庚建筑［J］．闽南师范大学学报（哲学社会科学版），2014（2）：1—6.

关键词：陈嘉庚；集美学校；嘉庚建筑

机构：厦门大学人文学院历史系；陈嘉庚纪念馆

摘要：100年前，"夙抱兴学救国之宏愿"的"星州侨商"陈嘉庚，回家乡集美创办学校。陈嘉庚亲自主持规划、设计和建造了大面积的校舍建筑。集美学校嘉庚建筑可以分为1913年至1931年的"中西合璧创建期"和1950年至1963年的"兼容并蓄发展期"两个大的历史时期，"中西合璧"是其最显著的风貌特征。创建期的嘉庚建筑以闽南传统建筑"宫殿式"造型为主要特点，发展期则融入了种种来自于中原地区的古建筑做法。国内外专家无不为嘉庚建筑的中西合璧之精美而由衷赞叹并给予高度的评价，称赞它是"在近代建筑历史上有其不可磨灭的地位"，"最具世界经典的建筑之一"。嘉庚建筑，展示着陈嘉庚创办与建设集美学校的"倾资兴学"的艰辛历程，更体现了凝固在建筑中的永恒的"诚毅"精神！

张茜．浅析传统民居适应气候的建筑经验对厦门居住建筑的启示［J］．福建建材，2014（2）：24—26.

关键词：厦门；传统民居；居住建筑；气候

机构：厦门佰地建筑设计有限公司

摘要：当今建筑设计在"全球化"的影响之下，越来越趋向于将建筑设计与周围环境独立开，忽略了建筑适应当地气候的地域性。文章通过研究传统民居适应气候的建筑经验，从而提炼出厦门现代居住建筑应对气候的八个模式。

厦门闽南大戏院 ［J］．城市环境设计，2014（10）：138—143.

关键词：城市综合体；商业建筑；空间关系；福建厦门

摘要：融入商业综合体的文化坐标在城市新兴 CBD 通过文化植入城市综合体探索激发文化活力的全新可能，通过对大型综合体的商业与文化、盈利与非盈利空间关系的再思考，通过对建筑功能的创意编辑和空间的紧凑布局触发事件，为商业建筑引入更多包容性和多样性，从而在商业价值外为城市和市民创造更多文化价值。

厦门南普陀寺 ［J］．中国宗教，2014（6）：90.

关键词：普陀寺；闽南佛学院；国家宗教局；寺观教堂

摘要：〈正〉南普陀寺始建于唐代，为闽南著名佛教圣地。背靠秀奇群峰，面临碧澄海港，风景绝佳。寺内天王殿、大雄宝殿、大悲殿建筑精美，雄伟宏丽。藏经阁珍藏佛教文物丰富多彩。寺宇周围保留众多题刻。寺后五峰屏立，号称"五老凌霄"，是厦门八大景之一。位于寺内的闽南佛学院和南普陀寺慈善会享誉海内外。2010 年底，南普陀寺被中共中央统战部、国家宗教局授予"首届全国创建和谐寺观教堂先进集体"荣誉称号……

姚杰，秦洋，徐小东．湿热地区气候适应性视角下的村落形态形成探析——以厦门吕塘村为例 ［J］．中外建筑，2014（12）：64—66.

关键词：气候适应性；村落形态；建筑布局；湿热地区；吕塘村

机构：华侨大学建筑学院；东南大学建筑学院；华南理工大学亚热带建筑科学国家重点实验室

摘要：在新型城镇化的推进下，村镇建设日益兴起，传统村落作为乡土建筑以及地方生活形式多样性的载体，其形态布局与内在特征正不断为人们所关注。村落形态多与地方文化、气候条件和生活习惯密切相关，本文尝试以厦门吕塘村为例，从气候适应性的角度出发，研究当地气候条件与地理环境对村落形态布局的影响与制约，以期为当下新农村规划设计提供借鉴与参考。

四 漳州建筑

叶朝阳．福建平和绳武楼木雕鉴赏 ［J］．东方收藏，2013（6）：98—99，101.

关键词：福建土楼；木雕艺术；人文景观；原生态文化；物质文化遗产；闽南文化

摘要：〈正〉福建平和绳武楼（全国重点文物保护单位）是福建土楼系列单元式与通廊式相结合的古建民居典型。地处福建省平和县芦溪镇蕉路村，西毗世界文化遗产地永定县湖坑 12 公里，北距南靖田螺坑土楼群 8 公里，有福建土楼"金三角"之称。这里群山环绕，山川秀美，人文景观十分独特，保存着很多体现闽南文化的原生态文化遗迹和非物质文化遗产。福建省建筑设计院原院长黄汉民在《福建土楼》一书中……

陈水德．价值·历史地位·社会功能——闽南视域的福建方土楼文化［J］．黎明职业大学学报，2013（3）：13—19.

关键词：方土楼；闽南文化；福建

机构：黎明职业大学公共教学部

摘要：福建土楼以方体造型和圆体造型两大类为主，其中方土楼不仅是福建土楼的重要组成部分，也是福建土楼之母。本文认为闽南文化区域方土楼具有丰富的美学、科技、生态、教育、经济、思想等文化价值，且现有闽南文化区域方土楼比圆土楼更古老、更大型，具有重要的历史地位和价值。同时，闽南文化区域方土楼有完善的生活功能和可靠的防御功能，在闽西南地区发挥了独特的社会历史作用。

郭磊，戴志坚．洪坑聚落建筑文化研究［J］．建筑设计管理，2013（3）：33—36.

关键词：传统聚落；建筑文化；乡土建筑

机构：华侨大学建筑学院；厦门大学建筑与土木工程学院

摘要：本文试图探析福建省漳州市天宝镇洪坑传统聚落的建筑文化与聚落特征，论述洪坑聚落的社会形态、布局形式、建筑特色以及细部装饰等方面，指出洪坑聚落是闽南地区传统聚落建筑的文化宝库，其乡土建筑的文化内涵值得深入研究和借鉴，并为洪坑聚落建筑文化的保护与更新提供了基础资料与指导。

侯挺宇．民居瑰宝——福建南靖土楼建筑美学特征及保护［J］．牡丹江教育学院学报，2013（3）：165—166.

关键词：南靖土楼；建筑美学；传承；保护

机构：漳州城市职业学院

摘要：民居瑰宝福建南靖土楼的建筑美学特征一方面表现在历史价值和文化内蕴上，另一方面表现在其传统建筑造型、功能和独特的风格上。它的美学价值体现了传统的中国建筑文化精髓和历史文化积淀，对我们研究、保护和开发土楼文化遗产具有重要的现实意义。

李霄鹤，董建文，兰思仁，江育，王淞．闽南云水谣古镇景观特征解析［J］．福建林业科技，2013（4）：152—156，176.

关键词：云水谣古镇；地理生态特征；空间布局特征；文化符号特征

机构：福建农林大学园林学院

摘要：本文以实地测绘、居民访谈为基础，分析探讨了闽南云水谣古镇"依山傍水、藏风聚气"的地理生态特征；"随行就势、主次分明"的空间布局特征；"尊宗睦族、诗意园居"的文化符号特征以及古镇中典型土楼建筑的建造特征和文化内涵。可为"美丽中国""美丽乡村"中的村落规划、景观建设提供一定的启迪和借鉴。

邱涌添. 漳浦县田中央村古建筑群的特色、保护与开发［J］. 福建文博，2013（1）：70—72.

关键词：田中央；古建筑群；保护；开发

机构：漳浦县博物馆

摘要：中国古代建筑采用砖木质结构，其对称精美，而建筑群体更是规模宏大，布局合理。通过对漳浦田中央古建筑群的观察，可以发觉其组群布局、空间、结构、建筑材料及装饰艺术等方面的优越性和科学、艺术价值。对田中央村古建筑群，应加强保护，合理开发。

王丹阳. "东方建筑明珠"——福建土楼印象［J］. 中国城市金融，2013（12）：72—73.

关键词：福建土楼；客家土楼；东方建筑；方楼

机构：中国工商银行浙江金华东阳支行

摘要：〈正〉作者对福建土楼的最初印象，是小时候在父亲的一个信封上看到一枚小小的8分邮票，上面的图案就是圆形的福建土楼，像极了一块沾着糖粒的甜圈饼干。直到2013年盛夏，才终于有了一睹庐山真面目的机会。土楼依形状分为圆寨、方楼和五凤楼，其规模之大、结构之奇，让我叹为观止。土楼高可达10余米，直径几十米至上百米不等，其外墙厚1—2米……

叶朝阳. 福建平和绳武楼的建筑装饰艺术［J］. 文物世界，2013（1）：44—47.

关键词：建筑装饰艺术；福建省漳州市；王阳明；芦溪；诏安；金都；大浦；格扇门；建筑艺术；木隔断

机构：福建省平和县博物馆

摘要：〈正〉具有"皇家土楼"美誉的绳武楼，堪称"清代中晚期闽南民间艺术宝库"。地处福建省平和县芦溪镇。平和县位于福建省漳州市西南部，东连龙海、漳浦县，西邻广东大埔，南靠云霄、诏安，北接永定、南靖，素有"八县通衢"之称。距今四千多年前，就有先民在境内繁衍生息，留下丰富的人文史迹。1518年，时任都察院左佥都御使的王阳明奉旨率师到闽浙赣边界平叛后，向朝廷奏本获准另立新县，取"寇平而民和"之意，定名平和……

陈建云. 从云霄燕翼宫论文物建筑的年代判定 [J]. 福建建筑，2014 (5)：39—40，109.

关键词：文物价值；年代属性；分析与判定

机构：福建博物院

摘要：文物建筑的年代判定，既要依据文献、志书、碑刻乃至古老传说，更要从文物建筑本身的空间尺度、分体特征、细部手法以及装修技艺入手，加以对比与类推，以得出更为准确全面的结论。云霄燕翼宫的年代判定以实地调查为主线，结合文献与志书族谱材料等，正是对文物建筑各个年代属性的准确诠释。

费迎庆，谭惠娟. 小家庭生活方式影响下的传统民居研究——以漳州诒安堡民居平面布局为例 [J]. 新建筑，2014 (5)：130—135.

关键词：诒安堡；传统民居；平面布局；小家庭生活方式；使用方式

机构：华侨大学建筑学院

摘要：本文以平面布局的各种规律为切入点，对闽南传统民居的使用方式进行研究，分析其在现代生活与文化背景下，居住空间与生活方式相互影响、相互制约的机制。研究发现，现实便利性对平面布局的影响占据主导地位。这不仅反映在分户与入口流线的选择上，在单元平面的功能分配与位置分布上也有所体现；居住形式食寝分离，厨房与卧室绝对分离；居住需求呈现年龄分化，年轻家庭追求居室空间的独立化，老年家庭则追求居住空间的复合化。

侯郑昕. 建筑美学中的对比交融——漳州平和"桥上书屋"艺术设计的探索 [J]. 漳州职业技术学院学报，2014 (3)：5—8.

关键词：建筑；现代设计；美学；对比交融

机构：漳州职业技术学院建筑工程系

摘要：多次获世界级大奖的漳州平和崎岭乡的"桥上书屋"，是一所建在桥上的希望小学。建筑本体虽然不大，但其在设计思考、建筑美学和材料装饰的运用上，均有新颖的建树。它融技术和艺术于一体，在形体结构、建材色彩等方面采用对比交融的艺术表现手法，产生出独特效果。

李纪翔，陈志宏. 漳州近代骑楼立面的特征 [J]. 中外建筑，2014 (6)：54—56.

关键词：漳州近代骑楼；立面构成；量化分析；材质组合

机构：华侨大学建筑学院

摘要：漳州骑楼是福建近代时期最早兴建的骑楼建筑，其骑楼立面的研究，对于了解闽南近代建筑风格演变与地域特征有着重要的意义。本文根据漳州骑楼不同的材质组合，对漳州骑楼进行了分类。通对骑楼立面进行田野调查和统计分析方法，希望用量化的办法来分析漳州近代骑楼立面的构成方式。

林财民．一事一议撬动古村大变化［J］．中国财政，2014（20）：49.

关键词：古村落；基础配套设施；现代农业示范区；财政奖补；福建省龙海市；传统历史文化

摘要：〈正〉福建省龙海市东宝宝里自然村是始建于明朝天启元年〈1621〉的古村落，几十座具有闽南建筑特色的燕尾脊古厝，彰显着深厚的传统历史文化。2010年以来，依托一事一议财政奖补资金，按照"能野则野，能简则简，能土则土，能特则特"的理念，东宝村开始了新村建设工程。近400年历史的古村落得到保护修缮，生活用水、污水排放等基础配套设施进一步完善，2500多亩现代农业示范区建立起来，展现出古厝大埕……

刘汉义，袁景阳，林桂娟．裕昌楼斜而不危的力学分析［J］．厦门理工学院学报，2014（3）：93—96.

关键词：土楼；裕昌楼；斜而不危；等效结构；转动刚度

机构：厦门理工学院机械与汽车工程学院

摘要：〈正〉本文从力学角度分析了位于漳州市南靖县书洋镇下版村的裕昌楼，看起来摇摇欲坠，却经受七百年风雨侵蚀和无数次地震的考验，至今依然如故的原因。根据土楼建造程序、"龙骨"架在外墙小槽内与内圈竖直木柱上横梁的事实，提出了土楼的建筑等效结构模型；根据动力学扰动理论确定的扰动区厚度、三合土弹性模量和埋入土墙深度，计算出柔性固定端的等效转动刚度系数；从几何静力学、分析静力学和材料力学的压杆稳定3个方面，分析得出外墙斑驳、楼内"东歪西斜"的福建现存最古老土楼裕昌楼的极限承载能力比一般土楼极限承载能力高25.9%，其原因除墙体中埋入杉木或竹片，甚至放进大石块为墙骨以增强抗力外，力学静定结构是斜而不危的另一重要因素……

孟碧轩，蔡一鸣．福建省漳州市南靖县书洋镇田螺坑村村落景观风貌的研究［J］．中华民居，2014（7）：128.

关键词：土楼景观价值；土楼文化；发展模式

机构：厦门大学建筑与土木工程学院城市规划系

摘要：本文从文化内涵和景观价值两方面对以土楼为主的田螺坑村村落景观进行研究，采用论证的方法来说明土楼是中国建筑史上的瑰宝。进一步探究田螺坑村土楼景观的发展模式，以推进田螺坑村土楼景观的旅游发展，促进土楼文化的传播和传承。

沈俊翔，甘永洪，魏林超．漳州市芗城区古街文化景观评价与保护［J］．闽台文化研究，2014（3）：86—97.

关键词：历史街区；文化景观；景观评价；开发与保护

机构：闽南师范大学生物科学与技术学院

摘要：合理评价漳州古街的综合价值，是正确保护和利用古街的重要前提和依据。首先，通过层次分析法（AHP）构建古街景观价值评价指标体系，确定各项指标及其权重。其次，由专家和专业学生对古街景观价值进行评价，同时针对古街保护与利用进行专家和公众问卷调查。结果表明：古街的现状不容乐观、保护与宣传力度不够、开发利用不合理等。最后，从城市规划、整体环境保护及具体保护修复措施等角度提出针对性的建议。

施维娟，彭兴黔，陈艳红．土楼夯土墙体在自然环境下的侵蚀实测［J］．自然灾害学报，2014（1）：138—143.

关键词：福建土楼；夯土墙；侵蚀针法；实测侵蚀量；降雨侵蚀模型

机构：华侨大学土木工程学院

摘要：福建土楼作为世界文化遗产，它的保护受到了越来越多的重视。福建土楼主要分布在漳州市的南靖、平和、华安、漳浦以及龙岩市的永定、武平、上杭等地，处于温暖湿润的亚热带海洋性季风气候环境。这种建筑，最怕的就是受到雨水的侵蚀，因此通过对永定县部分土楼进行实测研究，选取不同情形的夯土墙，在当地的气象条件下，研究了风雨作用对夯土墙体的侵蚀作用，并推导了相应的降雨侵蚀模型。

徐艳文．风格别致的怀远楼［J］．资源与人居环境，2014（6）：76—77.

关键词：怀远楼；福建省漳州市；梅林镇；《世界遗产名录》

摘要：〈正〉怀远楼坐落在福建省漳州市南靖县梅林镇坎下村东部，是闽西南土楼建筑中最精美、保存最完好、文化内涵最丰富的双环圆形土楼，风格别致，2001年被列为省级文物保护单位，2006年被列为全国重点文物保护单位，2008年被列入《世界遗产名录》。怀远楼建于1909年，楼高13.5米，占地面积1130平方米，建筑面积4520平方米……

杨征．平和县文庙的建筑特色［J］．福建文博，2014（3）：60—64.

关键词：平和文庙；缘起；布局结构；建筑特色；明代

机构：平和县博物馆

摘要：平和文庙建于明正德十四年（1519），是明代著名思想家、军事家王阳明亲自规划、设计，按府级规格建置的县级文庙。现存大成殿、明伦堂均为明代原构。将檐廊的内侧围入大殿的室内，扩大内部空间及使用面积，是该文庙最具地方特色的建筑手法之一；梁架遵循闽南建筑特有的插梁叠斗、五架坐梁结构法则，保存完整；雕花构件均镂空精雕，富丽堂皇；彩绘丰富精美，形象逼真。该建筑具有深厚的地方特色，对于研究我国明代建筑有较大的参考价值。

郑云．龙海市浦西城堡的建筑风格与历史背景［J］．福建文博，2014（3）：65—69.

关键词：浦西城堡；建筑风格；历史背景

机构：龙海市博物馆

摘要：浦西城堡是明嘉靖四十年（1561）浦西黄氏开基祖黄天至第十一代孙黄深魏为"防倭寇入侵，保族氏安全"，率族氏而建的，迄今已有450多年历史。城堡内居民一色姓黄，有五六百户人家。浦西城堡与漳浦赵家堡颇有渊源，被誉为"姐妹城堡"。城堡主体建筑兼具宋、明、清闽南农村古城堡、古民居的建筑风格，对于挖掘闽南城堡文化，探索南宋偏安小王朝史迹，有着艺术价值和历史意义。

张杰，庞骏，徐珊珊．福建漳州市九峰古镇——国家历史文化名城研究中心历史街区调研［J］．城市规划，2014（3）：83—84.

关键词：福建漳州；革命根据地；诏安县；大埔县

机构：华东理工大学；同济大学；上海对外经贸大学；东南大学

摘要：〈正〉九峰古镇位于福建漳州市平和县西南部，东北距平和新县城47km，距漳州市108km，西南与诏安县、广东省大埔县、饶平县接壤，现有省道郊柏线连接福建与广东两省。九峰又名九和，因城东九和山之上九峰错出而得名。九峰古城素有"闽粤边贸重镇"和"文化古镇"的美誉。九峰古城历史悠久。隋唐以降，分别隶属于漳浦县、南胜县、南靖县。自明正德十三年（1518）隶属于平和县。同时，九峰也为我国革命根据地，1928年3月8日中国共产党在此打响了八闽的第一枪，为"福建的先声"……

张杰，庞骏，游家．福建漳州市云水谣古镇　国家历史文化名城研究中心历史街区调研［J］．城市规划，2014（2）：31—32.

关键词：云水谣；福建省漳州；古镇保护

机构：华东理工大学；同济大学；上海对外经贸大学；东南大学

摘要：〈正〉云水谣原名长教，或张窖，因电影《云水谣》而更名为云水谣。古镇地处福建省漳州市南靖县西北部山区，四面环山，风景迷人。古镇始建于元末明初，现下辖 3 个村，分别为璞山村、官洋村和坎下村，3 个村被曲折的长教溪分隔开来，以溪为界。古镇共有 6000 多人，以简姓为主，另有少部分王姓。云水谣依山傍水，长教溪从古镇中蜿蜒穿过，呈带状环绕着云水谣古镇。溪边，有一条长约 5km 的用鹅卵石铺的古栈道将整个古镇串联为一带状的空间形态……

易笑，吴奕德. 漳州埭尾古村棋盘式布局形态特征研究 [J]. 中外建筑，2014（2）：70—72.

关键词：埭尾村；聚落；古村落；棋盘式布局

机构：华侨大学建筑学院

摘要：本文以埭尾古村为例，通过分析棋盘式聚落总体布局形式特征及其形成原因，发现聚落布局体现了人与自然之间建立的一种相互作用、维持久远的关系，而非把人的意志强加于土地。从而更好地维系其传统特色与文化价值，丰富闽南的聚落研究。

五　台湾建筑

林长华. 根在祖国大陆的台湾厝 [J]. 东方收藏，2013（5）：104—106.

关键词：南台湾；细部装饰；土地神；翘角；均齐；农村聚落

摘要：〈正〉在地球上与人类生活息息相关，给人类最为温馨感觉的就应当数"家"了。家是狂风暴雨中一个安静的避风港，家是寂静深夜中一点温暖的火光。台湾人习称家为"厝"，厝是安身住处的意思，如家宅叫"厝宅"，祖家叫"祖厝"，家里人叫"厝内人"……

刘焕云. 台湾闽南传统建筑文化意涵及其转型问题之研究——以三合院为例 [J]. 闽台文化研究，2013（1）：101—109.

关键词：闽南；三合院；建筑；伦理；风水

机构：（台湾）"国立"联合大学客家研究学院全球客家研究中心

摘要：台湾是祖国之宝岛，也是闽南与客家文化移垦与传承之地，保存有许多古老的闽南与客家文化。闽南文化中，建筑文化是最有特色的一环，尤其是传统闽南三合院，是闽南建筑文化的产物，蕴含了许多深厚的建筑文化内涵与特色，需要加以诠释。现今，科技的进步与社会的变迁，带动了台湾建筑物与民居的改变，台湾的闽南传统三合院正面临瓦解或转型的问题。现代人应该思考如何保存与活化闽南三合院的建筑文化，并进一步探讨闽南文化的传承与创新方向。

傅朝卿. 台湾传统民居保存与再利用的几个面向 [J]. 南方建筑，2014（5）：

7—13.

关键词：台湾传统民居；保存；再利用

机构：（台湾）成功大学建筑系

摘要：台湾是一个移民社会，闽粤移民在17世纪渡海后，在台湾兴建了许多民居。随着社会与都市的发展，许多传统民居陆续面临是否保存的困境。文章回顾了从1982年台湾实施文化资产保存法后，传统民居的保存状况，同时论述其再利用的可行性。

唐孝祥，王永志．试析闽南、粤东、台湾庙宇屋顶装饰之审美共性［J］．华中建筑，2014（5）：135—139.

关键词：建筑美学；闽南；粤东；台湾；庙宇装饰；审美共性

机构：华南理工大学建筑学院；华南理工大学亚热带建筑科学国家重点实验室

摘要：闽南、粤东、台湾三地之建筑审美文化，乃文化承袭与地域性、时代发展等因素共同建构与导引出的文化现象，此审美文化共性并非单纯独立存在，而是紧系于各种庶民生活文化积累的生活形态与审美之中，并以建筑形式与装饰图样表现于庙宇屋顶装饰。借由文化解读与审美分析的方式，解析闽南、粤东、台湾三地庙宇屋顶装饰的分布与图样，辅以对照此三地的庶民文化，得悉此三地因为文化承袭与地域性、时代发展等因素，建构出同质性高且形态相似的审美体制、装饰观念、审美文化与审美价值。

涂慷．台湾寺庙的雕花石柱［J］．寻根，2014（1）：49—54.

关键词：柱身；透雕；台湾光复；承重能力；南台湾；日据时期；雕工；凤朝阳；线条简洁；龙图

机构：集美大学

摘要：〈正〉中国传统建筑以屋顶、柱梁、台基为三要素，其构成与形状力求符合"天人合一"的原则。以树木结构而言，树干就是柱子，横枝化为栋梁，树叶形成屋顶，植根于大地犹如建立台基。于是，柱列成行，栋梁交错，屋顶崇伟，台基稳固，一栋建筑宛如一座森林。柱子功能与材料见林也要见树，见树则要见枝干。柱子具有承重的功能，木料或石材的选择必须坚实稳固……

杨淑雅．台湾高雄旗后天后宫的渊源与特色［J］．莆田学院学报，2014（3）：9—12，21.

关键词：高雄；旗后；天后宫；妈祖信仰

机构：（台湾）高雄海洋科技大学基础教育中心

摘要：位于台湾高雄市旗津区的旗后天后宫有高雄地区第一妈祖庙之美誉，其创建起源于闽籍渔民徐阿华先生。本文探讨了旗后天后宫在祀奉神像、建筑艺术及发展方面的一些特色。

张帆．台湾现存清代戏场管窥 ［J］．四川戏剧，2014 （9）：33—36.

关键词：台湾清代戏台；水上戏场；演出空间

机构：中央戏剧学院学报社

摘要：台湾现存为数不多的古代戏场主要为清代中晚期建筑，多见于寺庙或园林，深具福州派建筑的风格。虽然宝岛台湾命运多舛，历史上的殖民统治给其方方面面留下了烙印，但我们却能从这些存留下来的戏场建筑中看到，台湾民众在文化上非但没有被异化，反倒由衷地保留着对传统的尊重和对戏曲艺术的热爱。本文拟以对台北、台中、彰化等地六个戏场的探究来窥其一斑。

张立峰．台湾会馆的家、国、梦——写于重张四周年之际 ［J］．台声，2014 （6）：66—67.

关键词：闽南义化；建筑风格；专题展；历史文化遗存

摘要：〈正〉台湾会馆史称"全台会馆"，始建于1890 年前后。昔年为在朝为官的台籍官员购置，原址位于北京宣武门外后铁厂胡同，后移至前门大蒋胡同127 号，即今日大江胡同114 号。2010 年5 月，这座已有百多年历史的台湾会馆在北京最为繁华的前门地区重张。复建后的台湾会馆，既具有北方民居建筑风格，又不失闽南文化元素……

赵元鸿．台南的巷弄与记忆：陈桑民宿 ［J］．建筑学报，2014 （3）：73.

关键词：清朝时期；现代化都市；台南；交通运输；屋瓦

机构：（台湾）大山空间设计有限公司

摘要：〈正〉由于当代交通运输的便捷，使得大多数现代化都市内建筑的地域性并不明显。但作为清朝时期台湾首府的台南，旧城区里面目前仍有许多老屋被保留着，加上本身慢活与念旧的生活氛围，让老屋改造在台南相当盛行。陈桑民宿原来只是斜屋顶的一楼老宅，屋瓦与木梁已经腐朽，旧屋因为地形狭长，只能面对邻地间的围墙，没有室景，通风采光也不佳。第一次碰面，屋主带着已经申请好的拆除执照来大山谈旧屋拆除及未来的设计与营建委托。基地除了连接巷道的面宽仅 1m 外，该巷道也只有3m 宽，拆除及营建作业会很困难……

郑捷，戴向东．金门红砖厝民宿刍议 ［J］．家具与室内装饰，2014 （11）：30—31.

关键词：民宿；金门红砖厝；地域文化

机构：中南林业科技大学家具与艺术设计学院

摘要： 民宿是当地人利用自用住宅的空闲房间为旅客提供住宿的一种形式。本文研究了台湾地区民宿的起源与现状，以金门地区的红砖厝为研究对象，对其建筑的修缮改造效果、室内空间装饰手法、地域文化氛围营造、商业化经验模式进行了分析和探讨，希望为福建闽南地区的红砖厝民宿的传承和创新开阔新的思路。

闽南华侨文化

任武娟. 为革命奋斗终生的归国华侨将领李子芳［J］. 兰台世界，2013（28）：23—24.

关键词：李子芳；革命；新四军；皖南事变

机构：陕西职业技术学院

摘要：在红军与新四军的高级领导干部中，有一位名叫李子芳的归国华侨。在皖南事变中，李子芳奋勇杀敌，被俘后仍不屈不挠，坚持抗争直至英勇牺牲。

曾玲. 从福建南安的"炉内潘"到新加坡的"潘家村"：南洋华人宗族村落的个案研究［J］. 闽台文化研究，2013（3）：44—56.

关键词：华南移民；新加坡；潘家村；宗族村落

机构：厦门大学历史系

摘要：近现代以来，当一批批华南移民来东南亚拓荒，在移居地重建社会结构与组织，是华南移民在海外所面对的共同问题。有关东南亚华人社会是否存在宗族，一直以来是学术界争论的课题。本文以个案研究方式，透过具体考察新加坡一个在殖民地时代建立的聚族而居的华人村落"潘家村"的建立与运作，进而思考和讨论近代华南移民在海外建构的宗族社会与特征等问题。东南亚华人的宗族社会并非简单地移植于祖籍地，而是在一个在新的社会环境下重新建构的过程。尤其是在移民社会初期，华人宗族组织和宗族社会的重建有赖于祖籍地传统的组织原则和文化资源。在不同于祖籍地的社会环境下，华人也必须调整这些文化规则，使之能适应新的人文条件，由此也在宗族结构、组织形态，以及祖先崇拜等方面出现了一些新形态。

邓达宏. 侨批与闽粤侨乡教育探略［J］. 东南学术，2013（6）：291—295.

关键词：国际移民书信；侨批；闽粤侨乡教育

机构：福建社会科学院研究馆

摘要：近现代海外华人通过民间渠道给家人汇款时附寄的书信，在广东潮汕、梅州地区、福建闽南地区被称为"侨批"，在江门五邑地区被称为"银信"。侨批是一种原生态的国际移民书信。从大量侨批史料可以看出，闽粤华侨长期支援家乡建设，捐资兴学，培育人才，为侨乡文化教育事业和经济建设做出了巨大贡献。这表明了闽粤华侨热爱祖国、热爱家乡、重视子女教育的爱国情怀。

傅德贤，叶迪虎，黄育庆．在南安，有一群人叫乡贤［J］．中国老区建设，2013（12）：37—38.

关键词：福建省南安市；翔云；乡贤；港澳台同胞

摘要：〈正〉福建省南安市翔云镇是一个革命老苏区。该镇属内陆山区，与厦门市同安、安溪县龙门相邻，平均海拔600多米，全镇2.7万余人，常年外出1.4万人，旅居海外侨胞及港澳台同胞6万多人，是闽南著名侨乡之一。与许多老苏区乡镇一样，翔云镇地处偏僻、交通不便、经济发展乏力、基础设施建设薄弱，但是近年来人们却真真切切地看到该镇所发生的巨大变化：投入1030万元新建的3条共长12公里的出境公路，冲破了祖祖辈辈被大山重重的包围的桎梏；投入520万元成立中小学教育……

骆曦．民国时期地方华侨团体研究——以泉州华侨公会为例［J］．广州社会主义学院学报，2013（3）：66—70，75.

关键词：民国；泉州；华侨公会

机构：泉州华侨历史博物馆

摘要：泉州华侨公会成立于1912年，会员来自晋江、南安、惠安、同安、安溪等泉属5县，为民国期间泉州地区具有代表性的地方华侨团体。本文重点考察了泉州华侨公会的成立经过、职员结构和演变历程，并深入分析其发挥的作用和影响，进而探讨民国时期地方华侨团体所共同面临的困境。

沈惠芬．海外华人与中国侨乡现代化研究的最新进展——"华侨华人与中国侨乡近代化"国际学术研讨会会议综述［J］．南洋问题研究，2013（4）：96—98.

关键词：华侨华人研究；南洋研究；现代化研究；华人移民；华人社会；东南亚华人；会议综述

机构：厦门大学东南亚研究中心

摘要：〈正〉2013年5月15日至18日，由厦门大学南洋研究院/国际关系学院、德国马克斯·韦伯基金会、德国弗赖堡大学历史系和华侨博物院共同举办的"华侨华人与中国侨乡近代化"国际学术研讨会在厦门大学举行。来自德国、美国、新加坡、以及中国的大陆、台湾、香港等国家和地区的学者们齐聚一堂，以中、英两种语言，进行为期一天半的研讨会。学者们深入探讨了19世纪中期以来海外华人与中国侨乡现代化的诸多联系、华人在当地融入情况与跨界活动、移民家庭与婚姻……

林清哲．明末清初福建陶瓷文化在东南亚的传播及影响——以漳州窑系为中心

[J]．南方文物，2013（3）：70—76.

关键词：漳州窑；冯先铭；陈万里；陶瓷文化；中国陶瓷；东南亚地区；苏门答腊；磁灶窑；景德镇窑

机构：福建晋江市博物馆

摘要：〈正〉一、前言　东南亚与我国隔海相望，地处中西方交通要冲，是中西贸易货物转运、集散中心，也是古代中国陶瓷外销的主要地区。从考古发现看，早在新石器时代中国很可能与东南亚就有了陶瓷交流往来，并一直延续到明清。关于福建与东南亚的陶瓷交流之研究，最早可以追溯到韩槐准对南洋发现的中国古外销瓷的研究以及陈万里、冯先铭等对闽南古代窑址的调查。三上次男介绍了中国陶瓷在菲律宾、婆罗州、苏拉威西、爪哇、苏门答腊等东南亚地区的发现情况……

蔡明宏．闽南文化视野下的菲华文化教育［J］．集美大学学报（哲学社会科学版），2013（1）：120—125.

关键词：菲律宾华裔；中华文化教育；闽南文化

机构：福建师范大学海外教育学院

摘要：随着时代更迭，菲华族群身份和文化观念也在全球化背景下嬗变迁延，其中华文化气息逐渐微弱。而菲华社会独有的闽南文化根性特质使其对闽南文化习俗表现出高度认同，这是菲华社会维系与"母体"中国传统文化连接的脐带。因而，从对闽南文化的眷念和认同等特征入手，对闽南文化进行梳理和拓延，寻找与中华文化的契合点，改变传统文化纵式叙述和版块式教学思路，规避闽南文化中的世俗性等负面指征，重新架构起中华文化传播的整体框架，在菲律宾华文教育研究中具有一定的价值。

周翠蓉．"许氏旌节坊"及其历史文化传承［J］．福建文博，2013（1）：77—79.

关键词：许氏旌节坊；侨商；历史文化传承

机构：厦门市博物馆

摘要：许氏旌节坊是民国期间角美镇华侨巨商郭祯祥出资为其祖母建造的石构牌坊。作为福建民国时期最具代表性的石牌坊建筑，许氏旌节坊延续明清时期牌坊建筑的风格，涵盖了大量中国传统文化元素，堪称福建民国第一坊，是研究角美古镇社会发展和福建区域内华侨华人奋斗史不可多得的实物资料。

魏峰．近代漳州侨乡民居建筑审美的基本维度［J］．华南理工大学学报（社会科学版），2013（5）：98—103.

关键词：侨乡民居建筑；建筑审美；空间；意境；环境

机构：福建工程学院建筑与城乡规划学院

摘要：福建是我国著名的侨乡，而闽南是侨乡最为集中的地区，漳州、泉州、厦门三地华侨人数众多，华侨对当地建筑的营造起着重要的作用，不仅在侨汇的资金上提供资助，同时还在建筑的样式与风格上产生重要的影响，在近现代百年发展的过程中，逐渐形成了独特的侨乡地域性建筑风格，在民居建筑的表现上尤为显著，漳州的侨乡民居是闽南侨乡民居建筑的重要组成部分，其主要的民居建筑都分布在较偏僻的乡村，有着自己的地域特质。

李岳川，肖磊．近代闽南与潮汕侨乡的中西建筑文化博弈［J］．小城镇建设，2013（12）：96—100.

关键词：闽南；潮汕；近代侨乡建筑；社会空间；文化博弈

机构：华南理工大学建筑学院；华南农业大学林学院

摘要：近代闽南与潮汕侨乡的建筑风尚是中西建筑文化博弈的结果。其产生和发展的内在机制受主客体和环境三方面的影响。在主体方面，近代闽南与潮汕华侨及侨乡民众对西方建筑文化的认识具有认同先于认知的特点，这也决定了主体对西洋建筑认识的感官性和经验性；在客体方面，中西建筑文化针对各种社会空间表现出各自的适应性；在环境方面，一定地区范围内原有中西建筑文化势力的对比影响着二者的博弈结果。

庄丽娥．近代集美学村"南洋风格的嘉庚建筑"研究［J］．华南理工大学学报（社会科学版），2013（2）：79—82.

关键词：集美学村；嘉庚建筑；南洋风格

机构：华侨大学土木工程学院

摘要：基于地域性建筑理论，从建设内容、形式表征、功能空间、材料细部、建筑现状与历史贡献六方面入手，对厦门市集美学村20世纪10—20年代之南洋风格的"嘉庚建筑"进行系统的分析与梳理，研究其与闽南地域自然条件、闽南传统建筑文化、闽南地方建筑技艺的适应性关系，揭示其在传统建筑近代转型中的重要作用及对当代地域性建筑创作的启迪作用。

周翠蓉．浅谈闽南华侨建筑艺术——以厦门莲塘别墅为例［J］．南方文物，2013（2）：188—190.

关键词：建筑艺术；莲塘；别墅建筑；建筑元素；乡土情结；建筑风貌；雕刻技法；墀头；民居文化

机构：福建厦门市博物馆

摘要：〈正〉清末民初是闽南古建筑的转型时期，这个时期的建筑既有闽南典型的建筑符号，并折射出独特的人文意涵，同时融合了大量东南亚和西方建筑元素。这一现象是闽南华侨乡土情结的重要体现。厦门市海沧区莲塘别墅建筑群就是其中的杰出代表。本文拟在实地调查的基础上对厦门莲塘别墅建筑群建筑艺术等方面进行粗浅的探析……

谢惠雅．中西文化交融的精彩华章——厦门乡村洋楼建筑特点［J］．南方文物，2013（1）：172—178.

关键词：建筑特点；建筑风格；精彩华章；特殊地理位置；海外华侨；中西文化交融；集美区

机构：福建厦门市博物馆

摘要：〈正〉厦门位于福建省东南沿海，是我国著名的侨乡，厦门现有华侨35万人。历史上，由于厦门的特殊地理位置，有大量人口外出"南洋"（南亚、东南亚）谋生、创业，使厦门逐渐成为拥有众多海外华侨和归侨侨眷的著名侨乡。而他们在故乡兴建的住宅、院邸，为我们留下了一笔宝贵的财富……

赵洋．中西合璧庭园之美——闽南华侨别墅庭园研究［J］．郑州轻工业学院学报（社会科学版），2013（1）：109—112.

关键词：闽南华侨别墅庭园；意境美；形式美

机构：华侨大学美术学院

摘要：闽南华侨别墅庭园作为中国华侨园林的瑰宝，既保留了中国园林追求的意境美，又融汇了西方艺术追求的形式美，集中体现了中西园林艺术多元共存的设计理念。从空间营造、假山建构、水景布置、植物配置、铺装陈设、建筑装饰等方面对厦门鼓浪屿别墅庭园进行实例分析发现，庭园中最具独特之处就是大胆的交流、借鉴、继承和创新，实现了实用与艺术的高度统一，促成了中西园林文化的交融。

沈惠芬．构建东南沿海侨乡女性生活史：侨批资料的价值与利用［J］．福建论坛（人文社会科学版），2013（7）：103—110.

关键词：侨乡；留守女性；生活史；侨批；移民家庭；泉州

机构：厦门大学国际关系学院

摘要：东南沿海侨乡女性是中国人口国际迁移史重要的参与者，对海外迁移现象的发生和持续发展有不可替代的作用。构建东南沿海侨乡女性的生活史是对留守女性群体的深入研究，也是解读中国海外迁移史和东南沿海社会历史的关键之一。侨批是华侨华人与家乡亲人（侨眷）的书信，同时具有汇款功能，记录着二者之间的联系沟通和华侨华人所汇钱款、礼物等项。作为海外迁移过程中的文本记载，侨批资料近年来逐渐引起研究者的注意，但主要的关注点仍然不是女性的历史。然而，那些涉及侨乡女性的内容，特别是侨乡女性书写或托人书写后寄出的信件揭示了海外迁移过程中留守女性与华侨华人的互动，以及她们的部分经历和感受，是构建侨乡女性生活史的珍贵资料。侨批所讨论的事情和笔墨之间流露的感情显示了海外迁移过程中当地土著和华侨华人的合作与冲突、移民家庭的变迁及留守女性在家庭和跨国移民网络中的地位和作用等，体现了海外迁移对侨乡女性生活直接而深刻的影响。不过，侨批资料有一定的局限性，必须配合其他研究资料利用，方能构建较完整且全面的侨乡女性史。

柯木林．"云中谁寄锦书来"——侨批：从家书到文化遗产 [J]．闽商文化研究，2013（1）：56—59．

关键词：海外华侨；女词人；历史博物馆；海洋文明；华人社会；近代中国社会；闽粤；移民史

机构：新加坡宗乡会馆联合总会学术部

摘要：〈正〉"云中谁寄锦书来……一种相思，两处闲愁"！这是北宋女词人李清照的一首著名词作，词牌《一剪梅》。作者非常喜欢这首词，每当读到"一种相思，两处闲愁"时，即刻联想到侨批。为什么呢？记得 2008 年 12 月在泉州华侨历史博物馆举办的"首届闽南侨批研讨会"上，作者曾说过：侨批是"海外华侨与祖国乡土的两地书"。在家乡的亲人是多么渴望海外侨民的来批……

常慧．侨批的变迁——以王顺兴信局为中心 [J]．闽商文化研究，2013（1）：48—55．

关键词：侨批业；王顺兴信局；社会变迁

机构：福州大学人文学院

摘要：对于今天已经成功的申请为世界记忆文化遗产的侨批来说，研究他们，不仅是研究东南亚华人华侨的历史，更是对于世界具有重要意义的地方区域文化史的研究。本文以王顺兴信局的兴衰为主线，折射出近代中国海洋社会的发展和变迁。如今，如何从多方面的角度切入研究侨批，吸取其文化的有益成分，发展"中学为体，西学为用"的精神，是中华民族义不容辞的责任。

李天锡．福建侨批的收藏研究及其意义 [J]．八桂侨刊，2013（2）：68—72．

关键词：福建侨批；收藏；意义

机构：华侨大学公共管理学院

摘要：19 世纪末 20 世纪初，福建侨批因派送地域的关系，逐渐形成以厦门、福州、涵江、闽西诸口岸城镇为中心的四大地域体系，使侨批散布于福建省各侨乡。随着时代的进步，福建侨批先后为民间集邮界人士和政府有关部门所收藏，并进行相关研究。福建侨批逐渐彰显出它的重要价值，体现出特殊的意义：一、福建华侨遍布东南亚各地，侨批记载着他们的出国规律和行为特征，具有世界意义。二、福建侨批主要集中在 19 世纪末至 20 世纪 40 年代，这一阶段中的第二次世界大战、中国的辛亥革命和八年抗战等情况都在侨批中有所反映，具有历史意义。三、19世纪以来，中国与东南亚、欧美的文化交流也在福建侨批中留有印记，具有时代意义。四、福建侨批还反映了福建沿海地区乡村的社会变迁，以及东南亚某些城市的发展，具有地域意义。

王付兵．侨批档案文献的价值［J］．东南亚纵横，2013（7）：58—62.

关键词：侨批；价值；华侨华人

机构：厦门大学东南亚研究中心暨南洋研究院

摘要：侨批，仅福建、广东、海南3省特有，是海外华侨通过民间渠道或金融机构，主要寄给中国国内侨眷的书信或简单附言的汇款凭证。侨批是研究华侨史、中国近现代金融史、侨乡民间传统文化等方面的珍贵档案文献。

王晓欧，苏燕梅，喻艮．"中国侨批·世界记忆"国际会议综述［J］．八桂侨刊，2013（1）：72—75.

关键词：福建省档案馆；民间收藏；经营管理方式；档案学会

机构：广西民族大学民族学与社会学学院

摘要：〈正〉为促进侨批文化价值的研究，福建省档案馆、福建省档案学会和福建省华侨历史学会共同主办的"中国侨批·世界记忆"国际学术会议2012年12月11—12日在福建省福州市举办。此次会议吸引了来自日本、泰国、新加坡以及中国大陆的七十多位专家学者、档案工作人员以及民间收藏家，围绕侨批的文化价值、经营管理方式以及跨区域比较等内容进行发言、讨论。在为期两天的讨论中，与会者对侨批进行了广泛而深入的探讨，并形成了《"中国侨批·世界记忆"国际学术研讨会论文集》……

苏文菁，黄清海．闽商与侨批业［J］．闽商文化研究，2013（1）：18—32.

关键词：侨批商人；侨批业；侨汇

机构：福州大学；闽商文化研究院；中国银行泉州支行

摘要：在闽商发展历史过程中，从事侨批经营的海外闽籍商人凸显重要的地位。侨批商人从水客个体经营到信局企业经营，直至产生侨批公会行业组织的整个历史进程中，涌现出了许多如王世碑、郭有品、林树彦、吴道盛等杰出的侨批商人。本文拟系统介绍经营侨批业的闽商之海商的文化特质。

康海玲．新加坡和马来西亚华语戏曲的宗教背景［J］．戏剧艺术，2013（1）：64—69.

关键词：新加坡；马来西亚；华语戏曲；华人宗教

机构：中国艺术研究院

摘要：东南亚是中华戏曲在海外国家流播的重镇，其中，新加坡、马来西亚的戏曲活动最为繁盛。新加坡和马来西亚的华人宗教和民间信仰为戏曲的移植和发展提供了沃土。华语戏曲演出作为华人宗教祭祀仪式的重要内容，长期以来发挥着酬神娱鬼的宗教功能。新加坡韭菜芭城隍庙城隍爷诞的戏曲演出与马来西亚中元节的戏曲演出是华人宗教信仰与戏曲演出相互结合的典型个案，在整个东南亚地区都是非常突出的，戏曲生存的宗教背景以及戏曲演出的宗教功能得到了最大程度的呈现。

陈碧．新加坡韭菜芭城隍庙跨境文化交流活动的人类学考察［J］．东南亚研究，2013（6）：82—88.

关键词：华人；社团庙宇；新加坡；韭菜芭城隍庙；跨境文化交流

机构：玉林师范学院政史学院

摘要：新加坡韭菜芭城隍庙是新兴华人社团庙宇的杰出代表，由其主导的跨境文化交流活动种类繁多，形式多样，内容丰富，成效显著。从跨境活动的角度考察当代华人社团庙宇的发展道路与特征，在个案研究的基础上深入探讨华人庙宇参与跨境文化交流活动的动因，可以窥探其丰富的文化内涵、隐性的关系网络和社会资源，有助于我们更好地理解当代华人庙宇群体和华人社会。

许源泰．新加坡汉传佛教文物辩证——以碑铭与匾额为中心［J］．泉州师范学院学报，2013（1）：32—37.

关键词：新加坡；汉传佛教；民间宗教信仰；闽南僧俗

机构：新加坡南洋理工大学中文系

摘要：新加坡总人口的33.3%是佛教徒，居全国宗教徒之榜首。在以华族为主体的佛教徒中，又以来自闽南的高僧和居士为核心，更显示了闽南佛教文化在新加坡的重要影响。通过回顾学者和教内人士分析汉传佛教传入新加坡之起源，以及近年来走访全岛各地800多座城乡庙宇所搜集到的石碑、匾额等历史文献资料，辩证地分析新加坡汉传佛教之起源以及刘金榜居士创建汉传佛教第一丛林之社会因素。

王振．对闽南侨乡文化建设的几点思考——以邓小平关于文化建设的思想为基点［J］．福建工程学院学报，2014（5）：473—477.

关键词：邓小平；文化思想；闽南侨乡；文化建设

机构：华侨大学马克思主义学院

摘要：文化是民族的血脉，是人民的精神家园。闽南地区利用当地的特殊地域优势，大力"走出去"和"引进来"，形成了一种具有本土气派而又不失外来风格的侨乡特色文化，对当地发展起了重要的推动作用。与此同时，闽南侨乡在文化建设中也出现一些问题，主要表现为中外文化、古今文化、区域间文化的冲突和碰撞。而邓小平关于文化建设的思想对侨乡文化建设具有重要的理论指导作用。因此，闽南侨乡如何在邓小平理论指导下摆脱文化发展困境，充分发挥侨乡文化特色，促进侨乡文化的发展、繁荣，就显得尤为迫切和重要。

刘登翰．长篇说唱《过番歌》的文化冲突和劝世主题——《过番歌》研究之三［J］．华侨大学学报（哲学社会科学版），2014（2）：33—40.

关键词：过番歌；文化冲突；劝世主题

机构：福建社会科学院文学所

摘要：产生和流传于清末民初的长篇歌仔《过番歌》，反映的是 19 世纪末 20 世纪初来自社会底层的那部分中国东南亚移民的一段海外生存经验。他们从土地走向大海，背井离乡的亲情疏隔与骨肉离散，置身异邦的文化陌生与谋生维艰，其与中国宗法社会的孝悌观念和安土重迁的故园情结，以及对异质文化的不适和理想与现实的巨大落差，背后都潜存激烈的文化冲突，注定了他们在饱经挫折之后选择返回故土的原点，形成了这部长篇歌仔戏"劝恁只厝那可度，番平千万不通行"的宿命的劝世主题。

石沧金．慈济功德会在海外的传播及影响［J］．八桂侨刊，2014（2）：10—17.

关键词：慈济功德会；证严法师海外；影响

机构：暨南大学华侨华人研究院

摘要：1985 年之后，侨居各国的台湾慈济人，将慈济志业推广于台湾之外。截至 2007 年，慈济组织遍布世界五大洲，在全球 44 个国家成立了超过 320 个分支会或联络处。慈济在世界范围内开展的各项志业主要包括：救灾；扶贫济困；支持教育，尤其是儿童教育；关注并保护儿童健康等。慈济慈善事业运作时不分种族、宗教及国度，这是它能够在全球广泛传播并产生强大影响的关键原因。

徐慕君，吴巍巍．近代新加坡华人社团探略［J］．广西民族师范学院学报，2014（6）：46—50.

关键词：新加坡；地缘性组织；血缘性组织；业缘性组织

机构：福建师范大学闽台区域研究中心

摘要：自 1819 年新加坡开埠以来，大量的中国人移居当地，到 19 世纪中期，华人数量已占新加坡人口总数的一半以上。华族移民新加坡是自发组织的，背井离乡，在陌生的环境下还要受到西方殖民者的压迫，为了生存和发展，他们纷纷成立各种团体。这些团体，就像几根强大的纽带，把远在异国他乡的广大华侨凝聚成一个强大的统一体，团结互助，共同奋进，为当地及整个华人社会做出了巨大的贡献。

陈慎，唐湘．南岛语族的福建海洋族群印记［J］．福建省社会主义学院学报，

2014（1）：81—84.

关键词：南岛语族；福建；海洋族群

机构：福州大学闽商文化研究院；福建师范大学外国语学院

摘要：本文力图在海洋文化的视野下，通过分析福建早期先民与今天我们所知的典型海洋族群——南岛语族之间的关联点，揭示福建实为南岛语族的最早发源地，进而展示出福建海洋文化独具魅力的区域特色，还原福建海洋族群的历史真相。

黄英湖．福建人的宗乡观念与出国移民［J］．福建行政学院学报，2014（3）：41—46.

关键词：聚族而居；宗乡观念；出国移民

机构：福建省社会科学院华侨华人研究所

摘要：由于特殊的地理和历史环境，福建社会长期比较安稳，其结果是各地普遍存在着聚族而居的社会现象，单姓村庄和大姓巨族比比皆是，人们思想里存在着浓郁的宗族和乡土观念。因此，那些先期出国的村民，都会把家人和宗（乡）亲也引带到自己所在地，并且帮他们安排食宿和找工作。这些宗（乡）亲聚居在一起，大家方言相通，习俗和信仰相同，并且从事同一种职业，形成以宗乡关系为纽带的社交圈，在海外形成一个类似家乡的移民社会。

肖月萍，陈鹏．泉州古陶瓷与东南亚宗教信仰文化［J］．东方收藏，2014（6）：57—60.

关键词：泉州港；海上丝绸之路；宗教文化；信仰文化；文化之都；海上交通；德化窑

摘要：〈正〉东亚文化之都泉州，是我国古代海上丝绸之路的起点，世界东方第一大港。由于海上交通的发达、对外贸易的需要，宋元以来，泉州的陶瓷业获得蓬勃发展，大量产品外销亚非欧许多国家和地区，促进了中外经济、文化的交流。特别是有些产品直接与输入国的宗教信仰文化结合在一起，为丰富和提高它们的宗教文化生活做出不少贡献。现给大家介绍三种外销东南亚带有宗教信仰文化色彩的古陶瓷……

范正义．当前海外华人民间信仰跨地区交往和结盟现象研究［J］．世界宗教文化，2014（1）：62—65.

关键词：海外华人；民间信仰；跨地区；交往与结盟

机构：华侨大学宗教文化研究所

摘要：当前，海外华人民间信仰在发展中出现了跨地区交往和结盟的现象。民间信仰在海外传播时已然形成的跨地区的香火网络。为这一现象的出现奠定了基础。当前海外各国特别是东南亚各国华人所面临的文化认同危机，是迫使海外华人民间信仰走向跨地区交往和结盟的促发因素。一些影响较大的宫庙试图通过跨地区的信仰网络来构建自身权威的行为，则进一步加快了海外华人民间信仰跨地区交往和结盟的步伐。

潘淑贞．当代菲律宾华商在华教育投资与管理的特点——以闽南地区为考察点[J]．华侨大学学报（哲学社会科学版），2014（4）：30—37，47.

关键词：菲律宾华商；教育投资；家族管理模式

机构：山西师范大学经济管理学院

摘要：一直以来，华侨华人都是以捐赠方式来帮助和提高国内的教育事业。随着教育市场的开放，出于教育理念和教育管理方式的不同，华侨华人重新审视了"教育"市场，采取了直接投资的方式来参与教育事业的管理。出于对中国教育市场这一特殊产品的不熟悉，他们在投资方式和管理上，采取了合作和委托—代理人制的管理模式以适应教育市场的需要，使学校快速走上轨道。基于对菲律宾华商在闽南地区投资的几所学校进行田野调查，对他们的投资与管理特点做一总体归纳，从而突破了以往研究上的一些观点："以利润驱动型"的投资目的，以"家族为中心"的管理模式等方面，呈现在菲华商他们自己独特的方式。

李欣，姚垚，尚清．以侨为本　教研并举　全面推动华文教育发展——访华侨大学校长贾益民教授[J]．世界教育信息，2014（6）：47—56.

关键词：华侨大学；华文教育；以侨为本；教研并举

机构：华侨大学华文教育研究院

摘要：华文教育是面向几千万海外侨胞尤其是华裔青少年这一特殊群体开展的语言文化教育。作为华侨华人的"留根工程"，海外华文教育是传承中华优秀文化、保持民族特色的根本保证，也是侨务工作中一项具有战略意义的基础性工作。地处闽南的华侨大学创办于1960年，由革命领袖廖承志担任首任校长及党委书记，直属于国务院侨务办公室，是国家面向海外开展华文教育的重要基地。秉承"为侨服务，传播中华文化"的办学宗旨，近年来，华侨大学紧紧抓住历史机遇，着力构建全方位的大华文教育体系。贾校长于1978年10月考入暨南大学中文系汉语言文学专业；1982年7月毕业，同年考取暨南大学中文系文艺学专业硕士研究生；1985年7月获文学硕士学位，同年留校任教；2011年9月，任"国立"华侨大学第七任校长。在访谈中，贾校长畅谈了他对我国华文教育事业、华文教育与国际汉语教育的关系等方面的看法，强调了华文教育的学科属性和研究重点，回顾并展望了华侨大学在推动华文教育发展方面的重大举措。

胡倩．中国现代化进程中华侨华人的作用及现实启示——以李光前先生为例[J]．福建省社会主义学院学报，2014（2）：13—17.

关键词：现代化；华人华侨；李光前

机构：华侨大学

摘要：中国现代化建设进程中，华侨华人作为中国的独特优势和重要资源，是推进中国现代化建设的重要力量。李光前作为华侨华人的杰出代表，对中国的现代化进程做出了自己的一些贡献，他推动中国现代化建设的原因、目的等对当今社会进一步加强中国与华侨华人的双向互动、推动中国现代化进程也具有重要的意义。

高潮．驰骋商场　情系桑梓——记菲律宾东方企业有限公司总裁戴宏达［J］．中国对外贸易，2014（2）：39—41.

关键词：戴宏；摩托车生产；房地产开发；交通设施；摩托车产业；中国侨联；福建省南安市

摘要：在海外，他白手起家，从代理中国摩托车开始，逐步创造出自己的摩托车品牌"MOTORSTAR"，成为菲律宾最大的摩托车零部件销售商和著名的摩托车生产商，其连锁店覆盖几乎菲律宾所有重要城市，并继续将商业版图拓展到房地产开发、通用机电、交通设施、塑料制造、服装、超市等其他行业，成为菲律宾著名的华裔企业家。

李杰，昆洛．李荣郁：菲律宾土生土长　依然恋祖爱乡［J］．统一论坛，2014（5）：30—32.

关键词：全国政协会议；菲律宾；闽南话；海外联谊会；华社会；文艺晚会

摘要：〈正〉李荣郁，祖籍福建晋江池店村，出生于菲律宾，中国全国政协会议海外列席代表，中华全国归国华侨联合会顾问，中华全国海外联谊会常务理事，中国海外交流协会常务理事，世界晋江同乡总会名誉会长，菲律宾众议院外交委员会中国事务首席顾问，菲律宾陇西李氏宗亲总会常务顾问。曾荣获中国政府、菲律宾外交部和教育部、马尼拉扶轮会、嘉南中学及众多菲、中社团、组织颁发的优秀和感谢奖章。李荣郁祖父早年移居菲律宾，他是第三代。他在菲律宾出生、长大，在菲律宾接受高等教育，能说流利的英语，同时能讲流利的普通话，而且还能讲正宗的闽南话……

林宜湘．抗日战争时期福建华侨与新四军的革命关系——以李清泉、李子芳先生事迹为例［J］．经济与社会发展，2014（1）：105—107.

关键词：抗日战争；福建华侨；新四军；关系

机构：泉州师范学院文学与传播学院

摘要：在中国处于民族危难的抗日战争时期，福建华侨毁家纾难、不怕牺牲，鼎力支持中国共产党及其领导的新四军等抗日武装力量，为祖国的抗日救亡事业输财出力，为中华民族的反侵略反法西斯斗争做出了巨大贡献。

刘西水．一个时代革命群体的光辉缩影——写在泉州华侨革命历史博物馆开馆之际 [J]．福建党史月刊，2014（11）：45—46.

关键词：历史博物馆；专题陈列；福建省南安市；叶飞；革命历史；东南亚华人

机构：中共泉州市委党史研究室

摘要：2014 年 5 月 14 日，福建省南安市举行纪念叶飞将军诞辰 100 周年系列活动暨泉州华侨革命历史博物馆开馆仪式。泉州是著名侨乡，泉州华侨革命历史博物馆设有华侨将军叶飞专题陈列和泉州华侨革命历史专题陈列两个大展区，收录了 213 位泉籍华侨的事迹，集中展示了辛亥革命以来泉籍华侨为了国家富强、民族振兴和人民幸福而不懈奋斗的出彩人生。

王曦，史小兵．这个女人不寻常 [J]．中国企业家，2014（19）：92—93.

关键词：现代京剧；《沙家浜》；企划案；王琇瑛；台湾人；沙捞越；沙巴

摘要：〈正〉王琇瑛在马来西亚 20 多年的闪转腾挪充分说明了"融入"的价值，套用现代京剧《沙家浜》的一句韵白来概括王琇瑛是再恰当不过的了——"这个女人不寻常"。王琇瑛，久久国际集团董事长，台湾澎湖人，44 岁，未婚，家住吉隆坡标志性建筑双峰塔边上的高尚社区 troika 顶层。这套 2340 平方英尺的豪华公寓，是王琇瑛 2012 年花 528 万令吉购得，如今市价翻了超过一番。面积大不是这套房子最主要的特色，让主人心头敞亮的是，她透过每个房间的窗户都能俯瞰吉隆坡市中心。从这个意义上说，我们是在这个城市的上空见到了她。当时她正和合作伙伴坐在吧台边喝啤酒边谈着马六甲一块地的企划案……

伊志峰．侨批、台批档案与信用文化——基于漳州侨批、台批发展史 [J]．福建金融，2014（10）：68—72.

关键词：侨批档案；漳州侨批；信用文化

机构：中国人民银行漳州市中心支行

摘要：漳州侨批归属厦门系侨批，却具有独特的经营方式和管理理念。以龙海天一信局、东山台批、诏安转口侨批为代表的漳州侨批、台批所蕴藏的信用文化内涵，对当今我国正大力推进的信用文化建设具有一定的现实意义。

曾玲．中华文化跨境传播的历史与未来——记《中华文化的跨境传播：海外华人研究国际学术论坛》[J]．闽南师范大学学报（哲学社会科学版），2014（2）：173—176，180.

关键词：中华文化；闽南文化；华侨华人；跨境传播；历史与未来

机构：厦门大学历史系

摘要：厦门大学人文学院于 2013 年 12 月 16 日至 17 日在厦门大学举办"中华文化

的跨境传播——海外华人研究国际学术论坛"。来自中国大陆、中国台湾、中国香港、新加坡、马来西亚、日本等国家和地区的 15 位著名学者出席该论坛并发表研究报告。论坛旨在讨论伴随近现代以来中国大规模的海外移民而产生的中华文化跨境传播的历史现象、考察在不同移居地的社会历史脉络下所形成的、不同地域华人社会文化的在地发展形态；研究海外华人文化如何既作为所在国文化的组成部分，又丰富了中华文化的外延与内涵等课题。论坛的讨论也显示，在当代全球化与中国和平崛起的新时空环境下，中国应以何种方式促进中华文化在世界的正面推展，学界应如何在方法论上重新审视现有有关中华文化跨境传播的研究，进而建构新的研究视野与理论框架，这既是当代中国面对的新挑战，也是学界需要研究的新课题。

李莉. 马华作家黄锦树小说中的闽南情结 [J]. 世界华文文学论坛，2014（3）：42353.

关键词：马华文学；黄锦树；闽南情结

机构：泉州师范学院文学与传播学院

摘要：祖籍闽南的马华作家黄锦树具有挥之不去、发自灵魂的闽南情结，并典型地呈现在他的小说创作中，如小说中人物对闽南语的熟练使用、对闽南人的价值理念的传承与坚守、对闽南人多元融合的宗教信仰的保留，以及作者对闽南妇女美好品格的歌赞等。黄锦树的小说不仅是马来西亚闽南移民的生活写照，也是整个大陆移民依恋故土情感的真实流露。

何碧玉，周丹颖. 现代华文文学经典在法国 [J]. 东岳论丛，2014（10）：53—60.

关键词：文学经典化；现代华文文学；权威立场；文学经纪人

机构：法国国立东方语言文化学院

摘要：本篇论文探讨现代华文文学作品在法国经典化（canonisation）的过程。首先，从相关的人物与体制着手，一一检视两者如何相互作用，而赋予了某些作品"经典"（classiques）的地位：就教育系统来说，本文述及教科书、教师资格竞试必读书单和学术著作的影响；就出版面向来说，出版社特别重视某些作品，提供数个重译版本或将它们纳入具有威望的丛书之中，乃作品经典化不可或缺的一环；字典和百科全书同时也扮演了不可或缺的角色。其次，从布迪厄式的观点出发，本文考察了参与某些作者经典化过程的不同权威立场，诸如汉学家、媒体、文学奖评审及文学经纪人，并思索了中国与法国双方对华文经典的认定，是否有值得注意的差异。论文最后一部分转向台湾文学在法国出版界的现况：台湾文学尚处于边缘的地位，使其至今仍不受潮流效应所囿。文末介绍了由笔者与其他两名学者共同主编的 *Lettres Tawanaises*（《台湾文学》）丛书的创立原则。本丛书是目前在法国唯一一套专门引入台湾文学的丛书。

颜莉莉．旅菲闽商施子荣诗歌散论［J］．泉州师范学院学报，2014（1）：71—73，88.

关键词：施子荣；儒风；诗教

机构：泉州师范学院文学与传播学院

摘要：旅菲闽商施子荣经商之余一直致力于古诗词的创作，以独到的诗心慧眼记录和提纯生活中的美，诗歌的情感表达真挚而沉厚，始终贯穿着心系家国、怜悯世人的儒者之风，呈现温柔敦厚的彬彬之态，充分反映了诗人以诗品铸人品、以诗魂铸灵魂的诗教用心。作为民间文人，施子荣的诗歌创作难能可贵地保留了儒家传统的文化生态，堪为儒家诗教在民间弹奏的正声。

江少英，张蕾．"雨后薄暮里的宁静"——解读新华文学《风沙雁文集》［J］．福建师范大学福清分校学报，2014（1）：77—82.

关键词：新华文学；多样性；直观性；中华神韵；南洋风情

机构：福建师范大学福清分校人文科学系

摘要：风沙雁是新加坡一位成绩瞩目的华文作家，他的作品充满了对大自然的热爱、对中国传统文化的继承以及对本国文化日渐衰弱原因的思索。文章从内容的多样性、自我直观的抒情方式、富有南洋风情的中华神韵语言等方面对《风沙雁文集》进行解读，探求作家在文学本土性与故土性的融合中追寻自我的"爝火"，探寻风沙雁散文在新加坡文学中的独特价值，认识文学发展的空间拓展。

傅惠玲．闽籍华侨与印尼华文报刊《生活报》关系浅探［J］．八桂侨刊，2014（3）：16—20，55.

关键词：闽籍华侨；华文报刊《生活报》；印尼

机构：泉州华侨历史博物馆

摘要：印尼华文报刊《生活报》，创刊于1945年10月24日，1965年10月停刊，是印尼华侨社会较有影响力的华文报刊。在《生活报》的创办过程中，闽籍华侨扮演重要角色，发挥了举足轻重的作用。闽籍华侨的这些行为，是参与者听从时代召唤以及强烈的社会使命感使然，也与他们的地缘关系及社会网络密不可分。

吴春兰．论新华作家南子的微型小说［J］．世界华文文学论坛，2014（3）：16—19.

关键词：新华文学；南子；荒诞；反串；叙事视角；幽默

机构：泉州师范学院文学与传播学院

摘要：南子以其独特的文学视角在人才济济的新华作家队伍中脱颖而出，又以其颇具现代派意味的创作风格演绎着他对生活对生命的感悟与热爱。本文选取《东南亚华文文学大系·新加坡卷》中的《南子文集》作为研究视域，着重解读南子微型小说之荒诞的表现手法、反串的叙事视角、幽默的生活智慧等创作特征。

陈志宏，翁秀娟，李希铭．大传统与小传统——近代中国传统建筑复兴思潮中的嘉庚建筑［J］．新建筑，2014（3）：144—148.

关键词：近代建筑；陈嘉庚；建筑思潮；传统复兴；地域化

机构：华侨大学建筑学院

摘要：在近代中国传统建筑复兴思潮影响下，陈嘉庚先生在集美学校与厦门大学的校园建筑设计中，吸收了西方建筑师"中国化"建筑的设计理念，并融入闽南地方建筑元素与技术工艺。通过深入解读历史资料，从经济实用观念、地方匠师的广泛参与、近代华侨的文化复兴意识等方面，分析嘉庚建筑地域性"民族形式"的成因。

宋燕鹏，潘碧华．20世纪30年代吉隆坡福建人的籍贯分布——以吉隆坡福建义山收据为中心的考察［J］．南洋问题研究，2014（3）：48—60.

关键词：吉隆坡；福建人；籍贯；义山收据；20世纪30年代

机构：中国社会科学院中国社会科学出版社；马来亚大学中文系

摘要：经过19世纪后期数十年的发展，吉隆坡由一个小城逐渐变成雪兰莪州的首府，来自中国的福建人的人数也逐渐增长。虽然并未能如广府人和客家人的数量之多，但也最终成为吉隆坡第三大方言社群。通过分析20世纪30年代的福建义山收据，可以发现闽南方言群占福建籍人的八成以上。其中泉州下辖的安溪、南安、永春三县又分别成为其中占人数前三位的县份社群。20世纪上半叶安溪、南安、永春三县籍的成功"新客"就对吉隆坡福建人的形成和发展带来深远的影响。

陈忠杰．保护闽南侨乡特色建筑刻不容缓［J］．政协天地，2014（Z1）：60—61.

关键词：特色建筑；建筑艺术；西方建筑；传统建筑文化闽南

机构：漳州市政协；龙海市政协

摘要：〈正〉闽南是著名的侨乡，有专家认为，闽南侨乡特色建筑是中国传统建筑精髓的重要组成部分，它体现了闽南民居建筑艺术，又吸取了南洋文化和西方建筑的艺术特点，是"世界人类的共同遗产"。然而，闽南侨乡特色建筑……

闽南其他文化事业

一 闽南文化传播

周铁菊. 论政府行为对河洛文化在闽南传播的影响——以唐五代为例 [J]. 洛阳师范学院学报，2013（10）：22—26.

关键词：唐五代；政府行为；河洛文化；闽南文化；传播；影响

机构：仰恩大学人文学院

摘要：政府行为对文化的形成、传播和传承有着重要的影响。唐和五代是闽南文化史上重要的转折时期。唐初和唐末中原人的两次大规模入闽，建立政权，并利用多种行政手段实施了一系列有利于河洛文化在闽南地区传承、传播和发展的措施，形成了具有鲜明区域性特征的闽南文化。

朱秀凌. 海峡西岸非物质文化遗产的影像化生存 [J]. 集美大学学报（哲学社会科学版），2013（2）：20—25.

关键词：海峡西岸；非物质文化遗产；影像化传播；集体记忆

机构：漳州师范学院新闻传播系

摘要：海峡西岸的非物质文化遗产是海峡西岸人民的文化基础，是维系两岸同胞的情感纽带和桥梁。它集中反映出两岸社会的互动与历史记忆，并成为两岸文化传承和延续的主体。通过影像化传播，不仅能够有效地保护和传承非物质文化遗产，而且能够超越两岸政治层面意识形态的区隔和阻碍，在民间层面重构一种"集体记忆"。正是这种"集体记忆"，使两岸民众在共同的历史回顾中，形成集体的对国家民族的族群认同意识。

陈忠纯. 近代国人对郑成功形象的塑造与精神的传承——以报刊文献中的郑成功传记为中心 [J]. 台湾研究集刊，2013（5）：69—77.

关键词：郑成功；民族主义；遗民忠义；民族英雄

机构：厦门大学台湾研究中心

摘要：晚清以前，郑成功正面至多是以"遗民忠义"的"忠烈"形象受人景仰。19世纪末20世纪初，随着西方民族主义思潮的传入，革命者开始用近代民族国家的视角重新塑造和认识中国既往的历史。郑成功因其"排满驱荷开拓台湾"的历史功绩及极富传奇色彩的生平，尤被晚清革命者所看重。在后者的阐释下，作为"反清英雄"的代表人物之一，郑成功形象发生"近代转型"，既迎合了反清革命宣传的需要，又是重构民族历史的重要组成部分。民国成立后，郑成功的英雄形象融入了国人的历史记忆之中，因应时代的需求，一直成为激励国人奋发图强、救亡图存的精神资源。抗战胜利后，郑成功又被作为光复台湾的精神象征而受到国人的进一步推崇。

冯雷．对历史人物故事再创作的成功扬弃——评电视剧《新施公案》［J］．中国电视，2013（11）：42—45.

关键词：电视剧创作；施公案；公案小说；人物故事；历史小说；施琅；清史稿

机构：中国电视剧制作有限责任公司市场部

摘要：〈正〉历史小说《施公案》形成于清朝中后期，在我国民间流传甚广，是我国历史上著名的公案小说之一。《施公案》的主人公施世伦，根据《清史稿》记载，真名为施世伦，是清朝统一台湾的功臣靖海侯施琅之子。史载他"聪明果决，摧抑豪滑，禁戢胥吏，所至有惠政"。"峭直刚毅，不苟合，不苟取……凡民有一害，必思有以除之；有一利，必思有以兴之"。施世伦是清朝著名的清官，爱国爱民，清廉刚正，不畏权贵，政绩卓著。这些记载和传说无疑都是施公题材中最重要、最宝贵，也是最应该坚守的精神文化内涵……

蔡育红．地域文化之报纸传播的观察与分析——以泉州地区为样本［J］．泉州师范学院学报，2014（3）：112—117.

关键词：地域文化；报纸；传播

机构：泉州师范学院文学与传播学院

摘要：当下，地域文化传播与报纸自身发展有着密切联系。经观察，其现实情况为：传播主体方面，传播介入意识浅、传播理念保守、传播手段单调；传播客体方面，传播内容稀薄、传播比例小、传播形式单一；接受对象方面，受众关注度高、兴趣度高、自信心不足。究其原因，主要有三个：地域文化自身所具有的历史印记使其在现代性的社会生活面前处于一种劣势；媒体在生存压力下急功近利的心理动因；媒体自身参差不齐的报道队伍，肤浅浮躁的报道心理。

张苹．试析传播闽南文化的瓶颈和解决途径——以海峡之声闽南话广播为例［J］．东南传播，2014（5）：48—49.

关键词：闽南文化；对台传播；寓教于乐；借船登岛

机构：海峡之声广播电台

摘要：本文以海峡之声闽南话广播为例，分析了频道在传播闽南文化上存在着寓教"于乐"不足、听友互动圈小等问题，并剖析成因。文章着重指出要解决这些问题可以从以下几个方面下功夫：1. 加强采编播力量，培养对闽南文化有相当认知程度的人才；2. 以活动带动节目在岛内的影响力，以创意活化频道；3. 精做节目，活化语态；4. 加强与岛内相关电台的交流和合作，实现直接到达听众；5. 重视台湾民众对节目的评价和需求。

周宇翔．闽南文化互联网传播现状与发展探研——以"东亚文化之都"泉州为例[J]．内蒙古科技与经济，2014（4）：47—48.

关键词：泉州；东亚文化之都；闽南文化；网络传播；数字资源建设

机构：泉州市图书馆

摘要：针对泉州传统文化在互联网的传播现状进行了比较分析，并对数字资源建设存在差异性的问题，探讨了不同的发展道路。

王俊忠．新媒体视域下提升城市文化软实力之探析——以福建省泉州市为例[J]．成都航空职业技术学院学报，2014（3）：68—71.

关键词：新媒体；文化软实力；泉州

机构：黎明职业大学

摘要：文化软实力是评估城市综合实力的基本元素之一，文章基于新媒体、文化软实力及新媒体对传统媒体的冲击的时代背景，分析了新媒体视阈下泉州文化软实力发展过程中存在的问题，指出了提升泉州文化软实力的路径和发展方向。

周宇翔．文化专题数据库网站建设实践心得[J]．科技视界，2014（3）：183，284.

关键词：闽南文化；数据库；数字图书馆；ASP；TRS；CMS

机构：泉州市图书馆

摘要：拥有海量信息资源的图书馆为了适应信息社会高速发展的需要，寻求相适应的数字图书馆模式，需要不断增强在网络信息时代的竞争力，更好地为社会和读者服务，使其成为社会的公共信息中心和枢纽。本文旨在通过笔者几年的文化专题数据库网站建设实践经验，从不同管理系统的优缺点分析，为其他文化网站建设者提供参考建议。

管宁．创意设计与东亚文化传播——跨文化传播的实践路径[J]．学术评论，2014（6）：36—41.

关键词：闽南文化；文化之都；跨文化传播；文化特性；实践路径；历史关系；

地方文化；东亚文化；城市文化；文物资源

机构：福建省社会科学院

摘要：〈正〉东亚文化之都——泉州，是闽南文化的发祥地之一，也是闽台两地重要的文化纽带。泉州所承载的闽南文化丰富博大、源远流长，是中华传统文化的重要组成部分。今天，当泉州成为我国第一个获得"东亚文化之都"称号的城市之后，我们考察泉州闽南文化的传播时，就应当有新的视野和新的视角。新的视野，就是要从东亚文化乃至世界文化的视野，来考察泉州闽南文化地位、价值；新的视角，就是要从泉州文化与东亚和世界的历史关系和文化交流中……

林宏．微时代高校闽南文化传播机制探析［J］．湖南大众传媒职业技术学院学报，2014（5）：70—73.

关键词：微传播；闽南文化；传播机制

机构：泉州师范学院化学与生命科学学院

摘要：闽南文化作为中华优秀文化的一个重要组成部分，具有鲜明的地方特色和丰富内涵。伴随着互联网的兴起与迅速发展，高校在传承闽南文化过程中，将闽南文化与网络信息技术进行有效整合，在保持闽南文化原生态特征的同时，改良闽南文化传统传播方式的不足，融入现代传播技术，通过新媒体、微媒体，探索闽南文化传播新途径。

陈亚君．传播学与林语堂《论语》英译中的孔子形象研究［J］．长沙铁道学院学报（社会科学版），2014（4）：61—62.

关键词：传播学；林语堂；《论语》

机构：安徽师范大学外国语学院

摘要：从传播学视角出发，解读了林语堂《孔子的智慧》中儒家思想的传播策略。林语堂在译本文中尊重西方人的思维方式和阅读习惯，尽力弥合中西方文化鸿沟，从内容编排、文化对比和行文句式等方面填补了《论语》原文本中的只言片语和真实、完整孔子形象之间的空白，达到了顺利向西方人传播孔子形象的目的，收到较好的效果。

陈煜斓．林语堂的文化经济学理念与文化传播策略［J］．东南学术，2014（4）：196—205.

关键词：林语堂；文化经济学；文化传播策略

机构：闽南师范大学中文系

摘要：在中国近现代文学史上，林语堂属于很有现代经济意识、靠写作致富的少数作家之一。他一生在努力促进文化的发展与传播时，也主张尽力赚钱，追求经济效益。在文化传播实践中，他找到了一条既面向作家又面向读者市场的通衢大道：让作家面对自己，写出各自最好的作品；让编辑兼半个经纪人，面向市场统一调理、配制、吆喝。他的文化输出，严格地说是一种"文化产品的贸易"，一切创作行为既要符合商业的原则，满足消费者的需求，又要有助于"敬德修业"、增长知识、愉快身心、丰富生活，让世界真正与全面地了解中国。林语堂走出了一条文化人既不必做官，也不必依附于人受气，而完全靠自己一支笔，自得自适，名利兼收的新路，但"畅销"这一目的，对他才华的表现和所推动的进步文化事业有所掣肘。

黄文水．民俗新闻的四种视角——以厦门晚报为例 ［J］．青年记者，2014（30）：52—53.

　　关键词：文化传播；深度化；小众化

　　机构：厦门晚报

　　摘要：〈正〉民俗是历史的再现，是乡愁的寄托。民俗新闻可以还原历史，引发情感共鸣。深耕厦门本土的《厦门晚报》被誉为"厦门城市名片"，以民俗新闻等为代表的文化新闻，是其拳头产品，在厦门纸媒中独树一帜。《厦门晚报》民俗新闻报道，非常注重报道的视角，在推动本土民俗保护与传承的同时，让读者能够品读民俗的人文之美，领悟蕴含的社会意义，提升报纸的亲和力和影响力。民俗新闻的时代视角：老民俗新时尚，看见民俗的春天——民俗不是一成不变的，民俗是传统的，也可以是现代的……

厦门搭建"智慧工会"与"掌上工会"微文化平台 ［J］．工会信息，2014（24）：40—41.

　　关键词：文化平台；会微；媒体融合；文化传播

　　机构：福建省厦门市总工会研究室

　　摘要：〈正〉厦门市总工会微信公众平台正式上线。这是厦门市总工会顺应媒体进入移动互联及大数据时代的变革趋势，加快促进工会与新兴媒体的融合与发展。厦门市总工会运用微信公众平台快捷、不限时空地服务248万名职工，这是2014年市总打造智慧工会为职工办实事的方便渠道，是无纸化办公、为工会微文化传播、为职工"一掌知工会"开通新的服务窗口……

甘伟斌．做有市井味的电视谈话节目——方言节目《泉州第一炮》创作谈 ［J］．当代电视，2014（10）：22—23.

　　关键词：《泉州第一炮》；电视谈话节目；方言节目；方言电视；电视节目；闽南语

　　机构：泉州广播电视台

　　摘要：〈正〉"吃补不值睡补，睡补不值来咱闲间炼仙打嘴鼓。"每天晚上八点前后，相伴在泉州老街古巷千万个家庭身边的，是泉州广播电视台闽南语频道方言谈话节目《泉州第一炮》。泉州电视台闽南语频道是目前国内第一个经国家新闻出版广电总局正式批准的方言电视频道，其下属的大型谈话类电视节目《泉州第一炮》创办于2007年5月，每期30分钟，每周一、周三、周五的19：45首播。栏目之名，取自宋代泉州知府王十朋题泉州府联句"八闽形胜无双地，四海人文第一邦……"

郭婕妤．浅谈闽南话广播如何吸引年轻受众［J］．西部广播电视，2014（24）：49，56.

关键词：闽南话；综艺节目；中老年妇女；收听率；调查公司；闽南文化；收视人群

机构：中央人民广播电台

摘要：〈正〉电视领域一直有个说法"谁赢得了中老年妇女，谁就赢得了收视率"。但调查公司的数据也表明"新媒体提供的选择越来越多，年轻观众正在流失"。在台湾，这种隐忧已经非常明显。很多综艺节目、很多名主持由于无法满足年轻人口味，遭遇节目停播。同样，广播界也受到了年轻受众的影响……

二 闽南文化产业

刘桂茹．《闽南神韵》的文化创意及产业化运作［J］．福建艺术，2013（4）：41—43.

关键词：产业化运作；闽南文化；旅游文化产业；演出形式；物质文化遗产；闽台文化

机构：福建省社会科学院文学所

摘要：〈正〉伴随着旅游业的蓬勃发展和文化产业的持续升温，旅游业和文化产业的融合发展催生了一种新型的旅游业态——旅游演艺。2009年8月，文化部和国家旅游局共同发布了《关于促进文化与旅游结合发展的指导意见》，鼓励运用现代高新科学技术，创新演出形式，提升节目创意，突出地域特点和文化特色，打造高品质旅游演艺产品……

刘平．同城化视角下厦漳泉文化创意产业合作发展研究［J］．特区经济，2013（1）：115—116.

关键词：厦漳泉；文化创意产业；合作发展

机构：集美大学工商管理学院

摘要：随着厦漳泉同城化启动，作为同属闽南文化体系的三座城市来说，文化同城化已是大势所趋。推动文化创意产业的合作发展，是推进厦漳泉全面同城化的重要的先行举措。本文分析厦漳泉文化创意产业合作的基础及有利条件，厦漳泉文化创意产业合作发展的必要性，并对推动厦漳泉文化创意产业合作发展机制及发挥产业聚集优势、人力资源共同开发利用、拓展融资渠道等方面，提出若干对策、建议。

苏涵．发展海洋文化创意产业的认识误区与理性思考 [J]．集美大学学报（哲学社会科学版），2013（2）：1—6.

关键词：福建省；海洋文化；创意产业

机构：集美大学文学院

摘要：发展福建省的海洋文化创意产业，首先，应该对产业主体有明晰的认识，并且要建立科学而清晰的发展思路。其次，在做大做强时要清楚做大了并不一定就能做强。同时还要认识到，出于扩大文化遗迹的设想建造出一个又一个的文化园区，其结果有可能将粗制滥造的建筑物堆积在地面上，却不可能形成新的有价值的文化。最后，如果沿海的文化景点都被商业气息强势覆盖，其核心的文化内容的魅力将被迫大幅弱化。

魏巧俐．论闽南文化在广告创意中的运用 [J]．漳州师范学院学报（哲学社会科学版），2013（1）：114—117.

关键词：闽南文化；区域品牌；广告传播；创意

机构：漳州师范学院新闻传播系

摘要：闽南文化悠久璀璨，具有极强的文化传播生命力，是闽南区域品牌广告传播活动中不可忽视的传播编码资源。闽南区域品牌有必要也有空间运用闽南文化为品牌增色：一方面，具备产地物色的区域品牌可以凭借闽南文化与其他竞争品牌形成明确的品牌区隔；另一方面，不具备明显产地特色，面向全国或国际消费者的区域品牌借助闽南文化，不仅可以巩固本土市场，也能培养品牌文化内涵，提升形象价值。

吴梅芳．借鉴妈祖文化发展模式，构建陈靖姑文化发展模式——陈靖姑文化产业开发模式初探 [J]．宁德师范学院学报（哲学社会科学版），2013（4）：55—60.

关键词：妈祖文化；陈靖姑文化；文化产业

机构：宁德师范学院中文系

摘要：陈靖姑与妈祖都是福建重要女神，但是千百年来妈祖文化的影响远甚于陈靖姑文化，文化产业的开发与发展也远远走在陈靖姑文化前头。在新的历史条件下，应借鉴妈祖文化产业发展模式的可取之处，为陈靖姑文化创意产业的开发提供新思路，使之走出狭窄的发展空间，为构建"陆上女神"的独特文化产业发展模式奠定基础。

许京婕．漳州市文化产业竞争力的评价与分析 [J]．漳州师范学院学报（哲学社

会科学版），2013（2）：60—65.

关键词：文化产业；文化产业竞争力；评价指标体系；因子分析法

机构：闽南师范大学经济学系

摘要：文化产业被称为"无烟产业"和"朝阳产业"，随着知识经济的来临，它已经成为全球发展最快的产业之一。漳州市的文化产业由于起步比较晚，发展仍然处于较低的水平，不过，已经表现出良好的稳步发展的势头。与全省其他地市相比，漳州市的文化产业综合竞争力处于中上游水平，但在文化产业资金投入及消费水平方面还不够，在文化产业人才方面最薄弱，因此应从两方面提高漳州市文化产业竞争力：一是刺激文化消费，提高文化需求；二是完善配套政策，健全文化保障体系。

周建标．"东亚文化之都"泉州发展文化产业的路径探索［J］．福建省社会主义学院学报，2013（5）：68—76.

关键词：泉州文化产业；发展路径；文化资源

机构：泉州市社会主义学院

摘要：东亚文化之都泉州发展文化产业的优势是文化资源丰富，劣势是文化企业小与散；泉州发展文化产业面临的外在挑战是文化资源被侵占和文化产业激烈竞争，内在挑战是泉州许多市民逐渐淡忘泉州文化的人文价值；泉州发展文化产业的机会得益于实施文化强国建设战略和当选中国首个"东亚文化之都"，市政府出台鼓励发展文化产业的政策；泉州要加快发展文化产业，需要政府、企业、社会分工协作，不断把文化资源转化为文化产业。

朱秀凌．海峡西岸非物质文化遗产的产业演进逻辑［J］．漳州师范学院学报（哲学社会科学版），2013（2）：54—59.

关键词：海峡西岸非物质文化遗产；文化资本；文化产业；产业演进逻辑

机构：闽南师范大学新闻传播学院

摘要：海峡西岸的非物质文化遗产是海峡西岸人民普遍的心理认同和基因传承，是维系海峡两岸同胞的情感纽带和桥梁。随着工业化进程的加快和现代文明的冲击，这种口传文化正面临消失的危险。非物质文化遗产的产业化，是其在市场经济条件下的一种新的生产途径和新的生存方式。运用文化资本理论，从非物质文化能力、非物质文化产品、非物质文化制度三个方面，将有助于我们更好地理解海峡西岸非物质文化遗产的产业演进过程。

张丽玉、张雅瑜、陈延童．闽南传统文化及其产业调研［J］．海峡科学，2014（3）：58—59，64.

关键词：闽南文化；饮食文化；建筑文化；民俗文化

机构：集美大学

摘要：闽南文化作为特色传统区域文化，是文化产业发展中不可或缺的资源。该文通过对闽南文化产业中的饮食文化、建筑文化、民俗文化展开调研，梳理这部分文化及其产业的特点与存在的问题，提出推动闽南文化产业科学发展的相关建议。

刘燕凌，林青，李双幼. 闽南文化资源产业化转化研究［J］. 福建省社会主义学院学报，2014（3）：91—97.

关键词：闽南文化；文化产业；转化
机构：福建泉州市委党校

摘要：文化资源是文化产业发展的源泉与基础，而文化产业又为有效保护利用文化资源提供经济支持，二者关系密切。闽南文化是独特的地域文化，拥有丰富的文化资源优势，要将这些文化资源优势转化成产业优势，推动文化产业的发展，形成新的经济效益，真正实现依靠文化资源带动文化经济，在这个过程中不仅需要对文化资源进行科学客观评价，而且需要有创意、高新技术、市场运作、人才等要素为支撑。

刘燕凌. 浅论闽南泉州文化资源与产业化开发［J］. 中共福建省委党校学报，2014（7）：110—115.

关键词：闽南泉州；文化资源；产业化
机构：中共泉州市委党校

摘要：闽南文化是福建的地域文化，泉州是闽南文化的富集区、核心区，拥有丰富的文化资源优势。要将这些文化资源优势转化成产业优势，推动泉州文化产业的发展，形成新的经济效益，需要对文化资源进行客观评价，而且需要有创意、高新技术与现代化的商业运作方式等为支撑。正确认识文化资源与文化产业关系，提供闽南泉州文化资源产业化的路径选择具有非常重要的现实意义。

叶茂樟，衷凤英. 名人文化产业与地方经济腾飞——以李光地文化为例［J］. 鄂州大学学报，2014（7）：39—41.

关键词：李光地；文化产业；开发利用
机构：泉州经贸职业技术学院李光地文化研究中心

摘要：李光地是清初杰出的政治家和思想家。李光地文化是福建省安溪县最具有鲜明地域特色的文化品牌之一。深入挖掘李光地特色文化，将其与旅游、城建、县域经济发展结合起来，打造李光地文化品牌和产业，不仅为安溪县古镇新城"铸魂"，还将实现安溪经济的产业转型升级，带来强大的经济和社会效益，促进安溪经济腾飞。李光地文化的开发、利用，必须妥善处理李光地文化保护、传承与利用、发展的关系，杜绝庸俗、低俗文化借李光地之名泛滥的现象。

牛君．论厦门文化产业发展政策及支撑体系建设 ［J］．内蒙古民族大学学报（社会科学版），2014（1）：102—106.

关键词：文化产业；发展政策；支撑体系

机构：中共厦门市委党校党史党建教研室

摘要：文化产业是知识经济时代的朝阳产业。从产业发展的机理来看，文化产业的发展是一个复杂的系统，既涉及产业、企业方面的原因，也有政策、管理方面的因素，要推动文化产业的发展，必须解决文化产业的政策导向、制度体系、管理创新等问题。对于厦门经济特区而言，文化产业政策应以引导经济增长方式转变为根本目标，以放宽市场准入、创新准入机制、培育文化产业链条为基本手段，探索构建文化产业管理体制、产业政策、人才机制、"产学研"对接等相关的政策支撑体系，推动形成市场为主导、政府宏观引导的文化产业市场化运作体制。

李子才．厦门文化产业对经济发展的影响分析 ［J］．中国国情国力，2014（9）：37—39.

关键词：文化特质；经济发展；个人创意；厦门

机构：国家统计局厦门调查队

摘要：〈正〉文化产业作为全球化发展中兴起的一门新产业，是公认的朝阳产业。联合国教科文组织关于文化产业的定义是："结合创造、生产与商品化等方式、运用本质是无形的文化内容而开展的产业。"文化产业又称为创意产业，即源于个人创意、技巧和才华，通过知识产权的开发和运用，形成具有创造财富和就业潜力的行业。文化产业作为提升城市乃至国家竞争力的重要筹码，包含两个层面的意义……

李子才．文化产业对厦门经济发展影响的实证分析 ［J］．厦门特区党校学报，2014（3）：11—15.

关键词：文化产业；经济发展；实证分析

机构：国家统计局厦门调查队

摘要：文章从文化产业对区域经济增长的作用入手，分析了厦门市文化产业特点与发展现状。通过计算文化产业对经济增长的贡献、贡献率、从业人员劳动生产率，分析文化产业对厦门经济发展的影响；进一步运用灰关联分析法，探讨文化产业内部结构与区域经济产业结构的关系。在探究原因的基础上，结合实证分析，对厦门文化产业的可持续健康发展提出对策建议。

蔡清辉．厦门文艺精品创作生产存在的问题与对策——深圳文艺精品"井喷"的借鉴与启示 ［J］．厦门特区党校学报，2014（4）：21—27.

关键词：深圳经验；厦门文艺精品；对策

机构：厦门市文联

摘要：文艺精品是一座城市先进文化的标志，打造"厦门特色"文艺精品是推进美丽厦门建设、文化强市，满足市民精神需求和打造文化产业的必然要求。本文介绍了深圳从"文化沙漠"到"文化绿洲"华丽转身的相关情况及其背后原因，指出厦门文艺精品创作生产的四大问题与不足，并重点从政策扶持、理论准备、人才培养、产业开发等四方面，阐述促进"厦门特色"文艺精品创作生产的对策建议。

连伟文．如何打造泉州地方文化创意产业，提升文化软实力研究［J］．湖北科技学院学报，2014（10）：43—44.

关键词：地方文化；文化创意产业；文化软实力

机构：闽南理工学院

摘要：文化软实力是一个城市发展的重要因素，除了发展经济以外，一个城市的文化底蕴和氛围、价值观、道德准则、文化感召力是无形的软实力。当今社会，文化与经济、政治相互交融的程度不断加深，本文结合泉州的文化底蕴，针对泉州地区的文化资源现状，提出在文化与经济的融合上，发展地方文化创意产业，并结合相关问题提出对策。

钟云婷．浅析泉州市文化创意产业与城市的互动发展［J］．才智，2014（20）：334.

关键词：创意产业；城市发展；互动；城市转型

机构：华侨大学公共管理学院

摘要：本文结合泉州地区的实际情况，借鉴其他发达国家的做法，对泉州文化创意产业与城市互动进行了研究，希望为泉州城市的发展和产业升级调整提供参考建议。

周建标．东亚文化之都泉州发展文化产业的路径探索［J］．上海市经济管理干部学院学报，2014（4）：18—28.

关键词：东亚文化之都泉州；文化旅游业；文化创意产业；发展路径

机构：中共泉州市委党校理论研究室

摘要：东亚文化之都泉州发展文化产业的优势是文化资源丰富；劣势是文化企业小与散；泉州发展文化产业面临的外在挑战是文化资源被侵占和文化产业激烈竞争，内在挑战是泉州许多市民逐渐淡忘泉州文化的人文价值；泉州发展文化产业的机会得益于实施文化强国建设战略和当选中国首个东亚文化之都。泉州要加快发展文化产业，就需要"政府—企业—社会"分工协作，不断把文化资源转化为文化产业。

崔丽娜．闽南文化元素嵌入泉州传统鞋类产业融合发展机理研究［J］．轻纺工业与技术，2014（4）：81—84.

关键词：闽南文化；鞋类产业；创意；融合发展

机构：泉州师范学院美术与设计学院

摘要：当前，文化与经济产业的相互渗透、相互作用已成为提升产业综合实力的重要途径与手段，成为提升国家文化、经济等方面综合实力的重要抓手。闽南文化是中华文化中的一支重要组成部分，有着丰富的历史积淀、深厚的人文底蕴。泉州鞋类产业是一个劳动密集型产业，也是泉州地区的传统支柱性产业之一。将地域的优秀文化与鞋类产业融合，在鞋类产业升级中发挥闽南文化的引领作用，不仅可以促进鞋类产业的升级，给企业带来丰厚的产业利润，而且可以促进富有时代精神的先进闽南文化，促进闽南文化资源的延续性发展。

郭小影．论闽南文化与陶艺创新——兼论漳州陶瓷业的发展［J］．闽南师范大学学报（哲学社会科学版），2014（3）：53—56．

关键词：闽南文化；特色；陶艺；创新；教育

机构：漳州科技职业学院艺术设计与建筑工程学院

摘要：特殊的地理位置和独特的地方文化，造就了异彩纷呈的闽南文化。漳州陶瓷历史悠久，沉淀深厚。近年来积蓄力量，作势待飞，打造漳州特色陶瓷产业恰逢其时。陶艺创新、教育先行，兴办"娱乐型陶吧"，开设"技艺型陶设"，发展"创作型陶艺"，构建"学术性交流"平台，必将对闽南陶瓷文化的可持续发展起到积极的作用。

何晓裕．文创产业园区的规划设计模式探讨——以厦门市两岸文化创意产业示范区规划设计为例［J］．福建建筑，2014（1）：97—100．

关键词：文创产业园；规划设计；厦门

机构：华侨大学建筑学院

摘要："文创产业园"作为一种相关文化科技创意设计产业聚集的载体，它的崛起是一个国家产业竞争力提升、经济繁荣的重要表现。本文在概述厦门文创产业发展现状后，以厦门市两岸文化创意产业示范区规划设计为例，归纳设计过程中有关项目设计功能定位、总体布局、服务设施、流线组织、开放空间、开发模式和环境营造等问题，总结本次设计时所采用的规划策略，提出设计者对文创产业园规划设计的几点看法，以期为其他文创产业园区的规划设计提供借鉴。

刘燕凌．浅论闽南泉州文化资源与产业化开发［J］．中共福建省委党校学报，2014（7）：110—115．

关键词：闽南；泉州；文化资源；产业化

机构：中共泉州市委党校

摘要：闽南文化是福建的地域文化，泉州是闽南文化的富集区、核心区，拥有丰富的文化资源优势。要将这些文化资源优势转化成产业优势，推动泉州文化产业的发展，形成新的经济效益，需要对文化资源进行客观评价，而且需要有创意、高新技术与现代化的商业运作方式等为支撑。正确认识文化资源与文化产业关系，提供闽南泉州文化资源产业化的路径选择具有非常重要的现实意义。

强新星. 关于加快泉州市文化产业发展的建议 ［J］. 前进论坛，2014 （10）：35.

关键词：文化创意产业；新兴文化产业；文化之都；应用领域；创新产业；鲤城；对台交流；文化旅游；合作优势；数字内容产业

机构：农工党泉州市泉港总支

摘要：〈正〉近年来，以文化创意产业为代表的新兴文化产业在泉州逐渐兴起，特别是在 2013 年，泉州市获评全国首个"东亚文化之都"。而就目前文化产业的发展现状而言，仍需进一步发展。为此建议：1. 促进科技与文化创意产业相融合。创新是文化创意产业的根基和灵魂。创意与科技相互结合是今后文化创意产业发展的重要趋势，它一方面将极大地提高文化创意产业的科技含量，创新产业业态和形式，提高文化创意产业的附加值；另一方面也将使高科技找到新的应用领域，提升科技产品的……

陈洁君. 泉州地区闽南民俗文化产业群的构建 ［J］. 黄冈师范学院学报，2014 （4）：36—39.

关键词：闽南民俗文化；文化创意产业；产业群；构建

机构：泉州师范学院

摘要：近几年，海峡西岸经济建设的不断推进和信息技术的高速发展，为泉州加大闽南民俗文化生态保护力度，推动闽南文化的发展创造了条件和可能。从文化社会学的角度，在分析当前对闽南民俗文化开发现状的基础上，提出构建文化创意产业群的想法，进一步增强对闽南民俗文化的保护和传承力度。

杨灿荣. 在"文都"背景下的泉州文化产业发展路径 ［J］. 中共福建省委党校学报，2014 （9）：91—95.

关键词：文化之都；文化产业；发展路径

机构：泉州经贸职业技术学院

摘要：泉州作为首届"东亚文化之都"，既承担着历史性的文化发展责任，也迎来了文化发展的新机遇，特别是文化产业发展的新机遇。泉州文化产业应抓住这一难得的历史性机遇，通过文化资源整合、文化产业结构调整和国际性市场开拓等路径，更快地推动文化产业的科学发展和跨越发展。

邹文兵．闽南传统元素在泉州民企品牌塑造中的运用——以盘长纹艺术符号为例 [J]．泉州师范学院学报，2014（1）：33—37.

关键词：盘长纹；闽南文化；传统元素；品牌塑造

机构：澳门科技大学人文艺术学院；华侨大学文化创意研究中心

摘要：盘长纹是闽南地区常见的传统元素之一，因其吉祥的喻意深受当地居民喜爱。研究并梳理盘长纹的发展变化，系统分析其艺术符号的能指与所指，深刻地揭示了世俗审美活动在器物装饰上的映射，从中也可以看到人们对生命的崇拜和对吉祥的企盼。泉州民营企业在塑造形象时应注重传统文化的融入，深入挖掘盘长纹的意涵，找到盘长纹与企业文化的相通之处，强化企业品牌形象的民族化特征，是中国企业在国际化进程中不断取得胜利的又一路径。

施沛琳．金门战地文化创意产业初探 [J]．闽台文化研究，2014（3）：77—85.

关键词：金门；战地文化；文化创意产业

机构：闽南师范大学闽南文化研究院

摘要：20世纪台湾海峡两岸军事对峙时期，须执行"战地政务"的金门与对岸的厦门等地，曾经历过无数次军事冲突。其中，"金门登陆战"（又称"古宁头战役"）与"金门炮战"（又称"八二三炮战"）均为海峡两岸带来甚为惨重的损失。随着两岸关系和平发展，当年遗留下来的战役史迹与炮弹遗物等，成为以战地文化为主题的文化创意产业内容。本文尝试以金门作为探讨范围，在相关主题上的发展进行探讨。

三 闽南文化城市建设

刘文镇，陈金昌，刘志高，叶超．弘扬闽南文化　擦亮城市名片——"闽南文化引领泉州品牌发展"研讨会在泉州召开 [J]．中国品牌，2013（7）：108—111.

关键词：品牌城市；闽南文化；品牌发展战略；城市形象；品牌定位；品牌文化建设；台商投资区

摘要：〈正〉刺桐古港千帆并进，光明之城雄姿英发。6月16日，由泉州市质量技术监督局、《中国品牌》驻福建记者站、泉州品牌发展中心承办的2013世界闽南文化节·闽南文化论坛——"闽南文化引领泉州品牌发展"研讨会在泉州召开。国家质检总局中国品牌杂志社社长高伯海，福建省质量技术监督局局长黄维礼，中共泉州市人大常委、市政府常务副市长林伯前……

本刊记者．弘扬闽南文化　引领品牌发展 [J]．福建质量技术监督，2013（6）：10.

关键词：闽南文化；台商投资区；泉商；中国世界名牌；产业集群

摘要：〈正〉6月16日，2013世界闽南文化节活动之一——"闽南文化引领泉州品牌发展"研讨会在泉州市召开。福建省质监局局长黄维礼，泉州市委常委、市政府常务副市长林伯前，中国品牌杂志社社长高伯海出席活动并讲话。市直单位、驻泉省部属单位领导，各县（市、区）人民政府和泉州开发区、泉州台商投资区管委会领导，华侨大学、泉州师院等高校领导以及 150 多家泉州品牌企业的负责人共 350 多人参加了活动……

靳轩．借"东亚文化之都"东风　晋江着力提升城市文化魅力 [J]．中共福建省委党校学报，2013（10）：2.

关键词：文化中心；活动平台；对外文化交流

摘要：〈正〉以泉州市当选中国首个"东亚文化之都"为契机，晋江积极谋划，以三项举措着力提升城市文化魅力。打造平台，提升文化实力。积极搭建文化活动平台，充分利用新建成的戏剧中心、文化中心，举办戏剧会演、南音会唱、灯谜会猜、诗词会吟、书画摄影会展、文学笔会、民俗表演、文化下乡等富有晋江特色的文化活动。实施"大美晋江"舞台惠民工程，引进交响音乐会、话剧等演出。制定文化产业发展规划，加快建设三创园、五店市、洪山文创园等文化园区，扶持重点文化产业项目和企业做大做强，扶持文化精品创作并实现与企业对接转化。策划生成一批文化旅游项目，推动文化旅游业发展……

刘琼华．弘扬闽南文化——提升泉州区域文化软实力 [J]．吉林化工学院学报，2013（6）：13—17.

关键词：闽南文化；精神内涵；泉州；策略

机构：泉州师范学院继续教育学院

摘要：闽南文化是中华文化的重要组成部分，闽南文化的形成，是漫长历史发展的结果。闽南文化具有尚德崇儒的优良传统、重乡崇祖的爱国情怀、爱拼敢赢的进取精神、兼收并蓄的开放意识。泉州是闽南文化最重要的发祥地和核心地带，弘扬闽南文化对提升泉州区域文化软实力具有重要意义。泉州未来的发展必须走文化强市的道路，深入探讨弘扬闽南文化、提升泉州区域文化软实力的策略，是一个重要的课题。

王虎文．泉州：厚植文化 [J]．人民政坛，2013（2）：34—35.

关键词：创意产业园；新兴文化；闽南文化；文化生活

摘要：〈正〉冬日的天气异常寒冷，但是在泉州，人们可以在凛冽的寒风中享受火热的文化生活：在"领 SHOW"天地里探寻全方位的创意行业和别具一格的欧陆景观，在"源和 1916 创意产业园"寻找老泉州的魅影，在"六井孔"音乐创意产业园感受新兴文化……泉州市文化产业迅猛发展的背后，离不开市人大常委会的默默耕耘。泉州是国务院公布的全国第一批 24 个历史文化名城之一，也是闽南文化的主要发源地和核心区……

杨柳夏．泉州传统文化的生态蕴意——兼谈对建设生态城市的启示［J］．福建省社会主义学院学报，2013（5）：63—67.

　　关键词：泉州传统文化；儒家文明；生态；和谐

　　机构：华侨大学公共管理学院

　　摘要：在社会、经济、技术和自然地理环境等因素的交互影响下，泉州传统文化作为一个文化生态群落，具有尊重保护自然、维系崇尚和谐的特点；同时，泉州传统文化通过儒家文明"天人合一""美美与共"的自然观、社会观，呈现出对自然、动物、居所环境和人关系的正确认识，呈现出多元文化共存共生、文质彬彬、生生不息的风貌。泉州传统文化还对未来生态城市建设的进一步规划提供了有益的思考和探索。

周璇璇．试论厦漳泉同城化背景下漳州城市文化定位［J］．漳州职业技术学院学报，2013（1）：40—45.

　　关键词：同城化；漳州文化；城市定位

　　机构：漳州职业技术学院人文社科系

　　摘要：清晰的文化定位能够帮助城市寻找到符合自己实际情况的最佳定位，指明城市发展方向。现有的漳州城市定位存在简单拼凑文化名片和忽视漳州人文性格等问题。这些问题导致漳州与泉州、厦门形成同质性问题。根据城市定位理论，结合漳州的历史与现实的情况，漳州需要把自身定位为国家历史文化名城、生态之城、休闲之都与闽南后花园。

林永清．李光地文化与湖头新城建设［J］．濮阳职业技术学院学报，2013（3）：40—43.

　　关键词：湖头；李光地文化；历史文化；城镇建设；地方特色

　　机构：福建省泉州经贸职业技术学院

　　摘要：李光地文化蕴含着非常深厚的历史文化内涵，在湖头城镇建设中具有十分重要的作用。本文在分析李光地历史地位的基础上，阐明了李光地文化在湖头城镇建设中的作用，并结合李光地文化及湖头历史文化资源对湖头城镇建设如何开发利用李光地文化提出相应对策。

朱镇生，柯艺灿，叶茂樟．深入研究李光地文化，为湖头古镇新城"铸魂"［J］．清远职业技术学院学报，2013（1）：27—31.

　　关键词：湖头古镇；李光地文化；开发和利用

　　机构：泉州经贸职业技术学院

摘要：李光地故乡——安溪县湖头镇是"历史文化名镇"和福建省综合改革建设试点小城镇。发掘和弘扬李光地文化，为湖头古镇新城"铸魂"，不仅将整体提升文化古镇的品位，还将实现保护历史文化和提升地方经济的良性循环。为此，要加强对李光地故居建筑群的保护，深入研究李光地的生平思想和学术主张，以李光地文化精心打造文化古镇，并打造"李光地"品牌文化产业链。

陈吉．在同城化建设中彰显城市文化个性［J］．政协天地，2014（12）：24.

关键词：闽南文化；文化生态保护；传统文化资源

机构：福建省文化厅

摘要：〈正〉2007年6月，闽南文化生态保护实验区经文化部批准正式设立。没有参照模式、没有可供借鉴的基础，我们是在不断探索的过程中前行。面对同城化建设的机遇与挑战，福建省文化厅深刻分析保护区建设的难点所在，不等、不靠，积极创新工作机制，使闽南文化生态保护实验区工作得到健康发展。厦漳泉同属闽南文化圈，语言、文化、习俗十分相近。2011年7月，大都市区同城化第一次党政联席会议成功召开，但是，保护区建设依然受到三市……

李双幼．"欧洲文化之都"对泉州"东亚文化之都"建设的启示［J］．中共郑州市委党校学报，2014（6）：73—77.

关键词：欧洲文化之都；东亚文化之都；文化城市

机构：中共泉州市委党校

摘要："欧洲文化之都"是较早实践"文化城市"战略且目前最为盛行的一种形式。"东亚文化之都"是以"欧洲文化之都"为借鉴而发起，因此在东亚三国之间共同开展多边性文化活动的过程中，就可以借鉴"欧洲文化之都"的成功经验，以文化为核心资源和发展要素，运用历史文化遗产，规划城市文化空间，塑造城市文化品格，发挥政府、社团和社会公众的积极力量，以此为契机推动城市转型升级和长远发展。

陈金昌，叶超．善用闽南文化资源打响国际文化城市名片——台湾知名旅美学者汤锦台建言泉州城市品牌建设并受聘"泉州品牌发展专家智库"专家［J］．中国品牌，2014（8）：112—113.

关键词：闽南文化；文化城市；海上丝绸之路；海洋文化

摘要：〈正〉2014年7月6日，台湾知名旅美学者、纽约两岸历史文化研究室主任汤锦台莅临"泉州品牌发展中心"（以下简称"中心"），参观了中心的"品牌文化走廊"，详细了解了"中心"成立以来推进城市品牌、企业品牌和产品品牌协调发展、良性互动的工作，听取了中心正在开展的泉州品牌发展系列活动情况介绍，并就中心如何更好地发挥服务作用，进一步擦亮城市名片……

傅乔成，陈辰酉．以泉州文化之力激励百万职工的劳动热情［J］．中国职工教育，2014（1）：43—44.

关键词：劳动热情；创新潜能；城市文化建设；企业精神；员工手册；外来务工人员；技能素质；职业道德规范；技能比武；职业道德建设

摘要：8 月 26 日，在文化部主办的中国首届"东亚文化之都"评选活动终审工作会上，泉州当选为中国首个"东亚文化之都"。为此，泉州以它深厚的文化底蕴激励着侨乡百万职工的劳动热情和创新潜能，努力推动泉州经济的转型升级和创新发展。

傅乔成，李亮，陈辰酉．"东亚文化之都·2014 泉州活动年"拉开帷幕 广大职工群众融入多元文化活动［J］．中国职工教育，2014（5）：21.

关键词：文化之都；多元文化；城市文化

摘要：〈正〉元宵佳节是闽南侨乡泉州一大民俗活动。2014 年元宵节前夕，2 月 13日，泉州影剧院举行"东亚文化之都·2014 泉州活动年"开幕式暨中韩日三国城市文艺展演，拉开了"东亚文化之都·2014 泉州活动年"的帷幕。开幕系列活动包括三国城市文化节目展演交流，"东亚文化之都·泉州"古城文化复兴计划——泉州西街系列活动，泉州西街首期项目启动仪式、泉州西街音乐节、泉州当代艺术展、泉州西街规划展、弗兰克·盖里建筑大师作品暨泉州当代艺术馆设计方案展……

陈若雯．南安市文化发展现状及对策［J］．才智，2014（5）：68—72.

关键词：郑成功文化；旅游开发；南安

机构：泉州师范学院政治与社会发展学院；华侨大学工商管理学院

摘要：名人资源作为一类重要的文化资源，拥有巨大的旅游开发潜力。以南安郑成功文化旅游资源为例，在分析其利用与开发可行性的基础上，提出南安郑成功文化旅游的开发策略。强化政府主导作用，加大政策资金扶持；完善景区建设，凸显成功文化内涵；增加游客体验，构建特色旅游产品体系；加大产品营销力度，推进成功品牌建设。以期对南安旅游景区吸引力和竞争力的提升及城市经济文化建设提供借鉴。

庄毅．晋江市全面推进文化强市建设的实践与思考［J］．当代经济，2014（4）：94—96.

关键词：特色文化；文化产业；文化强市

机构：福建省晋江市委党校

摘要：〈正〉晋江市提出要大力发展文化产业、加快打造文化强市，推动晋江从经济强市向文化强市发展战略的转型。本文从多角度分析了晋江文化产业所具有的良好的发展潜力，希望通过发挥晋江所属闽南文化的特色优势和文化旅游资源来进一步打造项目优势亮点以推动晋江文化产业发展……

卢国能 · 加快推进漳州文化强市建设研究 ［J］. 云南社会主义学院学报，2014 （4）：309—310.

关键词：文化漳州；文化强市；对策思路

机构：中共漳州市委党校科技文史教研室

摘要：文化强市建设是一个城市争创科学发展、提升综合实力、满足人民精神文化需求的重要内容，加快推进漳州文化强市建设的对策思路主要是：加强文化遗产保护，盘活特色文化资源；加快文化园区建设，壮大特色文化产业；深化对外对台交流，做实文化合作项目；完善人才培养机制，激发文化创造活力。

黄修文 · 描绘"点、线、面"发展蓝图；推动文化强市建设——以福建省漳州市为例 ［J］. 广东石油化工学院学报，2014（2）：69—72.

关键词：闽南文化；文化建设；高校；旅游

机构：漳州职业技术学院公共教学部

摘要：以闽南文化为切入点，通过对开展文化建设的必要性、依靠力量、实施方案进行分析，提出创新闽南义化传承、建设义化强市的思路与对策，并试图将这些思路概括为以高校为"点"，以旅游项目、通信传媒、城乡建设为"线"，以公共文化平台为"面"的全面发展蓝图。

牛俊伟 · 论中国梦与城市凝聚力——基于漳州跨越发展与地缘文化视角的考察 ［J］. 闽南师范大学学报（哲学社会科学版），2014（4）：25—29.

关键词：中国梦；城市凝聚力；漳州；地缘文化

机构：闽南师范大学马克思主义学院

摘要：城市凝聚力是社会凝聚力在城市共同体中的投射和具体化，是城市民众在共同的城市精神感召下自觉维护和发展城市共同体的集体行为过程和社会合力表现，它以国家凝聚力和民族凝聚力为依托，以城市民众的自觉观念和行为为载体，是增强城市综合实力的重要因素。在城市竞争日益剧烈的背景下，漳州应立足海西、科学定位、以人为本，通过助推田园都市的城市梦想、弘扬先行先试的城市精神、创建和谐包容的城市风尚，提升城市凝聚力，实现跨越式发展。

四　闽南文化保护

乌丙安 · 关于文化生态保护区建设基本思路和模式的思考 ［J］. 四川戏剧，2013（7）：19—22.

关键词：生态保护区；物质文化遗产；徽州文化；羌族文化；文化战略；闽南文化

机构：辽宁大学

摘要：〈正〉在近 20 年来我国改革开放的高速发展进程中，有三个词语围绕着"市场经济"这个最热门的词语迅速升温，也成为相当热门的耳熟能详的词语，它们是：一"文化"、二"生态"、三"保护"。随着新世纪的开端，我国非物质文化遗产保护工作的大力开展和纵深发展，这三个词语的概念及其文化内涵很快集结连缀起来，形成一个更富于文化战略深刻含义的语词……

陈彬强．闽台非物质文化遗产信息资源建设与共同保护研究 ［J］．图书馆工作与研究，2013（9）：9—13.

关键词：闽台非物质文化遗产；信息资源建设；保护

机构：泉州师范学院图书馆

摘要：本文对闽台非物质文化遗产信息资源建设与共同保护现状进行分析，采取开展普查工作、加强数字化建库和共建共享信息资源等方式完善闽台非物质文化遗产信息资源建设；通过联合申报世界遗产、共同举办文化活动、联合培养研究人才等措施，推动闽台共同保护非物质文化遗产工作。

陈小慧．非物质文化遗产法律保护之主体探析——以振兴福建传统文化产业为视角 ［J］．河南工程学院学报（社会科学版），2013（4）：48—52

关键词：非物质文化遗产；主体；确权

机构：福建江夏学院法学院

摘要：伴随着低碳经济、文化多样性的脚步，非物质文化遗产得到了更为广泛的关注。福建作为非物质文化遗产大省，其所拥有的非物质文化遗产资源与传统文化产业实力并不匹配，未能对非物质文化遗产产权主体予以确权是制约传统文化产业发展的瓶颈。基于现实状况、非物质文化遗产的私权属性、洛克的劳动学说及报偿理论，确立非物质文化遗产产权主体势在必行。但产权确认关乎产业发展与公平、正义，宜谨慎为之。除了考虑"实质贡献和传承"之外，还需兼顾非物质文化遗产的项目属性及分布状况。

黄小珍．浅议海西特色文化管理体制与机制建设 ［J］．武夷学院学报，2013（1）：55—58，70.

关键词：海峡西岸；海洋文化；体制机制创新；和谐社会建设

机构：武夷学院

摘要：海西文化既是中华核心价值体系对东南文化孕育的结果，又是东南文化对中华文化整体性的充实和丰富。它最大的贡献，可能在于对"华夷之辨"老观念所进行的突破性的思考和探索。中华民族正在走向海洋，海西文化中的山—海特色、侨—台特色是其弥足珍贵的文化资源与优势。本文认为，海峡西岸经济区要在科学发展观指导下，进一步加强文化管理体制与机制建设，整合文化资源，锤炼海西精神，为全面小康和和谐社会建构做出新的贡献。

黄永林．"文化生态"视野下的非物质文化遗产保护［J］．文化遗产，2013（5）：1—12，157．

关键词：非物质文化遗产；文化生态；整体保护；文化生态保护区

机构：华中师范大学；国家文化产业研究中心；中国新文学学会；中国民俗学会

摘要：本文在阐释"文化生态"与"原生态文化"两个相关概念特征的基础上，分析了中国非物质文化遗产传承所面临的文化生态失衡的危机，探讨了"文化生态"视野下的非物质文化遗产保护理论、政策和实践的创新，尤其重点研究了在"文化生态"理论观照下的我国非物质文化遗产实行从抢救性保护、整体性保护，到建立文化生态区保护不断深化的过程，进而提出了进一步加强非物质文化遗产文化生态区保护的建议。

林朝霞．非物质文化遗产保护困境的现代性诊断——以厦门市为例［J］．集美大学学报（哲学社会科学版），2013（2）：14—19，57．

关键词：现代性；非物质文化遗产；原真性；民族文化认同

机构：厦门理工学院文化产业学院

摘要：非物质文化遗产保护是利在后代、功在千秋的文化事业，但其在践行过程中却存在诸多困境。近年来国内学者热议不断，然而都没有触及现代性视角，因此无法透析非物质文化遗产保护困境的内在根源，亦无法提出切中要害的补救措施。现代性是推动现代社会的精神动力，对非物质文化遗产的历史命运影响至深，加强民族文化认同和建构全面制衡的现代性是解决非物质文化遗产保护困境的根本所在。

林秀琴．"非遗"保护与传承：问题与挑战［J］．学术评论，2013（6）：60—63．

关键词：物质文化遗产；人才培养计划；本真性；生态保护区；非物质遗产；文化生态环境

机构：福建社会科学院

摘要：〈正〉"福建木偶戏后继人才培养计划"于2012年12月5日入选联合国教科文组"非物质文化遗产优秀实践名册"，它是我国首个入选该名册的项目，在福建非遗保护领域显然具有里程碑式的意义。根据联合国教科文组织《保护非物质文化遗产公约》，国际一级协调保护的非物质文化遗产由"人类非物质文化遗产代表作名录""急需保护的非物质文化遗产名录"以及"非物质文化遗产优秀实践名册"三个序列，构成一个整体性的非遗保护与传承体系……

潘守永.当代非物质文化遗产保护传承与生态博物馆建设困境［J］.赣南师范学院学报，2013（4）：20—25.

关键词：非物质文化遗产；生态博物馆；文化资产

机构：中央民族大学

摘要：从国内多个非物质文化遗产及生态博物馆建设项目来看，非物质文化遗产保护传承工作在方法论以及具体实践（技术论）上存在种种困境。由实践出发，结合理论研究，认为生态博物馆、小区博物馆等在非物质文化遗产保护中可以有所作为。

厦门市政协社会法制委员会课题组，卢士钢，陈昌生，赵玉文，杨健.关于加强厦门市闽南非物质文化遗产法律保护的思考［J］.厦门特区党校学报，2013（4）：63—67.

关键词：闽南；非物质文化遗产；法律保护

机构：厦门市政协

摘要：闽南文化是闽南一带及台湾地区人民共同的精神财富，同时也是推动厦、漳、泉同城化建设和海峡两岸交流、交往的桥梁和纽带。由于厦门城市化进程的加速以及外向型经济的影响，使得厦门在闽南文化的保护、传承和发展上困难多、成本高，遭到破坏和流失的风险大。因此，如何充分发挥厦门市立法权的优势，加强对闽南文化遗产的法律保护势在必行。同时，对于更好地促进厦、漳、泉同城化建设和海峡两岸的交流合作也意义重大。本课题在分析厦门目前在闽南"非遗"的法律保护方面存在的问题和已开展的工作的基础上，对今后保护提出具体建议。

姚田.浅谈福建非物质文化遗产与博物馆展示［J］.福建文博，2013（4）：94—96.

关键词：福建；博物馆；非物质文化遗产；展示

机构：福建省昙石山遗址博物馆

摘要：福建的很多博物馆（包括展览馆，下同）已逐渐将非物质文化遗产列为保护、展示的对象。通过展示、传习的途径，让更多的人认识、了解和关注非物质文化遗产，进而达到保护、挽救的目的。本文从非物质文化遗产保护着手，提出福建非物质文化遗产保护的博物馆展示理念、陈展方法等问题的思考，探寻非物质文化遗产的博物馆陈展之道。

赵洋.非物质文化遗产的保护和开发——兼论泉州市文化产业走向［J］.吉林艺术学院学报，2013（2）：46—49.

关键词：非物质文化遗产出路；文化产业；保护；创新

机构：华侨大学美术学院

摘要：非物质文化遗产对于人类的生存与发展具有独特的价值与意义。以案例分析为主，通过对非物质文化遗产的产业化运作，探讨其经济开发的价值，着重强调传统非物质文化遗产的保护应当与发展文化产业相结合，将非物质文化遗产中的文化资源转化为文化产品，采用高新技术与产业营销手段，融入现代文化体系，打造城市特色文化品牌。

庄小波，何振良．泉州老城区文化遗产保护对策研究［J］．中国文物科学研究，2013（4）：13—17.

关键词：城市化；文化遗产保护；泉州老城区

机构：泉州海外交通史博物馆；泉州府文庙文物保护管理处

摘要：在 21 世纪，加快城市化、现代化建设与保护历史文化遗产的矛盾日益突出。历史文化名城是历史文化的重要载体，一个城市的历史文化遗产通常显示着这个城市既往文化创造的极致。泉州作为国务院首批公布的 24 个历史文化名城之一，是世界多元文化的汇合之地，而泉州老城区是泉州历史文化名城的最好见证。泉州高度重视历史文化名城保护工作，切实加强历史文化遗产的保护，成绩斐然，但也存在较多问题。研究采取相应对策乃是当务之需。

骆文伟．作为文化线路的"海上丝绸之路：泉州史迹"遗产保护研究［J］．福建省社会主义学院学报，2013（6）：53—58.

关键词：文化线路；世界文化遗产；"海上丝绸之路：泉州史迹"；遗产保护

机构：华侨大学马克思主义学院

摘要：文化线路作为一种全新的遗产概念，为"海上丝绸之路：泉州史迹"遗产保护带来了新理念和重要的启示："海上丝绸之路：泉州史迹"遗产保护应坚持"保护第一、合理开发"、树立"整体性"理念、唤醒公众参与意识、建构共生理念等原则。

王慧慧．"海上丝绸之路漳州申遗点"研究［J］．福建文博，2013（2）：20—24.

关键词：海丝；漳州申遗点

机构：福建博物院

摘要：作为文化线路类遗产，漳州是"海上丝绸之路（中国段）"的重要组成部分。16 世纪下半叶漳州月港开放海禁，准许对外贸易，发展成为环绕全球、联系东西方的海上丝绸之路。漳州的"海丝"申遗的主题是突出明清时期大航海时代漳州海丝贸易对世界的影响。以月港为中心、以陶瓷为主要输出品的海外贸易，实现了中华文明与世界文明的碰撞和对话，是全国"海丝"申遗不可或缺的重要组成部分。平和南胜窑 6 处窑址、华安东溪窑 2 处窑址、月港遗址 7 处码头保存较为完整、真实，具有突出普遍价值，符合申遗条件。

吴春明，孙若昕．海洋文化遗产的多学科新探索［J］．华夏考古，2013（4）：141—150.

关键词：环中国海；海洋文化；海洋遗产

机构：厦门大学人文学院历史系

摘要：2012年6月25—27日"海洋文化遗产调查研究新进展研讨会"在厦门大学举行，国家社科基金重大项目"环中国海海洋文化遗产的调查研究"的40余名课题组成员，提交了47篇论文，内容涉及海洋文化与海洋考古的理论，古代海洋聚落与港市遗迹、沉船船货与海洋经济史迹、海防史迹等海洋性物质文化遗产，民间造船法式、传统航海技术、船家社会人文等海洋性非物质文化遗产，涵盖不同时空、多学科的调查研究成果，代表了我国海洋文化遗产多学科探索的最新进展。

邵媛媛．社区性组织在文化遗产保护中的实践与作用——以厦门龙源宫的"文物化"过程为例［J］．民俗研究，2013（1）：32—39.

关键词：文化遗产；保护；社区性组织；作用

机构：云南民族大学民族研究所

摘要：中国的文化遗产保护运动自开展以来便是一种依靠行政力量推动的国家行为，而完全国家化的保护模式存在难以克服的弊端。"遗产"具有私人性和主位性，就文化遗产而言，地方性人群共同体是其原初主体。这决定了我国遗产保护理念和管理体制需向社会化方向转变，充分动员公众与民间组织介入遗产保护。厦门一个"城中村"宫庙理事会为村庙龙源宫申请市文物保护单位的实践，折射出现阶段我国社区性组织在遗产保护中的角色和作用，同时反映了遗产保护社会化过程存在的问题。

福建：公布世界文化遗产土楼保护规划［J］．城市规划通讯，2013（5）：10.

关键词：福建土楼；世界遗产大会；《世界遗产名录》；国家文物局；世界遗产委员会

摘要：〈正〉福建省人民政府批复同意公布《世界文化遗产福建土楼保护规划》，要求福建省文化文物行政部门会同遗产所在地政府具体组织实施。《福建土楼保护规划》由《福建土楼保护规划总纲》《福建（永定）土楼保护规划》《福建（南靖）土楼保护规划》《福建（华安）土楼保护规划》组成。2008年7月7日，联合国教科文组织第32届世界遗产大会表决通过福建土楼作为世界文化遗产，将其列入《世界遗产名录》，成为我国第26处世界文化遗产。为做好福建土楼世界文化遗产保护管理工作……

福建出台闽南文化生态保护区总体规划［J］．城市规划通讯，2014（11）：14.

关键词：生态保护区；闽南文化；总体规划

摘要：〈正〉福建省人民政府印发《闽南文化生态保护区总体规划》，确定了闽南文化生态保护区的建设目标：建立一套科学化、规范化、法制化、网络化的文化生态保护体制和运行机制；整体有效保护非物质文化遗产，维护文化遗产与人文环境、自然环境的文化生态平衡；培养高度的文化自觉……

黄明珍．浅谈博物馆在"非遗"保护中的作用——以"世界闽南文化展示中心"为例［J］．福建文博，2014（1）：80—83.

关键词：非物质文化遗产；博物馆；陈列展览；研究；保护

机构：泉州市博物馆

摘要：闽南地区非物质文化遗产丰富多彩，具有较高的历史、艺术、文化、经济价值。保护、宣传、传承好非物质文化遗产，对于弘扬民族优秀文化传统、建设和谐文化具有积极的作用。本文通过介绍泉州市博物馆"世界闽南文化展示中心"等三个展览馆对闽南地区非物质文化遗产代表性项目的展示、研究，说明博物馆在非物质文化遗产的保护、传承中具有重要的作用。

侯瑞萍，王晓燕．非物质文化遗产保护与旅游利用模式研究——以泉州市为例［J］．科技广场，2014（8）：219—224.

关键词：非物质文化遗产；旅游利用模式；泉州市

机构：华侨大学旅游学院

摘要：泉州是我国首个"东亚文化之都"，多元文化的汇集形成独具特色的闽南文化，其拥有国家级非物质文化遗产31个，省级76个，市级170个，探索非物质文化遗产保护与旅游利用的有效途径对发展泉州市文化旅游产业具有非常重要的意义。文章论述了泉州市非物质文化遗产的基本特征和旅游开发价值，分析了其保护与旅游的基本现状，并提出了泉州市非物质文化遗产保护与旅游利用的模式和对策，以期对泉州非物质文化传承与保护以及文化旅游产业发展有所帮助。

黄峰元．文保单位的非遗因素及其关联性——以泉州市文化遗产为例［J］．艺术科技，2014（10）：56.

关键词：文物保护；文保单位；非物质文化遗产；非遗

机构：泉州市洛江区文体旅游新闻出版局

摘要：作为文化遗产的两个方面，物质文化遗产和非物质文化遗产的保护工作密切关联。文保单位是重要的非遗物质载体，又是重要的非遗展示空间，文保单位因非遗而增强自身价值，文物保护和非遗保护两者相互促进。很多文保单位管理机构和非遗保护机构关系密切，重视文保单位的非遗因素，有助于进一步丰富文保单位的历史内涵和艺术、科学价值，进一步提升文保单位的职能作用和社会影响。

黄明波．泉州市非物质文化遗产传承的文化生态体系 ［J］．黎明职业大学学报，2014 （4）：11—16，37.

关键词：非物质文化遗产；文化生态；泉州市

机构：黎明职业大学文化传播学院

摘要：对泉州市的非物质文化遗产的传承情况进行探讨，认为泉州市"非遗"的较好传承有其良好的社会文化环境作为基础，但也遇到一些困难。提出泉州市应继续探索和完善"非遗"传承的文化生态体系：建立文化生态指标监测体系，制定文化保护和发展政策；引导文化生态消费，打造文化生态链；注重文化生态效益，保护文化生态环境；建立"保护、传承、传播"三位一体的传承生态体系。

郑小娟．漳州市台湾—香港路历史文化街区的保护与旅游开发浅探 ［J］．海峡科学，2014 （3）：60—61.

关键词：历史文化街区；旅游开发；漳州市

机构：福建师范大学；漳州第二职业中专学校

摘要：漳州是国家历史文化名城，既拥有悠久的历史，又有众多保存相对完好的历史文化街区。该文以台湾—香港路历史文化街区为例，分析漳州市历史文化街区的旅游开发保护现状，针对存在的问题，提出进一步保护与开发的建议。

郑玲，陶勇．绿道视野下的历史文化名城保护新思路——以漳州市古城保护为例 ［J］．福建建筑，2014 （8）：8—11.

关键词：漳州市；绿道；历史文化名城；保护与有机更兴

机构：漳州市城市规划设计研究院

摘要：结合漳州市绿道网规划与历史文化名城保护规划，对历史文化名城城墙范围界定与城门节点恢复、护城河保护、街巷格局梳理、历史文化名城展示与推介等一系列问题进行了探索研究，提出将绿道与历史文化名城保护相结合，"以绿界城、以绿护城、以绿兴城"的保护思路及方法，促进历史文化名城保护与有机更兴。

项目名称：宗祠活态延续的闽南老街区——晋江五店市传统街区保护与更新 ［J］．住区，2014 （3）：95—97.

关键词：街区保护；旧城更新；传统街区；历史建筑；物质文化遗产；活态文化

摘要：〈正〉晋江五店市传统街区位于晋江旧城中心，是晋江城区的生发起源地。片区内街巷格局完整，有众多的文化和历史建筑，包括蔡氏宗祠、庄氏宗祠、朝北大厝、石鼓庙等文物建筑和多处历史建筑。街区内宗族特征明显，庄、蔡二家族聚居此处已有 1000 多年历史。2011 年晋江梅岭组团进行全面旧城更新，原规划中，五店市片区拟作为城市公园进行建设，经过规划单位积极争取，最终五店市街区被作为传统街区整体保护。为使晋江旧城中心区最为宝贵的物质和非物质文化遗产得到有效保护……

张建忠，陈龙山. 海丝起点泉州"重弹"老传统东方古港再秀文化味 [J]. 福建轻纺，2014（6）：28—29.

关键词：刻纸；泉州港；物质文化遗产；李尧；文化味；传承人黄丽凤；海上丝绸之路；文化之都

摘要：〈正〉"料丝花灯的特色在于用纸板雕刻，没有骨架，将刻纸艺术融入料丝花灯工艺之中，做一盏的 1 米多高花灯要多人协作一个月才能完成。"福建泉州古城庄府巷的一处民宅内，世界非物质文化遗产"李尧宝刻纸"传承人黄丽凤对笔者说。从年头开始，黄丽凤便不间断地制作料丝花灯，用于参赛或海内外客户订购。泉州花灯古时便在东南亚一带流行，当下在海丝沿线国家仍广受欢迎……

李淳风. 泉州：古城保育的另类样本 [J]. 协商论坛，2014（4）：49—51.

关键词：古城保护；刺桐；鲤城区；传统街区；旧城改造

摘要：〈正〉十三朝古都洛阳正在进行的史上最大一次旧城改造，2014 年 1 月香格里拉古城发生火灾，短短数月后类似事件又发生在丽江束河，古城保护再度成为公众热议话题，但若深入古城存毁的逻辑，则发现吊诡的命题随处可见。发展与保护，商业化与原生态，种种矛盾对峙。老泉州的文化保育故事，或为我们提供另一个思考的角度。初夏的一个下午，泉州市鲤城区桂坛巷 36 号，一个明代小院里，"刺桐会"的成员"表姐"、陈志东、蒋煌基、谢永健，还有有意入会的谢志刚，围坐天井旁喝茶神侃……

五　其他

陈凯丽.《闽南文化大辞典》艺术类词条编纂研究 [J]. 大众文艺，2014（23）：271—273.

关键词：闽南文化；《闽南文化大辞典》；艺术类；词条

机构：华侨大学音乐舞蹈学院

摘要：通过对《闽南文化大辞典》艺术类词条体例和内容两大方面的细致探讨，梳理出作为工具书和参考书艺术类词条的精选编纂要求，为辞典艺术类词条的编纂工作提供便利，并从实际出发列举每一大类下的词条选择和解析，阐述如何使得编纂工作的最后落实具有专业性和全面性。

洪莉．生态翻译关照下的泉州非物质文化遗产英译 ［J］．湖南科技学院学报，2014
（9）：148—151．

关键词：非物质文化遗产；翻译生态环境；译者素质

机构：泉州师范学院外国语学院

摘要：在全球化语境下，东西方文化交流呈现出越来越不平衡的趋势。通过非遗
翻译，推动优秀传统文化的对外传播，促进文化间的平等对话，从而维护民族文化身
份与世界文化多样性。鉴于非遗外宣的紧迫性和非遗项目的复杂度，有必要对非遗英
译进行有针对性的研究。为此，结合福建泉州非遗英译现状，在生态翻译学的理论框
架下，探讨如何通过改善非遗翻译生态环境与提升译者素质，确保非物质文化遗产外
宣英译实效。

林仕珍．区域文化背景下的闽南地方文献资源联盟建设探讨 ［J］．农业图书情报
学刊，2014（11）：33—36．

关键词：区域文化；地方文献；共建共享；图书馆联盟

机构：闽南师范大学图书馆

摘要：资源共建共享一直是图书馆界的重要课题。随着闽南文化生态保护实验区
的设立和厦、漳、泉同城化步伐的迈进，在闽南区域文化背景下，地方文献资源建设
迎来了新的局面，既有机遇也有挑战。建立厦、漳、泉三地图书馆地方文献资源共建
共享体系有其必要性，同时也应具备相应的基础条件。此外，还应充分考虑几个建设
中的问题。

陈文鑫．泉州民间偏方选编评介 ［J］．中国中医药现代远程教育，2014（12）：
147—148．

关键词：泉州；民间偏方；偏方

机构：福建省泉州市医药研究所

摘要：〈正〉中国传统医药，自神农尝百草以来，历经五千年而不衰，留下来的偏
方，更是历久弥坚，绝非西洋药品所能替代。民间素有"小偏方治大病""单方气死名
医"之说。有些说法虽有夸张之嫌，但其疗效几乎有口皆碑，深入民心。泉州是中国
历史文化名城，多元文化的宝库，由于历史积淀深厚，人文荟萃，文化昌盛，其中医
药事业有着辉煌的过去，中西文化长期在这里交流汇聚，造就了灿若繁星的文化名人，
留存了许多辉耀古今的文化遗产……

范佳平．出土酒具考证泉州酒文化 ［J］．东方收藏，2014（9）：41—42．

关键词：五盅盘；鸡首壶；葡萄酿酒；葡萄美酒；狂放不羁；泉州港；茶酒；京
口；高昌；老庄思想

　　摘要：〈正〉六朝是我国历史上饮酒之风盛行的时期，民间酿酒十分普遍，特别是士大夫阶层在老庄思想的影响下，他们既有很高的文学、艺术造诣，又有高洁的道德操守。一方面狂放不羁，放浪形骸；另一方面逃避现实，嗜酒成性。东晋桓温有"京口（今镇江）酒可"，唐代自高昌引入葡萄酿酒的技术，是水果酒之始，因此才有"葡萄美酒夜光杯"名句传诵至今。这时期的茶、酒具还没有严格的界限，往往茶酒兼用……

闽台文化关系

一　闽台文化关系概述

陈支平．跨越地域与历史的界限来重新审视黄河文明的文化意义——以中州文化与闽台文化的关联性为例证［J］．安徽史学，2013（1）：11—16.

关键词：黄河文明；中州文化；闽台文化

机构：厦门大学国学研究院

摘要：近三十年来，包括黄河文明史在内的各区域文化史的研究取得了许多引人注目的优秀成果，但是这种区域文化史的研究，往往有意识或无意识地受到地域界限的限制，大家各自醉心于本区域文化的深度与广度的发掘，而较少关注于区域之外的问题，特别是不同区域文化之间的相互关联因素的思考。本文试图通过对于中州文化与闽台文化关联性的初步分析，探寻不同区域文化间的超越地域的界限与超越历史的界限，从而从更为广阔的空间来阐释黄河文明的伟大意义。

陈燕玲．两岸共研闽南文化源流　合力助推中华文化复兴——"两岸闽南文化的传承创新与社会发展"论坛综述［J］．泉州师范学院学报，2013（1）：38—41.

关键词：中华文化；闽南文化；海峡两岸；源流；传承创新

机构：泉州师范学院文学与传播学院

摘要：由泉州师院和台湾成功大学闽南文化研究中心联合主办的"两岸闽南文化的传承创新与社会发展"学术研讨会，围绕闽南文化的起源、发展、传承、创新展开了深入的研讨。闽南文化作为中华文化的重要分支，已经走向世界。学者们在提升"两岸文化共同体"的整体化认识、增强闽南文化研究对中华文化的繁荣发展的促进作用等方面，提出了许多有益的建议。

朱定波．海峡两岸应共同构建闽南文化传承体系［J］．中共福建省委党校学报，2013（3）：116—120.

关键词：海峡两岸；共同构建；闽南文化；传承体系

机构： 中国闽台缘博物馆

摘要： 闽南文化是海峡两岸共同创新、传承的中华民族优秀传统文化的一部分。海峡两岸共同构建闽南文化的传承体系，具有重大的理论意义和实践作用，对于推动祖国统一大业的和谐发展也具有重大影响。海峡两岸应当共同构建闽南文化传承体系，包括：构建两岸闽南文化价值共识的传承体系、构建两岸闽南方言文化永续发展的传承体系、构建两岸郑成功文化内涵发展的传承体系、构建两岸闽南文化创新发展的传承体系、构建两岸族谱文化高度认同的传承体系、构建两岸闽南文化互动交流的传承体系、构建两岸闽南文化品牌拓展的传承体系。通过开展和谐的闽南文化互动交流活动，有助于增强台湾广大同胞对中华文化和中华民族的认同，建设两岸同胞共同精神家园，创造祖国统一的美好未来。

陈秋莲．浅议闽台文化认同及发展对策 ［J］．新西部（理论版），2013（11）：38，40.

关键词： 闽台文化；文化认同；发展对策

机构： 福建师范大学公共管理学院

摘要： 闽台现存的民间信仰、语言文化、民情风俗、宗亲活动等，无不展现着高度认同。因此，要进一步研究、保护和发展闽台文化，促进两岸文化交流与沟通。

丁宇．两岸民众牵手逗阵唱大戏——第五届海峡论坛综述 ［J］．两岸关系，2013（7）：25—28.

关键词： 两岸关系；民间交流；两岸合作；基层民众

摘要：〈正〉6 月 15 日至 21 日，两岸间最大的交流平台——第五届海峡论坛在厦门举行。本届论坛贯彻"扩大民间交流、加强两岸合作、促进共同发展"的主题，坚持面向两岸基层民众的方向，保持草根性、民间性、广泛性的鲜明特色。论坛期间，两岸民众亲身体验两岸关系和平发展带来的丰硕成果……

刘琼华．弘扬闽南文化　促进泉台文化交流 ［J］．山东省农业管理干部学院学报，2013（6）：131—133.

关键词： 闽南文化；文化交流；优势；问题；策略

机构： 泉州师范学院继续教育学院

摘要： 闽南文华是中华文化的一个支系，具有鲜明的地域特色，在海峡两岸文化交流中起着不可替代的作用。泉州是闽南文化的核心区和发祥地，弘扬闽南文化，正确认识泉台之间文化交流的优势和存在问题，探讨泉台文化交流的途径和策略，不仅能够增强泉州城市竞争力、提升泉州区域文化软实力，而且对于促进海峡西岸经济区建设、增强中华民族的凝聚力、推动祖国和平统一大业有现实意义。

卢咸池．历史上的两岸文化交流与台湾民众的爱国情怀［J］．上海市社会主义学院学报，2013（1）：44—50.

关键词：两岸交流；台湾同胞；爱国爱乡；骨肉情谊

机构：北京大学

摘要：科举年代，台湾士子赴京赶考时多寓于京城的会馆。1895年反割台斗争失败后，一批不甘沦为日本臣民的台湾士子来到祖国大陆，他们为弘扬中华文化、发展教育事业出力，并投身反帝反封建斗争。20世纪20年代起，许多台湾青年进入大陆高校学习，不少人后来成为两岸的风云人物。本文回顾历史后指出，史上的台湾会馆、台湾士子内渡和台湾青年大陆求学热，是不同时期两岸文化交流始终阻隔不断的明证；两岸同胞是血脉相连的骨肉兄弟；不论个人政见如何，爱国爱乡永远是两岸乡亲之间的最大共识。

邱守杰．推进闽台文艺创作交流合作［J］．福建理论学习，2013（9）：38—41.

关键词：文艺创作；闽台；文艺交流

机构：福建省委宣传部

摘要：〈正〉近几年来，随着海峡两岸同胞联系的日益密切，闽台文化艺术交流发生了深刻的变化，在文艺创作的规模、深度和广度上不断有新的拓展。及时研讨闽台文艺创作生产情况，对于推动闽台文艺创作交流合作，提高创作生产水平，促进文化强省建设，实现中国梦，具有重要的理论价值和实践意义。2013年上半年，我们实地走访了福建省海峡世纪影视公司、厦门歌仔戏剧团、福建人民艺术剧院等文艺演出团体和机构，开展了系列座谈研讨，查阅、搜集、鉴别了相关资料，就闽台文艺创作交流合作问题做了些分析思考……

苏雄锋．助推漳台交流的使者［J］．政协天地，2013（6）：26—33.

关键词：海峡两岸；文史资料；台商投资区；开漳圣王

摘要：〈正〉他们中，有漳州人，有台湾人，都有一个共同的身份——政协委员，都为了一个共同的目标——促进两岸关系和平发展。尽管人数不多，却是漳州市政协委员为助推漳台交流积极履职的缩影……

苏振芳．闽台文化与中华文化的历史渊源与两岸和平发展［J］．中共福建省委党校学报，2013（3）：111—115.

关键词：中华文化；闽台文化；两岸和平发展

机构：福建师范大学

摘要：中华文化是个多元统一的文化共同体，闽台文化是中华文化在历史发展过程中的延伸，它既蕴含着中华大文化的历史内涵，也具有与自身的地理环境相融合的区域文化色彩，中华文化与闽台文化之间的关系，是母体文化与分支文化的关系。研究和建设有自身特色的闽台文化，对于促进两岸和平发展，具有重要的意义。

孙璇．闽台文化交流合作的制约性因素与拓展研究［J］．福州党校学报，2013（5）：57—60.

关键词：闽台关系；文化交流

机构：福建社会科学院

摘要：闽台文化交流合作在顺应两岸关系和平共赢良好态势下，依托"五缘"优势，已形成全方位、多层次、宽领域的良好局势，成为两岸文化交流的前沿阵地，但在文化交流向纵深拓展的过程中也面临着文化交流如何由浅入深、由点及面，形成自身独到特色等问题和挑战。

汪曙华．论当代海峡两岸的文化差异及弥合［J］．广西社会科学，2013（3）：165—168.

关键词：中华文化；台湾文化；海峡两岸文化；文化差异；文化弥合

机构：中国传媒大学传播研究院

摘要：台湾文化是中华文化的一个重要支流，由于历史和政治等因素导致当代海峡两岸文化产生差异性。当代海峡两岸文化在器物文化和大众文化方面渐趋一致，但在制度文化、精神文化和精英文化方面异同并存，甚至存在具有冲突性的差异。为此，当代海峡两岸应该共同继承并努力弘扬中华传统文化，各社会阶层应开展和加强文化交往，应充分运用现代传播媒介和传播技术传递文化信息，以共同发展文化产业为契机联手构建两岸文化共同市场。

施炎平，施忠连．"五缘文化与现代文明"笔谈［J］．东南学术，2013（5）：265—272.

关键词：五缘文化；闽南文化；中国传统文化

摘要：〈正〉中华民族历来重群体、重人伦，追求自强奋斗、有序和谐，因而包含亲缘、地缘、神缘、业缘和物缘等因素的五缘文化成了团结中华民族、凝聚华人力量的强韧纽带，并且将在发展世界华人经济联系中起重要作用。寻找"五缘"文化的文化、心理活水源头，展示其演变历史轨迹和当今的活生态，深究其功能与作用，对于构建和谐社会、两岸和平发展、和谐侨社乃至和谐世界，不仅有学术意义，也具有实际意义……

杨雪燕．闽南文化在推动两岸文化交流与发展中的影响和作用［J］．天津市社会主义学院学报，2013（3）：27—31.

关键词：闽南文化；文化认同；两岸文化交流；文化传承与发展

机构：福建省社会主义学院

摘要：闽南文化是海峡两岸闽南人共同创造的优秀地域文化，是博大精深的中华民族文化中的一朵奇葩，是海峡两岸、港澳同胞以及世界各地闽南人共同的精神家园，在共同推动两岸文化交流发展及促进祖国和平统一过程中发挥着重要影响和作用。以闽南文化研究为突破口加快海峡两岸文化共同体的研究，对于发挥中华民族凝聚力，促进两岸民众的心灵沟通，更好推动两岸中华儿女的文化认同和民族认同，都具有重要意义。

张永钦．美国重返亚太后闽台文化的歧异性［J］．郑州航空工业管理学院学报（社会科学版），2013（1）：156—159.

关键词：闽台文化；美国；歧异性；三大发扬

机构：福建师范大学闽台区域研究中心

摘要：文化是一个民族的魂，是一个民族的心理基础和精神支柱所在。近年来，美国调整亚太战略，加强对台湾意识形态渗透，且"文化台独"势力在台湾地区愈演愈烈，企图将文化体系的认同剥离上升到政治体系的认同剥离。闽台文化对台湾地区政治与民众生活息息相关，即使两者存在差异性，但是闽台之间拥有共同的文化认同，通过"三大发扬"加强中华文化的凝聚力，走向民族统一。

陈曼君．海峡两岸文化建设研究［J］．集美大学学报（哲学社会科学版），2013（1）：17.

关键词：海峡两岸文化；文化瑰宝；明代嘉靖；闽南方言；历史文献

机构：集美大学

摘要：〈正〉几百年来，泉州梨园戏作为历史文化名城的一朵奇葩历久不衰，在流传于闽南和台湾各地的同时也远播四方，到达东南亚等世界其他地方，成为海内外共同的文化瑰宝。尤为可贵的是，自明代嘉靖至20世纪五六十年代整整横跨400年的70多个梨园戏传统剧目，终于在数年前付梓问世。这些弥足珍贵的历史文献……

郑建闽．构建"闽台共同文化区"［J］．政协天地，2014（4）：10—11.

关键词：台盟中央；两岸关系；两岸合作；两岸文化交流；闽南文化

摘要：〈正〉海峡两岸人民同属中华民族，同文同脉。一样的血缘、共同的文化，是两岸合作交流的原动力。特别是福建，与台湾隔海相望，讲百代乡音，在服务祖国统一大业中承担着特有的历史使命。党和国家高度重视文化在两岸关系中"润物无声"的作用，积极开展两岸文化交流合作先行先试，在台湾岛内产生了重要影响……

王亮．闽台古韵　一脉传情［J］．两岸关系，2014（11）：45—46.

关键词：古韵；全国台联；海峡两岸；物质文化遗产；两岸文化交流；经典剧目；闽南文化

摘要：〈正〉秋意深深，古韵浓浓。北京迎来了两场重要的闽南涉台活动——《台海文献会刊》《闽南涉台族谱汇编》新书首发式暨闽台非物质文化遗产保护学术座谈会和"闽南古韵·两岸传情"——海峡两岸闽南非物质文化遗产展演。9月29日，由全国台联、闽南师范大学主办的《台海文献会刊》《闽南涉台族谱汇编》新书首发式在北京台湾会馆举行。全国台联会长汪毅夫、党组书记梁国扬以及中组部、国台办、商务部等有关部门领导及嘉宾共100余人参加……

尹全海．"层累地造成"的中原与闽台渊源关系 ［J］．中原文化研究，2014（3）：109—115.

关键词：层累地造成；中原与闽台；渊源关系；姓氏播迁；移民史

机构：信阳师范学院；信阳师范学院历史文化学院

摘要：自20世纪80年代初，中原与闽台渊源关系成为两岸关系研究的学术亮点，通过方言与民俗调查发现，固始与闽台有惊人的相似之处。族谱、方志记载的闽台姓氏"家族源流"及迁徙线路，由若干移民事件组成的中原姓氏入闽迁台的完整叙述，以及当下闽台同胞中原寻根祭祖活动，相继进入学者视野，成为学术研究的不同文本，并在认识论意义上"层累地造成"中原与闽台渊源关系。该种渊源关系，乃是由台湾同胞直接参与的最鲜活、最有生命力的两岸关系，既是"依然活着的历史"，更是一种隐含着两岸认同的文化现象。

陈苹．闽台区域文化交融的思考 ［J］．现代台湾研究，2014（Z1）：90—96.

关键词：闽台文化；不可分割性；家亲；文化区域；两岸合作；闽南文化；客家文化；妈祖文化；海洋文化；两岸关系

机构：福建社会科学院

摘要："闽台本是一家亲"，既是血缘的亲，又是文化的亲，体现着闽台地域的历史统一性和不可分割性。闽越文化、中原文化、海洋文化，以及闽南文化、客家文化、朱子文化、妈祖文化等，在闽台两地都有历史渊源和现实影响，积淀了深厚的共同文化底蕴。两岸合作已有"天时地利"，终将推动"人和"，福建可发挥特殊的作用。闽台文化交流融合，春风化雨解疑破难，为和谐海峡谱写新篇章。

周道华．闽台文化交流合作30年历程回顾 ［J］．学术评论，2014（1）：75—80.

关键词：闽台文化；五缘；旅游节；两岸关系

机构：福建社会科学院

摘要：〈正〉一、30年来闽台文化交流合作恢复和发展的历程。20世纪80年代初以来，福建凭借闽台深厚的历史渊源和"五缘"优势，发挥海西区位优势和"先行先试"的政策优势，积极推动闽台文化交流合作，使闽台文化交流在隔绝 30 多年后开始走向恢复和发展。30 多年来闽台文化合作交流的轨迹可以大致划分为以下几个阶段：（一）大陆单向推动阶段（1979 年至 1986 年）。1979 年中央提出了"和平统一、一国两制"的战略构想，发表《告台湾同胞书》，打破了海峡两岸长达 30 年的军事对峙僵局……

刘凌斌．闽台民间文化交流的回顾与前瞻［J］．现代台湾研究，2014（2）：49—55.

关键词：闽台关系；民间文化交流；文化认同

机构：福建社会科学院现代台湾研究所

摘要：改革开放 30 多年来，闽台民间文化交流在曲折中不断向前推进，取得了显著的成效。近年来，随着两岸关系步入和平发展新时期，闽台民间文化交流在领域、形式、规模、内涵等方面都取得重大突破，形成蓬勃发展的良好局面，但由于受到某些主客观因素的影响与制约，仍然存在不少亟待解决的问题。当前，闽台双方应当共同努力，破解交流瓶颈，创新交流机制，拓宽交流领域，提升交流层次，加大民间文化与文化产业、旅游产业的合作力度，努力开拓闽台民间文化交流的新局面。

福建省党史干部赴台湾开展文化考察交流活动［J］．福建党史月刊，2014（18）：58.

关键词：文化考察；革命历史纪念馆；抗日战争史；党史部门；文化交流；海峡两岸；中国国民党；台北故宫博物院；黄玲；副主任

机构：福建省党史研究室四处

摘要：为进一步促进闽台历史文化交流，深化福建抗日战争史研究，应台湾中华海峡两岸联合文教经贸协会邀请，报福建省政府台湾事务办公室同意，由福建省委党史研究室黄玲副主任率队，组织省委党史研究室、省革命历史纪念馆和全省党史部门负责人和业务骨干 15 人，以福建省中共党史人物研究会的名义，于 8 月 10 日至 15 日赴台湾开展文化考察交流活动。

李弢．漳台关系与闽南文化学术研讨会综述［J］．闽台文化研究，2014（2）：118—120.

关键词：闽南文化；市委党校；城市职业；台商投资区；陈元光；云霄县；论文汇编；经济合作机制；闽南民间信仰；祖国统一大业

机构：闽南师范大学闽南文化研究院

摘要：〈正〉2014 年 4 月 25 日，"漳台关系与闽南文化"学术研讨会在中共漳州市委党校隆重召开。本次会议由中共漳州市委党校和闽南师范大学闽南文化研究院共同主办。来自厦门大学、闽南师范大学、漳州职业技术学院、漳州城市职业学院，中共漳州市委党校及龙海、南靖、东山、平和县委党校，漳州市文化广电新闻出版局，漳州市博物馆及云霄县博物馆，漳州市图书馆、艺术馆等……

二　闽台语言、文学关系

林清书．闽台"地方普通话"的基本特点〔J〕．福州大学学报（哲学社会科学版），2013（6）：13—17.

关键词：闽台方言；地方普通话；闽南话；客家话；语言接触

机构：龙岩学院文学与传媒学院

摘要：闽台"地方普通话"主要特点是，吸收闽南话、客家话等汉语方言的语音、词汇和语法成分，吸收一部分地域文化特点明显的地名读音，一部分误读引起却以讹传讹的字音，部分外来语的处理不同于普通话。两岸"地方普通话"在读音、语调、词语、语法等方面，也存在一定的差异。改革开放以来，两岸语言互相吸收、互相影响，语言差异将会逐步缩小。

林圣娥，侯挺南，王芳芳，郑开厦．海峡两岸语言差异探析〔J〕．兰州教育学院学报，2013（10）：31—33.

关键词：海峡两岸；网络语言；差异；融合

机构：泉州轻工职业学院

摘要：由于政治、经济和历史等各方面的原因，海峡两岸语言存在明显的差异，随着两岸交往的日益增多，造成了两岸语言在某种程度上的由异到同。尤其是网络语言这一新兴语种的出现，更是给两岸的语言带来了不同的冲击力。本文以网络语言为着力点，探究海峡两岸语言与词汇产生差异的主要原因，并探索两岸语言的发展融合趋势。

马重奇．闽台漳州腔四韵书音系比较研究——兼论台湾漳州腔韵书《增补汇音宝鉴》音系性质〔J〕．闽台文化研究，2013（1）：82—95.

关键词：闽台漳州腔；四种韵书；音系比较

机构：漳州师范学院闽南文化研究院

摘要：本文是对闽台漳州腔重要闽南方言韵书《汇集雅俗通十五音》《增补汇音》《渡江书十五音》《增补汇音宝鉴》音系进行比较的论文。全文分为四个部分：一、闽台漳州腔四韵书声母系统比较研究；二、闽台漳州腔四韵书韵母系统研究；三、闽台漳州腔四韵书声调系统研究；四、探讨《增补汇音宝鉴》的音系性质。笔者认为，《增补汇音宝鉴》主要反映了现代台湾漳州腔音系，还兼收福建漳州方言韵书尤其是《汇集雅俗通十五音》的部分韵类，同时也收入若干与台湾漳州腔有明显差异的泉州腔韵类。

林连通．两岸闽南话词汇异同问题探索［J］．汉字文化，2014（2）：11—16.

关键词：闽南话；闽南方言；海峡两岸；现代汉语方言

机构：北京国际汉字研究会；中国社会科学院语言研究所

摘要：〈正〉海峡两岸都说闽南话（即闽南方言），而且闽南话是两岸民间的一种主要交流工具。闽南话是我国一种较为古老而重要的方言。它源于古代汉语，是上古、中古的中原人民由于各种原因迁徙到福建时所带来的各个不同历史时期的汉语与当地土著的语言相融合而在闽南地区逐步发展起来的，大概在唐的时候就形成了。由于它保留着古汉语尤其语音的特点，素有"语言活化石"之称。20世纪末，闽南话的"汝好"（你好）被选为宇宙飞船"旅行者二号"的问候语……

刘桂茹．闽台方言与两岸"文缘"［J］．学术评论，2014（6）：90—94.

关键词：客家方言；闽南方言；闽台文化

机构：福建社会科学院文学所

摘要：〈正〉闽台文化是中原汉民族文化向福建传播，继而播迁到台湾的结果，具有独特而丰富的内涵。它包括了闽台宗教、闽台习俗、闽台艺术、闽台建筑、闽台饮食等文化元素。闽台共同的文化渊源及文化形态，证明了海峡两岸深厚的文缘。当然，闽台文化元素得以传承和播散的重要载体是闽台方言，主要包括闽台闽南方言和闽台客家方言。一、闽台方言的传播与分布，闽南方言和客家方言在台湾的传播与分布……

董国华．闽南方言辞书编撰中的音系杂合现象——以《台湾十五音辞典》为例［J］．闽台文化研究，2014（3）：98—101.

关键词：台湾；闽南方言辞书；《台湾十五音辞典》；杂合音系；成因

机构：闽南师范大学文学院

摘要：闽南方言韵书、辞典中普遍存在着音系杂合的现象，其成因多种多样。《台湾十五音辞典》是其中较有特色的一部，编著者为台湾云林县斗六镇黄有实。该书是在斗六方言基础上"大量收录他乡别读"，反映的是20世纪中叶"偏漳腔闽南方言综合音系"。本文以《台湾十五音辞典》为例，深入研究其杂合音系的成因，以期对海峡两岸辞书编撰工作略有启发。

吴晓芳，苏新春．台湾"国语"中闽南方言词汇的渗透与吸收［J］．东南学术，2014（1）：238—244.

关键词：台湾"国语"；闽南方言；渗透；吸收

机构：闽南师范大学闽南文化研究院；厦门大学中文系

摘要：台湾"国语"中闽南方言与"国语"之间出现杂混、渗透与吸收的现象较为普遍。这种渗透与吸收不仅仅表现为词语的借用，还表现为构词成分、构词方法、词义的派生漫延。这是汉民族共同语与方言相交融影响的结果，涉及"国语"当下的语言使用实际情况层面和语言的本体层面。对台湾"国语"中夹杂使用闽南方言词汇的情况的分析，有助于我们进一步认识台湾"国语"的特点与性质。在这种现象背后蕴含着的重要理论问题值得我们进一步思考、探索。

陈婕．闽台民间谚语探析 ［J］．赤峰学院学报（汉文哲学社会科学版），2014（3）：206—208.

关键词：民间文学；谚语；闽台谚语；文缘

机构：福建广播电视大学

摘要：闽南文化与台湾文化演进交融，形成了具有乡土区域特点的民间口头文学创作，其中民间谚语的发展与互动极有特色，有其独特的审美价值与意义。

陈婕．闽台民间文学探析 ［J］．福建广播电视大学学报，2014（1）：41—43.

关键词：民间文学；民间谚语；民间歌谣；民间故事

机构：福建广播电视大学

摘要：闽南文化与台湾文化长时期互动推演，形成了具有浓郁地域特色的民间口头文学创作，具有独特的美感特点与审美意义，本文就此进行详细阐述和探析。

三　闽台艺术关系

黄明珠．闽台民间艺术"即兴创作"中的创造性思维分析 ［J］．东南学术，2013（3）：213—218.

关键词：闽台；民间艺术；即兴创作；创造性思维

机构：福建师范大学音乐学院

摘要：闽台闽南族群民间舞蹈和南音及歌仔戏等民间艺术中的"即兴创作"在一定程度上体现了闽台艺人的创造思维，具有整合创造思维、联想类比创造思维以及正反转化创造思维等特征。闽台民间艺术中"即兴创作"具有重要的教育价值，高校应依托本民族传统的优秀民间文化遗产，挖掘和利用闽台民间艺术的即兴创作在培养学生的创力方面的作用，为培养出既具有中华认知特点又符合时代需求的，具备创新意识和创新思维能力的创新人才而努力。

吴少静．"孟姜女"调在闽台地区的传播与变异研究 ［J］．泉州师范学院学报，

2013（5）：20—23.

    关键词："孟姜女"调；五更鼓；闽台；传播；变异

    机构：泉州师范学院音乐与舞蹈学院

    摘要："孟姜女"调是我国流传范围最广、影响最大的民间小调之一，其在闽台地区的传播与变异的过程中，与闽台民歌、戏曲相互融合、消化，成为闽台群众所喜闻乐见的闽南民间小调。本文通过闽台民歌"五更鼓"与"孟姜女"的渊源关系，研究其与闽台民歌和戏曲音乐相互交融中发展变异的特点，进而探析闽台音乐的文化地域特色和审美习惯。

    吴秋红．早期"台语"流行歌中闽南原生态音乐文化衍进探析［J］．人民音乐，2013（10）：76—78.

    关键词：原生态音乐；"台语"；音乐文化；歌舞音乐；戏曲音乐；南管；闽南人；闽南语

    机构：泉州师范学院音乐与舞蹈学院

    摘要：〈正〉"台语"流行歌曲是闽南语方言演唱的分支，自然，闽南文化就成其主要的创作源泉，而且与福建闽南地区传统民歌、山歌、小调、歌舞音乐、戏曲音乐等原生态的音乐文化有着密切的联系。从1932年詹天马、王云峰二人为电影《桃花泣血记》创作的同名宣传歌曲开始，"台语"流行歌走进自己的创作之路。溯源早期"台语"流行歌，内容较多反映底层人们的生活，能真实体现那个时代闽南人朴素的生活感受……

    黄明珠．闽台闽南族群民间舞蹈文化的硬核共性探析［J］．福建师范大学学报（哲学社会科学版），2013（2）：21—27.

    关键词：闽台闽南族群；民间舞蹈；硬核共性；探析

    机构：福建师范大学音乐学院

    摘要：闽台闽南族群民间舞蹈文化表达包含显型式样和隐型式样，相较于显型式样，隐型式样是相对稳定的式样，具有文化硬核的特征。虽然两岸闽南人在民间舞蹈的表层上有一些差异，但隐藏在两岸民众中的以身体实践的"七响"舞蹈动作和"七字一句"歌词所表现出的文化观念的硬核部分则有着很强的共同性。这种硬核共同性不仅是两岸闽南民间舞蹈传承发展的基础，更是维系两岸民众文化认同感的心理基础和精神支柱。

    郑玉玲．闽台"大神尪"傩舞的文化人类学阐释［J］．福建师范大学学报（哲学社会科学版），2013（2）：28—34.

    关键词：闽台大神尪；傩舞文化；文化属性；文化价值

    机构：漳州师范学院艺术系

摘要："大神尪"傩舞是我国傩文化在闽台遗存的一种独特祭祀仪礼,在文化人类学视阈中,闽台"大神尪"傩仪是联系人与自然的文化表达范式,有其迥异于其他地区傩舞的艺术特点;"大神尪"傩舞形态背后蕴含着闽台文化区的舞蹈文化特质,具有维系民族文化认同、反映我国傩文化发展的世俗化趋势的文化价值。

邱剑颖. **2012 福建文化宝岛校园行——梨园戏巡演纪实** [J]. 福建艺术, 2013 (1): 43—44.

关键词：福建文化；实验剧团；艺术交流；传统戏曲；闽台文化；宋元南戏；曾静萍

机构：福建省艺术研究院

摘要：〈正〉2012 年 11 月 14 日,福建省梨园戏实验剧团在省文化厅陈秋平厅长的率领下,历经 14 天辛劳,圆满完成了"2012 福建文化宝岛校园行——福建省梨园戏实验剧团"巡演,顺利归来。"福建文化宝岛校园行"是福建省文化厅为深化与拓展闽台文化艺术交流,共同弘扬中华传统艺术精华,特在闽台文化交流中心成立十五周年之际,在"福建文化宝岛行"的基础上……

赖登明. **闽台客家戏曲的变迁 以闽西汉剧与台湾北管戏为例** [J]. 中国戏剧, 2013 (9): 74—75.

关键词：闽西汉剧；戏曲剧种；皮黄腔系；地方戏曲；物质文化遗产

机构：三明学院教育与音乐学院

摘要：〈正〉闽西汉剧是福建省主要的地方戏曲剧种之一,属西皮、二黄声腔体系,主要流行于闽西、粤东、赣南、闽南、台湾等地,影响遍及东南亚地区。谈到闽西汉剧,任何人无法回避这样一个命题:闽西地方戏曲剧种为什么叫汉剧?闽西汉剧与台湾北管戏之间的关系又怎样?秉持历史和现实的双重眼光,在非物质文化遗产保护热潮的大背景下讨论这个问题,尤具新的时代意义……

潘荣阳. **高甲戏与闽台社会变迁** [J]. 东南学术, 2013 (3): 219—225.

关键词：高甲戏；闽南；台湾；东南亚

机构：华南师范大学

摘要：高甲戏兴起于明末清初的社会动乱和变迁之际,流行于福建省闽南方言地区、台湾和东南亚各国华侨华人聚居地。两百多年的发展过程中,闽台高甲戏吸收了梨园戏、南音和京剧等民间曲艺的优秀表演艺术,剧种个性日益彰显。民国期间,高甲戏在东南亚社会演出出现热潮,丑行表演特色开始崭露头角。随着工业社会对闽台两地的影响和渗透,高甲戏遭遇不同程度的冲击,闽南高甲戏受到极大的挑战,而台湾高甲戏则日趋衰亡。

汪晓云．歌仔戏的兴起与闽台族群认同［J］．民族艺术，2013（4）：127—131.

关键词：歌仔戏；锦歌；车鼓；族群认同

机构：厦门大学人文学院人类学与民族学系

摘要：歌仔戏的兴起与福建戏曲歌乐渊源有自。对歌仔戏影响最大的为闽南锦歌与车鼓，从歌仔戏与锦歌、歌仔戏与车鼓的渊源分析中可以看出，歌仔戏是闽台文化一脉相承的历史见证，也是台湾闽南移民族群认同的精神纽带。

王志斌．两岸歌仔戏演员表演差异的成因［J］．福建艺术，2013（6）：52—53.

关键词：演员表演；戏曲改革；班主制；规定情境；台湾歌仔

机构：厦门歌仔戏研习中心

摘要：〈正〉笔者曾就两岸歌仔戏演员表演的差异与互补问题发表了浅见，然意犹未尽，现就两岸歌仔戏表演差异的形成及原因做进一步探讨，以求教于同行。1949年后，海峡两岸政治分隔，不同的生存环境造成了两岸歌仔戏演员表演风格的差异。大陆歌仔戏在表演上发生较大的变化，始于20世纪50年代的戏曲改革。"戏改"提出改人、改制、改戏。改人即改掉一些演员身上存在的嫖、赌、毒恶习，这属于演员个人道德品质问题；改制即改班主制为共和制……

王志斌．浅论两岸歌仔戏演员表演的差异与互补［J］．中国戏剧，2013（4）：62—63.

关键词：演员表演；戏曲剧种；幕表戏；戏曲改革；闽台文化；地方戏曲；闽南人

摘要：〈正〉歌仔戏是我国戏曲剧种中唯一诞生于台湾的剧种，它流行于台湾、闽南和东南亚闽南华侨、华裔聚居地。虽然歌仔戏的历史只有百年，但其融合了闽台风土人情的精华，蕴含着闽南人的情感与共鸣，并历经了磨难与蜕变，最终成为闽台文化的优秀代表。1949年后……

王伟，由海月．闽南意象：海峡两岸布袋戏史论研究［J］．南方论刊，2013（10）：98—100.

关键词：闽南戏曲；在地经验；集体记忆；二次创业

机构：泉州师范学院文学与传播学院

摘要：在消费文化的时代情境中，海峡两岸戏曲研究界关于布袋戏的发展论述，包含着感性、现代性层面的休闲娱乐与欲望代偿，社会现代性向度的族群记忆与成长经验，以及审美现代性视阈下的文化工业的批判反思。作为跨文化交往语境中闽南意象重要表征的布袋戏，其历史承续与当下发展的系统勘定，需要超越本体探寻与外部叩访的分野对立，在文化生态的整合视阈下重新绘制。

陈超．清代闽台两地中国画传承交流探究［J］．大众文艺，2013（19）：144—145.

关键词：清代；中国画；闽台；传承交流

机构：闽江学院

摘要：清代随着政府对台湾的实际统治和科学技术的发展，特别是航海、造船技术的发展，大批福建移民跨越海峡到台湾开荒垦殖繁衍生息，人类的活动必然带来文化的传播，通过移民，大量的福建文化传入台湾，并不断地得以丰富和发展，福建简称"闽"，是距离台湾最近的大陆，并且从历史、地理、文化等方面来说，福建与台湾相互间有着特殊的联系，福建文化成为台湾文化的核心来源，我们可以从台湾社会生活的各个领域中看到福建文化所产生的影响。以中华民族传统的中国画艺术而言，清代是闽台两地中国画传承交流的重要时期，闽派中国画艺术就对台湾中国画画坛的发展和传承产生了重要而深刻的影响。

赖月莲，何振良．磁灶与澎湖的陶瓷缘［J］．东方收藏，2013（9）：55—56.

关键词：磁灶；制瓷技术；黑釉瓷；绿釉瓷；彩绘瓷；泉州窑；陶瓷之路

摘要：〈正〉地处福建东南沿海的磁灶窑，全迟在南朝时期已开始生产青瓷器，迄宋元间形成规模。该窑集南北各窑制瓷技术之大成，烧制过釉下彩绘瓷、黑釉瓷、低温黄、绿釉瓷等多种产品，成为泉州窑系中最具代表性的窑场，因此，亦有人把磁灶窑称为"泉州窑"。根据国内外现有出土的资料，可以证明自唐代以来，尤其是宋元时期，磁灶陶瓷通过"海上陶瓷之路"大量输入到东亚、东南亚以至非洲的许多国家和地区……

陈丽萍．以工艺美术为桥　让两岸都得益——专访福建工艺美术学会会长顾正［J］．中华手工，2013（12）：84.

关键词：工艺美术学会；脱胎漆器；寿山石雕；漆线雕；龙眼木雕

摘要：〈正〉福建工艺美术学会充分发挥血缘、文缘、商缘优势，搭建起一个两岸工艺美术产业密切合作的平台，让两岸工美行业发展更繁荣。中华手工："顾会长，您好！福建工艺美术行业门类众多、自然资源丰富、文化历史悠久，请您谈谈其产业现状和特点"。顾正："福建是中国工艺美术重点产区，其产业发展的特点是：历史悠久，门类众多，技艺精湛，生产规模大。福建位于我国东南沿海巍峨的武夷山脉，使之与外部隔断，成为偏安一隅，自春秋战国以来，中原战乱频繁，许多达官贵人、文人雅士、能工巧匠迁徙于此，所以文化、艺术、手工艺在这优良环境中传承延续，没有断绝，故称'海滨邹鲁'。福建的手工艺门类较多，有13大类，120多个品种，一些品种，诸如脱胎漆器、寿山石雕、青石雕、软木画、龙眼木雕、漆线雕、瓷塑等，有的甚至是独一无二的，这些工艺品美轮美奂……"

陈立伟，许宪生．论闽台木偶雕刻传承与发展的教育形式［J］．怀化学院学报，2013（9）：3—5.

关键词：闽台木偶雕刻；创意产业；教育

机构：闽南师范大学艺术系；漳州城市职业学院

摘要：闽台木偶雕刻的美学特征和丰厚的文化底蕴，不仅具有极高融入创意产业的价值，也是可资利用的民间美术教育资源。从美术教育的视野去研究闽台木偶的传承和发展问题，将起到其他领域难以企及的作用。通过多种教育的模式，促使文化遗产最广泛地回归民间，培养新一代的专业人才，让更多民众喜爱木偶文化艺术，让闽台木偶艺术更好地成为现代文化建设的一部分，将是我们保护和发展非物质文化遗产工作所努力追求的目标。

许宪生．创意产业格局下的闽台木偶雕刻艺术发展瓶颈及对策［J］．郑州轻工业学院学报（社会科学版），2013（3）：105—107.

关键词：闽台；木偶雕刻；创意产业

机构：漳州城市职业学院艺术系

摘要：闽台木偶雕刻艺术具有文化内蕴美、艺术形式美等美学特征，深受海峡两岸民众喜爱。当前在闽台木偶雕刻艺术发展过程中，由于因循守旧、缺乏创新，作品的传统艺术美感受到破坏、形式雷同化、缺少文化品牌、专业人才匮乏等问题，已成为影响闽台木偶创意产业发展的瓶颈。推进闽台木偶雕刻艺术创意产业发展，应保持传统木偶的工艺特色，突出其地域文化特色，探索发展现代木偶文化产业的新路径，打造闽台木偶文化品牌和产品，培养新一代木偶雕刻设计人才，促进这一艺术在创意产业格局中健康发展。

陈立伟．试析闽台民间造型语言艺术及比较——木版年画［J］．福建教育学院学报，2013（1）：114—118.

关键词：闽台木版年画；艺术；审美

机构：漳州师范学院艺术系

摘要：根据闽台木版年画表现其特有内涵与外延美的艺术风格，从求"真"的艺术观念出发，所表现出的艺术语言、地方特色被称为南方年画的代表，带着浓郁的闽南乡土气息的年画，是它美学价值之所在，体现了闽台传统积淀和历史文化的艺术价值。

蓝达文．闽台民间"剑狮"的装饰艺术特征及价值［J］．厦门理工学院学报，2013（4）：6—10.

关键词：闽台；剑狮；装饰特征；艺术价值

机构：闽南师范大学艺术系

摘要："剑狮"是闽台民间艺人通过主观感受创造的装饰艺术，其造型稚拙淳朴，构图饱满，形象夸张，种类繁多，形式各异，色彩浓郁艳丽，艺术手法充满想象，具有鲜活的生命力。它集中体现了闽台民间艺人率真质朴的情感因素，是闽南地区浓厚的宗教文化、民族文化、民俗文化等多元文化相结合的产物，有着独特的乡土艺术特色和重要的欣赏与研究价值。将"剑狮"艺术融入当今美术创作和人们的现实生活中，使之进一步艺术化、生活化及标志化，是永葆其艺术活力的有效举措。

林长红. 弘一大师人格与艺术精神对闽台文化交流的现代意义 [J]. 黎明职业大学学报，2013（3）：5—12，24.

关键词：弘一大师；人格；艺术精神；闽台；文化交流

机构：黎明职业大学文化传播学院

摘要：弘一大师作为中国近现代新文化运动启蒙时期的先驱者之一，他与闽南因缘殊胜，影响深远。通过考察闽台数十年来弘一大师研究合作交流成果，探研弘一大师人格与艺术精神在闽台文化交流中的现代意义：传承、弘扬中华文化，提升文化交流的道德内涵，树立正确的文艺观，发扬文化包容优势，推进艺术创新等，期望引发对当下闽台文化交流的进一步思考。

谢忠恒. 从谢管樵影响的清代台湾水墨画家论起 [J].（台湾）书画艺术学刊，2013（14）：179—211.

关键词：谢管樵；文人画；扬州八怪；诏安画派；海上画家；任伯年；鹿港

机构：台湾艺术大学书画艺术学系

摘要：谢管樵（1811—1864）为诏安画派前期重要的领导画家，清时期曾受聘至台湾短暂讲学并担任幕府与西席，游台期间有推广与教育早期台湾书画的功能，福建论坛有云，其"为台湾美术开山祖"，研究清代台湾、福建诗书画坛时，必言其生平及艺术，为清代台湾艺坛吉光。对于台湾之后学诗书画家而言，谢管樵所属清中叶以后时期，更近于当时代台湾画家所学习的明、清初诸家，即师古名家和后学画家间桥梁过程的地位，尤其经过谢氏心源整合成客观且独到的艺术观后，有利于其离台与辞世后的后学所吸收。在早期台湾书画艺坛大量作品款文动辄仿拟青藤、白阳和扬州画派等诸大家，借追古以提高自身画艺与书画知识的滥觞时，谢管樵艺术能获得早期台湾画家重视，显示其书画艺术实质受到瞩目的成果。本专题论述，为笔者搜整早期台湾书画相关展览图录和田野调查，发现几位私淑谢管樵画艺，并肯定于其作品题画诗文者，多来自地方指标性画家或从事诗书画艺术创作者，笔者除谈论后学艺术生平和背景外，试图分析、关注谢管樵的相关作品，借探讨后学画家之书画风格与师承关系，以利未来解析影响早期台湾画坛的画派和时代艺术风格的相关研究。

魏雄辉．闽台艺术设计人才的培养模式——以闽南文化语境为视角 ［J］．泉州师范学院学报，2014（1）：111—115.

关键词：闽南文化；台湾；艺术设计；人才

机构：泉州师范学院美术与设计学院

摘要：在各级政府部门的大力扶持下，一系列针对闽南文化和闽台交流的相关政策相继出台，为海峡两岸经济和文化教育带来实实在在的生机和发展机遇。闽台高校的艺术设计教育应该以此为契机，在闽南文化语境下开展深度交流与合作，发挥闽南文化优势，开展特色教育，共同找到一种培养艺术设计人才的新模式。

陈敏红．海峡两岸南音馆阁传承方式比较研究 ［J］．甘肃社会科学，2014（6）：232—235.

关键词：海峡两岸；南音馆阁；传承方式

机构：泉州师范学院南音文化传承与发展协调创新中心

摘要：南音作为两岸共同抚育、发展至今的乐种，其重要传承载体——南音馆阁，在发源地泉州与重要传播地台湾演绎着不同的文化变迁，促使南音馆阁往下走的不仅是南音人自发性的传习，更体现在相关政策的扶持和推动。目前，两岸南音馆阁已逐渐形成三种较为稳定的传承形态：非营利性的传统南音馆阁、半营利性的新南音馆阁、文化部门设立的南音馆阁。它们在组织结构、文化标识、礼俗活动等方面，共性多于个性，体现出发源地与传播地一脉相承的特点，而新的南音馆阁及政府设立的南音馆阁则个性多于共性，拓宽了南音馆阁的生存形态。

王丹丹．闽台南音"郎君祭"仪式结构与其音声探究 ［J］．交响（西安音乐学院学报），2014（1）：90—94.

关键词：南音"郎君祭"；仪式结构；人文价值；社会意义

机构：泉州师范学院音乐与舞蹈学院

摘要："郎君祭"是闽台南音的重要仪式活动之一，因以纪念宋之降臣后蜀末代皇帝孟昶，故最早应发端于宋初。其祭祀仪式历经宋、元、明、清、民国至今，其"原始版""经典版"无从确定，但其仪式结构内核应系于我国上古时代的祭祀文化，延承了孔儒学派"仁礼一体"的本质特征。作为对古代文化音乐先师的祭祀，"郎君祭"虽有别于传统的对天、地、神，以及先贤的追思和自然的敬畏的祭祀，但其仍蕴含着深刻的人与自然、人与社会以及人与人之间和谐相处的理念，以及追慕先哲、共勉向善、增进亲情、团结族群等多种优良功能和作用的道德因素。它是以纯粹音乐和富于音乐性的人声、器物声以及器乐声演奏的仪式，是有别于其他祭祀仪式特有的艺术回归与升华。

吴少静. 闽台"孟姜女"调的民歌变体——"五更鼓"研究 [J]. 人民音乐，2014 (1)：51—53.

关键词：五更鼓；《孟姜女》；民间小调；经典曲目；泉州南音；闽南方言；悦耳动听；歌词内容；旋法；戏曲唱腔

机构：泉州师范学院音乐与舞蹈学院；泉州南音学院

摘要：〈正〉"孟姜女"调是我国流传范围最广、影响最大的民间小调之一，"五更鼓"则是用闽南方言演唱的传统民歌曲调，是闽南群众耳熟能详的民间小调之一，也是台湾福佬系民歌的经典曲目，而"五更鼓"实际就是"孟姜女"调的变体，特别是"五更鼓"与闽南方言紧密融合，除吸收明清俗曲"孟姜女"的旋律外，又与闽台音乐相融合，从而使这首曲调悦耳动听、委婉流畅，深受闽台人民群众的喜爱。"孟姜女"的故事、音乐在全国各地广为传播，其与各地音乐、方言相结合，演绎出丰富多彩的变体。学术界对"孟姜女"调展开过深刻而广泛的研究，总结如下：1. 对《孟姜女》故事的形成、发展的系统研究。主要成果有历史学家、民俗学家顾颉刚和路工的相关专著，其中有涉及一些《孟姜女》的音乐……

曾学文. 歌仔戏《蝴蝶之恋》的两岸合作实践及启示 [J]. 福建艺术，2014 (1)：45—46.

关键词：传统戏曲；合作实践；歌仔戏；两岸文化交流

机构：厦门市台湾艺术研究院

摘要：〈正〉一、《蝴蝶之恋》抒写两岸文化交流新的一页。2010 年 8 月 1 日，两岸戏曲首度全面合作，被台湾媒体称为"两岸戏曲合作的破冰之旅"，由厦门市歌仔戏剧团和台湾唐美云歌仔戏剧团合作创作演出的歌仔戏《蝴蝶之恋》，在台北戏剧院写下了传统戏曲商业售票连演五场的纪录……

黄秀珍. 试论《鼓神》的舞台艺术 [J]. 大众文艺，2014 (1)：13—14.

关键词：舞台艺术；舞蹈作品；文化交流；海峡两岸

机构：厦门市思明区文化馆

摘要：自 2010 年起"厦门市思明区艺术团"与"台湾九天民俗技艺团"率先以合作创作、展演、比赛的模式开创了两岸文化交流之先例，在 2013 年 10 月，一举夺得了文化部政府最高奖"群星奖"。这部以海峡两岸首部合作的成功模式和典范的作品，是以打造海峡两岸民间文化交流之经典典范为己任，进一步弘扬两岸文化，彰显两岸民间文化交流和发展之用意。

李嘉琪. 实验戏剧之路——金桥·2013 海峡两岸民间艺术节述评 [J]. 艺苑，2014 (1)：89—91.

关键词：实验戏剧；海峡两岸民间艺术节；述评

摘要：第十届金桥·2013海峡两岸民间艺术节于2013年10月在厦门举行。此次艺术节以"两岸实验剧展"为主题，包含戏剧演出和理论研讨等形式多样的戏剧活动。本文从实验戏剧视角切入，依据大陆和台湾不同的戏剧传统，对2013年10月在厦门举办的海峡两岸民间艺术节的剧目《Q版辣妹打面缸》《死亡与少女》《风景三》及"昆剧折子戏专场"进行述评，进而探讨实验戏剧在发展道路上的经验与问题。

潘培忠．论闽台歌仔戏的"捡戏"传统［J］．福建师范大学学报（哲学社会科学版），2014（5）：107—115.

关键词：歌仔戏；"捡戏"传统；剧种特色；剧种变异

机构：中山大学中文系

摘要："捡戏"是指捡戏者"将自己演过或看过的戏，移植到新的剧团"。"捡戏"对歌仔戏发展有着深远而重要的影响，不仅促成了歌仔戏剧种特色的形成，也对歌仔戏传统剧目的编创及剧种变异均有重要作用。剧种年轻且具有包容性、身处繁盛的戏曲文化环境以及以演员为中心的演出机制和城市商业剧场的兴起等，是促成歌仔戏在20世纪20年代形成"捡戏"传统的主要因素。

王伟．交光互影：闽台歌仔戏的百年传播及其当代意义［J］．艺苑，2014（3）：77—80.

关键词：歌仔戏；审美理想；公共观演；民间记忆

机构：泉州师范学院文学与传播学院

摘要：在审美历史主义视域下，从共时性与历时性两个维度描述歌仔戏百余年传播史，绘制其公共观演进程与时代精神变迁的互文关系，能够敞开现代性话语对民间社会的渗透轨迹，解析当中繁复多变而又颇具异趣的社会历史地层。"由歌而戏"的歌仔戏，出身草莽而流播乡野，积极响应历史现代性征召，一度跻身都会商业剧场，跨界联姻新兴电子媒体，其历经坎坷的发展历程，体现为连续性与断裂性相伴而生的文化征候。歌仔戏具有"声色之美"与"嬉戏之趣"的感性娱乐功能，契合平民阶层的道德伦理与审美理想，并且在新旧交汇的跨文化语境中注入新质的人文关怀。

王伟．闽台歌仔戏的文化地形与历史记忆［J］．戏剧文学，2014（6）：80—85.

关键词：歌仔戏；闽南地区；戏剧学；地方剧种；现代性问题

机构：泉州师范学院

摘要：〈正〉一、作为方法的东亚美籍印裔学者杜赞奇有言："历史就像打给我们的电话，我们必须大体在其框架之内对之做出答复。这样现在的我们与来自过去的打电话者共同成为创作过去者。我们这样回电话，回电话时相互之间有多大差别，反映出我们现在的处境与创造性。"诚哉斯言，在海峡两岸出版的闽南戏剧论著所确立的阐释框架下，歌仔戏形成并崛起于现代性风起云涌的大变革时代，却又悖谬式地与闽南地区其他古老剧种（如享有"宋元南戏活化石"之美誉的梨园戏）共同分有"非物质文化遗产"的隆重声誉。若以今人的"后见之明"来追忆这一东西汇通、古今交融的转型岁月……

汪晓云. 歌仔戏与闽南族群认同 ［J］. 戏剧艺术，2014（4）：99—104.

关键词：歌仔戏；闽南；族群认同；移民

机构：厦门大学

摘要：戏剧是移民社会族群认同的载体，移民族群认同亦影响着戏剧的形态、功能及传播。台湾歌仔戏深受闽南移民族群认同影响，同时亦对闽台乃至东南亚闽南人的族群认同产生了深远影响。从歌仔戏之发生看，日本侵占时期闽南族群认同不再是台湾闽南移民的主要心理与情感需求，歌仔戏在此时此境中产生，不仅是时代社会使然，也是由移民社会趋向定居社会时期台湾闽南移民的文化需求。歌仔戏向闽南与东南亚的传播以及闽南人的接受则从反向印证了歌仔戏承载的族群认同。

蔡欣欣. 当代两岸歌仔戏交流史话（1949—2012）［J］.（台湾）戏曲学报，2014（11）：225—278.

关键词：歌仔戏；芗剧；两岸歌仔戏；交流；解严

机构：台湾戏曲学院

摘要：被视为并蒂姊妹花的"台湾歌仔戏"与"闽南芗剧"，在日据时期与战后初期交相往来；然自1949年两岸进入军事对峙局面，遂中断了彼此的交流，在各自的历史语境与社会结构中发展演化。直到1987年台湾解严，两岸歌仔戏才从凭借大众传媒的私下偷渡，逐步复苏开启交流网络，且陆续在剧坛生态、经营策略、创作思维、演艺空间、演剧景观与学术论证等面向开展多元交流与对话。本文通过报刊史料、前贤论著、剧团访谈、演出观察等研究途径，细致梳理从1949年到1986年的"潜流接触期"，1987年到2000年的"拓展对话期"，以及2001年至2012年的"多元活络期"等"当代"两岸歌仔戏交流的历史印迹，以及所引发的参照借鉴或影响反馈等现象。

陈立伟，许宪生. 闽台木偶雕刻艺术产业现状与开发对策——以闽南漳州、泉州为重点 ［J］. 莆田学院学报，2014（1）：76—80.

关键词：闽台；木偶雕刻；创意产业

机构：闽南师范大学艺术系；漳州城市职业学院艺术系

摘要：阐述闽台木偶艺术是两岸民众的宝贵财富，具有极高的融入创意产业的价值。文化产业的开发与非物质文化遗产保护的互动，是传统民间美术在当代实现转化、发展与创新的一条新途径。因此，在现代新潮艺术和市场经济的冲击中，应面对市场，突出闽台木偶特色优势，将其文化资源通过创意产业的创新、开发转化为新的创意理念和新的运作机制，建立健全闽台木偶产业链市场体系，促进两岸木偶造型艺术多样化的发展。

赖登明．闽台客家傀儡戏的传承与变迁［J］．中国音乐，2014（1）：83—87，105.

关键词：闽台客家；傀儡戏；渊源与流变；艺术特征：现状传承

机构：三明学院教育与音乐学院

摘要：闽台丰富多彩的傀儡戏的生成、传播与变异，有明显的地缘性和血缘性。闽西客家地区的傀儡戏属提线木偶戏，其操纵技术与表演形式相当成熟，是福建具有代表性的傀儡戏艺术之一。明末清初，傀儡戏随福建移民渡海来台。台湾北部、东北部地区傀儡戏的文献古籍、演出仪式、唱腔乐器、戏神崇拜与木偶造型属闽西木偶系统，具有浓厚的驱邪祭典功能。本文旨在探讨闽台客家傀儡戏的传承与变迁，挖掘闽台客家傀儡戏的艺术特征，揭示闽台客家音乐文化因缘，加深两岸同为中华民族一家亲的认同感，促进两岸傀儡艺术的传承与发展。

庄长江．莲香熏海峡　掌偶唱佛缘——木偶神话剧《龙山情缘》导演阐述［J］．福建艺术，2014（6）：67—68.

关键词：台湾人民；导演阐述；神话剧；佛缘；慈航；养正；香熏；安平；提线木偶戏；佛曲

摘要：〈正〉《龙山情缘》讲的是安平龙山寺观音香火东传台湾的故事。观音，是大慈大悲、救苦救难的神。她"慈航普度"，因而成为民间信仰的偶像，是老百姓理想的寄托。安平商人曾养正，在台湾首倡营建龙山分寺的善举，正符合台湾人民的愿望。从此，居家妇女多持观音斋，普门户户有观音。三百年来，龙山分炉多达三百多座，遍布台湾。海峡两岸，缕缕轻烟飘荡，飘出人民的心香，互诉衷肠……

孙盛雅．两岸四地同赴台湾　共话传统表演艺术教育［J］．杂技与魔术，2014（6）：28.

关键词：舞蹈教育；杂技学校；京剧艺术；两岸文化交流

机构：北京市杂技学校（北京市国际艺术学校）

摘要：〈正〉2014年10月24—25日，应台湾戏曲学院的邀请，我代表北京市杂技学校赴台参加了"传统表演艺术教育之深耕与开创"戏曲国际学术研讨会。本次研讨会由台湾教育主管部门、科技主管部门指导，台湾戏曲学院主办，共分6个主题：两岸戏校教务长论坛、京剧艺术教育与文化传承、民俗技艺（即杂技）与舞蹈教育之课程规划与思考、传统表演艺术教育之教学传习与保存活化、传统表演艺术教育之多元面向探索、国际视野下的传统表演艺术教育。有来自北京、上海、福建、香港……

郑玉玲．从台湾地区传统舞蹈发展轨迹探寻闽台舞蹈文化关系［J］．北京舞蹈学院学报，2014（6）：107—112.

关键词：台湾地区传统舞蹈；发展轨迹；闽台舞蹈文化关系

机构：闽南师范大学艺术学院

摘要：本文通过追溯台湾地区舞蹈的发展轨迹，从以下四个方面探寻闽台舞蹈互动融合的关系：史前至今原住民舞蹈与古闽越文化的亲缘关系；明清时期以闽地区汉族移民为主体的闽台舞蹈文化体系；日据时期闽台同步发展的中断与民众对传统艺术的自觉守护；20世纪50年代以来"中华经典、民俗传统并存"的舞蹈文化建构，以期厘清台湾地区传统舞蹈的史实脉络，阐明中华舞蹈文化主要经由福建移植台湾地区，两岸长期互动，在同中有异的张力中共创闽台区域舞蹈文化共体。

四　闽台家族文化与社会关系

陈彬强．闽南与台湾族谱文献资源建设和利用［J］．国家图书馆学刊，2013（3）：55—59.

关键词：闽南；台湾；族谱；资源建设；资源利用

机构：泉州师范学院图书馆

摘要：通过对闽南与台湾族谱文献资源建设和利用的意义及现状分析，探讨如何加强闽南与台湾族谱文献资源建设，以及充分利用族谱文献资源，进而促进闽台交流融合。

李照斌．以谱牒拓展闽台民间交流［J］．统一论坛，2013（6）：70—71.

关键词：民间交流；文化交流；台南市；两岸关系；闽南文化

摘要：〈正〉中国闽台缘博物馆是反映祖国大陆，尤其是福建与台湾历史关系的国家一级专题博物馆，也是集收藏、展示、研究、交流和服务等功能为一体的全国性对台文化交流与合作基地。由于本身的定位，决定了中国闽台缘博物馆肩负着开展对台文化交流，尤其是民间交流的重要使命……

曾进兴，施婧，郑丽霞，胡志超．台湾族谱与祖籍地文化的对接交流——以台湾王游氏族谱为例［J］．漳州职业技术学院学报，2013（4）：63—70.

关键词：台湾；移民；族谱；交流

机构：漳州职业技术学院

摘要：大量的台湾家藏族谱以家族世系为中心，不仅记载了台湾姓氏家族的血脉世系、盛衰荣辱等内容，还追述了先祖移民台湾的缘由经过、家族在台的分布繁衍及生活状况遭遇等，自觉地表现与祖地的渊源关系、血脉亲情。台湾移垦家族重视通过族谱加强与祖籍地亲族的联系，在开展抄谱、对谱、祭祖等活动中努力追根溯源，彰显与大陆祖地之间特殊的源流关系，表现出了强烈寻祖追根的慎终情怀和对祖地文化的高度认同。选取台湾王游氏族谱进行个案研究，分析台湾家族回祖籍地抄对族谱、确立家族意象界限及异姓承祧、同姓联宗等活动的特点，探讨两岸族谱文化交流的意义、方式、内容。

黄英湖．福建的姓氏及其与台湾的渊源关系 ［J］．福建论坛（人文社会科学版），2013（12）：34—37.

关键词：姓氏；特点；渊源关系

机构：福建社会科学院华侨华人研究所

摘要：由于特殊的地理历史环境，福建的姓氏存在着一些特点：许多姓氏都来源于河南；各地都有许多单姓村庄和大姓巨族；不少姓氏都有宗亲移居海外；其中掺入了一些国外的姓氏；各姓氏的排序和全国不一样。福建的姓氏还与台湾存在着渊源关系，反映了两地之间密切的血缘联系。

连心豪．姓氏文化与两岸和平发展——以福建省姓氏源流研究会连氏委员会为例［J］．福建省社会主义学院学报，2013（5）：11—15.

关键词：姓氏文化；两岸和平发展；建议

机构：厦门大学历史系

摘要：以福建连氏源流研究与对台宗亲联谊成果斐然为例，阐述寻根活动具有深刻的历史意义和现实意义、闽台连氏宗亲联谊的对台统战平台大有可为，并提出在厦门市建设连横纪念馆、在福安市建设闽东对台文化交流中心等建议。

林蓁．平和县马堂张氏的渊源史迹与台湾之关系的历史考证 ［J］．浙江万里学院学报，2013（3）：38—42.

关键词：平和马堂张姓；家谱；家庙；两岸关系

机构：厦门市博物馆

摘要：姓氏文化是中华民族的血脉之根，很多姓氏的根可以上溯到黄帝、炎帝，故中国人皆称炎黄子孙。寻根认祖是一种民族文化的认同，漳州、台湾之间的族谱对接更证明了两岸间的血脉相连。文章考证了福建漳州平和马堂张氏家族渊源史迹和传衍大陆、台湾的基本史实，以及台湾宗亲寻根谒祖活动和《张氏马堂族谱》的主要内容。

卢钟山．漳台同根　宗亲情深——漳州宗亲文化交流团赴台参访侧记［J］．政协天地，2013（6）：19—20．

关键词：文化交流；参访团；江丙坤；王金平；文化搭台；海洋文化

摘要：〈正〉2012 年 9 月 12—18 日，应台湾中华两岸文教经贸交流促进会邀请，市政协主席谭培根率领宗亲文化交流团赴台湾开展交流活动，并参加在台北举办的第八届海峡两岸图书交易会。拜会高层，加深了解这次参访团赴台，分别拜会了祖籍漳州的连战、王金平、江丙坤，每一场会晤都充满了浓浓乡情。当连战得知目前在漳州台资企业已有 2630 多家……

戚嘉林．台湾汉族姓氏祖国情［J］．福建省社会主义学院学报，2013（5）：20—24．

关键词：台湾汉族；源流；文化

机构：（台湾）世新大学

摘要：从台湾汉族源自闽粤、汉族之族谱文化、台湾姓氏占有分布率以及日本军国主义者企图摧毁中国姓氏以切断台湾同胞对祖国的认同等方面，阐明台湾汉族姓氏中体现出的祖国情。

王树声．漳州江都连氏与台湾名流世家［J］．中国统一战线，2013（10）：74—75．

关键词：海峡两岸；迁台；祖籍地；台湾人

摘要：〈正〉连姓是海峡两岸一个分布较广的姓氏，在宝岛台湾几乎每个县市都有连姓。20 世纪 80 年代，关于台湾著名爱国史学家连横及其家族的研究，把两岸学术界的目光聚焦在漳州长泰县江都村这个看似平凡的闽南村庄。随着研究的深入，人们惊奇地发现：连横家族只是江都连氏众多杰出迁台后裔中的一支。从江都迁台的人数众多，是台湾连氏的重要祖籍地；迁台的传说广为流传，写满先贤们拓垦宝岛的艰辛苦难；涉台文物触目可及，无言地诉说着迁台后裔们的荣耀功绩……

郑金洪．詹姓入闽入台［J］．寻根，2013（3）：140—142．

关键词：支庶；宣王；詹敦仁；郡望；裔孙；留从效；文保单位；华国；氏族谱；兵马使

摘要：〈正〉溯源詹姓来源支系较多，且为互不统属的独立系统。一是黄帝崩，守护灵柩的子孙，得以瞻仰黄帝的遗容自感荣幸，受人尊崇，这批子孙为纪念这种非同寻常的荣耀，瞻同詹，便以詹为姓。二是周宣王支庶子孙，封为詹侯……

郭明星，江焕明，刘成城．血缘牵两岸　古谱续新篇——漳州市政协开展漳台族谱对接工作纪实［J］．政协天地，2013（6）：21—23．

关键词：对接工作；参访团；梁绮萍；林丰正；副主席；海峡两岸；服务指南

摘要：〈正〉尊敬的朋友：来函敬悉，非常感动。去年底弟等回乡寻祖，曾赴平和县大溪镇云中村拜访，确为曾氏族群聚居，未能寻得家祖发源地，内心怅然！家祖陈勇为清朝武官官员，本籍福建，1751 年（乾隆十六年）奉旨接任台湾镇总兵。因家族繁衍，族谱散失，以致无法觅得家族发源地，成为心中一憾……

王晓云．多元一体、两岸一家——以福建小溪张氏为个案研究［J］．北华大学学报（社会科学版），2013（2）：56—60.

关键词：多元一体；闽台；张氏

机构：福建农林大学马克思主义学院

摘要：中华文明横贯数千年，地域跨越上万里，融汇了多民族血缘与多民族文化，最终形成了多元一体的中华大家庭。福建漳州平和小溪张氏便是其中一个典型缩影。该家族融合了畲族、回族以及客家、福佬的多民族和民系的血缘文化，体现了坚贞不屈、抵抗侵略的民族品质和迁徙繁衍、勇于拼搏的民族精神，是多元一体、两岸一家的有力代表。

周雪香．金门是福建移民台、澎的中转站［J］．福建论坛（人文社会科学版），2013（4）：113—118.

关键词：金门；福建移民；中转站

机构：厦门大学马克思主义学院

摘要：金门诸岛位于福建南部出海口的咽喉位置，由福建南部到澎湖、台湾以及海外各国，必须要经过金门诸岛。明清时期，大量福建居民及一部分广东移民正是经由金门前往澎湖、台湾从事垦殖，经营工商各业。与此同时，由于金门诸岛较靠近大陆，其移民与土地开发比台、澎地区要来得早。自明后期以来，迁居金门的福建移民及其后裔又陆续向澎湖、台湾本岛迁徙，金门成为福建移民台、澎的中转站。

祝松，陈支平．闽台社会史研究的新成果——涂志伟《台湾涉漳旧地名与聚落开发》一书出版有感［J］．中国社会经济史研究，2013（1）：110—111.

关键词：社会史研究；地方文化；史料学；闽台文化；历史文献

摘要：〈正〉近年来，随着国家政府对于文化事业的重视与推进，地方文化的研究在各地颇有风起云涌之势。在地方政府及热心人士的帮助下，各种地方性的研究论著不断涌现，特别是一些大部头的研究丛书渐次出版，为地方文化的繁荣增添了新的气象。然而毋庸讳言的是，在这场研究地方文化的热潮中，也存在着某些重数量而不重质量的倾向……

陈彬强，戴雪文．清代闽台螟蛉子收养习俗及地区差异［J］．泉州师范学院学报，2013（3）：32—36.

关键词：清代；福建；台湾；螟蛉子；宗祧继承

机构：泉州师范学院图书馆；黎明职业大学经济管理学院

摘要：清代闽台各地区的螟蛉子收养习俗存在较大差异。闽西北地区以自然经济为主，社会流动性小，宗族组织注重血缘关系传承，螟蛉子收养习俗并不流行。螟蛉子无权继承养父宗祧，也不具有宗族的正式谱系地位，只能继承养父的部分财产。闽东南地区则因社会流动性大、商品经济发达、宗族组织相对开放而盛行功利性收养螟蛉子。螟蛉子拥有宗祧继承权和正式谱系地位，也能继承养父较多财产。台湾地区的螟蛉子习俗主要体现移民社会特点，普通家庭买养螟蛉子的目的以解决承祧需要为主。螟蛉子的宗祧权和财产权与亲子并无分别，螟蛉子在台湾家庭中基本上享有与亲子同等的地位。

程微微．清代台湾的闽客械斗［J］．宜春学院学报，2013（8）：79—83.

关键词：闽客械斗；清代；台湾

机构：安徽大学社会与政治学院

摘要：台湾居民有闽南人、客家人、外省人及原住民四大族群，其中闽客两大族群互动最为密切，尤其是械斗频发。清代台湾开发过程中，闽南人与客家人因官府的"分而治之"战略、经济利益的纠葛和族群气类的差异而时常发生大规模的分类械斗。闽客的械斗给台湾民众的生命财产、社会安定及文化发展造成不可估量的影响。了解清代台湾的闽客械斗，不仅是了解清代台湾历史的重要环节，而且还助于我们更好地理解和分析当今台湾族群政治。

施沛琳．闽南社会下之大陆高山族探析——华安陈姓高山族家族的观察［J］．东南学术，2013（6）：280—284.

关键词：闽南；高山族；家族；华安

机构：闽南师范大学闽南文化研究院

摘要：现居国内各地之高山族在不同时期各自从台湾来到了大陆，部分居住在福建省，与闽南人有着频繁密切之互动，以福建省漳州市华安县陈姓高山族家族为例，该家族在日据时代自华安到台湾花莲与阿美族人通婚，而后再回到大陆，语言、饮食、信仰和风俗逐渐闽南化，其家族史反映了时代背景与两岸人民交流史，值得予以深入探讨。

陶亚楠．台湾的闽客关系与"福佬客"［J］．宜春学院学报，2013（2）：92—96.

关键词：福佬客；分类械斗；闽客关系；族群互动

机构：安徽大学社会与政治学院

摘要：台湾的闽客关系经历了从分类械斗到共处融合的过程。福佬人与客家人自大陆移垦台湾初期，双方因经济、政治、社会与文化等方面的原因而时常发生械斗。与此同时，由于客家人与福佬人原乡生活条件的相似性，以及双方在台湾经济文化境况的不平衡性，致使客家人逐渐被"福佬化"或沦为"隐形人"。台湾的闽客关系为学界探析族群互动的特征与规律提供了宝贵的视角。

汪靓．试析清代台湾闽客冲突的三大影响因素［J］．莆田学院学报，2013（1）：48—51.

关键词：台湾；闽人；客家人；族群；械斗

机构：安徽大学社会与政治学院

摘要：清代台湾社会中，闽客移民之间冲突不断。引起冲突有三个主要影响因素，一是官府的分化策略，二是闽客之间的气类差异，三是水利和土地等资源之争，在清代台湾闽客冲突的影响因素中，民间力量起着比官方策略更为重要的作用。

谢重光．朱一贵事件与台湾客家、福佬关系的演变［J］．宁德师范学院学报（哲学社会科学版），2013（2）：6—14.

关键词：台湾；客家；福佬；朱一贵事件

机构：福建师范大学社会历史学院

摘要：朱一贵事件是台湾归入清朝版图以后第一次大规模的社会动乱，事件中，同为潮籍移民，杜君英集团参加造反，而李直三、侯观德等一万两千余人则拥戴官府与乱民相抗，实与他们不同的族群属性密切相关，这对后来台湾的闽客关系总体上趋于恶化有很大影响。

张丽丽，丁群．清代台湾拓垦中闽客的合作与融合［J］．宜春学院学报，2013（7）：76—80.

关键词：清代；台湾；闽客关系

机构：安徽大学社会与政治学院；江西教育国际合作中心

摘要：清代台湾拓垦过程中，文化迥异的闽南人与客家人面对荆棘载途的环境，为了互利共赢双方存在诸多合作。具体笔者从以下两个方面陈述：第一，闽客合作，包括拓垦过程中二者在土地开发、民俗文化、社会治安方面的合作；第二，闽客融合，闽客的互动催生了一个新的群体——"福佬客"。清代台湾拓垦中闽客的合作与融合现象是符合族群融合规律的。

陈险峰．江丙坤祖籍福建平和县［J］．统一论坛，2013（2）：72—74.

关键词：江丙坤；裔孙；南投县

摘要：〈正〉江姓溯源一是出自嬴姓，江人是东夷嬴姓部落中的一支，夏时迁徙至河南江汉流域地区。商朝时，江人在江亭，即今河南正阳大彬涂店一带建立江国。古江国国都在今河南正阳县东南大林乡（一说在江陵）。楚穆王三年（公元前 623）楚国灭江国……

施沛琳.闽南视域下之大陆高山族浅析——河南邓州一个家族的观察 [J].漳州师范学院学报（哲学社会科学版），2013（3）：12—17.

关键词：闽南；台湾"土番"；高山族

机构：闽南师范大学闽南文化研究院

摘要：作为中华民族之一个组成部分，三四百年前，台湾原住民从宝岛台湾、福建闽南到中原大地之河南省邓州，于历史洪流中经历了闽南化、闽营化与邓州化，就文化传播而言，其不仅仍保有且带入了闽南习俗，亦体现在地的社会化过程。

徐金星."西晋洛京——客闽台根亲文化圣地"说略 [J].洛阳理工学院学报（社会科学版），2013（1）：1—6.

关键词：西晋洛京；客闽台；根亲文化；圣地

机构：洛阳汉魏故城文物管理所

摘要：西晋洛京，地处河洛地区中心，展示着中华民族一个时段的成就和辉煌，是当时河洛文化的主要载体和集中代表。西晋洛京是中原汉人首次大规模南迁最重要、最具代表性的出发地。西晋洛京和后来的数次汉人南迁有着深深的渊源关系。客家人、闽南人、台湾人根在河洛，客家文化、闽南文化、台湾文化源于河洛文化，西晋洛京和客家、闽南人、台湾人既有血脉传承渊源关系，又有文脉渊源传承关系。至今尚存的京城遗址、太学遗址、辟雍碑等，都是西晋洛京难得的实物遗存。河洛文化是典型的根亲文化，西晋洛京是客、闽、台人最理想、最具代表性的"根亲文化圣地"。

陈名实.台湾的闽南籍民与地方自治 [J].福州大学学报（哲学社会科学版），2013（3）：5—11.

关键词：台湾民众；闽南移民；民族自治

机构：泉州师范学院政治与社会发展学院

摘要：台湾光复以后实行的地方自治是以闽南籍为主的台湾民众长期努力的结果。明郑时期，闽南籍民众随明郑政权收复、开发台湾，形成自治的地方政府。台湾归清以后，闽南籍民众在朱一贵、林爽文等领导下发动反清起义，试图建立汉族在台湾的自治政权。日据时期，闽南籍台湾精英带领台湾民众争取民族自治权利，这些都对台湾光复以后国民党政权实行台湾地方自治产生重要影响。

李智君．战时清政府对海峡西岸移民社会的控制——以台湾林爽文事件中的福建漳州府为例［J］．厦门大学学报（哲学社会科学版），2013（6）：148—156.

关键词：清政府；林爽文事件；移民社会；社会控制

机构：厦门大学人文学院

摘要：乾隆晚期，海峡两岸政治、经济和文化已逐步走向一体化，因此，当漳州府移民林爽文在台湾举事时，清政府既要在台湾府与林爽文及其部下作战，还要维持漳州府的社会稳定。清政府是通过控制漳州天地会组织、补齐漳州粮食市场缺口和提防漳州军人等措施来控制漳州社会的。从打赢外洋战争、防止其殃及漳州和维持国家统一等方面来看，清政府的社会控制无疑是成功的。从社会控制的方法来看，常青、李侍尧、福康安等，都无一例外把漳州府内生息的民众，当作一个无内部差别的乡族团体，即"漳州人"，而没有当作一个个独立的个体，即独立的公民。因此在控制漳州社会时，才会不分良莠，广泛怀疑，甚至不惜利用漳州人、泉州人与广府人之间的嫌隙，控制漳州社会。相比之下，乾隆帝对漳州人的态度则以国为家，在打赢外洋战争的同时，还不忘适时地体恤苍生。

王亚民，姚远．清初边疆国家大一统实践的成功与挫折——以于成龙、蓝鼎元的乡村管理为例［J］．吉林师范大学学报（人文社会科学版），2013（5）：32—35.

关键词：清初；边疆知县；乡村管理；国家大一统

机构：吉林师范大学中国思想文化研究所

摘要：在传统中国边疆社会，国家大一统政治理想的实现，最终体现在县官对广大而分散乡村社会的有效管理，取得基层民众对国家的认同。清朝初年，知县于成龙、蓝鼎元分别管理陆、海疆乡村社会而政绩显赫，虽然成败各有其因，但充分展现出边疆国家大一统实践的成功与挫折。相对于民治而言，两位知县的乡村管理不乏历史局限，同时对于当今新农村建设亦不乏启示。

韦烟灶，林雅婷．清代大溪墘庄闽、客宗族互动关系之探讨：以姜、范姜、郭三姓为例［J］．（台湾）地理研究，2013（58）：33—74.

关键词：闽南；客家；大溪墘庄；姜胜本垦号；郭振岳垦号；范姜姓

机构：台湾师范大学地理学系

摘要：雍正十三年（1735）郭振岳与姜胜本向南崁社土官老密氏等购买土地招佃开垦，郭振岳原名郭振掏，为新屋乡永安村郭氏渡台始祖，祖籍为漳州府龙溪县升平堡。一群祖籍惠州府陆丰县大安墟盐墩乡的姜姓宗族，大约于1735—736年间渡海来台。《范姜姓族谱》记载范姜殿高等5位兄弟于1736—1758年间自祖籍地惠州府海丰县公平墟陆续渡台，抵大溪墘庄拓垦。就族群而论，郭姓宗族代表漳州闽系，姜姓宗族代表海陆闽系，范姜姓则代表海陆闽系过渡到海陆客系的角色。郭振掏先居台南，

1722 年迁淡水厅大溪墘，业户报升户名为"郭振岳"，其开垦的土地非常广大，东至高山顶，西至海涯，南至大溪（今社子溪），北至大堀溪（今观音乡境内）。乾隆九年（1744）郭振岳与姜胜本对半均分土地，拈定大溪墘西畔，姜胜本垦号则拈得大溪墘东畔土地。《范姜姓族谱》宣称姜胜本业户图记为渡台祖之一的范姜殿高（姜殿高）所有，但在乾隆十六年（1751）认垦大溪墘中兴庄前土地的契字上文"今有佃姜殿高自己前来给出垦单"，既是作为大溪墘庄垦佃的姜殿高，但为何不署名范姜殿高？如何会是姜胜本垦号的领导人？范姜姓与姜姓的渊源如何？均引发此两姓后代的争论。大溪墘庄是清代北台械斗最少地区之一，促使本区族群关系相对和谐的原因与这三姓背后所代表的族群及其地缘、血缘性有着密切关联。

韦烟灶. 彰化永靖及埔心地区闽客族群裔的空间分布特色之研究 [J]. （台湾）地理研究，2013（59）：1—22.

　　关键词：族群；客家；彰化；永靖；埔心；空间分布

　　机构：台湾师范大学地理学系

　　摘要：本研究采取田野调查、文献分析与地图分析并行方式，利用闽、客式地名词所绘制的原乡闽客历史方言图，将文献及田野访查到的永靖及埔心的世居家族祖籍放到此历史方言区图中，借以推断永靖地区各世居家族的族群归属，并进而统计各族群及社群的人口比例及分布特色。研究区世居家族的祖籍均颇为分散，但以饶平籍为多，但祖籍属饶平的闽南族群与客家族群比例相当，由于某些研究者偏向将饶平籍移民均归饶平客，可能造成后续诸多研究推论的误解。语言隔阂、省籍意识和族群意识冲突，使永靖及埔心在历史进程中，分类械斗频繁。随着时间的演进，彰化平原东南部属于漳州闽南族群裔占优势的区域，使得相对弱势的客家族群裔趋于福佬化，族群意识也随之转化；由于研究区饶平世居家族数居优势，使得其口音虽偏漳州口音但表现出潮汕话的特点。此一人文地理特色发现的学术意义，不仅可用于台湾语言研究的解释上，更重要的是有助于厘清研究区历史上的闽、客族群互动关系。

韦烟灶. 诏安客家族群空间分布的历史地理诠释 [J]. （台湾）"中国地理学会"，2013（50）：81—112.

　　关键词：诏安客；诏安二都；历史地理；族群

　　机构：台湾师范大学

　　摘要：本研究尝试透过地图操作、历史与地理文献的整合分析，来呈现诏安客原乡—诏安二都的区域特色，并尝试解析诏安客家原乡之地域汉人入垦的时程。具体操作是利用诏安客原乡与渡台宗族族谱等的对比，汇整《诏安县地名志》所列姓氏、聚落地名及所使用方言等信息，以厘清诏安客家区域形塑的历史地理脉络。首先，利用"地名志"中翔实的自然村聚落、宗族及使用语言等，建立清晰的诏安闽、客界限，以避免后续研究对族群认定的混淆；其次，以"地名志"中所列举的各自然村聚落姓氏宗族信息，作为探究诏安客区宗族社群的地理分布与同姓聚居的单姓聚落社会结构；再次，利用相关的地名信息进行空间分析，以推导出许多有研究价值的地理信息；最后，回过头来检视台湾的诏安客主要分布乡镇及其优势姓氏。

刘裕元. 台湾闽南俗谚反映的独身关系 [J]．（台湾）桃园创新学报，2013（33）：357—372.

关键词： 俗谚；传统婚俗；婚外关系；嫖妓；同性恋；乱伦

机构：（台湾）桃园创新科技学校财团法人桃园创新技术学院

摘要： 台湾俗谚，充满了人生的智慧，它言简意赅、言近旨远，正确而深刻地反映了不同历史阶段或地区、族群的生活面貌，传达了生活的经验和智慧。换句话说，有些生活习惯、民间习俗即使已经从现实生活中消失了，而与它们有关的俗谚，则仍流传在社会人士之中。因此，如果从历史的角度去看待这些俗谚，它们具有很高的史料价值，甚至是一种活化石。台湾汉人文化大多传承自中国大陆闽南地区，相关的俗谚十分丰富，其来源很多，有些是从古籍上的格言转变而来，有些是移民们由大陆原乡输入，经过三百多年的历史演变，以及与外来文化的接触，已有许多变迁，部分能适应台湾实际生活的需要而遗留下来，有的则新创。本文针对已逾适婚年龄之"独身"者，探讨其中蕴含的各种文化意涵。

李文献. 台湾汉人传统缔结婚姻时在伦理和礼法上的禁忌：台语文学的发展、史论建构与民族想象 [J]．（台湾）桃园创新学报，2013（33）：331—355.

关键词： 台湾传统婚俗；父母之命；媒妁之言；律例；礼法；亲族；禁忌；闽南

机构：（台湾）桃园创新科技学校财团法人桃园创新技术学院

摘要： 我国自古以来，即十分重视婚姻的规范和礼仪，从正式的文献资料加以考察，这种婚姻的规范和礼仪，就以最常见的婚礼仪式来说，早从两千多年前的周代起，便有了较定型的规划，这就是一般所谓的"六礼"。这"六礼"完备于周朝后，就一直流传下来，历代虽然有过不少的变化，但是在大体上，直到近日仍在沿用中。本文所指的台湾传统婚姻，即指受到中国传统婚姻观念影响，流行于台湾地区闽、客族群中的传统婚姻的规范和礼仪。这范围包括了大部分闽南和客家的婚俗。然而，这套传统的仪节，在台湾特有的环境下，经过几百年的演变，已孕育出自己的特色。清代时的台湾，原本是边缘移垦的社会，官府统治的力量薄弱，除少数县城外，有时几近于无政府之状态，人民乃因社会需要而自成习俗。当时台湾汉人的婚姻缔结以一夫一妻制为基本形式，然一夫多妻（妾）亦属合法，一般人民可娶妾，并不限制其人数；而其缔结婚姻时的观念与禁忌，虽多承自大陆原乡，亦多所增损。至于嫁娶规定，虽在律例上多有刊列，但不大为民间所遵守；尽管如此，部分嫁娶规定仍为一般人民遵守，这情形直到日人统治后，才慢慢步入正轨。本文主要为陈述台湾民间闽客族群在缔结婚姻时在人伦和礼法上的观念和禁忌。

谢重光．台湾客家移民中的汀州客及漳州客、潮州客问题［J］．闽南师范大学学报（哲学社会科学版），2014（1）：1—5.

关键词：闽粤对台移民；汀州客；漳州客；潮州客

机构：福建师范大学社会历史学院

摘要：海峡两岸关于清代闽粤移民台湾的文献和文物、口碑资料表明，以对台湾开发做出重要贡献的汀州客以永定、武平、上杭三县为多；而漳州属下南靖、平和、云霄、诏安诸县西部山区乡镇多为客家人聚居区，他们在台湾的漳籍移民中占了很高的比例，但不能盲目地把漳籍移民都称为客家人；至于潮州籍移民，现在台湾地区有些学者都视之为客家人，那也是片面的。台湾潮籍移民中客家、福佬兼有，他们都信奉三山国王，但若把三山国王庙作为追寻和判断早期移台的潮州移民的族群属性，即所谓"客家索引"，难免出现差错。

许世融．20 世纪上半台中地区闽客族群的分布——几种日据时期种族祖籍调查的分析比较［J］．（台湾）兴大人文学报，2014（52）：49—91.

关键词：台中盆地；漳州客；闽客交界地带；乡贯调查

机构：（台湾）中兴大学文学院

摘要：清朝治台后，汉人大量进入台中地区开垦，由于入垦先后顺序及械斗等因素影响，逐渐形成"泉人近海、漳人居中、客人居内"的面貌，本文利用日据时期的调查统计资料，检证了这种分布的正确性，同时借由连续性的族群分布图比较得知，20 世纪上半叶台中地区的闽客分布相当稳定且泾渭分明：介于大安溪到大肚溪间的沿海地带，以及台中盆地中心地区是福老优势区，东边近山区蕃界则是客家优势，整个区域被一条无形的闽客交界线从西北斜向东南划开。以今天的行政区域来看，大台中市的东势、新社、石冈属客家优势区，此区域左侧的太平、北屯、丰原、后里、外埔是闽客间缓冲地带，闽客交界线大致从这几个乡镇市中央穿过，向北连接滨海的苗栗县苑里镇，向南则与南投国姓的客家优势区相连，以迄于山边。本研究同时也发现，在台中盆地东缘地区，祖籍调查与国势调查呈现不一致的结果。笔者推论，这应当与移民的双重族群属性有关。原乡来自漳州及潮州者，原本即有同时操持闽客语者；而日据时期的调查，或因各调查的分类不一，或因调查者不易理解这种原乡位于闽客交会区的族群归属，遂造成调查资料上的混淆。唯日据中期以后，盆地东缘移民已完全福佬化，以致近代语言学者在此处的调查，将其完全划入漳州腔优势区。

陈忠纯．雍正时期闽台地方官治台主张探析——以沈起元的治台论为中心［J］．

厦门大学学报（哲学社会科学版），2014（6）：81—90.

关键词：沈起元；治台论；地方官；治台方略

机构：厦门大学台湾研究院

摘要：雍正时期，台湾社会经济发展迅速，既有的治台政策已难以适应。清廷上下由于治台理念的差异，如何调整治台政策存在分歧，而以雍正帝为首的上层决定着治台政策的基调。但是以封禁为主的政策，与台地社会发展的需求背道而驰，更难以收到安定社会的实效。对此，闽台地方官有不同的见解，沈起元即是其中的代表。"台湾文献丛刊"等版本所收集的沈起元治台撰述史料，错漏不少，使人难以了解其著述的背景。沈起元赴台任职负有"绸缪海疆"的使命。他宦台时间虽短，但对台湾的地位及清廷治台政策的得失做了深入考察，不少建议颇为独到、富有远见。诸如重新调整台湾的军政格局，改"防海"为"防山"；开放大陆民众赴台谋生；积极开发内山土地，通过抚"番"政策，"化番为民"，以消解汉"番"矛盾，巩固清廷对内山地区的统治；等等。从有清一代的治台政策演变看，沈起元的这一系列建言，或迟或速，均得以施行。

欧俊勇，温建钦.社会文化史视野下的闽粤台嵌瓷研究展望 [J].顺德职业技术学院学报，2014（2）：48—52.

关键词：嵌瓷；闽粤台；社会文化史

机构：揭阳职业技术学院师范教育系；华南师范大学历史文化学院

摘要：流行于闽南、粤东和台湾地区的嵌瓷是一种重要的文化建筑景观。目前学术界关于嵌瓷的研究主要集中在建筑美学和文化学的视角，也已经取得比较丰硕的成果。要拓展嵌瓷的研究，可以利用社会文化史的视角，把嵌瓷置于特定的时空中加以研究。

五　闽台宗教、民俗与民间信仰关系

何池.论闽南民间信俗在两岸交流中的区位优势 [J].闽台文化研究，2013（2）：53—62.

关键词：闽南；民间信俗；两岸交流；优势

机构：闽南师范大学闽南文化研究院

摘要：通过叙述闽南民间信俗的概念与民俗性、泛神性、草根性、功利性特点，阐述闽南主要民间信俗的神祇及充满特色的各种信俗活动，介绍了闽南民间信俗传播入台的经过和台湾的信俗活动概况，最后以改革开放以来台湾信众频繁回闽南祖庙祭祖进香的大量事实，得出"两岸交流从民间开始，民间交流从信俗开始，民间信俗交流从闽南开始"的结论，揭示出民间信俗对两岸关系的重要作用，以及闽南在两岸交流中具有不可替代的区位优势。

何绵山．试论伊斯兰教在台湾的传播与发展 ［J］．福建省社会主义学院学报，2013（4）：71—76.

关键词：伊斯兰教；台湾；传播；发展

机构：福建师范大学闽台区域研究中心

摘要：穆斯林早期从福建泉州传入台湾，主要聚集在鹿港和台西，与福建泉州的惠安、陈埭关系极为密切。台湾光复后有大批穆斯林迁台，他们从事公、军、教、商等各方面工作，大多受到家庭渊源影响。他们热心于教内公务，有的勤于著书立说，推进了伊斯兰教在台湾的影响。

段凌平．试论闽南与台湾神明的构架系统 ［J］．漳州师范学院学报（哲学社会科学版），2013（4）：1—5.

关键词：闽南台湾；民间神明；框架系统

机构：闽南师范大学管理系

摘要：很长一段时间以来，学者们认为，民间神明散漫而没有整体系统。然而，调查表明，闽南与台湾的民间神明有一定的神明层级与系统构成。其大致以天公为最高神，三官次之的神格次序，辅之以各相关职掌的神明，构成类似中央的神明领导核心。其基层神明系统，大概由城隍与土地构成，加上部分地方保护神的形式。这神明架构与中国古代人间行政的三公九卿和地方的郡县制大致雷同，但总体又不如人间行政系统严密。此与闽南民间信仰的草根性、庞杂性与随意性有很大关系。随着闽南与台湾民间信仰的发展，其神明系统将逐渐完整和严密。

情系海峡　两岸情深 ［J］．中国商贸，2013（19）：57.

关键词：台湾渔民；妈祖信仰；航海者；历代帝王；施琅；下西洋；王景弘；间祀；温陵；护国

摘要：〈正〉妈祖娘娘一直被台湾渔民、航海者奉为海上保护神，在台湾同胞心目中占据非常重要的地位，影响也最为深刻。原因是，一千多年来，特别是自宋徽宗以后历代帝王对妈祖的信奉，加上宋朝的护国庇民、元朝的漕运保泰、明代郑和与王景弘下西洋及清代施琅平定台湾等，使妈祖信仰在台湾地区的传播更加广泛。据统计，至1930年年末，台湾的妈祖庙达335座，到今天，台湾民间祀奉天上圣母为神的寺庙……

林长华．闽南台湾崇龟奇观 ［J］．中国水产，2013（2）：79—80.

关键词：台湾人；崇龟；风雨不透；五花；俗文化；泉州天后宫；动物资源；东

山岛

摘要：〈正〉在闽南和台湾民间有一首顺口溜："鸡蛋脑袋，赛如核桃；绿豆眼睛，远近能瞅；箭杆脖子，一尺五大；五花硬盖，风雨不透；白色肚囊，泥水不沤；鸭子巴掌，分水两流。"您说这形容的是什么动物？是龟！这是多么生动的描绘啊！崇龟是古今闽南和台湾共性的俗文化，传统年画有龟与鹤组成的《龟鹤齐龄图》等，"龟鹤延年""龟鹤同寿"等也是常用于祝寿的用语。不知为何，明代以后朝野把龟视为贬物，或讥讽或秽骂者屡见不鲜。然而，同风共俗的闽南和台湾人对龟却十分崇拜，不但不避讳龟……

祖群英．闽台民间信仰的交流互动分析［J］．中共福建省委党校学报，2013（10）：94—100．

关键词：闽台；民间信仰；交流互动

机构：中共福建省委党校；福建行政学院

摘要：闽台民间信仰的交流不断深入发展，逐渐成为两岸民间往来的一大亮点和重要活动之一，成为促进两岸民间交流的重要力量。闽台民间信仰的交流互动不断发生变化，从零散、自发的状态逐步呈现频繁性、大规模、学术性、多元化等特点，同时也存在一些双向互动交流不平衡、政府主导与民间参与不协调、民间信仰宫庙自身建设不完善、政策法规建设滞后等问题，需要我们提高认识，解放思想，不断创新机制，加强研究，加大宣传，同时要加强管理，注重引导，注意交流的方式方法，积极稳妥地开展闽台民间信仰交流活动。

宋德剑．粤东三山国王信仰与两岸关系的互动及发展——以揭西霖田祖庙为中心的考察［J］．嘉应学院学报，2013（4）：15—20．

关键词：三山国王；两岸关系；祖庙；影响深远

机构：嘉应学院客家研究所

摘要：三山国王信仰是粤东地区的主要民间信仰活动，从明代开始随着粤东客家人向台湾的播迁，三山国王信仰也传到了台湾地区，成为客家人开发、建设台湾的重要守护神。透过描述三山国王信仰的起源、分布与发展及历史不同时期在粤、台两地的互动来探讨民间信仰在两岸关系中的地位和作用。

黄善哲．从闽台缘博物馆馆藏关帝像及其相关物件看闽台关帝信仰［J］．黑龙江史志，2013（9）：199—200．

关键词：民间信仰；关帝文化；物化象征；闽台交流

机构：中国闽台缘博物馆

摘要：民间信仰具有重要的文化功能，民间信仰在促进文化认同方面起到重要作用。中国闽台缘博物馆馆藏关帝像及其相关物件见证了闽台两岸文化交流。本文围绕着关帝信仰对象的物化象征，即分析这些用于信仰祭祀的主要物品材质的相关物件构建如何表达对关帝信仰，探讨民间信仰如何促进两岸文化认同，从而维系着两岸民间行为模式、道德思想。

林晓峰，邓文金．深化两岸闽南民间信俗交流的对策［J］．闽台文化研究，2013（3）：74—85，94.

关键词：海峡两岸；闽南；民间信俗；交流

机构：闽南师范大学闽南文化研究院

摘要：自20世纪80年代中后期以来，海峡两岸闽南民间信俗交流经历了单向交流、双向互动、交流深化并向政治、经济领域扩展等阶段，并呈现出交流规模扩大化、交流内容多元化、交流活动迈向学术化等特点，但也存在思想认识不到位、法律地位不明确、政策措施不配套、"各自为政"现象突出、交流缺乏有效的协作机制和创新机制等问题。解决之策主要有：解放思想，提高认识；出台相关政策法规，明确民间信仰的法律地位；创新对台交流工作机制；打造闽南民间信俗文化品牌，促进两岸产业、文化旅游的发展；加强对闽南民间信俗文化的学术研究，提升交流层次等。

凌琳．论文化品牌建设——以保生慈济文化节为例［J］．江苏科技信息，2013（3）：75—76.

关键词：保生慈济文化节；两岸同胞；交流

机构：厦门市海沧区文化馆

摘要：保生大帝是两岸人民的共同信仰，保生慈济文化节是为了纪念保生大帝悬壶济世、慈悲为怀的精神。文章通过两岸文化交流、维护传统资源、旅游开发3个方面探讨打造保生慈济文化品牌，使之成为两岸重要的民间信仰交流平台，加深闽台民众亲情的重要精神纽带，促进两岸统一的重要推动力量。

刘可耕．弘扬临水文化，两岸共享平安［J］．两岸关系，2013（3）：36—37.

关键词：临水文化；海峡两岸；陈靖姑；临水夫人

摘要：〈正〉3月7日，以"弘扬临水文化，两岸共享平安"为主题的第六届（福州）陈靖姑民俗文化节在福州南江滨公园九龙壁隆重举行。主办方联合台湾各顺天圣母宫观及民间演艺团体，以丰富多彩的形式展现临水文化及闽台民俗文化，共有47个来自海峡两岸的宫观团体近2000名信众参加了民俗文化节系列活动。当日，一首原创福州话歌曲《娘奶出航》回响江畔，娓娓动听……

时阳．经济因素对台湾当代佛教建筑形态的影响——以台湾慈济静思精舍、高雄慈济静思堂、高雄佛光山为例［J］．城市建筑，2013（4）：248.

关键词：当代佛教建筑；经济因素；台湾

机构：西安建筑科技大学建筑学院

摘要：自古以来佛教建筑的形式与其所处的社会环境密切相关，因此台湾当代佛教建筑的发展变化也是与台湾社会的经济环境相适应的。本文通过分析台湾的两大佛教道场——慈济功德会与佛光山它们各自的建筑形式来体现经济因素对台湾当代佛教建筑形态的影响。

苏雄锋，郭明星．两岸"缘"声啼不住——漳州市政协弘扬开漳圣王文化促进两岸文化交流小记［J］．政协天地，2013（6）：24—25.

关键词：两岸文化交流；开漳圣王；陈元光

摘要：〈正〉2013年3月25日，早春乍暖还寒，台北士林坤天亭，细雨淅沥，香火氤氲。"一叩首、再叩首、三叩首……"此刻，面对庄严肃穆的开漳圣王雕像，素不相识的两岸信众满怀敬仰、尽是缅怀之情。此次活动旨在纪念"开漳圣王"陈元光诞辰1357年，来自漳州、厦门的陈氏宗亲与台湾丙洲……

望巧英，郭琼珠．闽台龙舟的文化认同研究——以漳台龙舟祭祀文化为例［J］．搏击（武术科学），2013（11）：90—92.

关键词：闽台龙舟；祭祀仪式；文化认同

机构：厦门大学体育教学部

摘要：文章透过人类学视角，运用田野调查法、文献资料法、访谈法等研究方法，对漳台地区龙舟祭祀进行考察，发现漳台"扒龙舟"遵循一定的祭祀过程，分析可知漳台"扒龙舟"祭祀"关帝公""水仙尊王"由闽台两岸人们祭拜神灵的民间信仰决定，"扒龙舟"具有强化两岸文化认同的功能，对促进两岸文化交流具有理论和实践意义。

谢在华．榕台民间信仰的传承与交流［J］．福建省社会主义学院学报，2013（4）：50—54.

关键词：榕台；民间信仰；传承；交流

机构：福州市博物馆

摘要：榕台民间信仰同根同源，一脉相承。台湾的民间信仰主要是从福建传播过去的，在台湾流传较广、影响较大的源于福州的民间神祇主要有临水夫人、张圣君、王审知、水部尚书、天都元帅、五帝等。榕台民间信仰有许多共同特征。加强两地民间信仰的交流和互动，对两岸关系的发展有着重要的现实意义。

周松，王春潮，郑丁仁．仓山：助推古文化保护和闽台文化交流 ［J］．人民政坛，2013（4）：36—37.

关键词：文化保护；闽台文化；水文化；文化节；陈靖姑；临水夫人

摘要：〈正〉3月7日，以"弘扬临水文化，两岸共享平安"为主题的第六届（福州）陈靖姑民俗文化节在福州南江滨公园九龙壁隆重举行，活动联合台湾各顺天圣母宫观及民间演艺团体，以丰富多彩的形式展现临水文化及闽台民俗文化，共有47个来自海峡两岸的宫观团体近2000人参加。此次文化节共有38尊来自海峡两岸的临水夫人金身（其中来自台湾的金身1尊）回到娘奶的娘家——位于仓山区下渡的陈靖姑出生地（陈靖姑故居）。据主办方介绍，天下"娘奶"回娘家活动已于2013年元月被文化部列为春节文化特色活动……

朱定波．闽粤民间信仰文化在台湾的传承 ［J］．寻根，2013（1）：29—35.

关键词：信仰文化；沈光文；善化；闽粤；庆安宫；王船祭；曾文溪；原住民；节孝坊；临水夫人

机构：中国闽台缘博物馆

摘要：〈正〉明末清初，闽粤先民迁居台湾时为祈求平安与幸福，都从家乡带去了各自的信仰神明，并不断对民间信仰文化进行创新传承，在台湾塑造了一批全新的民间信仰，主要有台南善化的庆安宫。台南曾文溪畔的善化是郑成功时期最早开垦的地方。相传早期进入台南的沈光文，号斯庵，字文开，浙江人，明末遗民，精通诗文医药。移居台南善化后，他一边教授平埔族等原住民学习汉语言文化，一边行医济世，素有"开台文教祖师"……

曲金良．海峡两岸妈祖文化遗产传承的比较与思考 ［J］．民间文化论坛，2013（5）：47—56.

关键词：妈祖文化；民俗传承；可持续发展

机构：中国海洋大学文学与新闻传播学院；中国海洋大学海洋发展研究院

摘要：妈祖文化是全世界华人海洋信仰文化的重心，也是海峡两岸海洋信仰文化普适化、生活化的集大成。近三十年来，曾经中断的海峡两岸妈祖文化交流发展得以恢复，并呈现出越来越热的繁荣态势，这是由海峡两岸双方因素的互动对接形成的。目前两岸妈祖文化交流主要处于两岸和平的政治导向、文化节会旅游产业的经济导向、文化资源产业化的品牌导向等政治、经济现世需求的运作层面上，而在民俗信仰文化层面上，大陆各地显然尚未恢复普遍的心灵的虔诚。大陆各地看上去搞得轰轰烈烈、热热闹闹、名目繁多的"妈祖文化节"，大多是各地政府主导的"文化搭台经济唱戏"行为，不是对妈祖的虔诚信仰，而是对妈祖信仰的仪式的表演——表演给前来"观光"的人们——目标"观众"主要是游客们——看的。这与台湾各地一直以来轰轰烈烈、热热闹闹、名目繁多的妈祖文化节会主要由妈祖信众团体组织主办而信众参与"万人空巷",大相径庭。大陆妈祖文化热能不能持续发展,能不能进一步普及传承、深入民心,归根结底,在于民众对妈祖的信仰在民俗层面上能不能升温、"落地"。这是妈祖文化可持续传承发展亟须解决的基本问题。

蔡惠名·"跋中秋"在菲律宾、中国大陆及台湾的现况初探 [J].（台湾）古典文献与民俗艺术集刊,2013（2）:417—429.

关键词:跋中秋;秋闱夺元;岁时节日习俗;闽南文化;菲律宾

机构:（台湾）台北大学民俗艺术研究所

摘要:"跋中秋"相传是闽南地区的传统文化习俗,跟随着移民者进入了不同国家。"每逢佳节倍思亲",尤其又是中秋团圆的时刻,对于属于自己的文化更是全力保存。其中在菲律宾首都的华人区每到中秋佳节,其活动更是热闹非凡,甚至可以成为现今华人区"跋中秋"的代表。笔者于 2010 年及 2011 年两度前往菲律宾探究华人的语言与文化,又于 2012 年前往中国大陆闽南地区探究现今原乡对于语言与文化的保留程度,借由实际的田野调查采集第一手资料。本文将主要讨论"跋中秋"的起源、如何流传、各地玩法及在地化之后的"跋中秋"所融合产生的在地文化,其研究地点将放入菲律宾（马尼拉）、中国台湾（本岛及金门）、中国大陆（厦门）等四地。当初的移民者或许因为种种因素导致被迫离开原乡,在这样的时代背景之下,努力将属于自己的语言及文化在另外一地生根、流传。本文将跟随着先民踏过的足迹,一一拾起这碎片般的记忆,试图将其文化保留住最齐全的样貌。

邓晓川·闽台宗教交流现状、成果及拓展思路 [J].厦门特区党校学报,2014（3）:58—63.

关键词:闽台;宗教交流;成就;拓展

机构:厦门社会主义学院

摘要:近三十年来,闽台两地的宗教交流呈现出往来频繁、互动密切、形式多样、规模宏大、不断拓展等特点。三个阶段的发展使闽台宗教交流进入到定期化、经常化的状态,交流水平也大幅度提高。闽台宗教信仰尤其是民间信仰的强大凝聚力,推动了两岸人民之间的交往,增进了台湾民众对大陆的亲近感和认同感,拉近了两岸人民的心理距离。闽台宗教交往中积累了许多效果较好的交流模式,这些模式对推进大陆其他地区对台宗教交流具有借鉴意义。针对发展不平衡等问题,要进一步提高对闽台宗教交流重要性的认识,提高大陆方面干部宗教理论水平和政策水平,提高做好宗教交流工作的水平,进一步放宽两岸宗教交流的审批管制,为两岸宗教交流提供更多便利。

陈舒劼. 闽台佛教亲缘：从明末到乙未［J］. 福建论坛（人文社会科学版），2014 (7)：89—94.

关键词：闽台；佛教；亲缘关系

机构：福建社会科学院文学研究所

摘要：郑成功集团收复并经营台湾在客观上促使汉文化东渡入台。台湾许多寺院的建设和佛教的具体发展，来自于福建或福建籍的政府官员与知识精英的密切配合。在福建佛教巨大的影响力下，福建僧人入台或创建、修建、主持寺庙，或讲经弘法，鼓山涌泉寺对台湾佛教产生了制度性的影响。台湾佛教的发展初期表现出鲜明的民俗化和混合化的倾向。

庄小芳. 闽台婚俗中的"念四句"及其文化意涵［J］. 寻根，2014 (5)：57—61.

关键词：婚礼仪式；地区传统；现场气氛；闽南方言；六礼；送嫁；番歌；乌巾；笄礼；闽南地区

机构：中国闽台缘博物馆

摘要：闽台地区传统的婚礼形式，除遵循古代纳彩、问名等六礼外，同时发展出独具闽台文化特色的各种婚礼仪式和细节，比如贯穿婚礼各种仪式始终的"念四句"，即在婚礼仪式上的各个环节，以闽南方言念诵歌谣、谚语、地方俚语等为主的四句押韵的喜句，起到吉祥祝福或调动现场气氛的作用。念四句的主角是陪在新娘旁边指导各类仪式的"送嫁姆"，但也可以是亲戚朋友的即兴吟作。在一代代口耳相传下，婚礼不同环节中的念四句有一些固定的唱词，但在不同的时代中，也有新的变化和发展，在闽南与台湾之间、闽南不同地区之间，唱词也有所区别。本文对比较传统的闽南念四句内容及其在婚礼仪式上的应用作一些探究和分析。

吴燕霞. 闽台民俗文化交流的现状及对策［J］. 中共福建省委党校学报，2014 (1)：80—84.

关键词：闽台；民俗文化；交流

机构：中共福建省委党校；福建行政学院

摘要：2008 年国民党在台湾重新执政以后，两岸关系出现缓和，两岸交流在和平稳定的气氛中得以深化和扩大。民俗文化作为文化的重要组成部分，成为闽台民间交流的重要支柱性内容之一。当前，闽台民俗文化交流呈现出新特点，但也存在思想认识不到位、交流不平衡、交流机制不健全、基层交流人员素质有待提高等问题，需要我们发挥五缘文化优势，加强基础性研究，合理引导，积极开展全方位的对台民俗文化交流。

刘芝凤. 台湾民族节俗与汉人节俗中的政府行为比较——以台湾原住民丰年祭节

俗与汉人祭神民俗节庆为例 ［J］．温州大学学报（社会科学版），2014（2）：3—13.

关键词：台湾丰年祭；汉族节日；传承比较

机构：厦门理工学院观光与酒店管理学院

摘要：在台湾现代生活中，节庆习俗是全台湾历史民俗文化遗产民间行为传承保护得比较完好的文化事象。但近十余年，台湾少数民族节俗在当地政府的支持与参与下，经过商业开发，许多节俗原真性的文化内涵逐步消失或正在消失。相反，自古至今一直由民间行为传承的台湾汉人民俗节日，却一直红红火火地进行，且有声势浩大、形式多样的走势。作者带领"闽台历史民俗文化资源调查"课题组两年中多次赴台考察获得田野资料，据此对台湾少数民族和汉人的民俗节庆进行对比研究，将台湾少数民族民俗节日中最盛大的丰年祭与包括客家人、闽南人、光复后入台的汉族在内的汉人节庆习俗进行比较，分析台湾在民间民俗节庆中的定位与责任问题，探讨海峡两岸在历史民俗节庆文化遗产保护与传承中共同存在并亟待解决的问题。

陈巧燕．民间信仰文化在加强海峡两岸交流中的作用 ［J］．凯里学院学报，2014（2）：37—40.

关键词：民间信仰文化；闽台民间信仰；两岸交流

机构：闽江学院党委统战部

摘要：民间信仰文化是经过几百年的历史洗濯而流传下来的精华，是人们精神的寄托与羁绊，它以通俗易懂、人民喜闻乐见的形式深入民心，将全体中国人紧紧连在一起。而台湾和大陆民间信仰不管在形成还是发展过程中，都存在着密切的互动关系。笔者阐述民间信仰文化在中国的影响，探讨台湾与大陆民间信仰文化的渊源，提出加强海峡两岸民间信仰文化交流的一些建议，旨在突出民间信仰在加强海峡两岸交流中的重要地位，以便更好地发展两岸关系。

陈巧燕，房建国．榕台城隍信仰的渊源、现状与思考 ［J］．福建省社会主义学院学报，2014（6）：71—74.

关键词：城隍；福州；台湾；信仰

机构：闽江学院

摘要：城隍信仰是中国传统民间信仰之一。福州和台湾地区的城隍信仰一脉相承，应该成为闽台文化交流的重要载体。为了达到这一目的，大陆应促进对传统文化的传承和研究，并加强与台湾地区在这一方面的交流，为促进两岸统一做出贡献。

陈支平．闽台地区回族、畲族的妈祖信仰 ［J］．莆田学院学报，2014（6）：1—8.

关键词：闽台；回族；畲族；妈祖信仰

机构：厦门大学国学研究院

摘要：重点调查福建泉州回族郭氏家族和丁氏家族，以及台湾蓝氏家族的妈祖信仰，叙述现状并追溯其历史。指出研究闽台少数民族崇拜妈祖现象，对认识文化的超越与认同是中华民族凝聚与发展的基本要素之一，以及对深化南中国区域文化变迁史的整体考察等方面皆有意义。

丁玲玲．泉台民间信仰交流管窥——以庙宇收藏的资料为中心［J］．泉州师范学院学报，2014（5）：14—18.

关键词：泉州；台湾；民间信仰；交流

机构：泉州师范学院政治与社会发展学院

摘要：泉州与台湾一水之隔，泉台民间信仰一脉相承。20世纪80年代后期以来，海峡两岸交往日益密切，越来越多的台湾同胞赴泉州进香谒祖，泉台两地民间信仰的交流日趋频繁。在泉州的民间信仰庙宇中收藏了诸多见证泉台民间信仰交流的文献资料，这些文献资料也见证了海峡两岸同胞同根同祖的亲缘关系。

丁玲玲．泉州与台湾王爷信仰交流的特点——以泉郡富美宫为例［J］．泉州师范学院学报，2014（1）：28—32.

关键词：泉州；台湾；王爷信仰；特点

机构：泉州师范学院政治与社会发展学院

摘要：福建泉州与台湾两地民间信仰一脉相承。自20世纪80年代海峡两岸恢复交往以来，泉台两地王爷信仰交流日趋频繁，交流的形式日渐多样，即由单向到双向互动；交流的对象日趋多元；交流的领域不断拓宽，成为两岸文化交流的重要组成部分。

兰宗荣．闽台萧公文化交流实效探析［J］．重庆科技学院学报（社会科学版），2014（4）：114—116.

关键词：闽台；文化交流；萧公信仰；实效性

机构：武夷学院旅游系；武夷山统战文化研究基地

摘要：产生于宋代的萧公信仰是海峡两岸众多民间信仰之一，至今仍有顽强的生命力。近年来，萧公文化交流取得了一定的成效，其经验是：构建平台，以两岸大型活动为载体；追根溯源，以文化认同为根本任务；发挥优势，以文化交流与旅游为突破口。这些经验为进一步增强做好台湾民众工作的实效性提供了有益的启示。

李酉潭．两岸文化的传承：以台中万和宫妈祖信仰为例［J］．现代台湾研究，2014（Z1）：123—127.

关键词：妈祖信仰；民间交流；台湾问题；两岸关系；妈祖神

机构：台湾政治大学社会科学院

摘要：〈正〉一、前言 自 1949 年以来，两岸呈现对立、分隔的状态长达数十年。虽然目前两岸在政治方面依旧存在着相当大的差异，也因此产生了有关统"独"的争议，但不管是在经贸互动或民间交流上，皆有相当程度的来往。其中，两岸文化之间仍有着相当深厚的联系，例如有关妈祖的神明信仰。笔者小时候在台中万和宫附近成长，本文拟以自身经历出发，从妈祖信仰的角度来谈两岸民间文化的渊源与传承……

刘凌斌．闽台民间信仰交流的发展历程及其影响［J］．福州党校学报，2014（4）：65—70．

关键词：闽台；民间信仰交流；两岸关系；影响

机构：福建社会科学院现代台湾研究所

摘要：闽台民间信仰同根同源，一脉相承，具有深厚的历史渊源。改革开放以来，闽台民间信仰交流借着两岸关系缓和的东风而不断深化发展，经历了交流初步恢复、双向交流开启、交流逐步拓展与交流全面深化四个阶段，在领域、形式、规模、内涵等方面都取得重大突破。作为两岸交流中恢复最早、发展最快、成效最显著的领域之一，闽台民间信仰交流提升了台湾民众对中华文化与祖国大陆的认同，增进了两岸同胞的亲情乡谊和民族感情；促进了两岸文化、经贸、旅游等领域的交流合作，带动了福建地方经济的发展；突破了两岸交流与民间往来的禁区，促进了两岸政治关系的改善与发展；在政治、经济、文化等方面都对两岸关系产生了积极而深远的影响。

刘芝凤．闽台海洋民俗文化遗产资源分析与评述［J］．复旦学报（社会科学版），2014（3）：57—63．

关键词：闽台海洋；民俗遗产；资源研究

机构：厦门理工学院观光与酒店管理学院

摘要：一个区域民俗的形成，源于这个区域民众在共同的自然与人文环境中相互磨合、影响、认同，形成约定俗成的习惯。民俗的世代传承，规范着民众的意识与行为，如同基因一样在民众的行为、语言和心理中起着决定和遗传族群特征的作用。台湾与福建一水相依，福建籍人口占台湾总人口的 74%，作为以福建为主的大陆先人开拓之地，迁徙台湾带去的生产工具、生产经验和风俗习惯传承至今。闽台特殊的地理环境和位置约定俗成了特殊的海洋民俗文化遗产，不论是在渔业民俗、稻作文化还是在民间信仰、文学艺术、节日、饮食、服饰、手工技艺等方面，在资源保护与利用上有着太多的文化共性，为海峡两岸文化共建提供了丰富的对接项目资源。本文以闽台海洋民俗文化遗产资源为调研对象，对其可保护性与利用的可能性进行分析与研究。

林国平，陈静．闽台民间信俗的文化内涵与现代价值［J］．福州大学学报（哲学社会科学版），2014（1）：11—17．

关键词：闽台关系；民间信仰；闽台民俗；传统文化

机构：福建师范大学社会历史学院

摘要：闽台民间信俗历史悠久，影响广泛，具有顽强的生命力。以生育信俗、信仰疗法、普度、迎神赛会和进香谒祖等五种信俗为个案，对闽台民间信俗的文化内涵和现代价值进行深入分析，可以看出闽台民间信俗是历史的产物，虽然没有雅文化的精致，大传统的高深，但其内涵则体现了雅文化的精神，反映大传统的气质。闽台民间信俗是闽台人民共同创造的精神财富，在维护家庭和睦、社会和谐、两岸和平发展等方面发挥着独特的作用。

赖萱萱．祖先崇拜的人神伦理观及其在闽台民间的传承［J］．宜春学院学报，2014（4）：1—4，8．

关键词：祖先崇拜；人神伦理；人本转变；沟通媒介；闽台

机构：泉州师范学院政治与社会发展学院

摘要：祖先崇拜的伦理关系经历了由神本到人本的过程，表现为宗教情感、宗教规范及宗教目的的人本转变。而关于人神伦理的解释与论证方式也实现了由具体到抽象的理论提升。人神的沟通条件与方式，诸如立尸立主仪式、祭祀乐舞、神职人员都蕴含着伦理意义和道德要求。闽台两地同根同祖，祖先崇拜人神伦理观所蕴含的亲、敬、信等伦理观念和宗教情感等是联系闽台民众的一条重要纽带，对于增进民族认同感和发挥文化软实力、促进两岸社会和平统一有着重要的现实意义。

王英暎．浅析现代文化建构中闽台妈祖图像的造像观念［J］．福建师范大学学报（哲学社会科学版），2014（1）：119—123．

关键词：现代文化；妈祖图像；造像观念

机构：福建师范大学美术学院

摘要：在现代文化建构中，闽台妈祖图像受现代信仰观念、社会价值观与审美观影响，出现了Q版可爱化、西方化、地域多样化等多样造型模式，在体现图像文化变通性的同时，继续保持对信仰主题的坚守。

张晓松，何池．试论闽南民间信俗在两岸交流中的作用［J］．闽台文化研究，2014（1）：75—82．

关键词：闽南；民间信俗；闽台交流；作用

机构：闽南师范大学人事处；闽南师范大学闽南文化研究院

摘要：闽南与台湾民间信俗关系密切，在台湾有较大影响的民间信俗神灵大多祖庙都在闽南；民间信俗在闽台交流合作中关系重大，作用明显：成为率先打破两岸"坚冰"的先锋，密切了两岸同胞的宗亲乡谊，促进两岸经贸交流与合作，并将在祖国统一大业进程中发挥其独特的作用。因此，重视和引导民间信俗文化，将是今后一个重要的工作方向。

庄恒恺．论汪毅夫先生闽台民间信仰研究的特色［J］．福建工程学院学报，2014（5）：464—467.

关键词：民间信仰；汪毅夫；福建；台湾

机构：福建工程学院人文学院

摘要：民间信仰是汪毅夫先生学术研究的重要领域。通过考察他在这一领域的成果，可以发现其研究的主要特色是：富有理论创见、运用多学科视角、注重现实观照。

刘新慧．浅析泉台王爷信仰——以祥芝斗美宫三王府信仰为例［J］．长春工程学院学报（社会科学版），2014（3）：64—67.

关键词：王爷信仰；泉州；台湾；王船；移民

机构：泉州师范学院政治与社会发展学院

摘要：在闽台民间信仰中，王爷崇拜占有重要地位。位于泉州石狮市祥芝镇祥渔村的斗美宫供奉着"池""朱""李"三王爷，当地民众认为王爷既是保境安民的"挡境神"，又是为海上船只保驾护航的航海保护神。泉州王爷信仰以"王船"漂流、"分身"和"分香"方式传入台湾，其在台湾的传播与泉州移民渡台、垦殖及求生存的过程相始终。

汤毓贤．开漳圣王情牵两岸［J］．政协天地，2014（9）：54—55.

关键词：开漳圣王；台湾文化；闽南文化；河洛文化

摘要：〈正〉中原河洛文化是华夏民族根性和母体文化，也是中华民族文化的源头与核心。史上河洛郎不断南徙闽粤赣台，衍生了闽南文化、客家文化、岭南文化和台湾文化。开漳文化虽属于地域性族群文化，却是闽南文化的核心与衍支，对台湾文化形成与发展产生直接影响。开漳圣王信仰根植于闽南丰厚文化沃土，兼具祖灵与英雄崇拜双重属性。海内外陈氏族人将其视为先祖圣贤，开漳中原诸姓将士裔胄将其视为共祖……

薛洋．南投紫南宫：福建石头渡台成为"金鸡母"［J］．两岸关系，2014（10）：53—54.

关键词：金鸡母；石头渡；竹山镇；南投县；福德正神

摘要：〈正〉山不在高，有仙则名。庙不在大，有神则灵。台湾宫庙众多，位于南投县的紫南宫只能算一个很小的土地公庙，不过它在海内外却有着很高的人气，平日香火极盛，各地信众慕名前来"求财"。来到紫南宫，人们必然会去摸一摸，据称能让人发财的"金鸡母",而这只"金鸡母"的"娘家"则是在福建。小小的紫南宫,浓缩了台湾的庶民生活,也见证了两岸民间的交流交往。母鸡是紫南宫的"吉祥物",紫南宫坐落在南投县竹山镇……

六　闽台历史、地理关系

林清哲．清咸丰四年"吕西村自作墓记"砚考略［J］．福建文博,2013(3):41—44.

关键词:吕西村;墓记砚

机构:晋江市博物馆

摘要:20 世纪 80 年代,"吕西村自作墓记"砚流落民间市场,后又辗转金门,并被藏家公之于世,引起了闽台史学界、收藏界的关注。然而该墓记砚发现二十多年来,大陆报刊仍不易阅及,不能不说是个憾事。2007 年蒙友人惠阅,笔者见到了该墓记砚的拓片照,借此契机,笔者将该墓记进行誊录、整理,并对墓记内容进行初步考略。该墓记对清代台湾流寓名士、"台湾金石学宗师"吕世宜的深入研究也具有不可替代的史料价值。

林淑惠．明郑复台抗清过程及其失败因素之评析［J］．(台湾)正修通识教育学报,2013(10):61—75.

关键词:明郑;郑成功;郑经;施琅

机构:(台湾)正修科技大学通识教育中心

摘要:本文从政治、军事等面向为出发点,检视明郑复台抗清的背景与历程及其失败之因素。明郑抗清历程,致败之内外部因素颇多,就满汉实力消长之面而言,明朝国势积弱已久,无法对抗满清新锐势力为其重要因素。唯明郑抗清失败的主因,实应归咎于明郑内讧所形成的危机。

陈冬冬．清代台湾方志中所见郑氏政权之"灾祥"研究［J］．福建师范大学学报(哲学社会科学版),2013(2):127—132.

关键词:清代;方志;郑氏集团;灾祥

机构:华中师范大学历史文献研究所

摘要:郑氏集团是台湾历史上第一个汉人政权,在台湾历史发展中占有重要地位。清代方志中记载了数量繁多、类型丰富的有关郑氏政权的超自然的"灾祥",往往象征着政权更迭等重要史事。早期记载较为简略的"灾祥",经过比附、因果关系的构拟以及串联等手法,会层累地造成情节更加复杂的"灾祥"。清代方志中有关郑氏集团的"灾祥"反映了相信"灾祥"、官方意识与民间意识混合的历史观念,也保存了不少台湾地区气象、灾荒的材料和郑氏集团的史料。

王昌．试论郑成功抗荷的举措 [J]．山西大学学报（哲学社会科学版），2013（5）：93—98.

关键词：郑成功；交涉；索赔；禁航；签订条约

机构：厦门大学人文学院

摘要：在 17 世纪中叶东亚的海上竞争中，针对西方海洋强国侵占大员、不平等贸易及海盗行为，郑成功始终坚持对大员的主权要求，并采取了交涉、索赔、禁航、签订条约等对外举措。这一系列对外举措，不仅维护了中国的海洋权益，在传统中国以"朝贡体系"为主体的对外关系中亦十分罕见。这一过程，体现了以海洋社会经济为基础的郑成功及其海上政权的运作特性。其蕴含的文明因素，是中国走向海洋的宝贵财富。

刘玉山．郑成功收复台湾与明朝遗民东移 [J]．唐都学刊，2013（3）：84—87.

关键词：郑成功；收复台湾；明朝遗民；东移；中华文化

机构：龙岩学院物理与机电工程学院

摘要：明郑史研究历来为台湾史研究的显学，其中关于郑成功收复台湾的过程以及明朝遗民的东移似仍有可发微的地方，郑成功收复台湾是在一个大的国际背景下进行的，有自身的原因，也是大势所趋，收复的过程也是有计划有步骤地进展的，伴随着明朝郑成功收复台湾，一批饱学之士也随之迁来，他们为中华文化在台湾的传播做出了开拓性的贡献。

朱定波．明末清初王忠孝与台湾 [J]．福建文博，2013（2）：57—61.

关键词：王忠孝；台湾；影响

机构：中国闽台缘博物馆

摘要：王忠孝是明末清初著名的遗臣志士，也是郑成功的重要幕僚，对郑成功收复台湾有着重大的影响，并对郑成功收复台湾后的社会发展起到积极的作用。受到时代局限，王忠孝对台湾社会的影响始终不为人所重视。笔者通过收集两岸文史资料，并进行多次实地调查，探析王忠孝与台湾的关系，旨在推动人们充分认识王忠孝的历史地位、推动涉台历史文物资源保护和利用及闽台文化交流。

吴承祖．浅析郑成功收复台湾之历史背景 [J]．内蒙古农业大学学报（社会科学版），2013（5）：140—143.

关键词：郑成功；台湾；专断

机构：福建师范大学社会历史学院

摘要：顺治十六年兵败南京后，郑成功被迫率军退回厦门。十七年，清廷趁势又令达素、李率泰大搜金、厦两岛。郑成功只得实行战略收缩，集中兵力与之抗衡。最后虽取得胜利，却也元气大伤。郑成功不得不将目光投向台湾，以寻求一块反清复明基地。然而，进军台湾的决策遭到了郑军内部一批文臣武将的反对。对此，郑成功以专断的方式，于顺治十八年三月毅然决然地率军向台湾进发，开始其收复台湾的壮举。

林建顺 . 台湾南明郑氏第四次铸钱考析 [J]. 中国钱币，2013（5）：33—37，3.

关键词：铸钱；永历通宝；版别；石码镇；泉友；郑经；流铜；钱文；福建省龙海市；西征

摘要：〈正〉南明坚持抗清的郑氏政权，曾先后三次在日本铸"永历通宝"铜钱，清代江日升在《台湾外记》里面有详细记载，这早已成定论。1994 年 4 月间福建省龙海市石码镇出土发现了一百多枚未经修饰的郑氏"永历通宝"铜钱，其材料、版别与郑氏在日本的前三次铸币有许多差别，由此提出台湾郑氏政权为了战争的需要曾在福建石码铸造钱币，即第四次铸币。此一观点提出后，引起了部分学人的质疑。致使郑氏第四次铸钱的有关问题悬而未决。为此，依据各种资料……

朱定波 . 台湾海峡两岸的同名乡村 [J]. 寻根，2013（3）：33—38.

关键词：台湾光复；海峡两岸；聚居村；泉州府；汀州府；祖籍地；漳州府；惠州府；台中市；嘉应州

机构：中国闽台缘博物馆

摘要：〈正〉明清以来，移居台湾的闽粤两省汉族先民，主要是来自福建的泉州府、漳州府、汀州府和广东的惠州府、潮州府、嘉应州（今梅州市）。闽粤先民移居台湾、开发台湾，在垦荒地形成了以同地域、同宗族、同姓氏相连的血缘聚落或聚居村落……

朱定波 . 彰显血缘关系的闽台同名村 [J]. 政协天地，2013（4）：56—57.

关键词：祖籍地；泉州府；龙岩州；漳州府；汀州府；兴化府；东石乡；云林县；李姓；地缘关系

摘要：〈正〉据 1926 年日据当局对台湾汉族祖籍地的调查统计，祖籍地福建占 83.1%，广东占 15%；其中泉州府籍占 44.8%，漳州府籍占 35.2%，汀州府籍占 1.1%，福州府籍占 0.7%，永春州籍占 0.6%，龙岩州籍占 0.4%，兴化府籍占 0.25%。而福建先民移居台湾、开发台湾……

李新伟 . 明郑台湾军屯研究 [J]. 军事历史研究，2014（3）：124—130.

关键词：郑成功；郑经；收复台湾；军队屯垦

机构：军事科学院军事历史和百科研究部

摘要：自郑成功收复台湾始，为满足反清的战略需求和解决经济的日渐困窘，历代郑氏统治者均大力倡导军屯。郑氏政权不仅将诸镇分派各地屯垦，还颁布屯田八法等法规性文件，从制度上确立军屯在台湾军事、经济、政治生活中的地位。军屯的发展很大程度上解决了郑氏军队军需粮饷供应难题，并较好地保持了部队战斗力，促进了台湾当地的经济发展和民族融合，从而有效地抗击了清军，维持了郑氏政权的生存。

陈思．从军事角度比较郑成功与施琅的两次征台之役［J］．台湾研究集刊，2014（5）：48—57．

关键词：郑成功；施琅；台湾；军事比较

机构：两岸关系和平发展协同创新中心；厦门大学台湾研究中心

摘要：1661年郑成功收复台湾与1783年清朝统一台湾，是对台湾历史发展走向造成深远影响的两次军事行动，但这两次行动的具体进程却大相径庭。之所以会出现如此区别，除了政治、经济等方面的原因之外，军事上的各种主客观因素，如作战方式、战场环境、武器装备、外部增援、后勤补给等，同样对战争进程起到了不可忽视的作用。

陈晓岚．郑成功收复台湾纪实［J］．文物鉴定与鉴赏，2014（5）：58—61．

关键词：郑成功；荷兰；台湾

摘要：〈正〉中国闽台缘博物馆藏有一件珍贵的荷兰文古籍——《被忽视的福尔摩沙》，甚为珍贵。"福尔摩沙"一词的音译来自拉丁文及葡萄牙文的"Formosa"，为"美丽"之意，亦是早期欧洲人对"台湾"的称呼。该本荷兰文古籍为长方形，二十四开本，精装，长21.3厘米，宽17.1厘米，高2厘米，彩色封面，书中附有7张单色铜版画……

李祖基．论施琅《台湾弃留利弊疏》的背景与动机——兼谈清初台湾的官庄及武职占垦问题［J］．史学月刊，2014（1）：63—75．

关键词：施琅；康熙统一台湾；清初；武职占垦；施侯租

机构：厦门大学台湾研究院

摘要：康熙统一台湾不仅是清代历史上的大事，而且也是中国历史上影响深远的重大事件。施琅在康熙皇帝统一台湾的过程中，起了重大作用，虽然其在平台后占有不少的田产，给自身留下污点，但不能因此而将其历史功绩全盘否定。清初台湾的官庄及武职占垦是特定的历史环境下出现的一种特殊的现象，其后由于官庄归公和对武职占垦的清查，此一问题得到较为妥善的处理。对施侯租的性质及其规模等问题应根据相关史料进行客观、全面、科学的研究和考察，既不要刻意回避掩盖，也不应人为地肆意夸大。

杨艳华．清代学官郑兼才台湾宦绩考述［J］．闽台文化研究，2014（4）：37—41.

关键词：郑兼才；学官；《六亭文集》；台湾宦绩

机构：闽南师范大学闽南文化研究院

摘要：郑兼才是清代蜚声闽台的著名学官，他以明代实学家吕坤为标榜，注重实行和干济，并敢于针对时弊上书言事。本文以《六亭文集》为主要文本依据，对郑兼才就任台湾学官期间的宦绩进行考述。

张新斌．清代曹谨生平及其闽台宦迹探论［J］．闽台文化研究，2014（2）：17—22.

关键词：曹谨；生平；闽台宦迹

机构：河南省社会科学院历史与考古研究所

摘要：曹谨是清代循吏，他在直隶、福建和台湾长期为官，尽职守责，爱国为民，尤其在台湾兴修水利，抵御英侮，在历史上留下了浓重的一笔。

黄明光，黄博．论清代大陆进士在台湾任职的积极作用及原因［J］．教育与考试，2014（3）：42—46，57.

关键词：清朝；大陆；进士；台湾

机构：浙江育英职业技术学院体艺部；重庆交通职业学院教务处

摘要：1683—1895年间，许多清代大陆进士在台湾任职，他们在捍卫台湾领土主权；为官清廉，科学整顿台湾社会秩序；任官教职，热心办学；实施农业减税政策，推动农业发展；正确处理民族矛盾，促进土族民族与汉族融合等方面，发挥了积极作用。清朝康熙皇帝统一台湾政策与军事将领施琅对台湾的收复；康熙时期农业、矿业众多行业的发展，为清朝治理台湾，提供了经济实力；清代大陆进士在去台湾任职前，均有在大陆内地任职的丰富经验，系清代大陆进士在台湾任职时能发挥积极作用之主要原因。

陈舒劼．双重危机下的调适与坚持：鸦片战争至日据时期的闽台儒学关系［J］．闽台文化研究，2014（2）：43—50.

关键词：儒学；闽台文化；现代性；殖民性；身份认同

机构：福建社会科学院文学研究所

摘要：晚清时期，福建儒学的新变对台湾实学的复兴影响深远。日本殖民时期的台湾儒学在与现代性和殖民性的碰撞中，既发生了现代化的转化，也保留了传统儒家对身份认同的执着，儒学价值观与民族身份意识深深地扎入百姓的生活细节和日常空间之中。鸦片战争至日据时期，闽台儒学呈现出基本相同的精神姿态，保持着文化联系与价值共鸣。

黄鸿飞．明清时期中华传统文化在台传播之动力 ［J］．辽宁医学院学报（社会科学版），2014（2）：129—131.

关键词：台湾；中华文化；传播动力

机构：福建师范大学

摘要：明清时期，以儒家思想为核心的中华传统文化在台有效而广泛的传播，主要得益于遍布全台教育机构以及开发台湾先贤对文化事业的贡献。中华传统文化历经明清两代人的努力在台开花结果，提高台民文化素质水平，培育一批批英才，促进两岸人民各方面的往来，增加台湾同胞对祖国的认同感。

庄小芳．略论台湾诗人林朝崧内渡泉州的历程及心境 ［J］．闽台文化研究，2014（4）：96—100.

关键词：内渡；林朝崧；泉州；《无闷草堂诗存》

机构：中国闽台缘博物馆

摘要：1895年《马关条约》签订后，台澎割让日本。在此背景下，台湾诗人林朝崧内渡避乱泉州，除短暂回台数月外，在泉州度过了四年左右的时间，并写下了为数不少跟泉州生活相关的诗篇。探究林朝崧内渡泉州这一段常被忽略的历史，以林朝崧《无闷草堂诗存》相关诗歌，分析其在泉州的生活状况及心境，补充对林朝崧内渡历程研究不足的同时，亦可揭示内渡文士在闽台文学交流史上的重要意义。

李霄鹤，兰思仁，董建文．闽台传统聚落景观区划及其应用研究 ［J］．福建论坛（人文社会科学版），2014（3）：124—129.

关键词：聚落空间生态位；闽台；传统聚落景观区划

机构：福建农林大学园林学院

摘要：文章首先从聚落生态位研究的新视角，尝试提出聚落空间生态位的新概念，基于这一视角对聚落景观的分布及特征进行了新探索。其次借助聚落形态学和景观意象的研究方法，将闽台传统聚落景观分为5个景观区和18个景观亚区，并分析了各景观区的文化及景观特征。最后依据闽台传统聚落景观的区划结果，提出打造福建区域传统文化圈；开发闽北的综合文化观光休闲游、闽西的客家文化探秘体验游、闽南的台湾同胞入闽寻根探祖游、台湾的大陆同胞访台品渊源访亲游和高山族文化访古体验游等闽台区域传统文化旅游精品；推进传统聚落在保护中的合理开发等对策建议。

七　闽台教育、体育关系

陈君兰．浅谈清代晋江文人与台湾文教事业的发展 ［J］．东方收藏，2013（4）：121—123.

关键词：文教事业；文缘相承；诸罗县；熊文灿；施琅；郑芝龙；儒学教授

摘要：〈正〉地处海峡东岸的台湾，与福建省遥遥相望，而晋江与台湾相距不过137海里（250公里），历来交往频繁。宋代澎湖即隶属晋江县，明、清时期几次大规模的移民，形成地缘相近、血缘相亲、文缘相承、商缘相连、法缘相循的"五缘"文化，晋江人为台湾带去了先进的生产生活方式，两地的语言、文化、社会风俗同出一辙，特别是在传播中华民族传统文化、振兴台湾文教事业的过程中，晋江人功不可没……

谢重光．客家崇文重教风气的形成及其在台湾地区的承传 ［J］．地方文化研究，2013（5）：20—27.

关键词：赣闽粤边；客地；崇文重教；台湾；客家人；承传

机构：福建师范大学社会历史学院

摘要：客家人崇文重教风气的形成，植根于客家人所处的地理环境与传统经济结构。在这一认识的基础上，本文探讨了客家大本营即赣闽粤边客地崇文重教习俗在日常生活中的表现、赣闽粤边客地崇文重教传统形成的历史进程、台湾地区客家人对于崇文重教传统的承传三个问题，认为：大体自明中叶以后，赣闽粤边客地先后走上了由"野"变"文"的发展历程，崇文重教风气伴随着这一历史进程形成；明末以降，客家人从闽粤原乡移居台湾地区，也把原有的文化传统带到台湾，因而客家人崇文重教的传统在台湾地区得到很好的承传。

杨艳华，陈庆元．"俗化"与教化——论闽籍学官与清代台湾社会 ［J］．东南学术，2013（3）：206—212.

关键词：闽籍学官；清代台湾社会；俗化；教化

机构：福建师范大学；漳州师范学院；福建师范大学文学院

摘要：清代台湾经历了一个由移民社会转向定居社会的发展过程。在此过程中，由于经济取向浓厚、人口素质较低，社会文化发展中出现了"俗化"现象，即文教不兴、陋俗盛行、精致文化无由发展。清代闽籍学官作为一个文化素质、节操修持较高的群体，以修缮学宫、重教兴学推动了台湾的文教发展；以秉承中国"采诗观风"传统的风土诗，来化导台湾社会的种种陋俗；以标举郑五娘、五妃为节烈典范来形塑台湾的社会伦理秩序。这在清代台湾社会趋向文治化的发展中，起到了重要的教化作用。

杨丽霞．闽台本土音乐在地方院校教学中的实践研究——以视唱练耳课程为例［J］．民族艺术研究，2013（2）：67—72.

关键词：视唱练耳；闽台音乐；实践教学

机构：集美大学音乐学院

摘要：闽台是一个极具地域特色的区域，其特殊的地理位置、繁杂的乡音土言、迥异的民俗风情，沉淀出许多与民俗共生的民间音乐文化，虽经历了历时性的发展，却保留着较浓厚的地域特征。对区域音乐文化的开发与运用，不仅可以丰富地方院校的教学资源，形成特色办学，更有利于以传承本土音乐文化为基点，保护区域艺术文化生态的平衡。本文以视唱练耳课程为例，从节奏、视唱、听辨等多个角度对闽台区域音乐文化资源在地方院校音乐教学中的实践进行了探讨。

杨广波，莫菲．闽台传统舞狮文化探究［J］．体育科学研究，2013（4）：1—4.

关键词：闽台；传统舞狮；文化

机构：厦门大学体育教学部

摘要："闽南狮"是在闽南特殊的地理环境和文化背景影响下形成的一种独特舞狮文化。通过实地调研、走访观察厦、漳、泉及台湾一些地区闽南舞狮活动的形式、种类和活动特点，进行探讨，使人们对闽南舞狮文化有一个初步的认识。此外，通过对闽台传统舞狮活动的比较，既显示了闽南文化对台湾的重要影响，也是闽台民俗活动同根同源的生动例证。

李红梅．"嘉庚杯""敬贤杯"海峡两岸龙舟赛研究［J］．首都体育学院学报，2013（5）：446—449.

关键词：民俗体育赛事；龙舟赛；社会效应；海峡两岸

机构：厦门理工学院公共体育部

摘要：在文献资料和实地调研的基础上，通过对"嘉庚杯""敬贤杯"海峡两岸龙舟赛基本情况的分析，探讨其社会效应。研究表明："嘉庚杯""敬贤杯"海峡两岸龙舟赛展示海西五缘优势，体现对台特色，助推祖国统一；带动全民健身，缩短我国由体育大国向体育强国迈进的征程；促进福建体育文化产业的长足发展；提升厦门社会和谐精神文明建设；促进厦门体育休闲旅游的兴旺发达，拉动商贸互动与经济增长，有效提升城市知名度。民俗体育赛事的蓬勃兴旺极大地促进我国体育文化的传承与发展，对建设体育文化强国有着切实的现实意义。

李顺兴．依托闽南文化优势　推进闽台教育交流［J］．世界教育信息，2014（4）：65—66.

关键词：闽南文化；闽台文化；教育交流；海峡两岸；全国台联

机构：闽南师范大学

摘要：〈正〉漳台两地有着特殊的自然地理和历史文化渊源，台湾现有人口中 1/3 祖籍在漳州。而作为地处漳州的唯一一所省属重点建设高校，闽南师范大学在对台学术和教育交流方面具备独特的地域和资源优势。学校以闽台文化研究和交流为抓手，扎实做好闽台教育交流工作，取得明显成效。一、主要做法和经验：（一）结合特色地缘优势，打造闽台文化交流与传承的平台，学校积极打造闽南文化研究平台，成立闽南文化研究院……

谢军．中华体育文化在台湾地区的传承及影响研究——古代中华体育文化的闽台延播 ［J］．体育科学研究，2014（5）：19—24.

关键词：中华体育文化；闽台；移民社会；文化传播；历程

机构：集美大学体育学院

摘要：采用文献法、田野考察、访谈法等，并利用传播学的相关理论，对中华体育文化的闽台延播进行研究，认为闽台体育文化区的形成是中原体育文化传播的结果，是移民社会的文化延播。从中原到福建，再根植于台湾，历经隋唐五代、宋、元、明、清的中国古代社会时期。闽台移民的先后、历程以及社会的后续发展等方面不甚相同，而呈现出的相异的特殊意识形态所造成的，带有着鲜明的区域性特征。这些差异的存在，并不能改变闽台移民社会共同的本质。中华体育文化与闽台地方体育是一体和多元的关系。

张银行，郭志禹，邱瑞瑯，杜舒书．闽、台地区"宋江阵"的比较研究——以福建闽南和台湾南部地区为例 ［J］．体育科学，2014（7）：41—48.

关键词：宋江阵；武术；福建；台湾南部地区；比较分析

机构：扬州大学体育学院；上海体育学院武术学院；华东师范大学体育与健康学院

摘要："宋江阵"以闽、台地区地方拳术和各种阵法操练为主要表演内容，为闽、台地区所独尚，是区别于他域武术文化的主要表征之一。台湾地区宋江阵传自福建，但因两岸交流不畅，其存在形态、开展状况及研究成果难以把握和共享，久之，导致台湾地区部分研究者对其源承关系的认识存在模糊倾向。运用文献资料调研、专家访谈、田野调查等研究方法，在占有相对充裕的两岸宋江阵资料的基础上，从武术内容、阵式内容、道具、表演流程与仪轨、信仰神、地域分布、分类等宋江阵本体及相关方面对闽、台宋江阵进行了具体而微的比较分析，以期从文化根源上明辨闽、台地区宋江阵源与流的关系及其嬗变发展，进一步强化闽、台文化一体认同意识、密切两岸关系。

曹瑾，郭琼珠．闽台地区"宋江阵"的价值认同与发展对策研究［J］．搏击（武术科学），2014（2）：95—96.

关键词：闽台地区；宋江阵；价值认同；发展；传承

机构：厦门大学体育教学部

摘要：闽台作为有着地域和文化渊源的区域之一，在其历史发展的过程中，形成了多种多样的文化财产。同时，因为闽台文化所具有的乡土性、情感性、普及性、娱乐性及宗教性等特征，促使在开展两岸文化交流的过程中，这些活动既有着竞技体育等其他活动形式无法比拟的优势，更易唤起两岸同胞的民族情感与文化认同。因此，研究闽台地区的宋江阵这一文化形式的实践活动，对于梳理宋江阵的价值，获得宋江阵的文化认同和价值追寻的动力，有着重要的意义。

李红梅．闽台普通高校民俗体育活动比较分析——基于文化结构三层次的视角［J］．厦门理工学院学报，2014（6）：96—100.

关键词：闽台；民俗体育；文化结构三层次学说

机构：厦门理工学院公共体育部

摘要：从文化结构三层次视角看，福建普通高校民俗体育活动的开展与台湾存在较大差距。物质层面上，福建高校开展民俗体育活动的场地、器材不足，开设项目不多，师资匮乏，学生参加民俗体育的时空受限；制度层面上，福建采取的"国家—地方—学校"自上而下的三级纵向管理体制，相较于台湾"省—地市—学校"并列平行纵横向交叉管理而言，自主性和灵活性相对欠缺；精神层面上，福建高校重技术轻文化，学生对民俗体育的自觉性较低，态度相对较冷淡。福建高校应加大民俗体育硬软件建设及政策推广，加强学生民俗体育文化自觉与自信的培养。

于海滨．闽台民俗武艺"刣狮"源流、特征及传承的当代价值［J］．泉州师范学院学报，2014（4）：24—28.

关键词：闽台民俗；民俗武艺；刣狮；当代价值

机构：泉州师范学院体育学院

摘要：民俗刣狮是流行于我国闽南地区和台湾台南县及高雄县的一种以武术为载体的民间艺术形式，是武术与狮子舞蹈的有机结合，是闽南文化和中原武术交融的结晶，作为武术项目完整保存了南少林传统技艺的精华。对民俗刣狮的源流、特征及传承的当代价值进行研究发现：刣狮的表演形式丰富多样；刣狮的道具、兵器、乐器等多来自日常用具，与百姓生活紧密相连；刣狮的价值和功能与其当代社会存在不相适应的状况。保护和传承被遗忘、被边缘化的民俗刣狮，必须更新观念对其进行源流探析和文化剖析，遵循其表演形式和特色；转换其当代价值功能；突出其文化特色，创新发展路径，以符合民众的需求和促进世界体育文化发展为重构目标，以适应时代的需要。

张矛矛，彭晶．中国台湾地区民俗体育之中华历史原型考析［J］．首都体育学院学报，2014（2）：115—118.

关键词：中国台湾；民俗体育；中华历史；历史原型；地域化；本土化

机构：中国矿业大学体育学院

摘要：台湾民俗体育形态丰富，历史悠久。"宋江阵""花鼓阵""攻炮城"是具代表性的台湾民俗体育活动，通过追溯它们的历史原型，可以进一步诠释台湾民俗体育的文化内涵与民族特质。中国台湾地区的民俗体育与大陆有着割舍不掉的渊源关系，两岸人民有着极其相似的身体运动文化习惯，在历史的进程中，这种习惯由于深深打上了同属一个民族的烙印，而得以传承延续。与此同时，由于台湾自身特殊的地理位置及坎坷的发展历史，台湾的民俗体育又呈现出独特的地域特色，地域性和民族性很好地融合，并以一种特殊的方式呈现着中华体育文化的灿烂与多元，呈现出落叶归根及落地生根的双重特质。

八　闽台其他文化关系

李弢．闽台非物质文化遗产保护学术研讨会综述［J］．闽台文化研究，2013（3）：117—120.

关键词：物质文化遗产；闽南文化；历史文化内涵

机构：闽南师范大学闽南文化研究院

摘要：〈正〉2013 年 6 月 18 日，由中华全国台湾同胞联谊会、闽南师范大学联合主办，闽南师范大学闽南文化研究院、漳州市台湾同胞联谊会、漳州市金门同胞联谊会承办的"闽台非物质文化遗产保护学术研讨会"在闽南师范大学逸夫图书馆报告厅开幕。研讨会为期 2 天，来自清华大学、南京大学、武汉大学、厦门大学、闽南师范大学、台湾成功大学、台湾"清华大学"、台湾师范大学……

刘淑兰．闽台文化产业合作平台建设探讨［J］．福建论坛（人文社会科学版），2013（6）：67—71.

关键词：闽台；文化产业；合作；平台

机构：福建农林大学马克思主义学院

摘要：闽台文化产业合作已成为两岸交流的亮点，闽台文化产业合作平台的构建具有必要性和可行性。本文概括闽台文化产业合作平台的类型以及建设中呈现的特点，分析存在的问题，并以健全机制为突破口，在加强闽台文化产业合作平台的组织机构、人才、信息及品牌等建设方面提出建议。

余霖．闽台文化创意产业合作历史的发展分析［J］．当代传播，2013（2）：72—75.

关键词：闽台；文化创意产业；合作

机构：厦门理工学院数字创意学院

摘要：福建与台湾拥有相同的"地缘""血缘""文缘""商缘""法缘"，文化创意产业领域的合作由来已久。本文通过对两地自20世纪80年代以来的文化创意产业合作历史进行梳理，将其划分为三个主要阶段，并分析其不同阶段的合作形式和合作特点，既为两地合作寻找发展脉络，更希望为我国其他地区的区域合作提供借鉴。

翁振．数字娱乐在泉台文化交流中的运用 ［J］．泉州师范学院学报，2013（5）：99—102．

关键词：数字娱乐；泉台文化交流；运用

机构：泉州师范学院美术与设计学院

摘要：首先对泉台文化交流现状与存在的问题进行介绍，根据数字娱乐内容及特点分析数字娱乐介入泉台文化交流的可行性，提出数字娱乐介入泉台文化交流的模式构想，阐述开拓泉台文化交流数字娱乐新途径构想的主要尝试内容。

郭文．开发对台文化旅游刍议 ［J］．政协天地，2013（1）：48—49．

关键词：文化旅游；旅游节；福建土楼；台湾旅游；客家文化；妈祖文化；闽南文化

摘要：〈正〉作为台胞的主要祖籍地，福建存在着大量与台湾相关的文化旅游资源。开发这些资源，对实现海西旅游区的总体战略规划具有重大意义。福建对台文化旅游发展及对台文化旅游市场潜力巨大。福建客家文化、闽南文化、妈祖文化、祖地文化等特色文化，与台湾文化同宗同源，有利于对台文化旅游资源的开发。经过多年的发展，如妈祖朝觐、武夷仙境、福建土楼、鼓浪琴岛等文化旅游产品已经逐步推向台湾旅游市场……

黄海宏．台湾传统建筑与闽南建筑及嘉庚建筑关系之研究 ［J］．福建建筑，2013（4）：15—17．

关键词：台湾传统建筑；闽南建筑；嘉庚建筑；关系

机构：集美大学

摘要：本文分析嘉庚建筑、台湾建筑及闽南建筑的风格和特点。从历史发展角度来看，台湾建筑风格来源于闽南建筑，是闽南建筑的重要组成部分；通过对嘉庚楼群建筑形成和特点进行分析，可以看出嘉庚楼群是闽南建筑的升华。综上所述，台湾传统建筑和嘉庚建筑均来源于闽南建筑，随着时代的发展，这些建筑在闽南建筑的基础上均有着各自的细节发展变化，呈现出你中有我、我中有你的建筑风格。

江柏炜 . 战地生活、军人消费与饮食文化：以金门为例 ［J］．（台湾）中国饮食文化，2013，9（1）：157—194.

关键词：饮食文化史；冷战遗产；地域文化；金门；闽南传统社会

机构：（台湾）财团法人中华饮食文化基金会

摘要：公元1949年以降，金门从闽南传统社会变成国共对峙、世界冷战的前线基地。在长达43年的军事统治期间，除地方社会与空间地景被高度地军事化外，亦因军人消费经济的蓬勃产生了与之相应的微型产业及文化，饮食即为其中之一。为了迎合不同籍贯的驻军，金门在原有闽南料理的基础上，发展出了广东粥、牛肉大餐、面食（刀削面、炒泡面、拌面）与金门高粱酒等战地风味餐。公元1992年，金门解除战地政务后，这些风味餐进一步发展成地方旅游的新资源。本文拟以田野调查的史料，探究金门战地生活、军人消费与饮食文化间的关系。首先以实际的案例，讨论大量、长期的驻军于金门所产生的庶民饮食之演变，以及这些料理在地化的过程。接着，分析金门高粱酒生产的历史，并从战地氛围与男子气概塑造（modeling manhood）的象征意义，进一步理解高粱酒是如何受到军队的欢迎，以及台湾（军事政权）对于战地社会饮酒的矛盾情结。最后，进一步分析饮食这种非物质性的战地遗产，如何成为一种新的地域特色与旅游产业。

林晏州，苏爱媜，曾伟宏 . 厦门居民对金门资源熟悉度及其对于旅游意愿之影响 ［J］．（台湾）岛屿观光研究，2013，6（2）．

关键词：厦门居民；愿付费用；资源了解程度；鸟类；水獭；鲎；传统古厝民宿

机构：（台湾）澎湖科技大学观光休闲学院

摘要：金门因位处闽南沿海边缘，为与大陆"小三通"联系之平台，目前已为两岸交流往来之重要门户，且历年到访金门之大陆民众数逐年增加，加上"行政院"于2011年开放大陆民众个人行旅游，可以预期未来到访金门旅游之大陆民众数将持续增加。因此，了解未来市场之潜力与需求是相当重要之课题。本研究主要目的为探讨大陆民众对金门资源之了解程度及过去到访经验对于未来到访金门之旅游意愿、旅游日数与愿付费用之影响。问卷调查对象为厦门地区各行政区居民，共获得642份有效问卷。研究结果显示，厦门地区居民知道金门之比例为96.1%，仅9.68%之受访者曾经造访过金门，而受访者对于金门之自然资源较感兴趣，造访金门之旅游意愿以1分（非常不满意）至10分（非常满意）评量，平均旅游意愿为8.34分，平均愿意旅游日数为4.16日，平均愿付费用为人民币2512.35元；受访者知道金门、水獭、鲎、传统古厝民宿之受访者，其对于金门旅游之参加意愿显著较高；知道鸟类资源或水獭之受访者，其愿意参加金门旅游行程之日数显著较长；而知道金门、鸟类资源、鲎、传统古厝民宿之受访者，其对于金门旅游之愿付费用显著较高。

彭心安．建设"厦门—金门旅游协作示范区"的对策研究 ［J］．厦门特区党校学报，2013（5）：14—19.

关键词：厦门—金门；旅游协作示范区；对策

机构：中共厦门市委党校

摘要：厦门坐拥"厦门—金门""小三通"旅游资源和"厦门—金门—澎湖—台湾"绝佳的旅游特色线路，但开发程度低，人为障碍多，突破瓶颈慢，浪费了很多宝贵的旅游资源。对此，本文提出建设"厦门—金门旅游协作示范区"的构想，并围绕这一构想，探寻突破厦金旅游政策性障碍和体制性障碍，建议抓住"中国海洋旅游年"的机遇促成"厦门—金门旅游协作示范区"设立；建议福建省相关部门积极争取，授权厦门市公安局对大陆各地来厦游客入金门旅游实行"当日受理、当日办证、急事争办、特事特办"工作制度；建议由厦门市政府与金门县政府开展政策协作，建议共建"厦门—金门旅游协作示范区协调委员会"；建议整合厦金旅游协作的资源，提高旅游业的经济效益。

曾逸仁．传统建筑修缮的发展与困境——以金门宗祠建筑为例 ［J］．（台湾）建筑学报，2013（85）：205—225.

关键词：小三通；宗族；闽南；真实性

机构：（台湾）"中华民国"建筑学会

摘要：金门的文化体系源于闽南的泉漳地区，建筑形式传承母文化的特质。传统建筑借由泉漳等地工匠兴筑，基本上与原乡的形制近似，或进而在本地发展出多样化的地域建筑。近年两岸交流热络，与原乡断绝往来四十余年后恢复了联系，金门的文化体系受到对岸强势经济文化的影响，在交流中逐渐有偏斜的情形。其中，传统建筑修缮过程中，金门因地利之便引入廉价的材料、工匠，新风貌的修缮工程逐渐影响传统建筑。通过数个修缮实例及流行风格的影响结果，可以看出传统建筑修缮的发展趋势。本文从当前金门宗祠建筑的修缮现状、检视修缮过程的思维及其背后的影响因子，进一步指出传统建筑在金门所遇到的变革，与文化性衰微的发展现象。

卞玺．两岸新闻奏响乡音乡情——以"厦门卫视"为例 ［J］．新闻窗，2014（3）：84.

关键词：频道定位；传媒界；闽南文化；闽南语；报道思路；百姓故事；栏目特色；闽南话

机构：厦门卫视

摘要：〈正〉厦门是离台湾最近的特区，厦门卫视是最懂台湾的媒体之一。厦门卫视的频道定位，正是从厦门这个现代化宜居城市独特的气质和对台特殊的地缘优势积淀而来，《两岸新新闻》是厦门卫视的天然特质。厦门卫视率先提出"两岸共同新闻"的全新理念，推出两岸传媒界内容共享、平台互动的《两岸新新闻》。全面升级的《两岸新新闻》以"离台湾最近的大陆视角、厦门视角"观察两岸，像关心家人一样关切两岸，速评两岸，深读中国……

李琳音·电视传播对两岸交流的推动促进作用——以闽南语频道文史栏目《唐山过台湾》为例 [J]·新闻研究导刊，2014（13）：110—111.

关键词：闽南文化；唐山过台湾；电视传播；文化交流；推动

机构：泉州广播电视台

摘要：改革开放后，闽台地区在两岸的文化交流中一直居于重要地位，源于闽台的地缘优势能对两岸共同的文化进行充分利用，推动两岸的交流与沟通。本文以泉州广播电视台闽南语频道的文史栏目《唐山过台湾》为例，对闽南语的电视发展进行分析，对闽南文化传播做一定的梳理，发掘其在两岸交流中独具的魅力与作用。

王磊·台湾广播受众分析与对台广播发展战略 [J]·中国广播，2014（7）：65—70.

关键词：对台广播；社会心理；收听需求；发展战略

机构：中央人民广播电台对台湾节目中心

摘要：对台湾广播传播效果的优劣，首先取决于对台湾受众社会心理和收听需求的了解程度。本文通过实地走访、文献研究的方法，分析了在两岸大交流的背景下台湾受众的社会心理和收听现状，为对台广播在新时期的发展战略提出了建议：深入台湾基层进行受众调研，制定整体的战略规划；以血缘、文化、宗教为着力点，形成以"内容为王"的核心竞争力；加大与台湾媒体的合作，抢占岛内新媒体传播阵地，努力转型为多元互动的全媒体。

张苹·试析传播闽南文化的瓶颈和解决途径——以海峡之声闽南话广播为例 [J]·东南传播，2014（5）：48—49.

关键词：闽南文化；对台传播；寓教于乐；借船登岛

机构：海峡之声广播电台

摘要：本文以海峡之声闽南话广播为例，分析了频道在传播闽南文化上存在着寓教于"乐"不足、听友互动圈小等问题，并剖析成因。文章着重指出要解决这些问题可以从以下几个方面下功夫：1. 加强采编播力量，培养对闽南文化有相当认知程度的人才；2. 以活动带动节目在岛内的影响力，以创意活化频道；3. 精做节目，活化语态；4. 加强与岛内相关电台的交流和合作，实现直接到达听众；5. 重视台湾民众对节目的评价和需求。

杜苏闽·对台广播中闽南文化要素运用分析 [J]·中国广播，2014（10）：84—87.

关键词：对台广播；闽南文化；文化要素

机构：中央人民广播电台对台湾节目中心

摘要：对台广播已走过 60 个春秋。从空中越过海峡，连接两岸，在实现信息的沟通之外，更重要的是实现了两岸情感和文化的交流。有效运用闽南文化要素，唤醒台湾同胞的文化认同、民族认同，在实现对台有效传播中起到关键作用。在新时期如何创新运用闽南元素，增强有效传播，具有现实意义。本文就对台广播中闽南文化的要素内容、传播方式、传播效果进行了探讨。

毛现辉．传承闽台文化·沟通两岸交流——基于闽南语电视频道定位与传播策略的分析 [J]．东南传播，2014（10）：25—26.

关键词：闽南语频道；定位；传播策略

机构：福建师范大学闽南科技学院

摘要：在收视逻辑中，电视作为社会文化交流与传播的重要平台，必将把本土受众所喜闻乐见的社会人文、风俗、地理等纳为自己的主要范围，即考虑本地市场，以本土受众为主要定位。闽南语电视频道与其他地方电视媒介一样采用本土定位方略，以传播闽南方言文化为核心内容定位，频道的各个栏目有各自的受众群定位。有了恰当的频道定位，下一步便是采取合理的频道传播策略，即考虑怎样把自身栏目推向受众。

廖经伟．浅析闽南话讲古节目在对台广播中的运用 [J]．东南传播，2014（3）：21—22.

关键词：闽南话讲古；对台广播；文化认同

机构：福建省广播影视集团东南广播公司

摘要：作为闽南方言表达的精髓形式，闽南话讲古特有的艺术性及感染力深受台湾受众喜爱。在对台广播节目求新求变的大背景下，运用闽南话讲古类节目的语言艺术，更易让台湾受众获取讯息，获得愉悦，进而达到传播中华文化、增强台湾受众的文化认同之目的。

谢映勤，麻秋玲．基于"大三通"形势下的漳州涉台旅游发展策略探究 [J]．安徽农业大学学报（社会科学版），2014（2）：51—54，85.

关键词："大三通"；漳州涉台旅游；发展策略

机构：漳州城市职业学院初等教育系；东北师范大学地理科学学院

摘要：2008 年海峡两岸实现"大三通"，对漳州而言既是机遇也是挑战，如何在漳、台渊源优势基础上，充分发挥"大三通"优势，推动漳州涉台旅游业快速发展，对进一步带动漳州经济社会快速发展具有重要意义。漳州涉台旅游发展有着深厚的历史文化渊源、涉台文化旅游资源丰富的现实条件基础，但目前也存在着诸如旅游景点旧、散，旅游产品单一等问题，通过分析，在基于"大三通"形势下提出了加大涉台文物及资料的整理，深化祖地文化旅游；深度挖掘涉台文化内涵，丰富旅游内容及形式；加强与周边地市合作，打响海峡旅游品牌；完善基础设施，提高服务质量；整合漳州涉台旅游资源，全面推进漳台旅游合作等五方面的发展策略，以期为促进漳台旅游合作、交流，提高漳州涉台旅游在全国及世界的知名度做出贡献。

王泽巍．论漳州涉台名人文化旅游资源的开发［J］．旅游纵览，2014（4）：184—185，218.

关键词：文化旅游资源；文化旅游产品；文化旅游发展；旅游城市；资源开发

机构：漳州职业技术学院旅游与酒店管理系

摘要：漳州在海西旅游城市圈中要形成竞争优势，理应充分利用台胞祖地优势，挖掘漳州籍台湾名人文化旅游资源的内涵，开发名人文化旅游产品。为适应游客需求变化、正确处理好资源开发与保护关系，应该加强对漳州市涉台名人文化旅游发展过程中保护与开发的理论与实践研究，提高漳州市名人文化旅游的开发层次。

陈燕．闽台非物质文化遗产的文化产业发展现状调研［J］．福建艺术，2014（6）：46—49.

关键词：文化特质；海峡两岸；闽南文化；合作现状；博览交易；民间艺术节

机构：福建省艺术研究院

摘要：〈正〉中华文化是闽台地区共同的文化纽带，两岸非物质文化遗产（以下简称"非遗"）的发展具有深厚的历史渊源，这为闽台非遗文化产业的发展提供了重要的文化背景和建设平台。了解两岸的发展特色、交流合作现状及目前存在的问题，寻求解决和促进之道，互利互补，合则两利，通则双赢，这将进一步促进闽台地区非遗文化产业的共存与发展……

杨广敏．闽台非物质文化遗产研究［J］．集美大学学报（哲学社会科学版），2014（1）：17.

关键词：非物质文化遗产；生存空间；泉州地区；闽台

机构：集美大学

摘要：〈正〉【主持人语】传统剪纸技艺与木雕技艺都是民俗文化的一部分，也是民俗文化的结晶，因此，保护其技艺的完整性具有重要的文化价值。另外，民俗生活在发生变化的同时，传统的技艺面临两难处境：坚持传统性可能会失去生存空间，适应市场则可能失去传统。科学的办法也许是区分不同的功能需求，采取不同的应对方式，互相补充……

黄明珍．泉台民间宫庙建筑的文化传承与交流 [J]．寻根，2014（6）：64—73.

关键词：文缘相承；明崇祯；郑芝龙；清水岩；明中叶；祖籍地；鹿港；祖宫；广泽尊王；北港朝天宫

机构：泉州市博物馆

摘要：〈正〉泉州作为台湾汉族同胞的主要祖籍地之一，与台湾一衣带水。两地有着悠久的历史渊源，台湾在设府之前，一直隶属于泉州府。泉台两地之间地缘相近、血缘相亲、文缘相承、商缘相连、法缘相循。泉台两地渊源大约从两宋时开始，大陆向台湾移民，但人数甚少。明中叶以后，移居膨湖、台湾者逐渐增多，明崇祯元年（1628），郑芝龙接受明朝的招抚，适逢闽南大旱，饥民甚众，遂在泉州、漳州招纳灾民数万人……

雷娴．浅谈闽南涉台寺庙的价值及保护——以安海龙山寺为例 [J]．福建文博，2014（3）：54—59.

关键词：闽南涉台寺庙；安海龙山寺；历史景观；文化空间

机构：北京清华城市规划设计研究院文化遗产保护研究所

摘要：福建省是最重要的台胞祖籍地，省内积淀了丰富的文化遗产资源，特别是涉台文物古迹众多。近年来国家文物局和福建省及时启动了涉台文物普查、保护专项规划、修缮设计工程等工作。闽南涉台寺庙的社会文化价值一方面体现在它是闽南传统文化的典型代表，另一方面它也是周边区域建筑文化的母体。保护闽南涉台寺庙，首先应在寺庙所在地保护当地传统的建筑遗存、传统的习俗、传统的文脉特征，在周边区域搞清楚建筑融合演变关系、习俗继承发展过程、文化发源的传承脉络；其次要保护好具体的遗存载体——匠人、遗存、工艺、材料、技术、文脉、风俗及非物质文化遗产等；在此基础上，保护区域历史景观及整体文化空间，从而保持涉台寺庙的真实性、完整性，使之成为可持续发展的活态遗产，加强闽台传统建筑遗产及相关文化的保护、传承、交流与发展。

陆金雄．同源、派生、交流与融合——从两岸建筑学术交流看建筑发展 [J]．世界建筑，2014（3）：67—69，124.

关键词：海峡两岸建筑学术交流；工作坊；台湾建筑师硕士班；中国建筑学会；"清华大学"

机构：（台湾）"中华全球建筑学人交流协会"；（台湾）淡江大学建筑系

摘要：海峡两岸建筑学术交流在中国建筑学会及"中华全球建筑学人交流协会"的共同努力下，从专业界到学术界，历经了二十余年。从第一次两岸会面到工作坊首度在大陆举办，"清华大学"建筑学院一直扮演关键角色。台湾逐渐深化的在地文化，可作为祖国大陆在追求现代化发展过程转而自省的借镜。经济发展主导人才流动，台湾人力资源往大陆流动的趋势，如何整合与发挥力量是两岸应共同思考的课题。

赖世贤，陈志宏，何苗．闽台"对场作"研究［J］．河南大学学报（自然科学版），2014（2）：248—252.

关键词：闽台地区；传统建筑；建造方式；对场作

机构：华侨大学建筑学院；厦门理工学院土木工程与建筑系

摘要：〈正〉通过对闽南和台湾地区"对场作"建筑的调研及对比，对这一独特地域建筑营造现象进行了初步的释义，探讨了其在闽台地区盛行的原因。发现大部分"对场作"建筑类型为宫庙或宗祠一类的公共性质建筑；认为匠师"竞作"能够促进技艺提高、加快工程进度、满足业主期许，但容易引发恶性竞争、导致建筑美学失调……

钟丹．室内设计中闽台地域文化元素的作用［J］．福建艺术，2014（2）：50—51.

关键词：室内设计；色彩设计；环境形态；闽台文化

机构：厦门南洋职业学院艺术学院

摘要：〈正〉中华文化是历经几千年来汉民族与各兄弟民族共同创造的文化，而闽台文化则是中华文化的一支地域文化组成部分。所以，闽台文化具有汉民族文化的本质特性，又拥有福建地区的特殊文化品位和风格。闽台文化与先民的历史、文化、教育、民间习俗、信仰、民间文学、戏曲、民居传统建筑和室内环境形态等综合性的特种文化，有着千丝万缕的关联……

胡彩云．20世纪80年代以来闽台客家图书研究动态分析［J］．三明学院学报，2014（3）：96—100.

关键词：福建；台湾；客家；图书

机构：三明学院图书馆

摘要：闽台客家图书除了包含大陆传统意义上的图书，还包含装订成册的学术论文和私人印行的文献及小册子等类型，数据源为公共图书馆和高校图书馆及客家研究机构三大系统。按照不同的分析标准，得出自20世纪80年代以来客家图书研究的主题主要是客家方言，所占的图书百分比为最高；在出版年份上呈现出总量和比重不均衡分布的规律；出版机构则呈现集中于几个出版机构与零散出版的规律；客家图书的个人或团体著者呈现不同的规律。

郑洒辉．台湾与福建茶业发展的历史渊源［J］．福建茶叶，2014（5）：54—57.

关键词：台湾光复；文化遗迹；茶业发展；福建文化；福建安溪；海峡两岸；茶

树栽培

机构：福建省农业科学院茶叶研究所

摘要：〈正〉台湾饮茶风尚的兴起与福建文化的关系，台湾与大陆可以从许多史学、文化遗迹现象中看出其关系密切。如台湾的圆山、大盆坑、风鼻头文化，福建闽江下游的壳丘头、昙石山文化。据考证，上述诸文化之间无一不存在许多共同的文化因素，台湾海峡两岸先民共同缔造了中华民族的远古文明。据记载，三国以来，台湾与祖国大陆的关系愈加密切……

张文锦，冯廷佺．福建乌龙茶生产现状及闽台茶业合作建议［J］．茶叶科学技术，2014（2）：31—33.

关键词：闽台茶业；乌龙茶；合作交流；建议

机构：福建省农业科学院茶叶研究所；福建省茶叶学会

摘要：本文从闽台茶业合作交流的实际出发，在简介了福建乌龙茶的生产现状，归纳了福建乌龙茶业调整优化方向的基础上，提出了今后一个阶段闽台茶业实现优势互补、互惠双赢的合作交流建议：①品种资源共享；②精深加工互通；③国茶文化共举。

李健美，李峰，刘敏，马怡莎，谢毓兰．地理标志保护制度的文化保护作用研究——基于中国大陆与台湾地区茶产业的对比［J］．中国外资，2014（4）：160，162.

关键词：地理标志；文化保护；茶产业

机构：中国人民大学经济学院

摘要：本文以地理标志保护制度为切入点，分析地理标志保护制度的文化保护作用机制。并选取中国大陆地区和台湾地区的茶产品地理标志保护制度的文化保护作用进行对比分析。其中着重考察海峡两岸在文化保护作用上的不同之处。研究发现两地虽然有相同的保护目的和思路，但在强调文化保护方式、提升文化保护成效、促进文化对外推广的方式等方面存在较大不同。由此建议大陆地区借鉴台湾地区的特点，在挖掘休闲茶业的资源潜力、发挥文化研究的引领作用、拓展激励机制的作用空间，以及建设文化保护的信息支撑等方面强化完善。

蔡鸿新．福建省政协文史资料与闽台中医药文化研究［J］．中国中医药图书情报杂志，2014（2）：39—42.

关键词：政协文史资料；闽台中医药；文化研究

机构：福建中医药大学

摘要：福建省各级政协文史资料中有关闽台医药文化的资料主要包括医疗卫生类、

闽台医家类、闽台药业类、闽台疾病类等。这些资料有许多是当事人的直接回忆，具有翔实、具体、生动的特色，对文献史料起到补充、深化和印证的作用，还可以匡正文献史料的谬误。这些鲜活的史料凝聚着撰稿人丰富的社会经历和人生体验，为后人提供了闽台中医药文化发展变迁的历史记述。

学位论文目录摘要

闽南思想

彭潮．李贽教育思想管窥 [D]．导师：宋永成．陕西师范大学，2013，硕士．

关键词： 李贽；教育思想；成因；主要内涵；影响

机构： 陕西师范大学

摘要： 本文是对李贽的教育思想所做的一项专题研究。李贽的教育思想是在特殊的历史背景之下产生的。明朝中后期，中原地区在封建专制统治下显得封闭僵化，而李贽生活的福建泉州则呈现自由、开放、多元的特征。幼年丧母历练了李贽自立自强、独立思考的品格；青年时期的科举考试坎坷经历使李贽洞察了明朝教育的弊端；倡导以去假存真为核心的"童心说"为李贽的教育思想奠定了理论基础。李贽教育思想的内涵非常丰富。在教育目标上，李贽反对传统的人才标准，提出教育应该培养识、才、胆兼备的经世致用之才；在教育环境上，李贽认为教育者应该为人才的培养创造宽松自由的环境，为人才充分展现自我提供良好的平台；在教学方法上，李贽提出教育者应该根据学生个性的不同因材施教，让学生充分发挥所长；在教育对象上，他反对女子见识短浅的观念，倡导女子有受教育的权利；在教学内容上，李贽反对传统教育独尊儒学，重政教和文事而忽视其他方面的做法，指出教育应该多元博采、儒道佛三教学说并重，而且讲学内容要与百姓日常生活紧密相连；在学习方法上，李贽认为读书学习不能囿于书本，要善于思考，敢于质疑。李贽的教育思想不仅促进了鄂东地区的讲学之风，对后世起到了思想启蒙作用，而且对当今的教育改革同样具有重要的借鉴意义。

许庆光．李贽与卢梭文艺思想比较研究 [D]．导师：宋晓云．新疆师范大学，2013，硕士．

关键词： 李贽；卢梭；文艺思想；比较研究

机构： 新疆师范大学

摘要： 生活于明中晚期的李贽和身处 18 世纪法国的卢梭关于自然人性的文艺思想，都对后世文艺思想的发展产生深远影响，所以开展李贽与卢梭文艺思想比较研究非常具有必要性。通过对二人文艺思想的横向比较，挖掘二人文艺思想的异中之同和同中之异，对于准确把握二人的文艺思想有积极的意义，也为沟通中西文艺思想架起一座有益桥梁。论文共分为四个部分。第一部分为引言，首先阐述选题的目的和意义，其次针对目前关于李贽与卢梭文艺思想的研究现状进行系统梳理，包括李贽文艺思想研究概况梳理、卢梭文艺思想研究概况梳理以及李贽与卢梭文艺思想比较研究概况梳理。第二、三部分中，主要采用点的思维，从李贽和卢梭文艺思想中选取几个关键方面，进行深入的挖掘，同时兼顾二人文艺思想的各个方面。因此，第二部分选取叛逆之性格、真实之生命、浪漫之情感和启蒙之精神这样四个关键方面来阐释二人文艺思想的相似方面；第三部分则选取反虚伪道学、反盲目理性这样两个关键方面来分析二人文艺思想价值指向的不同，选取内在的自然、外在的自然这样两个关键方面来分析二人文艺思想表现形式的迥异。第四部分中，在各自时空的维度上，来梳理和解读二人对后世文艺思想所产生的影响。在分析李贽对后世文艺思想所产生的影响时，主要以公安派为个案分析；在分析卢梭对后世文艺思想所产生的影响时，主要抓住情感和自然两个要素来展开论述。

陈明海 · 李贽儒道佛三教思想研究 ［D］. 导师：王国良 · 安徽大学，2013，博士.

关键词： 李贽；儒；道；佛；三教合一

机构： 安徽大学

摘要： 在中国思想史上，李贽具有极其重要的地位。他在儒、道、佛思想的浸染下，在生活实践和思想斗争中，通过与他人的交流和论争，通过自己的探讨和追求，从而形成了他独特的思想性格及思想体系。例如，在李贽以前，中国传统思想的主流是以群体为本位，像杨朱那样主张"为我"，强调个体的人乃是极少数的"另类"，被斥为"异端"，最后连著作也传不下来；而从李贽开始，又重新旗帜鲜明地强调个体，这不仅在他生前的思想界掀起了汹涌的波涛，而且在他死后也对后人产生了久远的影响。李贽在他的时代里不是属于已经腐朽的过去，而是属于通向未来的新生时代，因此，李贽被誉为16世纪中国反封建专制主义、追求思想解放、力主人格独立的伟大先驱者。儒学为中国学术思想之主流，也是中华文化之重心。传统的读书人，自幼都要学习儒学。李贽更不例外。李贽启蒙教育是由其父亲完成的。7岁时，父亲白斋公便开始教他"读书歌诗，习礼文"。李贽幼年所学不出儒家思想，也因此奠定了他儒家思想的基础。12岁时，李贽已学过《易》《礼》，并开始读《尚书》。他在《易因小序》中说："余自幼治《易》，复改治《礼》，以少《礼经》决科之利也，至年十四，又改治《尚书》，竟以《尚书》窃禄。"由此观之，少年时期的李贽就已经熟读多种儒家经典，并借助儒家思想、儒家典籍登入仕途。然而，年长之后的李贽读朱子传注，深觉与朱子之心不能契合，甚至感到与之格格不入，遂对宋儒道学产生反感，加之其倔强之性格，遂逐渐形成反封建传统道学思想，最后终于擎起反道学之大旗，以堂堂之阵、正正之旗，向假道学挑战。我们应该知晓，李贽反对的只是假儒、假道学，对真儒、真道学，他不但不反对，而且赞美有加。纵观李贽一生，少时便熟读儒家典籍；中年知府姚安，仁政于民；晚年批点《水浒》，凸显"忠义"；生命暮年尚对儒家重要典籍《易经》做细致解读，完成人生最后一部著作《九正易因》的著述。可以说，儒家思想伴随李贽的一生。即使落发为僧，他内在的骨子里依然是一个"儒"。他在《初潭集序》中说："夫卓吾子之落发也有故，故虽落发为僧，而实儒也。"道家自然观的最高概念和范畴就是道，道家之所以为道家是与他们对道的推崇和强调分不开的。道家老庄对道的理解和阐释就构成了他们的道论，从某种意义上说，他们的道论也就是他们的自然哲学。李贽除了自幼研习儒家思想，而以儒学为思想之根本外，尚且取法道家哲学，效法老庄，崇尚自然。其"童心说"思想就是强调作文要崇尚自然，不要造作，为文要发乎自然；吸收道家精神独立的理念，而求精神自主、思想独立；受道家政治哲学思想影响，李贽认为只有无为政治才是合乎人的本性、合乎道的本性的。按照无为政治的要求，应提倡"在宥"天下，任性而为，以百姓的意志为意志，反对以肆意妄为去治理天下。鉴于此，他在担任姚安知府的三年里，始终恪守"无为而治，顺性牖民"的治府思想，使得百姓丰衣足食，安居乐业；解《老子》，注《庄子》，反对礼治，废弃政刑，批评理一，主张相对。可以说，李贽对于老庄之学，数十年来穷研不止，精进不已。他能融通道家思想，有所创新，随时应用；他透过道家之理观照万物，评断是非，可谓别出心裁，令人耳目一新。佛学方面，李贽姚安任上"以禅理化民"，"鸡足山谈禅"乃至最后"削发麻城"，可以说，后半生的他与佛学结下了不解之缘。李贽曾说："五十以后，大衰欲死，因得友朋劝诲，翻阅贝经，幸于生死之原窥见斑点。"在姚安的3年时间里，李贽读过的佛经教典有《坛经》《般若经》《心经》《中观经》《楞伽经》《法华经》《金刚经》，《维摩诘经》《无量寿经》也可能读过。由此可以看出，此时的李贽对佛学的认知与研究已经达到了一定的高度。姚安任上"以禅理化民"；辞官后赴鸡足山"谈禅"；从佛学角度对"童心"内涵做阐释；相信事有因果，善恶有报，写下了佛学著作《因果录》等，此外，李贽致力禅宗，归宗净土，提倡众生平等；主张佛性无别，人人皆能成佛。这一切都彰显了佛学思想对李贽产生的深刻影响。也许是对世俗不再眷念，也许是对生死业已参透，也许是对佛家极度虔诚，明万历十六年（1588），62岁的李贽毅然在麻城削发为僧。他终于以一个所谓"异端"的行为，向世人昭示：我以我心赴佛缘。对于儒、道、佛三教之间的关系，李贽是提倡"三教合一"的。他认为，虽然三教之间有区别，但是在"闻道"这一点上，它们永远是相通的。他说："儒、道、释之学，一也，以其初皆期于闻道也。必闻道然后可以死，故曰：'朝闻道，夕死可矣。'非闻道则未以可死，故又曰：'吾以女为死矣。'唯志在闻道，故其视富贵若浮云，弃天下如敝屣然也。然曰浮云，直轻之耳；曰敝屣，直贱之耳，未以为害也。若夫道人则视富贵如粪秽，视有天下若枷锁，唯恐其去之不速矣。然粪秽臭也，枷锁累也，犹未甚害也。乃释子则又甚矣：彼其视富贵若虎豹之在陷阱，鱼鸟之入罗网，活人之赴汤火然，求死不得，求生不得，一如是甚也。此儒、道、释之所以异也，然其期于闻道以出世一也。盖必出世，然后可以免富贵之苦也。"

（《三教归儒说》）儒家、道家、佛家三家的学说，其宗旨是一样的，因为它们在创始的时候，都是把"闻道"作为最终目的。一定要"闻道"，然后才能死而无憾。对于富贵名位，儒家是轻视鄙视，并没有把富贵看成很有害的东西，至于道家则把富贵看成像粪土一样脏臭，把天子那样的名位，看成像戴了枷锁一样受累，唯恐不能很快离开它，总之，道家把富贵看成是很有害的东西。而佛家对于富贵的看法又进了一步，他们认为享受富贵就好像虎豹掉进陷阱、鱼鸟落入罗网、活人进到汤火里一样，求死不得，求生不得，祸害竟然如此厉害。以上就是儒、道、佛三家的区别所在。可是他们都希望通过"闻道"来达到出世的目的，在这一点上是绝对一致的。因为必须出世，才可能免去富贵的烦恼。综上所述，李贽在其76年的人生历程中，思想方面饱受儒、道、佛三教的影响，从而呈现出多元化态势，并且力主儒、道、佛三教合一。当然，李贽思想的产生有其鲜明的时代背景。本文拟从"李贽生平及其思想产生的时代背景""明代三教合一的趋势及影响""李贽对儒学思想的批判与继承""李贽对道家思想的批判与继承""李贽对佛学思想的批判与继承""李贽的三教合一思想"以及"童心说：三教合一之心性论"等7个方面对李贽的儒、道、佛三教思想做出力所能及的探讨和分析。李贽是中国16世纪伟大的早期启蒙思想家。他以一位先知先觉者的锐利目光，洞察着时代的矛盾和社会发展过程中出现的问题，以卓越的超前意识和非凡的勇气，认真反省中国传统思想文化，探索人生真谛，致力于从道德理想主义到经验主义的理性重建，他以一个独立的思想者的姿态，自由驰骋于儒、道、佛三教之间，改造先行思想资料并加以适应时代要求的创造性发挥，建立了一个以"童心说"为核心、"学主不欺，志在救时"为宗旨的新思想体系。李贽的儒、道、佛三教融合的思想也给当代文化全球化带来了启示，中国传统儒、道、佛三教由相异冲突而至相异共存、相融互补的历史能给今天全球化进程中的宗教对话与文化交流提供某种借鉴：佛教作为外来的宗教，通过与以儒、道为代表的中国文化的碰撞和对话，最终在中国文化的大系统中与儒、道多元并存，共同构成中华文化整体中的不同部分，并互补发挥作用，这也从一个侧面表明，世界的一体化与宗教文化的多元化是可以并行的，多元宗教和文化的并存是完全可能的，也是必要的，不同的宗教与文化应该相互尊重，相互理解，在并存中求同存异，共同发展，共同成为人类文化中的多元色彩。他的富有自由精神的思想和新兴气锐的言论，不仅使他成为晚明中国早期启蒙思潮的思想旗帜和一代思想文化巨人，而且对于晚清思想解放运动、五四新文化运动都产生了深刻影响。尤其是他倡导的反独断、反迷信的怀疑精神、自由精神和社会批判精神，对于我们正确认识中国传统社会和传统文化，探索现代理性的重建之路，仍具有重要的启迪和借鉴意义。

施雪琼．心学背景下的晚明书论研究 [D]．导师：傅合远．山东大学，2013，硕士．

关键词：心学；晚明；书论；李贽

机构：山东大学

摘要：被王夫之称为"天崩地解"的晚明，从经济领域到意识形态，都发生了前所未有的剧烈变化，传统的道德、理想、观念，遭受了巨大冲击。在思想领域，王阳明的学说在晚明士人中深得人心，流布广泛，一度取代朱子之学成为官方意识形态。心学的要义包括：自信本心，知行合一，面向生活本身。其实质是主体意志的高扬。心学特别是其后学泰州学派开启了一个以个性解放为中心的思想解放运动，并为晚明文艺美学新思潮的学术之源，由此带来审美风尚的新变：审美境界上表现为"有我之境"，审美风格上体现为"自然"，审美创作上注重"无法"。此外，李贽的"童心"说、汤显祖的"唯情"说，公安派的"性灵"说，也都彰显着真性情，冲击着温柔敦厚的堤坝。处于文艺链条上的书法，无论是实践还是理论也都因时而变，出现了尚个性、尚表现、重情感的书法变革潮流。书法批评中也出现了一些具有心学色彩的美学思想。徐渭的"真我""本色"、以媚取胜，李日华的"性灵"说，赵宦光和项穆的坚守传统与不囿于法的矛盾两面，汤临初的以"形势"论书，王铎的不蹈故常，董其昌的书论也得之于禅宗和心学共同求其"放心""自得"的内在理路。

郑之瑀．蔡襄的政治思想与实践〔D〕．导师：侯道儒．（台湾）"清华大学"，2014，硕士．

关键词：蔡襄；北宋；庆历改革；政治思想；古文；圣人之道

机构：（台湾）"清华大学"

摘要：蔡襄以书学闻名于世，许多研究多聚焦在其美学成就。然而，蔡襄是活动于北宋仁宗至英宗时期的官员，亦是参与庆历改革的人员之一，思想意识受庆历学风影响深刻，但前人的研究上常忽略他的政治观点。本研究利用文献回顾，着重于与蔡襄任官时期相关的文字数据，分析其思想观与实际政治作为。研究分析的结果显示，蔡襄的思想与政治作为有一致之处，其政治理念是和所处环境交互作用后，以应用为导向来制定的政策以解决问题。借由蔡襄的研究，可以部分勾勒出北宋中期中央与地方官员的思考模式与实际作为，并使日后的讨论者对蔡襄与当时之政治思想的其他议题有更多的思索与发现。

朱振焕．李贽反传统的伦理思想研究〔D〕．导师：曾勇．江西师范大学，2014，硕士．

关键词：李贽；反传统；伦理思想；平等；个性自由

机构：江西师范大学

摘要：李贽，字宏甫，号卓吾，别号温陵居士，泉州人，生于明嘉靖六年（1527），卒于万历三十年（1602），是晚明以"异端"著称的启蒙思想家。明代末年社会背景复杂：一方面商品经济活跃并出现了资本主义萌芽，另一方面社会矛盾激化，明王朝处于内忧外患之中。李贽的不妥协、反对束缚、反对虚伪的性格特征以及他的人生经历对他的思想有着很大的影响。作为泰州后学，李贽的思想深受阳明心学和王学中重要人物的影响。李贽清楚地看到传统纲常名教对百姓的束缚，也深刻地看透了伪道学虚伪的一面。针对儒家传统的义利观，他鲜明地提出"人必有私"的观点，认为"虽圣人不能无势利之心"，肯定了人们追求正当个人利益的正当性。他以"天下无一人不生知"的先验论作为起点，提出了"圣人与凡人一"的平等观，并提出"大道不分男女"的男女平等观念。以"人必有私"和"圣人与凡人一"的平等观作为基础，他提出"人但率性而为"的个性自由观，认为每个人的欲求、个性是不同的，应该尊重人的个性，提倡个性自由发展，在是非判断上李贽提出不以孔子之是非为是非的相对价值判断观。李贽反传统的伦理思想对于今天的社会建设有着一定意义上的启示，我们应该在清楚认识他思想上的优点和缺陷的基础上，反思当今社会的发展之路。一方面，应该正确地引导"私心""私利"的发展；另一方面，应该深思当前我国和谐社会的构建，为保障人民的自由平等而努力。

闽南方言

曾南逸．泉厦方言音韵比较研究［D］．导师：李小凡．北京大学，**2013**，博士．

关键词：泉州；厦门；音韵；原始语；演变

机构：北京大学

摘要：泉、厦两市市域从宋代至清中期一直同属古泉州府。由于府属各县方言对府治方言的向心作用，泉、厦各地方言存在比较大的一致性；同时由于地域的距离，各方言点也不可避免仍存在一定的分歧。这些一致性和分歧都很值得我们研究。本文通过比较泉、厦市域17个方言点的字音来展示古泉州府域内方言的异同之处，并试图通过中古音系及泉腔韵书《汇音妙悟》的参照，解释各方言点存在的音韵差异，然后在此基础上初步拟测早期泉州音系。本文共分为六章，其中第二、三、四、五、六章为主体部分。各章主要内容如下：第一章，前言。本章介绍泉、厦两地的行政区划、历史沿革，同时简要综述既有的泉、厦方言音韵研究成果，并总结前人研究《汇音妙悟》时所做的贡献。在总结的过程中我们也对若干问题进行简单的探讨（比如《汇音妙悟》作者黄谦的生地、拟测《汇音妙悟》音系所据三种材料的主次关系）。本章同时提出了本文的写作目的和写作意义。第二章，泉、厦17点方言音系。本章按照古代县域来排列泉、厦17个方言点的次序，其中古晋江、惠安、南安、安溪、同安五县各有3个方言点，古永春、德化二县县域只有1个方言点。本章展示了这17个方言点音系，交代材料的来源，并做简单的音系比较，从声母数目、韵母数目、元音数目三个角度对各方言点进行简单的归类。本章的末尾还对这些材料中所使用的部分音标的音值做了简单的归纳说明。第三章，泉、厦诸方言点与中古音系的比较。对于对闽南方言不熟悉的读者来说，泉、厦方言的音韵格局比较难懂，此时，只有将泉、厦各方言点的字音与某个大家比较熟悉的古音体系进行比较，才能帮助读者建立对泉、厦方言音韵格局的初步了解。有鉴于此，本章将17个方言点字音与中古音系做比较，说明各中古音类在各方言点中的读音情况，初步阐释了泉、厦方言与中古音之间的对应关系。在比较中，我们发现，各泉、厦方言点字音与中古音之间的对应关系大同小异，同的部分多，说明各泉、厦方言点内部相当一致；异的部分虽然有限，也能说明各方言点之间存在一定程度的分化。在整个比较过程中，各方言点之间的共同点和差异我们都力图展现，以使读者建立对泉、厦方言的全面认识。第四章，泉、厦诸方言点与《汇音妙悟》音系的比较。通过第三章我们可以全面了解哪些中古字类在泉、厦各方言点已分化为不同的字类，但是却很难全面把握哪些中古不同的字类在泉、厦各方言点都已经合流。因此，我们有必要引入第二个参照系：泉腔韵书《汇音妙悟》。本章将 17 个方言点字音与《汇音妙悟》比较，归并各方言点都已经合流的字类，区分全部或部分方言点仍然分立的字类，并阐述这些字类在各方言点中的读音情况，以期让读者对各方言点内部的一致性和差异有更加深刻的了解。第五章，几个问题的解释。本章对几个问题做出解释，为第六章拟测早期泉州音系做铺垫。第五章是全文的讨论集中之处。本章第一节我们在陈忠敏、朱媞媞两位学者研究的基础之上对厦门、漳州、潮州方言鱼韵字的读音层次进行更深入的分析，重新推敲了厦门、泉州、同安、漳州、潮州鱼韵字读音之间的对应关系。第二节在洪惟仁先生研究的基础上提出拟测早期泉州音系韵母的必要性，并以此出发解释各方言点之间的差异。第三节探讨了泉腔韵图《拍掌知音》的 4 个问题，关于这 4 个问题，我们的结论是：1. 同意古屋昭弘（1993/1994）的观点，认为《拍掌知音》成书早于《彙音妙悟》；2.《拍掌知音》"劳""鲁"二韵音值应改拟；3. 现代泉州方言读书音中的鼻化韵音节都是后起的，早期泉州方言读书音系统基本没有鼻化韵音节；4. 现代泉州方言果、效、摄、一等字的文白异读是曾经的演变断阶造成的。第四节我们研究了各方言点发生的部分扩散式音变，并对泉州市区方言发生的部分字音分化现象做出断阶解释，同时还拟测了早期泉州音系 3 个韵母。第五节我们重点讨论了 3 个叠置式音变的实例，其中既有官话对泉、厦方言的影响，也有泉州市区方言对各县方言的影响。第六节我们讨论了发生在泉港区峰尾镇郭厝村、安溪县龙涓乡安美村的几个文白异读消亡的现象，这些文白异读消亡的原因都是音类合流。通过分析相关现象的语言学意义，我们认为：区别音类合流导致的文白异读消失与竞争导致的文白异读消失的重要性在于二者对方言之间对应关系的贡献不同。第六章，早期泉州音系拟测。本章根据《方言调查字表》所能调查到的汉字字音，取 17 个方言点中最有代表性的 7 个方言点，用以拟测早期泉州音系的声母、韵母、声调，并从早期泉州音系出发对各方言点所发生的音变做出总结。本章所拟测的早期泉州音系共有声母 15 个、声调 8 个、韵母 84 个。

杨伟忠 . 芗城方音的历史层次及演变 [D] . 导师：马重奇 . 福建师范大学，2013，硕士 .

关键词：芗城话；历史层次；演变；方言比较

机构：福建师范大学

摘要：汉语方言中，闽方言是比较复杂的，不仅内部各次方言之间差别较大，更重要的是闽方言系统内部的复杂性。历史上有几次重要的北方人民的移民迁入，和就地汉化的闽地人民长期融合，形成了闽方言丰富的语言历史层次。北隔闽北群山，东濒海隅，从地理上，以古代的交通水平而论，福建基本上处于跟中国的主流文化半隔绝的状态，因此，相对于其他方言，闽方言又表现出独特的保守性。种种因素，造就闽方言今日的风貌，闽方言的层次性研究也自然成为学界广泛关注的重要课题。无论哪个汉语方言，大部分都能从《切韵》找到它的源头，但是闽方言却常常没法从《切韵》系统得到解释，而必须追溯更远。我们认为，《切韵》系统虽然不是万能的，通过《切韵》我们还是可以整理出闽方言的主体特征来。本文是笔者在对自己的母语芗城方言进行忠实记录的基础上，并综合运用各种方言语料，希望以芗城方言为主，尝试对闽方言的层次进行可操作的分析研究。

刘丽霞．泉州地区闽南方言连词研究［D］．导师：林华东，马重奇．福建师范大学，2013，硕士．

关键词：泉州方言；连词；系统；演变

机构：福建师范大学

摘要：闽南方言是古汉语的活化石，在源远流长的发展过程中，闽南方言形成了自己的连词系统，现有的研究材料主要分布于工具书、各市县方言志及部分方言研究著作，这些研究材料中对闽南方言连词略有涉及，很难有较为完善的连词系统分析，较少对连词语法功能进行探析，人们更多关注的是闽南方言连词与现代汉语连词的一致性，而忽视了或较少谈及闽南方言不同片区的连词系统差异性及与现代汉语连词的不同，还未厘清对闽南方言连词及其相关句式的历史演变的发展脉络。本文拟在前贤研究成果的基础上，结合语法知识，从语用、语义、句法三个方面对泉州方言连词的用法进行一个多角度的分析，力求对泉州方言连词中尚未被充分认识的问题加以深入探讨，并对有关语言现象试做一些解释，进一步揭示泉州方言连词的功能特点和使用规律。

丁媛．《（新刻）官话汇解便览》"正音"研究［D］．导师：杨建忠．浙江财经学院，2013，硕士．

关键词：《（新刻）官话汇解便览》；清代官话；正音；方言

机构：浙江财经学院

摘要：蔡爽的《（新刻）官话汇解便览》于清末霞漳刊行，就其主体而言，是一部正音性质的书籍。此书至今未有人做过系统研究。通过对全书正音材料的整理，得到可用音注材料 1558 条。采取音位学和描写语音学的方法、统计法、共时比较与历时比较相结合的方法，对正音音系、正音对象材料进行分析，主要结论是：一、《（新刻）官话汇解便览》是代表清代中后期官话音的著作，音系中存在不少闽音特别是漳州、泉州方音痕迹，这说明《（新刻）官话汇解便览》所记录的官话音并不纯粹。（一）声母 20 个，其特点是：1. 全浊声母清化。微母消失，归入影母；保留疑母，但消亡征兆明显。2. 见、精组都出现腭化迹象，但尚未合流，仍保持尖团区别。3. 知庄章与精组的运用存在两个系统：官音系统与闽音系统。日母止摄开口三等韵字全部读为零声母。4. 受方言影响，有些声母在一方或双方独立的情况下出现互注。（二）韵母43个（入声韵11个），其特点是：1. 开齐合撮的格局已经形成。2. 韵母［ɿ、ʅ、ɚ］、［y］形成。3. 二等韵归入一、三等韵，出现大量三、四等韵混同现象。4. 入声韵大量与阴声韵混同，但仍保有入声韵系统，入声韵尾［p、t、k］相互混注，演变出［ʔ］。5. 阳声韵尾［m］消失，归入［n、(ɲ)］，少量［n、(ŋ)］混同。6. 通摄各韵合流形成一个韵母［uŋ］。江摄与宕摄已经合流。7. 知章组三等韵变读为洪音，但并不完全。8. 受方言影响，有些韵母在一方或双方独立的情况下出现互注。（三）声调：上平、下平、上声、去声、上入、下入6个调类。受方言影响并未体现出明显的"全浊上变去"规律。二、《（新刻）官话汇解便览》正音对象应是说漳州、泉州两地方言的人们。

陶佳. 江苏宜兴丁蜀镇上坝村闽南方言研究［D］. 导师：陈立中. 南京大学，2013，硕士.

关键词：江苏省；宜兴市；闽南方言；方言岛；土坝话

机构：南京大学

摘要：闽南方言岛作为闽南方言的一种特殊形态和重要组成部分，具有很高的认识和研究价值，近年来越来越受到学界的关注与重视。本文首次以江苏省境内的闽南方言岛为研究对象，选取宜兴市丁蜀镇上坝村为主要调查点，从语言的内部结构和外部功能两方面，考察上坝话的特点及其形成机制，预测其发展趋势。首先，文章在总体概述宜兴市闽南方言岛的历史源流和分布现状的基础上，结合上坝的自然地理和人文风俗，着重考察了上坝居民的语言能力、语言习惯和语言态度，探究岛内方言在共同语和强势方言影响下发生的社会功能的变化，揭示当地人语言状况中存在的两种倾向：一方面，许多岛内居民能够并且乐意使用上坝话交流，表现出维护和固守上坝话的强烈意识；另一方面，由于强势方言的包围冲击和普通话的推广普及，不少人放弃了自己的母语方言，上坝话的使用频率和掌握程度在青少年中呈现不断下降的趋势。其次，文章主要从语言本体出发，对上坝话的语音系统、文白异读、词汇系统以及特殊语法现象进行全面准确的描写和分析；运用科学分类、定量统计等手段和方法展开多角度、多层次的跨方言比较研究，探讨其与泉漳、浙南闽语的异同和与周边方言（浙南吴语、宜兴方言）的关系。以泉漳和浙南闽语为参照，从继承性和一致性的角度来看，上坝话的闽南方言性质仍是比较显著的，集中反映在它的语音系统兼具泉州腔和漳州腔的典型特征，而更接近于前者；泉漳和浙南闽语文白异读的基本格局得以传承；闽南方言的构词因素在整个词汇系统中占据主导地位；许多颇具闽语特色的代词、量词、副词和虚词及其用法被沿用下来。从发展性和差异性的角度而言，方言岛的存在形态对上坝话的形成和演变具有双重意义：一方面，中断了上坝话与泉漳、浙南闽语协同演化的进程，有利于其将一些较为古老的闽语特点保存至今；

另一方面，其在与其他方言的接触过程中不断磨损和丢失原有特征，加快其发展演变。尽管周边方言的渗透尚未引起上坝话的根本性质变，但这一方言岛未来可能会以"突变型"的方式走向衰亡。

连小铃．闽南语对初中生英语语音负迁移的调查研究［D］．导师：刘熠．闽南师范大学，2013，硕士．

关键词：闽南语语音；英语语音；语言迁移；语音教学

机构：闽南师范大学

摘要：语音学习是二语习得过程中一个非常重要的环节。母语和目的语之间的差异往往会影响目的语的学习。在学习新语言的过程中，来自母语根深蒂固的语言习惯会阻碍新的语言习惯的培养。母语对二语的干扰在语音方面尤为明显。在中国汉语方言区，不少学生的英语发音带有严重的方言腔调，受母语的干扰严重。这不仅影响学生英语交际能力的培养，也干扰到学生听、读、写等其他英语技能的形成。在这种状况下，我们有必要对汉语方言区学生的英语语音受方言影响的现状进行深入与细致的调查与研究，否则我们将难以提出切实可行的教学方法予以纠正。我们应根据各方言区的发音特点，分析它对英语语音学习造成的影响，从而摸索出一套特殊的语音教学规律，预防和减少方言对英语语音学习的负迁移。闽南语作为中国现代汉语八大方言之一，覆盖区域广，使用人数约为六千万人。这在汉语诸方言中是十分突出的。由于社会经济、语言环境、文化背景等因素的影响，使用闽南语的学生的英语学习表现出一定的区域性群体特征，其中最为突出的表现是学生的英语语音带有明显的闽南语腔调。虽然有不少英语教师都意识到了这一现象，但在实际的教学过程中，由于学校不够重视、学生的课业压力大、英语教师本身的教学能力及语音水平的影响，这一区域的学生的英语语音并未得到实质性的纠正。在闽南语地区，如何让学生的语音突破母语的影响、让教师改进语音教学的观念和方法以促进学生语音能力的提高，都是亟待研究和解决的问题。本研究就是针对漳州市初中生英语语音受到闽南语影响的现状，通过问卷调查、教师访谈、语音测试等调查方式，对漳州实验中学初三年段240名学生及10名英语老师进行调查，运用EXCEL软件和方差分析数据，总结出该地区学生英语发音受闽南语负迁移的基本情况，分别在英语的长短元音、双元音、清辅音和浊辅音、辅音连缀和爆破音的发音这4个方面受到闽南语的负迁移。讨论促进闽南语地区初中生英语语音的方案，对教学实施提出建议。目的在于提高闽南语地区语音教学效果，促进中学英语教学的发展。

张静芬．闽南方言的历史比较及语音构拟［D］．导师：汪锋．北京大学，2013，硕士．

关键词：闽南方言；历史比较；原始闽南语；对应规律；亲缘分类

机构：北京大学

摘要：本研究进行现代闽南方言间的历史音韵比较，应用历史比较法，在语音对应规律的基础上重构原始闽南语，解释原始语到现代闽南方言的演变，总结闽南方言内部的创新演变，并与《切韵》系统做比较，找出处于最早时间层次的对应规律的语素。同时，本文利用"创新特征""核心词保留率"和"同音关系"等3个标准建构闽南方言的谱系树。本文还给出了处于最早时间层次的语素的重构形式及其在各方言的表现形式。本研究的第一步是内部比较，我们建立各个闽南方言之间的语音对应关系数据库，并在此基础上拟测现代各个闽南方言的共同源头，即重构原始闽南语。原始语的重构包括两方面的内容：一是语音对应规律的建立及检验；二是重构原始闽南语，并解释各方言的演变。在建立语音对应规律时突出的问题是"一字多音"这种异读现象，我们尝试提出一种解决方案，即结合词汇条件分析，用不同字音所处的词汇环境的不同来解决这个问题。本文分别从"概率检验""文白异读""互补的对应规律"及"方言内部的扩散式音变"等4个方面来检验对应规律的性质，并在内部比较的过程中灵活参照《切韵》音系。本研究的第二步是外部比较，将原始闽南语与《切韵》音系进行比较，一方面找出处于最早时间层次上的对应规律，将处于较晚时间层次的语素加以排除；另一方面可以更加直观地了解原始闽南语的演变。本研究的第三步是利用"创新特征""核心词保留率"和"同音关系"等3个标准进行6个闽南方言的亲缘分群研究。利用"创新特征"所得出的谱系树较为符合移民史的记载。这一步建立在严格的对应以及与《切韵》比较的基础上，以便尽可能排除晚期借用层次对亲缘关系研究的干扰。本文的贡献有以下4点：第一，系统地调查了尚未有任何描写材料的潮南胪岗镇方言，详细记录了该方言的声韵调系统及相应的词汇条件。同时，利用现有的5个方言点的材料，建立了6个闽南方言之间的语音对应数据库，为今后大规模的比较研究提供了扎实的语料基础。第二，在普遍对应、完全对应的严格限制下，本文重构了原始闽南语，通过重构原始语的语音形式解释了原始闽南语到现代6个闽南方言的演变。第三，本文将原始闽南语与《切韵》音系进行了对比研究，排除了处于晚期对应层次的语素，给出了938个原始闽南语的语素的构拟形式，并选择最早时间层次的语音信息进行闽南方言的亲缘分群研究。第四，本文利用"创新特征""核心词保留率""同音关系差异率"等3个标准建构了闽南方言的亲缘谱系树，其中，运用18项最早时间层次上的创新特征与高阶100核心词保留率所得出的谱系树一致，澄海、潮南方言为一群，厦门、泉州、漳平、漳州为一群，其中泉州、厦门的关系最近，漳平相对较近，漳州的关系最远。

王圣富．台湾闽南语自然语料中言谈单位交界之音长讯号〔D〕．导师：冯怡蓁．台湾大学，2013，硕士．

关键词：台湾闽南语；台语；段落讯号；韵律疆界；自然语料

机构：台湾大学

摘要：本文旨在研究台湾闽南语自发语料中言谈单位交界处的音长讯号。过去的研究指出，音节和停顿的长度都可以反映语料当中句法或言谈单位的架构。其中 Fon（2002）和 Fon et al.（2011）的研究发现了在华语的自然语料中，言谈单位（discourse unit）交界处之前的倒数第二个音节会增长，而此现象并未出现在英语和日语中。此外，在台湾华语当中，倒数第一个音节的长度和言谈单位交界的强度呈现负相关，而此现象并未出现在大陆的华语。换而言之，过去的研究发现了语言之间和方言之间的音长讯号使用差异。由于台湾闽南语是一个在台湾的声调语言（tone language），研究台湾闽南语的音长讯号有助于了解"倒数第二音节延长"是否为声调语言的特色，以及"倒数第一音节长度和言谈交界强度的负相关"是否为台湾语言的特征之一。本研究使用 8 小时的台湾闽南语自发语料，内含 16 位受访者的音档，由年龄和性别平均分为 4 组。主要测量的两个音长讯号为音节长度和停顿长度。言谈单位的标记，采用 Fon et al.（2011）的标准切分言谈单位以及标示出单位之间的疆界大小。所研究的言谈单位交界依照 3 个标准分为 6 组：一、单位交界处是否有停顿（pause）。二、单位交界处是否同时为语调单位（intonational unit）的交界处。三、单位交界处之前的音节是否为语尾助词。研究结果发现稳定的倒数第二音节延长现象。此外，当言谈单位的结尾带有语尾助词时，该单位的最末的 3 个音节都有显著延长。此结果再次显示声调语言当中的确有倒数第二音节延长现象，但语尾助词对此延长现象的增强效果显示字词的疆界也可能影响语尾延长音节数的多寡。此外，如同台湾华语，台湾闽南语的倒数第一音节长度也和言谈交界强度呈现负相关，而且此现象也同样出现在停顿之前。这两个语言在此现象的相似性表示台湾华语可能从台湾闽南语承继此现象。

陈炯皓．台湾闽南语情绪动词及其构式：从认知观点分析［D］．导师：吕佳蓉．台湾大学，2013，硕士．

关键词：情绪；情绪动词；构式；事件结构；使役

机构：台湾大学

摘要：近几年来，情绪已经受到广泛的关注。随着认知语言学的兴起及发展，情绪表达相关研究有助于我们对于认知处理以及概念的了解。因此，本篇论文主要关注台湾闽南语情绪动词试图了解认知与情绪语言之间的互动关系。

有着汉语（Sinitic languages）独特的构词音节造字特性，台湾闽南语有丰富的单字情绪动词（monosyllabic emotion verbs）以及复合词情绪动词（disyllabic emotion verbs）。我们选出同时单字情绪词以及复合词情绪动词等 6 个负面情绪范畴（气、烦、惊、苦、念、恨）以及 2 个正面情绪范畴（爱、惜）。单字情绪动词的语意网络表达出动词的多义性、范畴间的并无绝对的分界及情绪概念的原型。此外，根据 Johnson-Laird 和 Oatley（1989）的分类将复合词情绪词分成 5 种语意场域，包括基本/致使情绪（basic/caused emotion)、情绪关系（emotional relations）、情绪目标（emotional goals）、使役情绪（causative emotions）以及复杂情绪（complex emotions）。

　　由于单字情绪动词的多框架特性以及复合词情绪动词的构词丰富性促使我们观察情绪动词在句法上的呈现。我们依据及物性以及论元角色的呈现，分成感受者为主词类型（ES-type）以及刺激物为主词类型（SS-ype）；此两类型又各自包括两个抽象构式，即及物构式和感受者为主词之不及物构式以及使役构式和刺激物为主词之不及物构式。此外，我们也发现因为复合词情绪动词的构词复杂所以动词和构式类型有一对一的一致性，不会像单字情绪动词可以同时跟多个构式结合（fusion）。同时，这些复合词情绪动词多以"感受者"作为情绪表达的观点，相反地，以"刺激物"作为情绪表达的观点则需使用较复杂的构式。

　　刺激物为主词之构式表达情绪使役。除了词汇使役（lexical causatives），构词使役（morphological causatives）和分析使役（analytical causatives）也能被使用来平衡少量的词汇使役。关于构词使役，我们提出结果—动词复合词（resultative-verb compounds）和动词—补语复合词（verb-complement compound）两个抽象构式。两者分别描述或表达出情绪强度以及情绪评估。通常用于这两者复合词的情绪动词只能是单音节且具有使役语意的，如气、惊。另外，分析使役是在语言中表达使役最普遍的策略，不需要使役动词，也不局限于单字情绪动词，状态情绪动词也能表达情绪使役。

　　除了情绪动词的讨论，我们也诉诸台湾闽南语 5 个常与情绪动词互动的构式，包括 EV_ KAH 构式、EV_ CHIT – E 构式、HO – LANG_ EV 构式、BO – SIANN_ MIH – HANG – EV 构式以及性情构式。这些高频情绪构式从 3 个层面来探讨：（1）预设的词汇类型，（2）在情绪构式的语意结构后的认知运作，（3）句法的表征。这 5 个构式表达了广义情绪概念的各种面向，如情绪所造成的情绪反应、心情、个性特征以及情绪事件评估。

　　对台湾闽南语情绪动词以及情绪相关构式进行分析后，我们探讨三个议题：（1）台湾闽南语情绪事件的关注分布；（2）情绪构式中时段性述语（Stage-Level Predicate）及个人性述语（Individual-Level Predicate）的差异；（3）情绪使役。第一，情绪事件时空上连续，但在认知上可以被分割成触发阶段、情绪经验阶段以及情绪反应阶段等三阶段。在情绪构式中，有三种情绪语言表达的类型，分别为"情绪为结果""情绪为状态"以及"情绪为原因"。其中，表达"情绪为结果"存在着最多表达的构式，说明了情绪常被视为事件的终点（endpoint）。当情绪事件中被省略的（gapped）阶段也证明语言建构框架内容的弹性以及反映情绪动词的独特性（idiosyncrasy）。第二，情绪动词本身为时段性述语，但受到所相连的构式环境影响会被强制转换成个人性述语。第三，我们探讨情绪使役，如其状态情绪动词与使役情绪动词的差异，主事者在情绪事件中的操控度，主事者为感受者则对于情绪状况的掌握度大于主事者为刺激物的情绪事件。另外，情绪使役构式的直接性和粒状描述也透过 Croft 的使役模块呈现；最后，我们根据 Langacker 的观测排列概念，分析所有表达情绪使役的构式提出一个主观性连续体（subjectivity continuum）。

陈筱琪．闽南西片方言音韵研究［D］．导师：杨秀芳．台湾大学，2013，博士．

关键词：语言转用；闽南西片；闽西客语；闽客接触；畲语

机构：台湾大学

摘要："闽南西片"是漳平及龙岩的闽南话，紧邻闽西客语区。闽南西片内部可分为 8 个区块，本论文针对闽南西片方言，做详细的共时音系描述以及历时音韵比较。并以闽南西片的形成借镜，思考汉语方言的发展模式。

闽南西片是以客畲语言为底层，上覆漳州方言而形成的闽南话。来自漳州的闽南移民在漳平及龙岩一带长久地与客畲语言接触，本地的原居民经历漫长的双语时期后，最后放弃了母语，成为闽南单语者，这个过程称为"语言转用"（language shift）。语言转用伴随着"底层干扰"（shift-nduced interference），闽南西片的音系、词汇系统，都可看到客畲语言的特点。我们在闽南西片的历史音韵探讨中，也可发现底层音系与上层音系的互动与竞争。

闽南西片的形成过程抨击了谱系树理论的语言发展观。谱系树理论所阐述的语言演变图式对汉语方言研究有重大影响，但谱系树排除了"语言接触"状况，可是同源语言与不同源语言之间的接触却是汉语十分常见的现象。我们透过闽南西片这个带着接触性质的方言区，重新检视汉语方言的形成与发展。过去，罗杰瑞原始闽语的拟构可以说是历史比较法在汉语方言历史研究中有效性的一个测试，由于完全遵循传统历史语言学的思路，构拟的结果忽视了语言的外来影响。汉语方言的研究必须尝试新的途径，从"语言转用"来了解汉语的变化和方言的形成，就是一个有发展性的途径。

本文第一章为绪论，说明我们的基本理念与研究方法。第二章描写闽南西片与周边的万安方言的平面语音系统。第三章讨论闽南西片的历史音变，本章的焦点是闽南西片后起的创新变化。由于闽南西片是漳州移民与本地民族语言接触后形成的闽南话区域，因此我们的做法是以漳州音系作为参照点，观察闽南西片与本土漳州的异同，推测闽南西片的历史演变过程。第四章说明了闽南西片保留的古闽语讯息，以及分析闽西汉语方言共同形成的区域音韵特性。第五章总结本论文的研究成果。

萧宇佑．台湾闽南语游离计量词研究［D］．导师：连金发．（台湾）"清华大学"，2013，硕士．

关键词：游离计量词；全称量词；不定量词；［kui^1-CL］；现代闽南语；主题化；被动句；语法化

机构：（台湾）"清华大学"

摘要：本论文旨在讨论闽南语游离计量词出现在动词后面的现象。在过去的研究中，游离计量词普遍被认为容易出现在动词前的位置上，也就是说游离计量词不太能出现在动词后的位置上，但其实在闽南语中，游离计量词可以出现在及物句和被动句中动后的位置上。本文将采用滞留理论（The stranding analysis）和 Lin（2009）的被动句分析（The NOP analysis）来分别说明闽南语游离计量词出现在及物句和被动句中动后的现象；并且提出一些规则用来说明游离计量词出现在动后的限制。最后本文的次要议题：计量词的语法化也会在最后的章节中提出探讨。

许婷婷. 主观化与义务情态动词的形成：以闽南语"着""爱""会"为例 [D]. 导师：曹逢甫.（台湾）"清华大学"，2013，博士.

关键词：主观化；义务情态；闽南语；动态力；情态系统

机构：（台湾）"清华大学"

摘要：本论文的主要贡献在于借由对共时与历时闽南语语料的分析，建立起义务情态动词之形成跟语言主观化（Langacker，1990；Traugott，1989）的正向关系。虽然以往对情态词形成与主观化关系的研究多偏重在由义务情态词（deontic modal）发展到认识情态词（epistemic modal）的过程，我们却发现义务情态动词的形成本身也受到与形成认识情态词类似的语意—语用因素影响，也就是一样循着从具体客观的概念延伸到抽象内在心理世界之主观化机制进行演变。

本文所讨论的义务情态动词一共有 3 种，而此三者于闽南语的义务情态系统中都是晚近才发展出来的。这 3 个义务情态动词分别是：义务情态动词"着"（记为 tioh8）与"爱"（记为 ai3），以及义务情态复合动词组"会使（得）"［记为 e7-sai2（-tit4）］与"会用（得）"［记为 e7-ing7（-tit4）］。要发展出这些义务情态动词的先决条件是，在语意上前情态词（premodal）必须先获得于义务情态词语意中决定性的成分，亦即 Talmy（2000）所主张之语意中的"力量"［本文记为（FORCE）］。对于义务情态动词"着"与"爱"来说，此语意中的"力量"在他们的发展过程里，皆由其前情态词所选择的 3 个论元之关系得到支持，尽管此 3 个论元并非一定会由底层语意投射到表层的句法上去。但相对来说，主表允让的义务情态复合动词组"会使（得）"或"会用（得）"所涉之力，却是来自于该结构中被包夹的基层动词组成成分"使"或"用"，而此表允让的义务情态复合动词组本身，则是经由吸引基层动词组之主要语向上移动并与动后情态动词"得"（tit4）结合而来的。基层动词组的语意成分可以与情态词"会"的语意成分结合，并投射成为整个义务情态复合动词组的语意内容的原因，主要是由于基层动词主要语借由与"得"的融合（incorporate），也与"得"形成情态重叠（modal doubling）的情态词"会"变成一个整体，因此其两者之语意特征便可以互相结合、影响与互动。

上述三个义务情态动词（结构）的发展过程中，语意中的"力量"成分都被保留了下来，然而该"力量"成分的呈现方式却改变了：原本前情态词的"力量"成分是由语意中施动者（CAUSER）与受动者（CAUSEE）的互动关系所传达，但而后于义务情态动词（结构）中却是由说话者跟句子主语的关系所隐示。也就是说，前情态词的语意中原具的"力量"成分，在义务情态（结构）中却转换成了语意—语用层面的关系。如此一来，我们对于义务情态的形成跟主观化有密切关系的假设，便可以得到证明。

从本文几个闽南语义务情态动词（结构）形成的过程，可以得到两个启发。首先，义务情态词不只是认识情态词"较客观"的对照，其本身也是前情态词"较主观"的对应。前情态词可以是与义务情态动词带有类似语意成分关系的动词，或是表主语客观能力的动力情态词（dynamic modals）。这个假设的结果是单一语言内部的整个情态词系统会组成一个连续体，而此连续体便是依主观化程度的不同而开展的；另外，于此连续体上模糊分类的（categorized with fuzzy boundaries）情态词，皆一致地受到类似的语用因素驱动而发生语言变化。第二，闽南语义务情态词的形成过程也证明了语意成分间的关系可以在语言发展上转换成语意—语用层面或是纯粹语用层面的关系，而在此转换中各成分间的互动仍然维持不变。换句话说，前情态词的语意成分在语法化的过程中并没有消失，而是改变他们的呈现方式，使增加的语用表达性获得强化（Lehmann，1985）。

本文从认知语言学的观点出发，辅以语法化研究对历时与共时语料的诠释与说明，期望能将情态词形成过程中与认知语用层面相关联的部分呈现出来。我们证明了，义务情态词的形成，需要建立在一致的认知语意概念上面，而转换的过程也会受到语用因素的触发与影响，尤其是主观化的因素。

黄朝涨．闽语在对外汉语教学中的应用研究 ［D］．导师：岳辉．吉林大学，2013，硕士．

关键词："头"；"囝"；对外汉语教学；浙南闽语；词缀

机构：吉林大学

摘要：本课题将面向海外闽语通行区的华裔（以闽语为母语）及非华裔（受闽语影响，或会闽语者），针对其在对外汉语教学（以词缀教学为例）中所遇到的问题展开研究。这些华裔除了第一代移民外，大部分的第二代、第三代华裔（包括混血华裔）已经很少能阅读中文汉字，或只会说汉语口语而不会阅读，甚至完全不懂汉语。本文重点研究的就是，以浙南闽语为研究切入点，以词缀教学为例，研究在对外汉语教学过程中，如果遇到这样的学生，我们如何借由闽语与汉语的亲缘性，更快更好地展开汉语教学。本文一共分为 6 个部分：第一章为绪论，介绍闽语在海外的使用情况，在对外汉语教学中的应用现状，并阐述本课题的研究意义。第二章为浙南闽语基本特点的介绍，包括词汇、语法和语音，并对本文方言词用字和标音做出说明，为下面的研究打下基础。第三章和第四章系统地考察了浙南闽语的词缀，研究其历史发展过程、构词规律，并依规律做出分类。第五章是在论述浙南闽语词缀的基础上，辅以泰、日、马来语中的闽语借词探讨，针对浙南籍（闽语）华裔在汉语学习的过程中出现的偏误进行考察——以词缀学习为例，并提出相关建议。第六章是结论，总结本文的创新和不足。

黄秋娥．文化素养融入小学四年级闽南语教学之研究［D］．导师：林义斌．（台湾）台北教育大学，2013，硕士．

关键词： 文化素养；闽南语教学；乡土语言

机构：（台湾）台北教育大学

摘要： 语言不只是"沟通的工具"，更具"承载社会文化的使命"。作者多年来在小学观察到的闽南语教学现象，大多只停留在语音的教学上，欠缺文化内涵的着墨；年轻老师对于闽南语文化认知不足；学生仅模仿发音，对于文化的情意缺乏理解与感动，更谈不上主动参与文化活动的积极态度与行为。

本研究采取行动研究取向，旨在探究借由闽南语教学提升学生文化素养的可行性。本研究拟探讨的问题如下：

一　文化内涵是否可融入小学的闽南语教学课程中。

二　运用闽南谚语实施闽南语教学，是否能增强学生的学习兴趣。

三　文化素养融入闽南语教学，是否能提升学生对本土文化的认知和理解。

四　文化素养融入闽南语教学，是否能提升学生日常生活的行为表现与责任感。

五　文化素养融入闽南语教学，是否能与生活经验连接，促进学生主动参与文化活动。

六　运用闽南谚语实施闽南语教学，是否有助于提升教师的闽南语教学能力和成效。

本研究借由课程设计，将闽南谚语及文化素养融入教学中。研究者以所任教的小学四年级班级选修闽南语课程乡土语文的 19 名学生及选修客语乡土语文的 8 名学生为研究对象，透过教学活动、教室观察、文化素养行为观察记录的教学省思札记、行动学习检核表（我的文化素养生活记录、学生文化素养行为自评表、和家人参与家乡休闲活动印象最深刻的一次体验记录表）、学生文化素养行为观察记录表、教学活动感想问卷、文化素养学习知能量表、晤谈资料（学生、协同教师、家长）等资料搜集方式，分析其教学成效，最后并提出预期的研究结论和建议，作为未来小学乡土领域母语教学课程规划与设计之参考。

林明慧．小学闽南语教学现况研究——以台中市龙峰小学中高级为例［D］．导师：曹逢甫．（台湾）"清华大学"，2013，硕士．

关键词： 闽南语；闽南语教学；闽语口语能力

机构：（台湾）"清华大学"

摘要：本研究旨在探讨台中市龙峰小学闽南语之教学现况，并探讨学生闽南语口语能力与其自身背景、家长背景、闽语使用频率、课程喜好程度、闽语认同态度等因素之间的相关性，进一步提出结论及建议。

本研究采用问卷调查法，本研究工具为"台湾地区中小学本土语教学现况调查研究"计划所拟定的学生问卷、家长问卷、行政问卷及教师问卷。本研究之调查研究对象为台中市龙峰小学三到六年级 815 位学生及其家长、2 位行政人员代表与 5 位闽南语教师。学生有效问卷为 799 份、家长有效问卷为 797 份、行政有效问卷 2 份、教师有效问卷 5 份。问卷以描述性统计、Pearson 绩差相关、独立样本 T 检定、单因子变异系数等统计方法进行处理。

本研究初步获致以下结果：

一 "学生闽南语口语能力"与其"父亲""母亲"或"兄弟姐妹"皆有正相关的关系。

二 "学生闽南语口语能力"与"父母亲的族群""父母亲的教育程度"及"父母亲的职业"皆有差异。

三 "学生闽语口语能力"与"性别""小区居民主要族群"没有差异。

四 "学生的闽语口语能力"与其"喜欢学校闽语课程的程度"有显著的差异。

五 "学生的闽语口语能力"和"学校闽语课课程影响力"之间有正相关的关系。

六 "学生的闽语口语能力"与其"对不同对象""在不同地点"及"不同题材"时使用闽语的频率皆有正相关的关系。

七 "学生的闽语口语能力"与"学生对闽语的态度"及"家长对闽语的态度"之间皆有正相关的关系。

黄丽燕．从《厦英大辞典》看漳州方言一百多年来的变化［D］．导师：王建设．华侨大学，2014，硕士．

关键词：厦英大辞典；漳州方言；语音；词汇；变化

机构：华侨大学

摘要：杜嘉德《厦英大辞典》（1873）比较全面地反映了 19 世纪下半叶闽南地区的口语读音和词汇特点，对于研究闽南方言具有重要的语料价值。其以厦门音为主，但有关漳州音方面的记录是一个不可忽视的重要内容，然而这方面的研究迄今还没有相关论著。本论文选取《厦英大辞典》所收录的漳州方言字词作为研究对象，采用传统的调查、分析、归纳和比较的方法，通过罗列总结当时的音系、词汇，结合现在不同年龄层的使用情况进行比较，大致勾勒出《厦英大辞典》所反映的漳州方言语音和词汇概貌，并考察一百多年来漳州方言语音和词汇发展变化的内容、特点及原因。关于语音部分，主要讨论《厦英大辞典》中所体现的漳州方言音系，并与今漳州方言的音系做对比，由此看出：《厦英大辞典》所体现的声母系统与今漳州方言的声母系统完全一致，今漳州方言仍完整地保留［dz］声母；个别韵母合并到别的韵母去了，但这些废弃的韵母只管极少的字，对整个语音系统来说影响不大；《厦英大辞典》漳州音与今漳州音都有 7 个调类，平、去、入分阴阳，上声不分阴阳。词汇方面的考察，是本论文讨论的重点。我们分析《厦英大辞典》所收漳州方言词汇的词语构成和构词法。通过调查，我们发现所收漳州方言词汇既有沿用也有式微直至消亡的。其中沿用既表现在古今同义的词上，也表现在词义发生变化的词上。最后，我们从词语义类分布及不同年龄层分布两个层面来探求词汇变化的不平衡性特点，同时从社会生活的变迁、认知观念的改变、语言政策与语言环境的变化 3 个方面探讨影响漳州方言词汇变化的因素。

黄美华 . 闽南方言声母历史层次研究 ［D］. 导师：金理新 . 温州大学，2014，硕士 .

关键词：闽南方言；声母；文白异读；历史层次

机构：温州大学

摘要：本文的研究目的是通过 5 个方言点声母今读类型来探讨它们复杂的历史层次。我们知道文读和白读为两个不同的层次，然而在文读、白读的内部还存在着不同的层次，为了探讨这些历史层次，准确描写语言现象，深入对比分析语料，本文主要采用了平面描写和理论相结合、材料归纳和分析演绎相结合、共时分析和历时比较相结合的综合研究方法。闽南方言声母历史层次的研究主要集中在全浊声母的讨论，一直比较分散。本文根据 5 个闽南方言点的声母系统今读类型，分别对它们的文读和白读进行较为系统的层次分析。本文对心、邪、生、书、禅母在闽南方言中的分合情况及其历史层次有较详细的论述。本文分为四章。第一章为绪论，介绍了闽南方言的基本情况，闽南方言及闽南方言声母研究现状，明确了本文使用的符号，交代了语料来源。第二章介绍了 5 个方言点的地理和音系概况，并对五地音系进行了初步对比。第三章将声母分为 8 类，对它们的文、白读类型进行描写，探讨了它们的历史层次。第四章是对本文的回顾总结。

叶雅琪 . 泉州方言能愿动词研究 ［D］. 导师：林华东，马重奇 . 福建师范大学，2014，硕士 .

关键词：泉州方言；能愿动词；语义；句法；语用

机构：福建师范大学

摘要：综观闽南方言能愿动词的研究概况可以发现，关于这一词类的研究尚未全面展开，闽南方言的几大工具书所收录的能愿动词数目及释义分析，有一致性，也有明显的差异性；各县市的方言志未单独列出能愿动词，多数论著、论文也主要侧重对典型的能愿动词进行描写和讨论，尚未对包括泉州方言在内的闽南方言能愿动词的范围、语义、句法和语用等方面做全面深入的描写和分析。本文拟在前贤研究成果的基础上，以当代泉州丰泽区的方言为主要调查对象，以泉州方言能愿动词为研究对象，采用现代汉语的研究理论和方法对其成员在语义、句法和语用方面的特点进行描写与分析，力图探求其不同于普通话、闽南方言其他次方言的特点。

许雅筠．漳州方言动词比较及特色分析［D］．导师：钱奠香．厦门大学，2014，硕士．

关键词：漳州方言；动词；比较研究

机构：厦门大学

摘要：从西汉扬雄《方言》伊始，汉语方言的研究由来已久。学者们较多将焦点放在语音对比上，词汇的研究较为薄弱。本文将研究重点放在漳州方言词汇中的动词上，希望能进行更深入、专门的研究。本文主要对漳州方言动词进行描写，运用比较方法对比漳州方言动词，包括对比漳州方言动词和普通话动词、漳州内部方言动词和汉语其他方言动词。本文试图通过以上的努力，揭示漳州方言动词的基本面貌，继而加深对漳州方言、文化及闽南方言的了解。全文共分5章。第一章为引言。作为全文的铺垫部分，介绍漳州的人口、方言情况，阐明选题依据、研究对象、目前研究状况、研究方法等。第二章阐述的是漳州方言动词的整体面貌。具体做法是与现代汉语普通话单、双音节动词进行词义、词形等方面的比较。根据比较结果，我们将单音节动词部分分为同形同义、同形异义、异形异义、有音无字四类。双音节动词部分也分为同形同义、同形异义、异形异义、有音无字四类。第三章到第五章是在之前比较的基础上，对漳州方言动词特色进行分析。第三章阐述的是漳州方言动词与普通话动词在义位、色彩意义、语法意义、词群方面的比较结果。第四章阐述的是漳州方言部分单音节动词在闽南方言内和外区的使用状况，以及在漳州9个县市的使用状况。第五章阐述的是漳州方言动词语音方面较特别的一个现象，即异音现象的初期研究结果。最后为结语，根据以上所做的调查对本文结论做出总结。

李婷．云浮地区两个闽方言岛的语音研究［D］．导师：甘于恩．暨南大学，2014，硕士．

关键词：云浮闽语；方言岛；全浊声母送气；唇齿声母字；韵尾；入声舒化

机构：暨南大学

摘要：云浮地区的方言构成复杂，不仅有粤语、客家话，还有闽语。云浮地区的闽语属于方言岛性质，从福建沿海迁徙而来，被当地强势方言粤语、客家话所包围，本文从语音的角度分别对云安富林闽语及罗定太平闽语进行详细的描述，并与中古音做比较研究，然后与源方言——漳州闽语进行比较研究，最后探讨两地闽语有别于漳州闽语的特点，如全浊声母送气字数量增多、唇齿声母字的出现、鼻化韵和入声韵尾的脱落、入声字舒化后的走向等，对两地闽语做了专题研究，重点揭示两地闽方言岛的独特之处。

陈伟达．《汇音妙悟》历史音韵比较研究［D］．导师：马重奇．福建师范大学，2014，博士．

关键词：《汇音妙悟》；声韵调；文白异读；《广韵》；普通话；《拍掌知音》

机构：福建师范大学

摘要：论文首先介绍《汇音妙悟》的作者、成书时间、序言、字母法式、十五音念法、八音念法、编写体例等，分析了研究现状。其次考证《汇音妙悟》的"十五音""50字母"的声韵调系统及其反映的音系性质。《汇音妙悟》的声母系统，承袭明《戚参军八音字义便览》"十五音"（即柳、边、求、气、低、普、他、争、入、时、英、文、语、出、喜），共15个字母代表字（18个声母拟音）。《汇音妙悟》的韵母系统共50韵部92个韵母。《汇音妙悟》的声调系统，四声按清浊各分阴阳，即阴平（上平）、阳平（下平）、阴上（上上）、阳上（下上）、阴去（上去）、阳去（下去）、阴入（上入）、阳入（下入）。但是阴去与阳去本调已经混同，实际上只有7个声调。通过整理《汇音妙悟》声韵调配合表，对其语音层次进行分析。我们以历史比较法的理论为指导，辅以归纳、演绎法，拟重点通过探讨《汇音妙悟》文白异读的情况来分析语音演变层次，同时将《汇音妙悟》音系与《广韵》音系、普通话及其他闽南方言韵书进行历时和共时的比较研究，从中找出相互间的语音对应关系及其演变的规律性，窥探泉州方言演变的轨迹。

闽南艺术

陈静．《南音梦》导演阐述［D］．导师：李亦中．上海交通大学，2013，硕士．

关键词：南音；导演阐述；人物；构思

机构：上海交通大学

摘要：《南音梦》是一部讲述泉州传统民间音乐——南音的纪录片。在福建泉州当地，有一所本科院校泉州师范学院，在这里开设了一个特色专业——泉州南音。这些南音专业的本科生学习洞箫、琵琶、南音唱腔，他们出于各种目的而学习，并参加各种演出。傅清河是一名大四的南音专业学生，刚入学时他对南音专业的态度十分消极，而如今他在学习过程中，不断体会到南音的古朴和高雅，进而逐渐喜爱上南音。在就业时，他选择当一名老师，因为教师的薪酬对他这个来自农村的孩子来说，是一个很大的满足。从他身上折射出年轻一代人，在承担传统文化的传承问题上，所遇到的困境和窘迫。本文从导演角度出发，阐述本片主题、剧本、风格、人物、摄像、美术、声音、服装等方面的构思及创作。

郑于湄．南音传承人苏统谋的音乐学研究［D］．导师：汪海元．安徽师范大学，2013，硕士．

关键词：南音；苏统谋；理论研究；传承发展

机构：安徽师范大学

摘要：苏统谋作为国家级非物质文化遗产南音项目现有的 6 个传承人之一，他在有生之年将古老的南音文化薪火相传，发扬光大，对推动我国传统音乐研究事业的发展，做出了重大的贡献。全文以特定的历史时间为序，对他的艺术生涯展开较为详细的回顾。同时，通过梳理他的音乐实践和理论研究，特别是他在南音国内外传播上的贡献等活动内容，以期对他的贡献做出较为客观的认识与评价，也为南音在新时期的传承和发展做出一定的探索。全文共分三部分：从"历史时间"的角度介绍苏统谋的南音艺术历程，梳理他的南音学习与表演实践；主要总结苏统谋先生在南音的理论、教育的"继承和发展"上的成功经验，阐释他在探索的过程中成功地实验了独具特色的教学方法，客观地评述其学术价值和音乐贡献；最后，主要研究苏统谋先生在传统的社团传播方面的实践和他力求创新，将南音技巧融入傀儡戏等多种戏曲的跨界传承尝试。同时，归纳整理他在南音的国外传播方面所做出的杰出贡献。

林燕．泉州南音乐器制作及其音律现象之研究［D］．导师：刘富琳．福建师范大学，2013，硕士．

关键词：泉州；南音；洞箫；琵琶；制作；音律

机构：福建师范大学

摘要：乐器是乐种存在必不可少的物质条件之一，乐器的性能、音律、演奏技巧对乐种的风格确立起着重要作用。乐种的主奏乐器与定律乐器不仅是研究该乐种时首先需要掌握的基本对象之一，同时也是划分乐种体系的重要依据。本文拟将泉州南音之特色乐器置于"乐器制作—乐器演奏—乐种"的体系中进行研究，并将研究重点放在该古老乐种中两件极为重要的乐器——洞箫和琵琶之上，运用民族音乐学的理论与方法，以及人类学、历史学、律学、统计学等相关学科的研究成果与方法，拟对传统的南音洞箫、琵琶制作方法及其所出现的音律现象进行分析研究，以进一步探讨南音的音乐特色及南音乐器制作传承中所蕴含的深层文化价值。

张孟辰．布袋戏造型艺术在数码艺术中应用的研究［D］．导师：张国斌．安徽工程大学，2013，硕士．

关键词：布袋戏；民间艺术；数码艺术；造型；产业；木偶动画

机构：安徽工程大学

摘要：布袋戏之于闽南、台湾，是民间艺术中喜闻乐见、不可或缺的文化形式，布袋戏是木偶戏艺术分支中的一种。由于木偶主要以木头做成头和手脚，而身体却是用布料缝制，套在人的手上表演，所以称之为布袋戏。布袋戏又称为布袋木偶戏，是中国民间艺术中发扬光大并保留下来的艺术之一。从闽南地区到台湾，布袋戏追随艺术时代的发展而发展，已经影响了几代人，并且保持了自身的传统艺术文化。与数码艺术的结合应用是布袋戏造型艺术风格的创新，不但保留了传统的布袋戏艺术，还借鉴了影视剧、电影、广告片、动画的制作流程，将布袋戏搬上了荧幕，成为传统民间艺术文化与现代数码艺术完美结合的典范，做到了传承和发扬。数码布袋戏电影《圣石传说》被誉为中国版的《玩具总动员》，在台湾票房打败同期上映的《玩具总动员2》。可见布袋戏通过数码艺术的应用，并学习国内外优秀动漫企业经营模式而发展，有着很强的商业价值。中国早期木偶动画曾被誉为经典，但是类似风格近年来开始少见，而布袋戏这种古老的木偶戏艺术却通过数码艺术新媒体的运用衍生出来巨大的产业值，这给我们很大的启示。本文主要有4个章节，第一章节介绍了布袋戏。第二章阐述了布袋戏造型，以泉州布袋戏、漳州布袋戏、台湾布袋戏为证，叙述了布袋戏造型的发展历程，并举著名的民间艺术家为布袋戏造型的传承和发扬做出贡献的例子。通过布袋戏造型的雕刻艺术、服饰艺术、场景装饰艺术等各方面来阐述布袋戏所蕴含并保留下来的中国民间艺术的美学。第三章主要阐述布袋戏现代的转型、创新和发展机遇，和数码艺术这门新兴艺术结合起来，从一个民间舞台戏艺术成长到有着自己的品牌文化，自己的影视制作团队，自己代言的广告片、动漫，且时至今日还在不断发展，还可学习国内外优秀动漫企业发展模式，通过其品牌文化的魅力所带来巨大的商业价值，做到中国民间艺术传统文化的继承和创新。第四章阐述了布袋戏在数码艺术中的应用，其品牌霹雳布袋戏通过影视分镜、影视构图、布袋戏广告给布袋戏造型艺术带来的巨大转变。分析布袋戏艺术和国产木偶动画艺术之间联系，得出布袋戏这门民间艺术在影视剧、广告和动画中的运用仍对当今文化创意产业有着巨大的影响，带来巨大的产业链。同时我们也要从布袋戏转型的成功去探讨失去市场的民间艺术怎样更好地传承和发展。我们正需要学习像布袋戏这种民间艺术，通过自身造型艺术的创新和数码艺术结合、和视觉图像语言结合，不再只是博物馆里面的老古董，随着文化创意产业的进步而发展，启发我们有商业价值的空间的设计，并学习国内外优秀动漫企业产业经营模式，创造出中国民间艺术的魅力，开拓新的当代文化下的艺术产品。

卢文娟.泉州五大演艺剧团发展影响因素及路径研究[D].导师：陈怡.华侨大学，2013，硕士.

关键词：演艺业；演艺剧团；影响因素；发展路径

机构：华侨大学

摘要：演艺业处于文化产业核心层，是我国文化产业的重要组成部分。随着我国"文化大发展大繁荣"战略的提出，演艺业的发展越来越受到政府和企业各界的重视。演艺业的发展最终是由剧团来实现，演艺剧团的发展水平关系到演艺业整体实力的提升和国家文化的繁荣。泉州作为闽南文化的发源地，文化积淀深厚，拥有南音、南戏、闽南民间歌舞等许多珍贵的非物质文化遗产。泉州演艺剧团既肩负着振兴泉州文化演艺业的重任，又承担着传承民族传统文化的使命。泉州五大演艺剧团作为领军剧团，无论是在所肩负的传承使命上，还是在管理水平、演出专业水平和发展规模等方面，都处于整个泉州演艺剧团的最前列，在泉州文化演艺业中占据着重要的地位。因此，探讨泉州五大演艺剧团发展影响因素及路径具有重要意义。论文以泉州五大演艺剧团体制改革为研究背景，首先通过实地调研，收集数据资料，对泉州五大演艺剧团发展的影响因素进行了实证分析，得出泉州五大演艺剧团发展影响因素模型。其次，论文以泉州五大演艺剧团发展的影响因素模型为理论基础，以泉州五大演艺剧团的案例分析为现实基础，从剧团自身努力、政府支持、创新系统构建、相关产业与社会中间组织支持四个维度对泉州五大演艺剧团发展的路径进行了探讨。这对泉州五大演艺剧团的发展和泉州文化演艺业整体实力的提升都具有重要的现实指导意义，同时也为其他地区演艺剧团的发展提供借鉴。

林珍香. 当代惠安石雕艺术造型研究 [D]. 导师：袁恩培. 重庆大学，2013，硕士.

关键词：当代惠安石雕；造型特征；文化功能

机构：重庆大学

摘要：福建惠安石雕以其悠久的历史和精湛的技艺著称，享有"中华一绝"之美誉。其作为一种永久性艺术，于 2006 年进入第一批国家级非物质文化遗产名录。惠安石雕具有一千六百多年的辉煌历史，反映了惠安的优秀传统文化，其审美意识与雕刻技艺经过千年的传承与发展，成就了今日"石雕之冠"的辉煌。对惠安石雕的研究于当地社会文化历史有着重要的意义。本文以惠安礼仪类、公共景观类和建筑构件类的石雕工艺品为主要研究对象，以艺术学与社会学、历史学相结合的研究方法，来探讨惠安石雕的社会环境、发展概况及艺术风格流变及其对当代石雕艺术造型特征的影响。并重点研究当代惠安石雕艺术的造型特征，其中主要涉及对当代惠安石雕艺术造型风格及其纹饰图案、形式特征的探讨与分析，并挖掘其所负载的社会文化功能，揭示其所蕴含的教育与宗教作用。本文期望通过多学科结合的研究方法，对惠安石雕艺术造型特征做出较为全面的研究。在学术研究上，为今后惠安石雕艺术研究的开拓创新抛砖引玉；在审美意识上，提供了一条探索惠安人民的艺术创作和审美心理的线索，为深入探讨惠安人文风情奠定一定的研究基础；在文化保护上，对进一步继承、保护、弘扬惠安传统石雕艺术，丰富完善中国雕塑史、中华民族优秀传统文化等具有深远意义。

方琳. 雾里看花，隔帘观月——永春纸织画艺术探析 [D]. 导师：翁振新. 福建师范大学，2013，硕士.

关键词：永春纸织画；民间美术；传承；发展

机构：福建师范大学

摘要：永春纸织画艺术研究作为独立的问题被提起并非出于偶然。它具有悠久的历史，但由于复杂又保密的制作工艺、传承与发展等诸多原因使其日渐衰微，甚至中断。20 世纪 70 年代末至今，中国社会发生的巨大的社会变革和审美嬗变，使纸织画呈现出从传统形态向现代形态的转变。纸织画艺术形式的出现，是历史发展的产物。它从中国画的传统材料和艺术形式发展而来，由此对其进行技术上的解构，从而产生一种朦胧感。作为中国民间艺术门类的一种，永春纸织画具有独特的审美品格，20 世纪以来，非物质文化遗产的研究已逐渐受到学术界的关注，但关于永春纸织画的研究却着力甚少，学者们关于永春纸织画相关问题的研究大体涉及纸织画的材料、内容、意义、风格样式等问题。本文选取永春纸织画作为研究对象，采用美术学和图像分析的方法，将永春纸织画艺术特征的研究放在美术史发展规律的视角下，总结纸织画的艺术特性及其审美品格。通过比较学的角度对 20 世纪以来永春纸织画的发展与苏州缂丝画的发展进行比较，分析其日渐衰微的原因，并尝试提出解决途径以及展望其在当代发展的可能性。另外，将纸织画置入多元文化中进行考量，探析其文化内涵和历史价值，以期获得对永春纸织画的深入了解。因此，对永春纸织画的艺术研究是具有历史意义和现实意义的。

高赛赛．当代语境下福建漆艺的创作研究 [D]．导师：汪振泽．沈阳建筑大学，2013，硕士．

关键词：漆艺；地域性因素；福建传统漆艺；当代语境；福建现代漆艺；创作；厦门漆线雕；永春的漆篮

机构：沈阳建筑大学

摘要：作为中国传统的艺术形式，漆艺在 20 世纪文化主流进程的迅猛发展与现代艺术观念的变化下发展之路十分坎坷。而作为中国漆艺的一大分支，福建漆艺在当代语境中的发展也面临着诸多问题和挑战。文章就国内外漆艺的研究现状与发展趋势进行详尽的分析，并对漆艺的概念、材料、工艺技法进行系统的介绍，使人们对漆艺有一个整体的了解与把握。作为一门传统的手工艺，漆艺具有一切工艺美术的基本特征，而漆艺与其他工艺美术最本质的区别就在于"漆"媒材的应用，以及天然漆所带来的"髹饰"本性。在漫长的时间演化过程中，人们积累了丰富的漆艺技法，形成了自己独特的艺术风格，并不断丰富漆艺技法的同时，将漆艺运用到了更为广阔的领域，使得漆艺与其他工艺相结合，不断拓宽着漆艺的表现空间。对传统的福建漆艺进行系统的说明，指出福建地区特殊的自然环境、历史及文化等地域性因素对福建漆艺的发展产生了深刻的影响，使得福建漆艺在得天独厚的地理环境、良好的气候条件、悠久的历史积淀以及丰富多彩的人文因素的影响下，形成了自己独特艺术风格，积累了丰富的漆艺技法，并得以长期保持领先，逐步发展成为近现代中国民间漆艺的中心，以及中国漆艺人才辈出的现代艺术中心。而以福州的脱胎漆器、厦门的漆线雕、永春的漆篮为代表的福建特色漆艺作为中国漆艺的一项宝贵资源，在当代社会中有着很高的地位与价值。通过笔者到福建地区的实际考察的体会，分析当代语境下福建漆艺的创作基础，指出当代福建漆艺创作的必经阶段，对福建以现代漆画、现代漆器、现代漆塑（漆立体造型）为代表的当代福建漆艺创作的个案进行分析。在当代语境下，福建漆艺的创作受到闽南本土的闽越族文化、中原汉族移民的礼乐文化以及西方的外来文化的共同影响，是福建漆艺家精神创造的实践活动的产物，是他们对当代生活的感受、理解、评价，经过艺术构思，在继承传统文化和传统漆艺的同时，汲取大量外来文化和现代艺术的养分，运用漆媒材与技法以及现代科技手段来表现当代的福建生活，创作出的现代漆艺作品呈现多元化趋势。在当代语境下福建漆艺的创作，必须在传统漆艺的基础上，打破固有的思维模式，运用现代科技手段，开发新材料，开拓新技法，关注现代潮流，汲取现代艺术和其他艺术门类的精华，为福建漆艺的创新提供更多的灵感，不断提高福建漆艺的制作水平，运用个性化的艺术语言，创作出反映鲜明的地域特征和充满强烈时代特征的漆艺作品，呈现现代人的精神状态和现代人对漆艺媒材与技法的重新选择，福建漆艺才能拥有更为广阔的发展空间。

刘晶．漳州木版年画研究［D］．导师：林蔚文．福建师范大学，2013，硕士．

关键词：漳州木版年画；民间艺术；民俗文化；闽南文化

机构：福建师范大学

摘要：漳州木版年画是中国传统年画的重要组成部分，它始于宋代，在明清两代最为兴盛，历史悠久。漳州最大的木版年画作坊为颜氏家族的颜锦华老店。在新中国成立后泉州等地木版年画几近绝迹的情况下，漳州颜氏木版年画得以保存，传承至今。并于 2006 年，被列入中国第一批国家级非物质文化遗产名录，颜仕国为漳州木版年画的第六代传承人。但随着时代的变迁，人们生活方式的改变，漳州木版年画的生存环境受到严重的威胁。本文本着传承传统文化、保护非物质文化遗产的目的，在多次田野调查及访谈的基础上，利用历史学、民俗学、社会学、美学等学科的理论与方法对漳州木版年画进行深入的研究。文章从漳州的地理与人文环境入手，进而介绍了漳州木版年画的发展渊源、艺术特征、民俗文化内涵，并仔细探讨了漳州与泉州、台南木版年画的异同，特别论述了其在金门地区的流传情况，阐明了闽南文化因素对漳州木版年画的影响。文章认为漳州木版年画有着深厚的传统文化积淀、丰富的乡土民俗内涵，极具闽南文化特色，作为闽南文化的一种载体，具有重要的历史文化价值，是我国宝贵的文化遗产。

闫晓姣．晚明小楷书法研究［D］．导师：常汉平．南京师范大学，2013，硕士．

关键词：晚明；小楷；书家；黄道周

机构：南京师范大学

摘要：在晚明书风背景下，小楷的面貌可谓个性洒脱，内容丰富，形制多样。小楷的表现力不再只依托个别书法大家的书写面貌，书家各领风骚的局面形成，董其昌之淡、徐渭之媚、张瑞图之奇、黄道周之道、倪元璐之逸、王铎之灵等无不令人称赞。这一时期的小楷书家注重古为己用，将师古作为不二法门的同时，凭借自身的学识、涵养、天赋以及坚实的书法功底，富有思考地展现了小楷的创造性面目，真正意义上摆脱了元人赵孟頫和明初台阁体的影响，其作品较明代中期更为洒脱，从而使晚明小楷成为书法史上小楷的重大变革。

林惠平．福建闽南现代民间绘画研究［D］．导师：李晓伟．福建师范大学，2013，硕士．

关键词：福建；闽南；农民画；民间美术

机构：福建师范大学

摘要：随着闽台非物质文化遗产研究的深入，福建民间美术的研究日益受到学术界的关注，福建闽南现代民间绘画的研究是福建民间美术研究的一个重要方面。现代民间绘画，又称农民画，是专指由传统农民画演变而成的新兴画种，是群众美术创作活动的产物。福建有关该课题的研究尚属空白，本文对福建闽南地区相继被文化部群文司命名为"中国现代民间绘画画乡"的厦门同安、漳州龙海和泉州晋江的现代民间绘画做了初步的整理研究。针对现代民间绘画的特点，采用了民俗学、美术学、社会学、文化生态学、图像学相结合的方法，做了点面结合的田野调查，采访了当地文化馆馆长及农民画家代表，拍摄了相关的图片资料，本文涉及闽南现代民间绘画的发展历程、文化生态环境印象、艺术特征、文化价值、现状分析及发展前景思考、对当代油画创作启示等6个方面的内容。通过对本文的研究，试图使读者对闽南现代民间美术有一个比较清晰和全面客观的认识，意在和同行们探讨闽南民间美术的发展问题，为闽南现代民间绘画以及福建民间美术文化精髓得以发扬及传承尽微薄之力。同时也希望能对福建地方文化建设起到一定的积极作用。

刘梦．豫闽舞蹈文化比较研究［D］．导师：黄明珠．福建师范大学，2013，硕士．

关键词：豫南地灯；闽南车鼓；历史渊源；舞蹈文化

机构：福建师范大学

摘要：豫南和闽南，在中国历史长河中因数次以豫南为主的中原汉民族和中原传统文化的南迁入闽而产生了深厚的历史文化渊源。"地灯"和"车鼓"分别是豫南地区和闽南地区广泛流传的有代表性的民间舞蹈。本文在田野调查、文献查阅的基础上主要运用比较的方法从9个方面对豫南地灯和闽南车鼓进行比较研究，归纳其异同点，同时用历史学、民俗学、地理学、人类学、舞蹈生态学、舞蹈文化学、舞蹈形态学相综合的方法阐述其异同点背后的文化成因和两个舞蹈间的渊源关系，进而透视出豫、闽舞蹈文化之间的源流关系。豫、闽舞蹈文化体现中国传统文化源远流长，并作为中原与闽台根亲文化的一部分，对于增进海峡两岸人民感情、维护民族团结有着不可忽视的作用。

马越．集安堂——个南音曲馆的人类学研究［D］．导师：张先清．厦门大学，2014，硕士．

关键词：集安堂；共同利益社团；组织民族志

机构：厦门大学

摘要：本文通过人类学的深度田野调查，从组织人类学视角针对一个典型的闽南南音曲馆——集安堂的结构模式展开细致研究。作为一个具有悠久历史的南音曲馆，集安堂在福建南音的发展过程中扮演着十分重要的角色。论文将集安堂视为共同利益社团，探讨南音与个人及社团内部的复杂关系，并通过个人生命史的访谈，进而揭示一个普通社团组织内部成员的复杂脉络，探寻不同的人是如何通过南音这个纽带组成一个较为稳定的群体，并且能够持续百年而不散地进行活动，形成一种推动南音发展的"组织"文化动力，从而为考察南音曲馆在地域文化网络中的组织意义提供一个集中的个案与解释框架。全文共分6个部分，分别陈述了选题意义、集安堂田野点状况、集安堂的组织构成、集安堂的内外活动、集安堂的人际关系与权力网络、集安堂的文化存续等主要内容。文章认为，作为一种重要文化纽带，南音促成人们组成上述集安堂之类的共同利益社团，反言之，正是这种共同利益社团的存在，也使得南音这种地方性文化传统得以保存下来，不至于被都市化与现代化的浪潮所湮灭，这种社团的力量正是我们在研究南音文化遗产的传承与保护中需要重视的一个现象。

田咏媛．师范院校开设地方音乐特色专业的研究——以泉州师范学院南音专业为例［D］．导师：张正梅．贵州师范大学，2014，硕士．

关键词：地方音乐特色专业；福建泉州南音；开设；策略

机构：贵州师范大学

摘要：多元音乐文化发展的背景下，我们必须认识到发展和保护地方音乐文化的重要性。地方音乐是地方文化的象征，汇聚着本地区的精神和向往，在现代文化潮流的冲击下，我们应该在继承地方音乐的基础上，发展地方音乐，使地方音乐屹立于世界多元音乐的舞台上。地方音乐以音乐社团传承模式、口传心授传承方式为主，在音乐教育不断发展的今天，让地方音乐进入高校也是传承和发展地方音乐文化的重要途径之一。地方师范院校开设地方音乐特色专业有着天然的优越性，为我国民族民间音乐的传承开辟新道路，它利于地方音乐的传承，也有利于地方音乐的再创造。同时，地方特色音乐专业的开设有利于高校课程设置的完善，促进高校课程改革。在个案中表现突出的福建泉州师范学院南音专业的开设为师范院校开展地方音乐特色专业提供了有力的借鉴。我们应取长补短，结合地区音乐发展特点，探索我国地方音乐特色专业的开设之路。文章第一章论述开设地方音乐专业对传承地方音乐的重要性，在多元音乐文化的背景下，高校传承地方音乐是地方音乐发展的重要途径。第二章从开设背景、培养目标、课程设置、师资方面等介绍泉州师范学院南音专业的开设，第三章以"怎么做"为中心，结合泉州师范学院南音专业开设的成功经验，探究师范院校地方音乐特色专业的开设。

郑玉玲．漳州民间舞"大鼓凉伞"的艺术特征与文化价值初探［D］．导师：黄明珠．福建师范大学，2007，硕士．

关键词：漳州民间舞；大鼓凉伞；艺术特征；文化价值

机构：福建师范大学

摘要：漳州民间舞"大鼓凉伞"是流行于漳州地区最具代表性的民间舞蹈，本文在"田野调查"的基础上，借助民族音乐学、民族舞蹈学、舞蹈生态学、民俗学、人类学的研究方法，对其文化生态、艺术特征、文化价值进行了探讨。首先，从文化生态入手，以"大鼓凉伞"的地理、人文环境、生存现状为主线，通过对其文化现象的梳理，从中窥探漳州独特的地域条件和丰厚的历史文化积淀为"大鼓凉伞"创造的自然生态环境；民间信仰和民俗活动为其提供的人文生存空间。其次，立足舞蹈本体视角，对漳州民间舞蹈"大鼓凉伞"进行舞蹈艺术形态、音乐特征研究，窥见"大鼓凉伞"的原初舞蹈、音乐形态特征和传统文化内涵。最后，旨在文化价值探析，得出"大鼓凉伞"具有秉承、吸收我国传统民俗文化的共性特征以及融合漳州"地域舞蹈文化品格、民俗舞蹈文化精髓"的个性色彩。在传承、演变、发展中形成了多元舞蹈文化历史积淀，并以"大鼓凉伞现象"为例证说明群体化特征是民间舞蹈发展的重要途径。本文通过"大鼓凉伞"的研究，意在和同行们研讨漳州民间舞蹈的艺术特征及其文化价值，为漳州民间舞蹈的文化精髓得以发扬及传承尽微薄之力。

李昱伶. 从现代到传统：江之翠剧场演艺研究 ［D］. 导师：钟明德. （台湾）台北艺术大学，2014，硕士.

关键词： 江之翠剧场；南管；梨园戏；南管乐舞；跨文化

机构： （台湾）台北艺术大学

摘要： 江之翠剧场于 1993 年成立，在创团初期延续了"零场 121.25"以表演艺术参与社会运动的发展路线。周逸昌与吴欣霏的小剧场运动经历，为"江之翠剧场"的团体定位奠基。在江之翠剧场的历年作品中，可窥见台湾剧场的发展轨迹：1994 年演出的《三人枕头》是一部以闽南语演出的现代戏剧作品，《三人枕头》的工作人员与演出形式、创作题材皆反映出在江之翠剧场成立之初，小剧场运动才刚结束的时代背景。1995 年在新北市文化中心首演的《南管游赏》，为南管乐舞的演出风格开拓新篇章，也标示出江之翠剧场的团体定位逐渐由现代走向传统。2006 年在台湾实验剧场中演出的《朱文走鬼》勇夺第五届台新奖首奖，成功的跨文化尝试让人惊艳，确立江之翠剧场在传统戏曲界的特殊地位。许多团体因感到传统戏曲的日渐式微，观众渐渐流失，都想透过"老骨新皮"的重新诠释，为古乐老戏注入新意以吸引年轻观众进场。然而能将"新"与"旧"成功结合的演出团队并不多见，江之翠剧场因此特别。但如此独特的表演团队成立迄今超过 20 年，却始终没有梳理剧团发展的完整研究。本文期能透过田野访谈与文献分析，为江之翠剧场的发展历史留下记录。本文共分 5 章：第一章：绪论，第二章：江之翠剧场发展阶段，第三章：为南管乐舞开拓新页的《南管游赏》，第四章：跨文化剧场《朱文走鬼》，第五章：结论。本文透过分析历年重要演出，将江之翠剧场之团体发展划分为三阶段。《南管游赏》与《朱文走鬼》对于江之翠剧场而言是格外重要的演出，故另立章节专论之。在《第五章：结论》将"完整的行政系统""持续推出新作""稳定的团员培植制度"视为所有剧团的营运目标，江之翠剧场也不例外。江之翠剧场能否走到下一个 20 年，有无做到"提升行政管理能力"与"持续推出新作"将是关键。

陈阳迪. 妈祖文化与莆仙戏舞蹈表演形态研究 ［D］. 导师：黄明珠. 福建师范大学，2014，硕士.

关键词：莆仙戏；舞蹈；妈祖文化；意蕴

机构：福建师范大学

摘要：妈祖文化是一种文化魂灵，一以贯之千百年，泽被民族之心，孕育并影响着发祥地莆仙大地的人文环境、文化艺术。莆仙戏便是受妈祖文化魂灵影响的一朵艺术奇葩，是世世代代生活在莆仙地域的人们的精神印记。作为一种民俗文化，经过千百年的凝练，妈祖信仰已上升到了具有和谐、善美、海纳百川的中国传统优秀文化层面，并以莆仙戏为载体，以其独具艺术风格的舞蹈表演充分地表现出来，烙印上了别具一格的民情风格文化特征，将妈祖文化与莆仙戏完美地融合到一起，传递出一种美丽民族精神，遍及全国各地。所以，探究莆仙戏舞蹈表演中的妈祖文化意蕴具有十分重要的意义。本文运用文献分析法、田野调查法、舞蹈形态分析法，同时参考文化人类学、社会学、民俗学等学科的文献资料，从综合学科的角度，在艺术实践的基础上对妈祖文化的历史源流和莆仙戏舞蹈形态的文化意蕴进行了研究，并运用文化人类学的基本原理对其形态的形成的主要原因进行了探究。

徐玥娜. 李贽与戏曲之关系研究 ［D］. 导师：苏涵. 集美大学，2014，硕士.

关键词：李贽；戏曲；关系；戏曲观念；戏曲理论

机构：集美大学

摘要：李贽不仅是明代著名的思想家、文学家，同时也是一位戏曲理论家，他毫无疑问对戏曲是非常了解的，但他作为一个戏曲评点家的身份却较少受到关注。目前学界研究其戏曲理论的论文数量相对较少，研究视角也比较有限。因此本文力求在充分搜集李贽与戏曲相关的资料的基础上，结合前人已有的研究成果，对李贽与戏曲的关系做一个完整的梳理，对李贽的戏曲观念与戏曲理论有一个系统的认识。李贽的戏曲活动主要包括 3 个方面：一是与戏曲界人士的交往，二是其著作中评论戏曲的文章，三是对戏曲作品的评点。李贽与焦竑、汤显祖、潘之恒以及汪廷讷等交往密切，与他们或交流思想或探讨戏曲，相互影响。李贽的著作中有专门评论戏曲的文章，通过这些文章，李贽鲜明地表达了其戏曲观念：他认为戏曲是"天下之至文"并同样可以"兴观群怨"，从而提高了戏曲的地位；他提出戏曲作品存在"化工"与"画工"的区别；他认为戏曲创作的动力是真实自然的情感，提倡"以自然之为美"；他发现了戏剧文学"关目曲白事"的独特要素，反对神化人物形象。除了这些，李贽的曲学成就更多地体现在他对戏曲作品的评点上，而他的戏曲观念和戏曲理论也寓于其中：他推崇戏曲以"奇"为美，提倡在合乎情理的基础上追求戏曲之"奇"；他重视戏曲人物的塑造，对戏曲人物及其塑造手法加以关注批评；他在评点中赋予戏曲"关目"非常丰富的内涵；他以"真"为戏曲美的根本标准，强调戏曲的"人真""事真"与"境真"。李贽的戏曲观念和戏曲理论对当时甚至后世产生了巨大的影响。在他之后，许多戏曲评论家继续为戏曲争取地位，最终确立了戏曲与诗文平等的地位；他提倡"以自然之为美"，汤显祖、凌濛初与王国维继承并发展了这一"自然说"；他主张以真实情感作为戏曲创作的动力，这一点亦为他同时及以后的剧作家的戏剧创作实践所不断证实。

刘婷婷.《荔镜记》考论 [D].导师：马华祥.华侨大学，2014，硕士.

关键词：《荔镜记》；陈三五娘；泉州

机构：华侨大学

摘要：刊刻于明代嘉靖年间的闽南民间戏曲《荔镜记》，是地域声腔泉腔和潮腔的合刊本，讲述的是陈三和五娘之间的动人爱情故事，全称《重刊五色潮泉插科增入诗词北曲勾栏荔镜记戏文》。地方文学有它特有的价值。长期以来，《荔镜记》等优秀的地方文学却被中国文学史大大忽略。由于语言等局限性，学术界对《荔镜记》的研究，一直很薄弱。无论是在中国传统戏曲的保护方面，还是在闽台文化交流方面，研究《荔镜记》都有着十分重要的意义。爱情故事"陈三五娘"有多个版本，戏曲《荔镜记》是现存最早的版本，不同版本的传承与流变使得故事越来越呈现出经典性。在地方特色上，它包含了大量的泉、潮风俗，用闽南方言编写而成。在声腔方面，它是典型的泉、潮腔戏曲，以曲牌连缀成文。作为一部文学作品，《荔镜记》塑造了丰满的、充满个性色彩的人物形象，表现了意蕴深厚的思想内涵，有着较高的文学价值。在舞台艺术方面，"陈三五娘"故事以其独特的梨园艺术表演，从明代开始，传演至今，戏曲剧情和舞台艺术的完美结合，歌唱形式多种多样，让闽南、粤东的观众百看不厌。

何燕真.舞台到电视：论歌仔戏的电视化 [D].导师：林焱.福建师范大学，2014，硕士.

关键词：歌仔戏；电视化；观众；审美；特征

机构：福建师范大学

摘要：本文中，笔者在确立电视与歌仔戏的关系的基础上主要探讨歌仔戏电视化的初步尝试与误区；继续探讨歌仔戏电视化基本模式的确立；成熟时期的歌仔戏电视剧审美以及观众审美反应；歌仔戏电视化的现存特征与自身调整。从探讨的主要内容中，明确歌仔戏电视化的阶段性特征表现。本文选择歌仔戏为研究对象，通过歌仔戏从舞台到电视的发展轨迹进行时间上的梳理以及特征上的分析，深入探讨歌仔戏电视化过程中的每个阶段的特征。笔者的研究目的为寻找歌仔戏从舞台过渡到电视所出现的一系列的特征，从而探讨歌仔戏电视化问题，继而提出歌仔戏现阶段应该进行改进的地方。笔者紧扣歌仔戏电视化的主题，在歌仔戏电视剧文本的选读方面，笔者以传播更为广泛的台湾歌仔戏电视化作为文本范本进行主题的分析。文中主要运用比较分析法、例证法、综合评析法，按照歌仔戏电视化的程度进行分阶段研究分析。通过探讨歌仔戏电视化的各个阶段特征，总结出歌仔戏与电视的融合是歌仔戏更好发展的最佳途径。

李姿莹. 林火才说唱作品的来源、发展与演变 [D]. 导师：陈益源. （台湾）成功大学，2014，硕士.

关键词：说唱艺术作品；邵江海；闽南文化；金门民间文学

机构：（台湾）成功大学

摘要：金门的八旬耆老林火才意外地靠着过人的记忆力保留了歌仔戏一代宗师邵江海的多则说唱作品，令人感到惊喜，作为两岸断绝一甲子之后的新采录发现，堪称闽南文化研究的新材料。

本文研究林火才所保留的说唱作品与邵江海作品的关联程度，阐述林火才继承邵江海作品之意义与价值，并分析探讨其故事类型流变与后世接受影响，以及两则林火才与邵江海无继承关系的说唱作品，全面探讨林火才说唱作品的价值特色，更深入理解林火才先生身为一名民间说唱艺术传承人，所保留的说唱作品之珍贵性。

吴彦霖. 说唱文学与民间戏剧：论时事剧目在歌仔册与歌仔戏的流传与衍变 [D]. 导师：林鹤宜. 台湾大学，2014，硕士.

关键词：时事剧；歌仔；歌仔册；说唱；歌仔戏；民间戏剧

机构：台湾大学

摘要：歌仔戏是以说唱"歌仔"为基础发展而成的戏剧，两者在剧目、叙事内容、套路情节上具有密切的关系，本文从时事剧的角度，研究歌仔与歌仔戏之间的交互影响。

"时事剧"是指剧作家与民间艺人，以当代或近代的重大事件为主题，根据新闻报纸、轶闻传说及自身经历改编而成的剧目，其内容包含重大的政治事件与实事案件。本文研究的时事剧均与命案有关，可依地理区域分为二，即"不在台湾发生"与"在台湾发生"的时事剧，前者例如《詹典嫂告御状》《通州奇案杀子报》《青竹丝奇案》；后者例如《周成过台湾》《林投姐》《运河奇案》。借由说唱与戏剧的演出文本，分析二者中情节安排与表现手法的差异，进而论述歌仔、歌仔戏时事剧的表演特色。

随着时间更迭，过去的时事新闻变成今日的逸闻传说，时事剧"纪实性"的性质逐渐消逝，今日的时事剧已成为一种剧目类型。

本文结论根据上述剧目，归纳时事剧的程序情节，讨论其呈现的主题意义，并于文末说明时事剧的演出现况，以及当今歌仔戏鲜少演出时事剧的原因。

苏圣媛. 传统文化空间下的歌仔戏生态——以大稻埕为例〔D〕. 导师：陈其南.（台湾）台北艺术大学，2014，硕士.

关键词：歌仔戏生态；大稻埕；文化空间

机构：（台湾）台北艺术大学

摘要：本论文试图从"戏窟大稻埕如何形成"进行提问，自古戏剧活动的发生有两个传统，一为仪式性格，二为娱乐性格，这两种具体而微地交织呈现在台湾大稻埕这个区域，堪称文化生态壁龛。文化生态壁龛的要义，是指艺术的发生不是孤立，就像自然生态一样，热带雨林中一种物种的消失与增长，都会影响到整个大环境，也就是说在空间中的构成因子，都会影响空间进而成为文化的一部分。以歌仔戏而言，可以从戏班、观众、戏院、官方法令的互动观察。大稻埕是台北三市街之一，从清代开始商业繁荣，一直到日据时期是为全台人口密度最高、房价最贵的第二名。而经济繁荣带来娱乐的需求，在日据时期，有新舞台、第一戏院、永乐座坐落在大稻埕，是供台人娱乐所用，不是偶然；战后有大桥戏院、永乐座改为永乐戏院，还是维持一定的经营。从戏班的角度来看，大稻埕这几个戏院是"一级战区"，乃兵家必争之地，没有三两三是不能上来演出的，能够在此演出，意味着戏班有相当的实力。

另一方面是宗教功能的戏剧活动，大稻埕的百年老庙很多，庆典时热闹非凡，演戏频仍：大稻埕慈圣宫、霞海城隍庙，还有借归绥戏曲公园演出的普愿宫。在台北市相对老区的大稻埕更有在巷弄间的大小宫庙，维持献戏酬神的传统。

最后针对台北市立社会教育馆辖下的大稻埕戏苑，爬梳相关规定开创的新兴歌仔戏文化空间，从戏班的参与，反思辩证相关部门造成权力空间的种种课题。

沈主明. 外台歌仔戏"活戏"演出之曲调运用与音乐即兴研究〔D〕. 导师：吴荣顺.（台湾）台北艺术大学，2014，硕士.

关键词：外台歌仔戏；活戏；讲戏人；歌仔戏曲调；台中国光歌剧团

机构：（台湾）台北艺术大学

摘要：歌仔戏是台湾土生土长的传统戏曲，由于社会经济结构的变动，歌仔戏也从内台、外台、广播、电影、电视歌仔戏，演变到目前以庙会演出为主要表演形态的外台歌仔戏。外台歌仔戏强调的是与观众互动与交流，所以会因时、因地、因人而做不同的即兴演出，又被称作"活戏"。

外台歌仔戏表现的即兴演出中，曲调的运用占有极重要的部分。而目前外台歌仔戏之后的场乐师，普遍年龄老化，又因传统乐师多由师徒制口传心授，年轻爱好者与新进艺师要了解外台歌仔戏曲调的运用模式，确实比较困难。

故本文将从讲戏人（说戏先生）、武场鼓佬、文场头手与演员，四种不同角度，做系统化的整理。并以台中国光歌剧团为观察对象，验证外台歌仔戏曲调运用的动机模式。以利歌仔戏的爱好者与新生代艺师对歌仔戏音乐曲调的活用有深入认识。

丁凯鹏．高甲戏与水浒文化研究［D］．导师：张世宏．厦门大学，2014，硕士．

关键词：高甲戏；水浒文化；闽南文化

机构：厦门大学

摘要：本文研究的中心问题是高甲戏与水浒文化的关系，重点探讨水浒文化对高甲戏的影响。引言从讨论中国戏曲与小说、小说《水浒传》与历代水浒戏的渊源关系开始，通过对一系列调查与研究高甲戏渊源的资料的爬梳、辨析，认为以小说《水浒传》为基础而生发的"水浒文化"催生了闽南高甲戏。第一章以高甲戏发展史为研究线索，论述水浒文化对高甲戏的形成与各个发展阶段的影响。宋江阵是闽南文化与水浒文化相契合而产生的游艺，二者是其产生发展的精神家园与艺术温床；继之探讨宋江阵发展至"宋江戏"的形成过程，并深入探析其文化内涵；最后窥探"合兴戏"的形成与发展，描述高甲戏在此阶段的表演特点。第二章考察高甲戏的转型与水浒文化的隐退。从丑行成为高甲戏最突出的剧种表演特色与丑戏剧目的创作改编两个方面，论述高甲戏的转型与水浒文化的隐退；然水浒文化并未完全"失语"，因此，分别从现代水浒小戏、曲牌音乐、表演特点三个维度窥探水浒文化在高甲戏转型后的遗韵；最后一节讨论了水浒文化隐退、高甲转型的原因。第三章是高甲戏水浒剧目的研究。通过梳理资料，列表描述解放前后创作、改编上演的高甲水浒剧目，并对部分剧本做简要介绍；继而以近年常演的《卢俊义》《送水饭》为例，解析这些剧作在思想内涵、人物性格以及语言和民俗等方面表现出来的水浒文化与闽南文化相融合且相映生辉、相映成趣的特点。结语对全文概括总结，对水浒文化催生高甲戏因何成为特殊的文化现象等一系列问题发问。

赖闽苏．芗剧在当代的复兴与发展之道［D］．导师：陈建宪，胥志强．华中师范大学，2014，硕士．

关键词：芗剧；越剧；复兴；市场化

机构：华中师范大学

摘要：流行于福建漳州芗江一带的芗剧，其前身是20世纪20年代传入大陆的台湾歌仔戏，而台湾歌仔戏又是明末清初时，移居台湾的漳州、泉州一带的民众在原先漳州地区的锦歌和采茶戏的基础上，吸收了后来传入台湾的弋阳腔、白字戏、乱弹戏、四平戏以及京剧等艺术形式创造出来的。由于传回大陆的台湾歌仔戏主要的传布地域以漳州芗江为中心，所以被称为"芗剧"。可以说，芗剧与台湾的歌仔戏是同根同源，有着血缘关系而不同称呼的同一剧种。目前，芗剧（歌仔戏）流行于闽南、台湾以及东南亚华侨聚居地区。作为福建众多地方传统戏曲中的一支，芗剧的发展历史，不过百年左右。在中国地方戏曲中，芗剧无疑是较为年轻的剧种。然而，在目前传统戏剧的发展普遍不景气的大前提之下，芗剧（歌仔戏）虽然在台湾等地颇受欢迎，在大陆却是一番明显的萧条景象，尽管闽南一带的民众仍会将芗剧用于朝会酬神的仪式，但除此而外，则鲜为人知。如果我们以同样仅有近百年历史的越剧来加以对照，越剧与芗剧同为南方地区的地方性传统戏曲，但越剧已然成长为仅次于京剧的全国第二大传统剧种，并且仍旧保持着相当旺盛的生命力。这与芗剧的落魄景况形成了极其鲜明的对比。从国家非物质文化遗产的保护、传承的角度来说，这样的情况，是非常值得我们认真反思的。因此，本文试图在综合考察各方面因素，尤其以越剧的成功经验为对照的前提之下，从芗剧自身形式到内容的特质以及芗剧生存、发展的外部环境两个方面入手，系统、深入地探讨当代芗剧的生存现状，并以此为基础，进一步分析芗剧在未来的发展前景，以期对芗剧在当下的复兴与发展的策略，即在坚持正确价值导向和剧种本身的艺术特征同时的市场化，略陈管见。

潘灿霖．基于手势交互技术的虚拟泉州提线木偶戏表演系统设计［D］．导师：陈月华，郑春辉．哈尔滨工业大学，2014，硕士．

关键词：泉州提线木偶戏；艺术特征；手势交互；设计原则和方法

机构：哈尔滨工业大学

摘要：泉州提线木偶戏是一项传承了千年的非物质文化遗产，是中国非物质文化遗产的瑰宝，具有很高的艺术价值和文化价值。如今，外来文化的侵蚀和本地文化土壤的流失让泉州提线木偶戏的传承与发展已经面临危机，亟须保护。而现有的数字化保护手段有限，效果一般，对泉州提线木偶戏的保护过于单一而不够全面。本文致力于基于手势交互技术的虚拟泉州提线木偶戏表演系统的研究，并希望完成一个虚拟的表演系统，在该系统中，人们可以创建自己喜欢的角色模型，然后通过简单的手势操作实现木偶角色的提线表演。首先，本文从木偶的材质和工艺、木偶戏的题材，以及包括造型、语言、表演、音乐及时空等方面的艺术特征分析了泉州提线木偶戏的艺术价值，进而分析泉州提线木偶戏的艺术传承的现状，发现其中的问题和不足，提出基于手势交互技术的虚拟泉州提线木偶戏表演系统设计的意义及价值所在。其次，本文分析了运用基于 Leap Motion 的手势交互技术等多技术综合运用的虚拟泉州提线木偶戏表演系统的设计特色，并从数字化保护泉州提线木偶戏的角度出发，提出了该系统的设计原则，并根据这些原则，提出虚拟泉州提线木偶戏表演系统的设计方法。最后，本文将在设计实现虚拟泉州提线木偶戏表演系统后，分析其在审美体验和文化传承上的实用价值，并根据本文研究过程中和设计实现过程中的理解和体会，提出后续该系统的改进和升级思路。本文从艺术价值的保护与传承、系统设计的原则与方法的角度研究虚拟泉州提线木偶戏表演系统的设计，探索了该系统设计的实用价值，为泉州提线木偶戏的保护提供新思路，并对手势交互技术运用于非物质文化遗产的保护与开发中进行有益探索。

张冬菊．厦门蔡氏漆线雕文化遗产研究［D］．导师：林蔚文．福建师范大学，2014，硕士．

　　关键词：福建；厦门；民间艺术；漆线雕；现状；继承；发展

　　机构：福建师范大学

　　摘要：笔者在研究生的 3 年生活中，对福建的中华民间艺术瑰宝漆线雕产生了浓厚的兴趣，进而致力于对这项艺术形式的研究和探索，透彻地了解了这门艺术的历史、现状和发展前景，也有了一些新的感悟，真正体会到了中国拥有伟大的民间艺术遗产。如何将诸如漆线雕这样的优秀遗产继承并发扬光大，任重而道远。本文对福建传统漆文化、蔡氏漆线雕文化遗产源流、主要工艺特征、漆线雕与其他相关传统手工艺的比较及其继承和发展做了详细的介绍，以期为弘扬漆线雕文化做出应有的努力和贡献。

吴跃华．明清（更迭）背景下德化青花瓷艺术研究［D］．导师：黄坚，张明超．福建师范大学，2014，硕士．

　　关键词：明清（更迭）；德化青花瓷；审美内涵；装饰艺术

　　机构：福建师范大学

　　摘要：笔者以"明清（更迭）背景下德化青花瓷艺术研究"作为硕士论文研究的选题，本论文的研究目的是：一、力求厘清明清福建德化青花瓷产生、发展、勃兴、式微的历史根源，究其原由，通过收集各类资料来分析和总结不同时期的艺术面貌；二、是探讨其在中国青花瓷发展历程中审美内涵形成的成因；三、在国家非物质文化遗产保护呼声愈加强烈的背景下，对德化青花瓷艺术的研究，有利于其艺术价值在理论层面上得以传承。本文在写作过程中设置了两条研究主线：第一条考察主线是通过研究明清时代的大背景下社会思想的历史流变以及福建闽南独特的历史地域文化，分析作为时代和地域文化产物的德化青花瓷艺术特征形成的内外因；第二条主线是研究隶属民窑的德化青花瓷艺术中彰显出的审美内涵。本论文采取的研究方法有：一、搜集整理法：在论文写作之前对该选题相关的资料（文献、书籍、图片）进行搜集，并进行系统的归类、分析、研究；二、田野调查法：笔者多次对德化各乡镇进行实质性的考察，获取相关的第一手资料；三、讨论法：在导师的引荐下与对该领域有研究的学者、专家进行交流，使本人的研究和思考更有广度和深度；四、文献分析比较法：在搜集到的相关文献、图片资料基础上进行比较、分析。本文得出的结论是：明清时期的德化青花瓷是时代和地域文化的共同产物；德化青花瓷是德化陶瓷发展史上的又一个高峰时期；德化青花瓷在发展过程中逐步形成了自己的风格面貌，它区别于其他官窑的产品，是一种纯粹民窑的产品，也是我国闽南民间草根艺术和文化的直接反映。它以乡土民间生活为本源，表达民间生活状态，有着浓重的草根气息。值得说明的是，明清德化青花瓷的发展与海外贸易相关，原因在于宋元时期作为货物的集散地的泉州港的兴起。

董秀兰．开元寺甘露戒坛建筑木雕艺术形式研究［D］．导师：徐志坚．福建师范大学，2014，硕士．

关键词：甘露戒坛；装饰；艺术特征；审美价值

机构：福建师范大学

摘要：本文以泉州开元寺甘露戒坛建筑木雕的艺术形式作为主要研究对象，从美学的角度阐述了甘露戒坛建筑木雕的艺术形式及特征，并对其审美价值和人文特色进行探析。文章首先对甘露戒坛进行概述，介绍其历史流变和建筑风格，并简要论述了泉州的自然环境和社会文化对它产生的影响。其次，结合实地调研，针对甘露戒坛建筑木雕的题材来分析其中所蕴含的文化内涵。再次，通过作品分析，从造型特征、形式特征、色彩特征三个方面论述甘露戒坛的艺术形式特征。最后，解读甘露戒坛建筑木雕的审美价值，把节奏、均衡、变化等形式法则融入甘露戒坛建筑木雕的研究领域，从美学角度，分析其构图形式、布局构成和色彩语言，从而领略了甘露戒坛建筑木雕装饰的艺术特性、人文内涵与价值取向。

邬臻浩．永春真武宫辇轿雕刻艺术研究［D］．导师：李豫闽．福建师范大学，2014，硕士．

关键词：永春木雕；真武宫辇轿；雕刻纹样；民俗文化

机构：福建师范大学

摘要：永春木雕历史悠久，是福建木雕的重要组成部分，其影响涉及台湾及潮州地区。永春真武宫辇轿作为永春木雕刻工艺保存最为完整的精品之一，它精美绝伦的雕刻技艺与丰富多样的雕刻纹样，体现出闽南地区民间工艺的精妙与地方文化的特色。本文以真武宫辇轿为研究对象，在田野调查的基础上，通过对民俗学、图像学、社会学、艺术文化学等学科知识与研究方法的结合运用，展示当时永春木雕辇轿的雕刻技艺及艺术特征。论文首先对真武宫辇轿的产生与发展历史及功能运用进行介绍。其次，通过对真武宫辇轿的木雕刻技艺与雕刻内容的分析，探讨闽南民间工艺与民俗文化之间的内在联系，真武宫辇轿在永春民俗文化环境中的独特作用。再次，通过与台湾及潮州木雕的工艺特征对比，探讨永春木雕与闽台及广东地区木雕工艺的关联。本文对永春真武宫辇轿雕刻的研究，填补了永春木雕技艺研究上的空白，有助于对闽南地区非物质文化遗产的保护，也是对永春木雕在福建、台湾及潮州地区的木雕发展与影响进行研究，增加人们对永春木雕的认识与鉴赏。

牛犁．汉族特殊族群（惠安女和高山汉）女性服饰研究［D］．导师：高卫东．江

南大学，2014，博士.

关键词：服饰；汉族；女性；惠安女；高山汉

机构：江南大学

摘要：汉族特殊族群是在地理、文化等方面脱离于主流汉族群体和主流汉族文化的人口群落，他们既是汉族又在某些方面有别于传统意义上所认定的汉族群体。在现代化大潮中这些汉族特殊族群并没有像主体汉族一样受到现代思想和西方文化的影响，与传统服饰脱离，而是一直坚持穿着传统民间服饰，同时，在传统服饰的基础上又根据自身生活的特点加入了新的元素，而形成了属于自己族群的特殊服饰。惠安女和高山汉是汉族特殊族群的典型代表，他们所属的特殊历史、地理、人文环境使这些族群对服饰有了特殊的要求，同时在服饰形制的变化、功能性的体现、文化内涵的积淀中体现了特殊族群对服饰的选择。以惠安女和高山汉族群的女性服饰变迁为研究对象，从艺术、服装工艺、文化三个角度出发，探究在特殊的历史、地理、人文环境下，汉族人对服饰所进行的选择与传承。具体研究内容如下：（一）从服饰形成的历史、地理、人文背景等方面对汉族特殊族群的特点进行了梳理、归纳与比较。在族源方面，惠安女源自百越族，是百越汉化的结果；而高山汉则是由山东、四川、贵州等各省汉族人口汇集而成，生活在少数民族之间，成为少数民族聚居区的特殊汉族族群。可以说，两个族群的形成和发展都有少数民族的影子，然而，从族群的生活状态和心理根源上来讲，高山汉的习俗、审美等则更接近传统的汉族而惠安女则更偏向于百越族；在地理环境方面，惠安女生活在福建东部的海峡地区，受到海洋文化和渔业文化的影响至深，而高山汉生活在大山之间，世代受着山地文化和农耕文化的影响；从人文生活的角度看，两个族群女性都保持着吃苦耐劳、勤俭持家的传统美德，同时不同的婚俗特点也形成了两地妇女不同的服饰心理。（二）研究了近代以来汉族特殊族群日常女性服装形制、特点与发展轨迹。惠安女和高山汉的女性服装都经历了传统到现代的数次变革，可以说这些服装是在与时俱进和适应生产劳动的过程中保持着本族群的风格。在主体服装造型上，百余年的变迁中两个族群女性的衣长逐渐变短、袖口逐渐缩紧的变化，以及下装阔腿裤的选择体现了服装为适应生产、生活而展现出的实用之美。（三）选取了惠安女的接袖衫、高山汉的外托肩以及两个族群的女裤进行了工艺的整理与复原。接袖衫和外托肩都流行于民国早期，是两个族群较为典型的上装，而两地的女裤在百余年来都未经过较大的变革，具有一定的稳定性和代表性，文中经过比较得出两套服装的差异性，并通过与汉族主体地区的女性上装进行比较得出族群发展的特殊性，以及族群选择的差异性。（四）研究了近代以来汉族特殊族群日常女性服装装饰艺术，惠安女与高山汉女性服装装饰艺术包括服饰配件和刺绣艺术，相比之下在服饰配件方面，惠安女的服饰品更加繁复且色彩艳丽，而高山汉女性的服饰品则更注重实用功能。而在服饰纹样方面，两个族群的女性都选用日常生活中以及神话、宗教中的事物绣于服饰品之上，以起到美化和寄托情感的作用。（五）分析了汉族特殊族群女性服饰的文化内涵。从汉族特殊族群女性服饰对主体汉族服饰文化的继承和发扬、对少数民族服饰文化的吸收与借鉴以及汉族特殊族群在特殊环境下的服饰自我选择三个角度探究服饰形成的文化根源，也正是因为这三个方面的相互作用，形成了族群服饰的特殊性和独立性。（六）讨论了汉族特殊族群女性服饰的传承与保护现状，并对其日后的发展提出相应的保护对策及创新设计思路。从非物质文化遗产保护的角度，分析了当下惠安女与高山汉女性服饰在不同的环境、政策下的传承状态，并针对保护过程中遇到的不同问题提出了相应的看法和见解，同时提出服饰的发展方向应是在逐渐改变的过程中传承传统的文化底蕴并适应当下的日常生活和审美趋向。

耿馨．惠安女服装结构及其面料舒适性研究［D］．导师：杨子田．东华大学，2014，硕士．

关键词：服饰文化；服装纸样；劳作动作；面料参数；评价系统

机构：东华大学

摘要：自 20 世纪 70 年代末以来，作为闽南地区独有的人文资源和文化形象符号，惠安女一直受到国内外的广泛关注。惠安女因美丽、勤劳、贤惠和一身奇特服饰而著名，惠安东部与世隔绝的地理位置和"乡中男人皆外出业工，女者在家耕种"的经济模式造就了这一道独特民俗景观。基于惠安女服装结构及其劳作的特殊性，本文从惠安女劳作动作角度入手来研究其衣身结构及其面料舒适性，为惠安女方便快捷地选择劳作舒适性好的面料提出合理的建议。通过归纳福建省图书馆、福建师范大学图书馆、泉州市图书馆、惠安县图书馆和惠安女水库纪念馆等馆藏文献资料，以及口述访谈资料，综合梳理了惠安女的风俗习惯和惠安女服饰的发展历史，并对惠安女服装结构及其设计原理进行了详细的分析。以随机抽样的方式抽取 200 名 30 岁至 45 岁的惠安妇女作为样本群体，利用马丁测量仪对样本群体进行接触式测量，测量项目为 36 个，但结合本次研究的目的和要求，选取 13 个特定的测量项目。对选取的项目参数进行预处理，剔除奇异值个体后的有效样本群体为 192 名；分析各变量的基本统计量，得知样本群体身高、胸围和臀围的均值分别为 157.271cm、87.566cm 和 93.74cm，即中间体；对变量参数进行相关分析，上体变量选择身高和胸围选作自变量，下体变量选择身高和臀围作为自变量，其他变量均作为因变量，结合相关分析的结果进行逐步回归分析，建立回归方程式；结合惠安女的结构研究和回归方程式建立惠安女服装纸样。通过目视动作观察法、影像动作观察法和咨询法，获取惠安女劳作动作。根据内部因素和外部因素对动作进行整理与分类，从人体的躯干、上肢和下肢运动对其劳作动作进行具体的分析。在当地进行实地考察，收集惠安女常用的服装面料 78 种，采用 KES 织物风格评价系统对采集的面料织物进行织物风格性能测试，从而获取织物的表面性能、弯曲性能、拉伸性能、剪切性能以及织物压缩性能等织物力学性能参数，并对其利用 SPSS 分析进行因子分析、相关性分析、回归分析以及主成分分析，获得织物结构参数和力学性能参数之间的回归关系，再将这 78 种面料分为 11 类，选出具有代表性的 11 种面料。将这 11 种面料依据惠安女衣身纸样制作成惠安女上衣，并构建合理的评价体系。选取 6 名身高为 157cm±2cm、胸围为 88cm±2cm 的女体为试穿者，在特定的实验环境下进行着装实验；结合惠安女的运动动作选取颈部、肩部、胸部、腋下、肘部、后背、腰部这 7 个部位为评价着装后的评价指标，并由 6 名专家对这 7 个评价指标进行权重值的分配；着装实验者按指定动作对 7 个评价指标进行五分制的主观评价，结合权重值的分配最终得到这 11 件上衣的舒适性等级。结合面料数据库技术建立了专家评价系统数据库平台，以 C++计算机编辑语言和 VC++程序编辑软件作为专家评价系统实现工具，成功构架和实现了惠安女上衣面料舒适性专家评价系统。本论文的创新点在于依据惠安女人体数据的分析建立了惠安女服装纸样，分析研究惠安女的劳作动作，并以其服装纸样和劳作动作为基础研究了其上衣面料舒适性。本文建立的惠安女上衣智能化面料舒适性评价系统，不仅对惠安女挑选面料起着重要的指导作用，并且对惠安女服饰文化起着积极的传承作用。

颜铨良.妈祖信仰文化意象与刺绣工艺应用于现代服饰创作研究 ［D］.导师：邱凤梓.（台湾）树德科技大学，2014，硕士.

关键词：台湾妈祖；文创设计；刺绣；现代服饰

机构：（台湾）树德科技大学

摘要：本研究探讨台湾妈祖信仰的文化并试图透过文创设计的发展，将此信仰文化的本质精练，经由对其文化原始的深入探究，挖掘其深厚历史故事与意义，使具有传递文化功能之创意设计更具意涵。本研究透过逐步分析，解构且汇整出妈祖信仰文化中之图腾，透过文化元素的萃取，将其符码重新建构，并结合妈祖文化中不可或缺之刺绣工艺技巧，将文化图腾交替转用以刺绣或印花的组合设计，借此将传统信仰中的经典意象应用于现代服饰的设计创作。

黄华.黄道周书法研究 ［D］.导师：白砥.中国美术学院，2014，硕士.

关键词：黄道周；忠孝；书法风格；遒媚

机构：中国美术学院

摘要：本文主要对黄道周（1585—1646）书法进行研究。忠孝思想是黄道周一生行事的准则，而且《孝经》对于黄道周思想的影响是很重要的一个关键，因此第一章从黄道周的生平入手，主要考察其忠孝思想对他的言行及书法创作的影响。第二章从作品的角度，结合自己的书学体会分析黄道周的书风形成过程。第三章试论黄道周对书法的态度以及以"遒媚"为宗的书学思想。

成虎城.黄道周草书的线条与空间研究 ［D］.导师：黎东明.广西师范大学，

2014，硕士.

关键词：黄道周；草书；线条；空间

机构：广西师范大学

摘要：黄道周是晚明书坛最重要的改革家之一。他以潇洒大方、荡逸奇绝的草书风格享誉晚明书坛。他独特的草书线条表达方式不仅能给人们带来传统的审美意味，更是以一种前所未有的时空观念给世人展示出气势磅礴、极具视觉冲击力的时代书风。本文将从他草书的线条与空间角度进行探析，不仅包括他草书的笔法、墨法特色等环节，更是进一步从线条与空间的内在联系和成因等方面进行深入探索，从而揭示其草书线条与空间的内在规律。从他的书法中不仅能感受到一代文人书法家的风范，而且也能从中领略到一股坦然大度的政治气魄。黄道周独特的线条特色和空间构成，给我们展示了精美绝伦、变化多样的书法样式，同时也激励着后人继续探索，去开辟新的书法创作模式。

顾柯红．弘一法师书法的空间意象［D］．导师：胡抗美．中国艺术研究院，2014，硕士.

关键词：空间；空间意象；弘一法师书法

机构：中国艺术研究院

摘要：本论文从书法的空间意象角度出发，对书法的空间及空间意象与传统审美方式比照，通过阐述书法空间意象的载体与内涵，挖掘书法空间意象的审美表现及意义。本文通过重点分析高僧书法以及弘一法师的书法空间意象特点，反映这个特殊群体对书法空间意象特有的审美表现，从中发现当代书法审美中被忽视的意象美。本文突破常见的从古代经典法帖和技法层面分析书法，而选取不被重视的高僧书法为对象，对历代高僧书法风格进行梳理后，以弘一法师书法为切入点，分析其书法意象中的"圆融""虚静""疏远"之美。总结出"笔圆意融""虚空静寂""清疏简远"的意象特点。弘一法师对书法空间的敏锐感与营造能力和他扎实的书法功力、艺术修为的滋养，以及人生体验的感悟是分不开的。所以，通过其特有的书法空间意象的剖析，思考对当代书法创作的启示。譬如书法空间"度"的把控对意象的作用；人的内在精神对书法空间意象的决定因素等，反思书法的表征及意义。对当今如火如荼的书法热注入一些镇静剂，对如何从形而下的"书法"上升到形而上的书法进行积极的思考。

闽南文学

汪涛．欧阳詹生平及散文研究 ［D］．导师：雷恩海．兰州大学，2013，硕士．

关键词：欧阳詹；散文；生平；文学观；思想内容；艺术特色
机构：兰州大学

摘要：欧阳詹是福建地区第一位走入全国视野的文学家，与韩愈、柳宗元的密切交往及自觉的古文创作实绩，使其成为早期古文运动的积极参与者而受到后世学者的关注。然而，由于英年早逝、诗文作品存量不多的缘故，始终未获得学界足够的重视。其实，作为闽地文教崛兴时期的代表人物，欧阳詹的成长经历及其诗文创作所达到的思想深度和艺术造诣，都是值得研究的。通过对欧阳詹及其散文创作的研究，我们还可了解安史之乱后闽地士人心态的变化，并进而管窥中唐福建地区文教事业的发展状况。本论文共分为五个部分：第一部分为欧阳詹家世与生平。首先，在前贤研究的基础上，通过新材料的发现与运用，对欧阳詹的家世及生平经历做一梳理。第二部分为欧阳詹交游考。采用文史互证的方法，将欧阳詹的交游对象分为达官显贵、古文名家、中下层仕宦及方外之士等四个类别加以梳理，以此来加深对欧阳詹的理解。第三部分为欧阳詹文学观分析。通过仔细阅读文本，着重从重道、重情、重艺术、重创新等几个方面来分析欧阳詹在文学创作时所遵循的一般准则。第四部分为欧阳詹散文思想内容探析。以欧阳詹存世的散文为研究重点，结合相关学者的散文分类思想，分说理性散文、记叙性散文、情感性散文三个部分来展现欧阳詹其人对情感的依恋与对抱负的坚守。第五部分为欧阳詹散文艺术特色鉴析。依据前人的相关评价，结合笔者自身的理解，从说理、言情二途，对欧阳詹的散文艺术特色做一尝试性分析。

杜光熙．"龙虎榜"与中唐文学新变 ［D］．导师：刘万川．河北师范大学，2013，硕士．

关键词："龙虎榜"；贞元八年贡举；中唐科举变革；中唐古文运动；中唐诗坛
机构：河北师范大学

摘要：唐德宗贞元八年的"龙虎榜"是唐代科举名选。这一榜中的 23 位进士多孤隽伟杰的青年才俊。其中，韩愈、李观、欧阳詹、李绛、崔群、王涯、冯宿、庾承宣对中唐政治、文学、艺术、学术思想、社会文化等方面产生了较大影响。陈羽、李博、张季友、刘遵古、许季同、侯继、邢册、裴光辅、齐孝若诸人亦有杰出作为。正是这群杰出人物对社会历史发展的多元化贡献，使得"龙虎榜"具有了开启中唐元和文化大端的标志性意义。从文学角度而言，"龙虎榜"与中唐文学的发展、变革有十分密切的关系。本论文以中唐社会变革为背景，以"龙虎榜"与中唐文学新变的关系为对象，以"龙虎榜"成员之间的互动交流为线索，研究"龙虎榜"对中唐文学发展的意义。引言部分简述本课题的基本内容、研究现状及相应的不足与拓展空间，阐述论文的基本研究思路和结构。第一章分析"龙虎榜"诞生的时代背景与贞元八年贡举的人事关系，梳理"龙虎榜"成员在中唐后期的社会政治作为。"龙虎榜"成员成长于中唐前期动荡与危机交织的环境中，随着贞元八年进士登第而走上历史前台，在中唐后期力图中兴的道路上展开仕宦生涯。中唐是充满变革的时期，"龙虎榜"成员正是在与这种变革的互动中，发挥自身价值，实现对历史发展的多方面影响。第二章从科举角度探讨"龙虎榜"与中唐文学的关系。重点分析中唐前期的科举变革与"龙虎榜"成员的早期科举经历，贞元八年贡举的特点及其对"龙虎榜"成员的影响，贞元后期科举变革及"龙虎榜"成员在其中的作用。从中唐科举流变角度看，贞元八年"龙虎榜"是此前一系列科举革新理论与实践的结晶，其所代表的精神理念又指引了此后科举变革的方向。这条流变线索体现的科举取士标准的变化也影响了文学理念的改变。而"龙虎榜"成员以贞元八年贡举为纽带的科举经历和同年之谊，则对他们的文学观念与创作产生了重要影响。特别是主试者陆贽、梁肃、崔元翰所传承的天宝儒学精神，成为"龙虎榜"进士作为同道的重要思想基础，并借此推动了此后中唐文学的发展。第三章探讨"龙虎榜"与中唐古文运动的关系。首先从背景层面探讨中唐古文运动发生的社会文化原因。在总结前人研究成果基础上，梳理出"辨华夷—复尊儒—辨古今—学古文—复古道"这条古文运动发生线索以及"龙虎榜"成员在其中的作用、表现。之后从活动层面，分析韩愈、李观、欧阳詹、崔群、裴光辅、侯继、李绛、李博、张季友、冯宿、王涯等"龙虎榜"成员基于同年、同道关系，在探索古文、古道活动中的共同理念与实践过程。这些代表古文运动的具体活动，是一个包含读书修业、文学创作、学术研习、人格蓄养的综合实践过程。最后以对比李观、韩愈的古文为切入点，对"龙虎榜"成员的古文创作进行个案研究，并分析其所牵涉的古文运动发展背景。第四章探讨"龙虎榜"与中唐诗坛的关系。一方面，从成员的内部互动出发，分析"龙虎榜"成员间诗歌酬赠的基本情况和艺术风貌。另一方面，从与中唐诗坛的互动出发，考察"龙虎榜"成员的一些文学活动对于当时诗坛的影响。结语对本论题有待进一步开拓的几个问题进行展望。

司伟伟. 李贽《水浒传》评点研究 [D]. 导师：徐可超. 辽宁大学，2013，硕士.

关键词：李贽《水浒传》评点；版本问题；基本观点；理论贡献；历史地位

机构：辽宁大学

摘要：我国古典长篇小说《水浒传》自问世后就被统治阶级标为"诲盗逆书"，受到各种诽谤、打击，而在传统文学中，小说也得不到应有的地位。到了明代，随着市场经济的发展，小说创作也开始进入成熟阶段，与此同时，李卓吾的小说评点把小说提到了更高的地位。李贽《水浒传》评点是现存繁本系统中最早最完整的关于《水浒传》的评点，其内容涉及社会历史批评、美学、文学等各个方面，他的小说评点可以说是开启了明清小说评点的先河，在中国小说批评史上占有重要的地位。后人对于《水浒传》的认识莫不从其评点中获得启发。但长久以来，凡是研究《水浒传》的，往往必称金圣叹，李贽对《水浒传》的评点几乎被湮没，很少受到重视。本文以容与堂本《水浒传》的评点文字为研究对象，结合评点者本身的理论背景，系统地研究李贽《水浒传》评点所体现的基本观点，总结其评点的理论贡献并且阐发李贽《水浒传》评点的历史地位。本文主要分为五个部分，第一部分是绪论，主要介绍《李卓吾先生批评忠义水浒传》的版本问题和研究现状。第二部分探讨李贽小说评点产生的文化背景。第三部分从李贽的真情观、人才观、忠恕观三个方面论述李贽《水浒传》评点所体现的基本观点。第四部分概括李贽《水浒传》评点的理论内涵，主要从小说的源泉和内容、人物形象的塑造、小说情节与结构的安排以及语言文字描写的精确性这四个方面进行论述。第五部分总结李贽《水浒传》评点对金圣叹小说评点的影响及其在中国小说评点史上的地位和影响。

梅伟. 李贽《水浒传》评点中的"叙事养题"说研究［D］. 导师：张利群，伍世昭. 广西师范大学，2013，硕士.

关键词：李贽；小说理论；《水浒传》评点；"叙事养题"；作品；读者

机构：广西师范大学

摘要：李贽是明代中后期著名的启蒙思想家和杰出的文学家，他突破了中国传统的以诗文为正宗的观念，充分肯定小说的价值，提高了小说的文学地位，并热衷于小说的评点工作，是中国小说理论史上一位承前启后的重要人物。李贽充分发展了前人刘辰翁创建的小说评点这一文学批评形式，为明清高度繁荣的小说理论奠定了良好的基础。李贽的小说理论主要集中在对《水浒传》的评点上。在《水浒传》的评点中，李贽提出了"叙事养题"理论。"叙事养题"指在叙事中涵养、培植小说中使故事情节曲折变化的各种要素，使小说情节避免平铺直叙而尽量做到行文曲折有致，跌宕起伏，以调动读者的期待心理，引起读者的阅读兴趣，增强作品的趣味性。从李贽《水浒传》评点的整体看，"叙事养题"中使小说情节跌宕起伏、曲折有致的手法主要是有效设置悬念。"叙事养题"是李贽在中国小说传统、民族审美方式的影响下提出的，它作为一种重要的小说理论，具有十分深厚的内涵，对小说的创作、鉴赏具有重要的指导作用，对中国当代文学理论的建设与发展具有重大的意义。本文结合李贽评点《水浒传》的评语，对"叙事养题"理论进行了全面、深入的研究。论文结合李贽小说理论产生的背景，包括李贽生活的社会背景、李贽小说理论产生的文化背景，以及李贽的生平、思想、文学观，对"叙事养题"的内涵、外延进行了论述，重点对"叙事养题"进行理论阐释：在"叙事养题"中，"事"不同于中国传统的历史叙事，是文学叙事的"事"，是虚构的事。纵观李贽对《水浒传》的评点，对"事""叙"的方法包括起笔方法的新颖、虚写实写的统筹、叙事节奏的把握以及细节描写的逼真；"叙事养题"中的"养题"，是借用"八股文"的写作术语，在这里的意思是使小说情节曲折变化的各种要素得以充分发展，使小说情节曲折有致、跌宕起伏，以调动读者的期待心理，引起读者的阅读兴趣。"题"的本意是"题目"，这里的"题"含有培植、涵养使小说情节曲折变化的各种要素，而这些要素主要指可以形成悬念的各种因素。在《水浒传》评点中，李贽认为对"题""养"的方法有：增加情节的波折，延缓矛盾的爆发与解决；暴露并激化矛盾冲突，增强情节悬念力度；暂停或中断对矛盾冲突的叙述；利用伏笔、照应制造悬念。论文还列举分析了与李贽"叙事养题"相关的一些小说评点家的理论，如金圣叹的"草蛇灰线"等理论、脂砚斋的"欲述"理论、哈斯宝的"突转"理论；最后，论文对"叙事养题"的理论价值、现实意义进行阐发，从文学活动的读者研究视角和作品研究视角对"叙事养题"的理论价值进行研究，小说使用"叙事养题"之法，可以激发读者的阅读兴趣，满足读者的审美需求，对于作品而言，可以使作品情节曲折、富于悬念，增强作品的艺术魅力。"叙事养题"对创作具有较强的指导意义，它不但丰富了中国的古代小说理论，也对中国当代文论建设具有积极的理论意义和实践意义。

叶国盛．李光坡《礼记述性》研究［D］．导师：王锷．南京师范大学，2013，硕士．

关键词：礼记；礼记集说；礼记述注；李光坡

机构：南京师范大学

摘要：李光坡（1651—1723），字皋轩，一字耜卿，号茂夫，又号茂叔，福建泉州府安溪县人，清代著名礼学家。《礼记述注》是光坡所著的《三礼述注》之一，是书二十八卷，征引、删节郑《注》、孔《疏》和陈澔《礼记集说》而成，其中又对《礼记集说》多加驳正。本论文从李光坡的生平、著作概况入手，对《礼记述注》的成书过程与版本流传加以整理，着重梳理《礼记述注》的内容、解经体例与特点等情况，一是旨在总结、评价《礼记述注》的解经方法及其他缺点，二是希望可以重新审视《礼记述注》在整个清代《礼记》研究中的成就和地位。

王翔．黄道周诗歌研究［D］．导师：胡金望．闽南师范大学，2013，硕士．

关键词：黄道周；赋体化；诗歌；交游

机构：闽南师范大学

摘要：黄道周一生诗歌创作内容丰富，有自己独特的风格，《黄漳浦文集》中共收录其诗歌 703 题，共 3000 多首。黄道周诗歌中融合了儒、释、道三家精神，诗歌自然流露出儒学思想，有继承宋明儒学的部分，然而又对其有批评；他尊重儒学，然而不反对佛、道两家思想。黄道周诗歌题材丰富、诗备众体、无所不精，诗歌呈现连篇累牍、用典冷僻、学问为诗的诗歌赋体化特点。本文是以《黄漳浦文集》中收录的诗歌为主要研究对象，第一章是对黄道周所处的时代、家世、生平等社会背景的梳理；黄道周一生游历大半个中国，留下了大量的交游诗歌，第二章总结归纳其交游情况，并分别选取重要交往对象进行交游考；第三章是从黄道周诗歌的思想内容和创作特点入手，分析黄道周诗歌的主要特点，并对有代表性的部分作品做重点释义。

张兰芳 . 蔡襄文学书学创作之共通研究 [D] . 导师：黄杰 . 浙江大学，2013，硕士 .

关键词：蔡襄；诗文；书法；复古；雅正

机构：浙江大学

摘要：北宋蔡襄为中国书学之大家，同时其诗文创作也有不凡之表现。本文综观蔡襄在文学、书学领域的理论追求、创作实践，着力于其中所呈现之共通处，希望对于蔡襄研究有所补益。论文引言介绍蔡襄生平及研究现状；第一章简要介绍蔡襄文学和书法存世作品，侧重于其中具有代表性的诗文及书法作品之释文、写作年代、现藏地等。第二章着重分析比对蔡襄文学理论和书学理论之表述，认为其共通处，主要表现为复古之倾向及中和雅正之追求。第三章具体分析比对蔡襄诗文与书法作品，认为其共通处，端在清遒粹美之境界。

陈超 . 舒婷与泰戈尔诗歌比较研究 [D] . 导师：赵树勤 . 湖南师范大学，2013，硕士 .

关键词：舒婷；泰戈尔；诗歌；比较

机构：湖南师范大学

摘要：舒婷和泰戈尔都是中印文学史上著名的诗人，事实上，这两位来自不同国度、不同时代作家的创作呈现某些惊人的相通性：作品中浸润着"爱"的哲学、对人类命运的深切关注和对生命价值的思考。受到个人气质、成长环境、浪漫主义文学理念和宗教精神等多重影响，舒婷和泰戈尔的作品都流露出深厚的人道主义思想和理想主义情怀。舒婷和泰戈尔的作品有着深厚的共通性，这引起了部分研究者的关注，但尚未出现对两位诗人诗歌创作深入、系统的比较研究。本文试图以两位诗人作品中所表现的"爱"的哲学为切入点，综合运用影响研究和平行研究的方法，梳理舒婷对泰戈尔诗歌艺术理念的创造性接受，并探讨其共同的思想文化源流以及对当今文坛的启示。本文主要从四个方面予以论述：第一章主要探讨舒婷与泰戈尔作品中"爱"的情感世界的构建。首先，两位诗人都致力于对自由恋爱的歌颂，批判封建伦理给人性带来的戕害，舒婷在此基础上提出了崇尚平等和独立的现代爱情观。其次，母爱构成诗人笔下人性之爱最重要的部分，母亲成为爱的化身，使整个社会都充满了温暖与和谐。舒婷发展了母亲形象内涵，使其从神性的形象衍化出多义性。再者，泰戈尔和舒婷诗歌中营造的"爱"的情感世界还表现出非常宽大、广博的一面，即对同胞、对普罗大众的爱。不同之处是泰戈尔的作品有更为明显的泛爱印记。第二章着力于比较舒婷与泰戈尔如何在诗歌中营造"爱"的意象谱系。泰戈尔与舒婷诗歌中表达"爱"的意象多取材于自然，汲取了东方和西方意象美学的精华，使其呈现一种独特的意象之美。本文主要选取了飞鸟、光、海洋、树木四个具有代表性母题意义的意象来发掘其共通性。第三章从舒婷与泰戈尔诗歌中"爱"的表达方式来比较，两位诗人的诗歌风格都呈现明显的情感性，偏重于表现主观理想和个人情感的抒发。舒婷吸收了泰戈尔诗歌表达独白式的特点，并发展为一种带有自白式特征的抒情方式。其次，两位诗人的抒情诗都呈现很强的音乐性，表现为对格律的讲究、结构上的回环往复和随情赋形的特点。而舒婷还吸收中国古典诗词曲折抒情的特点，并借助转折、假设、让步等句式来构筑矛盾对立的情感结构，丰富了情感层次。第四章重点阐述舒婷与泰戈尔作品中"爱的哲学"来源，探讨两人诗歌创作共同的文化源流。主要梳理了诗人相似的成长环境：首先，两人都出生在充满爱的大家庭，从小受到爱的滋养。其次，都身处动荡的年代，满怀对爱的渴望。再次，泰戈尔和舒婷都出生于宗教家庭，宗教博爱的思想成为诗歌创作的主题，更是诗人情感世界中真正的缪斯。最后，两位诗人都阅读了大量浪漫主义文学作品，其创作深受浪漫主义文学濡染。

张文俭. 舒婷散文创作论 [D]. 导师：陈敢. 广西师范学院，2013，硕士.

关键词：转向；女性主体意识；女性写作；家园情结；艺术追求

机构：广西师范学院

摘要：中国新诗史上，"朦胧诗人"舒婷，不可略过。在散文创作中，她继续延续辉煌，凭借《真水无香》获得"2007华语文学传媒大奖"授予的"2007年度散文家称号"。但得奖后，却让大多数人感到惊讶，由此产生疑问。诗人转向散文创作？她确实从诗歌文体转向了散文文体，本文从转向的原因入手，立足于文本本体，对其散文做一次全面的研究。引言部分主要是对舒婷散文的研究现状进行概述和对本文的研究目的、意义和方法做一个描述。第一章笔者从时代背景因素和个人因素探寻舒婷转向的原因。"朦胧诗"的批判使舒婷与诗歌的关系变得紧张，"第三代"诗人的崛起使她面临创作的压力，开始做出调整。"诗衰文盛"的创作环境逼迫她转向散文创作。作为女性，对女性、妻子、母亲多重角色的承担，加上童年的阴影，她更愿意选择家庭生活，散文这一自由文体成为她文学与生活心态的折中。第二章主要论述舒婷散文与女性写作之间的关系。舒婷作为一位女性作家，她的散文凸显女性主体意识，对当代男权社会有着清醒认识。她始终不承认是女权主义者，但她批判男性中心思维和男权社会对女性的压抑。同时她又是一个极为自省的作家，她对"女性写作"中存在的问题进行反思。这三个方面构成了其散文在"女性散文"中的独特之处。舒婷的散文不仅仅关注女性，她的散文中还散发出一股股强烈的家园情结。从寻根的失落、异国他乡的思家和固守鼓浪屿三个层面来探讨舒婷散文中的家园意识。鼓浪屿的固守是舒婷心灵家园的建构，是对圆融的闽南文化的认同，是一次精神扎根。最后从诗化特征、幽默风格和文体实验三个维度捕捉其散文的艺术追求。舒婷对语言始终有着自己的追求，散文语言追求陌生化、音乐性，善于意境的营造，有着"诗化特征"。舒婷把幽默中的讽刺与抒情结合起来，形成独特的"抒情性幽默"。为追求自由的表达，进行文体实验，对"跨文体"写作做了尝试。作为朦胧诗的主将之一，把散文创作作为重心，对于作家来说可能是一次新的尝试，但是从文学史的眼光来看，舒婷的转向更能看清楚朦胧诗的意义和散文对于舒婷的意义。本论文希望通过以上研究，能给予舒婷散文一个比较公允的评价。

马瑜．论林语堂小说中的战争书写［D］．导师：刘永丽．四川师范大学，2013，硕士．

关键词：林语堂；"小说三部曲"；战争书写

机构：四川师范大学

摘要：作为中国现代文学史上一个特殊的存在，林语堂一直以来被许多学者所研究和关注。在中国出生、成长，同时有着长期海外生活经历的林语堂，既接受了中国传统文化教育，又接受了西方文化的熏陶，亦中亦西的文化背景使他不仅仅能以一个中国人的视角去看待中国，更能在中西交融的文化视野下对中国文化进行审视，进而从独特的角度对中国形象进行塑造，向世界宣传中国文化。20世纪三四十年代，中国遭受了现代史上最为严重的内忧外患，社会的各个层面都发生了巨大的变化。远在海外的林语堂受到触动，以小说为创作形式，塑造了这一特定历史时期下的现代中国形象，对中国的抗战进行了宣传，传达了他对于战争的思考。本文以林语堂这一时期创作的、他一生最为钟爱的"小说三部曲"——《京华烟云》《风声鹤唳》和《朱门》中的战争书写为中心，探究林语堂如何在战争语境下完成对于家、国、民族的思考，并将他隐藏在文学创作背后的内心世界展示出来。本文分为五个部分进行论述：第一部分即绪论，介绍林语堂战争书写的文化视角，并且对林氏小说中战争书写的研究现状进行整体梳理；第二部分研究林语堂笔下社会各阶层民众在战争背景下的日常生活和普遍心态；第三部分探究林语堂如何塑造战争形态下的现代中国形象；第四部分分析林语堂对于战争的思索；第五部分呈现林语堂战争书写中的独异景象。本文将运用知人论世策略，比较策略，文本细读、多元解读策略等方法对林语堂小说中的战争书写做探讨。

张莹莹．适应与选择——生态翻译学视角下解读林语堂《京华烟云》［D］．导师：

张丽云．齐齐哈尔大学，2013，硕士．

关键词：林语堂；《京华烟云》；适应与选择；生态翻译学

机构：齐齐哈尔大学

摘要：21 世纪初，清华大学胡庚申教授提出翻译适应选择论，首次将达尔文生物进化论中的"自然选择"与"适者生存"等原理应用到翻译研究中来，从译者的角度出发将翻译定义为"翻译是译者适应翻译生态环境的选择活动"。2006 年，胡教授进一步提出生态翻译学，并发表论文《生态翻译学诠释》。该学科是一种跨学科研究，在生态翻译环境中对译者的翻译活动做出全新分析，从而扩大了翻译研究者的视野和翻译研究的范围。林语堂是中国文坛上少数可以用英语进行创作的作家和翻译家。他自幼接受西方教育，又深知中国文化，一生著译颇丰，其中包括很大一部分英文作品。这些作品构建了中西文化交流的桥梁，以其独特的方式推动了中国传统文化在世界范围内的传播，并且有力地促进了不同文化之间的沟通与融合。在其最成功的英文小说《京华烟云》中，林语堂用原汁原味的英文把悠久而博大精深的中国传统文化介绍给世人，从而获得诺贝尔文学奖的提名。美国《时代》周刊也给予其极高的评价，"极有可能成为关于现代中国社会现实的经典作品"。《京华烟云》以英语为语言外壳，以中国传统文化为核心，具有很高的文学研究价值，被誉为现代版的《红楼梦》。林语堂在进行《京华烟云》的创造过程中，采取自译的方法。自译作为一种特殊的翻译现象与作品创作形式，为研究翻译与写作提供了崭新的分析视角。近年来，虽然越来越多的学者开始从生态翻译学的角度对林语堂的作品进行分析，但大多数的研究都集中在其对沈复的《浮生六记》的翻译之上。因此，本文将扩大有关林语堂的研究范围，开始尝试在生态翻译学视角下以《京华烟云》为个案去进行研究，通过对《京华烟云》创作过程中各种生态翻译环境因素对自译结果的分析，验证生态翻译学的解释力与可行性。全文共分为四个部分（不包括引言和结论）来进行生态翻译学视角下《京华烟云》的研究。本文首先介绍了林语堂的生平、学术思想、翻译理论、研究阶段，以及《京华烟云》的自译性和研究现状，并且对生态翻译学的基本概念、国内外研究现状进行说明；然后对本文所运用的理论主体进行了说明，阐述了生态翻译学的基本概念，并详细介绍了三个重要概念，即译者的中心性、生态翻译环境、译者的适应与选择；其次，分析了林语堂在进行《京华烟云》创作前对内外部需求以及自身能力的选择性适应，说明为什么林语堂要创作《京华烟云》；最后，从生态翻译学的三个维度（语言维、文化维、交际维）讨论林语堂在创作过程中进行的适应性原则，说明如何译的问题。总之，《京华烟云》自译的成功，从生态翻译学角度来讲，很大程度上取决于林语堂对生态翻译环境进行的合适、恰当的适应与选择，同时也证明了生态翻译学的可行性与适用性。

员飞．从主体间性看林语堂英译《浮生六记》[D]．导师：胡牧．南京师范大学，

2013，硕士.

　　关键词：主体间性；主体性；《浮生六记》；主体

　　机构：南京师范大学

　　摘要：主体间性本是一个哲学术语，但现已被运用到翻译学研究中。主体间性是对翻译过程中各个主体之间关系的深入剖析。哈贝马斯在交往理性理论中注重主体间性，并且提出了交往行为的三种有效性，即真诚性、正确性和真实性，这三种有效性可以保证交往行为的顺利进行。这一哲学理论指导下的主体间性为翻译研究提供了一个新的研究视角。从主体间性理论的角度，翻译过程中的创作主体、翻译主体、接受主体，即原文作者、译者、译文读者，构成平等的主体间关系，译者的主体性因素起到对其他主体的协调作用，但又受到制约。在主体间的交流中，理解和冲突并存，只有成功的译作才是作者、译者和读者的完美契合。《浮生六记》是清代文人沈复的自传体小说，字里行间饱含深情，如今其流传甚广，更不乏各种译本，其中以林语堂的英译本最为经典，历来都是翻译研究的热点。文章以翻译主体间性为理论指导，以林语堂《浮生六记》英译本为范例，发掘经典译著中各主体间的关系。翻译过程中的主体被界定之后，其间的主体间性关系即可做详细分析。在主体间关系中，译者的主体性调节主要体现在其对文本的选择和采取的翻译策略上。在对原文本的理解过程中，译者要受到原文作者的制约，同时在译文的表达过程中，译者又受到读者的制约。一部成功的译作应该是主体间关系的完美契合，《浮生六记》就是原文作者、译者、译文读者主体间完美契合的典范。

　　刘阿妮．基于文化观的林语堂翻译研究 [D]．导师：刘兰云．太原理工大学，2013，硕士.

　　关键词：林语堂；文化；自我东方主义；东方文化情结；翻译理论；翻译实践

　　机构：太原理工大学

　　摘要：林语堂（1895—1976），世界闻名的文学家和翻译家。他一生致力于把中国古典文学及文化介绍给西方国家。他文笔优雅随意，在同时代作家中颇具影响力。他编辑并翻译的中国传统文学及其作品备受西方读者青睐。直到今天，林语堂仍然为翻译领域的研究提供诸多值得挖掘的话题。然而由于政治和历史等原因，林语堂在美的英文创作直到20世纪80年代初才开始在我国逐渐翻译并出版，同时我国对林语堂的研究也迅速升温。这与林语堂先生在中国翻译、文化译介等领域的历史地位和卓越贡献是极不相称的。近些年很多学者开始对林语堂展开全面的分析研究，从各式著作和期刊论文的发表中可见一斑。虽然林语堂是一个在中西方社会中享有盛誉的文学家和翻译家，但鉴于作者本人有限的知识积累，本论文只是对作为翻译家的林语堂进行个案研究。基于前人对林语堂日渐成熟的研究之上，本文试从他的翻译理论、文化观、翻译策略等方面入手，对他的翻译思想和翻译实践活动进行梳理和研究。林语堂旅居国外三十多年，从他思想转变的历程来看，把他的文化观定义为一种"融合观"也好，"一捆矛盾"也罢，都能看出他对"自我东方主义"和"东方文化情结"这对看似冲突的文化观进行选择的痕迹。自我东方主义是在东方主义的基础上衍生和延伸出来的一个概念，主要是指东方文化身份的学者透过西方人的视角及其对东方认知模式来审视东方、书写东方，从东西方文化差异中为自我与他者定位，在跨文化的创作中进行自我描述。而在他的思想体系里，却始终都存在着挥之不去的东方文化情结。可以说林语堂一生都漫步在东西文化的结合部上，徘徊于东西方文化本位之间。从某种意义上看，他的东方主义应该是他东方文化情结的不得已的异化或变异。以林语堂的自我东方主义和东方文化情结为切入点，本文对林语堂的翻译理论与实践进行全面的分析研究。基于自身经历及当时的大时代背景，他写了近万字的《论翻译》，多角度阐述他对翻译理论的认识和态度。他认为译者需满足三个条件：第一是译者对原文文字上及内容上透彻的了解；第二是译者有相当的国文程度，能写清顺畅达的中文；第三是译事上的训练，译者对于翻译标准及技术的问题有正当的见解。简单来说，译者应该有双语知识，受过翻译方面的专业训练。在当时中国的翻译理论中，林语堂提出的把语言学及读者心理因素纳入翻译研究具有明显的独创价值和超前意识。林语堂继承前人译论的精华，也提出了自己的三条翻译标准：忠实、通顺和美，以及他的诗歌翻译观。他还进一步提出了译者的三项责任，分别是译者对原著者的责任、对译文读者的责任及对艺术的责任。林语堂的伟大之处不仅仅在于他的翻译理论，而且在于他的翻译实践。他翻译了数量可观的中国古代文学作品，大多都是符合林语堂文学观的性灵、幽默或者闲适风格的古代经典作品。在翻译中，通过他对归化、异化、增译、改译等各种翻译策略的灵活运用，正确诠释了自己独特的文化观及翻译理论。

魏鸿玲．译者主体性在林语堂汉译英作品中的体现［D］．导师：叶庄新．福建师范大学，2013，硕士．

关键词：译者主体性；林语堂；汉译英作品；文化翻译

机构：福建师范大学

摘要：作为著名的作家和翻译家，林语堂为促进中西方的文化交流做出了卓越贡献。他独特的教育背景和中西文化知识使他成为研究译者主体性极好的对象。本文拟从译者主体性的角度对林语堂先生的汉译英作品进行研究，即以对林语堂翻译实例的解读为主要依据，对其中所展现的主体性进行研究。通过对林语堂的具体翻译实例的研究，作者得出以下的结论：第一，译者主体性是译者在翻译过程中固有的属性，体现在翻译活动中的方方面面。第二，译者在翻译中所凸显出来的个性特征对其翻译作品有着重要影响。在整个翻译过程中，译者的个人观点、思想、世界观、人生观等直接影响翻译产品的形态。第三，主体性不能随着译者的主观意志而随便发挥，尊重原作者、原文和译文读者是发挥译者主体性的前提。研究发现，林语堂在翻译过程中积极发挥自身的主观能动性，但同时又受到多种因素的影响，特别是考虑到译文读者的理解和接受能力，因而对原文本进行了一些省略、删除和改译处理，虽然一定程度上损失了原文的特色、审美意义和文化意义，但仍实现了其"对外国人讲中国文化"的翻译目的。同时，通过研究林语堂译作中译者主体性的存在，笔者希望能为译者在翻译中很好地做出"适应与选择"提供参考。

林静．苏珊·桑塔格《反对阐释》与林语堂"语而不论"的写作、翻译理念及实践 [D]．导师：孟广明．南昌大学，2013，硕士．

关键词：苏珊·桑塔格；反对阐释；林语堂；语而不论

机构：南昌大学

摘要：苏珊·桑塔格是一位了不起的文学艺术家、勇敢无畏和坚持原创性的思想者、直面现实又勇于追求真理的勇士。代表西方新锐独立思想的苏珊·桑塔格，在阐释之风盛行之时，大胆提出反对阐释理论，强调用"新感受力"重估艺术。她实践着严格的知识分子的行为准则，坚持捍卫创作精神及想象力的主权。林语堂在中国现代文学史上的地位是毋庸置疑的。他深谙中西文化，博古通今，融会贯通。他被称作"语言大师""幽默大师""中国大文豪"。他曾以中国著名作家、翻译家身份主张"语而不论"的写作及翻译思想，也用自己的热情和生命实践着这一理念。两个不同文化背景、身份的人，却能在阐释及反对阐释命题上有着惊人的相似与契合。这个发现也是一次中西文化和思想进行碰撞和相互比照的过程。论文以此为脉络，沿着他们各自的成长经历、教育背景、思想轨迹去试图揭示形成上述思想相似性的原因，特别是在面对反对阐释和"语而不论"问题上，他们呈现在态度和对策上的各自特点，这也是本论文的写作重点。而对此部分进行对比研究的意义在于，通过切入这个点，去发现中西方文化中的相似性和差异性，以此促进中西方思想和文化的进一步学习和交流。

曹丽莉．翻译伦理视角下林语堂译作《浮生六记》个案研究 [D]．导师：李莹莹．合肥工业大学，2013，硕士．

关键词：翻译伦理；切斯特曼；林语堂；《浮生六记》

机构：合肥工业大学

摘要：《浮生六记》作为清代自传体笔记的巅峰之作，是作家沈复写作风格和人生感悟的完美展现，著作以沈复夫妇的平淡生活为主线，旨在强调平凡生活中的点滴情趣，二人平静豁达的乐观心态更促成其后期坎坷生活的艺术化升华。无论是沈复以"笔墨轻灵、描写细腻、语言清新、形象生动"著称的写作风格，还是其深受"性灵说"的影响的人生态度，均与林语堂追求个性自由、提倡闲适生活的态度相契合，正是在这种浓厚的中国传统伦理的驱使下，林语堂选译《浮生六记》并使其成为众多译本中的代表作。翻译作为一种跨文化交际活动，并不是在真空中进行的，和伦理是密不可分的。自英国的巴斯奈特和比利时的勒菲弗尔在他们 1990 年合编的《翻译、历史与文化》中正式提出"翻译的文化转向"这一口号后，翻译就不再单纯地被看作是简单的语言转换问题，而更多地被视为一个复杂的文本操纵过程，如译本的选择、译者、编辑、出版者或者赞助人的作用等。安德鲁·切斯特曼将当代西方译学界对翻译伦理的研究划分为四种主要模式，即再现的伦理、服务的伦理、交流的伦理和基于规范的伦理。本文基于安德鲁·切斯特曼的四种翻译伦理模式，结合翻译实践，对林语堂的知名译作《浮生六记》进行分析，旨在从伦理模式研究林语堂翻译策略的选择及其成因，从而更好地评估其翻译文本及体现翻译伦理对翻译活动的指导作用。本文分为八章，第四、第五、第六、第七四章为文章的主体部分，分别从翻译伦理的四个模式对林语堂译作《浮生六记》进行研究，更加细致地体现各伦理对翻译活动的指导和衡量作用。第四章基于再现的伦理，笔者从原文情感和语言准确性的方面进行研究，较为透彻地在基于翻译实践的基础上对再现的伦理进行研究，体现该模式侧重于忠实，要确切表达原文或原作者意图的核心原则。第五章基于服务的伦理，笔者从原作者、目标读者和资助人三方面的期望的角度，对该模式进行研究，体现了该模式主要针对商务型翻译，强调翻译的服务功能的伦理需求。第六章基于交流的伦理，笔者从意象和文化承载词的角度进行研究，重点体现该模式跨语言或跨文化交流的伦理原则。第七章基于规范的伦理，笔者以期待规范和职业规范为主体，体现了规范伦理代表某个时期目的语文化中对翻译作品的预期，而这些规范通常要符合主流的价值观，包括伦理价值观如真实、信任等。

薛文娟．林语堂明清小品文英译本中的文化意象传递 ［D］．导师：白靖宇．陕西师范大学，2013，硕士．

关键词：意象；文化意象；意象传递；林语堂；明清小品文

机构：陕西师范大学

摘要：自 20 世纪 70 年代以来，翻译界的"文化转向"使人们不再仅仅把翻译视为语言的转换与意义的重现，转而开始注重翻译的文化功能。由于语言及文化差异的客观存在，翻译成为文化交流与传播的重要形式。在传播中国传统文化时，具有强烈中国特色的文化意象的翻译向来被认为是一个棘手问题。文化意象的有效传递要求译者具有的广博的文化知识与深厚的语言功底，从而在翻译过程中既保留了源语的文化特色，又照顾了译入语读者的阅读习惯与审美情趣。作为中国近代历史上著名的作家与翻译家，林语堂先生在推广中国传统文化与促进中西文化交流方面，做出了巨大的贡献。他在美国出版的翻译集《古文小品英译》是其中国古典作品翻译的经典之作，其中特别收录了许多明清文人所写的小品文，与林语堂"幽默、闲适"的写作风格十分接近，故而深受其喜爱。明清小品文中充满了丰富的文化意象，这些意象凝聚了中国传统文化的精华。林先生的散文译本不仅简洁流畅地将原文的含义译出，而且通过字句的反复锤炼，将文中富有"中国味"的文化意象传递给了西方读者，从而深受西方读者的喜爱。本文以林语堂所译的《古文小品英译》中具有代表性的典型的文化意象为语料，通过解读林语堂在翻译过程中为传递各种文化意象所采取的方法和策略，初步探索了文化意象的翻译策略与技巧。笔者发现，林语堂在其翻译作品中遵循了他所提出的"忠实、通顺、美"翻译标准，尽量传递了源语的文本信息与文化含义，同时也使译文为目标语读者所认可。在翻译中国古文小品中的文化意象时，林语堂主要采取了移植、改造、省译和扩增这四种翻译策略。由于林语堂的翻译目的在于向西方读者介绍、传播中国传统文化，因而在文化意象传递过程中，他更倾向于保留源语意象以促进读者对中国文化的了解；但对于某些难以传递的中国文化意象，林先生选择对其进行改造、省译和扩增处理，以更好地传达原文的文化信息。

韦娜．林语堂译本《浮生六记》中的女性主义思想研究 ［D］．导师：张鹏蓉．哈尔滨工程大学，2013，硕士．

关键词： 女性主义思想；女性主义翻译；林语堂；《浮生六记》

机构： 哈尔滨工程大学

摘要： 女性主义翻译理论作为翻译研究与女性主义的结合体诞生于"文化转向"的途中，该理论传入中国后得以广泛研究。但由于中国与西方巨大的文化差异，实践中该理论在中国发生了改变。林语堂的大多数文学作品及其译作都蕴含了女性主义思想。其译作《浮生六记》从归化异化、译者主体性及翻译美学等不同角度得以研究，但从女性主义翻译视角进行的研究还很少。因此，本文以林语堂译作《浮生六记》为例，对其女性主义思想在该译本中的体现分别从文本选择、女性主义翻译策略及女性形象描述等方面进行了尝试性研究。研究表明，林语堂在该译本中体现了不同于西方的中式相对平和的女性主义观。林语堂在宣扬中国女性形象、提高中国女性地位方面所做的努力在该译文中也有所体现。本文通过分析林语堂译本《浮生六记》中的女性主义思想为中国女性主义翻译实践提供了一个范例。

金倩．论林语堂写作《京华烟云》过程中对中国文化局限词的转换 ［D］．导师：李文革．陕西师范大学，2013，硕士．

关键词： 文化分类；中国文化局限词；异化；归化；京华烟云

机构： 陕西师范大学

摘要： 林语堂的《京华烟云》一直以来深受中外研究者们的青睐。这不仅是因为它是一部以英语作为叙事语言、具备世界优秀小说气质的文学作品，更是因为它是一部涵盖了中国传统文化、具备跨文化研究价值的鸿篇巨制。在这部作品中，林语堂以其深厚的语言功底及渊博的历史知识向世界勾画出了近代中国的全景图，被众多评论家誉为中国的史诗。近年来许多学者试图从不同的角度研究这部作品的文化价值以及历史意义。然而，大多数的研究者忽略了这样一个事实，即林语堂创作英文版《京华烟云》的过程本身也是翻译的过程。由于这部作品的背景是中国，叙事语言是英语，所以林语堂首先就要进行中西文化的转换。毫无疑问，这个转换过程中最难处理的便是中国文化局限词的转换，它们根植于特定文化，并局限于特定文化。本文结合林语堂《京华烟云》中对于中国文化局限词的转换，深入分析林语堂所采用的策略与方法，借以揭示跨文化翻译中对于文化局限词的转换技巧。首先，本文借助尤金·奈达对文化局限词的五种分类将《京华烟云》上卷中涉及的文化局限词以图表的形式清楚明了地展示给读者，从而使读者对林语堂在《京华烟云》中对中国文化局限词的转换有一个全面的了解。其次，笔者从各类文化局限词中抽取典型的例子分析并探讨林在转换中采取的方法。经过分析后，笔者得出结论，林在转换时采取了"直译""音译""意译"与"替代"法，其中直译、音译属于异化的翻译策略；"意译"与"替代"属于归化的策略。在使用异化策略时，林辅助以解释性翻译的技巧以方便西方读者理解。最后，本文通过对比得出结论，林在转换中采取"异化为主、归化为辅"的策略，虽然异化与归化各有利弊，但由于林的写作目的是向西方读者介绍中国文化，让弱势的中国文化走入强势的西方文化，异化法更有利于这一目的的实现。而这一策略也与林在《论翻译》中提出的翻译思想相契合，即"忠实的标准""通顺的标准"以及"美的标准"（陈福康，2010：329）。笔者希望通过以上分析、对比与研究可以为中国文化走向世界提供一些借鉴与思考。

程娟．**林语堂小品文中的生命教育** ［D］．导师：雷洪德．华中科技大学，2013，硕士．

关键词：林语堂；小品文；生命实践；生命观念；生命教育

机构：华中科技大学

摘要：针对当代青少年生命意识薄弱而没有善待生命的问题，生命教育活动在世界范围内蓬勃展开，自20世纪90年代传入我国，受到国内学者的重视。目前，有关生命教育的研究在广度和深度上正在进一步拓展。本研究以青少年全面发展的教育理想为切入点，以林语堂为研究对象，归纳出他的生命观念，探讨如何将林语堂的生命观念运用于现代生命教育中，以便对学校生命教育有所帮助。林语堂是现代著名学者、文学家、语言学家，一向被视为文化的传播者、幽默的智者、悠闲的享乐主义者，他的生活也是充满欢乐与享受。细读林语堂的小品文发现他有着强烈的生命意识，对生活有着细腻的感受。他追求的也不是浅薄的快乐，而是在真实的生命体验基础上，用生命关怀的眼光看待人生，教人们过快乐而有意义的生活。本研究的主要目的是从林语堂的小品文中归纳出他的生命观念，再结合他的生命实践，找出能帮助人们寻找生命本质、珍惜生命、善用生命的态度与方法，并运用于现代生命教育。研究发现，林语堂是一个富有生命情趣的旅行者，也是一个充满生命激情的自由斗士，他的生命观念主要包括三方面的内容。第一，生命与自然和谐交融，人们要以平等心对待所有生命，以中庸之道追求人与自然和谐共处。第二，生命与幽默密不可分，幽默让生命趣味盎然，幽默能带来欢愉从而冲淡人生的悲剧。第三，生命与个性相得益彰，尊重生命内在感受抒发心灵可以彰显个性，追求自由闲适的生活可以开创生命的奇迹。林语堂的生命实践和生命观念对现代生命教育有一些借鉴作用。他的生命活动有助于促进生命教育的实践，改善生命教育的实施方式，加强生命教育与现实生活的联系。他的生命观念有助于丰富生命教育的理论，充实生命教育的内容，协调生命教育中的师生关系。

陈璇.文化符号学视角下对文学作品的翻译美学研究〔D〕.导师：廖昌盛.赣南师范学院，2013，硕士.

关键词：文化符号学；《京华烟云》；翻译美学

机构：赣南师范学院

摘要：文化世界即符号世界。它是由一系列的符号组成的。从文化符号学视角来研究文学翻译，就要求我们不仅要研究语言结构本身，还应该关注语言系统和文化系统中其他子系统的关系，以及它们之间的相互机制。罗兰·巴特和莫斯科—塔图学派的创始人由里·米哈伊洛维奇·洛特曼都是文化符号学研究的代表人物，巴特主张透过符号的分析理解意义产生的内在过程，他的符号学思想不仅推动着符号学本身的发展，而且推动着文学与文化研究。洛特曼的符号学研究以文本为基础，其符号学的研究范围覆盖了语言、社会现实、历史、精神心理、文化等多个方面。在他看来，文本作为文化符号研究的基本要素，拥有记忆、传递和创造功能。任何一种文化现象都受到文本功能性的支持和制约。*Moment in Peking* 虽是用英文描绘中国社会以及文化的小说，但其写作过程其实是一种创造性的汉译英的过程。文化符号学代表洛特曼认为基于文本的符号学思想应集中体现在对文本功能的动态审视上，强调对文本的考察应该涵盖语言符号的所有成分，这对文学作品的翻译美学有了一个很好的指导，要求译者在创作的同时不能丢失了作品的文化内涵，本文试图以《京华烟云》为例，探究文化符号学视角下翻译美学策略。

卢星星.中国智慧的跨文化翻译与传播〔D〕.导师：夏天.南京航空航天大学，2013，硕士.

关键词：林语堂；勒菲弗尔；多元系统；操控

机构：南京航空航天大学

摘要：林语堂是 20 世纪二三十年代真正获得诺贝尔文学奖提名的中国作家，同时也是一位出色的翻译大师。作为译者，林语堂成功地借助翻译实现了其"对外讲中"的夙愿，为"中学西传"树立了良好的典范，因此，其翻译有着重要的借鉴和研究价值。但在新中国成立后的很长一段时间里，国内学者对林语堂及其翻译的研究并不充分。大多数学者局限于单纯的文本对比，而忽略了其翻译选择背后的因素，为了使人们更好地了解林语堂及其翻译，重新发现林语堂对中国文学，特别是文化传播的重要意义，很有必要将其放在宏大的现实文化背景下进行审视和考察。本文以林语堂英译《幽梦影》为中心，从文化多元系统和翻译操控的角度对林语堂译本的选择、翻译策略的运用及其译本选择、翻译策略运用背后的原因进行了研究。研究发现：林语堂之所以能够成功地跨文化翻译与传播中国智慧，是因为他在合理运用语言层面的归化翻译策略和文化层面的异化翻译策略的同时，全面考虑了意识形态、诗学和赞助人对译本选择、翻译过程和翻译出版的重要影响。林语堂翻译的成功是对如何打破文化中心主义和文化相对主义的藩篱，更好地弘扬和传播中国文化的一个重要启示。

贾寅凤. 林语堂原作《京华烟云》对其译作《浮生六记》的超文仿作研究 [D]. 导师：刘全国. 西北师范大学，2013，硕士.

关键词：超文性；仿作；林语堂；《浮生六记》；*Moment in Peking*

机构：西北师范大学

摘要：20 世纪 60 年代末，互文性理论在法国兴起。经过三十多年的发展与流变，互文性理论在不同理论学家的发扬与丰富中分别向广义和狭义两种走向发展。将互文性概念由语言学领域决定性地转变为文学创作概念的是结构主义狭义互文性的代表人物热拉尔·热奈特。热奈特将互文性进行了细致的划分，他提出了一个新的概念——超文性，以此来区别他定义的狭义互文性。将超文性从互文性中划分出来，更有助于我们在进行具体的文本研究分析时，考察文本中的超文技巧，使得研究更具操作性和应用性。本文就以超文性为理论框架，研究林语堂的文学翻译作品与其文学创作作品的超文仿作关系机理并探讨其文本间超文仿作关系的成因。在超文性视角的观照下，本文选取了林语堂 1938 年的创作作品《京华烟云》及其 1936 年的翻译作品《浮生六记》为研究对象，将比较研究方法与个案研究方法相结合，对两部作品的超文仿作关系进行研究，并从主客观两个方面，进一步探讨了两部作品形成超文仿作关系的成因。本文共由七章组成。第一章介绍了本研究的背景，研究的目的、意义以及论文的框架。第二章通过回顾和总结前人的研究，提出本研究的意义和创新处所在。第三章是论文的理论框架部分。主要介绍了超文性理论，区分了超文性与狭义互文性的差异，并介绍了超文手法仿作以及仿作的核心要素风格的概念和表现形式。第四章是本论文的研究设计，主要对研究问题、研究方法、数据的收集和整理，以及数据分析进行了详尽的介绍。论文第五章主要从人物刻画、情节发展，以及语言特色等三个维度对林语堂的创作作品 *Moment in Peking* 及其翻译作品《浮生六记》进行超文仿作关系研究。第六章主要从林语堂的主体性以及社会文化语境这两个角度来分析两部作品形成超文仿作关系的原因。第七章是论文的结论部分，主要包括本研究的结论、局限性以及对今后相关研究的启示。本文得出以下结论：（1）林语堂的创作作品 *Moment in Peking* 与其翻译作品《浮生六记》存在超文仿作关系；（2）具体表现在林语堂的创作作品 *Moment in Peking* 对其翻译作品《浮生六记》在人物刻画的方法上、情节结构的安排上，以及语言风格的运用上进行了风格上的模仿；（3）林语堂的创作作品 *Moment in Peking* 与其翻译作品《浮生六记》产生超文仿作关系的成因即林语堂的主体性和社会文化语境这两大因素。

苑利君．林语堂美学翻译思想探究〔D〕．导师：张力群．天津财经大学，2013，硕士．

关键词：林语堂；翻译美学；《京华烟云》

机构：天津财经大学

摘要：林语堂被誉为国学大师，一生著作和译作颇丰。他是中国文学史上少有的用双语进行创作的作家。他留给后世宝贵的文学财富在于，他以深厚的中国文化为土壤，用英语创作了大量的文学作品，搭建起了中西方交流的文化桥梁。同时，依靠丰富的翻译实践和理论，林语堂对中国的翻译研究领域也做出了突出贡献。然而由于历史和社会局限性等原因，中国译学界对林语堂翻译理论和实践的研究尚未达到与其他翻译大家相比的深度和规模，这与林语堂在译学领域的重要地位和卓越贡献是不相吻合的。所以笔者认为应该从多方面拓展和深化对林语堂的翻译研究认识，在继承和发扬我国传统翻译研究方法之上，做到翻译研究中的宏微观、静动态研究相结合。林语堂对中西方文化的了解以及其对中英两种语言炉火纯青的掌握为他在翻译方面的造诣奠定了重要的基础，他在翻译界首次提出"美"的标准，丰富了翻译美学思想，推动了美学在翻译领域的应用。他倡导翻译是一门艺术，对中国译学界产生了重大影响。本文拟结合中国传统译学观点，在中国历代翻译学者对翻译美学的研究基础上，从审美主体、审美客体的角度出发，分别探讨作为审美主体的林语堂本人及其翻译理论和作为审美客体的林语堂的作品《京华烟云》，展现林语堂翻译理论与实践中"美"的体现。在审美主体方面，本文以"美"为切入点，结合中国传统译学观点，集中研究林语堂的美学思想和翻译理论，追溯中国传统文化中的翻译美学思想，探寻林语堂对传统翻译文化的吸收，研究林语堂提出的三个翻译标准"忠实""通顺"和"美"，着重研究其"美"的标准，最终得出林语堂翻译理论的美学特征。在审美客体方面，本文着力从翻译美学的角度对林语堂的翻译实践进行研究，选择《京华烟云》中的特色中国文化元素作为分析对象，探询林语堂在传递原文美感时所采用方法，展现译文的美学特征。作为林语堂最具代表性的作品——*Moment in Peking* 充分展现了林语堂的翻译理论中的美学标准和他在翻译方面的艺术成就。林语堂对翻译所做的贡献是不可替代的，笔者希望对林语堂翻译理论与实践中"美"的探究在一定程度上能促进当前中国林语堂研究的发展。

戚亚娜．从《京华烟云》的翻译痕迹看林语堂的中国文化翻译策略［D］．导师：刘泽权．燕山大学，2013，硕士．

关键词：《京华烟云》；转移策略；归化；异化；文化专有项

机构：燕山大学

摘要：随着全球化不断推进，积极向西方世界推广中国文化的任务引起党和国家的重视。在推进文化传播时，翻译起到了越来越重要的作用，翻译界也对如何有效地传播我国文化展开了激烈的争辩。尤其是在 1995 年韦努蒂提出关于归化异化的理论之后，关于文化翻译的归化异化之争愈演愈烈。《京华烟云》是林语堂先生在 20 世纪 30 年代创作的一本英文作品。该作品曾被四次提名诺贝尔文学奖，可见这部文学巨著在西方世界的影响力。在这部作品中，林语堂先生向西方读者展示了一个原汁原味的中国，作品中涉及了中国文化的方方面面，有关中国文化的描写明显具有翻译的痕迹。在过去关于《京华烟云》的文化翻译研究中，重点主要放在《京华烟云》及其中文译本的部分中国文化翻译策略的研究上，没有涉及利用归化异化对《京华烟云》原著中的中国文化项整体研究。本文对《京华烟云》中出现的中国文化项进行了分类，并利用归化异化理论分别对各类专有项的表达进行分析，以期发现林语堂对不同文化项分别所采用的翻译策略。本文主要有三个发现：（1）林语堂在作品中传播中国文化主要采取异化策略。（2）在处理绝对文化空缺项时，林语堂主要采取了翻译异化策略中的直译加解释的翻译方法。（3）在处理相对文化空缺项时，林语堂主要采取了直译和音译两种翻译方法。在此基础之上，本文还讨论了林语堂翻译策略和方法的原因。笔者通过这样的分析，以期给翻译爱好者尤其是致力于文化翻译的从事者们一些启示，怎样才能有效地向西方世界最大程度的展示中国文化。

陈代娟．林语堂译者主体性研究［D］．导师：杨颖育．四川师范大学，2013，硕士．

关键词：译者主体性；林语堂；《苏东坡传》；翻译策略

机构：四川师范大学

摘要：译者在翻译活动中体现的主体性贯穿于整个翻译过程，使得译者成为翻译活动中最能动的因素。然而，在翻译历史进程中，由于传统翻译研究更关注译文的忠实性，从而使得译者的地位长期处于被忽视的状态。在文化转向以后，人们逐渐意识到了译者在翻译活动中的重要性，国内外出现了大量关于译者主体性的研究，译者的重要地位也随之得以彰显。林语堂不仅是中国文化的大家，并且还因其精湛的英文创作水平和对中西文化的融会贯通而驰名中外。他不仅兼用中英文写作，同时在文学翻译上也颇有建树。为了将中国文化介绍给西方读者，林语堂翻译了大量的中国文学文化作品和哲学经典作品，其译者主体性也贯穿其整个翻译过程之中。因此，笔者选取林语堂的翻译作品进行译者主体性的研究，并以《苏东坡传》为例，从译者的经历和翻译目的出发，研究译者在文本的选择，以及翻译策略的应用过程中体现的译者主体性。由于翻译和文化密不可分，因此译者翻译策略的选择也与文化因素息息相关。林语堂在中西两种文化中的生活经历和求学背景，使其形成了不同于同一时代其他人的文化观。在向西方传递中国传统文化的过程中，林语堂有机结合了异化和归化策略以及文化补偿、文化借用、文化调换和文化删减等翻译方法，有效地向读者传递文化信息，同时也展现出其对翻译作品"信、达、美"翻译标准的追求，从而体现出译者主体性在翻译过程中的重要作用。

朱怡天. 《浮生六记》林语堂英译本中文化负载词的翻译 [D]. 导师：汪小玲. 上海外国语大学，2013，硕士.

关键词：林语堂；《浮生六记》；文化负载词；翻译

机构：上海外国语大学

摘要：《浮生六记》是一部水平极高影响颇大的自传体随笔，在清代笔记体文学中占有相当重要的位置。该书的特点在于真纯率真，独抒性灵，不拘格套，富有创造性。别具慧眼的陈寅恪指出："吾国文学，自来以礼法顾忌之故，不敢多言男女间关系，而于正式男女关系如夫妇者，尤少涉及。盖闺房燕昵之情意，家庭迷盐之琐屑，大抵不列于篇章，唯以笼统之词，概括言之而已。此后来沈三白《浮生六记》之《闺房记乐》，所以为例外创作。"经林语堂先生英译之后，得到了英语世界读者的喜爱。本文从译本对文化负载词的处理出发，讨论、评价此译本。本文首先做文献综述，研究了《浮生六记》原书的特色、林语堂的翻译成就和翻译观、文化负载词的定义和分类。然后从原文文本出发，讨论在《浮生六记》的翻译中相对重要和有特色的几类文化负载词。接下来本文挑选出最有特色的三类负载词，对照林语堂的英译本，逐类分析。本文的主体从林语堂使用的四种主要翻译策略出发，对三类文化负载词的翻译归类，并进行评析。同时将场景回归当时，探讨林语堂选择特定翻译策略的原因。最后，本文得出结论——林语堂使用直译法为先，以保存意境与信息量，兼以替代和解释的翻译方法，用于难以直译的情况，而很少使用注释法。

孙聘. 林语堂《浮生六记》英译本的"变译"现象研究 [D]. 导师：马文丽. 武汉理工大学，2013，硕士.

关键词：目的论；变译理论；翻译目的；翻译策略；《浮生六记》

机构：武汉理工大学

摘要：沈复以其家居生活和浪游见闻为内容写成的《浮生六记》是中国文学史上的一朵奇葩。《浮生六记》以其优美的语言、真挚的情感和凄美的故事，深深感动了林语堂先生。于是，在几经修改后，林语堂版的《浮生六记》英译本于1935年问世，受到读者的热烈欢迎，并在当时的英国引起轰动。该译本彰显了林语堂高超的翻译技巧。一直以来，国内外的学者从文化差异、语言风格、译者主体性等不同角度对林译《浮生六记》进行了分析和研究。细读译本，可以发现其中充满了增译、编译甚至改写的现象，这在传统翻译理论中被认为是"不忠实的"，可是该译作却在当时的英国产生了巨大的社会反响，这是传统翻译理论无法解释的。德国功能学派的目的论为解释这种现象提供了一个新的视角。目的论认为翻译是一项有明确目的的跨文化交际活动，翻译策略取决于翻译目的，译者可以根据预期所要达到的目的和读者需求选择合适的翻译方法。基于此理论，本文探讨了翻译目的对译者在翻译过程中做出的各种决定和采用的各种策略产生的影响。林语堂翻译《浮生六记》是为了向西方传播中国文化，同时也为了娱乐西方读者。因此，在翻译过程中，林语堂采用了一些变通的手法，即"变译"的翻译方法。为了彻底地分析林译本中变译策略的运用，本文从译本中挑选了大量具有代表性的实例，对译本中的变译现象进行分析。分析表明，为了实现特定的翻译目的，针对不同的语言文化现象，林语堂成功地采用了不同的变译方法，其中包括增、减、编、述、缩、并、改等，其变译策略的运用既符合英文的语法和表达习惯，又在整体上保留了中国特色文化，这是该译本如此受欢迎的原因所在，值得研究者和翻译爱好者进行进一步的研究和探讨。

游杰全．歌仔册中的庶民英雄论述——以方世玉与廖添丁为核心［D］．导师：林仁昱．（台湾）中兴大学，2013，硕士．

关键词：歌仔册；庶民英雄；方世玉；廖添丁

机构：（台湾）中兴大学

摘要：廖添丁与方世玉，都是具有非凡武艺与抗争精神的民间英雄人物，虽然他们出身背景与所处时空环境不同，其作为"劫富济贫"与"扫除恶霸"的鲜明形象，却使其相关题材不断地在各种文学载体上发挥传播效果，也包括"歌仔"这样一个普遍行于闽南语区域的曲艺。因此，本文将以唱述廖添丁与方世玉的"歌仔册"为文本，探讨其如何展现如此庶民英雄的武艺及精神价值，以及其深受到民众喜爱与敬佩的因由与意义。论述如下：第一章为绪论，针对本文研究动机、研究回顾以及研究方法与架构三方面，做完整的论述，并分别对廖添丁与方世玉二者的相关文献做回顾以及检视，借以发现研究课题，进而确立论文的研究架构。第二章曲艺特性与歌仔册唱述英雄的背景关系，则是探讨歌仔册在俗文学中的定位，承继了俗文学中曲艺的特色，由此可知歌仔册是建立于长久以来曲艺的"民间性"与"通俗性"的基础上，具体展现在曲艺叙事的特性、曲艺教化作用、曲艺反映民众观点三个层面。第三章义贼英雄——廖添丁，则是先探讨歌仔册历来版本，由此选定以《台湾义贼新歌廖添丁》作为论述文本，透过情节与角色分析，辅以相关理论，将廖添丁于歌仔册中的庶民英雄形象做一勾勒。并且与其他关于廖添丁故事的小说、广播做比较，证明歌仔册中的廖添丁虽然尚无明显的抗日倾向，但"义贼"所呈现出的英雄特质，已经为后来的英雄形象做了奠基，因此歌仔册可视为"义贼"到"抗日英雄"之间身份转换的过渡文本。第四章除恶英雄——方世玉，则是《新刻方世玉打擂台》作为论述文本。以坎柏的英雄理论作为分析方世玉英雄历险的研究方法，并且从情节的编排中勾勒出其背后的中心思想。再者，分析方世玉与其他角色之间的对应关系，或辅助或强化或确立英雄的形象性，借此探讨英雄原型里重要的构成因素——精神价值。第五章歌仔册唱述廖添丁与方世玉的意蕴和效果，在第三、第四章的部分，虽然已个别将歌仔册中廖添丁与方世玉的形象做相当程度的剖析，且借着歌仔册中的内容呈现与角色描述，归纳出两个人的形象之所以被民众视为英雄的原因。然而本章探讨的是透过歌仔册的编写唱述所起到实际意义与效果，本章就廖、方庶民英雄模型表诸台湾社会的意蕴、教育意义与娱乐效果，三个面向将歌仔册中的廖添丁与方世玉二人做统合比较，期许能建构出歌仔册中带有武艺性质的庶民英雄模型。第六章结论，透过歌仔册与早期台湾庶民意识的密切关系，以及民众心中期待的英雄特质，义贼英雄廖添丁的"义"、除恶英雄方世玉的"善"，以及歌仔册中的英雄论述模型——义与善的交融，塑型了歌仔册中庶民英雄的论述特质。

洪云嫒 . 黄克晦诗歌研究 ［D］. 导师：陈庆元 . 福建师范大学，2014，硕士 .

关键词：黄克晦；交游；诗歌内容；艺术风格

机构：福建师范大学

摘要：黄克晦，字孔昭，号吾野，明中后期福建惠安的布衣诗人。他的诗歌题材丰富，风格多样，在福建文学发展史上占有一席之地，对闽南诗坛更具有不容忽视的影响。但其人在学术界尚未引起广泛关注，其诗歌的艺术价值也还没有得到充分研究。因此本文即以《黄吾野先生诗集》五卷为研究对象，参考《清源文献》《泉州府志》《惠安县志》《文献黄氏家谱》等文献资料，用文本解读与实证研究的方法，考订黄克晦的生平、家世、著述和交游情况，分析其诗歌的思想内容和艺术风格，力求在特定的历史环境和地理环境中较为准确地勾勒黄克晦其人其诗的基本面貌，对他在明代福建诗坛的地位做出客观公正的评价。

王史心 . 张燮《七十二家集 · 题辞》研究 ［D］. 导师：张蕾 . 河北师范大学，2014，硕士 .

关键词：《七十二家集 · 题辞》；创作；思想内涵；影响

机构：河北师范大学

摘要：明代张燮《七十二家集 · 题辞》内容丰富，多有独到见解，集中地反映了作者对汉魏晋南北朝作家为人与为文的认识和评价，而且对张溥《汉魏六朝百三家集 · 题辞》的创作产生了一定影响，是明代复古思潮中值得关注的一部重要文献。本文通过系统考察题辞创作的相关情况，题辞多维度、多层面的思想内涵，以及张燮题辞与张溥题辞之关系，以期较为全面地呈现《七十二家集 · 题辞》的概貌和价值。关于《七十二家集·题辞》的创作，有几个值得注意的问题。首先，题辞创作时间跨度很大，通过系年整理，佐以相关材料，即可讨论题辞撰写与总集刊刻之间既非彼此脱节，又非完全同步之关系。关于《七十二家集》中十五家文集题辞缺失的原因，可从作家身份、品评倾向、文集编纂与刊刻的具体情况等角度发掘线索，寻求答案。张燮《七十二家集·题辞》的思想内涵极为丰富。首先，题辞人物批评具有明显的重德倾向；在重德之外，张燮还讲求适当的处世之道，他所推崇的理想人格应内外兼修，儒道并行。对待古人的是非功过，张燮往往能够以宽容通脱的态度做出较为客观冷静的评判。其次，凭借对文士身份的认同感，张燮在题辞中极为关怀作家的际遇处境，深赞仕途顺遂者，痛惜人生失意者，并以人情、时运、天命为视角，深度剖析文士处境艰难、命途多舛的原因。最后，在文学批评方面，题辞多用联系的视野、比较的方法观照诗文创作，并表现出重文采、重情思的审美倾向。张燮《七十二家集·题辞》与张溥《汉魏六朝百三家集·题辞》之间存在承变关系。一方面，我们可从文本对读中寻到张溥题辞对张燮题辞的借鉴；另一方面，借鉴之外又有递变，主要表现为文章形式、语言风格、情感表达从率性不拘到相对齐整、统一、内敛，以及道德评判从相对宽容到趋于严苛。

郑巧芬．唐宋闽南岁时诗研究 [D]．导师：徐华．华侨大学，2014，硕士．

关键词：闽南；岁时诗；民俗事象；形式艺术

机构：华侨大学

摘要：任何社会都以某种具有文化意义的时间框架规定着人们的生活节律，岁时就是中国传统社会所特有的时间表述。唐宋时期作为闽南文化的发轫与初步繁荣期，在岁时民俗上正在逐步建立自身的系统，而反映在文学创作上，则留存下来一批可观的岁时诗歌。本文拟以岁时节日为关捩，以唐宋时期闽南文学中的岁时诗为文本，据此以期对其创作背后所蕴含的文化机制和心理机制有一个全面系统的认识，包括其中的物质生活情趣、思维模式、审美趋势、文学导向、日常习惯等。本文对唐宋时期闽南岁时诗的解读，主要从民俗文化视角出发，采用综合观照的方法，力图复原闽南岁时诗中的社会民俗，探讨诗歌中民俗描写的美学价值与艺术作用。绘制图表和定量分析也是本文尝试使用的方法，如此以便更为直观地表示某些具体情况。基于此，全文共分五章，行文安排上，首先是对唐宋时期闽南岁时诗的创作背景进行研究及归整，并厘定相关的概念与范畴；其次是通过文化底蕴、民俗活动与饮食表达三个方面来全方位论述唐宋闽南岁时诗中的民俗文化；最后则是在诗学意义上对唐宋闽南岁时诗的创作形式进行艺术观照。考虑到研究者钩索唐宋闽南岁时诗的过程不啻披沙沥金，而它们不仅是本文立论的基础，乃至作为唐宋文学的组成部分也具有极大的参考价值，因而特别将唐宋时期闽南的岁时诗创作以目录方式呈现，作为附录列于文后，较为明晰地提供唐宋闽南岁时诗歌创作与其所体现的岁时民俗纵向的线索。

张艳辉．宋代闽地唐诗学研究［D］．导师：郝润华．西北大学，2014，博士．

关键词：宋代；福建地区；唐诗文献；唐诗学

机构：西北大学

摘要：宋代以前，福建地区的文化仅为萌发和准备阶段，对于当时的诗学来说，也是如此。到了元、明时期，福建地区的诗学特盛，并形成了自身的地域特点。因此，元明之后的福建诗学研究成为当前学术界研究的热点。而处于中间状态的宋代，对于闽地唐诗学，学界缺少更为深广的文化意义上的发掘。在宋代之前，福建地区一直被认为是蛮荒之地，而到了两宋时期，尤其是南宋，闽地人口、经济、文化空前发展，诗人、散文家的数量激增，整个宋代文化重心由北向南转移，闽地即当时的文化中心之一。这种现象具有典型性，这也是本文的选题依据。本文即从六个方面探讨宋代闽地唐诗学。第一章为绪论。第一节为研究现状综述。第二节，论述研究意义及方法。第三节论及宋代闽地的行政区划、文化背景。第四节是论述文学背景，重在挖掘五代闽国的唐诗学对宋代闽地唐诗学接受的启发意义。第二章为宋代闽地诗人在诗歌创作方面对唐诗的接受。第一节为闽地文人群体在诗歌创作上对唐诗的模仿。主要分析了宋代闽地文人对以李、杜为代表的盛唐诗风的模仿，以及"西昆体""白体诗""晚唐体"在闽地的流行，并且分析了"一代宗工"刘克庄的唐诗之路。第二节闽地理学家诗歌创作中的唐音、宋调。北宋时期，闽地理学家无论是从诗学理论上还是诗歌创作上，都没有表现出诗风独立的意识，也没有明显区分唐音、宋调的意识。两宋之交理学家诗人在创作上大多形成了宋诗风格，基于此，对杜诗及韩愈诗亦特别关注。南宋时期，朱熹对韦应物、陈子昂及李白等人的评价较其他理学家有了新变性。南宋中后期以真德秀为代表的"击壤派"理学家将诗教观极致化，并以此为标准对唐诗进行取舍，与以刘克庄为代表的文人群体的唐诗观产生分歧。第三章，是宋代闽地诗话、笔记中的唐诗学观。前四节为整体性研究，第一节，说明闽地诗话、笔记文献在对杜诗的接受过程中，逐渐将杜诗提升至经典地位。第二节，就闽人李、杜优劣论进行分析，对杜甫的接受大多基于其诗歌的思想内容，而对于李白的接受大多基于其艺术风格。到了南宋末年，以严羽为代表的闽地文人始将李、杜共同作为诗学典范。第三节，主要论述闽地文人对陈子昂及中晚唐诗人的接受概况。第四节，主要总结闽地诗话对唐人诗歌技巧的探讨。第五节及第六节为个案分析，主要分析严羽《沧浪诗话》、蔡正孙《诗林广记》所体现的唐诗学观念，其共同特点是推崇盛唐诗歌，也是明代闽中诗派形成的渊源。第七节，为《吟窗杂录》及《杨氏笔苑句图》《古今明贤警句》。《吟窗杂录》的形式较为特殊，是书哀集唐人诗格、句图，承担着指导闽地民间学诗的任务。第四章是宋代闽地的唐诗文献整理研究。第一节，主要论述宋代闽地对唐人别集的刊刻以及由此体现出来的闽地诗学潮流的变化。第二节，从对唐人别集的整理研究宋代闽地的唐诗文献学以及在整个宋代唐诗文献学上的地位。第三节为闽地文人所编唐诗选本研究，在唐诗学上，唐诗选本有两个重要特征：一是对唐人绝句的重视；二是重古体而轻律诗。第四节则就李白诗学史上第一个评点本严羽评点《李太白诗集》论述严羽对李白诗歌的评价。第五节说明闽地文人所编类书体现的唐诗学观念。闽地文人所编类书大多对杜诗特别重视，但叶廷硅《海录碎事》却对杜诗无甚采录，而多取李白、李贺诗歌，表现出其独特的诗学观。第五章主要研究宋代闽地所遗留以及见诸著录的书法作品、碑刻对唐诗文献的保存以及接受。第一节为宋代闽地书法作品与唐诗。宋代闽地出现了不少著名的书法家，书法作品众多，同时，闽人又特别注重前代书法作品，并多有收藏。书法作品"载道"与"移人"的双重效能使其成为唐诗传播与接受的重要途径之一。第二节为宋代闽地碑刻等对唐诗文献的保存。由于金石文字是重要的文献资料，因此金石资料在宋代尤为人所关注。第六章主要研究宋代闽地区私家藏书对唐诗文献的保存。第一节为宋代闽地藏书家考略，主要介绍私人藏书家及藏书概况。第二节则在此基础上总结宋代闽地私家藏书对唐诗文献的保存成就。本论文从不同角度研究宋代闽地的唐诗学，并梳理出这一新兴诗歌创作区域对前代诗歌传统的继承情况以及其对元、明、清代唐诗学的影响，这是本论文的研究价值所在。论文所采用的研究方法主要为文献学与文艺学相结合的方法，并辅以地域学、文化学、历史学等学科的研究方法。

张龙.明代茶陵派闽人作家研究[D].导师：郑礼炬.闽南师范大学，2014，硕士.

关键词：明代文学；茶陵派；闽人作家；考证研究

机构：闽南师范大学

摘要：茶陵派是明代中期重要的文学流派，其盟主李东阳作为有明一代的馆阁大作家，以宰辅身份主持文坛前后达四十年左右。茶陵派与前七子之间的文学创作情况颇为复杂，始终伴随着台阁体和复古主义思潮的交织。茶陵诗派作为连接明初"台阁体"与明中叶"复古派"的纽带，在明诗的发展过程中起着承上启下的作用，明诗经过茶陵诗派的发展，由雍容典雅的台阁体风格转入"诗必盛唐，文必秦汉"的复古思潮。这一阶段闽中文坛文学风气的转变可以看作明代中期文坛所发生的演变的缩影。尤其是茶陵派中闽人作家，对茶陵派的影响深远，更对闽地文学的发展进步起着不可磨灭的作用。本文基于明代茶陵派闽人作家为主要线索，从李东阳与闽地文学的渊源着手，在阅读李东阳《怀麓堂集》《李东阳续集》、吴宽《匏庵集》、谢铎《桃溪净稿》等茶陵派宗主和骨干成员的文集和闽人作家文集等文献资料的基础上，对闽人作家群体进行勾勒，研究茶陵派闽人作家群体的文学创作风格的和交游等方面的情况，最终总结出茶陵派闽人作家在整个茶陵派发展史上的作用及地位。在掌握资料的基础上，本文对明代福建籍茶陵派作家中相对较有影响且有较多作品传世的作家进行了分析论述，并从文学水平、时代先后、影响力等方面进行了综合考察和研究，从而大体勾勒出有明一代茶陵派闽人作家的整体风貌，揭示了福建文学的一些地域特点。本文的具体研究脉络如下：首先，在本文前言部分介绍了本文的研究背景及研究意义，并对目前学界的研究现状进行了整理和介绍；其次，对闽地文化与李东阳进行了论述，并以建安杨氏家族及福州府林氏家族为典型代表做了具体的分析。同时对《唐诗品汇》的影响及《怀麓堂诗话》对其的吸收做了探究。再次，对明代茶陵派闽地的成员做了考证，主要通过其所处的地域不同而划分为四个部分，分别介绍了茶陵派福州府作家群体、茶陵派兴化府作家群体、茶陵派漳州府及泉州府作家群体及其他州府的茶陵派闽人作家群体。然后对茶陵派闽人作家群体的交际进行了研究考证，主要从闽人作家群体与茶陵派成员交际考及闽人作家群体与前七子的唱和两个方面来探讨。最后，介绍了茶陵派闽人作家群体的创作风格及阶段性演变，从茶陵派闽人作家群体创作风貌概述，以柯潜和彭韶为代表的馆阁作家，以林俊、林廷玉为代表的闽人作家对宋诗的学习，闽中诗风从茶陵派到前七子的演变几个方向进行探讨。在结语部分，对本文的研究情况进行了总结，并分析了本文存在的不足之处和有待进一步深入探究的方向。

黄唯唯. 目的论视角下林语堂的自译研究 [D]. 导师：王金安. 江南大学，2014，硕士.

关键词：目的论；林语堂；自译；《啼笑皆非》

机构：江南大学

摘要：林语堂是一位学贯中西的杰出作家，也是一位卓有成就的翻译家，且是一位集作者与译者于一身的自译者，他一生翻译了许多中西方经典作品，促进了东西方文化的交流。目前，国内有关林语堂的翻译研究主要集中在他的翻译理论与其传统的翻译实践上，而林语堂的自译活动，人们却很少关注；作为一项特殊的翻译活动，自译在我国翻译研究中一直处于边缘地位。本文拟取林语堂《啼笑皆非》自译文本，从目的论视角出发，对林语堂的自译活动进行深入分析和探讨。作为德国功能学派翻译理论的核心，目的论以目的为导向，关注译语环境和译文读者；该理论打破了语言学范式下传统的翻译研究模式，动摇了原文至高无上的地位，充分发挥了译者主观能动性以实现译文的预期功能。本文以目的论为理论框架，对林语堂自译作品《啼笑皆非》进行案例分析，简述了林语堂的生活环境和教育背景，概括了《啼笑皆非》原文的创作背景及内容等信息，深入分析了《啼笑皆非》的翻译纲要：林语堂的自译目的、译文接受者、文本接受时间及地点、文本传播媒介、预期的文本功能；从目的原则、连贯原则、忠实原则的角度，对其原文和自译文本进行系统的对比研究，分类归纳出林语堂为达翻译目的所采取的各种翻译策略和翻译方法。研究发现，林语堂在其作品自译过程中，在通彻理解原文的前提下，发挥自译者的优势，灵活运用各种翻译策略和方法来实现自译的目的。为使译文有意义，方便译语读者的阅读习惯，林语堂遵循连贯原则与归化翻译策略，采用替换、增译、减译、转换、回译等翻译方法；为满足译语读者的阅读兴趣，保留原语文本的异国情调，林语堂同时遵循忠实原则与异化翻译策略，采用音译加注与直译加注等翻译方法。目的论为林语堂自译研究提供了一个崭新的视角，解释了林语堂为实现自译目的所采用的各种翻译策略和方法是合理的，是有助于产出合适的、理想的翻译文本的。本研究不仅拓宽了林语堂自译研究的视野，而且有助于鼓励双语作家开展自译活动，从而更好地进行中西方文化、思想上的交流。论文第一章简述了林语堂自译研究的背景，提出了本文的研究问题、研究意义和研究方法；第二章回顾并梳理了国内外自译研究的现状和成果，评述了林语堂的翻译研究及其自译研究；第三章阐述了目的论的发展演变，并对翻译纲要、基本原则等目的论的重要思想进行系统论述；第四章以目的论为视角，对林语堂自译《啼笑皆非》做深入细致的剖析；第五章对论文进行归纳总结，简述了论文研究的理论价值和实际应用价值，并提出了研究中存在的局限性。

夏洋洋．林语堂文化身份与身份协商的跨文化研究［D］．导师：颜静兰．华东理工大学，2014，硕士．

关键词：文化身份；身份协商；林语堂；《吾国与吾民》；跨文化研究

机构：华东理工大学

摘要：本文以文化身份理论和 Stella Ting-Toomey 的身份协商理论为框架，以《吾国与吾民》为文本来分析和讨论林语堂在西方异质文化语境下建构中国形象时表现出的多重文化身份和身份协商策略。当不平等的文化势力和话语权出现时，文化身份问题就会出现。身处东西方双重文化维度之中的林语堂既拥有浓厚的中国文化身份情结，同时又对西方文化与意识形态有着极大的认同。这两种文化身份在《吾国与吾民》中得到了充分的体现。在向西方读者群体介绍中国时，林语堂一方面要宣扬中国文化，重新建立中国形象；另一方面，他又必须寻求西方读者的认同。因此想要凸显任何一种单一的身份都是不可能的。本文选取了《吾国与吾民》9 个章节中 35 个例子，结合林语堂所处的历史文化语境，探讨了林语堂的中国文化身份和西方文化身份在该作品中的具体体现。分析结果表明，在呈现中国民族形象和中国人的性格时，林语堂受到了双重身份的影响。他的中国身份认同主要体现在对民族、语言和宗教身份的依恋，西方身份认同主要表现在他潜意识中对西方视角的选择和认同。在民族层面，他大力构建中国的正面形象，努力更正西方群体对中国的偏见与误解。在语言身份层面，林语堂表现出对汉语的强烈推崇，为了彰显汉语语言文化的优越性，他在写作过程中刻意夹杂了洋泾浜式或者汉式英语。在宗教身份层面，他极力寻求与中国道家和儒家文化中"人文主义"思想的认同，偏离了根深蒂固的基督教信仰。另外，他在讨论国民性格时却片面化了中国人性格中的消极性，陷入了西方传教士式的东方主义视角。在书中的第二部分，林语堂通过幽默、审美和文化互补等策略消解了自己尴尬的身份处境，很好地协调了东西方文化和自身双重文化身份。

方锦煌．台语诗研究［D］．导师：颜同林．贵州师范大学，2014，硕士．

关键词：台语诗；方言诗歌；闽南方言；地方文化

机构：贵州师范大学

摘要：台语诗，即使用闽南语书写的现代诗歌，是 20 世纪 80 年代在台湾兴起的一股方言诗歌创作潮流，它在台湾的发展有其特定的历史文化背景，它以方言为载体的艺术样式也自有其形式的内涵和内容的特色。在某些时候，台语诗评家与台语创作者相互唱和，标榜台语诗表达"台湾主体精神"的创造性和独特性，试图以台语诗为代表的台语文学来构建"台湾民族"的语言，事实上这是不可能实现的。在台语诗中，我们可以看到闽南方言、艺术形象和思想意识等因素的相互交融和紧密联系，透过 20世纪 80 年代以来台语诗的解读和分析，有助于我们理解方言与文学、经验与形象以及艺术与思想立场之间的复杂关系，纠正台湾地区台语诗以及台语文学批评过分意识形态化的倾向，从而达到"正本清源"的目的，对台语诗创作即语言形式、艺术形象和思想文化渊源做出较为中肯的评价。本文共三章，分别陈述如下：第一章主要从台语诗的语言形式入手，通过分析其词汇语法、书写方式和歌谣特征来考察台语诗的语言路径。一方面，台语诗的词汇包含古汉语、地方俗语和日语英文等，但仍然主要来源于古汉语，台语诗的语法也是如此。台语诗仍是中华民族方言文学的一支。另一方面，台语诗的书写方式主要分为纯汉语书写和汉语罗马文混合书写，台语诗的书写方式受到殖民者的侵略、地方意识的觉醒以及意识形态塑造等多方面的影响，汉语罗马文混合书写因能更加贴近闽南语发音以及满足部分人反汉语"霸权"的目的而受到台语诗人的提倡和使用，但是这并无改于其从属闽南语从属汉民族的语言现实。最后，台语诗的创作深受闽南方言的影响，具有丰富的音乐性。第二章研究台语诗书写的三个重点意象，一是作为台湾人家园象征的"土地"意象，土地意象成为个人记忆、历史伤痛以及现代困境的生动写照；一是包含哲思和台人以海为田意识的"海洋"意象，在这里有惨重的殖民记忆也有人为切割"大陆意识"的思想倾向；二是流浪漂泊向往归宿的"飞鸟"意象，它是故乡的"使者"，弱势个体的缩影，也反映着诗人寻求精神家园的强烈愿望。第三章从文化研究的角度来探讨台语诗的创作，首先，地域文化是通过进取精神、忧患意识和弃儿心态三个方面来影响台语诗书写的；其次，台语诗具有浓厚的"乡土意识"，并在台语诗中以故乡情结、社会关怀和台湾意识，即故乡—社会—族群三个层次呈现；最后，大众立场代表了台语文学的基本价值和前进方向，民间取向和立场直接或间接影响了台语诗写作的传播方式、写作资源、表现内容和价值判断。

闽南社会、民俗与宗教信仰

刘宇勋．清初福建沿海的复界与地方社会［D］．导师：林国平．福建师范大学，2013，硕士．

关键词：迁界；复界；福建沿海；移民；宗族；民间信仰；海洋经济

机构：福建师范大学

摘要：迁界和复界对清初东南沿海地区的社会产生重要影响，本文以福建沿海复界为中心，探讨复界后沿海地方社会的恢复和重建。以迁界作为复界的背景，分析了迁界对东南地区的影响；而复界是一个长期的过程，随着郑、清对峙形势的变化而变化。众多官员反对迁界，姚启圣和施琅更是对复界做出了重要贡献。复界民众克服诸多困难，采取各项措施重建家园、恢复生产。复界后地方社会组织面临着恢复和重建，如宗族的重聚与发展和民间信仰的复兴与发展。最后探讨了整个沿海复界区域的经济复兴，包括海港的复兴与海洋贸易的发展以及海洋渔业和盐业的复兴与发展等。

王静若．头份街庄客家家庭闽南媳妇的结群与日常［D］．导师：简美玲．（台湾）交通大学，2014，硕士．

关键词：性别；结群；日常；闽客通婚

机构：（台湾）交通大学

摘要：本研究以苗栗县头份镇的闽南女性为主要对象，借由她们主体性的描述，以探讨她们在客家家庭的日常生活、闽客通婚下的族群感受与差异，以及在客家街庄中参与结群聚会的历程。本研究的报道人，在婚前与客家族群有不同程度的交集；在婚后则是借由结群聚会，以作为适应客家传统文化，并在异地重建社交网络的手段。透过女性的结群，我们可以发现当代女性如何在闽南与客家、传统与现代生活及家庭与自我情感之间，取得平衡点的动态历程。

本研究采取民族志的研究方式，以头份地区及报道人的家庭及日常生活场域为田野地点，进行参与观察与访谈。第一章先描述头份地区的自然与人文环境，借以了解当地居民的主要生活风貌。第二章记录了闽南女性的日常生活，包含她们的时间安排、家庭劳务，以及亲属互动等。第三章则是描述她们在婚姻生活中所感受到的族群差异，包含族群性格、性别、饮食习惯、语言及祭拜活动等方面。第四章探讨女性结群的历程，以及她们如何透过闲聊、聚会及标会等活动，建立私密的情感与空间。最后，在结论章节进一步探讨结群的性质及限制。并且借由报道人的经验，与"赋权"理论对话，以检视当代女性的需求。

王李玲．地方文化语境下社群身心健康维护方式探究［D］．导师：周显宝．厦门大学，2014，硕士．

关键词：保生大帝；音声；身心健康

机构：厦门大学

摘要：本文基于对保生大帝信仰以及祭祀仪式的实地考察，通过对闽南村落社群健康景观中的音声环境（soundscape）及文化认知模式进行理论分析，试图发现乡土社会中社群维持身心平衡状态的内在精神动力，尝试探寻一种以丰富多样的声音为媒介，建立在祭拜、祈祷与信仰等基础之上的健康维护方式。保生大帝信仰在闽南地区影响甚广。每年举行的保生大帝祭祀仪式具有一定的仪式规程。祭祀仪式中，音声贯穿仪式始末，塑造了一个神圣与凡俗共存的仪式时空。信众参与其中，日常生活的真实世界与神灵的精神世界融为一体，进而寻得精神支持与心灵慰藉，身心得到平衡、统一。音声、祈祷和仪式是沟通物理世界和知觉世界的核心媒介，这三者的结合是具有神灵信仰的村落社群维护身心健康所不可或缺的因素。

巫大健．海上丝绸之路时期泉州多宗教文化共存现象的原因及特征探析［D］．导师：姚维．新疆师范大学，2013，硕士．

关键词：海上丝绸之路；多元；宗教文化；共存

机构：新疆师范大学

摘要：海上丝绸之路是东西方交流沟通的重要纽带，掀开了中国海外贸易的璀璨篇章，使当时的中国海外贸易盛极一时，而泉州以其优越的地理位置成为海上丝绸之路的重要港口，为中国和亚洲、非洲、欧洲以及拉丁美洲的许多国家搭建起政治、经济、文化交流的桥梁，为世界各文明之间的相互沟通起到了持久而深远的影响。作为国际都市的泉州不仅吸引了海内外商人，还吸引了多种宗教汇聚泉州，使泉州出现多宗教文化共存的现象。论文以海上丝绸之路时期（唐、宋、元、明）诸多宗教文化通过海上丝绸之路传播到泉州的历史脉络作为研究背景，通过泉州诸多外来宗教传入的历史现象，对海上丝绸之路时期（唐、宋、元、明）泉州多宗教文化共存的原因及特征进行深入研究。论文主要内容由海上丝绸之路时期泉州多宗教文化共存的现象、原因、特征三个部分构成。第一部分是对海上丝绸之路进行概述，并结合泉州多宗教文化概况定义其历史分期为唐朝时期、宋元时期、明朝时期，从而得出结论，泉州多宗教文化共存现象与海上丝绸之路的兴衰有密切的联系。第二部分以第一部分的研究作为背景，从宗教内外部因素出发研究泉州多宗教文化共存的原因，得出结论：从宗教外部看，多宗教文化共存是在泉州的地理环境、人文历史等方面因素提供的物质、文化条件的前提下，在海上丝绸之路兴起、统治者对宗教的鼓励支持的推动作用下得以形成的；从宗教内部看，是由于宗教文化本身的现实性、适应性、继承性的属性原因，宗教内外部因素综合作用下，才促使泉州多宗教文化实现共存。第三部分在前两部分对多宗教文化共存现象和原因的研究基础上，对多宗教文化共存的特征进行研究，得出结论：多宗教文化的共存是以交互融合、矛盾冲突、政治导向为特征的共存，其交互融合特征主要表现在儒化和佛化融合上，矛盾冲突则可划分为直接冲突和间接冲突，政治导向则体现了上层建筑的巨大作用。海上丝绸之路时期泉州多宗教文化共存现象是符合宗教文化的现实性、适应性、继承性等内在属性要求的，在海上丝绸之路兴起的外部催化作用下得以产生的。海上丝绸之路为多宗教汇聚泉州提供了渠道，同时泉州以其优越地理环境要素为共存提供了物质前提，而泉州人文历史条件下本土文化的崇鬼尚巫巫俗和移民文化带来的多宗教文化传播经验为共存提供了人文基础，泉州多宗教文化共存现象是一种在交互融合与矛盾冲突中、在政治导向下的共存。

李静蓉．元代泉州基督教石刻图像研究〔D〕．导师：戴显群．福建师范大学，2013，博士．

　　关键词： 泉州；基督教石刻；图像；十字架；天使；莲花；云纹

　　机构： 福建师范大学

　　摘要： 元代泉州（刺桐）是景教和天主教在东方的传教中心之一，有着丰富的宗教遗存。20世纪初以来，在泉州北门、东门等古城墙及其附近地段不断发现雕刻有十字架、天使、莲花、云纹等精美图案的基督教墓碑和墓盖石，上面雕刻着叙利亚文、回鹘文、八思巴文、汉文、拉丁文等多种文字，图像特殊而造型丰富，同时反映了几种不同的文化来源，为不同信仰、不同民族之间的对话与交流提供了珍贵的历史见证。通过一一解析泉州基督教石刻的图像符号，并与中国新疆、内蒙古、西安、洛阳、扬州等地以及中亚、西亚的相似物进行比较研究，可以看到，本土的与外来的、基督教与非基督教等各种元素的交织与融合，也反映了泉州基督教不是简单地适应当地文化，而是选择与基督教教义相符的元素进行图像创新，从而形成了一种融合多种宗教与文化元素的特殊混合体。这种多元融合的图像在当时是前所未有的，也是基督教在泉州这个具体的文化环境寻求社会认同的产物。

陈国鹏．弘一法师佛学特质探究〔D〕．导师：周海春．湖北大学，2014，硕士．

　　关键词： 弘一法师；南山律宗；弘律；四分律

　　机构： 湖北大学

　　摘要： 弘一法师（1880—1942），俗名李叔同，中国传统文化与佛教文化相结合的优秀代表；他既是中国新文化运动的先驱，卓越的艺术家、教育家、思想家和革新家等，同时也是南山律宗的第十一代祖师，对律宗的中兴有不可磨灭的贡献。此前学界对弘一法师的探讨，通常呈现两种倾向：一种是对弘一法师出家前的艺术生涯的研究，另一种是对弘一法师出家生活及其佛学的关注。总体来说，这两种倾向的研究，都取得了丰硕的成果，但是却都难以建构起完整的弘一法师的形象。因此，本文在汲取学界研究成果的基础之上，采用文艺和宗教结合的方法，尝试对弘一法师的艺术活动、佛学贡献及其特质进行整体的梳理，以期实现对弘一法师完整形象的塑造。

杨恩路 . 19 世纪 50 年代到 20 世纪 20 年代的闽南基督教差会合一运动研究 ［D］. 导师：晏可佳 . 上海社会科学院，2014，硕士 .

关键词：闽南；基督教会；合一

机构：上海社会科学院

摘要：20 世纪以来，我国的基督教会自立合一运动成为引人注目的重要浪潮。然而这一运动在其褓襁期并非波澜不惊，尤其是在闽南区域的英美基督教差会的积极活动可圈可点，他们敢为人先的差会合一实践为闽南基督教会的成长和发展注入了新鲜的活力。闽南地区三差会的合一运动以自立运动的长足发展为基础：在理论层面，差会领袖统一思想，以早期萌生的三自理念作为精神指导，差会之间求同存异；在实践层面，本地信徒积极努力，依托高质量的教会管理，教会根基稳固。此外，在扎实的自立基础上，差会之间的合一还同海外母会进行了抗争，为闽南地区自立教会的发展争取了更大的空间。本文对闽南基督教差会合一运动进行研究，尽可能完整地勾勒出国外差会在支持闽南地区华人教会自立中的历史形象，突出闽南三差会的合一作为弄潮先声的历史意义，并尝试进一步探讨中国教会早期的合一实践与普世教会合一运动的关联。

朱淑英 . 闽南宗教信仰对青年婚育价值观影响实证研究 ［D］. 导师：曾天德 . 闽南师范大学，2014，硕士 .

关键词：闽南青年；婚育价值观；内隐联想测验；闽南宗教信仰

机构：闽南师范大学

摘要：青年婚育观指个体以自身资源为基础，选择最符合其期望的婚姻生活模式的一种认知过程，它不仅能够解释"婚姻是什么"，而且能够说明他的"婚姻应该怎么样"。为探究闽南青年婚育价值观具体特点及闽南宗教文化对其的影响，本篇共设计四个研究：研究一，以文献综述、个案访谈为基础，提出青年婚育观的理论假设，并以此为基础编制《青年婚育观量表》；研究二，以自编《青年婚育观量表》为测量工具，对闽南青年施行测验，以了解闽南青年外显婚育观特点；研究三，以《青年婚育观量表》《圣克拉拉宗教信仰程度问卷》为测量工具，了解闽南青年宗教信仰程度特点，并探讨闽南青年宗教信仰程度同青年外显婚育价值观的关系；研究四，使用内隐联想测验的方式探讨闽南青年内隐婚育价值观特点，并分析其同闽南宗教信仰间的关系。得出以下结果：（1）自编《青年婚育观量表》共包含 2 个维度，8 个因子。两个维度分别为婚姻资源等价观维度、婚育特质契合观维度。其中婚姻资源等价观维度包含心理资源等价观、性生理资源等价观、外在生理资源等价观、社会资源等价观 4 个因子；婚育特质契合观维度包含婚姻态度契合观、婚姻角色契合观、婚姻关系契合观、育儿态度契合观 4 个因子。量表信度较高，结构稳定，拟合良好，适用于青年婚育观调查。（2）闽南青年总体倾向于持肯定的婚姻资源等价观及婚姻特质契合观。闽南与非闽南青年在青年婚育价值观量表上的得分存在差异。（3）闽南青年宗教信仰程度较高，宗教信仰程度对青年婚育价值观有一定的预测力。（4）内隐联想实验结果表明闽南青年存在积极倾向的内隐婚育价值观，内隐婚育价值观与外显婚育价值观是两个独立的心理结构，闽南宗教信仰对青年内隐婚育价值观有一定的预测力。

李松堡．清水祖师信仰之祭祀礼仪研究〔D〕．导师：黄海德．华侨大学，2013，硕士．

关键词：清水祖师；信仰；祭祀仪式

机构：华侨大学

摘要：清水祖师信仰是福建四大民间信仰之一，其传播的主要区域并不局限在福建地区，我国的其他地区（包含台湾地区）和东南亚等地区都有清水祖师信仰的踪影，其分炉广泛、信众甚多。"神灵观"和祭祀仪式作为民间信仰研究的两大核心内容，其反映的是人与人、人与神、上与下、官方与地方、控制与反控制等关系。本文在以实地考察为基础的前提下，结合历史学、宗教学、人类学的理论知识，通过对清水祖师这一闽南地区家喻户晓民间神祇的"神灵观"和祭祀仪式进行描述和分析，主要探讨了清水祖师信仰中以下几个问题：神祇"神灵观"形成和发展过程中神祇、官方、士绅、信众的关系；祭祀仪式过程中闽南宗族制度下发展出来的祭祀轮值制度、"头人"的民间权威、"人神互惠"的特殊关系；庙际网络形成过程中祖庙与分庙的亲缘关系、分炉进香的功能和意义、统治秩序的象征。

魏婷婷．闽南"菜姑"身份认同及其信仰生活〔D〕．导师：黄海德．华侨大学，2014，硕士．

关键词："菜姑"；身份认同；宗法制；符号边界；话语权

机构：华侨大学

摘要："菜姑"是闽南民众对社会上一群带发修行、吃斋念佛的女佛教徒的俗称，本文将研究的触角投向这群特殊的宗教群体。在确定"菜姑"是佛教信仰者，厘清其源头于官宦之家女眷居家吃斋念佛的过程中，笔者发觉由于恼人的"发"，"菜姑"在不同历史时期始终面临着"是否为正统佛教女出家人"这一身份认同困境。为了具体探析"菜姑"的"身份认同"困境，本文的研究聚焦于闽南惠安县崇武镇的"菜姑"。基于实地走访调查，笔者发现崇武"菜姑"采取拟家庭式管理模式；"菜姑"寺院不同于一般意义上的寺院，她们在寺中移植、复制当地宗法制家庭模式。崇武"菜姑"虽出家于寺，但与世俗之家有着割不断的联系；"菜姑"们为了立足于当地社会，采取一种策略性生存法则，并构建起自己的价值体系，形成自己的符号边界，取得了对本土日常宗教事宜的话语权。围绕"身份认同"这一议题，本文对崇武"菜姑"勾勒出一种"身份的迷失"—"身份的塑造"—"身份的困境"—"身份转型"的清晰脉络，描绘出不同历史时期"菜姑"的不同际遇。最后，在探析"菜姑"这一宗教团体何以始终保持顽强的生命力之后，本文尝试对其转型与出路做出进一步探析，并对晋江南天禅寺、厦门雪峰寺、晋江庆莲寺三种发展模式做出解读，以期对始终受制于当地文化环境的崇武"菜姑""身份认同"问题做出一种新的展望。

望巧英. 漳州龙舟文化特色研究 [D]. 导师：郭琼珠. 厦门大学，2014，硕士.

关键词：漳州；龙舟文化；特色

机构：厦门大学

摘要：龙舟运动蕴含丰富的"龙舟文化"，是中国"龙文化"和民俗体育文化的重要组成部分。在经济全球化和体育文化多元化发展的今天，区域龙舟的保护和传承面临着机遇和考验。本文选取"漳州龙文区"为调查对象，采用文献资料法、田野调查法、逻辑推理法等研究方法，借鉴人类学、体育学、民俗学等学科理论，在进行实地调研的基础上，对"龙文龙舟"的传承历程、文化特色、特有价值、面临的困境和如何保护等方面进行探讨。研究结果如下：1. "龙文区的龙舟"造型独特。龙文区的龙舟是一种狭长形的船，没有龙头，船头保留传统土船的"鱼头"形象，有鱼嘴、鱼眼、鱼脸等写意性标志；船舷由整个的木头制成称为"押竹"，上面有的会油漆成龙鳞的形状，有的油漆成简单的几何图形，整个区域没有统一标准；船桨中的头桨有4组，起到领桨的作用；尾桨长度较长，尾桨除了产生向前的动力，还需翻出水花宣扬气势称为"龙卷水"，另外必要时需协助舵手控制龙船的行驶方向；船舵有15米长，上面彩绘有醒目的"水仙尊王"四个大字，这也是本区龙舟的符号标志之一。2. "龙文区划龙舟"的划桨姿势与众不同。龙文区的"划龙舟"仍传承着祖先传下来的"站立式"划桨，跟该区农耕时期"乘土船—挖河泥—种水稻"的农业生产有一定的演变关系。这种划桨的姿势和现在整个国家普遍采用的"坐姿"龙舟竞渡有明显的区别，是该区域认同的龙舟特色之一。3. "龙文区划龙舟"的祭祀文化明显。"龙文区划龙舟"祭祀"水仙尊王"是该区祭祀文化的主题，龙文区的"水仙尊王"是一群神仙的化身，屈原是其中之一，另外还有保护地方安康的关帝公、保佑出海顺利的其他水神。龙文区拥有龙舟的村社都建有水仙尊王庙，立有水仙尊王牌位，龙舟入水及比赛前后都会举行水仙尊王祭拜仪式。4. "龙文区划龙舟"遵循"族传身教"的传承模式。该区对龙舟文化的继承一直保持原有的家族传承，主要是村社中有经验、有权威的长者传给年轻人，基本上是靠面对面的言传、手把手的身教，没有系统的文字记载，没有专门负责传播的传承人，大家相互学习、相互交流，形成这种"族传身教"的集体化传承模式。

5. "龙文区划龙舟"的问题与建议：发展资金有限，对外交流不足，传承人不明确申遗困难，商业开发尚处于萌芽阶段，理论研究缺乏等问题。建议在非正式制度引导下坚持该区"划龙舟"的特色；政府部门给予资金及政策的支持和引导；实现该区家庭企业冠名、捐款的支持模式，促进对企业的宣传发展，实现双赢；强化村民对区域龙舟文化特色的认同和保护；加强民俗体育文化的研究；实现民俗体育文化产业运转；培养有知识有文化的传承人，促进"划龙舟"等民俗体育的传承和发展。

刘明菊. 妈祖崇拜的性别文化视角分析 [D]. 导师：方蔚林. 南京大学, 2014, 硕士.

关键词： 妈祖崇拜；女性因素；男权话语；文化传统；性别思考

机构： 南京大学

摘要： 妈祖崇拜产生于宋代的福建莆田地区，她由人而巫而神，有着海神、战神、雨水之神、送子之神等多种神职，随着影响的不断扩大，她多次得到官方的敕封，成为官方允准的神灵并被封为"天后"，其影响随着中国航海业的发展传播至东南亚地区，成为海内外华人共同的精神纽带。本文第一章介绍了妈祖文化的建构。以本章为概述，在介绍妈祖的生平、传说的基础上，对妈祖崇拜的特点及地理历史背景加以说明。本文第二章讨论了妈祖崇拜产生的性别因素。从字源学的角度讲，"女"字有着超越性别的意义，而女性信众在妈祖崇祀活动中也往往有着自我的秘密礼仪，但是男权话语却也无时无刻不充斥在崇祀活动之中，这是封建社会的女神崇拜所不可避免的社会印记。本文第三章探讨中国的性别文化对于妈祖崇拜的影响。儒、释、道三家的女性观分别从不同的角度对妈祖崇拜的产生和发展施以影响，而中国阴阳和合的思想使得妈祖能够最终取代传统的河神、海神，成为影响巨大的官方允准神灵。本文第四章探讨妈祖崇拜的文化思考。妈祖崇拜并不是女性主义的产物，也没有使女性获得更多的社会权利，但是这一崇拜深刻地影响着中国女性形象的塑造，不仅如此，在当下社会，妈祖崇拜为两性和谐提供了很好的平台，而作为沟通两岸的文化纽带，其在两岸关系的发展中也发挥着重要的作用。总之，从性别文化视角分析妈祖崇拜有利于更深层次地探讨其产生的原因，从而更加深入地了解妈祖崇拜，并客观分析男女两性的历史地位，探索当今男女两性和谐发展的新途径。同时，以妈祖为纽带，可以加强两岸的交流与合作，促进民族的团结与社会的和谐发展。

陈依卿. 从《海神家族》与《睡眠的航线》论信仰于战乱时代之必要性与关怀意义 [D]. 导师：邱贵芬. （台湾）中兴大学, 2014, 硕士.

关键词：陈玉慧；海神家族；吴明益；睡眠的航线；战争；妈祖；观世音菩萨；信仰

机　构：（台湾）中兴大学

摘要：论文所探讨的重点在于战争下信仰与人民所产生的互相依存之关系。《海神家族》与《睡眠的航线》的共同特点除了提及在太平洋战争下，人民生活艰困的处境外，还提出不少关于神祇的观念。神祇的信仰由来已久，已在台湾生根，即使遇到战争，也不改人民对于神祇信仰的坚贞。因此在这两本书中，对于人民的信仰及神佛观多有着墨，不仅仅是描述台湾的信仰观，还谈到日本对于天皇的信仰、美国人对于上帝的祈求。《海神家族》虽是以家族书写为主，但书名中的海神与家族其实是两个不同的故事，透过陈玉慧的书写，将书中人物的特质与神明联结，将原本不同的故事紧紧相连，并且以女性视角来描述战争下的生活，陈述信仰如何渗透至日常生活，进而影响一个人的思想，甚至是一个家族的发展，透露出无论是人或者是神明，皆有守护这个共通点；而《睡眠的航线》则是以男性视角为基底，吴明益笔下的战争不单纯只是描述战争的血腥与残暴，而是将层次更提高，利用观世音菩萨在文本中所扮演的角色来呈现其关怀意义，无论是侵略的国家，或是被侵略的国家都有其可怜的一面，以信仰的角度切入，吴明益并没有激烈地正面批评战争的不是，只是一再利用不同的视角来阐释这场战争。当中，最令笔者注目的是信仰的部分，神祇的影响力至今仍存在着，代表信仰在人民心目中有一定的存在必要。因此，战争与信仰在文本中有着密不可分的联结性，即使政权转移，信仰在人民心中仍保有屹立不摇的地位，借此探讨信仰与人民互相依存的关系，由信仰的视角来看待战争、看待一个家族因战争而产生的变化，如何能看见希望与关怀，这些将是论文中要讨论的议题。

闽南历史地理

陈园园．宋元明泉州港海外贸易研究述评［D］．导师：林枫．厦门大学，2014，硕士．

关键词：泉州港；海外贸易；陶瓷贸易；泉州海商

机构：厦门大学

摘要：泉州港的研究源于 20 世纪 20 年代，20 世纪 70 年代后随着水下考古的发展，泉州港研究取得较大突破。目前泉州港的研究成果极为丰富，但存在着量多质劣的问题，因此将前人成果做适当总结，以展望未来研究方向是十分必要的。本文根据目前研究情况，分三个主题梳理前人研究成果，分别是港口兴衰历程、贸易方式、海商华侨。就第一个主题而言，包括港口兴衰的原因、商品的海外销售。从目前研究成果来看，对泉州港兴起与衰落的原因并无定论，但越来越多的学者注意到国际贸易大环境对泉州港的冲击。研究方法上，开始将泉州港置于印度洋贸易圈乃至世界贸易网络中进行讨论。至于第二个主题，本文主要安排市舶贸易与朝贡贸易，其中以市舶贸易与国家财政之间的关系为研究重点。但目前关于此方面的研究多从国家角度出发，如何将市舶制度与地方财政相结合，本文认为是未来需要考虑的问题。第三个主题涉及海外贸易的商人及国内外贸易线路，包括泉州本地商人、蕃商、华侨等。从目前研究成果来看，宋、明两代的泉州本地商人是研究重点，而元代的研究存在较大缺口。相反蕃商在宋、明两代的具体贸易形式如何，从目前的研究看较为模糊，而元代蕃商的研究成果较为丰富。贸易线路研究方面得益于考古技术的发展，海外贸易线路渐趋明朗，只是如何将贸易线路与港口贸易形式结合是目前需要攻克的难题。通过梳理前人研究成果，本文以为泉州港的研究还有较长一段路要走，以泉州港口的发展历程为例，目前研究主要集中在后渚港，泉州港素有"三湾十二港"之称，各港口之间有何关联？泉州港与其经济腹地之间的经贸网络如何形成？泉州港与明州港、广州港等港口发展模式有何差异？这些问题都需要做进一步讨论。

黄琼．论月港兴衰对漳州的影响［D］．导师：吕幼樵．贵州师范大学，2014，硕士．

关键词：月港；兴衰；漳州

机构：贵州师范大学

摘要：明朝建立之后，为了防止倭寇的侵扰，实行严厉的海禁政策，禁止民间自由通番贸易。但这一政策并没有取得良好的效果，倭寇不断侵扰沿海地区的同时，民间的通番贸易也以一种"犯禁式"的方式在浙江、福建、广东等省份存在，形成了浙江双屿、广东南澳、福建梅岭和福建月港四大走私港口。壬子之乱后，明政府内部开始反思海禁政策，福建官员提出的部分开放海禁的意见得到了大部分官员的认同。隆庆元年，明政府选中月港作为开港的港口，月港成为明朝唯一获得官方许可的民间贸易港口。月港位于福建漳州，因此漳州地区首先受到了月港带来的影响。明朝建立以前的漳州地区虽然已经建制近千年，但仍属于蛮荒之地。随着月港贸易的发展，全国乃至世界各地的货物向月港聚集，以月港为中转站向四方扩散，漳州成为当时世界贸易中心之一。地位的提升为漳州带来的不仅是经济上的繁荣，还有社会、文化乃至思想上的变革。明朝末年，在多重因素的作用下，月港逐渐走向衰落。清朝建立后，清政府为了扼制占据台湾的郑氏集团，下令沿海地区迁界三十里，月港彻底衰败。失去了月港贸易的带动，漳州地区的经济逐步萧条，人们的生产生活方式也发生改变。本文通过全面展示月港从兴起前到衰败后漳州地区的变化，在说明月港对漳州的影响的基础上，以小见大，更好地体现月港的历史地位。为了达到这个目的，本文的史料来源除了传统的史志中的经济类史料，还包括《艺文志》及文学作品。从诗文、奏疏、纪略、碑记及笔记小说中寻找线索，扩充了史料来源，从多重角度论述月港在漳州历史上的重要性。

海滢．元代海上贸易影响下的中阿关系 ［D］．导师：丁俊．西北民族大学，2014，硕士．

关键词：元代；海上贸易；中阿关系

机构：西北民族大学

摘要：13 世纪初，蒙古崛起，形成了盛极一时的蒙元帝国。蒙元帝国打破了过去的封建传统，以空前开放的姿态展开了一系列对外交往活动，拓展了对外陆路和水上交通，开辟了草原丝绸之路和海上丝绸之路。元代海上交通的规模、所达地域、航海技术等方面都全面超过了前代，泉州一度跃居为东方第一大港，由泉州等港口城市出发的中国海舶直达波斯湾和非洲各大海港，由此元代官方也展开了与莫桑比克、索马里、摩洛哥等非洲国家的初期交往活动。在海上贸易发展的影响下，元代成为我国历史上中西交流发展的重要时期，特别在文化交流方面堪称中国历史上对外关系发展的最高峰，它不仅使中国同亚非各国的传统交往规模比前代更大，在交流的深度和广度上也达到前所未有的高度，尤其是与这些地区阿拉伯国家的友好往来，使中国古代的四大发明和丝绸、瓷器由阿拉伯人通过丝绸之路传入亚、非、欧各国，推动并改变了整个世界的发展进程；阿拉伯帝国先进的天文、数学、医学以及伊斯兰教，也通过丝绸之路源源不断地传入中国，并为中华文明所吸收。这一时期的中阿交往全面超越前代，中断已久的"香料之路"被重新开启，中阿关系走向历史发展的最高峰，这对后世中阿交往产生了深远的影响。

叶玉红．宋元时期来华西方人眼中的泉州：光明之城 ［D］．导师：费小平．四川外国语大学，2014，硕士．

关键词：泉州；泉州形象；西方人；经济；宗教；生活

机构：四川外国语大学

摘要：众所周知，宋、元两代是泉州港的兴盛时期，成为中国乃至"世界上最大之港"。当时许多来自各国各地区的商人、旅行家、使者以及传教者在泉州留下了自己的足迹，他们通过各自的著述和游记从不同的角度记录了泉州，给我们描绘了一个光明的泉州之城。本文采用文化地理学和比较文学形象学理论对宋、元时期的泉州的形象做出文化研究。本文的内容包括三个方面，首先，从经济与贸易角度来看，西方人认为当时的泉州港是世界上最大的港口之一，称之为"东方第一大港"。其次，从宗教信仰的角度，当时的西方人认为，泉州还是一个宗教的圣地。最后，在西方人的眼中，泉州还是一个生活的天堂。最后本文得出结论：西方人眼中的泉州是一个"光明之城"。研究泉州形象的价值在于本文是文化研究、文化地理学和比较文学形象学研究的文本化，同时对福建的沿海文化和改革开放文化，以及总结历史、重现当下有一定意义。

张华阳．《安溪乡讯》研究 ［D］．导师：郑文标．华侨大学，2014，硕士．

关键词：安溪；乡讯；华侨华人；传播

机构：华侨大学

摘要：安溪乡讯是福建省较早创刊、率先复刊的基层乡讯。创刊半个世纪以来，对联系海外安溪人情感、传播家乡信息发挥了重要作用，争取了侨心。本文在整理第一手资料的基础上，通过实证方法概括出安溪乡讯发展的三个历史阶段。本文分为三个部分，第一部分对福建涉侨传播的历史脉络进行梳理，回顾了新中国成立后安溪乡讯创刊、停刊的历史过程。第二部分阐述改革开放后乡讯的发展状况，探究安溪乡讯复刊的社会历史背景，对乡讯的经营管理进行剖析，对乡讯的传播内容进行分析，研究安溪乡讯的传播要素并结合华侨来信（稿）探求其传播效果。第三部分说明新世纪后安溪乡讯的转型情况，研究在新的管理体制及新媒体环境下乡讯所发生的变化及面临的问题，提出推动乡讯传播事业发展的政策建议。本文运用传播学理论解析安溪乡讯在加深海外侨胞乡情过程中发挥的作用，重点探讨安溪乡讯背后华侨华人群体的参与状况，研究海内外安溪人通过乡讯传播保持互动联系的机制。提出在新的媒体和社会环境下，延续发挥安溪乡讯联系侨心功能的建议。

许艺燕．安溪籍华侨华人与近现代安溪教育研究 ［D］．导师：许金顶．华侨大学，2014，硕士．

关键词：安溪；华侨华人；近现代教育

机构：华侨大学

摘要：安溪县地处闽南厦（门）、漳（州）、泉（州）金三角的西北部，位于晋江西溪的上游，东临南安市，西靠华安县，南接长泰县，北与永春县毗邻。安溪县华侨出国的历史悠久，是福建省重点的山区侨乡。安溪自古十分重视发展教育，历史上著名文人李光地、林嗣环等均出自此。近代以来，安溪地贫民困，教育相对落后，人民深受其苦。许多海外侨胞走出国门后有感于家乡教育的落后，纷纷回乡兴学助学，以兴教育为己任。安溪籍华侨华人捐资办学经历了草创、缓慢发展、快速发展等几个阶段。在各个时期华侨华人的捐资办学呈现出了不同的特点。草创阶段（1912—1949）的侨校以侨捐侨办为主，大都集中在华侨较多的乡镇，如蓬莱镇、官桥镇、龙门镇、龙涓乡等。侨办学校的创办与发展，在使偏远乡镇的子弟接受良好教育的同时，也让学校附近区域逐渐发展成为集市中心，改变了侨乡社会环境，促进侨乡社会发展。缓慢发展阶段（1949—1976），多数侨办学校由政府接办，部分侨办学校仍由华侨继续捐资兴办，并且又兴建了一批校舍。但由于"文革"的影响，华侨回乡捐助学校的情况很少。快速发展阶段（1976年至今），改革开放以后，各项侨务政策相继落实，尤其是1984年陆续开展落实华侨私房政策，由华侨捐资创办的中小学纷纷恢复原校名，进一步激发了华侨的热爱（祖籍）家乡之情，掀起了捐资办学的热潮。从民国时的草创、新中国成立至"文革"时的衰弱和改革开放后的快速发展，可见安溪籍华侨华人创办学校的历程深受中国侨务政策以及国际国内环境的影响。安溪籍华侨华人通过侨校带来了先进的教育理念，开民智之先，改变（祖籍）家乡的社会结构，促进了社会的发展。海外侨胞"离土不离乡"，不在安溪生活，却胜似安溪人。本文重点关注安溪华侨华人最集中且创办侨校中小学最多的官桥、龙门地区，探求典型侨校捐资办学的持续性、组织运作的规范性、管理运作的开放性等特点。其中养正学校是一个以举家族、华侨之力来办的小学，蓝溪中学是一个举全安溪华侨成就的中学，培文学校则是举一人之力，背后支撑其发展的是海外侨亲及国内友人而成就的师范学校。安溪人捐资办学助学是华侨华人爱国爱乡无私奉献的时代精神的具体表现，这种精神感召一代代华侨华人践行教育救国、教育兴邦的理想。华侨华人对祖籍地教育事业的扶持与奉献是持续性的，从清、民国到新中国，这种行为的持续不断，说明这一特殊的人群受到离土不离乡的影响，进而推进（祖籍）家乡的社会进步。当下随着安溪产业升级，安溪的侨捐资助成为社区的传统，此种精神深刻影响到本土社会的民众，诸多事业成功人士秉承华侨华人无私奉献的精神也纷纷热情投资捐献家乡事业。借助此种精神来提升或者促进安溪地方社会自身更新进步的动力，即对教育产生的共识，安溪历年的高考人才辈出，从根本上改变原来贫穷落后的窘境，社会进入新一轮的发展阶段。本文将安溪近现代教育的发展变迁过程与安溪籍华侨华人紧密联系在一起，运用历史人类学方法，结合数据分析，探寻安溪籍华侨华人在安溪近现代教育史上的独特贡献。

闽南人物

王密密．苏颂人格及其诗歌研究［D］．导师：张兴武．杭州师范大学，2013，硕士．

关键词：苏颂；仕宦人格；诗歌主题；诗风特点

机构：杭州师范大学

摘要：苏颂是北宋著名的政治家、科学家和文学家，他的成就涵盖医学、天文、历法、史学以及文学等诸多领域，对宋代学术的发展产生了深远影响。迄今为止，学界对苏颂的关注和研究主要集中在科学贡献方面，有关他诗歌创作的研究成果却并不多见。为了弥补这一缺憾，本文采用文史结合的方法，深入分析苏颂别具一格的人格特点，以及与之相关的诗歌艺术特点。本文的讨论主要集中在以下三个方面：第一部分，概述苏颂的仕宦理念以及与新、旧党人之间的交往；并通过对苏颂的忠君思想的深入解读，探析他免于"元祐"党祸的深层原因。第二部分，阐释苏颂诗歌中"孤洁于世"与"恬淡自然"的主题取向，并分析其与人格品质表里相关的密切联系。第三部分，全面论述苏颂诗歌在语言、体式等方面所呈现的显著特点，以及理性务实的诗作风格。需要说明的是，本文对苏颂仕宦人格及政治取向的理解，初步超越了前人有关北宋政治人物例属"朋党"的观念制约，所有认知均建立在史料考察与辩证分析的基础上。至于苏颂不同时流的诗歌艺术特点，也只能从《苏魏公文集》中寻求深入细致的解读。除此而外，别无他途。

赵积优．曾公亮研究［D］．导师：何玉红．西北师范大学，2013，硕士．

关键词：北宋；曾公亮；王安石变法；《武经总要》

机构：西北师范大学

摘要：曾公亮是北宋中后期政治舞台上一位重要的人物，他出身于宋代名门大族晋江曾氏家族，历仕仁宗、英宗、神宗三朝，是北宋庆历新政、濮王之议、王安石变法等重大政治事件的参与者与见证者。曾公亮所生活的时代正处于北宋仁宗晚年表面繁荣昌盛而实际矛盾丛生到神宗初年的大变革时期，其有关大政方针的制定和重要人事的变迁，他都是亲历者和参与者。在任地方时，曾公亮"厚农桑，抚百姓"，"为政惠和"；出任翰林兼知开封，"强宗大姓，莫敢犯法，畿内之盗，遁逃远去，京师肃然"；至中央为相，与另一宰相韩琦"戮力一心"，协力辅政；他关注军政建设，提出

"择将帅""损冗兵"、裁抑"冗费"主张；他向神宗推荐王安石，极力支持变法革新。此外，曾公亮还是一位著名的学者，著述颇丰，特别是他主持修撰的军事名著《武经总要》对后世影响很大。因此，曾公亮不是一个"遇事依违两可""老成持重"的官僚典型，而是北宋中叶一位颇有建树的政治家，应该充分肯定曾公亮在历史上的地位及其所起的进步作用。同时，通过对曾公亮的研究，对于窥见北宋中后期政治、经济、文化、教育等风貌也有意义。此外，本文还考察了曾公亮的家族背景和文学才华等内容。

王军芳. 杨匡民音乐学术研究之研究［D］. 导师：蓝雪霏. 福建师范大学，2013，硕士.

　　关键词："三声腔"理论；"色彩区"理论；影响；评价；治学观；教学观

　　机构：福建师范大学

　　摘要：杨匡民是我国民族音乐学界的老一辈著名学者，他倾注一生的才智心血，在我国民间音乐的收集、整理、研究和教学领域不倦不懈地探索、开拓、耕耘，为我国的音乐教育事业和民族音乐文化的发展做出了杰出的贡献，特别是他在 20 世纪 50 年代就已经施之教学的"三声腔"和"色彩区"理论，成为 20 世纪 80 年代以来我国传统音乐研究的热点，开辟了我国传统音乐研究的新道路。本文拟通过"田野调查"之访谈对杨匡民的音乐造就及其音乐人生加以探究，客观论述以他为主编的《湖北民间歌曲集成》编写体例及其"三声腔"和"色彩区"对我国学术界产生的影响，解析杨匡民对音乐研究贡献之成因，希望杨匡民的治学观及教学观在中国音乐学界有更明确的学术定位，希望杨匡民的学术精神对后辈学者人生价值的实现有所激励。

马紫君. 林子白研究［D］. 导师：李豫闽. 福建师范大学，2013，硕士.

　　关键词：林子白；中国画；艺术风格；美术教育

　　机构：福建师范大学

　　摘要：林子白（1906—1980），字玠生，号雪丘、雪圭，他是福建地区国画艺术和美术教育近五十年来发展进程的经历者与实践者，也是近现代具有一定影响力和代表性的著名国画家和教育家。他于 1929 年毕业于上海新华艺术大学大学部，受业于诸闻韵、俞剑华、潘天寿、王个簃等海派大师，接受过传统笔墨技法的训练和教育，一生致力于国画艺术创作、研究和教学，并且与王一亭、吴徵、贺天健、张善子、徐悲鸿、诸乐三、吴茀之等名家均结为好友。但因其去世得早，并且生前死后宣传介绍得不多，导致被历史掩埋。他在近五十年的艺术生命中，潜心治艺，孜孜不倦地继承了文人画的写意传统，并且不断发掘福建地域的物化人文，并将其融入他的作品当中，逐渐形成独具个人特色的艺术风貌。他是个全面型的艺术家，在诗书画印方面都有颇高造诣，但最为引人注目的是他的花鸟画艺术。不仅如此，他作为一个在活跃在美术教育讲台上长达五十年之久的教师，勤勤恳恳、呕心沥血地培养了陈明谋、吴同生、翁开恩、俞梦彦、檀东铿、翁振新、王和平、林容生等现如今已然成为福建绘画艺术领域的佼佼者和中坚力量的优秀美术教师和著名画家。作为福师大美术系的早期奠基人之一，他为八闽美术教育事业做出巨大贡献。从它的研究中折射出中国画教育的缩影，他的实践经验启示了我们如何将传统文化与本土文化进行融合，从而创造出具有新的笔墨图式的中国画作品。因此，对林子白进行系统而深入研究具有一定的现实意义和理论意义。

颜少菊.鼓浪舒婷［D］.导师：郭小东.广东技术师范学院，2013，硕士.

关键词：舒婷；"文革"文学；诗歌；散文；人文关怀；个人内心

机构：广东技术师范学院

摘要：舒婷在"文革"时开始创作，后来一度成为《今天》的主力，在20世纪70年代末80年代初她曾成为一代文学青年的偶像，她用她的诗歌唤起了无数读者对生活的希望。她诗歌的丰富性也一直是学界热议的焦点。她对诗歌的热爱与坚守使得她一直把自己钉在十字架上，但她却两次选择搁笔，最后其创作更是彻底转向散文，是什么原因导致她做出这样的选择？与其早期诗歌引起的强烈反响对比，她的散文虽然也获奖了，但却较少有人关注。本文试图从多个角度探寻舒婷及其诗歌的意义，并结合其散文创作以便对舒婷的整个创作有更清晰的了解。不管是诗歌舒婷，还是散文舒婷，她始终坚守内心。虽然其后期的某些诗歌作品被人诟病，但并不妨碍她在诗歌史上不可替代的地位。同样，她的散文也丰富了历史的突破。

潘澎.南洋闽南籍华侨对祖国抗战的贡献［D］.导师：许金顶.华侨大学，2013，硕士.

关键词：闽南籍华侨；贡献；抗战

机构：华侨大学

摘要：本文探讨的是闽南籍华侨在抗战时期对祖国抗战的贡献，通过实证研究处于整个世界反法西斯抗战的大历史背景下的闽南籍华侨在何种生存境遇下，舍小家，顾大家，孜孜不倦地为祖国抗战做出牺牲，成为祖国抗战的坚强后盾。南洋闽南籍华侨这一特殊群体在支援祖国抗战组织的带领下，把闽南籍华侨由分散性、自发性的支援行为发展到跨国家、跨帮群、跨区域的支援运动，反对日本法西斯邪恶势力，成效巨大。闽南籍华侨在支援祖国抗战中，贡献具体表现为舆论宣传、捐献、人力派遣等三个主要方面，为祖国补充了巨大的战时物资经济资源，对战胜日本法西斯做出了巨大的贡献。本文通过闽南籍华侨在战时贡献的具体活动，来看公民追求正义的途径，客观地反映南洋闽南籍华侨支援祖国的爱国活动历史原貌，从而彰显华侨的爱国精神和华侨对整个世界反法西斯的重要贡献，这对当代弘扬华侨的爱国主义也有所裨益。

彭昕．林语堂新闻自由思想研究（1924—1936）［D］．导师：王晓生．中南大学，2013，硕士．

　　关键词：林语堂；新闻自由；新闻检查；民主法治

　　机构：中南大学

　　摘要：从1924年满怀政治热情参与政论性评论的写作，以勇敢的"战斗"姿态投入到思想革命，到20世纪30年代初期倡导幽默、闲适的小品文风格，遭受当时左翼文坛的抨击，林语堂先后参与了《语丝》《论语》《人世间》《宇宙风》等刊物的撰稿和主编工作，1936年，林语堂撰写了我国第一部新闻舆论史——《中国新闻舆论史》，对古代和现代中国关于言论出版自由斗争的历史进行了梳理和总结。林语堂的新闻自由思想是在特定的社会历史环境中，以丰富的报刊实践活动为基础而逐渐形成的。本论文通过对林语堂报刊实践的研究及其对新闻专著《中国新闻舆论史》和其他相关新闻思想论述文章的分析，从言论自由、新闻检查制度、新闻自由如何实现等三个方面总结林语堂的新闻自由思想；并通过对其新闻自由思想哲学来源的梳理，在西方资本主义新闻自由思想、马列无产阶级新闻自由思想的理论支撑下，对比其与同时代自由主义知识分子思想的异同点，评价其新闻自由思想历史贡献及局限。新闻自由思想是林语堂新闻思想的主要组成部分，是对资本主义新闻自由思想的传承和创造性发展，具有丰富的理论内涵和现实意义。林语堂新闻自由思想中关于自然权利、新闻法制等方面的内容，对当前以致今后的新闻事业都具有重要的启示作用。

韩峥．林语堂幽默理论研究［D］．导师：魏久尧，孙鸿亮．延安大学，2013，硕士．

　　关键词：林语堂；幽默；精神；底蕴；异化；完美人格；影响；意义

　　机构：延安大学

　　摘要：20世纪，林语堂因提倡幽默而被称作"幽默大师"，对此他很自豪，并且也没有辜负这个称号，在他的一生中的一半时间以上都在推行幽默，鉴于他受西方教育的背景和对中国本土文化的热爱，他的幽默理论建立在二者基础上，可谓中西合璧式的。他认识到幽默不仅是一种宽容的人生观，而且更重要的是敢于说真话，要解放个性，所以他更进一步提到性灵、闲适，作为幽默理论的延伸。他提倡幽默不是在逃避现实，不是为笑而笑，而是他对中国两千多年来虚伪、麻木、造作的文化的变相谴责，用幽默来改变当时枯萎、狭隘的中国文化，旨在建立完美的人格，因为他深谙幽默的精神特质与时代所需要的精神是一致的。同时他长期生活在国外，那里的物质生活更加富有，但人们的精神已被物质所累，已经忘记了快乐、精神的享受，林语堂看到真正的幽默精神与超越人性异化的帮助。本文重点论述林语堂幽默理论的形成过程与发展的可能性，在此展示他幽默理论成立的基础，并分析他幽默理论的思想底蕴对历史和现实的影响，给出他在幽默历史中的客观地位。

张秦．林语堂对中国传统艺术文化阐释中的美学意蕴［D］．导师：宛小平．安徽大学，2014，硕士．

关键词：林语堂；美学思想；中国传统文化

机构：安徽大学

摘要：作为现代知名学者的林语堂在国内外享有极高的声誉，他的作品影响极为广泛。林语堂更广为人知的是其在小说、散文方面的造诣。但同时，他也是一个对美学思想颇有研究且有自己独特见解的美学家。林语堂的美学思想受克罗齐影响较深，同时对中国传统哲学思想特别是道家思想十分推崇，认为道家精神是中国文化的根源，他也自诩为老庄的门徒。因此，林语堂崇尚"闲适""幽默"的文艺思想。作为第一个在中国提出"幽默"一词的人，林语堂也被称为"幽默大师"，他十分善于用简单易懂的语言去描述深刻而耐人寻味的道理。林语堂继承和发展了晚明的"性灵说"，他提倡随心而自由的创作，指出"一人有一人之个性，以此个性无拘无碍、自由自在表之文学，便叫性灵"。林语堂性灵文学的主张在文学创作中产生了一定积极的影响。这些文学特色无不与林语堂从小的生活环境、心境、教育背景以及所处的时代相关。在生活中，他崇尚的是乐观、积极、豁达的人生态度，他认为生活应该闲适而平静。林语堂正是秉持着这样一种热爱生活的态度去享受人生，而这种理想的生活态度与朱光潜先生等人在早期所倡导的"人生艺术化"的思想不谋而合。林语堂的父亲是一位基督教牧师，从小接触的教育方式和特殊的家庭背景、生活环境以及多年的海外学习及生活的经验，使林语堂对西方的生活方式及思想有了更透彻的理解，也使他更具自由、民主的个性。因此林语堂对西方文化的态度始终是接纳与理解而不是一味排斥。但与此同时他也并未完全摒弃东方的传统思想，在心里也深深地热爱着中国独特的东方文化，他认为中国的艺术文化在世界上是具有非常重要的地位和作用的，同时他很好地将这两种不同的中西文化方式结合起来兼容并蓄。林语堂对中国传统的文化艺术如书法、绘画、茶道甚至建筑等都有自己独特的理解和看法，并能在准确地把握住其中精髓的同时将这些思想传播开来，让那些对中国文化不甚了解的人也能领会中国文化艺术的独特魅力。林语堂认为"平静与和谐是中国艺术的特征，它们源于中国艺术家的心灵"。对于中国绘画，他认为与西方的绘画艺术有着很大的区别。中国的艺术家在作画时并不是对事物的单一模仿，而是倾注了自己的感情于对象中，这样才能淋漓尽致地将事物的精髓表现出来，才是一幅优秀的艺术作品。关于中国的书法艺术林语堂则更觉得十分重要，甚至给出了"如果不懂得中国书法及其艺术灵感，就无法谈论中国的艺术"这样高度的评价，并且认为中国的建筑也深受书法艺术的影响。他的这些美学理论思想不仅内容丰富而且非常具有个人特色，十分值得我们细细品味与研究。林语堂将东方的传统与西方的现代和谐相融，这也是极其难能可贵的。虽然他没有专门谈论美学的著作，但其独到的关于美学见解的文章常见于书中。本论文试图将这些散落的关于中国文化艺术的美学思想进行梳理、比较，以期望能更深入地理解林语堂的美学思想。

徐建 · 林语堂的语法学思想研究 [D] · 导师：苏章海 · 山东农业大学，2014，硕士 ·

关键词：《开明英文文法》；意念；意念比较文法；教学语法

机构：山东农业大学

摘要：林语堂作为语言学家的身份在很大程度上为其文学创作和翻译作品所掩盖，1933 年，林语堂出版了以对比为主要方法的《开明英文文法》，这是其语法学思想的集大成之作，也是最早最认真进行英汉语法比较研究的尝试。然而国内外对其语言学思想及语法研究贡献和语法哲学思想的研究并不多见，且研究的视角和研究的理论成果较为单一并且单薄。对《开明英文文法》的研究以前也并没有人系统做过。本研究基于对英汉语法的对比研究，通过《开明英文文法》的文本细读，对该书的体系及语法学思想进行系统分析阐述，然后从中发掘其理论价值及应用价值。旨在让人看到一个完全不同于大多数人眼中的作为语言学家的林语堂，对其学术造诣有更全面的了解。具体而言，我们在研究中做了以下几项工作：第一，梳理了全书的内容框架和各章体系，分析该书是怎样由内到外、层层深入，突破了旧的语法体系；第二，在廓清全书的内容基础上，思考并发现了书中体现的语言哲学思想，尤其是叶斯柏森语法哲学对林语堂的影响以及两者前后有怎样的承续；第三，发掘其中所体现的对比思想，研究该书是如何对中英文意念范畴及各种表达意念的工具进行比较的；第四，对《开明英文文法》及后来中国较有影响的文法书进行细致比较，以期得到教学语法方面的有益启发；第五，反观该书的不足之处，总结《开明英文文法》在当代的价值，对现代的语法教学和语法教材编订的启示。研究发现，《开明英文文法》在承继叶斯柏森从意义到形式的语法思想的基础上进行了创新转化，从"活的语法""语言是活的"这一核心思想出发，一反旧的文法编制，完全以说英语者的意念为出发点，将所有文法形式分配在许多意念范畴内，根据心理学来讨论各种各样的表现方法和英国人固有的思想方法。基于意念比较文法，中英文意念及表现法的不同也在该书中从以下六个方面进行了详细的比较：1. 英汉意念相同，表达方式不同；2. 有的意念英语中有而汉语中没有；3. 有的意念英语中有，汉语中虽然有却很少用；4. 有的意念英语中有，在汉语中是新事物；5. 英汉意念和表达方式都一样；6. 有的意念汉语中有而英语中没有。可以说，《开明英文文法》开创了从意念出发、从思维到表达、从内容到形式、从内到外进行英汉语法对比的先河，同时也是中国国内功能意念英语语法的滥觞。尽管该书有一些美中不足之处，比如语言老派、有一些语言错误等，但仍然具有一定的理论和实践意义，英文是一种活的东西，不可套上文法的桎梏，要从学习善能表意入手，对该书的认真而深入的研究将在英语语法研究、英汉语法对比研究、英语语法教学及英、汉语法教材的编订等相关领域产生积极的作用。

汪妍锦．林语堂人生艺术化思想及其根源探究［D］．导师：李昌舒，赵宪章．南京大学，2014，硕士．

关键词：林语堂；人生的悲剧意识；幽默；闲适；"半半哲学"；中西文化

机构：南京大学

摘要："人生艺术化"思想作为一种审美主义思想，是林语堂极为深刻的人生论主张。本文把林语堂放置在20世纪30年代的大背景下，从文本、文化的角度切入，对林语堂人生艺术化思想进行深入研究。在中西文化的撞击与冲突中，对自我人格精神和生活境界的艺术化追求，成为林语堂对生存困境的表现方式。本文以前人研究成果为起点，主要从文化的角度切入，探究林语堂人生艺术化思想的相关问题，力求对其思想内涵、成因进行全面、系统的研究。再用一些社会历史学的方法对林语堂的人生经历、社会环境，甚至他的个人喜好、气质等进行简单分析，力图得出客观的结论。本文主要分三个部分：一是人生艺术化思想的内涵。"人生艺术化"思想是一种以审美或艺术精神为根本价值取向的人生观，是林语堂人生观、审美观的集中体现。它主要包含三个方面，即人生悲剧意识、幽默的情怀与闲适的境界、"半半哲学"。二是探究人生艺术化思想形成的根源。解读一个人的思想，必须了解此人思想的根源，从中国传统文化和西方文化给他的启示中，透析他悲剧意识、幽默、闲适、性灵文学以及"中庸思想"产生的原因，从而体现林语堂人生观的独创性。三是运用比较研究的方法，将林语堂与同时代的国内作家如鲁迅、周作人进行分析、比较，找出他独特的文学主张以及对当下的启示意义。林语堂是一个"复杂""矛盾"的个体，需将林语堂的人生艺术化思想置于中西文化交融的文化历史背景下，放眼当代社会文化，去辩证地看待它，以求对其做出客观的评判。

闽南旅游文化

卢平安．闽南"乡村游"设计的生态文化探究［D］．导师：董万里．云南艺术学院，2013，硕士．

关键词：生态文化；地域文化；乡村游；景观设计

机构：云南艺术学院

摘要：乡村旅游是基于现代化进程所造成的资源减少和浪费、环境污染严重、生态系统退化等大背景下产生的一种新的旅游和生活体验方式；乡村旅游的设计建设与发展，必须建立在尊重自然、顺应自然、保护自然生态文化理念的基础上。本文笔者以厦门五峰古堡乡村旅游"国家级示范点"为例，重点探究生态文化在乡村旅游设计建设的重要性，并融入地方文化（生活方式）、政府部门监督管理机制（管理方式）、企业管理机制（工作方式），笔者历经 6 年从项目规划立项、设计施工、示范点启用运营和运营后的后续设计服务，以及通过大量的设计图表、实景照片，从示范点的前期调查、旅游规划、施工图设计、运营服务、特色强化等方面进行论述，希望通过在设计实践过程中遇到的点点滴滴问题，进行总结并提升到理论层次，为闽南乡村地区乃至类似的乡村游设计提供绵薄之力，相信随着我国生态文明建设的不断完善，蓝天、碧水、青山的美丽乡村将在中国永存发展。

陈婧蓉．安溪金谷镇乡村旅游规划与建设研究［D］．导师：范水生，蔡建明．福建农林大学，2013，硕士．

关键词：乡村旅游；金谷镇；规划建设；海峡西岸

机构：福建农林大学

摘要：乡村旅游是以农业产业为基础，依托农村的自然资源、田园景观、农耕文化等，在传统农村游的基础上进一步拓展休闲项目的一种新型旅游方式。它是当今旅游发展的热点之一。当前，全球化、信息化、网络化、生态化迅猛发展，对于乡村旅游的规划越来越重要，政府部门、企业界、学术界都开始加大对乡村旅游的关注。然而对于一些地区尤其是经济不是非常发达的地区，其乡村旅游的建设存在着规划不合理等诸多问题，这严重阻碍了当地乡村旅游的发展，制约了农村经济的发展和农民生活水平的提高，必须引起人们的重视。论文在综合国内外相关研究的基础上，根据安溪县金谷镇的具体状况进行了规划方面的研究。主要的研究结论有：金谷镇的自然条件、市场状况等良好，适宜乡村旅游的开发；金谷镇乡村旅游开发的主要目标是把金谷镇建设成为集观光旅游、生态旅游、休闲度假旅游、文化旅游和宗教旅游为一体的海峡西岸著名的山水茶乡和朝圣之都；金谷镇乡村旅游的开发是一个长期的过程，针对开发建设中存在的问题，需要从资金筹措、政策保障、人员配备、技术依托等多方面给予相应的保障。

唐美娜．泉州"清源山风景区"文化旅游项目研究［D］．导师：林峰．华侨大学，2013，硕士．

关键词：泉州；清源山风景区；文化旅游；策划

机构：华侨大学

摘要：泉州旅游业渐成支柱产业。地区文化的特色性和效益性受到普遍的认同，重视本地特色与文化的开发保护和传承是完善地区旅游业的重要发展方向。因此本文在泉州具备的文化旅游优势上，制定打造"清源山风景区"的文化旅游项目。本文分为七个部分：第一部分：绪论。介绍论文的研究背景及研究意义，同时介绍论文采用的主要研究方法，本文的创新点及不足。第二部分：相关文献综述。介绍本文主要引用的相关研究理论。第三部分：泉州旅游资源分析。从泉州地理风貌、宗教、民俗、经济等角度介绍了丰富的旅游资源，为发展泉州文化旅游提供有力支持。第四部分："清源山风景旅游区"项目策划方案。从项目的意义、构成、运作、业态模式、回报分析角度阐述项目方案。第五部分：项目实施过程中存在或可能存在的问题。从目前项目面临的问题和可能遇到的问题出发，提出宣传和市场运作上的问题。第六部分：应对策略。针对上一部分提出的问题，本文也做出了在宣传上、项目操作上相应的解答。第七部分：结论与展望。盼望泉州文化旅游业持续健康发展。

林毅涌．泉州古城文化产业园发展战略研究［D］．导师：衣长军．华侨大学，2013，硕士．

关键词：文化创意；产业园；战略；产业集群

机构：华侨大学

摘要：在可持续发展的理念指导下，文化创意产业在低碳经济发展中所起的重要作用得到人们极大的关注。作为文化产业集群的典型表现形式，文化产业园区不仅在推动城市产业升级和经济结构调整中扮演着越来越重要的角色，更能大幅提升城市品位，进而成为城市形象的一张名片。创意产业园区的发展如何避免陷入"概念＋水泥"的同质化竞争漩涡？本文首先通过在查阅文献、了解文化创意产业发展历程的基础上，重点对比了英、美、韩在发展文化创意产业不同模式中政策对行业机遇所起的不同作用。在分析国内文化创意产业园方面选取了比较有代表意义的北京和珠三角的文化产业园作为对比参照物，使用 PEST 战略分析方法分析文化创意产业的行业宏观环境，同时采用波特竞争力钻石模型分析文化创意产业的行业竞争力，结合泉州特点采用 SWOT 分析方法对源和 1916 文化创意产业园区的优势、劣势、机会、威胁进行归纳总结，形成备选战略矩阵，再通过 EFE　IFE　QSPM 等战略选择工具制定出源和 1916 文化创意产业园区的短期、长期发展战略。文章建议文化产业园区在发展中立足本地市场，对"老字号"的文化内涵进行适度的解构与重建，打造有地方文化特色的品牌，希望以此来摸索出一条适合文化创意产业园区进行差异化竞争的道路。

王桂林．安溪茶文化资源的挖掘及利用研究［D］．导师：朱朝枝，李鸿阶．福建农林大学，2013，硕士．

关键词：安溪；茶文化；茶文化旅游；旅游产品

机构：福建农林大学

摘要：茶文化是中国的传统、休闲、养生文化与旅游的美妙契合，形成了茶文化旅游的新潮流。安溪作为中国十大名茶之一铁观音的发源地，茶文化资源底蕴深厚。其茶文化旅游虽有一定发展，但国内外茶文化旅游市场竞争激烈，要继续立于有利地位，必须对安溪茶文化旅游资源进行深度挖掘与合理利用，很好地保护、传承、发扬璀璨的安溪茶文化，通过发展茶文化旅游，加强美丽乡村建设，丰富现代人们的精神文化生活，促进安溪经济社会和谐发展。在对国内外有关安溪茶文化与茶文化旅游的文献进行收集和学习基础上，深入挖掘和整理有关安溪的茶叶民间故事、茶俗、茶诗、茶楹联、茶歌、茶艺、茶道、茶名人等文化资源，通过采用文献分析法、实地考察法、问卷调查法，多方位聚焦于安溪茶文化研究，提高茶文化与旅游对接紧密度和研究专业深入度。通过对安溪茶文化旅游现状进行分析、归纳，发现游客对安溪茶文化旅游具有浓厚的兴趣，但对安溪多姿多彩的茶文化资源，除了对常见的茶王赛、茶艺表演、铁观音传说的相关文化有所了解外，其他知之甚少，在茶歌、茶联、茶舞等方面开发效果不够理想，资源与景点整合度不高，景点建设及运营需要加强。建议充分挖掘与利用好茶文化资源，加强基础设施建设，提高人员服务水平，丰富茶文化旅游产品，扩大宣传，加强与学校等科研单位的合作等改进措施。注重维持良好的外部环境，高度重视深度挖掘茶文化资源，合理开发利用茶文化的资源，开发高品质的茶文化旅游产品和景点，合理运营并不断优化、提升茶文化资源，促进安溪茶文化旅游可持续健康发展。

章志刚．福建安溪铁观音产业化发展研究［D］．导师：谢东梅．福建农林大学，2014，硕士．

关键词：安溪县；铁观音；电子商务；发展思路；产业化；茶叶合作社

机构：福建农林大学

摘要：农业产业化目的在于将生产、加工、销售各环节连接起来，构建一个涉及农业扩大再生产的各环节、全过程的完整的产业链条。茶叶产业化是农业产业化的一种基本模式，是以产业利益主体获得利益最大化为经营目标、实现茶叶产业由传统农业向现代农业转变的创新经营方式。本论文力求通过分析安溪铁观音产业的发展现状，针对安溪铁观音产业化发展中存在的不足之处，提出相应的对策和政策建议，从而实现农民增收、产品增值、企业增利的产业化提升。论文研究的框架和主要内容包括：第一章主要阐述论文的研究意义、国内外研究现状、研究目标、研究内容及拟采取的研究方法等；从农业产业化的概念、农业产业化研究层面、农业产业化存在的问题及茶叶产业化的相关研究对国内外研究现状进行阐述；第二章是分析世界茶产业和中国茶产业的现状，茶产业是中国主要的传统农业产业之一，具有悠久的发展历史，茶叶生产和消费也长期居世界首位，但属于大而不强的状态，茶叶产值却没有与产量的世界地位相匹配。本章着重剖析我国传统茶叶的发展方式及其弊端，从而了解我国茶产业的不足之处；第三章主要阐述安溪铁观音产业发展现状，包括生产现状、生态环境、生产质量、营销模式等基本情况，分析安溪茶铁观音发展面临的主要问题，如市场竞争、制作工艺、机械化、产业链延伸等。同时介绍了安溪县剑斗镇后井村采用新型合作社模式取得的成果；第四章是针对本文所述铁观音产业化发展面临问题，提出了结论与建议，包括建立生产质量标准、充分利用电子商务的发展开拓新的营销模式、借助资本市场的力量、延伸茶叶产业链等。

张清清．基于"生活化"视角的泉州非物质文化遗产旅游利用研究［D］．导师：方旭红．华侨大学，2014，硕士．

关键词：非物质文化遗产；"生活化"；旅游利用；泉州

机构：华侨大学

摘要：我国对"非遗"保护的20年，也正是"非遗"消逝最快的20年。大多数"非遗"是民众在日常休闲生活中创造的。由于现代化城市建设日益加快，"非遗"很难融入人们的生活中去，其存在、传承和发展正面临着堪忧的处境。长期以来，地方政府忙于"开发""非遗"，忽视了保护和传承，导致了一系列病态的社会现象：遗产的文化精神功能被经济功能遮蔽；文化遗产等同于旅游资源，甚至让没有旅游价值和商业价值的遗产等同"废物"；保护演变为"口号"等。为改变"非遗"的堪忧现状，亟须创新观念，探索积极、科学、合理、高效地促进非物质文化遗产与旅游结合发展的新途径。本研究根据"非遗"的本质属性及其生存境况，以"生活化"的视角在旅游发展中对"非遗"进行合理利用。本研究以"东亚文化之都"——泉州为例，运用社会学研究方法如实地考察、调查问卷、专家打分、访谈、城市意象法等，对泉州"非遗"整理、分类，"生活化"开放式利用，创建空间汇集地，再建构"非遗"赖以存续的生活情境和社会情境。提出打造"生活化"街区、"生活化"情境体验剧、闽南原真生活性体验、小吃人家和"生活化"小吃街巷等利用方式。同时，建议出台"惠原住民"政策、建立非物质文化遗产旅游利用专项资金补助机制、建立传承人培育机制、创新非物质文化遗产表现形式、引导舆论和提高文化认同等保障措施，使得旅游者能够在"惯常"生活情境中真实体验非物质文化遗产，领悟其丰富内涵。本研究的创新之处在于提出全新的视角，将旅游的发展寓于"非遗"的保护中，对案例地的"非遗"及其组成要素生活性地利用。理论上，对国内外"非遗"的研究现状进行梳理和述评；研究过程中对案例地"非遗"的搜集和整理，有利于案例地"非遗"的保护；提出"生活化"的视角，论述了"生活化"利用的逻辑基础，丰富了"非遗"的理论内涵。实践意义上，区别于传统的"非遗"开发模式，提供了一定的应用借鉴意义；有利于"非遗"的传承；并对传承人的生存之路有了新的探索。

徐姗姗 . 闽南卫所宗教文化与旅游发展探究 ［D］. 导师：卫春回 . 华东理工大学，2014，硕士 .

关键词：闽南；海防卫所；宗教文化；宗教旅游；福全村

机构：华东理工大学

摘要：宗教旅游的兴盛，是当前城市化和文化旅游发展的必然结果，旅游人类学关于旅游宗教神圣性的相关理论，以及旅游生态学、"共睦态"的旅游体验和宗教旅游利益相关者等理论为宗教旅游的发展和研究开辟了广阔的天地。中国闽南地区因其特殊的历史地理条件，形成了有别于其他地区的丰富而独特的宗教旅游文化资源，这一点在闽南卫所的宗教文化中体现得尤为清晰。在卫所制度和铺境制度的共同推动下，伴随着地方势力和中央皇权的兴衰变化，闽南卫所的宗教文化沉淀出了一份独有的、延续至今的历史文化特色。结合闽南古卫所当前面临的旅游开发的大趋势，作为其旅游资源中最重要的组成部分，对闽南卫所宗教文化与旅游发展进行研究就显得极为必要。本文以位于泉州晋江市东南的一座闽南的千户所城——福全村为例，在实地调研的基础上，结合文献和理论分析，发掘了福全村在卫所聚落变迁中形成的独特的三大宗教文化特征和内涵，介绍了福全村宗教旅游资源的现存情况。在福全村的案例基础上，进一步分析了闽南现存卫所宗教旅游的开发现状以及存在的问题，最后给出了相应的对策和建议。

胡微微 . 闽南民俗体育旅游开发模式研究 ［D］. 导师：王德平 . 集美大学，2014，硕士 .

关键词：闽南；民俗体育旅游；开发模式；开发策略

机构：集美大学

摘要：随着旅游消费需求的变化，文化旅游日益成为现代旅游的热点，受到各国各地区旅游业界和学界的普遍关注。闽南民俗体育文化资源丰富，极具开发民俗体育旅游产品的优势。但目前当地一些极具特色的民俗体育旅游资源并没有被合理地开发和利用，以至于资源优势未能转化为产业优势。因而，把闽南丰富的民俗体育旅游资源价值进行深度挖掘，使其成为吸引力强的特色旅游产品，具有极大的研究价值。文章对闽南厦、漳、泉三市所辖的 11 个区和 17 个县（市）内涵盖的民俗体育旅游进行旅游开发模式的研究及探讨，借助旅游经济学、民族学、体育学、区域经济学、市场营销学等学科的相关理论，并采取理论研究与文献研究相结合、定性研究与定量研究相结合，运用数理统计、逻辑分析、实地考察等方法对文章涉及的具体问题进行研究。借鉴学者们的研究成果，从民俗体育旅游开发的机制、原则方面探讨民俗体育旅游开发模式的构建，综合考虑开发过程中的相关利益群体之间的角色定位，构建了闽南民俗体育旅游的一体化开发模式，并从闽南民俗体育旅游市场定位、具体开发策略、营销策略、开发有效运行保障措施等方面阐述一体化开发模式的具体实施步骤。综合考虑民俗体育旅游开发过程中各利益主体之间的职责的一体化开发模式，是闽南民俗体育旅游开发市场形成的这一时期最直接、最有效、最适合的开发模式。结合实际情况提出的相应措施，即制定正确的政策法规，提供全面的旅游公共服务建设，完善企业经营管理机制，优化产业融合格局；构建多元化的市场营销策略和宣传体系等，为一体化开发模式的顺利实施及民俗体育旅游的可持续发展提供了较为有力的保障。

沈宏娜．旅游开发背景下古村落地方文化的再表达［D］．导师：董建辉．厦门大学，2014，硕士．

关键词：古村落；旅游；文化再表达

机构：厦门大学

摘要：古村落集中体现了一个地方的社会文化，包括物质的、制度的和精神的不同层面。但在旅游开发的过程中，人们往往只注重物质文化的层面，特别是其中的特色建筑，而忽略了蕴含于物质文化背后的制度文化和精神文化的层面，以至于所展现的地方文化缺少内涵，只剩下建筑的外壳。田螺坑土楼群主要的特色在于其神奇的空间布局，四座圆形土楼围绕着一座方形土楼，高低错落，自上而下观赏犹如一朵盛开的梅花。但是经过十多年的旅游发展，游客对田螺坑村的印象始终仅停留在土楼的建筑外观上，有的甚至只是在远处俯视一下土楼的整体，便匆匆离开，旅游经济的效果大打折扣。究其原因在于，初期土楼建筑带给游客的震惊已逐渐消失，而他们所追求的土楼文化体验，又正是田螺坑村土楼群目前所缺失的。简言之，古村落田螺坑已出现"空壳土楼"的现象，再加上地方政府与村民之间的利益矛盾时隐时现，其旅游前景令人担忧。针对这一现象，本文在深入的田野调查基础上，提出通过文化自觉的方式，对真实的地方文化进行挖掘，并结合相关旅游硬件与软件的建设，建立适应地方旅游发展和地域文化传承的地方文化表达体系，即通过对传统文化的再认识和利用，将地方传统文化置于旅游建设的平台上，在旅游开发中强调地域文化特色，以实现古村落经济发展与特色文化保护的双赢目标。

李夏馨 . 台湾妈祖平安符的文化创意设计研究 ［D］. 导师：卓圣格 .（台湾）台中科技大学，2014，硕士 .

关键词：宗教文化；妈祖；平安符；文化创意设计

机构：（台湾）台中科技大学

摘要：近年来，在相关部门大力推动下，文化创意产业已成为当今潮流下的一门显学，各个发展无不紧扣文化创意所带来的活力，其中宗教文化是台湾极具特色且具生命力，值得发展的一块。宗教文化中，又以妈祖信仰最为重要，不仅历史悠久，而且大小妈祖庙遍及全台各地，信徒人数亦居全台之冠，每年的妈祖绕境活动吸引数百万人热情参与，带动庞大的文化创意商机。其中，妈祖平安符不仅在妈祖信仰中扮演极重要的角色，也是宗教文化创意设计产业中最值得开发与深具潜力的一块，值得深入研究。

本研究以历史研究法与田野调查法，广泛收集传统妈祖平安符与相关的文创商品进行深入研究，研究发现：台湾妈祖平安符，在传统外观设计上喜好将神明肖像、宫庙名、地方名、祈福吉祥语等直接明显地示于外观，在各种造型的妈祖平安符当中，以塑料五角造型包装之平安符最广泛也最为常见，近来又出现拉长的五角形为参考平安符，另加上透明塑料套，串上精致的中国结、流苏等装饰，使原本简单的平安符逐渐呈现繁复而精致的设计，且深具台湾的特色。妈祖平安符已从单一保安康功能转变成为使用功能不同之平安符。结合平安符设计要素，也成功地设计开发成各种文创商品，广泛地应用在台湾人的生活中。随着科技进步，妈祖平安符也能跟得上时代变动e化、数字化及行动化等。证明传统文化也能支撑新创意、新科技，并创造无限的商机。

林奕君 . 传统文化园区成立因素之关联性研究——以大甲堡祭祀礼俗文化园区为例 ［D］. 导师：邱明斌 .（台湾）中兴大学，2014，硕士 .

关键词：文化创意产业；文化产业；文化园区；大甲；妈祖

机构：（台湾）中兴大学

摘要：台中大甲地区于1992年提出建设"大甲堡祭祀礼俗文化园区"一计划。在结合当地各种传统文化之外，更纳入了无形的妈祖信仰，拟打造在台湾史无前例的宗教文化园区。

本文首先概述台湾文化创业相关办法之推行现况，以及发展沿革。同时以大甲地区作为个案，以地方文化产业面、空间规划面对大甲地区进行探讨：包括其各种历史古迹、民俗活动、整体规划，以及无形文化的特殊性等，对于该地区未来发展文化园区之限制与优势；以及未来发展又该如何定位。

研究结果显示，大甲地区在发展传统文化园区之影响因素上，不管是有形、无形资产皆相当充足且丰富，仅在规划面上有所缺乏。除此之外，县市合并后，地方在发展方面亦面临了大的掣肘与困境。有关部门应正视地方传统文化特色之价值所在，透过授权手段给予地方、给予民间经费补助，令地方文化发挥出特色，真正发展文化产业。

闽南建筑

王永志．闽南、粤东、台湾庙宇屋顶装饰文化研究［D］．导师：唐孝祥．华南理工大学，2014，博士．

关键词：建筑美学；庙宇；屋顶装饰；闽南；粤东；台湾

机构：华南理工大学

摘要：庙宇乃闽、粤、台三地信仰之寄托及其民俗文化之荟萃，屋顶装饰内容与装饰形式，完整体现此三地民俗文化的时代性与地域性。借由装饰图像的分析研究认识蕴藏于审美现象背后的审美意涵与审美规律，是美学研究向建筑历史探索和理论落实的重要贡献。本文以广泛而扎实的调研，对闽南、粤东、台湾的文化与地缘关系深厚紧密的三地庙宇屋顶装饰进行分析，借由建筑学、文化学、图像学等跨学科领域的角度，析以功能性、文化性、地域性之论证，解读装饰图像隐藏的深层蕴意与文化象征，揭示长久以来隐匿于闽、粤、台三地庙宇屋顶，晦而未明的审美逻辑关系与理论系统。三地区庙宇高度相似的建筑布局与风格，归因于相似的自然环境与同源的文化背景，深受封建文化与礼教制度的影响，呈现于和谐有序、敬天重人、师法自然、细腻琐碎、亲海而艳彩的装饰风格。装饰体量、图样、材料与技法之差异，缘于地域性气候、社会、物产、经济与科技发展之差异，以至于形成台湾之装饰形式、图样、体量、材料较闽粤两地更多元且丰富。经多层次之装饰解读，导引出三地文化承袭建构潜在共性、地域特性造就审美风格，以及时代发展导引审美价值的建筑审美文化特征，借由"敬""畏"的态度与五行、风水的理论克服潜在恐惧，体现以海为主的文化属性，凝聚出紧密且浓烈的认同感，衍生出追高竞丽的炫耀性，并汇聚形成纳新守旧以博采兼容的审美价值。庙宇屋顶装饰呈现三地人民坚守的传统精神、追寻的生存价值，从建筑美学入手之审美文化研究，是真正深入认识三地建筑、文化、社会差异，理解地域性文化当前处境与困境之手段，也是探求地域性潜在文化、建立彼此深层互动的有效方法，对庙宇屋顶装饰等重要文化资产除需要予以重视，更应投入更高度的研究与保护。

易笑．闽南古村埭尾聚落研究［D］．导师：吴奕德．华侨大学，2014，硕士．

关键词：闽南；聚落；埭尾；民居

机构：华侨大学

摘要：本文的研究对象埭尾聚落有着自己独特的发生与发展过程，并且基本上完好地保存着传统风貌。它是结合自然条件、人文环境等多方面因素而建造的传统聚落；是"因地制宜""因材致用""就地取材"等传统创作方式的实物论证；是生活在社会底层的劳动人民设计、创造、营建生活空间的杰作。研究它，是对传统聚落、建筑营建思想与营建方法的发掘，有助于借鉴并运用其中闪耀的智慧，弘扬传统聚落文化的风采，具有重要的理论价值和实践意义。通过对埭尾的田野调研和实地测绘，分析研究和总结该聚落的历史沿革、基地选址、聚落布局、建筑形态空间特征以及民居营建经验等各方面。先从埭尾社会生活、经济状况、风俗习惯和历史轨迹等多方面的信息出发，探析其聚落概况，从而更深层次地认识该传统聚落；然后从聚落的整体布局开始分析其选址优势、宗族制度等多方面因素，系统地解读埭尾聚落，挖掘该聚落独有的历史痕迹、宗族感情、文化渊源，从而得到闽南这类聚落类型的形成规律；再分类研究聚落中单体建筑的布局、细部特征及其透射出的古朴、睿智、实用的建造思想，解析埭尾民居类型的种类以及空间使用的方式，并进一步地探讨其空间与形态之间的关系；最后总结民居营建经验，以期更好地维系埭尾聚落的传统民居特色与文化价值。本文与研究有助于深层次地认识埭尾传统聚落及其建筑单体所蕴含的理念与智慧，从而揭示埭尾聚落的丰富形态与聚落民居建筑的多样性，同时丰富我国传统聚落研究的大课题。

安红光．岵山古镇传统聚落建筑形态及传承实践研究 [D]．导师：戴志坚，陈志宏．华侨大学，2014，硕士．

关键词：岵山古镇；传统聚落；建筑形态；传承

机构：华侨大学

摘要：闽南传统聚落是中国传统聚落的重要组成部分，岵山古镇作为闽南传统聚落的一个支脉，反映出了闽南地区的不同时代、不同社会发展阶段形成和演变的过程，但是随着时代经济的发展，新的技术、新的材料和新的结构的革新，现代建筑逐渐冲击着传统建筑存在地位，尤其是当代城市的"千城一面"现象。而岵山古镇传统聚落发展传承着闽南传统聚落的特点，同时也拥有自身适应山区环境的特征，在长期的改造和适应过程中，逐渐形成了现在的古镇格局，其古镇中造型精美的传统建筑、装饰考究的建筑细部、丰富多彩的民俗风情是建筑文化与建筑营造的积淀。面对新技术的革新，岵山古镇从新中国成立之后出现了建筑风格混乱及建设杂乱无序的现象，致使许多传统建筑破坏，传统建筑营造技术也相对失传，故而对其进行保护与规划，归纳总结古镇聚落的特征，提出本质内容，进而保护传统建筑，会对延续地域特征和地域文脉起到重要和积极的作用。本文以福建省永春县岵山镇为研究对象，根据调研、走访和实地测绘，结合文献资料和总结，从古镇传统建筑文化的角度出发，从三大框架进行传统聚落的建筑形态分析。第一部分，第三、第四章从岵山古镇聚落的基本特征出发。首先，分析研究岵山古镇传统聚落的自然地理环境和历史文化，调研阐述古镇的社会人文风情。其次，在聚落的形态和特征研究中，分析古镇的选址特征、规划布局特征。第二部分，第五章着重分析岵山古镇传统建筑的形态，梳理岵山古镇的建筑型制，归纳总结建筑空间构成元素，分析总结其建筑材料、建筑形式，最后对建筑细部装饰进行研究，分析岵山古镇传统民居装饰特色，从木雕、石雕、水车堵等方面深入，使之通过对现存状况的认识和研究，总结出地域的装饰特色，从而对岵山古镇传统建筑文化从表征到内里有一个较为全然的了解总结。第三部分，岵山古镇传统建筑的现代传承，根据参与设计的岵山古镇和塘商业街立面改造，思考岵山古镇地区的建筑设计的传承，通过总结提取岵山古镇传统建筑元素，整理现代设计的语汇归纳，从而传承岵山古镇的建筑文化与文脉。

张晓慧．**民国后期闽南民居建筑装饰艺术研究** ［D］．导师：李豫闽．福建师范大学，2014，硕士．

关键词： 田野调查；民国后期；闽南民居；装饰艺术；李家大院；时代特征

机构： 福建师范大学

摘要： 民国是中国政治和文化的转型期，闽南建筑在继承传统的基础上形成了一种中西合璧、古今融汇的建筑风格，这是中国建筑发展史中不容忽视的一环。而至民国后期，日本的侵略以及抗日战争的进行造成运输不便以及物资匮乏所以大规模的营建活动极少，代表性建筑不多，故目前学界对民国后期闽南建筑的研究较为薄弱。本课题选择始建于 1942 年的永春李家大院作为研究民国后期闽南建筑装饰的切入点，以管窥闽南地区这一时期闽南民居建筑装饰的艺术风格。通过对其系统的论述和分析，可以更清晰地了解近代闽南建筑中西文化碰撞和古今元素交错的时代艺术特征。本文在田野调查的基础上，通过大量的图像采集和相关资料的查阅，结合艺术学、建筑学、社会学和图像学等学科的基本理论和研究方法，从历史背景、构件形制、工艺技法、艺术风格、宗教影响、时代特点等各个不同角度与层面出发，着重研究了李家大院的建筑装饰手法、题材和艺术特色，为日后民国时期福建闽南建筑的研究抛砖引玉。

蔡雁．**泉州岵山镇传统建筑的保护研究** ［D］．导师：戴志坚．厦门大学，2014，硕士．

关键词： 岵山古镇；传统建筑；保护更新

机构： 厦门大学

摘要： 民居，与人民的生活生产息息相关，具有深厚的生活基础和民间色彩，是乡土智慧的结晶和民族文化的体现。福建许多保留有珍贵古民居的村落，同样面临着种种问题：无人问津，自生自灭，终在天灾人祸中覆灭；在新农村建设浪潮中遭受覆盖式的灭顶之灾；过度旅游开发下的形存神亡；等等。本文就是从这一背景出发，基于辩证的保护与更新的理论，通过分析总结闽南传统建筑的精髓，归纳总结适合闽南传统民居发展的保护更新导则，依托福建省永春县岵山古镇项目，以全局发展的眼光探索闽南传统民居的"适应性再利用"之路，从而形神兼备地传承闽南传统建筑文化。本文以闽南民居聚落——岵山古镇为研究对象，结合保护和更新的原则与方法，注重对案例的实际调研与分析，通过基础资料的收集与分析，对现状做出总结归纳，探索古民居保护更新的出路。第一部分，第一、第二章先解释相关概念定义、相关理论依据。首先，解释传统村落、历史环境、传统建筑、保护更新的概念；其次，梳理保护与更新的理念、原则与方法论。第二部分，第三章总结了闽南传统建筑的概况，归纳了闽南传统建筑的特征。第三部分，第四、第五章着重分析岵山古镇传统建筑的形态，梳理岵山古镇的建筑院落型制，分析总结其建筑材料、建筑色彩，最后对建筑细部装饰进行研究，使之通过对现存状况的认识和研究，总结出地域的装饰特色，从而对岵山古镇传统建筑文化有较为全然系统的了解总结。第四部分，第六章根据之前的保护更新理据，得出针对性的保护更新导则。一方面，从聚落的保护更新方面总结对应导则；另一方面，从建筑的传承式更新方面归纳注意事项。岵山镇的古民居保护更新不是片面的保护或者更新，而是辩证的保护、传承式更新。保护历史建筑的同时，能传承建筑文化与文脉，并对植入古村落的当代建筑设计具有指导和启发性，真正地使饱含民间智慧的古村落走上一条可持续的发展之路。

韩沛蓉 . 泉州传统建筑营造术语研究史初探 ［D］. 导师：成丽 . 华侨大学，2014，硕士 .

关键词：泉州传统建筑；营造术语；研究史；研究方法

机构：华侨大学

摘要：营造术语指在从事与传统建筑相关的营造活动时涉及的专有名词和做法的名称，是表示概念的专门用语。我国早在北宋颁布的建筑专业书《营造法式》中已有关于营造术语的系统梳理。福建泉州作为中国海上丝绸之路的起点，历史悠久，也是闽南文化保护的核心区。在建筑文化层面，随着研究深度和广度的不断增加，目前对泉州传统建筑的研究不仅在建筑空间、结构、装饰和地域文化等方面成果颇丰，有关建筑历史研究的最重要载体——营造术语的研究成果经过几十年的沉淀，也具备了一定的规模。但是，目前的泉州营造术语研究成果虽然较多却略显零散，一直以来还没有对相关研究方法和学术思想的回溯和总结，以致诸多研究者不能掌握该领域的研究现状和已有的研究方法，阻碍了相关研究的进程，也影响了研究成果的客观性。本文细致梳理现代以来泉州传统建筑营造术语已有研究和成果（主要包括现代以来公开出版或发表的专著、期刊论文、学位论文、会议论文等文献），全面考察相关的研究主体、学术流派，从基于传统建筑实物、工匠访谈和文献学方法的术语研究这几个层面，对泉州传统建筑营造术语的研究历程尝试进行系统分析和归纳，尽可能在总结研究目的、方法、成就和影响的基础上，彰显各个时期典型的学术思想和研究方法，明晰当前存在的问题和今后可以深入的方向，为相关研究提供参考和借鉴。在已有研究方法的基础上，在工匠访谈和文献学层面进行实践性和补充性的研究尝试，探索新的研究方法和理路，以促进泉州传统建筑营造术语研究的继续深入以至新的突破，为完善闽南地区的建筑历史研究乃至保护闽南传统文化做出贡献。

李纪翔 . 漳州近代骑楼立面研究 ［D］. 导师：陈志宏 . 华侨大学，2014，硕士 .
关键词：漳州近代骑楼；立面；中西合璧；地域化；乡土性
机构：华侨大学

摘要：漳州骑楼是福建近代时期最早兴建的骑楼建筑，其骑楼立面的研究，对于了解闽南近代建筑风格演变与地域特征有着重要的意义。本文通过引入台湾地区对于骑楼建筑立面的分段分析法，结合田野调查和统计分析方法，希望用量化的办法来分析漳州近代骑楼立面的构成方式。在街道层面，骑楼的概念在一般意义上讲是沿街建筑的一种特殊的组织形式，体现了近代外来街道规划模式与传统街屋营建方式的结合。骑楼的建设是与拓宽马路等旧城改造同步进行的，是对传统街屋统一改造与建设的城市规划方式。在骑楼单体层面，漳州骑楼更多延续传统街屋的立面做法。材质选择上有木材、红砖和水泥三种，但更多采用传统的木材和红砖作为主要的立面材质。根据材质的组合不同，可以区分为五种骑楼类型，分别为纯红砖骑楼、红砖木墙骑楼、红砖抹灰骑楼和纯水泥骑楼。由于材质的差异，决定了构件做法的差异和整体立面风格的差异。在立面构件层面，漳州骑楼由于建设工期短，工程量大，所以带有简洁而少装饰的特征。从装饰性来看，可以把构件区分为两类，一类是装饰性构件，一类是结构性构件。其中装饰性构件具有较强的装饰效果，能够起到点缀效果，使得立面更加精致。结构构件则是没有精致的装饰效果，但是应用不同构件的做法，却会形成不同的骑楼的立面特征，且在结构上为必须使用的构件。总的来看，漳州近代骑楼具有较强的传统延续性，体现了民间建筑发展直接而朴质的特点，是对外来建筑文化影响地域化过程的多重选择与转化。深厚的传统积淀无疑是其近代延续与转化的重要依托，将外来"高技术"与乡土"低技术"相结合发展成灵活多样的适宜性技术，也反映了新旧营建方式的并行运作与互动发展的特点。研究和发挥我国多元建筑文化的不同特质，结合时代要求，融会和消化外来先进技术观念，实现多元拓展与互融共生是当前地域性建筑发展的重要探索方向。

李炜 . 闽南传统建筑屋顶意匠研究 ［D］. 导师：戴志坚 . 厦门大学，2014，硕士 .
关键词：闽南；传统建筑；屋顶
机构：厦门大学

摘要：中国传统建筑的上分——屋顶是传统建筑中一个重要的组成部分，中国几千年的建筑史对屋顶的设计融进了中华大地的文化和思想。闽南传统建筑作为中国传统建筑体系的一个分支，它的屋顶意匠蕴含了闽南的文化和思想。对闽南传统建筑屋顶的意匠研究，将有助于研究闽南的建筑文化，通过反推，还可以弥补中国传统建筑文化研究的不足。同时，也将对闽南地区新闽南风格的现代建筑设计甚至是新中式的建筑设计提供一些值得借鉴的思想和方法。本文将闽南传统建筑的屋顶作为研究对象，从文化和设计方法的视角，对闽南传统建筑屋顶的意匠进行研究。研究闽南传统建筑屋顶的意匠，就是对其形态、构造、做法和设计思想进行研究。本文按构造将屋顶分成四大部分进行研究，屋架、屋面、屋脊、山面的山花四个部分，分别对各个部分的形态、构造、施工做法和设计思想进行了分析。在文章的开始首先对闽南地区的人文和地理环境因素做了介绍。在研究屋顶构造部分之前对闽南的屋顶形式做了总结，在文章的最后，将视野回归到整个屋顶及聚落的屋顶，研究了闽南传统建筑的屋顶组合。通过对闽南传统建筑屋架的研究，分析比较了中国传统建筑的抬梁式和穿斗式构架体系同闽南的插梁式构架体系的优缺点和适应性。并对闽南特有的增大房间进深的方法和出檐的做法进行了总结。通过对屋面的研究，分析了闽南传统建筑屋面的构造，着重研究了闽南的桷枝板、阴阳坡、算水、屋面装饰等与中国传统建筑不同的地方。通过对屋脊的研究，分析了闽南特有的屋脊形式——燕尾脊的设计意匠，以及马背山墙的五行之说，并总结了垂脊和戗脊的形态与装饰。在对山墙山花的研究中，分析和总结了闽南山花的构造和装饰特点。文章最后对闽南传统建筑的屋顶组合进行了分析。通过对闽南传统建筑屋顶的研究，深挖了闽南传统建筑屋顶的设计意匠，以期对现代建筑设计提供可以借鉴的设计资料、设计思想和方法。

黄心沛．近代嘉庚建筑立面砖石组合研究［D］．导师：陈志宏．华侨大学，2014，硕士．

关键词：近代；厦门；嘉庚建筑；立面；砖石组合；近代建筑特征

机构：华侨大学

摘要：砖石组合作为建筑立面重要组成部分，所展现的立面庄重与手工艺的质感是砖石建筑表现力的一个重要方面。嘉庚建筑身处在近代建筑大背景下，砖石立面表达着一种积极的因素，体现着人文特征，也是历史发展的见证。另一方面，陈嘉庚主持兴建嘉庚建筑，保留砖石建筑特色，体现地域文化内涵，既能吸收世界多元文化的营养，又能大力恢复、发展、创造并保护本土文化的活力与特色。同时，立面砖石组合作为一种信息传递的又一载体而越来越受到人们的重视。但是以往与砖、石相关的研究只限于过去传统砌筑形式或是材料本身的物理性能的研究，基本没有对建筑材料的角度、对嘉庚建筑立面进行专题研究，所以，开展与本课题研究相关的研究是极有必要的。本文通过对厦门近代嘉庚建筑立面的全面调查，从立面砖石材料、砌筑工艺、组合方式等方面，分析近代嘉庚建筑砖石组合及其与传统闽南砖石技艺的传承关系，并进一步总结嘉庚建筑砖石组合特征，旨在从传统的砖石组合中获得启示，最终将研究的理论成果还原于社会，为现代建筑的设计与利用提供有利的依据。文章分为四部分。第一部分（绪论），为研究的背景和研究现状，以及研究历史分期、内容目的意义，并对研究的方法与论文结构进行了说明。第二部分（第 2 章）是对闽南传统建筑砖石技艺调查，为分析嘉庚建筑立面准备资料，包括案例依据与案例的整体调查。第三部分（第 3 章至第 5 章）为本案的重点分析章节，经过立面的详细调查与信息整理，对近代厦门嘉庚建筑立面砖石组合进行分析研究，分析其主要特点及使用情况。其中第 3 章从砖石组合对厦门大学嘉庚建筑进行分析，分别以群贤楼群、建南楼群及芙蓉楼群三个楼群的立面砖石组合为研究对象。第 4 章从集美学村嘉庚建筑分析砖石组合，分别以财经学院片、航海学院片、华文学院片及集美中学片的建筑立面砖石组合为研究对象。第 5 章为特征综述章节，对嘉庚建筑的立面砖石组合特征做出总结，探究其砖石组合的演变。第四部分（第 6 章）为研究的总结章节，简述"嘉庚风格"建筑的当代应用及今后嘉庚建筑砖石组合的展望。

刘世怀．田墘村传统聚落的建筑形态研究［D］．导师：郑志，刘塨．华侨大学，2014，硕士．

关键词：田墘村；建筑形态；民居

机构：华侨大学

摘要：传统聚落是在特定的地理环境和人文环境背景中，融合了自然、人工、社会等要素，形成了完整的建筑规模和系统的组织结构，体现了中华民族丰富多样的历史传统和地域特色，是我国历史文化遗产的重要组成部分。然而，现代社会的进步以及生活方式的变化，给传统文化以强烈的冲击，传统聚落面临着衰微与消失。挖掘古村落历史、文化、经济等价值，分析古村落空间形态及其建筑的形态，同时对有价值的聚落及建筑形态进行保护，对于延续地域文化、保护地域特征和振兴地域社会经济文化有着重大的意义。本课题以田墘村传统聚落为研究对象，对当地传统聚落的建筑形态进行分析。论文主要包括三个部分，分六章进行阐述：第一部分是基础理论，即第一章。主要介绍本文的研究背景和对象、研究的目的与意义、研究的方法和框架以及国内外研究动态。第二部分包括第二、第三、第四、第五章，是对研究课题的全面论述。第二章阐述田墘村的自然地理及人文历史环境。在此基础上分析了田墘村的聚落形态特征及空间构成元素。第三、第四、第五章分析了田墘村的建筑形态特征，主要是传统民居、宗族祠堂及庙宇建筑的平面布局、空间组合和外部特征。第三部分是结语，即第六章，结合聚落的研究动态、田墘村的实际情况、保护规划的策略等，总结了田墘村传统聚落的建筑特色以及保护研究田墘村传统聚落的意义，并对其未来的发展进行展望。

钟秋艳. 福建客家古村落景观元素及其修复研究 [D]. 导师：董建文. 福建农林大学，2014，硕士.

关键词：福建客家；古村落；景观元素；修复

机构：福建农林大学

摘要：历史悠久的古村落是物质文化与非物质文化的综合载体。我国古村落的数量众多、形式多样，并广泛地分布在中华民族的土地上。福建客家古村落作为其中的一个分支，既承载了上千年的福建客家文化积淀，又为福建客家人提供了赖以生存的物质基础。但随着现代文明的入侵，许多客家古村落的景观遭遇各种破坏与威胁，因此对福建古村落景观元素及其修复研究就具有非常重要的意义。基于这样的背景，本论文主要从以下几个方面进行研究：第一，本论文在收集、查阅大量相关文献的基础上，首先对课题的研究背景、研究方法内容等进行了阐述，结合国内外古村落发展保护的现状研究对福建客家、古村落、景观元素、修复等相关概念进行了简要的分析及界定，为课题的研究打下坚实的理论基础。第二，通过相关资料文献的收集、整理以及实地调查，总结出福建客家古村落的自然环境及地理分布等基本概况，并归纳分析了福建客家古村落存在的空心化、活性缺失等现状问题。第三，在文献资料及实地调查的基础上，简要地论述了福建客家的形成与发展；在充分挖掘福建客家古村落特色的基础上，将福建客家古村落的景观元素分为：物质性实体元素、非物质性事件元素及非物质性意境元素三个大类；并逐一进行了详细的罗列与分析；对这些景观元素具有的地域性、多样性、文化性等五大特点进行了阐述与分析。第四，结合福建客家古村落存在的现状问题以及景观元素的罗列分析，对福建客家古村落景观元素的修复进行研究探讨：具体阐述了福建客家古村落景观元素修复的意义及原则，并提出了还原、延续、升华、活化的总体思路；在这些思路原则的指导下，通过物质性修复、环境营造修复、景观元素的提炼与再表达等手法，针对不同的景观元素，提出了不同的修复策略。第五，以连城培田古村落为例对福建客家古村落景观元素及其修复研究进行实践探索。研究分析了培田古村落的基本概况以及景观元素的分类及构成，并结合古村落存在的现状问题，具体提出培田古村落景观元素的修复措施。本论文以建设"美丽中国"的背景，对福建客家古村落景观元素及其修复进行了系统的研究，旨在通过课题的研究，为其他古村落景观元素的修复研究提供具有参考价值的思路与策略。

张冬宁. 世界遗产视野下的中国古代经典石桥申遗研究 [D]. 导师：刘坤太. 河南大学，2013，硕士.

关键词：世界桥梁遗产；中国古代经典石桥；洛阳桥；价值特征；申遗

机构：河南大学

摘要：目前国内相关各界对于世界遗产类概念的定义和使用仍存在许多混淆和不规范之处。其实，通过对国际学界和联合国教科文组织对世界遗产相关概念的论述可以确定：国际上对"世界遗产"的定义，是指在全人类世界中具有突出的普遍价值的文化和自然遗产、文化和自然混合遗产以及文化景观。这与国内相关政策语境下的文化遗产的定义有明显差别，在使用过程中应注意区分。通过对《世界遗产名录》评选标准的仔细研读，结合桥梁的自身特征，世界桥梁遗产定义是"在世界桥梁发展史中占有重要地位的桥梁经典范例，其在建筑技术方面拥有的独特创新价值和其为当时文明或文化传统提供的特殊历史见证以及其对当时某一区域的文化、艺术、审美、设计等方面所产生的巨大影响被全世界所广泛认可"。具体包括已收录在《世界遗产名录》中单独以桥梁命名立项的世界遗产项目和以桥梁为主体与其他历史遗存联合命名的世界遗产项目。在该定义的基础上选取有了具有代表性的三项世界桥梁遗产项目（即法国的加德桥、波黑的迈赫迈德·巴什·索科罗维奇的古桥以及西班牙的维斯盖亚桥）对其具体的历史人文价值、艺术审美价值和科学技术价值等三方面展开研究。在世界桥梁遗产的视野下，本文选取了我国古代石桥的典型代表河北赵州桥、福建洛阳桥和北京卢沟桥进行价值特征分析，并与以上世界桥梁遗产的价值特征进行对比研究，初步得出我国古代经典石桥在艺术审美价值和科学技术价值方面都不逊于世界桥梁遗产，并且在历史人文价值方面更具申遗优势的结论。通过以上研究，笔者提出四项申遗建议：我国古代经典石桥申遗，应首先突出自身优势价值特征，宣扬其对中国传统历史文化的代表作用；其次是应整合资源，整体申报；最后需注重加强申遗的基础配套工作；另外还需在国内树立正确完善的申遗观念。

闽南理学

郑梅钦．宋代闽学家真德秀养生观及其现代意义研究［D］．导师：林楠．福建中医药大学，2013，硕士．

关键词：宋代；闽学家；真德秀；养生；现代意义

机构：福建中医药大学

摘要：本文立项依据：其一，宋代闽学未像阳明之学得到深入研究，有关宋代闽学的定义、演变与发展具有一定的研究价值；其二，真德秀作为朱熹的私淑弟子，其一生的著作及学术思想对宋代闽学的发展和对后世养生理念的拓展具有积极意义；其三，宋代闽学家真德秀养生观与中医传统养生文化具有一定的相关性，尚无学者对其进行探讨研究；其四，现今有些学者指出真德秀重视存养之学，这对丰富现代养生思想具有一定的文化价值。综上所述，宋代闽学家真德秀的养生思想及其方法对现代养生学具有一定的指导意义。本文从宋代特殊的时代背景出发，研究宋代闽学概况与宋代闽学家养生思想概况。之后，从南宋闽学家真德秀的生平、著作着手，运用文献分析和整理的方法，结合宋以前传统中医养生概况，分析二者的相关性。同时从其著作文献中挖掘探究有关心理养生的思想，有"格物致知""正心诚意""穷理持敬"等。"格物"是"极致""穷尽"一切自然和社会现象，以及心理现象和道德行为规范；"致知"是，推致我之固有之知，而达到"全知"。"正心"是端正自身之心，明晰心中之理；"诚意"是破除"无妄"，做到"不欺"、悠久"不息"。穷理是推求事物之义理到极致处的认识方法；持敬是理学家在求知过程中研究对象的自觉功夫，也是他们在道德修养过程中所追求的理想精神状态。最后，对真德秀文献著作中所记载的养心方法和思想进行整理、归纳、总结。他所崇尚的主要养心方法有：精神调摄、身心统一、顺情节欲、静敬双持。他的养心思想可以启示人们除生理养生之外要更加注重精神健康，帮助人们理解现代医学模式，促进现代心理治疗和心理保健的发展，帮助人们树立正确的养生观以及促进人的全面发展。所以，宋代闽学家真德秀的养心内容对现代的养生文化，尤其是心理养生的意义重大。

许卉．黄道周哲学思想研究［D］．导师：惠吉兴．河北大学，2013，博士．

关键词：黄道周；生成论；本体论；人性论；工夫论

机构： 河北大学

摘要： 黄道周在明末与刘宗周齐名，两人被推为大儒，并称"二周"。后人对刘宗周的研究可称为一个热点，对黄道周思想研究则呈现沉寂状态。绪论回顾了近年来关于黄道周思想的研究，发现虽有一些可喜的论文出现，但关于黄道周哲学思想的著作或者博士论文未有出现。文章首先简述了黄道周的生平与思想历程。30 岁之前的黄道周，从喜爱诗赋声律、游山观水慢慢走上了重视六经、投向科考的途径，用传统的儒家方式来实现自己为国为民的抱负。30 岁到 60 岁之间的黄道周，政治生涯很短暂，立朝不过三年，大多时间通过著书和讲业来阐发他对传统儒家经典的解读。他的主要著作大多在这个阶段形成，其思想的传播亦在这个时候。60 岁到 62 岁，是他生命的最后两年，其间他参加了弘光政权、潞王监国、隆武政权等，虽被授予了很高的职位，但没有兵权，终究也不能实现光复的理想。后自行召集群众抗清，失败后壮烈就义。接着，文章探讨了黄道周的生成论思想。其生成论思想的核心是宇宙自然世界是由气构成的，太极和阴阳总是一个，阴阳二气借助"生""克"原则生成自然界的种种。圣人根据阴阳二气的运化原则，将其施用于人类社会中，建构了社会道德伦理关系。继而，文章对黄道周的本体论思想进行探讨。在不同的语境下，黄道周使用了异名同质的本体概念来阐发自己的思想。首先，太极作为自然世界的本体，阴阳二气和五行都本于它。黄道周亦从他的天文历法知识出发，将北极、皇极看成是宇宙本体。其次，从普遍性角度来看，他提出一个至善的"此物"作为本体，认为"此物"具有客观性、主体性和普遍性的特点；再者，从道德伦理角度出发，他将性体作为本体，认为性来自天命，是至善的；同时，向孔孟儒学回归的意识，他亦将心体作为本体，认为心体也是天道；此外，在不同的语境下，他亦将诚、仁、至善、独等赋予本体含义。虽然黄道周列出一系列的本体概念，但是它们都最后统一于"至善"。"至善"是本体，亦是本体的属性。在体用观上，黄道周承继了程颐的观点，认为体用不二，动静无间。文章紧接着探讨了黄道周的人性论思想。其人性论思想坚持孟子的性一元论立场，提出性以至善为宗。在善恶问题上，黄道周用习染说代替气禀说，认为后天的习染和杂糅造成了人性上出现智愚、善恶的不同。既然恶是后天形成的，他认为人都是中人，圣人也是中人，只要不断努力克服，中人就会变成上人，反之，则会流于下人。立足于性善一元论，黄道周批判了以生谓性的观点，认为以生论性会导致食色需求；批评宋儒的二元之性，认为他错将气质认为天性。立足于严肃的道德主义立场，黄道周批判了阳明后学的自然主义人性论，认为其已经脱离了孔孟儒学的根茎。文章亦探讨了黄道周的工夫论思想。黄道周针对阳明后学不重工夫的流弊，重视实修实悟。在认知论上，亲和程朱的格物致知观点，提出要通过对外在客观事物和内在意念的格而达到体认天理。在内心的修养上，主张修己以敬，敬而通诚，诚而与天地一体；在学习上，主张力学，要使得到的知识和体会最后贯通消融而达到"空"的境界；在行为上，主张行素，尽心。结语讨论了黄道周的学术倾向问题。对朱陆异同和王学，黄道周主张会通朱陆，认为两家本是一家，差异只是在为学之方上的不同。他对王阳明持有尊崇的态度，异于明末一些儒者的激烈批判之态，并对阳明之学寄有期望。在努力调和程朱和陆王的取向下，他对两家之学都有批判和继承，显示出综合朱王的气象。

熊小聪．明清赣闽粤交界区域程朱理学与阳明心学的盛衰变化 ［D］．导师：谢重光．福建师范大学，2013，硕士．

关键词：赣闽粤边；程朱理学；阳明心学；闽学；朱熹；王阳明

机构：福建师范大学

摘要：研究"明清赣闽粤交界区域程朱理学与阳明心学的盛衰变化"对区域学术思想的研究或许有一定的帮助。本文中，明清赣闽粤交界区域主要包括闽西客地（即明清时期的汀州府8个县）、赣州、粤东、闽南一带。为便于论述，本文将立足点放在闽西客地，研究时段定在明清，并适当追溯至宋元，以人物的师从、言行举止、著述或宦绩等方面为判断依据，通过列举信奉程朱理学或阳明心学的闽西客籍人士以及推动程朱理学或阳明心学在该地传播的莅汀官员代表来反映明清闽西客地程朱理学和阳明心学的传播情况；对程朱理学和阳明心学在赣州、粤东、闽南的传播情况也是采用相同的方法进行论述，只不过对它们是从整体上进行把握，对闽西客地则是进行重点论述，以此来说明明清赣闽粤交界区域程朱理学与阳明心学的盛衰变化情况。在此之前，文中对程朱理学和阳明心学的学术渊源、主要代表人物及其学术思想、与闽地或赣闽粤交界区域的关系等相关背景做了阐述，为后文的展开做了铺垫。通过研究，本文认为程朱理学与阳明心学在明清时期的赣闽粤交界区域都有一定的传播，呈现一定的盛衰变化；赣闽粤交界区域下的汀州、赣州、粤东及闽南地区在明清时期几乎也都经历过阳明心学代程朱理学而兴的情况，只不过是程度不同，影响大小而已。

潘振刚．康熙朝理学名臣理学思想与政治事功初探 ［D］．导师：余和祥．中南民族大学，2013，硕士．

关键词：康熙朝；理学名臣；理学思想；政治事功；李光地

机构：中南民族大学

摘要：明末清初是一个天崩地裂的时代，百废待兴，百业待举。汉族士大夫中的一些理学名臣采取了和清朝统治者合作的态度。他们力图重建当时遭到破坏的封建纲常伦理。清朝统治者也从自己统治的长治久安出发，有选择性地接受理学名臣的思想与政治主张。这样一来，理学名臣以其自身优秀的儒学思想品质赢得了统治者的尊重与重用，并最终利用自己的影响逐渐使清朝统治者的政权封建化，有效地弥合了满汉之间的民族矛盾，促进了民族之间的融合，为社会的发展做出了他们应有的贡献，符合了当时的潮流。

姚艳霞．李光地理学思想研究［D］．导师：章启辉．湖南大学，2013，博士．

关键词：李光地；理学思想；性；太极；鬼神；仁；礼

机构：湖南大学

摘要：李光地为清初理学名臣，勤于治学，著述丰富。学界对于李光地思想的关注主要集中在"理学经世""复兴理学""调和朱陆""易学思想"等学术方面，对其本体论、心性论、修养论等范畴有所涉及，但仍不够深入细致，有待进一步研究。本文从概念入手，主要从思想背景与渊源、天道观、心性论、修养工夫论、特征与影响等方面展开，力求多方位有层次地论述李光地的理学思想。李光地理学思想同他所处的时代背景和学术渊源密切相关。清初康熙朝社会局势趋于稳定，伴随着明清嬗代的文化反省和学术纷争，阳明心学渐趋衰退，学术主流呈现由王反朱之势。李光地无专门师承，家学的熏陶、闽学和湖湘学的濡染，与京师理学师友的往来切磋等，共同促进了他的理学思想的形成。李光地治学早年徘徊于程朱、陆王之间，51 岁后归宗程朱理学。李光地提出了以性为本的天道观。李光地的性本论承继了朱学理上气下、理先气后的理论架构；同时吸纳了湖湘学派以性为本的根本原则，实际上是在糅合程朱理学和湖湘学派性学基础上加以发展的成果。李光地的天道观更为关注人性，他通过将"太极"伦理化，将"理"人格化，以及以劝人除恶向善的"天人同一性"的天道鬼神观，冲淡了理学特别是王学末流空疏不实的学术现状，适用了清初康熙朝的统治政策和社会状况，为程朱理学在清初的复兴奠定了理论基础。李光地的心性观着重探寻"性"与诸多理学范畴之间的关系。如性与心、性与情、性与欲、性与仁以及人性与物性等，其论不乏真知灼见。在推倒程朱天理人欲之辨理论依据的基础上，李光地提出"人欲非恶"，他尊重人的正常欲望的同时，提出人的欲望必须借助理性加以节制，并指出"公天下之欲"是处理好天理、人欲关系的关键。李光地对"仁"有独特理解，综合和发展了前人关于"仁"的学说，指出"仁"是"天地生物之心"，是"以博爱尽仁体"、仁为性善之根源，推动仁学至更成熟的形态。李光地主张性善论，认为"性"包括天地之性、人性和物性，并高扬了人的"赞化育而与天地参"的主观能动性，反对"惟上智与下愚不移"。李光地的修养工夫论，强调明性知善，并进一步提出"立志以植其本、居敬以持其志、穷理以致其知、躬行所以蹈其实"的修心成圣之路。李光地主张尊德性与道问学二者不可偏废，除了尊德性之外，也注重打好知识基础的道问学，他治学贵自得、重积累、倡实践、读好书等，博采诸家，只求贯通。李光地重视礼乐教化，不仅注重礼义的阐发，而且更讲求在制度层面上的运用，真正将理学经世落到实处，实现了尊德性与道问学的统一，也为清朝中后期出现的"以礼代理"学术思潮奠定了理论基础。李光地理学思想的特征主要表现在学理和践履两方面：在学理上，以性为体、理为用；在践履上，理学经世。另外，李光地理学思想具有很重要的影响，首先，李光地注重闽地理学的道统传承，为笃实闽地学风做出了贡献；其次，高居庙堂的李光地为朱子学提升为庙堂理学不遗余力，有力地推动了清初理学的复兴。总之，对李光地的理学思想进行系统、深入研究，将有助于推动李光地的个案研究和清初理学思想史的整体研究，因而具有重要的学术价值和现实意义。

王寅．李光地与清初经学［D］．导师：赵伯雄．南开大学，2013，博士．

关键词：李光地；经学；清初；批评；影响

机构：南开大学

摘要：李光地是明末清初著名学者，在经学、理学等上都取得了显著成绩。他又是一位政治家，历任侍读学士、内阁学士等职，在平息三藩之乱、统一台湾上都做出了突出贡献。前人对李光地学术的研究，多集中在理学，而对其经学的研究比较薄弱，更没有全面考察其经学的著作。本文以李光地经学作为研究对象，从学术史与经学史的视角，深入分析李光地经学及他与清初经学间之关系，以期全面、准确地勾勒出其经学的面貌，并探究其对清初经学的影响。李光地在经学上用力甚勤，对清初经学的发展有较大的影响。通过对历代《诗经》学的批判与继承，他明确主张孔子确曾删《诗》，并总结出孔子删《诗》的原则与目的。他总结宋儒的诗说，把朱熹与吕祖谦的诗说融会贯通。他对汉唐以来的"《诗》亡"说提出了反驳，指出"《诗》亡"是指"正《风》、正《雅》亡"。他力证《古文尚书》不是伪书，主张《尧典》《舜典》应为两篇，《皋陶谟》《大禹谟》本为一篇。对黄宗羲、阎若璩怀疑"虞廷十六字"，他站在程朱理学的角度进行了反驳。他以"数图"解"洛书"，认为《洪范》中"洪范九畴"是指"洛书"，实质是《周易·说卦》之"参天两地"。他反对汉儒的"阴阳五行说"，认为"五行"即与人们日常生活有关的五种物质。他重新论证孔子与《春秋》的关系，认为孔子只是抄录、删节鲁史而成《春秋》。他认为《春秋》的性质是史书，其中保留很多史书的写作方法。他总结归纳了《春秋》中的"书法义例"，从义理与礼制的角度对"书法义例"进行了分析。李光地主张打破对宋儒的迷信并重新审视宋学经典。他论经往往站在朱子经说的反面立论，并非全据朱说，对朱子的经说常有批判。他对朱熹的《诗集传》提出批评：一、取郑玄之说攻击朱熹的比、兴说，并对《诗集传》中"兴"例加以辨别。二、批评《诗集传》所取毛、郑旧说与朱熹自创新说的疏漏之处。三、对朱熹所解释的诗意进行了批评。他对朱熹《四书章句集注》也有批评，指出"大学"即"太学"，"知本"即"格物"，不需以"敬"来补"大学"，"格物致知传"也不必补，《大学》篇的中心应为"诚意"章。李光地对蔡沈《书集传》也加以指摘，批评《书集传》更多从文字训释上着眼。对待陆王之学，他认为"陆王于程朱有助"，主张不立门户，朱陆兼采。他作《大学古本说》，取王阳明《大学》以古本为宗，直到晚年也没有舍弃陆王之学。李光地认为"六经"有"理"，"理"即"性"。而要想求得"理""性"，就要借助"六经"，"求理"的目的又是"明道"，由此他构建出"求理于经"的学术理路。李光地提倡科举改革，其改革的内容包括：提高五经在科举中的地位，考试中增加经世之学的内容，改变八股文的文风及写作方法。此举，推动了经学发展。李光地经学具备如下特点：第一，勇于推出新说，不拘泥，不守旧。第二，注重运用以四书证经。第三，汉宋兼采，融会众家之长。第四，认为程朱、陆王殊途同归。

高原. 蔡清易学思想研究 [D]. 导师：林忠军. 山东大学，2014，博士.

关键词：蔡清；易学观；象数；义理

机构：山东大学

摘要：蔡清是明代著名的理学家、易学家。蔡清的易学思想在当时影响甚巨，对明代乃至清初易学思想的发展起了不可忽视的作用。明初政权建立后，为适应政治上中央集权，也加强了思想统治。明成祖时颁布了《四书五经大全》，将程朱理学定为官方正统思想。明初理学亦发端于朱子门人，曹端、薛瑄、胡居仁被公认为是明初儒学正宗。明朝文化上的另一特点是科举考试的制度化与常态化，科举制成为选拔官吏的重要制度。在科举考试的推动下，明初理学以前所未有的深度和广度影响着社会生活的各个方面，朱子之学牢牢占据着思想舞台的中心。在这种背景下，明人治易多遵从宋人之易，蔡清就是这时期涌现出来的著名朱子学者。蔡清毕生研究朱子之学，认为"宋儒之道至朱子始集大成"，但宋末、元、明初诸儒名理不精，众说纷纭。况且朱子著作众多，由于写作和谈论语境不同，其著作及《语录》在许多具体问题上往往会出现前后不一，甚至相互抵触。有感于此，蔡清力图折中诸家贯通朱注，使人观朱注玲珑透彻，以归圣贤本旨。本文力图通过解读蔡清《易经蒙引》及相关资料来阐述蔡清的易学哲学思想，展现其易学特色及其对朱子易学和整个理学的发展所做出的贡献。蔡清通过解读朱熹《本义》，提出了独特的"三易"之说，认为易有三易，有天地之易、吾身之易、《易》书之易。三易皆为一阴一阳，贯穿着变化之理。天地之易与吾身之易是先天客观之易，而《易》书之易则是后天圣人之易。《易》书模写天地之易和吾身之易，是天地人身之易之影子。《易》书有至微之理和至著之象，象寓于理中，理寓于象中，至著之象与至微之理融为一体。蔡清接受朱子"易为卜筮之书"的观点，但却淡化其卜筮作用，而主张道义配祸福。蔡清的易学观不是简单叙述朱子易学，而是依据自己的理解，提出自己独到的见解，发展和超越了朱子之学，成为当时朱子易学研究的重镇。蔡清的易学观在明代乃至后世产生了重要影响。太极图、河图、洛书等图示是宋以后易学研究的重要内容，内含有天地之易。在太极图的渊源问题上，蔡清认为太极图与《中庸》相贯通，彰显易道，与张载等大儒观念不谋而合，是儒家的话语体系，彰显儒者的价值理念，应是周子自创。由于对太极图传承的不同理解，太极图又稍有差别，主要分为朱震传太极图与朱熹改动之太极图两种不同图示。在论太极图思想时，蔡清从"无极，言初无个极"入手，认为无极只是太极的一种属性，不能作为宇宙生成的一个独立的阶段与状态。既避开陆九渊等人对朱子思想的指责，又凸显了太极之超然形上性。在对阴阳五行的论述中，凸显了太极的一体浑成。认为气本为一，析之为二为阴阳，析之为五，就为五行。太极动而生阳，静而生阴，阳变阴合而生水、火、木、金、土。但无极之太极与阴阳之太极为一，阴阳二气之分也实一气之消长。五行，不论是从生成时所谓的水、火、木、金、土，还是从气运流行上所谓的水、木、火、土、金，也都是五行共宗，一气之流行。对于河图、洛书，蔡清也有自己的独到见解，认为应将河图与太极图结合在一起来看，河图所展现的就是太极生阴阳五行的动态过程。蔡清并不是简单地把河图作为不同方位的各个数字，而是从宇宙大化流行的角度出发，将整个河图作为太极生阴阳，阳极而生阴，阴极而生阳，一阴一阳，互为其根，循环不已的圆活浑成的过程。更由此具体论述了河洛之中蕴含的太极、两仪、四象、八卦之象。另外，针对河图配八卦过程中产生的矛盾，如圆图中的阴之老少数与位相同，阳之老少数与位不同；横图、圆图中以卦配数，离震艮坤同而乾兑巽坎相异等问题，蔡清以"阴之老少主静而守其常，阳之老少主动而通其变"来解释。认为河图中蕴含着阳动阴静之妙，与天地契合，体现造化之妙用。宋明儒学家用图示的方式论述象数易学，探讨易学的源头，是为了其中的义理发挥与理论体系的建构。在对象数易学深入研究的基础上，蔡清构建了一套完整的义理哲学体系。本篇论文接下来就从本体论、心性论、工夫境界论三方面探讨蔡清对朱熹易学哲学的重构。在蔡清的本体论中，太极是蔡清理论的最高本体，蔡清用"无有个极"和"莫大之极"来描述。太极具有本体性和超越性，纳万理为一，超然存在于万事万物之中。同时，太极又是莫大之极，得全体之妙，具有普遍性和绝对性，万事万物又都具备太极之理。那么什么是太极之理呢？蔡清以阴阳互根为理，为太极。阴阳互根主要是指阴阳二气的对待与流行。对待是指阴阳既是相互对立而不可混淆的，同时又是相互渗透、相互贯通的。流行则是指阴阳的推移和相互转化。阴阳二气互为因果，相辅相成，一分为二又合二为一。但在二气流行运转过程中，阴阳的功能和作用并不是完全相同的，阳为主宰，可以统乎阴，阳全阴半。由此可见，蔡清所谓的理不是脱离实体的纯粹的理念，又不是实体性的物质，而是阴阳二气对待流行之中的条理。对于蔡清来说，理已经从超然形上的本体之理，下放落实为气化流行中的条理。而阴阳作为气是太极的实体，是万物化生的根本和存在方式。理是阴阳之气运行的规律，不能离开阴阳之气而存在。蔡清认为，太极兼阴阳。太极是阴阳二气之本体，可以兼有阴阳之气而为全体。而阴阳作为形而下的气，并不完全等同于太极，只是内含有太极之理，是太极之理在事事物物上的展现。在构造自己太极观的同时，蔡清也对朱熹理先气后、太极不能动静的思想进行了折中修正。太极阴阳下落于人便是性。《系辞》曰："一阴一阳之谓道，继之者善也，成之者性也"，蔡清认为气在天便有阴阳，阳为善，阴为恶，继之而成的性也是兼气质、兼高下善恶的。因此，现实中的人性都是气质之性，所谓的天地之性只是在逻辑上推出的本然之性，只讲本然之性不讲气质之性是不完备的。本然之性寓在气质之性中，虽然本然之性与气质之性合为一，但本然之性为主，所以人性都是向善的。向善的本然之性是人的共性，每个人由于禀赋不同，所具有的善性又有高下之分。人性中之恶也是受之于天的，阴阳相对而类分，在天也有阴浊之气，也不全是至善，阴浊之气下落于人便是恶。但正如阴是阳的下半截，阳消便是阴，人性中的恶也是善中之恶。既然现实中之人性皆为气质之性，善恶都夹杂在人性之中，那么怎样扬善抑恶，这就涉及心的问题。蔡清认为人心具有主观能动性，人之为善为恶取决于心，心可以主宰人行为之善恶。蔡清所说的心并不是客观物质的肉团之心，而是形而上的知觉之心。蔡清在对心的论述中发展了朱熹"心"说诸种说法中的本体之心。首先，蔡清将心的知觉能力来源推之于天，认为心与性相同，都是天赋予的，因为天体物不遗，天的精神下落于人就为心。所以心也是无所不包，具天下之理，应天下之事。其次，心是人之为人的根本。吾身虽微，而太极之全体却可以具足吾之一心，可以弘道，可以参赞天地化育，能天地之所不能。蔡清心学主体与本体合一的特色又使他的思想带有一些心学的色彩。蔡清认为一切工夫都在心中，这是用功之处。在如何涵养此心的问题上，蔡清提出静虚其心。天下万物有动有静，但以静为主，静体动用。人心亦要静，唯有静方能灵明通透。静又可以分为两个方面，一方面是静中之静，是指人在排除主观欲望下所达到的清明畅达之境。另一方面是动中之静，要以静而动，动而不失其静。但仅仅做到"静"还是不够的，静只是入手处，还要由静入虚，方能使内心得到安顿。静虚是明德的重要途径，心中空明，方能具众理以应万事，可以明德，进而可以成圣成贤。蔡清的静虚工夫和程朱的主敬异曲同工，其与佛老思想有根本差异，正如他自己所总结的"吾儒之虚虚而实，老氏之虚虚而虚；吾儒之寂寂而感，佛氏之寂寂而寂"。蔡清的工夫论是偏重于内修的，作为朱子后学，他并不强调朱子学中的格物论，而是主张由内而外。其基本理路是静则虚，虚则明，明则神。正因为心体虚明，所以万理咸具。同时蔡清又提出"因时顺理"。蔡清认为《易》中的时有卦时，有爻时，都是反映事物在不同时期变化发展的不同状态和趋势。卦时主要分为两种，一种如乾、坤、屯之类，为顺时，这时要顺时而为之；一种如蒙、蛊之类，为逆时，这时要随时而制之。爻时则主要以乾卦六爻为例来说明，认为要区分所处的不同时刻，在合适的时间做所当为之事。要观天察时而明时，从而与时偕行。蔡清认为在经过了静虚其心、因时顺理的工夫上，要达到大中至正的境界。在论文最后，肯定了蔡清易学在易学史上的地位及其影响。蔡清为明代朱子学第一人，他对朱子学的贡献主要有三点：其一，通过解读朱子易学和理学，从学理上确立了朱子学在明代的地位。其二，折中宋末、元、明初诸儒注朱之作，使之更接近于朱子思想。其三，折中朱子的各种著作，力图使朱子思想更为统一。蔡清崛起于朱子学将衰之际，对朱熹的解读已超越先前和当时的易学家，对朱子学有振落扶衰之功。蔡清的思想在当时和后世产生了深远影响，主要表现在：在明初以朱学为矩矱的学术氛围下，蔡清提出读书要酌以真理，不可盲从朱子之书。这对当时及以后学者冲破朱学藩篱，对气学与心学从程朱理学中突破出来具有重要的思想解放意义；蔡清认为太极不离阴阳，理不离气，理是阴阳对待流行中之条理，动摇了理的绝对性，是理学思维去实体化的重要一环，对其后的气本论发展有开拓之功；蔡清的人性论思想对于气本论的人性论构建具有重要的理论与现实意义。蔡清虽然名义上以阐发朱熹《本义》为宗旨，实则力图克服朱熹理学的局限，具有融合理学、气学与心学的特点与倾向，既使其思想体现矛盾与驳杂，又包含着向气学的回归与向心学的转化，对其后明代哲学的发展有多方面重要影响，明代大哲学家刘宗周后来在心学视野下能够融合心学与气学，恐怕蔡清的开拓之功功不可没。

姚爱娟．李光地经学思想的哲学研究［D］．导师：乔清举．南开大学，2014，博士．

关键词：李光地；《榕村语录/续语录》；经学思想；哲学研究；清初学术

机构：南开大学

摘要：本文采用历史与逻辑相统一的研究方法，把李光地的经学思想置于当时的社会环境中进行了较为系统的考察。闽中大儒李光地生于明清鼎革之际，一生亲历清初社会由乱而治的历史过程，在清初政治史和学术史上举足轻重。他推崇朱子之学，熟读群经，学识渊博，著成多部著作，阐述经学思想。其中，《榕村语录/续语录》极富学术价值。李氏依据"主于发明道理，不为人"的治学原则，以程朱思想为主线，兼汇陆王心学的优长，重新阐发训解四书义理，形成一家之言；其经学思想对清朝前期经学思想的发展产生了积极影响。李氏研治经学的思想历程呈现出初期兼收并蓄、中期游移于朱陆之间、终达恪守朱学阶段的脉络特点。其经学成就既得益于深厚家学传统的熏染，还要归功于他与同僚、师友及门人弟子长期的学术交流。李光地熟读五经、通涉史事，治学经历凸显士子为学仕进的特点。他长期身居要职，并以学识渊博、供职谨慎且尊崇程朱而受到康熙帝的赏识与信任。他将朱子学说与各家学说进行对比分析，重释朱子之学，在学理上高度评价朱子，并竭力宣扬推广朱子学，成为清初理学复兴的中流砥柱。明末清初，中国经学发展已经进入衰退期，但在康熙一朝大力提倡朱子之学的影响下，李光地提出"汉宋折中"的经学研究方向，为清代汉学的兴起做了积极准备，将经学研究推向新的阶段。在经典的版本方面，李氏秉持客观审慎的态度，不拘泥宋儒的考订，以直溯孔孟源流为原则，阐扬尼山之旨。在注解儒家经典过程中，李光地不墨守宋儒门风，而是从合理的理解出发，持平调和朱陆学术之争，形成综合兼采二家而又突出理学的特点。李光地研治儒家经典，并非只侧重于义理的阐发及道德修养的探求，他也投入大量的心力去关注经学训诂问题，逐渐形成了"讲义理而不弃经学"的治学思路。他虽然一直以信奉朱子之学自称，但他的学术思想却不是对朱熹思想的单纯复述，而是在更高层次上向朱熹思想的复归。他从最初"以理为本"的对程朱理学的尊崇，历经"以心为本"的对阳明心学的肯定，最终确立了"以性为本"的兼采程朱陆王、别具一格的哲学思想体系。李光地认为，在道德践履的活动中，明善知、性工夫的是极其重要的，而明善知性工夫又以格物致知为首。李氏主张存心明理，但最终应落到实事上。朱子学说中注重躬行实践的思想对其影响至深。

李光地为学以存实心、明实理、行实事为纲领，强调由虚返实、通经致用；倡导怀疑与批判的读书精神；主张学说与人格的统一。李光地是清初为数不多的强调从经学角度阐发义理之学的理学家。他阐扬经学，实事求是地训释经书义理，评价诸经、经学的发展以及经学代表人物较为中肯，形成清初理学重视经学的特点。这种理念对于清初平实学风的形成，产生了深远影响。

李志阳.李光地易学研究〔D〕.导师：张善文.福建师范大学，2014，博士.

关键词：李光地；易学；著作；研究

机构：福建师范大学

摘要：明末清初是中国封建社会阶级矛盾、民族矛盾剧烈冲突的时代，作为封建王朝精神支柱的理学，也发生了重大的变化。这种变化，具体反映于各种颇有时代特色的学术思潮的出现，诸如修正王学以调和朱王的论旨（如黄宗羲、孙奇逢），以及抨击陆王而专宗程朱的理念（如顾炎武、王夫之）等。相应地，作为理学的理论基础——《周易》学说，再次成为了士人学子的研究对象和热点。在这股学术潮流中，李光地易学是值得研究的现象之一。本文以李光地撰述的传世易学著作为主要研究对象，梳理李光地易学的授受源流，揭示其易学思想对前代学术的继承、发展与创新，指明李光地弥合程朱易说之处，以及其个人的易学创见所在，并发掘了《周易折中》《易义前选》的思想内蕴。文章略具三大层次：围绕李光地的治《易》宗旨、研《易》方法，以及时代影响等重大方面展开，尽可能客观地揭示李光地易学的学术全貌及突出价值。

闽南其他文化事业

李宝蓉．"闽派语文"中学教学环境下的文本细读研究［D］．导师：宋巧燕．闽南师范大学，2013，硕士．

关键词：闽派语文；文本细读；语文阅读教学

机构：闽南师范大学

摘要：创建于2004年的闽派语文作为一个教学流派，在福建省乃至全国有着重大影响。它所倡导的"求实、去蔽、创新、兼容"的宗旨得到语文界的推崇。针对近年来在中学语文阅读教学实践过程中出现的形式主义和种种轻视文本解读的课堂行为，闽派语文强调要在中学语文阅读教学中坚持文本的认真解读，有效引导学生学习语言文字。但闽派语文在阅读教学方面的观点仍需要在具体的教学实践中加以发挥、运用、拓展与提升。笔者认为，文本细读理论与闽派语文注重文本解读的理念正好契合，能为闽派语文的阅读教学提供具体的方法指导，从而使闽派语文阅读教学更具系统性和可操作性。因此，本课题通过研究文本细读理论和闽派语文阅读教学理念，将文本细读理论运用到闽派语文中学阅读教学当中，结合教学实践与案例分析，希望能够从中探索出一套适合闽派语文教学理念的行之有效的文本细读方法，拓展闽派语文的中学阅读教学内涵。文章主要分为五个部分：第一部分，绪论，主要是对本文研究的缘起，本课题研究的现状、目的及意义，研究内容与研究方法等进行介绍。第二部分，介绍闽派语文及其阅读教学理念，重点对闽派语文的"求实、去蔽、创新、兼容"的宗旨和阅读教学理念进行阐述。第三部分，探讨了闽派语文中学教学环境下进行文本细读的重要意义，指出文本细读能提升学生的语文素养，体现了闽派语文的"求实、去蔽"的理念，能为闽派语文阅读教学提供具体的方法指导。第四部分，对闽派语文中学教学环境下的文本细读进行了实践和探索。首先，文章提出了闽派语文中学教学环境下进行文本细读应该遵循的原则；其次，文章探索了闽派语文中学教学环境下进行文本细读的课堂操作方法，主要从注重朗读、品味语言、联想想象、读写结合四部分进行实践。第五部分，主要探讨闽派语文中学教学环境下实施文本细读对教师的能力要求，指出，教师应该不断强化文本细读能力，同时还应该在教学中培养中学生的阅读能力，切实提高中学生的语文素养。

蒋琪纯．闽南文化在高校德育的运用研究［D］．导师：刘以榕．华侨大学，2013，硕士．

关键词：闽南文化；高校；德育；运用

机构：华侨大学

摘要：文化是一个民族的灵魂。作为中华民族优秀传统文化的组成部分，闽南文化是一种潜在的地方资源。由于移民迁徙的历史原因和山海兼备的地理环境，闽南文化兼具中原文化的民族性特征和地方文化的地域性特点。闽南文化所蕴含的丰富的德育教育资源在几千年的历史沉淀中得到不断传承和积淀，至今仍具有强大的生命力和教育价值。并且，闽南文化扎根于闽南地区，具有鲜明的地方特性，能够赋予地方高校和道德育人工作以丰富的教育教学资源。因此，利用闽南文化的历史人文内涵，并将其引入高校德育工作，开展丰富多彩的实践活动，可以让学生在实践中了解和热爱闽南文化，受到闽南文化的熏陶，提升自身的综合素质和道德品质。本文以闽南文化为角度，论述了挖掘闽南文化内涵中的优秀教育资源，并将其运用于高校德育的实际工作之中，能够收到良好的实际效果，从而改变以往地方高校德育工作中存在的教育内容贫乏、教育形式单调、教育效果不佳的弊端。本文对闽南文化在高校德育中的运用研究从以下几个部分逐层展开：首先，从物质文化、精神文化、制度文化对闽南文化的内涵进行阐述，从海洋文化、移民文化、中原文化对闽南文化的特征进行阐述。其次，论述了将闽南文化运用于高校德育中能够丰富德育内容、增强德育效果、优化德育环境的运用意义；分析了闽南文化融入高校德育内容、充当高校德育载体、营造高校德育氛围的运用现状。再次，找出闽南文化在高校德育运用的若干问题，即：缺少专业的德育师资人才，欠缺深厚的闽南地方文化氛围，教育发展模式较为陈旧。文章分析了产生这些问题的原因是：对闽南文化资源的挖掘和开发相对落后，对闽南文化在德育工作中的重要性认识不足，闽南文化在高校德育运用中的外部条件不完善。最后，从优化外部环境、强化队伍建设、拓展应用载体三个方面论述了闽南文化在高校德育的运用对策。

游文静．闽南传统文化传承的人才培养问题研究［D］．导师：鄢龙珠．福建师范大学，2013，硕士．

关键词：闽南传统文化；传承人才；人才培养；政府职能；台湾

机构：福建师范大学

摘要：进一步落实科学发展观，深化文化体制改革，推进闽南传统文化传承工作的顺利开展，关键在于培养传统文化传承人才培养。在闽南传统文化传承人才培养过程中，立足"小政府、大社会"的视角，政府有所为有所不为，发挥主导作用，引导人才培养，建立内在可持续发展机制。本文首先通过对厦门非物质文化遗产代表性传承人现状的调查，了解当前传承人才的现状并提出问题，针对代表性传承人存在断代危机、传承人才存在消极传承倾向、传承人才存在专业技能掌握失准现象等问题进行原因分析，深入分析时代发展和社会转型为传承人才培养带来的挑战，再结合台湾地区传统文化传承人才培养体机制的启示，提出了营造人才培养环境、创新人才培养模式、完善人才激励机制、推动多形式交流的对策思考。研究结论有助于改进闽南传统文化现有传承人才培养体系的不足，对闽南传统文化传承人才培养提出切实有效的、可操作的办法，为政府决策层提供参考，达到了能对闽南传统文化传承工作起推动作用的目的。

洪燕青．闽南地区本科院校女生公共体育选项课现状调查研究［D］．导师：赵俊荣．闽南师范大学，2013，硕士．

关键词：闽南本科院校；女大学生；体育选项课；教学目标

机构：闽南师范大学

摘要：教育部自 2002 年 8 月 6 日颁发《全国普通高等学校体育课程教学指导纲要》（以下简称《纲要》）以来，体育选项课已逐渐成为高校体育课程的主要教学模式。本文以闽南地区本科院校女生公共体育选项课现状作为研究对象，采用文献查阅法、问卷调查法、访谈法、观察法、数理统计法，探讨体育选项课开设的项目、组织的形式、女生选项的情况、知识和技能学习的比重等问题，研究结果如下：一、闽南地区本科院校开设的体育选项课的项目较多，包括篮球、排球、足球、羽毛球、乒乓球、游泳、田径等传统体育项目，也包括攀岩、轮滑、定向越野等新兴体育项目，基本上能满足女生喜爱的体育项目需求。闽南地区本科院校女生喜欢的体育选项项目排在前三位的是：羽毛球、瑜伽、游泳。体育选项课开设的年限和完成学分时间弹性较大，但开设的年限并不能很好地满足女生的学习需求。因为师资、场地、器材各方面的因素，一些项目开设的班级较少，特别是新兴的项目，开设也只是作为试点，只有少数的同学能幸运选到，有 36.8% 的女生表示并不能选到自己喜爱的体育选项课。闽南地区本科院校体育选课方式均采用网络选课，35.7% 的女生对体育选项课的系统表示满意，但是仍有 20.0% 的女生对体育选课的系统不满意。二、闽南地区本科院校女生对体育选项课价值的认识总体上良好，但存在一定的偏差。女生体育选课动机呈多层次，大部分女生的选课动机还是可取的，45.7% 的女生能根据自身的兴趣爱好进行选项，少部分同学的体育选课存在盲目性、跟风以及不单纯、不正确的动机，体育教师指导女生进行体育选课有待进一步加强。三、闽南地区本科院校总体上比较注重技能教学，理论知识传授较为薄弱，而女生希望获得的体育选项课理论知识是多样化的，特别是女子体育卫生方面的知识，体育理论课开设时数偏少，无法满足女生希望获取体育理论知识的需求。四、在上课的组织形式上，40.0% 的女生喜欢男女合班上课，32.3% 的女生喜欢男女分班上课，8.9% 的女生表示要看具体运动项目特点，18.8% 的女生觉得无所谓、都可以。目前，闽南地区只有少数几所高校体育选项课是按性别限选项目，大部分是根据学生的选择编班，性别不做限制。五、女生的课堂表现情况总体上较好，但是体育学习积极主动性较差，部分女生的课堂表现散漫，存在迟到、早退等现象。六、女生的体育技能掌握情况总体上良好，但存在项目的区别，对协调、柔韧、韵律感要求较高的项目她们能较好地掌握，而对于力量和对抗性较强的项目，她们则不能较好地掌握。七、女生对体育选项课的总体满意度较高，但重点高校、一般普通院校、民办高校由于教学资源存在着一定的差异，导致学生对体育选项课的学习满意度存在一定的差异。此外，在不同年级的横向比较上，也存在着差异，大四女生对体育选项课的满意度最高，然后依次是大一、大二、大三。八、女生对课外体育锻炼的重要性有一定的认识和理解，但有一部分同学仅仅是表面上的认识，对真正的内涵并没有了解透，认识与行为存在差异性，锻炼频率较低、持续时间和运动强度也不够；女生参加课外体育锻炼的原因多样，一些同学无法形成正确的体育锻炼动机，容易受到一些因素的影响而停止体育锻炼，体育锻炼存在阶段性和间断性。女生并不能把体育选项课学习和课外体育锻炼很好地结合起来，无法形成"课内外一体化"。九、经因子分析得出，教师因素、环境因素、制度因素、个体因素四个方面是影响闽南地区本科院校女生体育选项课学习的主要因素。

柯林. 博物馆发展文化创意产业的理论与实践 ［D］. 导师：陈怡. 华侨大学，2013，硕士.

关键词：博物馆；文化创意产业；现代化；闽台缘博物馆

机构：华侨大学

摘要：文化创意产业的兴起和博物馆的现代化转型具有同质化的背景因素，即都是基于对人类文化资源的关注和开发利用。从 20 世纪八九十年代，国际产业界、博物馆界、相关理论界就对博物馆的产业化运作进行理论探索，核心议题是作为公益性文化服务机构的博物馆如何在市场经济环境下生存发展，21 世纪以来，博物馆以不可缺失的主体姿态加入了文化创意产业的浪潮中，并开创了公益性与产业性相结合的运作模式。2010 年开始，我国加大了公共文化服务体系建设的力度，作为公共文化服务机构的博物馆如何应对市场化、产业化的冲击，成为博物馆界研究的重要课题。本文从理论和实践两方面，结合国际、国内博物馆的现状，以中国闽台缘博物馆为个案，从 5 个方面对这一课题进行研究。1. 考察文化创意产业兴起的原因和博物馆发展的历史脉络，以"同心圆"理论为基础，说明博物馆在文化创意产业整体发展中的重要地位。2. 梳理有关博物馆发展文化创意产业的理论探索。阐明新博物馆学理论、非营利性公共服务机构的本质理论、博物馆市场学理论、体验经济理论等相关理论对博物馆发展文化创意产业的影响和推进。3. 概览英国的大英博物馆、美国的大都会博物馆、法国的卢浮宫和我国台湾地区的台北"故宫博物院"等国际知名博物馆发展文化创意产业的现状，介绍其先进管理模式和成功经验，为我国博物馆提供借鉴和启示。4. 以中国闽台缘博物馆为个案，对我国公共文化服务体系改革的宏观形势、我国博物馆发展文化创意产业的背景和现状进行研究，指出存在的问题和不足，阐述我国博物馆发展文化创意产业的重要意义。5.分析中国闽台缘博物馆的资源优势，探索适合中国闽台缘博物馆发展文化创意产业的基本模式，就发展过程中应坚持的原则和注意事项提出合理建议。

刘冉．闽南文化的思想政治教育资源及其价值研究［D］．导师：李玢．闽南师范大学，2014，硕士．

关键词：闽南文化；思想政治教育；资源；价值

机构：闽南师范大学

摘要：当今时代，文化日益成为民族凝聚力、创造力的重要源泉，日益成为国家综合国力的重要因素，也是国家软实力发展的战略基础。我国是一个地域辽阔、历史悠久的多民族国家，各民族各区域形成了灿烂多彩、风格迥异的地方传统文化。承担文化传承重要功能的高校肩负着推动文化传承内容与载体的有效融合，将文化渗透、融会到形象、生动的载体中，使文化可见、可感、可亲，促进文化的有效传承，达到文化育人的重要使命。而作为中华文化一朵奇葩的闽南文化起源于中原，延展于闽南、台湾、潮汕及海南部分地区，融合并体现了古越文化、中原文化、海洋文化的神韵和精髓。闽南文化辉煌的历史、丰富而独特的内涵，蕴含着丰富的思想政治教育资源。本文通过对闽南文化的研究，挖掘出闽南文化中所蕴含的丰富的思想政治教育资源，突出表现在山海兼济的务实精神、冒险开拓的发展意识、拼搏奋斗的制胜作风、兼收并蓄的包容气度、爱国爱乡的乡土观念、闽台一家的区域情感，这既是中华民族的文化资源，又是思想政治教育的宝贵资源。本文提出了闽南文化的思想政治教育价值的研究思路，并创设了以闽南文化为载体的高校思想政治教育的可行路径。闽南地区高校如将这些可见、可感、可亲的优秀资源引入思想政治教育内容中，通过多形式、多角度的互动、渗透和整合来开阔大学生的文化视野，增强大学生爱国情怀，提升大学生的认知水平，充实大学生的精神底蕴，必将为闽南地区高校的思想政治教育拓展出一条新渠道。

陈松山．闽南地区非物质文化遗产档案保护研究［D］．导师：陈振明．厦门大学，2014，硕士．

关键词：非物质文化遗产；档案；闽南地区

机构：厦门大学

摘要：档案在非物质文化遗产的保护与传承中起着独特的作用。笔者在分析闽南地区非物质文化遗产档案的定义、资源、特征、分类和保护现状的基础上，进一步探析其保护模式。全文分四个部分：第一部分阐述选题背景及意义、文献综述、研究内容和研究方法；第二部分为闽南地区非物质文化遗产档案概述；第三部分介绍闽南地区非物质文化遗产档案保护现状与模式；第四部分以闽南地区木偶戏档案保护为案例，阐述该保护模式的应用。本文价值所在：笔者提出闽南地区非物质文化遗产档案保护模式，并以闽南地区木偶戏档案保护为案例阐述该模式的具体应用，对充实非物质文化遗产档案保护理论和指导其工作实践有一定价值。

闽台文化关系

苏睿鑫. 闽台地区传统宗教文化复兴对海峡两岸身份认同的影响［D］. 导师：范可. 南京大学，2013，硕士.

关键词：两岸关系；闽台关系；闽台民间信仰；传统文化；身份意识

机构：南京大学

摘要：近些年以来，海峡两岸维持的现状没有特别大的改变。不过，1978 年改革开放给祖国大陆经济带来的巨大变化，以及 1987 年台湾解严后的民主化过程给两岸的社会与政治带来了十分大的影响。福建的经济改革与台湾当地的民主改革在两地都引起恢复两地民众共性的闽南与客家民间信仰和文化传统的浪潮，福建与台湾民众之间根深蒂固的文化传统已在闽台习俗与身份认同中扮演重要的角色。因此，特别是在台湾，此文化信仰的复兴与宗教文化组织的奋起，推动了更积极的身份认同与身份意识。此论文的新颖观察角度是关注于台湾"政治"体系与社会的民主本土化。台湾社会民间信仰与文化复兴对两岸政治的影响则再也不是单单国共两党或中美政治。两岸之间身份认同程度会对台海政治与中美台关系带来更大挑战。加之，民间信仰与文化的复兴在某些程度上巩固了台湾的民主，同时也作为许多的台湾民众用为跟大陆做区分的一点。另外福建与台湾的密切关系以及两地闽南与客家身份认同一样会使中美台关系复杂化。祖国大陆和台湾地区会如何面对两岸关系新的趋势、台湾岛内的身份意识和两岸次国家身份的发展？此研究论文尽可能利用现有资源对以上问题提出分析和建议。

王国龙. 闽台宗教文化交流发展动态之研究（2000—2011）［D］. 导师：谢必震. 福建师范大学，2013，硕士.

关键词：闽台；宗教文化；发展动态

机构：福建师范大学

摘要：台湾宗教是随福建移民传入台湾的，在传入台湾的过程中逐渐形成了以福建祖庙为根、台湾开基庙为枝、台湾分灵庙为叶的宗教关系。为了维持和加强这种宗教联系，闽台宗教间一直保持着密切的往来关系。改革开放以来，各种不同类型的宗教学术会议、宗教团体互访、宗教文物展览等宗教文化交流活动在闽台两地相继展开。进入 21 世纪以后，闽台宗教文化交流活动更为密切，不仅在交流人数上，而且在交流次数和层次上都有了大幅度的提高，并且逐渐受到各级政府和专家学者的关注和重视。本文以闽台宗教文化交流的情况为视角，阐述闽台宗教间的渊源关系，并就改革开放以来的闽台宗教文化交流概况进行分类论述。然后，本文对 21 世纪以来的闽台宗教文化交流情况进行数据统计，从统计学的角度，对闽台宗教文化交流的发展变化进行分析，探讨闽台宗教文化交流对两岸政治、经济、文化等方面的影响，并就闽台宗教文化交流中存在的一些问题与发展展望进行论述。

叶俊杰. 明末清初台湾海峡地区的军事地理研究 [D]. 导师：崔建新. 陕西师范大学，2013，硕士.

关键词：台湾海峡；郑成功；明末清初

机构：陕西师范大学

摘要：台湾海峡地区是中华人民共和国版图内的一个特殊的区域。这个区域在明末清初时期一直是兵家必争之地，地理位置非常重要。尽管台湾海峡两岸地区经济发达，闽台文化交流频繁，但是因为国共内战遗留的历史问题导致海峡两岸目前仍然处于政治隔绝、军事对峙的局面。实现中华民族伟大复兴，是中华民族近代以来最伟大的梦想！要实现"中国梦"，要解决台湾问题，促成国家的早日统一，以史为鉴具有很大的现实意义。在明末清初由于改朝换代，台湾海峡地区军事斗争剧烈频繁，有很多的军事问题很值得我们深刻研究。明朝倭寇在中国东南沿海地区泛滥成灾，台湾海峡地区是倭寇活动的一个重灾区，并且深受其害。倭寇活动基本上可以分为前期和后期两个阶段。前期的倭寇是以来自日本的海盗为主，其侵扰的区域不仅是台湾海峡，还包括整个东亚的沿海地区。后期的倭寇是以来自东南沿海的中国人为主。中国人之所以加入倭寇队伍，并且成为其主要人员，原因是明王朝推行海禁政策，导致大量的沿海居民破产，使其不得不铤而走险从事倭寇式的海盗活动。大量亦商亦盗的中国人之间既互相合作，又互相竞争，经过一番角逐，最终成为海上霸主的是郑成功的父亲郑芝龙。从郑芝龙开始，郑氏家族开始在台湾海峡地区呼风唤雨，影响了整个明末清初中国历史的走向。郑芝龙的活动时期主要是在明末。其子郑成功的活动时期则主要是在清初。郑芝龙降清以后，郑成功继承了郑氏家族的军事遗产在东南沿海地区进行反清复明运动。郑成功反清复明最鲜明的特点是以台湾海峡西岸的厦门岛和金门岛为海上军事基地，对抗占有整个中国大陆的清王朝。郑氏家族靠海上武装起家，海上作战是郑成功最拿手的看家本领。清王朝用十万八旗铁骑征服全中国，陆上作战天下无敌。郑成功与清王朝之间的战争是一场海权与陆权的激烈对抗。只要是在海上作战，郑军对清军是百战百胜。但是一旦深入内陆作战，郑军就不是清军的对手了。郑成功横行于万里波涛，沿着海岸线与占有大陆的清王朝展开了十余年的拉锯战。清王朝想出海消灭郑军，每每都被郑成功击败；郑成功想收复明王朝在大陆上的失地，但一登陆作战就被清军击退。郑、清双方在海洋和陆地上各有各的优势。双方都想以己之长攻彼之短，取得最终的胜利。清王朝毕竟地盘大、实力雄厚，经得起长期的战争消耗。郑成功地盘狭小，在海陆拉锯战中渐渐处于下风，不得不寻求新的根据地。于是便有了郑成功渡海收复台湾的历史壮举。郑成功收复台湾是中国海军历史上第一次成功的跨海作战。荷兰殖民者在台湾的军事据点主要有两个，一个是建立在沿海地区的热兰遮城，另一个是建立在台江内陆赤崁地方的普罗民遮城。郑成功率领的海军陆战队出其不意地绕过沿海地区戒备森严的热兰遮城，直接攻取在台江内陆赤崁地方防备松懈的普罗民遮城，给予荷兰人的防线致命一击。荷兰人从印度尼西亚远调来援军，但无法与在台湾热兰遮城被包围的军队汇合。郑成功则采取围城打援的计策，将荷兰援军与守军各个击破，最终取得了收复台湾战役的胜利。

李彬．大陆移民背景下的台湾社会文化融合与景观特征 ［D］．导师：王彬．福建师范大学，2013，硕士．

关键词：台湾；大陆移民；社会文化融合；文化景观

机构：福建师范大学

摘要：随着全球化背景下"文化转向"和"空间转向"研究的深入发展，区域社会文化已成为学科交叉研究的重要内容之一。而具有独特地理环境和移民历史背景的台湾区域，伴随着海峡两岸关系的缓和，日益成为研究热点。台湾历史上是一个大陆移民的社会，大陆汉人移民及其后裔是台湾社会历史发展的最主要的推动力量，并为台湾社会带来了大陆（特别是闽粤两省）的各种民间风俗、经济关系和文化传统。本文在文献综述基础上，以大陆移民及其族裔在台湾进行社会文化融合过程及模式为研究重点，分析了台湾社会文化融合过程中的文化景观表达，同时运用文化生态的视角解析原因。研究结果表明：大陆移民台湾经历了明清前的零星入台，明清时的大规模迁台至光复后的现代移民阶段。大陆汉人移民为台湾的土地开发和经济发展提供了大量的有生力量，也为台湾社会带来了大陆（特别是闽粤两省）的各种经济关系和文化传统。伴随移民进程，在地缘上，形成以地缘关系为主的村落，并在长期杂居、交换与贸易、通婚、教化、生产斗争中发生了同化与融合，形成了族群整合后的和谐关系，进而构建了一个多元族群组成的社会。在文化上，一方面通过宗教进行建构。早期居民只祈拜自己所携带的神明，信仰圈呈以家族或共同祖籍地为单位的点状分布，随着台湾社会由移民社会向定居社会的转变，祭祀圈逐渐扩大，出现了超聚落、超祖籍，范围涵盖全乡或全镇的祭祀圈。另一方面，通过教育进行建构。明郑与清朝将大陆文化移植到台湾，并在台湾正式开科取士，促进了台湾社会的内地化，使台湾由一个海中之岛，建构为理学之乡。在政治关系上，首先通过行政建置建构。中国对台湾的经营可以追溯到三国时期，至清朝行政建置扩展到全岛，为大陆文化向台湾的扩散与整合提供了政治基础。之后通过身份政治建构。在不同时期地方的力量尤其是社会运动因素的推动下，台湾社会完成了"省籍族群身份认同"的构建。并进一步认识到台湾社会的族群分化实际上是异质性与同质性的统一体，血浓于水的中华文化是两岸最大的公约数，既是祖国统一也是岛内族群间融合的内聚力与共有基础。在文化景观建构与表达上，伴随着台湾社会的建构，部分大陆文化景观直接移植到台湾，如姓氏景观，在与环境适应过程中，形成带有融合特色的文化景观，如地名景观（地形与物产地名）、语言景观（台湾闽南话）、宗教信仰景观（三山国王的王爷化）、族群景观（平埔族汉化）、政治生态（蓝绿阵营）等。台湾社会文化建构是在两岸特殊的地理环境背景下产生和发展起来的，是在移民与文化融合的基础上叠加政治影响而最终形成的结果。

陈家麒. 清代六堆地区族群关系之研究 [D]. 导师：温振华. 台湾师范大学，2013，硕士.

关键词： 六堆；族群；马卡道族；凤山八社；排湾族；鲁凯族；闽南人

机构： 台湾师范大学

摘要： 这篇研究是着眼于清代屏东平原上的六堆地区，从康熙到光绪时代马卡道族凤山八社、排湾族和鲁凯族、客家人、闽南人的互动，如械斗、通婚、交易，如何形成现在六堆客家地区的雏形，以及对平埔族和高山族有何影响。

清代所形成的六堆乡镇原本在荷兰时代是平埔族（凤山八社）、傀儡番（排湾族和鲁凯族）的领地，在汉人尚未到屏东平原之前是西拉雅支族马卡道族和排湾族、鲁凯族互通有无、打猎和耕作的场所，而荷兰时代汉人人数不超过十万，并且是像民工性质来来去去。到郑氏时期郑成功所带来的军队为数也不多，并没有超过平埔族和高山族的总数，并且开拓区域主要在今天的台南附近，尚未扩及今天的六堆地区。

刘耿佑. 探讨服务质量知觉、满意度及行为意向关系：以台湾之文化族群为例 [D]. 导师：李介禄.（台湾）中兴大学，2013，硕士.

关键词： 服务质量知觉；满意度；行为意向；语言；文化族群；跨文化研究；闽南

机构：（台湾）中兴大学

摘要： 游客服务研究在户外游憩领域近几十年间仍持续发展并渐趋成熟，其中服务质量、满意度及行为意向间关系十分重要且常被探讨，然而过去关于跨文化游客服务的研究较少。因此本研究之目的是为探讨台湾不同文化族群（闽南、客家、外省）与惯用语言（国语、闽南语、客家话）间服务质量知觉、满意度、行为意向差异及影响关系。由 2007—2008 年台湾东岸的太鲁阁"国家公园"、2010—2011 年台湾西岸的惠苏林场森林游乐区进行问卷调查，总计获得 1977 份有效问卷。分析结果如下：1. 跨文化族群在服务质量、满意度及行为意向上具有显著差异。其中客家族群、非惯用闽南语族群及惯用客语族群具有较低的服务质量知觉及行为意向。2. 所有模式之适配程度良好，其中整体样本、外省族群、闽南语、客家话模式中服务质量、满意度及行为意向间皆具有正向影响关系；闽南族群模式中则只有服务质量与满意度、满意度与行为意向具有正向影响关系；客家族群模式仅服务质量与行为意向具有正向影响关系；比较路径系数后则发现闽南语族群与闽南族群之模式较为相近；客家话族群与客家族群之模式较为相近。3. 所有模式行为意向之 R2 值在 0.38 到 0.59，代表各模式对行为意向皆具有一定程度以上的解释能力，本研究亦证实不同语言族群各变项间具显著影响关系。建议管理者可根据多元（包括不同语言族群）游客的不同需求调整服务。尤其针对客家及非惯用闽南语族群，改善游客服务质量知觉较低的项目，例如安全方面的管理与信息提供，以及区内贩卖价格之合理性，将有助于提升游客正面行为意向。本研究验证跨文化族群之服务质量、满意度及行为意向的关系，并提供公园与游憩方面后续研究及经营管理意涵的参考。

林正慧．台湾客家的形塑历程——清代至战后的追索 ［D］．导师：黄富三．台湾大学，2013，博士．

　　关键词：客家；台湾；客人；粤人；土客冲突；闽粤关系

　　机构：台湾大学

　　摘要：华南客家的形塑过程，有一个文化共性的形成时期，之后才有第二阶段的客家方言群意识觉醒期。约于宋元之际，闽粤赣边区已形成有共同方言与地域文化的一群人，但当时并未被以"客"名之。

　　明清时期，闽粤赣边区人口饱和，加上清初迁海复界之后，大量客家方言人群向粤东沿海或珠江三角洲一带流徙，在这些客方言人群外移的边缘，由于客方言人群的流寓与耕佃身份，加上人数渐增，方音殊异，遂逐渐与当地以广府方言为主的"本地人"关系紧张，进而在 19 世纪以降，频频发生"土客冲突"，且在广府人书写的志书当中，多被指为"非汉"之种族。

　　发生于 19 世纪初以后华南的土客冲突，以及当地土著屡屡以非汉污蔑客方言移民的情形，引起客方言士子关注，并以强调客方言人群乃中原衣冠旧族，方言亦为中原古音的方式为"客"（客方言人群）溯源。在此过程中，恰适西教东传，于是以客方言地域为传教重心的巴色会传教士们也共同参与到为"客"溯源的行列，约在 18 世纪中叶，中文的"客家"与西文的 Hakka 有了指涉相同人群的意涵。

　　客方言士子与西方传教士为"边缘客域"的客方言人群溯源美名之后，为"客家"意识回流"中心客区"（嘉应州）铺好了温床，到了光绪末年的《嘉应州志》，我们已可看出"中心客区"如何思索由文献中找出"中心客区"为"客"名所出的各种可能，于是"客家"与宋元文献中的"客户"增盛说牵扯上关系，于是之后许多的"客家"溯源，都免不了要在文献中找"客"踪。

　　"客家"意识回流"中心客区"之后，开始让由"中心客区"向外离散的客家有了认同的媒介，清末民初客家人士积极参与城市活动与革命建国等行动，逐渐累积政治经济实力的同时，面对一次又一次的"非汉"污蔑，更让"客家"的意识与认同得以抬头，也让海内外客属有了清楚的以方言认同的媒介。然而，就是由于华南的客家形塑，有这样一个由"边缘客域"回"中心客区"再向外散播的轨迹，因此在轨迹之外的客方言人群，对"客家"的了解与接受则就可能有所不同，即如清代台湾的客方言人群。

台湾客家的形塑，与华南的客家形塑呈双轨并行的状况。且台湾客家的形塑历程，前面有很长一段时期并不称为"客家"。就已有的文献加以了解，清代台湾汉人的认同模式，就广东省嘉应州与福建省汀州府等纯客住区的移民，以及福建省漳泉与广东省潮州府等闽南方言移民而言，常采取跨省的方言认同；而漳州客方言与潮（州府）饶平县，惠（州府）海丰、陆丰等县移民，由于原籍地即处于客方言与闽南方言接触地带，来台移民的方言与嘉应州等地移民的方音有别，加上清代台湾"闽主粤客"的制度性框架，故多采取"省籍认同"，即漳州客方言人群多认同于闽籍，潮州府饶平县或惠州府陆丰、海丰等县客方言人群多认同于粤籍。

虽然清代文献多以行政界线分类人群，但我们仍能从中文文献的蛛丝马迹，以及19世纪西人的记述资料中发现，早在康熙末年，下淡水地区的客方言人群已采取方言认同，自称"客民"，之后台湾民间社会逐渐形成"客人"与"福佬"以方言为界的分类样态。民间社会以方言区分彼此，虽官方以行政界线划分人群，但却实际且持续存在于台湾的民间社会，且在清代的文献中若隐若现，终于到了光绪末年修志时，出现了《新竹县采访册》中的"客人（ke-lang＝）论述"。

乙未之役后，台湾岛民面临了一个异族的统治者，这个殖民者政府一开始就从西方知识体系中了解台湾有一群说客方言的人为"哈喀""喀家"或"客家"，但之后基于对台岛旧习的调查及清代文献的了解，殖民者以原先认知的有种族意涵的"客家"与清代的省籍界线叠合，将台湾汉人分为广东人与福建人，且各自对应一种方言，即客方言与闽南方言。此分类，让日据时期的人群认同地以方言为界线。但也可能让闽籍客方言人群与粤籍闽南方言人群面临如何自我定位的难题。

因此，我们必须了解，1905年以来的临时户口调查或"国势"调查，统计的数字显现的是当时说客方言的人，而1926年的乡籍调查的标的则是汉移民的原籍地，两种调查的标的不同，统计数字背后各有其特殊意涵，这是日后研究者在使用或解释数字时，需要特别留意的部分。

日据时期，台湾的客方言人群就这样从清代的粤人、客人，变成了粤族、广东族。日据期间，台湾的客方言人群可能会从各种不同管道了解华南有与自己同方言的人叫"客家"，但"客家"对台湾的客方言人群而言，尚属外来词的概念。从一些日记或档案资料，我们可以看出台湾客人在战后初期面临了从"客人"到"客家"的转折及适应过程。亦即战后台湾的客方言人群，不仅经历了由"日本人"变成"中国人"，也同时由"广东人"变成了"客家人"。亦即一直要到战后，台湾客方言人群方与中国华南客家采取同一识别标准，自称为客家人，也开始嫁接起中原南迁的族群历史。

由战后本省外客家的相处情形来看，多少可以看出方言的认同力量，而初步归纳战后省内外客家彼此能容易产生族群亲亲感的原因可能有三。第一，由于所属方言特殊，且在台湾是居于少数的，使得彼此可以在较短的时间内拉近陌生的距离。第二，许多台湾客家虽经历两次"改朝换代"，却仍保有对原乡及原乡宗族的认同观念，这也是战后省内外客家容易跨越长期隔离的时间作用，而轻易拉近彼此距离的因素之一。第三，由于客家在台湾是相对的少数，自易接纳省外的同方言群的成分，尤其，他们举着客家是中原正统的旗帜而来。

战后，在台湾进行的"中原客家"论述，以及外省客家与本省客家的互动，对台湾及客家的研究皆造成深刻的影响。诸如造成客家误解的层累堆积、中原客家文化素质的杂糅融合及客家族群处境的劣势化与客家话的隐形化等等。由于中原客家在战后台湾的宣扬，其实是镶嵌在符合国家政策的脉络底下，于是虽言是中原客家论述，重的是中原，是祖国大陆，而非客家，遑论台湾。此一隐伏的矛盾，日后即成为台湾客家人意识的发轫。

陈怡．泉台旅游产业合作研究［D］．导师：黄远水．华侨大学，2013，硕士．

关键词：泉台旅游；泉州；区域旅游；旅游产业合作

机构：华侨大学

摘要：福建是对台旅游的前线，泉州与台湾地缘相近、血缘相亲、商缘相承、文缘相连、法缘相循，具有突出的"五缘"优势，也是闽南文化保护区和两岸文化交流的主体所在，这就使泉台旅游产业合作具有广阔的发展前景。作为台湾汉族同胞的主要祖籍地，每年有十万人次的台胞到泉州观光旅游、进香谒祖。泉州籍先民在迁徙台湾的同时带去了故乡的传统文化，形成台湾文化的母体。泉台以佛教同宗、道教同源为桥梁建立起两地的旅游开发。作为闽南文化保护区的主体，泉州的一些名胜古迹和景点，如海外交通史博物馆、闽台缘博物馆、天后宫等都深深地吸引着台湾同胞。在旅游市场持续疲软的大背景下，泉台旅游致力于打造两岸互动的海峡旅游圈，从举办各种寻根谒祖、进香祭典、旅游观光等文化节活动吸引台胞，到出台措施鼓励旅行社拉动本地赴台旅游消费，提升泉台旅游合作层次和水平尤为引人瞩目。泉台旅游合作有着与生俱来的优势，在"五缘"、交通、客源、政策等方面都具有较大优势。但是同时也面临着合作机制、利益分配机制、企业积极性不高、资源雷同等问题，以及周边城市及周边区域对客源市场的分流带来的竞争。为此，文章提出了基于政府主导的制度本位驱动、基于资源整合的产品价值驱动、基于品牌传播的目的地形象驱动、基于集群培育的产业链驱动。最后建议整合旅游资源，共享客源市场；完善相关基础设施，推动泉台旅游合作；树立区域旅游品牌，实现营销共推；争取政策支持，完善管理机制等措施来进一步推动泉台旅游业的合作。

吴惠红.厦门台湾民俗村旅游营销策略研究［D］.**导师：林克显，杨建英.福建农林大学，2013，硕士.**

关键词：厦门台湾民俗；民俗旅游；营销策略；市场细分；7PS 营销策略

机构：福建农林大学

摘要：中国的民俗旅游最早开始于 20 世纪 80 年代，民俗旅游的开展给地方带来了巨大的经济效益，同时民俗旅游还对当地的就业、发展有不可估量的推动。民俗旅游是较高层次的文化旅游，对于弘扬民俗文化、促进各民族文化交流有相当重大的意义。就目前来说，民风民俗旅游在旅游业中占有相当大的比重。厦门台湾民俗旅游村是以两岸文化相互交流为主旨建立的，力图让更多的海西人民能够深入了解海峡对岸的台湾人民的乡土人情，响应党"十七大"的号召，发展中国大陆及港、澳、台地区的文化合作、文化交流、文化传承。它是国内首个台湾民俗村，拥有丰富的台湾民俗旅游资源，但是其在风土文化方面的开发和营销还稍显不足，与两岸倡导的文化交流所要求的还有较大差距。目前厦门秉持闽台交流合作的精神正大力发展台湾民俗村，开发更多的民俗旅游项目以吸引更多游客，传播台湾乡土风情，促进两岸人民的相互了解。因此，从营销的角度来研究厦门台湾民俗村旅游的发展，为厦门台湾民俗村更快更好的发展提供实践依据，具有十分重要的意义。本文按照提出问题—分析问题—解决问题的思路进行研究，注重理论与实际相联系。首先，通过理论研究，结合国内外研究成果，对营销的相关理论进行梳理，总结了民俗村旅游营销的方式及营销策略的内容。其次，在理论研究的基础上，结合实际，对厦门台湾民俗村旅游的营销现状和问题进行分析，提出了台湾民俗旅游营销现在的问题，在此基础上本文运用多种营销分析的工具对厦门台湾民俗村游客营销面临的环境进行分析，如 PEST 分析法、五力分析模型、SWOT 分析法，在上述分析的基础上，提出了解决问题的思路，重新对厦门台湾民俗旅游市场进行细分，并基于 7PS 理论提出了具体的民俗村旅游营销策略。最后，总结全文，对未来的研究提出展望。

朱毅.海西历史文化名城对台旅游竞争力研究［D］.**导师：陈金华.华侨大学，2013，硕士.**

关键词：旅游竞争力；对台旅游；历史文化名城；海峡西岸

机构：华侨大学

摘要：海峡西岸旅游区是我国为发展两岸关系及对台旅游而提出建设的国家级旅游区。海峡西岸旅游区历史文化名城（以下简称"海西历史文化名城"）是海峡西岸旅游区发展对台旅游的重要组成部分，发展海西历史文化名城对台旅游，对于整合海峡名城对台历史文化旅游资源，优化海峡西岸旅游区对台旅游城市区域分工结构，提升海峡西岸旅游区对台旅游的整体竞争实力都有着重要意义。本文选取海峡西岸旅游区 8 个历史文化名城作为研究对象，拟对其对台旅游竞争力进行研究。在深入分析 8 个海西历史文化名城旅游发展现状和对台旅游竞争力的基础上，运用多维评价的方法对比分析各海西历史文化名城对台旅游竞争态势以及对台旅游竞争力优劣势。总结出各自在对台旅游资源竞争力、对台旅游产品竞争力、对台旅游接待竞争力、对台旅游成本竞争力及对台旅游区位竞争力方面的优劣势。根据分析结果将 8 个海西历史文化名城划分为 3 个不同等级的对台旅游城市。从城市内部细分角度和区域整体角度提出了增强海西历史文化名城对台旅游竞争力的具体策略。

谢剑忠．闽台体育产业竞争力提升与市场化发展的比较研究［D］．导师：陈少坚，谢军．集美大学，2013，硕士．

关键词：闽台；晋江模式；区域体育产业；竞争力与市场化；ECFA；比较

机构：集美大学

摘要：产业发展是区域发展的重要基础，体育产业日益成为区域经济新的增长点。目前，福建体育产业处于快速发展的初级阶段，同时呈现显著的区域化非均衡发展特征。相对而言，台湾运动休闲产业处于快速发展的转型期，虽已跳脱传统的发展思维，把运动视为健康及生活品质提升的有效方式与国家经济发展的主轴之一，但是解决当前台湾运动休闲产业发展瓶颈的主要途径依然是"大胆西进，全力竞争大陆市场，先经济后政治，以经济促政治，实现和平发展之目的"。福建拥有体制优势、资源优势、侨台优势和市场空间优势；台湾具有管理优势、技术优势、创新优势和资本优势，而且闽台两地同属于典型的海岛型经济体系，以及两岸业已商讨通过的 ECFA 合作协议，这说明闽台体育产业发展的优势互补性很强，将为海峡两岸体育产业竞争力提升与市场化发展创造良好的人文和技术环境。为实现研究目的，论文在产业竞争力理论与市场化理论、经济转型期宏观经济政策与微观经济政策、现代区位理论与区域经济增长理论、产业生态化理论与可持续发展理论等相关理论的指导下，利用定性分析与定量分析相结合、历史分析与比较分析相结合、访谈法等研究方法，依次得出如下研究结论：1. 体育产业竞争力提升有利于产品生产与利润实现的结合，而体育市场化发展为提高产品质量、产品创新、产业竞争力带来新的出路。体育产业作为现代服务性行业，其竞争力的市场表征主要体现在质量、数量、结构、速度等方面。而差异性竞争优势的获得是产业竞争力与市场化二者螺旋关系的助推器。2. 闽台体育产业竞争力是由多种要素构成的复杂环境，主要包括以下四个方面：①区位要素；②资源禀赋；③技术创新；④制度创新。这些要素相互影响、相互作用。3. 当前福建职业体育的市场体系与机制尚未发育完全，市场体制还在建设之中，计划体制还不时地起作用，职业体育领域的行政垄断基本上可以看作是计划经济时代运用行政手段干预经济生活方式的延续，仍带有明显的体制转轨特征。4. 通过对苏南模式、珠江模式、晋江模式三种经济发展模式的比较分析，厘清了闽台体育产业非均衡协调发展方式的选择依据，同时为闽台体育产业生态系统的构建与运行提供了有益的启示。5. "ECFA 合作协议"下闽台体育产业竞争与激励机制实施效果的调查分析，表明闽台体育产业竞争力提升与市场化发展具有对台湾同胞的亲和力和增强中国的认同感，为两岸民众谋福祉等作用。6.提出闽台体育产业深度对接的几点对策和建议。

彭素珍．基于妈祖文化视角下闽台民俗体育的发展研究〔D〕．导师：石岩．湖北大学，2013，硕士．

关键词：妈祖文化；闽台；民俗体育；发展

机构：湖北大学

摘要：研究以田野调查法、文献资料法、访谈法和逻辑推理等为主要方法，运用历史学、文化学、民俗学和社会学的相关理论，从妈祖文化的角度探讨闽台民俗体育。对妈祖文化、民俗体育、闽台民俗体育以及妈祖文化与闽台民俗体育的关系进行理论阐释，力图为闽台民俗体育的研究提供理论依据，在此基础上，将福建与台湾的民俗体育视为一个整体，对其表现形式进行整理、概括，归纳与分析在妈祖文化视角下闽台民俗体育的特征，并由此引发对闽台民俗体育的价值的思考，旨在丰富我国民俗体育的区域文化研究，以妈祖文化为视角来研究民俗体育，并为丰富闽台人民节日妈祖文化生活，推动海峡两岸之间的文化交流，增加闽台两地的往来，提出新的交流渠道。闽台民俗体育的形成与临海地理环境、人民生产生活方式、古人神灵信仰、民俗民风及节日庆典等密不可分。笔者提出了应当充分利用妈祖文化，用科学有效的发展策略来保护和促进闽台民俗体育的发展研究。缘于这种渊源，应大力促进两岸在民俗体育方面的交流，激发台湾同胞的民族感，为祖国统一大业做出应有的贡献。研究结果表明：1. 妈祖文化是非物质文化遗产，民俗生活是民俗体育存在和发展不可缺少的部分，民俗体育的研究离不开对民俗生活的观察；在妈祖文化视角下研究民俗体育，是一个新的着眼点，民俗生活中的传统节日积淀了丰富的具有民间特色的民俗体育，而且其表现形式不同。2. 由于闽台靠海的地理环境和特色的历史发展背景，福建与台湾早已形成了同一妈祖文化区，有着极其相似的民俗民风；福建和台湾的民俗体育文化构成了一个不论是在形式还是在内容上都相近的整体。3. 由于闽台民俗体育具有高密度的周期再现、宗教信仰色彩很浓厚、强烈的祈求活动、丰富的妈祖文化活动的集合体等特点，所以为民俗体育的存在提供了特殊的民俗生存环境，使得闽台民俗体育与存在于其他地方的民俗体育相比，具有独特的魅力，呈现鲜明的社会性、强烈的感染力、稳定的传承性、厚重的文化性以及强大的群体集聚性的特征。4. 闽台民俗体育是妈祖文化的重要载体，通过对闽台民俗体育的分析可知：妈祖文化是闽台民俗体育实现闽台两岸之间紧密联系的基础，稳定传承性是闽台民俗体育文化发展的保证，强烈的感染力和群体集聚性是闽台民俗体育实现妈祖文化更广泛传承的关键。笔者认为：一系列对闽台民俗体育发展策略是闽台人民对于妈祖文化、闽台民俗体育进一步融合、发扬的有效途径。

王宛真. 明清时期闽台地区拾骨葬习俗研究 [D]. 导师：谢必震. 福建师范大学，2014，硕士.

关键词：明清；闽台；拾骨葬

机构：福建师范大学

摘要：拾骨葬又称捡骨葬、洗骨葬，是指死者去世后，采取土葬、火化、风化等方法，使尸体的软组织皮肉腐烂脱落，再拾取骨骸，装入陶瓮中再行埋葬的一种葬俗。该习俗流行于明清时期闽台地区，直至20世纪八九十年代在闽台民间仍有存在。拾骨葬作为一种特殊葬俗，在学界渐渐广为人知，迄今为止，对其历史渊源、仪式过程、文化内涵等内容的研究已有一定成果。尽管如此，不少研究者对拾骨葬的认识存在不同程度的偏见和误区，研究者往往看到其在风水迷信上的弊端而忽视其孝祖敬宗的精神内涵。本文在广泛查阅历史文献的基础上，较为详细地介绍明清时期闽台地区拾骨葬习俗的盛行及其表现，对其长期流行之多重原因进行系统的梳理和归纳，阐释其与明清时期风水迷信和土地矛盾等社会问题的关系，最后从不同视角解读拾骨葬的社会评价和文化内涵。本文试图通过对拾骨葬的研究，探索其深厚的历史渊源和文化内涵，旨在扭转对拾骨葬认识的偏见，使世人对拾骨葬的认识更为客观和全面。

何里庭. 宜兰诏安客属村落的文化网络与认同——以游氏宗族与寺庙为例 [D]. 导师：李翘宏. （台湾）交通大学，2014，硕士.

关键词：土著化；权力的文化网络；象征资本；宗族意识；再领域化；诏安客

机构：（台湾）交通大学

摘要：本研究的主要场域在兰阳平原宜兰河上游的圆村，以民族志与汉学人类学的研究方式，梳理地方宗族头人的历史意识，解析来自漳州诏安游乐山派下宗族头人，研究他们如何以血缘、地缘性"权力的文化网络"（culture nexus of power）推动宜兰河上游圆村的土著化及地方建构。

笔者针对圆村游氏头人在立雪堂与余庆堂的宗族意识，以及在地方汉学教育中培养的文化意识做连贯讨论。游氏头人以公庙作为象征资本，以汉学作为文化资本，在地方社会的影响很大。笔者着力于解析圆村游氏地方头人"权力的文化网络"，并了解其权威如何形成、如何影响现在的村庙参与者。

而现代场域中，借着公庙"佛祖文化节"中的互动和影响，地方头人试图凝聚地方意识，促成地方社会的"再领域化"。

以余庆堂宗族头人的"能动性"而论，现任宗族头人善于使用"权力的文化网络"，并借由年年回去大陆祭祖，试图提高宗法的价值及"长房顾灶"的使命感，并应用在公尝纠纷上，带来大房派下房派意识的新凝聚力。圆村游氏在两岸宗亲往来的各种活动中，重新确认了"诏安 客底"身份，以特有的宗族习性和意识牵起了对诏安的认同。

陈静．闽港台三地民间信仰庙宇的"政府"管理比较研究［D］．导师：林国平．福建师范大学，2014，硕士．

关键词：民间信仰；庙宇管理；闽港台

机构：福建师范大学

摘要：自古以来，闽港台地区民间信仰盛行，其信徒和庙宇数量远远超过五大宗教的总和，民间信仰成为三地社会事务管理的热点。民间信仰作为一种草根性信仰，既能在精神方面满足信众需求，具有宗教信仰属性；又能依托庙宇运作地方，形成松散祭祀组织参与地方社会事务，具有社会属性。因此，闽港台三地在民间信仰管理时需要兼顾其宗教和社会属性，既要对民间信仰进行规范化管理，又不能伤害群众的信仰热情，因此民间信仰又是三地社会事务管理的难点。闽港台三地由于不同的历史命运和社会现状，三地在民间信仰庙宇管理上表现出极大的差异性。本文借用政治学、管理学、经济学的理论模式，总结福建、香港、台湾彰化三地民间信仰庙宇的管理模式，认为：福建省"以国家为中心的选择性管制"为理论指导，对民间信仰场所进行试点管理；香港华人庙宇管理，以"法理型科层体制"为模版，专注庙产管理；台湾彰化市公所构建"管制型的公益模型"，对民间信仰庙宇进行接管，着力于对庙宇公益价值的开发。三地民间信仰庙宇的管理，各有所长，也各有不足之处。本文从闽港台三地民间信仰管理的理论范式和民间信仰管理的实际效果入手，对比分析三地民间信仰庙宇的政府管理，从法律、管理机制、庙宇管理三个层面出发，对福建省的民间信仰管理提出几点建议。

范春梅．闽台茶文化交流合作现状、对比分析及发展对策［D］．导师：金心怡，阮逸明．福建农林大学，2014，硕士．

关键词：闽台；茶文化；交流合作；对比分析；发展对策

机构：福建农林大学

摘要：在当今社会，文化产业的发展已成为经济发展的重要因素。茶文化产业是大茶业经济的重要组成部分，茶艺创作、茶文化教育、茶文化旅游是推动茶文化产业发展的重要载体，它们的发展对整个茶文化产业的发展起着重要的作用。开展闽台茶文化交流合作研究对于延伸茶产业链，推动茶产业结构转型升级，进一步促进闽台茶文化交流合作具有重要意义。本文通过对闽台茶文化的现状分析以及对茶艺、茶文化教育及茶文化旅游的对比分析，并对闽台茶文化产业交流合作典范——天福集团进行案例分析，具体深入探明闽台茶文化的不同特点及特色，这对于推动闽台两地茶文化的交流与合作，学习借鉴台湾茶文化发展的成功经验，以进一步促进福建省茶产业经济的全面发展具有重要的意义。本论文研究内容包括以下几个方面。1. 闽台两地茶文化历史与发展现状。闽台茶文化同宗同脉，具有密不可分的亲缘关系，茶艺创作、茶文化教育、茶文化旅游等相关茶文化及产业已经发展到一定的阶段，这得益于两岸交流的政策支持。2. 闽台茶艺创作、茶文化教育、茶文化旅游对比分析。闽台的茶艺创作在茶具配备、茶艺流程、解说词、茶艺内涵及表演艺术的不同，缘于两地的生活习惯和不同的茶道理念；闽台茶文化教育的专业设置、机构名称、课程设置、考核机制都有较大的不同，但又各有特色，有较好的互补性；闽台茶文化旅游在旅游产品和路线开发上既有共性又有鲜明的地域特色。3. 闽台茶文化产业交流合作典范——天福集团案例分析。天福集团茶文化产业发展较快，且较为成熟。在茶艺创作、茶文化教育、茶文化旅游等方面有显著特色，融闽台文化、企业文化为一体；漳州科技职业学院与台湾合作办学，具有闽台交流合作的先行性；天福集团茶博物院、茶石雕观光园、茶企业旅游建设较为成熟，具有企业文化特色及台湾特色，茶文化旅游产品主题内涵突出，体验求知交流较多，茶文化旅游路线与其他旅游景区合作，较有成效。4. 针对闽台茶文化交流合作发展策略提出以下建议。（1）在闽台茶艺创作交流与合作方面，整合茶艺观念，求同存异，承优弃陋；整合茶文化内涵，提升深度和广度；整合茶艺表现形式，抓住重点，因需创新；建立产业机构，实现产业价值。（2）在闽台茶文化教育交流与合作方面，深入开发闽台合作办学项目，加强对口专业建设和课程设置；深入开发闽台茶艺师培训合作项目，加强考核体系的完善；深入开发闽台茶文化系列教材合作项目，加强闽台茶企的参与度。（3）在茶文化旅游交流与合作方面，突出闽台各名茶景区的区域特色，创新茶文化旅游产品；依托闽台交通及政策优势，创新茶文化旅游路线；依托闽台茶文化教育合作，开发闽台茶文化教育旅游项目；依托闽台茶事活动，开发闽台茶文化体验旅游产品。

孙媛媛．泉台创意农业背景下安溪茶文化可持续发展的对策研究［D］．导师：陈建宪，胥志强．华中师范大学，2014，硕士．

关键词：泉台创意农业；安溪茶文化；可持续发展；对策研究

机构：华中师范大学

摘要：闽南文化是凝聚中华民族社会发展历史的文明统一体，是中华民族文明的重要组成部分。台湾茶产业独具特色，在农业中占据重要地位。安溪生产茶叶已逾千年，形成了独特的民风茶俗，创造了古老绚丽的茶文化。但随着市场经济的快速发展，注重经济效益、忽视传统技艺文化的研究，已经阻碍了安溪茶文化的可持续发展。本文将在泉台农业创意背景下，调查安溪茶文化资源现状，并对其文化优势进行分析，试图挖掘、提炼其文化的精神内核，丰富茶文化精神内涵，打造茶都文化品牌，为安溪的科学发展跨越发展、提供精神支撑。文章共分为四个部分。第一部分，对相关概念进行界定。第二部分，主要分析了安溪茶文化的发展现状及目前存在的问题，目前安溪茶文化创意产业刚起步，发展空间还很大，若能够将茶文化创意最大化，把茶业经济发展成为一条产业链，就可以提高茶叶附加值，壮大茶产业。第三部分，文章介绍了泉台创意农业的发展现状，总结了创意农业合作的经验及相互借鉴意义，使安溪文化与台湾文化再次融合。在泉台合作中，到传统闽南文化中吸取精华，并挖掘传统文化元素融入文化产业。因此，在闽台合作的大环境之下，泉台合作具有可行性和必要性，通过发展泉台创意农业，向茶业产业发展提供源源不断的新思路。第四部分，提出了泉台创意农业背景下安溪茶文发展的发展思路：首先，茶文化可提振城市的精气神，可以融入"五位一体"建设之中，可提升民众幸福指数；其次，茶文化在产业转型升级的大背景和城乡一体化建设总要求下，可大有作为。茶文化创意产业发展是绿色低碳可持续发展的朝阳产业，两岸茶文化的认同也有力促进两岸的中华文化认同、民族认同，有利于促进两岸关系和平发展及祖国和平统一，应加强泉台茶文化产业合作研究，最终促进形成两岸闽南文化价值基础乃至促进形成价值共识，在此基础上，进一步提出以闽南文化深化两岸文化交流合作，增强台湾广大同胞对中华文化和中华民族的认同，这对于推动祖国统一大业的和谐发展进程，具有重要的理论意义、实践作用和战略影响。

廖雅梅．基于台湾同胞文化认同的福建宗祠祖墓旅游产品开发研究 [D]．导师：黄远水．华侨大学，2014，硕士．

关键词： 文化认同；宗祠祖墓；旅游产品开发；福建；台湾

机构： 华侨大学

摘要： 以闽台良好的自然认同和主体文化辐射认同为基础，开发反映闽台同胞之间同宗同源的亲缘关系的宗祠祖墓旅游资源，以宗祠祖墓文化旅游产品为媒介，为闽台同胞提供文化接触、交流及融合的平台，希望对促进台湾同胞的文化认同有所贡献。本文以福建涉台宗祠祖墓旅游资源为研究对象，以文化认同为视角，通过文献收集、实地调研等方法，剖析福建涉台宗祠祖墓旅游产品开发对台湾同胞文化认同的作用，分析福建涉台宗祠祖墓旅游资源类型与特点、空间分布并做综合评价，探讨产品开发原则、思路、系列、模式及开发运营机制等问题，力图为福建涉台宗祠祖墓旅游产品开发提供参考，以期促进台湾同胞文化认同。通过研究，本文认为，福建涉台宗祠祖墓旅游产品开发可以促进台湾同胞的文化认同。福建涉台宗祠祖墓旅游资源丰富，资源禀赋较高。福建涉台宗祠祖墓旅游产品的开发在原则上应遵循保护为主，开发为辅；结构多样，联合开发；市场导向，综合效益；注重游憩性与参与性。开发思路上应以整合相关旅游资源，深化产品文化内涵；浓缩型与流动型产品开发形式相结合；产品内容以文化体验为主，以观光为辅；开发宗族特色鲜明，文化底蕴浓厚的旅游商品为指导。产品系列上以寻根探源、祭祖探亲、观光游览、文化交流为主题，开发模式上以物化展示、活态体验、虚拟参与、文化主题公园为主。为保障旅游产品的开发，应该建立健全政府主导机制、企业运作机制、社会参与机制。

龚华荣．非遗视角下的闽台节事旅游开发研究 [D]．导师：詹芬萍．华侨大学，

2014，硕士．

关键词：非物质文化遗产；节事旅游；开发；闽台合作

机构：华侨大学

摘要：节事旅游（FSE Tourism）作为旅游业一种日益兴起的旅游类型，对提高目的地知名度，调节旅游地淡旺季矛盾，保护目的地传统文化，推动文化和旅游业可持续发展起到非常重大的作用，目前已经成为西方旅游研究的热点，而且进入成熟快速的发展阶段。但是在中国，节事旅游的发展还处在经验式探索阶段，概念、分类模糊不清，节事旅游的研究缺乏科学合理的理论指导。在这种大背景下，顺应国际趋势，加大对节事旅游的研究是非常必要的。闽台有着特殊的"五缘"优势，在大形势和大背景的推动下，闽台节事旅游也蓬勃发展起来，尤其是"海峡两岸经济合作框架协议"（ECFA）的签署和一年一度"海峡论坛"的举办，大大推动了闽台节事旅游的发展。在众多的节事活动中以闽台特有的非物质文化遗产为主要内容的节事活动最具有特色。闽台特有的传统文化丰富了节事旅游的内容和文化内涵，节事旅游的开发为非物质文化遗产"活态化"保护提供平台，从非物质文化遗产的视角研究闽台节事旅游的开发对加强海峡两岸交流与合作，推动两岸和谐统一产生举足轻重的影响。本文在可持续发展理论和文化软实力理论的指导下，从非物质文化遗产的视角对闽台节事旅游的开发进行了探讨。本研究包括七个部分：首先提出本研究的背景、意义、方法和理论依据，建立本文的研究体系。在此基础上对节事旅游的定义和分类、闽台节事旅游的概念进行详细的界定和划分，并厘清非物质文化遗产和节事旅游的关系，为后续的研究提供基础和依据。其次，利用网络数据和搜集的资料对主要的闽台节事旅游活动的时空分布特征进行详细的分析，认为节事活动空间分布不均，主要集中在厦、漳、泉等经济发达的地区，季节分布不明显，节期上只有3—5天，属于短期节事活动。在此基础上分析了闽台节事旅游开发过程中存在的问题。再次，针对前期提出的问题，通过访谈和问卷调查的方式对闽台节事活动的举办模式和开发现状进行实地调研，对参与者的期望与感知进行分析，统计出影响参与者满意度的因素，在实证研究中进一步分析问题，得出结论。最后，提出了开发模式市场化、目标市场最优化、节事活动品牌化、非遗利用活态化、文化软实力凸显化、非遗申报联动化等开发策略。

罗彬．2001—2010 年闽台旅游交流合作研究［D］．导师：谢必震．福建师范大学，2014，硕士．

关键词：闽台；旅游；区域合作

机构：福建师范大学

摘要：近年来，随着两岸关系的日益发展，旅游作为一个特殊的媒介，在两岸交往中发挥着日趋重要的作用。福建是对台交流的排头兵，大力发展闽台旅游业合作交流是推动两岸关系全面发展的内在要求。回首过去，闽台旅游业合作发展迅速，但问题也不少。进行闽台旅游关系史的研究不仅可以总结过去闽台合作的经验，也可以预测闽台旅游业的未来发展趋势。因此本文试图从历史学的角度出发，用联系、发展、辩证的观点总结闽台旅游业合作的基本特征、交流经验和发展规律。本文截取 2001 年至 2010 年为考察时间段，以 2001 年闽台"小三通"正式实行至 2011 年赴台个人游开放为起始标志，见证闽台旅游交流从局部到全面，从民间到官方，从小范围交流到多领域合作的过程。本文首先回顾 2001 年之前闽台旅游交流的大致情况，然后以此为背景，以时间脉络详细考察 2001 年至 2010 年 10 年间两地旅游交流情况。进而在此基础上分析这 10 年闽台旅游合作交流的特点、产生的问题及对策，对未来闽台旅游的合作提供借鉴和指导。以期实现闽台两地旅游资源优势互补，"海峡旅游"品牌价值持续提升，最终促进两岸之间旅游业的全面合作，为两岸早日统一尽一份力。

郑小娟．福建东山关帝文化旅游区陆台游客满意度和忠诚度比较研究［D］．导师：宋立中．福建师范大学，2014，硕士．

关键词：宗教目的地；游客满意度；游客忠诚度；海峡旅游

机构：福建师范大学

摘要：游客决定是否重游、是否推荐或正面宣传该旅游目的地，其满意程度和忠诚程度是主要因素，而研究游客对宗教旅游地的满意度和忠诚度感知差异是一个新的课题。本文以福建东山关帝文化旅游区为案例，以到该区朝圣或旅游的海峡两岸游客为考察对象，在前人研究文献的基础上，对该景区资源特点及服务设施、管理水平等进行游客问卷调查和实地访谈，并通过描述性分析、因子分析和相关分析，对台湾游客和大陆游客满意度与忠诚度的感知差异进行比较分析。实证研究结果发现，各要素满意度与游客满意度、旅游价格之间存在着正面影响；旅游价格与游客满意度之间存在着正面影响；游客抱怨与游客满意度、忠诚度之间存在着正面影响；游客的满意度和游客的忠诚度之间存在着正面影响。陆台游客不同的人口统计变量对游客满意度和忠诚度产生显著影响。最后，基于分析结果，为东山县旅游管理部门就景区的进一步开发、市场营销、经营管理等方面提出了相应的建议，以提高游客满意度和忠诚度，促进东山关帝文化旅游区可持续发展。

大事记

2013

二月

1. 两岸专家共话城隍文化。1月3日，首届集美城隍文化节的重头戏之一，"信仰与传承——两岸城隍文化论坛"于集美举办。两岸知名文史、民俗专家汇聚一堂，交流民俗文化，凸显两岸神缘一脉、同根同源的密切关系，同时宣传城隍文化，扩大两岸城隍学术交流，加强传统文化在青年学子中的影响和传承。

2. 闽台民俗文化古镇在厦门落成。1月3日，闽台民俗文化古镇在厦门市集美区后溪镇城内村落成。闽台民俗文化古镇利用后溪镇城内村100多间闽南古厝、300多年历史的古城池，建成闽台官用品博物馆、闽台匾额博物馆、闽台酒文化博物馆、爱情文化博物馆、闽台老电影博物馆、海峡两岸馆等8个不同主题的民俗文化博物馆，是厦门最大的博物馆群落，有近3万件民俗文物对市民和游客展出。多年从事闽南文化研究的福建省文史研究馆馆员洪卜仁表示，两岸人民同宗共祖，两岸文化同根共源。博物馆内物品的展出，将有利于唤醒两岸民众对传统文化的记忆，让闽台悠久的传统民俗文化得以延续、传承。

3. 台湾屏东戏曲故事特展。1月9日—3月31日，台湾屏东戏曲故事特展首档以"力力溪畔·哪吒佑民"为主题，以朝林宫供奉三太子哪吒信仰事迹，结合屏东现有布袋戏三大流派发展特色，让人从传统戏曲中探究潮州在地的人文历史。

4. 世界文化遗产福建土楼保护规划公布实施。1月29日，福建省人民政府批复同意公布《世界文化遗产福建土楼保护规划》，要求福建省文化文物行政部门会同遗产所在地政府具体组织实施。《福建土楼保护规划》由《福建土楼保护规划总纲》《福建（永定）土楼保护规划》《福建（南靖）土楼保护规划》《福建（华安）土楼保护规划》组成。为推进"福建土楼"申遗以及成功后的遗产地保护管理工作，福建省先后公布了《"福建土楼"文化遗产保护管理办法》《"福建土楼"世界文化遗产保护管理条例》《福建土楼保护规划》，成为全国少有的在省级层面针对世界遗产地建立的比较完备的法律法规体系，有力地保障了世界文化遗产的有效保护管理与合理永续利用。

二月

1. 国家非物质文化遗产纸织画开展。2月20日，由石狮日报社、石狮市红十字会、桃源纸织画院主办的"山海情——国家非物质文化遗产永春纸织画·福建省工艺美术大师周梅森画展"在石狮日报社一品堂艺术馆开幕。永春纸织画被称为中国四大家织之一,2011年,永春纸织画入选国家级非物质文化遗产,其传承和保护事业掀开了崭新的一页。

2.《闽南与台湾地方文献目录》出版发行。为了满足闽南民系文化足迹研究的需要,促进闽南文化在海峡两岸以及海外的传播与发展的进一步探索,泉州师范学院"闽南文化的传承与海西社会发展"课题组与图书馆共同出版发行《闽南与台湾地方文献目录》,该套书分为上编"闽南与台湾研究著作"和下编"闽南与台湾研究论文"两个部分,共200多万字,收录图书目录2万多条,学位论文与期刊论文目录1.3万多条。

3."闽南风骨·美丽漳州"书画精品展开展。2月23日,"闽南风骨·美丽漳州"书画精品展在漳州中山公园仰文楼开展。活动由中共漳州市委宣传部、漳州市文广新局主办,漳州画院承办,市领导吴晓丁、许荣勇、刘文标、赵静、李惜真,市老领导简博士出席了开幕式。本次展出的书画精品共200多幅,令广大市民和书画爱好者们领略了艺术精品的独特魅力。

4.连战受聘为漳州师院闽南文化研究院荣誉教授。2月26日,台湾国民党荣誉主席连战在北京欣然受聘为漳州师范学院闽南文化研究院荣誉教授。连战先生是祖籍漳州的台湾政要,又是著名学者,受聘成为该院荣誉教授,有利于推进闽南文化研究,让联结两岸之桥进一步延伸,使两岸文化交流之路进一步拓展。

5.台湾新北文化局向北管师父邱火荣赠有声书第二集致谢。台湾新北市文化局为珍藏新北市登录传统艺师——邱火荣先生的艺术智慧,继2011年出版"新北市传统艺术艺师——邱火荣北管音乐保存及推广计划——万军主帅《邱火荣的乱弹锣鼓技艺》"有声书第一集后,2013年接续出版第二集,2月26日记者会中,文化局长林情绮将刚出炉的专书赠予邱火荣先生,并向邱先生对传统艺术的贡献与付出表达最高敬意。

三月

1.安溪台湾妈祖文化基地奠基。3月2日,安溪台湾妈祖文化基地项目举行奠基仪式。该项目总投资超过2亿元,规划建设妈祖文化纪念馆、植物园、樱花林等主辅工程。台湾妈祖联谊会会长郑铭坤在仪式上表示,安溪与台湾语言文化习俗相同,台湾茶叶与安溪铁观音同根同源、一脉相承,两岸有着深厚的茶缘,由茶缘演绎出来的茶文化,推动着两岸乡亲的交流与合作。

2.台湾大稻埕戏苑两周年庆,大师献艺。台湾台北市大稻埕戏苑开幕双周年,3月10—24日安排大师献艺,歌仔戏明星团队唐美云歌仔戏团、布袋戏大师黄俊雄布袋戏团轮番上场演出,开幕仪式邀请大台北八个北管轩社,于迪化街周边绕境,搭配古色古香的建筑,充满传统艺文庆典气息。

3.第十一届两岸关系研讨会在福建平潭举行。3月22日,以"稳步推进,全面发展"为主题的第十一届两岸关系研讨会在福建平潭举行。中共中央台办、国务院台办主任张志军在研讨会上发表讲话。第十一届两岸关系研讨会由中共中央台办海峡两岸关系研究中心主办，来自两岸、港澳、海外的120位专家学者出席。

4. 国际城隍文化研讨会举行。3月27—30日，以"弘扬正气·共创和谐"为主题的第六届国际城隍文化学术研讨会暨世界城隍庙联谊会在安溪县举行。海内外115座城隍庙代表及来自新加坡、马来西亚、印尼和中国的香港、台湾等地的嘉宾、专家、学者共500多人齐聚安溪，召开城隍庙代表联谊会，增进庙际联谊协作，交流世界城隍文化学术，弘扬城隍文化。

四月

1. 台湾师生来漳参加闽南文化寻根之旅。4月4—8日，由漳州师范学院主办的2013闽南文化寻根之旅在漳州师院举行。来自台湾明道大学、屏东教育大学、朝阳科技大学、大叶大学等台湾高校的24位师生参与此次寻根之旅活动。

2. 莆田学院成为全国台联妈祖文化研习交流基地。4月，中华全国台湾同胞联谊会发来复函，同意在福建莆田学院建立"中华全国台湾同胞联谊会妈祖文化研习交流基地"，以利用高校的优势资源，推动海峡两岸妈祖文化的交流，力促妈祖文化研究的发展。妈祖文化是海峡两岸炎黄子孙交流传统信俗文化、维系血缘亲情关系的重要桥梁和纽带。

3. 闽南建筑工程院士工作站花落惠安。4月13日，惠安县政府、福建省闽南建筑工程有限公司与中国科学院院士、同济大学资深荣誉教授孙钧合作建立的闽南建筑工程院士工作站在惠安成立。这是在泉州成立的第15家、全省第100家院士工作站。该工作站的研究项目涉及机械装备、皮革、纺织、新能源、食品、建筑等领域。

4. 台湾大龙峒保安宫"保生文化祭"登场。4月14日，台湾台北市大龙峒保安宫"保生文化祭"登场，活动推出系列"家姓戏"，由汉阳北管剧团演出。家姓戏演出多年，培养不少忠实观众。"家姓戏"包含歌仔戏、布袋戏、北管剧团等，一连演出至5月7日。为推广民俗艺术，不但有职业剧团演出，也有学校社团、保安宫自行培训的歌仔戏社登台。

5. 台湾闽台项羽文化交流参访团莅漳。4月14—15日，台湾闽台项羽文化交流参访团莅漳交流访问。在漳期间，参访团前往闽南文化展示馆参观，并与漳州师院闽南文化研究院有关专家学者交流座谈。台湾闽台项羽文化交流参访团来自台湾云林县水林乡，当地的龙宝殿世代供奉项王神像。

6. 福建省文化厅与福州大学共同打造漆艺创作研究基地。4月13日，福建省文化厅和福州大学联合在福州大学厦门工艺美术学院举行"福建省漆艺创作研究基地"揭牌仪式。省文化厅党组书记、厅长陈秋平，省财政厅副厅长张小平，福州大学党委书记陈永正、副校长王耀华等领导，以及海内外知名艺术家、学校师生代表等数百人出席了揭牌仪式。揭牌仪式结束后，参加活动的领导和嘉宾观摩了福州大学厦门工艺美术学院的漆画艺术创作和国画、油画、雕塑等专业的学生毕业设计。

7. 福建省文化厅与厦门大学共同打造海峡两岸视觉艺术交流基地。4 月 13 日，福建省文化厅和厦门大学联合在厦门大学艺术学院举行"福建省海峡两岸视觉艺术交流基地"揭牌仪式。厦门大学党委书记杨振斌，省文化厅党组书记、厅长陈秋平，省财政厅副厅长张小平，厦门大学副校长邬大光等领导，以及海内外知名艺术家、厦门大学艺术学院师生代表等数百人出席了揭牌仪式。揭牌仪式结束后，参加活动的领导和嘉宾观看了厦门大学艺术学院与台湾高雄师范大学联合举办的艺术作品展，并与厦门大学校领导、厦大艺术学院的艺术家及台湾兼职艺术家等进行了座谈。

8. 台湾彰化县文化局举办"南管孟府郎君春季祭典暨整弦大会"。4 月 20 日，台湾彰化县文化局在南北管音乐戏曲馆举行"南管孟府郎君春季祭典暨整弦大会"，由文化局副局长陈允勇主祭，随后进行整弦大会，资深南管馆阁轮番在祖师爷牌位前演出，切磋乐艺，以乐会友，丝竹的绮丽乐音清雅动听。

9. 全国政协副主席林文漪一行赴泉州开展闽南文化调研。4 月 23—24 日，全国政协副主席、台盟中央主席林文漪一行莅临泉州，就"发挥海峡西岸经济区先行先试作用，进一步深化两岸经贸文化交流与合作"问题展开调研。林文漪指出，泉州是闽南文化的主要发祥地、核心区和闽南文化遗产的富集区，也是台湾汉族同胞的主要祖籍地之一。

10. 两岸音乐家在国家大剧院上演"交响南音"。4 月 18 日，中国古老乐种"南音"与西方交响乐在北京国家大剧院完成一次交融辉映。为纪念南音晋京三百周年，两岸音乐家联手创作"交响南音"专场音乐会《陈三五娘》，为人们带来传统与创新相结合的独特艺术享受。南音历史悠久，至今已传承千余年。南音根植于福建闽南地区，流播于台湾、香港、澳门以及东南亚等闽籍移民聚居区。2009 年，南音被联合国教科文组织列入《人类非物质文化遗产代表作名录》。

11. 台湾三芝大道公文化祭，展现祭典文化。4 月 24 日，九年一轮的台湾淡水三芝八庄大道公轮祀在淡水北新医院旁空地热闹展开，包括导览解说、闯关游戏、创意祭典展览等，让现场民众认识大道公祭典，体验地方的信仰文化，让地方文化得以继续传承。淡水古迹博物馆代理馆长廖文卿表示，每年农历三月十五日为大道公生日，祭典最早的历史可追溯近二百年。淡水古迹博物馆特地举办"大道公祭典文化导览暨闯关体验活动"，让学童及社区民众一起重新体认祭典的价值，并守护这个古老祭典的精神，吸引大学生及在地小学师生共同参与，增进在地居民共同记忆，以及社区与学校的凝聚力，促进祭典薪传的观念文化交流。

12. 台湾云林县顺安宫举办"2013 年北港朝天宫会香活动"。4 月 28 日，台湾云林县土库镇马公厝顺安宫为欢庆供奉天上圣母神明诞辰，致力筹办"2013 年北港朝天宫会香活动"，参与人数达五百多人以及计有花鼓阵、钢管吉普车、两广醒狮团、龙阵、雷天鼓、北管、宋江阵、摇滚乐团车、官将首、大龙旗、彩牌车、绣旗队等四十余个民俗阵头，举凡队伍所经过之处，即在土库、元长、北港等三乡镇间的主要道路上，出现鞭炮声响不绝以及锣鼓喧天的气势，引人驻足围观。

参与这次"逛妈祖"会香的庙宇，计有北港朝天宫，元长客厝公神坛，土库无底潭龙兴宫、保生宫，坤脚福安宫、仑内圣安宫、太子宫，顶寮顶顺宫等十余座庙宇，沿途中，锣鼓喧天鞭炮声响不绝。

13. 漳州市芗剧团赴台开展"福建文化宝岛校园行"。4月28日—5月8日，有"芗剧之帜"美称的漳州市芗剧团肩负"2013福建文化宝岛校园行"重任，在台湾高雄、台南两地的11所院校和高雄市立文化中心做12场展演，并与台湾戏曲界资深艺人坐而论道，共品两岸歌仔戏。

芗剧是福建五大剧种之一，原名歌仔戏，源于闽南歌仔，是唯一诞生于台湾，而由两岸共同哺育的剧种。本次巡演在"福建文化宝岛校园行"提供的良好平台上，传播优秀的福建芗剧艺术，加深两岸戏曲界的情感，推动两岸文化艺术深层次的沟通。

14. 交响南音《陈三五娘》在国家大剧院隆重上演。作曲家何占豪继小提琴协奏曲《梁祝》之后推出的又一力作，交响南音《陈三五娘》于2013年4月28日在国家大剧院隆重上演。音乐会邀请小提琴演奏家吕思清，台湾南管大师卓圣翔，编剧涂堤，国家一级演员、戏曲梅花奖得主吴晶晶共同编创演出。成功首演后，作品的创作经验与艺术手法在业界引发热议。4月29日，由中共厦门市委宣传部、厦门市文化广电新闻出版局、厦门市总工会、中国艺术研究院《艺术评论》杂志社联合主办的"中西交融古韵新声——交响南音《陈三五娘》学术研讨会"在中国艺术研究院召开。

会议由《艺术评论》杂志社主编唐凌主持。各界专家、厦门市有关领导和二十余家驻京媒体与会。在致辞中，中国艺术研究院常务副院长刘茜指出，南音是中国音乐的活化石，而交响乐是西方音乐非常传统的表现方式，这次能够把两音结合创作出《陈三五娘》是一次有意义的创新。

15. 台湾举办"2013郑成功祭典暨开台352周年系列活动"。4月29日，"2013郑成功祭典暨开台352周年系列活动"在台湾正式展开，首先登场的是台南延平郡王祠举办的中枢大典，来自马来西亚、日本代表，以及中国大陆和中国台湾各地的郑氏宗亲会齐聚，缅怀国姓爷。配合举行的"茑瞰西拉雅——从茑松文化到西拉雅"文物展，即日起在郑成功文物馆开展，介绍茑松文化与西拉雅文化的差异性，带领民众认识史前台湾。

16. 两岸4000余信众齐聚湄洲纪念妈祖诞辰。4月30日，在"妈祖故里"福建莆田湄洲岛湄洲妈祖祖庙举行妈祖诞辰1053周年纪念庙会活动，两岸4000余名妈祖信众盛装上演祭祀民俗活动。妈祖原名林默娘，传说妈祖常显灵平息海难，护佑船只，被尊称为"海神"，其在中国的大陆和台湾，以及东南亚甚至欧美等地，拥有超过2亿信徒。

五月

1. 潮汕征来60余件闽南味文物。5月，为迎接6月份世界闽南文化节的到来，泉州市文广新局派出征集组3次前往闽南文化的重要延伸区域广东潮汕征集文物。从潮汕征集到的60余件极具闽南文化特色的文物，5月6日已经全部送至泉州市博物馆。潮汕征集组组长、市文物保护研究中心主任唐宏杰说，宋明时期，不少闽南人迁居潮汕地区，在那里繁衍生息，至今该地区的人说着闽南语，保留了和闽南人一样的生活习俗，使得潮汕地区成为闽南文化的重要延伸区域。

2. 闽南师范大学首次招收博士研究生。从2013年5月起，闽南师范大学获得国务院学位委员会批准，正式开展服务国家特殊需求的"闽南文化与两岸交流研究"博士人才培养项目的招生工作。这是闽南师范大学办学以来首次招收博士研究生。"闽南文化与两岸交流研究"博士人才培养项目授予学位一级学科名称为"中国语言文学"，招生方向为闽南文献与海疆文化、闽台家族社会与文化、闽南方言文化和闽南民间信仰，学制3年，培养年限3—6年。

3. 福建省新增52处全国重点文物保护单位。5月3日，国务院公布了第七批全国重点文物保护单位1943处以及与现有全国重点文物保护单位合并的项目47处，福建省新增52处全国重点文物保护单位（其中古遗址8处、古墓葬2处、古建筑29处、石窟寺及石刻4处、近现代重要史迹及代表性建筑9处）以及3处合并项目。至此福建省全国重点文物保护单位数量共计137处。

4. 台湾新北市文化局举办歌仔戏大师林竹岸口述历史专书发表会。5月13日，台湾新北市文化局举办歌仔戏大师林竹岸口述历史专书发表会，专书作者文化大学中国音乐系教授施德玉表示，林竹岸一生经历并见证国内歌仔戏草创、启蒙和发展期，堪称传统技艺文化重要的无形资产。

5. "华侨华人与中国侨乡近代化"国际学术研讨会在厦门大学举行。2013年5月15—18日，由厦门大学南洋研究院、国际关系学院、德国马克斯·韦伯基金会、德国弗赖堡大学历史系和华侨博物院共同举办的"华侨华人与中国侨乡近代化"国际学术研讨会在厦门大学举行。来自德国、美国、新加坡和中国大陆、中国台湾、中国香港等国家和地区的学者们齐聚一堂，以中、英两种语言，进行为期一天半的研讨会。学者们深入探讨了19世纪中期以来海外华人与中国侨乡现代化的诸多联系、华人的当地融入与跨界活动、移民家庭与婚姻、华人政治参与和中国的华侨政策等，生动展示了海外华人与中国侨乡的历史生活形态和当今面貌。

6. 闽王金身安座嘉义接受台湾各地王氏宗亲祭拜。5月19日，为促进两岸民间交流，台湾嘉义市王姓宗祠宗亲会举办"闽王金身赴台湾会香祈福活动"，这是闽王金身首度来台湾会香，也是两岸王姓宗亲年度祈福交流的最大活动。"闽王"王审知，于唐朝末年入闽，是五代时期的"闽王"，治理福建39年，因造福地方，后人在福州涌泉寺雕塑金身供人膜拜。福州莲花山、厦门北辰山、金门都有闽王庙宇。此次来台会香的闽王金身是仿涌泉寺金身。

7. 台湾民间布袋戏文化交流参访团赴天津交流。5月18—19日，台北木偶剧团、台北兴州掌中剧团、新北市太阳民俗艺术剧团等6个民间艺术团体来到天津进行交流访问，并在广东会馆演出布袋戏，京津两地台胞百余人观看了演出。大陆台联副会长、台盟天津市委会主委、天津市台联会长叶惠丽表示，台湾的民俗文艺团体来到曲艺之乡的天津演出布袋戏，让大陆的同胞们享受原汁原味的台湾本土民俗艺术，是两岸文化交流的一种新的尝试，也是两岸民俗文化相互交流、相互了解的一个很好的契机。希望两岸台胞乡亲通过布袋戏这一平台，加强彼此的了解、加深彼此的情谊，进一步推动两岸文化事业的交流。

8. 泉州市新增全国重点文物保护单位11处。5月3日，国务院公布第七批全国重点文物保护单位名单，泉州市共有11处文保单位入选，创泉州市单批数量之最，入选数量位列全省各区市首位。至此泉州市文保单位增至31处，数量占全省的1/5。此次入选的11家文保单位涉及古遗址、古建筑、石窟寺及石刻类等3个类别，古建筑类占绝大多数。其中，古遗址类1处：晋江市庵山沙丘遗址（商至周）；古建筑类8处：南安市五塔岩石塔（宋）、惠安青山宫（明至清）、晋江市安海龙山寺（明至清）、安溪县清水岩寺（清）、鲤城区亭店杨氏民居（清）、南安市林氏民居（清）、南安中宪第（清）、安溪县李光地宅和祠（清）等；石窟寺及石刻类2处：晋江市西资寺石佛造像（宋）、晋江市南天寺石佛造像和摩崖石刻（宋、明）。此次全国重点文物保护单位名单的公布，是对泉州市文物保护工作成效的肯定，将进一步印证泉州在闽南文化生态保护的核心区地位，同时对泉州市闽南文化生态实验区建设将有极大促进作用。

9. 第二届全国优秀保留剧目梨园戏《董生与李氏》开展全国巡演活动。5月11日—6月14日，福建省梨园戏实验剧团携荣获第二届全国优秀保留剧目大奖的梨园戏《董生与李氏》赴无锡、上海、杭州、南京、北京等大中城市及南京大学、上海戏剧学院、中国戏曲学院等名牌高校开展全国巡演，历时35天，演出13场次，地域涵盖3个直辖市、4个省、5所名牌大学，是梨园戏近几十年来规模最大、地域最广、时间最长的一次全国性巡演，也是近年来由文化部组织的国内文艺团体规模最大、时间最长的全国巡演活动之一。

10. 台湾林安泰古厝以诗文会友。5月24日，台湾台北市民政局在中山区滨江街的"林安泰古厝民俗文物馆"举办"古厝诗文会"，邀台北市诗社爱好团体以闽南语推广古典诗文，展现闽南语的典雅风格以及闽南文化等重要活文化资产。2013年邀请李文献教授策划，邀请高中、大学及传统诗社、渔樵吟诗社、省城隍庙汉诗吟唱班等河洛汉诗界的老、中、青三代诗人，联袂展演古今名士作品。另邀请著名的歌仔戏小生黄香莲登场演出，以歌仔戏韵调带领民众体会河洛语的优雅美丽。

11. 台湾岛内24宫庙信众赴莆田联合谒祖。5月25日，由台中市大屯乐成宫董事长陈重雄率领的 24 宫庙"妈祖回娘家"谒祖活动在福建莆田举行。此次前来谒祖的台湾信众有 751 人，是台中"妈祖回娘家"规模最大、人数最多的一次联合谒祖活动。

12. 大陆首个两岸媒介文化发展协同创新基地成立。5 月 26 日，由两岸传媒学界、业界共同成立的大陆首个两岸媒介文化发展协同创新基地在福建福州揭牌成立。该基地由福建师范大学传播学院、世新大学新闻与传播学院、福建日报报业集团《两岸传媒》杂志联合成立，立足于两岸媒介文化的交流与合作，力求面向华人传媒的当代发展提出新知与创意。合作三方将分别在两岸设立该基地的办事场所，展开与两岸媒介文化协同创新有关的研讨、交流、观摩及讲习活动，陈列、展示、放映有关两岸特别是闽台媒介文化交流与合作方面的研究成果，定期轮流主办有关两岸媒介文化发展方面的高峰论坛，建立具有区域特点和两岸交流特色的大型体验讲习基地。

13. "潮学国际研讨会"在武汉召开。由湖北省潮人海外联谊会和国际潮学研究会主办，马来西亚潮州公会联合会、加拿大潮商会、韩山师范学院潮学研究院、汕头潮汕历史文化研究中心以及华中师范大学协办的"第十届潮学国际研讨会"，于 2013 年 5 月 29—30 日在湖北武汉华中师范大学隆重举行，潮学国际研讨会两年一届，至此已逾 20 载，但潮学研究一向与时偕行，故此愈益兴盛。本次潮学国际研讨会，共有海内外专家学者 70 余人出席，提交论文计 60 余篇。与会代表就方言与戏曲、潮商、移民与社团、在外潮人、信仰与文教以及其他一些相关问题进行了热烈讨论。

六月

1. 大龙峒金狮团武术技艺展演。台湾大龙峒金狮团走过 120 年的岁月，近 6 年来不断招募新血、传承狮艺，与文大国术系建教合作已有成果，6 月 1—30 日于台北市社区营造中心举行"无耳金狮——台北市大龙峒金狮团文化成果展演"，开幕式除了有传统表演外，北部最老神将阵头台北灵安社也将带来北管表演。大龙峒金狮团在传统狮团中有着"老狮祖"地位，在清代咸丰年间的"顶下郊拼"族群冲突中就以保卫乡里著称，到了日据时期更曾应邀远渡东洋，也在甲子园举办的"阪神博览会"上展现精湛的狮阵技艺。

2. 闽南师范大学揭牌。6 月 8 日，闽南师范大学在漳州揭牌，闽南师范大学前身为漳州师范学院，由 1958 年原龙溪师范学校设立师范大专班发展而来。1986 年成立漳州师范学院。2013 年 4 月，教育部复函福建省人民政府，同意漳州师范学院更名为闽南师范大学。目前，学校有 21 个教学院系、58 个本科专业、30 个硕士点、1 个博士人才培养项目。

3. 全省"文化遗产日"系列活动启动。6 月 8 日，由福建省文化厅、莆田市政府、福州大学主办的第八个"文化遗产日"福建省系列活动在福州启动。福建省文化厅在福州大学设立福建省非物质文化遗产传播教育基地，举行了《福建省非物质文化遗产名录》（第二辑）等非遗保护成果首发式。2013 年，第八个全国"文化遗产日"福建系列活动紧扣"人人都是文化遗产的主人"和"文化遗产与全面小康"的主题，着力推动非物质文化遗产进校园、进三坊七巷、进基层社区，是福建省近年来规模较大的一次非物质文化遗产活动。

4. 海峡两岸关帝文化旅游节在福建东山开幕。6 月 10 日，以"缘系关帝、和谐两岸"为主题的第 23 届海峡两岸关帝文化旅游节在东山举行。两岸近千名信众参加了关帝祭典仪式，其中台胞有三百多人。建于明洪武二十年（公元 1387 年）的东山关帝庙，是大陆四大关帝庙之一、台湾九百多座关帝庙的香缘祖庙，也是台湾关帝信仰的发祥地。

5. 闽南特色技艺入选市级非遗。6 月 12 日，海沧区申报的海沧土笋冻制作技艺和闽南天然香制作技艺入选厦门市第四批市级非物质文化遗产代表性项目。入选名单的还有：闽南跳鼓舞、闽南闽派古琴、滕派蝶画技艺、闽南天然香制作技艺、同安传统锡雕技艺、何天佐传统中医药正骨疗法（厦门）、同安农民画、厦门酱油古法酿造技艺。

6. 闽台浓情相约端午。6 月 12 日，为贯彻落实党的十八大精神，推动文化大繁荣大发展，加强对台文化交流与合作，推动非物质文化遗产保护工作，融入 2013 年世界闽南文化节活动，由福建省文化厅、福建省文明办、福建省人民政府台湾事务办公室、泉州市人民政府联合在石狮举办"我们的节日·端午"——第七届闽台对渡文化节暨蚶江海上泼水节活动。第七届闽台对渡文化节暨蚶江海上泼水节活动以"非物质文化遗产保护及闽南文化生态保护"为主线，突出闽台文化交流，弘扬传统对渡文化，促进文化和旅游融合，充分展示闽台多元民俗文化魅力和非物质文化遗产保护成果。

7. 闽台佛教文化交流周开幕。6 月 13 日，"第五届海峡论坛·闽台佛教文化交流周"活动在厦门开幕。副省长洪捷序、国家宗教局副局长蒋坚永出席开幕式。闽台佛教文化交流周从 2009 年至今成功举办了 4 届，成为两岸佛教界民间友好交流的重要平台。本届交流周活动首次由闽台两地佛教协会联合承办，分两个阶段在厦门、金门两地分别举行。

8. "第五届海峡论坛·妈祖文化活动周"开幕。6 月 14 日，以"中华妈祖情、两岸一家亲"为主题的"第五届海峡论坛·妈祖文化活动周"开幕式在湄洲岛妈祖祖庙天后广场举行。莆田市委书记梁建勇致辞，市长翁玉耀主持，市领导林光大、赖军、郑春洪、程强、林国清、张丽冰，中华妈祖文化交流协会常务副会长林国良、福建省文化厅党组成员、纪检组长张佩煌、上海市松江区政协副主席张汝皋和上千名台湾妈祖信众出席。

9. 台湾开台圣王绕境，庆祝郑氏家庙建庙 350 周年。6 月 15 日，台湾为庆祝郑氏家庙建庙 350 周年，特地举办开台圣王绕境会香大典，与郑成功相关的 4 间庙宇参与，并绕行多所庙宇；6 月 13 日，家庙也举办"世界延平王会"，举办祀王仪式，家庙并举办郑成功文化资产座谈会，凸显其对台影响。

10. "第五届海峡百姓论坛"在漳州举行。以"中国梦与谱牒文化"为议题的"第五届海峡百姓论坛"于2013年6月15日至17日在台湾同胞的重要祖籍地——福建省漳州市隆重举行。论坛由中华海外联谊会、中华文化学院为指导单位，以"两岸同根，闽台一家"为主题，溯姓氏源流，走寻根之路，架宗亲交流桥梁，谋两岸百姓福祉，共同实现中国梦。交流涉及两岸80多个姓氏的160多个宗亲社团的8000多人。此次论坛突出"中国梦与谱牒文化"：举办了两岸宗亲有22个姓氏的27部族谱对接仪式；海峡两岸有17对姓氏研究团体签订了长期交流合作协议，以协助双方宗亲组织开展寻根、谒祖、会亲等活动，进一步推进了两岸宗亲文化交流的常态化、机制化进程；举办闽台族谱展、中国梦与谱牒文化研讨会等主题活动。

11. 闽南文化书法展开幕。6月15—20日，由泉州市书法家协会、泉州海交馆联合主办的闽南文化书法展在泉州海交馆伊斯兰文化陈列馆四楼展厅展出，为2013世界闽南文化节活动献上一道高雅的书法艺术盛宴。泉州作为闽南文化的主要发源地，传承与发展千载不衰，其深厚的内涵和历史积淀备受世人瞩目。本次书法展览以弘扬闽南文化为主题，邀请市书协所属各地书法家的精品共一百二十余幅参展。

12. "肖形风狮爷百印"泉州首发。6月15日，洪志雄风狮爷百印展在泉州华侨历史博物馆举行。此次展出的100枚肖形风狮印由泉籍艺术家洪志雄创作，这是书法、美术界首次以肖形印艺术手法系统表现风狮爷风采。风狮爷又称为风狮、石狮爷、石狮公，是闽南一带设立在建筑物的门或屋顶、村落的高台等处的狮子像。据考证，目前遍布台湾金门岛的风狮爷崇拜，是从明末清初开始兴盛的，其"祖宗"系2004年在泉州九日山原延福寺遗址出土的风狮爷。

13. 泉州首次举办台湾特色庙会。6月15—19日，泉州锦绣庄民间艺术园里人山人海，几百位市民云集于此，品尝特色美食，欣赏文艺演出。来自台南、澎湖和泉州的旅行社、风味美食商户共计95家225人参加此次活动。这是海峡论坛期间，泉州首次举办台湾特色庙会。台湾特色庙会是泉州世界闽南文化节的主要项目之一，台湾地区有46家商户前来参加，共有133种台湾风味小吃登陆泉州，有大肠包小肠、帝王蟹、蚵仔煎等。除了台湾特色小吃之外，65种泉州老字号风味小吃一起同台交流，有牛肉羹、洪濑鸡爪、泉港浮粿等。

14. 泉州与台南联办历史名人李贽系列宣传活动。6月16日，由城乡小康发展福建中心和台南市文化协会合作举办的"泉州名人李贽系列宣传暨海峡两岸知名书法家墨宝展"在福建泉州西湖李贽广场启动。李贽1527年出生于泉州，是明末杰出思想家、史学家和文学家，他抨击宋明理学和封建礼教，追求个性解放，主张廉洁治政、教育启蒙、男女平等，是一位具有重要影响的启蒙先驱，其学术思想在海内外有着深远影响。

15. 海峡两岸狮阵武术大会演在福建泉州举行。6月16日，2013海峡两岸狮阵武术大会演在福建泉州拉开帷幕。狮阵是闽南和台湾地区一种传统的民俗艺阵，本次海峡两岸狮阵武术大会演共有来自台北市狮头旺金狮阵、台南县溪南寮兴安宫金狮阵、新竹县客家文化协会、香港咏春江志强拳术会醒狮队、香港蔡莫派刘标国术馆瑞麟队及漳州市、石狮市、晋江市等十几家狮阵代表团近千人参加。

16. "2013世界闽南文化节"在泉州市举办。6月16—19日，以"弘扬闽南文化，增进合作交流"为主题的"2013世界闽南文化节"在泉州市举办。世界闽南文化展示中心开展仪式、闽南文化论坛、世界华文媒体闽南文化泉州行、南少林武术系列活动、第十届泉州国际南音大会唱、戏曲精品剧目展演、第二届世界泉州同乡恳亲大会、第七届闽台对渡文化节暨蚶江海上泼水节、"魅力瓷都"瓷艺展等活动在文化节期间陆续举行，充分展示了闽南文化的悠久历史与独特魅力。

17. 国际南音大会唱泉州开唱。6月16日，作为2013世界闽南文化节的一大亮点，第十届泉州国际南音大会唱在泉州南音艺苑开唱。来自马来西亚、印尼、新加坡、越南、菲律宾及中国港、澳、台等地的40多个南音社近400名南音弦友齐聚泉州。首次参加南音大会唱的印尼东方音乐基金会成员杨学科祖籍泉州，他非常激动能来到故乡。在印尼，南音队伍正在不断壮大，由于印尼华侨们对于南音的热爱和坚持，印尼有很多年轻华人不会说闽南话，但都会唱上几句南音。

18. 第五届海峡论坛在厦门举行。6月16日，第五届海峡论坛在厦门隆重举行。中共中央政治局常委、全国政协主席俞正声出席论坛开幕式并致辞。全国人大常委会副委员长、全国妇联主席沈跃跃，全国政协副主席、台盟中央主席林文漪，十届全国人大常委会副委员长何鲁丽，十一届全国政协副主席张榕明出席大会。

19. 闽台报业研究交流中心授牌成立。6月16日，在海峡新闻出版业发展论坛上，于2012年7月获批的闽台报业研究交流中心（下简称"交流中心"）正式授牌成立。交流中心将围绕两岸关系和平发展主题，搭建交流互动平台，增进两岸同行情谊，推动报业交流合作，努力建设成为适合行业需求、充满活力、富有特色的名牌活动平台。

20. "闽南文化引领泉州品牌发展"研讨会在泉州召开。6月16日，由泉州市质量技术监督局、《中国品牌》驻福建记者站、泉州品牌发展中心承办的2013世界闽南文化节——闽南文化论坛——"闽南文化引领泉州品牌发展"研讨会在泉州召开。国家质检总局中国品牌杂志社社长高伯海，福建省质量技术监督局局长黄维礼，中共市委常委、市政府常务副市长林伯前，清华大学新闻与传播学院教授范红，市直单位、驻泉省部属单位领导，各县（市、区）人民政府和泉州开发区、泉州台商投资区管委会领导，华侨大学、泉州师院等高校的领导以及150多家泉州品牌企业负责人共计350多人齐聚一堂，共同总结和归纳闽南文化引领泉州品牌发展的经验，探索泉州品牌新一轮跨越发展之路。

21. 两岸千余名信众相聚福建漳州共祭"开漳圣王"。6月17日，以"一家亲、两岸情"为主题的第六届海峡两岸"开漳圣王"文化节在福建漳州启动，海峡两岸千余名信众举行祭祀大典祭拜"开漳圣王"，其中台湾信众逾300位。"开漳圣王"是后世对唐代漳州首任刺史陈元光的尊称。以陈元光为代表的开漳先贤所创建的开漳创业精神和开漳圣王文化影响深远。如今祭祀"开漳圣王"的祖庙云霄威惠庙仅在台湾地区的分庙就达300多座，信众800万人，开漳圣王文化已成为台湾民间四大信仰之一。

22. 世界闽南文化展示中心开馆。6月17日，世界闽南文化展示中心在泉州博物馆开馆，展示中心共展出2100多件文物、800余张照片，由主题馆、音乐戏曲展览馆、传统建筑展览馆、传统建筑石构件展示区组成。展示中心以声、光、电、屏等多媒体形式，生动讲述闽南人从历史走向未来的故事，充分展现闽南文化的深厚底蕴、敢为天下先的开拓进取精神，以激发全世界闽南儿女对祖地文化的珍视。

23. 闽南文化论坛在中国闽台缘博物馆举行。6月17日，闽南文化论坛在泉州中国闽台缘博物馆举行，50名海内外知名学者就如何传承、发展、创新闽南文化等议题进行了探讨。开幕式上，还举行了"中华全国台湾同胞联谊会闽台缘研习交流基地"授牌仪式，以及《泉州非物质文化遗产大观》《闽南传统民居营造技艺》《回望"泉州学"》等闽南文化相关图书的首发仪式。

24. 陈元光闽南故居重修落成。6月17日，作为第六届开漳圣王（福建云霄）文化节的重要活动之一，开漳圣王陈元光闽南唯一故居燕翼宫举行重修落成庆典，县领导，市、县相关部门领导、台湾开漳圣王庙团代表、河南固始来宾等参加庆典活动。在庆典仪式上，县领导为燕翼宫揭彩，并为燕翼宫的省级文物保护碑揭碑。燕翼宫不仅具有很高的人文纪念价值，而且在海内外"开漳圣王"信仰中占有非常重要的位置，早已成为海内外"开漳圣王"信众敬祖尊宗、爱国爱乡的历史文化遗产，是重要的涉台文物。

25. 第二届世界泉州同乡恳亲大会举行。6月17日，第二届世界泉州同乡恳亲大会在泉州影剧院举行，同时成立泉州海外交流协会。来自奥地利、加拿大以及中国的港、澳、台等30多个国家和地区的600多名海内外泉籍乡亲会聚于此，共谋发展。泉州市海外交流协会的正式成立，是2013世界闽南文化节的重头戏。泉州海外交流协会是一个非营利的世界性民间团体，它以"同叙乡情、共谋发展"为主题，以闽南文化为纽带，旨在广泛凝聚世界各地泉州乡亲，增强闽南文化认同感，扩大交流合作，实现共同发展。

26. 第五届"海峡论坛·陈靖姑文化节"在古田县举行。6月17日，以"两岸同源，根脉相连"为主题，以"民间、基层、文化"为三大特色的两岸民俗文化基层交流活动——第五届"海峡论坛·陈靖姑文化节"在世界陈靖姑文化发祥地、国家级非物质文化遗产名录项目"陈靖姑信俗"所在地、全国重点文物保护单位古田临水宫祖庙隆重举行。福建省文化厅陈吉副厅长出席并为全国重点文物保护单位古田临水宫授牌。此后，陈吉副厅长与宁德市委书记廖小军等领导出席了临水宫文化旅游区项目奠基仪式并为项目开工培土。陈靖姑文化节是第五届海峡论坛分项目之一，由宁德市人民政府主办、古田县人民政府承办。文化节期间，17个台湾临水分宫、26个大陆临水分宫的500多名信众共聚一堂，同祭"妇幼保护神"陈靖姑。"陈靖姑信俗"于2008年6月被国务院列入第二批国家级非物质文化遗产名录，临水宫祖庙2013年被确定为国家级重点文物保护单位。陈靖姑是海内外公认的"顺天圣母""妇女儿童保护神"，是与"海上女神"妈祖齐名的"陆上女神"。信众遍布闽浙赣、台湾、香港、澳门、东南亚等地，至今在世界各地的分殿有5000多座，信众达8000多万人。其中，仅台湾地区就有主祀陈靖姑的宫庙400多座、配祀宫庙3000多座、信众1000多万人。

27. 闽台非物质文化遗产保护学术研讨会在闽南师范大学举行。6月18日，由"中华全国"台湾同胞联谊会、闽南师范大学联合主办的闽台非物质文化遗产保护学术研讨会在闽南师范大学举行。来自海峡两岸的70多名专家学者会聚一堂，就闽台非物质文化遗产保护进行深入交流探讨。专家学者的论文40余篇，主要涉及闽台非物质文化遗产的内涵、特征及概况；闽台非物质文化遗产保护的现状及存在的问题；闽台非物质文化遗产保护的意义、发展趋势及对策；闽台两地非物质文化遗产保护政策异同比较；闽台非物质文化遗产与闽南文化生态保护区建设；闽台非物质文化遗产保护与两岸交流等议题。

28. "郑成功与闽南文化"研讨会举行。6月18日，闽南文化论坛子项目"郑成功与闽南文化"研讨会开幕式暨《郑成功研究》公开发行发布会在泉州市举行。来自海内外的专家、学者相聚一堂，共同分享郑成功文化的研究成果，挖掘郑成功文化的当代价值。郑成功是海峡两岸同胞共同景仰的民族英雄，郑成功文化不仅是闽南文化的重要组成部分，也是深化两岸互动交流的助推器和文化桥梁。发布会上，主办方向台湾延平郡王祠代表赠送《郑成功研究》首期刊物。《郑成功研究》以侨刊乡讯正式刊号公开出版发行，成为目前国内唯一专门刊发郑成功研究学术论文和学术成果的重要刊物。

29. 晋江举办南少林五祖拳交流活动。6月18日，南少林五祖拳交流活动晋江举行，世界200多位南拳"武林高手"来到晋江晋阳湖畔，他们或秀咏春拳，或打五祖拳，或展示传统洪拳，更兼有双刀、棍法等，令人眼花缭乱，如置身武侠小说的"江湖"之中。本次活动由泉州市武术协会主办，晋江市武协鹏峰南少林五祖拳分会承办，晋江市晋台民间交流协会协办。

30. 侨批档案入选世界记忆名录。6月19日，由福建、广东两省联合推荐，国家档案局申报的侨批档案成功入选世界记忆名录，这是福建省首个入选世界文献遗产的项目。侨批档案指的是华侨华人通过民间渠道以及后来的金融邮政机构寄回国内的家书或简单附言及汇款的凭证，是一种"信款合一"的家书，主要分布于福建、广东。

目前，福建省现存的有目可查的侨批有 3 万多件，大都形成于清朝末年至 20 世纪 80 年代，主要收藏于省内各级档案馆、文博单位和民间，其中以泉州、厦门、漳州等闽南侨乡地区最为集中。

31. 两岸"古乐新韵"交流音乐会在厦举办。6 月 18—20 日，由厦门市文化广电新闻出版局、厦门市中华文化联谊会主办，厦门市台湾艺术研究院、台湾剧乐团、台湾中国文化大学国乐系承办的"古乐新韵"交流音乐会在南音阁和厦门大学嘉庚学院举行。来自台湾的"台湾剧乐团""中国文化大学国乐系""台湾华冈丝竹室内乐团"与厦门市歌仔戏研习中心、厦门市南乐团、厦门市金莲升高甲剧团、厦门市青年民族乐团合作举行"古乐新韵剧乐专场""古乐新韵民乐专场"和"古乐新韵台湾风情专场"等三场新意无穷、精彩美妙的交流音乐会。

32. 第二十二届海峡两岸（福建东山）关帝文化旅游节举行。6 月 20 日，第二十二届海峡两岸（福建东山）关帝文化旅游节隆重开幕。本次盛会由东山县人民政府主办，以"缘系关帝，和谐两岸"为主题，是 2013 年海峡论坛的子项目，活动凸显民间、对台、文化、海洋、旅游五个亮点。

33. 台湾台南大观音亭与成大签建教合作。6 月 20 日，台南大观音亭祀典兴济宫与成功大学人文社会科学中心举行建教合作签约仪式，这也是台南地区第一间以推动信仰文化、提升宗教精神与内涵，与大专院校签署建教合作的庙宇。

34. 第六届海峡两岸合唱节 21 日在新竹开幕。6 月 21—27 日，第六届海峡两岸合唱节在台湾新竹市举行，大陆 12 支合唱团队共 700 多人赴台参加比赛、展演和群众交流活动。本届合唱节被列入第五届海峡论坛的重点项目，成为海峡论坛首个入岛项目。

35. "闽韵流芳·福建文化年"在巴黎开幕。6 月 24 日，"闽韵流芳·福建文化年"系列活动在巴黎中国文化中心开幕，同时启动了福建文化展示周。活动由福建省与巴黎中国文化中心主办。开幕式上，高甲戏、梨园戏、木偶戏、南音、闽剧、杂技等纷纷登台展演。包括 3 位梅花奖得主在内的演员阵容，代表了福建各艺术门类的最高水平。展示周期间，举办了福建戏曲展演、漆艺展、寿山石雕刻艺术展、非物质文化遗产展示、福建文化记忆宣传片展播等活动，宣传和展示具有浓郁福建特色的中国文化。

36. 世界闽南文化旅游城落户安溪。"安溪·世界闽南文化旅游城综合开发项目"正式签约，将建设以闽南民俗文化为主题的文化旅游综合体。该项目选址于清水岩风景旅游区山脚下，开发建设世界闽南风情文化旅游街区、世界闽南风情文化展示体验区、五星级闽南民族风情文化主题酒店、闽南历史名人纪念馆区、世界五星级休闲养生公寓区、世界健康养生产业硅谷区、五星级企业会所、影视文化旅游娱乐基地、旅游休闲娱乐综合功能区等九大功能区。

37. 两岸侨界交流周系列活动在台湾落幕。6 月 29 日，以"两岸侨界手携手，共建美丽好家园"为主题，以闽南侨乡发展为题材的两岸侨界交流周系列活动在台湾顺利落幕。2013年两岸侨界交流周为期7天，在台湾高雄、南投、金门等地举行，活动包括闽台同乡和宗亲联谊、闽南民间戏曲表演、闽南语歌曲演唱、民间武术表演、剪纸和书画、闽南红砖建筑摄影作品展览、闽南城隍庙民间信仰交流等。

七月

1. 闽籍海外华裔及港澳台青少年联欢节在福州举行。7月1日，以"团结、友谊、共进、和谐"为主题的2013年"中国大陆寻根之旅"夏令营福建营暨第六届福建海外华裔及中国的港澳台地区青少年联欢节在福州举行。来自美国、加拿大、南非等15个国家以及我国港澳台地区的300多名青少年欢聚一堂，共同感受中华文化的魅力。

2. 台湾玉凤园北管乐团赴新加坡公演。7月2日，台湾彰化县花坛乡湾仔口"枫湾宫玉凤园北管乐团"受邀至新加坡及马来西亚演出，展现彰化县特色北管表演艺术，让国外朋友一窥北管传统音乐戏曲的文化精华。玉凤园在1918年成立，有九十多年的历史，2009年，玉凤园在"文化部"及文化局辅导下复馆。

3. 福建艺术团参加南非国家艺术节。7月3—10日，应南非国家艺术节邀请，受文化部委派，福建省文化厅组派"闽韵流芳——福建艺术团"一行25人，赴南非参加"第39届南非国家艺术节"访演，取得圆满成功。福建艺术团此次访演系文化部实施的地方省市与驻非使领馆央地对口合作机制的又一次成功尝试，充分展示了中华文化的独特魅力和福建省文艺工作者的良好精神风貌，赢得南非基层民众、艺术节组委会工作人员和我国驻南非使馆的广泛赞誉。

4. 两岸中华文化研习营在陕举行。7月5—11日，两岸首次以汉唐盛世为主题的中华历史文化研习营在文化大省陕西举行。研习营成员走访陕西省八大博物馆、考古研究院、遗址公园、考古工地。在两岸文化密切交流与互访已走过二十年的今天，深化两岸文化交流主题与内涵，理应明确与突出，尤其是更要深入与专业。翻阅中国五千年灿烂辉煌的历史画卷，拥有燕赵、齐鲁、中原、关中、巴蜀、江浙、岭南、漠北等许多文化支脉，其中关中汉唐文化堪称中华文化的精髓与龙脉。

5. 全国政协提案委调研组莅泉。7月7日，全国政协提案委调研组莅临泉州，就全国政协重点提案《关于支持加快闽南文化生态保护实验区建设的提案》的落实情况展开调研。调研组一行先后前往清源山老君岩、中国闽台缘博物馆、世界闽南文化展示中心等地参观考察，听取泉州市关于闽南文化生态保护实验区建设情况介绍，详细了解闽南文化传播历程，以及闽台两地文化交流的历史渊源与现状。

6. "钓鱼岛历史与主权"学术研讨会在福州举行。2013年7月7—8日，由福建师范大学闽台区域研究中心举办的"钓鱼岛历史与主权"学术研讨会在福州举行，来自海内外多所高校、科研机构及有关部门的十余位专家、学者以及闽台中心师生齐聚一堂，在中心主任谢必震教授的主持下，针对钓鱼岛问题展开了深入的探讨。

7. 2013海峡两岸闽南文化研习营在漳开营。7月10日，2013海峡两岸闽南文化研习营在闽南师范大学开营。国务院台办交流局副局长严中洲，闽南师范大学校长李进金、副校长肖庆伟出席开营仪式。此次活动由闽南师范大学主办。台湾东吴大学、成功大学、海洋大学、元智大学、台南大学、金门大学、台湾"中山大学"、高雄师范大学等高校及闽南师范大学的部分老师及学生代表约80人参与研习、互动和交流。活动期间，营员们在漳州芗城、漳浦、南靖、云霄、东山及厦门等地，通过听取专题讲座、进行小组讨论、交流座谈、实地考察以及开展文体联谊等，感受闽南文化，加深两岸情谊。

8. 第八届海峡两岸青年联欢节举行。7月11—17日，第八届海峡两岸青年联欢节在漳州举行，台湾青少年学生排球队的青年代表和漳州青年代表共计200余人参加了此次活动。本届联欢节的主题为"青春相约海西，携手共筑梦想"。在为期一周的时间里，两岸青年进行排球友谊赛，台湾青年领略漳州的自然美景，感受漳州厚重的文化底蕴，部分学生代表还到漳州学生家里做客。此外，两岸青年还走进漳州福利院，陪伴老人和儿童，共圆公益梦。

9. 全球首家闽侨文化中心在南非设立。7月12日，全球第一家闽侨文化中心——南非闽侨文化中心在这里揭牌。南非闽侨文化中心是在当地闽侨书屋基础上增加功能而扩建的，是福建省精心打造的全国首创的对外文化交流工程，也是文化部确定的对非"央地合作"重点项目。南非闽侨文化中心设立后，福建省有关部门将为其免费提供中文图书和音像资料借阅、中文数字信息资源访问阅读、信息参考咨询服务，不定期举办福建非物质文化遗产展示、美术展览、文艺演出、艺术培训、讲座、民间器乐教学等活动。

10. 央视四套《中国文艺》专题呈现2013世界闽南文化节盛况。7月12日，《中国文艺》日常版节目"闽南风四海情——2013世界闽南文化节"在央视四套中文国际频道播出，海内外观众通过电视共赏2013年6月在泉州举办的"2013世界闽南文化节"的盛况，再度领略泉州这座千年历史文化名城的魅力。节目中，南少林、南音、梨园戏、高甲戏、提线木偶等画面被一一呈现，古厝里、戏台前，男女老少观戏时怡然自得的神情，生动说明闽南文化早已深深根植于海内外闽南人的生活之中，成为海内外闽南人共同的精神家园。

11. 两岸民间谱牒文化在泉交流。7月13—14日，首届海峡两岸民间谱牒文化交流大会在中国闽台缘博物馆举行，举办此次活动旨在发挥闽台"五缘"优势，充分展示海峡两岸民间谱牒文化的内涵延续，大力弘扬中华民族优秀族谱文化的历史传承，促进闽台谱牒对接联谊和两岸族谱的民间互动交流，推动海峡两岸和平统一的发展进程。

12. 台湾东港大潭保安宫举行迎王祭典活动。7月15日，台湾屏东县东港镇大潭保安宫迎王祭典活动举行，信众顶着烈日在大鹏湾迎接薛府千岁王驾。大潭保安宫主祀保生大帝，有近三百年的历史，每年皆举办绕境，遇到东港东隆宫迎王祭典科年即参与迎王活动，隔年池府王爷圣诞即举办一朝祈安王醮，后年则在保生大帝圣诞时进行巡庄绕境活动，每三年轮一次。

13. 台湾青少年"大陆寻根之旅"夏令营在福建厦门开营。7月16日，2013年台湾青少年"大陆寻根之旅"夏令营在福建厦门开营。来自台湾台南市和新北市的25名青少年学生，跨海前来福建厦、漳、泉闽南三地市，体验似曾相识的闽南文化。由大陆海外交流协会主办，福建省海外交流协会、厦门市海外交流协会承办的本次夏令营活动，历时8天，活动包括游览鼓浪屿、南普陀、环岛路等厦门风景名胜，参观厦门华侨博物院、集美学村、闽台缘博物馆、漳州土楼等，听取专家学者有关闽南文化讲座等内容。

14. 30多名台湾学生参加潮汕文化体验营。7月16—21日，"激扬青春携手共进——台湾大学生潮汕文化体验营"在广东省汕头市开营，30多名来自台湾和30多名汕头的学生欢聚一堂，两地学生结成对子，共同深入体验、了解潮汕文化。参加此次潮汕文化体验营的31名台湾大学生来自台湾侨光科技大学、台湾"清华大学"、台湾淡江大学等。

15. 闽台音乐文化论坛在榕开幕。7月17日，为进一步推进闽台经济文化交流，促进海峡两岸音乐文化研究与合作，首届闽台音乐文化论坛在福州开幕，两地音乐家相聚一堂以闽台音乐文化为主题，在主题演讲中结合现场演奏的形式，展示了闽台独特的南音、歌仔戏、闽剧、梨园戏、莆仙戏等地方戏曲的魅力。

16. 海峡两岸青少年中华武术夏令营在安徽合肥开营。7月18日，由致公党中央主办、致公党安徽省委承办的海峡两岸青少年中华武术夏令营开营仪式在合肥神行太保武校举行。来自台湾、香港、澳门的40多名青少年参加了此次武术夏令营。此次参加夏令营的学子，分别来自台湾大同大学、台北市立成渊高中、台北中华医士科技大学、澳门濠江中学、香港武术联合会学员等。

17. 第五届海峡两岸旅游交流圆桌会议在台北举行。7月19日，第五届海峡两岸旅游交流圆桌会议在台北举行。两岸旅游业界近200位代表齐聚一堂，回顾五年来两岸旅游交流合作，特别是大陆居民赴台旅游以来所取得的丰硕成果。海峡两岸旅游交流圆桌会议自2009年创办以来，在提升两岸旅游交流合作水准、推动两岸旅游业共同繁荣发展等方面发挥了积极作用，已成为两岸旅游业界高层对话交流和两岸旅游业合作共赢的重要平台。此次会议以"继往开来，共创新局"为主题。

18. 上海举办"务实推进两岸关系和平发展"学术研讨会。7月20日，由上海市公共关系研究院和台湾树德科技大学两岸和平研究中心联合举办的"务实推进两岸关系和平发展"学术研讨会在上海市政协开幕。来自海峡两岸的研究台湾问题和两岸关系的专家学者30多人参加了研讨活动。开幕仪式上，上海市公共关系研究院院长陈士良、台湾树德科技大学两岸和平研究中心主任吴建德、上海市侨办副巡视员陶国丰、上海市台办副主任李雷鸣先后致辞。

19. 海峡两岸青少年夏令营营员访泉州。7月25—28日，2013年海峡两岸青少年夏令营（华侨大学营）造访古城泉州，开启一段闽南文化之旅。泉州是大陆著名的侨乡和台胞祖籍地，也是闽南文化的发祥地。古老而现代的泉州城散发着神秘的气息，深深吸引着每位营员。4天的行程被安排得满满当当。190余名台湾青年在旅行社导游的带领下，参观开元古寺，初临清源山脚，探访崇武古城，走进锦绣南庄，品味南音雅韵，考察德化名瓷。接踵而来的文化盛宴让台湾青年既熟悉，又感新鲜。

20. 台湾南管巨擘张鸿明老师去世。"2013年7月26日，台湾南管巨擘张鸿明老师于成大医院往生，享寿93岁。老师遗容安详，神色泰然，人世间的纷扰已然与他无关。祝老师一路平安，往生极乐世界。"媒体报道张鸿明辞世的同时，台南振声社成员在"噗浪"网，刊布上述"讣告式"短文，文辞不着凄意悲怀，感怀"馆先生"张鸿明之情，却溢于言表。张鸿明何许人也？他是南管音乐的传承人，南管音乐因他踵事增华，形成南管特有的文化；台南作为文化古都，其底蕴渗漾着南管文化。张鸿明生逢其时，也是兴趣使然，6岁即由父、叔张在珠、张驾启蒙；12岁起师承泉州南管名师高铭网。1948年定居台南，因擅长歌唱、琵琶、三弦、二弦，1971年起担任振声社"馆先生"；2010年获得"人间国宝"荣衔，经"文建会"指定为重要传统艺术——南管音乐保存者。

21. 台湾彰化县举办北管乱弹戏乐神西秦王爷诞祭典。7月27日，台湾彰化县梨春园北管乐团在梨春园前广场盛大举行北管乱弹戏乐神西秦王爷圣诞祭典暨表演活动，借由隆重祭祀古礼及热闹排场，与梨园登台演戏节目等，展现北管乱弹音乐文化特色与戏曲风华。

22. 台湾大溪镇普济堂举行关公圣诞绕境。7月31日，为庆祝关圣帝君1854周年圣诞千秋，供奉关帝爷的台湾桃园县大溪镇普济堂汇集镇内各大小阵头，以庞大的大仙尪（将军）、舞狮、舞龙、八音北管、锣鼓等游行队伍，展开平安巡庄绕境活动，晚间更出动五彩缤纷的花车游行，将老城区从早到晚点缀得热闹非凡。

八月

1. 福州三坊七巷正式成为"海峡两岸交流基地"。8月3日，中共国台办副主任叶克冬向福州市长杨益民授牌，福州三坊七巷正式成为"海峡两岸交流基地"。被誉为"中国明清古建筑博物馆""中国城市里坊制度活化石"的福州三坊七巷，是福州的标志性文化遗产，已成功入选十大"中国历史文化名街"。

2. 第十届海翁台湾文学营成功举办。8月4—7日，第十届海翁台湾文学营于台湾文学馆举行。2013年的课程内容跟往年一样丰富精彩，请厦门闽南文化研究所会长陈耕老师来探讨闽南文化的形成与发展，请陈明仁老师带来20世纪五六十年代台湾乡村的故事，散文创作的部分则由台北艺术大学戏剧系邱坤良教授讲述他的创作经验。这4天3夜的课程里还会教唱囡仔诗、台湾念歌、布袋戏演出，也会带领学员沿着许丙丁小说《小封神》一起游台南古迹。

3. 首届海峡两岸文化发展论坛福州举行。8月5日，首届"海峡两岸文化发展论坛"在福建福州举行。国务院台湾事务办公室研究局局长黄文涛莅会致辞时表示，两岸应该适时商签文化交流合作协定，为深化扩大两岸文化交流提供更有力的保障。本届论坛以"两岸视域中的传统文化与文化传统"为主轴，集中探讨两岸如何省思共有的传统文化，并希望借由两岸专家智慧，找出传统的文化价值并赋予时代新意，以共同发扬中华文化，提升中华文化的国际影响力。

4. 潮州戏曲艺术节举办新潮剧曲工作坊研习活动。8月8—16日，潮州戏曲艺术节举办新潮剧曲工作坊研习活动，除传统戏曲的教学外，还加入多媒体科技的导入教学，邀请大专院校及中小学教师参加，成为数位科技和传统艺术结合的种子。

这项研习活动在潮州镇公所三楼进行，由潮州在地的明兴合掌中戏剧团担纲，由明兴阁艺术总监苏明顺、团长苏俊荣父子指导明兴合苏家班联手演出，演出戏码《西游记》孙悟空大战二郎神，孙悟空的72变和二郎神的73变，让剧情千变万化，借此观众欣赏各种不同尺寸的木偶，在专业偶师的操纵下，展现惟妙惟肖的木偶巧姿，剧中更穿插荧光幕大型木偶特技，拔刀、砍树、射箭等，并有科技动画的场景和精巧逼真的偶具、特效及幽默口白，加以传统北管乐曲热闹紧凑的节奏，是一出充分呈现台湾传统布袋戏艺术的经典。

5. "南澳Ⅰ号与海上陶瓷之路"学术研讨会在广东隆重举行。2013年8月9—10日，由中国中外关系史学会与广东省南澳县人民政府、潮汕历史文化研究中心联合举办的"南澳Ⅰ号与海上陶瓷之路"学术研讨会在广东省汕头市南澳县隆重举行。会议共收到学术论文48篇，来自广东、福建、云南、吉林、上海等省市数十家高校、科研单位、文博机构及学术团体的60余位代表参加了本次研讨会。

6. CCTV—4《文明之旅》专题呈现《海纳百川闽南韵》。8月12日，央视四套中文国际频道《文明之旅》栏目精彩呈现了《海纳百川闽南韵》专题节目。节目中，泉州市委书记黄少萍、江西师范大学教授方志远做客演播室，与海内外观众一起品读闽南文化，尽展泉州之美。随着央视的播出，节目覆盖亚、非、拉美、北美、欧洲和大洋洲等多个国家和地区，这也是泉州展示文化魅力的一扇全新窗口，助力泉州走向世界，让世界更多了解泉州。

7. 莆台妈祖缘青少年文化节在湄洲岛举行。8月16日，为大力深化莆台民间文化交流，进一步发挥莆田市青联和台湾彰化县青创会的平台优势，"妈祖缘·青年情——莆台青少年文化节"活动在福建莆田湄洲岛祖庙大牌坊前举行启动仪式，近千名海峡两岸同胞齐聚一堂，共话两岸情缘。

8. 第二十二届海峡两岸关系学术研讨会闭幕。8月20日，以"和平发展与共同责任"为主题的第二十二届海峡两岸关系学术研讨会在沈阳闭幕。在为期一天半的研讨会上，与会专家就深化两岸关系和平发展的理论创新、两岸民间政治对话的路径和机制等问题，进行广泛深入的探讨，研讨会取得圆满成功。海峡两岸关系学术研讨会是我国大陆和港、澳、台地区及海外学者开展学术交流、为两岸关系和平发展建言献策的重要平台和知名品牌，为推动两岸关系和平发展发挥了重要的促进作用。

9. 大陆开播首家对台网络电台。8 月 24 日，在海峡之声广播电台建台 55 周年之际，华夏经典网络电台（www. vos. com. cn）正式通过海峡之声网向全球广播，这标志着大陆首家对台网络电台正式开播。该电台开设有《我爱国粹》《孔子学堂》《读史有学问》《长书联播》《海峡文化讲堂》等 20 多个栏目，涵盖评书、相声、小品、戏曲等曲艺形式。此外，还开设有《闽南方言故事》等栏目，凸显闽台文化的地方特色。

10. 泉州当选首届“东亚文化之都”。8 月 26 日，由文化部主办的首届“东亚文化之都”评选终审在国家博物馆举行，泉州市以深远厚重的历史文化底蕴、鲜明奇特的多元文化大观、丰富多彩的文化遗产、悠久广泛的对外交流等，打动了评审专家，成为我国唯一入选城市。中、日、韩三国评选代表东亚文明的“文化之都”，是中、日、韩三国共同发起的多边性文化活动。首届“东亚文化之都”，分别由一国一城共 3 个城市共同当选。日本、韩国分别由横滨、光州当选。我国共有 12 个省（市、区）的 19 个城市申报参选。在初评中，泉州、苏州、杭州、青岛、武汉、西安、黄山、济宁、咸阳、桂林入围。

11. 金门风狮爷精品展在福州三坊七巷展出。8 月 27 日，一场金门风狮爷精品展在福州三坊七巷展出。展出的风狮爷憨态可掬，创意十足，吸引了众多游客驻足。这些风狮爷都是出自台湾陶艺大师王明宗之手，他此次来闽交流，旨在向大家展示不一样的文化创意产品。

12. 两岸学子齐聚泉州共同探讨闽南文化。8 月 29 日，“2013 年两岸闽南文化生活产品设计试验营”在泉州市博物馆开营。来自华侨大学与台湾成功大学的学子们齐聚闽南文化发源地，展开对闽南文化的探讨。泉州市台办黄兴顺副主任表示，泉台两地交流日益频繁，闽南文化已成为泉台交流的主要载体。

九月

1. 第九届海峡旅游博览会在厦门举行，参展商人数创历届之最。9 月 6 日，由国家旅游局、福建省政府主办的第九届“海峡旅游博览会”在厦门举行。本届旅博会参展商代表近 3000 人，展商人数为历届之最。本届旅博会的主题为“海峡旅游、合作共赢”，主要活动包括海峡旅游发展研讨会、闽台乡村旅游合作发展圆桌会议、海峡旅游教育联盟联席会议等。展馆设置福建旅游展区、台港澳展区、乡村旅游展区、温泉旅游展区等 11 大特色主题展区。本届旅博会立足对台旅游先行先试，更加凸显两岸元素，着力实现向两岸产业深度合作、市场化运作、展销一体化发展等“三大转变”。

2. 泉州第四批市级非遗保护名录公布。9 月 6 日，泉州市政府公布第四批市级非物质文化遗产保护名录和第一、二、三批市级非物质文化遗产项目新增保护单位。此次共有 36 个项目入选第四批市级非遗保护名录，其中小吃类约占 1/3，包含了绿豆饼、面线糊、肉粽、水丸等众多泉州特色小吃制作技艺。这 36 个项目涵盖了传统美术、传统技艺、传统医药、民俗等几大类。至此，泉州市目前共有国家级非物质文化遗产项目 31 个、省级 76 个、市级 170 个、县级 324 个。

3. 闽台修学旅游基地授牌五年拟邀万名台生来闽游学。9 月 7 日，福建省旅游局在厦门向厦门大学、华侨大学、福建师范大学、福建农林大学、集美大学等 5 所高等院校授予"闽台修学旅游基地"牌匾，为持续推动两岸青年学子修学旅游搭建平台，推进"万名台湾青年学子来闽修学旅游"活动常态化开展。福建 5 年内拟邀台湾 50 多所高等院校的万余名台湾青年学子来闽修学、交流、考察。

4. 台闽之星安厦首航。"台闽之星"安平直航厦门的客运航线，由"宗教交流"打头阵，9 月 12 日由广泽尊王抢得头香，台南市下林玉圣宫率近千台南信众搭乘前往厦门凤山寺参加广泽尊王文化祭，而主祀延平郡王郑成功的安南区镇门宫也参与同行，为明年郑成功回大陆谒祖之行探路。

5. 第四届凤山文化旅游节举办。9 月 12—15 日，"第四届南安·国际凤山文化旅游节"隆重举行，本届文化旅游节首次被列为 2013 年度全国对台交流重点项目，凤山文化旅游品牌享誉海峡两岸。发祥于南安诗山镇的凤山文化源远流长，目前全球以广泽尊王为主神奉祀的寺庙逾千座，其中台湾地区就有 600 多座，凤山文化已成为南安与海外侨胞、港澳台同胞密切联系的重要纽带。

6. 两岸学者聚台南成大，研讨保生大帝信仰。9 月 13 日，台湾成功大学人文社会科学中心与祀典兴济宫合作举办的"2013 祀典兴济宫暨保生大帝信仰国际学术研讨会"在成大文学院举行开幕式，来自中国大陆和港澳台地区，以及东南亚等国家的逾 50 位学者专家，在两天的议程中发表 18 篇论文，深度探讨保生大帝信仰文化。

7. 台湾三高校校长齐聚福大共推两岸海洋领域交流合作。9 月 13 日，台湾铭传大学、台湾海洋大学、台湾东吴大学 3 所知名高校校长齐聚福州大学，与合作方福州大学共同就双方合作展开交流。这是两岸 4 所大学领导首次齐聚榕城，共同推进两岸在海洋领域研究合作、人才培养和文化交流。福州大学海洋学院 2012 年 6 月筹办，本一线上招生，采取"校校企"闽台高校联合培养模式。由福州大学、台湾高校、台资企业三方联合制订专业人才培养方案，联合组建教学团队，联合开展专业、课程、教材等教学资源库建设，联合开展实训基地建设，实施"3＋1"的人才培养模式，即学生 3 年在福州大学学习，1 年在台湾合作高校学习。

8. 两岸媒体寻根河洛的启动仪式于台中市雾峰林家花园举行。9 月 16 日，两岸媒体寻根河洛的启动仪式于台中市雾峰林家花园举行，中央人民广播对台节目中心主任陈东健表示，河洛文化以台湾为起点的 16 天活动，回溯到河南，共同找寻两岸闽南人的文化之根，展示两岸同根同源、薪火相传的历史明证。16 天的采访以河洛文化"开枝散叶"的台湾岛为起点，以闽南文化的形成地——厦门、漳州、泉州为中点，以河洛文化发祥地——河南为终点，寻访台北、台中、彰化、嘉义、台南、高雄、厦门、漳州、泉州、新郑、洛阳、固始、开封、新乡等地的历史遗存。

9. 第六届固始与闽台渊源关系研讨会暨第五届中原（固始）根亲文化节隆重开幕。2013 年 9 月 25 日至 27 日，被国台办列为对台交流重点项目和河南省保留节会活动"第六届固始与闽台渊源关系研讨会暨第五届中原（固始）根亲文化节"围绕"弘扬根亲文化，持续扬名战略；扩大两岸交流，促进和平发展"主题，本着务实、节俭的办节办会原则，创新对台工作载体和活动形式，注重经贸、文化一体化发展，谱写了一曲曲情缘于根、血浓于水、两岸一家亲的颂歌。

10. "江苏省台港暨海外华文文学研究会" 2013 年在江苏师范大学隆重召开。"江苏省台港暨海外华文文学研究会" 2013 年会于 9 月 28—29 日在江苏师范大学隆重召开。来自高校和研究机构单位的 40 余位专家、学者出席了会议。本次年会还围绕"区域视角与华文文学"开展了学术研讨，研讨会集中讨论了"台湾作家与江苏""台港海外华文文学与中国现代文学""陶然文学创作 40 年"等三个方面议题。

十月

1. "亚太乌龙茶文化论坛"在台南市闭幕。9 月 30 日—10 月 2 日，为期 3 天的"亚太乌龙茶文化论坛"在台南市举行。此次论坛共有来自亚太 7 个国家和地区的近百位茶人与会，台湾也有近千人次的茶艺同好在此聚首，堪称亚太地区的乌龙茶文化交流盛事。

2. 泉州非遗展演亮相榕城。10 月 1 日，泉州非物质文化遗产专题展演在福州三坊七巷举行，提线木偶戏《笑声赶考》、惠安服饰等展演吸引众多游客观看。展演由福建省文化厅主办，省艺术馆、省非遗保护中心承办，泉州市艺术馆承办。展演推出极具闽南特色的十余项非物质文化遗产项目和百余件展品，包括提线木偶、掌中木偶、惠安服饰、南音、南少林武术等，让游客领略泉州源远流长的优秀传统文化和泉州人民独特的创造能力、文化个性。

3. 台湾新北市传统艺术巡演。10 月 3—5 日的"2013 年新北市传统艺术巡演"共邀请 18 个优秀团队至新北市 16 个行政区演出 16 场次，展现传统艺术丰富的层次与文化深度。巡演团队包括开创新生代观众的阿忠布袋戏、金光布袋戏的重量级团队洪至玄木偶剧团，可以欣赏到布袋戏、歌仔戏、鼓阵、阵头、北管等多元化的传统艺术之美。

4. 福建博物院首次举办海峡两岸考古遗存与海洋文化学术研讨会。10 月 9 日至 12 日，福建博物院举办"2013 年海峡两岸考古遗存与海洋文化学术研讨会"，这是博物院建院 80 周年以来首次举办的大型海峡两岸考古学术研讨会。福建省文化厅厅长陈秋平出席会议，副厅长陈朱致开幕辞。会议期间，专家学者们主要围绕海峡两岸考古遗存、海洋文化，特别是对漳平奇和洞遗址、马祖"亮岛人"、浙西南考古学文化、台湾新石器时代中期文化、昙石山遗址、河姆渡文化、台湾南部出土西方银币、"南澳 I

号"以及沉船考古等展开热烈讨论，还前往龙岩市考察漳平奇和洞史前遗址，观摩奇和洞遗址出土标本。国家博物馆，中国文化遗产研究院，中国社会科学院考古研究所以及台湾"中央研究院"历史语言研究所，台湾台南艺术学院，山东、浙江、广东、广西四省文物考古研究所，南京博物院考古研究所，海南省文物局等20余位省外专家学者，以及福建省文物局、省文物鉴定中心、省县石山遗址博物馆、省文物总店和厦门大学考古专业、福建师范大学、福州市文物考古工作队等省内单位领导专家参加了会议。

5. 首家"非遗"店入住漳州古城。10月11日，漳绣技艺（古城绣庄）在漳州古城"府埕文化特色街"开张。这是入驻该街经营的首家省级非物质文化遗产项目专卖店。由漳州本土创作的老街盛景、木偶表演、锦歌以及林语堂、水仙花、古傩、龙袍等漳绣作品吸引了不少群众进店驻足欣赏。

6. 第十一届澳门妈祖文化旅游节开幕。10月13日，第十一届澳门妈祖文化旅游节开幕暨妈祖祭奠仪式在澳门路环叠石塘山天后宫举行，中国全国政协副主席李海峰出席。妈祖信俗是中国首个信俗类世界非物质文化遗产，目前全世界有妈祖信众近2亿人。澳门是妈祖信仰最早传播地之一，澳门的葡文名称（MACAU）传说就是"妈阁"（妈祖阁）的音译。

7. 漳州"非遗"精彩亮相国家大剧院。10月13—20日，由国家大剧院、漳州市政府共同主办的"走进非物质文化遗产——福建漳州非物质文化展演"在国家大剧院正式启动。世界级非物质文化遗产布袋木偶、剪纸，国家级非物质文化遗产芗剧，省级非物质文化遗产锦歌、大鼓凉伞和具有漳州地方特色和闽南风情格调的戏曲、舞蹈、音乐等节目在国家大剧院"古戏台"上轮番上演，借助国家大剧院平台，通过舞台表演、图片展示、活态演示等多重方式，提高漳州非物质文化遗产的影响力和辐射力。

8. "福建漳州地方特色文化展示周"活动亮相国家大剧院。10月13日"福建漳州地方特色文化展示周"活动在北京国家大剧院举行。"福建漳州地方特色文化展示周"活动由漳州市人民政府主办，中共漳州市委宣传部、漳州市文化广电新闻出版局具体承办。活动周内容包括漳州国家级非物质文化遗产产品捐赠国家大剧院收藏仪式、16场富有漳州地方特色的文艺表演、地方文化（非遗项目）图片展等。大鼓凉伞、芗剧、木偶、剪纸、木版年画、漳州棉花画等漳州艺术元素亮相北京国家大剧院，这对进一步宣传漳州深厚的文化底蕴、提升漳州对外城市形象影响力具有重要的意义。

9. 中国博协"丝绸之路"专委会2013年会暨"海上丝绸之路"研讨会在福建博物院召开。10月18日，中国博物馆协会"丝绸之路"沿线博物馆专业委员会2013年会暨"海上丝绸之路"研讨会在福建博物院召开，来自中国博物馆协会、全国各地博物馆的负责人和代表近300余人参加了会议。福建省文化厅副厅长陈朱和中国博协副理事长陈浩在会上分别致辞，中国博协"丝绸之路"专委会主任委员俄军做了专委会2012—2013 年度工作报告，福建博物院主要负责人汇报了"丝路帆远——海上丝绸之路文物精品七省联展"筹备过程，参展的 7 省博物馆在研讨会上做了发言。陈朱副厅长在致辞中指出，"海上丝绸之路"是"丝绸之路"的重要组成部分，是中国古代历史上最伟大的壮举之一，是政治、经济、文化、社会、民族等方面进行的跨地域交流之路，为人类文明和文化发展及共同繁荣做出了重要的贡献。他希望通过此次年会暨研讨会的召开，能够提升"海上丝绸之路"学术研究水平，为"海上丝绸之路"的保护、宣传和利用谱写新篇章。

10. 台湾淡水举办"2013 淡水洋行的历史与新貌研讨会"。10 月 25 日，新北市立淡水古迹博物馆举办"2013 淡水洋行的历史与新貌研讨会"，由新北市文化局主任秘书李玟、淡水区长蔡叶伟暨廖文卿馆长为研讨会揭开序幕。

这次研讨会以 19 世纪东亚港口城市为对象，邀请日本关西大学文学部松浦章教授、厦门大学历史系教授暨国学院院长陈支平教授、日本九州大学大学院藤原惠洋教授、"中央研究院"历史语言研究所陈国栋研究员、台湾成功大学建筑系陈世明副教授、台湾师范大学地理学系兼任讲师徐燕兴、台湾中原大学建筑学系黄俊铭副教授及台湾淡江大学建筑系副教授暨系主任黄瑞茂等多位国内外学者，共同探讨 19 世纪东亚港市开港贸易史、洋行建筑再利用、历史街区风貌与都市再生等面向，透过学者、专家的经验分享，开启学术与实务的经验交流。

11. 莆田学院隆重举行海峡两岸妈祖文化学术研讨会。2013 年 10 月 25 日，欣逢全国台联妈祖文化交流基地授牌、福建省妈祖文化研究会成立之际，莆田学院隆重举行海峡两岸妈祖文化学术研讨会。本次研讨会邀请到 50 多位海峡两岸的专家学者参加，共征集到妈祖文化研究论文 48 篇，分为妈祖信仰史的梳理与研究、夯实妈祖信仰的文献资料基础、妈祖信仰"在地化"的多样形态、妈祖文化传播的方兴未艾、妈祖文化事业与产业的蓬勃发展等五个内容。

12. 第六届海峡两岸文博会成功举办。10 月 25 日至 28 日，由中共中央台办、文化部、国家新闻出版广电总局、福建省人民政府主办，福建省文化厅、厦门市人民政府和台湾亚太文化创意产业协会共同承办的第六届海峡两岸（厦门）文化产业博览交易会在厦门举行。海峡两岸文博会是全国唯一以"海峡两岸"命名并由两岸共同举办的国家级综合性文化产业博览交易会。文博会以"一脉传承，创意未来"为主题，旨在弘扬中华文化，推动海峡两岸文化交流与市场对接，是海峡两岸文化产业交流合作和投资交易的重要平台。

13. "历史上中国的海疆与航海"学术研讨会在泉州召开。2013 年 10 月 27—30日，"历史上中国的海疆与航海"学术研讨会在福建省泉州海外交通史博物馆召开。本次会议由中国海外交通史研究会、南京大学"中国南海研究协同创新中心"、福建省泉州海外交通史博物馆联合举办，会期 4 天。海内外专家、学者和代表共 187 人参加了本次研讨会，大会共收到论文 80 篇。与会学者就钓鱼岛、黄岩岛及南海问题，历史上中国与周边海洋国家的关系，海图及航海针路簿，中国航海贸易史，闽南人与海洋文化等专题进行了深入的学科对话与学术争鸣。

十一月

1. 两岸歌仔戏名角同场飙戏。11 月 4 日，由厦门卫视筹拍的 2014 年高清全实景电视歌仔戏在同安影视城正式开机。此次拍摄集结了海峡两岸的歌仔戏名角和优秀剧团，翻拍 5 部经典舞台戏，可谓电视媒体探索传统戏曲艺术影视化、综艺化、宽谱化的又一次尝试。此次拍摄邀请台湾资深编剧到场助阵，并力邀台湾歌仔戏新生名角陈昭薇、周淳安参与演出；引进海峡对岸的先进经验，对提高大陆实景歌仔戏的拍摄水准，强化传统戏曲栏目的传播力和再生力大有裨益。

2. 海峡两岸语言及辞书研讨会在福州召开。11 月 6 日，海峡两岸语言及辞书研讨会在福州召开。会议由福建省辞书学会主办，福建人民出版社承办，福建师范大学语言研究所、福建师范大学外国语学院协办。来自海峡两岸的 106 位专家、学者参加了会议。会议对海峡两岸语言的交流、融合和规范，对促进海峡两岸中华文化的传承和发展，将起到重要的推动作用。

3. "第十五届两岸三地课程研讨会"在台湾进行。11 月 7—11 日，"第十五届两岸三地课程研讨会"在台湾进行。为顺应日益频繁的学术交流，所衍生的三地教学课纲不同的争议，专家、学者们轮流在大陆、香港及台湾三地每年召开"两岸三地课程研讨会"交换心得，第十五届"两岸三地课程理论研讨会"由台北教育大学承办，台南大学及台湾首府大学等单位协办，分别在台南大学及台北教育大学进行三场学术研讨会。

4. 海峡非物质文化遗产生态园 2013 年底动工。11 月 13 日，海峡非物质文化遗产生态园项目建设指挥部揭牌仪式在晋安区宦溪镇山溪村举行。福州市委常委、常务副市长陈大强出席揭牌仪式并为项目建设指挥部揭牌，该项目在 2013 年底动工。

5. 中国香文化研究院授牌。11 月 16 日，中国香文化研究院成立授牌仪式在泉州举行。文化部艺术发展中心有关负责人等 300 多位海内外嘉宾参加了授牌仪式。研究院成立后将致力于弘扬中国传统香文化，发展香文化产业，让中国香走进百姓生活。

6. 恭迎金面妈祖重返台北城。11 月 16 日，台北市长郝龙斌在"2013 北台湾妈祖文化节"中，亲率双北市民政局领导以古礼恭迎原奉祀于清代台北府天后宫的"金面妈祖"神像穿越北城门重返台北城。2013 年适逢金面妈祖重返台北城旧庙址 10 周年，参加宫庙突破往年纪录，计有全台 11 县市（北台湾 8 县市及嘉义县、云林县、台南市）多达 40 间宫庙共同参赞为民祈福，希望带给双北市民更多元丰富的庙会文化展现。

7. 中国社科院在泉建立闽南文化研究基地。11 月 21 日，中国社会科学院闽南文化研究基地在泉州揭牌。中国社科院携手泉州师范学院，整合海峡两岸既有的学术与人力资源，打破学科壁垒与地域分隔，跨系所、跨机构、跨地区，乃至跨语言，共同推进闽南文化的跨界研究。闽南文化研究基地下设 6 个学术研究团队，分别为闽南方言与闽南思想文化研究团队、南音研究团队、闽台戏曲与华文文学研究团队、闽南族群迁移与家族文化研究团队、闽台民俗文化与信仰研究团队、闽台民间美术研究与拓展团队。

8. 传统音乐戏曲节开锣。11 月 21 日—12 月 1 日，彰化县文化局在文化局及南北管音乐戏曲馆，办理"2013 传统音乐戏曲节"，邀请台湾杰出南北管馆阁及表演艺术团队，规划一系列展演活动，林副县长代表卓县长欢迎民众踊跃前往欣赏体验系列活动。

9. 郑成功封王 355 周年，福建南平送神像赴台。2013 年是郑成功晋封延平郡王355 周年，11 月 22—29 日，福建南平相关研究会护送郑成功神像到达金门，到台南延平郡王祠会香。

10. 海峡两岸陶瓷展郑州开展。11 月 23 日，"豫台情 2013 两岸陶瓷艺术交流展"在河南省郑州市开展，共展出 200 余件来自海峡两岸的陶瓷艺术珍品。中国陶瓷工业协会副理事长王爱纯表示，台湾的陶瓷与中原一脉相承，同根同源，但有着明显的差异与个性，加强大陆与台湾陶瓷行业的联系有利于促进两岸文化交流，也能让中华多种名贵陶瓷更好地为世界所认识。台湾制陶已有六七千年的历史，制瓷技术是由中原传入闽粤，明清时期由客家人传到岛上。

11. "近百年泉州宗教学回顾暨纪念吴文良先生诞辰 110 周年"学术研讨在泉州师院隆重举行。由中国社会科学院文化研究中心闽南文化研究基地、泉州市社会科学联合会、泉州师范学院闽南文化生态研究中心共同举办的"近百年泉州宗教学回顾暨纪念吴文良先生诞辰 110 周年"学术研讨会于 2013 年 11 月 23 日在泉州师院行政楼学术报告厅隆重举行。中国社会科学院考古研究所黄展岳先生、福建师范大学闽台区域研究中心主任、中国海外交通史研究会会长谢必震教授、泉州社科联主席吴少锋，以及福建省的专家学者等百余人出席了研讨会。

12. 全球规模最大的"闽侨文化中心"在美国纽约落成。纽约当地时间 11 月 25日，由福建省文化厅主办，福建省侨办、福建省侨联、美国福建同乡会协办，美国侨商联合会、福建文化企业协会和福建日报报业集团东南网美国站承办的"美国（纽约）闽侨文化中心"，在纽约市中心的曼哈顿下城国宝银行大厦举行隆重的揭牌仪式。美国国会议员孟昭文的代表黄敏仪、中国驻美国纽约总领馆参赞王燕生、美国国宝银行董事长孙启诚、美国纽约消防局局长查理·杜宾、福建省文化厅厅长陈秋平、美国福建同乡会主席郑棋、美国侨商联合会理事长王维华等中美嘉宾和华侨华人代表近五百人参加了中心的落成典礼。揭牌仪式上还举行了中国传统的舞狮表演和书法表演。纽约市候任市长白斯豪专程出席了"美国（纽约）闽侨文化中心"当晚举办的联欢晚会。

13. 第 13 届闽方言国际学术研讨会在泉州召开。11 月 30 日，第 13 届闽方言国际学术研讨会在泉州举行，国内外从事闽方言研究的专家学者出席盛会。本次研讨会论题主要在马来西亚和中国的台湾、广东、福建等地闽语的音韵、词汇、语法和修辞等多个领域展开。专家学者对闽方言的特征词、口语或文学戏曲中所体现的方言音系、方言语法、方言历史源流与演变、方言的分布与流播、方言字辞典的比较分析、方言与共同语关系等展开学术交流。其中，不少专家曾经深入福建省泉州、南平、宁德等地进行闽方言的调查。本次研讨会由泉州师院中国语言文学学科和中国社科院文化研究中心闽南文化研究基地联合主办，市语言文字学会协办。

十二月

1. 台湾北管潮和社表演《闹西河》。12 月 1 日，由板桥在地著名北管子弟——板桥潮和社在林本源园邸定静堂，为莅园民众带来表演的台湾北管戏福路派经典剧目——《闹西河》，让现场民众在冬阳放暖的周日欣赏传统北管音乐的动人魅力。在 2010 年经新北市政府公告登录为新北市传统艺术——北管音乐的保存团体的"潮和社"，成立于 1930 年，是板桥一地历史悠久，也最具代表性的北管团体之一。由创始人林稼田先生，召集板桥江子翠地方子弟组成的潮和社，除了庙会活动外，还有文化交流场合的吃重演出，扮演着活络地方文化与传承民俗活动的重要角色。

2. 闽南童玩文化节开幕。12 月 4—8 日，厦门灌口第二届闽南童玩文化节在灌口风景湖公园举行，踢毽子、丢沙包、滚铁环、跳皮筋……三十多项童玩项目免费开放。2010 年，"闽南童玩"被正式记载为第三批厦门市非物质文化遗产。"灌口闽南童玩节"是目前厦门地区较大型的活动，也是厦门地区重要的大型民俗文化表演。

3. 闽台道教文化交流会在漳州举行。12 月 6 日，闽台道教文化交流会在芗城举行。此次交流会由福建省国际文化经济交流中心、漳州市台办、漳州市民宗局及台湾道教总会主办，福建省国际文化经济交流中心漳州理事工作小组承办。漳州是闽台交流的前沿阵地和重要区域。近年来，漳州在推进闽台道教文化交流中，形成了关帝文化节、开漳圣王文化节、三平祖师文化节、保生慈济文化节等一批有影响力的交流平台。

4. 海峡两岸清新文艺之旅系列活动启动。12 月 6 日，"I 在福建"清新文艺之旅系列活动在福州三坊七巷启动。活动由福建省旅游局、省文联共同举办，持续时间为一年，举办了"清新原创美文"征集、"清新美图秀秀"、"清新网络博文"晒晒、清新文艺摄影作品巡展等活动。"I 在福建"清新文艺之旅系列活动是为更好地对外展示"山海画廊、人间福地"的良好形象，凸显闽都文化、闽南文化、客家文化、妈祖文化等八闽文化的独特魅力，吸引海峡两岸文艺旅游爱好者来闽感知、体验清新福建。

5. 闽南师大首次面向港、澳、台招收硕博研究生。12 月 8 日，从闽南师范大学研究生处获悉，闽南师大 2014 年将首次面向港、澳、台地区招收硕士、博士研究生。闽南文化与两岸交流研究专业中的闽南文献与海疆文化、闽台家族社会与文化、闽南方言文化、闽南民间信仰 4 个研究方向将招收博士研究生；文学院、数学与统计学院、体育学院等 16 个院系的 27 个专业将招收硕士研究生。

6. "海外华人与中国侨乡文化"国际研讨会在广西举行。由广西壮族自治区侨务办公室、广西民族大学主办，广西民族大学民族学与社会学学院和广西侨乡文化研究中心承办的"海外华人与中国侨乡文化"国际研讨会于 2013 年 12 月 8 日在广西南宁市举行，来自澳大利亚、日本、泰国、马来西亚、新加坡以及中国大陆和台湾地区的高等院校和科研机构的近八十名专家学者参加了此次会议。

7. 厦门"闽南语进课堂"迈出新步伐。12 月 8 日，由厦门市教育局、教育局语委办主办的"厦门市首届学校闽南文化艺术展演"近日在厦门市青少年宫举行，包括闽南童谣、歌仔戏、芗剧、木偶戏、答嘴鼓、南音等在内的多个节目一展风采。在厦门市政府颁布《厦门市闽南文化生态保护实验区第二阶段建设方案》后，厦门市教育局也出台了配套方案，要求在 2009 年第一批 31 所"闽南方言与文化进课堂试点校"基础上，逐步在中小学、幼儿园推广闽南方言和文化，力争到 2015 年有 100 所学校开展闽南语教育。

8. 泉州推"古厝戏筵"文化体验还原闽南婚俗。12 月 16 日，以还原闽南婚俗为卖点的"古厝戏筵"文化体验项目在福建泉州推出。"古厝戏筵"是泉州唯一将闽南特色小吃文化与传统民俗文化演艺相结合的文化体验项目。

9. 李岚清同志参观福建省非物质文化遗产博览苑。12 月 17 日，中共中央政治局原常委、国务院原副总理李岚清，来到福建省非物质文化遗产博览苑考察指导工作，福建省委常委、副书记于伟国，省委常委、福州市委书记杨岳，省人大常务委员会委员、秘书长叶双瑜，文化部原副部长赵维绥，省文化厅党组书记、厅长陈秋平等领导陪同。李岚清同志详细了解了福建省非物质文化遗产的保护、传承工作，听取了福建省文化惠民相关活动的情况汇报，并参观了福建非遗精品展。饶有兴致地观看了寿山石雕、莆田木雕、软木画、漆线雕、畲族银器、泉州提线木偶戏、咏春拳、同利肉燕等非物质文化遗产项目传承人的现场展演，与他们亲切交谈。

10. 闽南文化国际笔谈会在闽南师大举行。12 月 21 日，2013 闽南文化国际笔谈会在闽南师大国际学术交流中心举行。来自美国、日本、新加坡、中国台湾地区、中国大陆的闽南文化研究专家学者二十余人参加座谈会。此次会议由闽南师范大学闽南文化研究院主办，会议就闽南文化内涵、外延及特征的厘定，闽南文化的当代价值与社会功能，闽南文化与两岸交流，闽南文化的生态保护、学科建设和人才培养等方面议题展开研讨。

11. 泉州市泉港区举办民俗文化节。12 月 21 日，一场以"山水画、田园诗、锦绣九峰城"为主题的民俗文化节，在泉州市泉港区界山镇东张村如火如荼地开展着。独特的闽南民俗、界山"美丽乡村"的田园风光、美味可口的小吃、惟妙惟肖的油画，吸引了成千上万的周边村民和游客前来观看。泉港地处泉州东北部，闽南文化与莆仙文化在这里交融并汇，至今仍保存着颇具特色的方言、民俗和信仰，是中国东南沿海海洋文化较早形成的地区，有着上千年悠久丰厚的文明史。文化节上不仅有非物质文化遗产"北管"演奏，也有玉湖村的"敬香"舞、东张村的"弄仙"舞、下朱尾村村民自编自演的现代舞蹈，各具特色的民俗展示给游客留下了深刻的印象。

12. 闽南工笔画院成立，画院画师首届美术作品展同时开展。12 月 28 日，闽南工笔画院在芗城区威镇阁正式成立，画院画师首届美术作品展同时开展。漳州市市委常委、宣传部长、教育工委书记许荣勇，副市长赵静出席成立仪式并为画院揭牌。赵静在仪式上致辞。工笔画是以精谨细腻笔法描绘景物的中国画表现形式，是中华民族优秀传统文化之一。闽南工笔画院院长张贤明表示，画院的成立为闽南地区工笔画家们提供了一个相互学习、展示才华、交流才艺的平台，对提高漳州市工笔画水平和丰富漳州百姓文化生活有着积极的意义。

2014

一月

1. 台湾大里杙福兴宫举行重建二十五周年庆祝大典。1 月 5 日，台湾大里杙福兴宫举行重建二十五周年暨太岁殿、文昌殿、西秦王爷殿落成庆祝大典。财团法人大里杙福兴宫妈祖庙董事长林修文表示，福兴宫创建于清朝乾隆年间，迄今有三百多年的历史，而该宫除了主祀妈祖之外，并配祀有诸多神明，其中 60 尊的太岁神像过去是泥塑的。由于该宫重新修建已 25 年，因此举行重建 25 周年暨太岁殿、文昌殿、西秦王爷殿落成庆祝大典，并安排舞狮、北管表演，吸引全台各地庙宇纷纷派员前往祝贺。

2. 东亚文化之都系列活动——纪念俞大猷诞辰 510 周年学术论坛在泉州举行。2014 年 1 月 7 日，东亚文化之都系列活动——纪念俞大猷诞辰 510 周年学术论坛在泉州市洛江区举行。讨论会上，中国明史学会常务副会长陈支平和中国军事科学院军史研究室主任刘庭华分别做题为《俞大猷的历史贡献与当代意义》和《富于军事创新精神的抗倭名将俞大猷》的主题发言。华东师范大学教授张浩等 8 人分别从俞大猷对军事理论的贡献、后世棍术发展传承的影响及海防思想等方面阐述俞大猷对后世的影响。

3. 首届海峡两岸清水祖师文化节在安溪举行。1 月 8 日，首届海峡两岸清水祖师文化节在安溪开幕，有来自我国大陆及港、澳、台地区以及东南亚等地的清水岩分炉和信众代表共一千三百多人参加。本届文化节由泉州市人民政府、福建省闽台交流协会、福建省闽南文化发展基金会主办。活动期间还举办了"世界清水祖师信仰文化"国际学术研讨会，首发新版《清水岩志》等活动。据史料记载，清水祖师生于宋仁宗景祐四年（公元 1037），俗名陈昭应，法号普足，一生行善，造福百姓。圆寂后被当地民众尊称为清水祖师，与妈祖、保生大帝、广泽尊王并称"闽台四大民间信仰"。

4. "迎请关渡妈"等 3 项民俗入选台北市文化资产。1 月 13 日，台北市文化局表示，"迎请关渡妈"等 3 项民俗及"泰雅族贝珠衣"等 2 项古物经审议通过，公告为台北市文化资产。台北市文化局表示，"台北市古物、民俗及有关文物审议委员会"日前通过登录"跳钟馗""艋舺龙山寺中元盂兰盆胜会"与"迎请关渡妈"等 3

项民俗及"节孝周氏绢之墓碑"与"泰雅族贝珠衣"等2项古物，公告为台北市文化资产。

二月

1. "东亚文化之都·2014泉州"正式开幕，中韩日城市文化节目精彩呈现。2月13日晚，"东亚文化之都·2014泉州"开幕式在泉州影剧院隆重举行。文化部副部长丁伟，福建省委常委、宣传部长李书磊，福建省副省长李红，以及泉州各界民众千余人出席开幕式。韩国光州东亚文化之都促进委员会委员长、前文化观光部长官郑东采，日本横滨市副市长渡边巧教分别率光州、横滨城市代表团应邀出席。开幕式由泉州市长郑新聪主持，福建省副省长李红、泉州市委书记黄少萍分别在开幕式上致辞，文化部副部长丁伟宣布开幕。主要嘉宾上台点亮开幕式花灯后，全体来宾欣赏来自中国泉州、韩国光州和日本横滨的艺术家们联合进行的精彩演出。

2. 西街音乐节开幕，本土好声音写歌激情演绎青春。2月13—15日，西街音乐节在中心市区新门街与城西路交会的旧面粉厂开幕，持续3天。主办方利用旧厂房高大的空间和传统工业遗留下的独特风格，配合3D立体画和现代舞台造型，融合音乐表演和文创集市，打造一场古老与时尚相结合的视听盛宴。

3. 源和1916创意产业园秀多彩西街。2月13日至15日，位于中心市区新门街的源和1916创意产业园，举办"多彩西街——源和1916文化嘉年华"活动。活动期间，园区内的文化企业举办了摄影、字画、陶瓷展览等一系列文化活动；园区4个广场、公共展厅、通道等地方也都有闽南民俗表演、猜灯谜及花灯展等。这多达十余项的活动，使园区处处洋溢着闽南风，流淌着文都魅力，其中不少活动，浓缩着古老西街的影子，展现了美丽西街的多彩风情。目前，大部分展馆都已经布置完成，等待迎接四海宾朋。

4. 泉州、光州、横滨三市联手，力促新闻媒体交流互访。2月14日，中国泉州、韩国光州、日本横滨三市代表共聚泉州，签署三市新闻媒体交流合作备忘录，拉开了三市新闻媒体交流互访活动的序幕。"东亚文化之都·2014泉州活动年"13日在福建泉州开幕。据泉州市委宣传部部长陈庆宗介绍，泉州、光州、横滨三市将以"东亚文化之都"为契机，建立新闻媒体交流互访机制，邀请其他城市新闻媒体到对方城市采风采访。同时，增强三市之间新闻业务的交流与合作，积极报道城市之间经济、文化等方面成就。此外，三市还将积极探索城市之间媒体产业合作，开展更广泛的交流。日本电视台、日本神奈川新闻社，韩国《世界日报》《南道日报》等多家媒体派代表出席启动仪式。

5. "东亚文化之都建设论坛"在泉州举行。2月14日，"东亚文化之都·2014泉州活动年"开幕系列活动之——"东亚文化之都建设论坛"在泉州举行，本次论坛以"文化引领未来"为主题，当地学者对泉州今后的规划发展以及文化定位进行了积极的探讨。文化部外联局局长张爱平，泉州市市长郑新聪，韩国光州城市代表、东亚文化之都促进委员会委员长郑东采，日本横滨城市代表、执行委员会副委员长、大阪市立大学教授佐佐木雅幸以及来自韩国光州、日本横滨的政府及媒体代表团其他成员，泉州的专家学者代表出席了论坛。这将有助于强化中韩日文化交流合作，以文化交流合作为契机，促进泉州文化建设。

6. 泉州正式启动古城复兴计划，当代艺术馆列入重点。2月14日，泉州古城文化复兴计划正式启动。文化部副部长丁伟、福建省副省长李虹、泉州市委书记黄少萍、市长郑新聪等出席启动仪式并见证签约。为此，泉州市委、市政府决定实施"古城文化复兴计划"，与西街片区改造、泉州当代艺术馆等文化项目配合，推进古城古港新区全域联动系列项目建设，延续历史文脉，保护文化生态，促进传统与现代的有机融合，建设历史文化名城的城市会客厅和市民的文化家园，进而打造"影响东亚，面向世界"的多元文化都市。泉州当代艺术馆项目由泉州籍当代艺术家蔡国强发起、规划，泉州市政府主办。弗兰克·盖里担纲新馆设计，并打算委托国内顶尖建筑师参与龙头山片区旧厂改造。泉州当代艺术馆已列入泉州市重点项目。泉州当代艺术馆是大师弗兰克·盖里为古城量身打造的有泉州特色的世界级美术馆，也是盖里在中国乃至亚洲设计的第一座建筑作品。

7. 韩国光州文艺专场演出精彩亮相。2月15日，韩国光州文艺演出专场在戏剧中心上演，艺术家展现了韩国最传统最具地方特色的文化艺术，促进了光州和晋江的交流和了解。泉州和晋江市领导张建生、李建辉、李冀平、陈荣法、周伯恭、林惠玲、丁峰、洪元程，韩国光州代表团团长、东亚文化之都促进委员会委员长郑东采观看演出。此次来晋参演的艺术家们在韩国都享有一定声誉。演出《巫戏》和《奔马》的打击乐团"哎嗨"已建团二十多年，是光州代表性乐团，2011年曾参加英国爱丁堡音乐节。

8. 新加坡信徒来台，宫庙之旅信仰广泽尊王。2月17日，由新加坡信仰广泽尊王四区凤山寺筹组成立新加坡圣公文化传承委员会，一行28人到达台湾，展开全台8家广泽尊王庙交流敬香宫庙之旅，首庙抵达下林玉圣宫，道教64代天师张道祯率天师举行"开香"仪式，报答天庭保佑巡台平安顺利。新加坡圣公文化传承委员会秘书长林清河表示，新加坡信仰广泽尊王信徒，大部分集中在洪水港、樟宜、河河畔、裕廊四区凤山寺，2013年四大庙成立新加坡圣公文化传承委员会，并获得祖庙福建安溪授权设立新加坡办事处。

9. 新世纪丝绸之路经济论坛暨华媒万里行活动在泉启动。2月23日，由中国新闻社主办的"新世纪丝绸之路经济论坛暨丝绸之路华媒万里行"启动仪式在泉州举行。国务院侨办主任裘援平，省委常委、宣传部部长李书磊，副省长郑晓松等列席会议。来自20多个国家的50多家海外华文媒体代表、丝绸之路沿线国家代表等200余人出席活动。泉州是海上丝绸之路的起点，宋元时，泉州港是东方第一大港。目前，泉籍华侨华人有790多万，其中90%以上分布在海上丝绸之路沿线的东南亚国家。"新丝绸之路华媒万里行"将联合东盟和中亚各所在国华文媒体,对"一路一带"进行全方位报道。此外,"丝绸之路"大讲堂和"丝绸之路"商机对话会在同日下午举行。专家们围绕"丝绸之路新商机在何处""沿线城市如何把握发展机遇"等问题展开探讨。

10. 台中市文化局推出"台中市传统艺术节"。2月18—22日,台中市文化局推出"台中市传统艺术节",台湾美术馆年初二推出"论画、品茗、迎新春"活动,让民众年节期间在台中市艺术走春。

台中市传统艺术节在6个据点登场,初一至初五在民俗公园推出魔神乔治、川剧变脸及东欧、加勒比海雷鬼乐团等;初三到初五在草悟道安排廖千顺布袋戏团及巴拉圭乐团等表演。初四到初五,葫芦墩文化中心、大墩文化中心、屯区艺文中心及港区艺术中心等,推出黄立纲金光布袋戏、锦飞凤傀儡戏剧团、明华园日字团、东方艺术团等演出。国美馆初二下午举办"论画、品茗、迎新春"春节活动,有舞狮鼓阵、"卡赋拿蓝乐团"以现代曲风诠释传统年节贺岁歌曲的音乐会,现场另有30位茶艺师与民众品茶论画。国美馆大门广场则推出创意市集及版印灯笼、发糕及红包袋拓印、年画拓印 DIY 等美学体验。

11. 台湾当局教育主管部门颁发2014年本土语言杰出贡献奖。2月21日,台当局教育主管部门颁发2014年本土语言杰出贡献奖,台中教育大学退休教师洪惟仁花了近三十年编撰"台湾语言地图集",获得表扬。

12. 海外华媒福建泉州体验"海上丝绸之路"文明。2月22日,美国、加拿大、澳大利亚、英国和俄罗斯等16个国家的海外华文媒体代表,走进"海上丝绸之路"起点——福建泉州,领略古老的"海上丝绸之路"文明和博大精深的闽南文化。20余名海外华文媒体代表先后走访了位于泉州市博物馆的"世界闽南文化展示中心"和古城内闻名遐迩的泉州开元寺。

三月

1. 泉州南音国际学术研讨会隆重举行。2014年3月1—2日,泉州南音国际学术研讨会在泉州师范学院举行。来自日本、韩国、新加坡、中国台湾等地以及中国音乐学院、文化部中国非物质文化遗产保护中心、泉州市文广新局、泉州市南音乐团、台北艺术大学、台湾师范大学、台湾心心南管乐坊、南音专业团体、研究会等单位的知名学者、泉州南音学术研究的专家二百多人共聚泉州,探讨泉州南音文化的传承与发展。本次研讨会是"东亚文化之都——泉州"系列活动之一,由泉州师范学院南音文化传承与发展省级2011协同创新中心与福建师范大学海峡两岸文化发展省级2011协同创新中心联合主办。

2. 泉州将建20个闽南文化生态重点保护区域。3月13日,由文化部批准实施的《泉州市闽南文化生态保护区整体性保护重点区域建设方案》公布,全市20个区域将作为整体性保护的重点区域,此举在全国尚属首次。重点保护区域分为九大类,其中，历史文化街区保护区域 1 处，历史文化村镇保护区域 3 处，民间信俗保护区域 1 处，民俗保护区域 6 处，传统戏剧保护区域 1 处，传统技艺保护区域 4 处，传统体育保护区域 1 处，传统音乐、舞蹈保护区域 2 处，闽南文化遗产展示保护区域 1 处。

3. 泉州文化魅力再现光州。3 月 18 日晚，"东亚文化之都·2014 光州"开幕式暨文艺演出在韩国光州文化艺术会馆大剧场举行。来自泉州的 39 名演职人员携极具闽南特色的文艺表演亮相开幕式暨文艺演出，与韩日艺术家同台献艺，共同展示东亚文化的独特魅力。

4. 台湾传统艺术大师邱火荣的有声书第三集发表。3 月 21 日，台湾新北市文化局为传统艺术艺师邱火荣出版的有声书第三集举办发表会，81 岁高龄的邱火荣带领学生演出濒临失传的北管锣鼓曲"蝴蝶双飞"，铿锵有力，展现一代宗师的精湛技艺与魅力。

5. 台盟中央闽南文化交流研究基地落户泉州师院。3 月 26 日，台盟中央闽南文化交流研究基地揭牌仪式在泉州师范学院举行。台盟中央闽南文化交流研究基地旨在联合台盟、泉州师院、台湾等方面的研究力量，形成闽南文化交流研究联盟和智库，通过研究闽南文化，为"和谐海峡"提供文化理论支撑，增进两岸同胞的民族、文化认同。该基地将利用台盟中央所属的台海出版社，促进闽台文化图书出版与入岛交流，并开展涉台文物保护、两岸共同"申遗"、妈祖文化、海丝文化等课题研究。目前，泉州师范学院有 6 支闽南文化研究学术团队，研究成果丰硕，已出版相关著作及教材 50 多部，获得国家社科基金项目 7 个、教育部人文社科研究项目 10 多个等。2013 年，中国社科院文化研究中心闽南文化研究基地也落户在泉州师范学院。

6. 泉州赴菲举办侨批文化展。3 月 28 日至 31 日，在菲律宾菲华商联总会成立 60 周年之际，应菲律宾菲华商联总会邀请，由泉州市档案局承办的"两地书·家乡情——闽南百年侨批文化展"活动，在菲律宾举行。此次"闽南百年侨批文化展"分为侨批渊源、侨批运营和侨批价值三部分介绍侨批发展史，展示侨批这一世界记忆遗产的独特风采与文化内涵。菲律宾各界华侨代表等一百多人参观本次展览。

7. 台北保安宫举办"保生文化祭"。3 月末至 4 月中旬，为庆祝保生大帝圣诞，台北保安宫举办"保生文化祭"，4 月 13 日是重头戏绕境踩街、艺阵表演，晚间还有百年历史的民俗活动"放火狮"，为神明庆生，也替信众祈求平安顺利。

四月

1. 泉州师院启动"闽南文化进校园"活动。4 月 3 日，"闽南文化进校园暨图书馆读者活动月"日前在泉州师范学院开幕。台湾成功大学人文社会科学中心副主任、泉州师院闽南文化研究基地顾问陈益源教授在开幕式上表示，现在不只成功大学、泉州师院在研究闽南文化，新加坡、马来西亚、印尼、日本、韩国等国也都在研究闽南文化。闽南文化其实就是国际文化、世界文化。陈益源认为，所有国际化的文化最主要的代表性都在地方，没有地方化就没有国际化。所以，要开展闽南文化研究，一定要先认识自己，看重自己，了解自己。本次活动月还安排闽南文化系列专题讲座以及闽南文化图书漂流活动、真人图书阅读会、闽南民间故事研究书友会、古代海上丝绸之路的起点"英语沙龙"、"读秀杯"闽南文化知识大赛等一系列精彩纷呈的主题活动，让老师和同学们共同感受时代悠远而又与时俱进的闽南文化。

2. 2014 闽南诗歌节开幕。4 月 8 日，由海峡两岸高校联合主办的 2014 闽南诗歌节在漳州闽南师范大学开幕，两岸三十多位诗人、学者与表演艺术家齐聚一堂，就"诗歌与闽南文化"展开交流。2014 闽南诗歌节由闽南师范大学、厦门大学、台湾明道大学联合主办，活动内容包括"诗的美学盛宴""2014 闽南文化论坛""北方曲艺在台湾"等六场学术讲座、朗诵会以及诗歌说唱表演，以不同形式呈现闽南文化的新视野。

3. 台湾台南安平迓妈祖重现百百旗盛况。4 月 12—13 日，为庆祝天上圣母 1050 年圣诞，台南安平开台天后宫，特举办一连两天的第二届"安平迓妈祖百百旗旗队艺阵大赛"活动，重现古早安平迓妈祖，各行各业扛旗绕境的盛况，安平开台天后宫主委张省吾暨全体庙方管理委员，发扬妈祖慈悲济世精神，全心打造优质的艺阵文化，让安平百百旗旗队艺阵大赛，成为台湾独创的妈祖盛典活动。

4. 台湾淡水开展大道公文化祭。4 月 14 日是保生大帝的生日，已登录为新北市无形文化资产的淡水三芝地区"大道公（保生大帝）祭典"活动，也在淡水水源里热闹展开。新北市政府文化局表示，大道公——保生大帝早期是闽南同安人最崇拜的信仰乡土神祇，台湾各地福建同安籍移民的家族乡亲更以大道公祭典作为团结乡亲的聚会。随着闽南人在各地区的开辟发展，大道公祭祀衍生不同信仰特色，最独特的是北海岸的淡水、三芝一带没有建庙，但 200 年来仍保存轮祀的传统约定，发展为 8 个庄头轮奉，后来增加中田寮庄，形成九庄轮祀祭典。配合大道公生日庆典，淡古馆亦推出文化推广活动，包括文化茶栈摊位奉茶、导览解说、水源里小学生竞赛设计的大道公 LO-GO 纪念铜币展示及颁奖、淡江大学生自大道公传奇故事改编的"大道公点龙睛绘本"展示，还有由大学生设计的神猪纸公仔首次精彩亮相。

5. 第七届海峡两岸（厦门海沧）保生慈济文化旅游节开幕。4 月 18 日，第七届海峡两岸（厦门海沧）保生慈济文化旅游节开幕。本届文化旅游节以"健康、慈济、和谐"为主题，以保生大帝颂典仪式、开幕式、民俗表演为主体活动，配套活动除了开设《神医大道公前传》媒体首映式、信众祈福祭拜仪式（民间）、美食庙会外，在 2013 年保生慈济义诊活动基础上，新增保生慈济义卖活动。2014 年的民俗表演汇聚了两岸民间民俗艺术团，来自大陆和台湾的民间艺人们一起在海沧展现民俗文化。与此同时，2014 年的文化节首次全面展现海沧侨台宗亲历史文化。文化节期间举办了以"同心同根、乡情乡约"为主题的海沧侨台宗亲文化展，集中展示在东南亚、中国台湾的海沧宗亲发展的历史文化，参展的图片及实物来自海沧 2013 年下半年以来组织的海沧侨乡社会历史文化调研成果，以及海外宗亲、海外侨史研究机构选送的文稿及实物，并首次邀请海外宗亲组织参加展览。

6. 台湾苗栗县妈祖会与竹南镇后厝龙凤宫举办 2014 妈祖文化节"万尊妈祖踩街祈福"活动。4 月 19 日（农历三月二十三日）是妈祖生日，苗栗县妈祖会与竹南镇后厝龙凤宫举办 2014 妈祖文化节"万尊妈祖踩街祈福"活动，三月疯妈祖，竹南镇后厝龙凤宫香火鼎盛，信徒众多，这次以"万尊妈祖踩街祈福"为主题，号召大家一同来感受妈祖神威，主委陈超明表示，首创结合神轿、鼓队、北管以及三轮车、铁马等，用诚心陪着万尊妈祖出巡，更贴近民众。

7. "漳台关系与闽南文化学术研讨会"在漳州市委党校召开。4 月 25 日，由闽南师范大学闽南文化研究院与漳州市委党校共同举办的"漳台关系与闽南文化学术研讨会"在市委党校召开。会议特邀厦门大学台湾研究院院长、全国台湾研究会副秘书长刘国深教授做专题报告。与会专家学者分别从漳台历史渊源、文化交流、经贸合作以及闽南文化的特点作用和传承保护等多方面介绍了自己最新的研究成果。

8. 2014 年南安市缅甸华裔青少年华文教育圆满结营。4 月 30 日，2014 年南安市缅甸华裔青少年华文教育夏令营活动在市海外华文教育基地——鹏峰中学圆满结营。本次夏令营的活动一张一弛、动静结合，既让久居海外的孩子们领略独具特色的闽南人文景观，又深刻体验到了华夏文明的博大精深；对于增进海外华裔青少年对中国传统文化的了解及对祖籍国的认同感，推动中缅文化交流，具有十分重要的意义。

五月

1. 闽南师大成立台商研究中心。5 月，一场台商研究专家座谈会在闽南师范大学台商研究中心举行，数十位台商与两岸专家、业者齐聚一堂，围绕"丝绸之路经济带"、台企转型升级等话题展开探讨。该研究中心已与台湾成功大学、台湾师范大学、台南大学等台湾高校建立密切的学术交流合作关系，并承担了 24 项有关台商文化和两岸经贸合作等方面的重大研究课题，为闽台经贸合作、台企发展等献计献策。

2. 2014 金门迎城隍活动热闹上演。5 月 10 日的金门热闹非凡，来自两岸的城隍庙代表齐聚浯岛城隍庙进香绕境祈安，两岸观光客汇成人潮，一睹各项传统艺阵表演、踩街游行等庆典，感受闽南传统艺阵民俗文化。金门迎城隍活动，至今已传承三百多年，是金门最盛大、获得最多民众认同的民俗盛会，金门本地及旅居外地游子均会积极参与。

3. 文都·泉州系列论坛之"中国茶的世界"研讨会开幕。5 月 26 日，"东亚文化之都·泉州"2014活动年系列论坛之——"中国茶的世界"国际学术研讨会开幕。安溪铁观音文化是泉州多元文化的重要组成部分，历经千百年来的积淀和传承，形成了具有浓郁地方特色的茶文化，是中国重要的农业文化遗产，成为中国茶的代表。本次研讨会为期两天，包括"中国茶的世界"国际学术研讨会主旨演讲暨主题调研报告、比较视野中的茶文化、中国的山水意境与"周边"茶文化、品茗与圆桌会议、中国发展道路中的茶等论坛。

4. 福建出台闽南文化生态保护区总体规划。5月10日，福建省人民政府印发《闽南文化生态保护区总体规划》，确定了闽南文化生态保护区的建设目标：建立一套科学化、规范化、法制化、网络化的文化生态保护体制和运行机制；整体有效保护非物质文化遗产，维护文化遗产与人文环境、自然环境的文化生态平衡；培养高度的文化自觉和文化自信，提高全社会的文化素质，促进人的全面发展；发挥祖地文化优势，深入开展海峡两岸文化交流，不断增强闽南文化认同感，建设两岸文化交流的重要基地、中华民族共有精神家园；传承闽南文化创造力，弘扬闽南文化精神，推进闽南地区经济建设、政治建设、文化建设、社会建设以及生态文明建设全面协调及可持续发展。

5. 推动闽南文化跨国跨领域研究，台湾成大召开国际工作坊。5月30日，为促进闽南文化研究朝着跨国跨领域的方向发展，成功大学两度召开"东南亚闽南庙宇及贸易网络"计划国际合作工作坊，包括中国台湾地区以及越南、北京等地专家学者分享精辟的闽南文化研究，也讨论跨国合作的分工细节，共同为世界闽南文化之研究贡献心力。

6. 两岸闽南语歌曲未来发展研讨会在台北举行。2014年5月30日，两岸闽南语歌曲未来发展研讨会日前在台北举行，来自两岸的知名闽南语词曲作者、歌手、音乐制作人、唱片公司代表、专家学者近百人会聚一堂，就扩大闽南语歌曲市场空间以及文化影响力集思广益。

六月

1. 福建省新增141位省级"非遗"项目代表性传承人。6月6日，福建省政府下发通知，公布福建省第三批非物质文化遗产项目代表性传承人名单，全省共有141人入选，至此，全省共有552位省级非物质文化遗产项目代表性传承人。本次的项目涉及民间文学、传统舞蹈、传统戏剧、曲艺、民俗、传统美术、传统技艺、传统医药以及传统体育、游艺与杂技等几大类别。如福州茉莉花茶窨制工艺、安溪乌龙茶铁观音制作技艺、福州诗钟、茶亭十番音乐、闽南传统民居营造技艺（厦门）等近年来备受关注的项目均有传承人入选。

2. "心心南管乐坊"在金门表演"百鸟归巢入翟山"。6月7—8日，"百鸟归巢入翟山南管表演"在珠山宗祠前广场及翟山坑道登场。金管处长林永发说，担纲演出的"心心南管乐坊"创办人王心心，成长于福建泉州的南管世家，长年累积及沉淀的艺术素养及演出功力，堪称闽南南管最纯正的代表，但她不故步自封，持续追求更高的艺术突破，从曲风的实验、题材的扩张到灯光舞台的现代设计，让南管演出有令人意想不到的风貌。

3. "甲午年新港奉天宫开台妈祖往湄洲谒祖进香"活动正式开始。6月9日，新港奉天宫点响头号炮，正式宣布"甲午年新港奉天宫开台妈祖往湄洲谒祖进香"活动正式开始，在11时三号炮燃放后，由信徒簇拥下前往台中港搭乘海峡号直航到平潭进行6天5夜的谒祖祈福之旅。

新港奉天宫开台妈祖"船仔妈"于2006年首次回湄洲谒祖进香，当年率领着驾前阵头百年北管舞凤轩、威扬团、诵经团、神轿班及董监事团队、信徒600名横渡黑水沟回到湄洲祖庙谒祖，受到厦门顺济宫、莆田文峰天后宫、贤良港天后祖祠、湄洲妈祖祖庙、泉州天后宫的热烈欢迎，并在湄洲祖庙举行安座洗尘祈福及刈火典礼，此行是新港奉天宫睽违8年之后再次恭请开台妈祖回到湄洲谒祖。

4. 福建侨批文化研究中心在福州揭牌。被誉为"二十世纪敦煌文书"的侨批档案是福建先民穿洋过海的见证。在侨批档案成功入选世界记忆遗产名录一周年之际，福建侨批文化研究中心6月9日在福建省档案馆揭牌。

5. 第十二届河洛文化研讨会在厦举行。6月11日，以"河洛文化与闽南文化"为主题的第十二届河洛文化研讨会在厦门开幕，来自海内外近二百名专家学者参加研讨。张昌平在贺词中表示，河洛文化和闽南文化都是中华优秀传统文化的重要组成部分，本届研讨会以继承发扬中华优秀传统文化为主轴，共同致力于探讨中华优秀传统文化的历史渊源和价值理念，做好创造性的转化、创新性的发展，将成为海峡两岸以及海内外炎黄子孙探讨、推进中华文化发展的新起点。大会收到研究论文110篇，编辑出版了《河洛文化与闽南文化》论文集。

6. 三千台湾信众泉州拜妈祖。6月12日下午，来自台湾各个县区妈祖宫庙的三千余名信众组团前往泉州天后宫进香，进行两岸妈祖文化交流，台湾信众最传统的宗教民俗表演吸引了人们的眼球。

7. 第六届海峡论坛两岸特色庙会在厦门开市。6月13日，第六届海峡论坛两岸特色庙会在厦门市海沧区市民文化广场举行开市仪式。此次庙会主题为"味道中华·香飘两岸"，包括两岸美食大夜市、两岸文艺大舞台、两岸趣味大游园、两岸烘焙师暨咖啡师职业技能比赛、海沧文创精品大联展等活动。

8. "东亚文化之都·2014泉州"县域活动文化周启动。6月14日是泉州第9个"文化遗产日"。"东亚文化之都·2014泉州"县域活动暨"文化之都·多彩鲤城"鲤城区活动周启动仪式在泉州西街旧面粉厂举行。三大板块17项活动以"展示、展览、展演"的形式，突出"文化之都·多彩鲤城"的主题，展现鲤城区厚重的文化底蕴，彰显千年古城的独特魅力。活动持续开展至6月20日，部分活动持续至7月上旬。活动现场为4项2013年新增的市级文化遗产项目授牌，分别是：2个泉州市第三批非物质文化遗产传习所、12 个泉州市第五批非物质文化遗产项目代表性传承人、15 个泉州市第四批市级非物质文化遗产保护名录、9 个泉州闽南文化生态保护区展示点。此次活动由东亚文化之都·泉州建设发展委员会主办，鲤城区委、区政府承办。

9. 第六届海峡论坛在厦门举行。6 月 15 日，第六届海峡论坛在厦门海峡会议中心举行。中共中央政治局常委、全国政协主席俞正声出席论坛开幕式并致辞。俞正声在致辞中受习近平总书记的委托，向参加论坛的两岸同胞特别是来自台湾的乡亲们致以诚挚问候。他说，本届论坛以"和谐发展、幸福两岸"为主题，讲出了两岸民众的心里话。这是两岸关系和平发展成果造福两岸民众的生动写照，也反映了两岸同胞共谋社会和谐、经济发展、生活幸福的热切期盼。

10. 南安举办国际郑成功文化节。6 月 19 日至 21 日，纪念郑成功诞辰 390 周年暨第三届南安·国际郑成功文化节在南安市举行。来自日本、新加坡、马来西亚等国家以及中国香港、澳门、台湾等地区的七百多位嘉宾、信众等参加了活动。南安是民族英雄郑成功的故乡。祖籍南安的郑成功不仅在南安和台湾等地留下了众多足迹，其爱国御侮、开拓进取、坚韧不拔的精神，更是受到两岸同胞的共同景仰。本届文化节期间，还举行了国际郑成功文化交流协会成立大会、两岸阵头大踩街、郑成功祖庙进香、成功故里游、第一届海峡两岸少儿闽南语讲古电视大赛等多项活动。

11. 第六届"海峡百姓论坛"高雄登场。6 月 21 日，第六届"海峡百姓论坛"开幕，举办了"姓氏与中华传统文化讲座"，此次活动持续到 26 日结束，吸引来自两岸的专家学者以及宗亲代表约 1500 人参加。

12. 第一届海峡两岸少儿闽南语讲古大赛圆满落幕。6 月 22 日，第一届海峡两岸少儿闽南语讲古电视大赛决赛在厦门举行。来自南安、厦门、台湾的 12 支代表队参加角逐。南安市委常委、宣传部部长黄文福到场观看比赛。12 支队伍展开了激烈角逐，选手以郑成功的生平为主题，运用闽南方言、俚语，神形兼备地进行艺术表演。

13. "海峡传统文化·北管学术研讨会"在泉港举行。第二届"海峡传统文化·北管学术研讨会"于 2014 年 8 月 15—17 日，在福建省泉州市泉港区举行。这是继 2009 年 4 月于福州举办的"第一届海峡传统文化——北管交流研讨会"之后又一次北管音乐文化研究的学术盛会。本次"第二届海峡传统文化——北管学术研讨会"由福建省文化经济交流中心、福建师范大学、闽南文化发展基金会、泉港区建设发展领导小组联合主办，福建师范大学音乐学院、海峡两岸文化发展协同创新中心和泉州师范学院协办，泉州市泉港区文化馆、泉港区北管音乐协会和泉港区戏剧工作者协会共同承办。

14. 彰化传统戏曲节 27 日起好戏连台。6 月 27 日—7 月 1 日，2014 彰化传统音乐戏曲节暨海峡两岸民间艺术节在南北管音乐戏曲馆、彰化演艺厅、员林演艺厅、鹿港龙山寺、鹿港艺文馆广场等地陆续展开。2014 彰化传统音乐戏曲节暨海峡两岸民间艺术节，以南北管音乐戏曲为主，并集结歌仔戏、高甲戏、布袋戏等多种传统戏曲演出；邀请活动有两岸民间表演艺术晚会、北管排场演奏、当代南管新赏演出、两岸戏曲论坛、浙江鳌龙鱼灯舞、两岸偶戏展、廖琼枝内台经典歌仔戏等。

15. "文化之都·大美晋江" 文化周大掀 "闽南风"。6 月 29 日晚，"东亚文化之都·2014 泉州" 县域活动 "文化之都·大美晋江" 文化周的传统戏曲演出精彩绝伦，掀起一股怀旧 "闽南风"，让现场观众大饱耳福和眼福。

七月

1. 百名台湾大学生八闽行夏令营闭营。7 月 8 日，第 3 届百名台湾大学生八闽行夏令营在厦门理工学院闭营。此次为期 8 天的夏令营活动闽台两地共有 47 所高校的 800 多名大学生参与，其中有来自台湾 32 所高校的 116 名学生。

2. "闽南文化研习营" 开营，体验闽南文化的博大精深。2014 年 7 月 10 日，由闽南师范大学主办的 2014 海峡两岸 "闽南文化研习营" 开营仪式在漳州举行。研习营期间，营员们将在漳州芗城、漳浦、南靖、云霄、东山以及厦门等地，通过听取专题讲座、进行小组讨论、交流座谈、实地考察以及开展文艺联欢、篮球友谊赛等活动，感受闽南文化，加深两岸友情。领队教师代表、台湾明道大学谢瑞隆老师表示，本次活动对于弘扬和传承闽南文化，促进两岸高校青年学子之间的相互了解具有重要意义，希望以后漳台能更进一步持续交流合作。

3. 多批台湾青年学子暑期赴闽修学旅游。7 月刚过半，厦门大学、华侨大学、集美大学、福建师范大学、福建农林大学 5 个 "闽台修学旅游基地" 已接待了来自台湾海洋大学、台湾远东科大、文化大学、高雄大学等多所台湾高校的近 400 名大学生。2013 年 7 月，福建省旅游局启动了 "万名台湾青年学子来闽修学旅游" 活动，创建了厦门大学等 5 个 "闽台修学旅游基地"，面向台湾学生推出了以闽南文化等为主题的五大修学旅游精品线路，截至 2014 年 7 月，福建省已累计接待了 2600 名来闽修学旅游的台湾青年。

4. 台湾各地庆关圣帝君 1855 周年圣诞。7 月 20 日为农历六月二十四日，台湾各地庆关圣帝君 1855 周年圣诞，适逢香火鼎盛的四湖乡参天宫庙庆，全省各地庙宇纷纷组团回娘家谒祖进香，分灵数十万神尊回娘家过火。庙方主委吴好生表示，今天为关圣帝君诞辰日，也是主祀关圣帝君三百多年历史的四湖参天宫庙庆，连续一周以来，来自全省各地上千支进香团体陆续组团前来谒祖进香，分灵超过数十万尊的神尊也均返回祖庙过火。

随着銮驾前来进香的民间技艺阵头，如八家将、金狮阵、醒狮团、电子琴花车及森巴等民间技艺团体等均在广场摆开阵势卖力表演，精湛技艺吸引大批信众热烈围观，沿海各乡镇大批信徒更持丰盛的牲礼及水果一波波涌入参拜，虔诚信徒为了谢神，纷纷雇请多棚布袋戏在庙前广场表演。

5. 台湾台南市萧垄文化园区举办"锦飞凤傀儡戏剧展"。7月20日，萧垄文化园区举办"锦飞凤傀儡戏剧展"，展出锦飞凤傀儡戏剧团珍藏百年的戏偶、手抄剧本及偶身的分解部位构造等，吸引不少亲子到场观赏。第3代团长薛荧源现场演出偶戏，小朋友坐在台前聚精会神地观看，直说好有趣。

6. 台湾屏东举办"戏说潮州意象戏曲艺术节"多元文化体验的研习活动。2014"戏说潮州意象戏曲艺术节"多元文化体验的研习活动于7月24日、25日及7月31日、8月1日于潮州镇公所举办，2014年除融入布袋戏、皮影戏和歌仔戏传统三大戏曲的教学外，更加入运用数位科技展现文创展品设计的导入教学。

八月

1. 台湾台南举行"延平王郑成功390周年圣诞庆祝活动"暨秋祭大典。8月9日，台湾台南市中西区郑成功祖庙举办"延平王郑成功390周年圣诞庆祝活动"暨秋祭大典。祭典由市长赖清德主祭，郑成功祖庙管理委员会主委郑有懋等人陪祭，郑有懋表示，郑成功春秋二祭，于延平郡王祠举行春祭，秋祭在郑成功祖庙举行，8月9日为农历七月十四日郑成功圣诞，因此举行秋祭大典。

2. 闽南童玩文化节在厦门举行。8月15日，厦门灌口第3届闽南童玩文化节在集美灌口镇风景湖公园开幕。此次活动为期8天，涵盖竞赛、表演、展览、游戏、美食5大主要内容，设置了十大区域各类童玩项目共50余项。"闽南童玩"于2010年正式记载为第三批厦门非物质文化遗产。童玩文化节则是以传承非物质文化遗产和亲子互动、寓教于乐为宗旨，将闽南文化、人文气息与休闲娱乐相结合。

3. 第二届"海峡传统文化·北管学术研讨会"16日开幕。8月16日，第二届海峡传统文化·北管学术研讨会在泉港召开，研讨会还举办了海峡两岸学者学术研讨交流、观摩两岸北管交流演出等活动。本次海峡两岸学者学术研讨会共收到论文31篇，内容涉及北管音乐的唱腔、唱词、演奏特色、运用情况、保护与传承等多方面。来自海峡两岸的40多位学者齐聚一堂，就北管音乐进行研讨。来自宝岛台湾的专家、学者有10位，而泉港本土的北管学者亦有9位。

4. 台湾台中万和宫妈祖镇殿庆330周年全省美展，18位首奖作家联展。2014年欣逢万和宫妈祖镇殿330周年，8月16日，庙方特别策划18位全省美展"永久免审·首奖"作家特展为系列庆祝活动暖身。参展的18位名家中，曾得标、谢栋梁、余灯铨、杨严囊、廖本生、柳炎辰、萧世琼、林清镜、简锦清、陈腾堂、吕金龙、郑营麟等12位大师出席，以实际行动，表达对这项特展的支持。

5.《海丝泉州》泉州首展。8月20日，有泉州版"清明上河图"之称的《海丝泉州》100米画卷在古代海上丝绸之路起点城市福建泉州首次展出。整幅画卷以时间为轴，再现了古波斯、阿拉伯、印度以及东南亚等诸多异域文化在泉州广泛传播，并与中原文化、古闽越文化交汇交融、相生相长。画卷中，泉州开元寺独特的妙音鸟、瓷器茶叶出口、马可波罗游泉州等文化历史元素和"海丝"元素尽显，八姓入闽、兴建洛阳桥等闽越掌故也在画卷中一一展现。主办方介绍说，画作者林鸿为中国城市雕塑大师，曾创作过《海丝之路》《天山雪莲》《大地绽放》《成吉思汗》等大型雕塑作品。而《海丝泉州》是林鸿第一次尝试创作的长幅画作。

6. "第四届福建省戏曲音乐创作研讨会"在福州召开。2013 年 8 月 21—22 日，由福建省文化厅主办、福建省艺术研究院承办的"第四届福建省戏曲音乐创作研讨会"在福州举办，会议主要针对福建省第 25 届戏剧会演剧目的音乐设计的成败得失展开研讨。

7. 全球闽南语歌曲创作演唱大赛在台北收官。8 月 22 日，2014 全球闽南语歌曲创作演唱大赛在台北举行总决赛。来自中国大陆、中国台湾以及新加坡、马来西亚、美国、加拿大 5 大赛区的唱将，经 4 个多月的角逐，再度聚首台北，争夺"闽南语歌坛明日之星"。

8. 大型舞剧《丝海梦寻》在北京演出。8 月 24 日晚，由文化部、国家海洋局、福建省人民政府主办，福建省文化厅、文化部艺术司、国家海洋局宣传教育中心承办，福建省歌舞剧院创排的大型舞剧《丝海梦寻》在国家大剧院演出。中共中央政治局原常委、全国政协原主席贾庆林，中共中央政治局原常委、中纪委原书记贺国强应邀出席观看。

9. 中日韩学者齐聚泉州，研讨东亚海洋考古。2014 年 8 月 28 日，作为"东亚文化之都·2014 泉州"系列学术活动之一，东亚海洋考古学术研讨会在泉州举行。中日韩与水下考古相关的学术大腕聚集，探讨水下考古的心得，寻找未来探索的方向。东亚海洋考古学术研讨会由泉州市东亚文化之都建发委员会主办，来自中国国家博物馆、国家文物局，以及山东青岛、海南、天津、广东、浙江、香港的水下考古学者与会。还有日本亚洲水下考古学研究所、日本政法大学，以及韩国国立海洋文化财研究所、韩国国立全南大学等日、韩学者参加。

九月

1. 台湾基隆市城隍爷日巡绕境市区祈福。9 月 9 日，基隆市护国城隍庙举办"鸡笼城隍文化祭"活动，市长张通荣也特别参与扶轿，陪同城隍神轿绕行市区，日巡队伍所到之处，不少信众沿街持香参拜，并向巡阵乞取咸光饼，祈求消灾厄、保平安。在开路鼓、北管和牛头马面的前导下，城隍爷的神轿绕行市区主要街道，并绕经庆安宫及奠济宫，城隍爷日巡队伍所到之处，沿途有许多的信众持香参拜，恭迎城隍老爷绕境平安，也有许多民众向巡阵乞取咸光饼，祈求消灾解厄。

2. 台湾桃园举办镇抚宫文化祭。9 月 11 日，有 130 多年的桃园市镇抚宫举办"桃园镇抚宫宗教百年香担路文化祭"活动，3 天的活动有布袋戏偶展，电音三太子、烟火秀，举行绕境活动。

3. 台湾彰化县妈祖联合绕境，12 宫庙齐出巡。9 月 14—20 日，彰化县妈祖联合绕境祈福活动在田中镇乾德宫举行起驾仪式后,展开彰化县内各宫庙巡回,每天在驻跸的庙宇均有明华园等表演团体演出,和打响锣、特色产业展等活动。

12宫庙的妈祖銮驾从田中乾德宫起驾出发后,巡回绕境北斗奠安宫、埤头合兴宫、二林仁和宫、芳苑普天宫、王功福海宫、鹿港台湾护圣宫、伸港福安宫、彰化市南瑶宫、芬园宝藏寺、员林福宁宫及社头枋桥头天门宫等宫庙,20日在田中乾德宫举办联合祈福典礼后,各妈祖神尊回銮。

4. "2014金门学国际学术研讨会"成功举办。2014年9月16日至19日,第五届"金门学国际学术研讨会"在台南、金门、厦门三地接力登场。本届研讨会是自2006年开办以来首次举办厦大专场,也是"金门学"首次横跨三地分场举办,极具划时代意义。19日,"2014金门学国际学术研讨会厦门场"在厦门大学人文学院101报告厅隆重开幕,中华全国台联会会长汪毅夫、邬大光副校长、金门大学新任校长黄奇致开幕辞。中山大学副校长陈春声教授做了《闽台之间——略论金门研究对地域社会史的启示》主题发言,厦门大学郑振满教授、哈佛大学宋怡明教授对报告进行了精彩评议。之后,海内外众多知名学者进行了发言,涵盖金门人物、世族、历史、文学、民间信仰习俗、文化创意产业等各方面的研究。

5.《闽南涉台族谱汇编》在福州首发。9月19日,由福建人民出版社出版的大型历史文献集成《闽南涉台族谱汇编》新书发布会暨赠书入台仪式在福州举行。本次整理出版的100部闽南涉台族谱都是首次披露,具有很高的学术价值。《闽南涉台族谱汇编》是"十二五"国家重点图书出版规划项目和国家新闻出版广电总局新闻出版改革发展项目库项目,此次编辑出版的族谱绝大部分修纂于清代和民国年间,少数修纂于明代。会上,福建人民出版社向台湾图书馆和台湾成功大学闽南文化研究中心各赠送了一套书。

6. 台湾桃园闽南文化节寻回艺阁风华。闽南文化节9月20日于八德市举办"艺阁游艺嘉年华",游行展示18台人力艺阁及20余组社团艺阵,重现过去八德艺阁拼阵竞赛的盛况,晚会邀请台湾戏曲学院歌仔戏团、综艺团联袂带来具有台湾风土民情的精彩演出;而搭配2014年的艺阁主题,21日前在八德国小外墙策划"迎艺阁"人行道展,让民众一览台湾琳琅满目的艺阁景观。

7. "赵宋南外宗与东亚文化之都"学术研讨会在泉举行。2014年9月21日,"赵宋南外宗与东亚文化之都"学术研讨会在泉州召开,福建省内外百余名专家、学者参会,共同探讨宋皇室管理机构"南外宗正司"的历史渊源,探索泉州文化的发展。

8. 凤山寺寻根,探广泽尊王听香由来。9月22日,两岸媒体寻根河洛大型联合采访团到达泉州市南安市祭祀广泽尊王的"凤山古寺"及南安蔡氏古民居进行实际了解。这是台湾重要的广泽尊王信仰及台湾蔡氏祖先发源地。

9. 海峡两岸闽南非物质文化遗产展演闽南师大专场演出举行。9月22日下午,

"闽南古韵、两岸传情"海峡两岸闽南非物质文化遗产展演闽南师大专场演出火热进行，来自海峡两岸的传统艺术专家欢聚一堂，倾情演绎闽南传统艺术之美。全国台联会长、全国人大常委汪毅夫，全国台联副会长杨毅周，漳州市长檀云坤，漳州市委常委、秘书长、统战部长洪仕建，闽南师大领导林晓峰、肖庆伟等，与漳州市有关部门和师生们一同观看了演出。

10. 泉州天后宫、台湾梧栖朝元宫缔结为姊妹宫。9 月 24 日，近三百名朝元宫的信众在泉州天后宫信众的夹道欢迎下，抬着宫里服侍的湄洲妈祖的金銮步入天后宫。在参拜仪式过后，双方签订了缔结姐妹宫的约定书。据台湾梧栖朝元宫主任委员尤碧铃介绍，此次与泉州天后宫结缘是缘于鹿港天后宫的牵线，今后，两座宫庙将频繁开展妈祖参拜活动，泉州天后宫也将送一尊温陵妈祖长驻台湾台中梧栖朝元宫服侍。

11. 台湾新北市传统艺术巡演。极受观众喜爱的"新北市传统艺术巡演"已迈入第 10 个年头，文化局 2014 年邀请 18 个重量级的国内知名表演团队，由明华园日团打头阵，9 月 26 日—10 月 6 日巡回 20 个行政区；巡演的阵容包括歌仔戏、布袋戏、客家戏、民俗技艺等优秀剧团，场场精彩可期，不容错过。

12. 海峡两岸闽南语"双歌赛"漳州站开幕。9 月 27 日，第 8 届海峡两岸闽南语原创歌曲歌手大赛漳州站分赛开幕，现场迎来了来自海峡两岸的闽南语歌手。为了进一步传承闽南传统文化，本届"双歌赛"还在漳州古城内设立闽南语、芗剧等固定教学馆，并定期在府埕文化古街演出，以演促学，以演促教。

13. 台湾民俗文化灯会开幕。9 月 27 日—10 月 7 日，2014"两岸情——宝岛台湾民俗文化灯会"在北京朝阳公园万人广场盛大开幕。开幕式上，国民党副主席洪秀柱通过视频对灯会开幕表示祝贺。她说，这次活动是一个非常美丽的、难得的台湾传统的民俗文化飨宴，希望大家在这几天的交流当中，能够充分地去了解台湾的民俗文化，更感谢大家的热烈参与。她更希望透过一次又一次的民间文化的交流，增进两岸民众互相的了解，不仅开创无限商机，更为深化两岸在和平发展的交流基础上，有更多的共识。

14. 台湾祀典兴济宫举办秋祭祝圣大典。9 月 28 日，台湾保生大帝官祀首庙，祀典兴济宫举办秋祭祝圣大典，邀请王金平担任正献官，共有八十多个庙宇共同参与，场面隆重盛大。祀典兴济宫创建于明永历年间主祀保生大帝，俗称"顶大道公庙"。清同治、光绪年间，钦差大臣沈葆桢奉旨来台"开山抚番"，参与官兵曾祝祷于保生大帝神案前，祈请免于灾害病痛，果有灵验，乃奏报朝廷奉旨祀典，兴济宫于是成为台湾唯一名列祀典的保生大帝庙。

15. 两岸同胞文庙祭孔，携手传承中华文明。9 月 28 日，随着一声洪亮的"启户"口令，福州文庙大成殿、大成门、棂星门的大门次第开启，首届海峡两岸联合祭孔大典正式开始。值此孔子诞辰 2565 周年纪念日，来自海峡两岸的数百名祭祀人员及嘉宾，共同以传统释奠礼的礼仪向中华文化的至圣先贤表达敬意。中国国民党主席马英九，中国国民党荣誉主席连战、吴伯雄都专门为此次盛典送来花篮。

16. "东亚文化之都·泉州"旅游文化大使网络评选活动圆满收官。9 月 28 日，"东亚文化之都·泉州"旅游文化大使网络评选活动举行决赛，晋级决赛的 8 强选手在个人展示、问答题、辩论题等方面一较高下，经过多轮紧张角逐，最终 1 号选手华爽、8 号选手张华、7 号选手王珊珊荣获"东亚文化之都·泉州"旅游文化大使称号。"东亚文化之都·泉州"旅游文化大使网络评选活动以"文化之都 畅游泉州"为主题，旨在选拔 3 名熟悉泉州文化、综合素质较高、致力于宣传泉州旅游文化的代言人。活动由"东亚文化之都·泉州"建设发展委员会主办，泉州市委宣传部和泉州市旅游局承办，泉州网、东南早报、腾讯网协办。

17. 闽南非物质文化遗产在京展演。9 月 29 日，"闽南古韵·两岸传情——海峡两岸闽南非物质文化遗产展演"系列活动在北京国家大剧院开幕。本次展演活动通过漳州锦歌、泉州高甲戏、闽台歌仔戏、闽台木偶戏、南音等非物质文化遗产项目的展示，彰显两岸同根同源的闽南传统艺术之美。活动由全国台联、北京市台联、福建省台联与国家大剧院联合主办，闽南师范大学、台湾戏曲学院共同承办。

十月

1. 国宝布袋戏大师黄俊卿获颁云林文艺奖、中华文化薪传奖。10 月 2 日，国宝级布袋戏艺术大师黄俊卿，获得"2014 年云林文化艺术奖"的贡献奖，云林县长苏治芬前往成大医院，探视这位五洲派国宝艺师，并颁发贡献奖，肯定他在布袋戏艺术领域的奉献。黄俊卿 2014 年不仅获得第 10 届云林文化艺术贡献奖，还荣获第 21 届全球中华艺术文化薪传奖。黄俊卿大师自接掌布袋戏传承工作，细数传统戏台到现在的创新，黄家仍坚持黄海岱的理念："扎根传统、积极创新"，深深扣紧时代潮流和脉动。

2. 台湾云门舞集在厦门献演"书法舞蹈"。作为厦门闽南大戏院 2014"两岸艺术节"的开幕演出，台湾现代舞蹈团云门舞集《松烟》于 10 月 4 日至 5 日在厦门上演。云门舞集是台湾第一个职业舞团，其创办者林怀民祖籍福建漳州，是美国舞蹈节终身成就奖获得者、华人世界现代舞代表人物，他的作品《松烟》《行草》《狂草》被合称为"行草三部曲"。《松烟》曾于 2006 年被欧洲舞评家集体选为"年度最佳舞作"。

3. 金面妈祖首度驻驾台湾省城隍庙。10 月 4 日，供奉于新北市小基隆福成宫，全台唯一的"金面妈祖"重返绕境台北城，届时将举办北台湾妈祖文化节，除全台 10 县市、25 座宫庙妈祖会香外，"金面妈祖"更首度驻驾台湾省城隍庙 4 天 3 夜，进行 Long stay 初体验。届时市长郝龙斌、新北市长朱立伦将联袂于北城门前，以古代官方祀典迎驾，还有北管古乐、民族舞蹈、绕境踩街等纪念仪式与艺文展演。

4. 台湾云林国际偶戏节 10 月 4 日开锣。10 月 4 日，云林国际偶戏节开锣，布袋戏大师黄俊雄与刘铨芝率领 20 多位艺师向布袋戏祖师爷——西秦王爷拜祭，洪一郎等偶师亲自扮仙，仑背猫儿干北管乐团伴奏，古味十足。传承拜师大典是偶戏节暖场大戏，依循古礼敲钟、擂鼓、开炮，150 位学生向师傅奉茶、赠笔、献束修 6 礼，师傅则送布偶及装有道具、剧本的"艺笼"给学生，薪火代代传。

5. 台湾宜兰戏曲节在宜兰演艺厅登场。10 月 4 日—11 月 30 日，首次定位的"2014 宜兰传统戏曲节"在宜兰演艺厅登场。县文化局长林秋芳、薪传歌仔戏剧团、风神宝宝儿童剧团，并与达文西幼儿园小朋友到场，热情邀约民众共襄盛举。

6. 台湾"2014 新北市林口子弟戏文化节"开幕。10 月，"2014 新北市林口子弟戏文化节"在林口竹林山观音寺盛大举行，除了一年一度的子弟戏公演外，也提前为观世音菩萨祝寿。新北市长朱立伦表示，林口区是台湾最大子弟戏团的所在地，在过去庄头成立"子弟团"不仅代表地方人力、财力俱足，更重要的是对在地的认同感与向心力，现在透过文化节将传统戏曲与地方宗教庆典相结合，来延续传承传统戏曲。子弟戏团与民间生活息息相关，透过阵头、神将、北管音乐的强烈感染力，展现宗教与艺术的热闹节庆气氛，活动中压轴的子弟戏表演，不但让民众感受宗教庆典的欢乐，更体会子弟戏的传统戏曲之美。

7. "李贽与东亚文化国际学术研讨会"在泉州召开。2014 年 10 月 9 日，"李贽与东亚文化国际学术研讨会"在泉州召开，会议共收到有关李贽研究的学术论文近四十篇。来自中国、韩国、日本的专家、学者会聚一堂，与会专家就李贽的家世与生平、李贽思想的丰富内涵及其特征、李贽思想的社会影响及时代意义、李贽思想与东亚文化等四个方面深入讨论。

8. "文化之都·惠女石韵"惠安县域活动周开幕。10 月 10 日，"文化之都·惠女石韵"惠安文化周在泉州西街旧面粉厂拉开帷幕。在活动周的启动仪式和综合文艺演出中，惠女服饰表演、男音四重唱、惠女舞蹈表演等形式多样的文艺表演让不少市民拍手叫好，《日新月异》《惠女风情》等摄影作品展也充分展现了惠安文化品牌。惠安县域活动周还为市民们带来具有惠安地方特色的非物质文化遗产项目，如掌中木偶戏、高甲戏及南音等形式多样的文艺演出。

9. 台湾台南新天地推三昧堂戏偶个展。10 月 13 日，新光三越台南新天地举办"三昧堂自创戏偶个展"，共计展出 83 尊戏偶，包含 17 个系列各场景主题呈现，以及新角首次登场，透过崭新的创作风格重新诠释，让戏偶迷们一饱眼福。来自嘉义三昧堂木偶创作团队，至今已累积上百件作品，每尊戏偶都是独一无二的创作。

10. 台湾台中万和宫举办妈祖镇殿 330 年庆祝活动。10 月 15—19 日，台中举办万和宫妈祖镇殿 330 年普天庆的庆祝活动，有庆祝大会、祈福平安法会、三献礼祭典、健行活动、才艺竞赛、校园才艺表演，朱宗庆打击乐团、黄俊雄布袋戏和明华园戏剧总团会演出压轴大戏。

11. 观音信仰国际研讨会在台湾成功大学举办。10 月 17—18 日，成功大学人文社会科学中心接受台南市大观音亭兴济宫委托，主办"2014 观音信仰国际学术研讨会"，希望借此机会重新梳理台湾观音信仰的历史传统与发展演变，推动观音信仰的学术研究。成大近五六年来不遗余力推动世界闽南文化研究，除在校内举办大型学术研讨会等外，还进入社区接受大观音亭兴济宫委托，2012 年举办"周懋琦与祀典兴济宫学术研讨会"，2013 年 9 月再次合办"祀典兴济宫暨保生大帝信仰国际学术研讨会"，并出版《周懋琦、祀典兴济宫与保生大帝信仰》一书，荣获"国史馆"台湾文献馆 2014 年度全台湾"奖励出版文献书刊暨推广文献研究"非使用预算学术性书刊第一名。

12. 台湾艺师陈锡煌进驻台北偶戏馆讲授布袋戏偶工艺。掌中戏界的国宝级全方位艺师陈锡煌担心布袋戏偶工艺失传，10 月起进驻台北偶戏馆开班授课，并跨县市合作向云林布袋戏馆借出 20 尊百年古董偶，让北部民众也能认识不同地区的布袋戏偶样貌。陈锡煌是掌中戏大师李天禄长子，拥有数十年演出经验，对各种舞台道具制作专精，也是目前全台仅存以 84 岁高龄仍活跃于舞台的布袋戏演师。

13. 第二届海峡两岸朱熹、陈淳学术研讨会在漳州召开。10 月 20 日，第 2 届海峡两岸朱熹、陈淳学术研讨会日前在漳州市龙文区隆重召开。本次研讨会由漳州市人民政府、中国朱子学会联合主办，中共漳州市委宣传部、龙文区人民政府、闽南师大闽南文化研究院、漳州市闽南文化研究会共同承办。

14. 刺桐里文化平台一周年再出发。10 月 20 日，刺桐里文化平台满周岁。19 日，刺桐里周年系列活动之艺术讲坛邀请了北京偏锋新艺术空间掌舵人——王新友与现场嘉宾共同关注"全球一体化下的中国艺术现状"。同时，刺桐里还特邀中国美协会员、华侨大学副教授苏上舟，中国陶瓷艺术大师苏献忠和源和 1916 创意产业园执行总裁江盛松到场，与嘉宾对话，加强对外沟通，引进"新思维"推动泉州市文化艺术发展。未来刺桐里将打造三大文化平台：文化跨界交流平台、艺术鉴赏投资空间、艺术创作展示空间，将更加注重与外界的交流与沟通，把本土优秀的文化艺术家带出去，同时也将外面的文化艺术家和文化交流平台"请进来"，促进泉州文化艺术与外界的"对话"。

15. "海峡两岸迎城隍民俗文化研讨会"在厦门市召开。10 月 20 日，"海峡两岸迎城隍民俗文化研讨会"在厦门市霞溪路 45 号中华街道科技孵化园隆重召开，研讨会上专家学者各抒己见，以迎城隍民俗文化为主题，分别做了专题研讨，如郭坤聪《海峡两岸迎城隍概况》、彭一万《迎城隍的历史意义》、杨耀芸《渴望厦金台一起迎城隍》、蔡金安《城隍形象代表民族的意志》等。通过此次研讨会，进一步推广了海峡两岸迎城隍民俗文化，提升了厦门和金门、台湾同根同源的文化融合。

16. 2014 世界闽南文化节在澳门举办。10 月 29 日，为期 3 天的以"中华心·闽南情"为主题的 2014 世界闽南文化节在澳门举行开幕式。本次文化节活动由 7 部分组成，包括世界闽南文化展览会、开幕式暨文艺会演、"闽南文化丛书系列"新书发布、

"世界闽南风情"摄影展、"闽南文化的当代性与世界性"交流论坛、闽南文化交流论坛——学者专场研讨会及优秀闽南文化艺术剧目展演等，力求让海内外嘉宾从人文、历史、建筑、传统艺术、食品、手工艺品等多方面感受闽南文化。世界闽南文化节由2010年在泉州举办的海峡两岸闽南文化节发展而来。

17. "东亚文化之都·2014光州"闭幕。10月31日，由泉州市委副书记周银芳带队的泉州代表团参加了"东亚文化之都·2014光州"闭幕式梦想嘉年华文艺演出。演出以泉州节目开场，掌中木偶、武术、钢琴、舞狮等节目的20分钟泉州时间，再次征服了光州观众。

十一月

1. "东亚文化之都泉州的历史回顾暨纪念陈泗东先生诞辰九十周年学术研讨会"在泉举行。2014年11月2日"东亚文化之都泉州的历史回顾暨纪念陈泗东先生诞辰九十周年学术研讨会"在泉州师范学院举行。会议共收到论文42篇，与会专家、学者表示，要学习陈泗东先生爱国爱乡的高尚情操、科学严谨的治学精神，开拓创新，为泉州市文化的发展做出应有的贡献。

2. 南洋信众来台参拜国姓爷。11月5日，因国姓爷而结缘，来自印尼及马来西亚的国姓爷信众共31人分别组团来台参访，造访台南永华宫、鹿耳门镇门宫及郑成功参军陈永华墓园，一行人抵达奉祀国姓爷的鹿耳门镇门宫，向郑成功行礼参拜，受到镇门宫副主委林嘉宝、管理人林忠民及戴寅老爷子等人的热烈欢迎。林忠民说，相传施琅攻台后，部分郑成功的部将不愿投降远渡到南洋，后来并建庙奉祀，南洋不少华人也是国姓爷的信众，每年都会来台参拜。

3. 台湾南投县国姓抢成功系列活动在国姓乡热闹登场。11月13—16日，南投县国姓抢成功系列活动在国姓乡热闹登场，2014年活动以"2014马到客庄抢成功——马年共下抢成功"为主题，除有精彩刺激"抢成功竞赛"外，还有"花轿创意竞赛""开台圣王绕境""客家歌谣比赛"等艺文活动。国姓乡长林福峰说，国姓乡有75%为客家族群，乡亲们对于举办客家文化活动都十分支持，2014年国姓抢成功活动结合国姓爷郑成功及马年特色，以Q版的郑成功造型制作钥匙圈、名片座等文创商品。

4. 台湾淡水古博馆上演布袋戏。11月13日，淡水古迹博物馆为配合"文化部""2014年文化资产区域环境整合计划"，特别与云林县的水林乡公所合作，邀请文正小学颜思齐布袋戏团至淡水红毛城演出，让民众欣赏传统布袋戏。淡水古迹博物馆长廖文卿表示，透过文化资产的整合，在淡水红毛城的古迹景点内，延续布袋戏文化的传承，一方面让学生于历史场域演出相关的故事，一方面也结合社会课课程，让学生有切身的户外课程，并让民众体认古迹保存与文化保存的重要性。

5. 中日韩首届"东亚文化之都"交流活动在横滨闭幕。旨在促进中日韩三国文化交流的首届"东亚文化之都"系列活动在11月17日降下帷幕，活动闭幕式在日本横滨市举办。包括中国泉州市、韩国光州广域市在内的三国地方政府代表出席了闭幕式，三市还围绕今后继续开展文化交流活动签署了友好合作城市协议。11 月 17 日闭幕式开始前，泉州市副市长林万明、横滨市市长林文子以及光州广域市市长尹壮铉举行了简短的会谈，并互换礼物。日本政府文化厅长官青柳正规在此后的闭幕式致辞中对参与"东亚文化之都"系列活动的各方表示了感谢，称希望作为首批代表城市的三市今后继续促进三国文化交流。横滨市长林文子则称通过近一年间的多项交流活动感受到了三国文化的共通性，也感受到了三国开展文化交流活动的重要性，希望通过系列交流活动向世界传播东亚文化。

6. 晋江文化产业周启动。11 月 24 日，晋江文化产业周启动仪式在洪山文化创意园区举行，正式拉开系列活动的大幕。文化产业网上线启动仪式、海峡两岸大学生创意设计大赛颁奖仪式、首届公益广告创意大赛颁奖仪式、2014 年晋江市文化产业发展专项奖励资金颁发仪式等活动同期举行。

7. 泉州海上丝绸之路艺术节 25 日启动。2014 年 11 月 24 日，泉州市"东亚文化之都·泉州"建设发展委员会召开新闻发布会，通报海丝艺术节活动内容。此次艺术节内容丰富，包括文艺演出、经贸展会、学术研讨、文化惠民等 23 项活动。会议通报，泉州市委、市政府本着贯彻落实中央八项规定，厉行节俭、节省开支的原则，决定把东亚文化之都·2014 泉州丝海扬帆嘉年华活动与海上丝绸之路艺术节一并举行。

8. "妈祖与海丝"学术研讨会在莆举行。2014 年 11 月 26 日，一场"妈祖与海丝"关系的学术研讨会在莆田学院举行，来自海峡两岸的妈祖文化研究专家和来自东南亚的华文学者近百名专家与会。本次研讨会由福建省社科联、省台港澳暨海外华文文学研究会、莆田学院和福建省妈祖文化研究会联合主办，以"海洋视野中的妈祖文化与华文文学"为题，着重探讨"妈祖与海丝"的关系，得到海内外相关专家学者的高度关注。会议共收到 94 篇论文，《台港文学选刊》杂志社特别推出增刊号，刊发论文。

9. 发展海上丝路，泉州办博览会，促进与沿线国家经贸合作。11 月 28—30 日，首届中国（泉州）海上丝绸国际品牌博览会在福建泉州举办，泉州市政府 22 日在北京举行记者会指出，希望透过博览会来促进大陆与海上丝路沿线相关国家，包括东盟、南亚、日韩与中国台湾之间的经贸交往与合作，实现区域融合发展。

10. "东亚文化之都·泉州"学生文化创意作品展览。11 月 25 日，"东亚文化之都·泉州"学生文化创意作品展览，也在泉州市区西街龙头山粮库开展，并持续到 12 月 5 日。此次展览展示了近年来泉州市开展"闽南文化进校园"和文化传承创新的成果，让大家真切感受到闽南优秀文化代代相传、后继有人的喜悦。不少参观者走出展馆，仍意犹未尽，学生陈昭昵告诉记者，这些创意作品是对闽南文化的形象创作。可以把泉州文化传承下去，让下一代、更多人去知道这些。

11. 古港转型升级规划展。11 月 25 日—12 月 5 日，古港转型升级规划展在泉州西街龙头山粮库南侧仓库正式拉开序幕，开幕式上，主办方精心为大家准备了舞龙、拍胸舞、青狮阵等表演，惟妙惟肖的演出博得了观众的阵阵喝彩。古港转型升级规划展分为历史、现在和未来三大篇章，为大家展示了城市、文化、港口等诸多环境的变迁，同时也为建设 21 世纪海上丝绸之路先行区描绘了古港复兴的新景象。并展示了对泉州城市未来的展望，以港后区和后渚港为代表的古港群落的转型升级规划。规划展上不仅有图片，还有泉州市规划区的卫星影像图，前去参观的市民可以站在卫星图上尽情饱览泉州市的风景，在会场中间更有大荧幕为大家介绍泉州的风土人情，表现方式可谓是多种多样。

12. 安溪藤铁工艺展，市民惊叹技艺高。11 月 25—29 日，泉州新门街安溪县举行了安溪藤铁工艺品展览活动。展览现场，栩栩如生的藤铁艺术品吸引了众多市民前来观看。"你看这些藤铁制作的动物，完全就是一座座精美的工艺品。各种动物的神态，无不纤毫毕现，可以说达到了很高的艺术水平。"市民黄小姐说，"安溪不但是世界名茶铁观音的发源地，也是中国藤铁工艺之乡。"安溪藤铁工艺历经"竹藤编""藤铁工艺""家居工艺"，在代代传承中，由单一的竹编发展到藤、铁、木、金属、陶瓷、树脂等各种材质结合，使得现代的安溪藤铁深具文化创意。

13. "东亚文化之都·2014 泉州"普通邮资封 11 月 25 日首发。11 月 25 日，中国邮政发行"东亚文化之都·2014 泉州"普通邮资信封一枚，信封邮票面值：1.20 元；邮票规格：对角线 30×30 毫米（菱形）；由刘钊、张帆设计；邮资图案以泉州标志性的建筑——开元寺东西塔为图，辅以泉州城市剪影和"东亚文化之都·2014 泉州"形象标志，内涵丰富，渗透出泉州深厚的文化底蕴和今日城市风采。

14. 泉州伴手礼热销海上丝绸之路国际艺术节。11 月 25—29 日，海上丝绸之路国际艺术节（东亚文化之都·2014 泉州丝海扬帆嘉年华）之"泉州伴手礼"展销活动在泉州西街旧面粉厂"大麦仓"文化空间旁举办，市旅游局组织 20 家"泉州伴手礼"商家集体亮相。本次展销活动，各商家积极参与，呈现出产品质量优、种类多、知名度高、文化特性鲜明等特点，涵盖了农特产品、地方名点、文创产品等各大种类，凸显了东亚文化之都·泉州的地方文化特色。此次组织泉州伴手礼商家参展海丝国际艺术节，对泉州市打造伴手礼品牌及旅游商品开发起到了较大的宣传作用。

15. 泉州举办海上丝绸之路艺术节。11 月 25 日—12 月 5 日，海上丝绸之路国际艺术节系列活动和东亚文化之都·2014 泉州"丝海扬帆嘉年华"一起拉开帷幕。此次"海上丝绸之路国际艺术节"由文化部、福建省政府主办，泉州市政府承办，无论是参与国家之多，出席嘉宾层次之高，还是文化元素之丰富，都尽显国际风范与"海丝"特色。11 月 26 日晚的开幕式上，来自同为"东亚文化之都"的韩国光州和日本横滨的艺术团率先登台，带来《亚洲之光》《锦秋》《自由探戈》《带我去月球》《告别的时刻》等节目；在阿拉伯非遗大展上，来自 22 个阿拉伯国家的非物质文化遗产精品集体亮相；来自韩国、日本、马来西亚、印度、土耳其、伊朗、埃及、意大利、非洲马里、英国、希腊等海丝沿线和关联国家的艺术家分赴各个县（市、区），与全市各地群众共享国际音乐盛宴。

16. 海上丝绸之路音乐节开幕。11 月 27 日，海上丝绸之路音乐节开幕式在泉州西街"大麦仓"文化空间举行，吸引了近千市民到场欣赏异域风情。这是一次具有国际化水准的音乐盛会。此次音乐节共邀请了伊朗、印度、埃及、英国、希腊、荷兰、土耳其和非洲等 8 个海上丝绸之路沿线国家和地区的艺术团参加演出，充分展示了海上丝路沿线国家和地区的异国风情；同时，音乐节还邀请了韩国光州艺术团、日本横滨艺术团以及马来西亚世界口琴表演队、华侨大学亚洲留学生艺术团队等参加。这些艺术团在当地乃至世界都享有盛誉。这也是一次文化惠民的音乐盛宴。这些海外表演团队分赴县（市、区）举办专场或合场演出，为广大基层群众献上富有国际风味的文艺盛宴，凸显"文化惠民、全域联动"特色。同时，通过这一活动，促进文艺团体及艺术家们的交流、切磋，拓展泉州对外文化交流合作渠道。

17. 陶瓷精品展亮相泉州。11 月 27 日，由德化工艺美术大师创作的以"新海丝·新梦想"为主题的陶瓷精品展亮相泉州禅瓷文化艺术馆，展示德化陶瓷作为"海丝"的重要载体的独特魅力。

18. 泉州师院承办"东亚文化之都·2014'魅力泉州'创意设计展"。11 月 25 日，由泉州师院美术与设计学院承办的"东亚文化之都·2014'魅力泉州'创意设计展"在源和 1916 创意园区公共文化展厅举行。活动是海上丝绸之路国际艺术节系列活动内容之一。此次展览作品全部由泉州师院师生设计以"古韵文都 魅力泉州"为主题，取材于闽南最有代表性的文化元素，以泉州的人文景观、民俗风情和建设成就等为主要内容，包括海报作品展、手绘作品展和旅游工艺品设计展等制作精美的 112 幅作品及 14 组实物。通过现代创意设计，凸显本土文化元素，借用艺术形式展示文都泉州丰富的人文景观和深厚的历史底蕴，多角度、多层面展示闽南文化的独特魅力，也为泉州构建一扇"让世界了解泉州，让泉州走向世界"的文化视窗。同时，通过展览激发青年文化工作者对闽南文化的热爱以及闽南文化元素创意设计的激情，进一步助推闽南文化的传播和本土文化创意产业的发展，丰富东亚文化之都的文化内涵。展览首日便吸引了众多市民前去观赏。展览于 12 月 5 日结束。

19. "海上丝绸之路与世界文化遗产申报学术研讨会"在泉州召开。11 月 27—28 日，由福建省文化厅、泉州市人民政府联合主办的"海上丝绸之路与世界文化遗产申报学术研讨会"在泉州召开，来自国家文物局、中国联合国教科文组织全委会、福建省文化厅、省文物局、福建文物考古博物馆学会以及北海、广州、漳州、泉州、福州、宁波、南京、扬州、蓬莱等沿线 9 个城市政府和文化文物部门领导和负责同志参会。

20. 惠风和畅——全国国画名家 20 人惠安女美术邀请展。为弘扬中华传统文化，进一步推动和繁荣国画人物画的美术创作，增强文化自觉和自信，福建省画院、福建省美协于 2014 年 11 月 8—12 日在福建省画院展厅联合举办"惠风和畅——全国国画名家惠安女题材美术创作邀请展"。本次展览旨在关注并推动全国国画界的惠安女题材美术创作，将海西的"文化经典因素"融入当代中国画创作，推出富有海峡特色的精品力作。通过展览彰显福建美术事业的地域特色优势，提升本土经典文化遗产和福建文化影响力，体现地方文化精髓和时代精神，推动全国惠安女题材美术创作的可持续深入研究，为建设和谐文化做出积极努力。

21. 2014 东亚文化之都城市书画联展和"百诗颂泉州"书画展在泉州开幕。11 月 26 日，由福建省炎黄文化研究会指导，"东亚文化之都·泉州"建设发展委员会主办的 2014 年东亚文化之都城市书画联展和"百诗颂泉州"书画展在中国闽台缘博物馆开幕。本次书画展，涉及范围广，参展人数多，其中日本、韩国 59 件，福建省炎黄研究会 63 件，泉州本地作品 80 件。

22. "建设 21 世纪海上丝绸之路"学术研讨会在泉州召开。11 月 26—28 日，"建设 21 世纪海上丝绸之路"学术研讨会在泉州举行。本次研讨会由省发改委、商务厅、外办、侨办、台办、省政府新闻办、省社科联、福建社科院和泉州市政府共同主办。27 日，福建省委常委、宣传部长李书磊，国家发改委西部司副司长欧晓理以及泉州市、省直有关部门和单位领导出席了研讨会开幕式。

23. 东亚文化之都城市规划发展图片联展开展。11 月 27 日，"东亚文化之都（泉州、光州、横滨）城市规划发展图片联展"拉开帷幕。展览展示泉州、光州、横滨都市规划及设计实践，分为城市规划变迁、文化设施及场所设计、代表设计师和有特色的代表实施案例等部分。在泉州海交馆举行的该展览中，泉州主要介绍了自身的城市历史沿革、城市建设及文化发展，并特别展示了晋江五店市传统街区、领 SHOW 天地文化广告创意园等代表案例，向海内外游客呈现古城多元风貌。光州亮出了泡菜美食、无等山与亚洲文化殿堂等标志性文化点，全方位展现城市文化面貌。值得一提的是，光州还特别展示城市的东、西、南、北四区与光州区地图，将经典与文创场所一一标注，为游客未来前往光州游览给予全方位的引导。横滨则通过介绍城市创意街区的形成、文化性景观的保存等，展现它在建设创意城市方面的努力。不少观展的市民表示，通过展览，可以感受到"文都"建设为 3 个城市的发展注入更浓郁的文化气息，也让人对 3 个城市的未来充满希望。

24. 泉州举行建设"21 世纪海上丝绸之路经贸文化合作先行区"海外侨领座谈会。11 月 27 日，在泉州市建设"21 世纪海上丝绸之路经贸文化合作先行区"海外侨领座谈会上，陈永栽、林树哲、陈祖昌等三十多位泉州杰出侨领会聚一堂，围绕如何贯彻落实习近平主席提出的"一带一路"战略，加强与"海丝"沿线国家的经贸文化交流，促进共同发展；如何更有效地调动海外社团、企业及人才的力量，共同参与"海上丝绸之路"建设项目；如何发挥闽南文化魅力，搭建国际性文化交流载体，扩大闽南文化的世界影响力；如何与"海上丝绸之路"沿线国家节点城市开展友好交流，促进人们友好往来，推动"海丝城市联盟"建立等方面畅所欲言，提出真知灼见。

25. 泉州市公共文化中心奠基。11月27日，泉州市公共文化中心举行奠基仪式。这个公共文化中心将绽放"四片花瓣"即泉州科技与规划馆、泉州东海工人文化宫、泉州图书馆、泉州大剧院，建成后，这里将成为以"亚洲多元文化发展中心"为定位的城市文化新地标，成为中国对外文化艺术展示交流的新平台。泉州市公共文化中心位于泉州市行政中心轴线中段，4座文化建筑簇拥着开放式的市民广场，总建筑面积达35万平方米。

26. "海上丝绸之路艺术节·木头智雕艺文化展"隆重开展。为响应海上丝绸之路艺术节系列活动，让泉州广大市民亲身感受木雕、瓷雕、字画艺术的独特文化魅力，11月27日，福建省雕刻艺术家协会举办的"海上丝绸之路艺术节·木头智雕艺文化展"在泉州市木头智雕艺馆开展。此次参展的有福建省雕刻艺术家协会会员郑君标、黄建强、黄雪玉、傅华中、张智杰、陈沐生等大师的佳作，包含木雕、瓷雕、漆线雕、字画等。

27. 15位驻华外交官畅游泉州体验海丝文化。11月27日，来泉参加驻华外交官"文化中国行（泉州）"的15位驻华外交官，4天里走访了鲤城、丰泽、台商投资区、安溪、德化等地，深度体验泉州文化的魅力。此次参访活动，让世界更加了解变革中的中国，发展中的泉州。

28. 台湾苗栗客家圆楼推出"北管八音会演"系列演出活动。12月1日，苗栗高铁特定区客家圆楼推出"北管八音会演"系列演出活动，除了展现北管八音的传承成果，还上演一出由苗栗陈家班北管八音团伴奏演出、在国内已难得一见的乱弹戏"秦琼破五关"。苗栗陈家班北管八音团4年前获"文建会"指定为台湾无形文化资产"客家八音"保存团体，八音团现由第五代传人郑荣兴带领，他也是著名的荣兴客家采茶剧团创办人，数十年投入心力传承客家戏曲，展现成果。

29. "蓝蓝泉州湾"唱响"海丝"新征程。11月30日，作为海上丝绸之路国际艺术节系列活动之一的泉州市"蓝蓝泉州湾"合唱节在文都泉州激情唱响。此次合唱节由东亚文化之都·泉州建设发展委员会主办，泉州市海洋与渔业局、泉州广播电视台承办，泉州市音乐家协会和泉州广播电视台艺术中心执行。旨在宣传贯彻党的十八大精神，落实中央关于"一带一路"的战略构想，大力推进"海丝"城市复兴，增强"文都"文化内涵，促进泉州市群众性文化活动的繁荣发展。

十二月

1. 福建省教育厅提出闽台高校合作计划。12月1日，第三届海峡两岸应用科技类大学校长论坛上，福建省教育厅有关负责人提出了闽台高等教育合作计划。该负责人表示，今后将力争在强化师资引进和培养培训上取得新进展，在闽台合作办学模式上实现新突破，在闽台高校教研合作及资源共享上取得新成果，在密切两岸教育和文化交流上再上新台阶。

2. 台湾海峡两岸文化经贸科技观光发展协会代表团来厦交流。12月1—3日，以台湾明新科技大学服务事业管理学院院长李得盛博士为团长的台湾海峡两岸文化经贸科技观光发展协会代表团一行来厦门访问交流，受到致公党厦门市委及相关部门的热情接待，致公党市委副主委郑幸红全程陪同活动，市委秘书长李瑞盛积极协调相关部门，做好交流安排工作。

3. 泉州泉港获评中国北管音乐文化之乡。12月5日，泉港区荣获"中国北管音乐文化之乡"，其授牌仪式在该区文化中心举行，这也是泉港继获得"中国长寿之乡""中国民间文化艺术（闽南戏曲）之乡"后获得的又一项国家级荣誉。北管音乐是广泛流传于泉港区的一种丝竹类音乐。泉港北管音乐有其历史、文化、地理和风俗的渊源，既保留了江淮民间音乐遗风，又糅进了闽南及莆仙戏曲音乐元素，同时兼有泉港海港文化特色。

4. 东亚文化之都辩论大赛圆满落幕。12月6日，由泉州市委宣传部、市委教育工委、泉州广播电视台等单位联合举办的，"新丝路新梦想"泉州市首届东亚文化之都辩论赛日前圆满落幕。2014年2月，"东亚文化之都2014泉州活动年"正式拉开序幕，以"古港—新区—全城联动"的文化项目建设为核心，开展形式多样、影响广泛的系列活动，向世界展示泉州"文化之都"的形象。在此背景下，泉州首次举办东亚文化之都辩论赛。参赛主体为市直机关事业单位干部职工和在泉高校大学生。大赛自4月份启动以来，共举办赛事30场，成为泉州史上规模最大的辩论活动。

5. 全民健康骑行饱览"光明之城"。东亚文化之都海峡两岸"捷安特杯"自行车嘉年华于12月6日在台商投资区举行，活动将持续到2015年4月28日。海上丝绸之路国际艺术节的许多活动以骑行、行走吸引市民共同参与，一同饱览"光明之城"的美景。起点设置在台商投资区和谐光电科技（泉州）有限公司园区，以世茂·海上世界为终点，全程约25公里。

6. 晋江被授予"海峡两岸文化艺术交流基地"。12月8日，"海峡两岸文化艺术交流基地"在晋江授牌成立。晋江与台湾一水之隔，祖籍晋江的台湾同胞超过100万，两地血缘相亲、文缘相连、商缘相通，各领域交流十分热络。此次"海峡两岸文化艺术交流基地"落户晋江，为晋台文化艺术交流搭建了新平台、开启了新窗口，这是晋江文化艺术事业发展的一大盛事。今后，有两岸丰富的文化资源，晋台文化艺术交流合作必将开出鲜艳花朵、结出累累硕果，为两岸文化繁荣、和平发展做出更大贡献。

7. 第二届闽南语戏剧交流研讨会海口开幕。2014年12月11日，为期3天的第二届琼、闽、粤、台及东南亚地区闽南语戏剧交流研讨会在海南省歌舞剧院开幕。来自新加坡、泰国等东南亚国家及我国福建、广东、海南三省和港、澳、台的闽南语戏剧剧种的表演艺术家、研究机构的专家学者齐聚椰城，共襄盛会。

8. 台湾戏曲学院传艺演好戏。12 月 11—15 日，为鼓励新生代传承歌仔戏，传统艺术中心邀请台湾戏曲学院歌仔戏系和戏曲学系学生，演出歌仔戏"别窑""逛花灯"，展现戏曲身段，同时表演扇子舞等才艺，引领游客感受歌仔戏的魅力。传艺表示，台湾戏曲学院歌仔戏学系，是台湾唯一以正规教育培养歌仔戏全方位人才的"10 年一贯制"学校，戏曲音乐学系则以培养音乐专才为主。

9. 两岸同胞共祭开闽王。12 月 12 日，首届"开闽王民俗文化节"在同安北辰山举办。200 多名海内外嘉宾、信众等集聚北辰山广利庙同祭开闽王，缅怀闽王的丰功伟绩。唐僖宗光启元年（公元 885），王审知与其兄王潮、王审邽随义军入闽，至北辰山，竹林兵变，拜剑择帅，确立了"开闽三王"的领导权，尔后建立闽国，王审知被后人尊称为"开闽王"。目前海内外王氏子孙有 200 多万人，其中台湾有 50 多万人。现在"开闽王"已成为一种民间习俗信仰。北辰山的广利庙又名"忠惠尊王庙"，近十几年来，每年都有众多海内外王氏宗亲前来探亲访祖。

10. 首届闽台（泉州）名优产品电子商务交易会暨论坛圆满结束。12 月 15 日，为期 4 天的首届闽台（泉州）名优产品电子商务交易会暨论坛活动，在泉州市泉港区新辉大电子商务产业园区圆满落幕。

11. 首部两岸合作闽南话广播剧两岸开播。12 月 16 日，首部两岸合作闽南话广播剧两岸开播。由中央人民广播电台倾力打造的首部两岸合作闽南话广播剧《牵手》在台湾胜利之声广播电台举行开播仪式，由此拉开了该剧在两岸播出的序幕。该剧集结了中央人民广播电台对台湾节目中心、技术制作中心的精干力量，邀请闽南话广播协作网两岸成员单位加盟协作，两岸闽南话优秀播音员、主持人、歌手首度联袂演播。九集闽南话广播连续剧《牵手》首轮将在中央人民广播电台"神州之声"、东南广播电台、厦门广播电视集团"闽南之声"、南安人民广播电台、漳浦人民广播电台以及台湾胜利之声广播电台、浊水溪广播电台播出。

12. 福建 500 年关公首来台绕境。12 月 25 日，基隆市天德宫首次迎来 500 年历史的关圣帝君于市区内绕境并为民众祈福。"正气圣者两岸关帝文化巡礼"活动由中华道教关圣帝君弘道协会主办，天德宫主委庄清日表示，这次邀请到中国福建泉州通淮关岳庙的关圣帝君从台中港入境，来台绕境，为期 36 天。

学术机构名录

北京的闽南文化相关研究机构

一　中国文化研究中心

中国文化研究中心（China National Center for Cultural Studies）是中国社会科学院直属和重点打造的国家文化智库，研究领域为国家文化战略和文化政策问题，于 2015 年 5 月 26 日中国社会科学院新型智库启动仪式上正式宣布成立，其前身是成立于 2000 年的中国社会科学院文化研究中心。主要研究领域：1. 文化战略研究领域，包括：国家文化发展战略问题（含习近平文化战略思想研究）、国家文化软实力与对外文化战略问题、国际文化战略研究；2. 文化政策研究领域，包括：文化与国家发展问题、公共文化服务政策问题、文化产业政策问题、文化法治问题（含文化立法研究）、文化政策的国际比较研究、文学评论与其他文化产品评价问题。中心主任：李景源；常务副主任：贾旭东；副主任：胡文臻。

中国文化研究中心的定位与功能：

（一）定位

以国家文化发展战略问题和文化政策问题为主要研究对象，以开展国情调研和前瞻性、针对性、储备性政策研究为主要研究任务，以服务党和政府文化建设领域科学民主依法决策为宗旨，努力为党和政府的文化决策提供学理支撑和专业化、建设性、切实管用的政策建议。

（二）功能

1. 决策咨询

融新型智库的资政建言和理论创新功能为一体，通过组织开展各类研究活动，为党和政府提供文化决策咨询服务。

2. 知识普及

以发挥新型智库的舆论引导和社会服务功能为导向，通过专著、期刊、电子媒体的出版，以及论坛、研讨会等方式，发布、传播本智库的研究成果，介绍国内外文化战略和文化政策的最新动态。

3. 智库网络

以发挥新型智库的社会服务和公共外交功能为导向，建设开放型智库。通过合作研究、访问研究、客座研究，以及与其他研究机构和大学对话等方式，吸纳其他文化智库人才和青年后备人才进入本智库工作，构建国家文化智库网络；与国际一流智库的文化相关部门建立战略合作关系，通过互派交流访问学者和开展国际文化战略、文化政策对话等方式，构建国际文化智库网络。

文化研究中心自成立以来，主要以文化蓝皮书为载体，通过发布文化产业、公共文化服务、少数民族文化发展报告、实施文化产业重大课题研究计划的形式，为国家文化发展提供政策建议。近年来，逐步转向直接的文化战略和文化政策研究，先后承担了文化部、财政部、国家老龄委、国家文物局、国家出版基金规划管理办公室等委托的研究项目；直接参与了国家"十一五"时期文化发展规划的起草、中宣部国家文化软实力研究、"十二五"文化改革发展规划文化产业调研组调研、"十二五"时期文化产业倍增计划的起草、"十三五"时期的相关前期研究。研究领域逐步集中到文化软实力、文化战略、公共文化服务政策、文化产业政策、文化立法等领域，研究成果大多直接转化为政策，或被部分采纳。

2013 年 11 月 21 日，由中国社会科学院文化研究中心与泉州师范学院合作共建的中国社会科学院文化研究中心闽南文化研究基地在泉州师范学院隆重揭牌，中国社会科学院副院长武寅出席了揭牌仪式。中心将与泉州师院强强联手，整合海峡两岸既有的学术与人力资源，共商全球化语境中本土文化的创新发展大计，探索闽南文化的当代性和世界性问题，打破学科壁垒与地域分隔，跨系所、跨机构、跨地区，乃至跨语言，共同推进闽南文化的跨界研究。

福州、厦门、漳州的闽南文化相关研究机构

一 福建师范大学闽台区域研究中心

福建师范大学闽台区域研究中心，属教育部人文社会科学重点研究基地。

1999 年 10 月，为了加大对闽台区域的研究力度，更好地为祖国统一大业服务，成立福建师范大学闽台区域研究中心，对科研人员进行优化组合，改革管理体制，争取将研究中心建成全国一流的研究基地。

2001 年 4 月，本研究中心被教育部正式批准为省属高校人文社会科学重点研究基地。目前，中心设有政治研究所、经济研究所、文化研究所、历史研究所、金门研究所。本研究中心的宗旨是以闽台经济研究为龙头，以闽台海上交通研究为支柱，以闽台文化研究为基础，注重历史，面向现实，放眼未来，为早日实现海峡两岸"三通"、完成祖国统一大业服务。

地址：福建省福州市仓山区上三路 8 号福建师范大学仓山校区，邮编 350007。

二 福州大学闽商文化研究院

福州大学闽商文化研究院隶属于福州大学，是与其他学院同级的独立科研单位。研究院面向社会、服务社会，为海西发展提供信息、思想、智慧与人才，以获取社会各界最广泛的支持。

闽商文化研究院将从"学术研究"与"大众文化"两个方面进行"闽商文化"的研究、推广工作。一方面，以学术论文、专著，以及国际学术会议等多种形式，将"闽商文化"向学术的深度挖掘，将其建构到中华文化的知识谱系、教育体系之中；另一方面，以电视政论片、电视剧、小说等通俗化、大众化的方式向公众传递"闽商文化"，以期改变普通民众对商业、闽商的观念。通过一系列活动，广泛联系省内外、海内外学者与闽商，将"闽商"打造成福建省的金字招牌，并在海峡两岸、海外华人华侨中引起深刻的精神共鸣。

地址：福建省福州市福州地区大学新区学园路 2 号，邮编 350116。

三　两岸关系和平发展协同创新中心（厦门大学）

2013 年 3 月 25 日，厦门大学、复旦大学、福建师范大学和中国社科院台湾研究所等三校一所根据教育部、财政部提出的"高等学校创新能力提升计划"和习近平总书记"建设有中国特色的新型智库"的讲话精神，结合中国一流高校、研究机构，三强联手，组建"两岸关系和平发展协同创新中心"。至此，由厦门大学牵头，北、中、南涉台研究知名院校共同组建的两岸关系和平发展协同创新研究中心（中国特色新型智库）框架基本确立。

本中心旨在与海峡两岸产、学、研、用部门通力合作，在"两岸经济一体化""两岸社会整合""两岸文教融合""两岸共同事务合作管理""两岸关系和平发展重大理论创新"等五大领域展开跨学科、跨部门、跨领域、跨地区的协同创新研究和实践，破解理论和实际工作中存在的难题，产出一批高水平研究成果，培养一批顶尖研究人才，为两岸关系和平发展提供智力支持和保障。

地址：厦门大学台湾研究院 307 办公室，邮编 361005。

四　厦门大学民间历史文献研究中心

厦门大学民间历史文献研究中心在闽南文化研究领域颇有建树，建设了"鼓浪屿申遗档案文献简报"等专题资料，出版了《民间历史文献系列论丛——族谱研究》《明清福建家族组织与社会变迁》等学术专著，郑振满、黄向春等专任研究人员在闽南文化研究方面勤耕不辍。

地址：福建省厦门市思明区思明南路 422 号厦门大学南光 1 楼 204，邮编：361005。

五　福建省闽南文化发展基金会

福建省闽南文化发展基金会于 2013 年 8 月 21 日成立，以"弘扬闽南文化，推动文化艺术交流，促进社会和谐"为宗旨，以全球文化视野，关注闽南文化的当代性和世界性，推动两岸交流，举办及赞助各种传统与创新的文化交流活动，携手两岸向世界推介中华文化。福建省闽南文化发展基金会积极推进"闽南书院""孝德文化园"的落地选址。筹拍《闽南望族》《走进台湾·发现闽南》系列人文纪录片；与福建师范大学海峡两岸协同中心合作，成功召开历史人文纪录片"闽南望族"学术研讨会；与厦门大学合作，筹备成立闽南家族研究中心；与厦门市闽南文化研究会合作，成功主办了闽南文化的当代性与世界性研讨会。

地址：福建省厦门市思明区鹭江道 96 号钻石海岸 A 栋 905，邮编 361001。

六　厦门市闽南文化研究会

厦门市闽南文化研究会是厦门市社科联管理下的闽南文化研究社团，从 2000 年成立至今，编写出版了《闽南文化论丛》《闽南文化系列丛书》等多部具有学术价值的书籍，并多次承担省、市各级研究课题。

地址：厦门市文化艺术中心文化馆二楼，邮编 361000。

七　闽南师范大学闽南文化研究院

1996 年，闽南师范大学在全国高校率先成立了闽南文化研究所（2003 年更名为闽台文化研究所），整合全校优质资源，共同致力于闽南文化的研究。2012 年 6 月 18 日，为适应闽南师范大学学科专业建设及两岸文化交流发展的需要，闽南师范大学隆重召开闽南文化研究院成立大会，该研究院的成立标志着闽南师范大学闽南文化研究进入一个新阶段。

闽南文化研究院下设学术委员会分会、顾问委员会、办公室、《闽台文化交流》编辑部、闽南文献与海疆文化研究所、闽南方言文化研究所、闽南民间信仰研究所、闽台家族社会与文化研究所等。闽台家族社会与文化研究方向的学术带头人为陈支平教授，学术骨干为邓文金教授、王建红教授；闽南文献与海疆文化研究方向的学术带头人为陈庆元教授，学术骨干为萧庆伟教授、张桂兴教授和陈煜斓教授；闽南方言文化研究方向的学术带头人为马重奇教授，学术骨干为张嘉星研究馆员、杨秀明教授、施榆生副教授；闽南民间信仰研究方向的学术带头人为林国平教授，学术骨干为郑镛教授、张晓松教授。

闽南文化研究院主办的全国公开发行的专业刊物是《闽台文化研究》。

地址：福建省漳州市芗城区县前直街 36 号闽南师范大学闽南文化研究院，邮编 363000。

八　福建省首批社会科学研究基地——闽南师范大学闽南文化研究中心

闽南师范大学闽南文化研究中心成立于 2012 年 10 月，2014 年 7 月获批福建省首批社会科学研究基地，主要研究方向有：闽南文献与海疆文化研究、闽南方言文化研究、闽南民间信仰研究、闽南家族社会文化研究、东南亚华人社会与闽南文化研究等。

闽南师大以闽南文化研究中心为载体，依托中国语言文学一级学科，构建了从本科到硕士、博士完整的闽南文化特色人才培养体系。2014 年中心牵头完成的教学成果《弘扬海峡两岸优秀闽南文化传统、创新闽南文化特色人才培养体系》获福建省第七届高等教育教学成果特等奖。同年，福建省社会科学规划重大项目成果《闽南涉台族谱汇编》（100 册）、《台海文献汇刊》（60 册）分别由福建人民出版社、厦门大学出版社正式出版发行。

　　闽南文化研究中心主动对接承办国台办年度重点交流项目"海峡两岸闽南文化研习营"，有力地增进了两岸青年学生的情谊，提升了台湾青年学子对祖地文化的认同。研究中心还与福建漳龙集团合作，在东南花都建立了全国首个全方位介绍闽南文化的特色馆——闽南文化展示馆，承担了《漳州与台湾关系丛书》《中国海丝文化·漳州篇》等地方政府相关文化建设工程，为弘扬传承和保护闽南文化、促进两岸文化交流做出积极贡献。

泉州的闽南文化相关研究机构

一 华侨大学海上丝绸之路研究院

华侨大学海上丝绸之路研究院成立于 2014 年，是华侨大学直属科研机构。

研究院由华侨大学、中国社会科学院亚太与全球战略研究院、中国新闻社、福建省人民政府侨务办公室、福建省社会科学界联合会、福建社会科学院联合共建，下设经济战略研究中心、国际政治研究中心、文化交流与传播研究中心。

研究院紧紧围绕"一带一路"战略的重大理论和现实问题，统筹开展与海上丝绸之路建设密切相关的前沿性课题研究；同时，整合海内外资源，提供战略研讨和凝聚共识的高端平台；致力于打造中国"21 世纪海上丝绸之路"的学术高地和服务国家海丝战略的重要智库。

海上丝绸之路研究院的宗旨为研究与"21 世纪海上丝绸之路"建设密切相关的前沿性课题；整合国内外资源，提供交流、研讨和凝聚共识的高端平台；为国家和周边国家提供一流的研究、咨询、培训服务；为福建省、泉州市融入"一带一路"提供决策支持；向企业海外投资提供相关决策咨询服务。

地址：泉州市城华北路 269 号华侨大学杨思椿科学楼，邮编 362021。

二 中国海外交通史研究会

中国海外交通史研究会于 1979 年成立，属全国性群众学术团体，专门从事中国海外交通历史及其相关学科研究，接受国家文物局业务主管单位、民政部社团司社团等级管理机关的业务指导和监督管理。

研究会确立明确的学术思想，坚持用辩证唯物主义和历史唯物主义的史学观开展各项学术活动，着眼于研究历史，服务于现实，以海外交通史这一特殊的学术领域，弘扬中华民族悠久辉煌的海洋文化。研究会秘书处设在泉州海外交通史博物馆内，协会刊物《海交史研究》。

地址：泉州市东湖街 425 号泉州海外交通史博物馆，邮编 362000。

三　泉州市泉州学研究所

泉州市泉州学研究所成立于 1991 年 11 月。成立之后，由于各种原因，人员一直未配齐到位，十几年来没能很好地发挥它的作用。2004 年 6 月，泉州市委宣传部向市委报告启用泉州学研究所并配足人员，请示市委编委重新明确泉州学研究所机构编制，核定泉州学研究所事业编制 7 人，经费由市财政核拨，隶属中共泉州市委宣传部领导。其主要工作任务是：以弘扬"大泉州"文化为主旨，进行"泉州学"的研究，并为推动这一研究起组织、联络、协调、服务作用；汇总国内外"泉州学"研究成果，开展学术交流；搜集、整理有关文献资料；牵头编撰、出版"泉州学"系列丛书和刊物。如今，泉州学研究所已有在编人员 5 人，内设办公室、学术部 2 个部室。正在认真履行市委赋予的工作职责，扎实推进"泉州学"研究，为繁荣大泉州文化事业做着积极的贡献。

地址：泉州市东海行政中心，邮编 362000。

四　泉州市区民间信仰研究会

泉州市区民间信仰研究会，成立于 1989 年 12 月，创设于涂门街通淮关岳庙后座二楼。该会自成立以来，在有关部门的关怀下，在会内外同仁的共同努力下，对古城泉州民间信仰进行了广泛的调查，发掘、整理，编印了一些资料，召开了多次在海峡两岸颇有影响的学术研讨会，并创办有会刊《泉州民间信仰》（内部交流资料）。这些成果，得到了国内不少大专院校、社科部门的重视、赞扬，同时，也接待了来自中国的台、港、澳，以及东南亚、日本、欧美等地区和国家的学者来泉考察、交流，对宣传历史文化名城泉州古文化，提高泉州的知名度，起到了一定的作用。与该研究会学术关系密切的中国社会科学院世界宗教研究所，于 2012 年 6 月在泉州市通淮关岳庙举行了隆重的"民间信仰调研基地"揭牌仪式。这种合作模式旨在借助民间信仰的场地和世界宗教研究所的人才优势，深入开展对民间信仰的历史和现状的研究，探索如何更好地引导民间信仰为构建和谐社会服务。

地址：泉州市鲤城区涂门街通淮关岳庙后座二楼，邮编 362000。

五　泉州市郑成功研究会

泉州郑成功研究会成立于 1997 年，原名"泉州市郑成功学术研究会"，是从事郑成功研究的社会团体，是泉州市社会科学联合会的团体会员，接受泉州市民政局社团管理机关监督、指导和泉州市社会科学联合会指导。

研究会宗旨是坚持以马克思主义、毛泽东思想、邓小平理论和"三个代表"重要思想为指导，贯彻落实科学发展观，服从中国共产党的领导，遵守国家宪法、法律、法规、政策和社会公德，本着"以史为鉴""古为今用"的原则，进行郑成功史迹、文物的征集、整理，开展文化研究与合作交流活动，弘扬中华民族的优良传统和郑成功的爱国主义精神，促进泉台文化合作交流和泉州的经济社会发展，为祖国的统一大业服务。研究范围有：搜集、整理有关郑成功在政治、经济、军事、文化等领域及泉台关系、民风民俗、历史资源等方面的史迹、资料；制订研究规划，组织课题研究，开展文化合作交流活动；开展两岸及海内外的文化合作交流和联谊活动。会刊《郑成功研究》。

地址：泉州市丰泽区田安路老人活动中心四楼，邮编362000。

六 泉州市李贽学术研究会

2003 年，在泉州市委市政府直接指导下，"泉州市李贽学术研究会"正式成立。研究会在推进李贽思想的学术研究、宣传李贽形象、弘扬李贽精神，让李贽走进社会等工作中取得了一定成绩，"闽南陇西李氏文史委员会"为李贽学术研究会的内设组织，得到市社科联和民政局批准。双方在探索一条宗亲组织、社会力量和学术研究相结合的路子方面，取得了一定的经验。

地址：泉州市天后路 1 号天后宫东厢，邮编362000。

七 泉州市俞大猷研究会

2006 年，泉州市俞大猷研究会在泉州洛江成立，该会由热心从事研究俞大猷民族思想、爱国精神、历史业绩的社会学术界人士组成，旨在挖掘俞大猷的精神财富，征集整理俞大猷的历史资料，开展俞大猷人文思想的学术研究，弘扬民族气质和泉州精神，增进海内外乡贤团结，促进家乡文化和经济和谐发展。

地址：泉州市洛江区河市镇俞大猷纪念馆，邮编362013。

八 泉州市历史名人研究会

泉州市历史名人研究会系泉州市学术团体。经泉州市民政局批准成立，由有志于名人研究事业的专家、学者及各界人士自愿组成，是泉州第一家集研究名人与名人史迹研究于一体的具有较高层次和规模的知识智慧群体，泉州市历史名人研究会宗旨是研究泉州市名人，启迪后人为建设发展泉州添砖加瓦。馆藏特色为：泉州古今、泉州府志人物传、状元宰相录等。

地址：晋江市安海镇金墩黄汝良纪念馆，邮编362261。

九　泉州地方戏曲研究社

泉州地方戏曲研究社成立于1985年12月。当年的社员八十多人，其中几位主要理其事者，都为文化部门离退休干部或临近退休的人士，如今多数已是耄耋之人。他们老当益壮，自1985年至2011年的26年间，以坐冷板凳的精神埋头苦干，编著校订出版书籍43本，其中多达15卷的《泉州传统戏曲丛书》，荣获文化部第二届文化艺术科学优秀成果奖一等奖。该研究社还积极倡议和协办在泉州和莆田召开南戏的学术研讨会，以及地方传统戏曲文化活动，为地方文化建设做出了重要贡献。

地址：泉州市鲤城区新府口48号5楼，邮编362000。

十　泉州孔子学会

2010年，泉州孔子学会举行首届会员代表大会，审议通过学会章程并选举会长，泉州孔子学会宣告成立。

泉州孔子学会将以传承中华民族优秀文化为己任，以开展国学教育为核心，以学习儒家文化为主要任务，把工作重点放在开展以孔子为代表的儒家思想文化学术研究和交流，积极推进"亲近经典，承续传统"活动和泉州孔子文化研究；构筑一个海内外学习儒家文化和儒家思想的平台，组织国学教育进入家庭、学校、社会。

地址：泉州市鲤城区中山中路府文庙，邮编362001。

十一　泉州老子研究会

泉州老子研究会成立于1990年，是由社会各界热心老子文化研究的人士自愿组织起来，在中国共产党的领导下的学术性群众团体。泉州老子研究会的宗旨和目标是研究繁荣中华民族文化，提高民族自信心和自尊感，体现优秀传统文化的基本特征和地位以及在当今世界经济文化和科学发展中的作用，促进与东方文化及世界的关系。主要研究领域是老子、道家思想、道教文化在当代社会的价值，研究会将学究式的文风转变成为普通人喜闻乐见的文风，使这一研究成为与现实生活相关的学术问题，体现老子研究的现实意义。在开展研究活动中，能够注重基础理论研究与应用研究并重，学术价值和社会价值并举，向开放式、多学科综合研究发展，从单一的研究方式向多种方法综合运用转变。

地址：泉州市丰泽区清源山风景名胜区管理处，邮编362000。

潮汕的闽南文化相关研究机构

一 汕头大学潮汕文化研究中心

汕头大学潮汕文化研究中心建立于 1990 年 11 月，简称"潮汕文化研究中心"。是潮汕本土首个专门以潮汕历史文化为研究对象的高校学术机构，汕头大学杜经国教授为首任研究中心主任。

潮汕文化研究中心把自己的工作定位于下列两个方面：它的研究空间，可以随着研究视觉的不同而伸缩，潮汕地域的空间范围，可以扩展到包括梅州、汕尾在内的整个粤东地区，甚至闽南的漳州也在研究视野之内，我们的潮汕地方史，不限于中国大陆，而包括港澳台和东南亚潮人聚居地；汕头大学潮汕文化研究中心努力建设"潮学研究资料中心"，搜集海内外潮人研究的文献、档案、口述史料、调查报告、照片和录音录像数据，使这些数据可以自由地进入、收藏与输出，吸引国内外学者和学术团体前来阅读、利用，研究潮汕地方史的各种学术问题。

汕头大学潮汕文化研究中心将充分利用地缘优势，力争在潮汕区域历史文化研究上，确立自己的学科研究特色。

地址：广东省汕头市大学路 243 号，邮编 515063。

二 韩山师范学院潮学研究院

1991 年 1 月，经广东省高教局同意，韩山师范学院中文系设立"潮汕文化研究室"，后更名为"潮汕文化研究中心"。2002 年，在原有基础上设立"潮学研究所"，定位为学校直属科研机构。2008 年，学校与潮州市政府合作成立市校共建的"潮学研究院"，学院院长薛军力教授兼任研究院院长，出版的学术刊物为《潮学研究》。

研究院的学术传统具有如下几方面的特色：重视"原生态"地方文献的收集和整理，使研究有扎实的根基；视野广阔，把潮学放置在国史背景下进行研究；将学术研究和教学结合在一起，培养学生潮学研究的兴趣和研究能力；重视与地方学术机构的合作，服务地方文化建设。

地址：广东省韩山师范学院西区综合楼，邮编 521041。

台港澳的闽南文化相关研究机构

一　台湾成功大学闽南文化研究中心

台湾成功大学闽南文化研究中心位于台湾历史文化悠久的台南府城，在这个以闽南族群为主体的地区长年深耕，已累积了丰厚的学术成果。研究中心推动的闽南文化研究以台湾为主体，朝着跨领域、跨国界的方向发展，集结海内外学者专家，组织跨国研究团队，进行不同时空脉络下闽南文化的传播、交融与变迁之比较研究；同时建立闽南文献资料库、开发闽南文化研究课题、培育闽南文化研究青年学者、推展闽南文化课程，以及其他与闽南文化研究相关之工作。

研究中心近程目标是整合本校既有的学术与人力资源，凝聚岛内外学者专家的共识，作为未来发展之参考。中程目标希望能寻求跨院系、跨校合作，组织研究团队，共同进行闽南文化研究，开拓具有前瞻性的新课题。长程目标则是以厚植实力之余，更广收各地闽南文化文献史料与研究成果，建置资料库系统，吸引各界学人前来访问研究，使中心成为闽南文化研究重镇。此外，亦将与海内外各闽南文化相关的研究单位签订资源互惠协议，并推动闽南文化通识课程，编纂相关教材，使闽南文化得以更全面地推广。中心将逐步达成上述目标，务期成为兼具研究、典藏、教学、展示等全方位的学术单位。

地址：台南市东区大学路 1 号光复校区修齐大楼 5 楼，邮编 70101。

二　金门大学闽南文化研究所

金门大学闽南文化研究所于 2004 年成立，旨在以结合学校与地方资源，推动闽南文化及其相关人文社会科学的研究，以金门为核心，扩及厦门、泉州、漳州以及台湾、南洋闽南文化之跨地域比较研究，并面对闽南文化的历史保存与现实发展的课题，透过人文社会科学跨领域的研究，培育闽南文化研究人才与文化产业经营人才，发展聚落及建筑史、民俗学、民间文化、文化人类学、文化资产保存、侨乡研究等研究领域。研究所发展的重点为宗族文化及其聚落研究、侨乡研究、战地研究。

地址：金门县金宁乡大学路一号，邮编89250。

三　台湾中华闽南文化研究会

2003年中华闽南文化研究会在台湾成立，研究会宗旨是昌明传统伦理道德，弘扬台湾闽南精神；承传优良民俗、文化、艺术，美化心灵；促进学术研究活动，提升生活品质；研究会的任务为扬中华暨闽南优良传统文化；发扬台湾精神；承传优良民俗、文化、艺术，促进学术研究活动；出版敦亲睦族、有益社会人心之文化刊物。研究会在闽南文化研究领域已有丰厚成果，出版了《弘一大师百二十岁纪念集》《海峡两岸之闽南文化》《闽南文化新探》等论著，与福建省炎黄文化研究会共同编纂《闽南文化大辞典》。研究会定期出版的学术年刊为《泉南文化》。

地址：台北市大安区泰顺街26巷32号5楼（陈冠甫教授），邮编10648。

四　台北彰化师范大学台湾文学研究所

台湾文学研究所成立于2005年，研究所设立的宗旨为扎根半线，挖掘人文资源，整合民俗艺术；探索台湾诗歌，缔造诗学研究中心；建构彰化学，重现半线风华。研究方向为结合地缘，发展特色，挖掘民俗艺术，探索传统戏曲文学；整合人文资源，建构彰化学，开出近、中、远程的研究计划，挖掘彰化人文资源，以建构台湾文化与文学研究重镇，进行系列人文资源调查，包括抢救民间文学，研究彰化文学；建立"台湾乡土教学研究中心"，充实文献图书，建立资讯网络，整理出版专集，推动学术研究，成为台湾乡土教学研究的中心。

地址：台北彰化市进德路一号，邮编50007。

五　世界（澳门）闽南文化交流协会

世界（澳门）闽南文化交流协会于2014年8月4日成立。该会为非营利团体。宗旨为团结本澳宗亲，爱国爱澳，开展各种慈善活动，增进宗亲之间的感情交流。加强与海内外各地宗亲之间的联系和联谊，促进经济文化交往，为本澳社会和谐和经济繁荣做出贡献。

凡赞成该会宗旨及认同该会章程者，均可申请为该会会员。该会组织机构包括会员大会、理事会、监事会。

地址：澳门罗理基博士大马路第一国际商业中心21楼02室，邮编999078。

国外的闽南文化相关研究机构

一 马来西亚拉曼大学中华研究院

拉曼大学中华研究院成立于 2010 年 9 月，由中文系发展而来。中文系创系之初，先后由系主任洪天赐教授与林水檺教授领航，借鉴世界各地中文系之成功经验，兼综精华，并结合本国中文人才之实际需求，编制成一套以传统中文系为主而兼具本地特色的课程，其课程内容包括古典文学、现代文学、马华文学、比较文学、语言学、中国思想、中国历史、本地华人研究等，为拉曼大学中文系奠定了稳健发展及坚实的学术基础。2010 年中旬校方计划成立中华研究院，并将中文系隶属于此研究院下。为谋求中华研究院之发展，2010 年 9 月特聘何启良教授担任第一任院长。

中华研究院另一重要的组成部分是中华研究中心。此中心成立于 2008 年，自 2010 年 9 月始归于中华研究院底下。其宗旨为提倡拉曼大学中华学术研究、提升其素质，并成为本区域中华文化、汉学与马来西亚华人最重要的研究中心之一。数年来研究中心扮演着研究、资料收藏、促进国际学术交流的角色。中华研究中心立志于整合及招揽人才，设定重要议题，推动研究计划及汇集研究成果。中心的具体研究工作及领域包括：马来西亚华人与文化研究、现代华文文学研究、汉学研究、当代中国研究、艺术研究、闽南文化研究等。中华研究中心设有以下 6 个组别：马来西亚华人及文化研究组、现代华文文学研究组、汉学研究组、当代中国研究组、艺术研究组、闽南文化研究组。

二 新加坡国立大学中文系

新加坡国立大学中文系的前身是新加坡大学文学暨社会科学院的中文系和南洋大学文学院的中国语言文学系。新加坡大学中文系创办于 1953 年（当时仍属于马来亚大学），南洋大学中国语言文学系则成立于 1955 年。新加坡大学与南洋大学在 1980 年 8 月 8 日合并为新加坡国立大学，两校的中文系也合并为目前的中文系，成为当时新加坡国立大学文学暨社会科学院属下十一个学系之一。

2001 年，国大中文系友联盟成立。此时的中文系，逐渐奠定了不同时期的研究道路，由最大的语言训练和传统儒家思想的传播发展为五大研究方向：东南亚华人、中国语言、明清研究、印刷与大众文化、宗教研究。国大中文系在 1994 年设立汉学研究中心，其首要宗旨是深化和拓宽汉学各领域的研究，使国大中文系成为世界，尤其东南亚地区汉学研究的重镇，其次是规划和推动有关东南亚华人社会的文化与历史及影响的学术研究。

在研究重点方面，除了重视中国语言、文学、历史、哲学（尤其儒学）和翻译等领域的传统汉学课题外，还特别推动具有本土特色的东南亚华社历史与文化的研究。除了继承与发扬纯粹学术研究精神、专业性很强、研究深入细致的传统汉学的传统外，也重视与发展在区域研究带动下兴起的中国学的新学术精神，它强调研究与现实有相关，思想性与实用性的各种课题研究。

三 新加坡南洋理工大学中华语言文化中心

新加坡南洋理工大学中华语言文化中心是一个开放式的研究机构，以"研究中华语言和文化"作为研究重点，开展与本地华人社会有关的课题研究。中心的学术研究范围包括：东南亚华语和方言、东南亚华文和文学、东南亚华族历史与民俗、民族传统与华族社会等。

中心积极开展与国外高等学府或研究机构的合作，进行学术交流，例如，合办硕士和博士学位课程，对中国语言文化开展合作研究，交换学者，联合出版学术刊物，等等。香港城市大学、台湾"清华大学"、台湾"中山大学"、北京大学、北京师范大学、厦门大学、美国夏威夷大学等都是它的合作伙伴。

研究中心的出版物是《南大语言文化学报》《南大语言文化丛书》《云南园文学丛书》。

南洋理工大学的许源泰教授是调查新加坡庙宇的专家，近年来与加拿大丁荷生教授合编《新加坡华文铭刻汇编（1819—1911）》。他亲自调查过新加坡八百多座庙宇，发现当地庙宇多为闽南富商所建，而这些成功的闽南商人不仅在新加坡建庙，他们所参与的庙宇建设遍布中国原乡与东南亚各国，由此也可以窥知他们所建立的国际贸易网络。

四 越南汉喃研究院

位于越南首都河内的越南汉喃研究院成立于 1979 年，隶属于越南国家社会人文科学中心，是越南唯一兼具保存及开发汉字与喃字原版文献资料双层职能的研究机构。

汉喃文献是指用汉文和喃文写成的书籍和资料，是越南使用国语字（拉丁文字）

之前最重要和最丰富的文化宝藏。为了长期保存和有效开发这批文化遗产，1970 年，在越南社会科学委员会下成立了汉喃处。在汉喃处聚集了一大批有着渊博汉喃知识的老前辈，如范韶、石干、高春辉、华鹏、陶方平、高文请、阮董之等。汉喃处从 1970 年开始组织了为期 9 年的汉喃材料翻译及研究工作。1979 年 9 月 13 日在原有汉喃处的基础上，汉喃研究院正式成立。

目前汉喃研究院的具体职责是：保存、研究开发、收集和保管汉喃资料，对越南国内和在海外的汉喃资料及相关资料进行调查、收集整理，旨在在全国范围内对汉喃书籍和资料进行统一管理。汉喃研究院教授郑克孟、研究员丁克顺，以及范文俊等人都加入台湾成功大学的"东南亚闽南庙宇及贸易网络"计划国际合作工作坊，讨论跨国合作细节，共同分享闽南文化研究，为世界闽南文化之研究贡献心力。

后　记

　　《闽南文化学术年鉴（2013—2014）》是泉州师范学院"中国社会科学院文化研究中心闽南文化研究基地""台湾民主自治同盟中央委员会闽南文化交流研究基地"组织编纂的首部地方特色的闽南文化年鉴。

　　本年鉴收录时限为 2013 年 1 月 1 日至 2014 年 12 月 31 日，个别资料早于这个年度。年鉴内容包括：泉州师院的闽南文化研究、闽南文化相关政策文件、研究综述和述评、会议和活动、学者访谈、著作目录与提要、期刊论文和学位论文目录与摘要、大事记，以及学术机构名录等部分。本书尽可能完整地收录各种文献资料，力求实事求是地记载闽南文化的学术进展状况，及时反映闽南文化研究的最新成果、最新动向和最新趋势，为社会各界和海外侨胞了解、研究闽南文化提供全面、翔实的资料，为各级政府决策提供参考咨询。

　　本书的出版体现了全体编撰者的同心协力。两位副主编都是中国社会科学院文化研究中心闽南文化研究基地的副主任，有着丰富的闽南文化研究成果和经验，积极组织编撰人员开展资料收集和编写工作。两位执行主编曾经参与了《闽南与台湾地方文献目录（上、下）》的编撰工作（厦门大学出版社出版，2013 年获福建省社会科学优秀成果奖），积累了较扎实的编写经验；他们与吴绮云、吴力群、赵慧真、蔡晓君、张惠萍、吴春浩等编撰人员夜以继日勤奋工作，保证了年鉴的准时付稿。

　　本书的出版首先要感谢闽南文化研究基地的两位顾问——中国社科院副秘书长、科研局局长晋保平先生和中国社科院文化研究中心原常务副主任张晓明先生，是他们的提议促成了本书的编撰。中共泉州市委常委、宣传部陈庆宗部长和台盟中央两岸文化交流委员会骆沙鸣主任也特别关注本书的编写；泉州师范学院在资金方面给予鼎力支持，游小波书记和李清彪院长一直关注本书的进度；基地顾问、台湾成功大学陈益源教授和台湾云林科技大学柯荣三博士为本书提供了部分珍贵资料；中国社会科学出版社领导和编辑为本书的出版付出了辛勤的劳动；泉州师院部分学生参与了资料收集工作；在此，我们一并表示深深的谢意！

　　本年鉴资料一部分来源于各级机关、高校、学术团体，以及海外相关学术和文化机构，一部分由编辑人员从网上公开的信息中采编。由于第一次编写年鉴，所以，有些资料未能收全，有些信息出现遗漏，都在所难免。借此机会敬请读者多多批评指教，多多提供线索！

　　《闽南文化学术年鉴》还有许多可以创新的空间。一是在年度进展综述、论文荟萃、专著选介、闽南文化生活等方面可以做得更全面、更完善些；二是在资料收录方面可以更具覆盖面、更具广泛性；三是可以扩展主编机构，把《闽南文化学术年鉴》打造成为一个更权威的发布平台。这一切都是今后努力的方向。

林华东

2015 年 7 月于泉州东海湾